REVISAÇO®

VUNESP

REVISAÇO®

COORDENAÇÃO

PAULO LÉPORE

LEANDRO BORTOLETO

VUNESP

860 QUESTÕES COMENTADAS

Alternativa por alternativa
por **autores especialistas**

2018

EDITORA JusPODIVM

www.editorajuspodivm.com.br

EDITORA *Jus*PODIVM
www.editorajuspodivm.com.br

Rua Mato Grosso, 164, Ed. Marfina, 1º Andar – Pituba, CEP: 41830-151 – Salvador – Bahia
Tel: (71) 3045.9051
• Contato: https://www.editorajuspodivm.com.br/sac

Diagramação: SBNigri Artes e Textos Ltda. *(sbnigri@centroin.com.br)*

Capa: Ana Caquetti

ISBN: 978-85-442-1584-5

Sobre os autores

ALAN MARTINS – *Direito Tributário*

Agente Fiscal de Rendas/SP. Mestre em Direito pela Universidade Estadual Paulista (UNESP). Especialista em Direito Tributário. Professor e Coordenador da Área Fiscal do CERS – Complexo de Ensino Renato Saraiva. Instrutor da Escola Fazendária da Secretaria da Fazenda do Estado de São Paulo – Fazesp. Professor da Maestría Internacional Hacienda Pública Dirección y Admnistración Tributaria do Instituto de Estudios Fiscales do Ministerio de Hacienda y Administraciones Públicas del Goberno de España. Docente em cursos de especialização e MBAs da USP, CERS/Estácio, Faculdade Baiana de Direito, INPG, ESD, UniFacef e de outras instituições. Autor de livros para concursos e coordenador da área fiscal da Editora Juspodivm.

BRUNNO LIMA – *Raciocínio Lógico e Matemático*

Professor de Matemática Financeira, Raciocínio Lógico, Matemática e Estatística desde 2005. Atua em diversos cursos preparatórios para concursos *on-line*, tais como Aprova Concursos, Ênfase Cursos Jurídicos, Portal Silvio Sande, Eu Vou Passar. Além desses, também faz parte da equipe de professores de cursos presenciais do Rio de Janeiro e Niterói. Em Juiz de Fora, tem ministrado seus cursos em parceria com o CERS JF.

DANIEL TRINDADE – *Direito Empresarial*

Advogado. Ex-Delegado de Polícia do Estado do Rio Grande do Sul. Fundador do App iGabaritei. Especialista em Direito Público pela Universidade Potiguar. Especialista em Segurança Pública pela Academia de Polícia do Estado do Rio Grande do Sul. Membro honoris causa do Centro de Estudos de Direito Europeu em Lisboa. Autor e coautor de livros jurídicos.

Facebook: prof.danieltrindade

Instagram: @professordanieltrindade

DANILO DA CUNHA SOUSA – *Direito Penal*

Oficial de Justiça Avaliador do TRF da 3ª Região. Mestrando em processo penal pela UNESP/Franca. Analista Judiciário do MP/SP até 2015. Advogado até 2011. Coordenador do Departamento de Assistência Judiciária da Faculdade de Direito de Franca (FDF).

DIMAS YAMADA SCARDOELLI – *Direito Tributário*

Agente Fiscal de Rendas/SP. Mestre em Direito pela UNESP. Bacharel em Ciências Contábeis pelo Uni-FACEF. Autor de livros jurídicos acadêmicos e preparatórios para concursos públicos. Professor do CERS – Complexo de Ensino Renato Saraiva, cursos de pós-graduação e MBA's.

DUDA NOGUEIRA – *Língua Portuguesa*

Professora de Língua Portuguesa para concursos públicos. Pós-graduada em Linguística e Graduada em Letras. Autora de vários livros das Coleções Tribunais e MPU, Revisaço, Simulaço, Sinopses para carreiras fiscais e Revisão Final. Coordenadora Editorial JusPodivm. Docente no Curso Ênfase e no curso EuVouPassar. Grupo de estudos Facebook - Duda Nogueira Língua Portuguesa para concursos. Twitter, Instagram e Periscope -@DudaProfe.

E-mail: professoraduda@gmail.com

JAIME BARREIROS NETO – *Direito Eleitoral*

Mestre em Direito (UFBA). Professor da Faculdade de Direito da Universidade Federal da Bahia, aprovado em concurso de provas e títulos. Professor da Universidade Católica do Salvador e da Faculdade Baiana de Direito. Analista Judiciário do Tribunal Regional Eleitoral da Bahia.

LEANDRO BORTOLETO – *Direito Administrativo*

Mestre e bacharel em direito pela Universidade Estadual Paulista – UNESP. Coordenador e professor de Direito Administrativo no curso de especialização em Direito Público da Escola Superior de Direito – ESD, em Ribeirão Preto. Professor de Direito Administrativo na graduação e na pós-graduação em direito do Centro Universitário Estácio – Uniseb. Professor de Direito Administrativo nos cursos Ênfase, Eu Vou Passar e Proordem. Analista Judiciário (Oficial de Justiça Avaliador Federal) na Justiça Federal. Autor e coordenador de livros jurídicos. Ex-oficial de justiça no TJ SP.

Facebook: Leandro Bortoleto

Facebook – grupo Direito Administrativo com Leandro Bortoleto

@profbortoleto

LUCAS DE SOUZA LEHFELD – *Direito do Consumidor*

Pós-Doutor pela Universidade de Coimbra (Portugal). Doutorado em Direito pela PUC-SP (2006). Mestrado em Direito pela UNESP (2001). Graduação em Direito (Unaerp) e em Ciências Contábeis (FEA/USP). Coordenador do Curso de Direito do Centro Universitário Barão de Mauá - Ribeirão Preto, SP. Docente do Programa de Mestrado em Direito da Universidade de Ribeirão Preto. Avaliador de Cursos de Direito e Ciências Contábeis pelo INEP/MEC. Advogado.

LUCIANO ALVES ROSSATO – *Direito Processual Civil e ECA*

Procurador do Estado de São Paulo. Doutor em Direito pela PUC/SP. Professor do Complexo de Ensino Renato Saraiva.

LUCIANO FREIRE – *Informática*

Graduado e Mestre em Ciência da Computação pela UFSCar. Especialista em Segurança da Informação pela UNIRIO. Experiência de 11 anos como professor universitário, lecionando disciplinas de programação e segurança da informação. Possui 10 anos de experiência como Coordenador de Cursos de Computação. Atualmente é professor dos cursos de Ciência da Computação, Sistemas de Informação e Engenharia de Computação e Diretor Acadêmico da Escola de Ciências Exatas, Arquitetura e Design da Universidade Anhembi Morumbi. Tutor virtual do curso de Sistemas de Informação (Modalidade EAD) da UFSCar.

PAULO LÉPORE – *Direito Constitucional e ECA*

Coordenador e Professor do Curso Ênfase. Professor do G7 Jurídico. Pós-doutor em Direito pela Universidade Federal de Santa Catarina – UFSC. Doutor em Serviço Social pela Universidade Estadual Paulista – UNESP. Doutorando em Direito pela Universidade de Coimbra – UC. Coordenador de coleções e autor de diversos livros e artigos jurídicos. Advogado. Coordenador da Comissão de Direitos Infantojuvenis da 12ª Subseção da OAB-SP. www.paulolepore.com.br

RAFAEL COSTA FREIRIA – *Direito Ambiental*

Mestre em direito pela UNESP (2002/2005). Doutor em saneamento e meio ambiente pela UNICAMP (2006/2010). Pós-doutorado em Direito Ambiental e Sustentabilidade na Universidade de Alicante, Espanha (2013); Professor efetivo na UNICAMP na área ambiental.

RICARDO SILVARES – *Direito Processual Penal*

Promotor de Justiça do Ministério Público do Estado de São Paulo desde 1994. Professor em cursos de preparação para concursos (CERS), em pós-graduação (CERS/Estácio) e graduação (FACAMP), ministrando matérias relacionadas a Direito Penal, Processo Penal e Legislação do Ministério Público. Especialista em Direito Penal Econômico e Europeu pela Universidade de Coimbra, em convênio com o Instituto Brasileiro de Ciências Criminais – IBCCrim. Especialista em Direito Constitucional e Processo Constitucional pela EDB. Mestre em Direito Processual Penal pela Faculdade de Direito da Universidade de São Paulo.

RONALDO VIEIRA FRANCISCO – *Direito Civil*

Promotor de Justiça do Ministério Público de Mato Grosso do Sul. Membro de Comissão Cível da CONAMP. Ex. Delegado de Polícia do Paraná. Ex-Advogado de Direito Privado. Autor de diversas obras de Direito Civil publicadas pela Editora Juspodivm.

TAISA CINTRA DOSSO – *Direito Ambiental*

Bacharel e Mestre em Direito pela UNESP. Especialista em Direito Processual Civil. Professora de cursos de pós-graduação. Procuradora do Município de Ribeirão Preto/SP.

Apresentação da Coleção Revisaço

"REVISAÇO" é a consagrada coleção de questões comentadas da *Editora Juspodivm*.

Com cuidado, pensamos num formato que fosse além dos comentários das questões. Algo que realmente pudesse ajudar o aluno no estudo de concursos ou Exames de Ordem, principalmente na revisão final.

Para isso, estabelecemos a seguinte estrutura **didática**:

- **Questões divididas por matéria e assunto, comentadas assertiva por assertiva, item por item**, demonstrando tanto o que está certo como o que está errado na questão;
- Sempre que possível, há uma "nota do autor" em cada questão trazendo **comentários que vão além do assunto abordado no exercício**.

Ao final das disciplinas apresentamos:

- **Dicas de estudo**, funcionando como verdadeiro resumo da matéria;
- **Súmulas dos Tribunais Superiores**;
- **Informativos do STF, STJ e TST**;
- **Orientações Jurisprudenciais.**

A ideia, portanto, é apresentar a **prática do concurso ou Exame da Ordem** (questões), a **doutrina para estudo** (dicas) e a **jurisprudência** (súmulas e informativos), formando a tríade necessária para uma revisão (verdadeiro REVISAÇO!) rumo ao sucesso na aprovação.

Vários livros compõem a coleção e, para todos, chamamos grandes nomes, professores experientes, profissionais de destaque e especialistas em cada área para que organizassem as obras e comentassem as questões.

Acreditamos que esta coleção será bastante útil aos candidatos de concursos públicos e Exame de Ordem.

EDITORA JUSPODIVM

www.editorajuspodivm.com.br

Sumário

DIREITO CONSTITUCIONAL ... 97

Paulo Lépore

Língua Portuguesa

Duda Nogueira

TABELA DE INCIDÊNCIA DE QUESTÕES

Distribuição das questões organizada por ordem didática de assuntos		
Assunto	**Número de Questões**	**Peso**
1. FONOLOGIA		
ORTOGRAFIA E SEMÂNTICA	14	17,72%
ACENTUAÇÃO	3	3,80%
2. MORFOLOGIA		
CLASSES GRAMATICAIS – ADJETIVO, ADVÉRBIO, CONJUNÇÃO	2	2,53%
CLASSES GRAMATICAIS – PRONOME	7	8,86%
CLASSES GRAMATICAIS – VERBO	3	3,80%
3. SINTAXE		
ANÁLISE SINTÁTICA	4	5,06%
PERÍODO COMPOSTO	7	8,86%
CONCORDÂNCIA	6	7,59%
REGÊNCIA	5	6,33%
CRASE	3	3,80%
PONTUAÇÃO	4	5,06%
4. INTERPRETAÇÃO DE TEXTO		
INTERPRETAÇÃO DE TEXTO	21	26,58%
Total	**79**	**100%**

Língua Portuguesa

Duda Nogueira

✦ PARTE I – APRESENTAÇÃO

1. APRESENTAÇÃO

O capítulo de Língua Portuguesa contém questões comentadas das últimas provas. O objetivo é direcionar os estudos, focando nos principais assuntos exigidos pela banca VUNESP. Indicado aos candidatos que já possuem conhecimento da teoria gramatical para que, através de "macetes" e dicas, consigam chegar ao X da questão.

Não confira o gabarito antes de resolver as questões, já que o objetivo do livro é fazer com que o candidato desvende, de forma objetiva e rápida, os segredos de cada item pedido. Em todos os assuntos, há dicas de como direcionar os estudos, sem precisar seguir o edital, além de dicas resumidas no final do capítulo.

Saboreie o prazer de fazer os testes de língua portuguesa como se estivesse conversando, como se a estivesse utilizando no dia a dia. O segredo é este: fazer com que a nossa linguagem fique mais perto, mais palpável. Recheie com alguns ingredientes teóricos e obtenha sucesso. É possível!

Bons estudos!

✦ PARTE II – FONOLOGIA

1. ORTOGRAFIA E SEMÂNTICA

Texto para responder às questões.

Há quatro anos, Chris Nagele fez o que muitos executivos no setor de tecnologia já tinham feito – ele transferiu sua equipe para um chamado escritório aberto, sem paredes e divisórias.

Os funcionários, até então, trabalhavam de casa, mas ele queria que todos estivessem juntos, para se conectarem e colaborarem mais facilmente. Mas em pouco tempo ficou claro que Nagele tinha cometido um grande erro. Todos estavam distraídos, a produtividade caiu, e os nove empregados estavam insatisfeitos, sem falar do próprio chefe.

Em abril de 2015, quase três anos após a mudança para o escritório aberto, Nagele transferiu a empresa para um espaço de 900 m^2 onde hoje todos têm seu próprio espaço, com portas e tudo.

Inúmeras empresas adotaram o conceito de escritório aberto – cerca de 70% dos escritórios nos Estados Unidos são assim – e até onde se sabe poucos retornaram ao modelo de espaços tradicionais com salas e portas.

Pesquisas, contudo, mostram que podemos perder até 15% da produtividade, desenvolver problemas graves de concentração e até ter o dobro de chances de ficar doentes em espaços de trabalho abertos – fatores que estão contribuindo para uma reação contra esse tipo de organização.

Desde que se mudou para o formato tradicional, Nagele já ouviu colegas do setor de tecnologia dizerem sentir falta do estilo de trabalho do escritório fechado. "Muita gente concorda – simplesmente não aguentam o escritório aberto. Nunca se consegue terminar as coisas e é preciso levar mais trabalho para casa", diz ele.

É improvável que o conceito de escritório aberto **caia em desuso**, mas algumas firmas estão seguindo o exemplo de Nagele e voltando aos espaços **privados**.

Há uma boa razão que explica por que todos adoram um espaço com quatro paredes e uma porta: foco. A verdade é que não conseguimos cumprir várias tarefas ao mesmo tempo, e pequenas distrações podem desviar nosso foco por até 20 minutos.

Retemos mais informações quando nos sentamos em um local fixo, afirma Sally Augustin, psicóloga ambiental e de design de interiores.

(Bryan Borzykowski, "Por que escritórios abertos podem ser ruins para funcionários." Disponível em: <www1.folha.uol.com.br>. Acesso em: 04.04.2017. Adaptado)

01. (Vunesp – Escrevente Técnico Judiciário – TJ – SP/2017) O termo **privado** está em relação de sentido com **público**, seu antônimo, da mesma forma que estão as palavras

A) insatisfeitos e desabonados.

B) tradicional e usual.

C) distraídos e atentos.

D) conectar e interligar.

E) improvável e inaceitável.

COMENTÁRIOS

✪ **Nota da autora:** Questão de semântica, pois a banca exige vocábulos antônimos, isto é, que possuam sentido contrário, oposto ou incompatível com o de outra.

Alternativa correta: letra "c" – *Distraído* é sinônimo de alheio, ocupado, entretido, **desatento**, concentrado, absorto, pateta, alheado, esquecido, abstraído; *atento* é sinônimo de circunspecto, gentil, dócil, **atencioso**, amável, vigilante, sisudo, discreto, atilado, cortês, cauteloso, sengo, prudente, obsequioso. São palavras antônimas.

Vejamos, a seguir, os antônimos dos outros vocábulos.

Alternativa "a" –insatisfeitos: satisfeitos; desabonados: reabilitados moralmente.

Alternativa "b" –tradicional: moderno, contemporâneo, recente; usual: raro, incomum.

Alternativa "d" – conectar: separar, desunir; interligar: desvincular, dissociar.

Alternativa "e" –improvável: provável; inaceitável: aceitável.

02. (Vunesp – Escrevente Técnico Judiciário – TJ – SP/2017) Na frase – É improvável que o conceito de escritório aberto **caia em desuso** ... – a expressão em destaque tem o sentido de

A) sofra censura.

B) torne-se obsoleto.

C) mostre-se alterado.

D) mereça sanção.

E) seja substituído.

COMENTÁRIOS

Alternativa correta: letra "b" – A expressão *cair em desuso* é sinônima de *obliterar,* que no sentido figurado significa *fazer esquecer, ficar esquecido. Tornar-se obsoleto* é o mesmo que tornar-se antiquado, arcaico, retrógrado, ou seja, possuem o mesmo significado.

Alternativa "a" –Não há relação com censura – *ação ou poder de recriminar, criticar ou repreender.*

Alternativa "c" –Alterado é *trocado, adulterado, mudado.*

Alternativa "d" –Sanção: *pena, punição.*

Alternativa "e" –Substituído: *mudado, modificado, alterado, trocado.*

03. (Vunesp – Escrevente Técnico Judiciário – TJ – SP/2017) Assinale a alternativa cuja frase contém palavras empregadas em sentido figurado, no contexto em que se encontram.

A) Corri em volta do parque Buenos Aires e do cemitério da Consolação...

B) O Ibirapuera, o parque do Estado, o Jardim da Luz são uns raros respiros perdidos entre o mar de asfalto...

C) ... parque noturno com bastante gente, quase nenhum carro e propício a todo tipo de atividades...

D) Lá em Cotia, no fim da tarde, eu corria em volta de um lago, desviando de patos...

E) É o que vemos nas avenidas abertas aos pedestres, nos fins de semana...

COMENTÁRIOS

✪ **Nota da autora:** Questão de semântica – denotação e conotação. Relembremos, a seguir, a diferença.

Sentido figurado é conotação, isto é, ação que consiste no emprego de uma palavra a partir de um sentido figurado, não literal, e dependente do contexto. Aquilo que uma palavra pode sugerir, além do seu sentido literal, através de associações com outras palavras, outros contextos, outros seres ou objetos.

Sentido literal é denotação, ou seja, sentido próprio de uma palavra, ou qualquer outra coisa, desprovido de ampliações ou modificações em seu significado. Relação objetiva de significado entre a representação, símbolo, som, ícone, e o conceito estabelecido por eles.

Alternativa correta: letra "b" – No sentido literal (denotativo), "respiro" significa *respiração;* no sentido figurado (conotativo), significa **descanso, repouso, folga** – exatamente a ideia utilizada no contexto.

Alternativa "a" –*Corri*: desloquei-me ou movime rapidamente; andei com velocidade; *em volta:* ao redor, perto de.

Alternativa "c" –*Noturno:* que se faz de noite.

Alternativa "d" –*Corria*: deslocava-me ou moviame rapidamente; andava com velocidade; *em volta:* ao redor, perto de.

Alternativa "e" –*Abertas:* nítidas, destampadas, acessíveis.

04. (Vunesp – Escrevente Técnico Judiciário – TJ – SP/2017) O trecho destacado na passagem – Todos estavam distraídos, a produtividade caiu, e os nove empregados estavam insatisfeitos, **sem falar do próprio chefe**.- tem sentido de:

A) até mesmo o próprio chefe.

B) apesar do próprio chefe.

C) exceto o próprio chefe.

D) diante do próprio chefe.

E) portanto o próprio chefe.

COMENTÁRIOS

✪ **Nota da autora:** Questão de semântica.

Alternativa correta: letra "a" – A ideia é de adição: os noves empregados **e** o próprio chefe estavam insatisfeitos. O vocábulo "até" é inclusivo e possui sentido de *também* e *mesmo*.

Alternativa "b" –*Apesar* possui ideia de oposição e não é o caso.

Alternativa "c" –O chefe também estava insatisfeito.

Alternativa "d" –Não possui ideia de lugar – *na frente de*.

Alternativa "e" –*Portanto* indica conclusão e não adição.

05. (Vunesp – Escrevente Técnico Judiciário – TJ – SP/2017) Assinale a alternativa cuja frase contém apenas palavras empregadas em sentido próprio.

A) O ônibus da excursão subia lentamente a serra. Ele, um dos garotos no meio da garotada em algazarra...

B) Era a vida voltando, e com esta encharcou todo o seu interior arenoso até se saciar.

C) ... deixava a brisa fresca bater-lhe no rosto e entrar-lhe pelos cabelos com dedos longos...

D) ... e seus olhos saltavam para fora da janela, procurando a estrada, penetrando entre os arbustos...

E) Sofreu um tremor que [...] se iniciou bem dentro dele e tomou-lhe o corpo todo estourando pelo rosto em brasa viva.

COMENTÁRIOS

✪ **Nota da autora:** Questão de semântica – sentido denotativo.

Alternativa correta: letra "a" – Sentido próprio é o sentido literal, ou seja, o sentido que costumeiramente é usado para uma palavra: garotada em *algazarra* – gritaria, berreiro, tumulto.

Acompanhe, a seguir as palavras usadas no sentido figurado (simbólico, metafórico), seguidas do sentido denotativo (próprio).

Alternativa "b" –A vida *encharcou* o interior. Denotação: alagou.

Alternativa "c" –A brisa *bater* no rosto. Denotação: colidir, chocar.

Alternativa "d" –Os olhos *saltavam* da janela. Denotação: pulavam.

Alternativa "e" –Um tremor *estourou* pelo rosto. Denotação: explodiu, arrebentou.

Texto para responder à questão.

Palavras, percebemos, são pessoas. Algumas são sozinhas: Abracadabra. Eureca. Bingo. Outras são promíscuas (embora prefiram a palavra "gregária"): estão sempre cercadas de muitas outras: Que. De. Por.

Algumas palavras são casadas. A palavra caudaloso, por exemplo, tem união estável com a palavra rio – você dificilmente verá caudaloso andando por aí acompanhada de outra pessoa. O mesmo vale para frondosa, que está sempre com a árvore. Perdidamente, coitado, é um advérbio que só adverbia o adjetivo apaixonado. Nada é ledo a não ser o engano, assim como nada é **crasso** a não ser o erro. **Ensejo** é uma palavra que só serve para ser aproveitada. Algumas palavras estão numa situação pior, como calculista, que vive em constante ménage'*', sempre acompanhada de assassino, frio e e.

Algumas palavras dependem de outras, embora não sejam grudadas por um hífen – quando têm hífen elas não são casadas, são siamesas. Casamento acontece quando se está junto por algum mistério. Alguns dirão que é amor, outros dirão que é afinidade, carência, preguiça e outros sentimentos menos nobres (a palavra engano, por exemplo, só está com ledo por pena – sabe que ledo, essa palavra moribunda, não iria encontrar mais nada a essa altura do campeonato).

Esse é o problema do casamento entre as palavras, que por acaso é o mesmo do casamento entre pessoas. Tem sempre uma palavra que ama mais. A palavra árvore anda com várias palavras além de frondosa. O casamento é aberto, mas para um lado só. A palavra rio sai com várias outras palavras na calada da noite: grande, comprido, branco, vermelho – e caudaloso fica lá, sozinho, em casa, esperando o rio chegar, a comida esfriando no prato.

Um dia, caudaloso cansou de ser maltratado e resolveu sair com outras palavras. Esbarrou com o abraço que, por sua vez, estava farto de sair com grande, essa palavra tão gasta. O abraço caudaloso deu tão certo que ficaram perdidamente inseparáveis. Foi em Manuel de Barros. Talvez pra isso sirva a poesia, pra desfazer ledos enganos em prol de encontros mais frondosos.

(Gregório Duvivier, Abraço caudaloso. Disponível em: <http://www1.folha.uol.com.br/>. Acesso em: 02 fev 2015. Adaptado)

06. (Vunesp – Escrevente Técnico Judiciário – TJ-SP/2015) No segundo parágrafo, o autor aponta combinações de palavras que geram as expressões "erro **crasso**" e "aproveitar o **ensejo**". Os termos nelas destacados significam, respectivamente,

A) grosseiro e ocasião.

B) calculado e companhia.

C) premeditado e tempo.

D) clássico e oportunidade.

E) imprevisto e dia.

COMENTÁRIOS

✪ **Nota da autora:** A banca costuma exigir o sentido figurado (ou metafórico) das palavras. Preste muita atenção no contexto em que foi inserido cada vocábulo.

Alternativa correta: letra "a"

- ***Crasso***, no sentido figurado, significa "que tende a ser grosseiro ou rude; rudimentar". É o sentido utilizado para dar característica ao erro. No sentido denotativo significa "que se apresenta de modo denso; cerrado ou fechado". Não é o caso.

- ***Ensejo*** é ocasião, conjuntura (situação, acontecimento).

Confira, a seguir, os sinônimos de cada palavra para aumentar o vocabulário.

Alternativa "b" –Calculado: medido, contado; companhia: convivência.

Alternativa "c" –Premeditado: planejado, propositado, intencional; tempo: fase, período, temporada.

Alternativa "d" –O erro está em "clássico": antigo, tradicional. Oportunidade é ensejo, circunstância, situação.

Alternativa "e" –Imprevisto: inesperado, extraordinário; dia: claridade, luz.

07. (Vunesp – Escrevente Técnico Judiciário – TJ-SP/2015) As palavras destacadas nas passagens – (I) ... as sociedades com maior número de pessoas **altruístas** sobreviveram por mais tempo. e (II) É justificável diante da eterna **ambivalência** humana: queremos ser bons, mas temos medo. – têm sentido contextual de

A) (I) dedicadas aos semelhantes e (II) ambiência.

B) (I) praticantes da filantropia e (II) ambiguidade.

C) (I) coerentes e (II) dualidade.

D) (I) afáveis e (II) multiplicidade.

E) (I) dotadas de autonomia e (II) duplicidade.

COMENTÁRIOS

✪ **Nota da autora:** A questão foi muito discutida, mas o gabarito está correto. Veja, a seguir, os sentidos das palavras no contexto.

Alternativa correta: letra "b"

I. **Altruísta** – pessoa que demonstra altruísmo; quem pratica o altruísmo; filantropo (que sente amor pela humanidade; diz-se da pessoa humanitária, que pratica a caridade);

II. **Ambivalência** – caráter daquilo que possui dois aspectos radicalmente diferentes, opostos até. Ambiguidade (em filosofia): dualidade (designa duas entidades isoláveis, por oposição) profunda de um termo, de uma proposição ou de uma situação.

Alternativa "a" –I. Certo; **II. Errado.** Ambiência é *aquilo que envolve, que cerca; meio físico ou moral.*

Alternativa "c" –I. Errado. Coerente: harmônico, lógico; II. Certo.

Alternativa "d" –I. Errado. Afável: cortês, amável. **II. Errado**. Multiplicidade: abundância, variedade.

Alternativa "e" –I. Errado. Autonomia: aptidão ou competência para gerir sua própria vida, valendo-se de seus próprios meios, vontades e/ou princípios; II. Certo.

Texto para responder à questão.

O fim do direito é a paz, o meio de que se serve para consegui-lo é a luta. Enquanto o direito estiver sujeito às ameaças da injustiça – e isso perdurará enquanto o mundo for mundo –, ele não poderá prescindir da luta. A vida do direito é a luta: luta dos povos, dos governos, das classes sociais, dos indivíduos.

Todos os direitos da humanidade foram conquistados pela luta; seus princípios mais importantes tiveram de enfrentar os ataques daqueles que a ele se opunham; todo e qualquer direito, seja o direito de um povo, seja o direito do indivíduo, só se afirma por uma disposição **ininterrupta** para a luta. O direito não é uma simples ideia, é uma força viva. Por isso a justiça sustenta numa das mãos a balança com que pesa o direito, enquanto na outra segura a espada por meio da qual o defende. A espada sem a balança é a força bruta, a balança sem a espada, a impotência do direito. Uma completa a outra, e o verdadeiro estado de direito só pode existir quando a justiça sabe brandir a espada com a mesma **habilidade** com que manipula a balança.

O direito é um trabalho sem tréguas, não só do Poder Público, mas de toda a população. A vida do direito nos oferece, num simples relance de olhos, o espetáculo de um esforço e de uma luta incessante, como o despendido na produção econômica e espiritual. Qualquer pessoa que se veja na contingência de ter de sustentar seu direito participa dessa tarefa de âmbito nacional e contribui para a realização da ideia do direito.

É verdade que nem todos enfrentam o mesmo desafio. A vida de milhares de indivíduos desenvolve-se tranquilamente e sem obstáculos dentro dos limites fixados pelo direito. Se lhes disséssemos que o direito é a luta, não nos compreenderiam, pois só veem nele um estado de paz e de ordem.

(Rudolf von Ihering, A luta pelo direito)

08. (Vunesp – Escrevente Técnico Judiciário – TJ-SP/2015) As palavras destacadas no 2º parágrafo – **ininterrupta** e **habilidade** – têm antônimos corretos, respectivamente, em:

A) feroz e presteza.

B) insistente e descaso.

C) descontinuada e inaptidão.

D) desinteressada e imperícia.

E) interminável e destreza.

COMENTÁRIOS

Nota da autora: Questão de semântica por exigir, mais uma vez, antônimos.

Alternativa correta: letra "c" –Vejamos os sinônimos antes dos antônimos a fim de enriquecer o vocabulário.

1. **Ininterrupta** e **habilidade**

   Sinônimos

   - Ininterrupta: continuada, contínua, seguida.

   - Habilidade: propensão, qualidade, orientação.

   Antônimos

   - Ininterrupta: interrupta, parada = **descontinuada.**

   - Habilidade: defeito, problema = **inaptidão.**

2. **Descontinuada e inaptidão**

   Sinônimos

   - Descontinuada: interrompida, suspensa.

   - Inaptidão: inabilidade, incapacidade.

   Antônimos

   - Descontinuada: permanente, definitiva = **ininterrupta.**

   - Inaptidão: aptidão = **habilidade**.

Alternativa "a" –feroz: bom, calmo, manso; presteza: demora, lentidão, indiferença.

Alternativa "b" –insistente: ocasional, passageiro, breve; descaso: atenção, cuidado, zelo.

Alternativa "d" –desinteressada: interessada; imperícia: perícia.

Alternativa "e" –interminável: acabável, pequeno, terminável; destreza: imperícia, indestreza.

Texto para responder à questão.

Palavras, percebemos, são pessoas. Algumas são sozinhas: Abracadabra. Eureca. Bingo. Outras são promíscuas (embora prefiram a palavra "gregária"): estão sempre cercadas de muitas outras: Que. De. Por.

Algumas palavras são casadas. A palavra caudaloso, por exemplo, tem união estável com a palavra rio – você dificilmente verá caudaloso andando por aí acompanhada de outra pessoa. O mesmo vale para frondosa, que está sempre com a árvore. Perdidamente, coitado, é um advérbio que só adverbia o adjetivo apaixonado. Nada é ledo a não ser o engano, assim como nada é crasso a não ser o erro. Ensejo é uma palavra que só serve para ser aproveitada. Algumas palavras estão numa situação pior, como calculista, que vive em constante ménage'*', sempre acompanhada de assassino, frio e e.

Algumas palavras dependem de outras, embora não sejam grudadas por um hífen – quando têm hífen elas não são casadas, são siamesas. Casamento acontece quando se está junto por algum mistério. Alguns dirão que é amor, outros dirão que é afinidade, carência, preguiça e outros sentimentos menos nobres (a palavra engano, por exemplo, só está com ledo por pena – sabe que ledo, essa palavra moribunda, não iria encontrar mais nada a essa altura do campeonato).

Esse é o problema do casamento entre as palavras, que por acaso é o mesmo do casamento entre pessoas. Tem sempre uma palavra que ama mais. A palavra árvore anda com várias palavras além de frondosa. O casamento é aberto, mas para um lado só. A palavra rio sai com várias outras palavras na calada da noite: grande, comprido, branco, vermelho – e caudaloso fica lá, sozinho, em casa, esperando o rio chegar, a comida esfriando no prato.

Um dia, caudaloso cansou de ser maltratado e resolveu sair com outras palavras. Esbarrou com o abraço que, por sua vez, estava farto de sair com grande, essa palavra tão gasta. O abraço caudaloso deu tão certo que ficaram perdidamente inseparáveis. Foi em Manuel de Barros. Talvez pra isso sirva a poesia, pra desfazer ledos enganos em prol de encontros mais frondosos.

(Gregório Duvivier, Abraço caudaloso. Disponível em: <http://www1.folha.uol.com.br/>. Acesso em: 02 fev 2015. Adaptado)

(*) ménage: coabitação, vida em comum de um casal, unido legitimamente ou não.

09. (Vunesp – Escrevente Técnico Judiciário – TJ-SP/2015) A partir da ideia de que palavras "são pessoas", o autor atribui às palavras caracterização própria de humanos. É correto afirmar que, nesse procedimento, ele emprega

A) palavras de gíria de jovens.

B) palavras em sentido figurado.

C) palavras ainda não dicionarizadas.

D) termos de uso regional.

E) expressões de vocabulário técnico.

COMENTÁRIOS

✪ **Nota da autora:** Questão de semântica.

Alternativa correta: letra "b" – Além de usar o sentido figurado – ocorre ampliação e modificação em seu significado –, foi usada também uma figura de linguagem denominada *personificação* ou *prosopopeia*: designação atribuída aos seres inanimados, abstratos, de ações, qualidades e sentimentos próprios do homem. Exemplos: algumas (palavras) são sozinhas, outras são promíscuas.

Alternativa "a" –Não se trata de vocabulário peculiar de um grupo, profissão, ou classe social.

Alternativa "c" –As palavras existem no dicionário.

Alternativa "d" –Não são palavras que trazem particularidades linguísticas próprias de uma região, geralmente provenientes de uma cultura particular.

Alternativa "e" – A linguagem técnica possui um conteúdo especializado. A especificação do produto para um novo microprocessador, uma apresentação financeira por um executivo sênior e uma reunião de projeto para um novo dispositivo médico são exemplos de comunicação técnica. Não é o caso.

Trecho para responder à questão.

(...) Se em uma disciplina tão concorrida quanto medicina um coeficiente de apenas 3% separa os privilegiados, **que estudaram em colégios privados**, dos negros e pobres, que frequentaram escolas públicas, então é justo supor que a diferença mínima pode, perfeitamente, ser igualada ou superada no decorrer dos cursos. Depende só da disposição do aluno. Na Universidade Federal do Rio de Janeiro (UFRJ), uma das mais conceituadas do País, os resultados do último vestibular surpreenderam. "A maior diferença entre as notas de ingresso de cotistas e não cotistas foi observada no curso de economia", diz Ângela Rocha, pró-reitora da UFRJ. "Mesmo assim, essa distância foi de 11%, o que, estatisticamente, não é significativo".

(www.istoe.com.br)

10. (Vunesp – Escrevente Técnico Judiciário – TJ-SP/2014) Considerando-se o contexto, na oração – ... que estudaram em colégios privados ... –, o termo em destaque opõe-se à ideia de

A) confidenciais.

B) coletivos.

C) restritos.

D) governamentais

E) particulares.

COMENTÁRIOS

Alternativa correta: letra "d" – Governamental é *que pertence ao governo*; privado é *particular, que não é público.*

Alternativa "a" – Confidencial: secreto, sigiloso, privado, reservado.

Alternativa "b" – Perigo à vista! No comando da questão: considerando-se o contexto. A expressão *colégios privados* não indica oposição de *colégios coletivos*. Colégios são privados ou governamentais.

Alternativa "c" – Restrito: que foi feito para um grupo em específico; exclusivo.

Alternativa "e" – Particular: não público; que tem caráter privado.

Trecho para responder à questão.

Um pé de milho

Aconteceu que no meu quintal, em um monte de terra trazido pelo jardineiro, nasceu alguma coisa que podia ser um pé de capim – mas descobri que era um pé de milho. Transplantei-o para o **exíguo** canteiro na frente da casa. Secaram as pequenas folhas, pensei que fosse morrer. Mas ele reagiu. Quando estava do tamanho de um palmo, veio um amigo e declarou desdenhosamente que na verdade aquilo era capim. Quando estava com dois palmos veio outro amigo e afirmou que era cana. (...)

(Rubem Braga. 200 crônicas escolhidas, 2001. Adaptado)

11. (Vunesp – Escrevente Técnico Judiciário – TJ-SP/2014) Na oração do primeiro parágrafo – Transplantei-o para o **exíguo** canteiro na frente da casa. –, o termo em destaque significa

A) contíguo.

B) adequado

C) primoroso

D) pequeno.

E) notável.

COMENTÁRIOS

Alternativa correta: letra "d" – Exíguo: Pronuncia-se /ezíquo/ e significa *que possui dimensões menores; pequeno.*

Alternativa "a" -contíguo = situado ao lado de; que está muito próximo de.

Alternativa "b" -adequado = apropriado, adaptado, que corresponde perfeitamente a um objetivo; ajustado, apropriado.

Alternativa "c" - primoroso = feito com primor. Excelente, distinto, belo.

Alternativa "e" -notável = que merece ser notado (digno de atenção).

Texto para responder às questões.

Um pé de milho

Aconteceu que no meu quintal, em um monte de terra trazido pelo jardineiro, nasceu alguma coisa que podia ser um pé de capim – mas descobri que era um pé de milho. Transplantei-o para o exíguo canteiro na frente da casa. **Secaram as pequenas folhas**, pensei que fosse morrer. **Mas ele reagiu**. Quando estava do tamanho de um palmo, veio um amigo e declarou desdenhosamente que **na verdade aquilo era capim**. Quando estava com dois palmos veio outro amigo e afirmou que era cana.

Sou um ignorante, um pobre homem da cidade. Mas eu tinha razão. **Ele cresceu, está com dois metros, lança as suas folhas além do muro** – e é um esplêndido pé de milho. Já viu o leitor um pé de milho? Eu nunca tinha visto. **Tinha visto centenas de milharais** – mas é diferente. Um pé de milho sozinho, em um canteiro, espremido, junto do portão, numa esquina de rua – não é um número numa lavoura, é um ser vivo e independente. Suas raízes roxas se agarram ao chão e suas folhas longas e verdes nunca estão imóveis.

Anteontem aconteceu o que era inevitável, mas que nos encantou como se fosse inesperado: meu pé de milho pendoou. **Há muitas flores belas no mundo**, e a flor do meu pé de milho não será a mais linda. Mas aquele pendão firme, vertical, **beijado pelo vento do mar, veio enriquecer nosso canteirinho vulgar** com uma força e uma alegria que fazem bem. É alguma coisa de vivo que se afirma com ímpeto e certeza. **Meu pé de milho é um belo gesto da terra**. E eu não sou mais um medíocre homem que vive atrás de uma chata máquina de escrever: sou um rico lavrador da Rua Júlio de Castilhos.

(Rubem Braga. 200 crônicas escolhidas, 2001. Adaptado)

---

12. (Vunesp – Escrevente Técnico Judiciário – TJ-SP/2014) Assinale a alternativa em que, nas duas passagens, há termos empregados em sentido figurado.

A) ... beijado pelo vento do mar... (3° §) / Meu pé de milho é um belo gesto da terra. (3° §)

B) Mas ele reagiu. (1° §) / ... na verdade aquilo era capim. (1° §)

C) Secaram as pequenas folhas... (1° §) / Sou um ignorante... (2° §)

D) Ele cresceu, está com dois metros... (2° §) / Tinha visto centenas de milharais... (2° §)

E) ... lança as suas folhas além do muro... (2° §) / Há muitas flores belas no mundo... (3° §)

COMENTÁRIOS

✪ **Nota da autora:** Questão de semântica-denotação e conotação.

Alternativa correta: letra "a" – *Beijado* está no sentido de "tocado" (conotação) e não de "encostar os lábios" (denotação); *gesto* foi empregado no sentido de "fruto" (conotação), não de "aceno, meneio".

A seguir, os sentidos denotativos estão explícitos. Vejamos.

Alternativa "b" –*reagiu*: exerceu reação contra, opôs-se; *capim:* nome comum a várias espécies da família das gramíneas e das ciperáceas, quase todas usadas como forragem.

Alternativa "c" –*secaram:* murcharam; *ignorante:* pessoa sem instrução; quem desconhece certo assunto.

Alternativa "d" –*cresceu:* aumentou, ascendeu; *milharais:* plantações de milho.

Alternativa "e" –*lança:* arremessa, atira, dispara; *belas:* excessivamente bonitas; de forma ou aparência perfeita, harmoniosa, agradáveis aos olhos.

---

13. (Vunesp – Escrevente Técnico Judiciário – TJ-SP/2014) Na passagem do terceiro parágrafo – ... veio enriquecer nosso canteirinho vulgar... –, o substantivo, empregado no diminutivo, contribui para expressar a ideia de

A)exatidão.

B) desprezo.

C) simplicidade

D) soberba.

E) abundância.

COMENTÁRIOS

✪ **Nota da autora:** Questão de semântica.

Os diminutivos nem sempre indicam diminuição de tamanho. Dependendo de como os diminutivos são colocados no contexto, eles podem assumir as mais diversas significações e não apenas diminuição de tamanho. O principal morfema da Língua Portuguesa para denotar o diminutivo é "inho"(a). Os outros sufixos são: acho,culo, ebre, eco, ejo, ela, ete, eto, iço, im, isco, Ito, ote, ucho, ulo, únculo, usco.Na linguagem coloquial, as formas sintéticas dos diminutivos, tanto nos substantivos, quanto nos advérbios e adjetivos, são, na maioria das vezes utilizadas não só como diminutivos, mas também para indicar as várias manifestações da emoção e das intenções do falante. A significação dos diminutivos depende do contexto e só existe em relação a ele.[1]

Alternativa correta: letra "c" – Indica simplicidade pelo fato que foi criado através de "um monte de terra trazido pelo jardineiro".

Alternativa "a" –Não é perfeito nem pontual.

Alternativa "b" –Não há desdém ou desapego.

Alternativa "d" –O diminutivo não pode indicar orgulho. O aumentativo possui essa característica.

Alternativa "e" –Característica do aumentativo, não do diminutivo.

---

14. (Vunesp – Escrevente Técnico Judiciário – TJ-SP/2014) Assinale a alternativa em que a reescrita do texto altera o sentido original.

(A) Secaram as pequenas folhas, pensei que fosse morrer. (1º §)

= Secaram as folhas pequenas, pensei que fosse morrer.

B) É alguma coisa de vivo que se afirma com ímpeto e certeza. (3º §)

= É algo de vivo que, com ímpeto e certeza, afirma-se.

C) ... em um monte de terra trazido pelo jardineiro... (1º §)

= ... em um monte de terra que o jardineiro trouxe.

D) Anteontem aconteceu o que era inevitável... (3º §)

= Aquilo que era inevitável anteontem aconteceu...

E) Sou um ignorante, um pobre homem da cidade. (2º §)

= Sou um ignorante, um homem pobre da cidade.

COMENTÁRIOS

✪ **Nota da autora:** Questão de semântica.

Alternativa correta: letra "e" – Um pobre homem: um coitado, um infeliz, um mísero; um homem pobre: pessoa que tem carência do necessário à sobrevivência.

Alternativa "a" – Ao inserir o adjetivo (pequenas) anteposto ao substantivo, o efeito é apenas de ênfase. O sentido não é alterado.

Alternativa "b" – De qualquer forma, os termos estão ligados ao verbo *afirmar-se*.

Alternativa "c" – Alterou a voz verbal de passiva – (foi) trazido – para a voz ativa (o jardineiro trouxe).

Alternativa "d" – Vale relembrar que na estrutura "o(a) + que", os termos são pronomes – demonstrativo e relativo, respectivamente. Sendo assim, "o" equivale a *aquilo* e "que" equivale a *o qual*.

2. ACENTUAÇÃO

O assunto não foi cobrado nas provas de Escrevente – Técnico Judiciário – TJ SP de 2017, 2015 e 2014. Por esse motivo, estudaremos através de questões de outro cargo e de prova anterior – 2013.

---

15. (Vunesp – Estatístico Judiciário – TJ SP/2015 – adaptada) Acentuam-se em razão da mesma regra as seguintes palavras:

A) dívidas, crédito, empréstimo.

B) carnê, período, salário.

C) salário, também, comércio.

D) favorável, último, crédito.

E) tendência, também, carnê.

COMENTÁRIOS

✪ **Nota da autora:** Sugiro que faça uma tabelinha a fim de evitar erros. Não coloque as regras especiais dentro da tabela – hiato, ditongos abertos e monossílabos.

Alternativa correta: letra "a" – Todas as proparoxítonas são acentuadas. Perceba que os acentos estão na mesma coluna:

	PRO	PAR	OXI
	DÍ	vi	das
	CRÉ	di	to
em	**PRÉS**	ti	mo

Alternativa "b" –Apenas *carnê* é oxítona.

Alternativa "c" –Apenas *também* é oxítona.

Alternativa "d" –Apenas *favorável* é paroxítona.

Alternativa "e" –Apenas *tendência* é paroxítona.

Texto para responder à questão.

Veja, aí estão eles, a bailar seu diabólico "pas de deux" (*): sentado, ao fundo do restaurante, o cliente paulista acena, assovia, agita os braços num agônico polichinelo; encostado à parede, marmóreo e impassível, o garçom carioca o ignora com redobrada atenção. O paulista estrebucha: "Amigô?!", "Chefê?!", "Parceirô?!"; o garçom boceja, tira um fiapo do ombro, olha pro lustre.

---

1. Costa, Fernanda Oliveira Marconi. UCB. Disponível em <http://www.filologia.org.br/viicnlf/anais/caderno10-13.html>. Acesso em 20 set. 2017. Com adaptações.

Eu disse "cliente paulista", percebo a redundância: o paulista é sempre cliente. Sem querer estereotipar, mas já estereotipando: trata-se de um ser cujas interações sociais terminam, 99% das vezes, diante da pergunta "débito ou crédito?".[...] Como pode ele entender que o fato de estar pagando não garantirá a atenção do garçom carioca? Como pode o ignóbil paulista, nascido e criado na crua batalha entre burgueses e proletários, compreender o discreto charme da aristocracia?

Sim, meu caro paulista: o garçom carioca é antes de tudo um nobre. Um antigo membro da corte que esconde, por trás da carapinha entediada, do descaso e da gravata borboleta, saudades do imperador. [...] Se deixou de bajular os príncipes e princesas do século 19, passou a servir reis e rainhas do 20: levou gim tônicas para Vinicius e caipirinhas para Sinatra, uísques para Tom e leites para Nelson, recebeu gordas gorjetas de Orson Welles e autógrafos de Rockfeller; ainda hoje fala de futebol com Roberto Carlos e ouve conselhos de João Gilberto. Continua tão nobre quanto sempre foi, seu orgulho permanece intacto.

Até que chega esse paulista, esse homem bidimensional e sem poesia, de camisa polo, meia soquete e sapatênis, achando que o jacarezinho de sua Lacoste é um crachá universal, capaz de abrir todas as portas. Ah, paulishhhhta otáááario, nenhum emblema preencherá o vazio que carregas no peito – pensa o garçom, antes de conduzi-lo à última mesa do restaurante, a caminho do banheiro, e ali esquecê-lo para todo o sempre.

Veja, veja como ele se debate, como se debaterá amanhã, depois de amanhã e até a Quarta-Feira de Cinzas, maldizendo a Guanabara, saudoso das várzeas do Tietê, onde a desigualdade é tão mais organizada: "Ô, companheirô, faz meia hora que eu cheguei, dava pra ver um cardápio?!". Acalme-se, conterrâneo. Acostume-se com sua existência plebeia. O garçom carioca não está aí para servi-lo, você é que foi ao restaurante para homenageá-lo. (Antonio Prata, Cliente paulista, garçom carioca. Folha de S.Paulo, 06.02.2013)

(*) Um tipo de coreografia, de dança.

16. (Vunesp – Escrevente Técnico Judiciário – TJ – SP/2013) É correto dizer que a acentuação gráfica que o autor emprega tanto segue a norma-padrão quanto desobedece a ela, neste caso, numa tentativa de imitar a entonação oral do chamamento. Essa afirmação é baseada na acentuação, respectivamente, de

A) sapatênis e Tietê.

B) diabólico e marmóreo.

C) esquecê-lo e amigô.

D) companheirô e débito.

E) chefê e parceirô.

COMENTÁRIOS

Alternativa correta: letra "c" – Importante atentar-se ao enunciado: acentuação gráfica que o autor emprega tanto segue a norma-padrão (**forma correta**) quanto desobedece a ela (**forma incorreta**), respectivamente:

1) esquecê-lo = correta – oxítona terminada em *e*.
2) amigô = incorreta. Corrigindo: amigo – paroxítona terminada em *o*.

Dica – Acentuam-se as oxítonas terminadas em:

a(s)	o(s)
e(s)	em, ens

Alternativa "a" – Corretas as duas formas: **sapatênis** (paroxítona terminada em *is*) e **Tietê** (oxítona terminada em *e*).

Dica – Acentuam-se as paroxítonas terminadas em:

<table>
<tr><td>l</td><td>fácil</td><td rowspan="2">um, uns</td><td rowspan="2">álbum, álbuns</td></tr>
<tr><td>n</td><td>pólen</td></tr>
<tr><td>r</td><td>cadáver</td><td rowspan="3">ã(s), ão(s)</td><td rowspan="3">órfã, órfãs, órfão, órfãos</td></tr>
<tr><td>ps</td><td>bíceps</td></tr>
<tr><td>x</td><td>tórax</td></tr>
<tr><td>us</td><td>vírus</td><td rowspan="3">ditongo oral (seguido ou não de s)</td><td rowspan="3">jóquei, túneis</td></tr>
<tr><td>i, is</td><td>júri, lápis</td></tr>
<tr><td>om, ons</td><td>iândom, íons</td></tr>
</table>

Observações:

1) As paroxítonas terminadas em *"n"* são acentuadas (hífen), mas as que terminam em *"ens"*, não. (*hifens, jovens*)
2) Não são acentuados os prefixos terminados em *"i"* e *"r"*. (*semi, super*)
3) Acentuam-se as paroxítonas terminadas em ditongos crescentes: *ea(s), oa(s), eo(s), ua(s), ia(s), ue(s), ie(s), uo(s),io(s). (Fonte: http://www.soportugues.com.br)*

Alternativa "b" – Corretas as duas formas: diabólico (proparoxítona) e marmóreo (paroxítona terminada em ditongo).

Alternativa "d" – Ordem inversa do que é pedido:

1) errada – companheirô (correção: companheiro)
2) correta – débito (proparoxítona) .

Alternativa "e" – As duas formas estão erradas: chefê (chefe) e parceirô (parceiro).

17. (Vunesp – Escrevente Técnico Judiciário – TJ – SP/2013) Assinale a alternativa com as palavras acentuadas segundo as regras de acentuação, respectivamente, de **intercâmbio** e **antropológico**.

A) Distúrbio e acórdão.

B) Máquina e jiló.

C) Alvará e Vândalo.

D) Consciência e características.

E) Órgão e órfãs.

COMENTÁRIOS

Alternativa "d": correta – Intercâmbio e consciência: paroxítonas terminadas em ditongo; antropológico e características = proparoxítonas.

	Pro	PAR	Oxi
in	ter	**CÂM**	bio
cons	ci	**ÊN**	cia

			PRO	Par	Oxi
an	tro	po	**LÓ**	gi	co
ca	rac	te	**RÍS**	ti	cas

Alternativa "a":

	Pro	PAR	Oxi
in	ter	**CÂM**	bio
	dis	**TÚR**	bio

			PRO	PAR	Oxi
an	tro	po	**LÓ**	gi	co
			a	**CÓR**	dão

Alternativa "b":

	PRO	PAR	Oxi
in	ter	**CÂM**	bio
	MÁ	qui	na

			PRO	Par	OXI
an	tro	po	**LÓ**	gi	co
				ji	**LÓ**

Alternativa "c".

	Pro	PAR	OXI
in	ter	**CÂM**	bio
	al	va	**RÁ**

			PRO	Par	Oxi
an	tro	po	**LÓ**	gi	co
			VÂN	da	lo

Alternativa "e".

	Pro	PAR	Oxi
in	ter	**CÂM**	bio
		ÓR	gão

			PRO	PAR	Oxi
an	tro	po	**LÓ**	gi	co
				ÓR	fãs

✦ PARTE III – MORFOLOGIA

1. CLASSES GRAMATICAIS – ADJETIVO, ADVÉRBIO, CONJUNÇÃO

18. (Vunesp – Escrevente Técnico Judiciário – TJ – SP/2017 – adaptada) Na passagem – *Não sabia* ***como*** *e* ***por que*** *mas agora se sentia* ***mais*** *perto da água, pressentia-a mais próxima* – as expressões destacadas trazem ao contexto, correta e respectivamente, as ideias de

A) modo, dúvida e lugar.

B) comparação, causa e tempo.

C) modo, causa e lugar.

D) comparação, dúvida e tempo.

E) modo, causa e intensidade.

COMENTÁRIOS

✪ **Nota da autora:** A dica é fazer pergunta ou substituir as palavras para encontrar suas ideias e/ou valores, circunstâncias. Trabalhe por eliminação para ganhar tempo.

Alternativa correta: letra "e"

1. Não sabia como = não sabia a maneira = não sabia o **modo**. Eliminadas B e D;
2. Não sabia por que = não sabia a razão = não sabia a **causa**. Eliminada A;
3. Sentia-se apenas perto? Não, sentia-se **mais** perto = **intensidade**. Antônimo de *menos*. Eliminada C por não caber a pergunta "onde?", isto é, não indica lugar. Exemplo: Mora em Londres – a preposição "em" indica lugar.

19. (Vunesp – Escrevente Técnico Judiciário – TJ-SP/2015) Observe o comentário acerca de advérbio e de adjetivo expresso na frase – *Perdidamente, coitado, é um advérbio que só adverbia o adjetivo apaixonado.* – e assinale a alternativa em que os termos destacados são (I) advérbio modificando adjetivo e (II) adjetivo.

A) (I) **várias** palavras; (II) palavra **moribunda**.

B) (I) tem **sempre**; (II) é **aberto**.

C) (I) **menos** nobres; (II) união **estável**.

D) (I) **sempre** acompanhada; (II) algum **mistério**.

E) (I) **dificilmente** verá; (II) **outras** palavras.

COMENTÁRIOS

✪ **Nota da autora:** O advérbio pode indicar circunstância do verbo, intensificar o adjetivo, ou o próprio advérbio.

Alternativa correta: letra "c" – O advérbio está intensificando o adjetivo *nobre;* a união (é) estável: qualifica o substantivo.

DICA – O adjetivo é variável; o advérbio é invariável.

Alternativa "a" –pronome indefinido (possui sentido vago); adjetivo.

Alternativa "b" –advérbio modificando o verbo; adjetivo.

Alternativa "d" –advérbio modificando o adjetivo; substantivo.

Alternativa "e" –advérbio modificando o verbo; pronome indefinido.

2. CLASSES GRAMATICAIS – PRONOME

Leia o texto dos quadrinhos, para responder à questão.

(Charles M. Schulz. Snoopy- Feliz dia dos namorados!)

20. (Vunesp – Escrevente Técnico Judiciário – TJ – SP/2017) Assinale a alternativa em que a frase baseada nas falas dos quadrinhos apresenta emprego e colocação de pronomes de acordo com a norma-padrão.

A) O garoto respondeu à menina, perguntando-a onde estava o advogado dela.

B) A menina afirmou ao garoto que poderá processar ele, caso este não ajudar-lhe com a lição de casa.

C) A menina afirmou ao garoto que poderia processá-lo, se este não a ajudasse com a lição de casa.

D) Em resposta à menina, o garoto resolveu perguntá-la onde estava o advogado dela.

E) A menina ameaçou processar-lhe, caso o garoto não ajudasse-a com a lição de casa.

COMENTÁRIOS

✪ **Nota da autora:** Questão de pronome e regência.

Importante relembrar que os pronomes o(s), a(s) exercem função de objeto direto (complemento sem preposição). Se o verbo terminar em *r, s,* ou *z,* assumirá a forma lo(s), la(s), havendo supressão da consoante final. Quando possuir função de objeto indireto (exigir preposição), usa-se a forma lhe(s).

Alternativa correta: letra "c" – O verbo *processar* é transitivo direto e admite o pronome "o". Como o verbo termina em "r", assume a forma **processá-lo**. O advérbio de negação atrai o pronome oblíquo: **não a ajudasse**. O verbo ajudar é transitivo direto, admitindo o pronome oblíquo "a" como complemento.

Alternativa "a" –O verbo *perguntar* é transitivo direto (algo – onde estava o advogado dela) e indireto (a alguém – lhe). Correção: **perguntando-lhe**.

Alternativa "b" –1. Como complemento verbal – objeto direto e objeto indireto –, usam-se as formas oblíquas do pronome pessoal e não a forma reta (função de sujeito). O verbo *processar* é transitivo direto: **processá-lo**; 2. O verbo ajudar é transitivo direto (ajudar alguém): ajudá-la; 3. O advérbio de negação atrai o pronome oblíquo: **não a ajude**.

Alternativa "d" –O verbo *perguntar* é transitivo direto (algo – onde estava o advogado dela) e indireto (a alguém – lhe). Correção: **perguntando-lhe**.

Alternativa "e" –1. O verbo *processar* é transitivo direto: **processá-lo**; 2. O advérbio de negação atrai o pronome oblíquo: **não a ajudasse**.

21. (Vunesp – Escrevente Técnico Judiciário – TJ – SP/2017) Assinale a alternativa em que o pronome em destaque está empregado com o mesmo sentido de posse que tem o pronome "lhe", na passagem – Ele, um dos garotos no meio da garotada em algazarra, deixava a brisa fresca bater-**lhe** no rosto e entrar-**lhe** pelos cabelos...

A) Faça-**a** ver que ninguém está questionando sua atitude.

B) Pegou-**me** a mão, tentando encorajar-me a tomar uma decisão.

C) Não vá forçá-**lo** a assumir função para a qual não se acha preparado.

D) Não esperávamos entregar-**lhes** nossos documentos naquele momento.

E) Chegou-**nos** a notícia do desaparecimento do helicóptero.

COMENTÁRIOS

✪ **Nota da autora:** O pronome pessoal oblíquo com sentido de posse é adjunto adnominal na análise sintática.

Alternativa correta: letra "b" – Substitua o pronome pessoal por um possessivo: bater-**lhe** no rosto = bater em **seu** rosto e entrar pelos **seus** cabelos. Pegou-**me** a mão = pegou a **minha** mão.

Alternativa "a" –O pronome está ligado ao verbo – objeto direto – e não pode ser substituído por *meu, minha, teu, tua, seu, sua* etc.

Alternativa "c" –Forçar **alguém** (objeto direto) a algo (objeto indireto).

Alternativa "d" –Entregar algo (objeto direto) **a alguém** (objeto indireto).

Alternativa "e" –Chegou algo (objeto direto) **a alguém** (objeto indireto).

---

22. (Vunesp – Escrevente Técnico Judiciário – TJ-SP/2015) De acordo com a norma-padrão, o pronome destacado pode ser colocado também depois do verbo no trecho:

A) Se **lhes** disséssemos que o direito é a luta ...

B) ... só **se** afirma por uma disposição ininterrupta para a luta...

C) ... o meio de que **se** serve para consegui-lo ...

D) A vida do direito **nos** oferece ...

E) ... segura a espada por meio da qual **o** defende.

COMENTÁRIOS

✪ **Nota da autora:** Há próclise (pronome antes do verbo) com palavras ou expressões negativas, conjunções subordinativas, advérbios, pronomes relativos, indefinidos e demonstrativo (dica: RID), verbo no gerúndio antecedido pela preposição "em" (em se tratando), formas verbais proparoxítonas (nós o censurávamos) e em frases interrogativas, exclamativas ou optativas (Macacos me mordam!).

Alternativa correta: letra "d" – Por não haver palavra atrativa, o pronome oblíquo pode vir proclítico (antes do verbo), ou enclítico (depois do verbo).

Alternativa "a" –A conjunção subordinada condicional (se) atrai o pronome: próclise obrigatória.

Alternativa "b" –O advérbio de exclusão (só) atrai o pronome oblíquo.

Alternativa "c" –O pronome relativo (que) atrai o pronome.

Alternativa "e" –O pronome relativo (a qual) atrai o pronome.

---

23. (Vunesp – Escrevente Técnico Judiciário – TJ-SP/2015) Assinale a alternativa em que o pronome destacado está empregado de acordo com a norma-padrão.

A) O mundo conhece a paz graças aos povos, governos, classes sociais e indivíduos, **cuja** luta a garante.

B) Há milhares de indivíduos **onde** a sua vida se desenvolve tranquilamente e sem obstáculos.

C) A luta garante a conquista dos direitos da humanidade, **o qual** os princípios mais importantes dela foram atacados.

D) A Justiça tem numa das mãos uma balança, **cuja** representa a garantia de que o direito será pesado, ponderado.

E) O direito é uma força viva, **onde** os homens batalham incessantemente para manter.

COMENTÁRIOS

✪ **Nota da autora:** Questão de pronome relativo e regência. É imprescindível ler os comentários a seguir para evitar erro. Lembrando que os relativos *onde, que, o (a) qual* e suas variações referem-se a termos anteriores.

Alternativa correta: letra "a"

1. O pronome relativo *cuja* concorda com "luta" e indica posse dos termos anteriores. Lê-se: a luta dos povos, governos, classes sociais e indivíduos garante.
2. Por concordar com o sujeito (a luta garante), não admite preposição, pois não pode haver preposição no sujeito.

Alternativa "b" –A ideia é "a vida dos indivíduos". Retificando: Há milhares de indivíduos **cuja** vida se desenvolve.

Alternativa "c" –A ideia é "os princípios mais importantes da conquista dos direitos da humanidade". Retificando: A luta garante a conquista dos direitos da humanidade, **cujos** princípios mais importantes dela foram atacados.

Alternativa "d"

1. O pronome relativo retoma "balança";
2. Na ordem direta: a balança (sujeito) representa a garantia. Retoma o anterior e possui função de sujeito (sem preposição). Podem-se usar estes pronomes: *A Justiça tem numa das mãos uma balança,* ***a qual*** *representa a garantia* ou *A Justiça tem numa das mãos uma balança,* ***que*** *representa a garantia.*

Alternativa "e"

1. O pronome relativo retoma "força viva";
2. Na ordem direta, com os termos pospostos ao relativo, até chegar à palavra retomada: os homens batalham incessantemente para manter **a força viva** (objeto direto – manter algo).
3. Não exige preposição e podemos usar estes pronomes: *O direito é uma força viva,* ***que*** *os homens batalham incessantemente para manter* ou *O direito é uma força viva,* ***a qual*** *os homens batalham incessantemente para manter.*

24. (Vunesp – Escrevente Técnico Judiciário – TJ-SP/2014) Leia a charge.

(*Folha de S.Paulo*, 08.10.2014. Adaptado)

A lacuna na fala da personagem deve ser preenchida, corretamente, com:

A) em cujo
B) aonde
C) em que
D) que
E) ao qual

COMENTÁRIOS

Nota da autora: É imprescindível fazer o passo a passo a seguir para evitar erro.

Alternativa correta: letra "c"

1. O pronome relativo retoma "mundo melhor";
2. Montando a oração posterior ao relativo até encaixar o termo retomado, tem-se: todos sejam iguais **em** um mundo melhor;
3. A preposição "em" foi exigida e deve estar antes do pronome relativo: **em que** ou **no qual**.

Observação: por se tratar de lugar (mundo), poderia ser usada também a forma **onde** – que equivale a *em que* e *no qual*.

Alternativa "a" –O pronome relativo *cujo* concorda com o termo posterior e indica posse do termo anterior. Sendo assim, não cabe na lacuna; a ideia e a correção gramatical tornar-se-iam incorretas.

Alternativa "b" – A preposição "a" não foi exigida.

Alternativa "d" –Faltou a inserção da preposição "em".

Alternativa "e" – A preposição "a" não foi exigida.

Texto para responder à questão.

As cotas raciais deram certo porque seus beneficiados são, sim, competentes. Merecem, sim, frequentar uma universidade pública e de qualidade. No vestibular, que é o princípio de tudo, os cotistas estão só um pouco atrás. Segundo dados do Sistema de Seleção Unificada, a nota de corte para os candidatos convencionais a vagas de medicina nas federais foi de 787,56 pontos. Para os cotistas, foi de 761,67 pontos. A diferença entre **eles**, portanto, ficou próxima de 3%. IstoÉ entrevistou educadores e todos disseram que essa distância é mais do que razoável. Na verdade, é quase nada. Se em uma disciplina tão concorrida quanto medicina um coeficiente de apenas 3% separa os privilegiados, que estudaram em colégios privados, dos negros e pobres, que frequentaram escolas públicas, então é justo supor que a diferença mínima pode, perfeitamente, ser igualada ou superada no decorrer dos cursos. Depende só da disposição do aluno. Na Universidade Federal do Rio de Janeiro (UFRJ), uma das mais conceituadas do País, os resultados do último vestibular surpreenderam. "A maior diferença entre as notas de ingresso de cotistas e não cotistas foi observada no curso de economia", diz Ângela Rocha, próreitora da UFRJ. "Mesmo assim, essa distância foi de 11%, o que, estatisticamente, não é significativo".

(www.istoe.com.br)

25. (Vunesp – Escrevente Técnico Judiciário – TJ-SP/2014) O pronome **eles** tem como referente

A) candidatos convencionais e cotistas.

B) beneficiados.

C) dados do Sistema de Seleção Unificada.

D) dados do Sistema de Seleção Unificada e pontos.

E) pontos.

COMENTÁRIOS

Alternativa correta: letra "a" – Basta reler os períodos anteriores e encaixar os termos a que se refere o pronome pessoal: *a nota de corte* ***para os candidatos convencionais*** *a vagas de medicina nas federais foi de 787,56 pontos.* ***Para os cotistas****, foi de 761,67 pontos. A diferença entre* ***eles*** (os candidatos convencionais e os cotistas), *portanto, ficou próxima de 3%.*

Alternativa "b" –Os beneficiados são competentes.

Alternativa "c" –O Sistema apenas apresentou os dados.

Alternativa "d" –O Sistema apresentou os dados através da pontuação.

Alternativa "e" –O Sistema apresentou os dados através da pontuação.

26. (Vunesp – Escrevente Técnico Judiciário – TJ-SP/2014) Assinale a alternativa correta quanto à colocação pronominal, de acordo com a norma padrão da língua portuguesa.

A) Se criou na China, com o acordo de transição, a fórmula "um país, dois sistemas".

B) Por um período de 50 anos, manteriam-se o arcabouço democrático e a livre-iniciativa.

C) O governo chinês recentemente se arrogou o direito de aprovação prévia dos candidatos.

D) Os chineses têm questinado-se se o país pretende intervir e ampliar seu controle sobre Hong Kong.

E) Não respeitaram-se os princípios que presidiram a passagem de Hong Kong à China.

COMENTÁRIOS

Alternativa correta: letra "c" – O advérbio de tempo *recentemente* atrai o pronome pessoal oblíquo.

Alternativa "a" – Não se inicia oração com pronome oblíquo: **Criou-se**.

Alternativa "b" – Verbo no futuro do pretérito do indicativo exige mesóclise por não haver fator de próclise (palavra atrativa): **manter-se-iam**.

Alternativa "d" –Estando o verbo principal no particípio, o pronome oblíquo átono não poderá vir depois dele: **têm-se questionado.**

Alternativa "e" – O advérbio de negação atrai o pronome oblíquo: Não **se respeitaram**.

3. CLASSES GRAMATICAIS – VERBO

27. (Vunesp – Escrevente Técnico Judiciário – TJ – SP/2017) Iniciando-se a frase – **Retemos** mais informações quando nos **sentamos** em um local fixo... – com o termo **Talvez**, indicando condição, a sequência que apresenta correlação dos verbos destacados de acordo com a norma-padrão será:

A) reteríamos ... sentarmos

B) retínhamos ... sentássemos

C) reteremos ... sentávamos

D) retivemos ... sentaríamos

E) retivéssemos ... sentássemos

COMENTÁRIOS

Alternativa correta: letra "e" – Ao inserir o termo *talvez*, as ações passam a ser condicionais e, consequentemente, deve-se utilizar o pretérito imperfeito do subjuntivo – talvez retivéssemos... quando nos sentássemos. Lembre-se de que o verbo *reter* é conjugado como o verbo *ter* (tivéssemos).

Alternativa "a" –Poderiam ser usados os dois tempos condicionais: reteríamos (futuro do pretérito do indicativo) quando nos **sentássemos** (pretérito imperfeito do subjuntivo).

Alternativa "b" –Não cabe o pretérito imperfeito do indicativo (retínhamos) – indica ação prolongada.

Alternativa "c" –Além de não existir a forma *reteremos*, não cabe usar o futuro do subjuntivo (retivermos) no primeiro caso, apenas no segundo, pois existe a conjunção "quando". Enfim, os dois verbos estão incorretos.

Alternativa "d" –Não cabe o pretérito perfeito do indicativo (ação concluída) por inserir o termo "talvez", assim como não cabe o uso do verbo no futuro do pretérito do indicativo (sentaríamos). Os dois verbos estão, também, incorretos.

28. (Vunesp – Escrevente Técnico Judiciário – TJ-SP/2015) Observe os verbos destacados nas passagens – ... enfrentar os ataques daqueles que a ele se **opunham**... / ... só **veem** nele um estado de paz e de ordem... – e assinale a alternativa em que estão corretamente conjugados os verbos **opor, ver** e os demais assinalados, que seguem o mesmo padrão de conjugação destes.

A) **Opormos** resistência à liderança dele foi um erro; agora querem que **revemos** nossa posição.

B) Se os interessados não se **opuserem** nem **previrem** razão para protelar o ato, amanhã mesmo será escolhido o síndico do condomínio.

C) Se não se **indisporem** com as amigas do filho, os pais permitirão que elas o **revejam** quando ele retornar.

D) Haverá problema se ele **ver** que houve manipulação de dados; certamente se **predisporá** a cancelar tudo.

E) Cada vez que **prever** resistência dos funcionários às decisões do chefe, ele intervirá, antes que todos se **indisponham**.

COMENTÁRIOS

Alternativa correta: letra "b" – O verbo *opor* é conjugado como o verbo *"pôr".* No futuro do subjuntivo: se eles não se opuserem (puserem); *prever* é conjugado como o "ver". No futuro do subjuntivo: se previrem (virem).

Alternativa "a" –1. Correto: infinitivo pessoal; 2. Errado: rever é conjugado como o *ver*: **revejamos** – no presente do subjuntivo.

Alternativa "c" –1. Errado: no futuro do subjuntivo = **indispuserem** (puserem); 2. Certo: presente do subjuntivo.

Alternativa "d" –1. Errado: o verbo *ver* no futuro do subjuntivo é **vir**; 2. Certo: futuro do presente do indicativo (porá).

Alternativa "e" –1. Errado: no futuro do subjuntivo = **previr** (vir); 2. Certo: presente do subjuntivo.

Charge para responder à questão.

(*Folha de S.Paulo*, 08.10.2014)

29. (Vunesp – Escrevente Técnico Judiciário – TJ-SP/2014) Um enunciado possível em substituição à fala do terceiro quadrinho, em conformidade com a norma-padrão da língua portuguesa, é:

A) Se você ir pelos caminhos da verdade, leve um capacete.

B) Caso você vá pelos caminhos da verdade, lembra-se de levar um capacete.

C) Se você se mantiver nos caminhos da verdade, leve um capacete.

D) Caso você se mantém nos caminhos da verdade, lembre de levar um capacete.

E) Ainda que você se mantêm nos caminhos da verdade, leva um capacete.

COMENTÁRIOS

Alternativa correta: letra "c" – **Se** indica dúvida, ou seja, o verbo deve ser conjugado no futuro do subjuntivo usando a conjunção "se" ou "quando". O verbo **manter** é conjugado como o verbo **ter**.

Futuro do subjuntivo			
		ter	manter
Quando Se	eu	tiver	mantiver
	tu	tiveres	mantiveres
	ele	**tiver**	**mantiver**
	nós	tivermos	mantivermos
	vós	tiverdes	mantiverdes
	eles	tiverem	mantiverem

Alternativa "a" -Se você for = futuro do subjuntivo.

Alternativa "b" -Lembre-se = imperativo afirmativo.

Alternativa "d" – Caso se mantenha = presente do subjuntivo.

Alternativa "e" -Ainda que se mantenha = presente do subjuntivo.

✦ PARTE IV – SINTAXE

1. ANÁLISE SINTÁTICA

O assunto não foi cobrado nas provas de Escrevente – Técnico Judiciário – TJ SP de 2017, 2015 e 2014. Por esse motivo, estudaremos através de questões de provas anteriores. Importante lembrar que os assuntos posteriores dependem da análise sintática.

30. (Vunesp – Escrevente Técnico Judiciário – TJ – SP/ 2010) Assinale a alternativa em que a colocação dos termos na frase foge da usual, tal como se observa em... do futebol de conchavos nada se aprende.

A) A mídia usa os ídolos para comover a população com emoções fortes.

B) A nação embarca num patriotismo desproporcional às vésperas de cada Copa.

C) O futebol se amarrou à autoimagem do país para sempre.

D) Dos técnicos de futebol muito se fala.

E) O surgimento consagrador de Pelé compensou o trauma de 1950.

COMENTÁRIOS

Alternativa "d": correta – Dos técnicos de futebol muito se fala. A colocação usual dos termos da frase seria: fala-se muito dos técnicos de futebol, ou seja, a oração não se inicia com o sujeito.

Dica – Bastaria eliminar as alternativas que se iniciam com sujeito.

Alternativa "a" – A mídia (sujeito); verbo usar: transitivo direto; para comover a população: adjunto adverbial de finalidade.

Alternativa "b" – A nação (sujeito); verbo embarcar: intransitivo.

Alternativa "c" – O futebol (sujeito); verbo amarrar-se: transitivo indireto.

Alternativa "e" – O surgimento consagrador de Pelé (sujeito); verbo compensar: transitivo direto.

31. (Vunesp – Escrevente Técnico Judiciário – TJ – SP/ 2010) Assinale a alternativa em que as duas frases apresentam sujeito composto, como em ... racionalidade e irracionalidade não são duas instâncias lado a lado,...

A) Vargas e seus ministros não eram fãs de futebol./ Mas o governo Vargas reinventou o Brasil, dando-lhe identidade cultural.

B) Mario Filho e Nelson Rodrigues foram os grandes cronistas do futebol./ Não se sentem à vontade para falar de futebol os comentaristas e os cronistas mais velhos.

C) Dois historiadores estrangeiros não querem usar o futebol para pregar nacionalismo./ O mundo exalta os ídolos por unir beleza e eficácia.

D) A fase de autoafirmação por meio do futebol já passou./ Geram ainda muita polêmica o futebol-arte e o futebol-força.

E) Eram dois grandes escritores, mas não se davam bem./ Intelectuais estrangeiros dedicam-se a estudar o fenômeno do futebol no Brasil.

COMENTÁRIOS

Alternativa "b": correta

- Primeira frase: Mário Filho e Nelson Rodrigues = sujeito composto – apresenta dois núcleos.
- Segunda frase: Os comentaristas e os cronistas mais velhos = sujeito composto – apresenta dois núcleos: comentaristas, cronistas.

Alternativa "a" – Só a primeira frase apresenta sujeito composto: Vargas e seus ministros. Segunda frase: sujeito simples = o governo Vargas.

Alternativa "c" – Primeira frase: sujeito simples = dois historiadores estrangeiros. Segunda frase: sujeito simples = o mundo.

Alternativa "d" – Só a segunda frase apresenta sujeito composto (o futebol-arte e o futebol-força). Primeira frase: – a fase da autoafirmação por meio do futebol.

Alternativa "e" – Primeira frase: sujeito simples = dois grandes escritores. Segunda frase: sujeito simples = intelectuais estrangeiros.

32. (Vunesp – Escrevente Técnico Judiciário – TJ – SP/ 2010) Assinale a alternativa em que a oração se estrutura, sequencialmente, com as mesmas funções sintáticas dos termos da oração: As artes nunca desperdiçam nosso tempo.

A) Os prazeres da vida não têm as mesmas relações com o jogo?

B) O futebol me ensinou muito mais que os livros de história.

C) Os intelectuais sempre criticam os esportes.

D) Projetamos sobre o futebol um gosto pela façanha.

E) Os livros e as artes sempre são importantes.

COMENTÁRIOS

Alternativa "c": correta

As artes	nunca	desperdiçam	nosso tempo
sujeito	adj. adv. tempo	V.T.D.	O.D.

Os intelectuais	sempre	criticam	os esportes
sujeito	adj. adv. tempo	V.T.D.	O.D.

Alternativa "a"

Os prazeres da vida	não	têm	as mesmas relações com o jogo?
sujeito e adjunto adnominal do sujeito (da vida)	adj. adv. negação	V.T.D.	O.D.

Alternativa "b"

O futebol	me	ensinou	muito mais	que os livros de história
sujeito	O.I.	V.T.D.I.	adj. adv. intensidade	Sujeito do verbo elíptico ensinou

Alternativa "d"

Projetamos	sobre o futebol	um gosto	pela façanha
V.T.D.	adj. adv. lugar	O.D.	C.N.

Alternativa "e"

Os livros e as artes	sempre	são	importantes
sujeito composto	adj. adv. tempo	V.L.	predicativo do sujeito

33. (Vunesp – Escrevente Técnico Judiciário – TJ – SP/ 2010) A alternativa em que as duas expressões em destaque exercem, no contexto frasal, a função sintática de circunstância de tempo, é:

A) **Quando** algumas pessoas que **só** acompanham meu trabalho cultural sabem que admiro futebol...

B) ... sugerem que os livros e as artes **sempre** são importantes e **nunca** desperdiçam nosso tempo...

C) **Como** nas artes, na política **ou** na paquera, o grande segredo mora no "timing".

D) O futebol **também** me ensinou **sobre a natureza humana**.

E) **Se** 2 bilhões de pessoas param para ver a Copa do Mundo, um observador cultural **não** pode ficar indiferente a isso.

COMENTÁRIOS

Alternativa "b": correta – As duas expressões em destaque exercem no contexto, a função sintática temporal, através dos adjuntos adverbiais de tempo, basta fazer a pergunta quando?

Alternativa "a" – Quando: tempo; só: exclusão = apenas.

Alternativa "c" – Comparação e alternância.

Alternativa "d" – Inclusão e assunto.

Alternativa "e" – Condição e negação.

2. PERÍODO COMPOSTO

Leia o texto dos quadrinhos, para responder à questão.

(Charles M. Schulz. Snoopy- Feliz dia dos namorados!)

34. (Vunesp – Escrevente Técnico Judiciário – TJ – SP/2017) A relação de sentido que há entre as partes sinalizadas no período – (I) Se você não me ajudar com a lição de casa, (II) eu vou processar você – é:

A) (I) expressa uma causa; (II) expressa o momento da ação.

B) (I) expressa uma condição; (II) expressa uma possível ação consequente.

C) (I) expressa modo da ação já realizada; (II) expressa sua causa.

D) (I) expressa uma comparação; (II) expressa seu efeito futuro.

E) (I) expressa uma ação possível; (II) expressa uma ação precedente realizada.

COMENTÁRIOS

Alternativa correta: letra "b"

I. *Se você não me ajudar* equivale a **caso você não me ajude**: condição;

II. *Eu vou processar você*: consequentemente, processarei você = consequência.

Alternativa "a" –I. Indicam causa: *porque, como*(-sempre introduzido na oração anteposta à oração principal), *pois, pois que, já que, uma vez que, visto que*; II. A ação expressa é em relação ao futuro: ideia de *processarei* – futuro do presente do indicativo.

Alternativa "c" –I. A ação é condicional – poderá acontecer, ou não –, conforme comentado na resposta; II. Indicam causa: *porque, como*(sempre introduzido na oração anteposta à oração principal), *pois, pois que, já que, uma vez que, visto que.*

Alternativa "d" –I. Indicam comparação: *como, tão... como (quanto), mais (do) que, menos (do) que;* II. Expressa consequência.

Alternativa "e" –I. Expressa ação condicional (se = caso); II. Nenhuma ação foi realizada.

Trecho para responder à questão.

(...) Em abril de 2015, quase três anos após a mudança para o escritório aberto, Nagele transferiu a empresa para um espaço de 900 m² onde hoje todos têm seu próprio espaço, com portas e tudo.

Inúmeras empresas adotaram o conceito de escritório aberto – cerca de 70% dos escritórios nos Estados Unidos são assim – e até onde se sabe poucos retornaram ao modelo de espaços tradicionais com salas e portas.

Pesquisas, **contudo**, mostram que podemos perder até 15% da produtividade, desenvolver problemas graves de concentração e até ter o dobro de chances de ficar doentes em espaços de trabalho abertos – fatores que estão contribuindo para uma reação contra esse tipo de organização.

Desde que se mudou para o formato tradicional, Nagele já ouviu colegas do setor de tecnologia dizerem sentir falta do estilo de trabalho do escritório fechado. "Muita gente concorda – simplesmente não aguentam o escritório aberto. Nunca se consegue terminar as coisas e é preciso levar mais trabalho para casa", diz ele. (...)

(Bryan Borzykowski, "Por que escritórios abertos podem ser ruins para funcionários." Disponível em: <www1.folha.uol.com.br>.Acesso em: 04.04.2017. Adaptado)

35. (Vunesp – Escrevente Técnico Judiciário – TJ – SP/2017 – adaptada) É correto afirmar que a expressão – **contudo** – estabelece uma relação de sentido com o parágrafo

A) anterior, confirmando com estatísticas o sucesso das empresas que adotaram o modelo de escritórios abertos.

B) posterior, expondo argumentos favoráveis à adoção do modelo de escritórios abertos.

C) anterior, atestando a eficiência do modelo aberto com base em resultados de pesquisas.

D) anterior, introduzindo informações que se contrapõem à visão positiva acerca dos escritórios abertos.

E) posterior, contestando com dados estatísticos o formato tradicional de escritório fechado.

COMENTÁRIOS

Alternativa correta: letra "d" - A conjunção *contudo* é coordenada adversativa e indica, consequentemente, contraposição, oposição: *Inúmeras empresas adotaram o conceito de escritório aberto* **versus** *pesquisas mostram que podemos perder até 15% da produtividade, desenvolver problemas graves de concentração e até ter o dobro de chances de ficar doentes em espaços de trabalho abertos.*

Alternativa "a" –Em primeiro lugar, não há confirmação. Indicam conformidade (regra): *conforme, como, consoante* e *segundo.*

Alternativa "b" –Expõe argumento contrário.

Alternativa "c" –Não há eficiência, como visto na explicação da alternativa correta.

Alternativa "e" –Não ocorre constatação, mas sim dados estatísticos que mostram o efeito ruim que poderá causar.

36. (Vunesp – Escrevente Técnico Judiciário – TJ-SP/2015) Assinale a alternativa que reescreve, com correção e sem alteração de sentido, a passagem – Algumas palavras dependem de outras, embora não sejam grudadas por um hífen.

A) Contanto que não sejam grudadas por um hífen, algumas palavras dependem de outras.

B) Algumas palavras dependem de outras, exceto se são grudadas por um hífen.

C) Algumas palavras dependem de outras, quando não são grudadas por um hífen.

D) Apesar de não serem grudadas por um hífen, algumas palavras dependem de outras.

E) Desde que não sejam grudadas por um hífen, algumas palavras dependem de outras.

COMENTÁRIOS

Alternativa correta: letra "d" – *Embora* é conjunção subordinada concessiva, ou seja, indica oposição. Equivale a *conquanto, ainda que, ainda quando, mesmo que, se bem que, posto que,* ***apesar de***.

Alternativa "a" –*Contanto* indica condição. Indicam condição: *se, caso, contanto que, desde que, salvo se, exceto se, a não ser que, a menos que, sem que, uma vez que*(seguida de verbo no subjuntivo).

Alternativa "b" –*Se* é condicional.

Alternativa "c" –*Quando* indica tempo. Indicam tempo: *enquanto, mal ,assim que, logo que, todas as vezes que, antes que, depois que, sempre que, desde que.*

Alternativa "e" –*Desde que* é condicional.

---

37. (Vunesp – Escrevente Técnico Judiciário – TJ-SP/2015) Na passagem – O abraço caudaloso deu tão certo **que ficaram perdidamente inseparáveis**. –, o trecho destacado expressa, em relação ao anterior, ideia de

A) consequência

B) tempo.

C) causa.

D) condição.

E) modo.

COMENTÁRIOS

Alternativa correta: letra "a" – Basta substituir por *de modo que* para saber se indica consequência: O abraço caudaloso deu tão certo **de modo que** ficaram perdidamente inseparáveis.

Alternativa "b" –Indicam tempo: *quando, enquanto, mal, assim que, logo que, todas as vezes que, antes que, depois que, sempre que, desde que.*

Alternativa "c" –Indicam causa: *porque, como*(-sempre introduzido na oração anteposta à oração principal), *pois, pois que, já que, uma vez que, visto que.*

Alternativa "d" –Indicam condição: *se, caso, contanto que, desde que, salvo se, exceto se, a não ser que, a menos que, sem que, uma vez que*(seguida de verbo no subjuntivo).

Alternativa "e" – Indicam modo: *como* e *sem que.*

Trecho para responder à questão.

Há teorias evolucionistas que defendem que as sociedades com maior número de pessoas altruístas sobreviveram por mais tempo **por serem mais capazes de manter a coesão**.

---

38. (Vunesp – Escrevente Técnico Judiciário – TJ-SP/2015)É correto afirmar que a frase destacada na passagem expressa, em relação à que a antecede, o sentido de

A) tempo.

B) adição.

C) causa.

D) condição.

E) finalidade.

COMENTÁRIOS

✪ **Nota da autora:** Lembre que onde há causa, há consequência.

Alternativa correta: letra "c"

Por que teorias evolucionistas defendem que as sociedades com maior número de pessoas altruístas sobreviveram por mais tempo?	por serem mais capazes de manter a coesão. = **Porque** são mais capazes de manter a coesão.
A pergunta é a **consequência**.	A resposta é a **causa**.

Alternativa "a" -Indicam tempo: *quando, enquanto, mal,assim que, logo que, todas as vezes que, antes que, depois que, sempre que, desde que.*

Alternativa "b" –Indicam adição: *e, nem* (= e não),*não só... mas também, nao só... como também, bem como, não só... mas ainda.*

Alternativa "d" –*se, caso, contanto que, desde que, salvo se, exceto se, a não ser que, a menos que, sem que, uma vez que*(seguida de verbo no subjuntivo).

Alternativa "e" –Indicam finalidade: *a fim de que, que, porque* (= para que) e *para que.*

Trecho para responder à questão.

As cotas raciais deram certo porque seus beneficiados são, sim, competentes. Merecem, sim, frequentar uma universidade pública e de qualidade. No vestibular, que é o princípio de tudo, os cotistas estão só um pouco atrás. Segundo dados do Sistema de Seleção Unificada, a nota de corte para os candidatos convencionais a vagas de medicina nas federais foi de 787,56 pontos. Para os cotistas, foi de 761,67 pontos. A diferença entre eles, **portanto**, ficou próxima de

3%. IstoÉ entrevistou educadores e todos disseram que essa distância é mais do que razoável. (...)

(www.istoe.com.br)

39. (Vunesp – Escrevente Técnico Judiciário – TJ-SP/2014) A conjunção **portanto** expressa ideia de

A) comparação

B) explicação.

C) adição.

D) condição.

E) conclusão.

COMENTÁRIOS

Alternativa correta: letra "e" – Para facilitar, insira a conjunção entre as orações: a nota de corte para os candidatos convencionais a vagas de medicina nas federais foi de 787,56 pontos. Para os cotistas, foi de 761,67 pontos, **portanto** a diferença entre eles ficou próxima de 3%. A conjunção possui ideia de conclusão.

Indicam conclusão: logo, por conseguinte, consequentemente, por isso, assim sendo, desse modo, pois.

Alternativa "a" – Indicam comparação: como, assim como, tal como, como se, (tão)... como, tanto como, tanto quanto, do que, quanto, tal, qual, tal qual, que nem, que (combinado com menos ou mais) etc.

Alternativa "b" – Indicam explicação: que, porque, pois (= porque), porquanto.

Alternativa "c" – Indicam adição: e, nem (= e não), não só... mas também, não só... como também, bem como, não só... mas ainda.

Alternativa "d" – Indicam condição: se, caso, contanto que, salvo se, a não ser que, desde que, a menos que, sem que, etc.

Trecho para responder à questão.

Um pé de milho

Aconteceu que no meu quintal, em um monte de terra trazido pelo jardineiro, nasceu alguma coisa que podia ser um pé de capim – mas descobri que era um pé de milho. Transplantei-o para o exíguo canteiro na frente da casa. Secaram as pequenas folhas, pensei que fosse morrer. Mas ele reagiu. Quando estava do tamanho de um palmo, veio um amigo e declarou desdenhosamente que na verdade aquilo era capim. Quando estava com dois palmos veio outro amigo e afirmou que era cana.

Sou um ignorante, um pobre homem da cidade. Mas eu tinha razão. Ele cresceu, está com dois metros, lança as suas folhas além do muro – e é um esplêndido pé de milho. Já viu o leitor um pé de milho? Eu nunca tinha visto. Tinha visto centenas de milharais – mas é diferente. Um pé de milho sozinho, em um canteiro, espremido, junto do portão, numa esquina de rua – não é um número numa lavoura, é um ser vivo e independente. Suas raízes roxas se agarram ao chão e suas folhas longas e verdes nunca estão imóveis.(...)

(Rubem Braga. 200 crônicas escolhidas, 2001. Adaptado)

40. (Vunesp – Escrevente Técnico Judiciário – TJ-SP/2014) Assinale a alternativa em que há relação de causa e consequência entre as informações.

A) Suas raízes roxas se agarram ao chão e suas folhas longas e verdes nunca estão imóveis.

B) Transplantei-o para o exíguo canteiro na frente da casa. Secaram as pequenas folhas...

C) Tinha visto centenas de milharais – mas é diferente.

D) Quando estava com dois palmos veio outro amigo e afirmou que era cana.

E) ... podia ser um pé de capim – mas descobri que era um pé de milho.

COMENTÁRIOS

Alternativa correta: letra "b" – Para haver causa, é necessário fazer a pergunta "**por quê?**".

Por que transplantei-o para o exíguo canteiro na frente da casa? **Porque** secaram as pequenas folhas = causa.

Alternativa "a" – Adição (e).

Alternativa "c" – Adversidade (mas).

Alternativa "d" – Tempo (quando) e adição (e).

Alternativa "e" – Adversidade (mas).

3. CONCORDÂNCIA

41. (Vunesp – Escrevente Técnico Judiciário – TJ – SP/2017) Assinale a alternativa em que a nova redação dada ao trecho a seguir apresenta concordância de acordo com a norma-padrão: *Há quatro anos, Chris Nagele fez o que muitos executivos no setor de tecnologia já tinham feito.*

A) Muitos executivos já havia transferido suas equipes para o chamado escritório aberto, como feito por Chris Nagele.

B) Mais de um executivo já tinham transferido suas equipes para escritórios abertos, o que só aconteceu com Chris Nagele fazem mais de quatro anos.

C) O que muitos executivos fizeram, transferindo suas equipes para escritórios abertos, também foi feito por Chris Nagele, faz cerca de quatro anos.

D) Devem fazer uns quatro anos que Chris Nagele transferiu sua equipe para escritórios abertos, tais como foi transferido por muitos executivos.

E) Faz exatamente quatro anos que Chris Nagele fez o que já tinham sido feitos por outros executivos do setor.

COMENTÁRIOS

Alternativa correta: letra "c" – Concordância verbal: **executivos** fizeram; **o que muitos executivos fizeram** foi feito; **faz** cerca de quatro anos (tempo decorrido).

DICA – O verbo *fazer*, quando impessoal, não admite pluralização.

Alternativa "a" – O verbo *haver*, neste caso, não é impessoal – sentido de *existir, ocorrer*. Trata-se de verbo auxiliar (a expressão equivale a *transferiram*) e pede a pluralização: muitos executivos já **haviam** transferido.

Alternativa "b" – Na expressão "mais de um" seguida de substantivo, o verbo deve concordar com o substantivo: mais de um executivo **tinha** transferido. Tempo decorrido: **faz** mais de quatro anos.

Alternativa "d" – Se o verbo *fazer* não admite pluralização quando indica tempo decorrido, o verbo auxiliar também não admitirá: **Deve** fazer uns quatro anos. A equipe foi **transferida**.

Alternativa "e" –*Chris Nagele fez o que tinham sido feitos* equivale a *fez* aquilo(o) o qual (que)**tinha sido feito.** O pronome relativo retoma o pronome demonstrativo "o" e possui função de sujeito. O verbo deve concordar com o sujeito singular.

---

42. (Vunesp – Escrevente Técnico Judiciário – TJ – SP/2017) Assinale a alternativa que dá nova redação à passagem – O paulistano, contudo, não é de jogar a toalha – prefere estendê-la e se deitar em cima, caso lhe concedam dois metros quadrados de chão. – atendendo à norma-padrão de concordância.

A) Cem por cento dos paulistanos não joga a toalha – acha preferível estendê-la para que se deite sobre elas, caso seja dado a eles dois metros quadrados de chão.

B) Os paulistanos não jogam a toalha – acham preferíveis estendê-la e se deitar em cima, caso lhes deem dois metros quadrados de chão.

C) Mais de um paulistano não são de jogar a toalha – acham preferíveis estendê-la e se deitarem em cima, caso se dê a eles dois metros de chão.

D) Para os paulistanos, não se joga a toalha – é preferível que seja estendida, para que possam deitar-se sobre ela, caso lhes sejam dados dois metros quadrados de chão.

E) A maior parte dos paulistanos, contudo, não são de jogarem a toalha – acha preferível elas serem estendidas e deitar-se em cima, caso lhe seja dado dois metros de chão.

COMENTÁRIOS

Alternativa correta: letra "d"

1. O verbo *jogar* é transitivo direto seguido do pronome apassivador "se" = voz passiva sintética. Equivale a *a toalha* não é jogada – na passiva analítica. Forma correta: não **se joga**;
2. ... para que (os paulistanos) possam deitar-se;
3. Caso dois metros **sejam** dados a eles (**lhes**).

Alternativa "a" -Cem por cento dos paulistanos não **jogam;** (Cem por cento dos paulistanos)**acham**; para que **se deitem** (cem por cento dos paulistanos); dois metros quadrados **sejam dados**.

Alternativa "b" –Os paulistanos acham **preferível** estendê-la; (os paulistanos) **se deitarem**.

Alternativa "c" –Ao usar a expressão "mais de um" seguida de substantivo, o verbo deve concordar com o substantivo: mais de um paulistano não é de jogar a toalha; **acha preferível**; e **se deitar**; o verbo *dar* é transitivo direto seguido do pronome apassivador "se" = voz passiva sintética – possui sujeito e o verbo deve com ele concordar: caso **se deem** a eles dois metros de chão. Na passiva analítica: caso sejam dados a eles dois metros de chão.

Alternativa "e" –Há duas opções de concordância: ou todos os verbos concordam com a expressão partitiva "a maior parte" (singular), ou com o substantivo plural "paulistanos" (plural).

1. A maior parte dos paulistanos, contudo, não é de **jogar** a toalha – acha preferível elas serem estendidas e deitar-se em cima, caso lhe **sejam dados** dois metros de chão.
2. A maior parte dos paulistanos, contudo, não **são** de **jogar** a toalha – **acham** preferível elas serem estendidas e **deitarem**-se em cima, caso lhe **sejam dados** dois metros de chão.

---

43. (Vunesp – Escrevente Técnico Judiciário – TJ-SP/2015) No trecho – **Há** teorias evolucionistas que defendem que as sociedades com maior número de pessoas altruístas sobreviveram por mais tempo por serem mais capazes de manter a coesão –, a substituição do verbo destacado está de acordo com a norma-padrão de concordância em:

A) Deve existir.

B) Vão haver.

C) Podem haver.

D) Existem.

E) Podem existirem.

COMENTÁRIOS

Alternativa correta: letra "d" – O verbo *haver*, quando impessoal (sentido de *existir* ou *ocorrer*), não admite pluralização. Indicando tempo também não admite, pois continua sendo impessoal – sem sujeito.

O verbo *existir* admite pluralização por possuir sujeito e o verbo deve concordar com o sujeito:

<table>
<tr><td>Há</td><td>teorias</td><td rowspan="2">verbo impessoal
= singular</td></tr>
<tr><td>V.T.D.</td><td>O.D.</td></tr>
<tr><td>Existem</td><td>teorias</td><td rowspan="2">possui sujeito
= admite plural</td></tr>
<tr><td>Intransitivo</td><td>sujeito</td></tr>
</table>

Alternativa "a" –Devem existir.

Alternativa "b" –Vai haver.

Alternativa "c" –Pode haver.

Alternativa "e" –Podem **existir**. Não pode pluralizar os dois verbos, apenas o auxiliar. **EXCEÇÃO:** locução formada com o verbo *parecer*= Eles **parecem estar** felizes. Eles **parece estarem** felizes. Admite-se pluralizar o verbo auxiliar (parecer) ou o verbo principal (estar).

---

44. (Vunesp – Escrevente Técnico Judiciário – TJ-SP/2015) Assinale a alternativa que preenche, respectivamente, as lacunas do enunciado a seguir, observando a concordância nominal e verbal de acordo com a norma-padrão.

Mais de um conhecido meu não ___________ gentilezas, infelizmente. Para alguns, certos gestos _______ coisa de idiota, de gente __________ fora de moda. Com esses, é _________ paciência.

A) praticam ... constituem ... meia ... necessária

B) pratica ... constitui ... meia ... necessário

C) pratica ... constitui ... meio ... necessária

D) praticam ... constitui ... meio ... necessário

E) pratica ... constituem ... meio ... necessário

COMENTÁRIOS

Alternativa correta: letra "e"

1. Na expressão "mais de um" seguido de substantivo, o verbo deve concordar com o substantivo: mais de um <u>conhecido</u> não **pratica**. Eliminadas A e D;
2. O verbo deve concordar com o substantivo plural: certos gestos **constituem**. Eliminadas B e C. Resposta encontrada;
3. **Meio**: advérbio = invariável. Sentido de "um pouco";
4. É **necessário** paciência: sem termo modificador, o predicativo permanece no masculino.

DICA – Se houvesse qualquer termo modificador, o predicativo admitiria feminino: É necessária a paciência, ou é necessária muita paciência.

---

45. (Vunesp – Escrevente Técnico Judiciário – TJ-SP/2014) Os dados do Sistema de Seleção Unificada comprovam que a diferença de percentual entre os candidatos à medicina egressos tanto de escolas particulares quanto de escola públicas foi quase ______, pois eles tiveram desempenho ___________.

Em conformidade com a norma-padrão da língua portuguesa, as lacunas devem ser preenchidas, respectivamente, com:

A) nula ...bastantes semelhantes

B) nulo ... bastante semelhante

C) nula ... bastante semelhante

D) nula ... bastante semelhantes

E) nulo ... bastante semelhantes

COMENTÁRIOS

✪ **Nota da autora:** É aconselhável trabalhar por eliminação para ganhar tempo. Questão de concordância nominal.

Alternativa correta: letra "c"

1. <u>a diferença</u> de percentual entre os candidatos à medicina egressos tanto de escolas particulares quanto de escola públicas foi quase **nula**. Eliminadas B e E;
2. <u>desempenho</u> **bastante** semelhante: muito semelhante = advérbio de intensidade (invariável). Eliminada A;
3. <u>desempenho</u> bastante **semelhante**: o desempenho é semelhante = o adjetivo deve concordar com o substantivo. Eliminada D.

---

46. (Vunesp – Escrevente Técnico Judiciário – TJ-SP/2014) Pato manco. O termo da política norte-americana é usado para classificar executivos eleitos cuja aprovação popular e minoria no Legislativo os ______________________________ incapacitados de alterar significativamente a vida dos governados. Se tudo correr como _______ as pesquisas de intenção de voto, as eleições de novembro nos EUA, com renovação completa da Casa dos Representantes e um terço do Senado, ________ o presidente Barack Obama refém de um Congresso dominado pela oposição.

(www.cartacapital.com.br, 06.10.2014. Adaptado)

Em conformidade com a norma-padrão da língua portuguesa, as lacunas do texto devem ser preenchidas, respectivamente, com:

A) deixam ... indica ... deixarão
B) deixa ... indica ... deixará
C) deixam ... indicam ... deixará
D) deixam ... indicam ... deixarão
E) deixa ... indicam ... deixarão

COMENTÁRIOS

Alternativa correta: letra "d"

1. Sujeito composto = verbo no plural: aprovação popular e minoria no Legislativo **deixam**. Eliminadas B e E;
2. O verbo deve concordar com o sujeito plural: as pesquisas **indicam** (na ordem direta). Eliminada A;
3. Verbo concordando com o sujeito plural: as eleições **deixarão**. Eliminada C.

4. REGÊNCIA

47. (Vunesp – Escrevente Técnico Judiciário – TJ - SP/2017) Assinale a alternativa em que a substituição dos trechos destacados na passagem – O paulistano, contudo, não é de jogar a toalha – **prefere estendê-la e se deitar em cima**, caso lhe **concedam** dois metros quadrados de chão. – está de acordo com a norma-padrão de crase, regência e conjugação verbal.

A) prefere mais estendê-la do que desistir – põe à disposição.
B) prefere estendê-la à desistir – ponham a disposição.
C) prefere estendê-la a desistir – põe a disposição.
D) prefere estendê-la do que desistir – põem a disposição.
E) prefere estendê-la a desistir – ponham à disposição.

COMENTÁRIOS

✪ **Nota da autora:** Questão de regência, crase e verbo.

Alternativa correta: letra "e"

1. O verbo *preferir* é transitivo direto (algo) e indireto (a algo): prefere estendê-la a desistir;
2. O verbo *estender* é transitivo direto (estende algo): estendê-la;
3. A conjunção *caso* exige que o verbo *pôr* seja conjugado no presente do subjuntivo: ponham;
4. Crase obrigatória: "à disposição" é locução adverbial formada por palavra feminina (disposição).

Alternativa "a" –O verbo *preferir* não admite termo que intensifica (mais); a regência está incorreta – comentário no item 1; o verbo pôr deve ser conjugado no subjuntivo -item 3.

Alternativa "b" –Não há crase antes de verbo; faltou crase na locução adverbial de modo.

Alternativa "c" –Conjugação do verbo *pôr* está errada e faltou crase na locução adverbial.

Alternativa "d" –O verbo preferir não admite, como objeto indireto, a forma "do que" e, mais uma vez, faltou a crase na locução adverbial.

48. (Vunesp – Escrevente Técnico Judiciário – TJ-SP/2015) Na passagem – Outras são promíscuas (embora prefiram a palavra "gregária"): estão sempre cercadas de muitas outras: Que. **De. Por.** –, as palavras destacadas são preposições. Assinale a alternativa em que elas estão empregadas de acordo com a norma-padrão de regência verbal e nominal.

A) Persiste **de** falar conosco, que somos os responsáveis **por** tudo.
B) Ele insiste **de** negar tudo, mas é suspeito **por** ter recebido propina.
C) Há um que hesita **de** fazer o negócio; os demais são favoráveis **por** comprar o terreno.
D) Recusa-se **de** ajudar, ficando indiferente **por** nosso problema.
E) Eles se admiram **de** que tenhamos preferência **por** funcionários mais experientes.

COMENTÁRIOS

Alternativa correta: letra "e" – Regência verbal: o verbo pronominal *admirar-se* rege a preposição "de". Admiram-se **disto** – a oração subsequente é substantiva objetiva indireta; regência nominal: tem preferência **por** algo – o termo regido possui função sintática de complemento nominal.

Confira os erros a seguir para evitar erros.

Alternativa "a" –Persiste **em** falar.

Alternativa "b" –Insiste **em** negar; é suspeito **de** ter recebido.

Alternativa "c" –Hesita **em** fazer; são favoráveis **a** comprar.

Alternativa "d" –Recusa-se **a** ajudar; ficando indiferente **a** nosso problema.

49. (Vunesp – Escrevente Técnico Judiciário – TJ-SP/2015) Leia o texto da tira.

(Pryscila. Disponível em: <http://www1.folha.uol.com.br/>. Acesso em: 02 fev 2015. Adaptado)

Assinale a alternativa que preenche, correta e respectivamente, as lacunas da tira.

A) veio em ... houvesse ... o

B) foi em ... houvessem ... o

C) foi a ... houvesse ... o

D) veio a ... houvessem ... lhe

E) foi à ... houvessem ... lhe

COMENTÁRIOS

✪ **Nota da autora:** Questão de regência, pronome e concordância. Mais uma vez, vamos trabalhar por eliminação.

Alternativa correta: letra "c"

1. **Foi a Curitiba** = voltou de Curitiba (foi a, voltou de, crase para quê?) ou **veio a Curitiba**. O verbo *ir* pede a preposição "a". Eliminadas A, B e E;
2. **Houvesse** os velhos = o verbo *haver*, quando impessoal, não admite pluralização. Eliminada D e encontrada a resposta;
3. O verbo *ver* é transitivo direto (viu-o), como o advérbio de negação atrai o pronome oblíquo, a próclise é obrigatória: não o viu.

DICA – Se o verbo não pede preposição, usam-se os oblíquos *o, a, os, as*. Pedindo preposição, usam-se *lhe, lhes*. Exemplo: Entregou-lhe a prova. Entregou algo **a alguém**.

(Folha de S.Paulo, 08.10.2014)

50. (Vunesp – Escrevente Técnico Judiciário – TJ-SP/2014) A fala da personagem oculta, no segundo quadrinho, está formulada, em um enunciado completo, segundo a norma-padrão da língua portuguesa, em:

A) É melhor seguir nos caminhos da verdade, distanciando-se pela alienação.

B) É melhor seguir pelos caminhos da verdade, distanciando-se da alienação.

C) É melhor seguir com os caminhos da verdade, distanciando-se à alienação.

D) É melhor seguir os caminhos da verdade, distanciando-se sob a alienação.

E) É melhor seguir aos caminhos da verdade, distanciando-se sobre a alienação.

COMENTÁRIOS

✪ **Nota da autora:** Elimine as descabidas para ganhar tempo.

Alternativa correta: letra "b"

1. Seguir **por** algum lugar: seguir pelos caminhos. Outra possibilidade seria o verbo transitivo direto: seguir algo = seguir os caminhos da verdade.
2. Distanciando-se **de** algo: distanciando-se da alienação.

Eliminadas A, C, D e E. Fica mais fácil, não é?

---

51. (Vunesp - Escrevente Técnico Judiciário - TJ-SP/2014) Apesar das previsões _______________ os próximos meses deverão ter chuvas dentro da média em São Paulo, isso não garante _____________ o sistema Cantareira volte a ter níveis confortáveis de reserva de água até abril, segundo especialistas. Ainda que chova bem acima do esperado, a superfície seca e exposta do Cantareira terá maior dificuldade __________ reter a água.

(www.folha.uol.com.br.08.10.2014. Adaptado)

De acordo com a norma-padrão da língua portuguesa, as lacunas do texto devem ser preenchidas, respectivamente, com:

A) de que ... que ... em

B) em que ... de que ... a

C) de que ... de que ... de

D) que ... em que ... para

E) que ... de que ... para

COMENTÁRIOS

✪ **Nota da autora:** Vamos trabalhar eliminando as alternativas descabidas, exatamente como deve ser feito na prova.

Alternativa correta: letra "a"

1. Regência nominal. Previsões **de** algo: **de que**. Eliminadas B, D e E;
2. Regência verbal. O verbo *garantir* é transitivo direto (garante algo): garante **que**. Eliminada C;
3. Regência nominal. Terá dificuldade **em** algo: **em** reter.

5. CRASE

Leia o texto dos quadrinhos, para responder à questão.

(Charles M. Schulz. Snoopy- Feliz dia dos namorados!)

---

52. (Vunesp - Escrevente Técnico Judiciário - TJ - SP/2017) Assinale a alternativa que dá outra redação à fala dos quadrinhos, seguindo a norma-padrão de regência, conjugação de verbos e emprego do sinal indicativo de crase.

A) Espero que você nomeie à alguém que trata disso melhor do que seu advogado.

B) Se você não se dispor em ajudar à fazer a lição de casa, vou processar você.

C) Vou acionar à polícia se você não vir me ajudar com à lição de casa.

D) Caso você não me acuda quando eu fizer a lição de casa, apelarei à justiça.

E) Pergunto à você onde está seu advogado; não creio que ele resolva ao caso.

COMENTÁRIOS

✪ **Nota da autora:** Questão de crase, verbo e regência.

Alternativa correta: letra "d"

1. Verbo: no presente do subjuntivo por indicar ação duvidosa: caso acuda; no futuro do subjuntivo por se referir à ação futura também duvidosa: quando eu fizer; verbo no futuro do presente do indicativo indicando ação futura certa: apelarei;
2. Regência: o verbo *acudir* é transitivo direto e o advérbio atrai o pronome oblíquo: não me acuda; *fazer* é transitivo direto (sem preposição): fizer a lição; *apelar* é transitivo indireto (a algo): à justiça;
3. Crase: Substituindo por uma palavra masculina da mesma classe gramatical, resulta em "ao" e por isso há crase: apelarei **ao** juiz.

Alternativa "a" –Regência: *nomear* alguém (verbo transitivo direto) = **nomeie alguém**– não tem preposição nem crase; verbo: que **trate** disso = verbo no presente do subjuntivo – ação duvidosa.

Alternativa "b" –Verbo: se você não se **dispuser** = futuro do subjuntivo – conjugado como o verbo *pôr*; crase: não há crase antes de verbo.

Alternativa "c" –Regência: acionar é transitivo direto (se preposição e sem crase) = acionar **a polícia**; verbo: **vier** = verbo *vir* no futuro do subjuntivo; crase: não há antes de *lição*. Substituindo: se você não me ajudar com o processo.

Alternativa "e" –Crase: não pode haver antes de pronome pessoal de tratamento se não estiver explícito que se trata de uma mulher = pergunto **a** você; regência: que ele resolva **o caso** = verbo transitivo direto.

---

53. (Vunesp – Escrevente Técnico Judiciário – TJ-SP/2015) O sinal indicativo de crase está empregado de acordo com a norma-padrão em:

A) Todos os documentos serão encaminhados às partes à partir da próxima semana.

B) Todos tiveram de comparecer perante à autoridade, prestando contas à ela.

C) Recusa-se à entregar às certidões antes do final do expediente.

D) Encaminhamos à V.Exª os documentos à que se refere o Edital.

E) O caso exige tratamento igual às partes, sem fazer exceção à ré.

COMENTÁRIOS

✪ **Nota da autora:** Vamos trabalhar substituindo as palavras?

Alternativa correta: letra "e" – exige tratamento igual **aos** homens (substantivo masculino – resultou em "ao", há crase – igual às partes); sem fazer exceção **ao** homem (substantivo masculino – resultou em "ao", há crase – exceção à ré).

Alternativa "a" –1. Às partes: certo = aos homens – certo; 2. **a** partir: não pode haver crase antes de verbo.

Alternativa "b" –1. Perante o juiz: errado – sem crase antes de autoridade; 2. Prestando conta a ele: errado – sem crase antes do pronome pessoal.

Alternativa "c" –1. a entregar: não pode haver crase antes de verbo; 2. Entregar as certidões = entregar os documentos – sem "ao", sem crase.

Alternativa "d" –1. Não há crase antes de pronome de tratamento (exceção: antes de senhora, senhorita, dona e madame pode haver); 2. O pronome relativo retoma o substantivo masculino plural "documentos" e não admite crase.

---

54. (Vunesp – Escrevente Técnico Judiciário – TJ-SP/2014) ________ quebra do compromisso entre Hong Kong e China, que atinge ________ eleições marcadas para 2017, seguiram-se manifestações, pois, com o controle da cidade, haveria ameaça____________ garantia de plenas liberdades.

As lacunas devem ser preenchidas, correta e respectivamente, com:

A) A ... as ... à

B) À ... às ... à

C) A ... às ... a

D) A ... às ... à

E) À ... as ... à

COMENTÁRIOS

✪ **Nota da autora:** É preciso ter muita atenção pelo fato de a oração estar na ordem inversa, ou seja, não é iniciada com o sujeito.

Alternativa correta: letra "e"

1. Ordem direta: Manifestações seguiram-se à quebra do compromisso. Regência: seguiram-se **a** algo; mais o artigo definido feminino singular *a* = à. Substituindo por uma palavra masculina que pertence à mesma classe gramatical, resulta em "ao" e por isso há certeza de que haverá crase antes da palavra feminina. Veja: Manifestações seguiram-se **ao** impulso (substantivo masculino). Eliminadas A, C e D;
2. O verbo *atingir* é transitivo direto (atinge algo) e não pode haver crase sem preposição: atinge **as** eleições. Substitua e não resultará em "ao": atinge o progresso (substantivo masculino). Eliminada B e encontrada a resposta;
3. Regência: haveria ameaça **a** algo. Substituindo: haveria ameaça **ao** cargo (substantivo masculino). Resultou em "ao", há crase.

6. PONTUAÇÃO

---

55. (Vunesp – Escrevente Técnico Judiciário – TJ – SP/2017 – adaptada) A frase que apresenta emprego da vírgula de acordo com a norma-padrão é:

A) No meio da balbúrdia dos amigos, a concentração no sentir era difícil.

B) Antes tão boa a brisa fina, tornara-se quente e árida ao sol do meio-dia.

C) Do chafariz de pedra entre arbustos brotava num filete, a água sonhada.

D) Ele conseguiu ser, o primeiro a chegar antes de todos ao chafariz de pedra.

E) Sentia-se intrigado intuitivamente confuso, na sua inocência.

COMENTÁRIOS

Alternativa correta: letra "a" – A vírgula foi empregada corretamente por indicar inversão da locução adverbial de lugar extensa – seis palavras. Na ordem direta (começando com o sujeito): A concentração no sentir era difícil no meio da balbúrdia dos amigos.

Alternativa "b" –Não pode separara o sujeito do verbo – ou do predicado.

Alternativa "c" –É necessário inserir vírgula após "arbustos" para separar a inversão da locução adverbial extensa; a vírgula após "filete" pode permanecer desde que insira outra antes de "num" para intercalar a expressão "num filete". Outra opção é retirar a vírgula.

Alternativa "d" –Oração na ordem direta não exige pontuação: sujeito (ele) + verbo (conseguiu ser) + predicativo (o primeiro a chegar).

Alternativa "e" –Falta uma vírgula para indicar a coordenação entre os termos (note que cabe a conjunção "e": Sentia-se intrigado **e** intuitivamente confuso = Sentia-se intrigado, intuitivamente confuso; como a oração está na ordem direta, a vírgula que separa a expressão "na sua inocência" pode ser retirada.

---

56. (Vunesp – Escrevente Técnico Judiciário – TJ-SP/2015) Assinale a alternativa em que uma das vírgulas foi empregada para sinalizar a omissão de um verbo, tal como ocorre na passagem – A espada sem a balança é a força bruta, a balança sem a espada, a impotência do direito.

A) O direito, no sentido objetivo, compreende os princípios jurídicos manipulados pelo Estado.

B) Todavia, não pretendo entrar em minúcias, pois nunca chegaria ao fim.

C) Do autor exige-se que prove, até o último centavo, o interesse pecuniário.

D) É que, conforme já ressaltei várias vezes, a essência do direito está na ação.

E) A cabeça de Jano tem face dupla: a uns volta uma das faces, aos demais, a outra.

COMENTÁRIOS

Alternativa correta: letra "e"

✪ **Nota da autora:** Zeugma é o uso da vírgula para substituir um termo omisso que já foi mencionado no contexto. Elipse é a omissão de um termo ou de uma oração inteira, sendo que tal omissão fica subentendida pelo contexto, ou seja, não foi mencionada anteriormente. Exemplo: Na estante, livros de Língua Portuguesa. Omissão o verbo "haver": Na estante havia livros.

Vejamos os dois casos de zeugma exigidos na questão:

1. No comando da questão: A espada sem a balança é a força bruta, a balança sem a espada (é) a impotência do direito.
2. Na alternativa E: a uns volta uma das faces, aos demais (volta) a outra.

Alternativa "a" –As vírgulas demarcam intercalação. Lê-se: O direito compreende os princípios jurídicos manipulados pelo Estado.

Alternativa "b" –A vírgula separa a conjunção coordenada adversativa.

Alternativa "c" –As vírgulas demarcam intercalação entre o verbo transitivo direto e seu complemento – o objeto direto. Lê-se: Do autor exige-se que prove o interesse pecuniário.

Alternativa "d" –As vírgulas intercalam a oração subordinada adverbial conformativa. Lê-se: É que a essência do direito está na ação.

DICA – A expressão "é que" é de realce – pode ser retirada.

---

57. (Vunesp – Escrevente Técnico Judiciário – TJ-SP/2014) Assinale a alternativa em que a vírgula foi empregada para separar oração introduzida por pronome relativo, a exemplo do que ocorre em: ...um coeficiente de apenas 3% separa os privilegiados, que estudaram em colégios privados...

A) Ela estava pensando em que lugar estaria, que dia seria, que pessoas eram aquelas ao seu redor.

B) Ficou encantada com a história, acabara de ler o livro, que já tinha sido traduzido para o inglês.

C) Ele observou o local, sabia, com certeza, que ali já estivera em outra ocasião, mas quando?

D) Era possível, àquela altura da vida, que todos os seus maiores desejos se realizassem enfim.

E) Estou vendo essa tempestade se formar, entre, que aqui estaremos bem mais protegidos dela.

COMENTÁRIOS

✪ **Nota da autora:** Questão de pontuação e período composto.

A oração introduzida por pronome relativo é chamada de subordinada adjetiva. Se possuir pontuação (é o caso), será explicativa; sem pontuação: restritiva.

Alternativa correta: letra "b" – No comando da questão: privilegiados, que (os quais) estudaram; na alternativa correta: o livro, que (o qual) já tinha sido traduzido.

DICA – O "que" será pronome relativo quando equivaler a *o(a) qual, os(as) quais*.

Alternativa "a" –Nos três casos, possuem função de conjunção integrante, pois cabe a inserção do pronome catafórico (cita ideia) *isto:* estava pensando **nisto**. As orações são subordinadas substantivas objetivas indiretas – pensa **em** algo.

Alternativa "c" – Conjunção integrante. Retirando a intercalação para facilitar: sabia que ali já estiveram = sabia *isto.* A oração iniciada com a conjunção integrante é subordinada substantiva objetiva direta – sabia algo.

Alternativa "d" –Conjunção integrante. Retirando a intercalação para facilitar: era possível que todos os seus maiores desejos = era possível *isto.* A oração iniciada com a conjunção integrante é subordinada substantiva subjetiva (sujeito oracional) – o que era possível?

Alternativa "e" –Entre **porque** aqui estaremos protegidos: conjunção coordenada explicativa.

---

58. (Vunesp – Escrevente Técnico Judiciário – TJ-SP/2014) Assinale a alternativa correta quanto à pontuação, de acordo com a norma-padrão da língua portuguesa.

A) Um amigo declarou: que meu pé de milho era capim. Outro amigo, que era cana. O leitor já viu um pé de milho?

B) Um amigo declarou, que meu pé de milho, era capim. Outro amigo que era cana. O leitor, já viu um pé de milho?

C) Um amigo declarou: meu pé de milho era capim. Outro amigo: que era cana. Já viu leitor um pé de milho?

D) Um amigo, declarou que meu pé de milho era capim. Outro amigo que era cana. Já viu leitor, um pé de milho?

E) Um amigo declarou que meu pé de milho era capim. Outro amigo, que era cana. Já viu, leitor, um pé de milho?

COMENTÁRIOS

Alternativa correta: letra "e"

1. A primeira vírgula é zeugma: ocorre a omissão de um termo ou expressão anteriormente mencionada = Um amigo declarou que meu pé de milho era capim. Outro amigo **declarou** que era cana.
2. As vírgulas posteriores intercalam o vocativo "leitor" – a quem se dirige.

Alternativa "a" –Não pode separar o verbo do complemento – oração objetiva direta, no caso (declarou que meu pé de milho). Outra opção seria passar para o discurso direto: Um amigo declarou: meu pé de milho era capim. Outro amigo: era cana.

Alternativa "b" –Não pode separar o verbo do complemento – oração objetiva direta, no caso (declarou que meu pé de milho); não pode separar o sujeito do verbo (o leitor já viu).

Alternativa "c" –Outro amigo, que era cana (zeugma); falta intercalar o vocativo "leitor".

Alternativa "d" –Não pode separar o sujeito do verbo (Um amigo declarou); faltou a vírgula para demarcar zeugma; faltou, também, a intercalação do vocativo.

✦ PARTE V – INTERPRETAÇÃO DE TEXTO

1. INTERPRETAÇÃO DE TEXTO

Texto para responder às questões.

Há quatro anos, Chris Nagele fez o que muitos executivos no setor de tecnologia já tinham feito – ele transferiu sua equipe para um chamado escritório aberto, sem paredes e divisórias.

Os funcionários, **até então**, trabalhavam de casa, mas ele queria que todos estivessem juntos, para se conectarem e colaborarem mais facilmente. Mas em pouco tempo ficou claro que Nagele tinha cometido um grande erro. Todos estavam distraídos, a produtividade caiu, e os nove empregados estavam insatisfeitos, sem falar do próprio chefe.

Em abril de 2015, quase três anos após a mudança para o escritório aberto, Nagele transferiu a empresa para um espaço de 900 m^2 onde hoje todos têm seu próprio espaço, com portas e tudo.

Inúmeras empresas adotaram o conceito de escritório aberto – cerca de 70% dos escritórios nos Estados Unidos são assim – e até onde se sabe poucos retornaram ao modelo de espaços tradicionais com salas e portas.

Pesquisas, contudo, mostram que podemos perder até 15% da produtividade, desenvolver problemas graves de concentração e até ter o dobro de chances de ficar doentes em espaços de trabalho abertos – fatores que estão contribuindo para uma reação contra esse tipo de organização.

Desde que se mudou para o formato tradicional, Nagele já ouviu colegas do setor de tecnologia dizerem sentir falta do estilo de trabalho do escritório fechado. "Muita gente concorda – simplesmente não aguentam o escritório aberto. Nunca se consegue terminar as coisas e é preciso levar mais trabalho para casa", diz ele.

É improvável que o conceito de escritório aberto caia em desuso, mas algumas firmas estão seguindo o exemplo de Nagele e voltando aos espaços privados.

Há uma boa razão que explica por que todos adoram um espaço com quatro paredes e uma porta: foco. A verdade é que não conseguimos cumprir várias tarefas ao mesmo tempo, e pequenas distrações podem desviar nosso foco por até 20 minutos.

Retemos mais informações quando nos sentamos em um local fixo, afirma Sally Augustin, psicóloga ambiental e de design de interiores.

(Bryan Borzykowski, "Por que escritórios abertos podem ser ruins para funcionários." Disponível em: <www1.folha.uol.com.br>.Acesso em: 04.04.2017. Adaptado)

59. (Vunesp – Escrevente Técnico Judiciário – TJ – SP/2017) Segundo o texto, são aspectos desfavoráveis ao trabalho em espaços abertos compartilhados

A) a impossibilidade de cumprir várias tarefas e a restrição à criatividade.

B) a dificuldade de propor soluções tecnológicas e a transferência de atividades para o lar.

C) a dispersão e a menor capacidade de conservar conteúdos.

D) a distração e a possibilidade de haver colaboração de colegas e chefes.

E) o isolamento na realização das tarefas e a vigilância constante dos chefes.

COMENTÁRIOS

✪ **Nota da autora:** Questão de interpretação e de semântica (sinônimos).

Alternativa correta: letra "c" – Dispersão = distração; a menor capacidade de conservar conteúdos = retemos mais informações.

No final do texto: *A verdade é que não conseguimos cumprir várias tarefas ao mesmo tempo, e* ***pequenas distrações podem desviar nosso foco*** *por até 20 minutos.* ***Retemos mais informações*** *quando nos sentamos em um local fixo, afirma Sally Augustin, psicóloga ambiental e de design de interiores.*

Alternativa "a" –Não menciona que ocorra *restrição à criatividade*.

Alternativa "b" –Não é um aspecto desfavorável, segundo o texto, a dificuldade de propor soluções tecnológicas.

Alternativa "d" –Caso houvesse colaboração de colegas e chefes, seria algo positivo e não desfavorável.

Alternativa "e" –Vigilância dos chefes é também algo favorável.

60. (Vunesp – Escrevente Técnico Judiciário – TJ – SP/2017) É correto afirmar que a expressão – até então –, em destaque no início do segundo parágrafo, expressa um limite, com referência

A) temporal ao momento em que se deu a transferência da equipe de Nagele para o escritório aberto.

B) espacial aos escritórios fechados onde trabalhava a equipe de Nagele antes da mudança para locais abertos.

C) temporal ao dia em que Nagele decidiu seguir o exemplo de outros executivos, e espacial ao tipo de escritório que adotou.

D) espacial ao caso de sucesso de outros executivos do setor de tecnologia que aboliram paredes e divisórias.

E) espacial ao novo tipo de ambiente de trabalho, e temporal às mudanças favoráveis à integração.

COMENTÁRIOS

✪ **Nota da autora:** Questão de interpretação e semântica – significados das palavras.

Alternativa correta: letra "a" – *Até então* significa **até agora** e, óbvio, possui valor temporal.

Alternativa "b" –Não se refere a espaço.

Alternativa "c" –Temporal sim, mas não há relação com o dia em que decidiu seguir o exemplo de outros executivos; espacial: não.

Alternativa "d" –Como já mencionado, não se refere a lugar, a espaço.

Alternativa "e" –Além de não possuir referência espacial, o tempo refere-se ao momento em que a equipe foi transferida para o escritório aberto.

61. (Vunesp – Escrevente Técnico Judiciário – TJ – SP/2017) Assinale a frase do texto em que se identifica expressão do ponto de vista do próprio autor acerca do assunto de que trata.

A) "Nunca se consegue terminar as coisas e é preciso levar mais trabalho para casa", diz ele. (6º parágrafo).

B) Inúmeras empresas adotaram o conceito de escritório aberto... (4º parágrafo).

C) Retemos mais informações quando nos sentamos em um local fixo, afirma Sally Augustin... (último parágrafo).

D) Os funcionários, até então, trabalhavam de casa, mas ele queria que todos estivessem juntos... (2º parágrafo).

E) É improvável que o conceito de escritório aberto caia em desuso... (7º parágrafo).

COMENTÁRIOS

Alternativa correta: letra "e" – Há ponto de vista do autor, quando há opinião, apreciação, juízo, julgamento. A expressão é improvável indica tal ideia.

Alternativa "a" –Trata-se de uma citação apenas.

Alternativa "b" –Ocorre uma afirmação de um fato, sem que haja opinião.

Alternativa "c" –Mais uma vez, é citação.

Alternativa "d" –Afirmação de um fato.

Leia o texto dos quadrinhos, para responder à questão.

(Charles M. Schulz. Snoopy- Feliz dia dos namorados!)

62. (Vunesp – Escrevente Técnico Judiciário – TJ – SP/2017) É correto afirmar que, na fala da personagem, no último quadrinho, está implícita a ideia de que

A) é irrelevante que seu advogado tenha a competência reconhecida.

B) sua causa está perdida de antemão, graças à ameaça que fez.

C) a garota se convence da opinião de quem ela quer processar.

D) a representação de seu advogado é garantia de sucesso na ação.

E) o processo, para ela, não passa de um artifício para ganhar tempo.

COMENTÁRIOS

Alternativa correta: letra "a" – Se não irá incomodá-lo, é irrelevante, ou seja, é sem importância, insignificante.

Alternativa "b" –Não se pode inferir que a ameaça tenha sido a razão de algo.

Alternativa "c" –Não houve convencimento de parte alguma.

Alternativa "d" –Se ele não vai compreender o caso e não ficará incomodado com isso, não possui garantia de sucesso.

Alternativa "e" –O objetivo da garota é apenas amedrontar; não existe relação com ganhar ou perder tempo.

Texto para responder à questão.

O ônibus da excursão subia lentamente a serra. Ele, um dos garotos no meio da garotada em algazarra, deixava a brisa fresca bater-lhe no rosto e entrar-lhe pelos cabelos com dedos longos, finos e sem peso como os de uma mãe. Ficar às vezes quieto, sem quase pensar, e apenas sentir – era tão bom. A concentração no sentir era difícil no meio da balbúrdia dos companheiros.

E mesmo a sede começara: brincar com a turma, falar bem alto, mais alto que o barulho do motor, rir, gritar, pensar, sentir, puxa vida! Como deixava a garganta seca.

A brisa fina, antes tão boa, agora ao sol do meio-dia tornara-se quente e árida e ao penetrar pelo nariz secava ainda mais a pouca saliva que pacientemente juntava.

Não sabia como e por que mas agora se sentia mais perto da água, pressentia-a mais próxima, e seus olhos saltavam para fora da janela procurando a estrada, penetrando entre os arbustos, espreitando, farejando.

O instinto animal dentro dele não errara: na curva inesperada da estrada, entre arbustos estava... o chafariz de pedra, de onde brotava num filete a água sonhada.

O ônibus parou, todos estavam com sede mas ele conseguiu ser o primeiro a chegar ao chafariz de pedra, antes de todos.

De olhos fechados entreabriu os lábios e colou-os ferozmente no orifício de onde jorrava a água. O primeiro gole fresco desceu, escorrendo pelo peito até a barriga.

Era a vida voltando, e com esta encharcou todo o seu interior arenoso até se saciar. Agora podia abrir os olhos.

Abriu-os e viu bem junto de sua cara dois olhos de estátua fitando-o e viu que era a estátua de uma mulher e que era da boca da mulher que saía a água.

E soube então que havia colado sua boca na boca da estátua da mulher de pedra. A vida havia jorrado dessa boca, de uma boca para outra.

Intuitivamente, confuso na sua inocência, sentia-se intrigado. Olhou a estátua nua. Ele a havia beijado.

Sofreu um tremor que não se via por fora e que se iniciou bem dentro dele e tomou-lhe o corpo todo estourando pelo rosto em brasa viva.

(Clarice Lispector, "O primeiro beijo". Felicidade clandestina. Adaptado)

63. (Vunesp – Escrevente Técnico Judiciário – TJ – SP/2017) É correto afirmar que o texto tem como personagem um garoto, descrevendo

A) a confusão mental ocasionada pela sede não saciada.

B) o trajeto percorrido pela alma infantil em busca de amizade.

C) experiências sensoriais que o levam a provar a sensualidade.

D) a perda da inocência provocada pela gritaria dos companheiros.

E) uma viagem de ônibus em que ele ficou indiferente ao que acontecia.

COMENTÁRIOS

Alternativa correta: letra "c" – **Experiências sensoriais** mencionadas no **primeiro parágrafo**: *deixava a brisa fresca bater-lhe no rosto e entrar-lhe pelos cabelos com dedos longos, finos e sem peso como os de uma mãe; apenas sentir;* no **terceiro parágrafo**: *A brisa fina, antes tão boa, agora ao sol do meio-dia tornara-se quente e árida e ao penetrar pelo nariz secava ainda mais a pouca saliva que pacientemente juntava;* no **quarto parágrafo**: *Não sabia como e por que mas agora se sentia mais perto da água, pressentia-a mais próxima.* A **sensualidade** está explícita no último parágrafo: *Sofreu um tremor que não se via por fora e que se iniciou bem dentro dele e tomou-lhe o corpo todo estourando pelo rosto em brasa viva.*

Alternativa "a" –Não há confusão mental. Lembre-se de que o texto é de Clarice Lispector e a autora descreve sobre o lado psicológico de duas personagens.

Alternativa "b" –Não descreve sobre a busca de amizade.

Alternativa "d" –Nada indica que a gritaria seja a causa da perda da inocência.

Alternativa "e" –Indiferente? Ele não ficou!

Para responder às questões, observe a charge que retrata uma cena em que uma família faz selfie ao lado de um corpo caído no chão.

(João Montanaro. Disponível em: <https://www.facebook.com>. Acesso em 21.04.2017)

64. (Vunesp – Escrevente Técnico Judiciário – TJ – SP/2017) Assinale a alternativa que expressa ideia compatível com a situação representada na charge.

A) Hoje, a tecnologia leva a uma compreensão mais ética da realidade circundante.

B) Não se pode condenar a postura ética das pessoas que se deixam encantar com os modismos.

C) O verdadeiro sentido da solidariedade está em comover-se com o semelhante desamparado.

D) A novidade tecnológica reforça a individualidade, levando as pessoas a ficar alheias à realidade que as cerca.

E) Um fato violento corriqueiro não justifica a preocupação com a desgraça alheia.

COMENTÁRIOS

Alternativa correta: letra "d" – Perceba que as três pessoas estão sorridentes e isso demonstra que o ser humano só pensa em si, não vê, ou sente o que acontece ao seu redor. Puro individualismo!

Alternativa "a" –Se houvesse compreensão, não seria capaz de tirar selfie com essa imagem ao fundo. Não existe ética.

Alternativa "b" –É necessário condenar. A charge foi feita para demonstrar o absurdo que está acontecendo em nossa sociedade em decorrência do avanço da tecnologia.

Alternativa "c" –Não há solidariedade, muito menos comoção. Eles estão sorrindo.

Alternativa "e" –Claro que justifica a preocupação.

65. (Vunesp – Escrevente Técnico Judiciário – TJ – SP/2017) Assinale a alternativa contendo uma ideia implícita a partir dos fatos retratados na charge.

A) As pessoas sorriem para a câmera.

B) O corpo está estendido no chão.

C) A violência está banalizada.

D) O pau de selfie permite fotografar várias pessoas.

E) O grupo familiar posa unido.

COMENTÁRIOS

Alternativa correta: letra "c" – O fato de tirar selfie ao lado de um corpo caído e ensanguentado demonstra a vulgarização da violência, isto é, o desprezo.

Alternativa "a" –A imagem está explícita.

Alternativa "b" –Explícita, também, a ideia.

Alternativa "d" –Imagem explícita.

Alternativa "e" –São três pessoas apenas e a imagem, mais uma vez, está explícita.

Texto para responder à questão.

O problema de São Paulo, dizia o Vinicius, "é que você anda, anda, anda e nunca chega a Ipanema". Se tomarmos "Ipanema" ao pé da letra, a frase é absurda e cômica. Tomando "Ipanema" como um símbolo, no entanto, como um exemplo de alívio, promessa de alegria em meio à vida dura da cidade, a frase passa a ser de um triste realismo: o problema de São Paulo é que você anda, anda, anda e nunca chega a alívio algum. O Ibirapuera, o parque do Estado, o Jardim da Luz são uns raros respiros perdidos entre o mar de asfalto, a floresta de lajes batidas e os Corcovados de concreto armado.

O paulistano, contudo, não é de jogar a toalha – prefere estendê-la e se deitar em cima, caso lhe concedam dois metros quadrados de chão. É o que vemos nas avenidas abertas aos pedestres, nos fins de semana: basta liberarem um pedacinho do cinza e surgem revoadas de patinadores, maracatus, big bands, corredores evangélicos, góticos satanistas, praticantes de ioga, dançarinos de tango, barraquinhas de yakissoba e barris de cerveja artesanal.

Tenho estado atento às agruras e oportunidades da cidade porque, depois de cinco anos vivendo na Granja Viana, vim morar em Higienópolis. Lá em Cotia, no fim da tarde, eu corria em volta de um lago, desviando de patos e assustando jacus. Agora, aos domingos, corro pela Paulista ou Minhocão e, durante a semana, venho testando diferentes percursos. Corri em volta do parque Buenos Aires e do cemitério da Consolação, ziguezagueei por Santa Cecília e pelas encostas do Sumaré, até que, na última terça, sem querer, descobri um insuspeito parque noturno com bastante gente, quase nenhum carro e propício a todo tipo de atividades: o estacionamento do estádio do Pacaembu.

(Antonio Prata. "O paulistano não é de jogar a toalha. Prefere estendê-la e deitar em cima." Disponível em: <http://www1.folha.uol.com.br/colunas>. Acesso em: 13.04.2017. Adaptado)

66. (Vunesp – Escrevente Técnico Judiciário – TJ – SP/2017) É correto afirmar que, do ponto de vista do autor, o paulistano

A) busca em Ipanema o contato com a natureza exuberante que não consegue achar em sua cidade.

B) sabe como vencer a rudeza da paisagem de São Paulo, encontrando nesta espaços para o lazer.

C) se vê impedido de realizar atividades esportivas, no mar de asfalto que é São Paulo.

D) tem feito críticas à cidade, porque ela não oferece atividades recreativas a seus habitantes.

E) toma Ipanema como um símbolo daquilo que se pode alcançar, apesar de muito andar e andar.

COMENTÁRIOS

Alternativa correta: letra "b" – Basta reler o título, inserido na referência, e retomado no segundo parágrafo, para se certificar: ***O paulistano**, contudo, **não é de jogar a toalha – prefere estendê-la e se deitar em cima**, caso lhe concedam dois metros quadrados de chão. É o que vemos nas avenidas abertas aos pedestres, nos fins de semana.* É evidente que a aspereza e a rispidez são vencidas em pequenos espaços para o lazer, para o descanso.

Alternativa "a" –Ao mencionar *Ipanema,* Vinícius de Moraes não a usou "ao pé da letra", pois se refere ao Rio de Janeiro e não a São Paulo. A ideia é que você pode andar, andar, andar e nunca chegar à praia.

Alternativa "c" –Ocorre extrapolação textual, pois em momento algum o autor afirma que o paulistano é impedido de realizar atividades físicas. Cita que existem patinadores, corredores evangélicos, praticantes de ioga e dançarinos de tango.

Alternativa "d" –Não menciona que não ofereça atividades recreativas, conforme se vê no segundo parágrafo.

Alternativa "e" –Em São Paulo, não há praia, mas existe lazer, como visto no comentário da alternativa correta.

Texto para responder às questões.

Ser gentil é um ato de rebeldia. Você sai às ruas e insiste, briga, luta para se manter gentil. O motorista quase te mata de susto buzinando e te xingando porque você usou a faixa de pedestres quando o sinal estava fechado para ele. Você posta um pensamento gentil nas redes sociais apesar de ler dezenas de comentários xenofóbicos, homofóbicos, irônicos e maldosos sobre tudo e todos. Inclusive você. Afinal, você é obviamente um idiota gentil.

Há teorias evolucionistas que defendem que as sociedades com maior número de pessoas altruístas sobreviveram por mais tempo por serem mais capazes de manter a coesão. Pesquisadores da atualidade dizem, baseados em estudos, que gestos de gentileza liberam substâncias que proporcionam prazer e felicidade.

Mas gentileza virou fraqueza. É preciso ser macho pacas para ser gentil nos dias de hoje. Só consigo associar a aversão à gentileza à profunda necessidade de ser – ou parecer ser – invencível e bem-sucedido. Nossas fragilidades seriam uma vergonha social. Um empecilho à carreira, ao acúmulo de dinheiro.

Não ter tempo para gentilezas é bonito. É justificável diante da eterna ambivalência humana: queremos ser bons, mas temos medo. Não dizer bom-dia significa que você é muito importante. Ou muito ocupado. Humilhar os que não concordam com suas ideias é coisa de gente forte. E que está do lado certo. Como se houvesse um lado errado. Porque, se nenhum de nós abrir a boca, ninguém vai reparar que no nosso modelo de felicidade tem alguém chorando ali no canto. Porque ser gentil abala sua autonomia. Enfim, ser gentil está fora de moda. Estou sempre fora de moda. Querendo falar de gentileza, imaginem vocês! Pura rebeldia. Sair por aí exibindo minhas vulnerabilidades e, em ato de pura desobediência civil, esperar alguma cumplicidade. Deve ser a idade.

(Ana Paula Padrão, Gentileza virou fraqueza. Disponível em: <http://www.istoe.com.br>. Acesso em: 27 jan 2015. Adaptado)

67. (Vunesp – Escrevente Técnico Judiciário – TJ-SP/2015) É correto inferir que, do ponto de vista da autora, a gentileza

A) é prerrogativa dos que querem ter sua importância reconhecida socialmente.

B) é uma via de mão dupla, por isso não deve ser praticada se não houver reciprocidade.

C) representa um hábito primitivo, que pouco afeta as relações interpessoais.

D) restringe-se ao gênero masculino, pois este representa os mais fortes.

E) é uma qualidade desvalorizada em nossa sociedade nos dias atuais.

COMENTÁRIOS

Alternativa correta: letra "e" – Exatamente. Trechos no texto que confirmam a ideia: ***Mas gentileza virou fraqueza.*** *É preciso ser macho pacas para ser gentil nos dias de hoje.* ***Só consigo associar a aversão à gentileza à profunda necessidade de ser – ou parecer ser – invencível e bem sucedido. Não ter tempo para gentilezas é bonito.*** *É justificável diante da eterna ambivalência humana: queremos ser bons, mas temos medo. Não dizer bom dia significa que você é muito importante. Ou muito ocupado. Humilhar os que não concordam com suas ideias é coisa de gente forte. E que está do lado certo. Como se houvesse um lado errado.* ***Porque, se nenhum de nós abrir a boca, ninguém vai reparar que no nosso modelo de felicidade tem alguém chorando ali no canto.*** *Porque ser gentil abala sua autonomia.* ***Enfim, ser gentil está fora de moda.*** *Estou sempre fora de moda.* ***Querendo falar de gentileza, imaginem vocês! Pura rebeldia.***

Alternativa "a" –Não se trata de privilégio ou vantagem. Há crítica em relação a tais pessoas: *Não dizer bom-dia significa que você é muito importante. Ou muito ocupado. Humilhar os que não concordam com suas ideias é coisa de gente forte.*

Alternativa "b" –A gentiliza, segundo o texto, deve ser praticada e independe de reciprocidade. Não menciona se é preciso haver reciprocidade.

Alternativa "c" –A ideia é contrária à do texto e está muito longe de ser considerada como um hábito primitivo.

Alternativa "d" –Esta resposta geraria uma imensa polêmica, além de ter extrapolado a ideia do texto.

68. (Vunesp – Escrevente Técnico Judiciário – TJ-SP/2015) No final do último parágrafo, a autora caracteriza a gentileza como "ato de pura desobediência civil"; isso permite deduzir que

A) assumir a prática da gentileza é rebelar-se contra códigos de comportamento vigentes, mesmo que não declarados.

B) é inviável, em qualquer época, opor-se às práticas e aos protocolos sociais de relacionamento humano.

C) é possível ao sujeito aderir às ideias dos mais fortes, sem medo de ver atingida sua individualidade, no contexto geral.

D) há, nas sociedades modernas, a constatação de que a vulnerabilidade de alguns está em ver a felicidade como ato de rebeldia.

E) obedecer às normas sociais gera prazer, ainda que isso signifique seguir rituais de incivilidade e praticar a intolerância.

COMENTÁRIOS

Alternativa correta: letra "a"

1. Pode-se deduzir = chegar à conclusão utilizando somente o raciocínio; fazer inferências; inferir.
2. Trecho em que se pode deduzir: *Enfim, ser gentil está fora de moda. Estou sempre fora de moda. Querendo falar de gentileza, imaginem vocês! Pura rebeldia. Sair por aí exibindo minhas vulnerabilidades e, em ato de pura desobediência civil, esperar alguma cumplicidade. Deve ser a idade.*

Alternativa "b" –Nada indica que seja inviável. Afirma que deve acontecer ao afirmar que é *pura rebeldia*.

Alternativa "c" –O sujeito não deve aderir às ideias comuns, já que a maioria age errado.

Alternativa "d" –Extrapolação textual – ideia não citada.

Alternativa "e" –Segundo pesquisadores da atualidade, o que gera prazer são os gestos de gentileza. Praticar a intolerância? Isso não.

---

69. (Vunesp – Escrevente Técnico Judiciário – TJ-SP/2015) Para responder à questão, considere a seguinte passagem, no contexto geral da crônica:

Não ter tempo para gentilezas é bonito. [...] Não dizer bom-dia significa que você é muito importante. Ou muito ocupado. Humilhar os que não concordam com suas ideias é coisa de gente forte. E que está do lado certo.

Com essas afirmações, a autora

A) informa literalmente efeitos positivos que vê na falta de gentileza.

B) revela que também tolera atitudes não gentis e grosseiras.

C) aponta, ironicamente, o ponto de vista de pessoas não adeptas da gentileza.

D) expõe o que realmente pensa de quem é gentil com os semelhantes.

E) adere às ideias dos não corteses, com os quais acaba se identificando.

COMENTÁRIOS

Alternativa correta: letra "c"

1. **Ironia**: figura de linguagem através da qual se **expressa exatamente o oposto** daquilo que se diz; utilização de uma expressão, vocábulo ou frase de significação contrário ao que supostamente deveria ser expresso, usado para caracterizar ou nomear alguma coisa: a ironia valoriza certos discursos.

2. **Ideias opostas**:

2.1 Não ter tempo para gentilezas é bonito. = é horrível;

2.2 Não dizer bom dia significa que você é muito importante. Ou muito ocupado. = você é mal-educado e arrogante;

2.3 Humilhar os que não concordam com suas ideias é coisa de gente forte. = gente fraca;

2.4 E que está do lado certo. = está do lado errado.

Alternativa "a" –Só há efeitos negativos, como visto na resposta.

Alternativa "b" –Não pode haver tolerância, mas sim indignação e rebeldia.

Alternativa "d" –Expõe o contrário do que pensa, ironicamente.

Alternativa "e" –Não adere e não se identifica.

---

70. (Vunesp – Escrevente Técnico Judiciário – TJ-SP/2015) Observa-se que, no 1° parágrafo, a autora emprega os pronomes *te* e *você* para se referir a um virtual leitor e, no 3° parágrafo, emprega a expressão pacas

(É preciso ser macho pacas).

Essas duas escolhas permitem inferir que ela

A) rejeita um linguajar jovem, embora formal, contando com a adesão dos leitores mais habituados a ler.

B) escreve para um público leitor de textos nas redes sociais, razão pela qual é obrigada a deixar de lado a norma culta do português.

C) evita atrair a atenção do público mais escolarizado e menos exigente em relação à informalidade da língua.

D) pode conseguir maior identificação com seu público leitor, optando por soluções de linguagem de feição mais informal.

E) despreza convenções da língua-padrão, por crer na inaptidão do leitor para compreender estruturas complexas.

COMENTÁRIOS

Alternativa correta: letra "d" – São características da linguagem informal, ou coloquial, a não uniformidade de tratamento e o uso de gírias.

Alternativa "a" –Além de não haver rejeição, na linguagem jovem não há formalidade alguma.

Alternativa "b" –Escrever nas redes sociais não obriga a desobedecer às normas gramaticais.

Alternativa "c" –Procura atrair o público em geral por usar uma linguagem semelhante à do dia a dia.

Alternativa "e" –Não ocorre desprezo, pois não há erros gramaticais. A autora apenas é informal ao escrever como se estivesse falando, ou seja, sem uniformidade de tratamento e utilizando gíria.

Texto para responder à questão.

O fim do direito é a paz, o meio de que se serve para consegui-lo é a luta. Enquanto o direito estiver sujeito às ameaças da injustiça – e isso perdurará enquanto o mundo for mundo –, ele não poderá prescindir da luta. A vida do direito é a luta: luta dos povos, dos governos, das classes sociais, dos indivíduos.

Todos os direitos da humanidade foram conquistados pela luta; seus princípios mais importantes tiveram de enfrentar os ataques daqueles que a ele se opunham; todo e qualquer direito, seja o direito de um povo, seja o direito do indivíduo, só se afirma por uma disposição ininterrupta para a luta. O direito não é uma simples ideia, é uma força viva. Por isso a justiça sustenta numa das mãos a balança com que pesa o direito, enquanto na outra segura a espada por meio da qual o defende. A espada sem a balança é a força bruta, a balança sem a espada, a impotência do direito. Uma completa a outra, e o verdadeiro estado de direito só pode existir quando a justiça sabe brandir a espada com a mesma habilidade com que manipula a balança.

O direito é um trabalho sem tréguas, não só do Poder Público, mas de toda a população. A vida do direito nos oferece, num simples relance de olhos, o espetáculo de um esforço e de uma luta incessante, como o despendido na produção econômica e espiritual. Qualquer pessoa que se veja na contingência de ter de sustentar seu direito participa dessa tarefa de âmbito nacional e contribui para a realização da ideia do direito.

É verdade que nem todos enfrentam o mesmo desafio. A vida de milhares de indivíduos desenvolve-se tranquilamente e sem obstáculos dentro dos limites fixados pelo direito. Se lhes disséssemos que o direito é a luta, não nos compreenderiam, pois só veem nele um estado de paz e de ordem.

(Rudolf von Ihering, A luta pelo direito)

---

71. (Vunesp – Escrevente Técnico Judiciário – TJ-SP/2015) É correto concluir que, do ponto de vista do autor,

A) toda luta é uma forma de injustiça.

B) a luta é indispensável para o direito.

C) o direito termina quando há paz.

D) as injustiças perdurarão enquanto os povos lutarem.

E) nada justifica a luta, nem mesmo a paz.

COMENTÁRIOS

Alternativa correta: letra "b" – Na tese (primeiro parágrafo), afirma: *O fim do direito é a paz, **o meio de que se serve para consegui-lo é a luta**.* Se é o meio para conseguir a paz, a luta é indispensável. Mais exemplos: (o direito) *não poderá prescindir da luta.* ***A vida do direito é a luta:*** *luta dos povos, dos governos, das classes sociais, dos indivíduos.*

Alternativa "a" –Toda luta é uma forma de chegar à paz.

Alternativa "c" –O fim do direito é a paz, afirma o autor.

Alternativa "d" –As lutas servem para acabar com as injustiças.

Alternativa "e" –Há justificativa: alcançar a paz.

---

72. (Vunesp – Escrevente Técnico Judiciário – TJ-SP/2015) Deve-se concluir, com base nas ideias do autor, que a balança e a espada sustentadas pela justiça simbolizam, respectivamente,

A) mediação e brutalidade.

B) pacificação e insubordinação.

C) ponderação e proteção.

D) solenidade e coerção.

E) persuasão e perenidade.

COMENTÁRIOS

Alternativa correta: letra "c" – No texto: *a justiça sustenta numa das mãos a balança com que **pesa o direito**=* ponderação; *na outra* (mão) *segura a espada por meio da qual o **defende**=* proteção.

Alternativa "a" –A balança não para mediar ou interceder e a espada não indica brutalidade.

Alternativa "b" –Não se refere a estabelecer a paz; não remete à rebelião e à desobediência.

Alternativa "d" –A balança não possui relação alguma com festividade; a espada não indica repressão, coibição.

Alternativa "e" –A balança não serve para convencer nem para instigar; a espada não se refere à continuidade.

---

73. (Vunesp – Escrevente Técnico Judiciário – TJ-SP/2015) Considere a tira.

(Orlandeli, Diário da Região, 10.01.2015)

Nessa tira, que tem Grump como personagem principal, um dos fatores responsáveis pelo efeito de humor está

A) na obediência de Grump às ordens do chefe.

B) na manifestação de curiosidade da interlocutora de Grump.

C) no duplo sentido da expressão "usar a cabeça".

D) nas palavras informais do diálogo entre Grump e a moça.

E) nas palavras grosseiras do chefe de Grump.

COMENTÁRIOS

Alternativa correta: letra "c" – Ao citar que trabalha na estruturação de uma rede de comunicações, entende-se, a princípio, que usa a cabeça no sentido de raciocinar, pensar, refletir. No último quadro, há o real sentido de usar a cabeça: carregar materiais de construção sobre a cabeça.

Alternativa "a" –O fato de Grump obedecer não é a causa do humor.

Alternativa "b" –A interlocutora apenas quer saber em que área Grump trabalha.

Alternativa "d" –O uso da linguagem informal demonstra que se trata de um bate-papo.

Alternativa "e" –O uso de frase imperativa não causa humor.

Texto para responder às questões.

As cotas raciais deram certo porque seus beneficiados são, sim, competentes. Merecem, sim, frequentar uma universidade pública e de qualidade. No vestibular, que é o princípio de tudo, os cotistas estão só um pouco atrás. Segundo dados do Sistema de Seleção Unificada, a nota de corte para os candidatos convencionais a vagas de medicina nas federais foi de 787,56 pontos. Para os cotistas, foi de 761,67 pontos. A diferença entre eles, portanto, ficou próxima de 3%. IstoÉ entrevistou educadores e todos disseram que essa distância é mais do que razoável. Na verdade, é quase nada. Se em uma disciplina tão concorrida quanto medicina um coeficiente de apenas 3% separa os privilegiados, que estudaram em colégios privados, dos negros e pobres, que frequentaram escolas públicas, então é justo supor que a diferença mínima pode, perfeitamente, ser igualada ou superada no decorrer dos cursos. Depende só da disposição do aluno. Na Universidade Federal do Rio de Janeiro (UFRJ), uma das mais conceituadas do País, os resultados do último vestibular surpreenderam. "A maior diferença entre as notas de ingresso de cotistas e não cotistas foi observada no curso de economia", diz Ângela Rocha, pró-reitora da UFRJ. "Mesmo assim, essa distância foi de 11%, o que, estatisticamente, não é significativo".

(www.istoe.com.br)

74. (Vunesp – Escrevente Técnico Judiciário – TJ-SP/2014) As informações iniciais do texto permitem inferir que pessoas contrárias ao sistema de cotas nas universidades públicas acreditam que

A) os cursos menos concorridos podem ser extintos por falta de candidatos.

B) os alunos beneficiados têm pouca qualificação para frequentar os cursos.

C) os resultados dos cotistas podem ser superiores aos dos demais estudantes.

D) os cursos, em geral, são beneficiados com alunos de perfis diferenciados.

E) o desempenho dos alunos beneficiados é similar ao de outros estudantes.

COMENTÁRIOS

✪ **Nota da autora:** Antes é preciso relembrar o que é *inferência* – processo intelectual segundo o qual é possível chegar a uma conclusão a partir de premissas.

Alternativa correta: letra "b" – No comando da questão, pede a inferência em relação às pessoas contrárias ao sistema de cotas. Trecho: *As cotas raciais deram certo porque seus beneficiados são, sim, competentes. Merecem, sim, frequentar uma universidade pública e de qualidade.* Opinião contrária: seus beneficiados não são competentes – os alunos beneficiados têm pouca qualificação – e não merecem frequentar uma universidade pública e de qualidade.

Alternativa "a" – Não se refere à extinção de cursos.

Alternativa "c" – Apenas cita que é justo supor que a diferença mínima pode, perfeitamente, ser igualada ou superada no decorrer dos cursos.

Alternativa "d" – A porcentagem das cotas é pouca, sendo assim, não se pode afirmar que os perfis sejam diferenciados nos cursos em geral.

Alternativa "e" –A afirmação refere-se a quem é a favor ao sistema de cotas e não contrário.

75. (Vunesp – Escrevente Técnico Judiciário – TJ-SP/2014) De acordo com o autor, o desempenho dos estudantes cotistas

A) ratifica a ideia de que as cotas lograram êxito no sistema educacional brasileiro.

B) reforça a ideia de que os cursos mais concorridos são difíceis de acompanhar.

C) sugere que a avaliação atual é menos democrática e mais difícil que no passado.

D) revela a necessidade de que seja feita uma ampla revisão no sistema de cotas.

E) sinaliza diferenças expressivas nas universidades públicas brasileiras.

COMENTÁRIOS

Alternativa correta: letra "a" – Está claro no texto que **as cotas raciais deram certo**. Ratifica: *A diferença entre eles, portanto, ficou próxima de 3%. IstoÉ entrevistou educadores e todos disseram que essa distância é mais do que razoável. Na verdade, é quase nada. Se em uma disciplina tão concorrida quanto medicina um coeficiente de apenas 3% separa os privilegiados, que estudaram em colégios privados, dos negros e pobres, que frequentaram escolas públicas, então é justo supor que a diferença mínima pode, perfeitamente, ser igualada ou superada no decorrer dos cursos. Depende só da disposição do aluno.*

Alternativa "b" – Afirma que depende do aluno: *a diferença mínima pode, perfeitamente, ser igualada ou superada no decorrer dos cursos. Depende só da disposição do aluno.*

Alternativa "c" – Pelo contrário: é mais democrática e mais fácil, já que deu certo o sistema de cotas.

Alternativa "d" – Não cita revisão; menciona, como já visto, que depende do aluno.

Alternativa "e" – As diferenças são poucas, *ou quase nada*, conforme citado no texto.

Texto para responder às questões.

Um pé de milho

Aconteceu que no meu quintal, em um monte de terra trazido pelo jardineiro, nasceu alguma coisa que podia ser um pé de capim – mas descobri que era um pé de milho. Transplantei-o para o exíguo canteiro na frente da casa. Secaram as pequenas folhas, pensei que fosse morrer. Mas ele reagiu. Quando estava do tamanho de um palmo, veio um amigo e declarou desdenhosamente que na verdade aquilo era capim. Quando estava com dois palmos veio outro amigo e afirmou que era cana.

Sou um ignorante, um pobre homem da cidade. Mas eu tinha razão. Ele cresceu, está com dois metros, lança as suas folhas além do muro – e é um esplêndido pé de milho. Já viu o leitor um pé de milho? Eu nunca tinha visto. Tinha visto centenas de milharais – mas é diferente. Um pé de milho sozinho, em um canteiro, espremido, junto do portão, numa esquina de rua – não é um número numa lavoura, é um ser vivo e independente. Suas raízes roxas se agarram ao chão e suas folhas longas e verdes nunca estão imóveis.

Anteontem aconteceu o que era inevitável, mas que nos encantou como se fosse inesperado: meu pé de milho pendoou. Há muitas flores belas no mundo, e a flor do meu pé de milho não será a mais linda. Mas aquele pendão firme, vertical, beijado pelo vento do mar, veio enriquecer nosso canteirinho vulgar com uma força e uma alegria que fazem bem. É alguma coisa de vivo que se afirma com ímpeto e certeza.

Meu pé de milho é um belo gesto da terra. E eu não sou mais um medíocre homem que vive atrás de uma chata máquina de escrever: sou um rico lavrador da Rua Júlio de Castilhos.

(Rubem Braga. 200 crônicas escolhidas, 2001. Adaptado)

---

76. (Vunesp – Escrevente Técnico Judiciário – TJ-SP/2014) Para o narrador, o surgimento de um pé de milho em seu quintal

A) obrigou-o a acabar com o jardim.

B) era interessante, mas não dava orgulho.

C) criou desavenças entre ele e seus amigos.

D) interessou mais ao jardineiro que a ele.

E) representou algo inusitado que o cativou.

COMENTÁRIOS

Alternativa correta: letra "e" – No final do texto**:** *Meu pé de milho* é um belo gesto da terra. *E eu não sou mais um medíocre homem que vive atrás de uma chata máquina de escrever: **sou um rico lavrador da Rua Júlio de Castilhos**.*

Alternativa "a" -O jardim foi mantido por ele.

Alternativa "b" -Dava orgulho!

Alternativa "c" -Houve divergências, não houve desavenças. Cuidado com os significados das palavras.

Alternativa "d" -Não menciona interesse do jardineiro.

---

77. (Vunesp – Escrevente Técnico Judiciário – TJ-SP/2014) Pela descrição feita no texto, é correto afirmar que o pé de milho

A) manteve-se no jardim do narrador, que o desprezava, sendo incapaz de se render ao seu esplendor e à beleza dos seus pendões.

B) ganhou uma condição diferenciada dos pés de milho de uma lavoura, tanto que transformou significativamente a vida do narrador.

C) constitui uma parte expropriada de uma lavoura, razão pela qual o narrador, ainda que o estime, sente-se mal por não poder devolvê-lo.

D) passou a ter um lugar menos atrativo para crescer e, destituído de uma lavoura, tornou-se um número isolado em um jardim sem beleza.

E) continua a ser um simples número da lavoura, sem crédito na sua localização, tanto que fora confundido com pé de capim e pé de cana.

COMENTÁRIOS

Alternativa correta: letra "b" – A transformação está explícita neste trecho: E eu não sou mais um medíocre homem que vive atrás de uma chata máquina de escrever: sou um rico lavrador da Rua Júlio de Castilhos.

Alternativa "a" –O narrador não o desprezava e se rendia a seus encantos.

Alternativa "c" –Não se sente mal, pelo contrário.

Alternativa "d" –Foi transplantado para um canteiro na frente da casa, ou seja, um lugar mais atrativo.

Alternativa "e" –Como visto na alternativa anterior, há crédito na localização.

Charge para responder à questão.

(Folha de S.Paulo, 08.10.2014)

78. (Vunesp – Escrevente Técnico Judiciário – TJ-SP/2014) Considerando as falas da personagem no primeiro e no terceiro quadrinhos, conclui-se que para ela

A) a felicidade é o caminho para a verdade.

B) a verdade é a forma real de se chegar à felicidade.

C) a verdade é o caminho mais fácil para a felicidade.

D) a busca pela verdade necessita de proteção.

E) a impossibilidade de ser feliz impede a alienação.

COMENTÁRIOS

✪ **Nota da autora:** Antes, perceba que há distinção entre sonho (alienação) e realidade (verdade).

Alternativa correta: letra "d" – A dica é o uso do vocábulo **capacete** que significa chapéu de forma arredondada, de metal, couro, cortiça ou outro material resistente. **Sua finalidade básica é proteger** a cabeça. Claro que indica a necessidade de proteção.

Alternativa "a" – A fala é de outra personagem e não indica que a verdade esteja relacionada com a felicidade. A alienação é que está, conforme mencionado na resposta.

Alternativa "b" – O desvario e a alucinação (sonhos) é uma ponte para a felicidade, não a verdade (realidade).

Alternativa "c" – É o caminho mais difícil e por isso é necessário que haja proteção.

Alternativa "e" – A alienação leva à felicidade, isto é, há ligação e não impedimento.

Texto para responder à questão.

Em meio a insatisfações com a situação econômica, o principal alvo do movimento de milhares de manifestantes na China é a garantia de plenas liberdades, em observação aos princípios que presidiram a passagem de Hong Kong para a esfera desse país, em 1997.

O acordo de transição criou a fórmula "um país, dois sistemas". A submissão da economia ao Estado e a centralização da ditadura chinesa não seriam implantadas na região administrativa especial da ex-colônia por 50 anos, período em que se manteriam o arcabouço democrático e a livre-iniciativa.

O compromisso foi quebrado por recente decisão que afeta as eleições marcadas para 2017: o governo central arrogou-se o direito de aprovar previamente os candidatos que poderão participar do pleito.

A medida foi vista como um indício de que a China estaria disposta a intervir e ampliar seu controle sobre Hong Kong, uma importante praça financeira internacional.

(Folha de S.Paulo, 01.10.2014. Adaptado)

79. (Vunesp – Escrevente Técnico Judiciário – TJ-SP/2014) De acordo com o texto, quando Hong Kong passou para a esfera da China, compactuou-se que, durante 50 anos,

A) a centralização da ditadura seria incorporada à administração da cidade.

B) a livre-iniciativa seria substituída por outro sistema econômico.

C) a fórmula "um país, dois sistemas" deixaria de existir na cidade e no país.

D) a democracia e a livre-iniciativa seriam prerrogativas garantidas à cidade.

E) a estrutura democrática da cidade seria disseminada a toda a nação.

COMENTÁRIOS

Alternativa correta: letra "d" – Afirmação mencionada no segundo parágrafo: *A submissão da economia ao Estado e a centralização da ditadura chinesa não seriam implantadas na região administrativa especial da ex-colônia por 50 anos, período em que se manteriam* ***o arcabouço democrático*** *e* ***a livre-iniciativa****.*

Alternativa "a" –Como visto acima, não seriam implantadas a submissão da economia ao Estado e a centralização da ditadura.

Alternativa "b" –Não, pois afirma-se que durante 50 anos se manteriam o arcabouço democrático e a livre-iniciativa.

Alternativa "c" – Não deixaria de existir, no texto diz *que o compromisso foi quebrado por recente decisão que afeta as eleições marcadas para 2017.*

Alternativa "e" –Ideia não mencionada no texto.

Língua Portuguesa

Duda Nogueira

✦ DICAS

1. ACENTUAÇÃO

1.1. REGRAS DE ACENTUAÇÃO GRÁFICA

Em concursos, alguns verbos são pedidos como acento diferencial e palavras que são acentuadas pela mesma regra. Trabalharemos com *macetes* e regras.

Iniciemos com exemplo de uma simples tabela para facilitar a classificação dos vocábulos.

1. Separe as sílabas. Lembre-se de que em cada sílaba, há ***uma vogal***.
2. A última coluna deve estar sempre preenchida (como o exemplo da palavra ***hífen***).
3. Não colocar na tabela: hiato, monossílabo e ditongos abertos (eu, oi, ei), por não seguirem as classificações mencionadas a seguir.

Proparoxítona	*Paroxítona*	*Oxítona*
crí	ti	co
	hí	fen
	ca	***fé***

Facilitou?

- ***Crítica*** é uma proparoxítona; ***hífen*** é paroxítona e ***café*** é oxítona.

1.2. PROPAROXÍTONAS

Sílaba tônica: antepenúltima.

As proparoxítonas são ***todas*** acentuadas graficamente: ***trá***gico, pa***té***tico, ***ár***vore

1.3. PAROXÍTONAS

Sílaba tônica: penúltima

Acentuam-se as PAROXÍTONAS terminadas em	*EXEMPLO*
l	***fá***cil
n	***pó***len
r	ca***dá***ver
ps	***bí***ceps
x	***tó***rax
us	***ví***rus
i, is	***jú***ri, ***lá***pis
om, ons	***iân***dom, ***í***ons
um, uns	***ál***bum, ***ál***buns
ã(s), ão(s)	***ór***fã, ***ór***fãs, ***ór***fão, ***ór***fãos
ditongo oral (seguido ou não de s)	***jó***quei, ***tú***neis
r	ca***dá***ver
ps	***bí***ceps

1.3.1. OBSERVAÇÕES

As paroxítonas terminadas em ***n*** são acentuadas (hífen), mas as que terminam em ***ens***, não.	hifens, jovens
Não são acentuados os prefixos terminados em ***i*** e ***r***.	semi, super
Acentuam-se as paroxítonas terminadas em ditongos crescentes: ***ea(s), oa(s), eo(s), ua(s), ia(s), ue(s), ie(s), uo(s),io(s).***	várzea, mágoa, óleo, régua, férias, tênue, cárie, ingênuo, início

1.4. OXÍTONAS

Sílaba tônica: última

Acentuam-se as OXÍTONAS terminadas em	*EXEMPLO*
a(s)	sof**á**, sof**ás**
e(s)	jacar**é**, voc**ês**
o(s)	palet**ó**, av**ós**
em, ens	ningu**ém**, armaz**éns**

1.5. MONOSSÍLABOS

1.5.1. MONOSSÍLABOS TÔNICOS

Possuem ***uma sílaba*** e são pronunciados fortemente.

Acentuam-se os MONOSSÍLABOS terminados em	*EXEMPLO*
a(s)	lá, cá
e(s)	pé, mês
o(s)	só, pó, nós, pôs

1.5.2. MONOSSÍLABOS ÁTONOS

Não possuem autonomia fonética, sendo proferidos ***fracamente,*** como se fossem sílabas átonas do vocábulo a que se apoiam: o(s), a(s), um, uns, me, te, se, lhe nos, de, em, e, que, etc.

1.5.3. OBSERVAÇÕES

Os monossílabos átonos são palavras vazias de sentido, vindos representados por artigos, pronomes oblíquos, elementos de ligação (preposições, conjunções).	
Há monossílabos que são tônicos numa frase e átonos em outras.	Você trouxe sua mochila para ***quê***? (tônico) ***Que*** tem dentro da sua mochila? (átono) Há sempre um ***mas*** para questionar. (tônico) Eu sei seu nome, ***mas*** não me recordo agora. (átono)
Muitos verbos, ao se combinarem com pronomes oblíquos, produzem formas oxítonas ou monossilábicas que devem ser acentuadas por acabarem assumindo alguma das terminações contidas nas regras.	beijar + a = beijá-la fez + o = fê-lo dar + as = dá-las fazer + o = fazê-lo

1.6. REGRAS ESPECIAIS

Estas regras não podem ser encaixadas na tabela de dica mencionada no início do capítulo.

1.6.1. DITONGOS ABERTOS

DITONGOS ABERTOS	*EXEMPLO*
Os ditongos ***éi, éu*** e ***ói***, sempre que tiverem pronúncia aberta em palavras ***oxítonas*** (éi e não êi), são acentuados.	***éi (s):***an**éi**s, fi**éi**s, pap**éi**s ***éu (s):***trof**éu**, c**éu**s ***ói (s):*** her**ói**, constr**ói**, caub**ói**s
• ***Os ditongos abertos ocorridos em palavras paroxítonas NÃO são acentuados.***	***assembleia, boia, colmeia, Coreia, estreia, heroico, ideia, jiboia, joia, paranoia, plateia, etc.***
• A palavra destróier é acentuada por ser uma paroxítona terminada em "r" (e não por possuir ditongo aberto ***ói.***	

1.6.2. HIATOS

HIATOS	*EXEMPLO*
Acentuam-se o ***i*** e ***u*** tônicos quando formam hiato com a vogal anterior, estando eles sozinhos na sílaba ou acompanhados apenas de ***"s"***, desde que não sejam seguidos por ***-nh.***	sa **– *í*** – da e – go **– *í***s –mo sa **– *ú*** – de
Não se acentuam, portanto, hiatos como os das palavras seguintes →	ju -***i***z, ra – ***i***z, ru – ***i***m, ca – ***i***r
Motivo: ***-i*** ou ***-u*** não estão sozinhos nem acompanhados de ***-s*** na sílaba.	
Cabe esclarecer que existem hiatos acentuados não por serem hiatos, mas por outras razões	po-é-ti-co: proparoxítona bo-ê-mio: paroxítona terminada em ditongo crescente. ja-ó: oxítona terminada em "o".

1.6.3. VERBOS TER E VIR

VERBOS TER e VIR	*EXEMPLO*
Acentua-se com circunflexo a 3ª pessoa do plural do presente do indicativo dos verbos ***ter*** e ***vir***, bem como nos seus compostos (*deter, conter, reter, advir, convir, intervir*, etc.).	Ele tem – Eles têm Ele vem – Eles vêm Ele retém – Eles retêm Ele intervém – Eles intervêm
• Nos verbos compostos de ter e vir, o acento ocorre obrigatoriamente, mesmo no singular. Distingue-se o plural do singular mudando o acento de agudo para circunflexo	ele *detém* -eles *detêm* ele *advém* -eles *advêm*

2. REFORMA ORTOGRÁFICA1

2.1. ACENTO AGUDO

O acento agudo *desaparecerá* em três casos:

A) Nos ditongos (encontros de duas vogais proferidas em uma só sílaba) abertos **ei** e **oi** das palavras paroxítonas (aquelas cuja sílaba pronunciada com mais intensidade é a penúltima).

- ***Exemplos:*** ideia, geleia, boia, jiboia, alcaloide, alcateia, apoio, assembleia, asteroide, celuloide, colmeia, Coreia, epopeia, estreia, heroico, joia, odisseia, onomatopeia, paranoia, plateia, proteico, etc.
- ***Atenção:*** essa regra é válida somente para palavras paroxítonas. Assim, continuam sendo acentuadas as palavras oxítonas terminadas em éis, éu, éus, ói, óis. Exemplos: papéis, herói, heróis, troféu, troféus, chapéu, chapéus, anéis, dói, céu, ilhéu.

B) Nas palavras *paroxítonas* com ***i*** e ***u*** tônicos formando hiato (sequência de duas vogais que pertencem a sílabas diferentes), quando vierem *após um ditongo.* Veja: baiúca → ***baiuca;*** bocaiúva → ***bocaiuva;*** feiúra → ***feiura;*** cheiínho → ***cheiinho;*** saiínha → ***saiinha;*** Taoísmo → ***Taoismo.***

- ***Atenção:*** se a palavra for oxítona e o ***i*** ou o ***u*** estiverem em posição final (ou seguidos de s), o acento permanece.

  Exemplos: tuiuiú, Piauí.

C) Nas formas verbais que possuem o ***u*** tônico precedido das letras ***g*** ou ***q*** e seguido de ***e*** ou ***i***. Esses casos ocorrem apenas nas formas verbais de ***arguir*** e ***redarguir***. Observe: argúis → ***arguis;*** argúem → ***arguem;*** redargúis → ***redarguis;*** redargúem → ***redarguem.***

2.2. ACENTO DIFERENCIAL

O acento diferencial é utilizado para auxiliar na identificação de palavras homófonas (que possuem a mesma pronúncia). Com o acordo ortográfico, ele deixará de existir nos seguintes casos: pára/para, péla(s)/pela(s), pêlo(s)/pelo(s), pólo(s)/polo(s) e pêra/pera. Observe os exemplos:

Ela não ***pára*** de dançar. Ela não ***para*** de dançar.

A mãe ***péla*** o bebê para dar-lhe banho. A mãe ***pela*** o bebê para dar-lhe banho.

Este é o ***pólo*** norte. Este é o ***polo*** norte.

Os garotos gostam de jogar ***pólo***. Os garotos gostam de jogar ***polo***.

Meu gato tem ***pêlos*** brancos. Meu gato tem ***pelos*** brancos.

A menina trouxe ***pêra*** de lanche. A menina trouxe ***pera*** de lanche.

- ***Atenção:*** existem duas palavras que continuarão recebendo acento diferencial:

• ***pôr*** (verbo) → para não ser confundido com a preposição *por.*

• ***pôde*** (verbo *poder* conjugado no passado) → para que não seja confundido com *pode* (forma conjugada no presente).

2.3. ACENTO CIRCUNFLEXO

O acento circunflexo deixará de ser utilizado nos seguintes casos:

A) Em palavras com terminação ***ôo***. Veja: enjôo → ***enjoo;*** vôo → ***voo;*** magôo → ***magoo,*** abençoo (abençoar) , coo (coar), coroo (coroar), doo (doar), moo (moer), perdoo (perdoar), povoo (povoar), voos (plural de voo), zoo (zoar).

B) Nas terminações ***êem***, que ocorrem nas formas conjugadas da terceira pessoa do plural dos verbos***ler, dar, ver, crer*** e seus derivados. Veja: creem, deem, veem, descreem, releem, reveem.

- ***Atenção:*** os verbos ter e vir (e seus derivados) continuam sendo acentuados na terceira pessoa do plural.

  Eles ***têm*** três filhos.

  Eles ***detêm*** o poder.

  Eles ***vêm*** para a festa de sábado.

  Eles ***intervêm*** na economia.

2.4. TREMA

O trema, sinal gráfico utilizado sobre a letra ***u*** dos grupos ***que***, ***qui***, ***gue***, ***gui***, deixa de existir na língua portuguesa. Lembre-se, no entanto, que a pronúncia das palavras continua a mesma.

- ***Exemplos: cinquenta, pinguim,*** aguentar, bilíngue, consequência, delinquente, frequente, linguiça, sequência, sequestro, tranquilo, etc.
- ***Atenção:*** o acordo prevê que o trema seja mantido apenas em nomes próprios de origem estrangeira, bem como em seus derivados.
- ***Exemplos:*** Bündchen, Müller, mülleriano.

2.5. ALFABETO

O alfabeto passará a ter 26 letras. Além das atuais, serão incorporadas oficialmente as letras ***k***, ***w*** e ***y***. Observe a posição das novas letras no alfabeto:

A B C D E F G H I J ***K*** L M N O P Q R S T U V ***W*** X ***Y*** Z

Essas letras poderão aparecer em siglas, símbolos, nomes próprios, palavras estrangeiras e seus derivados. Exemplos: **k**m, pla**y**ground, **w**att, ***K***af**k**a, **k**af**k**iano, etc.

1. Só Português. Disponível em Só Português. Disponível em <http://www.soportugues.com.br/secoes/acordo_ortografico/acordo_ortografico2.php>. Acesso em 11 nov. 2016

2.6. HÍFEN

O hífen deixará de ser empregado nos seguintes casos:

A) Quando o prefixo terminar em vogal *diferente* da vogal que iniciar o segundo elemento.

- ***Exemplos:*** autoajuda, autoescola, agroindustrial, autoafirmação, autoaprendizagem, autoestrada, autoimagem, contraindicação, contraoferta, extraoficial, infraestrutura, intraocular, intrauterino, neoexpressionista, neoimperialista, semiaberto, semiárido, semiautomático, supraocular, ultraelevado, etc.

B) Quando o prefixo da palavra terminar em *vogal* e o segundo elemento começar com as consoantes ***s*** ou ***r***. Nesse caso, a consoante será duplicada.

- ***Exemplos:*** ultrarromântico, antirrugas, antessala, antirreligioso, antissemita, autorretrato, antissocial, arquirromântico, autorregulamentação, contrarregra, contrassenso, extrarregimento, extrasseco, infrassom, neorrealismo, ultrarresistente, ultrassonografia, semirreta, suprarrenal.

C) Não se utilizará mais o hífen nas palavras que, pelo uso, perderam a noção de composição. Veja: paraquedas, mandachuva, paraquedista.

2.6.1. USO DO HÍFEN

Com o novo acordo, o hífen passará a ser utilizado quando a palavra for formada por um prefixo terminado em *vogal* e a palavra seguinte iniciar pela *mesma vogal*. Observe o exemplo abaixo:

Exemplos: micro-ônibus, anti-ibérico, anti-inflamatório, anti-inflacionário, anti-imperialista, arqui-inimigo, contra-ataque, micro-ondas, semi-interno, etc.

- ***Atenção:*** se o prefixo terminar com *consoante*, usa-se hífen se o segundo elemento começar com a *mesma consoante*.
- ***Exemplos:*** hipe***r-r***equintado, inte***r-r***acial, supe***r-r***esistente, supe***r-r***omântico, etc.
- ***Lembre-se:*** nos demais casos, ***não*** se usa o hífen.
- ***Exemplos:*** hipermercado, intermunicipal, superinteressante, superproteção.

2.7 ORTOGRAFIA

2.7.1 VOCÁBULOS MUITO EXIGIDOS EM CONCURSOS

agredir = agressão	manter = manutenção
progredir = progressão	reter = retenção
regredir = regressão	torcer = torção
transgredir = transgressão	distorcer =distorção
admitir = admissão	contorcer = contorção
demitir = demissão	apreender = apreensão
omitir = omissão	ascender = ascensão
permitir = permissão	compreender = compreensão
transmitir = transmissão	distender = distensão
deter = detenção	estender = extensão
ceder = cessão	pretender = pretensão
conceder = concessão	suspender = suspensão
exceder = excesso, excessivo	tender = tensão
suceder = sucessão	verter = versão
discutir = discussão	reverter = reversão
percutir = percussão	converter = conversão
repercutir = repercussão	subverter = subversão
abster = abstenção	expelir = expulsão
ater = atenção	repelir = repulsão

3. GRAUS DOS ADJETIVOS

3.1. COMPARATIVO: COMPARA ELEMENTOS

- ***Igualdade:*** ....tão ______ quanto ....
- ***Superioridade:*** ...mais _____ (do) que ...
- ***Inferioridade:*** .....menos ____(do) que ...

Observação: a contração ***do*** é opcional.

3.2. SUPERLATIVO

3.2.1. ABSOLUTO: UM ELEMENTO

- ***Sintético (uma palavra)*** = Ele é inteligentíssimo
- ***Analítico (há advérbio)*** = Ele é muito inteligente

3.2.2. SUPERLATIVO RELATIVO: HÁ RELAÇÃO ENTRE UM ELEMENTO E OUTROS

- ***Superioridade:*** Ele é o mais inteligente da turma.
- ***Inferioridade:*** Ele é o menos estudioso da classe.

 # Para haver exagero, é necessário o artigo.

4. PRONOME

4.1. PESSOAL

- ***Retos:*** usados como sujeito
- ***Oblíquos:*** usados como objeto direto ou objeto indireto.

  O.D: o (s), a (s) / O.I: lhe (s)

- Verbos terminados em: R, S, Z + o (s), a (s) = LO (s), LA (s)
- Verbos terminados em: – M, ÃO, ÕE + o (s), a (s) = NO (s), NA (s)

4.2. DEMONSTRATIVO

- ***Para ideias:***
- Esse (a), isso – para retomar ideia: ***ANÁFORA***
- Este (a), isto – para citar ideia: ***CATÁFORA***

4.3. RELATIVO

Retomam e substituem seu antecedente: QUE, QUEM *(para pessoa)*, ONDE *(para lugar)*, O(a) QUAL, OS (as) QUAIS.

CUJO: refere-se ao termo posterior e repele o artigo. Indica posse do termo anterior a ele. *Entende-se por essa regra que* ***não existem as formas cujo o, cuja a, o cujo.***

Não conheço o lugar ***onde*** você mora. ➡ *Você mora* ***no*** *lugar.*

- Não conheço o lugar EM QUE você mora.

Não conheço o lugar NO QUAL você mora.

São fatos a ***que*** sou favorável. ➡ *Sou favorável* ***aos*** *fatos.*

- São fatos AOS QUAIS sou favorável.

Conheço a garota de ***quem*** você falou. ➡ *Você falou* ***da*** *garota.*

- Conheço a garota DA QUAL você falou.

Conheço a garota DE QUE você falou.

Este é o autor a ***cuja*** obra me referi. ➡ *Eu me referi* ***à*** *obra.*

Posse: a obra é do autor (posse do anterior)

Estas são as pessoas com ***cujas*** ideias concordo. ➡ *Eu concordo* ***com*** *as ideias.*

Posse: as ideias são das pessoas (posse do anterior)

5. VERBO

5.1. MODOS

- INDICATIVO: certeza
- SUBJUNTIVO: dúvida
- IMPERATIVO: ordem

5.2. TEMPOS

5.2.1. PRESENTE

- do indicativo: indica ação que acontece no momento da fala; hábito.
- do subjuntivo: indica hipótese, dúvida.

5.2.2. FUTURO

- do presente do indicativo: ação futura certa (amanhã)
- do pretérito do indicativo: tempo condicional
- do subjuntivo: ação futura duvidosa

5.2.3. PRETÉRITO

- Perfeito do indicativo: ação concluída (ontem)
- Imperfeito do indicativo: ação prolongada, contínua
- Mais-que-perfeito do indicativo: ação passada em relação a outra ação também passada.
- Imperfeito do subjuntivo: tempo condicional

5.3. VOZES VERBAIS

1) VOZ ATIVA: o sujeito pratica a ação.

Todos os alunos	ouviram	aquela música.
sujeito	*V.T.D.*	*objeto direto*

- Para passar uma oração da voz ativa para a passiva, o objeto direto é obrigatório.

2) VOZ PASSIVA: o sujeito sofre a ação

- ***Passiva Analítica***: SER + PARTICÍPIO

Aquela música	foi ouvida	por todos os alunos.
sujeito paciente	*ser + partic.*	*agente da passiva*

Passiva Sintética: V.T.D(I) + SE = V.P. (sujeito)

Vende-se	livro.	➡ V.P. sintética
V.T.D. + se = VP	*sujeito*	
Livro é vendido. ➡ V.P. analítica		

3) VOZ REFLEXIVA: o sujeito pratica e sofre a ação.

- Ele se feriu ontem à noite.

6. ANÁLISE SINTÁTICA

6.1. FRASE, ORAÇÃO E PERÍODO

- **Frase**: possui sentido completo.
- **Oração**: possui verbo
- **Período**: possui orações.
- **Período simples**: uma oração (um verbo).
- **Período composto**: mais de uma oração (mais de um verbo)

6.2. SUJEITO

INDETERMINADO: não se sabe quem é o sujeito.

Ocorre quando o verbo está na 3ª pessoa do plural ou na terceira pessoa do singular + se *(índice de indeterminação do sujeito)*

V.T.I.
- *Telefonaram* para você.
- *Acredita-se* em discos voadores.

CUIDADO: SE O VERBO FOR V.T.D. ou V.T.D.I., HAVERÁ SUJEITO E ADMITIRÁ PLURAL, já que teremos, neste caso, VOZ PASSIVA.

Calcula- se	*o rendimento.*
V.T.D. + SE = V.P.	*sujeito*
↳ *pronome apassivador*	
CALCULAM-SE	*OS RENDIMENTOS.*
V.T.D. + SE= V.P.	*Sujeito*
Os rendimentos são calculados.	

Oração SEM SUJEITO:

1) ***Verbo HAVER (singular) no sentido de EXISTIR (plural) ou OCORRER(plural).***

- *HAVIA* muitos alunos na sala.
  ↳ *EXISTIAM* muitos alunos na sala.
- DEVE HAVER muitos alunos.
  ↳ DEVEM EXISTIR muitos alunos.
- HÁ DE HAVER **muitos alunos**. ➔ O.D.
  ↳ HÃO DE EXISTIR **muitos alunos.** ➔ sujeito

2) ***Verbos SER, ESTAR e FAZER*** indicando tempo ou fenômeno meteorológico

- Fazer indicando tempo passado: singular

3) ***Verbos que indicam fenômeno da natureza.***

6.3. PREDICAÇÃO VERBAL

- INTRANSITIVO: o verbo não exige complemento, por isso o prefixo IN.
- TRANSITIVO DIRETO: o verbo exige complemento SEM preposição.
- TRANSITIVO INDIRETO: o verbo exige complemento COM preposição.
- TRANSITIVO DIRETO e INDIRETO: o verbo exige dois complementos.
- VERBO DE LIGAÇÃO: liga o sujeito ao predicativo (termo que qualifica), não indica ação. Indica estado.
- Para haver verbo de ligação, é preciso haver PREDICATIVO.

6.4. PREDICATIVO

Qualifica o sujeito ou o objeto.

- ***do sujeito:***

A plateia	aplaudiu	o espetáculo	***emocionada.***
sujeito	*V.T.D*	*O.D.*	*predicativo do sujeito*

aplaudiu ***E ESTAVA*** *emocionada.*

- ***do objeto:***

Encontrei	***mortos***	os soldados.
V.T.D.	*ptvo do objeto*	*O.D.*

e eles ESTAVAM mortos.

6.5. PREDICADO

É a declaração feita do sujeito

- ***PREDICADO VERBAL:*** o núcleo é o verbo (menos o de ligação)
- ***PREDICADO NOMINAL:*** o núcleo é o predicativo (há V.L.)
- ***PREDICADO VERBO-NOMINAL:*** há dois núcleos = verbo (+ V.L. oculto) + predicativo

6.6. COMPLEMENTOS VERBAIS

Objeto direto (sem preposição) e objeto indireto (com preposição):

- ***Objeto direto preposicionado:*** vem após verbo transitivo direto.

Aparece uma preposição que não foi pedida e pode ser retirada.

- ***Objeto direto pleonástico:*** ocorre repetição do objeto direto.

6.7. AGENTE DA PASSIVA

- É o termo que age na voz passiva, ou seja, quem pratica a ação.

6.8. COMPLEMENTO NOMINAL

- É o termo que completa o nome e possui preposição.

6.9. ADJUNTO ADVERBIAL

- É indica circunstância do verbo.

6.10. APOSTO

- É o termo que explica ou especifica.
- ***Especificativo:*** sem pontuação
- ***Explicativo:*** com pontuação

6.11. VOCATIVO

É o termo que invoca, chama. *Possui pontuação.*

7. PERÍODO COMPOSTO

7.1. COORDENAÇÃO

São orações independentes sintaticamente.

- ***Assindéticas:*** não possuem conjunção;

- ***Sindéticas:*** possuem conjunção e classificam-se em: aditiva, adversativa, alternativa, conclusiva e explicativa.

7.2. SUBORDINAÇÃO

- São orações dependentes sintaticamente.

1) ***Substantiva:*** pode-se colocar ISTO ou DISTO antes da conjunção. Sendo assim, haverá oração principal (sem conjunção), conjunção integrante e oração subordinada substantiva. São elas: subjetiva, objetiva direta, objetiva indireta, predicativa, completiva nominal e apositiva.
2) ***Adjetiva:*** o pronome relativo liga a oração principal à subordinada. ***Explicativa*** possui pontuação e ***restritiva*** não possui pontuação.
3) ***Adverbial:*** indica circunstância da oração principal. Classificam-se em: causal (por quê?), consecutiva (de modo que), condicional (se, caso), concessiva (embora, apesar de), comparativa, conformativa (conforme), final (para quê?), proporcional (à proporção que) e temporal.

Lista de conjunções subordinadas adverbiais mais pedidas.

- ***Causais***: ***porque, que, como (= porque, no início da frase), pois que, visto que, uma vez que, porquanto, já que, desde que,*** etc.
- ***Concessivas***: ***embora, ainda que, apesar de que, se bem que, mesmo que, por mais que, posto que, conquanto,*** etc.
- ***Condicionais***: ***se, caso, contanto que, salvo se, a não ser que, desde que, a menos que, sem que,*** etc.
- ***Conformativas***: ***conforme, como (= conforme), segundo, consoante,*** etc.
- ***Finais***: ***para que, a fim de que, que, porque (= para que), que,*** etc.
- ***Proporcionais***: ***à medida que, à proporção que, ao passo que*** e as combinações ***quanto mais...(mais), quanto menos...(menos), quanto menos ...(mais), quanto menos...(menos),*** etc.
- ***Temporais***: ***quando, enquanto, antes que, depois que, logo que, todas as vezes que, desde que, sempre que, assim que, agora que, mal (= assim que),*** etc.
- ***Comparativas***: ***como, assim como, tal como, como se, (tão)...como, tanto como, tanto quanto, do que, quanto, tal, qual, tal qual, que nem, que (combinado com menos ou mais),*** etc.
- ***Consecutivas***: ***de sorte que, de modo que, sem que (= que não), de forma que, de jeito que, que (tendo como antecedente na oração principal uma palavra como tal, tão, cada, tanto, tamanho),*** etc.

Fonte: http://www.soportugues.com.br/

8. CONCORDÂNCIA VERBAL

- O verbo deve concordar com o sujeito. No caso do verbo *ser*, o verbo pode concordar com o predicativo (se estiver no plural ou for pronome pessoal).

9. CONCORDÂNCIA NOMINAL

Os vocábulos que acompanham o substantivo devem concordar em número e gênero com ele.

Algumas regras importantes:

- Escolheu PÉSSIMA hora e momento para falar.

ADJETIVO ANTES DE DOIS SUBSTANTIVOS CONCORDA COM O MAIS PRÓXIMO.

- Leitura é BOM. A leitura é BOA.

O ARTIGO MANDA NA CONCORDÂNCIA

- Havia BASTANTES razões para ele faltar.

BASTANTE AO LADO DE SUBSTANTIVO PLURAL = PLURAL

10. REGÊNCIA VERBAL

Lista dos verbos mais pedidos:

1) ***Assistir***
- pertencer: V.T.I. (A) – O direito de informar assistia ao chefe.
- ver: V.T.I. (A) – Assistimos ao concerto.
- cuidar: V.T.D. – O médico assistiu o paciente.

2) ***Visar***
- mirar: V.T.D. – O caçador visou o coelho.
- passar visto: V.T.D. – O gerente visou o cheque.
- almejar: V.T.I. (A) – Ele visa ao cargo.

3) ***Querer***
- desejar: V.T.D. – Quero você.
- estimar: V.T.I. (A) – Quero aos meus amigos.

4) ***Aspirar***
- inspirar: V.T.D. – Aspiramos seu perfume.
- almejar: V.T.I. (A) – Aspiramos à aprovação.

5) ***Esquecer e lembrar: V.T.D.***
- Esqueci seu nome.
- Lembrei seu nome.

6) ***Esquecer-se e lembrar-se: V.T.I. (de)***
- Esqueci – me do seu nome.
- Lembrei – me do seu nome

11. REGÊNCIA NOMINAL

Normalmente pedida como acento indicativo de crase.

12. CRASE

Trabalhar substituindo a palavra feminina por uma masculina da mesma classe gramatical. Resultando em ***ao***, há crase:

1) Eu me referi à diretora. = ***AO*** *DIRETOR*
2) Era insensível à dor. = ***AO*** *PERIGO*

3) Chegou às sete horas. = ***AO*** *MEIO- DIA*
4) Fui à cidade. = ***AO*** *SÍTIO*

Cuidado:

5) Eu conheço a diretora. = *O DIRETOR*
6) Eu me refiro a ela. = *A ELE*

- ***Não se usa crase***

- ANTES DE VERBO
- ANTES DE PALAVRA MASCULINA
- ENTRE PALAVRAS REPETIDAS
- SINGULAR + PLURAL (a festas)

Crase com pronomes demonstrativos aquele(s), aquela(s) e aquilo

Assisti àquele filme. = ***AO*** FILME

Aspiro àquela vaga. = ***AO*** CARGO

Prefiro isto àquilo. = ***AO*** LIVRO

12.1. CRASE DIANTE DE PRONOMES RELATIVOS

1) A qual e as quais

- A cidade à qual iremos possui praias às quais chegaremos.
- *O sítio AO qual iremos possui rios AOS quais chegaremos.*

2) Quem e cuja

- Nunca haverá crase antes de QUEM e CUJA.
- Esta é a mulher a quem obedeço.
- Este é o autor a cuja obra me refiro.

3) Que

- Esta é a faculdade a que aspiro. = *Este é o cargo A QUE aspiro*
- Esta é a cidade a que iremos. = *Este é o país* A QUE *iremos.*
- Sua caneta é igual à que comprei. = *Seu lápis é igual* AO QUE *comprei.*
- Este é o bairro a que iremos. = Retoma palavra masculina: sem crase!

13. PONTUAÇÃO

13.1. VÍRGULA

- **A vírgula no interior da oração:**

  ➥ *Ordem direta: sem vírgula*

1) Termos intercalados

➥ ***Natal****, capital do Rio Grande do Norte,* ***é uma cidade encantadora.***

2) Termos deslocados – INVERSÃO

A. Naquele dia, os candidatos receberam a imprensa. = *adjunto adverbial deslocado*

3) Palavras omitidas – zeugma ou elipse

"O meu pai era paulista
Meu avô, pernambucano
O meu bisavô, mineiro
Meu tataravô, baiano" (Chico Buarque)

4) Vocativo: *"Meus amigos*, a ordem é a base do governo."

5) Termos coordenados assindéticos

➥ Aquela paisagem nos despertava confiança, tranquilidade, calma e paz.

6) Termos coordenados ligados por e, ou, nem

➥ Pedro ou Paulo casará com Maria. Não necessitavam de dinheiro nem de auxílio. *Não há vírgula em adição.*

➥ E os pais, e os amigos, e os vizinhos magoaram-no.

➥ Não estudava português, nem matemática, nem direito, nem informática.

➥ *Polissíndeto: repetição da conjunção. Indica ênfase.*

- ***A vírgula entre orações***

1) O homem, *que é um ser racional*, aprende cada vez mais.

➥ *Oração subordinada adjetiva explicativa*

2) O homem *que encontramos perto do lago* parecia aborrecido.

➥ *Oração subordinada adjetiva restritiva*

3) *Quando o cantor entrou no palco*, todos aplaudiram.

➥ *Oração subordinada anteposta à oração principal*

4) Espero que você me telefone.

➥ *Não se separa oração principal da subordinada substantiva*

5) *Cheguei, pedi silêncio, aguardei alguns minutos* e comecei a palestra.

➥ *Orações coordenadas*

6) *Os ignorantes falavam demais, e os sábios se mantinham em silêncio.*

➥ *orações coordenadas com sujeitos diferentes*

7) E volta, e recomeça, e se esforça, e consegue.

➥ *Polissíndeto: ênfase*

8) ***Eu***, disse o orador, ***não concordo***.

➥ *Oração intercalada. Duplas vírgulas podem ser substituídas por travessões ou parênteses.*

- ***PONTO-E-VÍRGULA***

- Separa oração coordenada que venham quebradas no seu interior por vírgulas.
- Separa oração que tenha zeugma na segunda: *Ele estudou economia; nós, português.*
- Antítese = oposição.

- Oração coordenada extensa.
- Enumeração.
- ***DOIS-PONTOS***
  - Citam, enumeram e explicam.

14. COLOCAÇÃO PRONOMINAL

- **Ênclise** – Pronome DEPOIS do verbo.

É a colocação normal da língua culta.

Levantei- me cedo hoje.

Empresta- me a caneta.

Dica: NÃO SE INICIA FRASE COM OBLÍQUO NEM APÓS VÍRGULA

- **Mesóclise** – Pronome no MEIO do verbo.

Verbos no futuro do presente e do pretérito, desde que não haja condição de próclise.

O torneio relizar-se-á amanhã. " O torneio **não** se realizará amanhã.

Contar- lhe-ia o segredo. " **Amanhã** lhe contaria o segredo.

- **Próclise** – Pronome ANTES do verbo.

Há palavras que atraem o pronome:

- **palavras negativas** (não, nem, nada, ninguém) **não seguidas de vírgula.**

Nunca nos revelou seu segredo.

Não, disse me ele, **não** me deve mais nada.

- **advérbio não seguido de vírgula.**

Depois me dirigi ao balcão.

Em seguida, despediu-se de todos.

- **pronomes** (verificar a fonética, som)

O rapaz **que** me procurou é casado.

Quem te acompanhou?

- **conjunção subordinativa**

Espero **que** lhe deem o cargo.

- **orações optativas**

Deus te abençoe.

- **preposição + gerúndio**

Em se tratando de relógios, prefiro os suíços.

- **infinitivo pessoal**

Por se encontrarem no local do crime, foram incluídos entre os suspeitos.

14.1. PRONOME ÁTONO NAS LOCUÇÕES VERBAIS

1) **Verbo principal ou auxiliar + infinitivo ou gerúndio:**

   Podemos contar- lhe o ocorrido.

   Podemos lhe contar o ocorrido.

2) **Auxiliar + particípio**

   Os médicos **haviam me sugerido** a cirurgia.

   Os médicos **me haviam sugerido** a cirurgia.

15. FIGURAS DE LINGUAGEM2

São recursos que tornam as mensagens que emitimos mais expressivas. Subdividem-se em ***figuras de som***, ***figuras de palavras***, ***figuras de pensamento*** e ***figuras de construção***.

Classificação das Figuras de Linguagem

1) Fernanda acordou às sete horas, Renata às nove horas, Paula às dez e meia.
2) "Quando Deus fecha uma porta, abre uma janela."
3) Seus olhos eram luzes brilhantes.

Nos exemplos acima, temos três tipos distintos de figuras de linguagem:

Exemplo 1: há o uso de uma construção sintética ao deixar subentendido, na segunda e na terceira frase, um termo citado anteriormente – o verbo ***acordar***. Repare que a segunda e a última frase do primeiro exemplo devem ser entendidas da seguinte forma: "Renata ***acordou*** às nove horas, Paula ***acordou*** às dez e meia. Dessa forma, temos uma ***figura de construção*** ou ***de sintaxe***.

Exemplo 2: a ideia principal do ditado reside num jogo conceitual entre as palavras ***fecha*** e ***abre***, que possuem significados opostos. Temos, assim, uma ***figura de pensamento***.

Exemplo 3: a força expressiva da frase está na associação entre os elementos ***olhos*** e ***luzes brilhantes***. Essa associação nos permite uma transferência de significados a ponto de usarmos ***"olhos"*** por ***"luzes brilhantes"***. Temos, então, uma ***figura de palavra***.

15.1. FIGURA DE PALAVRA

A figura de palavra consiste na substituição de uma palavra por outra, isto é, no emprego ***figurado***, ***simbólico***, seja por uma relação muito próxima (***contiguidade***), seja por uma associação, uma comparação, uma ***similaridade***. Esses dois conceitos básicos – ***contiguidade*** e ***similaridade*** – permitem-nos reconhecer dois tipos de figuras de palavras: a ***metáfora*** e a ***metonímia***.

15.1.1. METÁFORA

A metáfora consiste em utilizar uma palavra ou uma expressão em lugar de outra, sem que haja uma relação real, mas em virtude da circunstância de que o nosso espírito as associa e depreende entre elas certas semelhanças. É importante notar que a metáfora tem um caráter ***subjetivo*** e ***momentâneo***; se a metáfora se cristalizar, deixará de ser metáfora e passará a ser catacrese (é o que ocorre, por exemplo, com "pé de alface", "perna da mesa", "braço da cadeira").

Obs.: toda metáfora é uma espécie de comparação implícita, em que o elemento comparativo não aparece.

2. Só Português. Disponível em <http://www.soportugues.com.br/secoes/estil/estil2.php>. Acesso em 27 março 2017.

Observe a gradação no processo metafórico abaixo:

Seus olhos são como luzes brilhantes.

O exemplo acima mostra uma ***comparação*** evidente, através do emprego da palavra ***como***.

Observe agora:

Seus olhos são luzes brilhantes.

Nesse exemplo não há mais uma comparação (note a ausência da partícula comparativa), e sim um ***símile***, ou seja, qualidade do que é semelhante.

As luzes brilhantes olhavam-me.

Há substituição da palavra ***olhos*** por ***luzes brilhantes***. Essa é a verdadeira ***metáfora***.

15.1.2. METONÍMIA

A metonímia consiste em empregar um termo no lugar de outro, havendo entre ambos estreita afinidade ou relação de sentido. Observe os exemplos abaixo:

1 – Autor pela obra: Gosto de ler ***Machado de Assis***. (= Gosto de ler a ***obra literária de Machado de Assis***.)

2 – Inventor pelo invento: ***Édson*** ilumina o mundo. (= As ***lâmpadas*** iluminam o mundo.)

3 – Símbolo pelo objeto simbolizado: Não te afastes da ***cruz***. (= Não te afastes da ***religião***.)

4 – Lugar pelo produto do lugar: Fumei um saboroso ***havana***. (= Fumei um saboroso ***charuto***.)

5 – Efeito pela causa: Sócrates bebeu a ***morte***. (= Sócrates tomou ***veneno***.)

6 – Causa pelo efeito: Moro no campo e como do ***meu trabalho***. (= Moro no campo e como o ***alimento que produzo***.)

7 – Continente pelo conteúdo: Bebeu o ***cálice*** todo. (= Bebeu todo o ***líquido*** que estava no cálice.)

8 – Instrumento pela pessoa que utiliza: Os ***microfones*** foram atrás dos jogadores. (= Os ***repórteres*** foram atrás dos jogadores.)

9 – Parte pelo todo: Várias ***pernas*** passavam apressadamente. (= Várias ***pessoas*** passavam apressadamente.)

10 – Gênero pela espécie: Os ***mortais*** pensam e sofrem nesse mundo. (= Os ***homens*** pensam e sofrem nesse mundo.)

11 – Singular pelo plural: A ***mulher*** foi chamada para ir às ruas na luta por seus direitos. (= As ***mulheres*** foram chamadas, não apenas uma mulher.)

12 – Marca pelo produto: Minha filha adora ***danone***. (= Minha filha adora o iogurte que é da marca danone.)

13 – Espécie pelo indivíduo: O ***homem*** foi à Lua. (= Alguns ***astronautas*** foram à Lua.)

14 – Símbolo pela coisa simbolizada: A ***balança*** penderá para teu lado. (= A ***justiça*** ficará do teu lado.)

15.1.3. CATACRESE

Trata-se de uma metáfora que, dado seu uso contínuo, cristalizou-se. A catacrese costuma ocorrer quando, por falta de um termo específico para designar um conceito, toma-se outro "emprestado". Assim, passamos a empregar algumas palavras fora de seu sentido original.

Asa da xícara, ***batata*** da perna, ***maçã*** do rosto, ***pé*** da mesa, ***braço*** da cadeira, ***coroa*** do abacaxi.

15.1.4. PERÍFRASE

Trata-se de uma expressão que designa um ser através de alguma de suas características ou atributos, ou de um fato que o celebrizou. Veja o exemplo:

A Cidade Maravilhosa (= Rio de Janeiro) continua atraindo visitantes do mundo todo.

Obs.: quando a perífrase indica uma pessoa, recebe o nome de *antonomásia*.

Exemplos:

O Divino Mestre (= Jesus Cristo) passou a vida praticando o bem.

O Poeta dos Escravos (= Castro Alves) morreu muito jovem.

O Poeta da Vila (= Noel Rosa) compôs lindas canções.

15.1.5. SINESTESIA

Consiste em mesclar, numa mesma expressão, as sensações percebidas por diferentes órgãos do sentido.

Um ***grito áspero*** revelava tudo o que sentia. (grito = auditivo; áspero = tátil) No ***silêncio escuro*** do seu quarto, aguardava os acontecimentos. (silêncio = auditivo; negro = visual)

15.2. FIGURAS DE PENSAMENTO

15.2.1. ANTÍTESE

Consiste na utilização de dois termos que ***contrastam*** entre si. Ocorre quando há uma aproximação de palavras ou expressões de sentidos opostos. O contraste que se estabelece serve, essencialmente, para dar uma ênfase aos conceitos envolvidos que não se conseguiria com a exposição isolada dos mesmos.

> "O mito é o ***nada*** que é ***tudo***." (Fernando Pessoa)
>
> O corpo é ***grande*** e a alma é ***pequena***.
>
> "Quando um muro ***separa***, uma ponte ***une***."

15.2.2. PARADOXO

Consiste numa proposição aparentemente absurda, resultante da união de ***ideias contraditórias***.

Na reunião, o funcionário afirmou que o operário quanto mais trabalha mais tem dificuldades econômicas.

15.2.3. EUFEMISMO

Consiste em empregar uma ***expressão mais suave***, mais nobre ou menos agressiva, para comunicar alguma coisa áspera, desagradável ou chocante.

Depois de muito sofrimento, ***entregou a alma ao Senhor***. (= morreu)

O prefeito ficou rico ***por meios ilícitos***. (= roubou)

15.2.4. IRONIA

Consiste em ***dizer o contrário*** do que se pretende ou em satirizar, questionar certo tipo de pensamento com a intenção de ridicularizá-lo, ou ainda em ressaltar algum aspecto passível de crítica. A ironia deve ser muito bem construída para que cumpra a sua finalidade; mal construída, pode passar uma ideia exatamente oposta à desejada pelo emissor.

Como você foi bem na última prova, não tirou nem a nota mínima!

Parece um anjinho aquele menino, briga com todos que estão por perto.

15.2.5. HIPÉRBOLE

É a ***expressão intencionalmente exagerada*** com o intuito de realçar uma ideia.

Faria isso ***milhões de vezes*** se fosse preciso.

"***Rios*** te correrão dos olhos, se chorares." (Olavo Bilac)

15.2.6. PROSOPOPEIA OU PERSONIFICAÇÃO

Consiste em atribuir ações ou qualidades de seres animados a seres inanimados, ou características humanas a seres não humanos. ***Observe os exemplos:***

As pedras ***andam*** vagarosamente.

O livro é um mudo que ***fala***, um surdo que ***ouve***, um cego que ***guia***.

15.2.7. APÓSTROFE

Consiste na ***"invocação"*** de alguém ou de alguma coisa personificada, de acordo com o objetivo do discurso que pode ser poético, sagrado ou profano. Caracteriza-se pelo chamamento do receptor da mensagem, seja ele imaginário ou não. A introdução da apóstrofe interrompe a linha de pensamento do discurso, destacando-se assim a entidade a que se dirige e a ideia que se pretende pôr em evidência com tal invocação. Realiza-se por meio do vocativo.

Moça, que fazes aí parada?

"Pai Nosso, que estais no céu..."

"Liberdade, Liberdade,

15.2.8. GRADAÇÃO

Consiste em ***dispor as ideias*** por meio de palavras, sinônimas ou não, ***em ordem crescente ou decrescente***. Quando a progressão é ascendente, temos o ***clímax***; quando é descendente, o ***anticlímax***.

Havia o céu, havia a terra, muita gente e mais Joana com seus olhos claros e brincalhões...

O objetivo do narrador é mostrar a expressividade dos olhos de Joana. Para chegar a esse detalhe, ele se refere ao céu, à terra, às pessoas e, finalmente, a Joana e seus olhos. Nota-se que o pensamento foi expresso em ordem decrescente de intensidade.

"Vive só para mim, só para a minha vida, só para meu amor". (Olavo Bilac)

"O trigo... nasceu, cresceu, espigou, amadureceu, colheu-se." (Padre Antônio Vieira)

15.3. FIGURAS DE CONSTRUÇÃO OU SINTÁTICAS

As figuras de construção ocorrem quando desejamos atribuir ***maior expressividade*** ao significado. Assim, a lógica da frase é substituída pela maior expressividade que se dá ao sentido.

15.3.1. ELIPSE

Consiste na ***omissão*** de um ou mais termos numa oração que podem ser facilmente identificados, tanto por elementos gramaticais presentes na própria oração, quanto pelo contexto.

1) A cada um o que é seu. (Deve se dar a cada um o que é seu.)
2) Tenho duas filhas, um filho e amo todos da mesma maneira.

   Nesse exemplo, as desinências verbais de tenho e amo permitem-nos a identificação do sujeito em elipse "eu".
3) Regina estava atrasada. Preferiu ir direto para o trabalho. (Ela, Regina, preferiu ir direto para o trabalho, pois estava atrasada.)
4) As rosas florescem em maio, as margaridas em agosto. (As margaridas florescem em agosto.)

15.3.2. ZEUGMA

Zeugma é uma forma de ***elipse***. Ocorre quando é feita a omissão de um termo já mencionado anteriormente.

Ele ***gosta*** de geografia; eu, de português.

Na casa dela só ***havia*** móveis antigos; na minha, só móveis modernos.

15.3.3. SILEPSE

A silepse é a ***concordância*** que se faz com o termo que não está expresso no texto, mas sim com a ideia que ele representa. É uma concordância anormal, psicológica, espiritual, latente, porque se faz com um termo oculto, facilmente subentendido. Há três tipos de silepse: de ***gênero, número*** e ***pessoa***.

15.3.3.1. SILEPSE DE GÊNERO

Os gêneros são ***masculino*** e ***feminino***. Ocorre a silepse de gênero quando a concordância se faz com a ***ideia*** que o termo comporta.

1) A bonita Porto Velho sofreu mais uma vez com o calor intenso.

Nesse caso, o adjetivo ***bonita*** não está concordando com o termo ***Porto Velho***, que gramaticalmente pertence ao gênero masculino, mas com a ideia contida no termo (a ***cidade*** de Porto Velho).

2) Vossa excelência está preocupado.

Nesse exemplo, o adjetivo ***preocupado*** concorda com o sexo da pessoa, que nesse caso é masculino, e não com o termo Vossa excelência.

15.3.3.2. SILEPSE DE NÚMERO

Os números são ***singular*** e ***plural***. A silepse de número ocorre quando o verbo da oração não concorda gramaticalmente com o sujeito da oração, mas com a ideia que nele está contida. ***Exemplos:***

A ***procissão*** saiu. ***Andaram*** por todas as ruas da cidade de Salvador.

Como vai a ***turma***? ***Estão*** bem?

O ***povo*** corria por todos os lados e ***gritavam*** muito alto.

Note que nos exemplos acima, os verbos ***andaram***, ***estão*** e ***gritavam*** não concordam gramaticalmente com os sujeitos das orações (que se encontram no singular, ***procissão***, ***turma*** e ***povo***, respectivamente), mas com a ***ideia*** de pluralidade que neles está contida. Procissão, turma e povo dão a ideia de muita gente, por isso que os verbos estão no plural.

15.3.3.3. SILEPSE DE PESSOA

Três são as pessoas gramaticais: a primeira, a segunda e a terceira. A silepse de pessoa ocorre quando há um desvio de concordância. O verbo, mais uma vez, não ***concorda*** com o sujeito da oração, mas sim com a ***pessoa que está inscrita no sujeito***.

O que não compreendo é como os ***brasileiros persistamos*** em aceitar essa situação.

Os ***agricultores temos*** orgulho de nosso trabalho.

> "Dizem que os ***cariocas somos*** poucos dados aos jardins públicos." (Machado de Assis)

Observe que os verbos ***persistamos***, ***temos*** e ***somos*** não concordam gramaticalmente com os seus sujeitos (***brasileiros***, ***agricultores*** e ***cariocas*** que estão na terceira pessoa), mas com a ideia que neles está contida (***nós***, os brasileiros, os agricultores e os cariocas).

15.3.4. POLISSÍNDETO / ASSÍNDETO

Para estudarmos essas duas figuras de construção, é necessário recordar um conceito estudado em sintaxe sobre período composto. No período composto por coordenação, podemos ter orações ***sindéticas*** ou ***assindéticas***. A oração coordenada ligada por uma conjunção (conectivo) é ***sindética***; a oração que não apresenta conectivo é ***assindética***.

Recordado esse conceito, podemos definir as duas figuras de construção:

1) Polissíndeto

É uma figura caracterizada pela ***repetição enfática*** dos conectivos.

"Falta-lhe o solo aos pés: recua ***e*** corre, vacila ***e*** grita, luta ***e*** ensanguenta, ***e*** rola, ***e*** tomba, ***e*** se espedaça, ***e*** morre." (Olavo Bilac)

"Deus criou o sol ***e*** a lua ***e*** as estrelas. ***E*** fez o homem ***e*** deu-lhe inteligência ***e*** fê-lo chefe da natureza.

2) Assíndeto

É uma figura caracterizada pela ausência, pela ***omissão das conjunções coordenativas***, resultando no uso de orações coordenadas assindéticas.

Tens casa, tens roupa, tens amor, tens família.

> "Vim, vi, venci." (Júlio César)

15.3.5. PLEONASMO

Consiste na ***repetição*** de um termo ou ideia, com as mesmas palavras ou não. A finalidade do pleonasmo é realçar a ideia, torná-la mais ***expressiva***. ***Veja este exemplo:***

O problema da violência, é necessário resolvê-***lo*** logo.

Nesta oração, os termos ***"o problema da violência"*** e ***"lo"*** exercem a mesma função sintática: objeto direto. Assim, temos um pleonasmo do objeto direto, sendo o pronome ***"lo"*** classificado como objeto direto pleonástico.

Aos funcionários, não ***lhes*** interessam tais medidas.

Aos funcionários, lhes = Objeto Indireto

Nesse caso, há um pleonasmo do objeto indireto, e o pronome ***"lhes"*** exerce a função de objeto indireto pleonástico.

> "***Vi, claramente visto,*** o lumo vivo." (Luís de Camões)
>
> "Ó mar ***salgado***, quanto do teu ***sal*** são lágrimas de Portugal." (Fernando Pessoa)
>
> "E ***rir*** meu ***riso***." (Vinícius de Moraes)

15.3.6. ANÁFORA

É a ***repetição*** de uma ou mais palavras no início de várias frases, criando assim, um efeito de reforço e de coerência. Pela repetição, a palavra ou expressão em causa é posta em destaque, permitindo ao escritor valorizar determinado elemento textual. Os termos anafóricos podem muitas vezes ser substituídos por ***pronomes relativos***. Encontrei um amigo ontem. ***Ele*** disse-me que te conhecia. O termo ***ele*** é um termo anafórico, já que se refere a ***um amigo*** anteriormente referido.

"Se você gritasse
Se você gemesse,
Se você tocasse
a valsa vienense
Se você dormisse,
Se você cansasse,
Se você morresse...
Mas você não morre,
Você é duro José!" (Carlos Drummond de Andrade)

15.3.7. ANACOLUTO

Consiste na ***mudança da construção sintática*** no meio da frase, ficando alguns termos desligados do resto do período.

Esses alunos da escola, não se pode duvidar deles.

A expressão ***"esses alunos da escola"*** deveria exercer a função de sujeito. No entanto, há uma interrupção da frase e essa expressão fica à parte, não exercendo nenhuma função sintática. O anacoluto também é chamado de "frase quebrada", pois corresponde a uma interrupção na sequência lógica do pensamento.

O ***Alexandre***, as coisas não lhe estão indo muito bem.

A ***velha hipocrisia***, recordo-me dela com vergonha. (Camilo Castelo Branco)

Obs.: o anacoluto deve ser usado com finalidade expressiva em casos muito especiais. Em geral, deve-se evitá-lo.

15.3.8. HIPÉRBATO / INVERSÃO

É a ***inversão*** da estrutura frásica, isto é, a inversão da ordem direta dos termos da oração.

Ao ódio venceu o amor. (Na ordem direta seria: O amor venceu ao ódio.)

Dos meus problemas cuido eu! (Na ordem direta seria: Eu cuido dos meus problemas.)

15.4. FIGURAS DE SOM

15.4.1. ALITERAÇÃO

Consiste na ***repetição de consoantes*** como recurso para intensificação do ritmo ou como efeito sonoro significativo.

Três pratos de ***t***rigo para ***t***rês ***t***igres ***t***ristes.

O ***r***ato ***r***oeu a ***r***oupa do ***r***ei de ***R***oma.

"***V***ozes ***v***eladas, ***v***eludosas ***v***ozes,
Volúpias dos ***v***iolões, ***v***ozes ***v***eladas
Vagam nos ***v***elhos ***v***órtices ***v***elozes
Dos ***v***entos, ***v***ivas, ***v***ãs, ***v***ulcanizadas."
Cruz e Souza (Aliteração em "v")

15.4.2. ASSONÂNCIA

Consiste na ***repetição ordenada de sons vocálicos idênticos***.

"Sou um mulat***o*** nat***o*** n***o*** sentid***o*** lat***o***
mulat***o*** democrátic***o*** d***o*** litoral."

15.4.3. ONOMATOPEIA

Ocorre quando se tentam reproduzir na forma de palavras os ***sons*** da realidade.

Os sinos faziam ***blem***, ***blem***, ***blem***, ***blem***.

Miau, ***miau***. (Som emitido pelo gato)

Tic-tac, ***tic-tac*** fazia o relógio da sala de jantar.

Cócórócócó, fez o galo às seis da manhã.

15.5. VÍCIOS DE LINGUAGEM

Ao contrário das figuras de linguagem, que representam realce e beleza às mensagens emitidas, os *vícios de linguagem* são palavras ou construções que vão de encontro às normas gramaticais. Os vícios de linguagem costumam ocorrer por descuido, ou ainda por desconhecimento das regras por parte do emissor.

15.5.1. PLEONASMO VICIOSO OU REDUNDÂNCIA

Diferentemente do pleonasmo tradicional, tem-se pleonasmo vicioso quando há repetição desnecessária de uma informação na frase.

Entrei *para dentro* de casa quando começou a anoitecer.

Hoje fizeram-me uma surpresa *inesperada*.

Encontraremos *outra* alternativa para esse problema.

Observação: o pleonasmo é considerado vício de linguagem quando usado desnecessariamente, no entanto, quando usado para reforçar a mensagem, constitui uma figura de linguagem.

15.5.2. BARBARISMO

É o desvio da norma que ocorre nos seguintes níveis:

1) Pronúncia

a) Silabada: erro na pronúncia do acento tônico.

Solicitei à cliente sua *rú*brica. (ru*bri*ca)

b) Cacoépia: erro na pronúncia dos fonemas.

Estou com *po*blemas a resolver. (*pro*blemas)

c) Cacografia: erro na grafia ou na flexão de uma palavra.

Eu *ad*vinhei quem ganharia o concurso. (*adi*vinhei)

O segurança *deteu* aquele homem. (*deteve*)

2) ***Morfologia***

Se eu *ir* aí, vou me atrasar. (*for*)

Sou a aluna *mais maior* da turma. (*maior*)

3) ***Semântica***

José *comprimentou* seu vizinho ao sair de casa. (cumprimentou)

4) ***Estrangeirismos***

Considera-se barbarismo o emprego desnecessário de palavras estrangeiras, ou seja, quando já existe palavra ou expressão correspondente na língua.

O *show* é hoje! (espetáculo)

Vamos tomar um *drink*? (drinque)

15.5.3. SOLECISMO

É o desvio de sintaxe, podendo ocorrer nos seguintes níveis:

1) ***Concordância***

Haviam muitos alunos naquela sala. (Havia)

2) ***Regência***

Eu assisti *o* filme em casa. (ao)

3) ***Colocação***

Dancei tanto na festa que não aguentei-*me* em pé. (não *me* aguentei em pé)

15.5.4. AMBIGUIDADE OU ANFIBOLOGIA

Ocorre quando, por falta de clareza, há duplicidade de sentido da frase.

Ana disse à amiga que *seu* namorado havia chegado. (O namorado é de Ana ou da amiga?)

O pai falou com o filho caído no chão. (Quem estava caído no chão? Pai ou filho?)

15.5.5. CACOFONIA

Ocorre quando a junção de duas ou mais palavras na frase provoca som desagradável ou palavra inconveniente.

Uma mão lava outra. (mamão)

Vi ela na esquina. (viela)

Dei um beijo na bo*ca dela*. (cadela)

15.5.6. ECO

Ocorre quando há palavras na frase com terminações iguais ou semelhantes, provocando dissonância.

A divulga*ção* da promo*ção* *não* causou como*ção* na popula*ção*.

15.5.7. HIATO

Ocorre quando há uma sequência de vogais, provocando dissonância.

*Eu a a*mo.

*Ou eu ou a ou*tra ganhará o concurso.

15.5.8. COLISÃO

Ocorre quando há repetição de consoantes iguais ou semelhantes, provocando dissonância.

*S*ua *s*aia *s*ujou.

16. INTERPRETAÇÃO DE TEXTO

Interpretar é concluir, deduzir a partir dos dados coletados.

O tempo, na prova, é muito curto, por isso é necessário trabalhar com dicas para não precisar reler o texto. Lembre-se de que interpretar é objetivo, ou seja, a opinião do leitor nada importa. A resposta correta é direcionada ao que o autor escreveu e não a que o leitor achou ou acha sobre o assunto.

Dicas rápidas para melhorar o desempenho:

- Leia cada parágrafo e grife as palavras-chave;
- Terminada a leitura, anote o tema (assunto) do texto;
- Vá às questões e não se esqueça de voltar ao texto;
- Trabalhe com as ideias principais que você sublinhou e nunca se esqueça do tema.
- Observe os comandos da questão (de acordo com o texto, conforme o texto, segundo o autor). Se forem esses os comandos, limite-se à realidade do mesmo.
- Muitas vezes, as alternativas extrapolam as verdades do texto; ou ainda diminuem essas mesmas verdades; ou fazem afirmações que nem de longe estão no texto. Fácil notar através de palavras que generalizam ou restringem: todos, ninguém, sempre, nunca, jamais etc.

17. MANUAL DE REDAÇÃO DA PRESIDÊNCIA DA REPÚBLICA

Consultar no link: http://www.planalto.gov.br/ccivil_03/manual/manual.htm

- Não pedido em VUNESP, mas pode aproveitar para CESPE.

17.1. DICAS MAIS PEDIDAS

17.1.1. O QUE É REDAÇÃO OFICIAL

Em uma frase, pode-se dizer que redação oficial é a maneira pela qual o Poder Público redige atos normativos e comunicações. Interessa-nos tratá-la do ponto de vista do Poder Executivo.

A redação oficial deve caracterizar-se pela impessoalidade, uso do padrão culto de linguagem, clareza, concisão, formalidade e uniformidade. Fundamentalmente esses atributos decorrem da Constituição, que dispõe, no artigo 37: *"A administração pública direta, indireta ou fundacional, de qualquer dos Poderes da União, dos Estados, do Distrito Federal e dos Municípios obedecerá aos princípios de legalidade, impessoalidade, moralidade, publicidade e eficiência (...)"*. Sendo a publicidade e a impessoalidade princípios fundamentais de toda administração pública, claro está que devem igualmente nortear a elaboração dos atos e comunicações oficiais.

Não se concebe que um ato normativo de qualquer natureza seja redigido de forma obscura, que dificulte ou impossibilite sua compreensão. A transparência do sentido dos atos normativos, bem como sua inteligibilidade, são requisitos do próprio Estado de Direito: é inaceitável que um texto legal não seja entendido pelos cidadãos. A publicidade implica, pois, necessariamente, clareza e concisão.

Além de atender à disposição constitucional, a forma dos atos normativos obedece a certa tradição. Há normas para sua elaboração que remontam ao período de nossa história imperial, como, por exemplo, a obrigatoriedade – estabelecida por decreto imperial de 10 de dezembro de 1822 – de que se aponha, ao final desses atos, o número de anos transcorridos desde a Independência. Essa prática foi mantida no período republicano.

Esses mesmos princípios (impessoalidade, clareza, uniformidade, concisão e uso de linguagem formal) aplicam-se às comunicações oficiais: elas devem sempre permitir uma única interpretação e ser estritamente impessoais e uniformes, o que exige o uso de certo nível de linguagem.

Nesse quadro, fica claro também que as comunicações oficiais são necessariamente uniformes, pois há sempre um único comunicador (o Serviço Público) e o receptor dessas comunicações ou é o próprio Serviço Público (no caso de expedientes dirigidos por um órgão a outro) – ou o conjunto dos cidadãos ou instituições tratados de forma homogênea (o público).

Outros procedimentos rotineiros na redação de comunicações oficiais foram incorporados ao longo do tempo, como as formas de tratamento e de cortesia, certos clichês de redação, a estrutura dos expedientes, etc. Mencione-se, por exemplo, a fixação dos fechos para comunicações oficiais, regulados pela Portaria nº 1 do Ministro de Estado da Justiça, de 8 de julho de 1937, que, após mais de meio século de vigência, foi revogado pelo Decreto que aprovou a primeira edição deste Manual.

Acrescente-se, por fim, que a identificação que se buscou fazer das características específicas da forma oficial de redigir não deve ensejar o entendimento de que se proponha a criação – ou se aceite a existência – de uma forma específica de linguagem administrativa, o que coloquialmente e pejorativamente se chama *burocratês*. Este é antes uma distorção do que deve ser a redação oficial, e se caracteriza pelo abuso de expressões e clichês do jargão burocrático e de formas arcaicas de construção de frases.

A redação oficial não é, portanto, necessariamente árida e infensa à evolução da língua. É que sua finalidade básica – comunicar com impessoalidade e máxima clareza – impõe certos parâmetros ao uso que se faz da língua, de maneira diversa daquele da literatura, do texto jornalístico, da correspondência particular, etc.

Apresentadas essas características fundamentais da redação oficial, passemos à análise pormenorizada de cada uma delas.

17.1.2. A IMPESSOALIDADE

A finalidade da língua é comunicar, quer pela fala, quer pela escrita. Para que haja comunicação, são necessários: a) alguém que comunique, b) algo a ser comunicado, e c) alguém que receba essa comunicação. No caso da redação oficial, quem comunica é sempre o Serviço Público (este ou aquele Ministério, Secretaria, Departamento, Divisão, Serviço, Seção); o que se comunica é sempre algum assunto relativo às atribuições do órgão que comunica; o destinatário dessa comunicação ou é o público, o conjunto dos cidadãos, ou outro órgão público, do Executivo ou dos outros Poderes da União.

Percebe-se, assim, que o tratamento impessoal que deve ser dado aos assuntos que constam das comunicações oficiais decorre:

a) da ausência de impressões individuais de quem comunica: embora se trate, por exemplo, de um expediente assinado por Chefe de determinada Seção, é sempre em nome do Serviço Público que é feita a comunicação. Obtém-se, assim, uma desejável padronização, que permite que comunicações elaboradas em diferentes setores da Administração guardem entre si certa uniformidade;
b) da impessoalidade de quem recebe a comunicação, com duas possibilidades: ela pode ser dirigida a um cidadão, sempre concebido como *público*, ou a outro órgão público. Nos dois casos, temos um destinatário concebido de forma homogênea e impessoal;
c) do caráter impessoal do próprio assunto tratado: se o universo temático das comunicações oficiais se restringe a questões que dizem respeito ao interesse público, é natural que não cabe qualquer tom particular ou pessoal.

Desta forma, não há lugar na redação oficial para impressões pessoais, como as que, por exemplo, constam de uma carta a um amigo, ou de um artigo assinado de jornal, ou mesmo de um texto literário. A redação oficial deve ser isenta da interferência da individualidade que a elabora.

A concisão, a clareza, a objetividade e a formalidade de que nos valemos para elaborar os expedientes oficiais contribuem, ainda, para que seja alcançada a necessária impessoalidade.

17.1.3. A LINGUAGEM DOS ATOS E COMUNICAÇÕES OFICIAIS

A necessidade de empregar determinado nível de linguagem nos atos e expedientes oficiais decorre, de um lado, do próprio caráter público desses atos e comunicações; de outro, de sua finalidade. Os atos oficiais, aqui entendidos como atos de caráter normativo, ou estabelecem regras para a conduta dos cidadãos, ou regulam o funcionamento dos órgãos públicos, o que só é alcançado se em sua elaboração for empregada a linguagem adequada. O mesmo se dá com os expedientes oficiais, cuja finalidade precípua é a de informar com clareza e objetividade.

As comunicações que partem dos órgãos públicos federais devem ser compreendidas por todo e qualquer cidadão brasileiro. Para atingir esse objetivo, há que evitar o uso de uma linguagem restrita a determinados grupos. Não há dúvida que um texto marcado por expressões de circulação restrita, como a gíria, os regionalismos vocabulares ou o jargão técnico, tem sua compreensão dificultada.

Ressalte-se que há necessariamente uma distância entre a língua falada e a escrita. Aquela é extremamente dinâmica, reflete de forma imediata qualquer alteração de costumes, e pode eventualmente contar com outros elementos que auxiliem a sua compreensão, como os gestos, a entoação, etc., para mencionar apenas alguns dos fatores responsáveis por essa distância. Já a língua escrita incorpora mais lentamente as transformações, tem maior vocação para a permanência, e vale-se apenas de si mesma para comunicar.

A língua escrita, como a falada, compreende diferentes níveis, de acordo com o uso que dela se faça. Por exemplo, em uma carta a um amigo, podemos nos valer de determinado padrão de linguagem que incorpore expressões extremamente pessoais ou coloquiais; em um parecer jurídico, não se há de estranhar a presença do vocabulário técnico correspondente. Nos dois casos, há um padrão de linguagem que atende ao uso que se faz da língua, a finalidade com que a empregamos.

O mesmo ocorre com os textos oficiais: por seu caráter impessoal, por sua finalidade de informar com o máximo de clareza e concisão, eles requerem o uso do *padrão culto* da língua. Há consenso de que o padrão culto é aquele em que a) se observam as regras da gramática formal, e b) se emprega um vocabulário comum ao conjunto dos usuários do idioma. É importante ressaltar que a obrigatoriedade do uso do padrão culto na redação oficial decorre do fato de que ele está acima das diferenças lexicais, morfológicas ou sintáticas regionais, dos modismos vocabulares, das idiossincrasias linguísticas, permitindo, por essa razão, que se atinja a pretendida compreensão por todos os cidadãos.

Lembre-se que o padrão culto nada tem contra a simplicidade de expressão, desde que não seja confundida com pobreza de expressão. De nenhuma forma o uso do padrão culto implica emprego de linguagem rebuscada, nem dos contorcionismos sintáticos e figuras de linguagem próprios da língua literária.

Pode-se concluir, então, que não existe propriamente um *"padrão oficial de linguagem"*; o que há é o uso do padrão culto nos atos e comunicações oficiais. É claro que haverá preferência pelo uso de determinadas expressões, ou será obedecida certa tradição no emprego das formas sintáticas, mas isso não implica, necessariamente, que se consagre a utilização de *uma forma de linguagem burocrática*. O jargão burocrático, como todo jargão, deve ser evitado, pois terá sempre sua compreensão limitada.

A linguagem técnica deve ser empregada apenas em situações que a exijam, sendo de evitar o seu uso indiscriminado. Certos rebuscamentos acadêmicos, e mesmo o vocabulário próprio a determinada área, são de difícil entendimento por quem não esteja com eles familiarizado. Deve-se ter o cuidado, portanto, de explicitá-los em comunicações encaminhadas a outros órgãos da administração e em expedientes dirigidos aos cidadãos.

Outras questões sobre a linguagem, como o emprego de neologismo e estrangeirismo, são tratadas em detalhe em *9.3. Semântica*.

17.1.4. FORMALIDADE E PADRONIZAÇÃO

As comunicações oficiais devem ser sempre formais, isto é, obedecem a certas regras de *forma*: além das já mencionadas exigências de impessoalidade e uso do padrão culto de linguagem, é imperativo, ainda, certa formalidade de tratamento. Não se trata somente da eterna dúvida quanto ao correto emprego deste ou daquele pronome de tratamento para uma autoridade de certo nível (v. a esse respeito *2.1.3. Emprego dos Pronomes de Tratamento*); mais do que isso, a formalidade diz respeito à polidez, à civilidade no próprio enfoque dado ao assunto do qual cuida a comunicação.

A formalidade de tratamento vincula-se, também, à necessária uniformidade das comunicações. Ora, se a administração federal é una, é natural que as comunicações que expede sigam um mesmo padrão. O estabelecimento desse padrão, uma das metas deste Manual, exige que se atente para todas as características da redação oficial e que se cuide, ainda, da apresentação dos textos.

A clareza datilográfica, o uso de papéis uniformes para o texto definitivo e a correta diagramação do texto são indispensáveis para a padronização. Consulte o Capítulo II, *As Comunicações Oficiais*, a respeito de normas específicas para cada tipo de expediente.

17.1.5. CONCISÃO E CLAREZA

A *concisão* é antes uma qualidade do que uma característica do texto oficial. Conciso é o texto que consegue transmitir um máximo de informações com um mínimo de palavras. Para que se redija com essa qualidade, é fundamental que se tenha, além de conhecimento do assunto sobre o qual se escreve, o necessário tempo para revisar o texto depois de pronto. É nessa releitura que muitas vezes se percebem eventuais redundâncias ou repetições desnecessárias de ideias.

O esforço de sermos concisos atende, basicamente ao princípio de *economia linguística*, à mencionada fórmula de empregar o mínimo de palavras para informar o máximo. Não se deve de forma alguma entendê-la como *economia de pensamento*, isto é, não se devem eliminar passagens substanciais do texto no afã de reduzi-lo em tamanho. Trata-se exclusivamente de cortar palavras inúteis, redundâncias, passagens que nada acrescentem ao que já foi dito.

Procure perceber certa hierarquia de ideias que existe em todo texto de alguma complexidade: ideias fundamentais e ideias secundárias. Estas últimas podem esclarecer o sentido daquelas, detalhá-las, exemplificá-las; mas existem também ideias secundárias que não acrescentam informação alguma ao texto, nem têm maior relação com as fundamentais, podendo, por isso, ser dispensadas.

A *clareza* deve ser a qualidade básica de todo texto oficial, conforme já sublinhado na introdução deste capítulo. Pode-se definir como claro aquele texto que possibilita imediata compreensão pelo leitor. No entanto a clareza não é algo que se atinja por si só: ela depende estritamente das demais características da redação oficial. Para ela concorrem:

a) a impessoalidade, que evita a duplicidade de interpretações que poderia decorrer de um tratamento personalista dado ao texto;
b) o uso do padrão culto de linguagem, em princípio, de entendimento geral e por definição avesso a vocábulos de circulação restrita, como a gíria e o jargão;
c) a formalidade e a padronização, que possibilitam a imprescindível uniformidade dos textos;
d) a concisão, que faz desaparecer do texto os excessos linguísticos que nada lhe acrescentam.

É pela correta observação dessas características que se redige com clareza. Contribuirá, ainda, a indispensável releitura de todo texto redigido. A ocorrência, em textos oficiais, de trechos obscuros e de erros gramaticais provém principalmente da falta da releitura que torna possível sua correção.

Na revisão de um expediente, deve-se avaliar, ainda, se ele será de fácil compreensão por seu destinatário. O que nos parece óbvio pode ser desconhecido por terceiros. O domínio que adquirimos sobre certos assuntos em decorrência de nossa experiência profissional muitas vezes faz com que os tomemos como de conhecimento geral, o que nem sempre é verdade. Explicite, desenvolva, esclareça, precise os termos técnicos, o significado das siglas e abreviações e os conceitos específicos que não possam ser dispensados.

A revisão atenta exige, necessariamente, tempo. A pressa com que são elaboradas certas comunicações quase sempre compromete sua clareza. Não se deve proceder à redação de um texto que não seja seguida por sua revisão. *"Não há assuntos urgentes, há assuntos atrasados"*, diz a máxima. Evite-se, pois, o atraso, com sua indesejável repercussão no redigir.

18. APÊNDICE – PROCESSOS DE FORMAÇÃO DAS PALAVRAS

18.1. DERIVAÇÃO

Derivação é o processo pelo qual se obtém uma palavra nova, chamada ***derivada***, a partir de outra já existente, chamada ***primitiva***. Observe o quadro abaixo:

Primitiva	*Derivada*
mar	marítimo, marinheiro, marujo
terra	enterrar, terreiro, aterrar

Observamos que "mar" e "terra" não se formam de nenhuma outra palavra, mas, ao contrário, possibilitam a formação de outras, por meio do acréscimo de um sufixo ou prefixo. Logo, mar e terra são palavras primitivas, e as demais, derivadas.

18.1.1. TIPOS DE DERIVAÇÃO

18.1.1.1. DERIVAÇÃO PREFIXAL OU PREFIXAÇÃO

Resulta do acréscimo de ***prefixo*** à palavra primitiva, que tem o seu significado alterado.

Veja os exemplos: crer- ***des***crer, ler- ***re***ler, capaz- ***in***capaz.

18.1.1.2. DERIVAÇÃO SUFIXAL OU SUFIXAÇÃO

Resulta de acréscimo de ***sufixo*** à palavra primitiva, que pode sofrer alteração de significado ou mudança de classe gramatical. Por Exemplo: alfabetiza***ção.***

No exemplo acima, o sufixo ***-ção*** transforma em ***substantivo*** o ***verbo alfabetizar.*** Este, por sua vez, já é derivado do substantivo ***alfabeto*** pelo acréscimo do sufixo ***-izar.***

18.1.1.3. DERIVAÇÃO PARASSINTÉTICA OU PARASSÍNTESE

Ocorre quando a palavra derivada resulta do acréscimo simultâneo de ***prefixo*** e ***sufixo*** à palavra primitiva. Por meio da parassíntese formam-se nomes (substantivos e adjetivos) e verbos.

Considere o adjetivo ***" triste".*** Do radical "trist-" formamos o verbo ***en***trist***ecer*** através da junção simultânea do prefixo "en-" e do sufixo "-ecer". A presença de apenas um desses afixos ***não*** é suficiente para formar uma nova palavra, pois em nossa língua não existem as palavras "entriste", nem "tristecer".

Exemplos:

Palavra Inicial	*Prefixo*	*Radical*	*Sufixo*	*Palavra Formada*
mudo	e	mud	ecer	***emudecer***
alma	des	alm	ado	***desalmado***

18.1.1.4. DERIVAÇÃO REGRESSIVA

Ocorre derivação regressiva quando uma palavra é formada não por acréscimo, mas por ***redução.***

Exemplos:

comprar (verbo)	beijar (verbo)
compra (substantivo)	***beijo*** (substantivo)

Por derivação regressiva, formam-se basicamente substantivos a partir de verbos. Por isso, recebem o nome de ***substantivos deverbais.*** Note que na linguagem popular, são frequentes os exemplos de palavras formadas por derivação regressiva. ***Veja:***

o ***portuga*** (de português)

o ***boteco*** (de botequim)

o ***comuna*** (de comunista)

Ou ainda:

agito (de agitar)

amasso (de amassar)

chego (de chegar)

18.1.1.5. DERIVAÇÃO IMPRÓPRIA

A derivação imprópria ocorre quando determinada palavra, sem sofrer qualquer acréscimo ou supressão em sua forma, ***muda*** de classe gramatical. Neste processo:

1) Os ***adjetivos*** passam a ***substantivos***

Por Exemplo:

Os ***bons*** serão contemplados.

2) Os ***particípios*** passam a ***substantivos*** ou ***adjetivos***

Por Exemplo:

Aquele garoto alcançou um ***feito*** passando no concurso.

3) Os ***infinitivos*** passam a ***substantivos***

Por Exemplo:

O ***andar*** de Roberta era fascinante.

O ***badalar*** dos sinos soou na cidadezinha.

4) Os ***substantivos*** passam a ***adjetivos***

Por Exemplo:

O funcionário ***fantasma*** foi despedido.

O menino ***prodígio*** resolveu o problema.

5) Os ***adjetivos*** passam a ***advérbios***

Por Exemplo:

Falei ***baixo*** para que ninguém escutasse.

6) Palavras ***invariáveis*** passam a ***substantivos***

Por Exemplo:

Não entendo o ***porquê*** disso tudo.

7) Substantivos ***próprios*** tornam-se ***comuns***.

Por Exemplo:

Aquele coordenador é um ***caxias***! (chefe severo e exigente)

18.2. COMPOSIÇÃO

18.2.1. COMPOSIÇÃO

Composição é o processo que forma palavras compostas, a partir da junção de dois ou mais radicais.

Existem dois tipos:

18.2.1.1. COMPOSIÇÃO POR JUSTAPOSIÇÃO

Ao juntarmos duas ou mais palavras ou radicais, não ocorre alteração fonética.

Exemplos: passatempo, quinta-feira, girassol, couve-flor

18.2.1.2. COMPOSIÇÃO POR AGLUTINAÇÃO

Ao unirmos dois ou mais vocábulos ou radicais, ocorre supressão de um ou mais de seus elementos fonéticos.

Exemplos: embora (em boa hora), fidalgo (filho de algo – referindo-se à família nobre), hidrelétrico (hidro + elétrico)

planalto (plano alto)

✦ BIBLIOGRAFIA

CÂMARA JR.,Joaquim Mattoso.*História e estrutura da língua portuguesa.* 2.ed.Rio de Janeiro,Padrão,1976.

CÂMARA JR.,Joaquim Mattoso.*Estrutura da língua portuguesa.*16.ed.Petrópolis,Vozes,1985.

LIMA,Rocha.*Gramática normativa da língua portuguesa.*23.ed.Rio de Janeiro,José Olympio,1983.

INFANTE,Ulisses; NICOLA,José de. *Gramática contemporânea da língua portuguesa.*15ed.São Paulo,Scipione,1999

CAMPEDELLI,Samira Youssef.*Gramática do texto,texto da gramática.*1 ed.São Paulo,Saraiva,1999.

INFANTE,Ulisses,*Curso de gramática aplicada aos textos.*6 ed.São Paulo,Scipione,2001.

TERRA,Ernani; NICOLA,José de. *Gramática,literatura e produção de textos.*2 ed.São Paulo,Scipione,2003.

CAVALLETE,Floriana Toscano; TERRA,Ernani; NICOLA,José de. *Português para o ensino médio-língua,literatura e produção de textos.*1 ed.São Paulo,Scipione,2002.

INFANTE,Ulisses; CIPRO NETO,Pasquale. *Gramática da língua portuguesa.*2 ed.São Paulo,Scipione,2004.

INFANTE,Ulisses; CIPRO NETO,Pasquale. *Gramática da língua portuguesa.*1 ed.São Paulo,Scipione,1999.

NOGUEIRA, Duda. *Material de apoio de língua portuguesa para concursos.* 1 ed. Ribeirão Preto, Eclipse Comcursos,2010.

NOGUEIRA, Duda. Língua Portuguesa para concursos. 4ª.ed.Salvador,Editora Juspodivm,2017.

SÓ PORTUGUÊS. Em < http://www.soportugues.com.br/>. Acesso em 22 junho 2013.

MANUAL DE REDAÇÃO DA PRESIDÊNCIA DA REPÚBLICA. Em <http://www.planalto.gov.br/ccivil_03/manual/manual.htm>. Acesso em 24 abril 2013.

Direito Constitucional

Paulo Lépore

TABELA DE INCIDÊNCIA DE QUESTÕES

Distribuição das questões organizada por ordem didática de assuntos		
Assunto	**Número de Questões**	**Peso**
1. TEORIA DA CONSTITUIÇÃO E DA NORMA CONSTITUCIONAL	10	11,90%
2. DIREITOS E GARANTIAS FUNDAMENTAIS.	4	4,76%
2.1. DIREITOS E DEVERES INDIVIDUAIS, COLETIVOS	8	9,52%
2.2. AÇÕES OU REMÉDIOS CONSTITUCIONAIS	2	2,38%
2.3. DIREITOS SOCIAIS	4	4,76%
3. DIREITOS DA NACIONALIDADE E DIREITOS POLÍTICOS	4	4,76%
4. ORGANIZAÇÃO POLÍTICO ADMINISTRATIVA.	4	4,76%
5. ADMINISTRAÇÃO PÚBLICA	11	13,10%
6. SEPARAÇÃO DOS PODERES		
6.1. PODER LEGISLATIVO E PODER EXECUTIVO.	4	4,76%
6.2. PODER JUDICIÁRIO.	6	7,14%
6.3. CONSELHO NACIONAL DE JUSTIÇA	1	1,19%
6.4. SÚMULA VINCULANTE	3	3,57%
7. CONTROLE DE CONSTITUCIONALIDADE		
7.1. CONTROLE DIFUSO	5	5,95%
7.2. CONTROLE CONCENTRADO	5	5,95%
8. DEFESA DO ESTADO E DAS INSTITUIÇÕES DEMOCRÁTICAS	1	1,19%
9. ORDEM SOCIAL	2	2,38%
Total	**74**	**100%**

Direito Constitucional

Paulo Lépore

✦ QUESTÕES

1. TEORIA DA CONSTITUIÇÃO E DA NORMA CONSTITUCIONAL

01. (Vunesp – Juiz de Direito – TJ SP/2017) Leia o texto a seguir.

"(...) arranca da ideia de que a leitura de um texto normativo se inicia pela pré-compreensão do seu sentido através do intérprete. A interpretação da constituição também não foge a esse processo: é uma compreensão de sentido, um preenchimento de sentido juridicamente criador, em que o intérprete efectua uma atividade prático normativa, concretizando a norma a partir de uma situação histórica concreta. No fundo esse método vem realçar e iluminar vários pressupostos da atividade interpretativa: (1) os pressupostos subjetivos, dado que o intérprete desempenha um papel criador (pré-compreensão) na tarefa de obtenção de sentido do texto constitucional: (2) os pressupostos objectivos, isto é, o contexto, actuando o intérprete como operador de mediações entre o texto e a situação a que se aplica: (3) relação entre o texto e o contexto com a mediação criadora do intérprete, transformando a interpretação em 'movimento de ir e vir' (círculo hermenêutico). (...) se orienta não por um pensamento axiomático mas para um pensamento problematicamente orientado."

Da leitura do texto do constitucionalista J.J. Gomes Canotilho, conclui-se que o autor se refere a que método de interpretação constitucional?

A) Método tópico-problemático-concretizador.

B) Método científico-espiritual.

C) Método tópico-problemático.

D) Método hermenêutico-concretizador.

COMENTÁRIOS

Alternativa correta letra "d": o método hermenêutico-concretizador é aquele em que o intérprete se vale de suas pré-compreensões valorativas para obter o sentido da norma e então aplicá-la à resolução de determinado problema. O conteúdo da norma somente é alcançado a partir de sua interpretação concretizadora, dotada do caráter criativo que emana do exegeta. Nesse sentido, o método de Hesse possibilita que a Constituição tenha força ativa para compreender e alterar a realidade. Mas, nesse mister, o texto constitucional apresenta-se como um limite intransponível para o intérprete, pois se o exegeta passar por cima do texto, ele estará modificando ou rompendo a Constituição, não a interpretando.

Alternativas "a" e "c": o método tópico-problemático atua sobre as aporias (aporia: dificuldade de escolher entre duas opiniões contrárias e igualmente racionais sobre um dado problema). Topos que no plural são os topoi representam formas de pensamento, raciocínios, argumentações, pontos de vista ou lugares comuns. Os topoi são retirados da jurisprudência, da doutrina, dos princípios gerais de direito e até mesmo do senso comum. Trata-se de uma teoria de argumentação jurídica em torno do problema. A partir do problema expõem-se os argumentos favoráveis e contrários e consagra-se como vencedor aquele capaz de convencer o maior número de interlocutores. Tem aplicabilidade nos casos de difícil solução, denominados por *hard cases*.

Alternativa "b": o método científico-espiritual tem como norte o espírito constitucional, ou seja, valores consagrados nas normas constitucionais. Além dos valores, levam-se em conta também outros fatores extraconstitucionais, como a realidade social e cultural do povo, exigindo-se uma interpretação elástica do texto constitucional, alçando a Constituição a instrumento de integração e solução de conflitos em busca da construção e da preservação da unidade social.

---

02. (Vunesp – Juiz de Direito Substituto – RJ/2016) No que se refere à Teoria das Normas Constitucionais Inconstitucionais, é correto afirmar, segundo entendimento do Supremo Tribunal Federal, que

A) há hierarquia e contradição entre normas constitucionais advindas do Poder Constituinte Originário, o que legitima o controle de constitucionalidade de normas constitucionais, produto do trabalho do Poder Constituinte Originário.

B) é possível a verificação de norma constitucional inconstitucional sob o fundamento de que em todo e qualquer documento constitucional, como em toda e qualquer lei, podem distinguir-se preceitos fundamentais e menos importantes.

C) se admite apenas no controle concentrado a verificação da constitucionalidade de normas produzidas pelo Poder Constituinte Originário, sob o fundamento da sociedade aberta dos intérpretes da Constituição, com a última palavra pelo Tribunal Constitucional.

D) não há hierarquia entre normas constitucionais do Poder Constituinte Originário, tendo em vista o princípio da unidade hierárquico-normativa e caráter rígido da Constituição.

E) a tese de que há hierarquia entre normas constitucionais originárias dando azo à declaração de inconstitucionalidade de umas em face das outras é compatível com o sistema de Constituição Rígida.

COMENTÁRIOS

✪ **Nota do autor:** vale destacar ao candidato as seguintes regras, que ajudam bastante na solução de questões desse tipo: a) Não há hierarquia entre normas constitucionais, ainda que uma delas seja cláusula pétrea; b) Normas constitucionais originárias não se submetem a controle de constitucionalidade, vez que não se admite a existência de normas constitucionais originárias inconstitucionais; c) Apenas normas constitucionais derivadas (portanto, não originárias) podem ser inconstitucionais (exemplo: uma norma oriunda de Emenda Constitucional).

Alternativa correta: letra "d": pelo princípio da unidade da Constituição, a interpretação constitucional deve ser realizada tomando-se as normas constitucionais em conjunto (interpretação sistêmica), como um sistema unitário de princípios e regras, de modo a se evitarem contradições (antinomias aparentes) entre elas. De acordo com Luís Roberto Barroso, "[...] hierarquia, em Direito, designa o fato de uma norma colher o seu fundamento de validade em outra, sendo inválida se contravier a norma matriz. Ora bem: não é isso que se passa na situação aqui descrita. **Pelo princípio da unidade da Constituição, inexiste hierarquia entre normas constitucionais originárias, que jamais poderão ser declaradas inconstitucionais umas em face das outras.** A proteção especial dada às normas amparadas por cláusulas pétreas sobrelevam seu *status* político ou sua carga valorativa, com importantes repercussões hermenêuticas, mas não lhes atribui superioridade jurídica". (*Curso de direito constitucional contemporâneo*. São Paulo: Saraiva, 2009, p. 167). Ademais, segundo entendimento do STF: "**A tese de que há hierarquia entre normas constitucionais originárias dando azo à declaração de inconstitucionalidade de umas em face de outras e incompossível com o sistema de Constituição rígida**. – Na atual Carta Magna "compete ao Supremo Tribunal Federal, precipuamente, a guarda da Constituição" (artigo 102, "caput"), o que implica dizer que essa jurisdição lhe é atribuída para impedir que se desrespeite a Constituição como um todo, e não para, com relação a ela, exercer o papel de fiscal do Poder Constituinte originário, a fim de verificar se este teria, ou não, violado os princípios de direito suprapositivo que ele próprio havia incluído no texto da mesma Constituição. – Por outro lado, **as cláusulas pétreas não podem ser invocadas para sustentação da tese da inconstitucionalidade de normas constitucionais inferiores em face de normas constitucionais superiores, porquanto a Constituição as prevê apenas como limites ao Poder Constituinte derivado ao rever ou ao emendar a Constituição elaborada pelo Poder Constituinte originário, e não como abarcando normas cuja observância se impôs ao próprio Poder Constituinte originário com relação as outras que não sejam consideradas como cláusulas pétreas, e, portanto, possam ser emendadas**. Ação não conhecida por impossibilidade jurídica do pedido" (ADI 815, julgada em 1996 e relatada pelo Ministro Moreira Alves).

Alternativa "a": não há hierarquia e contradição entre normas constitucionais advindas do Poder Constituinte Originário. Desse modo, não há que se falar em controle de constitucionalidade de normas constitucionais, produto do trabalho do Poder Constituinte Originário. Pelo princípio da unidade da Constituição, a interpretação constitucional deve ser realizada tomando-se as normas constitucionais em conjunto (interpretação sistêmica), como um sistema unitário de princípios e regras, de modo a se evitarem contradições (antinomias aparentes) entre elas.

Alternativa "b": não é possível a verificação de norma constitucional inconstitucional, vez que não existe hierarquia entre normas constitucionais. Mas vale o alerta que, no caso de emendas à constituição, é possível que a constitucionalidade destas sejam analisadas em face das normas constitucionais originárias. Todavia, não existe normas constitucionais originárias inconstitucionais. Segundo entendimento do STF: "**A tese de que há hierarquia entre normas constitucionais originárias dando azo à declaração de inconstitucionalidade de umas em face de outras e incompossível com o sistema de Constituição rígida**. – Na atual Carta Magna "compete ao Supremo Tribunal Federal, precipuamente, a guarda da Constituição" (artigo 102, "caput"), o que implica dizer que essa jurisdição lhe é atribuída para impedir que se desrespeite a Constituição como um todo, e não para, com relação a ela, exercer o papel de fiscal do Poder Constituinte originário, a fim de verificar se este teria, ou não, violado os princípios de direito suprapositivo que ele próprio havia incluído no texto da mesma Constituição. – Por outro lado, **as cláusulas pétreas não podem ser invocadas para sustentação da tese da inconstitucionalidade de normas constitucionais inferiores em face de normas constitucionais superiores, porquanto a Constituição as prevê apenas como limites ao Poder Constituinte derivado ao rever ou ao emendar a Constituição elaborada pelo Poder Constituinte originário, e não como abarcando normas cuja observância se impôs ao próprio Poder Constituinte originário com relação as outras que não sejam consideradas como cláusulas pétreas, e, portanto, possam ser emendadas**. Ação não conhecida por impossibilidade jurídica do pedido" (ADI 815, julgada em 1996 e relatada pelo Ministro Moreira Alves).

Alternativa "c": não se admite nenhuma espécie de controle de constitucionalidade de normas produzidas pelo Poder Constituinte Originário.

Alternativa "e": a tese de que há hierarquia entre normas constitucionais originárias dando azo à declaração de inconstitucionalidade de umas em face das outras não é compatível com o sistema de Constituição Rígida, conforme entendimento do STF, exarado no bojo da ADI 815, julgada em 1996 e relatada pelo Ministro Moreira Alves.

03. (Vunesp – Juiz de Direito Substituto – RJ/2016) No estudo da Hermenêutica Constitucional se destaca a importância do constitucionalismo contemporâneo de uma Constituição concreta e historicamente situada com a função de conjunto de valores fundamentais da sociedade e fronteira entre antagonismos jurídicos-políticos. A Constituição não está desvinculada da realidade histórica concreta do seu tempo. Todavia, ela não está condicionada, simplesmente, por essa realidade. Em caso de eventual conflito, a Constituição não deve ser considerada, necessariamente, a parte mais fraca.

O texto ressalta corretamente o seguinte princípio:

A) hermenêutica clássica.

B) nova retórica constitucional.

C) senso comum que norteia a eficácia constitucional.

D) tópico-problemático constitucional.

E) força normativa da Constituição.

COMENTÁRIOS

✪ **Nota do autor:** a questão exige conhecimentos teóricos acerca do direito constitucional, abrangendo os princípios e métodos de interpretação constitucional.

Alternativa correta: letra "e": segundo o princípio da força normativa da Constituição, a partir dos valores sociais, o intérprete, em atividade criativa, deve extrair aplicabilidade e eficácia de todas as normas da Constituição, conferindo-lhes sentido prático e concretizador, em clara relação com o princípio da máxima efetividade ou eficiência. Por meio dele, a Constituição tem força ativa para alterar a realidade. Ainda, segundo tal princípio, preleciona Uadi Lammêgo Bulos, que "Quando duas ou mais interpretações possíveis surgirem, deve-se priorizar a que assegure maior eficácia, aplicabilidade e estabilidade às normas constitucionais. Esse princípio irmana-se com o método concretizador (K. Hesse), com a metódica estruturante (F. Müller) e com a hermenêutica da *práxis* jurídica ou teoria da decisão racionalizada (M. Kriele). Por seu intermédio, é dado ao intérprete atualizar os preceitos constitucionais, tornando-os efetivos e estáveis; afinal, eles possuem força normativa, devendo ser cumpridos e aplicados" (*Curso de direito constitucional*. 9. ed. São Paulo: Saraiva, 2015, p. 461).

Alternativa "a": encontra-se dentre os **métodos de interpretação** constitucional o método jurídico ou **hermenêutico clássico** (Ernest Fortshoff), que parte de uma Tese da Identidade que existiria entre a Constituição e as demais leis, ou seja, se a constituição é uma lei, não há porque criar-se um método específico para interpretá-la. Ele se vale basicamente dos seguintes elementos: a) genético (origem do ato); b) gramatical ou filológico (análise textual e literal); c) histórico (momento e contexto de criação do ato); d) lógico (não contradição); e) sistemático (análise do todo ou conjunto); f) teleológico (finalidade social do ato).

Alternativa "b": o texto **não** ressalta corretamente o princípio nova retórica constitucional.

Alternativa "c": o texto **não** ressalta corretamente o princípio senso comum que norteia a eficácia constitucional.

Alternativa "d": dentre os **métodos de interpretação** constitucional, o **método tópico-problemático** (Theodor Viehweg) atua sobre as aporias (aporia: dificuldade de escolher entre duas opiniões contrárias e igualmente racionais sobre um dado problema). Topos que no plural são os topoi representam formas de pensamento, raciocínios, argumentações, pontos de vista ou lugares comuns. Os topoi são retirados da jurisprudência, da doutrina, dos princípios gerais de direito e até mesmo do senso comum. Trata-se de uma teoria de argumentação jurídica em torno do problema. A partir do problema expõem-se os argumentos favoráveis e contrários e consagra-se como vencedor aquele capaz de convencer o maior número de interlocutores. Tem aplicabilidade nos casos de difícil solução, denominados por *hard cases*.

04. (Vunesp – Juiz de Direito Substituto – SP/2015) A expressão "constitucionalização do Direito" tem, de modo geral, sua origem identificada pela doutrina

A) nos julgamentos dos MI 712/PA, 670/ES e 708/DF, pelo Supremo Tribunal Federal, alterando entendimento anterior para reconhecer sua competência para editar texto normativo diante da omissão legislativa, a fim de concretizar previsão constitucional.

B) na Alemanha, especialmente sob a égide da Lei Fundamental de 1949.

C) na Constituição Federal brasileira de 1988, com seu conteúdo analítico e casuístico.

D) nos EUA, com o precedente firmado no julgamento do caso Marbury v. Madison, em 1803.

COMENTÁRIOS

✪ **Nota do autor:** a questão possui um elevado nível, exigindo conhecimento acerca do instituto da constitucionalização do direito e sua origem histórica.

Alternativa correta: letra "b": a constitucionalização do direito, em síntese, consiste no enfrentamento de diversas matérias de ordem infraconstitucional no bojo da Carta Política. Assim, por exemplo, assuntos relacionados ao direito civil, do consumidor, ambiental, e demais áreas, passam a ser tratadas constitucionalmente. Tal movimento iniciou-se na Alemanha, especialmente sob a égide da Lei Fundamental de 1949. Segundo Dirley da Cunha Júnior: "[...] deu início, na Europa com a Constituição da Alemanha de 1949, e no Brasil a partir da Constituição de 1988, ao fenômeno da constitucionalização do Direito a exigir uma leitura constitucional de todos os ramos da ciência jurídica. Com a constitucionalização do Direito evidencia-se a posição de proeminência dos textos constitucionais, que passam a transitar por todos os setores da vida política e social em Estado. Na formulação conceitual de Guastini, a constitucionalização do Direito é um processo de transformação de um ordenamento jurídico ao fim do qual a ordem jurídica em questão resulta totalmente impregnada pelas normas constitucionais, que passam a condicionar tanto a legislação com a jurisprudência, a doutrina, as ações dos atores políticos e as relações sociais" (*Curso de direito constitucional*. 10. ed. Salvador: Juspodivm, 2016, p. 36). Por sua vez, Uadi L. Bulos, tratando do tema: "Promulgada a Carta de 1988, as normas constitucionais converteram-se na lente pela qual todos os ramos do Direito passaram a ser reinterpretados. Eis a constitucionalização do direito infraconstitucional, fenômeno vivido pela Alemanha logo após o término da Segunda Guerra Mundial, quando a Constituição tedesca passou a ser o centro das discussões jurídicas. No Brasil, questões de direito do consumidor, civil, processual, penal, comercial, tributário, eleitoral, previdenciário, internacional etc. são, cotidianamente, submetidas ao crivo do Texto de 1988." (BULOS, Uadi Lammêgo. *Curso de direito constitucional*. 9. ed. São Paulo: Saraiva, 2015, p. 457 e 458).

Alternativa "a": não foi com o julgamento dos MI 712/PA, 670/ES e 708/DF, pelo Supremo Tribunal Federal, que se concebeu o fenômeno da constitucionalização do direito. O fenômeno iniciou-se na Alemanha de 1949. No Brasil, a doutrina relaciona o movimento com o advento da Constituição de 1988.

Alternativa "c": em que pese tenha surgido no Brasil com a Constituição de 1988, o marco histórico do surgimento da constitucionalização do direito foi a Lei Fundamental de 1949, na Alemanha.

Alternativa "d": o precedente firmado no julgamento do caso Marbury v. Madison, em 1803, é o marco do controle difuso de constitucionalidade (e não da constitucionalização do direito).

05. (Vunesp – Juiz de Direito Substituto – SP/2015) O "constitucionalismo moderno", com o modelo de Constituições normativas, tem sua base histórica

A) a partir da Magna Carta inglesa e no Bill of Rights da Inglaterra.

B) com o advento do "Estado Constitucional de Direito", com uma Constituição rígida, estabelecendo limites e deveres aos legisladores e administradores.

C) a partir das Constituições do México e de Weimar, ao estabelecer o denominado "constitucionalismo social".

D) a partir das revoluções Americana e Francesa.

COMENTÁRIOS

Alternativa correta: letra "d": no constitucionalismo moderno (Séc. XVIII a Séc. XX), houve a materialização e afirmação das Constituições Formais Liberais, que representavam garantias sérias de limitação dos Poderes Soberanos, e eram dotadas de legitimidade democrática popular. Desenvolveu-se à partir das revoluções liberais (Revolução Francesa e Revolução das 13 Colônias Estadunidenses). Representou o início do garantismo e o surgimento das primeiras Constituições dirigentes.

Alternativa "a": no constitucionalismo medieval (Séc. V a XVIII) houve o surgimento de documentos que limitavam os poderes dos Monarcas e garantiam liberdades públicas aos cidadãos, a exemplo da Magna Charta de 1215, no Reino Unido. Também é desta época o que se denomina constitucionalismo *whig* ou termidoriano, que caracteriza a evolução lenta e gradual do movimento constitucionalista, e que se materializou com a ascensão de Guilherme de Oranges e do partido *whig* no Reino Unido, no final do século XVII, também marcado pela edição da Bill of Rights (1689).

Alternativa "b": o Estado Constitucional de Direito é uma característica do neoconstitucionalismo (e não do constitucionalismo moderno). "O neoconstitucionalismo representa o constitucionalismo atual, contemporâneo, que emergiu como uma reação às atrocidades cometidas na segunda guerra mundial, e tem ensejado um conjunto de transformações responsável pela definição de um novo direito constitucional, fundado na dignidade da pessoa humana. O neoconstitucionalismo destaca-se, nesse contexto, como uma nova teoria jurídica a justificar mudança de paradigma, de Estado Legislativo de Direito, para Estado Constitucional de Direito, consolidando a passagem da Lei e do Princípio da Legalidade para a periferia do sistema jurídico e o trânsito da Constituição e do Principio da Constitucionalidade para o centro de todo o sistema, em face do reconhecimento da força normativa da Constituição, com eficácia jurídica vinculante e obrigatória, dotada de supremacia material e intensa carga valorativa." (CUNHA JÚNIOR, Dirley da. *Curso de direito constitucional*. 10. ed. Salvador: Juspodivm, 2016, p. 35).

Alternativa "c": as Constituições de Weimar (1919) e do México (1917) são consideradas marcos do Constitucionalismo Social. Todavia, em que pese alguns autores incluir o Constitucionalismo Social como uma fase do Constitucionalismo Moderno, outros preferem incluí-lo como fase embrionária do Constitucionalismo Contemporâneo.

---

06. (Vunesp – Juiz de Direito – MS/2015) Considerando os diferentes conceitos de Constituição, abordados sob a ótica peculiar de diversos doutrinadores, analise as seguintes manifestações sobre o tema:

I. Constituição é a soma dos fatores reais de poder que regem uma determinada nação.

II. Constituição é a decisão política fundamental sem a qual não se organiza ou funda um Estado.

Assim, é correto afirmar que os conceitos I e II podem ser atribuídos, respectivamente, a

A) Konrad Hesse e Carl Schimitt.

B) Ferdinand Lassale e Hans Kelsen.

B) J.J. Canotilho e Hans Kelsen.

D) Hans Kelsen e Konrad Hesse.

E) Ferdinand Lassale e Carl Schimitt.

COMENTÁRIOS

Alternativa correta: letra "e" (responde todas as alternativas): a **Constituição Sociológica**, idealizada por **Ferdinand Lassalle** (1862) é aquela que deve traduzir a **soma dos fatores reais de poder que rege determinada nação**, sob pena de se tornar mera folha de papel escrita, que não corresponda à Constituição real. Por sua vez, **Constituição Política** (**Carl Schmitt** – 1928) é aquela que **decorre de uma decisão política fundamental, e se traduz na estrutura do Estado e dos Poderes, e na presença de um rol de direitos fundamentais**. As normas que não traduzirem a decisão política fundamental não serão constituição propriamente dita, mas meras leis constitucionais. É, portanto, a decisão política fundamental sem a qual não se organiza ou funda um Estado.

---

07. (Vunesp – Juiz de Direito – RJ/2014) Uma, de fundo puramente liberal, ampliou o municipalismo e incorporou importante capítulo relativo à declaração de direitos e suas garantias. Outra mostrou força renovadora na solução social apresentada em seu contexto, com capítulos novos inspirados na Constituição alemã de Weimar. Essas afirmações estão, correta e respectivamente, relacionadas às Constituições brasileiras de

A) 1946 e 1988.

B) 1891 e 1934.

C) 1934 e 1937.

D) 1824 e 1891.

COMENTÁRIOS

Alternativa correta: letra "b" (responde todas as demais alternativas): a Constituição de 1891 foi a primeira Carta brasileira que previu a forma federativa de estado (junto a isso, também instituiu a república). Influenciada pelas Constituições norte-americana e francesa, ficou marcada por trazer o sufrágio universal masculino para os alfabetizados maiores de 21 anos e por introduzir o habeas corpus no sistema normativo brasileiro. Desse modo, de fundo puramente liberal, ampliou o municipalismo e incorporou importante capítulo relativo à declaração de direitos e suas garantias. Por seu turno, a Constituição de 1934 foi consequência da revolução constitucionalista de 1932. Trazendo o sufrágio feminino e o voto secreto. Inaugurou um federalismo de cooperação. Ainda, com seu advento, criou-se a Justiça do Trabalho, bem como ampliou direitos e garantias sociais. Mostrou força renovadora na solução social apresentada em seu contexto, com capítulos novos inspirados na Constituição alemã de Weimar, de 1919 (que, ao lado da Constituição Mexicana de 1917, é um marco no constitucionalismo social).

---

08. (Vunesp - Juiz Substituto - MT 2009) Movimento político social e cultural que, sobretudo a partir de meados do século XVIII, questiona nos planos político, filosófico e jurídico os esquemas tradicionais de domínio político, sugerindo, ao mesmo tempo, a invenção de uma nova forma de ordenação e fundamentação do poder político. Esta definição, formulada por J. J. Gomes Canotilho, designa

A) o poder constituinte.

B) o constitucionalismo moderno.

C) o constitucionalismo antigo.

D) a democracia.

E) a autocracia.

COMENTÁRIOS

Alternativa correta: letra "b": além da definição de Canotilho que consta do enunciado, o constitucionalismo moderno pode ser entendimento como a materialização e a afirmação das Constituições Formais Liberais, que representavam garantias sérias de limitação dos Poderes Soberanos, e eram dotadas de legitimidade democrática popular. Desenvolveu-se à partir das revoluções liberais (Revolução Francesa e Revolução das 13 Colônias Estadunidenses). Representou o início do garantismo e o surgimento das primeiras Constituições dirigentes.

Alternativa "a": o poder constituinte pode ser Originário, Derivado ou Decorrente. O Poder Constituinte **Originário (também denominado por Genuíno, Primário ou de Primeiro Grau)** cria a primeira ou nova constituição de um Estado. Para atingir seu objetivo, ele é **inicial** (não existe outro poder anterior ou superior a ele) **autônomo** (tem autonomia para escolher o Direito que irá viger, ou seja, não se subordina à qualquer ideia jurídica preexistente) e **incondicionado** (é dotado de liberdade quanto aos procedimentos adotados para a criação da Constituição, ou seja, não precisa seguir nenhuma formalidade preestabelecida). Já o Poder Constituinte **Derivado (também denominado por Reformador, Secundário, de Segundo Grau, Instituído, Constituído, ou de Reforma)** é responsável pela reforma da constituição (no Brasil, por meio de Emendas Constitucionais). A seu turno, o Poder Constituinte **Decorrente** é aquele exercido pelos Estados-membros, na construção das Constituições Estaduais. Portanto, não há qualquer relação com o enunciado da questão.

Alternativa "c": o constitucionalismo antigo (aproximadamente de 1.000 a.c. ao Séc. V d.c.) foi movimento em que os Parlamentos e Monarcas formulavam as normas de convívio social, em concomitância a uma exortação aos direitos fundamentais dos indivíduos. Entretanto, o constitucionalismo tinha pouca efetividade, pois os Monarcas não cumpriam as garantias dispostas nos direitos fundamentais. Não se trata, portanto, da definição constante do enunciado.

Alternativa "d": a democracia é o governo do povo para o povo, normalmente relacionada ao Regime Republicano. Não se refere, assim, ao conceito enunciado por Canotilho.

Alternativa "e": a autocracia é o governo de um líder que concentra o Poder para satisfazer aos seus próprios interesses. Não há, pois, relação com o enunciado da pergunta.

---

09. (Vunesp - Juiz Substituto - MT 2009) Aponte a alternativa que corresponde aos respectivos autores ou defensores das seguintes ideias ou teorias do direito constitucional: conceito jurídico de constituição; poder constituinte; poder moderador; e controle judicial de constitucionalidade.

A) Ferdinand Lassale; Konrad Hesse; D. Pedro I; e Montesquieu.

B) Konrad Hesse; Ferdinand Lassale; Rui Barbosa; e Rudolf Von Ihering.

C) Hans Kelsen; Emmanuel J Sieyès; Benjamin Constant; e John Marshal.

D) Carl Schimidtt; Ferdinand Lassale; Clóvis Bevilaqua; e Immanuel Kant.

E) Hans Kelsen; Emmanuel J. Sieyès; Benjamin Constant; e Ferdinand Lassale.

COMENTÁRIOS

Alternativa correta: letra "c" (responde todas as demais alternativas): Hans Kelsen foi o responsável pelo conceito jurídico de Constituição, fundado na ideia que uma norma hipotética fundamental pura traz fundamento transcendental para a existência da Constituição (sentido lógico-jurídico), e que, por se constituir no conjunto de normas com mais alto grau de validade, deve servir de pressuposto para a criação das demais normas que compõem o ordenamento jurídico (sentido jurídico-positivo). Já Emmanuel J. Sieyès é responsável pela ideia clássica de Poder Constituinte, segundo a qual a soberania popular consiste essencialmente no poder constituinte do povo. Ao seu lugar, Benjamin Constant versa sobre o Poder Moderador, que é aquele que, paira sobre Executivo, Legislativo e Judiciário, podendo contê-los (moderá-los). Por fim, John Marshall é considerado o precursor do controle judicial (difuso) de constitucionalidade.

10. (Vunesp – Notário-MS/2009) Assinale a alternativa que contém uma afirmativa correta a respeito do constitucionalismo.

A) O constitucionalismo teve seu marco inicial com a promulgação, em 1215, da Magna Carta inglesa.

B) O constitucionalismo surge formalmente, em 1948, com a edição da Declaração Universal dos Direitos Humanos da Organização das Nações Unidas.

C) A doutrina do Direito Constitucional é uníssona no entendimento de que o constitucionalismo surgiu com a revolução norte-americana resultando, em 1787, na Constituição dos Estados Unidos da América.

D) É possível identificar traços do constitucionalismo mesmo na antiguidade clássica e na Idade Média.

E) O constitucionalismo brasileiro inspirou-se fortemente no modelo constitucional do Estado da Inglaterra.

COMENTÁRIOS

Nota do autor: a questão trata do surgimento do constitucionalismo e foi muito bem formulada, com a apresentação de marcos históricos entre as alternativas.

Alternativa correta: letra "d": entre os hebreus já havia uma menção ao constitucionalismo, e também na idade média, em que a magna carta de 1215 foi um marco.

Alternativa "a": na idade média a Magna Carta foi uma grande referência, porém, já havia traços do constitucionalismo entre os Hebreus.

Alternativa "b": em 1948, com a proclamação da Declaração Universal dos Direitos Humanos, podemos dizer que surge o **neo**constitucionalismo, uma **nova visão sobre o constitucionalismo** e que prima pela pessoa humana.

Alternativa "c": em que pese sua vital importância para o constitucionalismo, a Constituição dos Estados Unidos da América **não deu** surgimento ao constitucionalismo.

Alternativa "e": o constitucionalismo brasileiro **não se** inspirou fortemente no modelo constitucional do Estado da Inglaterra. Na verdade, a Carta de 1824 foi inspirada **apenas na Constituição da Inglaterra** (e não no modelo constitucional do Estado da Inglaterra). Vale dizer que a Carta de 1824 também recebeu influência do constitucionalismo francês.

2. DIREITOS E GARANTIAS FUNDAMENTAIS.

▸ **CF, artigos 5º a 11.**

11. (Vunesp – Juiz de Direito Substituto – RJ/2016) O Decreto nº 678/92 promulgou a Convenção Americana sobre Direitos Humanos (Pacto de São José da Costa Rica), de 22 de novembro de 1969, sendo certo que, segundo o atual entendimento do Supremo Tribunal Federal, a norma ingressou no sistema jurídico pátrio no *status* de

A) Lei Ordinária.

B) Lei Complementar.

C) Norma supralegal.

D) Emenda à Constituição.

E) Norma Constitucional Originária, com fundamento no art. 5, § 3º, da Constituição Federal.

COMENTÁRIOS

Nota do autor: os tratados e convenções internacionais sobre direitos humanos que forem aprovados, em cada Casa do Congresso Nacional, em dois turnos, por três quintos dos votos dos respectivos membros, serão equivalentes às emendas constitucionais, nos termos do art. 5º, § 3º, da CF, incluído pela EC 45/04. Essa nova sistemática de incorporação de tratados (art. 5º, § 3º, da CF) foi aplicada pela primeira vez em 2008, na votação do Decreto Legislativo 186, que acabou culminando na promulgação da Convenção sobre os Direitos das Pessoas com Deficiência com força constitucional, segundo o Decreto 6.949/2009. Como reflexo do reconhecimento de status constituição à Convenção, a Procuradora Geral da República Deborah Macedo Duprat de Britto Pereira ajuizou, em 2009, a ADPF 182, cujos pedidos são para que se reconheça que: a) o art. 20, § 2º, da Lei nº 8.742/93 não foi recepcionado pela Convenção dos Direitos da Pessoa com Deficiência, que foi aprovada pelo Decreto Legislativo nº 186/2008, de acordo com o procedimento previsto no art. 5º, § 3º, da Constituição Federal, integrando, portanto, o bloco de constitucionalidade brasileiro; b) o conceito estabelecido no art. 1º da Convenção sobre os Direitos da Pessoa com Deficiência, é de uso imperativo no direito interno brasileiro, sendo imediatamente aplicável no que tange aos critérios para concessão dos benefícios de prestação continuada disciplinados pela Lei nº 8.742/93.

Alternativa correta: letra "c" (responde também as alternativas "a" e "b"): a Convenção Americana sobre Direitos Humanos (Pacto de São José da Costa Rica) ingressou no ordenamento jurídico brasileiro com *status* de norma supralegal, uma vez que a norma foi introduzida antes do advento da EC 45/04, que institui a possibilidade de ingresso dos tratados e convenções sobre direitos humanos com *status* de emenda constitucional. Sem prejuízo da supremacia da Constituição sobre os tratados e convenções internacionais, **a norma convencional internacional em vigor e aplicável no Brasil e que disponha acerca de direitos humanos, não tendo sido objeto de processo legislativo que a equiparasse a emenda constitucional** (art. 5°, § 3°, da CF, nos termos da EC 45/04), **tem força jurídico-normativa suficiente para restringir a eficácia e indiretamente obstar a aplicabilidade da norma constitucional paradigma, gozando de status supralegal.** Tal posição foi firmada no RE 466.343, julgado em 2008 e relatado pelo Ministro Cezar Peluso. Assim, os tratados de direitos humanos aprovados sem observância das regras do art. 5°, §3°, da CF (Antes da EC 45/04) terão *status* de norma supralegal, como é o caso da Convenção Americana sobre Direitos Humanos.

Alternativa "d": tendo em vista que a Convenção Americana sobre Direitos Humanos ingressou no ordenamento jurídico brasileiro antes do advento da EC 45/2004, que instituiu a possibilidade de ingresso de tratados e convenções sobre direitos humanos com *status* de emenda constitucional, ela possui *status* de norma supralegal (e não de emenda à Constituição).

Alternativa "e": não se trata de norma constitucional originária. Aliás, a Convenção Americana sobre Direitos Humanos não é, sequer, norma constitucional. Conforme entendimento do STF, trata-se de norma de caráter supralegal.

12. (Vunesp – Juiz de Direito Substituto – SP/2015) Ao analisar decisões do Supremo Tribunal Federal na aplicação do princípio da igualdade, por exemplo na ADPF 186/DF (sistema de cotas para ingresso nas universidades públicas), é correto afirmar que

A) as discriminações positivas correspondem a maior efetividade ao princípio da igualdade.

B) a Constituição Federal não estabelece distinção entre igualdade formal e material.

C) o princípio da igualdade é absoluto no que se refere à igualdade de gênero.

D) a diferença salarial entre servidores com igual função em diferentes entes públicos não se sustenta diante do princípio da isonomia, a justificar revisão por parte do Judiciário.

COMENTÁRIOS

✪ **Nota do autor:** a ADPF 186/DF é um importante julgado do STF e que vem sendo cobrado com bastante frequência em concursos públicos. Verifica-se do julgado que o Plenário do STF julgou improcedente pedido formulado em arguição de descumprimento de preceito fundamental ajuizada, pelo Partido Democratas – DEM, contra atos da Universidade de Brasília – UnB, do Conselho de Ensino, Pesquisa e Extensão da Universidade de Brasília – Cepe e do Centro de Promoção de Eventos da Universidade de Brasília – Cespe, os quais instituíram sistema de reserva de 20% de vagas no processo de seleção para ingresso de estudantes, com base em critério étnico-racial. Preliminarmente, admitiu-se o cabimento da ação, por inexistir outro meio hábil para sanar a lesividade questionada. Apontou-se entendimento da Corte no sentido de que a subsidiariedade da via eleita deveria ser confrontada com a existência, ou não, de instrumentos processuais alternativos capazes de oferecer provimento judicial com eficácia ampla, irrestrita e imediata para solucionar o caso. Articulou-se que, diante da natureza infralegal dos atos impugnados, a ação direta de inconstitucionalidade não seria medida idônea para o enfrentamento da controvérsia, tampouco qualquer das ações que comporiam o sistema de jurisdição constitucional abstrata. De igual modo, repeliu-se alegada conexão ante eventual identidade de causa de pedir entre esta ADPF e a ADI 2197/RJ. Ocorre que as ações de índole abstrata não tratariam de fatos concretos, razão pela qual nelas não se deveria, como regra, cogitar de conexão, dependência ou prevenção relativamente a outros processos ou julgadores. Ademais, avaliou-se que o tema relativo às ações afirmativas inserir-se-ia entre os clássicos do controle de constitucionalidade, e seria conveniente que a controvérsia fosse definitivamente resolvida pelo STF, para colocar fim a polêmica que já se arrastaria, sem solução, por várias décadas nas diversas instâncias jurisdicionais do país. No mérito, explicitou-se a abrangência da matéria. Nesse sentido, comentou-se, inicialmente, sobre o princípio constitucional da igualdade, examinado em seu duplo aspecto: formal e material. Rememorou-se o art. 5º, caput, da CF, segundo o qual ao Estado não seria dado fazer qualquer distinção entre aqueles que se encontrariam sob seu abrigo. Frisou-se, entretanto, que o legislador constituinte não se restringira apenas a proclamar solenemente a igualdade de todos diante da lei. Ele teria buscado emprestar a máxima concreção a esse importante postulado, para assegurar a igualdade material a todos os brasileiros e estrangeiros que viveriam no país, consideradas as diferenças existentes por motivos naturais, culturais, econômicos, sociais ou até mesmo acidentais. Além disso, atentaria especialmente para a desequiparação entre os distintos grupos sociais. **Asseverou-se que, para efetivar a igualdade material, o Estado poderia lançar mão de políticas de cunho universalista — a abranger número indeterminado de indivíduos — mediante ações de natureza estrutural; ou de ações afirmativas — a atingir grupos sociais**

determinados — por meio da atribuição de certas vantagens, por tempo limitado, para permitir a suplantação de desigualdades ocasionadas por situações históricas particulares. Certificou-se que a adoção de políticas que levariam ao afastamento de perspectiva meramente formal do princípio da isonomia integraria o cerne do conceito de democracia. Anotou-se a superação de concepção estratificada da igualdade, outrora definida apenas como direito, sem que se cogitasse convertê-lo em possibilidade. (ADPF 186, julgada em 2012 e relatada pelo Ministro Ricardo Lewandowski).

Alternativa correta: letra "a": segundo Uadi Lammêgo Bulos, "Ações afirmativas, também chamadas de discriminações positivas ou desequiparações permitidas, são as que defluem da própria linguagem prescritiva das constituições, com vistas à efetividade do princípio da isonomia. Encontram-se plasmadas, de modo explícito ou implícito, nos diversos preceitos constitucionais, e dependem de exegese para virem à tona. [...]. Busca-se, por meio das ações afirmativas, compensar os menos favorecidos, assim como ocorre com os que nunca sofreram restrições. As ações afirmativas consignam um mecanismo que permite ao Estado sanar o déficit para com aqueles seres humanos que, historicamente, sempre foram alvo de preconceitos, humilhações e detrimentos de toda espécie. [...]. As ações afirmativas são o contrário das discriminações negativas. Estas últimas são desequiparações injustificáveis, e, por isso, proibidas pelo constituinte originário. Quando alguém desiguala outrem, sem qualquer supedâneo constitucional, estamos diante das discriminações negativas. Elas fulminam o pórtico da isonomia quando proíbem o acesso das classes minoritárias àqueles postos reservados aos "bem-nascidos", com base em critérios de raça, origem, cor, condição financeira, social etc." (*Curso de direito constitucional*. 9. ed. São Paulo: Saraiva, 2015, p. 555). Ademais, vale destacar trecho do voto do Ministro Ricardo Lewandowski, no bojo da ADPF 186: "Para possibilitar que a igualdade material entre as pessoas seja levada a efeito, o Estado pode lançar mão seja de políticas de cunho universalista, que abrangem um número indeterminado de indivíduos, mediante ações de natureza estrutural, seja de ações afirmativas, que atingem grupos sociais determinados, de maneira pontual, atribuindo a estes certas vantagens, por um tempo limitado, de modo a permitir-lhes a superação de desigualdades decorrentes de situações históricas particulares."

Alternativa "b": o caput do art. 5° da CF enuncia que "todos são iguais perante a lei, sem distinção de qualquer natureza". Segundo posição doutrinária pacífica, trata-se do reconhecimento da igualdade formal (perante a lei). Entretanto, implícita ao texto constitucional também existe a igualdade material (na lei), que significa conferir tratamento desigual, para igualar. A igualdade material leva em consideração os sujeitos e valores envolvidos e busca equilibrar as relações de fato. Segundo consta do voto do Ministro Ricardo Lewandowski, proferido no bojo da ADPF 186/DF: "É escusado dizer que o constituinte de 1988 – dada toda a evolução política, doutrinária e jurisprudencial pela qual passou esse conceito – não se restringiu apenas a proclamar solenemente, em palavras grandiloquentes, a igualdade de todos diante da lei. À toda evidência, não se ateve ele, simplesmente, a proclamar o princípio da isonomia no plano formal, mas buscou emprestar a máxima concreção a esse importante postulado, de maneira a assegurar a igualdade material ou substancial a todos os brasileiros e estrangeiros que vivem no País, levando em consideração – é claro – a diferença que os distingue por razões naturais, culturais, sociais, econômicas ou até mesmo acidentais, além de atentar, de modo especial, para a desequiparação ocorrente no mundo dos fatos entre os distintos grupos sociais. Para possibilitar que a igualdade material entre as pessoas seja levada a efeito, o Estado pode lançar mão seja de políticas de cunho universalista, que abrangem um número indeterminado de indivíduos, mediante ações de natureza estrutural, seja de ações afirmativas, que atingem grupos sociais determinados, de maneira pontual, atribuindo a estes certas vantagens, por um tempo limitado, de modo a permitir-lhes a superação de desigualdades decorrentes de situações históricas particulares.".

Alternativa "c": na ADPF 186, não restou consignado que o princípio da igualdade é absoluto no que se refere à igualdade de gênero.

Alternativa "d": conforme enuncia a Súmula Vinculante 37: "**Não cabe ao Poder Judiciário**, que não tem função legislativa, aumentar vencimentos de servidores públicos sob o fundamento de isonomia.".

---

13. (Vunesp – Juiz de Direito Substituto – SP/2015) Reconhecida a força normativa do texto constitucional e aceita a sistematização proposta por Robert Alexy, é correto afirmar que os direitos fundamentais previstos

A) têm todos natureza prestacional, em suas diferentes "dimensões".

B) têm natureza prestacional, desde que vinculados à proteção da liberdade e da saúde.

C) têm natureza prestacional quando correspondem aos denominados direitos positivos.

D) têm natureza prestacional, desde que correspondentes aos denominados direitos fundamentais da segunda "dimensão".

COMENTÁRIOS

✪ **Nota do autor:** no final do século XIX, na obra intitulada Sistema dos Direitos Subjetivos Públicos (System der subjektiv öffentlichen Rechte), Georg Jellinek desenvolveu parte de seu pensamento doutrinário sob o enfoque das diversas formas em relação as quais os indivíduos podem se colocar frente ao Estado. Dependendo do status, ou seja, da relação que os indivíduos mantêm com o Estado, é que emergirão direitos ou deveres. Das diversas formas pelas quais os indivíduos podem se relacionar com o Estado podem ser extraídas quatro espécies fundamentais: a) *status subjectionis* ou *status* passivo; b) *status negativus* ou *status* libertatis; c) *status civitatis* ou *status* positivo e; d) *status activus* (JELLINEK, Georg. Teoria general del Estado. Buenos Aires: Albatros, 1981, p. 306). 1. ***Status subjectionis* ou *status* passivo**, o indivíduo encontra-se subordinado aos poderes estatais, razão pela qual, deve se submeter ao cumprimento de alguns deveres, e às proibições impostas pelo Estado. Citem-se como exemplo a obrigação de exercício do direito de sufrágio pelo voto aos maiores de dezoito anos , e a proibição do direito de reunião para fins não pacíficos. 2. ***Status libertatis, status negativus* ou *status* negativo**, pode-se afirmar que se refere àqueles direitos que devem ser assegurados na situação em que o indivíduo requer um comportamento negativo do Estado, uma abstenção, para que, assim, possa exercer plenamente algumas de suas liberdades. 3. ***Status civitatis* ou *status* positivo**, permite que o indivíduo, subjugado pelos poderes instituídos e classes mais favorecidas, exija prestações positivas do Estado, que propiciem redução das desigualdades sociais. 4. ***Status activus***, relaciona-se à possibilidade de participação ativa dos indivíduos na formação da vontade política estatal. Consubstancia-se, por exemplo, na iniciativa popular de lei, e na possibilidade de manejo de ação popular.

Alternativa correta: letra "c" (responde também a alternativa "d"): os direitos prestacionais exigem uma atuação estatal (ou seja, prestações positivas do Estado). Desse modo, tais direitos relacionam-se com os **direitos positivos**. O ***status civitatis* ou *status* positivo**, permite que o indivíduo, subjugado pelos poderes instituídos e classes mais favorecidas, exija prestações positivas do Estado, que propiciem redução das desigualdades sociais.

Alternativa "a": nem todos os direitos fundamentais possuem natureza prestacional. Exemplo disso é o art. 5º, XL, da CF, que dispõe que "A lei penal não retroagirá, salvo para beneficiar o réu.". Nota-se que a norma não exige uma política pública específica e seus efeitos ocorrem imediatamente, independentemente de qualquer implementação do poder público.

Alternativa "b": os direitos fundamentais vinculados à saúde, via de regra, possuem natureza prestacional. No entanto, quanto aos direitos relativos à liberdade, em regra, não possuem essa natureza. Os direitos de liberdade exigem, via de regra, abstenção estatal. Segundo assinala Pedro Lenza: "Como se sabe, a doutrina aponta a dupla vertente dos direitos sociais, especialmente no tocante à saúde, que ganha destaque, enquanto direito social, no texto de 1988: a) natureza negativa: o Estado ou o particular devem abster-se de praticar atos que prejudiquem terceiros; b) natureza positiva: fomenta-se um Estado prestacionista para implementar o direito social." (*Direito constitucional esquematizado*. 14. Ed. São Paulo: Saraiva, 2010, p. 839).

---

14. (Vunesp – Escrevente Técnico Judiciário – TJ-SP/2012) Segundo o que estabelece a Carta Magna Brasileira, para que um tratado internacional seja considerado equivalente à emenda constitucional, é necessário que

A) seja assinado pelo Chefe do Poder Executivo, ratificado por ambas as Casas do Congresso Nacional e, independentemente da sua matéria, que seja aprovado em dois turnos, por três quintos dos votos dos respectivos membros.

B) seja sobre direitos humanos e que tenha sido aprovado, em cada Casa do Congresso Nacional, em dois turnos, por três quintos dos votos dos respectivos membros.

C) tenha sido aprovado, em cada Casa do Congresso Nacional, em dois turnos, por três quintos dos votos dos respectivos membros, independentemente da matéria que ele trate.

D) seja devidamente aprovado pelo Congresso Nacional, ratificado pelo Poder Executivo e incorporado à Constituição Federal, independentemente da matéria que ele trate.

E) o Supremo Tribunal Federal reconheça a sua compatibilidade com o texto constitucional por meio do julgamento de Ação Declaratória da Constitucionalidade.

COMENTÁRIOS

✪ **Nota do Autor:** Os tratados e convenções internacionais sobre direitos humanos que forem aprovados, em cada Casa do Congresso Nacional, em dois turnos, por três quintos dos votos dos respectivos membros, serão equivalentes às emendas constitucionais, nos termos do art. 5°, § 3°, da CF, incluído pela EC 45/04. Vale destacar, no entanto, sem prejuízo da supremacia da Constituição sobre os tratados e convenções internacionais, a norma convencional internacional em vigor e aplicável no Brasil e que disponha acerca de direitos humanos, **não tendo sido**

objeto de processo legislativo que a equiparasse a emenda constitucional (art. 5°, § 3°, da CF, nos termos da EC 45/04), tem força jurídico-normativa suficiente para restringir a eficácia e indiretamente obstar a aplicabilidade da norma constitucional paradigma, gozando de **status supralegal.** Tal posição foi firmada no RE 466.343, julgado em 2008 e relatado pelo Ministro Cezar Peluso.

Alternativa correta: letra "b": (responde todas as demais alternativas). Segundo o que estabelece a Carta Magna, para que um tratado internacional seja considerado equivalente à emenda constitucional, é necessário: a) seja sobre **direitos humanos**; b) aprovado em **cada Casa do Congresso Nacional**, em **dois turnos**, por **três quintos dos votos dos respectivos membros.** Assim, nos termos do art. 5º, §3º, da CF: "Os tratados e convenções internacionais sobre direitos humanos que forem aprovados, em cada Casa do Congresso Nacional, em dois turnos, por três quintos dos votos dos respectivos membros, serão equivalentes às emendas constitucionais.".

2.1. DIREITOS E DEVERES INDIVIDUAIS, COLETIVOS

▸ **CF, art. 5°.**

15. (Vunesp – Juiz de Direito Substituto – SP/2015) Diante de informação relativa a iminente publicação de matéria considerada ofensiva à intimidade e à honra de autoridade pública em jornal local, nos termos definidos pelo Supremo Tribunal Federal no julgamento da ADPF 130/DF, é possível conceder ordem judicial que

A) assegure, após configurado o dano causado à honra e à intimidade, a sua reparação.

B) proíba a inserção da matéria considerada ofensiva naquela publicação jornalística, embora autorizada sua circulação.

C) proíba a circulação da publicação jornalística considerada ofensiva, com base no art. 5º, V e X, da Constituição Federal.

D) imponha alteração do conteúdo da matéria a ser divulgada, a fim de riscar ou suprimir expressões ofensivas à honra e à intimidade da vítima.

COMENTÁRIOS

Alternativa correta: letra "a" (responde todas as demais alternativas): inicialmente, vale reprisar o disposto no art. 5º, X, da CF, que dispõe que são invioláveis a intimidade, a vida privada, a honra e a imagem das pessoas, **assegurado o direito a indenização pelo dano material ou moral decorrente de sua violação.** De grande relevância , também, as disposições contidas no art. 220 da CF, mormente o §2º, que dispõe que é vedada toda e qualquer censura de natureza política, ideológica e artística. Acerca do conteúdo da ADPF 130/DF, julgada em 2009 e relatada pelo Ministro Carlos Britto, que entendeu pela não recepção da lei de imprensa, vale destacar: "[...] 2. REGIME CONSTITUCIONAL DA LIBERDADE DE IMPRENSA COMO REFORÇO DAS LIBERDADES DE MANIFESTAÇÃO DO PENSAMENTO, DE INFORMAÇÃO E DE EXPRESSÃO EM SENTIDO GENÉRICO, DE MODO A ABARCAR OS DIREITOS À PRODUÇÃO INTELECTUAL, ARTÍSTICA, CIENTÍFICA E COMUNICACIONAL. **A Constituição reservou à imprensa todo um bloco normativo, com o apropriado nome "Da Comunicação Social" (capítulo V do título VIII). A imprensa como plexo ou conjunto de "atividades" ganha a dimensão de instituição-ideia, de modo a poder influenciar cada pessoa de per se e até mesmo formar o que se convencionou chamar de opinião pública. Pelo que ela, Constituição, destinou à imprensa o direito de controlar e revelar as coisas respeitantes à vida do Estado e da própria sociedade.** A imprensa como alternativa à explicação ou versão estatal de tudo que possa repercutir no seio da sociedade e como garantido espaço de irrupção do pensamento crítico em qualquer situação ou contingência. Entendendo-se por pensamento crítico o que, plenamente comprometido com a verdade ou essência das coisas, se dota de potencial emancipatório de mentes e espíritos. **O corpo normativo da Constituição brasileira sinonimiza liberdade de informação jornalística e liberdade de imprensa, rechaçante de qualquer censura prévia a um direito que é signo e penhor da mais encarecida dignidade da pessoa humana, assim como do mais evoluído estado de civilização.** 3. O CAPÍTULO CONSTITUCIONAL DA COMUNICAÇÃO SOCIAL COMO SEGMENTO PROLONGADOR DE SUPERIORES BENS DE PERSONALIDADE QUE SÃO A MAIS DIRETA EMANAÇÃO DA DIGNIDADE DA PESSOA HUMANA: A LIVRE MANIFESTAÇÃO DO PENSAMENTO E O DIREITO À INFORMAÇÃO E À EXPRESSÃO ARTÍSTICA, CIENTÍFICA, INTELECTUAL E COMUNICACIONAL. TRANSPASSE DA NATUREZA JURÍDICA DOS DIREITOS PROLONGADOS AO CAPÍTULO CONSTITUCIONAL SOBRE A COMUNICAÇÃO SOCIAL. **O art. 220 da Constituição radicaliza e alarga o regime de plena liberdade de atuação da imprensa, porquanto fala**: a) que os mencionados direitos de personalidade (liberdade de pensamento, criação, expressão e informação) estão a salvo de qualquer restrição em seu exercício, seja qual for o suporte físico ou tecnológico de sua veiculação; b) que tal exercício não se sujeita a outras disposições que não sejam as figurantes dela própria, Constituição. A liberdade de informação jornalística é versada pela Constituição Federal como expressão sinônima de liberdade de imprensa. **Os**

direitos que dão conteúdo à liberdade de imprensa são bens de personalidade que se qualificam como sobredireitos. Daí que, no limite, as relações de imprensa e as relações de intimidade, vida privada, imagem e honra são de mútua excludência, no sentido de que as primeiras se antecipam, no tempo, às segundas; ou seja, antes de tudo prevalecem as relações de imprensa como superiores bens jurídicos e natural forma de controle social sobre o poder do Estado, sobrevindo as demais relações como eventual responsabilização ou consequência do pleno gozo das primeiras. A expressão constitucional "observado o disposto nesta Constituição" (parte final do art. 220) traduz a incidência dos dispositivos tutelares de outros bens de personalidade, é certo, mas como consequência ou responsabilização pelo desfrute da "plena liberdade de informação jornalística" (§ 1º do mesmo art. 220 da Constituição Federal). Não há liberdade de imprensa pela metade ou sob as tenazes da censura prévia, inclusive a procedente do Poder Judiciário, pena de se resvalar para o espaço inconstitucional da prestidigitação jurídica. Silenciando a Constituição quanto ao regime da internet (rede mundial de computadores), não há como se lhe recusar a qualificação de território virtual livremente veiculador de ideias e opiniões, debates, notícias e tudo o mais que signifique plenitude de comunicação. 4. MECANISMO CONSTITUCIONAL DE CALIBRAÇÃO DE PRINCÍPIOS. O art. 220 é de instantânea observância quanto ao desfrute das liberdades de pensamento, criação, expressão e informação que, de alguma forma, se veiculem pelos órgãos de comunicação social. Isto sem prejuízo da aplicabilidade dos seguintes incisos do art. 5º da mesma Constituição Federal: vedação do anonimato (parte final do inciso IV); do direito de resposta (inciso V); direito a indenização por dano material ou moral à intimidade, à vida privada, à honra e à imagem das pessoas (inciso X); livre exercício de qualquer trabalho, ofício ou profissão, atendidas as qualificações profissionais que a lei estabelecer (inciso XIII); direito ao resguardo do sigilo da fonte de informação, quando necessário ao exercício profissional (inciso XIV). Lógica diretamente constitucional de calibração temporal ou cronológica na empírica incidência desses dois blocos de dispositivos constitucionais (o art. 220 e os mencionados incisos do art. 5º). Noutros termos, primeiramente, assegura-se o gozo dos sobredireitos de personalidade em que se traduz a "livre" e "plena" manifestação do pensamento, da criação e da informação. Somente depois é que se passa a cobrar do titular de tais situações jurídicas ativas um eventual desrespeito a direitos constitucionais alheios, ainda que também densificadores da personalidade humana. Determinação constitucional de momentânea paralisia à inviolabilidade de certas categorias de direitos subjetivos fundamentais, porquanto a cabeça do art. 220 da Constituição veda qualquer cerceio ou restrição à concreta manifestação do pensamento (vedado o anonimato), bem assim todo cerceio ou restrição que tenha por objeto a criação, a expressão e a informação, seja qual for a forma, o processo, ou o veículo de comunicação social. Com o que a Lei Fundamental do Brasil veicula o mais democrático e civilizado regime da livre e plena circulação das ideias e opiniões, assim como das notícias e informações, mas sem deixar de prescrever o direito de resposta e todo um regime de responsabilidades civis, penais e administrativas. Direito de resposta e responsabilidades que, mesmo atuando a posteriori, infletem sobre as causas para inibir abusos no desfrute da plenitude de liberdade de imprensa. 5. PROPORCIONALIDADE ENTRE LIBERDADE DE IMPRENSA E RESPONSABILIDADE CIVIL POR DANOS MORAIS E MATERIAIS. Sem embargo, a excessividade indenizatória é, em si mesma, poderoso fator de inibição da liberdade de imprensa, em violação ao princípio constitucional da proporcionalidade. A relação de proporcionalidade entre o dano moral ou material sofrido por alguém e a indenização que lhe caiba receber (quanto maior o dano maior a indenização) opera é no âmbito interno da potencialidade da ofensa e da concreta situação do ofendido. Nada tendo a ver com essa equação a circunstância em si da veiculação do agravo por órgão de imprensa, porque, senão, a liberdade de informação jornalística deixaria de ser um elemento de expansão e de robustez da liberdade de pensamento e de expressão lato sensu para se tornar um fator de contração e de esqualidez dessa liberdade. Em se tratando de agente público, ainda que injustamente ofendido em sua honra e imagem, subjaz à indenização uma imperiosa cláusula de modicidade. Isto porque todo agente público está sob permanente vigília da cidadania. E quando o agente estatal não prima por todas as aparências de legalidade e legitimidade no seu atuar oficial, atrai contra si mais fortes suspeitas de um comportamento antijurídico francamente sindicável pelos cidadãos. [...]".

---

16. (Vunesp – Juiz de Direito – MS/2015) Considerando as normas da Constituição Federal que tratam da extradição, assinale a alternativa correta.

A) O cidadão português não pode ser extraditado por crime de terrorismo, independentemente de quando foi cometido, uma vez que o Supremo Tribunal Federal já assentou que este se equipara ao crime político.

B) O brasileiro nato não pode ser extraditado, exceto se tiver nacionalidade primária do país no qual o crime foi cometido e se houver reciprocidade estabelecida em tratado internacional.

C) O brasileiro naturalizado pode ser extraditado pela prática de crime comum antes da naturalização, sendo necessário, porém, para esse fim, que haja anulação da naturalização.

D) Os crimes que podem ensejar a extradição de estrangeiro não se sujeitam à prescrição.

E) O estrangeiro pode ser extraditado, havendo vedação apenas em relação aos crimes político e de opinião, ressalvas estas que não são incompatíveis com a situação de asilado político do estrangeiro no país.

COMENTÁRIOS

Alternativa correta: letra "e": o artigo 5º, LI da CF, dispõe que nenhum brasileiro será extraditado, salvo o naturalizado, em caso de crime comum, praticado antes da naturalização, ou de comprovado envolvimento em tráfico ilícito de entorpecentes e drogas afins, na forma da lei. Por sua vez, dispõe o inciso LII de aludido dispositivo constitucional, que não será concedida extradição de estrangeiro por crime político ou de opinião. Desse modo, o estrangeiro pode ser extraditado, havendo vedação apenas em relação aos crimes político e de opinião, ressalvas estas que não são incompatíveis com a situação de asilado político do estrangeiro no país.

Alternativa "a": O cidadão português pode ser extraditado por crime de terrorismo, uma vez que o Supremo Tribunal Federal já assentou que este **não se equipara ao crime político**. Acerca do tema, destaca-se precedente do STF: "O terrorismo – que traduz expressão de uma macrodelinquência capaz de afetar a segurança, a integridade e a paz dos cidadãos e das sociedades organizadas – constitui fenômeno criminoso da mais alta gravidade, a que a comunidade internacional não pode permanecer indiferente, eis que o ato terrorista atenta contra as próprias bases em que se apoia o Estado democrático de direito, além de representar ameaça inaceitável às instituições políticas e às liberdades públicas, o que autoriza excluí-lo da benignidade de tratamento que a Constituição do Brasil (art. 5º, LII) reservou aos atos configuradores de criminalidade política. – A cláusula de proteção constante do art. 5º, LII da Constituição da República – que veda a extradição de estrangeiros por crime político ou de opinião – não se estende, por tal razão, ao autor de atos delituosos de natureza terrorista, considerado o frontal repúdio que a ordem constitucional brasileira dispensa ao terrorismo e ao terrorista. – A extradição – enquanto meio legítimo de cooperação internacional na repressão às práticas de criminalidade comum – representa instrumento de significativa importância no combate eficaz ao terrorismo, que constitui "uma grave ameaça para os valores democráticos e para a paz e a segurança internacionais (...)" (Convenção Interamericana Contra o Terrorismo, Art. 11), justificando-se, por isso mesmo, para efeitos extradicionais, a sua descaracterização como delito de natureza política. Doutrina" (STF. Ext 855 / CL, julgada em 2004 e relatada pelo Ministro Celso de Mello).

Alternativa "b": o **brasileiro nato** não pode ser extraditado em hipótese alguma.

Alternativa "c": o brasileiro naturalizado pode ser extraditado pela prática de crime comum antes da naturalização, não se exigindo, para esse fim, que haja anulação da naturalização.

Alternativa "d": os crimes que podem ensejar a extradição de estrangeiro sujeitam-se à prescrição.

---

17. (Vunesp – Escrevente Técnico Judiciário – TJ-SP/2015) João é ex-jogador de futebol e, embora não graduado em Educação Física, é treinador e monitor de uma escola de futebol. João não tem registro no Conselho Regional de Educação Física – CREF e está sendo compelido, pelo Conselho Regional de sua cidade, a ter registro em seus quadros. O advogado de João explicou-lhe corretamente que, nos termos da Constituição Federal,

A) seu registro nos quadros do CREF não será obrigatório, ainda que haja lei estabelecendo sua obrigatoriedade, uma vez que a Constituição assegura a liberdade de exercício de qualquer trabalho, ofício ou profissão.

B) o CREF pode obrigá-lo a ter registro, independentemente de qualquer disposição legal, já que possui poder de polícia.

C) não poderá exercer a profissão de treinador e monitor de futebol caso não haja lei que regulamente essa profissão, sendo, nessa hipótese, descabida a exigência de registro nos quadros do CREF.

D) seu registro nos quadros do CREF será obrigatório caso haja lei que imponha essa obrigatoriedade, não sendo suficiente norma interna do CREF a respeito.

E) o CREF só pode obrigá-lo a ter registro se houver norma interna desse Conselho que imponha a treinadores e monitores de futebol terem registro em seus quadros.

COMENTÁRIOS

✪ **Nota do Autor:** o enunciado que garante o livre exercício de qualquer trabalho, ofício ou profissão, atendidas as qualificações profissionais que a lei estabelecer (art. 5°, XIII, da CF) é classificada como **norma de eficácia contida** ou **restringível**, que são aquelas que têm aplicabilidade direta, imediata, mas não integral, pois admitem que seus conteúdos sejam restringidos por normas infraconstitucionais. Para ilustrar: a função de advogado, somente pode ser exercida atendida a qualificação profissional de ser bacharel em direito, aprovado no Exame da Ordem dos Advogados do Brasil (art. 8°, IV, da Lei 8.906/94).

Alternativa correta: letra "d": seu registro nos quadros do CREF será obrigatório caso haja lei que imponha essa obrigatoriedade, não sendo suficiente norma interna do CREF a respeito. Segundo dispõe a Constituição, é livre o exercício de qualquer trabalho, ofício ou profissão, **atendidas as qualificações profissionais que a lei estabelecer** (art. 5º, XIII).

Alternativa "a": havendo previsão legal, será obrigatório o registro nos quadros do CREF.

Alternativa "b": o CREF pode obrigá-lo a ter registro apenas se houver disposição legal nesse sentido.

Alternativa "c": poderá exercer a profissão de treinador e monitor de futebol ainda que não haja lei que regulamente essa profissão (já que é livre o exercício de qualquer trabalho, ofício ou profissão). No entanto, havendo previsão legal, o exercício desta profissão pode ser condicionada ao registro nos quadros do CREF.

Alternativa "e": o CREF só pode obrigá-lo a ter registro se houver lei que imponha a treinadores e monitores de futebol terem registro nos quadros do CREF.

---

18. (Vunesp - Escrevente Técnico Judiciário - TJ-SP/2015) Segundo a Constituição Federal, é correto afirmar que

A) não pode haver prisão civil por dívida, exceto nos termos estabelecidos pela própria Constituição.

B) não é possível a concessão de habeas corpus quando alguém se ache ameaçado de sofrer violência ou coação em sua liberdade de locomoção, por ilegalidade ou abuso de poder, devendo a violência ou coação estarem concretizadas.

C) pode ser concedido mandado de injunção caso a norma regulamentadora viole o exercício dos direitos e liberdades constitucionais.

D) conceder-se-á mandado de segurança para proteger direito líquido e certo, ainda que amparado por habeas corpus ou habeas data, quando o responsável pela ilegalidade ou abuso de poder for autoridade pública ou agente de pessoa jurídica no exercício de atribuições do Poder Público.

E) qualquer cidadão é parte legítima para impetrar mandado de segurança coletivo.

COMENTÁRIOS

✪ **Nota do Autor:** a questão aborda o art. 5º da CF, que é um dos dispositivos mais cobrados em concursos públicos.

Alternativa correta: letra "a": segundo a Constituição Federal, é correto afirmar que não pode haver prisão por dívida (art. 5º, LXVII), exceto nos termos estabelecidos pela própria Constituição, como é o caso do responsável pelo inadimplemento voluntário e inescusável de obrigação alimentícia (neste caso, a CF admite a prisão civil por dívida).

Alternativa "b": nos termos da CF, conceder-se-á ***habeas corpus*** sempre que alguém sofrer ou se achar ameaçado de sofrer violência ou coação em sua liberdade de locomoção, por ilegalidade ou abuso de poder (art. 5º, LXVIII).

Alternativa "c": conceder-se-á **mandado de injunção** sempre que a **falta** de norma regulamentadora torne inviável o exercício dos direitos e liberdades constitucionais e das prerrogativas inerentes à nacionalidade, à soberania e à cidadania (art. 5º, LXXI, da CF).

Alternativa "d": conceder-se-á **mandado de segurança** para proteger direito líquido e certo, não amparado por habeas corpus ou habeas data, quando o responsável pela ilegalidade ou abuso de poder for autoridade pública ou agente de pessoa jurídica no exercício de atribuições do Poder Público (art. 5º, LXIX, CF).

Alternativa "e": o **mandado de segurança coletivo** pode ser impetrado por: a) partido político com representação no Congresso Nacional; b) organização sindical, entidade de classe ou associação legalmente constituída e em funcionamento há pelo menos um ano, em defesa dos interesses de seus membros ou associados (art. 5º, LXX, CF). Assim, não pode ser impetrado por qualquer cidadão, mas apenas pelos legitimados estabelecidos pela CF.

---

19. (Vunesp - Juiz de Direito - SP/2014) Dentre os princípios elencados a seguir, não está previsto expressamente na Constituição Federal de 1988 o princípio

A) do amplo e irrestrito acesso ao Poder Judiciário em caso de lesão ou ameaça a direito.

B) da publicidade das decisões judiciais.

C) do duplo grau de jurisdição.

D) da motivação das decisões judiciais.

COMENTÁRIOS

Alternativa correta: letra "c": no bojo do RHC 79785, julgado em 2002, o STF se pronunciou no sentido de que o duplo grau de jurisdição não seria uma garantia constitucional. Entretanto, em 2007, no HC 88.420, julgado em 2007, a Suprema Corte relativizou a negativa, passando a entender aplicável o duplo grau de jurisdição como uma **garantia constitucional implícita**, que decorre da previsão da existência e competência dos Tribunais para apreciação de decisões proferidas em instâncias inferiores. Vale ainda destacar que a existência de processos com instância única ou originária (AP 470, sobre o Mensalão, v.g.) faz parte da lógica constitucional, impondo uma ponderação de valores. Nos casos de instância única, não se aplica o duplo grau, mas isso não significa que ele deixa de existir como uma garantia implícita.

Alternativa "a": há previsão expressa no art. 5°, XXXV, da CF: "a lei não excluirá da apreciação do Poder Judiciário lesão ou ameaça a direito".

Alternativa "b": trata-se do que dispõe o art. 5°, LX, da CF: "a lei só poderá restringir a publicidade dos atos processuais quando a defesa da intimidade ou o interesse social o exigirem".

Alternativa "d": assim dispõe o art. 93, IX, da CF: "todos os julgamentos dos órgãos do Poder Judiciário serão públicos, e fundamentadas todas as decisões, sob pena de nulidade, podendo a lei limitar a presença, em determinados atos, às próprias partes e a seus advogados, ou somente a estes, em casos nos quais a preservação do direito à intimidade do interessado no sigilo não prejudique o interesse público à informação".

---

20. (Vunesp – Escrevente Técnico Judiciário – TJ-SP/2013) Assinale a alternativa que está em consonância com o texto da Constituição Federal Brasileira.

A) As entidades associativas, quando expressamente autorizadas, têm legitimidade para representar seus filiados judicial ou extrajudicialmente.

B) A pena será cumprida em estabelecimentos distintos, de acordo com a natureza do delito, a idade, o sexo e o grau de escolaridade do apenado.

C) A sucessão de bens de estrangeiros situados no País será regulada pela lei brasileira em benefício do cônjuge ou dos filhos brasileiros, sempre que não lhes seja mais favorável a lei de seus países de origem.

D) A lei assegurará aos autores de inventos industriais privilégio temporário para sua utilização, bem como proteção às criações industriais, à propriedade das marcas, aos nomes de empresas e a outros signos distintivos, tendo em vista o interesse e desenvolvimento tecnológico das empresas.

E) Nenhuma pena passará da pessoa do condenado, podendo a obrigação de reparar o dano e a multa, imposta em processo criminal, ser, nos termos da lei, estendida aos sucessores e contra eles executada, até o limite do valor do patrimônio transferido.

COMENTÁRIOS

Alternativa correta: letra "a": nos exatos termos do art. 5º, XXI, da CF.

Alternativa "b": A pena será cumprida em estabelecimentos distintos, de acordo com a natureza do delito, a idade e o sexo do apenado (mas não o grau de escolaridade do apenado).

Alternativa "c": Nos termos do art. 5º, XXXI, da CF, a sucessão de bens de estrangeiros situados no País será regulada pela lei brasileira em benefício do cônjuge ou dos filhos brasileiros, sempre que não lhes seja mais favorável à lei do "de cujus" (e não a de seus países de origem).

Alternativa "d": Segundo o art. 5º, XXIX, da CF, a lei assegurará aos autores de inventos industriais privilégio temporário para sua utilização, bem como proteção às criações industriais, à propriedade das marcas, aos nomes de empresas e a outros signos distintivos, tendo em vista o interesse social e o desenvolvimento tecnológico e econômico **do País** (e não da empresa)

Alternativa "e": Conforme estabelece o art. 5º, XLV, da CF, nenhuma pena passará da pessoa do condenado, podendo a **obrigação de reparar o dano** e a **decretação do perdimento de bens** (e não a multa) ser, nos termos da lei, estendida aos sucessores e contra eles executada, até o limite do valor do patrimônio transferido.

---

21. (Vunesp – Escrevente Técnico Judiciário – TJ-SP/2012) Assinale a alternativa que contempla corretamente um direito garantido expressamente pela Constituição Federal.

A) Inviolabilidade do sigilo de correspondência e das comunicações telefônicas, salvo, no primeiro caso, por ordem judicial, para fins de investigação criminal ou instrução processual penal.

B) Inviolabilidade do domicílio, impedindo que alguém nele possa entrar sem consentimento do morador, salvo para prestar socorro, ou, durante o dia ou à noite, por determinação judicial.

C) Livre exercício dos cultos religiosos e garantia, na forma da lei, da proteção aos locais de culto e a suas liturgias.

D) Direito de reunião pacífica, sem armas, em locais abertos ao público, desde que obtida prévia autorização do poder público e desde que não frustre outra reunião anteriormente convocada para o mesmo local.

E) Manifestação livre do pensamento, com respectiva garantia do anonimato.

COMENTÁRIOS

Alternativa correta: letra "c": segundo consta do art. 5º, VI, da CF, é inviolável a liberdade de consciência e de crença, sendo assegurado o **livre exercício dos cultos religiosos e garantida, na forma da lei, a proteção aos locais de culto e a suas liturgias**.

Alternativa "a": conforme estabelece o art. 5º, XII, da CF, é inviolável o sigilo da correspondência e das comunicações telegráficas, de dados e das comunicações telefônicas, salvo, **no último caso**, por ordem judicial, nas hipóteses e na forma que a lei estabelecer para fins de investigação criminal ou instrução processual penal.

Alternativa "b": o art. 5º, XI da CF estabelece que a casa é asilo inviolável do indivíduo, ninguém nela podendo penetrar sem consentimento do morador, salvo em caso de flagrante delito ou desastre, ou para prestar socorro, ou, **durante o dia**, por determinação judicial. Ou seja, por determinação judicial somente será possível durante o dia, e não à noite.

Alternativa "d": o art. 5º, XVI, da CF, assegura que todos podem reunir-se pacificamente, sem armas, em locais abertos ao público, independentemente de autorização, desde que não frustrem outra reunião anteriormente convocada para o mesmo local, sendo apenas exigido prévio aviso à autoridade competente.

Alternativa "e": é livre a manifestação do pensamento, sendo vedado o anonimato (art. 5º, IV, CF).

---

22. (Vunesp – Escrevente Técnico Judiciário – TJ-SP/2012) Analise as seguintes afirmativas:

I. A lei estabelecerá o procedimento para desapropriação por necessidade ou utilidade pública, ou por interesse social, mediante indenização a ser paga em títulos da dívida pública, resgatáveis em até vinte anos, ressalvados os casos previstos na Constituição.

II. A pequena ou média propriedade rural, assim definida em lei, desde que trabalhada pela família, não será objeto de penhora para pagamento de débitos decorrentes de sua atividade produtiva, dispondo a lei sobre os meios de financiar o seu desenvolvimento.

III. Todos têm direito a receber dos órgãos públicos informações de seu interesse particular, ou de interesse coletivo ou geral, que serão prestadas no prazo da lei, sob pena de responsabilidade, ressalvadas aquelas cujo sigilo seja imprescindível à segurança da sociedade e do Estado.

IV. A prática do racismo constitui crime hediondo, inafiançável e imprescritível, sujeito à pena de detenção, nos termos da lei.

Considerando-se o disposto na Constituição Federal, está correto o que se afirma, apenas, em

A) III.

B) II e III.

C) III e IV.

D) II.

E) I e II.

COMENTÁRIOS

Alternativa correta: letra "a": está correto o que se afirma, apenas, em III.

Item "I": Está incorreto. Estabelece o art. 5º, XXIV da CF, que a lei estabelecerá o procedimento para desapropriação por necessidade ou utilidade pública, ou por interesse social, mediante justa e prévia indenização em dinheiro (e não em títulos da dívida pública), ressalvados os casos previstos nesta Constituição. Ou seja, quando a desapropriação decorrer de necessidade ou utilidade pública ou por interesse social, a indenização deverá ser paga em dinheiro.

Item "II": Está incorreto. Apenas a **pequena** (e não a média) propriedade rural, assim definida em lei, desde que trabalhada pela família, não será objeto de penhora para pagamento de débitos decorrentes de sua atividade produtiva, dispondo a lei sobre os meios de financiar o seu desenvolvimento (art. 5º, XXVI, CF).

Item "III": Está correto. Nos exatos termos do art. 5º, XXXIII, da CF.

Item "IV": Está incorreto. Nos termos do art. 5º, XLII, da CF, a prática do racismo constitui crime inafiançável e imprescritível, sujeito à pena de **reclusão** (e não detenção), nos termos da lei.

2.2. AÇÕES OU REMÉDIOS CONSTITUCIONAIS

▸ **CF, art. 5º.**

---

23. (Vunesp – Escrevente Técnico Judiciário – TJ – SP/2017) Sempre que a falta de norma regulamentadora torne inviável o exercício dos direitos e liberdades constitucionais, conceder-se-á

A) mandado de segurança coletivo.

B) mandado de injunção.

C) ação de descumprimento de preceito fundamental.

D) habeas data.

E) mandado de segurança.

COMENTÁRIOS

Alternativa correta letra "b" (responde a todas as alternativas): nos termos do art. 5º, LXXI, da CF, conceder-se-á mandado de injunção sempre que a falta de norma regulamentadora torne inviável o exercício dos direitos e liberdades constitucionais e das prerrogativas inerentes à nacionalidade, à soberania e à cidadania. Trata-se de remédio constitucional destinado a atacar as omissões inconstitucionais.

---

24. (Vunesp – Juiz de Direito – RJ/2014) A propósito das garantias constitucionais dos direitos fundamentais, é correto afirmar que

A) não será concedida medida liminar em mandado de segurança que tenha por objeto a compensação de créditos tributários, a entrega de mercadorias e bens provenientes do exterior, a reclassificação ou equiparação de servidores públicos e a concessão de aumento ou a extensão de vantagens ou pagamento de qualquer natureza.

B) das decisões em mandado de segurança proferidas em única instância pelos tribunais cabe recurso especial e extraordinário, nos casos legalmente previstos, e recurso extraordinário, quando a ordem for denegada.

C) a sentença na ação popular terá eficácia de coisa julgada oponível erga omnes, exceto no caso de haver sido a ação julgada improcedente em seu mérito; neste caso, qualquer cidadão poderá intentar outra ação com idêntico fundamento, valendo-se de nova prova.

D) se aplicam à ação popular as regras do Código de Processo Civil, naquilo em que não contrariem a natureza específica da ação popular, sendo que esta prescreverá em dez anos.

COMENTÁRIOS

Alternativa correta: letra "a": nos termos do artigo 7º, §2º, da Lei n. 12.016/09 (lei do mandado de segurança), não será concedida medida liminar em mandado de segurança que tenha por objeto a compensação de créditos tributários, a entrega de mercadorias e bens provenientes do exterior, a reclassificação ou equiparação de servidores públicos e a concessão de aumento ou a extensão de vantagens ou pagamento de qualquer natureza.

Alternativa "b": das decisões em mandado de segurança proferidas em única instância pelos tribunais cabe recurso especial e extraordinário, nos casos legalmente previstos, e recurso **ordinário** (não extraordinário), quando a ordem for denegada (art. 18, da Lei n. 12.016/09).

Alternativa "c": a sentença na ação popular terá eficácia de coisa julgada oponível erga omnes, exceto no caso de haver sido a ação julgada improcedente **por deficiência de prova** (e não em seu mérito); neste caso, qualquer cidadão poderá intentar outra ação com idêntico fundamento, valendo-se de nova prova (art. 18, Lei n. 4.717/65).

Alternativa "d": se aplicam à ação popular as regras do Código de Processo Civil, naquilo em que não contrariem a natureza específica da ação popular, sendo que esta prescreverá em **cinco** (e não dez) anos (art. 21 e 22 da Lei n. 4.717/65).

2.3. DIREITOS SOCIAIS

▸ **CF, artigos 6° a 11.**

---

25. (Vunesp – Escrevente Técnico Judiciário – TJ – SP/2017) É direito constitucional dos trabalhadores urbanos e rurais:

A) licença à gestante, sem prejuízo do emprego e do salário, com a duração de cento e oitenta dias.

B) remuneração do serviço extraordinário superior em, no mínimo, trinta por cento à do serviço normal.

C) seguro contra acidentes de trabalho, a cargo do empregador, sem excluir a indenização a que este está obrigado quando incorrer em dolo ou culpa.

D) aviso prévio proporcional ao tempo de serviço, no máximo de trinta dias, nos termos da lei.

E) assistência gratuita aos filhos e dependentes desde o nascimento até os 06 (seis) anos de idade em creches e pré-escolas.

COMENTÁRIOS

Alternativa correta letra "c": é o que dispõe o art. 7º, XXVIII, da CF.

Alternativa "a": a licença à gestante, sem prejuízo do emprego e do salário, tem duração de **cento e vinte** (não cento e oitenta) dias (art. 7º, XVIII, da CF).

Alternativa "b": a remuneração do serviço extraordinário deve ser superior em, no mínimo, **cinquenta** (não trinta) por cento à do serviço normal (art. 7º, XVI, da CF).

Alternativa "d": o aviso prévio proporcional ao tempo de serviço, deve ser de no **mínimo** (não máximo) de trinta dias, nos termos da lei (art. 7º, XXI, da CF).

Alternativa "e": a assistência gratuita aos filhos e dependentes é direito desde o nascimento até os **05 cinco (não seis)** anos de idade em creches e pré-escolas (art. 7º, XXV, da CF).

26. (Vunesp – Escrevente Técnico Judiciário – TJ-SP/2015) É correto afirmar que a Constituição Federal

A) inseriu a propriedade entre os direitos sociais.

B) garantiu aos trabalhadores o seguro-desemprego, em caso de desemprego voluntário ou involuntário.

C) conferiu direitos sociais diferenciados aos trabalhadores urbanos e rurais, tendo em vista as particularidades do exercício de cada um desses trabalhos.

D) possibilitou o trabalho noturno, perigoso ou insalubre apenas a maiores de 16 anos, proibindo-o aos maiores de 14 e menores de 16 anos que trabalham na condição de aprendiz.

E) inseriu entre os direitos dos trabalhadores a irredutibilidade do salário, salvo, contudo, o disposto em convenção ou acordo coletivo.

COMENTÁRIOS

Alternativa correta: letra "e": é o que prevê o art. 7º, VI, da CF: "Art. 7º São direitos dos trabalhadores urbanos e rurais, além de outros que visem à melhoria de sua condição social: [...] VI – irredutibilidade do salário, salvo o disposto em convenção ou acordo coletivo".

Alternativa "a": a CF não inseriu a propriedade entre os direitos sociais. Nos termos do art. 6º da CF, são direitos sociais a **educação**, a **saúde**, a **alimentação**, o **trabalho**, a **moradia**, o **transporte**, o **lazer**, a **segurança**, a **previdência social**, a **proteção à maternidade e à infância**, a **assistência aos desamparados**, na forma da Constituição. No entanto, o direito de propriedade encontra-se expressamente consagrado no art. 5º, *caput* e inciso XXII, da CF, como um dos direitos e deveres individuais e coletivos.

Alternativa "b": a CF garantiu o seguro-desemprego apenas em caso de desemprego **involuntário** (e não voluntário).

Alternativa "c": conferiu direitos sociais iguais aos trabalhadores urbanos e rurais, conforme possível verificar no *caput* do art. 7º, da CF.

Alternativa "d": a CF proibiu o trabalho noturno, perigoso ou insalubre a menores de dezoito e de qualquer trabalho a menores de dezesseis anos, salvo na condição de aprendiz, a partir de quatorze anos (art. 7º, XXXIII, CF).

27. (Vunesp – Escrevente Técnico Judiciário – TJ-SP/2013) A Constituição Federal estabelece como direito dos trabalhadores urbanos e rurais

A) o décimo terceiro salário, com base no vencimento básico ou no valor da aposentadoria.

B) o repouso semanal remunerado aos domingos.

C) o gozo de férias anuais remuneradas com, no máximo, um terço a mais do que o salário normal.

D) a irredutibilidade do salário, salvo o disposto em contrato de trabalho.

E) a assistência gratuita aos filhos e dependentes, desde o nascimento até 5 (cinco) anos de idade, em creches e pré-escolas.

COMENTÁRIOS

Alternativa correta: letra "e": nos exatos termos do art. 7º, XXV, da CF.

Alternativa "a": a CF estabelece como direito dos trabalhadores urbanos e rurais o décimo terceiro salário com base na **remuneração integral** (e não no vencimento básico) ou no valor da aposentadoria (art. 7º, VIII, da CF).

Alternativa "b": a CF estabelece como direito dos trabalhadores urbanos e rurais o repouso semanal remunerado, **preferencialmente** aos domingos (art. 7º, XV, CF). Ou seja, pode ser em outro dia da semana, mas a Constituição ressalta que deverá haver preferência (e não obrigatoriedade) pelos domingos.

Alternativa "c": a CF estabelece como direito dos trabalhadores urbanos e rurais o gozo de férias anuais remuneradas com, **pelo menos** (e não no máximo), um terço a mais do que o salário normal (art. 7º, XVII, CF).

Alternativa "d": em seu art. 7º, VI, a CF estabelece como direito dos trabalhadores urbanos e rurais a irredutibilidade do salário, salvo o disposto em **convenção ou acordo coletivo** (e não em contrato de trabalho).

28. (Vunesp – Escrevente Técnico Judiciário – TJ-SP/2012) Himeneu Silva tem 17 anos de idade, casado e pai de dois filhos menores de cinco anos, e acabou de ser contratado para trabalhar na Empresa ABC Ltda.

Com base nos dados fornecidos, assinale a alternativa que contempla corretamente um direito de Himeneu previsto na Constituição Federal.

A) Se for trabalhar no período noturno, deverá perceber remuneração superior à do diurno em, no mínimo, cinquenta por cento.

B) Participação nos lucros, ou resultados, vinculada à sua remuneração, e, excepcionalmente, participação na gestão da empresa, conforme definido em lei.

C) Seguro contra acidentes de trabalho, a ser custeado em igual proporção entre Himeneu e a empresa ABC Ltda.

D) Garantia de que não poderá exercer trabalho perigoso ou insalubre.

E) Salário família, independentemente da renda que irá auferir como empregado.

COMENTÁRIOS

Alternativa correta: letra "d": Himeneu Silva possui a garantia de que não poderá exercer trabalho perigoso ou insalubre, uma vez que a Constituição proíbe expressamente esse tipo de trabalho aos menores de dezoito anos. Segundo consta expressamente do art. 7º, XXXIII, da CF, é direito dos trabalhadores urbanos e rurais a **proibição de trabalho noturno, perigoso ou insalubre a menores de dezoito e de qualquer trabalho a menores de dezesseis anos, salvo na condição de aprendiz, a partir de quatorze anos.**

Alternativa "a": é **proibido o trabalho noturno** aos menores de dezoito anos de idade (art. 7º, XXXIII, da CF).

Alternativa "b": o direito a participação nos lucros ou resultados é **desvinculada da remuneração** (e não vinculada como retrata a alternativa), havendo também, excepcionalmente, participação na gestão da empresa, conforme definido em lei (art. 7º, XI, CF).

Alternativa "c": o seguro contra acidentes de trabalho fica **a cargo do empregador** (e não há divisão com o trabalhador), sem excluir a indenização a que este está obrigado, quando incorrer em dolo ou culpa (art. 7º, XXVIII, CF).

Alternativa "e": é direito do trabalhador urbano e rural, o salário-família, pago em razão do dependente do trabalhador de baixa renda (e não independentemente da renda), nos termos da lei (art. 7º, XII, CF).

3. DIREITOS DA NACIONALIDADE E DIREITOS POLÍTICOS

▸ **CF, artigos 12 a 17.**

29. (Vunesp – Escrevente Técnico Judiciário – TJ – SP/2017) Maria, brasileira, estava grávida quando viajou para a Alemanha. Em virtude de complicações de saúde, seu bebê nasceu antes do tempo, quando Maria ainda estava na Alemanha. Considerando apenas os dados apresentados, pode-se afirmar que, nos termos da Constituição Federal, o filho de Maria será considerado

A) brasileiro nato, bastando que venha a residir na República Federativa do Brasil.

B) brasileiro nato se Maria estiver, na Alemanha, a serviço da República Federativa do Brasil.

C) brasileiro nato, bastando que o pai do bebê também seja brasileiro, nato ou naturalizado.

D) brasileiro naturalizado desde que opte, em qualquer tempo, depois de atingida a maioridade, pela nacionalidade brasileira.

E) brasileiro nato, pois Maria é brasileira.

COMENTÁRIOS

Alternativa correta letra "b" (responde a todas as alternativas): consoante art. 12, I, da CF, **são brasileiros natos:** a) os nascidos na República Federativa do Brasil, ainda que de pais estrangeiros, desde que estes não estejam a serviço de seu país; **b) os nascidos no estrangeiro, de pai brasileiro ou mãe brasileira, desde que qualquer deles esteja a serviço da República Federativa do Brasil**; e c) os nascidos no estrangeiro de pai brasileiro ou de mãe brasileira, desde que sejam registrados em repartição brasileira competente ou venham a residir na República Federativa do Brasil e optem, em qualquer tempo, depois de atingida a maioridade, pela nacionalidade brasileira. Assim, a única situação completamente satisfeita pela questão é a disposta na alternativa "b".

30. (Vunesp – Escrevente Técnico Judiciário – TJ-SP/2015) Ricardo, cuja mãe é brasileira e cujo pai é chileno, nasceu no México, durante uma viagem de sua mãe a esse país, a serviço do Brasil. Nos termos da Constituição Federal, Ricardo

A) é brasileiro nato.

B) poderá naturalizar-se brasileiro caso venha a residir por pelo menos 1 ano ininterrupto no Brasil.

C) poderá naturalizar-se brasileiro caso opte, a qualquer tempo, pela nacionalidade brasileira, ainda que resida no estrangeiro.

D) será considerado brasileiro nato, desde que sua mãe retorne ao Brasil imediatamente após o término do serviço.

E) não poderá naturalizar-se brasileiro, uma vez que seu pai é chileno.

COMENTÁRIOS

Alternativa correta: letra "a" (responde todas as demais alternativas): pelo fato de sua mãe ser brasileira e estar a serviço do Brasil, Ricardo é brasileiro **nato**. Segundo estabelece o art. 12, I, *b*, da CF, são brasileiros natos os nascidos no estrangeiro, de pai brasileiro ou mãe brasileira, desde que qualquer deles esteja a serviço da República Federativa do Brasil.

31. (Vunesp – Escrevente Técnico Judiciário – TJ-SP/2013) Nos termos da Constituição Federal, são brasileiros natos:

A) os que, na forma da lei, adquiram a nacionalidade brasileira, exigidas aos originários de países de língua portuguesa apenas residência, por um ano ininterrupto, e idoneidade moral.

B) os nascidos no estrangeiro, de pai brasileiro ou de mãe brasileira, desde que venham a residir na República Federativa do Brasil até a maioridade.

C) os nascidos na República Federativa do Brasil, ainda que de pais estrangeiros, desde que estes não estejam a serviço de seu país.

D) os nascidos no estrangeiro, desde que de pai brasileiro e de mãe brasileira.

E) os portugueses com residência permanente no País, se houver reciprocidade em favor de brasileiros.

COMENTÁRIOS

Alternativa correta: letra "c": nos termos do art. 12 da CF, são brasileiros **natos**: a) **os nascidos na República Federativa do Brasil, ainda que de pais estrangeiros, desde que estes não estejam a serviço de seu país**; b) os nascidos no estrangeiro, de pai brasileiro ou mãe brasileira, desde que qualquer deles esteja a serviço da República Federativa do Brasil; c) os nascidos no estrangeiro de pai brasileiro ou de mãe brasileira, desde que sejam registrados em repartição brasileira competente ou venham a residir na República Federativa do Brasil e optem, em qualquer tempo, depois de atingida a maioridade, pela nacionalidade brasileira.

Alternativa "a": são brasileiros naturalizados os que, na forma da lei, adquiram a nacionalidade brasileira, exigidas aos originários de países de língua portuguesa apenas residência por um ano ininterrupto e idoneidade moral (art. 12, II, a, CF).

Alternativa "b": são brasileiros natos os nascidos no estrangeiro de pai brasileiro ou de mãe brasileira, desde que sejam registrados em repartição brasileira competente ou venham a residir na República Federativa do Brasil e optem, em qualquer tempo, depois de atingida a maioridade (e não até a maioridade), pela nacionalidade brasileira (art. 12, I, "c", da CF).

Alternativa "d": em relação ao nascido no estrangeiro, o simples fato de ser filho de pai e mãe brasileiros não o torna brasileiro nato. Nestes casos, para que seja considerado brasileiro nato, é necessário observar as regras contidas no art. 12, I, "b" e "c", da CF. Conforme o dispositivo mencionado, são brasileiros natos: I – os nascidos no estrangeiro, de pai brasileiro ou mãe brasileira, desde que **qualquer deles esteja a serviço da República Federativa do Brasil**; II – os nascidos no estrangeiro de pai brasileiro ou de mãe brasileira, **desde que sejam registrados em repartição brasileira competente ou venham a residir na República Federativa do Brasil e optem, em qualquer tempo, depois de atingida a maioridade, pela nacionalidade brasileira**.

Alternativa "e": segundo consta expressamente do §1º do art. 12 da CF, aos portugueses com residência permanente no País, se houver reciprocidade em favor de brasileiros, serão atribuídos os direitos inerentes ao brasileiro, salvo os casos previstos nesta Constituição. Essa regra não altera a nacionalidade do sujeito (que continua sendo português), mas lhe confere direitos inerentes ao brasileiro, ressalvados os casos estabelecidos pela CF. É o que se chama de "quase-nacionalidade".

---

32. (Vunesp – Escrevente Técnico Judiciário – TJ-SP/2012) São privativos de brasileiros natos os seguintes cargos:

A) de Senador e de Ministro de Estado da Defesa.

B) de Deputado Federal e de Deputado Estadual.

C) de Presidente da República e de Senador.

D) da carreira diplomática e de Vereador.

E) de Ministro do Supremo Tribunal Federal e de oficial das Forças Armadas.

COMENTÁRIOS

✪ **Nota do Autor:** o dispositivo que estabelece os cargos privativos de brasileiros natos é muito cobrado em concursos públicos, sendo altamente recomendada a memorização das situações ali presentes. Nos termos do art. 12, §3º, da CF, são privativos de brasileiros **natos** os cargos: I – de Presidente e Vice-Presidente da República; II – de Presidente da Câmara dos Deputados; III – de Presidente do Senado Federal; IV – de Ministro do Supremo Tribunal Federal; V – da carreira diplomática; VI – de oficial das Forças Armadas; VII – de Ministro de Estado da Defesa.

Alternativa correta: letra "e": os cargos de Ministro do Supremo Tribunal Federal e de oficial das Forças Armadas, nos termos do §3º do art. 12 da CF, são privativos de brasileiros natos.

Alternativa "a": o cargo de **Senador** não é privativo de brasileiro nato.

Alternativa "b": os cargos de **Deputado Federal** e **Deputado Estadual** não são privativos de brasileiros natos.

Alternativa "c": o cargo de **Senador** não é privativo de brasileiro nato.

Alternativa "d": o cargo de **Vereador** não é privativo de brasileiro nato.

4. ORGANIZAÇÃO POLÍTICO ADMINISTRATIVA.

▸ **CF, artigos 18 a 36.**

33. (Vunesp – Juiz de Direito – TJ SP/2017) Nos termos do artigo 34 da Constituição Federal, a intervenção da União nos Estados e Distrito Federal tem caráter excepcional. Na hipótese de intervenção para garantir ordem ou decisão judicial, será ela

A) provocada e vinculada e dependerá de requisição do Supremo Tribunal Federal, do Superior Tribunal de Justiça ou do Tribunal Superior Eleitoral.

B) provocada e vinculada e dependerá de requisição do Supremo Tribunal Federal.

C) discricionária e dependerá de solicitação do Supremo Tribunal Federal.

D) provocada e vinculada e dependerá de solicitação do Supremo Tribunal Federal, do Superior Tribunal de Justiça ou do Tribunal Superior Eleitoral.

COMENTÁRIOS

Alternativa correta letra "a" (responde a todas as alternativas): nos termos do art. 34 da CF, a União não intervirá nos Estados nem no Distrito Federal, exceto para: I – manter a integridade nacional; II – repelir invasão estrangeira ou de uma unidade da Federação em outra; III – pôr termo a grave comprometimento da ordem pública; IV – garantir o livre exercício de qualquer dos Poderes nas unidades da Federação; V – reorganizar as finanças da unidade da Federação que: a) suspender o pagamento da dívida fundada por mais de dois anos consecutivos, salvo motivo de força maior; b) deixar de entregar aos Municípios receitas tributárias fixadas nesta Constituição, dentro dos prazos estabelecidos em lei; VI – prover a execução de lei federal, ordem ou decisão judicial; VII – assegurar a observância dos seguintes princípios constitucionais:

a) forma republicana, sistema representativo e regime democrático; b) direitos da pessoa humana; c) autonomia municipal; d) prestação de contas da administração pública, direta e indireta. e) aplicação do mínimo exigido da receita resultante de impostos estaduais, compreendida a proveniente de transferências, na manutenção e desenvolvimento do ensino e nas ações e serviços públicos de saúde. Por sua vez, o art. 36 da CF explica que, **a decretação da intervenção dependerá**: I – no caso do art. 34, IV, de solicitação do Poder Legislativo ou do Poder Executivo coacto ou impedido, ou de **requisição do Supremo Tribunal Federal**, se a coação for exercida contra o Poder Judiciário; II – no caso de desobediência a ordem ou decisão judiciária, de **requisição do Supremo Tribunal Federal, do Superior Tribunal de Justiça ou do Tribunal Superior Eleitoral**; III – de provimento, pelo Supremo Tribunal Federal, de representação do Procurador-Geral da República, na hipótese do art. 34, VII, e no caso de recusa à execução de lei federal.

34. (Vunesp – Juiz de Direito – TJ SP/2017) A instituição de região metropolitana para o fim de integrar a organização, planejamento e execução de funções de interesse público de interesse comum, autorizada pela Constituição Federal, depende

A) de iniciativa de qualquer dos municípios que componham a região, uma vez obtida a anuência dos entes limítrofes, a ser instituída por Consórcio.

B) de iniciativa dos Estados-membros, desde que conte com a anuência dos municípios limítrofes, a ser instituída por Convênio.

C) de iniciativa dos Estados-Membros, por meio de Lei Complementar.

D) de iniciativa dos Estados-membros, por meio de lei ordinária.

COMENTÁRIOS

Alternativa correta letra "c" (responde a todas as alternativas): nos termos do art. 25, § 3º, da CF, os Estados poderão, mediante lei complementar, instituir regiões metropolitanas, aglomerações urbanas e microrregiões, constituídas por agrupamentos de municípios limítrofes, para integrar a organização, o planejamento e a execução de funções públicas de interesse comum.

35. (Vunesp – Juiz de Direito – SP/2014) Compete concorrentemente à União, aos Estados e ao Distrito Federal legislar sobre

A) direito Aeronáutico.

B) direito Financeiro.

C) direito Agrário.

D) direito Marítimo.

COMENTÁRIOS

✪ **Nota do autor:** as competências legislativas caem com bastante frequência e, usualmente, as questões abordam apenas o texto da Carta Magna. Normalmente se exige que o candidato conheça as disposições constitucionais e saiba diferenciar as hipóteses de competência privativa e concorrente.

Alternativa correta: letra "b": compete à União, aos Estados e ao Distrito Federal legislar concorrentemente sobre direito tributário, **financeiro**, penitenciário, econômico e urbanístico (art. 24, I, da CF).

Alternativa "a": compete **privativamente à União** legislar sobre direito civil, comercial, penal, processual, eleitoral, agrário, marítimo, **aeronáutico**, espacial e do trabalho (art. 22, I, da CF). Desse modo, a competência para legislar sobre direito aeronáutico é privativa da União.

Alternativa "c": compete **privativamente à União** legislar sobre direito civil, comercial, penal, processual, eleitoral, **agrário**, marítimo, aeronáutico, espacial e do trabalho (art. 22, I, da CF). Desse modo, a competência para legislar sobre direito agrário é privativa da União.

Alternativa "d": compete **privativamente à União** legislar sobre direito civil, comercial, penal, processual, eleitoral, agrário, **marítimo**, aeronáutico, espacial e do trabalho (art. 22, I, da CF). Desse modo, a competência para legislar sobre direito marítimo é privativa da União.

---

36. (Vunesp – Juiz de Direito Substituto-RJ/ 2012) Na organização do Estado Brasileiro, está prevista a intervenção Federal nos Estados, que, dentre outros objetivos, visa resguardar a observância dos denominados princípios constitucionais sensíveis.

Assinale a alternativa que contempla dois desses princípios expressamente indicados no texto constitucional.

A) Direitos da pessoa humana e autonomia municipal.

B) Sistema representativo e moralidade da administração pública.

C) Prestação de contas da administração pública, direta e indireta, e separação de poderes.

D) Forma republicana e regime presidencialista.

COMENTÁRIOS

Alternativa correta "a" (responde a todas as alternativas): os princípios constitucionais sensíveis estão dispostos no art. 34, VII, da CF. São eles: a) forma republicana, sistema representativo e regime democrático; b) direitos da pessoa humana; c) autonomia municipal; d) prestação de contas da administração pública, direta e indireta.

5. ADMINISTRAÇÃO PÚBLICA

▸ **CF, artigos 37 a 42.**

---

37. (Vunesp – Escrevente Técnico Judiciário – TJ – SP/2017) Luiz ocupa cargo em comissão como assessor em um órgão público federal para o qual foi nomeado sem se submeter à aprovação prévia em concurso público de provas ou de provas e títulos. Descontente em relação ao seu vencimento, Luiz entrou em greve, seguindo orientação do sindicato ao qual é associado. Sobre essa situação, e levando-se em conta o que estabelece a Constituição Federal, é correto afirmar que

A) Luiz, por ocupar cargo em comissão, não goza do direito à livre associação sindical.

B) a investidura de Luiz ao cargo não obedece aos preceitos constitucionais.

C) Luiz, por ocupar cargo em comissão, não goza do direito à greve.

D) Luiz, por ser servidor público, não goza do direito à livre associação sindical.

E) Luiz, por ser servidor público, goza do direito à greve nos termos e nos limites definidos em lei específica.

COMENTÁRIOS

Alternativa correta letra "e" (responde a todas as alternativas): nos termos do art. 37 da CF, A administração pública direta e indireta de qualquer dos Poderes da União, dos Estados, do Distrito Federal e dos Municípios obedecerá aos princípios de legalidade, impessoalidade, moralidade, publicidade e eficiência e, também, ao seguinte: [...] II – a **investidura em cargo ou emprego público** depende de aprovação prévia em concurso público de provas ou de provas e títulos, de acordo com a natureza e a complexidade do cargo ou emprego, na forma prevista em lei, ressalvadas as **nomeações para cargo em comissão declarado em lei de livre nomeação e exoneração**; [...] VII – o **direito de greve** será exercido nos termos e nos limites definidos em lei específica. Assim, apesar de não ter prestado concurso, Luiz é servidor, pois foi nomeado para cargo em comissão, de modo que pode gozar do direito de greve constitucionalmente assegurado.

---

38. (Vunesp – Escrevente Técnico Judiciário – TJ – SP/2017) Nos termos da Constituição Federal, extinto o cargo, o servidor público estável ficará em disponibilidade

A) sem remuneração, até seu adequado aproveitamento em outro cargo.

B) com remuneração integral, até seu adequado aproveitamento em outro cargo.

C) com remuneração proporcional ao tempo de serviço, até serem preenchidas as condições necessárias para sua aposentadoria.

D) com remuneração proporcional ao tempo de serviço, até seu adequado aproveitamento em outro cargo.

E) com remuneração integral, até serem preenchidas as condições necessárias para sua aposentadoria.

COMENTÁRIOS

Alternativa correta letra "d" (responde a todas as alternativas): nos termos do art. 41, § 3º, da CF, extinto o cargo ou declarada a sua desnecessidade, o servidor estável ficará em disponibilidade, com remuneração proporcional ao tempo de serviço, até seu adequado aproveitamento em outro cargo.

39. (Vunesp – Escrevente Técnico Judiciário – TJ – SP/2017) Sobre os servidores públicos, a Constituição Federal estabelece expressamente que

A) ato do chefe do Poder Executivo da União, dos Estados, do Distrito Federal e dos Municípios poderá estabelecer a relação entre a maior e a menor remuneração dos servidores públicos.

B) lei da União, dos Estados, do Distrito Federal e dos Municípios disciplinará a aplicação de recursos orçamentários provenientes da economia com despesas correntes em cada órgão, autarquia e fundação, para aplicação no desenvolvimento de programas de qualidade e produtividade.

C) os detentores de mandato eletivo não poderão ser remunerados exclusivamente por subsídio fixado em parcela única.

D) a União, os Estados e o Distrito Federal manterão escolas de governo para a formação e o aperfeiçoamento dos servidores públicos, constituindo-se a participação nos cursos um dos requisitos para a manutenção do servidor na carreira.

E) os Poderes Executivo, Legislativo e Judiciário publicarão semestralmente os valores do subsídio e da remuneração dos cargos e empregos públicos.

COMENTÁRIOS

Alternativa correta letra "b" (responde a todas as alternativas): na linha do art. 39, § 7º, da CF, lei da União, dos Estados, do Distrito Federal e dos Municípios disciplinará a aplicação de recursos orçamentários provenientes da economia com despesas correntes em cada órgão, autarquia e fundação, para aplicação no desenvolvimento de programas de qualidade e produtividade, treinamento e desenvolvimento, modernização, reaparelhamento e racionalização do serviço público, inclusive sob a forma de adicional ou prêmio de produtividade.

Alternativa "a": Lei da União, dos Estados, do Distrito Federal e dos Municípios (e não ato do Chefe do Poder Executivo) poderá estabelecer a relação entre a maior e a menor remuneração dos servidores públicos, obedecido, em qualquer caso, o disposto no art. 37, XI (art. 39, § 5º, da CF).

Alternativa "c": o art. 39, § 4º, da CF, é claro no sentido de que o membro de Poder, **o detentor de mandato eletivo**, os Ministros de Estado e os Secretários Estaduais e Municipais **serão remunerados exclusivamente por subsídio fixado em parcela única**, vedado o acréscimo de qualquer gratificação, adicional, abono, prêmio, verba de representação ou outra espécie remuneratória

Alternativa "d": consoante art. 39, § 2º, da CF, a União, os Estados e o Distrito Federal manterão escolas de governo para a formação e o aperfeiçoamento dos servidores públicos, constituindo-se a participação nos cursos um dos requisitos **para a promoção na carreira (não para a manutenção na carreira)**, facultada, para isso, a celebração de convênios ou contratos entre os entes federados.

Alternativa "e": de acordo com o art. 39, § 6º, da CF, os Poderes Executivo, Legislativo e Judiciário publicarão **anualmente** (não semestralmente) os valores do subsídio e da remuneração dos cargos e empregos públicos

40. (Vunesp – Juiz de Direito Substituto – SP/2015) A divulgação, nos sites dos respectivos órgãos administrativos, de nomes e vencimentos de servidores públicos, observado o decidido pelo Supremo Tribunal Federal no julgamento do ARE 652.777, é medida que

A) deve ser vedada, como regra geral, atendendo apenas a eventual requisição ou consulta justificada, porque a Lei Federal nº 12.527/11 (acesso à informação) não impõe ou disciplina aquela divulgação.

B) deve ser reconhecida como legítima diante dos princípios constitucionais que regulam a atividade pública e da Lei Federal nº 12.527/11.

C) deve ser limitada à indicação da remuneração genérica dos cargos, sem identificação pessoal dos servidores, em respeito à inviolabilidade da intimidade e da vida privada dos servidores.

D) deve ser autorizada em relação aos denominados agentes políticos, ocupante de cargos eletivos, para conhecimento da população.

COMENTÁRIOS

Alternativa correta: letra "b" (responde todas as demais alternativas): no ARE 652777, julgado em 2015 e relatado pelo Ministro Teori Zavascki, em que se reconheceu repercussão geral, o STF entendeu ser **legítima a publicação, inclusive em sítio eletrônico mantido pela Administração Pública, dos nomes dos seus servidores e do valor dos correspondentes vencimentos e vantagens pecuniárias**.

41. (Vunesp – Escrevente Técnico Judiciário – TJ-SP/2015) A administração pública direta e indireta deve observar o seguinte comando constitucional:

A) os acréscimos pecuniários percebidos por servidor público serão computados e acumulados para fins de concessão de acréscimos ulteriores.

B) é vedado aos estrangeiros o acesso aos cargos, empregos e funções públicas.

C) os vencimentos dos cargos do Poder Legislativo e do Poder Judiciário não poderão ser superiores aos pagos pelo Poder Executivo.

D) os cargos em comissão devem ser preenchidos exclusivamente por servidores ocupantes de cargo efetivo.

E) o direito de greve será exercido nos termos definidos pela associação sindical.

COMENTÁRIOS

✪ **Nota do Autor:** são cobradas com muita frequência as regras acerca da administração pública, em especial as disposições do art. 37 ao 41 da CF.

Alternativa correta: letra "c": nos exatos termos do art. 37, XII, CF, os vencimentos dos cargos do Poder Legislativo e do Poder Judiciário não poderão ser superiores aos pagos pelo Poder Executivo.

Alternativa "a": segundo art. 37, XIV, da CF, os acréscimos pecuniários percebidos por servidor público **não serão** computados nem acumulados para fins de concessão de acréscimos ulteriores.

Alternativa "b": nos termos da Constituição, **os cargos, empregos e funções públicas são acessíveis** aos brasileiros que preencham os requisitos estabelecidos em lei, assim como **aos estrangeiros, na forma da lei** (art. 37, I, CF). Vale lembrar ainda que, segundo o art. 207, §1º, da CF, é facultado às universidades admitir professores, técnicos e cientistas estrangeiros, na forma da lei.

Alternativa "d": as **funções** de confiança (e não os cargos em comissão) devem ser preenchidos exclusivamente por servidores ocupantes de cargo efetivo (art. 37, V, CF). Consoante as explicações de Matheus Carvalho: "**Função de confiança**: é uma 'função sem cargo', uma função isolada dentro da estrutura do serviço público. Por se tratar de função de direção, chefia ou assessoramento e por não estar atribuída a um cargo específico, a função de confiança somente pode ser exercida por alguém que já esteja investido em cargo efetivo. **Cargo em comissão** (ou **cargo de confiança**): é cargo cuja função que lhe foi atribuída corresponde a uma atividade de direção, chefia e assessoramento. Sendo um cargo e não somente uma função, pode ser exercido por quem não possua cargo efetivo, trata-se do comissionado." (CARVALHO, Matheus. *Manual de Direito Administrativo*. 3.ed. Salvador: Juspodivm, 2016, p. 756-757).

Alternativa "e": o direito de greve será exercido nos termos e nos limites definidos em **lei** específica (art. 37, VII, da CF).

---

42. (Vunesp – Escrevente Técnico Judiciário – TJ-SP/2015) Maria tem 59 anos de idade e ingressou pela primeira vez no serviço público aos 49 anos, tendo ocupado, durante todo esse tempo, o mesmo cargo efetivo. Ela possui, no total de sua vida laboral, 10 anos de contribuição previdenciária junto ao Regime Próprio de Previdência dos Servidores, nunca tendo contribuído ao Regime Geral de Previdência Social. Maria, que pretende aposentar-se pelo Regime Próprio de Previdência dos Servidores, ao analisar as regras atuais estabelecidas na Constituição Federal, verificou que

A) não poderá aposentar-se voluntariamente, tendo que se aposentar compulsoriamente aos 70 anos de idade.

B) só poderá aposentar-se voluntariamente após completar o mínimo de 15 anos de contribuição previdenciária.

C) só poderá aposentar-se voluntariamente após completar o mínimo de 30 anos de contribuição previdenciária.

D) poderá aposentar-se voluntariamente, aos 60 anos, com proventos proporcionais ao tempo de contribuição.

E) poderá aposentar-se voluntariamente, aos 60 anos, com proventos integrais.

COMENTÁRIOS

Alternativa correta: letra "d" (responde todas as outras alternativas): nos termos do art. 40, §, III, da CF, Maria poderá aposentar-se **voluntariamente**, desde que cumprido **tempo mínimo de dez anos de efetivo exercício no serviço público** e **cinco anos no cargo efetivo em que se dará a aposentadoria**, observadas as seguintes condições: a) sessenta anos de idade e trinta e cinco de contribuição, se homem, e cinquenta e cinco anos de idade e trinta de contribuição, se mulher; b) sessenta e cinco anos de idade, se homem, e **sessenta anos de idade, se mulher, com proventos proporcionais** ao tempo de contribuição.

---

43. Vunesp – Escrevente Técnico Judiciário – TJ-SP/2013) Os servidores titulares de cargos efetivos da União, dos Estados, do Distrito Federal e dos Municípios serão aposentados voluntariamente, desde que cumprido tempo mínimo de dez anos de efetivo exercício no serviço público e de cinco anos no cargo efetivo em que se dará a aposentadoria, observadas as seguintes condições, conforme estabelecido na Constituição Federal:

A) setenta anos de idade, com proventos proporcionais ao tempo de contribuição.

B) sessenta anos de idade e trinta e cinco de contribuição, se homem.

C) sessenta e cinco anos de idade, se homem, com proventos proporcionais ao tempo de serviço.

D) sessenta anos de idade e trinta e cinco de contribuição, se mulher.

E) sessenta anos de idade, se mulher, com proventos proporcionais ao tempo de serviço.

COMENTÁRIOS

✪ **Nota do Autor:** sobre esse tema, vale destacar a regra trazida pelo art. 40, §1°, II, com redação dada pela EC n° 88, de 2015, que dispõe que os servidores titulares de cargos efetivos da União, dos Estados, do Distrito Federal e dos Municípios, incluídas suas autarquias e fundações, serão aposentados compulsoriamente, com proventos proporcionais ao tempo de contribuição, aos 70 (setenta) anos de idade, ou aos 75 (setenta e cinco) anos de idade, na forma de lei complementar.

Alternativa correta: letra "b" (responde todas as demais alternativas): os servidores titulares de cargos efetivos da União, dos Estados, do Distrito Federal e dos Municípios serão aposentados voluntariamente, desde que cumprido tempo mínimo de dez anos de efetivo exercício no serviço público e de cinco anos no cargo efetivo em que se dará a aposentadoria, observadas as seguintes condições, conforme estabelecido na Constituição Federal: a) sessenta anos de idade e trinta e cinco de contribuição, se homem, e cinqüenta e cinco anos de idade e trinta de contribuição, se mulher; b) sessenta e cinco anos de idade, se homem, e sessenta anos de idade, se mulher, com proventos proporcionais ao tempo de contribuição (art. 40, §1°, III, da CF).

---

44. (Vunesp – Escrevente Técnico Judiciário – TJ-SP/2013) São princípios constitucionais expressos voltados à administração pública direta e indireta:

A) celeridade e transparência.

B) isonomia e pessoalidade.

C) legalidade e imparcialidade.

D) moralidade e proporcionalidade.

E) legalidade e eficiência.

COMENTÁRIOS

Alternativa correta: letra "e" (responde todas as demais alternativas): o art. 37, caput, da CF, traz os princípios constitucionais expressos voltados à administração pública. Nos exatos termos da norma mencionada: "A administração pública direta e indireta de qualquer dos Poderes da União, dos Estados, do Distrito Federal e dos Municípios obedecerá aos princípios de legalidade, impessoalidade, moralidade, publicidade e eficiência [...]".

---

45. (Vunesp – Escrevente Técnico Judiciário – TJ-SP/2013) Sobre os cargos e funções públicas, é possível afirmar que a Constituição Federal

A) impõe à administração pública indireta as mesmas regras proibitivas sobre a acumulação remunerada de cargos públicos voltadas à administração pública direta.

B) veda a definição de critérios de admissão de pessoas portadoras de deficiência a cargos e empregos públicos.

C) condiciona a nomeação em cargos em comissão à aprovação prévia em concurso público de provas ou de provas e títulos.

D) restringe o exercício das funções de confiança exclusivamente aos servidores ocupantes de cargo efetivo com atribuições de natureza gerencial, orçamentária e financeira.

E) permite a acumulação remunerada de dois cargos ou empregos privativos de profissionais de saúde, ainda que a profissão não esteja regulamentada.

COMENTÁRIOS

Alternativa correta: letra "a": conforme art. 37, XVII, da CF, a proibição de acumular estende-se a empregos e funções e abrange autarquias, fundações, empresas públicas, sociedades de economia mista, suas subsidiárias, e sociedades controladas, direta ou indiretamente, pelo poder público.

Alternativa "b": a lei reservará percentual dos cargos e empregos públicos para as pessoas portadoras de deficiência e definirá os critérios de sua admissão (art. 37, VIII, da CF).

Alternativa "c": nos termos do art. 37, II, da CF, a investidura em cargo ou emprego público depende de aprovação prévia em concurso público de provas ou de provas e títulos, de acordo com a natureza e a complexidade do cargo ou emprego, na forma prevista em lei, ressalvadas as nomeações para cargo em comissão declarado em lei de livre nomeação e exoneração. Ou seja, a nomeação de cargos em comissão não é condicionada à aprovação prévia em concurso público.

Alternativa "d": nos termos do art. 37, V, da CF, as funções de confiança, exercidas exclusivamente por servidores ocupantes de cargo efetivo, e os cargos em comissão, a serem preenchidos por servidores de carreira nos casos, condições e percentuais mínimos previstos em lei, destinam-se apenas às atribuições de direção, chefia e assessoramento.

Alternativa "e": há permissão para acumulação de cargos públicos nas seguintes hipóteses: a) a de dois cargos de professor; b) a de um cargo de professor com outro técnico ou científico; c) a de dois cargos ou empregos privativos de profissionais de saúde, com profissões regulamentadas.

---

46. (Vunesp – Escrevente Técnico Judiciário – TJ-SP/2012) Os servidores nomeados para cargo de provimento efetivo, em virtude de concurso público, adquirem estabilidade após

A) 03 (três) anos de efetivo exercício.

B) 03 (três) anos da data da sua nomeação no Diário Oficial.

C) 02 (dois) anos da data da nomeação no Diário Oficial.

D) 02 (dois) anos da data da posse.

E) 02 (dois) anos de efetivo exercício.

COMENTÁRIOS

✪ **Nota do Autor:** não confundir a estabilidade do servidor público, que ocorre após 03 anos de efetivo exercício, com a vitaliciedade dos membros da magistratura e do Ministério Público que ocorre após 02 anos de exercício.

Alternativa correta: letra "a" (responde todas as demais alternativas): são estáveis após três anos de efetivo exercício os servidores nomeados para cargo de provimento efetivo em virtude de concurso público (art. 41, *caput*, da CF).

---

47. (Vunesp – Escrevente Técnico Judiciário – TJ-SP/2012) Tércio Romano é empregado na área administrativa de uma sociedade de economia mista e foi convidado para ser assessor de um Vereador do Município onde é domiciliado. Tércio tem dúvida se pode, legalmente, aceitar a indicação para este cargo em comissão remunerado.

Nessa situação, com base no que dispõe a Constituição Federal sobre a acumulação de cargos públicos, é correto afirmar que Tércio

A) está autorizado a acumular o cargo público com o emprego, uma vez que, em ambos, Tércio exercerá funções técnicas, que admitem a acumulação.

B) poderá acumular o cargo público com o seu emprego, uma vez que este é vinculado a uma sociedade de economia mista, o que não impede a acumulação de cargos no serviço público.

C) não poderá acumular o cargo de assessor de Vereador com o seu emprego, por vedação Constitucional, exceto se for exercer função técnica ou na área da saúde.

D) não poderá aceitar o cargo de assessor do Vereador, sob pena de violar a Constituição, que não permite tal acumulação.

E) poderá acumular o cargo público com o seu emprego, apenas se houver compatibilidade de horários.

COMENTÁRIOS

Alternativa correta: letra "d" (responde todas as demais alternativas): Tércio Romano não poderá aceitar o cargo de assessor do Vereador. A Constituição Federal veda a acumulação remunerada de cargos públicos, excetuando, quando houver compatibilidade de horários, os seguintes casos: a) a de dois cargos de professor; b) a de um cargo de professor com outro técnico ou científico; c) a de dois cargos ou empregos privativos de profissionais de saúde, com profissões regulamentadas (art. 37, XVI, da CF). Vale anotar ainda que a proibição de acumular estende-se a empregos e funções e abrange autarquias, fundações, empresas públicas, sociedades de economia mista, suas subsidiárias, e sociedades controladas, direta ou indiretamente, pelo poder público (art. 37, XVII, da CF). Deste modo, não incorrendo nas situações permitidas pela CF, não poderá haver acumulação de cargos públicos.

6. SEPARAÇÃO DOS PODERES

‣ **CF, artigos 44 a 126 da CF.**

6.1. PODER LEGISLATIVO E PODER EXECUTIVO

---

48. (Vunesp – Juiz de Direito – RJ/2014) No tocante às normas constitucionais referentes ao processo legislativo, assinale a alternativa correta.

A) São de iniciativa privativa do Presidente da República, entre outras, as leis que disponham sobre organização do Ministério Público e da Defensoria Pública da União, bem como normas gerais para a organização do Ministério Público e da Defensoria Pública dos Estados, do Distrito Federal e dos Territórios.

B) É vedada a edição de medidas provisórias, entre outras, sobre matéria relativa a: direito eleitoral, direito civil, direito penal, direito processual penal, direito processual civil e organização do Poder Judiciário e do Ministério Público, a carreira e a garantia de seus membros.

C) Se a medida provisória não for apreciada em até cento e vinte dias contados de sua publicação, entrará em regime de urgência, subsequentemente, em cada uma das Casas do Congresso

Nacional, ficando sobrestadas, até que se ultime a votação, todas as demais deliberações legislativas da Casa em que estiver tramitando.

D) O projeto de lei aprovado por uma Casa será revisto pela outra, em um só turno de discussão e votação, e enviado à sanção ou promulgação, se a Casa revisora o aprovar, ou, se o projeto for emendado ou rejeitado, voltará à Casa iniciadora.

COMENTÁRIOS

Alternativa correta: letra "a": nos termos do artigo 61, §1º, II, *d*, da CF, são de iniciativa privativa do Presidente da República, entre outras, as leis que disponham sobre organização do Ministério Público e da Defensoria Pública da União, bem como normas gerais para a organização do Ministério Público e da Defensoria Pública dos Estados, do Distrito Federal e dos Territórios.

Alternativa "b": é vedada a edição de medidas provisórias, entre outras, sobre matéria relativa a: direito eleitoral, direito penal, direito processual penal, direito processual civil e organização do Poder Judiciário e do Ministério Público, a carreira e a garantia de seus membros (art. 62, §1º, da CF). Todavia, não há vedação quanto a edição de medidas provisórias sobre matéria relativa a direito civil.

Alternativa "c": Se a medida provisória não for apreciada em até **quarenta e cinco** (e não cento e vinte) dias contados de sua publicação, entrará em regime de urgência, subsequentemente, em cada uma das Casas do Congresso Nacional, ficando sobrestadas, até que se ultime a votação, todas as demais deliberações legislativas da Casa em que estiver tramitando (art. 62, §6º, CF).

Alternativa "d": o projeto de lei aprovado por uma Casa será revisto pela outra, em um só turno de discussão e votação, e enviado à sanção ou promulgação, se a Casa revisora o aprovar, ou arquivado, se o rejeitar. Sendo o projeto emendado, voltará à Casa iniciadora (art. 65, da CF).

49. (Vunesp – Juiz de Direito – SP/2014) De acordo com a Constituição, assinale a opção correta a respeito da Medida Provisória.

A) pode veicular matéria relativa à Organização do Poder Judiciário.

B) pode veicular matéria relativa à Carreira dos membros do Poder Judiciário.

C) pode veicular matéria relativa a Partidos Políticos.

D) a vigência da medida provisória pode ser prorrogada por uma única vez, pelo prazo de 60 (sessenta) dias.

COMENTÁRIOS

Alternativa correta: letra "d": de acordo com o § 3º, do artigo 62, da CF, as medidas provisórias perderão eficácia, desde a edição, se não forem convertidas em lei no prazo de sessenta dias, prorrogável uma vez por igual período, devendo o Congresso Nacional disciplinar, por decreto legislativo, as relações jurídicas delas decorrentes. Assim sendo, a vigência da medida provisória pode ser prorrogada por uma única vez, pelo prazo de 60 (sessenta) dias.

Alternativa "a": conforme as disposições contidas no artigo 62, § 1º, I, "c", da CF **é vedada a edição de medidas provisórias sobre matéria relativa a organização do Poder Judiciário** e do Ministério Público, a carreira e a garantia de seus membros. Portanto, medida provisória não pode veicular matéria relativa à Organização do Poder Judiciário.

Alternativa "b: conforme as disposições contidas no artigo 62, § 1º, I, "c", da CF **é vedada a edição de medidas provisórias** sobre matéria **relativa a organização do Poder Judiciário** e do Ministério Público, **a carreira e a garantia de seus membros**. Portanto, medida provisória não pode veicular matéria relativa à carreira dos membros do Poder Judiciário.

Alternativa "c: conforme as disposições contidas no artigo 62, § 1º, I, "a", da CF é vedada a edição de medidas provisórias sobre matéria relativa a nacionalidade, cidadania, direitos políticos, **partidos políticos** e direito eleitoral. Portanto, Medida Provisória não pode veicular matéria relativa a Partidos Políticos.

50. (Vunesp – Juiz de Direito – PA/2014) Em caso de relevância e urgência, o Presidente da República poderá editar medida provisória, entretanto, é vedada a edição sobre matéria relativa

A) à instituição de impostos, mesmo que produza efeitos no exercício financeiro seguinte.

B) à majoração de impostos, mesmo se convertida em lei.

C) à organização da Administração Pública.

D) à cidadania e aos partidos políticos.

E) a contratos administrativos e licitações.

COMENTÁRIOS

Alternativa correta: letra "d": o artigo 62, § 1º, I, "a", da CF, prevê que **é vedada a edição de medidas provisórias sobre matéria relativa a** nacionalidade, **cidadania**, direitos políticos, **partidos políticos** e direito eleitoral. Portanto, a Carta Magna proíbe a edição de medidas provisórias relativas à cidadania e aos partidos políticos.

Alternativa "a": não é vedada a edição de medida provisória sobre matéria relativa à instituição de impostos. Contudo, exceto para os impostos previstos no artigo 62, § 2º, da CF, só produzirá efeitos no exercício financeiro seguinte se houver sido convertida em lei até o último dia daquele em que foi editada.

Alternativa "b": não é vedada a edição de medida provisória sobre matéria relativa à majoração de impostos. Contudo, exceto nos impostos descritos no artigo 62, § 2º, da CF, só produzirá efeitos no exercício financeiro seguinte se houver sido convertida em lei até o último dia daquele em que foi editada.

Alternativa "c": não é vedada a edição de medida provisória sobre matéria relativa à organização da Administração Pública. Mas vale lembrar que é vedada a edição de medida provisória sobre matéria relativa à organização do Poder Judiciário e do Ministério Público, a carreira e a garantia de seus membros.

Alternativa "e": não é vedada a edição de medida provisória sobre matéria relativa a contratos administrativos e licitações.

---

51. (Vunesp – Juiz Substituto – SP/ 2011) Leia as afirmativas sobre a edição de medidas provisórias.

I. É vedada a edição de medidas provisórias sobre matéria relativa a direito penal, processual penal, processual civil e já disciplinada em projeto de lei aprovado pelo Congresso Nacional e vetado pelo Presidente da República.

II. As medidas provisórias, com força de lei, podem ser adotadas pelo Presidente da República em caso de relevância e urgência.

III. Se a medida provisória não for apreciada em até trinta dias, contados de sua publicação, entrará em regime de urgência, subsequentemente, em cada uma das Casas do Congresso Nacional, ficando sobrestadas, até que se ultime a votação, todas as demais deliberações legislativas da Casa em que estiver tramitando.

IV. As medidas provisórias terão sua votação iniciada na Câmara dos Deputados.

Está correto apenas o contido em

A) I e II.

B) I, III e IV.

C) II e IV.

D) II.

E) IV.

COMENTÁRIOS

Alternativa correta: letra "c"

Assertiva "I": incorreta. É vedada a edição de medidas provisórias sobre matéria relativa a direito penal, processual penal, processual civil e já disciplinada em projeto de lei aprovado pelo Congresso Nacional e **pendente de sanção ou veto** pelo Presidente da República (art. 62, § 1°, I, "b" e IV, da CF).

Assertiva "II": correta. As medidas provisórias, com força de lei, podem ser adotadas pelo Presidente da República em caso de relevância e urgência (art. 62, *caput*, da CF).

Assertiva "III": incorreta. Conforme dispõe o art. 62, § 6°, d CF, se a medida provisória não for apreciada em até **quarenta e cinco dias**, contados de sua publicação, entrará em regime de urgência, subsequentemente, em cada uma das Casas do Congresso Nacional, ficando sobrestadas, até que se ultime a votação, todas as demais deliberações legislativas da Casa em que estiver tramitando.

Assertiva "IV": correta. O art. 62, § 8°, da CF, relata que as medidas provisórias terão sua votação iniciada na Câmara dos Deputados

6.2. PODER JUDICIÁRIO.

---

52. (Vunesp – Escrevente Técnico Judiciário – TJ – SP/2017) Assinale a alternativa que apresenta corretamente órgão(s) do Poder Judiciário.

A) Conselho Nacional do Ministério Público.

B) Tribunais de Arbitragem.

C) Tribunais e Juízes Militares.

D) Juízes de Paz.

E) Tribunais de Contas dos Estados.

COMENTÁRIOS

Alternativa correta letra "c" (responde a todas as alternativas): nos termos do art. 92 da CF, são órgãos do Poder Judiciário: I – o Supremo Tribunal Federal; I-A o Conselho Nacional de Justiça; II – o Superior Tribunal de Justiça; II-A – o Tribunal Superior do Trabalho; III – os Tribunais Regionais Federais e Juízes Federais; IV – os Tribunais e Juízes do Trabalho; V – os Tribunais e Juízes Eleitorais; VI – os **Tribunais e Juízes Militares**; VII – os Tribunais e Juízes dos Estados e do Distrito Federal e Territórios.

---

53. (Vunesp – Juiz de Direito – TJ SP/2017) A emenda constitucional 45, ao criar o Conselho Nacional de Justiça, alocou-o entre os órgãos do Poder Judiciário, circunstância da qual decorre a seguinte consequência:

A) o Conselho Nacional de Justiça poderá rever, desde que provocado, os processos disciplinares de juízes e membros dos tribunais, decididos pelas corregedorias locais, vedada a avocação, em face da autonomia dos Tribunais, conferida constitucionalmente.

B) o Conselho Nacional de Justiça poderá rever, de ofício ou por provocação, os processos disciplinares em curso e os já julgados há menos de um ano.

C) o Conselho Nacional de Justiça procederá o controle da atuação administrativa e financeira do Poder Judiciário, além dos deveres funcionais dos juízes, cabendo-lhe, ainda, emitir decisões jurisdicionais abstratas e de orientação, em matéria de competência a lhe ser atribuída pelo Estatuto da Magistratura.

D) o Conselho Nacional de Justiça exercerá suas funções de controle administrativo e disciplinar dos membros do Poder Judiciário, de maneira subsidiária ou supletiva, sob pena de violação da autonomia dos tribunais, conferida constitucionalmente.

COMENTÁRIOS

Alternativa correta letra "b" (também responde à alternativa "a"): nos termos do art. 103-B, § 4º, da CF, compete ao Conselho o controle da atuação administrativa e financeira do Poder Judiciário e do cumprimento dos deveres funcionais dos juízes, cabendo-lhe, além de outras atribuições que lhe forem conferidas pelo Estatuto da Magistratura: [...] V rever, **de ofício ou mediante provocação**, os processos disciplinares de juízes e membros de tribunais julgados há menos de um ano.

Alternativa "c": O CNJ não pode emitir decisões jurisdicionais abstratas. Compete ao CNJ o controle da atuação administrativa e financeira do Poder Judiciário e do cumprimento dos deveres funcionais dos juízes.

Alternativa "d": de acordo com o STF, "As provas obtidas em razão de diligências deflagradas na esfera criminal podem ser utilizadas em processo administrativo disciplinar, uma vez submetidas ao contraditório, posto estratégia conducente à duração razoável do processo, sem conjuração das cláusulas pétreas dos processos administrativo e judicial. A instauração de um Processo Administrativo Disciplinar (PAD) prescinde de prévia sindicância, quando o objeto da apuração encontra-se elucidado à luz de outros elementos lícitos de convicção. A competência originária do CNJ resulta do texto constitucional e independe de motivação do referido órgão, bem como da satisfação de requisitos específicos. **A competência do CNJ não se revela subsidiária.** Ressalva do redator do acórdão no sentido de que o STF, por força do princípio da unidade da Constituição e como guardião da Carta Federal, não pode desconsiderar a autoridade do CNJ e a autonomia dos tribunais, por isso que a conciliação possível, tendo em vista a atividade correcional de ambas as instituições, resulta na competência originária do órgão, que pode ser exercida de acordo com os seguintes termos e parâmetros apresentados de forma exemplificativa: a) comprovação da inércia do tribunal local quanto ao exercício de sua competência disciplinar. Nesse contexto, o CNJ pode fixar prazo não inferior ao legalmente previsto de 140 dias [60 dias (art. 152 da Lei 8.112) + 60 dias (art. 152 da Lei 8.112, que admite prorrogação de prazo para a conclusão do PAD) + 20 dias (prazo para o administrador competente decidir o PAD, ex vi do art. 167 da Lei 8.112)] para que as corregedorias locais apurem fatos que cheguem ao conhecimento do órgão, avocando os feitos em caso de descumprimento imotivado do lapso temporal; sem prejuízo da apuração de responsabilidade do órgão correcional local; b) demora irrazoável na condução, pelo tribunal local, de processo administrativo com risco de prescrição; c) falta de quórum para deliberação, por suspeição, impedimentos ou vagas de magistrados do tribunal; d) simulação quanto ao exercício da competência correicional pelo Poder Judiciário local; e) prova da incapacidade de atuação dos órgãos locais por falta de condições de independência, hipóteses nas quais é lícita a inauguração de procedimento pelo referido Conselho ou a avocação do processo; f) a iminência de prescrição de punições aplicáveis pelas corregedorias no âmbito de suas atribuições autoriza o CNJ a iniciar ou avocar processos; g) qualquer situação genérica avaliada motivadamente pelo CNJ que indique a impossibilidade de apuração dos fatos pelas corregedorias autoriza a imediata avocação dos processos pelo CNJ; h) arquivado qualquer procedimento, disciplinar ou não, da competência das corregedorias, é lícito ao CNJ desarquivá-los e prosseguir na apuração dos fatos; i) havendo conflito de interesses nos tribunais que alcancem dimensão que torne o órgão colegiado local impossibilitado de decidir, conforme avaliação motivada do próprio CNJ, poderá o mesmo avocar ou processar originariamente o feito; j) os procedimentos disciplinares iniciados nas corregedorias e nos tribunais locais deverão ser comunicados ao CNJ dentro do prazo razoável de trinta dias para acompanhamento e avaliação acerca da avocação prevista nas alíneas antecedentes; k) as regras acima não se aplicam aos processos já iniciados, aos em curso e aos extintos no CNJ na data deste julgamento; l) as decisões judiciais pretéritas não são alcançadas pelos parâmetros acima. O instituto da translatio judicii, que realça com clareza solar o princípio da instrumentalidade do processo, viabiliza o aproveitamento dos atos processuais praticados no âmbito do CNJ pelo órgão correicional local competente para decidir a matéria. Denegação da segurança, mantendo-se a decisão do CNJ com o aproveitamento de todas as provas já produzidas." (MS 28.003, julgado em 2012 e relatado para o acórdão pelo Ministro Luiz Fux).

54. (Vunesp – Juiz de Direito – SP/2014) Assinale a opção correta.

A) os Ministros do Superior Tribunal de Justiça serão nomeados pelo Presidente da República, dentre brasileiros com mais de trinta e cinco e menos de sessenta e cinco anos, de notável saber jurídico e reputação ilibada, depois de aprovada a escolha pela maioria simples do Congresso Nacional, nas duas Casas.

B) os Ministros do Superior Tribunal de Justiça serão nomeados pelo Presidente da República, dentre brasileiros com mais de trinta e cinco e menos de sessenta e cinco anos, de notável saber jurídico e reputação ilibada, depois de aprovada a escolha pela maioria absoluta da Câmara dos Deputados.

C) os Ministros do Superior Tribunal de Justiça serão nomeados pelo Presidente da República, dentre brasileiros com mais de trinta e cinco e menos de sessenta e cinco anos, de notável saber jurídico e reputação ilibada, depois de aprovada a escolha pela maioria simples da Câmara dos Deputados.

D) os Ministros do Superior Tribunal de Justiça serão nomeados pelo Presidente da República, dentre brasileiros com mais de trinta e cinco e menos de sessenta e cinco anos, de notável saber jurídico e reputação ilibada, depois de aprovada a escolha pela maioria absoluta do Senado Federal.

COMENTÁRIOS

✪ **Nota do autor:** a questão trabalha especificamente o artigo 104, parágrafo único da CF, que diz respeito aos requisitos para escolha dos Ministros do STJ. Recomenda-se memorizar o dispositivo, dando ênfase aos limites etários exigidos, bem como ao quórum de aprovação e ao órgão competente para nomear e aprovar os Ministros. A matéria ganha especial importância nos concursos para o cargo de juiz.

Alternativa correta: letra "d": conforme a redação do artigo 104, parágrafo único, da CF, os Ministros do Superior Tribunal de Justiça serão nomeados pelo Presidente da República, dentre brasileiros com mais de trinta e cinco e menos de sessenta e cinco anos, de notável saber jurídico e reputação ilibada, depois de aprovada a escolha pela maioria absoluta do Senado Federal. Em outras palavras, os Ministros do STJ serão nomeados pelo Presidente da República e devem ter mais de trinta e cinco e menos de sessenta e cinco anos, além de notável saber jurídico e reputação ilibada. Além disso, a escolha deverá ser aprovada pela maioria absoluta do Senado Federal.

Alternativa "a": os Ministros do Superior Tribunal de Justiça serão nomeados pelo Presidente da República, dentre brasileiros com mais de trinta e cinco e menos de sessenta e cinco anos, de notável saber jurídico e reputação ilibada, depois de aprovada a escolha pela **maioria absoluta** (e não simples) do **Senado Federal** (e não Congresso Nacional). Portanto, o quórum de aprovação será por maioria absoluta e apenas pelo Senado Federal, conforme possível se depreender do artigo 104, parágrafo único, da CF.

Alternativa "b": os Ministros do Superior Tribunal de Justiça serão nomeados pelo Presidente da República, dentre brasileiros com mais de trinta e cinco e menos de sessenta e cinco anos, de notável saber jurídico e reputação ilibada, depois de aprovada a escolha pela maioria absoluta **do Senado Federal** (e não da Câmara dos Deputados). Portanto, quem aprovará a escolha, por maioria absoluta, será o Senado Federal, conforme regra estabelecida no artigo 104, parágrafo único, da CF.

Alternativa "c": os Ministros do Superior Tribunal de Justiça serão nomeados pelo Presidente da República, dentre brasileiros com mais de trinta e cinco e menos de sessenta e cinco anos, de notável saber jurídico e reputação ilibada, depois de aprovada a escolha pela **maioria absoluta** (e não maioria simples) do **Senado Federal** (e não da Câmara dos Deputados). Portanto, o quórum de aprovação será por maioria absoluta e apenas pelo Senado Federal, conforme possível se depreender do artigo 104, parágrafo único, da CF.

55. (Vunesp – Juiz de Direito – RJ/2014) De acordo com o texto constitucional, lei complementar, de iniciativa do Supremo Tribunal Federal, disporá sobre o Estatuto da Magistratura, observados, entre outros, os seguintes princípios:

A) o ato de remoção, disponibilidade, demissão e aposentadoria do magistrado, por interesse público, fundar-se-á em decisão por voto da maioria absoluta do respectivo tribunal ou do Conselho Nacional de Justiça, assegurada ampla defesa.

B) um quinto dos lugares dos Tribunais Regionais Federais, dos Tribunais dos Estados, e do Distrito Federal e Territórios será composto de membros, do Ministério Público, com mais de dez anos de carreira, e de advogados de notório saber jurídico e de reputação ilibada, com mais de dez anos de efetiva atividade profissional, indicados em lista sêxtupla pelos órgãos de representação das respectivas classes.

C) todos os julgamentos dos órgãos do Poder Judiciário serão públicos, e fundamentadas todas as decisões, sob pena de nulidade, podendo a lei limitar a presença, em determinados atos, às próprias partes e a seus advogados, ou somente a estes, em casos nos quais a preservação do direito à intimidade do interessado no sigilo não prejudique o interesse da Administração Pública.

D) nos tribunais com número superior a vinte e cinco julgadores, poderá ser constituído órgão especial, com o mínimo de onze e o máximo de vinte e cinco membros, para o exercício das atribuições administrativas e jurisdicionais delegadas da competência do tribunal pleno, provendo-se metade das vagas por antiguidade, e a outra metade por merecimento.

COMENTÁRIOS

Alternativa correta: letra "b": nos exatos termos do artigo 94 da CF, um quinto dos lugares dos Tribunais Regionais Federais, dos Tribunais dos Estados, e do Distrito Federal e Territórios será composto de membros, do Ministério Público, com mais de dez anos de carreira, e de advogados de notório saber jurídico e de reputação ilibada, com mais de dez anos de efetiva atividade profissional, indicados em lista sêxtupla pelos órgãos de representação das respectivas classes.

Alternativa "a": o ato de remoção, disponibilidade e **aposentadoria** (não demissão) e aposentadoria do magistrado, por interesse público, fundar-se-á em decisão por voto da maioria absoluta do respectivo tribunal ou do Conselho Nacional de Justiça, assegurada ampla defesa (art. 93, VIII, CF).

Alternativa "c": todos os julgamentos dos órgãos do Poder Judiciário serão públicos, e fundamentadas todas as decisões, sob pena de nulidade, podendo a lei limitar a presença, em determinados atos, às próprias partes e a seus advogados, ou somente a estes, em casos nos quais a preservação do direito à intimidade do interessado no sigilo não prejudique o **interesse público à informação** (e não o interesse da Administração Pública), conforme artigo 93, IX, CF.

Alternativa "d": nos tribunais com número superior a vinte e cinco julgadores, poderá ser constituído órgão especial, com o mínimo de onze e o máximo de vinte e cinco membros, para o exercício das atribuições administrativas e jurisdicionais delegadas da competência do tribunal pleno, provendo-se metade das vagas por antiguidade, e a outra metade por **eleição pelo tribunal pleno** (e não por merecimento), de acordo com o artigo 93, XI, CF.

---

56. (Vunesp – Juiz de Direito – SP/2014) De acordo com o regime constitucional brasileiro, assinale a opção correta.

A) é vedado aos juízes receber, a qualquer título ou pretexto, auxílios ou contribuições de pessoas físicas, entidades públicas ou privadas, com exceção dos casos previstos em lei.

B) é vedado aos juízes exercer a advocacia no juízo ou tribunal do qual se afastou, antes de decorridos dois anos do afastamento do cargo por aposentadoria ou exoneração.

C) é vedado aos juízes exercer outro cargo ou função, com exceção do magistério, salvo se estiverem em disponibilidade.

D) é vedado aos juízes dedicar-se à atividade político – – partidária, salvo se for em Estado ou Região distinta daquela onde exerce a magistratura.

COMENTÁRIOS

Alternativa correta: letra "a": o parágrafo único do artigo 95, da CF, estabelece um rol de vedações aos juízes. De acordo com o dispositivo constitucional, **aos juízes é vedado**: I – exercer, ainda que em disponibilidade, outro cargo ou função, salvo uma de magistério; II – receber, a qualquer título ou pretexto, custas ou participação em processo; III – dedicar-se à atividade político-partidária; IV – **receber, a qualquer título ou pretexto, auxílios ou contribuições de pessoas físicas, entidades públicas ou privadas, ressalvadas as exceções previstas em lei**; V – exercer a advocacia no juízo ou tribunal do qual se afastou, antes de decorridos três anos do afastamento do cargo por aposentadoria ou exoneração.

Alternativa "b": dentre as vedações estabelecidas para os juízes, o artigo 95, parágrafo único, V, da CF, dispõe que aos juízes é vedado exercer a advocacia no juízo ou tribunal do qual se afastou, antes de decorridos **três anos** (e não dois) do afastamento do cargo por aposentadoria ou exoneração.

Alternativa "c": o artigo 95, parágrafo único, I, da CF, estabelece que aos juízes é vedado exercer, **ainda que em disponibilidade**, outro cargo ou função, salvo uma de magistério. Portanto, é vedado aos juízes exercer outro cargo ou função, com exceção do magistério, **ainda que em disponibilidade**.

Alternativa "d": consoante dispõe o artigo 95, parágrafo único, III, da CF, aos juízes é vedado dedicar-se à atividade político-partidária. Portanto, não há qualquer ressalva que permita aludida atividade em Estado ou Região distinta daquela onde exerce a magistratura.

---

57. (Vunesp – Escrevente Técnico Judiciário – TJ-SP/2013) Segundo a Constituição Federal, é(são) órgão(s) do Poder Judiciário:

A) o Tribunal de Contas da União.

B) o Ministério da Justiça.

C) o Superior Tribunal Federal.

D) o Conselho Superior de Justiça.

E) os Tribunais e os Juízes do Trabalho.

COMENTÁRIOS

✪ **Nota do Autor:** importante alteração ocorrida por meio da EC nº 92, de 2016, incluiu expressamente o Tribunal Superior do Trabalho como um dos órgãos do Poder Judiciário.

Alternativa correta: letra "e": conforme consta do art. 92 da CF, são órgãos do Poder Judiciário: I – o Supremo Tribunal Federal; I-A o Conselho Nacional de Justiça; II – o Superior Tribunal de Justiça; II-A – o Tribunal Superior do Trabalho; III – os Tribunais Regionais Federais e Juízes Federais; IV – os Tribunais e Juízes do Trabalho; V – os Tribunais e Juízes Eleitorais; VI – os Tribunais e Juízes Militares; VII – os Tribunais e Juízes dos Estados e do Distrito Federal e Territórios.

Alternativa "a": o Tribunal de Contas da União não consta como órgão do Poder Judiciário, pois se trata de órgão auxiliar do Poder Legislativo no controle externo financeiro, contábil e orçamentário.

Alternativa "b": o Ministério da Justiça não é órgão do Poder Judiciário.

Alternativa "c": não existe Superior Tribunal **Federal**. Mas o **Superior** Tribunal de **Justiça** e o **Supremo Tribunal** Federal são órgãos do Poder Judiciário.

Alternativa "d": o Conselho Superior de Justiça não figura como órgão do Poder Judiciário. O **Conselho Nacional de Justiça**, por sua vez, é um dos órgãos do Poder Judiciário.

6.3. CONSELHO NACIONAL DE JUSTIÇA

58. (Vunesp – Juiz de Direito Substituto – RJ/2016) Os membros do Conselho Nacional de Justiça serão julgados, no caso de crime de responsabilidade, pelo

A) Supremo Tribunal Federal.

B) Senado Federal.

C) Superior Tribunal de Justiça.

D) Pleno do Conselho Nacional de Justiça.

E) Congresso Nacional.

COMENTÁRIOS

Alternativa correta: letra "b" (responde também a alternativa "c"): segundo prevê o artigo 52 da CF, **compete privativamente ao Senado Federal processar e julgar** os Ministros do Supremo Tribunal Federal, **os membros do Conselho Nacional de Justiça** e do Conselho Nacional do Ministério Público, o Procurador-Geral da República e o Advogado-Geral da União **nos crimes de responsabilidade.**

Alternativa "a": o Supremo Tribunal Federal julgará, originariamente, os crimes de responsabilidade cometidos pelos Ministros de Estado e os Comandantes da Marinha, do Exército e da Aeronáutica (desde que não sejam conexos com os do Presidente da República, hipótese em que a competência será do Senado Federal). Também compete ao STF o julgamento dos crimes de responsabilidade praticados pelos membros dos Tribunais Superiores, os do Tribunal de Contas da União e os chefes de missão diplomática de caráter permanente.

Alternativa "d": o Conselho Nacional de Justiça não julga crime de responsabilidade.

Alternativa "e": o Congresso Nacional não julga crime de responsabilidade (é competência do Senado Federal, nas hipóteses constitucionalmente elencadas).

6.4. SÚMULA VINCULANTE

59. (Vunesp – Juiz de Direito Substituto – RJ/2016) No que se refere à Súmula Vinculante, é correto afirmar que

A) o Supremo Tribunal Federal poderá propor Súmula Vinculante que tenha por objeto a interpretação constitucional e o Superior Tribunal de Justiça matéria referente a controvérsia atual entre órgãos jurisdicionais.

B) do ato administrativo ou judicial que contrariar súmula vinculante caberá, respectivamente, reclamação e recurso extraordinário.

C) partido político com representação no Congresso Nacional pode interpor reclamação constitucional contra texto ou entendimento de Súmula Vinculante.

D) o efeito vinculante se estende aos Poderes Legislativo, Executivo e ao Poder Judiciário.

E) o cancelamento de Súmula poderá ser provocado pelo Governador do Estado.

COMENTÁRIOS

Alternativa correta: letra "e": sem prejuízo do que vier a ser estabelecido em lei, a aprovação, revisão ou cancelamento de súmula poderá ser provocada por aqueles que podem propor a ação direta de inconstitucionalidade (art. 103-A, §1º, da CF). Desse modo, tendo em vista que os Governadores dos Estados constam do rol dos legitimados à propositura da ação direta de inconstitucionalidade (art. 103, V, da CF), estarão também legitimados a provocar o cancelamento de súmula vinculante. Por oportuno, vale lembrar que a Lei 11.417/06 amplia o rol de legitimados para provocar a aprovação, revisão ou cancelamento de súmula vinculante.

Alternativa "a": segundo artigo 103-A, §1º, da CF, a súmula terá por objetivo a **validade, a interpretação e a eficácia de normas determinadas, acerca das quais haja controvérsia atual entre órgãos judiciários ou entre esses e a administração pública que acarrete grave insegurança jurídica e relevante multiplicação de processos sobre**

questão idêntica. Em qualquer dessas hipóteses, o Supremo Tribunal Federal poderá aprovar de ofício a súmula vinculante. Com fundamento nas mesmas hipóteses, o STJ figura como legitimado para propor a aprovação, revisão ou cancelamento de súmula vinculante (art. 3º, XI, da Lei 11.417/06). Portanto, é o STF quem aprova, por provocação ou de ofício, as súmulas vinculantes. Por sua vez, o STJ é legitimado a propor a aprovação, revisão ou cancelamento. Todavia, para estes efeitos, não há distinção quanto ao objeto em relação ao STJ e STF.

Alternativa "b": do ato administrativo ou decisão judicial que contrariar a súmula aplicável ou que indevidamente a aplicar, caberá **reclamação** ao Supremo Tribunal Federal que, julgando-a procedente, anulará o ato administrativo ou cassará a decisão judicial reclamada, e determinará que outra seja proferida com ou sem a aplicação da súmula, conforme o caso. O erro da alternativa foi utilizar o termo "respectivamente", pois, ao utilizar tal palavra na sua redação, houve uma restrição da reclamação apenas aos atos administrativos violadores de súmula vinculante, de modo que os atos judiciais não estariam abrangidos pela reclamação. No entanto, tanto os atos administrativos quanto os atos judiciais são passíveis de impugnação por meio de reclamação, quando contraria súmula vinculante ou aplica-la indevidamente. Impende destacar, por fim, que o artigo 7º da Lei 11.417/06, prescreve que da decisão judicial ou do ato administrativo que contrariar enunciado de súmula vinculante, negar-lhe vigência ou aplicá-lo indevidamente caberá reclamação ao Supremo Tribunal Federal, sem prejuízo dos recursos ou outros meios admissíveis de impugnação.

Alternativa "c": nos termos do artigo 103-A, *caput*, c.c. art. 103, VIII, todos da CF, partido político com representação no Congresso Nacional pode provocar a aprovação, revisão ou cancelamento de súmula vinculante. No entanto, **não poderá interpor reclamação constitucional contra texto ou entendimento de Súmula Vinculante**. A reclamação constitucional serve para atacar ato administrativo ou decisão judicial que contrariar a súmula vinculante aplicável ou que indevidamente a aplicar, nos termos do artigo 103-A, §3º, da CF.

Alternativa "d": o Supremo Tribunal Federal poderá, de ofício ou por provocação, mediante decisão de dois terços dos seus membros, após reiteradas decisões sobre matéria constitucional, aprovar súmula que, a partir de sua publicação na imprensa oficial, terá efeito vinculante em relação aos **demais órgãos do Poder Judiciário** e à **administração pública direta e indireta**, nas esferas federal, estadual e municipal, bem como proceder à sua revisão ou cancelamento, na forma estabelecida em lei (art. 103-A, *caput*, da CF). Desse modo, o Poder Legislativo não será atingido pelo efeito das súmulas vinculantes.

---

60. (Vunesp – Juiz de Direito – SP/2014) A respeito das súmulas vinculantes, é correta a seguinte afirmação:

A) uma vez editada a súmula vinculante, a sua revisão pode ser requerida por qualquer interessado.

B) a súmula vinculante deve ser aprovada por dois terços dos Ministros do Supremo Tribunal Federal, mas seu efeito vinculante, que se opera em relação aos demais órgãos do Poder Judiciário e à Administração Pública, só se fará presente a partir de sua publicação na imprensa oficial.

C) julgada procedente a reclamação proposta contra decisão judicial que contrariar súmula vinculante, o Supremo Tribunal Federal deverá reformar a decisão judicial reclamada, aplicando o direito à espécie.

D) cabe reclamação contra decisão judicial que contrariar a súmula vinculante, mas não cabe se a decisão judicial aplicá-la indevidamente.

COMENTÁRIOS

Alternativa correta: letra "b": a Emenda Constitucional nº 45/2004 incluiu o artigo 103-A, da CF, tratando da Súmula Vinculante. Segundo o "*caput*" do artigo 103-A, o Supremo Tribunal Federal poderá, de ofício ou por provocação, mediante decisão de **dois terços dos seus membros**, após reiteradas decisões sobre matéria constitucional, **aprovar súmula que, a partir de sua publicação na imprensa oficial, terá efeito vinculante em relação aos demais órgãos do Poder Judiciário e à administração pública direta e indireta, nas esferas federal, estadual e municipal,** bem como proceder à sua revisão ou cancelamento, na forma estabelecida em lei. Portanto, a súmula vinculante deve ser aprovada por dois terços dos Ministros do Supremo Tribunal Federal, mas seu efeito vinculante, que se opera em relação aos demais órgãos do Poder Judiciário e à Administração Pública, só se fará presente a partir de sua publicação na imprensa oficial.

Alternativa "a": conforme verifica-se do artigo 103-A, § 2º, da CF, sem prejuízo do que vier a ser estabelecido em lei, a aprovação, revisão ou cancelamento de súmula poderá ser provocada por aqueles que podem propor a ação direta de inconstitucionalidade. Portanto, uma vez editada a súmula vinculante, a sua revisão pode ser requerida pelos mesmos legitimados à propositura da ação direta de inconstitucionalidade (e não por qualquer interessado).

Alternativa "c": do ato administrativo ou decisão judicial que contrariar a súmula aplicável ou que indevidamente a aplicar, caberá reclamação ao Supremo Tribunal Federal que, **julgando-a procedente, anulará o ato administrativo ou cassará a decisão judicial reclamada, e determinará que**

outra seja proferida com ou sem a aplicação da súmula, conforme o caso (art. 103-A, § 3º, da CF). Portanto, julgada procedente a reclamação proposta contra decisão judicial que contrariar súmula vinculante, **o Supremo Tribunal Federal deverá cassar a decisão judicial reclamada, determinando que outra seja proferida com ou sem a aplicação da súmula** (e não reformar a decisão judicial reclamada, aplicando o direito à espécie).

Alternativa "d": cabe reclamação contra decisão judicial que contrariar a súmula vinculante, bem como quando a decisão judicial aplicá-la indevidamente. É o que se verifica no § 3º, do artigo 103-A, da CF, segundo o qual, do ato administrativo ou decisão judicial que contrariar a súmula aplicável **ou que indevidamente a aplicar, caberá reclamação ao Supremo Tribunal Federal.**

---

61. (Vunesp - Juiz Substituto - SP/ 2011) Sobre as súmulas vinculantes, indique a resposta correta.

A) São aprovadas pelo Supremo Tribunal Federal, de ofício ou por provocação, mediante decisão de dois terços dos seus membros, após reiteradas decisões sobre matéria constitucional.

B) Serão revisadas ou canceladas por provocação de todos quantos legitimados à propositura de ação popular.

C) São editadas pelo Supremo Tribunal Federal, quando se cuidar de tema constitucional, ou pelo Superior Tribunal de Justiça, quando se cuidar de questão infraconstitucional, e terão efeito vinculante em relação aos demais órgãos do Poder Judiciário e à administração pública direta e indireta, nas esferas federal, estadual e municipal.

D) Apenas quanto ao ato administrativo que contrariar a súmula vinculante é que caberá reclamação ao Supremo Tribunal Federal.

E) Enquanto permanecer inalterada a composição do Supremo Tribunal Federal existente quando da edição da súmula vinculante não será permitida a sua revisão.

COMENTÁRIOS

Alternativa correta: letra "a": as súmulas vinculantes são aprovadas pelo Supremo Tribunal Federal, de ofício ou por provocação, mediante decisão de dois terços dos seus membros, após reiteradas decisões sobre matéria constitucional (art. 103-A, *caput*, da CF).

Alternativa "b": as súmulas vinculantes serão revisadas ou canceladas por provocação de todos quantos legitimados à propositura de ação direta de inconstitucionalidade (art. 103-A, § 2º, da CF).

Alternativa "c": as súmulas vinculantes são editadas **exclusivamente** pelo Supremo Tribunal Federal e sempre versarão sobre matéria constitucional. Além disso, seus efeitos serão vinculantes em relação aos demais órgãos do Poder Judiciário e à administração pública direta e indireta, nas esferas federal, estadual e municipal (art. 103-A, *caput*, da CF).

Alternativa "d": do ato administrativo **ou decisão judicial** que contrariar a súmula vinculante caberá reclamação ao Supremo Tribunal Federal (art. 103-A, § 3º, da CF).

Alternativa "e": a CF **não impõe** que haja alteração na composição do STF existente quando da edição da súmula vinculante para ser permitida a sua revisão. A súmula pode ser revista a qualquer tempo (art. 103-A, *caput*, da CF).

7. CONTROLE DE CONSTITUCIONALIDADE

▸ **CF, artigos 97 e 102 a 103 da CF.**

7.1. CONTROLE DIFUSO

---

62. (Vunesp - Juiz de Direito Substituto - SP/2015) Por meio de mandado de segurança preventivo, Vereador pretende obter ordem judicial obstando a tramitação de projeto de lei municipal que disciplina, no âmbito do Município, como deve ser ministrado o ensino religioso. Adotando como referência o decidido pelo Supremo Tribunal Federal no julgamento do MS 32033/DF, é correto afirmar que

A) o parlamentar tem legitimidade para promover o controle abstrato repressivo, logo, nada obsta que seja aceita a pretensão exposta em Juízo.

B) não é cabível o controle preventivo de constitucionalidade material das normas em curso de formação.

C) como a matéria é regulada pela Constituição e por lei federal, é cabível o controle preventivo do conteúdo material da norma proposta.

D) se não cabe mandado de segurança contra lei em tese, a pretensão deveria ser expressa por meio de ação declaratória, com pedido de tutela antecipada.

COMENTÁRIOS

✪ **Nota do autor:** quanto ao momento, podemos verificar duas modalidades de controle: a) Controle prévio ou preventivo: realiza-se antes da lei ou ato normativo aperfeiçoar-se. Ou seja, no momento de produção da norma; b) Controle posterior ou repressivo: é realizado após a formação do ato normativo ou da lei. Neste caso, a norma já está pronta.

Alternativa correta: letra "b" (responde também as alternativas "a" e "c"): no julgado apontado pelo enunciado, decidiu o STF não ser cabível o controle preventivo de constitucionalidade **material** das normas em curso de formação. Todavia, o julgado lembrou de uma importante questão, que é a excepcional admissibilidade de mandado de segurança impetrado por parlamentar, com o fito de coibir atos praticados no processo de aprovação de lei ou emenda constitucional incompatíveis com disposições constitucionais que disciplinam o processo legislativo. Desse modo, verifica-se uma importante distinção, resumida da seguinte forma: I – **inconstitucionalidade material**: não é cabível controle preventivo e, desse modo, não se admite impetração de mandado de segurança por parlamentar para análise da inconstitucionalidade; II – **Inconstitucionalidade formal**: no caso de a inconstitucionalidade relacionar-se com aspectos procedimentais da atuação legislativa, o mandado de segurança poderá ser manejado, visando corrigir vício ocorrido no processo de formação da norma. Nestes termos, vale destacar o julgado: "CONSTITUCIONAL. MANDADO DE SEGURANÇA. CONTROLE PREVENTIVO DE CONSTITUCIONALIDADE MATERIAL DE PROJETO DE LEI. INVIABILIDADE. 1. Não se admite, no sistema brasileiro, o controle jurisdicional de constitucionalidade material de projetos de lei (controle preventivo de normas em curso de formação). O que a jurisprudência do STF tem admitido, como exceção, é "a legitimidade do parlamentar – e somente do parlamentar – para impetrar mandado de segurança com a finalidade de coibir atos praticados no processo de aprovação de lei ou emenda constitucional incompatíveis com disposições constitucionais que disciplinam o processo legislativo" (MS 24.667, Pleno, Min. Carlos Velloso, DJ de 23.04.04). Nessas excepcionais situações, em que o vício de inconstitucionalidade está diretamente relacionado a aspectos formais e procedimentais da atuação legislativa, a impetração de segurança é admissível, segundo a jurisprudência do STF, porque visa a corrigir vício já efetivamente concretizado no próprio curso do processo de formação da norma, antes mesmo e independentemente de sua final aprovação ou não. 2. Sendo inadmissível o controle preventivo da constitucionalidade material das normas em curso de formação, não cabe atribuir a parlamentar, a quem a Constituição nega habilitação para provocar o controle abstrato repressivo, a prerrogativa, sob todos os aspectos mais abrangente e mais eficiente, de provocar esse mesmo controle antecipadamente, por via de mandado de segurança. 3. A prematura intervenção do Judiciário em domínio jurídico e político de formação dos atos normativos em curso no Parlamento, além de universalizar um sistema de controle preventivo não admitido pela Constituição, subtrairia dos outros Poderes da República, sem justificação plausível, a prerrogativa constitucional que detém de debater e aperfeiçoar os projetos, inclusive para sanar seus eventuais vícios de inconstitucionalidade. Quanto mais evidente e grotesca possa ser a inconstitucionalidade material de projetos de leis, menos ainda se deverá duvidar do exercício responsável do papel do Legislativo, de negar-lhe aprovação, e do Executivo, de apor-lhe veto, se for o caso. Partir da suposição contrária significaria menosprezar a seriedade e o senso de responsabilidade desses dois Poderes do Estado. E se, eventualmente, um projeto assim se transformar em lei, sempre haverá a possibilidade de provocar o controle repressivo pelo Judiciário, para negar-lhe validade, retirando-a do ordenamento jurídico. 4. Mandado de segurança indeferido." (MS 32033, julgado em 2013 e relatado pelo Ministro Gilmar Mendes).

Alternativa "d": dispõe a Súmula 266 do STF que "Não cabe mandado de segurança contra lei em tese.". Todavia, a pretensão também não deveria ser expressa por meio de ação declaratória, que é ação utilizada apenas em sede de controle repressivo concentrado. No caso de inconstitucionalidade **material**, o vício não pode ser atacado nem por mandado de segurança e nem por ação declaratória. No entanto, se diante de uma inconstitucionalidade formal, por violação às regras procedimentais da atuação legislativa, o mandado de segurança poderia ser impetrado.

---

63. (Vunesp – Juiz de Direito Substituto – SP/2015) Conforme decidido pelo Supremo Tribunal Federal no julgamento da Rcl 4345/AC, na declaração de inconstitucionalidade de lei em sede de controle difuso, os efeitos da decisão

A) podem ter efeito geral em relação aos Juízes e Tribunais Estaduais se e quando convertidos em Súmulas Vinculantes.

B) podem gerar efeitos gerais, ultra partes, assemelhados a um caráter vinculante.

C) se tiverem reconhecida a sua eficácia geral, a vinculação ao decidido limita-se à parte dispositiva daquela decisão.

D) não podem ter caráter geral em relação aos Tribunais Estaduais, e a Súmula Vinculante 10 (cláusula de reserva de plenário) impede a declaração de inconstitucionalidade de lei por órgão fracionário do Tribunal ou pelas Turmas Recursais dos Juizados Especiais.

COMENTÁRIOS

Alternativa correta: letra "b": na declaração de inconstitucionalidade de lei em sede de controle difuso, os efeitos da decisão são, via de regra, *inter partes*. Todavia, podem gerar efeitos gerais, *ultra partes*, assemelhados a um caráter vinculante, quando o Senado Federal, nos termos do art. 52, X, da CF, suspender a execução, no todo ou em parte, de lei declarada inconstitucional por decisão definitiva do Supremo Tribunal Federal. Até recente pronunciamento do STF, entendia-se que o art. 52, X, da CF havia sofrido mutação constitucional, para dizer que a nova norma que dele se extrai seria no sentido de que a resolução emitida pelo Senado Federal para suspender a execução, no todo ou em parte, de norma declarada inconstitucional no controle difuso serviria apenas para conferir publicidade à decisão do STF. No entanto, no julgamento da Reclamação 4335/AC, julgada em 2014 e relatada pelo Ministro Gilmar Mendes, esse posicionamento (da incidência da mutação constitucional no art. 52, X, CF) foi adotado apenas pelos Ministros Gilmar Mendes e Eros Grau e, portanto, não foi compartilhado pela maioria dos Ministros. Assim, a tese de que o artigo 52, X, da CF sofreu mutação Constitucional não foi acolhida pelo STF.

Alternativa "a": para gerar efeito geral em relação aos Juízes e Tribunais Estaduais, não é necessário que seja convertido em Súmula Vinculante. O Senado Federal, conforme art. 52, X, da CF, pode suspender a execução, no todo ou em parte, de lei declarada inconstitucional por decisão definitiva do Supremo Tribunal Federal.

Alternativa "c": a norma declarada inconstitucional pelo STF em sede de controle difuso, poderá ter sua execução suspensa pelo Senado Federal, nos termos do art. 52, X, da CF.

Alternativa "d": podem ter caráter geral em relação aos Tribunais Estaduais, caso haja suspensão pelo Senado Federal, nos termos do art. 52, X, da CF. Ademais, nos termos do art. 494 do Novo CPC, **os órgãos fracionários dos tribunais não submeterão ao plenário**, ou ao órgão especial, **a arguição de inconstitucionalidade, quando já houver pronunciamento destes ou do plenário do Supremo Tribunal Federal sobre a questão**. (Incluído pela Lei nº 9.756, de 1998). **Trata-se de abrandamento da cláusula de reserva de plenário** (art. 97, da CF), **e que encontra guarida na jurisprudência do STF** (RE 190.725, julgado em 1995 e relatado pelo Ministro Ilmar Galvão)

---

64. (Vunesp - Juiz de Direito - RJ/2014) Assinale a alternativa correta a respeito do controle incidental de constitucionalidade no direito brasileiro.

A) A ação declaratória ordinária não pode ser utilizada como instrumento processual para obter a pronúncia de inconstitucionalidade de lei ou ato que seja contrário à Constituição.

B) Semelhantemente ao controle concentrado, o controle de constitucionalidade incidental é restrito às normas e atos produzidos durante a vigência da atual Constituição Federal.

C) O controle incidental, a ser feito no processo judicial, dependerá de alegação concreta de um dos litigantes, não podendo o juiz ou o tribunal recusar a aplicação do ato ou da lei, a despeito do eventual silêncio das partes.

D) A cláusula de reserva de plenário pode ser afastada pelo órgão fracionário do tribunal quando houver pronunciamento anterior do STF a respeito da inconstitucionalidade da lei ou do ato normativo.

COMENTÁRIOS

Alternativa correta: letra "d": nos termos do parágrafo único, do art. 949 do Novo CPC (Lei n. 13.105/2015), os órgãos fracionários dos tribunais não submeterão ao plenário ou ao órgão especial a arguição de inconstitucionalidade quando já houver pronunciamento destes ou do plenário do Supremo Tribunal Federal sobre a questão. Trata-se de abrandamento da cláusula de reserva de plenário (art. 97, da CF), e que encontra guarida na jurisprudência do STF (RE 190.725, julgado em 1995 e relatado pelo Ministro Ilmar Galvão; ARE 884854 AgR-ED, julgado em 2015 e relatado pelo Ministro Gilmar Mendes). Desse modo, o entendimento do STF é que a cláusula de reserva de plenário pode ser afastada pelo órgão fracionário do tribunal quando houver pronunciamento anterior do STF a respeito da inconstitucionalidade da lei ou do ato normativo.

Alternativa "a": o controle de constitucionalidade incidental brasileiro pode ser provocado por qualquer pessoa e realizado por todo juiz, inclusive de ofício, pois a questão constitucional somente servirá de fundamentação para decisão quanto ao pedido que envolve a resolução de um caso concreto. Por conta disso, a ação declaratória ordinária pode ser utilizada como instrumento processual para obter a pronúncia de inconstitucionalidade de lei ou ato que seja contrário à Constituição, sendo seus efeitos *inter partes*.

Alternativa "b": o controle concentrado possui mecanismo para o controle de recepção constitucional (ou seja, o controle de normas produzidas antes da vigência da atual Constituição Federal), que é realizado por meio de ADPF. Do mesmo modo, o controle incidental pode apreciar a recepção de norma, ou seja, analisar a compatibilidade de norma editada anteriormente à Constituição Federal vigente.

Alternativa "c": o controle de constitucionalidade incidental brasileiro **pode ser provocado por qualquer pessoa e realizado por todo juiz, inclusive de ofício**, pois a questão constitucional somente servirá de fundamentação para decisão quanto ao pedido que envolve a resolução de um caso concreto.

65. (Vunesp – Juiz de Direito – SP/2014) Assinale a opção correta a respeito do controle difuso de constitucionalidade brasileiro, segundo a orientação do Supremo Tribunal Federal.

A) o controle difuso de constitucionalidade pode ser exercido independentemente de pedido ou requerimento da parte.

B) ainda que haja prévia declaração de inconstitucionalidade de lei pelo Pleno do STF, os tribunais locais devem obedecer a cláusula de reserva de plenário no exercício de controle difuso de constitucionalidade daquela mesma lei.

C) para que se possa falar em violação à cláusula de reserva de plenário, é necessária declaração expressa de inconstitucionalidade da lei pelo órgão fracionário do tribunal.

D) é vedado ao Superior Tribunal de Justiça o exercício do controle difuso de constitucionalidade, na medida em que tal tribunal tem a função de garantir a inteireza da legislação federal infraconstitucional.

COMENTÁRIOS

Alternativa correta: letra "a": no controle difuso, a pronúncia do Judiciário sobre a inconstitucionalidade não é feita enquanto manifestação sobre o objeto principal da lide, mas sim sobre questão prévia (via de exceção), indispensável ao julgamento do mérito. Em outras palavras: na via de exceção, a questão constitucional é a **causa de pedir**, e não o pedido.

Alternativa "b": nos termos do art. 949, parágrafo único, do Novo CPC – Lei 13.105/2015, os órgãos fracionários dos tribunais **não submeterão ao plenário, ou ao órgão especial**, a arguição de inconstitucionalidade, **quando já houver pronunciamento destes ou do plenário do Supremo Tribunal Federal sobre a questão**. (Incluído pela Lei nº 9.756, de 1998). Trata-se de abrandamento da cláusula de reserva de plenário (art. 97, da CF), e que encontra guarida na jurisprudência do STF (RE 190.725, julgado em 1995 e relatado pelo Ministro Ilmar Galvão)

Alternativa "c": Nos termos da Súmula Vinculante 10, **viola a cláusula de reserva de plenário** (CF, artigo 97) a decisão de órgão fracionário de tribunal que, **embora não declare expressamente a inconstitucionalidade de lei ou ato normativo do poder público, afasta sua incidência**, no todo ou em parte.

Alternativa "d": não é vedado ao Superior Tribunal de Justiça o exercício do controle difuso de constitucionalidade, modalidade de controle que pode ser perpetrada por qualquer juiz ou tribunal.

66. (Vunesp – Juiz de Direito – SP/2014) Assinale a opção correta a respeito da repercussão geral das questões constitucionais discutidas em recurso extraordinário.

A) a repercussão geral deve ser demonstrada pelo recorrente, mas não necessariamente em preliminar de recurso extraordinário, e o STF só pode inadmitir o recurso pela manifestação de três quintos de seus membros.

B) a repercussão geral deve ser demonstrada pelo recorrente, mas não necessariamente em preliminar de recurso extraordinário, e o STF só pode inadmitir o recurso pela manifestação de dois terços de seus membros.

C) a repercussão geral deve ser demonstrada pelo recorrente em preliminar de recurso extraordinário, e o STF só pode inadmitir o recurso pela manifestação de dois terços de seus membros.

D) a repercussão geral deve ser demonstrada pelo recorrente em preliminar de recurso extraordinário, e o STF só pode inadmitir o recurso pela manifestação de três quintos de seus membros.

COMENTÁRIOS

Alternativa correta: letra "c" (responde a todas as alternativas): de acordo com o art. 102, § 3°, da CF, no recurso extraordinário o recorrente deverá demonstrar a repercussão geral das questões constitucionais discutidas no caso, nos termos da lei, a fim de que o Tribunal examine a admissão do recurso, somente podendo recusá-lo pela manifestação de dois terços de seus membros. Ademais, a preliminar formal de repercussão geral é exigida nos recursos extraordinários interpostos de acórdãos publicados a partir de 3 de maio de 2007, data da entrada em vigor da Emenda Regimental nº 21/07 ao RISTF, que estabeleceu as normas necessárias à execução das disposições legais e constitucionais sobre o novo instituto (QO-AI 664.567, Min. Sepúlveda Pertence).

7.2. CONTROLE CONCENTRADO

67. (Vunesp – Juiz de Direito Substituto – RJ/2016) O julgamento do pedido principal na representação de inconstitucionalidade de lei ou ato normativo estadual ou municipal em face da Constituição Estadual, pelo Tribunal de Justiça do Estado do Rio de Janeiro, inclusive a interpretação conforme a Constituição e a declaração parcial de inconstitucionalidade sem redução do texto, tem eficácia

A) contra todos e efeito vinculante em relação aos órgãos dos Poderes Judiciário, Legislativo e Executivo.

B) contra todos e efeito vinculante após a suspensão da eficácia pela Assembleia Legislativa do Estado.

C) entre as partes com efeito *ex tunc* e após a suspensão da eficácia pela Assembleia Legislativa do Estado terá efeito erga omnes, *ex nunc* e vinculante.

D) contra todos e efeito vinculante em relação aos órgãos do Poder Judiciário e à Administração Pública estadual e municipal.

E) entre as partes com efeito *ex nunc*.

COMENTÁRIOS

Alternativa correta: letra "d" (responde todas as demais alternativas): os efeitos do controle de constitucionalidade concentrado nos Estados são os mesmos do controle concentrado realizado perante o STF, todavia, delimitados ao território da jurisdição estadual. Desse modo, é correto dizer que o julgamento do pedido principal na representação de inconstitucionalidade de lei ou ato normativo estadual ou municipal em face da Constituição Estadual, pelo Tribunal de Justiça do Estado do Rio de Janeiro, inclusive a interpretação conforme a Constituição e a declaração parcial de inconstitucionalidade sem redução do texto, tem eficácia **contra todos** e **efeito vinculante em relação aos órgãos do Poder Judiciário** e à **Administração Pública estadual e municipal**. Conforme estatui o artigo 102, §2º, da CF, as decisões definitivas de mérito, proferidas pelo Supremo Tribunal Federal, nas ações diretas de inconstitucionalidade e nas ações declaratórias de constitucionalidade produzirão eficácia contra todos e efeito vinculante, relativamente aos demais órgãos do Poder Judiciário e à administração pública direta e indireta, nas esferas federal, estadual e municipal. O Poder Legislativo, por sua vez, não fica vinculado ao efeito das decisões proferidas em sede de controle de constitucionalidade.

68. (Vunesp – Juiz de Direito – RJ/2014) A propósito da ação direta de inconstitucionalidade, é correto afirmar que

A) precisam demonstrar pertinência temática para a propositura da ação os seguintes legitimados: governador de Estado; Conselho Federal da Ordem dos Advogados do Brasil; partido político com representação no Congresso Nacional; e confederação sindical ou entidade de classe de âmbito nacional.

B) a concessão de liminar em sede de medida cautelar na ação não admite a restauração de vigência da legislação anterior, acaso existente, o que somente ocorrerá no julgamento definitivo de procedência do pedido da ação.

C) nas ações propostas por Estado da Federação, a petição inicial deve ser firmada, exclusivamente, pelo Procurador-Geral do Estado em nome do Governador.

D) são passíveis de ser objeto da ação: as leis e os atos normativos federais e estaduais, medidas provisórias, decreto do Chefe do Executivo que promulga tratados e convenções e emendas constitucionais.

COMENTÁRIOS

Alternativa correta: letra "d": Enumerando os atos que podem ser objeto de controle concentrado de constitucionalidade, Ives Gandra da Silva Martins e Gilmar Ferreira Mendes (Controle Concentrado de Constitucionalidade. 2 ed. São Paulo: Saraiva, 2005, p. 171-175): **I. Direito Federal:** 1. **Disposições da Constituição propriamente ditas, desde que sejam normas secundárias** (**oriundas de emendas constitucionais**, conforme ADI 829-3, julgada em 1993 e relatada pelo Ministro Moreira Alves); 2. Leis de todas as formas e conteúdos, incluídas todas as leis formais e atos normativos gerais federais, além das **medidas provisórias**; 3. Decreto Legislativo que contém a aprovação do Congresso Nacional aos tratados e autoriza o Presidente da República a ratificá-los em nome do Brasil (art. 49, I, da CF); 4. **Decreto do Chefe do Executivo que promulga os Tratados e Convenções**; 5. Decreto Legislativo do Congresso Nacional que suspende a execução de ato do Executivo, em virtude de incompatibilidade com a lei regulamentada (art. 49, V, da CF); 6. Atos normativos editados por pessoas jurídicas de direito público criadas pela União, bem como, 7. Os regimentos dos Tribunais Superiores, se configurado o seu caráter autônomo, não meramente acessório. **II. Direito Estadual:** 1. Disposições das Constituições Estaduais; 2. Leis Estaduais de qualquer espécie ou conteúdo; 3. Leis Estaduais editadas para regulamentar matéria de competência exclusiva da União (art. 22, parágrafo único da CF); 4. Decreto editado com força de Lei (c.f. ADI 460-3, julgada em 1991 e relatado pelo Ministro Sepúlveda Pertence); 5. Regimento Interno dos Tribunais Estaduais; 6. Regimento Interno das Assembleias Legislativas; 7. Atos Normativos expedidos por pessoas jurídicas de direito público estadual. Desse modo, são passíveis de ser objeto da ação: as leis e os atos normativos federais e estaduais, medidas provisórias, decreto do Chefe do Executivo que promulga tratados e convenções e emendas constitucionais.

Alternativa "a": nos termos da jurisprudência do STF, precisam demonstrar pertinência temática para a propositura da ação os seguintes legitimados (chamados de legitimados especiais): Governador de Estado ou do DF; Mesa da Assembleia Legislativa ou da Câmara Legislativa do DF; e confederação sindical ou entidade de classe de âmbito nacional. Os demais legitimados são os chamados universais (ou neutros), não precisando demonstrar pertinência temática. Desse modo, o Conselho Federal da Ordem dos Advogados do Brasil e partido político com representação no Congresso Nacional não precisam demonstrar pertinência temática.

Alternativa "b": inicialmente, cumpre relembrar que repristinação é o fenômeno que se dá pela recuperação da vigência de uma norma que tinha sido revogada, se, por acaso, a lei que a tinha revogado, por qualquer razão, perder a vigência (porque foi revogada, por exemplo). Simplificando: tomemos três leis "1", "2" e "3". Se "2" revoga "1", mas "3" revoga "2", "1" volta a ter vigência. No plano legal, esse fenômeno só existe de forma expressa (se a lei que entra em vigor revogando a lei revogadora expressar o restabelecimento da lei inicialmente revogada), não havendo repristinação tácita. Mas, **no plano constitucional, fala-se na existência de um efeito repristinatório tácito, em que no controle de constitucionalidade concentrado, a concessão da medida cautelar ou decisão de mérito torna aplicável a legislação anterior acaso existente, salvo expressa manifestação em sentido contrário** (art. 11, § 2°, da Lei 9.868/99). Vale ressaltar, com Pedro Lenza, que o STF vem utilizando a expressão "efeito repristinatório" da declaração de inconstitucionalidade (c.f. ADI 2.215-PE, medida cautelar, Rel. Ministro Celso de Mello, Informativo 224 do STF). Isso porque, se a lei é nula, ela nunca teve eficácia. Se nunca teve eficácia, nunca revogou nenhuma norma. Se nunca revogou nenhuma norma, aquela que teria sido supostamente "revogada" continua tendo eficácia (*Direito Constitucional Esquematizado*. 16 ed. São Paulo: Saraiva, 2012, p. 342). Portanto, a concessão de liminar em sede de medida cautelar na ação admite a restauração de vigência da legislação anterior, acaso existente, o que o STF convencionou chamar *efeito repristinatório tácito*.

Alternativa "c": no controle concentrado de constitucionalidade, a petição inicial nem sempre precisa ser assinada por advogado. Essa exigência de assinatura da inicial atinge apenas: a) partido político com representação no Congresso Nacional e; b) Confederação Sindical ou Entidade de Classe de âmbito nacional. **Os demais legitimados têm capacidade postulatória presumida ou especial**. O entendimento encampado pelo STF é que o Governador de Estado deve assinar a petição inicial, sendo facultada a assinatura do Procurador-Geral do Estado, tendo em vista que a legitimidade repousa sobre o Governador. Nesse sentido, destaca-se trecho da decisão monocrática da Ministra Rosa Weber, no bojo da ADI 5084, julgada em 2014: "Assim, na hipótese de ação direta proposta por autoridade cuja legitimação ativa tem supedâneo no art. 103, V, da Carta Política, cabe ao próprio Governador de Estado ou do Distrito Federal subscrever a petição inicial, sendo-lhe facultado fazê-lo isoladamente ou em conjunto com o Procurador-Geral do Estado ou advogado habilitado. No caso em tela, embora alegadamente proposta em nome do Governador, consta da petição inicial eletrônica, unicamente, a assinatura digital do Procurador-Geral do Estado de Rondônia, Dr. Juraci Jorge da Silva. Não demonstrada a legitimidade *ad causam* do requerente, impõe-se o indeferimento da inicial, na forma do art. 295, II, do CPC". No mesmo sentido o ARE 893279/DF, julgado em 2015 e relatado pelo Ministro Celso de Mello.

---

69. (Vunesp – Juiz de Direito – SP/2014) A respeito do controle de constitucionalidade no direito brasileiro, pode-se afirmar que a arguição de descumprimento de preceito fundamental

A) é admissível ainda que haja qualquer outro meio eficaz de sanar a lesividade.

B) não se presta ao questionamento de atos normativos anteriores à Constituição Federal.

C) incidental prescinde do requisito da relevância da controvérsia constitucional sobre lei ou ato normativo questionado.

D) pode servir para contrastar atos normativos, atos administrativos e atos jurisdicionais.

COMENTÁRIOS

Alternativa correta: letra "d": A arguição de descumprimento de preceito fundamental é cabível para **evitar ou reparar lesão a preceito fundamental resultante de ato do poder público** e seu julgamento é da competência do Supremo Tribunal Federal (art. 1°, da Lei 9.882/99). Caberá também ADPF **quando for relevante o fundamento da controvérsia constitucional sobre lei ou ato normativo federal, estadual ou municipal, incluídos os anteriores à Constituição** (art. 1°, parágrafo único, da Lei 9.882/99).

Alternativa "a: aplica-se à arguição de descumprimento o princípio da subsidiariedade, pois, nos termos do art. 4°, § 1°, da Lei 9.882/99, **não será admitida** arguição de descumprimento de preceito fundamental **quando houver qualquer outro meio eficaz de sanar a lesividade**.

Alternativa "b: vide alternativa correta.

Alternativa "c: A ADPF incidental também **im**prescinde do requisito da relevância da controvérsia constitucional sobre lei ou ato normativo questionado, consoante art. 1°, parágrafo único da Lei 9.882/99.

---

70. (Vunesp – Juiz de Direito Substituto – RJ/2011) Considerando o sistema de controle de constitucionalidade das leis e atos normativos no direito brasileiro, é correto afirmar que

A) para a propositura da ação direta de inconstitucionalidade, incide sobre as agremiações partidárias a restrição jurisprudencial derivada do vínculo de pertinência temática.

B) em se tratando de ação direta de inconstitucionalidade, o STF firmou o entendimento de que ação dessa natureza não é suscetível de desistência.

C) a medida cautelar, em ação direta de inconstitucionalidade, reveste-se, ordinariamente, de eficácia *ex tunc*, operando, portanto, desde a edição da lei ou do ato normativo atacado.

D) quando tramitam paralelamente duas ações diretas de inconstitucionalidade, uma no Tribunal de Justiça local e outra no STF, contra a mesma lei estadual em face de princípios constitucionais estaduais que são reprodução de princípios da CF, a ação direta proposta perante o Tribunal estadual deve ser extinta.

COMENTÁRIOS

Nota do autor: essa questão exige que o candidato conheça o regimento interno do STF, o que não pode ser considerado raro. Assim, recomendados a leitura dessa referência normativa.

Alternativa correta: "b": existe vedação expressa em relação à desistência de ADI proposta tanto no art. 5°, *caput*, da Lei 9.868/99 quanto no art. 169, § 1°, do Regimento Interno do STF.

Alternativa "a": os partidos políticos são **legitimados neutros ou** universais, ou seja, não precisam demonstrar pertinência temática.

Alternativa "c": a eficácia de uma liminar concedida em sede de ação direta de inconstitucionalidade opera, regra geral, com efeitos **ex nunc**, podendo ter efeitos *ex tunc*, em caráter excepcional, se o Supremo Tribunal Federal assim o declarar expressamente, demonstrando a conveniência da medida. Ademais, a concessão de medida cautelar torna aplicável a legislação anterior acaso existente, salvo expressa manifestação em sentido contrário, nos exatos termos do art. 11, § 2°, da Lei 9.868/99.

Alternativa "d": de acordo com o STF, a instauração do processo de fiscalização normativa abstrata, perante o Supremo Tribunal Federal, em que se postule a invalidação de diploma normativo editado por Estado-membro ou pelo Distrito Federal, questionado em face da Constituição da República (CF, art. 102, I, "a"), qualifica-se como **causa de suspensão prejudicial do processo de controle concentrado de constitucionalidade, que, promovido perante o Tribunal de Justiça local** (CF, art. 125, § 2º), tenha, por objeto de impugnação, exatamente os mesmos atos normativos emanados do Estado-membro ou do Distrito Federal, contestados, porém, em face da Constituição estadual ou, então, como sucede na espécie, em face da Lei Orgânica do Distrito Federal. Tal entendimento, no entanto, há de ser observado, sempre que tal impugnação – deduzida perante a Corte Judiciária local – invocar, como parâmetro de controle, princípios inscritos na Carta Política local impregnados de predominante coeficiente de federalidade, tal como ocorre com os postulados de reprodução necessária constantes da própria Constituição da República (RTJ 147/404 – RTJ 152/371-373, v.g.). **Isso significa, portanto, que, em ocorrendo hipótese caracterizadora de "simultaneus processus", impor-se-á a paralisação do processo de fiscalização concentrada em curso perante o Tribunal de Justiça local, até que esta Suprema Corte julgue a ação direta, que, ajuizada com apoio no art. 102, I, "a", da Constituição da República, tenha por objeto o mesmo diploma normativo local (estadual ou distrital), embora contestado em face da Carta Federal.** Cabe assinalar, neste ponto, por relevante, que esse entendimento acha-se consagrado na jurisprudência do Supremo Tribunal Federal, cuja orientação, no tema, tem sido reafirmada em sucessivas decisões que proclamam, em situações como a destes autos, a necessidade de suspensão prejudicial do processo de fiscalização normativa abstrata instaurado perante Tribunal de Justiça local (CF, art. 125, § 2º), se houver, em tramitação simultânea no Supremo, processo de controle concentrado em que se questione a constitucionalidade do mesmo diploma normativo, também contestado na ação direta ajuizada no âmbito local". (STF. ADI 3482, julgada em 2006 e relatada pelo Ministro Celso de Mello).

---

71. (Vunesp – Juiz Substituto – SP/ 2011) Sobre a arguição de descumprimento de preceito fundamental, assinale a alternativa correta.

A) Será apreciada pelo Supremo Tribunal Federal, ou pelo Superior Tribunal de Justiça conforme a origem, federal, estadual ou municipal, da apregoada lesão.

B) Poderá ser proposta pelos legitimados para a ação civil pública.

C) Quando julgada, sua decisão terá eficácia contra todos e efeito vinculante relativamente aos demais órgãos do Poder Público.

D) Será admitida mesmo quando houver outro meio eficaz de sanação da lesividade.

E) Poderá ser decidida em sessão à qual presente a maioria simples dos Ministros.

COMENTÁRIOS

Alternativa correta: letra "c": quando julgada a ADPF, sua decisão terá eficácia contra todos e efeito vinculante relativamente aos demais órgãos do Poder Público, nos termos do art. 10, § 3°, da Lei 9.882/99.

Alternativa "a": a ADPF **sempre** será apreciada pelo Supremo Tribunal Federal (não pelo Superior Tribunal de Justiça), consoante art. 1°, da Lei 9.882/99.

Alternativa "b": a ADPF poderá ser proposta **pelos legitimados do art. 103, da CF**, conforme art. 2°, da Lei 9.882/99, e não por aqueles que podem ajuizar ação civil pública.

Alternativa "d": será admitida ADPF **apenas** quando **não** houver outro meio eficaz de sanação da lesividade. Isso porque, aplica-se à arguição de descumprimento o **princípio da subsidiariedade**, pois, nos termos do art. 4°, § 1°, da Lei 9.882/99, não será admitida argüição de descumprimento de preceito fundamental quando houver qualquer outro meio eficaz de sanar a lesividade.

Alternativa "e": a ADPF somente poderá ser decidida em sessão à qual **estejam presente dois terços** (e não a maioria simples) dos Ministros (art. 8°, da Lei 9.882/99).

8. DEFESA DO ESTADO E DAS INSTITUIÇÕES DEMOCRÁTICAS

▸ **CF, artigos 136 a 144.**

72. (Vunesp – Juiz Substituto – SP/ 2011) Leia as afirmativas quanto à segurança pública.

I. É exercida pela polícia federal, polícia rodoviária federal, polícia ferroviária federal, polícias civis, polícias militares e corpos de bombeiros militares.

II. Os Municípios poderão constituir guardas municipais destinadas à proteção de seus bens, serviços e instalações.

III. Compete à União organizar e manter a polícia civil, a polícia militar e o corpo de bombeiros militar do Distrito Federal.

IV. Compete à polícia federal exercer, em concorrência com as polícias civis estaduais, as funções de polícia judiciária da União.

É correto apenas o que se afirma em

A) II, III e IV.

B) I, III e IV.

C) I e II.

D) IV.

E) I, II e III.

COMENTÁRIOS

Alternativa correta: letra "e"

Assertiva "I": a segurança pública é exercida pela polícia federal, polícia rodoviária federal, polícia ferroviária federal, polícias civis, polícias militares e corpos de bombeiros militares, nos termos do art. 144, da CF.

Assertiva "II": os Municípios poderão constituir guardas municipais destinadas à proteção de seus bens, serviços e instalações, consoante art. 144, § 8°, da CF.

Assertiva "III": compete à União organizar e manter a polícia civil, a polícia militar e o corpo de bombeiros militar do Distrito Federal, de acordo com o art. 21, XIV, da CF.

Assertiva "IV": Compete à polícia federal exercer, **com exclusividade** (e não em concorrência com as polícias civis estaduais), a função de polícia judiciária da União (art. 144, § 1°, IV, da CF).

9. ORDEM SOCIAL

▸ **CF, artigos 193 a 232.**

73. (Vunesp – Juiz de Direito – RJ/2014) Assinale a alternativa que está de acordo com o disposto na Constituição Federal.

A) Os Municípios atuarão prioritariamente no ensino fundamental e na educação infantil, enquanto os Estados e o Distrito Federal atuarão exclusivamente nos ensinos fundamental e médio.

B) As pessoas físicas que praticarem condutas e atividades consideradas lesivas ao meio ambiente ficarão sujeitas às respectivas sanções penais e administrativas, e as pessoas jurídicas serão obrigadas, exclusivamente, a reparar os danos causados ao meio ambiente.

C) As terras tradicionalmente ocupadas pelos índios destinam-se à sua posse permanente, cabendo-lhes o usufruto exclusivo das riquezas do solo, dos rios e dos lagos nelas existentes.

D) É vedado às universidades e às instituições de pesquisa científica e tecnológica admitir professores, técnicos e cientistas estrangeiros.

E) nos tribunais com número superior a vinte e cinco julgadores, poderá ser constituído órgão especial, com o mínimo de onze e o máximo de vinte e cinco membros, para o exercício das atribuições administrativas e jurisdicionais delegadas da competência do tribunal pleno, provendo-se metade das vagas por antiguidade, e a outra metade por merecimento.

COMENTÁRIOS

Alternativa correta: letra "c": nos termos do artigo 231, §2º, da CF, as terras tradicionalmente ocupadas pelos índios destinam-se à sua posse permanente, cabendo-lhes o usufruto exclusivo das riquezas do solo, dos rios e dos lagos nelas existentes.

Alternativa "a": os Municípios atuarão prioritariamente no ensino fundamental e na educação infantil, enquanto os Estados e o Distrito Federal atuarão **prioritariamente** (e não exclusivamente) nos ensinos fundamental e médio, conforme artigo 211, §§ 2º e 3º, da CF.

Alternativa "b": de acordo com o estabelecido no artigo 225, §3º, da CF, as condutas e atividades consideradas lesivas ao meio ambiente sujeitarão os infratores, pessoas físicas ou jurídicas, a sanções penais e administrativas, independentemente da obrigação de reparar os danos causados. Portanto, tanto as pessoas físicas quanto as pessoas jurídicas serão obrigadas a reparar os danos causados ao meio ambiente, bem como estarão sujeitas às sanções penais e administrativas.

Alternativa "d": é **facultado** (e não vedado) às universidades e às instituições de pesquisa científica e tecnológica admitir professores, técnicos e cientistas estrangeiros, na forma da lei (art. 207, §1º, CF).

Alternativa "e": nos tribunais com número superior a vinte e cinco julgadores, poderá ser constituído órgão especial, com o mínimo de onze e o máximo de vinte e cinco membros, para o exercício das atribuições administrativas e jurisdicionais delegadas da competência do tribunal pleno, provendo-se metade das vagas por antiguidade, e a outra metade por eleição **pelo tribunal pleno** (e não por merecimento), conforme estabelece o artigo 93, XI, da CF.

---

74. (Vunesp – Juiz Substituto – SP/ 2011) Relativamente aos índios, assinale a alternativa correta.

A) As terras tradicionalmente ocupadas por eles destinam-se à sua posse permanente, cabendo exclusivamente à União o usufruto das riquezas do solo, dos rios e dos lagos nelas existentes.

B) O aproveitamento dos recursos hídricos, incluídos os potenciais energéticos, a pesquisa e a lavra das riquezas minerais em terras indígenas só podem ser efetivados com autorização da Fundação Nacional do Índio – FUNAI, ouvidas, todavia, as comunidades afetadas, ficando-lhes assegurada participação nos resultados da lavra, na forma da lei.

C) Para ingressar em juízo na defesa dos seus direitos e interesses, os índios, as suas comunidades e organizações serão representados pelo Ministério Público.

D) É vedada a remoção dos grupos indígenas de suas terras, salvo, ad referendum do Congresso Nacional, em caso de catástrofe ou epidemia que ponha em risco sua população, ou no interesse da soberania do País, após deliberação do Congresso Nacional, garantido, em qualquer hipótese, o retorno imediato logo que cesse o risco.

E) São anuláveis os atos que tenham por objeto a ocupação, o domínio e a posse das terras indígenas, ou a exploração das riquezas naturais do solo, dos rios e dos lagos nelas existentes.

COMENTÁRIOS

Alternativa correta: letra "d": de acordo com o art. 231, § 5°, da CF, é vedada a remoção dos grupos indígenas de suas terras, salvo, *ad referendum* do Congresso Nacional, em caso de catástrofe ou epidemia que ponha em risco sua população, ou no interesse da soberania do País, após deliberação do Congresso Nacional, garantido, em qualquer hipótese, o retorno imediato logo que cesse o risco.

Alternativa "a": as terras tradicionalmente ocupadas pelos índios destinam-se à sua posse permanente, **cabendo-lhes o usufruto exclusivo das riquezas do solo, dos rios e dos lagos nelas existentes** (sem qualquer participação da União), nos termos do art. 231, § 1°, da CF.

Alternativa "b": o aproveitamento dos recursos hídricos, incluídos os potenciais energéticos, a pesquisa e a lavra das riquezas minerais em terras indígenas só podem ser efetivados com autorização **do Congresso Nacional** (e não da Fundação Nacional do Índio – FUNAI), ouvidas, as comunidades afetadas, ficando-lhes assegurada participação nos resultados da lavra, na forma da lei.

Alternativa "c": os índios, suas comunidades e organizações **são partes legítimas** para ingressar em juízo em defesa de seus direitos e interesses, apenas intervindo o Ministério Público em todos os atos do processo (art. 232, da CF).

Alternativa "e": são **nulos e extintos, não produzindo efeitos jurídicos** (não anuláveis) os atos que tenham por objeto a ocupação, o domínio e a posse das terras indígenas, ou a exploração das riquezas naturais do solo, dos rios e dos lagos nelas existentes (art. 231, § 6°, da CF).

Direito Constitucional

Paulo Lépore

✦ DICAS

TEORIA DA CONSTITUIÇÃO E DAS NORMAS CONSTITUCIONAIS

1. **Constitucionalismo:** movimento evolutivo de criação das Constituições.
2. **Constitucionalismo Primitivo (aproximadamente de 30.000 a. C. até 1.000 a. c):** na antiguidade clássica, os lideres das famílias ditavam e resguardavam as regras supremas para o convívio social. Segundo Karl Loewestein, o povo hebreu, teve grande destaque no movimento constitucionalista desse período, notadamente por reconhecer que os valores garantidos pelos primeiros textos bíblicos não podiam ser violados por ninguém (*Teoria de La Constitución*. Barcelona: Ariel, 1986, p. 154-157).
3. **Constitucionalismo Antigo (aproximadamente de 1.000 a.c. ao Séc. V d.c.):** os Parlamentos e Monarcas formulavam as normas de convívio social, e já existia uma exortação aos direitos fundamentais dos indivíduos. Entretanto, o constitucionalismo tinha pouco efetividade, pois os Monarcas não cumpriam as garantias dispostas nos direitos fundamentais.
4. **Constitucionalismo Medieval (Séc. V a XVIII):** surgimento de documentos que limitavam os poderes dos Monarcas e garantiam liberdades públicas aos cidadãos, a exemplo da Magna Charta de 1215, no Reino Unido. Também é desta época o que se denomina **constitucionalismo whig ou termidoriano**, que caracteriza a evolução lenta e gradual do movimento constitucionalista, e que se materializou com a ascensão de Guilherme de Oranges e do partido whig no Reino Unido, no final do século XVII, também marcado pela edição da Bill of Rights (1689).
5. **Constitucionalismo Moderno (Séc. XVIII a Séc. XX):** materialização e afirmação das Constituições Formais Liberais, que representavam garantias sérias de limitação dos Poderes Soberanos, e eram dotadas de legitimidade democrática popular. Desenvolveu-se à partir das revoluções liberais (Revolução Francesa e Revolução das 13 Colônias Estadunidenses). Representou o início do garantismo e o surgimento das primeiras Constituições dirigentes.
6. **Constitucionalismo Contemporâneo (Séc. XX a Séc. XXI):** caracteriza-se pela consolidação da existência de Constituições garantistas, calcadas na defesa dos direitos fundamentais igualitários, sociais e solidários. As disposições constantes nas Constituições têm reafirmada sua força normativa destacada em relação às prescrições de outras fontes jurídicas (leis e atos estatais). Esse período é marcado pelas constituições dirigentes, que prescrevem programas a serem implementados pelos Estados, normalmente por meio de normas programáticas. Vale destacar que esse período acabou manchado por algumas constituições criadas apenas para justificar o exercício de um Poder não democrático, a exemplo da Carta Polaca de 1937, que sustentou a Era Vargas no Brasil, e que faz parte do que se denomina **constitucionalismo semântico**, uma vez que se busca extrair da Constituição apenas os significados que possam reconhecer a tomada e manutenção de Poder por regimes autoritários.
7. **Neoconstitucionalismo (Séc. XX e Séc. XXI):** como um aprimoramento do Constitucionalismo Contemporâneo, prega a importância destacada da moral e dos valores sociais, garantidos predominantemente por meio de princípios. Não se conforma com as normas programáticas e as constituições dirigentes, afirmando que as Constituições devem ser dotadas de força normativa. Para conferir normatividade à Constituição, destaca o Poder Judiciário como garantidor, colocando a atividade legislativa em segundo plano. Em resumo: trabalha com a ideia de extração da máxima efetividade do Texto Constitucional, pois a Constituição deve ocupar o centro do sistema jurídico.

- Segundo **Ana Paula de Barcellos** (*"Neoconstitucionalismo, Direitos Fundamentais e Políticas Públicas"*, disponível em www.mundojuridico.adv.br), **o Neoconstitucionalismo tem as seguintes características**:

1. Do ponto de vista metodológico-formal:

a) Normatividade da Constituição: todas as disposições constitucionais são normas jurídicas;

b) Superioridade da Constituição sobre o restante da ordem jurídica: o que se dá por meio de constituições rígidas;

c) Centralidade da Constituição nos sistemas jurídicos: os demais ramos do Direitos devem ser compreendidos e interpretados a partir do que dispõe a Constituição.

2. Do ponto de vista material:

a) Incorporação explícita de valores e opções políticas nos textos constitucionais, sobretudo no que diz respeito à promoção da dignidade humana e dos direitos fundamentais;

b) Expansão de conflitos específicos e gerais entre as opções normativas e filosóficas existentes dentro do próprio sistema constitucional: envolve as colisões reais e aparentes entre regras e princípios (conflitos específicos) e o papel da Constituição (conflito geral). Esse conflito geral sobre o papel da constituição divide os autores em duas correntes.

- **Correntes sobre o papel da Constituição no Neoconstitucionalismo, segundo Ana Paula de Barcellos:**

a) Percepção/Visão Substancialista: cabe à Constituição impor ao cenário político um conjunto de decisões valorativas que se consideram essenciais e consensuais.

b) Percepção/Visão Procedimentalista: cabe à Constituição apenas garantir o funcionamento adequado do sistema de participação democrático, ficando a cargo da maioria, em cada momento histórico, a definição de seus valores e de suas políticas.

8. Concepções de Constituição

8.1. Constituição Sociológica (Ferdinand Lassalle – 1862): é aquela que deve traduzir a soma dos fatores reais de poder que rege determinada nação, sob pena de se tornar mera folha de papel escrita, que não corresponda à Constituição real.

8.2. Constituição Política (Carl Schmitt – 1928): é aquela que decorre de uma decisão política fundamental, e se traduz na estrutura do Estado e dos Poderes, e na presença de um rol de direitos fundamentais. As normas que não traduzirem a decisão política fundamental não serão constituição propriamente dita, mas meras leis constitucionais.

8.3. *Constituição Material*: é o arcabouço de normas que tratam da organização do poder, da forma de governo, da distribuição da competência, dos direitos da pessoa humana, considerados os sociais e individuais, do exercício da autoridade, ou seja, trata da composição e do funcionamento da ordem política. Tem relação umbilical com a Constituição Política de Carl Schimitt.

8.4. Constituição Jurídica (Hans Kelsen – 1934): é aquela que se constitui em norma hipotética fundamental pura, que traz fundamento transcendental para sua própria existência (sentido lógico-jurídico), e que, por se constituir no conjunto de normas com mais alto grau de validade, deve servir de pressuposto para a criação das demais normas que compõem o ordenamento jurídico (sentido jurídico-positivo).

8.5. Constituição Culturalista (Michele Ainis – 1986): é aquele que representa o fato cultural, ou seja, que disciplina as relações e direitos fundamentais pertinentes à cultura, tais como a educação, o desporto, e a cultura em sentido estrito.

8.6. Constituição Aberta (Peter Haberle – 1975): é aquela interpretada por todo o povo em qualquer espaço, e não apenas pelos juristas, no bojo dos processos.

8.7. Constituição Pluralista (Gustavo Zagrebelsky): não é nem um mandato nem um contrato. É aquela dotada de princípios universais, segundo as pretensões acordadas pelas "partes". Caracteriza-se pela capacidade de oferecer respostas adequadas ao nosso tempo ou, mais precisamente, da capacidade da ciência constitucional de buscar e encontrar essas respostas na constituição.

9. Supremacia Constitucional: a noção de supremacia da Constituição é oriunda de dois conceitos essenciais: 1. a ideia de superioridade do Poder Constituinte sobre as instituições jurídicas vigentes; e 2. a distinção entre Constituições Rígidas e Flexíveis. Nesse sentido, a supremacia prega que as normas constitucionais representam o paradigma máximo de validade do ordenamento jurídico, de modo que todas as demais normas são hierarquicamente inferiores a ela. Na pirâmide normativa de Hans Kelsen a Constituição está no ápice e as demais normas estão abaixo dela (relação de compatibilidade vertical).

10. Preâmbulo: é o texto introdutório da Constituição. Segundo posição exarada pelo STF no bojo da ADI 2076, julgada em 2002, o Preâmbulo da Constituição da República não tem força normativa, figurando como mero vetor interpretativo. Em seu voto, Celso de Mello sustentou que o Preâmbulo não se situa no âmbito do direito, mas no domínio da política, refletindo posição ideológica do constituinte. Ademais, ele conteria proclamação ou exortação no sentido dos princípios inscritos na Constituição Federal. Quanto à natureza jurídica do Preâmbulo, a posição do STF filia-se à Tese da Irrelevância Jurídica, afastando-se da Tese da Plena Eficácia (que defende ter o Preâmbulo a mesma eficácia das normas que consta da parte articulada da CF) e da Tese da Relevância Jurídica Indireta (para a qual o Preâmbulo é parte da Constituição, mas não é dotado das mesmas características normativas da parte articulada). Por essa razão, também não serve de parâmetro para controle de constitucionalidade. Esse posicionamento do STF serviu para definir que a invocação à proteção de Deus, constante do Preâmbulo da Constituição da República vigente, somente denota inspiração do constituinte, não violando a liberdade religiosa que permeia o Estado brasileiro.

11. Classificação das Constituições

I. Quanto à Origem

1. Democrática, Promulgada ou Popular: elaborada por legítimos representantes do povo, normalmente organizados em torno de uma Assembleia Constituinte.
2. Outorgada: é aquela elaborada sem a presença de legítimos representantes do povo, imposta pela vontade de um poder absolutista ou totalitário, não democrático.

3. Constituição Cesarista, Bonapartista, Plebiscitária ou Referendária: é aquela criada por um ditador ou imperador e posteriormente submetida à aprovação popular por plebiscito ou referendo.
4. Pactuada/Dualista: originada de um compromisso instável de duas forças políticas rivais, de modo que o equilíbrio fornecido por tal espécie de Constituição é precário. Esse modelo foi muito utilizado na monarquia da Idade Média. A Magna Carta de 1215, que os barões obrigaram João Sem Terra a jurar, é um exemplo.
5. Heteroconstituição (ou "Constituição Dada"): é aquela criada fora do Estado em que irá vigorar. Ex: Constituição do Chipre (procedente dos acordos de Zurique, de 1960, entre a Grã-Bretanha, a Grécia e a Turquia).

II. Quanto ao Conteúdo:

1. Formal: compõe-se do que consta em documento solene que tem posição hierárquica de destaque no ordenamento jurídico.
2. Material: composta por regras que exteriorizam a forma de Estado, organizações dos Poderes e direitos fundamentais. Portanto, suas normas são aquelas essencialmente constitucionais, mas que podem ser escritas ou costumeiras, pois a forma tem importância secundária.

III. Quanto à Forma:

1. Escrita/Instrumental: formada por um texto.

1.1. Escrita Legal (Paulo Bonavides): formada por texto oriundo de documentos esparsos ou fragmentados.

1.2. Escrita Codificada (Paulo Bonavides): formada por texto inscrito em documento único.

2. Não Escrita: identificada a partir dos costumes, da jurisprudência predominante e até mesmo por documentos escritos (por mais contraditório que possa parecer). Como esclarece Dirley da Cunha Júnior, "não existe Constituição inteiramente não-escrita ou costumeira, pois sempre haverá normas escritas compondo o seu conteúdo. A Constituição inglesa, por exemplo, compreende importantes textos escritos, mas esparsos no tempo e no espaço, como a Magna Carta (1251), o Petition of Rights (1628), o Habeas Corpus Act (1679), o Bill of Rights (1689), entre outros" (*Direito Constitucional.* 6 ed. Salvador: Juspodivm, 2012, p. 120).

IV. Quanto à Estabilidade:

1. Imutável: não prevê qualquer processo para sua alteração.
2. Fixa: só pode ser alteração pelo Poder Constituinte Originário, "circunstância que implica, não em alteração, mas em elaboração, propriamente, de uma nova ordem constitucional" (CUNHA JÙNIOR, Dirley da. *Curso de Direito Constitucional.* 6 ed. Salvador: Juspodivm, 2012, p. 122-123)
3. Rígida: aquela em que o processo para a alteração de qualquer de suas normas é mais difícil do que o utilizado para criar leis.

* Vale ressaltar que alguns autores falam em Constituição super-rígida, como aquela em que além de o seu processo de alteração ser mais difícil do que o utilizado para criar leis, dispõe ainda de uma parte imutável (cláusulas pétreas).

4. Flexível: aquela em que o processo para sua alteração é igual ao utilizado para criar leis.
5. Semi-rígida ou semiflexível: é aquela dotada de parte rígida (em que somente pode ser alterada por processo mais difícil do que o utilizado para criar leis), e parte flexível (em que pode ser alterada pelo mesmo processo utilizado para criar leis).

V. Quanto à Extensão:

1. Sintética: é a Constituição que regulamenta apenas os princípios básicos de um Estado.
2. Analítica ou prolixa: é a Constituição que vai além dos princípios básicos, detalhando também outros assuntos.

VI. Quanto à Finalidade:

1. Garantia: contém proteção especial às liberdades públicas.
2. Dirigente: confere atenção especial à implementação de programas pelo Estado.

VII. Quanto ao Modo de Elaboração:

1. Dogmática: sistematizada a partir de ideias fundamentais.
2. Histórica: de elaboração lenta, pois se materializa a partir dos costumes, que se modificam ao longo do tempo.

VIII. Quanto à Ideologia:

1. Ortodoxa: forjada sob a ótica de somente uma ideologia.
2. Eclética: fundada em valores plurais.

IX. Quanto ao Valor ou Ontologia (Karl Loewestein):

1. Normativa: dotada de valor jurídico legítimo.
2. Nominal: sem valor jurídico; com papel eminentemente social.
3. Semântica: tem importância jurídica, mas não valoração legítima, pois é criada apenas para justificar o exercício de um Poder não democrático. São meros simulacros de Constituição.

- **Máximas quanto às Classificações das Constituições**
- Toda Constituição rígida é escrita, pois não há rigidez em uma Constituição Não Escrita ou Costumeira.
- Toda Constituição costumeira é, ao menos conceitualmente, flexível, pois seu processo de alteração

não se diferencia do que se utiliza para a alteração de qualquer outra norma que discipline o convívio social.

- Nem toda Constituição escrita é rígida, pois a Constituição formada por um texto pode ser imutável, fixa, rígida, flexível, ou semiflexível.
- Uma Constituição pode ter partes rígidas e partes flexíveis, e nesse caso será denominada de semi-rígida ou semiflexível.

CLASSIFICAÇÃO DA CONSTITUIÇÃO DA REPÚBLICA FEDERATIVA DO BRASIL DE 1988	
1. Democrática ou Promulgada ou Popular	Elaborada por legítimos representantes do povo
2. Formal	Documento solene
3. Escrita ou Instrumental	Texto único
4. Rígida ou Super-rígida	Rígida: seu processo de alteração é mais difícil do que o utilizado para criar leis; Super-rígida: além de o seu processo de alteração ser mais difícil do que o utilizado para criar leis, ela tem uma parte imutável (cláusulas pétreas)
5. Analítica	Vai além dos princípios básicos, trazendo detalhamento também de outros assuntos
6. Dirigente	Confere atenção especial à implementação de programas pelo Estado
7. Dogmática	Sistematizada a partir de ideias fundamentais
8. Eclética	Fundada em valores plurais
9. Normativa	Tem valor jurídico legítimo (não apenas social)

12. Elementos das Constituições (José Afonso da Silva. *Curso de Direito Constitucional Positivo*. 6 ed. São Paulo: Malheiros, 1990, p. 43-44)

12.1. Elementos Orgânicos: regulam a estrutura do Estado e do Poder

12.2. Elementos Limitativos: referem-se aos direitos fundamentais, que limitam a atuação do Estado, protegendo o povo.

12.3. Elementos Sócio-ideológicos: revelam o compromisso do Estado em equilibrar os ideais liberais e sociais ao longo do Texto Constitucional.

12.4. Elementos de Estabilização Constitucional: asseguram a solução de conflitos institucionais entre Poderes, e também protegem a integridade do Estado e da própria Constituição.

12.5. Elementos Formais de Aplicabilidade: referem-se às regras de interpretação e aplicação da Constituição, a exemplo do preâmbulo, do ADCT, e a aplicabilidade imediata dos direitos e garantias fundamentais.

13. Bloco de Constitucionalidade

- O bloco de constitucionalidade (ideia de Louis Favoreu, mas desenvolvida por Canotilho e consagrada nas ADIs 595 e 514, pelo Ministro Celso de Mello) consiste no conjunto de normas materialmente constitucionais, que até servem de paradigma para controle de constitucionalidade, mas que, não necessariamente, integram formalmente a Constituição, a exemplo dos tratados internacionais de direitos humanos aprovados de acordo com o regramento do art. 5º, § 3º, da CF.

14. Convenções Constitucionais: "(...) consistem em acordos, implícitos ou explícitos, entre as várias forças políticas, sobre o comportamento a adoptar para se dar execução ou actuação a determinadas normas constitucionais, legislativas ou regimentais." Esses acordos não necessariamente criam normas solenes, mas tem força material, apresentando-se como verdadeiras limitações aos poderes constituídos. (*Direito constitucional e teoria da Constituição*. Coimbra: Almedina, 2007).

15. Normas, Postulados Normativos, Princípio e Regras

- **Normas Jurídicas de Primeiro Grau (Princípios e Regras):** os Princípios são mandados de otimização que impõem a promoção de um fim, na maior medida possível, com abstração e generalidade, enquanto as Regras prescrevem comportamentos imediatos, de modo mais completo e preciso.
- **Normas Jurídicas de Segundo Grau/Postulados Normativos (Humberto Ávila):** situam-se num plano distinto daquele das normas cuja aplicação estruturam. A violação deles consiste na não interpretação de acordo com sua estruturação. Não impõem a promoção de um fim, mas, em vez disso, estruturam a aplicação do dever de promover um fim. Não prescrevem imediatamente comportamentos, mas modos de raciocínio e de argumentação relativamente a normas que indiretamente prescrevem comportamentos.

16. Colisão de Direitos Fundamentais: a colisão ocorrida em âmbito constitucional não pode ser considerada na mesma perspectiva do conflito entre leis (também chamadas de "regras"), ou seja, como um "conflito aparente de normas" para cuja solução seriam utilizados os critérios cronológico, hierárquico ou da especialidade, na forma do "tudo ou nada" ("all or nothing"), em que só se aplica um documento normativo daqueles que aparentemente conflitavam. Essa solução é inaplicável aos princípios, que não se sujeitam a esses critérios apontados pela doutrina, tampouco podem ser afastados um em razão de outro. Assim, em toda colisão de princípios deve ser respeitado o núcleo intangível dos direitos fundamentais concorrentes, mas sempre se deve chegar a uma posição em que um prepondere sobre outro (mas, sem eliminá-lo). A colisão deve ser resolvida por concordância prática (Konrad Hesse), com aplicação do princípio da proporcionalidade (tradição alemã) ou pela dimensão de peso e importância (Ronald Dworkin), com aplicação do princípio da razoabilidade (tradição norte-americana).

17. Classificação das Normas Constitucionais quanto à Eficácia

- No que tange à eficácia, segundo classificação de José Afonso da Silva, as normas constitucionais podem ser: plenas, contidas e limitadas.

17.1. Normas de eficácia plena são aquelas dotadas de aplicabilidade direta, imediata e integral, pois não necessitam de lei infraconstitucional para torná-las aplicáveis e nem admitem lei infraconstitucional que lhes restrinja o conteúdo. Em outras palavras: elas trazem todo o conteúdo necessário para a sua materialização prática. São entendidas como de aplicabilidade direta, imediata e integral, pois não necessitam de lei infraconstitucional. Exemplo: Brasília é a Capital Federal (art. 18, § 1º, da CF).

17.2. Normas de eficácia contida ou restringível são aquelas que têm aplicabilidade direta, imediata, mas não integral, pois admitem que seus conteúdos sejam restringidos por normas infraconstitucionais, o que ocorre, por exemplo, com o enunciado que garante o livre exercício de qualquer trabalho, ofício ou profissão, atendidas as qualificações profissionais que a lei estabelecer (art. 5º, XIII, da CF). Para ilustrar: a função de advogado, somente pode ser exercida atendida a qualificação profissional de ser bacharel em direito, aprovado no Exame da Ordem dos Advogados do Brasil (art. 8º, IV, da Lei 8.906/94).

17.3. Normas de eficácia limitada ou reduzida são aquelas que possuem aplicabilidade indireta, mediata e reduzida (não direta, não imediata e não integral), pois exigem norma infraconstitucional para que se materializem na prática. Entretanto, apesar de não se realizarem sozinhas na prática, elas são dotadas de eficácia jurídica, pois revogam as leis anteriores com elas incompatíveis; vinculam o legislador, de forma permanente, à sua realização; condicionam a atuação da administração pública e informam a interpretação e aplicação da lei pelo Poder Judiciário. Elas podem ser de princípio programático ou princípio institutivo.

17.3.1. As **normas de eficácia limitada de princípio programático** (também referidas apenas como normas programáticas) são aquelas que não regulam diretamente interesses ou direitos nelas consagrados, mas se limitam a traçar alguns preceitos a serem cumpridos pelo Poder Público, como programas das respectivas atividades, pretendendo unicamente a consecução dos fins sociais pelo Estado. Podem-se citar como exemplos os objetivos da República Federativa do Brasil (art. 3º, da CF), a estruturação da política agrícola brasileira (art. 187 da CF), e a determinação de organização de um regime de colaboração dos sistemas de ensino dos Entes da Federação (art. 211 da CF).

17.3.2. Já as **normas de eficácia limitada de princípio institutivo** são aquelas responsáveis pela estruturação do Estado como, por exemplo, a norma segundo a qual os Territórios Federais integram a União, e sua criação, transformação em Estado ou reintegração ao Estado de origem serão reguladas em lei complementar (art. 18, § 2º, da CF).

<table>
<tr><td rowspan="4">CLASSIFICAÇÃO DAS NORMAS CONSTITUCIONAIS QUANTO À EFICÁCIA</td><td>1. Eficácia Plena</td><td rowspan="2"></td></tr>
<tr><td>2. Eficácia Contida</td></tr>
<tr><td rowspan="2">3. Eficácia Limitada</td><td>a) Princípio Programático
(Programáticas)</td></tr>
<tr><td>b) Princípio Institutivo</td></tr>
</table>

18. Métodos de Interpretação Constitucional

18.1. Método Jurídico ou Hermenêutico Clássico (Ernest Forsthoff): parte de uma Tese da Identidade que existiria entre a Constituição e as demais leis, ou seja, se a constituição é uma lei, não há porque criar-se um método específico para interpretá-la. Ele se vale basicamente dos seguintes elementos: a) genético (origem do ato); b) gramatical ou filológico (análise textual e literal); c) histórico (momento e contexto de criação do ato); d) lógico (não contradição); e) sistemático (análise do todo ou conjunto); f) teleológico (finalidade social do ato).

18.2. Método Científico-espiritual, Valorativo ou Sociológico (Rudolf Smend): tem como norte o espírito constitucional, ou seja, valores consagrados nas normas constitucionais. Além dos valores, levam-se em conta também outros fatores extraconstitucionais, como a realidade social e cultural do povo, exigindo-se uma interpretação elástica do texto constitucional, alçando a Constituição a instrumento de integração e solução de conflitos em busca da construção e da preservação da unidade social.

18.3. Método Tópico-problemático (Theodor Viehweg): atua sobre as aporias (aporia: dificuldade de escolher entre duas opiniões contrárias e igualmente racionais sobre um dado problema). Topos que no plural são os topoi representam formas de pensamento, raciocínios, argumentações, pontos de vista ou lugares comuns. Os topoi são retirados da jurisprudência, da doutrina, dos princípios gerais de direito e até mesmo do senso comum. Trata-se de uma teoria de argumentação jurídica em torno do problema. A partir do problema expõem-se os argumentos favoráveis e contrários e consagra-se como vencedor aquele capaz de convencer o maior número de interlocutores. Tem aplicabilidade nos casos de difícil solução, denominados por *hard cases*.

18.4. Método Hermenêutico-concretizador (Konrad Hesse): é aquele em que o intérprete se vale de suas pré-compreensões valorativas para obter o sentido da norma e então aplicá-la à resolução de determinado problema. O conteúdo da norma somente é alcançado a partir de sua interpretação concretizadora, dotada do caráter criativo que emana do exegeta. Nesse sentido, o método de Hesse possibilita que a Constituição tenha força ativa para compreender e alterar a realidade. Mas, nesse mister, o texto constitucional apresenta-se como um limite intransponível para o intérprete, pois se o exegeta passar por cima do texto, ele estará modificando ou rompendo a Constituição, não a interpretando.

18.5. Método Normativo-estruturante (Friedrich Müller) ou Concretista (Paulo Bonavides): é aquele em que o intérprete parte do direito positivo para chegar à estruturação da norma, muito mais complexa que o texto legal. Nesse caminho, há influência da jurisprudência, da doutrina, da história, da cultura e das decisões políticas. Em outras palavras: o exegeta colhe elementos da realidade social para estruturar a norma que será aplicada.

18.6. Método Concretista da Constituição Aberta (Peter Häberle): traz a ideia que a Constituição deve ser interpretada por todos e em quaisquer espaços (abertura interpretativa), e não apenas pelos juristas no bojo de procedimentos formais.

18.7. Método da Comparação Constitucional (Peter Häberle): prega a interpretação a partir da comparação entre diversas Constituições.

- **Inexistência de hierarquia entre métodos de interpretação constitucional:** segundo Gilmar Ferreira Mendes, Inocêncio Mártires Coelho e Paulo Gustavo Gonet Branco: "Não por acaso Gustavo Zagrebelsky afirma que não existe na literatura, nem na jurisprudência, uma teoria de métodos interpretativos da Constituição que nos esclareça se é possível e mesmo necessário adotar um método previamente estabelecido ou uma ordem metodológica concreta, um dado de realidade que, se não configura lacuna inexplicável, por certo reflete a consciência de que não tem maior significado nos aproximarmos da interpretação através dos seus métodos, ainda que a palavra método, como todos sabem, signifique, precisamente, o caminho a ser percorrido para se alcançar a verdade". (*Curso de direito constitucional.* 2. ed. São Paulo: Saraiva, 2008, p. 98).

19. Leitura Moral da Constituição: Segundo Ronald Dworkin, a leitura moral da Constituição elucida que a interpretação jurídica deve valer-se de uma teoria política, sem que isso signifique uma corrupção da interpretação. Os princípios e valores dos julgadores tendem a influenciar no desvelar das normas jurídicas (*Uma questão de princípio.* São Paulo: Martins Fontes: 2001, p. 246-247).

20. Princípios de Interpretação Constitucional

20.1. Princípios Enunciados por Canotilho

20.1.1. Princípio da unidade da Constituição: preceitua que a interpretação constitucional deve ser realizada tomando-se as normas constitucionais em conjunto (interpretação sistêmica), como um sistema unitário de princípios e regras, de modo a se evitarem contradições (antinomias aparentes) entre elas.

20.1.2. Princípio do efeito integrador ou da eficácia integradora: traz a ideia que as normas constitucionais devem ser interpretadas com objetivo de integrar política e socialmente o povo de um Estado Nacional.

20.1.3. Princípio da máxima efetividade ou eficiência: exige que o intérprete otimize a norma constitucional para dela extrair a maior efetividade possível, guardando estreita relação com o princípio da força normativa. Segundo Luis Roberto Barroso, por meio dele realiza-se uma aproximação, tão íntima quanto possível, entre o dever-ser normativo e o ser da realidade social. (*Curso de direito constitucional contemporâneo.* São Paulo: Saraiva, 2009).

20.1.4. Princípio da conformidade/correção funcional/exatidão funcional ou da justeza: limita o intérprete na atividade de concretizador da Constituição, pois impede que ele atue de modo a desestruturar as premissas de organização política previstas no Texto Constitucional.

20.1.5. Princípio da concordância prática ou da harmonização: a interpretação de uma norma constitucional exige a harmonização dos bens e valores jurídicos colidentes em um dado caso concreto, de forma a se evitar o sacrifício total de um em relação a outro.

20.1.6. Princípio da força normativa: a partir dos valores sociais, o intérprete, em atividade criativa, deve extrair aplicabilidade e eficácia de todas as normas da Constituição, conferindo-lhes sentido prático e concretizador, em clara relação com o princípio da máxima efetividade ou eficiência. Por meio dele, a Constituição tem força ativa para alterar a realidade.

20.2. Outros Princípios

20.2.1. Princípio da razoabilidade ou da proporcionalidade: exige a tomada de decisões racionais, não abusivas, e que respeitem os núcleos essenciais de todos os direitos fundamentais. Por meio dele, analisa-se se as condutas são adequadas, necessárias e trazem algum sentido em suas realizações.

20.2.2. Princípio da interpretação conforme: consiste em conferir-se a um ato normativo polissêmico (que admite vários significados) a interpretação que mais se adéque ao que preceitua a Constituição, sem que essa atividade se constitua em atentado ao próprio texto constitucional. Aplicável ao controle de constitucionalidade, a interpretação conforme permite que se mantenha um texto legal, conferindo-se a ele um sentido ou interpretação de acordo com os valores constitucionais.

20.2.3. Princípio da presunção de constitucionalidade das leis: traz a ideia que todas as normas infraconstitucionais criadas estão de acordo com a Constituição. Toda lei é válida e constitucional até que se prove o contrário, portanto, a presunção de constitucionalidade é relativa (*juris tantum).* Esse princípio ainda tem por missão orientar que o judiciário declare a inconstitucionalidade de uma norma apenas se ela for patente ou chapada, não permitindo uma interpretação conforme a constituição. Sobre o princípio, a lição de Luís Roberto Barroso: "a) não sendo evidente a inconstitucionalidade, havendo dúvida ou a possibilidade de razoavelmente se considerar a norma como válida, deve o órgão competente abster-se da declaração de inconstitucionalidade; b) havendo alguma interpretação possível que permita afirmar-se a compatibilidade da norma com a Constituição, em meio a outras que carreavam para ela um juízo de invalidade, deve o intérprete optar pela interpretação legitimadora, mantendo o preceito em vigor" (*Interpretação e aplicação da Constituição.* 2. ed. São Paulo: Saraiva. 1998, p. 165).

20.2.4. Princípio da vedação do retrocesso: significa que uma vez garantido em um ordenamento jurídico, notadamente no Texto Constitucional, um direito humano (que se torna fundamental pela positivação na Constituição) não pode mais deixar de existir naquela sociedade ou Estado. Tal princípio está implícito nos ordenamentos jurídicos de todos os países que reconhecem a importância e a validade do direito internacional dos direitos humanos.

20.2.5. Correntes interpretativista e não-interpretativista: segundo a corrente interpretativista, os intérpretes têm como limites os valores expressos, ou, ao menos, claramente implícitos nas Constituições, de modo a respeitar-se a vontade do constituinte. Já a corrente não-interpretativista sustenta que o intérprete pode invocar valores eventualmente não expressos ou claramente implícitos nas Constituições, a exemplo da justiça, da moral e da liberdade. A corrente não-interpretativista recebe esse nome porque ela não interpretaria a partir da Constituição, mas criaria uma nova norma para servir à resolução do problema.

21. Classificação dos princípios constitucionais segundo José Afonso da Silva

21.1. Princípios Constitucionais Sensíveis: são aqueles que devem ser observados, sob pena de intervenção federal, consoante art. 34, II, da CF.

21.2. Princípios Constitucionais Extensíveis: são aqueles que trazem as normas de organização que a Constituição Federal estendeu aos Estados-membros, a exemplo do art. 6º da CF.

21.3. Princípios Constitucionais Estabelecidos: são aqueles que limitam a autonomia organizatória do Estado, a exemplo do art. 37 da CF.

PODER CONSTITUINTE E DIREITO CONSTITUCIONAL INTERTEMPORAL

- **CF, art. 60, § 4º.**

✦ DICAS

1. PODER CONSTITUINTE

1.1. Ideia ou Teoria Clássica de Poder Constituinte (de Emmanuel Joseph Sieyès, na obra *Que é o Terceiro Estado?*): a soberania popular consiste essencialmente no poder constituinte da nação. Entretanto, atualmente, a ideia de nação cedeu lugar ao poder do povo. Assim, é o povo que atribui seus poderes a órgãos estatais especializados, que passam a se denominar Poderes (Executivo, Legislativo e Judiciário). E se o povo delega certas partes do seu poder às diversas autoridades constituintes, ele mantém o poder constituinte. Nesse sentido, o Poder Constituinte tem suas raízes em uma força geral da Nação (JJ. Gomes Canotilho).

1.2. A **titularidade** do Poder Constituinte é do povo, mas é o Estado quem o exerce.

1.3. O **Poder Constituinte Originário (também denominado por Genuíno, Primário ou de Primeiro Grau)** cria a primeira ou nova constituição de um Estado. Para atingir seu objetivo, ele é **inicial** (não existe outro poder anterior ou superior a ele), **autônomo** (o poder constituinte determina a estrutura da nova Constituição), **ilimitado** (tem autonomia para escolher o Direito que irá viger, ou seja, não se subordina a nenhuma ideia jurídica preexistente) e **incondicionado** (é dotado de liberdade quanto aos procedimentos adotados para a criação da Constituição, ou seja, não precisa seguir nenhuma formalidade preestabelecida). (LÉPORE, Paulo. *Direito constitucional.* 2. Ed. Salvador: Juspodivm, 2014, p. 25). Ademais, o poder constituinte originário pode ser qualificado como **permanente**, "[...] já que o poder constituinte originário não se esgota com a edição da nova Constituição, sobrevivendo a ela e fora dela como forma de expressão da liberdade humana, em verdadeira ideia de subsistência." (LENZA, Pedro. *Direito constitucional esquematizado.* 16. ed. São Paulo: Saraiva, 2012, p. 186).

1.4. Já o **Poder Constituinte Derivado Reformador (também denominado por Secundário, de Segundo Grau, Instituído, Constituído, ou de Reforma)** é responsável pela reforma da Constituição (no Brasil, por meio de Emendas Constitucionais ou da incorporação de tratados internacionais de direitos humanos). Vale notar que a CF de 1988 **não** prevê expressamente o poder de reforma, que materializa o poder constituinte derivado, mas este se encontra implícito, e se extrai, por exemplo, da norma constitucional que prevê propostas de emendas à Constituição.

1.5. A seu turno, o Poder Constituinte Derivado **Decorrente** é aquele exercido pelos Estados-membros, na construção das Constituições Estaduais (art. 25, da CF).

1.6. Limitações ao Poder Constituinte Derivado

1.6.1. Temporais: impedem a alteração da Constituição em um determinado período de tempo (A CF/88 não prevê nenhuma limitação temporal, em privilégio ao ganho de estabilidade).

1.6.2. Circunstanciais: impedem a alteração da CF em momentos de extrema gravidade, nos quais a livre manifestação do poder reformador possa estar ameaçada (Estado de Defesa, Estado de Sítio, e Intervenção Federal).

1.6.3. Formais/Processuais/Procedimentais, que podem ser de duas espécies: 3.1. Formal Subjetiva (há legitimados específicos para a propositura de Emendas Constitucionais); 3.2. Formal Objetiva (quórum qualificado de três quintos, em dois turnos, em cada Casa do Congresso Nacional, com promulgação pelas mesas do Senador Federal e da Câmara dos Deputados).

1.6.4. Materiais/Substanciais: cláusulas pétreas.

1.6.5. Implícitas: vedam a alteração das regras pertinentes ao processo para modificação da Constituição.

- **Atenção!** Algumas provas pedem a classificação das limitações ao Poder Constituinte na Constituição de 1988. **Para a ESAF**, as limitações são **explícitas** (englobam as circunstanciais e as materiais) e **implícitas** (se confundem com as formais/processuais/procedimentais)
- As **cláusulas pétreas** (de pedra, duras) estão dispostas no art. 60, § 4º, da CF: I – a forma federativa de Estado; II – o voto direto, secreto, universal e periódico; III – a separação dos Poderes; IV – os direitos e garantias individuais. Não será objeto de deliberação a proposta de emenda constitucional **tendente** a aboli-las.
- O STF entende que **os direitos e garantias individuais considerados cláusulas pétreas pela CF não se restringem àqueles expressos no elenco do art. 5º**, admitindo interpretação extensiva para definição de **direitos análogos,** o que restou claro na ADI 939, julgada em 1993 e relatada pelo Ministro Sydney Sanches, que considerou direito e garantia individual a anterioridade tributária, consoante art. 5º, § 2º, art. 60, § 4º, IV, e art. 150, III, "b", todos da CF.
- As cláusulas pétreas tem como significado último **prevenir a erosão da Constituição Federal**, inibindo a tentativa de abolir o projeto constitucional deixado pelo constituinte (que normalmente ocorrem em momentos de pressões e revoltas populares, consoante lição de Karl Loewenstein (*Teoria de la constitución*. Barcelona: Ariel, 1983, p. 222).
- O STF considera que os limites materiais ao poder constituinte de reforma **não significam a intangibilidade literal da disciplina dada ao tema pela Constituição originária**, mas sim a proteção do núcleo essencial dos princípios e institutos protegidos pelas cláusulas pétreas, consoante ADI 2.024, julgada em 2007 e relatada pelo Ministro Sepúlveda Pertence.
- O poder constituinte de reforma não pode criar novas cláusulas pétreas, ou seja, não pode ampliar as hipóteses do art. 60, § 4º, da CF. Entretanto, é possível que haja uma **ampliação no catálogo dos direitos fundamentais** criado pelo poder constituinte originário, notadamente dos direitos e garantias individuais protegidos pelo art. 60, § 4º, IV, da CF, a exemplo do direito à razoável duração do processo (art. 5º, LXXVIII, da CF), incluído pela EC 45/04.
- O sistema constitucional brasileiro **admite a existência de cláusulas pétreas implícitas**, a exemplo da forma republicana de governo. Essa afirmação encontra fundamento na **jurisprudência do STF** (ADI 829, Rel. Min. Moreira Alves, julgamento em 14-4-1993, Plenário, DJ de 16-9-1994; e (MS 24.875, Rel. Min. Sepúlveda Pertence, julgamento em 11-5-2006, Plenário, DJ de 6-10-2006.).
- De acordo com Luís Roberto Barroso, "[...] hierarquia, em Direito, designa o fato de uma norma colher o seu fundamento de validade em outra, sendo inválida se contravier a norma matriz. Ora bem: não é isso que se passa na situação aqui descrita. Pelo princípio da unidade da Constituição, inexiste hierarquia entre normas constitucionais originárias, que jamais poderão ser declaradas inconstitucionais umas em face das outras. **A proteção especial dada às normas amparadas por cláusulas pétreas sobrelevam seu status político ou sua carga valorativa, com importantes repercussões hermenêuticas, mas não lhes atribui superioridade jurídica**". (Curso de direito constitucional contemporâneo. São Paulo: Saraiva, 2009, p. 167).

1.7. Segundo José Afonso da Silva, **reforma é gênero**, e tem como espécies: emenda (mudança pontual) e revisão (modificação mais amplas). Alguns autores também apontam a mutação constitucional como um procedimento não-formal de reforma ou mudança da Constituição

- **Revisão constitucional**: prevista no art. 3º, do ADCT da CF, foi realizada 5 anos após a promulgação da CF/88 (em 1993, portanto) pelo voto da maioria absoluta dos membros do Congresso Nacional, em sessão unicameral, tendo gerado seis emendas constitucionais de revisão que detêm o *status* de normas constitucionais **derivadas**, porque materializadas por meio de emendas. Ademais, elas estão sujeitas ao controle de constitucionalidade, pois apenas as normas constitucionais originárias gozam de presunção absoluta de constitucionalidade.

- **Mutação constitucional:** é um processo não formal de mudança da Constituição em que o texto constitucional permanece inalterado, modificando-se apenas o significado e o sentido interpretativo de determinada norma constitucional. Em outras palavras: na mutação, altera-se a interpretação sobre o texto da Constituição, chegando-se a norma com sentido novo. O exemplo mais famoso é o empregado ao STF ao art. 52, X, da CF, para dizer que a nova norma que dele se extrai é no sentido que a resolução emitida pelo Senador Federal para suspender a execução, no todo ou em parte, de norma declarada inconstitucional no controle difuso serve apenas para conferir publicidade à decisão do STF. Outro exemplo é a interpretação do STF sobre o conceito de casa, do art. 5º, XI, da CF, para dizer que inclui também escritórios profissionais, hotéis, motéis, pensões e congêneres. Segundo Luís Roberto Barroso, a mutação constitucional pode ocorrer por interpretação, pela atuação do legislador e por via de costume. A mutação constitucional por via de interpretação "consiste na mudança de sentido da norma, em contraste com entendimento preexistente". Já a mutação pela atuação do legislador ocorrerá "quando, por ato normativo primário, procurar-se modificar a interpretação que tenha sido dada a alguma norma constitucional. É possível conceber que, ensejando a referida norma mais de uma leitura possível, o legislador opte por uma delas, exercitando o papel que lhe é próprio, de realizar escolhas políticas. A mutação terá ligar se, vigendo um determinado entendimento, a lei vier a alterá-lo. Suponha-se, por exemplo, que o § 3º do art. 226 da Constituição – que reconhece a união estável entre homem e mulher como entidade familiar – viesse a ser interpretado no sentido de considerar vedada a união estável entre pessoas do mesmo sexo. Se a lei ordinária vier a disciplinar esta última possibilidade, chancelando as uniões homoafetivas, terá modificado o sentido que vinha sendo dado à norma constitucional". Por fim, a mutação por costume é aquela que altera uma prática historicamente considerada válida. "Há outro exemplo expressivo contemporâneo, relacionado com as Comissões Parlamentares de Inquérito (CPIs). Nos últimos anos, uma prática política persistente expandiu os poderes dessas comissões e redefiniu suas competências. Passou-se a admitir, pacificamente, a determinação de providências que antes eram rejeitadas pela doutrina e pela jurisprudência, aí incluídas a quebra de sigilos bancários, telefônico e fiscais" (BARROSO, Luís Roberto. Curso de Direito Constitucional Contemporâneo. São Paulo: Saraiva, 2009, p. 128-135).
- **Atenção!** Até recente pronunciamento do STF, entendia-se que o art. 52, X, da CF havia sofrido mutação constitucional, para dizer que a nova norma que dele se extrai seria no sentido de que a resolução emitida pelo Senado Federal para suspender a execução, no todo ou em parte, de norma declarada inconstitucional no controle difuso serviria apenas para conferir publicidade à decisão do STF. No entanto, **no julgamento da Reclamação 4335/AC, julgada em 2014 e relatada pelo Ministro Gilmar Mendes, esse posicionamento (da incidência da mutação constitucional no art. 52, X, CF) foi adotado apenas pelos Ministros Gilmar Mendes e Eros Grau, portanto, não foi compartilhado pela maioria dos Ministros. Assim, a tese de que o artigo 52, X, da CF sofreu mutação Constitucional não foi acolhida pelo STF**.

1.8. Poder constituinte supranacional: tem capacidade para submeter as diversas constituições nacionais ao seu poder supremo, distinguindo-se do ordenamento jurídico positivo interno assim como do direito internacional. Exemplo concreto é a tentativa de criação de uma Constituição para a União Européia, responsável pela regência de vários países e não se confundindo com cada um dos direitos internos e nem com os tratados internacionais.

- **Não há** manifestação de Poder Constituinte (Originário, Derivado, ou Decorrente) nos Municípios, pois estes têm sua estruturação jurídica dada por meio de Lei Orgânica, não de Constituição.

2. DIREITO CONSTITUCIONAL INTERTEMPORAL

2.1. Revogação: a Constituição nova, mesmo que não diga expressamente ou que não seja incompatível, revoga inteiramente a Constituição anterior. Trata-se de revogação por normação geral. Ocorre uma ab-rogação da Constituição anterior.

2.2. Desconstitucionalização: quando do surgimento de uma nova Constituição, apenas a constituição propriamente dita (anterior) é revogada, e as normas constitucionais compatíveis materialmente com o novo diploma são recepcionadas com status infraconstitucional (desconstitucionalizadas). Segundo a maioria da doutrina, esse fenômeno nem ocorreu tacitamente e nem foi expressamente adotado pela Constituição Federal vigente.

2.3. Recepção: consiste no fenômeno em que normas pertencentes a uma ordem jurídica anterior são recebidas e consideradas válidas por uma nova ordem constitucional, porque seus conteúdos são materialmente compatíveis. Quando do surgimento de uma nova Constituição as normas materialmente incompatíveis serão revogadas (nomenclatura utilizada pelo STF) ou não-recepcionadas. A incompatibilidade formal superveniente não impede a recepção, mas faz com que a norma adquira uma nova roupagem. Exemplo: CTN (Lei 5.172/66) foi recepcionado, por EC pela CF/67 e também pela CF/88 como Lei Complementar, logo, só pode ser revogado por outra lei complementar. Em outras palavras: na recepção constitucional só importa o aspecto material. Há, ainda, a recepção expressa, a exemplo da norma do art. 34 do ADCT, segundo a qual o sistema tributário nacional entraria em vigor apenas a partir do primeiro dia do quinto mês seguinte ao da promulgação da Constituição, mantido, até então, o da Constituição de 1967, com a redação dada pela Emenda nº 1, de 1969, e pelas posteriores. Assim, o art. 34 do ADCT recepcionou, expressamente, o sistema tributário da Constituição de 1967, ainda que por prazo determinado.

2.4. **Repristinação:** fenômeno que se dá pela recuperação da vigência de uma norma que tinha sido revogada, se, por acaso, a lei que a tinha revogado, por qualquer razão, perder a vigência (porque foi revogada, por exemplo). Simplificando: tomemos três leis "1", "2" e "3". Se "2" revoga "1", mas "3" revoga "2", "1" volta a ter vigência. No plano legal, esse fenômeno só existe de forma expressa (se a lei que entra em vigor revogando a lei revogadora expressar o restabelecimento da lei inicialmente revogada), não havendo repristinação tácita. Mas, no plano constitucional, fala-se na existência de um efeito repristinatório tácito, em que no controle de constitucionalidade concentrado, a concessão da medida cautelar ou decisão de mérito torna aplicável a legislação anterior acaso existente, salvo expressa manifestação em sentido contrário (art. 11, § 2º, da Lei 9.868/99). Vale ressaltar, com Pedro Lenza, que o STF vem utilizando a expressão "efeito repristinatório" da declaração de inconstitucionalidade (c.f. ADI 2.215-PE, medida cautelar, Rel. Ministro Celso de Mello, Informativo 224 do STF). Isso porque, se a lei é nula, ela nunca teve eficácia. Se nunca teve eficácia, nunca revogou nenhuma norma. Se nunca revogou nenhuma norma, aquela que teria sido supostamente "revogada" continua tendo eficácia (Direito Constitucional Esquematizado. 16 ed. São Paulo: Saraiva, 2012, p. 342).

2.5. **Constitucionalidade superveniente:** trata-se do saneamento do vício de inconstitucionalidade por uma nova constituição ou emenda. Não é admitida no Brasil. A constitucionalidade de uma lei sempre deve ser analisada em relação à Constituição vigente quando de sua edição. O vício de inconstitucionalidade, quando existente, é sempre congênito, ou seja, existe desde o momento de edição da norma. Se uma lei nasceu inconstitucional, o vício é insanável e o fato de ela não ser incompatível com uma nova Constituição é absolutamente irrelevante. Uma nova Constituição não pode constitucionalizar, tirar o vício de uma lei que é inconstitucional segundo o parâmetro constitucional anterior. Assim entende o STF: "Em nosso ordenamento jurídico, não se admite a figura da constitucionalidade superveniente. Mais relevante do que a atualidade do parâmetro de controle é a constatação de que a inconstitucionalidade persiste e é atual, ainda que se refira a dispositivos da CF que não se encontram mais em vigor. Caso contrário, ficaria sensivelmente enfraquecida a própria regra que proíbe a convalidação. (ADI 2.158, julgada em 2010 e relatada pelo Ministro Dias Tóffoli) "Constituição. Lei anterior que a contrarie. Revogação. Inconstitucionalidade superveniente. Impossibilidade. A lei ou é constitucional ou não é lei. Lei inconstitucional é uma contradição em si. A lei é constitucional quando fiel à Constituição; inconstitucional na medida em que a desrespeita, dispondo sobre o que lhe era vedado. O vício da inconstitucionalidade é congênito à lei e há de ser apurado em face da Constituição vigente ao tempo de sua elaboração. Lei anterior não pode ser inconstitucional em relação à Constituição superveniente; nem o legislador poderia infringir Constituição futura. A Constituição sobrevinda não torna inconstitucionais leis anteriores com ela conflitantes: revoga-as. Pelo fato de ser superior, a Constituição não deixa de produzir efeitos revogatórios. Seria ilógico que a lei fundamental, por ser suprema, não revogasse, ao ser promulgada, leis ordinárias. A lei maior valeria menos que a lei ordinária." (ADI 2, julgada em 1992 e relatada pelo Ministro Paulo Brossard).

2.6. **Retroatividade da norma constitucional:** há três níveis de retroatividade: máxima, média e mínima. A retroatividade máxima ou restitutória se dá na hipótese em que a norma nova prejudica coisa julgada ou fatos jurídicos já consumados. A retroatividade média ocorre no caso de a norma nova atingir efeitos pendentes de atos verificados antes dela. A retroatividade mínima, temperada ou mitigada se verifica quando a norma nova atinge apenas os efeitos de fatos anteriores, verificados após a data que ela entra em vigor (tudo conforme a ADI 493, julgada pelo STF em 1992 e relatada pelo Ministro Moreira Alves).

PRINCÍPIOS FUNDAMENTAIS DA CONSTITUIÇÃO DA REPÚBLICA FEDERATIVA DO BRASIL

- **CF, artigos 1º a 4º**

✦ DICAS

1. A República Federativa do Brasil (RFB), formada pela união indissolúvel dos Estados e Municípios e do Distrito Federal, constitui-se em Estado Democrático de Direito e tem como **fundamentos**: I – a soberania; II – a cidadania; III – a dignidade da pessoa humana; IV – os valores sociais do trabalho e da livre iniciativa; V – o pluralismo político (art. 1º da CF).

- Para memorizar os fundamentos da RFB, o leitor pode se valer da expressa mnemônica: **SOCIDIVAPLU**

FUNDAMENTOS DA REPÚBLICA FEDERATIVA DO BRASIL	
SO:	Soberania
CI:	Cidadania
DI:	Dignidade da pessoa humana
VA:	Valores sociais do trabalho e da livre iniciativa
PLU:	pluralismo político
SO-CI-DI-VA-PLU	

2. **Federalismo:** pode ser classificado em: a) por agregação ou centrípeto: b) por desagregação ou centrífugo:

2.1. **Federalismo por agregação ou centrípeto:** se forma a partir de Estados ou entes independentes que se juntam para a formação de um Estado Federado, com garantia de autonomia aos seus componentes, mas que dota apenas o Estado Unido (reunião de seus entes autônomos) de independência. Assim, por serem autônomos, mas não independentes, os entes federados não têm direito à secessão, ou seja, não podem se tornar independentes do Estado Federado. Essa é a forma originária e própria de Federalismo, que ocorreu com as treze colônias que conquistaram a independência da Grã Bretanha, mas optaram pela formação dos Estados (federados) Unidos da América.

2.2. **Federalismo por desagregação ou centrífugo:** se forma a partir da subdivisão de um Estado unitário em entes independentes, que se harmonizam para a formação de um Estado Federado, com garantia de autonomia aos seus componentes, mas que dota apenas o Estado Unido (reunião de seus entes autônomos) de independência. Assim, por serem autônomos, mas não independentes, os entes federados não têm direito à secessão, ou seja, não podem se tornar independentes do Estado Federado. Essa é a forma imprópria de Federalismo, que ocorreu com o Brasil em 1891, formando os Estados Unidos do Brasil e permanece até hoje, mas sob nova roupagem, pois estamos sob a égide da República Federativa do Brasil.

- **Federalismo de terceiro grau:** é o nome que se dá à Federação que também confere autonomia aos Municípios. No Brasil, o federalismo de terceiro grau passou a existir apenas a partir da Constituição Federal de 1988, momento em que os Municípios ganharam autonomia.

3. Ninguém é obrigado a cumprir ordem ilegal, ou a ela se submeter, ainda que emanada de autoridade judicial. É dever de cidadania opor-se à ordem ilegal; caso contrário, nega-se o **Estado Democrático de Direito**. Tal posicionamento foi exarado no **HC 73.454**, julgado pelo STF em 1996 e relatado pelo Ministro Maurício Corrêa.

4. **Princípio da livre iniciativa:** segundo o STF, "o princípio da livre iniciativa não pode ser invocado para afastar regras de regulamentação do mercado e de defesa do consumidor." (RE 349.686, julgado em 2005 e relatado pela Ministra Ellen Gracie).

5. **Todo o poder emana do povo**, que o exerce por meio de representantes eleitos ou diretamente, nos termos da Constituição Federal de 1988 (art. 1°, parágrafo único, da CF). Trata-se do denominado **Princípio Democrático**.

6. São **Poderes da União**, independentes e harmônicos entre si, o Legislativo, o Executivo e o Judiciário (art. 2° da CF).

- A Primeira Constituição Brasileira, de 1824, previa um quarto Poder, chamado de **Moderador**. Por meio dele o Imperador podia interferir diretamente nas atividades exercidas pelos demais Poderes, o que se ilustrava pela possibilidade de o Governante dissolver a Câmara dos Deputados.
- Atenção! O Ministério Público é compreendido como uma Função Essencial à Justiça (art. 127 da CF), não um Poder.
- A União é pessoa jurídica de direito público interno que representa a **pessoa jurídica de direito público externo República Federativa do Brasil**.

7. Constituem **objetivos fundamentais** da República Federativa do Brasil: I – construir uma sociedade livre, justa e solidária; II – garantir o desenvolvimento nacional; III – erradicar a pobreza e a marginalização e reduzir as desigualdades sociais e regionais; IV – promover o bem de todos, sem preconceitos de origem, raça, sexo, cor, idade e quaisquer outras formas de discriminação (art. 3° da CF).

8. A República Federativa do Brasil rege-se, nas suas **relações internacionais**, pelos seguintes princípios: I – independência nacional; II – prevalência dos direitos humanos; III – autodeterminação dos povos; IV – não-intervenção; V – igualdade entre os Estados; VI – defesa da paz; VII – solução pacífica dos conflitos; VIII – repúdio ao terrorismo e ao racismo; IX – cooperação entre os povos para o progresso da humanidade; X – concessão de asilo político (art. 4° da CF).

9. São chamados de **preceitos fundamentais** não só os princípios fundamentais descritos nos artigos 1° a 4° da CF, mas também todas as prescrições que dão o sentido básico do regime constitucional, especialmente as designativas de direitos e garantias fundamentais. Assim leciona José Afonso da Silva: "Os preceitos fundamentais são, além dos princípios fundamentais, **todas as prescrições que dão o sentido básico do regime constitucional**, como são, por exemplo, as que apontam para a autonomia dos Estados, do Distrito Federal e especialmente as designativas de direitos e garantias fundamentais" (*Curso de Direito Constitucional Positivo.* 13 ed. Malheiros. São Paulo: 1997, p. 530).

DIREITOS E GARANTIAS FUNDAMENTAIS

- **CF, artigos 5º a 11.**

✦ DICAS

1. Os direitos e garantias fundamentais estão formalmente alocados nos **artigos 5º a 17 da CF**.

2. Denominam-se direitos fundamentais os **direitos humanos que são positivados nas constituições**.

- O jurista espanhol **Antonio Perez Luño** define os direitos fundamentais como um conjunto de faculdades e instituições que, em cada momento histórico, concretizam as exigências da dignidade, igualdade e liberdade humanas, devendo obrigatoriamente ser reconhecidos no ordenamento jurídico positivo e por este garantidos, em âmbito internacional e nacional, gozando no ordenamento nacional de tutela reforçada em face dos poderes constituídos do Estado (Los derechos fundamentales. 5. ed. Madrid: Tecnos, 1993, p. 46-47).

3. A doutrina classifica os direitos humanos e os fundamentais em **gerações ou dimensões de direitos**. Os **direitos civis e políticos** seriam os de primeira geração ou dimensão, caracterizados pelo valor liberdade. Já os **direitos econômicos, sociais e culturais** seriam os de segunda geração ou dimensão, caracterizados pelo valor igualdade. Por fim, os **direitos de solidariedade ou fraternidade** seriam os de terceira geração ou dimensão, caracterizados pelo valor solidariedade ou fraternidade. Estes direitos formariam, assim, um conjunto indivisível de direitos fundamentais, entre os quais não há qualquer relação hierárquica.

4. **Dimensões objetiva e subjetiva dos direitos fundamentais:** "a dimensão subjetiva dos direitos fundamentais corresponde à característica desses direito de, em maior ou menor escala, ensejarem uma pretensão a que se adote um dado comportamento ou então essa dimensão se expressa no poder da vontade de produzir efeitos sobre certas relações jurídicas". [...] "A dimensão objetiva resulta do significado dos direitos fundamentais como princípios básicos da ordem constitucional, [...] que transcendem a perspectiva da garantia de posições individuais, para alcançar a estatura de normas que filtram os valores básicos da sociedade política, expandindo-os para todo o direito positivo". [...] A perspectiva objetiva, nesse sentido, legitima até restrições aos direitos subjetivos individuais, limitando o conteúdo e o alcance dos direitos fundamentais em favor dos seus próprios titulares ou de outros bens constitucionalmente valiosos" (MENGES, Gilmar Ferreira; COELHO, Inocêncio Mártires; BRANCO, Paulo Gustavo Gonet. Curso de direito constitucional. 2. ed. São Paulo: Saraiva, 2008, p. 133)

- A **representação dos interesses individuais** sob a **ótica negativa** perante o Poder Público, que se refere a uma perspectiva subjetiva, não se compreende dentre as características da perspectiva objetiva dos direitos fundamentais. De acordo com Paulo Bonavides: "**os direitos da primeira geração** ou direitos da liberdade têm por titular o indivíduo, são oponíveis ao Estado, traduzem-se como faculdades ou atributos da pessoa e ostentam uma **subjetividade** que é seu traço mais característico; enfim, são direitos de resistência ou de oposição perante o Estado" (*Curso de Direito Constitucional.*22 ed. São Paulo: Malheiros, 2008, p. 564).

- Novamente segundo as lições de Paulo Bonavides, "**com o advento dos direitos fundamentais da segunda geração os publicistas alemães, a partir de Schmitt, descobriram também o aspecto objetivo** [...] Os direitos da segunda geração merecem um exame mais amplo. Dominam o século XX do mesmo modo como os direitos de primeira geração dominaram o século passado. São os direitos sociais, culturais e econômicos [...] Mas passaram primeiro por um ciclo de baixa normatividade ou tiveram eficácia duvidosa, em virtude de sua própria natureza de direitos que exigem do Estado determinadas prestações materiais nem sempre resgatáveis por exigüidade, carência ou limitação essencial de meios e recursos. De juridicidade questionada nessa fase, foram eles remetidos à chamada esfera programática, em virtude de não conterem para sua concretização aquelas garantias habitualmente ministradas pelos instrumentos processuais de proteção aos direitos da liberdade" (*Curso de Direito Constitucional.*22 ed. São Paulo: Malheiros, 2008, p. 564-565)

5. Segundo apontamentos doutrinários, os direitos fundamentais caracterizados pela **indivisibilidade, irrenunciabilidade e incaducabilidade**, que decorrem da exigência de atendimento do princípio da dignidade da pessoa humana.

6. **Efeito *cliquet* e vedação do retrocesso:** o efeito *cliquet* nada mais é do que a aplicação do princípio da vedação do retrocesso. Ou seja, uma vez garantido, um direito não pode mais ser revogado. Sua aplicação é evidente na temática dos direitos humanos. Uma vez reconhecido, um direito humano não pode mais ser desconsiderado.

7. No final do século XIX, na obra intitulada Sistema dos Direitos Subjetivos Públicos (System der subjektiv öffentlichen Rechte),**Georg Jellinek** desenvolveu parte de seu pensamento doutrinário sob o enfoque das diversas formas em relação as quais os indivíduos podem se colocar frente ao Estado. Dependendo do ***status***, ou seja, da relação que os indivíduos mantêm com o Estado, é que emergirão direitos ou deveres. Das diversas formas pelas quais os indivíduos podem se relacionar com o Estado podem ser extraídas quatro espécies fundamentais: a) status subjectionis ou status passivo; b) status negativus ou status libertatis; c) status civitatis ou status positivo e; d) status activus (JELLINEK, Georg.

Teoria general del Estado. Buenos Aires: Albatros, 1981, p. 306).

7.1. ***Status subjectionis* ou status passivo**, o indivíduo encontra-se subordinado aos poderes estatais, razão pela qual, deve se submeter ao cumprimento de alguns deveres, e às proibições impostas pelo Estado. Citem-se como exemplo a obrigação de exercício do direito de sufrágio pelo voto aos maiores de dezoito anos , e a proibição do direito de reunião para fins não pacíficos.

7.2. ***Status libertatis*, *status negativus* ou status negativo**, pode-se afirmar que se refere àqueles direitos que devem ser assegurados na situação em que o indivíduo requer um comportamento negativo do Estado, uma abstenção, para que, assim, possa exercer plenamente algumas de suas liberdades.

7.3. ***Status civitatis* ou status positivo**, permite que o indivíduo, subjugado pelos poderes instituídos e classes mais favorecidas, exija prestações positivas do Estado, que propiciem redução das desigualdades sociais.

7.4. ***Status activus***, relaciona-se à possibilidade de participação ativa dos indivíduos na formação da vontade política estatal. Consubstancia-se, por exemplo, na iniciativa popular de lei, e na possibilidade de manejo de ação popular.

8. **Multiculturalismo e Interculturalidade:** são pensamentos que se apresentam ligados à tutela dos direitos humanos e fundamentais. O multiculturalismo prega o respeito às diferentes culturas presentes na sociedade e que normalmente tem origem nas misturas de nacionalidades, raças e etnias durante o processo de formação de um povo. Funda-se, ainda, em um movimento contra-hegemônico, que não aceita a imposição de valores homogêneos que refletem os interesses da classe dominante. Por sua vez, a interculturalidade é uma das perspectivas do multiculturalismo, que se especializa por trabalhar com as ideias de abertura e interatividade. Sob este prisma, a sociedade deve ser democrática e aceitar que todos os valores culturais devem ser respeitados, em um movimento de constante negociação e ponderação.

9. **Eficácia Vertical dos Direitos Fundamentais:** aplicação dos direitos fundamentais nas relações entre Estado e particulares.

10. **Eficácia Horizontal, Privada, Externa, ou Em Relação a Terceiros dos Direitos Fundamentais:** trata-se da aplicação dos direitos fundamentais nas relações entre particulares. O STF reconheceu a eficácia horizontal em pelo menos três oportunidades: a) Exclusão de Cooperado: cooperados não poderiam ter sido excluídos sem que fosse respeitado o devido processo legal (RE 158.215, julgado em 1996 e relatado pelo Ministro Marco Aurélio); b) Caso Air France: os franceses não poderiam conceder aumento salarial apenas aos seus funcionários franceses, discriminado os brasileiros que exerciam as mesmas funções (RE 161243-6, julgado em 2006 e relatado pelo Ministro Carlos Velloso); c) Expulsão de Associado: associado não poderia ter sido expulso da União Brasileira de Compositores sem que lhe fosse garantido a ampla defesa (RE 201819, julgado em 2005 e relatado para acórdão pelo Ministro Gilmar Mendes).

- **Teorias quanto à Eficácia Horizontal:** No que tange à eficácia horizontal, é possível apontar as seguintes teorias: a) **Teoria da Ineficácia horizontal**: nega a aplicação dos direitos fundamentais às relações privadas; b) **Teoria da Eficácia Horizontal Indireta**: reclama a necessidade de normas infraconstitucionais delimitando a aplicabilidade das normas de direito fundamental nas relações privadas; c) **Teoria da Eficácia Horizontal Direta**: consente na aplicação direta dos direitos fundamentais às relações privadas, independentemente de sua delimitação legal; d) **Teoria Integradora**: preconiza que, em um plano ideal, cabe à lei regular a aplicação dos direitos fundamentais nas relações privadas, no entanto, diante de sua ausência, a aplicação será direta.
- **Eficácia Diagonal:** trata-se da aplicação dos direitos fundamentais nas relações privadas demarcadas por patente desequilíbrio fático e visível desproporção entre as partes.

11. No HC 82.959, julgado em 2006 e relatado pelo Ministro Gilmar Mendes, o STF traz didática lição acerca das teorias sobre o **núcleo essencial dos direitos fundamentais**: "(1) Os adeptos da chamada **teoria absoluta** ("absolute Theorie") entendem o núcleo essencial dos direitos fundamentais (Wesensgehalt) como unidade substancial autônoma (substantieller Wesenskern) que, independentemente de qualquer situação concreta, estaria a salvo de eventual decisão legislativa. (...) haveria um espaço que seria suscetível de limitação por parte do legislador; outro seria insuscetível de limitação. (...) (2) Os sectários da chamada **teoria relativa** ("relative Theorie") entendem que o núcleo essencial há de ser definido para cada caso, (...) mediante a utilização de um processo de ponderação entre meios e fins (Zweck-Mittel-Prüfung), com base no princípio da proporcionalidade. O núcleo essencial seria aquele mínimo insuscetível de restrição ou redução com base nesse processo de ponderação. (...). Tanto a teoria absoluta quanto a teoria relativa pretendem assegurar uma maior proteção dos direitos fundamentais, (...) Todavia, todas elas apresentam insuficiências. É verdade que a teoria absoluta, ao acolher uma noção material do núcleo essencial, insuscetível de redução por parte do legislador, pode converter-se, em muitos casos, numa fórmula vazia, dada a dificuldade ou até mesmo a impossibilidade de se demonstrar ou caracterizar in abstracto a existência desse mínimo essencial. (...) Por seu turno, uma opção pela teoria relativa pode conferir uma flexibilidade exagerada ao estatuto dos direitos fundamentais(...) Por essa razão, **propõe Hesse**

uma fórmula conciliadora, que reconhece no princípio da proporcionalidade uma proteção contra as limitações arbitrárias ou desarrazoadas (teoria relativa), mas também contra a lesão ao núcleo essencial dos direitos fundamentais (...) a proporcionalidade não há de ser interpretada em sentido meramente econômico, de adequação da medida limitadora ao fim perseguido, devendo também cuidar da harmonização dessa finalidade com o direito afetado pela medida.

12. **Eficácia irradiante:** segundo Daniel Sarmento (*Direitos fundamentais e relações privadas*. Rio de Janeiro: Ed. Lumen Juris, 2004) a eficácia irradiante dos direitos fundamentais é o atributo que confere caráter eminentemente objetivo a esses direitos, como critérios para o exercício das funções executiva, legislativa e judiciária do Estado, em claro afastamento da concepção privada e individualista do direito civil.

- O § 2º do artigo 5º, da CF, instituiu **cláusula de expansividade** do catálogo de direitos fundamentais no Brasil, ao dispor que os direitos e garantias expressos nesta Constituição não excluem outros decorrentes do regime e dos princípios por ela adotados, ou dos tratados internacionais em que a República Federativa do Brasil seja parte. Todavia, a Carta de 1988 não foi pioneira na abertura (expansividade) do catálogo de direitos fundamentais no Brasil. Norma semelhante era adotada desde a Constituição da República dos Estados Unidos do Brasil de 1891, e também nas Constituições de 1934, 1937, 1946 e 1967.

13. Os tratados e convenções internacionais sobre direitos humanos que forem aprovados, em cada Casa do Congresso Nacional, em dois turnos, por três quintos dos votos dos respectivos membros, **serão equivalentes às emendas constitucionais,** nos termos do art. 5º, § 3º, da CF, incluído pela EC 45/04.

- Essa nova sistemática de incorporação de tratados (art. 5º, § 3º, da CF) foi aplicada pela primeira vez em 2008, na votação do Decreto Legislativo 186, que acabou culminando na promulgação da **Convenção sobre os Direitos das Pessoas com Deficiência com força constitucional**, segundo o Decreto 6.949/2009. Como reflexo do reconhecimento de status constituição à Convenção, a Procuradora Geral da República Deborah Macedo Duprat de Britto Pereira ajuizou, em 2009, a **ADPF 182**, cujos pedidos são para que se reconheça que: a) o art. 20, § 2º, da Lei nº 8.742/93 não foi recepcionado pela Convenção dos Direitos da Pessoa com Deficiência, que foi aprovada pelo Decreto Legislativo nº 186/2008, de acordo com o procedimento previsto no art. 5º, § 3º, da Constituição Federal, **integrando, portanto, o bloco de constitucionalidade brasileiro**; b) o conceito estabelecido no art. 1º da Convenção sobre os Direitos da Pessoa com Deficiência, é de uso imperativo no direito interno brasileiro, sendo imediatamente aplicável no que tange aos critérios para concessão dos benefícios de prestação continuada disciplinados pela Lei nº 8.742/93.
- Sem prejuízo da supremacia da Constituição sobre os tratados e convenções internacionais, a norma convencional internacional em vigor e aplicável no Brasil e que disponha acerca de direitos humanos, não tendo sido objeto de processo legislativo que a equiparasse a emenda constitucional (art. 5º, § 3º, da CF, nos termos da EC 45/04), tem força jurídico-normativa suficiente para restringir a eficácia e indiretamente obstar a aplicabilidade da norma constitucional paradigma, gozando de **status supralegal**. Tal posição foi firmada no RE 466.343, julgado em 2008 e relatado pelo Ministro Cezar Peluso.
- A proteção dos direitos fundamentais não desconsidera o princípio da supremacia da constituição, **entretanto,** a norma convencional internacional sobre direitos humanos **tem** aptidão para afetar a eficácia ou a aplicabilidade da norma constitucional interna. No bojo do RE 466.343, ficou consignado que "Desde a adesão do Brasil, sem qualquer reserva, ao Pacto Internacional dos Direitos Civis e Políticos (art. 11) e à Convenção Americana sobre Direitos Humanos – Pacto de San José da Costa Rica (art. 7º, 7), ambos no ano de 1992, não há mais base legal para prisão civil do depositário infiel, pois o caráter especial desses diplomas internacionais sobre direitos humanos lhes reserva lugar específico no ordenamento jurídico, estando abaixo da Constituição, porém acima da legislação interna. O status normativo supralegal dos tratados internacionais de direitos humanos subscritos pelo Brasil, dessa forma, **torna inaplicável a legislação infraconstitucional com ele conflitante**, seja ela anterior ou posterior ao ato de adesão. Assim ocorreu com o art. 1.287 do CC de 1916 e com o DL 911/1969, assim como em relação ao art. 652 do Novo CC (Lei 10.406/2002)."

"NOVA" PIRÂMIDE NORMATIVA
(Baseada no posicionamento do STF)

Status constitucional:	Normas da CF + Tratados de Direitos Humanos aprovados de acordo com as regras do art. 5°, § 3°, da CF (Após EC 45/04)
Status supralegal:	Tratados de Direitos Humanos aprovados sem observância das regras do art. 5°, § 3°, da CF (Antes da EC 45/04)
Status legal:	Leis Complementares e Leis Ordinárias
Status infralegal:	Demais atos normativos

14. "Os direitos e garantias individuais **não têm caráter absoluto**. Não há, no sistema constitucional brasileiro, direitos ou garantias que se revistam de caráter absoluto, mesmo porque razões de relevante interesse público ou exigências derivadas do princípio de convivência das liberdades legitimam, ainda que excepcionalmente, a adoção, por parte dos órgãos estatais, de medidas restritivas das prerrogativas individuais ou coletivas, desde que respeitados os termos estabelecidos pela própria Constituição. O estatuto constitucional das liberdades públicas, ao delinear o regime jurídico a que estas estão sujeitas – e considerado o substrato ético que as informa permite que sobre elas incidam limitações de ordem jurídica, destinadas, de um lado, a proteger a integridade do interesse social e, de outro, a assegurar a coexistência harmoniosa das liberdades, pois nenhum direito ou garantia pode ser exercido em detrimento da ordem pública ou com desrespeito aos direitos e garantias de terceiros." (MS n.º 23.452, julgado no ano 2000 e relatado pelo Ministro Celso de Mello).

15. Nas hipóteses de **grave violação de direitos humanos**, o Procurador Geral da República, com a finalidade de assegurar o cumprimento de obrigações decorrentes de tratados internacionais de direitos humanos dos quais o Brasil seja parte, poderá suscitar, perante o **Superior Tribunal de Justiça**, em qualquer fase do inquérito ou processo, incidente de deslocamento de competência para a Justiça Federal. Trata-se do disposto no § 5º do art. 109 da CF.

16. Direitos e deveres individuais e coletivos

- Os direitos e deveres individuais e coletivos estão concentrados no **art. 5º** da CF.
- Apesar do *caput* do artigo 5º garanti-los apenas a brasileiros e estrangeiros residentes no Brasil, a doutrina e o STF os estendem **também para estrangeiros em trânsito e pessoas jurídicas** (HC 94.016, julgado em 2008 e relatado pelo Ministro Celso de Mello).
- Segundo entendimento pacífico do Supremo Tribunal Federal, **as pessoas jurídicas também são titulares de direitos fundamentais** (AC 2.032-QO/SP, relatada pelo Ministro Celso de Mello e julgada em 2008).

17. O *caput* do art. 5º da CF enuncia que "todos são iguais perante a lei, sem distinção de qualquer natureza". Segundo posição doutrinária pacífica, trata-se do reconhecimento da **igualdade formal (perante a lei)**. Entretanto, implícita ao texto constitucional também existe a **igualdade material (na lei)**, que significa conferir tratamento desigual, para igualar. A igualdade material leva em consideração os sujeitos e valores envolvidos e busca equilibrar as relações de fato.

18. Igualdade e Teoria do Impacto Desproporcional: a abordagem dessa teoria se deu na inicial da ADI 4.424, ajuizada em 2010 pelo Procurador Geral da República, Paulo Gurgel. Destacamos o seguinte trecho: A doutrina e a jurisprudência alienígena designam tal situação como de discriminação indireta, correlata com a **teoria do impacto desproporcional. Segundo Joaquim Barbosa, tal teoria consiste na ideia de que "toda e qualquer prática empresarial, política governamental ou semigovernamental, de cunho legislativo ou administrativo, ainda que não provida de intenção discriminatória no momento de sua**

concepção, deve ser condenada por violação do princípio constitucional da igualdade material se, em consequência de sua aplicação, resultarem efeitos nocivos de incidência especialmente desproporcional sobre certas categorias de (*Ação afirmativa e princípio constitucional da igualdade*. Rio de Janeiro: Renovar, 2001, p. 24). Daniel Sarmento informa sobre o uso da teoria do impacto desproporcional, para evitar discriminações indiretas no campo da igualdade de gênero, pela Corte Europeia de Justiça. Diz ele: "O primeiro precedente ocorreu no julgamento do Caso 170/84, Bilka Kaufhaus vs. Von Hartz, em que se discutia a validade de um sistema privado de pensão mantido por empresa germânica, o qual negava o benefício a empregados que trabalhassem em regime de tempo parcial, à luz do art. 119 do Tratado de Roma, que garante a igualdade entre mulheres e homens em relação ao trabalho. Embora não houvesse ali explícita discriminação de gênero, a Corte entendeu que seria inválido o sistema, porque afetaria de forma muito mais intensa as mulheres do que os homens, já que são elas as que, na grande maioria dos casos, trabalham em regime parcial". E prossegue a respeito da jurisprudência pátria: "Embora a teoria do impacto desproporcional ainda não tenha sido explicitamente examinada pela jurisprudência constitucional brasileira, é importante destacar que nossos tribunais vêm se mostrando cada vez mais abertos à argumentação sobre o impacto real de determinadas medidas sobre grupos vulneráveis, independentemente da comprovação de qualquer intenção discriminatória. O caso mais importante e conhecido neste particular é o acórdão do STF, proferido na ADI nº 1946-DF, julgada em 2003, em que se examinou a constitucionalidade da incidência do limite dos benefícios previdenciários de R$ 1.200,00, estabelecido pela Emenda Constitucional nº 20, sobre o salário-maternidade. A consequência da aplicação do referido teto sobre o salário maternidade seria a transferência, para o empregador da gestante, da responsabilidade pelo pagamento da diferença entre o seu salário e o referido limite durante o período da licença maternidade. Ora, o argumento em que se louvou o STF para, por unanimidade, em decisão de interpretação conforme a Constituição, impedir a incidência questionada, foi o de que ela teria como efeito concreto o aumento da discriminação contra a mulher no mercado de trabalho. Como a isonomia entre gêneros constitui cláusula pétrea (art. 5º, inciso I, combinado com art. 60, § 4º, inciso IV, CF), entendeu-se que o limite dos benefícios não poderia ser aplicado ao salário-maternidade, sob pena de inconstitucionalidade" (*Livre e Iguais – Estudos de Direito Constitucional.* Rio de Janeiro: Lumen Juris, 2006, p. 150). A ADI 4.424 tinha como pedidos para a interpretação conforme a Constituição aos artigos 12, I, 16 e 41 da Lei nº 11.340/2006 (Lei Maria da Penha), no sentido de que (i) a Lei 9.099/95 não se aplica, em nenhuma hipótese, aos crimes cometidos no âmbito da Lei Maria da Penha; (ii) o crime de lesões corporais consideradas de natureza leve, praticadas contra a mulher emambiente doméstico, processa-se mediante ação penal pública incondicionada; (iii) os dispositivos referidos têm aplicação a crimes que se processam mediante representação, por previsão legal distinta da Lei 9.099/95. Trazendo solução à celeuma, em 2012, por maioria de votos, vencido o presidente, ministro Cezar Peluso, o Plenário do STF julgou procedente, a ADI 4.424. A corrente majoritária da Corte acompanhou o voto do relator, ministro Marco Aurélio, no sentido da possibilidade de o Ministério Público dar início a ação penal sem necessidade de representação da vítima. O artigo 16 da lei dispõe que as ações penais públicas "são condicionadas à representação da ofendida", mas, para a maioria dos ministros do STF, essa circunstância acaba por esvaziar a proteção constitucional assegurada às mulheres. Também foi esclarecido que não compete aos Juizados Especiais julgar os crimes cometidos no âmbito da Lei Maria da Penha (www.stf.jus.br).

19. **Igualdade e política de cotas:** o Plenário do STF julgou improcedente pedido formulado em arguição de descumprimento de preceito fundamental ajuizada, pelo Partido Democratas – DEM, contra atos da Universidade de Brasília – UnB, do Conselho de Ensino, Pesquisa e Extensão da Universidade de Brasília – Cepe e do Centro de Promoção de Eventos da Universidade de Brasília – Cespe, os quais instituíram sistema de reserva de 20% de vagas no processo de seleção para ingresso de estudantes, com base em critério étnico-racial. Preliminarmente, admitiu-se o cabimento da ação, por inexistir outro meio hábil para sanar a lesividade questionada. Apontou-se entendimento da Corte no sentido de que a subsidiariedade da via eleita deveria ser confrontada com a existência, ou não, de instrumentos processuais alternativos capazes de oferecer provimento judicial com eficácia ampla, irrestrita e imediata para solucionar o caso. Articulou-se que, diante da natureza infralegal dos atos impugnados, a ação direta de inconstitucionalidade não seria medida idônea para o enfrentamento da controvérsia, tampouco qualquer das ações que comporiam o sistema de jurisdição constitucional abstrata. De igual modo, repeliu-se alegada conexão ante eventual identidade de causa de pedir entre esta ADPF e a ADI 2197/RJ. Ocorre que as ações de índole abstrata não tratariam de fatos concretos, razão pela qual nelas não se deveria, como regra, cogitar de conexão, dependência ou prevenção relativamente a outros processos ou julgadores. Ademais, avaliou-se que o tema relativo às ações afirmativas inserir-se-ia entre os clássicos do controle de constitucionalidade, e seria conveniente que a controvérsia fosse definitivamente resolvida pelo STF, para colocar fim a polêmica que já se arrastaria, sem solução, por várias décadas nas diversas instâncias

jurisdicionais do país. No mérito, explicitou-se a abrangência da matéria. Nesse sentido, comentou-se, inicialmente, sobre o princípio constitucional da igualdade, examinado em seu duplo aspecto: formal e material. Rememorou-se o art. 5º, caput, da CF, segundo o qual ao Estado não seria dado fazer qualquer distinção entre aqueles que se encontrariam sob seu abrigo. Frisou-se, entretanto, que o legislador constituinte não se restringira apenas a proclamar solenemente a igualdade de todos diante da lei. Ele teria buscado emprestar a máxima concreção a esse importante postulado, para assegurar a igualdade material a todos os brasileiros e estrangeiros que viveriam no país, consideradas as diferenças existentes por motivos naturais, culturais, econômicos, sociais ou até mesmo acidentais. Além disso, atentaria especialmente para a desequiparação entre os distintos grupos sociais. **Asseverou-se que, para efetivar a igualdade material, o Estado poderia lançar mão de políticas de cunho universalista — a abranger número indeterminado de indivíduos — mediante ações de natureza estrutural; ou de ações afirmativas — a atingir grupos sociais determinados — por meio da atribuição de certas vantagens, por tempo limitado, para permitir a suplantação de desigualdades ocasionadas por situações históricas particulares. Certificou-se que a adoção de políticas que levariam ao afastamento de perspectiva meramente formal do princípio da isonomia integraria o cerne do conceito de democracia**. Anotou-se a superação de concepção estratificada da igualdade, outrora definida apenas como direito, sem que se cogitasse convertê-lo em possibilidade. (ADPF 186, julgada em 2012 e relatada pelo Ministro Ricardo Lewandowski).

20. Igualdade, família, orientação sexual e união homoafetiva: "Reconhecimento e qualificação da união homoafetiva como entidade familiar. O STF - apoiando-se em valiosa hermenêutica construtiva e invocando princípios essenciais (como os da dignidade da pessoa humana, da liberdade, da autodeterminação, da igualdade, do pluralismo, da intimidade, da não discriminação e da busca da felicidade) - reconhece assistir, a qualquer pessoa, o **direito fundamental à orientação sexual**, havendo proclamado, por isso mesmo, a plena legitimidade ético-jurídica da união homoafetiva como entidade familiar, atribuindo-lhe, em consequência, verdadeiro estatuto de cidadania, em ordem a permitir que se extraiam, em favor de parceiros homossexuais, relevantes consequências no plano do Direito, notadamente no campo previdenciário, e, também, na esfera das relações sociais e familiares. **A extensão, às uniões homoafetivas, do mesmo regime jurídico aplicável à união estável entre pessoas de gênero distinto justifica-se e legitima-se pela direta incidência, dentre outros, dos princípios constitucionais da igualdade, da liberdade, da dignidade, da segurança jurídica e do postulado constitucional implícito que consagra o direito à busca da felicidade, os quais configuram, numa estrita dimensão que privilegia o sentido de inclusão decorrente da própria CR (art. 1º, III, e art. 3º, IV)**, fundamentos autônomos e suficientes aptos a conferir suporte legitimador à qualificação das conjugalidades entre pessoas do mesmo sexo como espécie do gênero entidade familiar. (...) O postulado da dignidade da pessoa humana, que representa - considerada a centralidade desse princípio essencial (CF, art. 1º, III) - significativo vetor interpretativo, verdadeiro valor-fonte que conforma e inspira todo o ordenamento constitucional vigente em nosso País, traduz, de modo expressivo, um dos fundamentos em que se assenta, entre nós, a ordem republicana e democrática consagrada pelo sistema de direito constitucional positivo. (...) O **princípio constitucional da busca da felicidade**, que decorre, por implicitude, do núcleo de que se irradia o postulado da dignidade da pessoa humana, assume papel de extremo relevo no processo de afirmação, gozo e expansão dos direitos fundamentais, qualificando-se, em função de sua própria teleologia, como fator de neutralização de práticas ou de omissões lesivas cuja ocorrência possa comprometer, afetar ou, até mesmo, esterilizar direitos e franquias individuais. Assiste, por isso mesmo, a todos, sem qualquer exclusão, o direito à busca da felicidade, verdadeiro postulado constitucional implícito, que se qualifica como expressão de uma ideia força que deriva do princípio da essencial dignidade da pessoa humana." (RE 477.554-AgR, julgado em 2011 e relatado pelo Ministro Celso de Mello).

- "O caput do art. 226 confere à família, base da sociedade, especial proteção do Estado. Ênfase constitucional à instituição da família. Família em seu coloquial ou proverbial significado de núcleo doméstico, pouco importando se formal ou informalmente constituída, ou se integrada por casais heteroafetivos ou por pares homoafetivos. A Constituição de 1988, ao utilizar-se da expressão 'família', não limita sua formação a casais heteroafetivos nem a formalidade cartorária, celebração civil ou liturgia religiosa. Família como instituição privada que, voluntariamente constituída entre pessoas adultas, mantém com o Estado e a sociedade civil uma necessária relação tricotômica. Núcleo familiar que é o principal lócus institucional de concreção dos direitos fundamentais que a própria Constituição designa por 'intimidade e vida privada' (inciso X do art. 5º). **Isonomia entre casais heteroafetivos e pares homoafetivos que somente ganha plenitude de sentido se desembocar no igual direito subjetivo à formação de uma autonomizada família**. Família como figura central ou continente, de que tudo o mais é conteúdo. Imperiosidade da interpretação não reducionista do conceito de família como instituição que também se forma por vias distintas do casamento civil. Avanço da CF de 1988 no plano dos costumes. Caminhada na direção do pluralismo como categoria sócio-político-cultural. Competência do STF para manter, interpretativamente, o Texto Magno na posse do seu fundamental atributo da coerência, o que passa pela eliminação de preconceito quanto à orientação sexual das pessoas." (ADI 4.277 e ADPF 132, julgadas em 2011 e relatadas pelo Ministro Ayres Britto).

- **Interpretando a jurisprudência da Suprema Corte dos Estados Unidos da América,** Joaquim Benedito Barbosa Gomes (Ministro do STF, mais conhecido apenas como Joaquim Barbosa) ensina que, **no que tange à igualdade**, pode haver dois **tipos de discriminação**: a) Discriminação por impacto desproporcional ou adverso (A Teoria do Impacto Desproporcional – "Diparate Impact Doctrine"). É a grande inovação do Direito norte-americano no que diz respeito à concretização do princípio da Igualdade. Nos termos dessa teoria, em vez da busca da igualdade através da trivial coibição do tratamento discriminatório, cumpre combater a "discriminação indireta", ou seja, aquela que redunda em uma desigualdade não oriunda de atos concretos ou de manifestação expressa de discriminação por parte de quem quer que seja, mas de práticas administrativas, empresariais ou de políticas públicas aparentemente neutras, porém dotadas de grande potencial discriminatório. [...] **a teoria do impacto desproporcional pode ser singelamente resumida na seguinte formulação: toda e qualquer prática empresarial, política governamental ou semi-governamental, de cunho legislativo ou administrativo, ainda que não provida de intenção discriminatória no momento de sua concepção, deve ser condenada por violação do princípio constitucional da igualdade material, se em conseqüência de sua aplicação resultarem efeitos nocivos de incidência especialmente sobre certas categorias de pessoas.** b) Discriminação de fato. Esta modalidade de discriminação pode ser motivada por diversos fatores. Em primeiro lugar, ela resulta da «indiferença», do «desdém» das autoridades públicas para com o destino dos grupos marginalizados, para com a sua dignidade humana. Na implementação das políticas governamentais, essas autoridades em geral optam por uma concepção do princípio da igualdade que não leva em conta as especificidades dos grupos minoritários, tendendo quase sempre a perpetuar as iniqüidades de que eles historicamente são vítimas. [...] Além disso, no que concerne à discriminação em razão da raça ou cor, existe ainda o chamado "racismo inconsciente", que bem pode ser ilustrado por aquelas hipóteses em que não há propósito discriminatório por parte do legislador ao editar a norma excludente, tampouco por parte de quem a aplica. No entanto, a discriminação lá está. Palpável. Visível. Irrefutável" (Ação afirmativa & princípio constitucional da igualdade: (o Direito como instrumento de transformação social. A experiência dos EUA). Rio de Janeiro: Renovar, 2001).

21. **Direito à vida e pesquisas com células-tronco**: o Plenário do STF, no julgamento da ADI 3.510, declarou a constitucionalidade do art. 5º da Lei de Biossegurança (Lei 11.105/2005), por entender que as pesquisas com células-tronco embrionárias não violam o direito à vida ou o princípio da dignidade da pessoa humana. "O Magno Texto Federal não dispõe sobre o início da vida humana ou o preciso instante em que ela começa. Não faz de todo e qualquer estádio da vida humana um autonomizado bem jurídico, mas da vida que já é própria de uma concreta pessoa, porque nativiva (teoria 'natalista', em contraposição às teorias 'concepcionista' ou da 'personalidade condicional'). E, quando se reporta a 'direitos da pessoa humana' e até a 'direitos e garantias individuais' como cláusula pétrea, está falando de direitos e garantias do indivíduo-pessoa, que se faz destinatário dos direitos fundamentais 'à vida, à liberdade, à igualdade, à segurança e à propriedade', entre outros direitos e garantias igualmente distinguidos com o timbre da fundamentalidade (como direito à saúde e ao planejamento familiar). Mutismo constitucional hermeneuticamente significante de transpasse de poder normativo para a legislação ordinária. A potencialidade de algo para se tornar pessoa humana já é meritória o bastante para acobertá-la, infraconstitucionalmente, contra tentativas levianas ou frívolas de obstar sua natural continuidade fisiológica. Mas as três realidades não se confundem: o embrião é o embrião, o feto é o feto e a pessoa humana é a pessoa humana. Donde não existir pessoa humana embrionária, mas embrião de pessoa humana. O embrião referido na Lei de Biossegurança (in vitro apenas) não é uma vida a caminho de outra vida virginalmente nova, porquanto lhe faltam possibilidades de ganhar as primeiras terminações nervosas, sem as quais o ser humano não tem factibilidade como projeto de vida autônoma e irrepetível. O Direito infraconstitucional protege por modo variado cada etapa do desenvolvimento biológico do ser humano. Os momentos da vida humana anteriores ao nascimento devem ser objeto de proteção pelo direito comum. O embrião pré-implanto é um bem a ser protegido, mas não uma pessoa no sentido biográfico a que se refere a Constituição." (ADI 3.510, julgada em 2008 e relatada pelo Ministro Ayres Britto).

22. **Direito à vida e antecipação terapêutica do parto de anencéfalos:** "Na inicial, pede-se a declaração de inconstitucionalidade, com eficácia para todos e efeito vinculante, da interpretação dos arts. 124, 126 e 128, I e II, do CP (DL 2.848/1940) que impeça a antecipação terapêutica do parto na hipótese de gravidez de feto anencéfalo, previamente diagnosticada por profissional habilitado. Pretende-se o reconhecimento do direito da gestante de submeter-se ao citado procedimento sem estar compelida a apresentar autorização judicial ou qualquer outra forma de permissão do Estado. Destaco a alusão feita pela própria arguente ao fato de não se postular a proclamação de inconstitucionali-

dade abstrata dos tipos penais, o que os retiraria do sistema jurídico. Busca-se tão somente que os referidos enunciados sejam interpretados conforme a Constituição. Dessa maneira, mostra-se inteiramente despropositado veicular que o Supremo examinará, neste caso, a descriminalização do aborto, especialmente porque, consoante se observará, existe distinção entre aborto e antecipação terapêutica do parto. Apesar de alguns autores utilizarem expressões 'aborto eugênico ou eugenésico' ou 'antecipação eugênica da gestação', afasto-as, considerado o indiscutível viés ideológico e político impregnado na palavra eugenia. Inescapável é o confronto entre, de um lado, os interesses legítimos da mulher em ver respeitada sua dignidade e, de outro, os interesses de parte da sociedade que deseja proteger todos os que a integram – sejam os que nasceram, sejam os que estejam para nascer – independentemente da condição física ou viabilidade de sobrevivência. O tema envolve a dignidade humana, o usufruto da vida, a liberdade, a autodeterminação, a saúde e o reconhecimento pleno de direitos individuais, especificamente, os direitos sexuais e reprodutivos de milhares de mulheres. No caso, não há colisão real entre direitos fundamentais, apenas conflito aparente. (...) Conforme a Resolução 1.480, de 8-8-1997, do Conselho Federal de Medicina (CFM), os exames complementares a serem observados para a constatação de morte encefálica deverão demonstrar, de modo inequívoco, a ausência de atividade elétrica cerebral ou metabólica cerebral ou, ainda, a inexistência de perfusão sanguínea cerebral. Não foi por outra razão que o CFM, mediante a Resolução 1.752/2004, consignou serem os anencéfalos natimortos cerebrais. O anencéfalo jamais se tornará uma pessoa. Em síntese, não se cuida de vida em potencial, mas de morte segura. O fato de respirar e ter batimento cardíaco não altera essa conclusão, até porque, como acentuado pelo dr. Thomaz Rafael Gollop[42], a respiração e o batimento cardíaco não excluem o diagnóstico de morte cerebral[43]. (...) No célebre caso de Marcela – suposta portadora de anencefalia que teria sobrevivido por um ano, oito meses e doze dias –, o diagnóstico estava equivocado, consoante informaram renomados especialistas. Não se tratava de anencefalia no sentido corriqueiramente utilizado pela literatura médica, mas de meroencefalia. Vale dizer: o feto possuía partes do cérebro – cerebelo e pedaço do lóbulo temporal – que viabilizavam, embora precariamente, a vida extrauterina. Daí não se poder qualificá-lo, em sentido técnico, como feto anencéfalo, o qual jamais será dotado de tais estruturas. (...) Cumpre rechaçar a assertiva de que a interrupção da gestação do feto anencéfalo consubstancia aborto eugênico, aqui entendido no sentido negativo em referência a práticas nazistas. O anencéfalo é um natimorto. Não há vida em potencial. Logo não se pode cogitar de aborto eugênico, o qual pressupõe a vida extrauterina de seres que discrepem de padrões imoralmente eleitos. Nesta arguição de descumprimento de preceito fundamental, não se trata de feto ou criança com lábio leporino, ausência de membros, pés tortos, sexo dúbio, Síndrome de Down, extrofia de bexiga, cardiopatias congênitas, comunicação interauricular ou inversões viscerais, enfim, não se trata de feto portador de deficiência grave que permita sobrevida extrauterina. Cuida-se tão somente de anencefalia. (...) De fato, a anencefalia mostra-se incompatível com a vida extrauterina, ao passo que a deficiência não. (...) Anencefalia e vida são termos antitéticos. Conforme demonstrado, o feto anencéfalo não tem potencialidade de vida. Trata-se, na expressão adotada pelo CFM e por abalizados especialistas, de um natimorto cerebral. Por ser absolutamente inviável, o anencéfalo não tem a expectativa nem é ou será titular do direito à vida, motivo pelo qual aludi, no início do voto, a um conflito apenas aparente entre direitos fundamentais. Em rigor, no outro lado da balança, em contraposição aos direitos da mulher, não se encontra o direito à vida ou à dignidade humana de quem está por vir, justamente porque não há ninguém por vir, não há viabilidade de vida. Aborto é crime contra a vida. Tutela-se a vida em potencial. No caso do anencéfalo, repito, não existe vida possível. (...) É de conhecimento corrente que, nas décadas de trinta e quarenta, a medicina não possuía os recursos técnicos necessários para identificar previamente a anomalia fetal incompatível com a vida extrauterina[70]. A literalidade do CP de 1940 certamente está em harmonia com o nível de diagnósticos médicos existentes à época, o que explica a ausência de dispositivo que preveja expressamente a atipicidade da interrupção da gravidez de feto anencefálico. Não nos custa lembrar: estamos a tratar do mesmíssimo legislador que, para proteger a honra e a saúde mental ou psíquica da mulher – da mulher, repito, não obstante a visão machista então reinante –, estabeleceu como impunível o aborto provocado em gestação oriunda de estupro, quando o feto é plenamente viável. (...) mesmo à falta de previsão expressa no CP de 1940, parece-me lógico que o feto sem potencialidade de vida não pode ser tutelado pelo tipo penal que protege a vida. (...) este Supremo Tribunal proclamou que a Constituição 'quando se reporta a 'direitos da pessoa humana' e até dos 'direitos e garantias individuais' como cláusula pétrea está falando de direitos e garantias do indivíduo-pessoa, que se faz destinatário dos direitos fundamentais 'à vida, à liberdade, à igualdade, à segurança e à propriedade'. É certo, senhor presidente, que, no caso do anencéfalo, não há, nem nunca haverá, indivíduo-pessoa. No segundo trecho, este Tribunal assentou que 'a potencialidade de algo para se tornar pessoa humana já é meritória o bastante para acobertá-la, infraconstitucionalmente, contra tentativas levianas ou frívolas de obstar sua natural continuidade fisiológica'. Ora, inexistindo potencialidade para tornar-se pessoa humana, não surge justificativa para a tutela jurídico-penal, com maior razão quando eventual tutela esbarra em direitos fundamentais da mulher, como se verá adiante. Enfim, cumpre tomar de empréstimo o conceito jurídico de morte cerebral previsto na Lei 9.434/1997[72], para concluir ser de todo impróprio falar em direito à vida intrauterina ou extrauterina do anencéfalo, o qual é um natimorto cerebral. (...) Constata-se a existência de dados merecedores de confiança que apontam riscos físicos maiores à gestante portadora de feto anencéfalo do que os verificados na gravidez comum. Sob o aspecto psíquico, parece incontroverso – impor a continuidade da gravidez de feto anencéfalo pode conduzir a quadro devastador, como o experimentado por Gabriela Oliveira Cordeiro, que figurou como paciente no emblemático HC 84.025/RJ, rel. min. Joaquim Barbosa. (...) Relatos como esse evidenciam que a manutenção compulsória da gravidez de feto anencéfalo importa em graves danos à saúde psíquica da família toda e, sobretudo, da mulher. Enquanto, numa gestação normal, são nove meses de acompanhamento, minuto a minuto, de avanços, com a predominância do amor, em que a alteração estética é suplantada pela alegre expectativa do nascimento da criança; na gestação do feto anencéfalo, no mais das vezes, reinam sentimentos mórbidos, de dor, de angústia, de impotência, de tristeza, de luto, de desespero, dada a certeza do óbito. (...) Ao Estado não é dado intrometer-se. Ao Estado compete apenas se desincumbir do dever de informar e prestar apoio médico e psicológico a paciente, antes e depois da decisão, seja ela qual for, o que se mostra viável, conforme esclareceu a então ministra da Secretaria Especial de Políticas para as Mulheres, Nilcéa Freire [103]. (...) Não se trata de impor a antecipação do parto do feto anencéfalo. De modo algum. O que a arguente pretende é que 'se assegure a cada mulher o direito de viver as suas escolhas, os seus valores, as suas crenças'[105]. Está em jogo o direito da mulher de autodeterminar-se, de escolher, de agir de acordo com a própria vontade num caso de absoluta inviabilidade de vida extrauterina. Estão em jogo, em última análise, a privacidade, a autonomia e a dignidade humana dessas mulheres. Hão de ser respeitadas tanto as que optem por prosseguir com a gravidez – por sentirem-se mais felizes assim ou por qualquer outro motivo que não nos cumpre perquirir – quanto as que prefiram interromper a gravidez, para pôr fim ou, ao menos, minimizar um estado de sofrimento. (...) Não se coaduna com o princípio da proporcionalidade proteger apenas um dos seres da relação, privilegiar aquele que, no caso da anencefalia, não tem sequer expectativa de vida extrauterina, aniquilando, em contrapartida, os direitos da mulher, impingindo-lhe sacrifício desarrazoado. A imposição estatal da manutenção de gravidez cujo resultado final será irremediavelmente a morte do feto vai de encontro aos princípios basilares do sistema constitucional, mais precisamente à dignidade da pessoa humana, à liberdade, à autodeterminação, à saúde, ao direito de privacidade, ao reconhecimento pleno dos direitos sexuais e reprodutivos de milhares de mulheres. O ato de obrigar a mulher a manter a gestação, colocando-a em uma espécie de cárcere privado em seu próprio corpo, desprovida do mínimo essencial de autodeterminação e liberdade, assemelha-se à tortura [109] ou a um sacrifício que não pode ser pedido a qualquer pessoa ou dela exigido. (...) Se alguns setores da sociedade reputam moralmente reprovável a antecipação terapêutica da gravidez de fetos anencéfalos, relembro-lhes de que essa crença não pode conduzir à incriminação de eventual conduta das mulheres que optarem em não levar a gravidez a termo. O Estado brasileiro é laico e ações de cunho meramente imorais não merecem a glosa do direito penal. A incolumidade física do feto anencéfalo, que, se sobreviver ao parto, o será por poucas horas ou dias, não pode ser preservada a qualquer custo, em detrimento dos direitos básicos da mulher. No caso, ainda que se conceba o direito à vida do feto anencéfalo – o que, na minha óptica, é inadmissível, consoante enfatizado –, tal direito cederia, em juízo de ponderação, em prol dos direitos à dignidade da pessoa humana, à liberdade no campo sexual, à autonomia, à privacidade, à integridade física, psicológica e moral e à saúde, previstos, respectivamente, nos arts. 1º III; 5º, cabeça e II III e X; e 6º, cabeça, da CR. Os tempos atuais, realço, requerem empatia, aceitação, humanidade e solidariedade para com essas mulheres. Pelo que ouvimos ou lemos nos depoimentos prestados na audiência pública, somente aquela que vive tamanha situação de angústia é capaz de mensurar o sofrimento a que se submete. Atuar com sapiência e justiça, calcados na Constituição da República e desprovidos de qualquer dogma ou paradigma moral e religioso, obriga-nos a garantir, sim, o direito da mulher de manifestar-se livremente, sem o temor de tornar-se ré em eventual ação por crime de aborto. Ante o exposto, julgo procedente o pedido formulado na inicial, para **declarar a inconstitucionalidade da interpretação segundo a qual a interrupção da gravidez de feto anencéfalo é conduta tipificada nos arts. 124, 126, e 128, I e II, do CP brasileiro.**" (ADPF 54, julgada em 2012 e relatada pelo Ministro Marco Aurélio).

23. É livre a **manifestação do pensamento**, vedado o anonimato, e assegurado direito de resposta proporcional ao agravo, **além** de eventual indenização por dano material, moral ou à imagem (a resposta não exclui o dever de indenizar).

24. "(...) (a) os **escritos anônimos** não podem justificar, só por si, desde que isoladamente considerados, a imediata instauração da *persecutio criminis*, eis que **peças apócrifas** não podem ser incorporadas, formalmente, ao processo, salvo quando tais documentos forem produzidos pelo acusado, ou, ainda, quando constituírem, eles próprios, o corpo de delito (como sucede com bilhetes de resgate no delito de extorsão mediante sequestro, ou como ocorre com cartas que evidenciem a prática de crimes contra a honra, ou que corporifiquem o delito de ameaça ou que materializem o *crimen falsi*, p. ex.); (b) nada impede, contudo, que o Poder Público provocado por delação anônima ('disque-denúncia', p. ex.), adote medidas informais destinadas a apurar, previamente, em averiguação sumária, 'com prudência e discrição', a possível ocorrência de eventual situação de ilicitude penal, desde que o faça com o objetivo de conferir a verossimilhança dos fatos nela denunciados, em ordem a promover, então, em caso positivo, a formal instauração da *persecutio criminis*, mantendo-se, assim, completa desvinculação desse procedimento estatal em relação às peças apócrifas; e (c) o Ministério Público, de outro lado, independentemente da prévia instauração de inquérito policial, também pode formar a sua *opinio delicti* com apoio em outros elementos de convicção que evidenciem a materialidade do fato delituoso e a existência de indícios suficientes de sua autoria, desde que os dados informativos que dão suporte à acusação penal não tenham, como único fundamento causal, documentos ou escritos anônimos." (Inq 1.957, Rel. Min. Carlos Velloso, voto do Min. Celso de Mello, julgamento em 11-5-2005, Plenário, DJ de 11-11-2005.)

25. Inviolabilidade do domicílio

INVIOLABILIDADE DO DOMICÍLIO	
Regra	**Exceções: hipóteses em que se pode penetrar em casa mesmo sem o consentimento do morador**
A casa (englobando escritórios, motéis, hotéis e congêneres, segundo o STF) é asilo inviolável do indivíduo e nela ninguém pode penetrar sem consentimento do morador.	**a) a qualquer horário:** em caso de flagrante delito ou desastre, ou para prestar socorro **b) somente durante o dia:** por determinação judicial.

- De acordo com a posição do STF no HC 93.050, julgado em 2008 e relatado pelo ministro Celso de Mello, para os fins da proteção jurídica a que se refere o art. 5º, XI, da CF, **"o conceito normativo de 'casa' revela-se abrangente** e, por estender-se a qualquer compartimento privado não aberto ao público, onde alguém exerce profissão ou atividade (CP, art. 150, § 4º, III), compreende, observada essa específica limitação espacial (área interna não acessível ao público), os escritórios profissionais, inclusive os de contabilidade. Sem que ocorra qualquer das situações excepcionais taxativamente previstas no texto constitucional (art. 5º, XI), nenhum agente público, ainda que vinculado à administração tributária do Estado, poderá, contra a vontade de quem de direito ('invito domino'), ingressar, durante o dia, sem mandado judicial, em espaço privado não aberto ao público, onde alguém exerce sua atividade profissional, sob pena de a prova resultante da diligência de busca e apreensão assim executada reputar-se inadmissível, porque impregnada de ilicitude material. O atributo da autoexecutoriedade dos atos administrativos, que traduz expressão concretizadora do 'privilège du preálable', não prevalece sobre a garantia constitucional da inviolabilidade domiciliar, ainda que se cuide de atividade exercida pelo Poder Público em sede de fiscalização tributária."
- O conceito normativo de casa é abrangente; assim, qualquer compartimento privado onde alguém exerce profissão ou atividade está protegido pela inviolabilidade do domicílio. Apesar disso, **há a possibilidade de se instalar escuta ambiental em escritório de advocacia que seja utilizado como reduto para a prática de crimes, conforme já decidiu o STF**: "Escuta ambiental e exploração de local. Captação de sinais óticos e acústicos. Escritório de advocacia. Ingresso da autoridade policial, no período noturno, para instalação de equipamento. Medidas autorizadas por decisão judicial. Invasão de domicílio. Não caracterização. (...) Inteligência do art. 5º, X e XI, da CF; art. 150, § 4º, III, do CP; e art. 7º, II, da Lei 8.906/1994. (...) Não opera a inviolabilidade do escritório de advocacia, quando o próprio advogado seja suspeito da prática de crime, sobretudo concebido e consumado no âmbito desse local de trabalho, sob pretexto de exercício da profissão." (Inq 2.424, julgado em 2008 e relatado pelo Ministro Cezar Peluso).

26. É assegurado a todos o **acesso à informação** e resguardado o sigilo da fonte, quando necessário ao exercício profissional.

- "O sigilo profissional constitucionalmente determinado não exclui a possibilidade de **cumprimento de mandado de busca e apreensão em escritório de advocacia**. O local de trabalho do advogado, desde que este seja investigado, pode ser alvo de busca e apreensão, observando-se os limites impostos pela autoridade judicial. Tratando-se de local onde existem documentos que dizem respeito a outros sujeitos não investigados, é indispensável a especificação do âmbito de abrangência da medida, que não poderá ser executada sobre a esfera de direitos de não investigados. Equívoco quanto à indicação do escritório profissional do paciente, como seu endereço residencial, deve ser prontamente comunicado ao magistrado para adequação da ordem em relação às cautelas necessárias, sob pena de tornar nulas as provas oriundas da medida e todas as outras exclusivamente delas decorrentes. Ordem concedida para declarar a nulidade das provas oriundas da busca e apreensão no escritório de advocacia do paciente, devendo o material colhido ser desentranhado dos autos do Inq 544 em curso no STJ e devolvido ao paciente, sem que tais provas, bem assim quaisquer das informações oriundas da execução da medida, possam ser usadas em relação ao paciente ou a qualquer outro investigado, nesta ou em outra investigação." (HC 91.610, julgado em 2010 e relatado pelo Ministro Gilmar Mendes).

27. **Ninguém será privado de direitos por motivo de crença religiosa ou de convicção filosófica ou política**, salvo se as invocar para eximir-se de obrigação legal a todos imposta e recusar-se a cumprir prestação alternativa, fixada em lei;

- Apesar de a prestação de serviço militar ser obrigatória (art. 143, *caput*, da CF), a recusa em cumpri-la é admitida sob a alegação do direito de escusa de consciência, cabendo, nesse caso, às forças armadas atribuir àquele que exercer esse direito serviço alternativo em tempo de paz (art. 143, § 1º, da CF), cuja recusa enseja como sanção a declaração da **perda** dos direitos políticos (art. 15, IV, da CF). A matéria é regulamentada, ainda, pela Lei Federal nº 8.239, de 1991, segundo a qual será atribuído **serviço alternativo ao serviço militar obrigatório aos que, em tempo de paz, após alistados, alegarem imperativo de consciência decorrente de crença religiosa ou de convicção filosófica ou política, para se eximirem de atividades de caráter essencialmente militar**. O mesmo diploma legal define, ademais, o que se entende por serviço alternativo, a ser prestado em substituição às atividades de caráter essencialmente militar.
- Destaca-se que, tradicionalmente, a doutrina sempre se pronunciou no sentido de que a recusa prestação alternativa implica na **perda** dos direitos políticos. Entretanto, o art. 4º, § 2º, da Lei 8.239/91 (que regulamenta o art. 143, §§ 1º e 2º da Constituição Federal, sobre a prestação de Serviço Alternativo ao Serviço Militar Obrigatório), enuncia que a recusa de prestação alternativa gerará a **suspensão** dos direitos políticos.

28. Consoante art. 210, § 1º, da CF, o **ensino religioso**, de **matrícula facultativa**, constituirá disciplina dos horários normais das escolas públicas de ensino fundamental. Note que, por apenas o **oferecimento da disciplina ser obrigatório**, mas não a matrícula, não há que se falar em qualquer ofensa à liberdade de crença, pois aquele que não quiser participar da disciplina simplesmente não precisa se matricular.

29. É assegurada, nos termos da lei, a **proteção às participações individuais em obras coletivas e à reprodução da imagem e voz humanas, inclusive** nas atividades desportivas.

30. A **sucessão de bens de estrangeiros situados no País** será regulada pela lei brasileira em benefício do cônjuge ou dos filhos brasileiros, sempre que não lhes seja mais favorável a lei pessoal do "de cujus". Em outras palavras: **aplica-se a lei brasileira, salvo se a do falecido for mais favorável**.

31. O **sigilo da correspondência e das comunicações telegráficas, de dados e das comunicações telefônicas** é inviolável, **salvo**, no último caso, por **ordem judicial**, nas hipóteses e na forma que a lei estabelecer para fins de **investigação criminal ou instrução processual penal** (não para processo civil).

- Os sigilos bancário e fiscal estão incluídos na proteção ao **sigilo de dados**.
- **O STF já firmou posicionamento no sentido que a interceptação telefônica se submete à reserva de jurisdição, sem exceção**. Vale ressaltar que se a gravação for feita por um dos interlocutores, desconfigura-se a interceptação telefônica, restando mera gravação ambiental (RE 453.562-AgR, julgado em 2008 e relatado pelo Ministro Joaquim Barbosa).
- Importante destacar que a **interceptação** (gravações de conversas presentes e futuras) **não se confunde com a quebra de sigilo** (acesso a dados passados). Tal distinção é relevante, pois as CPIs (órgãos que não são investidos de poderes jurisdicionais) até podem determinar a quebra de sigilo de dados telefônicos (registro de chamadas recebidas e efetuadas), mas não a interceptação telefônica.
- Conforme posição do STF no RE 461366, julgado em 2007 e relatado pelo Ministro Marco Aurélio: "**A atuação fiscalizadora do Banco Central do Brasil não encerra a possibilidade de, no campo administrativo, alcançar dados bancários de correntistas**, afastando o sigilo previsto no inciso XII do artigo 5º da Constituição Federal".

32. **Interceptação e prova emprestada**: "Prova emprestada. Penal. Interceptação telefônica. Escuta ambiental. Autorização judicial e produção para fim de investigação criminal. Suspeita de delitos cometidos por autoridades e agentes públicos. Dados obtidos em inquérito policial. Uso em procedimento administrativo disciplinar, contra outros servidores, cujos eventuais ilícitos administrativos teriam despontado à colheita dessa prova. Admissibilidade. Resposta afirmativa a questão de ordem. Inteligência do art. 5º, XII, da CF e do art. 1º da Lei federal 9.296/1996. (...) Dados obtidos em interceptação de comunicações telefônicas e em escutas ambientais, judicialmente autorizadas para produção de prova em investigação criminal ou em instrução processual penal, **podem ser usados em procedimento administrativo disciplinar, contra a mesma ou as mesmas pessoas em relação às quais foram colhidos, ou contra outros servidores cujos supostos ilícitos teriam despontado à colheita dessa prova**." (Inq 2.424-QO-QO, Rel. Min. Cezar Peluso, julgamento em 20-6-2007, Plenário, DJ de 24-8-2007).

33. **Interceptação e prorrogações sucessivas de prazo**: "É lícita a interceptação telefônica, determinada em decisão judicial fundamentada, quando necessária, como único meio de prova, à apuração de fato delituoso. (...) **É lícita a prorrogação do prazo legal de autorização para interceptação telefônica, ainda que de modo sucessivo**,

quando o fato seja complexo e, como tal, exija investigação diferenciada e contínua. (...) O ministro relator de inquérito policial, objeto de supervisão do STF, tem competência para determinar, durante as férias e recesso forenses, realização de diligências e provas que dependam de decisão judicial, inclusive interceptação de conversação telefônica. (...) O disposto no art. 6º, § 1º, da Lei federal 9.296, de 24-7-1996, só comporta a interpretação sensata de que, salvo para fim ulterior, só é exigível, na formalização da prova de interceptação telefônica, a transcrição integral de tudo aquilo que seja relevante para esclarecer sobre os fatos da causa sub iudice." (Inq 2.424, Rel. Min. Cezar Peluso, julgamento em 26-11-2008, Plenário, DJE de 26-3-2010.)

34. **Interceptação e encontro fortuito de prova em crime punido com detenção:** Encontro fortuito de prova da prática de crime punido com detenção. (...) O STF, como intérprete maior da CR, considerou compatível com o art. 5º, XII e LVI, o uso de prova obtida fortuitamente através de interceptação telefônica licitamente conduzida, ainda que o crime descoberto, conexo ao que foi objeto da interceptação, seja punido com detenção." (AI 626.214-AgR, Rel. Min. Joaquim Barbosa, julgamento em 21-9-2010, Segunda Turma, DJE de 8-10-2010.)

35. Segundo o STF, **a análise dos últimos registros telefônicos em aparelhos celulares apreendidos após a efetuação de prisão em flagrante é lícita**. Assim restou decidido no HC 91.867, julgado em 2012 e relato pelo Ministro Gilmar Mendes: "Suposta ilegalidade decorrente do fato de os policiais, após a prisão em flagrante do corréu, terem realizado a análise dos últimos registros telefônicos dos dois aparelhos celulares apreendidos. Não ocorrência. 2.2 Não se confundem comunicação telefônica e registros telefônicos, que recebem, inclusive, proteção ju-rídica distinta. Não se pode interpretar a cláusula do artigo 5º, XII, da CF, no sentido de proteção aos dados enquanto registro, depósito registral. A proteçãoconstitucional é da comunicação de dados e não dos dados. 2.3 Art. 6º do CPP: dever da autoridade policial de proceder à coleta do material comprobatório da prática da infração penal. Ao proceder à pesquisa na agenda eletrônica dos aparelhos devidamente apreendidos, meio material indireto de prova, a autoridade policial, cumprindo o seu mister, buscou, unicamente, colher elementos de in-formação hábeis a esclarecer a autoria e a materialidade do delito (dessa análise logrou encontrar ligações entre o executor do homicídio e o ora paciente). Verificação que permitiu a orientação inicial da linha investigatória a ser adotada, bem como possibilitou concluir que os aparelhos seriam relevantes para a investigação. 2.4 À guisa de mera argumentação, mesmo que se pudesse reputar a prova produzida como ilícita e as demais, ilícitas por derivação, nos termos da teoria dos frutos da árvore venenosa (fruit of the poisonous tree), é certo que, ainda assim, melhor sorte não assistiria à defesa. É que, na hipótese, não há que se falar em prova ilícita por derivação. Nos termos da teoria da descoberta inevitável, construída pela Suprema Corte norte-americana no caso Nix x Williams (1984), o curso normal das investigações conduziria a elementos informativos que vinculariam os pacientes ao fato investigado. Bases desse entendimento que parecem ter encontrado guarida no ordenamento jurídico pátrio com o advento da Lei 11.690/2008, que deu nova redação ao art. 157 do CPP, em especial o seu §2º.

36. "O princípio constitucional da reserva de jurisdição – que incide sobre as hipóteses de busca domiciliar (CF, art. 5º, XI), de interceptação telefônica (CF, art. 5º, XII) e de decretação da prisão, ressalvada a situação de flagrância penal (CF, art. 5º, LXI) – **não se estende ao tema da quebra de sigilo, pois, em tal matéria, e por efeito de expressa autorização dada pela própria CR (CF, art. 58, § 3º), assiste competência à CPI, para decretar, sempre em ato necessariamente motivado, a excepcional ruptura dessa esfera de privacidade das pessoas**." (MS 23.652, julgado no ano 2000 e relatado pelo Ministro Celso de Mello).

- Segundo a jurisprudência do STF, "**A quebra do sigilo inerente aos registros bancários, fiscais e telefônicos, por traduzir medida de caráter excepcional, revela-se incompatível com o ordenamento constitucional, quando fundada em deliberações emanadas de CPI cujo suporte decisório apoia-se em formulações genéricas, destituídas da necessária e específica indicação de causa provável**, que se qualifica como pressuposto legitimador da ruptura, por parte do Estado, da esfera de intimidade a todos garantida pela CR. Precedentes. Doutrina. O controle jurisdicional de abusos praticados por CPI não ofende o princípio da separação de poderes. O STF, quando intervém para assegurar as franquias constitucionais e para garantir a integridade e a supremacia da Constituição, neutralizando, desse modo, abusos cometidos por CPI, desempenha, de maneira plenamente legítima, as atribuições que lhe conferiu a própria Carta da República. O regular exercício da função jurisdicional, nesse contexto, porque vocacionado a fazer prevalecer a autoridade da Constituição, não transgride o princípio da separação de Poderes. Doutrina. Precedentes." (MS 25.668, julgado em 2006 e relatado pelo Ministro Celso de Mello).

37. Segundo o entendimento do STF, "**A administração penitenciária**, com fundamento em razões de segurança pública, de disciplina prisional ou de preservação da ordem jurídica, **pode, sempre excepcionalmente**, e desde que respeitada a norma inscrita no art. 41, parágrafo único, da Lei 7.210/1984, **proceder à interceptação da correspondência remetida pelos sentenciados, eis que a cláusula tutelar da inviolabilidade do sigilo epistolar não pode constituir instrumento de salvaguarda de práticas ilícitas**." (HC 70.814, Rel. Min. Celso de

Mello, julgamento em 1º-3-1994, Primeira Turma, DJ de 24-6-1994.)

38. Assegura-se a todos, **independentemente do** pagamento de taxas, o **direito de petição** aos Poderes Públicos em defesa de direitos ou contra ilegalidade ou abuso de poder.

- "O **direito de petição**, presente em todas as Constituições brasileiras, qualifica-se como importante prerrogativa de caráter democrático. Trata-se de **instrumento jurídico-constitucional posto à disposição de qualquer interessado – mesmo daqueles destituídos de personalidade jurídica** –, com a explícita finalidade de viabilizar a defesa, perante as instituições estatais, de direitos ou valores revestidos tanto de natureza pessoal quanto de significação coletiva. Entidade sindical que pede ao PGR o ajuizamento de ação direta perante o STF. *Provocatio ad agendum.* Pleito que traduz o exercício concreto do direito de petição. Legitimidade desse comportamento." (STF. ADI 1.247, julgada em 2005 e relatada pelo Ministro Celso de Mello).

39. É livre o direito de reunião pacífica, não sendo necessária autorização. Entretanto, exige-se **prévio aviso** (não pedido de autorização) à autoridade competente, para que não frustre outra reunião anteriormente convocada.

- **Atenção!** A finalidade do direito de reunião é a manifestação do pensamento. A liberdade ambulatorial constitui apena um meio para o exercício do direito de reunião. Nesse sentido, diante de uma violação ao direito fundamental, líquido e certo, de reunião, cabível será o **mandado de segurança**, não o habeas corpus.

40. No caso de iminente perigo público, a autoridade competente poderá usar de propriedade particular, assegurada ao proprietário **indenização ulterior**, apenas **se houver dano** (e não em qualquer caso).

41. Associações

ASSOCIAÇÕES	
OBJETIVO	**EXIGÊNCIAS**
1. Criação	Não depende de autorização do poder público. É **vedada** a criação de associações de caráter paramilitar
2. Suspensão das Atividades	Somente por decisão Judicial
3. Dissolução	Somente por decisão judicial com trânsito em julgado

- A jurisprudência do STF **não é pacífica** quanto ao fato de as pessoas jurídicas serem titulares da liberdade de associação. Vale destacar trecho da ADI 2054: "I. Liberdade de associação. 1. Liberdade negativa de associação: sua existência, nos textos constitucionais anteriores, como corolário da liberdade positiva de associação e seu alcance e inteligência, na Constituição, quando se cuide de entidade destinada a viabilizar a gestão coletiva de arrecadação e distribuição de direitos autorais e conexos, cuja forma e organização se remeteram à lei. 2. Direitos autorais e conexos: sistema de gestão coletiva de arrecadação e distribuição por meio do ECAD (L 9610/98, art. 99), sem ofensa do art. 5º, XVII e XX, da Constituição, cuja aplicação, na esfera dos direitos autorais e conexos, hão de conciliar-se com o disposto no art. 5º, XXVIII, b, da própria Lei Fundamental. 3. **Liberdade de associação: garantia constitucional de duvidosa extensão às pessoas jurídicas** (ADI 2054, julgado em 2003 e relatado pelo Ministro Ilmar Galvão).

- Conforme entendimento do STF, "A **obrigatoriedade do visto de advogado para o registro de atos e contratos constitutivos de pessoas jurídicas** (art. 1º, § 2º, da Lei 8.906/1994) **não ofende** os princípios constitucionais da isonomia e da liberdade associativa." (ADI 1.194, Rel. p/ o ac. Min. Cármen Lúcia, julgamento em 20-5-2009, Plenário, DJE de 11-9-2009.)

42. Súmula 654 do STF: "A garantia da irretroatividade da lei, prevista no art. 5º, XXXVI, da Constituição da República, não é invocável pela entidade estatal que a tenha editado".

43. Somente os crimes de racismo e de ações de grupos armadas, civis ou militares, contra a ordem constitucional e o Estado Democrático são **imprescritíveis** (além de inafiançáveis). Já os crimes de tortura, tráfico ilícito de entorpecentes e drogas afins, terrorismo e os definidos em lei como hediondos, são **insuscetíveis de graça ou anistia** (além de inafiançáveis).

CRIME	INAFIANÇÁVEL	IMPRESCRITÍVEL	INSUSCETÍVEL DE GRAÇA OU ANISTIA
Racismo	Sim	Sim	Não
Ações de Grupos Armados, Civis ou Militares contra a Ordem Constitucional e o Estado Democrático	Sim	Sim	Não
Tortura	Sim	Não	Sim
Tráfico Ilícito de Entorpecentes e Drogas Afins	Sim	Não	Sim
Terrorismo	Sim	Não	Sim
Hediondo	Sim	Não	Sim

- Dica para memorização: **TTTH** prescrevem! (**T**ortura, **T**ráfico Ilícito de Entorpecentes e Drogas Afins, **T**errorismo e **H**ediondos).

- Vale destacar que os crimes insuscetíveis de graça ou anistia também não admitem **indulto** (que é espécie de graça, segundo entendimento do STF exposto no HC 84.312) e **comutação de pena** (que é tipo de indulto, também segundo o STF em julgamento do HC 84.312).

- No julgamento do HC 82424, julgado em 2003 e relatado para o acórdão pelo Ministro Maurício Corrêa, em que se discutia o **alcance da expressão "racismo"**, contida no inciso XLII do art. 5º, da CF, ("a prática do racismo constitui crime inafiançável e imprescritível, sujeito à pena de reclusão, nos termos da lei;"), o Tribunal, por maioria, acompanhou o voto proferido pelo Min. Maurício Corrêa no sentido do indeferimento do writ, sob o entendimento de que **o racismo é antes de tudo uma realidade social e política, sem nenhuma referência à raça enquanto caracterização física ou biológica, refletindo, na verdade, reprovável comportamento que decorre da convicção de que há hierarquia entre os grupos humanos, suficiente para justificar atos de segregação, inferiorização e até de eliminação de pessoas.** O Min. Marco Aurélio, ao proferir seu voto, salientando a necessidade do exame da causa em face da realidade social brasileira – na qual não há predisposição para a prática de discriminação contra o povo judeu, diferentemente do que ocorre com o negro, para o qual a CF/88 conferiu a proteção prevista no inciso XLII do art. 5º –, e tendo em conta a colisão entre os direitos fundamentais da liberdade de expressão e da proteção à dignidade do povo judeu, considerou não demonstrado que a conduta do paciente pudesse resultar em incitação à prática de discriminação ou colocar em risco a segurança do povo judeu, a justificar limitação do direito à liberdade de expressão. (Informativo 321 do STF)

44. A CF garante que não haverá prisão civil por dívida, **salvo** a do responsável pelo inadimplemento voluntário e inescusável (não desculpável) de obrigação alimentícia e a do depositário infiel (mas o STF já declarou inaplicável a prisão civil do depositário infiel).

45. O Estado prestará **assistência jurídica integral e gratuita** (apenas) aos que comprovarem **insuficiência de recursos** (e não a todos, indistintamente).

46. Todos têm direito a receber dos órgãos públicos informações de seu interesse particular, ou de interesse coletivo ou geral, que serão prestadas no prazo da lei, sob pena de responsabilidade, **ressalvadas aquelas cujo sigilo seja imprescindível à segurança da sociedade e do Estado**, **não** havendo prevalência do direito individual neste caso.

47. O registro civil de nascimento e a certidão de óbito são gratuitos **apenas aos reconhecidamente pobres**.

48. É livre o exercício de qualquer trabalho, ofício ou profissão, **desde que** atendidas as qualificações profissionais que a lei estabelecer.

- "O **jornalismo** é uma profissão diferenciada por sua estreita vinculação ao pleno exercício das liberdades de expressão e de informação. O jornalismo é a própria manifestação e difusão do pensamento e da informação de forma contínua, profissional e remunerada. Os jornalistas são aquelas pessoas que se dedicam profissionalmente ao exercício pleno da liberdade de expressão. O jornalismo e a liberdade de expressão, portanto, são atividades que estão imbricadas por sua própria natureza e não podem ser pensadas e tratadas de forma separada. Isso implica, logicamente, que a interpretação do art. 5º, XIII, da Constituição, na hipótese da profissão de jornalista, se faça, impreterivelmente, em conjunto com os preceitos do art. 5º, IV, IX, XIV, e do art. 220, da Constituição, que asseguram as liberdades de expressão, de informação e de comunicação em geral. (...) No campo da profissão de jornalista, não há espaço para a regulação estatal quanto às qualificações profissionais. **O art. 5º, IV, IX, XIV, e o art. 220 não autorizam o controle, por parte do Estado, quanto ao acesso e exercício da profissão de jornalista. Qualquer tipo de controle desse tipo, que interfira na liberdade profissional no momento do próprio acesso à atividade jornalística, configura, ao fim e ao cabo, controle prévio que, em verdade, caracteriza censura prévia das liberdades de expressão e de informação, expressamente vedada pelo art. 5º, IX, da Constituição.** A impossibilidade do estabelecimento de controles estatais sobre a profissão jornalística leva à conclusão de que não pode o Estado criar uma ordem ou um conselho profissional (autarquia) para a fiscalização desse tipo de profissão. O exercício do poder de polícia do Estado é vedado nesse campo em que imperam as liberdades de expressão e de informação. Jurisprudência do STF: Representação 930, Rel. p/ o ac. Min. Rodrigues Alckmin, DJ de 2-9-1977." (RE 511.961, julgado em 2009 e relatado pelo Ministro Gilmar Mendes).

- "Nem todos os ofícios ou profissões podem ser condicionadas ao cumprimento de condições legais para o seu exercício. A regra é a liberdade. Apenas quando houver potencial lesivo na atividade é que pode ser exigida inscrição em conselho de fiscalização profissional. **A atividade de músico prescinde de controle**. Constitui, ademais, manifestação artística protegida pela garantia da liberdade de expressão." (RE 414.426, Rel. Min. Ellen Gracie, julgamento em 1º-8- 2011, Plenário, DJE de 10-10-2011.)

- Já entendeu o STF, segundo noticiado no Informativo nº 748, que "**A exigência, pela Fazenda Pública, de prestação de fiança, garantia real ou**

fidujossória para a impressão de notas fiscais de contribuintes em débito com o Fisco viola as garantias do livre exercício do trabalho, ofício ou profissão (CF, art. 5º, XIII), da atividade econômica (CF, art. 170, parágrafo único) e do devido processo legal (CF, art. 5º, LIV)" (RE 565048, julgado em 2014 e relatado pelo Ministro Marco Aurélio).

49. A lei assegurará aos autores de inventos industriais **privilégio temporário** para sua utilização, bem como proteção às criações industriais, à propriedade das marcas, aos nomes de empresas e a outros signos distintivos, tendo em vista o interesse social e o desenvolvimento tecnológico e econômico do País.

50. O Supremo Tribunal Federal entende que decorre da regra que veda a utilização no processo de provas obtidas por meios ilícitos a proibição de utilização também das provas derivadas das ilícitas - teoria que se tornou conhecida pela alcunha de **"frutos da árvore envenenada"**. Todas essas provas são consideradas **nulas**. Entretanto, a jurisprudência daquele tribunal admite a utilização das provas derivadas das ilícitas em processo penal, quando a acusação demonstrar que as provas derivadas advêm de uma **fonte independente** (RHC 90.376, julgado em 2007 e relatado pelo Ministro Celso de Mello).

- O STF, como intérprete maior da Constituição Federal, considerou **compatível com o art. 5º, XII e LVI, o uso de prova obtida fortuitamente através de interceptação telefônica licitamente conduzida**, ainda que o crime descoberto, conexo ao que foi objeto da interceptação, seja punido com detenção." (AI 626.214, julgado em 2010 e relatado pelo Ministro Joaquim Barbosa).

51. A prisão de qualquer pessoa e o local onde se encontre serão comunicados imediatamente ao juiz competente e à família do preso ou à pessoa por ele indicada

52. É assegurada, nos termos da lei, a prestação de **assistência religiosa** nas entidades civis e militares de internação coletiva.

53. De acordo com entendimento da **Súmula vinculante 14 do STF**, é direito do defensor, no interesse do representado, ter acesso amplo aos elementos de prova que, **já documentados em procedimento investigatório realizado por órgão com competência de polícia judiciária, digam respeito ao exercício do direito de defesa** em procedimento investigatório realizado por órgão com competência de polícia judiciária.

- Sobre a Súmula vinculante 14, destaca-se o seguinte precedente representativo: 4. **Há, é verdade, diligências que devem ser sigilosas, sob o risco do comprometimento do seu bom sucesso. Mas, se o sigilo é aí necessário à apuração e à atividade instrutória, a formalização documental de seu resultado já não pode ser subtraída ao indiciado nem ao defensor, porque, é óbvio, cessou a causa mesma do sigilo**. (...) Os atos de instrução, enquanto documentação dos elementos retóricos colhidos na investigação, esses devem estar acessíveis ao indiciado e ao defensor, à luz da Constituição da República, que garante à classe dos acusados, na qual não deixam de situar-se o indiciado e o investigado mesmo, o direito de defesa. O sigilo aqui, atingindo a defesa, frustra-lhe, por conseguinte, o exercício. (...) 5. Por outro lado, o instrumento disponível para assegurar a intimidade dos investigados (...) não figura título jurídico para limitar a defesa nem a publicidade, enquanto direitos do acusado. E invocar a intimidade dos demais acusados, para impedir o acesso aos autos, importa restrição ao direito de cada um do envolvidos, pela razão manifesta de que os impede a todos de conhecer o que, documentalmente, lhes seja contrário. Por isso, a autoridade que investiga deve, mediante expedientes adequados, aparelhar-se para permitir que a defesa de cada paciente tenha acesso, pelo menos, ao que diga respeito ao seu constituinte." HC 88.190 (DJ 6.10.2006) - Relator Ministro Cezar Peluso - Segunda Turma.

54. Nenhuma pena passará da pessoa do condenado, podendo a obrigação de reparar o dano e a decretação do perdimento de bens ser, nos termos da lei, estendidas aos sucessores e contra eles executadas, **até o limite** do valor do patrimônio transferido (art. 5º, XLV, da CF).

55. De acordo com o art. 5º, LXVI, da CF, ninguém será levado à prisão ou nela mantido, quando a lei admitir a **liberdade provisória**, com ou sem fiança. O Plenário do **STF já declarou, incidentalmente, a inconstitucionalidade da vedação da liberdade provisória constante do art. 44, caput, da Lei 11.343/2006 (Lei de Drogas)**. "(...) essa vedação apriorística de concessão de liberdade provisória (Lei 11.343/2006, art. 44) é incompatível com o princípio constitucional da presunção de inocência, do devido processo legal, entre outros. É que a Lei de Drogas, ao afastar a concessão da liberdade provisória de forma apriorística e genérica, retira do juiz competente a oportunidade de, no caso concreto, analisar os pressupostos da necessidade do cárcere cautelar, em inequívoca antecipação de pena, indo de encontro a diversos dispositivos constitucionais. (...) a segregação cautelar - mesmo nos crimes atinentes ao tráfico ilícito de entorpecentes - deve ser analisada tal quais as prisões decretadas nos casos dos demais delitos previstos no ordenamento jurídico, o que conduz à necessidade de serem apreciados os fundamentos da decisão que denegou a liberdade provisória ao ora paciente, no intuito de verificar se estão presentes os requisitos do art. 312 do CPP que rege a matéria. (...) Ante o exposto, declaro, *incidenter tantum*, a inconstitucionalidade da vedação à liberdade provisória imposta pelo art. 44 da Lei 11.343/2006." (HC 104.339, julgado em 2012 e relatado pelo Ministro Gilmar Mendes).

56. De acordo com posição consolidada do Supremo Tribunal Federal, **a exigência de depósito prévio** como requisito de admissibilidade de ação judicial na qual se pretenda discutir a exigibilidade de crédito tributário **ofende a garantia de acesso ao Poder Judiciário**. Essa é a conclusão que se extrai da **Súmula Vinculante 28**, aprovada em 2010.

57. Súmula 667 do STF: viola a garantia constitucional de acesso à jurisdição a **taxa judiciária calcada sem limite sobre o valor da causa**.

58. No bojo do RHC 79785, julgado em 2002, o STF se pronunciou no sentido de que o **duplo grau de jurisdição** não seria uma garantia constitucional. Entretanto, em 2007, no HC 88.420, julgado em 2007, a Suprema Corte relativizou a negativa, passando a entender aplicável o duplo grau de jurisdição como uma garantia constitucional implícita, que decorre da previsão da existência e competência dos Tribunais para apreciação de decisões proferidas em instâncias inferiores. Vale ainda destacar que a existência de processos com instância única ou originária (AP 470, sobre o Mensalão, v.g.) faz parte da lógica constitucional, impondo uma ponderação de valores. Nos casos de instância única, não se aplica o duplo grau, mas isso não significa que ele deixa de existir como uma garantia implícita.

59. No bojo do RE 207.732, julgado em 2002 e relatado pela Ministra Ellen Gracie, o STF definiu que: "**Cabe ao Estado o custeio do exame de DNA para os beneficiários da Assistência Judiciária gratuita, em virtude da auto-executoriedade do art. 5º, LXXIV, da CF**, possibilitando o amplo acesso à Justiça e a igualdade no litígio para os menos favorecidos, sendo incabível a discussão de descumprimento do precatório judicial, tendo em vista que não existe lide entre o Estado agravante e as partes do processo contencioso (...)". Assim, a alternativa está incorreta porque a obrigação de o Estado-membro custear o exame de DNA em favor de hipossuficientes **não é condicional**, mas sim direta, imediata e integral.

60. Nos autos da ADPF 87, julgada em 2011 e relatada pelo Ministro Celso de Mello, cujo tema era a "**Marcha da Maconha**", o STF assim se manifestou: "[...] o presente feito não teria por objetivo discutir eventuais propriedades terapêuticas ou supostas virtudes medicinais ou possíveis efeitos benéficos resultantes da utilização de drogas ou de qualquer outra substância entorpecente. Destacou-se estar em jogo a proteção às liberdades individuais de reunião e de manifestação do pensamento. Em passo seguinte, assinalou-se que a liberdade de reunião, enquanto direito-meio, seria instrumento **viabilizador da liberdade de expressão e qualificar-se-ia como elemento apto a propiciar a ativa participação da sociedade civil na vida política do Estado.** A praça pública, desse modo, desde que respeitado o direto de reunião, passaria a ser o espaço, por excelência, para o debate. E, nesse sentido, salientou-se que **esta Corte, há muito, firmara compromisso com a preservação da integridade das liberdades fundamentais contra o arbítrio do Estado.** [...] Dessa forma, esclareceu-se que **seria nociva e perigosa a pretensão estatal de reprimir a liberdade de expressão, fundamento da ordem democrática, haja vista que não poderia dispor de poder algum sobre a palavra, as idéias e os modos de sua manifestação. Afirmou-se que, conquanto a livre expressão do pensamento não se revista de caráter absoluto, destinar-se-ia a proteger qualquer pessoa cujas opiniões pudessem conflitar com as concepções prevalecentes, em determinado momento histórico, no meio social"**.

61. A **proibição de tratamento caricatural e humorístico a candidatos a cargos eletivos, no período eleitoral, constitui ofensa à liberdade de imprensa**. Assim decidiu o STF na ADI 4451: "Não cabe ao Estado, por qualquer dos seus órgãos, definir previamente o que pode ou o que não pode ser dito por indivíduos e jornalistas. Dever de omissão que inclui a própria atividade legislativa, pois é vedado à lei dispor sobre o núcleo duro das atividades jornalísticas, assim entendidas as coordenadas de tempo e de conteúdo da manifestação do pensamento, da informação e da criação lato sensu. Vale dizer: não há liberdade de imprensa pela metade ou sob as tenazes da censura prévia, pouco importando o poder estatal de que ela provenha. Isso porque a liberdade de imprensa não é uma bolha normativa ou uma fórmula prescritiva oca. Tem conteúdo, e esse conteúdo é formado pelo rol de liberdades que se lê a partir da cabeça do art. 220 da CF: liberdade de 'manifestação do pensamento', liberdade de 'criação', liberdade de 'expressão', liberdade de 'informação'. Liberdades constitutivas de verdadeiros bens de personalidade, porquanto correspondentes aos seguintes direitos que o art. 5º da nossa Constituição intitula de 'Fundamentais': 'livre manifestação do pensamento' (inciso IV); 'livre (...) expressão da atividade intelectual, artística, científica e de comunicação' (inciso IX); 'acesso a informação' (inciso XIV). (...) Programas humorísticos, charges e modo caricatural de pôr em circulação ideias, opiniões, frases e quadros espirituosos compõem as atividades de 'imprensa', sinônimo perfeito de 'informação jornalística' (§ 1º do art. 220). Nessa medida, gozam da plenitude de liberdade que é assegurada pela Constituição à imprensa. (...) A liberdade de imprensa assim abrangentemente livre não é de sofrer constrições em período eleitoral. Ela é plena em todo o tempo, lugar e circunstâncias. (ADI 4.451, julgada em 2010 e relatada pelo Ministro Ayres Britto).

62. Para o STF a liberdade de expressão **não** protege os discursos racistas e preconceituosos, o que restou consignado no seguinte julgado: "Liberdade de expressão. Garantia constitucional que não se tem como absoluta. Limites morais e jurídicos. **O**

direito à livre expressão não pode abrigar, em sua abrangência, manifestações de conteúdo imoral que implicam ilicitude penal. As liberdades públicas não são incondicionais, por isso devem ser exercidas de maneira harmônica, observados os limites definidos na própria CF (CF, art. 5º, § 2º, primeira parte). **O preceito fundamental de liberdade de expressão não consagra o 'direito à incitação ao racismo', dado que um direito individual não pode constituir-se em salvaguarda de condutas ilícitas, como sucede com os delitos contra a honra.** Prevalência dos princípios da dignidade da pessoa humana e da igualdade jurídica." (HC 82.424, Rel. p/ o ac. Min. Presidente Maurício Corrêa, julgamento em 17-9-2003, Plenário, DJ de 19-3-2004.)

63. Desde o RE 153.531, julgado em 1997 e relatado para o acórdão pelo Ministro Marco Aurélio, o STF **entende que no conflito entre o direito de manifestação cultural e a proibição de práticas de crueldade contra os animais, deve prevalecer esta última**. Vale destacar o seguinte trecho do julgado: "A manifestação cultural deve ser estimulada, mas não a prática cruel. Admitida a chamada "farra do boi", em que uma turba ensandecida vai ensandecida atrás do animal para procedimentos que estarrecem, como vimos, não há poder de polícia que consiga coibir esse procedimento. Não vejo como chegar-se a posição intermediária. A distorção alcançou tal ponto que somente uma medida que obstaculize terminantemente a prática pode evitar o que verificamos nesse ano de 1997 [...] Não se trata, no caso, de uma manifestação cultural que mereça o agasalho da Carta da República. Como disse no início de meu voto, cuida-se de uma prática cuja crueldade é ímpar e decorre das circunstâncias de pessoas envolvidas por paixões condenáveis buscarem, a todo custo, o próprio sacrifício do animal."

64. Segundo a jurisprudência do STF, "[...] no Brasil, sendo o princípio do respeito ao direito adquirido, ao ato jurídico perfeito e à coisa julgada de natureza constitucional, sem qualquer exceção a qualquer espécie de legislação ordinária, **não tem sentido a afirmação de muitos - apegados ao direito de países em que o preceito é de origem meramente legal - de que as leis de ordem pública se aplicam de imediato, alcançando os efeitos futuros do ato jurídico perfeito ou da coisa julgada**, e isso porque, se se alteram os efeitos, é óbvio que se está introduzindo modificação na causa, o que é vedado constitucionalmente." (Rp 1451, julgada em 1988 e relatada pelo Ministro Moreira Alves).

65. Em matéria de **direito intertemporal e direito adquirido**, a Constituição brasileira, de acordo com a jurisprudência do STF, aderiu à chamada teoria **subjetiva,** que veda a retroatividade das leis e a incidência de normas de ordem pública sobre efeitos futuros de negócios jurídicos celebrados no passado. No RE 441.409, julgado em 2007 e relatado pelo Ministro Gilmar Mendes, restou consignado que: "A discussão sobre direito intertemporal assume delicadeza ímpar, entre nós, tendo em vista a disposição constante do art. 5º, inciso XXXVI, da Constituição, que reproduz norma tradicional do direito brasileiro. Os princípios constitucionais do direito adquirido e do ato jurídico perfeito não se mostram aptos a proteger as posições jurídicas contra eventuais mudanças dos institutos ou dos próprios estatutos jurídicos previamente fixados. **Na lição de Moreira Alves, domina, na nossa tradição, a teoria subjetiva do direito adquirido. É o que se lê na seguinte passagem do voto proferido na ADI nº 493, verbis: "Por fim, há de salientar-se que as nossas Constituições, a partir de 1934, e com exceção de 1937, adotaram desenganadamente, em matéria de direito intertemporal, a teoria subjetiva dos direitos adquiridos e não a teoria objetiva da situação jurídica,** que é a teoria de ROUBIER. [...] É certo, outrossim, que a dimensão constitucional que se confere ao princípio do direito adquirido, entre nós, não permite que se excepcionem da aplicação do princípio as chamadas regras de ordem pública.Daí concluir Moreira Alves que o princípio do direito adquirido "se aplica a toda e qualquer lei infraconstitucional, sem qualquer distinção entre lei de direito público e lei de direito privado, ou entre lei de ordem pública e lei dispositiva" [ADI no 493, Relator Ministro Moreira Alves, RTJ 143, p. 724 (746)]. O problema relativo à modificação das situações subjetivas em virtude da mudança de um instituto de direito não passou despercebido a Carlos Maximiliano, que assinala, a propósito, em seu clássico O Direito Intertemporal, verbis: "**Não há direito adquirido no tocante a instituições, ou institutos jurídicos. Aplica-se logo, não só a lei abolitiva, mas também a que, sem os eliminar, lhes modifica essencialmente a natureza. Em nenhuma hipótese granjeia acolhida qualquer alegação de retroatividade, posto que, às vezes, tais institutos envolvam certas vantagens patrimoniais que, por eqüidade, o diploma ressalve ou mande indenizar**". (MAXIMILIANO, Carlos. Direito Intertemporal, cit. p. 62).Essa orientação básica, perfilhada por nomes de prol das diferentes correntes jurídicas sobre direito intertemporal, encontrou acolhida na jurisprudência do Supremo Tribunal Federal. Assentou-se que a proteção ao direito adquirido e ao ato jurídico perfeito não obstava à modificação ou à supressão de determinado instituto jurídico. Em acórdão mais recente, proferido no RE no 94.020, de 4 de novembro de 1981, deixou assente a Corte, pela voz do eminente Ministro Moreira Alves: "**em matéria de direito adquirido vigora o princípio - que este Tribunal [...]tem assentado inúmeras vezes - de que não há direito adquirido a regime jurídico de um instituto de direito. Quer isso dizer que, se a lei nova modificar o regime jurídico de determinado instituto de direito (como é o direito de propriedade, seja ela de coisa móvel ou imóvel,**

ou de marca), essa modificação se aplica de imediato". [RE no 94.020, Relator Ministro Moreira Alves, RTJ 104, p. 269 (272)].**Esse entendimento tem sido reiterado pelo Supremo Tribunal Federal**. Nesse sentido, arrolo os seguintes precedentes: RE no 105.137, Relator: Ministro Cordeiro Guerra, RTJ 115, p. 379; ERE no 105.137, Relator Ministro Rafael Mayer, RTJ 119, p. 783; RE no 105.322, Relator Ministro Francisco Rezek, RTJ 118, p. 709.

66. Princípio da Razoável Duração do Processo: a todos, no âmbito judicial e administrativo, são assegurados a razoável duração do processo e os meios que garantam a celeridade de sua tramitação.

67. Ações ou remédios constitucionais

67.1. Habeas Corpus

- Conceder-se-á ***habeas corpus*** sempre que alguém sofrer ou se achar ameaçado de sofrer violência ou coação em sua liberdade de locomoção (também denominada **ambulatorial**), por ilegalidade ou abuso de poder.
- "**Não cabe** *habeas corpus* originário para o Tribunal Pleno **de decisão de turma, ou do plenário,** proferida em habeas corpus ou no respectivo recurso (Súmula 606 do STF).
- "Não cabe habeas corpus quando já **extinta a pena privativa de liberdade**." (Súmula 695 do STF.)
- "Não cabe habeas corpus contra a **imposição da pena de exclusão de militar ou de perda de patente ou de função pública**." (Súmula 694 do STF)
- "Não cabe habeas corpus contra **decisão condenatória a pena de multa, ou relativo a processo em curso por infração penal a que a pena pecuniária seja a única cominada**." (Súmula 693 do STF)
- "Não se conhece de habeas **corpus contra omissão de relator de extradição, se fundado em fato ou direito estrangeiro cuja prova não constava dos autos**, nem foi ele provocado a respeito." (Súmula 692 do STF)
- "Não se conhece de recurso de habeas corpus cujo objeto seja **resolver sobre o ônus das custas, por não estar mais em causa a liberdade de locomoção**." (Súmula 395 do STF)
- Ao **estrangeiro**, residente no exterior, é assegurado o direito de impetrar habeas corpus (STF, HC 94.404, julgado em 2008 e relatado pelo Ministro Celso de Mello).
- O habeas corpus **não pode ser proposto em favor de pessoa jurídica**, pois não há que se falar em liberdade ambulatorial. Nesse sentido o STF: "Habeas corpus. Negativa de seguimento. (...) Na concreta situação dos autos, a pessoa jurídica da qual o paciente é representante legal se acha processada por delitos ambientais. Pessoa Jurídica que somente poderá ser punida com multa e pena restritiva de direitos. Noutro falar: a liberdade de locomoção do agravante não está, nem mesmo indiretamente, ameaçada ou restringida." (HC 88.747-AgR, Rel. Min. Ayres Britto, julgamento em 15-9-2009, Primeira Turma, DJE de 29-10-2009.)
- **Entretanto,** segundo a doutrina e a jurisprudência predominantes, a pessoa jurídica pode impetrar habeas corpus **em favor de pessoa física**.
- "É nulo julgamento de recurso criminal, na segunda instância, sem prévia intimação ou publicação da pauta, salvo em habeas corpus." (Súmula 431 do STF)
- "O habeas corpus é **medida idônea para impugnar decisão judicial que autoriza a quebra de sigilos fiscal e bancário em procedimento criminal**, haja vista a possibilidade destes resultarem em constrangimento à liberdade do investigado. Com base nesse entendimento, a Turma, resolvendo questão de ordem, deu provimento a agravo de instrumento interposto pelo Ministério Público Federal para, convertendo-o em recurso extraordinário, negar-lhe provimento. Alegava-se, na espécie, ofensa ao art. 5º, LXVIII, da CF, ao fundamento de que a decisão que determinara a quebra de sigilos não ameaçaria o imediato direito de locomoção do paciente, consoante exigido constitucionalmente" (STF. AI 573623 QO/RJ, julgado em 2006 e relatado pelo Ministro Gilmar Mendes).
- Admite-se a **impetração de *habeas corpus* contra ato de particular**. Assim é a lição da doutrina, que ilustra o cabimento: "contra o médico que ilegalmente promove a retenção de paciente no hospital ou contra o fazendeiro que não libera o colono da fazenda" (CUNHA, Rogério Sanches; LORENZATO, Gustavo Müller; FERRAZ, Maurício Lins e PINTO, Ronaldo Batista. *Processo Penal Prático*. 2 ed. Salvador: Juspodivm, 2007, p. 180).
- A doutrina brasileira do *habeas corpus* **não subsiste** nos dias atuais. Nesse sentido o STF: "A ação de *habeas corpus* não se revela cabível, quando inexistente situação de dano efetivo ou de risco potencial ao *jus manendi, ambulandi, eundi ultro citroque* do paciente. Esse entendimento decorre da circunstância histórica de a reforma constitucional de 1926 – que importou na cessação da doutrina brasileira do *habeas corpus* – haver restaurado a função clássica desse extraordinário remédio processual, destinando-o, quanto à sua finalidade, à específica tutela jurisdicional da imediata liberdade de locomoção física das pessoas." (HC 102.041, julgado em 2010 e relatado pelo Ministro Celso de Mello).
- ***Habeas corpus* e liberdade na internet:** "O *habeas corpus*, em sua condição de instrumento de ativação da jurisdição constitucional das liberdades, configura um poderoso meio de cessação do injusto constrangimento ao estado de liberdade de locomoção física das pessoas. Se essa liberdade não se expõe a qualquer tipo de cerceamento, e se o direito de ir, vir ou permanecer sequer se revela

ameaçado, **nada justifica o emprego do remédio heróico do habeas corpus, por não estar em causa a liberdade de locomoção física** (de todo inconfundível com a 'liberdade de locomoção pelos sítios informativos' existentes no universo virtual, cuja proteção é ora pretendida pelo impetrante) (...)." (HC 100.231, julgado em 2009 e relatado pelo Ministro Celso de Mello).

- ***Habeas corpus* e ação de improbidade:** segundo o STF, "O *habeas corpus* é meio processual destinado à proteção do direito de ir e vir ameaçado por ilegalidade ou abuso de poder. Daí a impropriedade desse instrumento processual para solver controvérsia cível. Ainda que se admita que a ação de improbidade administrativa tem natureza penal, não há como trancá-la em habeas corpus, porquanto as sanções previstas na Lei 8.429/1992 não consubstanciam risco à liberdade de locomoção." (HC 100.244-AgR, julgado em 2009 e relatado pelo Ministro Eros Grau).

67.2. Mandado de Segurança

- Caberá **mandado de segurança** para proteger **direito líquido e certo, não amparado por habeas corpus ou habeas data,** quando o responsável pela ilegalidade ou abuso de poder for **autoridade pública ou agente de pessoa jurídica no exercício de atribuições do Poder Público**.
- "**Não cabe condenação em honorários de advogado** na ação de mandado de segurança." (Súmula 512 do STF)
- "Não cabe mandado de segurança para impugnar enquadramento da Lei 3.780, de 12-7-1960, **que envolva exame de prova ou de situação funcional** complexa." (Súmula 270 do STF)
- "Não cabe mandado de segurança contra **decisão judicial com trânsito em julgado**." (Súmula 268 do STF)
- "Não cabe mandado de segurança contra **ato judicial passível de recurso ou correição**." (Súmula 267 do STF)
- "Não cabe mandado de segurança **contra lei em tese**." (Súmula 266 do STF)
- Entretanto, segundo o STF, "**Se o decreto é**, materialmente, ato administrativo, assim **de efeitos concretos, cabe contra ele mandado de segurança**. Todavia, se o decreto tem efeito normativo, genérico, por isso mesmo sem operatividade imediata, necessitando, para a sua individualização, da expedição de ato administrativo, contra ele não cabe mandado de segurança. (Súmula 266)." (MS 21.274, julgado em 1994 e relatado pelo Ministro Carlos Velloso).
- **Vale ressaltar**, que em MC no MS 26.325, em 2007, o Ministro Gimar Mendes entendeu pela admissão de mandado de segurança para a impugnação de leis "dotadas de eficácia imediata e capazes de afetar direito subjetivo".
- "É constitucional lei que fixa **prazo de decadência** para impetração de mandado de segurança." (Súmula 632 do STF)
- Nos termos da Súmula 474 do STF, **não há direito líquido e certo**, amparado pelo mandado de segurança, quando se escuda em lei cujos efeitos foram anulados por outra, declarada constitucional pelo Supremo Tribunal Federal.
- Ao estrangeiro, residente no exterior, é assegurado o **direito de impetrar mandado de segurança** (STF, MS 4706, julgado em 1969 e relado pelo Ministro Ari Franco)
- o STF reconhece o direito de impetração de mandado de segurança a **diferentes órgãos públicos despersonalizados que tenham prerrogativas ou direitos próprios a defender**, tais como as Chefias dos Executivos e de Ministério Público; as Presidências das Mesas dos Legislativos; as Presidências dos Tribunais; os Fundos Financeiros; as Presidências de Comissões Autônomas; as Superintendências de Serviços e demais órgãos da Administração centralizada ou descentralizada contra atos de outros órgãos públicos.
- Não compete ao Supremo Tribunal Federal conhecer originariamente de mandado de segurança contra **atos de outros Tribunais**. (Súmula 624 do STF)
- "**Controvérsia sobre matéria de direito** não impede concessão de mandado de segurança." (Súmula 625 do STF)
- "Praticado o ato por **autoridade, no exercício de competência delegada**, contra ela cabe o mandado de segurança ou a medida judicial." (Súmula 510 do STF)
- "**Pedido de reconsideração** na via administrativa não interrompe o prazo para o mandado de segurança." (Súmula 430 do STF)
- "Concessão de mandado de segurança não produz efeitos patrimoniais em relação a **período pretérito**, os quais devem ser reclamados administrativamente ou pela via judicial própria." (Súmula 271 do STF)
- "O mandado de segurança **não é substitutivo de ação de cobrança**." (Súmula 269 do STF)
- Em que pese o teor da súmula 267, do Supremo Tribunal Federal, que afirma **não caber Mandado de Segurança contra ato judicial passível de recurso ou correição**, é certo que o próprio STF, abrandando a rigidez da referida súmula, **tem admitido** o *mandamus* quando, do ato judicial impugnado, puder resultar **dano irreparável**, desde logo cabalmente demonstrado. Tal posicionamento restou assentado no MS 22.623-AgR, julgado em 1996 e relatado pelo Ministro Sydney Sanches).
- "O mandado de segurança **não substitui a ação popular**." (Súmula 101 do STF)
- Lei 12.016/09: Art. 5º: **Não se concederá mandado de segurança** quando se tratar:

I - de ato do qual caiba recurso administrativo com efeito suspensivo, independentemente de caução;

II - de decisão judicial da qual caiba recurso com efeito suspensivo;

III - de decisão judicial transitada em julgado.

- O mandado de segurança pode ser utilizado **contra ato de juiz criminal, praticado em processo penal** (STJ. REsp 96024 GO, julgado em 1998 e relatado pelo Ministro José Dantas)
- **Entende-se por direito líquido e certo** aquele que pode ser demonstrado de plano por meio de prova pré-constituída, isto é, sem que haja necessidade de dilação probatória. Na dicção de conceituada doutrina de **Hely Lopes Meirelles**, é o direito "manifesto na sua existência, delimitado na sua extensão e apto a ser exercitado no momento da impetração" (*Mandado de Segurança*. 22 ed. São Paulo: Malheiros, 2000. p. 21-22).
- Conforme decidiu o STF, diante da ausência de previsão constitucional e com fundamento no art. 21 VI, da Loman, "a competência originária para conhecer de mandado de segurança contra coação imputada a Turma Recursal dos Juizados Especiais **é dela mesma e não do Supremo Tribunal Federal**" (MS 24.691).
- Na esteira de notícia divulgada pelo STF, por maioria de votos, no dia 02/05/2013, o Plenário do Supremo Tribunal Federal (STF) decidiu que a desistência do mandado de segurança é uma prerrogativa de quem o propõe e pode ocorrer a qualquer tempo, sem anuência da parte contrária e independentemente de já ter havido decisão de mérito, ainda que favorável ao autor da ação. A decisão ocorreu no julgamento do Recurso Extraordinário (RE) 669367, com repercussão geral reconhecida, em que a empresa Pronor Petroquímica S/A questionava decisão do Superior Tribunal de Justiça (STJ), que não admitiu a desistência de um mandado de segurança movido pela empresa contra a Comissão de Valores Imobiliários (CVM). De acordo com o entendimento da maioria dos ministros, o mandado de segurança é uma ação dada ao cidadão contra o Estado e, portanto, não gera direito a autoridade pública considerada coatora, pois seria "intrínseco na defesa da liberdade do cidadão".

67.3. Mandado de Segurança Coletivo

- O **mandado de segurança coletivo** pode ser impetrado por: a) partido político com representação no Congresso Nacional; b) organização sindical; c) entidade de classe ou **associação legalmente constituída** e em funcionamento há **pelo menos um ano**, em defesa dos interesses de seus membros ou associados.
- Conforme entendimento do STF, **os partidos políticos não têm legitimidade ativa ad causam para impetrar mandado de segurança coletivo em defesa de terceiros**, com vistas a impugnar direito individual disponível, como a incidência de imposto. Tal posicionamento restou evidenciado em 2004, no julgamento do RE 196.184, relatado pela Ministra Ellen Gracie: "Uma exigência tributária configura interesse de grupo ou classe de pessoas, só podendo ser impugnada por eles próprios, de forma individual ou coletiva. Precedente: RE 213.631, Rel. Min. Ilmar Galvão, DJ de 7-4-2000. O partido político não está, pois, autorizado a valer-se do mandado de segurança coletivo para, substituindo todos os cidadãos na defesa de interesses individuais, impugnar majoração de tributo."
- A impetração de mandado de segurança coletivo por entidade de classe em favor dos associados **independe da autorização destes** (Súmula 629 do STF).
- "A entidade de classe tem legitimação para o mandado de segurança **ainda quando a pretensão veiculada interesse apenas a uma parte da respectiva categoria**." (Súmula 630 do STF)
- Segundo o STF, "a **legitimidade de sindicato** para atuar como substituto processual no mandado de segurança coletivo **pressupõe tão somente a existência jurídica**, ou seja, o registro no cartório próprio, **sendo indiferente estarem ou não os estatutos arquivados e registrados no Ministério do Trabalho.**" (RE 370.834, julgado em 2011 e relatado pelo Ministro Marco Aurélio).
- O STF já entendeu pela "legitimidade do **sindicato** para a impetração de mandado de segurança coletivo **independentemente da comprovação de um ano de constituição e funcionamento.**" (RE 198.919, julgado em 1999 e relatado pelo Ministro Ilmar Galvão).
- Segundo o STF, "A **legitimação** das organizações sindicais, entidades de classe ou associações, para a segurança coletiva, é **extraordinária**, ocorrendo, em tal caso, substituição processual. CF, art. 5º, LXX. **Não se exige, tratando-se de segurança coletiva, a autorização expressa** aludida no inciso XXI do art. 5º da Constituição, que contempla hipótese de representação." (RE 193.382, Rel. Min. Carlos Velloso, julgamento em 28-6-1996, Plenário, DJ de 20-9-1996.). Assim, por exemplo, um sindicato não dependerá de autorização expressa de seus filiados para promover a defesa de seus interesses em juízo.

67.4. *Habeas Data*

- Conceder-se-á ***habeas data***: a) para assegurar o conhecimento de **informações relativas à pessoa do impetrante**, constantes de registros ou bancos de dados de entidades governamentais ou de caráter público; b) para a retificação de dados, quando não se prefira fazê-lo por processo sigiloso, judicial ou administrativo. Se forem informações de **interesse pessoal**, mas não da pessoa do impetrante, cabe **mandado de segurança**.
- Segundo o STF, "O *habeas data* configura remédio jurídico-processual, de natureza constitucional, que se destina a garantir, em favor da pessoa interessada, o exercício de pretensão jurídica discernível em seu tríplice aspecto: **(a) direito de acesso aos registros; (b) direito de retificação dos registros; e (c)**

direito de complementação dos registros. Trata-se de relevante instrumento de ativação da jurisdição constitucional das liberdades, a qual representa, no plano institucional, a mais expressiva reação jurídica do Estado às situações que lesem, efetiva ou potencialmente, os direitos fundamentais da pessoa, quaisquer que sejam as dimensões em que estes se projetem. O acesso ao habeas data pressupõe, entre outras condições de admissibilidade, a existência do interesse de agir. Ausente o interesse legitimador da ação, torna-se inviável o exercício desse remédio constitucional. **A prova do anterior indeferimento do pedido de informação de dados pessoais, ou da omissão em atendê-lo, constitui requisito indispensável para que se concretize o interesse de agir no *habeas data*.** Sem que se configure situação prévia de pretensão resistida, há carência da ação constitucional do *habeas data*." (RHD 22, julgado em 1991 e relatado para o acórdão pelo Ministro Celso de Mello).

- No que se refere à legitimidade ativa, tem-se que **pessoa jurídica pode impetrar *habeas data*.** Conforme entendeu o STF no RE 673707, julgado em 2015 e relatado pelo Ministro Luiz Fux, **"A *legitimatio ad causam* para interpretação de *Habeas Data* estende-se às pessoas físicas e jurídicas, nacionais e estrangeiras, porquanto garantia constitucional aos direitos individuais ou coletivas**" (Informativo 790, de 2015).
- Atenção! Não confunda o mandado de segurança com o *habeas data*. São comuns as questões que desafiam os candidatos quanto ao cabimento dessas duas ações constitucionais. Para facilitar a compreensão, elaboramos a seguinte tabela.

MANDADO DE SEGURANÇA	*HABEAS DATA*
1. Conhecimento de informações de **interesse pessoal** do impetrante	1. Conhecimento de informações **relativas/referentes à pessoa** do impetrante
2. Obtenção de **certidão** que contenha informações de interesse pessoal do impetrante	2. Obtenção de **informações constantes em registros ou bancos de dados** (não em certidões)[1]

1. O habeas data também não se presta para obtenção de vista em processo administrativo, consoante posicionamento do STF: "A ação de habeas data visa à proteção da privacidade do indivíduo contra abuso no registro e/ou revelação de dados pessoais falsos ou equivocados. O habeas data não se revela meio idôneo para se obter vista de processo administrativo". (HD 90-AgR, julgado em 2010 e relatado pela Ministra Ellen Gracie).

- **Atenção! São gratuitas** as ações de *habeas corpus* e *habeas data*, e, na forma da lei, os atos necessários ao exercício da cidadania.

67.5. Mandado de Injunção

- O mandado de injunção é utilizado **sempre que a falta de norma regulamentadora torne inviável o exercício dos direitos e liberdades constitucionais e das prerrogativas inerentes à nacionalidade, à soberania e à cidadania.**
- O entendimento atual do STF é no sentido de que **não** é cabível liminar em mandado de injunção (vide MI 680, julgado em 2008 e relatado pela Ministra Ellen Gracie).
- "Mandado de injunção. Garantia fundamental (CF, art. 5º, LXXI). Direito de greve dos servidores públicos civis (CF, art. 37, VII). Evolução do tema na jurisprudência do STF. Definição dos parâmetros de competência constitucional para apreciação no âmbito da Justiça Federal e da Justiça estadual até a edição da legislação específica pertinente, nos termos do art. 37, VII, da CF. Em observância aos ditames da segurança jurídica e à evolução jurisprudencial na interpretação da omissão legislativa sobre o direito de greve dos servidores públicos civis, fixação do prazo de sessenta dias para que o Congresso Nacional legisle sobre a matéria. Mandado de injunção deferido para determinar a aplicação das Leis 7.701/1988 e 7.783/1989. Sinais de evolução da garantia fundamental do mandado de injunção na jurisprudência do STF. No julgamento do MI 107/DF, Rel. Min. Moreira Alves, DJ de 21-9-1990, **o Plenário do STF consolidou entendimento que conferiu ao mandado de injunção os seguintes elementos operacionais**: **i)** os direitos constitucionalmente garantidos por meio de mandado de injunção apresentam-se como direitos à expedição de um ato normativo, os quais, via de regra, não poderiam ser diretamente satisfeitos por meio de provimento jurisdicional do STF; **ii)** a decisão judicial que declara a existência de uma omissão inconstitucional constata, igualmente, a mora do órgão ou poder legiferante, insta-o a editar a norma requerida; **iii)** a omissão inconstitucional tanto pode referir-se a uma omissão total do legislador quanto a uma omissão parcial; **iv)** a decisão proferida em sede do controle abstrato de normas acerca da existência, ou não, de omissão é dotada de eficácia erga omnes, e não apresenta diferença significativa em relação a atos decisórios proferidos no contexto de mandado de injunção; **v)** o STF possui competência constitucional para, na ação de mandado de injunção, determinar a suspensão de processos administrativos ou judiciais, com o intuito de assegurar ao interessado a possibilidade de ser contemplado por norma mais benéfica, ou que lhe assegure o direito constitucional invocado; **vi)** por fim, esse plexo de poderes institucionais legitima que o STF determine a edição de outras medidas que garantam a posição do impetrante até

a oportuna expedição de normas pelo legislador. Apesar dos avanços proporcionados por essa construção jurisprudencial inicial, **o STF flexibilizou a interpretação constitucional primeiramente fixada para conferir uma compreensão mais abrangente à garantia fundamental do mandado de injunção. A partir de uma série de precedentes, o Tribunal passou a admitir soluções 'normativas' para a decisão judicial como alternativa legítima de tornar a proteção judicial efetiva** (CF, art. 5º, XXXV). Precedentes: MI 283, Rel. Min. Sepúlveda Pertence, DJ de 14-11-1991; MI 232/RJ, Rel. Min. Moreira Alves, DJ de 27-3-1992; MI 284, Rel. Min. Marco Aurélio, Rel. p/ o ac. Min. Celso de Mello, DJ de 26-6-1992; MI 543/DF, Rel. Min. Octavio Gallotti, DJ de 24-5-2002; MI 679/DF, Rel. Min. Celso de Mello, DJ de 17-12-2002; e MI 562/DF, Rel. Min. Ellen Gracie, DJ de 20-6-2003. (...) Em razão da evolução jurisprudencial sobre o tema da interpretação da omissão legislativa do direito de greve dos servidores públicos civis e em respeito aos ditames de segurança jurídica, fixa-se o prazo de sessenta dias para que o Congresso Nacional legisle sobre a matéria. Mandado de injunção conhecido e, no mérito, deferido para, nos termos acima especificados, determinar a aplicação das Leis 7.701/1988 e 7.783/1989 aos conflitos e às ações judiciais que envolvam a interpretação do direito de greve dos servidores públicos civis." (MI 708, Rel. Min. Gilmar Mendes, julgamento em 25-10-2007, Plenário, DJE de 31-10-2008). No mesmo sentido: MI 670, Rel. p/ o ac. Min. Gilmar Mendes, e MI 712, Rel. Min. Eros Grau, julgamento em 25-10-2007, Plenário, DJE de 31-10-2008.

- Quanto à decisão no mandado de injunção, temos as seguintes teorias: a) **teoria não-concretista**: assinala que a decisão do mandado de injunção possui natureza declaratória, apenas reconhecendo a omissão legislativa, mas não possuindo forças para concretizar o exercício do direito. É pautada no princípio da separação de Poderes; b) **teoria concretista:** reconhece a natureza constitutiva da decisão de mandado de injunção (e não apenas a declaratória). Esse reconhecimento implica viabilizar o exercício do direito carente de regulamentação. Como desdobramento da teoria concretista, temos: b.1) teoria concretista geral: a decisão produzirá efeitos *erga omnes;* b.2) teoria concretista individual: a decisão terá apenas efeitos *inter partes*, podendo ser direta (o Judiciário não aguarda que a autoridade competente edite a lei, conferindo o exercício do direito de imediato) ou intermediária (hipótese em que o Judiciário, ao reconhecer a omissão, comunicará o órgão competente, fixando-lhe prazo que, persistindo a omissão, o próprio judiciário concretizará o direito pendente de regulamentação). Em um primeiro momento, o STF adotou a teoria não-concretista. Todavia, esse posicionamento foi superado, de modo que, atualmente, **o posicionamento adotado pela Suprema Corte é a teoria concretista**.

- Em 2016 foi publicada a Lei 13.300, que disciplinou o processo e o julgamento do mandado de injunção. **A grande novidade ficou por conta da previsão do mandado de injunção coletivo**, o que, a bem da verdade, simplesmente trouxe um alinhamento à jurisprudência pacífica do STF, que há muitos anos já o admitia.

- Consoante art. 12 da Lei 13.300/2016, **o mandado de injunção coletivo pode ser promovido**: I - pelo **Ministério Público**, quando a tutela requerida for especialmente relevante para a defesa da ordem jurídica, do regime democrático ou dos interesses sociais ou individuais indisponíveis; II - por **partido político** com representação no Congresso Nacional, para assegurar o exercício de direitos, liberdades e prerrogativas de seus integrantes ou relacionados com a finalidade partidária; III - por **organização sindical, entidade de classe ou associação** legalmente constituída e em funcionamento há pelo menos 1 (um) ano, para assegurar o exercício de direitos, liberdades e prerrogativas em favor da totalidade ou de parte de seus membros ou associados, na forma de seus estatutos e desde que pertinentes a suas finalidades, dispensada, para tanto, autorização especial; IV - pela **Defensoria Pública**, quando a tutela requerida for especialmente relevante para a promoção dos direitos humanos e a defesa dos direitos individuais e coletivos dos necessitados, na forma do inciso LXXIV do art. 5º da Constituição Federal.

- O **STF já reconheceu sua competência para apreciar mandado de injunção impetrado por servidor público municipal** (vide MI 3815, relatado pelo Ministro Luiz Fux e julgado no dia 23/05/2013).

- Se, após a impetração de mandado de injunção, o diploma legal objeto da reclamação foi promulgado a ação estará prejudicada pela perda do objeto. Conforme consolidado no STF: "AGRAVO REGIMENTAL EM MANDADO DE INJUNÇÃO. SUPERAÇÃO DA MORA LEGISLATIVA. PERDA DO OBJETO. 1. A jurisprudência desta Corte se firmou no sentido de que a edição do diploma reclamado pela Constituição leva à perda de objeto do mandado de injunção. 2. "Excede os limites da via eleita a pretensão de sanar a alegada lacuna normativa do período pretérito à edição da lei regulamentadora" (MI 634-AgR, Rel. Min. Sepúlveda Pertence). 3. Agravo regimental improvido" (MI 3709 AgR, julgado em 2014 e Relatado pelo Min. Roberto Barroso).

67.6. Ação Popular

- A **ação popular** pode ser proposta por qualquer **cidadão** (nacional no gozo dos direitos políticos) com o objetivo de anular ato lesivo ao patrimônio público ou de entidade de que o Estado participe, à moralidade administrativa, ao meio ambiente e ao patrimônio histórico e cultural, ficando o autor, **salvo comprovada má-fé**, isento de custas judiciais e do ônus da sucumbência;

- "**Pessoa jurídica** não tem legitimidade para propor ação popular." (Súmula 365.)

- "**O mandado de segurança não substitui** a ação popular." (Súmula 101.)
- Como o requisito para a propositura é ser cidadão (art. 5º, LXXIII, da CF), e formalmente isso significa ter título de eleitor, aquele que, **a partir dos 16 anos** estiver munido deste documento, poderá ajuizar ação popular.
- Nos casos de ação popular movida contra o Presidente da República, a competência originária para o seu julgamento **não é** do Supremo Tribunal Federal, pois não há previsão no art. 102, da CF, que conta com rol taxativo (regime de direito estrito). Nesse sentido, a jurisprudência do STF: "**A competência para julgar ação popular contra ato de qualquer autoridade, até mesmo do presidente da República, é, via de regra, do juízo competente de primeiro grau**. Precedentes. Julgado o feito na primeira instância, se ficar configurado o impedimento de mais da metade dos desembargadores para apreciar o recurso voluntário ou a remessa obrigatória, ocorrerá a competência do STF, com base na letra n do inciso I, segunda parte, do art. 102 da CF." (AO 859-QO, julgado em 2001 e relatado pelo Ministro Maurício Corrêa).
- O prazo de contestação na ação popular é de **20 (vinte)** dias, prorrogável por mais **20 (vinte)**, a requerimento do interessado, se particularmente difícil a produção da prova documental, e será comum a todos os interessados, correndo da entrega em cartório do mandado cumprido, ou, quando for o caso, do decurso do prazo assinado em edital, de acordo com o art. 7º, IV, da Lei 4.717/65.
- A ação popular **prescreve em 05 (cinco) anos**, consoante art. 21, da Lei 4.717/65

◉ SÚMULAS

- **Súmula Vinculante 1:** Ofende a garantia constitucional do ato jurídico perfeito a decisão que, sem ponderar as circunstâncias do caso concreto, desconsidera a validez e a eficácia de acordo constante de termo de adesão instituído pela Lei Complementar 110/2001.
- **Súmula Vinculante 5:** A falta de defesa técnica por advogado no processo administrativo disciplinar não ofende a Constituição.
- **Súmula Vinculante 11:** Só é lícito o uso de algemas em casos de resistência e de fundado receio de fuga ou de perigo à integridade física própria ou alheia, por parte do preso ou de terceiros, justificada a excepcionalidade por escrito, sob pena de responsabilidade disciplinar, civil e penal do agente ou da autoridade e de nulidade da prisão ou do ato processual a que se refere, sem prejuízo da responsabilidade civil do Estado.
- **Súmula vinculante 14:** É direito do defensor, no interesse do representado, ter acesso amplo aos elementos de prova que, **já documentados em procedimento investigatório realizado por órgão com competência de polícia judiciária, digam respeito ao exercício do direito de defesa** em procedimento investigatório realizado por órgão com competência de polícia judiciária.
- **Súmula Vinculante 25:** É ilícita a prisão civil de depositário infiel, qualquer que seja a modalidade do depósito.
- **Súmula 419 do STJ:** Descabe a prisão civil do depositário judicial infiel.
- **Súmula Vinculante 28:** É inconstitucional a exigência de **depósito prévio como requisito de admissibilidade** de ação judicial na qual se pretenda discutir a exigibilidade de crédito tributário.
- **Súmula 654 do STF**: A garantia da irretroatividade da lei, prevista no art 5º, XXXVI, da Constituição da República, não é invocável pela entidade estatal que a tenha editado.
- **Súmula 667 do STF:** viola a garantia constitucional de acesso à jurisdição a taxa judiciária calcada sem limite sobre o valor da causa.
- **Súmula 693 do STF:** Não cabe habeas corpus contra decisão condenatória a pena de multa, ou relativo a processo em curso por infração penal a que a pena pecuniária seja a única cominada.
- **Súmula 694 do STF:** "Não cabe habeas corpus contra a imposição da pena de exclusão de militar ou de perda de patente ou de função pública".
- **Súmula 695 do STF:** Não cabe habeas corpus quando já **extinta a pena privativa de liberdade**.
- **Súmula 693 do STF:** Não cabe habeas corpus contra **decisão condenatória a pena de multa, ou relativo a processo em curso por infração penal a que a pena pecuniária seja a única cominada**.
- **Súmula 692 do STF:** Não se conhece de habeas **corpus contra omissão de relator de extradição, se fundado em fato ou direito estrangeiro cuja prova não constava dos autos**, nem foi ele provocado a respeito.
- **Súmula 395 do STF:** Não se conhece de recurso de habeas corpus cujo objeto seja **resolver sobre o ônus das custas, por não estar mais em causa a liberdade de locomoção**.
- **Súmula 512 do STF: Não cabe condenação em honorários de advogado** na ação de mandado de segurança.
- **Súmula 270 do STF:** Não cabe mandado de segurança para impugnar enquadramento da Lei 3.780, de 12-7-1960, **que envolva exame de prova ou de situação funcional** complexa.
- **Súmula 268 do STF:** Não cabe mandado de segurança contra **decisão judicial com trânsito em julgado**.
- **Súmula 267 do STF:** Não cabe mandado de segurança contra **ato judicial passível de recurso ou correição**.

- **Súmula 266 do STF:** Não cabe mandado de segurança **contra lei em tese**.
- **Súmula 431 do STF:** É nulo julgamento de recurso criminal, na segunda instância, sem prévia intimação ou publicação da pauta, salvo em habeas corpus.
- **Súmula 632 do STF:** É constitucional lei que fixa **prazo de decadência** para impetração de mandado de segurança.
- **Súmula 630 do STF:** A entidade de classe tem legitimação para o mandado de segurança **ainda quando a pretensão veiculada interesse apenas a uma parte da respectiva categoria**.
- **Súmula 629 do STF:** A impetração de mandado de segurança coletivo por entidade de classe em favor dos associados **independe da autorização destes**.
- **Súmula 624 do STF:** Não compete ao Supremo Tribunal Federal conhecer originariamente de mandado de segurança contra **atos de outros Tribunais**.
- **Súmula 625 do STF: Controvérsia sobre matéria de direito** não impede concessão de mandado de segurança.
- **Súmula 510, do STF:** Praticado o ato por **autoridade, no exercício de competência delegada**, contra ela cabe o mandado de segurança ou a medida judicial.
- **Súmula 430, do STF: Pedido de reconsideração** na via administrativa não interrompe o prazo para o mandado de segurança.
- **Súmula 271 do STF:** Concessão de mandado de segurança não produz efeitos patrimoniais em relação a **período pretérito**, os quais devem ser reclamados administrativamente ou pela via judicial própria.
- **Súmula 629 do STF:** O mandado de segurança **não é substitutivo de ação de cobrança**.
- **Súmula 101 do STF:** O mandado de segurança **não substitui a ação popular**.
- **Súmula 365 do STF: Pessoa jurídica** não tem legitimidade para propor ação popular.
- **Súmula 2 do STJ:** não cabe o habeas data (CF, art. 5º, LXXII, letra "a") se não houve recusa de informações por parte da autoridade administrativa.
- **Súmula 376 do STJ:** compete à turma recursal processar e julgar o mandado de segurança contra ato de juizado especial.
- **Súmula 333 do STJ:** cabe mandado de segurança contra ato praticado em licitação promovida por sociedade de economia mista ou empresa pública.
- **Súmula 105 do STJ:** na ação de mandado de segurança, não se admite condenação em honorários advocatícios.
- **Súmula 481 do STJ:** faz jus ao benefício da justiça gratuita a pessoa jurídica com ou sem fins lucrativos que demonstrar sua impossibilidade de arcar com os encargos processuais

✦ INFORMATIVOS

STF

▸ ***Anistia. AgRg no ARE 724.006-RJ. Rel. Min. Gilmar Mendes***

Agravo regimental em recurso extraordinário com agravo. 2. Direito Administrativo. 3. Anistia política. Reparação econômica. Ajuizamento de ação pelo anistiado com intuito de pleitear a incidência de juros e correção monetária. Descumprimento de requisito previsto em acordo. Anulação do termo de adesão pela autoridade coatora. 4. Análise de legislação infraconstitucional. Lei 11.354/06. Ofensa meramente reflexa ao texto constitucional. 5. Reexame do conteúdo fático-probatório. Impossibilidade. Incidência do Enunciado 279 da Súmula do STF. 6. Ausência de argumentos capazes de infirmar a decisão agravada. 7. Agravo regimental a que se nega provimento. (Info 708)

▸ ***Inviolabilidade das Comunicações. RHC 115.983-RJ. Rel. Min. Ricardo Lewandowski***

Recurso ordinário em "habeas corpus". Constitucional e processual penal. Delito de homicídio. Busca e apreensão de cartas amorosas enviadas pela recorrente a um dos corréus com quem mantinha relacionamento extraconjugal. Art. 240, § 1º, f, do CPP. Violação do direito à inviolabilidade de correspondência. Não ocorrência. Garantia que não é absoluta. Autoria intelectual evidenciada por outras provas colhidas na instrução criminal. Ausência de demonstração do efetivo prejuízo. Impossibilidade de revolvimento do conjunto fático-probatório na via estreita do "habeas corpus". Soberania dos veredictos proferidos pelo tribunal do júri. Trânsito em julgado da condenação. Impossibilidade de admitir-se o writ constitucional como sucedâneo de revisão criminal. Recurso improvido. I. A jurisprudência desta Corte consagrou o entendimento de que o princípio constitucional da inviolabilidade das comunicaçoes (art. 5º, XII, da CF) não é absoluto, podendo o interesse público, em situações excepcionais, sobrepor-se aos direitos individuais para evitar que os direitos e garantias fundamentais sejam utilizados para acobertar condutas criminosas. II. A busca e apreensão das cartas amorosas foi realizada em procedimento autorizado por decisão judicial, nos termos do art. 240, § 1º, f, do CPP. III. A condenação baseou-se em outros elementos de prova, em especial nos depoimentos de testemunhas, reproduzidos em plenário, sob o crivo do contraditório. IV. Esta Corte assentou o entendimento de que a demonstração de prejuízo, "a teor do art. 563 do CPP, é essencial à alegação de nulidade, seja ela relativa ou absoluta, eis que, (...) o âmbito normativo do dogma fundamental da disciplina das nulidades "pas de nullité sans grief" compreende as nulidades absolutas" (HC 85.155/SP). V. Não cabe a este Tribunal, na via do remédio constitucional, decidir de modo diverso, ainda mais quando se analisa a questão sob a ótica do preceito fundamental da soberania dos veredictos, assegurado ao Tribunal do Júri na alínea c do inciso XXXVIII do art. 5º da Carta Magna. VI. O "habeas corpus", em que pese configurar remédio constitucional de largo espectro, não pode ser utilizado como sucedâneo da revisão criminal, salvo em situações nas quais se verifique flagrante ilegalidade ou nulidade, o que não é o caso dos autos. VII. Recurso ordinário improvido. (Info 718)

▸ ***Prisão civil por inadimplemento voluntário e inescusável de pensão alimentícia. HC 110.526-SP. Rel. Min. Luiz Fux***

Prisão civil por inadimplemento voluntário e inescusável de pensão alimentícia (CF, art. 5º, inc. LXVII). Perda superveniente do objeto do "writ". Ausência do interesse de agir. "writ" prejudicado. 1. O art. 5º, inciso LXVII, da Carta Magna, dispõe que "não haverá prisão civil por dívida, salvo a do responsável pelo inadimplemento voluntário e inescusável de obrigação alimentício e a do depositário infiel". 2. "In casu", o paciente teve decretada a prisão civil por inadimplemento voluntário e inescusável de obrigação alimentícia, sobrevindo a perda do objeto do presente "writ", pelo decurso do prazo de 30 (trinta) dias da prisão civil, consoante entendimento desta Corte (HC 107558). 3. "Habeas corpus" julgado extinto, sem resolução do mérito, face à perda superveniente de seu objeto.

STJ

▸ ***Desnecessidade de sobrestamento de mandado de segurança que tramita no STJ em razão de declaração de repercussão geral pelo STF.***

O reconhecimento da repercussão geral pelo STF não implica, necessariamente, a suspensão de mandado de segurança em trâmite no STJ, mas unicamente o sobrestamento de eventual recurso extraordinário interposto em face de acórdão proferido pelo STJ ou por outros tribunais. MS 11.044-DF, Rel. Min. Og Fernandes, j. 13.3.2013. 3ª S. (Info 519)

▸ ***Ilegitimidade do governador de estado para figurar como autoridade coatora em mandado de segurança em que se busque a atribuição de pontuação em concurso público.***

O Governador do Estado é parte ilegítima para figurar como autoridade coatora em mandado de segurança no qual o impetrante busque a atribuição da pontuação referente à questão de concurso público realizado para o provimento de cargos do quadro de pessoal da respectiva unidade federativa. A autoridade coatora, para impetração de mandado de segurança, é aquela que pratica ou ordena, de forma concreta e específica, o ato ilegal, ou, ainda, aquela que detém competência para corrigir a suposta ilegalidade, conforme se extrai do art. 6º, § 3º, da Lei 12.016/2009. Na hipótese em análise, constatada a não atribuição de pontuação após a anulação de questão, a autoridade competente para proceder à reclassificação dos impetrantes seria a banca examinadora responsável pelo certame, que é a executora direta do ato impugnado. O Governador do Estado teria competência para nomear e dar posse aos candidatos, mas não para corrigir a ilegalidade apontada. AgRg no RMS 37.924-GO, Rel. Min. Mauro Campbell Marques, j. 9.4.2013. 2ª T. (Info 519)

▸ ***Inocorrência de perda do objeto de mandado de segurança em razão do encerramento do certame, do término do curso de formação ou da homologação do resultado final do concurso impugnado.***

O encerramento do certame, o término do curso de formação ou a homologação do resultado final do concurso público não acarretam perda do objeto de mandado de segurança impetrado em face de suposta ilegalidade ou abuso de poder praticados durante uma de suas etapas. Com efeito, entender como prejudicado o pedido nessas situações seria assegurar indevida perpetuação da eventual ilegalidade ou do possível abuso praticado. RMS 28.400-BA, Rel. Min. Sebastião Reis Júnior, j. 19.2.2013. 6ª T. (Info 515)

▸ ***Mandado de segurança. Cabimento. Configuração de prova pré-constituída da liquidez e certeza do direito à obtenção de medicamentos e insumos. Laudo médico particular.***

A instrução de MS somente com laudo médico particular não configura prova pré-constituída da liquidez e certeza do direito do impetrante de obter do Poder Público determinados medicamentos e insumos para o tratamento de enfermidade acometida por ele. O laudo de médico particular, embora aceito como elemento de prova, não pode ser imposto ao magistrado como se a matéria fosse, exclusivamente, de direito. Esse parecer não é espécie de prova suprema ou irrefutável, ainda mais quando a solução da controvérsia, de natureza complexa, depende de conhecimento técnico-científico, necessário para saber a respeito da possibilidade de substituição do medicamento ou sobre sua imprescindibilidade. Além do mais, o laudo médico, como elemento de prova, deve submeter-se ao contraditório, à luz do que dispõe o art. 333, II, do CPC, principalmente quando, para o tratamento da enfermidade, o Sistema Único de Saúde ofereça tratamento adequado, regular e contínuo. Nesse contexto, o laudo médico particular, não submetido ao crivo do contraditório, é apenas mais um elemento de prova, que pode ser ratificado ou infirmado por outras provas a serem produzidas no processo instrutório, dilação probatória incabível no MS. Desse modo, as vias ordinárias, e não a via do MS, representam o meio adequado ao reconhecimento do direito à obtenção de medicamentos do Poder Público, uma vez que, como foi dito, apenas o laudo médico atestado por profissional particular sem o crivo do contraditório não evidencia direito líquido e certo para impetração de MS. RMS 30.746-MG, Rel. Min. Castro Meira, j. 27.11.2012. 2ª T. (Info 511)

▸ ***Mandado de segurança concomitante com recurso especial. Mesma matéria. Invasão de competência.***

Não é cabível impetrar MS perante o tribunal de origem para discutir matéria já aduzida em REsp pendente de apreciação do STJ, ainda que os vícios acerca dos quais a parte se insurgiu no "mandamus" não sejam, ordinariamente, passíveis de revisão no apelo extremo. Assim, há invasão de competência do STJ no julgamento de mandado de segurança (MS) pelo tribunal "a quo" no qual a parte, derrotada na anterior análise de recurso de apelação, impugna uma série de matérias ligadas ao procedimento adotado no julgamento. Rcl 8.668-GO, Rel. Min. Nancy Andrighi, j. 28.11.2012. 2ª S. (Info 510)

▸ *Mandado de segurança para impugnar ato judicial que tenha determinado a conversão de agravo de instrumento em agravo retido.*

É cabível mandado de segurança para impugnar decisão que tenha determinado a conversão de agravo de instrumento em agravo retido. Isso porque, nessa hipótese, não há previsão de recurso próprio apto a fazer valer o direito da parte ao imediato processamento de seu agravo. RMS 30.269-RJ, Rel. Min. Raul Araújo, j. 11.6.2013. 4ª T. (Info 526)

▸ *Mandado de segurança. Ilegitimidade da autoridade coatora. Agente de retenção de tributos.*

Não tem legitimidade o Procurador-Geral de Justiça do MPDFT para figurar no polo passivo de MS impetrado por procuradora de justiça do respectivo órgão com o intuito de obter a declaração da ilegalidade da incidência de imposto de renda e de contribuição social no pagamento de parcelas referentes à conversão em pecúnia de licença-prêmio não usufruída. Para fins de mandado de segurança, autoridade coatora é aquela que pratica, ordena ou omite a prática do ato impugnado e tem o dever funcional de responder pelo seu fiel cumprimento, além de dispor da competência para corrigir eventual ilegalidade. No caso, os referidos tributos são instituídos pela União, e não pertence ao DF o produto da arrecadação do IRPF e da contribuição para o Plano de Seguridade Social do Servidor incidente sobre os rendimentos pagos pela União aos membros do MPDFT, conforme estabelecido nos arts. 21, XIII, 40, 149, 153 e 157 da CF. O Procurador-Geral de Justiça do MPDFT, ao determinar o desconto relativo ao imposto de renda e à contribuição social no pagamento de parcelas referentes à conversão em pecúnia de licença-prêmio, atua como mero responsável tributário pela retenção dos tributos sobre os rendimentos pagos pela União; não detém, portanto, legitimidade para figurar no polo passivo do respectivo mandado de segurança. O delegado da Receita Federal do Brasil no Distrito Federal seria o legitimado para figurar no polo passivo do presente writ, conforme o disposto no art. 243 do Regimento Interno da Secretaria da Receita Federal do Brasil, aprovado pela Portaria do Ministério da Fazenda 95/2007. AgRg no AREsp 242.466-MG, Rel. Min. Castro Meira, j. 27.11.2012. 2ª T. (Info 512)

▸ *Prazo decadencial para a impetração de mandado de segurança.*

Renova-se mês a mês o prazo decadencial para a impetração de mandado de segurança no qual se contesta o pagamento de pensão feito pela Administração em valor inferior ao devido. De acordo com a jurisprudência do STJ, cuidando-se de conduta omissiva ilegal da Administração, que envolve obrigação de trato sucessivo, o prazo decadencial estabelecido pela Lei do Mandado de Segurança se renova de forma continuada. AgRg no AREsp 243.070-CE, Rel. Min. Humberto Martins, j. 7.2.2013. 2ª T. (Info 517)

▸ *Termo inicial do prazo decadencial do mandado de segurança. Supressão de horas extras incorporadas.*

O termo inicial do prazo decadencial para impetração de mandado de segurança na hipótese de supressão de valores referentes a horas extras supostamente incorporadas por servidor público é a data em que a verba deixou de ser paga. A exclusão do pagamento de horas extras é ato comissivo que atinge o fundo de direito, portanto está sujeita ao prazo decadencial do art. 23 da Lei 12.016/2009, cuja contagem se inicia na data do primeiro pagamento em que houve a supressão da verba, ocasião em que toma ciência o interessado, não se renovando nos meses subsequentes. De modo diverso, no caso de redução, ficaria configurada a prestação de trato sucessivo, pois não haveria a negação do próprio fundo de direito. RMS 34.363-MT, Rel. Min. Herman Benjamin, j. 6.12.2012. 2ª T. (Info 513)

▸ *Termo inicial do prazo para impetração de mandado de segurança objetivando a nomeação em cargo público.*

Na hipótese em que houver, em ação autônoma, o reconhecimento da nulidade de questões de concurso público, o termo inicial do prazo para que o candidato beneficiado impetre mandado de segurança objetivando sua nomeação no cargo público será a data do trânsito em julgado da decisão judicial. Isso porque o candidato favorecido pela decisão judicial somente passa a ter direito líquido e certo à nomeação a partir da referida data. AgRg no REsp 1.284.773-AM, Rel. Min. Benedito Gonçalves, j. 23.4.2013. 1ª T. (Info 522)

▸ *Utilização de mandado de segurança para controle da competência dos juizados especiais.*

É cabível mandado de segurança, a ser impetrado no Tribunal de Justiça, a fim de que seja reconhecida, em razão da complexidade da causa, a incompetência absoluta dos juizados especiais para o julgamento do feito, ainda que no processo já exista decisão definitiva de Turma Recursal da qual não caiba mais recurso. Inicialmente, observe-se que, em situações como essa, o controle por meio da ação mandamental interposta dentro do prazo decadencial de cento e vinte dias não interfere na autonomia dos Juizados, uma vez que o mérito da demanda não será decidido pelo Tribunal de Justiça. Ademais, é necessário estabelecer um mecanismo de controle da competência dos Juizados, sob pena de lhes conferir um poder desproporcional: o de decidir, em caráter definitivo, inclusive as causas para as quais são absolutamente incompetentes, nos termos da lei civil. Dessa forma, sendo o juízo absolutamente incompetente em razão da matéria, a decisão é, nesse caso, inexistente ou nula, não havendo, tecnicamente, que falar em trânsito em julgado. RMS 39.041-DF, Rel. Min. Raul Araújo, j. 7.5.2013. 4ª T. (Info 524)

DIREITOS SOCIAIS

- **CF, artigos 6º a 11.**

✦ DICAS

1. Os direitos sociais, econômicos, e culturais são **direitos humanos de segunda geração, realizáveis por meio de políticas públicas estatais, e normalmente descritos em normas programáticas**, mas isso não significa que não podem ser exigidos juridicamente. Isso porque, **todos os direitos humanos são juridicamente exigíveis**, e os direitos fundamentais expressos na Constituição têm aplicabilidade imediata.

2. Nos termos do art. 6º, da CF, **são direitos sociais:** a educação, a saúde, a alimentação, o trabalho, a moradia, o transporte, o lazer, a segurança, a previdência social, a proteção à maternidade e à infância, além da assistência aos desamparados, na forma da Constituição.

- **Atenção!** O transporte foi expressamente reconhecido como direito social pela recente emenda constitucional 90/2015!

3. A **relevância econômica dos objetos dos direitos sociais prestacionais** (que exigem atuação estatal) faz com que a discussão, previsão e aplicação de recursos públicos, atribuições estas originárias dos órgãos políticos, notadamente do Poder Executivo, **legitime o Poder Judiciário, diante da inércia ou deficiência de atuação dos legitimados ordinários, à concretização dos direitos**. Aliás, esse é uma das características do que se tem chamado de judicialização de políticas públicas, uma das facetas do neoconstitucionalismo.

4. Canotilho ensina que: "1. "**Reserva do possível**" significa total desvinculação jurídica do legislador quanto à dinamização dos direitos sociais constitucionais consagrados. 2. Reserva do possível significa a "tendência para o zero" da eficácia jurídica das normas constitucionais consagradoras de direitos sociais. 3.Reserva do possível significa gradualidade com dimensão lógica e necessária da concretização dos direitos sociais,tendo sobretudo em conta os limites financeiros. 4. Reserva do possível significa insindicabilidade jurisdicional das opções legislativas quanto à densificação legislativa das normas constitucionais reconhecedoras de direitos sociais" (CANOTILHO, J. J. Gomes. Estudos Sobre Direitos Fundamentais, Coimbra: Coimbra, 2004, p. 108)

- "**A cláusula da reserva do possível – que não pode ser invocada, pelo Poder Público, com o propósito de fraudar, de frustrar e de inviabilizar a implementação de políticas públicas definidas na própria Constituição – encontra insuperável limitação na garantia constitucional do mínimo existencial**, que representa, no contexto de nosso ordenamento positivo, emanação direta do postulado da essencial dignidade da pessoa humana. (...) A **noção de 'mínimo existencial'**, que resulta, por implicitude, de determinados preceitos constitucionais (CF, art. 1º, III, e art. 3º, III), compreende um **complexo de prerrogativas cuja concretização revela-se capaz de garantir condições adequadas de existência digna**, em ordem a assegurar, à pessoa, acesso efetivo ao direito geral de liberdade e, também, a prestações positivas originárias do Estado, viabilizadoras da **plena fruição de direitos sociais básicos, tais como o direito à educação, o direito à proteção integral da criança e do adolescente, o direito à saúde, o direito à assistência social, o direito à moradia, o direito à alimentação e o direito à segurança.** Declaração Universal dos Direitos da Pessoa Humana, de 1948 (Artigo XXV)." (ARE 639.337, julgado em 2011 e relatado pelo Ministro Celso de Mello).

- Ademais, "Embora resida, primariamente, nos Poderes Legislativo e Executivo, a prerrogativa de formular e executar políticas públicas, **revela-se possível, no entanto, ao Poder Judiciário, determinar, ainda que em bases excepcionais, especialmente nas hipóteses de políticas públicas definidas pela própria Constituição, sejam estas implementadas pelos órgãos estatais inadimplentes**, cuja omissão – por importar em descumprimento dos encargos político-jurídicos que sobre eles incidem em caráter mandatório – mostra-se apta a comprometer a eficácia e a integridade de direitos sociais e culturais impregnados de estatura constitucional. A questão pertinente à 'reserva do possível'." (RE 436.996, julgado em 2005 e relatado pelo Ministro Celso de Mello).

5. A Constituição Federal, estabelece **proibição de distinção entre trabalho** manual, técnico e intelectual e entre os profissionais respectivos.

6. Há proibição de qualquer trabalho a menores de dezesseis anos, salvo na condição de aprendiz, a partir de **quatorze** anos.

7. É direito do trabalhador urbano e rural, **remuneração do serviço extraordinário** superior, no mínimo, em cinquenta por cento (50%) à do normal.

8. **Trabalhador doméstico**

- Os trabalhadores **domésticos tiveram os seus direitos ampliados pela Emenda Constitucional 72** de 2 de abril de 2013. Com a alteração constitucional, passam a existir dois grupos de direitos relativos aos domésticos: **a) direitos incondicionados**; e **b) direitos condicionados**. Os direitos incondicionados são aqueles que devem ser aplicados independentemente de qualquer determinação estabelecida na legislação infraconstitucional. Já os direitos condicionados são aqueles que devem ser aplicados com atendimento às condições estabelecidas em legislação infraconstitucional e observância de simplificação do cumprimento das obrigações tributárias, principais e acessórias, decorrentes da relação de trabalho e suas peculiaridades. Os detalhes estão arrolados na tabela a seguir.

	DIREITOS CONSTITUCIONALMENTE ASSEGURADOS AO TRABALHADOR DOMÉSTICO DEPOIS DA EC 72/13	
	Direitos incondicionados	**Direitos condicionados à legislação infraconstitucional e à observância de simplificação do cumprimento das obrigações tributárias, principais e acessórias, decorrentes da relação de trabalho e suas peculiaridades**
Os que já existiam antes da EC 72/13	1. Salário mínimo 2. Irredutibilidade do salário 3. Décimo terceiro salário com base na remuneração integral ou no valor da aposentadoria 4. Repouso semanal remunerado, preferencialmente aos domingos 5. Férias anuais remuneradas com, pelo menos, um terço a mais do que o salário normal 6. Licença-gestante de 120 dias 7. Licença-paternidade de 5 dias 8. Aviso-prévio 9. Aposentadoria	1. Integração à previdência social
Os que foram estabelecidos pela EC 72/13	10. Garantia de salário, nunca inferior ao mínimo, para os que percebem remuneração variável 11. Proteção do salário na forma da lei, constituindo crime sua retenção dolosa 12. Duração do trabalho normal não superior a oito horas diárias e quarenta e quatro semanais, facultada a compensação de horários e a redução da jornada, mediante acordo ou convenção coletiva de trabalho	2. Relação de emprego protegida contra despedida arbitrária ou sem justa causa, nos termos de lei complementar, que preverá indenização compensatória, dentre outros direitos; 3. Seguro-desemprego, em caso de desemprego involuntário; 4. Fundo de garantia do tempo de serviço; 5. Remuneração do trabalho noturno superior à do diurno;
Os que foram estabelecidos pela EC 72/13	13. Remuneração do serviço extraordinário superior, no mínimo, em cinqüenta por cento à do normal 14. Redução dos riscos inerentes ao trabalho, por meio de normas de saúde, higiene e segurança 15. Reconhecimento das convenções e acordos coletivos de trabalho 16. Proibição de diferença de salários, de exercício de funções e de critério de admissão por motivo de sexo, idade, cor ou estado civil 17. Proibição de qualquer discriminação no tocante a salário e critérios de admissão do trabalhador portador de deficiência 18. Proibição de trabalho noturno, perigoso ou insalubre a menores de dezoito e de qualquer trabalho a menores de dezesseis anos, salvo na condição de aprendiz, a partir de quatorze anos	6. Salário-família pago em razão do dependente do trabalhador de baixa renda nos termos da lei 7. Assistência gratuita aos filhos e dependentes desde o nascimento até 5 (cinco) anos de idade em creches e pré-escolas 8. Seguro contra acidentes de trabalho, a cargo do empregador, sem excluir a indenização a que este está obrigado, quando incorrer em dolo ou culpa

- **Atenção!** Como a matéria é nova, a doutrina ainda se posicionará a respeito do tema. É possível que, com base na doutrina de José Afonso da Silva se diga que os direitos aqui denominados de **condicionados**, representam, em verdade, **normas constitucionais de eficácia limitada**, aplicabilidade indireta, mediata e reduzida e, por isso, poderiam ser chamados de direitos de aplicabilidade mediata. **Aliás, fique ligado, pois a FCC, na prova do TRT SC/2013, adotou justamente esse entendimento!**

9. Nos termos da doutrina de Alexandre de Moraes, o **direito de relacionamento ou de filiação** em organizações sindicais internacionais é manifestação do princípio da solidariedade internacional dos interesses dos trabalhadores (*Direito Constitucional*. 25 ed. São Paulo: Atlas, 2010, p. 204).

10. Ninguém poderá ser obrigado a **filiar-se ou manter-se filiado** a qualquer sindicato.
11. É **vedada a dispensa** do empregado sindicalizado a partir do registro da candidatura a cargo de direção ou representação sindical e, se eleito, ainda que suplente, até um ano após o final do mandato, salvo se cometer falta grave.
12. O **aposentado filiado** tem direito a votar e ser votado nas organizações sindicais.
13. É vedada a criação de mais de uma organização sindical, em qualquer grau, representativa de categoria profissional ou econômica, na mesma base territorial, que será definida pelos trabalhadores ou empregadores interessados, não podendo ser inferior à área de um **Município** (não de um Estado).

DIREITOS DA NACIONALIDADE

- **CF, artigos 12 e 13.**

✦ DICAS

1. O fato natural do nascimento não é suficiente para o reconhecimento de nacionalidade, pois devem ser levados em consideração outros elementos tais como: i) o local do nascimento; ii) nacionalidade dos pais; e; iii) função exercida pelos pais no local de nascimento da criança.
2. A origem sanguínea firma a nacionalidade pelo critério *jus sanguinis*, e a vinculação territorial reconhece o brasileiro via critério *jus solis*.
3. São brasileiros **natos:** a) os **nascidos na República Federativa do Brasil**, ainda que de pais estrangeiros, desde que estes não estejam a serviço de seu país; b) os nascidos no estrangeiro, de pai brasileiro ou mãe brasileira, desde que **qualquer deles** esteja **a serviço da República Federativa do Brasil** e; c) os nascidos no estrangeiro de pai brasileiro ou de mãe brasileira, desde que sejam **registrados em repartição brasileira competente ou venham a residir na República Federativa do Brasil e optem**, em qualquer tempo, depois de atingida a maioridade, pela nacionalidade brasileira (nacionalidade potestativa).
4. São brasileiros **naturalizados:** a) os que, na forma da lei, **adquiram a nacionalidade brasileira**, exigidas aos originários de países de língua portuguesa apenas residência por um ano ininterrupto e idoneidade moral (ato discricionário de soberania estatal, não sendo direito público subjetivo); b) os estrangeiros de qualquer nacionalidade, residentes na República Federativa do Brasil há mais de quinze anos ininterruptos e sem condenação penal, desde que **requeiram** a nacionalidade brasileira (direito público subjetivo).

SÃO BRASILEIROS	
1. Natos (Nacionalidade Primária/Originária)	a) os **nascidos na República Federativa do Brasil**, ainda que de pais estrangeiros, desde que estes não estejam a serviço de seu país;
	b) os nascidos no estrangeiro, de pai brasileiro ou mãe brasileira, desde que **qualquer deles** esteja **a serviço da República Federativa do Brasil**.
1. Natos (Nacionalidade Primária/Originária)	c) os nascidos no estrangeiro de pai brasileiro ou de mãe brasileira, desde que sejam **registrados em repartição brasileira competente ou venham a residir na República Federativa do Brasil e optem**, em qualquer tempo, depois de atingida a maioridade, pela nacionalidade brasileira.
2. Naturalizados (Nacionalidade Secundária)	a) os que, na forma da lei, **adquiram a nacionalidade brasileira**, exigidas aos originários de países de língua portuguesa apenas residência por um ano ininterrupto e idoneidade moral;
	b) os estrangeiros de qualquer nacionalidade, residentes na República Federativa do Brasil há mais de quinze anos ininterruptos e sem condenação penal, desde que **requeiram** a nacionalidade brasileira.

5. São **privativos de brasileiros natos** os cargos: I – de Presidente e Vice-Presidente da República; II – de Presidente da Câmara dos Deputados; III – de Presidente do Senado Federal; IV – de Ministro do Supremo Tribunal Federal; V – da carreira diplomática; VI – de oficial das Forças Armadas; VII – de Ministro de Estado da Defesa.

- Para memorizar os cargos privativos de brasileiro nato, o amigo leitor pode valer-se da expressa mnemônica **"MP3.COM"**

Cargos privativos de brasileiro nato		
	M	inistro do STF
P3	**P**	residente da República (e Vice)
	P	residente da Câmara dos Deputados
	P	residente do Senado Federal
	C	arreira Diplomática
	O	ficial das Forças Armadas
	M	inistro de Estado da Defesa

- **Atenção** para as "pegadinhas" clássicas: a) o cargo de Ministro do STJ não é privativo de brasileiro nato, mas o de Ministro do STF é; b) o cargo de Ministro da Justiça não é privativo de brasileiro nato, mas o de Ministro de Estado da Defesa é; c) o cargo de Senador não é privativo de brasileiro nato, mas o de Presidente do Senado Federal é.

6. O **brasileiro nato pode perder a nacionalidade**, pois nos termos do § 4º, do art. 12, da CF, será declarada a perda da nacionalidade do brasileiro que **adquirir outra nacionalidade**, **salvo** nos casos de reconhecimento de nacionalidade originária pela lei estrangeira ou de imposição de naturalização, pela norma estrangeira, ao brasileiro residente em estado estrangeiro, como condição para permanência em seu território ou para o exercício de direitos civis, quando o indivíduo poderá ter mais de uma nacionalidade. Vale notar que, o "exercício de direitos civis" deve ser interpretado de modo bastante amplo, para abranger, por exemplo, o exercício de atividade profissional.

7. O STF já decidiu que, o **Ministro da Justiça não tem competência para cancelar naturalização concedida**: "Conforme revela o inciso I do § 4º do art. 12 da CF, o ministro de Estado da Justiça não tem competência para rever ato de naturalização." (RMS 27.840, rel. p/ o ac. min. Marco Aurélio, julgamento em 7-2-2013, Plenário, DJE de 27-8-2013.)

8. A **deportação** se materializada na hipótese de entrada ou permanência irregular de estrangeiro no país, independentemente da prática de qualquer crime. Desta feita, será deportado aquele que entrar ou permanecer no território nacional violando normas administrativas, e não quiser se retirar voluntariamente no prazo fixado pela autoridade competente.

9. O **banimento ou degredo** se refere ao envio compulsório de um nacional ao estrangeiro, sem possibilidade de retorno, como forma de punição. Trata-se de medida vedada pelo ordenamento brasileiro.

10. O **princípio da especialidade** prega que extraditado somente pode ser processado e julgado pelo país estrangeiro em face do delito objeto do pedido de extradição, nos termos do art. 91, IV, do Estatuto do Estrangeiro. Vale destacar, na lição de Uadi Lammêgo Bulos, que não obstante a adoção do princípio da especialidade pelo Brasil, o STF permite o **pedido de extensão**, que consiste na permissão, solicitada pelo país estrangeiro, de processar pessoa já extraditada por qualquer delito praticado antes da extradição e diverso daquele que motivou o pedido extradicional (*Curso de Direito Constitucional*. 2 ed. São Paulo: Saraiva, 2008, p. 521).

11. **O Supremo Tribunal Federal não fica vinculado ao juízo formulado pelo Poder Executivo na concessão administrativa de asilo político**. A condição de asilado político (art. 4, X, da CF) **não** suprime, por si só, a possibilidade de o Estado brasileiro conceder a extradição que lhe haja sido requerida (vide Ext 524, julgada em 1989 e relatada pelo Ministro Celso de Mello), **salvo** quando o fato que enseja o pedido assume a qualificação de crime político ou de opinião (art. 5º, LII, da CF).

- "Deveras, antes de deliberar sobre a existência de poderes discricionários do presidente da República em matéria de extradição, ou mesmo se essa autoridade se manteve nos lindes da decisão proferida pelo Colegiado anteriormente, é necessário definir se o ato do chefe de Estado é sindicável pelo Judiciário, em abstrato. (...) **O sistema 'belga' ou 'da contenciosidade limitada', adotado pelo Brasil, investe o STF na categoria de órgão juridicamente existente apenas no âmbito do direito interno, devendo, portanto, adstringir-se a examinar a legalidade da extradição; é dizer, seus aspectos formais, nos termos do art. 83 da Lei 6.815/1980 (...). O presidente da República, no sistema vigente, resta vinculado à decisão do STF apenas quando reconhecida alguma irregularidade no processo extradicional, de modo a impedir a remessa do extraditando ao arrepio do ordenamento jurídico, nunca, contudo, para determinar semelhante remessa, porquanto, o Poder Judiciário deve ser o último guardião dos direitos fundamentais de um indivíduo, seja ele nacional ou estrangeiro, mas não dos interesses políticos de Estados alienígenas, os quais devem entabular entendimentos com o chefe de Estado, vedada a pretensão de impor sua vontade através dos tribunais internos. (...)** O princípio da separação dos Poderes (art. 2º da CRFB), indica não competir ao STF rever o mérito de decisão do presidente da República, enquanto no exercício da soberania do país, tendo em vista que o texto constitucional conferiu ao chefe supremo da Nação a função de representação externa do país. (...) A extradição não é ato de nenhum Poder do Estado, mas da República Federativa do Brasil, pessoa jurídica de direito público externo, representada na pessoa de seu chefe de Estado, o presidente da República. A reclamação por descumprimento de decisão ou por usurpação de poder, no caso de extradição, deve considerar que a Constituição de 1988 estabelece que a soberania deve ser exercida, em âmbito interno, pelos três Poderes (Executivo, Legislativo e Judiciário) e, no plano internacional, pelo chefe de Estado, por isso que é insindicável o poder exercido pelo presidente da República e, consequentemente, incabível a reclamação, porquanto juridicamente impossível submeter o ato presidencial à apreciação do Pretório Excelso." (STF. Rcl 11.243, julgada em 2011 e relatada pelo Ministro Luiz Fux).

12. A **expulsão** é medida política que se aplica ao estrangeiro que pratica condutas que coloquem em risco a segurança ou a ordem pública do país. Normalmente se refere à prática de crime, mas pode também decorrer da violação de normas

administrativas, sendo aplicável aos casos em que a deportação não seja aconselhável.

13. O **ostracismo** tem origem na Grécia Antiga. Em palavras simples, pode-se dizer que se trata de um "banimento ou degredo com prazo determinado". Desta feita, seria o envio compulsório de um nacional ao estrangeiro, sem possibilidade de retorno, como forma de punição, mas apenas por um determinado prazo. Assim como o banimento ou degredo, o ostracismo é prática vedada no ordenamento jurídico brasileiro.

14. Regras sobre **extradição**: a) O brasileiro nato **nunca** será extradito (por crime comum ou de opinião); b) O brasileiro naturalizado somente poderá ser extraditado em caso de crime comum (praticado **antes** da naturalização), ou de comprovado envolvimento em tráfico ilícito de entorpecentes e drogas afins (**antes ou depois** da naturalização), na forma da lei, mas **não** por crime político; c) O estrangeiro pode ser extraditado pela prática de crime comum, mas **não** por crime político e; d) O Brasil não extradita **ninguém** pela prática de crime político.

POSSIBILIDADE DE EXTRADIÇÃO		
	CRIME COMUM	**CRIME POLÍTICO OU DE OPINIÃO**
1. Brasileiro Nato	Não	Não
2. Brasileiro Naturalizado	Sim, desde que seja por: a) crime praticado antes da naturalização; b) comprovado envolvimento em tráfico ilícito de entorpecentes e drogas afins, na forma da lei.	Não
3. Estrangeiro	Sim	Não
REGRA GERAL:	**O Brasil não extradita ninguém pela prática de crime político ou de opinião**	

- Segundo a Súmula 421 do STF: "**Não impede a extradição** a circunstância de ser o extraditando casado com brasileira ou ter filho brasileiro".
- O Supremo Tribunal Federal, em recente revisão da jurisprudência, firmou a orientação de que **o Estado requerente deve emitir prévio compromisso em comutar a pena de prisão perpétua**, para a pena privativa de liberdade com o prazo máximo de trinta anos (pena máxima no Brasil). Esse entendimento baseia-se na garantia individual fundamental prevista pelo art. 5º, XLVII, b, da Constituição Federal do Brasil. (Ext 985, julgada em 2006 e relatada pelo Ministro Joaquim Barbosa).

15. A língua portuguesa é o **idioma oficial** da República Federativa do Brasil, que tem como **símbolos** a bandeira, o hino, as armas e o selo nacionais.

DIREITOS POLÍTICOS E SISTEMAS ELEITORAIS

- **CF, artigos 14 a 17.**

✦ DICAS

1. Conceitos Fundamentais

1.1. Democracia: podemos classificar os regimes democráticos em três espécies:

- Democracia Direta: povo exerce seus poderes diretamente, sem representantes.
- Democracia Representativa: o poder é exercido indiretamente, por meio da outorga de poderes aos representantes eleitos pelo povo.
- Democracia Semidireta ou Participativa: sistema híbrido, em que se tem uma democracia representativa com atributos da democracia direta. Nesse sistema, além da participação direta e concreta do cidadão na democracia representativa, há também um controle popular sobre os atos estatais.

OBS: Adotada pelo Brasil a partir da exegese do parágrafo único do artigo 1º c.c. o artigo 14, ambos da CF. Participação popular no poder.

1.2. Soberania Popular: é a qualidade máxima de poder extraída da soma dos atributos de cada membro da sociedade estatal, encarregado de escolher os seus representantes no governo através do sufrágio universal e do voto direto.

1.3. Nacionalidade: é o vínculo jurídico-político que liga um indivíduo a um determinado Estado, tornando-lhe apto a contrair obrigações e exercer direitos.

1.4. Cidadania: é a característica decorrente da nacionalidade que consiste na capacidade de exercer direitos políticos devido ao fato de o indivíduo ter direito de sufrágio (votar e ser votado).

1.5. Sufrágio: é o direito de votar e ser votado.

1.6. Voto: instrumento do exercício do direito de sufrágio.

1.7. Escrutínio: é a forma de exteriorização do voto, pública ou secreta.

2. Tem **capacidade eleitoral passiva** aquele que preenche as condições do direito de ser escolhido para exercício de mandato eletivo por meio de voto. Em sentido oposto, **capacidade eleitoral ativa** é atributo de quem reúne condições para votar em candidato, partido ou coligação.

3. O **alistamento eleitoral e o voto** são: I – **obrigatórios** para os maiores de dezoito anos; II – **facultativos** para: a) os analfabetos; b) os maiores de setenta anos e; c) os maiores de dezesseis e menores de dezoito anos.

ALISTAMENTO E VOTO	
1. Obrigatórios	Maiores de 18 anos
2. Facultativos	a) Maiores de 16 e menores 18 anos b) Maiores de 70 anos; c) Analfabetos;

4. São **inalistáveis** (para votarem ou serem votados) os estrangeiros e os conscritos, durante o período militar obrigatório.

5. São **condições de elegibilidade**, na forma da lei: I – a nacionalidade brasileira;II – o pleno exercício dos direitos políticos; III – o alistamento eleitoral; IV – o domicílio eleitoral na circunscrição;V – a filiação partidária; VI – a idade mínima.

IDADE MÍNIMA PARA EXERCÍCIO DE MANDATO POLÍTICO ELETIVO	
Idade Mínima	**Mandato Político Eletivo**
18 anos	Vereador
21 anos	Prefeito, Vice Prefeito, Deputado Estadual ou Distrita e Deputado Federal
30 anos	Governador e Vice Governador de Estado e do Distrito Federal
35 anos	Presidente da República, Vice Presidente da República e Senador

6. O **quase-nacional**, português que exerce direitos de brasileiros, condicionado à existência de reciprocidade (art. 12, § 1º, da CF), também poderá exercer direitos políticos no Brasil, como eleitor ou candidato (respeitadas as restrições constitucionais), nos termos do art. 17 do Decreto 3.927/01, que versa sobre o Tratado de Amizade, Cooperação e Consulta entre a República Federativa do Brasil e a República Portuguesa. Assim, nem sempre a nacionalidade será condição de elegibilidade.

7. **Nem todos os que tiverem feito alistamento eleitoral serão elegíveis**, isso porque, o alistamento é facultativo entre 16 e 18 anos, e nessa idade o eleitor será absolutamente inelegível porque sequer terá adquirido capacidade eleitoral passiva.

8. São **inelegíveis** (não podem ser votados) os inalistáveis e os analfabetos.

9. Assim, **todo inalistável é inelegível, mas nem todo inelegível é inalistável**, pois o analfabeto é inelegível (não pode ser votado), mas é alistável (pode votar). Somente os estrangeiros e os conscritos são inalistáveis e inelegíveis.

10. **Súmula Vinculante 18:** "A **dissolução da sociedade ou do vínculo conjugal, no curso do mandato**, não afasta a inelegibilidade prevista no § 7º do art. 14 da CF".

11. A improbidade administrativa é caso de **suspensão** de direitos políticos (art. 15, V, c.c. art. 37, § 4º, ambos da CF)

12. A condenação **criminal** (não a cível) transitada em julgado, enquanto durarem seus efeitos, é caso de **suspensão** dos direitos políticos, lembrando que **é vedada a cassação de direitos políticos**.

13. O cancelamento de naturalização por **sentença judicial** (e não por decisão administrativa) é caso de perda de nacionalidade e, por consequência, também dos direitos políticos.

- **Cuidado!** A incapacidade civil que gera a **suspensão** (não a perda) de direitos políticos é a de natureza **absoluta**, não relativa.

14. As **eleições para Presidente e Governador** seguem o sistema majoritário com exigência de maioria absoluta ou dois turnos.

15. A **eleição do Prefeito** e do Vice-Prefeito será realizada no primeiro domingo de outubro do ano anterior ao término do mandato dos que devam suceder, aplicadas as regras do art. 77 da CF (com segundo turno ou exigência de maioria absoluta) apenas no caso de Municípios com mais de duzentos mil eleitores. Sendo assim, nos Municípios de até duzentos mil eleitores considera-se eleito o candidato que obtiver a maioria (simples) dos votos, independentemente de ter obtido a aprovação da maioria absoluta dos eleitores.

16. São **Congressistas** o Deputado Federal e o Senador. O deputado federal é eleito pelo sistema proporcional (art. 45, da CF), e o Senador é eleito pelo majoritário simples (art. 46, da CF). Desta feita, é errado dizer que o Congressista é eleito mediante sistema proporcional, pois tal afirmativa ignora que o Senador se elege via sistema majoritário.

17. O **Vereador** será eleito mediante sistema proporcional.

18. Para concorrerem a **outros cargos**, o Presidente da República, os Governadores de Estado e do Distrito Federal e os **Prefeitos** devem **renunciar** aos respectivos mandatos **até seis meses antes** do pleito.

19. **Inelegibilidade reflexa:** são **inelegíveis**, no território de jurisdição do titular, o cônjuge e os parentes consangüíneos ou afins, até o segundo grau ou por adoção, do Presidente da República, de Governador de Estado ou Território, do Distrito Federal, de Prefeito ou de quem os haja substituído dentro dos seis meses anteriores ao pleito, salvo se já titular de mandato eletivo e candidato à reeleição (art. 14, § 7º, da CF).

- **Parâmetros para aplicação da inelegibilidade reflexa** (art. 14, § 7º, da CF). "É inelegível para o cargo de Prefeito de Município resultante de desmembramento territorial o irmão do atual Chefe do Poder Executivo do Município-mãe. O regime jurídico das inelegibilidades comporta interpretação construtiva dos preceitos que lhe compõem a estrutura normativa. Disso resulta a plena validade da exegese que, norteada por parâmetros axiológicos consagrados pela própria Constituição, visa a impedir que se formem grupos hegemônicos nas instâncias políticas locais. O primado da ideia republicana – cujo fundamento ético-político repousa no exercício do regime democrático e no postulado da igualdade – rejeita qualquer prática que possa monopolizar o acesso aos mandatos eletivos e patrimonializar o poder governamental, comprometendo, desse modo, a legitimidade do processo eleitoral". (STF. RE 158314, julgado em 1992 e relatado pelo Ministro Celso de Mello).

20. O **militar alistável é elegível**, sendo que, se contar mais de dez anos de serviço, será agregado pela autoridade superior e, se eleito, passará automaticamente, no ato da diplomação, para a inatividade, e, se contar **menos** (não mais) de dez anos de serviço, deverá afastar-se da atividade.

21. As hipóteses de inelegibilidade constam de rol **exemplificativo**. Prova disso é o artigo 14, § 9º, da CF, segundo o qual **lei complementar estabelecerá outros casos de inelegibilidade e os prazos de sua cessação,** a fim de proteger a probidade administrativa, a moralidade para exercício de mandato considerada vida pregressa do candidato, e a normalidade e legitimidade das eleições contra a influência do poder econômico ou o abuso do exercício de função, cargo ou emprego na administração direta ou indireta.

- Utilizando-se da classificação elaborada por José Afonso da Silva, o Supremo Tribunal Federal decidiu que a norma constitucional que prevê que '"lei complementar estabelecerá outros casos de inelegibilidade...", além das previstas no texto constitucional, é **norma de eficácia limitada** (não contida), portanto, não autoaplicável e dependente de lei para poder ser aplicada, o que se deu nos seguintes termos: "Como venho de assinalar, o § 9º do art. 14 da Constituição, por traduzir norma revestida de eficácia meramente limitada, não dispõe de autoaplicabilidade. Esta Suprema Corte não pode, por isso mesmo, substituindo-se, inconstitucional-mente, ao legislador, estabelecer, com apoio em critérios próprios, meios destinados a viabilizar a imediata incidência da regra constitucional mencionada (CF, art. 14, § 9º), ainda mais se se considerar que resultarão, dessa proposta da Associação dos Magistrados Brasileiros (AMB), restrições que comprometerão, sem causa legítima, a esfera jurídica de terceiros, a quem não se impôs sanção condenatória com trânsito em julgado. É preciso advertir que o princípio constitucional da reserva de lei formal traduz limi-tação ao exercício da atividade jurisdicional do Estado" (ADPF 144, julgada em 2008 e relatada pelo Ministro Celso de Mello).

22. No recente julgamento do Supremo Tribunal Federal (ADC 29 e 30 e ADI 4578) sobre Lei Complementar 135/2010, conhecido como **caso "ficha limpa"**, a questão central da discussão baseou-se na **interpretação do princípio da anualidade**, o qual significa que a lei que alterar o processo eleitoral entrará em vigor na data de sua publicação, não se aplicando à eleição que se realize até um ano da data de sua vigência, nos termos do art. 16, da CF, com redação dada pela EC 04/93. Por maioria de votos, prevaleceu o entendimento em favor da constitucionalidade da lei, que poderá ser aplicada nas eleições de 2012, alcançando atos e fatos ocorridos antes de sua vigência.

- Ademais, **os candidatos a cargo eletivo que tenham sido condenados, mesmo por sentença não transitada em julgado, são, conforme entendimento atual do STF (pois, anteriormente a posição da Suprema Corte era em sentido contrário), inelegíveis**, desde que assim esteja previsto em lei complementar (LC 135/2010, popularmente conhecida como Lei da Ficha Limpa). Após análise conjunta das Ações Declaratórias de Constitucionalidade (ADC 29 e 30) e da Ação Direta de Inconstitucionalidade (ADI 4578) que tratam da Lei Complementar 135/2010, por maioria de votos, prevaleceu o entendimento em favor da constitucionalidade da lei, que pode ser aplicada nas eleições de 2012, alcançando atos e fatos ocorridos antes de sua vigência. Assim, é plenamente válida a previsão no sentido de que são considerados inelegíveis os candidatos que forem condenados, em decisão transitada em julgado ou proferida por órgão judicial colegiado, em razão da prática de crimes contra a economia popular, a fé pública, a administração pública e o patrimônio público; contra o patrimônio privado, o sistema financeiro, o mercado de capitais e os previstos na lei que regula a falência; e contra o meio ambiente e a saúde pública.

23. O mandato eletivo poderá ser **impugnado** ante a Justiça Eleitoral no prazo de quinze dias contados da diplomação, instruída a ação com provas de abuso do poder econômico, corrupção ou fraude.

- A ação de impugnação de mandato **tramitará** em segredo de justiça, respondendo o autor, na forma da lei, se temerária ou de manifesta má-fé.

24. É livre a criação, fusão, incorporação e extinção de partidos políticos, resguardados a soberania nacional, o regime democrático, o pluripartidarismo, os direitos fundamentais da pessoa humana (art. 17, *caput*, da CF).

25. Nos termos do art. 17, § 2º, da CF, os **partidos políticos** adquirem personalidade jurídica (de direito privado) **na forma da lei civil, com a inscrição dos atos constitutivos no respectivo registro.** Existe ainda o dever de **posterior registro de seus estatutos no Tribunal Superior Eleitoral (TSE)**, consoante art. 44, V, art. 44 § 3º e art. 45, todos do Código Civil c.c. artigos 8º, 9º e 10 da Lei 9.096/95, mas que não é requisito para criação.

- De acordo com o art. 7º, § 2º, da Lei 9.096/95, só o partido que tenha registrado seu estatuto no Tribunal Superior Eleitoral pode participar do processo eleitoral, receber recursos do Fundo Partidário e ter acesso gratuito ao rádio e à televisão, nos termos fixados nesta Lei.

ORGANIZAÇÃO POLÍTICO ADMINISTRATIVA

✦ DICAS

1. A **organização político-administrativa da República Federativa do Brasil** compreende a União, os Estados, o Distrito Federal e os Municípios, todos autônomos, nos termos desta Constituição (art. 18, *caput*, da CF).

2. A autonomia dos Estados federados está assegurada por meio da sua capacidade de **auto-organização** (elaboração das Constituições Estaduais e Leis Orgânicas do DF e dos Municípios), de **autolegislação** (criação de leis estaduais, distritais e municipais), de **autogoverno** (eleição de seus representantes) e **autoadministração** (organizações próprias dos Poderes Executivo, Legislativo e Judiciário, ressalvado o judiciário municipal, que não existe).

3. **Brasília** é a Capital Federal (art. 18, § 1º, da CF).

4. Os **Territórios Federais** integram a União, e sua criação, transformação em Estado ou reintegração ao Estado de origem serão reguladas em lei complementar (art. 18, § 2º, da CF).

5. **Os Estados podem incorporar-se entre si, subdividir-se ou desmembrar-se para se anexarem a outros, ou formarem novos Estados ou Territórios Federais**, mediante aprovação da população diretamente interessada, através de , e do Congresso Nacional, por lei complementar (art. 18,§ 3º, da CF).

- **Atenção!** Exige-se **lei complementar federal** (com trâmite no Congresso Nacional) para a aprovação da **criação de novos Entes Estaduais** (novos Estados).

6. Os Estados podem **incorporar-se entre si**, mas mediante aprovação da população diretamente interessada, através de **plebiscito,** não de referendo.

- Consoante art. 3º, da Lei 9.709/98, nas questões de relevância nacional, de competência do Poder Legislativo ou do Poder Executivo, e no caso do § 3º do art. 18 da Constituição Federal (Os Estados podem incorporar-se entre si, subdividir-se ou desmembrar-se para se anexarem a outros, ou formarem novos Estados ou Territórios Federais, mediante aprovação da população diretamente interessada, através de plebiscito, e do Congresso Nacional, por lei complementar), o plebiscito e o referendo são convocados **mediante decreto legislativo, por proposta de um terço, no mínimo, dos membros que compõem qualquer das Casas do Congresso Nacional**, de conformidade com esta Lei.

- A consulta à população do território que restar do Estado originário é **requisito para a reconfiguração de Estados** (art. 18, § 3º, da CF). Nesse sentido: "A expressão 'população diretamente interessada' constante do § 3º do art. 18 da CF (...) deve ser entendida como a população tanto da área desmembrada do Estado-membro como da área remanescente." (ADI 2.650, julgada em 2011 e relatado pelo Ministro Dias Toffoli).

- No bojo da ADI 2650, a Mesa da Assembleia Legislativa do Estado de Goiás (AL-GO) impugnava a primeira parte do artigo 7º da Lei 9.709/98, e o STF decidiu, por unanimidade, que **o plebiscito para o desmembramento de um estado da federação deve envolver não somente a população do território a ser desmembrado, mas a de todo o Estado.** A ação tinha como objeto o plebiscito para o desmembramento do Estado do Pará, que objetivava criar os Estados do Tapajós e de Carajás. Por fim, no dia 11 de dezembro de 2011, toda a população do Pará pode ir às urnas, e o resultado indicou que 66,59% escolheu "não" para a criação do Estado de Carajás e 66,08% rejeitou a criação do Estado de Tapajós.

7. **A criação, a incorporação, a fusão e o desmembramento de Municípios**, far-se-ão por lei estadual, dentro do período determinado por Lei Complementar Federal, e dependerão de consulta prévia, mediante plebiscito, às populações dos Municípios envolvidos, após divulgação dos Estudos de Viabilidade Municipal, apresentados e publicados na forma da lei (art. 18, § 4º, da CF).

- Nos termos do art. 5º da Lei 9.709/98 (que regulamenta os plebiscitos, os referendos e a iniciativa popular de lei), o plebiscito destinado à criação, à incorporação, à fusão e ao desmembramento de Municípios, será convocado pela **Assembléia Legislativa** (não pela Câmara de Vereadores), de conformidade com a legislação federal e estadual.

- Não obstante a **inexistência de lei complementar federal regulamentando a criação de novos municípios**, o STF deixou de pronunciar a nulidade de leis estaduais de criação de diversos municípios em razão da consolidada situação de fato e em respeito ao princípio da segurança jurídica. O art. 18, §4º, da CF diz que é necessária LC federal para criação, a incorporação, a fusão e o desmembramento de municípios. Entretanto, vários municípios foram criados sem essa LC, que ainda não existe. Com isso o STF declarou inconstitucional a criação desses municípios, mas não anulou a criação deles. O Supremo, então, fixou um prazo (em alguns casos de 18 e outros de 24 meses) para o Congresso criar a LC. Porém, ao invés de o Congresso editar a LC, editou a EC 57/2008 que acrescentou o art. 96 ao ADCT, convalidou os atos de criação dos municípios, desmembrados, fundidos ou incorporados – Art. 96 ADCT

8. Os **Municípios integram a federação brasileira**, possuindo autogoverno (gestão próprio de suas atividades por Prefeito, Vereadores, e demais agentes públicos), auto-organização (possuem Lei Orgânica) e auto-administração (prestam e mantêm serviços próprios).

9. O número de Vereadores não é definido por proporcionalidade. A CF, no art. 29, IV, estabelece os **limites máximos** de vereadores de acordo com **faixas que levam em consideração o número de habitantes**.

10. Município pode ter **eleição em segundo turno** se contar com mais de duzentos mil **eleitores,** não habitantes (art. 29, II, da CF).

- Portanto, **cuidado!** Para fixação de vereadores o critério é número de habitantes, mas para determinação de segundo turno em eleições para o executivo municipal o critério é número de eleitores.

11. **Não é possível** na ordem constitucional **a realização de eleições extemporâneas para a instalação de Municípios recém-criados**. Assim decidiu o TSE: "Município. Criação. Primeira eleição. Constituição. Simultaneidade. Observância. Necessidade. A eletividade do prefeito, do vice-prefeito e dos vereadores é a regra constitucional asseguradora da autonomia política do município, conforme o art. 29 da Constituição. A Constituição Federal de 1988 extinguiu a nomeação de prefeito em qualquer município. Como cediço, as regras de hermenêutica jurídica orientam que não é dado ao intérprete distinguir onde a lei não o fez. O inciso I do art. 29 da Constituição estabelece que as eleições para prefeito, vice-prefeito e vereador são realizadas simultaneamente em todo o país, não havendo distinção entre município criado e município instalado, pelo que descabida a pretendida realização de pleito específico para instituir vigência de mandato mais curto, até as eleições gerais de 2012. Nem a Constituição nem a legislação infraconstitucional tratam de situação privilegiada dos municípios recém-criados e ainda não instalados que enseje a promoção de eleições extemporâneas. Há somente uma exceção: nos casos de dupla vacância na chefia do Poder Executivo. Trata-se, contudo, de excepcionalidade prevista na própria Constituição. Além disso, existe a previsão legal de situações específicas, descritas no art. 224 do Código Eleitoral, que possibilitam a realização de novas eleições em período diverso ao das eleições ordinárias. Todavia, esses pleitos decorrem da anulação de eleição anteriormente realizada que, de alguma forma, tenha sido maculada, afastando sua incidência no caso concreto. Sendo assim, as eleições extraordinárias constituem medida extrema, excepcional e singular, e devem ocorrer apenas nas hipóteses previstas na Constituição ou em lei federal. À míngua de previsão específica sobre o tema, prevalece a simultaneidade constitucional. Ademais, a criação de um novo município não está vinculada a sua imediata estruturação e seu funcionamento, devendo ser observado o regramento constitucional. Assim, conquanto o município recém-criado possua personalidade jurídica e possa compor seu governo, a ausência de norma que disponha sobre a realização das primeiras eleições no município implica a observância do inciso I do art. 29 da Constituição Federal. Nesse caso, não haverá prejuízo algum ao município, uma vez que seu patrimônio e rendas continuarão a ser administrados pelo município-mãe. Some-se a isso o fato de que o processo eleitoral é de competência legislativa da União, nos termos do inciso I do art. 22 da Constituição, razão pela qual é vedado a outra unidade da federação legislar sobre o tema. Tampouco caberia a qualquer órgão da Justiça Eleitoral promover eleições sem amparo na Constituição Federal ou em outra lei (MS 39691-03, julgado em 2011 e relatado pelo Ministro Aldir Passarinho Junior).

12. Segundo o art. 29, X, da CF, o **Prefeito** está sujeito a julgamento perante o Tribunal de Justiça. Por sua vez, a Súmula 702 do STF determina que a competência do Tribunal de Justiça para julgar prefeitos restringe-se aos crimes de competência da justiça comum estadual; nos demais casos, a competência originária caberá ao respectivo tribunal de segundo grau", tal como o TRF ou o TRE. Tanto o texto da CF quanto a Súmula referem-se ao **julgamento de crimes comuns**. Em se tratando de crimes de responsabilidade, entra em cena o Decreto-Lei 201/66, segundo o qual, no **crime de responsabilidade próprio** (infração político administrativa punida com a cassação do mandato), a competência será da Câmara Municipal; já no **crime de responsabilidade impróprio** (crime de responsabilidade punido com pena privativa de liberdade de detenção ou reclusão), a competência será do Tribunal de Justiça. Assim, trocando em miúdos, o TJ julgará o Prefeito tanto em caso de crime comum de competência da justiça estadual (porque se for federal, a competência será do TRF) e nos crimes de responsabilidade impróprios (punidos com pena privativa de liberdade de detenção ou reclusão).

13. Compete à Justiça Federal processar e julgar prefeito municipal por desvio de verba sujeita à prestação de contas perante órgão federal **(súmula 208 do STJ).**

14. Intervenção

- Estado-membro que não assegura os direitos da pessoa humana expõe-se à **intervenção federal**.
- Segundo classificação doutrinária, os **princípios constitucionais sensíveis** são aqueles arrolados no art. 34, VII, da CF: a) forma republicana, sistema representativo e regime democrático; b) direitos da pessoa humana; c) autonomia municipal; d) prestação de contas da administração pública, direta e indireta; e) aplicação do mínimo exigido da receita resultante de impostos estaduais, compreendida a proveniente de transferências, na manutenção e

desenvolvimento do ensino e nas ações e serviços públicos de saúde.

PRINCÍPIOS CONSTITUCIONAIS SENSÍVEIS (art. 34, VII, da CF)
a) forma republicana, sistema representativo e regime democrático;
b) direitos da pessoa humana;
c) autonomia municipal;
d) prestação de contas da administração pública, direta e indireta;
e) aplicação do mínimo exigido da receita resultante de impostos estaduais, compreendida a proveniente de transferências, na manutenção e desenvolvimento do ensino e nas ações e serviços públicos de saúde.

- O descumprimento dos princípios sensíveis enseja intervenção da União nos Estados ou no DF, **não sendo possível intervenção nos Municípios por desrespeito a eles**.

15. Entes federados e distribuição de competências

15.1. Regras gerais

COMPETÊNCIAS			
Natureza das Competências	**Espécie**	**Regra**	**Exceção**
I. ADMINISTRATIVAS	**1. Exclusiva:** art. 21, da CF	Somente a União exerce	
	2. Comum: art. 23, da CF	Cooperação entre União, Estados, DF e Municípios	
II. LEGISLATIVAS	**1. Privativa:** art. 22, da CF	A União legisla privativamente	Lei complementar poderá autorizar os Estados a legislar sobre questões relativas à competência privativa da União, criando a competência legislativa delegada
II. LEGISLATIVAS	**2. Delegada:** art. 22, p. único, da CF	Mediante LC, em que a União delega para Estados e DF.	
	3. Concorrente: art. 24, da CF	A União edita as normas Gerais e os Estados e o DF editam as normas específicas de seus interesses	Se a União não editar as normas gerais, os Estados e o DF passarão a ter competência plena. Se, posteriormente, a União legislar, as normas gerais feitas pelos Estados terão a sua eficácia suspensa.

15.2. A competência **material/administrativa** exclusiva, do art. 21, é indelegável. Já a competência material/administrativa comum do art. 23 segue a regra da cooperação entre União, Estados, DF e Municípios (a cooperação será regulada por Lei Complementar).

15.3. A competência legislativa da União ou é privativa (art. 22, da CF) ou é concorrente (art. 24, da CF). Já a competência administrativa da União pode ser exclusiva (art. 21, da CF) ou comum (art. 23, da CF). Portanto, **a União não exerce competência remanescente ou residual**. Na distribuição de competências feita pela CF, a competência residual ou remanescente administrativa fica com os Estados (art. 25, § 1º) e a legislativa (em razão do interesse local) resta aos Municípios (art. 30, I, da CF).

15.4. Lei complementar poderá autorizar os Estados a legislar sobre questões relativas à competência privativa da União. Assim, há a **possibilidade de delegação**.

- Para Alexandre de Moraes, há três **requisitos pertinentes à delegação de competência legislativa privativa da União para os Estados**: i. formal; ii. material e; iii. Implícito. O requisito formal se refere à necessidade de expedição de Lei complementar. Já o requisito material se refere ao foto de que a delegação deve ser pontual, ou seja, especificando-se alguma matéria expressamente disposta no art. 22 da CF, que detalhada os temas de competência privativa da União. Por fim, o requisito implícito se refere ao fato que, se a União delegar determinada matéria a um Estado, deverá estender a mesma possibilidade a todos os Estados da Federação, sob pena de afronta ao princípio do art. 19, da CF, que veda o estabelecimento de preferência entre entes federados (*Direito Constitucional*. São Paulo: Atlas, 2010, p. 309-310). Vale notar, que a questão da delegação de competência legislativa privativa da União aos Estados tem como base o art. 22, parágrafo único, da CF: "Lei complementar poderá autorizar os Estados a legislar sobre questões específicas das matérias relacionadas neste artigo".

15.5. Na competência legislativa concorrente, a União limita-se a estabelecer normas gerais. Entretanto, a competência da União para legislar sobre normas gerais **não** exclui a competência suplementar dos Estados.

15.6. Os Estados, **inexistindo** Lei Federal sobre normas gerais, exercerão a competência legislativa plena, para atender a suas peculiaridades. Nesse caso, a superveniência de Lei Federal sobre normas gerais não suspende a eficácia da Lei Estadual, **somente** no que lhe for contrário.

15.7. A União **não pode avocar** uma competência estadual ou municipal, ainda que o interesse público exigir. Isso porque, deve haver respeito à distribuição de competências feita pela CF, pois protege o equilíbrio do Pacto Federativo.

15.8. A suplementação na competência legislativa concorrente do art. 24, da CF, **cabe aos Municípios**, não à União.

16. Competência da União

- Compete privativamente à União legislar sobre **comércio exterior e interestadual**, o que engloba a importação de bens de outros países.
- Compete privativamente à União legislar sobre **direito civil**. Gratuidade de pagamento em estacionamento privado e mensalidade de serviço educacional são matérias de direito civil.
- Compete privativamente à União legislar sobre **direito processual.** Mas, é de **competência concorrente o estabelecimento de normas gerais sobre procedimentos.**
- Súmula Vinculante 46: "A definição dos crimes de responsabilidade e o estabelecimento das respectivas normas de processo e julgamento são da competência legislativa privativa da União".
- Nos termos do art. 177, V, da CF, constituem monopólio da União, a pesquisa, a lavra, o enriquecimento, o reprocessamento, a industrialização e o comércio de minérios e minerais nucleares e seus derivados, com exceção dos radioisótopos cuja produção, comercialização e utilização poderão ser autorizadas sob regime de permissão, conforme as alíneas b e c do inciso XXIII do caput do art. 21 desta Constituição Federal. Em seguida, no art. 177, § 1º, da CF, há regra segundo a qual a União poderá contratar com empresas estatais ou privadas a realização das atividades previstas nos incisos I a IV deste artigo observadas as condições estabelecidas em lei. Sendo assim, o inciso V, do art. 177 fica excluído, ou seja, a pesquisa, a lavra, o enriquecimento, o reprocessamento, a industrialização e o comércio de minérios e minerais nucleares e seus derivados não pode ficar a cargo de empresas estatais ou privadas, ainda que contratadas com a União.
- Caso se edite lei estadual proibindo as empresas de telecomunicações de cobrarem taxas para a instalação de segundo ponto de acesso à Internet, tal lei deverá ser considerada inconstitucional, visto que invadirá a competência privativa da União para legislar sobre telecomunicações (art. 22, IV, da CF), matéria que já foi decidida pelo STF na ADI 4.083, julgada em 2010 e relatada pela Ministra Cármen Lúcia.
- Lei estadual que institua a obrigatoriedade de instalação de cinto de segurança em veículo de transporte coletivo será **inconstitucional**, visto que trânsito e transporte é matéria de competência privativa da União (art. 22, XI, da CF e ADI 874, julgada em 2011 e relatada pelo Ministro Gilmar Mendes).
- Se for editada lei distrital de iniciativa parlamentar instituindo gratificação específica para os policiais militares e o Corpo de Bombeiros Militar do DF, essa lei será **inconstitucional**, pois é competência da União organizar e manter a Polícia Militar e o Corpo de Bombeiros Militar do DF, conforme art. 21, XIV, da CF e ADI 3.791, julgada em 2010 e relatada pelo Ministro Ayres Britto.
- "A Constituição estadual representa, no plano local, a expressão mais elevada do exercício concreto do poder de auto-organização deferido aos Estados-membros pela Lei Fundamental da República. Essa prerrogativa, contudo, não se reveste de caráter absoluto, pois se acha submetida, quanto ao seu exercício, a limitações jurídicas impostas pela própria Carta Federal (art. 25). **O Estado-membro não dispõe de competência para instituir, mesmo em sua própria Constituição, cláusulas tipificadoras de crimes de responsabilidade,** ainda mais se as normas estaduais definidoras de tais ilícitos tiverem por finalidade viabilizar a responsabilização política dos membros integrantes do Tribunal de Contas. A competência constitucional para legislar sobre crimes de responsabilidade (e, também, para definir-lhes a respectiva disciplina ritual) pertence, exclusivamente, à União Federal. Precedentes. Súmula 722/STF. (ADI 4.190-MC-REF, julgada em 2010 e relatada pelo Ministro Celso de Mello).
- Segundo o STF: "Legislação sobre trânsito: **competência privativa federal**: CF, art. 22, XI. Lei 11.766, de 1997, do Estado do Paraná, que **torna obrigatório a qualquer veículo automotor transitar permanentemente com os faróis acesos nas rodovias do Estado do Paraná**, impondo a pena

de multa aos que descumprirem o preceito legal: inconstitucionalidade, porque a questão diz respeito ao **trânsito.**" (ADI 3.055, julgada em 2005 e relatada pelo Ministro Carlos Velloso).

- No julgamento da ADI 3.279, em 2011, relatada pelo Ministro Cezar Peluso, o STF entendeu que **a definição dos crimes de responsabilidade do Chefe do Executivo Estadual é de competência privativa da União** (art. 22, I, da CF).

- É inconstitucional lei estadual que estabeleça, em favor dos portadores de deficiência proprietários de automóveis, a gratuidade nos estacionamentos situados no estado, pois nos termos da jurisprudência do STF, há **invasão da competência da União**, *in verbis*: "Estacionamento de veículos em áreas particulares. Lei estadual que limita o valor das quantias cobradas pelo seu uso. Direito Civil. Invasão de competência privativa da União. Hipótese de inconstitucionalidade formal por invasão de **competência privativa da União para legislar sobre Direito Civil (CF, art. 22, I)**. Enquanto a União regula o direito de propriedade e estabelece as regras substantivas de intervenção no domínio econômico, os outros níveis de governo apenas exercem o policiamento administrativo do uso da propriedade e da atividade econômica dos particulares, tendo em vista, sempre, as normas substantivas editadas pela União." (ADI 1.918, julgada em 2001 e relatada pelo Ministro Maurício Corrêa).

- **Telecomunicações e energia elétrica. Abrangência. "O sistema federativo instituído pela CF de 1988 torna inequívoco que cabe à União a competência legislativa e administrativa para a disciplina e a prestação dos serviços públicos de telecomunicações e energia elétrica (CF, arts. 21, XI e XII, b, e 22, IV)**. A Lei 3.449/2004 do Distrito Federal, ao proibir a cobrança da **tarifa de assinatura básica 'pelas concessionárias prestadoras de serviços de água, luz, gás, TV a cabo e telefonia** no Distrito Federal' (art. 1º, caput), incorreu em inconstitucionalidade formal, porquanto necessariamente inserida a fixação da 'política tarifária' no âmbito de poderes inerentes à titularidade de determinado serviço público, como prevê o art. 175, parágrafo único, III, da Constituição, elemento indispensável para a preservação do equilíbrio econômico-financeiro do contrato de concessão e, por consequência, da manutenção do próprio sistema de prestação da atividade. Inexiste, in casu, suposto respaldo para o diploma impugnado na competência concorrente dos Estados-membros para dispor sobre direito do consumidor (CF, art. 24, V e VII), cuja interpretação não pode conduzir à frustração da teleologia da referida regra expressa contida no art. 175, parágrafo único, III, da CF, descabendo, ademais, a aproximação entre as figuras do consumidor e do usuário de serviços públicos, já que o regime jurídico deste último, além de informado pela lógica da solidariedade social (CF, art. 3º, I), encontra sede específica na cláusula 'direitos dos usuários' prevista no art. 175, parágrafo único, II, da Constituição. Ofende a denominada reserva de administração, decorrência do conteúdo nuclear do princípio da separação del poderes (CF, art. 2º), a proibição de cobrança de tarifa de assinatura básica no que concerne aos serviços de água e gás, em grande medida submetidos também à incidência de leis federais (CF, art. 22, IV), mormente quando constante de ato normativo emanado do Poder Legislativo fruto de iniciativa parlamentar, porquanto supressora da margem de apreciação do chefe do Poder Executivo Distrital na condução da administração pública, no que se inclui a formulação da política pública remuneratória do serviço público." (ADI 3.343, Rel. p/ o ac. Min. Luiz Fux, julgamento em 1º-9-2011, Plenário, DJE de 22-11-2011).

- De acordo com notícia divulgada no Informativo 634 do STF, "O Plenário julgou procedente pedido formulado em ação direta, ajuizada pelo Governador do Estado de Santa Catarina, para declarar a **inconstitucionalidade da Lei 12.775/2003, daquela unidade federativa, que dispõe sobre o uso obrigatório de equipamento que ateste a autenticidade de cédulas de dinheiro por estabelecimentos bancários** e dá outras providências. Reputou-se que **a norma adversada teria invadido a competência privativa da União para legislar sobre o sistema financeiro nacional**" (CF, artigos 21, VIII; 22, VII; e 192, caput). ADI 3515/SC, rel. Min. Cezar Peluso, 1º.8.2011. (ADI-3515)

- **Lei estadual que disponha sobre a destinação de armas de fogo apreendidas, fazendo remissão expressa à lei federal que trata do tema e utilizando os preceitos nela contidos é inconstitucional, pois invade competência legislativa atribuída à União**. Assim entende o STF: "Competência da União para legislar sobre direito penal e material bélico. Lei 1.317/2004 do Estado de Rondônia. Lei estadual que autoriza a utilização, pelas polícias civil e militar, de armas de fogo apreendidas. A competência exclusiva da União para legislar sobre material bélico, complementada pela competência para autorizar e fiscalizar a produção de material bélico, abrange a disciplina sobre a destinação de armas apreendidas e em situação irregular." (ADI 3.258, Rel. Min. Joaquim Barbosa, julgamento em 6-4-2005, Plenário, DJ de 9-9-2005.) No mesmo sentido: ADI 3.193, rel. min. Marco Aurélio, julgamento em 9-5-2013, Plenário, DJE de 6-8-2013.

- "**Mensalidades escolares**. Fixação da data de vencimento. **Matéria de direito contratual**. (...) Os serviços de educação, seja os prestados pelo Estado, seja os prestados por particulares, configuram serviço público não privativo, podendo ser desenvolvidos pelo setor privado independentemente de concessão, permissão ou autorização. Nos termos do art. 22, I, da CB, **compete à União legislar sobre Direito Civil.**" (ADI 1.007, Rel. Min. Eros Grau, julgamento em 31-8-2005, Plenário, DJ de 24-2-2006.) No mesmo sentido: ADI 1.042, Rel.

Min. Cezar Peluso, julgamento em 12-8-2009, Plenário, DJE de 6-11-2009.

- "A definição das **condutas típicas configuradoras do crime de responsabilidade e o estabelecimento de regras que disciplinem o processo e julgamento das agentes políticos** federais, estaduais ou municipais envolvidos são da **competência legislativa privativa da União** e devem ser tratados em lei nacional especial (art. 85 da CR)." (ADI 2.220, Rel. Min. Cármen Lúcia, julgamento em 16-11-2011, Plenário, DJE de 7-12-2011.).

- Segundo o entendimento da Suprema Corte, divulgado no Informativo 782, é **formalmente inconstitucional lei estadual que estabelecer restrições ao ingresso, armazenamento e comercialização de produtos agrícolas importados no âmbito do estado-membro, pois estará caracterizada invasão da competência privativa da União para legislar sobre comércio exterior**. Nesse sentido, "Ação direta de inconstitucionalidade. Lei estadual (RS) nº 12.427/2006. Restrições ao comércio de produtos agrícolas importados no Estado. Competência privativa da União para legislar sobre comércio exterior e interestadual (CF, art. 22, inciso VIII). 1. É formalmente inconstitucional a lei estadual que cria restrições à comercialização, à estocagem e ao trânsito de produtos agrícolas importados no Estado, ainda que tenha por objetivo a proteção da saúde dos consumidores diante do possível uso indevido de agrotóxicos por outros países. A matéria é predominantemente de comércio exterior e interestadual, sendo, portanto, de competência privativa da União (CF, art. 22, inciso VIII). 2. É firme a jurisprudência do Supremo Tribunal Federal no sentido da inconstitucionalidade das leis estaduais que constituam entraves ao ingresso de produtos nos Estados da Federação ou a sua saída deles, provenham esses do exterior ou não (cf. ADI nº 280, Rel. Min. Francisco Rezek, DJ de 17/6/94; e ADI nº 3.035, Rel. Min. Gilmar Mendes, DJ de 14/10/05). 3. Ação direta julgada procedente" (STF. ADI 3813, julgada em 2015 e Relatada pelo Min. Dias Toffoli).

17. Competência dos Estados e competência concorrente

- São reservadas aos Estados **as competências que não lhes sejam vedadas** pela constituição (art. 25, § 1º, da CF). Além disso, o § 2º do art. 25 da CF dispõe expressamente que cabe aos Estados (privativamente) explorar, diretamente ou mediante concessão, os **serviços locais de gás canalizado**, na forma da lei, vedada a edição de medida provisória para a sua regulamentação.

- Segundo a jurisprudência do STF, é constitucional **lei estadual** que disponha sobre o ensino de língua espanhola aos alunos da rede pública do respectivo estado, pois o legislador estadual "atuara nos limites da competência concorrente dos Estados-membros e do DF para legislar sobre educação, cultura, ensino e desporto (CF, art. 24, IX). Ademais, asseverou-se que a Constituição, ao prever a competência privativa da União para tratar de diretrizes e bases da educação nacional (art. 22, XXIV) – cujo tratamento em âmbito nacional se dá pela Lei 9.394/96 – permitira que os entes estaduais e o DF atuassem no campo de suas especificidades" (ADI 3669, julgada em 2007 e relatada pela Ministra Cármen Lúcia).

- É **constitucional** lei estadual que fixe índices de correção monetária de créditos fiscais desde que o fator de correção adotado seja igual ou inferior ao utilizado pela União, conforme decisão do STF na ADI 442, julgada em 2010 e relatada pelo Ministro Eros Graus.

- A competência para legislar sobre direito urbanístico é **concorrente** entre União, Estados e Distrito Federal, e não privativa dos Municípios.

- A competência para legislar sobre defesa dos recursos naturais é **concorrente** entre União, Estados e Distrito Federal, pois é matéria de interesse de todos os entes da Federação, e não somente da União.

- **O estado federado não tem competência para dispor sobre as condições do exercício da profissão de motoboy** no âmbito do seu território. Assim entende o STF: "Competência legislativa. Direito do Trabalho. Profissão de motoboy. Regulamentação. Inadmissibilidade. (...) Competências exclusivas da União. (...) É inconstitucional a lei distrital ou estadual que disponha sobre condições do exercício ou criação de profissão, sobretudo quando esta diga à segurança de trânsito." (ADI 3.610, julgada em 2011 e relatada pelo Ministro Cezar Peluso).

- A **Súmula Vinculante** 2 é clara ao dispor que é inconstitucional a lei ou ato normativo estadual ou distrital que disponha sobre consórcios e sorteios, inclusive bingos e loterias.

- "Custas e emolumentos são espécies tributárias, classificando-se como taxas. Precedentes do STF. **À União, ao Estado membro e ao Distrito Federal é conferida competência para legislar concorrentemente sobre custas dos serviços forenses**, restringindo-se a competência da União, no âmbito dessa legislação concorrente, ao estabelecimento de normas gerais, certo que, inexistindo tais normas gerais, os Estados exercerão a competência legislativa plena, para atender a suas peculiaridades (CF, art. 24, IV, §§ 1º e 3º)." (ADI 1.624, julgada em 2003 e relatada pelo Ministro Carlos Velloso).

18. Competência dos Municípios

- O Município **possui** competência para suplementar a legislação federal e a estadual no que couber, além de poder legislar sobre assuntos de interesse local.

- É competente o Município para fixar o horário de funcionamento de estabelecimento comercial (súmula 645 do STF).

- "É pacífica a jurisprudência desta Corte de que **os Municípios detêm competência para legislar sobre o tempo máximo de espera por atendimento nas agências bancárias**, uma vez que essa questão é de interesse local e diz respeito às normas de proteção das relações de consumo, não se confundindo com a atividade-fim das instituições bancárias". (**STF. AI 495187**, julgado em 2011 e relatado pelo Ministro Dias Tóffoli).
- Segundo o STF, ""Distrito Federal: competência legislativa para fixação de tempo razoável de espera dos usuários dos **serviços de cartórios**. A imposição legal de um limite ao tempo de espera em fila dos usuários dos serviços prestados pelos cartórios não constitui matéria relativa à disciplina dos registros públicos, mas **assunto de interesse local, cuja competência legislativa a Constituição atribui aos Municípios** (...)." (RE 397.094, julgado em 2006 e relatado pelo Ministro Sepúlveda Pertence).
- O Município dispõe de competência, para, com apoio no poder autônomo que lhe confere a Constituição, exigir, mediante lei, a **instalação de sanitários ou a colocação de bebedouros em estabelecimentos bancários** (AI-AgR 614510, julgado em 2007 e relatado pelo Ministro Celso de Mello).
- O STF firmou entendimento no sentido de que é constitucional **lei municipal que determina às agências bancárias a instalação de portas eletrônicas de segurança**, visto que é competência do Município legislar sobre assuntos de interesse local dispondo sobre medidas referentes à segurança dos usuários de serviços bancários (AI-AgR 347.717, julgado em 2005 e relatado pelo Ministro Celso de Mello)
- A Constituição de 1988, no que se refere à organização federativa aplicada aos Municípios, dispõe que compete ao Município organizar e prestar, diretamente ou sob regime de concessão ou permissão, os **serviços públicos de interesse local, incluído o de transporte coletivo, que tem caráter essencial** (art. 30. V, da CF).
- Compete aos Municípios instituir e arrecadar os tributos de sua competência, bem como aplicar suas rendas, sem prejuízo da obrigatoriedade de prestar contas e publicar balancetes nos prazos fixados em lei.
- Os Municípios podem **criar, organizar e suprimir distritos**, **observada a legislação estadual, não havendo necessidade de Lei Federal** para nenhuma hipótese.
- Compete aos Municípios promover, no que couber, adequado ordenamento territorial, mediante planejamento e controle do uso, do parcelamento e da ocupação do solo urbano
- A jurisprudência do STF entende que, pelo princípio da simetria, os crimes de responsabilidade praticados pelos Prefeitos serão julgados pela **Câmara Municipal**, cabendo ao **TJ** a competência para os crimes comuns (art. 29, X, da CF). No julgamento perante o TJ, a competência para a decisão poderá ser do Plenário, do Órgão Fracionário ou do Órgão Especial, o que será fixado no Regimento Interno do Tribunal, Além disso, há a Súmula 702 do STF, que dispõe: "a competência do Tribunal de Justiça para julgar prefeitos restringe-se aos crimes de competência da justiça comum estadual; nos demais casos, a competência originária caberá ao respectivo tribunal de segundo grau", o que reafirma não ser competência privativa do TJ o julgamento de Prefeito.
- É inconstitucional a Lei Estadual que determina o fornecimento gratuito de água potável à população por meio de caminhão-pipa todas as vezes que houver interrupção do fornecimento normal do serviço, pois invade o âmbito de competência legislativa municipal (STF. 2340, julgada em 2013 e relatada pelo Ministro Ricardo Lewandowski).
- **Súmulas**
- **Súmula 208 do STJ:** Compete à Justiça Federal processar e julgar prefeito municipal por desvio de verba sujeita à prestação de contas perante órgão federal.
- **Súmula Vinculante 2:** É inconstitucional a lei ou ato normativo estadual ou distrital que disponha sobre sistemas de consórcios e sorteios, inclusive bingos e loterias.
- **Súmula Vinculante 39:** Compete privativamente à União legislar sobre vencimentos dos membros das polícias civil e militar e do corpo de bombeiros militar do Distrito Federal.
- **Súmula Vinculante 46:** A definição dos crimes de responsabilidade e o estabelecimento das respectivas normas de processo e julgamento são da competência legislativa privativa da União.
- **Súmula Vinculante 38:** É competente o Município para fixar o horário de funcionamento de estabelecimento comercial.

✦ INFORMATIVOS

STF

Competência

▸ ***ADI: uso de veículos apreendidos e competência – 3***

Revestem-se de constitucionalidade as Leis 5.717/98 e 6.931/2001, do Estado do Espírito Santo, que autorizam a utilização, pela polícia militar ou pela polícia civil estadual, de veículos apreendidos e não identificados quanto à procedência e à propriedade, exclusivamente no trabalho de repressão penal. Essa a orientação do Plenário que, em conclusão, por maioria, julgou improcedente pedido formulado em ação direta de inconstitucionalidade ajuizada contra as mencionadas normas.

Avaliou-se não se tratar de matéria correlata a trânsito, mas concernente à administração. Recordou-se que norma do Código de Trânsito Brasileiro permitiria que veículos fossem levados a hasta pública, embora constituísse permissão que nem sempre ocorreria. Destacou-se que as normas disporiam sobre a regulação no plano estritamente administrativo, na esfera de autonomia do estado-membro. ADI 3327/ES, red. p/ ac. Min. Cármen Lúcia, 8.8.2013. Pleno. (Info 714)

▸ *Adaptação de veículos de transporte coletivo e acessibilidade*

O Plenário julgou improcedente pedido formulado em ação direta de inconstitucionalidade proposta contra a Lei 10.820/92, do Estado de Minas Gerais, que dispõe sobre a obrigatoriedade de empresas concessionárias de transporte coletivo intermunicipal promoverem adaptações em seus veículos, a fim de facilitar o acesso e a permanência de pessoas com deficiência física ou com dificuldade de locomoção. Salientou-se que a Constituição dera destaque à necessidade de proteção às pessoas com deficiência, ao instituir políticas e diretrizes de acessibilidade física (CF, arts. 227, § 2º; e 244), bem como de inserção nas diversas áreas sociais e econômicas da comunidade. Enfatizou-se a incorporação, ao ordenamento constitucional, da Convenção Internacional sobre os Direitos das Pessoas com Deficiência – primeiro tratado internacional aprovado pelo rito legislativo previsto no art. 5º, § 3º, da CF –, internalizado por meio do Decreto 6.949/2009. Aduziu-se que prevaleceria, no caso, a densidade do direito à acessibilidade física das pessoas com deficiência (CF, art. 24, XIV), não obstante pronunciamentos da Corte no sentido da competência privativa da União (CF, art. 22, XI) para legislar sobre trânsito e transporte. Consignou-se que a situação deveria ser enquadrada no rol de competências legislativas concorrentes dos entes federados. Observou-se que, à época da edição da norma questionada, não haveria lei geral nacional sobre o tema. Desse modo, possível aos estados-membros exercerem a competência legislativa plena, suprindo o espaço normativo com suas legislações locais (CF, art. 24, § 3º). Ressaltou-se que a preocupação manifestada, quando do julgamento da medida cautelar, sobre a ausência de legislação federal protetiva encontrar-se-ia superada, haja vista a edição da Lei 10.098/2000, a estabelecer normas gerais e critérios básicos de promoção da acessibilidade de pessoas com deficiência. Registrou-se que, diante da superveniência dessa lei nacional, a norma mineira, embora constitucional, perderia força normativa, na atualidade, naquilo que contrastasse com a legislação geral de regência do tema (CF, art. 24, § 4º). ADI 903/MG, Rel. Min. Dias Toffoli, 22.5.2013. Pleno. (Info 707)

▸ *Alegação de inconstitucionalidade e "Zona Azul"*

A 2ª Turma deliberou afetar ao Plenário julgamento de recurso extraordinário em que se alega a inconstitucionalidade de lei municipal paulistana, de iniciativa de vereador, que autorizaria oficiais de justiça estacionar seus veículos em áreas denominadas "Zona Azul", sem pagamento das tarifas próprias. Destacou-se que o recurso poderia ser paradigmático, apesar de anterior à sistemática da repercussão geral, porque esses estacionamentos rotativos onerosos existiriam em muitas localidades brasileiras. RE 239458/SP, Rel. Min. Cármen Lúcia, 18.12.2012. 2ª T. (Info 693)

▸ *ADI: cancelamento de multas e competência*

O Plenário, por maioria, julgou procedente pleito formulado em ação direta proposta, pelo Procurador-Geral da República, contra a Lei fluminense 3.279/99, que dispõe sobre o cancelamento de multas de trânsito. Concluiu-se pela afronta à regra de competência privativa da União para legislar sobre a matéria (CF, art. 22, XI). ADI 2137/RJ, Rel. Min. Dias Toffoli, 11.4.2013. Pleno. (Info 701)

▸ *ADI e competência para parcelar multa de trânsito*

O Plenário, por maioria, julgou procedente pleito formulado em ação direta contra o art. 29 da Lei 6.555/2004, do Estado de Alagoas, na parte em que autoriza o parcelamento de débitos oriundos de multas de trânsito, inclusive os inscritos em dívidas ativas. Reputou-se que, na esteira da jurisprudência da Corte, a norma questionada estaria em conflito com o art. 22, XI, da CF, segundo o qual competiria privativamente à União legislar sobre trânsito e transporte. Vencido, em parte, o Min. Marco Aurélio, que julgava procedente o pedido em menor extensão. Admitia o parcelamento por entender tratar-se de receita do estado-membro. Sublinhava, no entanto, que o legislador alagoano teria adentrado no campo do direito processual, ao prever, no § 4º do art. 29 da norma impugnada, que "o pleito de parcelamento do débito implica, em si, a desistência, a renúncia a processo, a pretensão já submetida ao Judiciário". Assentava, assim, a inconstitucionalidade do aludido preceito. ADI 4734/AL, Rel. Min. Rosa Weber, 16.5.2013. Pleno. (Info 706)

▸ *ADI: parcelamento de multas e competência*

O Plenário, por maioria, julgou procedente pedido formulado em ação direta ajuizada, pelo Procurador-Geral da República, contra a Lei 8.027/2003, que autorizou o parcelamento de multa vencida, resultante de infração de trânsito, e sua norma regulamentadora, Decreto 3.404/2004, ambos do Estado de Mato Grosso. Neste, autorizou-se que a penalidade de multa vencida, resultante de infração, pudesse ser dividida. Rejeitou-se preliminar de não conhecimento do Decreto 3.404/2004, porquanto se trataria de norma regulamentadora da lei questionada. No mérito, ante a usurpação de competência legislativa privativa da União, declarou-se a inconstitucionalidade da Lei 8.027/2003 e, por arrastamento, do referido decreto. ADI 3708/MT, Rel. Min. Dias Toffoli, 11.4.2013. Pleno. (Info 701)

▸ *ADI: segurança no trânsito e competência*

O Plenário julgou procedente pleito formulado em ação direta de inconstitucionalidade proposta, pelo Procurador-Geral da República, contra a Lei 10.521/95, do Estado do Rio Grande do Sul, que estabelece a obrigatoriedade do uso de cinto de segurança nas vias urbanas daquele estado, bem como proíbe aos menores de dez anos viajar nos bancos dianteiros de veículos que menciona. Asseverou-se haver inconstitucionalidade formal por ofensa ao art. 22, XI, da CF, que dispõe sobre a competência privativa da União para legislar sobre trânsito e transporte. ADI 2960/RS, Rel. Min. Dias Toffoli, 11.4.2013. Pleno. (Info 701)

▸ *ADI: uso de veículos apreendidos e competência*

O Plenário julgou procedente pedido formulado em ação direta, para declarar a inconstitucionalidade da Lei 8.493/2004, do Estado do Rio Grande do Norte. A norma questionada determina o uso de carros particulares apreendidos e que se encontram nos pátios das delegacias e no Departamento Estadual de Trânsito – Detran, notificados há mais de noventa dias, em serviços de inteligência e operações especiais, a critério da Secretaria de Defesa Social. Aduziu-se que o estado-membro não poderia criar hipóteses semelhantes à requisição administrativa para incidência no período em que a destinação do veículo aguardaria definição. Observou-se que a legalidade da medida dependeria do exame no curso do processo legislativo da União. O Min. Luiz Fux enfatizou que a Constituição estabeleceria a competência privativa da União para legislar sobre trânsito e transporte (CF, art. 22, XI). Em acréscimo, assinalou a edição do Código de Trânsito Brasileiro – CTB, em que fixadas as consequências específicas para a apreensão de veículos particulares (CTB, art. 328). Assim, ao versar sobre sanções administrativas da infração, preveria expressa e pontualmente o destino dos veículos após o decurso do lapso de noventa dias. Reputou que a lei estadual, ao desconsiderar por completo a legislação federal, trataria do tema de forma inteiramente distinta, a tornar imperativo o emprego dos veículos mencionados em atividades da própria Administração Pública. A par disso, sublinhou ser evidente existir antinomia jurídica instaurada na espécie. De igual modo, se a apreensão estivesse fundada em ordem judicial, também configuraria inconstitucionalidade por usurpação da competência da União para legislar sobre direito processual. Consignou que a forma de alienação ou de emprego de bens tomados judicialmente seria questão a integrar o cerne de matéria processual, a orientar a própria atividade jurisdicional. A Min. Cármen Lúcia entendeu que a norma impugnada, inclusive, seria lacônica. ADI 3639/RN, Rel. Min. Joaquim Barbosa, 23.5.2013. Pleno. (Info 707)

▸ *ADI: uso de veículos apreendidos e competência*

O Plenário iniciou exame de ação direta de inconstitucionalidade ajuizada, pelo Procurador-Geral da República, contra as Leis 5.717/98 e 6.931/2001, ambas do Estado do Espírito Santo, que autorizava a utilização, pela polícia militar ou pela polícia civil estadual, de veículos apreendidos e não identificados quanto à procedência e à propriedade, exclusivamente no trabalho de repressão penal. O Min. Dias Toffoli, relator, julgou procedente o pedido formulado, no que foi acompanhado pelos Ministros Ricardo Lewandowski, Rosa Weber e Luiz Fux. Destacou que a Constituição, na parte em que fixaria a competência legislativa dos entes federados, teria outorgado à União, privativamente, a faculdade de editar normas sobre trânsito e transporte. Em divergência, a Min. Cármen Lúcia considerou o pleito improcedente, no que foi seguida pelos Ministros Marco Aurélio, Celso de Mello e Joaquim Barbosa, Presidente. Obtemperou não se tratar de matéria correlata a trânsito, mas concernente à administração. Recordou que norma do Código de Trânsito Brasileiro permitiria que veículos fossem levados a hasta pública, embora constituísse permissão que nem sempre ocorreria. O Min. Marco Aurélio aduziu que o ente federado não teria invadido a esfera de competência da União porque, ante a inexistência de lei geral, os Estados-membros exerceriam normatividade plena, nos termos previstos na Constituição. Para o Min. Celso de Mello, a matéria em causa não envolveria trânsito e transporte, mas, sim, típica norma de caráter administrativo, integrada no âmbito de autonomia do próprio Estado-membro. Após, o julgamento foi suspenso para colher-se os votos dos demais Ministros. ADI 3327/ES, Rel. Min. Dias Toffoli, 11.4.2013. Pleno. (Info 701)

▸ *ADI: uso de veículos apreendidos e competência – 2*

O Plenário retomou julgamento de ação direta de inconstitucionalidade ajuizada contra as Leis 5.717/98 e 6.931/2001, ambas do Estado do Espírito Santo, que autorizam a utilização, pela polícia militar ou pela polícia civil estadual, de veículos apreendidos e não identificados quanto à procedência e à propriedade, exclusivamente no trabalho de repressão penal. Nesta assentada, os Ministros Teori Zavascki e Gilmar Mendes, ao acompanharem a divergência iniciada pela Min. Cármen Lúcia, consideraram o pleito improcedente. O Min. Teori Zavascki asseverou que os diplomas não tratariam de trânsito. O Min. Gilmar Mendes salientou que as leis cuidariam apenas da destinação dos bens apreendidos, o que configuraria disciplina meramente administrativa, de competência do estado-membro. O Min. Marco Aurélio, por sua vez, reajustou o voto anteriormente proferido, para julgar o pedido procedente. Asseverou que a competência normativa do tema estaria restrita à União, por versar disciplina do Código de Trânsito Brasileiro. Após, verificado empate na votação, deliberou-se suspender o julgamento para aguardar-se o voto do 11º membro da Corte. ADI 3327/ES, Rel. Min. Dias Toffoli, 16.5.2013. Pleno. (Info 706)

▸ *Comercialização de produtos em recipientes reutilizáveis e competência*

O Plenário julgou improcedente pedido formulado em ação direta ajuizada contra a Lei 3.874/2002, do Estado do Rio de Janeiro, que dispõe sobre a comercialização de produtos por meio de vasilhames, recipientes ou embalagens reutilizáveis. Afastou-se alegação de inconstitucionalidade formal da norma, por suposto vício de competência legislativa, pois esta seria concorrente dos estados-membros, do Distrito Federal e da União, no tocante à defesa do consumidor. Frisou-se que o diploma não disciplinaria matéria de direito de marcas e patentes ou relacionada à propriedade intelectual. Lembrou-se que a Corte apreciara lei de redação idêntica em outra oportunidade (ADI 2359) e também julgara improcedente aquele pleito, haja vista o disposto no art. 24, V e VIII, da CF. ADI 2818/RJ, Rel. Min. Dias Toffoli, 9.5.2013. Pleno. (Info 705)

▸ *Destinação de armas de fogo apreendidas e competência*

O estado-membro não tem competência para legislar sobre uso de armas de fogo apreendidas. Com base nessa orientação, o Plenário julgou procedente pedido formulado em ação direta, para declarar a inconstitucionalidade da Lei 11.060/2002, do Estado de São Paulo. A norma impugnada dispõe sobre o uso, pelas polícias civil e militar da referida entidade federativa, das armas de fogo apreendidas. De início, ressaltou-se que a existência de regulamentação federal sobre a matéria (Estatuto do Desarmamento) não impediria a análise em abstrato do diploma atacado com base exclusivamente no texto constitucional. Aduziu-se, na sequência, que a lei paulista possuiria peculiaridade, porquanto teria previsto que a transferência das armas de fogo ocorreria nos termos da legislação federal em vigor. Destacou-se que, ao assim proceder, a norma em tela incorporaria ao ordenamento jurídico estadual regras de competência privativa da União, a quem caberia legislar sobre comércio de material bélico e direito processual penal. Asseverou-se que o estado-membro não possuiria qualquer relação com o tema, de maneira que não lhe seria permitido utilizar-se da técnica de remissão à lei federal, distinto do que aconteceria se envolvida matéria de competência comum. O Min. Marco Aurélio consignou a impropriedade da manifestação do Advogado-Geral da União na defesa do ato questionado. ADI 3193/SP, Rel. Min. Marco Aurélio, 9.5.2013. Pleno. (Info 705)

▸ *Sistema monetário e lei estadual*

À luz do entendimento esposado no julgamento do RE 561836/RN, apreciado nesta assentada, o Plenário julgou prejudicada, por perda superveniente de objeto, arguição de descumprimento de preceito fundamental em que discutida a competência para disciplinar a matéria referente à conversão de padrão monetário, tendo em vista a existência da Lei federal 8.880/94 e da Lei 6.612/94, do Estado do Rio Grande do Norte. Reputou-se que a lei potiguar teria sido declarada, "incidenter tantum", inconstitucional no julgamento supracitado, por tratar de tema cuja competência seria exclusiva da União. ADPF 174/RN, Rel. Min. Luiz Fux, 26.9.2013. Pleno. (Info 721)

▸ *Telecomunicações e competência legislativa – 1*

Por vislumbrar aparente usurpação da competência privativa da União para legislar sobre telecomunicações (CF: Art. 21: XI), o Plenário deferiu pedido de medida cautelar em ação direta de inconstitucionalidade, proposta pela Associação das Operadoras de Celulares – Acel, a fim de suspender a eficácia da Lei 4.084/2011, do Estado de Mato Grosso do Sul. A norma impugnada versa sobre a validade de créditos alusivos à telefonia móvel. O Min. Gilmar Mendes aventou a possibilidade de converter-se a liminar em exame de mérito, principalmente, nas hipóteses a envolver competência legislativa e matérias já pacificadas na Corte. Destacou-se que, na espécie, isso não seria possível, porquanto ausentes, nos autos, as manifestações do Procurador-Geral da República e do Advogado-Geral da União. ADI 4715 MC/DF, Rel. Min. Marco Aurélio, 7.2.2013. Pleno. (Info 694)

▸ *Telecomunicações e competência legislativa – 2*

Com base no fundamento acima expendido, o Plenário deferiu medida cautelar em ação direta de inconstitucionalidade, ajuizada pela Associação Brasileira de Concessionárias de Serviço Telefônico Fixo Comutado – Abrafix, para suspender a eficácia da Lei 14.150/2012, do Estado do Rio Grande do Sul. A norma questionada veda a cobrança de assinatura básica pelas concessionárias de telefonias fixa e móvel naquela unidade federativa. O Min. Ricardo Lewandowski, relator, salientou que o processo não estaria aparelhado para que houvesse pronunciamento sobre o mérito da ação. ADI 4907 MC/RS, Rel. Min. Ricardo Lewandowski, 7.2.2013. Pleno. (Info 694)

▸ *Telecomunicações e competência legislativa – 3*

Na mesma linha acima referida, o Plenário deferiu pedido de medida cautelar em ação direta de inconstitucionalidade, ajuizada pela Associação Brasileira das Prestadoras de Serviços de Telecomunicações Competitivas – Telecomp, para suspender a eficácia da vigência dos arts. 1º a 4º da Lei 2.659/2011, do Estado de Rondônia. O ato normativo obriga empresa concessionária de serviços de telefonia celular a fornecer, mediante solicitação, informações sobre a localização de aparelhos de clientes à polícia judiciária estadual, ressalvado o sigilo do conteúdo das ligações telefônicas. O Min. Teori Zavascki acompanhou a conclusão, porém, por fundamento diverso. Entreviu não se tratar de lei a disciplinar telecomunicações, mas sim produção de prova em inquérito policial. Ressaltou que, como a causa de pedir em ação direta seria aberta, nada impediria a concessão da cautelar por ofensa ao art. 22, I, da CF, que trataria de matéria penal e processual penal. ADI 4739 MC/DF, Rel. Min. Marco Aurélio, 7.2.2013. Pleno. (Info 694)

▸ *Fila de banco. Competência. AgRg no AI 568.674-RJ. Rel. Min. Marco Aurélio*

Competência legislativa. Fila de banco. Tempo de espera. Interesse local – precedente. De acordo com o entendimento consolidado no Supremo, compete aos municípios legislar sobre o período máximo ao qual os clientes de instituições bancárias podem ser submetidos, no aguardo de atendimento. (Info 697)

▸ *ADI e criação de município*

O Plenário concedeu medida cautelar em ação direta de inconstitucionalidade, para suspender a eficácia da Lei 2.264/2010, do Estado de Rondônia, por vislumbrar aparente ofensa ao art. 18, § 4º, da CF, que estabelece a previsão da forma mediante a qual poderá haver a criação de novos municípios no Brasil. A norma impugnada criara a municipalidade de Extrema de Rondônia, a partir de desmembramento de área territorial de Porto Velho, fixara os seus limites, bem como informara os distritos que integrariam a municipalidade criada. Ponderou-se que, até a presente data, não fora editada a lei complementar a que aludiria o art. 18, § 4º, da CF. Destacou-se a pacífica jurisprudência da Corte quanto ao procedimento constitucionalmente previsto para a criação de municípios, que não fora observado na espécie. ADI 4992 MC/RO, Rel. Min. Gilmar Mendes, 26.6.2013. Pleno. (Info 712)

▸ *Fornecimento de água e obrigatoriedade – 3*

Em conclusão, o Plenário, por maioria, julgou procedente pedido formulado em ação direta, ajuizada pelo Governador do Estado de Santa Catarina, para declarar a inconstitucionalidade da Lei estadual 11.560/2000, que torna obrigatório o fornecimento de água potável pela Companhia Catarinense de Águas e Saneamento – Casan, com caminhão-pipa, sempre que houver interrupção no fornecimento normal. A norma adversada prevê, também, o cancelamento automático da cobrança da conta referente ao mês em que ocorrido o não fornecimento, ainda que eventual. Na espécie, salientou-se que haveria duas questões essenciais a serem enfrentadas: a) se a distribuição de água constituiria ou não serviço de natureza local, de competência dos municípios; e b) se no regime de concessão, o estabelecimento de normas quanto ao serviço concedido constituiria atribuição privativa do poder concedente ou se a matéria poderia ser disciplinada por lei estadual, uma vez que o Estado de Santa Catarina deteria o controle do capital social da prestadora do serviço. Asseverou-se que a competência para legislar sobre assuntos locais que a Constituição atribuiria aos municípios (art. 30, I) incluiria a distribuição de água potável. Destacou-se que, em face da ideia da preponderância do interesse, a realização de determinada tarefa haveria de ser atribuída ao ente federativo capaz de atender, de modo mais efetivo, ao interesse comum, consentâneo com o princípio da subsidiariedade, a reger as relações entre os entes da Federação. Aduziu-se que o Estado de Santa Catarina não poderia substituir-se aos municípios que contrataram com a Casan. Sequer poderia determinar àquela companhia, ainda que mediante lei estadual, o fornecimento de água em caminhões-pipa. Afirmou-se que o ente federativo tampouco poderia instituir isenção tarifária a favor dos usuários. O modo e a forma de prestação dos serviços configurariam normas de caráter regulamentar, cuja elaboração seria de competência exclusiva do poder concedente, ao passo que a remuneração destes estaria condicionada ao equilíbrio econômico-financeiro das concessões. ADI 2340/SC, Rel. Min. Ricardo Lewandowski, 6.3.2013. Pleno. (Info 697)

▸ *Fornecimento de água e obrigatoriedade – 4*

O Min. Gilmar Mendes apontou que a essência da autonomia municipal abrangeria primordialmente autoadministração, a significar a capacidade decisória quanto aos interesses locais sem delegação ou aprovação hierárquica, e autogoverno. Frisou que, no caso, não se cuidaria de regiões metropolitanas, mas de lei estadual a disciplinar o fornecimento de água para todos os municípios catarinenses. Mencionou ser notório que poucos municípios teriam condições de atender, por si sós, à função pública de saneamento básico. Dessa forma, esta extrapolaria o interesse local e passaria a ter natureza de interesse comum, apta a ser tratada não só pela legislação municipal. Pontuou que, embora a lei impugnada tivesse o intuito de proteger o usuário do serviço, adentraria a competência dos municípios, em patente inconstitucionalidade formal. O Min. Celso de Mello enfatizou que, conquanto tivesse indeferido a medida cautelar, posteriormente, após maior reflexão, adotara, em questão análoga, posição que lhe pareceria mais compatível com o sistema de repartição material de competências legislativas em âmbito do Estado Federal. Por conseguinte, julgou procedente o pleito, a despeito do extremo valor da água como bem comum, que deveria ser acessível a todos. ADI 2340/SC, Rel. Min. Ricardo Lewandowski, 6.3.2013. Pleno. (Info 697)

▸ *Serviços de água e saneamento básico – 4*

Por vislumbrar aparente ofensa ao princípio da autonomia dos municípios, o Plenário, em conclusão de julgamento, concedeu parcialmente medida cautelar em ação direta de inconstitucionalidade, proposta pelo Partido dos Trabalhadores – PT, para suspender a eficácia dos artigos 59, V, e 228, caput, da Constituição do Estado da Bahia, com a redação dada pela EC 7/99. ADI 2077 MC/BA, red. p/ ac. Min. Joaquim Barbosa, 6.3.2013. Pleno. (Info 697)

▸ *Estado-membro: criação de região metropolitana – 7*

O Plenário retomou julgamento de ação direta de inconstitucionalidade ajuizada pelo Partido Democrático Trabalhista – PDT contra dispositivos da LC 87/97, do Estado do Rio de Janeiro – que "dispõe sobre a Região Metropolitana do Rio de Janeiro, sua composição, organização e gestão, e sobre a Microrregião dos Lagos, define as funções públicas e serviços de interesse comum e dá outras providências" –, e os artigos 8º a 21 da Lei 2.869/97, do mesmo Estado-membro, a qual trata do regime de prestação do serviço público de transporte ferroviário e metroviário de passageiros e do serviço público de saneamento básico na mencionada unidade da Federação, e dá outras providências. Rejeitou-se, por maioria, preliminar de insuficiência de quórum para prosseguimento do feito. Registrou-se que 2 Ministros não mais comporiam a Corte já teriam proferido voto, que não mais poderia ser modificado. Por essa razão, a presença deles em Plenário não seria necessária para fins de quórum. ADI 1842/RJ, red. p/ ac. Min. Gilmar Mendes, 28.2.2013. Pleno. (Info 696)

▸ *Estado-membro: criação de região metropolitana – 8*

Afastada preliminar de inépcia da inicial, no mérito, por maioria, julgou-se parcialmente procedente o pleito, para declarar a inconstitucionalidade: a) da expressão "a ser submetida à Assembleia Legislativa", constante do inciso I do art. 5º; b) do § 2º do art. 4º; c) do parágrafo único do art. 5º; d) dos incisos I, II, IV e V do art. 6º; e) do art. 7º; f) do art. 10; e g) do § 2º do art. 11, todos da LC 87/97. De igual modo, declarou-se a inconstitucionalidade dos arts. 11 a 21 da Lei 2.869/97. Ademais, julgou-se prejudicado o pedido quanto ao: a) Decreto 24.631/98, do Estado do Rio de Janeiro; b) art. 1º, caput e § 1º; c) art. 2º, caput; d) art. 4º, caput e incisos I a VII; e e) art. 11, caput e incisos I a VI, todos da LC 87/97, porquanto esses dispositivos teriam sido alterados de forma superveniente pelas Leis Complementares 89/98, 97/2001 e 105/2002, bem como pelo Decreto 24.804/98, diplomas do Estado do Rio de Janeiro. O Min. Joaquim Barbosa, Presidente, salientou que o art. 25, § 3º, da CF imporia a conclusão de que não deveria haver conflito entre o estabelecimento de regiões metropolitanas e a autonomia municipal. Entendeu que os dispositivos impugnados violariam esta última, por alijar os municípios do processo decisório quanto à concessão e permissão de serviços de interesse comum dos entes integrantes da região metropolitana, bem como da organização, do planejamento e da execução desses serviços, ao transferir exclusivamente ao Estado-membro essas competências. Nesta assentada, reajustou seu voto anteriormente proferido para acompanhar a maioria quanto à inconstitucionalidade do § 2º do art. 4º e do § 2º do art. 11, ambos da LC 87/97. ADI 1842/RJ, red. p/ ac. Min. Gilmar Mendes, 28.2.2013. Pleno. (Info 696)

▸ *Estado-membro: criação de região metropolitana – 9*

Por sua vez, o Min. Gilmar Mendes entendeu que o serviço de saneamento básico, no âmbito de regiões metropolitanas, microrregiões e aglomerados urbanos, constituiria interesse coletivo que não poderia estar subordinado à direção de único ente, mas deveria ser planejado e executado de acordo com decisões colegiadas em que participassem tanto os municípios compreendidos como o Estado federado. Frisou que, nesses casos, o poder concedente do serviço de saneamento básico nem permaneceria fracionado entre os municípios, nem seria transferido para o Estado-membro, mas deveria ser dirigido por estrutura colegiada, instituída por meio da lei complementar estadual que criaria o agrupamento de comunidades locais, em que a vontade de um único ente não fosse imposta a todos os demais participantes. Assim, esta estrutura deveria regular o serviço de saneamento básico de forma a dar viabilidade técnica e econômica ao adequado atendimento do interesse coletivo. Ressaltou que a mencionada estrutura colegiada poderia ser implementada tanto por acordo, mediante convênios, quanto de forma vinculada, na instituição dos agrupamentos de municípios, e a instituição de agências reguladoras poderia se provar como forma eficiente de estabelecer padrão técnico na prestação e concessão coletivas do serviço e saneamento básico. ADI 1842/RJ, red. p/ ac. Min. Gilmar Mendes, 28.2.2013. Pleno. (Info 696)

▸ *Estado-membro: criação de região metropolitana – 10*

O Min. Ricardo Lewandowski, em voto-vista, ao acompanhar a maioria, corroborou que, para a efetivação dos valores constitucionais em jogo, bastaria que nenhum dos integrantes do ente regional fosse excluído dos processos decisórios que ocorressem, ou pudesse, sozinho, definir os rumos de gestão. Destacou, ainda, a necessidade de participação popular no planejamento regional. Sublinhou a democracia participativa como um dos valores mais caros da CF/88. Reputou contraditório que a Constituição houvesse garantido, às associações representativas de munícipes, a faculdade de intervir no planejamento local (CF, art. 29, XII), para retirar-lhes esse direito, caso as comunas viessem a integrar ente regional (CF, art. 25, § 3º). O Min. Teori Zavascki frisou que a definição sobre o sistema constitucionalmente mais adequado para gestão das regiões metropolitanas – matéria reservada à discrição política do legislador estadual, que deveria considerar as particularidades próprias de cada agrupamento de municípios – não poderia se constituir em pura e simples transferência de competências municipais para o âmbito do estado-membro. A Min. Rosa Weber registrou a necessidade de participação do estado-membro e dos municípios envolvidos, não necessariamente em paridade. ADI 1842/RJ, red. p/ ac. Min. Gilmar Mendes, 28.2.2013. Pleno. (Info 696)

▸ *Estado-membro: criação de região metropolitana – 11*

Vencidos os Ministros Maurício Corrêa, relator, e Marco Aurélio, em menor extensão. O relator julgava o pedido improcedente. Salientava posicionamento da Corte no sentido de que a instituição de regiões metropolitanas, aglomerações urbanas e microrregiões dependeria apenas de lei complementar estadual (ADI 1841/RJ, DJU de 20.9.2002). Considerava legítima a reunião de municípios territorialmente próximos pelo estado-membro, a prestigiar a concretização do pacto federativo e dos princípios da eficiência e da economicidade. Ressaltava caber àquele ente federado a responsabilidade pela adequada prestação dos serviços metropolitanos. O Min. Marco Aurélio, por sua vez, julgava parcialmente procedente o pleito, para declarar a inconstitucionalidade das expressões "condicionada sua execução à ratificação pelo Governador do Estado" e "a ser submetido à Assembléia Legislativa", contidas, respectivámente, no § 2º do art. 4º e no inciso I do art. 5º, ambos da LC 87/97. Anotava que o poder de veto atribuído ao Governador e à Assembleia Legislativa pela LC 87/97 criara inequívoco desequilíbrio federativo. Concluía que a lei complementar contestada não implicara subtrair dos municípios que comporiam a Região Metropolitana e a Microrregião dos Lagos a gestão plena sobre os serviços atrelados ao saneamento localmente prestados. Ao contrário, reconhecera-os como detentores de legítimos interesses no modo como seriam executados pelo estado-membro ou por delegação deste. Ao fazê-lo, todavia, o Estado do Rio de Janeiro não estaria autorizado a criar modelo que lhe possibilitasse assumir o controle dos serviços comuns de modo unilateral. Tanto a literalidade quanto a teleologia do art. 25, § 3º, da CF indicariam que a região metropolitana, as microrregiões e as aglomerações urbanas seriam um esforço cooperativo. ADI 1842/RJ, red. p/ ac. Min. Gilmar Mendes, 28.2.2013. Pleno. (Info 696)

▸ ***Estado-membro: criação de região metropolitana - 12***

Em seguida, passou-se à deliberação quanto à proposta formulada pelo Min. Gilmar Mendes, em sessão anterior, no sentido de que fossem modulados os efeitos da declaração para que só tivesse eficácia a partir de 24 meses após a conclusão do presente julgamento. Reputara razoável esse lapso de tempo, dentro do qual poderia o legislador estadual reapreciar o tema, para constituir modelo de prestação de saneamento básico, nas áreas de integração metropolitana, dirigido por órgão colegiado, com participação dos municípios pertinentes e do próprio Estado do Rio de Janeiro. Após os votos dos Ministros Ricardo Lewandowski e Teori Zavascki, que acompanharam o suscitante, e o voto do Min. Marco Aurélio, que não aderia à proposta, por entender que particularidades do caso concreto deveriam ser solucionadas por instrumento próprio, pediu vista dos autos o Ministro Luiz Fux – para manifestar-se apenas quanto a esta questão, uma vez suceder o Relator, que já proferira voto quanto ao mérito. ADI 1842/RJ, red. p/ ac. Min. Gilmar Mendes, 28.2.2013. Pleno. (Info 696)

▸ ***Estado-membro: criação de região metropolitana - 13***

Em conclusão, o Plenário, por maioria, ao acolher proposta do Min. Gilmar Mendes, modulou os efeitos de decisão em ação direta, ajuizada pelo Partido Democrático Trabalhista – PDT, na qual declarada a inconstitucionalidade: a) da expressão "a ser submetida à Assembleia Legislativa", constante do inciso I do art. 5º; b) do § 2º do art. 4º; c) do parágrafo único do art. 5º; d) dos incisos I, II, IV e V do art. 6º; e) do art. 7º; f) do art. 10; e g) do § 2º do art. 11, todos da LC 87/97, do Estado do Rio de Janeiro. De igual modo, reconhecida a inconstitucionalidade dos arts. 11 a 21 da Lei 2.869/97, do mencionado estado-membro. Ademais, assentado o prejuízo do pedido quanto ao: a) Decreto 24.631/98, do Estado do Rio de Janeiro; b) art. 1º, caput e § 1º; c) art. 2º, caput; d) art. 4º, caput e incisos I a VII; e e) art. 11, caput e incisos I a VI, todos da LC 87/97. Estabeleceu-se que a declaração teria eficácia apenas 24 meses após a conclusão do julgamento. O Min. Luiz Fux assinalou que a súbita transferência da gestão dos serviços públicos prestados no âmbito fluminense, decorrente de imediata necessidade de adequação ao que decidido por esta Corte, poderia inviabilizar a continuidade dos serviços públicos prestados, bem como ocasionar incerteza jurídica e problemas substanciais aos usuários. ADI 1842/RJ, red. p/ ac. Min. Gilmar Mendes, 6.3.2013. Pleno. (Info 697)

ADMINISTRAÇÃO PÚBLICA

- **CF, artigos 37 a 42.**

✦ DICAS

1. **Constituição e a atuação administrativa:** de acordo com os ensinamentos de Gustavo Binenbojm (*Uma teoria do Direito Administrativo*: direitos fundamentais, democracia e constitucionalização. Rio de Janeiro: Renovar, 2006), as políticas públicas não estão mais restritas à interposição legislativa, pois "a reserva vertical de lei foi substituída por uma reserva vertical de Constituição. **A Constituição para passa a figurar como norma diretamente habilitadora da atuação administrativa**, havendo uma verdadeira 'osmose entre a Constituição e a lei'. Pode-se, assim, dizer, com Canotilho, que se abre caminho para 'uma legalidade sem lei'. [...] **a Constituição se presta (i) não só como norma direta e imediatamente habilitadora de competências administrativas, como também (ii) serve de critério imediato de decisão administrativa**". Assim, em apertada síntese, pode-se dizer que, na condução da máquina administrativa e das políticas públicas, o administrador não mais se submete à mera legalidade estrita, mas sim aos preceitos que emanam diretamente da Constituição Federal.

2. **Princípios da Administração Pública:** para memorizar os princípios da administração pública que constam do artigo 37, da CF, o amigo leitor pode valer-se da clássica expressa mnemônica **"LIMPE"**.

Princípios da Administração Pública	
L	egalidade
I	mpessoalidade
M	oralidade
P	ublicidade
E	ficiência
LIMPE	

3. O **conteúdo do Princípio da Legalidade** (art. 37, *caput*, da CF) **não exclui a possibilidade de atividade discricionária pela Administração Pública**, desde que observados os limites da lei, quando esta deixa alguma margem para a Administração agir conforme os critérios de conveniência e oportunidade. Isso porque, é ínsita à atividade administrativa a tomada de decisões políticas, que se referem às opções que o administrador pode escolher na administração dos bens e serviços públicos. Por exemplo: um administrador pode decidir entre a construção de uma escola ou hospital (valendo-se de critérios de conveniência e oportunidade), e ambas são opções políticas legítimas. Entretanto, para materializar a obra, ele deverá abrir procedimento licitatório, pois a Constituição Federal (art. 37, XXI) e a Lei 8.666/93 lhe impõem esse dever (limites da lei).

4. A Administração Pública pode ser **direta** (prestada pela própria pessoa política, União, Estado ou Município) ou **indireta** (descentralizada para outra pessoa jurídica, Autarquia, Fundação, Empresa Pública ou Sociedade de Economia Mista).

5. Somente por **lei específica** poderá ser criada autarquia e autorizada a instituição de empresa pública, de sociedade de economia mista e de fundação, cabendo à **lei complementar**, neste último caso (fundação), definir as áreas de sua atuação.

6. Depende de **autorização legislativa**, em cada caso, a criação de subsidiárias de empresa pública, assim como a participação de qualquer delas em empresa privada.

7. A **autonomia gerencial, orçamentária e financeira dos órgãos e entidades da administração direta e indireta poderá ser ampliada** mediante contrato, a ser firmado entre seus administradores e o poder público, que tenha por objeto a fixação de metas de desempenho para o órgão ou entidade, cabendo à lei dispor sobre prazo de duração do contrato, os controles e critérios de avaliação de desempenho, direitos, obrigações e responsabilidade dos dirigentes, bem como a remuneração do pessoal.

8. A **administração fazendária** e seus servidores fiscais terão, dentro de suas áreas de competência e jurisdição, **precedência sobre os demais setores administrativos**, na forma da lei (art. 37, XVIII, da CF).

9. A **publicidade dos atos, programas, obras, serviços e campanhas dos órgãos públicos** deverá ter **caráter educativo, informativo ou de orientação,** dela não podendo constar nomes, símbolos ou imagens que caracterizem promoção pessoal de autoridades ou servidores públicos.

- No ARE 652777, julgado em 2015 e relatado pelo Ministro Teori Zavascki, em que se reconheceu repercussão geral, **o STF entendeu ser legítima a publicação, inclusive em sítio eletrônico mantido pela Administração Pública, dos nomes dos seus servidores e do valor dos correspondentes vencimentos e vantagens pecuniárias.**

10. As obras, serviços, compras e alienações, ressalvados os casos especificados na legislação, serão contratados mediante processo de **licitação pública** que assegure igualdade de condições a todos os concorrentes, com cláusulas que estabeleçam obrigações de pagamento, mantidas as condições efetivas da proposta, nos termos da lei, o qual somente permitirá as exigências de qualificação técnica e econômica indispensáveis à garantia do cumprimento das obrigações.

11. **Concurso Público**

- Quanto a **concurso público e o princípio da igualdade**, segundo **entendimento do STF**, é possível: a) fixação limites etários máximos para a admissão de pessoal no serviço público em atenção à natureza das atribuições do cargo a ser preenchido; e b) estabelecimento de limites mínimos de altura para candidatos em concurso público.

CONCURSO PÚBLICO E O PRINCÍPIO DA IGUALDADE Segundo entendimento do STF é possível:
a) fixação **limites etários máximos** para a admissão de pessoal no serviço público em atenção à natureza das atribuições do cargo a ser preenchido (Súmula 683, do STF);
b) estabelecimento de **limites mínimos de altura** para candidatos em concurso público;

- Súmula 683, do STF: "O limite de idade para a inscrição em concurso público só se legitima em face do art. 7º, XXX, da Constituição, quando possa ser justificado pela natureza das atribuições do cargo a ser preenchido."
- Segundo a jurisprudência do STF: "Razoabilidade da exigência de altura mínima para ingresso na carreira de delegado de polícia, dada a natureza do cargo a ser exercido. Violação ao princípio da isonomia. Inexistência." (RE 140.889, Rel. p/ o ac. Min. Maurício Corrêa, julgamento em 30-5-2000, Segunda Turma, DJ de 15-12-2000.)
- No **RE 598.099**, julgado em 2011 e relatado pelo Ministro Gilmar Mendes, o STF assentou que: "Dentro do prazo de validade do concurso, **a administração poderá escolher o momento no qual se realizará a nomeação**, mas não poderá dispor sobre a própria nomeação, a qual, de acordo com o edital, passa a constituir um direito do concursando aprovado e, dessa forma, um dever imposto ao Poder Público. **Uma vez publicado o edital do concurso com número específico de vagas, o ato da administração que declara os candidatos aprovados no certame cria um dever de nomeação para a própria administração** e, portanto, um direito à nomeação titularizado pelo candidato aprovado dentro desse

número de vagas. (...) O dever de boa-fé da administração pública exige o respeito incondicional às regras do edital, inclusive quanto à previsão das vagas do concurso público". **Entretanto**, quando se afirma que a Administração Pública tem a obrigação de nomear os aprovados dentro do número de vagas previsto no edital, **deve-se levar em consideração a possibilidade de situações excepcionalíssimas que justifiquem soluções diferenciadas**, devidamente motivadas de acordo com o interesse público. Não se pode ignorar que determinadas situações excepcionais podem exigir a recusa da Administração Pública de nomear novos servidores. Para justificar o excepcionalíssimo não cumprimento do dever de nomeação por parte da Administração Pública, é necessário que a situação justificadora seja dotada das seguintes características: a) Superveniência: os eventuais fatos ensejadores de uma situação excepcional devem ser necessariamente posteriores à publicação do edital do certame público; b) Imprevisibilidade: a situação deve ser determinada por circunstâncias extraordinárias, imprevisíveis à época da publicação do edital; c) Gravidade: os acontecimentos extraordinários e imprevisíveis devem ser extremamente graves, implicando onerosidade excessiva, dificuldade ou mesmo impossibilidade de cumprimento efetivo das regras do edital; d) Necessidade: a solução drástica e excepcional de não cumprimento do dever de nomeação deve ser extremamente necessária, de forma que a Administração somente pode adotar tal medida quando absolutamente não existirem outros meios menos gravosos para lidar com a situação excepcional e imprevisível. De toda forma, a recusa de nomear candidato aprovado dentro do número de vagas deve ser devidamente motivada e, dessa forma, passível de controle pelo Poder Judiciário.

- A **Súmula 15 do STF** dispõe: "Dentro do prazo de validade do concurso, o candidato aprovado tem **direito à nomeação, quando o cargo for preenchido sem observância da classificação.**"
- "A **abertura de novo concurso**, no prazo de validade de concurso anterior, não gera direito de nomeação para os candidatos aprovados no primeiro, mas apenas **prioridade sobre os novos concursados.**" (STF. RMS 22.926, julgado em 1997 e relatado pelo Ministro Ilmar Galvão).
- A exigência constitucional de reserva de vagas para portadores de deficiência em concurso público **não pode** ser afastada se o percentual legalmente previsto for inferior a um, hipótese em que a fração deve ser arredondada, obedecendo a regra constitucional constante no art. 37, VIII, da CF.

12. Os cargos, empregos e funções públicas são acessíveis aos brasileiros que preencham os requisitos legais, **assim como aos estrangeiros**, na forma da lei (art. 37, I, da CF).

13. É **inconstitucional** toda modalidade de provimento que propicie ao servidor investir-se, sem prévia aprovação em concurso público destinado ao seu provimento, em cargo que não integra a carreira na qual anteriormente investido (Súmula Vinculante 43).

14. Adquire **estabilidade, após três anos de efetivo exercício**, o servidor nomeado para cargo de provimento efetivo em virtude de concurso público, consoante art. 41, *caput*, da CF.

15. Em 2007, no bojo dos Mandados de Injunção (MIs) 670, 708 e 712, o STF autorizou **a aplicação da lei de greve da iniciativa privada** (Lei 7.783/89) **para garantir o exercício grevista regular dos servidores públicos**.

- Vale notar, entretanto, que o STF vem entendendo pela **inadmissibilidade de exercício de greve por policiais**. "O direito constitucional de greve atribuído aos servidores públicos em geral não ampara indiscriminadamente todas as categorias e carreiras, mas antes excepciona casos como o de agentes armados e policiais cujas atividades não podem ser paralisadas, ainda que parcialmente, sem graves prejuízos para a segurança e a tranquilidade pública. (Ministro Gilmar Mendes, ao negar seguimento ao MI 774).

16. Tanto a vinculação quanto a equiparação de quaisquer espécies remuneratórias no serviço público **são vedadas** para o efeito de remuneração de pessoal das carreiras públicas (art. 37, XIII, da CF).

17. É **vedada a acumulação** remunerada de cargos ou empregos públicos, exceto, quando houver compatibilidade de horários, nos seguintes casos: a) a de dois cargos de professor; b) a de um cargo de professor com outro técnico ou científico; c) a de dois cargos ou empregos privativos de profissionais de saúde, com profissões regulamentadas.

ACUMULAÇÃO REMUNERADA DE CARGOS PÚBLICOS	
1. Regra →	Vedação/Impossibilidade
2. Exceções	a) dois cargos de professor b) um cargo de professor com outro técnico ou científico c) dois cargos ou empregos privativos de profissionais de saúde, com profissões regulamentadas

- **Cuidado! Não é possível** a acumulação nos seguintes casos:

  a) de cargo técnico com outro privativo de profissional da saúde;

  b) de mais de dois cargos ou empregos públicos (três ou mais).

  c) de dois cargos técnicos;

18. As **funções de confiança**, exercidas exclusivamente por servidores ocupantes de cargo efetivo, e os **cargos em comissão**, a serem preenchidos por servidores de carreira nos casos, condições e percentuais mínimos previstos em lei, **destinam-se apenas às atribuições de direção, chefia e assessoramento**.

19. **A nomeação de cargos de natureza política não está incluída nas proibições elencadas pela Súmula Vinculante 13, que veda a prática do nepotismo** em qualquer dos Poderes de todos os Entes Federados no Brasil, nos seguintes termos: "A nomeação de cônjuge, companheiro ou parente em linha reta, colateral ou por afinidade, até o terceiro grau, inclusive, da autoridade nomeante ou de servidor da mesma pessoa jurídica, investido em cargo de direção, chefia ou assessoramento, para o exercício de cargo em comissão ou de confiança, ou, ainda, de função gratificada na Administração Pública direta e indireta, em qualquer dos Poderes da União, dos Estados, do Distrito Federal e dos municípios, compreendido o ajuste mediante designações recíprocas, viola a Constituição Federal."

20. **Reintegração:** invalidação da pena de demissão aplicada a servidor público, com o retorno ao cargo, sem prejuízo da indenização. Se quem estiver em seu lugar for estável, será reconduzido ao cargo anteriormente ocupado, ou será afastado com vencimentos proporcionais, ou aproveitado em outro cargo (sem direito a indenização), mas se quem estava no lugar não era estável, será simplesmente exonerado.

21. A **exoneração** somente será a pedido ou por conveniência da administração, já a **demissão** é sempre a título de punição.

- O servidor público ocupante de cargo efetivo **não pode ser exonerado segundo livre critério da autoridade competente**, pois os casos de perda de cargo estão previstos no § 1º do art. 41 da CF (I – Em virtude de sentença judicial transitada em julgado; II – Mediante Processo Administrativo em que lhe seja assegurada ampla defes; III – Mediante Procedimento de Avaliação Periódica de Desempenho, na forma da lei complementar, assegurada ampla defeda).
- No caso da **falta de necessidade do cargo**, o servidor **ficará em disponibilidade**, com remuneração proporcional ao tempo de serviço, até o seu adequado aproveitamento em outro cargo.
- O servidor público ocupante de cargo efetivo **não pode ser exonerado *ad nutum***, com base em decreto que declara a desnecessidade do cargo (Súmula 21 do STF).

22. Os **vencimentos** referem-se ao vencimento básico somado às gratificações permanentes previstas em lei (art. 1º, da Lei 8.852/94), que se aplicam aos agentes administrativos submetidos a regime estatutário, os denominados servidores públicos.

23. Já o **subsídio**, na lição de Leandro Bortoleto "é o pagamento de uma única parcela, sem subdivisões [...] forma normalmente adotada para se remunerar os agentes políticos" (*Direito Administrativo*. Salvador: Juspodivm, 2012, p. 142).

24. Segundo Hely Lopes Meirelles "**vantagens pecuniárias** são acréscimos de estipêndio do servidor, concedidas a título definitivo ou transitório, pela decorrência do tempo de serviço (*ex facto temporis*), ou pelo desempenho de funções especiais (*ex facto officii*), ou em razão das condições anormais em que se realiza o serviço (*propter laborem*), ou, finalmente, em razão de condições pessoais do servidor (*propter personam*). As duas primeiras espécies constituem os adicionais (adicionais de vencimento e adicionais de função), as duas últimas formam a categoria das gratificações (gratificações de serviço e gratificações pessoais). (*Direito Administrativo Brasileiro*, 18 ed. São Paulo: Malheiros, 1993, p. 402). Portanto, pode-se dizer que **os vencimentos abrangem vantagens pecuniárias (gratificações)**

25. O membro de Poder, o detentor de mandato eletivo, os Ministros de Estado e os Secretários Estaduais e Municipais serão remunerados exclusivamente por **subsídio fixado em parcela única** (e não em quatro parcelas, trimestrais), vedado o acréscimo de qualquer gratificação, adicional, abono, prêmio, verba de representação ou outra espécie remuneratória.

26. É vedada a **vinculação ou equiparação de quaisquer espécies remuneratórias** para o efeito de remuneração de pessoal do serviço público.

27. Os **acréscimos pecuniários percebidos por servidor público** não serão computados e acumulados para fins de concessão de acréscimos ulteriores.

28. A fixação dos **padrões de vencimento e dos demais componentes do sistema remuneratório** observará a natureza, o grau de responsabilidade e a complexidade dos cargos componentes de cada carreira; os requisitos para a investidura; e as peculiaridades dos cargos.

29. A Lei da União, dos Estados, do Distrito Federal e dos Municípios disciplinará a aplicação de recursos orçamentários provenientes da economia com despesas correntes em cada órgão, autarquia e fundação, para aplicação no desenvolvimento de programas de qualidade e produtividade, treinamento e desenvolvimento, modernização, reaparelhamento e racionalização do serviço público, **inclusive** sob a forma de adicional ou prêmio de produtividade (art. 39, § 7º, da CF).

30. A remuneração dos servidores públicos deve ser fixada por lei específica, assegurada a revisão geral anual, **sempre na mesma data e sem distinção de índices**, e não depois de decorrido o prazo mínimo de um ano do último reajuste concedido à categoria.

31. A **fixação de vencimentos dos servidores** públicos não pode ser objeto de **convenção coletiva** (Súmula 679 do STF).

32. O **teto salarial do funcionalismo público**, previsto no texto constitucional e cujo parâmetro é o subsídio dos ministros do STF, **aplica-se** aos servidores da administração direta, autárquica e fundacional, e

também, aos empregados das empresas públicas e sociedades de economia mista, e suas subsidiárias, que receberem recursos da União, dos Estados, do DF ou dos Municípios para pagamento de despesas de pessoal ou de custeio em geral (art. 37, § 9º, da CF).

33. A União, os Estados e o Distrito Federal manterão escolas de governo para a formação e o aperfeiçoamento dos servidores públicos, constituindo-se a participação nos cursos um dos requisitos para a promoção na carreira, **facultada** (e não sendo obrigatória), para isso, a celebração de convênios ou contratos entre os entes federados, que deverão promovê-los anualmente.

- **Súmula Vinculante 37**: "Não cabe ao Poder Judiciário, que não tem função legislativa, aumentar vencimentos de servidores públicos sob fundamento de isonomia".

34. Aos servidores titulares de cargos efetivos da União, dos Estados, do Distrito Federal e dos Municípios, **incluídas** suas autarquias e fundações, é assegurado **regime de previdência de caráter contributivo e solidário**, mediante contribuição do respectivo ente público, dos servidores ativos e inativos e dos pensionistas, observados critérios que preservem o equilíbrio financeiro e atuarial.

35. Os servidores abrangidos pelo regime de previdência **serão aposentados**: I – por invalidez permanente, sendo os proventos proporcionais ao tempo de contribuição, exceto se decorrente de acidente em serviço, moléstia profissional ou doença grave, contagiosa ou incurável, na forma da lei; II – compulsoriamente, aos setenta anos de idade, com proventos proporcionais ao tempo de contribuição; III – voluntariamente, desde que cumprido tempo mínimo de dez anos de efetivo exercício no serviço público e cinco anos no cargo efetivo em que se dará a aposentadoria, observadas as seguintes condições: a) sessenta anos de idade e trinta e cinco de contribuição, se homem, e cinqüenta e cinco anos de idade e trinta de contribuição, se mulher; b) sessenta e cinco anos de idade, se homem, e sessenta anos de idade, se mulher, com proventos proporcionais ao tempo de contribuição.

36. Os **proventos de aposentadoria** e as pensões, por ocasião de sua concessão, **não** poderão exceder a remuneração do respectivo servidor, no cargo efetivo em que se deu a aposentadoria ou que serviu de referência para a concessão da pensão.

37. Os proventos **nunca poderão ser excedentes ao subsídio mensal, em espécie, dos Ministros do Supremo Tribunal Federal**, o que não abrange as parcelas de caráter indenizatório previstas em lei.

REGRAS CONSTITUCIONAIS PARA APOSENTADORIA DO SERVIDOR				
Modalidade	**Sexo**	**Requisito**	**Aposentadoria**	**Limite/Teto**
I. Por Invalidez Permanente	Homem ou Mulher	Invalidez Permanente	Com proventos proporcionais ao tempo de contribuição, exceto se decorrente de acidente em serviço, moléstia profissional ou doença grave, contagiosa ou incurável.	Proventos nunca excedentes ao subsídio mensal, em espécie, dos Ministros do Supremo Tribunal Federal
II. Compulsoriamente	Homem ou Mulher	70 ou 75 anos de idade, na forma de lei complementar	Com proventos proporcionais ao tempo de contribuição.	
III. Voluntariamente	1. Homem	a) 60 anos de idade + 35 anos de contribuição	Com proventos integrais, nunca excedentes à remuneração do servidor em atividade	
		OU		
		a) 65 anos de idade	Com proventos proporcionais ao tempo de contribuição	
	2. Mulher	a) 55 anos de idade + 30 anos de contribuição	Com proventos integrais, nunca excedentes à remuneração do servidor em atividade	
		OU		
		b) 60 anos de idade	Com proventos proporcionais ao tempo de contribuição	
	E			
	3. Homem e Mulher	Tempo mínimo de dez anos de efetivo exercício no serviço público e cinco anos no cargo efetivo em que se dará a aposentadoria		

38. É **vedada a existência de mais de um regime próprio de previdência social para os servidores titulares de cargos efetivos.**

39. Notários e registradores: "O art. 40, § 1º, II, da CB, na redação que lhe foi conferida pela EC 20/1998, está restrito aos cargos efetivos da União, dos Estados-membros, do Distrito Federal e dos Municípios – incluídas as autarquias e fundações. Os serviços de registros públicos, cartorários e notariais são exercidos em caráter privado por delegação do Poder Público – serviço público não privativo. **Os notários e os registradores exercem atividade estatal, entretanto não são titulares de cargo público efetivo, tampouco ocupam cargo público. Não são servidores públicos, não lhes alcançando a compulsoriedade imposta pelo mencionado art. 40 da CF/1988 – aposentadoria compulsória aos setenta anos de idade."** (ADI 2.602, julgada em 2005 e relatada para o acórdão pelo Ministro Eros Grau).

40. As pessoas jurídicas de direito público e as de direito privado prestadoras de serviços públicos **responderão pelos danos que seus agentes, nessa qualidade, causarem a terceiros**, assegurado o direito de regresso contra o responsável nos casos de dolo ou culpa.

41. Segundo o STF, "A **responsabilidade civil das pessoas jurídicas de direito privado prestadoras de serviço público é objetiva relativamente a terceiros usuários, e não usuários do serviço**, segundo decorre do art. 37, § 6º, da CF. A inequívoca presença do nexo de causalidade entre o ato administrativo e o dano causado ao terceiro não usuário do serviço público é condição suficiente para estabelecer a responsabilidade objetiva da pessoa jurídica de direito privado." (RE 591.874, julgado em 2009 e relatado pelo Ministro Ricardo Lewandowski).

42. A lei disporá sobre os requisitos e as restrições ao ocupante de cargo ou emprego da administração direta e indireta que possibilite o acesso a informações privilegiadas.

43. A Administração pode anular seus próprios atos, quando eivados de vícios que os tornem ilegais, porque deles não se originam direitos, ou revogá-los, por motivo de conveniência ou oportunidade, mas **não pode** fazer revisão de direitos adquiridos, consoante súmula 473 do STF.

44. Os atos de improbidade administrativa importarão a **suspensão** de direitos políticos, a perda da função pública, a indisponibilidade de bens e o ressarcimento ao erário, na forma e gradação previstas em lei, **sem prejuízo da ação penal cabível**.

- **Súmulas**
- **Súmula Vinculante 21:** É inconstitucional a exigência de depósito ou arrolamento prévios de dinheiro ou bens para a admissibilidade de recurso administrativo.

SEPARAÇÃO DOS PODERES

- **CF, artigos 44 a 126 da CF.**

✦ DICAS

1. **Separação dos Poderes**: são **independentes e harmônicos entre si**, o Executivo, o Legislativo e o Judiciário, que se fiscalizam, uns aos outros, em mecanismo de freios e contrapesos, eliminando-se os excesso e desvios.

- Piero Calamandrei ensina que o **critério orgânico** explica o exercício da função estatal a partir do órgão responsável por seu exercício. Sendo assim, a função jurisdicional (jurisdição) é aquela exercida fundamentalmente pelo Poder Judiciário. Ao seu lugar, a função de administrar ou executar pertence ao Poder Executivo. Por fim, a função de legislar é a desempenhada pelo Poder Legislativo. (c.f. Instituições de Direito Processual Civil. 1 V. Campinas: booksellers, 2003). Desta feita, é o critério orgânico que considera como jurisdição aquilo que o legislador constituinte incluiu na competência dos órgãos Judiciários e como administração o que conferiu aos órgãos do Executivo.

2. Em âmbito Federal, o **Poder Legislativo** é exercido pelo Congresso Nacional, que se compõe da Câmara dos Deputados e do Senado Federal.

- O Congresso Nacional reúne-se, anualmente, na Capital Federal, de 2 de **fevereiro** (não janeiro) a **17 de julho** (não 30 de junho) e de 1º de agosto a 22 de dezembro, nos termos do art. 57, *caput*, da CF.
- Salvo disposição constitucional em contrário, as **deliberações** de cada Casa do Congresso Nacional e de suas Comissões serão tomadas por maioria dos votos, presente a maioria absoluta de seus membros.

ATIVIDADE LEGISLATIVA DO CONGRESSO NACIONAL	
Legislatura	Período de 4 anos de atividade legislativa
Sessão Legislativa	Período compreendido entre 2 de fevereiro a 17 de julho e 1º de agosto a 22 de dezembro de cada ano
Sessão Extraordinária	Ocorre por convocação ou do Presidente do Senado Federal ou do Presidente da Câmara dos Deputados ou do Presidente da República ou a requerimento da maioria dos membros de ambas as Casas, em caso de urgência ou interesse público relevante.
Sessão Conjunta	Reunião da Câmara dos Deputados e do Senado Federal destinada, por exemplo, a conhecer do veto presidencial e sobre ele deliberar.

- A **Câmara dos Deputados** compõe-se de representantes do povo, eleitos, pelo sistema proporcional, em cada Estado, em cada Território e no Distrito Federal.
- Os Deputados Federais representam o povo e possuem mandato de quatro anos (art. 45, da CF), **o mesmo período de duração da legislatura do Congresso Nacional**.
- Cada **Território** elegerá quatro Deputados Federais.
- O **Senado Federal** compõe-se de representantes dos Estados e do Distrito Federal, eleitos segundo o princípio majoritário para mandato de oito anos. Com esse mandato, o Senador exercerá o cargo por duas legislaturas. A renovação se dará de quatro em quatro anos, alternadamente, por um e dois terços.
- Cada Estado e o Distrito Federal elegerão **3 Senadores**.
- A Câmara dos Deputados e o Senado Federal, **ou qualquer de suas Comissões**, poderão convocar **Ministro de Estado** ou quaisquer titulares de órgãos diretamente subordinados à Presidência da República para prestarem, pessoalmente, informações sobre assunto previamente determinado, **importando crime de responsabilidade a ausência sem justificação adequada,** de modo que a convocação é absolutamente constitucional, e a ausência injustificada do Ministro importaria crime de responsabilidade.
- Compete exclusivamente ao Congresso Nacional **sustar os atos normativos** do Poder Executivo que exorbitem do poder regulamentar ou dos limites de delegação legislativa.
- Compete exclusivamente ao Congresso Nacional resolver definitivamente apenas sobre tratados acordos ou atos internacionais **que acarretem encargos ou compromissos gravosos ao patrimônio nacional,** e não sobre tratados de qualquer natureza.
- Compete exclusivamente ao Congresso Nacional aprovar o estado de defesa e a intervenção federal, e **autorizar** o estado de sítio, ou **suspender** qualquer dessas medidas, consoante disposto no art. 49, IV, da CF.
- Para não haver confusão, quanto às **contas do Presidente da República**, memorizar: TCU **aprecia** as contas (art. 71, I, da CF), o Congresso Nacional **julga** as contas (art. 49, IX, da CF) e a Câmara dos Deputados **procede a tomada** de contas (art. 51, II, da CF).
- O Presidente da República somente pode **ausentar-se do país por período superior a 15 dias se o Congresso Nacional autorizá-lo**, nos termos do art. 49, III, da CF.

3. Imunidades

- **Imunidade Material/Inviolabilidade:** Deputados e Senadores são **invioláveis**, civil e penalmente, por quaisquer de suas opiniões, palavras e votos.
- **Imunidade Formal:** desde a expedição do diploma, os membros do Congresso Nacional **não poderão ser presos**, salvo em flagrante de crime inafiançável. Nesse caso, os autos serão remetidos dentro de 24 horas à Casa respectiva, para que, pelo voto da maioria de seus membros, resolva sobre a prisão.
- Deputados e Senadores, desde a **expedição do diploma**, serão submetidos a julgamento perante o **Supremo Tribunal Federal**.
- Recebida a denúncia contra o Senador ou Deputado, por crime ocorrido após a diplomação, o Supremo Tribunal Federal dará ciência à Casa respectiva, que, **por iniciativa de partido político** nela representado e pelo voto da maioria de seus membros, **poderá**, até a decisão final, **sustar o andamento** da ação. Assim, **o STF não precisa de licença** da Cada Legislativa para processar um de seus membros.
- No bojo do HC 89.417, julgado pelo STF em 2006 e relatado pela Ministra Carmem Lúcia ficou consignado que, nem sempre, devem ser aplicadas as regras dos parágrafos 2º e 3º do art. 52, da CF (imunidades), *in verbis*: "Os elementos contidos nos autos impõem interpretação que considere mais que a regra proibitiva da prisão de parlamentar, isoladamente, como previsto no art. 53, § 2º, da CR. Há de se buscar interpretação que conduza à aplicação efetiva e eficaz do sistema constitucional como um todo. **A norma constitucional que cuida da imunidade parlamentar e da proibição de prisão do membro de órgão legislativo não pode ser tomada em sua literalidade, menos ainda como regra isolada do sistema constitucional**. Os princípios determinam a interpretação e aplicação corretas da norma, sempre se considerando os fins a que ela se destina. A Assembleia Legislativa do Estado de Rondônia, composta de 24 deputados, dos quais, 23 estão indiciados em diversos inquéritos, afirma situação excepcional e, por isso, não se há de aplicar a regra constitucional do art. 53, § 2º, da CF, de forma isolada e insujeita aos princípios fundamentais do sistema jurídico vigente".
- A **inviolabilidade parlamentar não se estende ao congressista quando, na condição de candidato a qualquer cargo eletivo, vem a ofender, moralmente, a honra de terceira pessoa**, inclusive a de outros candidatos, em pronunciamento motivado por finalidade exclusivamente eleitoral, que não guarda qualquer conexão com o exercício das funções congressuais. Segundo o STF, "o postulado republicano – que repele privilégios e não tolera discriminações – impede que o parlamentar-candidato tenha, sobre seus concorrentes, qualquer vantagem de ordem jurídico-penal resultante da garantia da imunidade parlamentar, sob pena de dispensar-se, ao congressista, nos pronunciamentos estranhos à atividade legislativa, tratamento diferenciado e seletivo, capaz de gerar, no contexto do processo eleitoral, inaceitável quebra da essen-

cial igualdade que deve existir entre todos aqueles que, parlamentares ou não, disputam mandatos eletivos". (Inq-QO 1400, julgado em 2002 e relatado pelo Ministro Celso de Mello).

- "Perda do mandato parlamentar. Entendimento da maioria no sentido de que **não cabe ao Poder Judiciário decretar a perda de mandato de parlamentar federal, em razão de condenação criminal. Determinação de comunicação à respectiva Casa para instauração do procedimento do art. 55, § 2º, da Constituição Federal**" (STF. AP 572, julgada em 2014 e relatada pelo Ministro Gilmar Mendes).
- **Os Vereadores gozam de imunidade material** (inviolabilidade) relativa às suas opiniões, palavras e votos, no exercício do mandato e na **circunscrição (limites territoriais) do Município** a que estejam vinculados.
- A **imunidade formal** (que garante regras especiais para a prisão e o processo de Parlamentar) **não se aplica aos Vereadores**, por falta de expressa previsão no Texto Constitucional. Aliás, esse é o posicionamento do STF sobre o tema: "O Tribunal, por maioria, julgou procedente o pedido formulado na inicial de ação direta ajuizada pelo Procurador-Geral da República para declarar a inconstitucionalidade da expressão abaixo destacada, constante da parte final do inciso XVII, do art. 13, da Constituição do Estado de Sergipe, que estabelece "a inviolabilidade do vereador por suas opiniões, palavras e votos, no exercício do mandato e na circunscrição do Município, não podendo, desde a expedição do diploma até a inauguração da legislatura seguinte, ser preso, salvo em flagrante de crime inafiançável, nem processado criminalmente sem prévia autorização da Câmara Municipal, cujo deferimento da licença ou ausência de deliberação suspende a prescrição enquanto durar o mandato;". Considerou-se caracterizada na espécie a ofensa ao art. 22, I, da CF/88, que prevê a competência privativa da União para legislar sobre direito penal e processual. O Min. Sepúlveda Pertence também julgou procedente o pedido formulado, mas por fundamento diverso, qual seja, por ofensa ao art. 29, VIII – "inviolabilidade dos vereadores por suas opiniões, palavras e votos no exercício do mandato e na circunscrição do município". – haja vista que a CF, ao estender expressamente aos vereadores a imunidade material, excluiu implicitamente a que eles se aplicasse a imunidade formal. Vencido o Min. Marco Aurélio que julgava improcedente o pedido formulado, por considerar que os vereadores devem gozar das mesmas prerrogativas quanto ao exercício do mandato no que diz respeito aos deputados federais e senadores. ADI 371, julgada em 2002 e relatada pelo Ministro Maurício Corrêa).

4. Comissão Parlamentar de Inquérito – CPI

- **STF e as CPIs:** "Criação de CPI: requisitos constitucionais. O Parlamento recebeu dos cidadãos, não só o poder de representação política e a competência para legislar, mas também o mandato para fiscalizar os órgãos e agentes do Estado, respeitados, nesse processo de fiscalização, os limites materiais e as exigências formais estabelecidas pela CF. O direito de investigar – que a Constituição da República atribuiu ao Congresso Nacional e às Casas que o compõem (art. 58, § 3º) – tem, no inquérito parlamentar, o instrumento mais expressivo de concretização desse relevantíssimo encargo constitucional, que traduz atribuição inerente à própria essência da instituição parlamentar. A instauração do inquérito parlamentar, para viabilizar-se no âmbito das Casas legislativas, está vinculada, unicamente, à satisfação de três exigências definidas, de modo taxativo, no texto da Carta Política: **(1) subscrição do requerimento de constituição da CPI por, no mínimo, 1/3 dos membros da Casa legislativa, (2) indicação de fato determinado a ser objeto de apuração e (3) temporariedade da CPI.** Preenchidos os requisitos constitucionais (CF, art. 58, § 3º), impõe-se a criação da CPI, que não depende, por isso mesmo, da vontade aquiescente da maioria legislativa. Atendidas tais exigências (CF, art. 58, § 3º), cumpre, ao presidente da Casa legislativa, adotar os procedimentos subsequentes e necessários à efetiva instalação da CPI, não lhe cabendo qualquer apreciação de mérito sobre o objeto da investigação parlamentar, que se revela possível, dado o seu caráter autônomo (RTJ 177/229 – RTJ 180/191-193), ainda que já instaurados, em torno dos mesmos fatos, inquéritos policiais ou processos judiciais. A prerrogativa institucional de investigar, deferida ao Parlamento (especialmente aos grupos minoritários que atuam no âmbito dos corpos legislativos), não pode ser comprometida pelo bloco majoritário existente no Congresso Nacional e que, por efeito de sua intencional recusa em indicar membros para determinada CPI (ainda que fundada em razões de estrita conveniência político-partidária), culmine por frustrar e nulificar, de modo inaceitável e arbitrário, o exercício, pelo Legislativo (e pelas minorias que o integram), do poder constitucional de fiscalização e de investigação do comportamento dos órgãos, agentes e instituições do Estado, notadamente daqueles que se estruturam na esfera orgânica do Poder Executivo. (...) Legitimidade passiva ad causam do presidente do Senado Federal – autoridade dotada de poderes para viabilizar a composição das comissões parlamentares de inquérito." (MS 24.831, julgado em 2005 e relatado pelo Ministro Celso de Mello).
- De acordo com o STF, "O **princípio da colegialidade** traduz diretriz de fundamental importância na regência das deliberações tomadas por qualquer CPI, notadamente quando esta, no desempenho de sua competência investigatória, ordena a adoção de medidas restritivas de direitos, como aquelas que importam na revelação (disclosure) das operações financeiras ativas e passivas de qualquer pessoa. A **legitimidade do ato de quebra do**

sigilo bancário, além de supor a plena adequação de tal medida ao que prescreve a Constituição, deriva da necessidade de a providência em causa respeitar, quanto à sua adoção e efetivação, o princípio da colegialidade, sob pena de essa deliberação reputar-se nula." (MS 24.817, Rel. Min. Celso de Mello, julgamento em 3-2-2005, Plenário, DJE de 6-11-2009.) Ademais, no bojo do MS 23.669, julgado no ano 2000, o Supremo Tribunal Federal decidiu que "A quebra do sigilo bancário, que compreende a ruptura da esfera de intimidade financeira da pessoa, quando determinada por ato de qualquer Comissão Parlamentar de Inquérito, **depende, para revestir-se de validade jurídica, da aprovação da maioria absoluta dos membros que compõem o órgão de investigação legislativa** (Lei nº 4.595/64, art. 38, § 4º)".

- À luz da jurisprudência do STF, "Existe, no sistema político-jurídico brasileiro, um verdadeiro **estatuto constitucional das minorias parlamentares**, cujas prerrogativas – notadamente aquelas pertinentes ao direito de investigar – devem ser preservadas pelo Poder Judiciário, a quem incumbe proclamar o alto significado que assume, para o regime democrático, a essencialidade da proteção jurisdicional a ser dispensada ao direito de oposição, analisado na perspectiva da prática republicana das instituições parlamentares. A norma inscrita no art. 58, § 3º, da CR destina-se a ensejar a participação ativa das minorias parlamentares no processo de investigação legislativa, sem que, para tanto, mostre-se necessária a concordância das agremiações que compõem a maioria parlamentar. O direito de oposição, especialmente aquele reconhecido às minorias legislativas, para que não se transforme numa prerrogativa constitucional inconsequente, há de ser aparelhado com instrumentos de atuação que viabilizem a sua prática efetiva e concreta no âmbito de cada uma das Casas do Congresso Nacional. **A maioria legislativa não pode frustrar o exercício, pelos grupos minoritários que atuam no Congresso Nacional, do direito público subjetivo que lhes é assegurado pelo art. 58, § 3º, da Constituição e que lhes confere a prerrogativa de ver efetivamente instaurada a investigação parlamentar, por período certo, sobre fato determinado**. Precedentes: MS 24.847/DF, Rel. Min. Celso de Mello. A ofensa ao direito das minorias parlamentares constitui, em essência, um desrespeito ao direito do próprio povo, que também é representado pelos grupos minoritários que atuam nas Casas do Congresso Nacional. (...) O requisito constitucional concernente à observância de 1/3 (um terço), no mínimo, para criação de determinada CPI (CF, art. 58, § 3º), refere-se à subscrição do requerimento de instauração da investigação parlamentar, que traduz exigência a ser aferida no momento em que protocolado o pedido junto à Mesa da Casa legislativa, tanto que, 'depois de sua apresentação à Mesa', consoante prescreve o próprio Regimento Interno da Câmara dos Deputados (art. 102, § 4º), não mais se revelará possível a retirada de qualquer assinatura. **Preenchidos os requisitos constitucionais (CF, art. 58, § 3º), impõe-se a criação da CPI, que não depende, por isso mesmo, da vontade aquiescente da maioria legislativa**. Atendidas tais exigências (CF, art. 58, § 3º), cumpre, ao presidente da Casa legislativa, adotar os procedimentos subsequentes e necessários à efetiva instalação da CPI, não se revestindo de legitimação constitucional o ato que busca submeter, ao Plenário da Casa legislativa, quer por intermédio de formulação de questão de ordem, quer mediante interposição de recurso ou utilização de qualquer outro meio regimental, a criação de qualquer CPI. **A prerrogativa institucional de investigar, deferida ao Parlamento (especialmente aos grupos minoritários que atuam no âmbito dos corpos legislativos), não pode ser comprometida pelo bloco majoritário existente no Congresso Nacional**, que não dispõe de qualquer parcela de poder para deslocar, para o Plenário das Casas legislativas, a decisão final sobre a efetiva criação de determinada CPI, sob pena de frustrar e nulificar, de modo inaceitável e arbitrário, o exercício, pelo Legislativo (e pelas minorias que o integram), do poder constitucional de fiscalizar e de investigar o comportamento dos órgãos, agentes e instituições do Estado, notadamente daqueles que se estruturam na esfera orgânica do Poder Executivo. **A rejeição de ato de criação de CPI, pelo Plenário da Câmara dos Deputados, ainda que por expressiva votação majoritária, proferida em sede de recurso interposto por líder de partido político que compõe a maioria congressual, não tem o condão de justificar a frustração do direito de investigar que a própria CR outorga às minorias que atuam nas Casas do Congresso Nacional**." (MS 26.441, julgado em 2007 e relatado pelo Ministro Celso de Mello).

- "A fundamentação exigida das Comissões Parlamentares de Inquérito quanto à **quebra de sigilo bancário, fiscal, telefônico e telemático não ganha contornos exaustivos** equiparáveis à dos atos dos órgãos investidos do ofício judicante. Requer-se que constem da deliberação as razões pelas quais veio a ser determinada a medida" (MS 24.749 julgado em 2004 e relatado pelo Ministro Marco Aurélio).

- De acordo com o STF, "**O sigilo bancário, o sigilo fiscal e o sigilo telefônico (sigilo este que incide sobre os dados/registros telefônicos e que não se identifica com a inviolabilidade das comunicações telefônicas) – ainda que representem projeções específicas do direito à intimidade, fundado no art. 5º, X, da Carta Política – não se revelam oponíveis, em nosso sistema jurídico, às comissões parlamentares de inquérito**, eis que o ato que lhes decreta a quebra traduz natural derivação dos poderes de investigação que foram conferidos, pela própria CR, aos órgãos de investigação parlamentar. As CPIs, no entanto, para decretarem, legitimamente, por autoridade própria, a quebra do sigilo bancário, do sigilo fiscal e/ou do sigilo telefônico, relativamente a pessoas por elas investigadas, devem demonstrar, a partir de meros indícios, a existência concreta de causa provável que legitime a medida excepcional (ruptura da esfera de intimidade de quem se acha sob investigação), justificando a necessidade de sua efetivação no procedimento de ampla investigação dos fatos determinados que deram causa à instauração do inquérito parlamentar, sem prejuízo de ulterior controle jurisdicional dos atos em referência (CF, art. 5º, XXXV). As deliberações de qualquer comissão parlamentar de inquérito, à semelhança do que também ocorre com as decisões judiciais (RTJ 140/514), quando destituídas de motivação, mostram-se írritas e despojadas de eficácia jurídica, pois nenhuma medida restritiva de direitos pode ser adotada pelo Poder Público, sem que o ato que a decreta seja adequadamente fundamentado pela autoridade estatal." (MS 23.452, julgado em 1999 e relatado pelo Ministro Celso de Mello).

- A testemunha e o indiciado, quando convocados, **não são obrigados a responder às perguntas que possam incriminá-los, em razão do seu direito constitucional ao silêncio e a não autoincriminação**. Entretanto, tanto o indiciado quanto a testemunha tem **o dever de ao menos comparecer** à CPI.
- É possível a ampliação da atuação de CPI para além da finalidade para a qual ela tenha sido criada. Segundo o STF, **fatos inicialmente imprevistos podem ser acrescidos a uma CPI que esteja em funcionamento** (HC 71.039, julgado em 1996).

É constitucionalmente **legítima** a decisão judicial, emanada por autoridade competente, determinando o compartilhamento de registros bancários entre diversos órgãos de investigação. Também é possível a ampliação do objeto da investigação no curso dos trabalhos. Assim decidiu o STF: "Quarta preliminar. Prova emprestada. Caso 'Banestado'. **Autorização de compartilhamento tanto pela Comissão Parlamentar Mista de Inquérito como pelo STF. Legalidade.** Quinta preliminar. **Ampliação do objeto de investigação de CPI no curso dos trabalhos. Possibilidade**. Precedentes. Sexta preliminar. Quebra de sigilo pela CPMI. Fundamento exclusivo em matéria jornalística. Alegação inconsistente. Posterior autorização para quebra também pelo relator, no âmbito do inquérito e das ações cautelares incidentais. Sétima preliminar. Dados de empréstimo fornecidos pelo Banco Central. Pedido direto do Ministério Público. Ilegalidade. Ausência. Requisição feita pela CPMI dos Correios. Posterior autorização de compartilhamento com o Ministério Público para instrução do inquérito. Legalidade. (...) Oitava preliminar. Dados fornecidos ao Ministério Público pelo banco BMG. **Existência de decisão judicial de quebra de sigilo proferida pelo presidente do STF e, posteriormente, de modo mais amplo, pelo relator do inquérito. Ausência de ilegalidade**." (Inq 2.245, Rel. Min. Joaquim Barbosa, julgamento em 28-8-2007, Plenário, DJ de 9-11-2007.)

- De acordo com o STF, "**Não aparentam caracterizar abuso de exposição da imagem pessoal na mídia, a transmissão e a gravação de sessão em que se toma depoimento de indiciado, em CPI.**" (MS 24.832, julgado em 2004, e relatado pelo Ministro Cezar Peluso).
- Nos termos da jurisprudência do STF, "**O privilégio contra a autoincriminação – que é plenamente invocável perante as CPIs – traduz direito público subjetivo** assegurado a qualquer pessoa, que, na condição de testemunha, de indiciado ou de réu, deva prestar depoimento perante órgãos do Poder Legislativo, do Poder Executivo ou do Poder Judiciário. O exercício do direito de permanecer em silêncio não autoriza os órgãos estatais a dispensarem qualquer tratamento que implique restrição à esfera jurídica daquele que regularmente invocou essa prerrogativa fundamental. Precedentes. **O direito ao silêncio** – enquanto poder jurídico reconhecido a qualquer pessoa relativamente a perguntas cujas respostas possam incriminá-la (*nemo tenetur se detegere*) – impede, quando concretamente exercido, que aquele que o invocou venha, por tal específica razão, a ser preso, ou ameaçado de prisão, pelos agentes ou pelas autoridades do Estado. Ninguém pode ser tratado como culpado, qualquer que seja a natureza do ilícito penal cuja prática lhe tenha sido atribuída, sem que exista, a esse respeito, decisão judicial condenatória transitada em julgado. O princípio constitucional da não culpabilidade, em nosso sistema jurídico, consagra uma regra de tratamento que impede o Poder Público de agir e de se comportar, em relação ao suspeito, ao indiciado, ao denunciado ou ao réu, como se estes já houvessem sido condenados definitivamente por sentença do Poder Judiciário." (HC 79.812, julgado no ano 2000 e relatado pelo Ministro Celso de Mello).

- Para facilitar, preparamos os seguintes quadros:

CPI pode	a) quebrar sigilo fiscal, bancário e de dados; b) ouvir testemunhas e, se for o caso, determinar condução coercitiva (garantido o direito ao silêncio); c) ouvir investigados ou indiciados (garantido o direito ao silêncio).

CPI não pode	a) determinar busca domiciliar; b) determinar interceptação telefônica ou quebra do sigilo de comunicação telefônica (mas poderá determinar quebra do sigilo de dados telefônicos, ou seja, dos registros pretéritos em lista), c) determinar prisão (salvo em flagrante, como no falso testemunho).

- As comissões parlamentares de inquérito **não são permanentes,** pois são criadas para a apuração de fato determinado e por prazo certo. Além disso, possuem **poderes de investigação próprios das autoridades judiciais**, mas **não podem** aplicar sanções, devendo, se for o caso, encaminhar suas conclusões ao Ministério Público, para que promova a responsabilidade civil ou criminal dos infratores.

5. **Tribunal de Contas:** o controle externo, a cargo do Congresso Nacional, será exercido com o auxílio do Tribunal de Contas da União – TCU.

- **Natureza e Poderes do TCU:** de acordo com o STF, "A posição constitucional dos Tribunais de Contas – órgãos investidos de autonomia jurídica – inexistência de qualquer vínculo de subordinação institucional ao poder legislativo – atribuições do Tribunal de Contas que traduzem direta emanação da própria Constituição da República. Os Tribunais de Contas ostentam posição eminente na estrutura constitucional brasileira, nao se achando subordinados, por qualquer vínculo de ordem hierárquica, ao Poder Legislativo, de que não são órgãos delegatários nem organismos de mero assessoramento técnico. A competência institucional dos Tribunais de Contas não deriva, por isso mesmo, de delegação dos órgãos do Poder Legislativo, mas traduz emanação que resulta, primariamente, da própria Constituição da República. Doutrina. Precedentes." (ADI 4.190-MC-REF, Rel. Min. Celso de Mello, julgamento em 10-3-2010, Plenário, DJE de 11-6-2010.)

- **TCU e Poderes Implícitos:** "(...) a atribuição de poderes explícitos, ao Tribunal de Contas, tais como enunciados no art. 71 da Lei Fundamental da República, supõe que se lhe reconheça, ainda que por implicitude, a titularidade de meios destinados a viabilizar a adoção de medidas cautelares vocacionadas a conferir real efetividade às suas deliberações finais, permitindo, assim, que se neutralizem situações de lesividade, atual ou iminente, ao erário público. Impende considerar, no ponto, em ordem a legitimar esse entendimento, a formulação que se fez em torno dos poderes implícitos, cuja doutrina, construída pela Suprema Corte dos Estados Unidos da América, no célebre caso McCulloch v. Maryland (1819), enfatiza que a outorga de competência expressa a determinado órgão estatal importa em deferimento implícito, a esse mesmo órgão, dos meios necessários à integral realização dos fins que lhe foram atribuídos. (...) É por isso que entendo revestir-se de integral legitimidade constitucional a atribuição de índole cautelar, que, reconhecida com apoio na teoria dos poderes implícitos, permite, ao TCU, adotar as medidas necessárias ao fiel cumprimento de suas funções institucionais e ao pleno exercício das competências que lhe foram outorgadas, diretamente, pela própria CR." (MS 24.510, Rel. Min. Ellen Gracie, voto do Min. Celso de Mello, julgamento em 19-11-2003, Plenário, DJ de 19-3-2004.)

6. **Processo Legislativo**

- O **processo legislativo compreende** a elaboração de: I – emendas à Constituição; II – leis complementares; III – leis ordinárias; IV – leis delegadas; V – medidas provisórias; VI – decretos legislativos e; VII – resoluções.

- A **Lei Complementar** exige aprovação por maioria absoluta, enquanto a **Lei Ordinária** é aprovada por maioria simples dos membros presentes à sessão, desde que presente a maioria absoluta dos membros de cada Casa ou de suas Comissões.

- As matérias que devem ser regradas por **Lei Complementar** encontram-se taxativamente indicadas no texto constitucional (ao longo dos dispositivos) e, desde que não seja assunto específico de normatização por decreto legislativo ou resolução, o regramento de todo o resíduo competirá à lei ordinária (conclusão que se extrai a partir de interpretação sistemática do texto constitucional).

- **Não** existe **hierarquia** entre lei complementar e lei ordinária, nem entre lei federal e lei estadual.

- As matérias reservadas à Lei Complementar **não** serão objeto de **delegação** do Congresso ao Presidente da República.

- Se uma **lei denominada de complementar versar sobre matéria relativa a lei ordinária** (ou seja, para a qual não seria exigível lei complementar), então ela poderá ser revogada também por lei ordinária posterior. Esse é o entendimento do STF (RE, 377.457, julgado em 2008 e relatado pelo Ministro Gilmar Mendes).
- Na apreciação de **projeto de lei delegada** pelo Congresso Nacional, não são admitidas emendas parlamentares.
- A discussão e votação dos **Projetos de Lei Ordinária não** devem, obrigatoriamente, ter início na Câmara dos Deputados. Somente os projetos de lei de iniciativa do Presidente da República, do Supremo Tribunal Federal e dos Tribunais Superiores terão início obrigatoriamente na Câmara dos Deputados (art. 64, da CF).
- A **correção redacional** a um projeto de lei ordinária **não importa** em retorno à casa iniciadora. Somente se exige o retorno à Casa iniciadora se a emenda parlamentar introduzida acarretar modificação no sentido da proposição jurídica, o que não ocorre quando há mera correção de redação.
- "**Não é necessária a reapreciação**, pela Câmara dos Deputados, de expressão suprimida pelo Senado Federal em texto de proposta de emenda constitucional que, na redação remanescente, aprovada por ambas as Casas do Congresso Nacional, **não perdeu sentido normativo**". (STF, ADI 3.367, julgada em 2005 e relatada pelo Ministro Cezar Peluso).
- **A sanção de projeto de lei não convalida o vício** de inconstitucionalidade resultante da usurpação do poder de iniciativa.
- Dá-se a chamada **sanção tácita** quando o Presidente da República permanece inerte durante o prazo de que dispõe para vetar ou sancionar o projeto de lei.
- É possível o controle sobre a **intempestividade do veto,** nos termos da jurisprudência do STF: "Processo legislativo: veto mantido pelo Legislativo: decreto-legislativo que, anos depois, sob fundamento de ter sido o veto intempestivo, desconstitui a deliberação que o mantivera e declara tacitamente sancionada a parte vetada do projeto de lei. Inconstitucionalidade formal do decreto-legislativo, independentemente da indagação acerca da validade material ou não da norma por ele considerada sancionada: aplicação ao **processo legislativo, que é verdadeiro processo, da regra da preclusão que, como impede a retratação do veto, também obsta a que se retrate o Legislativo de sua rejeição ou manutenção; preclusão, no entanto, que, não se confundindo com a coisa julgada, esta sim, peculiar do processo jurisdicional, não inibe o controle judicial da eventual intempestividade do veto.**" (ADI 1.254, Rel. Min. Sepúlveda Pertence, julgamento em 9-12-1999, Plenário, DJ de 17-3-2000.)
- A **iniciativa popular** pode ser exercida pela apresentação à Câmara dos Deputados de projeto de lei subscrito por, no mínimo, um por cento do eleitorado nacional, distribuído pelo menos por cinco Estados, com não menos de três décimos por cento dos eleitores de cada um deles.
- **Não** há previsão de iniciativa popular para se emendar a Constituição.
- São de iniciativa privativa do **Presidente da República** as leis que disponham sobre a criação de cargos, funções ou empregos públicos na administração direta e autárquica ou **aumento de sua remuneração** (art. 61, § 1º, II, "a", da CF). Essa regra, também deve ser aplicada ao Governador e à administração estadual, em decorrência do **Princípio da Simetria ou Parametricidade**, segundo o qual, as normas de organização do Estado dispostas na Constituição Federal e válidas para a União, devem ser reproduzidas nas Constituições Estaduais e aplicadas aos Estados Membros. O mesmo se dá em relação aos Municípios, na medida em que será de iniciativa privativa dos Prefeitos a criação de cargos, funções ou empregos públicos na administração direta e autárquica ou aumento de sua remuneração no âmbito de cada Município.
- No bojo da ADI 2813 (rel. Min. Cármen Lúcia, 1º.8.2011), **o STF entendeu pela possibilidade de emendas parlamentares a projetos de lei de iniciativa do Chefe do Poder Executivo, desde que** haja pertinência temática com o projeto de lei originário e que delas não decorra aumento da despesa global prevista (art. 166, §§ 3º e 4º da CF).
- Ainda, segundo consta do Informativo 773 do STF, no bojo da ADI 3942/DF, julgada em 2014 e relatada pela Ministra Cármen Lúcia, "**A iniciativa de competência privativa do Poder Executivo não impede a apresentação de emendas parlamentares, presente a identidade de matéria e acompanhada da estimativa de despesa e respectiva fonte de custeio**. Com base nessa orientação, o Plenário julgou improcedente pedido formulado em ação direta em face do art. 2º da Lei 11.075/2004, que dispõe sobre a criação de 435 cargos em comissão do Grupo-Direção e Assessoramento Superiores – DAS e Funções Gratificadas – FG. **O Plenário enfatizou que a Lei 11.075/2004 resultaria da fusão de conteúdo de duas normas de iniciativas presidenciais que contaram com parecer de comissão mista parlamentar incumbida da apreciação da matéria. Asseverou que, no caso, a incorporação ou a fusão de um projeto de lei em outro — projeto de conversão de medida provisória em lei — por emenda parlamentar seria admissível, desde que ambos tivessem sido propostos pela mesma autoridade, em respeito à competência para iniciar o processo legislativo**. Frisou que **a emenda parlamentar não desvirtuara a proposta inicial e tampouco incorrera na vedação ao aumento da despesa originalmente prevista**

(CF, art. 63, I e II). Ademais, a eventual superação do limite estabelecido pela LC 101/2000 para despesas com pessoal, decorrente da criação de novos cargos em comissão e das funções gratificadas, não importaria em ofensa direta e imediata à Constituição, porque seu exame estaria restrito à verificação de sua legalidade".

- A **Constituição poderá ser emendada** mediante **proposta**: I – de um terço, no mínimo, dos membros da Câmara dos Deputados ou do Senado Federal (nunca Congressista sozinho); II – do Presidente da República; III – de mais da metade das Assembléias Legislativas das unidades da Federação, manifestando-se, cada uma delas, pela maioria relativa de seus membros.

EMENDA À CONSTITUIÇÃO A Constituição poderá ser emendada mediante proposta:
1. De 1/3, no mínimo, dos membros da Câmara dos Deputados ou do Senado Federal (nunca Congressista sozinho);
2. Do Presidente da República;
3. De mais da metade das Assembléias Legislativas das unidades da Federação, manifestando-se, cada uma delas, pela maioria relativa de seus membros.

- A proposta de emenda constitucional será discutida e votada em cada Casa do Congresso Nacional, em **dois turnos**, considerando-se aprovada se obtiver, em ambos, **três quintos dos votos** (portanto, mais do que maioria absoluta) dos respectivos membros.
- **Atenção!** Emenda à Constituição será promulgada pelas **Mesas da Câmara dos Deputados e do Senado Federal** (não pelo Presidente da República), com o respectivo número de ordem.
- A matéria constante de proposta de **emenda à Constituição rejeitada ou havida por prejudicada** não pode ser objeto de nova proposta na mesma sessão legislativa (Princípio da Irrepetibilidade).
- Em caso de relevância e urgência, o Presidente da República poderá adotar **medidas provisórias**, com força de lei, devendo submetê-las de imediato ao Congresso Nacional.
- As medidas provisórias, regra geral, perderão eficácia, desde a edição, **se não forem convertidas em lei** no prazo de sessenta dias, prorrogável uma vez por igual período, devendo o Congresso Nacional disciplinar, por **decreto legislativo**, as relações jurídicas delas decorrentes.
- **Não editado o decreto legislativo** até sessenta dias após a **rejeição ou perda de eficácia** de medida provisória, as relações jurídicas constituídas e decorrentes de atos praticados durante sua vigência conservar-se-ão por ela regidas.
- A não apreciação pela Câmara dos Deputados e, após, pelo Senado Federal, no prazo de 45 dias contados da publicação, tem como consequência a entrada em **regime de urgência**, subseqüentemente, em cada uma das Casas do Congresso Nacional, **ficando sobrestadas**, até que se ultime a votação, **todas as demais deliberações** legislativas da Casa em que estiver tramitando.
- Se a Medida Provisória perder eficácia por decurso de prazo ou, em caráter expresso, for rejeitada pelo Congresso Nacional, **vedada será sua reedição na mesma sessão legislativa**.
- **Atenção! É vedada** a edição de medidas provisórias sobre matéria relativa a nacionalidade, cidadania, direitos políticos, partidos políticos, direito eleitoral, direito penal, processual penal e processual civil, **mas não sobre direito civil!**
- É **vedada** a edição de medidas provisórias sobre matéria já disciplinada em projeto de lei aprovado pelo Congresso Nacional e pendente de sanção ou veto do Presidente da República.
- É **vedada a reedição**, na mesma sessão legislativa, de medida provisória que tenha sido rejeitada ou que tenha perdido sua eficácia por decurso de prazo
- **Não é vedada** a edição de medidas provisórias para a abertura de crédito extraordinário, para a criação de normas gerais de licitações e contratos administrativos ou para aumento de **alíquota de imposto.**
- Segundo o STF, porque possui força de lei e eficácia imediata a partir de sua publicação, **a medida provisória não pode ser 'retirada' pelo presidente da República à apreciação do Congresso Nacional. (...). Entretanto, como qualquer outro ato legislativo, a medida provisória é passível de ab-rogação mediante diploma de igual ou superior hierarquia. (...). A revogação da medida provisória por outra apenas suspende a eficácia da norma ab-rogada, que voltará a vigorar pelo tempo que lhe reste para apreciação, caso caduque ou seja rejeitada a medida provisória ab-rogante**. Consequentemente, o ato revocatório não subtrai ao Congresso Nacional o exame da matéria contida na medida provisória revogada. (ADI 2.984, julgada em 2003 e relatada pela Ministra Ellen Gracie).
- De acordo com a jurisprudência atual do Supremo Tribunal Federal, **a medida provisória pode ser adotada pelos Estados-membros**, desde que: i. Esteja expressamente previsto na Constituição do Estado; e ii. Sejam observados os princípios e as limitações impostas pelo modelo adotado pela CF, tendo em vista a necessidade da observância simétrica do processo legislativo federal. *In verbis:* "Ação direta de inconstitucionalidade. Art. 51 e parágrafos da Constituição do Estado de Santa Catarina. Adoção de medida provisória por Estado-membro. Possibilidade. Arts. 62 e 84, XXVI, da CF. EC 32, de 11-9-2001, que alterou substancialmente a redação do art. 62. Revogação parcial do pre-

ceito impugnado por incompatibilidade com o novo texto constitucional. Subsistência do núcleo essencial do comando examinado, presente em seu caput. Aplicabilidade, nos Estados-membros, do processo legislativo previsto na CF. Inexistência de vedação expressa quanto às medidas provisórias. Necessidade de previsão no texto da Carta estadual e da estrita observância dos princípios e limitações impostas pelo modelo federal. Não obstante a permanência, após o superveniente advento da EC 32/2001, do comando que confere ao chefe do Executivo Federal o poder de adotar medidas provisórias com força de lei, tornou-se impossível o cotejo de todo o referido dispositivo da Carta catarinense com o teor da nova redação do art. 62, parâmetro inafastável de aferição da inconstitucionalidade arguida. Ação direta prejudicada em parte. No julgamento da ADI 425, Rel. Min. Maurício Corrêa, DJ 19-12-2003, o Plenário desta Corte já havia reconhecido, por ampla maioria, a constitucionalidade da instituição de medida provisória estadual, desde que, primeiro, esse instrumento esteja expressamente previsto na Constituição do Estado e, segundo, sejam observados os princípios e as limitações impostas pelo modelo adotado pela CF, tendo em vista a necessidade da observância simétrica do processo legislativo federal. Outros precedentes: ADI 691, Rel. Min. Sepúlveda Pertence, DJ 19-6-1992 e ADI 812-MC, Rel. Min. Moreira Alves, DJ de 14-5-1993. Entendimento reforçado pela significativa indicação na CF, quanto a essa possibilidade, no capítulo referente à organização e à regência dos Estados, da competência desses entes da Federação para 'explorar diretamente, ou mediante concessão, os serviços locais de gás canalizado, na forma da lei, vedada a edição de medida provisória para a sua regulamentação' (art. 25, § 2º). Ação direta cujo pedido formulado se julga improcedente." (ADI 2.391, julgada em 2007 e relatada pela Ministra Ellen Gracie).

- **Não será admitido aumento de despesa** prevista: I – nos projetos de iniciativa exclusiva do Presidente da República (salvo nas leis orçamentárias); II – nos projetos sobre organização dos serviços administrativos da Câmara dos Deputados, do Senado Federal, dos Tribunais Federais e do Ministério Público.
- Nos termos da ADI 4034, julgada no ano 2000 e relatada pelo Ministro Sepúlveda Pertence, **as regras básicas do processo legislativo federal são de absorção compulsória pelos Estados-membros** em tudo aquilo que diga respeito – como ocorre às que enumeram casos de iniciativa legislativa reservada – ao princípio fundamental de independência e harmonia dos poderes, como delineado na Constituição da República.

7. Poder Executivo

- A **eleição do Presidente e do Vice-Presidente da República** realizar-se-á, simultaneamente, no primeiro domingo de outubro, em primeiro turno, e no último domingo de outubro, em segundo turno, se houver, do ano anterior ao do término do mandato presidencial vigente.
- Substituirá o Presidente, no caso de impedimento, e suceder-lhe-á, no de vaga, o **Vice-Presidente**.
- O Presidente e o Vice-Presidente da República tomarão posse em sessão do Congresso Nacional, prestando o compromisso de manter, defender e cumprir a Constituição, observar as leis, promover o bem geral do povo brasileiro, sustentar a união, a integridade e a independência do Brasil. Essa é a função típica (da essência do Poder Executivo) de ordem constitucional (porque prevista na Constituição) do Presidente e do Vice. Em regra, quem a exerce é o Presidente, mas, em caso de impedimento, será substituído pelo Vice-Presidente (art. 79, da CF).
- Na hipótese de impedimento ou vacância dos cargos de PR e Vice, serão chamados, sucessivamente: Presidente da Câmara, Presidente do SF e o Presidente do SF, nessa ordem. Mas se não for simples impedimento (que [e temporário, como férias, ou doença), mas vacância (definitiva), deve-se resolver a questão em definitivo. Assim, na dupla vacância, vigem as seguintes regras:
- Vagando os cargos de Presidente e Vice-Presidente da República **nos dois primeiros anos** do mandato presidencial, far-se-á eleição noventa dias depois de aberta a última vaga.
- Ocorrendo a vacância dos cargos de Presidente e Vice-Presidente da República nos últimos dois anos do período presidencial, será feita a eleição para ambos os cargos trinta dias depois da última vaga, pelo Congresso Nacional (eleição indireta).

VACÂNCIA DOS CARGOS DE PRESIDENTE DA REPÚBLICA E VICE (DUPLA VACÂNCIA)	
1. Nos 2 <u>primeiros</u> anos do mandato presidencial*	Eleição direta 90 dias depois de aberta a última vaga.
2. Nos 2 <u>últimos</u> anos do mandato presidencial*	Eleição indireta para ambos os cargos 30 dias depois da última vaga, pelo Congresso Nacional.

* **Atenção! Em ambos os casos haverá mandato "Tampão", ou seja, pelo prazo restante.** O eleito somente completará o mandato do sucedido.

- Tendo em vista o Princípio da Simetria, vagando o cargo de Governador de Estado e diante do impedimento do Vice-Governador será chamado para governar o Presidente da Assembleia Legislativa. "Acerca do rol de substitutos (a serem acionados em caso de duplo impedimento ou durante a espera da realização das eleições em hipótese de dupla vacância) nos âmbitos estadual, distrital e municipal, a doutrina informa que, por simetria ao modelo federal estabelecido no art. 80, CF, deve-se observar o seguinte regramento: (i) **nos Estados-membros, o impedimento simultâneo do Governador e do Vice, ou quando há vacância de ambos os cargos,**

exigiria o chamamento sucessivo do Presidente da Assembleia Legislativa e do Presidente do Tribunal de Justiça local; (ii) **no Distrito Federal, o impedimento simultâneo do Governador e do Vice, ou quando há vacância de ambos os cargos, exigiria o chamamento sucessivo do Presidente da Câmara Legislativa e do Presidente do Tribunal de Justiça do Distrito Federal e Territórios**; (iii) **nos Municípios, o impedimento simultâneo do Prefeito e do Vice, ou quando há vacância de ambos os cargos, exigiria o chamamento do Presidente da Câmara Municipal. Como este também pode estar impossibilitado, convém que a Lei Orgânica do Município inclua, na sequência, o Vice-Presidente da Câmara Municipal** (como ocorre em São Paulo e no Rio de Janeiro), **nunca sendo viável, porém, que o documento municipal agregue o Presidente do Tribunal de Justiça, por ser ele integrante do Poder Judiciário estadual** (não há Poder Judiciário municipal)" (MASSON, Nathalia. *Manual de Direito Constitucional.* Salvador: Juspodivm, 2013, p. 746). Todavia, **no caso de vacância do Governador e do Vice-Governador, pode o Estado-membro, em sua Constituição Estadual, disciplinar a eleição do novo titular do Poder Executivo estadual** (ou seja, apenas o procedimento e não a ordem sucessiva), **não sendo necessário observar o modelo previsto na CF para o Poder Executivo federal**. O entendimento da Suprema Corte encontra-se no julgamento da ADI 4298, em sede de tutela antecipada, julgada em 2009 e relatada pelo Ministro Cezar Peluso, em que se reconheceu não ser norma de observância obrigatória aos Estados-membros o modelo estabelecido para eleição do novo titular do Poder Executivo federal. Em outras palavras, vale destacar que: a) em caso de impedimento do Governador e do Vice-Governador, quem deve assumir, sucessivamente, é o presidente da Assembleia Legislativa e o Presidente do Tribunal de Justiça do Estado, hipótese que deverá seguir o modelo federal, por conta do princípio da simetria; b) sendo caso de vacância dos cargos de Governador e Vice, pode o Estado-membro, em sua Constituição Estadual, disciplinar a eleição do novo titular do Poder Executivo estadual, não sendo necessário observar o modelo previsto na CF para o Poder Executivo federal, por não se tratar de norma de observância obrigatória.

- Os **Ministros de Estado** serão escolhidos dentre brasileiros maiores de 21 anos e no exercício dos direitos políticos.
- Quanto à **responsabilidade dos Ministros de Estado,** nos termos dos artigos 52, I e 102, I, "c", da CF, **caso sejam crimes de responsabilidade autônomos (sem conexão), o julgamento ocorrerá perante o STF**. Em se tratando de crimes de responsabilidade conexos com crimes da mesma natureza, praticados pelo presidente ou pelo vice-presidente da República, o julgamento será perante o Senado Federal.
- Compete privativamente ao Presidente da República dispor, mediante **decreto autônomo**, sobre organização e funcionamento da administração federal, quando não implicar aumento de despesa nem criação ou extinção de órgãos públicos, bem como sobre a extinção de funções ou cargos públicos, quando vagos (conforme art. 84, VI, da CF).
- De acordo com o art. 84, parágrafo único, da CF, o Presidente da República poderá **delegar as atribuições** mencionadas nos incisos VI (dispor, mediante decreto, sobre organização e funcionamento da administração federal, quando não implicar aumento de despesa nem criação ou extinção de órgãos públicos; e sobre extinção de funções ou cargos públicos, quando vagos), XII (conceder indulto e comutar penas, com audiência, se necessário, dos órgãos instituídos em lei) e XXV, primeira parte (prover cargos públicos federais, na forma da lei), aos Ministros de Estado, ao Procurador-Geral da República ou ao Advogado-Geral da União, que observarão os limites traçados nas respectivas delegações.
- O Presidente da República responde a processo criminal, por **crime comum** no Supremo Tribunal Federal, e por **crime de responsabilidade** perante o Senado Federal, somente após ser declarada procedente a acusação por parte da Câmara dos Deputados.
- "Enfatize-se que **a necessidade de licença não obstaculiza o inquérito policial**, muito menos o oferecimento da denúncia. Impede, contudo, o seu recebimento, que é o primeiro ato de presseguimento exercido pelo Supremo Tribunal Federal (STF, Diário de Justiça 69. Ministro Celso de Mello. Seção I, 10.04.1995, p. 9223).
- O ato do Presidente da República que atenta contra o livre exercício do Poder Legislativo, do Poder Judiciário, do Ministério Público e dos Poderes constitucionais das unidades da Federação é considerado **crime de responsabilidade**.
- Os atos do Presidente da República que atentem contra a Constituição Federal e, especialmente, contra a lei orçamentária, são **crimes de responsabilidade.**
- Nos Crimes de Responsabilidade do Presidente da República, a Câmara autoriza a instauração do processo pelo voto da maioria **qualificada de dois terços,** e não pela maioria absoluta dos seus membros. O julgamento ocorre pelo Senado Federal, cuja decisão será proferida por **dois terços** (não maioria simples) dos votos do Senado Federal. No julgamento funcionará como Presidente o do Supremo Tribunal Federal.
- O Presidente ficará suspenso de suas funções nos crimes de responsabilidade, por **180** dias, **assim que instaurado o processo** pelo Senado Federal (**e não** após a condenação pelo órgão competente).
- Condenado o Presidente por Crime de Responsabilidade, perderá o cargo, com inabilitação, por

oito anos, para o exercício de função pública, sem prejuízo das demais sanções judiciais cabíveis. Portanto **o Senado não condena ao cumprimento de pena privativa de liberdade**.

- Compete ao **Supremo Tribunal Federal** (e não ao Superior Tribunal de Justiça) processar e julgar, originariamente, nas infrações penais comuns e nos crimes de responsabilidade, os Ministros de Estado e os Comandantes da Marinha, do Exército e da Aeronáutica, ressalvado o disposto no art. 52, I, da CF, os membros dos Tribunais Superiores, os do Tribunal de Contas da União e os chefes de missão diplomática de caráter permanente (consoante art. 102, I, "c", da CF).
- **Não podem ser estendidas ao Governador de Estado** as **imunidades** segundo as quais enquanto não sobrevier sentença condenatória, nas infrações comuns, o Presidente da República não estará sujeito a prisão e, que, na vigência de seu mandato, o Presidente da República não pode ser responsabilizado por atos estranhos ao exercício de suas funções, Esse foi o posicionamento adotado pelo STF, em 1995, no julgamento da ADI 978.
- De acordo com a doutrina, a Constituição Federal reconhece apenas a **irresponsabilidade penal relativa** (mas, não a absoluta) **do Presidente da República,** consoante art. 86, §§ 3º e 4º, da CF: enquanto não sobrevier sentença condenatória, nas infrações comuns, o Presidente da República não estará sujeito a prisão; o Presidente da República, na vigência de seu mandato, não pode ser responsabilizado por atos estranhos ao exercício de suas funções. O STF referenda esse posicionamento: "O art. 86, § 4º, da Constituição, ao outorgar privilégio de ordem político-funcional ao presidente da República, excluiu-o, durante a vigência de seu mandato – e por atos estranhos ao seu exercício –, da possibilidade de ser ele submetido, no plano judicial, a qualquer ação persecutória do Estado. A cláusula de exclusão inscrita nesse preceito da Carta Federal, ao inibir a atividade do Poder Público, em sede judicial, alcança as infrações penais comuns praticadas em momento anterior ao da investidura no cargo de chefe do Poder Executivo da União, bem assim aquelas praticadas na vigência do mandato, desde que estranhas ao ofício presidencial. A norma consubstanciada no art. 86, § 4º, da Constituição, reclama e impõe, em função de seu caráter excepcional, exegese estrita, do que deriva a sua inaplicabilidade a situações jurídicas de ordem extrapenal. O presidente da República não dispõe de imunidade, quer em face de ações judiciais que visem a definir-lhe a responsabilidade civil, quer em função de processos instaurados por suposta prática de infrações político-administrativas, quer, ainda, em virtude de procedimentos destinados a apurar, para efeitos estritamente fiscais, a sua responsabilidade tributária. **A CB não consagrou, na regra positivada em seu art. 86, § 4º, o princípio da irresponsabilidade penal absoluta do presidente da República**. O chefe de Estado, nos ilícitos penais praticados in officio ou cometidos propter officium, poderá, ainda que vigente o mandato presidencial, sofrer a persecutio criminis, desde que obtida, previamente, a necessária autorização da Câmara dos Deputados." (Inq 672-QO, Rel. Min. Celso de Mello, julgamento em 16-9-1992, Plenário, DJ de 16-4-1993.)
- A imunidade relativa à proibição de prisão do Presidente da República **não impede a prisão em flagrante por crime inafiançável**.
- O STF já se pronunciou no sentido que **o processo por crime de responsabilidade praticado pelo Presidente da República (*Impeachment*) implica em considerá-lo como acusado e, por isso, deve se desenvolver sob o manto do devido processo legal (*due processo of Law*)**, com todas as garantias a ele inerentes, sob pena de nulidade do procedimento (MS 21.623. Rel. Carlos Velloso. J. 17.12.1992). Nesse mesmo sentido, Dirley da Cunha Júnior: "[...] devem ser asseguradas ao Presidente da República as garantias constitucionais, em especial o contraditório e a ampla defesa" (*Curso de Direito Constitucional*. 6 ed. Salvador: Juspodivm, 2012, p. 1.104).
- As consequências diante da condenação pela prática de crime de responsabilidade são **autônomas** (podem ser aplicadas isoladamente, pois são independentes) **e cumulativas** (também podem ser aplicadas em conjunto, pois geram conseqüências diversas). Tais características ficaram evidentes no *Impeachment* (Processo pela Prática de Crime de Responsabilidade) de 1992, envolvendo o Ex- Presidente Fernando Collor de Mello que, dado o fato de ter renunciado ao Cargo antes do julgamento, apenas recebeu a medida de inabilitação, por 8 anos, para o exercício de função pública. Para encerrar os comentário, destacamos que os termos dispostos nas demais alternativas da questão não tem qualquer pertinência com o tema.
- "**Afronta os princípios constitucionais da harmonia e independência entre os Poderes e da liberdade de locomoção norma estadual que exige prévia licença da Assembleia Legislativa para que o governador e o vice-governador possam ausentar-se do País por qualquer prazo**. Espécie de autorização que, segundo o modelo federal, somente se justifica quando o afastamento exceder a quinze dias. Aplicação do princípio da simetria." (ADI 738, julgada em 2002 e relatada pelo Ministro Maurício Corrêa).
- De acordo com o art. 29, X, da CF, os **Prefeitos** serão submetidos a julgamento perante o Tribunal de Justiça. Ainda, segundo a Súmula 702 do STF, a competência do Tribunal de Justiça para julgar Prefeitos restringe-se aos crimes de competência da justiça comum estadual (compreendendo as condutas de desvio de verba transferida e incorporada ao patrimônio municipal, conforme Súmula 209 do STJ); nos demais casos, a competência originária caberá

ao respectivo Tribunal de segundo grau. Assim, o Tribunal Regional Eleitoral julgará os crimes eleitorais e o Tribunal Regional Federal será competente para as hipóteses de crimes praticados em detrimento de bens, serviços ou interesses da União, suas autarquias e empresas públicas (englobando situações de desvio de verba sujeita a prestação de contas perante órgão federal, segundo a Súmula 208 do STJ). Por fim, quanto aos crimes de responsabilidade, segundo o STF, aplica-se o princípio da simetria, de modo que os Prefeitos devem ser julgados pelas respectivas Câmaras Municipais.

- O **Conselho de Defesa Nacional** é órgão de consulta do Presidente da República nos assuntos relacionados com a soberania nacional e a defesa do Estado democrático. Ele tem como membros: I – o Vice-Presidente da República; II – o Presidente da Câmara dos Deputados; III – o Presidente do Senado Federal; IV – o Ministro da Justiça; V – o Ministro de Estado da Defesa; VI – o Ministro das Relações Exteriores; VII – o Ministro do Planejamento; VIII – os Comandantes da Marinha, do Exército e da Aeronáutica. Portanto, o **Procurador Geral da República não o compõe.**

8. Poder Judiciário

- São **órgãos** do Poder Judiciário: I – o Supremo Tribunal Federal; I-A o Conselho Nacional de Justiça; II – o Superior Tribunal de Justiça; III – os Tribunais Regionais Federais e Juízes Federais; IV – os Tribunais e Juízes do Trabalho; V – os Tribunais e Juízes Eleitorais; VI – os Tribunais e Juízes Militares; VII – os Tribunais e Juízes dos Estados e do Distrito Federal e Territórios.
- Alexandre de Moraes, citando Carlos S. Fayt, enuncia que "A **magistratura** se desempenha no interesse geral e suas garantias têm fundamento no *princípio da soberania do povo e na forma republicana de governo*, de modo que todo avanço sobre a independência do Poder Judiciário importa em um avanço contra a própria Constituição (*Direito Constitucional*. 25 ed. São Paulo: Atlas, 2010, p. 508-509). Nesses termos, soberania e forma republicada seriam os fundamentos da magistratura, pois ambos relacionam-se à ideia da soberania popular que legitima cada função do Estado. É claro que, por exemplo, inadmissibilidade das provas ilícitas, publicidade, verdade real dos fatos, menor onerosidade, ampla defesa, contraditório, presunção de inocência e moralidade (presentes nas demais alternativas) são princípios que devem ser respeitados pelo Magistrado, mas, note, não são valores que dão fundamento ao Poder Judiciário.
- De acordo com o que dispõe o art. 93, da CF, **Lei complementar, de iniciativa do Supremo Tribunal Federal, disporá sobre o Estatuto da Magistratura**.
- **É obrigatória a promoção** do juiz que figure por três vezes consecutivas ou cinco alternadas em lista de merecimento.
- **Não será promovido** o juiz que, injustificadamente, retiver autos em seu poder além do prazo legal, **não** podendo devolvê-los ao cartório sem o devido despacho ou decisão. Trata-se de nova regra criada pela EC 45/04, no contexto da reforma do Poder Judiciário, que teve como vetor fundamental a busca pela celeridade processual, estampada também no princípio da razoável duração do processo (art. 5º, LXXVIII, da CF).
- A **promoção por merecimento** pressupõe **2 anos** de exercício na respectiva entrância e integrar o juiz a primeira **quinta parte** da lista de antiguidade desta, salvo se não houver com tais requisitos quem aceite o lugar vago.
- Para fins de promoção, deverá ocorrer a aferição do merecimento conforme o desempenho e pelos critérios objetivos de produtividade e presteza no exercício da jurisdição e **pela frequência e aproveitamento em cursos** oficiais ou reconhecidos de aperfeiçoamento (portanto, o aproveitamento não é dispensável), consoante art. 93, II, "c", da CF.
- Na **apuração de antiguidade**, o tribunal somente poderá recusar o juiz mais antigo pelo voto fundamentado de **dois terços** de seus membros, conforme procedimento próprio, e assegurada ampla defesa, repetindo-se a votação até fixar-se a indicação (art. 93, II, "d", da CF).
- **Vitaliciedade:** de acordo com a doutrina, "todos os membros dos tribunais têm a garantia da vitaliciedade, independentemente da forma de acesso. Mesmo que um advogado ou membro do MP integre a carreira da magistratura, por exemplo, através da regra do quinto constitucional – art. 94 [...], no exato momento da posse adquirirá a vitaliciedade, não tendo de passar por qualquer estágio probatório (LENZA, Pedro. Direito constitucional esquematizado. 18. ed. São Paulo: Saraiva, 2014, p. 796)
- **Foro especial:** o STF já firmou entendimento no sentido de que: "**O foro especial por prerrogativa de função não se estende a magistrados aposentados**. Essa a conclusão do Plenário ao, por maioria, negar provimento a recurso extraordinário, afetado ao Pleno pela Primeira Turma, no qual desembargador aposentado insurgia-se contra decisão da Corte Especial do STJ, que declinara de sua competência para julgar ação penal contra ele instaurada, pois não teria direito à referida prerrogativa pelo encerramento definitivo da função — v. Informativos 485, 495 e 585. Aduziu-se que a pretensão do recorrente esbarraria em orientação jurisprudencial fixada pelo Supremo no sentido de que: a) o foro especial por prerrogativa de função teria por objetivo o resguardo da função pública; b) o magistrado, no exercício do ofício judicante, gozaria da prerrogativa de foro especial, garantia voltada não à pessoa do juiz, mas aos jurisdicionados; e c) o foro especial, ante a inexistência do exercício da função, não deveria perdurar, haja vista que a proteção dos jurisdicionados, nesse caso, não seria mais necessária. Ressal-

tou-se, ainda, que o provimento vitalício seria o ato que garantiria a permanência do servidor no cargo, aplicando-se apenas aos integrantes das fileiras ativas da carreira pública. Consignou-se não haver se falar em parcialidade do magistrado de 1ª instância para o julgamento do feito, porquanto a lei processual preveria o uso de exceções capazes de afastar essa situação. Enfatizou-se, também, cuidar-se de matéria de direito estrito que teria por destinatários aqueles que se encontrassem *in officio*, de modo a não alcançar os que não mais detivessem titularidades funcionais no aparelho de Estado. Assinalou-se, outrossim, que essa prerrogativa seria estabelecida *ratione muneris* e destinar-se-ia a compor o estatuto jurídico de determinados agentes públicos enquanto ostentassem essa particular condição funcional." (RE 549.560, Rel. Min. Ricardo Lewandowski, julgamento em 22-3-2012, Plenário, Informativo 659.)

- O Conselho da Justiça Federal funcionará junto ao Superior Tribunal de Justiça e lhe cabe exercer, na forma da lei, a **supervisão administrativa e orçamentária da Justiça Federal** de primeiro e segundo graus, como órgão central do sistema e com **poderes correicionais**, cujas decisões terão **caráter vinculante**. Trata-se de uma novidade instituída pela EC 45/04, no contexto da Reforma do Poder Judiciário.

- Compete ao Supremo Tribunal Federal, precipuamente, a guarda da Constituição, cabendo-lhe processar e julgar, originariamente, nas infrações penais comuns e nos crimes de responsabilidade, os Ministros de Estado e os Comandantes da Marinha, do Exército e da Aeronáutica, ressalvado o disposto no art. 52, I (crimes de responsabilidade conexos com o Presidente da República serão julgados pelo Senado Federal), os membros dos Tribunais Superiores, os do Tribunal de Contas da União e os chefes de missão diplomática de caráter permanente.

- Compete ao Supremo Tribunal Federal julgar **processar e julgar originariamente** (e não mediante recurso extraordinário) nas infrações penais comuns, o Presidente da República, o Vice-Presidente, os membros do Congresso Nacional, seus próprios Ministros e o Procurador- Geral da República (art. 103, I, "b", da CF).

- Compete ao Supremo Tribunal Federal julgar ação direta de inconstitucionalidade de lei ou ato normativo federal ou estadual e a ação declaratória de constitucionalidade de lei ou ato normativo federal, nos termos do art. 102, I, "a", da CF.

- No julgamento do HC 86.834, em 2006, sob relatoria do Ministro Marco Aurélio, DJ 9.3.2007, o STF firmou entendimento no sentido de que **a Corte Constitucional é incompetente para apreciar e julgar pedidos de habeas corpus diretamente impetrados contra atos de Turmas ou Colégios Recursais de Juizados Especiais**. A competência para o julgamento do habeas corpus é definida pelos envolvidos, paciente e impetrante. Estando os integrantes das turmas recursais dos juizados especiais submetidos, nos crimes comuns e nos de responsabilidade, à jurisdição do tribunal de justiça ou do tribunal regional federal incumbe a cada qual, conforme o caso, julgar os habeas impetrados contra ato que tenham praticado. Esse precedente implicou a superação da Súmula 690 do STF.

- Consoante art. 102, III, "d", da CF, compete ao Supremo Tribunal Federal julgar, mediante recurso extraordinário, as causas decididas em única ou última instância, quando a decisão recorrida julgar válida lei local contestada em face de lei federal. Essa competência foi incluída no Texto Constitucional pela EC 45/04, responsável pela Reforma do Poder Judiciário.

- No recurso extraordinário o recorrente deverá demonstrar a **repercussão geral** das questões constitucionais discutidas no caso, nos termos da lei, a fim de que o Tribunal examine a admissão do recurso, somente podendo recusá-lo pela manifestação de dois terços de seus membros.

- **Compete ao STF julgar Mandado de Segurança em face do TCU.** "A jurisprudência desta Corte é firme no sentido de que o TCU é parte legítima para figurar no polo passivo de mandado de segurança apenas quando o ato impugnado estiver revestido de caráter impositivo. Nesse sentido o MS 24.001, Rel. Min. Maurício Corrêa, DJ de 20-5-2002. A especificação da autoridade coatora na petição inicial há de ser feita em função do órgão do TCU que tenha proferido a decisão impugnada no mandamus. Tanto o presidente daquela Corte de Contas quanto os das respectivas Câmaras podem figurar como autoridades coatoras. O Supremo, no entanto, não faz essa distinção, conhecendo dos mandados de segurança impetrados contra o presidente do TCU (MS 23.919, Rel. Min. Carlos Velloso, DJ de 20-6-2003), contra os presidentes de suas Câmaras (MS 25.090, Rel. Min. Eros Grau, DJ de 1º-4-2005 e MS 24.381, Rel. Min. Gilmar Mendes, DJ de 13-5-2004) ou, simplesmente, contra o TCU (MS 23.596, Rel. Min. Sepúlveda Pertence, DJ de 18-5-2001). O ato emanado do TCU deve impor diretamente determinada conduta ao órgão público, configurando a coação impugnável pelo writ. Em se tratando de mandado de segurança de caráter preventivo, a concessão da ordem pressupõe a existência de efetiva ameaça a direito, ameaça que decorra de atos concretos da autoridade pública (MS 25.009, Rel. Min. Carlos Velloso, Plenário, DJ de 24-11-2004)." (MS 26.381-AgR, julgado em 2007 e relatado pelo Ministro Eros Grau).

- **STF e Regime de direito estrito:** "A competência do STF – cujos fundamentos repousam na CR – submete-se a regime de direito estrito. A competência originária do STF, por qualificar-se como um complexo de atribuições jurisdicionais de extração essencialmente constitucional – e ante o regime de direito estrito a que se acha submetida –, não comporta a possibilidade de ser estendida a situações que extravasem os limites fixados, em numerus clausus, pelo rol exaustivo inscrito no art. 102, I, da CR. Precedentes. **O regime de direito estrito, a que se submete a definição dessa competência institucional, tem levado o STF, por efeito da taxatividade do rol constante da Carta Política, a afastar, do âmbito de suas atribuições jurisdicionais originárias, o processo e o julgamento de causas de natureza civil que não se acham inscritas no texto constitucional** (ações populares, ações civis públicas, ações cautelares, ações ordinárias, ações declaratórias e medidas cautelares), mesmo que instauradas contra o presidente da República ou contra qualquer das autoridades, que, em matéria penal (CF, art. 102, I, b e c), dispõem de prerrogativa de foro perante a Corte Suprema ou que, em sede de mandado de segurança, estão sujeitas à jurisdição imediata do Tribunal (CF, art. 102, I, d). Precedentes." (Pet 1.738-AgR, Rel. Min. Celso de Mello, julgamento em 1º-9-1999, Plenário, DJ de 1º-10-1999.)

- O **Superior Tribunal de Justiça** compõe-se de, no mínimo, **33 Ministros**. Os Ministros do Superior Tribunal de Justiça serão nomeados pelo Presidente da República, dentre brasileiros com mais de trinta e cinco e menos de sessenta e cinco anos, de notável saber jurídico e reputação ilibada, depois de aprovada a escolha pela maioria absoluta do Senado Federal.
- A divisão de vagas no Superior Tribunal de Justiça permite o ingresso de **um terço dos membros** dentre juízes dos Tribunais Regionais Federais e **um terço** dentre desembargadores dos Tribunais de Justiça, indicados em lista tríplice elaborada pelo próprio Tribunal; **além de outro terço em partes iguais, dentre advogados e membros do Ministério Público Federal, Estadual, do Distrito Federal e Territórios**.
- A competência para julgamento dos membros do Ministério Público da União que oficiem perante Tribunais, e dos Governadores dos Estados nos crimes comuns, é do **Superior Tribunal de Justiça** (não do STF).
- Com o advento da EC 45/2004, a concessão de *exequatur* às cartas e a homologação de sentença estrangeira passaram a ser de competência do **Superior Tribunal de Justiça.**
- **Órgãos da Justiça Federal:** I – os Tribunais Regionais Federais; II – os Juízes Federais.
- **Tribunais Regionais Federais**: compõem-se de, no mínimo, 7 juízes, recrutados, quando possível, na respectiva região e nomeados pelo Presidente da República dentre brasileiros com mais de 30 e menos de 65 anos, sendo: I – um quinto dentre advogados com mais de dez anos de efetiva atividade profissional e membros do Ministério Público Federal com mais de dez anos de carreira; II – os demais, mediante promoção de juízes federais com mais de cinco anos de exercício, por antigüidade e merecimento, alternadamente.
- A lei disciplinará a **remoção ou a permuta de juízes dos Tribunais Regionais Federais** e determinará sua jurisdição e sede.
- Os Tribunais Regionais Federais instalarão a **justiça itinerante**, com a realização de audiências e demais funções da atividade jurisdicional, nos limites territoriais da respectiva jurisdição, servindo-se de equipamentos públicos e comunitários.
- Os Tribunais Regionais Federais **poderão funcionar descentralizadamente**, constituindo Câmaras regionais, a fim de assegurar o pleno acesso do jurisdicionado à justiça em todas as fases do processo.
- Nos termos do art. 108, da CF, **compete aos Tribunais Regionais Federais**:

I – processar e julgar, originariamente:

a) os juízes federais da área de sua jurisdição, incluídos os da Justiça Militar e da Justiça do Trabalho, nos crimes comuns e de responsabilidade, e os membros do Ministério Público da União, ressalvada a competência da Justiça Eleitoral;

b) as revisões criminais e as ações rescisórias de julgados seus ou dos juízes federais da região;

c) os mandados de segurança e os "habeas-data" contra ato do próprio Tribunal ou de juiz federal;

d) os "habeas-corpus", quando a autoridade coatora for juiz federal;

e) os conflitos de competência entre juízes federais vinculados ao Tribunal;

II – julgar, em grau de recurso, as causas decididas pelos juízes federais e pelos juízes estaduais no exercício da competência federal da área de sua jurisdição.

- De acordo com o art. 109, da CF, aos **juízes federais compete** processar e julgar:

I – as causas em que a União, entidade autárquica ou empresa pública federal forem interessadas na condição de autoras, rés, assistentes ou oponentes, exceto as de falência, as de acidentes de trabalho e as sujeitas à Justiça Eleitoral e à Justiça do Trabalho;

II – as causas entre Estado estrangeiro ou organismo internacional e Município ou pessoa domiciliada ou residente no País;

III – as causas fundadas em tratado ou contrato da União com Estado estrangeiro ou organismo internacional;

IV – os crimes políticos e as infrações penais praticadas em detrimento de bens, serviços ou interesse da União ou de suas entidades autárquicas ou empresas públicas, excluídas as contravenções e ressalvada a competência da Justiça Militar e da Justiça Eleitoral;

V – os crimes previstos em tratado ou convenção internacional, quando, iniciada a execução no País, o resultado tenha ou devesse ter ocorrido no estrangeiro, ou reciprocamente;

V- A as causas relativas a direitos humanos a que se refere o § 5º deste artigo;

VI – os crimes contra a organização do trabalho e, nos casos determinados por lei, contra o sistema financeiro e a ordem econômico-financeira;

VII – os "habeas-corpus", em matéria criminal de sua competência ou quando o constrangimento provier de autoridade cujos atos não estejam diretamente sujeitos a outra jurisdição;

VIII – os mandados de segurança e os "habeas-data" contra ato de autoridade federal, excetuados os casos de competência dos tribunais federais;

IX – os crimes cometidos a bordo de navios ou aeronaves, ressalvada a competência da Justiça Militar;

X – os crimes de ingresso ou permanência irregular de estrangeiro, a execução de carta rogatória, após o "exequatur", e de sentença estrangeira, após a homologação, as causas referentes à nacionalidade, inclusive a respectiva opção, e à naturalização;

XI – a disputa sobre direitos indígenas.

- As **causas em que a União for autora** serão aforadas na seção judiciária onde tiver domicílio a outra parte.
- As **causas intentadas contra a União** poderão ser aforadas na seção judiciária em que for domiciliado o autor, naquela onde houver ocorrido o ato ou fato que deu origem à demanda ou onde esteja situada a coisa, ou, ainda, no Distrito Federal.
- Serão **processadas e julgadas na justiça estadual, no foro do domicílio dos segurados ou beneficiários**, as causas em que forem parte instituição de previdência social e segurado, **sempre que a comarca não seja sede de vara do juízo federal**, e, se verificada essa condição, a lei poderá permitir que outras causas sejam também processadas e julgadas pela justiça estadual. Neste caso, o recurso cabível será sempre para o Tribunal Regional Federal na área de jurisdição do juiz de primeiro grau.
- Conforme restou apurado do voto prolatado pelo Ministro Gilmar Mendes, no bojo do HC 100.772/GO, julgado em 2011 e relatado pelo Min. Gilmar Mendes, **a competência para processar e julgar ação que se discute o desvio de recursos proveniente do Fundo de Manutenção e de Desenvolvimento do Ensino Fundamente e Valorização do Magistério (FUNDEF) é da Justiça Federal**, com fundamento no artigo 109, IV, da CF. Considera o Pretório Excelso que, com base na redação do dispositivo mencionado, a Constituição atribuiu à União função supletiva e redistributiva em matéria educacional, bem como o interesse na universalização de um padrão mínimo de qualidade do ensino, sendo que isso seria condição suficiente para caracterizar o interesse da União nas ações penais concernentes a desvios do FUNDEF, independentemente de repasse de verba federal. Assim, conforme se destaca do Informativo 643 de 2011 também entendeu a Suprema Corte que a propositura da ação penal, no caso de desvio de recursos do FUNDEB, é atribuição do MPF (Ministério Público Federal), ainda que não haja repasse de verbas da União, sendo julgada pela Justiça Federal. Já no caso de investigação de improbidade administrativa e a eventual ação de responsabilização civil, a competência é do Ministério Público Estadual.
- Cada Estado, bem como o Distrito Federal, constituirá uma **seção judiciária** que terá por sede a respectiva Capital, e varas localizadas segundo o estabelecido em lei.
- Nos Territórios Federais, a jurisdição e as atribuições cometidas aos juízes federais caberão aos juízes da justiça local, **na forma da lei**.
- O **Tribunal Superior do Trabalho** compõe-se de 27 Ministros, escolhidos dentre brasileiros com mais de 35 e menos de 65 anos, nomeados pelo Presidente da República após aprovação pela maioria absoluta do Senado Federal, sendo: I. um quinto dentre advogados com mais de 10 anos de efetiva atividade profissional e membros do Ministério Público do Trabalho com mais de 10 anos de efetivo exercício; II. os demais dentre juízes dos Tribunais Regionais do Trabalho, oriundos da magistratura da carreira, indicados pelo próprio Tribunal Superior. Sendo assim, apenas um quinto das 27 vagas será ocupado por advogados ou membros do Ministério Público (aliás, vale notar que o art. 111-A é oriundo da EC 45/04 e prevê o instituto do quinto constitucional, que não existia para Justiça do Trabalho), e o restante ficará com juízes dos Tribunais Regionais do Trabalho, oriundos da magistratura da carreira, indicados pelo próprio Tribunal Superior.
- O Tribunal Superior do Trabalho é composto de vinte e sete Ministros, escolhidos dentre brasileiros com mais de trinta e cinco e menos de sessenta e cinco anos, nomeados pelo Presidente da República após aprovação pela maioria absoluta do Senado Federal, **sendo um quinto dentre advogados com mais de dez anos de efetiva atividade profissional e membros do Ministério Público do Trabalho com mais de dez anos de efetivo exercício e os demais dentre juízes dos Tribunais Regionais do Trabalho, oriundos da magistratura da carreira, indicados pelo próprio Tribunal Superior** (art. 111-A, "I" e "II", da CF).
- Os Ministros do Tribunal Superior do Trabalho devem ser brasileiros, **mas, não necessariamente, natos (portanto, podem também ser naturalizados)**, nomeados pelo Presidente da República, após aprovação pela maioria absoluta do **Senado Federal** (não do Congresso Nacional), consoante art. 111-A, da CF.
- A **lei disporá sobre a competência do Tribunal Superior do Trabalho**, e funcionará, junto a ele a Escola Nacional de Formação e Aperfeiçoamento de Magistrados do Trabalho, cabendo-lhe, dentre outras funções, regulamentar os cursos oficiais para o ingresso e promoção na carreira. O dispositivo

tem origem na EC 45/04, que promoveu a reforma do Poder Judiciário.

- O **Conselho Superior da Justiça do Trabalho** funcionará junto ao Tribunal Superior do Trabalho (não é entidade separada e independente e também não pertence à administração pública), cabendo-lhe exercer, na forma da lei, a supervisão administrativa, orçamentária, financeira e patrimonial da Justiça do Trabalho de primeiro e segundo graus, como **órgão central do sistema**, **cujas decisões terão efeito vinculante.**
- Previstas na redação original do art. 112, da CF, **as Juntas de Conciliação e Julgamento não mais encontram guarida constitucional, por força da EC 45/04**. Segundo nova redação do art. 112, da CF, a lei criará varas da Justiça do Trabalho, podendo, nas comarcas não abrangidas por sua jurisdição, atribuí-la aos juízes de direito, com recurso para o respectivo Tribunal Regional do Trabalho. Portanto, não há mais menção das Juntas de Conciliação e Julgamento na estrutura da Justiça do Trabalho.
- Consoante art. 114, VI, da CF, **compete à Justiça do Trabalho** processar e julgar as ações de indenização por dano moral ou patrimonial, decorrentes da relação de trabalho. Tal regra foi incluída pela Emenda Constitucional nº 45, de 2004. Interessante notar que, logo depois da inclusão da nova regra, o STF no bojo do RE 438639, chegou a entender de modo diverso, firmando competência para a justiça do trabalho. Entretanto, logo em seguida, nos autos do Conflito de Competência 7.204-1, a Suprema Corte mudou de posição firmou a competência da justiça comum para o processo e o julgamento de ações de indenização por dano moral decorrente de acidente do trabalho propostas por empregado contra empregador, alinhando-se ao Texto Constitucional.
- Os **Tribunais Regionais do Trabalho compõem-se** de, **no mínimo**, sete juízes, recrutados, quando possível, na respectiva região, e nomeados pelo Presidente da República dentre brasileiros com mais de trinta e menos de sessenta e cinco anos (art. 115 da CF, com redação dada pela EC 45/04).
- Os Tribunais Regionais do Trabalho instalarão a **justiça itinerante**, com a realização de audiências e demais funções de atividade jurisdicional, nos limites territoriais da respectiva jurisdição (e não além deles), servindo-se de equipamentos públicos e comunitários (art. 115, § 1º, da CF).
- Os Tribunais Regionais do Trabalho **poderão** funcionar de forma descentralizada, **constituindo Câmaras regionais**, a fim de assegurar o pleno acesso do jurisdicionado à justiça em todas as fases do processo (art. 115, § 2º, da CF).
- Conforme determina a CF em seu art. 120, § 1º, III, o TRE é composto, entre outros, por dois juízes oriundos da classe dos advogados, os quais são nomeados pelo presidente da República, após indicação do respectivo tribunal de justiça. No entanto, **esses juízes não estão impedidos de continuar a exercer a advocacia**, conforme se pronunciou o STF na ADI 1127, julgada em 2006 e relatada pelo Ministro Ricardo Lewandowski.
- **Regra do Quinto Constitucional: um quinto dos lugares dos Tribunais Regionais Federais, dos Tribunais dos Estados, e do Distrito Federal e Territórios** será composto de membros, do **Ministério Público**, com mais de dez anos de carreira, e de **advogados** de notório saber jurídico e de reputação ilibada, com mais de dez anos de efetiva atividade profissional, indicados em lista sêxtupla pelos órgãos de representação das respectivas classes.
- O Advogado oriundo do Quinto Constitucional nos Tribunais de Justiça concorre como magistrado para ocupar vagas no Superior Tribunal de Justiça, **pois disputa o terço das vagas a serem ocupadas por Desembargadores dos Tribunais de Justiça**.

9. Conselho Nacional de Justiça – CNJ

CONSELHO NACIONAL DE JUSTIÇA – CNJ	
1. Natureza Jurídica	Órgão Integrante do Poder Judiciário, mas sem poder jurisdicional
2. Composição	15 membros, sendo: a) 9 do Poder Judiciário; b) 2 do Ministério Público; c) 2 advogados; d) 2 cidadãos. A Presidência do CNJ cabe ao Presidente do STF, que é um dos integrantes oriundo do Poder Judiciário.
3. Nomeação dos Membros	Pelo Presidente da República, após aprovação pela maioria absoluta do Senado Federal, salvo o Presidente e o Vice-Presidente, que não se submetem a essa exigência.
4. Mandatos dos Membros	2 anos, admitida uma recondução
5. Competência	Controle da atuação administrativa e financeira do Poder Judiciário e do cumprimento dos deveres funcionais dos juízes
6. Poderes/ Prerrogativas Especiais	a) apreciar, de ofício ou mediante provocação, a legalidade dos atos administrativos praticados por membros ou órgãos do Poder Judiciário, podendo desconstituí-los, revê-los ou fixar prazo para que se adotem as providências necessárias ao exato cumprimento da lei; b) receber e conhecer das reclamações contra membros ou órgãos do Poder Judiciário. c) avocar processos disciplinares em curso e determinar a remo-

CONSELHO NACIONAL DE JUSTIÇA - CNJ	
6. Poderes/ Prerrogativas Especiais	ção, a disponibilidade ou a aposentadoria com subsídios ou proventos proporcionais ao tempo de serviço e aplicar outras sanções administrativas, assegurada ampla defesa d) rever, de ofício ou mediante provocação, os processos disciplinares de juízes e membros de tribunais julgados há menos de um ano (portanto, não pode ser a qualquer tempo).
7. Controle Externo	Os atos do CNJ sujeitam-se ao controle do Supremo Tribunal Federal (art. 102, I, "r", da CF).

- O CNJ, órgão integrante do Poder Judiciário (art. 92, I-A, da CF), não pode julgar magistrados por crime de abuso de autoridade, pois sua **competência é administrativa e financeira**, não judicial.
- **Compete ao CNJ o controle da atuação administrativa e financeira do Poder Judiciário e do cumprimento dos deveres funcionais dos juízes**, cabendo-lhe, além de outras atribuições que lhe forem conferidas pelo Estatuto da Magistratura, zelar pela observância do art. 37 (que contém os princípios da administração) e apreciar, de ofício ou mediante provocação, a legalidade dos atos administrativos praticados por membros ou órgãos do Poder Judiciário, podendo desconstituí-los, revê-los ou fixar prazo para que se adotem as providências necessárias ao exato cumprimento da lei, sem prejuízo da competência do Tribunal de Contas da União.
- "Ação direta. EC 45/2004. Poder Judiciário. CNJ. Instituição e disciplina. Natureza meramente administrativa. Órgão interno de controle administrativo, financeiro e disciplinar da magistratura. **Constitucionalidade reconhecida**. Separação e independência dos Poderes. História, significado e alcance concreto do princípio. Ofensa a cláusula constitucional imutável (cláusula pétrea). Inexistência. Subsistência do núcleo político do princípio, mediante preservação da função jurisdicional, típica do Judiciário, e das condições materiais do seu exercício imparcial e independente. Precedentes e Súmula 649. Inaplicabilidade ao caso. Interpretação dos arts. 2º e 60, § 4º, III, da CF. Ação julgada improcedente.Votos vencidos. **São constitucionais as normas que, introduzidas pela EC 45, de 8-12-2004, instituem e disciplinam o CNJ**, como órgão administrativo do Poder Judiciário nacional. Poder Judiciário. Caráter nacional. Regime orgânico unitário. Controle administrativo, financeiro e disciplinar. Órgão interno ou externo. Conselho de Justiça. Criação por Estado-membro. Inadmissibilidade. Falta de competência constitucional. Os Estados-membros carecem de competência constitucional para instituir, como órgão interno ou externo do Judiciário, conselho destinado ao controle da atividade administrativa, financeira ou disciplinar da respectiva Justiça. Poder Judiciário. CNJ. Órgão de natureza exclusivamente administrativa. Atribuições de controle da atividade administrativa, financeira e disciplinar da magistratura. Competência relativa apenas aos órgãos e juízes situados, hierarquicamente, abaixo do STF. Preeminência deste, como órgão máximo do Poder Judiciário, sobre o Conselho, cujos atos e decisões estão sujeitos a seu controle jurisdicional. Inteligência dos arts. 102, caput, I, letra r, e 103-B, § 4º, da CF. O CNJ não tem nenhuma competência sobre o STF e seus ministros, sendo esse o órgão máximo do Poder Judiciário nacional, a que aquele está sujeito." (ADI 3.367, Rel. Min. Cezar Peluso, julgamento em 13-4-2005, Plenário, DJ de 22-9-2006.)
- "As provas obtidas em razão de diligências deflagradas na esfera criminal podem ser utilizadas em processo administrativo disciplinar, uma vez submetidas ao contraditório, posto estratégia conducente à duração razoável do processo, sem conjuração das cláusulas pétreas dos processos administrativo e judicial. A instauração de um Processo Administrativo Disciplinar (PAD) prescinde de prévia sindicância, quando o objeto da apuração encontra-se elucidado à luz de outros elementos lícitos de convicção. A competência originária do CNJ resulta do texto constitucional e independe de motivação do referido órgão, bem como da satisfação de requisitos específicos. **A competência do CNJ não se revela subsidiária**. Ressalva do redator do acórdão no sentido de que o STF, por força do princípio da unidade da Constituição e como guardião da Carta Federal, não pode desconsiderar a autoridade do CNJ e a autonomia dos tribunais, por isso que a conciliação possível, tendo em vista a atividade correcional de ambas as instituições, resulta na competência originária do órgão, que pode ser exercida de acordo com os seguintes termos e parâmetros apresentados de forma exemplificativa: a) comprovação da inércia do tribunal local quanto ao exercício de sua competência disciplinar. Nesse contexto, o CNJ pode fixar prazo não inferior ao legalmente previsto de 140 dias [60 dias (art. 152 da Lei 8.112) + 60 dias (art. 152 da Lei 8.112, que admite prorrogação de prazo para a conclusão do PAD) + 20 dias (prazo para o administrador competente decidir o PAD, ex vi do art. 167 da Lei 8.112)] para que as corregedorias locais apurem fatos que cheguem ao conhecimento do órgão, avocando os feitos em caso de descumprimento imotivado do lapso temporal; sem prejuízo da apuração de responsabilidade do órgão correcional local; b) demora irrazoável na condução, pelo tribunal local, de processo administrativo com risco de prescrição; c) falta de quórum para deliberação, por suspeição, impedimentos ou vagas de magistrados do tribunal; d) simulação quanto ao exercício da competência correicional pelo Poder Judiciário local; e) prova da incapa-

cidade de atuação dos órgãos locais por falta de condições de independência, hipóteses nas quais é lícita a inauguração de procedimento pelo referido Conselho ou a avocação do processo; f) a iminência de prescrição de punições aplicáveis pelas corregedorias no âmbito de suas atribuições autoriza o CNJ a iniciar ou avocar processos; g) qualquer situação genérica avaliada motivadamente pelo CNJ que indique a impossibilidade de apuração dos fatos pelas corregedorias autoriza a imediata avocação dos processos pelo CNJ; h) arquivado qualquer procedimento, disciplinar ou não, da competência das corregedorias, é lícito ao CNJ desarquivá-los e prosseguir na apuração dos fatos; i) havendo conflito de interesses nos tribunais que alcancem dimensão que torne o órgão colegiado local impossibilitado de decidir, conforme avaliação motivada do próprio CNJ, poderá o mesmo avocar ou processar originariamente o feito; j) os procedimentos disciplinares iniciados nas corregedorias e nos tribunais locais deverão ser comunicados ao CNJ dentro do prazo razoável de trinta dias para acompanhamento e avaliação acerca da avocação prevista nas alíneas antecedentes; k) as regras acima não se aplicam aos processos já iniciados, aos em curso e aos extintos no CNJ na data deste julgamento; l) as decisões judiciais pretéritas não são alcançadas pelos parâmetros acima. O instituto da translatio judicii, que realça com clareza solar o princípio da instrumentalidade do processo, viabiliza o aproveitamento dos atos processuais praticados no âmbito do CNJ pelo órgão correicional local competente para decidir a matéria. Denegação da segurança, mantendo-se a decisão do CNJ com o aproveitamento de todas as provas já produzidas." (MS 28.003, julgado em 2012 e relatado para o acórdão pelo Ministro Luiz Fux).

- De acordo com o entendimento da Suprema Corte, **a competência estabelecida no artigo 102, I, *r*, da CF, de processar e julgar as ações contra o Conselho Nacional de Justiça, restringe-se às ações constitucionais**, quais sejam, mandado de segurança, mandado de injunção, habeas corpus e habeas data. Desse modo, segundo dispõe o próprio Pretório: "**A competência desta Corte para conhecer e julgar ações que questionam atos do Conselho Nacional de Justiça – CNJ e do Conselho Nacional do Ministério Público – CNMP se limita às ações tipicamente constitucionais: mandados de segurança, mandados de injunção, habeas corpus e habeas data**" (STF. Pet 4794 ED, julgado em 2015 e relatado pelo Ministro Luiz Fux).

10. Súmula vinculante

- Somente o **STF** pode editar Súmula Vinculante.
- O Supremo Tribunal Federal poderá, de ofício ou por provocação, mediante decisão de **dois terços** (e não da maioria absoluta) de seus membros, **após reiteradas decisões sobre matéria constitucional**, aprovar súmula que, a partir de sua publicação na imprensa oficial, terá **efeito vinculante** em relação aos demais órgãos do Poder Judiciário e à administração pública direta e indireta, nas esferas federal, estadual e municipal, bem como proceder à sua revisão ou cancelamento, na forma estabelecida em lei.
- **A súmula vinculante terá por objetivo** a validade, a interpretação e a eficácia de normas determinadas, acerca das quais haja controvérsia atual entre órgãos judiciários ou entre esses e a administração pública que acarrete **grave insegurança jurídica** e **relevante multiplicação de processos** sobre questão idêntica.
- **A edição, a revisão ou o cancelamento de enunciado de súmula vinculante podem ser provocados** pelos legitimados para a propositura da ação direta de inconstitucionalidade, e também pelo Defensor Público-Geral da União, os Tribunais Superiores, os Tribunais de Justiça de Estados ou do Distrito Federal e Territórios, os Tribunais Regionais Federais, os Tribunais Regionais do Trabalho, os Tribunais Regionais Eleitorais e os Tribunais Militares, nos termos do art. 3º da Lei 11.417/06, que regulamenta o art. 103-A da Constituição Federal, disciplinando a edição, a revisão e o cancelamento de enunciado de súmula vinculante pelo Supremo Tribunal Federal.
- Atenção! O **Município** poderá propor, **incidentalmente ao curso de processo em que seja parte**, a edição, a revisão ou o cancelamento de enunciado de súmula vinculante, o que não autoriza a suspensão do processo.
- Conforme art. 103-A, da CF, o quórum para a decisão da aprovação da Súmula será de **dois terço de seus membros,** e não da maioria simples dos Ministros presentes.
- Do ato administrativo ou decisão judicial que contrariar a súmula aplicável ou que indevidamente a aplicar, caberá **reclamação** ao Supremo Tribunal Federal que, julgando-a procedente, anulará o ato administrativo ou cassará a decisão judicial reclamada, e determinará que outra seja proferida com ou sem a aplicação da súmula, conforme o caso.
- **É plenamente cabível** revisão ou cancelamento da Súmula Vinculante mesmo após sua edição, por força do que dispõe o Art. 103-A, da CF.
- Consoante art. 7º, § 1º, da Lei 11.417/06, contra omissão ou ato da administração pública, o uso da reclamação só será admitido **após esgotamento das vias administrativas**.

◉ SÚMULAS

✦ INFORMATIVOS

▸ ***Art. 93, II, a, da CF e obrigatoriedade de apresentação de lista***

O Plenário acolheu parcialmente embargos de declaração opostos, pela União, contra acórdão proferido em mandado de segurança, no qual cassado decreto presidencial que deixara de observar o disposto no art. 93, II, a, da CF. Naquela decisão, asseverara-se que, na promoção de magistrado federal, por merecimento, que figurasse por 3 vezes consecutivas ou 5 alternadamente, em lista tríplice, o Chefe do Executivo teria de, obrigatoriamente, sufragar o nome que figurasse no mencionado rol. Esclareceu-se que, ainda que existente vinculação ao nome que figurasse na lista observadas essas condições – a significar, para a embargante, indicação direta, e não lista –, o documento sempre deveria ser elaborado pelo respectivo tribunal e enviado à Presidência da República, por expressa exigência constitucional. Além disso, na lista constariam os nomes de 2 outros juízes que, eventualmente, poderiam ser beneficiados por esta regra, caso viessem a preencher os requisitos futuramente. MS 30585 ED/DF, Rel. Min. Ricardo Lewandowski, 27.2.2013. Pleno. (Info 696)

▸ *Juízes classistas aposentados e auxílio-moradia – 7*

Ao concluir julgamento, o Plenário, por maioria, proveu, em parte, recurso ordinário em mandado de segurança para reformar acórdão do TST com intuito de reconhecer o direito aos reflexos da parcela autônoma de equivalência incidente sobre os proventos e pensões de 1992 a 1998 e, após esse período, o direito à irredutibilidade dos respectivos valores. O aresto questionado reputara inviável a incorporação da parcela denominada auxílio-moradia aos proventos de juízes classistas aposentados sob a égide da Lei 6.903/81. De início, destacou-se que a Lei 9.655/98 desvinculara os vencimentos dos magistrados togados da remuneração percebida pelos juízes classistas de 1ª instância da justiça do trabalho, que passaram a ter direito às reposições salariais concedidas em caráter geral aos servidores públicos federais. Asseverou-se que, em seguida, a EC 24/99 extinguira a representação classista naquele âmbito, assegurado o cumprimento dos mandatos em curso. Assim, os classistas que adquiriram o direito à aposentadoria e os respectivos pensionistas teriam jus ao valor da última remuneração dos classistas ativos até 1999 e, a partir daí, ao percentual de variação dos reajustes concedidos aos servidores públicos federais. No ponto, afastou-se identidade entre juízes classistas e togados, no sentido da obrigatoriedade de remuneração equivalente. Tendo em conta essas considerações, deixou-se de acolher o pedido de equiparação de proventos e pensões de juízes classistas com os subsídios de magistrados togados em atividade. RMS 25841/DF, red. p/ ac. Min. Marco Aurélio, 20.3.2013. Pleno. (Info 699)

▸ *Juízes classistas aposentados e auxílio-moradia – 8*

Todavia, assentou-se o direito dos juízes classistas à parcela autônoma de equivalência até a edição da Lei 9.655/98. Relembrou-se que o STF afirmara, em sessão administrativa de 12.8.92, que o auxílio-moradia conferido aos membros da Câmara dos Deputados teria natureza remuneratória e, por isso, deveria integrar o cálculo de equivalência previsto na redação originária do art. 37, XI, da CF. Com esse fundamento, concedera-se, em 27.2.2000, medida liminar na AO 630/DF, com a determinação de que a aludida parcela fosse estendida aos demais membros da magistratura. Salientou-se que esse quadro perdurara até 2002. Observou-se que o Relator da mencionada ação declarara a perda de seu objeto, haja vista o reconhecimento administrativo do direito à parcela autônoma de equivalência no período compreendido entre 2000 e 2002 aos juízes, exceto aos classistas. Reputou-se que a premissa que embasara a decisão, de igual modo, poderia ser aplicada aos juízes classistas ativos, cujo cálculo de remuneração encontrava-se disciplinado pela Lei 4.439/64. Dessa maneira, a parcela enquadrar-se-ia no conceito de vencimento-base para todos os fins. Ao ressaltar o conteúdo declaratório da antecipação dos efeitos da tutela, dessumiu-se que o direito se originara com a criação desse auxílio pela Câmara dos Deputados em 1992. Logo, os juízes classistas ativos, entre 1992 e 1998, teriam jus ao cálculo remuneratório que computasse a parcela autônoma de equivalência recebida pelos togados. Em consequência, nesse interregno, existiria o direito dos classistas de obter os reflexos da parcela pleiteada sobre os respectivos proventos de aposentadorias e pensões. Quanto à eventual prescrição, assinalou-se que, se ocorrente, incidiria nas parcelas vencidas 5 anos antes da impetração e, sobre elas, a Corte não fora instada a se manifestar. RMS 25841/DF, red. p/ ac. Min. Marco Aurélio, 20.3.2013. Pleno. (Info 699)

▸ *Loman e decisões paradigmas em reclamação – 1*

O Plenário, por maioria, deu provimento a agravo regimental em reclamação e cassou liminar deferida pelo Min. Luiz Fux, relator, que sustara a posse de magistrado eleito para o cargo de Corregedor do Tribunal de Justiça do Estado do Rio Grande do Sul – TJRS. Na espécie, a reclamação fora ajuizada por magistrado que, inobstante figurar na quinta colocação na ordem de antiguidade dos desembargadores elegíveis e ser o segundo mais antigo dentre os candidatos, não tivera seu nome sufragado nas eleições realizadas para o biênio 2012-2013. Em face de recusa dos pares em participar da eleição, fora eleito desembargador que figurara em quinquagésimo na ordem de antiguidade e em quinto dentre os concorrentes. O reclamante, ora agravado, alegara que não se poderia estender o universo dos elegíveis a todos os desembargadores que integrassem o tribunal. Afirmara ofensa a Lei Orgânica da Magistratura Nacional – Loman (LC 35/79), na parte que cuidaria dos magistrados que poderiam se candidatar aos cargos de direção dos tribunais (Art. 102). Arguia, ainda, que ao proceder à eleição de seu órgão diretivo, o TJRS teria desrespeitado a autoridade das decisões proferidas pelo STF na ADI 3566, na ADI 3976 e na ADI 4108, bem como na Rcl 9723. Sustentara que o tribunal gaúcho não poderia permitir que se candidatassem mais desembargadores do que o número de cargos de direção em disputa. Rcl 13115 MC-AgR/RS, red. p/ ac. Min. Marco Aurélio, 12.12.2012. Pleno. (Info 692)

▸ *Loman e decisões paradigmas em reclamação – 2*

No agravo regimental, o Presidente daquela Corte insurgia-se contra a mencionada liminar suspensiva da posse e alegava que as eleições teriam ocorrido nos termos preceituados pela Loman. De início, o Min. Marco Aurélio destacou que, embora a Constituição tivesse proclamado a autonomia administrativa e financeira dos tribunais, seria silente quanto à disciplina de sua direção. Obtemperou que tampouco o art. 102 da Loman se mostraria sensato, em especial no que concerniria à inelegibilidade de magistrados que exerceram cargos de direção. Repisou seu posicionamento, vencido, quanto à não recepção do art. 102 da Loman pela Constituição. Aduziu que o STF não admitiria o efeito transcendente para ter-se como adequada a presente reclamação. Salientou que o acórdão paradigma da ADI 3566 analisara a constitucionalidade de dispositivo do Regimento Interno do TRF da 3ª Região, o qual não poderia ser apontado como descumprido por Corte diversa, no caso, pelo TJRS. Assinalou que, consoante jurisprudência do Supremo, não se poderia cogitar de reclamação para tornar prevalente decisão formalizada em reclamação. Assim, deu provimento ao agravo e afastou a parte que sobejaria da liminar. A Min. Cármen Lúcia pontuou que se estaria diante de reclamação por descumprimento de decisão proferida pelo STF e que a Corte já se manifestara quanto à recepção da Loman pela Constituição. Atestou que não se poderia, em sede de reclamação, questionar-se, novamente, a problemática da interpretação e aplicação da norma da Loman. O Min. Teori Zavascki corroborou que, no julgamento da ADI 3566/DF, tida como afrontada, discutia-se legitimidade constitucional de norma interna do TRF da 3ª Região. Naquela ação, ter-se-ia decidido, também, que regimento interno de tribunal não poderia disciplinar critérios de antiguidade de modo diverso do que contido na Loman. Frisou que a Rcl 9723, paradigma citado no ajuizamento da presente reclamação, questionara as eleições de 2009 do Tribunal gaúcho. Concluiu que a essência da fundamentação vinculante na ADI seria que os tribunais deveriam obedecer ao art. 102 da Loman e, na situação dos autos, o TJRS teria observado esse dispositivo. Dessa forma, não teria ocorrido ofensa ao que decidido na reclamação anterior, uma vez que atendido procedimento outrora reputado legítimo. O Min. Ricardo Lewandowski assentou, outrossim, que o art. 102 da Loman não teria sido violado e que inexistiria paradigma ofendido com a prática levada a efeito pelo TJRS. A Min. Rosa Weber, ao destacar a observância do art. 102 da Loman, assinalou que, sendo a presente reclamação baseada no descumprimento do que decidido pelo STF na Rcl 9723/RS, não teria havido descumprimento por parte do TJRS. Rcl 13115 MC-AgR/RS, red. p/ ac. Min. Marco Aurélio, 12.12.2012. Pleno. (Info 692)

▸ *Nomeação para TRT. MS 31.375-DF Rel. Min. Cármen Lúcia*

Mandado de segurança. Nomeação de magistrado para Tribunal Regional do Trabalho da 2ª Região: o impetrante em três listas tríplices consecutivas para promoção por merecimento para desembargador do TRT da 2ª região (art. 115, LI, da CF). Observância obrigatória do art. 93, inc. II, a. A, da CF. Regra aplicável à magistratura. Segurança concedida. Agravo regimental prejudicado. (Info 714)

▸ *Deliberação legislativa acerca de veto presidencial e ordem cronológica – 1*

Ao salientar a singular gravidade do cenário fático-jurídico da situação em apreço, o Plenário, por maioria, deu provimento a agravo regimental para revogar medida liminar concedida pelo Min. Luiz Fux, em mandado de segurança do qual relator. Trata-se de "writ" impetrado por deputado federal contra ato da Mesa Diretora do Congresso Nacional consubstanciado na aprovação de requerimento de urgência para exame do Veto Parcial 38/2012, aposto pela Presidente da República ao Projeto de Lei 2.565/2011, que dispõe sobre a distribuição entre os entes federados de "royalties" relativos à exploração de petróleo, gás natural e outros hidrocarbonetos fluidos. Sustenta-se, em síntese, violação ao devido processo legislativo por inobservância ao art. 66, § § 4º e 6º, da CF e a dispositivos do Regimento Comum do Congresso Nacional. A decisão agravada determinara àquele órgão que se abstivesse de deliberar acerca do veto presidencial antes que se procedesse à apreciação, em ordem cronológica de recebimento da respectiva comunicação, de todos os vetos pendentes com prazo constitucional de análise expirado até a data da concessão da medida acauteladora. MS 31816 AgR-MC/DF, red. p/ ac. Min. Teori Zavascki, 27.2.2013. Pleno. (Info 696)

▸ *Deliberação legislativa acerca de veto presidencial e ordem cronológica – 2*

De início, assentou-se a "legitimatio ad causam" do impetrante, bem como a adequação da via eleita. Destacou-se jurisprudência do STF segundo a qual o parlamentar no pleno exercício de mandato eletivo ostentaria legitimidade para impetrar mandado de segurança com a finalidade de prevenir atos no processo de aprovação de leis e emendas constitucionais incompatíveis com o processo legislativo constitucional. O Min. Luiz Fux aduziu inexistir alegação de inconstitucionalidade como causa de pedir, mas sim de pleito que visaria obstar a prática de ato em desacordo com a Constituição. Os Ministros Dias Toffoli, Cármen Lúcia, Ricardo Lewandowski e Celso de Mello ressaltaram a pertinência do instrumento escolhido e o direito público subjetivo de deputado federal invocar a tutela jurisdicional do Estado quando não atendidos os ditames constitucionais do processo legislativo. O Min. Celso de Mello acresceu que a índole política dos atos e dos procedimentos parlamentares, por si só, não bastaria para subtraí-los à esfera do controle jurisdicional. O Min. Gilmar Mendes, por sua vez, afirmou que o caso não envolveria a defesa de direito líquido e certo, porém diria respeito a mandado de segurança com perfil especial, utilizado para resolver típico conflito de atribuições. Em divergência, os Ministros Teori Zavascki e Rosa Weber consignavam o não cabimento do mandado de segurança como meio de controle preventivo de constitucionalidade, formal ou material, de atos normativos, em especial, se o impetrante não estiver incluído no rol de legitimados previsto no art. 103 da CF. O Min. Teori Zavascki frisou não estar em jogo tutela a direito líquido e certo ameaçado ou violado por ato de autoridade (direito subjetivo) e, tampouco, a prerrogativa do cargo de parlamentar, já que o impetrante objetivaria a proteção da higidez do processo legislativo. MS 31816 AgR-MC/DF, red. p/ ac. Min. Teori Zavascki, 27.2.2013. Pleno. (Info 696)

▸ ***Deliberação legislativa acerca de veto presidencial e ordem cronológica – 3***

No tocante ao exame da liminar, prevaleceu o voto do Min. Teori Zavascki. Obtemperou que os argumentos de ofensa a normas regimentais não mereceriam consideração, notadamente em juízo de delibação. Quanto às cláusulas constitucionais que disciplinariam a votação sobre o veto presidencial (CF, art. 66, § § 4º e 6º), concordou com o Relator que teriam sido descumpridas. Mencionou que a sanção acarretada pelo não atendimento do prazo fixado na Constituição (prazo peremptório) atrairia, de forma automática e sem formalidade ou necessidade de manifestação de vontade, a colocação do veto na ordem do dia, sobrestadas as demais proposições até sua votação final. Registrou, no ponto, que essa imposição alcançaria não apenas a votação de outros vetos, mas sim todas as demais proposições de competência do Congresso Nacional. Aludiu a informações sobre a inércia parlamentar, tendo em vista a existência, nos dias de hoje, de mais de 3000 vetos pendentes de análise, alguns com prazo vencido há cerca de 13 anos. Assinalou que esse quadro mostrar-se-ia mais grave quando levado em conta que a estrita observância dos preceitos constitucionais do processo legislativo configuraria pressuposto de validade dos correspondentes atos normativos. Dessumiu que a aplicação rígida dos referidos artigos constitucionais, com eficácia retroativa, não apenas imporia futuro caótico para a atuação daquela Casa Legislativa – a paralisar nova deliberação, exceto a de vetos pendentes por ordem de vencimento –, assim como causaria insegurança jurídica sobre as deliberações tomadas pelo Congresso Nacional nos últimos 13 anos. MS 31816 AgR-MC/DF, red. p/ ac. Min. Teori Zavascki, 27.2.2013. Pleno. (Info 696)

▸ ***Deliberação legislativa acerca de veto presidencial e ordem cronológica – 4***

Ademais, explicitou a relação de compatibilidade material que deveria ocorrer entre a decisão liminar e a sentença final, a limitar o juízo de verossimilhança, que consistiria na alta probabilidade de atendimento pela sentença definitiva da providência objeto de antecipação. Reputou que a questão em debate seria semelhante à enfrentada pelo STF no julgamento da ADI 4029/DF (DJe de 27.6.2012), razão pela qual tudo estaria a indicar o acolhimento de solução similar. A par disso, concluiu que, embora a Corte pudesse vir a declarar a inconstitucionalidade da prática até agora adotada pelo Congresso Nacional no processo legislativo de apreciação de vetos, dever-se-ia atribuir à decisão eficácia ex nunc. Excluir-se-iam as deliberações tomadas, os vetos presidenciais apreciados e os que já tivessem sido apresentados, mas pendentes de exame. Alinhavou que, sendo essa a decisão definitiva mais provável, a medida liminar deveria, desde logo, com ela se compatibilizar. Desse modo, a improbabilidade de êxito retiraria da impetração o indispensável requisito da verossimilhança. MS 31816 AgR-MC/DF, red. p/ ac. Min. Teori Zavascki, 27.2.2013. Pleno. (Info 696)

▸ ***Deliberação legislativa acerca de veto presidencial e ordem cronológica – 5***

A Min. Rosa Weber acentuou, com relação às normas regimentais, jurisprudência do Supremo no sentido de que sua eventual afronta caracterizaria matéria interna corporis. O Min. Dias Toffoli acrescentou que o pedido final cingir-se-ia à afirmação de existência de fila de vetos em ordem cronológica, histórica ou, ao menos, na presente sessão legislativa. Nesse tocante, não vislumbrou, da leitura do § 6º do art. 66 da CF, a imposição de ordem cronológica de votação, de maneira a subtrair-se do Congresso Nacional a pauta política de votar o veto quando e na ordem que lhe aprouvesse. Evidenciou que, na espécie, o prazo constitucionalmente previsto não estaria exaurido e, portanto, teria dificuldades em proferir decisão que impediria outro Poder de deliberar. O Min. Ricardo Lewandowski, outrossim, não entreviu exigência de ordem cronológica na apreciação de vetos. Ressaiu que o constituinte ao referir-se à ordem cronológica, fizera-o em termos explícitos (CF, art. 100; ADCT, art. 86, § § 1º e 3º; art. 97, § § 6º e 7º). Sinalizou dúvida sobre o termo inicial em que se contaria o prazo de 30 dias para trancamento da pauta: se da comunicação do Presidente da República ao Presidente do Senado ou se do recebimento do veto pelo Plenário do Congresso Nacional. Destacou que, entre esses marcos, haveria iter complexo, disposto no art. 104 do Regimento Comum daquela Casa. Além disso, sublinhou que o impetrante não trouxera informação sobre a existência de data definida para o exame do referido veto presidencial. A Min. Cármen Lúcia distinguiu os requisitos da liminar em mandado de segurança – expressos taxativamente no art. 7º, III, da Lei 12.016/2009 – de outras formas cautelares no processo civil em geral. Realçou a necessidade de ocorrência de relevante fundamento para que se transcendesse o aguardo do julgamento final. Entendeu que a manutenção da liminar poderia gerar conjuntura mais gravosa ao Parlamento, à sociedade brasileira e ao Direito. O Min. Gilmar Mendes sobressaiu que, se a Corte estivesse a apreciar o mérito, pronunciar-se-ia pelo não recebimento do § 1º do art. 104 do Regimento Comum do Congresso Nacional. De igual modo, também não inferia da Constituição a necessidade de observância cronológica. MS 31816 AgR-MC/DF, red. p/ ac. Min. Teori Zavascki, 27.2.2013. Pleno. (Info 696)

▸ *Deliberação legislativa acerca de veto presidencial e ordem cronológica – 6*

Vencidos os Ministros Luiz Fux, Marco Aurélio, Celso de Mello e Joaquim Barbosa, Presidente, que mantinham a decisão agravada. O Relator considerava inconstitucional a deliberação aleatória dos vetos presidenciais pendentes de análise legislativa, cuja simples existência subtrairia do Poder Legislativo a autonomia para definição da respectiva pauta política (CF, art. 66, § 6º). Ressurtia ser necessária a deliberação dos vetos presidenciais em ordem cronológica de comunicação ao Congresso Nacional, a resultar na apreciação do Veto Parcial 38/2012 somente após a análise daqueles com prazo constitucional expirado. Aludia, ainda, à cognoscibilidade, em sede mandamental, das assertivas de transgressão à disciplina das regras dos regimentos das Casas Legislativas. Pontuava que, pela qualidade de normas jurídicas, elas reclamariam instrumentos jurisdicionais idôneos a resguardar-lhes a efetividade. Repelia, em consequência, a doutrina das questões interna corporis ante sua manifesta contrariedade ao Estado de Direito (CF, art. 1º, caput) e à proteção das minorias parlamentares. Arrematava que a leitura do citado veto, em regime de urgência, violaria as disposições regimentais que impediriam a discussão de matéria estranha à ordem do dia e a deliberação do veto sem prévio relatório da comissão mista. O Min. Marco Aurélio ressaltava que a concessão da liminar não teria implicado o trancamento da pauta do Congresso. O Min. Celso de Mello reiterava que nenhum Poder da República teria legitimidade para desrespeitar a Constituição ou para ferir direitos públicos e privados de seus cidadãos. Além disso, consignava que o debate envolveria típica situação de inconstitucionalidade por omissão, a comprometer a força normativa da Constituição. Mencionava a prática institucional em que o Congresso Nacional diminuir-se-ia perante o Poder Executivo ao não exercer o dever que lhe incumbiria, pela Constituição, de apreciar os vetos presidenciais, o que os transformaria, de superáveis e relativos, em absolutos. Nessa mesma linha, pronunciou-se o Presidente ao citar que se estaria diante de exemplo da hipertrofia do Poder Executivo, em face da abdicação, pelo Congresso Nacional, de suas prerrogativas. MS 31816 AgR-MC/DF, red. p/ ac. Min. Teori Zavascki, 27.2.2013. Pleno. (Info 696)

▸ *Rejeição de contas de prefeito pelo tribunal de contas e ausência de decisão da câmara legislativa – 6*

Tendo em vista o encerramento do mandato eletivo do recorrido, o Plenário, por maioria, julgou prejudicado recurso extraordinário em que se discutia se o parecer prévio de tribunal de contas municipal pela rejeição das contas de prefeito, ante o silêncio da câmara municipal, ensejaria a inelegibilidade prevista no art. 1º, I, g, da LC 64/90. Consignou-se que o pleito referir-se-ia a deferimento de registro de candidatura. A Min. Cármen Lúcia destacou que a questão constitucional discutida no caso possuiria repercussão geral reconhecida, a qual seria examinada em outros processos que tratariam de idêntica matéria. RE 597362/BA, repercussão geral – mérito, red. p/ ac. Min. Cármen Lúcia, 21.2.2013. Pleno. (Info 695)

▸ *TCU: repactuação de termos contratados, limites de atuação e via processual adequada – 1*

A 1ª Turma iniciou julgamento de mandado de segurança no qual se postula anular decisão do TCU que condenara a empresa impetrante, solidariamente, à devolução de valores ao erário, apurados a título de sobrepreço. Segundo aquela Corte de Contas, teria havido superfaturamento de preços, constatado em aditamentos contratuais celebrados entre o Departamento de Estradas e Rodagens – DNER de determinado estado-membro e a impetrante (construtora). Os referidos contratos destinavam-se a obras em rodovia que tiveram o aporte de recursos federais oriundos de convênios firmados com o extinto Departamento Nacional de Estradas de Rodagem – DNER. Com o intuito de cumprir determinação do TCU, o ente federado tentara repactuar os termos do contrato, o que não fora aceito. Diante da negativa da empresa contratada, o estado teria rescindido o instrumento contratual e seus aditivos, com base no art. 78, VII, da Lei 8.666/93. Esse fato dera origem à tomada de contas especial, perante o TCU, objeto da presente impetração. Na espécie, alegava-se: a) participação regular no processo licitatório, abarcado pelo Decreto-Lei 2.300/86, e cumprimento das especificações do edital, inclusive quanto ao preço dos serviços a serem executados; b) incompetência do TCU para promover alteração retroativa e unilateral dos preços, a modificar cláusulas econômico-financeiras de contrato; c) necessidade de preservação dos direitos adquiridos ou dos efeitos consolidados desses contratos e aditivos, no que se refere aos serviços já executados, ainda que o TCU pudesse anular contrato ou aditivos firmados com a impetrante e fixar novos preços; e d) violação ao devido processo legal por não terem sido considerados os elementos técnicos favoráveis à impetrante, somado ao indeferimento de produção de prova pericial por parte da empresa. MS 29599/DF, Rel. Min. Dias Toffoli, 7.5.2013. 1ª T. (Info 705)

▸ *TCU: repactuação de termos contratados, limites de atuação e via processual adequada – 2*

O Min. Dias Toffoli, relator, denegou a ordem, no que foi acompanhado pelo Min. Luiz Fux. De início, o Relator destacou que a impetrante não fora condenada a restituir valores recebidos em razão da execução de contrato, tampouco se trataria de modificação de cláusulas econômico-financeiras. Ela teria sido condenada a devolver aos cofres públicos a diferença de valores superfaturados apontados pelo TCU. Ressurtiu que o núcleo das prerrogativas do TCU no exame de atos e negócios administrativos estaria contido no inciso IX do art. 71 da CF. Asseverou que as atribuições daquela Corte de Contas abrangeriam a fixação de prazo ao órgão ou à entidade a fim de que adotasse providências necessárias ao exato cumprimento da lei, se verificada ilegalidade. Julgou ser legítima a condenação da impetrante ao ressarcimento do dano causado ao erário, bem como a sua consequente inscrição no CADIN, no caso de inadimplemento, nos termos da Lei 8.443/92. MS 29599/DF, Rel. Min. Dias Toffoli, 7.5.2013. 1ª T. (Info 705)

▸ ***TCU: repactuação de termos contratados, limites de atuação e via processual adequada – 3***

Ressaltou que, ante o estreito limite da ação mandamental, extrair-se-ia dos autos que a impugnação padeceria de liquidez necessária, uma vez que demandaria análise pericial e verificação dos preços, dados e tabelas apresentados; em suma, revolvimento de fatos e provas. Frisou não prosperar a alegação de afronta ao princípio do devido processo legal, porque a impetrante teria participado, de forma efetiva, tanto do processo de denúncia, como da tomada de contas especial, com apresentação de defesa e interposição dos respectivos recursos. Por fim, aduziu que o mandado de segurança não seria a via adequada para impor ao TCU a análise de elementos técnicos ou o deferimento de requerimento de produção de prova pericial. Reconheceu, entretanto, a possibilidade da impetrante de buscar seus direitos pelas vias ordinárias, passível de obter, inclusive, antecipação de tutela, oportunidade em que seriam discutidos dados técnicos. O Min. Luiz Fux ponderou que a Constituição estabeleceria a competência do TCU e traria as sanções àqueles que agissem com ilegalidade nas contas públicas, a fazer valer os preceitos de seu art. 37. MS 29599/DF, Rel. Min. Dias Toffoli, 7.5.2013. 1ª T. (Info 705)

▸ ***TCU: repactuação de termos contratados, limites de atuação e via processual adequada – 4***

Em divergência, o Min. Marco Aurélio concedeu a ordem. Sublinhou a importância do tema, porquanto se trataria de definir os limites de atuação do TCU. Observou que o TCU, a agir como órgão auxiliar no campo administrativo do Congresso Nacional, não poderia sustar contratos e sim comunicar àquele órgão legislativo. Enfatizou seu estranhamento quanto ao fato do TCU condenar pessoa jurídica de direito privado e essa condenação encerrar título executivo sem que houvesse, à exaustão, o direito de defesa. Realçou que, constatada a irregularidade, o âmbito de alcance do TCU consistiria em extrair cópias e encaminhá-las à AGU, para as medidas cabíveis. Sinalizou que a interpretação sistemática da Constituição reconheceria o TCU como órgão estritamente administrativo, não incluído no Poder Judiciário. O campo de atuação da Corte de Contas limitar-se-ia, quanto aos contratos, à Administração Pública. Após, pediu vista a Min. Rosa Weber. MS 29599/DF, Rel. Min. Dias Toffoli, 7.5.2013. 1ª T. (Info 705)

▸ ***ARE-RG 641.896-RJ. Rel. Min. Marco Aurélio***

Legitimidade. Execução de multa aplicada pelo Tribunal de Contas do estado. Danos ao erário municipal. Matéria constitucional. Recurso extraordinário. Repercussão geral verificada. Possui repercussão geral a controvérsia acerca da legitimidade para promover a execução de multa aplicada pelo Tribunal de Contas estadual a agente político, por danos causados ao erário municipal – se do estado ou do município no qual ocorrida a irregularidade. (Info 705)

▸ ***MS 30.221-DF. Rel. Min. Cármen Lúcia***

Mandado de segurança. Administrativo. Ato do TCU. Irregularidades no controle de horário e frequência de servidores. Imposição de multa ao gestor público. Alegada contrariedade ao devido processo legal. Suposta omissão culposa no acompanhamento da eficiência do controle de frequência. Não ocorrência. Ordem de segurança concedida. (Info 695)

▸ ***RE-RG 717.424-AL. Rel. Min. Marco Aurélio***

Tribunal de contas. Composição. Egresso do Ministério Público. Distribuição das cadeiras. Mandado de segurança. Ordem deferida na origem. Recurso extraordinário. Alcance do Art. 73, § 2º, da Constituição Federal. Repercussão geral configurada. Possui repercussão geral a controvérsia relativa à possibilidade, ou não, de cargo vago de Conselheiro do Tribunal de Contas cujo ocupante anterior fora nomeado mediante indicação da Assembleia Legislativa ser preenchido por membro do Ministério Público de Contas, em observância à representatividade do órgão no aludido Tribunal. (Info 708)

FUNÇÕES ESSENCIAIS À JUSTIÇA

- **CF, artigos 127 a 135.**

✦ DICAS

1. Ministério Público

- O **Ministério Público** é instituição permanente, essencial à função jurisdicional do Estado, incumbindo-lhe a **defesa da ordem jurídica, do regime democrático** e **dos interesses sociais e individuais indisponíveis**.
- São **princípios institucionais** do Ministério Público: a **unidade,** a **indivisibilidade** e a **independência funcional**.
- São **funções institucionais** do Ministério Público:

a) promover, privativamente, a ação penal pública, na forma da lei;

b) zelar pelo efetivo respeito dos Poderes Públicos e dos serviços de relevância pública aos direitos assegurados nesta Constituição, promovendo as medidas necessárias a sua garantia;

c) promover o inquérito civil e a ação civil pública, para a proteção do patrimônio público e social, do meio ambiente e de outros interesses difusos e coletivos;

d) promover a ação de inconstitucionalidade ou representação para fins de intervenção da União e dos Estados, nos casos previstos nesta Constituição;

e) defender judicialmente os direitos e interesses das populações indígenas;

f) expedir notificações nos procedimentos administrativos de sua competência, requisitando informações e documentos para instruí-los, na forma da lei complementar respectiva;

g) exercer o controle externo da atividade policial, na forma da lei complementar mencionada no artigo anterior;

h) requisitar diligências investigatórias e a instauração de inquérito policial, indicados os fundamentos jurídicos de suas manifestações processuais;

i) exercer outras funções que lhe forem conferidas, desde que compatíveis com sua finalidade, sendo-lhe vedada a representação judicial e a consultoria jurídica de entidades públicas.

- Ao Ministério Público é assegurada **autonomia funcional e administrativa**, podendo propor ao Poder Legislativo a criação e extinção de seus cargos e serviços auxiliares, provendo-os por concurso público de provas ou de provas e títulos, a política remuneratória e os planos de carreira.

- O Ministério Público elaborará sua **proposta orçamentária** dentro dos limites estabelecidos na lei de diretrizes orçamentárias. Se o Ministério Público **não encaminhar a respectiva proposta** orçamentária dentro do prazo estabelecido na lei de diretrizes orçamentárias, o Poder Executivo **considerará, para fins de consolidação da proposta orçamentária anual, os valores aprovados na lei orçamentária vigente**.

- **Princípio ou Postulado do Promotor Natural**: de acordo com o STF, "O postulado do promotor natural, que se revela **imanente** ao sistema constitucional brasileiro, repele, a partir da vedação de designações casuísticas efetuadas pela chefia da instituição, a figura do acusador de exceção. Esse princípio consagra uma garantia de ordem jurídica, destinada tanto a proteger o membro do Ministério Público, na medida em que lhe assegura o exercício pleno e independente do seu ofício, quanto a tutelar a própria coletividade, a quem se reconhece o direito de ver atuando, em quaisquer causas, apenas o promotor cuja intervenção se justifique a partir de critérios abstratos e predeterminados, estabelecidos em lei. **A matriz constitucional desse princípio assenta-se nas cláusulas da independência funcional e da inamovibilidade dos membros da instituição**. O postulado do promotor natural limita, por isso mesmo, o poder do procurador-geral que, embora expressão visível da unidade institucional, não deve exercer a chefia do Ministério Público de modo hegemônico e incontrastável. Posição dos Min. Celso de Mello (relator), Sepúlveda Pertence, Marco Aurélio e Carlos Velloso. Divergência, apenas, quanto a aplicabilidade imediata do princípio do promotor natural: necessidade da interpositio legislatoris para efeito de atuação do princípio (Min. Celso de Mello); incidência do postulado, independentemente de intermediação legislativa (Min. Sepúlveda Pertence, Marco Aurélio e Carlos Velloso)." (HC 67.759, Rel. Min. Celso de Mello, julgamento em 6-8-1992, Plenário, DJ de 1º-7-1993.). Portanto, trata-se de **princípio implícito.**

- O **Princípio do Promotor Natural não é violado pela designação de Promotor de Justiça Substituto para prestar auxílio ao titular da Comarca**, ainda que ambos subscrevam a denúncia. A subscrição da denúncia pelo Promotor da Comarca e por Promotores auxiliares não a torna à margem do Direito. Nesse sentido o RHC 93.247, julgado em 2008 e relatado pelo Ministro Marco Aurélio.

- São **garantias dos membros do Ministério Público:**

a) **vitaliciedade**, após dois anos de exercício, não podendo perder o cargo senão por sentença judicial transitada em julgado;

b) **inamovibilidade**, salvo por motivo de interesse público, mediante decisão do órgão colegiado competente do Ministério Público, pelo voto da maioria absoluta de seus membros, assegurada ampla defesa

c) **irredutibilidade de subsídio**.

- **Vedações aos Membros do Ministério Público**:

a) receber, a qualquer título e sob qualquer pretexto, honorários, percentagens ou custas processuais;

b) exercer a advocacia;

c) participar de sociedade comercial, na forma da lei;

d) exercer, ainda que em disponibilidade, qualquer outra função pública, salvo uma de magistério;

e) exercer atividade político-partidária;

f) receber, a qualquer título ou pretexto, auxílios ou contribuições de pessoas físicas, entidades públicas ou privadas, ressalvadas as exceções previstas em lei.

g) exercer, ainda que em disponibilidade, outro cargo ou função, salvo uma de magistério;

h) receber, a qualquer título ou pretexto, custas ou participação em processo;

i) dedicar-se à atividade político-partidária.

j) receber, a qualquer título ou pretexto, auxílios ou contribuições de pessoas físicas, entidades públicas ou privadas, ressalvadas as exceções previstas em lei;

- Segundo entendimento do STF, **membro do MP pode exercer cargo ou função pública em órgão externo à organização do MP**, desde que tenha ingressado na instituição **antes** da promulgação da CF/88. Ressalte-se que a alternativa não citou acumulação de funções, mas sim fez referência ao exercício de cargo ou função em órgão diverso da organização do MP, questão já decidida pelo Supremo no MS 26.595, julgado em 2010 e relatado pela Ministra Cármen Lúcia.
- O Ministério Público **abrange**:

I – o Ministério Público da União, que compreende:

a) o Ministério Público Federal;

b) o Ministério Público do Trabalho;

c) o Ministério Público Militar;

d) o Ministério Público do Distrito Federal e Territórios;

II – os Ministérios Públicos dos Estados.

- O Ministério Público da União **tem por chefe o Procurador-Geral da República – PGR**, nomeado pelo Presidente da República dentre integrantes da carreira, maiores de trinta e cinco anos, após a aprovação de seu nome pela maioria absoluta dos membros do Senado Federal, para mandato de dois anos, permitida a recondução.
- **Procurador-Geral de Justiça:** "A escolha do PGR deve ser aprovada pelo Senado (CF, art. 128, § 1º). A nomeação do procurador-geral de Justiça dos Estados não está sujeita à aprovação da Assembleia Legislativa. Compete ao governador nomeá-lo dentre lista tríplice composta de integrantes da carreira (CF, art. 128, § 3º). Não aplicação do princípio da simetria." (ADI 452, Rel. Min. Maurício Corrêa, Plenário, DJ de 31-10-2002.)

MINISTÉRIO PÚBLICO	
1. Incumbências/ Missão	a) Defesa da Ordem Jurídica b) Defesa do Regime Democrático c) Defesa dos interesses sociais e individuais indisponíveis
2. Princípios Institucionais	a) Unidade b) Indivisibilidade c) Independência Funcional
3. Funções Institucionais	a) promover, privativamente, a ação penal pública, na forma da lei; b) zelar pelo efetivo respeito dos Poderes Públicos e dos serviços de relevância pública aos direitos assegurados nesta Constituição, promovendo as medidas necessárias a sua garantia; c) promover o inquérito civil e a ação civil pública, para a proteção do patrimônio público e social, do meio ambiente e de outros interesses difusos e coletivos; d) promover a ação de inconstitucionalidade ou representação para fins de intervenção da União e dos Estados, nos casos previstos nesta Constituição; e) defender judicialmente os direitos e interesses das populações indígenas; f) expedir notificações nos procedimentos administrativos de sua competência, requisitando informações e documentos para instruí-los, na forma da lei complementar respectiva; g) exercer o controle externo da atividade policial, na forma da lei complementar mencionada no artigo anterior; h) requisitar diligências investigatórias e a instauração de inquérito policial, indicados os fundamentos jurídicos de suas manifestações processuais; i) exercer outras funções que lhe forem conferidas, desde que compatíveis com sua finalidade, sendo-lhe vedada a representação judicial e a consultoria jurídica de entidades públicas.
4. Garantias dos Membros	a) vitaliciedade, após dois anos de exercício, não podendo perder o cargo senão por sentença judicial transitada em julgado; b) inamovibilidade, salvo por motivo de interesse público, mediante decisão do órgão colegiado competente do Ministério Público, pelo voto da maioria absoluta de seus membros, assegurada ampla defesa c) irredutibilidade de subsídio.
5. Vedações aos Membros	a) receber, a qualquer título e sob qualquer pretexto, honorários, percentagens ou custas processuais; b) exercer a advocacia;

MINISTÉRIO PÚBLICO	
5. Vedações aos Membros	c) participar de sociedade comercial, na forma da lei; d) exercer, ainda que em disponibilidade, qualquer outra função pública, salvo uma de magistério; e) exercer atividade político-partidária f) receber, a qualquer título ou pretexto, auxílios ou contribuições de pessoas físicas, entidades públicas ou privadas, ressalvadas as exceções previstas em lei. g) exercer, ainda que em disponibilidade, outro cargo ou função, salvo uma de magistério; h) receber, a qualquer título ou pretexto, custas ou participação em processo; i) dedicar-se à atividade político-partidária. j) receber, a qualquer título ou pretexto, auxílios ou contribuições de pessoas físicas, entidades públicas ou privadas, ressalvadas as exceções previstas em lei;
6. Composição	6.1. Ministério Público da União a) Ministério Público Federal; b) Ministério Público do Trabalho; c) Ministério Público Militar; d) Ministério Público do Distrito Federal e Territórios; 6.2. Ministérios Públicos dos Estados
7. Chefia	7.1. Ministério Público da União – Procurador Geral da República, nomeado pelo Presidente da República dentre integrantes da carreira, maiores de 35 anos, após a aprovação de seu nome pela maioria absoluta dos membros do Senado Federal, para mandato de 2 anos, permitida a recondução. 7.2. Ministérios Públicos dos Estados e do Distrito Federal e Territórios – Procuradores Gerais dos Estados e do Distrito Federal e Territórios, serão nomeados pelo Chefe do Poder Executivo, a partir de lista tríplice formada por integrantes da carreira, na forma da lei respectiva, mandato de 2 anos, permitida uma recondução.

- Segundo posicionamento do STF, **as atribuições do Ministério Público não estão sujeitas à reserva de lei complementar**: IV. Atribuições do Ministério Público: matéria não sujeita à reserva absoluta de lei complementar: improcedência da alegação de inconstitucionalidade formal do art. 66, caput e § 1º, do Código Civil (L. 10.406, de 10.1.2002). 1. O art. 128, § 5º, da Constituição, não substantiva reserva absoluta à lei complementar para conferir atribuições ao Ministério Público ou a cada um dos seus ramos, na União ou nos Estados-membros. 2. A tese restritiva é elidida pelo art. 129 da Constituição, que, depois de enumerar uma série de "funções institucionais do Ministério Público", admite que a elas se acresçam a de "exercer outras funções que lhe forem conferidas, desde que compatíveis com sua finalidade, sendo-lhe vedada a representação judicial e a consultoria jurídica de entidades públicas". 3. **Trata-se, como acentua a doutrina, de uma "norma de encerramento", que, à falta de reclamo explícito de legislação complementar, admite que leis ordinárias – qual acontece, de há muito, com as de cunho processual – possam aditar novas funções às diretamente outorgadas ao Ministério Público pela Constituição, desde que compatíveis com as finalidades da instituição e às vedações de que nelas se incluam "a representação judicial e a consultoria jurídica das entidades públicas"** (STF. ADI 2794, julgada em 2006 e relatada pelo Ministro Sepúlveda Pertence).
- A **destituição do Procurador-Geral da República**, por iniciativa do Presidente da República, deverá ser precedida de autorização da maioria absoluta do Senado Federal.
- **Os Procuradores-Gerais nos Estados e no Distrito Federal e Territórios poderão ser destituídos** por deliberação da maioria absoluta do Poder Legislativo, na forma da lei complementar respectiva.
- O **ingresso na carreira do Ministério Público** far-se-á mediante concurso público de provas e títulos, assegurada a participação da Ordem dos Advogados do Brasil em sua realização, exigindo-se do bacharel em direito, no mínimo, 3 anos de atividade jurídica e observando-se, nas nomeações, a ordem de classificação.
- As funções do Ministério Público só podem ser exercidas por integrantes da carreira, que **deverão residir na comarca da respectiva lotação, salvo autorização do chefe da instituição**.

Foro por Prerrogativa de Função dos Membros do MP		
1. Membros do Ministério Público DOS ESTADOS que:		
– Oficiarem no 1° grau de jurisdição	→	respondem perante o TJ do Estado.
– Oficiarem no 2° grau de jurisdição	→	respondem perante o TJ do Estado.
2. Membros do Ministério Público DA UNIÃO (MPF/MPT/MPM/MPDFT) que:		
– Oficiarem no 1° grau de jurisdição	→	respondem perante o TRF.
– Oficiarem no 2° grau de jurisdição	→	respondem perante o STJ.

- Para julgamento do Procurador-Geral da República, a competência será do STF, nos crimes comuns, e do Senado Federal, nos crimes de responsabilidade. Quanto aos Procuradores-Gerais de Justiça, o STF se manifestou no sentido de que **cabe à Constituição de cada Estado-membro** estabelecer a competência dos seus tribunais, com base no art. 125, § 1º, da CF, inclusive para fixar a competência do Tribunal de Justiça para processar e julgar, originariamente, nos crimes comuns ou de responsabilidade, o PGJ (ADI 541, julgada em 2007 e relatada pelo Ministro Carlos Velloso).
- A **distribuição de processos** no Ministério Público será imediata.
- O Ministério Público **está legitimado** a ingressar com ação civil pública para proteger direitos individuais homogêneos. Na jurisprudência do STF: "Concurso. Isenção de taxa de inscrição de candidatos carentes. Ação civil pública. Legitimidade ativa *ad causam* do MPF. (...) A legitimação do Ministério Público para o ajuizamento de ação civil pública, não se restringe à defesa dos direitos difusos e coletivos, mas também abarca a defesa dos direitos individuais homogêneos, máxime quando presente o interesse social." (AI 737.104-AgR, julgado em 2011 e relatado pelo Ministro Luiz Fux).
- Há decisão do STF no sentido de que "A Constituição do Brasil, em seu art. 127, confere expressamente ao Ministério Público poderes para agir em **defesa de interesses sociais e individuais indisponíveis**, como no caso de garantir o fornecimento de medicamentos a hipossuficiente. Não há que se falar em usurpação de competência da defensoria pública [...]". (RE 497858, julgado em 2010 e relatado pelo Ministro Joaquim Barbosa).
- Segundo o STF, "[...] as **garantias constitucionais da ampla defesa e do contraditório não são aplicáveis na fase do inquérito civil**, que tem de natureza administrativa, de caráter pré-processual, e somente se destina à colheita de informações para propositura da ação civil pública." (RE 481.955-AgR, julgado em 2011 e relatado pela Ministra Cármen Lúcia).
- **O Conselho Nacional do Ministério Público (CNMP)** compõe-se de **14 membros nomeados pelo Presidente da República,** depois de aprovada a escolha pela maioria absoluta do Senado Federal, para um **mandato de 2 anos, admitida uma recondução**, sendo:

I. o Procurador-Geral da República, que o preside;

II. quatro membros do Ministério Público da União, assegurada a representação de cada uma de suas carreiras;

III. três membros do Ministério Público dos Estados;

IV. dois juízes, indicados um pelo Supremo Tribunal Federal e outro pelo Superior Tribunal de Justiça;

V. dois advogados, indicados pelo Conselho Federal da Ordem dos Advogados do Brasil;

VI. dois cidadãos de notável saber jurídico e reputação ilibada, indicados um pela Câmara dos Deputados e outro pelo Senado Federal.

- Os membros do Conselho oriundos do Ministério Público serão **indicados pelos respectivos Ministérios Públicos**, na forma da lei.
- Compete ao Conselho Nacional do Ministério Público o **controle da atuação administrativa e financeira do Ministério Público e do cumprimento dos deveres funcionais de seus membros**, cabendo-lhe:

I. zelar pela autonomia funcional e administrativa do Ministério Público, podendo expedir atos regulamentares, no âmbito de sua competência, ou recomendar providências;

II. zelar pela observância do art. 37 e apreciar, de ofício ou mediante provocação, a legalidade dos atos administrativos praticados por membros ou órgãos do Ministério Público da União e dos Estados, podendo desconstituí-los, revê-los ou fixar prazo para que se adotem as providências necessárias ao exato cumprimento da lei, sem prejuízo da competência dos Tribunais de Contas;

III. receber e conhecer das reclamações contra membros ou órgãos do Ministério Público da União ou dos Estados, inclusive contra seus serviços auxiliares, sem prejuízo da competência disciplinar e correicional da instituição, podendo avocar processos disciplinares em curso, determinar a remoção, a disponibilidade ou a aposentadoria com subsídios ou proventos proporcionais ao tempo de serviço e aplicar outras sanções administrativas, assegurada ampla defesa;

IV. rever, de ofício ou mediante provocação, os processos disciplinares de membros do Ministério Público da União ou dos Estados julgados há menos de um ano;

V. elaborar relatório anual, propondo as providências que julgar necessárias sobre a situação do Ministério Público no País e as atividades do Conselho, o qual deve integrar a mensagem prevista no art. 84, XI.

- O Conselho escolherá, em votação secreta, um **Corregedor nacional**, dentre os membros do Ministério Público que o integram, vedada a recondução, competindo-lhe, além das atribuições que lhe forem conferidas pela lei, as seguintes:

I. receber reclamações e denúncias, de qualquer interessado, relativas aos membros do Ministério Público e dos seus serviços auxiliares;

II. exercer funções executivas do Conselho, de inspeção e correição geral;

III. requisitar e designar membros do Ministério Público, delegando-lhes atribuições, e requisitar servidores de órgãos do Ministério Público.

- **O Presidente do Conselho Federal da Ordem dos Advogados do Brasil oficiará junto ao Conselho**.
- **Leis da União e dos Estados criarão ouvidorias do Ministério Público**, competentes para receber reclamações e denúncias de qualquer interessado contra membros ou órgãos do Ministério Público, inclusive contra seus serviços auxiliares, representando diretamente ao Conselho Nacional do Ministério Público.

2. Advocacia Pública

- **A Advocacia-Geral da União** é a instituição que, diretamente ou através de órgão vinculado, representa a União, judicial e extrajudicialmente, cabendo-lhe, nos termos da lei complementar que dispuser sobre sua organização e funcionamento, as atividades de consultoria e assessoramento jurídico do Poder Executivo.
- **O ingresso nas classes iniciais das carreiras da AGU** far-se-á mediante concurso público de provas e títulos.
- A **Advocacia-Geral da União** tem por chefe o Advogado Geral da União, nomeado pelo Presidente da República, **não necessariamente dentre integrantes da carreira**, maiores de 35 anos, de notável saber jurídico e reputação ilibada.
- Na execução da dívida ativa de natureza tributária, a representação da União caberá à **Procuradoria-Geral da Fazenda Nacional**.
- Os **Procuradores dos Estados e do Distrito Federal**, organizados em carreira, na qual o ingresso dependerá de concurso público de provas e títulos, com a participação da Ordem dos Advogados do Brasil em todas as suas fases, exercerão a **representação judicial e a consultoria jurídica das respectivas unidades federadas**.
- Aos **Procuradores dos Estados e do Distrito Federal**, que ingressarem na carreira mediante concurso público, é assegurada **estabilidade** (não vitaliciedade) **após 3 anos** de efetivo exercício, mediante avaliação periódica de desempenho perante os órgãos próprios, após relatório circunstanciado das corregedorias.
- Conforme decisão exarada pelo STF, "**A garantia da inamovibilidade** é conferida pela CF apenas aos magistrados, aos membros do Ministério Público e aos membros da Defensoria Pública, **não podendo ser estendida aos procuradores do Estado**." (ADI 291, julgada em 2010 e relatada pelo Ministro Joaquim Barbosa).
- **Não é** inconstitucional lei estadual que crie Procuradoria-Geral para consultoria, assessoramento jurídico e representação judicial de Assembleia Legislativa.
- Segundo a jurisprudência do STF, **dispositivo de constituição estadual que confira independência funcional aos procuradores estaduais é inconstitucional**, "dado o princípio da hierarquia que informa a atuação dos servidores da Administração Pública". (ADI 291, julgada em 2010 e relatada pelo Ministro Joaquim Barbosa).
- Na ADI 2587, cujo relator foi o Ministro Maurício Corrêa, julgada em 2004, o STF entendeu que **a Constituição estadual pode conferir prerrogativa de foro aos Procuradores de Estado**.
- **A Defensoria Pública Estadual tem autonomia funcional e administrativa (art. 134, § 2º, da CF), mas as Procuradorias Estaduais não têm**, conforme posicionamento do STF na ADI 291, sob relatoria do Ministro Joaquim Barbosa, julgada em 2010. Nesse julgado o Supremo entendeu que os Procuradores dos Estados são subordinados hierárquicos do Chefe do Poder Executivo.
- No julgamento pelo STF da ADI 94, em 2011, sob relatoria do Ministro Gilmar Mendes, "asseverou-se a **possibilidade de existência de carreiras especiais para representação judicial das assembléias e dos tribunais de contas nos casos em que estes necessitassem praticar, em juízo e em nome próprio, atos processuais na defesa de sua autonomia e independência em face dos demais Poderes**. Sublinhou-se, outrossim, que essas procuradorias poderiam ser responsáveis pela consultoria e pelo assessoramento jurídico dos demais órgãos da assembléia e do tribunal de contas. Ademais, tendo em vista a alteração na Constituição da República, estabelecida pela EC 19/98, consignou-se a não-prejudicialidade da ação em curso, de modo que se imporia a verificação da constitucionalidade das normas impugnadas em relação aos dois paradigmas constitucionais. No ponto, não se observou qualquer ofensa ao art. 135 da CF, seja na sua redação original, seja na atual."

3. Advocacia

- **O advogado é indispensável à administração da justiça**, sendo inviolável por seus atos e manifestações no exercício da profissão, nos limites da lei.

4. Defensoria Pública

- A Defensoria Pública é **instituição permanente, essencial à função jurisdicional do Estado, incumbindo-lhe, como expressão e instrumento** do regime democrático, fundamentalmente, a orientação jurídica, a promoção dos direitos humanos e a defesa, em todos os graus, judicial e extrajudicial, dos direitos individuais e coletivos, de forma integral e gratuita, aos necessitados, na forma do inciso LXXIV do art. 5º desta Constituição Federal. ("o Estado prestará assistência jurídica integral e gratuita aos que comprovarem insuficiência de recursos").

- São **princípios institucionais da Defensoria Pública** a unidade, a indivisibilidade e a independência funcional, aplicando-se também, no que couber, o disposto no art. 93 e no inciso II do art. 96 desta Constituição Federal.
- Acerca dos **princípios institucionais da Defensoria Pública** (unidade, indivisibilidade e independência funcional), assevera Uadi Lammêgo Bulos que "Pelo vetor da unidade, a Defensoria Pública é una, vedando-se a formação de 'panelinhas' ou 'grupelhos' que busquem a satisfação de interesses particulares. Segundo o ditame da indivisibilidade, a Defensoria Pública não pode ser dividida ou fragmentada, porque a prestação da assistência jurídica é contínua, ainda quando um defensor possa vir a ser substituído por outro ao longo de sua atividade. Conforme a diretriz da independência funcional, o defensor não deve satisfações a ninguém, mas apenas a sua própria consciência, podendo desagradar aqueles que se sentirem ofendidos por sua atuação, sem que sofra represálias ou retaliações de quem quer que seja" (BULOS, Uadi Lammêgo. *Curso de Direito Constitucional*. 9 ed. São Paulo: Saraiva, 2015, p. 1443).
- Lei complementar organizará a Defensoria Pública da União e do Distrito Federal e dos Territórios e prescreverá normas gerais para sua organização nos Estados, em cargos de carreira, providos, na classe inicial, mediante concurso público de provas e títulos, assegurada a seus integrantes a garantia da **inamovibilidade** (mas não a vitaliciedade) e vedado o exercício da advocacia fora das atribuições institucionais.
- **Atenção!** A **EC 69/12** passou a disciplinar que compete à União organizar e manter a Defensoria Pública dos Territórios, mas que a organização e a manutenção da Defensoria Pública do Distrito Federal caberá ao próprio DF.
- Nos termos da jurisprudência do STF, "A EC 45/2004 outorgou expressamente autonomia funcional e administrativa às defensorias públicas estaduais, além da iniciativa para a propositura de seus orçamentos (art. 134, § 2º): donde, ser **inconstitucional a norma local que estabelece a vinculação da Defensoria Pública a Secretaria de Estado**. A norma de autonomia inscrita no art. 134, § 2º, da CF pela EC 45/2004 é de eficácia plena e aplicabilidade imediata, dado ser a Defensoria Pública um instrumento de efetivação dos direitos humanos." (ADI 3.569, julgada em 2007 e relatada pelo Ministro Sepúlveda Pertence).
- De acordo com as jurisprudências do STJ e do STF, as **Defensorias Públicas Estaduais podem atuar perante os tribunais superiores**. O fundamento é o art. 106 da Lei Complementar 80/94, segundo o qual, a Defensoria Pública do Estado prestará assistência jurídica aos necessitados, em todos os graus de jurisdição e instâncias administrativas do Estado e caberá a ela interpor recursos aos Tribunais Superiores, quando cabíveis.
- **Defensoria e convênio com a OAB**: "É inconstitucional toda norma que, impondo a Defensoria Pública estadual, para prestação de serviço jurídico integral e gratuito aos necessitados, a obrigatoriedade de assinatura de convênio exclusivo com a OAB, ou com qualquer outra entidade, viola, por conseguinte, a autonomia funcional, administrativa e financeira daquele órgão público." (ADI 4.163, julgada em 2012 e relatada pelo Ministro Cezar Peluso).
- **Ao Defensor Público aplica-se o regramento disposto no art. 41 da CF, ou seja, será estável após 3 anos de efetivo exercício** e poderá perder o cargo em virtude de sentença judicial transitada em julgado, ou mediante processo administrativo em que lhe seja assegurada ampla defesa, ou mediante procedimento de avaliação periódica de desempenho, na forma da lei complementar, assegurada ampla defesa. Aliás, o STF já entendeu inconstitucional previsão da Constituição do Rio de Janeiro que previa estabilidade com 2 anos e perda do cargo apenas por sentença judicial transitada em julgado (ADI 230, julgada em 2010 e relatada pela Ministra Cármen Lúcia).
- **Atenção! A EC 80/2014** alterou o art. 98 do ADCT, que passou a dispor o seguinte: O número de defensores públicos na unidade jurisdicional será proporcional à efetiva demanda pelo serviço da Defensoria Pública e à respectiva população. § 1º: No prazo de 8 (oito) anos, a União, os Estados e o Distrito Federal deverão contar com defensores públicos em todas as unidades jurisdicionais, observado o disposto no caput deste artigo. Durante o decurso do prazo previsto no § 1º deste artigo, a lotação dos defensores públicos ocorrerá, prioritariamente, atendendo as regiões com maiores índices de exclusão social e adensamento populacional.
- **Súmulas**
- **Súmula 644, do STF:** "Ao titular do cargo de Procurador de autarquia não se exige a apresentação de instrumento de mandato para representá-la em juízo."

✦ INFORMATIVOS

STF

▸ ***ADI e prerrogativas de Procuradores de Estado – 2***

Em conclusão, o Plenário julgou procedente pedido formulado em ação direta para declarar a inconstitucionalidade da expressão "com porte de arma, independente de qualquer ato formal de licença ou autorização", contida no art. 88 da Lei Complementar 240/2002, do Estado do Rio Grande do Norte. A norma impugnada dispõe sobre garantias e prerrogativas dos Procuradores do Estado. Na sessão de 16.11.2005, o Plenário assentou a inconstitucionalidade do inciso I e § § 1º e 2º do art. 86, e dos incisos V, VI, VIII e IX do art. 87 da aludida lei. Na presente assentada, concluiu-se o exame do pleito remanescente relativo ao art. 88, que autoriza o porte de arma aos integrantes daquela carreira. Asseverou-se que, se apenas à União fora atribuída competência privativa para legislar sobre matéria penal, somente ela poderia dispor sobre regra de isenção de porte de arma. Em acréscimo, o Min. Gilmar Mendes ressaltou que o registro, a posse e a comercialização de armas de fogo e munição estariam disciplinados no Estatuto do Desarmamento (Lei 10.826/2003). Esse diploma criara o Sistema Nacional de Armas – Sinarm e transferira à polícia federal diversas atribuições até então executadas pelos estados-membros, com o objetivo de centralizar a matéria em âmbito federal. Mencionou precedentes da Corte no sentido da constitucionalidade do Estatuto e da competência privativa da União para autorizar e fiscalizar a produção e o comércio de material bélico (CF, art. 21, VI). Aduziu que, não obstante a necessidade especial que algumas categorias profissionais teriam do porte funcional de arma, impenderia um diálogo em seara federal. ADI 2729/RN, red. p/ ac. Min. Gilmar Mendes, 19.6.2013. Pleno. (Info 711)

▸ ***MP. Conflito de atribuições e Fundef – 2***

O Plenário retomou julgamento de ação cível originária em que o Ministério Público Federal suscita conflito negativo de atribuição relativamente ao Ministério Público do Estado do Rio Grande do Norte para a investigação de supostas irregularidades concernentes à gestão de recursos oriundos do Fundo de Manutenção e Desenvolvimento do Ensino Fundamental e de Valorização do Magistério – Fundef. Em voto-vista, o Min. Ricardo Lewandowski reconheceu a atribuição do Ministério Público Federal para atuar em matéria criminal e a atribuição do Ministério Público estadual para atuar em matéria cível, sem prejuízo, no último caso, de deslocamento da competência para a justiça federal, na hipótese de superveniente intervenção da União. Após o voto do Min. Teori Zavascki que, pelos fundamentos acima expostos não conheceu do feito, pediu vista o Min. Joaquim Barbosa, Presidente. ACO 1394/RN, Rel. Min. Marco Aurélio, 21.3.2013. Pleno. (Info 699)

▸ ***MP. Conflito de atribuições e Fundef – 3***

O Plenário retomou julgamento de duas petições em que o Ministério Público Federal suscita conflito negativo de atribuição quanto, respectivamente, aos Ministérios Públicos dos Estados de São Paulo e Rio Grande do Norte para a investigação de supostas irregularidades concernentes à gestão de recursos oriundos do Fundo de Manutenção e Desenvolvimento do Ensino e Valorização do Magistério – Fundef. Em voto-vista, o Min. Joaquim Barbosa, Presidente, reconheceu a atribuição do Ministério Público estadual, porquanto ausente indicação de que verbas originárias do referido fundo tivessem sido complementadas com recursos provenientes do erário federal. Por outro lado, o Min. Ricardo Lewandowski, assentou a atribuição do Ministério Público Federal para atuar em matéria criminal e a atribuição do Ministério Público estadual para atuar em matéria cível, sem prejuízo, no último caso, de deslocamento da competência para a justiça federal, na hipótese de superveniente intervenção da União. O Min. Teori Zavascki, por seu turno, não conheceu do feito por reputar inexistente conflito federativo a ser dirimido pelo STF. Tratar-se-ia de divergência estabelecida "interna corporis", cuja solução suporia juízo de valor sobre o resultado da própria investigação a ser promovida e de avaliação sobre as providências judiciais ou extrajudiciais cabíveis. Ressaltou que esse juízo típico do exercício de funções institucionais do parquet não seria suscetível de delegação judiciária. Sublinhou que, no âmbito da competência jurisdicional, embora ausente relação de natureza hierárquica entre juízes federal e estadual, caberia exclusivamente ao primeiro decidir a respeito da ocorrência ou não de interesse federal em determinada causa. Asseverou que esse entendimento deveria orientar as relações entre Ministério Público da União e Ministério Público dos Estados, de modo que a análise sobre as atribuições do Ministério Público da União seria do próprio órgão. Além disso, não caberia ao parquet estadual qualquer controle a respeito. Após, o julgamento foi suspenso. Pet 4706/DF, Pet 4863/RN, Rel. Min. Marco Aurélio, 21.3.2013. Pleno. (Info 699)

▸ ***MP. Conflito de atribuições e superfaturamento em construção de conjuntos habitacionais***

O Plenário iniciou julgamento de ação cível originária em que o Ministério Público do Estado do Paraná suscita conflito negativo de atribuição em face do Ministério Público Federal para a investigação de possível superfaturamento na construção de conjuntos habitacionais em município paranaense. Na espécie, os valores para o financiamento das obras teriam sido disponibilizados pela Caixa Econômica Federal – CEF, oriundos do Fundo de Garantia por Tempo de Serviço – FGTS, e colocadas no mercado de consumo por meio do Sistema Financeiro de Habitação. O Min. Luiz Fux, relator, não conheceu do conflito de atribuição, no que foi acompanhado pelo Min. Teori Zavascki. Primeiramente, recordou que se pronunciara em outra oportunidade pela remessa dos autos ao STJ, caso existente conflito federativo, à semelhança do que ocorreria quando envolvida controvérsia sobre competência entre juízes pertencentes a tribunais distintos. Em seguida, rememorou preliminar recentemente aventada pelo Min. Teori Zavascki, no sentido de competir à União dizer se teria, ou não, interesse na causa. Assim, por analogia, caberia ao parquet federal a palavra definitiva na questão. Por fim, consignou que, se vencido na preliminar de inexistência de conflito federativo a ser dirimido pelo STF, manifestar-se-ia a respeito dos demais temas arguidos no feito. O Min. Teori Zavascki explicitou que se estaria a decidir, no caso, sobre qual parquet iria promover investigação de natureza civil. Na sequência, reiterou os fundamentos expendidos em seu voto nas Petições 4706/DF e 4863/RN, para concluir que a natureza desta controvérsia não se qualificaria como de conflito federativo, apto a atrair a incidência do art. 102, f, da CF. Em divergência, o Min. Marco Aurélio conheceu do pedido e estabeleceu a atribuição do Ministério Público Federal. Reafirmou entendimento segundo o qual, ante o silêncio da Constituição, caberia ao Supremo atuar em favor da própria sociedade para que o inquérito civil público prosseguisse. Aduziu que, como o parquet da União não seria hierarquicamente superior ao estadual, não cumpriria a ele definir atribuição. No mérito, assentou cuidar-se de abatimento em prestações de mutuários da CEF, cujo objeto seria o superfaturamento havido tendo em conta o que financiado pela referida instituição. Ato contínuo, assinalou existir interesse a definir o inquérito como da atribuição do órgão federal. Após, pediu vista o Min. Joaquim Barbosa. ACO 924/PR, Rel. Min. Luiz Fux, 23.5.2013. Pleno. (Info 707)

▸ *Ministério Público e investigação criminal – 19*

O Plenário retomou julgamento de recurso extraordinário em que discutida a constitucionalidade da realização de procedimento investigatório criminal pelo Ministério Público. O acórdão impugnado dispusera que, na fase de recebimento da denúncia, prevaleceria a máxima "in dubio pro societate", oportunidade em que se possibilitaria ao titular da ação penal ampliar o conjunto probatório. Sustenta o recorrente que a investigação procedida pelo parquet ultrapassaria suas atribuições funcionais constitucionalmente previstas, as quais seriam exclusivas da polícia judiciária. Em voto-vista, o Min. Luiz Fux negou provimento ao recurso e reconheceu a legitimidade do poder investigatório do Ministério Público, com modulação nos efeitos da decisão. Após, pediu vista o Min. Marco Aurélio. RE 593727/MG, Rel. Min. Cezar Peluso, 19.12.2012. Pleno. (Info 693)

▸ *MPT. AgRg na Rcl 3.760-PA Rel. Min. Teori Zavascki*

Processual civil. Ministério Público do Trabalho. Atuação direta no STF. Impossibilidade. Função da Procuradoria-Geral da República, conforme disposto no art. 46 da LC 75/1993. 1. Segundo a jurisprudência firmada no STF, incumbe ao Procurador-Geral da República exercer as funções do Ministério Público junto ao STF, nos termos do art. 46 da LC 75/93, sendo que o exercício das atribuições do MPT se circunscreve aos órgãos da Justiça do Trabalho, consoante se infere dos arts. 83, 90, 107 e 110 da LC 75/93 (Rcl 4453). 2. Agravo não conhecido. (Info 711)

CONTROLE DE CONSTITUCIONALIDADE

- **CF, artigos 97 e 102 a 103 da CF.**

✦ DICAS

1. O Controle de Constitucionalidade consiste na **fiscalização da compatibilidade** entre condutas (comissivas ou omissivas) dos Poderes Públicos e o bloco de constitucionalidade, integrado pela Constituição Formal.

2. **Bloco de constitucionalidade** (ideia de Louis Favoreu, mas desenvolvida por Canotilho e consagrada nas ADIs 595 e 514, pelo Ministro Celso de Mello) consiste no **conjunto de normas materialmente constitucionais**, que servem de paradigma para controle de constitucionalidade, mas que, não necessariamente, integram formalmente a Constituição, a exemplo dos tratados internacionais de direitos humanos aprovados de acordo com o regramento do art. 5º, § 3º, da CF. Entretanto, nesse bloco não estão incluídas as normas infraconstitucionais. Assim, se uma norma ofende uma lei, mas não viola diretamente a Constituição, não é possível a realização do controle de constitucionalidade, posto que lei eventualmente violada não integra o bloco de constitucionalidade. Essa lei ofendida, que fica entre a norma objeto de questionamento e a Constituição, recebe o nome de norma interposta. **O STF tem posição firme no sentido de que não se admite controle de constitucionalidade em face de norma interposta**, ou seja, só há controle de constitucionalidade quando ocorrer violação ao bloco de constitucionalidade. Destacamos o seguinte julgado: "Ação direta de inconstitucionalidade. Lei nº 6.004, de 14/04/98, do Estado de Alagoas. Alegada violação aos arts. 150, § 6º; e 155, § 2º, XII, g, da constituição federal. **Ausência de conflito direto com o texto constitucional. Não cabe controle abstrato de constitucionalidade por violação de norma infraconstitucional interposta, sem ocorrência de ofensa direta à Constituição Federal.** Hipótese caracterizada nos autos, em que, para aferir a validade da lei alagoana sob enfoque frente aos dispositivos da Constituição Federal, seria necessário o exame do conteúdo da Lei Complementar nº 24/75 e do Convênio 134/97, inexistindo, no caso, conflito direto com o texto constitucional. Ação direta de inconstitucionalidade não conhecida". (STF. ADI 2122, julgada no ano 2000 e relatada pelo Ministro Ilmar Galvão).

3. **Evolução do controle de constitucionalidade no Brasil**

- **Constituição de 1891:** o controle difuso de constitucionalidade, que pode ser realizado por qualquer juiz mediante a provocação de qualquer indivíduo que tenha direito seu obstaculizado por uma inconstitucionalidade, tem raiz no direito norte-americano (caso Marbury vs Madison de

1803), mas somente foi introduzido no Brasil pela Constituição de 1891.

- **Constituição de 1934:** criou a ação direta de inconstitucionalidade interventiva, introduziu a cláusula da reserva de plenário (exigência que a declaração de inconstitucionalidade somente possa ser pronunciada pela maioria absoluta do tribunal), e estabeleceu ao Senado Federal atribuição para suspender a execução, no todo ou em parte, de lei ou ato normativo declarado inconstitucional por decisão definitiva.
- **Constituição de 1937:** de cunho ditatorial, criou a esdrúxula possibilidade de o Presidente da República submeter as decisões de inconstitucionalidade do Poder Judiciário ao crivo do Parlamento, para reexame. Havendo dois terços dos votos em cada Casa do Congresso, a decisão judicial de inconstitucionalidade perdia seus efeitos.
- **Constituição de 1946:** reestruturou o controle de constitucionalidade brasileiro. Ademais, a teor da Emenda Constitucional nº 16, de 1965, admitiu a representação contra inconstitucionalidade de lei ou ato de natureza normativa, federal, estadual, em face da Constituição da República, cujo julgamento competia exclusivamente ao STF. Também foi responsável por prever o controle concentrado de constitucionalidade em âmbito estadual (EC 16/65).
- **Constituição de 1967:** por meio da EC 01/69, previu o controle de constitucionalidade de lei municipal frente à Constituição Estadual. Também foi sob a égide da Constituição de 1967 que surgiu o primeiro elemento ou sucedâneo de incidência do *stare decisis*. A teor da EC 07/77, adotou-se a representação para interpretação de lei ou ato normativo federal ou estadual, que tinha, segundo o Regimento Interno do Supremo Tribunal Federal, "força vinculante". O *stare decisis* (está decidido) é o elemento que atribui efeito vinculante ao precedente judicial.
- **Constituição de 1988:** foi responsável pela democratização da legitimidade para a propositura de ações no controle concentrado, criando o rol de legitimados do art. 103, da CF, abandonando a legitimidade exclusiva do PGR. Além disso, criou a ação direta de inconstitucionalidade por omissão e o mandado de injunção, instrumentos que atacam as omissões inconstitucionais. Também é da Constituição Cidadã de 1988 o reconhecimento do controle concentrado de constitucionalidade estadual (art. 125, § 2º, da CF). Outra novidade foi a criação da ADPF – arguição de descumprimento de preceito fundamental (art. 102, parágrafo único, da CF). Por fim, a EC 03/93, fez previsão da ação declaratória de constitucionalidade, de lei ou ato normativo federal, com efeito vinculante.

4. Formas de inconstitucionalidade

- A inconstitucionalidade atacada pode ser **formal ou nomodinâmica** (vício de procedimento legislativo ou de afronta a regras de iniciativa/competência) ou **material ou nomoestática** (vício que afeta o conteúdo substantivo das normas constitucionais). Ex: projeto de lei de iniciativa de deputado federal visando criação de cargos na administração federal padecerá de vício de inconstitucionalidade **formal subjetiva** (vício de competência ou iniciativa), pois nesse caso a iniciativa é privativa do Presidente da República, nos termos do art. 61, § 1º, II, "a", da CF.
- Considerando-se que a inconstitucionalidade formal se relaciona a vício de procedimento ou de iniciativa/competência, ela só pode ser aferida em relação às regras constitucionais vigentes no momento de sua elaboração, e não em razão da mudança posterior do parâmetro constitucional.
- Segundo o STF, "Tem-se **inconstitucionalidade reflexa** – a cuja verificação não se presta a ação direta – quando o vício de ilegitimidade ir-rogado a um ato normativo é o desrespeito à Lei Fundamental por ha-ver violado norma infraconstitucional interposta, a cuja observância estaria vinculado pela Constituição" (ADI 3132, Rel. Sepúlveda Pertence. Julgamento em 15.02.2006).

5. Controle prévio ou preventivo

- **Proposta legislativa pretensamente inconstitucional pode ser impugnada** por meio de mandado de segurança individual manejado por parlamentar sob o argumento de vulneração às cláusulas pétreas e violação ao direito líquido e certo de participação de um processo legislativo hígido (STF. MS 20.257, julgado em 1981 e relatado pelo Ministro Décio Miranda).
- O **veto do Presidente da República** a projeto de lei aprovado pelas casas do Congresso Nacional, por motivo de inconstitucionalidade é considerado mecanismo de controle político prévio de constitucionalidade, a teor do art. 66, § 1º, da CF.
- A sustação, pelo Poder Legislativo, de atos normativos do presidente da República que exorbitem do poder regulamentar constitui exemplo do controle de constitucionalidade **posterior ou repressivo** (não prévio ou preventivo), manejado via **Decreto Legislativo** produzido pelo Congresso Nacional (art. 49, V, da CF).

6. Controle posterior ou repressivo

- **Em regra, o controle repressivo de constitucionalidade é exercido pelo Poder Judiciário. Excepcionalmente** o Legislativo pode realizar esse controle, o que se dá por decreto legislativo emitido pelo Congresso Nacional para sustar atos normativos do Poder Executivo que exorbitem de poder regulamentar ou da delegação legislativa (artigos 49, V, 84, IV e 68, todos da CF). O Legislativo também faz controle repressivo em relação às medidas provisórias (art. 62 da CF). O Executivo também tem a possibilidade de realizar controle repressivo, o que se materializa pelo descumprimento, por parte de seu Chefe, de lei ou ato normativo que entenda inconstitucional.

- Apesar de haver dissonância na doutrina, há julgados do STF e do STJ que sinalizam pela **possibilidade de o chefe do Executivo deixar de aplicar lei que entenda inconstitucional**, podendo ainda determinar a seus subordinados que assim procedam. (STF. ADI 221, julgada em 1993 e relatada pelo Ministro Moreira Alves: "O controle de constitucionalidade da lei ou dos atos normativos é de competência exclusiva do Poder Judiciário. Os Poderes Executivo e Legislativo, por sua chefia – e isso mesmo tem sido questionado com o alargamento da legitimação ativa na ação direta de inconstitucionalidade –, podem tão só determinar aos seus órgãos subordinados que deixem de aplicar administrativamente as leis ou atos com força de lei que considerem inconstitucionais"). (STJ, REsp 23121, julgado em 1993 e relatado pelo Ministro Humberto Gomes de Barros: "O Poder Executivo deve negar execução a ato normativo que lhe pareça inconstitucional").

7. **Controle jurisdicional**

- O Brasil adota duas formas de controle jurisdicional: **difuso** (realizado por qualquer juízo) e **concentrado** (realizado apenas por um órgão de cúpula, que em âmbito federal, é o STF). Assim, o direito brasileiro dispõe de um **controle ou sistema jurisdicional misto.**
- O Controle difuso também pode ser denominado por: concreto; Incidental ou *incidenter tantum*; Via de Exceção; Processo Subjetivo; De efeitos inter partes; Estadunidense e Aberto.
- O Controle concentrado pode ser denominado por: Abstrato; Principal; Via de Ação; Processo Objetivo; De efeitos *erga omnes*; Austríaco e Reservado.

DENOMINAÇÕES DAS FORMAS DE CONTROLE DE CONSTITUCIONALIDADE NO BRASIL	
1. Controle Difuso	**2. Controle Concentrado**
Concreto	Abstrato
Incidental ou *incidenter tantum*	Principal
Via de Exceção	Via de Ação
Processo Subjetivo	Processo Objetivo
De efeitos *inter partes*	De efeitos *erga omnes*
Estadunidense	Austríaco
Aberto	Reservado

8. **Controle difuso**

- O controle difuso é fruto de construção jurisprudencial da Suprema Corte dos Estados Unidos (no famoso **caso Marbury *versus* Madison**, em 1803), embora alguns autores defendam que decisões anteriores já indicavam a possibilidade de o Judiciário declarar uma norma contrária à Constituição, a exemplo de Uadi Lammêgo Bulos: "A justiça do Estado de New Jersy, nos idos de 1780, já havia declarado que leis contrárias à constituição reputavam-se nulas. Em 1782, um grupo de juízes da Virgínia declararam, em seus veredicto, que leis inconstitucionais afiguravam-se nulas. No ano de 1787, a Suprema Corte da Carolina do Norte invalidou leis contrárias aos artigos da Confederação. Todas essas datas demonstram o quão é equivocada a ideia de que o controle difuso nasceu no caso Madison versus Marbury. Na realidade, o *decisum* de Marshall resultou do amadurecimento de séculos. Homens e instituições, de todo o mundo, exigiam o respeito incondicional às normas constitucionais, a fim de se encontrar a tão almejada salvaguarda de direitos e garantias". (BULOS, Uadi Lammêgo. Curso de Direito Constitucional. 2. ed. São Paulo: Saraiva, 2008, p. 114).
- O controle de constitucionalidade incidental brasileiro **pode ser provocado por qualquer pessoa e realizado por todo juiz, inclusive de ofício**, pois a questão constitucional somente servirá de fundamentação para decisão quanto ao pedido que envolve a resolução de um caso concreto.
- No controle difuso, a pronúncia do Judiciário sobre a inconstitucionalidade não é feita enquanto manifestação sobre o objeto principal da lide, mas sim sobre questão prévia (**via de exceção)**, indispensável ao julgamento do mérito. Em outras palavras: na via de exceção, a questão constitucional é a **causa de pedir**, e não o pedido.
- Somente pelo voto da maioria absoluta de seus membros ou dos membros do respectivo órgão especial poderão os tribunais declarar a inconstitucionalidade de lei ou ato normativo do Poder Público. Trata-se do denominado **Princípio da Reserva de Plenário**, previsto no art. 97, da CF, e reafirmado na Súmula Vinculante 10.
- Nos termos do parágrafo único, do art. 494 do Novo CPC, os órgãos fracionários dos tribunais não submeterão ao plenário, ou ao órgão especial, a arguição de inconstitucionalidade, quando já houver pronunciamento destes ou do plenário do Supremo Tribunal Federal sobre a questão. (Incluído pela Lei nº 9.756, de 1998). Trata-se de **abrandamento da cláusula de reserva de plenário** (art. 97, da CF), e que encontra guarida na jurisprudência do STF (RE 190.725, julgado em 1995 e relatado pelo Ministro Ilmar Galvão)
- A cláusula constitucional de reserva de plenário, insculpida no art. 97 da CF, fundada na presunção de constitucionalidade das leis, **não impede que os órgãos fracionários ou os membros julgadores dos tribunais, quando atuem monocraticamente, rejeitem a arguição de invalidade dos atos normativos, conforme consagrada lição da doutrina** (MOREIRA, José Carlos Barbosa. Comentários ao Código de Processo Civil, Vol. V – Arts. 476 a 565, Rio de Janeiro: Ed. Forense, 2009, p. 40)." (STF.

RE 636.359-AgR, julgado em 2011 e relatado pelo ministro Luiz Fux).

- Nos termos da Súmula Vinculante 10, **viola a cláusula de reserva de plenário** (CF, artigo 97) a decisão de órgão fracionário de tribunal que, embora não declare expressamente a inconstitucionalidade de lei ou ato normativo do poder público, afasta sua incidência, no todo ou em parte.
- Entretanto, como já decidiu o STF, "a simples ausência de aplicação de uma dada norma jurídica ao caso sob exame não caracteriza, apenas por isso, violação da orientação firmada pelo STF. Para caracterização da contrariedade à Súmula Vinculante 10, do STF, **é necessário que a decisão fundamente-se na incompatibilidade entre a norma legal tomada como base dos argumentos expostos na ação e a Constituição.**" (Rcl 6.944, julgada em 2010 e relatada pela Ministra Cármen Lúcia).
- Segundo o STF, "EMENTA: (...) 1. **A cláusula de reserva de plenário (full bench) é aplicável somente aos textos normativos erigidos sob a égide da atual Constituição**. 2. As normas editadas quando da vigência das Constituições anteriores se submetem somente ao juízo de recepção ou não pela atual ordem constitucional, o que pode ser realizado por órgão fracionário dos Tribunais sem que se tenha por violado o art. 97 da CF. (...)" AI 669.872 AgR (DJe 14.02.2013) - Relator Ministro Luiz Fux - Primeira Turma.
- "Vê-se, portanto, na linha de iterativa jurisprudência prevalecente nesta Suprema Corte e em outros tribunais (RTJ 82/44 - RTJ 99/544 - RTJ 124/415 - RTJ 135/32 - RT 179/922 - RT 208/197 - RT 231/665, v.g.), que a incompatibilidade entre uma lei anterior (como a norma ora questionada inscrita na Lei 691/1984 do Município do Rio de Janeiro/RJ, p. ex.) e uma Constituição posterior (como a Constituição de 1988) resolve-se pela constatação de que se registrou, em tal situação, revogação pura e simples da espécie normativa hierarquicamente inferior (o ato legislativo, no caso), não se verificando, por isso mesmo, hipótese de inconstitucionalidade (RTJ 145/339 - RTJ 169/763). **Isso significa que a discussão em torno da incidência, ou não, do postulado da recepção - precisamente por não envolver qualquer juízo de inconstitucionalidade (mas, sim, quando for o caso, o de simples revogação de diploma pré-constitucional) - dispensa, por tal motivo, a aplicação do princípio da reserva de Plenário (CF, art. 97), legitimando, por isso mesmo, a possibilidade de reconhecimento, por órgão fracionário do Tribunal, de que determinado ato estatal não foi recebido pela nova ordem constitucional** (RTJ 191/329-330), além de inviabilizar, porque incabível, a instauração do processo de fiscalização normativa abstrata (RTJ 95/980 - RTJ 95/993 - RTJ 99/544 - RTJ 143/355 - RTJ 145/339, v.g.)." (AI 582.280 AgR, voto do Rel. Min. Celso de Mello, julgamento em 12-9-2006, Segunda Turma, DJ de 6-11-2006.) No mesmo sentido: RE 495.370-AgR, Rel. Min. Joaquim Barbosa, julgamento em 10-8-2010, Segunda Turma, DJE de 1º-10-2010.
- De acordo com o STF, "O **art. 97 da Constituição**, ao subordinar o reconhecimento da inconstitucionalidade de preceito normativo a decisão nesse sentido da 'maioria absoluta de seus membros ou dos membros dos respectivos órgãos especiais', está se dirigindo aos tribunais indicados no art. 92 e aos respectivos órgãos especiais de que trata o art. 93, XI. A referência, portanto, **não atinge juizados de pequenas causas (art. 24, X) e juizados especiais (art. 98, I)**, os quais, pela configuração atribuída pelo legislador, não funcionam, na esfera recursal, sob regime de plenário ou de órgão especial." (ARE 792.562-AgR, rel. min. Teori Zavascki, julgamento em 18-3-2014, Segunda Turma, DJE de 2-4-2014.)
- **O princípio da reserva de plenário não se aplica ao STF no julgamento de recursos extraordinários**. Assim já assentou a jurisprudência: "O STF exerce, por excelência, o controle difuso de constitucionalidade quando do julgamento do recurso extraordinário, tendo os seus colegiados fracionários competência regimental para fazê-lo sem ofensa ao art. 97 da CF." (RE 361.829, julgado em 2010 e relatado pela Ministra Ellen Gracie).
- **Súmula 513 do STF**: "a decisão que enseja a **interposição de recurso** ordinário ou extraordinário não é a do plenário, que resolve o incidente de inconstitucionalidade, mas a do órgão (câmaras, grupos ou turmas) que completa o julgamento do feito".
- **Em regra, a ação civil pública não pode ser usada como instrumento de controle de constitucionalidade**, sob pena de usurpação das atribuições do STF (Ag. 189.601, julgado em 1997 e relatado pelo Ministro Moreira Alves).
- **Entretanto, é possível a utilização da ação civil pública** como instrumento de controle incidental de constitucionalidade de leis ou atos do poder público, **desde que a questão qualifique-se apenas como questão prejudicial, indispensável à resolução da lide principal**. Nesse sentido, é esclarecedora a RCL 1.733, apreciada no ano 2000 e relatada pelo Ministro Celso de Mello: "O Supremo Tribunal Federal tem reconhecido a legitimidade da utilização da ação civil pública como instrumento idôneo de fiscalização incidental de constitucionalidade, pela via difusa, de quaisquer leis ou atos do Poder Público, mesmo quando contestados em face da Constituição da República, desde que, nesse processo coletivo, a controvérsia constitucional, longe de identificar-se como objeto único da demanda, qualifique-se como simples questão prejudicial, indispensável à resolução do litígio principal".
- A eficácia da decisão no controle difuso é ***inter partes***, não *erga omnes*.

- Poderá haver a geração de efeitos *erga omnes* se aplicado o art. 52, X, da CF, segundo o qual o **Senado Federal pode suspender a execução**, no todo ou em parte, de lei declarada inconstitucional por decisão definitiva do Supremo Tribunal Federal.

- A resolução do **Senado Federal** que suspende **a execução** (e não a eficácia), **no todo ou em parte**, de lei declarada inconstitucional por decisão definitiva do Supremo Tribunal Federal é forma de controle político de constitucionalidade, nos termos do art. 52, X, da CF.

- No controle difuso, quando houver **declaração de não recepção** (e não de inconstitucionalidade), não há enquadramento ao art. 52, X, da CF, portanto, o STF **não** deverá encaminhar a decisão ao Senado Federal.

- Segundo o STF, uma vez expedida, a **resolução senatorial é irretratável**.

- **Predomina o entendimento** no sentido de que o Senado Federal **não é obrigado** a suspender a execução de lei declarada inconstitucional pelo STF, pois se trata de atividade discricionária desse órgão do Poder Judiciário. Quanto à extensão da suspensão, o entendimento é no sentido de que **o Senado Federal está vinculado ao que decidiu o STF**. Assim, se, por exemplo, o STF declarou uma inconstitucionalidade parcial, o Senado tem que seguir a mesma linha, não podendo suspender a execução total da lei. Por fim, também é assente o pensamento segundo o qual a suspensão da execução pelo Senado Federal pode se dar em relação a **lei federal, estadual, distrital ou municipal**.

- Ao contrário dos demais órgãos jurisdicionais, que, no controle difuso, só podem declarar a inconstitucionalidade *incidenter tantum* (como fundamento para apreciação dos pedidos de cada caso julgado) de norma que devesse ser aplicada à hipótese concreta de julgamento, **ao Supremo Tribunal Federal, conforme sua jurisprudência dominante, é possível, quando apreciada a inconstitucionalidade em sede de controle difuso, emitir juízo quanto à validade ou invalidade da norma, ainda que a aplicação ou não desta se mostre dispensável à solução concreta da controvérsia** (MENDES, Gilmar Ferreira; COELHO, Inocêncio Mártires; BRANCO, Paulo Gustavo Gonet. *Curso de Direito Constitucional.* 2 ed. São Paulo: Saraiva, 2008, p. 1.076). Referido posicionamento foi adotado pelo STF em 2005, no julgamento do MS 20.505, relatado pelo Ministro Néri da Silveira, e também na apreciação do RE 102.553, julgado em 2005 e relatado pelo Ministro Francisco Rezek.

- "O poder de que dispõe qualquer juiz ou tribunal para deixar de aplicar a lei inconstitucional a determinado processo (...) pressupõe a invalidade da lei e, com isso, a sua nulidade. **A faculdade de negar aplicação à lei inconstitucional corresponde ao direito do indivíduo de recusar-se a cumprir a lei inconstitucional, assegurando-se-lhe, em última instância, a possibilidade de interpor recurso extraordinário ao STF contra decisão judicial que se apresente, de alguma forma, em contradição com a Constituição (...) (Cf., a propósito, Rp 980, Rel. Min. Moreira Alves, RTJ 96, p. 508). Tanto o poder do juiz de negar aplicação à lei inconstitucional quanto a faculdade assegurada ao indivíduo de negar observância à lei inconstitucional (mediante interposição de recurso extraordinário) demonstram que o constituinte pressupôs a nulidade da lei inconstitucional.** Em certos casos, o efeito necessário e imediato da declaração de nulidade de uma norma, na declaração de inconstitucionalidade pelo STF ou pelos Tribunais de Justiça dos Estados, há de ser a exclusão de toda ultra-atividade da lei inconstitucional. **A eventual eliminação dos atos praticados com fundamento na lei inconstitucional terá de ser considerada em face de todo o sistema jurídico, especialmente das chamadas fórmulas de preclusão**. Na espécie, com a declaração de inconstitucionalidade, pelo tribunal local, dos atos normativos que conferiam pontuação extra a todos os servidores públicos municipais, quando submetidos a concurso público, atribuindo-lhes 40% da pontuação total das provas, entendo que o ato do Prefeito não violou direito líquido e certo dos impetrantes." (RE 348.468, voto do Relator, Ministro Gilmar Mendes, julgamento em 2009).

- "**No direito brasileiro, jamais se aceitou a idéia de que a nulidade da lei importaria na eventual nulidade de todos os atos que com base nela viessem a ser praticados**. Embora a ordem jurídica brasileira não disponha de preceitos semelhantes aos constantes do § 79 da Lei do Bundesverfassungsgericht, que prescreve a intangibilidade dos atos não mais suscetíveis de impugnação, **não se deve supor que a declaração de nulidade afete, entre nós, todos os atos praticados com fundamento na lei inconstitucional**. É verdade que o nosso ordenamento não contém regra expressa sobre o assunto, aceitando-se, genericamente, a idéia de que o ato fundado em lei inconstitucional está eivado, igualmente, de iliceidade (Cf., a propósito, RMS 17.976, Rel. Amaral Santos, RTJ 55, p. 744). **Concede-se, porém, proteção ao ato singular, em homenagem ao princípio da segurança jurídica, procedendo-se à diferenciação entre o efeito da decisão no plano normativo (Normebene) e no plano do ato singular (Einzelaktebene) mediante a utilização das chamadas fórmulas de preclusão** (cf. Ipsen, Jörn, Rechtsfolgen der Verfassungswidrigkeit von Norm und Einzelakt, Baden-Baden, 1980, p. 266 e s. Ver, também, Mendes, Gilmar, Jurisdição Constitucional, 5ª ed., São Paulo: Saraiva, 2005, p. 334)." (RE 217.141-AgR, voto do Relator, Ministro Gilmar Mendes, julgamento em 2006).

- **Os efeitos da decisão no controle difuso são *ex tunc***. Entretanto, o STF já admitiu a modulação dos efeitos das decisões proferidas em sede de controle difuso de constitucionalidade, o que representa uma flexibilização do princípio da nulidade no controle de constitucionalidade. "A declaração de inconstitucionalidade reveste-se, ordinariamente, de eficácia ex tunc (RTJ 146/461-462 – RTJ 164/506-509), retroagindo ao momento em que editado o ato estatal reconhecido inconstitucional pelo STF. **O STF tem reconhecido, excepcionalmente, a possibilidade de proceder à modulação ou limitação temporal dos efeitos da declaração de inconstitucionalidade, mesmo quando proferida, por esta Corte, em sede de controle difuso. Precedente: RE 197.917/SP, Rel. Min. Maurício Corrêa (Pleno).** Revela-se inaplicável, no entanto, a teoria da limitação temporal dos efeitos, se e quando o STF, ao julgar determinada causa, nesta formular juízo negativo de recepção, por entender que certa lei préconstitucional mostra-se materialmente incompatível com normas constitucionais a ela supervenientes. A não recepção de ato estatal pré-constitucional, por não implicar a declaração de sua inconstitucionalidade – mas o reconhecimento de sua pura e simples revogação (RTJ 143/355 – RTJ 145/339) –, descaracteriza um dos pressupostos indispensáveis à utilização da técnica da modulação temporal, que supõe, para incidir, dentre outros elementos, a necessária existência de um juízo de inconstitucionalidade. Inaplicabilidade, ao caso em exame, da técnica da modulação dos efeitos, por tratar-se de diploma legislativo, que, editado em 1984, não foi recepcionado, no ponto concernente à norma questionada, pelo vigente ordenamento constitucional." (STF. AI 589.281-AgR, julgado em 2006 e relatado pelo Ministro Celso de Mello).

- Vale destacar trecho do Informativo 304, do STF, que versa sobre o julgamento do **RE 197.917, conhecido popularmente como "Caso Mira Estrela"**, que foi o *leading case* sobre modulação de efeitos no controle difuso de constitucionalidade: "Retomado o julgamento de recurso extraordinário interposto contra acórdão do Tribunal de Justiça do Estado de São Paulo que reconhecera a constitucionalidade do parágrafo único do art. 6º da Lei Orgânica do Município de Mira Estrela, de menos de três mil habitantes, que fixara em 11 o número de vereadores da Câmara Municipal, por entender que o número estabelecido não se afastou dos limites constantes da CF, art. 29, IV, a, b e c. Na assentada anterior, o Min. Maurício Corrêa, relator, proferira voto no sentido de julgar procedente, em parte, o pedido formulado na ação, declarando a inconstitucionalidade do parágrafo único do art. 6º da Lei 226/90 do referido Município, por considerar que o citado preceito constitucional estabelece um critério de proporcionalidade aritmética para o cálculo do número de vereadores, não tendo os municípios autonomia para fixar esse número discricionariamente, sendo que, na espécie, o Município em questão somente poderia ter 9 vereadores, sob pena de incompatibilidade com a proporção determinada pela CF (v. Informativos 271 e 274). Na presente Sessão, **O Min. Gilmar Mendes, embora acompanhando o voto do Min. Maurício Corrêa, relator, proferiu voto-vista no sentido de restringir a declaração da inconstitucionalidade pro futuro, de modo que tal declaração não afete a composição da atual legislatura da Câmara Municipal, cabendo ao legislativo municipal estabelecer nova disciplina sobre a matéria, em tempo hábil para que se regule o próximo pleito eleitoral**. (STF. RE 197.917-SP, julgado em 2003 e relatado pelo Ministro Maurício Corrêa).
- **Repercussão Geral**
- No recurso extraordinário o recorrente deverá demonstrar a **repercussão geral** das questões constitucionais discutidas no caso, nos termos da lei, a fim de que o Tribunal examine a admissão do recurso, somente podendo recusá-lo pela manifestação de dois terços de seus membros (art. 102, § 3º, da CF).
- **Atenção!** A **preliminar formal de repercussão geral** é exigida nos recursos extraordinários interpostos de acórdãos publicados a partir de 3 de maio de 2007, data da entrada em vigor da Emenda Regimental nº 21/07 ao RISTF, que estabeleceu as normas necessárias à execução das disposições legais e constitucionais sobre o novo instituto (QO-AI 664.567, Min. Sepúlveda Pertence).
- Em regra, o **recurso extraordinário** apresenta-se como um instrumento do controle difuso de constitucionalidade. Entretanto, em sede de controle concentrado de constitucionalidade, se uma norma da Constituição Estadual violada é idêntica à norma da Constituição Federal, caso tenha sido provocado o controle de constitucionalidade estadual, será cabível um Recurso Extraordinário da decisão do TJ (que aprecia o controle concentrado estadual) para o STF, pois, nos termos do art. 102, III, "a", da CF, compete ao Supremo Tribunal Federal, precipuamente, a guarda da Constituição, cabendo-lhe julgar, mediante recurso extraordinário, as causas decididas em única ou última instância, quando a decisão recorrida contrariar dispositivo da Constituição. Assim, nesse caso excepcional, o recurso extraordinário poderá ser utilizado como um elemento do controle concentrado.

9. Controle concentrado

- O Controle concentrado pode ser manejado via: **ADI** – Ação Direta de Inconstitucionalidade (por ação, omissão ou interventiva); **ADC** – Ação Declaratória de Constitucionalidade e; **ADPF** – Arguição de Descumprimento de Preceito Fundamental.
- Compete ao **Supremo Tribunal Federal**, precipuamente, a **guarda da Constituição**, cabendo-lhe processar e julgar, originariamente, entre outras, a ação direta de inconstitucionalidade de lei ou ato normativo federal ou estadual (mas, não municipal) e a ação declaratória de constitucionalidade de lei ou ato normativo federal, consoante art. 102, I, "a", da CF.

- Desde a edição da EC 45/04, o **rol de legitimados** para a propositura de ADI e de ADC é o mesmo: aquele disposto no art. 103 da CF.
- **Podem propor** a ação direta de inconstitucionalidade, a ação declaratória de constitucionalidade e a arguição de descumprimento de preceito fundamental: I - o Presidente da República; II - a Mesa do Senado Federal; III - a Mesa da Câmara dos Deputados; IV - a Mesa de Assembléia Legislativa ou da Câmara Legislativa do Distrito Federal; V - o Governador de Estado ou do Distrito Federal; VI - o Procurador-Geral da República; VII - o Conselho Federal da Ordem dos Advogados do Brasil; VIII - partido político com representação no Congresso Nacional; IX - confederação sindical ou entidade de classe de âmbito nacional.
- No caso de um partido **político perder sua representação no Congresso Nacional** após ter proposto uma ação direta de inconstitucionalidade, essa **ação não é considerada prejudicada**, pois a aferição de legitimidade deve ser feita apenas no momento da propositura, conforme jurisprudência do STF.
- Segundo a jurisprudência do STF, figuram como **requisitos qualificativos das entidades de classe de âmbito nacional**, para fins de acesso ao controle abstrato de normas, **(i) a delimitação subjetiva da associação**, que deve representar categoria delimitada ou delimitável de pessoas físicas ou jurídicas, sendo vedada a heterogeneidade de composição (ADI nº 4.230/RJ-AgR, de relatoria do Ministro Dias Tóffoli); **(ii) o caráter nacional, configurada com a comprovação da presença de associados em ao menos nove Estados da Federação** (ADI nº 108/DF-QO, Ministro Celso de Mello, DJ de 5/6/92); e **(iii) a vinculação temática entre os objetivos institucionais da postulante e a norma objeto de sindicância**.
- **Associações de associações:** Em especial, quanto às associações de associações, decidiu o STF: ""Ação direta de inconstitucionalidade: legitimação ativa: 'entidade de classe de âmbito nacional': compreensão da 'associação de associações' de classe: revisão da jurisprudência do Supremo Tribunal. **O conceito de entidade de classe é dado pelo objetivo institucional classista, pouco importando que a eles diretamente se filiem os membros da respectiva categoria social ou agremiações que os congreguem, com a mesma finalidade, em âmbito territorial mais restrito.** É entidade de classe de âmbito nacional - como tal legitimada à propositura da ação direta de inconstitucionalidade (CF, art. 103, IX) - aquela na qual se congregam associações regionais correspondentes a cada unidade da Federação, a fim de perseguirem, em todo o País, o mesmo objetivo institucional de defesa dos interesses de uma determinada classe. **Nesse sentido, altera o Supremo Tribunal sua jurisprudência, de modo a admitir a legitimação das 'associações de associações de classe', de âmbito nacional, para a ação direta de inconstitucionalidade.**" (ADI 3.153-AgR, Rel. Min. Sepúlveda Pertence, julgamento em 12-8-2004, Plenário, DJ de 9-9-2005.)
- Segundo o STF: "O rol do artigo 103 da Constituição Federal é exaustivo quanto à legitimação para a propositura da ação direta de inconstitucionalidade. **Os denominados conselhos**, compreendidos no gênero "autarquia" e tidos como a consubstanciar a espécie corporativista **não se enquadram na previsão constitucional relativa às entidades de classe de âmbito nacional**. Da Lei Básica Federal exsurge a legitimação de Conselho único, ou seja, o Federal da Ordem dos Advogados do Brasil. **Daí a ilegitimidade "ad causam" do Conselho Federal de Farmácia e de todos os demais que tenham idêntica personalidade jurídica** - de direito público (Ação Direta de Inconstitucionalidade nº 641, Relator Ministro Néri da Silveira, vencido, na qual fui designado para redigir o acórdão, publicado no Diário da Justiça de 12 de março de 1999, página 03557, Ementário 01695-02, página 00.223)".
- As **centrais sindicais não têm legitimidade ativa** para ajuizar ADI perante o STF. "Ação direta de inconstitucionalidade. Ausência de legitimidade ativa de Central Sindical (CUT)." (ADI 1.442, Rel. Min. Celso de Mello, julgamento em 3-11-2004, Plenário, DJ de 29-4-2005.)
- De acordo com o STF, "no âmbito das **associações sindicais**, apenas estão aptas a deflagrar o controle concentrado de constitucionalidade as entidades de terceiro grau, ou seja, as confederações sindicais organizadas na forma da lei, excluindo-se, portanto, os sindicatos e as federações, **ainda que possuam abrangência nacional**" (ADO 9. Relatora: Ministra Ellen Gracie. Julgamento: 21/10/2010).
- Nos termos da jurisprudência do STF, são **legitimados especiais**, ou seja, precisam demonstrar **pertinência temática**: a) Mesa da Assembleia Legislativa ou da Câmara Legislativa do Distrito Federal; b) Governador do Estado ou do Distrito Federal; c) Confederação Sindical ou Entidade de Classe de âmbito nacional. Os demais são legitimados neutros ou universais e não precisam demonstrar pertinência temática.
- "O requisito da **pertinência temática - que se traduz na relação de congruência que necessariamente deve existir entre os objetivos estatutários ou as finalidades institucionais da entidade autora e o conteúdo material da norma questionada em sede de controle abstrato** - foi erigido à condição de pressuposto qualificador da própria legitimidade ativa ad causam para efeito de instauração do processo objetivo de fiscalização concentrada de constitucionalidade." Essa foi a conclusão do STF no bojo da ADI 1.157-MC, julgada em 1994 e relatada pelo Ministro Celso de Mello.
- No controle concentrado de constitucionalidade, a petição inicial nem sempre precisa ser assinada por

advogado. Essa exigência de assinatura da inicial atinge apenas: a) partido político com representação no Congresso Nacional e; b) Confederação Sindical ou Entidade de Classe de âmbito nacional. Os demais legitimados têm **capacidade postulatória presumida ou especial**.

- O entendimento encampado pelo STF é que **o Governador de Estado deve assinar a petição inicial**, sendo **facultada a assinatura do Procurador-Geral do Estado**, tendo em vista que a legitimidade repousa sobre o Governador. Ou seja, a petição inicial pode ser assinada pelo Governador de Estado ou do DF isolada ou conjuntamente com o Procurador-Geral do Estado ou Advogado habilitado, mas o Procurador-Geral do Estado não pode assiná-la sozinho, por não possuir legitimidade *ad causam*. Nesse sentido, decisão monocrática da Ministra Rosa Weber, no bojo da ADI 5084, julgada em 2014 e ARE 893279/DF, julgado em 2015 e relatado pelo Ministro Celso de Mello.

- **Particularidades do processo objetivo do controle concentrado** (Listagem realizada com base nas lições de: LENZA, Pedro. *Direito Constitucional Esquematizado*. 16 ed. São Paulo: Saraiva, 2012, p. 329).

I. Inexistência de **prazo recursal em dobro ou diferenciado para contestar** (STF, ADI 2.130, julgada em 2001 e relatada pelo Ministro Celso de Mello);

II. Inexistência de **prazo prescricional ou decadencial** (STF, ADI 1.247, julgada em 1995 e relatada pelo Ministro Celso de Mello);

III. Inadmissibilidade de **assistência jurídica** a qualquer das partes (art. 169, § 2º, do Regimento Interno do STF);

IV. Inadmissibilidade de **intervenção de terceiros** (art. 7º, *caput*, da Lei 9.868/99 e art. 169, § 2º, do Regimento Interno do STF). Mas, o relator, considerando a relevância da matéria e a representatividade dos postulantes, poderá, por despacho irrecorrível, admitir a **manifestação de outros órgãos ou entidades** (art. 7º, § 2º, da Lei 9.868/99), o que abre espaço para a figura do *amicus curiae*, conforme já decidiu o STF na ADI 2238, julgada em 2002 e relatada pelo Ministro Ilmar Galvão. Assim, pode-se dizer que a atuação do ***amicus curiae*** tem natureza *sui generis*.

V. Vedação expressa à **desistência** da ação proposta (art. 5º, *caput*, da Lei 9.868/99 e art. 169, § 1º, do Regimento Interno do STF);

VI. **Irrecorribilidade** da decisão proferida, **salvo embargos de declaração** (art. 26 da Lei 9.868/99);

VII. **Irrescindibilidade** da decisão proferida (não pode ser atacada por ação rescisória), nos termos do art. 26 da Lei 9.868/99;

VIII. **Não vinculação do STF à tese jurídica/causa de pedir**, já que no processo objetivo de controle de constitucionalidade o que importa é a apreciação do pedido.

IX. **Possibilidade de dilação probatória com perícia ou audiência pública**: nos termos do art. 9º, § 2º, da Lei 9.868/99, em caso de necessidade de esclarecimento de matéria ou circunstância de fato ou de notória insuficiência das informações existentes nos autos, poderá o relator requisitar informações adicionais, designar perito ou comissão de peritos para que emita parecer sobre a questão, ou fixar data para, em audiência pública, ouvir depoimentos de pessoas com experiência e autoridade na matéria.

- Quanto à **participação do *amicus curiae***, vale destacar a jurisprudência do STF: "Ação direta de inconstitucionalidade. Embargos de declaração opostos por amicus curiae. Ausência de legitimidade. Interpretação do § 2º da Lei 9.868/1999. A jurisprudência deste Supremo Tribunal é assente quanto ao não cabimento de recursos interpostos por terceiros estranhos à relação processual nos processos objetivos de controle de constitucionalidade. **Exceção apenas para impugnar decisão de não admissibilidade de sua intervenção nos autos**. Precedentes." (ADI 3.615, julgada em 2008 e relatada pela Ministra Cármen Lúcia).

- Com o advento do Novo CPC (Lei 13.105/2015), **o *amicus curiae* passou a ser admitido em qualquer processo**, de maneira ampla. Desse modo, segundo a nova norma processualística, **o juiz ou o relator, considerando a relevância da matéria, a especificidade do tema objeto da demanda ou a repercussão social da controvérsia, poderá, por decisão irrecorrível, de ofício ou a requerimento das partes ou de quem pretenda manifestar-se, solicitar ou admitir a participação de pessoa natural ou jurídica, órgão ou entidade especializada, com representatividade adequada, no prazo de 15 (quinze) dias de sua intimação** (art. 138, do Novo CPC). Assim, interpretando a aplicação do *amicus curiae* com o advento do novel ordenamento processualista, "A intervenção do *amicus curiae* passou a ser possível em qualquer processo, desde que se trate de causa relevante, ou com tema muito específico ou que tenha repercussão social (art. 138, caput, CPC). Generalizou-se a intervenção do *amicus curiae*" (DIDIER JÚNIOR, Fredie. *Curso de Direito Processual Civil*, Vol 1, 17. Ed. Salvador: Ed. Juspodivm, 2015, p. 523). Além disso, compete destacar que **o Novo Código inseriu o *amicus curiae* dentre as disposições relativas à intervenção de terceiros**.

- Segundo a Ministra do STF Cármen Lúcia, no julgamento da ADI 3943, "**a pertinência temática também é requisito para a admissão de *amicus curiae*** [...]. Reduzir a pertinência temática ao disposto no estatuto das entidades, desconsiderando a sua natureza jurídica e a sua finalidade precípua, colocaria o Supremo Tribunal na condição submissão de ter de admitir sempre toda entidade em qualquer ação de controle abstrato de constitucionalidade de normas jurídicas como *amicus curiae*, bastando incluir-se em seu estatuto a finalidade de defender a Constituição da República".

- **Presença do contraditório:** de acordo com o STF "CONTROLE DE CONSTITUCIONALIDADE E GARANTIA DO CONTRADITÓRIO. – [...] **O postulado do contraditório, no processo de controle abstrato de constitucionalidade, vê-se atendido**, de um lado, com a possibilidade de o órgão estatal defender, objetivamente, o próprio ato que editou, e, de outro, com a intervenção do Advogado-Geral da União, que, em atuação processual plenamente vinculada, deve assumir, na condição de garante e curador da presunção de constitucionalidade, a defesa irrestrita da validade jurídica da norma impugnada (...)". (ADI 1434 MC/SP)

- **Impedimento e suspeição:** conforme restou claro no voto do Ministro Gilmar Mendes quando do julgamento da AS 37, em 2009, "Na linha de pensamento da Corte constitucional alemã, (...), **a arguição de suspeição revela-se incabível no âmbito do processo objetivo de controle normativo abstrato de constitucionalidade**. No tocante ao **impedimento, este pode ocorrer se o julgador houver atuado no processo como requerente, requerido, Advogado-Geral da União ou Procurador-Geral da República**. (...). No voto que proferiu quando do julgamento da ADI 2.370/CE, o eminente Ministro Sepúlveda Pertence esclareceu, forte em precedentes da casa (ADI 55, Gallotti, 13.5.89; ADI 2.243, Março Aurélio, 16.8.2000) que o Supremo Tribunal Federal não admite, no processo objetivo da ação direta de inconstitucionalidade, 'nem impedimentos, que não sejam os de formal participação na relação processual, nem de suspeição'. Ante o exposto, nego seguimento à presente arguição de suspeição (art. 21, § 1º, do RISTF).

10. ADI

- O **objeto** da ADI é lei ou ato normativo federal, estadual ou distrital. Já o objeto da **ADC** é somente lei ou ato normativo federal (art. 102, I, "a", da CF). Por sua vez, a **ADPF** admite como objeto também a lei ou ato normativo municipal.

- Enumerando os **atos que podem ser objeto de controle concentrado** de constitucionalidade, Ives Gandra da Silva Martins e Gilmar Ferreira Mendes (*Controle Concentrado de Constitucionalidade*. 2 ed. São Paulo: Saraiva, 2005, p. 171-175):

I. Direito Federal:

1. Disposições da Constituição propriamente ditas, desde que sejam normas secundárias (oriundas de emendas constitucionais, conforme ADI 829-3, julgada em 1993 e relatada pelo Ministro Moreira Alves); 2. Leis de todas as formas e conteúdos, incluídas todas as leis formais e atos normativos gerais federais, além das medidas provisórias; 3. Decreto Legislativo que contém a aprovação do Congresso Nacional aos tratados e autoriza o Presidente da República a ratificá-los em nome do Brasil (art. 49, I, da CF); 4. Decreto do Chefe do Executivo que promulga os Tratados e Convenções; 5. Decreto Legislativo do Congresso Nacional que suspende a execução de ato do Executivo, em virtude de incompatibilidade com a lei regulamentada (art. 49, V, da CF); 6. Atos normativos editados por pessoas jurídicas de direito público criadas pela União, bem como, 7. Os regimentos dos Tribunais Superiores, se configurado o seu caráter autônomo, não meramente acessório;

II. Direito Estadual:

1. Disposições das Constituições Estaduais; 2. Leis Estaduais de qualquer espécie ou conteúdo; 3. Leis Estaduais editadas para regulamentar matéria de competência exclusiva da União (art. 22, parágrafo único da CF); 4. Decreto editado com força de Lei (c.f. ADI 460-3, julgada em 1991 e relatado pelo Ministro Sepúlveda Pertence); 5. Regimento Interno dos Tribunais Estaduais; 6. Regimento Interno das Assembleias Legislativas; 7. Atos Normativos expedidos por pessoas jurídicas de direito público estadual.

ATOS QUE PODEM SER OBJETO DE CONTROLE CONCENTRADO DE CONSTITUCIONALIDADE PERANTE O STF	
I. Normas de Direito Federal	**II. Normas de Direito Estadual**
1. Disposições da Constituição propriamente ditas, desde que sejam normas secundárias (oriundas de emendas constitucionais)	1. Disposições das Constituições Estaduais;
2. Leis de todas as formas e conteúdos, incluídas todas as leis formais e atos normativos gerais federais, além das medidas provisórias	2. Leis Estaduais de qualquer espécie ou conteúdo
3. Decreto Legislativo que contém a aprovação do Congresso Nacional aos tratados e autoriza o Presidente da República a ratificá-los em nome do Brasil;	3. Leis Estaduais editadas para regulamentar matéria de competência exclusiva da União;
4. Decreto do Chefe do Executivo que promulga os Tratados e Convenções;	4. Decreto editado com força de Lei;
5. Decreto Legislativo do Congresso Nacional que suspende a execução de ato do Executivo, em virtude de incompatibilidade com a lei regulamentada (art. 49, V, da CF);	5. Regimento Interno dos Tribunais Estaduais;
6. Atos normativos editados por pessoas jurídicas de direito público criadas pela União;	6. Regimento Interno das Assembleias Legislativas;

ATOS QUE PODEM SER OBJETO DE CONTROLE CONCENTRADO DE CONSTITUCIONALIDADE PERANTE O STF	
I. Normas de Direito Federal	**II. Normas de Direito Estadual**
7. Os regimentos dos Tribunais Superiores, se configurado o seu caráter autônomo, não meramente acessório.	7. Atos Normativos expedidos por pessoas jurídicas de direito público estadual.

- Complementando, segundo a doutrina são atos normativos e, portanto, podem ser objeto de controle de constitucionalidade: a) **resoluções administrativas dos tribunais** (c.f. medida cautelar na ADI 1352-1, julgada em 1995 e relatada pelo Ministro Sepúlveda Pertence); b) **deliberações administrativas de outros órgãos do Poder Judiciário** (c.f. ADI 728, relatada pelo Ministro Marco Aurélio), inclusive dos Tribunais Regionais do Trabalho (c.f. ADI 681, julgada em 1992 e relatada pelo Ministro Néri da Silveira), salvo as convenções coletivas de trabalho; c) **atos estatais de conteúdo meramente derrogatórios, como as resoluções administrativas desde que incidam sobre atos de caráter normativo** (c.f. ADI 1716, relatado pelo Ministro Sepúlveda Pertence). (MORAES, Alexandre de. *Direito Constitucional*. 25 ed. São Paulo: Atlas, 2010, p. 739).
- O STF ainda reconhece que os **decretos autônomos** podem ser objeto de controle concentrado de constitucionalidade: "Decreto que, não se limitando a regulamentar lei, institua benefício fiscal ou introduza outra novidade normativa, reputa-se **autônomo e, como tal, é suscetível de controle concentrado de constitucionalidade** (ADI 3.664, julgada em 2011 e relatada pelo Ministro Cezar Peluso).
- **Resolução administrativa do Conselho Nacional de Justiça** que discipline determinada matéria, de forma geral e abstrata, pode ser objeto de ação direta de inconstitucionalidade. Assim entendeu o STF no bojo da ADI 3367, julgada em 2005 e relatada pelo Ministro Cezar Peluso.
- **Resolução do CNMP** também já foi reconhecida como objeto possível de ADI (Cautelar na ADI 3831, julgada em 2006 e relatada pela Ministra Cármen Lúcia).
- As **emendas constitucionais** podem ser objeto de controle de constitucionalidade, ou em outras palavras: admite-se a existência de normas constitucionais inconstitucionais, desde que não sejam originárias, mas oriundas de emendas constitucionais (vide ADIs 4357, 4372, 4400 e 4425, que versam sobre a inconstitucionalidade da EC 62/2009, que criou um regime especial de pagamento de precatórios).
- **Excepcionalmente se admite o controle concentrado de normas de efeito concreto, notadamente em se tratando de lei formal.** Na ADI 4048 MC/DF, julgada em 2008 e relatada pelo Ministro Gilmar Mendes, o STF entendeu possível o controle concentrado de normas de efeito concreto, admitindo-se o controle de constitucionalidade da Medida Provisória 405/2007, que abriu crédito extraordinário, em favor da Justiça Eleitoral e de diversos órgãos do Poder Executivo. Assim julgou o STF: "O Supremo Tribunal Federal deve exercer sua função precípua de fiscalização da constitucionalidade das leis e dos atos normativos quando houver um tema ou uma controvérsia constitucional suscitada em abstrato, independente do caráter geral ou específico, concreto ou abstrato de seu objeto. Possibilidade de submissão das normas orçamentárias ao controle abstrato de constitucionalidade".
- **Controle concentrado de Leis Orçamentárias.** Estabelecendo **mudança de posicionamento, em 2008 o STF passou a admitir o controle concentrado de leis orçamentárias**. Destacamos trecho do julgado: "A extensão da jurisprudência, desenvolvida para afastar do controle abstrato de normas os atos administrativos de efeito concreto, às chamadas leis formais suscita, sem dúvida, alguma insegurança, porque coloca a salvo do controle de constitucionalidade um sem-número de leis. (...) Outra há de ser, todavia, a interpretação, se se cuida de atos editados sob a forma de lei. Nesse caso, houve por bem o constituinte não distinguir entre leis dotadas de generalidade e aqueloutras, conformadas sem o atributo da generalidade e abstração. Essas leis formais decorrem ou da vontade do legislador ou do desiderato do próprio constituinte, que exige que determinados atos, ainda que de efeito concreto, sejam editados sob a forma de lei (v.g., lei de orçamento, lei que institui empresa pública, sociedade de economia mista, autarquia e fundaçao pública). Ora, se a Constituição submete a lei ao processo de controle abstrato, até por ser este o meio próprio de inovação na ordem jurídica e o instrumento adequado de concretização da ordem constitucional, não parece admissível que o intérprete debilite essa garantia da Constituição, isentando um número elevado de atos aprovados sob a forma de lei do controle abstrato de normas e, muito provavelmente, de qualquer forma de controle. É que muitos desses atos, por não envolverem situações subjetivas, dificilmente poderão ser submetidos a um controle de legitimidade no âmbito da jurisdição ordinária. Ressalte-se que não se vislumbram razões de índole lógica ou jurídica contra a aferição da legitimidade das leis formais no controle abstrato de normas, até porque abstrato – isto é, não vinculado ao caso concreto – há de ser o processo e não o ato legislativo submetido ao controle de constitucionalidade. (...) **Todas essas considerações parecem demonstrar que a jurisprudência do STF não andou bem ao considerar as leis de efeito concreto como inidôneas para o controle abstrato de normas. (...) A Corte não pode se furtar à análise do tema posto nesta**

ação direta. Há uma questão constitucional, de inegável relevância jurídica e política, que deve ser analisada a fundo." (ADI 4.048, julgada em 2008 e relatada pelo Ministro Gilmar Mendes)

- **A revogação de lei ou ato normativo objeto de ação direta de inconstitucionalidade implica perda de objeto da ação**. Este é o posicionamento do STF: "É por essa razão que o magistério jurisprudencial desta Suprema Corte tem advertido que o controle concentrado de constitucionalidade reveste-se de um só e único objetivo: o de julgar, em tese, a validade de determinado ato estatal contestado em face do ordenamento constitucional, desde que em regime de plena vigência, pois – conforme já enfatizado pelo Supremo Tribunal Federal (RTJ 95/980 - RTJ 95/993 - RTJ 99/544 - RTJ 145/339) –, o julgamento da argüição de inconstitucionalidade, quando deduzida "in abstracto", não deve considerar, para efeito do contraste que lhe é inerente, a existência de paradigma revestido de valor meramente histórico" (ADC 8, julgada em 2004 e relatada pelo Ministro Celso de Mello).
- Vale ressaltar que atos normativos **secundários**, tais como decretos regulamentares que não inovam originariamente a ordem jurídica, **não** poderão ser objeto de controle concentrado de constitucionalidade.
- Nos termos da Súmula 642, do STF: "**Não cabe ação direta de inconstitucionalidade de lei do Distrito Federal derivada da sua competência legislativa municipal**". Assim, apesar de o Distrito Federal poder fazer uso das competências legislativas dos Estados (art. 32, § 1º, da CF) e dos Municípios, somente as normas criadas por ele no exercício de competência estadual poderão ser objeto de ação direta de inconstitucionalidade. Isso porque, conforme art. 102, I, "a", da CF, compete ao Supremo Tribunal Federal, precipuamente, a guarda da Constituição, cabendo-lhe processar e julgar, originariamente, a ação direta de inconstitucionalidade de lei ou ato normativo federal ou estadual.
- Lei municipal que apresenta antinomia direta e frontal, somente com a Constituição Federal, **não** pode ser objeto de ação direta de inconstitucionalidade proposta perante o Tribunal de Justiça Estadual, pois esse ajuizamento somente seria possível se também houvesse afronta à Constituição Estadual, no caso de haver normas repetidas (Rcl 383, julgada em 1992 e relatada pelo Ministro Octavio Gallotti). Por sua vez, nessa **hipótese em que um ato normativo municipal puder ser contestado em face de norma da constituição do Estado repetida da CF, por força da reprodução obrigatória, a competência para julgar a ADI somente poderá ser do TJ em face da Constituição Estadual, pois lei municipal não poder ser objeto de ADI perante o STF (art. 102, I, "a", da CF).**
- Predomina na doutrina o entendimento que **a Súmula Vinculante não pode ser objeto de ação direta de inconstitucionalidade**. Isso porque, ela tem **procedimento próprio** para edição, revisão ou cancelamento (art. 103-A, da CF), que inclusive exige quórum mais qualificado (dois terços) do que o exigido para o STF declarar um ato normativo inconstitucional (maioria absoluta).
- O STF somente admite como objeto de ação direta de inconstitucionalidade lei ou ato normativo federal ou estadual que contrariar a CF, estando **excluídos os decretos e resoluções**.
- **Lei ou norma de caráter ou efeito concreto já exaurido não pode** ser objeto de controle abstrato de constitucionalidade, em ação direta de inconstitucionalidade. (STF. ADI 2.980, julgada em 2009 e relatada pelo Ministro Cezar Peluso).
- **Procedimento para julgamento da ADI**
- A **petição inicial** da ação direta de inconstitucionalidade inepta, não fundamentada e a manifestamente improcedente será liminarmente indeferida pelo relator, **mas cabe agravo** (consoante art. 3º, parágrafo único, e art. 4º, ambos da lei 9.868/99).
- Nos termos do art. 103, § 1º, da CF, **o Procurador-Geral da República deverá ser previamente ouvido nas ações de inconstitucionalidade** e em todos os processos de competência do Supremo Tribunal Federal.
- De acordo com o art. 103, § 3º, da CF, quando o Supremo Tribunal Federal apreciar a inconstitucionalidade, em tese, de norma legal ou ato normativo, **citará, previamente, o Advogado-Geral da União, que defenderá o ato ou texto impugnado**.
- Salvo no período de recesso, a **medida cautelar (também chamada de liminar)** na ação direta será concedida por decisão da maioria absoluta dos membros do Tribunal, após a audiência dos órgãos ou autoridades dos quais emanou a lei ou ato normativo impugnado, que deverão pronunciar-se no prazo de cinco dias, consoante art. 10, da Lei 9.868/99.
- A **eficácia de uma liminar** concedida em sede de ação direta de inconstitucionalidade opera, regra geral, efeitos *ex nunc*, podendo ter efeitos *ex tunc*, em caráter excepcional, se o Supremo Tribunal Federal assim o declarar expressamente, demonstrando a conveniência da medida.
- A concessão de medida cautelar **torna aplicável a legislação anterior acaso existente**, salvo expressa manifestação em sentido contrário, nos exatos termos do art. 11, § 2º, da Lei 9.868/99.
- Conforme entendimento do STF, **não cabe reclamação da decisão que conceder ou negar a liminar** proferida em ação direta de inconstitucionalidade. "O indeferimento de liminar em ação direta de inconstitucionalidade, pouco importando o fundamento, não dá margem à apresentação de reclamação" (STF. Rcl-AgR 2810, julgada em 2004 e relatada pelo Ministro Marco Aurélio).

- A decisão sobre a constitucionalidade ou a inconstitucionalidade da lei ou do ato normativo somente será tomada **se presentes na sessão pelo menos 8 Ministros** (art. 22, da Lei 9.868/99).

- Efetuado o julgamento, **proclamar-se-á a constitucionalidade ou a inconstitucionalidade da disposição ou da norma impugnada se num ou noutro sentido se tiverem manifestado pelo menos 6 Ministros**, quer se trate de ação direta de inconstitucionalidade ou de ação declaratória de constitucionalidade (art. 23, da Lei 9.868/99).

- As **decisões definitivas de mérito**, proferidas pelo Supremo Tribunal Federal, nas ações diretas de inconstitucionalidade e nas ações declaratórias de constitucionalidade produzirão eficácia contra todos (*erga omnes*) e efeito vinculante, relativamente aos demais órgãos do Poder Judiciário e à administração pública direta e indireta, nas esferas federal, estadual e municipal (art. 28, parágrafo único, da Lei 9.868/99).

- De acordo com a jurisprudência dominante do Supremo Tribunal Federal, "a mera instauração do processo de controle normativo abstrato não se reveste, só por si, de efeitos inibitórios das atividades normativas do Poder Legislativo, que não fica impossibilitado, por isso mesmo, de revogar, enquanto pendente a respectiva ação direta, a própria lei objeto de impugnação perante o Supremo Tribunal, podendo, até mesmo, reeditar o diploma anteriormente pronunciado inconstitucional, eis que **não se estende, ao Parlamento, a eficácia vinculante que resulta, naturalmente, da própria declaração de inconstitucionalidade proferida em sede concentrada.**" (ADI 2.903, Rel. Min. Celso de Mello, julgamento em 1º-12-2005, Plenário, DJE de 19-9-2008.)

- **A eficácia geral e o efeito vinculante de decisão proferida pelo STF em ação declaratória de constitucionalidade ou direta de inconstitucionalidade de lei ou ato normativo federal não alcançam o Poder Legislativo**, que pode editar nova lei com idêntico teor ao texto anteriormente censurado pela Corte. Perfilhando esse entendimento, e tendo em conta o disposto no § 2º do art. 102 da CF e no parágrafo único do art. 28 da Lei 9.868/99, o Plenário negou provimento a agravo regimental em reclamação na qual se alegava que a edição da Lei 14.938/2003, do Estado de Minas Gerais, que instituiu taxa de segurança pública, afrontava a decisão do STF na ADI 2424 MC/CE (acórdão pendente de publicação), em que se suspendera a eficácia de artigos da Lei 13.084/2000, do Estado do Ceará, que criara semelhante tributo. Ressaltou-se que entender de forma contrária afetaria a relação de equilíbrio entre o tribunal constitucional e o legislador, reduzindo o último a papel subordinado perante o poder incontrolável do primeiro, acarretando prejuízo do espaço democrático-representativo da legitimidade política do órgão legislativo, bem como criando mais um fator de resistência a produzir o inaceitável fenômeno da chamada fossilização da Constituição. Rcl 2617 AgR/MG, rel. Min. Cezar Peluso, 23.2.2005. (Rcl-2617)

- **Modulação dos efeitos da decisão:** nos termos do art. 27, da Lei 9.868/99, ao declarar a inconstitucionalidade de lei ou ato normativo, e tendo em vista **razões de segurança jurídica ou de excepcional interesse social**, poderá o Supremo Tribunal Federal, por maioria de **dois terços de seus membros**, restringir os efeitos daquela declaração ou decidir que ela só tenha eficácia a partir de seu trânsito em julgado ou de outro momento que venha a ser fixado.

- **Modulação dos efeitos da decisão via embargos de declaração:** conforme argumentação exarada na ADI 2791, julgada perante o STF, como regra geral, as decisões proferidas em sede de ação direta possuem efeitos *ex tunc*, sendo nulo o ato impugnado desde a sua origem, mas, excepcionalmente, poderão ter eficácia ex nunc quando, por razões de segurança jurídica ou de relevante interesse social, mostrar-se oportuno que seja fixado outro momento de eficácia, nos termos do art. 27 da Lei 9.868/99. O Min. Gilmar Mendes, relator, **conheceu dos embargos de declaração e a eles deu provimento** para esclarecer que a declaração de inconstitucionalidade não afeta os casos de benefícios previdenciários, aposentadorias e pensões já assegurados, assim como nas hipóteses em que o serventuário já preencheu todos os requisitos legais para a obtenção desses benefícios até a data da publicação da decisão de declaração de inconstitucionalidade, ocorrida em 23.8.2006. **Entendeu que, nas hipóteses em que se reconhecesse que a declaração de inconstitucionalidade com efeitos limitados ou restritos seria uma imposição da própria Constituição, não se atribuiria valor definitivo a uma eventual omissão por parte do Tribunal. Assim, seria possível, em tese, identificar a omissão no âmbito dos embargos de declaração para os fins de explicitar a necessária limitação de efeitos da decisão de inconstitucionalidade. Afirmou que uma limitação de efeitos decorreria de algum princípio constitucional imanente, sobretudo da idéia de segurança jurídica** (Informativo 499 do STF).

- Nos termos do art. 5º da Lei 9.868/99, **não é possível a desistência** em sede de controle concentrado, pois o processo é objetivo, de interesse público.

- A Ação Direta de Inconstitucionalidade **não** se submete a qualquer **prazo prescricional ou decadencial**.

- "À vista do modelo dúplice de controle de constitucionalidade por nós adotado, **a admissibilidade da ação direta não está condicionada à inviabilidade do controle difuso.**" (ADI 3.205, julgada em 2006 e relatada pelo Ministro Sepúlveda Pertence).

11. ADC

- Na **ADC não há** manifestação do Advogado-Geral da União, porque não há ato normativo a ser defendido quanto a sua constitucionalidade, pois o objeto é **por termo a controvérsia judicial relevante** (art. 14, da Lei 9.868/99).
- Só há exigência de **controvérsia judicial relevante** na ADC.
- A ação direta de inconstitucionalidade e a ação declaratória de constitucionalidade são consideradas **ações dúplices, ambivalentes, gêmeas, ou de sinais trocados**, quanto aos efeitos da decisão. Isso porque, nos termos do art. 24, da Lei 9.868/99, "Proclamada a constitucionalidade, julgar-se-á improcedente a ação direta ou procedente eventual ação declaratória; e, proclamada a inconstitucionalidade, julgar-se-á procedente a ação direta ou improcedente eventual ação declaratória". Assim também entende o STF: "Concluindo o julgamento de questão de ordem em agravo regimental interposto contra decisão do Min. Maurício Corrêa, relator – que não conhecera de reclamação ajuizada pelo Município de Turmalina-SP em que se pretendia ver respeitada a decisão proferida pelo STF na ADIn 1.662-SP por falta de legitimidade ativa ad causam do reclamante – o Tribunal, por maioria, decidiu todos aqueles que forem atingidos por decisões contrárias ao entendimento firmado pelo STF no julgamento de mérito proferido em ação direta de inconstitucionalidade, sejam considerados como parte legítima para a propositura de reclamação, e declarou a constitucionalidade do parágrafo único do art. 28 da Lei 9.868/99. Considerou-se que a ADC consubstancia uma ADI com sinal trocado e, tendo ambas caráter dúplice, seus efeitos são semelhantes. Vencidos os Ministros Moreira Alves, Ilmar Galvão e Marco Aurélio, que declaravam a inconstitucionalidade do mencionado dispositivo por ofensa ao princípio da separação de Poderes. (Lei 9.868/99, art. 28, parágrafo único: "A declaração de constitucionalidade ou de inconstitucionalidade, inclusive a interpretação conforme a Constituição e a declaração parcial de inconstitucionalidade sem redução de texto, têm eficácia contra todos e efeito vinculante em relação aos órgãos do Poder Judiciário e à Administração Pública federal, estadual e municipal."). Rcl (AgR-QO) 1.880, julgada em 2002 e relatada pelo Ministro Maurício Corrêa.
- O Supremo Tribunal Federal, por decisão da maioria absoluta de seus membros, poderá deferir **pedido de medida cautelar na ação declaratória de constitucionalidade**, consistente na determinação de que os juízes suspendam o julgamento dos processos que envolvam a aplicação da lei ou do ato normativo objeto da ação até seu julgamento definitivo, tudo de acordo com o art. 21, da Lei 9.868/99.

12. ADI por omissão

- Declarada a inconstitucionalidade por omissão de medida para tornar efetiva norma constitucional, **será dada ciência ao Poder competente para a adoção das providências necessárias** e, em se tratando de órgão administrativo, para fazê-lo em trinta dias.
- A ação direta de inconstitucionalidade por omissão **admite** medida cautelar. Nos termos do art. 12-F, da Lei 9.868/99 (incluído pela Lei 12.063/09), em caso de excepcional urgência e relevância da matéria, o Tribunal, por decisão da maioria absoluta de seus membros, observado o disposto no art. 22, poderá conceder medida cautelar, após a audiência dos órgãos ou autoridades responsáveis pela omissão inconstitucional, que deverão pronunciar-se no prazo de 5 (cinco) dias.
- **ADI, ADI por omissão e fungibilidade.** A jurisprudência do STF firma-se no seguinte sentido: "Senhores Ministros, Senhoras Ministras. Estamos diante de um caso deveras interessante. Temos quatro ações diretas de inconstitucionalidade (ADI n.º 1.987/DF, ADI n.º 875/DF, ADI n.º 2.727/DF e ADI n.º 3.243/DF) imbricadas por uma evidente relação de conexão, fenômeno que determina o seu julgamento conjunto, conforme a jurisprudência desta Corte (ADI-MC n.º 150, rel. min. Moreira Alves, DJ 9.3.1990). Por outro lado, é possível observar a intenção dos requerentes de estabelecer uma nítida distinção de pedidos: uns pela declaração da inconstitucionalidade por omissão e outros pela declaração da inconstitucionalidade (por ação). (...) O quadro aqui revelado, portanto, está a demonstrar uma clara imbricação de pedidos e causas de pedir e, dessa forma, a **evidenciar a patente fungibilidade que pode existir entre a ação direta de inconstitucionalidade e a ação direta de inconstitucionalidade por omissão**. (...) A Lei n.º 9.868/99 possui capítulos específicos para a ação direta de inconstitucionalidade (Capítulo II) e para a ação declaratória de constitucionalidade (Capítulo III). Com a nova Lei n.º 12.063, de 22 de outubro de 2009, a Lei n.º 9.868/99 passa a contar com o capítulo II-A, que estabelece rito procedimental e medidas cautelares específicas para a ação direta de inconstitucionalidade por omissão. A Lei n.º 9.882/99, por seu turno, trata da arguição de descumprimento de preceito fundamental. No Supremo Tribunal Federal, atualmente, todas as ações possuem uma classe específica de autuação: Ação Direta de Inconstitucionalidade (ADI); Ação Declaratória de Constitucionalidade (ADC); Ação Direta de Inconstitucionalidade por Omissão (ADO) e Arguição de Descumprimento de Preceito Fundamental (ADPF). Portanto, ante a aparente confusão inicialmente verificada nos diversos pedidos, como demonstrado, e tendo em vista a patente defasagem da jurisprudência até então adotada pelo Tribunal, temos aqui uma valiosa oportunidade para superarmos o antigo entendimento e reconhecermos o caráter fungível entre as ações." (ADI 875; ADI 1.987; ADI 2.727, voto do rel. min. Gilmar Mendes, julgamento em 24-2-2010, Plenário, DJE de 30-4-2010.)

13. ADI interventiva

- A ação direta de inconstitucionalidade interventiva, também denominada por representação de inconstitucionalidade interventiva federal (art. 36, III, da CF), tem como legitimado ativo o **Procurador-Geral da República** e o decreto de intervenção federal, que especificará a amplitude, o prazo e as condições de execução e que, se couber, nomeará o interventor, **será submetido à apreciação do Congresso Nacional ou da Assembléia Legislativa do Estado, no prazo de vinte e quatro horas** (art. 34, § 1º, da CF).

14. ADPF

- A arguição de descumprimento de preceito fundamental é cabível para **evitar ou reparar lesão a preceito fundamental resultante de ato do poder público** e seu julgamento é da competência do Supremo Tribunal Federal (art. 1º, da Lei 9.882/99). Caberá também ADPF quando for relevante o fundamento da controvérsia constitucional sobre lei ou ato normativo federal, estadual ou municipal, incluídos os anteriores à Constituição (art. 1º, parágrafo único, da Lei 9.882/99).
- Aplica-se à arguição de descumprimento o **princípio da subsidiariedade**, pois, nos termos do art. 4º, § 1º, da Lei 9.882/99, não será admitida arguição de descumprimento de preceito fundamental quando houver qualquer outro meio eficaz de sanar a lesividade.
- **Princípio da fungibilidade e ADI:** "Aplicação do princípio da fungibilidade. (...) É lícito conhecer de ação direta de inconstitucionalidade como arguição de descumprimento de preceito fundamental, quando coexistentes todos os requisitos de admissibilidade desta, em caso de inadmissibilidade daquela." (ADI 4.180-MC-REF, Rel. Min. Cezar Peluso, julgamento em 10-3-2010, Plenário, DJE de 27-8-2010.)
- A arguição de descumprimento de preceito fundamental (ADPF), prevista do art. 102, § 1º, da CF, é a única ação do controle concentrado de constitucionalidade federal (apreciado pelo STF) que pode realizar controle de **recepção constitucional** (direito infraconstitucional anterior à Constituição vigente), nos termos do art. 1º, parágrafo único, I, da Lei nº 9.882/1999. A ADPF **também é a única ação a contemplar a hipótese de controle concentrado de constitucionalidade pelo Supremo Tribunal Federal sobre lei ou ato normativo municipal** em face da Constituição da República (art. 1º, parágrafo único, I, da Lei nº 9.882/1999).
- **Direito pré-constitucional revogado e a ADPF:** ADPF 33: "[...] 6. Cabimento de argüição de descumprimento de preceito fundamental para solver controvérsia sobre legitimidade de lei ou ato normativo federal, estadual ou municipal, **inclusive anterior à Constituição (norma pré-constitucional)**. 7. Requisito de admissibilidade implícito relativo à relevância do interesse público presente no caso. 8. Governador de Estado detém aptidão processual plena para propor ação direta (ADIMC 127/AL, Rel. Min. Celso de Mello, DJ 04.12.92), bem como argüição de descumprimento de preceito fundamental, constituindo-se verdadeira hipótese excepcional de jus postulandi. 9. ADPF configura modalidade de integração entre os modelos de perfil difuso e concentrado no Supremo Tribunal Federal. 10. **Revogação da lei ou ato normativo não impede o exame da matéria em sede de ADPF, porque o que se postula nessa ação é a declaração de ilegitimidade ou de não-recepção da norma pela ordem constitucional superveniente**. 11. Eventual cogitação sobre a inconstitucionalidade da norma impugnada em face da Constituição anterior, sob cujo império ela foi editada, não constitui óbice ao conhecimento da argüição de descumprimento de preceito fundamental, uma vez que nessa ação o que se persegue é a verificação da compatibilidade, ou não, da norma pré-constitucional com a ordem constitucional superveniente. [...] 15. Argüição de descumprimento de preceito fundamental julgada procedente para declarar a ilegitimidade (não-recepção) do Regulamento de Pessoal do extinto IDESP em face do princípio federativo e da proibição de vinculação de salários a múltiplos do salário mínimo (art. 60, § 4º, I, c/c art. 7º, inciso IV, in fine, da Constituição Federal). STF. ADPF 33. Relator(a): Gilmar Mendes. Julgamento: 07/12/2005.
- Segundo restou evidente no julgamento da ADPF 37, em 2010, o STF segue a opinião de Gilmar Mendes no sentido de que **a arguição de descumprimento de preceito fundamental pode ter por objeto ato normativo já revogado**, segundo Gilmar Mendes, a ADPF, na hipótese de ato normativo revogado, tendo em vista o interesse jurídico da solução quanto à legitimidade de sua aplicação no passado.
- **Para o STF não cabe arguição de descumprimento de preceito fundamental em face de sentenças transitadas em julgado.** Tal posicionamento restou assentado na ADPF 134: ""O presente caso objetiva a desconstituição de decisões judiciais, dentre as quais muitas já transitadas em julgado, que aplicaram índice de reajuste coletivo de trabalho definido pelos Decretos Municipais 7.153/1985, 7.182/1985, 7.183/1985, 7.251/1985, 7.144/1985, 7.809/1988 e 7.853/1988, bem como pela Lei Municipal 6.090/86, todos do Município de Fortaleza/CE. Este instituto de controle concentrado de constitucionalidade não tem como função desconstituir coisa julgada. A argüição de descumprimento de preceito fundamental é regida pelo princípio da subsidiariedade a significar que a admissibilidade desta ação constitucional pressupõe a inexistência de qualquer outro meio juridicamente apto a sanar, com efetividade real, o estado de lesividade do ato impugnado. A ação tem como objeto normas que não se encontram mais em vigência. A ofensa

à Constituição Federal, consubstanciada na vinculação da remuneração ao salário mínimo, não persiste nas normas que estão atualmente em vigência. Precedentes. A admissão da presente ação afrontaria o princípio da segurança jurídica." (STF. ADPF 134-AgR-terceiro, Relator Ministro Ricardo Lewandowski, julgamento em 2009).

- **O STF admite ato infralegal como objeto de ADPF.** "O Plenário julgou improcedente pedido formulado em arguição de descumprimento de preceito fundamental ajuizada, pelo Partido Democratas - DEM, contra atos da Universidade de Brasília - UnB, do Conselho de Ensino, Pesquisa e Extensão da Universidade de Brasília - Cepe e do Centro de Promoção de Eventos da Universidade de Brasília - Cespe, os quais instituíram sistema de reserva de 20% de vagas no processo de seleção para ingresso de estudantes, com base em critério étnico-racial. Preliminarmente, admitiu-se o cabimento da ação, por inexistir outro meio hábil para sanar a lesividade questionada. Apontou-se entendimento da Corte no sentido de que a **subsidiariedade da via eleita** deveria ser confrontada com a existência, ou não, de instrumentos processuais alternativos capazes de oferecer provimento judicial com eficácia ampla, irrestrita e imediata para solucionar o caso. Articulou-se que, diante **da natureza infralegal dos atos impugnados**, a ação direta de inconstitucionalidade não seria medida idônea para o enfrentamento da controvérsia, tampouco qualquer das ações que comporiam o sistema de jurisdição constitucional abstrata. (ADPF 186, julgada em 2012 e relatada pelo Ministro Ricardo Lewandowski).

- O **STF não reconhece a prefeito municipal legitimidade ativa para o ajuizamento de ADPF**. *In verbis*: "Ação por descumprimento de preceito fundamental (ADPF). Prefeito municipal. Autor não legitimado para ação direta de inconstitucionalidade. Ilegitimidade reconhecida. Negativa de seguimento ao pedido. Recurso, ademais, impertinente. Agravo improvido. Aplicação do art. 2º, I, da Lei federal nº 9.882/99. Precedentes. **Quem não tem legitimidade para propor ação direta de inconstitucionalidade, não a tem para ação de descumprimento de preceito fundamental**". (ADPF 148. Relator Cezar Peluso. Julgamento: 03/12/2008).

15. Controle concentrado estadual

- É possível a **representação de inconstitucionalidade de leis ou atos normativos estaduais ou municipais diante da Constituição Estadual perante os Tribunais de Justiça dos Estados**, o que se denomina Controle Concentrado de Constitucionalidade Estadual. Assim dispõe o art. 125, § 2º, da CF: "Cabe aos Estados a instituição de representação de inconstitucionalidade de leis ou atos normativos estaduais ou municipais em face da Constituição Estadual, vedada a atribuição da legitimação para agir a um único órgão".

- Compete aos Estados a instituição de representação de inconstitucionalidade de leis ou atos normativos estaduais ou municipais em face da Constituição Estadual, **mas não é reconhecida expressamente a legitimação para agir aos mesmos órgãos e entidades legitimados a propositura de ação direta de inconstitucionalidade**. Cada Estado é livre para estabelecer o seu rol de legitimados.

- **Simultaneidade de ações nos controles concentrados Estadual e Federal:** "A instauração do processo de fiscalização normativa abstrata, perante o Supremo Tribunal Federal, em que se postule a invalidação de diploma normativo editado por Estado-membro ou pelo Distrito Federal, questionado em face da Constituição da República (CF, art. 102, I, "a"), qualifica-se como **causa de suspensão prejudicial do processo de controle concentrado de constitucionalidade, que, promovido perante o Tribunal de Justiça local** (CF, art. 125, § 2º), tenha, por objeto de impugnação, exatamente os mesmos atos normativos emanados do Estado-membro ou do Distrito Federal, contestados, porém, em face da Constituição estadual ou, então, como sucede na espécie, em face da Lei Orgânica do Distrito Federal. Tal entendimento, no entanto, há de ser observado, sempre que tal impugnação – deduzida perante a Corte Judiciária local – invocar, como parâmetro de controle, princípios inscritos na Carta Política local impregnados de predominante coeficiente de federalidade, tal como ocorre com os **postulados de reprodução necessária** constantes da própria Constituição da República (RTJ 147/404 – RTJ 152/371-373, v.g.). Isso significa, portanto, que, em ocorrendo hipótese caracterizadora de "simultaneus processus", impor-se-á **a paralisação do processo de fiscalização concentrada em curso perante o Tribunal de Justiça local, até que esta Suprema Corte julgue a ação direta**, que, ajuizada com apoio no art. 102, I, "a", da Constituição da República, tenha por objeto o mesmo diploma normativo local (estadual ou distrital), embora contestado em face da Carta Federal. Cabe assinalar, neste ponto, por relevante, que **esse entendimento acha-se consagrado na jurisprudência do Supremo Tribunal Federal**, cuja orientação, no tema, tem sido reafirmada em sucessivas decisões que proclamam, em situações como a destes autos, a necessidade de suspensão prejudicial do processo de fiscalização normativa abstrata instaurado perante Tribunal de Justiça local (CF, art. 125, § 2º), se houver, em tramitação simultânea no Supremo, processo de controle concentrado em que se questione a constitucionalidade do mesmo diploma normativo, também contestado na ação direta ajuizada no âmbito local". (STF. ADI 3482, julgada em 2006 e relatada pelo Ministro Celso de Mello).

- Cabe **recurso extraordinário contra decisão de Tribunal de Justiça que julgou ação direta de inconstitucionalidade em face da Constituição Estadual**, o que se dará em duas hipóteses: "(1) na situação de a norma da Constituição estadual eleita como parâmetro ser de repetição obrigatória da Constituição Federal. [...] (2) na hipótese de o Tribunal de Justiça considerar inconstitucional o parâmetro, isto é, a própria norma da Constituição estadual invocada como norma de referência. (MASSON, Nathalia. *Manual de direito constitucional*. Salvador: Juspodivm, 2013, p. 1.111).

16. Reclamação Constitucional

- A **Reclamação Constitucional** é um instrumento por meio do qual se busca assegurar a autoridade das decisões proferidas pelo STF. Nos termos do art. 102, I, "l", da CF, compete ao Supremo Tribunal Federal, precipuamente, a guarda da Constituição, cabendo-lhe processar e julgar, originariamente, reclamação para a **preservação de sua competência e garantia da autoridade de suas decisões**.
- Na linha da Súmula 734 do STF, **não cabe reclamação quando já houver transitado em julgado o ato judicial** que se alega tenha desrespeitado decisão do Supremo Tribunal Federal.
- De acordo com o STF, "a reclamação, constitucionalmente vocacionada a cumprir a dupla função a que alude o art. 102, I, l, da Carta Política (RTJ 134/1033) – embora cabível, em tese, quando se tratar de decisão revestida de efeito vinculante (como sucede com os julgamentos proferidos em sede de arguição de descumprimento de preceito fundamental, de ação direta de inconstitucionalidade ou de ação declaratória de constitucionalidade) –, **não se qualifica como sucedâneo recursal** nem configura instrumento viabilizador do reexame do conteúdo do ato reclamado, além de não constituir meio de revisão da jurisprudência eleitoral, eis que tal finalidade revela-se estranha à destinação constitucional subjacente à instituição dessa medida processual. Precedentes." (Rcl 6.534-AgR, Rel. Min. Celso de Mello, julgamento em 25-9-2008).
- Segundo entendimento do STF, todo aquele (pessoa física ou jurídica, pública ou privada), que for atingido por deliberações que contrariem decisões de mérito do STF, **pode ajuizar reclamação** (Recl. em AgRg 1.880, julgada em 2004 e relatada pelo Ministro Maurício Corrêa).
- **Segundo o próprio STF, a reclamação é cabível tanto no controle de constitucionalidade federal, quanto no Estadual.** Nesse sentido a ADI 2480, julgada em 2007 e relatada pelo Ministro Sepúlveda Pertence "O Tribunal, por maioria, julgou improcedente pedido formulado em ação direta ajuizada pelo Governador do Estado da Bahia, na qual se requeria fosse dada interpretação conforme a Constituição Federal ao art. 357 do Regimento Interno do Tribunal de Justiça local, que determina, nos casos omissos, a aplicação subsidiária dos Regimentos Internos do STF e do STJ. Alegava-se, na espécie, que se teria criado, por analogia, o instituto da reclamação, para preservar a competência do Tribunal ou garantir a autoridade das suas decisões, conforme o art. 156 e seguintes do Regimento Interno do Supremo. Considerou-se o texto da Constituição do Estado da Paraíba que prevê cláusulas de poderes implícitos, atribuídos ao Tribunal de Justiça estadual, para fazer valer os poderes explicitamente conferidos pela ordem legal, ainda que por instrumento com nomenclatura diversa ("Art. 105. Compete ainda ao Tribunal de Justiça: I – processar e julgar:... e) a representação para assegurar a observância de princípios indicados nesta Constituição; f) a representação para prover a execução de lei, no caso de desobediência a ordem ou decisão judiciária emanada do próprio Tribunal, de juiz de direito ou de auditor militar estadual;"). Entendeu-se, em razão disso, não haver afronta ao art. 125, § 1º da CF ("Art. 125. Os Estados organizarão sua Justiça, observados os princípios estabelecidos nesta Constituição. § 1º – A competência dos tribunais será definida na Constituição do Estado, sendo a lei de organização judiciária de iniciativa do Tribunal de Justiça."), haja vista que a reclamação paraibana não fora criada com a norma regimental impugnada, a qual, na interpretação dada pelo Tribunal de Justiça estadual no exercício dos seus poderes implícitos, possibilita a observância das normas de processo e das garantias processuais das partes (CF, art. 96, I, a). Vencido o Min. Marco Aurélio que julgava procedente o pedido, ao fundamento de que a mesclagem de regimentos de Cortes diversas estaria a violar o que disposto no art. 125, § 1º, da CF. ADI 2480/PB, rel. Min. Sepúlveda Pertence, 2.4.2007. (ADI-2480)
- Segundo entendimento do STF, aos estados **não** é vedada a criação do instituto da reclamação. *In verbis:* "Ação direta de inconstitucionalidade: dispositivo do Regimento Interno do Tribunal de Justiça do Estado da Paraíba (art. 357), que admite e disciplina o processo e julgamento de reclamação para preservação da sua competência ou da autoridade de seus julgados: ausência de violação dos arts. 125, caput e § 1º, e 22, I, da CF. **O STF, ao julgar a ADI 2.212 (Pleno, 2-10-2003, Ellen Gracie, DJ de 14-11-2003), alterou o entendimento – firmado em período anterior à ordem constitucional vigente (v.g., Rp 1.092, Pleno, Djaci Falcão, RTJ 112/504) – do monopólio da reclamação pelo STF e assentou a adequação do instituto com os preceitos da Constituição de 1988: de acordo com a sua natureza jurídica (situada no âmbito do direito de petição previsto no art. 5º, XXIV, da CF) e com os princípios da simetria (art. 125, caput e § 1º)** e da efetividade das decisões judiciais, é permitida a previsão da reclamação na Constituição Estadual. Questionada a constitucionalidade de norma regimental, é desnecessário indagar se a colocação do instrumento na seara do direito de petição dispensa, ou não, a sua previsão na Constituição estadual, dado que consta do texto da Constituição do Estado da Paraíba a existência de cláusulas de poderes implícitos atribuídos ao Tribu-

nal de Justiça estadual para fazer valer os poderes explicitamente conferidos pela ordem legal – ainda que por instrumento com nomenclatura diversa (Constituição do Estado da Paraíba, art. 105, I, e e f). Inexistente a violação do § 1º do art. 125 da CF: a reclamação paraibana não foi criada com a norma regimental impugnada, a qual – na interpretação conferida pelo Tribunal de Justiça do Estado à extensão dos seus poderes implícitos – possibilita a observância das normas de processo e das garantias processuais das partes, como exige a primeira parte da alínea a do art. 96, I, da CF. Ação direta julgada improcedente. (ADI 2212 CE, Rel. Min. Ellen Gracie, julgamento em 02/10/2003, DJ 14/11/2003).

17. Hermenêutica no controle de constitucionalidade

- **O STF não admite a inconstitucionalidade superveniente.** "Constituição. Lei anterior que a contrarie. Revogação. Inconstitucionalidade superveniente. Impossibilidade. A lei ou é constitucional ou não é lei. Lei inconstitucional é uma contradição em si. A lei é constitucional quando fiel à Constituição; inconstitucional na medida em que a desrespeita, dispondo sobre o que lhe era vedado. **O vício da inconstitucionalidade é congênito à lei e há de ser apurado em face da Constituição vigente ao tempo de sua elaboração. Lei anterior não pode ser inconstitucional em relação à Constituição superveniente; nem o legislador poderia infringir Constituição futura.** A Constituição sobrevinda não torna inconstitucionais leis anteriores com ela conflitantes: revoga-as. Pelo fato de ser superior, a Constituição não deixa de produzir efeitos revogatórios. Seria ilógico que a lei fundamental, por ser suprema, não revogasse, ao ser promulgada, leis ordinárias. A lei maior valeria menos que a lei ordinária." (ADI 2. Julgada em 1997 e relatada pelo Ministro Paulo Brossard).

- **Alteração de parâmetro e inconstitucionalidade superveniente:** Conforme noticiado no Informativo 600 do STF, "o Tribunal, em apreciação conjunta de duas ações diretas, julgou, por maioria, procedente em parte o pedido formulado na ADI 2158/PR, e, por unanimidade, procedente o na ADI 2198/PR, propostas, respectivamente, pela Associação dos Magistrados Brasileiros – AMB e pelo Procurador-Geral da República, para declarar a inconstitucionalidade de expressões e dispositivos constantes da Lei 12.398/98, do Estado do Paraná. A lei impugnada prevê a incidência de contribuição previdenciária sobre os proventos de servidores inativos e pensionistas no âmbito daquela unidade federativa. **Inicialmente, em votação majoritária, rejeitou-se a preliminar de prejudicialidade das ações em face da substancial alteração de parâmetro de controle operada pela EC 41/2003**, a qual — ao contrário do que previsto na EC 20/98, em vigor à época da edição da norma impugnada — admite expressamente a incidência da contribuição previdenciária sobre os proventos dos inativos na parte em que exceder o limite máximo para os benefícios do Regime Geral de Previdência Social (CF, art. 40, § 18). Salientou-se que, no caso, apesar de até hoje não ter sido cobrada a aludida contribuição naquele Estado, uma vez que a lei adversada fora suspensa com a concessão de medidas cautelares pela Corte, a norma não fora revogada, permanecendo no mundo jurídico. **Tendo isso em conta, asseverou-se que, se o Supremo aplicasse sua jurisprudência tradicional no sentido do prejuízo das ações, revogar-se-iam, em conseqüência, as medidas cautelares. Além disso, a lei estadual, não obstante patentemente inconstitucional, tornaria a produzir seus efeitos à luz do regramento instituído pela EC 41/2003, a qual lhe conferiria uma aparência de validade.** Aduziu-se, na linha de precedentes, que esse inconveniente poderia ser evitado com a excepcional admissão do exame de mérito das ações. **Ao enfatizar que o sistema brasileiro não contempla a figura da constitucionalidade superveniente, consignou-se que a norma em apreço não fora convalidada e, por isso, sua inconstitucionalidade persistiria e seria atual, embora se referisse a dispositivos da Constituição que não se encontram mais em vigor, modificados pela EC 41/2003.** Desse modo, reputou-se que, **se o sistema veda a convalidação da lei inconstitucional, seria necessária a existência de mecanismos eficazes para expungir a norma ainda inconstitucional do ordenamento jurídico, mesmo que em face de parâmetro de controle alterado ou revogado**. Concluiu-se que, na situação dos autos, cumpriria ao STF, ainda que já ajuizada a ação direta, declarar a inconstitucionalidade da norma, com eficácia erga omnes e efeito vinculante, em benefício da máxima efetividade da jurisdição constitucional. Salientou-se, por fim, o progressivo reforço legislativo na expansão da jurisdição constitucional abstrata do Supremo. Vencidos os Ministros Marco Aurélio, Ellen Gracie e Celso de Mello que assentavam o prejuízo das ações. ADI 2158/PR, rel. Min. Dias Toffoli, 15.9.2010. (ADI-2158)

- A **Teoria da Transcendência dos Motivos Determinantes** prega que a *ratio decidendi* (razões de decidir ou fundamentos determinantes de uma sentença) também estaria incluída no efeito vinculante gerado pela decisão em sede de controle de constitucionalidade. O STF reconheceu a aplicação dessa teoria na apreciação da ADI 3345, julgada em 2005 e relatada pelo Ministro Celso de Mello. A ação versava sobre uma Resolução do TSE que reduzia o número de vereadores em Municípios brasileiros. Vale destacar trecho do voto do Relator: "em relação ao mérito, concluiu-se pela inexistência das apontadas violações aos princípios da reserva de lei, da separação de poderes, da anterioridade da lei eleitoral e da autonomia municipal. Esclareceu-se que a Resolução 21.702/2004 foi editada com o propósito de dar efetividade e concreção ao julgamento do Pleno no RE 197917/SP (DJU de 27.4.2004), já que nele o STF dera interpretação definitiva à cláusula de proporcionalidade inscrita no inciso IV do art. 29 da CF, conferindo efeito transcendente aos **fundamentos determinantes** que deram suporte ao mencionado julgamento". **Entretanto, na apreciação da Rcl 3014, em 2007, o STF deu sinais de inversão de sua orientação.** Nos termos do Informativo 475 do STF: "o Tribunal retomou julgamento de reclamação ajuizada pelo Município de Indaiatuba contra acórdão do Tribunal Regional do Trabalho da 15ª Região que mantivera a expedição de requisição de pequeno valor em patamar superior ao fixado pela Lei municipal 4.233/2002, por considerá-la inconstitucional ante a ausência de fixação da quantia em número de salários mínimos. Alega-se, na espécie, desrespeito à autoridade da decisão do Supremo na ADI 2868/PI (DJU de 11.12.2004), na qual se teria reconhecido a possibilidade de fixação, pelos estados-membros, de valor referencial inferior ao do art. 87 do ADCT. Na sessão de 13.12.2006, o Min. Carlos Britto, relator, julgou improcedente a reclamação. Asseverou, inicialmente, que, no julgamento da ADI 2868/PI, o Tribunal examinara a constitucionalidade da Lei piauiense 5.250/2002, que fixou, no âmbito da Fazenda Estadual, o quantum da obrigação de pequeno valor. **Salientou que o acolhimento da pretensão ora deduzida passaria pelo exame da possibilidade de se atribuir efeitos transcendentes aos motivos determinantes da decisão tomada no controle abstrato de normas. Considerando o fato de que, no julgamento da Rcl 4219 QO/SP (v. Informativos 441 e 458) — em que retomada a discussão do tema da aplicabilidade da chamada "transcendência dos fundamentos determinantes" —, quatro ministros já teriam votado em sentido contrário à respectiva adoção, votou, preliminarmente, pelo não-conhecimento da reclamação**. Rcl 3014/SP, rel. Min. Carlos Britto, 8.8.2007". Atualmente, portanto, não há que se falar na adoção da teoria da transcendência dos motivos determinantes pelo STF.

- **Interpretação Conforme a Constituição e Declaração parcial de Inconstitucionalidade sem redução de texto**

- Tanto a interpretação conforme quanto a declaração de inconstitucionalidade sem redução de texto são reconhecidas e consideradas válidas pelo STF. Nos termos da Rcl 1880, julgada em 2002 e relatada pelo Ministro Maurício Corrêa: "A declaração de constitucionalidade ou de inconstitucionalidade, **inclusive a interpretação conforme a Constituição e a declaração parcial de inconstitucionalidade sem redução de texto**, têm eficácia contra todos e efeito vinculante em relação aos órgãos do Poder Judiciário e à Administração Pública federal, estadual e municipal".

- "Ainda que se não possa negar a semelhança dessas categorias e a proximidade do resultado prático de sua utilização, é certo que, enquanto, na **interpretação conforme a Constituição** se tem, dogmaticamente, a declaração de que uma lei é constitucional com a interpretação que lhe é conferida pelo órgão judicial, constata-se, na **declaração de nulidade sem redução de texto**, a expressa exclusão, por inconstitucionalidade, de determinadas hipóteses de aplicação (Anwendungsfälle) do programa normativo sem que se produza alteração expressa do texto legal". (MENDES, Gilmar Ferreira. *Jurisdição Constitucional*. São Paulo: Saraiva, 1996, p.275).

- Caso **paradigmático sobre interpretação conforme foi o da ADPF 54, julgada em 2012 e relatada pelo Ministro Marco Aurélio, que teve como tema a antecipação terapêutica do parto de anencéfalos**. A Ministra Rosa Weber, em seu voto, se referiu expressamente à interpretação conforme: "Expressou que a tese da ausência de vontade do legislador para previsão da anencefalia como causa excludente da ilicitude não seria bom parâmetro hermenêutico para o caso. Evidenciou que, no direito contemporâneo, o processo legislativo seria muito complexo, a dificultar a aferição da vontade real do Legislativo e que seus documentos preparatórios nem sempre se mostrariam fontes seguras. Além disso, registrou que não seria rara a criação da lei de maneira ambígua e atécnica de forma proposital, a fim de que sua aprovação fosse politicamente viável, deixando-se a resolução das dúvidas futuras ao Judiciário. Também considerou que a Constituição determinaria os limites dessa vontade, de modo que a do legislador não poderia lhe ser contrária. Afastou a aplicação do precedente proferido no julgamento do RE 121336/CE (DJU de 26.6.92) à espécie, tendo em conta que não se trataria de vontade inconstitucional com atribuição de conteúdo para salvar o texto, mas de **interpretação conforme a Constituição** para mantê-lo e impedir que ele se estendesse a outra hipótese, que seria a anencefalia. No que diz respeito ao método da ponderação valorativa, recorreu à proporcionalidade em sentido estrito, pois as ações que preservariam os valores em concorrência para a situação concreta seriam necessárias e adequadas. Segundo esse princípio, que levaria à técnica da ponderação, impenderia estabelecer as razões argumentativas, que justificariam a restrição de abrangência de um princípio sobre outro, sempre com relação ao caso sob análise" (Informativo 661 do STF).

- "Ação direta de inconstitucionalidade: eficácia da suspensão cautelar da norma argüida de inconstitucional, que alcança, no caso, o dispositivo da lei primitiva, substancialmente idêntico. Ação direta de inconstitucionalidade e impossibilidade jurídica do pedido: **não se declara a inconstitucionalidade parcial quando haja inversão clara do sentido da lei**, dado que não é permitido ao Poder Judiciário agir como legislador positivo: hipótese excepcional, contudo, em que se faculta a emenda da inicial para ampliar o objeto do pedido." (ADI 1.949, julgada em 1996 e relatada pelo Ministro Sepúlveda Pertence).

- Sobre os efeitos das decisões em que há manifestação sobre interpretação conforme ou declaração parcial, vale o destaque ao seguinte julgado: "As decisões consubstanciadoras de declaração de constitucionalidade ou de inconstitucionalidade, inclusive aquelas que importem em interpretação conforme à Constituição e em declaração parcial de inconstitucionalidade sem redução de texto, quando proferidas pelo STF, em sede de fiscalização normativa abstrata, revestem-se de eficácia contra todos (erga omnes) e possuem efeito vinculante em relação a todos os magistrados e tribunais, bem assim em face da administração pública federal, estadual, distrital e municipal, impondo-se, em consequência, à necessária observância por tais órgãos esta-tais, que deverão adequar-se, por isso mesmo, em seus pronunciamentos, ao que a Suprema Corte, em manifestação subordinante, houver decidido, seja no âmbito da ação direta de inconstitucionalidade, seja no da ação declaratória de constitucionalidade, a propósito da validade ou da invalidade jurídico-constitucional de determinada lei ou ato normativo." (Rcl 2.143-AgR, Rel. Min. Celso de Mello, julgamento em 12-3-2003, Plenário, DJ de 6-6-2003.)

- "A doutrina e a jurisprudência nacionais admitem plenamente a **teoria da divisibilidade da lei**, de modo que somente deve ser proferida a inconstitucionalidade daquelas normas viciadas, não devendo se estender o juízo da censura às outras partes da lei, salvo se elas não puderem subsistir de forma autônoma. Essa é a lição de Gilmar Ferreira Mendes, que, complementando ainda ensina que: "Faz-se mister, portanto, verificar se estão presentes as condições objetivas de divisibilidade. Para isso, impõe-se aferir o grau de dependência entre os dispositivos, isto é, examinar se as disposições estão em uma relação de vinculação que impediria sua divisibilidade. Impõe-se verificar, igualmente, se a norma que irá subsistir após a declaração de nulidade parcial corresponderia à vontade do legislador. Portanto, devem ser investigadas não só a existência de uma relação de dependência (unilateral ou recíproca), mas também a possibilidade de intervenção no âmbito da vontade do legislador (*Jurisdição constitucional: o controle abstrato de normas no Brasil e na Alemanha*. 5.ed. São Paulo: Saraiva, 2007, p. 342-343).
- O ordenamento jurídico brasileiro **admite a inconstitucionalidade por arrastamento ou atração**, que consistiria na possibilidade de o STF declarar a inconstitucionalidade de uma norma objeto de pedido e também de outro ato normativo que não tenha sido objeto do pedido, em virtude de correlação, conexão ou interdependência entre uma e outro. Trata-se de uma mitigação ao princípio da adstrição ou congruência. Assim definiu o STF, na ADI 2995, julgada em 2006 e relatada pelo Ministro Celso de Mello: "Por entender caracterizada a ofensa ao art. 22, XX, da CF, que confere à União a competência privativa para legislar sobre sistemas de consórcios e sorteios, o Tribunal, por maioria, julgou procedente pedido formulado em ação direta ajuizada pelo Procurador-Geral da República, para declarar a inconstitucionalidade da Lei 12.343/2003 **e, por arrastamento**, do Decreto 24.446/2002, ambos do Estado de Pernambuco, que dispõem sobre o serviço de loterias no âmbito da referida unidade federativa".

18. Técnicas de Decisões no Direito Comparado e o Controle de Constitucionalidade

- ***Distinguishing:*** é um termo norte-americano aplicado quando se distingue o caso concreto do precedente, ainda que sumulado. Tendo em vista condições essenciais do caso concreto, o precedente não deve ser aplicado, o que não significa que ele esteja sendo definitivamente abandonado.
- ***Overruling:*** ao contrário do distinguishing, as decisões do caso concreto significam o abandono definitivo do precedente da matéria.
- ***Stare decisis:*** A doutrina norte-americana do *stare decisis* sustenta que deve ser dado o devido peso aos precedentes judiciais, devido às bases do *common law* dos EUA. Essa doutrina é dividida em dois efeitos:

a) **Horizontal**: impõe o respeito aos precedentes dentro do mesmo tribunal. No Brasil, instituto semelhante é a "cláusula de reserva de plenário", do art. 97, da CF.

b) **Vertical:** impõe respeito dos precedentes da Suprema Corte aos demais órgãos do Judiciário e do Executivo. No âmbito do judiciário é chamado de ***binding effect*** pelo qual os precedentes de qualquer tribunal superior têm que ser observados pelos tribunais inferiores. No Brasil, esse instituto é parecido com o efeito vinculante, só que neste, o respeito aos precedentes restringe-se ao STF.

- **Súmulas**
- **Súmula Vinculante 10:** Viola a cláusula de reserva de plenário (cf, artigo 97) a decisão de órgão fracionário de tribunal que, embora não declare expressamente a inconstitucionalidade de lei ou ato normativo do poder público, afasta sua incidência, no todo ou em parte.
- **Súmula 513 do STF:** A decisão que enseja a **interposição de recurso** ordinário ou extraordinário não é a do plenário, que resolve o incidente de inconstitucionalidade, mas a do órgão (câmaras, grupos ou turmas) que completa o julgamento do feito.
- **Súmula 347 do STF:** O Tribunal de Contas, no exercício de suas atribuições, pode apreciar a constitucionalidade das leis e dos atos do Poder Público.

DEFESA DO ESTADO E DAS INSTITUIÇÕES DEMOCRÁTICAS

- **CF, artigos 136 a 144.**

✦ DICAS

1. **Estado de Defesa:** De acordo com o art. 136, da CF, o Presidente da República pode, ouvidos o Conse-

lho da República e o Conselho de Defesa Nacional, decretar Estado de Defesa para preservar ou prontamente restabelecer, em locais restritos e determinados, a ordem pública ou a paz social ameaçadas por grave e iminente instabilidade institucional ou atingidas por calamidades de grandes proporções na natureza.

- O Estado de Defesa será **instituído por decreto**, que determinará o tempo de sua duração, especificará as áreas a serem abrangidas e indicará, nos termos e limites da lei, as medidas coercitivas a vigorarem, dentre as quais estão abrangidas as que imponham restrições aos direitos de: i. reunião, ainda que exercida no seio das associações; ii. sigilo de correspondência e; iii. sigilo de comunicação telegráfica e telefônica. Também ficam permitidos a ocupação e ouso temporários de bens e serviços públicos, na hipótese de calamidade pública, respondendo a União pelos danos e custos decorrentes.
- **Decretado o estado de defesa ou sua prorrogação, o Presidente da República, dentro de 24 horas, submeterá o ato com a respectiva justificação ao Congresso Nacional**, que decidirá por maioria absoluta. Se o Congresso Nacional estiver em recesso, será convocado, extraordinariamente, no prazo de cinco dias. O Congresso Nacional apreciará o decreto dentro de dez dias contados de seu recebimento, devendo continuar funcionando enquanto vigorar o estado de defesa. Rejeitado o decreto, cessa imediatamente o estado de defesa.

2. **Estado de Sítio:** O Presidente da República pode, ouvidos o Conselho da República e o Conselho de Defesa Nacional, **solicitar ao Congresso Nacional autorização para decretar o Estado de Sítio** nos casos de: I – comoção grave de repercussão nacional ou ocorrência de fatos que comprovem a ineficácia de medida tomada durante o estado de defesa; II – declaração de estado de guerra ou resposta a agressão armada estrangeira.

- O Presidente da República, ao solicitar autorização para decretar o estado de sítio ou sua prorrogação, **relatará os motivos determinantes do pedido, devendo o Congresso Nacional decidir por maioria absoluta**.
- O **decreto do estado de sítio indicará sua duração, as normas necessárias a sua execução e as garantias constitucionais que ficarão suspensas**, e, depois de publicado, o Presidente da República designará o executor das medidas específicas e as áreas abrangidas.

3. As **Forças Armadas**, constituídas pela Marinha, pelo Exército e pela Aeronáutica, são instituições nacionais permanentes e regulares, organizadas com base na hierarquia e na disciplina, sob a autoridade suprema do Presidente da República, e destinam-se à defesa da Pátria, à garantia dos poderes constitucionais e, por iniciativa de qualquer destes, da lei e da ordem.

- Lei complementar estabelecerá as normas gerais a serem adotadas na organização, no preparo e no emprego das Forças Armadas.

4. **A Segurança Pública, dever do Estado, direito e responsabilidade de todos,** é exercida para a preservação da ordem pública e da incolumidade das pessoas e do patrimônio, através dos seguintes órgãos:

I – polícia federal;

II – polícia rodoviária federal;

III – polícia ferroviária federal;

IV – polícias civis;

V – polícias militares e corpos de bombeiros militares.

- **Rol taxativo:** conforme noticiado no informativo 600 do STF, "**o rol de órgãos encarregados do exercício da segurança pública, previsto no art. 144, I a V, da CF, é taxativo e esse modelo federal deve ser observado pelos Estados-membros e pelo Distrito Federal.** Com base nesse entendimento, o Tribunal, por maioria, julgou procedente, em parte, pedido formulado em ação direta proposta pelo Partido Social Liberal – PSL para declarar a inconstitucionalidade da EC 19/98 e da expressão "Instituto-Geral de Perícias" constante da EC 18/97, ambas da Constituição do Estado do Rio Grande do Sul, que dispõem sobre o aludido Instituto-Geral de Perícias. Preliminarmente, rejeitou-se a alegada inépcia da inicial, uma vez que o requerente indicara os dispositivos sobre os quais versaria a ação, bem como os fundamentos jurídicos do pedido. Ademais, ressaltou-se estar superada a tese relativa à prejudicialidade da ação direta em face da perda superveniente de representação do partido no Congresso Nacional. Assinalou-se, inclusive, que o requerente já teria readquirido sua representatividade. ADI 2827/RS, rel. Min. Gilmar Mendes, 16.9.2010".

  Nos termos do artigo 144, § 10º, da CF, com redação dada pela EC n. 82/2014, a segurança viária, exercida para a preservação da ordem pública e da incolumidade das pessoas e do seu patrimônio nas vias públicas: I – compreende a educação, engenharia e fiscalização de trânsito, além de outras atividades previstas em lei, que assegurem ao cidadão o direito à mobilidade urbana eficiente; II – compete, no âmbito dos Estados, do Distrito Federal e dos Municípios, aos respectivos órgãos ou entidades executivos e seus agentes de trânsito, estruturados em Carreira, na forma da lei.

TRIBUTAÇÃO E ORÇAMENTO

- **CF, artigos 145 a 169.**

✦ DICAS

1. A União, os Estados, o Distrito Federal e os Municípios poderão instituir os seguintes **tributos:** I –

impostos; II – taxas, em razão do exercício do poder de polícia ou pela utilização, efetiva ou potencial, de serviços públicos específicos e divisíveis, prestados ao contribuinte ou postos a sua disposição; III – contribuição de melhoria, decorrente de obras públicas.

2. Sempre que possível, **os impostos terão caráter pessoal e serão graduados segundo a capacidade econômica do contribuinte**, facultado à administração tributária, especialmente para conferir efetividade a esses objetivos, identificar, respeitados os direitos individuais e nos termos da lei, o patrimônio, os rendimentos e as atividades econômicas do contribuinte.

3. As **taxas** não poderão ter base de cálculo própria de impostos.

4. Sem prejuízo de outras garantias asseguradas ao contribuinte, **é vedado à União, aos Estados, ao Distrito Federal e aos Municípios**:

I – **exigir ou aumentar tributo** sem lei que o estabeleça (**Princípio da Legalidade Tributária**);

II – **instituir tratamento desigual entre contribuintes** que se encontrem em situação equivalente, proibida qualquer distinção em razão de ocupação profissional ou função por eles exercida, independentemente da denominação jurídica dos rendimentos, títulos ou direitos (**Princípios da Isonomia e da Capacidade Contributiva**);

III – **cobrar tributos**:

a) **em relação a fatos geradores ocorridos antes do início da vigência da lei** que os houver instituído ou aumentado;

b) **no mesmo exercício financeiro** em que haja sido publicada a lei que os instituiu ou aumentou **(Princípio da Anterioridade Comum)**;

c) antes de decorridos noventa dias da data em que haja sido publicada a lei que os instituiu ou aumentou **(Princípio da Anterioridade Nonagesimal)**,

IV – utilizar tributo com efeito de confisco **(Princípio do Não-confisco ou Não-confiscatoriedade)**;

V – **estabelecer limitações ao tráfego de pessoas ou bens, por meio de tributos** interestaduais ou intermunicipais, ressalvada a cobrança de pedágio pela utilização de vias conservadas pelo Poder Público **(Princípio da Liberdade de Tráfego)**;

VI – **instituir impostos sobre**:

a) patrimônio, renda ou serviços, uns dos outros (**Princípio da Imunidade Recíproca)**;

b) templos de qualquer culto;

c) patrimônio, renda ou serviços dos partidos políticos, inclusive suas fundações, das entidades sindicais dos trabalhadores, das instituições de educação e de assistência social, sem fins lucrativos, atendidos os requisitos da lei;

d) livros, jornais, periódicos e o papel destinado a sua impressão.

- Segundo decisão do STF no RE 455.017, julgado em 2009 e relatado pela Ministra Cármen Lúcia, **ofende o princípio da não confiscatoriedade** hipótese normativa que estipule multa fiscal de 300%, **ainda** que se trate de inadimplemento pelo contribuinte de obrigação tributária.

- **A jurisprudência do STF entende cabível, em sede de controle normativo abstrato, a possibilidade de a Corte examinar se determinado tributo ofende, ou não, o princípio constitucional da não confiscatoriedade**, consagrado no art. 150, IV, da Constituição. Precedente: ADI 2.010-MC/DF, Rel. Min. Celso de Mello. A proibição constitucional do confisco em matéria tributária nada mais representa senão a interdição, pela Carta Política, de qualquer pretensão governamental que possa conduzir, no campo da fiscalidade, à injusta apropriação estatal, no todo ou em parte, do patrimônio ou dos rendimentos dos contribuintes, comprometendo-lhes, pela insuportabilidade da carga tributária, o exercício do direito a uma existência digna, ou a prática de atividade profissional lícita ou, ainda, a regular satisfação de suas necessidades vitais (educação, saúde e habitação, por exemplo). **A identificação do efeito confiscatório deve ser feita em função da totalidade da carga tributária, mediante verificação da capacidade de que dispõe o contribuinte considerado o montante de sua riqueza (renda e capital) – para suportar e sofrer a incidência de todos os tributos que ele deverá pagar, dentro de determinado período, à mesma pessoa política que os houver instituído (a União Federal, no caso), condicionando-se, ainda, a aferição do grau de insuportabilidade econômico-financeira, à observância, pelo legislador, de padrões de razoabilidade destinados a neutralizar excessos de ordem fiscal eventualmente praticados pelo Poder Público**. Resulta configurado o caráter confiscatório de determinado tributo, sempre que o efeito cumulativo – resultante das múltiplas incidências tributárias estabelecidas pela mesma entidade estatal – afetar, substancialmente, de maneira irrazoável, o patrimônio e/ou os rendimentos do contribuinte. O Poder Público, especialmente em sede de tributação (as contribuições de seguridade social revestem-se de caráter tributário), não pode agir imoderadamente, pois a atividade estatal acha-se essencialmente condicionada pelo princípio da razoabilidade." (ADC 8-MC, Rel. Min. Celso de Mello, julgamento em 13-10-1999, Plenário, DJ de 4-4-2003.)

- Súmula 657, do STF: "A imunidade prevista no art. 150, VI, d, da CF **(livros, jornais, periódicos e o papel destinado a sua impressão)**, abrange os filmes e papéis fotográficos necessários à publicação de jornais e periódicos."

5. A competência da União para **emitir moeda** será exercida exclusivamente pelo banco central (art. 164, *caput*, da CF).

6. É **vedado ao banco central** conceder, direta ou indiretamente, empréstimos ao Tesouro Nacional e a qualquer órgão ou entidade que não seja instituição financeira (art. 164, § 1º, da CF)..

7. Leis de iniciativa do Poder **Executivo** (não do Poder Legislativo) estabelecerão o **plano plurianual**, as **diretrizes orçamentárias** e os **orçamentos anuais** (art. 165, da CF).

- A lei que instituir o **Plano Plurianual** estabelecerá, de forma regionalizada, as diretrizes, objetivos e metas da administração pública federal para as despesas de capital e outras delas decorrentes e para as relativas aos programas de duração continuada.
- A **Lei de Diretrizes Orçamentárias** compreenderá as metas e prioridades da administração pública federal, incluindo as despesas de capital para o exercício financeiro subseqüente, orientará a elaboração da lei orçamentária anual, disporá sobre as alterações na legislação tributária e estabelecerá a política de aplicação das agências financeiras oficiais de fomento.
- A **Lei Orçamentária Anual** não conterá dispositivo estranho à previsão da receita e à fixação da despesa, não se incluindo na proibição a autorização para abertura de créditos suplementares e contratação de operações de crédito, ainda que por antecipação de receita.
- Os projetos de lei relativos ao plano plurianual, às diretrizes orçamentárias, ao orçamento anual e aos créditos adicionais serão apreciados **pelas duas Casas do Congresso Nacional, na forma do regimento comum** (e não pelo Chefe do Executivo), consoante art, 166, *caput*, da CF.

c) Súmulas

- **Súmula 657 do STF**: A imunidade prevista no art. 150, VI, d, da CF (livros, jornais, periódicos e o papel destinado a sua impressão), abrange os filmes e papéis fotográficos necessários à publicação de jornais e periódicos.

ORDEM ECONÔMICA E FINANCEIRA

- **CF, artigos 170 a 192.**

✦ DICAS

1. A ordem econômica, **fundada** na valorização do trabalho humano e na livre iniciativa, tem por **fim** assegurar a todos existência digna, conforme os ditames da justiça social.

2. São **princípios da ordem econômica**: I – soberania nacional; II – propriedade privada; III – função social da propriedade; IV – livre concorrência; V – defesa do consumidor; VI – defesa do meio ambiente, inclusive mediante tratamento diferenciado conforme o impacto ambiental dos produtos e serviços e de seus processos de elaboração e prestação; VII – redução das desigualdades regionais e sociais; VIII – busca do pleno emprego; IX – tratamento favorecido para as empresas de pequeno porte constituídas sob as leis brasileiras e que tenham sua sede e administração no País.

- Súmula Vinculante 49: "**Ofende o princípio da livre concorrência** lei municipal que impede a instalação de estabelecimentos comerciais do mesmo ramo em determinada área".

3. Excetuadas hipóteses previstas na Constituição da República, **o Estado poderá explorar atividade econômica quando necessária aos imperativos da segurança nacional ou a relevante interesse coletivo**, conforme definido em lei (art. 173, da CF).

4. As empresas públicas e as sociedades de economia mista **não poderão gozar de privilégios fiscais não extensivos às do setor privado**.

5. A lei **reprimirá o abuso do poder econômico** que vise à dominação dos mercados, à eliminação da concorrência e ao aumento arbitrário dos lucros.

6. Tem-se por **inadmissível**, no sistema da Constituição de 1988, que **norma de constituição estadual proíba, no estado-membro, que este possa reordenar, no âmbito da própria competência, sua posição na economia, transferindo à iniciativa privada atividades indevidas ou, sem qualquer necessidade, exploradas pelo setor público**. Assim restou decidido pelo STF na ADI 234, julgada em 1995 e relatada pelo Ministro Néri da Silveira.

7. **Política Urbana**

- Nos termos do art. 182, da CF, a **política de desenvolvimento urbano**, executada pelo Poder Público municipal, conforme diretrizes gerais fixadas em lei, tem por objetivo ordenar o pleno desenvolvimento das funções sociais da cidade e garantir o bem- estar de seus habitantes. O plano diretor, aprovado pela Câmara Municipal, obrigatório para cidades com mais de vinte mil habitantes, é o instrumento básico da política de desenvolvimento e de expansão urbana. Ademais, a propriedade urbana cumpre sua função social quando atende às exigências fundamentais de ordenação da cidade expressas no plano diretor. Nesse sentido é facultado ao Poder Público municipal, mediante lei específica para área incluída no plano diretor, exigir, nos termos da lei federal, do proprietário do solo urbano não edificado, subutilizado ou não utilizado, que promova seu adequado aproveitamento, sob pena, sucessivamente, de: I – parcelamento ou edificação compulsórios; II – imposto sobre a propriedade predial e territorial urbana progressivo no tempo; III – desapropriação com pagamento mediante títulos da dívida pública de emissão previamente aprovada pelo Senado Federal, com prazo de resgate de até dez anos, em parcelas anuais, iguais e sucessivas, assegurados o valor real da indenização e os juros legais. As desapropriações de imóveis urbanos serão feitas com prévia e justa indenização em dinheiro.

8. **Política agrícola e fundiária e da reforma agrária**

- Compete à União **desapropriar por interesse social, para fins de reforma agrária**, o imóvel rural que não esteja cumprindo sua função social, mediante prévia e justa indenização em títulos da dívida agrária, com cláusula de preservação do valor real, resgatáveis no prazo de até vinte anos, a partir do segundo ano de sua emissão, e cuja utilização será definida em lei. As benfeitorias úteis e necessárias serão indenizadas em dinheiro.
- O **decreto** que declarar o imóvel como de interesse social, para fins de reforma agrária, autoriza a União a propor a ação de desapropriação.
- Cabe à **lei complementar** estabelecer procedimento contraditório especial, de rito sumário, para o processo judicial de desapropriação.
- **São insuscetíveis de desapropriação para fins de reforma agrária**:

I - a pequena e média propriedade rural, assim definida em lei, desde que seu proprietário não possua outra;

II - a propriedade produtiva.

- A lei garantirá **tratamento especial à propriedade produtiva** e fixará normas para o cumprimento dos requisitos relativos a sua função social.

9. **Sistema financeiro nacional**

- O **sistema financeiro nacional**, estruturado de forma a promover o desenvolvimento equilibrado do País e a servir aos interesses da coletividade, em todas as partes que o compõem, abrangendo as cooperativas de crédito, será regulado por leis complementares que disporão, inclusive, sobre a participação do capital estrangeiro nas instituições que o integram.
- **Súmula Vinculante 3**: nos processos perante o Tribunal de Contas asseguram-se o contraditório e a ampla defesa quando da decisão puder resultar anulação ou revogação de ato administrativo que beneficie o interessado, excetuada a apreciação da legalidade do ato de concessão inicial de aposentadoria, reforma e pensão.

ORDEM SOCIAL

- **CF, artigos 193 a 232.**

✦ DICAS

1. A **ordem social tem como base** o primado do trabalho, e como objetivo o bem-estar e a justiça sociais.
2. A **seguridade social** compreende um conjunto integrado de ações de iniciativa dos Poderes Públicos e da sociedade, destinadas a assegurar os direitos relativos à **saúde**, à **previdência** e à **assistência social**.

- A **saúde** é direito de todos e dever do Estado, garantido mediante políticas sociais e econômicas que visem à redução do risco de doença e de outros agravos e ao acesso universal e igualitário às ações e serviços para sua promoção, proteção e recuperação.
- "Consolidou-se a jurisprudência desta Corte no sentido de que, **embora o art. 196 da Constituição de 1988 traga norma de caráter programático, o Município não pode furtar-se do dever de propiciar os meios necessários ao gozo do direito à saúde por todos os cidadãos**. Se uma pessoa necessita, para garantir o seu direito à saúde, de tratamento médico adequado, é dever solidário da União, do Estado e do Município providenciá-lo." (AI 550.530, julgado em 20012 e relatado pelo Ministro Joaquim Barbosa).
- O art. 199, § 4º, da CF, **veda todo tipo de comercialização de sangue**, entretanto estabelece que a lei infraconstitucional disporá sobre as condições e requisitos que facilitem a coleta de sangue. Por isso, na visão do STF, se um ato normativo estadual não determina recompensa financeira à doação ou estimula a comercialização de sangue, mas apenas incentiva a doação, na composição entre o princípio da livre iniciativa e o direito à vida há de ser preservado o interesse da coletividade, interesse público primário." (ADI 3.512, Rel. Min. Eros Grau, julgamento em 15-2-2006.).
- **Medicamentos e o STF:** "O recebimento de medicamentos pelo Estado é direito fundamental, podendo o requerente pleiteá-los de qualquer um dos entes federativos, desde que **demonstrada sua necessidade e a impossibilidade de custeá-los com recursos próprios**. Isso por que, uma vez satisfeitos tais requisitos, o ente federativo deve se pautar no espírito de solidariedade para conferir efetividade ao direito garantido pela Constituição, e não criar entraves jurídicos para postergar a devida prestação jurisdicional." (RE 607.381, julgado em 2011 e relatado pelo Ministro Luiz Fux).
- No art. 196 da Constituição Federal está estabelecido que a "saúde é direito de todos e dever do Estado, garantido mediante políticas sociais e econômicas que visem à redução do risco de doença e de outros agravos e ao acesso universal e igualitário às ações e serviços para sua promoção, proteção e recuperação", A referida norma é programática, ou seja, depende de ações estatais para ser implementada, mas, não obstante essa característica, **se algum paciente carente com patologia crônica com indiscutível risco de morte necessitar de remédio de alto custo não fornecido pelo SUS – Sistema Único de Saúde –, será possível mover ação judicial para sua obtenção e, se houver recurso, em última instância a pretensão será**

acolhida, pois o STF admite a judicialização de políticas públicas, em especial, o fornecimento de medicamentos de alto custo (conforme Suspensões de Tutela (STA) 175, 211 e 278; Suspensões de Segurança 3724, 2944, 2361, 3345 e 3355; e Suspensão de Liminar (SL) 47, de Relatoria do Ministro Gilmar Mendes, julgadas em 2010).

- A **previdência social** será organizada sob a forma de regime geral, de caráter contributivo e de filiação obrigatória, observados critérios que preservem o equilíbrio financeiro e atuarial.
- A **assistência social** será prestada a quem dela necessitar, independentemente de contribuição à seguridade social, e tem por objetivos:

I - a proteção à família, à maternidade, à infância, à adolescência e à velhice;

II - o amparo às crianças e adolescentes carentes;

III - a promoção da integração ao mercado de trabalho;

IV - a habilitação e reabilitação das pessoas portadoras de deficiência e a promoção de sua integração à vida comunitária;

V - a garantia de um salário mínimo de benefício mensal à pessoa portadora de deficiência e ao idoso que comprovem não possuir meios de prover à própria manutenção ou de tê-la provida por sua família.

3. A **educação**, direito de todos e dever do Estado e da família, será promovida e incentivada com a colaboração da sociedade, visando ao pleno desenvolvimento da pessoa, seu preparo para o exercício da cidadania e sua qualificação para o trabalho.

- De acordo com o art. 208, da CF, **o dever do Estado com a educação** será efetivado mediante a garantia de:

I - educação básica obrigatória e gratuita dos 4 aos 17 anos de idade, assegurada inclusive sua oferta gratuita para todos os que a ela não tiveram acesso na idade própria;

II - progressiva universalização do ensino médio gratuito;

III - atendimento educacional especializado aos portadores de deficiência, **preferencialmente na rede regular de ensino**;

IV - educação infantil, em **creche e pré-escola**, às crianças até 5 anos de idade;

V - acesso aos níveis mais elevados do ensino, da pesquisa e da criação artística, segundo a capacidade de cada um;

VI - oferta de ensino noturno regular, adequado às condições do educando;

VII - atendimento ao educando, em todas as etapas da educação básica, por meio de programas suplementares de material didáticoescolar, transporte, alimentação e assistência à saúde.

- o **STF** já decidiu que: "A educação infantil representa prerrogativa constitucional indisponível, que, deferida às crianças, a estas assegura, para efeito de seu desenvolvimento integral, e como primeira etapa do processo de educação básica, o atendimento em creche e o acesso à pré-escola (CF, art. 208, IV). Essa prerrogativa jurídica, em consequência, **impõe, ao Estado, por efeito da alta significação social de que se reveste a educação infantil, a obrigação constitucional de criar condições objetivas que possibilitem, de maneira concreta, em favor das 'crianças até cinco anos de idade'** (CF, art. 208, IV), o efetivo acesso e atendimento em creches e unidades de pré-escola, sob pena de configurar-se inaceitável omissão governamental, apta a frustrar, injustamente, por inércia, o integral adimplemento, pelo Poder Público, de prestação estatal que lhe impôs o próprio texto da CF. A educação infantil, por qualificar-se como direito fundamental de toda criança, **não se expõe, em seu processo de concretização, a avaliações meramente discricionárias da administração pública nem se subordina a razões de puro pragmatismo governamental**." (ARE 639.337-AgR, julgado em 2011 e relatado pelo Ministro Celso de Mello). "A jurisprudência do STF firmou-se no sentido da existência de **direito subjetivo público de crianças até cinco anos de idade ao atendimento em creches e pré-escolas**. (...) também consolidou o entendimento de que **é possível a intervenção do Poder Judiciário visando à efetivação daquele direito constitucional**." (RE 554.075-AgR, Rel. Min. Cármen Lúcia, julgamento em 30-6-2009, Primeira Turma, DJE de 21-8-2009.)
- "É consentânea com a Carta da República previsão normativa asseguradora, ao militar e ao dependente estudante, do acesso a instituição de ensino na localidade para onde é removido. Todavia, **a transferência do local do serviço não pode se mostrar verdadeiro mecanismo para lograr-se a transposição da seara particular para a pública, sob pena de se colocar em plano secundário a isonomia** – art. 5º, cabeça e inciso I –, a impessoalidade, a moralidade na administração pública, a igualdade de condições para o acesso e permanência na escola superior, prevista no inciso I do art. 206, bem como a viabilidade de chegar-se a níveis mais elevados do ensino, no que o inciso V do art. 208 vincula o fenômeno à capacidade de cada qual." (ADI 3.324, julgada em 2004 e relatada pelo Ministro Marco Aurélio).
- A educação será prestada com garantia de **ensino religioso**, de matrícula **facultativa** (não obrigatória) nas escolas públicas de ensino fundamental (art. 210, § 1º, da CF)
- **Súmula vinculante 12:** A cobrança de taxa de matrícula nas universidades públicas viola o disposto no art. 206, IV, da Constituição Federal.

4. **Cultura:** Art. 215, da CF: O Estado garantirá a todos o **pleno exercício dos direitos culturais e acesso**

às fontes da cultura nacional, e apoiará e incentivará a valorização e a difusão das manifestações culturais. Ademais, o Estado protegerá as manifestações das culturas populares, indígenas e afro-brasileiras, e das de outros grupos participantes do processo civilizatório nacional.

- Segundo o §1º, do artigo 216-A, da CF, o **Sistema Nacional de Cultura** (e não o Plano Nacional de Cultura) **fundamenta-se na política nacional de cultura e nas suas diretrizes, estabelecidas no Plano Nacional de Cultura** (e não Sistema Nacional de Cultura) e rege-se pelos seguintes princípios: I - diversidade das expressões culturais; II - universalização do acesso aos bens e serviços culturais; III - fomento à produção, difusão e circulação de conhecimento e bens culturais; IV - cooperação entre os entes federados, os agentes públicos e privados atuantes na área cultural; V - integração e interação na execução das políticas, programas, projetos e ações desenvolvidas; VI - complementaridade nos papéis dos agentes culturais; VII - transversalidade das políticas culturais; VIII - autonomia dos entes federados e das instituições da sociedade civil; IX - transparência e compartilhamento das informações; X - democratização dos processos decisórios com participação e controle social; XI - descentralização articulada e pactuada da gestão, dos recursos e das ações; XII - ampliação progressiva dos recursos contidos nos orçamentos públicos para a cultura.
- **Sistema Nacional de Ciência, Tecnologia e Inovação (SNCTI):** Instituído pela Emenda Constitucional nº 85/2015, o artigo 219-B da CF dispõe que o Sistema Nacional de Ciência, Tecnologia e Inovação (SNCTI) será organizado em regime de colaboração entre entes, tanto públicos quanto privados, com vistas a promover o desenvolvimento científico e tecnológico e a inovação. Lei federal disporá sobre as normas gerais do SNCTI. Os Estados, o Distrito Federal e os Municípios legislarão concorrentemente sobre suas peculiaridades.

5. **Meio Ambiente:** Art. 225, da CF: Todos têm direito ao **meio ambiente ecologicamente equilibrado**, bem de uso comum do povo e essencial à sadia qualidade de vida, impondo-se ao Poder Público e à coletividade o dever de defendê-lo e preservá- lo para as presentes e futuras gerações.

- **Rinhas ou brigas de galo**: "Por entender caracterizada ofensa ao art. 225, § 1º, VII, da CF, que veda práticas que submetam os animais a crueldade, o Plenário julgou procedente pedido formulado em ação direta ajuizada pelo Procurador-Geral da República para declarar a inconstitucionalidade da Lei fluminense 2.895/98. A norma impugnada autoriza a criação e a realização de exposições e competições entre aves das raças combatentes (fauna não silvestre). Rejeitaram-se as preliminares de inépcia da petição inicial e de necessidade de se refutar, artigo por artigo, o diploma legislativo invocado. Aduziu-se que o requerente questionara a validade constitucional da integridade da norma adversada, citara o parâmetro por ela alegadamente transgredido, estabelecera a situação de antagonismo entre a lei e a Constituição, bem como expusera as razões que fundamentariam sua pretensão. Ademais, destacou-se que a impugnação dirigir-se-ia a todo o complexo normativo com que disciplinadas as "rinhas de galo" naquela unidade federativa, qualificando-as como competições. Assim, despicienda a indicação de cada um dos seus vários artigos. No mérito, enfatizou-se que o constituinte objetivara assegurar a efetividade do direito fundamental à preservação da integridade do meio ambiente, que traduziria conceito amplo e abrangente das noções de meio ambiente natural, cultural, artificial (espaço urbano) e laboral. Salientou-se, de um lado, a íntima conexão entre o dever ético-jurídico de preservação da fauna e o de não-incidência em práticas de crueldade e, de outro, a subsistência do gênero humano em um meio ambiente ecologicamente equilibrado (direito de terceira geração). Assinalou-se que a proteção conferida aos animais pela parte final do art. 225, § 1º, VII, da CF teria, na Lei 9.605/98 (art. 32), o seu preceito incriminador, o qual pune, a título de crime ambiental, a inflição de maus-tratos contra animais. Frisou-se que tanto os animais silvestres, quanto os domésticos ou domesticados - aqui incluídos os galos utilizados em rinhas - estariam ao abrigo constitucional. **Por fim, rejeitou-se o argumento de que a "briga de galos" qualificar-se-ia como atividade desportiva, prática cultural ou expressão folclórica, em tentativa de fraude à aplicação da regra constitucional de proteção à fauna**. Os Ministros Marco Aurélio e Dias Toffoli assentaram apenas a inconstitucionalidade formal da norma. Precedentes citados: RE 153531/SC (DJU de 13.3.98); ADI 2514/SC (DJU de 3.8.2005); ADI 3776/RN (DJe de 29.6.2007). Manifestação na ADI 1856, julgada em 2011 e relatada pelo Ministro Celso de Mello.

6. **Família, Criança, Adolescente, Jovem e Idoso**

- Consoante art. 226, da CF, a **família, base da sociedade, tem especial proteção do Estado**.
- O **casamento** é civil e gratuita a celebração **(Família Formal)**. O casamento religioso tem efeito civil, nos termos da lei.
- Para efeito da proteção do Estado, é reconhecida a união estável **(Família Informal)** entre o homem e a mulher como entidade familiar, **devendo a lei facilitar sua conversão em casamento**.
- Entende-se, também, como entidade familiar a **comunidade formada por qualquer dos pais e seus descendentes (Família Monoparental)**.
- Os direitos e deveres referentes à **sociedade conjugal** são exercidos igualmente pelo homem e pela mulher.
- O casamento civil pode ser dissolvido pelo **divórcio**.

- Fundado nos princípios da dignidade da pessoa humana e da paternidade responsável, o **planejamento familiar é livre decisão do casal**, competindo ao Estado propiciar recursos educacionais e científicos para o exercício desse direito, vedada qualquer forma coercitiva por parte de instituições oficiais ou privadas.
- É dever da família, da sociedade e do Estado assegurar **à criança, ao adolescente e ao jovem**, com absoluta prioridade, o direito à vida, à saúde, à alimentação, à educação, ao lazer, à profissionalização, à cultura, à dignidade, ao respeito, à liberdade e à convivência familiar e comunitária, além de colocá-los a salvo de toda forma de negligência, discriminação, exploração, violência, crueldade e opressão.
- A lei **punirá severamente** o abuso, a violência e a exploração sexual da criança e do adolescente.
- Lei estabelecerá: I – o **estatuto da juventude**, destinado a regular os direitos dos jovens; II – o **plano nacional de juventude, de duração decenal**, visando à articulação das várias esferas do poder público para a execução de políticas públicas.
- **A família, a sociedade e o Estado têm o dever de amparar as pessoas idosas**, assegurando sua participação na comunidade, defendendo sua dignidade e bem-estar e garantindo-lhes o direito à vida.
- De acordo com o STF, o artigo da CF que assegura a **gratuidade nos transportes coletivos urbanos aos maiores de sessenta e cinco anos de idade** constitui norma de eficácia plena e de aplicabilidade imediata, conforme restou decidido no seguinte julgado: "Ação direta de inconstitucionalidade. Art. 39 da Lei 10.741, de 1º de outubro de 2003 (Estatuto do Idoso), que assegura gratuidade dos transportes públicos urbanos e semiurbanos aos que têm mais de 65 (sessenta e cinco) anos. Direito constitucional. Norma constitucional de eficácia plena e aplicabilidade imediata. Norma legal que repete a norma constitucional garantidora do direito. Improcedência da ação. O art. 39 da Lei 10.741/2003 (Estatuto do Idoso) apenas repete o que dispõe o § 2º do art. 230 da Constituição do Brasil. **A norma constitucional é de eficácia plena e aplicabilidade imediata, pelo que não há eiva de invalidade jurídica na norma legal que repete os seus termos e determina que se concretize o quanto constitucionalmente disposto**. Ação direta de inconstitucionalidade julgada improcedente." (ADI 3.768, julgada em 2007 e relatada pela Ministra Cármen Lúcia).

7. Índios

- **São reconhecidos aos índios** sua organização social, costumes, línguas, crenças e tradições, e os direitos originários sobre as terras que tradicionalmente ocupam, competindo à União demarcá-las, proteger e fazer respeitar todos os seus bens
- As terras tradicionalmente ocupadas pelos **índios** destinam-se à sua posse
- As terras tradicionalmente ocupadas pelos **índios** destinam-se à sua posse permanente, **cabendo-lhes o usufruto exclusivo das riquezas do solo, dos rios e dos lagos nelas existentes** (sem qualquer participação da União), nos termos do art. 231, § 1º, da CF.
- A CF, em seu art. 231, § 5º, consagrou o **princípio da irremovibilidade dos índios de suas terras**, salvo, *ad referendum* do Congresso Nacional, em caso de catástrofe ou epidemia que ponha em risco sua população, ou no interesse da soberania do país, devendo, cessado o risco, os índios retornar, de imediato, às suas terras
- O aproveitamento dos recursos hídricos, incluídos os potenciais energéticos, a pesquisa e a lavra das riquezas minerais em terras indígenas só podem ser efetivados com autorização **do Congresso Nacional** (e não da Fundação Nacional do Índio – FUNAI), ouvidas, as comunidades afetadas, ficando-lhes assegurada participação nos resultados da lavra, na forma da lei.

✦ INFORMATIVOS

STF

1. DIREITOS E DEVERES INDIVIDUAIS E COLETIVOS

▸ ***Prisão civil e pensão alimentícia***

A Constituição apenas permite prisão por dívida decorrente de pensão alimentícia quando a não prestação é voluntária e inescusável. *HC 131554/SP, Rel. Min. Cármen Lúcia, 15.12.2015. 2ª T. (Info 812)*

▸ ***Reclamação e uso de algemas por ordem de autoridade policial***

A apresentação do custodiado algemado à imprensa pelas autoridades policiais não afronta o Enunciado 11 da Súmula Vinculante. *Rcl 7116/PE, Rel. Min. Marco Aurélio, 24.5.2016. 1ª T. (Info 827)*

▸ ***Ação penal e "habeas corpus" de ofício***

A alteração da competência inicial em face de posterior diplomação do réu não invalida os atos regularmente praticados, devendo o feito prosseguir da fase em que se encontre, em homenagem ao princípio "tempus regit actum". O regular oferecimento e recebimento da denúncia perante o juízo natural à época dos atos desautoriza o pedido de arquivamento formulado nesta fase processual, em homenagem ao princípio da obrigatoriedade da ação penal. Não demonstrado pela acusação o dolo do acusado na autorização da despesa e incluído no polo passivo exclusivamente em razão de sua posição hierárquica, fica evidenciada a ausência de justa causa para o prosseguimento da ação penal. No caso, delegado de polícia, hoje parlamentar, teria autorizado o pagamento de diárias a policial para viagens oficiais não realizadas. *AP 905 QO/MG, Rel. Min. Roberto Barroso, 23.2.2016. 1ª T. (Info 815)*

▸ *Audiência de instrução e ausência de testemunha*

Na via estreita do "habeas corpus" não se admite o exame de nulidade cujo tema não foi trazido antes do trânsito em julgado da ação originária e tampouco antes do trânsito em julgado da revisão criminal. *RHC 124041/GO, Rel. p/ ac. Min. Roberto Barroso, 30.8.2016. 1ª T. (Info 837)*

1.1. REMÉDIOS CONSTITUCIONAIS

1.1.1. HABEAS CORPUS

▸ *"Habeas corpus": competência de juiz instrutor e foro privilegiado*

Os juízes instrutores atuam como "longa manus" do magistrado relator e, nessa condição, procedem sob sua supervisão. Trata-se, portanto, de delegação limitada a atos de instrução, com poder decisório restrito ao alcance desses objetivos. *HC 131164/TO, Rel. Min. Edson Fachin, 24.5.2016. 1ª T. (Info 827)*

▸ *"Habeas corpus" contra decisão monocrática*

Não é cabível "habeas corpus" impetrado contra decisão monocrática de ministro da Corte. O tema está materializado na Súmula 606/STF. Não se trata de impedir a revisão do ato do relator, posto que há outro meio processual para tanto, conforme previsto no art. 38 da Lei 8.038/90 e no art. 21, § 1º, do RISTF. *HC 105959/DF, Red. p/ ac. Min. Edson Fachin, 17.2.2016. Pleno. (Info 814)*

▸ *"Habeas corpus" e cabimento*

O "habeas corpus", cuja finalidade é a tutela da liberdade de locomoção, não é cabível para o reexame de pressupostos de admissibilidade de recursos. *HC 114293/MG, Red. p/ ac. Min. Edson Fachin, 1º.12.2015. 1ª T. (Info 810)*

▸ *"Habeas corpus" e desclassificação*

É incabível a utilização de "habeas corpus" impetrado com a finalidade de obter a desclassificação de homicídio com dolo eventual (CP, art. 121, c/c art. 18, I) para homicídio culposo na direção de veículo automotor (CTB, art. 302, § 2º), na hipótese em que discutida a existência de dolo eventual ou culpa consciente na conduta do motorista que se apresente em estado de embriaguez. *HC 131029/RJ, Red. p/ ac. Min. Edson Fachin, 17.5.2016. 1ª T. (Info 826)*

▸ *"Habeas corpus" e razoável duração do processo*

Concedido HC para atribuir celeridade ao julgamento de mérito de REsp no STJ. O grande volume de trabalho do STJ permite flexibilizar, em alguma medida, o princípio constitucional da razoável duração do processo. No caso, contudo, a demora demasiada para o julgamento do recurso, em razão do elevado número de substituição de relatores - cinco substituições -, configura negativa de prestação jurisdicional e flagrante constrangimento ilegal sofrido pelo paciente. *HC 136435/PR, rel. Min. Ricardo Lewandowski, j. 22.11.2016. 2ª T. (Info 848)*

▸ *"Habeas corpus" e trancamento de ação penal*

A Primeira Turma denegou a ordem em "habeas corpus" em que se pretendia trancar ação penal contra paciente acusado da prática de atividade clandestina de telecomunicação por disponibilizar provedor de internet sem fio. A defesa, ao sustentar a insignificância da conduta, ponderava que a atividade desenvolvida teria sido operada abaixo dos parâmetros objetivos estabelecidos pela Lei 9.612/98. Acrescentava, ainda, que não teria sido realizado, nos autos da ação penal, qualquer tipo de exame técnico pericial que comprovasse a existência de lesão ao serviço de telecomunicações. Porém, para o Colegiado, houve o desenvolvimento de atividade clandestina de telecomunicações, de modo que a tipicidade da conduta está presente no caso. Ademais, o trancamento da ação penal, por meio de "habeas corpus", seria algo excepcional. *HC 118400/RO, Rel. Min. Marco Aurélio, j. 4.10.2016. 1ª T. (Info 842)*

▸ *"Habeas corpus" e trancamento de processo de "impeachment"*

"Habeas corpus" não é o instrumento adequado para pleitear trancamento de processo de "impeachment". *HC 134315 AgR/DF, Rel. Min. Teori Zavascki, 16.6.2016. Pleno. (Info 830)*

▸ *HC e desclassificação*

É incabível a utilização do "habeas corpus" com a finalidade de se obter a desclassificação de imputação de homicídio doloso, na modalidade dolo eventual, para homicídio culposo, na hipótese em que apurada a prática de homicídio na direção de veículo automotor. Isso porque os limites estreitos dessa via processual impossibilitariam a análise apurada do elemento subjetivo do tipo penal para que se pudesse afirmar que a conduta do paciente fora pautada pelo dolo eventual ou pela culpa consciente. *HC 132036/SE, Rel. Min. Cármen Lúcia, 29.3.2016. 2ª T. (Info 819)*

▸ *Visita a detento e impetração de "habeas corpus"*

Não conhecido "habeas corpus" no qual pleiteada a realização de visita direta a interno em estabelecimento penal e não nas dependências de parlatório. No caso, fora vedada a manutenção de contato direto entre detento recluso em penitenciária de segurança máxima e sua mãe. Não sendo possível a realização dos movimentos exigidos no procedimento de revista íntima em razão de doença – artrose no joelho direito – de que seria portadora a visitante, o juiz de execução penal, com fundamento em norma regimental, recomendara a utilização de parlatório. Por não haver efetiva restrição ao "status libertatis" do paciente, o "habeas corpus" seria meio inidôneo para discutir direito de visita a preso. *HC 133305/SP, Rel. Min. Dias Toffoli, 24.5.2016. 2ª T. (Info 827)*

1.1.2. MANDADO DE SEGURANÇA

▸ ***Mandado de segurança e legitimidade ativa do Ministério Público Militar***

Negado provimento a recurso ordinário em mandado de segurança interposto pelo Ministério Público Militar, em face de decisão que reconhecera a prescrição no tocante a militar acusado da suposta prática de ato libidinoso com menor de idade. No caso, em razão desse fato fora instaurado, contra o militar, procedimento administrativo em que alegada, desde o início, a prescrição. Esta, no entanto, somente fora declarada pelo STM, que concedera "habeas corpus" de ofício. O recorrente sustentava que o direito líquido e certo a fundamentar o "mandamus" seria o direito à ordem democrática e à ordem jurídica, e que a concessão de "habeas corpus" de ofício teria sido aplicada equivocadamente porque em sede administrativa. O "Parquet" militar, atuando como "custos legis", não teria legitimidade ativa no tocante ao mandado de segurança. Os direitos à ordem democrática e à ordem jurídica não seriam de titularidade do Ministério Público, mas de toda a sociedade. O mandado de segurança, na espécie, se insurgiria contra decisão judicial, e não administrativa. Além disso, não houvera usurpação de competência que pudesse ser considerada ilegalidade ou abuso de poder, mesmo porque o acusado fora absolvido em sede penal. *RMS 32970/DF, Rel. Min. Cármen Lúcia, 16.2.2016. 2ª T. (Info 814)*

▸ ***Mandado de segurança e legitimidade ativa do PGR***

O Procurador-Geral da República não possui legitimidade ativa para impetrar mandado de segurança em que se questione decisão que reconheça a prescrição da pretensão punitiva em processo administrativo disciplinar. *MS 33736/DF, Rel. Min. Cármen Lúcia, 21.6.2016. 2ª T. (Info 831)*

2. RECLAMAÇÃO CONSTITUCIONAL

▸ ***Cabimento de reclamação e Enunciado 10 da Súmula Vinculante***

Reclamação constitucional fundada em afronta ao Enunciado 10 da Súmula Vinculante do STF não pode ser usada como sucedâneo de recurso ou de ação própria que analise a constitucionalidade de normas que foram objeto de interpretação idônea e legítima pelas autoridades jurídicas competentes. *Rcl 24284/SP, rel. Min. Edson Fachin, j. 22.11.2016. 1ª T. (Info 848)*

▸ ***Decisão do STJ e reintegração de defensores não concursados***

Procedente a reclamação para cassar decisão do STJ que reintegrava os interessados nos quadros da Defensoria Pública no Estado de Minas Gerais sem concurso público. Entendeu-se que a decisão reclamada contraria a autoridade da decisão proferida pelo STF (ADI 3819), que assentara a inconstitucionalidade, com efeitos prospectivos, de leis estaduais que admitiram, na função de defensor público, servidores que não ingressaram na carreira mediante concurso. *Rcl 16950/MG, Rel. Min. Cármen Lúcia, 1º.12.2015. 2ª T. (Info 810)*

3. DIREITOS SOCIAIS

▸ ***Licença-maternidade e discriminação entre gestação e adoção***

[RPG] Os prazos da licença-adotante não podem ser inferiores aos prazos da licença-gestante, o mesmo valendo para as respectivas prorrogações. Em relação à licença-adotante, não é possível fixar prazos diversos em função da idade da criança adotada. *RE 778889/PE, repercussão geral – mérito, Rel. Min. Roberto Barroso, 10.3.2016. Pleno. (Info 817)*

4. DIREITOS DA NACIONALIDADE

▸ ***MS e perda de nacionalidade brasileira***

Denegado mandado de segurança que questionava ato do Ministro da Justiça que declarou a perda da nacionalidade brasileira da impetrante (CF, art. 12, § 4º, II), por ter adquirido outra nacionalidade (Lei 818/49, art. 23). A impetrante, brasileira nata, obteve a nacionalidade norte-americana de forma livre e espontânea e, posteriormente, foi acusada, nos EUA, de homicídio contra o marido, nacional daquele país. O governo norte-americano a indiciou e requereu às autoridades brasileiras sua prisão para fins de extradição. O ato de cassação da nacionalidade brasileira é legítimo, pois a impetrante perdeu a nacionalidade brasileira ao adquirir situação que não se enquadra em qualquer das duas exceções constitucionalmente previstas: (i) mero reconhecimento de outra nacionalidade originária, considerada a natureza declaratória desse reconhecimento (art. 12, § 4º, II, "a"); e (ii) outra nacionalidade imposta pelo estado estrangeiro como condição de permanência em seu território ou para o exercício de direitos civis (art. 12, § 4º, II, "b"). *MS 33864/DF, Rel. Min. Roberto Barroso, 19.4.2016. 1ª T. (Info 822)*

5. ORGANIZAÇÃO POLÍTICO-ADMINISTRATIVA

5.1. DA UNIÃO

▸ ***ADI e normas para a venda de títulos de capitalização***

O Plenário, em conclusão, julgou procedente pedido formulado em ação direta para declarar a inconstitucionalidade da Lei 14.507/2002 do Estado de Minas Gerais. A lei impugnada estabelece normas para a venda de títulos de capitalização e similares na referida unidade federativa. O Colegiado asseverou que a regra contida no

§ 3º do art. 24 da CF também abrange o "caput" do artigo. Em seguida, entendeu que o exercício da competência legislativa concorrente pelos Estados - presente ou não norma geral editada pela União - pressupõe o atendimento de situações peculiares do ente, circunstância não verificada no caso. Observou haver lei federal sobre a matéria (Código de Defesa do Consumidor). Ademais, ressaltou que a lei impugnada dispõe, na sua inteireza, sobre sistema de capitalização, o que compete privativamente à União, que também já editou normas sobre defesa do consumidor e publicidade nessa matéria. A norma em debate estabelece, indevidamente, vedação a uma venda casada, o que a legislação federal autoriza. *ADI 2905/MG, red. p/ o ac. Min. Marco Aurélio, j. 16.11.2016. Pleno. (Info 847)*

▸ ***Competência da União em telefonia***

Compete à União explorar os serviços de telecomunicações, bem como legislar privativamente sobre essa matéria (CF, artigos 21, XI e 22, IV). *ADI 3959/SP, Rel. Min. Roberto Barroso, 20.4.2016. Pleno. (Info 822)*

▸ ***Cobrança de estacionamento de veículos: competência e livre iniciativa***

É inconstitucional, por violar a competência privativa da União (CF, art. 22, I), lei estadual que regulamenta cobrança de estacionamento de veículos. A disciplina acerca da exploração econômica de estacionamentos privados refere-se a direito civil. *ADI 4862/PR, Rel. Min. Gilmar Mendes, 18.8.2016. Pleno. (Info 835)*

▸ ***Lei estadual e bloqueadores de sinal de celular***

Lei estadual que disponha sobre bloqueadores de sinal de celular em presídio invade a competência da União para legislar sobre telecomunicações. *ADI 3835/MS, Rel. Min. Marco Aurélio, 3.8.2016. Pleno. (Info 833)*

5.2. DOS ESTADOS FEDERADOS

▸ ***Constituição estadual e modelo federal***

O Tribunal julgou parcialmente procedente pedido formulado em ação direta ajuizada em face de dispositivos da Constituição do Estado do Sergipe que dispõem sobre as competências do Tribunal de Contas estadual e os critérios de recondução do Procurador-Geral de Justiça e de escolha do Superintendente da Polícia Civil. A Corte, por unanimidade: a) declarou a inconstitucionalidade do art. 47, V, e da expressão "decorrido o tempo previsto sem oferecimento do parecer, serão os autos remetidos no prazo de cinco dias às respectivas Câmaras Municipais", contida na parte final do inciso XII do art. 68, ambos da Constituição de Sergipe; b) deu interpretação conforme à Constituição da República à expressão "permitida a recondução", constante do § 1º do artigo 116, para ser entendida como "permitida uma recondução"; e c) deu interpretação ao § 1º do art. 127 da Constituição de Sergipe, conforme o art. 144, § 4º, da Constituição da República, para circunscrever a escolha do Superintendente da Polícia Civil, pelo Governador do Estado, a delegados ou delegadas de polícia da carreira, independentemente do estágio de sua progressão funcional. Entendeu que os referidos preceitos impugnados violam o modelo federal instituído pela Constituição da República, de observância compulsória pelos Estados-Membros, por força do art. 75. Considerou que o inciso V do art. 47, ao conferir competência privativa à Assembleia Legislativa para julgar as contas do Poder Legislativo, usurpou a atribuição típica do Tribunal de Contas para julgar as contas dos administradores e demais responsáveis por dinheiros, bens e valores públicos da administração direta e indireta, prevista no inciso II do art. 71 da Carta Magna. Relativamente à expressão contida na parte final do inciso XII do art. 68, que permite que as Câmaras Legislativas apreciem as contas anuais prestadas pelos prefeitos, independentemente do parecer do Tribunal de Contas do Estado, caso este não o ofereça em 180 dias a contar do respectivo recebimento, o Colegiado vislumbrou ofensa ao art. 31, § 2º, da Constituição Federal. Asseverou, no ponto, que o parecer prévio a ser emitido pela Corte de Contas seria imprescindível, só deixando de prevalecer por decisão de dois terços dos membros da Câmara Municipal. No que se refere ao § 1º do art. 116, ressaltou a jurisprudência do STF no sentido de que a permissão de recondução ao cargo do Procurador-Geral de Justiça, sem limite de mandatos, seria contrária ao disposto no art. 128, § 3º, da Constituição Federal, que autoriza uma única recondução. Por fim, o Plenário concluiu que ao § 1º do art. 127 não cumpria circunscrever o exercício da Superintendência da Polícia Civil aos delegados ou delegadas em final de carreira, mas, apenas, àqueles da carreira independentemente de sua progressão, tendo em conta o disposto no art. 144, § 4º, da Constituição Federal. *ADI 3077/SE, rel. Min. Cármen Lúcia, j. 16.11.2016. Pleno. (Info 847)*

5.3. DOS MUNICÍPIOS

▸ ***Administração municipal e publicidade de bebidas alcoólicas ou de cigarros***

Para o Colegiado, a Lei 12.643/98 não invadiu a esfera de atribuição própria do Poder Executivo. A competência do prefeito para exercer a administração do patrimônio municipal não impede que o Poder Legislativo estabeleça, mediante lei, limitações à realização, em imóveis do Município, de eventos patrocinados por empresas ligadas ao comércio de cigarros e de bebidas alcoólicas. Além disso, consignou que a realização de eventos não se enquadra nas atividades de mera administração dos bens públicos, sendo legítima sua regulamentação por lei. A Turma decidiu, ainda, que não houve desrespeito ao art. 22, XXIX, da CF – que atribui à União a competência privativa para legislar sobre propaganda comercial. A lei municipal não limita a veiculação de propagandas comerciais por distribuidoras de cigarro e de bebidas alcoólicas, mas apenas proíbe a realização, em imóveis do Município, de eventos patrocinados por empresas envolvidas no comércio dessas substâncias. Concluiu, dessa forma, que a restrição imposta pela lei local recai sobre a Administração Pública municipal e não sobre as empresas comercializadoras de cigarros e bebidas alcóolicas, encontrando-se, por conseguinte, no âmbito de competência do Poder Legislativo local. *RE 305470/ SP, Rel. p/ ac. Min. Teori Zavascki, 18.10.2016. 2ª T. (Info 844)*

6. SEPARAÇÃO DOS PODERES

6.1. DO PODER LEGISLATIVO

▸ *Cassação de mandato parlamentar e autocontenção do Judiciário*

O STF somente deve interferir em procedimentos legislativos para assegurar o cumprimento da Constituição, proteger direitos fundamentais e resguardar os pressupostos de funcionamento da democracia e das instituições republicanas. A suspensão do exercício do mandato do impetrante, por decisão do STF em sede cautelar penal, não gera direito à suspensão do processo de cassação do mandato, pois ninguém pode beneficiar-se da própria conduta reprovável. *MS 34.327/DF, Rel. min. Roberto Barroso, 8.9.2016. Pleno. (Info 838)*

▸ *Parlamentar e afastamento do cargo*

Por reputar que a presença de parlamentar na função de Presidente da Câmara dos Deputados representa risco para as investigações penais no STF, referendou-se medida cautelar que decretou a suspensão do exercício do mandato de deputado federal e, em decorrência, da função de Presidente da Câmara. Determinou-se que fosse notificado o Primeiro-Vice-Presidente da Câmara dos Deputados, ou, na sua ausência, o Segundo-Vice-Presidente, a fim de dar cumprimento à decisão. Embora se tratar de providência inserida no rol das competências originárias do relator das ações penais (Lei 8.038/90, art. 2º, "caput" e parágrafo único), a decisão foi levada a referendo pela relevância institucional de suas consequências. De forma minuciosa o MPF descreveu fatos supostamente criminosos e praticados com desvio de finalidade, sob a atuação direta do parlamentar, que estaria a utilizar o cargo e a função de Presidente para fins ilícitos e, em especial, para obtenção de vantagens indevidas. A reforma positivada pela Lei 12.403/11 no CPP trouxe alterações quanto à decretação de medidas de cautela, entre as quais o estabelecimento da preferencialidade do uso de meios alternativos à prisão preventiva (art. 282, § 6º). Entretanto, o cabimento da medida suspensiva reclama inevitável leitura a respeito da existência de riscos que possam transcender a própria instância processual penal, sobretudo quando se tratar do exercício de funções públicas relevantes. Nestes casos, a decretação da medida serve a dois interesses públicos indivisíveis: a) a preservação da utilidade do processo (pela neutralização de uma posição de poder que possa tornar o trabalho de persecução mais acidentado); e b) a preservação da finalidade pública do cargo (pela eliminação da possibilidade de captura de suas competências em favor de conveniências particulares sob suspeita). *AC 4070/DF, Rel. Min. Teori Zavascki, 5.5.2016. Pleno. (Info 824)*

▸ *Parlamentar e imunidade*

A imunidade parlamentar é uma proteção adicional ao direito fundamental de todas as pessoas à liberdade de expressão, previsto no art. 5º, IV e IX, da Constituição. Assim, mesmo quando desbordem e se enquadrem em tipos penais, as palavras dos congressistas, desde que guardem alguma pertinência com suas funções parlamentares, estarão cobertas pela imunidade material do art. 53, "caput", da Constituição. *Inq 4088/DF, Rel. Min. Edson Fachin, 1º.12.2015. 1ª T. (Info 810)*

▸ *ADI: Tribunal de Contas estadual e vício de iniciativa*

No processo objetivo de controle de constitucionalidade , surgindo a relevância e o risco de manter-se com plena eficácia os preceitos atacados, impõe-se o deferimento da medida acauteladora, suspendendo-os. A ausência de pertinência temática de emenda parlamentar da casa legislativa a projeto de lei de iniciativa exclusiva leva a concluir-se pela inconstitucionalidade formal. A norma "sub judice" dispõe sobre competência e organização de TCE, e sobre a estrutura do Ministério Público de Contas. O projeto de lei, apresentado pelo TCE, foi alterado pelos parlamentares, incluindo-se dezenove artigos a versar sobre objetos distintos do veiculado no único dispositivo constante do texto original, o que demonstra não se tratar de simples emenda, mas de inclusão e de supressão de preceitos relacionados a questões estranhas à contida na proposição inicial, a configurar aparente vício de iniciativa. *ADI 5442 MC/DF, Rel. Min. Marco Aurélio, 17.3.2016. Pleno. (Info 818)*

▸ *EC: vício de iniciativa e autonomia da Defensoria Pública*

Indeferida cautelar em ADI em que se pretendia a suspensão da eficácia do § 3º do art. 134 da CF, introduzido pela EC 74/2013, segundo o qual se aplica às Defensorias Públicas da União e do Distrito Federal o disposto no § 2º do mesmo artigo, este introduzido pela EC 45/2004, a assegurar às Defensorias Públicas estaduais autonomia funcional e administrativa e a iniciativa de sua proposta orçamentária dentro dos limites estabelecidos na lei de diretrizes orçamentárias e subordinação ao disposto no art. 99, § 2º, da CF. A controvérsia diria respeito à aplicabilidade, às propostas de emenda constitucional, da cláusula de iniciativa legislativa reservada à Presidência da República (CF, art. 61, § 1º). Discutia-se eventual ofensa ao postulado da separação de Poderes (CF, art. 60, § 4º, III) em decorrência da edição de emenda constitucional sobre matéria disposta no art. 61, § 1º, II, da CF, sem que o processo constituinte reformador tenha sido deflagrado pelo titular da iniciativa fixada nesse dispositivo para as leis complementares e ordinárias. A respeito, o direito constitucional pátrio inscreve a emenda constitucional entre os atos elaborados por meio de processo legislativo (CF, art. 59). A jurisprudência reconhece, com apoio no princípio da simetria, a inconstitucionalidade de emendas a constituições estaduais, por inobservância da reserva de iniciativa do Chefe do Executivo. Não há, por outro lado, precedente do Colegiado a assentar, no plano federal, a sujeição do poder constituinte derivado à cláusula de reserva de iniciativa do chefe do Executivo prevista de modo expresso no art. 61, § 1º, da CF, para o Poder Legislativo complementar e ordinário (poderes constituídos). A orientação de que o poder das assembleias legislativas de emendar constituições estaduais está sujeito à reserva de iniciativa do Executivo local existe desde antes do advento da CF/88. O poder constituinte, originário ou derivado, delimita as matérias alçadas ao nível constitucional, e também aquelas expressamente atribuídas aos legisladores ordinário e complementar. Assim, norma de constituição estadual dotada de rigidez não imposta pela Constituição Federal é contrária à vontade desta. Portanto, não se reveste de validade constitucional a emenda a Constituição estadual que, subtraindo o regramento de determinada matéria do titular da reserva de iniciativa legislativa, eleva-a à condição de norma constitucional. Desse modo, emana da jurisprudência do STF a visão de que o poder constituinte estadual jamais é originário. É poder constituído, cercado por limites mais rígidos do que o poder constituinte federal. A regra da simetria é exemplo disso. Por essa razão, as assembleias legislativas se submetem a limites rígidos quanto ao poder de emenda às constituições estaduais. Entretanto, não há precedentes no sentido de que as regras de reserva de iniciativa contempladas no art. 61 da CF alcançam o processo de emenda à Constituição disciplinado em seu art. 60. *ADI 5296 MC/DF, Rel. Min. Rosa Weber, 18.5.2016. Pleno. (Info 826)*

▸ ***Emenda parlamentar e aumento de despesa***

É inconstitucional norma resultante de emenda parlamentar a projeto de lei de iniciativa exclusiva do Chefe do Poder Executivo, na hipótese em que a emenda apresentada acarrete aumento de despesa (CF, art. 61, § 1º, II, "a" e art. 63, I). *ADI 2810/RS, Rel. Min. Roberto Barroso, 20.4.2016. Pleno. (Info 822)*

▸ ***Extinção de sociedade de economia mista estadual e iniciativa legislativa***

É formalmente inconstitucional lei estadual de iniciativa parlamentar que altera norma autorizadora da extinção da Companhia Riograndense de Laticínios e Correlatos. Afronta a iniciativa do Poder Executivo (CF, art. 61, § 1º, II, "e"). *ADI 2295/RS, Rel. Min. Marco Aurélio, 15.6.2016. Pleno. (Info 830)*

6.2. DO PODER EXECUTIVO

▸ ***Exercício do cargo de Ministro de Estado por membro do Ministério Público e vedações constitucionais***

Membros do Ministério Público não podem ocupar cargos públicos, fora do âmbito da instituição, salvo cargo de professor e funções de magistério. *ADPF 388/DF, Rel. Min. Gilmar Mendes, 9.3.2016. Pleno. (Info 817)*

▸ ***Réu em processo-crime e substituição presidencial***

O Tribunal referendou parcialmente medida cautelar deferida em ADPF para assentar que os substitutos eventuais do presidente da República a que se refere o art. 80 da Constituição Federal, caso ostentem a posição de réus criminais perante o STF, ficarão impossibilitados de exercer o ofício de presidente da República. Negou referendo à liminar, no ponto em que ela estendia a determinação de afastamento imediato desses mesmos substitutos eventuais do presidente da República em relação aos cargos de chefia e direção por eles titularizados em suas respectivas Casas. *ADPF 402 MC-REF/DF, rel. Min. Marco Aurélio, j. 7.12.2016. Pleno. (Info 850)*

6.3. DO PODER JUDICIÁRIO

▸ ***Abono variável e competência do STF***

Compete ao STF para processar e julgar, originariamente, demanda ajuizada por magistrado estadual a respeito de pagamento de correção monetária sobre valores correspondentes a abono variável. *RE 608847 AgR/RJ, Red. p/ ac. Min. Teori Zavascki, 1º.12.2015. 2ª T. (Info 810)*

▸ ***Ato do CNJ e extensão de gratificação de servidor público***

O CNJ, no exercício de suas funções constitucionais, possui, tão somente, atribuições de natureza administrativa e, nesse sentido, não lhe é permitido apreciar a constitucionalidade dos atos administrativos, mas somente sua legalidade. A lei estadual que criou a a gratificação por condições especiais de trabalho, não afastou o direito dos demais servidores efetivos à percepção da gratificação. Essa interpretação é corroborada pelo fato de que o próprio Tribunal de Justiça, ao regulamentar a lei, estendeu a outros servidores efetivos o direito. Se há o direito à percepção, inexiste ilegalidade na decisão do Conselho que, reconhecendo a omissão, determina que o Tribunal de Justiça regulamente as condições pelas quais os supervisores dos juizados farão jus à gratificação. *MS 31285/DF, Rel. p/ ac. Min. Edson Fachin, 2.8.2016. 1ª T. (Info 833)*

▸ ***CNJ e revisão de processo disciplinar***

O Conselho Nacional de Justiça (CNJ) pode proceder à revisão disciplinar de juízes e membros de tribunais desde que observado o requisito temporal: processos disciplinares julgados há menos de um ano. Assim, nos termos do art. 103-B, § 4º, V, da Constituição, referida medida pode ser instaurada de ofício ou mediante provocação de qualquer interessado e admite agravamento ou abrandamento da decisão disciplinar revista. *MS 33565/DF, Rel. Min. Rosa Weber, 14.6.2016. 1ª T. (Info 830)*

▸ ***CNJ: férias de 60 dias e justiça estadual***

As normas estaduais infirmadas na decisão do CNJ assegurariam 60 dias de férias aos servidores da Justiça estadual como decorrência da associação entre esse direito e o período de férias coletivas concedidas nos tribunais. Todavia, essa forma de usufruto do direito às férias já teria a sua inconstitucionalidade declarada pelo STF. De fato, a jurisprudência da Corte se pacificara no sentido de ser inconstitucional a concessão de férias coletivas aos magistrados, diante da previsão inserta pela EC 45/04 ao art. 93, XII, da CF. Tal preceito dispõe que "a atividade jurisdicional será ininterrupta, sendo vedado férias coletivas nos juízos e tribunais de segundo grau, funcionando, nos dias em que não houver expediente forense normal, juízes em plantão permanente". Ademais, "EC 45/04, ao vedar as férias coletivas nos juízos e tribunais de segundo grau, revogou os atos normativos inferiores que a elas se referiam" (ADI 3085). Assim, se a Constituição veda a concessão de férias coletivas aos magistrados, com vista a garantir que a atividade jurisdicional seja ininterrupta, seria também inadmissível o gozo coletivo de férias pelos servidores de tribunal de justiça local. *MS 26739/DF, Rel. Min. Dias Toffoli, 1º.3.2016. 2ª T. (Info 816)*

▸ ***CNJ: revisão disciplinar e devido processo legal***

O CNJ tem competência originária e concorrente para apreciar, até mesmo de ofício, a legalidade dos atos praticados por membros ou órgãos do Poder Judiciário, bem como para rever os processos disciplinares contra juízes e membros de tribunais julgados há menos de um ano (CF, art. 103-B, § 4º). É possível a instauração, de ofício, de processo de revisão disciplinar que culmine na aplicação da pena mais gravosa, de aposentadoria compulsória, a magistrado, inexistindo, nesse caso, sobreposições de sanções administrativas. A falta de intimação pessoal do magistrado para a sessão de julgamento da revisão disciplinar não é nula se não demonstrado prejuízo à defesa. A dosagem e a proporcionalidade da sanção disciplinar aplicada enseja reexame de fatos e provas, o que não se mostra possível em sede de mandado de segurança. *MS-AgR 32581/DF, Rel. Min. Edson Fachin, 8.3.2016. 1ª T. (Info 817)*

▸ ***Deliberação negativa do CNJ e competência do STF***

Não compete ao STF apreciar originariamente pronunciamento do Conselho Nacional de Justiça que tenha julgado improcedente pedido de cassação de ato normativo editado por vara judicial. A Segunda Turma reiterou, assim, jurisprudência firmada no sentido de que não cabe ao STF o controle de deliberações negativas do CNJ, isto é, daquelas que simplesmente tenham mantido decisões de outros órgãos (MS 32729 AgR). *MS 33085/DF, Rel. Min. Teori Zavascki, j. 20.9.2016. 2ª T. (Info 840)*

▸ ***Magistratura e limites de despesas médicas e odontológicas conferidas por lei estadual***

Não subsiste ato do CNJ que determina cessação de ressarcimento de despesas médicas, cirúrgicas e odontológicas de magistrados, benefício previsto em lei estadual. Reconhecida a legitimidade ativa do ente federado, tendo em conta o afastamento da lei estadual pelo CNJ. Afastada eventual alegação de decadência do "mandamus", porque ausente a cientificação do Estado-Membro do ato impugnado, haja vista não ter sido parte no procedimento administrativo realizado pelo CNJ. Quanto ao mérito, a LC 35/79 (Loman), ao vedar a concessão de adicionais ou vantagens pecuniárias nela não previstas, não atinge as verbas de natureza indenizatória consagradas em legislação estadual. *MS 27463/MT, Rel. Min. Marco Aurélio, 10.5.2016. 1ª T. (Info 825)*

7. FUNÇÕES ESSENCIAIS À JUSTIÇA

7.1. DO MINISTÉRIO PÚBLICO

▸ ***CNMP e vitaliciamento de membros do Ministério Público***

O ato de vitaliciamento tem natureza de ato administrativo, e assim se sujeita ao controle de legalidade do Conselho Nacional do Ministério Público, por força do art. 130-A, § 2º, II, da CF/88, cuja previsão se harmoniza perfeitamente com o art. 128, § 5º, I, a, do texto constitucional.. *MS 27542/DF, Rel. Min. Dias Toffoli, j. 4.10.2016. 2ª T. (Info 842)*

▸ ***Conflito de atribuição e fato novo***

Sobrestado julgamento de agravo regimental em ação cível originária que trata de conflito positivo de atribuições entre MPF e o MP estadual relativamente a procedimentos investigatórios criminais com o escopo de apurar quem seria o proprietário e se teria havido reformas em determinados imóveis. Na espécie, alega-se afronta aos princípios do "non bis in idem" e do promotor natural, haja vista que referidos procedimentos investigatórios teriam igual objeto e versariam sobre os mesmos fatos. A Min. Rel. indeferira a liminar por entender que não havia "seja pela ótica formal, seja pela material, elementos de convicção hábeis a justificar a concessão ..., neste juízo delibatório". Contra essa decisão, fora interposto o agravo, em que se sustenta a ocorrência de fatos novos, configurados no oferecimento de denúncia por parte do MP estadual e na decisão jurisdicional declinatória da competência da justiça estadual para a federal. Segundo o agravante, tais fatos seriam aptos a ensejar a reconsideração da decisão monocrática ou a submissão do julgamento à Turma. Foi reconhecida a existência de fato novo (remessa do procedimento da justiça estadual paulista para a justiça federal do Paraná). Apontou que o juízo federal poderia vir a assentar não ter a respectiva competência e determinar o retorno do inquérito, a desencadear um conflito negativo com o órgão paulista. Asseverou a necessidade de se aguardar o crivo do Ministério Público Federal e do juízo criminal federal, ambos do Estado do Paraná. *ACO 2833 AgR/SP, Rel. Min. Rosa Weber, 15.3.2015. 1ª T. (Info 818)*

▸ ***Conflito de atribuições e Fundef***

Não cabe à Corte julgar conflitos de atribuição entre o Ministério Público Federal e os Ministérios Públicos dos estados. Não foi reconhecido conflito de atribuições suscitado pelo MPF em face do MP estadual relativamente à investigação de supostas irregularidades concernentes à gestão de recursos oriundos do Fundef. No caso, foi instaurado inquérito civil, a pedido de Conselho Municipal de Acompanhamento e Controle Social do Fundef, pelo "parquet" estadual, visando apurar a existência de irregularidades no Município, no tocante às ordens de despesas à conta do Fundef. *ACO 1394/RN, Red. p/ ac. Min. Teori Zavascki, 19.5.2016. Pleno. (Info 826)*

▸ ***Conflito de atribuições e superfaturamento em construção de conjuntos habitacionais***

Compete ao PGR, na condição de órgão nacional do Ministério Público, dirimir conflitos de atribuições entre membros do MPF e de Ministérios Públicos estaduais. *ACO 924/PR, Rel. Min. Luiz Fux, 19.5.2016. Pleno. (Info 826)*

▸ ***PGR e conflito de atribuição entre órgãos do Ministério Público***

Cabe ao Procurador-Geral da República a apreciação de conflitos de atribuição entre órgãos do Ministério Público. *ACO 1567 QO/SP, Rel. Min. Dias Toffoli, 17.8.2016. Pleno. (Info 835)*

7.2. DA DEFENSORIA PÚBLICA

▸ ***Defensoria Pública: autonomia funcional, administrativa e orçamentária***

Normas que interferem na autonomia de defensorias públicas estaduais são inconstitucionais. A redução unilateral – pelo governador – do valor da proposta orçamentária elaborada pela Defensoria Pública estadual, apresentada em consonância com a Lei de Diretrizes Orçamentária e demais requisitos constitucionais, revela verdadeira extrapolação de sua competência em clara ofensa à autonomia da referida instituição (CF, art. 134, § 2º) e à separação dos Poderes. *ADI 5287/PB, Rel. Min. Luiz Fux, 18.5.2016. Pleno. (Info 826)*

▸ ***Defensoria Pública e defensor público natural***

O art. 4º-A da LC 80/94 estabelece que são direitos dos assistidos pela Defensoria Pública "o patrocínio de seus direitos e interesses pelo defensor natural" (designação por critérios legais), o que não se confunde com exclusividade do órgão para atuar nas causas em que figure pessoa carente, sobretudo se considerada a atual realidade institucional. No caso, o indeferimento do pedido de adiamento de audiência designada não configura cerceamento de defesa, pois, à falta de defensor público disponível para atuar na defesa técnica do paciente, foi-lhe constituído advogado particular, que exerceu seu mister com eficiência e exatidão, precedido de entrevista reservada e privativa com o acusado. *HC 123494/ES, Rel. Min. Teori Zavascki, 16.2.2016. 2ª T. (Info 814)*

▸ ***Defensoria Pública e participação na sua proposta orçamentária***

Por fixar os limites do orçamento anual da Defensoria Pública estadual, a Lei de Diretrizes Orçamentárias enviada pelo governador à assembleia legislativa deve contar com a participação prévia daquela instituição pública. *ADI 5381 Referendo-MC/PR, Rel. Min. Roberto Barroso, 18.5.2016. Pleno. (Info 826)*

8. CONTROLE DE CONSTITUCIONALIDADE

▸ ***ADPF: associação e legitimidade ativa***

As associações que representam fração de categoria profissional não são legitimadas para instaurar controle concentrado de constitucionalidade de norma que extrapole o universo de seus representados. *ADPF 254 AgR/DF, Rel. Min. Luiz Fux, 18.5.2016. Pleno. (Info 826)*

▸ ***Anape e legitimidade***

A Associação Nacional dos Procuradores dos Estados e do Distrito Federal (Anape) tem legitimidade ativa para, via arguição de descumprimento de preceito fundamental (ADPF), questionar dispositivos de lei estadual que estabelecera a isonomia de vencimentos entre as carreiras de procurador estadual e de delegado de polícia. *ADPF 328 AgR/MA, Rel. p/ ac. Min. Roberto Barroso, 18.08.2016. Pleno. (Info 835)*

▸ ***Ato de efeitos concretos e Enunciado 10 da Súmula Vinculante***

A Segunda Turma, em conclusão e por maioria, negou provimento a agravo regimental interposto contra decisão que havia desprovido reclamação em que se discutia se órgão fracionário de TRF, ao afastar a aplicação do Dec. Legislativo 6/10, editado pela Assembleia Legislativa do Estado de Roraima, teria violado o Enunciado 10 da Súmula Vinculante. O referido decreto havia sustado o andamento de ação penal movida contra deputado estadual, com fundamento no art. 53, § 3º, da Constituição Federal e no art. 34, §§ 4º e 5º, da Constituição do Estado de Roraima. O agravante sustentava que o ato normativo possuiria grau de abstração, generalidade e impessoalidade suficientes a exigir a observância do art. 97 da CF e do Enunciado 10 da Súmula Vinculante. O Colegiado considerou que, em razão de o mencionado decreto legislativo não constituir lei em sentido formal ou material, nem possuir caráter de ato normativo, não se aplica ao caso a regra do art. 97 da CF, inexistindo, dessa forma, ofensa ao Enunciado 10 da Súmula Vinculante.

Ademais, por ter um destinatário específico e referir-se a uma dada situação individual e concreta, exaurindo-se no momento de sua promulgação, o decreto não atende às exigências de abstração, generalidade e impessoalidade, o que caracteriza típico ato estatal de efeitos concretos. *Rcl 18165 AgR/RR, Rel. Min. Teori Zavascki, 18.10.2016. 2ª T. (Info 844)*

▸ ***Rcl: reserva de plenário, isonomia e reajuste de vencimentos***

A decisão de órgão fracionário do TRF da 1ª Região, que concedeu, com base no princípio da isonomia, a incorporação do percentual de 13,23% aos vencimentos dos servidores da Justiça do Trabalho, após haver afastado a aplicação de texto de lei, declarando-o, por via transversa, inconstitucional afronta os Enunciados 10 e 37 da Súmula Vinculante. *Rcl 14872, Rel. Min. Gilmar Mendes, 31.5.2016. 2ª T. (Info 828)*

9. ORDEM SOCIAL

9.1. DA SEGURIDADE SOCIAL

▸ ***Distribuição de medicamento e necessidade de registro sanitário***

Deferida liminar em ADI para suspender a eficácia da Lei 13.269/16, que autoriza o uso do medicamento fosfoetanolamina sintética (conhecida como "pílula do câncer") por pacientes diagnosticados com neoplasia maligna, a despeito da inexistência de estudos conclusivos no tocante aos efeitos colaterais em seres humanos, bem assim de ausência de registro sanitário da substância perante o órgão competente. Ao suspender a exigibilidade de registro sanitário do medicamento, a lei impugnada discrepa da CF (art. 196) no tocante ao dever estatal de reduzir o risco de doença e outros agravos à saúde dos cidadãos. Na elaboração do ato impugnado, foi permitida a distribuição do remédio sem o controle prévio de viabilidade sanitária. Entretanto, a aprovação do produto no órgão do Ministério da Saúde é condição para industrialização, comercialização e importação com fins comerciais (Lei 6.360/76, art. 12). O registro é condição para o monitoramento da segurança, eficácia e qualidade terapêutica do produto, sem o qual a inadequação é presumida. A lei em debate é casuística ao dispensar o registro do medicamento como requisito para sua comercialização, e esvazia, por via transversa, o conteúdo do direito fundamental à saúde. A atividade fiscalizatória (CF, art. 174) é realizada mediante atos administrativos concretos devidamente precedidos de estudos técnicos. Não cabe ao Congresso, portanto, viabilizar, por ato abstrato e genérico, a distribuição de qualquer medicamento. *ADI 5501 MC/DF, Rel. Min. Marco Aurélio, 19.5.2016. Pleno. (Info 826)*

▸ ***SUS e atendimento por diferença de classe***

[RPG] É constitucional a regra que veda, no âmbito do Sistema Único de Saúde – SUS, a internação em acomodações superiores, bem como o atendimento diferenciado por médico do próprio SUS, ou por médico conveniado, mediante o pagamento da diferença dos valores correspondentes. *RE 581488/RS, repercussão geral – mérito, Rel. Min. Dias Toffoli, 3.12.2015. Pleno. (Info 810)*

9.2. DA EDUCAÇÃO, DA CULTURA E DO DESPORTO

▸ ***ADI e "vaquejada"***

O Plenário, em conclusão e por maioria, julgou procedente ação direta para declarar a inconstitucionalidade da Lei 15.299/13 do Estado do Ceará, que regulamenta a atividade de "vaquejada", em que uma dupla de vaqueiros montados em cavalos distintos busca derrubar um touro dentro de uma área demarcada. Na espécie, o requerente sustentava a ocorrência de exposição dos animais a maus-tratos e crueldade, ao passo que o governador do Estado-membro defendia a constitucionalidade da norma, por versar patrimônio cultural do povo nordestino. Haveria, portanto, conflito de normas constitucionais sobre direitos fundamentais – de um lado, o art. 225, § 1º, VII; de outro, o art. 215. O Tribunal asseverou ter o autor juntado laudos técnicos comprobatórios das consequências nocivas à saúde dos bovinos, tais como fraturas nas patas, ruptura dos ligamentos e dos vasos sanguíneos, traumatismos e deslocamento da articulação do rabo e até seu arrancamento, das quais resultariam comprometimento da medula espinhal e dos nervos espinhais, dores físicas e sofrimento mental. Ante os dados empíricos, é indiscutível o tratamento cruel dispensado às espécies animais envolvidas, em descompasso com o preconizado no art. 225, § 1º, VII, da CF. À parte das questões morais relacionadas ao entretenimento à custa do sofrimento dos animais, a crueldade intrínseca à "vaquejada" não permite a prevalência do valor cultural como resultado desejado pelo sistema de direitos fundamentais da Constituição. Portanto, o sentido da expressão "crueldade" constante da parte final do inciso VII do § 1º do art. 225 da CF alcança a tortura e os maus-tratos infligidos aos bovinos durante a prática impugnada, de modo a tornar intolerável a conduta humana autorizada pela norma estadual atacada. *ADI 4983/CE, Rel. Min. Marco Aurélio, j. 6.10.2016. Pleno. (Info 842)*

STJ

▸ ***Responsabilidade civil. Abuso de Direito. Impetração de "habeas corpus". Impedimento de interrupção de gravidez. Síndrome de "Body Stalk".***

Caracteriza abuso de direito ou ação passível de gerar responsabilidade civil pelos danos causados a impetração do "habeas corpus" por terceiro com o fim de impedir a interrupção, deferida judicialmente, de gestação de feto portador de síndrome incompatível com a vida extrauterina. *REsp 1.467.888-GO, Rel. Min. Nancy Andrighi, DJe 25.10.2016. 3ª T. (Info 592)*

▸ ***Segredo de justiça e divulgação do nome do réu e da tipificação do crime em sítio eletrônico de tribunal.***

No caso de processo penal que tramita sob segredo de justiça em razão da qualidade da vítima (criança ou adolescente), o nome completo do acusado e a tipificação legal do delito podem constar entre os dados básicos do processo disponibilizados para consulta livre no sítio eletrônico do Tribunal, ainda que os crimes apurados se relacionem com pornografia infantil. A CF, em seu art. 5º, XXXIII e LX, erigiu como regra a publicidade dos atos processuais, sendo o sigilo a exceção, visto que o interesse individual não pode se sobrepor ao interesse público. Tal norma é secundada pelo disposto no art. 792, caput, do CPP. A restrição da publicidade somente é admitida quando presentes razões autorizadoras, consistentes na violação da intimidade ou se o interesse público a determinar. *RMS 49.920-SP, Rel. Min. Reynaldo Soares da Fonseca, DJe 10.8.2016. 5ª T. (Info 587)*

▸ ***Controle externo da atividade de inteligência da Polícia Federal.***

O controle externo da atividade policial exercido pelo Ministério Público Federal não lhe garante o acesso irrestrito a todos os relatórios de inteligência produzidos pela Diretoria de Inteligência do Departamento de Polícia Federal, mas somente aos de natureza persecutório-penal. *REsp 1.439.193-RJ, Rel. Min. Gurgel de Faria, DJe 9.8.2016. 1ª T. (Info 587)*

▸ ***Controle externo da atividade policial pelo Ministério Público.***

O Ministério Público, no exercício do controle externo da atividade policial, pode ter acesso a ordens de missão policial. *REsp 1.365.910-RS, Rel. p/ ac. Min. Mauro Campbell Marques, DJ 28.9.2016. 2ª T. (Info 590)*

Direito Administrativo

Leandro Bortoleto

TABELA DE INCIDÊNCIA DE QUESTÕES

Distribuição das questões organizada por ordem didática de assuntos		
Assunto	**Número de Questões**	**Peso**
1. REGIME JURÍDICO ADMINISTRATIVO	4	7,84%
2. ADMINISTRAÇÃO PÚBLICA E TERCEIRO SETOR	3	5,88%
3. AGENTES PÚBLICOS	7	13,73%
4. PODERES ADMINISTRATIVOS	2	3,92%
5. ATO ADMINISTRATIVO	3	5,88%
6. PROCESSO ADMINISTRATIVO	2	3,92%
7. LICITAÇÃO E CONTRATO ADMINISTRATIVO	5	9,80%
8. SERVIÇOS PÚBLICOS	4	7,84%
9. BENS PÚBLICOS	2	3,92%
10. INTERVENÇÃO DO ESTADO NA PROPRIEDADE	4	7,84%
11. RESPONSABILIDADE EXTRACONTRATUAL DO ESTADO	2	3,92%
12. CONTROLE DA ADMINISTRAÇÃO PÚBLICA	2	3,92%
13. IMPROBIDADE ADMINISTRATIVA: LEI Nº 8.429/92	11	21,57%
Total	**51**	**100%**

Direito Administrativo

Leandro Bortoleto

✦ QUESTÕES

1. REGIME JURÍDICO ADMINISTRATIVO

▸ **CF, art. 37, *caput***

▸ **Lei nº 9.784/99, art. 2º**

01. (Vunesp – Juiz de Direito – TJ SP/2017) O conteúdo jurídico do princípio da moralidade administrativa pode ser conceituado como

A) aquele referido na ética da legalidade ou, em outros termos, os valores éticos que ela consagra sem espaços para outros juízos axiológicos senão aqueles objetivados e explicitados nas normas-regras e, portanto, sem autonomia específica.

B) aquele que vincula a Administração Pública a um comportamento ético, conforme discurso da modernidade, com dimensão autônoma em relação ao princípio da legalidade.

C) a resultante da moral social de uma época a vincular a atuação da Administração Pública.

D) referente às regras da boa administração e às regras internas visando normatizar o poder disciplinar da Administração.

COMENTÁRIOS

✪ **Nota do Autor:** O regime jurídico administrativo é o **conjunto de princípios** que atribuem à Administração Pública, em um extremo, **prerrogativas** e, noutro, **sujeições**. Dentre os que diversos princípios que o compõem, há dois que são considerados chamados de **pedras angulares** ou **pedras de toque**[1] do direito administrativo, quais sejam, o princípio da **supremacia do interesse público** e o princípio da **indisponibilidade do interesse público.** Todos os princípios administrativos, expressos ou implícitos, decorrem desses dois princípios "angulares" do direito administrativo. Não é diferente em relação ao princípio da moralidade, que limita a atuação do gestor, caracterizando-se como uma sujeição.

Alternativa correta: letra "b". A atuação administrativa, além de legal, tem que ser moral. Deve estar de acordo com a boa-fé, com a ética, com a honestidade, com a lealdade, com a probidade. Deste modo, malgrado seja respeitado o princípio da legalidade, o ato poderá ser invalidado se ofender o princípio da moralidade administrativa.

Alternativa "a". Existe um conjunto de princípios que são o arcabouço do regime jurídico administrativo. O princípio da moralidade é um deles e deve ser considerado em conjunto com os demais princípios que conduzem a atividade administrativa. Entretanto, tal qual o princípio da legalidade, o princípio da "moralidade possui força vinculante por si, com a consequência, ademais, de limitar a discricionariedade administrativa e assim ampliar o controle jurisdicional dos atos administrativos"[2]. A jurisprudência, inclusive, reconhece esta autonomia do princípio da moralidade em relação ao princípio da legalidade e estabelece a vedação ao nepotismo – que decorre da moralidade –, mesmo não havendo lei que disponha nesse sentido.

Alternativa "c". Moral social e moral administrativa são conceitos que não se confundem. Embora difícil desvencilhar uma de outra, de modo que há divergência doutrinária, entende-se que a moral administrativa é o "conjunto de regras tiradas da dis-

1. MELLO, Celso Antônio Bandeira de. *Curso de direito administrativo*. 27. ed. São Paulo: Malheiros, 2010. p. 55 e 57.

2. SILVA, José Afonso da. Poder constituinte e poder popular. 1ª Ed. São Paulo: Método. 2007, pg. 122.

ciplina interior da Administração"[3], diferenciando-se do senso comum de moralidade.

Alternativa "d". O princípio da moralidade deve estar presente em toda atuação administrativa. Um mínimo ético há de existir no ato administrativo. Não se limita às regras de boa administração e à normatização do poder disciplinar, pois é muito mais amplo. Assim, por exemplo, deve haver moralidade na normatização abstrata das sanções administrativas e, posteriormente, deve observar a moralidade na aplicação da penalidade.

02. (Vunesp - Juiz de Direito - RJ/2016) Assinale a alternativa que corretamente discorre sobre os princípios do Direito Administrativo.

A) As Súmulas nº 346 e nº 473 do Supremo Tribunal Federal, que tratam da declaração de nulidade dos atos administrativos pela própria Administração e da revogação destes por motivos de conveniência e oportunidade, demonstram que o Direito Administrativo brasileiro não adotou a autotutela como princípio.

B) A fim de tutelar o princípio da moralidade administrativa, a Constituição Federal prevê alguns instrumentos processuais, como a Ação Civil Pública, na defesa dos direitos difusos e do patrimônio social, a Ação Popular, que permite anular atos do Poder Público contaminados de imoralidade administrativa, desde que reconhecido o pressuposto da lesividade, da mesma forma como acontece com a Ação de Improbidade Administrativa, que tem como requisito o dano patrimonial ao erário.

C) O Supremo Tribunal Federal entende que, muito embora pela aplicação do princípio da impessoalidade, a Administração não possa ter em mira este ou aquele indivíduo de forma especial, o sistema de cotas, em que se prevê reserva de vagas pelo critério étnico-social para ingresso em instituições de nível superior, é constitucional e compatível com o princípio da impessoalidade, já que ambos têm por matriz comum o princípio constitucional da igualdade.

D) O princípio da publicidade possui repercussão infraconstitucional, com regulamentação pela Lei de Acesso à Informação (Lei Federal nº 12.527/11) na qual foram contempladas duas formas de publicidade – a transparência ativa e a transparência passiva –, aplicáveis a toda a Administração Direta e Indireta, mas não incidentes às entidades privadas sem fins lucrativos que recebam recursos públicos do orçamento, como ocorre por contrato de gestão.

E) Pelo princípio da continuidade do serviço público, não podem os serviços públicos ser interrompidos, visto que atendem a necessidades prementes e inadiáveis da coletividade, e, portanto, não é permitida paralisação temporária de atividades, mesmo em se tratando de serviços prestados por concessionários e permissionários, mediante pagamento de tarifa, como fornecimento de energia, ainda que o usuário esteja inadimplente.

COMENTÁRIOS

✪ **Nota do Autor:** O **princípio da impessoalidade** deve ser visto sob dois aspectos: em **relação ao administrado** e em **relação à própria Administração.** No que se refere ao administrado, a impessoalidade se faz presente na **busca pela finalidade pública** e nunca de interesse particular. No outro sentido – em relação à própria Administração – significa que não é o agente público, enquanto pessoa física, que pratica o ato administrativo, pois, na verdade, quem o faz é a pessoa jurídica à qual pertence o órgão em que o servidor está lotado. Com base no princípio da impessoalidade "em relação ao administrado", **é vedado à Administração Pública estabelecer tratamento diferenciado entre aqueles que se encontram na mesma situação jurídica.**

Alternativa correta: letra "c". Nesse sentido decidiu o Supremo Tribunal Federal, em sede de ADPF 186, que é constitucional o sistema de cotas estabelecido para o ingresso no ensino superior, traduzindo política de inclusão social. Como acentuado, o princípio da impessoalidade veda o tratamento diferenciado entre aqueles que se encontram na mesma situação jurídica. As ações afirmativas visam tratar diferentemente os desiguais, na medida de suas desigualdades, objetivando suprimir ou atenuar as diferenças. Esta decisão foi proferida no ano de 2012. Já em 2014 foi editada a Lei 12.990/14, determinando a reserva de 20% das vagas a título de cotas raciais em concurso público, no âmbito da Administração Pública Federal. A OAB ajuizou, junto ao STF, ação declaratória de constitucionalidade, tendo sido julgada procedente, ou seja, o Supremo reconheceu a constitucionalidade das cotas também em concurso público.[4]

Alternativa "a". A realidade externada pelas súmulas nº 346 e nº 473 do Supremo Tribunal Federal esboça exatamente conteúdo oposto ao do enunciado, ou seja, é a afirmação clara e evidente de que o direito brasileiro adotou o princípio da autotutela

3. SILVA, José Afonso da. Poder constituinte e poder popular. 1ª Ed. São Paulo: Método. 2007, pg. 122.

4. STF. Plenário. ADC 41/DF, Rel. Min. Roberto Barroso, julgado em 8/6/2017.

administrativa, permitindo a Administração Pública controlar seus próprios atos, de ofício ou a pedido, revogando aqueles inconvenientes ou inoportunos, ou anulando os atos ilegais.

Alternativa "b". Objetivando tutelar o princípio da moralidade administrativa, a Constituição Federal prevê vários instrumentos. Dentre eles destacam-se a ação civil pública, a ação popular e a ação de improbidade administrativa. Entretanto, ante a força normativa dos princípios constitucionais, diversamente do que estatui o enunciado, não há necessidade de dano patrimonial ao erário para que tais ferramentas sejam utilizadas, bastando violar o princípio da moralidade em si mesmo.

Alternativa "d". O princípio da publicidade exige atuação transparente da Administração Pública. É materializado com a publicação dos atos administrativos. Não poderá a Administração Pública, em regra, agir de maneira secreta. A Constituição Federal, entretanto, faz uma ressalva, quando o "sigilo seja imprescindível à segurança da sociedade e do Estado" (art. 5º, XXXIII), cuja regulamentação se deu pela Lei 12.527/2011, conhecida como lei de acesso a informação. Entretanto, o enunciado se equivoca quando diz não ser ela aplicável à iniciativa privada quando recebam recursos públicos, pois dispõe o art. 2º , *caput*, da referida lei que se aplicam **"as disposições desta Lei, no que couber, às entidades privadas sem fins lucrativos que recebam**, para realização de ações de interesse público, **recursos públicos** diretamente do orçamento ou mediante subvenções sociais, contrato de gestão, termo de parceria, convênios, acordo, ajustes ou outros instrumentos congêneres". Ainda, nos termos do parágrafo único do mesmo dispositivo legal, a "publicidade a que estão submetidas as entidades citadas no **caput** refere-se à parcela dos recursos públicos recebidos e à sua destinação, sem prejuízo das prestações de contas a que estejam legalmente obrigadas."

Alternativa "e". Segundo a Professora Maria Sylvia Zanella Di Pietro, o serviço público "é toda atividade material que a lei atribui ao Estado para que a exerça diretamente ou por meio de seus delegados, com o objetivo de satisfazer concretamente às necessidades coletivas, sob regime jurídico total ou parcialmente público"[5]. Em virtude de sua relevância para os administrados, que sofreriam prejuízos incalculáveis ante a ausência da prestação, a atividade administrativa deve ser ininterrupta. O serviço público não pode parar, adotando-se portanto, o princípio da continuidade do serviço público. Entretanto, este princípio não é absoluto. A lei 8.987/1995, em seu art. 6º, §1º, estabelece que pode ocorrer a interrupção do serviço público em caso de emergência, ou após prévio aviso, por motivo de ordem técnica ou segurança das instalações e, por fim, por motivo de inadimplemento do usuário. A aplicação do referido artigo goza de endosso, inclusive, do Superior Tribunal de Justiça.[6]

03. (Vunesp – Juiz de Direito – SP/2014) No que diz respeito ao princípio da razoabilidade, é correto afirmar que

A) demanda que o administrador escolha sempre a maneira mais correta de atender ao interesse público, descabendo a utilização de critérios subjetivos e pessoais.

B) o administrador pode atuar de acordo com os seus valores pessoais, adotando providências administrativas de acordo com o seu entendimento, desde que fundamentado de forma razoável.

C) é ele sinônimo do chamado princípio da proporcionalidade.

D) é ele ligado intrinsecamente à racionalidade, subsumindo-se ao princípio da supremacia do interesse público sobre o do particular.

COMENTÁRIOS

Nota do autor: O princípio da razoabilidade também é conhecido em doutrina como princípio da proibição de excessos ou da proporcionalidade ampla e não está expresso na Constituição Federal. Todavia, de acordo com o STF, tem sua sede material no princípio constitucional do devido processo legal.

Alternativa correta: letra "a". Razoável significa ser comedido, moderado, aceitável, sensato, ponderado. Assim, os meios devem ser adequados aos fins do ato administrativo. A razoabilidade possui como **requisitos**: utilidade ou adequação – de modo que a medida adotada deve ser útil ou adequada ao fim público que se busca atingir; exigibilidade ou necessidade – observado quando não existe outro meio menos gravoso; e proporcionalidade em sentido estrito – exigindo-se que o benefício ao interesse público seja superior aos prejuízos causados com a prática do ato. Deste modo, somente a escolha mais correta de atender ao interesse público, sem utilização de critérios subjetivos ou pessoais é que estará respeitando o princípio da razoabilidade.

Alternativa "b". O administrador, na condução da coisa pública, não pode adotar providências de acordo com seus valores pessoais. Há de buscar o interesse público sempre e respeitar o regime jurídico administrativo, dentro do qual, inclusive, está o princípio da impessoalidade.

5. Direito administrativo. 23ª Ed. São Paulo: Atlas, 2010, p. 102.

6. STJ – AGRAVO REGIMENTAL NO AGRAVO EM RECURSO ESPECIAL AgRg no AREsp 239749 RS 2012/0213074-5 (STJ)

Alternativa "c". Há bastante divergência doutrinária sobre os princípios da razoabilidade e da proporcionalidade. Ora são tratados como distintos, ou seja, autônomos. Outrora são, inclusive, confundidos. Entretanto, Maria Sylvia Zanella Di Pietro diz que o princípio da proporcionalidade é, na verdade, um dos requisitos da razoabilidade[7], de modo que não se confundem.

Alternativa "d". É cediço que a doutrina traz alguns parâmetros para averiguação da razoabilidade. Tenta, inclusive, como acima transcrito, estabelecer uma moldura para aplicação do princípio. Entretanto, não se pode afirmar que o postulado está intrinsecamente ligado à racionalidade, até porque, conforme explana o ilustre Professor José dos Santos Carvalho Filho, o que é razoável para um, pode não ser para outro.[8] **Deste modo, não se pode afirmar que a atuação do gestor será pessoal, mas também não se nega que na dimensão semântica do sensato, aceitável ou ponderado, há certa discricionariedade a ser verificada no caso concreto.**

---

04. (Vunesp - Juiz de Direito - TJ - SP/2013) A Súmula Vinculante n.° 13 do STF, que proíbe o nepotismo na esfera dos três poderes da República,

A) não alcança os serviços extrajudiciais de notas e de registro, pois estes têm caráter privado e seus titulares não exercem cargo público efetivo nem ocupam cargo público (ADI 2.602-0 do STF) e nada os impede de contratar parentes pelo regime da CLT.

B) impede a contratação de cônjuge e parentes de primeiro grau de magistrados nos serviços extrajudiciais de notas e registros situados na mesma Comarca onde o magistrado exerce a jurisdição.

C) alcança as serventias extrajudiciais porque, como estão submetidas à fiscalização pelo Poder Judiciário, devem ser havidas como órgãos públicos, submetendo-se, portanto, à Súmula n.° 13.

D) alcança o cônjuge e parentes até o terceiro grau dos titulares dos serviços extrajudiciais de notas e de registros.

COMENTÁRIOS

✪ **Nota do autor:** O regime jurídico administrativo é colorido por diversos princípios existentes no ordenamento jurídico brasileiro, sejam expressos, sejam implícitos. A Constituição Federal expressa, logo no caput do artigo 37, cinco princípios, quais sejam, os princípios: da legalidade, impessoalidade, moralidade, publicidade e eficiência. Tais postulados possuem força normativa independentemente de haver interpolação legislativa. Assim, por exemplo, mesmo que não houvesse lei estabelecendo o que é publicidade e como agir de forma transparente, a Administração Pública, com base no princípio constitucional, deveria procurar a melhor maneira para imprimir a máxima efetividade da norma constitucional. Outro exemplo é sobre a vedação ao nepotismo, pois, não obstante inexista lei sobre o tema, o Supremo Tribunal Federal editou a súmula vinculante de número 13 vedando tal prática, fundamentando o verbete no princípio da moralidade administrativa.

Alternativa correta: letra "a" (responde as demais alternativas). Em relação aos serviços extrajudiciais de notas e de registro, o ingresso se dá por concurso público, mas aqueles que recebem a delegação não possuem cargo ou emprego público. Trata-se, outrossim, de serviço público, que é por eles exercido em caráter privado. Ademais, diferente das demais delegações, em que deverá haver limite de tempo, esta delegação é, na prática, vitalícia. Assim, os notários e registradores não se sujeitam à aposentadoria compulsória. Também, não se submetem ao teto constitucional. De maneira específica quanto à contratação de pessoal, no Procedimento de Controle Administrativo nº 200910000000060, no Conselho Nacional de Justiça (CNJ), foi proferida decisão no seguinte sentido: "Plenário do Supremo Tribunal Federal decidiu que os notários e os registradores exercem atividade estatal mas não são titulares de cargo público efetivo, tampouco ocupam cargo público (ADI 2.602-0, Rel. Min. Eros Grau) de sorte que, não recebendo vencimentos do Estado e remunerando seus empregados com recursos próprios, nada impede que tenham parentes contratados pelo regime da CLT posto que estes só poderão ser titulares de serventias se aprovados em concurso de provas e títulos, desde que os contratantes sejam titulares concursados" e, dessa maneira, não se aplica à hipótese a Súmula Vinculante nº 13.

2. ADMINISTRAÇÃO PÚBLICA E TERCEIRO SETOR

- **CF, art. 37, XIX, XX e § 8º**
- **CF, art. 173 e 175**
- **Decreto-Lei nº 200/67**
- **Decreto-Lei nº 900/69, art. 5º**
- **Lei nº 9.649/98, art. 51**
- **Lei nº 11.107/05**
- **Lei nº 13.303/16**
- **Lei nº 9.637/98**
- **Lei nº 9.790/99**

---

7. Direito administrativo. 23ª Ed. São Paulo: Atlas, 2010. P. 80.
8. Manual de direito administrativo. 26ª Ed. São Paulo: Atlas, 2013, p. 40.

05. (Vunesp – Juiz de Direito – TJ SP/2017) Sobre as agências reguladoras, é correto afirmar:

A) embora possuam natureza jurídica de autarquia, são dotadas de regime especial, consistente em alto grau de autonomia, mandado fixo e estabilidade de seus dirigentes e poder de regulação mediante a edição de normas gerais e abstratas de natureza infralegal, em matérias de suas competências, e subordinada ao princípio da legalidade.

B) possuem natureza jurídica de autarquia – o que impõe criação e extinção por lei – e desenvolvem, sob regime jurídico de direito público, atividades próprias do Estado e com certa autonomia em relação à administração central, não diferindo, portanto, de suas congêneres.

C) por sua conformação constitucional distinta, não se subordinam ao modelo das autarquias, uma vez que possuem alto grau de autonomia que se expressa no mandato fixo e estabilidade de seus dirigentes e, no poder normativo, com possibilidade de inovar na ordem jurídica com edição de normas abstratas e gerais nas matérias de suas competências.

D) são dotadas de autonomia administrativa e financeira e hierárquica em relação à Administração Direta, como os demais entes autárquicos, mas dotadas de regime especial que se expressa na previsão de mandatos fixos e estabilidade de seus dirigentes.

COMENTÁRIOS

Nota do autor: As agências reguladoras são entidades administrativas da Administração Pública Indireta, com personalidade de direito público, criadas para exercer a regulação, o controle administrativo, a disciplina sobre a prestação de um determinado serviço público ou a fiscalização de alguma atividade econômica.

Alternativa correta: letra "a" (responde as demais alternativas). As agências reguladoras são pessoas jurídicas de direito público e estão sendo criadas sob a forma de autarquia, pois suas atividades são típicas da Administração Pública e, quanto ao regime especial, significa que possuem autonomia maior que a ordinariamente encontrada nas pessoas integrantes da administração indireta. Essa autonomia é notada na mitigação do controle político incidente sobre elas, pois seus dirigentes, em regra, não passíveis de exoneração "ad nutum", possuindo mandatos fixos, perdendo o cargo somente em caso de renúncia, de decisão judicial transitada em julgado ou de processo administrativo disciplinar. Ainda, pode ser apontada a prerrogativa que possuem de expedir atos normativos com base na chamada discricionariedade técnica, em razão da deslegalização, ou seja, possuem o que se denomina poder regulador, pelo qual, em razão de delegação legal, podem regulamentar matéria de natureza técnica de maneira geral e abstrata. Ressalta-se que se trata de uma delegação com parâmetros[9], pois devem ser respeitados os limites deixados pela lei respectiva para que sejam disciplinados pela agência reguladora.

06. (Vunesp – Juiz de Direito – SP/2014) Quanto ao tema das OSCIPs (Organizações da Sociedade Civil de Interesse Público), é incorreto afirmar que

A) são pessoas jurídicas de direito privado, sem fins lucrativos, instituídas por particulares para desempenhar serviços não exclusivos do Estado, com fiscalização pelo Poder Público.

B) malgrado sejam pessoas jurídicas de direito privado, suas obras, compras, serviços e alienações serão objeto de contrato realizado mediante regular processo de licitação, utilizando-se o pregão nos bens e serviços comuns.

C) têm elas a mesma natureza jurídica e a mesma finalidade das Organizações Sociais, regidas pela Lei nº 9.637/98, sendo instituídas por meio de contrato de gestão e exercendo atividades de interesse público, anteriormente desempenhadas pelo Estado.

D) são formalizadas por meio de termo de parceria com a Administração Pública, sendo que a outorga do título de OSCIP permite-lhes a concessão de benefícios especiais, tais como a destinação de recursos públicos.

COMENTÁRIOS

Nota do autor: Organização da Sociedade Civil de Interesse Público é uma qualificação atribuída às pessoas jurídicas de direito privado, sem fins lucrativos, que atendam aos requisitos previstos na Lei 9.790/1999. Tais entidades não pertencem à Administração Pública Direta ou Indireta. Pertencem ao terceiro setor da economia, ao lado do primeiro, constituído pelo Estado, e do segundo, onde se encontra o mercado.

Alternativa correta: letra "c" (responde também a letra "a" e "d"). As OSCIP'S são pessoas jurídicas de direito privado, sem fins lucrativos, instituídas por particulares para desempenhar serviços não exclusivos do Estado, com fiscalização do Poder Público, nos exatos termos do enunciado. As OSCIP's, tais como as Organizações sociais, são associações ou

9. CARVALHO FILHO. José dos Santos. Manual de direito administrativo. 26ª Ed. São Paulo: Atlas, 2013, p. 59.

fundações privadas que, depois de constituídas na forma da lei civil e atendendo aos requisitos legais, poderão ser qualificadas como tais. Veja que o contrato de gestão não as institui. Primeiramente, elas precisam ser instituídas. Após, cada uma obedecendo ao regime jurídico próprio, poderão ser qualificadas. As OSCIP's têm seu regime jurídico previsto na Lei 9.790/1999. Já as organizações sociais, a previsão está na Lei 9.637/1998.. As OSCIP's formalizam suas parcerias com instrumento denominado "termo de parceria", e as organizações por meio de "contrato de gestão". Instituídas e qualificadas, as parcerias com o poder público respectivo poderão ser instrumentalizadas com objetivo de destinar recursos, bens e servidores. Por fim, as OSCIP's representam verdadeira parceria e não leva a extinção de órgãos públicos. Já as Organizações Sociais, com frequência, operam a absorção de determinadas tarefas anteriormente desempenhadas pelo Estado e levam à extinção dos órgãos públicos que realizavam as atividades.

Alternativa "b". As OSCIP's, quando recebem recursos ou bens públicos da União e os utilizem para contratação de obras, serviços, compras ou alienação, devem realizar licitação na modalidade pregão. Esta afirmativa encontra-se no art. 1º, §1º do decreto 5.504/2005. Porém, quando a contratação tiver por suporte os recursos próprios das OSCIP's, não haverá necessidade de realizar licitação.

---

07. (Vunesp – Juiz de Direito – SP/2014) No que diz respeito à capacidade processual das Câmaras Municipais, assinale a opção incorreta.

A) A Câmara Municipal não tem personalidade jurídica, mas tem personalidade judiciária, podendo, portanto, admitir-se que ela tem capacidade processual para a defesa de suas prerrogativas funcionais, podendo comparecer a Juízo, tanto no polo ativo como no polo passivo, quando tenha direitos próprios a defender.

B) A Câmara Municipal tem autonomia em relação ao Poder Executivo local, podendo, em consequência, agir judicialmente contra o Prefeito Municipal, inclusive, se for o caso, por meio da impetração de mandado de segurança.

C) A Câmara Municipal não pode combater ato ilegal e lesivo ao patrimônio público por meio de ação popular, podendo tal ação, contudo, ser ajuizada por qualquer um de seus vereadores, na qualidade de cidadão (eleitor), eis que tal qualidade não assiste à Câmara, como pessoa jurídica que é.

D) Em que pese ser a Câmara Municipal um órgão despatrimonializado, as vantagens e encargos de ordem pecuniária, decorrentes do julgado, por ela serão suportados, em decorrência da aplicação do princípio dispositivo, descabendo transferir-se tais vantagens e encargos à Fazenda municipal.

COMENTÁRIOS

✪ **Nota do autor:** A Administração Pública Direta (centralizada) é o conjunto de órgãos públicos que fazem parte das pessoas jurídicas políticas. A criação de órgãos não descentraliza o desempenho da atividade administrativa, mas desconcentra, dividindo internamente o trabalho. Os órgãos são "centros de competência instituídos para o desempenho de funções estatais, através de seus agentes, cuja atuação é imputada à pessoa jurídica a que pertencem"[10]. Integram a pessoa jurídica que os criam. Não possuem personalidade jurídica.

Alternativa correta: letra "d". O órgão público não tem vida própria, não tem personalidade jurídica. É despersonalizado. O órgão, por si só, não é capaz de adquirir direitos e obrigações e, formalmente, quem o faz é a pessoa jurídica de que ele faz parte, pois o órgão não possui patrimônio próprio. A pessoa jurídica que é a proprietária dos bens e é responsabilizada em caso de prejuízo e, dessa maneira, como a Câmara Municipal é órgão público e, portanto, despersonalizado e despatrimonializado, cabe à pessoa jurídica Município responder.

Alternativa "a". Como acentuado, a Câmara, por ser um órgão do ente político – o Município –, não possui personalidade jurídica. Entretanto, tem-se reconhecido personalidade judiciária. Nesse sentido, a súmula 525 do STJ: A Câmara de vereadores não possui personalidade jurídica, apenas personalidade judiciária, somente podendo demandar em juízo para defender os seus direitos institucionais.

Alternativa "b". Em obediência ao princípio da separação dos poderes estabelecido para União, os Poderes Legislativo e Executivo Municipal também são independentes e harmônicos entre si. Desse modo, a Câmara (Legislativo) possui autonomia em relação à Prefeitura (Executivo), podendo agir juridicamente contra o Prefeito, inclusive, por mandado de segurança, se for o caso, desde que, é claro, o faça para defender seus direitos institucionais.

Alternativa "c". A ação popular é um dos instrumentos especiais por meio do qual se exerce controle da Administração Pública. Requer, entretanto, alguns requisitos e, dentre eles, que o sujeito ativo seja cidadão. Assim, a Câmara Municipal não poderá lançar mão desse remédio constitucional, mas, qualquer vereador na qualidade de cidadão está constitucionalmente autorizado a fazê-lo. Mas atente-se: esta assertiva contém um grave erro: ao final, refere-se à Câmara como pessoa jurídica. Este raciocínio é equivocado. A Câmara é um órgão Municipal.

---

10. MEIRELLES, Hely Lopes. Direito administrativo brasileiro. 26ª Ed. São Paulo: Malheiros, 2010, p. 68.

3. AGENTES PÚBLICOS

08. (Vunesp – Juiz de Direito – TJ SP/2017) O direito de greve reconhecido constitucionalmente aos servidores públicos implica que

A) do seu exercício, todavia, poderá resultar o desconto de metade dos dias paralisados, de maneira a compatibilizar o direito constitucional à greve com o princípio da continuidade do serviço público.

B) seu exercício imporá os descontos dos dias paralisados, não se admitindo a compensação, uma vez que adstrita a Administração Pública ao princípio da legalidade.

C) do seu exercício, todavia, poderá resultar o desconto dos dias paralisados a ser efetuado pela Administração Pública, com possibilidade de compensação na hipótese de acordo.

D) poderá ser exercido nos mesmos moldes dos trabalhadores da iniciativa privada, sem possibilidade de descontos dos dias paralisados.

COMENTÁRIOS

✪ **Nota do autor:** A greve é a paralisação coletiva e temporária do trabalho, visando à defesa dos interesses definidos pelos próprios trabalhadores. É um direito fundamental. A greve no serviço público deve ser disciplinada por lei, conforme mandamento constitucional (art. 37, VII). Todavia, essa lei ainda não foi editada. O Supremo Tribunal Federal, depois de já ter reconhecido a mora legislativa nos mandados de injunção 20, 485 e 585, ao julgar os mandados de injunção 670, 708 e 712, autorizou, com efeitos *erga omnes*, a realização da greve no serviço público, utilizando-se, para tanto, da Lei 7.783/1989, que trata da greve no serviço privado.

Alternativa correta: letra "c" (responde as demais). O Supremo Tribunal Federal, no RE 693456/RJ, fixou a seguinte tese com repercussão geral: "A administração pública deve proceder ao desconto dos dias de paralisação decorrentes do exercício do direito de greve pelos servidores públicos, em virtude da suspensão do vínculo funcional que dela decorre. É permitida a compensação em caso de acordo. O desconto será, contudo, incabível se ficar demonstrado que a greve foi provocada por conduta ilícita do Poder Público." Portanto, não há vedação ao desconto dos dias paralisados. Aliás, conforme a tese, a Administração "deve" descontar, ressalvada a compensação em caso de acordo, ou se a greve resultar de conduta ilícita do Poder Público.

09. (Vunesp – Juiz de Direito – TJ SP/2017) Atingindo-se o limite global de despesas com pessoal, nos termos do artigo 169 da Constituição Federal de 1988, os cargos públicos objeto de redução

A) serão extintos e só poderão ser criados após 4 (quatro) anos, respeitado o limite de gastos com pessoal.

B) permanecerão vagos pelo período de 4 (quatro) anos, após o que, respeitado o limite de gastos com pessoal, poderão ser novamente providos, aproveitando-se os servidores exonerados.

C) serão extintos e só poderão ser criados após 5 (cinco) anos, respeitado o limite de gastos com pessoal.

D) permanecerão vagos até que, respeitado o limite de gastos com pessoal, e a critério de juízo discricionário do Chefe do Poder respectivo, venham a ser novamente providos, aproveitando-se os servidores exonerados.

COMENTÁRIOS

✪ **Nota do autor:** O serviço público atribui aos servidores o que se denomina "estabilidade". A estabilidade é uma garantia constitucional destinada aos servidores nomeados para cargo de provimento efetivo em virtude de concurso público, após três anos de efetivo exercício e avaliação especial de desempenho por comissão instituída para essa finalidade, e uma vez adquirida, o servidor somente perderá o cargo nas hipóteses estabelecidas no texto constitucional.

Alternativa correta: letra "a" (responde a alternativa "c"). Uma das hipóteses previstas na Constituição Federal para perda de cargo pode ocorrer quando a Administração Pública extrapola os limites previstos em lei complementar para os gastos com pessoal. Antes de exonerar o servidor, algumas medidas devem ser tomadas: primeiro, deve reduzir em, pelo menos, 20% os cargos em comissão e as funções de confiança; depois, serão exonerados os servidores não estáveis; enfim, se insuficientes essas medidas, serão exonerados os servidores estáveis. Nestes casos, o §6º do artigo 169 estabelece que: "O cargo objeto da redução prevista nos parágrafos anteriores será considerado extinto, vedada a criação de cargo, emprego ou função com atribuições iguais ou assemelhadas pelo prazo de quatro anos."

Alternativa "b" (responde a alternativa "d"). A exoneração do servidor rompe o vínculo estatutário com a Administração Pública[11], de modo que, mesmo tendo restabelecido a normalidade, seu ingresso deverá ser precedido de concurso público.

---

11. CARVALHO FILHO, José dos Santos. Manual de Direito administrativo. 26ª Ed. São Paulo: Atlas, 2013, p. 676.

10. (Vunesp – Juiz de Direito – TJ SP/2017) Uma vez cumprida a avaliação a que se sujeita o servidor público em seu estágio probatório e verificando-se que não atendeu os seus deveres funcionais, deverá ele ser

A) demitido, após sua oitiva sobre os resultados da avaliação, fundamentando-se o ato, acaso persista a conclusão sobre o não cumprimento dos deveres funcionais.

B) exonerado, após sua oitiva sobre os resultados da avaliação, fundamentando-se o ato, acaso persista a conclusão sobre o não cumprimento dos deveres funcionais.

C) exonerado sem necessidade de fundamentação do ato administrativo, uma vez que não se trata de servidor estável.

D) demitido sem necessidade de fundamentação do ato administrativo, uma vez que não se trata de servidor estável.

COMENTÁRIOS

✪ **Nota do autor:** Tanto a exoneração, quanto a demissão, são causas de extinção do vínculo estatutário que liga o servidor público à Administração Pública. A grande diferença entre uma e outra modalidade de extinção do vínculo é que a demissão tem caráter punitivo – é aplicada em caso de falta grave –, já a exoneração é despida de tal caráter, podendo ser aplicada no interesse da Administração ou a requerimento do servidor.[12]

Alternativa correta: letra "b" (responde as demais). O estágio probatório é o período de prova no qual há avaliação para aferir se o servidor possui aptidão e capacidade para o desempenho das atribuições de determinado cargo. Em não sendo aprovado, o servidor será exonerado. Não é caso de demissão, já que o servidor não praticou falta grave. Ademais, tal exoneração deverá respeitar o contraditório, ouvindo-se o servidor. O Supremo, inclusive, possui súmula nesse sentido: Súmula 21 –"Funcionário em estágio probatório não pode ser exonerado nem demitido sem inquérito ou sem as formalidades legais de apuração de sua capacidade."

11. (Vunesp – Juiz de Direito – RJ/2016) Considere a seguinte situação hipotética. Policial Civil do Estado de Rio de Janeiro recebe a pena de demissão por haver emprestado imóvel de sua propriedade para o depósito de dois veículos a pessoa em relação à qual posteriormente se descobriu integrante de quadrilha direcionada a roubos e furtos de carros, que já havia sido condenado a cumprir pena alternativa de prestação de serviços à comunidade pelo crime de falsificação de papéis públicos. Verifica-se que vários inquéritos que tinham tal pessoa como investigada tramitaram na delegacia em que o Policial Civil estava lotado, bem como prisão em flagrante. Sobre a possibilidade de o Policial Civil obter a revisão da pena imposta, buscando sua mitigação, recorrendo às vias judiciais, é correto afirmar que

A) quando se trata de fatos apurados em processo administrativo, a competência do Poder Judiciário circunscreve-se ao exame da legalidade do ato, dos possíveis vícios de caráter formal ou dos que atentem contra os postulados constitucionais da ampla defesa e do contraditório, assim, deve o Magistrado aguardar o deslinde da questão na seara criminal, para, em seguida, ajuizar demanda para revisão da sanção disciplinar.

B) a observância dos princípios da proporcionalidade e da razoabilidade, que poderiam ser invocados na aplicação da sanção disciplinar, não se encontra relacionada com a própria legalidade do ato administrativo, de modo que o Supremo Tribunal Federal descarta, in abstrato, a possibilidade dessa análise da sanção disciplinar pelo Poder Judiciário.

C) o Superior Tribunal de Justiça já assentou a possibilidade de a Administração Pública, por razões discricionárias (juízo de conveniência e de oportunidade), deixar de aplicar a pena de demissão, quando induvidosa a ocorrência de motivo previsto na norma que comina tal espécie de sanção, razão pela qual o caso em tela não pode ser objeto de análise pelo Poder Judiciário.

D) não cabe pleitear a revisão da pena imposta perante o Poder Judiciário, pois o controle jurisdicional deve alcançar todos os aspectos de legalidade dos atos administrativos, não podendo, todavia, estender-se à valoração da conduta que a lei conferiu ao administrador, no caso em tela expressada pela escolha da sanção a ser imposta.

E) a jurisprudência do Superior Tribunal de Justiça orienta no sentido de que não há que se falar na presença de discricionariedade no exercício do poder disciplinar pela autoridade pública, sobretudo no que tange à imposição de sanção disciplinar, por esse motivo, possível o controle judicial de tais atos administrativos de forma ampla, razão pela qual o Poder Judiciário pode rever a pena aplicada no caso em tela.

12. CARVALHO FILHO, José dos Santos. Manual de Direito administrativo. 26ª Ed. São Paulo: Atlas, 2013, p. 676.

COMENTÁRIOS

Alternativa correta: letra "e" (responde as demais). A autoridade administrativa não tem o poder de deixar de apurar infração disciplinar. Tomando conhecimento, é seu dever verificar a procedência da informação, instaurar o procedimento adequado e, respeitado o contraditório e a ampla defesa, aplicar a penalidade que melhor reprima o ilícito dentro daquelas previstas no estatuto. Segundo o STJ, no MS 20776-DF, "[...] 3. Por força dos **princípios** da proporcionalidade, da dignidade da pessoa humana e da culpabilidade, aplicáveis ao regime jurídico disciplinar, não há juízo de discricionariedade no ato administrativo que impõe sanção a Servidor Público em razão de infração disciplinar. Destarte, o controle jurisdicional é amplo, de modo a conferir garantia a todos os Servidores contra eventual arbítrio, não se limitando, portanto, somente aos aspectos formais, como algumas correntes doutrinárias ainda defendem. 4. O Poder Judiciário pode e deve sindicar amplamente, em Mandado de Segurança, o ato administrativo que aplica a sanção de demissão a Servidor Público, para verificar (i) a ocorrência dos ilícitos imputados ao Servidor e (ii) mensurar a adequação da reprimenda à gravidade da infração disciplinar."

---

12. (Vunesp - Juiz de Direito - SP/2015) O regime jurídico dos servidores públicos tem um amplo tratamento na Constituição Federal, além de ser disciplinado em lei estatutária de cada ente da federação. Com relação ao regime geral dos servidores públicos, é correto afirmar que

A) o servidor aprovado em concurso público, após adquirir estabilidade, só pode deixar de ocupar o cargo no qual foi investido por promoção, exoneração a pedido ou após regular processo administrativo disciplinar ou ainda quando requerer a aposentadoria, preenchidos os requisitos legais.

B) o servidor público estável só pode ser demitido a bem do serviço público após processo administrativo disciplinar em que lhe seja assegurado o amplo direito de defesa exercida por meio de advogado por ele constituído ou dativo.

C) um servidor aposentado pelo regime de previdência do setor público somente poderá acumular os proventos com a remuneração de cargo público se o cargo em que se aposentou e aquele posteriormente ocupado forem acumuláveis nos termos da Constituição.

D) no direito brasileiro é possível que um não servidor público exerça função pública sem que o agente seja ocupante de cargo público em que tenha sido regularmente investido.

COMENTÁRIOS

✪ **Nota do autor:** Agente público é a expressão usada para se referir a qualquer pessoa física que exerça uma função pública. O que é relevante para a caracterização de alguém como agente público é a verificação do exercício de uma função pública. Assim, não importa se o agente foi eleito, se foi aprovado em concurso público, se é estatutário ou celetista, se a função é temporária, se tem remuneração ou não. É simples: se exerce função pública, é agente púbico. Assim, são agentes públicos "todas as pessoas físicas incumbidas, definitiva ou transitoriamente, do exercício de alguma função estatal"[13].

Alternativa correta: letra "d". Na clássica lição de Helly Lopes Meirelles[14], os agentes públicos subdividem-se em: agentes políticos, agentes administrativos, agentes honoríficos, agentes delegados e agentes credenciados. A) os agentes políticos são aqueles que representam as funções típicas estatais de legislar, julgar e administrar; b) os agentes administrativos são os servidores propriamente ditos: os ocupantes de cargo efetivo ou de cargo em comissão; os empregados públicos: regidos pela CLT; os servidores temporários; c) agentes honoríficos: são pessoas convocadas para prestar determinado serviço para a Administração Pública, a exemplo do mesário e do jurado; d) agentes delegados: são particulares que possuem atribuições de executar, por sua conta e risco, um serviço público ou uma atividade de interesse público; e) agentes credenciados: são as pessoas que recebem a atribuição de representar a Administração Pública em determinado evento ou de praticar certa atividade. Diante da exposição, verifica-se que no direito brasileiro é possível que um não servidor público exerça uma função pública sem que seja ocupante de cargo público.

Alternativa "a". Conforme previsão constitucional, o servidor estável somente perderá o cargo: em virtude de sentença transitada em julgado; mediante processo administrativo, assegurada a ampla defesa; mediante procedimento de desempenho, nos termos da lei complementar, assegurada ampla defesa; e conforme o artigo 169, §4º, em razão de excesso de despesa.

Alternativa "b". A punição de servidor público necessita ser precedida de procedimento administrativo disciplinar, em que assegure ao servidor o contraditório e a ampla defesa. Todavia, no âmbito de proteção da ampla defesa em procedimento admi-

13. MEIRELLES, Hely Lopes. Direito administrativo brasileiro. 36º Ed. São Paulo: Malheiros, 2010, p. 75.

14. MEIRELLES, Hely Lopes. Direito administrativo brasileiro. 36º Ed. São Paulo: Malheiros, 2010, p. 76.

nistrativo disciplinar está a possibilidade fazer uso de defesa técnica, mas não sua obrigatoriedade. Nesse sentido, inclusive, a Súmula vinculante nº 5: "A falta de defesa técnica por advogado no processo administrativo disciplinar não ofende a Constituição."

Alternativa "c". Segundo o artigo 37, §10 da Constituição Federal, "É vedada a percepção simultânea de proventos de aposentadoria decorrentes do art. 40 ou dos arts. 42 e 142 com a remuneração de cargo, emprego ou função pública, ressalvados os cargos acumuláveis na forma desta Constituição, os cargos eletivos e os cargos em comissão declarados em lei de livre nomeação e exoneração."

---

13. (Vunesp - Juiz de Direito - SP/2014) Um funcionário público foi demitido com a nota "a bem do serviço público", depois de regular processo administrativo, tendo a Administração Pública lhe imputado a prática de crime. O processo penal, contudo, vem a concluir pela inocência do referido funcionário, absolvendo-o por falta de provas (art. 386, inciso VII, do Código de Processo Penal). A referida decisão da esfera penal vem a ter a seguinte consequência na esfera administrativa:

A) existe repercussão, devendo, por consequência, ser reintegrado o funcionário ao serviço público.

B) não existe repercussão, na medida em que a decisão proferida na esfera penal não se comunica em hipótese alguma com a esfera administrativa.

C) não existe repercussão, na medida em que a absolvição por "falta de provas" não se admite como fundamento para a invalidação da decisão administrativa.

D) existe repercussão, devendo, por consequência, ser readmitido o funcionário ao serviço público.

COMENTÁRIOS

Alternativa correta: letra "c" (responde as demais alternativas). Em regra, vigora a independência das esferas ou instâncias em matéria de responsabilidade, isto é, pelo mesmo ato o servidor pode ser responsabilizado nas esferas civil, penal e administrativa. Nesse sentido, por exemplo, no âmbito federal, estabelece o art. 125 da Lei nº 8.112/90, que as sanções civis, penais e administrativas poderão cumular-se, sendo independentes entre si. Entretanto, o art. 126 determina que a responsabilidade administrativa do servidor seja afastada no caso de absolvição criminal que negue a existência do fato ou sua autoria. Na mesma esteira, há o art. 935 do Código Civil que determina que "A responsabilidade civil é independente da criminal, não se podendo questionar mais sobre a existência do fato, ou sobre quem seja o seu autor, quando estas questões se acharem decididas no juízo criminal."

---

14. (Vunesp - Juiz de Direito - SP/2014) "A", servidor público de determinada serventia judicial, foi surpreendido pelo magistrado titular da Vara onde trabalha, cometendo falta disciplinar grave. Utilizando-se do instituto da verdade sabida, o referido magistrado aplicou ao servidor "A", de imediato, a penalidade de suspensão de suas funções.

Assinale, em face do enunciado, a opção correta.

A) O procedimento foi incorreto, pois o instituto da verdade sabida não foi recepcionado pelo ordenamento jurídico vigente, impondo-se a observância do contraditório e da ampla defesa.

B) O procedimento do magistrado foi correto, dado o fato de que tomou conhecimento direto da falta cometida, o que torna qualquer outra providência desnecessária, para o fim de aplicar-se a penalidade em questão.

C) O procedimento foi correto, posto ocupar o magistrado posição que lhe dá poder correcional, autoridade e competência para a aplicação da penalidade em questão, configurando incorreta inversão de valores o questionamento de tal autoridade, sobretudo se é afirmado pelo próprio magistrado ter testemunhado a ocorrência da falta.

D) O procedimento do magistrado foi incorreto, pois, malgrado ainda se aceite, no campo do Direito Administrativo, o instituto da verdade sabida, é imprescindível que se apure a falta por meio de processo administrativo, com obrigatória presença de advogado de defesa.

COMENTÁRIOS

✪ **Nota do autor:** A apuração de infração disciplinar pode ser de ofício ou a requerimento. Quando algum servidor comete infração funcional e a autoridade administrativa tem ciência do ocorrido, é seu dever promover a imediata apuração. Essa apuração pode ser feita por sindicância ou por processo administrativo disciplinar. De qualquer forma, independentemente de a nomenclatura usada, qualquer apuração administrativa que dela, por si só, possa decorrer a possível aplicação de penalidade ao servidor, somente será válida se asseguradas as garantias constitucionais do contraditório e da ampla defesa.

Alternativa correta: letra "a". O instituto da verdade sabida é o meio sumário de punição pelo qual o superior, ao tomar conhecimento pessoal e direto de falta, aplica imediatamente a penalidade. Não se assegura, assim, o contraditório e a ampla defesa. Não há o devido processo administrativo e, portanto, esse meio de punição não foi recepcionado pela Constituição Federal.

Alternativa "b" (responde as alternativas "c" e "d"). Como ressaltado, independentemente de ter competência para aplicação da penalidade e de ter tomado conhecimento pessoal e direito da falta, qualquer pena aplicada ao servidor deverá ser precedida de procedimento administrativo disciplinar que lhe assegure o contraditório e a ampla defesa, sob pena de nulidade da sanção aplicada. Complementando, o âmbito da ampla defesa nos procedimentos administrativos disciplinares não obriga o auxílio técnico de advogado, conforme a súmula vinculante nº 5: "A falta de defesa técnica por advogado no processo administrativo disciplinar não ofende a Constituição."

4. PODERES ADMINISTRATIVOS

- **CTN, art. 78**
- **Lei nº 9.873/99**
- **CF, art. 84, VI**

15. (Vunesp – Juiz de Direito – SP/2014) A "faculdade de que dispõe a Administração Pública para condicionar e restringir o uso e gozo de bens, atividades e direitos individuais, em benefício da coletividade ou do próprio Estado", como a conceitua Hely Lopes Meirelles, é conhecida tecnicamente como:

A) poder de polícia.

B) poder regulamentar.

C) poder disciplinar.

D) poder hierárquico.

COMENTÁRIOS

Nota do autor: Os poderes administrativos são as prerrogativas à disposição da Administração, destinadas à viabilização do interesse público.

Alternativa correta: letra "a". Conforme Hely Lopes Meirelles, o poder de polícia é definido como a "faculdade de que dispõe a Administração Pública para condicionar e restringir o uso e gozo de bens, atividades e direitos individuais, em benefício da coletividade ou do próprio Estado"[15].

Alternativa "b". O poder regulamentar, conforme Hely Lopes Meirelles, consiste na "faculdade de que dispõem os Chefes do Executivo de explicar a lei para sua correta execução, ou de expedir decretos autônomos sobre matéria de sua competência ainda não disciplinada em lei"[16].

Alternativa "c". O poder disciplinar é a prerrogativa pela qual a Administração apura as infrações e aplica as penalidades ao infrator, que pode ser um servidor público ou particular sujeito à disciplina administrativa, como um estudante de escola pública[17].

Alternativa "d". O poder hierárquico é o que o Executivo dispõe para distribuir e escalonar as funções de seus órgãos, ordenar e rever a atuação de seus agentes, estabelecendo a relação de subordinação entre os servidores do seu quadro pessoal[18]. Não se restringe, contudo, ao Poder Executivo, sendo verificado, de igual modo, nos Poderes Legislativo e Judiciário, quando no exercício de sua atípica função administrativa.

16. (Vunesp – Juiz de Direito – TJ – SP/2013) No exercício do poder de polícia administrativa, o Município, segundo orientação Sumulada do STF,

A) ao proibir a instalação de estabelecimentos comerciais do mesmo ramo em determinada área, edita lei válida.

B) ao proibir a instalação de estabelecimentos comerciais do mesmo ramo em determinada área, edita lei inválida.

C) ao estabelecer o horário de funcionamento dos estabelecimentos comerciais situados em seu território, edita lei inválida.

D) pode criar limitações administrativas à propriedade, passíveis de indenização.

COMENTÁRIOS

Nota do autor: Qualquer atividade praticada pelo administrado pode dar ensejo à fiscalização desempenhada pela polícia administrativa. Assim, licenças e autorizações são respostas do Poder Público que, no exercício do poder de polícia, consentem que o administrado execute a atividade pretendida.[19]

Alternativa correta: letra "b" (responde a letra "a"). Segundo a súmula vinculante 49: Ofende o princípio da livre concorrência lei municipal que impede a instalação de estabelecimentos comerciais do mesmo ramo em determinada área. Transcreve-se elucidativo precedente representativo do Supremo: "5. A Constituição Federal, em seu art. 170 e parágrafo único, assegura o livre exercício de

15. MEIRELLES, Hely Lopes. *Direito administrativo brasileiro*. 36 ed. São Paulo: Malheiros, 2010. p. 134.

16. MEIRELLES, Hely Lopes. *Direito administrativo brasileiro*. 36 ed. São Paulo: Malheiros, 2010. p. 130.

17. DI PIETRO, Maria Sylvia Zanella. *Direito administrativo*. 23 ed. São Paulo: Atlas, 2010. p. 94.

18. MEIRELLES, Hely Lopes. *Direito administrativo brasileiro*. 36 ed. São Paulo: Malheiros, 2010. p. 121.

19. CARVALHO FILHO, José dos Santos. Manual de direito administrativo. 26ª Ed. São Paulo: Atlas, 2013, p. 85.

qualquer atividade econômica, independentemente de autorização de órgãos públicos, salvo nos casos previstos em lei. Portanto, a única restrição possível estaria centrada na hipótese da necessidade de autorização ou permissão do Poder Público para o exercício de determinado tipo de atividade econômica, regulando a liberdade de contratar e de fixar preços, exceto nos casos de intervenção direta na produção e comercialização de certos bens. 6. As decisões proferidas nas instâncias ordinárias não demonstraram que o exercício da atividade da recorrente carecia de autorização ou permissão. Limitaram-se a fundamentar seus atos na restrição fixada pela Lei Municipal, o que, com a devida vênia do Ministro Relator, importa em violação dos princípios da livre concorrência e da liberdade de iniciativa econômica privada. (...) 9. (...) A limitação geográfica imposta à instalação de drogarias somente conduz à assertiva de concentração capitalista, assegurando, no perímetro, o lucro da farmácia já estabelecida. Dificulta o acesso do consumidor às melhores condições de preço, e resguarda o empresário alojado no local pelo cerceamento do exercício da livre concorrência, que é uma manifestação do princípio da liberdade de iniciativa econômica privada garantida pela Carta Federal quando estatui que 'a lei reprimirá o abuso de poder econômico que vise à dominação dos mercados, à eliminação da concorrência e ao aumento arbitrário dos lucros'. (art. 173, § 4º)."[20]Deste modo, edita lei inválida o Município que proíbe a instalação de estabelecimentos comerciais do mesmo ramo de atividade em determinada área.

Alternativa "c". O Supremo Tribunal Federal possui entendimento sumulado em caráter vinculante que "é competente o Município para fixar o horário de funcionamento de estabelecimento comercial" (SV-STF. 38). Deste modo, lei Municipal que estabeleça o horário de funcionamento dos estabelecimentos comerciais situados em seu território é válida.

Alternativa "d". O Supremo Tribunal Federal não possui entendimento sumulado nesse sentido. Na realidade, o entendimento doutrinário é exatamente em sentido contrário, o de que as limitações administrativas, em regra, não são passíveis de indenização, já que estabelecem limitações de caráter geral suportadas por todos aqueles que se encontram na mesma situação jurídica.

5. ATO ADMINISTRATIVO

- **Lei nº 9.784/99, artigos 11 a 17, 50, 53, 54 e 55**
- **Lei nº 4.717/65, art. 2º**

20. RE 193749, Relator Ministro Carlos Velloso, Redator para acórdão Ministro Maurício Corrêa, Tribunal Pleno, julgamento em 4.6.1998, DJ de 4.5.200.

17. (Vunesp - Juiz de Direito - RJ/2014) Assinale a alternativa que apresenta duas características da competência do ato administrativo.

A) Hierarquia e finalidade.

B) Inderrogabilidade e improrrogabilidade.

C) Limitabilidade e hierarquia.

D) Imperatividade e finalidade.

COMENTÁRIOS

Nota do autor: Segundo o Professor Hely Lopes Meirelles, ato administrativo é "toda manifestação unilateral de vontade da Administração Pública que, agindo nessa qualidade, tenha por fim imediato adquirir, resguardar, transferir, modificar, extinguir e declarar direitos, ou impor obrigações aos administrados ou a si própria"[21].

Alternativa correta: letra "b" (responde as demais alternativas). Os atos administrativos possuem alguns elementos ou requisitos para que sejam validamente praticados. A doutrina majoritária aponta cinco elementos: competência; finalidade; forma; motivo; e objeto. Em relação à competência, pode ser definida como a delimitação das atribuições do agente e por ela há indicação de "quem" é competente para a prática do ato, ou seja, aponta quem tem o poder atribuído pela lei para fazer o ato. Em resumo, pode-se dizer que a competência é: de exercício obrigatório; **irrenunciável; intransferível; imodificável**, imprescritível; e **improrrogável**.

18. (Vunesp - Juiz de Direito - TJ SP/2017) O motivo do ato administrativo pode ser conceituado como:

A) a normatividade jurídica que irá incidir sobre determinada situação de fato que lhe é antecedente.

B) a ocorrência no mundo fenomênico de certo pressuposto fático, relevante para o direito, que vai postular ou possibilitar a edição do ato administrativo.

C) a explicitação dos fundamentos de fato e de direito que levaram à edição do ato administrativo e sem a qual o ato é nulo.

D) o móvel ou intenção do agente ou, em outros termos, a representação psicológica que levou o administrador a agir, e que tem especial importância no plano dos atos discricionários.

21. Curso de direito administrativo. 27ª Ed. São Paulo: Malheiros, 2010, p. 385.

COMENTÁRIOS

✪ **Nota do autor:** São elementos do ato administrativo a competência (chamada por alguns doutrinadores de sujeito), a finalidade, a forma, o motivo e o objeto.

Alternativa correta: letra "b" (responde as demais). O **motivo** é um dos elementos dos atos administrativos. É o **pressuposto, a razão, a situação de fato ou de direito cuja ocorrência autoriza ou determina a prática do ato.** É que o leva o administrador a praticar o ato. O **"porquê"** do ato realizado. A motivação, por seu turno, é a demonstração dos motivos por escrito. Todo ato administrativo tem motivo, mas há atos que não necessariamente precisam ser motivados.

19. (Vunesp – Juiz de Direito – TJ – SP/2013) O princípio da autotutela administrativa, consagrado no Enunciado n.° 473 das Súmulas do STF ("473 – A Administração pode anular seus próprios atos quando eivados de vícios que os tornem ilegais, porque deles não se originam direitos; ou revogá-los, por motivo de conveniência ou oportunidade, respeitados os direitos adquiridos, e ressalvada, em todos os casos, a apreciação judicial."), fundamento invocado pela Administração para desfazer ato administrativo que afete interesse do administrado, desfavorecendo sua posição jurídica,

A) confunde-se com a chamada tutela administrativa.

B) prescinde da instauração de prévio procedimento administrativo, pois tem como objetivo a restauração da ordem jurídica, em respeito ao princípio da legalidade que rege a Administração Pública.

C) exige prévia instauração de processo administrativo, para assegurar o devido processo legal.

D) pode ser invocado apenas em relação aos atos administrativos ilegais.

COMENTÁRIOS

✪ **Nota do autor:** A autotutela significa que a Administração cuida de si própria. Assim, com fundamento nesse princípio, ela anula seus atos, quando possuírem vícios de legalidade, ou os revoga, quando se tornarem inconvenientes ou inoportunos em face do interesse público.

Alternativa correta: letra "c" (responde as letras "b" e "d"). Nesse sentido, é a jurisprudência dos tribunais superiores, inclusive do Supremo Tribunal Federal, que, no RE 594296, assentou a exigência de instauração de processo administrativo e a observância do contraditório e da ampla defesa quando o desfazimento do ato "tiver o condão de repercutir sobre a esfera de interesses do cidadão". Note-se que a exigência não é apenas para os atos administrativos ilegais, abrangendo, também, os atos legais sujeitos à revogação.

Alternativa "a". Autotutela e tutela administrativa não se confundem. A autotutela é a prerrogativa que dispõe a Administração Pública de rever seus próprios atos, seja no aspecto legal, ou mesmo quanto ao mérito. Já a tutela administrativa, é o fundamento pelo qual a Administração Direta controla, fiscaliza as atividades das entidades da Administração Indireta (autarquia, fundação pública, sociedade de economia mista, empresa pública e associação pública).

6. PROCESSO ADMINISTRATIVO

20. (Vunesp – Juiz de Direito – TJ SP/2017) Particularmente, no tocante ao processo administrativo, é correto afirmar:

A) ao processo administrativo disciplinar são asseguradas todas as garantias do processo penal, inclusive a defesa técnica, não se aplicando nesse aspecto a restrição sumulada pelo Supremo Tribunal Federal.

B) orienta-se pela informalidade, não se aplicando as garantias próprias do processo penal, no tocante à ampla defesa e contraditório.

C) deve ter as garantias do contraditório e da ampla defesa, mas não a defesa técnica quando se tratar de processo disciplinar de natureza civil, conforme orientação sumulada pelo Supremo Tribunal Federal.

D) nada obstante a orientação do Supremo Tribunal Federal, a ele deve ser aplicado o princípio da defesa técnica, uma vez que se trata de garantia de direito individual e a orientação da jurisprudência do STF não é vinculativa.

COMENTÁRIOS

Alternativa correta: letra "c" (responde as alternativas "a" e "d"). É garantia fundamental prevista na constituição que "aos litigantes, em processo judicial ou administrativo, e aos acusados em geral são assegurados o contraditório e ampla defesa, com os meios e recursos a ela inerentes" (art. 5º, LV). Portanto, o contraditório e a ampla defesa devem ser assegurados aos litigantes em procedimentos administrativos sempre que houver a possibilidade de seus interesses serem atingidos. No tocante ao procedimento administrativo disciplinar, o Supremo Tribunal Federal editou a súmula vinculante nº 5 firmando entendimento de que "A falta de defesa técnica por advogado no processo administrativo disciplinar não ofende a Constituição." Portanto, em processo administrativo disciplinar, a ampla defesa abrange também a defesa técnica, mas não a torna obrigatória.

Alternativa "b". O princípio implícito da informalidade no processo administrativo significa que o processo não deve se submeter a formas rígidas, exceto se houver exigência legal expressa.

---

21. (Vunesp – Juiz de Direito – SP/2015) Em matéria de processo administrativo, no Estado de São Paulo, convivem normas processuais constantes em Lei Federal (Lei nº 9.784/99) e Estadual (Lei nº 10.177/98).

No regime jurídico do processo administrativo aplicado à Administração Pública estadual, é correto afirmar que

A) as competências não são renunciáveis nem delegáveis, podendo ser avocadas em caráter excepcional e transitório.

B) a Administração poderá convalidar seus atos inválidos, quando a invalidade decorrer de vício de competência ou de ordem formal, ainda que o mesmo tenha sido objeto de impugnação por interessado.

C) no processo administrativo, os atos preparatórios ou de mero expediente não podem ser objeto de recurso hierárquico, podendo ser impugnados por meio de agravo retido ou pedido de reconsideração endereçado à autoridade que tiver praticado o ato.

D) a Administração não pode anular seus atos se passados mais de dez anos contados de sua produção, mesmo que causadores de prejuízo, independentemente do direito ao ressarcimento.

COMENTÁRIOS

✪ **Nota do autor:** em matéria de processo administrativo, os tribunais superiores firmaram entendimento de que a Lei 9.784/1999, embora seja lei editada para disciplinar o processo administrativo na esfera federal, tem aplicação subsidiária aos Estados e Municípios sempre que nestes entes não houver lei disciplinando prazo para a administração estadual rever seus atos, por prestígio ao princípio da segurança jurídica.

Alternativa correta: letra "d". No Estado de São Paulo, há a Lei Estadual nº 10.177/98, regulando o processo administrativo estadual e há previsão expressa de prazo para a administração paulista rever seus atos, não tendo aplicação a Lei nº 9.784/99. Nesse sentido, o artigo 10 da mencionada lei estadual estabelece que a administração anulará seus atos inválidos, salvo quando ultrapassado o prazo de dez anos contado de sua produção.

Alternativa "a". No tocante à lei estadual, há previsão de delegação e de avocação, conforme o artigo 19 da referida lei: "Salvo vedação legal, as autoridades superiores poderão delegar a seus subordinados a prática de atos de sua competência ou avocar os de competência destes."

Alternativa "b". Convalidar é tornar válido um ato inválido, por meio de outro ato que supre o vício sanável, com efeitos *ex tunc* (retroativos). Conforme a Lei Estadual de São Paulo, o ato com vício de legalidade será anulado, salvo se o vício for passível de convalidação (art. 10, I). Por outro lado, não será admitida a convalidação quando dela resultar prejuízo à Administração ou a terceiros ou quando se tratar de ato impugnado (art. 11, §1º). Portanto, a impugnação do interessado à validade do ato obsta que a Administração Pública o convalide.

Alternativa "c". Os atos de mero expediente são aqueles preordenados à produção de efeitos internos. Não atingem diretamente os interessados. Nos termos da Lei Estadual 10.177/98, são irrecorríveis, na esfera administrativa, os atos de mero expediente ou preparatórios de decisões (art. 41).

7. LICITAÇÃO E CONTRATO ADMINISTRATIVO

- **CF, art. 22, XXVII**
- **CF, art. 37, XXI**
- **CF, art. 173**
- **Lei nº 8.666/93**
- **Lei nº 10.520/02**
- **Decreto nº 3.555/00**
- **Decreto nº 5.450/05**

---

22. (Vunesp – Juiz de Direito – TJ SP/2017) O julgamento das propostas em certame licitatório que tenha como critério o da melhor técnica implicará que

A) a proposta vencedora será aquela que apresentar a melhor média ponderada entre técnica e preço.

B) a proposta vencedora será aquela que resulta de uma negociação que culmine com a escolha daquela que, tendo alcançado índice técnico comparativamente mais elevado que as outras, aceite em reduzir a cotação que havia feito até o montante da menor proposta entre as ofertadas.

C) a proposta vencedora será a que apresentar a melhor técnica, sendo o preço um fator secundário, desde que haja prévia autorização da mais alta Autoridade Administrativa no âmbito da qual se processa o certame licitatório.

D) para a hipótese de contratação de serviços prevalentemente intelectuais, como projetos, cálculos, gerenciamento e consultorias, a proposta vencedora será aquela que apresentar a melhor técnica, sendo o preço um fator secundário.

COMENTÁRIOS

✪ **Nota do autor:** os tipos de licitação comumente são cobrados com objetivo de confundir o candidato com as modalidades de licitação. São modalidades de licitação: a concorrência; a tomada de preços; o convite; o concurso; o leilão; o pregão; e a consulta. Estão relacionadas ao procedimento, ao rito adotado na promoção do certame, e vai depender do valor, do objeto, dentre outros aspectos. Já os tipos de licitação estão relacionados critério de julgamento adotado para o certame.[22] São tipos de licitação: menor preço; melhor técnica; técnica e preço; maior lance ou oferta.

Alternativa correta: letra "b" (responde a letra "c"). O tipo "melhor técnica" objetiva um produto ou serviço de melhor qualidade. É usado para serviços de natureza predominantemente intelectual e para elaboração de estudos técnicos preliminares e projetos básicos e executivos (art. 46) e, excepcionalmente, pode ser usado para o fornecimento de bens e execução de obras ou prestação de serviço (art. 46, §3º, da Lei 8.666/1993). Como aponta o Professor José dos Santos Carvalho Filho, este tipo de licitação foi estabelecido com "rara infelicidade"[23]. No tipo "melhor técnica", há uma divisão nas etapas. Primeiro, há uma etapa de classificação das propostas com base nos padrões técnicos previamente definidos no edital. Posteriormente, aquele mais bem classificado em termos técnicos é chamado para negociar o valor de sua proposta e, neste caso, o valor oferecido é equivalente ao menor valor entre aqueles que foram classificados quanto aos padrões técnicos. Caso não aceite, tenta-se a negociação com o segundo melhor classificado quanto aos padrões técnicos, e assim sucessivamente. Portanto, o preço, embora o tipo seja denominado "melhor técnica", não é um fator secundário.

Alternativa "a". Conforme o artigo 46, § 2º, da Lei 8.666/1993, no tipo "técnica e preço" "a classificação dos proponentes far-se-á de acordo com a média ponderada das valorizações das propostas técnicas e de preço, de acordo com os pesos preestabelecidos no instrumento convocatório". Assim, distingue-se o tipo "melhor técnica" do tipo "técnica e preço".

Alternativa "d". Como estabelece o caput do artigo 46 do Estatuto das Licitações, "Os tipos de licitação "melhor técnica" ou "técnica e preço" serão utilizados exclusivamente para serviços de natureza predominantemente intelectual, em especial na elaboração de projetos, cálculos, fiscalização, supervisão e gerenciamento e de engenharia consultiva em geral e, em particular, para a elaboração de estudos técnicos preliminares e projetos básicos e executivos, ressalvado o disposto no § 4º do artigo anterior." O valor não é um fator secundário.

22. CARVALHO, Matheus. Manual de direito administrativo. 3ª Ed. Salvador: Juspodivm, 2016, p. 425.
23. CARVALHO FILHO, José dos Santos. Manual de direito administrativo. 31ª Ed. São Paulo: Atlas, 2017, p. 210.

---

23. (Vunesp – Juiz de Direito – RJ/2016) Assinale a alternativa que corretamente discorre sobre aspectos do contrato administrativo.

A) São cláusulas necessárias em todo contrato as que estabeleçam a obrigação do contratado de manter, durante toda a execução do contrato, em compatibilidade com as obrigações por ele assumidas, todas as condições de habilitação e qualificação exigidas na licitação.

B) A declaração de nulidade do contrato administrativo opera retroativamente impedindo os efeitos jurídicos que ele, ordinariamente, deveria produzir, além de desconstituir os já produzidos, exonerando a Administração do dever de indenizar o contratado pelo que este houver executado até a data em que a nulidade for declarada.

C) Caberá ao Poder Público contratante optar por uma das seguintes modalidades de garantia: caução em dinheiro; caução em títulos da dívida pública, emitidos conforme definido pelo Banco Central do Brasil; seguro-garantia; fiança bancária.

D) A duração dos contratos fica adstrita à vigência dos respectivos créditos orçamentários, podendo, no caso de aluguel de equipamentos e utilização de programas de informática, a duração estender-se pelo prazo de até 60 (sessenta) meses após o início da vigência do contrato.

E) Os contratos administrativos são regidos pela Lei Federal nº 8.666/93, regulando-se pelas suas cláusulas e pelos preceitos de direito público, não podendo haver aplicação supletiva dos princípios da teoria geral dos contratos, nem das disposições de direito privado.

COMENTÁRIOS

✪ **Nota do autor:** a Administração Pública também celebra contrato. Entretanto, as características deste não são as mesmas que o instituto apresenta na esfera privada. Inclusive, há sérias divergências quanto à existência ou não do contrato, em razão da tentativa de análise comparativa com o contrato no setor privado, especialmente focado nos elementos autonomia da vontade, igualdade absoluta entre as partes e imutabilidade do contrato. Para a resolução de questões referentes à licitação e contrato administrativo a leitura da lei é de extrema relevância e, neste caso, inclusive, a resposta foi extraída fielmente do texto legal.

Alternativa correta: letra "a". A lei 8.666/1993 traz, em seu artigo 55, um rol de cláusulas que são necessárias aos contratos administrativos: I – o objeto e seus elementos característicos; II – o regime de execução ou a forma de fornecimento; III – o preço e as condições de pagamento, os critérios, data-base e periodicidade do reajustamento de preços, os critérios de atualização monetária entre a data do adimplemento das obrigações e a do efetivo pagamento; IV – os prazos de início de etapas de execução, de conclusão, de entrega, de observação e de recebimento definitivo, conforme o caso; V – o crédito pelo qual correrá a despesa, com a indicação da classificação funcional programática e da categoria econômica; VI – as garantias oferecidas para assegurar sua plena execução, quando exigidas; VII – os direitos e as responsabilidades das partes, as penalidades cabíveis e os valores das multas; VIII – os casos de rescisão; IX – o reconhecimento dos direitos da Administração, em caso de rescisão administrativa prevista no art. 77 desta Lei; X – as condições de importação, a data e a taxa de câmbio para conversão, quando for o caso; XI – a vinculação ao edital de licitação ou ao termo que a dispensou ou a inexigiu, ao convite e à proposta do licitante vencedor; XII – a legislação aplicável à execução do contrato e especialmente aos casos omissos; **XIII – a obrigação do contratado de manter, durante toda a execução do contrato, em compatibilidade com as obrigações por ele assumidas, todas as condições de habilitação e qualificação exigidas na licitação.**

Alternativa "b". O enunciado não traz com fidelidade aquilo disposto no Estatuto das Licitações. Segundo o artigo 59, "**A declaração de nulidade do contrato administrativo** opera retroativamente impedindo os efeitos jurídicos que ele, ordinariamente, deveria produzir, além de desconstituir os já produzidos. Parágrafo único. A nulidade **não exonera a Administração do dever de indenizar o contratado pelo que este houver executado** até a data em que ela for declarada e por outros prejuízos regularmente comprovados, contanto que não lhe seja imputável, promovendo-se a responsabilidade de quem lhe deu causa."

Alternativa "c". O erro do enunciado está em dizer que "caberá ao Poder Público contratante optar". Segundo o artigo 56, §1º, **caberá ao contratado a escolha entre** as modalidades de garantias no mesmo artigo arroladas. São elas: I – **caução em dinheiro ou em títulos da dívida** pública, devendo estes ter sido emitidos sob a forma escritural, mediante registro em sistema centralizado de liquidação e de custódia autorizado pelo Banco Central do Brasil e avaliados pelos seus valores econômicos, conforme definido pelo Ministério da Fazenda; II -**seguro-garantia**; III – **fiança bancária**.

Alternativa "d". Dispõe o artigo 57 que a "duração dos contratos regidos por esta Lei ficará adstrita à vigência dos respectivos créditos orçamentários, exceto quanto aos relativos: [...] IV - ao **aluguel de equipamentos e à utilização de programas de informática**, podendo a duração **estender-se pelo prazo de até 48** meses após o início da vigência do contrato".

Alternativa "e". A assertiva confronta com o texto legal. Segundo o artigo 54, "Os contratos administrativos de que trata esta Lei regulam-se pelas suas cláusulas e pelos preceitos de direito público, aplicando-se-lhes, supletivamente, os princípios da teoria geral dos contratos e as disposições de direito privado."

---

24. (Vunesp – Juiz de Direito – SP/2015) Sobre os Contratos Administrativos, é correto afirmar:

A) ressalvada a hipótese de contratação integrada nos demais regimes de execução é proibida a participação do autor do projeto básico como consultor ou técnico, nas funções de fiscalização, supervisão ou gerenciamento, na licitação de obra ou serviço ou na sua execução.

B) a Ata de Registro de preços constitui modalidade de licitação para contratações cujo orçamento estimado não alcance o valor que obriga a adoção da modalidade concorrência.

C) na licitação na modalidade de pregão, regulada pela Lei nº 10.520/02, apenas após o encerramento da etapa competitiva o pregoeiro verificará a documentação do licitante vencedor, quando então deverá verificar sua habilitação jurídica, fiscal, técnica, econômica e a validade de sua garantia de proposta.

D) a contratação integrada compreende a elaboração e o desenvolvimento dos projetos básico e executivo, a execução de obras e serviços de engenharia, a montagem, a realização de testes, a pré-operação e todas as demais operações necessárias e suficientes para a entrega final do objeto.

COMENTÁRIOS

✪ **Nota do autor:** A previsão de contratação integrada está assentada na Lei 12.462/2011, que instituiu o Regime Diferenciado de Contratações Públicas (RDC).

Alternativa correta: letra "d". De acordo com o artigo 6º, IX, da Lei 8.666/1993, o projeto básico é o "conjunto de elementos necessários e suficientes, com nível de precisão adequado, para caracterizar a obra ou serviço, ou complexo de obras ou serviços objeto da licitação, elaborado com base nas indicações dos estudos técnicos preliminares, que assegurem a viabilidade técnica e o adequado tratamento do impacto ambiental do empreendimento, e que possibilite a avaliação do custo da obra e a definição dos métodos e do prazo de execução [...]". Em seguida, no artigo 7º, I, e §2º, I, as obras e serviços somente poderão ser licitados se houver projeto básico aprovado pela autoridade competente. Por sua vez, enfim, o artigo 9º veda a participação na licitação ou na execução do contrato da empresa responsável pelo projeto básico ou executivo. Por outro lado, no regime diferenciado de contratações, a Lei 12.462/2011 trouxe a possibilidade de haver a contratação integrada. A contratação integrada abrange tanto a elaboração quanto o desenvolvimento dos projetos básico e executivo, bem como a execução das obras e serviços de engenharia, a montagem, a realização de testes, a pré-operação e todas as demais operações necessárias e suficientes para a entrega do objeto. No caso de contratação integrada, o instrumento convocatório conterá anteprojeto de engenharia abrangendo os documentos técnicos destinados a possibilitar a caracterização da obra ou serviço, incluindo, conforme art. 9, §2º, I: a) a demonstração e a justificativa do programa de necessidades, a visão global dos investimentos e as definições quanto ao nível de serviço desejado; b) as condições de solidez, segurança, durabilidade e prazo de entrega; c) a estética do projeto arquitetônico; e d) os parâmetros de adequação ao interesse público, à economia na utilização, à facilidade na execução, aos impactos ambientais e à acessibilidade.

Alternativa "a".A assertiva traz uma antítese – equivocada – da previsão legal. O §2º do artigo 9º, da Lei 8.666/1993 permite a referida participação.

Alternativa "b". Por vezes a Administração realiza o certame não com objetivo de contratação imediata, mas com a finalidade de escolher a oferta mais vantajosa e proceder a sua gradual contratação. Trata-se do sistema de registro de preços. Está previsto no artigo 15 da Lei 8.666/1993, e é aplicável ao pregão por expressa disposição da legislação que regulamenta esta modalidade (art. 11 da Lei 10.520/2002). Neste caso, o vencedor da licitação não entrega o objeto imediatamente à Administração. E, também, esta não é obrigada a adquirir os produtos ou serviços que tiveram o preço fixado em ata. O que o registro assegura ao licitante é preferência na contratação.

Alternativa "c". O procedimento do pregão distingue-se, principalmente, por essa inversão das fases de habilitação e classificação e julgamento e, assim, na forma prevista no art. 4º, VI e XII, da Lei nº 10.520/02, "aberta a sessão, os interessados ou seus representantes, apresentarão declaração dando ciência de que cumprem plenamente os requisitos de habilitação e entregarão os envelopes contendo a indicação do objeto e do preço oferecidos, procedendo-se à sua imediata abertura e à verificação da conformidade das propostas com os requisitos estabelecidos no instrumento convocatório", e, "encerrada a etapa competitiva e ordenadas as ofertas, o pregoeiro procederá à abertura do invólucro contendo os documentos de habilitação do licitante que apresentou a melhor proposta, para verificação do atendimento das condições fixadas no edital". Entretanto, a Lei nº 10.520/2002 veda a exigência de garantia de proposta.

---

25. (Vunesp – Juiz de Direito – TJ – SP/2013) A celebração de um contrato administrativo, tendo por objeto a construção de uma usina eólica, para ter validade jurídica,

A) prescinde de qualquer autorização de outro Poder, por falta de previsão constitucional.

B) está condicionada à aprovação popular.

C) reclama prévia autorização do Poder Judiciário.

D) está condicionada à prévia autorização do Poder Legislativo.

COMENTÁRIOS

Alternativa correta: letra "a" (responde as demais alternativas). Não há no texto Constituição Federal exigência de autorização de outro Poder para celebração de contrato administrativo que tenha por objeto construção de obra. Desse modo, a alternativa "a" está correta e, por exclusão, todas as demais estão incorretas. É importante esclarecer, entretanto, que a ausência de previsão constitucional exigindo autorização legislativa não infirma a possibilidade, respeitado o princípio da razoabilidade, de a lei estabelecer hipótese de exigência de autorização legislativa para contratação em determinados casos. Assim, por exemplo, o faz a lei 11.079/2004, que estabelece "normas gerais para licitação e contratação de parceria público-privada no âmbito da administração pública", que, em seu artigo 10, §3º, dispõe que "As licitações patrocinadas em que mais de 70% da remuneração do parceiro privado for paga pela Administração Pública dependerão de autorização legislativa específica."

---

26. (Vunesp – Juiz de Direito – TJ – SP/2013) Ante a recusa do adjudicatário para assinar o contrato, a Administração poderá

A) convocar qualquer dos licitantes, observados os critérios da conveniência e oportunidade, para assinar o contrato.

B) convocar qualquer dos licitantes, desde que prestada garantia adicional consistente em caução em dinheiro ou em títulos da dívida pública, para assinar o contrato.

C) convocar os licitantes remanescentes, na ordem de classificação, para fazê-lo nas mesmas condições do primeiro classificado, inclusive quanto aos preços atualizados de conformidade com o ato convocatório, ou revogar a licitação.

D) convocar os licitantes remanescentes, na ordem de classificação, para fazê-lo nos termos de suas propostas, inclusive quanto aos preços.

COMENTÁRIOS

Alternativa correta: letra "c" (responde as demais alternativas). Conforme estabelece o artigo 64, §2º, da Lei 8.666/1993, "É facultado à Administração, quando o convocado não assinar o termo de contrato ou não aceitar ou retirar o instrumento equivalente no prazo e condições estabelecidos, convocar os licitantes remanescentes, na ordem de classificação, para fazê-lo em igual prazo e nas mesmas condições propostas pelo primeiro classificado, inclusive quanto aos preços atualizados de conformidade com o ato convocatório, ou revogar a licitação independentemente da cominação prevista no art. 81 desta Lei".

8. SERVIÇOS PÚBLICOS

- **CF, artigos 21, 23, 25, 30 e 32, § 1º**
- **CF, art. 175**
- **Lei nº 8.987/95**
- **Lei nº 11.079/04**

27. (Vunesp – Juiz de Direito – RJ/2016) O acordo firmado entre a Administração Pública e pessoa do setor privado com o objetivo de implantação ou gestão de serviços públicos, com eventual execução de obras ou fornecimento de bens, mediante financiamento do contratado, contraprestação pecuniária do Poder Público e compartilhamento dos riscos e dos ganhos entre os pactuantes, é denominado

A) termo de fomento.

B) termo de colaboração.

C) contrato de parceria público-privada.

D) contrato de concessão comum.

E) contrato de gestão.

COMENTÁRIOS

Nota do autor: Concessão de serviço público é o contrato administrativo por meio do qual a Administração Pública delega a terceiro a "execução de um serviço público, para que o execute sem seu próprio nome, **por sua conta e risco, assegurando-lhe a remuneração mediante tarifa** paga pelo usuário ou outra forma de remuneração decorrente da exploração do serviço."[24] Está disciplinada na Lei 8.987/1995. Esta lei trata das concessões comuns. Por sua vez, a Lei nº 11.079/2004 instituiu normas de licitação e contratação para parceria público-privada.

Alternativa correta: letra "c" (responde a alternativa "d"). Pelo contrato de concessão comum (simples ou precedida de obra), delega-se a execução do serviço ao concessionário, que o fará por sua conta e risco. É o que dispõe o artigo 2º, II da Lei nº 8.987/1995: "concessão de serviço público é a delegação de sua prestação, feita pelo poder concedente, mediante licitação, na modalidade concorrência, à pessoa jurídica ou consórcio de empresas que demonstre capacidade para seu desempenho, **por sua conta e risco** e por prazo determinado." Por outro lado, a parceria público-privada é formalizada por um contrato administrativo de concessão que apresenta duas modalidades: **concessão patrocinada**, que é a mesma concessão de serviços públicos de que trata a Lei 8.987/1996, mas que envolve, adicionalmente à tarifa cobrada dos usuários, contraprestação do parceiro público ao parceiro privado; e a **concessão administrativa**, da qual resulta um contrato de prestação de serviços de que a Administração Pública seja a usuária direta ou indireta, ainda que envolva execução de obra ou fornecimento e instalações, sem cobrança de tarifa. Podem ser apontadas, por exemplo, dois pontos de distinção entre a parceria público-privada e a concessão comum: primeiro – há contraprestação pecuniária do parceiro público ao parceiro privado como adicional às tarifas pagas pelos usuários; e segundo – haverá repartição objetiva dos riscos entre o poder concedente e o parceiro privado.

Alternativa "a" (responde a alternativa "b"). Em 2014 foi publicada a Lei 13.019/2014, conhecida como o marco regulatório do terceiro setor. Agora, em regra, as parcerias entre instituições do setor privado, sem fins lucrativos, e o Poder Público deverão ser formalizadas, quando houver transferência de recursos, por termo de colaboração (para a realização de atividades de interesse público propostas pela Administração Pública, nos termos do artigo 16) e por termo de fomento (para a realização de atividades de interesse público propostas pela organização da sociedade civil, conforme artigo 17), exigindo-se, em ambos os casos, que a entidade do terceiro setor tenha sido escolhida por meio de um processo seletivo denominado "chamamento público", salvo as exceções previstas em lei.

Alternativa "e". Contrato de gestão é o instrumento destinado a qualificar entidade privada sem fins lucrativos como organização social e, também, pode ser usado no processo de qualificação de autarquia ou fundação pública como agência executiva.

24. DI PIETRO, Maria Sylvia Zanella. Direito administrativo. 12 ed. São Paulo: Atlas, 2010. P. 294. Original sem destaque.

28. (Vunesp – Juiz de Direito – SP/2015) Quanto às parcerias público-privadas em sentido estrito, é correto afirmar que

A) elas só podem ter por objeto a prestação de serviços públicos divisíveis de que a Administração seja usuária direta ou indireta, ainda que envolva a execução de obra.

B) se inclui entre as cláusulas necessárias dos contratos de PPP a que contenha as penalidades aplicáveis à Administração Pública.

C) a contratação de parcerias público-privadas será precedida de licitação devendo o contrato ser adjudicado à empresa ou ao consórcio de empresas que se sagrou vencedor do certame, vedado que o objeto da parceria seja cometido a pessoa jurídica distinta dos adjudicatários.

D) é vedado que numa PPP o particular receba recursos públicos a qualquer título que não seja de financiamento por instituição financeira, antes de iniciar a prestação dos serviços objeto da PPP.

COMENTÁRIOS

Alternativa correta: letra "b". A lei 11.079/2004 elenca as cláusulas necessárias ao contrato de parceria público-privada. Segundo o artigo 5º**, os contratos de parceria público-privada** atenderão ao disposto no art. 23 da Lei nº 8.987, de 13 de fevereiro de 1995, no que couber, **devendo também prever**: I – o prazo de vigência do contrato, compatível com a amortização dos investimentos realizados, não inferior a 5 (cinco), nem superior a 35 (trinta e cinco) anos, incluindo eventual prorrogação; II – **as penalidades aplicáveis à Administração Pública e ao parceiro privado em caso de inadimplemento contratual**, fixadas sempre de forma proporcional à gravidade da falta cometida, e às obrigações assumidas; III – a repartição de riscos entre as partes, inclusive os referentes a caso fortuito, força maior, fato do príncipe e álea econômica extraordinária; IV – as formas de remuneração e de atualização dos valores contratuais; V – os mecanismos para a preservação da atualidade da prestação dos serviços; VI – os fatos que caracterizem a inadimplência pecuniária do parceiro público, os modos e o prazo de regularização e, quando houver, a forma de acionamento da garantia; VII – os critérios objetivos de avaliação do desempenho do parceiro privado; VIII – a prestação, pelo parceiro privado, de garantias de execução suficientes e compatíveis com os ônus e riscos envolvidos, observados os limites dos §§ 3º e 5º do art. 56 da Lei nº 8.666, de 21 de junho de 1993, e, no que se refere às concessões patrocinadas, o disposto no inciso XV do art. 18 da Lei nº 8.987, de 13 de fevereiro de 1995; IX – o compartilhamento com a Administração Pública de ganhos econômicos efetivos do parceiro privado decorrentes da redução do risco de crédito dos financiamentos utilizados pelo parceiro privado; X – a realização de vistoria dos bens reversíveis, podendo o parceiro público reter os pagamentos ao parceiro privado, no valor necessário para reparar as irregularidades eventualmente detectadas; XI – o cronograma e os marcos para o repasse ao parceiro privado das parcelas do aporte de recursos, na fase de investimentos do projeto e/ou após a disponibilização dos serviços, sempre que verificada a hipótese do § 2º do art. 6º desta Lei.

Alternativa "a". A parceria público-privada é formalizada por um contrato administrativo de concessão que apresenta duas modalidades: **concessão patrocinada**, que é a mesma concessão de serviços públicos de que trata a Lei 8.987/1996, mas que envolve, adicionalmente à tarifa cobrada dos usuários, contraprestação do parceiro público ao parceiro privado; e a **concessão administrativa**, da qual resulta um contrato de prestação de serviços de que a Administração Pública seja a usuária direta ou indireta, ainda que envolva execução de obra ou fornecimento e instalações, sem cobrança de tarifa. Nada obsta que a concessão do serviço em regime de parceria público-privada seja precedida da execução de obras, desde que respeitados os requisitos exigidos na Lei 11.079/2004.

Alternativa "c". Antes da celebração do contrato, deverá ser constituída sociedade de propósito específico, incumbida de implantar e gerir o objeto da parceria, é o que dispõe o artigo 9º da Lei 11.079/2004. Portanto, após vencer o certame, a empresa ou consórcio de empresas deverão constituir uma sociedade de propósito específico. É esta sociedade quem será incumbida de implantar e gerir o objeto da parceria, e não a pessoa jurídica vencedora do certame.

Alternativa "d". Dentre as cláusulas essenciais dos contratos de concessão de parcerias público-privadas, encontra-se aquela que estabelece "o cronograma e os marcos para o repasse ao parceiro privado das parcelas do aporte de recursos, na fase de investimentos do projeto e/ou após a disponibilização dos serviços, sempre que verificada a hipótese do § 2º do art. 6º desta Lei" (art. 5º, XI, Lei 11.079/2004). Fica claro que poderá o parceiro privado receber recursos ainda na fase de investimentos do projeto.

29. (Vunesp – Juiz de Direito – SP/2015) Sobre os serviços públicos, assinale a alternativa correta.

A) A prestação do serviço público não pode ser interrompida por inadimplemento do usuário no pagamento das tarifas, pois sendo um serviço essencial, o corte fere o princípio da dignidade da pessoa humana.

B) As tarifas de remuneração da prestação de serviços públicos concedidos deverão ser fixadas pelo preço da proposta vencedora da licitação nos termos de sua proposta e sua cobrança poderá ser condicionada à existência de serviço alternativo e gratuito para o usuário.

C) A prestação de serviço público diretamente pelo poder público é imune à aplicação do regime de proteção contido no Código de Defesa do Consumidor por caracterizar relação de prestação ao usuário e não relação de consumo.

D) Os serviços públicos previstos na Constituição que sejam passíveis de concessão aos particulares só poderão ser remunerados por meio de tarifas.

COMENTÁRIOS

✪ **Nota do autor: Concessão de serviço público** é o contrato administrativo por meio do qual a Administração Pública delega a terceiro a "execução de um serviço público, para que o execute sem seu próprio nome, **por sua conta e risco, assegurando-lhe a remuneração mediante tarifa** paga pelo usuário ou outra forma de remuneração decorrente da exploração do serviço."[25]

Alternativa correta: letra "b". Tarifa é a remuneração do serviço público concedido, e é regida pelo princípio da modicidade, ou seja, deve ter baixo custo para generalizar o serviço público e será fixada, nos termos do art. 9º, *caput*, "pelo preço da proposta vencedora da licitação". Ainda, conforme o §1º do mesmo artigo, a cobrança da tarifa poderá ser condicionada à existência de serviço público alternativo e gratuito para o usuário, somente nos casos expressamente previstos em lei.

Alternativa "a". A regra é a continuidade do serviço público. Assim, por serem essenciais, os serviços públicos devem ser prestados ininterruptamente. Todavia, o artigo 6º, da Lei 8.987/1995 aduz que "Não se caracteriza como descontinuidade do serviço a sua interrupção em situação de emergência ou após prévio aviso, quando: I – motivada por razões de ordem técnica ou de segurança das instalações; e, **II – por inadimplemento do usuário, considerado o interesse da coletividade**."

Alternativa "c". Estabelece o art. 3º do Código de Defesa do Consumidor que "Fornecedor é **toda pessoa física ou jurídica, pública ou privada**, nacional ou estrangeira, bem como os entes despersonalizados, que desenvolvem atividade de produção, montagem, criação, construção, transformação, importação, exportação, distribuição ou comercialização de produtos ou prestação de serviços. Portanto, nas relações entre o Poder Público e o administrado poderá haver incidência do Código de Defesa do Consumidor, desde que não haja incompatibilidade com as normas de direito administrativo. A Lei 13.460/2017, que dispõe sobre participação, proteção e defesa dos direitos do usuário dos serviços públicos da administração pública, por exemplo, prevê que sua aplicação não afasta a Lei 8.078/1990 (CDC) quando caracterizada relação de consumo (art. 2, II).

Alternativa "d". Consoante a Lei 8.987/1995, "No atendimento às peculiaridades de cada serviço público, poderá o poder concedente prever, em favor da concessionária, no edital de licitação, a possibilidade de outras fontes provenientes de receitas alternativas, complementares, acessórias ou de projetos associados, com ou sem exclusividade, com vistas a favorecer a modicidade das tarifas, observado o disposto no art. 17 desta Lei" (art. 11). Deste modo, verifica-se que a tarifa não é o único meio pelo qual se pode remunerar o concessionário do serviço público.

---

30. (Vunesp – Juiz de Direito – RJ/2014) A propósito da concessão de serviços públicos, assinale a alternativa correta.

A) A concessionária poderá contratar com terceiros o desenvolvimento de atividades inerentes, acessórias ou complementares ao serviço concedido, sendo, entretanto, expressamente vedada a subconcessão do serviço.

B) Incumbe ao poder concedente zelar pela boa qualidade do serviço, receber, apurar e solucionar queixas e reclamações dos usuários, que serão cientificados, em até trinta dias, das providências tomadas.

C) A alteração de alíquota do imposto sobre a renda, após a apresentação da proposta de concessão, quando comprovado seu impacto, implicará a revisão da tarifa, para mais ou para menos, conforme o caso.

D) As disputas decorrentes ou relacionadas ao contrato de concessão não poderão ser resolvidas por meio do emprego de mecanismos privados, devendo ser submetidas ao Poder Judiciário brasileiro.

COMENTÁRIOS

✪ **Nota do autor:** O dever de controlar e zelar pela prestação do serviço público é inerente à competência para sua prestação[26]. Nessa toada, os serviços de competência da União serão por ela prestados direta ou indiretamente, e pela União serão controlados e fiscalizados. A competência para prestação de

---

25. DI PIETRO, Maria Sylvia Zanella. Direito administrativo. 12 ed. São Paulo: Atlas, 2010. P. 294. Original sem destaque.

26. CARVALHO FILHO, José dos Santos. Manual de direito administrativo. 26ª Ed. São Paulo: Atlas, 2013, p. 334.

serviço público de cada ente político está definida no texto constitucional, em regra, nos artigos 21, 23, 25, 30 e 32.

Alternativa correta: letra "b". No capítulo VII, a Lei 8.987/1995 estabelece os encargos do poder concedente, e nele encontra-se a o artigo 29, cujo inciso VII traz como encargo do poder concedente "zelar pela boa qualidade do serviço, receber, apurar e solucionar queixas e reclamações dos usuários, que serão cientificados, em até trinta dias, das providências tomadas".

Alternativa "a". Ao contrário do afirmado na alternativa, o art. 26 da Lei nº 8.987/95 admite a subconcessão nos termos previstos no contrato de concessão, desde que o poder concedente autorize expressamente, exigindo-se que a outorga de concessão seja precedida da realização de concorrência.

Alternativa "c". O imposto de renda é uma exceção ao afirmado no enunciado. O §3º, artigo 9º, da Lei 8.987/1996 estabelece que "ressalvados os impostos sobre a renda, a criação, alteração ou extinção de quaisquer tributos ou encargos legais, após a apresentação da proposta, quando comprovado seu impacto, implicará a revisão da tarifa, para mais ou para menos, conforme o caso."

Alternativa "d". Nos termos do art. 23-A, da Lei, "O contrato de concessão poderá prever o emprego de mecanismos privados para resolução de disputas decorrentes ou relacionadas ao contrato, inclusive a arbitragem, a ser realizada no Brasil e em língua portuguesa, nos termos da Lei nº 9.307/96". A arbitragem, portanto, é admissível. Ademais, a Lei 13.129/2015 trouxe a possibilidade de se utilizar a arbitragem de forma ampla na Administração Pública. Este assunto é relevante porque, antes de a referida lei, havia fundada controvérsia sobre a possibilidade de se utilizar esse mecanismo para solução de conflitos no âmbito da Administração Pública, ante a indisponibilidade do interesse público. Para alguns doutrinadores, com a possibilidade, houve mitigação deste princípio.

9. BENS PÚBLICOS

31. (Vunesp – Juiz de Direito – TJ SP/2017) Sobre a impenhorabilidade dos bens públicos, pode-se afirmar que

A) tem natureza absoluta por decorrerem da inalienabilidade que os caracterizam.

B) é absoluta, com exceção da hipótese de concessão de garantia da União em operações de crédito externo, nos termos do artigo 52, VIII, da Constituição Federal de 1988.

C) é absoluta, com exceção da hipótese de sequestro de bens ao teor do artigo 100, parágrafo 6º, da Constituição Federal de 1988.

D) admite exceção para a hipótese de sequestro de bens, nos termos do artigo 100, parágrafo 6º, da Constituição Federal de 1988, e para a concessão de garantia, em condições especialíssimas, em operações de crédito externo, cabendo ao Senado Federal dispor sobre limite e concessões, nos termos do artigo 52, VIII, da Constituição Federal de 1988.

COMENTÁRIOS

Nota do autor: Os bens públicos submetem-se a regime jurídico peculiar, diferente do aplicado aos bens particulares e, da análise desse regime, é possível extrair como características a inalienabilidade, a impenhorabilidade, não onerabilidade e a imprescritibilidade.

Alternativa correta: letra "d" (responde as demais alternativas). Os bens públicos são impenhoráveis, por força do princípio da continuidade do serviço público e, por isso, adota-se forma diferenciada para que o Poder Público responda por suas dívidas, que é o regime de precatórios. Todavia, nesse regime, a própria Constituição Federal estabelece, por exemplo, no §6º do artigo 100, que "As dotações orçamentárias e os créditos abertos serão consignados diretamente ao Poder Judiciário, cabendo ao Presidente do Tribunal que proferir a decisão exequenda determinar o pagamento integral e autorizar, a requerimento do credor e exclusivamente para os casos de preterimento de seu direito de precedência ou de não alocação orçamentária do valor necessário à satisfação do seu débito, **o sequestro da quantia respectiva**." Ademais, embora os bens públicos não possam ser onerados (gravados com ônus), admite-se a concessão de garantia para operações de créditos (empréstimos).

32. (Vunesp – Juiz de Direito – SP/2014) Os edifícios em que se encontram sediados o Tribunal de Justiça do Estado de São Paulo, na Praça da Sé, e o Fórum João Mendes Júnior, na Praça João Mendes, podem ser qualificados, dentro do tema dos bens públicos, como:

A) bens de uso especial, pertencentes à Fazenda do Estado, afetados ao uso do Poder Judiciário.

B) bens de uso comum do povo, ou de domínio público, na medida em que a acessibilidade aos mesmos se dá por meio da utilização universal, por toda a população, com livre trânsito em suas dependências.

C) bens dominicais ou dominiais, de propriedade do Tribunal de Justiça do Estado de São Paulo, como sede do Poder Judiciário estadual.

D) bens dominicais ou dominiais, de propriedade da Fazenda do Estado, cedidos ao uso do Poder Judiciário.

COMENTÁRIOS

✪ **Nota do autor:** Bens de uso especial são aqueles usados para a execução das atividades administrativas.

Alternativa correta: letra "a". Os bens onde sediados o Tribunal de Justiça do Estado de São Paulo, na Praça da Sé, e o Fórum João Mendes Júnior, na Praça João Mendes, são bens públicos de uso especial, ante a destinação específica às atividades judiciárias que nesses edifícios se desenvolvem. É importante lembrar que tais bens não pertencem ao Poder Judiciário do Estado. O Poder Judiciário é um órgão público e, portanto, despersonalizado. Os referidos bens são pertencentes ao Estado de São Paulo.

Alternativa "b". Não são bens de uso comum do povo. Os bens de uso comum são àqueles destinados ao uso geral como praças e ruas. Os prédios mencionados são bens de uso especial.

Alternativa "c" (responde a alternativa "d"). A alternativa "c" traz mais de um erro. O Tribunal de Justiça não é proprietário de bens, pois não desfruta de personalidade jurídica e, assim, não é titular de direitos ou obrigações. Ademais, se no bem funciona a sede do Tribunal de Justiça, trata-se de uso especial.

10. INTERVENÇÃO DO ESTADO NA PROPRIEDADE

33. (Vunesp - Juiz de Direito - SP/2015) O instituto da desapropriação, no direito brasileiro, é regido por norma editada por decreto-lei na década de 40 e recepcionada pela Constituição Federal de 1988, com algumas alterações pontuais procedidas por legislação posterior. Sobre o instituto da desapropriação, é correto afirmar que

A) na desapropriação de bem imóvel, a declaração de utilidade pública deve especificar o bem dela objeto e se circunscrever àquela área necessária àquela finalidade, vedada sob pena de nulidade do ato expropriatório a inclusão de área lindeira para futura alienação e captura da valorização imobiliária pelo poder público.

B) a prática dos atos necessários à desapropriação pode ser exercida por particulares mediante delegação pelo poder público à iniciativa privada.

C) só é possível a expropriação de bens imóveis com prévia indenização em dinheiro ou, em algumas hipóteses, em títulos públicos com vencimento em prazo de, no máximo, cinco anos.

D) a desapropriação exige que os bens expropriados sejam destinados a uma finalidade ou utilidade públicas, incorporando-se ao patrimônio público, vedada a sua posterior alienação em favor de particulares.

COMENTÁRIOS

✪ **Nota do autor:** Com a evolução do Estado, este passou atuar de forma mais incisiva nas relações sociais e assumiu encargo de desempenhar a prestação de serviços fundamentais, de maneira a tutelar a sociedade como um todo, e não mais o indivíduo isoladamente considerado. Dois princípios fundamentam a intervenção do Estado na propriedade: o princípio da supremacia do interesse público e o princípio da função social da propriedade. O enunciado traz hipótese que se amolda à intervenção supressiva conhecida como desapropriação, disciplinada pelo Decreto-Lei nº 3.365/1941, recepcionado pelo texto constitucional.

Alternativa correta: letra "b". A desapropriação é dividida em duas fases: primeiro, há a **fase declaratória**, onde, por meio de decreto, demonstra-se a necessidade pública, a utilidade pública ou o interesse social no imóvel. Esta competência é, em regra, dos entes federativos, ou seja, cabe à União, aos Estados, ao Distrito Federal e aos Municípios promover esta declaração, excepcionando-se alguns casos em que se atribui a outras pessoas jurídicas de direito público promover esta declaração, como a Agência Nacional de Energia Elétrica. Mas é excepcional. A regra é que aos entes federativos compete promover a referida declaração; depois, há a **fase executória**, em que se promovem os atos necessários à desapropriação. Esta é um pouco mais ampla. Nos termos do art. 3º do Decreto-Lei nº 3.365/41, "concessionários de serviços públicos e os estabelecimentos de caráter público ou que exerçam funções delegadas de poder público poderão promover desapropriações mediante autorização expressa, constante de lei ou contrato."

Alternativa "a". A **desapropriação por zona** ou **extensiva** é aquela pela qual o Poder Público desapropria **área maior do que a necessária** para a realização de determinada obra ou serviço, "com o fito de reservá-la para posterior utilização no desenvolvimento da obra ou serviço ou com o objetivo de revendê-la"[27]. Está prevista no art. 4º do Decreto-Lei nº 3.665/41, ao prever que a declaração de utilidade pública pode abranger "a área contígua necessária ao desenvolvimento da obra a que se destina, e as zonas que se valorizarem extraordinariamente, em conse-

27. GASPARINI, Diógenes. *Direito administrativo*. 13. ed. São Paulo: Saraiva, 2008. p. 843.

quência da realização do serviço". Portanto, prevista em lei, não há nulidade alguma nesta modalidade de desapropriação.

Alternativa "c". A desapropriação é um "procedimento administrativo pelo qual o Estado, compulsoriamente, retira de alguém certo bem, por necessidade ou utilidade ou por interesse social e o adquire, originariamente, para si ou para outrem, mediante prévia e justa indenização, paga em dinheiro."[28] Acontece que há casos enumerados na própria Constituição em que o pagamento é feito com títulos da dívida pública, resgatáveis em até dez anos (art. 182, § 4º, III) ou da dívida agrária, resgatáveis em até vinte anos (art. 184).

Alternativa "d". A desapropriação para fins de reforma agrária já é o bastante para infirmar a assertiva, uma vez que o Poder Público, após expropriar o bem, redistribui as terras para que seja cumprida sua função social. Ademais, na desapropriação por zona acima citada, após o término das obras e em não havendo interesse público na manutenção das áreas contíguas, poderá o Poder Público alienar aquelas áreas desapropriadas em virtude da valorização extraordinária.

---

34. (Vunesp – Juiz de Direito – RJ/2014) Assinale a alternativa correta a respeito do instituto da desapropriação.

A) O decreto expropriatório permite ao poder expropriante penetrar no imóvel atingido pelo decreto para fazer avaliações e verificações por meio da imissão provisória na posse.

B) O poder expropriante terá o prazo de cinco anos, contados da publicação da declaração expropriatória para efetivar a desapropriação por interesse social.

C) A desapropriação de imóveis urbanos não utilizados ou mal utilizados pode ser efetivada pelos Estados ou pelos Municípios.

D) A desapropriação por interesse social do imóvel rural que não cumpra sua função social importa prévia e justa indenização em títulos da dívida agrária, e as benfeitorias úteis e necessárias serão indenizadas em dinheiro.

COMENTÁRIOS

Alternativa correta: letra "d". O conhecimento do texto constitucional era o bastante para resolver esta questão. Segundo o artigo art. 184, "Compete à União desapropriar por interesse social, para fins de reforma agrária, o imóvel rural que não esteja cumprindo sua função social, mediante prévia e justa indenização em títulos da dívida agrária, com cláusula de preservação do valor real, resgatáveis no prazo de até vinte anos, a partir do segundo ano de sua emissão, e cuja utilização será definida em lei. § 1º As benfeitorias úteis e necessárias serão indenizadas em dinheiro."

Alternativa "a" O decreto expropriatório permite ao expropriante penetrar no imóvel para fins de avaliações e verificações pertinentes. Todavia, não se confunde com a imissão provisória na posse. O decreto está na esfera administrativa e demonstra a utilidade ou necessidade pública ou o interesse social na desapropriação. Já a imissão provisória na posse compreende a fase judicial do procedimento expropriatório.

Alternativa "b". No caso de desapropriação por interesse social, não havendo acordo na fase administrativa, o ente público ajuizará a competente ação de desapropriação, que deverá ser proposta no prazo de **dois** anos, contados do decreto declaratório. Após o encerramento do prazo, ocorre a **caducidade** do ato declaratório de expropriação e, nesse caso, para que seja possível nova desapropriação, necessário que o Poder Público aguarde o prazo de um ano, e, uma vez mais, realize todas as fases do processo de expropriação. O prazo de cinco anos é estabelecido quando a desapropriação for para fins de utilidade ou necessidade pública.

Alternativa "c". A desapropriação, em regra, pode ser feita pela União, pelos Estados, pelo DF e pelos Municípios, salvo: a **desapropriação urbanística sancionatória**, quando o solo não é edificado, é subutilizado ou não utilizado, e, mediante lei específica para área incluída no plano diretor, que é exclusiva do Município, não podendo o Estado fazê-lo (art. 182, §4º I, II e III); e a **desapropriação para reforma agrária e a de terra em que há cultivo ilegal de planta psicotrópica ou a exploração de trabalho escravo, que são de competência da União.** Os Municípios e os Estados podem desapropriar imóveis rurais, exceto para reforma agrária ou no caso de confisco por cultura ilegal ou exploração de trabalho escravo, na forma da lei, previsão esta no bojo da EC 81 de 2014.

---

35. (Vunesp – Juiz de Direito – SP/2014) A Prefeitura de determinado Município do Estado de São Paulo pretende desapropriar imóvel situado em sua zona urbana. O proprietário do referido imóvel descobre que o intento do Prefeito Municipal é decorrente de espírito de emulação, posto tratar-se de seu inimigo político, inexistindo qualquer motivo técnico para a desapropriação em questão. Visando atacar tal vício do decreto expropriatório, o expropriado deve

---

28. GASPARINI, Diógenes. Direito administrativo. 13 ed. São Paulo: Malheiros, 2010, p. 664.

A) levantar a questão em sede de preliminar, ao apresentar a sua contestação, postulando pela extinção do feito sem julgamento de mérito.

B) levantar a questão por meio de ajuizamento de ação autônoma, com o objetivo de anulação do referido decreto, devido ao desvio de finalidade.

C) levantar a questão na audiência de instrução e julgamento, ao aduzir oralmente as suas alegações finais, postulando pela extinção do feito sem julgamento de mérito.

D) levantar a questão ainda na fase administrativa da desapropriação, perante o departamento competente da Municipalidade.

COMENTÁRIOS

✪ **Nota do autor:** da análise do artigo 5º, XXIV, percebe-se que o legislador constituinte estabeleceu pressupostos necessários para a ocorrência da desapropriação, que são os seguintes: necessidade pública, utilidade pública ou interesse social. São conceitos jurídicos não determinados, mas determináveis, pois, embora não se possa *a priori* estabelecer o que é utilidade pública, é possível identificar casos em que não há utilidade pública.

Alternativa correta: letra "b" (responde as demais alternativas). O Decreto-Lei 3.365/1941 estabelece que "A contestação só poderá versar sobre vício do processo judicial ou impugnação do preço; qualquer outra questão deverá ser decidida por ação direta" (art. 20). É que todos os bens situados no território de um Estado estão sob seu domínio eminente, ou seja, sobre todos os bens o Estado tem "disponibilidade potencial".[29] Deste modo, é direito do Estado desapropriar, em regra, todos os bens, motivo pelo qual não pode o expropriado arguir outra defesa senão que o valor não é justo, já que o preço justo é requisito para o formal procedimento expropriatório, ou vícios processuais, como incompetência, por exemplo. Qualquer outra discussão, a exemplo do desvio de finalidade do decreto expropriatório, deverá ser objeto de ação direta ou autônoma, uma vez que não se trata de discussão sobre preço ou vício processual.

---

36. (Vunesp – Juiz de Direito – TJ – SP/2013) A declaração de utilidade pública de um imóvel para fins de desapropriação

A) quando efetivada a desapropriação, exige que o valor da obra seja incluído na indenização.

B) não impede a expedição do alvará de licenciamento para construção no imóvel, desde que preenchidos os requisitos legais para sua expedição.

C) impede a Administração de expedir alvará de licença para edificação no imóvel.

D) impede que o proprietário use, goze e disponha do imóvel.

COMENTÁRIOS

✪ **Nota do autor:** é possível que o Poder Público declare a utilidade pública de determinado bem e, ainda assim, por anos não seja finalizado o procedimento expropriatório. Deste modo, em não havendo imissão provisória na posse, o morador continua possuindo o imóvel e pode ter interesse em construir determinada obra.

Alternativa correta: letra "b" (responde as alternativas "a" e "c"). No sentido da alternativa, a súmula 23 do Supremo Tribunal Federal: Verificados os pressupostos legais para o licenciamento da obra, não o impede a declaração de utilidade pública para desapropriação do imóvel, mas o valor da obra não se incluirá na indenização, quando a desapropriação for efetivada.

Alternativa "d". O decreto expropriatório não impede que o proprietário use ou goze do imóvel. O decreto expropriatório é um ato administrativo que individualiza o bem e demonstra o interesse na desapropriação, e tem como efeitos permitir que autoridades ingressem no imóvel e façam avaliações, mas não obsta, enquanto não imitido na posse, que o proprietário use e goze do bem. Ademais, eventual alienação do imóvel é possível, mas não oponível ao ente expropriante. Até o pagamento do preço e registro imobiliário, o expropriado continua sendo proprietário do bem.

11. RESPONSABILIDADE EXTRACONTRATUAL DO ESTADO

▸ CF, art. 37, § 6º

---

37. (Vunesp – Juiz de Direito – RJ/2016) Considere a seguinte situação hipotética. Integrantes de movimento popular invadiram imóvel rural pertencente à empresa X, localizada no Município São Fidélis, Estado do Rio de Janeiro. Os integrantes do movimento permaneceram no local, embora a empresa X tenha tomado todas as providências judiciais cabíveis a fim de obter a reintegração de posse, até mesmo com pedido de intervenção federal deferido pelo Tribunal de Justiça do Estado do Rio de Janeiro, em virtude do descumprimento, por parte da Polícia Militar Estadual, de requisição de força policial, judicialmente determinada. Decide a Empresa X ajuizar ação de indenização em face do Estado do Rio de Janeiro.

29. CARVALHO FILHO, José dos Santos. Manual de direito administrativo. 26ª Ed. São Paulo: Atlas, 2013, p. 1138.

A respeito deste caso, é correto afirmar que

A) cabe o julgamento pela procedência da demanda da Empresa X, em razão da adoção da teoria do risco integral no ordenamento jurídico brasileiro, sendo dispensável o estabelecimento de liame entre a conduta do Poder Público e o resultado danoso causado.

B) é possível julgar a ação procedente, com a condenação do Estado do Rio de Janeiro, pela atual adoção da teoria do risco social, segundo a qual o foco da responsabilidade civil é a vítima, e não o autor do dano, de modo que a reparação estaria a cargo de toda a coletividade, dando ensejo ao que se denomina de socialização dos riscos.

C) é necessário que seja decretada a improcedência da demanda, pois o Estado-Membro, no caso, o Rio de Janeiro, não pode ser responsabilizado pela ausência de força policial para reintegração, já que o ato antecedente, de realizar a reforma agrária, era de competência da União.

D) a ação indenizatória poderá ser julgada procedente para imputar ao Estado a responsabilidade pelos danos causados pela ação coletiva de terceiros, desde que comprovada a omissão culposa do Poder Público, como ocorreu no caso em tela.

E) não poderá ser julgada procedente a ação proposta pela Empresa X, tendo em vista que desde a Constituição de 1946, o Brasil adota a teoria do risco administrativo, cabendo indenização por danos aos quais os agentes públicos tiverem dado causa por ação dolosa.

COMENTÁRIOS

✪ **Nota do autor:** Na responsabilidade por omissão não há como, objetivamente, fazer a conexão entre a conduta do Estado e o dano causado, pois **não há conduta estatal**. O Estado será responsabilizado quando tinha o **dever de agir** para impedir o resultado e não atuou e, por isso, será necessário demonstrar a falha na atuação.

Alternativa correta: letra "d". Haverá o reconhecimento da **responsabilidade subjetiva** do Estado por culpa anônima, em razão da ***faute du service***, isto é, da **culpa do serviço**. É considerada de cunho subjetivo, pois deve ser demonstrada a culpa da Administração (e não do agente), que se verifica quando o serviço não existe (e deveria), funciona inadequadamente ou funciona atrasado. Ainda assim, não são unânimes a doutrina e a jurisprudência em considerar a responsabilidade por omissão como subjetiva, mas é possível se afirmar que a **doutrina majoritária** e a **tendência da jurisprudência** (inclusive do STF) são no sentido da responsabilidade subjetiva, com exceção de situações em que reste configurada omissão de dever específico de proteção, como é o caso de morte de detento, nas quais o STF entende que se trata de responsabilidade objetiva.

Alternativa "a" (responde a alternativa "b"). Com a superação das teorias subjetivistas, passou a ser reconhecida a responsabilidade objetiva do Estado, para a qual a responsabilização por danos decorrente de conduta da Administração Pública independe da demonstração de culpa, bastando comprovar (a conduta) o dano e o nexo. **Esta teoria se baseia no risco e na solidariedade social**, porque o Estado, no exercício de suas atividades, tem grande probabilidade de causar dano ao administrado. A teoria do risco desdobra-se em duas teorias: **teoria do risco administrativo**, na qual se vislumbra a responsabilidade objetiva do Estado, admitindo-se, entretanto, causas excludentes da responsabilidade, como nas hipóteses de caso fortuito, força maior, culpa exclusiva da vítima ou culpa exclusiva de terceiro; **teoria do risco integral**, pela qual o Estado é objetivamente responsável pelos danos que causar aos administrados, não se admitindo, entretanto, excludentes de responsabilidade. O Estado, para teoria do risco integral, tem responsabilidade ainda que haja culpa exclusiva da vítima. **O estado brasileiro adotou, como regra, a teoria do risco administrativo, aquela em que a responsabilidade do Estado é objetiva**, mas admite excludentes de responsabilidade. Em casos excepcionais, entretanto, o Estado adota a teoria do risco integral. Esse é o entendimento do Superior Tribunal de Justiça, segundo o qual "a responsabilidade por dano ambiental é objetiva, informada pela teoria do risco integral, sendo o nexo de causalidade o fator aglutinante que permite que o risco se integre na unidade do ato, sendo descabida a invocação, pela empresa responsável pelo dano ambiental, de excludentes de responsabilidade civil para afastar sua obrigação de indenizar." (REsp 1374284 / MG).

Alternativa "c". Realmente, a competência para desapropriação com fins de reforma agrária é da União. Mas não é o caso. A indagação expõe uma situação hipotética em que há ação de reintegração de posse de um imóvel particular. A competência é do Estado. A ação deve ser julgada procedente em virtude de ter havido omissão do poder público quando tinha o dever de agir.

Alternativa "e". A responsabilidade do Estado, desde 1946, é objetiva. Deste modo, é o bastante comprovar a conduta, o dano e o nexo. O elemento subjetivo – dolo ou culpa – não é pressuposto para responsabilizar o Estado.

---

38. (Vunesp – Juiz de Direito – SP/2014) Com respeito ao tema da responsabilidade civil do Estado, o particular que, de algum modo, sentir-se prejudicado por ato de servidor da Administração Pública, para buscar o ressarcimento do dano sofrido, deverá

A) ajuizar ação de indenização apenas contra o servidor público que lhe causou o indigitado dano, podendo este, se o entender cabível, denunciar a Fazenda Pública à lide, para fazer valer o seu direito de regresso.

B) efetuar pedido administrativo nesse sentido, junto ao órgão competente da Administração Pública, pois apenas com a peremptória negativa desta é que se verificará a existência do interesse de agir.

C) ajuizar ação de indenização contra a Fazenda Pública e contra o servidor público que causou-lhe diretamente o dano, em litisconsórcio passivo necessário.

D) ajuizar ação de indenização apenas contra a Fazenda Pública, podendo esta, se o entender cabível, denunciar o servidor à lide, para fazer valer o seu direito de regresso.

COMENTÁRIOS

Nota do autor: "As pessoas jurídicas de direito público e as de direito privado prestadoras de serviços públicos responderão pelos danos que seus agentes, nessa qualidade, causarem a terceiros, assegurado o direito de regresso contra o responsável nos casos de dolo ou culpa". Esta é a dicção do parágrafo 6º, art. 37, CF. Portanto, sempre que responsabilizado por conduta culposa ou dolosa de seus agentes, ao Poder Público caberá o direito de regresso, objetivando o ressarcimento do erário.

Alternativa correta: letra "d" (responde as demais alternativas). De acordo com a posição do Supremo Tribunal Federal[30], há impossibilidade de se acionar diretamente o agente público, pois o art. 37, §6º, da Constituição Federal estabelece dupla garantia: uma, em favor do particular, assegurando-lhe o direito de promover a ação indenizatória em face de pessoa jurídica de direito público ou de pessoa jurídica de direito privado prestadora de serviço público, e outra, em benefício do servidor, que apenas responde civil e administrativamente perante a pessoa jurídica a que estiver vinculado.

12. CONTROLE DA ADMINISTRAÇÃO PÚBLICA

- **CF, art. 5º LXVIII, LXIX, LXX, LXXI, LXXII, LXIII e LXXVII**
- **CF, artigos 50 e 58**
- **CF, artigos 70, 71 e 74**
- **CF, art. 103**
- **CF, art. 129, II**
- **Lei nº 12.016/09**
- **Lei nº 7.347/85**
- **Lei nº 4.717/65**

30. STF. RE 327.904 e RE 470.996.

39. (Vunesp - Juiz de Direito - RJ/2014) Considerando os instrumentos de garantia dos administrados aplicáveis ao controle judicial da administração pública, assinale a alternativa correta.

A) Na ação civil pública, a sentença que julgar o pedido improcedente por falta de provas, transitada em julgado, produzirá coisa julgada erga omnes, impedindo que nova ação seja ajuizada com o mesmo fim.

B) Não cabem, no processo de mandado de segurança, a interposição de embargos infringentes e a condenação ao pagamento dos honorários advocatícios, sem prejuízo da aplicação de sanções no caso de litigância de má-fé.

C) A responsabilidade do agente público a ser apurada por meio da ação de improbidade administrativa tem como pressupostos indispensáveis o enriquecimento ilícito e o dano ao erário.

D) O habeas corpus em face de constrangimento ilegal praticado por membros do Tribunal de Contas do Estado ou de Conselho de Contas do Município será processado e julgado pelo Tribunal de Justiça do Estado.

COMENTÁRIOS

Nota do autor: O controle da Administração Pública é "o conjunto de mecanismos jurídicos e administrativos por meio dos quais se exerce o poder de fiscalização e de revisão da atividade administrativa em qualquer das esferas de Poder."[31] Quanto à localização do órgão exercente do controle, este poderá ser interno ou externo. É interno o controle realizado "pela mesma unidade administrativa ou pelo mesmo poder que praticou o ato."[32] Por outro lado, é externo o controle realizado por órgão ou entidade administrativa ou por poder distinto daquele no qual o ato foi praticado.

Alternativa correta: letra "b". O mandado de segurança é um remédio constitucional previsto como direito fundamental do cidadão e será concedido "para proteger direito líquido e certo, não amparado por *habeas corpus* ou *habeas data*, quando o responsável pela ilegalidade ou abuso de poder for autoridade pública ou agente de pessoa jurídica no exercício de atribuições do Poder Público" (art. 5º, LXIX, CF). Este dispositivo foi regulamentado pela lei 12.016/2009, que disciplinou o procedimento para a impetração do pedido mandamental. Segundo

31. CARVALHO FILHO, José dos Santos. Manual de direito administrativo. 26ª ed. São Paulo: Atlas, 2013, p. 941.

32. FURTADO, Lucas Rocha. Curso de direito administrativo. 2ª ed. Belo Horizonte: Fórum, 2010, p. 1088.

expressa disposição, "Não cabem, no processo de mandado de segurança, a interposição de embargos infringentes e a condenação ao pagamento dos honorários advocatícios, sem prejuízo da aplicação de sanções no caso de litigância de má-fé" (art. 25).

Alternativa "a". Segundo o artigo 16 da Lei de Ação Civil Pública (7.347/1985), "A sentença civil fará coisa julgada "erga omnes", nos limites da competência territorial do órgão prolator, exceto se o pedido for julgado improcedente por insuficiência de provas, hipótese em que qualquer legitimado poderá intentar outra ação com idêntico fundamento, valendo-se de nova prova." Entretanto, em relação aos direitos individuais homogêneos conduzidos via ação civil pública, o STF tem adotado entendimento restritivo. A segunda Turma da Corte entendeu que "Após o trânsito em julgado de decisão que julga improcedente ação coletiva proposta em defesa de direitos individuais homogêneos, independentemente do motivo que tenha fundamentado a rejeição do pedido, não é possível a propositura de nova demanda com o mesmo objeto por outro legitimado coletivo, ainda que em outro Estado da federação."[33]Esse entendimento não obsta, todavia, que o titular judicialize individualmente sua pretensão.

Alternativa "c". Segundo a Lei de Improbidade Administrativa (8.249/1992), a simples violação dos princípios da Administração Pública já é bastante e o suficiente para responsabilizar o agente por ato de improbidade administrativa, independente de importar enriquecimento ilícito ou prejuízo ao erário.

Alternativa "d". A competência para julgar o *habeas corpus* quando o coator ou paciente for Tribunal de Contas do Estado ou Conselho de Contas do Município é do Superior Tribunal de Justiça (art. 105, I, "c").

---

40. (Vunesp – Juiz de Direito – SP/2014) O Tribunal de Contas do Estado de São Paulo funciona como órgão auxiliar

A) da Câmara Municipal da Capital do Estado de São Paulo, ou seja, do Poder Legislativo do Município da Capital.

B) do Governo do Estado de São Paulo, ou seja, do Poder Executivo.

C) da Assembleia Legislativa do Estado de São Paulo, ou seja, do Poder Legislativo estadual.

D) do Tribunal de Justiça do Estado de São Paulo, ou seja, do Poder Judiciário.

COMENTÁRIOS

✪ **Nota do autor:** O controle legislativo é o exercido pelo Poder Legislativo, pois é pertinente a esse Poder, na sua função típica, as tarefas de legislar e fiscalizar. Abrange o controle político e o controle financeiro. O controle financeiro é o "exercido pelo Poder Legislativo sobre o Executivo, o Judiciário e sobre sua própria administração no que se refere à receita, à despesa e à gestão dos recursos públicos"[34]. O controle financeiro subdivide-se em interno e externo. O controle externo é de titularidade do Congresso Nacional, na esfera federal, e nessa missão é auxiliado pelo Tribunal de Contas da União.

Alternativa correta: letra "c". O Tribunal de Contas do Estado de São Paulo, em respeito ao modelo federal, é órgão que auxilia a Assembleia Legislativa do Estado de São Paulo no controle externo dos demais Poderes.

Alternativa "a" (responde a alternativa "b" e "d"). O Tribunal de Contas do Estado de São Paulo auxilia a Assembleia Legislativa do Estado de São Paulo no controle externo dos demais Poderes. É importante mencionar que a Constituição Federal veda a criação de novos tribunais, conselhos ou órgãos de contas municipais (art. 31, §4º), mas os que haviam sido criado antes da promulgação da CF não foram extintos e são o Tribunal de Contas do Município do Rio de Janeiro e o Tribunal de Contas do Município de São Paulo, os quais auxiliam os respectivos poderes legislativos municipais.

13. IMPROBIDADE ADMINISTRATIVA: LEI Nº 8.429/92

---

41. (Vunesp – Escrevente Técnico Judiciário – TJ – SP/2017) Suponha que Secretário da Fazenda de um estado qualquer da Federação aceite exercer, nas horas vagas, concomitantemente ao exercício do cargo público, atividades de consultoria a empresas sujeitas ao recolhimento do ICMS, tributo estadual. Nesse caso, à luz do previsto na Lei Federal nº 8.429/92, a conduta descrita pode ser considerada

A) ato de improbidade administrativa que atenta contra os princípios da Administração Pública.

B) ato de improbidade administrativa que importa enriquecimento ilícito.

C) indiferente, pois não caracteriza nenhuma das hipóteses de ato de improbidade administrativa previstas.

---

33. STJ. 2ª Seção. REsp 1.302.596-SP, Rel. Min. Paulo de Tarso Sanseverino, Rel. Para acórdão Min. Ricardo Villas BôasCueva, julgado em 9/12/2015.

34. CARVALHO FILHO, José dos Santos. *Manual de direito administrativo*. 19. ed. Rio de Janeiro: Lumen Juris, 2008. p. 889.

D) ato de improbidade administrativa decorrente de concessão ou aplicação indevida de benefício financeiro ou tributário.

E) ato de improbidade administrativa que causa prejuízo ao Erário.

COMENTÁRIOS

Alternativa correta: letra "b" (responde as demais alternativas). A conduta do Secretário da Fazenda está tipificada como ato de improbidade administrativa que importa enriquecimento ilícito. Neste caso, somente é admissível a forma dolosa, como as condutas que violam os princípios da Administração Pública. A única modalidade de improbidade administrativa que admite a forma culposa é aquela que importa em prejuízo ao erário. A conduta do Secretário encontra-se prevista no artigo 9º, da Lei 8.249/1993: "Constitui ato de improbidade administrativa importando enriquecimento ilícito auferir qualquer tipo de vantagem patrimonial indevida em razão do exercício de cargo, mandato, função, emprego ou atividade nas entidades mencionadas no art. 1° desta lei, e notadamente: [...] VIII – aceitar emprego, comissão ou exercer atividade de consultoria ou assessoramento para pessoa física ou jurídica que tenha interesse suscetível de ser atingido ou amparado por ação ou omissão decorrente das atribuições do agente público, durante a atividade;"

---

42. (Vunesp – Escrevente Técnico Judiciário – TJ – SP/2017) Assinale a alternativa que corretamente discorre sobre as penas previstas na Lei de Improbidade Administrativa.

A) No caso de condenação por ato de improbidade administrativa decorrente de concessão ou aplicação indevida de benefício financeiro ou tributário, não cabe a aplicação da pena de perda da função pública.

B) A aplicação das penas previstas na Lei de Improbidade Administrativa impede a aplicação das demais sanções penais, civis e administrativas previstas em legislação específica.

C) Na fixação das penas previstas na Lei de Improbidade Administrativa, o juiz levará em conta a extensão do dano causado, assim como o proveito patrimonial obtido pelo agente.

D) A pena de proibição de contratar com o Poder Público ou receber benefícios ou incentivos fiscais ou creditícios, direta ou indiretamente, ainda que por intermédio de pessoa jurídica da qual seja sócio majoritário, terá o prazo máximo de 2 (dois) anos.

E) As penas previstas na Lei de Improbidade Administrativa deverão ser aplicadas cumulativamente, exceto quando se tratar de ato de improbidade administrativa que atente contra os princípios da Administração Pública.

COMENTÁRIOS

✪ **Nota do autor:** O art. 12 da Lei nº 8.429/92 estabelece que as **sanções** previstas nesse diploma normativo são aplicadas **independentemente das sanções penais, civis** e **administrativas** previstas na legislação específica. Ou seja, há a **independência das instâncias**. Nessa toada, caso o ato praticado seja enquadrado como ato de improbidade e, também, seja considerado crime, o autor se submeterá às penas da Lei de Improbidade Administrativa e, ainda, às existentes na legislação penal, sem se esquecer, ademais, das sanções administrativas e civis eventualmente existentes.

Alternativa correta: letra "c". A simples leitura da Lei era o bastante para acertar a presente questão. Nesse sentido, estabelece o parágrafo único do artigo 12: "Na fixação das penas previstas nesta lei o juiz levará em conta a extensão do dano causado, assim como o proveito patrimonial obtido pelo agente."

Alternativa "a". A Lei Complementar nº 157, de 2016 instituiu uma nova modalidade de improbidade administrativa e incluiu o art. 10-A na Lei 8.249/1992, segundo o qual "Constitui ato de improbidade administrativa qualquer ação ou omissão para conceder, aplicar ou manter benefício financeiro ou tributário contrário ao que dispõe o *caput* e o § 1º do art. 8º-A da Lei Complementar nº 116, de 31 de julho de 2003." O artigo 12 da Lei de improbidade passou a dispor da seguinte maneira: "Independentemente das sanções penais, civis e administrativas previstas na legislação específica, está o responsável pelo ato de improbidade sujeito às seguintes cominações, que podem ser aplicadas isolada ou cumulativamente, de acordo com a gravidade do fato: [...] IV – na hipótese prevista no art. 10-A, **perda da função pública**, suspensão dos direitos políticos de 5 (cinco) a 8 (oito) anos e multa civil de até 3 (três) vezes o valor do benefício financeiro ou tributário concedido."

Alternativa "b". Diante da independência das esferas, a aplicação das sanções por prática de atos de improbidade administrativa não obsta seja o agente também responsabilizado em outras esferas.

Alternativa "d". A penalidade de proibição de contratar com o Poder Público ou receber benefícios ou incentivos fiscais ou creditícios, direta ou indiretamente, ainda que por intermédio de pessoa jurídica da qual seja sócio majoritário, terá **duração variável**. Dependerá do ato de improbidade administrativa praticado. Assim, se o ato importar enriquecimento ilícito, a sanção terá duração de dez anos; se a conduta causar prejuízo ao erário, a sanção terá duração de cinco anos; enfim, se for improbidade por violação dos princípios da administração pública, a penalidade perdurará por três anos.

Alternativa "e". As penas decorrentes de atos de improbidade administrativa são as seguintes: perda de bens e valores; ressarcimento integral do dano, aplicada, apenas, se houve efetiva ocorrência de dano ao patrimônio público; perda da função pública, aplicável somente após o trânsito em julgado da sentença; suspensão dos direitos políticos, também aplicável somente após o trânsito em julgado da sentença condenatória; multa civil; proibição de contratar e de receber benefícios. Essas penalidades, segundo o artigo 12, poderão ser aplicadas isolada ou cumulativamente.

---

43. (Vunesp – Escrevente Técnico Judiciário – TJ – SP/2017) O procedimento administrativo previsto na Lei Federal nº 8.429/92, destinado a apurar a prática de ato de improbidade,

A) será iniciado por representação, que será escrita ou reduzida a termo, podendo o representante permanecer anônimo, se assim o desejar.

B) poderá acarretar o exame e o bloqueio de bens, contas bancárias e aplicações financeiras mantidas pelo indiciado no exterior, se for o caso.

C) poderá compreender o decreto de sequestro dos bens do agente ou terceiro que tenha enriquecido ilicitamente ou causado dano ao patrimônio público.

D) impedirá a apuração dos fatos pelo Ministério Público, caso se conclua pela improcedência das acusações.

E) deverá ser levado ao conhecimento do Ministério Público e do Tribunal ou Conselho de Contas, pela Comissão Processante.

COMENTÁRIOS

Alternativa correta: letra "e". O artigo 14 prevê que qualquer pessoa pode representar junto à autoridade administrativa competente para que se dê início à investigação para a devida apuração da prática do ato de improbidade. Feita a representação, a autoridade administrativa, em despacho fundamentado, vai rejeitá-la se não contiver os requisitos exigidos, e a rejeição não impede que seja feita representação ao Ministério Público. Caso a representação esteja em ordem, a autoridade determinará a imediata apuração dos fatos na forma estabelecida em lei. A apuração será feita pela comissão processante. Segundo lei de improbidade, "A comissão processante dará conhecimento ao Ministério Público e ao Tribunal ou Conselho de Contas da existência de procedimento administrativo para apurar a prática de ato de improbidade" (art. 15)

Alternativa "a". A representação será escrita ou reduzida a termo, quando feita oralmente. Todavia, não poderá o representante permanecer anônimo. Segundo o artigo 14, §1º, a representação conterá qualificação do representante.

Alternativa "b". Na forma do §2º, do art. 16, Lei 8.249/1992, "Quando for o caso, o pedido incluirá a investigação, o exame e o bloqueio de bens, contas bancárias e aplicações financeiras mantidas pelo indiciado no exterior, nos termos da lei e dos tratados internacionais." Entretanto, este pedido não é administrativo, mas medida cautelar requerida judicialmente.

Alternativa "c". Em conformidade com o caput do art. 16: "Havendo fundados indícios de responsabilidade, a comissão representará ao Ministério Público ou à procuradoria do órgão para que requeira ao juízo competente a decretação do seqüestro dos bens do agente ou terceiro que tenha enriquecido ilicitamente ou causado dano ao patrimônio público." Note-se não se tratar de pedido administrativo. Trata-se de medida cautelar requerida judicialmente.

Alternativa "d". O Ministério Público é uma instituição independente. Se da apuração administrativa resultar conclusão que as acusações são improcedentes, não obstará o Ministério Público de apurar os fatos, até porque a instituição tem legitimidade para atuar de ofício na apuração dos casos de improbidade administrativa (art. 22).

---

44. (Vunesp – Escrevente Técnico Judiciário – TJ – SP/2017) No processo judicial de improbidade administrativa, o Ministério Público

A) se não intervir no processo como parte, atuará obrigatoriamente, como fiscal da lei, sob pena de nulidade.

B) atuará somente como fiscal da lei, mas promoverá as ações necessárias à complementação do ressarcimento do patrimônio público.

C) atuará somente como autor, não intervindo se a pessoa jurídica interessada propuser a ação ordinária.

D) é o único legitimado a propor a ação ordinária, dentro de trinta dias da efetivação da medida cautelar.

E) poderá abster-se de contestar o pedido, ou poderá atuar ao lado do autor, desde que isso se afigure útil ao interesse público, a juízo do Procurador Geral de Justiça.

COMENTÁRIOS

✪ **Nota do autor:** a ação judicial de improbidade administrativa é considerada pela doutrina como uma espécie de ação civil pública, aplicando-

-se, subsidiariamente, as disposições não conflitantes da Lei 7.347/1985.

Alternativa correta: letra "a" (responde as alternativas "b", "c" e "d"). Na ação civil de improbidade administrativa, tem legitimidade tanto o Ministério Público, quanto a pessoa jurídica interessada. Caso não atue como parte, o Ministério Público, obrigatoriamente exercerá função de fiscal da lei, sob pena de nulidade (art. 17, §4º).

Alternativa "e". Quando o autor for o Ministério Público, conforme determinação expressa contida no art. 17, § 3º, aplica-se, no que couber, o art. 6º, § 3º da Lei de Ação popular (Lei nº 4.717/65), o qual determina que a "pessoa jurídica de direito público ou de direito privado, cujo ato seja objeto de impugnação, poderá abster-se de contestar o pedido, ou poderá atuar ao lado do autor, desde que isso se afigure útil ao interesse público, a juízo do respectivo representante legal ou dirigente"

---

45. (Vunesp – Juiz de Direito – RJ/2016) Assinale a alternativa que corretamente discorre sobre aspectos da improbidade administrativa.

A) O entendimento do Superior Tribunal de Justiça é que a indisponibilidade de bens em ação de improbidade administrativa é possível antes do recebimento da petição inicial, mas depende da comprovação de início de dilapidação patrimonial, tendo em vista que o periculum in mora está no desaparecimento de bens que poderiam ser utilizados para pagamento de futura indenização.

B) Não se pode confundir improbidade com simples ilegalidade, por isso, a jurisprudência do Superior Tribunal de Justiça considera indispensável, para a caracterização de improbidade, que a conduta do agente seja dolosa, para a tipificação das condutas descritas como enriquecimento ilícito ou como atentatórias a princípios da Administração Pública, ou pelo menos eivada de culpa grave, nas hipóteses descritas como causadoras de dano ao erário.

C) Considerando que as pessoas jurídicas não podem ser beneficiadas por atos ímprobos, não sendo condenadas por sua prática, é de se concluir que, de forma correlata, que não podem figurar no polo passivo de uma demanda de improbidade, que deverá voltar-se contra seus sócios.

D) Há que se reconhecer a ocorrência de bis in idem e, por consequência, de ilegitimidade passiva do ex-vereador para responder pela prática de atos de improbidade administrativa, de forma a estear a extinção do processo sem julgamento do mérito, pois o julgamento de vereadores é exclusivamente político.

E) Na Lei de Improbidade consta previsão expressa de formação de litisconsórcio entre o suposto autor do ato de improbidade e eventuais beneficiários, assim, havendo relação jurídica entre as partes do polo passivo, é obrigado o magistrado a decidir de modo uniforme a demanda.

COMENTÁRIOS

✪ **Nota do autor:** A lei de improbidade administrativa exemplifica condutas que importam enriquecimento ilícito, causam prejuízo ao erário, atentam contra os princípios da administração ou que decorrem de concessão ou aplicação indevida de benefício financeiro ou tributário. Com exceção daquelas que causam prejuízo ao erário, que admitem a modalidade dolosa e culposa, todas as demais são puníveis apenas se causadas dolosamente.

Alternativa correta: letra "b"."Em se tratando de improbidade administrativa, é firme a jurisprudência do STJ no sentido de que «a improbidade é ilegalidade tipificada e qualificada pelo elemento subjetivo da conduta do agente. Por isso mesmo, a jurisprudência do STJ considera indispensável, para a caracterização de improbidade, que a conduta do agente seja dolosa, para a tipificação das condutas descritas nos artigos 9º e 11 da Lei 8.429/92, ou pelo menos eivada de culpa grave, nas do artigo 10".[35]

Alternativa "a". O enunciado confronta com a jurisprudência. Segundo o STJ, "as medidas cautelares, em regra, como tutelas emergenciais, exigem, para a sua concessão, o cumprimento de dois requisitos: o *fumus boni juris* (plausibilidade do direito alegado) e o *periculum in mora* (fundado receio de que a outra parte, antes do julgamento da lide, cause ao seu direito lesão grave ou de difícil reparação). (...)No entanto, no caso da medida cautelar de indisponibilidade, prevista no art. 7º da LIA, não se vislumbra uma típica tutela de urgência, como descrito acima, mas sim uma tutela de evidência, uma vez que o *periculum in mora* não é oriundo da intenção do agente dilapidar seu patrimônio, e sim da gravidade dos fatos e do montante do prejuízo causado ao erário, o que atinge toda a coletividade. O próprio legislador dispensa a demonstração do perigo de dano, em vista da redação imperativa da Constituição Federal (art. 37, §4º) e da própria Lei de Improbidade (art. 7º). (...) O *periculum in mora*, em verdade, milita em favor da sociedade, representada pelo requerente da medida de bloqueio de bens, porquanto esta Corte Superior já apontou pelo entendimento segundo o

---

35. STJ, AIA 30/AM, Rel. Ministro TEORI ALBINO ZAVASCKI, CORTE ESPECIAL, DJe de 28/09/2011

qual, em casos de indisponibilidade patrimonial por imputação de conduta ímproba lesiva ao erário, esse requisito é implícito ao comando normativo do art. 7º da Lei n. 8.429/92. (...) A Lei de Improbidade Administrativa, diante dos velozes tráfegos, ocultamento ou dilapidação patrimoniais, possibilitados por instrumentos tecnológicos de comunicação de dados que tornaria irreversível o ressarcimento ao erário e devolução do produto do enriquecimento ilícito por prática de ato ímprobo, buscou dar efetividade à norma, afastando o requisito da demonstração do periculum in mora (art. 823 do CPC), este, intrínseco a toda medida cautelar sumária (art.789 do CPC), admitindo que tal requisito seja presumido à preambular garantia de recuperação do patrimônio do público, da coletividade, bem assim do acréscimo patrimonial ilegalmente auferido,"[36]

Alternativa "c". A jurisprudência tem entendimento de que é possível a pessoa jurídica praticar ou se beneficiar de atos de improbidade administrativa, sujeitando-se à Lei 8.249/1992.[37] Esta orientação não tem adesão unânime em doutrina. Mas é adotada pela jurisprudência.

Alternativa "d". O ex-vereador pode ser sujeito passivo em ação de improbidade administrativa, que tem natureza cível. Os crimes de responsabilidade e seus respectivos julgamentos têm natureza política. Não há *bis in idem*.

Alternativa "e". Segundo o STJ, "[...] Nas Ações de Improbidade, **inexiste litisconsórcio necessário entre o agente público e os terceiros beneficiados com o ato ímprobo**, por não estarem presentes nenhuma das hipóteses previstas no art. 47 do CPC (disposição legal ou relação jurídica unitária). Precedentes do STJ. 6. É certo que os terceiros que participem ou se beneficiem de improbidade administrativa estão sujeitos aos ditames da Lei 8.429/1992, nos termos do seu art. 3º, porém não há imposição legal de formação de litisconsórcio passivo necessário.7. A conduta dos agentes públicos, que constitui o foco da LIA, pauta-se especificamente pelos seus deveres funcionais e independe da responsabilização da empresa que se beneficiou com a improbidade.8. Convém registrar que a recíproca não é verdadeira, tendo em vista que os particulares não podem ser responsabilizados com base na LIA sem que figure no polo passivo um agente público responsável pelo ato questionado, o que não impede, contudo, o eventual ajuizamento de Ação Civil Pública comum para obter o ressarcimento do Erário. [...]".[38]

---

46. (Vunesp – Escrevente Técnico Judiciário – TJ-SP/2015) Em apuração preliminar, verifica-se que servidor do Tribunal de Justiça do Estado de São Paulo, responsável por supervisionar as obras do Fórum da Comarca X, utilizou – em obra particular de construção de sua residência de veraneio – máquinas, equipamentos e materiais que se encontravam à disposição para a construção do Fórum. Nos termos da Lei Federal nº 8.429/92, o servidor praticou

A) ato de improbidade administrativa previsto expressamente na lei como ato que importa enriquecimento ilícito.

B) ato de improbidade administrativa previsto expressamente na lei como ato que atenta contra os princípios da Administração Pública.

C) ato ilegal, mas que não pode ser qualificado como ato de improbidade administrativa.

D) ato de improbidade administrativa previsto expressamente na lei como ato que causa prejuízo ao erário.

E) ato de improbidade administrativa que não se encontra previsto expressamente na lei.

COMENTÁRIOS

Alternativa correta: letra "a" (responde as demais alternativas). Constitui ato de improbidade administrativa que importa enriquecimento ilícito, segundo o artigo 9º, IV, "utilizar, em obra ou serviço particular, veículos, máquinas, equipamentos ou material de qualquer natureza, de propriedade ou à disposição de qualquer das entidades mencionadas no art. 1° desta lei, bem como o trabalho de servidores públicos, empregados ou terceiros contratados por essas entidades;".

---

47. (Vunesp – Escrevente Técnico Judiciário – TJ-SP/2015) O agente público que se recusar a prestar declaração dos bens exigida pela Lei Federal nº 8.429/92, dentro do prazo determinado,

A) estará sujeito à penalidade de multa de até 25% (vinte e cinco por cento) de seus vencimentos anuais.

B) será punido com a pena de demissão a bem do serviço público, sem prejuízo de outras sanções cabíveis.

C) estará sujeito à suspensão dos vencimentos até que apresente a declaração devida.

---

36. REsp 1319515/ES, Rel. p/ Acórdão Min. Mauro Campbell Marques, 1ª Seção, julgado em 22/08/2012.

37. STJ. REsp 1.122.177/MT, DJE 27/04/2011.

38. STJ. 2ª Turma. REsp 896044/PA, Rel. Min. Herman Benjamin, julgado em 16/09/2010

D) poderá ser punido com a pena de repreensão.

E) pagará multa por dia de atraso equivalente a 10% (dez por cento) do correspondente ao valor da remuneração que percebe por dia de trabalho.

COMENTÁRIOS

✪ **Nota do autor:** No momento da posse o servidor, assinará o termo de posse, no qual deverão constar as atribuições, os deveres, as responsabilidades e os direitos inerentes ao cargo ocupado, que não poderão ser alterados unilateralmente, por qualquer das partes, ressalvados os atos de ofício previstos em lei. Nesse ato, deverá apresentar declaração de bens e valores que constituem seu patrimônio e declaração quanto ao exercício ou não de outro cargo, emprego ou função pública.

Alternativa correta: letra "b" (responde as demais alternativas). A Lei de Improbidade Administrativa, em seu art. 13,§3º, estabelece que "será punido com a pena de demissão, a bem do serviço público, sem prejuízo de outras sanções cabíveis, o agente público que se recusar a prestar declaração dos bens, dentro do prazo determinado, ou que a prestar falsa".

---

48. (Vunesp – Escrevente Técnico Judiciário – TJ-SP/2015) A respeito da ação de improbidade administrativa, considerando o previsto na Lei Federal nº 8.429/92, é correto afirmar que

A) na ação principal, será seguido o rito sumário, sendo cabível a realização de transação, acordo ou conciliação.

B) em qualquer fase do processo, reconhecida a inadequação da ação de improbidade, o juiz extinguirá o processo com julgamento do mérito, não podendo ser a ação novamente intentada.

C) a sentença que julgar procedente ação civil de reparação de dano ou decretar a perda dos bens havidos ilicitamente determinará o pagamento em favor do Fundo Nacional de Interesses Difusos.

D) a ação principal poderá ser proposta pela pessoa jurídica interessada, atuando nesse caso, obrigatoriamente, o Ministério Público como fiscal da lei, sob pena de nulidade.

E) estando a inicial em devida forma, o juiz mandará autuá-la e ordenará a notificação do requerido, para oferecer manifestação por escrito no prazo de 10 (dez) dias.

COMENTÁRIOS

✪ **Nota do autor:** A exigência de conduta administrativa ética, honesta, transparente, proba, moral e de acordo com a boa-fé simplesmente decorre do princípio da moralidade, ainda que não haja interpolação legislativa.

Alternativa correta: letra "d". Na ação civil de improbidade administrativa, tem legitimidade tanto o Ministério Público, quanto a pessoa jurídica interessada. Caso não atue como parte, o Ministério Público exercerá obrigatoriamente a função de fiscal da lei, sob pena de nulidade (art. 17, §4º).

Alternativa "a". A ação principal terá rito ordinário e a lei veda expressamente transação, acordo ou conciliação (art. 17, §1º).

Alternativa "b". Segundo o artigo 17, §11º, em qualquer fase do processo, se o juiz reconhecer a inadequação da ação, extinguirá o processo, mas sem resolução do mérito. Isso não obstará que a ação, desde que colmatada a inadequação, seja novamente proposta.

Alternativa "c". Será em favor da pessoa jurídica prejudicada. Nesse sentido, prevê o artigo 18: "A sentença que julgar procedente ação civil de reparação de dano ou decretar a perda dos bens havidos ilicitamente determinará o pagamento ou a reversão dos bens, conforme o caso, em favor da pessoa jurídica prejudicada pelo ilícito."

Alternativa "e". Estando a inicial em ordem, o juiz mandará autuá-la e ordenará a notificação do requerido para oferecer manifestação por escrito (defesa preliminar) no **prazo de 15 dias**. Essa defesa preliminar ainda não é a contestação. Apenas se recebida a inicial, o juiz mandará citar o réu para apresentar contestação.

---

49. (Vunesp – Escrevente Técnico Judiciário – TJ-SP/2014) Com relação aos atos de improbidade previstos na Lei Federal nº 8.429/92, é correto afirmar que

A) a conduta ímproba somente será considerada caracterizada se comprovados o enriquecimento ilícito do agente público, o dano ao erário e a prática de ato atentatório aos princípios da Administração Pública.

B) a fim de que uma conduta seja considera ímproba, é necessário que seja praticada por agente público em sentido estrito, e que importe em violação a princípio da Administração Pública, dano ao erário e enriquecimento ilícito.

C) a conduta de improbidade na espécie enriquecimento ilícito pressupõe a percepção da vantagem patrimonial ilícita obtida pelo exercício da função pública em geral, podendo haver ou não, concomitantemente, dano ao erário.

D) o pressuposto exigível para os atos de improbidade por violação a princípios é a vulneração em si dos princípios administrativos, cumulada com o enriquecimento ilícito ou com o dano ao erário.

E) os atos de improbidade que causam dano ao erário são caracterizados pela ocorrência de dano ao patrimônio de pessoas como a União, Estados e Municípios, e, concomitantemente, enriquecimento ilícito de agente público, já que não há dano ao erário sem que alguém se locuplete indevidamente.

COMENTÁRIOS

Alternativa correta: letra "c". Os atos de improbidade administrativa que importam enriquecimento ilícito pressupõem a vantagem indevida, mas não o dano ao erário, pois é possível que haja enriquecimento ilícito sem que exista dano ano erário.

Alternativa "a" (responde a alternativa "e"). O enunciado dá a entender que somente haveria de ser improbidade as condutas que cumulativamente importassem em enriquecimento ilícito, prejuízo ao erário e atentassem contra os princípios da administração pública. Na realidade, essas condutas individualmente configuram improbidade administrativa e sujeitam o agente público às penas previstas na Lei 8.429/1992.

Alternativa "b". A Lei de Improbidade Administrativa (art. 2º) amplia o conceito de agente público e abrange "todo aquele que exerce, ainda que transitoriamente ou sem remuneração, por eleição, nomeação, designação, contratação ou qualquer outra forma de investidura ou vínculo, mandato, cargo, emprego ou função nas entidades mencionadas no artigo anterior" (art. 2º). Estas entidades são aquelas referidas no artigo 1º da Lei de improbidade.

Alternativa "d". A violação dolosa dos princípios da administração pública constitui ato de improbidade administrativa, independente de importar enriquecimento ilícito ou prejuízo ao erário.

---

50. (Vunesp – Escrevente Técnico Judiciário – TJ-SP/2014) As sanções previstas pela Lei de Improbidade Administrativa são:

A) ressarcimento integral do dano; perda da função pública; perda dos direitos políticos; pagamento de multa civil; proibição de contratar com o Poder Público; proibição de receber benefícios ou incentivos fiscais ou creditícios; pena de reclusão de 1 (um) a 6 (seis) anos.

B) pagamento de multa civil e multa penal, nos casos de culpa; proibição de contratar com o Poder Público; proibição de receber benefícios ou incentivos fiscais ou creditícios; perda dos direitos políticos.

C) perda dos direitos políticos; perda de bens e valores acrescidos ilicitamente ao patrimônio; pagamento de multas civil e penal; proibição de contratar com o Poder Público; proibição de receber benefícios ou incentivos fiscais ou creditícios.

D) perda de bens e valores acrescidos ilicitamente ao patrimônio; reclusão de 2 (dois) a 8 (oito) anos; perda dos direitos políticos; ressarcimento integral do dano; proibição de contratar com o Poder Público.

E) perda de bens e valores acrescidos ilicitamente ao patrimônio; ressarcimento integral do dano; perda da função pública; suspensão dos direitos políticos; pagamento de multa civil; proibição de contratar com o Poder Público; proibição de receber benefícios ou incentivos fiscais ou creditícios.

COMENTÁRIOS

Alternativa correta: letra "e" (responde as demais alternativas). As sanções passíveis de aplicação em decorrência da prática de ato de improbidade administrativa podem ser aplicadas isolada ou cumulativamente e são as seguintes (art. 12): perda de bens e valores acrescidos ilicitamente; ressarcimento integral do dano, que é aplicada apenas se houver efetivo dano ao patrimônio público; perda da função pública, aplicada somente após o transito em julgado da decisão condenatória; suspensão dos direitos políticos, também aplicada somente após o trânsito em julgado da sentença condenatória; multa civil; e proibição de contratar e receber benefícios fiscais.

---

51. (Vunesp – Escrevente Técnico Judiciário – TJ-SP/2014) João é escrevente técnico judiciário do Tribunal de Justiça do Estado de São Paulo e, estando sujeito à apresentação da declaração de bens prevista na Lei Federal nº 8.429/92, apresentou a declaração devida em maio de 2014. No entanto, posteriormente, verifica-se que João afirmou na declaração não possuir bens imóveis, o que, no entanto, não é verdade, já que João é proprietário de apartamento na cidade de São Paulo, onde reside e trabalha, desde 2010. É constatado também que o imóvel é de valor modesto, de aquisição compatível com os rendimentos de João e sua esposa. Neste caso, em relação à conduta de João, é correto afirmar que a Lei de Improbidade Administrativa

A) comina a sanção de suspensão para a conduta de João, que embora não tenha enriquecido ilicitamente, deixou de apresentar os dados corretos na declaração.

B) prevê sanção de multa a João, por não haver prestado a declaraçao de bens de forma correta ao Tribunal de Justiça.

C) considera que João está sujeito a penas disciplinares nas quais serão consideradas a natureza e a gravidade da infração e os danos que dela provierem para o serviço público.

D) considera João sujeito à pena de demissão a bem do serviço público, sem prejuízo de outras sanções cabíveis, por haver prestado declaração de bens falsa.

E) não impõe qualquer sanção pela conduta de João, já que seu patrimônio, em si, é lícito, o que é o cerne da Lei de Improbidade Administrativa.

COMENTÁRIOS

Alternativa correta: letra "d" (responde as demais alternativas). A declaração de bens é condição para posse e exercício da função pública pelo agente público. Independe se o imóvel é de valor modesto ou não, deve ser declarado. Nesse sentido, a Lei de Improbidade Administrativa, em seu art. 13,§3º, estabelece que "será punido com a pena de demissão, a bem do serviço público, sem prejuízo de outras sanções cabíveis, o agente público que se recusar a prestar declaração dos bens, dentro do prazo determinado, ou que a **prestar falsa**".

Direito Administrativo

Leandro Bortoleto

✦ DICAS

1. CONCEITO E FONTES DO DIREITO ADMINISTRATIVO

- O direito administrativo é o "conjunto harmônico de princípios jurídicos que regem os órgãos, os agentes e as atividades públicas tendentes a realizar concreta, direta e imediatamente os fins desejados pelo Estado"[1].
- A principal fonte do direito administrativo é a lei, mas deve ser concebida em sentido amplo, isto é, abrange todos os atos legislativos. Nesse sentido, além das leis ordinárias, complementares e delegadas, inclui, ainda, as medidas provisórias, os decretos legislativos, as resoluções legislativas, a Constituição Federal, as Emendas à Constituição, as Constituições estaduais, a Lei Orgânica do Distrito Federal e as Leis Orgânicas dos Municípios. São as chamadas fontes primárias. De todos os atos legislativos apontados, por óbvio, a Constituição Federal é a principal fonte, na qual há diversos dispositivos aplicados ao direito administrativo (por exemplo, art. 5º, 21, 23, 37).
- A jurisprudência em regra, caráter orientador, mas há casos em que tem força vinculante. Exemplos: as decisões proferidas pelo STF na ação direta de inconstitucionalidade, na ação declaratória de constitucionalidade (CF, art. 102, § 2º) e a súmula vinculante.

2. REGIME JURÍDICO ADMINISTRATIVO

- Os **princípios são normas** e vinculam a Administração Pública. STF (RE 579.951): a vedação do "nepotismo não depende de lei formal para coibir a prática. Proibição que decorre diretamente dos princípios contidos no art. 37, *caput*, da Constituição Federal".
- O **regime jurídico administrativo é o conjunto de princípios** que confere **prerrogativas** e impõe **sujeições** à Administração Pública. É a interação de dois polos opostos. Por isso, o uso das expressões bipolaridade do direito administrativo[2] ou binômio[3] do direito administrativo.
- Síntese dos princípios da Administração Pública[4]:

PRINCÍPIOS DA ADMINISTRAÇÃO PÚBLICA	
Supremacia do interesse público	• prerrogativa • interesse público prevalece sobre privado • interesse público primário
Indisponibilidade do interesse público	• sujeição • interesse público é indisponível
Legalidade	• atuação de acordo com a lei e o direito • esfera pública: não vigora autonomia da vontade
Impessoalidade	• busca da finalidade pública • atos imputados à Administração: imputação • proibição de promoção pessoal
Moralidade	• honestidade, boa-fé, lealdade, padrões morais e éticos
Publicidade	• transparência; publicação dos atos administrativos
Eficiência	• rendimento; atuação eficiente; organização eficiente
Continuidade do serviço público	• serviço público não pode parar

1. *Direito administrativo brasileiro.* 36. ed.São Paulo: Malheiros, 2010. p. 40.

2. DI PIETRO, Maria Sylvia Zanella. *Direito administrativo.* 25. ed. São Paulo: Atlas, 2012. p. 62.

3. Fernando Garrido Fala apud Celso Antônio Bandeira de Mello (*Curso de direito administrativo.* 27. ed. São Paulo: Malheiros, 2010. p. 56).

4. BORTOLETO, Leandro. *Direito administrativo.* Salvador: Juspodivm, 2012. p. 50.

Autotutela	• administração anula e revoga seus próprios atos
Tutela ou controle	• administração direta controla finalidade da administração indireta
Especialidade	• criação de pessoa específica para atuação específica
Presunção de legitimidade	• regra: ato administrativo é legal • produz efeitos até ser extinto
Controle judicial dos atos administrativos	• sistema de jurisdição única
Segurança jurídica	• aspecto objetivo: princípio da segurança jurídica. Tentativa de preservação do ato. Nova interpretação não retroage • aspecto subjetivo: princípio da proteção à confiança. Expectativa do administrado de que Administração respeitará os atos por ela praticados.
Motivação ou fundamentação	• indicação dos pressupostos de fato e direito
Razoabilidade	• meios devem ser adequados aos fins do ato • utilidade, necessidade, proporcionalidade
Hierarquia	• coordenação, organização, delegação, avocação

3. ADMINISTRAÇÃO PÚBLICA E TERCEIRO SETOR

- **Função administrativa**: exercida pelo Poder Executivo, de forma típica, e pelo Poder Legislativo e pelo Poder Judiciário, de maneira atípica.
- **Administração Pública**: conjunto de pessoas jurídicas, órgãos públicos e agentes públicos que realizam a atividade administrativa, consistente em serviços públicos, fomento, polícia administrativa e intervenção.
- Administração Pública em **sentido amplo**: engloba a atividade política e a atividade administrativa, incluindo tanto os órgãos governamentais quanto os órgãos administrativos. Administração Pública em **sentido estrito**: corresponde, exclusivamente, à função administrativa exercida pelos órgãos administrativos. Subdivide-se em: a) **sentido subjetivo**, formal ou orgânico (conjunto de pessoas jurídicas, órgãos públicos e agentes públicos que realizam a atividade administrativa; quem faz a atividade administrativa); b) **sentido objetivo**, material ou funcional (é a atividade administrativa, que compreende o serviço público, a polícia administrativa, o fomento e a intervenção; o que é realizado).
- Há várias formas de desempenho da atividade administrativa[5]:

FORMAS DE DESEMPENHO DA ATIVIDADE ADMINISTRATIVA	
Concentrada (concentração)	• atividade é realizada por um único órgão • pessoa jurídica sem divisão interna
Desconcentrada (desconcentração)	• atividade é realizada por vários órgãos • pessoa jurídica com divisão interna • distribuição interna de competência
Centralizada (centralização)	• atividade é realizada diretamente pela pessoa política, por meio de seus órgãos
Descentralizada (descentralização)	• atividade é realizada por outra pessoa jurídica • distribuição externa de competência

- **Administração direta**: conjunto de órgãos que compõem a pessoa política.
- **Administração indireta**: conjunto das pessoas administrativas, com personalidade de direito público ou de direito privado, patrimônio próprio e autonomia administrativa, vinculadas à administração direta, criadas para o desempenho de determinada atividade administrativa.
- Classificação dos órgãos públicos:

a) **Quanto à posição estatal ou hierarquia**: **independentes** (representam as funções principais do Estado; não estão subordinados a nenhum outro); **autônomos** (estão **situados abaixo dos órgãos independentes;** possuem autonomia administrativa, financeira e técnica.); **superiores** (subordinados aos autônomos e independentes; possuem poder de direção, mas não têm autonomia administrativa nem financeira); **subalternos** (**possuem pequeno poder de decisão;** atividades de execução).

5. BORTOLETO, Leandro. *Direito administrativo*. Salvador: Juspodivm, 2012. p. 69.

b) **Quanto à estrutura**: **simples** (não se subdividem em outros); **compostos**: (subdividem-se em outros órgãos)

c) **Quanto à atuação funcional ou composição**: **singulares ou unipessoais** (a atuação do órgão é realizada de acordo com a decisão de um único agente); **coletivos ou pluripessoais** (a atuação do órgão é decidida por vários agentes).

d) **Quanto à esfera de atuação**: **centrais** (atuam em toda a área territorial da pessoa); **locais** (atuam apenas em parte do território da pessoa que integram)

- São **características dos órgãos públicos**: a) criação e extinção por lei; b) resultado da desconcentração; c) despersonalizados; d) não possuem patrimônio próprio; e) não possuem capacidade processual; f) alguns órgãos podem ser parte em processo para defesa de prerrogativa; g) podem celebrar contrato de gestão; h) órgãos gestores de orçamento devem ser inscritos no CNPJ.

- O candidato deve se atentar para não confundir as definições das entidades da administração indireta. Ter personalidade jurídica, patrimônio próprio, autonomia administrativa, submeter-se a controle da administração direta, por exemplo, não identificam nenhuma das pessoas e o que deve ser observado é se a personalidade é de direito público ou de direito privado, se é criada por lei ou se a lei autoriza a criação e qual a atividade desempenhada.

- **Autarquia**: lei cria; personalidade de direito público; atividade típica do Estado.

- **Fundação Pública**: lei cria (personalidade de direito público) e lei autoriza (personalidade de direito privado); atividade não exclusiva do Estado (interesse público).

- **Sociedade de economia mista** e **Empresa Pública**: lei autoriza; personalidade de direito privado; prestação de serviço público ou exploração de atividade econômica.

  Lei 13.303/16 (estatuto das estatais) "estatuto jurídico da empresa pública, da sociedade de economia mista e de suas subsidiárias, abrangendo toda e qualquer empresa pública e sociedade de economia mista da União, dos Estados, do Distrito Federal e dos Municípios que explore atividade econômica de produção ou comercialização de bens ou de prestação de serviços, ainda que a atividade econômica esteja sujeita ao regime de monopólio da União ou seja de prestação de serviços públicos" (art. 1º, *caput*).

  Exploração de atividade econômica pelo Estado será exercida por meio de empresa pública, de sociedade de economia mista e de suas subsidiárias. Lei precisa indicar de forma clara a presença de relevante interesse coletivo ou imperativo de segurança nacional, nos termos do caput do art. 173 da Constituição Federal.

  Depende de autorização legal: criação de empresa pública ou de sociedade de economia mista; criação de suas subsidiárias; participação de qualquer delas em empresa privada, cujo objeto social deve estar relacionado ao da investidora

  Empresa pública (art. 3º): entidade dotada de personalidade jurídica de direito privado, com criação autorizada por lei e com patrimônio próprio, cujo capital social é integralmente detido pela União, pelos Estados, pelo Distrito Federal ou pelos Municípios. Podem participar no capital social outras pessoas jurídicas de direito público interno, bem como as entidades da administração indireta da União, dos Estados, do Distrito Federal e dos Municípios, desde que pessoas jurídicas de direito público interno, bem como de entidades da administração indireta da União, dos Estados, do Distrito Federal e dos Municípios.

  Sociedade de economia mista (art. 4º): entidade dotada de personalidade jurídica de direito privado, com criação autorizada por lei, sob a forma de sociedade anônima, cujas ações com direito a voto pertençam em sua maioria à União, aos Estados, ao Distrito Federal, aos Municípios ou a entidade da administração indireta.

- **Agência reguladora**: estão sendo criadas como autarquia em regime especial; maior autonomia; deve ter personalidade de direito público.

- **Agência executiva**: é uma qualificação, um título, que é dado a uma autarquia ou a uma fundação pública. São requisitos (art. 51 da Lei nº 9.649/98) a existência de plano estratégico de reestruturação e de desenvolvimento institucional em andamento e a celebração de contrato de gestão com o ministério supervisor. A qualificação se dá por ato do Presidente da República.

- **Consórcio público**: está regulado pela Lei nº 11.107/05. Tratase de uma nova pessoa administrativa que surge da união entre pessoas políticas (União, Estados, Distrito Federal e Municípios). Em um primeiro momento, há o protocolo de intenções, que é uma espécie de ajuste preliminar entre as pessoas políticas, no qual há a definição do objeto do consórcio, quais são seus participantes, qual sua duração, qual a forma de eleição do representante legal. Depois, o protocolo de intenções deve ser publicado na imprensa oficial e, na sequência, ele deve ser ratificado por lei em cada um dos entes consorciados.

- **Consórcio público** poderá ter **personalidade de direito público (associação pública;** conhecido como **autarquia interfederativa ou autarquia multifederada)** ou de **direito privado**.

- **Contrato de consórcio:** formaliza a **constituição** do consórcio.
- **Contrato de rateio:** formaliza a **entrega de recursos** dos entes consorciados para o consórcio.
- **Contrato de programa:** instrumento usado quando um dos consorciados assumir a **obrigação de prestar serviço** por meio de seus órgãos ou entidades.

TERCEIRO SETOR

- Marco regulatório: Lei 13.019/14. Disposições da nova lei não se aplicam às organizações sociais, reguladas pela Lei nº 9.637/98, nos termos do art. 3º, III. Quanto às organizações da sociedade civil, objeto da Lei nº 9.790/99, as disposições aplicam-se, no que couber.

Parcerias são formalizadas:

a) **quando houver transferência de recursos**: **termo de colaboração** (para a realização de atividades de interesse público propostas pela Administração Pública, nos termos do art. 16) e por **termo de fomento** (para a realização de atividades de interesse público propostas pela organização da sociedade civil, conforme o art. 17); em ambos os casos: exigência de escolha da entidade do Terceiro Setor por meio de um processo seletivo denominado Chamamento Público, salvo as exceções previstas em lei;

b) **quando não houver transferência de recursos**: **acordo de cooperação**.

- **Organização social (OS) e Organização da Sociedade Civil de Interesse Público (Oscip)**: são entidades civis sem fins lucrativos, integrantes do setor privado, que recebem a qualificação do Poder Público. Oscip: deve estar em funcionamento regular há, no mínimo, 3 anos.
- **Não podem ser qualificadas como Oscip** (art. 2º)**:**

a) sociedades comerciais;

b) sindicatos, associações de classe ou de representação de categoria profissional;

c) instituições religiosas ou voltadas para a disseminação de credos, cultos, práticas e visões devocionais e confessionais;

d) organizações partidárias e assemelhadas, inclusive suas fundações;

e) entidades de benefício mútuo destinadas a proporcionar bens ou serviços a um círculo restrito de associados ou sócios;

f) entidades e empresas que comercializam planos de saúde e assemelhados;

g) instituições hospitalares privadas não gratuitas e suas mantenedoras;

h) escolas privadas dedicadas ao ensino formal não gratuito e suas mantenedoras;

i) organizações sociais;

j) cooperativas;

k) fundações públicas;

l) fundações, sociedades civis ou associações de direito privado criadas por órgão público ou por fundações públicas;

m) organizações creditícias que tenham qualquer tipo de vinculação com o sistema financeiro nacional a que se refere o art. 192 da Constituição Federal.

- Diferenças entre OS e Oscip: a) a OS opera a absorção de determinada atividade que o Estado esteja fazendo e, com frequência, leva à extinção do órgão público que realizava a mesma atividade e, por outro lado, a Oscip representa verdadeira parceria e não há extinção de órgãos; b) a outorga da qualificação é ato discricionário na OS e ato vinculado na Oscip; c) o vínculo na OS é contrato de gestão e na Oscip é termo de parceria; d) na OS, há exigência de que tenha a presença de representantes do poder público no órgão de administração, o que não ocorre com a Oscip; e) no caso de desqualificação, os bens adquiridos com recursos públicos serão revertidos ao Poder Público, no caso da OS e, se for Oscip, será transferida à outra Oscip, de preferência, na mesma área de atuação.
- Sistematização da Administração Pública e do Terceiro Setor[6]:

ADMINISTRAÇÃO PÚBLICA	
ADMINISTRAÇÃO INDIRETA	**ADMINISTRAÇÃO DIRETA**
Conjunto das pessoas administrativas, com personalidade de direito público ou de direito privado, patrimônio próprio e autonomia administrativa, vinculadas à administração direta, criadas para o desempenho de determinada atividade administrativa	Conjunto dos órgãos públicos que integram as pessoas jurídicas políticas Pessoas jurídicas de direito público União, Estados, Distrito Federal e Municípios

6. BORTOLETO, Leandro. *Direito administrativo*. Salvador: Juspodivm, 2012. p. 106.

ADMINISTRAÇÃO PÚBLICA	
ADMINISTRAÇÃO INDIRETA	**ADMINISTRAÇÃO DIRETA**
Autarquia: direito público Agência reguladora: autarquia em regime especial Agência Executiva: autarquia que recebeu a qualificação (contrato de gestão)	–
Fundação Pública: direito público ou direito privado Agência Executiva: fundação pública que recebeu a qualificação (contrato de gestão)	
Empresa Pública: direito privado; prestadora de serviço público ou exploradora de atividade econômica	
Sociedade de Economia Mista: direito privado; prestadora de serviço público ou exploradora de atividade econômica	
Consórcio Público: direito público (associação pública) ou direito privado	

TERCEIRO SETOR
pessoas jurídicas de direito privado, sem fins lucrativos, pertencentes ao setor privado, que desenvolvem atividade de interesse público. Marco regulatório (Lei nº 13.019/14): parcerias firmadas por: a) termo de fomento ou por termo de colaboração, quando envolverem transferência de recursos financeiros; entidades são escolhidas por meio de chamamento público, exceto os casos de dispensa e inexigibilidade; b) acordo de cooperação, quando não envolver transferência de recursos financeiros.
Serviço social autônomo
Entidade de apoio
Organização Social (OS) Vínculo jurídico com a administração direta: contrato de gestão
Organização da Sociedade Civil de Interesse Público (Oscip) Vínculo jurídico com a administração direta: termo de parceria

4. AGENTES PÚBLICOS

CONCEITO E CLASSIFICAÇÃO

- São agentes públicos "todas as pessoas físicas incumbidas, definitiva ou transitoriamente, do exercício de alguma função estatal"[7].
- **Classificação (Hely Lopes Meirelles)**: agentes públicos subdividem-se em agentes políticos, agentes administrativos, agentes honoríficos, agentes delegados e agentes credenciados:

- **a) agentes políticos**: são aqueles que representam as funções típicas estatais de legislar, julgar e administrar; exercem atribuições previstas na Constituição Federal. Aliás, o próprio texto constitucional disciplina os principais direitos e deveres dos agentes políticos, que é complementado por normas específicas, pois não se sujeitam ao regime jurídico previsto para os servidores públicos em geral. Possuem liberdade funcional. São exemplos: Senador, Deputado federal, Deputado estadual, Vereador, Presidente da República, Governador, Prefeito, Ministro, secretário de Estado, secretário municipal, membros da magistratura (Juiz, Desembargador, Ministro... não se aplica aos servidores do Poder Judiciário), membros do Ministério Público (Promotor de Justiça, Procurador de Justiça, Procurador da República, Procurador do Trabalho... não se aplica aos servidores do Ministério Público), membros dos Tribunais de Contas (Conselheiros e Ministros)[8], representantes diplomáticos.
- **b) agentes administrativos:** são as pessoas que possuem uma relação funcional com a Administração Pública. São aquelas que, de maneira geral, possuem uma relação empregatícia na esfera pública, sujeitos à hierarquia funcional. Exercem função de apoio aos agentes políticos. Nessa categoria estão:

---

7. MEIRELLES, Hely Lopes. *Direito administrativo brasileiro*. 36. ed. São Paulo: Malheiros, 2010. p. 75. Original sem destaque.

8. Há grande divergência sobre a inclusão dos magistrados, membros do Ministério Público e dos Tribunais de Contas na categoria de agentes políticos. Incluindo-os nessa categoria, há Hely Lopes Meirelles (*Direito administrativo brasileiro*. 36. ed.São Paulo: Malheiros, 2010. p. 79) e, por outro lado, excluindo-os está Celso Antônio Bandeira de Mello (*Curso de direito administrativo*. 27. ed. São Paulo: Malheiros, 2010. p. 247-248) e José dos Santos Carvalho Filho (*Manual de direito administrativo*. 19. ed. Rio de Janeiro: Lumen Juris, 2008. p. 532), por exemplo. Todavia, no RE 228977/SP, **o STF fez referência aos magistrados na condição de agentes políticos.**

- os **servidores públicos propriamente ditos**: ocupantes de cargo efetivo ou de cargo em comissão; são regidos por leis específicas, denominadas estatutos e, por isso, são chamados de estatutários;

- os **empregados públicos**: são aqueles regidos pela Consolidação das Leis Trabalhistas (CLT) e, assim, chamados de celetistas;

- os servidores **temporários**: são aqueles que exercem função temporária na Administração Pública, submetidos à legislação específica e que são contratados para atender à necessidade temporária de excepcional interesse público.

- **c) agentes honoríficos**: são as pessoas convocadas para prestar determinado serviço para a Administração Pública, de maneira temporária e, normalmente, sem remuneração, em razão de sua honorabilidade, de sua idoneidade. São exemplos o mesário e o jurado.

- **d) agentes delegados**: são particulares que possuem atribuição de executar, por sua conta e risco, um serviço público ou uma atividade de interesse público, sob fiscalização estatal e de acordo com as normas estabelecidas pelo Estado. São os concessionários e permissionários de serviço público, os registradores de imóveis, os tabeliães, os notários, os tradutores públicos, os leiloeiros.

- **e) agentes credenciados**: são as pessoas que recebem a atribuição de representar a Administração Pública em determinado evento ou de praticar certa atividade. Por exemplo, um pesquisador ou um empresário representando o Brasil em algum evento internacional.

CARGO PÚBLICO, EMPREGO PÚBLICO E FUNÇÃO PÚBLICA

- **Cargos públicos**: "são as mais simples e indivisíveis unidades de competência a serem expressadas por um agente, previstas em número certo, com denominação própria, retribuídas por pessoas jurídicas de Direito Público e criadas por lei, salvo quando concernentes aos serviços auxiliares do Legislativo, caso em que se criam por resolução, da Câmara ou do Senado, conforme se trate de serviços de uma ou de outra destas Casas"[9].

- **Empregos públicos são "núcleos de encargos de trabalho permanentes a serem preenchidos por agentes contratados para desempenhá-los, sob regime trabalhista"**[10].

- **Função pública:** conjunto de atribuições desvinculadas de cargo ou emprego, ao qual se dá o nome de função, que pode ser de duas espécies: a função exercida por servidores temporários e a função de direção, chefia e assessoramento (função de confiança), atribuída a servidores titulares de cargo efetivo[11].

PROVIMENTO E VACÂNCIA

Formas de provimento

- Ato de se prover o cargo público é chamado de provimento. Por meio dele, o cargo deixa de ser vago e passa a ser provido. Ocorre tanto nos cargos efetivos quanto nos cargos em comissão e, assim, há o **provimento efetivo** (deve haver prévia aprovação em concurso público) e o **provimento em comissão** (livre nomeação e exoneração, vedado o nepotismo).

  Em relação ao provimento, ainda, há o **provimento originário** e o **provimento derivado**. Naquele, a investidura no cargo integrante de determinada carreira é feita pela primeira vez, de modo inaugural e, ao contrário, no provimento derivado, a investidura é decorrente, ou seja, só é possível ocorrer uma das formas de provimento derivado se o servidor já for ocupante de cargo. Só há provimento derivado se antes houve o provimento originário.

Vacância

É a situação de desprovimento do cargo público, ou seja, este passa da condição de provido para vago.

DISPOSIÇÕES CONSTITUCIONAIS APLICÁVEIS AOS AGENTES PÚBLICOS

- **Regime jurídico único**: STF (ADI 2135): foi deferida medida liminar para suspender a eficácia do art. 39, *caput*, da Constituição, por vício formal na aprovação da Emenda nº 19/98, com efeitos *ex nunc*, "subsistindo a legislação editada nos termos da emenda declarada suspensa", mantendo-se, "assim, o então vigente *caput* do art. 39, que tratava do regime jurídico único, incompatível com a figura do emprego público".

9. MELLO, Celso Antônio Bandeira de. *Curso de direito administrativo*. 27. ed. São Paulo: Malheiros, 2010. p. 254.

10. MELLO, Celso Antônio Bandeira de. *Curso de direito administrativo*. 27. ed. São Paulo: Malheiros, 2010. p. 256.

11. DI PIETRO, Maria Sylvia Zanella. *Direito administrativo*. 23. ed. São Paulo: Atlas, 2010. p. 519-520. Sobre contratação temporária e função de confiança, ver item 2.1.2.

- Cronologia do regime jurídico único:

REGIME JURÍDICO ÚNICO								
05/10/1988		**12/12/1990**		**04/06/1998**		**23/02/2000**		**02/08/2007**
CF, art. 39, *caput*	➔	Lei nº 8.112	➔	EC 19, art. 39, *caput*	➔	Lei nº 9.962	➔	ADI 2135
Regime Jurídico Único		RJU Servidores federais		Fim Regime Jurídico Único		Emprego Público União, aut. e fund.		retorno do Regime Jurídico Único

- Síntese sobre concurso público[12]:

CONCURSO PÚBLICO	
Regra: realização para provimento de cargo efetivo	
Exceção: não realização	- **Contratação temporária**: necessidade temporária e excepcional interesse público
	- **Cargo em comissão**: existência de lei declarando de livre nomeação e exoneração; atribuições de direção, de chefia e de assessoramento Pode ser ocupado por ocupante de cargo efetivo (lei definirá casos, condições e percentuais) e por não ocupante. Função de confiança: só ocupante de cargo efetivo
	- **Agentes públicos de saúde e agentes de combate a endemias**
Prazo de validade: até 2 anos, prorrogável, uma vez, por igual período	
Pode ser de **provas ou de provas e títulos**: natureza e complexidade do cargo	
Reserva de vagas para deficientes: lei definirá percentual	

- O candidato aprovado em concurso possui **direito subjetivo à nomeação** ou apenas expectativa de direito?
- STF (RE 598.099), em agosto de 2011, alterou substancialmente seu posicionamento. Foi complementado pela fixação de tese no RE 837.311, com repercussão geral. Atual posição: O surgimento de novas vagas ou a abertura de novo concurso para o mesmo cargo, durante o prazo de validade do certame anterior, não gera automaticamente o direito à nomeação dos candidatos aprovados fora das vagas previstas no edital, ressalvadas as hipóteses de preterição arbitrária e imotivada por parte da administração, caracterizada por comportamento tácito ou expresso do Poder Público capaz de revelar a inequívoca necessidade de nomeação do aprovado durante o período de validade do certame, a ser demonstrada de forma cabal pelo candidato. Assim, o direito subjetivo à nomeação do candidato aprovado em concurso público exsurge nas seguintes hipóteses:

1. Quando a aprovação ocorrer dentro do número de vagas dentro do edital;
2. Quando houver preterição na nomeação por não observância da ordem de classificação;
3. Quando surgirem novas vagas, ou for aberto novo concurso durante a validade do certame anterior, e ocorrer a preterição de candidatos de forma arbitrária e imotivada por parte da administração nos termos acima.

- Súmula Vinculante nº 16: os "arts. 7º, IV, e 39, § 3º (redação da EC 19/1998), da Constituição, referem-se ao total da remuneração percebida pelo servidor público". O vencimento do servidor público pode ser menor do que o salário mínimo, mas a remuneração não.
- Sistematização dos limites remuneratórios[13]:

12. BORTOLETO, Leandro. *Direito administrativo*. Salvador: Juspodivm, 2012. p. 142.

13. BORTOLETO, Leandro. *Direito administrativo*. Salvador: Juspodivm, 2012. p. 147.

<table>
<tr><th colspan="3">LIMITES REMUNERATÓRIOS</th></tr>
<tr><td colspan="3">TETO → subsídio dos Ministros do Supremo Tribunal Federal</td></tr>
<tr><td rowspan="4">SUBTETOS</td><td rowspan="3">ESTADOS
E
DISTRITO FEDERAL</td><td>Poder Executivo → subsídio do Governador</td></tr>
<tr><td>Poder Legislativo → subsídio dos Deputados Estaduais e Distritais (máximo de 75% do subsídio do Deputado Federal)</td></tr>
<tr><td>Poder Judiciário → subsídio dos Desembargadores do Tribunal de Justiça (90,25% do STF)
• aplicável aos membros do Ministério Público, Procuradores e Defensores Públicos
• não se aplica aos magistrados estaduais, de acordo com o STF
• Estados e DF podem adotar como subteto único este previsto para o Poder Judiciário, desde que haja alteração da Constituição Estadual ou da Lei Orgânica</td></tr>
<tr><td>MUNICÍPIOS</td><td>Subsídio do Prefeito
• Vereadores: regra própria (art. 29, VI, CF)</td></tr>
</table>

Tese de repercussão geral (REs 602043 e 612975) "Nos casos autorizados, constitucionalmente, de acumulação de cargos, empregos e funções, a incidência do artigo 37, inciso XI, da Constituição Federal, pressupõe consideração de cada um dos vínculos formalizados, afastada a observância do teto remuneratório quanto ao somatório dos ganhos do agente público".

- Sistematização da acumulação remunerada de cargos públicos[14]:

<table>
<tr><th colspan="2">ACUMULAÇÃO DE CARGOS, EMPREGOS E FUNÇÕES PÚBLICAS</th></tr>
<tr><th colspan="2">Cargo, função ou emprego público x Cargo, função ou emprego público</th></tr>
<tr><td>REGRA
Proibição de acumulação remunerada</td><td>EXCEÇÕES
Compatibilidade de horários
+
Dois cargos de professor
ou
Um cargo de professor com outro técnico ou científico
ou
Dois cargos ou empregos privativos de profissionais de saúde, com profissões regulamentadas</td></tr>
<tr><th colspan="2">Cargo, função ou emprego público x Mandato eletivo</th></tr>
<tr><td rowspan="2">Vereador</td><td>Horários compatíveis:
Acumulação</td></tr>
<tr><td>Horários não compatíveis:
Afastamento e escolha da remuneração</td></tr>
<tr><td>Prefeito e Vice-Prefeito</td><td>Afastamento e escolha da remuneração</td></tr>
<tr><td>Presidente da República e Vice,
Governador e Vice,
Deputados federais, estaduais e distritais e Senadores</td><td>Afastamento, sem escolha da remuneração</td></tr>
<tr><th colspan="2">Proventos x Cargo, função ou emprego público</th></tr>
<tr><td>REGRA
Proibição</td><td>EXCEÇÕES
• Cargo em comissão
• Cargo eletivo
• Cargos acumuláveis</td></tr>
<tr><th colspan="2">Proventos x Proventos</th></tr>
<tr><td>REGRA
Proibição</td><td>EXCEÇÃO
Proventos decorrentes de cargos acumuláveis</td></tr>
</table>

- São **direitos sociais do servidor público**: a) salário mínimo; b) garantia de salário nunca inferior ao mínimo, para os que percebem remuneração variável; c) décimo terceiro; d) remuneração do trabalho noturno superior à do diurno; e) salário-família; f) duração do trabalho normal não superior a oito horas diárias e quarenta e quatro

14. BORTOLETO, Leandro. *Direito administrativo*. Salvador: Juspodivm, 2012. p. 106.

semanais; g) repouso semanal remunerado; h) remuneração do serviço extraordinário superior, no mínimo, em 50% à do normal; i) férias anuais remuneradas com, pelo menos, um terço a mais do que o salário normal; j) licença à gestante (120 dias); k) licença-paternidade; l) proteção do mercado de trabalho da mulher; m) redução dos riscos inerentes ao trabalho, por meio de normas de saúde, higiene e segurança; n) proibição de diferença de salários, de exercício de funções e de critério de admissão por motivo de sexo, idade, cor ou estado civil.

- **Direito de greve**: STF (MI 670, 708 e 712): o direito de greve dos servidores públicos civis depende de lei para poder ser exercido, mas, em razão da inércia do legislador em produzir a lei, até que sobrevenha tal norma, fica autorizado o exercício do direito de greve pelos servidores públicos, usando, para tanto, a lei da iniciativa privada (Lei nº 7.783/89), no que couber. Todavia, essa situação é provisória, isto é, uma vez que a lei regulamentadora do art. 37, VII da Constituição Federal entre em vigor, o direito de greve dos servidores públicos não poderá mais ser aplicada a lei da iniciativa privada. O dispositivo constitucional referente ao direito de greve dos servidores aplica-se, em regra, a todas as categorias de servidores, com exceção dos militares, cujo exercício de greve é vedado e, dessa forma, não é considerado norma de eficácia plena para nenhuma categoria, inclusive para os servidores das carreiras de Estado. Aliás, em face do princípio da continuidade do serviço público, restou decidido no MI 708 que pode ser imposto regime de greve mais severo quando se tratar de serviços ou atividades essenciais, nos moldes dos artigos 9º a 11 da Lei nº 7.783/89. Em específico quanto aos policiais civis, na Rcl 6568/SP, que tinha como objeto preservar a competência do Tribunal de Justiça do Estado de São Paulo para dirimir o dissídio referente à greve dos policiais civis, o Min. Eros Grau sustentou a relativização do direito de greve, por não ser absoluto e que "servidores que exercem atividades relacionadas à manutenção da ordem pública e à segurança pública, à administração da Justiça – aí os integrados nas chamadas carreiras de Estado, que exercem atividades indelegáveis, inclusive as de exação tributária – e à saúde pública" sejam privados do direito de greve. Inclusive, no caso dos policiais civis, foi suscitada a questão de ser um movimento armado e não pacífico. Entretanto, a questão não era objeto do processo e, por isso, alguns Ministros não quiseram se posicionar, mas, expressamente, manifestaram-se acompanhando o relator, o Min. Cezar Peluso e o Min. Gilmar Mendes. **Tese de repercussão geral (RE 693456)**: "A administração pública deve proceder ao desconto dos dias de paralisação decorrentes do exercício do direito de greve pelos servidores públicos, em virtude da suspensão do vínculo funcional que dela decorre, permitida a compensação em caso de acordo. O desconto será, contudo, incabível se ficar demonstrado que a greve foi provocada por conduta ilícita do Poder Público". **Greve de policiais civis: Tese de repercussão geral (ARE 654432)**: "(1) o exercício do direito de greve, sob qualquer forma ou modalidade, é vedado aos policiais civis e a todos os servidores públicos que atuem diretamente na área de segurança pública. (2) É obrigatória a participação do Poder Público em mediação instaurada pelos órgãos classistas das carreiras de segurança pública, nos termos do artigo 165 do Código de Processo Civil, para vocalização dos interesses da categoria"
- **Regime próprio de previdência**. É o regime destinado aos servidores titulares de cargo efetivo. Nesse regime, é proibida a existência de critérios diferentes para a concessão de aposentadoria, exceto, nos termos definidos em leis complementares, conforme o art. 40, § 4º, no caso de: a) servidores portadores de deficiência; b) servidores que exerçam atividades de risco; c) servidores cujas atividades sejam exercidas sob condições especiais que prejudiquem a saúde ou a integridade física.
- **Pensão**: até o valor do limite do regime geral de previdência, a pensão será integral. Se a remuneração ou os proventos do servidor eram superiores ao limite mencionado, a pensão não terá valor integral, pois corresponderá, na verdade, ao valor total até o limite, mais 70% do valor que exceder o limite.
- **Contribuição inativos**: aposentado somente contribuirá sobre o valor dos proventos que extrapolar o limite do regime geral de previdência. Se for portador de doença incapacitante, na forma da lei, só contribuirá sobre o valor que exceder o dobro do limite (art. 40, § 21).
- **Abono de permanência**: servidor que já preencheu os requisitos para a aposentadoria voluntária tem direito a receber até que alcance a idade para a aposentadoria compulsória (art. 40, § 19). O servidor não deixa de contribuir, pois continua contribuindo com 11% sobre o valor de sua remuneração, mas, como incentivo, recebe um abono no mesmo valor.
- **Valor dos proventos**: média das remunerações utilizadas como base de cálculo para incidência das contribuições previdenciárias, tanto

ao regime geral quanto ao regime próprio. Não há integralidade nem paridade (estabelecido o valor dos proventos, este não acompanhará os reajustes concedidos ao pessoal da ativa; será reajustado para manter o valor real, na forma da lei).

- **Limite proventos**: pode ser adotado o limite do regime geral de previdência para o valor das aposentadorias e pensões do regime próprio, desde que instituam, por lei de iniciativa do respectivo Poder Executivo, regime de previdência complementar, por intermédio de entidades fechadas de previdência complementar, de natureza pública, que oferecerão aos respectivos participantes planos de benefícios somente na modalidade de contribuição definida (art. 40, §§ 14 e 15). Somente será obrigatório para o servidor que ingressar no serviço público após a data de publicação do ato instituidor desse regime. Para os que ingressaram antes, é opcional (art. 40, § 16).

- Sistematização da aposentadoria pelo regime próprio[15]:

<table>
<tr><th colspan="3">APOSENTADORIA PELO REGIME PRÓPRIO</th></tr>
<tr><td rowspan="2">Por invalidez permanente</td><td colspan="2">• regra → proventos proporcionais</td></tr>
<tr><td>• exceções →</td><td>• acidente em serviço
• moléstia profissional
• doença grave, contagiosa ou incurável, nos termos da lei</td></tr>
<tr><td>Compulsória</td><td colspan="2">• proventos proporcionais
• 70 ou 75 anos, nos termos de lei complementar. Lei Complementar nº 152/15: 75 anos para I – os servidores titulares de cargos efetivos da União, dos Estados, do Distrito Federal e dos Municípios, incluídas suas autarquias e fundações; II – os membros do Poder Judiciário; III – os membros do Ministério Público; IV – os membros das Defensorias Públicas; V – os membros dos Tribunais e dos Conselhos de Contas.</td></tr>
</table>

<table>
<tr><th colspan="3">APOSENTADORIA PELO REGIME PRÓPRIO</th></tr>
<tr><td rowspan="2">Voluntária</td><td>Homem</td><td>Mulher</td></tr>
<tr><td>10 anos de serviço público, e
5 anos no cargo, e
35 anos de contribuição, e
60 anos de idade</td><td>10 anos de serviço público, e
5 anos no cargo, e
30 anos de contribuição, e
55 anos de idade</td></tr>
<tr><td rowspan="2">Voluntária proporcional</td><td>Homem</td><td>Mulher</td></tr>
<tr><td>10 anos de serviço público, e
5 anos no cargo, e
65 anos de idade</td><td>10 anos de serviço público, e
5 anos no cargo, e
60 anos de idade</td></tr>
<tr><td rowspan="4">Aposentadoria especial</td><td colspan="2">• requisitos serão estabelecidos em leis complementares
• portadores de deficiência
• atividades de risco
• atividades exercidas sob condições especiais que prejudiquem a saúde ou a integridade física</td></tr>
<tr><td colspan="2">Professores
• requisitos estabelecidos na Constituição
• tempo exclusivo no magistério: infantil, fundamental e médio</td></tr>
<tr><td>Homem</td><td>Mulher</td></tr>
<tr><td>10 anos de serviço público, e
5 anos no cargo, e
30 anos de contribuição, e
55 anos de idade</td><td>10 anos de serviço público, e
5 anos no cargo, e
25 anos de contribuição, e
50 anos de idade</td></tr>
</table>

5. PODERES ADMINISTRATIVOS

- Poderes administrativos são as **prerrogativas** à disposição da Administração destinadas à viabilização do interesse público.

- **Poder discricionário**: limitado pelo princípio da razoabilidade

- **Poder hierárquico**: o de que dispõe o Executivo para distribuir e escalonar as funções de seus órgãos, ordenar e rever a atuação de seus agentes, estabelecendo a relação de subordinação entre

15. BORTOLETO, Leandro. *Direito administrativo*. Salvador: Juspodivm, 2012. p. 172.

os servidores do seu quadro de pessoal"[16]. É típico da função administrativa, mas não é exclusivo do Executivo e faz parte dos Poderes Legislativo e Judiciário, na função atípica de administrar. É com base na hierarquia que se pode avocar, delegar, ordenar, controlar, corrigir e aplicar sanções.

- **Poder disciplinar**: é a prerrogativa pela qual a Administração apura as infrações e aplica as penalidades ao infrator, que pode ser um servidor público ou particular sujeito à disciplina administrativa, como um estudante de escola pública[17].
- **Poder regulamentar**: Para Maria Sylvia Zanella Di Pietro, é espécie do poder normativo da Administração Pública, ou seja, é um tipo, uma das formas pela qual se expressa a função normativa da Administração Pública, e o poder regulamentar, assim entendido, é privativo do Chefe do Executivo e se materializa por meio de decreto, mas há outras formas de expressão do poder normativo como as resoluções, as portarias, as instruções, os regimentos, mas esses atos possuem alcance restrito aos limites de atuação do órgão e não têm a mesma natureza dos regulamentos expedidos pelo Chefes do Executivo[18].
- **Regulamento autônomo**: é ato normativo, infralegal, que pode inovar na ordem jurídica; tem seu fundamento diretamente estabelecido no texto constitucional; trata de matéria não constante em lei. Art. 84, VI, da Constituição Federal.
- Regulamentação técnica ou regulamento autorizado: manifesta-se, por exemplo, na função normativa exercida pelas agências reguladoras, as quais recebem a função de regular por meio da deslegalização de parte da matéria.
- **Deslegalização ou delegificação**: a lei delega a função de criar norma a respeito de assuntos técnicos a órgãos administrativos. Fala-se, também, em discricionariedade técnica, porque a lei estabelece parâmetros, diretrizes para que, em nível administrativo, seja feita a complementação da lei, com conteúdo técnico.
- **Poder de polícia**: "faculdade de que dispõe a administração pública para condicionar e restringir o uso e gozo de bens, atividades e direitos individuais, em benefício da coletividade ou do próprio Estado"[19].
- **Poder de polícia em sentido amplo e em sentido estrito**: **sentido amplo**: engloba tanto os atos legislativos quanto os atos administrativos; **sentido estrito**: é uma atividade administrativa e, assim, só pode ser exercida na função administrativa e não na função legislativa.
- **Atributos do poder de polícia**: discricionariedade, autoexecutoriedade e coercibilidade.
- **Ciclo de polícia**: ordem de polícia, consentimento de polícia, fiscalização de polícia, sanção de polícia.
- Sistematização do abuso de poder[20]:

ABUSO DE PODER	
• Uso dos poderes administrativos contrariando o regime jurídico administrativo • Forma comissiva ou omissiva	
Espécies	
Excesso de poder	Desvio de poder
Atua fora dos limites da competência	Atua dentro dos limites da competência, mas com finalidade diversa daquela com que deveria atuar

6. ATO ADMINISTRATIVO

- **Ato administrativo** é "toda manifestação unilateral de vontade da Administração Pública que, agindo nessa qualidade, tenha por fim imediato adquirir, resguardar, transferir, modificar, extinguir e declarar direitos, ou impor obrigações aos administrados ou a si própria"[21].
- Ato administrativo: a) o regime jurídico é sempre o de **direito público**; b) o ato é uma **manifestação**, uma declaração jurídica **unilateral**; c) é ato **infralegal**; d) submete-se ao **controle** administrativo e judicial.
- Sistematização dos elementos do ato administrativo[22]:

16. MEIRELLES, Hely Lopes. *Direito administrativo brasileiro*. 36. ed.São Paulo: Malheiros, 2010. p. 124.
17. DI PIETRO, Maria Sylvia Zanella. *Direito administrativo*. 23. ed. São Paulo: Atlas, 2010. p. 94.
18. MEIRELLES, Hely Lopes. *Direito administrativo*. 25. ed. São Paulo: Atlas, 2012. p. 91 e 94.
19. MEIRELLES, Hely Lopes. *Direito administrativo brasileiro*. 36. ed.São Paulo: Malheiros, 2010. p. 134.
20. BORTOLETO, Leandro. *Direito administrativo*. Salvador: Juspodivm, 2012. p. 300.
21. MEIRELLES, Hely Lopes. *Direito administrativo brasileiro*. 36. ed.São Paulo: Malheiros, 2010. p. 153.
22. Quanto à posição de Celso Antônio Bandeira de Mello: *Curso de direito administrativo*. 27. ed. São Paulo: Malheiros, 2010. p. 393-412.

<table>
<tr><th colspan="3">ELEMENTOS OU REQUISITOS DO ATO ADMINISTRATIVO</th></tr>
<tr><th colspan="3">Posição tradicional (usualmente cobrada nas provas)</th></tr>
<tr><td colspan="3">Competência ou Sujeito: Quem? Conjunto de atribuições administrativas do servidor.
Finalidade: Para quê? Resultado mediato almejado com a prática do ato.
Forma: Como? Exteriorização do ato. Maneira pela qual o ato se apresenta.
Motivo ou Causa: Por quê? Pressuposto de fato e de direito cuja ocorrência autoriza ou determina a prática do ato.
Objeto ou Conteúdo: O quê? Resultado imediato pretendido com a prática do ato</td></tr>
<tr><th colspan="3">Posição de Celso Antônio Bandeira de Mello (requisitos)</th></tr>
<tr><td colspan="3">Motivo do ato x Motivo legal: motivo legal é a previsão abstrata de uma situação fática e motivo do ato é a própria situação material. Ambos têm que coincidir.
Motivo x móvel: motivo é a situação objetiva, real, empírica; é a realidade objetiva, externa ao agente; móvel é a representação subjetiva, psicológica, interna do agente; móvel é a vontade do agente.
Objeto x Conteúdo: não são sinônimos. Objeto sobre o que o ato incide. Conteúdo é o próprio ato em essência; é interno ao ato, já o objeto é externo ao ato.
Causa: Não é sinônimo de motivo. É a correlação lógica entre o motivo do ato administrativo e seu conteúdo, em vista da finalidade pública. É a relação lógica entre motivo e o conteúdo do ato, em função da finalidade pública.</td></tr>
<tr><th colspan="3">Sistematização dos requisitos do ato (Celso Antônio)</th></tr>
<tr><td>ELEMENTOS</td><td colspan="2">• Conteúdo
• Forma</td></tr>
<tr><td rowspan="2">PRESSUPOSTOS</td><td>• De existência</td><td>• Objeto
• Pertinência da função administrativa</td></tr>
<tr><td>• De validade</td><td>• Sujeito incompetente (pressuposto subjetivo)
• Motivo (pressuposto objetivo)
• Requisitos procedimentais
• Finalidade Pública (pressuposto teleológico)
• Causa (pressuposto lógico)
• Formalização (pressuposto formalístico)</td></tr>
</table>

- Consequência do **silêncio administrativo**: a) se houver lei a respeito: previsão legal; b) se não houver lei a respeito: competência discricionária: exigência de decisão motivada; competência vinculada: exigência da prática do ato.
- Sistematização dos atributos do ato administrativo[23]:

<table>
<tr><th colspan="2">ATRIBUTOS OU CARACTERÍSTICAS DO ATO ADMINISTRATIVO</th></tr>
<tr><td>PRESUNÇÃO DE LEGITIMIDADE</td><td>• presunção de que todo ato administrativo praticado está de acordo com a lei
• pode ser praticado imediatamente
• produz efeitos até que seja anulado
• ônus da prova do interessado
• nulidade só é apreciada a pedido pelo Judiciário
• existe em todos os atos administrativos</td></tr>
<tr><td>IMPERATIVIDADE</td><td>• ato administrativo é imposto ao destinatário
• não está presente em todos os atos administrativos</td></tr>
<tr><td>AUTOEXECUTORIEDADE</td><td>• Administração executa o ato por seus próprios meios
• não existe em todos os atos administrativos: só em urgência ou se previsto em lei</td></tr>
</table>

- Sistematização da classificação dos atos administrativos:

<table>
<tr><th colspan="2">CLASSIFICAÇÃO DOS ATOS ADMINISTRATIVOS</th></tr>
<tr><td rowspan="2">Quanto ao destinatário</td><td>geral ➔ sem destinatário definido; fim normativo</td></tr>
<tr><td>individual ➔ com destinatário definido</td></tr>
<tr><td rowspan="2">Quanto ao alcance</td><td>interno ➔ efeitos somente dentro da Administração</td></tr>
<tr><td>externo ➔ efeitos para fora da Administração</td></tr>
<tr><td rowspan="3">Quanto ao objeto</td><td>império ➔ posição de superioridade</td></tr>
<tr><td>gestão ➔ posição de igualdade</td></tr>
<tr><td>expediente ➔ rotina interna; sem poder decisório</td></tr>
</table>

23. BORTOLETO, Leandro. *Direito administrativo*. Salvador: Juspodivm, 2012. p. 334.

CLASSIFICAÇÃO DOS ATOS ADMINISTRATIVOS	
Quanto ao regramento	**vinculado** ➔ não pode escolher no caso concreto
	discricionário ➔ pode escolher no caso concreto
Quanto à formação da vontade	**simples** ➔ vontade de um órgão só
	complexo ➔ vontade de dois órgãos e um ato só
	composto ➔ dois órgãos e dois atos (principal e acessório)
Quanto ao conteúdo	**constitutivo** ➔ cria situação jurídica individual
	extintivo ➔ encerra situação jurídica individual
	declaratório ➔ declara situação já existente
	alienativo ➔ transfere bens ou direitos
	modificativo ➔ altera situação jurídica, sem encerrá-la
	abdicativo ➔ renúncia a um direito
Quanto à eficácia	**válido** ➔ em conformidade com o direito
	nulo ➔ vício insanável
	anulável ➔ vício sanável
	inexistente➔ parece ato, mas não é
Quanto à exequibilidade	**perfeito** ➔ completou ciclo de formação
	imperfeito ➔ não completou ciclo de formação
	pendente➔ não está apto para produzir efeitos
	consumado ➔ já produziu seus efeitos; definitivo

- Sistematização da anulação e da revogação do ato administrativo[24]:

ANULAÇÃO	REVOGAÇÃO
Ilegalidade	interesse público (conveniência e oportunidade)
ex tunc (ato restritivo) *ex nunc* (ato ampliativo e boa-fé)	ex nunc
Poder Judiciário e Administração	somente a Administração
qualquer ato (vinculado e discricionário)	atos irrevogáveis: • vinculados • integrantes de procedimento • enunciativos • geraram direito adquirido

24. BORTOLETO, Leandro. *Direito administrativo*. Salvador: Juspodivm, 2012. p. 347.

- **Convalidação:** o **suprimento da invalidade de um ato** com efeitos retroativos"[25]. Convalidar é **tornar válido um ato inválido**, por meio de outro ato que supre **vício sanável,** com efeitos **ex tunc** (retroagem).

7. PROCESSO ADMINISTRATIVO

- **Princípios do processo administrativo**:

a) **oficialidade**: não tem significado igual ao que lhe é dado no processo judicial, em que cabe ao Juiz movimentar o processo, mas apenas após ter sido iniciado. No processo administrativo, representa que a Administração pode **de ofício** iniciar o processo, impulsioná-lo, instruí-lo e revisá-lo.

b) **informalidade** ou **obediência à forma**: não significa ausência de forma, mas que o processo **não deve se submeter a formas rígidas**, exceto se houver exigência legal expressa.

c) **verdade material**: a Administração pode se valer de qualquer prova lícita para descobrir a verdade real e **não se restringe às provas obtidas no processo**. A autoridade julgadora pode, ela própria, buscar as provas, mesmo que existentes em outro processo ou decorrentes de fato superveniente[26]. Esse princípio serve de suporte para a aplicação da **reformatio in pejus** no processo administrativo.

d) **gratuidade**: é **proibida a cobrança dos atos processuais, exceto se houver lei específica.** Em relação aos recursos administrativos, há a **Súmula Vinculante nº 21** determinando que é "inconstitucional a exigência de depósito ou arrolamento prévios de dinheiro ou bens para admissibilidade de recurso administrativo".

25. MELLO, Celso Antônio Bandeira de. *Curso de direito administrativo*. 27. ed. São Paulo: Malheiros, 2010. p. 473.

26. MEIRELLES, Hely Lopes. *Direito Administrativo*. 36 ed. São Paulo: Malheiros, 2010. p. 723.

e) **pluralidade de instâncias: não pode haver instância única** na esfera administrativa, exceto se quem decidiu foi a autoridade máxima; ainda, em razão desse princípio, ao contrário do processo civil, é possível alegar em instância superior **o que ainda não tinha sido alegado**, reexaminar a matéria de fato e a produção de novas provas[27].

- **Processo x procedimento**

  O **processo** é "a relação jurídica integrada por algumas pessoas, que nela exercem várias atividades direcionadas para determinado fim"[28]e, por sua vez, o **procedimento** é a "sucessão de atos preparatórios que devem obrigatoriamente preceder a prática de ato final"[29]. Procedimento relaciona-se com movimento, dinâmica; é o rito, a sequência em que os atos devem ser praticados, com um objetivo final. Ambos são intrinsecamente relacionados, pois "todo processo demanda um procedimento – que é a tramitação dos atos – da mesma forma que todo procedimento só tem existência se houver o respectivo processo – este indicando a relação jurídica firmada entre aqueles que dele participam"[30].

- Há diversas espécies de processo administrativo e estes se desenvolvem em todas as esferas da Federação e, por isso, devem ser legalmente disciplinados em cada uma delas.

- Na esfera federal, há a Lei nº 9.784/99 que, conforme sua ementa, "regula o processo administrativo no âmbito da Administração Pública Federal". É uma lei de aplicação em âmbito federal, de forma subsidiária se houver lei específica para determinado processo administrativo e de forma integral se não existir lei dispondo de maneira específica sobre certo processo administrativo na esfera federal.

- A Lei nº 9.784/99 é uma norma na qual foram positivados diversos posicionamentos consagrados na doutrina e na jurisprudência e, apesar de ser de aplicação na esfera federal, serve como parâmetro para as legislações estaduais e municipais sobre processo administrativo. Nesse sentido, por exemplo, merecem destaque as disposições sobre a delegação de competência, a motivação do ato administrativo e o prazo decadencial para a anulação do ato.

- **PROCESSO ADMINISTRATIVO DISCIPLINAR**

- **É exigência constitucional para a aplicação das penas disciplinares (art. 41, CF). Alguns estatutos admitem a verdade sabida, que permite a aplicação da pena pelo conhecimento direto e pessoal da infração pela autoridade competente; todavia, não deve ser mais admitida em face da Constituição Federal (art. 5º, LV; exigência de contraditório e ampla defesa)**

- Realizado por comissões disciplinares e integrantes devem ser servidores estáveis

- Normalmente, desenvolve-se nas seguintes fases: instauração, instrução, defesa, relatório e julgamento

- Nele devem ser asseguradas as garantias da ampla defesa e do contraditório

- Súmula vinculante nº 5: a falta de defesa técnica por advogado no processo administrativo disciplinar não ofende a constituição.

8. LICITAÇÃO E CONTRATO ADMINISTRATIVO

- **Licitação** é o processo administrativo instaurado pela Administração Pública consistente na disputa igualitária entre os interessados em celebrar contrato com ela, para a escolha da proposta que permita a melhor contratação em face do interesse público.

- São **finalidades da licitação**: a) escolher a melhor proposta; b) permitir a participação de qualquer interessado que preencha os requisitos exigidos; c) auxiliar na promoção do desenvolvimento nacional.

- **Princípios da licitação** (art. 3º, Lei nº 8.666/93): legalidade, impessoalidade, moralidade, publicidade, igualdade, probidade administrativa, vinculação ao instrumento convocatório, julgamento objetivo.

- **Ressalvas ao princípio da igualdade entre os licitantes: a) margem de preferência**: poderá ser estabelecida para I – produtos manufaturados e para serviços nacionais que atendam a normas técnicas brasileiras; e II – bens e serviços produzidos ou prestados por empresas que comprovem cumprimento de reserva de cargos prevista em lei para pessoa com deficiência ou para reabilitado da Previdência Social e que atendam às regras de acessibilidade previstas na legislação. • somente pode existir se a capacidade de prestação dos serviços ou de produção dos bens seja superior ao que será adquirido ou contratado ou ao mínimo estabelecido no edital;

---

27. DI PIETRO, Maria Sylvia Zanella. *Direito administrativo*. 23. ed. São Paulo: Atlas, 2010. p. 634-635.
28. CARVALHO FILHO, José dos Santos. *Manual de direito administrativo*. 19. ed. Rio de Janeiro: Lumen Juris, 2008. p. 862.
29. DI PIETRO, Maria Sylvia Zanella. *Direito administrativo*. 23. ed. São Paulo: Atlas, 2010. p. 623.
30. CARVALHO FILHO, José dos Santos. *Manual de direito administrativo*. 19. ed. Rio de Janeiro: Lumen Juris, 2008. p. 863.

• pode ser estendida, total ou parcialmente, aos bens e serviços originários dos Estados-parte do Mercosul; **b) margem adicional**(art. 3º, § 7º): é um acréscimo ao percentual da margem de preferência para produtos manufaturados e serviços nacionais resultantes de desenvolvimento e inovação tecnológica realizados no País (os percentuais das margens de preferência e adicional serão definidos pelo Poder Executivo Federal, mas a soma das duas não poderá ultrapassar 25% sobre produtos manufaturados e serviços estrangeiros); **c) art. 3º da Lei nº 8.248/91**: preferência para a aquisição de: • bens e serviços de informática com tecnologia desenvolvida no País; • bens e serviços produzidos de acordo com processo produtivo básico, definido pelo Poder Executivo; **d) licitação restrita** a bens e serviços com tecnologia desenvolvida no Brasil e produzidos de acordo com o processo produtivo básico, quando destinadas à implantação, manutenção e aperfeiçoamento dos sistemas de tecnologia de informação e comunicação considerados estratégicos em ato do Poder Executivo Federal (art.3º, § 12).

- ***Tratamento diferenciado*** para microempresa e empresa de pequeno porte nas licitações (Lei Complementar nº 123/06). Benefícios:

a) preferência em caso de empate (art. 44 da LC 123/06);

b) exigência de regularidade fiscal apenas na assinatura do contrato (art. 42);

c) tratamento diferenciado e simplificado nas contratações públicas (art. 47): • abertura de licitações só para participação de ME e EPP, para contratações de até R$ 80.000,00; • possibilidade de exigência ao licitante para que faça a subcontratação de ME e EPP; • deverá estabelecer cota de até 25% do objeto, no caso de bens divisíveis. Esse tratamento diferenciado não é possível quando: • não houver no mínimo três fornecedores sendo microempresa ou empresa de pequeno porte; • quando não for vantajoso ou representar prejuízo para a Administração; • quando a licitação for dispensável ou inexigível, excetuando-se as dispensas tratadas pelos incisos I e II do art. 24 da mesma Lei (dispensa em razão do valor), nas quais a compra deverá ser feita preferencialmente de microempresas e empresas de pequeno porte.

- Objeto da licitação (art. 2º, Lei nº 8.666/93): a) obras; b) serviços, inclusive de publicidade; c) compras; d) alienações; e) concessões; f) permissões; g) locações.

- **Serviço de publicidade**: licitação regulada pela Lei nº 12.232/10. Lei nº 8.666/93 é aplicada de forma complementar.

- **Regime Diferenciado de Contratações Públicas** (RDC). A Lei nº 12.462/11 introduziu uma forma diferente de fazer licitação aplicada, exclusivamente, para as licitações contratos administrativos referentes aos Jogos Olímpicos e Paraolímpicos de 2016, à Copa das Confederações de 2013, à Copa do Mundo de 2014 (essas duas últimas, apenas quanto às obras públicas, às constantes da matriz de responsabilidades celebrada entre a União, Estados, Distrito Federal e Municípios) e às obras de infraestrutura e de contratação de serviços para os aeroportos das capitais dos Estados da Federação distantes até 350 km das cidades-sede dos mundiais, das ações integrantes do Programa de Aceleração do Crescimento (PAC), das obras e serviços de engenharia no âmbito do Sistema Único de Saúde – SUS. Além dessas, Lei nº 13.190/15 acrescentou novas hipóteses para uso do RDC no art. 1º: das obras e serviços de engenharia para construção, ampliação e reforma e administração de estabelecimentos penais e de unidades de atendimento socioeducativo (inciso VI), das ações no âmbito da segurança pública (inciso VII) ao converter a MP 678/15. Entretanto, a Lei nº 13.190/15 acrescentou, ainda, os incisos VIII (das obras e serviços de engenharia, relacionadas a melhorias na mobilidade urbana ou ampliação de infraestrutura logística) e IX (dos contratos a que se refere o art. 47-A.). ATENÇÃO: o STF por entender que houve contrabando legislativo (ao apreciar a MP 678/15, houve a inserção de emendas estranhas ao tema da MP e, assim, no MS 33.889, o Min. Barroso suspendeu a eficácia da Lei 13.190/15, com exceção dos incisos VI e VII do art. 1º, *ad referendum* do Plenário. O RDC também pode ser usado no caso de ações em órgãos e entidades dedicados à ciência, à tecnologia e à inovação (inciso X do art. 1º da Lei nº 12.462/11, acrescentado pela Lei nº 13.243/16).Contestando a Lei nº 12.462/11 há, no STF, a ADI 4655.

- Têm o **dever de licitar**: a) órgãos da administração direta; b) autarquias: incluindo as agências reguladoras e os conselhos de fiscalização de profissões; c) fundações públicas; d) empresas públicas; e) sociedades de economia mista; f) consórcios públicos; g) entidades controladas direta ou indiretamente pelo Poder Público; h) fundos especiais.

- **Lei nº 13.303/16 (estatuto das estatais): 1)** nos artigos 28 a 84 dispõe sobre as licitações e as contratações feitas pelas empresas públicas e sociedades de economia mista e às suas subsidiárias, que explorem atividade econômica de produção ou comercialização de bens ou de prestação de serviços, ainda que a atividade econômica esteja sujeita ao regime de monopólio da união ou seja de prestação de serviços públicos.

2) Os contratos com terceiros destinados à prestação de serviços às empresas públicas e às sociedades de economia mista, **inclusive de engenharia e de publicidade, à aquisição e à locação de bens, à alienação de bens e ativos integrantes do respectivo patrimônio ou à execução de obras a serem integradas a esse patrimônio, bem como à implementação de ônus real sobre tais bens**, serão precedidos de licitação nos termos da Lei 13.303/16, ressalvadas as hipóteses de dispensa e inexigibilidade (art. 28)

3) A Lei nº 13.303/16 aplica-se às empresas públicas e às sociedades de economia mista constituídas após o início da vigência da lei (01/07/2016). Em relação às que já existiam nessa data, prevê o prazo de adaptação de 24 meses. Os procedimentos licitatórios e os contratos administrativos celebrados até o final desse prazo permanecem regidos pela legislação anterior.

- **Dispensa** é uma opção legal, pois os interessados poderiam competir. As hipóteses de dispensa são taxativas. Licitação dispensada: a lei determina a não realização da licitação (art. 17, I e II); b) licitação dispensável: a lei faculta ao administrador realizar ou não a licitação.
- **Estatais**: os casos de dispensa e inexigibilidade estão previstos nos artigos 29 e 30, respectivamente, da Lei nº 13.303/16.
- O candidato deve ficar atento às questões nas provas, pois podem ser enumerados casos para que sejam identificadas quais hipóteses são de licitação dispensável e quais são de licitação dispensada (a dica é que dispensada é usada para os casos de alienação), ou, na maioria das vezes, o examinador não quer saber a diferença entre elas, mas sim se determinada situação é caso de dispensa ou de inexigibilidade)..
- **Requisitos para a alienação de imóvel** da Administração Pública:

a) interesse público justificado;

b) avaliação prévia;

c) autorização legislativa, se o bem for da **Administração direta, autarquia ou fundação pública**;

d) licitação, na modalidade concorrência (exceto se for caso de licitação dispensada)[31].

- **Estatais** (Lei nº 13.303/16): a alienação de bens por empresas públicas e por sociedades de economia mista será precedida de: I – **avaliação formal** do bem contemplado, ressalvadas as hipóteses previstas nos incisos XVI a XVIII do art. 29 (XVI – na transferência de bens a órgãos e entidades da administração pública, inclusive quando efetivada mediante permuta; XVII – na doação de bens móveis para fins e usos de interesse social, após avaliação de sua oportunidade e conveniência socioeconômica relativamente à escolha de outra forma de alienação; XVIII – na compra e venda de ações, de títulos de crédito e de dívida e de bens que produzam ou comercializem); II – **licitação**, exceto: a) quando executarem a comercialização, prestação ou execução, de forma direta, de produtos, serviços ou obras especificamente relacionados com seus respectivos objetos sociais; b) nos casos em que a escolha do parceiro esteja associada a suas características particulares, vinculada a oportunidades de negócio definidas e específicas, justificada a inviabilidade de procedimento competitivo.
- Sistematização das hipóteses de dispensa de licitação em razão do valor[32]:

DISPENSA EM RAZÃO DO PEQUENO VALOR	
• Administração direta • Autarquia • Fundação pública	**Até R$ 8.000,00** outros serviços e compras
	Até R$ 15.000,00 obras e serviços de engenharia
• Autarquia qualificada como agência executiva • Fundação pública qualificada como agência executiva • Consórcio público	**Até R$ 16.000,00** outros serviços e compras
	Até R$ 30.000,00 obras e serviços de engenharia

DISPENSA EM RAZÃO DO PEQUENO VALOR ESTATAIS (LEI Nº 13.303/16)	
Obras e serviços de engenharia	Outros serviços e compras
Até R$ 100.000,00	Até R$ 50.000,00
Atenção! Esses **valores podem ser alterados**, para refletir a variação de custos, **por deliberação do Conselho de Administração** da empresa pública ou sociedade de economia mista, **admitindo-se valores diferenciados para cada sociedade**.	

31. No caso de imóvel da União, ainda, há a necessidade de autorização do Presidente da República (art. 23, Lei nº 9.636/98).

32. BORTOLETO, Leandro. *Direito administrativo*. Salvador: Juspodivm, 2012. p. 416.

- Modalidades de licitação: a) concorrência; b) tomada de preços; c) convite; d) concurso; e) leilão; f) pregão; g) consulta.
- A concorrência é obrigatória nos seguintes casos: a) obras e serviços de engenharia de valor superior a R$ 1.500.000,00 (art.23, I, "c"); b) compras e outros serviços acima de R$ 650.000,00 (art. 23, II, "c"); c) alienação de bens móveis com valor superior a R$ 650.000,00 (art.17, § 6º); d) compra e alienação de imóveis, qualquer que seja o valor (art. 23, § 3º); para alienação de imóveis adquiridos em procedimento judicial ou por dação em pagamento, pode ser concorrência ou leilão (art. 19, III); e) concessão de direito real de uso (art.23, § 3º); f) concessão de serviços públicos, tanto a comum (art. 2º, II, Lei nº 8.987/95) quanto a parceria público-privada (art. 10, Lei nº 11.079/04); g) licitações internacionais (art.23, § 3º); também são admitidos a tomada de preços (se o órgão dispuser de cadastro internacional de fornecedores) e o convite (se não houver fornecedor no Brasil), desde que observados os limites de valores para essas modalidades (art. 23, § 3º); h) registro de preços (art.15, § 3º, I); é possível, também, o uso do pregão (art. 12, Lei nº 10.520/02).
- Sistematização da comparação entre concorrência, tomada de preços e convite[33]:

<table>
<tr><th colspan="5">CONCORRÊNCIA X TOMADA DE PREÇOS X CONVITE</th></tr>
<tr><th colspan="5">REGRA GERAL: Administração direta e indireta (exceto consórcio público)</th></tr>
<tr><th>modalidade</th><th colspan="2">obras e serviços de engenharia</th><th colspan="2">compras e outros serviços</th></tr>
<tr><td>**concorrência**</td><td colspan="2">acima de R$ 1.500.000,00</td><td colspan="2">acima de R$ 650.000,00</td></tr>
<tr><td>**tomada de preços**</td><td colspan="2">até R$ 1.500.000,00</td><td colspan="2">até R$ 650.000,00</td></tr>
<tr><td>**convite**</td><td colspan="2">até R$ 150.000,00</td><td colspan="2">até R$ 80.000,00</td></tr>
<tr><th colspan="5">REGRA ESPECÍFICA: consórcio público</th></tr>
<tr><th rowspan="2">modalidade</th><th colspan="2">obras e serviços de engenharia</th><th colspan="2">compras e outros serviços</th></tr>
<tr><th>até 3 membros (dobro)</th><th>mais do que 3 membros (triplo)</th><th>até 3 membros (dobro)</th><th>mais do que 3 membros (triplo)</th></tr>
<tr><td>**concorrência**</td><td>acima de R$ 3.000.000,00</td><td>acima de R$ 4.500.000,00</td><td>acima de R$ 1.300.000,00</td><td>acima de R$ 1.950.000,00</td></tr>
<tr><td>**tomada de preços**</td><td>até R$ 3.000.000,00</td><td>até R$ 4.500.000,00</td><td>até R$ 1.300.000,00</td><td>até R$ 1.950.000,00</td></tr>
<tr><td>**convite**</td><td>até R$ 300.000,00</td><td>até R$ 450.000,00</td><td>até R$ 160.000,00</td><td>até R$ 240.000,00</td></tr>
</table>

- Pregão: modalidade usada para a aquisição de bens e serviços comuns. Está previsto na Lei nº 10.520/02, que é uma norma geral e, por isso, aplica-se à União, aos Estados, ao Distrito Federal e aos Municípios. **Estatais** (Lei nº 13.306/16): é a modalidade a ser adotada de forma preferencial (art. 32, V)
- Bens e serviços comuns: aqueles cujos padrões de desempenho e qualidade possam ser objetivamente definidos pelo edital, por meio de especificações usuais no mercado (art. 1º, parágrafo único).
- Sistematização dos prazos de divulgação do instrumento convocatório[34]:

33. BORTOLETO, Leandro. *Direito administrativo*. Salvador: Juspodivm, 2012. p. 427.
34. BORTOLETO, Leandro. *Direito administrativo*. Salvador: Juspodivm, 2012. p. 431.

PRAZO PARA DIVULGAÇÃO DO EDITAL	
5 dias úteis	Convite
8 dias úteis	Pregão
15 dias	Leilão
	tomada de preços
30 dias	tomada de preços do tipo melhor técnica ou técnica e preço
	Concorrência
45 dias	concorrência do tipo melhor técnica ou técnica e preço
	Concurso

PRAZO PARA DIVULGAÇÃO DO EDITAL ESTATAIS (LEI Nº 13.303/16: art. 39)	
5 dias úteis	Aquisição de bens, quanto o critério de julgamento for: - menor preço; ou - maior desconto;
10 dias úteis	Aquisição de bens nas demais hipóteses
15 dias úteis	Contratação de obras e serviços, quando o critério de julgamento for: - menor preço; ou - maior desconto;
30 dias úteis	Contratação de obras e serviços nas demais hipóteses
45 dias úteis	Quando o critério de julgamento for: - melhor técnica; - a melhor combinação de técnica e preço;
	Para licitação em que haja: – contratação semi-integrada; ou – contratação integrada.

- **Conteúdo** do edital (art. 40),obrigatoriamente:

a) número de ordem em série anual;

b) nome da repartição interessada e de seu setor;

c) modalidade, **regime** de execução e **tipo** da licitação;

d) menção de que será regida pela Lei nº 8.666/93;

e) local, **dia** e **hora** para **recebimento** da documentação e proposta, bem como para início da **abertura** dos envelopes;

f) objeto da licitação, em descrição sucinta e clara;

g) prazo e **condições** para **assinatura e execução do contrato** e para **entrega do objeto** da licitação;

h) sanções para o caso de **inadimplemento**;

i) local onde poderá ser examinado e adquirido o **projeto básico**;

j) se há projeto executivo disponível na data da publicação do edital de licitação e o local onde possa ser examinado e adquirido;

k) condições para participação na licitação e **forma de apresentação** das propostas;

l) critério para julgamento, com disposições claras e parâmetros objetivos;

m) locais, horários e códigos de acesso dos meios de comunicação à distân**cia** em que serão fornecidos elementos, informações e esclarecimentos relativos à licitação e às condições para atendimento das obrigações necessárias ao cumprimento de seu objeto;

n) condições equivalentes de pagamento entre empresas brasileiras e estrangeiras, no caso de licitações internacionais;

o) critério de aceitabilidade dos preços unitário e global, conforme o caso, permitida a fixação de preços máximos e vedados a fixação de preços mínimos**;**

p) critério de reajuste, que deverá retratar a variação efetiva do custo de produção, admitida a adoção de índices específicos ou setoriais, **desde a data prevista para apresentação** da proposta, ou do orçamento a que essa proposta se referir, **até a data do adimplemento** de cada parcela;

q) limites para pagamento de instalação e mobilização para execução de obras ou serviços que serão obrigatoriamente previstos em separado das demais parcelas, etapas ou tarefas;

r) condições de pagamento, prevendo:

- prazo de pagamento não superior a trinta dias, contado a partir da data final do período de adimplemento de cada parcela;
- cronograma de desembolso máximo por período;
- critério de atualização financeira dos valores a serem pagos, desde a data final do período de adimplemento de cada parcela até a data do efetivo pagamento;
- compensações financeiras e penalizações, por eventuais atrasos, e descontos, por eventuais antecipações de pagamentos;
- exigência de seguros, quando for o caso;

s) instruções e normas para os **recursos** previstos na lei;

t) condições de **recebimento do objeto** da licitação.

- Tomada de preços: fase de habilitação é anterior ao procedimento, pois é destinada aos interessados que já estão cadastrados ou aos que apresentem a documentação necessária até o terceiro dia anterior à data do recebimento das propostas.
- Convite: só participa da licitação quem foi convidado ou, caso não tenha sido, se é cadastrado e manifestar interesse em até vinte e quatro horas da apresentação das propostas.
- Pregão: identificado o autor da oferta de valor mais baixo, ele e os licitantes que apresentaram propostas com valores superiores em até 10% da menor proposta poderão fazer novos lances verbais e sucessivos, até a proclamação do vencedor. Se não houver, pelo menos, três propostas dentro da faixa de 10% acima da menor proposta, serão escolhidos os licitantes que fizeram as três melhores propostas (independentemente do valor) para, junto com o autor da oferta de valor mais baixo, oferecerem novos lances verbais e sucessivos.
- Anulação da licitação: Em regra, não gera obrigação de indenizar (art. 49, § 1º), exceto quanto ao que o contratado houver executado até a data em que ela for declarada e por outros prejuízos regularmente comprovados, contanto que não lhe seja imputável, promovendo-se a responsabilidade de quem lhe deu causa (art. 59, parágrafo único).
- Revogação da licitação: é possível: a) por razões de interesse público decorrente de fato superveniente devidamente comprovado, pertinente e suficiente para justificar tal conduta (art. 49); b) quando o vencedor da licitação, ao ser convocado para a assinatura do contrato, não o assina no prazo e condições estabelecidos no edital (art. 64, § 2º).
- **Recurso** é admitido nos casos de (art. 109, Lei nº 8.666/93): a) habilitação ou inabilitação do licitante; b) julgamento das propostas; c) anulação ou revogação da licitação; d) indeferimento do pedido de inscrição em registro cadastral, sua alteração ou cancelamento; e) rescisão administrativa (unilateral) do contrato; f) aplicação das penas de advertência, suspensão temporária ou de multa. • Prazo para interposição do recurso: a) cinco dias úteis; b) dois dias úteis, se for convite.
- **Estatais (Lei nº 13.303/16): recurso. Regra: fase recursal única**; momento de apresentação de recurso: **5 dias úteis após a fase de habilitação. Exceção**: Se houver **inversão nas fases** do procedimento licitatório, haverá **dois momentos** de apresentação de recurso: a) **5 dias úteis após a habilitação**; b) **5 dias úteis após o encerramento da fase de verificação** de efetividade dos lances ou propostas.
- **Contrato administrativo**: é o "ajuste que a Administração Pública, agindo nessa qualidade, firma com particular ou outra entidade administrativa para a consecução de objetivos de interesse público, nas condições estabelecidas pela própria Administração"[35].
- Características do contrato administrativo[36]: a) presença da Administração Pública como Poder Público; b) finalidade pública; c) natureza de contrato de adesão; d) natureza *intuitu personae* (pessoalidade); e) obediência à forma prescrita em lei; f) procedimento legal; g) mutabilidade; h) presença de cláusulas exorbitantes; i) controle e fiscalização do contrato administrativo; j) retomada do objeto; k) aplicação de penalidades (advertência, multa, suspensão temporária, declaração de inidoneidade).
- Cláusulas exorbitantes: são cláusulas inexistentes no direito privado e, por isso, extrapolam, exorbitam o direito privado, concedendo prerrogativas para a Administração ao colocá-la em posição de superioridade em relação ao contratado. As principais cláusulas exorbitantes são: a) exigência de garantia; b) alteração unilateral do contrato administrativo; c) rescisão unilateral do contrato administrativo; e) restrições ao uso da cláusula de exceção do contrato não cumprido (*exceptio non adimpleti contractus*)
- Exceção do contrato não cumprido (*exceptio non adimpleti contractus*): é muito usada na esfera privada e, por ela, se um dos contratantes não cumpre o pactuado o outro pode se recusar a cumprir o que lhe cabe, conforme o art. 477 do Código Civil. Por outro lado, nos contratos administrativos, essa regra não é aplicada integralmente, em razão dos princípios da continuidade dos serviços públicos e da supremacia do interesse público, sendo possível a exceção do contrato não cumprido, mas de forma mitigada. Se for contrato de concessão de serviço público, há entendimento de que não pode ser invocada, em razão do princípio da continuidade do serviço público.
- Hipóteses de alteração unilateral do contrato administrativo (art. 65, I): a) quando houver modi-

35. MEIRELLES, Hely Lopes. *Licitação e contrato administrativo*. 15. ed. São Paulo: Malheiros, 2010. p. 247.
36. DI PIETRO, Maria Sylvia Zanella. *Direito administrativo*. 25. ed. São Paulo: Atlas, 2012. p. 269.

ficação do projeto ou das especificações, para melhor adequação técnica aos seus objetivos (modificação qualitativa); b) quando necessária a modificação do valor contratual em decorrência de acréscimo ou diminuição quantitativa de seu objeto, nos seguintes limites (modificação quantitativa):

- até 25% do valor inicial atualizado do contrato para acréscimos e supressões feitas nas obras, serviços ou compras;
- até 50% do valor inicial atualizado do contrato para acréscimos no caso de reforma de edifício ou equipamento (se for supressão, o limite é de 25%).
- Por acordo entre as partes, é possível a redução do valor contratual além do limite de 25%, mas não é possível o acréscimo.
- Não é possível a alteração de nenhuma cláusula econômico-financeira e monetária do contrato sem a concordância do contratado (art. 58, § 1º), e, toda vez, que a Administração alterar unilateralmente o contrato deverá haver a revisão das cláusulas econômico-financeiras para que seja mantido o equilíbrio econômico-financeiro do contrato (art. 58, § 2º).
- Estatais (Lei nº 13.303/16): não há alteração unilateral do contrato administrativo. Pode ser alterado, **por acordo** (art. 81):

> I - quando houver modificação do projeto ou das especificações, para melhor adequação técnica aos seus objetivos;
>
> II - quando necessária a modificação do valor contratual em decorrência de acréscimo ou diminuição quantitativa de seu objeto, nos limites permitidos por esta Lei;
>
> III - quando conveniente a substituição da garantia de execução;
>
> IV - quando necessária a modificação do regime de execução da obra ou serviço, bem como do modo de fornecimento, em face de verificação técnica da inaplicabilidade dos termos contratuais originários;
>
> V - quando necessária a modificação da forma de pagamento, por imposição de circunstâncias supervenientes, mantido o valor inicial atualizado, vedada a antecipação do pagamento, com relação ao cronograma financeiro fixado, sem a correspondente contraprestação de fornecimento de bens ou execução de obra ou serviço;
>
> VI - para restabelecer a relação que as partes pactuaram inicialmente entre os encargos do contratado e a retribuição da administração para a justa remuneração da obra, serviço ou fornecimento, objetivando a manutenção do equilíbrio econômico-financeiro inicial do contrato, na hipótese de sobrevirem fatos imprevisíveis, ou previsíveis porém de consequências incalculáveis, retardadores ou impeditivos da execução do ajustado, ou, ainda, em caso de força maior, caso fortuito ou fato do príncipe, configurando álea econômica extraordinária e extracontratual.
>
> Obs.: O contratado poderá aceitar, nas mesmas condições contratuais, os acréscimos ou supressões que se fizerem nas obras, serviços ou compras, até 25% (vinte e cinco por cento) do valor inicial atualizado do contrato, e, no caso particular de reforma de edifício ou de equipamento, até o limite de 50% (cinquenta por cento) para os seus acréscimos.

- Hipóteses de rescisão unilateral do contrato administrativo (art. 79, I): a) o não cumprimento de cláusulas contratuais, especificações, projetos ou prazos; b) o cumprimento irregular de cláusulas contratuais, especificações, projetos e prazos; c) a lentidão do seu cumprimento, levando a Administração a comprovar a impossibilidade da conclusão da obra, do serviço ou do fornecimento, nos prazos estipulados; d) o atraso injustificado no início da obra, serviço ou fornecimento; e) a paralisação da obra, do serviço ou do fornecimento, sem justa causa e prévia comunicação à Administração; f) a subcontratação total ou parcial do seu objeto, a associação do contratado com outrem, a cessão ou transferência, total ou parcial, bem como a fusão, cisão ou incorporação, não admitidas no edital e no contrato; g) o desatendimento das determinações regulares da autoridade designada para acompanhar e fiscalizar a sua execução, assim como as de seus superiores; h) o cometimento reiterado de faltas na sua execução; i) a decretação de falência ou a instauração de insolvência civil; j) a dissolução da sociedade ou o falecimento do contratado; k) a alteração social ou a modificação da finalidade ou da estrutura da empresa, que prejudique a execução do contrato; l) razões de interesse público, de alta relevância e amplo conhecimento, justificadas e determinadas pela máxima autoridade da esfera administrativa a que está subordinado o contratante e exaradas no processo administrativo a que se refere o contrato; m) a ocorrência de caso fortuito ou de força maior, regularmente comprovada, impeditiva da execução do contrato.
- Responsabilidade do contratado. O contratado é responsável: a) pelos danos causados direta-

mente à Administração ou a terceiros, decorrentes de sua culpa ou dolo na execução do contrato, não excluindo ou reduzindo essa responsabilidade a fiscalização ou o acompanhamento pelo órgão interessado (art. 70). Não é possível a alegação de *culpa in vigilando* da Administração; b) pelos encargos trabalhistas, previdenciários, fiscais e comerciais resultantes da execução do contrato (art. 71); c) mesmo após o recebimento do objeto pela Administração (art. 73, § 2º): • civilmente pela solidez e segurança da obra ou do serviço; • ético-profissional pela perfeita execução do contrato.

- STF (ADC 16): decidiu que o § 1º do art. 71 é constitucional e, assim, é vedada a aplicação de responsabilidade subsidiária à Administração Pública de forma automática, apenas pela constatação de inadimplemento dos direitos trabalhistas pela empresa contratada. Por outro lado, foi decidido que, como a Administração Pública tem o dever de licitar e fiscalizar de forma eficaz a execução do contrato, inclusive quanto ao adimplemento de direitos trabalhistas, se verificada, no caso concreto, a omissão da Administração no seu dever de fiscalizar, é possível "a imputação de responsabilidade subsidiária à Administração Pública por *culpa in eligendo* ou *in vigilando*".
- Fato do príncipe é toda determinação estatal, positiva ou negativa, geral, imprevista e imprevisível, que onera substancialmente a execução do contrato administrativo ou impede sua execução.
- Fato da Administração é toda ação ou omissão estatal que incide de forma direta sobre o contrato, onerando-o ou impedindo sua execução.

9. SERVIÇOS PÚBLICOS

- Deve ser feita a leitura dos artigos 21, 23, 25, 30 e 32, § 1º, da Constituição Federal, quanto à competência para o serviço público.
- **Conceito** de serviço público: **critérios**: a) critério subjetivo ou orgânico (é serviço público a atividade desempenhada pelo Poder Público); b) critério objetivo ou material (é a atividade destinada a satisfazer as necessidades coletivas); c) critério formal (é a atividade desenvolvida pela Administração Pública sob o regime de direito público).
- **Conceito** de serviço público: é "todo aquele prestado pela Administração ou por seus delegados, sob normas e controles estatais, para satisfazer necessidades essenciais ou secundárias da coletividade ou simples conveniências do Estado"[37].
- Sistematização da classificação e dos princípios do serviço público[38]:

SERVIÇO PÚBLICO: classificação e princípios	
CLASSIFICAÇÃO	
Quanto à essencialidade	• serviço público propriamente dito • serviço de utilidade pública
Quanto à adequação	• serviço próprio • serviço impróprio
Quanto à finalidade	• serviço administrativo • serviço industrial
Quanto aos destinatários	• serviço *uti universi* • serviço *uti singuli*
PRINCÍPIOS	
Continuidade do serviço público	serviço público não pode parar
Modicidade das tarifas	tarifas módicas, razoáveis
Generalidade	usuários devem receber o mesmo tratamento
Mutabilidade	Administração pode alterar, unilateralmente, regime de execução do serviço público

- **Concessão de serviço público** é o contrato administrativo por meio do qual a Administração Pública delega a terceiro a "execução de um serviço público, para que o execute em seu próprio nome, por sua conta e risco, assegurando-lhe a remuneração mediante tarifa paga pelo usuário ou outra forma de remuneração decorrente da exploração do serviço"[39].
- **Deveres** dos usuários (art. 7º, IV, V e VI):

a) **levar ao conhecimento** do poder público e da concessionária as **irregularidades** de que tenham conhecimento, referentes ao serviço prestado;

b) **comunicar** às autoridades competentes os **atos ilícitos** praticados pela concessionária na prestação do serviço;

37. MEIRELLES, Hely Lopes. *Direito administrativo brasileiro.* 36. ed.São Paulo: Malheiros, 2010. p. 350.

38. BORTOLETO, Leandro. *Direito administrativo.* Salvador: Juspodivm, 2012. p. 514.

39. DI PIETRO, Maria Sylvia Zanella. *Direito administrativo.* 25. ed. São Paulo: Atlas, 2012. p. 302.

c) **contribuir** para a permanência das **boas condições** dos bens públicos por meio dos quais lhes são prestados os serviços.

- **Direitos** dos usuários (art. 7º, I, II e III e art. 7º- A):

a) receber **serviço adequado** (é o serviço que satisfaz as condições de regularidade, continuidade, eficiência, segurança, atualidade, generalidade, cortesia na sua prestação e modicidade das tarifas, conforme art. 6º, § 1º);

b) receber do poder concedente e da concessionária **informações** para a **defesa** de interesses individuais ou coletivos;

c) obter e utilizar o serviço, com liberdade de **escolha** entre vários **prestadores** de serviços, quando for o caso, observadas as normas do poder concedente.

d) **escolher** entre, no mínimo, **seis datas**, dentro do mês de vencimento, para o dia de vencimento de seus débitos.

- **Licitação para concessão e permissão** de serviço público (artigos 14 a 22, Lei nº 8.987/95): a) possibilidade de o edital prever a inversão das fases de habilitação e julgamento (art. 18-A); b) critérios usados para julgar a licitação (art. 15):
- menor valor da tarifa do serviço público a ser prestado;
- maior oferta, nos casos de pagamento ao poder concedente pela outorga da concessão;
- melhor proposta técnica, com preço fixado no edital;
- melhor oferta de pagamento pela outorga após qualificação de propostas técnicas. Os critérios podem ser assim combinados:
- menor valor da tarifa e maior oferta pela outorga;
- menor valor da tarifa e melhor oferta pela outorga, após qualificação das propostas técnicas;
- menor valor da tarifa e melhor técnica;
- maior oferta pela outorga e melhor técnica.
- **Encargos do poder concedente** (art. 29): a) regulamentar o serviço concedido e fiscalizar permanentemente a sua prestação; b) aplicar as penalidades regulamentares e contratuais; c) intervir na prestação do serviço, nos casos e condições previstos em lei; d) extinguir a concessão, nos casos previstos nesta lei e na forma prevista no contrato; e) homologar reajustes e proceder à revisão das tarifas na forma desta Lei, das normas pertinentes e do contrato; f) cumprir e fazer cumprir as disposições regulamentares do serviço e as cláusulas contratuais da concessão; g) zelar pela boa qualidade do serviço, receber, apurar e solucionar queixas e reclamações dos usuários, que serão cientificados, em até trinta dias, das providências tomadas; h) declarar de utilidade pública os bens necessários à execução do serviço ou obra pública, promovendo as desapropriações, diretamente ou mediante outorga de poderes à concessionária, caso em que será desta a responsabilidade pelas indenizações cabíveis; i) declarar de necessidade ou utilidade pública, para fins de instituição de servidão administrativa, os bens necessários à execução de serviço ou obra pública, promovendo-a diretamente ou mediante outorga de poderes à concessionária, caso em que será desta a responsabilidade pelas indenizações cabíveis; j) estimular o aumento da qualidade, produtividade, preservação do meio ambiente e conservação; k) incentivar a competitividade; l) estimular a formação de associações de usuários para defesa de interesses relativos ao serviço.
- **Encargos da concessionária** são (art. 31): a) prestar serviço adequado, na forma prevista nesta lei, nas normas técnicas aplicáveis e no contrato; b) manter em dia o inventário e o registro dos bens vinculados à concessão; c) prestar contas da gestão do serviço ao poder concedente e aos usuários, nos termos definidos no contrato; d) cumprir e fazer cumprir as normas do serviço e as cláusulas contratuais da concessão; e) permitir aos encarregados da fiscalização livre acesso, em qualquer época, às obras, aos equipamentos e às instalações integrantes do serviço, bem como a seus registros contábeis; f) promover as desapropriações e constituir servidões autorizadas pelo poder concedente, conforme previsto no edital e no contrato; g) zelar pela integridade dos bens vinculados à prestação do serviço, bem como segurá-los adequadamente; h) captar, aplicar e gerir os recursos financeiros necessários à prestação do serviço.
- A declaração de utilidade pública de imóvel para desapropriação e a declaração de necessidade ou utilidade pública para fins de servidão são sempre encargos do poder concedente. Já, a promoção da desapropriação e a instituição da servidão podem ser feitas tanto pelo poder concedente quanto pela concessionária. No entanto, esta somente poderá fazê-los quando autorizada pelo poder concedente e desde que exista previsão no edital e no contrato, cabendo à concessionária, nesses casos, a responsabilidade pelas indenizações cabíveis.
- **Extinção da concessão** (art. 35): a) advento do termo contratual; b) encampação ou resgate (o poder concedente retoma o serviço da concessionária, durante o prazo da concessão, por motivo de interesse público, mediante lei autorizativa específica e após prévio pagamento de indenização); c) caducidade ou decadência (o

poder concedente retoma o serviço da concessionária, durante o prazo da concessão, em razão da inadimplência da concessionária); d) rescisão; e) anulação; f) falência ou extinção da concessionária de serviço público.

- **Reversão** não é forma de extinção da concessão, mas é consequência dela, pois consiste na transferência dos bens do concessionário afetados ao serviço para o poder concedente, no final da concessão.
- **Parceria público-privada** é um contrato de concessão e tem duas modalidades (art. 2º): a) concessão patrocinada: é a concessão de serviços públicos ou de obras públicas de que trata a Lei no 8.987, de 13 de fevereiro de 1995, quando envolver, adicionalmente à tarifa cobrada dos usuários contraprestação pecuniária do parceiro público ao parceiro privado; b) concessão administrativa: é o contrato de prestação de serviços de que a Administração Pública seja a usuária direta ou indireta, ainda que envolva execução de obra ou fornecimento e instalação de bens.
- É vedada a celebração de contrato de parceria público-privada Lei 11.079/04 (art. 2º, § 4º): a) cujo valor do contrato seja inferior a R$ 10.000.000,00; b) cujo período de prestação do serviço seja inferior a cinco anos; ou c) que tenha como objeto único o fornecimento de mão de obra, o fornecimento e instalação de equipamentos ou a execução de obra pública.
- Permissão é formalizada por meio de contrato de adesão, mas tem como características a precariedade e a revogabilidade unilateral (art. 40, Lei nº 8.987/95).
- Diferenças legais entre concessão e permissão (art. 2º): a) a concessão deve adotar a modalidade concorrência, e a permissão pode adotar outra modalidade licitatória; b) a concessão somente pode ser feita com pessoa jurídica ou com consórcio de empresas, e a permissão pode ser realizada com pessoa jurídica e com pessoa física.

10. BENS PÚBLICOS

- Conceito legal (art. 98, Código Civil): são "públicos os bens do domínio nacional pertencentes às pessoas jurídicas de direito público interno; todos os outros são particulares, seja qual for a pessoa a que pertencerem".
- Divergência doutrinária: para uns, são somente os pertencentes às pessoas jurídicas de **direito público (adotam o conceito legal); para outros, são** os que pertencem às pessoas jurídicas de **direito público** e aqueles que, mesmo não pertencendo a essas pessoas, estejam **afetados à prestação de serviço público**. Entretanto, maioria concorda que os **bens** das **pessoas administrativas** com personalidade de **direito privado** (empresa pública, sociedade de economia mista, fundações públicas com personalidade de direito privado, os consórcios públicos com personalidade jurídica de direito privado) **vinculados à prestação de serviço público não podem ser penhorados**, em face do princípio da continuidade do serviço público.
- STF (RE 393032/MG e a ACO 958/DF): em relação à Empresa Brasileira de Correios e Telégrafos (ECT), foi decido que as disposições do art. 173, §§ 1º e 2º da CF (equiparação às empresas privadas e proibição de extensão de benefícios fiscais não aplicáveis ao setor privado) somente se aplicam às empresas públicas e sociedades de economia mista exploradoras de atividade econômica e, assim, em diversas ações (execuções trabalhistas e tributárias) considerou-se a ECT como prestadora de serviços públicos e, dessa forma, seus bens são impenhoráveis e possui imunidade tributária recíproca quanto aos bens usados para a prestação do serviço, tendo havido a recepção pela Constituição Federal do art. 12 do Decreto-Lei nº 509/69.
- Sistematização da classificação dos bens públicos[40]:

CLASSIFICAÇÃO DOS BENS PÚBLICOS	
Quanto à titularidade	• federais • estaduais • distritais • municipais
Quanto à destinação	• uso comum do povo com finalidade pública geral (uso de todos; afetado) • uso especial com finalidade pública específica (afetado) • dominicais sem finalidade pública específica (desafetado)
Quanto à disponibilidade	• indisponíveis por natureza não têm natureza patrimonial • patrimoniais indisponíveis têm natureza patrimonial e estão afetados • patrimoniais disponíveis não têm natureza patrimonial e não estão afetados

- Características dos bens públicos: inalienabilidade, a impenhorabilidade, a imprescritibilidade e a não onerabilidade.

40. BORTOLETO, Leandro. *Direito administrativo*. Salvador: Juspodivm, 2012. p. 543.

- A afetação ou consagração é a atribuição de destinação pública específica a determinado bem e, de outra forma, a desafetação ou desconsagração é a retirada da destinação de finalidade pública que fora dada a um bem público. Com a afetação, o bem desafetado torna-se afetado e, com a desafetação, o bem afetado passa a ser desafetado. A falta de uso do bem não pode ser considerada desafetação tácita.
- STF (AI 553.712): vem sendo admitido o bloqueio de valores em contas públicas para cumprimento de liminar com o objetivo de garantir o fornecimento gratuito de medicamento a pessoa hipossuficiente.
- Súmula nº 340 (STF): desde "a vigência do Código Civil, os bens dominicais, como os demais bens públicos, não podem ser adquiridos por usucapião".
- Uso comum e uso especial do bem público. O uso comum de um bem público ocorre quando ele é utilizado pelas pessoas em geral, sem distinção entre os usuários e sem necessidade de autorização específica para tanto, e o uso especial de bem público se verifica quando o administrado se sujeita a regras específicas, ao consentimento do Poder Público ou ao pagamento pelo uso.
- O uso especial, quando é destinado a pessoas determinadas, mediante instrumento jurídico formal, é chamado de uso privativo ou uso especial privativo.
- Instrumentos de formalização de uso privativo de bem público: autorização de uso; permissão de uso; concessão de uso; concessão de direito real de uso; cessão de uso.

11. INTERVENÇÃO DO ESTADO NA PROPRIEDADE PRIVADA

- Na Constituição de 1988, no art. 5º, XXII, o direito à propriedade privada está previsto como direito fundamental e, da mesma forma, assegura-se, no inciso XXIII do mesmo artigo, que a propriedade tenha uma função social, podendo, inclusive, haver a expropriação do proprietário que não cumprir tal exigência, nos termos do inciso XXIV.
- Intervenção pode ser:

a) **restritiva**: o Estado apenas restringe o uso da propriedade, sem retirá-la do proprietário, podendo fazê-lo por meio das seguintes espécies:

- limitações administrativas;
- servidão administrativa;
- requisição administrativa;
- ocupação temporária;
- tombamento;

b) **intervenção supressiva**: ocorre a supressão da propriedade (o Estado retira a propriedade de seu titular):

- desapropriação.
- **Limitações administrativas**: determinações gerais, que condicionam o exercício do direito de propriedade em face do bem comum, pelas quais proprietários indeterminados são constituídos em obrigações positivas, negativas ou permissivas.
- **Servidão administrativa**: Administração Pública impõe um ônus real de uso sobre a propriedade particular. Não se retira a propriedade de seu titular, mas este é obrigado a consentir que seu imóvel (coisa serviente) seja usado em prol de um serviço público ou de um bem afetado a fim de utilidade pública (coisa dominante).
- **Requisição administrativa**: é o uso coativo e imediato de bens e serviços privados pelo Estado, para atendimento de necessidades coletivas urgentes e transitórias.
- **Ocupação temporária**: uso provisório de bens privados pelo Estado para a execução de obras, serviços ou atividades públicas ou de interesse público.
- **Tombamento**: procedimento administrativo adotado pelo Poder Público para impor restrições parciais sobre os bens que, por interesse público, devam ser conservados, por estarem vinculados a fatos memoráveis da história ou por seu excepcional valor arqueológico ou etnológico, bibliográfico ou artístico.
- Efeitos do tombamento (Decreto-Lei nº 25/37):

a) alienação: se o bem tombado é público, torna-se inalienável e se for privado, pode ser alienado, mas há direito de preferência em favor da União, do Estado e do Município (nessa ordem) para adquirir o bem (ATENÇÃO! Com a entrada em vigor do Novo CPC, o direito de preferência somente existe nas alienações judiciais, pois houve a revogação do art. 22 do Decreto-Lei nº 25/37);

b) conservação: o bem tombado não pode ser, sob pena de 50% do dano causado (se for bem público, autoridade responsável pela infração incorrerá pessoalmente na multa):

- destruído, demolido ou mutilado;
- reparado, pintado ou restaurado, sem prévia autorização do Iphan;

c) vigilância: os bens tombados ficam sujeitos à vigilância permanente do Iphan, pelo que:

- poderá inspecioná-lo quando julgar conveniente;
- o proprietário ou responsável não pode criar obstáculos à inspeção, sob pena de multa, elevada ao dobro em caso de reincidência;

d) saída do país: o bem tombado não pode sair do país, exceto se for por curto prazo, sem transferência de domínio e para fim de intercâmbio cultural, a juízo do Conselho Consultivo do Iphan; e) extravio ou furto: proprietário deve comunicar ao Iphan, no prazo de 5 dias, sob pena de multa de 10% sobre o valor da coisa; f) vizinhança: não pode, sem autorização do Iphan, na vizinhança, fazer construção que impeça ou reduza a visibilidade do bem tombado, nem nela colocar anúncios ou cartazes, sob pena de ser determinada a destruição da obra ou retirada do objeto, impondo-se multa de 50% do valor do objeto.

- **Desapropriação** é "o procedimento administrativo pelo qual o Estado, compulsoriamente, retira de alguém certo bem, por necessidade ou utilidade pública ou por interesse social e o adquire, originariamente, para si ou para outrem, mediante prévia e justa indenização, paga em dinheiro, salvo os casos que a própria Constituição enumera, em que o pagamento é feito com títulos da dívida pública (art.182, § 4º, III) ou da dívida agrária (art.184)[41].
- A desapropriação é forma originária de aquisição da propriedade.
- Pressupostos necessários para a desapropriação (art. 5º, XXIV, CF):

a) necessidade pública: situações de emergência, as quais necessitam, para serem resolvidas, da transferência urgente do bem particular para o Poder Público;

b) utilidade pública: é conveniente a transferência dos bens, mas não é imprescindível;

c) interesse social: necessidade de distribuição da propriedade em benefício da coletividade ou de categorias sociais merecedoras de amparo estatal.

- Regra: indenização prévia e em dinheiro. Exceções:

a) desapropriação para fins urbanísticos (art. 182, § 4º): indenização será feita mediante títulos da dívida pública de emissão previamente aprovada pelo Senado Federal, com prazo de resgate de até dez anos, em parcelas anuais, iguais e sucessivas, assegurados o valor real da indenização e os juros legais;

b) desapropriação por interesse social para fins de reforma agrária (art. 184): indenização será paga em títulos da dívida agrária, com cláusula de preservação do valor real, resgatáveis no prazo de até vinte anos, a partir do segundo ano de sua emissão, e cuja utilização será definida em lei, exceto quanto às benfeitorias úteis e necessárias, que serão indenizadas em dinheiro;

c) expropriação de terras em que haja cultura ilegal de planta psicotrópica: é um confisco e, assim, não há indenização.

- Retrocessão: direito do proprietário cujo imóvel fora expropriado de exigir o retorno do bem ao seu patrimônio em razão de não lhe ter sido dado o destino previsto. Esse desvio de finalidade no uso do bem desapropriado é chamado de tredestinação (ou tresdestinação) e se subdivide em lícita (o desvio é de uma finalidade pública para outra finalidade pública) e ilícita (o desvio é de uma finalidade pública para finalidade particular).
- Jurisprudência: só há direito à retrocessão quando se tratar de tredestinação ilícita.

12. RESPONSABILIDADE EXTRACONTRATUAL DO ESTADO

- Sistematização das teorias sobre a responsabilidade extracontratual do Estado[42]:

Teorias sobre a responsabilidade extracontratual do Estado		
Teoria da irresponsabilidade	• Estado não responde • teoria regaliana ou regalista	
Teorias civilistas	**teoria dos atos de império e atos de gestão**	atos de gestão → responde
		atos de império → não responde
	teoria da culpa civil	• responsabilidade subjetiva • dolo ou culpa do agente

41. GASPARINI, Diógenes. *Direito administrativo*. 13. ed. São Paulo: Saraiva, 2008. p. 816.

42. BORTOLETO, Leandro. *Direito administrativo*. Salvador: Juspodivm, 2012. p. 580.

<table>
<tr><th colspan="5">Teorias sobre a responsabilidade extracontratual do Estado</th></tr>
<tr><td rowspan="3">Teorias publicistas</td><td colspan="2">teoria da culpa administrativa
(culpa do serviço; culpa anônima)</td><td>culpa do serviço</td><td>• responsabilidade subjetiva
• não funciona
• funciona mal
• funcional atrasado</td></tr>
<tr><td rowspan="2">teoria do risco</td><td rowspan="2">ação estatal
+
dano
+
nexo de causalidade</td><td>risco administrativo</td><td>admite excludentes</td></tr>
<tr><td>risco integral</td><td>não admite excludentes</td></tr>
</table>

- Sistematização da responsabilidade extracontratual no Estado brasileiro[43]:

<table>
<tr><th colspan="2">RESPONSABILIDADE EXTRACONTRATUAL DO ESTADO BRASILEIRO</th></tr>
<tr><td colspan="2">• Pessoas de direito público
• Pessoas de direito privado prestadoras de serviço público (terceiro usuário e não usuário do serviço)</td></tr>
<tr><th colspan="2">RESPONSABILIDADE POR AÇÃO</th></tr>
<tr><td>Responsabilidade Objetiva</td><td>• teoria do risco administrativo
• teoria do risco integral (para alguns) ➔ dano nuclear e ato terrorista contra aeronave</td></tr>
<tr><td colspan="2">Comportamento lícito ou ilícito de agente público nessa qualidade
+
Dano
+
Nexo de causalidade</td></tr>
<tr><td>Excludentes da responsabilidade objetiva</td><td>• caso fortuito ou força maior
• culpa exclusiva da vítima
• culpa exclusiva de terceiro</td></tr>
</table>

43. BORTOLETO, Leandro. *Direito administrativo*. Salvador: Juspodivm, 2012. p. 587.

<table>
<tr><th colspan="2">RESPONSABILIDADE POR OMISSÃO</th></tr>
<tr><td>Responsabilidade subjetiva</td><td>➔ teoria da culpa administrativa ou da culpa do serviço</td></tr>
<tr><td colspan="2">Omissão
+
Dever de agir
+
Fato da natureza ou comportamento material de terceiro
+
Dano
+
Nexo entre dano e omissão
(STF; teoria do dano direto e imediato)</td></tr>
</table>

- RE 591874/MS: Supremo Tribunal Federal decidiu que a responsabilidade extracontratual das pessoas jurídicas de direito privado prestadoras de serviço público é objetiva em relação aos **usuários** e aos **não usuários** do serviço.
- STF (RE 327.904 e RE 470.996): impossibilidade de o agente público causador do dano ser acionado diretamente pela vítima. CF (art. 37, § 6º) estabelece **dupla garantia**: **uma, em favor do particular** assegurando-lhe o direito de promover ação indenizatória em face de pessoa jurídica de direito público ou de pessoa jurídica de direito privado prestadora de serviço público e, **outra, em benefício do servidor**, que apenas responde civil e administrativamente perante a pessoa jurídica a que estiver vinculado;
- STJ (REsp 1.163.652/PE, AgRg no REsp 1.149.194/AM, EREsp 313.886/RN): em se tratando de responsabilidade civil do Estado, a denunciação da lide é facultativa e não obrigatória. Todavia, o "cabimento da denunciação depende da ausência de violação dos princípios da celeridade e da economia processual, o que implica a valoração a ser realizada pelo magistrado em cada caso concreto" (Resp 975.799/DF).
- Prescrição: o prazo para interposição de ação de indenização em face do Estado é de **5 anos**, nos termos do art. 1º do Decreto nº 20.910/32.

13. CONTROLE DA ADMINISTRAÇÃO PÚBLICA

- **Espécies** de controle: **a)** quanto à origem ou localização: interno e externo; **b)** quanto ao momento: prévio ou preventivo (*a priori*), concomitante e posterior ou subsequente; **c)** quanto ao aspecto controlado: legalidade e mérito; **d)** quanto à amplitude ou fundamento: hierárquico ou por subordinação; finalístico ou por vinculação; **e)** quanto à iniciativa: de ofício e provocado.

- **Recurso administrativo**: todo meio apto para provocar o reexame de ato ou decisão administrativa. Modalidades de recurso administrativo: a) representação administrativa; b) reclamação administrativa; c) pedido de reconsideração; d) recurso hierárquico: recurso hierárquico próprio e recurso hierárquico impróprio; e) revisão.
- **Controle legislativo** abrange o controle político e o controle financeiro.
- Controle financeiro: a "fiscalização contábil, financeira, orçamentária, operacional e patrimonial da União e das entidades da administração direta e indireta, quanto à legalidade, legitimidade, economicidade, aplicação das subvenções e renúncia de receitas, será exercida pelo Congresso Nacional, mediante controle externo, e pelo sistema de controle interno de cada Poder" (CF, art. 70). Subdivide-se em controle interno e externo.
- **Controle interno**: os Poderes Executivo, Legislativo e Judiciário deverão manter, de forma integrada, sistema de controle interno, com a finalidade de: a) "avaliar o cumprimento das metas previstas no plano plurianual, a execução dos programas de governo e dos orçamentos da União" (inciso I); b) "comprovar a legalidade e avaliar os resultados, quanto à eficácia e eficiência, da gestão orçamentária, financeira e patrimonial nos órgãos e entidades da administração federal, bem como da aplicação de recursos públicos por entidades de direito privado" (inciso II); c) "exercer o controle das operações de crédito, avais e garantias, bem como dos direitos e haveres da União" (inciso III); d) "apoiar o controle externo no exercício de sua missão institucional" (inciso IV).
- **Controle externo**: exercido pelo Congresso Nacional, com o auxílio do Tribunal de Contas da União (TCU).
- O TCU é um órgão independente. Não está subordinado ao Congresso Nacional e não integra o Poder Judiciário.
- Competência do TCU: deve ser feita a atenta leitura do art. 71 da Constituição Federal, pois é muito cobrado nas provas.
- Decisões do TCU: as "decisões do Tribunal de que resulte imputação de débito ou multa terão eficácia de título executivo" (art. 71, § 3º).
- STF (RE 510.034-AgR; AI 826.676-AgR): a cobrança da dívida em juízo deve ser feita pelo ente público beneficiário da condenação, por intermédio de seus procuradores.
- STF (MS 24.997): o "ato de aposentadoria configura ato administrativo complexo, aperfeiçoando-se somente com o registro perante o Tribunal de Contas. Submetido à condição resolutiva, não se operam os efeitos da decadência antes da vontade final da Administração".
- Súmula Vinculante nº 3: "Nos processos perante o Tribunal de Contas da União asseguram-se o contraditório e a ampla defesa quando da decisão puder resultar anulação ou revogação de ato administrativo que beneficie o interessado, excetuada a apreciação da legalidade do ato de concessão inicial de aposentadoria, reforma e pensão".
- **Sistemas de controle jurisdicional do ato administrativo**: **a)** sistema do contencioso administrativo ou sistema francês: o controle dos atos administrativos é realizado, de maneira definitiva, por tribunais administrativos; **b)** sistema de jurisdição única ou sistema inglês: há somente uma jurisdição e, assim, o controle dos atos administrativos, de maneira definitiva, é feito pelo Poder Judiciário (é o adotado no Brasil, pois o art. 5º, XXXV da Constituição Federal estabelece que nenhuma lesão ou ameaça a direito será excluída da apreciação do Poder Judiciário).

14. IMPROBIDADE ADMINISTRATIVA: LEI Nº 8.429/92

- **Sujeito ativo** do ato de improbidade (artigos 1º e 3º): a) agente público: aquele que exerce mandato, cargo, emprego ou função, com ou sem remuneração, mesmo que transitoriamente, por eleição, nomeação, designação, contratação ou qualquer outra forma de investidura ou vínculo em qualquer uma das entidades que podem ser sujeito passivo; b) terceiro que induza ou concorra para a prática do ato de improbidade ou dele se beneficie.
- Lei adotou conceito bastante amplo e abrange todas as espécies de agentes públicos e até os dirigentes de organização social, Oscip, serviços sociais autônomos e demais entidades mencionadas no art. 1º da lei.
- **Modalidades** de atos de improbidade: a) atos que **importam enriquecimento ilícito** (art. 9º): são aqueles em que o agente aufere vantagem indevida em razão do cargo, mandato, função, emprego ou atividade nas entidades mencionadas no art. 1º da lei; b) atos que **causam prejuízo ao erário** (art. 10); causa prejuízo ao erário "qualquer ação ou omissão, dolosa ou culposa, que enseje perda patrimonial, desvio, apropriação, malbaratamento ou dilapidação dos bens ou haveres das entidades" mencionadas no art. 1º da lei; c) atos que **atentam contra os princípios da Administração Pública (art. 11)**: "qualquer ação ou omissão que viole os deveres de honestidade, imparcialidade, legalidade

e lealdade às instituições"; d) atos que **decorrem de concessão ou aplicação indevida de benefício financeiro ou tributário** (art. 10-A): qualquer ação ou omissão para conceder, aplicar ou manter benefício financeiro ou tributário contrário ao que dispõem o caput e o § 1º do art. 8º-A da Lei Complementar nº 116, de 31 de julho de 2003.

- É indispensável a leitura dos artigos 9º, 10, 10-A, 11 e 12 da Lei nº 8.429/92.
- Sistematização das sanções previstas para os atos de improbidade administrativa:

IMPROBIDADE ADMINISTRATIVA: SANÇÕES			
• Podem ser aplicadas isolada ou cumulativamente • Juiz deve levar em conta a extensão do dano causado e o proveito patrimonial obtido pelo agente • Aplicação independe: - da rejeição ou aprovação pelo órgão de controle interno ou pelo Tribunal de Contas - da efetiva ocorrência de dano ao patrimônio público, salvo quanto à pena de ressarcimento			
Atos que importam enriquecimento ilícito	**Atos que causam lesão ao erário**	**Atos que atentam contra os princípios da Administração**	**Atos que decorrem da concessão ou aplicação indevida de benefício financeiro ou tributário**
Perda da função pública	Perda da função pública	Perda da função pública	Perda da função pública
Suspensão dos direitos políticos: 8 a 10 anos	Suspensão dos direitos políticos: 5 a 8 anos	Suspensão dos direitos políticos: 3 a 5 anos	Suspensão dos direitos políticos: 5 a 8 anos
Multa civil: até 3x valor do acréscimo	Multa civil: até 2x valor do dano	Multa civil: até 100x valor da remuneração	Multa civil: até 3x valor do benefício financeiro ou tributário concedido
Proibição de celebrar contrato com o Poder Público e de receber benefícios ou incentivos fiscais ou creditícios: 10 anos	Proibição de celebrar contrato com o Poder Público e de receber benefícios ou incentivos fiscais ou creditícios: 5 anos	Proibição de celebrar contrato com o Poder Público e de receber benefícios ou incentivos fiscais ou creditícios: 3 anos	
Perda dos bens ou valores acrescidos indevidamente	Perda dos bens ou valores acrescidos indevidamente, se ocorreu	-	
Ressarcimento integral do dano, se houver	Ressarcimento integral do dano	Ressarcimento integral do dano, se houver	

- **Medidas cautelares** previstas na Lei de Improbidade Administrativa: a) indisponibilidade dos bens (art. 7º); b) sequestro (art. 16); c) investigação, exame e bloqueio de bens, contas bancárias e aplicações financeiras mantidas pelo indiciado no exterior, nos termos da lei e dos tratados internacionais; d) afastamento do cargo (art. 20, parágrafo único).
- **Indisponibilidade dos bens** (art. 7º): "Quando o ato de improbidade causar lesão ao patrimônio público ou ensejar enriquecimento ilícito, caberá a autoridade administrativa responsável pelo inquérito representar ao Ministério Público, para a indisponibilidade dos bens do indiciado. Parágrafo único. A indisponibilidade a que se refere o *caput* deste artigo recairá sobre bens que assegurem o integral ressarcimento do dano, ou sobre o acréscimo patrimonial resultante do enriquecimento ilícito".
- **Legitimidade ativa** para propor ação: Ministério Público ou a pessoa jurídica (uma das previstas no art. 1º da Lei nº 8.429/92, bem como o ente tributante que figurar no polo ativo da obrigação tributária de que tratam o § 4º do art. 3º e o art. 8º-A da Lei Complementar nº 116, de 31 de julho de 2003). Todavia, quando for proposta por uma dessas pessoas interessadas, o Ministério Público, obrigatoriamente, atuará como fiscal da lei, sob pena de nulidade (art. 17, § 4º).

- **Prazo** para propor ação de improbidade: a) em 5 anos após o término do exercício do mandato, de cargo em comissão ou função de confiança (inciso I); b) dentro do prazo previsto em legislação especial para faltas disciplinares puníveis com demissão a bem do serviço público, nos casos de exercício de cargo efetivo ou emprego (inciso II); c) até cinco anos da data da apresentação à Administração Pública da prestação de contas final pelas entidades referidas no parágrafo único do art. 1º da Lei nº 8.429/92.
- STF (RE 578.428-AgR): as ações de ressarcimento ao erário são imprescritíveis (art. 37, § 5º).

Leandro Bortoleto

✦ SÚMULAS APLICÁVEIS

1. PRINCÍPIOS DA ADMINISTRAÇÃO PÚBLICA

1.1 SÚMULA DO STF

- **Súmula nº 636**: "Não cabe recurso extraordinário por contrariedade ao princípio constitucional da legalidade, quando a sua verificação pressuponha rever a interpretação dada a normas infraconstitucionais pela decisão recorrida".

2. AGENTES PÚBLICOS

2.1. SERVIDOR PÚBLICO

- **SÚMULA VINCULANTE nº 33: "**Aplicam-se ao servidor público, no que couber, as regras do Regime Geral de Previdência Social sobre aposentadoria especial de que trata o artigo 40, parágrafo 4º, inciso III, da Constituição Federal, até edição de lei complementar específica".
- **Súmula vinculante 21** – É inconstitucional a exigência de depósito ou arrolamento prévios de dinheiro ou bens para admissibilidade de recurso administrativo.
- **Súmula Vinculante 5** – A falta de defesa técnica por advogado no processo administrativo disciplinar não ofende a Constituição.
- **Súmula vinculante 3** – Nos processos perante o Tribunal de Contas da União asseguram-se o contraditório e a ampla defesa quando da decisão puder resultar anulação ou revogação de ato administrativo que beneficie o interessado, excetuada a apreciação da legalidade do ato de concessão inicial de aposentadoria, reforma e pensão.
- **STF 21** – Funcionário em estágio probatório não pode ser exonerado nem demitido sem inquérito ou sem as formalidades legais de apuração de sua capacidade.
- **STF 20** – É necessário processo administrativo, com ampla defesa, para demissão de funcionário admitido por concurso.
- **STF 19** – É inadmissível segunda punição de servidor público, baseada no mesmo processo em que se fundou a primeira.
- **STF 18** – Pela falta residual, não compreendida na absolvição pelo juízo criminal, é admissível a punição administrativa do servidor público.
- **STJ 378** – Reconhecido o desvio de função, o servidor faz jus às diferenças salariais decorrentes.
- **STJ 218** – Compete à justiça dos estados processar e julgar ação de servidor estadual decorrente de direitos e vantagens estatutárias no exercício de cargo em comissão.
- **STJ 173** – Compete à justiça federal processar e julgar o pedido de reintegração em cargo público federal, ainda que o servidor tenha sido dispensado antes da instituição do Regime Jurídico Único.
- **STJ 170** – Compete ao juízo onde primeiro for intentada a ação envolvendo acumulação de pedidos, trabalhista e estatutário, decidi-la nos limites da sua jurisdição, sem prejuízo do ajuizamento de nova causa, com o pedido remanescente, no juízo próprio.
- **STJ 137** – Compete à justiça comum estadual processar e julgar ação de servidor público municipal, pleiteando direitos relativos ao vínculo estatutário.
- **STJ 97** – Compete à justiça do trabalho processar e julgar reclamação de servidor público relativamente a vantagens trabalhistas anteriores à instituição do Regime Jurídico Único.

2.1.1. CONCURSO PÚBLICO

- **SÚMULA VINCULANTE Nº 44**: "Só por lei se pode sujeitar a exame psicotécnico a habilitação de candidato a cargo público".
- **SÚMULA VINCULANTE Nº 43**: "É inconstitucional toda modalidade de provimento que propicie ao servidor investir-se, sem prévia aprovação em concurso público destinado ao seu provimento, em cargo que não integra a carreira na qual anteriormente investido".
- **STF 686** – Só por lei se pode sujeitar a exame psicotécnico a habilitação de candidato a cargo público.
- **STF 685** – É inconstitucional toda modalidade de provimento que propicie ao servidor investir-se, sem prévia aprovação em concurso público destinado ao seu provimento, em cargo que não integra a carreira na qual anteriormente investido.

- **STF 684** – É inconstitucional o veto não motivado à participação de candidato a concurso público.
- **STF 683** – O limite de idade para a inscrição em concurso público só se legitima em face do art. 7º, XXX, da Constituição, quando possa ser justificado pela natureza das atribuições do cargo a ser preenchido.
- **STF 17** – A nomeação de funcionário sem concurso pode ser desfeita antes da posse.
- **STF 16** – Funcionário nomeado por concurso tem direito a posse.
- **STF 15** – Dentro do prazo de validade do concurso, o candidato aprovado tem o direito a nomeação, quando o cargo for preenchido sem observância da classificação.
- **STJ 377** – O portador de visão monocular tem direito de concorrer, em concurso público, às vagas reservadas aos deficientes.
- **STJ 266** – O diploma ou habilitação legal para o exercício do cargo deve ser exigido na posse e não na inscrição para o concurso público.

2.1.2. DEMISSÃO

- **STF 25** – A nomeação a termo não impede a livre demissão, pelo Presidente da República, de ocupante de cargo dirigente de autarquia.
- **STF 8** – Diretor de sociedade de economia mista pode ser destituído no curso do mandato.

2.1.3. DISPONIBILIDADE

- **STF 39** – À falta de lei, funcionário em disponibilidade não pode exigir, judicialmente, o seu aproveitamento, que fica subordinado ao critério de conveniência da Administração.
- **STF 22** – O estágio probatório não protege o funcionário contra a extinção do cargo.

2.1.4. REMUNERAÇÃO

- **SÚMULA VINCULANTE Nº 55:** "O direito ao auxílio-alimentação não se estende aos servidores inativos".
- **SÚMULA VINCULANTE Nº 42**: "É inconstitucional a vinculação do reajuste de vencimentos de servidores estaduais ou municipais a índices federais de correção monetária".
- **SÚMULA VINCULANTE nº 37:** "Não cabe ao Poder Judiciário, que não tem função legislativa, aumentar vencimentos de servidores públicos sob o fundamento de isonomia".
- **Súmula Vinculante 20** – A Gratificação de Desempenho de Atividade Técnico-Administrativa – GDATA, instituída pela Lei nº 10.404/2002, deve ser deferida aos inativos nos valores correspondentes a 37,5 (trinta e sete vírgula cinco) pontos no período de fevereiro a maio de 2002 e, nos termos do art. 5º, parágrafo único, da Lei nº 10.404/2002, no período de junho de 2002 até a conclusão dos efeitos do último ciclo de avaliação a que se refere o art. 1º da Medida Provisória nº 198/2004, a partir da qual passa a ser de 60 (sessenta) pontos.
- **Súmula Vinculante 16** – Os artigos 7º, IV, e 39, § 3º (redação da EC 19/98), da Constituição, referem-se ao total da remuneração percebida pelo servidor público.
- **Súmula Vinculante 15** – O cálculo de gratificações e outras vantagens do servidor público não incide sobre o abono utilizado para se atingir o salário mínimo.
- **Súmula vinculante 6** – Não viola a constituição o estabelecimento de remuneração inferior ao salário mínimo para as praças prestadoras de serviço militar inicial.
- **Súmula Vinculante 4** – Salvo os casos previstos na Constituição Federal, o salário mínimo não pode ser usado como indexador de base de cálculo de vantagem de servidor público ou de empregado, nem ser substituído por decisão judicial.
- **STF 682** – Não ofende a Constituição a correção monetária no pagamento com atraso dos vencimentos de servidores públicos.
- **STF 681** – É inconstitucional a vinculação do reajuste de vencimentos de servidores estaduais ou municipais a índices federais de correção monetária.
- **STF 672** – O reajuste de 28,86%, concedido aos servidores militares pelas leis 8.622/93 e 8.627/93, estende-se aos servidores civis do Poder Executivo, observadas as eventuais compensações decorrentes dos reajustes diferenciados concedidos pelos mesmos diplomas legais.
- **STF 671** – Os servidores públicos e os trabalhadores em geral têm direito, no que concerne à URP de abril/maio de 1988, apenas ao valor correspondente a 7/30 de 16,19% sobre os vencimentos e salários pertinentes aos meses de abril e maio de 1988, não cumulativamente, devidamente corrigido até o efetivo pagamento.
- **STF 359** – Ressalvada a revisão prevista em lei, os proventos da inatividade regulam-se pela lei vigente ao tempo em que o militar, ou o servidor civil, reuniu os requisitos necessários.
- **STF 339** – Não cabe ao Poder Judiciário, que não tem função legislativa, aumentar vencimentos de servidores públicos sob fundamento de isonomia.

2.1.5. TEMPO DE SERVIÇO

- **STF 726** – Para efeito de aposentadoria especial de professores, não se computa o tempo de serviço prestado fora da sala de aula. **Atenção:** em 29/10/2008, o STF, por maioria, no julgamento da ADI 3.772, decidiu que a atividade de magistério não é restrita ao trabalho em sala de aula e que dela fazem parte as funções de direção, coordenação e assessoramento pedagógico, desde que exercidas, em estabelecimentos de ensino básico, por professores de carreira, excluídos os especialistas em educação.
- **STF 567** – A Constituição, ao assegurar, no § 3º, do art. 102, a contagem integral do tempo de serviço público federal, estadual ou municipal para os efeitos de aposentadoria e disponibilidade não proíbe à União, aos Estados e aos Municípios mandarem contar, mediante lei, para efeito diverso, tempo de serviço prestado a outra pessoa de direito público interno.

2.1.6. VITALICIEDADE

- **STF 47** – Reitor de universidade não é livremente demissível pelo Presidente da República durante o prazo de sua investidura.
- **STF 46** – Desmembramento de serventia de justiça não viola o princípio de vitaliciedade do serventuário.
- **STF 36** – Servidor vitalício está sujeito a aposentadoria compulsória, em razão da idade.

2.1.7. NOMEAÇÃO PARA CARGO EM COMISSÃO (NEPOTISMO)

- **Súmula Vinculante 13** – A nomeação de cônjuge, companheiro ou parente em linha reta, colateral ou por afinidade, até o terceiro grau, inclusive, da autoridade nomeante ou de servidor da mesma pessoa jurídica, investido em cargo de direção, chefia ou assessoramento, para o exercício de cargo em comissão ou de confiança, ou, ainda, de função gratificada na Administração Pública direta e indireta, em qualquer dos Poderes da União, dos Estados, do Distrito Federal e dos municípios, compreendido o ajuste mediante designações recíprocas, viola a Constituição Federal.

3. PODERES ADMINISTRATIVOS

3.1. PODER DE POLÍCIA

- **STF 646** – Ofende o princípio da livre concorrência lei municipal que impede a instalação de estabelecimentos comerciais do mesmo ramo em determinada área.
- **STF 645** – É competente o município para fixar o horário de funcionamento de estabelecimento comercial.
- **STF 419** – Os municípios têm competência para regular o horário do comércio local, desde que não infrinjam leis estaduais ou federais válidas.
- **STF 397** – O poder de polícia da Câmara dos Deputados e do Senado Federal, em caso de crime cometido nas suas dependências, compreende, consoante o regimento, a prisão em flagrante do acusado e a realização do inquérito.

4. ATO ADMINISTRATIVO

- **STF 473** – A administração pode anular seus próprios atos, quando eivados de vícios que os tornam ilegais, porque deles não se originam direitos; ou revogá-los, por motivo de conveniência ou oportunidade, respeitados os direitos adquiridos, e ressalvada, em todos os casos, a apreciação judicial.
- **STF 346** – A Administração Pública pode declarar a nulidade dos seus próprios atos.

5. PROCESSO ADMINISTRATIVO

- **STJ 467** – Prescreve em cinco anos, contados do término do processo administrativo, a pretensão da Administração Pública de promover a execução da multa por infração ambiental.
- **STJ 373** – É ilegítima a exigência de depósito prévio para admissibilidade de recurso administrativo.
- STJ 591 – É permitida a prova emprestada no processo administrativo disciplinar, desde que devidamente autorizada pelo juízo competente e respeitados o contraditório e a ampla defesa.
- STJ 592 – O excesso de prazo para a conclusão do processo administrativo disciplinar só causa nulidade se houver demonstração de prejuízo à defesa.

6. BENS PÚBLICOS

- **STF 650** – Os incisos I e XI do art. 20 da Constituição Federal não alcançam terras de aldeamentos extintos, ainda que ocupadas por indígenas em passado remoto.
- **STF 480** – Pertencem ao domínio e administração da União, nos termos dos artigos 4º, IV, e 186, da Constituição Federal de 1967, as terras ocupadas por silvícolas.
- **STF 479** – As margens dos rios navegáveis são domínio público, insuscetíveis de expropriação e, por isso mesmo, excluídas de indenização.
- **STF 477** – As concessões de terras devolutas situadas na faixa de fronteira, feitas pelos Estados,

autorizam, apenas, o uso, permanecendo o domínio com a União, ainda que se mantenha inerte ou tolerante, em relação aos possuidores.

- **STJ 496** – Os registros de propriedade particular de imóveis situados em terrenos de marinha não são oponíveis à União.
- **STJ 238** – A avaliação da indenização devida ao proprietário do solo, em razão de alvará de pesquisa mineral, é processada no juízo estadual da situação do imóvel.
- **STJ 103** – Incluem-se entre os imóveis funcionais que podem ser vendidos os administrados pelas Forças Armadas e ocupados pelos servidores civis.

7. INTERVENÇÃO DO ESTADO NA PROPRIEDADE PRIVADA

7.1. DESAPROPRIAÇÃO

- **STF 652** – Não contraria a Constituição o art. 15, § 1º, do DL. 3.365/41 (Lei da Desapropriação por Utilidade Pública).
- **STF 618** – Na desapropriação, direta ou indireta, a taxa dos juros compensatórios é de 12% (doze por cento) ao ano.
- **STF 617** – A base de cálculo dos honorários de advogado em desapropriação é a diferença entre a oferta e a indenização, corrigidas ambas monetariamente.
- **STF 561** – Em desapropriação, é devida a correção monetária até a data do efetivo pagamento da indenização, devendo proceder-se à atualização do cálculo, ainda que por mais de uma vez.
- **STF 476** – Desapropriadas as ações de uma sociedade, o poder desapropriante, imitido na posse, pode exercer, desde logo, todos os direitos inerentes aos respectivos títulos.
- **STF 475** – A Lei 4.686, de 21.06.1965, tem aplicação imediata aos processos em curso, inclusive em grau de recurso extraordinário.
- **STF 416** – Pela demora no pagamento do preço da desapropriação não cabe indenização complementar além dos juros.
- **STF 378** – Na indenização por desapropriação incluem-se honorários do advogado do expropriado.
- **STF 164** – No processo de desapropriação, são devidos juros compensatórios desde a antecipada imissão de posse, ordenada pelo juiz, por motivo de urgência.
- **STF 157** – É necessária prévia autorização do Presidente da República para desapropriação, pelos Estados, de empresa de energia elétrica.
- **STF 23** – Verificados os pressupostos legais para o licenciamento da obra, não o impede a declaração de utilidade pública para desapropriação do imóvel, mas o valor da obra não se incluirá na indenização, quando a desapropriação for efetivada.
- **STJ 408** – Nas ações de desapropriação, os juros compensatórios incidentes após a Medida Provisória nº 1.577, de 11.6.1997, devem ser fixados em 6% ao ano até 13.9.2001, e, a partir de então, em 12% ao ano, na forma da Súmula nº 618 do Supremo Tribunal Federal.
- **STJ 354** – A invasão do imóvel é causa de suspensão do processo expropriatório para fins de reforma agrária.
- **STJ 141** – Os honorários de advogado em desapropriação direta são calculados sobre a diferença entre a indenização e a oferta, corrigidas monetariamente.
- **STJ 131** – Nas ações de desapropriação incluem-se no cálculo da verba advocatícia as parcelas relativas aos juros compensatórios e moratórios, devidamente corrigidas.
- **STJ 114** – Os juros compensatórios, na desapropriação indireta, incidem a partir da ocupação, calculados sobre o valor da indenização, corrigido monetariamente.
- **STJ 113** – Os juros compensatórios, na desapropriação direta, incidem a partir da imissão na posse, calculados sobre o valor da indenização, corrigido monetariamente.
- **STJ 102** – A incidência dos juros moratórios sobre os compensatórios, nas ações expropriatórias, não constitui anatocismo vedado em lei.
- **STJ 70** – Os juros moratórios, na desapropriação direta ou indireta, contam-se desde o trânsito em julgado da sentença.
- **STJ 69** – Na desapropriação direta, os juros compensatórios são devidos desde a antecipada imissão na posse e, na desapropriação indireta, a partir da efetiva ocupação do imóvel.
- **STJ 67** – Na desapropriação, cabe a atualização monetária, ainda que por mais de uma vez, independente do decurso de prazo superior a um ano entre o cálculo e o efetivo pagamento da indenização.
- **STJ 56** – Na desapropriação para instituir servidão administrativa são devidos os juros compensatórios pela limitação de uso da propriedade.
- **STJ 12** – Em desapropriação, são cumuláveis juros compensatórios e moratórios.

✦ INFORMATIVOS APLICÁVEIS

✦ STF

1. AGENTES PÚBLICOS

1.1. DISPOSIÇÕES GERAIS

➘ Greve de servidor público e desconto de dias não trabalhados

A administração pública deve proceder ao desconto dos dias de paralisação decorrentes do exercício do direito de greve pelos servidores públicos, em virtude da suspensão do vínculo funcional que dela decorre. É permitida a compensação em caso de acordo. O desconto será, contudo, incabível se ficar demonstrado que a greve foi provocada por conduta ilícita do Poder Público. *RE 693456/RJ, repercussão geral, Rel. Min. Dias Toffoli, 27.10.2016. Pleno. (Info 845)*

➘ Nomeação de servidor e nepotismo

Reputou-se improcedente reclamação na qual se discutia a prática de nepotismo em face de nomeação de servidor público para ocupar cargo em tribunal de contas, onde seu tio (parente colateral de 3º grau), já exerceria cargo de assessor-chefe de gabinete de determinado conselheiro. O nepotismo não decorre diretamente da existência de relação de parentesco entre pessoa designada e agente político ou servidor público, mas da presunção de que a escolha para ocupar cargo de direção, chefia ou assessoramento seja direcionada a pessoa com relação de parentesco com alguém com potencial de interferir no processo de seleção. Viola o princípio da impessoalidade vedar o acesso de qualquer cidadão a cargo público somente em razão da existência de relação de parentesco com servidor que não tenha competência para selecioná-lo ou nomeá-lo para cargo de chefia, direção ou assessoramento, ou que não exerça ascendência hierárquica sobre aquele que possui essa competência. *Rcl 18564/SP, Red. p/ ac. Min. Dias Toffoli, 23.2.2016. 2ª T. (Info 815)*

➘ Suspensão de convênio e impossibilidade de adesão a plano de saúde

Mandado de segurança. TCU. Suspensão de inclusão de novos beneficiários. Operadora de plano de saúde. GEAP. Óbice ao ingresso de servidor do Poder Executivo cedido à Justiça Federal, que, acometido de doença grave, retornou ao órgão de origem para aposentaria por invalidez. Impossibilidade de interrupção do tratamento da doença iniciado durante período de cessão. Vedação administrativa excepcionada pelas peculiaridades da espécie em exame. Princípio da dignidade da pessoa humana e do direito à saúde. *MS 33619/DF, Rel. Min. Cármen Lúcia, 23.8.2016. 2ª T. (Info 836)*

1.2. CONCURSO PÚBLICO

➘ Concurso público: direito subjetivo a nomeação e surgimento de vaga

O prazo de validade do concurso em que aprovado o recorrente expirou antes da abertura do novo certame, a significar que o caso não se amolda ao precedente firmado no RE 837.311, em sede de repercussão geral, em que o Tribunal fixou a tese de que a existência de direito subjetivo à nomeação está ligada ao surgimento de nova vaga durante a validade do certame. *RMS 31478/DF, Rel. p/ ac. Min. Edson Fachin, 9.8.2016. 1ª T. (Info 834)*

➘ Concurso público: direito subjetivo à nomeação e surgimento de vagas

O surgimento de novas vagas ou a abertura de novo concurso para o mesmo cargo, durante o prazo de validade do certame anterior, não gera automaticamente o direito à nomeação dos candidatos aprovados fora das vagas previstas no edital, ressalvadas as hipóteses de preterição arbitrária e imotivada por parte da administração, caracterizada por comportamento tácito ou expresso do Poder Público capaz de revelar a inequívoca necessidade de nomeação do aprovado durante o período de validade do certame, a ser demonstrada de forma cabal pelo candidato. Assim, o direito subjetivo à nomeação do candidato aprovado em concurso público exsurge nas seguintes hipóteses: a) quando a aprovação ocorrer dentro do número de vagas dentro do edital; b) quando houver preterição na nomeação por não observância da ordem de classificação; e c) quando surgirem novas vagas, ou for aberto novo concurso durante a validade do certame anterior, e ocorrer a preterição de candidatos de forma arbitrária e imotivada por parte da administração nos termos acima. *RE 837311/PI, repercussão geral – mérito, Rel. Min. Luiz Fux, 9.12.2015. Pleno. (Info 811)*

➘ Concurso público e restrição à tatuagem

[RPG] Editais de concurso público não podem estabelecer restrição a pessoas com tatuagem, salvo situações excepcionais em razão de conteúdo que viole valores constitucionais. *RE 898450/SP, repercussão geral, Rel. Luiz Fux, 17.8.2016. Pleno. (Info 835)*

➘ Concurso público e suspeita de irregularidade de titulação

A criação de critério "ad hoc" de contagem de títulos de pós-graduação, após a abertura da fase de títulos e da apresentação dos certificados pelos candidatos, constitui flagrante violação ao princípio da segurança jurídica e da impessoalidade. Impossibilidade de aplicação retroativa da Res. 187/2014/CNJ ao presente concurso, em respeito à modulação dos efeitos efetuada pelo CNJ e aos precedentes desta Corte sobre a matéria. *MS 33406/DF, Rel. p/ ac. min. Roberto Barroso, 6.9.2016. 1ª T. (Info 838)*

Contratação em caráter temporário e concurso público

É inconstitucional lei estadual que assegura a permanência de servidores da Fundação Universidade Regional do Rio Grande do Norte admitidos em caráter temporário, entre o período de 8.1.1987 a 17.6.1993, sem a prévia aprovação em concurso público, e torna sem efeitos os atos de direção da universidade que, de qualquer forma, excluíram esses servidores do quadro de pessoal. A proposição legislativa decorreu de iniciativa parlamentar que usurpou a prerrogativa do chefe do Executivo quanto às matérias relacionadas ao regime jurídico dos servidores públicos. Houve ofensa ao princípio do concurso público (CF/88, art. 37, II), haja vista a estabilização de servidores contratados apenas temporariamente. O art. 19 do ADCT concedera estabilidade excepcional somente aos servidores que, ao tempo da promulgação do texto, estavam em exercício há mais de cinco anos. *ADI 1241/RN, Rel. Min. Dias Toffoli, j. 22.9.2016. Pleno. (Info 840)*

Contratação temporária de professores e emergencialidade

São inconstitucionais dispositivos de lei estadual que autorizam a contratação temporária de professores da rede pública de ensino nas hipóteses de "afastamentos que repercutam em carência de natureza temporária" e para "fins de implementação de projetos educacionais, com vistas à erradicação do analfabetismo, correção do fluxo escolar e qualificação da população cearense". O art. 37, IX, da CF exige complementação normativa criteriosa quanto aos casos de necessidade temporária de excepcional interesse público que ensejam contratações sem concurso. Recrutamentos dessa espécie são admissíveis, mesmo para atividades permanentes da Administração, mas o legislador deve especificar os traços de emergencialidade que justificam a medida atípica. A lei também permite a contratação temporária de profissionais do magistério nas situações de licença para tratamento de saúde; licença gestante; licença por motivo de doença de pessoa da família; licença para trato de interesses particulares; e cursos de capacitação. Nessas ocorrências, alheias ao controle da Administração, cuja superveniência pode resultar em desaparelhamento transitório do corpo docente, permite-se reconhecer a emergencialidade. *ADI 3721/CE, Rel. Min. Teori Zavascki, 9.6.2016. Pleno. (Info 829)*

Magistratura: triênio para ingresso na carreira e momento de comprovação

A comprovação do triênio de atividade jurídica exigida para o ingresso no cargo de juiz substituto, nos termos do art. 93, I, da CF, deve ocorrer no momento da inscrição definitiva no concurso público. *RE 655265/DF, repercussão geral – mérito, Red. p/ ac. Min. Edson Fachin, 13.4.2016. Pleno. (Info 821)*

1.3. REGRAS REMUNERATÓRIAS

ADI: aumento de vencimentos e efeitos financeiros

São inconstitucionais disposições legais que tornaram sem efeito o aumento dos valores dos vencimentos dos servidores públicos estaduais concedido por outras leis anteriores, taxativas ao estabelecer que entrariam em vigor na data de sua publicação. Os efeitos financeiros relativos à aplicação dessas leis, isto é, o pagamento dos valores correspondentes ao reajuste dos subsídios previstos, ocorreriam a partir do primeiro dia do ano seguinte. Assim, desde a entrada em vigor das leis, com suas publicações, a melhoria concedida fora incorporada ao patrimônio jurídico dos agentes públicos. Assim, o termo (primeiro dia do ano seguinte) não suspendera a eficácia do direito, e sim o seu exercício, não havendo confusão entre vigência de leis e efeitos financeiros decorrentes do que nelas disposto. *ADI 4013/TO, Rel. Min. Cármen Lúcia, 31.3.2016. Pleno. (Info 819)*

2. INTERVENÇÃO DO ESTADO NA PROPRIEDADE

2.1. DESAPROPRIAÇÃO

Desapropriação por utilidade pública e princípio da justa indenização

A preferência do julgador por determinada prova insere-se no livre convencimento motivado e não cabe compelir o magistrado a colher com primazia determinada prova em detrimento de outras pretendidas pelas partes se, pela base do conjunto probatório tiver se convencido da verdade dos fatos (CPC/73, art. 436). *RE 567708/SP, Red. p/ ac. Min. Cármen Lúcia, 8.3.2016. 2ª T. (Info 817)*

3. LICITAÇÕES

Exigência para participar de licitação e conflito legislativo

Por ofensa à competência privativa da União para legislar sobre normas gerais de licitação e contratos, o Plenário, por maioria, julgou procedente pedido formulado em ação direta para declarar a inconstitucionalidade da Lei 3.041/05 do Estado de Mato Grosso do Sul, sem efeito repristinatório em relação às leis anteriores de mesmo conteúdo. *ADI 3.735/MS, Rel. min. Teori Zavascki, 8.9.2016. Pleno. (Info 838)*

4. PRESCRIÇÃO ADMINISTRATIVA

Ação de ressarcimento e imprescritibilidade

É prescritível a ação de reparação de danos à Fazenda Pública decorrente de ilícito civil. *RE 669069/MG, repercussão geral – mérito, Rel. Min. Teori Zavascki, 3.2.2016. Pleno. (Info 813)*

➘ Administração Pública: ressarcimento e decadência

O TCU havia determinado que órgão da Administração Pública federal adotasse providências para que fosse restituída quantia relativa a auxílio-moradia paga a servidora pública entre out./2003 e nov./2010. A impetrante sustentava a decadência do direito de a Administração Pública anular os atos dos quais decorreram efeitos favoráveis. Não há que se falar em prescrição e decadência em casos de pretensão ressarcitória do Estado, tendo em conta o disposto no art. 37, § 5º, da CF/88. Por outro lado, verificar a legitimidade da percepção do auxílio-moradia e a existência de boa-fé da impetrante demandaria incursão na análise de fatos e provas. Tal questão, portanto, deveria ser debatida em ação ordinária, de ampla cognição, e não na via estreita do mandado de segurança. *MS 32569/DF, Rel. p/ o ac. min. Edson Fachin, 13.9.2016.*

➘ ED e ação de reparação de danos à Fazenda Pública decorrente de ilícito civil

[RPG] Rejeitados embargos de declaração contra decisão que entendeu ser prescritível a ação de reparação de danos à Fazenda Pública decorrente de ilícito civil. É clara a opção da Corte de considerar como ilícito civil os de natureza semelhante à do caso concreto (acidente de trânsito). O conceito, sob esse aspecto, deveria ser buscado pelo método de exclusão: não se considerariam ilícitos civis, de modo geral, os que decorressem de infrações ao direito público (de natureza penal, decorrentes de atos de improbidade etc.). As questões atinentes ao transcurso do prazo prescricional, inclusive a seu termo inicial, seriam adstritas à seara infraconstitucional. Por isso, não se constatam motivos relevantes de segurança jurídica ou de interesse social hábeis a ensejar a modulação dos efeitos da decisão. *RE 669069 ED/MG, Repercussão geral – mérito, Rel. Min. Teori Zavascki, 16.6.2016. Pleno. (Info 830)*

5. PROCESSO ADMINISTRATIVO

5.1. PROCESSO ADMINISTRATIVO (DISPOSIÇÕES GERAIS)

➘ Anulação de anistia e prazo decadencial

O prazo decadencial para a anulação de atos administrativos que geram efeitos favoráveis aos administrados é de cinco anos (art. 54 da Lei 9.784/99), comportando apenas duas hipóteses de afastamento da decadência administrativa: a má-fé do beneficiário e a existência de medida administrativa impugnadora da validade do ato. 3. O processo administrativo de revisão da anistia do Impetrante expressamente afastou a existência de má-fé por parte do anistiado quando do requerimento para o reconhecimento dessa condição. 4. Não se qualificam Notas e Pareceres emanados por membros da Advocacia-Geral da União como "medida de autoridade administrativa que importe impugnação à validade do ato", nos termos do § 2º do art. 54 da Lei 9.784/99, em razão da generalidade de suas considerações, bem como do caráter meramente opinativo que possuem no caso em tela. 5. Ademais, em se tratando de competência exclusiva para a concessão, revisão ou revogação de anistia política, somente ato do Ministro de Estado da Justiça, na qualidade de autoridade administrativa, tem o condão de, uma vez destinado à impugnação específica de ato anterior, obstaculizar o transcurso do prazo decadencial para sua anulação. 6. Assim, como decorreu mais de cinco anos entre a Portaria que reconheceu a condição de anistiado ao Impetrante e a publicação da Portaria Interministerial, ato conjunto entre o Ministro da Justiça e o Advogado-Geral da União que determinou a abertura de processo administrativo de revisão das anistias políticas concedidas com fundamento na Portaria do Ministro de Estado da Aeronáutica, constata-se a decadência do direito da Administração de anular o ato de concessão da anistia. *RMS 31841/DF, Rel. Min. Edson Fachin, 2.8.2016. 1ª T. (Info 833)*

5.2. PROCESSO ADMINISTRATIVO (DISCIPLINAR)

➘ PAD: comissão processante, demissão e improbidade administrativa

Negado provimento a recurso ordinário em mandado de segurança no qual auditor-fiscal da RFB sustentou a nulidade do processo administrativo disciplinar que o penalizou com demissão. Não há vício na instalação de segunda comissão disciplinar, após a primeira ter concluído pela insuficiência de provas. É possível realizar diligências instrutórias com a designação de nova comissão processante, uma vez que, a partir do exame do relatório da primeira comissão, existe dúvida razoável a amparar a continuidade das investigações. Correta a capitulação do fato imputado como improbidade administrativa (LIA, art. 132). Incabível a apreciação, na via estreita do "writ", da proporcionalidade da pena cominada, à exceção das hipóteses em que a demissão estiver fundada na prática de ato de improbidade de natureza culposa, sem a imputação de locupletamento ilícito do servidor. *RMS 33666/DF, Red. p/ ac. Min. Edson Fachin, 31.5.2016. 1ª T. (Info 828)*

➘ PAD: prova emprestada e nulidade

A prova colhida mediante autorização judicial e para fins de investigação ou processo criminal pode ser utilizada para instruir procedimento administrativo punitivo. *RMS 28774/DF, Rel. p/ ac. Min. Roberto Barroso, 9.8.2016. 1ª T. (Info 834)*

6. RESPONSABILIDADE CIVIL DO ESTADO

➘ Morte de detento e responsabilidade civil do Estado

[RPG] Em caso de inobservância do seu dever específico de proteção previsto no art. 5º, XLIX, da CF, o Estado é responsável pela morte de detento. *RE 841526/RS, repercussão geral – mérito, Rel. Min. Luiz Fux, 30.3.2016. Pleno. (Info 819)*

✦ STJ

1. AGENTES PÚBLICOS

1.1. DISPOSIÇÕES GERAIS

➘ Acumulação lícita de cargos públicos.

É possível a acumulação de um cargo público de professor com outro de intérprete e tradutor da Língua Brasileira de Sinais (Libras). Nos termos da CF, a inacumulabilidade de cargo público emerge como regra, cujas exceções são expressamente estabelecidas no corpo da própria Carta Magna (art. 37, XVI). Na exceção prevista na alínea "b" do inciso XVI do art. 37 da CF ("a de um cargo de professor com outro técnico ou científico"), o conceito de "cargo técnico ou científico" não remete, essencialmente, a um cargo de nível superior, mas à atividade desenvolvida, em atenção ao nível de especificação, capacidade e técnica necessários para o correto exercício do trabalho (RMS 42.392, RMS 28.644 e RMS 20.033). *REsp 1.569.547-RN, Rel. Min. Humberto Martins, DJe 2.2.2016. 2ª T. (Info 575)*

➘ Greve de servidor público. Dias não compensados. Desconto em folha. Parcelamento.

Não se mostra razoável a possiblidade de desconto em parcela única sobre a remuneração do servidor público dos dias parados e não compensados provenientes do exercício do direito de greve. *RMS 49.339-SP, Rel. Ministro Francisco Falcão, DJe 20.10.2016. 2ª T. (Info 592)*

➘ Inadmissibilidade de acumulação de cargos públicos cujas jornadas somem mais de sessenta horas semanais.

É vedada a acumulação de um cargo de professor com outro técnico ou científico quando a jornada de trabalho semanal ultrapassar o limite máximo de sessenta horas semanais. *REsp 1.565.429-SE, Rel. Min. Herman Benjamin, DJe 4.2.2016. 2ª T. (Info 576)*

➘ Redução da duração máxima de jornada de trabalho de servidores da União que operam diretamente com raios X.

Independentemente da categoria profissional, todos os servidores da União, civis e militares, e os empregados de entidades paraestatais de natureza autárquica que operam, de forma habitual, diretamente com raios X e substâncias radioativas, próximo às fontes de irradiação, têm o direito à redução da duração máxima da jornada de trabalho de 40 para 24 horas semanais prevista no art. 1º da Lei 1.234/1950. *AgInt no REsp 1.569.119-SP, Rel. Min. Humberto Martins, DJe 15.4.2016. 2ª T. (Info 581)*

➘ Requisição de servidor público pela DPU.

A Administração Pública Federal não está mais obrigada a atender toda e qualquer requisição de servidor público efetuada pelo Defensor Público-Geral da União na forma do art. 4º da Lei 9.020/95. *MS 17.500-DF, Rel. Min. Benedito Gonçalves, DJe 15.12.2015. 1ª S. (Info 575)*

1.2. CONCURSO PÚBLICO

➘ Formação exigida em edital de concurso ao cargo de perito datiloscopista de polícia civil estadual.

É legal a cláusula de edital que prescreva que as atividades do cargo de perito datiloscopista são de nível médio, desde que, à época da publicação do edital do concurso para o referido cargo, haja previsão legislativa estatual nesse sentido. A verificação da legalidade ou não de cláusula de edital que exija a formação em curso superior dos candidatos ao cargo de perito datiloscopista de polícia civil estadual restringe-se objetivamente ao cotejo da legislação estadual e federal vigente à época da publicação do edital. Para solver a questão, o critério objetivo verificado é o rol de categorias de peritos de natureza criminal definido pelo art. 5º da Lei 12.030/09, no qual se relacionam os peritos criminais, os peritos médico-legistas e os peritos odontolegistas, sem nenhuma referência aos datiloscopistas. *AgRg no RMS 32.892-RO, Rel. Min. Napoleão Nunes Maia Filho, DJe 3.2.2016. 1ª T. (Info 576)*

➘ Posse em cargo público por menor de idade.

Ainda que o requisito da idade mínima de 18 anos conste em lei e no edital de concurso público, é possível que o candidato menor de idade aprovado no concurso tome posse no cargo de auxiliar de biblioteca no caso em que ele, possuindo 17 anos e 10 meses na data da sua posse, já havia sido emancipado voluntariamente por seus pais há 4 meses. *REsp 1.462.659-RS, Rel. Min. Herman Benjamin, DJe 4.2.2016. 2ª T. (Info 576)*

2. BENS PÚBLICOS

➘ Possibilidade de ajuizamento por particulares de demanda possessória relacionada a bem público de uso comum do povo.

Particulares podem ajuizar ação possessória para resguardar o livre exercício do uso de via municipal (bem público de uso comum do povo) instituída como servidão de passagem. *REsp 1.582.176-MG, Rel. Min. Nancy Andrighi, DJ 30.9.2016. 3ª T. (Info 590)*

3. IMPROBIDADE ADMINISTRATIVA

➘ Aplicação de multa eleitoral e sanção por ato de improbidade administrativa.

A condenação pela Justiça Eleitoral ao pagamento de multa por infringência às disposições contidas na Lei 9.504/97 (Lei das Eleições) não impede a imposição de nenhuma das sanções previstas na Lei 8.429/92 (Lei de Improbidade Administrativa – LIA), inclusive da multa civil, pelo ato de improbidade decorrente da mesma conduta. *AgRg no AREsp 606.352-SP, Rel. Min. Assusete Magalhães, DJe 10.2.2016. 2ª T. (Info 576)*

➘ Caracterização de tortura como ato de improbidade administrativa.

A tortura de preso custodiado em delegacia praticada por policial constitui ato de improbidade administrativa que atenta contra os princípios da administração pública. *REsp 1.177.910-SE, Rel. Min. Herman Benjamin, DJe 17.2.2016. 1ª S. (Info 577)*

➘ Desnecessidade de lesão ao patrimônio público em ato de improbidade administrativa que importa enriquecimento ilícito.

Ainda que não haja dano ao erário, é possível a condenação por ato de improbidade administrativa que importe enriquecimento ilícito (art. 9º da Lei 8.429/92), excluindo-se, contudo, a possibilidade de aplicação da pena de ressarcimento ao erário. *REsp 1.412.214-PR, Rel. p/ ac. Min. Benedito Gonçalves, DJe 28.3.2016. 1ª T. (Info 580)*

➘ Improbidade administrativa e conduta direcionada a particular.

Não ensejam o reconhecimento de ato de improbidade administrativa (Lei 8.429/92) eventuais abusos perpetrados por agentes públicos durante abordagem policial, caso os ofendidos pela conduta sejam particulares que não estavam no exercício de função pública. O fato de a probidade ser atributo de toda atuação do agente público pode suscitar o equívoco interpretativo de que qualquer falta por ele praticada, por si só, representaria quebra desse atributo e, com isso, o sujeitaria às sanções da Lei 8.429/92. Contudo, o conceito jurídico de ato de improbidade administrativa, por ser circulante no ambiente do direito sancionador, não é daqueles que a doutrina chama de elásticos, isto é, daqueles que podem ser ampliados para abranger situações que não tenham sido contempladas no momento da sua definição. Dessa forma, considerando o inelástico conceito de improbidade, vê-se que o referencial da Lei 8.429/92 é o ato do agente público frente à coisa pública a que foi chamado a administrar. *REsp 1.558.038-PE, Rel. Min. Napoleão Nunes Maia Filho, DJe 9.11.2015. 1ª T. (Info 573)*

➘ Inaplicabilidade das sanções por ato de improbidade administrativa abaixo do mínimo legal.

No caso de condenação pela prática de ato de improbidade administrativa que atenta contra os princípios da administração pública, as penalidades de suspensão dos direitos políticos e de proibição de contratar com o Poder Público ou receber benefícios ou incentivos fiscais ou creditícios não podem ser fixadas aquém do mínimo previsto no art. 12, III, da Lei 8.429/92. *REsp 1.582.014-CE, Rel. Min. Humberto Martins, DJe 15.4.2016. 2ª T. (Info 581)*

➘ Possibilidade de dupla condenação ao ressarcimento ao erário pelo mesmo fato.

Não configura "bis in idem" a coexistência de título executivo extrajudicial (acórdão do TCU) e sentença condenatória em ação civil pública de improbidade administrativa que determinam o ressarcimento ao erário e se referem ao mesmo fato, desde que seja observada a dedução do valor da obrigação que primeiramente foi executada no momento da execução do título remanescente. *REsp 1.413.674-SE, Rel. para o acórdão Min. Benedito Gonçalves, DJe 31.5.2016. 1ª T. (Info 584)*

4. PODERES ADMINISTRATIVOS

➘ Aplicação de multa por excesso de velocidade pelo DNIT.

O Departamento Nacional de Infraestrutura de Transporte (DNIT) tem competência para autuar e aplicar sanções por excesso de velocidade em rodovias e estradas federais. *REsp 1.583.822-RS, Rel. Min. Sérgio Kukina, DJe 30.6.2016. 1ª T. (Info 586)*

5. PROCESSO ADMINISTRATIVO

5.1. PROCESSO ADMINISTRATIVO (DISPOSIÇÕES GERAIS)

➘ Princípio da intranscendência das sanções e entidade integrante de consórcio público com pendência no CAUC.

O fato de ente integrante de consórcio público possuir pendência no Serviço Auxiliar de Informações para Transferências Voluntárias (CAUC) não impede que o consórcio faça jus, após a celebração de convênio, à transferência voluntária a que se refere o art. 25 da LC n. 101/00. *REsp 1.463.921-PR, Rel. Min. Humberto Martins, DJe 15.2.2016. 2ª T. (Info 577)*

6. RESPONSABILIDADE CIVIL DO ESTADO

➘ Indenização em razão de equívoco no reconhecimento de reincidência.

No caso em que o reconhecimento da reincidência tenha origem em infração anterior cuja pena tenha sido cumprida ou extinta há mais de cinco anos, deferido o pedido revisional para diminuir a pena equivocadamente fixada, será devida a indenização ao condenado que tenha sofrido prejuízos em virtude do erro judiciário. *REsp 1.243.516-SP, Rel. Min. Reynaldo Soares da Fonseca, DJ 30.9.2016. 5ª T. (Info 590)*

➘ Indenização por danos morais a anistiado político.

O anistiado político que obteve, na via administrativa, a reparação econômica prevista na Lei 10.559/02 (Lei de Anistia) não está impedido de pleitear, na esfera judicial, indenização por danos morais pelo mesmo episódio político. *REsp 1.485.260-PR, Rel. Min. Sérgio Kukina, DJe 19.4.2016. 1ª T. (Info 581)*

7. SERVIÇOS PÚBLICOS

7.1. CONCESSÃO, PERMISSÃO E AUTORIZAÇÃO DE SERVIÇOS PÚBLICOS

➘ Não sujeição de banco postal às regras de segurança previstas na Lei 7.102/83.

A imposição legal de adoção de recursos de segurança específicos para proteção dos estabelecimentos que constituam sedes de instituições financeiras (Lei 7.102/83) não alcança o serviço de correspondente bancário (Banco Postal) realizado pela Empresa Brasileira de Correios e Telégrafos (ECT). *REsp 1.497.235-SE, Rel. Min. Mauro Campbell Marques, DJe 9.12.2015. 2ª T. (Info 574)*

8. OUTROS TEMAS

➘ Atribuição para classificar como medicamento produto importado.

Se a Anvisa classificou determinado produto importado como "cosmético", a autoridade aduaneira não poderá alterar essa classificação para defini-lo como "medicamento". *REsp 1.555.004-SC, Rel. Min. Napoleão Nunes Maia Filho, DJe 25.2.2016. 1ª T. (Info 577)*

➘ Correção monetária e juros de mora em condenação imposta à Fazenda Pública por dano moral.

Na condenação imposta à Fazenda Pública a título de danos morais decorrentes de perseguição política durante a ditadura militar instalada no Brasil após 1964, para fins de atualização monetária e compensação da mora, a partir da data do arbitramento da indenização em segunda instância, haverá a incidência dos índices oficiais de remuneração básica e juros aplicados à caderneta de poupança. *REsp 1.485.260-PR, Rel. Min. Sérgio Kukina, DJe 19.4.2016. 1ª T. (Info 581)*

➘ Impossibilidade de oposição do sigilo do acordo de leniência ao Judiciário.

O sigilo do acordo de leniência celebrado com o CADE não pode ser oposto ao Poder Judiciário para fins de acesso aos documentos que instruem o respectivo procedimento administrativo. Com efeito, o dever de colaboração com o Poder Judiciário é imposto a todos, sejam eles partes ou terceiros, interessados ou desinteressados, nos termos dos arts. 339 e 341 do CPC/73. De fato, não se está diante de uma oposição ao dever de colaboração com fulcro na condição do profissional pautada numa eventual relação de confiança. De modo algum se pode imaginar que os profissionais do CADE, no exercício do poder de polícia, dependam de uma relação de confiança com o agente de mercado, o qual é por ele, a rigor, fiscalizado. Ao contrário, seu trabalho é essencialmente público, sujeitando-se inclusive ao controle social que fundamenta essa publicidade ampla em regra. *REsp 1.554.986-SP, Rel. Min. Marco Aurélio Bellizze, DJe 5.4.2016. 3ª T. (Info 580)*

➘ Limites do sigilo nos acordos de leniência.

O sigilo nos processos administrativos de acordo de leniência celebrado com o CADE, bem como o dos documentos que os instruem, no que tange a pretensões privadas de responsabilização civil por danos decorrentes da eventual formação de cartel, deve ser preservado até a conclusão da instrução preliminar do referido processo administrativo (marcada pelo envio do relatório circunstanciado pela Superintendência-Geral ao Presidente do Tribunal Administrativo), somente podendo ser estendido para após esse marco quando lastreado em circunstâncias concretas fundadas no interesse coletivo – seja ele o interesse das apurações, seja ele a proteção de segredos industriais. *REsp 1.554.986-SP, Rel. Min. Marco Aurélio Bellizze, DJe 5.4.2016. 3ª T. (Info 580)*

➘ Mercadoria importada. Adulteração de dados essenciais (origem do produto). Perdimento. Pagamento dos tributos devidos. Irrelevância.

A quitação do tributo devido não implica direito ao descumprimento das normas que disciplinam o direito alfandegário. *REsp 1.385.366-ES, Rel. Min. Herman Benjamin, DJe 11.10.2016. 2ª T. (Info 592)*

➘ Possibilidade de desembaraço aduaneiro de bagagem por meio de ordem de frete.

No caso em que, em desembaraço aduaneiro de bagagem, o conhecimento de carga ("bill of lading") não continha o nome do proprietário ou possuidor do bem, a ordem de frete preenchida à mão serve como prova da propriedade ou da posse da mercadoria. Isso porque o art. 554 do Dec. 6.759/09 (Regulamento Aduaneiro) dispõe que "O conhecimento de carga original, ou documento de efeito equivalente, constitui prova de posse ou de propriedade da mercadoria". A equivalência a que se refere o dispositivo legal é circunstancial e sua consideração visa a um propósito específico, sendo desnecessária, por isso, a identidade entre características formais e/ou materiais dos documentos, de modo que, a depender das peculiaridades do caso concreto, é possível a ordem de frete servir como prova da posse ou propriedade da bagagem. *REsp 1.506.830-PR, Rel. Min. Gurgel de Faria, DJe 10.8.2016. 1ª T. (Info 587)*

➘ Restituição à administração pública de proventos depositados a servidor público falecido.

Os herdeiros devem restituir os proventos que, por erro operacional da Administração Pública, continuaram sendo depositados em conta de servidor público após o seu falecimento. *AgRg no REsp 1.387.971-DF, Rel. Min. Mauro Campbell Marques, DJe 21.3.2016. 2ª T. (Info 579)*

Direito Ambiental

Rafael Costa Freiria e
Taisa Cintra Dosso

TABELA DE INCIDÊNCIA DE QUESTÕES

Distribuição das questões organizada por ordem didática de assuntos		
Assunto	**Número de Questões**	**Peso**
1. MEIO AMBIENTE: HISTÓRICO, CONCEITO, PRINCÍPIOS E CONSTITUIÇÃO FEDERAL	10	38,46%
2. POLÍTICA NACIONAL DO MEIO AMBIENTE E SISTEMA NACIONAL DO MEIO AMBIENTE – PNMA – LEI nº 6.938/1981	2	7,69%
3. PODER DE POLÍCIA, LICENCIAMENTO E ESTUDOS AMBIENTAIS (EIA)	2	7,69%
4. ESPAÇOS TERRITORIAIS ESPECIALMENTE PROTEGIDOS PELO PODER PÚBLICO	3	11,54%
5. RESPONSABILIDADE CIVIL, ADMINISTRATIVA E PENAL POR DANOS AMBIENTAIS/ TUTELA PROCESSUAL DO MEIO AMBIENTE	7	26,92%
6. RESÍDUOS SÓLIDOS	2	7,69%
Total	**26**	**100%**

Direito Ambiental

Rafael Costa Freiria e
Taisa Cintra Dosso

✦ QUESTÕES

1. MEIO AMBIENTE: HISTÓRICO, CONCEITO, PRINCÍPIOS E CONSTITUIÇÃO FEDERAL

01. (Vunesp – Juiz de Direito – TJ SP/2017) Em relação ao princípio da precaução, é correto afirmar:

A) implica a ideia de um conhecimento completo sob os efeitos de determinada técnica – domínio científico – sobre causas e efeitos de seu uso e, em razão do potencial lesivo já diagnosticado, impõe que se evite a ocorrência desses danos já conhecidos.

B) o uso de técnicas e pesquisas de organismos geneticamente modificáveis não deve ser regulado pelo princípio da precaução e sim pelo princípio da prevenção.

C) foi aceito pela doutrina e jurisprudência brasileiras com o advento da Lei nº 11.105/2005 quando foi explicitado no ordenamento jurídico.

D) objetiva regular o uso de técnicas sob as quais não há um domínio seguro de seus efeitos.

COMENTÁRIOS

Alternativa correta: "d". O princípio da precaução está previsto no Princípio 15 da Declaração do Rio, preconizando que o ente ambiental deve impor medidas para se evitar o dano ambiental, pois que muitas vezes é irreversível, ainda que não haja certeza científica sobre sua existência. O princípio se volta ao cuidado ambiental de atividades com risco desconhecido ou incerto, aplicando-se o postulado *in dubio pro natura*. Portanto, é correto afirmar, em relação ao princípio da precaução, que objetiva regular o uso de técnicas sob as quais não há um domínio seguro de seus efeitos.

Alternativas "a": Está incorreta. A alternativa define o princípio da prevenção o qual decorre implicitamente do artigo 225 da CF, preconizando que o ente ambiental deve impor medidas para se evitar o dano ambiental, pois que muitas vezes é irreversível. O princípio se volta ao cuidado ambiental de atividades com risco conhecido ou certo, em que há certeza científica.

Alternativa "b": Está incorreta, pois não há certeza científica quanto o uso de técnicas e pesquisas de organismos geneticamente modificáveis, razão pela qual o princípio de precaução é sempre invocado como diretriz para a tomada de decisões nesses casos.

Alternativa "c": Está incorreta. Conforme já afirmado, o princípio da precaução foi consagrado, primeiramente, no Princípio 15 da Declaração do Rio, já sendo desde então aceito pela doutrina e jurisprudência brasileira, que assim estabelece: "De modo a proteger o meio ambiente, o princípio da precaução deve ser amplamente observado pelos Estados, de acordo com suas capacidades. Quando houver ameaça de danos sérios ou irreversíveis, a ausência de absoluta certeza científica não deve ser utilizada como razão para postergar medidas eficazes e economicamente viáveis para prevenir a degradação ambiental". Portanto, o princípio da precaução não foi aceito pela doutrina e jurisprudência brasileiras com o advento da Lei nº 11.105/2005, que dispõe sobre normas de segurança e mecanismos de fiscalização de atividades que envolvam organismos geneticamente modificados – OGM e seus derivados, mas sim muito antes, conforme acima já explicitado.

02. (Vunesp – Juiz de Direito – TJ SP/2017) Considere a reflexão de Michel Serres em O contrato natural:

"O retorno à natureza! O que implica acrescentar ao contrato exclusivamente social a celebração de um contrato natural de simbiose e de reciprocidade em que a nossa relação com as coisas permitiria o domínio e a possessão pela escuta admirativa, a reciprocidade, a contemplação e o respeito, em que o conhecimento não suporia já a propriedade nem a ação o domínio, nem estes os seus resultados ou condições estercorárias. Um contrato de armistício na guerra objetiva um contrato de simbiose: o simbiota admite o direito do hospedeiro, enquanto o parasita – o nosso atual estatuto – condena à morte aquele que pilha e o habita sem ter consciência de que, a prazo, se condena a si mesmo ao desaparecimento. O parasita agarra tudo e não dá nada; o hospedeiro dá tudo e não agarra nada. O direito de dominação e de propriedade reduz-se ao parasitismo. Pelo contrário, o direito de simbiose define-se pela reciprocidade: aquilo que a natureza dá ao homem é o que este lhe deve dar a ela, tornada sujeito de direito."

Pode-se afirmar que, nessa reflexão, o autor propõe

A) que os fundamentos filosóficos do direito ambiental devem se fundar numa ética antropocêntrica clássica, e não numa defesa ingênua do meio ambiente, que não existe como uma esfera desvinculada das ações, ambições e necessidades humanas.

B) a predominância do humano deve implicar uma ética utilitarista sobre a natureza, uma vez que é situado ele em padrão mais elevado entre os seres do mundo, e ser ela essencial para satisfação de suas necessidades.

C) uma alteração no eixo metodológico e paradigmático do direito ambiental do antropocentrismo clássico para um biocentrismo moderado em que a natureza, pelos valores que representa em si mesma, venha receber proteção e, por seu próprio fundamento, missão jurídica e ética do Homem.

D) que os fundamentos éticos e filosóficos do direito ambiental devem ter em consideração a visão humanística – razão cartesiana centrada no sujeito (ser humano) cindido do objeto (natureza) – da qual decorre a circunstância de que a dimensão do humano deve ser a medida sob todo o mundo natural.

COMENTÁRIOS

Alternativa correta: "c". De fato atualmente ocorre, em termos de fundamentos da ciência jurídica ambiental, uma alteração no eixo metodológico e paradigmático do direito ambiental do antropocentrismo clássico para um biocentrismo moderado, em virtude da situação limite dos recursos naturais globais e o conseqüente temor iminente pelo eventual comprometimento do direito fundamental de viver, verifica-se que começa a ser delineada uma nova relação do homem com a natureza: uma relação em que se busca uma interação sustentável entre a ação humana e o meio ambiente. Uma mudança da concepção antropocêntrica para uma concepção *biocêntrica* ou *ecocêntrica* na relação homem/natureza, que tendo em vista a atual situação de significativo perigo da perpetuação da existência do ser humano na terra, passa a exigir uma postura de solidariedade de interesses entre o homem e a comunidade biótica de que ele faz parte.

Alternativas "a": Está incorreta. Os fundamentos filosóficos do direito ambiental devem se fundar atualmente numa ética biocêntrica, em que todos os seres da natureza são importantes, que supera a lógica antropocêntrica clássica, buscando uma integração do homem com seu meio. Nos termos do texto: deve ser buscado "o direito de simbiose definido pela reciprocidade: aquilo que a natureza dá ao homem é o que este lhe deve dar a ela, tornada sujeito de direito".

Alternativa "b": Está incorreta, pois ao afirmar predominância do humano que deve implicar uma ética utilitarista sobre a natureza, mais uma vez a alternativa remete ao antropocentrismo, em que o ser humano seria o centro de tudo e o meio ambiente existiria para o servir.

Alternativa "d": Está incorreta. Conforme já afirmado, segundos os fundamentos atuais do Direito Ambiental, o homem deve ser compreendido como sendo parte da natureza e, portanto, deve se comportar buscando o melhor equilíbrio possível nas suas interações com a mesma, princípio do desenvolvimento sustentável. Esta nova concepção, biocêntrica ou ecocêntrica, supera a razão cartesiana centrada no sujeito (ser humano) cindido do objeto (natureza); o ser humano deve ser compreendido de forma integrada com a natureza.

---

03. (Vunesp – Juiz de Direito – RJ/2016) Na evolução da normativa do Direito Ambiental Internacional, pode-se identificar documentos elaborados por Comissões, como ocorreu com a Comissão da ONU sobre Meio Ambiente e Desenvolvimento. Esses documentos são posteriormente discutidos para, eventualmente, serem incorporados em Declarações de Princípios das Conferências sobre Meio Ambiente. Esse processo pode ser identificado, quando da consagração do princípio do desenvolvimento sustentável, respectivamente, pelo

A) Plano de vigia Earthwatch e Cúpula de Johannesburgo.

B) Plano de vigia Earthwatch e Declaração de Estocolmo.

C) Programa da Agenda 21 e Declaração do Rio/92.

D) Relatório Brundtland e Declaração do Rio/92.

E) Relatório Brundtland e Declaração de Estocolmo.

COMENTÁRIOS

Alternativa correta: "d". Em 1987, uma Comissão Mundial sobre o Meio Ambiente (criada pelo Programa das Nações Unidas sobre o Meio Ambiente (Pnuma), presidida pela primeira-ministra da Noruega, Gro Harlem Brundtland, apresenta à ONU o Relatório Brundtland. O Relatório Brundtland traz a primeira concepção de desenvolvimento sustentável enquanto conceito político, entendido como um processo de mudança no qual a exploração dos recursos, a orientação dos investimentos, os rumos do desenvolvimento tecnológico e a mudança institucional estão de acordo com as necessidades atuais e futuras. Foi também o Relatório Brundtland que destacou a necessidade da realização de uma grande Conferência para que fossem debatidas as questões ambientais globais sob a perspectiva do desenvolvimento sustentável – que resultaria na ECO 92 (CNUMAD, que aconteceu no Rio de Janeiro, no ano de 1992), e na celebração Declaração do Rio, principal documento internacional que institui princípios ambientais e que contempla 12 (doze) princípios relacionados com o desenvolvimento sustentável.

Alternativas "a": Está incorreta. O 'Plano Vigia' (Earthwatch) antecede a consagração do princípio do desenvolvimento sustentável. Ele foi votado na Conferência de Estocolmo, em 1972, como parte de Plano de Ação para o Meio Ambiente, com objetivo de avaliação do meio ambiente mundial. Já a Cúpula de Johannesburgo é posterior à consagração institucional do princípio do desenvolvimento sustentável. Ocorreu em 2002, na cidade de Joanesburgo, na África do Sul. O objetivo principal da Conferência foi rever as metas propostas pela Agenda 21 e direcionar as realizações às áreas que requerem um esforço adicional para sua implementação, assim como refletir sobre outros acordos e tratados da Rio-92. Essa nova Conferência Mundial levaria à definição de um plano de ação global, capaz de conciliar as necessidades legítimas de desenvolvimento econômico e social da humanidade, com a obrigação de manter o planeta habitável para as gerações futuras.

Alternativa "b": Está incorreta, pois como afirmado na questão anterior, o Plano Vigia' (Earthwatch) antecede a consagração do princípio do desenvolvimento sustentável, bem como a Declaração de Estocolmo, ambos documentos internacionais decorrentes da Conferência das Nações Unidas sobre o Meio Ambiente Humano, realizada em Estocolmo, capital da Suécia, em 1972.

Alternativa "c": Está incorreta. Programa da Agenda 21 e Declaração do Rio/92, são resultados da ECO 92 (CNUMAD, que aconteceu no Rio de Janeiro, no ano de 1992), portanto, ambos, posteriores ao Relatório Brundtland traz a primeira concepção de desenvolvimento sustentável.

Alternativa "e": Está incorreta, parte do enunciado que menciona a Declaração de Estocolmo, aprovada na Conferência de Estocolmo, em 1972, pois, apesar de ser uma importante carta de princípios, com orientações visando a reconhecer o meio ambiente humano como um bem a ser protegido, ainda não tratava especificamente do princípio do desenvolvimento sustentável.

---

04. (Vunesp – Juiz de Direito – RJ/2016) No que diz respeito ao direito ambiental e à aplicação das normas constitucionais ambientais, assinale a opção correta.

A) O Conama é um dos mais atuantes e expressivos órgãos do Sistema Nacional do Meio Ambiente, na qualidade de órgão colegiado, composto por representantes federais e estaduais.

B) O reconhecimento material do direito fundamental ao ambiente justifica-se na medida em que tal direito é extensão do direito à vida, sob os aspectos da saúde e da existência digna com qualidade de vida, ostentando o status de cláusula pétrea, consoante entendimento do STF.

C) A licença de operação (LO) autoriza a operação da atividade ou empreendimento, após a verificação do efetivo cumprimento do que consta das licenças Prévia e de Instalação. A decisão será motivada sem prazo mínimo e máximo de vigência.

D) A Lei de Política Nacional instituiu o Sistema Nacional do Meio Ambiente – SISNAMA, formado por um conjunto de órgãos, dentre eles, o Órgão Central Superior, que seria a Secretaria Especial do Meio Ambiente.

E) Cabe ao IBAMA coordenar a implementação do Plano Nacional de Gerenciamento Costeiro, observando a compatibilização dos Planos Estaduais e Municipais com o PNGC e as demais normas federais, sem prejuízo da competência dos outros órgãos.

COMENTÁRIOS

Alternativa correta: "b". A afirmativa está correta, pois o direito ao ambiente e seu reconhecimento como direito fundamental, como extensão do direito à vida, em seus amplos aspectos (saúde e existência digna com qualidade de vida), sob o manto da cláusula pétrea (artigo 60, parágrafo 4º, inciso IV, da CF), é o entendimento do STF, representando significativo avanço na proteção jurídica do meio ambiente ecologicamente sustentável. Nesse sentido: "Direito ao meio ambiente ecologicamente equilibrado: a consagração constitucional de um direito típico de terceira geração" (Supremo Tribunal Federal. Recurso Extraordinário nº 134.297-8/SP. Primeira Turma, Rel. Min. Celso de Mello, DJ de 22/11/1995.

Alternativas "a": Está incorreta. O Conama é um órgão do Sistema Nacional do Meio Ambiente, órgão colegiado, composto por representantes federais e estaduais, mas também municipais, do setor empresarial e da sociedade civil, conforme disposições do Decreto n. 99.274/1990.

Alternativa "c": Está incorreta. A licença de operação (LO) autoriza a operação da atividade ou empreendimento, após a verificação do efetivo cumprimento do que consta das licenças Prévia e de Instalação, consoante artigo 8º, inciso III, da Resolução Conama 237. A decisão será motivada. No entanto, a lei prevê prazo mínimo e máximo de vigência. Diz o artigo 18, da citada Resolução que "O órgão ambiental competente estabelecerá os prazos de validade de cada tipo de licença, especificando-os no respectivo documento, levando em consideração os seguintes aspectos: (...) III – O prazo de validade da Licença de Operação (LO) deverá considerar os planos de controle ambiental e será de, no mínimo, 4 (quatro) anos e, no máximo, 10 (dez) anos. Desse modo, a alternativa está incorreta.

Alternativa "d": Está incorreta. Dispõe o artigo 6º, inciso III, da Lei n. 6938/81 que "Os órgãos e entidades da União, dos Estados, do Distrito Federal, dos Territórios e dos Municípios, bem como as fundações instituídas pelo Poder Público, responsáveis pela proteção e melhoria da qualidade ambiental, constituirão o Sistema Nacional do Meio Ambiente – SISNAMA, assim estruturado: (...) III – órgão central: a Secretaria do Meio Ambiente da Presidência da República, com a finalidade de planejar, coordenar, supervisionar e controlar, como órgão federal, a política nacional e as diretrizes governamentais fixadas para o meio ambiente.

Alternativa "e": Está incorreta. A Lei nº 7661/1988, em seu artigo 4º dispõe que "O PNGC será elaborado e, quando necessário, atualizado por um Grupo de Coordenação, dirigido pela Secretaria da Comissão Interministerial para os Recursos do Mar – SECIRM, cuja composição e forma de atuação serão definidas em decreto do Poder Executivo. O §1º, por seu turno, diz que "o Plano será submetido pelo Grupo de Coordenação à Comissão Interministerial para os Recursos do Mar – CIRM, à qual caberá aprová-lo, com audiência do Conselho Nacional do Meio Ambiente – CONAMA. Já o §2º determina que "o Plano será aplicado com a participação da União, dos Estados, dos Territórios e dos Municípios, através de órgãos e entidades integradas ao Sistema Nacional do Meio Ambiente - SISNAMA". Portanto, a alternativa está errada.

---

05. (Vunesp - Juiz de Direito - SP/2015) A Constituição Federal previu que todos têm direito ao meio ambiente ecologicamente equilibrado, estabelecendo incumbências ao poder público para assegurar a efetividade desse direito. Dentre essas incumbências arroladas no art. 225, não está a seguinte:

A) preservar e restaurar os processos ecológicos essenciais.

B) exigir para instalação de obra ou atividade potencialmente causadora de significativa degradação do meio ambiente a recuperação do meio ambiente degradado.

C) definir, em todas as unidades da Federação, espaços territoriais e seus componentes a serem especialmente protegidos.

D) fiscalizar as entidades dedicadas à pesquisa e à manipulação de material genético.

COMENTÁRIOS

Alternativa correta: "b". A Constituição Federal, em seu artigo 225,§ 1º, inciso IV, exige, na forma da lei, para instalação de obra ou atividade potencialmente causadora de significativa degradação do meio ambiente, estudo prévio de impacto ambiental, a que se dará publicidade. Portanto, para instalação de obra ou atividade potencialmente causadora de significativa degradação do meio ambiente, a CF exige o estudo prévio de impacto ambiental e não a recuperação do meio ambiente degradado.

Alternativas "a": Está incorreta**,** pois a Constituição Federal, em seu artigo 225, § 1º, inciso IV impõe ao Poder Público o dever de preservar e restaurar os processos ecológicos essenciais e prover o manejo ecológico das espécies e ecossistemas.

Alternativa "c": Está incorreta. A CF, em seu artigo 225, § 1º, inciso III, impõe ao Poder Público "definir, em todas as unidades da Federação, espaços territoriais e seus componentes a serem especialmente protegidos, sendo a alteração e a supressão permitidas somente através de lei, vedada qualquer utilização que comprometa a integridade dos atributos que justifiquem sua proteção".

Alternativa "d": Está incorreta. O artigo 225, § 1º, inciso II da CF incumbe ao Poder Público "preservar a diversidade e a integridade do patrimônio genético do País e fiscalizar as entidades dedicadas à pesquisa e manipulação de material genético".

---

06. (Vunesp - Juiz de Direito - RJ/2014) A Constituição Federal de 1988 previu a obrigatoriedade para o Poder Público de controle das substâncias que comportem risco para a vida, a qualidade de vida e o meio ambiente, de forma que, quanto aos agrotóxicos, é correto afirmar que

A) tal obrigatoriedade abarca o controle dos agrotóxicos e seus componentes, incluindo os princípios ativos, os produtos técnicos, suas matérias-

-primas, os ingredientes inertes e aditivos usados na fabricação de agrotóxicos e afins.

B) o registro dos agrotóxicos é condição para sua produção e comercialização no território nacional e deve ser realizado no órgão ambiental municipal ou, na sua falta, no órgão estadual competente.

C) uma vez protocolado, o pedido de registro será publicado no Diário Oficial da União, devendo constar da publicação os resultados dos testes efetuados, bem como a indicação da destinação final do produto.

D) a tramitação do procedimento de registro de agrotóxicos divide-se em duas fases: a avaliação técnico-científica e o deferimento ou indeferimento do pedido, sendo certo que a inobservância dos prazos confere ao solicitante o direito de obtenção do registro provisório.

COMENTÁRIOS

Alternativa correta: "a". O Art. 225, **§**1º ,V , da CF prevê que cabe ao poder público controlar a produção, a comercialização e o emprego de técnicas, métodos e substâncias que comportem risco para a vida, a qualidade de vida e o meio ambiente; Tal previsão constitucional fundamento do chamado Princípio do Limite no sentido que é função do poder público (por meio de seus órgãos competentes) estabelecer os limites das atividades que impliquem em riscos à qualidade de vida e ao meio ambiente. O princípio do limite estabelece sempre aos poderes públicos a incumbências de estabelecer os limites e possibilidades voltados para se buscas atingir um desenvolvimento efetivamente sustentável, abarca, neste sentido, o controle dos agrotóxicos e seus componentes, incluindo os princípios ativos, os produtos técnicos, suas matérias-primas, os ingredientes inertes e aditivos usados na fabricação de agrotóxicos e afins.

Alternativas "b": Está incorreta. Segundo o Decreto Federal n. 4.074/2002, no seu Art. 2º , o órgão responsável por fornecer o registro de agrotóxicos no Brasil é o Ministério da Agricultura, Pecuária e Abastecimento (Mapa), cabendo à Anvisa a Avaliação Toxicológica do produto. Portanto, no Brasil o registro de agrotóxico é feito no referido órgão federal competente.

Alternativa "c": Está incorreta. O Art. 5º, § 3º, da Lei 7802/1989 estabelece que protocolado o pedido de registro, será publicado no Diário Oficial da União um resumo do mesmo, não se falando neste momento do procedimento em publicação dos resultados dos testes efetuados, bem como a indicação da destinação final do produto

Alternativa "d": Está incorreta. Art. 3º, § 1º, da Lei 7802/1989, prevê somente a possibilidade de registro especial temporário (provisório) para agrotóxicos, seus componentes e afins, quando se destinarem à pesquisa e à experimentação. Não havendo previsão que conferira ao solicitante o direito de obtenção do registro provisório pela inobservância dos prazos pelo órgão avaliador.

---

07. (Vunesp – Juiz de Direito – SP/2014) O EIA – Estudo de Impacto Ambiental constitui-se em um dos mais importantes instrumentos de proteção ao meio ambiente. Sua existência encontra-se calcada no princípio

A) da função socioambiental da propriedade.

B) da equidade intergeracional.

C) da prevenção.

D) do desenvolvimento sustentável.

COMENTÁRIOS

Alternativa correta: "c". O Estudo de Impacto Ambiental (EIA) é uma modalidade mais complexa de estudos ambientais, previsto no artigo 225 § 1º, inciso VI, da Constituição Federal, que incumbe ao Poder Público "exigir, na forma da lei, para instalação de obra ou atividade potencialmente causadora de significativa degradação do meio ambiente, estudo prévio de impacto ambiental, a que se dará publicidade". Seu fundamento de validade reside no princípio da prevenção, o qual decorre implicitamente do artigo 225 da CF, preconizando que o ente ambiental deve impor medidas para se evitar o dano ambiental, pois que muitas vezes é irreversível. Portanto, a existência do EIA encontra-se calcada no princípio da prevenção.

Alternativas "a": Está incorreta. Segundo o princípio da função socioambiental da propriedade, "a propriedade urbana e rural deve preservar o meio ambiente, cumprindo sua função socioambiental". Decorre dos artigos 5º, XXII, XXIII, 170, II e III e 186 da CF. Não está, pois, relacionado à atividade preventiva em relação ao meio ambiente.

Alternativa "b": Está incorreta. O princípio da equidade geracional determina que "as atuais gerações devem preservar o meio ambiente para as presente e futura gerações, mediante a utilização racional dos recursos ambientais". Está previsto no artigo 225 da CF.

Alternativa "d": Está incorreta. O princípio do desenvolvimento sustentável pressupõe a ponderação entre o desenvolvimento econômico e a preservação do meio ambiente ecologicamente equilibrado.

08. (Vunesp - Juiz de Direito - SP/2014) Novamente quanto ao tema dos princípios do Direito Ambiental, o que determina que aquele que se utiliza ou usufrui de algum recurso natural deve arcar com os custos necessários para possibilitar tal uso configura o princípio

A) do usuário-pagador.

B) da função socioambiental da propriedade.

C) do poluidor-pagador.

D) do desenvolvimento sustentável.

COMENTÁRIOS

Alternativa correta: "a". O princípio de usuário-pagador pressupõe que as pessoas que utilizam os recursos naturais devem pagar pela sua utilização, ainda que não haja poluição. Não se confunde com o princípio do poluidor-pagador, que pressupõe poluição e apresenta caráter reparatório. A propósito, é um dos instrumentos da Política Nacional do Meio Ambiente, nos termos do artigo 4º, VII, "a imposição, ao poluidor e ao predador, da obrigação de recuperar e/ou indenizar os danos causados e, ao usuário, da contribuição pela utilização de recursos ambientais com fins econômicos".

Alternativas "b": Está incorreta, pois de acordo com o princípio da função socioambiental da propriedade, "a propriedade urbana e rural deve preservar o meio ambiente, cumprindo sua função socioambiental". Decorre dos artigos 5º, XXII, XXIII, 170, II e III e 186 da CF.

Alternativa "c": Está incorreta. O princípio de poluidor-pagador prevê a responsabilidade do poluidor pelos custos ambientais advindos de sua atividade econômica ambientalmente impactante. Agrega-se esse valor no custo produtivo da atividade. Este princípio determina a incidência do regime jurídico da responsabilidade civil objetiva por danos ambientais, conforme previsão do artigo 14, § 1º, da Lei nº 6.938/1981, que assim dispõe: "Sem obstar a aplicação das penalidades previstas neste artigo, é o poluidor obrigado, independentemente da existência de culpa, a indenizar ou reparar os danos causados ao meio ambiente e a terceiros, afetados por sua atividade".

Alternativa "d": Está incorreta. O princípio do desenvolvimento sustentável pressupõe a ponderação entre o desenvolvimento econômico e a preservação do meio ambiente ecologicamente equilibrado. A alternativa está incorreta, pois traz uma hipótese específica de proteção ao meio ambiente.

09. (Vunesp - Juiz de Direito - RJ/2014) São instrumentos da política urbana:

A) o plano nacional de ordenação do território e de desenvolvimento econômico e social e, no âmbito do planejamento municipal, em especial o plano diretor e o zoneamento ambiental, excluindo-se os planos, programas e projetos setoriais.

B) o parcelamento, a edificação ou a utilização compulsórios do solo não edificado, subutilizado ou não utilizado, a depender de decreto municipal para área incluída no plano diretor.

C) o imposto sobre a propriedade predial e territorial urbana - IPTU e a contribuição de melhoria, configurados como institutos tributários e financeiros.

D) o plano nacional de ordenação do território e de desenvolvimento econômico e social e, no âmbito municipal, em especial o plano diretor, excluindo-se a concessão de direito real de uso de imóveis públicos que não poderá ser contratada coletivamente.

COMENTÁRIOS

Alternativa correta: "c". O artigo 4, inciso IV, do Estatuto da Cidade (Lei n, 10.257/2000), estabelece, dentre outros, como instrumentos da política urbana, os institutos tributários e financeiros, no caso, o imposto sobre a propriedade predial e territorial urbana - IPTU (letra *a*) e a contribuição de melhoria (letra *b*). Portanto, a alternativa está correta.

Alternativas "a": Está incorreta. O art. 4º, inciso I, do Estatuto da Cidade define como instrumentos da política urbana, dentre outros, "os planos nacionais, regionais e estaduais de ordenação do território e de desenvolvimento econômico e social". Já no âmbito do planejamento municipal (inciso III) define, em especial o plano diretor (letra *a*), o zoneamento ambiental (letra *c*) e os planos, programas e projetos setoriais (letra *g*), não havendo pois exclusão destes últimos instrumentos. Portanto, a alternativa está errada.

Alternativa "b": Está incorreta. O parcelamento, a edificação ou a utilização compulsórios do solo não edificado, subutilizado ou não utilizado são instrumentos da política urbana, conforme previsão do artigo 4º, V, letra *i*, do Estatuto da Cidade. No entanto, será lei municipal específica e não decreto municipal, para a área incluída no plano diretor, que disporá sobre o tema. Nesse sentido diz o artigo 5º da citada lei: "Lei municipal específica para área incluída no plano diretor poderá determinar o parcelamento, a edificação ou a utilização compulsórios do solo urbano não edificado, subutilizado ou não utilizado, devendo fixar as condições e os prazos para implementação da referida obrigação. Desse modo, a alternativa está incorreta.

Alternativa "d": Está incorreta. O art. 4º, inciso I, do Estatuto da Cidade define como instrumentos da política urbana, dentre outros, "os planos nacionais, regionais e estaduais de ordenação do território e de desenvolvimento econômico e social". Já no âmbito do planejamento municipal (inciso III) define, em especial o plano diretor (letra *a*), a concessão de uso especial para fins de moradia (letra *h*), no caso, de imóveis públicos, pois não é permitido usucapião de imóveis públicos, podendo sim, assim como no usucapião coletivo, a referida concessão ser contratada coletivamente. Portanto, a alternativa está errada.

---

10. (Vunesp - Juiz de Direito - TJ - SP/2013) O direito ao meio ambiente, como direito de terceira geração ou terceira dimensão, apresenta uma estrutura bifronte, cujo significado consiste em contemplar

A) direito de defesa e direito prestacional.

B) direito de defesa e recuperação da qualidade ambiental degradada.

C) direito material e direito procedimental.

D) direito à obtenção e à manutenção de um status previamente definido no texto constitucional.

COMENTÁRIOS

Alternativa correta: "a". O caráter bifronte do direito ao meio ambiente, como direito de terceira geração ou dimensão, refere-se a um não fazer, consistente em abstenções e proibições às pessoas físicas e jurídicas, como por exemplo, uma série de restrições impostas pela Lei do Sistema Nacional de Unidades de Conservação no que refere às unidades de conservação. Mas também há um aspecto de fazer, de condutas comissivas, como por exemplo, proteger a flora e a fauna. Frisa-se que o artigo 225 da CF destina o caráter bifronte não apenas ao Poder Público mas a toda coletividade. Portanto, o caráter bifronte do direito ao meio ambiente refere-se a um direito de defesa (não fazer) e a um direito prestacional (fazer) .

Alternativas "b": Está incorreta, pois abrange o direito de defesa, mas também condutas comissivas em geral, e não apenas a recuperação da qualidade ambiental degradada.

Alternativa "c": Está incorreta. O caráter bifronte refere-se ao fazer e não fazer de condutas relativas ao meio ambiente. O direito material e o direito procedimental referem-se a normas processuais.

Alternativa "d": Está incorreta. O caráter bifronte diz respeito a um *facere*, que pode ser o direito à obtenção e à manutenção de um status previamente definido no texto constitucional, mas também a um *non facere*, a uma conduta de abstenção de práticas nocivas ao meio ambiente. Desse modo, a alternativa está incorreta.

2. POLÍTICA NACIONAL DO MEIO AMBIENTE E SISTEMA NACIONAL DO MEIO AMBIENTE – PNMA – LEI Nº 6.938/1981

---

11. (Vunesp – Juiz de Direito – SP/2014) Não é objetivo da Política Nacional do Meio Ambiente (PNMA):

A) desenvolvimento de pesquisas e de tecnologias nacionais orientadas para o uso racional dos recursos ambientais.

B) promoção da proteção do patrimônio cultural local, observada a ação fiscalizadora municipal e estadual.

C) a compatibilização do desenvolvimento econômico- -social com a preservação da qualidade do meio ambiente e do equilíbrio ecológico.

D) definição das áreas prioritárias de ação governamental relativa à qualidade e ao equilíbrio ecológico, atendendo aos interesses da União, dos Estados, do Distrito Federal, dos Territórios e dos Municípios.

COMENTÁRIOS

Alternativa correta: "b". A Lei. 6938/81, que dispõe sobre a Política Nacional do Meio Ambiente, disciplina sobre o meio ambiente natural. O meio ambiente cultural está previsto na Constituição Federal, artigo 30, IX, como sendo competência municipal "promover a proteção do patrimônio histórico – cultural local, observada a legislação e a ação fiscalizadora federal e estadual". Nesse contexto, a promoção da proteção do patrimônio cultural local não está dentre os objetivos do artigo 4º, da Lei. 6938/81, estando, pois, a alternativa correta.

Alternativas "a": Está incorreta, pois o desenvolvimento de pesquisas e de tecnologias nacionais orientadas para o uso racional dos recursos ambientais é um dos objetivos da PNMA, nos termos do artigo 4º, inciso IV, da Lei. 6938/81.

Alternativa "c": Está incorreta. A compatibilização do desenvolvimento econômico – social com a preservação da qualidade do meio ambiente e do equilíbrio ecológico está no inciso I do artigo acima citado, como o primeiro objetivo da PNMA.

Alternativa "d": Está incorreta, pois a assertiva reproduz o inciso II, do artigo citado segundo o qual se configura um dos objetivos da PNMA a "definição das áreas prioritárias de ação governamental relativa à qualidade e ao equilíbrio ecológico, atendendo aos interesses da União, dos Estados, do Distrito Federal, dos Territórios e dos Municípios".

---

12. (Vunesp - Juiz de Direito - SP/2015) Sobre a servidão ambiental instituída pela Lei nº 6.938/81 e alterada pelas Leis nº 7.804/89, nº 11.284/06 e nº 12.651/12, é correto afirmar que

A) a servidão florestal não se confunde com a servidão ambiental, devendo esta prevalecer sobre aquela quando houver sobreposição.

B) a servidão ambiental não pode ser instituída como modo de compensação de Reserva Legal.

C) a servidão ambiental pode ser alienada, cedida ou transferida totalmente durante sua vigência.

D) a servidão deverá ser sempre gratuita e pode ser instituída por instrumento público ou particular.

COMENTÁRIOS

Alternativa correta: "c". Nos termos do art. 9º- b, § 3º, da Lei n. 6.938/81, incluído pela Lei n. 12.651/2012, "o detentor da servidão ambiental poderá aliená-la, cedê-la ou transferi-la, total ou parcialmente, por prazo determinado ou em caráter definitivo, em favor de outro proprietário ou de entidade pública ou privada que tenha a conservação ambiental como fim social. Portanto, a servidão ambiental pode ser alienada, cedida ou transferida totalmente durante sua vigência, estando, pois, correta a alternativa.

Alternativas "a": Está incorreta, pois no termos do art. 9º-A. § 7º, da Lei n. 6.938/81, incluído pela Lei n. 12.651/2012 "as áreas que tenham sido instituídas na forma de servidão florestal, nos termos do art. 44-A da Lei no 4.771, de 15 de setembro de 1965, passam a ser consideradas, pelo efeito desta lei, como de servidão ambiental. Portanto, está incorreta a afirmativa de que a servidão florestal não se confunde com a servidão ambiental, devendo esta prevalecer sobre aquela quando houver sobreposição.

Alternativa "b": Está incorreta. De acordo com o art. 9º-A, § 5º da lei acima citada, "na hipótese de compensação de Reserva Legal, a servidão ambiental deve ser averbada na matrícula de todos os imóveis envolvidos. Portanto, a servidão ambiental pode ser instituída como modo de compensação de reserva legal.

Alternativa "d": Está incorreta. Conforme art. 9º-B da Lei n. 6.938/81, incluído pela Lei n. 12.651/2012, "a servidão ambiental poderá ser onerosa ou gratuita, temporária ou perpétua". Assim, a servidão ambiental não será sempre gratuita.

3. PODER DE POLÍCIA, LICENCIAMENTO E ESTUDOS AMBIENTAIS (EIA)

---

13. (Vunesp – Juiz de Direito – TJ SP/2017) O licenciamento ambiental legalmente deferido ao empreendedor

A) o desonera da responsabilidade administrativa.

B) o desonera de responsabilidade por eventuais danos ambientais, ante a licitude da sua atividade.

C) não desonera, mas mitiga a sua responsabilidade civil pelos danos ambientais, uma vez que sua atividade foi autorizada pela Administração Pública.

D) o desonera da responsabilidade civil, uma vez que sua atividade foi expressamente autorizada pela Administração Pública, sendo, portanto, lícita.

COMENTÁRIOS

Alternativa correta: "a". A responsabilidade ambiental pode ser civil, penal e administrativa. Segundo Paulo Affonso Leme Machado, a licença ambiental não libera o empreendedor licenciado de seu dever de reparar o dano ambiental. Essa licença, se integralmente regular, retira o caráter de ilicitude administrativa do ato, mas não afasta a responsabilidade civil de reparar". Portanto, é possível concluir que o licenciamento ambiental legalmente deferido ao empreendedor o desonera da responsabilidade administrativa. Frisa-se que essa questão foi objeto de muitos debates.

Alternativas "b": Está incorreta, pois conforme acima dito, a licença, se integralmente regular, retira o caráter de ilicitude administrativa do ato, mas não afasta a responsabilidade civil de reparar.

Alternativa "c": Está incorreta. A autorização da Administração Pública não tem o condão de mitigar a responsabilidade do empreendedor no âmbito civil.

Alternativa "d": Está incorreta, pois a autorização da Administração Pública não tem o condão de desonerar a responsabilidade do empreendedor no âmbito civil.

---

14. (Vunesp – Juiz de Direito – SP/2015) Nos termos da Resolução CONAMA 001, de 1986, o relatório de impacto ambiental – RIMA deve refletir as conclusões do estudo de impacto ambiental e terá um conteúdo mínimo. A alternativa que não reflete a exigência de conteúdo mínimo obrigatório de um RIMA é:

A) os objetivos e as justificativas do projeto, sua relação e compatibilidade com as políticas setoriais, planos e programas governamentais.

B) a síntese dos resultados dos estudos de diagnósticos ambiental da área de influência do projeto e a descrição dos prováveis impactos ambientais da implantação e operação da atividade.

C) a recomendação quanto à alternativa mais favorável para o empreendimento.

D) a descrição do efeito esperado das medidas mitigadoras previstas em relação aos impactos negativos, mencionando aqueles que não puderem ser evitados e a estimativa de custos para implementação das medidas mitigadoras exigidas.

COMENTÁRIOS

Alternativa correta: "d". A preocupação do legislador é a proteção do meio ambiente e não os custos para implementação das medidas mitigadores exigidas. É esse o espírito da lei, em consonância com a Constituição Federal, artigo 225. Nesse contexto, o artigo 9º da Resolução Conama n. 001/1986, dispõe que "o relatório de impacto ambiental – RIMA refletirá as conclusões do estudo de impacto ambiental e conterá, no mínimo: (...) VI – a descrição do efeito esperado das medidas mitigadoras previstas em relação aos impactos negativos, mencionando aqueles que não puderam ser evitados, e o grau de alteração esperado. Portanto, a estimativa de custos para implementação das medidas mitigadoras exigidas não está dentre as exigências de conteúdo mínimo obrigatório de um RIMA.

Alternativas "a": Está incorreta, poisos objetivos e as justificativas do projeto, sua relação e compatibilidade com as políticas setoriais, planos e programas governamentais constam no inciso I do artigo 9º da Resolução Conama n. 001/1986, como exigência de conteúdo mínimo obrigatório de um RIMA.

Alternativa "b": Está incorreta. A exigência da síntese dos resultados dos estudos de diagnósticos ambiental da área de influência do projeto e a descrição dos prováveis impactos ambientais da implantação e operação da atividade está prevista no inciso III do citado da Resolução Conama.

Alternativa "c": Está incorreta. A recomendação quanto à alternativa mais favorável para o empreendimento está entre as exigências de conteúdo mínimo obrigatório de um RIMA, nos termos do artigo 9º, inciso VIII, da Resolução Conama n. 001/1986.

4. ESPAÇOS TERRITORIAIS ESPECIALMENTE PROTEGIDOS PELO PODER PÚBLICO

15. (Vunesp – Juiz de Direito – SP/2015) Em relação às Áreas de Preservação Permanente, é incorreta a seguinte afirmação:

A) é dispensada a autorização do órgão ambiental competente para a execução em Área de Preservação Permanente nas hipóteses de realização, em caráter de urgência, de atividades de segurança nacional e obras de interesse da defesa civil destinadas à prevenção e mitigação de acidentes em áreas urbanas.

B) é permitido ao poder público se utilizar do direito de preempção para aquisição de remanescentes florestais relevantes.

C) todo imóvel rural situado no território nacional deve manter área com cobertura de vegetação nativa, a título de Reserva Legal, no correspondente a 20% da área total do imóvel.

D) é lícita a supressão de vegetação nativa em Área de Preservação Permanente para implantação de instalações necessárias à captação e condução de água e efluentes tratados, desde que comprovada a outorga do direito de uso da água.

COMENTÁRIOS

Alternativa correta: "c". O Código Florestal prevê várias porcentagens de reserva legal conforme a localização do imóvel rural e não apenas 20%. É o que dispõe o artigo 12 da citada lei: "Todo imóvel rural deve manter área com cobertura de vegetação nativa, a título de Reserva Legal, sem prejuízo da aplicação das normas sobre as Áreas de Preservação Permanente, observados os seguintes percentuais mínimos em relação à área do imóvel, excetuados os casos previstos no art. 68 desta Lei: I – localizado na Amazônia Legal: a) 80% (oitenta por cento), no imóvel situado em área de florestas; b) 35% (trinta e cinco por cento), no imóvel situado em área de cerrado; c) 20% (vinte por cento), no imóvel situado em área de campos gerais; II – localizado nas demais regiões do País: 20% (vinte por cento)".

Alternativas "a": Está incorreta. Diz o art. 8º, do Código Florestal: "A intervenção ou a supressão de vegetação nativa em Área de Preservação Permanente somente ocorrerá nas hipóteses de utilidade pública, de interesse social ou de baixo impacto ambiental previstas nesta Lei. (...) § 3o. É dispensada a autorização do órgão ambiental competente para a execução, em caráter de urgência, de atividades de segurança nacional e obras de interesse da defesa civil destinadas à prevenção e mitigação de acidentes em áreas urbanas". Assim, é dispensada a autorização do órgão ambiental competente para a execução em Área de Preservação Permanente nas hipóteses de realização, em caráter de urgência, de atividades de segurança nacional e obras de interesse da defesa civil destinadas à prevençao e mitigação de acidentes em áreas urbanas.

Alternativa "b": Está incorreta, pois é permitido ao poder público se utilizar do direito de preempção para aquisição de remanescentes florestais relevantes. Nesse sentido, artigo 25, do Código Florestal: "O poder público municipal contará, para o estabelecimento de áreas verdes urbanas, com os seguintes instrumentos: I – o exercício do direito de preempção para aquisição de remanescentes florestais relevantes, conforme dispõe a Lei no 10.257, de 10 de julho de 2001."

Alternativa "d": Está incorreta. Dispõe o art. 3º do Código Florestal: "Para os efeitos desta Lei, entende-se por: X – atividades eventuais ou de baixo impacto ambiental: b) implantação de instalações necessárias à captação e condução de água e efluentes tratados, desde que comprovada a outorga do direito de uso da água, quando couber". O art. 8º, por seu turno, diz que "a intervenção ou a supressão de vegetação nativa em Área de Preservação Permanente somente ocorrerá nas hipóteses de utilidade pública, de interesse social ou de baixo impacto ambiental previstas nesta Lei". Desse modo, é possível concluir que é lícita a supressão de vegetação nativa em Área de Preservação Permanente para implantação de instalações necessárias à captação e condução de água e efluentes tratados, desde que comprovada a outorga do direito de uso da água.

---

16. (Vunesp – Juiz de Direito – RJ/2014) Às Unidades de Conservação, configuradas como espaços territoriais e seus recursos ambientais protegidos, com objetivos de conservação e limites definidos, aplica-se regime especial de administração, respeitadas, entre outras, diretrizes que

A) busquem proteger grandes áreas por meio de um conjunto integrado de unidades de conservação de diferentes categorias, próximas ou contínuas, e suas respectivas zonas de amortecimento e corredores ecológicos, integrando as diferentes atividades de preservação da natureza, uso sustentável de recursos naturais, restauração e recuperação do ecossistema.

B) garantam a adequada alocação de recursos financeiros necessários de forma que, uma vez criadas, e respeitadas as conveniências da administração, as unidades de conservação sejam geridas com recursos próprios, bem como com o resultado do uso sustentável dos recursos naturais e demais componentes da unidade de conservação protegida.

C) gerem incentivo às populações tradicionais e às organizações sociais a estabelecerem e administrarem unidades de conservação dentro do sistema nacional, bem como garantia de participação efetiva das populações locais, ao menos na criação das unidades de conservação.

D) busquem a representação de amostras significativas e ecologicamente viáveis das diferentes populações urbanas, hábitats e ecossistemas do território nacional e das águas jurisdicionais, de forma a salvaguardar o patrimônio biológico existente.

COMENTÁRIOS

Alternativa correta: "a". A assertiva repete o previsto no artigo 5º, inciso XIII, da Lei n. 9985/2000, que dispõe sobre o Sistema Nacional de Unidades de Conservação da Natureza e dá outras providências. Dispõe o artigo 5º que o SNUC será regido por diretrizes que: (...) XIII – busquem proteger grandes áreas por meio de um conjunto integrado de unidades de conservação de diferentes categorias, próximas ou contíguas, e suas respectivas zonas de amortecimento e corredores ecológicos, integrando as diferentes atividades de preservação da natureza, uso sustentável dos recursos naturais e restauração e recuperação dos ecossistemas. Portanto, a assertiva está correta.

Alternativas "b": Está incorreta, pois nos termos do artigo 5º, XI, da Lei do SNUC, as diretrizes devem garantir uma alocação adequada dos recursos financeiros necessários para que, uma vez criadas, as unidades de conservação possam ser geridas de forma eficaz e atender aos seus objetivos. Não há previsão, quanto aos recurso financeiros, que haja conveniência da Administração, tampouco gestão com recursos próprios ou do resultado do uso sustentável dos recursos naturais. Portanto, a alternativa está incorreta.

Alternativa "c": Está incorreta, pois o inciso V, do citado artigo 5º, fala em incentivo as populações locais e as organizações privadas a estabelecerem e administrarem unidades de conservação dentro do sistema nacional, não mencionando as organizações sociais. Ademais, o inciso III assegura a participação efetiva das populações locais na criação, implantação e gestão das unidades de conservação e não apenas na criação destas. Desse modo, a alternativa não está correta.

Alternativa "d": Está incorreta. O inciso I do citado artigo 5º ressalta a diretriz do SNUC que assegure que, no conjunto das unidades de conservação, estejam representadas amostras significativas e ecologicamente viáveis das diferentes populações, habitats e ecossistemas do território nacional e das águas jurisdicionais, salvaguardando o patrimônio biológico existente. Não há, portanto, limitação quanto à população apenas urbana, mas a todas as populações, estando, pois errada a alternativa.

---

17. (Vunesp – Juiz de Direito – TJ – SP/2013) A supressão de vegetação nativa para uso alternativo do solo depende de

A) autorização do órgão municipal e cadastramento do imóvel no CAR.

B) autorização do órgão federal e cadastramento do imóvel no CAR.

C) autorização do órgão estadual e cadastramento do imóvel no CAR.

D) domínio exclusivamente privado, autorização do órgão federal e cadastramento do imóvel no CAR.

COMENTÁRIOS

Alternativa correta: "c". A hipótese está expressamente prevista no artigo 26 da Lei n. 12.651/2012 que dispõe que "a supressão de vegetação nativa para uso alternativo do solo, tanto de domínio público como de domínio privado, dependerá do cadastramento do imóvel no CAR, de que trata o art. 29, e de prévia autorização do órgão estadual competente do Sisnama". Portanto, é esta a alternativa correta.

Alternativas "a": Está incorreta, pois a autorização é do órgão estadual e não municipal, consoante explicado no item anterior.

Alternativa "b": Está incorreta, pois a autorização não é federal, mas estadual.

Alternativa "d": Está incorreta. Não há previsão de que o domínio seja exclusivamente privado e a autorização deve ser do órgão estadual e não federal.

5. RESPONSABILIDADE CIVIL, ADMINISTRATIVA E PENAL POR DANOS AMBIENTAIS/TUTELA PROCESSUAL DO MEIO AMBIENTE

18. (Vunesp – Juiz de Direito – TJ SP/2017) Assinale a alternativa correta.

A) A omissão ou atuação insuficiente em matéria ambiental implicará a sujeição do Estado-Administração ao Estado-Legislador no exercício da função de controle político, afastado o controle jurisdicional em razão da sua falta de legitimidade democrática.

B) Na hipótese de omissão ou atuação insuficiente do Estado em relação à matéria ambiental e ante a impossibilidade de atuação de controle jurisdicional, em razão do dogma da separação dos poderes, a questão deverá ser solucionada no âmbito dos órgãos de controle interno da Administração Pública ou de pessoas jurídicas por ela criadas e que, inclusive, possam deter competência sancionatória.

C) Ocorrendo a omissão do Estado ou sua atuação deficiente no tocante às competências e deveres de proteção ambiental, o controle de sua inércia se dará pelos mecanismos políticos centrados na soberania popular.

D) A hipótese de omissão ou atuação insuficiente do Estado em matéria ambiental possibilitará o controle jurisdicional, inclusive no tocante às políticas públicas e condenação em prestações positivas.

COMENTÁRIOS

Alternativa correta: "d". A hipótese de omissão ou atuação insuficiente do Estado em matéria ambiental possibilita o controle jurisdicional, inclusive no tocante às políticas públicas e condenação em prestações positivas. Atualmente o fenômeno danoso pode originar tanto de ato ilícito como de ato lícito, neste último caso, quando há dano decorrente do exercício abusivo de um direito ou mesmo de omissão de um dever legal, como são os casos de omissões dos deveres dos Estados quanto a políticas públicas ambientais, o que pode acarretar em intervenções determinadas pelo Poder Judiciário no sentido de prestações positivas voltadas para a satisfação de interesses ambientais de natureza difusa.

Alternativas "a": Está incorreta, pois consoante explicado no item anterior a omissão ou atuação insuficiente em matéria ambiental poderá ser implicar na possibilidade de sujeição do Estado-Administração ao controle jurisdicional.

Alternativa "b": Está incorreta, pois como já enfatizado as hipóteses de omissão ou atuação insuficiente do Estado-Administração podem sim leva-lo ao controle jurisdicional.

Alternativa "d": Está incorreta. Poderá haver controle por meio de mecanismos políticos centrados na soberania popular, mas sempre as omissões do Estado ou sua atuação deficiente no tocante às competências e deveres de proteção ambiental estarão sujeitas ao controle judicial.

19. (Vunesp – Juiz de Direito – TJ SP/2017) Considerando-se que o artigo 942 do Código Civil estabelece a possibilidade de responsabilidade civil solidária e, ainda, o disposto no artigo 3º, inciso IV, da Lei nº 6.938/81, tem-se que no âmbito do direito ambiental:

A) haverá solidariedade entre os causadores do dano sem necessidade da mensuração da ação ou omissão de cada um, no nexo de causalidade, sendo exigível, todavia, a unidade do elemento subjetivo.

B) haverá a regra de solidariedade, mas a indenização poderá ser mitigada ante a prova da ação de outros sujeitos ativos que sejam danosas ao meio ambiente, para além daquela provocada pelos agentes poluidores responsabilizados.

C) havendo mais de um causador de um dano ambiental, todos respondem solidariamente, na medida de sua contribuição para o nexo causal plúrimo.

D) havendo mais de um causador do dano, todos respondem solidariamente, não sendo relevante a discussão sobre a mensuração subjetiva de cada um no nexo de causalidade plúrimo.

COMENTÁRIOS

Alternativa correta: "d". Enunciado reflete o regime de Solidariedade Passiva entre os Responsáveis pela ocorrência de dano ambiental. Na responsabilidade solidária, todos aqueles que direta ou indiretamente possam ter contribuído para a ocorrência do dano ambiental, podem ser chamados para sua reparação, não sendo relevante a discussão sobre a mensuração subjetiva de cada um no nexo de causalidade. Eventualmente esta discussão pode ocorrer em exercício de direito de regresso. Segundo a jurisprudência do STJ, nesse campo a "responsabilidade (objetiva) é solidária", logo, mesmo havendo "múltiplos agentes poluidores, não existe obrigatoriedade na formação do litisconsórcio", abrindo-se ao autor a possibilidade de "demandar de qualquer um deles, isoladamente ou em conjunto, **pelo todo**" (REsp 880.160/RJ, Rel. Ministro Mauro Campbell Marques, Segunda Turma, DJe 27.5.2010). No mesmo sentido: EDcl no REsp 843.978/SP, Rel. Ministro Heman Benjamin, Segunda Turma, REsp 1.358.112/SC, Rel. Ministro Humberto Martins, Segunda Turma, DJe 28.6.2013.

Alternativas "a": Está incorreta, dentro do regime de responsabilidade civil em matéria ambiental não se exige a unidade do elemento subjetivo.

Alternativa "b": Está incorreta, pois consoante explicado no item anterior, dentro do regime de responsabilidade civil em matéria ambiental não é relevante a discussão sobre a mensuração subjetiva de cada um no nexo causal plúrimo.

Alternativa "c": Está incorreta. Todos respondem solidaria e igualmente na reparação do dano ambiental, A medida da contribuição não é relevante para a reparação do dano ambiental, mas o será para eventual exercício de direito de regresso.

---

20. (Vunesp - Juiz de Direito - RJ/2016) Um Município, no interior de Minas Gerais, pretende, em sede recursal, a inclusão do referido Estado no polo passivo da Ação Civil Pública, que visa a reparação e prevenção de danos ambientais causados por deslizamentos de terras em encostas habitadas. Segundo regra geral quanto ao dano ambiental e urbanístico, e segundo posição do STJ, o litisconsórcio, nesses casos é

A) facultativo, quando envolve ato do particular e necessário quando envolve ato da Administração Pública.

B) facultativo, pois os responsáveis pela degradação ambiental não são coobrigados solidários.

C) necessário, quando o ato envolve particular e poder público.

D) obrigatório, no caso de causas concorrentes.

E) facultativo, mesmo havendo múltiplos agentes poluidores.

COMENTÁRIOS

Alternativa correta: "e". Segundo posição do STJ, o litisconsórcio, nesses casos é facultativo: "Em ações judiciais que visam ao ressarcimento de danos ambientais ou urbanísticos a regra é a fixação do litisconsórcio passivo facultativo, abrindo-se ao autor a possibilidade de demandar de qualquer um deles, isoladamente ou em conjunto, pelo todo." (AgRg no AREsp 548.908/DF, Rel. Ministro Herman Benjamin, SEGUNDA TURMA, DJe 30/06/2015).

Alternativas "a":Está incorreta,pois consoante explicado no item anterior, segundo posição atual do STJ, o litisconsórcio passivos, nesses casos será sempre facultativo, seja envolvendo ato do particular, seja da Administração Pública.

Alternativa "b": Está incorreta, pois os responsáveis pela degradação ambiental são sim coobrigados solidários na sua reparação.

Alternativa "c": Está incorreta. Conforme os fundamentos dos comentários anteriores, será facultativo, independente da natureza das partes envolvidas.

Alternativa "d": Está incorreta. Como já comentado, para o STJ a fixação do litisconsórcio passivo é facultativa.

---

21. (Vunesp - Juiz de Direito - RJ/2016) A responsabilidade civil do Estado, por dano ambiental, em caso de omissão de cumprimento adequado do seu dever de fiscalizar, será

A) solidária, se a omissão for determinante para concretização ou agravamento do dano, porém de execução subsidiária.

B) solidária, independentemente da omissão ser determinante para concretização ou agravamento do dano, pois a responsabilidade é subjetiva.

C) subsidiária, se a omissão for determinante para concretização ou agravamento do dano, pois a responsabilidade é subjetiva.

D) solidária, ainda que a omissão não seja determinante para concretização ou agravamento do dano.

E) subsidiária, independentemente da omissão ser determinante para concretização ou agravamento do dano.

COMENTÁRIOS

Alternativa correta: "a". O Superior Tribunal de Justiça assentou sua jurisprudência ao longo dos últimos anos, reconhecendo a legitimidade passiva da pessoa jurídica de direito público para figurar em ação que pretende a responsabilização por danos causados ao meio ambiente em decorrência de sua conduta omissiva quanto ao dever de fiscalizar, quando a omissão de cumprimento adequado do seu dever de fiscalizar for determinante para a concretização ou o agravamento do dano causado pelo seu causador direto. (AGRESP 200702476534, Relator Ministro Teori Albino Zavascki, STJ – 1ª Turma, DJE: 04/10/2011).Este posicionamento favorável à **responsabilização soli-**

dária pode ser também observado pela leitura dos acórdãos proferidos no Recurso Especial nº 28222/SP, no Recurso Especial nº 771.619/RR, no Recurso Especial nº 1079713/SC, no Agravo Regimental nº 973.577/SP, no Recurso Especial nº 604.725/PR, e pelo Informativo 388 do STJ, de origem da Segunda Turma. Além disso, o STJ também já firmou entendimento de que para esses casos de omissão de dever de controle e fiscalização, a responsabilidade ambiental solidária da Administração **e de execução subsidiária**, o que significa que o Estado integra o título executivo sob a condição de só ser convocado a arcar com a reparação ambiental se o degradador original não o fizer. (RESP 200801460435, Relator Ministro Herman Benjamin, STJ – 2ª Turma, DJE: 16/12/2010).

Alternativas "b": Está incorreta,pois a responsabilidade civil ambiental terá sempre natureza objetiva.

Alternativa "c": Está incorreta, pois conforme detalhado no primeiro comentário a responsabilidade será solidária e de natureza objetiva.

.**Alternativa "d": Está incorreta.** Conforme já comentado, a omissão deve ser determinante para concretização ou agravamento do dano.

Alternativa "e": Está incorreta. É solidária e tem como condição que a omissão seja determinante para concretização ou agravamento do dano,

---

22. (Vunesp – Juiz de Direito – RJ/2016) As queimadas frequentemente são utilizadas, sem autorização, para desmatamento de mata nativa, e representam a negação da modernidade da agricultura e pecuária brasileiras, confrontando-se com os fundamentos mais elementares do Direito Ambiental. Quem queima, ao fazê-lo, afeta, degrada ou destrói o meio ambiente, o que lhe impõe alguns deveres. Quanto à possibilidade de cumulação no pedido de obrigação de fazer, de não fazer (reparar a área afetada) e de pagar quantia certa (indenização), a jurisprudência do STJ tem se firmado no sentido de permitir

A) a cumulação de obrigações de fazer, de não fazer e de indenizar, na busca da proteção mitigada.

B) a cumulação de obrigações de fazer, de não fazer e de indenizar, que têm natureza conglobante, na busca da proteção integral do meio ambiente.

C) a cumulação de obrigações de fazer, de não fazer e de indenizar, que têm natureza de obrigação de eficácia real.

D) a cumulação de obrigações de fazer, de não fazer e indenizar, que têm natureza conglobante.

E) a cumulação de obrigações de fazer, de não fazer e de indenizar, que têm natureza propter rem, na busca da proteção integral do meio ambiente.

COMENTÁRIOS

Alternativa correta: "e". A jurisprudência do STJ já está firmada no sentido de que a necessidade de reparação integral da lesão causada ao meio ambiente permite a cumulação de obrigações de fazer, de não fazer e de indenizar, que têm natureza propter rem. Neste sentido, REsp 1.248.214/MG, Rel. Ministro Herman Benjamin, Segunda Turma, DJe 13.04.2012.

Alternativas "a":Está incorreta,pois se busca a proteção integral do meio ambiente.

Alternativa "b": Está incorreta, pois as obrigações ambientais têm natureza propter rem, como aquela que recai sobre o imóvel e que obriga, em qualquer circunstância, ao proprietário e a todos que o sucedem em tal condição às obrigações relacionadas a ele, no caso a reparação ambiental decorrente das queimadas em matas nativas. O Art. 2º, da **Lei n. 12.651/2012,** confirma isto aos estabelecer que as obrigações previstas nesta Lei (Código Florestal com suas respectivas obrigações florestais atreladas ao direito de propriedade) têm natureza real e são transmitidas ao sucessor, de qualquer natureza, no caso de transferência de domínio ou posse do imóvel rural.

Alternativa "c": Está incorreta. Conforme já comentado no item anterior, as obrigações têm natureza propter rem.

Alternativa "d": Está incorreta. Obrigações são de natureza propter rem.

---

23. (Vunesp – Juiz de Direito – SP/2014) Anos após adquirir a propriedade de um pequeno sítio, localizado em área de preservação ambiental, "A" é notificado pela fiscalização da autoridade ambiental competente, no sentido de que tal área apresentaria sinais de degradação. Ao adquirir o imóvel, "A" estava ciente da referida restrição, bem como da mencionada degradação, que era preexistente.

A partir dessa premissa, assinale a opção correta:

A) Tanto "A" quanto seu antecessor são responsáveis, em litisconsórcio passivo necessário.

B) "A" é responsável, ainda que não tenha sido quem causou a degradação da área, na medida em que a responsabilidade, in casu, deriva de obrigação propter rem.

C) "A" não é responsável por qualquer dano ao meio ambiente, na medida em que a degradação já existia quando o imóvel foi adquirido. Assim, a responsabilidade, in casu, deve recair sobre o proprietário anterior.

D) "A" é responsável, em virtude da aplicação in concreto do princípio do poluidor-pagador e da responsabilidade de caráter objetivo que o cerca.

COMENTÁRIOS

Alternativa correta: "b". O Art. 2º, da Lei n. 12.651/2012, determina que as obrigações previstas no Código Florestal têm natureza real e são transmitidas ao sucessor, de qualquer natureza, no caso de transferência de domínio ou posse do imóvel rural. Neste sentido, as obrigações ambientais do "sujeito A" têm natureza propter rem, recaem sobre o imóvel e o obriga à reparação ambiental de degradações apresentadas, mesmo que preexistentes.

Alternativas "a":Está incorreta,pois o litisconsórcio passivo não é necessário.

Alternativa "c": Está incorreta, pois conforme comentado acima, mesmo preexistente, a obrigação de reparação ambiental do imóvel têm natureza propter rem, recai sobre o imóvel e que obriga, em qualquer circunstância, ao proprietário e a todos que o sucedem em tal condição às obrigações relacionadas a ele.

Alternativa "d": Está incorreta. Não se trata da aplicação in concreto do princípio do poluidor-pagador, pois o dano é preexistente, mas mesmo assim o "sujeito A" é responsável devido a natureza propter rem da obrigação de reparação.

---

24. (Vunesp - Juiz de Direito - RJ/2014) Considera-se infração administrativa ambiental toda ação ou omissão que viole as regras jurídicas de uso, gozo, promoção, proteção e recuperação do meio ambiente e será punida, entre outras, com a(s) seguinte(s) sanção(ões):

A) advertência e multa simples, que serão aplicadas somente nos casos de inobservância das normas da Lei n.º 9.605/1998.

B) demolição e embargo da obra, sendo defeso o embargo de atividade, que deverá ser coibida por meio de tutela inibitória.

C) apreensão dos animais, produtos ou subprodutos da fauna e flora, instrumentos e petrechos, o que não inclui os equipamentos ou veículos de qualquer natureza utilizados na infração.

D) destruição e inutilização do produto e multa diária, sendo esta última aplicada sempre que o cometimento da infração se prolongar no tempo.

COMENTÁRIOS

Alternativa correta: "d". Primeiro o Art. 3º,V, do Decreto Federal n. 6514/2008, prevê a sanção por infração administrativa da destruição ou inutilização do produto. Enquanto o Art. 10, do mesmo Decreto, estabelece que a multa diária será aplicada sempre que o cometimento da infração se prolongar no tempo.

Alternativas "a":Está incorreta, o Decreto Federal n. 6514/2008, prevê também hipóteses, de âmbito nacional, de infrações administrativas nos seus Arts. 24 a 93.

Alternativa "b": Está incorreta, embargo de atividade é uma espécie de sanção administrativa a ser aplicada no âmbito da responsabilidade administrativa ambiental, confirme Art. 3º,VII, do Decreto Federal n. 6514/2008

Alternativa "c": Está incorreta. Pois a sanção administrativa inclui a possibilidade de apreensão os equipamentos ou veículos de qualquer natureza utilizados na infração. (Art. 14, o Decreto Federal n. 6514/2008).

6. RESÍDUOS SÓLIDOS

---

25. (Vunesp - Juiz de Direito - SP/2015) Com relação à gestão de resíduos sólidos instituída pela Lei nº 12.305/10, é correto afirmar que

A) a Lei de Resíduos Sólidos permite a incineração de resíduos sólidos desde que realizada com emprego de equipamentos devidamente licenciados pela autoridade ambiental competente.

B) não estão sujeitos à elaboração de plano de gerenciamento de resíduos sólidos os estabelecimentos comerciais cujos resíduos gerados em suas atividades sejam caracterizados, por sua natureza, composição ou volume, como não perigosos.

C) a Lei instituiu a obrigação de estruturar e implementar sistemas de logística reversa dividindo a responsabilidade entre os fabricantes e os comerciantes de produtos como pilhas e baterias, agrotóxicos, pneus, equipamentos e componentes eletrônicos e lâmpadas, entre outros.

D) o titular do serviço público de limpeza urbana e de manejo de resíduos sólidos pode, mediante termo de compromisso firmado com o setor empresarial, encarregar-se de atividades de responsabilidade destes nos sistemas de logística reversa, vedada a cobrança por essas atividades.

COMENTÁRIOS

Alternativa correta: "a". A Lei nº 12.305/10, no seu Art. 47, estabelece serem proibidas as seguintes formas de destinação ou disposição final de resíduos sólidos ou rejeitos: I – lançamento em praias, no mar ou em quaisquer corpos hídricos; II – lançamento in natura a céu aberto, excetuados os resíduos de mineração;III – queima a céu aberto ou em recipientes, instalações e equipamentos não licenciados para essa finalidade. Portanto, a incineração de resíduos sólidos desde que realizada com emprego de equipamentos licenciados pela autoridade ambiental pode ser utilizada como forma de destinações finais de resíduos e/ou rejeitos.

Alternativas "b": Está incorreta, pois além dos estabelecimentos comerciais e de prestação de serviços que gerem resíduos perigosos, também estão sujeitos à elaboração de plano de gerenciamento de resíduos sólidos os estabelecimentos geradores de resíduos dos serviços públicos de saneamento básico; resíduos industriais; resíduos de serviços de saúde; resíduos de mineração; e que gerem resíduos que, mesmo caracterizados como não perigosos, por sua natureza, composição ou volume, não sejam equiparados aos resíduos domiciliares pelo poder público municipal. (Lei nº 12.305/10, Art. 20)

Alternativa "c": Está incorreta, a lista de responsáveis pela logística reversa é mais ampla. Segundo Art. 33, da Lei nº 12.305/10, são obrigados a estruturar e implementar sistemas de logística reversa, mediante retorno dos produtos após o uso pelo consumidor, de forma independente do serviço público de limpeza urbana e de manejo dos resíduos sólidos, **os fabricantes, importadores, distribuidores e comerciantes** de produtos como pilhas e baterias, agrotóxicos, pneus, equipamentos e componentes eletrônicos e lâmpadas, entre outros.

Alternativa "d": Está incorreta. Pelo Art. 33, § 7º , da Lei n. 12.305/10, se a hipótese do enunciado ocorrer as ações do poder público devem ser remuneradas. Nos seguintes termos: Se o titular do serviço público de limpeza urbana e de manejo de resíduos sólidos, por acordo setorial ou termo de compromisso firmado com o setor empresarial, encarregar-se de atividades de responsabilidade dos fabricantes, importadores, distribuidores e comerciantes nos sistemas de logística reversa dos produtos e embalagens a que se refere este artigo, as ações do poder público serão devidamente remuneradas, na forma previamente acordada entre as partes. da Lei nº 12.305/10

---

26. (Vunesp - Juiz de Direito - RJ/2014) Quanto à responsabilidade decorrente dos resíduos sólidos pós-consumo, é correto afirmar que

A) o compromisso dos fabricantes e importadores, comerciantes e distribuidores é de, quando firmados acordos ou termos de compromisso com o Município, participar das ações previstas no plano municipal de gestão integrada de resíduos sólidos no caso de produtos incluídos no sistema de logística reversa.

B) as embalagens devem ser fabricadas com materiais que propiciem a reutilização ou a reciclagem, sendo responsável todo aquele que manufatura embalagens ou fornece materiais para a fabricação de embalagens, coloca em circulação embalagens, materiais para a fabricação de embalagens ou produtos embalados, em qualquer fase da cadeia de comércio.

C) para fortalecer a responsabilidade compartilhada e seus objetivos, a responsabilidade dos fabricantes, importadores, distribuidores e comerciantes abrange o compromisso de recolhimento somente dos resíduos e das embalagens remanescentes após o uso, bem como a sua destinação ambientalmente adequada, no caso dos produtos sujeitos à logística reversa.

D) a responsabilidade compartilhada pelo ciclo de vida dos produtos, a ser implementada de forma individualizada e encadeada, abrange distribuidores e comerciantes, consumidores e titulares de serviços públicos de limpeza urbana, bem como fabricantes e importadores, cabendo a todos o desenvolvimento de produtos que gerem, gradativamente, nos termos da lei, menos resíduos.

COMENTÁRIOS

Alternativa correta: "b". A Lei nº 12.305/10, no seu Art. 32, § 1º, expressamente estabelece que as embalagens devem ser fabricadas com materiais que propiciem a reutilização ou a reciclagem, cabendo aos respectivos responsáveis assegurar que as embalagens sejam restritas em volume e peso às dimensões requeridas à proteção do conteúdo e à comercialização do produto; projetadas de forma a serem reutilizadas de maneira tecnicamente viável e compatível com as exigências aplicáveis ao produto que contêm e recicladas, se a reutilização não for possível.

Alternativas "a":Está incorreta. Segundo Art. 33, da Lei nº 12.305/10, **são obrigados a estruturar e implementar sistemas de logística reversa,** mediante retorno dos produtos após o uso pelo consumidor, de forma independente do serviço público de limpeza urbana e de manejo dos resíduos sólidos, **os fabricantes, importadores, distribuidores e comerciantes** de produtos como pilhas e baterias, agrotóxicos, pneus, equipamentos e componentes eletrônicos e lâmpadas, entre outros. Portanto, trata-se de uma obrigação daquele que faz parte da cadeia do ciclo de vida dos respectivos produtos estruturar e implementar **sistemas de logística reversa**.Com relação à participação das ações previstas no plano municipal de gestão integrada de resíduos sólidos, há esta necessidade no caso de produtos ainda não inclusos no sistema de logística reversa (Art. 31, IV, da Lei nº 12.305/10).

Alternativa "c": Está incorreta. Além do recolhimento dos produtos e dos resíduos remanescentes após o uso, assim como sua subsequente destinação final ambientalmente adequada, também são responsabilidades dos fabricantes, importadores, distribuidores e comerciantes investimento no desenvolvimento, na fabricação e na colocação no mercado de produtos: que sejam aptos, após o uso pelo consumidor, à reutilização, à reciclagem ou a outra forma de destinação ambientalmente adequada; cuja fabricação e uso gerem a menor quantidade de resíduos sólidos possível. E também divulgação de informações relativas às formas de evitar, reciclar e eliminar os resíduos sólidos associados a seus respectivos produtos. (Art. 31, da Lei nº 12.305/10).

Alternativa "d": Está incorreta, a parte do enunciado, dentro da responsabilidade compartilhada, que menciona que cabe a todos o desenvolvimento de produtos que gerem, gradativamente, nos termos da lei, menos resíduos, se refere aos fabricantes, importadores, distribuidores e comerciantes, mas não aos consumidores (que estão dentro da responsabilidade compartilhada, mas não quanto a este aspecto).

Direito Ambiental

Rafael Costa Freiria e
Taisa Cintra Dosso

✦ DICAS

1. MEIO AMBIENTE: HISTÓRICO, CONCEITO, PRINCÍPIOS E CONSTITUIÇÃO FEDERAL

1.1 PRINCIPAIS DOCUMENTOS JURÍDICOS RELATIVOS À TUTELA AMBIENTAL

A **preocupação com a questão ambiental dos países** vem crescendo ao longo dos tempos. Principalmente a partir de 1960, começaram a surgir leis mais severas visando a proteção ambiental. Atualmente, as leis cuidam dos mais variados temas, objetivando sempre o **desenvolvimento sustentável**.

No âmbito internacional, destacam-se os seguintes documentos jurídicos:	
Conferência de Estocolmo sobre o Meio Ambiente Humano	realizada em 1972, na Suécia, reunindo 113 países, foi o **marco mundial** que ensejou o **alerta** sobre os riscos à humanidade gerados pela degradação ambiental, introduzindo os países em um debate sobre a questão, resultando na **Declaração sobre Meio Ambiente**.
Conferência das Nações Unidas para o Meio Ambiente e Desenvolvimento (CNUMAD)	também conhecida como **ECO 92**, realizada em 1992**,** no Rio de Janeiro, reunindo 178 países, objetivou centralizar no mundo a discussão sobre o meio ambiente, aperfeiçoando os instrumentos de proteção ambiental internacional, resultando nos seguintes documentos: **Convenção sobre Diversidade Biológica**, **Convenção sobre Mudanças do Clima**, **Declaração de Princípios sobre o Uso das Florestas**, **Declaração do Rio** e **Agenda 21**.
Conferência das Nações Unidas sobre o Meio Ambiente e Desenvolvimento (RIO+10)	realizada em 2002, em Joanesburgo, na África do Sul, reunindo 191 países, reforçou os objetivos da ECO 92, resultando nos seguintes documentos: **Declaração de Joanesburgo** e no **Plano de Implementação.**
Conferência das Nações Unidas sobre Desenvolvimento Sustentável (RIO+20)	realizada em 2012, no Rio de Janeiro, reunindo 193 países, reforçou os princípios e compromisso ambientais já assumidos desde a ECO 92, apresentando como centro da questão ambiental a erradicação da pobreza e a economia verde, resultando no documento **"O futuro que queremos".**

No Brasil, a legislação apresentou a seguinte evolução:	
1965	Código Florestal
1981	Lei da Política Nacional do Meio Ambiente
1988	Constituição Federal
1997	Lei do Sistema Nacional de Recursos Hídricos
1998	Lei de Crimes Ambientais
2000	Lei do Sistema Nacional de Unidade de Conservação da Natureza – SNUC
2007	Lei de Diretrizes Nacionais e Saneamento Básico
2009	Lei da Política Nacional sobre Mudança do Clima

No Brasil, a legislação apresentou a seguinte evolução:	
2010	Lei da Política Nacional de Resíduos Sólidos
2011	Lei Complementar nº 140/2011 – Dispõe sobre competência material relativa ao meio ambiente, em especial sobre licenciamento ambiental.
2012	Lei da Política Nacional de Mobilidade Urbana
2015	Lei de Acesso ao Patrimônio Genético, sobre a Proteção e o Acesso ao Conhecimento Tradicional associado e sobre a repartição de benefícios para conservação e uso sustentável da Biodiversidade

1.2. MEIO AMBIENTE

- **Conceito legal:** É o conjunto de condições, leis, influências e interações de ordem física, química e biológica, que permite, abriga e rege a vida em todas as suas formas, conforme artigo 3º, inciso I, da Lei nº 6.938/1981. A definição legal abrange o chamado **meio ambiente natural, pois que abarca apenas o elemento biológico.**
- **Conceito mais abrangente**: Prevalece o entendimento de que o conceito de meio ambiente é **mais abrangente**, incluindo as criações humanas, por exemplo. Daí a classificação do meio ambiente em: a) **meio ambiente natural**: definido no artigo 3º, inciso I, da Lei nº 6.938/1981, como os recursos naturais, ecossistemas, biodiversidade e patrimônio genético; b) **meio ambiente cultural**: são as criações humanas sobre os elementos naturais que possuem valor histórico, paisagístico, artístico, arqueológico, paleontológico, ecológico ou científico; c) **meio ambiente artificial**: é composto pelo espaço urbano seja construído (edificações), seja aberto (praças e ruas, por exemplo) e; d) **meio ambiente do trabalho**: são as condições atinentes às relações de trabalho, que permitem ao trabalhador exercer suas funções de maneira digna e segura.
- **O direito ao meio ambiente é um direito de interesse difuso.**
- O direito ao meio ambiente integra os **direitos humanos fundamentais de terceira geração**, fundado nos princípios da fraternidade ou solidariedade, caracterizados por serem direitos transindividuais, em que seu titular não é o homem individualizado, mas toda coletividade.
- Nos termos do artigo 81, inciso I, da Lei nº 8.078/90, são interesses ou direitos difusos os transindividuais, de natureza indivisível, de que sejam titulares pessoas indeterminadas e ligadas por circunstâncias de fato. Portando, o direito ao meio ambiente é um **direito de interesse difuso**, sendo que a sua degradação afeta uma gama de pessoas indetermináveis e ligadas por circunstâncias de fato. Nesse sentido, dispõe o **artigo 225 da Constituição Federal** que **"todos têm direito ao meio ambiente ecologicamente equilibrado, bem de uso comum do povo e essencial à essencial à sadia qualidade de vida.**
- **Concepção antropocêntrica:** O artigo 225 da Constituição Federal, ao determinar que todos tem direito ao meio ambiente ecologicamente equilibrado, reflete a concepção antropocêntrica do Texto Constitucional, pois que o equilíbrio ambiental visa a assegurar a existência humana, colocando o homem no centro do universo.

1.3. PRINCÍPIOS DE DIREITO AMBIENTAL

Princípio da ubiquidade	O direito ao meio ambiente ecologicamente equilibrado previsto no artigo 225 da Constituição Federal está intimamente ligado com o direito à vida. Assim, o direito ambiental é **onipresente** na tutela de todo direito subjetivo. O meio ambiente é o **epicentro** dos direitos humanos.
Princípio da solidariedade intergeracional	As **atuais gerações** devem preservar o meio ambiente para as **presente e futura gerações**, mediante a utilização racional dos recursos ambientais. Está previsto no artigo 225 da CF. Também conhecido como **princípio da responsabilidade ambiental entre gerações.**
Princípio da participação	Decorre do artigo 225 da CF, bem como do Princípio 10 da Declaração do Rio, segundo o qual se impõe ao **Poder Público** e à **coletividade** o dever de preservação do meio ambiente. A atuação conjunta dos órgãos públicos e da sociedade permite a implantação de políticas ambientais efetivas. É a **responsabilidade compartilhada** em prol da preservação ambiental.

Princípio das responsabilidades comuns, mas diferenciadas	Trata-se do Princípio 7 da Declaração do Rio, segundo o qual todos **os Estados têm a responsabilidade comum de preservação ambiental, sendo as habilidades e as capacidades dos Estados diferenciadas** para atingir essa finalidade. A criação de padrões ambientais com imposição de obrigações para os Estados deve ser diferenciada conforme as respectivas habilidades e capacidades. Está previsto no artigo 170, VI, da CF, destinando-se aos agentes econômicos nacionais.
Princípio do desenvolvimento sustentável	Decorre do artigo 1º, § 1º, da Declaração sobre Desenvolvimento da ONU, bem como do artigo 4º, inciso I, da Lei nº 6.938/1981. Pressupõe **a ponderação entre o desenvolvimento econômico e a preservação do meio ambiente ecologicamente equilibrado**, ou na redação do citado artigo 4º, **"à compatibilização do desenvolvimento econômico social com a preservação da qualidade do meio ambiente e do equilíbrio ecológico"**. Tem aplicação, sobretudo, na utilização dos recursos naturais renováveis, sendo o EIA um instrumento de sua incidência. O artigo 3º da Lei de Licitações prevê a **promoção do desenvolvimento sustentável** como um dos objetivos do processo licitatório.
Princípio da prevenção	Decorre implicitamente do artigo 225 da CF, preconizando que o ente ambiental deve impor medidas para se evitar o dano ambiental, pois que muitas vezes é irreversível. O princípio se volta ao cuidado ambiental de atividades com **risco conhecido** ou **certo**, em que há **certeza científica**.
Princípio da precaução	Está previsto no Princípio 15 da Declaração do Rio, preconizando que o ente ambiental deve impor medidas para se evitar o dano ambiental, pois que muitas vezes é irreversível, **ainda que não haja certeza científica sobre sua existência.** O princípio se volta ao cuidado ambiental de atividades com **risco desconhecido** ou in**certo**, aplicando-se o postulado **in dubio pro natura**. É com fundamento neste princípio que se respalda o entendimento jurisprudencial em que se **admite a inversão do ônus da prova nas demandas ambientais,** impondo-se ao poluidor provar, com anterioridade, que sua ação não causará degradação ambiental.
Princípio do poluidor-pagador	Está previsto no enunciado 16 da Declaração do Rio de Janeiro de 1992. Prevê a **responsabilidade do poluidor pelos custos ambientais advindos de sua atividade econômica ambientalmente impactante**. Agrega-se esse valor no custo produtivo da atividade. Este princípio determina a incidência do regime jurídico da **responsabilidade civil objetiva por danos ambientais**, conforme previsão do artigo 14, § 1º, da Lei nº 6.938/1981, que assim dispõe: "Sem obstar a aplicação das penalidades previstas neste artigo, é o poluidor obrigado, independentemente da existência de culpa, a indenizar ou reparar os danos causados ao meio ambiente e a terceiros, afetados por sua atividade".
Princípio do usuário-pagador	Pressupõe que **as pessoas que utilizam os recursos naturais devem pagar pela sua utilização, ainda que não haja poluição**. Não se confunde com o princípio do poluidor-pagador, que pressupõe poluição e apresenta caráter reparatório. A propósito, é um dos instrumentos da Política Nacional do Meio Ambiente, nos termos do artigo 4º, VII, "a imposição, ao poluidor e ao predador, da obrigação de recuperar e/ou indenizar os danos causados e, ao usuário, da contribuição pela utilização de recursos ambientais com fins econômicos".
Princípio da educação ambiental	Está previsto no artigo 225, § 1º, inciso VI, da CF. Visa **promover a conscientização pública** para a preservação do meio ambiente, através da educação ambiental em todos os níveis de ensino.
Princípio da cooperação entre os povos	Todas as nações devem cooperar na preservação ambiental, através de tratados internacionais, pois que **o meio ambiente não conhece fronteiras políticas**. Este princípio orienta as relações internacionais do Brasil, conforme artigo 4º, inciso IX, da CF.
Princípio da função socioambiental	A propriedade **urbana** e **rural** deve preservar **o meio ambiente**, cumprindo sua função socioambiental. Decorre dos artigos 5º, XXII, XXIII, 170, II e III e 186 da CF.
Princípio da informação	Prevê **o acesso de todos às informações relativas ao meio ambiente**, ressalvadas as exceções legais. Decorre do artigo 5º, XIV e artigo 225, § 1º, incisos IV e VI, todos da CF.
Princípio do limite	Estabelece o dever do **Poder Público** de estabelecer **os limites das atividades que impliquem em riscos à qualidade de vida e ao meio ambiente**.
Princípio da vedação do retrocesso ambiental	Salvo se houver significativa alteração das circunstâncias de fato, **não se pode admitir o retrocesso da proteção ambiental para níveis inferiores, já consagrados**.

1.4. O MEIO AMBIENTE NA CONSTITUIÇÃO FEDERAL

Seguindo a tendência mundial de inserção das normas ambientais no Texto Constitucional, a Constituição Federal de 1988 dispõe sobre o meio ambiente em diversos artigos a relativos à vários temas:

competência ambiental legislativa	artigo 22, IV, XII e XVI; artigo 24, VI, VII e VIII; e artigo 30, I e II.
competência ambiental material	artigo 23, III, IV, VI, VII e IX.
ordem econômica	artigo 170, inciso VI; artigo 174, § 4º; e artigo 175.
meio ambiente artificial	artigo 182.
meio ambiente cultural	artigos 215, 216 e 216-A .
meio ambiente natural	artigo 225.
meio ambiente laboral	artigo 200, VIII, da CF.

1.5. COMPETÊNCIA EM MATÉRIA AMBIENTAL

COMPETÊNCIA LEGISLATIVA CONCORRENTE

A Constituição Federal, em seu **artigo 24, incisos VI, VII e VIII** atribui **competência concorrente à União, aos Estados e ao Distrito Federal** para legislar sobre assuntos relativos ao meio ambiente como florestas, caça, pesca, fauna, conservação da natureza, defesa do solo e dos recursos naturais, proteção do meio ambiente e controle da poluição. Consoante determinação do **§ 1º** do citado artigo, a competência da União limitar-se-á a estabelecer normas gerais. Os **Municípios** também detêm **competência legislativa em material ambiental**, em decorrência do **artigo 30, incisos I e II** da Constituição da República, cabendo a eles legislar sobre assuntos de interesse local e suplementar a legislação estadual e federal no que couber.

Ressalva: O **artigo 22, incisos IV, XII e XXVI, da CF**, determina **competência legislativa exclusiva da União** legislar sobre **águas, energias, jazidas, minas e outros recursos minerais, bem como atividades nucleares de qualquer natureza**.

COMPETÊNCIA MATERIAL COMUM

A Constituição Federal, em seu **artigo 23, incisos III, IV, VI, VII e IX** atribui **competência material comum à União, Estados, Distrito Federal e Municípios, no intuito de promover a execução de políticas e preceitos relativos à proteção ambiental**.

Ressalvas: O artigo **21, incisos IX, XVIII, XIX, XX e XXIII, da CF**, determina algumas **competências ambientais materiais exclusivas da União**, como, por exemplo, instituir diretrizes para o desenvolvimento urbano, inclusive habitação, saneamento básico e transportes urbanos;

O artigo **30, incisos VIII e IX, da CF**, determina **competência material exclusiva do Município** "promover, no que couber, adequado ordenamento territorial, mediante planejamento e controle do uso, do parcelamento e da ocupação do solo urbano", bem como "promover a proteção do patrimônio histórico-cultural local, observada a legislação e a ação fiscalizadora federal e estadual.

Lei Complementar nº 140/2011: Regula as competências ambientais comuns entre a União, os Estados, o Distrito Federal e os Municípios, especialmente sobre licenciamento ambiental.

2 ORDEM ECONÔMICA

Princípio da ordem econômica e financeira: Nos termos do **artigo 170, inciso VI da CF, a defesa do meio ambiente**, inclusive mediante tratamento diferenciado conforme o impacto ambiental dos produtos e serviços e de seus processos de elaboração e prestação, é um dos **princípios da ordem econômica e financeira**.

Artigo 174, § 4º, da CF: O Estado favorecerá a organização da atividade garimpeira em cooperativas, levando em conta a **proteção do meio ambiente** e a promoção econômico-social dos garimpeiros.

Artigo 175, CF: Dispõe sobre a exploração ou aproveitamento das **jazidas e demais recursos minerais e os potenciais de energia hidráulica.**

Meio ambiente artificial

Artigo 182: A **política de desenvolvimento urbano**, executada pelo Poder Público municipal, conforme diretrizes gerais fixadas em lei, tem por objetivo **ordenar o pleno desenvolvimento das funções sociais da cidade e garantir o bem-estar de seus habitantes.**

§ 1º. O **plano diretor**, aprovado pela Câmara Municipal, obrigatório para cidades com mais de vinte mil habitantes, é o instrumento básico da política de desenvolvimento e de expansão urbana.

§ 2º. A **propriedade urbana cumpre sua função social** quando atende as exigências fundamentais de ordenação da cidade expressas no plano diretor.

§ 3º. As **desapropriações de imóveis urbanos** serão feitas com prévia e justa indenização em dinheiro.

§ 4º. É facultado ao Poder Público municipal, mediante lei específica para área incluída no plano diretor, exigir, nos termos da lei federal, **do proprietário do solo urbano não edificado, subutilizado ou não utilizado, que promova seu adequado aproveitamento**, sob **pena**, sucessivamente, de:

I – parcelamento ou edificação compulsórios;

II – imposto sobre a propriedade predial e territorial urbana progressivo no tempo;

III – desapropriação com pagamento mediante títulos da dívida pública de emissão previamente aprovada pelo Senado Federal, com prazo de resgate de até dez anos, em parcelas anuais, iguais e sucessivas, assegurados o valor real da indenização e os juros legais.

Observações
A Lei nº 10.257/2001, conhecida como **Estatuto da Cidade**, regulamenta o espaço urbano, garantindo uma **cidade sustentável** onde deverá ser observado o saneamento ambiental, devendo-se evitar a poluição ambiental, protegendo-se o meio ambiente em seu conceito mais abrangente.
A política urbana busca implementar a **sustentabilidade das cidades**, entendida como o direito à terra urbana, à moradia, ao saneamento ambiental, à infraestrutura urbana, ao transporte e aos serviços públicos, ao trabalho e ao lazer, para as presentes e futuras gerações.
O **plano diretor, obrigatório** para cidades com mais de vinte mil habitantes, bem como nas hipóteses do artigo 41 do EC, objetiva a **gestão democrática da cidade**, devendo ser promovidas **audiências públicas** e **debates**, garantidos a **publicidade** e o acesso às **informações**, devendo ser **revisto** a cada dez anos.
São **instrumentos de execução da política urbana** previstos no **Estatuto da Cidade**: a) direito de superfície; b) direito de preempção; c) outorga onerosa do direito de construir; d) operações urbanas consorciadas; e) transferência do direito de construir; f) plano diretor; g) zoneamento ambiental; h) tombamento de imóveis; i) instituição de unidade de conservação; j) estudo prévio de impacto ambiental (EIA) e l) estudo prévio de impacto de vizinhança (EIV) e; m) usucapião coletiva.
Nos termos do **artigo 25, § 3º, da CF**, os **Estados** poderão, mediante lei complementar, instituir **regiões metropolitanas, aglomerações urbanas e microrregiões**, constituídas por agrupamentos de municípios limítrofes, para integrar a organização, o planejamento e a execução de funções públicas de interesse comum.

MEIO AMBIENTE CULTURAL

O meio ambiente cultural está disciplinado nos artigos **215, 216 e 216-A.**

O **Estado** garantirá a todos o pleno exercício dos direitos culturais e acesso às fontes da cultura nacional, e apoiará e incentivará a valorização e a difusão das manifestações culturais, bem como protegerá as manifestações das culturas populares, indígenas e afro-brasileiras, e das de outros grupos participantes do processo civilizatório nacional. (artigo 215, *caput* e § 1º, da CF)

Plano Nacional de Cultura	artigo 215, § 3º, CF
Sistema Nacional de Cultura	artigo 216-A, CF

Constituem **patrimônio cultural brasileiro** os bens de natureza material e imaterial, tomados individualmente ou em conjunto, portadores de referência à identidade, à ação, à memória dos diferentes grupos formadores da sociedade brasileira, (artigo 216, *caput*, CF). Os incisos do *caput* do artigo 216, trazem um **rol exemplificativo** dos bens integrantes do patrimônio cultural, como as criações científicas, artísticas e tecnológicas, além de outros.

O **Poder Público**, com a colaboração da comunidade, promoverá e protegerá o patrimônio cultural brasileiro, por meio de i**nventários, registros, vigilância, tombamento e desapropriação, e de outras formas de acautelamento e preservação**, sendo que os **danos e ameaças** ao patrimônio cultural serão **punidos** na forma da lei (artigo 216, *caput* e § 1º, da CF)

MEIO AMBIENTE DO TRABALHO

Está previsto no **artigo 200, VIII, da CF**, quando determina a Constituição Federal que **compete ao Sistema Único de Saúde, colaborar na proteção do meio ambiente, nele compreendido o do trabalho.**

MEIO AMBIENTE NATURAL

Dispõe o **artigo 225, caput, da Constituição Federal** que "todos têm **direito ao meio ambiente ecologicamente equilibrado**, bem de uso comum do povo e essencial à sadia qualidade de vida, impondo-se ao **Poder Público e à coletividade** o **dever de defendê-lo e preservá-lo** para as **presentes e futuras gerações**". Conforme já visto acima, este dispositivo denota:

a) a **natureza difusa** do direito ao meio ambiente, como d**ireito humano de terceira geração**;

b) concepção **antropocêntrica**;

c) princípio da **ubiquidade**;

d) princípio da **solidariedade intergeracional** e;

e) princípio da **participação** e da **responsabilidade compartilhada**.

O dever do Poder Público na defesa e preservação do meio ambiente está detalhado nos § 1º e seus incisos, elencando o legislador deveres específicos a serem cumpridos como:

preservar e restaurar os **processos ecológicos essenciais** e prover o **manejo ecológico das espécies e ecossistemas**;

preservar a diversidade e a integridade do **patrimônio genético** do País e fiscalizar as entidades dedicadas à pesquisa e manipulação de material genético;

definir, em todas as unidades da Federação, **espaços territoriais e seus componentes a serem especialmente protegidos**, sendo a **alteração e a supressão permitidas somente através de lei**, vedada qualquer utilização que comprometa a integridade dos atributos que justifiquem sua proteção;

Observação: a criação de espaços territoriais especialmente protegidos pode se dar por lei ou ato do Poder Público.

exigir, na forma da lei, para instalação de obra ou atividade potencialmente causadora de significativa degradação do meio ambiente, **estudo prévio de impacto ambiental**, a que se dará publicidade;

controlar a produção, a comercialização e o emprego de técnicas, métodos e substâncias que **comportem risco para a vida, a qualidade de vida e o meio ambiente**;

promover a **educação ambiental** em todos os níveis de ensino e a **conscientização pública** para a preservação do meio ambiente; proteger a **fauna e a flora,** vedadas, na forma da lei, as práticas que coloquem em risco sua função ecológica, provoquem a extinção de espécies ou submetam os animais à crueldade;
§ 2º – Aquele que **explorar recursos minera**is fica obrigado a recuperar o meio ambiente degradado, de acordo com solução técnica exigida pelo órgão público competente, na forma da lei.
§ 3º – As **condutas e atividades consideradas lesivas ao meio ambiente** sujeitarão os infratores, pessoas físicas ou jurídicas, **a sanções penais e administrativas, independentemente da obrigação de repar**ar os danos causados.
§ 4º – A Floresta Amazônica brasileira, a Mata Atlântica, a Serra do Mar, o Pantanal Mato-Grossense e a Zona Costeira são **patrimônio nacional**, e sua utilização far-se-á, na forma da lei, dentro de condições que assegurem a preservação do meio ambiente, inclusive quanto ao uso dos recursos naturais. **Obs**: A Constituição **não dispõe sobre a conversão em bens públicos os imóveis particulares situados nessas áreas**. Nesse sentido, posicionou-se o **STF** no julgamento do Recurso Extraordinário nº 134.297, de 13/06/1995. **Obs:** A **Lei nº 7.661/88** institui o **Plano Nacional de Gerenciamento Costeiro** e dá outras providências. **Obs:** O Brasil ratificou a **Convenção das Nações Unidas sobre o Direito do Mar e a Proteção do Meio Ambient**e, assinada em 10 de dezembro de 1982, em Montego Bay, na Jamaica.
§ 5º – São indisponíveis **as terras devolutas ou arrecadadas pelos Estad**os, por ações discriminatórias, necessárias à proteção dos ecossistemas naturais.
§ 6º – As **usinas** que operem com **reator nucle**ar deverão ter sua localização definida em lei federal, sem o que não poderão ser instaladas.

Atenção: O Plenário do Supremo Tribunal Federal (STF) julgou procedente a Ação Direta de Inconstitucionalidade (ADI) 4983, no dia 06/10/2016, ajuizada pelo procurador-geral da República contra a Lei 15.299/2013, do Estado do Ceará, que regulamenta a **vaquejada** como prática desportiva e cultural no estado. A maioria dos ministros acompanhou o voto do relator, ministro Marco Aurélio, que considerou haver "crueldade intrínseca" aplicada aos animais na vaquejada. O julgamento da matéria teve início em agosto de 2015, quando o relator, ao votar pela procedência da ação, afirmou que o dever de proteção ao meio ambiente (artigo 225 da Constituição Federal) sobrepõe-se aos valores culturais da atividade desportiva. Em seu voto , o ministro Marco Aurélio afirmou que laudos técnicos contidos no processo demonstram consequências nocivas à saúde dos animais: fraturas nas patas e rabo, ruptura de ligamentos e vasos sanguíneos, eventual arrancamento do rabo e comprometimento da medula óssea. Também os cavalos, de acordo com os laudos, sofrem lesões. Para o relator, o sentido da expressão "crueldade" constante no inciso VII do parágrafo 1º do artigo 225 da Constituição Federal alcança a tortura e os maus-tratos infringidos aos bois durante a prática da vaquejada. Assim, para ele, revela-se "intolerável a conduta humana autorizada pela norma estadual atacada"[1]

2.1 POLÍTICA NACIONAL DO MEIO AMBIENTE E SISTEMA NACIONAL DO MEIO AMBIENTE – PNMA – LEI Nº 6.938/1981

A **Lei nº 6.938/1981**, institui a **Política Nacional do Meio Ambiente (PNMA),** estabelecendo princípios, objetivos e instrumentos para a implementação da preservação dos recursos naturais, bem como institui o **Sistema Nacional do Meio Ambiente (SISNAMA)**, com vistas a estabelecer uma rede de agências governamentais, nos diversos níveis da federação, assegurando mecanismos capazes de, com eficiência, implementar a política nacional do meio ambiente.

De acordo com a definição **do artigo 3º, inciso VI**, da Lei nº 6.938/1981, **poluidor** é a pessoa física ou jurídica, de direito público ou privado, responsável, direta ou indiretamente, por atividade causadora de degradação ambiental.

1. http://www.stf.jus.br/portal/cms/verNoticiaDetalhe.asp?idConteudo=326838

INSTRUMENTOS DA POLÍTICA NACIONAL DO MEIO AMBIENTE

Nos termos do artigo 9º da lei são instrumentos da Política Nacional do Meio Ambiente:
o estabelecimento de **padrões de qualidade ambiental;**
o zoneamento ambiental: como modalidade de intervenção do Estado na propriedade, dividindo-a em zonas conforme a melhor forma de preservação ambiental e utilização sustentável dos recursos naturais, o zoneamento ambiental é manifestação do exercício do poder de polícia ambiental e objetiva realizar a função socioambiental da propriedade. Pode ser chamado de **zoneamento ecológico-econômico (ZEE)**, devendo ser aprovado mediante lei, observando-se as zonas de uso estritamente industrial, de uso predominantemente industrial, de uso diversificado e de reserva ambiental.
a avaliação de impactos ambientais;
o licenciamento e a revisão de atividades efetiva ou potencialmente poluidoras;
os incentivos à produção e instalação de equipamentos e a criação ou absorção de tecnologia, voltados para a melhoria da qualidade ambiental;
a criação de espaços territoriais especialmente protegidos pelo Poder Público federal, estadual e municipal, tais como áreas de proteção ambiental, de relevante interesse ecológico e reservas extrativistas;
o sistema nacional de informações sobre o meio ambiente;
o Cadastro Técnico Federal de Atividades e Instrumentos de Defesa Ambiental;
as penalidades disciplinares ou compensatórias ao não cumprimento das medidas necessárias à preservação ou correção da degradação ambiental;
a instituição do Relatório de Qualidade do Meio Ambiente, a ser divulgado anualmente pelo Instituto Brasileiro do Meio Ambiente e Recursos Naturais Renováveis – IBAMA;
a garantia da prestação de informações relativas ao meio ambiente, obrigando-se o Poder Público a produzi-las, quando inexistentes;
o Cadastro Técnico Federal de atividades potencialmente poluidoras e/ou utilizadoras dos recursos ambientais;
instrumentos econômicos, como concessão florestal, servidão ambiental, seguro ambiental e outros;

SISTEMA NACIONAL DO MEIO AMBIENTE (SISNAMA)

Dispõe **o artigo 6º** da Lei nº 6.938/1981, que os órgãos e entidades da **União**, dos **Estados**, do **Distrito Federal**, dos **Territórios** e dos **Municípios**, bem como as **fundações** instituídas pelo Poder Público, responsáveis pela proteção e melhoria da qualidade ambiental, constituirão o **Sistema Nacional do Meio Ambiente – SISNAMA**, cuja composição segue abaixo:

órgão superior	o **Conselho de Governo**, com a função de assessorar o Presidente da República na formulação da Política nacional e nas diretrizes governamentais para o meio ambiente e os recursos ambientais.
órgão consultivo e deliberativo	o **Conselho Nacional do Meio Ambiente (CONAMA),** com a finalidade de assessorar, estudar e propor ao Conselho de Governo, diretrizes de Políticas governamentais para o meio ambiente e os recursos naturais e deliberar, no âmbito de sua competência, sobre normas e padrões compatíveis com o meio ambiente ecologicamente equilibrado e essencial à sadia qualidade de vida. Sua **competência** está definida no **artigo 8º** da Lei nº 6.938/1981: estabelecer, mediante proposta do **IBAMA**, normas e critérios para o **licenciamento de atividades efetiva ou potencialmente poluidoras**, a ser concedido pelos Estados e supervisionado pelo IBAMA;

órgão consultivo e deliberativo	determinar, quando julgar necessário, **a realização de estudos das alternativas e das possíveis consequências ambientais de projetos públicos ou privados**, requisitando aos órgãos federais, estaduais e municipais, bem assim a entidades privadas, as informações indispensáveis para apreciação dos estudos de impacto ambiental, e respectivos relatórios, no caso de obras ou atividades de significativa degradação ambiental, especialmente nas áreas consideradas patrimônio nacional.
	determinar, mediante representação do IBAMA, **a perda ou restrição de benefícios fiscais concedidos pelo Poder Público**, em caráter geral ou condicional, e a perda ou suspensão de participação em linhas de financiamento em estabelecimentos oficiais de crédito;
	estabelecer, privativamente, **normas e padrões nacionais de controle da poluição por veículos automotores, aeronaves e embarcações**, mediante audiência dos Ministérios competentes;
	estabelecer **normas, critérios e padrões relativos ao controle e à manutenção da qualidade do meio ambiente com vistas ao uso racional dos recursos ambientais,** principalmente **os hídricos**.
órgão central	o **Ministério do Meio Ambiente** (antiga Secretaria do Meio Ambiente da Presidência da República), com a finalidade de planejar, coordenar, supervisionar e controlar, como órgão federal, a Política nacional e as diretrizes governamentais fixadas para o meio ambiente.
órgão executor	**o Instituto Brasileiro do Meio Ambiente e dos Recursos Naturais Renováveis (IBAMA) e o Instituto Chico Mendes de Conservação da Biodiversidade (ICMBIO)** com a finalidade de executar e fazer executar, como órgão federal, a Política e diretrizes governamentais fixadas para o meio ambiente.
órgãos seccionais	**os órgãos ou entidades estaduais** responsáveis pela execução de programas, projetos e pelo controle e fiscalização de atividades capazes de provocar a degradação ambiental.
órgãos locais	os **órgãos ou entidades municipais**, responsáveis pelo controle e fiscalização dessas atividades, nas suas respectivas jurisdições.

2.2 PODER DE POLÍCIA, LICENCIAMENTO E ESTUDOS AMBIENTAIS (EIA)

PODER DE POLÍCIA AMBIENTAL

O exercício do **poder de polícia ambiental** é comum a todos os entes federativos, nos termos do artigo 23, inciso VI, da CF, sendo o seu exercício regular o fato gerador para cobrança de **taxa**, conforme artigo 78 do CTN.

A **competência para exercer o poder de polícia** não se confunde com a **competência para licenciar**, podendo a fiscalização e o licenciamento da atividade serem realizados por entes distintos.

O artigo 17, *caput*, da LC nº 140/2011 dá **prioridade,** para fiscalizar, ao órgão ambiental que realizou o licenciamento, sem prejuízo do exercício do poder de polícia pelos demais entes federativos, conforme estatui o § 3º do citado artigo.

LICENCIAMENTO AMBIENTAL

Decorre do dever específico do Poder Público de **controlar a poluição** (artigo 225, § 1º, V), sendo um dos principais **instrumentos da política nacional do meio ambiente**. Considera-se **poluição**, nos termos do artigo 3º, inciso III, da Lei da PNMA**,** a **degradação da qualidade ambiental resultante de atividades que direta ou indiretamente**: a) prejudiquem a saúde, a segurança e o bem-estar da população; b) criem condições adversas às atividades sociais e econômicas; c) afetem desfavoravelmente a biota; d) afetem as condições estéticas ou sanitárias do meio ambiente; e) lancem matérias ou energia em desacordo com os padrões ambientais estabelecidos.

O **licenciamento** é um **procedimento administrativo** (artigo 1º, inciso I, da Resolução Conama nº 237/1997 e artigo 2º, inciso I, da LC nº 140/2011) exigido na construção, instalação, ampliação e funcionamento de estabelecimentos e atividades utilizadoras de recursos ambientais, **efetiva** ou **potencialmente poluidores** ou capazes, sob qualquer forma, de **causar degradação ambiental** (artigo 10, *caput*, da Lei nº 6.938/1981).

Fases do licenciamento	estão previstas no artigo 10 da Resolução Conama nº 237/1997, devendo-se dar a ele **publicidade**, consoante determina o artigo 10, § 1º, da Lei nº 6.938/1981. Nos termos do citado, o licenciamento observa as seguintes etapas:
	Definição pelo órgão ambiental competente, com a participação do empreendedor, dos **documentos, projetos e estudos ambientais,** necessários ao início do processo de licenciamento correspondente à licença a ser requerida;
	Requerimento da licença ambiental pelo empreendedor, acompanhado dos documentos, projetos e estudos ambientais pertinentes, dando-se a devida publicidade;
	Análise pelo órgão ambiental competente, integrante do SISNAMA, dos documentos, projetos e estudos ambientais apresentados e a realização de vistorias técnicas, quando necessárias;
	Solicitação de esclarecimentos e complementações pelo órgão ambiental competente, integrante do SISNAMA, uma única vez, em decorrência da análise dos documentos, projetos e estudos ambientais apresentados, quando couber, podendo haver a reiteração da mesma solicitação caso os esclarecimentos e complementações não tenham sido satisfatórios;
	Audiência pública, quando couber, de acordo com a regulamentação pertinente;
	Solicitação de esclarecimentos e complementações pelo órgão ambiental competente, decorrentes de audiências públicas, quando couber, podendo haver reiteração da solicitação quando os esclarecimentos e complementações não tenham sido satisfatórios;
	Emissão de parecer técnico conclusivo e, quando couber, **parecer jurídico**;
	Deferimento ou indeferimento do pedido de licença, dando-se a devida **publicidade**.

Competência para licenciar: A competência para licenciar está disciplinada na LC nº 140/2011, bem como na Resolução nº 237/1997, adotando-se como critérios definidores: a) dimensão do impacto ambiental; b) domínio do bem público afetado e; c) no caso de unidade de conservação, será competente o ente federativo que a instituiu, exceto de se tratar de Áreas de Proteção Ambiental (APA).

Atuação supletiva e subsidiária: A lei prevê a atuação **supletiva** do ente federativo de maior abrangência territorial, quando o de menor, competente, não puder realizar o licenciamento, bem como a atuação **subsidiária**, que visa auxiliar o ente competente, quando houver deste solicitação.

O decurso dos prazos de licenciamento, sem a emissão da licença ambiental, não implica emissão tácita nem autoriza a prática de ato que dela dependa ou decorra, mas instaura a competência supletiva, nos termos do artigo 14, § 3º, da Lei Complementar nº 140/2011.

Competência dos entes federativos: A lei determina a competência para licenciar da **União** (artigo 7º, inciso XIV da LC nº 140/2011 e artigo 4º da Resolução Conama 237/1997) e dos **Municípios** (artigo 9º, da LC nº 140/2011), cabendo aos **Estados** a competência **remanescente**, ou seja, que não seja da União ou dos Municípios, conforme determina o artigo 8º da citada lei complementar.

Nos termos do artigo 13 da lei, o licenciamento ambiental será realizado **por um único ente federativo**, podendo os demais entes federativos manifestarem de maneira não vinculante.

Dispensa do licenciamento: quando, em caráter de urgência, for necessária a execução de atividades de **segurança nacional** e obras de **interesse da defesa civil,** destinadas à prevenção e mitigação de acidentes em áreas urbanas situadas em áreas de preservação permanente.

LICENÇA AMBIENTAL

Licença ambiental é o ato administrativo pelo qual o órgão ambiental competente, estabelece as condições, restrições e medidas de controle ambiental que deverão ser obedecidas pelo empreendedor, pessoa física ou jurídica, para localizar, instalar, ampliar e operar empreendimentos ou atividades utilizadoras dos recursos ambientais consideradas efetiva ou potencialmente poluidoras ou aquelas que, sob qualquer forma, possam causar degradação ambiental, conforme determina o artigo 1º, inciso II, da Resolução Conama nº 237/1997.

Espécies:		
Licença Prévia (LP)	**Licença de Instalação (LI)**	**Licença de Operação (LO)**
concedida preliminarmente, apenas aprovando o projeto, atestando a sua viabilidade ambiental e os respectivos condicionantes e requisitos básicos para as próximas fases de sua implementação;	que autoriza a instalação de empreendimento, impondo condicionantes que deverão ser observados;	que permite o início das atividades de acordo com o projeto aprovado, apontando as medidas ambientais de controle e os condicionantes.

Sempre acompanhada de **estudos ambientais**, as licenças ambientais têm **prazo de validade**, sendo este **automaticamente prorrogado** até a manifestação **definitiva** do órgão competente, **apenas se a sua renovação for requerida com antecedência máxima de 120 (cento e vinte) dias de sua expiração**. É o que se dispõe o artigo 14, § 4º, da Lei Complementar nº 140/2011.

Depois de concedida, poderá ser **suspensa**, **alterada** ou **cancelada** na hipótese prevista no artigo 19, inciso III, da Resolução Conama nº 237/1997, qual seja, na hipótese de **graves e supervenientes riscos ao meio ambiente ou à saúde pública**.

Em razão da generalidade das normas ambientais, permitindo um juízo de conveniência e oportunidade ao administrador, atrelada à possibilidade de alteração posterior do interesse ambiental em licenças já deferidas (artigo 19 da Resolução Conama nº 237/1997), as regras relativas à licença estabelecida no âmbito do direito administrativo não se aplicam ao licenciamento ambiental. **A licença ambiental, dada suas peculiaridades, pode ter o regime jurídico similar ao da autorização no âmbito do direito administrativo.**

ESTUDOS AMBIENTAIS E ESTUDO PRÉVIO DE IMPACTO AMBIENTAL

Os **Estudos Ambientais** (ou **Avaliação de Impactos Ambientais – AIA**) são definidos como são todos e quaisquer estudos relativos aos aspectos ambientais relacionados à localização, instalação, operação e ampliação de uma atividade ou empreendimento, apresentado como subsídio para a análise da licença requerida, tais como: relatório ambiental, plano e projeto de controle ambiental, relatório ambiental preliminar, diagnóstico ambiental, plano de manejo, plano de recuperação de área degradada e análise preliminar de risco, conforme determina **artigo 1º, inciso III, da Resolução Conama nº 237/1997**.

Entende-se por **impacto ambiental**, nos termos do **artigo 1º, da Resolução Conama nº 001/1986,** qualquer alteração das propriedades físicas, químicas e biológicas do meio ambiente, causada por qualquer forma de matéria ou energia resultante das atividades humanas que, direta ou indiretamente, afetam: a) a saúde, a segurança e o bem-estar da população; b) as atividades sociais e econômicas; c) a biota; d) as condições estéticas e sanitárias do meio ambiente; e) a qualidade dos recursos ambientais.

O Estudo de Impacto Ambiental (EIA) é uma **modalidade mais complexa de estudos ambientais**, previsto no **artigo 225 § 1º, inciso VI, da Constituição Federal**, que incumbe ao Poder Público "exigir, na forma da lei, para instalação de obra ou atividade potencialmente causadora de **significativa** degradação do meio ambiente, estudo **prévio** de impacto ambiental, a que se dará publicidade".

O EIA é regulamentado pela **Resolução Conama nº 01/1986.** Não é possível que constituição estadual ou lei federal criem **exceção à obrigatoriedade do EIA/RIMA**, o qual tem previsão constitucional.

A resolução do CONAMA nº 01/1986, em seu artigo 2º, enumera **exemplificativamente** e **não exaustivamente**, conforme entendimento doutrinário e jurisprudencial, as atividades obrigatoriamente sujeitas a esse tipo de estudo. Há outras normas que presumem a necessidade do EIA-RIMA, bem como é possível o órgão ambiental exigir, fundamentadamente, que outras obras ou atividades que causem significativa degradação ambiental, sejam objeto de EIA.

Uma vez constatada a existência de **significativa degradação ambiental**, **inexiste discricionariedade administrativa** para realização do estudo prévio de impacto ambiental.

O EIA será elaborado por uma **equipe multidisciplinar** contratada pelo empreendedor, cabendo ao proponente do projeto **arcar com todas as despesas e custos** referentes à realização do estudo de impacto ambiental, consoante determina o artigo 17, § 2º, do Decreto nº 99274/1990.

A realização de **audiência pública** durante o procedimento de licenciamento ambiental será **obrigatória** quando o **órgão ambiental licenciador a julgar necessária**, ou quando for **solicitado por entidade civil**, pelo **Ministério Público** ou por **cinquenta cidadãos ou mais**. No caso de haver essa solicitação e a audiência não acontecer, eventual licença concedia não terá validade, conforme artigo 2º, *caput* e seu § 2º, da Resolução Conama nº 09/1987, que regulamente, em âmbito federal, a audiência pública em licenciamento ambiental.

As conclusões do EIA serão documentadas no **Relatório de Impacto Ambiental (RIMA)**, o qual deve ser apresentado de forma objetiva e adequada a sua compreensão, sendo que respeitado o sigilo industrial, o RIMA será acessível ao público.

O EIA-RIMA tem caráter **informativo**, não vinculando o órgão ambiental competente para licenciar.

2.3 ESPAÇOS TERRITORIAIS ESPECIALMENTE PROTEGIDOS PELO PODER PÚBLICO

É **dever específico do Poder Público**, na defesa e preservação do meio ambiente, definir, em todas as unidades da Federação, **espaços territoriais e seus componentes a serem especialmente protegidos**.

A **alteração** ou **supressão** só é permitida mediante **lei**, mas a **instituição** dos espaços especialmente protegidos por ser feita por **lei** ou **decreto**.

A **desafetação** ou **redução dos limites** de uma **unidade de conservação** só pode ser feita mediante **lei específica** (artigo 22, § 7º, da Lei nº 9.985/2000).

Regulamentam os espaços especialmente protegidos, o Novo Código Florestal (Lei nº 12.651/2012), a Lei do Sistema Nacional das Unidades de Conservação (Lei nº 9.985/2000), a Lei da Mata Atlântica (Lei nº 11.428/2006) e a Lei de Florestas Públicas (Lei nº 11.284/2006), além de outros diplomas legais.

Os **espaços especialmente protegidos** são:

a) **Áreas de preservação permanente;**

b) **Reserva legal; c)Unidades de conservação;**

d) **Apicuns e salgados** (artigo 11-A, do Novo Código Florestal)**;**

e) **Áreas verdes urbanas** (artigo 25, do Novo Código Florestal) **e;**

f) **Áreas de uso restrito,** que são os **pantanais** e **planícies pantaneiras** (artigo 11 e 12 do Novo Código Florestal).

g) as **terras indígenas** e **territórios quilombolas**.

Bens de interesse comum: as **florestas** existentes no território nacional e as **demais formas de vegetação nativa**, reconhecidas de **utilidade** às terras que revestem, são **bens de interesse comum a todos os habitantes do País**, exercendo-se os direitos de propriedade com as limitações que a legislação em geral e especialmente o Novo Código Florestal estabelecem, conforme estatui seu artigo 2º.

Obrigação propter rem: Nos termos do artigo 2º, § 2º, do Novo Código Florestal, "as obrigações previstas nesta Lei têm **natureza real** e são **transmitidas ao sucessor**, de qualquer natureza, no caso de transferência de domínio ou posse do imóvel rural. Ou seja, as obrigações relativas à preservação ambiental de um imóvel, urbano ou rural, são transmitidas ao seu sucessor.

ÁREA DE PRESERVAÇÃO PERMANENTE

Conceito: é a área protegida, coberta ou não por vegetação nativa, com a função ambiental de preservar os recursos hídricos, a paisagem, a estabilidade geológica e a biodiversidade, facilitar o fluxo gênico de fauna e flora, proteger o solo e assegurar o bem-estar das populações humanas, conforme artigo 3º, inciso II, do Novo Código Florestal.

Estão regulamentadas no **Novo Código Florestal**.

Podem decorrer de **expressa previsão legal,** como as definidas, em **zona urbana** ou **rural**, no artigo 4º, do Novo Código Florestal, bem como as **declaradas de interesse social por ato do Chefe do Poder Executivo**, quando destinadas às finalidades do artigo 6º da citada lei.

Como **limitação de uso ao direito de propriedade**, não ensejam indenização ao proprietário do imóvel.

Nos **reservatórios d´água artificiais,** a APP será fixada por licença ambiental (artigo 4º, inciso III, da lei).

Não será possível a supressão de vegetação em área de preservação permanente, como regra geral, admitindo-se a sua exploração apenas quando houver **utilidade pública**, **interesse social** ou **atividades de baixo impacto ambiental**.

RESERVA LEGAL

Conceito: é a área localizada no interior de uma propriedade ou posse rural, delimitada nos termos do art. 12, com a função de assegurar o uso econômico de modo sustentável dos recursos naturais do imóvel rural, auxiliar a conservação e a reabilitação dos processos ecológicos e promover a conservação da biodiversidade, bem como o abrigo e a proteção de fauna silvestre e da flora nativa, consoante artigo 3º, inciso III, do Novo Código Florestal.

Estão regulamentadas no **Novo Código Florestal**, incidindo em **áreas rurais,** nos **percentuais** indicados no artigo 12 da lei.

Nos termos do artigo 19 da lei**, "**a inserção do imóvel rural em **perímetro urbano** definido mediante lei municipal **não desobriga o proprietário ou posseiro da manutenção da área de Reserva Legal**, que só será extinta concomitantemente ao registro do parcelamento do solo para fins urbanos aprovado segundo a legislação específica e consoante as diretrizes do plano diretor de que trata o § 1º do art. 182 da Constituição Federal".

Como **limitação de uso ao direito de propriedade**, não ensejam indenização ao proprietário do imóvel. Admitem a exploração sob a forma de manejo florestal sustentável, não se permitindo o corte raso da vegetação.

Admite o Novo Código Florestal **o cômputo das áreas de preservação permanente no cálculo da reserva legal**, observadas as condições previstas no artigo 15 de lei.

Registro no Cadastro Ambiental Rural: A área de Reserva Legal deverá ser registrada no órgão ambiental competente por meio de inscrição no Cadastro Ambiental Rural, sendo vedada a alteração de sua destinação, nos casos de transmissão, a qualquer título, ou de desmembramento, com as exceções previstas em lei, nos termos do artigo 18 do Novo Código Florestal. Assim, o registro da reserva legal no CAR desobriga o proprietário de averbá-la no Cartório de Registro de Imóveis.

UNIDADES DE CONSERVAÇÃO

Estão regulamentadas na **Lei nº 9.985/2000**, que instituiu o SNUC, definidos no artigo 2º, inciso I, como "**espaço territorial e seus recursos ambientais, incluindo as águas jurisdicionais, com características naturais relevantes, legalmente instituído pelo Poder Público, com objetivos de conservação e limites definidos, sob regime especial de administração, ao qual se aplicam garantias adequadas de proteção**". São divididas em dois grupos:

a) **Unidades de Proteção Integral** e;

b) **Unidades de Uso Sustentável.**

Como modalidade de espaço territorial especialmente protegido, as unidades de conservação podem ser criadas por **lei** ou **decreto**, devendo ser precedida de estudos técnicos e consulta pública, sendo sua **alteração** ou **supressão** somente permitida mediante **lei**.

A Lei nº 9.985/2000 instituiu o **Sistema Nacional de Unidades de Conservação da Natureza (SNUC),** constituído pelo conjunto das unidades de conservação federais, estaduais e municipais, que tem como objetivos, dentre outros, contribuir para a preservação e a restauração da diversidade de ecossistemas naturais e promover o desenvolvimento sustentável a partir dos recursos naturais.

O SNUC será gerido pelos seguintes órgãos, com as respectivas atribuições:		
Órgão consultivo e deliberativo:	**Órgão central:**	**Órgãos executores:**
o **Conselho Nacional do Meio Ambiente** - Conama, com as atribuições de acompanhar a implementação do Sistema;	o **Ministério do Meio Ambiente**, com a finalidade de coordenar o Sistema; e	o **Instituto Chico Mendes** e o **Ibama**, em caráter supletivo, os órgãos estaduais e municipais, com a função de implementar o SNUC, subsidiar as propostas de criação e administrar as unidades de conservação federais, estaduais e municipais, nas respectivas esferas de atuação.

Zona de Amortecimento: As unidades de conservação, exceto Área de Proteção Ambiental e Reserva Particular do Patrimônio Natural, devem possuir uma zona de amortecimento e, quando conveniente, corredores ecológicos, conforme dicção do artigo 25 da Lei nº 9.985/2000.

UNIDADES DE CONSERVAÇÃO

Unidades de Conservação de Proteção Integral	Unidades de Conservação de Uso Sustentável
Tem como objetivo preservar a natureza, sendo admitido **apenas o uso indireto dos seus recursos naturais**, com exceção dos casos previstos em lei.	Tem como objetivo compatibilizar a conservação da natureza com o **uso sustentável** de parcela dos seus **recursos naturais.**
Estação Ecológica: tem como objetivo a preservação da natureza e a realização de pesquisas científicas. É de domínio público, sendo proibida a visitação pública, exceto quando com objetivo educacional.	**Área de Proteção Ambiental:** constituída por terras públicas ou privadas, é uma área em geral extensa, com um certo grau de ocupação humana, dotada de atributos abióticos, bióticos, estéticos ou culturais especialmente importantes para a qualidade de vida e o bem-estar das populações humanas. Tem como objetivos básicos proteger a diversidade biológica, disciplinar o processo de ocupação e assegurar a sustentabilidade do uso dos recursos naturais.

Unidades de Conservação de Proteção Integral	Unidades de Conservação de Uso Sustentável
Reserva Biológica: tem como objetivo a preservação integral da biota e demais atributos naturais existentes em seus limites, sem interferência humana direta ou modificações ambientais. É de domínio público, sendo proibida a visitação pública, exceto quando com objetivo educacional. Admite-se a pesquisa científica, se autorizada.	**Área de Relevante Interesse Ecológico:** constituída por terras públicas ou privadas, é uma área em geral de pequena extensão, com pouca ou nenhuma ocupação humana, com características naturais extraordinárias ou que abriga exemplares raros da biota regional, e tem como objetivo manter os ecossistemas naturais de importância regional ou local e regular o uso admissível dessas áreas, de modo a compatibilizá-lo com os objetivos de conservação da natureza.
Parque Nacional: tem como objetivo básico a preservação de ecossistemas naturais de grande relevância ecológica e beleza cênica, possibilitando a realização de pesquisas científicas e o desenvolvimento de atividades de educação e interpretação ambiental, de recreação em contato com a natureza e de turismo ecológico. É domínio público, admitindo-se a visitação pública e a pesquisa científica, se autorizadas.	**Floresta Nacional:** é uma área de domínio público, com cobertura florestal de espécies predominantemente nativas e tem como objetivo básico o uso múltiplo sustentável dos recursos florestais e a pesquisa científica, com ênfase em métodos para exploração sustentável de florestas nativas. É admitida a permanência de populações tradicionais que a habitam quando de sua criação. A visitação pública é permitida e a pesquisa científica é permitida e incentivada.
Monumento Natural: tem como objetivo básico preservar sítios naturais raros, singulares ou de grande beleza cênica. A área pode ser pública ou particular, se compatível, admitindo-se a visitação pública.	**Reserva Extrativista:** é uma área de domínio público, sendo utilizada por populações extrativistas tradicionais, cuja subsistência baseia-se no extrativismo e, complementarmente, na agricultura de subsistência e na criação de animais de pequeno porte, e tem como objetivos básicos proteger os meios de vida e a cultura dessas populações, e assegurar o uso sustentável dos recursos naturais da unidade. A visitação pública é permitida e a pesquisa científica é permitida e incentivada.
Refúgio da Vida Silvestre: tem como objetivo proteger ambientes naturais onde se asseguram condições para a existência ou reprodução de espécies ou comunidades da flora local e da fauna residente ou migratória. A área pode ser pública ou particular, se compatível, admitindo-se a visitação pública e a pesquisa científica, se autorizadas.	**Reserva da Fauna:** é uma área de domínio público, composta por área natural com populações animais de espécies nativas, terrestres ou aquáticas, residentes ou migratórias, adequadas para estudos técnico-científicos sobre o manejo econômico sustentável de recursos faunísticos. A visitação pública é permitida, sendo proibido o exercício da caça amadorística ou profissional.
-	**Reserva de desenvolvimento sustentável:** é uma área de domínio público, composta por uma área natural que abriga populações tradicionais, cuja existência baseia-se em sistemas sustentáveis de exploração dos recursos naturais, desenvolvidos ao longo de gerações e adaptados às condições ecológicas locais e que desempenham um papel fundamental na proteção da natureza e na manutenção da diversidade biológica. A visitação pública e a pesquisa científica são permitidas e incentivadas.
-	**Reserva particular do patrimônio natural:** é uma área privada, gravada com perpetuidade, com o objetivo de conservar a diversidade biológica. A visitação pública e a pesquisa científica são permitidas.

GESTÃO DE FLORESTAS PÚBLICAS

A **gestão de florestas públicas** para a produção sustentável é disciplinada na **Lei nº 11.284/2006,** que vem permitir a exploração de madeiras em terras públicas, o que não era permitido até então, observados os preceitos legais.

Tem como **objetivos**: a) regulamentar a **gestão de florestas em áreas públicas** (domínio da União, Estados, Distrito Federal e municípios); b) criar o **Serviço Florestal Brasileiro**, órgão regulador da gestão das florestas públicas e fomentador das atividades florestais sustentáveis no Brasil e; c) criar o **Fundo Nacional de Desenvolvimento Florestal** voltado para o desenvolvimento tecnológico, promoção da assistência técnica e incentivos para o desenvolvimento florestal sustentável.

Florestas Públicas: são as florestas, naturais ou plantadas, localizadas nos diversos biomas brasileiros, em bens sob o domínio da União, dos Estados, dos Municípios, do Distrito Federal ou das entidades da administração indireta (artigo 3º, inciso I).

A **gestão** dos recursos ambientais nas **florestas públicas** para a produção sustentável dá-se:

Através da **definição de florestas nacionais, estaduais, distritais e municipais**, (florestas públicas), e instituição das **respectivas unidades de conservação** que permitam a produção florestal sustentável;

Através da **destinação de florestas públicas para o uso comunitário** como assentamentos florestais, reservas extrativistas, etc.;

Através das **concessões florestais remuneradas**, baseadas em processo de licitação pública, dando efetividade ao princípio do desenvolvimento sustentável.

Concessão florestal: é a delegação **onerosa**, feita pelo poder concedente, do **direito de praticar manejo florestal sustentável para exploração de produtos e serviços numa unidade de manejo**, mediante **licitação**, à **pessoa jurídica**, em consórcio ou não, que atenda às exigências do respectivo **edital de licitação** e demonstre capacidade para seu desempenho, por sua conta e risco e por **prazo determinado** (artigo 3º, inciso VII, da lei).

Procedimento: A concessão florestal será autorizada em **ato do poder concedente** e formalizada mediante **contrato**, que deverá observar os termos da lei, das normas pertinentes e do edital de licitação. A publicação do edital deverá ser precedida de **audiência pública**, e de ato do poder **concedente justificando a conveniência da concessão florestal**, caracterizando seu objeto e a unidade de manejo.

Licitações: As **licitações** para concessão florestal observarão os termos da **lei** e, supletivamente, da legislação própria, respeitados os **princípios da legalidade, moralidade, publicidade, igualdade, do julgamento por critérios objetivos e da vinculação ao instrumento convocatório**. Serão realizadas na modalidade **concorrência e outorgadas a título oneroso**, sendo **vedada a declaração de inexigibilidade** prevista no art. 25 da Lei no 8.666, de 21 de junho de 1993.

Contrato de concessão: confere ao concessionário **somente os direitos expressamente previstos no contrato de concessão**, sendo **vedada** a outorga de qualquer dos direitos previstos no **artigo 16, § 1º,** da lei, como, por exemplo, titularidade imobiliária ou preferência para sua aquisição e exploração dos recursos minerais, pesqueiros ou da fauna silvestre. Serão estabelecidos por **prazos máximos de 20 e 40 anos**, dependendo do manejo a ser implementado, sendo que **após a celebração do contrato**, o licitante vencedor, deverá preparar um **Plano de Manejo Florestal Sustentável,** o qual deverá ser apresentado ao **IBAMA** para **aprovação antes do início das operações**.

MATA ATLÂNTICA

A **Mata Atlântica**, considerada **patrimônio nacional** pelo artigo 225, § 4º, da CF, é disciplinada pela **Lei nº 11.428/2006, Lei do Bioma Mata Atlântica,** regulamentada pelo Decreto nº 6.660/2008.

Consideram-se **integrantes do Bioma Mata Atlântica** as seguintes formações florestais nativas e ecossistemas associados: **Floresta Ombrófila Densa; Floresta Ombrófila Mista, também denominada de Mata de Araucárias; Floresta Ombrófila Aberta; Floresta Estacional Semidecidual; e Floresta Estacional Decidual, bem como os manguezais, as vegetações de restingas, campos de altitude, brejos interioranos e encraves florestais do Nordeste**, sendo que **somente os remanescentes de vegetação nativa no estágio primário e nos estágios secundário inicial, médio e avançado de regeneração** na área de abrangência acima definida, terão seu uso e conservação regulados pela Lei º 11.428/2006 (artigo 2º da lei).

A proteção e a utilização do Bioma Mata Atlântica têm por **objetivo geral** o desenvolvimento sustentável e, por **objetivos específicos**, a salvaguarda da biodiversidade, da saúde humana, dos valores paisagísticos, estéticos e turísticos, do regime hídrico e da estabilidade social. Na proteção e na utilização do Bioma Mata Atlântica, serão observados os **princípios** da **função socioambiental da propriedade**, da **eqüidade intergeracional**, da **prevenção**, da **precaução**, do **usuário-pagador**, da **transparência das informações e atos**, da **gestão democrática**, da **celeridade procedimental**, da **gratuidade dos serviços administrativos prestados ao pequeno produtor rural** e às **populações tradicionais** e do **respeito ao direito de propriedade**.

O **corte, a supressão e a exploração da vegetação do Bioma Mata Atlântica** far-se-ão de maneira **diferenciada**, conforme se trate de **vegetação primária ou secundária**, nesta última levando-se em conta o **estágio de regeneração**, sendo **vedado o corte** nas hipóteses previstas no **artigo 11** da lei:

- quando a **vegetação**: 1) abrigar espécies da flora e da fauna silvestres **ameaçadas de extinção**, em território nacional ou em âmbito estadual, assim declaradas pela União ou pelos Estados, e a intervenção ou o parcelamento puserem em risco a sobrevivência dessas espécies; 2) exercer a função de **proteção de mananciais ou de prevenção e controle de erosão**; 3) formar **corredores** entre remanescentes de vegetação primária ou secundária em estágio avançado de regeneração; 4) proteger o **entorno das unidades de conservação**; ou 5) possuir **excepcional valor paisagístico**, reconhecido pelos órgãos executivos competentes do Sistema Nacional do Meio Ambiente - SISNAMA;
- quando o **proprietário** ou **posseiro não cumprir os dispositivos da legislação ambiental.**

A **supressão de vegetação primária e secundária no estágio avançado de regeneração** somente poderá ser autorizada em caso de **utilidade pública**, sendo que a **vegetação secundária em estágio médio de regeneração** poderá ser suprimida nos casos de **utilidade pública e interesse social,** em todos os casos devidamente caracterizados e motivados em procedimento administrativo próprio, quando inexistir alternativa técnica e locacional ao empreendimento proposto.

Além da proibição absoluta de exploração prevista no artigo 11, a lei cria um **regime jurídico especial de proteção do bioma**, conforme a vegetação e o estágio de regeneração, **proibindo a supressão de vegetação primária** do Bioma Mata Atlântica, para fins de **loteamento ou edificação**, nas **regiões metropolitanas** e **áreas urbanas.**

Por fim, a lei institui o **Fundo de Restauração do Bioma Mata Atlântic**a destinado ao financiamento de projetos de restauração ambiental e de pesquisa científica.

2.4 RECURSOS HÍDRICOS

DOMÍNIO DAS ÁGUAS

A água é um recurso natural finito. Em decorrência disso, temos que a água não pode ter domínio/propriedade particular, pois isso deixaria totalmente sem controle o fato de que o uso excessivo de recursos hídricos por particulares possa prejudicar toda uma coletividade.

Lei 9.433/97, Art. 1°, I	Água como um bem de domínio público.

Isso significa que não há água de domínio particular, mesmo as águas de nascentes em propriedades particulares são de domínio público. **Além de não haver água de domínio particular, também não há água de domínio municipal. Ou o domínio de determinado recurso hídrico é de um Estado ou será da União.**

Essa regra também tem o mesmo propósito da regra que não confere domínio particular das águas: o Município que fizesse uma exploração descontrolada dos recursos hídricos que cortam seu território, automaticamente estaria prejudicando os municípios vizinhos.

Sabemos que na prática isso infelizmente acaba ainda ocorrendo, mas, quando isso acontece, regras de Direito Ambiental estão sendo violadas.

Importante!
Para se fazer uso dos recursos hídricos ou se deve pedir autorização para a União ou para os Estados.

Nesse sentido, é a Constituição Federal que irá definir se o domínio das águas é Federal ou Estadual, de acordo com as seguintes regras:

Art. 20.CF São bens da União :	(...) III - os lagos, rios e quaisquer correntes de água em terrenos de seu domínio, ou que banhem mais de um Estado, sirvam de limites com outros países, ou se estendam a território estrangeiro ou dele provenham, bem como os terrenos marginais e as praias fluviais; VI - "o mar territorial"; (...) VIII - os potenciais de energia hidráulica; (...)"

Neste sentido, encontramos as águas que são de domínio dos Estados por exclusão, excetuando os casos de domínio da União vistos anteriormente todos os demais são de domínio dos Estados, conforme outra regra da Constituição Federal:

Art.26. CF Incluem entre os bens do Estado:	as águas superficiais ou subterrâneas, fluentes, emergentes e em depósito, ressalvadas, neste caso, na forma da lei, as decorrentes de obras da União.

BACIA HIDROGRÁFICA

A bacia hidrográfica é compreendida como sistema e limite natural de análise e intervenção no território, composta por um conjunto de terras drenadas por um curso d'água principal e seus afluentes.

A bacia hidrográfica é a unidade territorial, definida pela Lei Federal nº 9433/97, para implementação da Política Nacional de Recursos Hídricos. Assim, para a gestão dos recursos hídricos, além das fronteiras territoriais estabelecidas para a União, Estados e Municípios, é fundamental levar em conta os recortes territoriais definidos pelos desenhos das bacias hidrográficas. Isso porque os impactos (sejam positivos, sejam negativos.) quanto aos usos de recursos hídricos de um determinado curso d´água, irão repercutir sobre toda a bacia e, por consequência, sobre todos os habitantes dos municípios pertencentes a essa mesma bacia[2].

OBJETIVOS E INSTRUMENTOS DA POLÍTICA NACIONAL DE RECURSOS HÍDRICOS

A partir da premissa de que os recursos hídricos são bens de domínio público (da União ou dos Estados em benefício da coletividade) é de que a bacia hidrográfica é a unidade territorial para gestão desses recursos, o passo seguinte é analisar os objetivos da Política de Recursos Hídricos e os principais aspectos dos instrumentos definidos pela legislação para gerenciar o uso e conservação das águas.

Os objetivos da Política Nacional de Recursos Hídricos estão previstos no Art. 2º da Lei Federal nº 9433/1997:		
I – assegurar à atual e às futuras gerações a necessária disponibilidade de água, em padrões de qualidade adequados aos respectivos usos;	II – a utilização racional e integrada dos recursos hídricos, incluindo o transporte aquaviário, com vistas ao desenvolvimento sustentável;	III – a prevenção e a defesa contra eventos hidrológicos críticos de origem natural ou decorrentes do uso inadequado dos recursos naturais.

Os objetivos da Política de Recursos Hídricos, como se vê, estão voltados para a gestão das águas sob os aspectos quantitativos (assegurar a necessária disponibilidade de água para gerações presentes e futuras) e qualitativos (padrões de qualidade adequados), levando-se sempre em conta o caráter finito desse recurso ambiental fundamental para a sobrevivência da população mundial.

O Art. 5º da Política Nacional dos Recursos Hídricos define os instrumentos para execução e efetivação dos seus objetivos:	I – os Planos de Recursos Hídricos; II – o enquadramento dos corpos de água em classes, segundo os usos preponderantes da água; III – a outorga dos direitos de uso de recursos hídricos; IV – a cobrança pelo uso de recursos hídricos; (...) VI – o Sistema de Informações sobre Recursos Hídricos.

Os Planos de Recursos Hídricos(suas diretrizes e conteúdo mínimo estão previstos no Art. 7º da Lei 9.433/97) são os instrumentos de Planejamento estratégico das Bacias Hidrográficas.

Como vimos que o domínio das águas é federal e estadual, há planos federais e estaduais. Em síntese, os Planos de Recursos Hídricos devem trazer o diagnóstico de situação, o balanço de condições e disponibilidades hídricas de cada bacia, bem como metas para aprimoramento de gestão das águas.

O primeiro Plano Nacional de Recursos Hídricos[3] foi publicado em 3 de março de 2006, através da Resolução CNRH (Conselho Nacional de Recursos Hídricos.) nº 58, de 30.01.2006.

OUTORGA DOS DIREITOS DE USO DE RECURSOS HÍDRICOS

Outorgar significa consentir, conceder, autorizar. É por meio do regime de Outorga de direitos de uso de recursos hídricos que o órgão ambiental competente irá controlar quantitativa e qualitativamente o uso da água e o efetivo exercício dos direitos de acesso a ela. Trata-se de poderoso instrumento para efetivação dos objetivos da Política Nacional de Recursos Hídricos.

2. Sobre a importância da bacia hidrográfica como unidade territorial para planejamento e gestão ambientais vide FREIRIA, Rafael Costa. Direito, Gestão e Políticas Públicas Ambientais. São Paulo: Senac. 2011.
3. Mais informações sobre este Plano podem ser acessadas na página da ANA (Agência Nacional de Águas): http: //www2.ana.gov.br/Paginas/servicos/planejamento/planoderecursos/pnrh.aspx#

A concessão ou não da Outorga é realizada por meio de processo administrativo, a partir do qual, uma vez atendidas todas as exigências do órgão ambiental, poderá ser concedida ao interessado o direito de utilizar o recurso hídrico, mediante confecção do Termo de Outorga, que estabelecerá os condicionantes quantitativos, qualitativos e temporais de uso.

Segundo o Art. 12 da Lei nº 9.433/97 dependem de outorga pelo Poder Público as seguintes utilizações de recursos hídricos:	I – desviar ou captar parcela da água existente em um corpo de água para consumo final, inclusive abastecimento público, ou insumo de processo produtivo; II – extrair água de aqüífero subterrâneo para consumo final ou insumo de processo produtivo (poço de água); III – lançarem no corpo de água esgotos e demais resíduos líquidos ou gasosos, tratados ou não, com o fim de sua diluição, transporte ou disposição final; IV – aproveitar potenciais hidrelétricos; V – outros usos que alterem o regime, a quantidade ou a qualidade da água existente em um corpo de água.

EXCEÇÕES AO REGIME DE OUTORGA

O parágrafo 1º do Art. 12 da Lei nº 9.433/97 prevê que independe de outorga pelo Poder Público:	I – o uso de recursos hídricos para a satisfação das necessidades de pequenos núcleos populacionais localizados no meio rural; II – os desvios, captações e lançamentos considerados insignificantes; III – as acumulações de volumes de água consideradas insignificantes.

COBRANÇA PELO USO DE RECURSOS HÍDRICOS

A Lei nº 9.433/97, através de seu Art. 20, define os critérios de cobrança pelo uso de recursos hídricos, ao estabelecer que: **"Serão cobrados os usos dos recursos hídricos sujeitos à Outorga."**

Isso significa que o regime de Outorga também estabelece os parâmetros para eventual cobrança por uso de água proporcional à sua utilização. Todo uso de água outorga será também passível de cobrança.

Os Objetivos da Cobrança da Utilização dos Recursos Hídricos são especificados pelo Art. 19 da Lei nº. 9.433/97:	I – reconhecer a água como bem econômico e dar ao usuário uma indicação de seu real valor; II – incentivar a racionalização do uso da água; III – obter recursos financeiros para o financiamento dos programas e intervenções contemplados nos planos de recursos hídricos.

Nesse sentido, o fato de a água ser um bem de domínio público de uso comum, fundamenta a cobrança proporcional aos usos quantitativos e qualitativos dos recursos hídricos, como forma de incentivar uma utilização racional da água também através de uma perspectiva econômica.

Um importante esclarecimento sobre Cobrança pelo Uso da Água é diferenciar o instrumento, com a taxa fixa que normalmente se paga às Prefeituras Municipais e que são voltadas para pagar o custo pelo sistema de Tratamento da Água que utilizado.

O pagamento dessa taxa pelo tratamento da água que utilizamos é diferente do instrumento de cobrança por utilização dos Recursos Hídricos. A Cobrança pelo Uso da Água (que difere da cobrança pelo Tratamento) é voltado para a proporcionalidade, controle e tipo de utilizações de recursos hídricos.

Quem usa mais, deve pagar mais, no sentido de se estabelecer um mecanismo econômico voltado para o uso racional da água; teoricamente afirma-se com isso que a água passa a ter um "preço público". A cobrança proporcional é um exemplo prático típico de aplicação do princípio ambiental do "usuário-pagador".

COMPETÊNCIA PARA COBRANÇA

A primeira competência para a cobrança por utilização de Recursos Hídricos é da Agência Nacional de Águas (ANA), com ocorrência de delegação dessa competência aos Comitês de Bacia Hidrográfica. Cada Estado possui seus Comitês de Bacias, de acordo com as delimitações territoriais estabelecidas pelas mesmas.

Agência Nacional das Águas - ANA	importante conhecer as principais previsões da Lei Federal nº 9984/2000, que dispõe sobre o regime jurídico da referida Agência.

DEFINIÇÃO DE COMITÊS DE BACIA HIDROGRÁFICA

Órgão específico estabelecido para a gestão técnica e administrativa de cada bacia hidrográfica, com representantes do poder público e sociedade civil – cada Bacia tem seu Comitê (regulamentação através dos artigos 37 e seguintes da Lei 9433/97).

A Lei Federal n. 9433/97, no seu artigo 38, traz o rol das competências dos nos Comitês de Bacia Hidrográfica. Em síntese o Comitê possui o caráter de promover o debate das questões relacionadas a recursos hídricos e articular a atuação das entidades intervenientes, por meio de processo participativos e deliberativos, aprovando Planos de Recursos Hídricos da bacia, acompanhando a execução do Plano de Recursos Hídricos da bacia e sugerir as providências necessárias ao cumprimento de suas metas; estabelecendo os mecanismos de cobrança pelo uso de recursos hídricos, dentre outras atribuições.

Os Comitês não possuem poder de polícia, eventuais situações de infrações administrativas devem ser comunicadas aos órgãos federativos dotados de competência fiscalizatória para comando e controle.

Ainda não são todos os Comitês de Bacias que instituíram cobrança pelo Uso da Água[4]. Aqueles que realizam, devem respeitar regras específicas no direcionamento dos recursos decorrentes da cobrança pelo uso da água, sendo estes direcionamentos os seguintes, determinados pelo Política Nacional de Recursos Hídricos:

> *Art. 22. Os valores arrecadados com a cobrança pelo uso de recursos hídricos serão aplicados prioritariamente na bacia hidrográfica em que foram gerados e serão utilizados:*
>
> *I – no financiamento de estudos, programas, projetos e obras incluídos nos Planos de Recursos Hídricos;*
>
> *II – no pagamento de despesas de implantação e custeio administrativo dos órgãos e entidades integrantes do Sistema Nacional de Gerenciamento de Recursos Hídricos.*

4. Como exemplo, o Comitê do PCJ (localizado no Estado de São Paulo e formado pela confluência das Bacias dos Rios Piracicaba, Capivari e Jundiaí), foi um dos pioneiros no Brasil a estabelecer os critérios para cobrança pela utilização dos Recursos Hídricos no Estado de São Paulo.

2.5 PATRIMÔNIO CULTURAL BRASILEIRO

Especificamente sobre o **meio ambiente cultural,** tem-se que no direito brasileiro está estabelecida e garantida a proteção do patrimônio cultural, com base no artigo 216, da Constituição Federal de 1988:

> *Art. 216 – Constituem patrimônio cultural brasileiro os bens de natureza material e imaterial, tomados individualmente ou em conjunto, portadores de referência à identidade, à ação, à memória dos diferentes grupos formadores da sociedade brasileira, nos quais se incluem:*
>
> *I – as formas de expressão;*
>
> *II – os modos de criar, fazer e viver;*
>
> *III – as criações científicas, artísticas e tecnológicas;*
>
> *IV – as obras, objetos, documentos, edificações e demais espaços destinados às manifestações artístico-culturais;*
>
> *V – os conjuntos urbanos e sítios de valor histórico, paisagístico, artístico, arqueológico, paleontológico, ecológico e científico.*

Neste sentido, encontra-se estabelecido em termos legais e doutrinários no sistema jurídico brasileiro que os bens estão incluídos no patrimônio cultural brasileiro, desde que sejam portadores de referência à identidade, à ação, à memória dos diferentes grupos formadores da nacionalidade ou sociedade brasileiras, são protegidos e também merecedores também da tutela do Direito Ambiental.

Em termos de previsões de direito que respaldam esse instrumento com potencialidade de **proteção do meio ambiente cultural**, tem-se o instituto administrativo do **Tombamento**[5]**, que está disciplinado pelo Decreto-lei número 25, de 30 de novembro de 1937**, conforme se verifica pelas redações de seu artigo primeiro e parágrafo segundo:

> *Art. 1º Constitue o patrimônio histórico e artístico nacional o conjunto dos bens móveis*

5. Na perspectiva doutrinária administrativista, Maria Sylvia Zanella Di Pietro (2011, p. 141) define o Tombamento como "procedimento administrativo pelo qual o Poder Público sujeita a restrições parciais os bens de qualquer natureza cuja conservação seja de interesse público, por sua vinculação a fatos memoráveis da história ou por seu excepcional valor arqueológico ou etnológico, bibliográfico ou artístico." Enquanto José dos Santos Carvalho (2011, p. 734) trata o Tombamento como "forma de intervenção na propriedade pela qual o Poder Público procura proteger o patrimônio cultural brasileiro."

> *e imóveis existentes no país e cuja conservação seja de interêsse público, quer por sua vinculação a fatos memoráveis da história do Brasil, quer por seu excepcional valor arqueológico ou etnográfico, bibliográfico ou artístico.*
>
> *§ 2º Equiparam-se aos bens a que se refere o presente artigo e são também sujeitos a tombamento os monumentos naturais, bem como os sítios e paisagens que importe conservar e proteger pela feição notável com que tenham sido dotados pela natureza ou agenciados pela indústria humana.*

O tombamento, como instrumento de proteção do patrimônio histórico e artístico nacional, pode recair sobre bens particulares e também bens públicos.

Tem-se como resultado prático final deste procedimento a impossibilidade do bem protegido ser destruído, demolido, mutilado, ou mesmo reparado, pintado e restaurado, salvo havendo, para estas três últimas situações, autorização do órgão competente. (Art. 17, do Decreto-Lei nº 25/37).

Um bem pode ter reconhecido seu valor cultural e ser, portanto, objeto de tombamento, por via legislativa ou por intermédio de procedimento administrativo, admitindo também a legislação que o tombamento seja feito por determinação jurisdicional.

2.6 RESPONSABILIDADE CIVIL, ADMINISTRATIVA E PENAL POR DANOS AMBIENTAIS/TUTELA PROCESSUAL DO MEIO AMBIENTE

RESPONSABILIDADE CIVIL AMBIENTAL

O **dano ambiental** é a lesão aos recursos ambientais, que segundo a Lei nº 6.938/81, no artigo 3º, V, são considerados como tais "a atmosfera, as águas interiores, superficiais e subterrâneas, os estuários, o mar territorial, o solo, o subsolo, os elementos da biosfera, a fauna e a flora" – com consequente degradação o equilíbrio ecológico.

Nos casos de dano ao meio ambiente a regra é a da responsabilidade civil objetiva, independentemente da existência de culpa. Isso é o que dispõe a Lei nº 6.938/81, no artigo 14, § 1º:*"Sem obstar a aplicação das penalidades previstas neste artigo, é o poluidor obrigado, independentemente de existência de culpa, a indenizar ou reparar os danos causados ao meio ambiente e a terceiros, afetados por sua atividade."*

Tal previsão foi recepcionada pelo Código Civil brasileiro, que nos termos do seu art. 927, parágrafo único, prevê que:

> *"Aquele que, por ato ilícito (arts. 186 e 187), causar dano a outrem, fica obrigado a repará-lo.*
>
> *Parágrafo único. **Haverá obrigação de reparar o dano, independentemente de culpa, nos casos especificados em lei, ou quando a atividade normalmente desenvolvida pelo autor do dano implicar, por sua natureza, risco para os direitos de outrem."***

Basta, portanto, a simples **ocorrência de dano ambiental e um nexo de causalidade entre essa ocorrência e a ação do sujeito causador da lesão ao meio ambiente**, para que a responsabilidade civil de reparação desse dano seja objetiva.

É importante destacar que este **sujeito causador pode ser pessoa física ou jurídica, de direito privado ou direito público.** Isto significa, por exemplo, que o Estado pode ser responsabilizado pela ocorrência de dano ambiental, desde que ocorra relação de causa e efeito entre sua ação e/ou omissão e o evento danoso ambiental ocorrido. Da mesma forma o particular.

Outro ponto que cabe ser enfatizado é **regime de Solidariedade Passiva entre os Responsáveis** pela ocorrência de dano ambiental. Na responsabilidade solidária, todos aqueles que direta ou indiretamente possam ter contribuído para a ocorrência do dano ambiental, podem ser chamados para sua reparação.

Portanto, toda vez que se tem um passivo ambiental, tem-se o acúmulo de danos infligidos ao meio natural por uma determinada atividade ou pelo conjunto de ações humanas e, por conseguinte, um custo necessário para recuperar ou reparar os danos ambientais (montante do passivo ambiental).

Em suma: **todo passivo ambiental gera uma responsabilidade civil ambiental para a sua reparação, mitigação ou compensação, que se perpetua no tempo, até que o dano seja reparado**.

Para que haja a Responsabilidade Civil, não é necessária a ocorrência de culpa (independe da vontade ou não de causar o dano), basta que tenha havido relação de causa e efeito entre a atividade do agente e o dano causado.

Com base em todos os aspectos analisados da responsabilidade civil ambiental, podem ser sintetizadas algumas características fundamentais:

Características da Responsabilidade Objetiva Ambiental	Ocorrência do Evento Danoso
	Nexo de Causalidade (Relação de Causa e Efeito entre a atividade do agente e o dano causado)
	Irrelevância da licitude da conduta
	Regime de Solidariedade Passiva entre os Responsáveis
ATENÇÃO!	**pela responsabilidade civil objetiva, o causador do dano ambiental é obrigado, independentemente da culpa, a indenizar** (inclusive com a possibilidade de indenização a título de danos morais) **ou reparar os danos causados ao meio ambiente e a terceiros, afetados por sua conduta.** O objetivo primordial desse sistema de responsabilidade é buscar restabelecer o mais próximo possível a situação à condição anterior ao dano; e quando isto não for possível, buscar medidas compensatórias.

Este é o posicionamento atual do STJ, no sentido de que a responsabilidade civil por danos ambientais, seja por lesão ao meio ambiente propriamente dito (dano ambiental público), seja por ofensa a direitos individuais (dano ambiental privado), é objetiva, fundada na teoria do risco integral, em face do disposto no art. 14, § 1º, da Lei n. 6938/81. (RECURSO ESPECIAL Nº 1.373.788 – SP (2013/0070847-2).

Finalmente cabe destacar que sempre será possível responsabilizar civilmente o autor de um dano ambiental, independentemente de se esgotar eventuais vias processuais instauradas para se apurar responsabilidades administrativas e/ou criminais. As 3 (três) vias de responsabilizações ambientais podem ocorrer concomitantemente, cada qual com o seu propósito, sendo o da responsabilidade civil a busca da reparação (quando não possível, a compensação) do dano ambiental ocorrido.

Importante

O STJ também já firmou entendimento de que para casos de omissão de dever de controle e fiscalização que contribuem para o agravamento do dano ambiental, a responsabilidade ambiental solidária da Administração é de execução **subsidiária**, o que significa que o Estado integra o título executivo sob a condição de só ser convocado a arcar com a reparação ambiental se o degradador original não o fizer. (RESP 200801460435, Relator Ministro Herman Benjamin, STJ – 2ª Turma, DJE: 16/12/2010).

AÇÃO CIVIL PÚBLICA E A RESPONSABILIDADE CIVIL AMBIENTAL

Conforme apontado no caso mencionado no item anterior, para que fosse dada uma solução para o grave dano ambiental ocorrido, foi necessária a propositura, por parte do Ministério Público, de uma Ação Civil Pública. Cabem ser feitas algumas considerações sobre o regime jurídico e os alcances de sua atuação.

A Ação Civil Pública é o principal instrumento de tutela ambiental, utilizado para apurar e/ou responsabilizar civilmente a reparação de casos de dano ambiental.

Ela foi criada em 24 de julho de 1985, com a publicação da Lei Federal nº 7.347, com o fim de disciplinar e proteger não só o meio ambiente, mas também o consumidor, os bens e direitos de valor histórico, artístico, estético, cultural, turístico e paisagístico, na condição de direitos difusos e coletivos[6].

Com essa lei, a defesa do meio ambiente, em nome de toda a coletividade, começou a ser realizada, segundo seu art. 5º, pelos seguintes órgãos e entidades (legitimação ativa): **Ministério Público, Defensoria Pública,** [7] **pelos representantes legais e respectivos órgãos da união, estados, Distrito Federal e municípios, por associações civis, constituídas há pelo menos um ano e que inclua nas suas finalidades institucionais a proteção do meio ambiente.**

Portanto, tais legitimados ativos, podem propor a ação civil pública perante situação de ocorrência de dano ou ameaça de dano ao meio ambiente ou outros interesses difusos e coletivos.

A demanda de responsabilização civil por dano ambiental terá sempre como objeto uma obrigação de dar (pagar), de fazer ou não fazer, no sentido de

6. Art. 1º Regem-se pelas disposições desta Lei, sem prejuízo da ação popular, as ações de responsabilidade por danos morais e patrimoniais causados: I – ao meio-ambiente; II – ao consumidor; III – a bens e direitos de valor artístico, estético, histórico, turístico e paisagístico; IV – a qualquer outro interesse difuso ou coletivo. (Incluído pela Lei nº 8.078 de 1990) V – por infração da ordem econômica; (Redação dada pela Leu nº 12.529, de 2011).; VI – à ordem urbanística. (Incluído pela Medida provisória nº 2.180-35, de 2001)
7. Inserida na lista dos autorizados a propor a ação civil pública pela Lei Federal nº 11448/07.

evitar, mitigar ou reparar uma situação de dano ambiental. Poderá também incluir medidas compensatórias, quando não houver mais a possibilidade de evitar o dano ou trata-se de dano irreparável. Seu objeto decorre da previsão do art. 3º Lei Federal nº 7.347/85:

> *"Art. 3º A ação civil poderá ter por objeto a condenação em dinheiro ou o cumprimento de obrigação de fazer ou não fazer."*

Importante!

A jurisprudência do STJ já está firmada no sentido de que a necessidade de reparação integral da lesão causada ao meio ambiente permite a cumulação de obrigações de fazer, de não fazer e de indenizar, que têm natureza propter rem. Neste sentido, REsp 1.248.214/MG, Rel. Ministro Herman Benjamin, Segunda Turma, DJe 13.04.2012.

Todas essas observações são pertinentes. **O mecanismo processual da ação civil pública, portanto, é adequado para que se pleiteiem, cumulativamente, a reparação pecuniária do dano causado e o cumprimento de obrigação de fazer**.

Ressalte-se que em entendimento recente do STJ[8], reconheceu-se a possibilidade de o agente degradador ser condenado ao pagamento de dano moral coletivo em favor das vítimas afetadas pelo dano ambiental.

Cabe dizer também que os órgãos com legitimidade para propor a ação civil pública podem, antes do ingresso da ação, podem firmar termos de compromisso de ajustamento de conduta de reparação de danos ambientais ou de qualquer situação fática que não esteja em conformidade com a legislação ambiental. Tal compromisso tem eficácia de título executivo extrajudicial (art. 5°, § 6°, da Lei 7.347/85).

É **competente** para processar e julgar a causa o **juiz do foro do local onde ocorrer o dano**, admitindo medidas cautelares e concessão de liminar suspensiva do fato ou ato contra o qual se dirige a ação.

Importante destacar o artigo 16 da Lei da Ação Civil Pública que prevê que **a sentença civil da ação civil pública fará coisa julgada erga omnes, exceto se a ação for julgada improcedente por deficiência de provas**, hipótese em que qualquer legitimado poderá intentar outra ação com idêntico fundamento, valendo-se de nova prova.

Assim, com a regulamentação da chamada ação civil pública, o meio ambiente ganha importante instrumento de proteção na condição de interesse de toda uma coletividade, ou seja, órgãos públicos e entidades civis passam a ser legitimados a proporem a ação civil em favor de todos aqueles que, direta ou indiretamente, possam sofrer consequências de eventuais danos ao meio ambiente. Como aponta Mancuso[9], a concepção holística de meio ambiente, com a publicação da Lei nº 7.347/85, passa ser suscetível de ser objeto de uma nova e importante forma de proteção, a tutela jurídica em prol de interesses difusos e coletivos.

RESPONSABILIDADE ADMINISTRATIVA

A responsabilidade administrativa fundamenta-se na capacidade que o poder público tem de impor limites às condutas dos administrados. Em outras palavras, os órgãos públicos, sejam federais, estaduais ou municipais, detêm o chamado **"poder de polícia administrativa"**, que consiste na possibilidade de exercer fiscalização sobre todas as atividades e bens que afetam ou possam afetar a coletividade.

O conceito legal de poder de polícia está disciplinado pelo art. 78, do Código Tributário Nacional:	"Considera-se poder de polícia atividade da administração pública que, limitando ou disciplinando Direito, interesse ou liberdade, regula a prática de ato ou abstenção de fato, em razão de interesse público concernente à segurança, à higiene, à ordem, aos costumes, à disciplina da produção e do mercado, ao exercício de atividades econômicas dependentes de concessão ou autorização do Poder Público, à tranquilidade pública ou ao respeito à propriedade e aos direitos individuais ou coletivos".

Além do fundamento constitucional do § 3º do art. 225, a Responsabilidade Administrativa possui previsão na **Lei Federal nº 9.605, de 12 de fevereiro de 1998**, que dispõe sobre as sanções tanto penais quanto administrativas, derivadas de condutas e atividades lesivas ao meio ambiente e também no **Decreto Federal nº 6.514, de 22 de julho de 2008 (com alterações e acréscimos advindos do Decreto Federal nº 6.686, de 10 de dezembro de 2008)**, que dispõe sobre as infrações e sanções administrativas ao meio ambiente e estabelece o processo administrativo federal para apuração destas infrações.

8. REsp 1269494/MG, Rel. Min. Eliana Calmon, Segunda Turma, julgado em 24/09/2013

9. MANCUSO, Ronaldo de Camargo. Ação Civil Pública: em defesa do meio ambiente, do patrimônio cultural e dos consumidores. 7. ed. São Paulo: RT, 2001.

O conceito legal de infração administrativa ambiental está previsto no art. 70 da Lei nº 9.605/98 e, com a mesma redação, no art. 2º, do Decreto Federal nº 6.514/2008, como sendo:

> **"toda ação ou omissão que viole as regras jurídicas de gozo, promoção, proteção e recuperação do meio ambiente".**

Com a constatação da ocorrência de uma infração ambiental administrativa, ocorre a lavratura de um "Auto de Infração Ambiental" (AIA). Conforme prescreve o art. 96, do Decreto Federal nº 6.514/2008:

> Constatada a ocorrência de infração administrativa ambiental, será lavrado auto de infração, do qual deverá ser dado ciência ao autuado, assegurando-se o contraditório e a ampla defesa.

Importante destacar que para a autuação administrativa é necessária análise do elemento subjetivo do madeireiro, pois ao contrário do que ocorre no plano civil (no qual poluidores indiretos respondem objetivamente por danos ambientais), **na esfera administrativa, <u>não</u> se pode punir uma pessoa, sem que tenha agido com culpa, por infração ambiental cometida por terceiro.** Esta é a posição atual do STJ (AgRg no AREsp 62.584/RJ)

Ao autuado são asseguradas as garantias constitucionais da ampla defesa e do contraditório incidentes no processo administrativo ambiental, conforme previsão do art. 5º, **LV, da Constituição Federal: aos litigantes, em processo judicial ou administrativo, e aos acusados em geral são assegurados o contraditório e ampla defesa, com os meios e recursos a ela inerentes.**

Em termos formais, o Auto de Infração Ambiental, deverá atender requisitos específicos constantes do art. 97 do Decreto Federal nº 6.514/2008:

Requisitos que devem constar no Auto de Infração Ambiental:	Lavrado em Impresso Próprio
	Indicação do infrator
	Descrição clara e objetiva das infrações administrativas constatadas
	Indicação dos respectivos dispositivos legais e regulamentares infringidos
	Não devendo conter emendas ou rasuras que comprometam sua validade

Uma vez autuado, o Acusado pode apresentar Defesa Administrativa ou realizar eventual pagamento da multa imposta, dentro do respectivo prazo legal previsto para cada um destes atos.

No caso da opção pelo pagamento, segundo previsão do art. 113, parágrafo primeiro do Decreto Federal nº 6.514/2008, o órgão ambiental responsável concederá **o desconto de trinta por cento**, se o autuado decidir efetuar o pagamento da penalidade no prazo de 20 (vinte) dias previsto para o oferecimento da defesa administrativa.

Por outro lado, no caso de apresentação de defesa, devem, no transcurso do processo administrativo ambiental, serem observados os seguintes prazos, Art. 71 da Lei 9.605/98 (e também artigos 113 e 127 do Decreto Federal nº 6.514/2008):

20 dias para oferecer a defesa	30 dias para autoridade competente julgar o auto de infração	20 dias para o infrator recorrer da decisão condenatória à instância superior	5 dias para pagamento da multa

Na Defesa Administrativa, podem ser alegados motivos que eventualmente afastem a responsabilidade administrativa do Acusado. Após apresentada a Defesa, o Órgão Ambiental competente para o Julgamento, pode proceder de três formas:

> Julgar totalmente improcedente a defesa, mantendo a Penalidade Administrativa do Auto de Infração;
>
> Julgar procedente a defesa, arquivando-se o Auto de Infração;
>
> Facultar ao "Acusado" um Termo de Compromisso de Recuperação Ambiental da área afetada.

De acordo com a decisão, o Acusado pode ainda recorrer à Segunda Instância Administrativa para tentar a reforma da decisão.

Ultrapassadas as instâncias recursais e confirmada a ocorrência de Infração Administrativa Ambiental, o Infrator, de acordo com a dimensão do dano ambiental e outras características do caso concreto, está sujeito ao cumprimento das Penalidades Administrativas impostas, além de outras que eventualmente já tiver sofrido em caráter cautelar, como, por exemplo, a apreensão dos animais, produtos e subprodutos da fauna e flora, instrumentos, petrechos, equipamentos ou veículos de qualquer natureza utilizados na infração.

As principais penalidades administrativas estão previstas no art. 70 da Lei nº 9.605/98 e, com a mesma redação, no art. 3º, do Decreto Federal nº 6.514/2008, como:

I – advertência;

II – multa simples;

III – multa diária;

IV – apreensão dos animais, produtos e subprodutos da fauna e flora, instrumentos, petrechos, equipamentos ou veículos de qualquer natureza utilizados na infração;

V – destruição ou inutilização do produto;

VI – suspensão de venda e fabricação do produto;

VII – embargo de obra ou atividade;

VIII – demolição de obra;

IX – suspensão parcial ou total de atividades;

XI – restritiva de direitos, que podem ser de suspensão ou cancelamento de licença ou autorização, perda ou restrição de incentivos e benefícios fiscais e proibição de contratar com a administração pública, pelo período de até três anos (previstas no artigo 72 da Lei nº 9.065/1998).

RESPONSABILIDADE CRIMINAL

Chega-se ao último gênero de Responsabilidade Ambiental, **a Responsabilidade Criminal**. Das Responsabilidades estudadas anteriormente, a Responsabilidade Criminal é a mais rigorosa. Vimos que aquele que comete danos ao meio ambiente pode ser multado, ser obrigado a reparar/indenizar o dano causado e, por meio da Responsabilidade Criminal, pode, por exemplo, e dependendo da gravidade do crime ambiental cometido, ser também preso.

Toda a matéria de Responsabilidade Penal por Danos Ambientais foi sistematizada com a **Lei 9.605/98 – a Lei de Crimes Ambientais.**

Esta Lei traz as especificidades dos crimes ambientais, regulamentando uma listagem específica de situações para condutas lesivas ao meio ambiente.

Apesar de ser uma lei específica, a aplicação da lei penal ambiental acompanha toda a sistemática do Código Penal e do Código de Processo Penal brasileiros. Ou seja, caso falte alguma regra para apuração da responsabilidade penal por dano ambiental na Lei de Crimes Ambientais, aplica-se subsidiariamente o Código Penal e o Código de Processo Penal. É o que se verifica da previsão do artigo 79 da Lei de Crimes Ambientais: "Art. 79 – Aplicam-se subsidiariamente a esta Lei as disposições do Código Penal e do Código de Processo Penal."

Deve-se sempre ressaltar que em matéria de responsabilidade penal ambiental, **o infrator só responde pelo crime praticado se a ele houver dado causa ao menos culposamente.**

Art. 18 do Código Penal brasileiro:	
Crime doloso	**Crime culposo**
I – doloso, quando o agente quis o resultado ou assumiu o risco de produzi-lo;	II – culposo, quando o agente deu causa ao resultado por imprudência, negligência ou imperícia.

Isso significa que **não há Responsabilidade Objetiva no âmbito criminal ambiental**. Ou seja, para que ocorra responsabilidade criminal por danos ambientais a conduta do agente infrator deve ter sido cometida com dolo ou culpa. A mera ocorrência do dano ao meio ambiente, sem dolo, nem culpa, não gera responsabilidade criminal.

A Responsabilidade Objetiva, de Risco Integral, que responsabiliza o agente independentemente de dolo ou culpa, como visto, só ocorre na Responsabilidade Civil por danos ambientais.

APLICAÇÃO DAS PENAS POR CRIMES AMBIENTAIS

Foi na Lei de Crimes Ambientais que o legislador definiu as penas e as condições de sua aplicação para cada caso concreto, bem como delineou os critérios que podem atenuar, agravar ou até mesmo excluir sua incidência.

Por outras palavras, o processo de responsabilização ambiental criminal segue a mesma lógica do Código Penal e de Processo Penal geral, mas com critérios específicos relacionados com a questão ambiental. É como se houvesse critérios para uma dosimetria específica para se apurar a medida das penas por crimes ambientais de acordo com as circunstâncias e características de cada conduta tipificada e seus reflexos ao meio ambiente.

Portanto, as condutas e atividades lesivas ao meio ambiente, bem como seus critérios específicos de aplicação, encontram-se descritos pela Lei Federal, nº 9.605/98, a Lei de Crimes Ambientais.

O primeiro parâmetro para apuração de responsabilidade criminal ambiental está previsto pelo art. 6º da Lei de Crimes Ambientais, que vai impor como condição para a gradação da penalidade, em cada caso, a observância dos seguintes aspectos:

Art. 6º Para imposição e gradação da penalidade, a autoridade competente observará:	
	I – a gravidade do fato, tendo em vista os motivos da infração e suas consequências para a saúde pública e para o meio ambiente; II – os antecedentes do infrator quanto ao cumprimento da legislação de interesse ambiental; III – a situação econômica do infrator, no caso de multa.

Tem-se como isso uma lógica própria para apuração da penalidade decorrente da prática de crime ambiental, que deverá sempre levar em conta a gravidade do fato, as consequências para a saúde pública e meio ambiente, os antecedentes, a conduta social, a personalidade do acusado e, no caso de eventual pena de multa a situação econômica do agente

CIRCUNSTÂNCIAS ATENUANTES

As Circunstâncias Atenuantes para aplicação de pena por crime ambiental estão previstas no Art. 14 da Lei de Crimes Ambientais (LCA):	I – baixo grau de instrução ou escolaridade do agente; II – arrependimento do infrator, manifestado pela espontânea reparação do dano; III – comunicação prévia pelo agente do perigo iminente de degradação ambiental; IV – colaboração com os agentes encarregados da vigilância e do controle ambiental.

Como se vê, as circunstâncias que irão atenuar a apuração da penalidade a ser aplicada pela prática de crime ambiental, em grande medida, dos incisos II a IV, estão relacionadas com ações do agente voltadas para minimizar o dano ambiental causado por sua conduta tipificada (seja realizando a reparação, seja comunicando às autoridades o perigo ambiental iminente decorrente de sua ação ou mesmo colaborando com os agentes competentes no controle do dano acorrido).

Ressalte-se que o inciso I, baixo grau de instrução ou escolaridade do agente, trata de um conceito jurídico indeterminado, que deverá ser verificado caso a caso, de acordo com as características de instrução/formação (formal e informal) de cada acusado. Cabe dizer, que há corrente doutrinária ambiental que configura esta situação como daquele sujeito que não teria concluído o ensino fundamental.

CIRCUNSTÂNCIAS AGRAVANTES

As Circunstâncias Agravantes para aplicação de pena por crime ambiental estão previstas no Art. 15 da LCA:

I. reincidência nos crimes de natureza ambiental;

II. ter o agente cometido a infração:

a) para obter vantagem pecuniária;

b) coagindo outrem para a execução material da infração;

c) afetando ou expondo a perigo, de maneira grave, a saúde pública ou o meio ambiente;

d) concorrendo para danos à propriedade alheia;

e) atingindo áreas de unidades de conservação ou áreas sujeitas, por ato do Poder Público, a regime especial de uso;

f) atingindo áreas urbanas ou quaisquer assentamentos humanos;

g) em período de defeso à fauna;

h) em domingos ou feriados;

i) à noite;

j) em épocas de seca ou inundações;

l) no interior do espaço territorial especialmente protegido;

m) com o emprego de métodos cruéis para abate ou captura de animais;

n) mediante fraude ou abuso de confiança;

o) mediante abuso do direito de licença, permissão ou autorização ambiental;

p) no interesse de pessoa jurídica mantida, total ou parcialmente, por verbas públicas ou beneficiada por incentivos fiscais;

q) atingindo espécies ameaçadas, listadas em relatórios oficiais das autoridades competentes;

r) facilitada por funcionário público no exercício de suas funções.

Com relação às causas agravantes da pena, a reincidência nos crimes de natureza ambiental se configura quando o agente já tiver cometido crime ambiental previsto pela Lei Federal nº 9.605/98, com trânsito em julgado da sentença condenatória, e cometer outro crime.

Já as demais circunstâncias agravantes se configuram por situações que representam **maior ameaça ambiental** (em termos da dimensão dos danos e dos méis empregados, alíneas de "c" a "m" e "q") ou quando há **condutas fraudulentas ao sistema jurídico ambiental visando vantagens ou proveitos econômicos em detrimento da preservação do meio ambiente** (casos das alíneas "a", "b" e de "n" a "p" e "r").

Na primeira situação temos, por exemplo, o caso do cometimento de crime ambiental em épocas de seca ou inundações, quando as fragilidades ambientais desses períodos fazem com que os efeitos ambientais danosos, decorrentes de práticas criminosas, sejam muito mais intensos e severos.

No segunda, temos o exemplo do agente que abusa do direito de licença ambiental, extrapolando os limites da autorização para realizar atividade impactante ao meio ambiente, para proveito próprio e com sérios riscos para o meio que circunda a atividade.

CAUSAS EXCLUDENTES DE ANTIJURIDICIDADE

As causas excludentes da antijuridicidade por crime ambiental estão previstas no Art. 37 da LCA, e referem-se à conduta específica de crime de abate de animal:

Não é crime o abate de animal, quando realizado:	
	I - em estado de necessidade, para saciar a fome do agente ou de sua família;
	II - para proteger lavouras, pomares e rebanhos da ação predatória ou destruidora de animais, desde que legal e expressamente autorizado pela autoridade competente;
	III - (VETADO)
	IV - por ser nocivo o animal, desde que assim caracterizado pelo órgão competente.

Essas situações previstas no art. 37 da Lei de Crimes Ambientais não são consideradas geradoras de responsabilidade criminal por dano ambiental. São situações bem específicas, nas quais, para salvaguardar valores como a vida e a saúde, exclui-se a antijuridicidade do dano ambiental causado.

No caso do inciso I do art. 37 da Lei de Crimes Ambientais, deve ser admitido o estado de miserabilidade do agente e a impossibilidade de alimentar-se por outros meios.

No inciso II, a ação não pode ocorrer a partir do livre arbítrio do agente. A autoridade ambiental deve conceder autorização prévia para que ocorra o abate.

Por fim, o inciso IV exige que o órgão competente reconheça que o animal realmente é nocivo, pelos danos à lavoura, destruição de outros espécimes ou perigo que representa para o homem. Ou seja, as condutas lesivas só são consideradas lícitas quando possuem finalidades específicas e estão previstas na legislação.

Atenção!	Em suma: além do primeiro caso de conduta justificante a partir do estado de necessidade do agente, que abate animal protegido para saciar sua fome ou de sua família, os outros dois casos, **sempre dependerão de requisitos próprios**: o do inciso II, da **autorização expressa da autoridade competente para abater animais protegidos que estão colocando em risco lavouras, pomares e rebanhos com sua ação predatória ou destruidora**; e o do inciso III, **o abate, dentro da situação de excludente, da caracterização de sua nocividade animal por parte do órgão competente**.

Na configuração do delito de bagatela envolvendo matéria ambiental, o STF tem exigido a satisfação, de forma concomitante, de certos requisitos, quais sejam: a conduta minimamente ofensiva, a ausência de periculosidade social da ação, o reduzido grau de reprovabilidade do comportamento e a lesão jurídica inexpressiva.

Por fim, deve-se destacar Excludente de Antijuridicidade decorrente das exceções advindas com o Novo Código Florestal (LEI Nº 12.651/2012), especificamente no que se refere às possibilidades a continuidade das atividades agrossilvipastoris, de ecoturismo e de turismo rural em áreas rurais consolidadas até 22 de julho de 2008 (conforme analisado no tópico 5.2.4 e ss.).

PENAS APLICÁVEIS ÀS PESSOAS FÍSICAS

Como foi enfatizado, desde que comprovado o dolo ou culpa do agente e atendidos requisitos gerais para responsabilização penal (imputabilidade), qualquer pessoa pode ser responsabilizada criminalmente pela prática de condutas tipificadas como crimes ambientais.

Penalidades que podem sofrer as pessoas físicas por prática de crimes ambientais:	Penas Privativas de Liberdade
	Penas Restritivas de Direitos

As penas privativas de liberdade estão previstas em cada tipo penal da Lei de Crimes Ambientais e variam de acordo com a gravidade da conduta. Ressalta-se que, de acordo com as características da pena a ser aplicada, da culpabilidade, dos antecedentes, da conduta social e personalidade do agente, bem como dos motivos e das circunstâncias do crime, a pena privativa de liberdade pode ser substituída pela restritiva de direitos.

As espécies de penas restritivas de direitos, em decorrência da prática de crimes ambientais, estão previstas pelo artigo 8º e detalhadas pelos artigos 9º a 13 da Lei de Crimes Ambientais:

ESPÉCIE DE PENA PRIVATIVA DE LIBERDADE (artigo 8º da LCA)	PARÂMETRO PARA APLICAÇÃO (artigos 9º a 13 da LCA)
I – prestação de serviços à comunidade	A prestação de serviços à comunidade consiste na atribuição ao condenado de tarefas gratuitas junto a parques e jardins públicos e unidades de conservação, e, no caso de dano da coisa particular, pública ou tombada, na restauração desta, se possível.
II – interdição temporária de direitos;	As penas de interdição temporária de direito são: (i) a proibição de o condenado contratar com o Poder Público; (ii) de receber incentivos fiscais ou quaisquer outros benefícios; (iii) bem como de participar de licitações, pelo prazo de cinco anos, no caso de crimes dolosos, e de três anos, no de crimes culposos.
III – suspensão parcial ou total de atividades;	A suspensão de atividades será aplicada quando estas não estiverem obedecendo às prescrições legais.
IV – prestação pecúniaria;	A prestação pecuniária consiste no pagamento em dinheiro à vítima ou à entidade pública ou privada com fim social, de importância, fixada pelo juiz, não inferior a um salário mínimo nem superior a trezentos e sessenta salários mínimos. O valor pago será deduzido do montante de eventual reparação civil a que for condenado o infrator.
V – recolhimento domiciliar	O recolhimento domiciliar baseia-se na auto-disciplina e senso de responsabilidade do condenado, que deverá, sem vigilância, trabalhar, frequentar curso ou exercer atividade autorizada, permanecendo recolhido nos dias e horários de folga em residência ou em qualquer local destinado a sua moradia habitual, conforme estabelecido na sentença condenatória.

CRIMES DE MENOR POTENCIAL OFENSIVO – DA POSSIBILIDADE DE TRANSAÇÃO PENAL

O Art. 27 da Lei de Crimes Ambientais prevê que:	Nos crimes ambientais de menor potencial ofensivo, a proposta de aplicação imediata de pena restritiva de direitos ou multa, prevista no Art. 76 da Lei 9.099, de 26 de setembro de 1995 (Juizados Especiais), somente poderá ser formulada desde que tenha havido a prévia composição do dano ambiental, salvo em caso de comprovada impossibilidade.

Em uma situação concreta, se estiverem presentes todos os requisitos da Transação Penal, havendo uma ocorrência policial, a autoridade competente deverá lavrar termo circunstanciado[10], para verificar a incidência de delito ambiental de menor potencial ofensivo.

10. Segundo Art. 69, da Lei nº 9.099, de 26 de setembro de 1995, para os casos de crime de menor potencial ofensivo: A autoridade policial que tomar conhecimento da ocorrência lavrará termo circunstanciado e o encaminhará imediatamente ao Juizado, com o autor do fato e a vítima, providenciando-se as requisições dos exames periciais necessários.

Conforme artigo 89 da Lei 9.099/95, com as modificações estabelecidas pelo art. 28[11] da Lei de Crimes Ambientais, além destes requisitos, a declaração de extinção de punibilidade dependerá ainda de laudo de constatação de reparação do dano ambiental.

Portanto, em havendo proposta de transação penal pelo Ministério Público antes do oferecimento de denúncia, seja em sede de processo iniciado por termo circunstanciado nos Juizados Especiais Criminais, seja em sede de inquérito policial, e verificado o preenchimento dos requisitos para a transação, bem como a elaboração do laudo de constatação de reparação do dano ambiental, o juiz homologará a transação penal, aplicando ao agente pena restritiva de direitos ou pena de multa.

É comum na Transação Penal que o agente assuma o compromisso de prestar auxílio às Organizações e Fundações que realizam trabalhos sociais e ambientais à comunidade, como forma de cumprimento de pena alternativa à privativa de liberdade.

INCIDÊNCIA DO PRINCÍPIO DA INSIGNIFICÂNCIA

Atenção!	Segundo o atendimento jurisprudencial do STJ, se admite a incidência do princípio da insignificância para casos de crime ambiental quando demonstrada, a partir do exame da situação concreta, a ínfima lesividade ao bem ambiental tutelado pela norma. Este posicionamento está presente na decisão da Segunda Turma do Supremo Tribunal Federal (STF) em decisão em sede Habeas Corpus (HC 112563), publicado em 10/12/2012, concedido, por maioria de votos, e que absolveu um pescador de Santa Catarina que havia sido condenado por crime contra o meio ambiente (contra a fauna) por pescar durante o período de defeso, utilizando-se de rede de pesca fora das especificações do Ibama e flagrado com 12 camarões. Nos termos da ementa do acordão: "Rei furtivae de valor insignificante. Periculosidade não considerável do agente. Crime de bagatela. Caracterização. Aplicação do princípio da insignificância. Atipicidade reconhecida".

COMPETÊNCIA PARA JULGAMENTO – CRIMES CONTRA A FAUNA E FLORA

Atualmente **prevalece o entendimento que a competência para julgamento dos crimes contra a fauna e flora é da Justiça Estadual**, exceto quando há ofensa direta a **bens, serviços e/ou interesses da União ou de suas entidades autárquicas**. Nesses últimos casos a **competência passa a ser da Justiça Federal**. Por exemplo, quando o delito é praticado em uma Unidade de Conservação Federal ou mesmo quando o objeto do delito é uma espécie ameaçada de extinção.

RESPONSABILIDADE PENAL DA PESSOA JURÍDICA

A Constituição Federal, por intermédio do seu Art. 225, § 3º, prevê que as condutas e atividades consideradas lesivas ao meio ambiente **sujeitarão os infratores, pessoas físicas ou jurídicas, a sanções penais.**

---

11. Art. 28. As disposições do art. 89 da Lei nº 9.099, de 26 de setembro de 1995, aplicam-se aos crimes de menor potencial ofensivo definidos nesta Lei, com as seguintes modificações:

    I – a declaração de extinção de punibilidade, de que trata o § 5° do artigo referido no *caput*, dependerá de laudo de constatação de reparação do dano ambiental, ressalvada a impossibilidade prevista no inciso I do § 1° do mesmo artigo;

    II – na hipótese de o laudo de constatação comprovar não ter sido completa a reparação, o prazo de suspensão do processo será prorrogado, até o período máximo previsto no artigo referido no *caput*, acrescido de mais um ano, com suspensão do prazo da prescrição;

    III – no período de prorrogação, não se aplicarão as condições dos incisos II, III e IV do § 1° do artigo mencionado no *caput*;

    IV – findo o prazo de prorrogação, proceder-se-á à lavratura de novo laudo de constatação de reparação do dano ambiental, podendo, conforme seu resultado, ser novamente prorrogado o período de suspensão, até o máximo previsto no inciso II deste artigo, observado o disposto no inciso III;

    V – esgotado o prazo máximo de prorrogação, a declaração de extinção de punibilidade dependerá de laudo de constatação que comprove ter o acusado tomado as providências necessárias à reparação integral do dano.

A Lei de Crimes Ambientais de forma mais específica, no seu Art. 3º, dispõe que:	As pessoas jurídicas serão responsabilizadas administrativa, civil e penalmente conforme o disposto nesta Lei, nos casos em que a infração seja cometida por decisão de seu representante legal ou contratual, ou de seu órgão colegiado, no interesse ou benefício da sua entidade.

Portanto, qualquer pessoa jurídica, seja de direito público ou privado, pode ser responsabilizada penalmente pela prática de crimes ambientais.

Dentre os requisitos necessários para se responsabilizar uma pessoa jurídica pela prática de crime ambiental, tem-se que **(1) a infração penal tenha sido cometida por decisão de seu representante legal ou contratual, ou de seu órgão colegiado; (2) que a infração tenha sido cometida no interesse ou benefício da pessoa jurídica.**

Apesar da responsabilização da pessoa jurídica que pratica crimes ambientais ser uma tendência mundial, bem como os seus fundamentos legais estarem previstos há tempos na Constituição Federal de 1988 e na Lei de Crimes Ambientais de 1998, tem-se que o alcance e as formas de responsabilização criminal ambiental das pessoas jurídicas estão sendo estabelecidos somente nos últimos anos pelas decisões dos Tribunais Superiores.

Atenção!	A posição atual do STF é no sentido da possibilidade de responsabilização penal da pessoa jurídica sem necessidade de punição conjunta com a pessoa física.

PENAS APLICÁVEIS À PESSOA JURÍDICA:

As penas aplicáveis à Pessoa Jurídica estão previstas no art. 21 da LCA e são as seguintes:	I – multa; II – restritivas de direitos; III – prestação de serviços à comunidade.

As espécies de penas restritivas de direitos aplicáveis às pessoas jurídicas, em decorrência da prática de crimes ambientais, estão previstas pelo artigo 22 e detalhadas pelos seus parágrafos:

ESPÉCIE DE PENA PRIVATIVA DE LIBERDADE (artigo 22 da LCA)	PARÂMETRO PARA APLICAÇÃO (parágrafos 1º, 2º e 3º)
I. suspensão parcial ou total de atividades	A suspensão de atividades será aplicada quando estas não estiverem obedecendo às disposições legais ou regulamentares, relativas à proteção do meio ambiente.
II. interdição temporária de estabelecimento, obra ou atividade;	A interdição será aplicada quando o estabelecimento, obra ou atividade estiver funcionando sem a devida autorização, ou em desacordo com a concedida, ou com violação de disposição legal ou regulamentar.
III. proibição de contratar com o Poder Público, bem como dele obter subsídios, subvenções ou doações.	A proibição de contratar com o Poder Público e dele obter subsídios, subvenções ou doações não poderá exceder o prazo de dez anos.

As espécies de penas de prestação de serviços à comunidade aplicáveis às pessoas jurídicas, em decorrência da prática de crimes ambientais, estão previstas pelo artigo 23 da Lei de Crimes:

I – custeio de programas e de projetos ambientais; II – execução de obras de recuperação de áreas degradadas; III – manutenção de espaços públicos; IV – contribuições a entidades ambientais ou culturais públicas.

Atenção!	Cabe destacar que segundo os termos de decisão do STF, em sede de Recurso Extraordinário (RE 548181/PR) de 6/8/2013, cuja relatora foi Ministra Rosa Weber: "É admissível a condenação de pessoa jurídica pela prática de crime ambiental, ainda que absolvidas as pessoas físicas ocupantes de cargo de presidência ou de direção do órgão responsável pela prática criminosa." (...) "Ao se condicionar a responsabilização da pessoa jurídica à física, estaria ocorrendo a subordinação da responsabilização jurídico-criminal do ente coletivo à efetiva condenação da pessoa física, o que não seria objetivo previsto no mandamento constitucional de criminalização contido no § 3º do art. 225 da CF/88".

AÇÃO PENAL

Finalmente cabe destacar que a Ação Penal a ser instaurada para o julgamento de crimes contra o meio ambiente **será sempre pública e incondicionada.**

É o que estabelece expressamente o artigo 26 da Lei de Crimes Ambientais:

Nas infrações penais previstas nesta Lei, a ação penal é pública incondicionada.

A Ação Penal pública no caso dos crimes ambientais é **incondicionada**, pois seu exercício não se subordina a nenhum requisito, pode ser iniciada sem a representação do ofendido e sem a requisição do Ministro da Justiça.

2.7 BIODIVERSIDADE/BIOSSEGURANÇA

A Convenção da Diversidade Biológica fixa no art. 1º as premissas básicas sobre as quais se fundamentam todos os princípios relativos à preservação de diversidade biológica global e os conhecimentos associados a ela:

A conservação da diversidade biológica, a utilização sustentável de seus componentes e a repartição justa e eqüitativa dos benefícios derivados da utilização sustentável dos recursos genéticos, mediante, inclusive, o acesso adequado aos recursos genéticos e a transferência adequada de tecnologias pertinentes, levando em conta todos os direitos sobre tais recursos e tecnologias, e mediante o financiamento adequado

Também a mesma Convenção (art. 2º) define o que seja a **Diversidade Biológica**, como objeto de proteção das normas internacionais e nacionais de direito ambiental:

Diversidade biológica
significa a variabilidade de organismos vivos de todas as origens, compreendendo, dentre outros, os ecossistemas terrestres, marinhos e outros ecossistemas aquáticos e os complexos ecológicos de que fazem parte; compreendendo ainda a diversidade dentro de espécies, entre espécies e de ecossistemas.

Atenção!
Por outro lado, desde a Constituição de 1988, há previsão expressa no ordenamento jurídico brasileiro de proteção da diversidade biológica na sua dimensão de patrimônio genético. É o que se depreende da previsão do art. 225, parágrafo 1º, inciso II: Art. 225 – Todos têm direito ao meio ambiente ecologicamente equilibrado, bem de uso comum do povo e essencial à sadia qualidade de vida, impondo-se ao Poder Público e à coletividade o dever de defendê-lo e preservá-lo para as presentes e futuras gerações. § 1º. Para assegurar a efetividade desse direito, incumbe ao Poder Público: **II – preservar a diversidade e a integridade do patrimônio genético do País e fiscalizar as entidades dedicadas à pesquisa e manipulação de material genético.**

A Convenção da Diversidade Biológica CDB (art. 2º), Apresenta o conceito de **Biotecnologia:** qualquer aplicação tecnológica que utilize sistemas biológicos, organismos vivos, ou seus derivados, para fabricar ou modificar produtos ou processos para utilização específica.

Enquanto que a **Biossegurança** é compreendida como:

> "**Conjunto de normas que regulamenta a manipulação genética, de forma que esta não coloque em risco a qualidade de vida do homem, bem como, e em especial, o seu próprio meio ambiente**. Portanto, Biossegurança compreende os riscos envolvidos na manipulação e na liberação para o meio ambiente de organismos geneticamente modificados. Dentre os possíveis tipos de risco temos os para a biodiversidade (e. g., espalhamento descontrolado de um organismo geneticamente modificado no meio ambiente) e para a saúde (e.g. toxicidade de um alimento para a população)".

No ano 2000, foi realizada a "Conferência das Partes da Convenção da Biodiversidade", com a presença de representantes de 180 países, na cidade de Montreal, no Canadá. Nessa Conferência foi aprovado o Protocolo de Biossegurança que, em homenagem a cidade-sede da Conferência preparatória de 1999, realizada na cidade de Cartagena, Colômbia, foi denominado "Protocolo de Cartagena".

Dentre os principais objetivos do Protocolo, tem-se a definição de um regime jurídico adequado de proteção no campo de transferência, manipulação e utilização segura dos Organismos Geneticamente Modificados, resultantes da Biotecnologia moderna (OGMs). Visa, principalmente, a conservação e a utilização sustentável da diversidade biológica, ao mesmo tempo, evitar e prevenir riscos para a saúde humana. O âmbito de sua aplicação são os movimentos transfronteiriços dos OGMs. O Protocolo adota o princípio do direito ambiental da precaução, com relação aos alimentos transgênicos.

Em 16 de Fevereiro de 2.006, o Brasil aprovou o Decreto nº 5.705, internalizando as previsões do Protocolo de Cartagena no sistema jurídico nacional.

> **Atenção!**
>
> **Para dar mais efetividade ao Protocolo de Cartagena, bem como à própria Convenção da Diversidade Biológica, em 24 de Março de 2.005, é sancionada a Lei nº 11.105, denominada Lei de Biossegurança, que** estabelece as normas de segurança e mecanismos de fiscalização de atividades que envolvam organismos geneticamente modificados – OGM e seus derivados, cria o Conselho Nacional de Biossegurança – CNBS, reestrutura a Comissão Técnica Nacional de Biossegurança – CTNBio, dispõe sobre a Política Nacional de Biossegurança – PNB.

A Lei de Biossegurança prevê os parâmetros legais para as pesquisas genéticas e apresenta a regulação necessária a tais pesquisas no território nacional.

Regulamenta especialmente dois temas: **Organismos Geneticamente Modificados – OGM e as células-tronco embrionárias humanas**

Deste modo, a Lei de Biossegurança tem por finalidade estabelecer normas de segurança e mecanismos de fiscalização no uso das técnicas de Engenharia Genética, conforme preceitua o seu art. 1º:

> Esta lei estabelece **normas de segurança** e mecanismos de fiscalização sobre a construção, o cultivo, a manipulação, o transporte, a transferência, a importação, a exportação, o armazenamento, a pesquisa, a comercialização, o consumo, a liberação no meio ambiente e o descarte de organismos geneticamente modificados – OGM e seus derivados, tendo como diretrizes o estimulo ao avanço cientifico na área de Biossegurança e Biotecnologia, a proteção à vida e a saúde humana, animal e vegetal, e a observância do princípio da precaução para a proteção do meio ambiente.

Assim, a Lei disciplina oito atividades relacionadas aos Organismos Geneticamente Modificados (OGM), a saber: **"construção, cultivo, manipulação, transporte; comercialização, consumo, liberação e descarte"**.

A Lei da Biossegurança traz também conceitos instrumentais importantes:

Organismos Geneticamente Modificados (OGM) são definidos como:	organismo cujo material genético – ADN/ARN tenha sido modificado por qualquer técnica de engenharia genética (art. 3º, V, Lei nº 11.105/2005).
Derivado de OGM	produto obtido de OGM e que não possua capacidade autônoma de replicação ou que não contenha forma viável de OGM (art. 3º, VI, Lei nº 11.105/2005).
Clonagem	processo de reprodução assexuada, produzida artificialmente, baseada em um único patrimônio genético, com ou sem utilização de técnicas de engenharia genética (art. 3º, VII, Lei nº 11.105/2005).
Células-tronco embrionárias	células de embrião que apresentam a capacidade de se transformar em células de qualquer tecido de um organismo.

Com base nesses conceitos, que definem objetos do regime jurídico da Biossegurança, o art. 2º da Lei, estabelece que as atividades e os projetos ligados à produção industrial e o desenvolvimento tecnológico que envolvam OGM estão sujeitos ao controle do Poder Público, o que possui direta relação com o princípio do Direito Ambiental do Limite (apresentado no capítulo 2 sobre princípios ambientais), em que cabe ao Poder Público estabelecer os limites e as possibilidades para as atividades de biotecnologia.

> Art. 2º – As atividade e projetos que envolvam OGM e seus derivados, relacionados ao *ensino* com manipulação de organismos vivos, à *pesquisa cientifica*, ao desenvolvimento tecnológico e à produção industrial ficam restritos ao âmbito de entidades de direito público ou privado, que serão responsáveis pela obediência aos preceitos desta Lei e de sua regulamentação, bem como pelas eventuais conseqüências ou efeitos advindos de seu descumprimento.

Além disso, o § 2º do art. 2º da Lei de Biossegurança prevê que: "As atividades e projetos de que trata este artigo são vedados as pessoas físicas em atuação autônoma e independente, ainda que mantenham vínculo empregatício ou qualquer outro com pessoas jurídicas".

Dentro do regime jurídico, algumas práticas são terminantemente proibidas pela Política Nacional de Biossegurança. Tais proibições estão previstas pelo art. 6º da Lei:

I – implementação de projeto relativo a OGM sem a manutenção de registro de seu acompanhamento individual;
II – engenharia genética em organismo vivo ou o manejo **in vitro** de ADN/ARN natural ou recombinante, realizado em desacordo com as normas previstas nesta Lei;
III – engenharia genética em célula germinal humana, zigoto humano e embrião humano;
IV – **clonagem humana**;
V – destruição ou descarte no meio ambiente de OGM e seus derivados em desacordo com as normas estabelecidas pela CTNBio, pelos órgãos e entidades de registro e fiscalização, referidos no art. 16 desta Lei, e as constantes desta Lei e de sua regulamentação;
VI – **liberação no meio ambiente de OGM ou seus derivados, no âmbito de atividades de pesquisa, sem a decisão técnica favorável da CTNBio e, nos casos de liberação comercial, sem o parecer técnico favorável da CTNBio, ou sem o licenciamento do órgão ou entidade ambiental responsável, quando a CTNBio considerar a atividade como potencialmente causadora de degradação ambiental, ou sem a aprovação do Conselho Nacional de Biossegurança – CNBS, quando o processo tenha sido por ele avocado, na forma desta Lei e de sua regulamentação**;
VII – a utilização, a comercialização, o registro, o patenteamento e o licenciamento de tecnologias genéticas de restrição do uso.

É vedada a pesquisa e cultivo de OGM em terras indígenas[12] e em Unidades de Conservação, com exceção das APAs (Áreas de Proteção Ambiental)[13], unidades de conservação de uso sustentável, onde a legislação não proíbe.

A Política Nacional da Biossegurança é regulamentada, também, pelo Decreto Federal nº 5.591, de 22/11/2005, que estabelece, em linhas gerais, o regime jurídico sobre os agentes implementadores da Lei 11.105/2005, desde o Conselho Nacional de Biossegurança - CNBS - até às Comissões Internas de Biossegurança - CIBio a maior parte dos dispositivos regulamentadores trata da Comissão Técnica de Biossegurana - CTNBio.

ÓRGÃOS DE IMPLEMENTAÇÃO DA POLÍTICA NACIONAL DE BIOSSEGURANÇA - ÊNFASE NA COMISSÃO NACIONAL DE BIOSSEGURANÇA - CTNBIO

A Lei de Biossegurança, em termos de estruturação administrativa, reestrutura a **Comissão Técnica Nacional de Biossegurança - CTNBio,** cria o **Conselho Nacional de Biossegurança - CNBS,** institui as **Comissões Internas de Biossegurança - CIBio**, em níveis subalternos e forma o **Sistema de Informação em Biossegurança - SIB.**

A Comissão Técnica Nacional de Biossegurança - CTNBio - integra a Administração Direta Federal, não possui personalidade jurídica própria. Está ligada ao Ministério da Ciência e Tecnologia e dá apoio técnico e assessoramento ao Governo Federal, nas questões ligadas à Biossegurança e Biotecnologia.

Assim, a Lei de Biossegurança, no Capítulo III, art. 10º, *caput* e parágrafo único, prevê as atribuições e natureza jurídica da CTNBio:

> Art. 10. A CTNBio, integrante do Ministério da Ciência e Tecnologia, é instância colegiada multidisciplinar de caráter consultivo e deliberativo, para prestar apoio técnico e de assessoramento ao Governo Federal na formulação, atualização e implementação da PNB de OGM e seus derivados, bem como no estabelecimento de normas técnicas de segurança e de pareceres técnicos referentes à autorização para atividades que envolvam pesquisa e uso comercial de OGM e seus derivados, com base na avaliação de seu risco zoofitossanitário, à saúde humana e ao meio ambiente.
>
> Parágrafo único. A CTNBio deverá acompanhar o desenvolvimento e o progresso técnico e científico nas áreas de biossegurança, biotecnologia, bioética e afins, com o objetivo de aumentar sua capacitação para a proteção da saúde humana, dos animais e das plantas e do meio ambiente.

O art. 10º enfatiza que a ação da Comissão buscará, em especial, por meio de atribuições consultivas e deliberativas, o desenvolvimento cientifico e tecnológico nas áreas de Biossegurança, Biotecnologia e Bioética, notadamente por meio de análise, controle e fiscalização de pesquisas ligadas a OGMs e incentivos a ações concretas.

A Lei estabelece, também, a esfera administrativa da CTNBio, bem como a delimitação das funções normativas, executivas e decisórias, setorizadas às questões que justificaram sua criação: Biossegurança dos OGM e seus derivados.

O caráter de tomada de decisão por maioria absoluta dos membros	**Art. 11, § 8º - (Incluído pela Lei nº 11.460, de 2007):** As decisões da CTNBio serão tomadas com votos favoráveis da maioria absoluta de seus membros.

12. A Constituição de 1988, no parágrafo § 1º, do art. 231, conceitua o que sejam áreas tradicionalmente ocupadas pelos índios: São terras tradicionalmente ocupadas pelos índios as por eles habitadas em caráter permanente, as utilizadas para suas atividades produtivas, as imprescindíveis à preservação dos recursos ambientais necessários a seu bem-estar e as necessárias a sua reprodução física e cultural, segundo seus usos, costumes e tradições.
13. A Área de Proteção Ambiental é uma área em geral extensa, com um certo grau de ocupação humana, dotada de atributos abióticos, bióticos, estéticos ou culturais especialmente importantes para a qualidade de vida e o bem-estar das populações humanas, e tem como objetivos básicos proteger a diversidade biológica, disciplinar o processo de ocupação e assegurar a sustentabilidade do uso dos recursos naturais (art. 15, da Lei Federal nº 9985/2000, Lei SNUC)

As competências funcionais da CTNBio estão previstas no art. 14 da Lei de Biossegurança em seus vinte e três incisos e regulamentada pelo Decreto nº 5.591/2.005, art. 5º, incisos I a XXIII.

Merecem destaque as seguintes atribuições:	
	1 - estabelecer normas e regulamentos relativos às atividades, pesquisas e projetos relacionados a OGMs e seus derivados;
	2 - classificar os OGMs e seus derivados segundo o seu grau de risco, procedendo com monitoramentos, critérios e análise de avaliação de risco, caso a caso;
	3 - estabelecer os mecanismos de funcionamentos das Comissões Internas de Biossegurança - CIBio;
	4 - autorizar, cadastrar e acompanhar as atividades de pesquisas com OGM ou derivados, bem como a importação do mesmo;
	5 - definir o nível de biossegurança a ser aplicado ao OGM e seus usos, e os respectivos procedimentos e medidas de segurança quanto ao seu uso, conforme as normas estabelecidas na regulamentação desta Lei, bem como quanto aos seus derivados;
	6 - identificar atividades e produtos decorrentes do uso de OGM e seus derivados potencialmente causadores de degradação do meio ambiente ou que possam causar riscos à saúde humana;
	7 - reavaliar suas decisões técnicas por solicitação de seus membros ou por recurso dos órgãos e entidades de registro e fiscalização, fundamentado em fatos ou conhecimentos científicos novos, que sejam relevantes quanto à biossegurança do OGM ou derivado, na forma desta Lei e seu regulamento;
	8 - propor a realização de pesquisas e estudos científicos no campo da biossegurança de OGM e seus derivados;
	9 - apresentar proposta de regimento interno ao Ministro da Ciência e Tecnologia;
	10 - emitir Certificado de Qualidade em Biossegurança - CQB e decisões técnicas, caso a caso, no âmbito de pesquisa e uso comercial de OGMs e seus derivados.

Nas decisões técnicas, o plenário da CTNBio poderá expedir autorização favorável ou desfavorável ao pedido de liberação comercial do OGM. Existirão, portanto, três possibilidades: deferimento, indeferimento, e deferimento com identificação de potencial degradação ambiental.

Para a última situação, quando a CTNBio entender que o OGM é potencialmente ou efetivamente causador de degradação ambiental, determinará que se faça o Licenciamento Ambiental, encaminhando o processo ao órgão competente do Ministério do Meio Ambiente para suas providências, cabendo ao órgão decidir sobre a necessidade de Estudo de Impacto Ambiental - EIA - e respectivo Relatório Ambiental - RIMA - ou outros estudos para avaliação do risco, sob pena de controle judicial da decisão.

BIODIVERSIDADE E CONHECIMENTO TRADICIONAL ASSOCIADO - LEI FEDERAL N. 13.123/2015

Importante destacar que em 2015, em 20 de maio, o Brasil por meio da Lei Federal n. 13.123, institui sua Política Nacional de Acesso ao Patrimônio genético, sobre a Proteção e o Acesso ao Conhecimento Tradicional Associado e sobre a repartição de benefícios para conservação e uso sustentável da Biodiversidade.

Dentro dos conceitos trazidos pelo marco regulatório (Art. 2º), cabem ser destacados:

patrimônio genético - informação de origem genética de espécies vegetais, animais, microbianas ou espécies de outra natureza, incluindo substâncias oriundas do metabolismo destes seres vivos;

conhecimento tradicional associado - informação ou prática de população indígena, comunidade tradicional ou agricultor tradicional sobre as propriedades ou usos diretos ou indiretos associada ao patrimônio genético;

Como concepção orientadora dos propósitos de proteção da Lei, **considera-se que a diversidade biológica tem valor intrínseco, merecendo respeito independentemente de seu valor para o homem** ou potencial para uso humano;

A referida Lei cria também no âmbito do Ministério do Meio Ambiente **o Conselho de Gestão do Patrimônio Genético - CGen**, órgão colegiado de caráter deliberativo, normativo, consultivo e recursal, responsável por coordenar a elaboração e a implementação de políticas para a gestão do acesso ao patrimônio genético e ao conhecimento tradicional associado e da repartição de benefícios, formado por representação de órgãos e entidades da administração pública federal que detêm competência sobre as diversas ações de que trata esta Lei com participação máxima de 60% (sessenta por cento) e a representação da sociedade civil em no mínimo 40% (quarenta por cento) dos membros, assegurada a paridade entre: I – setor empresarial; II – setor acadêmico; e III – populações indígenas, comunidades tradicionais e agricultores tradicionais. (Art. 6º)

Neste contexto, às populações indígenas, às comunidades tradicionais e aos agricultores tradicionais que criam, desenvolvem, detêm ou conservam conhecimento tradicional associado **são garantidos os direitos de participar do processo de tomada de decisão sobre assuntos relacionados ao acesso a conhecimento tradicional associado e à repartição de benefícios decorrente desse acesso, na forma do regulamento**

O artigo 8º da mesma legislação estabelece como protegidos os conhecimentos tradicionais associados ao patrimônio genético de populações indígenas, de comunidade tradicional ou de agricultor tradicional contra a utilização e exploração ilícita. E o § 2º do mesmo artigo, determina que **o conhecimento tradicional associado ao patrimônio genético integra o patrimônio cultural brasileiro e poderá ser depositado em banco de dados.**

Para este novo marco regulatório, considera-se **infração administrativa** contra o patrimônio genético ou contra o conhecimento tradicional associado toda ação ou omissão que viole as normas da Lei Federal n. **13.123/2015**

✦ SÚMULAS APLICÁVEIS

ESPAÇOS TERRITORIAIS ESPECIALMENTE PROTEGIDOS PELO PODER PÚBLICO

- **STF – Súmula 479 –** As margens dos rios navegáveis são de domínio público, insuscetíveis de expropriação e, por isso mesmo, excluídas de indenização.

PRESCRIÇÃO. MULTA POR INFRAÇÃO AMBIENTAL

- **STJ – Súmula 467-.** Prescreve em cinco anos, contados do término do processo administrativo, a pretensão da Administração Pública de promover a execução da multa por infração ambiental.

✦ INFORMATIVOS APLICÁVEIS

✦ STF

1. DIREITO AMBIENTAL

2016

Crime ambiental e dano efetivo ao bem jurídico tutelado

Aplica-se o princípio da insignificância aos crimes ambientais, tanto com relação aos de perigo concreto – em que ocorre dano efetivo ao bem jurídico tutelado –, quanto aos de perigo abstrato, como no art. 34, "caput", da Lei 9.605/98. Apesar de a conduta do denunciado amoldar-se à tipicidade formal e subjetiva, inexiste tipicidade material, consistente na relevância penal da conduta e no resultado típico. Mesmo diante de crime de perigo abstrato, não é possível dispensar a verificação "in concreto" do perigo real ou mesmo potencial da conduta praticada. O acusado estava em pequena embarcação quando foi surpreendido em contexto de pesca rústica, com vara de pescar, linha e anzol. Não estava em barco grande, munido de redes, arrasto nem com instrumentos de maior potencialidade lesiva ao meio ambiente. *Inq 3788/DF, Rel. Min. Cármen Lúcia, 1º.3.2016. 2ª T. (Info 816)*

Pesca ilegal: crime de perigo e princípio da insignificância

A proteção, em termos criminais, ao meio ambiente decorre de mandamento constitucional, conforme prescreve o § 3º do art. 225 da CF. 2. Em razão da sua relevância constitucional, é latente, portanto, o interesse do estado na repreensão às condutas delituosas que possam colocar o meio ambiente em situação de perigo ou lhe causar danos, consoante a Lei 9.605/98. 3. Essa proteção constitucional, entretanto, não afasta a possibilidade de se reconhecer, em tese, o princípio da insignificância quando há a satisfação concomitante de certos pressupostos, tais como: a) mínima ofensividade da conduta do agente; b) nenhuma periculosidade social da ação; c) reduzidíssimo grau de reprovabilidade do comportamento; e d) inexpressividade da lesão jurídica provocada. 4. A conduta praticada pode ser considerada como um crime de perigo, que se consuma com a mera possibilidade do dano. 5. O comportamento do recorrente é dotado de intenso grau de reprovabilidade, pois ele agiu com liberalidade ao pescar em pleno defeso utilizando-se de redes de pesca de aproximadamente 70 metros, o que é um indicativo da prática para fins econômicos e não artesanais, afastando, assim, já que não demonstrada nos autos, a incidência do inciso I do art. 37 da Lei Ambiental, que torna atípica a conduta quando praticada em estado de necessidade, para saciar a fome do agente ou de sua família. 6. Nesse contexto, não há como afastar a tipicidade material da conduta, tendo em vista que a reprovabilidade que recai sobre ela está consubstanciada no fato de o recorrente ter pescado em período proibido utilizando-se de método capaz de colocar em risco a reprodução dos peixes, o que remonta, indiscutivelmente, à preservação e ao equilíbrio do ecossistema aquático. *HC 127926/SC, Rel. Min. Dias Toffoli, 26.10.2016. 2ª T. (Info 845)*

Princípio da precaução e campo eletromagnético

[RPG] No atual estágio do conhecimento científico, que indica ser incerta a existência de efeitos nocivos da exposição ocupacional e da população em geral a campos elétricos, magnéticos e eletromagnéticos gerados por sistemas de energia elétrica, não existem impedimentos, por ora, a que sejam adotados os parâmetros propostos pela Organização Mundial de Saúde (OMS), conforme estabelece a Lei 11.934/2009. *RE 627189/SP, Repercussão geral – mérito, Rel. Min. Dias Toffoli, 8.6.2016. Pleno. (Info 829)*

✦ STF

1. RESPONSABILIDADE AMBIENTAL

➘ *Danos materiais ocasionados por construção de hidrelétrica.*

O pescador profissional artesanal que exerça a sua atividade em rio que sofreu alteração da fauna aquática após a regular instalação de hidrelétrica (ato lícito) tem direito de ser indenizado, pela concessionária de serviço público responsável, em razão dos prejuízos materiais decorrentes da diminuição ou desaparecimento de peixes de espécies comercialmente lucrativas paralelamente ao surgimento de outros de espécies de menor valor de mercado, circunstância a impor a captura de maior volume de pescado para a manutenção de sua renda próxima à auferida antes da modificação da ictiofauna. *REsp 1.371.834-PR, Rel. Min. Maria Isabel Gallotti, DJe 14.12.2015. 4ª T. (Info 574)*

➘ *Inocorrência de danos morais em caso de construção de hidrelétrica.*

O pescador profissional artesanal que exerça a sua atividade em rio que sofreu alteração da fauna aquática após a regular instalação de hidrelétrica (ato lícito) – adotadas todas as providências mitigatórias de impacto ambiental para a realização da obra, bem como realizado EIA/RIMA – não tem direito a ser compensado por alegados danos morais decorrentes da diminuição ou desaparecimento de peixes de espécies comercialmente lucrativas paralelamente ao surgimento de outros de espécies de menor valor de mercado, circunstância que, embora não tenha ocasionado a suspensão da pesca, imporia a captura de maior volume de pescado para manutenção de sua renda próxima à auferida antes da modificação da ictiofauna. *REsp 1.371.834-PR, Rel. Min. Maria Isabel Gallotti, DJe 14.12.2015. 4ª T. (Info 574)*

Direito Tributário

Alan Martins e Dimas Yamada Scardoelli

TABELA DE INCIDÊNCIA DE QUESTÕES

Distribuição das questões organizada por ordem didática de assuntos		
Assunto	**Número de questões**	**Peso**
1. TRIBUTOS E SUAS ESPÉCIES	4	10,53%
2. LIMITAÇÕES CONSTITUCIONAIS AO PODER DE TRIBUTAR	8	21,05%
3. COMPETÊNCIA TRIBUTÁRIA E REPARTIÇÃO DAS RECEITAS TRIBUTÁRIAS	4	10,53%
4. LEGISLAÇÃO TRIBUTÁRIA	4	10,53%
5. OBRIGAÇÃO TRIBUTÁRIA E FATO GERADOR	1	2,63%
6. SUJEITOS (ATIVO E PASSIVO), RESPONSABILIDADE, CAPACIDADE E DOMICÍLIO TRIBUTÁRIO	3	7,89%
7. CRÉDITO TRIBUTÁRIO: CONSTITUIÇÃO (LANÇAMENTO), GARANTIAS, PRIVILÉGIOS E SUSPENSÃO DA EXIGIBILIDADE	3	7,89%
8. EXTINÇÃO E EXCLUSÃO DO CRÉDITO TRIBUTÁRIO	8	21,05%
9. ADMINISTRAÇÃO TRIBUTÁRIA (FISCALIZAÇÃO, DÍVIDA ATIVA E CERTIDÕES)	1	2,63%
10. PROCESSO TRIBUTÁRIO (ADMINISTRATIVO E JUDICIAL) E DIREITO PENAL TRIBUTÁRIO	2	5,26%
Total	**38**	**100%**

Direito Tributário

Alan Martins e Dimas Yamada Scardoelli

✦ QUESTÕES

1. TRIBUTOS E SUAS ESPÉCIES

01. (Vunesp – Juiz de Direito – SP/2014) Quanto ao chamado empréstimo compulsório, assinale a opção correta.

A) É possível, no que diz respeito a tal tributo, que a forma de sua restituição ao contribuinte não se dê em espécie, mas sim em quotas de fundos oficiais ou em ações do Poder Público, podendo ser instituído por meio de medida provisória, dada a urgência verificada.

B) O empréstimo compulsório pode ser instituído por qualquer dos entes públicos (União, Estados, Distrito Federal e Municípios), para o fim de fazer frente a despesas extraordinárias, decorrentes de calamidade pública, de guerra externa ou sua iminência, ou ainda no caso de investimento público de caráter urgente e de relevante interesse.

C) Seu aspecto mais relevante é a restituibilidade, podendo-se falar em uma simultaneidade de deveres; um, para o contribuinte, que é o dever de pagar; outro, para o fisco, que é a devolução da quantia paga.

D) Malgrado seja considerado tributo, lato sensu, é de se entender que o empréstimo compulsório se respalda em autêntico acordo de vontades, obedecendo ao princípio da contratualidade.

COMENTÁRIOS

✪ **Nota dos autores:** nos termos do artigo 148, da CF o empréstimo compulsório poderá ser instituído nas seguintes hipóteses: **Inciso I:** para atender às despesas extraordinárias decorrentes de calamidade pública, de guerra externa ou sua iminência; **Inciso II:** no caso de investimento público de caráter urgente e de relevante interesse nacional.

Alternativa correta: letra "c". Absolutamente coerente com o que afirma o examinador, uma característica exclusiva do empréstimo compulsório é sua **restituibilidade**, ou seja, o contribuinte, após o tempo legalmente previsto, a contar do pagamento do tributo, tem direito à restituição da quantia paga. Logo, de fato, existe uma simultaneidade entre o dever de pagar do contribuinte e do fisco de proceder à devolução da quantia paga.

Alternativa "a": há precedente no STF no sentido de que a restituição do que for arrecadado pelo empréstimo compulsório deve ser feita em dinheiro (STF, 175.385/CE), o que leva à impossibilidade de restituição do valor arrecadado em títulos da dívida pública. Nesse sentido: "EMPRÉSTIMO COMPULSÓRIO – AQUISIÇÃO DE COMBUSTÍVEIS. O empréstimo compulsório alusivo à aquisição de combustíveis – Decreto-Lei nº 2.288/86 mostra-se inconstitucional tendo em conta a forma de devolução – quotas do Fundo Nacional de Desenvolvimento – ao invés de operar-se na mesma espécie em que recolhido – Precedente: recurso extraordinário nº 121.336-CE (RE 175385, Relator(a): Min. MARCO AURÉLIO, Tribunal Pleno, julgado em 01/12/1994, DJ 24-02-1995 PP-03687 EMENT VOL-01776-04 PP-00704). Portanto, a alternativa já está incorreta por dizer que a forma de restituição poderia não ser em dinheiro, mas em quotas de fundos oficiais ou ações do Poder Público. Não bastasse esse ponto, também equivoca-se o examinador em aventar uma suposta possibilidade de instituição dessa espécie tributária por medida provisória. É que, não obstante a urgência que paira em torno de seus pressupostos, o empréstimo compulsório deve ser instituído por lei complementar (CF, art. 148), quando a Constituição Federal expressamente veda a edição de medida provisória em matéria reservada à lei complementar (CF, art. 62, § 1º, III).

Alternativa "b": embora essa alternativa contemple corretamente o campo de incidência constitucionalmente delineado pelo artigo 148, incisos I e II da CF (vide nota do autor), está errada quanto à afirmação de que o empréstimo compulsório pode ser instituído por qualquer dos entes públicos (União, Estados, Distrito Federal e Municípios). Isso porque, na verdade, o empréstimo compulsório é um tributo de competência exclusiva da União, mediante lei complementar (CF, art. 148).

Alternativa "d": diverso do que erroneamente afirma a banca, o empréstimo possui todas as características de um tributo, conforme conceito estabelecido no artigo 3º, do CTN. Entre elas estão o caráter compulsório e a submissão ao princípio da legalidade tributária (prestação pecuniária compulsória instituída em lei), de modo que não há o que se falar em contratualidade ou acordo de vontades. Deve-se tomar cuidado com súmulas do STF editadas antes da promulgação da CF de 1988. Muitas delas estão ultrapassadas, por estarem em desacordo com a ordem constitucional atualmente em vigor. Um exemplo é a Súmula 418, que negava a natureza tributária do empréstimo compulsório, porém não mais se sustenta, haja vista a nítida feição tributária dessa exigência no sistema tributário em vigor.

---

02. (Vunesp – Juiz de Direito – SP/2014) Quanto ao ISS (Imposto Sobre Serviços), é correto afirmar que ele incide sobre

A) a prestação de serviço decorrente de vínculo empregatício.

B) a prestação de serviço a si próprio, como no caso de empresas que têm vários departamentos diferentes, prestando serviços de natureza diversa entre eles.

C) a prestação de serviço por trabalhadores avulsos, como estivadores ou conferentes.

D) a prestação de serviços por trabalhadores autônomos.

COMENTÁRIOS

✪ **Nota dos autores:** nessa questão o examinador abordou não apenas a incidência, mas, principalmente, a não incidência do ISS.

Alternativa correta: letra "d". O ISS incide nas prestações de serviços constantes da lista anexa à Lei complementar 116/2003, não havendo distinção, para efeitos de incidência, entre os serviços prestados por pessoas jurídicas ou pessoas físicas, a exemplo daqueles prestados por trabalhadores autônomos, que não possuem qualquer vínculo empregatício, de trabalho avulso ou societário com o tomador dos serviços.

Alternativa "a": incorreta, uma vez que, nos termos do 2º, inciso II, da Lei complementar 116/2003, o ISS **não** incide na prestação de serviços em relação de emprego.

Alternativa "b": está errada, porque a incidência do ISS depende da existência de uma relação jurídica de prestação de serviços entre um prestador e um tomador de serviço, que deve ser um terceiro.

Alternativa "c": incorreta, uma vez que, nos termos do 2º, inciso II, da Lei complementar 116/2003, o ISS **não** incide na prestação de serviços dos trabalhadores avulsos.

---

03. (Vunesp – Juiz de Direito – SP/2015) Na cobrança do ISSQN sobre serviços bancários, é correto afirmar, com base nos atuais julgamentos do STJ, que

A) a lista de serviços previstos na legislação é exemplificativa, logo, admite outras inclusões.

B) a lista de serviços previstos na legislação é taxativa e não admite outras inclusões.

C) a lista de serviços previstos na legislação para a atividade bancária tem tratamento específico porque os serviços bancários têm natureza genérica, sujeitos, portanto, como regra, ao pagamento daquele tributo.

D) a lista de serviços previstos na legislação é taxativa, porém, admite leitura extensiva para serviços idênticos embora com denominações distintas.

COMENTÁRIOS

✪ **Nota dos autores:** representando a atual jurisprudência do STJ sobre a cobrança de ISS sobre serviços bancários, deve-se destacar o seguinte julgamento de recursos repetitivos, exarado no âmbito do Recurso Especial nº 1111234 (Ministra Relatora Eliana Calmon – 1ª. Seção – DJe 08/10/2009): "TRIBUTÁRIO. SERVIÇOS BANCÁRIOS. ISS. LISTA DE SERVIÇOS. TAXATIVIDADE. INTERPRETAÇÃO EXTENSIVA. 1. A jurisprudência desta Corte firmou entendimento de que é taxativa a Lista de Serviços anexa ao Decreto-lei 406/68, para efeito de incidência de ISS, admitindo-se, aos já existentes apresentados com outra nomenclatura, o emprego da interpretação extensiva para serviços congêneres. 2. Recurso especial não provido. Acórdão sujeito ao regime do art. 543-C do CPC e da Resolução STJ 08/08". Esse acórdão deve nortear a compreensão da tradicional Súmula nº 424 da Corte: "É legítima a incidência de ISS sobre os serviços bancários congêneres da lista anexa ao DL 406/1968 e à LC 56/1987. Como se vê, embora editada em período anterior à vigência da CF/88 e da Lei complementar 116/2003, essa antiga súmula permanece totalmente atual, desde que o termo congêneres seja interpretada sentido de serviços idênticos com denominações diferentes.

Alternativa correta: letra "d". A afirmação de que a lista de serviços previstos na legislação é taxativa, porém, admite leitura extensiva para serviços idênticos embora com denominações distintas é absolutamente coerente com os atuais julgamentos do STJ, conforme detalhado em nota dos autores.

Alternativa "a": ao afirmar que por ser exemplificativa, a lista de serviços admitiria outras inclusões, o examinador contraria a jurisprudência do STJ, segundo a qual a lista é taxativa, devendo-se a admissão de outros serviços por força de uma interpretação extensiva para os serviços congêneres taxativamente relacionados na lista.

Alternativa "b": mais uma vez o examinador se equivoca, desta feita por afirmar que a lista de serviços não admite outras inclusões. Ser taxativa, não significa que não possa sofrer a inclusão de serviços idênticos com denominações distintas. Talvez, nessa alternativa, o examinador tenha pecado um pouco pela utilização da expressão "outras inclusões", pois não se trata propriamente de uma ampliação da lista, que é mesmo taxativa, mas sim de uma interpretação extensiva para contemplar serviços congêneres, isto é, aqueles idênticos com denominações distintas daquelas estabelecidas na lista.

Alternativa "c": nessa alternativa, o examinador dá a entender que o STJ consideraria que os serviços bancários seriam mencionados de modo genérico na lista anexa à Lei complementar 116/2003 e, portanto, tratados de modo específico pela legislação com incidência geral ao imposto. Todavia, o item 15 da Lista de Serviços está subdividida em 18 (dezoito) subitens, que especificam diversos serviços bancários e financeiros específicos, ficando afastada, com isso, a inverídica tese do examinador de que os serviços bancários teria natureza genérica.

---

04. (Vunesp – Juiz de Direito – TJ SP/2017) A extrafiscalidade pode ser conceituada como

A) a possibilidade de delegação da capacidade tributária ativa e da aptidão de exigir e arrecadar tributo, desde que o faça por lei, a outra pessoa de direito público ou privado que preste serviços públicos.

B) o mecanismo pelo qual a pessoa política, por meio de lei, transfere sua capacidade ativa a outra pessoa de direito público, como as autarquias.

C) a atividade que se expressa na atuação estatal de exigência de tributos com o objetivo exclusivo de arrecadação, e a geração de receitas, operando-se em desvio de finalidade.

D) o emprego de instrumentos tributários para o alcance das finalidades não arrecadatórias, mas incentivadoras ou inibidoras de comportamentos, com vista à realização de valores constitucionalmente relevantes.

COMENTÁRIOS

✪ **Nota dos autores:** importante classificação dos tributos diz respeito àquela que distingue o tributo **fiscal**, isto é, aquele que tem escopo exclusivo de arrecadar recursos para os cofres públicos, do tributo **extrafiscal**, que não tem como finalidade precípua a arrecadação de recursos, mas sim a utilização como instrumento estatal de intervenção na ordem socioeconômica – caráter regulatório.

Alternativa correta: letra "d". Condiz perfeitamente com a feição de tributo extrafiscal apresentada em nota dos autores dizer que a extrafiscalidade pode ser conceituado como o "emprego de instrumentos tributários para o alcance das finalidades não arrecadatórias, mas incentivadoras ou inibidoras de comportamentos, com vista à realização de valores constitucionalmente relevantes". De fato, a finalidade extrafiscal se distancia do intuito arrecadatório para incentivar ou inibir comportamentos constitucionalmente relevantes, mais especificamente com viés regulatório nos campos social e econômico.

Alternativas "a" e "b": ambas tratam do tema delegação de capacidade tributária ativa, estando incorretas por não guardarem nenhuma relação de pertinência com o tema da extrafiscalidade. No plano constitucional, a capacidade tributária ativa está muito ligada às contribuições parafiscais. A parafiscalidade é uma característica de tributos instituídos pelas pessoas políticas com delegação da capacidade tributária ativa a terceiros. Isso ocorre, por exemplo, em relação às contribuições de interesse de categorias profissionais e econômicas, em que contribuições instituídas pela União, no âmbito de sua competência tributária plena, são arrecadadas e fiscalizadas, por exemplo, por órgãos classe, tais como CREA, CRECI, CRM etc. Portanto, complementando a explicação sobre o equívoco do examinador, a delegação de capacidade tributária ativa está relacionada à parafiscalidade, e não à extrafiscalidade.

Alternativa "c": o objetivo exclusivo de arrecadação e geração de receitas só pode dizer respeito aos tributos classificados como fiscais. Portanto, equivoca-se o examinador em relacionar esse objetivo ao conceito de extrafiscalidade.

2. LIMITAÇÕES CONSTITUCIONAIS AO PODER DE TRIBUTAR

---

05. (Vunesp – Juiz de Direito – RJ/2014) De acordo com o regramento constitucional, é correto afirmar, a respeito do ICMS (imposto sobre operações relativas à circulação de mercadorias e sobre prestações de serviço de transporte interestadual e intermunicipal e de comunicação), que atenderá ao seguinte:

A) a isenção ou não incidência, salvo determinação em contrário da legislação, não acarretará a anulação do crédito relativo às operações anteriores.

B) a isenção ou não incidência, salvo determinação em contrário da legislação, implicará crédito para compensação com o montante nas operações ou prestações seguintes.

C) poderá ser seletivo, em função da essencialidade das mercadorias e dos serviços.

D) poderá ser cumulativo, compensando-se o que for devido em cada operação relativa à circulação de mercadorias ou prestação de serviços com o montante cobrado nas anteriores pelo mesmo ou outro Estado ou pelo Distrito Federal.

COMENTÁRIOS

✪ **Nota dos autores:** essa questão trata do ICMS, principal imposto estadual. De modo geral, incide sobre operações relativas à circulação de mercadorias e sobre prestações de serviços de transporte interestadual e intermunicipal e de comunicação, ainda que as operações e as prestações se iniciem no exterior (CF, art. 155, II). As diretrizes constitucionais do imposto, que constituem o objeto da presente questão, encontram-se traçadas entre os parágrafos 2º e 5º do artigo 155 da CF.

Alternativa correta: letra "c". A seletividade segundo a essencialidade do produto também constitui um princípio específico do IPI e do ICMS previsto nos artigos 153, § 3º, inciso I e 155, § 2º, inciso III, da CF. Uma diferença marcante entre a seletividade no IPI e no ICMS é que, à luz do texto constitucional, no IPI a seletividade é obrigatória, já que esse imposto "será seletivo" (CF, art. 153, § 3º, I), ao passo que a seletividade no ICMS, exatamente como afirma o examinador, é facultativa, uma vez ter sido estabelecido que esse imposto "**poderá ser seletivo**" (CF, art. 155, § 2º, III).

Alternativas "a" e "b": no campo da não cumulatividade, **regra constitucional exclusiva do ICMS** é a de que, salvo determinação legal em contrário, a **isenção ou não incidência não implicará crédito** para compensação com o montante devido nas operações ou prestações seguintes, bem como **acarretará a anulação** do crédito relativo às operações anteriores (CF, art. 155, § 2º, II, "a" e "b"). Em outras palavras, são duas regras: 1ª) Se a operação anterior é isenta ou não tributada, a operação seguinte não dá direito a crédito, até porque não houve imposto cobrado na operação anterior; 2ª) Se a operação seguinte é isenta ou não tributada, deve ser anulado o crédito decorrente do imposto pago na operação anterior, o que tem lógica, pois caso não houvesse essa anulação toda a cadeia de produção ficaria totalmente desonerada. Portanto, totalmente ao contrário do que estabelece o texto constitucional, equivocadas as afirmações da banca de que a isenção ou não incidência, salvo determinação em contrário da legislação, não acarretaria a anulação do crédito relativo às operações anteriores e implicaria crédito para compensação com o montante nas operações ou prestações seguintes.

Alternativa "d": nos termos do inciso I, do § 2º, do artigo 155, da CF, o imposto será **não cumulativo**, compensando-se o que for devido em cada operação com o montante cobrado nas anteriores. Disse se deduz que o ICMS **não** pode ser cumulativo, de modo que a banca equivoca-se ao afirmar que o imposto "poderá ser cumulativo". Além disso, quando o examinador fala em compensação do que for devido em cada operação relativa à circulação de mercadorias ou prestação de serviços com o montante cobrado nas anteriores pelo mesmo ou outro Estado ou pelo Distrito Federal, está se referindo justamente à não cumulatividade, e não à equivocada possibilidade do imposto ser cumulativo a que inicialmente se refere.

---

06. (Vunesp – Juiz de Direito – RJ/2016) Com base em súmula do Supremo Tribunal Federal, é correto afirmar que

A) norma legal que altera o prazo de recolhimento de obrigação tributária não se sujeita ao princípio da anterioridade.

B) falsificar ou alterar nota fiscal, fatura, duplicata, nota de venda, ou qualquer outro documento relativo à operação tributável tipifica crime material contra a ordem tributária, mesmo antes do lançamento definitivo do tributo.

C) é constitucional a incidência do Imposto sobre Serviços de Qualquer Natureza – ISS sobre operações de locação de bens móveis, haja vista expressa previsão em lei específica.

D) é inconstitucional a adoção, no cálculo do valor de taxa, de um ou mais elementos da base de cálculo própria de terminado imposto, ainda que não haja integral identidade entre uma base e outra.

E) se mostra constitucional a exigência de depósito ou arrolamento prévio de dinheiro ou bens para admissibilidade de recurso administrativo.

COMENTÁRIOS

✪ **Nota dos autores:** questão peculiar, em que o examinador exigiu do candidato tão somente conhecimentos acerca de súmulas vinculantes do STF em matéria tributária.

Alternativa correta: letra "a". De fato, segundo entendimento consolidado na Súmula Vinculante nº

50, a norma legal que altera o prazo de recolhimento de obrigação tributária **não** se sujeita ao princípio da anterioridade.

Alternativa "b": incorreta por contrariar a Súmula Vinculante nº 24, segundo a qual: "não se tipifica crime material contra a ordem tributária, previstos no art. 1º, incisos I a IV, da Lei nº 8.137/90, antes do lançamento definitivo do tributo". Falsificar ou alterar nota fiscal, fatura, duplicata, nota de venda, ou qualquer outro documento relativo à operação tributável tipifica crime material contra a ordem tributária tipificado no inciso III do artigo 1º da Lei nº 8.137/90. Assim sendo, diverso do que afirma o examinador, à vista da Súmula Vinculante nº 24, **não** tipificará crime contra a ordem tributária **antes** do lançamento do tributo.

Alternativa "c": diametralmente ao afirmado pelo examinador, de acordo com a Súmula Vinculante nº 31: "é **inconstitucional** a incidência do Imposto sobre Serviços de Qualquer Natureza – ISS sobre operações de locação de bens móveis". Alternativa incorreta.

Alternativa "d": embora as taxas não possam ter base de cálculo própria de impostos (CF, art. 145, § 2º), não há problema em se adotar, no cálculo do valor de taxa, um ou mais elementos da base de cálculo própria de determinado imposto, **desde que não haja integral identidade** entre uma base e outra, consoante recentemente consagrado pelo STF na redação da Súmula vinculante 29. Logo, a afirmação do examinador em sentido totalmente oposto está equivocada.

Alternativa "e": está errada a afirmação de que se mostra constitucional a exigência de depósito ou arrolamento prévio de dinheiro ou bens para admissibilidade de recurso administrativo. Isso porque, a afirmação fere frontalmente a Súmula Vinculante nº 21, segundo a qual "é inconstitucional a exigência de depósito ou arrolamento prévios de dinheiro ou bens para admissibilidade de recurso administrativo".

---

07. (Vunesp – Juiz de Direito – SP/2014) Tendo em vista o denominado princípio da anterioridade (comum), é correto afirmar que descabe a cobrança, no mesmo exercício financeiro da lei instituidora

A) da Contribuição para a Seguridade Social, que está sujeita somente à anterioridade nonagesimal (art. 195, § 6.°, da CF).

B) do Imposto sobre a renda e os proventos de qualquer natureza (IR).

C) do Imposto sobre Produtos Industrializados (IPI).

D) do Imposto sobre operações de crédito, câmbio e seguro, ou relativas a títulos ou valores mobiliários (IOF).

COMENTÁRIOS

Nota dos autores: estabelecido nas alíneas "b" e "c" do artigo 150, inciso III, da CF, o princípio da anterioridade está positivado na ordem constitucional em duas vertentes. São elas: **i)anterioridade do exercício (alínea "b"),** segundo a qual é vedado aos entes federativos cobrar tributos no mesmo exercício financeiro em que haja sido publicada a lei que os instituiu ou aumentou; **ii) anterioridade nonagesimal (alínea "c"),** implementada pela Emenda Constitucional 42/2003, segundo a qual também é vedado aos entes tributantes cobrar tributos antes de decorridos noventa dias da data em que haja sido publicada a lei que os instituiu ou aumentou. Ocorre que, por razões fiscais e extrafiscais, os preceitos da anterioridade sofrem amenizações correspondentes às exceções veiculadas na própria Constituição. Essas exceções, previstas nos artigos 150, § 1º, 155, § 4º, IV, "c", 177, § 4º, I, "b" e 195, § 6º, da CF, podem ser visualizadas no quadro abaixo. Os tributos em negrito são aqueles que **não** são exceções comuns às duas vertentes do princípio.

REGRA	EXCEÇÕES
Anterioridade anual	II, IE, **IPI**, IOF, empréstimo compulsório do art. 148, inciso I da CF e imposto extraordinário de guerra, **ICMS-combustível** e **CIDE-combustível monofásico** e **contribuições sociais para custeio da seguridade social**
Anterioridade nonagesimal	II, IE, **IR**, IOF, empréstimo compulsório do art. 148, inciso I da CF, imposto extraordinário de guerra e **fixação de base de cálculo de IPVA e IPTU**

Portanto, Imposto de Importação – II, Imposto de Exportação – IE, Imposto sobre Operações Financeiras – IOF, empréstimo compulsório do artigo 148, inciso I, da CF e Imposto Extraordinário de Guerra podem ser cobrados a partir da própria data da publicação da lei. Já o Imposto sobre Produtos Industrializados – IPI, ICMS-combustível monofásico e CIDE-combustível estão sujeitos apenas à noventena, enquanto o Imposto de Renda – IR e a fixação da base de cálculo de IPVA e IPTU podem ser exigidos no primeiro dia do exercício seguinte, independentemente de terem transcorrido noventa dias ou não. Além disso, também possuem tratamento especial as contribuições sociais para custeio da seguridade social, sujeitas exclusivamente à anterioridade nonagesimal, por expressa exigência do artigo 195, § 6º, da CF.

Alternativa correta: letra "b". Tendo em vista que o examinador exige do candidato saber em relação a qual tributo **descabe** a cobrança, no mesmo exercício financeiro da lei instituidora, a alternativa correta deve veicular um tributo que constitua exceção apenas à anterioridade do exercício, isto é, que esteja sujeito tão somente à anterioridade nonagesimal. A partir dos conhecimentos expostos na nota dos autores, verifica-se que se enquadram nessa condição, o Imposto de Renda (IR) e a fixação da base de cálculo do IPTU e do IPVA. Daí o acerto do examinador de considerar correta a alternativa que faz menção ao Imposto sobre a renda e os proventos de qualquer natureza (IR).

Alternativa "a" e "c": consoante exposto em nota dos autores, a Contribuição para a Seguridade Social e o IPI estão sujeitos somente à anterioridade nonagesimal, de modo que, ao contrário do que afirma o examinador, **não** descabe serem cobrados no mesmo exercício financeiro.

Alternativa "d": consoante explicado na nota dos autores, o imposto sobre operações de crédito, câmbio e seguro, ou relativas a títulos ou valores mobiliários (IOF) constitui exceção às duas normas de anterioridades, sendo plenamente cabível a cobrança no mesmo exercício financeiro e, consequentemente, equivocada a afirmação do examinador.

---

08. (Vunesp - Juiz de Direito - TJ SP/2017) Considerando-se o disposto no artigo 150, VI, "d" da Constituição Federal de 1988, notadamente a expressão "... e o papel destinado à sua impressão", é de se concluir corretamente que

A) a imunidade deve ser estendida também aos livros com suportes em CD e outros meios eletrônicos, em face das interpretações evolutiva e teleológica.

B) somente o livro de papel deve ser imune a impostos, uma vez que, operando a imunidade como limitação ao poder de tributar de que dotado o Estado, sua interpretação há de ser restritiva.

C) somente o livro de papel é imune a impostos, à vista da cláusula expressa ". e o papel destinado à sua impressão". (artigo 150,VI, "d", Constituição Federal).

D) se a Constituição não distinguiu o suporte tecnológico de elaboração de livros, jornais e periódicos, não pode o intérprete fazê-lo para o fim de ampliar a imunidade.

COMENTÁRIOS

✪ **Nota dos autores:** a imunidade tributária concedida a livros, jornais, periódicos e ao papel destinação à sua impressão, prevista na alínea "d" do inciso VI do artigo 150 da Constituição Federal, alcança os livros eletrônicos ou *e-books*? A resposta à controvérsia foi dada pelo STF no âmbito dos recursos extraordinários números 330817 e 595676, ambos com repercussão geral. Nessas decisões unânimes, ficou consolidada interpretação de que a Constituição Federal volta o seu olhar para a finalidade da norma da chamada imunidade cultural ou informativa, ficando afastada, ainda, a ideia de que o Poder Constituinte poderia ter tido a intenção da restringir a imunidade ao livro editado em papel. Nessa linha, ficaram pacificados os seguintes entendimentos: i) a regra da imunidade alcança não apenas o livro eletrônico ou digital, mas também aos parelhos leitores de livros eletrônicos ou *e-readers*, confeccionados exclusivamente para esse fim, ainda que eventualmente estejam equipados com funcionalidades acessórias que auxiliem a leitura digital como acesso à internet para download de livros, possibilidade de alterar tipo e tamanho de fonte e espaçamento (interpretação evolutiva coerente com os avanços tecnológicos dos meios de difusão da cultura e da informação); ii) a imunidade abrange também peças e componentes a serem utilizados como material didático que acompanhe publicações (os componentes eletrônicos que acompanham material didático em curso prático de montagem de computadores estão abarcados pela imunidade em questão, uma vez que as peças e sua montagem eletrônica não sobrevivem autonomamente). A tese de repercussão geral aprovada no julgamento do RE 330817 foi: "A imunidade tributária constante do artigo 150, VI, "d", da Constituição Federal, aplica-se ao livro eletrônico (e-book), inclusive aos suportes exclusivamente utilizados para fixá-lo". E no julgamento do RE 595676 foi: "a imunidade tributária da alínea "d" do inciso VI do artigo 150 da Constituição Federal alcança componentes eletrônicos destinados exclusivamente a integrar unidades didáticas com fascículos".

Alternativa correta: letra "a". De fato, ao interpretar que a imunidade deve ser estendida também aos livros com suportes em CD e outros meios eletrônicos, o STF adotou interpretação coerente com os avanços tecnológicos ao longo dos tempos (interpretação evolutiva) e à finalidade de difusão da cultura e da informação (intepretação finalística ou teleológica). Essa interpretação é, ainda, ampliativa, por ampliar a imunidade quanto ao suporte tecnológico em relação ao papel literalmente mencionado no texto constitucional.

Demais alternativas: estão incorretas por insinuarem todas uma interpretação restritiva e literal da imunidade do livro. Por esse suposto viés interpretativo, não haveria possibilidade de se considerar a evolução tecnológica e a finalidade da norma de imunidade para ampliar os suportes materiais vinculados à imunidade com relação ao papel expressamente mencionado no texto constitucional. Portanto, a assertiva do examinador colide claramente com a interpretação ampliativa, evolutiva e teleológico do STF, conforme delineado em nota dos autores e nos comentários à alternativa correta.

09. (Vunesp – Juiz de Direito – TJ SP/2017) Considerando o disposto no artigo 156, parágrafo 1°, inciso I, da Constituição Federal, pode-se afirmar que foi instituída a denominada

A) progressividade fiscal genérica.

B) progressividade extrafiscal genérica.

C) progressividade fiscal específica do IPTU.

D) progressividade extrafiscal específica do IPTU.

COMENTÁRIOS

✪ **Nota dos autores:** tributo que não tem caráter pessoal e, portanto, não seria moldado à progressividade de alíquotas pela qual se perfaz o princípio da capacidade contributiva, é o IPTU, que possui caráter real, porque incidente sobre a propriedade imobiliária. Porém, passou a ser um caso à parte desde a promulgação da Emenda Constitucional 29/2000, que estabeleceu uma progressividade específica para esse imposto, facultando ao legislador municipal instituir um imposto progressivo em razão do valor do imóvel ou alíquotas diferentes de acordo com a localização e o uso do imóvel (CF, art. 156, § 1°, I e II).

Alternativa correta: letra "c". Consoante ficou claro na nota dos autores, é específica do IPTU a progressividade instituída no artigo 156, § 1°, inciso I, da CF. Trata-se de uma progressividade de caráter fiscal, mas é específica do IPTU.

Alternativa "a": o IPTU, por ser um imposto de caráter real, não está sujeito à progressividade fiscal genérica, próprio dos impostos de caráter pessoal.

Alternativa "b": não existe previsão constitucional de progressividade extrafiscal genérica, mas apenas em relação a tributos determinados, como é o caso da progressividade extrafiscal do IPTU, melhor delineada nos comentários à alternativa "d".

Alternativa "d": a progressividade extrafiscal do IPTU não é a prevista no artigo 156, § 1°, inciso I, da CF, o que torna a alternativa incorreta. A progressividade extrafiscal do IPTU é a prevista no artigo 182, § 4°, inciso II, da CF, que tem por objetivo promover a função social da propriedade, estabelecendo a progressividade no tempo do IPTU para o proprietário de imóvel subutilizado ou não utilizado que deixar de promover o seu adequado aproveitamento, nos termos do plano diretor do Município.

10. (Vunesp – Juiz de Direito – TJ SP/2017) O princípio da função social da propriedade

A) só tem aplicação como mecanismo de extrafiscalidade (artigo 182, parágrafo 4°, II da Constituição Federal).

B) tem incidência no âmbito do direito tributário, uma vez que pressupõe manifestação de riqueza e se liga à ideia de justiça distributiva.

C) não tem aplicação no direito tributário, porque a propriedade por si só não implica submissão à função social e à tributação.

D) não se aplica ao direito tributário, uma vez que inexiste correlação entre essa função e a tributação.

COMENTÁRIOS

✪ **Nota dos autores:** a resolução dessa questão pressupõe alta capacidade de raciocínio jurídico-tributário e visão ampla do sistema, não restrita ao Direito Tributário.

Alternativa correta: letra "b". Propriedade é patrimônio e, portanto, manifestação de riqueza, o que em Direito Tributário é tratado pela expressão "fato signo-presuntivo de riqueza", pressuposto da tributação pela espécie tributária imposto. Daí o êxito do examinador em afirmar que, por pressupor manifestação de riqueza (patrimônio), a função social da propriedade tem incidência no âmbito tributário. Além disso, evidencia-se a função social da propriedade também quando se estabelece alíquotas progressivas de acordo com o valor do imóvel no campo do IPTU (CF, art. 156, § 1°, I). Isso porque, onera-se em maior proporção as propriedades urbanas mais privilegiadas, obtendo-se maior arrecadação a ser revertida em benefício da sociedade em geral e obtendo-se, com isso, justiça distributiva.

Alternativa "a": de fato, não só ao estabelecer o chamado IPTU progressivo no tempo como consequência do não atendimento à função social da propriedade urbana (CF, art. 182, § 4°, II), mas também ao prever o ITR com alíquotas fixadas de modo a desestimular a manutenção de propriedades improdutivas (CF, art. 153, § 4°, I), a ordem constitucional contempla sim um mecanismo de extrafiscalidade (tributação extrafiscal), que se revela quando a tributação não possui finalidade meramente arrecadatória, buscando também uma intervenção estatal no domínio econômico e social (função regulatória), no caso, a consecução da função social da propriedade. Ocorre que, consoante ficou claro nos comentários à alternativa correta, a função social da propriedade também tem incidência no campo tributário por ter por pressuposto a manifestação de riqueza e se ligar à ideia de justiça distributiva, sendo equivocado dizer que só teria aplicação como mecanismo de extrafiscalidade.

Alternativas "c" e "d": ao negar a aplicação da função social da propriedade no campo do direito tributário, equivoca-se flagrantemente o examinador, pois, conforme minuciosamente demonstrado nos comentários à alternativa correta, a função social da propriedade, no campo da tributação, propicia mecanismos de extrafiscalidade e justiça distributiva.

11. (Vunesp – Juiz de Direito – TJ SP/2017) Assinale a alternativa correta.

A) A imunidade do artigo 150, VI, "b" da Constituição Federal deve ser interpretada ampliativamente de modo a incluir todos os imóveis da entidade religiosa, sem restrição, uma vez que o Estado Brasileiro, embora laico, garante o exercício da fé religiosa, segundo orientação do Supremo Tribunal Federal.

B) A imunidade prevista no artigo 150, VI, "b" da Constituição Federal de 1988 deve ser estendida aos cemitérios de cunho religioso, segundo orientação do Supremo Tribunal Federal.

C) A imunidade conferida aos templos se estende à Maçonaria, em cujas lojas se professa culto no sentido empregado pela Constituição Federal, segundo decisão do Supremo Tribunal Federal.

D) A imunidade do artigo 150, VI, "b" da Constituição Federal de 1988 estende-se aos cemitérios, ainda que ostentem natureza privada e empresarial, uma vez que ali se realizam ritos relacionados com a fé religiosa, segundo orientação do Supremo Tribunal Federal.

COMENTÁRIOS

✪ **Nota dos autores:** nos termos do artigo 150, inciso VI, alínea "b" c/c § 4º, da CF, a imunidade dos **templos de qualquer culto** compreende os impostos sobre o **patrimônio, a renda e os serviços relacionados com as finalidades essenciais dessas entidades**. Atenção que, porém, o STF consolidou entendimento de que: "não cabe à entidade religiosa demonstrar que utiliza o bem de acordo com suas finalidades institucionais", mas, ao contrário, "compete à Administração tributária demonstrar a eventual redestinação do bem gravado pela imunidade" (STF – ARE 800.395 AgR, rel. min. Roberto Barroso, j. 28-10-2014, 1ª T, *DJE* de 14-11-2014)

Alternativa correta: letra "b". De fato, a orientação do Supremo Tribunal Federal é de que os cemitérios que consubstanciam extensões de entidades de cunho religioso estão abrangidos pela imunidade do artigo 150, inciso VI, alínea "b", da CF, sendo impossível a incidência de IPTU em relação a eles (STJ – RE 578.562 – Plenário – julg. 21/05/2008).

Alternativa "a": conforme esclarecido em nota dos autores e de acordo com o artigo 150, inciso VI, alínea "b" c/c § 4º, da CF, a imunidade dos **templos de qualquer culto** compreende os impostos sobre o patrimônio, a renda e os serviços **relacionados com as finalidades essenciais dessas entidades.** Portanto, equivoca-se o examinador em afirmar que a imunidade deve incluir todos os imóveis da entidade, sem restrição, uma vez que devem ficar excluídos aqueles **não** relacionados com as finalidades essenciais das entidades religiosas.

Alternativa "c": diverso do que afirma o examinador, o entendimento do STF é de que, por ser expressamente aplicável aos templos de qualquer culto, a imunidade religiosa **não** se estende à maçonaria, em cujas lojas não se professa qualquer religião (STF – RE 562.351 – Rel. Min. Ricardo Lewandowski – julg. 04/09/2012).

Alternativa "d": o entendimento do STF quanto à aplicação da imunidade religiosa aos cemitérios restringe-se àqueles que que consubstanciam extensões de entidades de cunho religioso. Nessa condição não se enquadram os cemitérios que ostentem natureza privada e empresarial, pois não são entidades religiosas, ainda que ali se realizem ritos relacionados com a fé religiosa.

12. (Vunesp – Juiz de Direito – TJ SP/2017) Sobre a hipótese de ICMS incidente sobre operações com combustíveis e lubrificantes, é correto afirmar:

A) não incide o princípio da anterioridade em qualquer de suas manifestações no que se refere à diminuição e reestabelecimento de alíquotas.

B) incide o princípio da anterioridade próprio das contribuições sociais, no que se refere à diminuição e reestabelecimento de alíquotas.

C) incide a anterioridade especial no que se refere à diminuição e reestabelecimento de alíquotas.

D) incide o princípio da anterioridade genérica no que se refere à diminuição e reestabelecimento de alíquotas.

COMENTÁRIOS

✪ **Nota dos autores:** alguns autores fazem a classificação da anterioridade em três modalidades: 1ª) anterioridade genérica, anual ou do exercício; 2ª) **anterioridade especial ou mitigada**, que diz respeito à noventena dos tributos em geral (ressalvadas exceções); 3ª) anterioridade nonagesimal, relativa à noventena das contribuições para custeio da seguridade social.

Alternativa correta: letra "c". O ICMS incidente sobre operações com combustíveis e lubrificantes, de caráter monofásico, constitui exceção à anterioridade do exercício (CF, art. 150, § 1º), sujeitando-se, pois, de fato, à anterioridade doutrinariamente classificada como especial.

Alternativa "a": está errada porque, nos termos § 1º do artigo 150 da CF, o ICMS-combustível monofásico constitui exceção apenas ao princípio da anterioridade genérica, sujeitando-se, portanto, à anterioridade especial.

Alternativa "b": conforme o próprio examinador afirma, há uma anterioridade que é própria das contribuições sociais, mais especificamente, àquelas que se destinam ao custeio da seguridade social. É exclusiva dessas contribuições, não podendo, logicamente, considerar-se aplicável ao ICMS-combustível monofásico.

Alternativa "d": mais uma alternativa errada em razão do ICMS-combustível monofásico constituir exceção justamente ao princípio da anterioridade genérica (exercício), sujeitando-se, portanto, à anterioridade especial e tornando errônea a afirmativa do examinador.

3. COMPETÊNCIA TRIBUTÁRIA E REPARTIÇÃO DAS RECEITAS TRIBUTÁRIAS

13. (Vunesp - Juiz de Direito - RJ/2016) É correto afirmar que a

A) lei pode autorizar que a autoridade administrativa conceda, por despacho fundamentado, remissão total ou parcial do crédito tributário objetivando a terminação de litígio e consequente exclusão do crédito correspondente.

B) responsabilidade dos pais pelos tributos devidos por seus filhos menores é de caráter pessoal.

C) competência tributária está inserida no âmbito da competência legislativa plena.

D) isenção, que é sempre decorrente de lei, não pode ser restrita a determinada região do território da entidade tributante, em função de condições a ela peculiares, por ofensa ao princípio da isonomia.

E) o objeto da obrigação principal é o pagamento do tributo, enquanto que o da acessória é o pagamento da penalidade pecuniária.

COMENTÁRIOS

✪ **Nota dos autores:** questão pluritemática, menos comum nas provas de Direito Tributário organizadas pela banca VUNESP. A dificuldade do candidato é dominar vários pontos do edital para responder uma única questão.

Alternativa correta: letra "c". Exatamente como afirma o examinador, a competência tributária para instituição de tributos é plena, isto é, compreende também a atribuição de legislar a respeito dos mesmos.

Alternativa "a": a lei pode estabelecer condições e facultar aos sujeitos ativo e passivo da obrigação tributária celebrar transação que, mediante concessões mútuas, importe em terminação de litígio e consequente **extinção de crédito tributário**, indicando também a autoridade competente para autorizar a transação em cada caso (CTN, art. 171, *caput* e parágrafo único). Trata-se da transação, uma modalidade de **extinção do crédito tributário** (CTN, art. 156, III), e não de remissão. Portanto, equivocou-se o examinador ao considerar a definição de transação como se fora de remissão, bem como ao considerar tais institutos como causas de exclusão do crédito tributário, quando, na verdade, são hipóteses de extinção do mesmo (CTN, art. 156, III e IV).

Alternativa "b": responsabilidade dos pais pelos tributos devidos por seus filhos menores está definida no artigo 134, que possui a particularidade segundo a qual "nos casos de impossibilidade de exigência do cumprimento da obrigação principal pelo contribuinte, respondem **solidariamente** com este nos atos em que intervierem ou pelas omissões de que forem responsáveis". O termo **solidariamente,** na verdade, deve ser entendido como **subsidiariamente,** já que os terceiros somente serão responsabilizados na "impossibilidade de exigência do cumprimento da obrigação principal pelo contribuinte". Não se trata, portanto, de uma responsabilidade pessoal, mas, na verdade, de uma responsabilidade solidária e subsidiária. Verdade que pode vir a ser tornar pessoal em relação a obrigações tributárias resultantes de atos praticados com **excesso de poderes** ou **infração de lei, contrato social ou estatutos** (CF, art. 135, I c/c 134, I). Equivoca-se o examinador, contudo, de generalizar o caráter pessoal, eis que, consoante inicialmente demonstrado nos presentes comentários, nos casos de atuação regular dos pais (CTN, art. 134), a natureza da responsabilidade não é pessoal.

Alternativa "d": ao contrário do que afirma o examinador, dispõe o parágrafo único do artigo 176 do CTN que "a isenção **pode** ser restrita a determinada região do território da entidade tributante, em função de condições a ela peculiares". Por levar em consideração as condições peculiares a determinada região, não há o que se falar em ofensa ao princípio da isonomia, que somente se poderia considerar ofendido em caso de tratamento discriminatório entre contribuintes de uma mesma região.

Alternativa "e": a **obrigação principal** surge com a ocorrência do fato gerador, tem por objetivo o pagamento de tributo **ou penalidade pecuniária** e extingue-se juntamente com o crédito dela decorrente (CTN, art. 113, §1º). Logo, a penalidade pecuniária é objeto da obrigação principal, e não da acessória. Na verdade a obrigação acessória tem por objeto **prestações positivas ou negativas**, tais como emissão de documentos fiscais, escrituração de livros, entrega de declarações, arquivos magnéticos, não recebimento de mercadorias sem documentação fiscal, não contratação com empresas desabilitadas em cadastros fiscais, previstas na legislação tributária no interesse da arrecadação e da fiscalização (CTN, art. 113, § 2º).

---

14. (Vunesp - Juiz de Direito - TJ - SP/2013) Os municípios são competentes para instituir:

A) ICMS, IPTU, ISS, ITBI.

B) contribuições de melhoria, taxas pelo exercício de poder de polícia, empréstimos compulsórios.

C) IPTU, ISS, taxas de fiscalização sanitária de imóveis.

D) IPVA, ISS, IPTU.

COMENTÁRIOS

✪ **Nota dos autores:** a competência para instituição de taxas é concorrente da União, Estados, Distrito Federal e Municípios. Porém, por se tratar de um tributo vinculado a uma atividade estatal específica relativa ao contribuinte, no caso um serviço público específico e divisível ou o exercício regular do poder de polícia (CF, art. 145, II), a taxa apenas pode ser cobrada pelo ente federativo competente para a execução da atividade estatal.

Alternativa correta: letra "c". São impostos de competência dos Municípios o ITBI, o **IPTU** e o **ISS** (CF, art. 156). Além disso, por ser a fiscalização sanitária uma atribuição dos Municípios, de acordo com o raciocínio desenvolvido na nota dos autores, fica claro que são mesmo competentes para instituir taxas de fiscalização sanitária.

Alternativa "a" e "d": incorretas. Embora, realmente, IPTU, ISS e ITBI sejam impostos de competência dos municípios (CF, art. 156), ICMS e IPVA são impostos de competência exclusiva dos Estados e do Distrito Federal (CF, art. 155, II).

Alternativa "b": está incorreta, porque, embora os Municípios sejam, de fato, entes concorrentemente competentes com União e Estados para instituir taxas e contribuições de melhoria (CF, art. 145, II e III), os empréstimos compulsórios constituem tributos de competência exclusiva da União (CF, art. 148).

---

15. (Vunesp - Juiz de Direito - TJ - SP/2013) A respeito do Imposto de Transmissão "Causa Mortis" e Doações, quando, ao tempo do óbito, o de "cujus" era residente no Rio de Janeiro, seus herdeiros em Pernambuco, e foi a eles transferida a titularidade de ações de Companhia sediada em São Paulo, a quem compete o lançamento do tributo?

A) Não incide o ITCMD em transferências de valores mobiliários.

B) São Paulo.

C) Pernambuco.

D) Rio de Janeiro.

COMENTÁRIOS

✪ **Nota dos autores:** por ser um imposto estadual, o ITCMD submete-se às normas constitucionais veiculadas no § 1º do artigo 155 da CF, que têm por objetivo evitar conflitos de **competência** entre as unidades da federação, quais sejam: **i)** relativamente a **bens imóveis e respectivos direitos**, compete ao Estado da situação do bem, ou ao Distrito Federal(inciso I); **ii)** relativamente a **bens móveis, títulos e créditos**, compete ao Estado onde se processar o inventário ou arrolamento, ou tiver domicílio o doador, ou ao Distrito Federal (inciso II); **iii)** terá a **competência** para sua instituição **regulada por lei complementar**: **a)** se o doador tiver domicílio ou residência no exterior; **b)** se o *de cujus* possuía bens, era residente ou domiciliado ou teve o seu inventário processado no exterior (inciso III). Para responder a essa questão, o candidato deve ainda fazer valer os seus conhecimentos de Direito Civil, sobretudo de que, nos termos do artigo 1.785 do Código Civil, "a sucessão abre-se no lugar do último domicílio do falecido".

Alternativa correta: letra "d". Em se tratando da transferência *causa mortis* da titularidade de ações de Companhia, irrelevante a localização da companhia (São Paulo) ou o domicílio dos herdeiros (Pernambuco). Isso porque, consoante o artigo 155, § 1º, inciso I, da CF, relativamente a **títulos**, no que se enquadram as ações de uma companhia, o ITCMD compete ao Estado onde se processar o inventário ou arrolamento, no caso, ao Estado do Rio de Janeiro, último domicílio do *de cujus* e onde deve ser processado aberto o inventário, nos termos do artigo 1.785 do Código Civil.

Alternativa "a": o ITCMD incide sobre a transmissão causa mortis e doação, de quaisquer bens ou direitos (CF, art. 155, I). Logo, é incorreto dizer que não incidiria em transferências de valores mobiliários.

Alternativas "b" e "c": estão incorretas, porque, no caso de bens móveis, títulos e créditos, a cobrança de ITCMD nas transmissões *causa mortis* **não** é de competência do Estado de localização dos bens (ações de companhia localizada em São Paulo) ou de domicílio dos sucessores (Pernambuco), mas, sim, do local do inventário (Rio de Janeiro).

---

16. (Vunesp - Juiz de Direito - SP/2015) Considerando o disposto no art. 24 da Constituição Federal, ao tratar da competência concorrente da União, Estados e Municípios, em matéria tributária, é correto afirmar que

A) na ausência de normas gerais federais, os Estados têm competência para legislar em matéria tributária, e, na ausência de leis federais e estaduais, os Municípios têm a referida competência, o que se denomina competência concorrente cumulativa.

B) a lei geral federal prevalece em relação às leis estaduais e estas prevalecem em relação às leis municipais, nos termos das Constituições Estaduais.

C) a competência residual tributária quanto aos impostos é da União, observado o disposto no art. 154, I, da Constituição Federal.

D) a norma jurídica editada por um ente federativo no âmbito de sua competência tributária exige que os demais entes federativos respeitem sua incidência, dentro dos respectivos limites geográficos estaduais.

COMENTÁRIOS

✪ **Nota do autor:** Numa interpretação sistemática dos parágrafos do artigo 24 da CF, tem-se que (i) no âmbito da legislação concorrente, a competência da União limitar-se-á a estabelecer normas gerais; (ii) a competência da União para legislar sobre normas gerais não exclui a competência suplementar dos Estados; (iii) inexistindo lei federal sobre normas gerais (como é o caso do IPVA), os Estados exercerão a competência legislativa plena, para atender a suas peculiaridades e; (iv) a superveniência de lei federal sobre normas gerais suspende a eficácia da lei estadual, no que lhe for contrário.

Alternativa correta: letra "c". Exatamente como afirma o examinador, a competência residual é deferida apenas à União para instituir impostos, diversos dos previstos no artigo 153, os quais, além de não cumulativos, deverão ser criados mediante lei complementar e não tenham fato gerador ou base de cálculo próprios dos discriminados na própria CF/88 (CF, art. 154, I).

Alternativa "a": a competência da União para estabelecer normas gerais em matéria tributária também se encontra prevista no artigo 24, §1º da CF. Porém, a competência da União para legislar sobre normas gerais não exclui a competência suplementar dos Estados, uma vez que, inexistindo lei federal sobre normas gerais, os Estados exercerão a competência legislativa plena, para atender a suas peculiaridades (CF, art. 24, §§2º e 3º). Nesse caso, a superveniência de lei federal sobre normas gerais suspende a eficácia da lei estadual, no que lhe for contrário (CF, art. 24, §4º), lembrando que em matéria tributária as normas gerais estão reservadas à lei complementar e possuem caráter nacional (CF, art. 146, III). Por outro lado, não há previsão constitucional expressa de competência suplementar para os municípios, razão pela qual, andou bem a banca em dizer que, na ausência de normas gerais federais, os Estados têm competência para legislar em matéria tributária, mas equivocou-se em afirmar que, na ausência de leis federais e estaduais, os Municípios têm a referida competência, o que se denomina competência concorrente cumulativa.

Alternativa "b": equivoca-se o examinador em insinuar que haveria uma prevalência de leis de uma esfera da federação sobre outras, pois, no regime federativo brasileiro, cada pessoa política possui competência plena para legislar a respeito dos tributos que lhes são atribuídos pelas Constituição Federal. A única situação que foge dessa regra é aquela em que a lei federal estabelece normas gerais (leis nacionais). Nesse caso, deverá ser editada lei complementar, que traçará diretrizes a serem respeitadas por leis estaduais e municipais.

Alternativa "d": texto muito confuso, mas fica claro o equívoco do examinador em circunscrever aos limites geográficos estaduais os efeitos da competência tributária de um ente federativo em relação ao demais.

4. LEGISLAÇÃO TRIBUTÁRIA

17. (Vunesp – Juiz de Direito – TJ – SP/2013) Assinale o veículo introdutor habilitado para delimitar a zona urbana, com a finalidade de incidência do IPTU.

A) Lei Municipal.

B) Decreto Municipal.

C) Resolução do IBGE.

D) Decreto Estadual.

COMENTÁRIOS

✪ **Nota dos autores:** a propriedade de bens imóveis está sujeita à tributação do ITR ou do IPTU. O ITR é de competência da União enquanto o IPTU é de competência dos Municípios. Para a determinação da incidência de um ou de outro, dois critérios despontam, o geográfico e o da destinação do uso imóvel. O **CTN**, em seu artigo 32, prestigia o **critério geográfico**, ao prever que "o imposto, de competência dos Municípios, sobre a propriedade predial e territorial urbana tem como fato gerador a propriedade, o domínio útil ou a posse de bem imóvel por natureza ou por acessão física, como definido na lei civil, localizado na zona urbana do Município". Não obstante o critério legal estipulado no artigo 32 do CTN (critério da localização do imóvel), o STJ, recentemente, proferiu a seguinte decisão: "a jurisprudência desta Corte Superior é no sentido de que incide o ITR, e não o IPTU, sobre imóveis que sejam comprovadamente utilizados em exploração extrativa, vegetal, agrícola, pecuária ou agroindustrial, ainda que localizados em áreas consideradas urbanas por legislação municipal" (STJ, AgRg no AREsp 80947 / ES, Min Mauro Campbell, DJE 08.03.2012). Logo, pode-se afirmar que a jurisprudência recente do **STJ** prestigia o **critério da destinação** do uso do imóvel para fins de determinação da incidência do ITR ou do IPTU.

Alternativa correta: letra "a". O artigo 32, parágrafo primeiro, do CTN, estipula que "para os efeitos deste imposto, **entende-se como zona urbana a definida em lei municipal**; observado o requisito mínimo da existência de melhoramentos indicados em pelo menos 2 (dois) dos incisos seguintes, construídos ou mantidos pelo Poder Público: I - meio-fio ou calçamento, com canalização de águas pluviais; II - abastecimento de água; III - sistema de esgotos sanitários; IV - rede de iluminação pública, com ou sem posteamento para distribuição domiciliar; V - escola primária ou posto de saúde a uma distância máxima de 3 (três) quilômetros do imóvel considerado". Portanto, o dispositivo citado é categórico ao estipular a **lei municipal** como veículo introdutor habilitado para delimitar a zona urbana, com a finalidade de incidência do IPTU.

Demais alternativas: incorretas, por elencarem veículos normativos diversos da lei municipal (CTN, art. 32, §1º).

---

18. (Vunesp - Juiz de Direito - SP/2014) Não podem ser considerados como fontes formais do Direito Tributário:

A) As leis delegadas, os decretos legislativos e as resoluções do Senado.

B) A jurisprudência e a doutrina.

C) Os tratados e as convenções internacionais.

D) As medidas provisórias.

COMENTÁRIOS

✪ **Nota dos autores:** na acepção mais difundida, a expressão fontes do direito diz respeito à investigação sobre de onde o direito provém. Sucede que a ambiguidade da palavra "direito", utilizada em várias acepções pelos juristas, vem dando margem a várias classificações, entre as quais se notabiliza, no campo tributário, a divisão em fontes materiais e fontes formais. As **fontes materiais** seriam os fatos jurídicos que dão nascimento a relações jurídico-tributárias (correspondem aos fatos geradores das obrigações tributárias, como a circulação de mercadorias, que constitui um dos fatos geradores do ICMS). Já as **fontes formais** seriam os próprios textos normativos, a legislação tributária. Subdividem-se em **fontes primárias** (legislação em regra emanada do Poder Legislativo, tais como leis ordinárias e leis complementares, caracterizadas por promoverem inovações na ordem jurídico-tributária) e **fontes secundárias** (atos normativos executivos e administrativos, tais como decretos, portarias, resoluções etc., editados para complementar ou regulamentar as fontes primárias).

Alternativa correta: letra "b". Por não serem veículos normativos, a doutrina (posições dos estudiosos do Direito geralmente expressas em obras) e a jurisprudência (conjunto de decisões exaradas por um determinado tribunal) não são fontes formais do Direito Tributário, segundo parcela considerável dos juristas.

Demais alternativas: representam veículos normativos que compõem a ideia de **legislação tributária** prevista no artigo 96 do CTN, que são fontes formais do Direito Tributário, compreendendo "as leis, os tratados e as convenções internacionais, os decretos e as normas complementares que versem, no todo ou em parte, sobre tributos e relações jurídicas a eles pertinentes". Vale destacar que a expressão **normas complementares** mencionada no artigo 96 do CTN é definida no artigo 100 do mesmo código e compreende "os atos normativos expedidos pelas autoridades administrativas, as decisões dos órgãos singulares ou coletivos de jurisdição administrativa, a que a lei atribua eficácia normativa, as práticas reiteradamente observadas pelas autoridades administrativas e os convênios que entre si celebrem a União, os Estados, o Distrito Federal e os Municípios". Logo, todas as normas complementares também compõem a ideia de legislação tributária.

---

19. (Vunesp - Juiz de Direito - SP/2015) Na hipótese da União, mediante tratado internacional, abrir mão de tributos de competência de Estados e Municípios, nos termos do decidido pelo Supremo Tribunal Federal (RE 229096), é correto afirmar que

A) se caracteriza violação ao princípio federativo, objeto de cláusula pétrea, nos termos do art. 60, § 4º, I, da Constituição Federal.

B) o tratado é válido desde que acompanhado de medidas de "compensação tributária" em favor dos Estados e Municípios prejudicados.

C) se insere a medida na competência privativa do Presidente da República, sujeita a referendo do Congresso Nacional, com prevalência dos tratados em relação à legislação tributária interna.

D) se caracteriza a denominada isenção heterônoma, vedada nos termos do art. 151, III, da Constituição Federal.

COMENTÁRIOS

✪ **Nota dos autores:** como regra, as isenções devem ser concedidas por lei específica daquele ente tributante que detém o poder de tributar (CF, art. 150, § 6º), ou seja, são autônomas. Ao contrário, também via de regra, as chamadas isenções heterônomas (ou heterotópicas) são vedadas pela Carta Constitucional, com fundamento no artigo 151, inciso III, da CF ("é vedado à União instituir isenções de tributos da competência dos Estados, do Distrito Federal ou dos Municípios"). Porém, há exceções à regra. Como exemplo, cite-se a possibilidade da União conceder, através de lei complementar, isenção heterônoma do ISS nas exportações de serviços para o exterior (CF, art. 156, § 3°, II). Ademais, cumpre lembrar que, se a isenção de tributos estaduais e municipais for concedida através de Tratado Internacional, não há impedimento à República Federativa do Brasil proceder à sua concessão, uma vez que, nesse caso, não se trata de atuação da União como ente federativo interno, mas, sim, da República Federativa do Brasil atuando como sujeito de direito na ordem internacional. Segundo o STF (RE 229.096-RS), "no direito internacional apenas a República Federativa do Brasil tem competência para firmar tratados (art. 52, § 2º, da Constituição da República), dela não dispondo a União, os Estados-membros ou os Municípios. O Presidente da República não subscreve tratados como Chefe de Governo, mas como Chefe de Estado, o que descaracteriza a existência de uma isenção heterônoma, vedada pelo art. 151, inc. III, da Constituição".

Alternativa correta: letra "c". Nos termos do artigo 84, inciso VIII, da CF/88, tem-se que "compete privativamenteao Presidente da República celebrar tratados, convenções e atos internacionais, sujeitos a referendo do Congresso Nacional". Assim, tal dispositivo somado aos delineamentos esposados na nota dos autores e no artigo 98 do CTN ("os tratados e as convenções internacionais revogam ou modificam a legislação tributária interna, e serão observados pela que lhes sobrevenha"), permitem a conclusão de que essa é a resposta correta. Na hipótese do enunciado (Presidente da República celebrando tratados que isentam tributos estaduais e municipais), o tratado prevalecerá sobre as leis internas estaduais e municipais instituidoras das exações, uma vez que não se trata de isenção heterônoma.

Demais alternativas: incorretas, pois o precedente citado no enunciado avaliza a hipótese de o tratado internacional instituir isenção de tributos de competência estadual ou municipal. *A contrario sensu*, diante de tal diretriz jurisprudencial do STF, não se vislumbra quebra do pacto federativo (alternativa "a"), nem se observa qualquer necessidade de medida de compensação (alternativa "b"), tampouco a situação é considerada uma isenção heterônoma (alternativa "d").

---

20. (Vunesp – Juiz de Direito – TJ SP/2017) A lei referida no parágrafo 7º do artigo 195 da Constituição Federal que estabelece os requisitos para o reconhecimento da imunidade para a seguridade social das entidades beneficentes de assistência social, segundo o julgamento do tema 32 pelo plenário do STF, deve ter hierarquia de

A) Lei complementar de caráter nacional.

B) Lei ordinária de caráter suplementar editada pelos entes federativos.

C) Lei ordinária de caráter nacional.

D) Lei ordinária a ser editada por cada ente federativo.

COMENTÁRIOS

✪ **Nota dos autores:** o tema 32 de repercussão geral reconhecida e apreciada no mérito pelo STF, cujo *leading case* é o RE 566.622, teve sua tese aprovada no sentido de que "os requisitos para o gozo de imunidade hão de estar previstos em lei complementar".

Alternativa correta: letra "a". O §7º do artigo 195 da CF/88 estipula que "são isentas de contribuição para a seguridade social as entidades beneficentes de assistência social que atendam às exigências estabelecidas em lei". Embora o dispositivo em questão utilize a expressão "isentas" ao invés de "imunes", por se tratar de uma exoneração tributária veiculada na Constituição Federal, a mesma possui natureza de imunidade. Isso, inclusive, também é amplamente reconhecido na jurisprudência do STF. O citado dispositivo constitucional foi interpretado sistematicamente com o teor do artigo 146, inciso II, da CF/88, que dispõe que "cabe a lei complementar regular as limitações constitucionais ao poder de tributar". Como a imunidade é uma limitação constitucional ao poder de tributar, sua regulação deve ocorrer por meio de lei complementar. Essa foi a tese prestigiada pelo STF. Vale ressaltar que, de acordo com o contexto da previsão constitucional, a lei complementar aprovada pelo Congresso Nacional poderá ter caráter federal (aplicável apenas no âmbito da União, a exemplo das que instituem impostos federais) ou nacional (aplicável a todos os entes da Federação, à União, a todos os Estados e o Distrito Federal ou a todos os Municípios, a exemplo das que regulam imunidades tratadas nessa questão).

Demais alternativas: incorretas, por indicarem leis ordinárias no lugar da lei complementar de caráter nacional. Com vistas a aproveitar a oportunidade, tem-se que, com o julgamento mencionado no enunciado, o leitor deve ter atenção redobrada no que tange à reserva de lei complementar no texto constitucional, pois, até então, via de regra, ao estudar a diferença entre lei ordinária e lei complementar, a par da distinção no quórum de aprovação (maioria simples para a lei ordinária e maioria absoluta para lei complementar), a doutrina tradicionalmente destacava que as matérias a serem regidas por lei complementar estão literalmente expressas no texto constitucional, ao passo que as matérias a serem regidas por lei ordinária são as demais, ou seja, obtidas por exclusão, geralmente aquelas em que o texto constitucional explicita simplesmente o termo "lei" (por exemplo, "atendidos os requisitos da lei"). Essa análise simplista do texto constitucional não é mais absoluta. Como visto nos comentários à alternativa "a", o

§7º do artigo 195 estipula esses dizeres, em sua parte final, "atendam às exigências estabelecidas em lei". O menos avisado, ao perceber a ausência da expressão "lei complementar" e a presença do termo "lei", poderia de bate-pronto assinalar alguma alternativa referente a "lei ordinária". A bem da verdade, mesmo valendo-se simplesmente do termo "lei", o citado dispositivo está reservado à "lei complementar", uma vez que é uma imunidade e, como tal, sua regulação deve ocorrer por "lei complementar" (CF, art. 146, II).

5. OBRIGAÇÃO TRIBUTÁRIA E FATO GERADOR

21. (Vunesp – Juiz de Direito – TJ – SP/2013) Nos casos de ICMS incidente sobre operação de importação, a partir de quando é devido o tributo?

A) No momento em que é contratada a operação de importação.

B) Ao tempo em que a importação adentra mar territorial ou o espaço aéreo do estado.

C) No instante em que a operação de importação é registrada no SISCOMEX.

D) No momento do desembaraço aduaneiro.

COMENTÁRIOS

✪ **Nota dos autores:** a Súmula Vinculante 48 prevê que "na entrada de mercadoria importada do exterior, é legítima a cobrança do ICMS por ocasião do desembaraço aduaneiro".

Alternativa correta: letra "d". O aspecto temporal de ocorrência do fato gerador do ICMS-importação é o momento do desembaraço aduaneiro, como bem apregoado na Súmula Vinculante 48 reproduzida na nota dos autores.

Demais alternativas: incorretas, por estipularem para o fato gerador momentos diversos do desembaraço aduaneiro, prestigiado na Súmula Vinculante 48.

6. SUJEITOS (ATIVO E PASSIVO), RESPONSABILIDADE, CAPACIDADE E DOMICÍLIO TRIBUTÁRIO

22. (Vunesp – Juiz de Direito – SP/2014) No que diz respeito ao chamado domicílio tributário, é correto afirmar que

A) é coincidente, em qualquer hipótese, com o domicílio civil, previsto no Código Civil brasileiro de 2002.

B) em casos específicos, pode o domicílio tributário ser aquele da situação dos bens ou da ocorrência dos atos ou fatos que deram origem à obrigação.

C) no caso do contribuinte pessoa física, é sempre coincidente com a sua residência.

D) não apresenta qualquer distinção na sua fixação no que diz respeito ao caso dos contribuintes pessoas jurídicas, sejam estas de direito privado de direito público.

COMENTÁRIOS

✪ **Nota dos autores:** o domicílio tributário é disciplinado pelo artigo 127 do CTN, cuja leitura é recomendada. Em regra, é o contribuinte quem elege seu domicílio tributário, o lugar para cumprimento das obrigações e onde são exigíveis.

Alternativa correta: letra "b". O artigo 127 do CTN, em seu artigo 127, mais precisamente nos incisos I, II e III, estabelece as indicações de domicílios tributários para, respectivamente, as pessoas físicas, pessoas jurídicas de direito privado e pessoas jurídicas de direito público, quando da falta de eleição. Não obstante, quando não couber a aplicação dessas regras fixadas nos citados incisos do artigo 127 do CTN, considerar-se-á como domicílio tributário do contribuinte ou responsável o lugar da **situação dos bens** ou **da ocorrência dos atos ou fatos que deram origem à obrigação** (CTN, art. 127, §1º).

Alternativa "a": incorreta. O domicílio civil é disciplinado pelos artigos 70 a 78 do Código Civil e não coincide exatamente com a disciplina do domicílio tributário previsto no artigo 127 do CTN. A principal diferença é que neste prevalece, em regra, o endereço eleito pelo contribuinte ou responsável, o que não ocorre naquele.

Alternativa "c": incorreta. Na falta de eleição, pelo contribuinte ou responsável, de domicílio tributário, na forma da legislação aplicável, considera-se como tal, quanto às pessoas naturais, a sua residência habitual, ou, sendo esta incerta ou desconhecida, o centro habitual de sua atividade (CTN, art. 127, I). Ainda, na hipótese de descabimento da aplicação dessa regra, considerar-se-á como domicílio tributário do contribuinte ou responsável o lugar da situação dos bens ou da ocorrência dos atos ou fatos que deram origem à obrigação (CTN, art. 127, §1º). Daí porque está incorreto afirmar que o domicílio tributário do contribuinte pessoa física é sempre o endereço de sua residência.

Alternativa "d": incorreta. Na falta de eleição, considera-se como domicílio tributário das pessoas jurídicas de direito privado ou firmas individuais, o lugar da sua sede, ou, em relação aos atos ou fatos que derem origem à obrigação, o de cada estabelecimento (CTN, art. 127, II), ao passo que, considera-se como domicílio tributário das pessoas jurídicas de direito público qualquer de suas repartições no território da entidade tributante (CTN, art. 127, III). Nesse sentido, ao contrário do que constou, há nítida distinção na fixação do domicílio tributário das pessoas jurídicas de direito privado em relação às de direito público.

---

23. (Vunesp – Juiz de Direito – SP/2015) Comerciante utiliza notas fiscais de compras de mercadorias para aproveitamento dos respectivos créditos de ICMS e, posteriormente, a empresa fornecedora daqueles bens tem suas atividades encerradas, e reconhecidas pelo Fisco como inidôneas as notas fiscais por ela emitidas. Diante de tal situação,

A) a má-fé do emitente das notas fiscais contamina as operações subsequentes, invalidando-as e autorizando a autuação.

B) a boa-fé do comerciante que utilizou aquelas notas fiscais declaradas inidôneas impede que seja autuado pelo Fisco.

C) a boa-fé do comerciante não impede que seja apurada a veracidade daquelas transações comerciais que originaram as notas fiscais declaradas inidôneas.

D) nos termos do art. 136 do CTN, a responsabilidade por infrações tributárias independe da intenção do agente, logo, no caso, irrelevante a boa ou má-fé dos envolvidos nas operações.

COMENTÁRIOS

✪ **Nota dos autores:** o enunciado refere-se à Súmula 509 do STJ, que assevera que "é lícito ao comerciante de boa-fé aproveitar os créditos do ICMS decorrentes de nota fiscal posteriormente declarada inidônea, quando demonstrada a veracidade da compra e venda".

Alternativa correta: letra "c". O teor da Súmula 509 do STJ (reproduzida na nota dos autores) permite a conclusão de que é imprescindível a demonstração da veracidade da compra e venda juntamente com a boa-fé do comerciante adquirente para fins de aproveitamento do crédito.

Alternativa "a": incorreta. De acordo com a Súmula 509 do STJ, não é levada em consideração a má fé do emitente das notas fiscais inidôneas (fornecedor), mas sim a boa-fé do comerciante adquirente, quando demonstrada a veracidade da compra e venda.

Alternativa "b": incorreta. De acordo com a Súmula 509 do STJ, além da boa fé do comerciante adquirente, é necessária a comprovação da veracidade da operação cuja nota fiscal foi posteriormente considerada inidônea, para que não haja crédito indevido autuado pelo Fisco.

Alternativa "d": incorreta. A responsabilidade do adquirente de boa-fé reside na exigência, no momento da celebração do negócio jurídico, da documentação pertinente à assunção da regularidade do alienante, cuja verificação de idoneidade incumbe ao Fisco, razão pela qual não incide, à espécie, o artigo 136, do CTN, segundo o qual "salvo disposição de lei em contrário, a responsabilidade por infrações da legislação tributária independe da intenção do agente ou do responsável e da efetividade, natureza e extensão dos efeitos do ato" (norma aplicável, *in casu*, ao alienante). Essa é a linha jurisprudencial adotada pelo STJ (REsp 1148444 MG).

---

24. (Vunesp – Juiz de Direito – SP/2015) Quando a legislação tributária estabelece que é responsável pelo recolhimento do tributo terceira pessoa, vinculada ao mesmo fato gerador ocorrido, estamos diante da situação denominada

A) substituição tributária "para frente".

B) substituição tributária "para trás".

C) reponsabilidade stricto sensu, "por transferência".

D) solidariedade passiva tributária por imposição legal.

COMENTÁRIOS

✪ **Nota dos autores:** do teor do artigo 128 do CTN, analisado em conjunto com o artigo 150, § 7º da Carta Constitucional ("a lei poderá atribuir a sujeito passivo de obrigação tributária a condição de responsável pelo pagamento de imposto ou contribuição, cujo fato gerador deva ocorrer posteriormente, assegurada a imediata e preferencial restituição da quantia paga, caso não se realize o fato gerador presumido"), extrai-se as nuances da responsabilidade por substituição ou substituição tributária.

Responsabilidade por substituição (SUBSTITUIÇÃO TRIBUTÁRIA)		
Substituição Tributária para trás (das operações antecedentes)	**Substituição Tributária para frente (das operações subsequentes)**	**Substituição Tributária de operações concomitantes**
Diferimento (postergação do recolhimento do tributo de toda cadeia produtiva para o último elo)	Antecipação do recolhimento de toda cadeia produtiva que está para ocorrer (retenção na fonte)	Em geral, serviços de transporte que acontecem em concomitância com a circulação de mercadorias (art. 6º, § 1º, da LC 87/96)

Alternativa correta: letra "b". Ocorre a substituição tributária regressiva, também chamada de diferimento, nos casos em que pessoas ocupantes de posições anteriores nas cadeias de produção são substituídas, quanto à obrigação de pagar o tributo devido, por aqueles que ocupam as posições posteriores. É também chamada de substituição tributária "para trás" (das operações antecedentes). Na prática ocorre a postergação do recolhimento do tributo de toda a cadeia produtiva para o seu último elo. Trata-se de uma responsabilidade por substituição (e não por transferência). Portanto, pode-se afirmar que na substituição tributária "para trás" o responsável pelo recolhimento do tributo é terceira pessoa (geralmente o último elo da cadeia produtiva), vinculada ao mesmo fato gerador ocorrido.

Alternativa "a": incorreta. Como visto na nota dos autores, na substituição tributária "para frente", a responsabilidade não é pelo fato gerador ocorrido, mas sim pelos fatos geradores que estão para ocorrer (antecipação do recolhimento de toda cadeia produtiva ou retenção na fonte).

Alternativa "c": incorreta. Nos termos do artigo 128 do CTN é possível verificar duas espécies de responsabilidade: por **substituição** (ou originária) e por **transferência** (ou derivada ou por sucessão). **No primeiro caso** – por **substituição** – o legislador já afasta o praticante do fato gerador e coloca o terceiro no polo passivo da relação jurídico tributária, ou seja, de forma prévia, **a lei afasta o contribuinte e o substitui pelo responsável (terceiro)**. É o que ocorre, por exemplo, na hipótese do imposto de renda retido na fonte, onde caberá ao empregador efetuar o recolhimento do gravame devido ao empregado. Em suma, na responsabilidade por substituição, a terceira pessoa é eleita pelo legislador de forma originária para pagar a exação, antes mesmo da ocorrência do fato gerador. **No segundo caso** – **responsabilidade por transferência** – o legislador modifica o polo passivo da relação jurídica tributária em virtude um fato novo, isto, é, um evento futuro ao surgimento da obrigação. Logo, existe o contribuinte figurando como sujeito passivo, mas o ônus tributacional será transferido a um terceiro em razão de um fato imprevisto. Como exemplo, é possível citar a sucessão *causa mortis*, onde o sujeito passivo, em razão do seu falecimento (evento futuro/novo), é sucedido em um primeiro momento pelo espólio e *a posteriori* pelos sucessores e cônjuge meeiro. Em suma, na responsabilidade por transferência a terceira pessoa, eleita pela lei, deverá pagar a exação, após a ocorrência do fato gerador. Destaque-se, ademais, que a responsabilidade por transferência ocorrerá por: solidariedade, sucessão e por terceiros. A responsabilidade por substituição, de sua vez, poderá ser regressiva (diferimento), concomitante ou progressiva (vide nota dos autores). Este último está previsto no artigo 150, § 7º da CF/88. Portanto, o enunciado estipula uma situação de que a responsabilidade está prevista na legislação de forma prévia a cargo do terceiro vinculado ao fato gerador, ou seja, se refere a responsabilidade por substituição e não por transferência (como erroneamente constou na alternativa).

Alternativa "d": incorreta. A solidariedade passiva enquadra-se na classificação de responsabilidade por transferência, como bem visto nos comentários à alternativa "c", o enunciado da questão elenca as características de nítida responsabilidade por substituição.

7. CRÉDITO TRIBUTÁRIO: CONSTITUIÇÃO (LANÇAMENTO), GARANTIAS, PRIVILÉGIOS E SUSPENSÃO DA EXIGIBILIDADE

25. (Vunesp – Juiz de Direito – RJ/2014) A respeito das preferências do crédito tributário na falência, é correto afirmar que

A) a multa tributária prefere aos créditos com privilégio geral.

B) o crédito tributário não prefere às importâncias passíveis de restituição.

C) a multa tributária prefere apenas aos créditos quirografários.

D) são considerados concursais os créditos tributários decorrentes de fatos geradores ocorridos no curso do processo de falência.

COMENTÁRIOS

✪ **Nota dos autores:** no âmbito falimentar, análise sistemática do artigo 186, parágrafo único do CTN e dos artigos 83 e 84 da Lei nº 11.101/2005 (Lei de Falências) enseja a seguinte ordem de preferências de créditos para serem quitados: **1º** Créditos extraconcursais (decorrentes do andamento do processo de falência); **2º** Importâncias passíveis de restituição (bens e direitos de terceiros arrecadados do falido na data da decretação da falência); **3º** Créditos trabalhistas (limitados a 150 salários mínimos por credor) e acidentários (desde que oriundos antes da falência, caso não, serão extraconcursais); **4º** Créditos com garantia real (no limite do valor do bem gravado); **5º** Créditos tributários (desde que não sejam extraconcursais e excetuadas as multas tributárias); **6º** Créditos com privilégio especial; **7º** Créditos com privilégio geral; **8º** Créditos quirografários; **9º** Multas contratuais, multas pecuniárias por infrações às leis penais, administrativas e tributárias ; **10º** Créditos subordinados.

Alternativa correta: letra "b". Conforme a ordem estabelecida na nota dos autores, lastreada na legislação de regência, o crédito tributário (5º) não prefere às importâncias passíveis de restituição (2º).

Alternativa "a": incorreta. Ao contrário do que constou, a multa tributária (9º) não prefere aos créditos com privilégio geral (6º).

Alternativa "c": incorreta. Na verdade, a multa tributária (9º) prefere apenas aos créditos subordinados (10º) e não prefere, portanto, aos créditos quirografários como constou (8º).

Alternativa "d": incorreta. Na verdade, são considerados extraconcursais (e não concursais) os créditos tributários decorrentes de fatos geradores ocorridos no curso do processo de falência (Lei 11.101/2005, art. 84, V).

---

26. (Vunesp – Juiz de Direito – RJ/2016) No tocante às garantias e privilégios do crédito tributário, é correto afirmar que

A) a extinção das obrigações do falido requer prova de quitação de todos os tributos.

B) a natureza das garantias atribuídas ao crédito tributário altera a natureza deste e a da obrigação tributária a que corresponda.

C) responde pelo crédito tributário a totalidade dos bens e das rendas, de qualquer origem ou natureza, do sujeito passivo, excetuados os gravados com cláusula de impenhorabilidade.

D) a multa tributária, no processo falimentar, prefere apenas aos créditos quirografários.

E) na falência, o crédito tributário prefere aos créditos extraconcursais e aos créditos com garantia real.

COMENTÁRIOS

✪ **Nota dos autores:** o artigo 191 do CTN estipula que "a extinção das obrigações do falido requer prova de quitação de todos os tributos".

Alternativa correta: letra "a". O texto da alternativa reproduz *ipsis literis* o teor do artigo 191 do CTN.

Alternativa "b": incorreta. Ao contrário do que constou, a natureza das garantias atribuídas ao crédito tributário **não altera** a natureza deste nem a da obrigação tributária a que corresponda (CTN, art. 183, parágrafo único).

Alternativa "c": incorreta. Ao contrário do que constou, "responde pelo pagamento do crédito tributário a totalidade dos bens e das rendas, de qualquer origem ou natureza, do sujeito passivo, seu espólio ou sua massa falida, **inclusive os gravados por ônus real ou cláusula de inalienabilidade ou impenhorabilidade**, seja qual for a data da constituição do ônus ou da cláusula, excetuados unicamente os bens e rendas que a lei declare absolutamente impenhoráveis" (CTN, art. 184).

Alternativa "d": incorreta. Na verdade, a multa tributária prefere apenas aos créditos subordinados e não prefere, portanto, aos créditos quirografários como constou, conforme entendimento sistematizado do artigo 186, parágrafo único do CTN e dos artigos 83 e 84 da Lei nº 11.101/2005 (Lei de Falências).

Alternativa "e": incorreta. No âmbito falimentar, análise sistemática do artigo 186, parágrafo único do CTN e dos artigos 83 e 84 da Lei nº 11.101/2005 (Lei de Falências) enseja a seguinte ordem de preferências de créditos para serem quitados: **1º** Créditos extraconcursais (decorrentes do andamento do processo de falência); **2º** Importâncias passíveis de restituição (bens e direitos de terceiros arrecadados do falido na data da decretação da falência); **3º** Créditos trabalhistas (limitados a 150 salários mínimos por credor) e acidentários (desde que oriundos antes da falência, caso não, serão extraconcursais); **4º** Créditos com garantia real (no limite do valor do bem gravado); **5º** Créditos tributários (desde que não sejam extraconcursais e excetuadas as multas tributárias); **6º** Créditos com privilégio especial; **7º** Créditos com privilégio geral; **8º** Créditos quirografários; **9º** Multas contratuais, multas pecuniárias por infrações às leis penais, administrativas e tributárias ; **10º** Créditos subordinados. Portanto, os créditos tributários (5º), ao contrário do que constou no texto da alternativa, não preferem aos créditos extraconcursais (1º) e, tampouco, aos créditos com garantia real (4º).

---

27. (Vunesp – Juiz de Direito – TJ SP/2017) A alienação ou oneração de bens imóveis presume-se em fraude à execução em relação à Fazenda Pública a partir

A) do protesto da Certidão da Dívida Ativa.

B) da inscrição do débito tributário na Dívida Ativa.

C) do ajuizamento da ação de execução fiscal.

D) do despacho que ordenou a citação do executado.

COMENTÁRIOS

✪ **Nota dos autores:** a questão refere-se ao entendimento do artigo 185 do CTN. Tal artigo teve nova redação dada pela Lei Complementar nº 118/2005, alterando, em relação ao texto original, exatamente o que é exigido do candidato (momento a partir do qual se inicia a presunção de fraude).

Alternativa correta: letra "b". Presume-se fraudulenta a alienação ou oneração de bens ou rendas, ou seu começo, por sujeito passivo em débito para com a Fazenda Pública, por crédito tributário regularmente inscrito como dívida ativa (CTN, art. 185). Trata-se de uma presunção absoluta ou "juris et de jure" de anulabilidade e ineficácia de ações furtivas.

Alternativa "a": incorreta. Embora o protesto da CDA seja uma possibilidade admitida inclusive pelo STJ

(REsp 1126515), não é o marco temporal previsto no artigo 185 do CTN para início da presunção de fraude.

Alternativa "c": incorreta, já que, atualmente, segundo o dispositivo legal citado, o momento de início de ocorrência da presunção absoluta de fraude é o da inscrição do crédito tributário na dívida ativa, não sendo necessário que o mesmo esteja em fase de execução fiscal.

Alternativa "d": incorreta, pois o despacho do juiz que ordena a citação tem o condão de interromper o prazo prescricional, conforme previsão do artigo 174, parágrafo único, inciso I do CTN, mas não constitui o marco inicial da presunção de fraude na alienação ou oneração de bens imóveis.

8. EXTINÇÃO E EXCLUSÃO DO CRÉDITO TRIBUTÁRIO

---

28. (Vunesp – Juiz de Direito – RJ/2014) Considerando a situação hipotética na qual determinado Município pretenda dispensar do pagamento do IPTU (imposto sobre a propriedade predial e territorial urbana) os aposentados que só possuam um imóvel,

A) deverá fazê-lo mediante lei isentante, excluindo o crédito tributário.

B) não poderá fazê-lo, por afronta ao princípio da isonomia tributária, visto que a liberalidade alcançará somente determinada categoria de pessoas.

C) não poderá fazê-lo, por se tratar de situação na qual a Constituição Federal impede o exercício do poder de tributar.

D) estará caracterizada uma situação de imunidade em razão de expressa previsão constitucional nesse sentido.

COMENTÁRIOS

✪ **Nota dos autores:** é fundamental saber distinguir as imunidades de outras exonerações tributárias, a começar pela isenção. A imunidade é uma exoneração tributária prevista na Constituição Federal, mediante normas que estabelecem situações em que é vedado às pessoas políticas exercerem suas competências tributárias. Imunidades constituem, outrossim, limitações constitucionais ao poder de tributar, embora possam ser vistas também como direito subjetivo do cidadão de não ser tributado nas situações constitucionalmente previstas. Mais precisamente, a imunidade tributária possui duas facetas, segundo o ponto de vista do ente tributante ou do contribuinte. Por outro lado, a isenção é uma hipótese legal de exclusão do crédito tributário (CTN, art. 175, I), isto é, uma exceção legal à regra de tributação, que consiste na dispensa legal do pagamento do tributo. Portanto, na isenção, a pessoa política exerce a competência tributária instituindo o tributo, mas estabelece algumas situações, pessoas ou bens não alcançados pela regra de tributação, diferente da imunidade, em que o exercício da competência tributária fica vedado.

Alternativa correta: letra "a". Sob a ótica do CTN, a isenção exclui o crédito tributário, ou seja, há a obrigação tributária decorrente da subsunção do fato (fato jurídico-tributário) à norma (hipótese de incidência), entretanto, a constituição do crédito tributário fica inviabilizada pela norma isentiva. A isenção demanda lei específica da pessoa política que é a titular do poder de tributar (CF, art. 150, § 6°). Como bem se verá nos comentários às próximas alternativas, não há imunidade constitucional, tampouco desrespeito ao princípio da isonomia tributária capaz de macular a pretensão da municipalidade, que, somente conseguirá seu intento com a isenção prevista em lei municipal.

Alternativas "b" e "c": incorretas, pois a partir da leitura da Súmula 539 do STF ("é constitucional a lei do Município que reduz o imposto predial urbano sobre imóvel ocupado pela residência do proprietário, que não possua outro"), tem-se que não se sustenta qualquer alegação de desrespeito à igualdade tributária, tampouco de que há imunidade aplicável ao caso (no sentido de vedação às pessoas políticas exercerem suas competências tributárias).

Alternativa "d": incorreta, pois não há previsão constitucional que exonere do pagamento de IPTU os aposentados que só possuam um imóvel, não havendo, portanto, o que se falar em imunidade tributária.

---

29. (Vunesp – Juiz de Direito – SP/2014) São causas de exclusão do crédito tributário:

A) Apenas a isenção e a anistia, desde que se deem após o nascimento da obrigação tributária e antes do lançamento.

B) A imunidade, a isenção, a anistia e a não incidência, sob qualquer aspecto e a qualquer tempo, desde que ainda não efetuado o lançamento do débito fiscal.

C) Apenas a isenção e a anistia, desde que se deem antes do nascimento da obrigação tributária, com a ocorrência do fato gerador.

D) Apenas a anistia, referentemente a impostos e taxas, cujos fatos geradores tenham ocorrido antes da vigência da lei instituidora.

COMENTÁRIOS

✪ **Nota dos autores:** o estudo do tema "exclusão do crédito tributário" consiste, basicamente, em conhecer os contornos normativos (artigos 175 a 182 do CTN) e jurisprudenciais de dois institutos jurídicos, a isenção e a anistia. Duas de suas principais diferenças estão no quadro a seguir:

ISENÇÃO	ANISTIA
Implica a exclusão ou dispensa do **tributo**	Implica a exclusão ou dispensa da **multa**
Alcança somente fatos geradores ocorridos **após** a lei	Alcança somente fatos geradores ocorridos **antes** da lei

Alternativa correta: letra "a". Apenas dois institutos jurídicos tem a natureza jurídica de hipóteses de exclusão do crédito tributário, são eles a isenção e a anistia. A isenção representa a dispensa legal do tributo devido que obstaculariza a constituição do crédito tributário pelo lançamento, mesmo tendo ocorrido o fato gerador e nascido o vínculo obrigacional, enquanto a anistia consiste na dispensa da penalidade e apenas contempla as situações pretéritas (CTN, arts. 175, II e 180).

Alternativa "b": embora isenção e anistia sejam de fato causas de exclusão do crédito tributário, o mesmo não se pode afirmar da imunidade e da não incidência, motivo pelo qual a alternativa está incorreta. A **imunidade** é tida como uma exoneração tributária prevista na Constituição Federal, mediante normas que estabelecem situações em que é vedado às pessoas políticas exercerem suas competências tributárias. Imunidades constituem, outrossim, limitações constitucionais ao poder de tributar, embora possam ser vistas também como direito subjetivo do cidadão de não ser tributado nas situações constitucionalmente previstas. Por sua vez, há **não incidência** quando o ente federativo, embora autorizado constitucionalmente, não exerce a sua competência tributária. Diante da ausência de previsão legal, o tributo não é instituído e, por conseguinte, não ocorrem fatos geradores. Pelas mesmas razões não se dá o nascimento da obrigação tributária (dever do contribuinte pagar o tributo), tampouco do respectivo crédito (direito do Fisco ao recebimento do tributo). As mesmas consequências tem a imunidade, mas, nesse caso, a competência tributária não é exercida por expressa vedação constitucional. Um caso de **não incidência** diz respeito ao imposto sobre grandes fortunas, pois a despeito da competência conferida do artigo 153, inciso VII, da CF, o imposto não foi instituído pela União por meio de lei complementar. Além da ideia de exoneração decorrente do não exercício da competência tributária, outra visão da **não incidência** é compreendê-la como o fenômeno que se dá quando um fato concreto não se subsume à hipótese de incidência, isto é, quando uma ocorrência não se enquadra na norma legal de incidência. Trata-se de uma acepção de caráter mais pragmático da não incidência. Por exemplo, não há incidência de IPTU sobre um veículo, pois não se trata de um imóvel, ainda que seja um automóvel antigo com o motor quebrado trancado em uma garagem há anos. Outro exemplo: caso haja um empréstimo entre duas pessoas, o ITCMD/ITCD não incidirá, pois empréstimo não tem natureza jurídica de doação e não se enquadra na hipótese de incidência desse imposto (qualquer transmissão não onerosa, inter vivos, de bens e direitos). Vale fazer menção também às chamadas **não incidências declaratórias**, ou seja, "situações que, pela sua própria natureza já estão excluídas do campo de incidência do tributo, mas a lei apenas declara a não incidência para que não reste nenhuma dúvida no momento da aplicação do tributo" (ROSA, José Roberto. Curso básico de ICMS. 3ª ed. Itu: Ottoni Editora, 2012, pág. 77). Por exemplo, o artigo 3º, inciso VI, da LC 87/96 estipula que o ICMS não incide sobre "operações de qualquer natureza de que decorra a transferência de propriedade de estabelecimento industrial, comercial ou de outra espécie". Mas, esse dispositivo não seria a rigor necessário, visto que o ICMS é um imposto sobre operações de circulação de mercadorias e estabelecimento não é mercadoria.

Alternativa "c": incorreta. Embora, de fato, isenção e anistia sejam as causas de exclusão do crédito tributário previstos no CTN (artigo 175), o erro da alternativa se refere ao momento em que se manifestam, uma vez que não é antes do nascimento da obrigação tributária, mas sim posteriormente a esse vínculo e antes do lançamento, como visto no comentário da alternativa correta (alternativa "a").

Alternativa "d": incorreta, por restringir as causas de exclusão do crédito tributário à anistia, quando engloba também a isenção, nos termos já esposados na nota dos autores e nos comentários à alternativa correta (alternativa "a").

---

30. (Vunesp – Juiz de Direito – SP/2014) A compensação do crédito tributário

A) é causa de extinção do crédito tributário, configurando forma de transação entre o sujeito ativo e o sujeito passivo da obrigação tributária, sendo demandada a homologação da referida transação pela autoridade fiscal competente.

B) é sempre admissível, desde que verificadas as condições previstas no caput e no § 2.° do art. 78 do Ato das Disposições Constitucionais Transitórias (ADCT), devendo o contribuinte, contudo, efetuar o pedido administrativo nesse sentido.

C) é causa de extinção do mencionado crédito, desde que obedecido o disposto no art. 170 do Código Tributário Nacional, sendo imprescindível que o tributo objeto da compensação tenha a mesma natureza daquele que está a ser cobrado pelo fisco, quando arrecadado pelo mesmo sujeito ativo.

D) é forma de suspensão do referido crédito, condicionada à apresentação de requerimento específico à autoridade fazendária competente e ao deferimento do pedido formulado no processo administrativo em questão.

COMENTÁRIOS

✪ **Nota dos autores:** a compensação é causa de extinção do crédito tributário (CTN, art. 156, II) e ocorre quando os polos da relação jurídica são, ao mesmo tempo, devedores e credores reciprocamente. A lei pode, nas condições e sob as garantias que estipular, ou cuja estipulação em cada caso atribuir à autoridade administrativa, autorizar a compensação de créditos tributários com créditos líquidos e certos, vencidos ou vincendos, do sujeito passivo contra a Fazenda Pública (CTN, art. 170).

Alternativa correta: letra "c". Foi a alternativa indicada no gabarito oficial e, quanto a primeira parte de seu texto, nada a reparar ("é causa de extinção do mencionado crédito, desde que obedecido o disposto no art. 170 do Código Tributário Nacional"). Entretanto, no que se refere à segunda parte ("sendo imprescindível que o tributo objeto da compensação tenha a mesma natureza daquele que está a ser cobrado pelo fisco, quando arrecadado pelo mesmo sujeito ativo"), não obstante julgados do STJ nesse sentido ("1. O STJ tem entendimento pacificado no sentido de que a compensação só pode ocorrer entre tributos da mesma espécie e destinação, consoante o disposto no art. 66, § 1º, da Lei 8.383/91", AgRg no REsp 1.481.154 – SC), fato é que a mesma Corte proferiu decisão sob o regime de recursos repetitivos em que definiu que "à época do ajuizamento da demanda, vigia a Lei 9.430/96, com as alterações levadas a efeito pela Lei 10.637/02, sendo admitida a compensação, *sponte propria*, **entre quaisquer tributos e contribuições administrados** pela Secretaria da Receita Federal, independentemente do destino de suas respectivas arrecadações" (REsp 1137738 – SP).

Alternativa "a": incorreta, pois a compensação, embora seja uma causa de extinção do crédito tributário, não é sinônimo de transação. Ambos os institutos (compensação e transação) são causas de extinção do crédito tributário previstas no artigo 156 do CTN, respectivamente, incisos II e III. A definição de compensação está na nota dos autores. A transação, por sua vez, é disciplinada pelo artigo 171 do CTN, que prevê que "a lei pode facultar, nas condições que estabeleça, aos sujeitos ativo e passivo da obrigação tributária celebrar transação que, mediante concessões mútuas, importe em terminação de litígio e consequente extinção de crédito tributário".

Alternativa "b": incorreta. A compensação não é sempre admissível, pois depende de previsão legal que a discipline (CTN, arts. 170 e 97, VI).Ademais, não se deve generalizar a aplicação do artigo 78, § 2º do ADCT da CF para toda e qualquer compensação. Isso porque, o artigo 78, § 2º do ADCT da CF refere-se a uma situação pontual de compensação, especificamente decorrente do poder liberatório do pagamento de tributos conferido às prestações de precatórios previstas no caput do mesmo artigo, nas situações em que não liquidadas até o final do exercício a que se referem.

Alternativa "d": incorreta, uma vez que a compensação não é hipótese de suspensão da exigibilidade do crédito tributário (como erroneamente constou), mas sim causa de extinção do mesmo (CTN, art. 156, II).

---

31. (Vunesp – Juiz de Direito – SP/2014) "A" é proprietário de imóvel residencial situado na Comarca da Capital do Estado. A Prefeitura Municipal afirma ser ele devedor do Imposto Predial e Territorial Urbano – IPTU, referente aos exercícios de 1997 a 2003, ajuizando ação de execução fiscal. Tal ação é proposta em agosto de 2007. O magistrado competente julga a ação extinta, sem mandar citar o executado, afirmando estar ela prescrita, sendo a sentença proferida em agosto de 2009. Tendo em vista a prescrição quinquenal, prevista no art. 174 do Código Tributário Nacional, é correto afirmar que

A) a referida ação estaria parcialmente prescrita, em virtude de aplicar-se o disposto no art. 174 do CTN, in casu, apenas aos exercícios anteriores ao de 2003, permitindo o prosseguimento da ação executiva no que tange a esse último exercício.

B) a referida ação encontra-se inteiramente prescrita, podendo o magistrado declará-lo de plano, tendo em vista o disposto no art. 219, § 5.°, do Código de Processo Civil, que permite o reconhecimento ex officio da prescrição.

C) em se tratando de interesse patrimonial disponível, o magistrado não poderia ter decretado a extinção da ação pelo reconhecimento ex officio da prescrição, cabendo anular a sentença e determinar o prosseguimento da execução.

D) a referida ação não estaria prescrita, pois não chegou a haver a citação pessoal do devedor, nos termos do art. 174, parágrafo único, I, do CTN, tendo o magistrado, como referido, extinguido a ação executiva de ofício.

COMENTÁRIOS

✪ **Nota dos autores:** o artigo 174 do CTN, em seu *caput*, estabelece que "a ação para a cobrança do crédito tributário prescreve em cinco anos, contados da data da sua constituição definitiva". Por sua vez, "o Superior Tribunal de Justiça possui o entendimento firme de que nos tributos sujeitos a lançamento de ofício, tal como o IPVA e o IPTU, a própria remessa, pelo Fisco, da notificação para pagamento ou carnê constitui o crédito tributário, momento em que se inicia o prazo prescricional quinquenal para sua cobrança judicial, nos termos do art. 174 do CTN" (AgRg no REsp 1477734/SC, Rel. Ministro MAURO CAMPBELL MARQUES, SEGUNDA TURMA, julgado em 11/11/2014, DJe 18/11/2014). O assunto foi sumulado pelo próprio STJ (Súmula 397: "O contribuinte do IPTU é notificado do lançamento pelo envio do carnê ao seu endereço"). Por derradeiro, tem-se que o STJ fixou a data do vencimento para pagamento do IPTU como *dies a quo* do prazo prescricional ("a constituição definitiva do crédito tributário, no caso do IPTU, se perfaz pelo simples envio do carnê ao endereço do contribuinte, nos termos da Súmula 397/STJ. Entretanto, o termo inicial da prescrição para a sua cobrança é a data do vencimento previsto no carnê de pagamento, pois é esse o momento em que surge a pretensão executória para a Fazenda Pública", REsp 1.180.299 - MG).

Alternativa correta: letra "a". Nos termos das lições apresentadas na nota dos autores, como a execução fiscal foi ajuizada em agosto de 2007 e contemplou IPTUs das referências 1997 a 2003, tem-se que a referência 2003 não está prescrita, pois não houve o decurso de cinco anos contados da data do vencimento estampada no carnê de IPTU da citada referência, o que ocorreria no exercício de 2008. As referências de 1997 a 2002 estão de fato prescritas.

Alternativa "b": incorreta. Como visto na nota dos autores e nos comentários à alternativa "a", a ação não está inteiramente prescrita, mas sim parcialmente (referências de 1997 a 2002). Vale ressaltar que o texto dessa alternativa menciona um dispositivo do CPC vigente à época (atualmente, está em vigor o CPC aprovado pela Lei 13.105/2015).

Alternativa "c": incorreta, pois o artigo 219, §5º, do CPC vigente à época (Lei 5.869/73), estipulava que "o juiz pronunciará, de ofício, a prescrição".

Alternativa "d": incorreta, pois a referida ação estaria parcialmente prescrita, em virtude de aplicar-se o disposto no artigo 174 do CTN apenas aos exercícios anteriores ao de 2003 (1997 a 2002). O IPTU da referência 2003 não estava prescrito, como bem visto na nota dos autores.

---

32. (Vunesp - Juiz de Direito - SP/2015) Diante do disposto nos artigos 173 e 174 do Código Tributário Nacional, fixando, respectivamente, prazo de cinco anos para constituição do crédito tributário e igual prazo para cobrança do crédito tributário, é correto afirmar que

A) nos casos de tributos sujeitos a lançamentos por homologação, diante do pagamento do valor declarado e ausente fraude ou simulação, a prescrição do crédito tributário é de cinco anos, contados do fato jurídico tributado.

B) a Fazenda tem dez anos (regra cinco mais cinco) para obter seu crédito tributário.

C) a Fazenda tem cinco anos para obter seu crédito tributário.

D) a prescrição intercorrente pode ser reconhecida nos períodos decorridos até a constituição do crédito tributário ou após iniciada a cobrança, contados os prazos separadamente.

COMENTÁRIOS

Nota dos autores: a principal diferença entre decadência e prescrição está no fato de que o que decai é o direito de a Fazenda Pública (de constituir o crédito tributário de ofício) e o que prescreve é a ação de cobrança do tributo (execução fiscal). Porém, prescrição e decadência são duas formas de extinção do crédito tributário de alta complexidade no que tange à distinção entre ambas, bem como em relação aos termos iniciais de contagem dos respectivos prazos (dies a quo), que podem variar de acordo com a modalidade de lançamento.

Alternativa correta: letra "a". Nos tributos sujeitos ao lançamento por homologação, o prazo de decadência também é de 5 (cinco) anos, contados da ocorrência do fato gerador (CTN, art. 150, § 4º). Como se trata de um autolançamento, não se refere a um prazo para o fisco constituir o crédito tributário, mas sim para promover a homologação da atividade do sujeito passivo, o que se confunde com o período de 5 (cinco) anos para homologação tácita previsto no artigo 150, § 4º do CTN. Todavia, como expressamente ressalva o próprio artigo 150, § 4º do CTN, o prazo de homologação não se aplica em situações nas quais houver prova de dolo, fraude ou simulação. Nesse caso, com fundamento no artigo 149 do CTN, passa a ter lugar o lançamento de ofício substitutivo e o prazo decadencial aplicável passa a ser o do artigo 173, inciso I, isto é, o prazo relativo ao lançamento de ofício. A jurisprudência também corrobora esse entendimento "nas exações cujo lançamento se faz por homologação, havendo pagamento antecipado, conta-se o prazo decadencial a partir da ocorrência do fato gerador (art. 150, § 4º, do CTN). Somente quando não há pagamento antecipado, ou há prova de fraude, dolo ou simulação é que se aplica o disposto no art. 173, I, do CTN" (AgRg no Ag 939.714/RS, Rel. Ministra ELIANA CALMON, SEGUNDA TURMA, julgado em 12.02.2008, DJ 21.02.2008 p. 54).

Alternativa "b": incorreta, pois a tese do cinco mais cinco que prevaleceu durante algum tempo no

STJ refere-se ao prazo para repetição de indébitos de tributos (CTN, art. 168) e não ao prazo decadencial de lançamento e prescricional de cobrança do crédito tributário. No caso do prazo quinquenal do artigo 168 (contado da data da extinção do crédito tributário), a Primeira Seção do STJ firmou entendimento paradigmático de que, na hipótese de tributo sujeito a lançamento por homologação, o prazo para propositura da ação de repetição de indébito seria de 10 (dez) anos a contar do fato gerador, se a homologação fosse tácita- tese dos "cinco mais cinco" (STJ – EREsp 435835/SC – 1.ª Seção – Rel. Min. Francisco Peçanha Martins – julg. 24/03/2004). O fundamento era de inexistir curso do prazo prescricional sem que houvesse homologação do lançamento pela Fazenda, ato que também homologaria o pagamento indevido, extinguindo o crédito tributário. Como a Fazenda nunca homologa expressamente o lançamento, a homologação sempre ocorre tacitamente, no prazo de 5 (cinco) anos conforme o artigo 150, § 4º do CTN. Daí o prazo de 10 (dez) anos, isto é, 5 (cinco) para homologação do lançamento, a partir de quando começariam a contar mais 5 (cinco) anos de prescrição para a repetição do indébito. Entretanto, com a edição da Lei complementar nº 118/2005, a tese não mais resiste, haja vista ter disposto seu artigo 3º que, para efeito de interpretação do artigo 168, inciso I do CTN, a extinção do crédito tributário ocorre, no caso de tributo sujeito a lançamento por homologação, no momento do pagamento antecipado de que trata o § 1º do artigo 150 do CTN.

Alternativa "c": incorreta. Na verdade, a Fazenda Pública tem cinco anos para cobrar o crédito tributário junto ao Poder Judiciário (e não para "obter o crédito tributário" como constou no texto da alternativa em comento. Essa ação para a cobrança do crédito tributário é denominada de execução fiscal (Lei 6.830/80) que, reitera-se, prescreve em 5 (cinco) anos, contados da constituição definitiva (CTN, art. 174). A prescrição também extingue o crédito tributário (CTN, art. 156, V). O termo "definitiva" é tido como a "eficácia que torna indiscutível o crédito tributário" (SABBAG, Eduardo. Manual de Direito Tributário. 2 ed. São Paulo: Saraiva, 2010, p. 785). Portanto, a expressão "constituição definitiva", marco legal do termo de início (dies a quo) do prazo prescricional, refere-se ao esgotamento das vias administrativas para o sujeito passivo impugnar o lançamento do crédito tributário, o que se dá, alternativamente:

- em caso de impugnação do lançamento de ofício por parte do sujeito passivo, pela regular notificação da decisão administrativa final e irreformável dos órgãos de julgamento tributário;
- em caso de ausência de impugnação do lançamento de ofício por parte do sujeito passivo, pela notificação do lançamento de ofício.

Alternativa "d": a prescrição intercorrente (prescrição no curso de um processo), não é admitida no processo administrativo que visa a constituição definitiva do crédito tributário (veja os exemplos do Estado de São Paulo, em que há uma Súmula do Tribunal de Impostos e Taxas nesse sentido – Súmula TIT nº 04/2003 – segundo a qual "não é admissível a prescrição intercorrente no processo administrativo tributário", bem como do CARF, cuja súmula 11 é taxativa nesse mesmo sentido, ao prever que "não se aplica a prescrição intercorrente no processo administrativo fiscal"). Já no âmbito do processo judicial a prescrição intercorrente é expressamente prevista no artigo 40 da Lei 6.830/80. Portanto, a prescrição intercorrente só pode ser reconhecida após iniciada a cobrança e não nos períodos decorridos até a constituição do crédito tributário, motivo pelo qual a alternativa está incorreta.

---

33. (Vunesp – Juiz de Direito – TJ SP/2017) Sobre a dação em pagamento, é correto afirmar que

A) é instituto de direito civil acolhido pelo Código Tributário Nacional, como forma de extinção do crédito tributário, mediante a entrega de bens, no modo e condições estabelecidos em decreto do Chefe do Poder Executivo da pessoa jurídica de direito público credora.

B) é instituto de direito civil acolhido pelo Código Tributário Nacional, como forma de extinção do crédito tributário, mediante a entrega de bens móveis e imóveis, no modo e condições estabelecidos em lei.

C) é instituto de direito civil acolhido pelo Código Tributário Nacional, como forma de extinção do crédito tributário, mediante a entrega de bens imóveis, no modo e condições estabelecidos pela lei.

D) é instituto de direito civil não expressamente acolhido pelo Código Tributário Nacional, mas que pode ser admitido pela legislação específica dos entes tributantes como forma de extinção do crédito tributário, mediante a entrega de bens.

COMENTÁRIOS

✪ **Nota dos autores:** a questão aborda o instituto jurídico da "dação em pagamento", incluída pela Lei complementar 104/2011 no CTN como hipótese de extinção do crédito tributário. Por dação em pagamento entende-se o espontâneo oferecimento de bens pelo devedor (ao invés de pecúnia), ao credor, como forma de extinguir a dívida. No Direito Tributário, para extinguir o crédito tributário, admite-se apenas a dação em pagamento de bens imóveis, na forma e condições estabelecidas em lei (CTN, art. 156, XI).

Alternativa correta: letra "c". De fato, a dação em pagamento é um instituto jurídico típico do Direito Civil (CC, art. 356 a 359) e, como bem detalhado na nota dos autores, foi acolhido pelo Direito Tributário como forma de extinção do crédito tributário, desde que se refira a bens imóveis e obedecidas às condições estabelecidas em lei.

Alternativa "a": incorreta. Há dois erros no texto dessa alternativa. Primeiro, não há a restrição à dação em pagamento de bens imóveis, como é de rigor, segundo o artigo 156, inciso XI, do CTN. Segundo, que a lei é o veículo normativo exigido pelo referido dispositivo do CTN e não o decreto, como constou.

Alternativa "b": incorreta, pois a dação em pagamento para extinção de crédito tributário se restringe somente aquela relativa a bens imóveis, não contemplando os bens móveis (CTN, art. 156, XI).

Alternativa "d": incorreta. Ao contrário do que constou, a dação em pagamento de bens imóveis foi expressamente acolhida pelo CTN, conforme introdução do inciso XI ao artigo 156 promovida pela LC 104/2011.

---

34. (Vunesp - Juiz de Direito - TJ - SP/2013) A respeito das isenções de ICMS, é correto afirmar que

A) têm validade em todo o território nacional.

B) podem ser outorgadas por meio de Lei Complementar produzida pela União.

C) somente podem ser instituídas após aprovação de convênio autorizativo no Conselho Nacional de Política Fazendária.

D) podem ser objeto de Decreto.

COMENTÁRIOS

✪ **Nota dos autores:** de acordo com o artigo 150, § 6º da CF/88, qualquer subsídio ou isenção, redução de base de cálculo, concessão de crédito presumido, anistia ou remissão, relativos a impostos, taxas ou contribuições, só poderá ser concedido mediante lei específica, federal, estadual ou municipal, que regule exclusivamente essas matérias, sem prejuízo do disposto no artigo 155, § 2º, XII, g. Já o art. 155, § 2º, XII, g, objeto da menção do artigo 150, § 6º é aplicável ao ICMS e reserva à esfera de competência da lei complementar "regular a forma como, mediante deliberação dos Estados e do Distrito Federal, isenções, incentivos e benefícios fiscais serão concedidos e revogados". Com base nesses comandos normativos, a CF de 1988 recepcionou a Lei complementar 24/75, segundo a qual todos os benefícios fiscais de ICMS devem encontrar fundamento em convênios celebrados pelos Estados no âmbito do CONFAZ - Conselho Nacional de Política Fazendária.

Alternativa correta: letra "c". Uma isenção de ICMS vigora nos limites do território estadual, não obstante a necessidade de deliberação prévia e aprovação unânime de todos as Estados e o Distrito Federal, por meio de um convênio CONFAZ. O STF já se posicionou no sentido de que "a lei, de modo unilateral, que disciplina benefício fiscal do ICMS, sem observar a prévia exigência de celebração de convênio entre os Estados-membros e o Distrito Federal para a concessão de isenções, incentivos e benefícios fiscais do imposto, ofende o artigo 155, § 2º, inciso XII, alínea "g", da CF" (STJ - ADI 1247 - Pleno - Rel. Min. Dias Toffoli - julg. 1º.6.2011).

Alternativa "a": incorreta. Como visto nos comentários à alternativa correta (alternativa "c"), uma isenção de ICMS vigora nos limites do território estadual (e não nacionalmente). Portanto, o convênio no âmbito do CONFAZ possui natureza meramente autorizativa e instituição do benefício fica a cargo de cada unidade da federação nos limites de seus respectivos territórios.

Alternativas "b" e "d": incorretas. A isenção deve ser outorgada por lei específica, nos termos do artigo 150, 6º da CF/88 (vide nota dos autores), não sendo um assunto reservado à lei complementar e ao decreto.

---

35. (Vunesp - Juiz de Direito - TJ SP/2017) Assinale a alternativa correta.

A) A norma de isenção se aloca no plano da definição da competência tributária, não ocorrendo, portanto, o fato imponível, por não existir a possibilidade de formulação da hipótese de incidência.

B) As imunidades e isenções não se distinguem a partir da fonte formal da qual emanam.

C) As isenções técnicas são legitimamente reconhecidas ante a ausência de capacidade contributiva como a concedida visando à preservação do mínimo vital ou destinada a uma pessoa jurídica para que possa desenvolver suas atividades.

D) A imunidade política é também denominada de imunidade recíproca e veda a tributação sobre patrimônio, renda e serviços das pessoas jurídico-políticas (União, Estados, Distrito Federal e Municípios).

COMENTÁRIOS

✪ **Nota dos autores:** há uma classificação doutrinária das imunidades quanto a serem ou não consequências necessárias de um princípio. Na lição de Regina Helena Costa, as imunidades **ontológicas** são reconhecidas como consequência necessária de um princípio constitucional. Em geral é a isonomia, manifestada ora pela capacidade contributiva, ora pela autonomia das pessoas políticas, que impõe a identificação das imunidades ontológicas. Assim, mesmo que essa espécie de imunidade seja suprimida do texto constitucional, a exoneração permanecerá, por ser uma consequência dos princípios que a edificam. Por exemplo, a imunidade recíproca. Pelo fato das pessoas políticas não disporem de capacidade contributiva, a imunidade recíproca manteria seus efeitos mesmo com a supressão de seu texto expresso da Carta Constitucional. De outro lado, tem-se as imunidades **políticas**, que não se constituem consequência necessária de um princípio e beneficiam, eventualmente, pessoas que tem capacidade contributiva. Por exemplo, as imunidades dos templos, das entidades sindicais dos trabalhadores e dos partidos políticos. Na hipótese de serem retiradas do texto constitucional pelo Poder Constituinte Originário, as exonerações não mais serão reconhecidas, o que equivale dizer que "a competência tributária pode voltar a ser exercida nessas situações" (COSTA, Regina Helena. Imunidades tributárias – teoria e análise da jurisprudência do STF. Malheiros: São Paulo, 2001, páginas 130/131).

Alternativa correta: letra "c". Segundo a doutrina, as isenções podem ser classificadas como técnicas ou políticas, sendo as primeiras reconhecidas diante da falta de capacidade contributiva do sujeito passivo e as segundas, inobstante a presença de capacidade contribuinte do sujeito passivo, a exoneração se manifesta em decorrência de política fiscal.

Alternativa "a": incorreta. A isenção, tida como uma causa de exclusão do crédito tributário, é definida como a dispensa legal do pagamento do tributo, ou seja, se aloca no plano do exercício da competência tributária (e não no plano de sua definição) e obstaculariza a constituição do crédito tributário pelo lançamento, mesmo tendo ocorrido o fato gerador e nascido o vínculo obrigacional.

Alternativa "b": incorreta, uma vez que a imunidade é uma exoneração tributária prevista no texto constitucional, enquanto a isenção é prevista em lei específica, federal, estadual ou municipal (CF, art. 150, §6º), ou seja, há sim distinção a partir da fonte formal da qual emanam.

Alternativa "d": incorreta. Nos termos da lição doutrinária reproduzida na nota dos autores, a imunidade recíproca tem natureza de exoneração ontológica e não de exoneração política, como erroneamente constou.

9. ADMINISTRAÇÃO TRIBUTÁRIA (FISCALIZAÇÃO, DÍVIDA ATIVA E CERTIDÕES)

36. (Vunesp – Juiz de Direito – RJ/2016) Promover a gestão do Sistema Nacional integrado de Informações Econômico-Fiscais – SINIEF para a coleta, elaboração e distribuição de dados básicos essenciais à formulação de políticas econômico-fiscais e ao aperfeiçoamento permanente das administrações tributárias é matéria que, dentre outras, compete

A) à Secretaria de Administração Fazendária.

B) à Casa Civil.

C) à Receita Federal.

D) ao Ministério da Economia.

E) ao Conselho Nacional de Política Fazendária.

COMENTÁRIOS

✪ **Nota dos autores:** O CONFAZ – Conselho Nacional de Política Fazendária é um órgão colegiado estabelecido pela Lei Complementar nº 24/75. É composto pelos Secretários da Fazenda de todos os Estados e do Distrito Federal e pelo Ministro da Fazenda (representando o Governo Federal). A competência principal do CONFAZ é promover a celebração de convênios, para efeito de concessão ou revogação de isenções, incentivos e benefícios fiscais no âmbito do ICMS, de acordo com o previsto no artigo 155, § 2º, inciso XII, alínea "g", da CF e na Lei Complementar nº 24, de 7 de janeiro de 1975.

Alternativa correta: letra "e". Não obstante a principal competência do CONFAZ se tratar da celebração de convênios, para efeito de concessão ou revogação de isenções, incentivos e benefícios fiscais no âmbito do ICMS, fato é que, de acordo com CONVÊNIO S/Nº, DE 15 DE DEZEMBRO DE 1970, que entre seus considerandos apresentou o artigo 199 do CTN ("a Fazenda Pública da União e as dos Estados, do Distrito Federal e dos Municípios prestar-se-ão mutuamente assistência para a fiscalização dos tributos respectivos e permuta de informações, na forma estabelecida, em caráter geral ou específico, por lei ou convênio"), no âmbito do CONFAZ foi criado o SINIEF – Sistema Nacional Integrado de Informações Econômico-Fiscais.

Demais alternativas: incorretas, por atribuírem a outros órgãos a competência para a promoção da gestão do SINIEF, quando a mesma é do CONFAZ, como bem apregoado nos comentários à alternativa "e".

10. PROCESSO TRIBUTÁRIO (ADMINISTRATIVO E JUDICIAL) E DIREITO PENAL TRIBUTÁRIO

37. (Vunesp – Juiz de Direito – RJ/2014) Dentre as medidas judiciais previstas nas alternativas a seguir, aquela que se mostra mais adequada ao contribuinte que se insurge contra a publicação, em jornal de grande circulação, de ato governamental que aumenta a alíquota do IPVA (imposto sobre a propriedade de veículos automotores) é a ação

A) anulatória de débito fiscal.

B) anulatória de lançamento tributário com depósito do montante integral.

C) de repetição de indébito.

D) declaratória de inexistência de relação jurídico-tributária.

COMENTÁRIOS

✪ **Nota dos autores:** ações de iniciativa do contribuinte que tramitam pelo **procedimento comum** do processo civil brasileiro, a **ação anulatória de débito fiscal** e a **ação declaratória de inexistência de relação jurídico-tributária** distinguem-se em relação a vários aspectos. Quanto ao **objeto da pretensão**, enquanto a pretensão da **ação anulatória** é a **desconstituição do crédito tributário** que já foi objeto de lançamento, constituindo a sentença de procedência causa de extinção do crédito tributário (CTN, art. 156, X), a pretensão da **ação declaratória** é a **declaração de inexistência de relação jurídico-tributária** que possa fundamentar o lançamento. Consequentemente, também, são ações ajuizadas em momentos distintos, na medida em que a **ação anulatória** de débito fiscal pressupõe que o **crédito tributário** já tenha sido **constituído** pelo lançamento, ao passo que a **ação declaratória** de inexistência da relação jurídico-tributária **antecede** o ato-procedimento de **constituição do crédito tributário**.

Alternativa correta: letra "d". Pretendendo o contribuinte se insurgir contra a publicação, jornal de grande circulação, de ato governamental que aumenta a alíquota do IPVA, a ação cabível será a **declaratória de inexistência de relação jurídico-tributária**. Isso porque, a pretensão do contribuinte, nessa fase, antecede o ato-procedimento de constituição de crédito tributário e, por ser anterior ao lançamento, diz respeito à declaração de inexistência de relação jurídico-tributária que possa fundamentar o lançamento.

Alternativas "a" e "b": a pretensão da ação anulatória é a desconstituição do crédito tributário que já foi objeto de lançamento. Trata-se, portanto, de ação inadequada para o caso concreto descrito no enunciado da questão, em que não há informação sobre crédito tributário constituído pelo ato-procedimento do lançamento. Quanto ao depósito do montante integral do tributo, não se trata de uma ação, mas de um meio de que dispõe o contribuinte para suspender a exigibilidade do crédito tributário (CTN, art. 151, II) e de neutralizar a incidência de juros e multas.

Alternativa "c": repetição de indébito tributário é a ação antiexacional por meio da qual o sujeito passivo pleiteia a restituição do pagamento indevido ou em quantia superior à exigida em face da legislação tributária aplicável (CTN, art. 165). Considerando-se que, na situação moldada no enunciado da questão, inexiste notícia de ter sido efetuado qualquer pagamento de tributo com base no ato governamental de aumento de alíquota, fica excluída também a pretensão à repetição de indébito.

---

38. (Vunesp - Juiz de Direito - RJ/2014) Acerca das garantias do juízo na Execução Fiscal, é correto afirmar que

A) excepcionalmente a penhora poderá recair sobre edifícios em construção.

B) o executado não poderá indicar à penhora bens oferecidos por terceiros, ainda que aceitos pela Fazenda Pública.

C) o executado não poderá pagar parcela da dívida que entenda incontroversa e garantir a execução do saldo devedor.

D) a penhora, em qualquer hipótese, não poderá recair sobre plantações.

COMENTÁRIOS

✪ **Nota dos autores:** em **garantia da execução**, pelo valor da dívida, juros e multa de mora e encargos indicados na Certidão de Dívida Ativa, o executado poderá: I – efetuar **depósito em dinheiro**, à ordem do Juízo em estabelecimento oficial de crédito, que assegure atualização monetária; II – oferecer **fiança bancária**; III – **nomear bens à penhora**, observada a **ordem do artigo 11**; ou IV – **indicar à penhora bens oferecidos por terceiros e aceitos pela Fazenda Pública** (Lei 6.830/80, art. 9º).

Alternativa correta: letra "a". Está correta, porque, de fato, nos termos do artigo 11, § 1º, da Lei 6.830/80, **excepcionalmente**, a **penhora poderá recair sobre** estabelecimento comercial, industrial ou agrícola, bem como em plantações **ou edifícios em construção.**

Alternativa "b": totalmente ao contrário do que afirma o examinador, nos termos do artigo 9º, inciso IV, da Lei 6.830/80, o executado poderá sim indicar à penhora bens oferecidos por terceiros, ainda que aceitos pela Fazenda Pública.

Alternativa "c": também diverso do que afirma a banca, a lei possibilita ao executado efetuar o pagamento de parcela da dívida que julgar incontroversa e apenas garantir a execução do saldo devedor (Lei 6.830/80, art. 9º, § 6º).

Alternativa "d": está errada, porque, nos termos do artigo 11, § 1º, da Lei 6.830/80, excepcionalmente, a penhora poderá recair sobre plantações.

Direito Tributário

Alan Martins e
Dimas Yamada Scardoelli

✦ DICAS

1. TRIBUTOS E SUAS ESPÉCIES

- Antes de tratar das espécies de tributos, importante o concursando rememorar o conceito previsto no artigo 3º do CTN nos seguintes termos: "tributo é toda prestação pecuniária compulsória, em moeda ou cujo valor nela se possa exprimir, que não constitua sanção de ato ilícito, instituída em lei e cobrada mediante atividade administrativa plenamente vinculada".
- A seguir estão as características detalhadas do conceito legal de tributo:
  a) Prestação pecuniária compulsória: pressupõe um comportamento obrigatório de prestação em dinheiro. Ou seja, efetivado o fato previsto na norma, o pagamento do tributo será obrigatório, independentemente da vontade do contribuinte.
  b) Em moeda ou cujo valor nela se possa exprimir: a expressão "em moeda" revela-se, nesse conceito, prescindível e redundante, já que o termo "pecuniária" encerra igual sentido. Na expressão "ou cujo valor nela se possa exprimir", o legislador ampliou o âmbito das prestações pecuniárias, admitindo o pagamento do tributo em outras formas que não apenas o dinheiro. É certo que, atualmente, o Direito Tributário não aceita o pagamento de tributo in natura (bens) ou in labore (trabalho). No entanto, se houver lei específica do ente credor, os tributos podem ser pagos ou compensados com Títulos da Dívida Pública (TDP) ou Precatórios. Ademais, com o advento da LC 104/2001, foi inserido o inciso XI ao artigo 156 do CTN, que faz referência à dação em pagamento em bens imóveis como forma de extinção do crédito tributário, na forma e condições estabelecidas em lei ordinária.
  c) Que não constitua sanção de ato ilícito: tributo não é penalidade. Logo, não deve ser utilizado como sanção para o contribuinte. Ele se distingue da penalidade exatamente porque esta tem como hipótese de incidência um ato ilícito, enquanto a hipótese de incidência do tributo é sempre algo lícito. Ademais, o Princípio da Interpretação Objetiva do "Fato Gerador" (CTN, arts. 118 c/c 126) – Cláusula *non olet* – pressupõe que o tributo "não fede e não cheira". Importa para o Estado arrecadar, angariar fundos para cobrir suas despesas (finalidade fiscal do tributo), não cabendo, nesse instante, aferir ilicitude do fato ocorrido. Em suma: o fato poderá ser ilícito, mas a hipótese de incidência (previsão normativa) jamais o será.
  d) Instituída em lei: a obrigação tributária só pode resultar da lei, em abono ao Princípio da Estrita Legalidade. Em regra, a lei ordinária é instituidora de tributo. Excepcionalmente, serão instituídos por Lei Complementar: I) impostos sobre grandes fortunas; II) impostos residuais da União; III) contribuições residuais da seguridade social e IV) empréstimos compulsórios. Ressalte-se que Medida Provisória poderá instituir e majorar impostos, exceto os reservados à lei complementar (CF, art. 62, §1°, III e §2°).
  e) Cobrada mediante atividade administrativa plenamente vinculada: o Estado é obrigado a cobrar o tributo sempre que ocorra o fato jurídico-tributário e dentro dos limites e condições estabelecidas em lei. Tal formalização ocorrerá através do instituto do lançamento tributário (CTN, art. 142). A atividade de cobrança do tributo não pode ser arbitrária ou discricionária (pautada por juízo de conveniência e oportunidade), mas apenas vinculada.
- Para o artigo 5º do CTN, os tributos são impostos, taxas e contribuição de melhoria. No entanto, a jurisprudência e a doutrina são pacíficas no sentido de que, à luz da Constituição Federal, além dos mencionados no CTN, são tributos também os empréstimos compulsórios e as contribuições (sociais e especiais).
- Tributos e espécies tributárias (baseado no julgamento da ADI 447 pelo STF – DJ de 05/03/93):

TRIBUTO (gênero) **Art.3° do CTN**
ESPÉCIES TRIBUTÁRIAS:
1) IMPOSTOS *Art. 145, I, CF/88* *Art. 16, CTN*
2) TAXAS *Art. 145, II, CF/88* *Art. 77, CTN*

TRIBUTO (gênero) **Art.3° do CTN**		
ESPÉCIES TRIBUTÁRIAS:		
3) CONTRIBUIÇÕES	***3.1) DE MELHORIA*** *Art. 145, III, CF/88* *Art. 81, CTN*	
	3.2) SOCIAIS: *Art. 149, CF/88*	***3.2.1) DE SEGURIDADE SOCIAL*** *Art. 195 e §4°, CF/88*
		3.2.2) SALÁRIO EDUCAÇÃO *Art. 212, §5°, CF/88*
	3.3) ESPECIAIS:	***3.3.1) DE INTERVENÇÃO NO DOMÍNIO ECONÔMICO*** *Art. 149, CF/88*
		3.3.2) DE INTERESSE DE CATEGORIAS PROFISSIONAIS OU ECONÔMICAS *Art. 149, CF/88*
4) EMPRÉSTIMOS COMPULSÓRIOS *Art. 148, CF/88*		

- "Os tributos, nas suas diversas espécies, compõem o Sistema Constitucional Tributário brasileiro, que a Constituição inscreve nos seus arts. 145 a 162. Tributo, sabemos todos, encontra definição no art. 3° do CTN, definição que se resume, em termos jurídicos, no constituir ele uma obrigação que a lei impõe às pessoas, de entrega de uma certa importância em dinheiro ao Estado. As obrigações são voluntárias ou legais. As primeiras decorrem da vontade das partes, assim, do contrato; as legais resultam da lei, por isso são denominadas obrigações ex lege e podem ser encontradas tanto no direito público quanto no direito privado. A obrigação tributária, obrigação ex lege, a mais importante do direito público, 'nasce de um fato qualquer da vida concreta, que antes havia sido qualificado pela lei como apto a determinar o seu nascimento.' (Geraldo Ataliba, 'Hermenêutica e Sistema Constitucional Tributário', in 'Diritto e pratica tributaria', volume L, Padova, Cedam, 1979). As diversas espécies tributárias, determinadas pela hipótese de incidência ou pelo fato gerador da respectiva obrigação (CTN, art. 4°), são a) os impostos (CF, art. 145, I, arts. 153, 154, 155 e 156), b) as taxas (CF, art. 145, II), c) as contribuições, que são c.l) de melhoria (CF, art. 145, III), c.2) sociais (CF, art. 149), que, por sua vez, podem ser c.2.1) de seguridade social (CF, art. 195, CF, 195, § 4°) e c.2.2) salário educação (CF, art. 212, § 5°) e c.3) especiais: c.3.1.) de intervenção no domínio econômico (CF, art. 149) e c.3.2) de interesse de categorias profissionais ou econômicas (CF, art. 149). Constituem, ainda, espécie tributária, d) os empréstimos compulsórios (CF, art. 148)." (ADI 447, Rel. Min. Octavio Gallotti, voto do Min. Carlos Velloso, julgamento em 5-6-1991, Plenário, DJ de 5-3-1993).

- O imposto é o tributo cuja obrigação tem por fato gerador uma situação independente de qualquer atividade estatal específica, relativa ao contribuinte (CTN, art. 16). Daí ser classificado como tributo não-vinculado.
- Além de não ser vinculado a uma atividade estatal específica em relação ao contribuinte, o imposto também é tributo de receita não vinculada a órgão, fundo ou despesa, nos termos do artigo 167, inciso IV, da CF, com algumas exceções constitucionais.
- Os fatos geradores dos impostos estão descritos na Constituição Federal, conforme a classificação a seguir. Apenas a União poderá criar novos impostos, no exercício de sua competência residual.

IMPOSTOS FEDERAIS (CF, arts. 153 e 154)	**IMPOSTOS ESTADUAIS/DF (CF, art. 155)**	**IMPOSTOS MUNICIPAIS/DF (CF, art. 156)**
Imposto sobre importação de produtos estrangeiros – II	Imposto sobre transmissão "causa mortis" e doação de quaisquer bens ou direitos – ITCMD	Imposto sobre a propriedade predial e territorial urbana – IPTU
Imposto sobre exportação, para o exterior, de produtos nacionais ou nacionalizados – IE	Imposto sobre operações relativas a circulação de mercadorias e sobre prestações de serviços de transporte interestadual e intermunicipal e de comunicação, ainda que as operações e as prestações se iniciem no exterior – ICMS	Imposto sobre a transmissão "inter vivos", a qualquer título, por ato oneroso, de bens imóveis, por natureza ou acessão física, e de direitos reais sobre imóveis, exceto os de garantia, bem como cessão de direitos a sua aquisição – ITBI ou ITIV
Imposto sobre a renda e proventos de qualquer natureza– IR	Imposto sobre a propriedade de veículos automotores – IPVA	Imposto sobre serviços de qualquer natureza serviços de qualquer natureza, não compreendidos no art. 155, II, definidos em lei complementar – ISS ou ISSQN
Imposto sobre produtos industrializados – IPI		
Imposto sobre operações de crédito, câmbio e seguro, ou relativas a títulos ou valores mobiliários – IOF		

IMPOSTOS FEDERAIS (CF, arts. 153 e 154)	IMPOSTOS ESTADUAIS/DF (CF, art. 155)	IMPOSTOS MUNICIPAIS/DF (CF, art. 156)
Imposto sobre a propriedade territorial rural – ITR		
Imposto sobre grandes fortunas		
Impostos residuais		
Impostos extraordinários		

- Os impostos possuem as seguintes classificações:
- Quanto à alíquota: fixos ou progressivos. Fixos são aqueles em que a alíquota não aumenta com o aumento da base de cálculo. Progressivos, ao contrário, a alíquota aumenta com o aumento da base de cálculo. São progressivos o IR, ITR e o IPTU.
- Quanto à forma de percepção: diretos e indiretos. Será direto quando o contribuinte real do tributo é o próprio sujeito passivo da obrigação tributária principal, como se dá com o IR. Será indireto quando o contribuinte real do tributo é o consumidor da mercadoria ou do serviço objeto da operação (contribuinte de fato) e o sujeito passivo da obrigação tributária principal (contribuinte de direito) repassa, no preço da mercadoria ou serviço, o imposto devido, como se dá com o IPI e o ICMS. Neste caso, quando o legislador altera a alíquota do tributo, tem em mira o consumidor (contribuinte de fato) e não o empresário (contribuinte de direito).
- Quanto ao objeto de incidência: reais e pessoais. Imposto real é aquele que incide sobre o patrimônio e não leva em consideração as condições inerentes aos contribuintes (exemplos: IPTU e ITBI). Imposto pessoal, ao contrário, leva em consideração as condições dos contribuintes, suas características, estabelecendo diferenças em função dessas condições (IRPF).
- O quadro a seguir sintetiza as principais características dos impostos federais:

IMPOSTO DA UNIÃO	ASPECTOS GERAIS
Imposto de Importação – II	É exceção aos princípios da legalidade e da anterioridade (anual e nonagesimal). Segundo a Constituição, o Poder Executivo, nos termos e limites fixados em lei, poderá alterar suas alíquotas.
Imposto de Exportação – IE	É exceção aos princípios da legalidade e da anterioridade (anual e nonagesimal). Segundo a Constituição, o Poder Executivo, nos termos e limites fixados em lei, poderá alterar suas alíquotas.

IMPOSTO DA UNIÃO	ASPECTOS GERAIS
Imposto sobre a Renda e Proventos de Qualquer Natureza – IR	É exceção à anterioridade nonagesimal. O IR deve observar os critérios (princípios) da generalidade, da universalidade e da progressividade – GUP. Entende-se que generalidade significa a incidência do imposto sobre todas as pessoas. Por universalidade, entende-se a incidência sobre todos os tipos de rendimentos. A progressividade do imposto de renda toma a base de cálculo como critério para a variação de alíquotas. A Emenda Constitucional 20/98 revogou a regra constitucional que estabelecia a não incidência do imposto de renda, nos termos e limites fixados em lei, sobre rendimentos provenientes de aposentadoria e pensão, pagos pela previdência social da União, dos Estados, do Distrito Federal e dos Municípios, a pessoa com idade superior a sessenta e cinco anos, cuja renda total fosse constituída, exclusivamente, de rendimentos do trabalho. O STF decidiu que a antiga regra constitucional não era autoaplicável (MS 22.584). Assim, como a exoneração tributária não decorria diretamente da Constituição não poderia ser elencada entre as imunidades.
Imposto sobre Produtos Industrializados – IPI	É exceção aos princípios da legalidade e da anterioridade anual (não é exceção à anterioridade nonagesimal). Segundo a Constituição, o Poder Executivo, nos termos e limites fixados em lei, poderá alterar suas alíquotas. O IPI *deve ser* seletivo em função da essencialidade do produto. Assim, as alíquotas do imposto devem ser menores para os produtos essenciais e maiores para os produtos enquadrados na categoria de consumo supérfluo ou desaconselhável. O IPI também deve observar a técnica da não-cumulatividade. Segundo o STF (RE 168.750), "o princípio da não-cumulatividade objetiva tão-somente permitir que o imposto incidente sobre a mercadoria, ao final do ciclo produção-distribuição-consumo, não ultrapasse, em sua soma, percentual superior à alíquota máxima prevista em lei". Não haverá incidência de IPI (imunidade) sobre produtos industrializados destinados ao exterior. O objetivo claro da regra é desonerar a atividade de exportação, não remetendo tributos para o exterior. Terá reduzido seu impacto sobre a aquisição de bens de capital pelo contribuinte do imposto, na forma da lei

IMPOSTO DA UNIÃO	ASPECTOS GERAIS
Imposto sobre Operações Financeiras – IOF	É exceção aos princípios da legalidade e da anterioridade (anual e nonagesimal). Segundo a Constituição, o Poder Executivo, nos termos e limites fixados em lei, poderá alterar suas alíquotas. O IOF somente pode incidir sobre operações de crédito, câmbio, seguro e relativas a títulos ou valores mobiliários. Neste sentido, o STF já considerou possível a cobrança de IOF sobre operações de *factoring* (desconto de títulos de crédito para disponibilizar recursos para as empresas, ADInMC 1.763) e impossível a incidência sobre saques em cadernetas de poupança (RE 232.467). O ouro, quando definido em lei como ativo financeiro ou instrumento cambial, sujeita-se exclusivamente à incidência do IOF, devido na operação de origem. A alíquota mínima será de 1% (um por cento), sendo assegurada a transferência do montante da arrecadação nos seguintes termos: a) trinta por cento para o Estado, o Distrito Federal ou o Território, conforme a origem e b) setenta por cento para o Município de origem. Por ser regra de incidência exclusiva, veicula imunidade para todos os outros tributos. Registre-se que o ouro como simples mercadoria sofre a incidência tributária normal de todos os tributos do sistema.
Imposto Territorial Rural – ITR	As alíquotas do ITR devem ser fixadas de forma a desestimular a manutenção das propriedades improdutivas. Temos aqui um bom exemplo de progressividade extrafiscal. Por outro lado, o ITR não incidirá (imunidade) sobre pequenas glebas rurais quando as explore, só ou com sua família, o proprietário que não possua outro imóvel. A Constituição remete à lei a definição do que deve ser entendido por "pequenas glebas rurais". Poderá ser cobrado e fiscalizado pelo Município, o que lhe dará a receita total do imposto (art. 153, §4º, III da CF).
Imposto sobre Grandes Fortunas	O imposto sobre grandes fortunas deverá ser instituído por lei complementar, ainda não editada.
Impostos Residuais	A Constituição reservou à União, e somente a esta, a possibilidade de criar impostos novos (além dos já elencados). Para o exercício desta competência exige o Texto Maior: a) utilização de lei complementar, b) adoção da técnica da não-cumulatividade e c) que o imposto novo não tenha fato gerador ou base de cálculo próprios dos impostos já discriminados. Esta competência é conhecida como residual. Ainda segundo a Lei Maior, 20% (vinte por cento) do produto da arrecadação dos impostos residuais pertencem aos Estados e ao Distrito Federal (art. 157, inciso II).
Impostos Extraordinários	Na iminência ou no caso de guerra externa, a União, e somente esta, poderá criar impostos extraordinários. Estes impostos podem estar ou não compreendidos em sua competência e serão suprimidos, gradativamente, cessadas as causas da instituição. O artigo 76 do CTN fixa o prazo máximo de cinco anos, contados da celebração da paz, para a supressão gradativa dos impostos extraordinários. O exercício da chamada competência extraordinária da União não precisa observar o princípio da anterioridade (CF, art. 150, §1°).

- O quadro abaixo sintetiza as principais características dos impostos estaduais e do Distrito Federal:

IMPOSTOS DOS ESTADOS E DF	ASPECTOS GERAIS
ICMS – Imposto sobre operações relativas à circulação de mercadorias e sobre prestações de serviços de transporte interestadual e intermunicipal e de comunicação, ainda que as operações e as prestações se iniciem no exterior	Em virtude de maior incidência nos concursos públicos, agora será dada uma atenção maior aos principais aspectos do ICMS-mercadorias. O fato gerador do ICMS-mercadorias é a realização de operações relativas à circulação de mercadorias, ainda que importadas do exterior. Segundo entendimento jurisprudencial, a circulação de mercadoria pressupõe circulação jurídica, ou seja, a mudança de titularidade. No ICMS-mercadorias a base de cálculo será o valor da operação mercantil realizada e as alíquotas serão estabelecidas pelo legislador ordinário de cada Estado e do Distrito Federal. Vale ressaltar, que caberá ao Senado Federal, fixar as alíquotas mínimas e máximas em operações internas e Resolução do Senado Federal estabelecerá alíquotas aplicáveis às operações interestaduais. Enfim, a alíquota será um percentual sobre o valor da operação mercantil realizada.

IMPOSTOS DOS ESTADOS E DF	ASPECTOS GERAIS
ITCMD Imposto sobre transmissão *causa mortis* ou doação de quaisquer bens ou direitos	O fato gerador da exação é a transmissão de propriedade de quaisquer bens ou cessão de direitos em decorrência de falecimento do titular ou cessão e transmissão gratuitas. O tributo será devido no Estado da situação do bem ou DF (bens imóveis e respectivos direitos) – conforme o artigo 155, §1°, inciso I da CF; ou no Estado onde se processar o inventário ou arrolamento, ou tiver domicílio o doador, ou ao DF (bens móveis, títulos e créditos) conforme o artigo 155, §1°, inciso II da CF. No que concerne ao aspecto temporal será o momento da transmissão (CTN, art. 35) ou como estabelecer a lei ordinária estadual. O sujeito passivo é o herdeiro, legatário ou qualquer das partes ligadas à doação (doador ou donatário) na forma da lei ordinária (dos Estados/DF). A base de cálculo é o valor venal dos bens ou direitos transmitidos e da doação (CTN, art. 35). Enfim, a alíquota será estabelecida conforme legislação estadual (atenção: alíquota máxima fixada pelo Senado Federal – Resolução 9/92 – 8%).
IPVA Imposto sobre propriedade de veículos automotores	O fato gerador é a propriedade de veículo automotor. No que se refere ao aspecto espacial, é o local onde o veículo é registrado e licenciado, inscrito ou matriculado e o aspecto temporal é o 1º dia de janeiro de cada exercício ou data estabelecida na legislação estadual. O sujeito passivo é o proprietário do veículo automotor que poderá ser pessoa física ou jurídica. A base de cálculo é valor venal do veículo ou preço comercial (valor de mercado) e a alíquota será estabelecida pela lei ordinária estadual.

- O quadro abaixo sintetiza as principais características dos impostos municipais e do Distrito Federal.

IMPOSTOS DOS MUNICÍPIOS E DF	ASPECTOS GERAIS
IPTU Imposto sobre propriedade predial e territorial urbana	O fato gerador do IPTU é a propriedade (CC, art. 1.228), o domínio útil (exemplo: enfiteuta) ou a posse (CC, art. 1.196) de bem imóvel. No que concerne ao aspecto espacial recai sobre imóveis localizados na zona urbana ou urbanizável do município (vide §§ 1 ° e 2° do artigo 32 do CTN). A alteração da base de cálculo constitui exceção ao princípio da anterioridade nonagesimal. A incidência (critério temporal) ocorrerá no dia 1º de janeiro de cada ano (por ficção jurídica). O sujeito passivo da exação é o proprietário do imóvel, o titular do domínio útil ou seu possuidor (CTN, art. 34). A base de cálculo é o valor venal do imóvel e as alíquotas variarão consoante o valor, uso e localização do imóvel. Importante o estudo acerca da dupla progressividade do IPTU (fiscal e extrafiscal): a) Fiscal: Com a promulgação da EC 29/2000 alterou-se o artigo 156, § 1º, da CF, permitindo-se a progressividade fiscal do IPTU, ou seja, sua alíquota passou a variar segundo os critérios da localização, valor e uso. Antes das modificações promovidas pela Emenda citada, o Supremo Tribunal Federal, se manifestou no sentido da inconstitucionalidade da aplicação de alíquotas progressivas para o IPTU (Súmula 668). b) Extrafiscal: O objetivo de tal progressividade é estimular ou inibir certas condutas (para fins de política urbana). Confira o artigo 7° da Lei 10.257/2001 (Estatuto da Cidade). É tributo sujeito a lançamento de ofício. Nos termos do Enunciado da Súmula 97 do STJ: "o contribuinte do IPTU é notificado do lançamento pelo envio do carnê ao seu endereço".
ITBI (ou ITIV) Imposto sobre transmissão *inter vivos*, a qualquer título, por ato oneroso, de bens imóveis, por natureza ou acessão física, e de direitos reais sobre imóveis, exceto os de garantia, bem como cessão de direitos a sua aquisição.	O fato gerador é transmissão *inter vivos*, a qualquer título, por ato oneroso, de bens imóveis, por natureza ou acessão física, e de direitos reais sobre imóveis, exceto os de garantia, bem como cessão de direitos a sua aquisição.

IMPOSTOS DOS MUNICÍPIOS E DF	ASPECTOS GERAIS
	No que concerne ao aspecto/critério espacial, é o território do Município da situação do bem. No caso do DF, como não há divisão em municípios, o tributo caberá a este. É irrelevante que a escritura tenha sido lavrada em outro Município. Não há diferença de zona urbana para zona rural, como ocorre no ITR e IPTU. O critério temporal é o momento da transmissão ou da cessão. Ou seja, é o instante que ocorre o negócio jurídico, porém apurável no momento da transcrição do instrumento translativo do domínio no Registro Imobiliário. Assim já decidiu o STJ: "A propriedade imobiliária apenas se transfere com o registro do respectivo título (CC, art. 530). O registro imobiliário é o fato gerador do Imposto de Transmissão de Bens Imóveis. Assim, a pretensão de cobrar o ITBI antes do registro imobiliário contraria o Ordenamento Jurídico" (STJ - REsp 12.546-0 - RJ - 1ª T - Rel. Min. Gomes de Barros - DJU 30.11.92, in RJ 184/87). Ressalte-se que o STJ também entende que nos casos de promessa de compra e venda não registrada, não haverá a ocorrência do fato gerador do ITBI. O sujeito passivo é qualquer das partes da operação tributária de transmissão de bem imóvel (CTN, art. 42), podendo ser o transmitente ou o adquirente. A base de cálculo é o valor venal dos bens imóveis transmitidos em percentagem única sobre a base de cálculo. As alíquotas serão estabelecidas pela lei municipal. Destaque-se duas hipóteses de imunidades específicas: a) Imunidade objetiva: prevista no art. 156, §2º, inciso I da CF (busca fomentar o crescimento das empresas);

IMPOSTOS DOS MUNICÍPIOS E DF	ASPECTOS GERAIS
	b) Imunidade sobre imóveis desapropriados para fins de reforma agrária - artigo 184, §5º da CF. Consoante a Súmula 656 STF: "é inconstitucional a lei que estabelece alíquotas progressivas para o imposto de transmissão *inter vivos* de bens imóveis - ITBI com base no valor venal do imóvel".
ISS Imposto Sobre Serviços De Qualquer Natureza	O fato gerador é a prestação de serviço por pessoa física ou jurídica com ou sem estabelecimento físico dos serviços constantes na lista anexa da LC 116/2003, cujo rol é taxativo. A expressão 'serviços de qualquer natureza' no direito tributário vincula-se ao conceito dado pelo direito privado consoante o artigo 110 do CTN. Logo serviço significará um bem econômico imaterial, fruto de esforço humano, resultante de uma obrigação de fazer. O critério espacial é o limite territorial do Município. A matéria do local do pagamento do ISSQN (Local da efetiva prestação do serviço ou local de estabelecimento do prestador) é tema dos mais controvertidos no direito tributário. Importante a leitura das decisões do STJ nesse sentido. De qualquer forma, a LC 116/2003 disciplinou o assunto no seu artigo 3º. O critério temporal é o momento da efetiva prestação do serviço. O sujeito passivo é o prestador de serviço, empresa ou profissional autônomo. A base de cálculo é o valor do serviço prestado e a alíquota poderá ser fixa ou proporcional, consoante legislação municipal. Por fim, é prevista a substituição tributária e a imunidade dos serviços destinados ao exterior (LC 116/2003, art. 2º, I).

- Agora os mesmos impostos de competência da União, dos Estados, do Distrito Federal e dos Municípios, apresentados de forma analítica.

- Quadro sinótico da legislação aplicável aos impostos federais

	II	IE	IR	IPI	IOF	ITR
CF/88	art. 153, I	art. 153, II	art. 153, III	art. 153, IV	art. 153, V	art. 153, VI
Lei Complementar	CTN (arts. 19-22)	CTN (arts. 23-28)	CTN (arts. 43-45)	CTN (arts. 46-51)	CTN (arts. 63-67)	CTN (arts. 29-31)
Lei Ordinária	DL 37/66 (DL 2.472/88)	DL 1.578/77	Lei 7.713/88, Leis 9.249/95 e 9.430/96 e alterações posteriores	Lei 4.502/64	Lei 5.143/66	Lei 9.393/96
Decreto	6.759/09	6.759/09	3.000/99	7.212/10	6.306/07	4.382/02

- Quadro comparativo dos principais aspectos dos impostos federais

	Fato Gerador	Principal Contribuinte	Principal Base de Cálculo	Observações Constitucionais
II	Entrada de mercadoria estrangeira no território aduaneiro	Importador	Valor Aduaneiro	Exceção aos Princípios da Anterioridade e da Legalidade
IE	Saída de mercadoria nacional ou nacionalizada do território aduaneiro	Exportador	Valor da mercadoria em condições de livre concorrência internacional	*Idem*
IR	Aquisição de disponibilidade econômica ou jurídica de: **Renda**: produto do capital, do trabalho ou de ambos; **Proventos:** outros acréscimos patrimoniais que não sejam rendas	Pessoas físicas e jurídicas titulares das disponibilidades econômicas ou jurídicas de rendas e proventos	Montante real, arbitrado ou presumido da renda e dos proventos tributáveis	Deve observar os critérios da generalidade (todas as pessoas), universidade (tudo ou todas as rendas e proventos) e da progressividade (alíquotas progressivas). Também é exceção ao Princípio da Anterioridade nonagesimal
IPI	Saída de produto industrializado do estabelecimento industrial	Industrial	Valor da operação de saída do estabelecimento industrial	Exceção aos Princípios da Legalidade e da Anterioridade do exercício. Seletivo em função da essencialidade. Não cumulativo. Imunidade na exportação de produtos industrializados. Terá reduzido seu impacto na aquisição de bens de capital
IOF	Efetivação das operações de crédito, câmbio, seguro e relativas a títulos e valores mobiliários	Tomadores de crédito, compradores e vendedores de moeda estrangeira, os segurados e os adquirentes de títulos ou valores mobiliários e titulares de aplicações financeiras	Operações de crédito: valor da obrigação (principal mais juros). Operações de câmbio: montante em moeda nacional (recebida ou entregue). Operações de Seguro: valor do prêmio. Operações de transmissão de títulos e valores mobiliários: preço ou valor da cotação em bolsa de valores	Exceção aos Princípios da Anterioridade e da Legalidade
ITR	A propriedade, o domínio útil e a posse a qualquer título de imóvel rural	Proprietário, titular do domínio útil ou possuidor a qualquer título de imóvel rural	Valor da terra nua tributável (VTNt)	Progressividade para desestimular propriedades improdutivas. Imunidades de pequenas glebas. Possibilidade de ser cobrado e fiscalizado pelos Municípios que assim optarem na forma da lei (repasse de 100% neste caso)

(In: MARTINS, Alan; SCARDOELLI, Dimas Yamada. Direito Tributário – curso rápido e didático para estudos e revisões. Leme: Editora JH Mizuno, 2012, página 69)

- Quadro sinótico da legislação aplicável aos impostos estaduais

	ITCMD/ITCD	ICMS	IPVA
CF/88	CF, art. 155, I, c/c § 1°	CF, art. 155, II, c/c, §§ 2° a 5°	CF, art. 155, III, c/c § 6°
Leis complementares	Competência do art. 155, § 1°, III, não exercida	LC 87/96 – Lei Kandir /LC 24/75 – Convênios, Confaz e concessão de benefícios fiscais	Não há
Leis ordinárias	Leis estaduais	Leis estaduais	Leis estaduais
Decretos	Decretos estaduais	Decretos estaduais	Decretos estaduais

(In: MARTINS, Alan; SCARDOELLI, Dimas Yamada. Direito Tributário – curso rápido e didático para estudos e revisões. Leme: Editora JH Mizuno, 2012, página 71)

- Quadro comparativo dos principais aspectos dos impostos estaduais

	Fato Gerador	Principais Contribuintes	Principal Base de Cálculo	Observações Constitucionais
ITCMD/ ITCD	Transmissão *causa mortis* na sucessão legítima ou testamentária; doações e outras transmissões não onerosas (usufrutos, renúncias translativas a heranças, atribuição de bens e direitos acima da meação ou quinhão na divisão de patrimônio comum, partilha ou adjudicação etc.)	Herdeiro, legatário ou donatário	Valor dos bens e direitos transmitidos	Bens imóveis – imposto compete ao Estado de situação do bem. Bens móveis, títulos e direitos – imposto compete ao Estado onde se processar o inventário ou tiver domicílio o doador. Doador ou *de cujus* domiciliado ou residente no exterior ou se *de cujus* tinha bens no exterior – competência conforme lei complementar. Alíquotas máximas fixadas pelo Senado Federal
ICMS	Operações relativas à circulação de mercadorias; prestações de serviços de transporte interestadual e intermunicipal; prestações onerosas de serviços de comunicação; fornecimento de mercadorias com prestação de serviços não compreendidos na competência tributária dos Municípios ou sujeitos ao imposto sobre serviços, quando a lei complementar aplicável expressamente o sujeitar à incidência do imposto estadual; entrada de mercadorias ou bens importados do exterior; serviços prestados no exterior ou cuja prestação tenha se iniciado no exterior; entrada no Estado de petróleo e derivados quando não destinados à comercialização ou industrialização	Pessoa física ou jurídica que realize, com habitualidade ou em volume que caracterize intuito comercial, operações ou prestações sujeitas à incidência do imposto; qualquer pessoa física ou jurídica que importe mercadorias ou bens, seja destinatária de serviço prestado no exterior ou cuja prestação tenha sido iniciada no exterior, adquira em licitação mercadorias ou bens apreendidos, adquira lubrificantes combustíveis derivados do petróleo e energia elétrica de outro Estado, quando não destinados à comercialização ou industrialização	Valor da operação de circulação de mercadoria ou da prestação de serviço. Inclusão do próprio imposto na base de cálculo (chamado "cálculo por dentro")	Imposto não cumulativo. Seletividade em função da essencialidade das mercadorias e serviços. Competência do Senado para fixar alíquotas interestaduais e alíquotas internas mínimas, e, em alguns casos, máximas. Previsão, como regra, de tributação no Estado de origem, salvo direito do Estado de destino a diferencial de alíquota nas operações destinadas a consumidores finais. Imunidade nas operações de exportação, saídas para outros Estados de combustíveis e lubrificantes, ouro como ativo financeiro e comunicação gratuita na modalidade de radiodifusão de sons e imagens. Cabe à lei complementar definir contribuintes, dispor sobre substituição tributária, disciplinar regime de compensação, regular a forma como, mediante deliberação entre os Estados (convênios), benefícios fiscais serão concedidos ou revogados, entre outras matérias
IPVA	Propriedade de veículo automotor novo (na aquisição), importado (no desembaraço aduaneiro) ou de veículo usado (em 1° de janeiro de cada exercício)	Proprietário	Valor do veículo	Pode ter alíquotas mínimas fixadas pelo Senado Federal e alíquotas diferenciadas em razão do tipo e utilização

(In: MARTINS, Alan; SCARDOELLI, Dimas Yamada. Direito Tributário – curso rápido e didático para estudos e revisões. Leme: Editora JH Mizuno, 2012, página 72)

- Quadro sinótico da legislação aplicável aos impostos municipais

	IPTU	ITBI	ISS
CF/88	CF, art. 156, I, c/c § 1°	CF, art. 156, II, c/c § 2°	CF, art. 156, III c/c § 3°
Leis complementares	CTN, arts. 32 a 34	CTN, arts. 35 a 42	LC 116/03
Leis ordinárias	Leis municipais	Leis municipais	Leis municipais
Decretos	Decretos municipais	Decretos municipais	Decretos municipais

(In: MARTINS, Alan; SCARDOELLI, Dimas Yamada. Direito Tributário – curso rápido e didático para estudos e revisões. Leme: Editora JH Mizuno, 2012, página 74)

- Quadro comparativo dos principais aspectos dos impostos municipais

	Fato Gerador	Principais Contribuintes	Principal Base de Cálculo	Observações Constitucionais
IPTU	A propriedade, o domínio útil e a posse a qualquer título de imóvel urbano	Proprietário, titular do domínio útil ou possuidor a qualquer título de imóvel urbano	Valor venal do imóvel	Poderá ser progressivo em função do tempo e em razão do valor do imóvel, além de ter alíquotas diferentes de acordo com a localização e o uso do imóvel
ITBI	Quaisquer negócios jurídicos, independente de registro, que transfiram onerosamente bem imóvel ou direito real sobre bem imóvel (exceto os de garantia)	Qualquer das partes na operação tributada (em geral, o adquirente)	Valor venal do imóvel ou do direito transmitido	Imunidades na transmissão de bens ou direitos incorporados à pessoa jurídica como integralização do capital social, na transmissão de bens ou direitos decorrentes de fusão, incorporação, cisão ou extinção de pessoa jurídica (salvo se a atividade preponderante do adquirente for a compra e venda desses bens ou direitos, locação de bens imóveis ou arrendamento mercantil)
ISS	Prestação de serviços constantes na lista anexa à LC 116/2003, ainda que esses não se constituam como atividade preponderante do prestador	Prestador de serviços	Preço do serviço	Imunidade sobre exportações de serviços para o exterior

(In: MARTINS, Alan; SCARDOELLI, Dimas Yamada. Direito Tributário – curso rápido e didático para estudos e revisões. Leme: Editora JH Mizuno, 2012, página 75)

- Segundo a jurisprudência do STJ, o IPTU "é imposto que tem como contribuinte o proprietário ou possuidor por direito real que exerce a posse com *animus* definitivo - art. 34 do CTN" (REsp 325489/SP). As posses de locatário e comodatário não exteriorizam domínio, pois "são meros titulares de direitos pessoais limitados em relação à coisa" (REsp 40240/SP), motivo pelo qual nunca poderão ser considerados contribuintes do IPTU. Ademais, considerando-se o que dispõe o artigo 123 do CTN (irrelevância das convenções particulares para o Direito Tributário), a transferência da responsabilidade pelo pagamento do IPTU ao locatário no contrato de locação não possui valor algum perante o Fisco. Por fim, a menos que haja expressa previsão em legislação municipal, apenas com base nas normas do CTN não há fundamento para se considerar locatário ou comodatário sujeitos passivos na condição de responsáveis tributários.
- O princípio da seletividade segundo a essencialidade do produto é de observância obrigatória em relação ao IPI, que "será seletivo" (CF, art. 153, § 3°, I). O mesmo não ocorre em relação ao ICMS que "poderá ser seletivo em função da essencialidade das mercadorias e dos serviços" (CF, art. 155, § 2°, III).
- Segundo entendimento pacífico do STF a respeito da não cumulatividade do IPI, o direito ao crédito pressupõe recolhimento anterior do tributo, não se podendo cogitar em direito ao crédito em relação à aquisição de insumos não tributados ou sujeitos à alíquota zero (RE 566819 – Pleno – Rel. Min. Marco Aurélio – julg. 29/9/2010).

- A progressividade constitucional delineada para o IPTU pode ser subdividida em: i) progressividade fiscal, cujo único objetivo é a arrecadação, em razão do valor do imóvel (CF, art. 156, § 1°, I); ii) progressividade extrafiscal, que tem por objetivo promover a função social da propriedade, estabelecendo a progressividade no tempo do IPTU para o proprietário de imóvel subutilizado ou não utilizado que deixar de promover o seu adequado aproveitamento, nos termos do plano diretor do Município (CF, art. 182, § 4°, II).
- "O ICMS pode incidir sobre softwares (bens incorpóreos) adquiridos por meio de transferência eletrônica de dados, da mesma forma que incide sobre bens incorpóreos vendidos por meio de bens materiais (softwares de prateleira veiculados em disquete, CD ou DVD)" (ADI 1945 MC – Pleno – red. p/ ac. Min. Gilmar Mendes – julg. 26/10/2010).
- Nos termos do artigo 155, § 2°, VII, da CF, as construtoras, via de regra, são contribuintes do ISS. Assim, "empresas de construção civil que adquirem material em Estado-membro que cobra alíquota mais favorável de ICMS não estão compelidas, uma vez empregadas as mercadorias em obra daquela pessoa jurídica, ao recolhimento da diferença em virtude de alíquota maior do Estado-membro destinatário" (STF – RE 248830 AgR-ED – 1ª Turma – Rel. Min. Marco Aurélio – julg. 7.6.2011).
- O chamado "cálculo por dentro", isto é, inclusão do ICMS na sua própria base de cálculo é constitucional. Fundamento: CF, art. 155, § 2°, XII, "i" (STF – RE 58246 – Pleno – Rel. Min. Gilmar Mendes – julg. 18.5.2011 – Repercussão Geral).
- Há duas bases de incidência na importação de produtos mediante contrato de arrendamento mercantil, a prestação de serviço (leasing) e a própria importação. Com base nessa premissa, em recente acórdão, o STF decidiu não existir bitributação em se exigir o IPI na importação mediante leasing (STF – RE 42930 – Rel. Min. Joaquim Barbosa – 2ª Turma – julg. 1.2.2011).
- Verdade que o artigo 155, § 2°, inciso IV, da CF atribui competência ao Senado Federal para estabelecer as alíquotas do ICMS aplicáveis às operações e prestações, interestaduais e de exportação. Porém, em relação às alíquotas de exportação, essa norma passou a constituir "letra morta" após a promulgação da Emenda Constitucional 42/2003, que alterou a redação do artigo 155, § 2°, inciso X, alínea "a", da CF, contemplando com imunidade todas as operações que destinem mercadorias para o exterior, inclusive, assegurando a manutenção e o aproveitamento do montante do imposto cobrado nas operações anteriores.
- Para não se esquecer da regra do artigo 155, § 2°, inciso II, alíneas "a" e "b", da CF de que a isenção ou não-incidência, salvo determinação em contrário da legislação, não implicará crédito para compensação com o montante devido nas operações ou prestações seguintes e acarretará a anulação do crédito relativo às operações anteriores, basta pensar o quanto seria ilógico permitir-se a compensação de um imposto que não foi pago anteriormente ou se manter o crédito para abater-se, na operação subsequente, em que não haverá tributação.
- Embora operações que destinem a outros Estados petróleo, inclusive lubrificantes, combustíveis líquidos e gasosos dele derivados e energia elétrica sejam imunes ao ICMS (CF, art. 155, § 2°, X, "b"), cabe à lei complementar definir os combustíveis e lubrificantes sobre os quais o imposto incidirá uma única vez, qualquer que seja a sua finalidade, hipótese em que não se aplicará a imunidade (CF, art. 155, § 2°, XII, "h"). Trata-se do ICMS-combustíveis monofásico, cuja tributação deve observar as disposições do § 4° do artigo 155 da CF.
- As vendas de salvados pelas companhias seguradoras não se enquadram no conceito de operações relativas à circulação de mercadorias, não se sujeitando ao ICMS. Constituem sim atividade integrante das operações de seguro, cuja tributação se sujeitaria à competência da União estabelecida no artigo 153, inciso V da CF (STF – ADI 1648 – Pleno – Rel. Min. Gilmar Mendes – julg. 16.2.2011).
- No âmbito do Recurso Extraordinário nº 574706, com repercussão geral, o STF decidiu que o "ICMS não compõe a base de cálculo para fins de incidência do PIS e da Cofins". Para tanto, considerou a Corte que o valor arrecadado a título de ICMS não se incorpora ao patrimônio do contribuinte, nem representa faturamento ou receita, constituindo apenas ingresso de caixa ou trânsito contábil a ser totalmente repassado ao fisco estadual. Dessa forma, levando-se em conta que, nos termos do artigo 195, inciso I, alínea "b", da CF, essas contribuições, destinadas ao financiamento da seguridade social, incidem sobre o faturamento ou receita, torna-se inconstitucional incluir o ICMS em suas bases de cálculo.
- As operações isentas e não tributadas não apenas não dão direito ao crédito do ICMS para as operações e prestações seguintes (CF, art. 155, § 2°, II, "a"), como acarretam a anulação do crédito relativo às operações e prestações anteriores (CF, art. 155, § 2°, II, "b").
- De acordo com a competência estabelecida no artigo 155, § 2°, inciso XII, alínea "g", da CF, a forma como, mediante deliberação dos Estados e Distrito Federal, serão concedidos e revogados isenções, incentivos e benefícios fiscais (CF, art. 155, § 2°, XII, "g"), está regida, atualmente, pela Lei complementar 24/75, recepcionada pela CF nos termos do artigo 34, §5° do ADCT, que prevê a celebração de convênio no âmbito do CONFAZ.
- O art. 88 do ADCT dispõe que: "Art.88. Enquanto lei complementar não disciplinar o disposto nos incisos I e III do § 3º do art. 156 da Constituição Federal, o imposto a que se refere o inciso III do caput do mesmo artigo: I - terá alíquota mínima de dois por cento,

exceto para os serviços a que se referem os itens 32, 33 e 34 da Lista de Serviços anexa ao Decreto-Lei nº 406, de 31 de dezembro de 1968; II – não será objeto de concessão de isenções, incentivos e benefícios fiscais, que resulte, direta ou indiretamente, na redução da alíquota mínima estabelecida no inciso I". Durante muito tempo, esse dispositivo produziu seus efeitos, pois, a Lei Complementar nº 116, de 2003, que veio posteriormente a dispor sobre o ISSQN, não estabelecia alíquota mínima, nem regulava a forma e as condições para a concessão, pelos Municípios, de isenções, incentivos e benefícios fiscais no que diz respeito ao imposto. O cenário, porém, mudou com o advento da Lei Complementar nº 157, de 2016, que incluiu na Lei complementar nº 116, de 2003 o artigo 8º-A, com a seguinte redação: "Art. 8º-A: A alíquota mínima do Imposto sobre Serviços de Qualquer Natureza é de 2% (dois por cento). § 1º O imposto não será objeto de concessão de isenções, incentivos ou benefícios tributários ou financeiros, inclusive de redução de base de cálculo ou de crédito presumido ou outorgado, ou sob qualquer outra forma que resulte, direta ou indiretamente, em carga tributária menor que a decorrente da aplicação da alíquota mínima estabelecida no caput, exceto para os serviços a que se referem os subitens 7.02, 7.05 e 16.01 da lista anexa a esta Lei Complementar. § 2º É nula a lei ou o ato do Município ou do Distrito Federal que não respeite as disposições relativas à alíquota mínima previstas neste artigo no caso de serviço prestado a tomador ou intermediário localizado em Município diverso daquele onde está localizado o prestador do serviço. § 3º A nulidade a que se refere o § 2º deste artigo gera, para o prestador do serviço, perante o Município ou o Distrito Federal que não respeitar as disposições deste artigo, o direito à restituição do valor efetivamente pago do Imposto sobre Serviços de Qualquer Natureza calculado sob a égide da lei nula". Quanto às exceções à vedação à concessão de isenções, incentivos ou benefícios (§ 2º), referem-se elas ao seguintes serviços: 7.02. Execução, por administração, empreitada ou subempreitada, de obras de construção civil, hidráulica ou elétrica e de outras obras semelhantes, inclusive sondagem, perfuração de poços, escavação, drenagem e irrigação, terraplanagem, pavimentação, concretagem e a instalação e montagem de produtos, peças e equipamentos (exceto o fornecimento de mercadorias produzidas pelo prestador de serviços fora do local da prestação dos serviços, que fica sujeito ao ICMS); 7.05. Reparação, conservação e reforma de edifícios, estradas, pontes, portos e congêneres (exceto o fornecimento de mercadorias produzidas pelo prestador dos serviços, fora do local da prestação dos serviços, que fica sujeito ao ICMS); 16.01. Serviços de transporte coletivo municipal rodoviário, metroviário, ferroviário e aquaviário de passageiros.

- A Lei complementar nº 157/2016, de acordo com a competência conferida pelo artigo 156, inciso III, da CF, ampliou a relação de serviços passíveis de tributação pelo ISS. Para tanto, incluiu novos itens e subitens na lista, bem como promoveu a alteração de outros presentes na redação original. Muita atenção para os novos serviços a seguir relacionados: 1.03 - Processamento, armazenamento ou hospedagem de dados, textos, imagens, vídeos, páginas eletrônicas, aplicativos e sistemas de informação, entre outros formatos, e congêneres; 1.04 - Elaboração de programas de computadores, inclusive de jogos eletrônicos, independentemente da arquitetura construtiva da máquina em que o programa será executado, incluindo tablets, smartphones e congêneres; 1.09 - Disponibilização, sem cessão definitiva, de conteúdos de áudio, vídeo, imagem e texto por meio da internet, respeitada a imunidade de livros, jornais e periódicos (exceto a distribuição de conteúdos pelas prestadoras de Serviço de Acesso Condicionado, de que trata a Lei nº 12.485, de 12 de setembro de 2011, sujeita ao ICMS); 6.06 - Aplicação de tatuagens, piercings e congêneres; 7.16 - Florestamento, reflorestamento, semeadura, adubação, reparação de solo, plantio, silagem, colheita, corte e descascamento de árvores, silvicultura, exploração florestal e dos serviços congêneres indissociáveis da formação, manutenção e colheita de florestas, para quaisquer fins e por quaisquer meios; 11.02 - Vigilância, segurança ou monitoramento de bens, pessoas e semoventes; 13.05 - Composição gráfica, inclusive confecção de impressos gráficos, fotocomposição, clicheria, zincografia, litografia e fotolitografia, exceto se destinados a posterior operação de comercialização ou industrialização, ainda que incorporados, de qualquer forma, a outra mercadoria que deva ser objeto de posterior circulação, tais como bulas, rótulos, etiquetas, caixas, cartuchos, embalagens e manuais técnicos e de instrução, quando ficarão sujeitos ao ICMS; 14.05 - Restauração, recondicionamento, acondicionamento, pintura, beneficiamento, lavagem, secagem, tingimento, galvanoplastia, anodização, corte, recorte, plastificação, costura, acabamento, polimento e congêneres de objetos quaisquer; 14.14 - Guincho intramunicipal, guindaste e içamento; 16.01 - Serviços de transporte coletivo municipal rodoviário, metroviário, ferroviário e aquaviário de passageiros; 16.02 - Outros serviços de transporte de natureza municipal; 17.25 - Inserção de textos, desenhos e outros materiais de propaganda e publicidade, em qualquer meio (exceto em livros, jornais, periódicos e nas modalidades de serviços de radiodifusão sonora e de sons e imagens de recepção livre e gratuita); 25.02 - Translado intramunicipal e cremação de corpos e partes de corpos cadavéricos; 25.05 - Cessão de uso de espaços em cemitérios para sepultamento. A cobrança do imposto sobre os novos serviços dependerá da instituição por lei municipal, que deverá respeitar os limites da lei complementar, bem como da observância ao princípio da anterioridade, nas suas vertentes anual e nonagesimal.
- O imposto de importação é considerado pela doutrina um imposto regulatório, de caráter extrafiscal, na medida em que a alteração de sua carga tributá-

ria, permitida ao Poder Executivo (CF, art. 153, §1º), pode influir no domínio econômico, inibindo as exportações na majoração, como ocorreu recentemente em relação aos automóveis, ou incentivando-as na redução, como aconteceu na década de 90 em relação à mesma espécie de produto.

- Os impostos extraordinários, instituídos pela iminência ou no caso de guerra externa, serão suprimidos, gradativamente, cessadas as causas de sua criação (CF, art. 154, II).
- Segundo o artigo 77 do CTN, as taxas têm como fato gerador o exercício regular do poder de polícia, ou a utilização, efetiva ou potencial, de serviço público específico e divisível, prestado ao contribuinte ou posto à sua disposição. Logo, há dois tipos de taxas: taxas de polícia (de fiscalização) e taxas de serviço público específico e divisível.
- A taxa de polícia (de fiscalização) é cobrada quando há o exercício do poder de polícia, também chamado de poder de fiscalização. Tem-se como exemplos a taxa de vigilância sanitária, a taxa de licença e funcionamento ("alvará de funcionamento") etc. Não é possível cobrar taxa de fiscalização pelo uso potencial (STF, RE 140.278).
- O art. 78 do CTN define poder de polícia "considera-se poder de polícia atividade da administração pública que, limitando ou disciplinando direito, interesse ou liberdade, regula a prática de ato ou a abstenção de fato, em razão de interesse público concernente à segurança, à higiene, à ordem, aos costumes, à disciplina da produção e do mercado, ao exercício de atividades econômicas dependentes de concessão ou autorização do Poder Público, à tranquilidade pública ou ao respeito à propriedade e aos direitos individuais ou coletivos".
- A taxa de serviço é cabível toda vez que o Estado, diretamente, presta serviço público específico e divisível ao contribuinte. Assim, se o serviço é genérico e indivisível, sua remuneração se dá através dos impostos. Se é específico e divisível, pelo princípio da justiça fiscal, seu pagamento deve ser cobrado apenas dos que recebem o serviço, situação em que se cobra a taxa.

ART. 79 CTN	
UTILIZAÇÃO	**Efetiva**: quando por ele usufruídos a qualquer título
	Potencial: quando, sendo de utilização compulsória, sejam postos à sua disposição mediante atividade administrativa em efetivo funcionamento
SERVIÇOS PÚBLICOS	**Específicos**: quando possam ser destacados em unidades autônomas de intervenção, de utilidade ou de necessidade públicas
	Divisíveis: quando suscetíveis de utilização, separadamente, por parte de cada um dos seus usuários

- Considerando-se que apenas serviços públicos específicos e divisíveis são passíveis de tributação por meio de taxas, o Supremo Tribunal Federal já declarou inconstitucional diversas exigências tributárias tais como taxa de conservação de vias públicas, taxa de limpeza urbana e, conforme consagrado na Súmula Vinculante 41, a taxa de iluminação pública. São cobranças que, contrariando as disposições do artigo 79, incisos II e III do CTN, são fundamentadas em serviços inespecíficos e indivisíveis, uma vez que usufruídos de maneira geral, por toda a coletividade, sem possibilidade de serem destacados em unidades autônomas de utilização.
- Não são apenas os serviços públicos efetivamente prestados que podem ser remunerados pela cobrança de taxas, mas, também, aqueles postos à disposição do contribuinte (CTN, art. 79, I, "b"). Assim, a taxa de coleta de lixo domiciliar, além de ser considerada constitucional pela Súmula Vinculante 19, pode ser exigida de todo imóvel atendido pelo serviço, ainda que se trate de um imóvel desabitado. Por outro lado, não se pode exigir de um imóvel habitado que não seja atendido pelo serviço, uma vez não ter sido colocado à disposição do contribuinte.
- Verdade não ser o serviço de iluminação pública específico e divisível, razão pela qual não pode ser remunerado por taxa (CF, art. 145, II e inteligência da Súmula 670 do STF e Súmula Vinculante 41). Porém, é lícito aos municípios e ao Distrito Federal instituir contribuição para custeio do serviço (CF, art. 149-A), facultada a sua cobrança na fatura de consumo de energia elétrica (CF, art. 149-A, parágrafo único).
- O artigo 145, §2º da CF dispõe que "as taxas não poderão ter base de cálculo própria de impostos". No entanto, pela dificuldade de mensurar uma base à sua cobrança, a Súmula Vinculante 29 afirma que "é constitucional a adoção, no cálculo do valor de taxa, de um ou mais elementos da base de cálculo própria de determinado imposto, desde que não haja integral identidade entre uma base e outra".
- Sua base de cálculo deve guardar relação com os custos da atividade, o que nem sempre é fácil mensurar.
- É tributo (i) vinculado a uma atuação estatal em relação ao contribuinte, e (ii) de receita vinculada a órgão, fundo ou despesa, sem ser essa vinculação um requisito para a sua validade. Pode ter a receita vinculada ou não, diferentemente da contraprestação ao contribuinte, que deve ser vinculada.

- Comparação entre taxa e preço público (tarifa):

CRITÉRIOS	TAXA	PREÇO PÚBLICO / TARIFA
Regime	Direito Público (tributário)	Direito Privado (consumidor – contratual)
Natureza Jurídica	Tributária (espécie tributária, artigo 145, inciso II, CF/88, portanto, deve respeito aos princípios tributários)	Contratual (Estado prestador de serviço como se fora um particular ou o particular sob delegação do Estado – concessões, permissões, etc)
Tipo de receita pública	Receita derivada	Receita originária
Serviços Públicos	Específicos e divisíveis, de uso efetivo ou potencial	Específicos e divisíveis, apenas de uso efetivo
Tipos de serviços públicos	A) Propriamente estatais e ínsitos à soberania do Estado (exemplo: concessão de passaporte) e; B) Essenciais ao interesse público	A) Não essenciais ao interesse público (exemplos: telefonia, gás, energia elétrica e outros sujeitos à concessão ou permissão pelo ente estatal) e; B) em regra, serviços delegáveis
Cobrança	Compulsória (característica tributária, cobrada no caso de utilização do serviço público e mesmo no caso de o serviço público ter sido colocado à disposição e não necessariamente utilizado)	Voluntária (apenas no uso do serviço público)
Dívida Ativa	Créditos oriundos do não pagamento são inscritos na Dívida Ativa tributária	Créditos oriundos do não pagamento são inscritos na Dívida Ativa não tributária
Repetição de indébito	Ação de repetição de indébito sujeita-se ao prazo previsto no CTN	Ação de repetição de indébito sujeita-se ao prazo prescricional estabelecido no Código Civil (Súmula 412 do STJ)
Decorre de (segundo Súmula 545 do STF)[1]	Lei (cobrança condicionada à prévia autorização orçamentária)[2]	Contrato (vontade das partes)
Prescrição	Quinquenal, regida pelo Direito Público (Código Tributário Nacional)	Decenal, regida pelo Direito Privado (Código Civil). Conforme REsp 1117903

- As taxas e o STF:

TAXA	JULGADA	RESUMO	N° STF
Coleta/remoção/tratamento/ destinação de lixo proveniente dos imóveis	Constitucional	Remunera serviço público específico e divisível (prestado ou a disposição)	Súmula vinculante 19
Fiscalização dos mercados de títulos e valores mobiliários (instituída pela Lei 7.940/89) "taxa da CVM"	Constitucional	Em razão do exercício do Poder de Polícia atribuído à Comissão de Valores Mobiliários (CVM)	Súmula 665
Iluminação pública	Inconstitucional	É um serviço destinado a toda a coletividade (*uti universi*), não é específico e divisível	Súmula Vinculante 41
Classificação de produtos vegetais (instituída pelo Decreto-Lei 1.899/81)	Constitucional	Em razão do exercício do Poder de Polícia (padrão de qualidade dos produtos vegetais que entram no país)	RE 511.584-AgR e outros
Fiscalização/localização e funcionamento	Constitucional	Em razão do exercício do Poder de Polícia (desde que efetivo, sendo suficiente a demonstração da existência de órgão e estrutura necessários ao exercício da competente fiscalização)	RE 588.322 e outros
Municipal de Incêndio	Inconstitucional	Em razão da competência dos Estados (e não dos municípios) para o desempenho de atividades de defesa civil (CF, art. 144)	RE 643247
IBAMA	Constitucional	Em razão do exercício do Poder de Polícia (fiscalização das atividades poluidoras e utilizadoras de recursos ambientais)	RE 416.601 e outros
Segurança (policiamento preventivo)	Inconstitucional	É um serviço destinado a toda a coletividade (*uti universi*), não é específico e divisível	ADI 1.942 e outros
Municipal de conservação de estradas de rodagem	Inconstitucional	Base de cálculo idêntica à do ITR	Súmula 595

---

1 Súmula 545 do STF – Preços de serviços públicos e taxas não se confundem, porque estas, diferentemente daqueles, são compulsórias e têm sua cobrança condicionada à prévia autorização orçamentária, em relação à lei que as instituiu.

2 Embora superado o Princípio da Anualidade (exigência de prévia previsão orçamentária), o STF não revogou a Súmula 545 e algumas bancas examinadoras continuam cobrando o seu texto literal e integral.

- A natureza jurídica do pedágio sempre gerou muita polêmica. Uma linha defende o pedágio enquanto tributo (taxa), sujeito, portanto, aos regramentos aplicáveis às demais espécies tributárias, notadamente ao respeito das limitações ao poder de tributar. Em seu favor tem-se um precedente do STF (RE 181.475-6), relativo ao selo pedágio, que era compulsório. Outra linha, que é predominante na doutrina e com a qual estes autores compactuam, apregoa o pedágio como um preço público (tarifa), uma vez que arrecadado pelas concessionárias (empresas que visam o lucro). As concessionárias (de rodovias) prestam um serviço essencial ao interesse público, que, em regra, pode ser delegado ou concedido pelo Poder Público a outras entidades, públicas ou privadas. Recentemente, o Supremo Tribunal Federal pronunciou-se pela natureza de tarifa ou preço público do pedágio, haja vista não gozar da compulsoriedade, característica essencial das taxas (STF – ADI 800/RS, rel. Min. Teori Zavascki, 11.6.2014).
- Pela redação do artigo 81 do CTN, contribuição de melhoria é tributo instituído para fazer face ao custo de obras públicas de que decorra valorização imobiliária, tendo como limite total a despesa realizada e como limite individual o acréscimo de valor que da obra resultar para cada imóvel beneficiado. É regida pelo Decreto-lei 195/67.
- Sobre a sua base de cálculo, o STJ é pacífico de que esta consiste na "efetiva valorização imobiliária, a qual é aferida mediante a diferença entre o valor do imóvel antes do início da obra e após a sua conclusão, sendo inadmissível a sua cobrança com base somente no custo da obra pública realizada" (REsp 1.076.948-RS, Rel. Min. Luiz Fux, julgado em 4/11/2010).
- Obra pública inacabada também não autoriza a cobrança de contribuição de melhoria (REsp 647.134-SP).
- O CTN, no art. 82, enumera uma lista de requisitos mínimos para a cobrança do tributo, de modo que não poderá ser cobrado sem a observância dessas formalidades legais que constituem o pressuposto do seu lançamento.
- Os Empréstimos Compulsórios são tributos cobrados exclusivamente pela União em duas hipóteses: a) atender a despesas extraordinárias, decorrentes de calamidade pública e de guerra externa efetiva ou iminente; e b) investimento público de caráter urgente e de relevante interesse nacional.
- Exige lei complementar (que definirá o fato gerador) e a competência, conforme dito acima, é exclusiva da União.
- Possui intrínseca relação com os impostos extraordinários (CF, art. 154, II).

Empréstimos compulsórios para guerra externa	Imposto extraordinário de guerra
Cabível *também* na iminência ou no caso de guerra externa efetiva	Cabível na iminência ou no caso de guerra externa efetiva
Pode-se utilizar qualquer fato gerador de tributo para a sua cobrança	Pode-se utilizar qualquer fato gerador de tributo para a sua cobrança
Demanda lei complementar	Não exige lei complementar. Pode ser lei ordinária ou até medida provisória
Exceção às duas anterioridades	Exceção às duas anterioridades
É tributo restituível	Não é tributo restituível

- As contribuições especiais consistem em tributos de receita vinculada, cobrados em sua maioria pela União, que devem atender a quatro pressupostos para a sua validade: a) Finalidade adequada ao Texto Magno; b) Existência de um grupo ou setor que receberá a atuação do destino do tributo; c) Entidade específica para o setor beneficiado; e d) Arrecadação destinada à finalidade.
- São de competência exclusiva da União, com duas exceções: (i) Estados, DF e Municípios podem instituir contribuições em benefício dos seus servidores, quando possuírem Regime Próprio de Previdência Social (CF, art. 149, §1° c/c art. 40); e Município e DF podem instituir Contribuição de Iluminação Pública, para o custeio do serviço de iluminação pública (CF, art. 149-A, da CF).
- O PIS e a Cofins são contribuições que incidem sobre as vendas a prazo inadimplidas, cujos valores faturados não tenham sido recebidos (STF – RE 586482/RS – Pleno – Rel. Min. Dias Toffoli – julg. 23.11.2011).
- Segundo o STF (RE 138.284), as contribuições sociais podem ser gerais ou específicas. Específicas são as descritas no artigo 195 da CF, cuja materialidade já foi definida pelo legislador constituinte e destinam-se a financiar a seguridade social. Gerais são todas as outras contribuições que dizem respeito aos direitos sociais, mas não estão delimitadas dentro do artigo 195, portanto, não financiam a seguridade social. São as que podem ser criadas com base no artigo 149 da CF, que deixou a materialidade das contribuições aberta. Têm-se como exemplos as contribuições do salário-educação (CF, art. 212, §5º), contribuições do "Sistema S" como SESI, SESC, SENAI, SEBRAE, SEST etc. (CF, art. 240).
- As contribuições de intervenção no domínio econômico (CIDEs) caracterizam-se pela finalidade interventiva. Guardam semelhança com os impostos ditos regulatórios, daí serem tributos extrafiscais.
- São de competência exclusiva da União e podem ser criadas por lei ordinária.
- O seu principal exemplo é a CIDE incidente sobre a importação e a comercialização de petróleo e seus derivados, também chamada de CIDE-Combustíveis. Presente na CF, no artigo 177, §4º, esta contribuição é exceção ao princípio da legalidade (sua alíquota pode ser reduzida e restabelecida por ato do Poder Executivo) e ao princípio da anterioridade anual (não se lhe aplica o disposto no artigo 150, inciso III, alínea "b", da CF).
- Outros exemplos de CIDEs são: a) Contribuição para o Fundo de Universalização dos Serviços de Telecomunicações (FUST). Lei 9.998/00 – 1% sobre a receita da prestação de serviços de telecomunicação; b) Contri-

buição ao Fundo para o Desenvolvimento Tecnológico das Telecomunicações (Funttel). Lei 10.052/00 – 0,5% sobre a receita bruta das empresas; c) Contribuição para o Financiamento do Programa de Estímulo à Interação Universidade-Empresa. Lei 10.168/00; d) Contribuição para o Desenvolvimento da Indústria Cinematográfica Nacional (Condecine). Lei 10.454/02.

- Por fim, há as contribuições de interesse de categorias profissionais ou econômicas, conhecidas como contribuições profissionais ou corporativas. Caracterizam-se por serem instituídas em favor de categorias profissionais ou econômicas, sendo vinculadas a entidades representativas desses segmentos sociais. Têm-se como exemplos CRM, CREA, CRC, CRO, dentre outras.
- Com a Reforma Trabalhista aprovada em 2017, a CLT, lei instituidora da contribuição sindical, passou a estabelecer no seu artigo 578 que: "As contribuições devidas aos sindicatos pelos participantes das categorias econômicas ou profissionais ou das profissões liberais representadas pelas referidas entidades serão, sob a denominação de contribuição sindical, pagas, recolhidas e aplicadas na forma estabelecida neste Capítulo, **desde que prévia e expressamente autorizadas.**" E, com isso, o desconto da contribuição em relação a trabalhadores e o pagamento por parte dos empregadores e profissionais liberais passa a ter caráter facultativo (CLT, arts. 579/587).

  Com a alteração promovida, a contribuição sindical deixa de ter caráter tributário, uma vez perder uma característica essencial do conceito de tributo estabelecido no artigo 3º do CTN, que é a natureza compulsória. Em outras palavras, tornando-se facultativa, a contribuição sindical passa a ter natureza trabalhista e ser objeto do direito coletivo do trabalho. Exatamente como ocorre com as outras cobranças sindicais facultativas, tais como as contribuições confederativa e assistencial, bem como as taxas associativas (Súmula Vinculante 40).

  De qualquer forma, permanece vigente a competência da União para instituição de contribuições de interesse de categorias profissionais, estabelecida no artigo 149 da CF/88. Consequentemente, a contribuição sindical poderá retomar a sua natureza tributária caso a sua obrigatoriedade, futuramente, venha a ser restabelecida em lei, por exemplo, por uma eventual nova alteração da CLT.
- Em relação à OAB, entende-se que não se trata de apenas um conselho de fiscalização de profissão, mas, além disso, possui finalidade institucional, como defender a Constituição e a Justiça. Logo, a natureza da sua cobrança não é igual à dos demais Conselhos. Este debate tem gerado dúvidas sobre a natureza jurídica do valor cobrado pela OAB, tendo o STJ se posicionado no sentido de que este não possui natureza tributária (EREsp 495.918/SC). O tema ainda não foi pacificado pelo STF.

2. LIMITAÇÕES CONSTITUCIONAIS AO PODER DE TRIBUTAR

- No campo das limitações constitucionais ao poder de tributar, a CF veicula princípios constitucionais tributários gerais, aplicáveis aos tributos em geral, como é o caso do princípio da legalidade, e princípios constitucionais tributários específicos, que dizem respeito a tributos determinados, como o princípio da não cumulatividade do ICMS estadual.
- Princípios tributários são normas de posição premente e observância em todos os quadrantes da ordem jurídica tributária, que veiculam valores fundamentais do sistema tributário nacional.
- Princípio da legalidade (CF, art. 150, I c/c CTN, art. 97). A instituição ou a majoração de um tributo deve decorrer de lei. A legalidade tributária estrita é também chamada de tipicidade cerrada, uma vez que no artigo 97 do CTN o legislador mencionou as matérias específicas que demandam lei para a sua criação (fato gerador, base de cálculo, alíquota, sujeito passivo e multa).

Princípio da Legalidade Cerrada – artigo 97 CTN ***(numerus clausulus)***	
	Fato gerador
	Alíquota
	Base de cálculo
	Sujeito passivo
	Multa

- Se é necessária lei para criar tributo, é igualmente necessária lei para a sua redução ou isenção (CF, art. 150, §6º);
- Os tributos, geralmente, são instituídos por lei ordinária. Em quatro hipóteses, contudo, necessita-se de lei complementar:

Tributos veiculados por LC:
(i) Empréstimos compulsórios (CF, art. 148, I e II)
(ii) Imposto sobre grandes fortunas (CF, art. 153, VII)
(iii) Impostos residuais (CF, art. 154, I)
(iv) Contribuições residuais da seguridade social (CF, art. 195, §4º)

- A Medida Provisória pode criar impostos, exceto os reservados à lei complementar (CF, art. 62, §1º, III e §2º).
- A multa também precisa de lei para a sua criação.
- Enfim, destaque-se que, em certas hipóteses, o tributo poderá ter suas alíquotas alteradas via decreto ou outra norma do Poder Executivo, cujo rol das mitigações está a seguir:

EXCEÇÕES À LEGALIDADE TRIBUTÁRIA	
	Imposto de Importação – II
	Imposto de exportação – IE
	Imposto sobre produtos industrializados – IPI
	Imposto sobre operações financeiras – IOF
	ICMS-Combustível
	CIDE-Combustível

- No plano infraconstitucional, o princípio da legalidade encontra-se regulado pelo artigo 97 do CTN, que foi recepcionado pela Constituição Federal de 1988. Seus parágrafos merecem especial destaque, cumprindo lembrar que se equipara à majoração do tributo, e, portanto, fere o princípio da legalidade, a modificação de sua base de cálculo, que importar em torná-lo mais oneroso (CTN, art. 97, § 1°). Ao contrário, não constitui majoração de tributo, não ferindo o princípio da legalidade, a mera atualização monetária da respectiva base de cálculo (CTN, art. 97, § 2°). Alguns tratam o § 2° como uma exceção ao princípio da legalidade, mas ainda que a regra não estivesse veiculada no CTN, não se poderia considerar a atualização monetária como majoração de tributo, haja vista a sua natureza de instrumento de reposição inflacionária.

- Da aplicação do princípio da legalidade (CF, art. 150, I) combinada com o princípio implícito da reserva à lei complementar, resulta que: i) em regra, os tributos devem ser instituídos por lei ordinária; ii) quando houver expressa previsão constitucional o tributo será instituído por lei complementar, como ocorre com o empréstimo compulsório (CF, art. 148) e o imposto sobre grandes fortunas (CF, art. 153, VII).
- Pelo princípio da legalidade (CF, art. 150, I) é vedado ao Poder Executivo criar ou aumentar tributos (ressalvas as exceções do art. 153, §1º, da CF), ficando reservado à lei o exercício das competências tributárias constitucionalmente conferidas à União, Estados, Distrito Federal e Municípios. Como somente a lei pode revogar outra lei, por viés de raciocínio, como só a lei pode criar ou aumentar tributos, apenas ela é que pode extingui-los ou reduzi-los.
- Há duas normas constitucionais que limitam a majoração de imposto por medida provisória, quais sejam: 1ª) a de que a medida provisória que institua ou majore impostos só produzirá efeitos no exercício financeiro seguinte, desde que seja convertida em lei até o último dia do exercício em que tiver sido editada (CF, art. 62, § 2°); 2ª) a do princípio da anterioridade nonagesimal, segundo o qual leis que instituam ou majorem tributos devem aguardar uma anterioridade mínima de 90 dias (CF, art. 150, § 1°, in fine).
- A União pode instituir ou majorar impostos por meio de medidas provisórias. Mas cabe lembrar que há exceções à regra relativas aos impostos de importação, exportação, produtos industrializados e operações financeiras, bem como que a medida provisória que implique majoração ou instituição de impostos só produzirá efeitos no exercício financeiro seguinte se houver sido convertida em lei até o último dia daquele em que foi editada, tudo nos termos do artigo 62, § 2°, da CF.
- Princípio da Isonomia Tributária ou Igualdade (CF, art. 150, II CF). Possui como sub-princípios a Interpretação Objetiva do "Fato Gerador" (CTN, arts. 118 c/c 126) – cláusula *non olet* (tributo não tem cheiro) – e o Princípio da Capacidade Contributiva (CF, art. 145, §1°). Consiste em tratar os iguais de modo igual (isonomia horizontal), e os desiguais de modo desigual (isonomia vertical), de modo que, na existência de desigualdade não suportada pela Constituição, deve-se buscar a igualdade pelo caminho do tratamento desigual. Assim, por serem desiguais, empresas pequenas e grandes podem ser submetidas a tratamento tributário diferenciado, pois este é o caminho de se buscar a igualdade entre elas. No ponto, o STF decidiu ser constitucional o tratamento diferenciado entre empresas sujeitas ao Simples Nacional e os profissionais liberais, muito embora com faturamento que lhes permitissem optar pelo pagamento diferenciado de tributos, por entender que as sociedades civis de prestação de serviços profissionais relativos ao exercício de profissão regulamentada têm condições de disputar o mercado de trabalho sem assistência do Estado (ADI 1.643/DF).
- Ao veicular o princípio da capacidade contributiva, o artigo 145, §1° da CF refere-se exclusivamente aos impostos, tornando lícito afirmar que não se aplica às taxas e contribuições de melhorias que, ademais, por serem tributos vinculados a uma atividade estatal específica relativa ao contribuinte, não possuem hipótese de incidência adstrita a fatos signo-presuntivos de riqueza.
- Em relação à capacidade contributiva, o final do §1° do artigo 145 da CF faculta à administração tributária "identificar, respeitados os direitos individuais e nos termos da lei, o patrimônio, os rendimentos e as atividades econômicas do contribuinte". Nesse espeque, a LC 105/01 dá poderes ao Fisco de requisitar diretamente às instituições financeiras informações dos contribuintes, protegidas por sigilo, sem necessidade de ordem judicial.
- Na clássica lição do jurista Celso Antônio Bandeira de Melo, em matéria de isonomia, para que um tratamento diferenciado seja justificado, o elemento discriminatório eleito pelo legislador deve ser lógico e razoável. Assim também se perfaz a observância ao princípio da isonomia tributária (CF, art. 150, II). Contribuintes em situações equivalentes podem ser tratados de forma distinta de contribuintes que a eles não se igualam, desde que o elemento discriminatório (fator de desigualação) seja coerente com justificativas lógicas e razoáveis, contexto em que se inserem o interesse ou a conveniência pública na aplicação da regra da capacidade contributiva e o incentivo de determinadas atividades de interesse do Estado.
- De acordo com a jurisprudência do STF, não é possível acrescentar exemplos à lei com base no princípio da isonomia, razão pela qual não é lícito ao Poder Judiciário conceder a extensão de um benefício fiscal a contribuinte não contemplado na lei, sob pena de incorrer-se em ofensa ao princípio da separação dos poderes (RE 405579 – Pleno – Rel. Min. Joaquim Barbosa – julg. 01/12/2010).

- É inconstitucional por ofender o princípio da isonomia tributária a lei que concede isenção de pagamento de custas e emolumentos pelos serviços judiciais e extrajudiciais apenas a servidores do Poder Judiciário (STF – ADI 3334 – Pleno – Rel. Min. Ricardo Lewandowski – julg. 17/02/2011).
- Princípio da Irretroatividade (CF, art. 150, III, "a" c/c CTN, arts. 106 e 144). Proíbe a retroatividade de lei nova gravosa alcançar fatos ocorridos antes da sua vigência. No ponto, destaque para a retroatividade das leis expressamente interpretativas e as que versem sobre infrações e sejam mais benéficas para os infratores. Estas últimas, cumpre lembrar, não retroagirão se já houver coisa julgada.
- A referência do Supremo Tribunal Federal para análise da irretroatividade é o aspecto temporal da hipótese de incidência, isto é, o momento em que o fato gerador ocorre. Em termos mais precisos, a norma tributária aplicável é sempre aquela vigente na data da ocorrência do fato gerador, o que constitui a realização prática do aspecto temporal da hipótese de incidência tributária. Daí a vedação de se cobrar tributos em relação a fatos geradores ocorridos antes do início da vigência da lei que os houver instituído ou aumentado (CF, art. 150, III, "a").
- Interpretado *a contrario sensu*, o princípio da retroatividade da norma tributária enunciado na CF diz respeito à regra de que os tributos devem ser cobrados segundo a lei vigente à época dos referidos fatos geradores, o que torna lícito afirmar que a mesma lei que rege o fato, no caso o fato gerador, é também a única apta a reger os efeitos tributários que ele desencadeia.
- Atenção para a polêmica envolvendo a Súmula 584 do STF, que estabelece orientação por uma retroatividade imprópria da norma tributária, com a seguinte redação: "ao Imposto de Renda calculado sobre os rendimentos do ano-base, aplica-se a lei vigente no exercício financeiro em que deve ser apresentada a declaração". Verdade que, segundo considerável parcela da doutrina, conforme jurisprudência do Superior Tribunal de Justiça e até de acordo com recente acórdão do STF (RE 587.008 – julg. fev. 2011), referida súmula tornou-se ultrapassada a partir da promulgação da CF de 1988 e do advento do princípio da irretroatividade nos moldes do seu artigo 150, inciso III, alínea "a". Porém, na recente jurisprudência do STF, em decisões tais como a monocrática do ARE 640.953, datada de maio de 2011, portanto mais recente que o RE 587.008, ainda é possível identificar a insistência na Súmula 584 e na retroatividade imprópria.
- Além de saber que a norma tributária de incidência não retroage para atingir fatos geradores ocorridos antes de sua respectiva vigência, para uma boa compreensão de questões que digam respeito ao princípio da irretroatividade é necessário compreender o fato gerador como uma expressão de caráter ambíguo. No plano normativo (abstrato), é melhor designado pela expressão "hipótese de incidência", podendo ser visto sob três aspectos, quais sejam: material (matéria tributável), espacial (local de ocorrência do fato gerador) e temporal (momento da ocorrência do fato gerador). No plano dos fatos (concreto), diz respeito ao fato gerador propriamente dito ou fato jurídico-tributário, correspondendo à realização prática do que descrito na hipótese de incidência.
- Princípio da Anterioridade (anual e nonagesimal) ou da não-surpresa (CF, art. 150, III, "b" e "c"). A instituição ou a majoração de tributo não pode ser cobrada no mesmo exercício em que a lei foi publicada, sendo observado o intervalo mínimo de 90 dias entre a lei que cria ou aumenta o tributo e o tempo da sua cobrança. Enfim, a anterioridade não se aplica nas situações de alteração de prazo recolhimento do tributo.
- Ressalvadas as exceções previstas na própria CF, a anterioridade anual e a nonagesimal devem ser interpretadas em conjunto, de modo que um tributo instituído ou majorado em determinado exercício, só poderá ser cobrado no exercício seguinte, desde que decorridos 90 dias.
- As exceções ao princípio da anterioridade anual (CF, art. 150, III, "b") e nonagesimal (CF, art. 150, III, "c"), previstas nos artigos 150, § 1º, 155, § 4º, inciso IV, alínea "c", 177, § 4º, inciso I, alínea "b" e 195, § 6º" podem ser visualizadas no quadro abaixo. Os tributos em negrito são aqueles que não são exceções comuns às duas vertentes do princípio.

REGRA	EXCEÇÕES
anterioridade anual	II, IE, ***IPI***, IOF, empréstimo compulsório do art. 148, inciso I da CF e imposto extraordinário de guerra, **ICMS-combustível monofásico, CIDE-combustível e contribuições para a seguridade social.**
anterioridade nonagesimal	II, IE, ***IR***, IOF, empréstimo compulsório do art. 148, inciso I da CF, imposto extraordinário de guerra e ***fixação de base de cálculo de IPVA e IPTU***

- O § 2° do artigo 62 da CF prestigia os princípios da legalidade e da anterioridade quando estabelece que a medida provisória que implicar na instituição ou majoração de impostos, exceto os previstos nos artigos 153, I, II, IV, V, e 154, II, só produzirá efeitos no exercício financeiro seguinte (anterioridade) se houver sido convertida em lei até o último dia daquele em que foi editada (legalidade).
- De acordo com a jurisprudência do STF, a redução ou a extinção de desconto para pagamento de tributo sob determinadas condições previstas em lei, como o pagamento antecipado em parcela única, não pode ser equiparada à majoração do tribu-

to em questão. Portanto, nesses casos, não incide o princípio da anterioridade (STF – ADI 4016 MC / PR, Pleno, Rel. Min. Gilmar Mendes, julgado em 01/08/2008). Da mesma forma, a revogação de isenção não se submete ao princípio da anterioridade, porque não corresponde à instituição de tributo novo (STF – MS 20859 /DF, Pleno, Rel. Min. Néri da Silveira, julgamento em 14/03/2002).

- Princípio da Proibição ao Confisco ou da Não-confiscatoriedade (CF, art. 150, IV). Trata-se de princípio formado por palavra de difícil alcance, só delimitada diante do caso concreto. Pela norma, o tributo não pode ser tão elevado de modo a impedir a continuidade da atividade empresarial do contribuinte ou levá-lo ao ponto de venda dos seus bens para o pagamento dos tributos incidentes sobre estes (garantia do mínimo vital). O STF já decidiu que "a identificação do efeito confiscatório deve ser feita em função da totalidade da carga tributária, mediante verificação da capacidade de que dispõe o contribuinte considerado o montante de sua riqueza (renda e capital) para suportar e sofrer a incidência de todos os tributos que ele deverá pagar, dentro de determinado período, à mesma pessoa política que os houver instituído" (ADC-MC 8/DF, Rel. Min. Celso de Mello). Esse princípio é igualmente aplicável às taxas e às multas.
- O princípio do não confisco (CF, art. 150, IV) é interpretado pelo Supremo Tribunal Federal, da seguinte forma: "a proibição constitucional do confisco em matéria tributária (...) nada mais representa senão a interdição, pela Carta Política, de qualquer pretensão governamental que possa conduzir, no campo da fiscalidade, à injusta apropriação estatal, no todo ou em parte, do patrimônio ou dos rendimentos dos contribuintes, comprometendo-lhes, pela insuportabilidade da carga tributária, o exercício do direito a uma existência digna, ou a prática de atividade profissional lícita ou, ainda, a regular satisfação de suas necessidades vitais básicas" (ADI 1.075-MC, Rel. Min. Celso de Mello, julgamento em 17-6-1998, Plenário, DJ de 24-11-2006). No mesmo sentido: AI 482.281-AgR, Rel. Min. Ricardo Lewandowski, julgamento em 30-6-2009, Primeira Turma, DJE de 21-8-2009. Vide: RE 523.471-AgR, Rel. Min. Joaquim Barbosa, julgamento em 6-4-2010, Segunda Turma, DJE de 23-4-2010.
- O princípio da vedação ao confisco não constituiu limitação à instituição do imposto sobre grandes fortunas, mas sim impede a criação de impostos que não sejam razoáveis, que tenham carga tributária desproporcional e excessiva. Não há nenhum preceito constitucional que seja contrário à instituição do imposto sobre grandes fortunas – IGF. Muito pelo contrário, o artigo 153, inciso VII, expressamente confere competência à União para instituir o IGF, exigindo apenas que esse poder de tributar seja exercido mediante lei complementar.
- Conforme orientação fixada pelo STF, o princípio da vedação ao efeito de confisco aplica-se às multas (RE 523.471-AgR, Rel. Min. Joaquim Barbosa, julgamento em 6-4-2010, Segunda Turma, DJE de 23-4-2010).
- O Poder Judiciário não pode substituir os Poderes Executivo e Legislativo na análise do momento econômico e do índice de correção (STF – RE 388312 – Pleno – red. p/ ac. Min. Carmen Lúcia – julg. 1º.8.2011), nem mesmo à luz dos princípios da capacidade contributiva e do não confisco.
- Princípio da não-limitação ao tráfego de pessoas e bens (CF, art. 150, V). Por este inciso, proíbe-se "estabelecer limitações ao tráfego de pessoas ou bens, por meio de tributos interestaduais ou intermunicipais, ressalvada a cobrança de pedágio pela utilização de vias conservadas pelo Poder Público". Por este princípio não está vedada a cobrança do ICMS nas fronteiras dos Estados, visto que o fato gerador em questão não é o trânsito da mercadoria, mas, sim, a sua compra e venda. Quanto ao pedágio, o STF revisitou a matéria recentemente no bojo da ADI 800/RS (Informativo 750 de 09 a 13 de junho de 2014) e entendeu que tal cobrança não teria natureza tributária (taxa), mas sim de preço público, não estando sujeito à legalidade estrita. O Plenário sublinhou que seria irrelevante também, para a definição da natureza jurídica do pedágio, a existência, ou não, de via alternativa gratuita para o usuário trafegar. Reconheceu que a cobrança de pedágio poderia, indiretamente, limitar o tráfego de pessoas. Observou, todavia, que essa restrição seria agravada quando, por insuficiência de recursos, o Estado não construísse rodovias ou não conservasse adequadamente as existentes. Ponderou que, diante dessa realidade, a Constituição autorizara a cobrança de pedágio em rodovias conservadas pelo Poder Público, inobstante a limitação de tráfego que essa cobrança pudesse eventualmente acarretar. Registrou, assim, que a contrapartida de oferecimento de via alternativa gratuita como condição para a cobrança de pedágio não seria uma exigência constitucional, tampouco estaria prevista em lei ordinária. Consignou que o elemento nuclear para identificar e distinguir taxa e preço público seria o da compulsoriedade, presente na primeira e ausente na segunda espécie. Nesse sentido, mencionou o Enunciado 545 da Súmula do STF ("preços de serviços públicos e taxas não se confundem, porque estas, diferentemente daqueles, são compulsórias e têm sua cobrança condicionada à prévia autorização orçamentária, em relação à lei que as instituiu").
- Princípios da seletividade e da progressividade. A seletividade consiste num critério de variação de alíquotas em função da essencialidade dos produtos, aplicada a impostos sobre o consumo. A CF determina que "o IPI será seletivo" ao passo que "o ICMS poderá ser seletivo". Quanto à progressividade, a alíquota também varia, seja em função da elevação da base de cálculo, buscando a aplicação da capacidade contributiva, seja em função de um

caráter sancionatório. A progressividade sanção é aplicada ao IPTU e ao ITR, quando não há a correta destinação do imóvel. A progressividade em função do aumento da base de cálculo está presente no IR e IPTU. Segundo a CF, eles podem ter alíquotas progressivas em função do valor da riqueza tributável. Por fim, o IPTU pode ter alíquotas variáveis em função do local ou uso do imóvel e o IPVA em razão do tipo e utilização do veículo.

- Princípio da Uniformidade Geográfica ou Uniformidade Tributária (CF, arts. 151, I, c/c art. 19, III, in fine). A CF veda a União instituir tributo que não seja uniforme em todo o território nacional ou que implique distinção ou preferência em relação a Estado, ao Distrito Federal ou a Município, exceto se a diferenciação for para diminuir as diferenças socioeconômicas no país.
- Princípio da Não-Cumulatividade (CF, arts. 155, §2°, I, 153, §3°, II e 154, I). Tido por alguns autores como princípio, a não-cumulatividade consiste em método previsto na CF que evita o Fisco de cobrar o tributo na totalidade sobre o valor apurado em cada etapa da cadeia, visto que o imposto deve recair apenas sobre a parcela do preço do bem que foi agregado em cada etapa. Assim, em cada operação, o imposto deve recair apenas sobre o valor que o agente agregou. Está presente no IPI e no ICMS.
- Princípio da vedação às isenções heterônomas (CF, art. 151, III). É clássica a norma que apregoa ser o poder de isentar ínsito ao poder de tributar. Ou seja, apenas pode conceder isenção quem tem o poder de tributação, o que torna válida a isenção autônoma. Em contrapartida, é proibido conceder isenção aquele que não tem o poder de tributação. Logo, se o ICMS é um tributo estadual, apenas o Estado pode conceder isenção, ficando vedado tal poder à União, ou seja, fica proibida a isenção heterônoma ou heterotópica, novidade esta trazida pela CF/88. Porém, há exceções à regra. Como exemplo, cite-se a possibilidade da União conceder, através de lei complementar, isenção heterônoma do ISS nas exportações de serviços para o exterior (CF, art. 156, §3°, II). Ademais, cumpre lembrar que, se a isenção de tributos estaduais e municipais for concedida através de Tratado Internacional, não há impedimento à União na sua concessão, uma vez que, nesse caso, a referida pessoa política não age como ente federativo interno, mas, sim, como representante da República Federativa do Brasil, atuando como sujeito de direito na ordem internacional. Segundo o STF (RE 229.096-RS), "no direito internacional apenas a República Federativa do Brasil tem competência para firmar tratados (art. 52, § 2º, da Constituição da República), dela não dispondo a União, os Estados-membros ou os Municípios. O Presidente da República não subscreve tratados como Chefe de Governo, mas como Chefe de Estado, o que descaracteriza a existência de uma isenção heterônoma, vedada pelo art. 151, inc. III, da Constituição".
- Princípio da não-discriminação baseada em procedência ou destino (CF, art. 152). Por este princípio, ficam os Estados, Distrito Federal e Municípios vedados de estabelecer diferenças tributárias entre bens e serviços de qualquer natureza em razão de sua procedência ou destino. A procedência pode ser externa ou interna.
- Princípio da não afetação dos impostos. Está disciplinado no artigo 167, inciso IV da Carta Magna e dispõe acerca da vedação de vinculação de receita de impostos, ressalvadas as seguintes hipóteses:

Repartição constitucional dos impostos (CF, art. 167, IV)
Destinação de recursos para a saúde (CF, art. 167, IV)
Destinação de recursos para o desenvolvimento do ensino (CF, art. 167, IV)
Destinação de recursos para a atividade de administração tributária (CF, art. 167, IV)
Prestação de garantias às operações de crédito por antecipação de receita (CF, art. 167, IV)
Garantia, contragarantia à União e pagamento de débitos para com esta (CF, art. 167, §4º)

- A imunidade é uma limitação constitucional ao poder de tributar. Corresponde a uma hipótese de incompetência das pessoas políticas para instituir tributos. É, portanto, norma constitucional que afasta a tributação. Difere-se da isenção porque nesta há a competência de tributar, mas não há o seu exercício.
- A CF não apresenta a expressão "imunidade" no seu texto. Ela vem vertida em expressões constitucionais como "é vedado", "não incide tributos", "são isentos", dentre outras.
- A CF apresenta imunidade de taxas (art. 5º, XXXIV), impostos (art. 150, VI) e contribuições sociais (art. 195, § 7º).
- Além das imunidades genéricas previstas no artigo 150, inciso VI, do texto constitucional, a Carta Magna traz ainda outras situações que configuram hipóteses de imunidades que são denominadas Imunidades Específicas. Algumas a título exemplificativo: artigo 155, §2º, inciso X, alínea "a"(ICMS); artigo 156, §2º, inciso I (ITBI) e artigo 153, §3º, inciso III (IPI).
- O artigo 150, inciso VI, da CF veda à União, aos Estados, ao Distrito Federal e aos Municípios instituir impostos em algumas situações, o que dá ensejo à classificação das imunidades. Assim, neste inciso, há as chamadas "Imunidades Genéricas". São elas:
- Imunidade Recíproca (CF, art. 150, VI, "a" e §§ 2º e 3º). Consiste na vedação constitucional de se instituir imposto sobre o patrimônio, renda ou serviços dos entes federativos entre si.
- Alcança as autarquias e fundações públicas. No entanto, estas só gozam da imunidade se as suas atividades estiverem relacionadas com suas finalidades essenciais ou às delas decorrentes.

- Em regra, não alcança as empresas públicas e sociedades de economia mista. No entanto, quando estas prestam serviços públicos obrigatórios, exclusivos do Estado, a imunidade lhes é estendida (RE 407.099/RS – caso clássico da imunidade dos Correios – ECT)
- Imunidade Religiosa (CF, art. 150, VI, "b"). Consiste em garantia que protege o direito de culto dos cidadãos. Trata-se de imunidade que não se limita aos templos de qualquer culto, mas alcança toda a entidade religiosa. O STF já decidiu que imóvel pertencente à entidade religiosa, embora alugado, não perderá a imunidade, desde que a receita auferida esteja vinculada às atividades essenciais.
- Imunidade dos partidos políticos inclusive suas fundações, das entidades sindicais dos trabalhadores, das instituições de educação e de assistência social, sem fins lucrativos, atendidos os requisitos da lei (CF, art. 150, VI, "c", e § 4º). No caso dos partidos políticos, a finalidade é não coibir o pluralismo partidário. As entidades sindicais dos trabalhadores, igualmente, têm proteção da liberdade de associação sindical. E as últimas, instituições de educação e assistência social, como secundam o Estado naquilo que este deveria realizar, correta a não cobrança de impostos no exercício dessas atividades.
- Como visto, esta última imunidade é condicional e, pela redação do artigo 146, inciso II, da CF, só lei complementar pode "regular as limitações constitucionais ao poder de tributar". Essas limitações estão contempladas no artigo 14 do CTN e seus incisos, que disciplinam os requisitos para o gozo da imunidade. São eles: (i) não distribuírem qualquer parcela de seu patrimônio ou de suas rendas, a qualquer título; (ii) aplicarem integralmente, no País, os seus recursos na manutenção dos seus objetivos institucionais; (iii) manterem escrituração de suas receitas e despesas em livros revestidos de formalidades capazes de assegurar sua exatidão.
- Em recente julgamento de vários processos reunidos, o Supremo Tribunal Federal decidiu pela exigência de lei complementar para estabelecer os requisitos legais das imunidades não autoaplicáveis do artigo 150, inciso VI, da CF/88. O fundamento é que cabe à lei complementar regular limitações constitucionais ao poder de tributar (CF, art. 146, II), como é o caso das imunidades (ADI 566622 e ADIs 2028, 2036, 2228 e 2621).
- A ausência de finalidade lucrativa não impede a empresa de auferir lucro. Importante é, no ponto, não haver distribuição do resultado auferido entre os diretores, gerentes ou pessoas responsáveis.
- Os entes imunes, ainda que desempenhem outras atividades lucrativas, poderão gozar do benefício da imunidade, desde que os resultados positivos obtidos sejam aplicados na finalidade principal do empreendimento. No ponto, até mesmo o ICMS, imposto indireto, não pode ser cobrado, desde que o contribuinte direto seja o ente imune. Quando este está na posição de contribuinte indireto, o imposto é cobrado. Em recente decisão com repercussão geral, o STF consolidou o entendimento no sentido de que a "imunidade tributária subjetiva aplica-se a seus beneficiários na posição de contribuinte de direito, mas não na de simples contribuinte de fato, sendo irrelevante para a verificação da existência do beneplácito constitucional a repercussão econômica do tributo envolvido" (STF – RE 608872). Para que fique mais claro, nos dizeres do relator Ministro Dias Toffoli: "a incidência não implica tributar patrimônio, renda ou serviços da entidade beneficente filantrópica, mas traz mera repercussão econômica para o comprador".
- Imunidade dos livros, jornais, periódicos e o papel destinado à sua impressão (CF, art. 150, VI, "d"). Conhecida como imunidade cultural, consiste na proteção ao princípio da liberdade de expressão, bem como, do ponto de vista prático, na diminuição dos custos para tornar o acesso à cultura mais possível. Trata-se de imunidade objetiva, pois visa a alcançar o livro, enquanto bem tributável, e não a pessoa jurídica que o mercancia. Assim, há imunidade do II, ICMS e do IPI e não do IPTU do imóvel ou do IR da pessoa jurídica. Não é dado ao Fisco analisar o conteúdo do material veiculado para atestar o alcance da imunidade. Na verdade, pouco importa o conteúdo e a relevância das informações veiculadas para que a imunidade seja deferida.
- O STF já definiu que a imunidade, além do papel, alcança os filmes destinados à produção de capas de livros e os filmes fotográficos. Agora, uma pergunta: a imunidade tributária concedida a livros, jornais, periódicos e ao papel destinação à sua impressão, prevista na alínea "d" do inciso VI do artigo 150 da Constituição Federal, alcança os livros eletrônicos ou e-books? A resposta à controvérsia foi dada pelo STF no âmbito dos recursos extraordinários números 330817 e 595676, ambos com repercussão geral. Nessas decisões unânimes, ficou consolidada interpretação de que a Constituição Federal volta o seu olhar para a finalidade da norma da chamada imunidade cultural ou informativa, ficando afastada, ainda, a ideia de que o Poder Constituinte poderia ter tido a intenção da restringir a imunidade ao livro editado em papel. Nessa linha, ficaram pacificados os seguintes entendimentos: i) a regra da imunidade alcança não apenas o livro eletrônico ou digital, mas também aos parelhos leitores de livros eletrônicos ou e-readers, confeccionados exclusivamente para esse fim, ainda que eventualmente estejam equipados com funcionalidades acessórias que auxiliem a leitura digital como acesso à internet para download de livros, possibilidade de alterar tipo e tamanho de fonte e espaçamento (interpretação evolutiva coerente com os avanços tecnológicos dos meios de difusão da cultura e da informação); ii) a imunidade abrange também peças e componentes a serem utilizados como material didático que acompanhe publicações (os componentes eletrônicos que acompanham material didático em curso prático de montagem de computadores estão abar-

cados pela imunidade em questão, uma vez que as peças e sua montagem eletrônica não sobrevivem autonomamente). A tese de repercussão geral aprovada no julgamento do RE 330817 foi: "A imunidade tributária constante do artigo 150, VI, "d", da Constituição Federal, aplica-se ao livro eletrônico (e-book), inclusive aos suportes exclusivamente utilizados para fixá-lo". E no julgamento do RE 595676 foi: "a imunidade tributária da alínea "d" do inciso VI do artigo 150 da Constituição Federal alcança componentes eletrônicos destinados exclusivamente a integrar unidades didáticas com fascículos".

- Imunidade sobre os fonogramas e videofonogramas musicais produzidos no Brasil contendo obras musicais ou literomusicais de autores brasileiros e/ou obras em geral interpretadas por artistas brasileiros bem como os suportes materiais ou arquivos digitais que os contenham, salvo na etapa de reprodução industrial de mídias ópticas de leitura a laser. A Emenda Constitucional nº75/2013, originária da chamada "PEC da música", proposta com o objetivo de propiciar competitividade em preços no mercado musical e, assim, fazer frente à pirataria, trouxe mais uma imunidade geral, do tipo objetiva, ao incluir a alínea "e" no inciso VI do artigo 150 da CF, que veda aos entes federativos instituir impostos sobre:

TEXTO CONSTITUCIONAL	EXPLICAÇÕES / EXEMPLOS
Fonogramas e videofonogramas musicais produzidos no Brasil **contendo obras musicais ou literomusicais de autores** brasileiros	isto é, álbuns, videoclipes, espetáculos literomusicais contendo composições musicais de autores brasileiros
e/ou	
Fonogramas e videofonogramas musicais produzidos no Brasil **contendo obras em geral interpretadas por artistas** brasileiros	ou seja, músicas e vídeos musicais nos quais o intérprete seja brasileiro (aqui não é necessário que o autor seja brasileiro, só o intérprete)
bem como	
os suportes materiais ou arquivos digitais que os contenham	tais como CDs, DVDs, *blu rays* e os próprios *downloads* de músicas e *ringtones* comercializados pela *internet*
salvo (exceção)	
na etapa de replicação industrial de mídias ópticas **de leitura a laser**	não há a imunidade em relação aos impostos devidos pela indústria de CDs, DVDs, *blu rays* e outras mídias ópticas de leitura a laser que vierem a surgir com a evolução tecnológica

- A imunidade a impostos das operações relativas a energia elétrica, serviços de telecomunicações, derivados de petróleo, combustíveis e minerais do País não se aplica aos impostos de importação e exportação, nem ao ICMS, por força do disposto no artigo 155, §3°, da CF. Também não se aplica a imunidade a contribuições (inteligência da Súmula 659 do STF) e, por analogia ao entendimento sumulado, a outros tributos diversos de impostos.
- Segundo interpretação *a contrario sensu* do §3° do artigo 150 da CF, as empresas públicas prestadoras de serviço público são beneficiárias da imunidade tributária recíproca prevista no artigo 150, inciso VI, alínea "a" da CF. Recentes acórdãos do STF reconheceram isto em relação à Empresa de Correios e Telégrafos (ACO 814-PR / ACO 789-PI – Red. p/ ac. Min. Dias Toffoli). A mesma interpretação é extensiva às sociedades de economia mista que tenham capital majoritariamente estatal e promovam a prestação de serviços públicos como ações e serviços de saúde sem finalidade lucrativa (STF – RE 580264 – Pleno – red. p/ ac. Min. Ayres Britto – julg. 16.12.2010).
- O Município não é contribuinte de direito do ICMS sobre serviços de energia elétrica e telefonia. Consequentemente, não se beneficia da imunidade tributária recíproca prevista na alínea "c" do inciso VI do artigo 150 da CF (STF – AgRg-AI 736.607-SC – Rel. Min. Ayres Britto).
- Embora as imunidades tributárias não se restrinjam aos impostos e a CF veicule imunidades relativas a outros tributos como taxas (CF, art. 5°, XXXIV) e contribuições (CF arts. 149, § 2° e 195, § 7°), especificamente na seção "Das limitações do poder de tributar", todas as imunidades previstas são relativas a impostos.
- Nenhum problema em se afirmar que a imunidade atua no campo da definição da competência, uma vez que as imunidades são justamente previsões constitucionais de situações em que não são conferidas competências tributárias aos entes federativos. Porém, o mesmo não pode ser dito das isenções, sob pena de se passar a falsa impressão de que referida modalidade de exoneração tributária atua para impedir o referido exercício, o que não é o caso, pois na isenção o ente federativo exerce a competência tributária instituindo o tributo, mas estabelece algumas situações, pessoas ou bens não alcançados pela regra de tributação.
- Nos termos do artigo 150, inciso VI, alínea "c", da CF, a imunidade da instituição de assistência social, sem fins lucrativos, pressupõe o atendimento aos requisitos da lei. É assim que, com base na referida competência constitucional, o artigo 14 do CTN estabelece os requisitos legais para o gozo da imunidade, entre eles a exigência de que a instituição não distribua qualquer parcela de seu patrimônio ou de suas rendas, a qualquer título. Não com outros fundamentos, desatendida a exigência legal, é absolutamente lícito que a autoridade administrativa suspenda a aplicação da norma de imunidade.
- A CF não veicula nenhuma imunidade subjetiva que beneficie especificamente entidades fechadas de previdência privada. Porém, tais entidades são passíveis de se enquadrarem na imunidade das instituições de assistência social sem fins lucrativos

do artigo 150, inciso VI, alínea "c", da CF. Nesse caso, de acordo com a Súmula 730 do STF, a imunidade somente alcança as entidades fechadas de previdência social privada se não houver contribuição dos beneficiários.

- A imunidade tributária, como limitação ao poder de tributar, tem natureza de garantia constitucional. Por esse motivo, é defeso ao intérprete qualquer interpretação restritiva sobre o direito subjetivo à imunidade. O Constituinte, ao criar a benesse, não fez ressalvas quanto ao valor artístico ou didático, à relevância das informações divulgadas ou à qualidade cultural de uma publicação (STF – RE 221239/SP, 2ª Turma, Relª. Minª. Ellen Gracie, julgamento em 25/05/2004). Com esta argumentação, o Supremo Tribunal Federal já decidiu pela imunidade do álbum de figurinhas, das apostilas (STF – RE 183403/SP – 2ª. Turma – Rel. Min. Marco Aurélio – julg. 07/11/2000) e da lista telefônica, ainda que estas últimas veiculem, além das informações, anúncios publicitários que não consistam no objetivo principal da publicação, mas em forma de financiamento para que o conteúdo chegue gratuitamente ao assinante (STF – RE 134071/SP – 1ª. Turma – Rel. Min. Ilmar Galvão – julg. 15/09/1992).
- Por outro lado, não se incluem na regra de imunidade os impressos e publicações puramente publicitários, mesmo aqueles que vêm encartados em jornais e revistas (STF – AI-AgR 368077/SP – 1ª. Turma – Rel. Min. Sepúlveda Pertence – julg. 05/10/2004).

3. COMPETÊNCIA TRIBUTÁRIA E REPARTIÇÃO DE RECEITAS TRIBUTÁRIAS

- A competência tributária refere-se ao poder dos entes políticos na instituição de tributos, tendo como fundamento maior o Principio do Federalismo (CF, art. 60, § 4º, I). Consiste na atribuição constitucional do poder de instituir tributos. É que a CF não cria tributos, apenas dá poderes.
- É cediço que o Estado tem como finalidade precípua, garantir a efetivação dos objetivos da população (interesse público/coletivo), buscando-se, sobretudo, a obtenção da qualidade de vida mediante oferta de serviços essenciais. Dito de outra forma, o seu grande desígnio é a busca do bem comum.
- Enquanto produto criativo do homem, o Estado tem como fundamento jurídico à Constituição Federal que legitima os seus atos e organiza toda sua estrutura administrativa e política. Contudo, embora o Estado tenha avocado para si a tarefa de prestar serviços essenciais ao povo, arcando com um ônus extremamente custoso, porém necessário, ele não possui, sozinho, condições de suprir toda a demanda da população, sem contar, registre-se, que referido ente é extremamente perdulário. Assim, para que possa custear os serviços a que se propôs ofertar, o ente público necessita dispor do patrimônio particular para arrecadar os recursos financeiros imprescindíveis às suas finalidades, uma vez que sua receita própria (originária) não lhe é suficiente.
- Daí nasce à necessidade da tributação, cuja receita derivada (leia-se, os tributos) é fundamental para oferecer uma contrapartida ao cidadão mediante prestação de serviços públicos essenciais.
- Consoante os ensinamentos de Santos Júnior (2010, p. 11) a tributação legal, no estágio atual do Estado Social, serve de anteparo para resolução de problemas gerais: seguridade social, educação, transporte, moradia, dentre outros. "E para que o Estado Social tenha condições de enfrentar e resolver tais finalidades precisa do poder de tributar, porque é por meio da arrecadação de tributos que o Estado obtém o maior leque de suas receitas".
- Enfim, o Poder de Tributar é uma decorrência da relação jurídica travada entre o Estado e o particular, não envolvendo, diga-se por oportuno, um exercício potestativo de poder daquele em face deste.
- Impõe advertir que existe diferença entre Competência Tributária e Capacidade Tributária Ativa (CTN, arts. 7° e 8°). A primeira refere-se à atribuição de criar o tributo, e, consequentemente, a de fiscalizá-lo e cobrá-lo. Caracteriza-se pelos "três III's": indelegável, intransferível e irrenunciável. Na capacidade tributária ativa, no entanto, há apenas a atribuição da atividade de arrecadar e fiscalizar tributos. A competência tem natureza política enquanto a capacidade tem natureza administrativa. De modo mais detalhado, enquanto a competência tributária é conferida pela Constituição Federal em caráter indelegável e pleno à União, aos Estados, ao Distrito Federal e aos Municípios, a capacidade tributária ativa compreende as funções de arrecadar e fiscalizar. Esta pode ser delegada pelos entes tributantes a outras pessoas jurídicas de direito público ou pertencer a entidades paraestatais, como ocorre nas contribuições sindicais (CTN, art. 7°).

COMPETÊNCIA TRIBUTÁRIA	CAPACIDADE TRIBUTÁRIA
INDELEGÁVEL,	ARRECADAÇÃO
INTRANSFERÍVEL	FISCALIZAÇÃO
IRRENUNCIÁVEL	

- Em relação aos tributos, a seguinte classificação pode ser concebida:
  a) Competência Privativa (CF, arts. 148, 149, 149-A, 153, 155, 156 e 147, parte final). São as competências dos entes federativos quanto à instituição dos impostos. Os artigos acima delineados indicam as competências de cada ente federativo, dispostas de forma rígida na CF, de modo que os entes não poderão instituir qualquer outro imposto, a não ser os delimitados na CF.
  b) Competência Comum (taxas e contribuições de melhoria – CTN, arts. 77 e 81). Esses tributos dependem de uma atuação estatal que pode ser desenvolvida por qualquer ente federativo, sem

necessidade da expressa previsão constitucional sobre o fato específico a ser realizado. Assim é que, o ente que prestar um serviço público específico e divisível, segundo os ditames da CF, está autorizado à cobrança da taxa. De igual forma, o ente responsável por obra que decorra valorização imobiliária em imóveis particulares está autorizado à cobrança da contribuição de melhoria, seja ele ente federal, estadual ou municipal. Daí se dizer que essa competência é comum a todos os entes. Nesse sentido, o STF, 2ª Turma, decidiu no RE 602089 AgR, em 24/04/2012 que, "por não serem mutuamente exclusivas, as atividades de fiscalização ambiental exercidas pela União e pelo estado não se sobrepõem e, portanto, não ocorre bitributação".

c) Competência Cumulativa (CF, art. 147). Estudada, quanto à União, apenas do ponto de vista teórico, uma vez que não há mais territórios. Assim, afirma a CF que competem à União, em Território Federal, os impostos estaduais e, se o Território não for dividido em Municípios, cumulativamente, os impostos municipais; ao Distrito Federal cabem os impostos municipais.

d) Competência Especial (empréstimos compulsórios – CF, art. 148 e as contribuições sociais – CF, art. 149). Importante ressaltar que a Súmula 418 do STF perdeu sua eficácia ("o empréstimo compulsório não é tributo, e sua arrecadação não está sujeita a exigência constitucional da prévia autorização orçamentária"). No ponto, viu-se que apenas a União tem competência para instituir empréstimos compulsórios e contribuições especiais, ressalvada a competência dos Estados, do Distrito Federal e dos Municípios para instituírem a cobrança da contribuição previdenciária dos seus servidores, e, no caso do Distrito Federal e dos Municípios, além desta contribuição, a chamada Contribuição de Iluminação Pública (CF, art. 149-A).

e) Competência Residual (CF, arts. 154, I e 195, §4º). Em que pese a competência privativa delimitar, com exaustão, o poder dos entes instituírem impostos, a CF determinou que apenas a União pode, por lei complementar, instituir novos impostos, desde que sejam não cumulativos e não tenham fato gerador ou base de cálculo dos discriminados na CF. Igualmente, prevê que novas contribuições sociais apenas poderão ser criadas através do mesmo instrumento legal, qual seja, lei complementar.

f) Competência Extraordinária (CF, art. 154, II c/c CTN, art. 76). A CF previu, apenas para a União, a competência para criar imposto extraordinário de guerra, em casos de iminência ou guerra externa. Esses impostos estão compreendidos ou não na competência tributária da União e devem suprimidos, gradativamente, cessadas as causas de sua criação.

- Um caso de não incidência diz respeito ao imposto sobre grandes fortunas, pois a despeito da competência conferida do artigo 153, inciso VII, da CF, o imposto não foi instituído pela União por meio de lei complementar.
- Além da ideia de exoneração decorrente do não exercício da competência tributária, outra visão da não incidência é compreendê-la como o fenômeno que se dá quando um fato concreto não se subsume à hipótese de incidência, isto é, quando uma ocorrência não se enquadra na norma legal de incidência. Exemplo: não há incidência de IPTU sobre um veículo, pois não se trata de um imóvel, ainda que seja um automóvel antigo com o motor quebrado trancado em uma garagem há anos.
- Somente a União possui competência para instituição de contribuição destinada ao custeio da saúde pública, razão pela qual é inconstitucional o Estado exigir tributo da espécie de seus servidores públicos. A jurisprudência do STF corrobora o referido entendimento (STF – AgRg-AI 740.823-MG Rel. Min. Joaquim Barbosa).
- Segundo recente decisão do STF, é inconstitucional cobrar de servidores públicos contribuição destinada ao custeio de serviços de saúde pública, na medida em que apenas a União tem competência instituição de tal tributo (STF – AgRg-AI 740.823-MG – Rel. Min. Joaquim Barbosa).
- A repartição das receitas tributárias tem como objetivo minorar o desequilíbrio existente dos entes políticos no que concerne aos impostos sob suas competências tributárias. É fácil perceber de pronto, que a União detém um número maior de impostos (seis instituídos) em detrimento dos Estados (três) e Municípios (três). Dessa forma, as transferências ocorrem dos entes estatais "maiores" para os "menores". Ou seja: A União repassa para Estados, Municípios e Distrito Federal; os Estados repassam para os Municípios; e os Municípios e Distrito Federal, por sua vez, não repassam suas receitas, figurando apenas na condição de beneficiados.
- Vale ressaltar, que a Constituição Federal veda, em regra, condicionamentos, restrições ou retenções das transferências dos recursos a serem repartidos. As exceções admissíveis decorrem:
  a) da existência de débitos;
  b) do condicionamento à aplicação de recursos mínimos no financiamento da saúde pública.
- Ressalte-se ademais, que o Princípio da não-afetação dos impostos mostra-se mitigado em virtude de tal temática. Isso porque, o artigo 167, inciso IV, da CF ressalva a vinculação de receita de impostos nos casos de repartição do produto da arrecadação dos impostos a que se referem os artigos 158 e 159 do Texto Maior.
- Para fins de Concursos Públicos recomenda-se aos leitores o estudo atento dos artigos 158 a 162, da

CF, uma vez que é comum a cobrança de questões que reproduzem o texto constitucional. Confira a tabela abaixo:

- Quadro: Repartição de receitas tributárias

  Legenda:

  O = origem (ente que detém a competência tributária).

  D = destino (ente que recebe o repasse da receita).

  % = percentual de receita repassada.

Tributo	União	Est/ DF	Mun.	Outros	%	CF/88	Observações constitucionais (CF/88)
IR – retido na fonte	O	D			100	157, I	Pagamentos efetuados pelos Estados.
Imposto Residual	O	D			20	157, II	Ver art. 154, I.
IR – retido na fonte	O		D		100	158, I	Pagamentos efetuados pelos Municípios.
ITR	O		D		50	158, II	Imóveis rurais situados nos Municípios. O repasse pode chegar a 100%, nos termos do art. 153, § 4°, III.
IPVA		O	D		50	158, III	Critério: local do licenciamento.
ICMS		O	D		25	158, IV	Critério: índice de participação. Ver parágrafo único do art. 158.
IR/IPI	O			D	49	159, I	Outros: Fundos de Participações dos Estados (21,5%) e dos Municípios (22,5%), Programas de Financiamento regiões N, NE e CO (3%) e, novamente, Fundo de Participação dos Municípios para entrega no primeiro decêndio do mês de dezembro de cada ano (1%) e no primeiro decêndio do mês de julho de cada ano (1%).
IPI	O	D			10	159, II	Proporcional às exportações de produtos industrializados. Do valor recebido pelos Estados/DF (nunca superior a 20%), serão entregues 25% aos Municípios pelo critério idêntico ao ICMS.
CIDE combust.	O	D			29	159, III	Os Estados e o DF destinarão 25% do valor recebido aos Municípios.
IOF ouro	O	D			30	153, § 5°, I	Ouro como ativo financeiro ou instrumento cambial. Critério: origem
IOF ouro	O		D		70	153, § 5°, II	Ouro como ativo financeiro ou instrumento cambial. Critério: origem

(In: MARTINS, Alan; SCARDOELLI, Dimas Yamada. Direito Tributário – curso rápido e didático para estudos e revisões. Leme: Editora JH Mizuno, 2012, página 64)

- Não é permitida a retenção ou qualquer restrição à entrega e ao emprego dos recursos atribuídos aos Estados, ao Distrito Federal e aos Municípios, advindos de receitas tributárias. A vedação é expressa do artigo 160 da CF.
- Com fundamento no pacto federativo, a CF/88 traz uma série de situações em que o ente tributante que institui e arrecada o tributo deve repassar parte do numerário arrecadado a outro, que são as chamadas repartições de receitas tributárias e estão disciplinadas entre os artigos 157 e 162 do texto constitucional.
- O ouro, quando definido em lei como ativo financeiro ou instrumento cambial, sujeita-se exclusivamente à incidência do IOF, devido na operação de origem. A alíquota mínima será de um por cento, assegurada a transferência do montante da arrecadação nos seguintes termos: (i) trinta por cento para o Estado, o Distrito Federal ou o Território, conforme a origem; (ii) setenta por cento para o Município de origem (CF/88, art. 153, §5°).
- Em regra, a União deve repartir com o Município cinquenta por cento do valor arrecadado a título de ITR incidente sobre os imóveis rurais situados em seu território, nos termos do artigo 158, inciso II, da CF. Por oportuno, cumpre ressaltar que é possível que um município fique com cem por cento do produto da arrecadação do ITR sobre imóveis situados em seu território, condicionado a que opte, na forma da lei, por fiscalizar e cobrar o

referido imposto, desde que não implique em sua redução ou qualquer outra forma de renúncia fiscal (CF, art. 158, II c/c art. 153, § 4°, III).

4. LEGISLAÇÃO TRIBUTÁRIA

- O regime de tributação do Simples Nacional constitui exigência de diversos editais, razão pela qual se recomenda conferir o texto da Lei complementar 123/2016.Merecem destaque as recentíssimas alterações estatuídas por intermédio da Lei complementar 155/2016. Por serem recentes e muito importantes, crescem as expectativas de que sejam bastante cobradas nos próximos concursos públicos. As principais delas são as seguintes: i) Novo limite de receita bruta anual para Empresas de Pequeno Porte - EPP: aumento de R$ 3.600.000,00 para R$ 4.800.000,00, a partir de 2018. Obs1: Contribuinte que ultrapassar o limite de R$ 3.600.000,00 no exercício de 2016, estará excluída do regime do Simples Nacional. Porém, se isso ocorrer em 2017, até o limite de R$ 4.800.000,00, a EPP será automaticamente enquadrada no regime, salvo opção em contrário. Obs2: Na faixa de R$ 3.600.000,01 e R$ 4.800.000,00 , o recolhimento unificado ficará restrito ao tributos federais do Simples Nacional (IRPJ, IPI, PIS/PASEP, COFINS e Contribuição Previdenciária Patronal – CPP). Ficam excluídos dessa faixa, portanto, o ICMS dos Estados e o ISS dos Municípios, impostos que serão apurados e recolhidos pelos seus respectivos regimes normais; ii) Novo limite de receita bruta anual para Microempreendedores Individuais – MEI: aumento de R$ 60.000,00 para R$ 81.000,00; iii) Inclusão de atividades de produção e comércio atacadista de bebidas alcoólicas: o recolhimento de impostos e contribuições no âmbito do Simples Nacional, antes totalmente vedado às empresas que exercessem a produção ou venda no atacado de bebidas alcoólicas, passa a ser permitido às seguintes microempresas e empresas de pequeno porte: 1) micro e pequenas cervejarias; 2) micro e pequenas vinícolas; 3) produtores de licores; 4) micro e pequenas destilarias. iv) Novas tabelas de alíquotas e faixas de receita bruta anual: as atuais 6tabelas e 20 faixas, a partir de 2018, passarão a ser 5 tabelas de alíquotas e 6 faixas de receita bruta anual; v) Nova sistemática de cálculo dos tributos: o valor devido mensalmente no âmbito do Simples Nacional passa ser calculado pela aplicação sobre a base de cálculo das alíquotas efetivas, calculadas a partir de alíquotas nominais constantes das novas tabelas (Anexos I a V) e determinadas utilizando-se a receita bruta acumulada nos doze meses anteriores ao período de apuração. Obs: a fórmula de cálculo de alíquota efetiva é definida no § 1º-A do artigo 18 da Lei complementar 123/2006, com a redação dada pela Lei complementar 155/2016; vi) Parcelamento de débitos vencidos até maio/2016: em até 120 (cento e vinte) meses, com parcela mínima de R$ 300,00 e incidência de juros SELIC por ocasião do pagamento de cada parcela. Obs: o pedido de parcelamento implicará desistência compulsória e definitiva do parcelamento anterior, sem restabelecimento dos parcelamentos rescindidos caso não seja efetuado o pagamento da primeira prestação.
- Para estudar a vigência da legislação tributária, antes, é preciso analisar o alcance da legislação tributária. Para tanto, a redação do artigo 96 do CTN dispõe que "a expressão legislação tributária compreende as leis, os tratados e as convenções internacionais, os decretos e as normas complementares que versem, no todo ou em parte, sobre tributos e relações jurídicas a eles pertinentes". Logo, todo ato normativo que verse sobre direito tributário faz parte da "legislação tributária". Os dispositivos que tratam da legislação tributária pressupõem a ideia de hierarquia, segundo o qual as normas superiores ditam as regras de validade das inferiores. São as fontes formais principais do direito tributário.
- Pela redação acima, nota-se que importante fonte da legislação tributária é a lei. No sentido restrito, consiste num ato do Poder Legislativo que, dotado de autoridade democrática, representa cada cidadão na autorização da cobrança de tributos. O princípio da legalidade, já explicitado nessa obra, demonstra o alcance dessa fonte. Legislação tributária, por sua vez, significa lei em sentido amplo, alcançando os tratados, as convenções internacionais, os decretos e as normas complementares. O concursando deve ficar atento ao artigo 97 do CTN que elenca o rol de matérias reservadas à lei em sentido restrito.
- Para o direito tributário, importante é a distinção entre lei ordinária e lei complementar. Elas se diferem na forma e na matéria. Quanto à forma, lei complementar exige maioria absoluta para a sua aprovação, enquanto a lei ordinária exige maioria simples. Quanto à matéria, o conteúdo da lei complementar é expressa ou implicitamente delimitado na CF, enquanto a lei ordinária não tem matéria reservada na Carta Maior, possuindo caráter residual. Para o STF, não há hierarquia entre lei complementar e lei ordinária. Assim, toda vez que uma lei complementar for aprovada sobre matéria de lei ordinária, poderá ser modificada por lei ordinária. Quando a lei ordinária tratar de um assunto de lei complementar, ela será inconstitucional.
- Quanto aos tratados e convenções internacionais (CTN, art. 98), após a sua incorporação ao sistema interno, através de decreto legislativo, eles têm força de lei. Pela redação do artigo 98 do CTN, os tratados e as convenções internacionais revogam ou modificam a legislação tributária interna e serão observados pela que lhes sobrevenha. Houve imprecisão ao afirmar que o tratado revoga ou modifica a legislação tributária interna. Na verdade, os tratados prevalecem sobre a legislação tributária, suspendendo a eficácia da legislação naquilo que for conflitante. Quando incorporados ao direito interno, os tratados possuem status de lei ordinária,

não podendo, por isso, adentrar em matéria reservada à lei complementar.

- Os tratados e convenções internacionais, relacionados com tributo, são fontes formais primárias do Direito Tributário (CTN, art. 96) e ingressam em nosso ordenamento jurídico através de decreto legislativo. A competência para resolver definitivamente sobre internalização desses diplomas normativos é exclusiva do Congresso Nacional (CF, art. 49, I). Logo, o instrumento normativo hábil é o decreto legislativo que, nos termos do artigo 109, inciso II do Regimento Interno da Câmara dos Deputados e do artigo 213, II do Regimento Interno do Senado Federal, é o veículo normativo destinado a matérias de competência exclusiva do Congresso Nacional, isto é, aquelas que independem de sanção do Presidente da República. Além disso, o artigo 172, inciso II, alínea "c" do Regimento Interno do Senado Federal também faz expressa menção ao decreto legislativo referente a tratado, convênio ou acordo internacional.

- O § 3° do artigo 5° da CF estipula que a equivalência dos tratados e convenções internacionais aprovados pelo Congresso Nacional com as Emendas Constitucionais está restrita àqueles que versem sobre direitos humanos (e não sobre combate à sonegação).

- Em relação aos decretos, o artigo 99 do CTN afirma que o seu conteúdo e alcance deve se adstringir aos das leis. Assim, duas conclusões são claras: (i) decretos não criam direitos, obrigações, deveres ou restrições aos contribuintes e; (ii) decreto, que regulamenta a lei que versa sobre um tributo, deve guardar estreita relação de compatibilidade com a referida lei. Em matéria tributária admite-se apenas o decreto regulamentar e não o autônomo.

- Por fim, as normas complementares, que não se confundem com leis complementares. Destinam-se a completar o texto das leis, dos tratados e convenções internacionais e decretos. Não podem inovar o texto que complementam. Pela redação do artigo 100 do CTN, são normas complementares: (i) os atos normativos expedidos pelas autoridades administrativas; (ii) as decisões dos órgãos singulares ou coletivos de jurisdição administrativa, a que a lei atribua eficácia normativa; (iii) as práticas reiteradamente observadas pelas autoridades administrativas; e (iv) os convênios que entre si celebrem a União, os Estados, o Distrito Federal e os Municípios. Importante destacar que a observância das normas complementares exclui a imposição de penalidades, a cobrança de juros de mora e a atualização do valor monetário da base de cálculo do tributo.

- No intuito de facilitar a memorização, sugere-se a leitura do quadro a seguir:

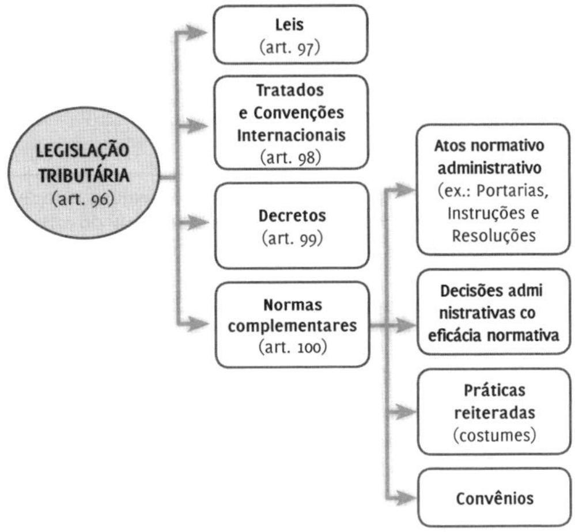

- A vigência da legislação tributária é estudada em relação ao espaço e ao tempo. Pela norma do artigo 101 do CTN, "a vigência, no espaço e no tempo, da legislação tributária rege-se pelas disposições legais aplicáveis às normas jurídicas em geral, ressalvado o previsto neste Capítulo". As disposições gerais estão previstas na Lei de Introdução às normas do Direito Brasileiro – LINDB, de modo que, quanto à vigência no tempo, prevalecem as disposições das normas jurídicas em geral (vide artigos 1° e 2° da LINDB). Em relação à eficácia da norma, no entanto, se esta se referir à criação ou majoração de tributos, deve-se observar o princípio da anterioridade tributária. Quanto à vigência da legislação tributária no espaço, vigora, como regra, o Princípio da territorialidade e excepcionalmente o Princípio da extraterritorialidade (vide artigo 102 CTN).

- Bom salientar que a legislação brasileira não admite a repristinação automática. Ela só ocorre se houver expressa previsão legal.

- O quadro a seguir resume a ideia da vigência da lei tributária no tempo:

ARTIGO 100 (CTN)	ARTIGO 103 (CTN)
São normas complementares das leis, dos tratados e das convenções internacionais e dos decretos:	Salvo disposição em contrário, entram em vigor:
I – os atos normativos expedidos pelas autoridades administrativas; **(DATA DA PUBLICAÇÃO)**	I – os atos administrativos a que se refere o inciso I do artigo 100, na data da sua publicação;
II – as decisões dos órgãos singulares ou coletivos de jurisdição administrativa, a que a lei atribua eficácia normativa; **(30 DIAS)**	II – as decisões a que se refere o inciso II do artigo 100 quanto a seus efeitos normativos, 30 (trinta) dias após a data da sua publicação;

ARTIGO 100 (CTN)	ARTIGO 103 (CTN)
III – as práticas reiteradamente observadas pelas autoridades administrativas; **(SEM DATA PARA A VIGÊNCIA)**	X-X-X-X-X-X-X
IV – os convênios que entre si celebrem a União, os Estados, o Distrito Federal e os Municípios. **(NA DATA NELES PREVISTA).**	III – os convênios a que se refere o inciso IV do artigo 100 na data neles prevista.

- Regra especial de vigência (CTN, art. 104):

> *Art. 104. Entram em vigor no primeiro dia do exercício seguinte àquele em que ocorra a sua publicação os dispositivos de lei, referentes a impostos sobre o patrimônio ou a renda:*
>
> *I – que instituem ou majoram tais impostos;*
>
> *II – que definem novas hipóteses de incidência;*
>
> *III – que extinguem ou reduzem isenções, salvo se a lei dispuser de maneira mais favorável ao contribuinte, e observado o disposto no artigo 178.*

- Muito embora esse dispositivo colida com o princípio da anterioridade, cumpre lembrar que o mesmo é considerado válido em algumas provas. Importa saber, portanto, o enunciado da questão, a fim de separar a aplicação da vigência e da eficácia da legislação tributária. Em todos os casos, quando o tema é criação ou majoração de tributo, deve-se observar a regra constitucional da anterioridade. Esse é o entendimento aplicável aos incisos I e II. O inciso III é estudado no tema das isenções. O que, por ora, deve ser lembrado é que, como a isenção é benéfica para o contribuinte, ela começa a viger desde o momento descrito na lei, devendo esperar o exercício seguinte na hipótese de sua extinção ou redução (segundo o CTN). Neste ponto, entretanto, é importante ressalvar um precedente do STF em sentido contrário. "Revogada a isenção, o tributo torna-se imediatamente exigível. Em caso assim, não há que se observar o princípio da anterioridade, dado que o tributo já é existente" (RE 204.062, Rel. Minº Carlos Velloso, julgamento em 27-9-1996, Segunda Turma, DJ de 19-12-1996).
- A aplicação está relacionada com a operacionalidade das normas tributárias em relação aos fatos geradores que suscitam a sua incidência.
- Primeira dúvida que poderia haver é em relação à redação ao artigo 105 do CTN que preconiza a aplicação da legislação tributária aos fatos geradores futuros e pendentes: "a legislação tributária aplica-se imediatamente aos fatos geradores futuros e aos pendentes, assim entendidos aqueles cuja ocorrência tenha tido início, mas não esteja completa nos termos do artigo 116".
- A norma guarda coerência com o artigo 150, inciso III, alínea "a" da Constituição, dispositivo que veicula o princípio da irretroatividade da norma tributária (vedação à cobrança de tributos em relação a fatos geradores ocorridos antes da vigência da lei que a houver instituído ou aumentado). Isso porque, enquanto o princípio da irretroatividade preconiza que a lei não deve retroagir para alcançar o fato gerador consumado, o artigo 105 do CTN afirma que ela se aplica aos fatos geradores futuros e pendentes.
- A ideia foi alcançar aqueles fatos geradores que se iniciam sob a vigência de determina lei e terminam sob a vigência de lei nova. O caso clássico é o Imposto de Renda, pois, o seu aspecto temporal se inicia em 1º de janeiro e termina apenas em 31 de dezembro. Sendo assim, lei que aumente esse tributo dentro de um exercício, por estar o fato gerador pendente, seria aplicada imediatamente.
- O tema merece maior atenção por conta da Súmula 584 do STF: "ao imposto de renda calculado sobre os rendimentos do ano-base, aplica-se a lei vigente no exercício financeiro em que deve ser apresentada a declaração". De discutida constitucionalidade, por ferir o princípio da irretroatividade, a súmula 584 tem sido aplicada pelo STF, o que reflete a vigência do 105 do CTN. O STJ em diversos julgados afastou referida súmula, bem como a doutrina em peso, muito embora o tema não tenha sido ainda fortemente debatido no STF.
- A lei tributária é aplicada retroativamente em duas hipóteses: (i) quando for expressamente interpretativa e (ii) quando for mais benéfica. A primeira hipótese é justificada pelo enorme número de normas em matéria tributária, que pode induzir o contribuinte a seguir interpretações equivocadas, de modo que lei com interpretação autêntica deve retroagir para dirimir as dúvidas e declarar direitos já assegurados. O ponto de destaque na doutrina é saber se realmente é possível haver lei puramente interpretativa, uma vez que toda lei acaba inovando o direito, deixando de ser meramente interpretativa para ser modificativa. E, sendo modificativa, ela terá caráter normativo e não retroagirá. Na segunda hipótese, em caso de lei benéfica, o artigo 106 do CTN elenca as hipóteses em que ela retroage, desde que não alcance atos definitivamente julgados: a) quando deixe de defini-lo como infração; b) quando deixe de tratá-lo como contrário a qualquer exigência de ação ou omissão, desde que não tenha sido fraudulento e não tenha implicado em falta de pagamento de tributo; c) quando lhe comine penalidade menos severa que a prevista na lei vigente ao tempo da sua prática. A expressão "definitivamente julgados" significa o trânsito em julgado. Assim, enquanto não extinto o processo na sua plenitude (após a arrematação, adjudicação ou remição) a lei nova mais benéfica poderá retroagir. Cumpre lembrar que a retroação da lei ocorre apenas nas hipóteses de redução de penalidades e não alcança diminuição do tributo.

- Quando o CTN fala em interpretação da legislação tributária, ele se refere à busca, dentro do conjunto de textos tributários, de algum comando jurídico que, interpretado, produza uma norma capaz de resolver o litígio em discussão. É a possibilidade de o intérprete construir a norma a partir de textos contidos no arcabouço legislativo tributário. No entanto, quando o tema é integração da legislação tributária, a doutrina, ainda que de modo simplista, afirma que houve lacuna no direito tributário, e, como os litígios não podem ficar sem solução, a única alternativa é preencher esses espaços através da integração, adiante estudada.
- Portanto, a integração consiste na tarefa de colmatar lacunas, mediante a qual a legislação é aplicada com o auxílio de critérios para suprir situações sobre as quais a legislação deixou de dispor. No direito tributário, a integração é tarefa de qualquer autoridade competente para aplicação da legislação tributária, seguindo critérios sucessivos estabelecidos no artigo 108 do CTN. Já a interpretação diz respeito ao raciocínio lógico jurídico desenvolvido para compreensão do conteúdo e alcance de uma norma jurídica ou de um conjunto dessas normas, visando à correta aplicação da legislação. Em matéria tributária, os artigos 109 a 112 do CTN estabelecem inúmeras regras de interpretação normativa.
- A "legislação tributária" apresenta critérios de integração para suprimento de lacunas que são diversos daqueles utilizados pelo restante da legislação (demais normas que não as tributárias). O artigo 108 do CTN determina que, na ausência de disposição normativa expressa, o aplicador da norma utilize, sucessivamente (nesta ordem), a analogia (que não pode resultar na exigência de um tributo não previsto em lei), os princípios gerais de direito tributário, os princípios gerais de direito público e a equidade (que não pode resultar na dispensa de um tributo devido). Já a Lei de Introdução às Normas do Direito Brasileiro, em seu artigo 4°, estipula que "quando a lei for omissa, o juiz decidirá o caso de acordo com a analogia, os costumes e os princípios gerais de direito". Perceba que, exceto a analogia, os demais critérios de integração são diferentes. Ainda, para a integração das demais normas (exceto a "legislação tributária"), não há ordem sucessiva de critérios a ser seguida. Adiante encontra-se o quadro comparativo:

INTEGRAÇÃO DA LEGISLAÇÃO TRIBUTÁRIA	INTEGRAÇÃO DAS DEMAIS NORMAS
Art. 108 do CTN	Art. 4° da Lei de Introdução às Normas do Direito Brasileiro (Decreto-Lei 4.657/42)
Os quatro critérios abaixo obedecem a uma ordem sucessiva.	Os três critérios não estão sujeitos a uma ordem de aplicação.

INTEGRAÇÃO DA LEGISLAÇÃO TRIBUTÁRIA	INTEGRAÇÃO DAS DEMAIS NORMAS
1°) Analogia (O emprego da analogia não poderá resultar na exigência de tributo não previsto em lei)	***Analogia***
2°) Princípios Gerais de Direito Tributário	***Costumes***
3°) Princípios Gerais de Direito Público	***Princípios Gerais de Direito***
4°) Equidade (O emprego da equidade não poderá resultar na dispensa do pagamento de tributo devido)	x-x-x-x

- A interpretação das normas tributárias não foge das teorias gerais de interpretação, possuindo algumas poucas especificidades. É que os critérios de interpretação fazem parte da teoria geral do direito e só apresentam alguma variação quando o próprio legislador demanda interpretação diferenciada para algumas situações específicas.
- Assim, valendo-se da teoria geral do direito, pode-se dizer que a interpretação varia quanto à fonte e quanto ao meio. No primeiro caso, ela pode ser (i) autêntica; (ii) jurisprudencial e (iii) doutrinária. Quanto ao meio, ela poderá ser (i) gramatical; (ii) histórica; (iii) lógica; (iv) teleológica ou (v) finalística.
- Tratando-se das especificidades em matéria tributária, o legislador determinou dois tipos de interpretação: (i) literal e (ii) benigna. A interpretação literal, muito embora possua aparente reducionismo interpretativo, é devida em hipóteses que visam a dar maior rigidez no alcance das normas, com o fim de evitar interpretações extensivas ou analogias que, em regra, fariam sucumbir o sistema tributário. Pelo artigo 111 do CTN, a interpretação literal deve ocorrer nas hipóteses de (i) suspensão ou exclusão do crédito tributário; (ii) outorga de isenção e (iii) dispensa do cumprimento de obrigações tributárias acessórias. Não é que a teoria geral da interpretação das normas jurídicas será afastada nessas hipóteses. A finalidade é tão somente evitar ampliações nos institutos cuja interpretação literal foi exigida.
- Quanto à interpretação benigna, trata-se de similitude do direito tributário com o direito penal. Se neste ramo é indubitável a aplicação da técnica interpretativa in dubio pro reo, no direito tributário, quando o tema é penalidade e está-se diante de dúvida, aplica-se a técnica in dubio pro contribuinte. O artigo 112 define as hipóteses em que este entendimento deve ser visto:

> *Art. 112. A lei tributária que define infrações, ou lhe comina penalidades, interpreta-se da maneira mais favorável ao acusado, em caso de dúvida quanto:*

I – à capitulação legal do fato;

II – à natureza ou às circunstâncias materiais do fato, ou à natureza ou extensão dos seus efeitos;

III – à autoria, imputabilidade, ou punibilidade;

IV – à natureza da penalidade aplicável, ou à sua graduação.

- Resta ainda analisar o papel dos princípios de direito privado e de direito público na interpretação dos institutos do direito tributário. Tal análise é devida porque o direito tributário, diferentemente de alguns ramos mais tradicionais, é relativamente novo e inegavelmente se vale de diversos conceitos e institutos de outros ramos do direito, mormente do direito privado. Como exemplo, a instituição do IPTU demanda o conhecimento dos institutos da propriedade, posse e domínio útil. Por outro lado, a incidência do ITCMD exigirá o conhecimento de contratos, bem como do tema de sucessões. Enfim, não há como despregar o direito tributário de outros ramos igualmente importantes do direito.
- Assim é que, ao estudar o direito tributário, o operador do direito deve ter em mente o conhecimento desses institutos, estando certo que, na seara tributária, a lei pode prever efeitos distintos dos previstos na lei privada. É o que reza o artigo 109 do CTN. No entanto, se os institutos de direito privado foram utilizados pelo legislador constituinte, sequer o legislador tributário infraconstitucional poderá realizar qualquer alteração do seu alcance, visto que, se assim o fizesse, estaria alterando a própria CF (artigo 110 do CTN).
- No que tange à integração da legislação tributária, é importante lembrar que a analogia não se confunde com a interpretação extensiva. Enquanto a primeira se refere a uma hipótese não imaginada pelo legislador, que deverá ser resolvida através da aplicação de uma norma jurídica que rege caso semelhante, a segunda consiste apenas em ampliar o alcance de uma norma para abarcar situações outrora não previstas.
- Ainda no que tange à integração da legislação tributária, em específico quanto aos institutos da analogia e da equidade, importante lembrar que "o emprego da analogia não poderá resultar na exigência de tributo não previsto em lei" e que "o emprego da equidade não poderá resultar na dispensa do pagamento de tributo devido".
- A fixação do prazo de recolhimento de tributo não é matéria que deve, necessariamente, estar prevista em lei. As matérias reservadas à previsão em lei são aquelas elencadas no artigo 97 do CTN (Princípio da Estrita Legalidade Tributária).
- O STJ em várias oportunidades posicionou-se pela inaplicabilidade da analogia para concessão de isenção (por exemplo, no RESP 1.089.952/RJ).
- O STJ já decidiu que o "art. 111 do CTN, que prescreve a interpretação literal da norma, não pode levar o aplicador do direito à absurda conclusão de que esteja ele impedido, no seu mister de apreciar e aplicar as normas de direito, de valer-se de uma equilibrada ponderação dos elementos lógico-sistemático, histórico e finalístico ou teleológico, os quais integram a moderna metodologia de interpretação das normas jurídicas" (RESP 192.531/RS).
- Portanto, resumindo os posicionamentos do STJ retrocitados tem-se que é admitida uma interpretação mais ampla na outorga de isenções (tais como os elementos lógico-sistemático, histórico e teleológico), porém não se aplica a analogia para estender a aplicação delas.
- O STJ decidiu que "a isenção tributária revela conveniência política, insuscetível, neste aspecto, de controle pelo Poder Judiciário, na concretização de interesses econômicos e sociais, estimulando e beneficiando determinadas situações merecedoras de tratamento privilegiado (artigo 176, CTN). Os critérios ensejadores de sua concessão, em consequência, não alteram nem identificam, necessariamente, com os elementos caracterizadores do tributo" (RESP 44.495/RJ).
- Vários são os julgados do STF que apregoam que os requisitos de relevância e urgência para edição de medida provisória são de apreciação discricionária do chefe do Poder Executivo, não cabendo, salvo os casos de excesso de poder, seu exame pelo Poder Judiciário (ADI 2150).
- O artigo 106, inciso II, alínea "c", do CTN apregoa que a "lei aplica-se a ato ou fato pretérito, tratando-se de ato não definitivamente julgado, quando lhe comine penalidade menos severa que a prevista na lei vigente ao tempo da sua prática". A leitura não permite qualquer restrição da expressão "ato não definitivamente julgado" aos processos administrativos. Mesmo no caso de processos judiciais em andamento (por exemplo, numa ação anulatória de lançamento de débito fiscal, cujo objetivo é desconstituir o crédito tributário), uma lei nova que comine penalidade menos severa deve ser aplicada retroativamente. É a posição do STJ (REsp 295.762/RS).
- O CTN, embora seja formalmente uma lei ordinária anterior à Constituição de 1988 (Lei 5.172/66), foi recepcionado com status de lei complementar pela ordem constitucional vigente (lei materialmente complementar), porque compatível com a mesma, com fundamento no artigo 34, § 5° do ADCT. O CTN trata de matérias que a Constituição Federal reservou à lei complementar de caráter nacional. Isso porque, além de versar sobre normas gerais de direito tributário (CF, art. 146, III), ainda regula no plano infraconstitucional várias limitações ao poder de tributar (CF, art. 146, II).
- De acordo com o contexto da previsão constitucional, a lei complementar aprovada pelo Congresso Nacional poderá ter caráter federal (aplicável apenas no âmbito da União) ou nacional (aplicável a

todos os entes da Federação, a todos os Estados ou a todos os Municípios).

- São de caráter federal as leis complementares exigidas para instituição de alguns tributos de competência da União, quais sejam: imposto sobre grandes fortunas (CF, art. 153, VII), empréstimos compulsórios (CF, art. 148); impostos de competência residual da União (CF, art. 154, I) e contribuições sociais para custeio da seguridade social de competência residual da União (CF, art. 195, § 4° c/c art. 154, I).
- Já as leis complementares de caráter nacional são aplicáveis a todos os entes da federação (União, Estados, Distrito Federal e Municípios). O Código Tributário Nacional, por exemplo, além de versar sobre normas gerais de direito tributário (CF, art. 146, III), ainda regula no plano infraconstitucional várias limitações ao poder de tributar (CF, art. 146, II).
- Tipicamente, os decretos veiculam os regulamentos das leis tributárias que instituem tributos, como é o caso do Decreto federal 7.212/2010, que aprova o Regulamento do IPI – RIPI, e do Decreto estadual paulista 45.490/2000, que aprova o Regulamento do ICMS do Estado de São Paulo – RICMS/SP.
- Em face do princípio da legalidade tributária, somente as práticas administrativas que estiverem de acordo com a legislação podem ser admitidas no campo tributário. Dessa forma, as práticas reiteradamente observadas pelas autoridades administrativas (CTN, art. 100, III) são usos e costumes administrativos observados na interpretação e aplicação da legislação tributária. Nessa linha, já decidiu o STJ que, se em várias situações idênticas, a autoridade fazendária afastou os acréscimos legais do tributo e cobrou apenas o imposto de renda devido, o procedimento se caracteriza como prática reiterada na aplicação da legislação tributária (STJ – REsp 142280 / SC – 2ª. Turma – Rel. Min. Hélio Mossimann – Julg. 23/03/2003).

5. OBRIGAÇÃO TRIBUTÁRIA E FATO GERADOR

- A obrigação tributária consiste num vínculo jurídico (relação jurídica) que une, de um lado, o sujeito passivo (contribuinte ou responsável) e, de outro, o sujeito ativo, em torno de uma prestação tributária, cabendo ao último exigir alguma prestação do primeiro. A obrigação tributária poderá ser principal (de dar) ou acessória (de fazer, não fazer ou tolerar que se faça), lembrando que as palavras "principal" e "acessória" não guardam relação com o previsto no direito civil, não sendo possível afirmar que, em direito tributário, o acessório segue o principal (teoria da gravitação jurídica).
- A obrigação principal tem como objeto um dever de pagamento do tributo ou pena-lidade pecuniária (multas). É, portanto, intuito pecunia, uma prestação na modalidade de obrigação de dar.
- A obrigação acessória, por sua vez, torna exigível ao sujeito passivo um fazer, não fazer (ou tolerar que se faça), ou seja, deveres procedimentais que auxiliam o sujeito ativo na fiscalização e arrecadação fiscal (poder de polícia da administração fiscal).
- Embora haja algumas semelhanças, como, por exemplo, o fato de procederem da ocorrência do fato gerador, várias são as diferenças, que podem ser sintetizadas no quadro a seguir:

OBRIGAÇÃO TRIBUTÁRIA PRINCIPAL	OBRIGAÇÃO TRIBUTÁRIA ACESSÓRIA
Natureza: de dar	Natureza: de fazer ou não fazer
Objeto: pagar tributo ou penalidade pecuniária	Objetos: prestações positivas ou negativas por parte do contribuinte que interessem à arrecadação e à fiscalização de tributos (exemplos: declaração de ajuste anual de Imposto de Renda, emissão de notas fiscais, escrituração fiscal)
Prevista na lei (estrita legalidade)	Prevista na legislação tributária
x-x-x-x	Inobservância pelo contribuinte: converte-se em obrigação principal relativamente à penalidade pecuniária

- Enquanto a obrigação principal decorre da lei, a obrigação acessória decorre da legis-lação tributária, podendo ser veiculada através de decretos, portarias etc.
- À luz do artigo 113 do CTN, verifica-se que a relação jurídica obrigacional surge com a ocorrência do fato gerador (fato jurídico tributário). O fato gerador, por sua vez, é a realização concreta do evento previsto na norma. Logo, há de existir uma norma jurídica (hipótese de incidência) e a ocorrência de um evento semelhante à norma (fato gerador), para que esta incida sobre o fato e surja a obrigação tributária. Nessa linha, o fato gerador é a gênese da obrigação tributária.
- A obrigação tributária, sob um ponto de vista dinâmico, nasce com a ocorrência do fato gerador (CTN, art. 114) e extingue-se com eventos definidos como extintivos do crédito tributário (CTN, art. 156). Entre o nascimento e a extinção, a obrigação pode, ainda, sofrer vicissitudes, com destaque para as causas suspensivas de exigibilidade (CTN, art. 151) e também para algumas exonerações, como é o caso da anistia (CTN, art. 175, II).

Fato Gerador			Extinção do crédito
(nascimento da OT)			(extinção da OT)
|______________________________|			

- Já sob um ponto de vista estático, como toda obrigação, constitui uma relação jurídica entre sujeito ativo e sujeito passivo, com referência a um objeto, que é a prestação tributária (o pagamento do tributo).

(Sujeito Ativo)	SA___________SP	(Sujeito Passivo)
Fisco ou Fazenda Pública	pagamento do tributo	Contribuinte ou Responsável

- No Direito Tributário, a expressão "fato gerador" é ambígua, haja vista que contempla ora a descrição legal (significando a hipótese de incidência), ora o fato concreto (significando o fato jurídico-tributário), cuja subsunção deste naquela dá origem à obrigação tributária. De acordo com o artigo 114 do CTN, "fato gerador da obrigação principal é a situação definida em lei como necessária e suficiente à sua ocorrência", ou seja, a partir da subsunção do fato (fato gerador concreto ou fato jurídico-tributário) à norma (fato gerador abstrato ou hipótese de incidência), nasce a obrigação tributária ou, noutras palavras, constitui-se a relação tributária (vínculo entre devedor e credor tributários).
- Uma sutil diferença entre obrigação tributária principal e acessória diz respeito ao tipo de norma instituidora. A obrigação tributária principal tem, necessariamente, que estar prevista em lei (CTN, art. 97, III), daí sujeitar-se ao princípio da estrita legalidade. Já a obrigação tributária acessória decorre da "legislação tributária" (CTN, art. 113, § 2°), expressão esta que compreende as leis, os tratados e as convenções internacionais, os decretos e as normas complementares que versem, no todo ou em parte, sobre tributos e relações jurídicas a eles pertinentes (CTN, art. 96). Concluindo, enquanto a obrigação tributária principal deve necessariamente ser prevista numa lei (estrita legalidade), a obrigação acessória decorre da legislação tributária (ideia mais ampla que compreende não só leis, mas também decretos e outros tipos normativos).
- As obrigações tributárias principais e acessórias são independentes entre si, na medida em que no Direito Tributário não se aplica a máxima jurídica muito difundida no Direito Civil, segundo a qual "o acessório segue a sorte do principal". Pode ocorrer uma situação em que um contribuinte possua obrigações acessórias a adimplir (por exemplo, emitir documentos fiscais aos seus clientes e escriturar seus livros fiscais e contábeis) e, ao mesmo tempo, não possua obrigação principal de pagar tributo, como no caso de ser um contribuinte do ICMS que comercialize apenas mercadorias isentas.
- Muito embora haja a distinção, para a doutrina, entre hipótese de incidência e fato gerador, sendo a primeira a previsão abstrata do fato imponível, e a segunda a ocorrência in concreto do quanto previsto na norma, cabe ressaltar que em alguns concursos continua a valer a definição do artigo 114 do CTN, que conjuga os dois momentos, restringindo-os ao conceito simplista de fato gerador: "fato gerador da obrigação principal é a situação prevista em lei como necessária e suficiente à sua ocorrência".
- "O ente federado competente pode autuar o contribuinte pelo descumprimento de obrigação acessória consistente na exigência de nota fiscal para deslocamento de bens do ativo imobilizado e de bens de uso e consumo entre estabelecimentos da mesma instituição financeira, operação que, em tese, não caracteriza hipótese de incidência do ICMS (Súmula 166/STJ). Ressaltou-se que a obrigação acessória é autônoma e pode ser instituída pelo ente legiferante no interesse da arrecadação ou da fiscalização tributária nos termos do § 2° do art. 113 do CTN, ainda que a obrigação principal não exista, obedecendo-se aos princípios da razoabilidade e da proporcionalidade" (STJ - REsp 1.116.792 - 1ª Seção - Rel. Min. Luiz Fux - julg. 24.11.10).
- A norma antielisão, como é popularmente conhecido o parágrafo único do artigo 116 do CTN, estabelece que a "autoridade administrativa poderá desconsiderar atos ou negócios jurídicos praticados com a finalidade de dissimular a ocorrência do fato gerador do tributo ou a natureza dos elementos constitutivos da obrigação tributária, observados os procedimentos a serem estabelecidos em lei ordinária". Da simples leitura percebe-se que não há exigência de prévia ordem judicial para amparar a desconsideração dos atos e negócios jurídicos por parte da autoridade administrativa.
- A relação jurídica tributária refere-se não só à obrigação tributária stricto sensu, como ao plexo de deveres instrumentais, (positivos ou negativos) que gravitam em torno do tributo, colimando facilitar a aplicação exata da norma jurídica que o previu. Todos estes deveres, repita-se, não possuem, em si mesmos, cunho patrimonial (CARRAZZA, Roque Antônio. Curso de direito constitucional tributário. 23ª ed. São Paulo: Malheiros, 2007, p. 331-332).
- O artigo 116 do CTN dispõe sobre o momento da ocorrência do fato jurídico tributário. Nos termos do inciso I, tratando-se de situação de fato, considera ocorrido o fato gerador desde o momento em que se verifiquem as circunstâncias materiais necessárias a que produza os efeitos que normalmente lhe são próprios, como, por exemplo, a saída da mercadoria no ICMS. Mas se o fato gerador for uma situação jurídica, como ocorre nos impostos sobre a propriedade (IPTU, IPVA e ITR), considera-se ocorrido desde o momento em que a situação jurídica estiver definitivamente constituída (inciso II).
- O artigo 117 do CTN considera que os atos e negócios submetidos a condições suspensivas ou resolutórias que constituam fatos geradores de tributos reputam-se perfeitos e acabados: i) na condição suspensiva, desde o momento de sua implementação, como, por exemplo, na doação condicionada à formatura do donatário, hipótese na qual somente se considera ocorrido o fato gerador quando da efetiva colação de grau (inciso I); ii) na condição resolutória, desde o momento da prática do ato ou da

celebração do negócio, como seria o caso da compra e venda de um imóvel com cláusula de rescisão condicionada a evento futuro e incerto consubstanciado, por exemplo, na hipótese de uma brusca desvalorização do bem no mercado imobiliário no período de três anos posteriores ao negócio.

6. SUJEITOS, RESPONSABILIDADE, CAPACIDADE E DOMICÍLIO

- Sujeito ativo é o detentor da competência tributária de cobrar o tributo (CTN, art. 119) e sujeito passivo aquele que tem o dever de pagar o tributo. Para o CTN, a sujeição passiva pode ser direta (contribuinte – artigo 121, parágrafo único, inciso I, do CTN) ou indireta (responsável – artigo 121, parágrafo único, inciso II, do CTN). Contribuinte é quem faz o fato gerador (manifesta uma relação pessoal e direta com o fato gerador) e responsável é aquele que, embora não tendo feito o fato gerador, a lei lhe atribui o dever de pagar o tributo.
- Reitera-se que a sujeição passiva está disciplinada pelo artigo 121 do CTN. O sujeito passivo da obrigação principal é a pessoa obrigada ao pagamento do tributo ou da penalidade pecuniária e diz-se contribuinte ou responsável. O contribuinte tem relação pessoal e direta com a situação que constitua o fato gerador. Já o responsável, que não se reveste da situação de contribuinte, tem a obrigação decorrente de disposição expressa em lei.
- O contribuinte e o responsável são sujeitos passivos (gênero) da relação tributária. Numa classificação doutrinária entre sujeito passivo direto e indireto, o primeiro seria o contribuinte (que tem relação pessoal e direta com o fato gerador) e o segundo seria o responsável (com obrigação decorrente de lei).
- As convenções entre particulares (acordos ou contratos) relativas à responsabilização para pagamento de tributos, salvo disposição de lei em contrário, "não podem ser opostas à Fazenda Pública, para modificar a definição legal do sujeito passivo das obrigações tributárias correspondentes" (CTN, art. 123).
- O credor, na obrigação tributária (polo ativo), é a pessoa jurídica de direito público, titular da competência para exigir seu cumprimento (CTN, art. 119).
- Capacidade tributária ativa, entendida como as prerrogativas de arrecadar ou fiscalizar tributos, ou de executar leis, serviços, atos ou decisões administrativas em matéria tributária, é delegável, ou seja, pode ser conferida por uma pessoa jurídica de direito público a outra (CTN, art. 7°).
- Conforme já estudado anteriormente, na capacidade tributária ativa há apenas a transferência da atividade de arrecadar e fiscalizar tributos. Difere, portanto da Competência Tributária. Vale ainda lembrar, que a capacidade tributária passiva em matéria tributária independe da capacidade civil das pessoas naturais nos termos do que dispõe o artigo 126, inciso I do CTN.
- O Direito tributário só admite a solidariedade passiva e não a ativa, pois caso esta fosse admitida, consagrar-se-ia o instituto da bitributação, que, diga-se de passagem, só é possível na hipótese excepcional do Imposto extraordinário de guerra – IEG em sede da competência extraordinária da União.
- Na solidariedade estarão obrigadas, na qualidade de responsável tributário, as pessoas que tenham interesse comum na situação que constitua o fato gerador da obrigação principal (solidariedade natural ou de fato), bem como aquelas expressamente designadas por lei (solidariedade legal).

Solidariedade	Natural ou de fato (art. 124, I)
	Legal (art. 124, II)

- A solidariedade pressupõe que cada devedor responderá pelo montante total da obrigação perante o fisco. Cumpre ressaltar, de pronto, que é incabível invocar benefício de ordem (sequência para pagamento do tributo) nos termos do parágrafo único do artigo 124 do CTN.
- Outro ponto a se destacar é que o legislador sistematizou o tema da solidariedade em capítulo pertinente à obrigação tributária, reservando o tema da responsabilidade por sucessão, de terceiros e por infrações em capítulo apartado (na responsabilidade tributária). Em outras palavras, o tema da solidariedade ficou fora do capítulo da responsabilidade, figurando no item "obrigação tributária".
- Por derradeiro, são efeitos da solidariedade:
  a) O pagamento efetuado por um dos obrigados aproveita aos demais;
  b) A isenção ou remissão de crédito exonera todos os obrigados, salvo se outorgada pessoalmente a um deles, subsistindo, nesse caso, a solidariedade quanto aos demais pelo saldo;
  c) A interrupção da prescrição, em favor ou contra um dos obrigados, favorece ou prejudica aos demais.
- Acerca do tema, é importante a leitura atenta do teor do artigo 127 do CTN:

> *Art. 127. Na falta de eleição, pelo contribuinte ou responsável, de domicílio tributário, na forma da legislação aplicável, considera-se como tal:*
>
> *I – quanto às pessoas naturais, a sua residência habitual, ou, sendo esta incerta ou desconhecida, o centro habitual de sua atividade;*
>
> *II – quanto às pessoas jurídicas de direito privado ou às firmas individuais, o lugar da sua sede, ou, em relação aos atos ou fatos que derem origem à obrigação, o de cada estabelecimento;*
>
> *III – quanto às pessoas jurídicas de direito público, qualquer de suas repartições no território da entidade tributante.*
>
> *§ 1º Quando não couber a aplicação das regras fixadas em qualquer dos incisos deste artigo, considerar-se-á como domicílio tributário do contribuinte ou responsável o lugar da situação dos bens ou da*

ocorrência dos atos ou fatos que deram origem à obrigação.

§ 2º A autoridade administrativa pode recusar o domicílio eleito, quando impossibilite ou dificulte a arrecadação ou a fiscalização do tributo, aplicando-se então a regra do parágrafo anterior.

- Agora, uma apresentação mais analítica:

REGRA GERAL: domicílio eleito pelo contribuinte		
EXCEÇÃO: contribuinte não elege seu domicílio	**ou**	**NEGATIVA: do Fisco ao domicílio eleito**
Aplicam-se, então, os critérios dos incisos I, II e III	→	**Na impossibilidade de aplicação dos critérios dos incisos I, II e III ou na negativa do fisco ao domicílio eleito:** considera-se domicílio o lugar da situação dos bens ou da ocorrência dos atos ou fatos que deram origem à obrigação.

- Nos termos do artigo 128 do CTN é possível verificar duas espécies de responsabilidade: por substituição (ou originária) e por transferência (ou derivada ou por sucessão). No primeiro caso, o legislador já afasta o praticante do fato gerador e coloca o terceiro no pólo passivo da relação jurídico tributária, ou seja, de forma prévia, a lei afasta o contribuinte e o substitui pelo responsável (terceiro). É o que ocorre, por exemplo, na hipótese do imposto de renda retido na fonte, onde caberá ao empregador efetuar o recolhimento do gravame devido ao empregado.
- Em suma, na responsabilidade por substituição, a terceira pessoa é eleita pelo legislador de forma originária para pagar a exação, antes mesmo da ocorrência do fato gerador.
- Na substituição tributária para frente, a responsabilidade é atribuída ao substituído, assegurada a imediata e preferencial restituição da quantia paga, caso não se realize o fato gerador presumido (CF, art. 150, § 7º, in fine). Nesse contexto, porém, tema objeto de infindáveis polêmicos sempre foi a possibilidade restituição da diferença entre a quantia paga de acordo com a base de cálculo presumida e o valor da efetiva operação de venda. Depois de muitas decisões em sentido contrário, no julgamento do Recurso Extraordinário 593.849, o Supremo Tribunal Federal exarou decisão com repercussão geral no seguinte sentido: "É devida a restituição da diferença do Imposto sobre Circulação de Mercadorias e Serviços (ICMS) pago a mais no regime de substituição tributária para a frente se a base de cálculo efetiva da operação for inferior à presumida." Os efeitos dessa decisão também foram modulados pela Corte, de modo que atingirão os casos futuros e apenas os pretéritos que já estejam tramitando na Justiça. Na mesma ocasião e de acordo com o mesmo entendimento, também foram julgadas improcedentes as ADIs 2675 e 2777, que questionavam a constitucionalidade de leis dos Estados de São Paulo e Pernambuco que autorizavam a restituição em questão.
- No segundo caso – responsabilidade por transferência –, o legislador modifica o pólo passivo da relação jurídica tributária em virtude um fato novo, isto, é, um evento futuro ao surgimento da obrigação. Logo, existe o contribuinte figurando como sujeito passivo, mas o ônus tributacional será transferido a um terceiro em razão de um fato imprevisto. Como exemplo, é possível citar a sucessão causa mortis, onde o sujeito passivo, em razão do seu falecimento (evento futuro/novo), é substituído em um primeiro momento pelo espólio e a posteriori pelos sucessores e cônjuge meeiro.
- Sintetizando: na responsabilidade por transferência a terceira pessoa, eleita pela lei, deverá pagar a exação, após a ocorrência do fato gerador.
- Destaque-se, ademais, que a responsabilidade por transferência ocorrerá por: solidariedade, sucessão e por terceiros. A responsabilidade por substituição, de sua vez, poderá ser regressiva (diferimento) ou progressiva. Este último está previsto no artigo 150, §7º da CF.

RESPONSABILIDADE	a) POR SUBSTITUIÇÃO – Regressiva – Progressiva	
	b) POR TRANSFERÊNCIA	b.1) solidariedade (CTN, art. 124 e 125)
		b.2) sucessores (CTN, art. 130 a 133)
		b.3) terceiros (CTN, art. 134 e 135)

- A responsabilidade de sucessores ocorre quando há transferência de algum bem, em que não houve pagamento de tributo, de modo que o seu adquirente se tornará o responsável, uma vez que o contribuinte não pagou o tributo no tempo devido.
- Aqui entram os créditos tributários relativos a bens móveis e imóveis que são transferidos aos seus adquirentes, salvo se contar do título de aquisição a prova de sua quitação (CTN, arts. 129 e 131). Vale lembrar, que na arrematação de imóvel em hasta pública, a sub-rogação dar-se-á sobre o respectivo preço, ou seja, sobre o valor do lance (CTN, art. 130, parágrafo único).
- "A responsabilidade solidária do ex-proprietário, prevista no art. 134 do Código de Trânsito Brasileiro – CTB, não abrange o IPVA incidente sobre o veículo automotor, no que se refere ao período posterior à sua alienação" (Súmula 585 do STJ). De fato, a responsabilidade de que trata o CTN na alienação de bens é por sucessão é imposta ao adquirente, en-

quanto a norma do CTB, não aplicável na esfera tributária, mas apenas na seara das multas de trânsito, é imposta ao alienante.

- No caso de sucessão *causa mortis*, o sucessor a qualquer título e o cônjuge meeiro respondem pelos tributos devidos pelo falecido até a data da partilha ou adjudicação. A responsabilidade se dá até o limite do quinhão, legado ou meação. Ao espólio caberá a responsabilidade pelos tributos devidos até a data da abertura da sucessão (CTN, art. 131).
- Segundo o artigo 133 do CTN, o adquirente de fundo de comércio ou estabelecimento comercial, industrial ou profissional que mantiver a exploração do mesmo ramo de atividade (sob o mesmo nome ou não) responderá pelos tributos relativos ao fundo de comércio ou estabelecimento comercial devidos pelo antecessor até a data da transação. A responsabilidade será integral, se o alienante cessar a exploração do comércio, indústria ou qualquer outra atividade, ou subsidiária se o alienante prosseguir na exploração de alguma atividade, ou se, no prazo de seis meses, contados da alienação, iniciar nova atividade.
- Recente alteração no CTN informou que inexiste transferência de responsabilidade ao sucessor na hipótese de a aquisição do estabelecimento ser efetivada em alienação judicial realizada no processo de falência, bem como na aquisição de filial ou unidade produtiva isolada, em processo de recuperação judicial. Esta exceção, contudo, não se aplica quando o adquirente for: I – sócio da sociedade falida ou em recuperação judicial, ou sociedade controlada pelo devedor falido ou em recuperação judicial; II – parente, em linha reta ou colateral até o 4º grau, consanguíneo ou afim, do devedor falido ou em recuperação judicial ou de qualquer de seus sócios; ou III – identificado como agente do falido ou do devedor em recuperação judicial com o objetivo de fraudar a sucessão tributária.
- Assim, em resumo, a alienação de estabelecimento empresarial enseja a responsabilização por sucessão do adquirente, seja integralmente, seja subsidiariamente, a depender do enquadramento das hipóteses previstas nos incisos I e II do artigo 133 do CTN. Entretanto, tal regra não se aplica nalgumas situações estipuladas no §1° do mesmo artigo, dentre as quais se inclui a alienação judicial em processo de falência.
- O adquirente de fundo de comércio ou estabelecimento comercial, industrial ou profissional é integralmente responsável pelos tributos devidos até a data do ato se o vendedor cessar a exploração do objeto social sucedido (CTN, art. 133, I). Mas se o vendedor prosseguir na exploração do objeto social sucedido ou reiniciá-la dentro de seis meses, a responsabilidade do adquirente será subsidiária (CTN, art. 133, II).
- A responsabilidade de terceiros ocorre quando o contribuinte, instado a pagar o tributo, não cumpre a obrigação tributária, hipótese em que esta recai sobre o terceiro que tenha intervindo no fato gerador, ou sobre o terceiro que, pela sua omissão, tornou-se responsável pelo tributo (CTN, art. 134).
- Diferentemente do que diz a norma, quando atribui a responsabilidade solidária, na verdade, a responsabilidade é subsidiária. Cumpre lembrar que os terceiros não são responsáveis pelas multas decorrentes de infrações praticadas pelos contribuintes (normalmente decorrentes do descumprimento das obrigações acessórias), mas estão sujeitos às sanções de caráter moratório.
- Por fim, a responsabilidade é pessoal e direta para aqueles que agiram com excesso de poderes ou com infração à lei, ao contrato social ou aos estatutos (CTN, art. 135), hipótese em que os sócios-gerentes geralmente são enquadrados (despersonalização da pessoa jurídica).
- Para a jurisprudência do STJ, o simples não pagamento do tributo não configura, por si só, hipótese de responsabilidade subsidiária dos sócios, ao contrário da hipótese de dissolução irregular da sociedade, em que a responsabilidade é manifesta.
- O STJ consolidou que a dissolução irregular de sociedade acarreta a responsabilidade pessoal do sócio gerente pelos débitos da empresa, implicando no redirecionamento da execução fiscal ao referido sócio gerente ("no caso dos autos, assentou-se no acórdão embargado, nos termos do que decido pela Primeira Turma nos EDcl nos EDcl no AgRg no REsp 1.009.997/SC, de relatoria da Ministra Denise Arruda, que o redirecionamento da execução fiscal aos sócios-gerentes, no caso de dissolução irregular da sociedade empresária, necessita da verificação de ´quem ocupava o posto de gerente no momento da dissolução` e da verificação de que aquele responsável pela dissolução tenha sido também, simultaneamente, o detentor da gerência na oportunidade do vencimento do tributo", STJ, EDcl no AgRg no RECURSO ESPECIAL Nº 1.153.339 – SP).
- A denúncia espontânea está disciplinada no artigo 138 do CTN:

> *Art. 138. A responsabilidade é excluída pela denúncia espontânea da infração, acompanhada, se for o caso, do pagamento do tributo devido e dos juros de mora, ou do depósito da importância arbitrada pela autoridade administrativa, quando o montante do tributo dependa de apuração.*
>
> *Parágrafo único. Não se considera espontânea a denúncia apresentada após o início de qualquer procedimento administrativo ou medida de fiscalização, relacionados com a infração.*

- Preliminarmente, cabe advertir que a denúncia espontânea (leia-se confissão) não extingue a obrigação de adimplir o tributo, mas tão-somente a multa. Ademais, não veda a aplicação dos juros de mora e correção monetária.
- No que concerne às multas, entende-se que a exclusão se extensível às multas moratórias (em virtude do atraso no pagamento) e multas punitivas (fiscais).

- Advirta-se que a confissão e o parcelamento da dívida não importa em exclusão da multa. Nesse sentido:
- RECURSO REPETITIVO. DENÚNCIA ESPONTÂNEA. PARCELAMENTO. DÉBITO TRIBUTÁRIO. A Seção, ao julgar recurso representativo de controvérsia (art. 543-C do CPC e Resolução n. 8/2008 do STJ), reafirmou que o instituto da denúncia espontânea (art. 138 do CTN) não se aplica aos casos de parcelamento do débito tributário. Precedentes citados: REsp 284.189-SP, DJ 26/5/2003; AgRg nos EREsp 1.045.661-RS, DJ 16/2/2009; AgRg na Pet 6.231-SP, DJ 1º/9/2008; AgRg no REsp 1.020.268-PR, DJe 17/4/2008, e AgRg no REsp 989.026-ES, DJe 17/2/2009. REsp 1.102.577-DF, Rel. Min. Herman Benjamin, julgado em 22/4/2009.
- Outro ponto relevante diz respeito aos tributos sujeitos a lançamento por homologação. Segundo o teor do Enunciado de Súmula 360 STJ: "o benefício da denúncia espontânea não se aplica aos tributos sujeitos a lançamento por homologação regularmente declarados, mas pagos a destempo." Ou seja, não houve fiscalização ou cobrança do tributo, porém, é inaplicável o instituto da denúncia espontânea, pois o contribuinte declarou a dívida e não pagou.
- "A responsabilidade do adquirente de boa-fé reside na exigência, no momento da celebração do negócio jurídico, da documentação pertinente à assunção da regularidade do alienante, cuja verificação de idoneidade cabe ao Fisco, razão pela qual não incide o art. 136 do CTN, aplicável ao alienante. A boa-fé do adquirente em relação às notas fiscais declaradas inidôneas após a celebração do negócio jurídico realizado, uma vez que caracterizada, legitima o aproveitamento dos créditos do ICMS" (STJ – REsp 1.148.444 – 1ª. Seção – Rel. Min. Luiz Fux – julg. 14.4.10). Esse entendimento hoje se encontra sumulado (Súmula 509 do STJ).
- "Na hipótese dos autos, a emissão da nota fiscal somente ocorreu após o início da fiscalização, o que afasta a presunção de boa-fé, não havendo falar no benefício do art. 138 (denúncia espontânea), parágrafo único, do CTN. Ainda que assim não fosse, é pacífico o entendimento de que as sanções por infrações formais (entrega de declarações, emissão de documentos fiscais) não são afastadas pela denúncia espontânea. A reprovabilidade da conduta é avaliada pelo legislador ao quantificar a penalidade prevista na lei. É por essa razão que às situações que envolvam fraude ou má-fé são fixadas, não raro, multas muito mais gravosas que os 30% previstos pela legislação local" (STJ – REsp 1.142.739 – 2ª Turma – Rel. Min. Herman Benjamin – julg. 16.3.10).
- O mero inadimplemento não permite o redirecionamento da obrigação tributária ao sócio-administrador da empresa, uma vez que, segundo o artigo 135, inciso III, do CTN, para que haja responsabilização pessoal do sócio-administrador, é preciso que ele tenha agido com "excesso de poderes ou infração de lei, contrato social ou estatuto". O mero inadimplemento, segundo o STJ, não é considerado excesso de poder, nem infração à lei, tampouco infração ao contrato social (AgRg no REsp 1273450 / SP).
- "A primeira Seção firmou o entendimento de que, mesmo em face da responsabilidade da fonte pagadora pelo recolhimento do IRPF incidente sobre as verbas trabalhistas recebidas em cumprimento de decisão judicial, o contribuinte não deixa de ser também responsável para tanto, uma vez que, ante a inércia da fonte pagadora, deve informar em sua declaração de ajuste anual os valores recebidos e, caso não o faça, será o sujeito passivo da exação" (AgRg nos EREsp 413106/SC, Rel. Ministra DENISE ARRUDA, DJ 23.10.2006).
- "A responsabilidade do contribuinte só seria excluída se houvesse comprovação de que a fonte pagadora reteve o Imposto de Renda a que estava obrigado, mesmo que não houvesse feito o recolhimento" (EREsp 644223/SC, Rel. Ministro JOSÉ DELGADO, DJ 20.2.2006).
- Não obstante a existência de entendimento contrário das Fazendas Públicas, a jurisprudência e a doutrina coincidem no entendimento de que mera inadimplência ou mora não são suficientes para a responsabilização pessoal dos terceiros de que trata o artigo 135. Para a referida responsabilização, é imprescindível que se comprove o excesso de poder ou a infração à lei, condutas que, no campo empresarial, ficam restritas às pessoas com poderes de gestão (STJ – REsp 841561/RJ – 2.ª Turma – Rel.ª Min.ª Eliana Calmon – julg. 21/08/2008).
- "A caracterização de má-fé do terceiro adquirente, ou mesmo a prova do conluio, não é necessária para caracterização da fraude à execução fiscal. A natureza jurídica do crédito tributário conduz a que a simples alienação de bens pelo sujeito passivo por quantia inscrita em dívida ativa, sem a reserva de meios para quitação do débito, gere a presunção absoluta de fraude à execução. A alienação havida até 8.6.2005 exige que tenha ocorrido prévia citação no processo judicial para caracterizar a fraude de execução; se o ato translativo foi praticado a partir de 9.6.2005, data de início da vigência da Lei Complementar n. 118/2005, basta a efetivação da inscrição em dívida ativa para a configuração da figura da fraude" (STJ, AgRg no AREsp 241691 / PE).

7. CRÉDITO TRIBUTÁRIO (LANÇAMENTO, GARANTIAS, PRIVILÉGIOS, SUSPENSÃO)

- O crédito tributário é constituído pelo lançamento e decorre da obrigação principal. Logo, crédito tributário não é sinônimo de obrigação tributária. Aliás, segundo o artigo 140 do CTN, "as circunstâncias que modificam o crédito tributário, sua extensão ou seus efeitos, ou as garantias ou os privilégios a ele atribuídos, ou que excluem sua exigibilidade não afetam a obrigação tributária que lhe deu origem".

- A competência para constituir o crédito tributário pelo lançamento é privativa da autoridade administrativa, inexistindo qualquer disposição legal que permita a sua delegação (CTN, art. 142).
- "Ainda quando de fato seja o lançamento feito pelo sujeito passivo, o Código Tributário Nacional, por ficção legal, considera que a sua feitura é privativa da autoridade administrativa, e por isto, no plano jurídico, sua existência fica sempre dependente de homologação por parte da autoridade competente" (MACHADO, Hugo de Brito. Curso de Direito Tributário. 25 ed. São Paulo: Malheiros, p. 176). Esse entendimento é de fato correto, pois no lançamento por homologação, o contribuinte, antes de qualquer análise fiscal, faz a apuração, a declaração do valor devido e antecipa o recolhimento; seu aperfeiçoamento dá-se com a homologação propriamente dita (da autoridade administrativa), que pode ocorrer de forma expressa, mas que na prática prevalece a tácita (pelo decurso de tempo). Daí porque sempre há uma homologação por parte da autoridade administrativa, já que é de sua competência privativa (juridicamente, não se pode afirmar que o sujeito passivo detém a competência de lançar).
- Há uma corrente doutrinária que sustenta a desnecessidade de lançamento para receber o crédito consignado em pagamento ou na conversão do depósito em renda. Entretanto, é importante ressaltar que a Lei Paulista 13.457/2005, em seu artigo 30, estipula a necessidade de lançamento de ofício para prevenir a decadência, no caso de existência de depósito do montante integral.
- "O lançamento segue o princípio documental. Sua forma dependerá do regime de lançamento do tributo e das circunstâncias nas quais é apurado. Certo é que estará documentado e que seu instrumento terá de conter os elementos indispensáveis à identificação inequívoca da obrigação surgida. Os lançamentos dos tributos antes administrados pela SRF são feitos mediante a lavratura de Auto de Infração (AI), enquanto aqueles relativos a tributos antes administrados pela SRP são efetuados mediante Notificação Fiscal de Lançamento de Débitos (NFLD)" (http://www.leandropaulsen.com/site/textos_detalhe.asp?ID=5, acesso em 11/6/2012).
- A expressão latina *ex tunc*, em linhas gerais, pode ser traduzida como desde à época. Ao dizer que o lançamento tributário é *ex tunc* significa que seus efeitos retroagem à época da ocorrência do fato gerador (fato jurídico-tributário). É o que se extrai da leitura do artigo 144 do CTN, segundo o qual "o lançamento reporta-se à data da ocorrência do fato gerador da obrigação e rege-se pela lei então vigente, ainda que posteriormente modificada ou revogada. Atenção para o teor do parágrafo único do artigo 144 do CTN, que prevê a aplicação ao lançamento da "legislação que, posteriormente à ocorrência do fato gerador da obrigação, tenha instituído novos critérios de apuração ou processos de fiscalização, ampliado os poderes de investigação das autoridades administrativas, ou outorgado ao crédito maiores garantias ou privilégios, exceto, neste último caso, para o efeito de atribuir responsabilidade tributária a terceiros".
- São três as modalidades de lançamento: de ofício (ou direto), por declaração (ou misto) e por homologação.

LANÇAMENTO TRIBUTÁRIO	De ofício
	Por declaração
	Por homologação

- Lançamento de ofício: pressupõe ação isolada do fisco, ou seja, não há participação do contribuinte na prestação de informações para à constituição do crédito tributário. Exemplo: IPTU.
- Lançamento por declaração ou misto: pressupõe a ação conjugada entre o fisco e o contribuinte, restando àquele o trabalho privativo de lançar. Está cada vez mais em desuso. Exemplo: Declaração de bagagem acompanhada.
- Lançamento por homologação ou "autolançamento": o contribuinte auxilia ostensivamente a Fazenda Pública na atividade de lançar, cabendo a esta, entretanto, efetuar a homologação (vide artigos 147 e 150 do CTN). Exemplo: IRPF.
- Por fim, vale salientar que para o STJ, a constituição do crédito tributário poderá ocorrer via declaração do sujeito passivo ou através do depósito integral pelo contri-buinte. Confira: "Segundo jurisprudência pacífica do STJ, a apresentação, pelo contribuinte, de Declaração de Débitos e Créditos Tributários Federais – DCTF (instituída pela IN-SRF 129/86, atualmente regulada pela IN8 SRF 395/2004, editada com base no art. 5º do DL 2.124/84 e art. 16 da Lei 9.779/99) ou de Guia de Informação e Apuração do ICMS – GIA, ou de outra declaração dessa natureza, prevista em lei, é modo de constituição do crédito tributário, dispensada, para esse efeito, qualquer outra providência por parte do Fisco. Precedentes da 1ª Seção: AgRg nos ERESP 638.069/SC, DJ de 13.06.2005; AgRg nos ERESP 509.950/PR, DJ de 13.06.2005 (REsp n. 576.661-RS)".
- "No caso de tributos sujeitos a lançamento por homologação, o contribuinte, ao realizar o depósito judicial com vistas à suspensão da exigibilidade do crédito tributário, promove a constituição deste nos moldes do que dispõe o art. 150 e parágrafos do CTN. Isso, porque verifica a ocorrência do fato gerador, calcula o montante devido e, em vez de efetuar o pagamento, deposita a quantia aferida, a fim de impugnar a cobrança da exação. Assim, o crédito tributário é constituído por meio da declaração do sujeito passivo, não havendo falar em decadência do direito do Fisco de lançar, caracterizando-se, com a inércia

da autoridade fazendária apenas a homologação tácita da apuração anteriormente realizada. Não há, portanto, necessidade de ato formal de lançamento por parte da autoridade administrativa quanto aos valores depositados. 2. Precedentes da Primeira Seção: EREsp 464.343/DF, Rel. Min. José Delgado, DJ de 29.10.2007; EREsp 898.992/PR, Rel. Min. Castro Meira, DJ de 27.8.2007" (STJ, EREsp 686479-RS, Rel. Min. Denise Arruda, DJe 22/09/2008).

- As garantias do crédito tributário tem como escopo proteger a entidade impositora, viabilizando o recebimento da dívida a que faz jus junto ao sujeito passivo da relação jurídico-tributária. Por outro lado, os privilégios se relacionam com a posição do crédito tributário em execuções coletivas de dívidas frente a outros créditos de natureza diversa.
- Oportuno iniciar o referido tema, citando o teor, *ipsis litteris* do art. 183 do CTN:

> *Art. 183. A enumeração das garantias atribuídas neste Capítulo ao crédito tributário não exclui outras que sejam expressamente previstas em lei, em função da natureza ou das características do tributo a que se refiram.*
>
> *Parágrafo único: A natureza das garantias atribuídas ao crédito tributário não altera a natureza deste nem a da obrigação tributária a que corresponda.*

- À luz do dispositivo citado, percebe-se que o objetivo do legislador foi cobrir o sujeito ativo da relação jurídico-tributária de garantias para o efetivo cumprimento da obrigação por parte do contribuinte.
- Além do rol previsto no CTN, de forma exemplificativa, diga-se de passagem, é possível que outras garantias sejam criadas por lei, com intuito de resguardar e acautelar ainda mais a entidade impositora, detentora do crédito tributário.
- Ademais, o parágrafo único do preceptivo ora sob análise, demonstra que "a natureza das garantias atribuídas ao crédito tributário não altera a natureza deste nem a da obrigação tributária a que corresponda".
- De mais a mais, o teor do artigo 184 do CTN deixa clarividente que o legislador buscou, sem brechas, submeter todo o patrimônio do particular (salvo privilégios especiais sobre determinados bens, que sejam previstos em lei ou aqueles declarados legalmente como absolutamente impenhoráveis, a exemplo do bem de família) aos anseios arrecadatórios do Fisco, colocando este último em posição de superioridade na relação jurídico-tributária.
- Observa-se que, responde pelo pagamento do crédito tributário, a totalidade dos bens e das rendas de qualquer origem ou natureza do sujeito passivo, do espólio ou massa falida, inclusive os bens gravados por ônus real ou cláusula de inalienabilidade ou impenhorabilidade. Portanto, de forma coloquial poder-se-ia dizer "não tem para onde correr!":

> *Art. 184. Sem prejuízo dos privilégios especiais sobre determinados bens, que sejam previstos em lei, responde pelo pagamento do crédito tributário a totalidade dos bens e das rendas, de qualquer origem ou natureza, do sujeito passivo, seu espólio ou sua massa falida, inclusive os gravados por ônus real ou cláusula de inalienabilidade ou impenhorabilidade, seja qual for a data da constituição do ônus ou da cláusula, excetuados unicamente os bens e rendas que a lei declare absolutamente impenhoráveis.*

- Ainda referente ao tema, o artigo 10 da Lei 6.830/80 – LEF dispõe que "não ocorrendo o pagamento, nem a garantia da execução de que trata o artigo 9º, a penhora poderá recair em qualquer bem do executado, exceto os que a lei declare absolutamente impenhoráveis". Logo, a parte final do dispositivo supracitado, em idêntica previsão ao artigo 184 do CTN, reforça a mitigação na afetação da totalidade do patrimônio do sujeito passivo para pagamento do crédito tributário. Ou seja, não serão alcançados: a) os bens que possuam privilégios especiais, previstos em lei; b) Os bens declarados legalmente como absolutamente impenhoráveis.
- Das exceções mencionadas, vale registrar que, um bem declarado impenhorável por ato voluntário e não legal, estará sujeito a uma eventual penhora no bojo de uma execução fiscal, sendo, portanto, ineficaz frente à dívida ativa.
- Atrelado ao tema ora abordado, oportuno transcrever o teor do artigo 185, com a redação dada pela LC 118/2005, *in verbis*: "Presume-se fraudulenta a alienação ou oneração de bens ou rendas, ou seu começo, por sujeito passivo em débito para com a Fazenda Pública, por crédito tributário regularmente inscrito como dívida ativa".
- O artigo citado busca coibir eventuais manobras fraudulentas e artifícios do devedor para esquivar-se de sua obrigação de quitar o tributo devido perante o sujeito ativo. Assim, ocorrendo a inscrição regular do crédito tributário na dívida ativa com a ciência prévia/notificação do sujeito passivo, qualquer ato posterior de alienação ou oneração de bens ou rendas será caracterizado como fraude. Em síntese, haverá presunção de fraude a partir da inscrição regular do crédito tributário em dívida ativa e não da data de propositura da ação de execução fiscal.
- Destarte, o parágrafo único do artigo 185 traz a hipótese em que o devedor reserva bens ou rendas suficientes para pagamento total da dívida inscrita. Nesse caso, advirta-se, havendo tal reserva, inaplicável será o caput do artigo ora estudado.
- Prescreve o parágrafo único do artigo 185 do CTN: "o disposto neste artigo não se aplica na hipótese de terem sido reservados, pelo devedor, bens ou rendas suficientes ao total pagamento da dívida inscrita". Em outras palavras, não será considerada fraudulenta a alienação ou oneração de bens ou rendas quando, após garantia da execução fiscal (penhora), o sujeito passivo permaneça em situação de solvência (possibilidade do pagamento do débito) perante o fisco.
- Outrossim, com intuito de aumentar as garantias do sujeito ativo, a LC 118/2005 inseriu o artigo 185-A ao CTN, que dispõe:

> *Art. 185-A. Na hipótese de o devedor tributário, devidamente citado, não pagar nem apresentar bens à penhora no prazo legal e não forem encontrados bens penhoráveis, o juiz determinará a indisponibilidade de seus bens e direitos, comunicando a decisão, preferencialmente por meio eletrônico, aos órgãos e entidades que promovem registros de transferência de bens, especialmente ao registro público de imóveis e às autoridades supervisoras do mercado bancário e do mercado de capitais, a fim de que, no âmbito de suas atribuições, façam cumprir a ordem judicial.*
>
> *§1º A indisponibilidade de que trata o caput deste artigo limitar-se-á ao valor total exigível, devendo o juiz determinar o imediato levantamento da indisponibilidade dos bens ou valores que excederem esse limite.*
>
> *§2º Os órgãos e entidades aos quais se fizer a comunicação de que trata o caput deste artigo enviarão imediatamente ao juízo a relação discriminada dos bens e direitos cuja indisponibilidade houverem promovido.*

- O artigo acima e seus parágrafos tratam do instituto da penhora *on line*, cabível quando já esgotados todos os meios possíveis de localização dos bens do devedor. Nesse caso, o magistrado determinará a indisponibilidade de bens e direitos do executado, limitado, contudo, ao valor total exigível.
- Uma vez realizada a indisponibilidade dos bens e direitos, os órgãos e entidades enviarão imediatamente ao juízo a relação discriminada dos bens e direitos cuja indisponibilidade houverem promovido.
- Finalmente, registre-se que existe uma hipótese de garantia ao crédito tributário não prevista no Código Tributário Nacional que é a medida cautelar fiscal prevista na Lei 8.397/92, cujo objetivo é decretar a indisponibilidade de bens e direitos do sujeito passivo tributário.
- Além das garantias do crédito tributário, segundo exposto alhures, cabe a este também certos privilégios quando concorre em execuções coletivas de dívidas com outros créditos, a exemplo do processo falimentar.
- O caput do artigo 186 do CTN, com a redação dada pela LC 118/2005, dispõe que: "o crédito tributário prefere a qualquer outro, seja qual for sua natureza ou o tempo de sua constituição, ressalvados os créditos decorrentes da legislação do trabalho ou do acidente de trabalho".
- Inicialmente, verifica-se que o crédito tributário não possui caráter absoluto, uma vez que o artigo sob análise ressalva os créditos decorrentes da legislação do trabalho ou do acidente de trabalho, dados a sua natureza alimentícia.
- Outrossim, com o advento da LC 118/2005, o parágrafo único do artigo 186 do CTN estabeleceu uma regra específica para o processo de falência:

> *Art. 186, parágrafo único. Na falência:*
>
> *I – o crédito tributário não prefere aos créditos extraconcursais ou às importâncias passíveis de restituição, nos termos da lei falimentar, nem aos créditos com garantia real, no limite do valor do bem gravado;*
>
> *II – a lei poderá estabelecer limites e condições para a preferência dos créditos decorrentes da legislação do trabalho; e*
>
> *III – a multa tributária prefere apenas aos créditos subordinados.*

- A falência pode ser conceituada, segundo a doutrina (RAMOS, André Luiz Souza Cruz. Curso de direito empresarial. 2.ed. Salvador: Juspodivm, 2009, p. 597), como "a execução concursal do devedor empresário". Logo, referido instituto faz parte do regime jurídico empresarial e como tal, é aplicável aos devedores empresários, diversamente do que ocorre com o devedor civil que submete-se ao concurso de credores.
- A Lei 11.101/05 denominada como Lei de Recuperação de Empresas, na qual consagrou, registre-se, o Princípio da Preservação da Empresa, trouxe alterações significativas no processo falimentar, dentre as quais destaca-se, dada a relevância para o tema em comento, as mudanças na ordem de classificação dos créditos e a previsão de créditos extraconcursais.
- No que concerne à ordem de preferência e classificação dos créditos, bem como à posição ocupada pelo crédito tributário no processo falimentar, importante o concursando realizar a leitura atenta dos artigos 83 e 84 da Lei 11.101/2005 (Lei de Falência).
- Assim, no bojo do processo falimentar (após análise conjunta dos artigos 186, parágrafo único do CTN e 83 e 84 da Lei 11.101/2005) a ordem de preferência do crédito tributário fica assim demonstrada:
- Créditos Extraconcursais (pagos com precedência – art. 83);
  1) Créditos trabalhistas e acidentários, não-extraconcursais/antes da falência (art. 83 da Lei 11.101/2005)
  2) Importâncias passíveis de restituição, nos termos da lei falimentar e créditos com garantia real, no limite do valor do bem gravado
  3) Créditos Tributários (não extraconcursais)
  4) Créditos com privilégio especial
  5) Créditos com privilégio geral
  6) Créditos quirografários
  7) Multas contratuais e pecuniárias
  8) Créditos subordinados
- Cabem algumas observações:
- Créditos extraconcursais são aqueles surgidos no curso do processo falimentar ou de recuperação judicial, como decorrência da administração da massa falida. Nos termos do artigo 84 da Lei 11.101/2005 serão pagos com precedência sobre os mencionados no artigo 83 da mesma lei, ou seja, não entram no concurso de créditos.

- O artigo 188, caput, do CTN prescreve que "são extraconcursais os créditos decorrentes de fatos geradores ocorridos no curso do processo de falência".
- Caso os créditos trabalhistas, acidentários e tributários (este com fato gerador posterior – artigo 188, caput, do CTN) surjam após a decretação da falência ficarão na condição de créditos extraconcursais, gozando de preferência absoluta.
- Créditos trabalhistas e acidentários, por apresentarem natureza alimentar prefere aos demais, conforme já visto.
- Importâncias passíveis de restituição, nos termos da lei falimentar, referem-se aos bens e direitos de terceiros que foram arrecadados no processo falimentar ou se encontram em poder do devedor falido no momento da decretação da falência.
- Há severa crítica doutrinária ao fato do crédito tributário estar posicionado após os créditos com garantia real na ordem de preferência no processo de falência, pois haveria supostamente um privilégio para as instituições financeiras (bancos).
- As multas tributárias só possuem preferência apenas aos créditos subordinados (parágrafo único do artigo 186 do CTN).
- Além disso, vale destacar que a cobrança judicial do crédito tributário não estará sujeita ao juízo falimentar, como ocorre com os créditos de outra natureza. Nesse ponto, o artigo 187 do CTN, disciplina que: "a cobrança judicial do crédito tributário não é sujeita a concurso de credores ou habilitação em falência, recuperação judicial, concordata, inventário ou arrolamento".
- No mesmo sentido, fortalecendo-se o caráter não-absoluto da universalidade do juízo falimentar, observe-se ainda que o artigo 76 da Lei n. 11.101/05 dispõe que "o juízo de falência é indivisível e competente para conhecer todas as ações sobre bens, interesses e negócios do falido, ressalvadas as causas trabalhistas, fiscais e aquelas não reguladas nesta Lei em que o falido figurar como autor ou litisconsorte ativo".
- Interessa-nos aqui a exceção referente às causas fiscais. Conforme se observou, a Fazenda Pública não se submeterá a concurso de credores. Ademais, a execução fiscal contra a massa falida não se suspende, devendo percorrer seu curso normal, segundo entendimento do STJ (CC 63919/PE, Rel. Min Humberto Martins, DJ 12.02.2007, p.219).
- Destarte, o parágrafo único do artigo 187 do CTN descreve a ordem do concurso de preferência entre as pessoas jurídicas de direito público, a saber : I – União; II – Estados, Distrito Federal e Territórios, conjuntamente e pro rata; e III – Municípios, conjuntamente e pro rata.
- Por fim, advirta-se que o artigo 29 da LEF (Lei 6.830/90), introduziu as autarquias na ordem de preferência acima citada.
- As hipóteses de suspensão da exigibilidade do crédito tributário estão previstas no artigo 151 do CTN:

Art. 151 CTN, inciso	Hipóteses	Resumo
I	Moratória	Postergação do momento do pagamento do crédito tributário
II	Depósito de seu montante integral	Depósito, pelo contribuinte, do valor do crédito tributário discutido
III	Defesas e recursos no âmbito do processo administrativo fiscal (PAF)	Atos de defesa do contribuinte face ao lançamento de ofício, conforme previsão nas leis que regem o PAF
IV	Liminar em mandado de segurança	Ordem judicial concedida no início do procedimento do mandado de segurança, em geral, sem ouvir a parte contrária
V	Liminar/tutela antecipada em outras espécies de ações judiciais	Ordem judicial concedida no início da ação, em geral, sem ouvir a parte contrária
VI	Parcelamento	Acordo de quitação em parcelas de um crédito tributário reconhecido e confessado pelo contribuinte, conforme diretrizes fixadas em lei

- Os efeitos das causas de suspensão da exigibilidade do crédito tributário (CTN, art. 151) atingem apenas a obrigação tributária principal. Isso porque, nos termos do parágrafo único do artigo 151 do CTN, a suspensão da exigibilidade não dispensa o cumprimento das obrigações acessórias dependentes da obrigação principal cujo crédito seja suspenso, ou dela consequentes.
- "A suspensão da exigibilidade do crédito tributário na via judicial impede o Fisco de praticar qualquer ato contra o contribuinte visando à cobrança de seu crédito, tais como inscrição em dívida, execução e penhora, mas não impossibilita a Fazenda de proceder à regular constituição do crédito tributário para prevenir a decadência do direito de lançar" (STJ, REsp 260.040).
- Na hipótese legal de suspensão da exigibilidade do crédito tributário concernente ao depósito do montante integral do tributo, deve-se deixar claro que a expressão "montante integral" diz respeito ao valor do tributo segundo o entendimento da Fazenda Pública e não do contribuinte (STJ – AgRg no REsp 969579/SP – 2.ª Turma – Rel. Min. Castro Meira – 31/10/2007).
- Quando promovido no âmbito judicial, o depósito do montante integral é feito no bojo de uma ação em que se discute o crédito tributário (anulatória ou declaratória). Nesse caso, a execução fiscal não poderá ser ajuizada ou, quando já proposta, terá

sua tramitação suspensa até decisão final da ação. Se o contribuinte lograr êxito na impugnação, terá direito a levantar o depósito efetuado. Mas se a Fazenda Pública sair vitoriosa na lide, ela converterá o depósito em renda e extinguirá o crédito tributário respectivo (CTN, art. 156, VI).

- Suspensa a exigibilidade do crédito tributário definitivamente constituído, o prazo prescricional também deixará de fluir (STJ - RESP 267437-MG, 2ª. T., Relª. Minª. Eliana Calmon - DJU 17.06.2002).
- No que diz respeito à incidência de juros e de multa de mora, os efeitos da suspensão da exigibilidade do crédito tributário dependerá da causa suspensiva. No caso de parcelamento, salvo disposição de lei em contrário, o parcelamento do crédito tributário não exclui a incidência de juros e multas (CTN, art. 155-A, § 1.º). Nas liminares, dependerá da sentença ou acórdão transitado em julgado; em caso de procedência da ação e manutenção da liminar, o crédito tributário será extinto (CTN, art. 156, X); mas se a liminar for revogada e a ação julgada improcedente, o crédito tributário poderá ser exigido acrescido de todos os consectários da mora. Por fim, o depósito do montante integral afasta a incidência de juros moratórios e de correção monetária a partir da sua efetivação (STJ - RESP 853552 / PR - 1ª. Turma - Rel. Min. Luiz Fux - DJ 24/09/2007).

8. EXTINÇÃO E EXCLUSÃO DO CRÉDITO TRIBUTÁRIO

- Da mesma forma que decorre da obrigação principal (CTN, art. 139), o crédito tributário desaparece juntamente com o vínculo obrigacional, diante de acontecimentos previstos como hipóteses de extinção no artigo 156 do CTN.

Art. 156 CTN, inciso	Hipóteses	Resumo
I	Pagamento	Adimplemento voluntário pelo sujeito passivo com entrega de pecúnia, em geral via rede bancária
II	Compensação	Os polos da relação jurídica são, ao mesmo tempo, devedores e credores reciprocamente
III	Transação	Concessões mútuas (devedor e credor tributários) que importem em terminação de litígio
IV	Remissão	Perdão legal do crédito tributário existente
V	Prescrição	Perda pelo decurso de prazo, por parte do sujeito ativo, do direito de promover a execução fiscal face ao sujeito passivo

Art. 156 CTN, inciso	Hipóteses	Resumo
V	Decadência	Perda pelo decurso de prazo, por parte do sujeito ativo, do direito de constituir o crédito tributário
VI	Conversão de depósito em renda	Transformação do depósito feito pelo sujeito passivo em renda para sujeito ativo
VII	Pagamento antecipado e homologação de lançamento	Pagamento realizado pelo sujeito passivo a partir da apuração feita por ele próprio, sem participação do fisco num primeiro momento (por isso o pagamento é tido por antecipado), sendo que a homologação fiscal pode ser expressa ou tácita (decurso de prazo)
VIII	Consignação em pagamento	Diante de obstáculo ao pagamento criado pelo sujeito ativo (hipóteses do artigo 164 do CTN), o sujeito passivo ingressa com a ação para consignar o crédito tributário em pagamento (depositando-o)
IX	Decisão administrativa irreformável	Decisão administrativa favorável ao sujeito passivo sobre a qual não caiba mais recurso
X	Decisão judicial transitada em julgado	Decisão judicial favorável ao sujeito passivo sobre a qual não caiba mais recurso
XI	Dação em pagamento de bens imóveis	Espontâneo oferecimento de bens imóveis pelo devedor (ao invés de pecúnia), ao credor, como forma de extinguir a dívida

- Segundo o Código Civil, são bens imóveis "o solo e tudo quanto se lhe incorporar natural ou artificialmente" (artigo 79) e bens móveis aqueles "suscetíveis de movimento próprio, ou de remoção por força alheia, sem alteração da substância ou da destinação econômico-social" (artigo 82). Tal distinção é muito útil no Direito Tributário, na medida em que são determinantes, inclusive, para a fixação de competências tributárias, como, por exemplo, no ITBI municipal, que incide sobre "transmissão *inter vivos*, a qualquer título, por ato oneroso, de bens imóveis, por natureza ou acessão física, e de direitos reais sobre imóveis, exceto os de garantia, bem como cessão de direitos a sua aquisição" (artigo 156, inciso II, da CF). A dação em pagamento é considerada uma hipótese de extinção do crédito tributário desde que se refira a bens imóveis.
- O instituto jurídico da "dação em pagamento" foi incluído pela Lei Complementar 104/2011 no CTN co-

mo hipótese de extinção do crédito tributário. Por dação em pagamento entende-se o espontâneo oferecimento de bens pelo devedor (ao invés de pecúnia), ao credor, como forma de extinguir a dívida. No Direito Tributário, para extinguir o crédito tributário, admite-se apenas a dação em pagamento de bens imóveis, na forma e condições estabelecidas em lei. Constitui, assim, na aceitação, pela Fazenda Pública, de um imóvel, como forma de extinguir o crédito tributário devido pelo sujeito passivo, respeitando-se a forma e as condições estabelecidas em lei (CTN, art. 156, XI).

- O STJ considera que, no caso de execuções fiscais de dívida ativa tributária, a prescrição deva ser regulada pelo CTN (recepcionado pela Carta Constitucional de 1988 como lei complementar) e não pela LEF (lei ordinária), já que o artigo 146, inciso III, alínea "b", da CF reserva à lei complementar a disciplina da prescrição tributária. Veja a seguinte ementa: "TRIBUTÁRIO. AGRAVO REGIMENTAL. EXECUÇÃO FISCAL. PRESCRIÇÃO. AUSÊNCIA DE CITAÇÃO. NÃO-INTERRUPÇÃO DO PRAZO PRESCRICIONAL. ART. 174 DO CTN. PREVALÊNCIA SOBRE O ART. 2°, § 3°, DA LEI 6.830/1980. 1. A suspensão do lapso prescricional de 180 (cento e oitenta) dias prevista no art. 2°, § 3°, da Lei 6.830 somente é aplicável às dívidas de natureza não tributária. Em hipóteses como a dos autos, em que se trata de execução de crédito relativo a Imposto de Renda, a matéria é regulada pelo art. 174 do Código Tributário Nacional. 2. Agravo Regimental não provido" (STJ – AgRg no Ag 1054859/SP).
- O artigo 174 do CTN, em seu parágrafo único, ao disciplinar a prescrição, elenca algumas hipóteses de interrupção do prazo. Interrupção é diferente de suspensão. Na interrupção, caso cesse a sua causa, é iniciado uma nova contagem do prazo (ou seja, começa "do zero") e na suspensão, caso cesse a sua causa, o prazo volta a correr a partir do momento em que seu cômputo estava quando da ocorrência da suspensão.
- "Tanto no regime constitucional atual (CF, art. 146, III, b), quanto no regime constitucional anterior (art. 18, § 1° da EC 01/69), as normas sobre prescrição e decadência de crédito tributário estão sob reserva de lei complementar. Assim, são ilegítimas, em relação aos créditos tributários, as normas estabelecidas no § 2°, do art. 8° e do § 3° do art. 2° da Lei 6.830/80, que, por decorrerem de lei ordinária, não podiam dispor em contrário às disposições anteriores, previstas em lei complementar" (STJ – AI no Ag 1.037.765 – Corte Especial Rel. Min. Teori Zavascki – julg. 2.3.2011).
- "O prazo prescricional quinquenal para o Fisco exercer a pretensão da cobrança judicial do crédito tributário conta-se da data estipulada como vencimento da obrigação tributária declarada, nos casos de tributos sujeitos a lançamento por homologação, em que o contribuinte cumpriu o dever instrumental de declarar a exação mediante declaração de débitos e créditos tributários federais (DCTF) ou guia de informação de apuração do ICMS (GIA), entre outros, mas não adimpliu a obrigação principal, de pagamento antecipado, nem sobreveio qualquer causa interruptiva da prescrição ou impeditiva da exigibilidade do crédito" (STJ – REsp 1.120.295 – 1ª Seção – Rel. Min. Luiz Fux – julg. 12.5.10).
- Entre a declaração (obrigação acessória) e o vencimento do tributo, não há que se falar em prescrição da pretensão de cobrança por dois motivos. Primeiro, por não estar revestida da exigibilidade (um débito fiscal não vencido, também chamado de vincendo, não é passível de ser exigido judicialmente pela Fazenda Pública. Em resumo, para a Fazenda Pública executar um crédito tributário é preciso que este esteja inscrito na dívida ativa e, para tal, segundo o artigo 201 do CTN, é preciso que tenha se esgotado o prazo fixado para pagamento). E segundo, pelo fato de que o dies a quo da prescrição (data do início da contagem do prazo) é a constituição definitiva do crédito (nunca antes de seu vencimento).
- Para o estudo da temática "restituição de tributos indiretos" é imprescindível conhecer o teor do artigo 166 do CTN, segundo o qual "a restituição de tributos que comportem, por sua natureza, transferência do respectivo encargo financeiro, somente será feita a quem prove haver assumido o referido encargo, ou, no caso de tê-lo transferido a terceiro, estar por este expressamente autorizado a recebê-la". Os tributos indiretos são aqueles em que o contribuinte repassa o encargo financeiro (valor do tributo) no preço da mercadoria, afetando o próximo elo da cadeia. Nessas situações, o contribuinte (vendedor) é tido como "contribuinte de direito" e o adquirente, que suporta o ônus tributário no preço do produto, é o "contribuinte de fato".
- A exigência, por mais de um ente tributante, de tributo idêntico sobre um mesmo fato gerador é o típico caso de cabimento da consignação judicial em pagamento, nos termos do artigo 164, inciso III, do CTN. A consignação só pode versar sobre o crédito que o consignante se propõe pagar (CTN, art. 164, §1°). A ação de consignação em pagamento julgada procedente implica no pagamento, de forma que a importância consignada é convertida em renda (CTN, art. 164, §2°). Assim, a consignação em pagamento julgada procedente extingue o crédito tributário (CTN, art. 156, VIII).
- O pagamento das últimas referências de cada imposto não implica em presunção de quitação das referências anteriores (CTN, art. 158).
- No curso do processo administrativo fiscal, não flui o prazo de prescrição (cujo início é a data da decisão final proferida em favor da Fazenda Pública no referido processo), nem o de decadência, cujo prazo flui até a data da lavratura do auto de infração (o auto de infração inicia o processo administrativo fiscal). Em relação à chamada prescrição intercorrente (que operar-se-ia no curso do processo), em geral a mesma não é admitida no processo administrativo fiscal (veja o exemplo do Estado de São Paulo, em que há uma Súmula do Tribunal de Impostos e Taxas no mesmo sentido – Súmula TIT n°04/2003 – segundo

a qual "não é admissível a prescrição intercorrente no processo administrativo tributário").

- Entretanto, no âmbito dos processos judiciais, a prescrição intercorrente está prevista no art. 40 da Lei de Execução Fiscal – LEF – nos seguintes termos:

  Art. 40 – O Juiz suspenderá o curso da execução, enquanto não for localizado o devedor ou encontrados bens sobre os quais possa recair a penhora, e, nesses casos, não correrá o prazo de prescrição.

  § 1º – Suspenso o curso da execução, será aberta vista dos autos ao representante judicial da Fazenda Pública.

  § 2º – Decorrido o prazo máximo de 1 (um) ano, sem que seja localizado o devedor ou encontrados bens penhoráveis, o Juiz ordenará o arquivamento dos autos.

  § 3º – Encontrados que sejam, a qualquer tempo, o devedor ou os bens, serão desarquivados os autos para prosseguimento da execução.

  § 4º Se da decisão que ordenar o arquivamento tiver decorrido o prazo prescricional, o juiz, depois de ouvida a Fazenda Pública, poderá, de ofício, reconhecer a prescrição intercorrente e decretá-la de imediato.

- Com efeito, a paralisação processual pelo período superior a 5 (cinco) anos, enseja o reconhecimento da prescrição de ofício pelo magistrado. Isso porque, a inércia do exeqüente em promover o eficiente andamento da execução pelo período de tempo previsto no art. 174 do CTN, desencadeia a extinção do executivo fiscal.
- O estudo do tema "exclusão do crédito tributário" consiste, basicamente, em conhecer os contornos normativos (artigos 175 a 182 do CTN) e jurisprudenciais de dois institutos jurídicos, a isenção e a anistia. Duas de suas principais diferenças estão no quadro a seguir:

ISENÇÃO	ANISTIA
Implica a exclusão ou dispensa do tributo	Implica a exclusão ou dispensa da multa
Alcança somente fatos geradores ocorridos após a lei	Alcança somente fatos geradores ocorridos antes da lei

- Sob a ótica do CTN, a isenção exclui o crédito tributário, ou seja, há a obrigação tributária decorrente da subsunção do fato (fato jurídico-tributário) à norma (hipótese de incidência), entretanto a constituição do crédito tributário fica inviabilizada pela norma isentiva.
- As isenções podem ser revogadas ou modificadas por lei, a qualquer tempo, exceto quando concedidas por prazo certo e em funções de determinadas condições (artigo 178 do CTN). Nesses casos, em geral, a doutrina apregoa a irrevogabilidade do benefício isencional em prestígio ao direito adquirido. O assunto está sumulado pelo STF (Súmula 544: "Isenções tributárias concedidas, sob condição onerosa, não podem ser livremente suprimidas").
- Segundo o artigo 181 do CTN, além de poder ser concedida em caráter geral, a anistia também pode ser concedida limitadamente em relação (i) às infrações da legislação relativa a determinado tributo; (ii) às infrações punidas com penalidades pecuniárias até determinado montante, conjugadas ou não com penalidades de outra natureza; (iii) a determinada região do território da entidade tributante, em função de condições a ela peculiares; e (iv) sob condição do pagamento de tributo no prazo fixado pela lei que a conceder, ou cuja fixação seja atribuída pela mesma lei à autoridade administrativa.
- A isenção heterotópica, também denominada de isenção heterônoma, é aquela concedida por ente federativo tributante diferente daquele que teria por regra competência para instituí-la. O artigo 151, inciso III, da CF proibiu tal tipo de isenção ao vedar à União instituir isenções de tributos da competência dos Estados, do Distrito Federal ou dos Municípios.
- Em regra, "qualquer subsídio ou isenção, redução de base de cálculo, concessão de crédito presumido, anistia ou remissão, relativos a impostos, taxas ou contribuições, só poderá ser concedido mediante lei específica, federal, estadual ou municipal, que regule exclusivamente as matérias acima enumeradas ou o correspondente tributo" (CF, art. 150, §6°). Entretanto, o citado dispositivo ressalva expressamente o caso do ICMS, que, segundo o artigo 155, §2°, inciso XII, alínea "g", da CF, cabe à lei complementar "regular a forma como, mediante deliberação dos Estados e do Distrito Federal, isenções, incentivos e benefícios fiscais serão concedidos ou revogados". A Lei Complementar em questão é a 24/75 (recepcionada pela CF/88), que apregoa que os benefícios fiscais concernentes ao ICMS serão concedidos ou revogados nos termos de convênios celebrados e ratificados pelos Estados e pelo Distrito Federal.
- O CONFAZ é um órgão colegiado estabelecido pela Lei Complementar n°24/75. É composto pelos Secretários da Fazenda de todos os Estados e do Distrito Federal e pelo Ministro da Fazenda (representando o Governo Federal). A competência principal do CONFAZ é promover a celebração de convênios, para efeito de concessão ou revogação de isenções, incentivos e benefícios fiscais no âmbito do ICMS, de acordo com o previsto no artigo 155, § 2°, inciso XII, alínea "g", da CF e na Lei Complementar n° 24, de 7 de janeiro de 1975.
- O STF já se posicionou no sentido de que "a lei, de modo unilateral, que disciplina benefício fiscal do ICMS, sem observar a prévia exigência de celebração de convênio entre os Estados-membros e o Distrito Federal para a concessão de isenções, incentivos e benefícios fiscais do imposto, ofende o artigo 155, § 2°, inciso XII, alínea "g", da CF" (STJ – ADI 1247 – Pleno – Rel. Min. Dias Toffoli – julg. 1°.6.2011).
- Porém, a **Lei complementar 160/2016** veio autorizar as unidades da federação a celebrarem convênios concedendo remissão a créditos tributários constituídos em face de benefícios fiscais instituídos no cenário da chamada "guerra fiscal entre os Estados", em desacordo com a exigência de convênio autorizativo estabelecida na Lei complementar nº 24/75. Essa nova lei complementar ainda possibilita que os convênios promovam a reinstituição dos citados benefícios.
- "Revogada a isenção, o tributo torna-se imediatamente exigível. Em caso assim, não há que se observar o princí-

pio da anterioridade, dado que o tributo já é existente." (RE 204.062, Rel. Min° Carlos Velloso, julgamento em 27-9-1996, Segunda Turma, DJ de 19-12-1996).

- "A isenção não é privilégio de classe ou de pessoas, mas uma política de aplicação da regra da capacidade contributiva ou de incentivos de determinadas atividades, que o Estado visa a incrementar pela conveniência pública" (BALEEIRO, Aliomar. Direito Tributário Brasileiro. 11 ed. p. 931). A eventual inconstitucionalidade de uma isenção dar-se-ia com a estipulação de discriminação que afronta a razoabilidade, tangenciando o interesse público que é objeto da norma isentiva. Inclusive, oportuno se faz mencionar o teor do parágrafo único do artigo 176 do CTN, segundo o qual "a isenção pode ser restrita a determinada região do território da entidade tributante, em função de condições a ela peculiares".
- O quadro abaixo traz o rol das hipóteses de exclusão, suspensão e extinção do crédito tributário previstos no Código Tributário Nacional:

EXCLUSÃO (arts. 175 a 182)	*SUSPENSÃO (art. 151)*	*EXTINÇÃO (arts. 156 a 174)*
Anistia Isenção	Moratória	Pagamento
	Depósito do seu montante integral	Compensação
	Reclamações e recursos, nos termos das leis reguladoras do processo tributário administrativo	Transação
	Concessão de medida liminar em mandado de segurança	Remissão
	Concessão de medida liminar ou de tutela antecipada, em outras espécies de ação judicial	Prescrição e decadência
	Parcelamento	Conversão de depósito em renda
		Pagamento antecipado e a homologação do lançamento
		Consignação de pagamento
		Decisão administrativa irreformável
		Decisão judicial passada em julgado
		Dação em pagamento

9. ADMINISTRAÇÃO TRIBUTÁRIA (FISCALIZAÇÃO, CERTIDÕES, DÍVIDA ATIVA)

- A Administração Tributária é a atividade estatal voltada para a fiscalização e arrecadação tributária.
- No que se refere à fiscalização, importante a leitura do artigo 194 e seguintes do CTN e das Súmulas do STF de números 70, 323 e 547.
- Nos termos do artigo 201 do Código Tributário Nacional "constitui dívida ativa tributária a proveniente de crédito dessa natureza, regularmente inscrita na repartição administrativa competente, depois de esgotado o prazo fixado, para pagamento, pela lei ou por decisão final proferida em processo regular".
- Segundo o artigo 2º da LEF, a dívida ativa é aquela conceituada pela Lei 4.320, de 17 de março de 1964 *in verbis*:

> *Art. 39 § 2º: "dívida ativa é o crédito da Fazenda Pública dessa natureza, proveniente de obrigação legal relativa a tributos e respectivos adicionais e multas, e dívida ativa não tributária, os demais créditos da Fazenda Pública, tais como os provenientes de empréstimos compulsórios, contribuições estabelecidas em lei, multas de qualquer origem ou natureza, exceto as tributárias, foros, laudêmios, aluguéis ou taxas de ocupação, custas processuais, preços de serviços prestados por estabelecimentos públicos, indenizações, reposições, restituições, alcances dos responsáveis definitivamente julgados, bem assim os créditos decorrentes de obrigações em moeda estrangeira, de sub-rogação de hipoteca, fiança, aval ou outra garantia, de contratos em geral ou de outras obrigações legais".*

- A Dívida ativa é, portanto, a consolidação do débito tributário, cujo requisito é a constituição definitiva do crédito tributário. Referida dívida, advirta-se, uma vez regularmente inscrita, goza da presunção relativa de certeza e liquidez e tem o efeito de prova pré-constituída (CTN, art. 204).
- O artigo 202 do CTN traz o conteúdo mínimo da inscrição da dívida ativa. Nesse sentido, a ausência de um dos requisitos implica na nulidade da inscrição em dívida ativa.
- Destarte, oportuno mencionar que a "Certidão da Dívida Ativa" – CDA é um reflexo da inscrição em dívida ativa. Dessa forma, a CDA conterá todos os elementos (materiais e formais) da inscrição em dívida ativa (CTN, art. 202). Além disso, deverá indicar o livro e a folha da inscrição respectiva. (CTN, art. 202, parágrafo único).
- É possível a modificação da CDA, cuja nulidade poderá ser sanada até decisão de primeira instância, mediante substituição de certidão nula, devolvido ao sujeito passivo, acusado ou interessado, o prazo para defesa, que somente poderá versar sobre a parte modificada (CTN, art. 203).
- Dessa forma, o objetivo da CDA é servir de título executivo para a promoção da execução fiscal.
- É cediço que o direito à obtenção de certidões junto aos órgãos públicos é matéria assegurada constitucionalmente. A Constituição Federal, no seu artigo 5º, inciso XXXIII, preceitua que todos têm direito a receber dos órgãos públicos informações de seu interesse particular, ou de interesse coletivo ou geral, que serão prestadas no prazo da lei, sob pena de responsabilidade, ressalvadas aquelas cujo sigilo seja imprescindível à segurança da sociedade e do Estado.
- Por sua vez, o Código Tributário Nacional, dispondo acerca das certidões negativas e certidões positivas com efeito de negativa preconiza *in verbis*:

> *Art. 205 – A lei poderá exigir que a prova da quitação de determinado tributo, quando exigível, seja feita por certidão negativa, expedida à vista de requerimento do interessado, que contenha todas as informações necessárias à identificação de sua pessoa, domicílio fiscal e ramo de negócio ou atividade e indique o período a que se refere o pedido.*
>
> *Art. 206 – Tem os mesmos efeitos previstos no artigo anterior a certidão de que conste a existência de créditos não vencidos, em curso de cobrança executiva em que tenha sido efetivada a penhora, ou cuja exigibilidade esteja suspensa.*

- As certidões negativas objetivam comprovar a inexistência de débito fiscal pelo contribuinte perante as entidades impositoras. Por outro lado, nas certidões positivas com efeito de negativa, verifica-se que não há necessariamente quitação de tributos, mas sim, uma situação de regularidade fiscal em face da presença de alguma das hipóteses de suspensão de exigibilidade do crédito tributário previstas no artigo 151 do CTN ou pela ocorrência de efetivação da penhora. Ou seja, através dessa certidão, o contribuinte não comprova uma situação de quitação da exação, mas sim, a existência de um débito inexigível, uma que vez que a Fazenda Pública estará obstada de cobrá-lo ou ainda formalizá-lo.

ABREVIATURA	NOME	CARACTERÍSTICA
CND	**C**ertidão **N**egativa de **D**ébitos	Comprova a ***inexistência*** de débitos fiscais em nome do contribuinte, em relação à Fazenda Pública que emite a certidão
CPD	**C**ertidão **P**ositiva de **D**ébitos	Comprova a ***existência*** de débitos fiscais em nome do contribuinte, em relação à Fazenda Pública que emite a certidão
CPD-EN	**C**ertidão **P**ositiva de **D**ébitos, com **E**feitos de **N**egativa	Comprova a ***existência*** de débitos fiscais em nome do contribuinte, em relação à Fazenda Pública que emite a certidão, ***porém***, poderá ser utilizada pelo contribuinte para os mesmos fins que seria utilizada a CND

O CONTRIBUINTE FAZ JUS À CPD-EN CASO APRESENTE:		
Débitos fiscais vincendos (ou seja, que ainda estão no prazo para pagamento)	Débitos fiscais em curso de cobrança executiva em que tenha sido efetivada a penhora (hipótese de garantia à execução fiscal)	Débitos fiscais cuja exigibilidade esteja suspensa nos termos do artigo 151 do CTN. São causas de suspensão da exigibilidade: ***A***) Moratória; ***B***) Depósito do montante integral; ***C***) Defesas e recursos no âmbito do processo administrativo fiscal; ***D***) Concessão de liminar em mandado de segurança; ***E***) Concessão de liminar ou antecipação de tutela em outas espécies de ação judicial; ***f)*** Parcelamento.

- As autoridades tributárias poderão requisitar o auxílio de força policial, quando vítimas de embaraço ou de desacato no exercício de suas funções, ou ainda, quando tal auxílio for necessário à efetivação de medida prevista na legislação tributária (art. 200 do CTN).
- A presunção de liquidez e certeza de que goza o débito fiscal regularmente inscrito em dívida ativa é relativa (e não absoluta), isto é, admite prova em contrário do sujeito passivo ou de terceiro que aproveite tal prova.
- A tendência jurisprudencial de oficiar a Receita Federal para apresentação de declaração de renda do devedor para fins de identificar bens penhoráveis destaca como requisito o prévio esgotamento, pelo exequente, de todos os meios a ele disponíveis para o recebimento das informações relativas ao devedor e a seus bens, e que, ainda assim, seu esforço tenha sido inútil (STJ – REsp nº 707.026/SP – 1ª Turma).
- Nos termos do artigo 205 do CTN, a Certidão Negativa de Débitos (CND) deverá conter todas as informações necessárias à identificação de sua pessoa, domicílio fiscal e ramo de negócio ou atividade e indique o período a que se refere o pedido.
- A violação de sigilo fiscal por parte de servidor público poderá ensejar a apuração do cometimento de crime de violação de sigilo funcional (artigo 325 do Código Penal), como bem apregoado pelo artigo 198 do CTN.
- "É legítima a recusa do Fisco de fornecer certidão de regularidade fiscal (Certidão Negativa de Débitos – CND), em virtude da existência, por si só, de irregularidade em guias de recolhimento do FGTS e informações à Previdência Social (GFIPs), a despeito da ausência de lançamento de ofício da suposta diferença constatada" (STJ – REsp 1.143.094 – 1ª Seção – Rel. Min. Luiz Fux – julg. 9.12.2009).
- Em regra, a Fazenda Pública e seus servidores estão proibidos de divulgar qualquer informação obtida no desenvolvimento dos trabalhos próprios da fiscalização tributária, que se refira aos sujeitos passivos (contribuintes e responsáveis) ou a terceiros que

com estes se relacionam, seja em relação à situação econômica ou financeira, seja no tocante à natureza e ao estado de seus negócios ou atividades. Trata-se do chamado "sigilo fiscal" (CTN, art. 198, caput, do CTN).

- O CTN traz uma série de exceções ao sigilo fiscal, cujas respectivas ocorrências não são consideradas "quebras de sigilo". Dentre tais exceções encontram-se, por exemplo, aquelas previstas no § 3° do artigo 198, quais sejam, a autorização de divulgação de informações pelo Fisco relativas a: (i) representações fiscais para fins penais; (ii) inscrições na dívida ativa da Fazenda Pública e (iii) parcelamento ou moratória.
- Segundo o artigo 203 do CTN, eventual nulidade da certidão da dívida ativa poderá ser sanada até a decisão de primeira instância da execução fiscal (cobrança judicial). Assim, a inscrição na dívida ativa tributária, que é considerada o ato de controle administrativo da legalidade, não é a última oportunidade de se alterar a respectiva certidão.
- É dominante o entendimento de que pode o juiz, nos autos de uma execução fiscal, atender a pedido do exequente para oficiar à Secretaria da Receita Federal do Brasil solicitando cópia da declaração de bens e renda do executado, de modo a permitir a identificação de bens penhoráveis. O caso é bem retratado na seguinte ementa (STJ, AgRg no REsp 1135568/PE): "AGRAVO REGIMENTAL. PROCESSUAL CIVIL. PROCESSO DE EXECUÇÃO. SIGILO FISCAL. EXPEDIÇÃO DE OFÍCIO À RECEITA FEDERAL. MEDIDA EXCEPCIONAL. 1. O STJ firmou entendimento de que a quebra de sigilo fiscal ou bancário do executado para que o exequente obtenha informações sobre a existência de bens do devedor inadimplente é admitida somente após terem sido esgotadas as tentativas de obtenção dos dados na via extrajudicial. 2. Agravo regimental provido".
- O órgão fazendário, quando solicitado pelo contribuinte, deve emitir certidão (documento) que retrate a existência ou inexistência de débitos fiscais. Tal certidão é utilizada pelo contribuinte como documento probatório em várias situações exigidas por lei como, por exemplo, para participação em concorrência pública. A certidão é tida como negativa de débitos (CND) quando o contribuinte não tiver dívidas tributárias. Ao contrário, será positiva quando o contribuinte apresentar dívidas tributárias. Entretanto, há situações em que o contribuinte possui débitos fiscais, porém a certidão tem os mesmos efeitos da negativa, ou seja, o contribuinte poderá utilizá-la, seguindo o exemplo já citado, para habilitá-lo numa concorrência pública. Trata-se da CPD-EN – certidão positiva de débitos fiscais, com efeitos de negativa (CTN, art. 206). São três situações que ensejam a emissão da CPD-EN: (i) a existência de débitos fiscais ainda não vencidos (ainda no prazo para pagamento); (ii) a existência de débitos fiscais em curso de cobrança executiva em que tenha sido efetivada a penhora; e (iii) a existência de débitos fiscais cuja exigibilidade esteja suspensa, nos termos do artigo 151 do CTN, a saber: (a) moratória; (b) depósito do montante integral; (c) defesas e recursos no âmbito do processo administrativo fiscal; (d) liminar em mandado de segurança; (e) liminar ou tutela antecipada em outras espécies de ações judiciais; e (f) parcelamento.
- O artigo 6° da Lei complementar 105/2001 não exige autorização judicial para que os fazendários tenham acesso aos dados bancários. Segundo tal dispositivo normativo, "as autoridades e os agentes fiscais tributários da União, dos Estados, do Distrito Federal e dos Municípios somente poderão examinar documentos, livros e registros de instituições financeiras, inclusive os referentes a contas de depósitos e aplicações financeiras, quando houver processo administrativo instaurado ou procedimento fiscal em curso e tais exames sejam considerados indispensáveis pela autoridade administrativa competente". Importante destacar que, segundo tal norma, são dois os requisitos essenciais para que os agentes fiscais tenham acesso aos dados bancários: (i) a existência de processo administrativo instaurado ou procedimento fiscal em curso e (ii) que os exames dos dados bancários sejam considerados imprescindíveis pela autoridade administrativa competente.
- Embora tenha tido questionada a sua constitucionalidade, a norma em tela foi considerada constitucional pelo Supremo Tribunal Federal , no julgamento conjunto das ADIs 2.386, 2.397 e 2.859 e do Recurso Extraordinário 601.314.
- A Câmara Superior do Tribunal de Impostos e Taxas (TIT) de São Paulo, em recentíssima sessão, decidiu que são válidos os autos de infração lavrados durante a Operação Cartão Vermelho, deflagrada em 2007 pela Fazenda Paulista. Foram julgados, em bloco, 17 processos administrativos. O placar foi de dez votos a seis. Na operação, o Fisco cruzou informações sobre as vendas realizadas por empresas – obtidos por meio das administradoras de cartões de crédito e débito – com as declaradas pelas companhias. Nos casos em que os dados não estavam iguais, autuou os contribuintes por sonegação de Imposto sobre a Circulação e Mercadorias e Serviços (ICMS). Ao recorrer das autuações, os contribuintes buscaram a aplicação da Lei Complementar n° 105, de 2001, que trata do sigilo das operações de instituições financeiras. O artigo 6° da norma estabelece que a União, Estados e municípios só podem quebrar o sigilo fiscal quando houver um processo administrativo instaurado. Nos casos analisados, argumentaram as empresas, os processos de investigação foram deflagrados apenas após o cruzamento dos dados. A tese, entretanto, não foi acatada pela maioria dos julgadores. Prevaleceu o entendimento de que as informações solicitadas pela Fazenda paulista não são sigilosas. "Entendeu-se que as informações são de natureza financeira,

pois não é individualizado quem comprou ou o que foi comprado", afirma o presidente da Câmara Superior do TIT, José Paulo Neves. De acordo com o posicionamento majoritário, a questão seria regulada pela Lei nº 12.294, de 2006, que trata do ICMS no Estado de São Paulo. O artigo 75 da norma tornou obrigatório às administradoras de cartões de crédito ou débito o fornecimento de dados ao Fisco. "A maioria dos juízes entendeu que, ainda que se aplicasse a Lei Complementar 105, o artigo 6º é destinado às instituições financeiras e não aos contribuintes" diz Neves (MENGARDO, Bárbara. Valor Econômico, edição de 19/09/2012).

- O respeito aos direitos constitucionais e os termos legais devem sempre permear a atividade fiscalizatória. Segundo o §1º do artigo 145 da CF, "sempre que possível, os impostos terão caráter pessoal e serão graduados segundo a capacidade econômica do contribuinte, facultado à administração tributária, especialmente para conferir efetividade a esses objetivos, identificar, respeitados os direitos individuais e nos termos da lei, o patrimônio, os rendimentos e as atividades econômicas do contribuinte".
- "Fiscalização tributária. Apreensão de livros contábeis e documentos fiscais realizada, em escritório de contabilidade, por agentes fazendários e policiais federais, sem mandado judicial. Inadmissibilidade. Espaço privado, Não aberto ao público, Sujeito à proteção constitucional da Inviolabilidade domiciliar (CF, art. 5º, XI). Subsunção ao conceito normativo de 'casa'. Necessidade de ordem judicial. Administração pública e fiscalização tributária. Dever de observância, por parte de seus órgãos e agentes, dos limites jurídicos impostos pela constituição e pelas leis da República. Impossibilidade de utilização, pelo Ministério Público, de prova obtida com transgressão à garantia de inviolabilidade domiciliar. Prova ilícita. Inidoneidade jurídica (...). Administração tributária. Fiscalização. Poderes. Necessário respeito aos direitos e garantias individuais dos contribuintes e terceiros. Aos direitos e garantias individuais dos contribuintes e de terceiros. Não são absolutos os poderes de que se acham investidos os órgãos e agentes da administração tributária, pois o Estado, em tema de tributação, inclusive em matéria de fiscalização tributária, está sujeito à observância de um complexo de direitos e prerrogativas que assistem, constitucionalmente, aos contribuintes e aos cidadãos em geral. Na realidade, os poderes do Estado encontram, nos direitos e garantias individuais, limites intransponíveis, cujo desrespeito pode caracterizar ilícito constitucional. A administração tributária, por isso mesmo, embora podendo muito, não pode tudo. É que, ao Estado, é somente lícito atuar, 'respeitados os direitos individuais e nos termos da lei' (CF, art. 145, § 1º), consideradas, sobretudo, e para esse específico efeito, as limitações jurídicas decorrentes do próprio sistema instituído pela Lei Fundamental, cuja eficácia – que prepondera sobre todos os órgãos e agentes fazendários – restringe-lhes o alcance do poder de que se acham investidos, especialmente quando exercido em face do contribuinte e dos cidadãos da República, que são titulares de garantias impregnadas de estatura constitucional e que, por tal razão, não podem ser transgredidas por aqueles que exercem a autoridade em nome do Estado. A garantia da inviolabilidade domiciliar como limitação constitucional ao poder do Estado em tema de fiscalização tributária. Conceito de 'casa' para efeito de proteção constitucional. Amplitude dessa noção conceitual, que também compreendem os espaços privados não abertos ao público, onde alguém exerce atividade profissional: necessidade, em tal hipótese, de mandado judicial (CF, art. 5º, XI)" (HC 93.050, Rel. Min. Celso de Mello, julgamento em 10-6-2008, Segunda Turma, DJE de 1º-8-2008).

10. PROCESSO TRIBUTÁRIO (ADMINISTRATIVO E JUDICIAL) E DIREITO PENAL TRIBUTÁRIO

- Apenas o proprietário do imóvel tem legitimidade ativa para propor ação de repetição de indébito de IPTU. A relação tributária estabelecida entre a Fazenda e o proprietário do imóvel (art. 34 do CTN) prevalece sobre qualquer estipulação contratual que determine que terceiro arcará com o pagamento de IPTU, pois a referida avença não é oponível à Fazenda. (STJ – AgRg no AgRg no AREsp 143.631, 1ª Turma, Rel. Min. Benedito Gonçalves, j. 4.10.12.). Lembre-se que, nos termos do artigo 123 do CTN, salvo disposições de lei em contrário, as convenções particulares, relativas à responsabilidade pelo pagamento de tributos, não podem ser opostas à Fazenda Pública, para modificar a definição legal do sujeito passivo das obrigações tributárias correspondentes.
- A repetição do indébito tributário (arts. 165 a 169 CTN) diz respeito ao direito de o contribuinte reaver o pagamento (seja total ou parcial, seja na via administrativa ou judicial) efetuado a maior ou indevidamente à Fazenda Pública, evitando-se, portanto, o enriquecimento sem causa. O art. 168 do CTN dispõe que o direito de pleitear a restituição extingue-se com o decurso do prazo de 5 (cinco) anos, contados: I – nas hipóteses dos incisos I e II do art. 165, da data da extinção do CT; II – na hipóteses do inciso III, da data em que se tornar definitiva a decisão administrativa ou passar em julgado a decisão judicial que tenha reformado, anulado, revogado ou rescindido a decisão condenatória. Em virtude da possibilidade de se pedir a restituição relativa aos últimos 10 anos (tese dos 5 mais 5), adveio a LC 118/2005, que traçou novo entendimento sobre o prazo prescricional, embora muito conflitante para a jurisprudência. Pelo seu art. 3º, a prescrição para pleitear a repetição, nos tributos sujeitos ao lançamento por homologação, de acordo com o STJ

(Precedentes: EREsp 435.835-SC, DJ 4/6/2007; EREsp 644.736-PE, DJ 29/8/2005; AgRg no Ag 1.105.057-SP) deve ser contada da seguinte forma: "relativamente aos pagamentos efetuados a partir da sua vigência (que ocorreu em 9/6/2005), o prazo para a ação de repetição de indébito é de cinco anos a contar da data do pagamento; relativamente aos pagamentos anteriores, a prescrição obedece ao regime previsto no sistema anterior, limitada, porém, ao prazo máximo de cinco anos a contar da vigência da lei nova".

- O prazo para propositura da ação para repetição do indébito será de cinco anos, a contar do pagamento antecipado, nos tributos sujeitos a auto lançamento. Segundo a redação do art. 168, I do CTN, o direito de pleitear a restituição extingue-se com o decurso do prazo de 5 (cinco) anos, contados da data da extinção do crédito tributário na hipótese de lançamento por homologação. Ora, com o pagamento, extingue-se o crédito. Logo, o prazo é cinco anos a contar do pagamento antecipado. Atenção: o prazo será de dois anos para a ação anulatória da decisão administrativa que denegar a restituição.
- A Fazenda Pública não é isenta do pagamento de emolumentos cartorários, havendo, apenas, o diferimento deste para o final do processo, quando deverá ser suportado pelo vencido. (STJ – AgRg no REsp 1.276.844-RS, 1ª Turma, Rel. Min. Napoleão Nunes Maia Filho, julgado em 5/2/2013.. (Info 516). Esses emolumentos possuem natureza de taxa e, assim, não se incluem na imunidade recíproca do artigo 150, inciso VI, alínea "a", que se refere a impostos sobre patrimônio, rendas e serviços.
- Sobre a reavaliação de bens penhorados em execução fiscal, ainda que a avaliação original tenha sido efetivada por oficial de justiça, caso o exame seja objeto de impugnação pelas partes antes de publicado o edital de leilão, é necessária a nomeação de avaliador oficial para que proceda à reavaliação. Entendimento que decorre da redação do art. 13, § 1°, da Lei n. 6.830/1980, estando consagrado na jurisprudência do Superior Tribunal de Justiça (STJ – REsp 1.352.055-SC, 2ª Turma, Rel. Min. Mauro Campbell Marques, julgado em 6/12/2012).
- Em demanda na qual se pleiteie a restituição de contribuição previdenciária indevidamente arrecadada, o sujeito que apenas arrecada o tributo em nome do sujeito ativo da relação jurídico-tributária não tem legitimidade passiva, ou seja, a ação não pode ser ajuizada em face dele. Pertence ao sujeito ativo da relação jurídico-tributária, e não ao sujeito que apenas arrecada a contribuição previdenciária em nome do sujeito ativo, a legitimidade para figurar no polo passivo de demanda em que se pleiteie a restituição do tributo indevidamente arrecadado. AREsp 199.089-PE, Rel. Min. Arnaldo Esteves Lima, julgado em 5/2/2013. 1ª Turma. (Info 513)
- É cabível a repetição do indébito tributário no caso de pagamento de contribuição para custeio de saúde considerada inconstitucional em controle concentrado, independentemente de os contribuintes terem usufruído do serviço de saúde prestado pelo Estado. A declaração de inconstitucionalidade de lei que instituiu contribuição previdenciária é suficiente para justificar a repetição dos valores indevidamente recolhidos. Além do mais, o fato de os contribuintes terem usufruído do serviço de saúde prestado pelo Estado não retira a natureza indevida da exação cobrada. O único pressuposto para a repetição do indébito é a cobrança indevida de tributo, conforme dispõe o art. 165 do CTN. (STJ – AgRg no AREsp 242.466-MG, 2ª Turma, Rel. Min. Castro Meira, julgado em 27/11/2012). Essa decisão reflete entendimento que se aplica a todo e qualquer contribuição instituída indevidamente sobre serviço público.
- Na execução fiscal, embora seja admissível a substituição da penhora por depósito em dinheiro ou fiança bancária (art. 15, I, da Lei n. 6.830/1980), quando for garantida por penhora sobre o dinheiro, torna-se inviável a substituição do bem por fiança bancária, tendo em vista que aquela confere maior liquidez ao processo executivo. Com efeito, o poder de substituição concedido ao devedor só pode ser exercido para melhorar a liquidez da garantia, não sendo possível que uma garantia privilegiada por expressa disposição legal, e líquida por excelência, seja substituída por outra menos benéfica ao credor. Assim, uma vez realizada a penhora em dinheiro, torna-se incabível sua substituição por outro bem, ainda que por fiança bancária, porquanto a execução fiscal tem seu regime jurídico próprio com prerrogativa fazendária (STJ – REsp 1.049.760-RJ, 1ª Turma, Rel. Min. Luiz Fux, julgado em 1°/6/2010). Assim, pela jurisprudência do STJ, na execução fiscal, a ordem de preferência na penhora, que segue o critério da liquidez, deve prevalecer sobre pretensão do devedor de substituir o bem para lhe tornar a execução menos gravosa.
- A substituição da penhora pelo executado depende de anuência da Fazenda. A concordância só é dispensável na hipótese de oferecimento de dinheiro ou fiança bancária em substituição ao bem penhorado, nos termos do art. 15, I, da LEF (STJ – AgRg no AREsp 12.394-RS, 1ª Turma, Rel. Min. Arnaldo Esteves Lima, julgado em 4/10/2012).
- A constituição definitiva do crédito tributário inaugura o decurso do prazo prescricional de cinco anos para o Fisco cobrá-lo judicialmente. Nos casos em que o Fisco constitui o crédito tributário mediante lançamento, inexistindo quaisquer causas de suspensão da exigibilidade ou de interrupção da prescrição, o prazo prescricional conta-se da data em que o contribuinte for regularmente notificado do lançamento tributário (arts. 145 e 174 do CTN) (STJ – REsp 1.107.339-SP, 1ª Turma, Rel. Min. Luiz Fux, julgado em 1°/6/2010).

- Ainda nos casos em que Fisco constitui o crédito tributário mediante lançamento, sobrevindo causa de suspensão de exigibilidade antes do vencimento do prazo para pagamento do crédito tributário formalizado pelo contribuinte (em se tratando de tributos sujeitos a lançamento por homologação) ou lançado pelo Fisco, não tendo sido reiniciado o prazo *ex vi* do parágrafo único do art. 174 do CTN, o dies a quo da regra da prescrição desloca-se para a data do desaparecimento jurídico do obstáculo à exigibilidade (STJ – REsp 1.107.339-SP, 1ª Turma, Rel. Min. Luiz Fux, julgado em 1°/6/2010).
- Uma vez acolhida a exceção de pré-executividade para extinguir execução fiscal, é cabível a condenação da Fazenda Pública em honorários advocatícios. Esse entendimento é adotado pelo Superior Tribunal de Justiça, merecendo destaque o fato de que foi consolidado em julgamento de recurso especial submetido ao regime de recursos repetitivos (STJ – REsp 1.185.036-PE, 1ª Seção, Rel. Min. Herman Benjamin, julgado em 8/9/2010).
- Em outro julgamento de recurso especial submetido ao regime de recursos repetitivos, também ficou assentado que a reunião de demandas executivas fiscais contra o mesmo devedor constitui uma faculdade do magistrado, não um dever, conforme dispõe o art. 28 da Lei n. 6.830/1980 (Lei de Execução Fiscal – LEF). Para que essa cumulação superveniente possa ocorrer, devem estar preenchidos tanto os requisitos do mencionado dispositivo da Lei de Execuções Fiscais quanto aqueles dispostos no artigo 573 do CPC, a saber: identidade das partes, requerimento da medida por, pelo menos, uma delas, competência do juízo e feitos em fases processuais análogas (STJ – REsp 1.158.766-RJ, 1ª Seção, Rel. Min. Luiz Fux, julgado em 8/9/2010).
- Diferente da cumulação superveniente tratada na dica anterior, na chamada cumulação inicial de pedidos (feita pelo exequente na petição inicial), é direito subjetivo do exequente de reunir, em uma única ação executiva fiscal, diversas certidões de dívida ativa. (STJ – REsp 1.158.766-RJ, 1ª Seção, Rel. Min. Luiz Fux, julgado em 8/9/2010).
- Pela teoria da encampação é admissível que o superior hierárquico da autoridade coatora, quando apontada pelo impetrante no polo passivo do mandado de segurança, assuma a posição de impetrado e preste suas informações sobre o mérito da impetração. Mas, para que essa teoria seja aplicável ao mandado de segurança, é necessário o preenchimento dos seguintes requisitos: existência de vínculo hierárquico entre a autoridade que prestou informações e a que ordenou a prática do ato impugnado, ausência de modificação de competência estabelecida na CF/1988 e manifestação a respeito do mérito nas informações prestadas. Na ausência de quaisquer desses requisitos, segundo jurisprudência do STJ, o *mandamus* deve ser denegado por carência de ação e o feito extinto sem julgamento de mérito (STJ – MS 12.779-DF, RMS 21.775-RJ, Rel. Min. Luiz Fux, 1ª Turma, julgado em 16/11/2010).
- Por força do disposto no artigo 32, § 2°, da Lei de Execuções Fiscais, o levantamento de depósito judicial ou a sua conversão em renda da Fazenda Pública sujeita-se ao trânsito em julgado da decisão que reconheceu ou afastou a legitimidade da exação. Segundo entendimento do Superior Tribunal de Justiça, o dispositivo legal citado constitui norma especial que deve prevalecer sobre disposições gerais do Código de Processo Civil (STJ – EREsp 734.831-MG, 1ª Seção, Rel. Min. Mauro Campbell Marques, julgados em 10/11/2010).
- Em julgamento de recurso especial submetido ao regime de recursos repetitivos, consolidou-se entendimento já consagrado em vários precedentes, de que o reforço da penhora não pode ser determinado de ofício pelo juízo, visto ser imprescindível o requerimento do interessado, nos termos dos arts. 15, II, da Lei n. 6.830/1980 (Lei de Execuções Fiscais) e 685 do CPC (STJ – REsp 1.127.815-SP, 1ª Seção, Rel. Min. Luiz Fux, julgado em 24/11/2010).
- Por ser o espólio responsável tributário na forma do art. 131, III, do CTN, a demanda originalmente ajuizada contra o devedor com citação válida pode ser redirecionada àquele quando a morte ocorre no curso do processo de execução. O mesmo não se dá, porém, quando na data em que foi proposta a ação executiva, o devedor já havia falecido. Nessa última hipótese, o processo deve ser extinto sem resolução de mérito por carência de ação, nos termos do artigo 267, inciso VI, do CPC - atual art. 485, VI, do CPC/2015. (STJ – REsp 1.222.561-RS, 2ª Turma, Rel. Min. Mauro Campbell Marques, julgado em 26/4/2011).
- É possível a penhora online do saldo total de conta-corrente conjunta para garantir a execução fiscal, ainda que apenas um dos correntistas seja o responsável pelo pagamento do tributo. De acordo com decisão do STJ, os titulares da conta são credores solidários dos valores nela depositados, solidariedade estabelecida pela própria vontade deles no momento em que optam por essa modalidade de depósito. (STJ – REsp 1.229.329-SP, 2ª Turma, Rel. Min. Humberto Martins, julgado em 17/3/2011).
- O termo *a quo* (termo inicial) para opor embargos à execução fiscal é a data da efetiva intimação da penhora. Para que o prazo realmente flua, deve-se observar o § 1° do artigo 16 da Lei n. 6.830/1980 (Lei de Execuções Fiscais), segundo o qual não são admissíveis embargos do executado antes de garantida a execução. Assim, havendo pendência judicial acerca da efetivação da penhora por discordância sobre o bem objeto da constrição, fica obstado o início da contagem a a abertura do termo a quo do prazo para embargos, que só começará a contar quando superada essa questão incidente e, de fato, efetivada a penhora (STJ – REsp 1.126.307-MT, 1ª Turma, Rel. Min. Luiz Fux, julgado em 1°/3/2011).

- Constitui entendimento majoritário do Superior Tribunal de Justiça que o artigo 4°, § 2°, da Lei n. 8.397/1992 autoriza o requerimento da medida cautelar fiscal para tornar indisponível o patrimônio de terceiro, desde que ele tenha adquirido bens do sujeito passivo (contribuinte ou responsável) em condições que sejam capazes de frustrar a satisfação do crédito pretendido, condições essas que podem ser visualizadas nas seguintes hipóteses: fraude à execução tributária nos termos do artigo 185 do CTN com a nova redação dada pela Lei complementar 118/2005 e fraude contra credores, desde que, nesse último caso, conforme posição também adotada pelo STJ, a cautelar esteja atrelada a uma ação pauliana ou revocatória - ajuizada no prazo do artigo 11 da Lei n. 8.397/1992 - que declare o vício do negócio jurídico (STJ - REsp 962.023-DF, 2ª Turma, Rel. Min. Mauro Campbell Marques, julgado em 17/5/2011).
- É jurisprudência no Superior Tribunal de Justiça que não é cabível a suspensão das execuções de natureza fiscal em razão do deferimento da recuperação judicial, mas nelas é vedado ao juiz praticar atos que comprometam o patrimônio do devedor ou excluam parte dele do processo de recuperação (STJ - EDcl no AgRg no CC 110.764-DF, 2ª Seção, Rel. Min. Luis Felipe Salomão, julgados em 11/5/2011).
- Não viola o artigo 187 do CTN a concessão de parcelamento a uma empresa em recuperação judicial, porquanto o crédito não perde seus privilégios, apenas passa a ser recolhido de modo diferido a fim de que a sociedade empresária possa adimplir a obrigação tributária de forma íntegra, com a exigibilidade do crédito suspensa. À luz da doutrina e da legislação atuais, às sociedades empresárias, mesmo em recuperação judicial, deve ser assegurado o direito de acesso aos planos de parcelamento fiscal, mantendo, com isso, seu ciclo produtivo, os empregos gerados e a satisfação de interesses econômicos e de consumo da comunidade (STJ - EDcl no AgRg no CC 110.764-DF, 2ª Seção, Rel. Min. Luis Felipe Salomão, julgados em 11/5/2011).
- De acordo com reiteradas decisões, o artigo 174 do CTN deve ser interpretado em conjunto com o disposto no art. 219, § 1°, do CPC (atual art. 240, § 1° do CPC/2015), de modo que a interrupção da prescrição pelo despacho que ordena a citação do executado retroage à data do ajuizamento da execução. Em termos mais exatos, a propositura da ação constitui o dies ad quem do prazo prescricional e, simultaneamente, o termo inicial para sua recontagem sujeita às causas interruptivas previstas no art. 174, parágrafo único, do CTN (prescrição intercorrente) (STJ - AgRg no REsp 1.293.997-SE, 2ª Turma, Rel. Min. Humberto Martins, julgado em 20/3/2012).
- A incompetência para julgamento de medida cautelar fiscal é relativa e, portanto, deve ser arguida por meio de exceção, no prazo da resposta, sob pena de preclusão e, consequentemente, prorrogação da competência para o juízo de propositura da ação (STJ - REsp 1.272.414-SC, 2ª Turma, Rel. Min. Mauro Campbell Marques, julgado em 24/4/2012).
- O parcelamento requerido após a penhora em execução fiscal ajuizada não afeta o interesse de agir do fisco, isto é, não pode o crédito tributário ficar sem garantia alguma, nos casos em que a constrição for realizada antes mesmo do pedido de parcelamento e quando já houver execução fiscal em curso (STJ - REsp 1.272.414-SC, 2ª Turma, Rel. Min. Mauro Campbell Marques, julgado em 24/4/2012).
- A citação por edital é cabível após uma única tentativa de citação por oficial de justiça quando o executado não é localizado no seu domicílio fiscal, sendo o fato certificado pelo referido auxiliar da justiça. Não é necessário o exaurimento de todos os meios para localização do paradeiro do executado para se admitir a citação por edital, sobretudo porque tal exigência não decorre do art. 8°, inciso III, da Lei 6.830/1980 (STJ - AgRg no AREsp 206.770-RS, 1ª Turma, Rel. Min. Benedito Gonçalves, julgado em 13/11/2012).
- De acordo com o artigo 6°, § 1°, da Lei de Execução Fiscal, basta que a execução fiscal seja instruída com a Certidão de Dívida Ativa - CDA. É inexigível a instrução com o Termo de Inscrição em Dívida Ativa do crédito executado (STJ - AgRg no AREsp 198.239-MG, 1ª Turma, Rel. Min. Napoleão Nunes Maia Filho, julgado em 13/11/2012).
- Segundo vários precedentes jurisprudenciais do STJ, o ajuizamento de mandado de segurança interrompe e suspende o fluxo do prazo prescricional de ação de cobrança de parcelas pretéritas à impetração, somente se reiniciando após o trânsito em julgado do *mandamus* (STJ - AgRg no REsp 1.161.472-SC, AgRg no REsp 1.294.191-GO, 2ª Turma, Relª. Minª. Diva Malerbi, julgado em 13/11/2012).
- O reconhecimento da inexigibilidade parcial de crédito representado na certidão da dívida ativa (CDA) não exige a emenda ou a substituição do título para o prosseguimento da execução fiscal quando a quantia indevida puder ser prontamente abatida por meros cálculos aritméticos. O excesso de execução não implica a decretação da nulidade do título executivo extrajudicial, mas tão-somente a redução do montante ao valor tido como devido, quando o valor remanescente puder ser apurado por simples cálculos aritméticos (STJ - AgRg no REsp 941.809-PE, 1ª Turma, Rel. Min. Napoleão Nunes Maia Filho, julgado em 4/10/2012).
- Não é possível a decretação de indisponibilidade de bens prevista no art. 185-A do CTN aos feitos executivos decorrentes de dívida não tributária. O fato de a Lei de Execução Fiscal afirmar que os débitos de natureza não tributária compõem a dívida ativa da Fazenda Pública não faz que tais débitos passem a ter natureza tributária apenas em razão de sua inscrição na dívida ativa. O art. 185-A do CTN aplica-se apenas às execuções fiscais de dívidas tributárias,

já que o caput faz referência ao devedor tributário. (STJ – REsp 1.347.317-PR, 2ª Turma, Rel. Min. Humberto Martins, julgado em 6/11/2012).

- A ação de consignação em pagamento não é uma via adequada para forçar a concessão de parcelamento e discutir a exigibilidade e a extensão do crédito tributário. Diversamente, sua finalidade é a desoneração do devedor mediante o depósito do valor correspondente ao crédito. (STJ – AgRg no REsp 1.270.034-RS, 2ª Turma, Min. Mauro Campbell Marques, julgado em 23/10/2012).

- É vedado o ajuizamento de execução fiscal antes do julgamento definitivo do recurso administrativo, pois o recurso administrativo suspende a exigibilidade do crédito tributário, conforme previsto no artigo 151, inciso III, do CTN (STJ – AgRg no AREsp 170.309-RJ, 1ª Turma, Rel. Min. Benedito Gonçalves, julgado em 4/10/2012).

- Para fins de mandado de segurança, autoridade coatora é aquela que pratica, ordena ou omite a prática do ato impugnado e tem o dever funcional de responder pelo seu fiel cumprimento, além de dispor da competência para corrigir eventual ilegalidade (STJ – AgRg no AREsp 242.466-MG, 2ª Turma, Rel. Min. Castro Meira, julgado em 27/11/2012).

- Com a morte do devedor, cabe ao exequente realizar diligências para a correção do polo passivo, verificando a existência de inventário, partilha ou bens sobre os quais possa recair a execução. Nesses casos, o maior interessado é o ente público em razão do crédito que tem a receber. Todavia, existindo mais de um devedor, todos coobrigados, o falecimento de um deles no curso da demanda não impede o prosseguimento da execução contra os demais. Segundo reiterada jurisprudência do STJ, verificado o litisconsórcio passivo, deve-se mitigar a necessidade de suspensão automática do processo por falecimento de uma das partes, em face dos princípios da segurança jurídica e da celeridade processual, sobretudo diante da ausência de comprovado prejuízo (STJ – REsp 1.328.760-MG, 1ª Turma, Rel. Min. Napoleão Nunes Maia Filho, julgado em 26/2/2013).

- Conforme decidido reiteradamente e consolidado em julgamento de recurso sob o regime de recursos repetitivos, o Superior Tribunal de Justiça sedimentou entendimento de que, verificada a pluralidade de penhora sobre o mesmo bem em executivos fiscais ajuizados por diferentes entidades garantidas com o privilégio do concurso de preferência, consagra-se a prelação do pagamento dos créditos tributários da União e suas autarquias em detrimento dos créditos fiscais dos estados e destes em relação aos municípios, conforme a dicção do art. 187, parágrafo único, do CTN c/c o art. 29 da Lei 6.830/1980 (STJ – REsp 957.836-SP, 1ª Seção, Rel. Min. Luiz Fux, julgado em 13/10/2010).

- No Brasil "sonegar é crime". Desde a Lei nº 4.729/65, a sonegação é tipificada como crime no ordenamento jurídico pátrio. Atualmente, a Lei nº 8.137/90, que definiu os crimes contra a ordem tributária, não mais menciona o termo sonegação, mas contempla todas as condutas outrora contempladas na lei anterior.

- Os dois primeiros artigos da Lei 8.137/90 que tratam de tais crimes:

> *Art. 1º. Constitui crime contra a ordem tributária suprimir ou reduzir tributo, ou contribuição social e qualquer acessório, mediante as seguintes condutas:*
>
> *I – omitir informação, ou prestar declaração falsa às autoridades fazendárias;*
>
> *II – fraudar a fiscalização tributária, inserindo elementos inexatos, ou omitindo operação de qualquer natureza, em documento ou livro exigido pela lei fiscal;*
>
> *III – falsificar ou alterar nota fiscal, fatura, duplicata, nota de venda, ou qualquer outro documento relativo à operação tributável;*
>
> *IV – elaborar, distribuir, fornecer, emitir ou utilizar documento que saiba ou deva saber falso ou inexato;*
>
> *V – negar ou deixar de fornecer, quando obrigatório, nota fiscal ou documento equivalente, relativa a venda de mercadoria ou prestação de serviço, efetivamente realizada, ou fornecê-la em desacordo com a legislação.*
>
> *Pena – reclusão de 2 (dois) a 5 (cinco) anos, e multa.*
>
> *Parágrafo único. A falta de atendimento da exigência da autoridade, no prazo de 10 (dez) dias, que poderá ser convertido em horas em razão da maior ou menor complexidade da matéria ou da dificuldade quanto ao atendimento da exigência, caracteriza a infração prevista no inciso V.*
>
> *Art. 2º. Constitui crime da mesma natureza:*
>
> *I – fazer declaração falsa ou omitir declaração sobre rendas, bens ou fatos, ou empregar outra fraude, para eximir-se, total ou parcialmente, de pagamento de tributo;*
>
> *II – deixar de recolher, no prazo legal, valor de tributo ou de contribuição social, descontado ou cobrado, na qualidade de sujeito passivo de obrigação e que deveria recolher aos cofres públicos;*
>
> *III – exigir, pagar ou receber, para si ou para o contribuinte beneficiário, qualquer percentagem sobre a parcela dedutível ou deduzida de imposto ou de contribuição como incentivo fiscal;*
>
> *IV – deixar de aplicar, ou aplicar em desacordo com o estatuído, incentivo fiscal ou parcelas de imposto liberadas por órgão ou entidade de desenvolvimento;*
>
> *V – utilizar ou divulgar programa de processamento de dados que permita ao sujeito passivo da obrigação tributária possuir informação contábil diversa daquela que é, por lei, fornecida à Fazenda Pública.*
>
> *Pena – detenção, de 6 (seis) meses a 2 (dois) anos, e multa.*

- Importante diferençar os delitos tributários dos artigos 1º e 2º da Lei 8.137/90 que definem os crimes contra a ordem tributária, econômica e contra as relações de consumo. O delito previsto no artigo 2º é espécie de crime formal, pois independe da consumação do resultado naturalístico correspondente à auferição de vantagem ilícita em desfavor do Fisco. Segundo entendimento do STF, nos crimes formais é desnecessário a conclusão do procedimento administrativo para a persecução penal, ou seja, é dispensável encerrar a fase administrativa para configurar a justa causa legitimadora da persecução (STF, Tribunal Pleno, RHC 90532 ED – CE, Rel Min. Joaquim Barbosa, julgamento em 23.09.2009, DJe 208, publicado em 06.11.2009). Por outro lado, o disposto no artigo 1º, incisos I a IV, da Lei 8.137/90 estabelece como requisito fundamental para a adequação típica a ocorrência efetiva da redução de tributo pelas condutas descritas no tipo, ou seja, por se tratar de crime material se faz imprescindível o encerramento do procedimento administrativo para posterior persecução penal. Nesse sentido: "É pacífica a jurisprudência do Supremo Tribunal Federal quanto à necessidade do exaurimento da via administrativa para a validade da ação penal, instaurada para apurar infração aos incisos I a IV do art. 1º da Lei 8.137/1990. (Precedentes: HC 81.611, da relatoria do ministro Sepúlveda Pertence) (Plenário)". Corroborando o exposto, o enunciado da Súmula Vinculante nº 24 prescreve: "Não se tipifica crime material contra a ordem tributária, previsto no art. 1º, incisos I a IV, da Lei nº 8.137/90, antes do lançamento definitivo do tributo".

- A discussão sobre a necessidade de se aguardar o final do processo administrativo antes de se intentar a ação penal, nos casos em que a acusação versa sobre ilícitos tributários que já, há muito, habita o mundo jurídico, passou a ser mais frequente com a edição da Lei 9.430/90. Seu art. 83 dispõe que: "A representação fiscal para fins penais relativa aos crimes contra a ordem tributária definidos nos arts. 1º e 2º da Lei 8.137, de 27 de dezembro de 1990, será encaminhada ao Ministério Público, após proferida decisão final, na esfera administrativa, sobre a exigência fiscal do crédito tributário correspondente". Sobre o tema, o Supremo teve ocasião de se manifestar em algumas ocasiões. Inicialmente, ao julgar a ADin 1.571, de relatoria do Min. Néri da Silveira, em 20.03.97, o Plenário do Supremo Tribunal Federal proclamou que o dispositivo supratranscrito não estipulou uma condição de procedibilidade da ação penal por delito tributário, bem como que o Ministério Público não se encontra impedido de agir antes da decisão final no procedimento administrativo. Todavia, mais recentemente, ao julgar o HC 81.321-6 – SP, HC 81.611 – DF, RHC 82.390 – SP e HC 83.414-1 – RS o STF entendeu que a propositura da ação penal não pode se dar antes de esgotada a via administrativa, seja pela ausência de condição objetiva de punibilidade (HC 81.611) ou pela tese da atipicidade do fato (HC 83.414).

- Segundo o STJ "A constituição definitiva do crédito tributário é elemento imprescindível para o desencadeamento da persecução penal fiscal. *In casu*, tendo sido instaurado procedimento investigatório ministerial, anteriormente ao término da apuração administrativo-tributária, mas sobrevindo a constituição definitiva do crédito antes do nascimento do respectivo inquérito policial, não há falar em nulidade". (HC 106064/MA, Rel. Ministra MARIA THEREZA DE ASSIS MOURA, SEXTA TURMA, julgado em 11/10/2011, DJe 03/11/2011).

- A primeira legislação a prever expressamente a extinção da punibilidade para o caso de parcelamento veio a lume no ano de 2000 (Lei 9.964/2000 – REFIS). Esta, no seu artigo 15 dispunha que: "Art. 15. É suspensa a pretensão punitiva do Estado, referente aos crimes previstos nos arts. 1º e 2º da Lei nº 8.137, de 27 de dezembro de 1990, e no art. 95 da Lei nº 8.212, de 24 de julho de 1991, durante o período em que a pessoa jurídica relacionada com o agente dos aludidos crimes estiver incluída no REFIS, desde que a inclusão no referido Programa tenha ocorrido antes do recebimento da denúncia criminal. (...) § 3º. Extingue-se a punibilidade dos crimes referidos neste artigo quando a pessoa jurídica relacionada com o agente efetuar o pagamento integral dos débitos oriundos de tributos e contribuições sociais, inclusive acessórios, que tiverem sido objeto de concessão de parcelamento antes do recebimento da denúncia criminal." Três anos depois, outra norma é elaborada (Lei 10.684/2003 – PAES), ocasião em que o tema foi, novamente, tratado, porém com uma sutil alteração, conforme dispõe o seu art. 9º: "Art. 9º: É suspensa a pretensão punitiva do Estado, referente aos crimes previstos nos arts. 1º e 2º da Lei 8.137, de 27 de dezembro de 1990, e nos arts. 168A e 337A do Decreto-Lei nº 2.848, de 7 de dezembro de 1940 – Código Penal, durante o período em que a pessoa jurídica relacionada com o agente dos aludidos crimes estiver incluída no regime de parcelamento (...) § 2º Extingue-se a punibilidade dos crimes referidos neste artigo quando a pessoa jurídica relacionada com o agente efetuar o pagamento integral dos débitos oriundos de tributos e contribuições sociais, inclusive acessórios". Assim, como se pode perceber, diferentemente do que ocorria em relação à Lei anterior, na nova, a suspensão da pretensão punitiva alcança processos criminais já iniciados, ou seja, mesmo após a denúncia, suprimindo, assim, o requisito temporal.

- Enquanto parcela da doutrina manifesta-se no sentido de que a incidência da referida norma seria restrita ao programa de parcelamento, o Supremo Tribunal Federal vem decidindo pela sua aplicação até mesmo retroativa, para reconhecer que o pagamento do tributo, a qualquer tempo, ainda que após o recebimento da denúncia, extingue a punibilidade (HC 81929 – RJ).

- A Lei 9.983/2000 introduziu no Código Penal (CP) o art. 168-A, que trata da tipificação do crime de apropriação indébita previdenciária. Eis o seu teor:

> *Art. 168-A. Deixar de repassar à previdência social as contribuições recolhidas dos contribuintes, no prazo e forma legal ou convencional:*
>
> *Pena – reclusão, de 2 (dois) a 5 (cinco) anos, e multa.*
>
> *§ 1º Nas mesmas penas incorre quem deixar de:*
>
> *I – recolher, no prazo legal, contribuição ou outra importância destinada à previdência social que tenha sido descontada de pagamento efetuado a segurados, a terceiros ou arrecadada do público;*
>
> *II – recolher contribuições devidas à previdência social que tenham integrado despesas contábeis ou custos relativos à venda de produtos ou à prestação de serviços;*
>
> *III – pagar benefício devido a segurado, quando as respectivas cotas ou valores já tiverem sido reembolsados à empresa pela previdência social.*
>
> *§ 2º É extinta a punibilidade se o agente, espontaneamente, declara, confessa e efetua o pagamento das contribuições, importâncias ou valores e presta as informações devidas à previdência social, na forma definida em lei ou regulamento, antes do início da ação fiscal.*
>
> *§ 3º É facultado ao juiz deixar de aplicar a pena ou aplicar somente a de multa se o agente for primário e de bons antecedentes, desde que:*
>
> *I – tenha promovido, após o início da ação fiscal e antes de oferecida a denúncia, o pagamento da contribuição social previdenciária, inclusive acessórios; ou*
>
> *II – o valor das contribuições devidas, inclusive acessórios, seja igual ou inferior àquele estabelecido pela previdência social, administrativamente, como sendo o mínimo para o ajuizamento de suas execuções fiscais.*

- O artigo 168-A do CP apresenta como bem jurídico relevante tutelado a Seguridade Social, em seu aspecto de arrecadação tributária e, em específico, a previdenciária. Há forte divergência doutrinária em relação à classificação do delito em comento, especialmente no que se refere à natureza da conduta (puramente omissivo ou omissivo impróprio), ao resultado (formal ou material) e ao elemento subjetivo do injusto. Defende-se que se trata de delito comissivo por omissão, material (a consumação do delito ocorre no dia seguinte ao término do prazo fixado legalmente para o recolhimento, quando restar comprovada a efetiva arrecadação anterior das quantias devidas), sendo possível, em tese, a tentativa. Somente as condutas dolosas são puníveis, por ausência de previsão expressa de punição a título de culpa, nos termos do que determina o parágrafo único do artigo 18 do Código Penal. Em que pese a existência de posicionamentos doutrinários e jurisprudenciais contrários, tem-se que a configuração delitiva exige a presença de especial finalidade de sonegar e/ou fraudar os cofres previdenciários (dolo específico).
- Pelo princípio da consunção (absorção ou *lex consumens derrogat legi consumptae*) o conteúdo de um tipo penal consome integralmente o conteúdo do outro tipo penal, em outros termos, o tipo consumido constitui meio regular para o tipo consumidor.
- O concurso material se caracteriza pela multiplicidade de ações e crimes, ou seja, sempre há desígnios autônomos. O concurso formal de crimes é hipótese em que mediante uma ação o agente comete mais de um crime (art. 70, CP). Na espécie concurso formal heterogêneo, embora a conduta se desdobre em uma única ação, o agente deseja os dois resultados, tem desígnios autônomos (art. 70, in fine, CP).
- Em um caso apreciado pelo STJ foi dito que "mesmo que o tributo seja pago, ou que haja a extinção da punibilidade do contribuinte, remanesce a responsabilidade penal do funcionário público, já que os crimes previstos no artigo 3º da Lei 8.137/1990 não ofendem apenas a ordem tributária, mas também a moralidade administrativa, constituindo verdadeiros delitos contra a Administração Pública previstos em legislação especial". (STJ, T5, HC 137462 / RJ, Rel. Min. Jorge Mussi j. 17.11.2011, DJe 19/12/2011).
- "IV – Em princípio, o crime de sonegação fiscal e os de falsidade ideológica e uso de documento falso apresentam existências autônomas, ainda que, ocasionalmente, se possa reconhecer a ocorrência somente do crime contra a ordem tributária. V – Os delitos constantes dos art. 299 e 304 do CP, somente são absorvidos pelo crime de sonegação fiscal, se o falso teve como finalidade a sonegação, constituindo, em regra, meio necessário para a sua consumação. (Precedentes desta Corte e do Pretório Excelso). VI – Na hipótese, os crimes de falsidade ideológica e uso de documento falso estão indissociavelmente ligados a descrição de um potencial crime contra a ordem tributária, razão pela qual são por ele absorvidos (HC 84345/PR FALSIDADE – SONEGAÇÃO FISCAL – ABSORÇÃOSTJ – RHC 14635 – PR, RESP 503368 – PR, RHC 15239).
- É aplicável o princípio da insignificância aos crimes contra a ordem tributária. Nesse sentido é o entendimento do STJ: "A Terceira Seção deste Superior Tribunal de Justiça, apreciando a questão da aplicação do princípio da insignificância ao crime de descaminho, no julgamento do Recurso Especial Representativo de Controvérsia nº 1.112.748/TO, sedimentou o entendimento segundo o qual somente é cabível o reconhecimento do delito de bagatela aos débitos tributários que não ultrapassem o teto de R$ 10.000,00 (dez mil reais), em conformidade com o art. 20 da Lei nº 10.522/02.(...) (AgRg no AREsp 242.049/PR, Rel. Ministra REGINA HELENA

COSTA, QUINTA TURMA, julgado em 10/12/2013, DJe 13/12/2013)

- Segundo o STJ: "Nos crimes de autoria coletiva, embora a vestibular acusatória não possa ser de todo genérica, é válida quando, apesar de não descrever minuciosamente as atuações individuais dos acusados, demonstra um liame entre o agir dos pacientes e a suposta prática delituosa, estabelecendo a plausibilidade da imputação e possibilitando o exercício da ampla defesa, caso em que se entende preenchidos os requisitos do artigo 41 do Código de Processo Penal". (STJ, T5, HC 137462 / RJ, Rel. Min. Jorge Mussi j. 17.11.2011, DJe 19/12/2011)

⦿ SÚMULAS

1. TRIBUTOS E SUAS ESPÉCIES

Súmula vinculante 12: "A cobrança de taxa de matrícula nas universidades públicas viola o disposto no art. 206, IV, da Constituição Federal". **Súmula vinculante 19:** "A taxa cobrada exclusivamente em razão dos serviços públicos de coleta, remoção e tratamento ou destinação de lixo ou resíduos provenientes de imóveis, não viola o artigo 145, II da Constituição Federal".

Súmula vinculante 29: "É constitucional a adoção, no cálculo do valor de taxa, de um ou mais elementos da base de cálculo própria de determinado imposto, desde que não haja integral identidade entre uma base e outra".

Súmula vinculante 31: "É inconstitucional a incidência do Imposto sobre Serviços de Qualquer Natureza - ISS sobre operações de locação de bens móveis".

Súmula vinculante 32: "O ICMS não incide sobre a alienação de salvados de sinistros pelas seguradoras".

Súmula vinculante 40: "A contribuição confederativa de que trata o art. 8º, IV, da constituição federal, só é exigível dos filiados ao sindicato respectivo".

Súmula vinculante 41: "O serviço de iluminação pública não pode ser remunerado mediante taxa".

Súmula vinculante 48: "Na entrada de mercadoria importada do exterior, é legítima a cobrança do ICMS por ocasião do desembaraço aduaneiro".

Súmula 75 STF: "Sendo vendedora uma autarquia, a sua imunidade fiscal não compreende o imposto de transmissão *inter vivos*, que é encargo do comprador".

Súmula 93 STF: "Não está isenta do imposto de renda a atividade profissional do arquiteto".

Súmula 112 STF: "O imposto de transmissão causa mortis é devido pela alíquota vigente ao tempo da abertura da sucessão".

Súmula 113 STF: "O imposto de transmissão causa mortis é calculado sobre o valor dos bens na data da avaliação".

Súmula 114 STF: "O imposto de transmissão causa mortis não é exigível antes da homologação do cálculo".

Súmula 115 STF: "Sobre os honorários do advogado contratado pelo inventariante, com a homologação do juiz, não incide o imposto de transmissão *causa mortis*".

Súmula 241 STF: "A contribuição previdenciária incide sobre o abono incorporado ao salário".

Súmula 331 STF: "É legítima a incidência do imposto de transmissão causa mortis no inventário por morte presumida".

Súmula 539 STF: "É constitucional a lei do município que reduz o imposto predial urbano sobre imóvel ocupado pela residência do proprietário, que não possua outro".

Súmula 545 STF: "Preços de serviços públicos e taxas não se confundem, porque estas, diferentemente daqueles, são compulsórias e têm sua cobrança condicionada à prévia autorização orçamentária, em relação à lei que as instituiu".

Súmula 573 STF: "Não constitui fato gerador do imposto de circulação de mercadorias a saída física de máquinas, utensílios e implementos a título de comodato".

Súmula 575 STF: "À mercadoria importada de país signatário do GATT, ou membro da ALALC, estende-se a isenção do imposto sobre circulação de mercadorias concedida a similar nacional".

Súmula 583 STF: "Promitente-comprador de imóvel residencial transcrito em nome de autarquia é contribuinte do imposto predial territorial urbano".

Súmula 584 STF: "Ao imposto de renda calculado sobre os rendimentos do ano-base, aplica-se a lei vigente no exercício financeiro em que deve ser apresentada a declaração".

Súmula 586 STF: "Incide imposto de renda sobre os juros remetidos para o exterior, com base em contrato de mútuo".

Súmula 587 STF: "Incide imposto de renda sobre o pagamento de serviços técnicos contratados no exterior e prestados no Brasil".

Súmula 588 STF: "O imposto sobre serviços não incide sobre os depósitos, as comissões e taxas de desconto, cobrados pelos estabelecimentos bancários".

Súmula 589 STF: "É inconstitucional a fixação de adicional progressivo do imposto predial e territorial urbano em função do número de imóveis do contribuinte".

Súmula 590 STF: "Calcula-se o imposto de transmissão "causa mortis" sobre o saldo credor da promessa de compra e venda de imóvel, no momento da abertura da sucessão do promitente vendedor".

Súmula 591 STF: "A imunidade ou a isenção tributária do comprador não se estende ao produtor, contribuinte do imposto sobre produtos industrializados".

Súmula 595 STF: "É inconstitucional a taxa municipal de conservação de estradas de rodagem cuja base de cálculo seja idêntica à do imposto territorial rural".

Súmula 656 STF: "É inconstitucional a lei que estabelece alíquotas progressivas para o imposto de transmissão *inter vivos* de bens imóveis – ITBI com base no valor venal do imóvel".

Súmula 659 STF: "É legítima a cobrança da Cofins, do PIS e do Finsocial sobre as operações relativas a energia elétrica, serviços de telecomunicações, derivados de petróleo, combustíveis e minerais do país".

Súmula 660 STF: "Não incide ICMS na importação de bens por pessoa física ou jurídica que não seja contribuinte do imposto".

Súmula 662 STF: "É legítima a incidência do ICMS na comercialização de exemplares de obras cinematográficas, gravados em fitas de videocassete".

Súmula 663 STF: "Os §§ 1° e 3° do art. 9° do DL 406/68 foram recebidos pela Constituição".

Súmula 664 STF: "É inconstitucional o inciso V do art. 1° da Lei 8.033/90, que instituiu a incidência do imposto nas operações de crédito, câmbio e seguros – IOF sobre saques efetuados em caderneta de poupança".

Súmula 665 STF: "É constitucional a taxa de fiscalização dos mercados de títulos e valores mobiliários instituída pela Lei 7.940/89".

Súmula 667 STF: "Viola a garantia constitucional de acesso à jurisdição a taxa judiciária calculada sem limite sobre o valor da causa".

Súmula 668 STF: "É inconstitucional a lei municipal que tenha estabelecido, antes da Emenda Constitucional 29/2000, alíquotas progressivas para o IPTU, salvo se destinada a assegurar o cumprimento da função social da propriedade urbana".

Súmula 732 STF: "É constitucional a cobrança da contribuição do salário-educação, seja sob a Carta de 1969, seja sob a CF/1988, e no regime da Lei 9.424/96".

Súmula 20 STJ: "A mercadoria importada de país signatário do GATT é isenta do ICM, quando contemplado com esse favor o similar nacional".

Súmula 68 STJ: "A parcela relativa ao ICM inclui-se na base de cálculo do PIS".

Súmula 95 STJ: "A redução da alíquota do imposto sobre produtos industrializados ou do imposto de importação não implica redução do ICMS".

Súmula 125 STJ: "O pagamento de férias não gozadas por necessidade do serviço não está sujeito à incidência do imposto de renda".

Súmula 135 STJ: "O ICMS não incide na gravação e distribuição de filmes e videoteipes".

Súmula 136 STJ: "O pagamento de licença-prêmio não gozada por necessidade do serviço não está sujeito ao imposto de renda".

Súmula 138 STJ: "O ISS incide na operação de arrendamento mercantil de coisas móveis".

Súmula 155 STJ: "O ICMS incide na importação de aeronave, por pessoa física, para uso próprio".

Súmula 156 STJ: "A prestação de serviço de composição gráfica, personalizada e sob encomenda, ainda que envolva fornecimento de mercadorias, está sujeita, apenas, ao ISS".

Súmula 160 STJ: "É defeso, ao Município, atualizar o IPTU, mediante decreto, em percentual superior ao índice oficial de correção monetária".

Súmula 163 STJ: "O fornecimento de mercadorias com a simultânea prestação de serviços em bares, restaurantes e estabelecimentos similares constitui fato gerador do ICMS a incidir sobre o valor total da operação".

Súmula 166 STJ: "Não constitui fato gerador do ICMS o simples deslocamento de mercadoria de um para outro estabelecimento do mesmo contribuinte".

Súmula 167 STJ: "O fornecimento de concreto, por empreitada, para construção civil, preparado no trajeto até a obra em betoneiras acopladas a caminhões, é prestação de serviço, sujeitando-se apenas à incidência do ISS".

Súmula 178 STJ: "O INSS não goza de isenção do pagamento de custas e emolumentos, nas ações acidentárias e de benefícios, propostas na justiça estadual".

Súmula 185 STJ: "Nos depósitos judiciais, não incide o imposto sobre operações financeiras".

Súmula 198 STJ: "Na importação de veículo por pessoa física, destinado a uso próprio, incide o ICMS".

Súmula 215 STJ: "A indenização recebida pela adesão a programa de incentivo à demissão voluntária não está sujeita à incidência do imposto de renda".

Súmula 237 STJ: "Nas operações com cartão de crédito, os encargos relativos ao financiamento não são considerados no cálculo do ICMS".

Súmula 262 STJ: "Incide o imposto de renda sobre o resultado das aplicações financeiras realizadas pelas cooperativas".

Súmula 274 STJ: "O ISS incide sobre o valor dos serviços de assistência médica, incluindo-se neles as refeições, os medicamentos e as diárias hospitalares".

Súmula 334 STJ: "O ICMS não incide no serviço dos provedores de acesso à internet".

Súmula 350 STJ: "O ICMS não incide sobre o serviço de habilitação de telefone celular".

Súmula 351 STJ: "A alíquota de contribuição para o Seguro de Acidente do Trabalho (SAT) é aferida pelo grau de risco desenvolvido em cada empresa, individualizada pelo seu CNPJ, ou pelo grau de risco da atividade preponderante quando houver apenas um registro".

Súmula 386 STJ: "São isentas de imposto de renda as indenizações de férias proporcionais e o respectivo adicional".

Súmula 391 STJ: "O ICMS incide sobre o valor da tarifa de energia elétrica correspondente à demanda de potência efetivamente utilizada".

Súmula 395 STJ: "O ICMS incide sobre o valor da venda a prazo constante da nota fiscal".

Súmula 396 STJ: "A Confederação Nacional da Agricultura tem legitimidade ativa para a cobrança da contribuição sindical rural".

Súmula 397 STJ: "O contribuinte do IPTU é notificado do lançamento pelo envio do carnê ao seu endereço".

Súmula 399 STJ: "Cabe à legislação municipal estabelecer o sujeito passivo do IPTU".

Súmula 407 STJ: "É legítima a cobrança da tarifa de água fixada de acordo com as categorias de usuários e as faixas de consumo".

Súmula 411 STJ: "É devida a correção monetária ao creditamento do IPI quando há oposição ao seu aproveitamento decorrentes de resistência ilegítima do Fisco".

Súmula 412 STJ: "A ação de repetição de indébito de tarifas de água e esgoto sujeita-se ao prazo prescricional estabelecido no Código Civil".

Súmula 423 STJ: "A Contribuição para Financiamento da Seguridade Social – Cofins incide sobre as receitas provenientes das operações de locação de bens móveis".

Súmula 424 STJ: "É legítima a incidência de ISS sobre os serviços bancários congêneres da lista anexa ao DL n° 406/1968 e à LC 56/1987".

Súmula 425 STJ: "A retenção da contribuição para a seguridade social pelo tomador do serviço não se aplica às empresas optantes pelo Simples".

Súmula 433 STJ: "O produto semielaborado, para fins de incidência de ICMS, é aquele que preenche cumulativamente os três requisitos do art. 1° da Lei Complementar 65/1991".

Súmula 447 STJ: "Os Estados e o Distrito Federal são partes legítimas na ação de restituição de imposto de renda retido na fonte proposta por seus servidores".

Súmula 448 STJ: "A opção pelo Simples de estabelecimentos dedicados às atividades de creche, pré-escola e ensino fundamental é admitida somente a partir de 24.10.2000, data de vigência da Lei nº 10.034/2000".

Súmula 457 STJ: "Os descontos incondicionais nas operações mercantis não se incluem na base de cálculo do ICMS".

Súmula 458 STJ: "A contribuição previdenciária incide sobre a comissão paga ao corretor de seguros".

Súmula 463 STJ: "Incide imposto de renda sobre os valores percebidos a título de indenização por horas extraordinárias trabalhadas, ainda que decorrentes de acordo coletivo".

Súmula 468 STJ: "A base de cálculo do PIS, até a edição da MP n. 1.212/1995, era o faturamento ocorrido no sexto mês anterior ao do fato gerador".

Súmula 494 STJ: "O benefício fiscal do ressarcimento do crédito presumido do IPI relativo às exportações incide mesmo quando as matérias-primas ou os insumos sejam adquiridos de pessoa física ou jurídica não contribuinte do PIS/PASEP".

Súmula 495 STJ: "A aquisição de bens integrantes do ativo permanente da empresa não gera direito a creditamento de IPI".

Súmula 498 STJ: "Não incide imposto de renda sobre a indenização por danos morais".

Súmula 499 STJ: "As empresas prestadoras de serviços estão sujeitas às contribuições ao Sesc e Senac, salvo se integradas noutro serviço social".

Súmula 508 STJ: "A isenção da COFINS concedida pelo art. 6º, II, da LC nº70/1991 às sociedades civis de prestação de serviços profissionais foi revogada pelo art. 56 da Lei n. 9.430/1996".

Súmula 516 STJ: "A contribuição de intervenção no domínio econômico para o Incra (Decreto-Lei n. 1.110/1970), devida por empregadores rurais e urbanos, não foi extinta pelas Leis ns. 7.787/1989, 8.212/1991 e 8.213/1991, não podendo ser compensada com a contribuição ao INSS".

Súmula 524 STJ: "No tocante à base de cálculo, o ISSQN incide apenas sobre a taxa de agenciamento quando o serviço prestado por sociedade empresária de trabalho temporário for de intermediação, devendo, entretanto, englobar também os valores dos salários e encargos sociais dos trabalhadores por ela contratados nas hipóteses de fornecimento de mão de obra".

Súmula 553 STJ: "Nos casos de empréstimo compulsório sobre o consumo de energia elétrica, é competente a Justiça estadual para o julgamento de demanda proposta exclusivamente contra a Eletrobrás. Requerida a intervenção da União no feito após a prolação de sentença pelo juízo estadual, os autos devem ser remetidos ao Tribunal Regional Federal competente para o julgamento da apelação se deferida a intervenção".

Súmula 556 STJ: "É indevida a incidência de imposto de renda sobre o valor da complementação de aposentadoria pago por entidade de previdência privada e em relação ao resgate de contribuições recolhidas para referidas entidades patrocinadoras no período de 1º/1/1989 a 31/12/1995, em razão da isenção concedida pelo art. 6º, VII, b, da Lei n. 7.713/1988, na redação anterior à que lhe foi dada pela Lei n. 9.250/1995".

Súmula 584 STJ: "As sociedades corretoras de seguros, que não se confundem com as sociedades de valores mobiliários ou com os agentes autônomos de seguro privado, estão fora do rol de entidades constantes do art. 22, § 1º, da Lei n. 8.212/1991, não se sujeitando à majoração da alíquota da Cofins prevista no art. 18 da Lei n. 10.684/2003".

Súmula 3 CARF: "Para a determinação da base de cálculo do Imposto de Renda das Pessoas Jurídicas e da Contribuição Social sobre o Lucro, a partir do ano-calendário de 1995, o lucro líquido ajustado poderá ser reduzido em, no máximo, trinta por cento, tanto em razão da compensação de prejuízo, como em razão da compensação da base de cálculo negativa".

Súmula 13 CARF: "Menor pobre que o sujeito passivo crie e eduque pode ser considerado dependente na Declaração do Imposto de Renda da Pessoa Física, desde que o declarante detenha a guarda judicial".

Súmula 15 CARF: "A base de cálculo do PIS, prevista no artigo 6º da Lei Complementar nº 7, de 1970, é o faturamento do sexto mês anterior, sem correção monetária".

Súmula 16 CARF: "O direito ao aproveitamento dos créditos de IPI decorrentes da aquisição de matérias-primas, produtos intermediários e material de embalagem utilizados na fabricação de produtos cuja saída seja com isenção ou alíquota zero, nos termos do art. 11 da Lei nº 9.779, de 1999, alcança, exclusivamente, os insumos recebidos pelo estabelecimento do contribuinte a partir de 1º de janeiro de 1999".

Súmula 18 CARF: "A aquisição de matérias-primas, produtos intermediários e material de embalagem tributados à alíquota zero não gera crédito de IPI".

Súmula 19 CARF: "Não integram a base de cálculo do crédito presumido da Lei nº 9.363, de 1996, as aquisições de combustíveis e energia elétrica uma vez que não são consumidos em contato direto com o produto, não se enquadrando nos conceitos de matéria-prima ou produto intermediário".

Súmula 20 CARF: "Não há direito aos créditos de IPI em relação às aquisições de insumos aplicados na fabricação de produtos classificados na TIPI como NT".

Súmula 36 CARF: "A inobservância do limite legal de trinta por cento para compensação de prejuízos fiscais ou bases negativas da CSLL, quando comprovado pelo sujeito passivo que o tributo que deixou de ser pago em razão dessas compensações o foi em período posterior, caracteriza postergação do pagamento do IRPJ ou da CSLL, o que implica em excluir da exigência a parcela paga posteriormente".

Súmula 39 CARF: "Os valores recebidos pelos técnicos residentes no Brasil a serviço da ONU e suas Agências Especializadas, com vínculo contratual, não são isentos do Imposto sobre a Renda da Pessoa Física".

Súmula 40 CARF: "A apresentação de recibo emitido por profissional para o qual haja Súmula Administrativa de Documentação Tributariamente Ineficaz, desacompanhado de elementos de prova da efetividade dos serviços e do correspondente pagamento, impede a dedução a título de despesas médicas e enseja a qualificação da multa de ofício".

Súmula 42 CARF: "Não incide o imposto sobre a renda das pessoas físicas sobre os valores recebidos a título de indenização por desapropriação".

Súmula 43 CARF: "Os proventos de aposentadoria, reforma ou reserva remunerada, motivadas por acidente em serviço e os percebidos por portador de moléstia profissional ou grave, ainda que contraída após a aposentadoria, reforma ou reserva remunerada, são isentos do imposto de renda".

Súmula 45 CARF: "O Imposto sobre a Propriedade Territorial Rural não incide sobre áreas alagadas para fins de constituição de reservatório de usinas hidroelétricas".

Súmula 62 CARF: "A base de cálculo das contribuições previdenciárias será o valor total fixado na sentença ou acordo trabalhista homologado, quando as parcelas legais de incidência não estiverem discriminadas".

Súmula 63 CARF: "Para gozo da isenção do imposto de renda da pessoa física pelos portadores de moléstia grave, os rendimentos devem ser provenientes de aposentadoria, reforma, reserva remunerada ou pensão e a moléstia deve ser devidamente comprovada por laudo pericial emitido por serviço médico oficial da União, dos Estados, do Distrito Federal ou dos Municípios".

Súmula 64 CARF: "Não incidem contribuições previdenciárias sobre as verbas concedidas aos segurados empregados a título de auxílio-creche, na forma do artigo 7o, inciso XXV, da Constituição Federal, em face de sua natureza indenizatória".

Súmula 68 CARF: "A Lei nº 8.852, de 1994, não outorga isenção nem enumera hipóteses de não incidência de Imposto sobre a Renda da Pessoa Física".

Súmula 70 CARF: "É imune ao ITR o imóvel pertencente às entidades indicadas no artigo 150, VI, "c", da Constituição, que se encontra arrendado, desde que a receita assim obtida seja aplicada nas atividades essenciais da entidade".

Súmula 79 CARF: "A partir da vigência da Lei no 9.249, de 1995, a dedução de contraprestações de arrendamento mercantil exige a comprovação da necessidade de utilização dos bens arrendados para produção ou comercialização de bens e serviços".

Súmula 80 CARF: "Na apuração do IRPJ, a pessoa jurídica poderá deduzir do imposto devido o valor do imposto de renda retido na fonte, desde que comprovada a retenção e o cômputo das receitas correspondentes na base de cálculo do imposto".

Súmula 83 CARF: "O resultado positivo obtido pelas sociedades cooperativas nas operações realizadas com seus cooperados não integra a base de cálculo da Contribuição Social sobre o Lucro Líquido – CSLL, mesmo antes da vigência do art. 39 da Lei no 10.865, de 2004".

Súmula 85 CARF: "Na revenda de veículos automotores usados, de que trata o art. 5o da Lei no 9.716, de 26 de novembro de 1998, aplica-se o coeficiente de determinação do lucro presumido de 32% (trinta e dois por cento) sobre a receita bruta, correspondente à diferença entre o valor de aquisição e o de revenda desses veículos".

Súmula 87 CARF: "O imposto de renda não incide sobre as verbas recebidas regularmente por parlamentares a título de auxílio de gabinete e hospedagem, exceto quando a fiscalização apurar a utilização dos recursos em benefício próprio não relacionado à atividade legislativa".

Súmula 89 CARF: "A contribuição social previdenciária não incide sobre valores pagos a título de vale-transporte, mesmo que em pecúnia".

Súmula 94 CARF: "Os lucros auferidos no exterior por filial, sucursal, controlada ou coligada serão convertidos em reais pela taxa de câmbio, para venda, do dia das demonstrações financeiras em que tenham sido apurados tais lucros, inclusive a partir da vigência da MP nº 2.158-35, de 2001".

Súmula 95 CARF: "A presunção de omissão de receitas caracterizada pelo fornecimento de recursos de caixa à sociedade por administradores, sócios de sociedades de pessoas, ou pelo administrador da companhia, somente é elidida com a demonstração cumulativa da origem e da efetividade da entrega dos recursos".

Súmula 98 CARF: "A dedução de pensão alimentícia da base de cálculo do Imposto de Renda Pessoa Física é permitida, em face das normas do Direito de Família, quando comprovado o seu efetivo pagamento e a obrigação decorra de decisão judicial, de acordo homologado judicialmente, bem como, a partir de 28 de março de 2008, de escritura pública que especifique o valor da obrigação ou discrimine os deveres em prol do beneficiário".

Súmula 03/2003 TIT/SP: "Não é admissível a correção monetária de saldos credores do ICMS, tampouco a correção monetária de créditos extemporâneos do ICMS".

Súmula 07/2005 TIT/SP: "Até a vigência da Emenda Constitucional nº 33/2001, não incide o ICMS na importação de bens por pessoa física ou jurídica que não seja contribuinte do imposto".

2. LIMITAÇÕES CONSTITUCIONAIS AO PODER DE TRIBUTAR

Súmula vinculante 50: "Norma legal que altera o prazo de recolhimento da obrigação tributária não se sujeita ao princípio da anterioridade".

Súmula vinculante 52: "Ainda quando alugado a terceiros, permanece imune ao IPTU o imóvel pertencente a qualquer das entidades referidas pelo art. 150, VI, "c", da Constituição, desde que o valor dos aluguéis seja aplicado nas atividades essenciais de tais entidades".

Súmula 69 STF: "A Constituição Estadual não pode estabelecer limite para o aumento de tributos municipais".

Súmula 75 STF: "Sendo vendedora uma autarquia, a sua imunidade fiscal não compreende o imposto de transmissão *inter vivos*, que é encargo do comprador".

Súmula 76 STF: "As sociedades de economia mista não estão protegidas pela imunidade fiscal do art. 31, V, "a", Constituição Federal".

Súmula 239 STF: "Decisão que declara indevida a cobrança do imposto em determinado exercício não faz coisa julgada em relação aos posteriores".

Súmula 324 STF: "A imunidade do art. 31, V, da Constituição Federal não compreende as taxas".

Súmula 336 STF: "A imunidade da autarquia financiadora, quanto ao contrato de financiamento, não se estende à compra e venda entre particulares, embora constantes os dois atos de um só instrumento".

Súmula 591 STF: "A imunidade ou a isenção tributária do comprador não se estende ao produtor, contribuinte do imposto sobre produtos industrializados".

Súmula 657 STF: "A imunidade prevista no art. 150, VI, "d" da CF abrange os filmes e papéis fotográficos necessários à publicação de jornais e periódicos".

Súmula 667 STF: "Viola a garantia constitucional de acesso à jurisdição a taxa judiciária calculada sem limite sobre o valor da causa".

Súmula 730 STF: "A imunidade tributária conferida a instituições de assistência social sem fins lucrativos pelo art. 150, VI, c, da Constituição, somente alcança as entidades fechadas de previdência social privada se não houver contribuição dos beneficiários".

Súmula 352 STJ: "A obtenção ou a renovação do Certificado de Entidade Beneficente de Assistência Social (Cebas) não exime a entidade do cumprimento dos requisitos legais supervenientes".

Súmula 399 STJ: "Cabe à legislação municipal estabelecer o sujeito passivo do IPTU".

3. LEGISLAÇÃO TRIBUTÁRIA

Súmula vinculante 50: "Norma legal que altera o prazo de recolhimento da obrigação tributária não se sujeita ao princípio da anterioridade".

Súmula 112 STF: "O imposto de transmissão causa mortis é devido pela alíquota vigente ao tempo da abertura da sucessão".

Súmula 06/2003 TIT/SP: "A redução ou a relevação da multa, em decisão proferida por qualquer das Câmaras do Tribunal de Impostos e Taxas, por não caracterizar hipótese de divergência ou dissídio de interpretação da legislação, não viabiliza a interposição de recurso especial".

4. OBRIGAÇÃO TRIBUTÁRIA E FATO GERADOR

Súmula 38 CARF: "O fato gerador do Imposto sobre a Renda da Pessoa Física, relativo à omissão de rendimentos apurada a partir de depósitos bancários de origem não comprovada, ocorre no dia 31 de dezembro do ano-calendário".

Súmula 44 CARF: "Descabe a aplicação da multa por falta ou atraso na entrega da Declaração de Ajuste Anual do Imposto de Renda das Pessoas Físicas, quando o sócio ou titular de pessoa jurídica inapta não se enquadre nas demais hipóteses de obrigatoriedade de apresentação dessa declaração".

5. SUJEITOS, RESPONSABILIDADE, CAPACIDADE E DOMICÍLIO

Súmula 360 STJ: "O benefício da denúncia espontânea não se aplica aos tributos sujeitos a lançamento por homologação regularmente declarados, mas pagos a destempo".

Súmula 399 STJ: "Cabe à legislação municipal estabelecer o sujeito passivo do IPTU".

Súmula 430 STJ: "O inadimplemento da obrigação tributária pela sociedade não gera, por si só, a responsabilidade solidária do sócio-gerente".

Súmula 435 STJ: "Presume-se dissolvida irregularmente a empresa que deixar de funcionar no seu domicílio fiscal, sem comunicação aos órgãos competentes, legitimando o redirecionamento da execução fiscal para o sócio-gerente".

Súmula 509 STJ: "É lícito ao comerciante de boa-fé aproveitar os créditos de ICMS decorrentes de nota fiscal posteriormente declarada inidônea, quando demonstrada a veracidade da compra e venda".

Súmula 554 STJ: "Na hipótese de sucessão empresarial, a responsabilidade da sucessora abrange não apenas os tributos devidos pela sucedida, mas também as multas moratórias ou punitivas referentes a fatos geradores ocorridos até a data da sucessão".

Súmula 585 STJ: "A responsabilidade solidária do ex-proprietário, prevista no art. 134 do Código de Trânsito Brasileiro – CTB, não abrange o IPVA incidente sobre o veículo automotor, no que se refere ao período posterior à sua alienação".

Súmula 4 CARF: "A partir de 1º de abril de 1995, os juros moratórios incidentes sobre débitos tributários administrados pela Secretaria da Receita Federal são devidos, no período de inadimplência, à taxa referencial do Sistema Especial de Liquidação e Custódia – SELIC para títulos federais".

Súmula 9 CARF: "É válida a ciência da notificação por via postal realizada no domicílio fiscal eleito pelo contribuinte, confirmada com a assinatura do recebedor da correspondência, ainda que este não seja o representante legal do destinatário".

Súmula 14 CARF: "A simples apuração de omissão de receita ou de rendimentos, por si só, não autoriza a qualificação da multa de ofício, sendo necessária a comprovação do evidente intuito de fraude do sujeito passivo".

Súmula 25 CARF: "A presunção legal de omissão de receita ou de rendimentos, por si só, não autoriza a qualificação da multa de ofício, sendo necessária a comprovação de uma das hipóteses dos arts. 71, 72 e 73 da Lei nº 4.502/64".

Súmula 27 CARF: "É valido o lançamento formalizado por Auditor-Fiscal da Receita Federal do Brasil de jurisdição diversa da do domicílio tributário do sujeito passivo".

Súmula 47 CARF: "Cabível a imputação da multa de ofício à sucessora, por infração cometida pela sucedida, quando provado que as sociedades estavam sob controle comum ou pertenciam ao mesmo grupo econômico".

Súmula 49 CARF: "A denúncia espontânea (art. 138 do Código Tributário Nacional) não alcança a penalidade decorrente do atraso na entrega de declaração".

Súmula 65 CARF: "Inaplicável a responsabilidade pessoal do dirigente de órgão público pelo descumprimento de obrigações acessórias, no âmbito previdenciário, constatadas na pessoa jurídica de direito público que dirige".

Súmula 66 CARF: "Os Órgãos da Administração Pública não respondem solidariamente por créditos previdenciários das empresas contratadas para prestação de serviços de construção civil, reforma e acréscimo, desde que a empresa construtora tenha assumido a responsabilidade direta e total pela obra ou repasse o contrato integralmente".

Súmula 69 CARF: "A falta de apresentação da declaração de rendimentos ou a sua apresentação fora do prazo fixado sujeitará a pessoa física à multa de um por cento ao mês ou fração, limitada a vinte por cento, sobre o Imposto de Renda devido, ainda que integralmente pago, respeitado o valor mínimo".

Súmula 71 CARF: "Todos os arrolados como responsáveis tributários na autuação são parte legítima para impugnar e recorrer acerca da exigência do crédito tributário e do respectivo vínculo de responsabilidade".

Súmula 75 CARF: "A recuperação da espontaneidade do sujeito passivo em razão da inoperância da autoridade fiscal por prazo superior a sessenta dias aplica-se retroativamente, alcançando os atos por ele praticados no decurso desse prazo".

Súmula 88 CARF: "A Relação de Co-Responsáveis - CO-RESP", o "Relatório de Representantes Legais - RepLeg" e a "Relação de Vínculos - VÍNCULOS", anexos a auto de infração previdenciário lavrado unicamente contra pessoa jurídica, não atribuem responsabilidade tributária às pessoas ali indicadas nem comportam discussão no âmbito do contencioso administrativo fiscal federal, tendo finalidade meramente informativa".

Súmula 90 CARF: "Caracteriza infração às medidas de controle fiscal a posse e circulação de fumo, charuto, cigarrilha e cigarro de procedência estrangeira, sem documentação comprobatória da importação regular, sendo irrelevante, para tipificar a infração, a propriedade da mercadoria".

Súmula 93 CARF: "A falta de transcrição dos balanços ou balancetes de suspensão ou redução no Livro Diário não justifica a cobrança da multa isolada prevista no art. 44 da Lei nº 9.430, de 27 de dezembro de 1996, quando o sujeito passivo apresenta escrituração contábil e fiscal suficiente para comprovar a suspensão ou redução da estimativa".

Súmula 96 CARF: "A falta de apresentação de livros e documentos da escrituração não justifica, por si só, o agravamento da multa de oficio, quando essa omissão motivou o arbitramento dos lucros".

Súmula 102 CARF: "É válida a decisão proferida por Delegacia da Receita Federal de Julgamento - DRJ de localidade diversa do domicílio fiscal do sujeito passivo".

Súmula 105 CARF: "A multa isolada por falta de recolhimento de estimativas, lançada com fundamento no art. 44 § 1º, inciso IV da Lei nº 9.430, de 1996, não pode ser exigida ao mesmo tempo da multa de ofício por falta de pagamento de IRPJ e CSLL apurado no ajuste anual, devendo subsistir a multa de ofício".

6. CRÉDITO TRIBUTÁRIO (LANÇAMENTO, GARANTIAS, PRIVILÉGIOS, SUSPENSÃO)

Súmula vinculante 21: "É inconstitucional a exigência de depósito ou arrolamento prévios de dinheiro ou bens para admissibilidade de recursos administrativos".

Súmula 563 STF: "O concurso de preferência a que se refere o parágrafo único, do art. 187, do Código Tributário Nacional, é compatível com o disposto no art. 9°, inciso I, da Constituição Federal".

Súmula 626 STF: "A suspensão da liminar em mandado de segurança, salvo determinação em contrário da decisão que a deferir, vigorará até o trânsito em julgado da decisão definitiva de concessão da segurança ou, havendo recurso, até a sua manutenção pelo Supremo Tribunal Federal, desde que o objeto da liminar deferida coincida, total ou parcialmente, com o da impetração".

Súmula 112 STJ: "O depósito somente suspende a exigibilidade do crédito tributário se for integral e em dinheiro".

Súmula 212 STJ: "A compensação de créditos tributários não pode ser deferida em ação cautelar ou por medida liminar cautelar ou antecipatória".

Súmula 355 STJ: "É válida a notificação do ato de exclusão do programa de recuperação fiscal do Refis pelo Diário Oficial ou pela Internet".

Súmula 373 STJ: "É ilegítima a exigência de depósito prévio para admissibilidade de recurso administrativo".

Súmula 397 STJ: "O contribuinte do IPTU é notificado do lançamento pelo envio do carnê ao seu endereço".

Súmula 436 STJ: "A entrega de declaração pelo contribuinte reconhecendo débito fiscal constitui o crédito tributário, dispensada qualquer outra providência por parte do fisco".

Súmula 437 STJ: "A suspensão da exigibilidade do crédito tributário superior a quinhentos mil reais para opção pelo Refis pressupõe a homologação expressa do comitê gestor e a constituição de garantia por meio do arrolamento de bens".

Súmula 560 STJ: "A decretação da indisponibilidade de bens e direitos, na forma do art. 185-A do CTN, pressupõe o exaurimento das diligências na busca por bens penhoráveis, o qual fica caracterizado quando infrutíferos o pedido de constrição sobre ativos financeiros e a expedição de ofícios aos registros públicos do domicílio do executado, ao Denatran ou Detran".

Súmula 2 CARF: "O CARF não é competente para se pronunciar sobre a inconstitucionalidade de lei tributária".

Súmula 5 CARF: "São devidos juros de mora sobre o crédito tributário não integralmente pago no vencimento, ainda que suspensa sua exigibilidade, salvo quando existir depósito no montante integral".

Súmula 6 CARF: "É legítima a lavratura de auto de infração no local em que foi constatada a infração, ainda que fora do estabelecimento do contribuinte".

Súmula 7 CARF: "A ausência da indicação da data e da hora de lavratura do auto de infração não invalida o lançamento de ofício quando suprida pela data da ciência".

Súmula 8 CARF: "O Auditor Fiscal da Receita Federal é competente para proce-der ao exame da escrita fiscal da pessoa jurídica, não lhe sendo exigida a habilitação profissional de contador".

Súmula 10 CARF: "O prazo decadencial para constituição do crédito tributário relativo ao lucro inflacionário diferido é contado do período de apuração de sua efetiva realização ou do período em que, em face da legislação, deveria ter sido realizado, ainda que em percentuais mínimos".

Súmula 12 CARF: "Constatada a omissão de rendimentos sujeitos à incidência do imposto de renda na declaração de ajuste anual, é legítima a constituição do crédito tributário na pessoa física do beneficiário, ainda que a fonte pagadora não tenha procedido à respectiva retenção".

Súmula 21 CARF: "É nula, por vício formal, a notificação de lançamento que não contenha a identificação da autoridade que a expediu".

Súmula 46 CARF: "O lançamento de ofício pode ser realizado sem prévia intimação ao sujeito passivo, nos casos em que o Fisco dispuser de elementos suficientes à constituição do crédito tributário".

Súmula 48 CARF: "A suspensão da exigibilidade do crédito tributário por força de medida judicial não impede a lavratura de auto de infração".

Súmula 50 CARF: "É cabível a exigência de multa de ofício se a decisão judicial que suspendia a exigibilidade do crédito tributário perdeu os efeitos antes da lavratura do auto de infração".

Súmula 58 CARF: "As variações monetárias ativas decorrentes de depósitos judiciais com a finalidade de suspender a exigibilidade do crédito tributário devem compor o resultado do exercício, segundo o regime de competência, salvo se demonstrado que as variações monetárias passivas incidentes sobre o tributo objeto dos depósitos não tenham sido computadas na apuração desse resultado".

Súmula 59 CARF: "A tributação do lucro na sistemática do lucro arbitrado não é invalidada pela apresentação, posterior ao lançamento, de livros e documentos imprescindíveis para a apuração do crédito tributário que, após regular intimação, deixaram de ser exibidos durante o procedimento fiscal".

Súmula 67 CARF: "Em apuração de acréscimo patrimonial a descoberto a partir de fluxo de caixa que confronta origens e aplicações de recursos, os saques ou transferências bancárias, quando não comprovada a destinação, efetividade da despesa, aplicação ou consumo, não podem lastrear lançamento fiscal".

Súmula 73 CARF: "Erro no preenchimento da declaração de ajuste do imposto de renda, causado por informações erradas, prestadas pela fonte pagadora, não autoriza o lançamento de multa de ofício".

Súmula 78 CARF: "A fixação do termo inicial da contagem do prazo decadencial, na hipótese de lançamento sobre lucros disponibilizados no exterior, deve levar em consideração a data em que se considera ocorrida a disponibilização, e não a data do auferimento dos lucros pela empresa sediada no exterior".

Súmula 82 CARF: "Após o encerramento do ano-calendário, é incabível lançamento de ofício de IRPJ ou CSLL para exigir estimativas não recolhidas".

Súmula 86 CARF: É vedada a retificação da Declaração de Ajuste Anual do Imposto sobre a Renda da Pessoa Física que tenha por objeto a troca de forma de tributação dos rendimentos após o prazo previsto para a sua entrega.

Súmula 92 CARF: A DIPJ, desde a sua instituição, não constitui confissão de dívida, nem instrumento hábil e suficiente para a exigência de crédito tributário nela informado.

Súmula 97 CARF: O arbitramento do lucro em procedimento de ofício pode ser efetuado mediante a utilização de qualquer uma das alternativas de cálculo enumeradas no art. 51 da Lei nº 8.981, de 20 de janeiro de 1995, quando não conhecida a receita bruta.

Súmula 103 CARF: Para fins de conhecimento de recurso de ofício, aplica-se o limite de alçada vigente na data de sua apreciação em segunda instância.

Súmula 02/2003 TIT/SP: "É legítima a utilização da Unidade Fiscal do Estado de São Paulo – UFESP como índice de correção monetária do crédito tributário".

Súmula 08/2005 TIT/SP: "É legítima a aplicação aos débitos fiscais estaduais da taxa de juros de mora equivalente, ao mês, à taxa referencial do Sistema Especial de Liquidação e de Custódia – SELIC, conforme previsão legal".

7. EXTINÇÃO E EXCLUSÃO DO CRÉDITO TRIBUTÁRIO

Súmula vinculante 8: "São inconstitucionais o parágrafo único do artigo 5° do Decreto-Lei 1.569/1977 e os artigos 45 e 46 da Lei 8.212/1991, que tratam de prescrição e decadência de crédito tributário".

Súmula 71 STF: "Embora pago indevidamente, não cabe restituição de tributo indireto".

Súmula 544 STF: "Isenções tributárias concedidas, sob condição onerosa, não podem ser livremente suprimidas".

Súmula 546 STF: "Cabe a restituição do tributo pago indevidamente, quando reconhecido por decisão, que o contribuinte de jure não recuperou do contribuinte de facto o quantum respectivo".

Súmula 575 STF: "À mercadoria importada de país signatário do GATT, ou membro da ALALC, estende-se a isenção do imposto de circulação de mercadorias concedida a similar nacional".

Súmula 581 STF: "A exigência de transporte em navio de bandeira brasileira, para efeito de isenção tributária, legitimou-se com o advento do Decreto-lei 666, de 02.7.69".

Súmula 20 STJ: "A mercadoria importada de país signatário do GATT é isenta do ICM, quando contemplado com esse favor o similar nacional".

Súmula 162 STJ: "Na repetição de indébito tributário, a correção monetária incide a partir do pagamento indevido".

Súmula 188 STJ: "Os juros moratórios, na repetição do indébito tributário, são devidos a partir do trânsito em julgado da sentença".

Súmula 212 STJ: "A compensação de créditos tributários não pode ser deferida em ação cautelar ou por medida liminar cautelar ou antecipatória".

Súmula 213 STJ: "O mandado de segurança constitui ação adequada para a declaração do direito à compensação tributária".

Súmula 314 STJ: "Em execução fiscal, não localizados bens penhoráveis, suspende-se o processo por um ano, findo o qual se inicia o prazo da prescrição quinquenal intercorrente".

Súmula 409 STJ: "Em execução fiscal, a prescrição ocorrida antes da propositura da ação pode ser decretada de ofício (art. 219, § 5º, do CPC)".

Súmula 460 STJ: "É incabível o mandado de segurança para convalidar a compensação tributária realizada pelo contribuinte".

Súmula 461 STJ: "O contribuinte pode optar por receber, por meio de precatório ou por compensação, o indébito tributário certificado por sentença declaratória transitada em julgado".

Súmula 464 STJ: "A regra de imputação de pagamentos estabelecida no art. 354 do Código Civil não se aplica às hipóteses de compensação tributária".

Súmula 523 STJ: "A taxa de juros de mora incidente na repetição de indébito de tributos estaduais deve corresponder à utilizada para cobrança do tributo pago em atraso, sendo legítima a incidência da taxa Selic, em ambas as hipóteses, quando prevista na legislação local, vedada sua cumulação com quaisquer outros índices".

Súmula 555 STJ: "Quando não houver declaração do débito, o prazo decadencial quinquenal para o Fisco constituir o crédito tributário conta-se exclusivamente na forma do art. 173, I, do CTN, nos casos em que a legislação atribui ao sujeito passivo o dever de antecipar o pagamento sem prévio exame da autoridade administrativa".

Súmula 598 STJ: É desnecessária a apresentação de laudo médico oficial para o reconhecimento judicial da isenção do imposto de renda, desde que o magistrado entenda suficientemente demonstrada a doença grave por outros meios de prova.

Súmula 11 CARF: "Não se aplica a prescrição intercorrente no processo administrativo fiscal".

Súmula 17 CARF: "Não cabe a exigência de multa de ofício nos lançamentos efetuados para prevenir a decadência, quando a exigibilidade estiver suspensa na forma dos incisos IV ou V do art. 151 do CTN e a suspensão do débito tenha ocorrido antes do início de qualquer procedimento de ofício a ele relativo".

Súmula 37 CARF: "Para fins de deferimento do Pedido de Revisão de Ordem de Incentivos Fiscais (PERC), a exigência de comprovação de regularidade fiscal deve se ater ao período a que se referir a Declaração de Rendimentos da Pessoa Jurídica na qual se deu a opção pelo incentivo, admitindo-se a prova da quitação em qualquer momento do processo administrativo, nos termos do Decreto nº 70.235/72".

Súmula 68 CARF: "A Lei nº 8.852, de 1994, não outorga isenção nem enumera hipóteses de não incidência de Imposto sobre a Renda da Pessoa Física".

Súmula 72 CARF: "Caracterizada a ocorrência de dolo, fraude ou simulação, a contagem do prazo decadencial rege-se pelo art. 173, inciso I, do CTN".

Súmula 84 CARF: "Pagamento indevido ou a maior a título de estimativa caracteriza indébito na data de seu recolhimento, sendo passível de restituição ou compensação".

Súmula 91 CARF: "Ao pedido de restituição pleiteado administrativamente antes de 9 de junho de 2005, no caso de tributo sujeito a lançamento por homologação, aplica-se o prazo prescricional de 10 (dez) anos, contado do fato gerador".

Súmula 99 CARF: "Para fins de aplicação da regra decadencial prevista no art. 150, § 4º, do CTN, para as contribuições previdenciárias, caracteriza pagamento antecipado o recolhimento, ainda que parcial, do valor considerado como devido pelo contribuinte na competência do fato gerador a que se referir a autuação, mesmo que não tenha sido incluída, na base de cálculo deste recolhimento, parcela relativa a rubrica especificamente exigida no auto de infração".

Súmula 100 CARF: "O Auditor-Fiscal da Receita Federal do Brasil tem competência para fiscalizar o cumprimento dos requisitos do regime de drawback na modalidade suspensão, aí compreendidos o lançamento do crédito tributário, sua exclusão em razão do reconhecimento de benefício, e a verificação, a qualquer tempo, da regular observação, pela importadora, das condições fixadas na legislação pertinente".

Súmula 101 CARF: "Na hipótese de aplicação do art. 173, inciso I, do CTN, o termo inicial do prazo decadencial é o primeiro dia do exercício seguinte àquele em que o lançamento poderia ter sido efetuado".

Súmula 104 CARF: "Lançamento de multa isolada por falta ou insuficiência de recolhimento de estimativa de IRPJ ou de CSLL submete-se ao prazo decadencial previsto no art. 173, inciso I, do CTN".

Súmula 106 CARF: "Caracterizada a ocorrência de apropriação indébita de contribuições previdenciárias descontadas de segurados empregados e/ou contribuintes individuais, a contagem do prazo decadencial rege-se pelo art. 173, inciso I, do CTN".

Súmula 107 CARF: "A receita da atividade própria, objeto da isenção da Cofins prevista no art. 14, X, c/c art. 13, III, da MP nº 2.158-35, de 2001, alcança as receitas obtidas em contraprestação de serviços educacionais prestados pelas entidades de educação sem fins lucrativos a que se refere o art. 12 da Lei nº 9.532, de 1997".

Súmula 04/2003 TIT/SP: "Não é admissível a prescrição intercorrente no processo administrativo tributário".

8. ADMINISTRAÇÃO TRIBUTÁRIA (FISCALIZAÇÃO, CERTIDÕES, DÍVIDA ATIVA)

Súmula 70 STF: "É inadmissível a interdição de estabelecimento como meio coercitivo para cobrança de tributo".

Súmula 323 STF: "É inadmissível a apreensão de mercadorias como meio coercitivo para pagamento de tributos".

Súmula 439 STF: "Estão sujeitos à fiscalização tributária ou previdenciária quaisquer livros comerciais, limitado o exame aos pontos objeto da investigação".

Súmula 542 STF: "Não é inconstitucional a multa instituída pelo Estado-membro, como sanção pelo retardamento do início ou da ultimação do inventário".

Súmula 547 STF: "Não é lícito à autoridade proibir que o contribuinte em débito adquira estampilhas, despache mercadorias nas alfândegas e exerça suas atividades profissionais".

Súmula 392 STJ: "A Fazenda Pública pode substituir a certidão de dívida ativa (CDA) até a prolação da sentença de embargos, quando se tratar de correção de erro material ou formal, vedada a modificação do sujeito passivo da execução".

Súmula 446 STJ: "Declarado e não pago o débito tributário pelo contribuinte, é legítima a recusa de expedição de certidão negativa ou positiva com efeito de negativa".

Súmula 569 STJ: "Na importação, é indevida a exigência de nova certidão negativa de débito no desembaraço aduaneiro, se já apresentada a comprovação da quitação de tributos federais quando da concessão do benefício relativo ao regime de drawback".

Súmula 26 CARF: "A presunção estabelecida no art. 42 da Lei nº 9.430/96 dispensa o Fisco de comprovar o consumo da renda representada pelos depósitos bancários sem origem comprovada".

Súmula 29 CARF: "Todos os co-titulares da conta bancária devem ser intimados para comprovar a origem dos depósitos nela efetuados, na fase que precede à lavratura do auto de infração com base na presunção legal de omissão de receitas ou rendimentos, sob pena de nulidade do lançamento".

Súmula 30 CARF: "Na tributação da omissão de rendimentos ou receitas caracterizada por depósitos bancários com origem não comprovada, os depósitos de um mês não servem para comprovar a origem de depósitos havidos em meses subsequentes".

Súmula 31 CARF: "Descabe a cobrança de multa de ofício isolada exigida sobre os valores de tributos recolhidos extemporaneamente, sem o acréscimo da multa de mora, antes do início do procedimento fiscal".

Súmula 32 CARF: "A titularidade dos depósitos bancários pertence às pessoas indicadas nos dados cadastrais, salvo quando comprovado com documentação hábil e idônea o uso da conta por terceiros".

Súmula 33 CARF: "A declaração entregue após o início do procedimento fiscal não produz quaisquer efeitos sobre o lançamento de ofício".

Súmula 34 CARF: "Nos lançamentos em que se apura omissão de receita ou rendimentos, decorrente de depósitos bancários de origem não comprovada, é cabível a qualificação da multa de ofício, quando constatada a movimentação de recursos em contas bancárias de interpostas pessoas".

Súmula 35 CARF: "O art. 11, § 3º, da Lei 9.311/96, com a redação dada pela Lei 10.174/2001, que autoriza o uso de informações da CPMF para a constituição do crédito tributário de outros tributos, aplica-se retroativamente".

9. PROCESSO TRIBUTÁRIO (ADMINISTRATIVO E JUDICIAL) E DIREITO PENAL TRIBUTÁRIO

Súmula vinculante 24: "não se tipifica crime material contra a ordem tributária, previstos no artigo 1°, incisos I a IV, da Lei 8.137/90, antes do lançamento definitivo do tributo".

Súmula vinculante 28: "É inconstitucional a exigência de depósito prévio como requisito de admissibilidade de ação judicial na qual se pretenda discutir a exigibilidade do crédito tributário".

Súmula vinculante 53: "A competência da Justiça do Trabalho prevista no art. 114, VIII, da Constituição Federal alcança a execução de ofício das contribuições previdenciárias relativas ao objeto da condenação constante das sentenças que proferir e acordos por ela homologados".

Súmula 71 STF: "Embora pago indevidamente, não cabe restituição de tributo indireto".

Súmula 101 STF: "O mandado de segurança não substitui a ação popular".

Súmula 248 STF: "É competente, originariamente, o Supremo Tribunal Federal, para mandado de segurança contra ato do Tribunal de Contas da União".

Súmula 266 STF: "Não cabe mandado de segurança contra lei em tese".

Súmula 267 STF: "Não cabe mandado de segurança contra ato judicial passível de recurso ou correição".

Súmula 268 STF: "Não cabe mandado de segurança contra decisão judicial com trânsito em julgado".

Súmula 269 STF: "O mandado de segurança não é substitutivo de ação de cobrança".

Súmula 270 STF: "Não cabe mandado de segurança para impugnar enquadramento da L. 3.780, de 12.7.60, que envolva exame de prova ou de situação funcional complexa".

Súmula 271 STF: "Concessão de mandado de segurança não produz efeitos patrimoniais em relação a período pretérito, os quais devem ser reclamados administrativamente ou pela via judicial própria".

Súmula 272 STF: "Não se admite como ordinário recurso extraordinário de decisão denegatória de mandado de segurança"

Súmula 304 STF: "Decisão denegatória de mandado de segurança, não fazendo coisa julgada contra o impetrante, não impede o uso da ação própria".

Súmula 330 STF: "O Supremo Tribunal Federal não é competente para conhecer de mandado de segurança contra atos dos Tribunais de Justiça dos Estados".

Súmula 392 STF: "O prazo para recorrer de acórdão concessivo de segurança conta-se da publicação oficial de suas conclusões, e não da anterior ciência à autoridade para cumprimento da decisão".

Súmula 405 STF: "Denegado o mandado de segurança pela sentença, ou no julgamento do agravo, dela interposto, fica sem efeito a liminar concedida, retroagindo os efeitos da decisão contrária".

Súmula 429 STF: "A existência de recurso administrativo com efeito suspensivo não impede o uso do mandado de segurança contra omissão da autoridade".

Súmula 430 STF: "Pedido de reconsideração na via administrativa não interrompe o prazo para o mandado de segurança".

Súmula 433 STF: "É competente o Tribunal Regional do Trabalho para julgar mandado de segurança contra ato de seu presidente em execução de sentença trabalhista".

Súmula 506 STF: "O agravo a que se refere o art. 4º da Lei nº 4.348, de 26.6.64, cabe, somente, do despacho do Presidente do Supremo Tribunal Federal que defere a suspensão da liminar, em mandado de segurança; não do que a denega".

Súmula 507 STF: "A ampliação dos prazos a que se refere o art. 32 do Código de Processo Civil aplica-se aos executivos fiscais".

Súmula 510 STF: "Praticado o ato por autoridade, no exercício de competência delegada, contra ela cabe o mandado de segurança ou a medida judicial".

Súmula 512 STF: "Não cabe condenação em honorários de advogado na ação de mandado de segurança".

Súmula 519 STF: "Aplica-se aos executivos fiscais o princípio da sucumbência a que se refere o art. 64 do Código de Processo Civil".

Súmula 546 STF: "Cabe a restituição do tributo pago indevidamente, quando reconhecido por decisão, que o contribuinte de jure não recuperou do contribuinte de facto o quantum respectivo".

Súmula 597 STF: "Não cabem embargos infringentes de acórdão que, em mandado de segurança decidiu, por maioria de votos, a apelação".

Súmula 623 STF: "Não gera por si só a competência originária do Supremo Tribunal Federal para conhecer do mandado de segurança com base no art. 102, I, "n", da Constituição, dirigir-se o pedido contra deliberação administrativa do tribunal de origem, da qual haja participado a maioria ou a totalidade de seus membros".

Súmula 624 STF: "Não compete ao Supremo Tribunal Federal conhecer originariamente de mandado de segurança contra atos de outros tribunais".

Súmula 625 STF: "Controvérsia sobre matéria de direito não impede concessão de mandado de segurança".

Súmula 626 STF: "A suspensão da liminar em mandado de segurança, salvo determinação em contrário da decisão que a deferir, vigorará até o trânsito em julgado da decisão definitiva de concessão da segurança ou, havendo recurso, até a sua manutenção pelo Supremo Tribunal Federal, desde que o objeto da liminar deferida coincida, total ou parcialmente, com o da impetração".

Súmula 627 STF: "No mandado de segurança contra a nomeação de magistrado da competência do Presidente da República, este é considerado autoridade coatora, ainda que o fundamento da impetração seja nulidade ocorrida em fase anterior do procedimento".

Súmula 629 STF: "A impetração de mandado de segurança coletivo por entidade de classe em favor dos associados independe da autorização destes".

Súmula 630 STF: "A entidade de classe tem legitimação para o mandado de segurança ainda quando a pretensão veiculada interesse apenas a uma parte da respectiva categoria".

Súmula 631 STF: "Extingue-se o processo de mandado de segurança se o impetrante não promove, no prazo assinado, a citação do litisconsorte passivo necessário".

Súmula 632 STF: "É constitucional lei que fixa o prazo de decadência para a impetração de mandado de segurança".

Súmula 701 STF: "No mandado de segurança impetrado pelo ministério público contra decisão proferida em processo penal, é obrigatória a citação do réu como litisconsorte passivo".

Súmula 41 STJ: "O Superior Tribunal de Justiça não tem competência para processar e julgar, originariamente, mandado de segurança contra ato de outros tribunais ou dos respectivos órgãos".

Súmula 58 STJ: "Proposta a execução fiscal, a posterior mudança de domicílio do executado não desloca a competência já fixada".

Súmula 66 STJ: "Compete à Justiça Federal processar e julgar execução fiscal promovida por conselho de fiscalização profissional".

Súmula 105 STJ: "Na ação de mandado de segurança não se admite condenação em honorários advocatícios".

Súmula 121 STJ: "Na execução fiscal o devedor deverá ser intimado, pessoalmente, do dia e hora da realização do leilão".

Súmula 128 STJ: "Na execução fiscal haverá segundo leilão, se no primeiro não houver lanço superior a avaliação".

Súmula 139 STJ: "Cabe à Procuradoria da Fazenda Nacional propor execução fiscal para cobrança de crédito relativo ao ITR".

Súmula 153 STJ: "A desistência da execução fiscal, após o oferecimento dos embargos, não exime o exequente dos encargos da sucumbência".

Súmula 162 STJ: "Na repetição de indébito tributário, a correção monetária incide a partir do pagamento indevido".

Súmula 169 STJ: "São inadmissíveis embargos infringentes no processo de mandado de segurança".

Súmula 177 STJ: "o Superior Tribunal de Justiça é incompetente para processar e julgar, originariamente, mandado de segurança contra ato de órgão colegiado presidido por ministro de estado".

Súmula 188 STJ: "Os juros moratórios, na repetição do indébito tributário, são devidos a partir do trânsito em julgado da sentença".

Súmula 189 STJ: "É desnecessária a intervenção do ministério público nas execuções fiscais".

Súmula 190 STJ: "Na execução fiscal, processada perante a Justiça Estadual, cumpre à Fazenda Pública antecipar o numerário destinado ao custeio das despesas com o transporte dos oficiais de justiça".

Súmula 202 STJ: "A impetração de segurança por terceiro, contra ato judicial, não se condiciona a interposição de recurso".

Súmula 212 STJ: "A compensação de créditos tributários não pode ser deferida em ação cautelar ou por medida liminar cautelar ou antecipatória".

Súmula 213 STJ: "O mandado de segurança constitui ação adequada para a declaração do direito à compensação tributária".

Súmula 251 STJ: "A meação só responde pelo ato ilícito quando o credor, na execução fiscal, provar que o enriquecimento dele resultante aproveitou ao casal".

Súmula 314 STJ: "Em execução fiscal, não localizados bens penhoráveis, suspende-se o processo por um ano, findo o qual se inicia o prazo da prescrição quinquenal intercorrente".

Súmula 333 STJ: "Cabe mandado de segurança contra ato praticado em licitação promovida por sociedade de economia mista ou empresa pública".

Súmula 392 STJ: "A Fazenda Pública pode substituir a certidão de dívida ativa (CDA) até a prolação da sentença de embargos, quando se tratar de correção de erro material ou formal, vedada a modificação do sujeito passivo da execução".

Súmula 393 STJ: "A exceção de pré-executividade é admissível na execução fiscal relativamente às matérias conhecíveis de ofício que não demandem dilação probatória".

Súmula 394 STJ: "É admissível, em embargos à execução, compensar os valores de imposto de renda retidos indevidamente na fonte com os valores restituídos apurados na declaração anual".

Súmula 400 STJ: "O encargo de 20% previsto no DL n. 1.025/1969 é exigível na execução fiscal proposta contra a massa falida".

Súmula 406 STJ: "A Fazenda Pública pode recusar a substituição do bem penhorado por precatório".

Súmula 409 STJ: "Em execução fiscal, a prescrição ocorrida antes da propositura da ação pode ser decretada de ofício (art. 219, § 5°, do CPC)".

Súmula 414 STJ: "A citação por edital na execução fiscal é cabível quando frustradas as demais modalidades".

Súmula 435 STJ: "Presume-se dissolvida irregularmente a empresa que deixar de funcionar no seu domicílio fiscal, sem comunicação aos órgãos competentes, legitimando o redirecionamento da execução fiscal para o sócio-gerente".

Súmula 451 STJ: "É legítima a penhora da sede do estabelecimento comercial".

Súmula 452 STJ: "A extinção das ações de pequeno valor é faculdade da Administração Federal, vedada a atuação judicial de ofício".

Súmula 460 STJ: "É incabível o mandado de segurança para convalidar a compensação tributária realizada pelo contribuinte".

Súmula 515 STJ: "A reunião de execuções fiscais contra o mesmo devedor constitui faculdade do Juiz".

Súmula 521 STJ: "A legitimidade para a execução fiscal de multa pendente de pagamento imposta em sentença condenatória é exclusiva da Procuradoria da Fazenda Pública".

Súmula 523 STJ: "A taxa de juros de mora incidente na repetição de indébito de tributos estaduais deve corresponder à utilizada para cobrança do tributo pago em atraso, sendo legítima a incidência da taxa Selic, em ambas as hipóteses, quando prevista na legislação local, vedada sua cumulação com quaisquer outros índices".

Súmula 558 STJ: "Em ações de execução fiscal, a petição inicial não pode ser indeferida sob o argumento da falta de indicação do CPF e/ou RG ou CNPJ da parte executada".

Súmula 559 STJ: "Em ações de execução fiscal, é desnecessária a instrução da petição inicial com o demonstrativo de cálculo do débito, por tratar-se de requisito não previsto no art. 6º da Lei n. 6.830/1980".

Súmula 583 STJ: "O arquivamento provisório previsto no art. 20 da Lei n. 10.522/2002, dirigido aos débitos inscritos como dívida ativa da União pela Procuradoria-

Geral da Fazenda Nacional ou por ela cobrados, não se aplica às execuções fiscais movidas pelos conselhos de fiscalização profissional ou pelas autarquias federais".

Súmula 1 CARF: "Importa renúncia às instâncias administrativas a propositura pelo sujeito passivo de ação judicial por qualquer modalidade processual, antes ou depois do lançamento de ofício, com o mesmo objeto do processo administrativo, sendo cabível apenas a apreciação, pelo órgão de julgamento administrativo, de matéria distinta da constante do processo judicial".

Súmula 2 CARF: "O CARF não é competente para se pronunciar sobre a inconstitucionalidade de lei tributária".

Súmula 11 CARF: "Não se aplica a prescrição intercorrente no processo administrativo fiscal".

Súmula 28 CARF: "O CARF não é competente para se pronunciar sobre controvérsias referentes a Processo Administrativo de Representação Fiscal para Fins Penais".

Súmula 103 CARF: Para fins de conhecimento de recurso de ofício, aplica-se o limite de alçada vigente na data de sua apreciação em segunda instância.

Súmula 84 CARF: "Pagamento indevido ou a maior a título de estimativa caracteriza indébito na data de seu recolhimento, sendo passível de restituição ou compensação".

Súmula 106 CARF: "Caracterizada a ocorrência de apropriação indébita de contribuições previdenciárias descontadas de segurados empregados e/ou contribuintes individuais, a contagem do prazo decadencial rege-se pelo art. 173, inciso I, do CTN".

Súmula 04/2003 TIT/SP: "Não é admissível a prescrição intercorrente no processo administrativo tributário".

✦ INFORMATIVOS APLICÁVEIS

✦ STF

1. TRIBUTOS

1.1. TAXAS

▸ Princípio da legalidade tributária: taxa e ato infralegal

No RE 838284, discutiu-se a validade da exigência de taxa para a expedição da Anotação de Responsabilidade Técnica (ART) baseada na Lei 6.994/82, que estabelece limites máximos para a ART. O Colegiado assentou que não viola a legalidade tributária lei que, prescrevendo o teto, possibilita ao ato normativo infralegal fixar o valor de taxa em proporção razoável com os custos da atuação estatal, valor esse que não pode ser atualizado por ato do próprio conselho de fiscalização em percentual superior aos índices de correção monetária legalmente previstos. Já no que se refere ao RE 704292, o Tribunal declarou a inconstitucionalidade do art. 2º da Lei 11.000/04. Assim, excluiu de sua incidência a autorização dada aos conselhos de fiscalização de profissões regulamentadas para fixar as contribuições anuais devidas por pessoas físicas ou jurídicas. Por arrastamento, também reputou inconstitucional a integralidade do § 1º do aludido preceito. Para o Colegiado, é inconstitucional, por ofensa ao princípio da legalidade tributária, lei que delega aos conselhos de fiscalização de profissões regulamentadas a competência de fixar ou majorar, sem parâmetro legal, o valor das contribuições de interesse das categorias profissionais e econômicas, usualmente cobradas sob o título de anuidades, vedada, ademais, a atualização desse valor pelos conselhos em percentual superior aos índices legalmente previstos. *RE 704292/PR, repercussão geral, Rel. Min. Dias Toffoli, 19.10.2016. Pleno. (Info 844)*

1.2. CONTRIBUIÇÕES ESPECIAIS

▸ Anuidade de conselho profissional e sistema tributário

O Colegiado definiu que essas anuidades têm natureza jurídica de contribuições corporativas com caráter tributário. Quanto à alegação de inconstitucionalidade formal, ressaltou a dispensabilidade de lei complementar para a criação de contribuições de intervenção no domínio econômico e de interesse das categorias profissionais. Acerca da falta de pertinência temática entre a emenda parlamentar incorporada à medida provisória, que culminou na lei em comento, e o tema das contribuições devidas aos conselhos profissionais em geral, a Corte lembrou entendimento fixado no julgamento da ADI 5127. Naquela ocasião, o Plenário afirmou ser incompatível com a Constituição apresentar emendas sem pertinência temática com a medida provisória submetida à apreciação do parlamento ("contrabando legislativo"). Entretanto, o Colegiado definiu que essa orientação teria eficácia prospectiva. Assim, a medida provisória em questão não padece de vício de inconstitucionalidade formal, haja vista ter sido editada antes do mencionado precedente. A respeito da constitucionalidade material da lei, o Tribunal teceu considerações acerca do princípio da capacidade contributiva. No ponto, afirmou que a progressividade deve incidir sobre todas as espécies tributárias. Finalísticas, se prestam a suprir os cofres dos órgãos representativos das categorias profissionais, com o escopo de financiar as atividades públicas por eles desempenhadas. Assim, o fato gerador das anuidades é a existência de inscrição no conselho respectivo, ainda que por tempo limitado, ao longo do exercício. Ainda no que se refere à constitucionalidade material da lei, o Plenário discorreu sobre o princípio da legalidade tributária, haja vista a atribuição da fixação do valor exato das anuidades aos conselhos profissionais, desde que respeitadas as balizas quantitativas da norma. Quanto à atualização monetária do tributo, tem-se matéria passível de tratamento normativo por intermédio de ato infralegal. A respeito da imputação de responsabilidade aos conselhos profissionais de fixarem o valor exato da anuidade, a questão tem outras implicações. O diploma legal inova legitimamente o ordenamento jurídico ao instituir tributo com a respectiva regra matriz de incidência tributária, haja vista que a anuidade (tributo) é vinculada à existência de inscrição no conselho (fato gerador), tem valor definido (base de cálculo e critério de atualização monetária) e está vinculada a profissionais e pessoas jurídicas com inscrição no conselho (contribuintes). Além disso, é adequada e suficiente a determinação do mandamento tributário na lei impugnada, por meio da fixação de tetos aos critérios materiais das hipóteses de incidência das contribuições profissionais. *ADI 4762/DF, Rel. Min. Edson Fachin, j. 6.10.2016. Pleno. (Info 842)*

2. CRÉDITO TRIBUTÁRIO

▸ Correção monetária e mora administrativa

A mora injustificada ou irrazoável do Fisco em restituir o valor devido ao contribuinte caracteriza a resistência ilegítima autorizadora da incidência da correção monetária. *RE 299605 AgR-ED-EDv/PR, Rel. Min. Edson Fachin, 6.4.2016. Pleno. (Info 820)*

3. ADMINISTRAÇÃO TRIBUTÁRIA

▸ Fornecimento de informações financeiras ao fisco sem autorização judicial

O art. 6º da LC 105/01 não ofende o direito ao sigilo bancário, porque realiza a igualdade em relação aos cidadãos, por meio do princípio da capacidade contributiva, bem como estabelece requisitos objetivos e o translado do dever de sigilo da esfera bancária para a fiscal. Por sua vez, a Lei 10.174/01 não atrai a aplicação do princípio da irretroatividade das leis tributárias, tendo em vista o caráter instrumental da norma, nos termos do artigo 144, § 1º, do CTN. *RE 601314/SP, repercussão geral – mérito, Rel. Min. Edson Fachin, 24.2.2016. Pleno. (Info 815)*

▸ Protesto de CDA e sanção política

O protesto das Certidões de Dívida Ativa constitui mecanismo constitucional e legítimo, por não restringir de forma desproporcional quaisquer direitos fundamentais garantidos aos contribuintes e, assim, não constituir sanção política. *ADI 5135/DF, repercussão geral, rel. Min. Roberto Barroso, 9.11.2016. Pleno. (Info 846)*

4. IMPOSTOS FEDERAIS

4.1. IOF

▸ IOF e transmissão de ações de companhias abertas

É constitucional o art. 1º, IV, da Lei 8.033/90, uma vez que a incidência de IOF sobre o negócio jurídico de transmissão de títulos e valores mobiliários, tais como ações de companhias abertas e respectivas bonificações, encontra respaldo no art. 153, V, da CF, sem ofender os princípios tributários da anterioridade e da irretroatividade, nem demandar a reserva de lei complementar. *RE 583712/SP, repercussão geral – mérito, Rel. Min. Edson Fachin, 4.2.2016. Pleno. (Info 813)*

4.2. IPI

▸ IPI e importação de automóveis para uso próprio

Incide o IPI na importação de veículo automotor por pessoa natural, ainda que não desempenhe atividade empresarial e o faça para uso próprio. *RE 723651/PR, repercussão geral – mérito, Rel. Min. Marco Aurélio, 3 e 4.2.2016. Pleno. (Info 813)*

4.3. IRPJ/IRPF

▸ IR: aumento de alíquota e irretroatividade

É inconstitucional a aplicação retroativa de lei que majora a alíquota incidente sobre o lucro proveniente de operações incentivadas ocorridas no passado, ainda que no mesmo ano-base, tendo em vista que o fato gerador se consolida no momento em que ocorre cada operação de exportação, à luz da extrafiscalidade da tributação na espécie. *RE 592396/SP, repercussão geral – mérito, Rel. Min. Edson Fachin, 3.12.2015. Pleno. (Info 810)*

5. IMPOSTOS MUNICIPAIS

5.1. ISSQN

▸ Administração de planos de saúde e incidência de ISSQN

As operadoras de planos privados de assistência à saúde (plano de saúde e seguro-saúde) prestam serviço sujeito ao Imposto Sobre Serviços de Qualquer Natureza, previsto no art. 156, III, da CF. *RE 651703/PR, repercussão geral, Rel. Min. Luiz Fux, j. 29.9.2016. Pleno. (Info 841)*

▸ ISSQN e redução da base de cálculo

É inconstitucional lei municipal que veicule exclusão de valores da base de cálculo do Imposto Sobre Serviços de Qualquer Natureza fora das hipóteses previstas em lei complementar nacional. Também é incompatível com o texto constitucional medida fiscal que resulte indiretamente na redução da alíquota mínima estabelecida pelo art. 88 do ADCT, a partir da redução da carga tributária incidente sobre a prestação de serviço na territorialidade do ente tributante. *ADPF 190/SP, Rel. Min. Edson Fachin, j. 29.9.2016. Pleno. (Info 841)*

✦ STJ

1. OBRIGAÇÃO TRIBUTÁRIA

1.1. RESPONSABILIDADE TRIBUTÁRIA

▸ Depósito judicial integral dos tributos devidos e denúncia espontânea.

O depósito judicial integral do débito tributário e dos respectivos juros de mora, mesmo antes de qualquer procedimento do Fisco tendente à sua exigência, não configura denúncia espontânea (art. 138 do CTN). *EREsp 1.131.090-RJ, Rel. Min. Mauro Campbell Marques, DJe 10.2.2016. 1ª S. (Info 576)*

2. CRÉDITO TRIBUTÁRIO

2.1. EXTINÇÃO DO CRÉDITO TRIBUTÁRIO

2.1.1. PRESCRIÇÃO E DECADÊNCIA

▸ Termo inicial do prazo prescricional para cobrança de IPVA. Recurso repetitivo. Tema 903.

A notificação do contribuinte para o recolhimento do IPVA perfectibiliza a constituição definitiva do crédito tributário, iniciando-se o prazo prescricional para a execução fiscal no dia seguinte à data estipulada para o vencimento da exação. No que se refere à notificação do contribuinte – que é pressuposto da constituição definitiva do crédito e, por conseguinte, do início da contagem da prescrição para a sua cobrança – cumpre registrar que o CTN não condiciona a forma de cientificação do sujeito passivo para o recolhimento do tributo lançado de ofício (art. 142 do CTN), podendo a legislação de regência da exação disciplinar qualquer meio idôneo para essa finalidade. *REsp 1.320.825-RJ, Rel. Min. Gurgel de Faria, 1ª S., DJe 17.8.2016. 1ª S. (Info 588)*

3. ADMINISTRAÇÃO TRIBUTÁRIA

3.1. FISCALIZAÇÃO

▸ Intimação por edital no processo fiscal referido no art. 27 do DL 1.455/76.

No processo fiscal referido no art. 27 do DL 1.455/76, a intimação por edital só deve ser realizada após restar frustrada a intimação pessoal. De fato, intimação do ato administrativo-tributário confere ao contribuinte, nos planos normativo e fático, o uso da prerrogativa de contestar; é justamente com a intimação que tem início os efeitos temporais e formais atinentes ao exercício do devido processo legal. Visa-se com a intimação dar ciência ao intimado do conteúdo do inteiro teor dos atos processuais. Se a intimação não for aperfeiçoada de modo a garantir a certeza da ciência do intimado, todo o processo previsto na lei, e instalado na realidade, não passa de uma ficção intangível ao contribuinte que não pôde percorrê-lo por não lhe ter sido oportunizada tal faculdade. *REsp 1.561.153-RS, Rel. Min. Mauro Campbell Marques, DJe 24.11.2015. 2ª T. (Info 574)*

4. IMPOSTOS FEDERAIS

4.1. II/IE

▸ Hipótese de não concessão do regime de "drawback".

Não se concede o regime tributário de "drawback" na modalidade suspensão à importação de cantoneiras de plástico rígido, filtros de etileno e termógrafos elétricos destinados a conferir maior segurança ao transporte exportador de frutas, já devidamente acondicionas em caixas e caixotes e envoltas por folhas de papel alveolado. *REsp 1.404.148-PE, Rel. p/ ac. Min. Herman Benjamin, DJ 13.9.2016. 2ª T. (Info 590)*

4.2. IRPJ/IRPF

▸ Cegueira monocular e isenção de imposto de renda.

Os proventos de aposentadoria ou reforma percebidos por portador de cegueira monocular são isentos de imposto sobre a renda. *REsp 1.553.931-PR, Rel. Min. Regina Helena Costa, DJe 2.2.2016. 1ª T. (Info 575)*

▸ Incidência de imposto de renda sobre o adicional de 1/3 de férias gozadas. Recurso repetitivo. Tema 881.

Incide imposto de renda sobre o adicional de 1/3 (um terço) de férias gozadas. *REsp 1.459.779-MA, Rel. p/ ac. Min. Benedito Gonçalves, 1ª S., DJe 18.11.2015. (Info 573)*

▸ Irretroatividade de mutação jurisprudencial tributária.

O entendimento adotado no REsp 1.192.556, em que a Primeira Seção do STJ, segundo a sistemática do art. 543-C do CPC/73, definiu que é válida a incidência do IRPF sobre abono de permanência, não alcança fatos geradores pretéritos ao referido julgado. *REsp 1.596.978-RJ, Rel. Min. Napoleão Nunes Maia Filho, DJ 1.9.2016. 1ª T. (Info 589)*

4.3. IPI

▸ Base de cálculo do IPI nas vendas a prazo.

A base de cálculo do IPI na venda a prazo é o preço "normal" da mercadoria (preço de venda à vista) mais os eventuais acréscimos decorrentes do parcelamento. *REsp 1.586.158-SP, Rel. Min. Herman Benjamin, DJe 25.5.2016. 2ª T. (Info 584)*

▸ **Direito ao creditamento de IPI.**

Apenas com a vigência da Lei 9.779/99, surgiu o direito ao creditamento do IPI decorrente da aquisição de matéria-prima, produto intermediário e material de embalagem utilizados na fabricação de produtos isentos ou sujeitos ao regime de alíquota zero. *REsp 811.486-RN, Rel. Min. Napoleão Nunes Maia Filho, DJe 8.3.2016. 1ª T. (Info 578)*

▸ **Exclusão de crédito presumido de IPI da base de cálculo do IRPJ e da CSLL no regime do lucro presumido.**

O crédito presumido de IPI previsto no art. 1º da Lei 9.363/96 que se refira a período no qual o contribuinte tenha se submetido ao regime de tributação com base no lucro presumido deve ser excluído das bases de cálculo do IRPJ e da CSLL apuradas pelo regime do lucro presumido. *REsp 1.611.110-RS, Rel. Min. Mauro Campbell Marques, DJe 12.8.2016. 2ª T. (Info 587)*

▸ **Incidência de IPI sobre a saída de produto de estabelecimento importador. Recurso repetitivo. Tema 912.**

Os produtos importados estão sujeitos a uma nova incidência do IPI quando de sua saída do estabelecimento importador na operação de revenda, mesmo que não tenham sofrido industrialização no Brasil. Efetivamente, o fato de o "nomen juris" do tributo ser "Imposto sobre Produtos Industrializados" não significa que seu fato gerador esteja necessariamente atrelado a uma imediata operação de industrialização. O fato de o tributo incidir sobre o produto industrializado significa somente que é necessário e relevante que essa operação de industrialização, em algum momento, tenha ocorrido – pois a circulação que se tributa é de um produto industrializado –, mas não que a industrialização tenha que ocorrer simultaneamente a cada vez que se realize uma hipótese de incidência do tributo (fato gerador). *EREsp 1.403.532-SC, Rel. p/ ac. Min. Mauro Campbell Marques, Corte Especial, DJe 18.12.2015. (Info 574)*

5. IMPOSTOS ESTADUAIS

5.1. ICMS

▸ **Base de cálculo de ICMS/ST no caso de venda de medicamentos de uso restrito a hospitais e clínicas.**

No caso de venda de medicamentos de uso restrito a hospitais e clínicas, a base de cálculo do ICMS/ST é o valor da operação de que decorrer a saída da mercadoria (art. 2º, I, do DL 406/68), e não o valor correspondente ao preço máximo de venda a consumidor sugerido por fabricante de medicamentos (Cláusula Segunda do Convênio n. 76/94). *REsp 1.229.289-BA, Rel. p/ ac. Min. Napoleão Nunes Maia Filho, DJe 17.8.2016. 1ª T. (Info 588)*

▸ **Cálculo do ICMS-substituição tributária.**

Ainda que se adote a substituição tributária como forma de arrecadação de ICMS, é legal a sistemática do "cálculo por dentro". *REsp 1.454.184-MG, Rel. Min. Mauro Campbell Marques, DJe 9.6.2016. 2ª T. (Info 585)*

▸ **Inclusão de subvenção econômica na base de cálculo do ICMS.**

A subvenção concedida com base no art. 5º da Lei 10.604/02 às concessionárias e permissionárias de energia elétrica compõe a base de cálculo do ICMS. *REsp 1.286.705-SP, Rel. Min. Humberto Martins, DJe 12.2.2016. 2ª T. (Info 576)*

▸ **Não creditamento de PIS/Pasep e Cofins em caso de ICMS-ST.**

O contribuinte não tem direito a creditamento, no âmbito do regime não cumulativo das contribuições ao PIS/Pasep e da Cofins, dos valores que, na condição de substituído tributário, paga ao substituto a título de reembolso pelo recolhimento do ICMS-ST. Quando ocorre a retenção e o recolhimento do ICMS pela empresa a título de substituição tributária (ICMS-ST), a empresa substituta não é a contribuinte, o contribuinte é o próximo na cadeia, o substituído. Nessa situação, a própria legislação tributária prevê que tais valores são meros ingressos na contabilidade da empresa substituta, que se torna apenas depositária de tributo (responsável tributário por substituição ou agente arrecadador) que será entregue ao Fisco. Então não ocorre a incidência das contribuições ao PIS/Pasep e da Cofins, já que não há receita da empresa prestadora substituta. *REsp 1.456.648-RS, Rel. Min. Mauro Campbell Marques, DJe 28.6.2016. 2ª T. (Info 586)*

▸ **Óbice ao aproveitamento de crédito de ICMS decorrente de operação de exportação.**

Não viola o princípio da não cumulatividade a vedação, prevista em legislação estadual, de aproveitamento de crédito de ICMS decorrente de operação de exportação quando o contribuinte possuir débito superior ao crédito. *REsp 1.505.296-SP, Rel. Min. Humberto Martins, DJe 9.12.2015. 2ª T. (Info 574)*

6. IMPOSTOS MUNICIPAIS

6.1. ISSQN

▸ **Incidência de ISS sobre montagem de pneus.**

Incide ISS – e não ICMS – sobre o serviço de montagem de pneus, ainda que a sociedade empresária também forneça os pneus utilizados na montagem. *REsp 1.307.824-SP, Rel. Min. Mauro Campbell Marques, DJe 9.11.2015. 2ª T. (Info 573)*

7. OUTROS TEMAS

7.1. SIMPLES NACIONAL

▸ **Inexistência de alvará de localização e funcionamento e ingresso no Simples Nacional.**

A ausência de alvará de localização e funcionamento não impede que a Empresa de Pequeno Porte ou a Microempresa ingressem ou permaneçam no regime do Simples Nacional. *REsp 1.512.925-RS, Rel. Min. Mauro Campbell Marques, DJ 12.9.2016. 2ª T. (Info 590)*

Direito Civil

Ronaldo Vieira Francisco

TABELA DE INCIDÊNCIA DE QUESTÕES

Distribuição das questões organizada por ordem didática de assuntos		
Assunto	**Número de Questões**	**Peso**
LEI DE INTRODUÇÃO ÀS NORMAS DO DIREITO BRASILEIRO		
EQUIDADE	1	1,67%
DIREITO CIVIL		
I. PARTE GERAL		
1. PESSOAS NATURAIS		
1.1. DIREITOS DA PERSONALIDADE	2	3,33%
2. PESSOAS JURÍDICAS	1	1,67%
3. BENS	1	1,67%
4. FATOS JURÍDICOS		
4.1. CONDIÇÃO, TERMO E ENCARGO	1	1,67%
4.2. DEFEITOS DO NEGÓCIO JURÍDICO	1	1,67%
4.3. INVALIDADE DO NEGÓCIO JURÍDICO		
4.3.1. NULIDADE		
4.3.1.1. NULIDADE DOS NEGÓCIOS JURÍDICOS	1	1,67%
4.3.2. SIMULAÇÃO	1	1,67%
5. PRESCRIÇÃO E DECADÊNCIA		
5.1. PRESCRIÇÃO	5	8,33%
5.2. DECADÊNCIA	1	1,67%
6. PROVAS	1	1,67%
II. PARTE ESPECIAL		
1. OBRIGAÇÕES		
1.1. CLASSIFICAÇÃO DAS OBRIGAÇÕES	2	3,33%
1.2. TRANSMISSÃO DAS OBRIGAÇÕES	1	1,67%
1.3. INEXECUÇÃO DAS OBRIGAÇÕES	4	6,67%

2. CONTRATOS		
2.1. PRINCÍPIOS CONTRATUAIS	2	3,33%
2.2. CLASSIFICAÇÃO DOS CONTRATOS	1	1,67%
2.3. CONTRATOS EM ESPÉCIE	9	15,00%
2.4. EXTINÇÃO DOS CONTRATOS	1	1,67%
3. COISAS		
3.1. AQUISIÇÃO DA PROPRIEDADE IMÓVEL	1	1,67%
3.2. AQUISIÇÃO DA PROPRIEDADE MÓVEL	1	1,67%
3.3. CONDOMÍNIO GERAL, EDILÍCIO E DE LOTES	2	3,33%
3.4. PROPRIEDADE RESOLÚVEL E FIDUCIÁRIA	1	1,67%
4. RESPONSABILIDADE CIVIL	5	8,33%
5. FAMÍLIA		
5.1. CASAMENTO	1	1,67%
5.2. REGIME DE BENS	3	5,00%
5.3. PROTEÇÃO DA PESSOA DOS FILHOS	1	1,67%
5.4. ALIMENTOS	1	1,67%
6. SUCESSÕES		
6.1. SUCESSÃO LEGÍTIMA	6	10,00%
6.2. SUCESSÃO TESTAMENTÁRIA	1	1,67%
6.3. INVENTÁRIO E PARTILHA	1	1,67%
Total	**60**	**100%**

Direito Civil

Ronaldo Vieira Francisco

✦ LEI DE INTRODUÇÃO ÀS NORMAS DO DIREITO BRASILEIRO

- Equidade

▸ **LINDB, arts. 4º e 5º**

01. (Vunesp – Juiz de Direito – MS/2015) Assinale a alternativa correta sobre a possibilidade de aplicação da equidade como critério de julgamento, no direito brasileiro.

A) Na arbitragem, é vedada a utilização da equidade como critério de julgamento.

B) Nos casos de injúria, difamação ou calúnia, o valor da indenização será fixado por equidade sempre que o ofendido não puder provar prejuízo material.

C) Nas ações de reparação por danos materiais, em regra, o arbitramento da indenização se dará por equidade quando o credor não demonstrar a extensão do dano.

D) É vedada a utilização da equidade como critério de julgamento, na medida em que não constitui fonte do direito.

E) A excessiva desproporção entre a gravidade da culpa e o dano não permite que o magistrado reduza a indenização por equidade.

COMENTÁRIOS

✪ **Nota do autor:** considerando as disposições do CC/art. 413 e NCPC/art. 40, parágrafo único, podemos conceituar a equidade como o juízo de razoabilidade e equilíbrio baseado no bom-senso com que o caso concreto é apreciado; é a justiça do caso concreto; classifica-se em equidade legal e judicial, sendo a primeira com previsão em texto de lei (CC/art. 413, 738, 944, 953, p. ex.) e a segunda como uma ordem ao juiz para que aplique as disposições legais a respeito da equidade para a situação posta em juízo (CPC/art. 140, parágrafo único, c/c CC/413 x 479, p. ex); não podemos deixar de classificar as fontes do direito, que são material (diz respeito ao organismo do qual emana, merecendo destaque a parcela de poder para elaborar a norma, como a União que legisla privativamente sobre direito civil, CF/art. 22, I, o que afasta o Estado como fonte dessa ciência) e formal (manifestação do direito, sendo principal, direta ou imediata a lei e acessória, mediata ou indireta a analogia, os costumes e os princípios gerais de direito); a lei, como fonte do direito, tem as características da generalidade, imperatividade, permanência, obrigatoriedade e autorizante; fala-se, ainda, em fontes informais como sendo a doutrina e a jurisprudência; a equidade não é fonte do direito e nem mesmo meio de suprir lacuna, sendo mero recurso de auxilio segundo os critérios acima para solução de conceitos vagos.

Alternativa correta: letra "b". A equidade não constitui meio supletivo de lacuna da lei, mas recurso que auxilia a aplicação desta. Em sentido estrito, a equidade é aplicada quando a própria lei cria espaços ou lacunas para que o juiz formule a norma mais apropriada ao caso concreto; logo, só será empregada quando a lei expressamente permitir. É o que diz o art. 127 do CPC: "O juiz só decidirá por equidade nos casos previstos em lei". O Novo CPC manteve o mesmo conteúdo no art. 140, parágrafo único. Assim, quando a lei deixa espaços vagos, escolhas ou alternativas, o juiz decidirá "por equidade", caso em que o fará sem se ater à legalidade estrita, mas apenas à sua convicção íntima, devidamente autorizado pelo legislador. Decidir "com equidade" é aplicar o ideal de justiça, acepção lata do termo. A equidade pode ser (i) legal: é prevista no texto da lei, que prevê várias possibilidades de solução do caso concreto; (ii) judicial: o legislador, de maneira explicita ou implicitamente, comete ao juiz decidir por equidade, criando espaços para que formule a regra mais adequada à situação concreta. Segundo o art. 953, parágrafo único, do CC: "Se o ofendido não puder provar prejuízo material, caberá ao juiz fixar, equitativamente, o valor da indenização, na conformidade das circunstâncias do caso". Por conseguinte, se o ofendido não puder comprovar o prejuízo material, caberá ao juiz fixar, por equidade, o quantum indenizatório, atendendo às circunstâncias do caso concreto.

Alternativa "a". Segundo o art. 2º, *caput*, da Lei 9.307/96, a arbitragem poderá ser de direito ou de equidade, a critério das partes.

Alternativa "c". A extensão do dano deve ser comprovada nas ações de reparação de danos materiais – o dano emergente e o lucro cessante, art. 402 do CC – permitindo o diploma civil, no art. 944, parágrafo único, que o juiz decida por equidade quando a extensão do dano for desproporcional a gravidade da culpa.

Alternativa "d". A equidade pode ser utilizada como critério de julgamento. A posição da equidade como fonte do direito não é unanime entre os juristas: ex: Carlos Roberto Gonçalves, não é fonte; Silvio de Salvo Venosa, é fonte mediata ou secundária.

Alternativa "e". O art. 944, parágrafo único, do CC, expressamente consigna: "Se houver excessiva desproporção entre a gravidade da culpa e o dano, poderá o juiz reduzir, **equitativamente**, a indenização".

◉ DIREITO CIVIL

✦ I. PARTE GERAL

1. PESSOAS NATURAIS

1.1. DIREITOS DA PERSONALIDADE

- Pseudônimo

▸ **CC, art. 19**

02. (Vunesp – Juiz de Direito Substituto – SP/2015) No que tange aos direitos da personalidade, assinale a alternativa correta.

A) É garantia legal a irrestrita liberdade de disposição do próprio corpo.

B) A proteção dos direitos da personalidade aplica-se igualmente às pessoas jurídicas.

C) O pseudônimo licitamente utilizado goza da proteção que se dá ao nome.

D) A transmissão da palavra de determinada pessoa poderá, sempre e em qualquer circunstância, ser proibida a seu requerimento e sem prejuízo da indenização que couber, se lhe atingir a honra ou se destinada a fins comerciais.

COMENTÁRIOS

✪ **Nota do autor:** nas lições de Maria Helena Diniz, o *nome* integra a personalidade por ser sinal exterior pelo qual se designa, se individualiza e se reconhece a pessoa no seio da família e da sociedade (Maria Helena Diniz, Código Civil Anotado, 16ed, Saraiva, São Paulo, 2012). Toda pessoa tem direito ao nome, nele compreendidos o prenome e o sobrenome. Assim, são dois os elementos do nome. O *prenome* pode ser escolhido livremente, desde que não exponha a pessoa ao ridículo. O *sobrenome ou patronímico* é o sinal que indica a procedência da pessoa, indicando sua filiação ou estirpe, podendo advir dos apelidos de família do pai, da mãe, ou de ambos. Sua origem não se limita ao nascimento, pois a adoção, o casamento, a união estável, também são fontes do sobrenome. Aliás, a adoção pode determinar até mesmo a alteração do prenome, a pedido do adotante (ECA, art. 47, § 5º). O nome da pessoa não pode ser empregado por outrem em publicações ou representações que a exponham ao desprezo público, ainda quando não haja intenção difamatória. Por outro lado, sem autorização, não se pode usar o nome alheio em propaganda comercial. Pelo **Enunciado 278**, *"A publicidade que divulgar, sem autorização, qualidades inerentes a determinada pessoa, ainda que sem mencionar seu nome, mas sendo capaz de identificá-la, constitui violação a direito da personalidade".* Os artigos 16 a 19 do Código Civil dispõem sobre o *nome* e o *pseudônimo*, que se adota para atividades lícitas, o qual goza da proteção que se dá ao nome *(elementos fundamentais)*. Outros podem ser os elementos do nome, como o *agnome*, a *partícula*, o *apelido* ou *alcunha*, o *hipocorístico*, os *títulos nobiliários, os heterônimos*, entre outros *(elementos secundários)*. Todos os preceitos a respeito do nome civil da pessoa natural estão inseridos no campo dos direitos da personalidade e em razão disso são *inalienáveis, imprescritíveis*, pois representam o dado exterior que diferencia uma pessoa das demais, tanto na família, quanto nas relações em sociedade. A Lei 6.015, de 31 de dezembro de 1973 (Lei de Registros Públicos), especialmente nos artigos 54 a 63, estabelece as diretrizes a respeito da imutabilidade, alteração, acréscimo, substituição e correção do nome.

Alternativa correta: letra "c". O art. 19 do CC confere ao pseudônimo adotado para atividades lícitas a mesma proteção que se dá ao nome. *Pseudônimo ou codinome* é o nome fictício – diferente do nome verdadeiro – adotado para as atividades lícitas, por literatos, artistas, etc. Ainda que não tenham alcançado a notoriedade ou a importância do nome, o que importa para que se defira a proteção ao nome fictício é o seu emprego em atividades lícitas. Nessa diferenciação vale lembrar o *heterônimo*, que é o nome imaginário que um criador identifica como o autor de obras suas e que designa alguém com qualidades e tendências diferentes das desse criador.

Alternativa "a". A disposição do corpo encontra limitações, não é totalmente livre. Em *vida*, salvo por exigência médica, é defeso o ato de disposição do próprio corpo, quando importar diminuição permanente da integridade física, ou contrariar os bons costumes. Esse ato será admitido para fins de transplante, na forma estabelecida em lei especial (CC, 13; L. 9.434/97). Para *depois da morte*, é válida, com objetivo científico, ou altruístico, a disposição gratuita do próprio corpo, no todo ou em parte. Esse o ato de disposição pode ser livremente revogado a qualquer tempo (CC, art. 14).

Alternativa "b". Segundo o art. 52 do CC, "Aplica-se às pessoas jurídicas, no que couber, a proteção dos direitos da personalidade". O Enunciado 286 aprovado na da IV Jornada de Direito Civil assentou que "Os direitos da personalidade são direitos inerentes e essenciais à pessoa humana, decorrentes de sua dignidade, não sendo as pessoas jurídicas titulares de tais direitos". Todavia, para o STJ, a expressão *"no que couber"*, deixar claro que somente se protege a honra objetiva da pessoa jurídica**,** destituída que é de honra subjetiva (STJ, info 508). Nessa toada, a Súmula n. 227 do STJ preceitua que "a pessoa jurídica pode sofrer dano moral". Contudo, para a Corte, não sofrem dano moral as pessoas jurídicas de direito público (REsp. 1.258.389).

Alternativa "d". A divulgação de escritos, a transmissão da palavra, ou a publicação, a exposição ou a utilização da imagem de uma pessoa poderão ser *proibidas*, a seu requerimento e sem prejuízo da indenização que couber, se lhe atingirem a honra, a boa fama ou a respeitabilidade, ou se se destinarem a fins comerciais. Há, contudo, exceções a essa regra: (a) *se autorizadas*; (b) se *necessárias à administração da justiça*; (c) à *manutenção da ordem pública*; (d) no *caso de biografia não autorizada*. Decidiu o STF na ADIN 4815, em consonância com os direitos fundamentais à liberdade de pensamento e de sua expressão, declarar inexigível o consentimento de pessoa biografada relativamente a obras biográficas literárias ou audiovisuais, sendo por igual desnecessária autorização de pessoas retratadas como coadjuvantes (ou de seus familiares, em caso de pessoas falecidas).

- Tutela *post mortem*

▸ **CC, arts. 12, parágrafo único, e 20, parágrafo único**

03. (Vunesp – Juiz de Direito – TJ – SP/2013) Acerca da personalidade, é correto afirmar que

A) embora não exista mais o instituto romano da morte civil, é possível renunciar-se a certos direitos da personalidade, na forma da lei.

B) a morte pode ser real ou presumida, havendo a primeira quando cessam as funções vitais, e a segunda, somente quando alguém, desaparecido em campanha ou feito prisioneiro, não for encontrado até dois anos após o término da guerra.

C) se dois ou mais indivíduos falecerem na mesma ocasião, não se podendo averiguar se algum dos comorientes precedeu aos outros, presume-se que a morte do mais velho precedeu a do mais jovem.

D) não obstante a existência se extinguir com a morte, é tutelável a ameaça ou lesão aos direitos de personalidade do morto.

COMENTÁRIOS

✪ **Nota do Autor:** os direitos da personalidade são os direitos subjetivos da pessoa de defender o que lhe é próprio, ou seja, a vida, a integridade, a liberdade, a sociabilidade, a reputação ou honra, a imagem, a privacidade, a autoria, etc. (Goffredo Telles Jr.). Os direitos da personalidade são subjetivos *"**excludendi alios**"*, ou seja, direito de exigir um comportamento negativo dos outros. Além disso, segundo o **Enunciado 274**, "Os direitos da personalidade, regulados de maneira não-exaustiva pelo Código Civil, são expressões da cláusula geral de tutela da pessoa humana, contida no art. 1º, inc. III, da Constituição (princípio da dignidade da pessoa humana). Em caso de colisão entre eles, como nenhum pode sobrelevar os demais, deve-se aplicar a técnica da ponderação". Entre as **características**, destacam-se que são: (i) inatos (e adquiridos); (ii) absolutos; (iii) intransmissíveis; (iv) indisponíveis; (v) irrenunciáveis; (vi) ilimitados; (vii) imprescritíveis; (viii) impenhoráveis e (viii) inexpropriáveis. De forma **expressa** o Código Civil reportou-se, unicamente, à: (A) intransmissibilidade; (B) irrenunciabilidade e (C) indisponibilidade. Por fim, discute-se se a pessoa jurídica pode ser titular de direitos da personalidade. A respeito, o **Enunciado 286:** "Os direitos da personalidade são direitos inerentes e essenciais à pessoa humana, decorrentes de sua dignidade, não sendo as pessoas jurídicas titulares de tais direitos". Vale lembrar, por último, a **Súmula STJ/227**: "A pessoa jurídica pode sofrer dano moral". Contudo, para o STJ, "(...) talvez por isso o art. 52 do CC, segundo o qual se aplica "às pessoas jurídicas, no que couber, a proteção aos direitos da personalidade", tenha-se valido da expressão "no que couber", para deixar claro que somente se protege a honra objetiva da pessoa jurídica, destituída que é de honra subjetiva. O dano moral para a pessoa jurídica não é, portanto, o mesmo que se pode imputar à pessoa natural, tendo em vista que somente a pessoa natural, obviamente, tem atributos biopsíquicos. O dano moral da pessoa jurídica, assim sendo, está associado a um "desconforto extraordinário" que afeta o nome e a tradição de mercado, com repercussão econômica, à honra objetiva da pessoa jurídica, vale dizer, à sua imagem, conceito e boa fama, não se referindo aos mesmos atributos das pessoas naturais" (STJ – Info 508).

Alternativa correta: letra "d". De acordo com o art. 6º do CC – segundo o qual "a existência da pessoa natural termina com a morte [...]», por consequência, os direitos da personalidade de pessoa natural se encerram com a sua morte. Todavia, o parágrafo único dos arts. 12 e 20 do CC estabeleceram duas formas de tutela póstuma dos direitos da personalidade. O art. 12 dispõe que, em se tratando de morto, terá legitimidade para requerer a cessação de ameaça ou lesão a direito da personalidade, e para reclamar perdas e danos, o cônjuge sobrevivente ou qualquer parente em linha reta, ou colateral até o quarto grau. O art. 20, por sua vez, determina que, em se tratando de morto, o cônjuge, os ascendentes ou os descendentes são partes legítimas para requerer a proibição de divulgação de escritos, de transmissão de palavras, ou de publicação, exposição ou utilização da imagem da pessoa falecida. Portanto, a tutela *post mortem* é cabível em caso de ameaça ou lesão aos direitos da personalidade do falecido.

Alternativa "a". Os direitos da personalidade são irrenunciáveis, admitindo-se, porém, sua cessão, como ocorre em relação aos direitos autorais, por exemplo. A indisponibilidade, portanto, é relativa, desde que não seja permanente nem geral (CC, art. 11).

Alternativa "b". A morte presumida pode ser com ou sem declaração de ausência, conforme os arts. 6º e 7º, I e II, do CC. Neste dispositivo, há duas situações previstas. A hipótese da assertiva compreendeu apenas uma delas, deixando de fora a seguinte: "se for extremamente provável a morte de quem estava em perigo de vida".

Alternativa "c". O art. 8º do CC dispõe sobre a comoriência, sem consagrar qualquer presunção de que o mais velho faleceu antes, quando não se puder averiguar se algum dos comorientes precedeu aos outros. Neste caso, presumir-se-ão simultaneamente mortos.

2. PESSOAS JURÍDICAS

- Desconsideração da personalidade jurídica

▸ **CC, art. 50**

04. (Vunesp – Juiz de Direito – PA/2014) No que diz respeito à desconsideração da personalidade jurídica, assinale a alternativa correta.

A) Possui como objetivo preservar a dependência da pessoa jurídica com o sócio ao coibir os atos praticados pelos seus sócios.

B) Visa à anulação da personalidade jurídica quando não for possível encontrar bens do sócio que satisfaçam a obrigação.

C) A insolvência ou falência da pessoa jurídica, acarretando no inadimplemento de suas obrigações, caracteriza sua desconsideração.

D) A desconsideração inversa é o afastamento do princípio da autonomia patrimonial da pessoa jurídica para responsabilizar a sociedade por obrigação do sócio.

E) A personalidade jurídica da sociedade se confunde com a personalidade jurídica dos sócios, por isso o sócio pode postular em nome próprio direito de entidade.

COMENTÁRIOS

✪ **Nota do autor:** em linhas gerais, conhecida como *disregard of legal entity* e também por *doutrina na penetração*, a desconsideração da pessoa jurídica é a declaração de sua ineficácia temporária, para determinados efeitos, afastando a fraude perpetrada contra terceiro mediante a utilização da autonomia patrimonial da pessoa jurídica, prosseguindo incólume sua personalidade para atender as suas finalidades sociais. Os atos praticados pela pessoa jurídica que tenha a personalidade desconsiderada permanecem válidos. Logo, a invalidade dos negócios jurídicos não se confunde com a teoria da desconsideração. Aqui, a personalidade da pessoa jurídica é superada para alcançar os bens particulares dos administradores e sócios que atuaram com desvio de finalidade, ou pela confusão patrimonial (desconsideração *propriamente dita*). Vejamos os Enunciados das Jornadas de Direito Civil: **E/7:** *"Só se aplica a desconsideração da personalidade jurídica quando houver a prática de ato irregular e, limitadamente, aos administradores ou sócios que nela hajam incorrido"*; **E/281**: *"A aplicação da teoria da desconsideração, descrita no art. 50 do Código Civil, prescinde da demonstração de insolvência da pessoa jurídica"*; **E/282**, *"O encerramento irregular das atividades da pessoa jurídica, por si só, não basta para caracterizar abuso da personalidade jurídica"*; **E/284**, *"As pessoas jurídicas de direito privado sem fins lucrativos ou de fins não-econômicos estão abrangidas no conceito de abuso da personalidade jurídica"*; **E/285**, *"A teoria da desconsideração, prevista no art. 50 do Código Civil, pode ser invocada pela pessoa jurídica, em seu favor"*. A outro giro, enquanto o CDC adotou a "*teoria menor*", o CC acolheu a "*teoria maior*". Para a ***"teoria menor"***, basta a insolvência da pessoa jurídica para ser possível a desconsideração de sua personalidade, pouco importando se houve fraude ou desvio. Para a ***"teoria maior"***, é exigido, além da prova de insolvência, a demonstração ou de desvio de finalidade (teoria subjetiva da desconsideração) ou de confusão patrimonial (teoria objetiva da desconsideração) (STJ – Info 454). A medida surgiu na Inglaterra e chegou ao Brasil no final dos anos 60, com os trabalhos do jurista e professor Rubens Requião. Diversos países admitem a teoria, entre eles os EUA, a França e a Alemanha. No Brasil, inicialmente foi prevista no CDC, depois na Lei 9.605/1998 e na Lei 12.529/2011 (Lei Antitruste). Não se trata de medida aplicável livremente, pois lhe são exigidos alguns requisitos específicos, configurando exceção, não regra. Admite-se, ainda, a **desconsideração da personalidade jurídica denominada *"inversa"***, para alcançar bens de sócio que se valeu da pessoa jurídica para ocultar ou desviar bens pessoais, causando prejuízo a terceiros. O STJ já decidiu por sua possibilidade, afirmando que se caracteriza pelo *"afastamento da autonomia patrimonial da sociedade, para, contrariamente do que ocorre na desconsideração da personalidade jurídica propriamente dita, atingir o ente coletivo e seu patrimônio social, de modo a responsabilizar a pessoa jurídica por obrigações do sócio –, em razão de uma interpretação teleológica do art. 50 do CC/2002"* (STJ: REsp 948.117-MS). Nas lições da Ministra Min. Nancy Andrighi, o Superior Tribunal de Justiça sedimentou o entendimento de que a desconstituição da personalidade jurídica é admitida dentro do **processo de execução** ou **falimentar**, independentemente de **ação própria**. E mesmo nestes casos, o juiz só poderá decidir por essa medida excepcional quando forem atendidos todos os pressupostos relacionados à fraude ou abuso de direito estabelecidos no art. 50 do CC/2002. (STJ: REsp 948.117-MS, Rel. Min. Nancy Andrighi). Distinguem-se a *despersonalização*, que significa a dissolução da pessoa jurídica ou a cassação da sua autorização para seu funcionamento, da *desconsideração*, que é o afastamento provisório da autonomia subjetiva da pessoa coletiva, para dado caso concreto, com isso alcançando e responsabilizando os bens particulares dos administradores e sócios da pessoa jurídica. Segundo o **E/283**, "É cabível a desconsideração da personalidade jurídica denominada "inversa" para alcançar bens de sócio que se valeu da pessoa jurídica para ocultar ou desviar bens pessoais, com prejuízo a terceiros" Pelo **E/146:** *"Nas relações civis, interpretam-se restritivamente os parâmetros de desconsideração da personalidade jurídica previstos no art. 50 (desvio de finalidade social ou confusão patrimonial). (Este Enunciado não prejudica o Enunciado nº 7)"*; **E/406,** *"A desconsideração da personalidade jurídica alcança os grupos de sociedade quando estiverem presentes os pressupostos do art. 50 do Código Civil e houver prejuízo para os credores até o limite transferido entre as sociedades"*. É importante mencionar que o novo Código de Processo Civil (Lei 13.105/15), a entrar em vigor em março de 2016, traz novo regramento sobre a desconsideração da personalidade jurídica, tratando-o como incidente processual (art. 133 e seguintes do NCPC).

Alternativa correta: letra "d". A despersonalização da personalidade jurídica é prevista no Código Civil, art. 50, nestes termos: "Em caso de abuso da personalidade jurídica, caracterizado pelo desvio de finalidade, ou pela confusão patrimonial, pode o juiz decidir, a requerimento da parte, ou do Ministério Público quando lhe couber intervir no processo, que os efeitos de certas e determinadas relações de obrigações sejam estendidos aos bens particulares dos administradores ou sócios da pessoa jurídica". *Despersonalizar* é descortinar o ente jurídico para alcançar atos determinados praticados com abuso ou desvios; isso não significa anular ou extinguir a pessoa jurídica, que continua a existir normalmente. Sua adoção somente é recomendada quando forem atendidos os pressupostos específicos relacionados com a fraude ou abuso de direito estabelecidos no art. 50 do CC/02. Somente se forem verificados os requisitos de sua incidência, poderá o juiz levantar o véu da personalidade jurídica para que o ato de expropriação atinja os bens da empresa. É firme a jurisprudência em proclamar a possibilidade de se levantar o véu da pessoa jurídica no próprio processo falimentar ou em execução individual, sendo desnecessário o ajuizamento de ação própria (STJ: REsp 331921/SP). Pelo **Enunciado 283** "É cabível a desconsideração da personalidade jurídica denominada "inversa" para alcançar bens de sócio que se valeu da pessoa jurídica para ocultar ou desviar bens pessoais, com prejuízo a terceiros". Também para o STJ, admite-se a desconsideração inversa da personalidade jurídica, "que se caracteriza pelo afastamento da autonomia patrimonial da sociedade, para, contrariamente do que ocorre na desconsideração da personalidade jurídica propriamente dita, atingir o ente coletivo e seu patrimônio social, de modo a responsabilizar a pessoa jurídica por obrigações do sócio, em razão de uma interpretação teleológica do art. 50 do CC/2002" (STJ: REsp 948.117 – MS).

Alternativa "a". A desconsideração da personalidade jurídica (*diregard doctrine* ou *disregard of legal entity*), prevista no art. 50 do Código Civil, "(...) permite que o juiz, em casos de fraude e de má-fé, desconsidere o princípio de que as pessoas jurídicas tem existência distinta da de seus membros e os efeitos dessa autonomia para atingir e vincular os bens particulares dos sócios à satisfação das dívidas da sociedade [...] Como bem esclarece Fábio Ulhoa Coelho, 'a decisão judicial que desconsidera a personalidade jurídica da sociedade não desfaz o seu ato constitutivo, não o invalida, nem importa a sua dissolução. Trata-se, apenas e rigorosamente, de suspensão episódica da eficácia desse ato. Quer dizer, a constituição da pessoa jurídica não produz efeitos apenas no caso em julgamento, permanecendo válida e inteiramente eficaz para todos os outros fins... E suma, a aplicação da teoria da desconsideração não importa dissolução ou anulação da sociedade' [...] Cumpre distinguir *despersonalização* de *desconsideração* da personalidade jurídica. A primeira acarreta a dissolução da pessoa jurídica e a cassação da autorização para seu funcionamento, enquanto na segunda 'subsiste o princípio da autonomia subjetiva da pessoa coletiva, distinta da pessoa de seus sócios ou componentes, mas essa distinção é afastada, provisoriamente e tão só para o caso concreto" (Gonçalves, Carlos Roberto, Direito Civil Esquematizado, vol. 1, Saraiva, 2ª ed, 2012, pág. 207).

Alternativa "b". A decisão judicial fundada no art. 50 do Código Civil não anula a personalidade da pessoa jurídica. Pelo **Enunciado 7**: "Só se aplica a desconsideração da personalidade jurídica quando houver a prática de ato irregular e, limitadamente, aos administradores ou sócios que nela hajam incorrido". Segundo Maria Helena Diniz, "Com isso subsiste o princípio da autonomia subjetiva da pessoa coletiva, distinta da pessoa de seus sócios, mas tal distinção é afastada, provisoriamente, para dado caso concreto, estendendo a responsabilidade negocial aos bens particulares dos administradores ou sócios da pessoa jurídica. Ter-se-á a ineficácia temporária da personalidade jurídica para determinados efeitos, afastando a fraude perpetrada contra terceiro mediante a utilização da autonomia patrimonial da pessoa jurídica, prosseguindo incólume para atender suas finalidades sociais (Código Civil Anotado, 16ª ed, Saraiva, São Paulo, 2012, pag. 128).

Alternativa "c". De acordo com o art. 50 do CC: "Em caso de abuso da personalidade jurídica, caracterizado pelo desvio de finalidade, ou pela confusão patrimonial, pode o juiz decidir, a requerimento da parte, ou do Ministério Público quando lhe couber intervir no processo, que os efeitos de certas e determinadas relações de obrigações sejam estendidos aos bens particulares dos administradores ou sócios da pessoa jurídica". A *teoria maior* foi adotada pelo Código Civil (art. 50), pois, para que ocorra a desconsideração, além do inadimplemento, é necessário comprovar a fraude ou abuso (desvio de finalidade ou confusão patrimonial), cometidos pelos sócios. Por outro lado, diz o art. 28, *caput*, do CDC: "O juiz poderá desconsiderar a personalidade jurídica da sociedade quando, em detrimento do consumidor, houver abuso de direito, excesso de poder, infração da lei, fato ou ato ilícito ou violação dos estatutos ou contrato social. A desconsideração também será efetivada quando houver falência, estado de insolvência, encerramento ou inatividade da pessoa jurídica provocados por má administração". O CDC acolheu a *teoria menor*, que exige menos requisitos para o reconhecimento da desconsideração. A legislação consumerista se contenta com o estado de insolvência do fornecedor somado à má administração da empresa, ou, ainda, com o fato de a personalidade jurídica representar um obstáculo ao ressarcimento de prejuízos causados aos consumidores, mercê da parte final do caput do art. 28, e seu § 5º, do Código de Defesa do Consumidor (STJ: REsp 1096604/DF). Pelo **Enunciado 281**: "A aplicação da teoria da desconsideração, descrita no art. 50 do Código Civil, prescinde da demonstração de insolvência da pessoa jurídica".

Alternativa "e". A personalidade da pessoa jurídica e a dos sócios não se confundem, antes, são diversas, conforme os arts. 50, *contrario sensu*, e 1.024, ambos do Código Civil. Segundo Washington de Barros Monteiro, "A teoria da personalidade jurídica é dominada por alguns princípios fundamentais: (a) a pessoa jurídica tem personalidade distinta da de seus membros; (b) a pessoa jurídica tem patrimônio distinto; (c) a pessoa jurídica tem visa própria, distinta da de seus membros" (Curso de Direito Civil, vol. 1, 44ª ed, 2012, Saraiva).

3. BENS

- Bens públicos e particulares

▸ **CC, arts. 98 a 103**

---

05. (Vunesp – Juiz de Direito – MS/2015) Assinale a alternativa correta sobre a posse e o direito real de propriedade.

A) Na alienação fiduciária de bem imóvel, o fiduciário é titular da propriedade e o fiduciante é pleno possuidor do imóvel.

B) Não se admite a aquisição da posse por meio do constituto possessório.

C) O credor hipotecário é possuidor indireto do bem objeto da garantia.

D) Os bens públicos dominicais não estão sujeitos à prescrição aquisitiva.

E) A renúncia à propriedade de bem imóvel independe do registro do ato renunciativo no competente Registro de Imóveis.

COMENTÁRIOS

✪ **Nota do autor: são públicos** os bens do domínio nacional pertencentes às pessoas jurídicas de direito público interno; **são particulares** todos os outros, seja qual for a pessoa a que pertencerem (CC, art. 98). Para essa distinção, as coisas são consideradas em relação aos respectivos proprietários. Sob esse aspecto, elas são consideradas públicas e particulares. Os **bens públicos são classificados**, segundo o art. 99, I a III, do CC: **(A)** os de uso comum do povo, tais como rios, mares, estradas, ruas e praças; **(B)** os de uso especial, tais como edifícios ou terrenos destinados a serviço ou estabelecimento da administração federal, estadual, territorial ou municipal, inclusive os de suas autarquias; **(C)** os dominicais, que constituem o patrimônio das pessoas jurídicas de direito público, como objeto de direito pessoal, ou real, de cada uma dessas entidades. Os bens de uso comum do povo (*res communis omnium*) pertencem ao ente de direito público (União, Estado ou Município) que tem a respectiva guarda, administração e fiscalização. A comunidade tem apenas o uso e gozo, condicionados naturalmente à observância dos regulamentos administrativos (Washington de Barros Monteiro). A enumeração destes bens é exemplificativa. O uso comum dos bens públicos pode ser gratuito ou retribuído, conforme for estabelecido legalmente pela entidade a cuja administração pertencerem (CC, art. 103). Os bens de uso especial também figuram em rol enunciativo (CC, art. 99, II). Os bens públicos de uso comum do povo e os de uso especial são inalienáveis, enquanto conservarem a sua qualificação, na forma que a lei determinar para a respectiva desafetação (CC, art. 100), enquanto os bens públicos dominicais podem ser alienados, observadas as exigências da lei (CC, art. 101). Os bens públicos não estão sujeitos a usucapião (CC, art. 102). Pelo **Enunciado 287**, *"O critério da classificação de bens indicado no art. 98 do Código Civil não exaure a enumeração dos bens públicos, podendo ainda ser classificado como tal o bem pertencente a pessoa jurídica de direito privado que esteja afetado à prestação de serviços públicos"*. É importante lembrar ao candidato o teor da **Súmula STF/ 340**: *"Desde a vigência do código civil, os bens dominicais, como os demais bens públicos, não podem ser adquiridos por usucapião"*. Recordamos, ainda, o conceito de *afetação*, pela qual o bem de uma categoria privada e alienável passa a outra de caráter público, inalienável e indisponível. A *desafetação* é o caminho inverso. (CC/art. 100). A distinção é importante para os bens de uso especial, porque os de uso comum, como as praias, sequer possuem valoração econômica.

Alternativa correta: letra "d". Os bens públicos não estão sujeitos a usucapião, independentemente da alienabilidade, ou seja, a regra alcança os bens de comum, uso especial e dominais (CC, art. 102). A Súmula 340/STF orienta que, desde a vigência do Código Civil de 1916, os bens dominicais, como os demais bens públicos, não podem ser adquiridos por usucapião.

Alternativa "a". A alienação fiduciária em garantia consiste na transferência feita pelo devedor ao credor da propriedade resolúvel e da posse indireta de coisa móvel infungível, de um bem imóvel (L. 9.514/97, arts. 22 a 33), por exemplo. Há outros bens que se sujeitam à alienação, não se limitando a estes, como os títulos de crédito no mercado de capitais. O devedor (fiduciante e alienante) ficará com a **posse direta** da coisa alienada em garantia, em nome do credor (fiduciário ou adquirente), enquanto a posse **indireta** ficará com este. O fiduciário é proprietário *pro tempore* da coisa que lhe é transferida, sob condição resolutiva, como garantia do adimplemento da obrigação. Assim, a posse do fiduciante não plena, pois apenas conserva a posse indireta.

Alternativa "b". Conforme o Enunciado 77 da I Jornada de Direito Civil do CJF/STJ, "A posse das coisas móveis e imóveis também pode ser transmitida pelo constituto possessório". O constituto possessório é *modo derivado ou bilateral* de aquisição da posse, e se verifica, por exemplo, quando devedor, transferindo a domínio da coisa a outrem, conserva-o em seu poder, mas agora como locatário.

Alternativa "c". Segundo o art. 1.422, *caput*, do CC: "O credor hipotecário e o pignoratício têm o direito de excutir a coisa hipotecada ou empenhada, e preferir, no pagamento, a outros credores, observada, quanto à hipoteca, a prioridade no registro". A hipoteca é um direito real de garantia incidente sobre bem imóvel do devedor ou de terceiros, que confere ao credor o direito de sequela de reivindicar a coisa e executá-la esteja com quem estiver, mesmo não sendo o possuidor devedor do credor hipotecário. Porém, o credor hipotecário não é considerado possuidor.

Alternativa "e". A renúncia é uma das causas de perda da propriedade considerada pelo Código Civil. Todavia, para que gere os efeitos, é necessário o registro do ato renunciativo no Registro de Imóveis (CC, art. 1.275, II, e parágrafo único).

4. FATOS JURÍDICOS

4.1. CONDIÇÃO, TERMO E ENCARGO

- Termo

▸ CC, art. 131

---

06. (Vunesp – Juiz de Direito – SP/2014) Assinale a opção correta.

A) O termo inicial suspende o exercício, mas não a aquisição do direito.

B) Considera-se condição a cláusula que, derivando exclusivamente da vontade das partes, subordina o efeito do negócio jurídico a evento futuro e certo.

C) Ao titular do direito eventual, nos casos de condição suspensiva ou resolutiva, não é permitido praticar os atos destinados a conservá-los.

D) Subordinando-se a eficácia do negócio jurídico à condição suspensiva, adquire-se desde logo o direito a que ele visa.

COMENTÁRIOS

Nota do autor: *termo* é a cláusula que subordina os efeitos do ato negocial a um acontecimento futuro e certo. O termo *inicial* (*dies a quo, ex die*), dilatório ou suspensivo, é o que fixa o momento em que a eficácia do negócio deve ter início, retardando o exercício do direito. Assim sendo, o direito a termo será tido como adquirido. O termo *inicial* não suspende a aquisição do direito, que surge imediatamente, mas só se torna exercitável com a superveniência do termo. O exercício do direito fica suspenso até o instante em que o acontecimento futuro e certo, previsto, ocorrer. A existência do direito real ou obrigacional não fica em suspenso *in medio tempore*, pois desde logo o titular a termo o adquire. O titular do direito a termo pode exercer os atos conservatórios. O termo *final* (*dies ad quem, ad diem*), peremptório ou resolutivo ocorre quando se determinar a data da cessação dos efeitos do ato negocial, extinguindo-se as obrigações dele oriundas (Maria Helena Diniz). Alguns negócios não admitem termo, por exemplo, a aceitação e renúncia da herança, a adoção, a emancipação, o casamento, o reconhecimento dos filhos, os direitos da personalidade, os de execução imediata, etc. O termo pode ser *convencional*, de *direito ou legal* e *de graça* (dilação graciosa concedida ao devedor), *certo e incerto* (sem data de verificação), *inicial ou suspensivo* (suspende o exercício, mas **não** a aquisição do direito), *final ou resolutivo* e *essencial* e *não essencial* (conforme a utilidade, será essencial porque deve ocorrer em momento extremamente preciso, sob pena de perder a utilidade para o credor: Ex: uma festa de casamento).

Alternativa correta: letra "a". Estabelece o art. 131: "O termo inicial suspende o exercício, mas não a aquisição do direito". Segundo Maria Helena Diniz, "*Termo* é a cláusula que subordina os efeitos do ato negocial a um acontecimento futuro e certo. *Termo inicial* (*dies a quo, ex die*), dilatório ou suspensivo, é o que fixa o momento em que a eficácia do negócio deve ter início, retardando o exercício do direito. Assim sendo, o direito a termo será tido como adquirido. O *termo inicial* não suspende a aquisição do direito que surge imediatamente, mas só se torna exercitável com a superveniência do termo. O exercício do direito fica suspenso até o instante em que o acontecimento futuro e certo, previsto, ocorrer. A existência do direito real ou obrigacional não fica em suspenso *in medio tempore*, pois desde logo o titular a termo o adquire" (Código Civil Anotado, 16ª ed, Saraiva, 2012, pág. 193).

Alternativa "b". Pelo art. 121 do CC: "Considera-se condição a cláusula que, derivando exclusivamente da vontade das partes, subordina o efeito do negócio jurídico a evento futuro e incerto". Entre os requisitos da condição destaca-se a *incerteza do evento*, ou seja, este poderá acontecer ou não. Se o fato futuro for certo, como a morte, não será condição, mas termo. Essa incerteza deve ser objetiva e real. Ou seja, deve ser incerto o evento não apenas para o declarante, mas para todos.

Alternativa "c". A disposição do art. 130 do CC é diversa, vejamos: "Ao titular do direito eventual, nos casos de condição suspensiva ou resolutiva, é permitido praticar os atos **destinados a conservá-lo**". Comentando preceito, afirma Maria Helena Diniz: "Como o titular do direito eventual em caso de negócio condicional, suspensivo ou resolutivo, não tem, ainda, direito adquirido, a lei reconhece-lhe a possibilidade de praticar atos conservatórios para resguardar seu direito futuro, impedindo, assim, que sofra qualquer prejuízo" (Código Civil Anotado, 16ª ed, Saraiva, 2012, pág. 192).

Alternativa "d". Afirma, contrariamente, o art. 125 do CC: "Subordinando-se a eficácia do negócio jurídico à condição suspensiva, enquanto esta se não verificar, não se terá adquirido o direito, a que ele visa". Assim, enquanto não se verificar a condição, "fica suspenso a eficácia do ato" (Monteiro, Washington de Barros, Curso de Direito Civil, vol. 1, Saraiva, 44ª ed, pág. 300).

4.2. DEFEITOS DO NEGÓCIO JURÍDICO

- Lesão

▸ **CC, art. 157**

07. (Vunesp – Juiz de Direito – RJ/2014) Assinale a alternativa que corretamente discorre sobre os defeitos do negócio jurídico.

A) Nas hipóteses de lesão previstas no Código Civil, pode o lesionado optar por não pleitear a anulação do negócio jurídico, deduzindo, desde logo, pretensão com vista à revisão judicial do negócio por meio da redução do proveito do lesionador ou do complemento do preço.

B) A simulação é uma causa de anulabilidade do negócio jurídico, que pode ser alegada por uma das partes contra a outra e, em sendo a simulação inocente, o negócio jurídico dissimulado poderá ser válido.

C) A anterioridade do crédito que permite que o credor pleiteie a anulação do ato jurídico cujo objetivo seria praticar fraude contra credores decorre de haver sido reconhecido judicialmente tal crédito, ao tempo do ato tido como fraudulento.

D) É possível pleitear a anulação de ato jurídico em embargos de terceiro, com fundamento na alegação de fraude contra credores, pretensão esta que também pode ser deduzida, alternativamente, em ação pauliana.

COMENTÁRIOS

✪ **Nota do autor:** ocorre *lesão*, defeito do negócio jurídico comutativo *(de prestação certa e determinada)*, quando uma pessoa, sob premente necessidade, ou por inexperiência, se obriga a prestação manifestamente desproporcional ao valor da prestação oposta (CC/art. 157, *caput*). A desproporção das prestações é apurada de acordo com os valores então vigente por ocasião da formação ou celebrado do negócio jurídico. Quanto aos requisitos, independe do conhecimento da outra parte da situação de extrema necessidade ou de inexperiência do lesado, bastando a existência do prejuízo *(requisito objetivo)*. Difere, portanto, do *estado de perigo* (CC/art. 156), já que neste é **exigido** o conhecimento do beneficiário da situação do premido de salvar-se, ou a pessoa de sua família e a terceiro não pertencente à família do declarante, que assume obrigação excessivamente onerosa *(requisito subjetivo)*. Preceitua o CC/art. 171, II, que o negócio jurídico resultante de lesão é anulável, e o CC/art. 178, II, afirma o prazo decadencial será de **04 anos** para pleitear-lhe a anulação, contado do dia em que se realizou. Vejamos alguns Enunciado da III e IV Jornadas de Direito Civil do Conselho da Justiça Federal pertinente ao tema: E/149, *"em atenção ao princípio da conservação dos contratos, a verificação da lesão deverá conduzir, sempre que possível, à revisão judicial do negócio jurídico e não à sua anulação, sendo dever do magistrado incitar os contratantes a seguir as regras do art. 157, § 2º, do Código Civil de 2002"*; E/150, *"a lesão de que trata o art. 157 do Código Civil não exige dolo de aproveitamento"*; E/290, *"a lesão acarretará a anulação do negócio jurídico quando verificada, na formação deste, a desproporção manifesta entre as prestações assumidas pelas partes, não se presumindo a premente necessidade ou a inexperiência do lesado"*; E/291, *"nas hipóteses de lesão previstas no art. 157 do Código Civil, pode o lesionado optar por não pleitear a anulação do negócio jurídico, deduzindo, desde logo, pretensão com vista à revisão judicial do negócio por meio da redução do proveito do lesionador ou do complemento do preço"*.

Alternativa correta: letra "a". Conforme o Enunciado 291 da IV Jornada de Direito Civil do CJF/STJ: "Nas hipóteses de lesão previstas no art. 157 do Código Civil, pode o lesionado optar por não pleitear a anulação do negócio jurídico, deduzindo, desde logo, pretensão com vista à revisão judicial do negócio por meio da redução do proveito do lesionador ou do complemento do preço".

Alternativa "b". É nulo o negócio simulado – e não anulável – prescreve o art. 167 do CC. De fato, segundo o Enunciado 294 da IV Jornada de Direito Civil do CJF/STJ: "Sendo a simulação uma causa de nulidade do negócio jurídico, pode ser alegada por uma das partes contra a outra". Por último, a distinção que se fazia no CC/Bevilaqua entre *simulação inocente e fraudulenta*, não foi mantido no diploma de 2002. A primeira não viciava o negócio, ainda que simulado, porque que não tinha a intenção de prejudicar a lei e terceiros, o que ocorria segunda.

Alternativa "c". Segundo o Enunciado 292 da IV Jornada de Direito Civil do CJF/STJ: "Para os efeitos do art. 158, § 2º, a anterioridade do crédito é determinada pela causa que lhe dá origem, independentemente de seu reconhecimento por decisão judicial".

Alternativa "d". O instrumento adequado para que se reconheça a fraude contra credores é a ação pauliana ou revocatória, manejada em face do devedor insolvente, do adquirente e eventualmente do terceiro subadquirente de má-fé, em litisconsórcio passivo necessário, sempre. Com a ação promovida pelo credor busca-se a anulação do negócio fraudulento e por consequência o retorno do bem ao patrimônio do devedor, não se admitindo os embargos de terceiro para esse desiderato (STJ/Súmula 195).

4.3. INVALIDADE DO NEGÓCIO JURÍDICO

4.3.1. NULIDADE

4.3.1.1. NULIDADE DOS NEGÓCIOS JURÍDICOS

▸ **CC, art. 168**

08. (Vunesp – Juiz de Direito – SP/2014) Com relação às nulidades do negócio jurídico disciplinadas no artigo 166 do Código Civil, é correto dizer:

A) As nulidades devem ser pronunciadas pelo juiz, quando conhecer do negócio jurídico ou de seus efeitos e as encontrar provadas.

B) O juiz pode suprir as nulidades, desde que a requerimento das partes.

C) Só podem ser alegadas pelos próprios contratantes.

D) O tema referente a nulidade absoluta não é de ordem pública.

COMENTÁRIOS

✪ **Nota do autor:** *nulidade* é a sanção imposta pela norma jurídica, que determina a privação dos efeitos jurídicos do ato negocial em desobediência ao que prescreve (Maria Helena Diniz, Código Civil Anotado, 16ed, 2012, Saraiva, São Paulo). As nulidades absolutas são muito mais graves do que as relativas, pois atentam contra a ordem pública. O legislador reprime-as de modo mais enérgico, aplicando-lhes a sanção mais severa. **Como distinguir** a *nulidade absoluta* da *relativa*: **(a)** a anulabilidade é decretada no interesse privado da pessoa prejudicada, ou no de um grupo de pessoas determinadas; a nulidade é de ordem pública, de alcance geral e decretada no interesse da própria coletividade; **(b)** a anulabilidade pode ser suprida pelo juiz a requerimento das partes, ou sanada, expressa ou tacitamente, pela ratificação; a nulidade não pode ser suprida pelo juiz, embora a pedido de todos interessados; **(c)** a anulabilidade há de ser pronunciada mediante provocação da parte, não podendo ser decretada de ofício pelo juiz; a nulidade pode e deve ser decretada de oficio; **(d)** a anulabilidade pode ser alegada e promovida pelos prejudicados com o ato, ou por seu legítimos representantes; a nulidade pode ser decretada não só a pedido dos interessados como também do órgão Ministério Público, quando lhe caiba intervir; **(e)** a anulabilidade está sujeita a prazos decadenciais, convalescendo-se depois de expirados; a nulidade não se convalesce pelo decurso do tempo; **(f)** a anulação deve ser sempre pleiteada mediante ação judicial; a nulidade, quase sempre, opera pleno jure (Washington de Barros Monteiro, Curso de Direito Civil, Parte Geral, 44ª ed, Saraiva, 2012). De acordo com o CC, art. 166, I a VII, é **nulo** o negócio jurídico quando: **(I)** celebrado por pessoa absolutamente incapaz; **(II)** for ilícito, impossível ou indeterminável o seu objeto; **(III)** o motivo determinante, comum a ambas as partes, for ilícito; **(IV)** não revestir a forma prescrita em lei; **(V)** for preterida alguma solenidade que a lei considere essencial para a sua validade; **(VI)** tiver por objetivo fraudar lei imperativa; **(VII)** a lei taxativamente o declarar nulo, ou proibir-lhe a prática, sem cominar sanção; e ainda, de acordo com o CC/art. 167, é nulo o negócio jurídico simulado, mas subsistirá o que se dissimulou, se válido for na substância e na forma. Para *Orlando Gomes*, o **negócio jurídico nulo possui as seguintes características**: **(a)** *imediato* (vicia o negócio desde a formação); **(b)** *absoluto*, as nulidades podem ser alegadas por qualquer interessado, ou pelo Ministério Público, quando lhe couber intervir, e devem ser pronunciadas pelo juiz, quando conhecer do negócio jurídico ou dos seus efeitos e as encontrar provada; **(c)** *incurável*, as partes não podem saná-las, e não é permitido ao supri-las, ainda que a requerimento das partes; **(d)** *perpétuo*, não se convalescem pelo decurso do tempo. *(Introdução ao Direito Civil, 12ª edição, Rio de Janeiro, Forense, 1.996, pag. 474)*. O **negócio jurídico anulável**, por sua vez, possui os seguintes traços: **(a)** *não é imediato*, porquanto a anulabilidade não tem efeito antes de julgada por sentença; a ineficácia é *ex nunc*, o que significa respeito às consequências já verificadas (CC/art. 177, primeira parte); **(b)** *não é absoluto*, pois só os interessados a podem alegar, e aproveita exclusivamente aos que a alegarem, salvo o caso de solidariedade ou indivisibilidade (CC/art. 177, segunda parte); **(c)** é *curável*, pois o negócio anulável pode ser confirmado pelas partes, salvo direito de terceiro (CC/art. 172). O CC/1916 continha redação diversa, falava em ratificação. O ato de *confirmar* significa aproveitar o negócio inválido, integrando-o e retroagindo à data do ato; torna-o válido na origem, pelo que deverá conter a mesma forma, conforme CC/art. 173; **(d)** não é *perpétuo*, pois se convalesce com o decurso do tempo previsto ou, se omisso tal prazo, em 02 anos. (CC/art. 178, 179, p. ex.). Pelo **Enunciado 538,** *"No que diz respeito a terceiros eventualmente prejudicados, o prazo decadencial de que trata o art. 179 do Código Civil não se conta da celebração do negócio jurídico, mas da ciência que dele tiverem"*. Noutro passo, o negócio jurídico será *válido* quando observar os preceitos pertinentes para cada um dos elementos do negócio jurídico (CC/art. 104 e seguintes); por outro lado, será *inválido*, se contiver algum vício. Se o vício atentar contra a ordem pública e social, o negócio jurídico será nulo; se atingir o interesse particular ou privado, será anulável. Assim, as **consequências do negócio jurídico nulo e do anulável são diversas**. Vejamos: **se nulo**: **(a)** celebrado, o vício o contamina desde a origem; os efeitos da decisão que declara a nulidade são ex tunc; **(b)** pode ser alegado por qualquer interessado, e pelo Ministério Público, quando couber intervir; **(c)** não se admite a confirmação, mas a conversão; **(d)** não se convalida, pois a nulidade absoluta é perpetua; **(e)** o juiz deverá conhecer de ofício, e não poderá supri-lo, ainda que a requerimento. De outro lado, **se anulável**: **(a)** celebrado, produz efeitos até que decretada a anulabilidade; seus efeitos, portanto, são *ex nunc*; **(b)** só os interessados podem alegar, e aproveita exclusivamente aos que a invocarem, salvo no caso de solidariedade ou indivisibilidade; **(c)** podem ser confirmados, salvo direito de terceiro; vale lembrar que o ato de confirmação deve conter a substância do negócio celebrado e a vontade expressa de mantê-lo; **(d)** aqui ocorre o convalescimento pelo decurso do tempo, de acordo com os prazos decadenciais previstos (**4 anos**, incapacidade relativa, erro, dolo, coação, estado de perigo, lesão e fraude contra credores), ou em **02 anos**, se não houver prazo estabelecido legalmente para o pleito de anulação; **(e)** ao juiz não é dado pronunciar a nulidade relativa de ofício. Vale a observação de que, segundo o art. 182 do CC, anulado o negócio jurídico (nulo ou anulável), restituir-se-ão as partes ao estado em que antes dele se achavam (status quo ante), e, não sendo possível restituí-las, serão indenizadas com o equivalente. Pelo Enunciado 536,

"Resultando do negócio jurídico nulo consequências patrimoniais capazes de ensejar pretensões, é possível, quanto a estas, a incidência da prescrição"; por sua vez, o Enunciado 537, *"A previsão contida no art. 169 não impossibilita que, excepcionalmente, negócios jurídicos nulos produzam efeitos a serem preservados quando justificados por interesses merecedores de tutela"*.

Alternativa correta: letra "a". Preceitua o art. 168 do CC: "As nulidades dos artigos antecedentes podem ser alegadas por qualquer interessado, ou pelo Ministério Público, quando lhe couber intervir. Parágrafo único. As nulidades devem ser pronunciadas pelo juiz, quando conhecer do negócio jurídico ou dos seus efeitos e as encontrar provadas, não lhe sendo permitido supri-las, ainda que a requerimento das partes". Segundo Maria Helena Diniz, em comentários ao parágrafo único do art. 168 do CC, "A nulidade absoluta opera *ex tunc* e, por ser de ordem pública, não poderá ser suprida pelo juiz, ainda que a requerimento dos interessados, sendo também insuscetível de confirmação (CC, art. 169), nem se sujeita à preclusão, podendo ser alegada a qualquer tempo em grau ordinário de jurisdição" (Código Civil Anotado, 16ª ed, Saraiva, 2012, pág. 225). Vale acrescentar as lições de Sílvio Venosa, para quem "o sistema de nulidade no direito de família possui características próprias, não se submetendo tão só às regras gerais. Desse modo, quando se examinam nulidades em matéria de casamento, sua decretação e os respectivos efeitos obedecerão a princípios peculiares" (Direito Civil, vol. I, Parte Geral, Atlas, 13ª ed, 2013, pág. 513).

Alternativa "b". "A nulidade é insuprível pelo juiz, de ofício ou a requerimento das partes. O ato ou negócio nulo não pode ser ratificado. Se as partes estão de acordo em obter efeitos jurídicos para o ato viciado praticado, só conseguirão isso praticando-o, novamente, seguindo, então, todas as formalidades. Há, no caso, o perfazimento de um segundo ato, pois o primeiro está irremediavelmente nulo" (Venosa, Silvio de Salvo, Direito Civil, 13ª ed).

Alternativa "c". Pelo art. 168 do CC: "As nulidades dos artigos antecedentes podem ser alegadas por **qualquer interessado**, ou pelo **Ministério Público**, quando lhe **couber intervir**".

Alternativa "d". Segundo o preclaro Carlos Roberto Gonçalves, "**nulidade** é a sanção imposta pela lei aos atos e negócios jurídicos realizados sem observância dos requisitos essenciais, impedindo-os de produzir os efeitos que lhe são próprios. O negócio nulo quando **ofende preceitos de ordem pública**, que interessam à sociedade. Assim, quando o interesse público é lesado, a sociedade o repele, fulminando-o de nulidade, evitando que venha a produzir os efeitos esperados pelo agente" (Direito Civil Esquematizado, vol. 1, 2ª ed, Saraiva, pág. 358).

4.3.2. SIMULAÇÃO

- Simulação relativa

▸ **CC, art. 167**

09. (Vunesp – Juiz de Direito – SP/2014) Na simulação relativa em que há dois negócios, um falso e outro oculto, é correto dizer:

A) É anulável o negócio na simulação absoluta.

B) O negócio simulado é inválido, mas o negócio oculto, sendo válido na substância e na forma, passa a produzir plenos efeitos.

C) Na simulação somente uma das partes contratantes tem pleno conhecimento dos fatos.

D) Em razão da simulação, os dois negócios são inválidos.

COMENTÁRIOS

✪ **Nota do autor:** no CC/1916 a *simulação* acarretava a nulidade relativa do negócio jurídico, mas no CC/2002 passou a ser causa de *nulidade absoluta*. O ato de *simular* ocorre quando há um desacordo intencional entre a vontade interna e a declarada para criar, aparentemente, um negócio jurídico inexistente, ou para ocultar, sob determinada ilusão, o negócio querido, enganando terceiro, acarretando a nulidade do negócio e sua não convalescência no tempo (*imprescritível*). A simulação pode ser alegada por uma parte contra a outra (**Enunciado 294**) e mesmo que inocente, é invalidante (**Enunciado 152**). Será **nulo** o negócio, sempre. **Vejamos as espécies: (A) simulação absoluta**: não há negócio algum. Não admite aproveitamento; **(B) simulação relativa:** são dois negócios. Um aparente (simulado), e outro real (dissimulado e oculto). O aparente é nulo, mas o real poderá ser aproveitado, se válido for na substância e na forma. A **simulação relativa poder ser**: **(B.1) simulação subjetiva ou *ad personam*** (por interposição de pessoa): quando o negócio é real, mas a parte que dele participa é aparente, sendo denominada de testa de ferro, homem de palha ou presta-nome; **(B.2) simulação objetiva**: se contiver declaração fictícia sobre a natureza do negócio, o objeto, ou um dos seus elementos contratuais, como ocorre na aposição de preço inferior em uma escritura de compra e venda. Pelo **Enunciado 293,** *"Na simulação relativa, o aproveitamento do negócio jurídico dissimulado não decorre tão-somente do afastamento do negócio jurídico simulado, mas do necessário preenchimento de todos os requisitos substanciais e formais de validade daquele"*.

Alternativa correta: letra "b". Segundo o art. 167, *caput*, do CC: "É nulo o negócio jurídico simulado, mas subsistirá o que se dissimulou, se válido for na substância e na forma". Segundo Carlos Roberto Gonçalves, "A doutrina distingue as seguintes espécies de simulação: (a) absoluta e a relativa, havendo quem mencione uma terceira modalidade, a *ad personam*; (b) inocente ou fraudulenta. Na **simulação absoluta**, as partes, na realidade, não realizam nenhum negócio. Apenas fingem, para criar uma aparência, uma ilusão externa, sem que na verdade desejem a realização do ato. Diz-se absoluta porque a declaração de vontade se destina a não produzir resultado, ou seja, deveria ela produzir um, mas não é a intenção do agente. Em geral, essa modalidade destina-se a prejudicar terceiro, subtraindo os bens do devedor à execução ou partilha [...] na **simulação relativa**, as partes pretendem realizar determinado negócio, prejudicial a terceiro ou em fraude à lei. Para escondê-lo ou dar-lhe aparência diversa, realizam outro negócio. Compõe-se, pois, de dois negócios: um deles é o simulado, aparente, destinado a enganar; o outro é o dissimulado, oculto, mas verdadeiramente desejado. O negócio aparente simulado, serve apenas para ocultar a efetivamente intenção dos contratantes, ou seja o negócio real" (Direito Civil Esquematizado, vol. 1, 2ª ed, 2012, pág. 367). Para Maria Helena Diniz, a simulação relativa pode ser: **(a) subjetiva** ou *ad personam*, se a parte contratante não tira proveito do negócio, por ser o sujeito aparente. O negócio não é efetuado pelas próprias partes, mas por pessoa interposta ficticiamente (CC, art. 167, § 1º); **(b) objetiva**: se respeitar à natureza do negócio pretendido, ao objeto ou a um de seus elementos contratuais; se o negócio contiver declaração, confissão, condição ou cláusula não verdadeira (CC, art. 167, § 1º, II)" (Código Civil Anotado, 16ª ed, Saraiva, 2012, pág. 224). Pelo **Enunciado 153**: "Na simulação relativa, o negócio simulado (aparente) é nulo, mas o dissimulado será válido se não ofender a lei nem causar prejuízos a terceiros". Pelo **Enunciado 293**: "Na simulação relativa, o aproveitamento do negócio jurídico dissimulado não decorre tão-somente do afastamento do negócio jurídico simulado, mas do necessário preenchimento de todos os requisitos substanciais e formais de validade daquele".

Alternativa "a". Estabelece o art. 167, *caput*, do CC: "É nulo o negócio jurídico simulado, mas subsistirá o que se dissimulou, se válido for na substância e na forma". Afirma, a respeito, **Enunciado 152**: "Toda simulação, inclusive a inocente, é invalidante". A *simulação inocente*, que era prevista no art. 103 do CC/1916, se verificava quando **não** havia intenção de prejudicar terceiros ou fraudar a lei. Se presentes estas intenções, a *simulação* era *fraudulenta*. Contudo, com o CC/2002, aquela distinção deixou de existir. A simulação inocente e a fraudulenta conduzem ao mesmo resultado, que é a nulidade do negócio simulado, e a subsistência do dissimulado, se for o caso (Moreira Alves).

Alternativa "c". A simulação o vício social pelo qual se almeja ora visa burlar a lei, ora terceiros. A simulação, como regra, recai sobre os negócios jurídicos bilaterais, embora possível nos negócios unilaterais em que exista declaração receptícia de vontade. Por conseguinte, é "sempre acordada com a outra parte ou com as pessoas a quem ela se destina" (Direito Civil Esquematizado, vol. 1, 2ª ed, 2012, pág. 366).

Alternativa "d". Na simulação relativa o negócio dissimulado pode subsistir, se válido for na substância e forma. É o que diz o art. 167, *caput*, 2ª parte, do CC: "É nulo o negócio jurídico simulado, mas subsistirá o que se dissimulou, se válido for na substância e na forma". Pelo Enunciado 293: "Na simulação relativa, o aproveitamento do negócio jurídico dissimulado não decorre tão-somente do afastamento do negócio jurídico simulado, mas do necessário preenchimento de todos os requisitos substanciais e formais de validade daquele". Dessa maneira, um dos negócios pode ser válido, quando observados os requisitos legais.

5. PRESCRIÇÃO E DECADÊNCIA

5.1. PRESCRIÇÃO

- Causas impeditivas da prescrição

▸ **CC, art. 198, II**

10. (Vunesp – Juiz de Direito – TJ SP/2017) Não sendo proprietário de imóvel, Nelson passa a ocupar como seu, no ano de 2005, imóvel localizado em área urbana de Brasília, com 450 metros quadrados. Ali estabelece sua moradia habitual, tornando pública a posse. O imóvel é de propriedade de Fábio, embaixador brasileiro em atividade na Bélgica desde o ano 2000. Quando retorna ao Brasil no ano de 2008, Fábio se aposenta e fixa residência em Santa Catarina. No ano de 2016, Nelson propõe ação de usucapião contra Fábio.

Considerando ser incontroverso que Nelson exerce a posse, sem quaisquer vícios, assinale a alternativa correta.

A) A ação é procedente, pois foram preenchidos todos os requisitos legais da usucapião especial urbana: posse com animus domini, por 5 (cinco) anos, já que Nelson estabeleceu no imóvel sua moradia habitual, sem interrupção e oposição, não sendo proprietário de outro imóvel urbano ou rural.

B) A ação é procedente, pois foram preenchidos todos os requisitos legais da usucapião extraordinária: posse com animus domini por 10 (dez) anos, já que Nelson estabeleceu no imóvel sua moradia habitual, sem interrupção ou oposição.

C) A ação é improcedente, pois, embora dispensados o justo título e a boa-fé, e tendo a posse sido contínua e pacífica, não foi preenchido o pressuposto temporal de 15 (quinze) anos.

D) A ação é improcedente, pois, embora a posse tenha sido exercida com animus domini, de forma contínua e pacífica, faltou o preenchimento do requisito temporal de 10 (dez) anos, em razão da existência de causa impeditiva atinente à ausência de Fábio do país, o que impediu a contagem do prazo da prescrição aquisitiva entre 2005 e 2008.

COMENTÁRIOS

✪ **Nota do Autor:** a prescrição é fator de extinção da pretensão, ou seja, do poder de exigir uma prestação devida em razão da inércia, deixando escoar o prazo legal. A violação do direito subjetivo cria para o seu titular a pretensão, ou seja, o poder de fazer valer em juízo, por meio de uma ação (em sentido material), a prestação (positiva ou negativa) devida, o cumprimento da norma legal ou contratual infringida ou a reparação do mal causado, dentro de um prazo legal. Basicamente, para que se reconheça a **prescrição** são necessários os seguintes **requisitos**: (a) a existência de um direito exercitável; (b) a violação desse direito (actio nata); (c) a ciência da violação desse direito; (d) a inércia do titular do direito; (e) o decurso do prazo previsto em lei; (f) a ausência de causa interruptiva, impeditiva ou suspensiva. Os prazos de prescrição não podem ser alterados pelas partes. Mas a renúncia, expressa ou tácita, e sem prejuízo a terceiros, valerá depois que a prescrição se consumar. Por outro lado, a prescrição pode ser alegada em qualquer grau de jurisdição, pela parte a quem aproveita. O juiz deve reconhecer de ofício a prescrição, o que "não retira do devedor a possibilidade de renúncia admitida no art. 191 do texto codificado" (Enunciado 295). Os relativamente incapazes e as pessoas jurídicas têm ação contra os seus assistentes ou representantes legais, que derem causa à prescrição, ou não a alegarem oportunamente. Ademais, a prescrição iniciada contra uma pessoa, continua a correr contra o seu sucessor, universal ou singular (princípio da acessio temporis). A exceção e a pretensão possuem o mesmo prazo de prescrição da pretensão (STF-150 e art. 190 do CC). O Código Civil dispõe a respeito das causas que impedem, suspendem e interrompem a prescrição, bem como dos prazos da prescrição ordinária ou comum (10 anos) e da prescrição especial (01, 02, 03, 04 e 05 anos). A prescrição (CC, arts. 189 a 206) e a decadência (CC, arts. 207 a 211), **diferenciam-se**, vejamos: **(A)** quando o prazo para o exercício de ação se origina simultaneamente com direito, fala-se em decadência; **(B)** se a ação se origina em época distinta do direito, fala-se em prescrição, segundo critério baseado na origem da ação de Silvio Rodrigues (Direito Civil, 32. ed. São Paulo, Saraiva, 2002, v. I, p. 329); **(C)** o tempo tem influência na perda de direitos em ambos os institutos; verificada a prescrição, extingue-se a pretensão e a exceção prescreve no mesmo prazo em que a pretensão (CC/art. 189 e 190); vale lembrar que prescreve a execução no mesmo prazo de prescrição da ação, segundo a ***Súmula 150 do STF***; já a decadência extingue o direito potestativo, conhecido por direito sem contestação, ou poder que a lei confere a determinada pessoa de, mediante a manifestação da vontade, influir na situação jurídica de outra, independentemente da vontade desta; **(D)** são requisitos comuns da prescrição e da decadência a inércia e o decurso do tempo; **(E)** a decadência decorre da lei, contrato ou testamento, ou seja, a decadência pode ser legal ou convencional; de sua parte, a prescrição será sempre legal; **(F)** o curso da prescrição pode ser impedido, suspenso ou interrompido; os efeitos da interrupção da prescrição são pessoais, exceto na solidariedade, ativa ou passivo, e no direito indivisível, quando se tratar de devedor solidário (CC/art. 204, §§ 1º e 2º); suspensa a prescrição em favor de um dos credores solidários, só aproveitam os outros se a obrigação for indivisível (CC/art. 201). Por sua vez, salvo **disposição legal** em contrário, não se aplicam à decadência as normas que impedem, suspendem ou interrompem a prescrição (CC, art. 207); **(G)** não admite que o juiz conheça, de oficio, sem alegação, a decadência convencional (CC/art. 211), o que não ocorre em relação à prescrição (NCPC/art. 487, II) e à decadência legal (CC/art. 210); **(H)** os prazos de prescrição **não podem** ser alterados por acordo das partes, que também não podem criar motivos diversos dos legais para interromper, impedir ou suspender o lapso prescricional; **(I)** a renúncia da prescrição pode ser expressa ou tácita, e só valerá, sendo feita, sem prejuízo de terceiro, **depois** que a prescrição se consumar; tácita é a renúncia quando se presume de fatos do interessado, incompatíveis com a prescrição; de sua parte, é **nula** a renúncia à decadência fixada em lei; logo, admite-se, unicamente, a renúncia à decadência convencional. **Regras de prescrição em relação à classificação das ações: (1)** as ações declaratórias puras são imprescritíveis; **(2)** as ações condenatórias, estão sujeitas a prescrição; **(3)** as ações constitutivas representam meios de exercício de direitos potestativos (que não são suscetíveis de violação) e, portanto, estão sujeitos à decadência, quando não tiverem prazo especial fixado em lei (Silvio Rodrigues); **(4)** são perpétuas (imprescritíveis) as ações constitutivas que não têm prazo especial de exercício fixado em lei (Silvio Rodrigues); **(5)** as ações condenatória-constitutiva, estão sujeitas à prescrição (STJ – REsp1346864); **(6)** as ações declaratórias com carga constitutiva, como é o caso da constitutiva negativa, estão sujeitas à prescrição (STJ: REsp 748966/RJ). Por fim, segundo o **princípio da *actio nata*** só começam a correr os prazos de prescrição quando o titular do direito violado toma ciência do fato e de sua extensão; o princípio também é aplicável para os prazos decadenciais, conforme os exemplos a seguir: (1º): segundo o art. 26, § 3º, do CDC, tratando-se de vício oculto, o prazo decadencial inicia-se no momento em que ficar evidenciado o defeito"; (2º): de acordo com o CC/2002, o art. 445, § 1º, relacionado às ações edilícias (redibitória e estimatória): "Quando o vício, por sua natureza, só puder ser conhecido mais tarde, o prazo contar-se-á do momento em que dele tiver ciência, até o prazo máximo de cento e oitenta dias, em se tratando de bens móveis; e de um ano, para os imóveis". Pelo Enunciado 174, "Em se tratando de vício oculto, o adquirente tem os prazos do *caput* do art. 445 para obter redibição ou abatimento de preço, desde que os vícios se revelem nos prazos estabelecidos no § 1º, fluindo, entretanto, a partir do conhecimento do defeito". Assim, em nosso sistema, os prazos prescricionais e decadenciais estão sujeitos ao princípio da *actio nata*, sendo certo que não se iniciam exatamente no momento em que nasce a pretensão ou a ação, mas naquele da *ciência inequívoca* da violação do direito e de sua compreensão. Para o STJ, "O termo inicial do prazo prescricional para o ajuizamento de ação de indenização contra ato do Estado ocorre no momento em que constatada a lesão e os seus efeitos, conforme o princípio da actio nata" (Informativo 507). O Novo CPC (Lei 13.105/15) trouxe algumas novidades no campo da prescrição e da decadência. Cita-se aqui a regra do parágrafo 1º do art. 332 do NCPC, segundo a qual o juiz poderá julgar o processo improcedente, mesmo antes da citação, quando verificar, desde logo, a ocorrência de decadência ou de prescrição. Todavia, pelo Enunciado 581 da VII Jornada de Direito Civil do CJF/STJ: "Em complemento ao Enunciado 295, a decretação ex officio da prescrição ou da decadência deve ser precedida de oitiva das partes". A respeito, o parágrafo único do art. 487 do NCPC diz o seguinte: "ressalvada a hipótese do § 1o do art. 332, a prescrição e a decadência não serão reconhecidas sem que antes seja dada às partes oportunidade de manifestar-se." Esta última disposição está relacionada com o dever de cooperação das partes, novidade do NCPC, bem como princípios da ampla defesa e contraditório.

Alternativa correta: letra "d". (responde as demais alternativas). Na situação descrita, admite-se a usucapião extraordinária, com prazo reduzido, porque o possuidor estabeleceu no imóvel sua morada habitual, nos termos do art. 1.238, parágrafo único, do CC. Lembre-se que a usucapião especial urbana se limita às áreas urbanas de até 250 m² (CF, art. 183; CC, art. 1.240). Por remissão expressa do art. 1.244 do CC, "estende-se ao possuidor o disposto quanto ao devedor acerca das causas que obstam, suspendem ou interrompem a prescrição, as quais também se aplicam à usucapião". Valendo-se dessa regra, proclama o art. 198, II, do CC, que não corre a prescrição "contra os ausentes do País em serviço público da União, dos Estados ou dos Municípios". Fábio esteve a serviço da chancelaria entre os anos 2000 e 2008. A posse de Nelson começou em 2005, porém, a regra legal manteve obstada sua prescrição aquisitiva até 2008. De 2008 a 2016 se passaram 8 anos, posse insuficiente para a modalidade de usucapião ora vista. Desse modo, a improcedência da ação se impõe, não importando se a posse foi exercida com *animus domini*, de forma contínua e pacífica.

- Prescrição da pretensão de reparação civil

▸ CC, art. 206, § 1º, II

---

11. (Vunesp - Juiz de Direito - TJ SP/2017) Pedro celebra contrato de seguro, com cobertura para invalidez total e permanente. Em 20 de outubro de 2008, é vítima de acidente. Fica hospitalizado e passa por longo tratamento médico. Cientificado em 20 de julho de 2010 de que é portador de incapacidade total e permanente, formula pedido administrativo de pagamento da indenização securitária em 20 de novembro de 2010. A seguradora alega que não há cobertura e, em 20 de setembro de 2011, formaliza a recusa ao pagamento da indenização, cientificando o segurado. Inconformado, Pedro propõe ação de cobrança de indenização securitária em 20 de janeiro de 2012.

Assinale a alternativa correta.

A) A ação deve ter prosseguimento, uma vez que o prazo para propositura teve início no momento em que Pedro teve ciência da incapacidade, que o prazo foi suspenso com a formulação do pedido administrativo e voltou a fluir com a cientificação da recusa da seguradora, e que na relação entre segurado e seguradora o prazo para a propositura é de 1 (um) ano, conforme dispõe o artigo 206, § 1º, inciso II, "b", do Código Civil.

B) O direito de ação está atingido pela prescrição, uma vez que o prazo para propositura teve início na data do acidente e que na relação entre segurado e seguradora o prazo para a propositura é de 1 (um) ano, conforme dispõe o artigo 206, § 1º, inciso II, "b", do Código Civil.

C) A ação deve ter prosseguimento porque o prazo de prescrição envolvendo a pretensão de beneficiário contra a seguradora é de 3 (três) anos, conforme dispõe o artigo 206, § 3º, do Código Civil, e a contagem tem início com a cientificação da incapacidade.

D) O direito de ação está atingido pela prescrição, uma vez que, embora o prazo para propositura seja de 3 (três) anos, conforme dispõe o artigo 206, § 3º, do Código Civil, a contagem teve início na data do acidente e não houve causa de interrupção.

COMENTÁRIOS

Alternativa correta: letra "a". (responde as demais alternativas). Prescrevem em **1 ano** as pretensões decorrentes de contrato de seguro, sejam elas do segurado contra o segurador ou as deste contra aquele, contado o prazo: (a) para o segurado, no caso de seguro de responsabilidade civil, da data em que é citado para responder à ação de indenização proposta pelo terceiro prejudicado, ou da data que a este indeniza, com a anuência do segurador; (b) quanto aos demais seguros, da ciência do fato gerador da pretensão. No seguro-saúde, o cômputo do prazo prescricional **inicia-se** a partir do momento em que o segurado tiver **ciência da moléstia** (STJ, REsp 167.335). Com o **pedido administrativo** do seguro, o prazo prescricional da pretensão fica paralisado ou suspenso, e volta a ter curso, pelo que restar, após a recusa do pagamento da seguradora ao segurado (STJ, REsp 862.726-PR**).** Em face das considerações acima, somente no dia 20/7/2010 o segurado teve ciência da doença, e em 20/11/2010, 4 meses depois, formulou o pedido administrativo de cobertura, que tem o condão de suspender a prescrição. A seguradora cientificou o segurado em 20/9/2011 da recusa do pedido, e 4 meses depois, a questão foi por ele judicializada. A ação, portanto, deve ter prosseguimento. Isso porque em razão das causas impeditivas e suspensivas, foram percorridos 8 dos 12 meses previstos em lei para a prescrição da pretensão ora formulada.

- Prescrição

▸ **CC, art. 200**

---

12. (Vunesp – Juiz de Direito – RJ/2016) Kleber, renomado médico ortopedista, atendeu Bruno em uma emergência médica decorrente de um abalroamento de veículos. Bruno chegou ao hospital com grave fratura em sua perna e foi submetido a uma cirurgia capitaneada pelo ortopedista. Em consequência da natureza e extensão da fratura, após o período de convalescença, constatou-se que Bruno teria sua mobilidade reduzida. Inconformado com sua condição, acreditando ter ocorrido erro médico, Bruno voltou ao hospital em fevereiro de 2009 e desferiu 2 disparos de arma de fogo contra Kleber, um em seu peito e outro em seu rosto. Kleber foi prontamente atendido e sobreviveu ao atentado, permanecendo até fevereiro de 2010 em convalescença, sem poder trabalhar neste período. Sua recuperação foi integral, mas restou com grande e incômoda cicatriz em seu rosto. Em decorrência dos fatos, uma ação penal foi ajuizada em face de Bruno em março de 2011, sobrevindo definitiva sentença criminal condenatória em dezembro de 2012. Kleber relutou em buscar reparação pelos danos suportados, mas, em abril de 2015, ajuizou ação indenizatória em face de Bruno, que foi citado no mesmo mês. Sua pretensão consiste, em suma, nos cumulativos pedidos de reembolso das despesas com tratamento médico, de lucros cessantes, de danos morais e de dano estético.

Nesse cenário, é correto afirmar que a pretensão de Kleber

A) está prescrita em relação aos danos materiais, mas não em relação aos danos imateriais.

B) não está prescrita e deverá englobar todos os pedidos formulados.

C) está integralmente prescrita.

D) não está prescrita, mas os danos estéticos são quantificados a título de danos morais, não comportando cumulação desses pedidos.

E) está prescrita em relação aos danos imateriais, mas não em relação aos danos materiais.

COMENTÁRIOS

Alternativa correta: letra "b". (responde as demais alternativas). Estabelece o art. 205, § 3º, do CC, o prazo prescricional da pretensão de reparação civil de dano material e/ou moral em **3 anos**, prazo este que se aplica tanto à responsabilidade contratual quanto à responsabilidade extracontratual (Enunciado 418 da V Jornada de Direito Civil, do CJF). Por outro lado, segundo o art. 200 do CC, "quando a ação se originar de fato que deva ser apurado no juízo criminal, não correrá a prescrição antes da respectiva sentença definitiva". Isso porque a apuração da questão prejudicial oriunda de crime é causa impeditiva do curso da prescrição no cível, que só começará a correr após a data do trânsito em julgado da sentença definitiva, à qual se confere executoriedade. Portanto, entre dezembro/2012 (data da sentença penal definitiva) e abril/2015 (data do ajuizamento da ação cível), se passaram menos de 3 anos, não estando prescrita a pretensão.

- Prescrição dos alimentos

▸ **CC, arts. 198, I, e 206, § 2º**

---

13. (Vunesp – Juiz de Direito Substituto – RJ/2016) Mark e Christina divorciaram-se consensualmente, estabelecendo a guarda unilateral para a mãe do único filho, Piero, em razão de sua tenra idade (3 anos). Estabeleceram, ainda, que o pai pagaria R$ 2.000,00 por mês a título de alimentos. Mark, aproveitando-se da boa situação financeira da ex-cônjuge, jamais pagou os alimentos ajustados, mas cumpria os demais deveres decorrentes da paternidade. Quando Piero completou 18 anos, ajuizou execução de alimentos em face de Mark.

Nesse cenário, é correto afirmar que

A) Piero poderá executar apenas os últimos 5 anos das prestações alimentares.

B) a inércia durante o longo período acarretou na exoneração de Mark, ressalvada a possibilidade de Piero ajuizar ação para constituir nova obrigação alimentar.

C) Piero poderá executar as prestações alimentares devidas desde quando tinha 3 anos de idade.

D) Piero poderá executar apenas os últimos 2 anos das prestações alimentares.

E) estão prescritas as prestações alimentares, ressalvada a possibilidade de Piero pleitear perdas e danos de sua mãe, que detinha sua guarda e manteve-se inerte no período.

COMENTÁRIOS

✪ **Nota do autor:** segundo o STJ, é cabível o decreto de prisão civil em razão do inadimplemento dívida atual, assim consideradas as parcelas alimentares vencidas nos três meses antecedentes ao ajuizamento da execução, bem como aquelas que se vencerem no curso da lide. Pela Súmula STJ/309: "O débito alimentar que autoriza a prisão civil do alimentante é o que compreende as três prestações anteriores ao ajuizamento da execução e as que se vencerem no curso do processo". A cobrança de dívida pretérita, composta pelas prestações vencidas há mais de três meses, seguia o rito da execução por quantia certa contra devedor solvente, prevista no art. 732 do CPC/1973. O Novo CPC/2015, no art. 528, § 8º, e 530, disciplinou a execução nestes casos, determinando a aplicação do art. 831 e ss. Decidiu o STJ, na vigência do CPC/Buzaid, que não há litispendência entre duas ações de execução que versam acerca de prestações alimentares distintas, se uma cobra dívida pretérita pelo rito do art. 732 do CPC e a outra cobra dívida atual, nos moldes do art. 733 do CPC (STJ: RHC 33269 / PB). O direito aos alimentos, em si, é imprescritível, mas as prestações vencidas devem ser cobradas dentro do biênio prescricional (CC, art. 206, § 2º).

Alternativa correta: letra "c".

Alternativa "a": incorreta; todo o período dos alimentos devidos e não pagos, a partir dos 3 anos de Piero, poderão ser exigidos, em razão da causa impeditiva da prescrição constante do art. 198, I, c/c o art. 3º do CC.

Alternativa "b": incorreta; se o credor deixar de exigir os alimentos este comportamento não gera em favor do devedor a exoneração da obrigação de prestá-los. A exoneração dos alimentos não é automática, nem mesmo quando o alimentando completa 18 anos, estando sujeita à decisão judicial e contraditório, ainda que nos próprios autos (Súmula 358 do STJ). Em caso de mudança na situação financeira, de igual modo é necessário reclamar ao juiz em busca da modificação do título (CC, art. 1.699), cuja sentença não dispõe de efeitos retroativos. Assim, o reconhecimento judicial da exoneração do pagamento de pensão alimentícia **não alcança as parcelas vencidas e não pagas de dívida alimentar** anteriormente reconhecida e cobrada judicialmente, conforme a jurisprudência do STJ (HC 152.700-SP, Terceira Turma, DJe 26/3/2010, e HC 132.447-SP). De todo modo, deixar por um longo tempo de se exigir os alimentos devidos pode violar o princípio da boa-fé objetiva, permitindo o credor, com sua conduta, a criação de uma legítima expectativa no devedor e na efetividade social de que não haveria mais pagamento e cobrança. A inércia do credor em exercer seu direito subjetivo de crédito por tão longo tempo, e a consequente expectativa que esse comportamento gera no devedor, em interpretação conforme a boa-fé objetiva, leva ao desaparecimento do direito, com base no instituto da *supressio* (TJ-RS, Agravo de instrumento nº 70042234179).

Alternativa "c": correta; prescreve em **2 anos** a pretensão para haver prestações alimentares, a partir da data em que se vencerem. Porém, não corre a prescrição contra o absolutamente incapaz. Após a alteração do Estatuto do Deficiente (L. 13.146/2015) promovida no art. 3º do CC, absolutamente incapazes são apenas os menores de 16 anos. Sendo assim, os alimentos devidos a parir dos três anos de idade de Piero poderão ser executados, observando-se que a partir dos **16 anos completos** terá início o prazo prescricional da pretensão dos alimentos (CC, arts. 3º, 198, I e 206, § 2º).

Alternativa "d": incorreta; em tese Piero poderá executar todo o período, porque não se operou a prescrição do débito em razão; não corre a prescrição contra os absolutamente incapazes (CC, art. 3º, 198, I e 205, § 2º). Com o Novo CPC, apenas as **3 prestações anteriores** ao ajuizamento da execução e as que se vencerem no curso do processo podem seguir o rito de cumprimento previsto nos arts. 528 e ss. A súmula 309 do STJ considera a citação, e não o ajuizamento. As prestações antigas seguem o rito dos arts. 831 e ss do CPC de 2015 (NCPC, art. 530).

Alternativa "e": incorreta; como vimos anteriormente, não corre a prescrição contra os absolutamente incapazes, conforme os arts. 3º, 198, I e 205, § 2º, do CC; logo, o curso da prescrição dos alimentos devidos a Piero iniciaram-se na data de seu 16º aniversário, quando passou a condição de relativamente incapaz.

- **Prescrição ordinária**

▸ **CC, art. 205**

14. (Vunesp – Juiz de Direito – TJ – SP/2013) Acerca da prescrição e da decadência, é correto afirmar-se:

A) Na forma do disposto no art. 202 do Código Civil, a prescrição e a decadência só podem ser interrompidas uma única vez.

B) A pretensão para haver prestações de natureza alimentar é imprescritível.

C) Quando a lei não fixar prazo menor, a prescrição ocorre em 10 anos.

D) A prescrição deve ser alegada pelo réu na contestação, sob pena de preclusão.

COMENTÁRIOS

Alternativa correta: letra "c". Se a lei não fixar prezo menor para a pretensão ou exceção, este será de dez anos. Trata-se da prescrição ordinária ou comum (CC, art. 205).

Alternativa "a". A regra do art. 202, *caput*, do CC, aplica-se unicamente à prescrição.

Alternativa "b". O direito aos alimentos é imprescritível, mas as prestações o são, em 2 anos, a partir da data que vencerem (CC, art. 206, § 2º).

Alternativa "d". A prescrição pode ser alegada em qualquer grau de jurisdição, pela parte a quem aproveita (CC, art. 193). Há restrição de se alegar em sede de recurso especial e extraordinário, visto que ao STJ e ao STF apenas será cabível o reexame de questão já decidida pelos tribunais, por violação de lei federal ou da CF.

5.2. DECADÊNCIA

- **Decadência convencional**

▸ **CC, art. 211**

15. (Vunesp – Juiz de Direito Substituto – SP/2015) Assinale a alternativa correta.

A) A suspensão da prescrição em favor de um dos credores solidários aproveita incondicionalmente aos demais.

B) A decadência convencional não é suprível por declaração judicial não provocada.

C) A interrupção da prescrição por um credor aproveita aos outros.

D) A exceção possui prazo autônomo e diverso que a pretensão.

COMENTÁRIOS

✪ **Nota do autor:** *decadência* é a extinção do direto potestativo pela falta de exercício dentro do prazo prefixado, atingindo indiretamente a ação, enquanto a prescrição extingue a pretensão, fazendo desaparecer, por via obliqua, o direito por ela tutelado que não tinha tempo fixado para ser exercido. O prazo decadencial pode ser estabelecido por *lei* ou pela vontade *unilateral* ou *bilateral*. Se for *legal*, permite-se ao juiz reconhecê-la de *ofício*, sendo *nula* a renúncia das partes, antes e depois de consumada. Se for *convencional*, o juiz *não* pode conhecer de ofício, mas é aceita a renúncia. A prescrição é legal, sempre. Os prazos decadenciais não podem ser diminuídos ou aumentados por vontade das partes, em razão do interesse público que os norteiam. Em regra, a decadência corre contra todos, não admitindo interrupção ou suspensão, salvo disposição legal em contrário. Conforme anotações já realizadas quando do estudo da **prescrição** (CC, arts. 189 a 206), a **decadência** (CC, arts. 207 a 211) com ela não se confunde, **diferenciando-se**, porque: **(A)** quando o prazo para o exercício de ação se origina *simultaneamente* com direito, fala-se em decadência; **(B)** se a ação se origina em época distinta do direito, fala-se em prescrição, segundo critério baseado na origem da ação de *Silvio Rodrigues (Direito Civil, 32. ed. São Paulo, Saraiva, 2002, v. I, p. 329)*; **(C)** o tempo tem influência na perda de direitos em ambos os institutos; verificada a prescrição, extingue-se a *pretensão e a exceção* prescreve no mesmo prazo em que a pretensão (CC/art. 189 e 190); vale lembrar que prescreve a *execução* no mesmo prazo de prescrição da ação, segundo a ***Súmula 150 do STF***; já a decadência extingue o *direito potestativo*, conhecido por direito sem contestação, ou poder que a lei confere a determinada pessoa de, mediante a manifestação da vontade, influir na situação jurídica de outra, independentemente da vontade desta; **(D)** são *requisitos comuns* da prescrição e da decadência a *inércia* e o *decurso do tempo*; **(E)** a *decadência* decorre da lei, contrato ou testamento, ou seja, a decadência pode ser *legal* ou *convencional*; de sua parte, a prescrição será sempre *legal*; **(F)** o curso da *prescrição* pode ser *impedido*, *suspenso* ou *interrompido*; os efeitos da *interrupção* da prescrição são pessoais, *exceto* na solidariedade, ativa ou passivo, e no direito indivisível, quando se trata de devedor solidário (CC/art. 204, §§ 1º e 2º); *suspensa* a prescrição em favor de um dos credores solidários, só aproveitam os outros se a obrigação for indivisível (CC/art. 201). Por sua vez, salvo **disposição legal** em contrário, não se aplicam à *decadência* as normas que impedem, suspendem ou interrompem a prescrição (CC, art. 207); **(G)** não admite que o juiz conheça, de ofício, sem alegação, a *decadência convencional* (CC/art. 211), o que não ocorre em relação à *prescrição* (NCPC/art. 487, II) e à *decadência legal* (CC/art. 210); **(H)** os prazos de prescrição **não podem** ser alterados por acordo das partes, que também não podem criar motivos diversos dos legais para interromper, impedir ou suspender o lapso prescricional; **(I)** a renúncia da prescrição pode ser expressa ou tácita, e só valerá, sendo feita, sem prejuízo de terceiro, **depois** que a prescrição se consumar; tácita é a renúncia quando se presume de fatos do interessado, incompatíveis com a prescrição; de sua parte, é **nula** a renúncia à decadência fixada em lei; logo, admite-se, unicamente, a renúncia à decadência convencional. Vejamos outra importante classificação, a respeito da **prescrição e da decadência das ações:** **(1)** as ações declaratórias puras são imprescritíveis; **(2)** as ações condenatórias, estão sujeitas a prescrição; **(3)** as ações constitutivas representam meios de exercício de direitos potestativos (que não são suscetíveis de violação) e, portanto, estão sujeitos à decadência, quando não tiverem prazo especial fixado em lei (Silvio Rodrigues); **(4)** são perpétuas (imprescritíveis) as ações constitutivas que não têm prazo especial de exercício fixado em lei (Silvio Rodrigues); **(5)** as ações condenatória-constitutiva, estão sujeitas à prescrição (STJ – REsp1346864); **(6)** as ações declaratórias com carga constitutiva, como é o caso da constitutiva negativa, estão sujeitas à prescrição (STJ: REsp 748966/RJ). O novo Código de Processo Civil também traz novidades em relação à decadência, permitindo que o juiz decida liminarmente improcedente o pedido se verificar, desde logo, a ocorrência de **decadência** ou de prescrição (CC, art. 332, § 1º). O art. 487, II, e parágrafo único, permite ao juiz conhecer de oficio da decadência; não será reconhecida, porém, sem que antes seja dada às partes oportunidade de manifestar-se. A decadência legal pode ser conhecida de ofício pelo juiz (CC, art. 210), mas para a voluntária existe vedação (CC, art. 211). Estas regras são especiais, e devem prevalecer na falta de disciplina específica do Novo CPC, de maneira que nada muda a respeito. Assim, o juiz não pode, de oficio, conhecer da decadência voluntária.

Alternativa correta: letra "b". Se a decadência for convencional, a parte a quem aproveita pode alegá-la em qualquer grau de jurisdição, mas o juiz não pode suprir a alegação (CC, art. 211).

Alternativa "a". A suspensão da prescrição em favor de um dos credores solidários, só aproveitam os outros se a obrigação for *indivisível* (CC, art. 201).

Alternativa "c". A interrupção da prescrição por um credor não aproveita aos outros (CC, art. 204, *caput*, 1ª parte).

Alternativa "d". Proclama a Súmula 150 do STF, "Prescreve a execução no mesmo prazo de prescrição da ação".

6. PROVAS

- Testemunha

▸ **CC, art. 212, III, e 228**

---

16. (Vunesp – Juiz de Direito – MS/2015) Assinale a alternativa correta no que tange às provas e seus meios de produção, de acordo com a legislação civil aplicável e entendimento jurisprudencial sobre a matéria.

A) A recusa do suposto pai a submeter-se ao exame de DNA implica na presunção juris et de jure de paternidade.

B) Não se presume verdadeiro aquilo que consta em ata notarial, pois a fé pública do notário não alcança esse tipo de documento.

C) A confissão prevalece sobre os demais meios de prova e a prova documental, em regra, prevalece sobre a prova testemunhal.

D) Admite-se a prova exclusivamente testemunhal para os negócios jurídicos cujo valor não ultrapasse o décuplo do maior salário-mínimo vigente no país, desde que a testemunha não seja única.

E) Os relativamente incapazes podem ser admitidos como testemunhas, desde que não haja outra causa impeditiva.

COMENTÁRIOS

✪ **Nota do autor:** a respeito da prova testemunhal, o Código Civil dispunha nos arts. 227 a 229, nos quais, resumidamente, temos o seguinte: 1. a prova *exclusivamente* testemunhal **era** admitida nos negócios jurídicos cujo valor **não** ultrapasse o décuplo do maior salário mínimo vigente ao tempo da celebração, dispunha o **revogado** art. 227 do CC. Com o Novo CPC, a prova testemunhal passa a ser *livre*, exceto quando houver exigência **legal** de forma escrita da obrigação, caso em que serão exigidos dois requisitos: (a) começo de prova por escrito; (b) que essa prova tenha sido emanada da parte contra a qual se pretende produzir a prova (NCPC, arts. 442 e 444); 2. se a prova testemunhal for *subsidiária e complementar* da prova por escrito, não há limite de valor, diz o ainda vigente art. 227, parágrafo único, do CC. O dispositivo perdeu sentido, pois a prova testemunhal é *sempre admissível* (NCPC, art. 440), e o único limite diz respeito às obrigações cuja forma escrita seja uma exigência da lei, conforme vimos no item anterior; 3. nas obrigações por atos ilícitos, qualquer que fosse o valor era permitida a prova testemunhal, observação esta que perdeu sentido com o art. 442 do Novo CPC; 4. os incapazes de testemunhar, ou não podem ser admitidos como testemunhas, entre os quais os menores de 16 anos, podem ser admitidos a prestar testemunho, para a prova dos fatos que só elas conheçam (art. 228, I a V); 5. ninguém é obrigado a testemunhar sobre fato que por estado ou profissão, deva guardar segredo. Também se dispensa do dever de prestar depoimento, com o intuito de preservar a família, o que não se possa responder sem desonrar a si mesmo, o cônjuge, parente de grau sucessível, ou amigo íntimo. Por último, dispensa-se caso o testemunho possa colocar as pessoas acima a perigo de vida, de demanda, ou de dano patrimonial imediato (art. 229). O Novo CPC e o também Novo Estatuto do Deficiente, impactaram nos preceitos legais que dispõem a respeito da prova testemunhal. **Segue a tabela comparativa das mudanças:**

Código Civil em sua redação original	Código Civil com a nova redação do Estatuto do Deficiente	Novo Código de Processo Civil/2015
Art. 227. Salvo os casos expressos, a prova exclusivamente testemunhal só se admite nos negócios jurídicos cujo valor não ultrapasse o décuplo do maior salário mínimo vigente no País ao tempo em que foram celebrados	----------------------------------- -----------------------------------	Art. 442. A prova testemunhal é sempre admissível, não dispondo a lei de modo diverso. Art. 444. Nos casos em que a lei exigir prova escrita da obrigação, é admissível a prova testemunhal quando houver começo de prova por escrito, emanado da parte contra a qual se pretende produzir a prova
"Art. 228. Não podem ser admitidos como testemunhas: I – os menores de dezesseis anos; II – aqueles que, por enfermidade ou retardamento mental, não tiverem discernimento para a prática dos atos da vida civil; III – os cegos e surdos, quando a ciência do fato que se quer provar dependa dos sentidos que lhes faltam; IV – o interessado no litígio, o amigo íntimo ou o inimigo capital das partes; V – os cônjuges, os ascendentes, os descendentes e os colaterais, até o terceiro grau de alguma das partes, por consanguinidade, ou afinidade. Parágrafo único. Para a prova de fatos que só elas conheçam, pode o juiz admitir o depoimento das pessoas a que se refere este artigo.	"Art. 228. Não podem ser admitidos como testemunhas: I – os menores de dezesseis anos; II – revogado (art. 114 da Lei nº 13.146, de 2015) III – revogado (art. 114 da Lei nº 13.146, de 2015) IV – o interessado no litígio, o amigo íntimo ou o inimigo capital das partes; V – os cônjuges, os ascendentes, os descendentes e os colaterais, até o terceiro grau de alguma das partes, por consanguinidade, ou afinidade. § 1º Para a prova de fatos que só elas conheçam, pode o juiz admitir o depoimento das pessoas a que se refere este artigo. **§ 2º A pessoa com deficiência poderá testemunhar em igualdade de condições com as demais pessoas, sendo-lhe assegurados todos os recursos de tecnologia assistiva. (Incluído)**	"Art. 447. Podem depor como testemunhas todas as pessoas, exceto as incapazes, impedidas ou suspeitas. § 1º **São incapazes:** **I – o interdito por enfermidade ou deficiência mental;** **II – o que, acometido por enfermidade ou retardamento mental, ao tempo em que ocorreram os fatos, não podia discerni-los, ou, ao tempo em que deve depor, não está habilitado a transmitir as percepções;** III – o que tiver menos de 16 (dezesseis) anos; **IV – o cego e o surdo, quando a ciência do fato depender dos sentidos que lhes faltam**

Alternativa correta: letra "e". Os menores de 16 anos não podem ser admitidos como testemunhas, diz o art. 228, I, do CC. Uma das condições de admissibilidade da prova testemunhal é a capacidade da pessoa para servir de testemunha. O legislador entende que os menores de 16 não ostentam essa condição pessoal. A mesma limitação não se aplica aos relativamente incapazes. Desse modo, não havendo outra causa que as impeça de testemunhar, serão admitidas. O art. 228 do CC sofreu mudanças com o Novo Estatuto do Deficiente (Lei 13.146/2015), que revogou os incisos II e III. Nestes se impunha a mesma limitação de servir como testemunha aos cegos, surdos, quando a ciência do fato depender dos sentidos que lhes faltam e aos que, por enfermidade ou retardamento mental, não tiverem discernimento para a prática dos atos da vida civil. Pelo art. 405, § 4º, do CPC, sendo estritamente necessário, o juiz ouvirá testemunhas **impedidas** ou **suspeitas**, dispõe expressamente. O Novo CPC, no art. 447, § 4º, afirma que, sendo necessário, pode o juiz admitir o depoimento das testemunhas **menores**, **impedidas** ou **suspeitas**.

Alternativa "a". Segundo a Súmula 301 do STJ, "Em ação investigatória, a recusa do suposto pai a submeter-se ao exame de DNA induz *presunção juris tantum* de paternidade". Conforme também já decidiu o STJ, "A recusa imotivada da parte investigada em se submeter ao exame de DNA, no caso os sucessores do autor da herança, gera a presunção iuris tantum de paternidade à luz da literalidade da Súmula nº301/STJ" (REsp 1531093 / RS, Ministro Ricardo Villas Bôas Cueva).

Alternativa "b". De acordo com o art. 3º da Lei 8.935/1994, "Notário, ou tabelião, e oficial de registro, ou registrador, são profissionais do direito, dotados de fé pública, a quem é delegado o exercício da atividade notarial e de registro". Assim, os atos que venham a praticar são presumivelmente verdadeiros. Entre as atribuições dos tabeliães de notas destaca-se, com exclusividade, lavrar atas notariais (art. 7º, III, da Lei 8.935/94). *Ata notarial* é o instrumento público autorizado por notário competente, a requerimento de uma pessoa com interesse legítimo e que, fundamentada nos princípios da função imparcial e independente, pública e responsável, tem por objeto constatar a realidade ou verdade de um fato que o notário vê, ouve ou percebe por seus sentidos, para servir a diferentes finalidades, entre as quais servir de prova em processo.

Alternativa "c". Nenhuma prova tem maior importância do que outra, ou seja, não há hierarquia entre os meios de prova, exceto quando a forma e a prova se confundem, como ocorre e relação à escritura pública na compra e venda de bens imóveis, em que se verifica exigência de forma especial, e em tal circunstância outro meio de prova não será admitido (CC, arts. 104, III, 107 e 166). Por outro lado, a enumeração legal dos meios de prova não é taxativa.

Alternativa "d". Segundo o art. 227, caput, do CC: "Salvo os casos expressos, a prova exclusivamente testemunhal só se admite nos negócios jurídicos cujo valor não ultrapasse o décuplo do maior salário mínimo vigente no País ao tempo em que foram celebrados". *Testemunha instrumentária* é a pessoa que se pronuncia sobre o teor do instrumento público ou particular que subscreve (Maria Helena Diniz). Tal limitação se referia à "prova testemunhal", e não ao "quantitativo de testemunhas". O preceito a partir da vigência do Novo CPC, em *vacatio legis*, deixa de existir, pois foi revogado pelo art. 1.072, II, do novel diploma. Com a nova sistemática, a prova testemunhal é sempre admissível, não dispondo a lei de modo diverso (NCPC, art. 442, *caput*).

✦ II. PARTE ESPECIAL

1. OBRIGAÇÕES

1.1. CLASSIFICAÇÃO DAS OBRIGAÇÕES

- Obrigações solidárias

▸ **CC, art. 264**

17. (Vunesp – Juiz de Direito – RJ/2016) Caio e Joana, irmãos, são devedores solidários em relação ao credor Jonny, pela quantia de R$ 3.000.000,00, com vencimento em 20.11.2015. Caio possui três filhos, Jackson, Max e Philipe, todos capazes. Max e Philipe não possuem filhos e Jackson possui 2 filhos, Marcelo e Rafael, também capazes. Rafael, por sua vez, possui única filha Michele. Jackson faleceu em 15.06.2015 e, em seguida, faleceu seu pai Caio, em 01.07.2015. Por razões pessoais, Rafael, logo em seguida ao falecimento de Jackson (e antes do falecimento de Caio), validamente renunciou à herança que lhe cabia em decorrência do falecimento de seu pai. Caio deixou tão somente R$ 6.000.000,00 de patrimônio, em espécie.

Sabendo que Caio e Joana são solteiros, não havendo quaisquer outras pessoas envolvidas na relação negocial e na relação sucessória, assinale a alternativa correta.

A) Rafael responderá pela dívida de Caio, até o limite de R$ 1.000.000,00.

B) Max e Philipe responderão, cada um, pelo pagamento de até R$ 3.000.000,00.

C) Michele responderá pela dívida de Caio, até o limite de R$ 1.000.00,00.

D) Marcelo responderá pela dívida de Caio, até o limite de R$ 2.000.000,00.

E) Com o falecimento de Caio, a obrigação de Joana não poderá ultrapassar R$ 1.500.000,00.

COMENTÁRIOS

✪ **Nota do autor:** *obrigação solidária* é aquela em que, havendo multiplicidade de credores ou de devedores, ou de uns e outros, cada credor terá direito à totalidade da prestação, como se fosse o único credor, ou cada devedor estará obrigado pelo débito todo, como se fosse o único devedor. O pagamento do débito a um dos credores exonera o devedor da cobrança dos demais. Se um dos devedores pagar a dívida ao credor, ter-se-á a quitação dos outros. O credor, que vier a receber, deverá entregar a parte cabível aos cocredores, e o devedor, que solver o débito, deverá exigir dos outros as suas partes. Há, portanto, unidade de prestação e multiplicidade de sujeitos (DINIZ, Maria Helena. *Código Civil Anotado*. 16. ed. São Paulo: Saraiva: 2012). Ocorre solidariedade, portanto, quando numa mesma obrigação concorre mais de um credor, ou mais de um devedor, cada um com direito ou obrigado à dívida toda (CC, art. 265). Logo, **são espécies** de solidariedade: (1) ativa ou de credores; (2) passiva ou de devedores; (3) reciproca ou mista. Podemos resumir as **características das obrigações solidárias** como aquelas em que há: (a) pluralidade de sujeitos ativos ou passivos; (b) multiplicidade de vínculos; (c) unidade de prestação; (d) corresponsabilidade dos interessados (Carlos Roberto Gonçalves, *op. cit.*); (e) inexistência de presunção, pois resulta da **lei** ou da **vontade** das partes. A obrigação solidária pode ser *pura* e *simples* para um dos cocredores ou codevedores, e *condicional*, ou a *prazo*, ou pagável em lugar diferente, para o outro (CC, arts. 265 e 266). Por conseguinte, são **princípios** afetos às obrigações solidárias: (i) *princípio da inexistência de solidariedade presumida;* (ii) *princípio de a solidariedade não ser igual para a pluralidade de sujeitos* (Carlos Roberto Gonçalves, *op. cit.*). Diferenciam-se as **obrigações indivisíveis** das **solidárias**, mas possuem um ponto em comum. O credor pode exigir de um só devedor a dívida por inteiro. As **dessemelhanças** são os seguintes: (a) na solidariedade cada devedor é responsável pela dívida toda, e na indivisibilidade ele o é por uma quota-parte, e a possibilidade da exigência pela totalidade da dívida ocorre porque o objeto não se pode fracionar; (b) convertendo-se a prestação em perdas e danos, subsiste, para todos os efeitos, a solidariedade; todavia, perde a qualidade de indivisível a obrigação que se resolver em perdas e danos; (c) a solidariedade possui conotação subjetiva, porque recai sobre as próprias pessoas, ao passo que a indivisibilidade é tipicamente objetiva, pois decorre da natureza do objeto da prestação; (d) a solidariedade é um reforço à prestação do credor e a indivisibilidade uma consequência do objeto da prestação (não admite fracionamento), que torna possível o cumprimento unitário da obrigação.

Alternativa correta: letra "a". (responde as demais alternativas). Aberta a sucessão, a herança transmite-se, desde logo, aos seus herdeiros e sucessores, diz o art. 1.784 do CC. Sabe-se que a herança compreende a propriedade, a posse, de coisas móveis e imóveis, bem como as obrigações do falecido, ai incluídas as dívidas. Caio era devedor solidário de 3 milhões, juntamente com sua irmã Joana. Antes de sua morte, seu filho Jackson faleceu, deixando dois filhos herdeiros, Marcelo e Rafael. Nas obrigações solidárias, a morte de um dos devedores solidários não rompe a solidariedade, que continuará a onerar os demais codevedores, pois os herdeiros responderão pelos débitos do falecido, mas no limite das forças da herança (CC, art. 1.792). Assim é que, com o óbito do devedor solidário, o débito se divide, se divisível a obrigação, em relação à cada um dos herdeiros, pois cada um só responderá pela quota respectiva, correspondente ao seu quinhão hereditário, exceto quando a obrigação for indivisível. Nesse sentido o art. 276 do CC: "se um dos devedores solidários falecer deixando herdeiros, nenhum destes será obrigado a pagar senão a quota que corresponder ao seu quinhão hereditário, salvo se a obrigação for indivisível; mas todos reunidos serão considerados como um devedor solidário em relação aos demais devedores". Em arremate, a renúncia de Rafael à herança do pai (Jackson) lhe permite aceitar a herança do avô (Caio), diz o art. 1.808, § 2º, do CC. Divida em três partes a herança de Caio (Jackson – pré-morto, Max e Philipe), Rafael e seu irmão (Marcelo) representarão o pai, e cada um receberá 1 milhão, limite da responsabilidade (CC, arts. 1.829 e 1.851).

- Obrigação solidária

▸ **CC, art. 283**

18. (Vunesp – Juiz de Direito – TJ – SP/2013) Caio, Tício e Pompeu se fazem devedores solidários de um Credor pela quantia de R$ 3 milhões, sendo que esta obrigação interessa igualmente a todos os devedores, e todos são solventes. Considerada essa hipótese, assinale a opção correta.

A) Paga a integralidade da dívida por Caio, nada poderá cobrar de Tício ou de Pompeu.

B) Paga a integralidade da dívida por Caio, poderá cobrar R$ 2 milhões tanto de Tício quanto de Pompeu.

C) Qualquer dos 3 co-devedores pode, ao dele se exigir a integralidade da dívida, opor ao Credor tanto as exceções que lhe forem pessoais quanto as exceções pessoais aos outros co-devedores não demandados.

D) Paga a integralidade da dívida por Caio, poderá ele cobrar R$ 1 milhão de Tício e R$ 1 milhão de Pompeu.

COMENTÁRIOS

Alternativa correta: letra "d". (responde as demais alternativas). O codevedor solidário que, espontaneamente ou compulsoriamente, saldou a dívida por inteiro, tem direito a reclamar, por ação regressiva, de cada um dos coobrigados, sua quota. Se algum deles for insolvente, sua quota será divida por todos. É o que estabelece o art. 283 do CC: "o devedor que satisfez a dívida por inteiro tem direito a exigir de cada um dos codevedores a sua quota, dividindo-se igualmente por todos a do insolvente, se o houver, presumindo-se iguais, no débito, as partes de todos os codevedores".

1.2. TRANSMISSÃO DAS OBRIGAÇÕES

- cessão de crédito

▸ **CC, art. 290**

19. (Vunesp – Juiz de Direito – MS/2015) Considerando a cessão de créditos e de direitos, no contexto da transmissão das obrigações, de acordo com as disposições do Código Civil de 2002, é correto afirmar que

A) é dispensada a notificação da cessão ao devedor que declara, por escrito, ciência da cessão realizada.

B) os créditos de alimentos podem ser objeto de cessão.

C) se admite a cessão de direitos hereditários, por instrumento público ou particular, desde que registrado em cartório.

D) é nula a cláusula que dispõe que o cedente não responde pela solvência do devedor.

E) é vedada a realização de mais de uma cessão, tendo por objeto o mesmo crédito.

COMENTÁRIOS

Nota do autor: cessão de crédito é um negócio jurídico bilateral, gratuito ou oneroso, pelo qual o credor de uma obrigação (cedente) transfere, no todo ou em parte, a terceiro (cessionário), independente do consenso do devedor (cedido), sua posição na relação obrigacional, com todos os acessórios e garantias, salvo disposição em contrário, sem que se opere a extinção do vínculo obrigacional. Esclarece Luiz Manoel Telles de Menezes Leitão que para haver a cessão de crédito será necessário o cumprimento dos seguintes requisitos: a) existência de negócio jurídico estabelecendo a transmissão total ou parcial do crédito; b) inexistência de impedimentos legais ou contratuais a essa transferência e; c) não ligação do crédito à pessoa do credor como decorrência da própria natureza da prestação (Maria Helena Diniz). A outro giro, a cessão de débito ou assunção de dívida é um negócio jurídico bilateral pelo qual o devedor (cedente), com a anuência expressa do credor, transfere a um terceiro (assuntor ou cessionário) os encargos obrigacionais, de como que este assume sua posição na relação obrigacional, substituindo-o, responsabilizando-se pela dívida, que subsiste com todos os seus acessórios. Ter-se-á assunção de cumprimento, que libera totalmente o devedor primitivo, passando a responsabilidade pela dívida a terceiros. O débito ordinário permanece, portanto, inalterado. A respeito, Enunciado 16: "O art. 299 do Código Civil não exclui a possibilidade da assunção cumulativa da dívida quando dois ou mais devedores se tornam responsáveis pelo débito com a concordância do credor". (Maria Helena Diniz)

Alternativa correta: letra "a". Segundo o art. 290 do CC: "A cessão do crédito não tem eficácia em relação ao devedor, senão quando a este notificada; mas por notificado se tem o devedor que, em escrito público ou particular, se declarou ciente da cessão feita". Para que a cessão tenha eficácia em relação ao devedor, evitando que pague ao credor primitivo, deverá ser ele notificado, judicial ou extrajudicialmente. Deverá o devedor notificado da cessão pagar ao cessionário, sob pena de arcar com as consequências do pagamento indevido. Todavia, se o devedor declarar em escrito público ou particular que tomou conhecimento da cessão feita, considera-se notificado, e a cessão terá eficácia em relação a sua pessoa (devedor-cedido), caso em que fica dispensada a notificação prevista na 1ª parte do dispositivo legal.

Alternativa "b". O crédito de alimentos é incessível, incompensável e impenhorável (CC, art. 1.707).

Alternativa "c". A cessão da herança admite-se apenas por escritura pública. Nem seria preciso a expressa disposição do art. 1.793 do CC, parte final, porque o direito à sucessão aberta é considerado, por lei, bem imóvel (CC, art. 80, II). Logo, haverá nulidade do negócio se não for observada a forma prescrita em lei (CC, art. 166, IV).

Alternativa "d". Proclama o art. 296 do CC: "Salvo estipulação em contrário, o cedente não responde pela solvência do devedor". A cessão de crédito pode ser pro *soluto* ou *pro solvendo*. Na primeira (*cessão pro soluto*), o cedente responde pela existência e legalidade do crédito, mas não responde pela solvência do devedor; já na segunda (*cessão pro solvendo*), responde também pela solvência do devedor. A regra geral é a de que o cedente garante apenas a existência do crédito cedido (*pro soluto*). Contudo, se, por norma expressa, além de garantir a existência do crédito, também garantir a solvência do devedor, a *cessão é pro solvendo*. Assim, não é nula a cláusula que simplesmente reafirma a regra geral.

Alternativa "e". Estabelece o art. 291 do CC; "Ocorrendo várias cessões do mesmo crédito, prevalece a que se completar com a tradição do título do crédito cedido". Desse modo, se o cedente fizer várias cessões do mesmo crédito, prevalece a que tiver sido completada com a entrega do título referente ao crédito cedido. Aquele que tiver a posse do título é o legítimo cessionário. Os demais poderão pleitear perdas e danos do cedente.

1.3. INEXECUÇÃO DAS OBRIGAÇÕES

- Mora

▸ **CC, art. 398**

---

20. (Vunesp – Juiz de Direito – PA/2014) Nas obrigações provenientes de ato ilícito, considera-se o devedor em mora

A) a partir do trânsito em julgado de ação de reparação de danos.

B) a partir de sentença que reconhecer a responsabilidade civil.

C) quando interpelado extra ou judicialmente.

D) desde a data da prática do ato.

E) desde a citação em ação de reparação de danos.

COMENTÁRIOS

✪ **Nota do autor:** os contratos devem ser cumpridos, pois a vontade uma vez que manifestada obriga o declarante. O contrato faz lei entre as partes (*pacta sunt servanda*), e não pode ser modificado pelo Judiciário, exceto nos casos de *revisão* ou de *onerosidade excessiva*, fundada na cláusula *rebus sic stantibus* e na *teoria da imprevisão* (CC, art. 478). O inadimplemento das obrigações pode advir de: *(1) ato culposo do devedor; (2) acontecimento a ele não imputável ou inadimplemento fortuito*. São **espécies de inadimplemento**: *(A)* absoluto (total ou parcial), quando a prestação se tornou inútil ao credor; *(B) relativo*, no caso de mora, quando há cumprimento imperfeito da obrigação, com inobservância do tempo, lugar e forma convencionada (CC, art. 394); *(C) violação positiva do contrato*, quando não se observam os deveres laterais ou anexos do contrato, com ofensa à boa-fé objetiva, também caracterizando inadimplemento do contrato. Pelo **Enunciado 24**, *"Em virtude do princípio da boa-fé, positivado no art. 422 do novo Código Civil, a violação dos deveres anexos constitui espécie de inadimplemento, independentemente de culpa"*. O inadimplemento presume-se culposo, incumbindo ao inadimplente elidir a presunção, demonstrando a ocorrência de caso fortuito ou de força maior. A *mora* ou *inadimplemento relativo* da obrigação, portanto, é o atraso no cumprimento da prestação, bem como a execução realizada fora do lugar e de forma diferente da ajustada, mas ainda com utilidade para o credor. Também haverá mora na infração legal, a partir da prática do ato ilícito (CC, art. 398). Pelo **Enunciado 162**, *"A inutilidade da prestação que autoriza a recusa da prestação por parte do credor deverá ser aferida objetivamente, consoante o princípio da boa-fé e a manutenção do sinalagma, e não de acordo com o mero interesse subjetivo do credor"*. Quanto às **espécies de mora**: *(A)* mora do devedor ou de pagar (*mora solvendi ou debendi*) ocorre quando o devedor não cumprir, por culpa sua, a prestação devida na forma, tempo e lugar estipulados em disposição legal ou contratual (Maria Helena Diniz, *op. cit.*); **Divide-se em**: *(A.1)* mora *ex re*; *(A.2)* mora *ex persona*; *2)* mora do credor ou de receber (*mora accipiendi, credendi ou* creditoris) é a que decorre da injusta recusa do credor de aceitar o cumprimento da obrigação no tempo, lugar e forma que a lei ou a convenção estabelecer. Se a mora for de ambos os polos da relação obrigacional, a mora é *simultânea ou sucessiva*. Com o Novo CPC os arts. 397 e 398 do Código Civil não foram revogados. Apenas são objeto de remissão no art. 240, *caput*. Assim, a mora *"ex re"*, previstas nos artigos remetidos, aquela em que o devedor nela incorre automaticamente, em razão de termo pré-fixo, pela pratica de ato ilícito ou quando, por escrito, declara que não cumprira a obrigação, permanecerão vigentes, quando entrar em vigor o estatuto processual civil, que apenas foram confirmados.

Alternativa correta: letra "d". Diz o art. 398 do CC: "Nas obrigações provenientes de ato ilícito, considera-se o devedor em mora, desde que o praticou". Tratando-se de responsabilidade extracontratual, o devedor fica constituído em mora (mora *ex re*) no momento da prática do ato ilícito, "assumindo todos os riscos, independentemente da qualquer interpelação, respondendo pelas perdas e danos, juros moratórios, atualização monetária e honorários advocatícios" (Diniz, Maria Helena, Código Civil Anotado, 16ª ed, Saraiva, 2012, pág. 374). A respeito o STJ proclama: "A Segunda Seção deste Superior Tribunal tem entendido que os juros de mora devem contar a partir do evento danoso quando a indenização por dano moral decorrer de ato ilícito puro" (Resp 1132866/SP). Pela Súmula STJ/54: "Os juros moratórios fluem a partir do evento danoso, em caso de responsabilidade extracontratual".

Alternativa "a". Nas obrigações provenientes de ato ilícito, considera-se o devedor em mora, desde que o praticou (CC, art. 398). Pela **Súmula STJ/54:** "Os juros moratórios fluem a partir do evento danoso, em caso de responsabilidade extracontratual".

Alternativa "b". Estabelece o art. 398 do CC: "Nas obrigações provenientes de ato ilícito, considera-se o devedor em mora, desde que o praticou". De acordo com a **Súmula STJ/54:** "Os juros moratórios fluem a partir do evento danoso, em caso de responsabilidade extracontratual".

Alternativa "c". Pelo art. 398 do CC: "Nas obrigações provenientes de ato ilícito, considera-se o devedor em mora, desde que o praticou". Por seu turno, exsurge da **Súmula STJ/54:** "Os juros moratórios fluem a partir do evento danoso, em caso de responsabilidade extracontratual".

Alternativa "e". O Código Civil, no art. 398, assim dispõe: "Nas obrigações provenientes de ato ilícito, considera-se o devedor em mora, desde que o praticou". Noutra banda, a **Súmula STJ/54:** "Os juros moratórios fluem a partir do evento danoso, em caso de responsabilidade extracontratual".

- Cláusula penal

▸ **CC, art. 416**

21. (Vunesp – Juiz de Direito – TJ SP/2017) Em relação à cláusula penal decorrente da inexecução de obrigação, assinale a alternativa correta.

A) A exigibilidade da cláusula penal perante pessoa jurídica está condicionada à comprovação de abuso da personalidade jurídica, caracterizado pelo desvio de finalidade, ou pela confusão patrimonial.

B) Para exigir a pena convencional, é necessário que o credor alegue o prejuízo e que este não exceda o valor da obrigação principal.

C) O prejuízo excedente à cláusula penal poderá ser exigido se houver expressa convenção contratual nesse sentido.

D) Sempre que o prejuízo exceder a pena convencional, o credor poderá exigir indenização suplementar, competindo-lhe provar o prejuízo excedente.

COMENTÁRIOS

✪ **Nota do autor:** *cláusula penal ou pena convencional* é um pacto acessório pelo qual as próprias partes contratantes estipulam, de antemão, pena pecuniária ou não contra a parte infringente da obrigação, como consequência de sua inexecução culposa ou de seu retardamento, fixando, assim, o valor das perdas e danos e garantindo o exato cumprimento da obrigação principal. A cláusula penal possui a caraterística da **condicionalidade**, já que o dever de pagar a pena convencional está subordinado ao evento futuro e incerto, qual seja, o inadimplemento culposo, total ou parcial, da prestação ou o cumprimento imperfeito da obrigação, por fato imputável ao devedor. Vencido o termo estipulado contratualmente para o adimplemento da obrigação, sem que o devedor a cumpra, este incorrerá de *pleno iure* na cláusula penal, trata-se do *dies interpellat pro homine* (Maria Helena Diniz, Código Civil Anotado, 16ª ed, 2012, Saraiva, São Paulo, pág. 385). A cláusula penal possui dupla função: **(1ª)** meio de coerção, para forçar o devedor a cumprir a obrigação; **(2ª)** servir de prefixação de perdas e danos, em razão do inadimplemento do contrato. Admite-se a **redução** da cláusula penal em duas situações: **a)** quando seu valor exceder o da obrigação principal (CC, art. 412); **b)** quando a obrigação principal tiver sido cumprida em parte, ou se o montante da penalidade for manifestamente excessivo, tendo-se em vista a natureza e a finalidade do negócio, caso em que a penalidade deve ser reduzida equitativamente pelo juiz (CC, art. 413). Pelo **Enunciado 355,** "Não podem as partes renunciar à possibilidade de redução da cláusula penal se ocorrer qualquer das hipóteses previstas no art. 413 do Código Civil, por se tratar de preceito de ordem pública". Pelo **Enunciado 356,** *"Nas hipóteses previstas no art. 413 do Código Civil, o juiz deverá reduzir a cláusula penal de ofício"*. Pelo **Enunciado 358**, *"O caráter manifestamente excessivo do valor da cláusula penal não se confunde com a alteração de circunstâncias, a excessiva onerosidade e a frustração do fim do negócio jurídico, que podem incidir autonomamente e possibilitar sua revisão para mais ou para menos"*. No que diz respeito aos **efeitos** da cláusula penal, se **compensatória**, abre-se alternativa ao credor, vedando-se a cumulação de pedidos, entre o valor da pena compensatória e o adimplemento da obrigação. Logo, vedado estará acumular o recebimento da multa e o cumprimento da obrigação. Não se afasta a possibilidade, ainda, no caso de inadimplemento total da obrigação, de se abrir mão da cláusula penal e cobrar indenização por perdas e danos, arcando com o ônus de provar o prejuízo (CC, art. 389). Se **moratória,** quando se estipular a cláusula penal para o caso de mora, ou em segurança especial de outra cláusula determinada, terá o credor a liberdade de exigir a satisfação da pena cominada, juntamente com o desempenho da obrigação principal.

Alternativa correta: letra "c". A exigibilidade da cláusula penal independe de qualquer alegação de prejuízo por parte do credor, que não terá de provar que foi prejudicado pela inexecução culposa da obrigação ou pela mora. Opera-se de *"pleno iure"*. A respeito estabelece o art. 416, *caput*, do CC: "Para exigir a pena convencional, não é necessário que o credor alegue prejuízo". Portanto, a única prova que o credor deverá desincumbir-se é quanto à verificação do inadimplemento da obrigação e a constituição do devedor em mora. Por outro lado, para que o credor pleiteie indenização suplementar ao valor da cláusula penal (perdas e danos) maior do que a pena convencional, obrigatoriamente essa possibilidade deve ter sido prevista mediante convenção contratual e demonstrado o efetivo prejuízo. É a redação do art. 416, parágrafo único, do CC: "ainda que o prejuízo exceda ao previsto na cláusula penal, não pode o credor exigir indenização suplementar se assim não foi convencionado. Se o tiver sido, a pena vale como mínimo da indenização, competindo ao credor provar o prejuízo excedente". Vale lembrar, sobre o tema, o Enunciado 430 da V Jornada de Direito Civil: "no contrato de adesão, o prejuízo comprovado do aderente que exceder ao previsto na cláusula penal compensatória poderá ser exigido pelo credor independentemente de convenção".

Alternativa "a". Incorre nas consequências da cláusula penal desde que, culposamente, deixe de cumprir a obrigação ou se constitua em mora, na dicção do art. 408 do CC. Para tanto, pouco importa se num dos polos do contrato figure uma pessoa jurídica. A regra da desconsideração, presente no art. 50 do mesmo *codex*, destina-se a tornar ineficaz, temporariamente, a personalidade da pessoa jurídica para atingir o patrimônio dos sócios, ou inversamente, quando aquela é empregada para a prática de abuso qualificado.

Alternativa "b". É desnecessária a alegação de prejuízo para exigir a pena convencional. Basta a inexecução culposa da obrigação ou mora (CC, arts. 408 e 416).

Alternativa "d". A indenização suplementar será devida quando, se prevista no contrato, expressamente, o credor provar o prejuízo excedente (CC, art. 416, parágrafo único).

- Cláusula penal

▸ **CC, art. 413**

---

22. (Vunesp – Juiz de Direito – MS/2015) É correto afirmar, a respeito do instituto da cláusula penal, que

A) quando a obrigação principal tiver sido cumprida em parte, a penalidade ajustada pelas partes não poderá ser equitativamente reduzida pelo magistrado.

B) deve ser estipulada simultaneamente com a obrigação, não se admitindo estipulação em ato posterior.

C) nos contratos de locação de bem imóvel, em caso de devolução antecipada pelo locatário, a multa pactuada será proporcional ao período de cumprimento do contrato.

D) a pena convencional exige a demonstração de prejuízo pelo credor.

E) não se admite a cumulação de cláusula penal moratória e compensatória.

COMENTÁRIOS

Alternativa correta: letra "c". Conforme o entendimento do STJ, "Constatado o excesso do montante estabelecido em cláusula penal, deve o magistrado reduzi-la a patamar razoável, de acordo com as obrigações cumpridas, observadas a natureza e a finalidade do contrato" (REsp 1424074 / SP, Ministro Ricardo Villas Bôas Cueva). Com efeito, prescreve o Código Civil, no art. 413: "A penalidade deve ser reduzida equitativamente pelo juiz se a obrigação principal tiver sido cumprida em parte, ou se o montante da penalidade for manifestamente excessivo, tendo-se em vista a natureza e a finalidade do negócio". A cláusula penal convencionada sujeita-se ao *princípio da imutabilidade*, por importar em pré-avaliação das perdas e danos. Todavia, admite-se que juiz altere equitativamente a cláusula penal, sempre o cumprimento de parte da obrigação tornar a exigência da pena convencional em fonte de enriquecimento sem causa. Segundo o Enunciado 357 da III Jornada de Direito Civil do CJF/STJ: "O art. 413 do Código Civil é o que complementa o art. 4º da Lei n. 8.245/91. Revogado o Enunciado 179 da III Jornada". Assim, se o locatário devolver o imóvel antes do término da avença, pagará a multa contratual proporcionalmente ao período de cumprimento do contrato. Pelo Enunciado 356 da IV Jornada de Direito Civil do CJF/STJ: "Não podem as partes renunciar à possibilidade de redução da cláusula penal se ocorrer qualquer das hipóteses previstas no art. 413 do Código Civil, por se tratar de preceito de ordem pública"; pelo Enunciado 356 da mesma Jornada, "Nas hipóteses previstas no art. 413 do Código Civil, o juiz deverá reduzir a cláusula penal de ofício". E ainda, o Enunciado 359, da III Jornada: "A redação do art. 413 do Código Civil não impõe que a redução da penalidade seja proporcionalmente idêntica ao percentual adimplido".

Alternativa "a". A imutabilidade da cláusula penal não é absoluta, mas relativa, admitindo-se, assim, que o juiz a reduza equitativamente quando a obrigação tiver sido cumprida em parte. Evita-se, com isso, o enriquecimento sem causa (CC, art. 413).

Alternativa "b". A cláusula penal pode ser estipulada conjuntamente com a obrigação principal, conjuntamente, ou em ato posterior, desde que anteriormente a eventual inexecução da obrigação (CC, art. 409). Lembre-se que a cláusula penal é acessória da obrigação principal.

Alternativa "d". Para exigir a cláusula penal não é preciso que o credor demonstre o prejuízo (CC, art. 416, *caput*). A exigibilidade "pleno iure" da cláusula penal, todavia, não isenta o credor de demonstrar a inexecução culposa da obrigação e a constituição em mora do devedor.

Alternativa "e". É possível cumulação de cláusula penal moratória e compensatória. Se a cláusula penal compensatória funciona como pré-fixação das perdas e danos, o mesmo não ocorre com a cláusula penal moratória, que não compensa nem substitui o inadimplemento, apenas pune a mora. Assim, se há previsão das cláusulas penais moratória e compensatória, tendo como origem fatos geradores distintos, é cabível a cobrança de uma delas ou de ambas, observados os fatos que autorizam a pretensão.

- Cláusula penal

▸ **CC, art. 413**

---

23. (Vunesp – Juiz de Direito – SP/2014) Tendo sido o valor da cláusula penal estabelecido no contrato, é correto afirmar:

A) A penalidade deve ser reduzida equitativamente pelo juiz, mesmo que nada da obrigação princi pal tenha sido cumprida e seu montante não seja excessivo.

B) A penalidade não será reduzida em nenhuma hipótese, em respeito ao que foi contratado.

C) A penalidade deve ser reduzida equitativamente pelo juiz, se a obrigação principal tiver sido cumprida, ainda que em parte.

D) A penalidade deve ser reduzida equitativamente pelo juiz, somente no caso de a obrigação principal ter sido cumprida integralmente, ainda que seu montante não seja excessivo.

COMENTÁRIOS

Alternativa correta: letra "c". Estabelece o art. 413 do CC: "A penalidade deve ser reduzida equitativamente pelo juiz se a obrigação principal tiver sido cumprida em parte, ou se o montante da penalidade for manifestamente excessivo, tendo-se em vista a natureza e a finalidade do negócio". Em comentários ao preceito em destaque, afirma Caio Mário da Silva Pereira: "O artigo 413 do Código Civil de 2002 alterou fundamentalmente a sistemática da cláusula penal, e consagrou a intervenção judicial na economia do contrato. As partes são o melhor juiz da conveniência de estabelecer a punição para o caso de inadimplemento total ou parcial da obrigação, ou de demora no seu cumprimento. No regime do Código Civil de 1916, admitia-se que, em razão do cumprimento parcial da obrigação, o juiz poderia reduzir o montante da penalidade, sopesando o valor da parte já executada, em confronto com o valor total da obrigação. Consagrou o novo duas hipóteses de redução: cumprimento parcial e excesso de punição. Como já foi observado pela doutrina mais recente, não é mais mera faculdade do juiz a determinação de redução da pena em caso de excessiva onerosidade ou desproporção da pena ou de cumprimento parcial da obrigação principal, e sim dever do magistrado assim proceder. Daí a substituição do ver "poder" (art. 924 do Código Civil de 1916) pelo verbo "dever" (art. 413 do Código Civil de 2002), notadamente sob a influência dos princípios norteadores da teoria contratual. No tocante à redutibilidade, considera-se a situação daquele que, depois de haver em parte executado a obrigação, torna-se inadimplente. Considerando que a cláusula penal não deve ser fonte de enriquecimento, o Código revogado concedia ao juiz a faculdade de reduzi-la na proporção do adimplido, confiando-se razoável arbítrio que somente ele era senhor de usar ou não. O modelo foi o art. 1.351 do Código Civil Francês. Vem, entretanto, o novo Código e converte em dever um poder, uma vez que o julgador teria o arbítrio de usar, se lhe parecesse que o inadimplente estava sendo sacrificado, ou deixar de utilizar se lhe parecesse que a penalidade era adequada, mesmo que a obrigação já estivesse executada em parte. Impõe a redução da penalidade, como norma dirigida ao juiz. Deve ser reduzida pelo julgador, sempre que tiver ocorrido adimplemento parcial, e ainda que as circunstâncias demonstrem não ser desproporcional que que está para ser cumprido. A redutibilidade da pena excessiva encontra amparo do Código Suíço e no BGB, como também estava no Projeto de Código de Obrigações de 1965, porém como uma faculdade. O que fere a autonomia da vontade e contraria a natureza da pena convencional é o caráter imperativo da norma. Não sendo, porém, matéria de ordem pública, pode ser ajustada a irredutibilidade. Reduzida será, ainda, se ao juiz parecer manifestamente excessiva. O juiz considerará a natureza do negócio e a sua finalidade. O que pode servir de frenação às pretensões abusivas do inadimplemento é o arbítrio do magistrado. Quanto à redutibilidade por implemento parcial, o juiz inspira-se no princípio da equidade, dosando a diminuição da pena, segundo o seu arbítrio e tendo em conta o princípio da boa-fé objetiva no confronto com o "homem de negócios real e honesto". No tocante ao excesso da pena, sua redução dar-se-á por manifesto. O julgador apreciará o valor da pena, confrontando-o com as demais circunstâncias do negócio, e somente o diminuirá se for manifesto, ostensivo, perceptível a todo surto de vista. Em qualquer caso, o poder do juiz não pode ser levado ao extremo de minguá-lo a ponto de convertê-la em quantia ínfima – *sestercio uno* –, desfigurando a pena convencional e retirando-lhe a dupla finalidade, de reforço da obrigação e de liquidação prévia das perdas e danos" (Instituições de Direito Civil, vol. II, Forense, 2014, 26ª ed, Teoria Geral das Obrigações, pág. 155). Vejamos as Jornadas de Direito Civil sobre o tema: **E/165:** "Em caso de penalidade, aplica-se a regra do art. 413 ao sinal, sejam as arras confirmatórias ou penitenciais"; **E/355**: "Não podem as partes renunciar à possibilidade de redução da cláusula penal se ocorrer qualquer das hipóteses previstas no art. 413 do Código Civil, por se tratar de preceito de ordem pública"; **E/356**: "Nas hipóteses previstas no art. 413 do Código Civil, o juiz deverá reduzir a cláusula penal de ofício"; **E/357**: "O art. 413 do Código Civil é o que complementa o art. 4º da Lei nº 8.245/91. Revogado o Enunciado 179 da III Jornada; **E/358**: "O caráter manifestamente excessivo do valor da cláusula penal não se confunde com a alteração de circunstâncias, a excessiva onerosidade e a frustração do fim do negócio jurídico, que podem incidir autonomamente e possibilitar sua revisão para mais ou para menos"; **E/359**: "A redação do art. 413 do Código Civil não impõe que a redução da penalidade seja proporcionalmente idêntica ao percentual adimplido"; **E/429:** "As multas previstas nos acordos e convenções coletivas de trabalho, cominadas para impedir o descumprimento das disposições normativas constantes desses instrumentos, em razão da negociação coletiva dos sindicatos e empresas, têm natureza de cláusula penal e, portanto, podem ser reduzidas pelo juiz do trabalho quando cumprida parcialmente a cláusula ajustada ou quando se tornarem excessivas para o fim proposto, nos termos do art. 413 do Código Civil".

Alternativa "a". De acordo com o art. 413 do CC: "A penalidade deve ser reduzida equitativamente pelo juiz se a obrigação principal tiver sido **cumprida em parte**, ou se o montante da penalidade for manifestamente excessivo, tendo-se em vista a natureza e a finalidade do negócio". Como diz Maria Helena Diniz, "Apesar de prevalecer em nosso direito a imutabilidade da cláusula penal, por importar em pré-avaliação das perdas e danos, esta deverá ser alterada, equitativamente, pelo magistrado... quando houver cumprimento parcial da obrigação, hipótese em que será a redução equitativa da pena estipulada para o caso de mora ou de inadimplemento" (Código Civil Anotado, 16ª ed, Saraiva, 2012, pág. 387).

Alternativa "b". A imutabilidade da cláusula penal é relativa. Desse modo, admite-se sua redução equitativa pelo juiz se a obrigação principal tiver sido cumprida em parte, ou se o montante da penalidade for manifestamente excessivo, tendo-se em vista a natureza e a finalidade do negócio (CC, art. 413).

Alternativa "d". Por se meramente relativa a imutabilidade da cláusula penal, deverá o juiz reduzi-la equitativamente na hipótese de cumprimento parcial da obrigação, bem como quando o montante da penalidade for manifestamente excessivo, tendo-se em vista a natureza e a finalidade do negócio (CC, art. 413).

2. CONTRATOS

2.1. PRINCÍPIOS CONTRATUAIS

- Boa-fé objetiva

▸ **CC, art. 422**

24. (Vunesp – Juiz de Direito Substituto – RJ/2016) Assinale a alternativa correta sobre o direito contratual e os princípios que regem a matéria.

A) Em caso de revisão judicial de disposições contratuais, em razão de onerosidade excessiva decorrente de acontecimentos extraordinários e imprevisíveis, a eficácia da decisão será ex tunc, retroagindo à data da celebração do negócio jurídico.

B) Na relação cível empresarial, é vedado ao Estado intervir nos negócios jurídicos celebrados entre particulares, disciplinando e/ou limitando a liberdade contratual e as consequências de determinadas previsões contratuais.

C) É vedada na legislação brasileira a estipulação de cláusula limitativa do dever de indenizar, por violação ao princípio da reparação integral.

D) A prolongada omissão de um dos contratantes em exigir da parte contrária o cumprimento de determinada cláusula contratual, que não vinha sendo cumprida ou respeitada, pode configurar motivo idôneo para tornar a cláusula juridicamente inexigível.

E) Em contrato que versa sobre coisa futura, é nula a disposição contratual pela qual o alienante terá direito à integralidade do preço mesmo que o objeto da alienação venha a existir em quantidade inferior à esperada.

COMENTÁRIOS

✪ **Nota do autor:** a cláusula geral de boa-fé objetiva é versada no Código Civil de 2002, em três dispositivos, são eles: art. 422 ("Os contratantes são obrigados a guardar, assim na conclusão do contrato, como em sua execução, os princípios de probidade e boa-fé"); art. 187 ("Também comete ato ilícito o titular de um direito que, ao exercê-lo, excede manifestamente os limites impostos pelo seu fim econômico ou social, pela boa-fé ou pelos bons costumes") e art. 113 ("Os negócios jurídicos devem ser interpretados conforme a boa-fé e os usos do lugar de sua celebração"). As normas que dispõem a respeito do princípio da boa-fé são cláusulas abertas, cabendo ao juiz estabelecer a conduta que deveria ser adotada pelo contratante, com base no princípio ético, fundado na lealdade, confiança e probidade. Concretizado o modelo de comportamento, segundo as premissas da boa-fé, o modo de ação efetivado é cotejado com aquele. Se houver desconformidade, a conduta é considerada ilícita, por violar a cláusula geral de boa-fé. Pelo **Enunciado 26**, *"A cláusula geral contida no art. 422 do novo Código Civil impõe ao juiz interpretar e, quando necessário, suprir e corrigir o contrato segundo a boa-fé objetiva, entendida como a exigência de comportamento leal dos contratantes"*. Nas lições de Flávio Tartuce, "(...) nunca é demais frisar que as cláusulas gerais que constam da atual codificação, a serem delineadas pela jurisprudência e pela comunidade jurídica, devem ser baseadas nas experiências pessoais dos aplicadores e dos julgadores, que também devem estar atualizados de acordo com os aspectos temporais, locais e subjetivos que envolvem a questão jurídica que lhes é levada para apreciação. O CC/1916 foi concebido à luz da teoria positivista de Hans Kelsen, uma pirâmide de normas, um sistema fechado e estático, e o CC/2002, sob a teoria tridimensional de Miguel Reale, fundado em três subsistemas, dos fatos, dos valores e das normas, logo, aberto e dinâmico (...)" (Flávio Tartuce, Manual de Direito Civil, Volume Único, Editora Método, 2012, São Paulo, pag. 50-52).

Alternativa correta: letra "d". A situação ventilada na assertiva consagra a aplicação de um dos conceitos principiológico decorrentes da boa-fé objetiva. Trata-se da *suppressio*, que se caracteriza quando um direito não é exercido durante determinado lapso de tempo e disso decorre que não poderá mais sê-lo, por contrariar a boa-fé. A *surrectio*, por sua vez, é a outra face da *suppressio*, pois consiste no nascimento de um direito, sendo nova fonte de direito subjetivo, consequentemente a continuada prática de certos atos.

Alternativa "a". A sentença de revisão ou resolução do contrato por onerosidade excessiva produz efeitos retroativos, *ex tunc*, desde a data da citação (CC, art. 478).

Alternativa "b". O Estado pode intervir nos negócios jurídicos celebrados entre particulares, conforme os arts. 170 e seguintes da Constituição Federal.

Alternativa "c". A cláusula de não indenizar ou de irresponsabilidade não é admitida nas relações de consumo, ao dizer o art. 25 do CDC ser vedada a estipulação contratual de cláusula que impossibilite, exonere ou atenue a obrigação de indenizar. Todavia, essa possibilidade encontra respaldo no art. 946 do CC, nas relações civis, a prever a possibilidade de o contrato dispor sobre a fixação da indenização devida pelo inadimplente. Segundo Silvio Venosa a cláusula de não indenizar é aquela "pela qual uma das partes contratantes declara que não será responsável por danos emergentes do contrato, seu inadimplemento total ou parcial." Ainda de acordo com o autor "trata-se da exoneração convencional de reparar o dano". Para Carlos Roberto Gonçalves, a cláusula de não indenizar consiste em "acordo de vontades pelo qual se convenciona que determinada parte não será responsável por eventuais danos decorrentes de inexecução ou execução inadequada do contrato". Na definição de Aguiar Dias, "tal cláusula tem função em alterar, em benefício do contratante, o jogo dos riscos, pois estes são transferidos para a vítima". Segundo Carlos Roberto Gonçalves, há cinco outros requisitos a serem respeitados para que a cláusula de não indenizar seja considerada plenamente válida pelo ordenamento jurídico brasileiro, quais sejam: (a) não colisão com preceito de ordem pública; (b) ausência de intenção de afastar obrigação de indenizar inerente ao objeto essencial do contrato; (c) inexistência do escopo de eximir o dolo ou a culpa grave do causador do dano; (d) bilateralidade de consentimento; e (e) igualdade de posição das partes. Assim, a eficácia das cláusulas de não indenizar ou limitativas do dever de indenizar devem ser analisadas a luz dos princípios da boa-fé objetiva, da liberdade e do equilíbrio contratual e da função social do contrato.

Alternativa "e". O contrato pode ser acidentalmente aleatório, e entre as espécies dessa modalidade de contrato, na venda de coisa futura, o risco pode referir-se à própria existência da coisa (*emptio spei* – venda da esperança) ou à quantidade (*eptio rei esperatae* – venda da coisa esperada), conforme dispõem os arts. 458 e 459 do CC. Tratam-se de contratos válidos.

- Boa-fé objetiva

▸ **CC, art. 422**

25. (Vunesp – Juiz de Direito – MS/2015) A respeito do direito contratual e os princípios que regem a matéria, afirma-se corretamente que

A) a aplicação do instituto da supressio é vedada no direito brasileiro, sobrepondo-se o princípio da segurança jurídica.

B) o credor tem o dever de evitar o agravamento do prejuízo que lhe causou o devedor.

C) o adimplemento incompleto, mas significativo, das obrigações contratuais por uma das partes, não impede que a parte contrária resolva o contrato, com fundamento em descumprimento contratual.

D) nos contratos paritários, em relação diversa da relação de consumo, não se admite a declaração judicial de abusividade de cláusula contratual.

E) o dirigismo contratual é vedado pela legislação brasileira, como forma de preservação ao princípio da liberdade contratual.

COMENTÁRIOS

Alternativa correta: letra "b". Aprovado na III Jornada de Direito Civil d CJF/STJ, o Enunciado 169 possui o seguinte texto: "O princípio da boa-fé objetiva deve levar o credor a evitar o agravamento do próprio prejuízo".

Alternativa "a". A *supressio* é consagrada na jurisprudência pátria. Conforme decidiu o STJ, "(...) *supressio*, que indica a possibilidade de considerar suprimida determinada obrigação contratual na hipótese em que o não exercício do direito correspondente, pelo credor, gerar ao devedor a legítima expectativa de que esse não exercício se prorrogará no tempo. Em outras palavras, haverá redução do conteúdo obrigacional pela inércia qualificada de uma das partes em exercer direito ou faculdade ao longo da execução do contrato, criando para a outra a sensação válida e plausível – a ser apurada casuisticamente – de ter havido a renúncia àquela prerrogativa" (STJ – info 523). Nas consagradas Jornadas de Direito Civil, 412 – Art. 187: As diversas hipóteses de exercício inadmissível de uma situação jurídica subjetiva, tais como supressio, tu quoque, surrectio e venire contra factum proprium, são concreções da boa-fé objetiva

Alternativa "c". Também decorre do princípio da boa-fé objetiva a teoria do adimplemento substancial. Conforme já apreciado pelo STJ, "... a teoria do substancial adimplemento visa impedir o uso desequilibrado do direito de resolução por parte do credor, preterindo desfazimentos desnecessários em prol da preservação da avença, com vistas à realização dos aludidos princípios. Assim, tendo ocorrido um adimplemento parcial da dívida muito próximo do resultado final, daí a expressão "adimplemento substancial", limita-se o direito do credor, pois a resolução direta do contrato mostrar-se-ia um exagero, uma demasia. Dessa forma, fica preservado o direito de crédito, limitando-se apenas a forma como pode ser exigido pelo credor, que não pode escolher diretamente o modo mais gravoso para o devedor, que é a resolução do contrato. Dessarte, diante do substancial adimplemento da avença, o credor poderá valer-se de meios menos gravosos e proporcionalmente mais adequados à persecução do crédito remanescente, mas não a extinção do contrato. Precedentes citados: REsp 272.739-MG, DJ 2/4/2001; REsp 1.051.270-RS, DJe 5/9/2011, e AgRg no Ag 607.406-RS, DJ 29/11/2004. REsp 1.200.105-AM, Rel. Min. Paulo de Tarso Sanseverino, julgado em 19/6/2012" (Info 500). Também relativo ao tema o Enunciado 361 da IV Jornada de Direito Civil do CJF/STJ: "O adimplemento substancial decorre dos princípios gerais contratuais, de modo a fazer preponderar a função social do contrato e o princípio da boa-fé objetiva, balizando a aplicação do art. 475". Na VII Jornada de Direito Civil que aconteceu em setembro de 2015, em Brasília, foi aprovado o Enunciado 586: "Para a caracterização do adimplemento substancial (tal qual reconhecido pelo enunciado 361 da IV jornada de direito civil – CJF), levam-se em conta tanto aspectos quantitativos quanto qualitativos".

Alternativa "d". *Contrato paritário* é aquele que, precedentemente à formação, ocorre o debate e a transigência de suas cláusulas, a chamada fase de puntuação. Confere-se o nome de paritário porque se supõe a igualdade dos interessados. Difere-se, assim, do *contrato de adesão*, em que as cláusulas são preestabelecidas por uma das partes; a outra parte aceita ou recusa tudo por inteiro, em bloco, sendo considerada, no geral, mais fraca. Mesmo nos contratos paritários é possível o reconhecimento judicial da abusividade de cláusula contratual. A exemplo o Enunciado 354 da IV Jornada de Direito Civil do CJF/STJ, que não distingue a natureza do contrato: "A cobrança de encargos e parcelas indevidas ou abusivas impede a caracterização da mora do devedor".

Alternativa "e". *Dirigismo contratual* caracteriza-se pela intervenção do estado por meio de legislação específica com objetivo de valer a prevalência do interesse coletivo, protegendo o economicamente mais fraco do domínio do poderoso, minimizando as desigualdades entre as partes, dirigindo a atividade econômica e a atividade contratual de modo a corresponder às exigências fundamentais da justiça social ou distributiva e da garantia a todos da existência digna, garantindo a resolução do contrato por onerosidade excessiva ou em caso de perigo, mesmo que contrarie a autonomia da vontade. Segundo a Ministra Fátima Nancy Andrighi, ao relatar o AgRg no REsp nº. 807.052-RS: "O regime jurídico dos contratos mercantis que embasam relação de consumo mitiga o princípio da autonomia da vontade em favor de um prevalecente dirigismo contratual; admite-se, em consequência, a revisão judicial das cláusulas contratuais que colidam com as normas jurídicas em vigor". Portanto, o dirigismo contratual não é vedado, mas acatado no cenário jurídico nacional, sobretudo nas relações de consumo.

2.2. CLASSIFICAÇÃO DOS CONTRATOS

- Promessa de fato de terceiro

▸ **CC, arts. 439 e 440**

26. (Vunesp – Juiz de Direito – SP/2014) Com relação à promessa de fato de terceiro, assinale a opção incorreta.

A) Havendo concordância, aquele que prometeu o fato de terceiro ficará exonerado do cumprimento da obrigação, exceção feita aos casos de aquisição da solidariedade.

B) Notificado, o terceiro deve declarar se concorda ou não em integrar o vínculo, na condição de devedor de uma obrigação de fazer.

C) Com a integração no vínculo e a não realização da obrigação, o terceiro deverá responder por perdas e danos, uma vez que o promitente já se exonerou da relação jurídica, salvo se a obrigação subsistiu em caráter de solidariedade.

D) O promitente continua obrigado mesmo sem assumir solidariedade e tendo o terceiro se comprometido no seu lugar.

COMENTÁRIOS

✪ **Nota do autor:** a respeito da *promessa de fato de terceiro*, segundo os comentários de Maria Helena Diniz, "não se pode vincular terceiro a uma única obrigação. Só será devedor o que se comprometer a cumprir uma prestação por manifestação de sua própria vontade, por determinação legal ou por decorrência de ilícito por ele mesmo praticado. O promitente deve obter anuência, mas como sua obrigação é de resultado, não se exonerará, apesar de ter envidado esforços para conseguir aquele consenso. Logo, se alguém vier a prometer ato de terceiro, esse terceiro não estará obrigado, a menos que consinta nisso. Se o terceiro não executar o ato prometido por outrem, sujeita o que prometeu obter tal ato à indenização de prejuízos" (Código Civil Anotado, 16ª ed, 2012, Saraiva, pág. 406, anotações ao art. 439 do Código Civil).

Alternativa correta: letra "d". A promessa de fato de terceiro é prevista nos arts. 439 e 440 do Código Civil. De acordo com o art. 439, *caput*, do CC: "Aquele que tiver prometido fato de terceiro responderá por perdas e danos, quando este o não executar. Parágrafo único. Tal responsabilidade não existirá se o terceiro for o cônjuge do promitente, dependendo da sua anuência o ato a ser praticado, e desde que, pelo regime do casamento, a indenização, de algum modo, venha a recair sobre os seus bens". Segundo Carlos Roberto Gonçalves, no "denominado contrato por outrem ou promessa de fato de terceiro, o único vinculado é o que promete, assumindo obrigação de fazer que, não sendo executada, resolve-se em perdas e danos. Isso porque ninguém pode vincular terceiro a uma obrigação. As obrigações têm como fonte somente a própria manifestação de vontade o devedor, a lei ou eventual ato ilícito por ele praticado" (Direito Civil Esquematizado, vol. 1, 2ª ed, Saraiva, pag. 781). Dispõe o art. 440: "Nenhuma obrigação haverá para quem se comprometer por outrem, se este, depois de se ter obrigado, faltar à prestação". Para o doutrinador Silvio Rodrigues, "o dispositivo supratranscrito afirma um truísmo, pois cogita de uma promessa de fato de terceiro que, uma vez ultimada, foi por este ratificada com sua concordância. Ora, assumindo a obrigação, o terceiro passou a ser o principal devedor. A assunção da obrigação pelo terceiro libera o promitente" (citado *in*: Direito Civil Esquematizado, vol. 1, 2ª ed, Saraiva, pag. 783).

Alternativa "a". Pelo art. 440 do CC: "Nenhuma obrigação haverá para quem se comprometer por outrem, se este, depois de se ter obrigado, faltar à prestação". Segundo Jones Figueiredo Alves, "o dispositivo excepciona o art. 439, quando o terceiro integra ao contrato, dando a sua anuência e assumindo, por conseguinte, a obrigação relativa ao ato que lhe foi atribuído pelo promitente. A obrigação resulta do seu consentimento expresso quanto à promessa do ato, não ficando mais estranho à relação contratual. A Anuência implica a extinção do vínculo obrigacional em relação ao promitente, devedor primário, tornando-se o terceiro devedor da prestação assegurada por aquele. Ocorre a exceção quando a obrigação é assumida solidariamente. A inserção da norma é oportuna, acompanhando o entendimento doutrinário e jurisprudencial a respeito do tema" (citado *in*: Curso de Direito Civil, Washington de Barros Monteiro, vol. 5, Direito das Obrigações, 2ª parte, 40ª ed, Saraiva, 2013, pág. 67).

Alternativa "b". Caso seja notificado, o terceiro deve, expressamente, declarar se concorda ou não, em integrar o vínculo obrigacional, quando passará à condição de devedor principal de uma obrigação de fazer (CC, art. 440).

Alternativa "c". Segundo as lições de Maria Helena Diniz, "se o terceiro anuir em executar a prestação e não a cumprir, o promitente, por não ser seu fiador nem codevedor da prestação (solidariedade), estará exonerado de qualquer obrigação de indenizar pelo inadimplemento daquele dever assumido. A reparação dos danos com o inadimplemento recairá sobre o terceiro. Isto é assim porque, com a anuência de terceiro, rompido está o vínculo obrigacional que ligava o promitente" (Código Civil Anotado, 16ª ed, Saraiva, 2012, pág. 406).

2.3. CONTRATOS EM ESPÉCIE

- Compra e venda

▸ **CC, art. 490**

---

27. (Vunesp - Juiz de Direito - PA/2014) No contrato de compra e venda, as despesas de escritura, registro e tradição ficarão a cargo:

A) sempre do comprador.

B) no silêncio do contrato, as de escritura e registro com o comprador, e as de tradição, com o vendedor.

C) sempre do vendedor.

D) salvo cláusula em contrário, todas as despesas serão divididas.

E) na falta de acordo, com o comprador.

COMENTÁRIOS

✪ **Nota do autor:** *compra e venda* é contrato pelo qual um dos contratantes se obriga a transferir o domínio de certa coisa, e o outro, a pagar-lhe certo preço em dinheiro. O contrato não opera, por si, a transferência da propriedade, que só se perfaz com a tradição (*bens móveis*) ou pelo assento do título aquisitivo no registro imobiliário (bem imóvel). A compra e venda pura (sem condição ou termo) será obrigatória e perfeita quando as partes acordarem o *objeto e o preço*. Poderá ter por objeto *coisa atual ou futura*, mas ficará *sem efeito* o contrato se esta não vier a existir, salvo se a intenção das partes era de concluir contrato aleatório. É **nulo** o contrato de compra e venda, quando se deixa ao arbítrio exclusivo de uma das partes a fixação do preço. Mas a fixação pode ser feito por terceiro, à taxa de mercado, índices ou parâmetros, ou preço corrente nas vendas habituais do vendedor, quando não adotado critério algum de fixação. Neste caso, na falta de acordo, por ter havido diversidade de preço, prevalecera o *termo médio*. As despesas de tradição são do vendedor, e as de escritura e registro do comprador. Nas vendas à vista, o devedor pode reter a entrega da coisa até que receba o preço. Nas vendas a crédito, porém, o vendedor mesmo não tendo recebido todo o preço, entrega a coisa ao comprador, após a concessão do crédito. Até a tradição, os riscos da coisa são do vendedor, e os do preço, do comprador. Mas serão do comprador os riscos quando a coisa estiver à sua disposição, ou se estiver em mora. Por outro lado, salvo disposição **expressa** em contrário, a tradição da coisa vendida ocorre onde ela se encontrava no momento da venda. É **anulável** a venda de ascendente a descendente, **salvo** se os outros descendentes e o cônjuge do alienante **expressamente** houverem consentido. Em ambos os casos, dispensa-se o consentimento do cônjuge se o regime de bens for o da separação obrigatória. Mas é lícita a compra e venda entre os cônjuges, em relação aos bens excluídos da comunhão. Há ainda diversas regras de restrição à liberdade de contratar, por razões de moralidade e estabilidade da ordem pública. Por exemplo, a compra feita pelos tutores dos bens confiados à sua guarda. Por fim, venda *ad mensuram* é aquela que determina a área do imóvel vendido, ou o preço por medida de extensão. Nesta venda, há *presunção juris tantum* de que a referência às dimensões foi simplesmente enunciativa, quando a diferença encontrada **não exceder** de um **1/20** (um vigésimo) da área total enunciada, ressalvado ao comprador o direito de provar que, em tais circunstâncias, não teria realizado o negócio. A venda *ad corpus* é a alienação do imóvel como corpo certo e determinado, sendo que a menção à área é meramente enunciativa. Resumidamente, o contrato de compra e possui as seguintes característica: **(A)** é *bilateral ou sinalagmático* (de obrigações recíprocas); **(B)** *consensual* (é perfeito mediante acordo de vontades); **(C)** *oneroso* (com proveito recíprocos); **(D)** *em regra comutativo* (de prestações certas, o que representa o conhecimento das partes das vantagens e sacrifícios) e *excepcionalmente aleatório* (quando a prestação é futura e sujeita a risco); **(E)** *em regra, não solene* (de forma livre), e *excepcionalmente solene* (exige forma especial, CC/art. 108, imóveis de valor superior a trinta vezes o maior salário mínimo vigente no País.).

Alternativa correta: letra "b". A respeito do contrato de compra e venda, diz o art. 490 do CC: "Salvo cláusula em contrário, ficarão as despesas de escritura e registro a cargo do comprador, e a cargo do vendedor as da tradição". Segundo Flávio Tartuce, "Vale lembrar que o art. 490 do CC, que consagra regras quanto às despesas de escritura, registro, transporte e tradição, é norma de ordem privada, podendo haver previsão em sentido contrário no instrumento contratual, conforme a convenção das partes" (Direito Civil, vol. 3, Teoria Geral dos Contratos e Contratos em Espécie, Método, 2013, pág. 258).

Alternativa "a". As partes possuem plena liberdade para dispor sobre a responsabilidade pelas despesas com a transferência do bem (CC, art. 490). "Se omisso o contrato, as despesas com a escritura pública e registro ficarão a cargo do comprador, que, então, arcará com os emolumentos cartorários, tributos, etc (STJ: Resp 211.116-SP). O vendedor arcará com as despesas da tradição da coisa móvel, como transporte, pesagem, medição, contagem, etc" (Diniz, Maria Helena, Código Civil Anotado, 16ª ed, Saraiva, 2012, pág. 435).

Alternativa "c". O contrato pode estipular de quem é a responsabilidade pelas despesas com a transferência do bem. Se não o fizer, ficarão as despesas de escritura e registro a cargo do comprador, e a cargo do vendedor as da tradição (CC, art. 490, 2ª parte).

Alternativa "d". Admite-se que as partes, no contrato de compra e venda, estipulem livremente a quem caberá a responsabilidade pelas despesas geradas com a transferência do bem. Contudo, se omisso nessa parte, ficarão as despesas de escritura e registro a cargo do comprador (emolumentos, etc.), e a cargo do vendedor as da tradição (transporte, etc.).

Alternativa "e". As partes podem acordar sobre a responsabilidade decorrente da transferência do bem. Se omisso o contrato nesse aspecto, ou infrutífero o acordo, ficarão as despesas de escritura e registro a cargo do comprador, e a cargo do vendedor as da tradição (CC, art. 490, 2ª parte).

- Compra e venda por medida

▸ **CC, art. 500**

28. (Vunesp – Juiz de Direito – SP/2014) Na venda ad mensuram de um imóvel, tendo o comprador recebido área superior à estipulada no contrato, ignorando o vendedor a medida exata, é correto afirmar:

A) Caberá ao comprador, à sua escolha, completar o valor correspondente ao preço ou devolver o excesso.

B) Não haverá complemento do preço nem devolução do excesso.

C) O contrato será rescindido na totalidade.

D) Caberá ao vendedor escolher entre receber a diferença do preço ou receber de volta o excesso da área.

COMENTÁRIOS

Alternativa correta: letra "a". De acordo com o art. 500 do CC: "Se, na venda de um **imóvel**, se estipular o preço por medida de extensão, ou se determinar a respectiva área, e esta não corresponder, em qualquer dos casos, às dimensões dadas, o comprador terá o direito de exigir o complemento da área, e, não sendo isso possível, o de reclamar a resolução do contrato ou abatimento proporcional ao preço. § 1º Presume-se que a referência às dimensões foi simplesmente enunciativa, quando a diferença encontrada não exceder de um vigésimo da área total enunciada, ressalvado ao comprador o direito de provar que, em tais circunstâncias, não teria realizado o negócio. § 2º Se em vez de falta houver excesso, e o vendedor provar que tinha motivos para ignorar a medida exata da área vendida, caberá ao comprador, à sua escolha, completar o valor correspondente ao preço ou devolver o excesso". O dispositivo em apreço refere-se à "venda *ad mensuram*", em que o preço é estipulado com base nas dimensões do imóvel. A venda é realizada segundo a unidade de alqueire, hectare ou metro quadrado. Se a área, em posterior medição, não corresponder às dimensões dadas no momento da venda, tem o comprador o direito de exigir a sua **complementação**. Se esta **não for possível** ao vendedor, por não dispor da área remanescente, por exemplo, abre-se ao **comprador** a opção de reclamar a resolução do contrato (ação redibitória) ou o abatimento proporcional ao preço (ação estimatória ou *quanti minoris*), por meio de ação *ex empto* ou *ex vendito*, de natureza pessoal (CC, art. 500, *caput*). Pode acontecer que, ao invés de falta, há excesso da área vendida, caso em que, **também ao comprador**, à sua escolha, poderá completar o preço ou devolver o excesso (CC, art. 500, § 2º). Segundo os comentários de Carlos Roberto Gonçalves ao art. 500, § 2º, do CC: "É de se presumir, em princípio, que **o alienante conhece a coisa que lhe pertence**. Se a vendeu pelo preço estipulado, não pode atribuir ao adquirente uma complementação de preço injustificada, devendo a venda, para ele, ser considerada *ad corpus*. Ressalva-se-lhe, contudo, o direito de **ilidir essa presunção**, provando que **tinha motivos para ignorar a medida exata** da área vendida, igualmente no prazo decadencial de um ano, a contar do registro do título" (Direito Civil Esquematizado, vol. 2, Saraiva, 1ª ed, 2013, pág.59).

Alternativa "b". Afirma expressamente o art. 500, § 2º, do CC, referente à "venda *ad mensuram*": "Se em vez de falta houver excesso, e o vendedor **provar** que tinha motivos para ignorar a medida exata da área vendida, caberá ao comprador, à sua escolha, completar o valor correspondente ao preço ou devolver o excesso".

Alternativa "c". Pelo art. 500, § 2º, do CC, em caso de excesso da área, e o vendedor **provar** que tinha motivos para **ignorar** a medida exata da área vendida, caberá ao comprador, à sua escolha, **completar o valor** correspondente ao preço ou **devolver o excesso.** Desse modo, o contrato mantém-se intacto.

Alternativa "d". Na venda "*ad mensuram*" com excesso de área, e **provado** pelo **vendedor** que tinha motivos para ignorar a medida exata da área vendida, **caberá ao comprador** (e **não** ao vendedor) à sua escolha, completar o valor correspondente ao preço ou devolver o excesso (CC, art. 500, § 2º).

- Anulabilidade da compra e venda

▸ **CC, art. 496**

29. (Vunesp – Juiz de Direito – SP/2014) Estabelece o artigo 496 do Código Civil que é anulável a venda de ascendente a descendente. Assim, é correto dizer:

A) Será sempre necessário o consentimento dos outros descendentes e do cônjuge do alienante, ainda não havendo má fé.

B) É dispensado o consentimento do cônjuge do alienante se o regime de bens for o da separação obrigatória.

C) É dispensado o consentimento do cônjuge do alienante quando o regime de bens for o da separação voluntária.

D) Se um dos descendentes for menor, ou nascituro, seu consentimento será dado por aquele que detiver o poder familiar, mesmo que os interesses não sejam comuns.

COMENTÁRIOS

Alternativa correta: letra "b". Dispõe art. 496 do CC: "É anulável a venda de ascendente a descendente, salvo se os outros descendentes e o cônjuge do alienante expressamente houverem consentido. Parágrafo único. Em ambos os casos, dispensa-se o consentimento do cônjuge se o regime de bens for o da separação obrigatória". Segundo Maria Helena Diniz, "O ascendente tem direito de, a qualquer tempo, alienar seus bens a quem quiser, mas não pode, sob pena de anulabilidade, vender ao descendente sem que os demais descendentes expressamente consintam por meio de escritura pública ou mesmo por instrumento particular do ato principal (CC, art. 220) e, além disso, o cônjuge do alienante também deverá anuir, salvo se casado sob o regime de separação obrigatória de bens (CC, art. 1641), porque essa venda de bens móveis ou imóveis poderia acobertar uma doação em prejuízo dos demais herdeiros necessários" (Código Civil Anotado, 16ª ed, Saraiva, 2012, pág. 438). Para Carlos Roberto Gonçalves, "A lei não distingue entre bens móveis e imóveis, nem proíbe a venda feita por descendente a ascendente. A exigência subsiste mesmo na venda de avô a neto, e não só aos descendentes que estiverem na condição de herdeiros, pois a lei referiu-se a todos os descendentes [...] Há contudo, uma corrente que sustenta o contrário, sob alegação de que o aludido dispositivo aplica-se somente ao herdeiro imediato (Maria Helena Diniz). A finalidade da vedação é evitar simulações fraudulentas [...]" (Direito Civil Esquematizado, vol. 2, 1ª ed, Saraiva, 2013, pág. 53). A regra aplica-se à *dação em pagamento* e à *troca*, na forma do art. 533, II, do CC. Vejamos alguns enunciados das Jornadas de Direito Civil do Conselho da Justiça Federal: **E/177**: "Por erro de tramitação, que retirou a segunda hipótese de anulação de venda entre parentes (venda de descendente para ascendente), deve ser desconsiderada a expressão "em ambos os casos", no parágrafo único do art. 496"; **E/368**: "O prazo para anular venda de ascendente para descendente é decadencial de dois anos (art. 179 do Código Civil)".

Alternativa "a". Será dispensado o consentimento, em relação ao cônjuge, se o regime de bens for o da separação obrigatória (CC, art. 496, parágrafo único).

Alternativa "c". Conforme o art. 496, parágrafo único, do CC: "dispensa-se o consentimento do cônjuge se o regime de bens for o da separação obrigatória". Desse modo, quando o regime da separação

Alternativa "d". Pelo art. 496, *caput*, do CC: "É anulável a venda de ascendente a descendente, salvo se os outros descendentes e o cônjuge do alienante expressamente houverem consentido". Se um dos descentes for menor ou nascituro, o consentimento é dado por seu representante legal. Todavia, se colidirem os interesses entre aqueles e o representante, aplica-se a regra do art. 1.692 do CC, que assim dispõe: "Sempre que no exercício do poder familiar colidir o interesse dos pais com o do filho, a requerimento deste ou do Ministério Público o juiz lhe dará curador especial".

- Compra e venda entre mandante e mandatário

▸ **CC, art. 497**

---

30. (Vunesp – Juiz de Direito Substituto – SP/2015) No capítulo relativo ao contrato de compra e venda, é correta a seguinte hipótese:

A) juízes, serventuários e auxiliares da justiça não podem comprar bens sobre que se litigar em tribunal, juízo ou conselho, no lugar onde servirem, ou a que se estender a sua autoridade, sob pena de nulidade, hipótese inextensível à cessão de crédito.

B) a venda realizada diretamente pelo mandante ao mandatário não é maculada de nulidade.

C) a fixação do preço pode ser deixada ao arbítrio de terceiro, à taxa de mercado ou de bolsa, em função de índices de subjetiva determinação, mas não ao arbítrio exclusivo de uma das partes.

D) de regra, ficarão as despesas de escritura e registro a cargo do vendedor, mas as da tradição caberão ao comprador.

COMENTÁRIOS

✪ **Nota do autor:** os arts. 115 a 120 do CC dispõem a respeito da representação, que pode ser *legal* ou *voluntária*. A *representação voluntária* é organizada na parte especial do Código Civil, no capítulo dedicado ao ***mandato*** (CC/art. 653 a 692). Diz o CC/art. 653: *"opera-se o mandato quando alguém recebe de outrem poderes para, em seu nome, praticar atos ou administrar interesses. A procuração é o instrumento do mandato"*. O contrato de mandato é consensual, bastando acordo de vontades para a sua formação. Pode ser expresso, tácito, verbal ou escrito. Será escrito quando outorgado mediante instrumento particular ou público, designado *procuração*. O mandato, ainda, pode ser *geral* a todos os negócios, ou *especial* para certos e determinados negócios. Os atos praticados sem mandato são ineficazes, salvo se ratificados, expressa ou tacitamente, com efeitos *ex tunc*. A procuração é uma autorização representativa, feita por instrumento particular, exigindo em casos excepcionais o instrumento público, como no caso dos incapazes, cegos e analfabetos (Maria Helena Diniz, Código Civil Anotado, 16ed, 2012, São Paulo, Saraiva). A procuração por instrumento particular exige o reconhecimento da firma para que tenha validade *erga omnes*, ou em relação a terceiros. Ainda que o mandato se outorgue por instrumento público, pode substabelecer-se mediante instrumento particular. A forma do mandato está sujeita à forma exigida por lei para o ato a ser praticado. Não se admite mandato verbal se o ato deva ser praticado por escrito. A aceitação do mandato pode ser escrita ou tácita. Neste caso, resulta do começo de execução. O CC/2002 *não adotou* a chamada *teoria da separação*, acolhida no Código Civil Português e no Código Civil Alemão. Por tal teoria, o poder de representação não nasce do mandato, mas do negócio jurídico *unilateral, autônomo e abstrato*, que é a "procuração". O mandato, portanto, pela *teoria da separação*, é a relação subjacente à procuração. Segundo o art. 149 do CC, inserido no capítulo que dispõe sobre os defeitos do negócio jurídico, "O dolo do representante legal de uma das partes só obriga o representado a responder civilmente até a importância do proveito que teve; se, porém, o dolo for do **representante convencional**, o representado responderá **solidariamente** com ele por perdas e danos". Por fim, destacamos os seguintes Enunciados das Jornadas de Direito Civil: E/182: *"O mandato outorgado por instrumento público previsto* *no art. 655 do Código Civil somente admite substabelecimento por instrumento particular quando a forma pública for facultativa e não integrar a substância do ato"*; E/183: *"Para os casos em que o parágrafo primeiro do art. 661 exige poderes especiais, a procuração deve conter a identificação do objeto"*; e por fim, E/184: *"Arts. 664 e 681: Da interpretação conjunta desses dispositivos, extrai-se que o mandatário tem o direito de reter, do objeto da operação que lhe foi cometida, tudo o que lhe for devido em virtude do mandato, incluindo-se a remuneração ajustada e o reembolso de despesas".*

Alternativa correta: letra "b". Não há nulidade no contrato de compra e venda se este se der *diretamente* entre o mandante e o mandatário. O negócio nessas condições é valido, porque não é vedado pelo art. 497, I a IV, do CC-2002. O CC-1916 dispunha no art. 1.133, II, que estava proibida a compra, ainda que em hasta pública, pelos mandatários, os bens, de cuja administração ou alienação estejam encarregados. O texto não se repetiu no Código vigente, mas, ao tempo do Código revogado, foi editada a Súmula 165 do STF, segundo a qual "A venda realizada diretamente pelo mandante ao mandatário não é atingida pela nulidade do art. 1.133, II, do Código Civil".

Alternativa "a". O art. 497, III, do CC, proclama a *nulidade absoluta*, porque não podem ser comprados, ainda que em hasta pública, pelos juízes, secretários de tribunais, arbitradores, peritos e outros serventuários ou auxiliares da justiça, os *bens* ou *direitos* sobre que se litigar em tribunal, juízo ou conselho, no lugar onde servirem, ou a que se estender a sua autoridade. Estas proibições estendem-se à cessão de crédito (CC, art. 497, parágrafo único).

Alternativa "c". A *fixação do preço* do contrato de compra e venda pode ser de diversas formas: (a) deixada ao arbítrio de terceiro; (b) à taxa de mercado ou de bolsa, em certo e determinado dia e lugar; (c) de índices ou parâmetros, desde que suscetíveis de *objetiva* determinação; (d) ou mesmo sem fixação de preço ou de critérios para a sua determinação, que caso não houver tabelamento oficial, entende-se que as partes se sujeitaram ao preço corrente nas vendas habituais do vendedor; na falta de acordo, por haver diversidade de preço, prevalecerá o termo médio (CC, arts. 485 a 488). Porém, nulo é o contrato de compra e venda, quando se deixa ao arbítrio exclusivo de uma das partes a fixação do preço (CC, art. 489).

Alternativa "d". Salvo cláusula em contrário, ficarão as despesas de: (a) *escritura e registro* a cargo do *comprador*; (b) e a cargo do *vendedor* as da *tradição*, diz o art. 490 do CC.

- Locação *built to suit*

▸ **CC, art. 565**

31. (Vunesp – Juiz de Direito Substituto – RJ/2016) Nos contratos de locação não residencial em que há "construção sob medida", amplamente conhecidos pela expressão inglesa built-to-suit ou build-to-suit, é correto afirmar que

A) o contrato deverá ser firmado por escrito e com prazo determinado, não podendo ser inferior a 5 (cinco) anos.

B) a vigência da locação, em caso de alienação do imóvel pelo locador, independe de cláusula de vigência e averbação do instrumento contratual na matrícula do imóvel.

C) é vedada a estipulação de mais de uma modalidade de garantia em benefício do locador.

D) é nula a estipulação de cláusula de renúncia ao direito de revisão do valor dos aluguéis durante o prazo de vigência do contrato de locação.

E) a cláusula penal estabelecida por denúncia antecipada do locatário poderá alcançar a soma dos valores dos aluguéis a receber até o termo final da locação.

COMENTÁRIOS

✪ **Nota do autor:** a expressão *built to suit* compreende uma espécie de contrato de locação para fins não residenciais que vem sendo cada vez mais utilizado no Brasil, notadamente nos setores de comércio e indústria nacional. Como o próprio nome já diz, nessa espécie de contratos o locador providencia ao locatário um imóvel "construído para servir". Neste contrato, o locador, detentor de valores que lhe permitam investir em um empreendimento de grande porte, é contratado por um locatário geralmente já consolidado no mercado, que pretende obter um imóvel já em condições predeterminadas, específicas para as suas atividades. Uma vez celebrado o contrato e obtidas todas as especificações e peculiaridades do empreendimento junto ao locatário, o locador passa à aquisição de um terreno que atenda aos fins propostos e à posterior construção ou reforma substancial de um imóvel nos moldes previstos em contrato. Apenas após a devida construção do imóvel, inicia-se a sua utilização pelo locatário. Trata-se, portanto, de um negócio complexo, o qual envolve a compra e venda de terreno, a empreitada, a prestação de serviços caracterizada pelo fornecimento de desenhos e projetos, a administração da obra e, por fim, a própria locação do imóvel. Dada a sua complexidade, os contratos *built to suit* tem prazo determinado, que pode variar entre 10 e 20 anos (http://www.migalhas.com.br). A Lei n. 12.744, de 2012, inseriu o art. 54-A na Lei n. 8.245, de 1991, que passou a dispor a respeito desta modalidade contrato de locação.

Alternativa correta: letra "e". Proclama o art. 54-A, § 2º, da Lei n. 8.245 de 1991, que, em caso de

denúncia antecipada do vínculo locatício pelo locatário, compromete-se este a cumprir a ***multa convencionada*** (cláusula penal) que não excederá, porém, a soma dos valores dos aluguéis a receber até o termo final da locação.

Alternativa "a". Apesar da forma escrita, não se estabelece no art. 54-A da Lei n. 8.245, de 1991, que o contrato tenha que ser firmado pelo prazo mínimo de 5 anos. Compreende-se do preceito legal que o imóvel urbano seja locado por **prazo determinado**, prevalecerão as condições **livremente** pactuadas no contrato respectivo.

Alternativa "b". De acordo com o art. 8º, *caput*, da Lei n. 8.245, de 1991, se o imóvel for alienado durante a locação, o adquirente poderá denunciar o contrato, com o prazo de 90 dias para a desocupação, salvo se a locação for: (i) por **tempo determinado**; (ii) o **contrato contiver cláusula de vigência** em caso de alienação; (iii) e estiver **averbado** junto à matrícula do imóvel.

Alternativa "c". O que se veda, sob pena de nulidade, é a estipulação mais de uma das modalidades de garantia **num mesmo contrato** de locação (art. 37, parágrafo único, da Lei n. 8.245, de 1991).

Alternativa "d". Nos contratos de locação *built to suit*, poderá ser convencionada a renúncia ao direito de revisão do valor dos aluguéis durante o prazo de vigência do contrato de locação (Lei n. 8.245, de 1991, art. 54-A, § 1º).

- Corretagem

▸ **CC, art. 722**

---

32. (Vunesp - Juiz de Direito - TJ SP/2017) Mediante contrato escrito, José efetua a venda de imóvel a Maria. Embora consumado o negócio, Maria desiste da compra depois de noventa dias. O corretor Antônio exige de José o pagamento de remuneração pelo trabalho de mediação.

A respeito do caso hipotético, é correto afirmar que a remuneração

A) não é exigível, ainda que a corretagem tenha sido contratada por escrito e com exclusividade.

B) é exigível, exceto se a compradora deixou de efetuar o pagamento total ou parcial do preço, independentemente de tal circunstância ter sido prevista em contrato pelo vendedor e pelo corretor.

C) não é exigível, uma vez que o rompimento do contrato de venda e compra equivale à não obtenção do resultado do trabalho do corretor.

D) é exigível, uma vez que o contrato de venda e compra foi concluído e que o arrependimento de uma das partes não é oponível ao corretor.

COMENTÁRIOS

✪ **Nota do autor:** "*contrato de corretagem* é aquele pelo qual uma pessoa, não vinculada a outra em virtude de mandato, de prestação de serviços ou qualquer relação de dependência, obriga-se, mediante remuneração, a intermediar negócios para a segunda, conforme as instruções recebidas, fornecendo a esta todas as informações necessárias para que possam ser celebrados exitosamente [...] O corretor aproxima pessoas interessadas na realização de um determinado negócio, fazendo jus a uma retribuição se este se concretizar. A concretização será devida quando a conclusão do negócio tenha decorrido exclusivamente dessa aproximação" (Gonçalves, Carlos Roberto, Direito Civil Esquematizado, vol. 2, Saraiva, 2013, pág. 231).

Alternativa correta: letra "d" (responde as demais alternativas). Pelo contrato de corretagem, "a remuneração é devida ao corretor uma vez que tenha conseguido o resultado previsto no contrato de mediação, ou ainda que este não se efetive em virtude de arrependimento das partes" (CC, art. 725). O corretor tem direito à remuneração se aproximou as partes e elas acordaram no negócio, mesmo que, posteriormente, se modifiquem as condições ou o negócio venha a ser rescindido ou desfeito, inclusive por arrependimento. Portanto, a conclusão do ato negocial é o fato gerador da remuneração, ainda que venha a ser rescindido ou desfeito, inclusive por arrependimento.

- Corretagem

▸ **CC, art. 725**

---

33. (Vunesp - Juiz de Direito - PA/2014) Assinale a alternativa correta.

A) O direito à adjudicação compulsória se condiciona ao registro do compromisso de compra e venda no cartório de imóveis.

B) A hipoteca firmada entre a construtora e o agente financeiro tem eficácia perante os adquirentes do imóvel.

C) Ainda que o negócio jurídico de compra e venda de imóvel não se concretize em razão do inadimplemento do comprador, é devida comissão de corretagem.

D) Não é possível a resilição do compromisso de compra e venda por iniciativa do promitente comprador por não ter mais as condições econômicas de suportar o pagamento das prestações.

E) O compromisso de compra e venda não é título hábil a fundamentar usucapião ordinária.

COMENTÁRIOS

Alternativa correta: letra "c". Decidiu o STJ: "(...) ainda que o negócio jurídico de compra e venda de imóvel não se concretize em razão do inadimplemento do comprador, é devida comissão de corretagem no caso em que o corretor tenha intermediado o referido negócio jurídico, as partes interessadas tenham firmado contrato de promessa de compra e venda e o promitente comprador tenha pagado o sinal. Conforme o art. 725 do CC, "A remuneração é devida ao corretor uma vez que tenha conseguido o resultado previsto no contrato de mediação, ou ainda que este não se efetive em virtude do arrependimento das partes". A realização de um negócio jurídico de compra e venda de imóvel é um ato complexo, que se desmembra em diversas fases - incluindo, por exemplo, as fases de simples negociação, de celebração de contrato de promessa de compra e venda ou de pagamento de arras - até alcançar sua conclusão com a transmissão do imóvel, quando do registro civil do título imobiliário no respectivo Cartório de Registro, nos termos do art. 1.227 do CC/2002. Nesse contexto, somente com a análise, no caso concreto, de cada uma dessas fases, é possível aferir se a atuação do corretor foi capaz de produzir um resultado útil para a percepção da remuneração de que trata o art. 725 do CC/2002. Assim, para o efeito de tornar devida a remuneração a que faz jus o corretor, a mediação deve corresponder somente aos limites conclusivos do negócio jurídico, mediante acordo de vontade entre as partes, independentemente da execução do próprio negócio. A inadimplência das partes, após a conclusão deste, mesmo que acarrete a rescisão contratual, não repercute na pessoa do corretor" (STJ: REsp 1339642 / RJ).

Alternativa "a". Nos termos da Súmula 239 do STJ, "o direito à adjudicação compulsória não se condiciona ao registro do compromisso de compra e venda no cartório de imóveis".

Alternativa "b". A Súmula 308 do STJ fixou o entendimento de que "a hipoteca firmada entre a construtora e o agente financeiro, anterior ou posterior à celebração da promessa de compra e venda, não tem eficácia perante os adquirentes do imóvel".

Alternativa "d". Para o STJ, "é possível a resilição unilateral do compromisso de compra e venda por iniciativa do promitente comprador se ele não reúne mais as condições econômicas de suportar o pagamento das prestações, o que enseja retenções pelo promitente vendedor de parte das parcelas pagas para compensá-lo pelos custos operacionais da contratação" (STJ: REsp 712.408-MG).

Alternativa "e". Ainda de acordo com o STJ, "o instrumento de promessa de compra e venda insere-se na categoria de justo título apto a ensejar a declaração de usucapião ordinária. Tal entendimento agarra-se no valor que o próprio Tribunal - e, de resto, a legislação civil - está conferindo à promessa de compra e venda. Se a jurisprudência tem conferido ao promitente comprador o direito à adjudicação compulsória do imóvel independentemente de registro (Súmula nº 239) e, quando registrado, o compromisso de compra e venda foi erigido à seleta categoria de direito real pelo Código Civil de 2002 (art. 1.225, inciso VII), nada mais lógico do que considerá-lo também como "justo título" apto a ensejar a aquisição da propriedade por usucapião" (STJ: REsp 941464 / SC).

- Seguro

▸ **CC, art. 797**

34. (Vunesp - Juiz de Direito - PA/2014) No seguro de vida, para o caso de morte,

A) o beneficiário tem direito ao capital estipulado quando o segurado se suicida, ainda que no início da vigência do contrato de seguro.

B) proveniente da utilização de meio de transporte mais arriscado ou da prestação de serviço militar pode eximir o segurador e pagar o benefício.

C) é lícito estipular-se um prazo de carência, durante o qual o segurador não responde pela ocorrência do sinistro.

D) não poderá ser instituído para beneficiar companheiro ou cônjuge quando já houver separação do casal.

E) o prêmio será pago apenas se o contrato for conveniado por prazo limitado.

COMENTÁRIOS

✪ **Nota do autor:** considera-se contrato de seguro aquele pelo qual uma das partes, denominada segurador, se obriga, mediante o recebimento de um "prêmio", a garantir interesse legítimo de outra pessoa, denominada segurada. O seguro alcança a pessoa ou coisa, contra riscos pré-estabelecidos. O principal elemento do contrato de seguro é o risco, o qual o segurado transfere para a seguradora, mediante o pagamento de valores. A seguradora, por expressa disposição de lei, deve ser necessariamente uma sociedade anônima, uma sociedade mútua ou uma cooperativa, com autorização governamental (art. 757, parágrafo único, CC) para prestar referido serviço (GONÇALVES, Carlos Roberto. Direito Civil Brasileiro:

Contratos e atos unilaterais. São Paulo: Saraiva, 2004. p. 473). Na lição de Maria Helena Diniz, o contrato de seguro é a convenção pela qual alguém adquire, mediante pagamento de um prémio, o direito de exigir da outra parte uma indenização, caso ocorra risco futuro assumido. Tem por objeto garantir o interesse (jurídico ou econômico) legitimo do segurado, relativo a pessoa ou coisa, contra riscos predeterminados. Segurador é aquele que suporta o risco, mediante o recebimento do prêmio. Segurado é o que, tendo capacidade para a prática dos atos jurídicos, adquire, por simples adesão, apólice, pagando prêmio ao segurador, para obter a indenização de certo risco nela predeterminado. Beneficiário é a pessoa física (capaz ou incapaz) ou jurídica que fará jus à indenização (DINIZ, Maria Helena. Código Civil Anotado. 16 ed. São Paulo: Saraiva, 2012).

Alternativa correta: letra "c". estabelece o art. 797 do CC: "No seguro de vida para o caso de morte, é lícito estipular-se um prazo de carência, durante o qual o segurador não responde pela ocorrência do sinistro. Parágrafo único. No caso deste artigo o segurador é obrigado a devolver ao beneficiário o montante da reserva técnica já formada". De acordo com a lições de Maria Helena Diniz, "É permitida a estipulação, em seguro de vida para o caso de morte (p. ex., por acidente ou doença), de um prazo de carência, durante o qual se isenta o segurador da responsabilidade de indenizar danos advindos do sinistro, cujo risco assumiu para que possa reorganizar suas finanças. Logo, se ele ocorrer, durante o lapso carencial, o segurador deverá restituir ao beneficiário o montante da reserva técnica (parcela do prêmio pago pelo segurado, imobilizado pelo segurador para garantir a obrigação por ele assumida) que, porventura, estiver formada, evitando, assim, seu enriquecimento indevido. O prazo de carência é, portanto, o lapso temporal durante o qual o segurado paga o prêmio, mas não faz jus à percepção da indenização. Somente depois do término daquele período, havendo sinistro, o beneficiário poderá reclamar judicialmente o cumprimento da obrigação de indenizar por parte do segurador (Código Civil Anotado, 16ª ed, 2012, Saraiva, pág. 587).

Alternativa "a". O beneficiário **não tem direito** ao capital estipulado quando o segurado se suicida nos primeiros **dois anos** (02) de vigência inicial do contrato, ou da sua recondução depois de suspenso, sem prejuízo da obrigação do segurador de devolver ao beneficiário o montante da reserva técnica já formada (CC, art. 797, parágrafo único). Ressalvada essa hipótese, é nula a cláusula contratual que exclui o pagamento do capital por suicídio do segurado (CC, art. 798, *caput*, e parágrafo único). Por outro lado, pelo **Enunciado 187**, "No contrato de seguro de vida, presume-se, de forma relativa, ser premeditado o suicídio cometido nos dois primeiros anos de vigência da cobertura, ressalvado ao beneficiário o ônus de demonstrar a ocorrência do chamado "suicídio involuntário". De acordo com a **Súmula STJ/61**, "O seguro de vida cobre o suicídio não premeditado". Para a **Súmula STF/105**: "Salvo se tiver havido premeditação, o suicídio do segurado no período contratual de carência não exime o segurador do pagamento do seguro".

Alternativa "b". De acordo com o art. 799 do CC: "O segurador não pode eximir-se ao pagamento do seguro, ainda que da apólice conste a restrição, se a morte ou a incapacidade do segurado provier da utilização de meio de transporte mais arriscado, da prestação de serviço militar, da prática de esporte, ou de atos de humanidade em auxílio de outrem".

Alternativa "d". Não veda o Código Civil a instituição do seguro de vida em benefício do companheiro ou cônjuge quando já houver separação do casal (CC, arts. 792 e 793). Assim, pode-se instituir como beneficiário o ex-cônjuge, de quem já se separou de fato ou judicialmente, caso em que prevalecerá a vontade expressa do instituidor (CC, art. 792). Por outro lado, é válida a instituição do companheiro como beneficiário, se ao tempo do contrato o segurado era separado judicialmente, ou já se encontrava separado de fato (CC, art. 793). Por este artigo, explica Maria Helena Diniz, "não poderá ser beneficiário de seguro quem estiver, por lei, proibido de receber doação do segurado, como ocorre, p. ex., com o cúmplice do cônjuge adúltero não separado de fato (CC, art. 550 c/c art. 793)". (Código Civil Anotado, 16ª ed, Saraiva, 2012, pág. 585).

Alternativa "e". Proclama o art. 796 do CC: "O prêmio, no seguro de vida, será conveniado por prazo limitado, ou por toda a vida do segurado. Parágrafo único. Em qualquer hipótese, no seguro individual, o segurador não terá ação para cobrar o prêmio vencido, cuja falta de pagamento, nos prazos previstos, acarretará, conforme se estipular, a resolução do contrato, com a restituição da reserva já formada, ou a redução do capital garantido proporcionalmente ao prêmio pago". Interpretando o texto legal, Maria Helena Diniz afirma "em caso de seguro de vida, o prêmio deve ser pago pelo segurado ao segurador, durante o prazo estipulado no contrato ou enquanto ele viver, como contraprestação do risco assumido. Logo, o prêmio pode ser ajustado por prazo limitado (caso em que se tem o seguro de vida com prêmio temporário, em que o segurado só paga o prêmio avençado durante certo número de anos, ficando depois remido, com garantia de cobertura, conforme avençado, enquanto viver) ou por toda a vida do segurado (hipótese em que se configura o *seguro de vida inteira*, pois o segurado se obriga a pagar mensalmente um prêmio fixo, enquanto vivo, para que o segurador pague indenização aos beneficiários, após sua morte)" (Código Civil Anotado, 16ª ed, Saraiva, 2012, pág. 586).

- **Fiança**

▸ **CC, art. 835**

35. (Vunesp – Juiz de Direito – TJ SP/2017) Assinale a alternativa correta.

A) O fiador pode se exonerar do cumprimento da garantia estabelecida sem limitação de tempo, desde que promova a notificação do credor.

B) A ausência de renúncia ao benefício de ordem impede a excussão de bens do fiador, caso o devedor recaia em insolvência.

C) A fiança por dívida futura não admite exoneração do fiador, exceto se a obrigação ainda não exigível for cumprida antecipadamente.

D) A manifestação de vontade do devedor é requisito essencial à validade da fiança.

COMENTÁRIOS

✪ **Nota do Autor:** o contrato de *fiança ou caução fidejussória* caracteriza-se pela promessa feita por uma ou mais pessoas de satisfazer a obrigação assumida pelo devedor, caso este não a cumpra. Trata-se de garantia pessoal, pois a garantia real ocorre quando um bem determinado é vinculado ao cumprimento da obrigação (penhor, hipoteca, etc.). O contrato de fiança é *acessório e subsidiário* da obrigação principal, aplicando-se a máxima de que nula a obrigação principal o acessório segue a mesma sorte, com a exceção do mútuo feito a menor (CC/art. 824, parágrafo único). Também se admite a *fiança solidária*, segundo o CC/art. 828, II, que dispõe a respeito do benefício da ordem. De acordo com o ***Enunciado 364 da IV Jornada de Direito Civil do CJF***: *"No contrato de fiança é nula a cláusula de renúncia antecipada ao benefício de ordem quando inserida em contrato de adesão"*. O *benefício da ordem ou da excussão* não se confunde com o *benefício da divisão*; o primeiro é o direito do fiador de exigir que o credor excuta em primeiro lugar os bens do devedor (CC/art. 827), enquanto o segundo é o direito dos fiadores conjuntos estipularem a responsabilidade de cada um *(pro rata)* na obrigação principal, reconhecendo-se por solidários se omisso o contrato de fiança dessa divisão (CC/art. 829). O valor da fiança pode ser menor que a obrigação principal, e possuir condições menos onerosas, sendo que, convencionada em valor superior a obrigação, o que exceder não será válido, mantendo-se livre de vícios o equivalente da obrigação afiançada (CC/art. 823). Interessante, ainda, que a fiança é ilimitada, abrangendo todos os acessórios da dívida, salvo se declarada pelo fiador que é limitada (CC/art. 822). Além disso, tanto as dívidas atuais, quanto as futuras, podem ser objeto de fiança (CC/art. 821), que poderá ser estipulada sem o consentimento do devedor, ou contra a sua vontade, já que se trata de negócio entre o fiador e o credor, ficando o devedor (afiançado) de fora dessa relação jurídica (CC/art. 820). Ademais, a fiança é unilateral, escrita ou solene (CC/art. 818 e 819), em regra gratuita e por exceção onerosa, de interpretação estrita (CC/art. 114 e 819), admitindo-se que seja convencional, legal (p. ex. CC/art. 1.400) ou judicial (NCPC/art. 533, § 2º). Em relação aos cônjuges, a outorga é exigida, salvo no regime da separação de bens (CC/art. 1.647, III e 1.649). Nesse passo, lembramos o teor da **Súmula STJ/332**: *"A anulação de fiança prestada sem outorga uxória implica a ineficácia total da garantia"*. A extinção da fiança ocorre, entre outros motivos, se o credor conceder moratória ao devedor, sem o consentimento do fiador (CC/art. 838). Pelo Enunciado 547 da VI Jornada de Direito Civil: *"Na hipótese de alteração da obrigação principal sem o consentimento do fiador, a exoneração deste é automática, não se aplicando o disposto no art. 835 do Código Civil quanto à necessidade de permanecer obrigado pelo prazo de 60 (sessenta) dias após a notificação ao credor, ou de 120 (cento e dias) dias no caso de fiança locatícia"*.

Alternativa correta: letra "a". Segundo estabelece o art. 835 do CC, "o fiador poderá exonerar-se da fiança que tiver assinado sem limitação de tempo, sempre que lhe convier, ficando obrigado por todos os efeitos da fiança, durante **60 dias** após a notificação do credor". Isso ocorre porque a fiança é contrato benéfico, e quando assinado por prazo indeterminado, poderá o fiador pedir sua exoneração a qualquer momento. A notificação pode ser judicial ou extrajudicial, sendo que os efeitos da exoneração não são imediatos, mas prorrogados no tempo, por 60 dias, computados daquela notificação. Na contagem do prazo, deve ser excluído o dia da notificação. Por outro lado, na fiança por prazo certo, não há possibilidade do fiador se desligar antes do vencimento do termo final. Uma dica. Na fiança da em locação de imóveis urbanos, regida pela Lei n. 8.245/91, deve prevalecer a norma especial do art. 39, segundo a qual o fiador fica vinculado ao contrato principal até a devolução das chaves, sendo inaplicável o art. 835 do CC, mesmo que ocorra prorrogação da locação por prazo indeterminado (STJ, EREsp, 566.633-CE).

Alternativa "b". O benefício de ordem não aproveita ao fiador em 3 hipóteses: (a) renúncia expressa; (b) quando se obriga solidariamente; (c) e caso o devedor se torne insolvente (CC, art. 828, I a III).

Alternativa "c". As dívidas futuras podem ser objeto de fiança; mas o fiador, neste caso, não será demandado senão depois que se fizer certa e líquida a obrigação do principal devedor (CC, art. 821). A fiança poderá assegurar obrigação atual ou futura, mas, quando a esta, vigorará como acessória no instante em que ela surgir, ou se firmar, apresentando liquidez e certeza garantida.

Alternativa "d". Pode-se estipular a fiança, ainda que sem consentimento do devedor ou contra a sua vontade (CC, art. 820). O devedor não á parte da relação fidejussória, de modo que, em relação a ele, é *res inter alios*.

2.4. EXTINÇÃO DOS CONTRATOS

- Resolução por onerosidade excessiva

▸ **CC, arts. 478 a 480**

36. (Vunesp - Juiz de Direito - RJ/2014) Nos contratos de execução continuada ou diferida, se a prestação de uma das partes se tornar excessivamente onerosa, com extrema vantagem para a outra, em virtude de acontecimentos extraordinários e imprevisíveis, poderá o devedor pedir

A) a devolução parcial dos valores excedentes nas prestações pagas ao credor.

B) a resolução do contrato.

C) a resilição unilateral do contrato.

D) o distrato.

COMENTÁRIOS

✪ **Nota do autor:** *a resolução por onerosidade excessiva* ocorre nos contratos de execução continuada ou diferida, se a prestação de uma das partes se tornar excessivamente onerosa, com extrema vantagem para a outra, em virtude de acontecimentos extraordinários e imprevisíveis, quando poderá o devedor pedir a resolução do contrato. Trata-se do motivo legal de resolução contratual, por se considerar subentendida a cláusula *rebus sic stantibus*, pela qual nos contratos de trato sucessivo ou a termo, o vínculo obrigatório ficará subordinado, a todo tempo, ao estado de fato vigente à época da estipulação (Maria Helena Diniz, Código Civil Anotado, 16 ed, Saraiva, São Paulo). Pelo **Enunciado 366**, *"O fato extraordinário e imprevisível causador de onerosidade excessiva é aquele que não está coberto objetivamente pelos riscos próprios da contratação".* O CC adotou a **teoria da equivalência contratual e a da imprevisão.** Sendo assim, o desequilíbrio contratual é analisado objetivamente, quando uma prestação, de forma excessiva e onerosa, causa extrema vantagem para uma em detrimento de outra parte. Nestes casos, permite-se não só a resolução, como ainda a revisão do contrato (CC, art. 317). Aliás, o *princípio da conservação do negócio jurídico* é admitido mesmo quando se busca a resolução por onerosidade excessiva (CC, art. 480 e Enunciado 367). Assim, a mera dificuldade do adimplemento não é requisito objetivo da resolução por onerosidade excessiva, a qual exige alteração radical das condições.

Alternativa correta: letra "b". Segundo o art. 478 do CC: "Nos contratos de execução continuada ou diferida, se a prestação de uma das partes se tornar excessivamente onerosa, com extrema vantagem para a outra, em virtude de acontecimentos extraordinários e imprevisíveis, poderá o devedor pedir a resolução do contrato. Os efeitos da sentença que a decretar retroagirão à data da citação". Observa com a clareza que lhe é própria Maria Helena Diniz, "a onerosidade excessiva, oriunda de acontecimento extraordinário e imprevisível, que dificulta extremamente o adimplemento da obrigação de uma das partes, é, agora, motivo legal de resolução contratual, por se considerar subentendida a cláusula rebus sic stantibus, que corresponde à formula de que, nos contratos de trato sucessivo ou a termo, o vínculo obrigatório ficará subordinado, a todo tempo, ao estado de fato vigente à época de sua estipulação" (DINIZ, Maria Helena. Código Civil Anotado. 16 ed. São Paulo. Saraiva, p. 427). Em atenção ao princípio da conservação dos negócios jurídicos, o art. 478 do Código Civil de 2002 deverá conduzir, sempre que possível, à revisão judicial dos contratos e não à resolução contratual (Enunciado 176/III Jornada de Direito Civil do CJF/STJ).

Alternativa "a". A onerosidade excessiva permite ao devedor pedir a resolução do contrato, conforme o art. 478 do CC. Pelo Enunciado 175 da III Jornada de Direito Civil do CJF/STJ: "A menção à imprevisibilidade e à extraordinariedade, insertas no art. 478 do Código Civil, deve ser interpretada não somente em relação ao fato que gere o desequilíbrio, mas também em relação às consequências que ele produz".

Alternativa "c". A resilição unilateral do contrato, prevista no art. 473 do CC, ocorre em determinados contratos, pois, em regra, é impossível o rompimento do contrato pela vontade exclusiva de uma das partes. Nas situações excepcionais, a lei, de forma implícita ou explicita, admite essa forma de extinção. Assim, na resilição unilateral há o exercício de um direito potestativo. Como exemplo das exceções em que se permite a resilição unilateral do contrato, tem-se prestação de serviço, o mandato, o comodato, a fiança, operando-se mediante denúncia notificada a parte contrária.

Alternativa "d". O distrato ou a resilição bilateral do contrato ocorre mediante a singela declaração de vontade de ambas as partes, em novo negócio, pelo qual resolvem por fim, de comum acordo, ao negócio anteriormente firmado. A forma do distrato deve obedecer mesma forma do exigida para o contrato (CC, art. 472). Pelo Enunciado 584 da VII Jornada de Direito Civil do CJF/STJ, realizado em setembro de 2015, em Brasília, "Desde que não haja forma exigida para a substância do contrato, admite-se que o distrato seja pactuado por forma livre".

3. COISAS

3.1. AQUISIÇÃO DA PROPRIEDADE IMÓVEL

- Usucapião especial urbana

▸ **cc, art. 1.240**

37. (Vunesp – Juiz de Direito Substituto – RJ/2016) Rony, há 6 (seis) anos ininterruptos e sem oposição, possui como sua uma pequena casa de 90 m2, em área urbana, onde reside com sua família. Não é proprietário de outro imóvel, urbano ou rural. Anteriormente à sua posse, a casa era ocupada por um amigo seu que se mudou para outro Estado, mas Rony não sabe a que título seu amigo ocupava o imóvel. Dois anos após a ocupação por Rony, foi averbada na matrícula do imóvel uma certidão de distribuição de uma ação de execução em face do formal proprietário do bem. Rony não recebeu notícia da averbação realizada.

Diante dessas circunstâncias, é correto afirmar que:

A) se operou a prescrição aquisitiva em favor de Rony, pela denominada usucapião especial urbana residencial individual.

B) Rony não usucapiu o imóvel na medida em que a averbação da certidão de distribuição da execução implica na impossibilidade de usucapir por modalidade diversa da usucapião extraordinária.

C) não se operou a prescrição aquisitiva, por falta de lapso temporal suficiente.

D) a averbação da certidão de distribuição da execução interrompeu o prazo para prescrição aquisitiva.

E) a averbação da certidão de distribuição da execução suspende o prazo para prescrição aquisitiva, até que seja cancelada a averbação por algum motivo.

COMENTÁRIOS

✪ **Nota do autor:** *usucapião* é um dos modos de aquisição da propriedade, sabendo-se que pode recair sobre bens móveis e imóveis. Neste caso, tem-se as seguintes: extraordinária, ordinária, familiar, especial ou constitucional rural, especial ou constitucional urbana, indígena e usucapião urbana individual ou coletivo do Estatuto da Cidade. São **pressupostos** da usucapião: (1) coisa hábil ou suscetível de usucapião; (2) posse; (3) decurso do tempo; (4) justo título; (5) boa-fé. Os três primeiros são comuns a todas as espécies de usucapião. O **justo título e a boa-fé** são específicos da usucapião ordinária. A sentença não é pressuposto da usucapião, já que não possui natureza constitutiva, mas declaratória, tanto que pode ser arguido em defesa, nas ações reivindicatórias, antes mesmo que eventual sentença aprecie, via ação, a prescrição aquisitiva. Pela Súmula STF/237: *"A usucapião pode ser arguida em defesa"*. O Novo CPC (Lei 13.105/2015), no art. 1.071, passa a permitir a usucapião pela via extrajudicial, em sintonia com o viés de desjudicialização dos conflitos civis. A aquisição originária da propriedade pela via administrativa não é inédita, pois foi inaugurada pelo art. 60 da Lei 11.977/2009, a Lei Minha Casa, Minha Vida, por meio da qual se permite requerer, ao oficial de registro de imóveis, a conversão do título de legitimação de posse em usucapião especial ou constitucional urbana. Com o Novo CPC, qualquer modalidade de usucapião pode tramitar na via administrativa, tratando-se de uma faculdade do interessado. A rejeição da via extrajudicial não impede o ajuizamento da ação de usucapião (art. 216-A, e § 9º, da Lei 6.015/73). Estabelece-se, ainda, a necessidade de representação por advogado. Caso o "interessado" (e não a "parte") seja necessitado, a defensoria pública fará esse papel (NCPC, art. 185).

Alternativa correta: letra "a". Previsto no art. 183, *caput*, da CF de 1988 e no art. 1.240, *caput*, do CC, a usucapião especial urbana será admitida a quem possuir como **sua área urbana** de até **250 m²**, por **5 anos**, **ininterruptamente** e **sem oposição**, utilizando-a para sua **moradia** ou de **sua família**. Ressalte-se, porém, que o possuidor **só adquire** o domínio desde que **não seja** proprietário de outro imóvel urbano ou rural. A usucapião urbana coletiva é prevista no art. 10 da Lei n. 10.257, de 2001 (Estatuto da Cidade). Na situação descrita, a mera averbação de distribuição de ação de execução em face do antigo proprietário não se qualifica como oposição à posse do usucapiente, de modo permanece contínua e incontestada mesmo com este ato registral. Para que a usucapião se consume requer-se, de um lado, a atitude do possuidor que exerce os poderes inerentes à propriedade; e, de outro, atitude passiva do proprietário, que, com sua omissão, colabora para que determinada situação de se alongue no tempo.

Alternativa "b": Na usucapião especial urbana há presunção *juris et de jure* de boa-fé, não se exigindo prova de justo título. Somente será preciso comprovar, apara a configuração da usucapião, a posse ininterrupta e pacífica, exercida com *animus domini*, o decurso do prazo de 5 anos e a dimensão da área de 250m², conforme os arts. 183, *caput*, da CF de 1988 e art. 1.240, *caput*, do CC. A mera certidão de distribuição de ação de execução por terceiro não desnatura a posse mansa a pacífica. Apenas as medidas efetivas que visem a quebrar a continuidade da posse, judiciais ou extrajudiciais, é que podem interromper a posse mansa e pacífica dos possuidores (STJ – Info 231).

Alternativa "c". O prazo prescricional exigido para a usucapião especial urbana é de **5 anos**, de modo que a posse na situação dada já se estendia por 6 anos, um ano a mais do que o necessário.

Alternativa "d". A simples averbação no assento do imóvel da distribuição de ação de execução pelo credor contra o devedor não resulta a interrupção da prescrição aquisitiva que decorre da posse de terceiro.

Alternativa "e": A mera averbação da certidão de ação de execução proposta pelo credor contra o devedor e proprietário do bem, não suspende a prescrição aquisitiva do possuidor. Segundo o art. 1.244 do CC, *"Estende-se ao possuidor o disposto quanto ao devedor acerca das causas que obstam, suspendem ou interrompem a prescrição, as quais também se aplicam à usucapião"*. Por conseguinte, e observado o art. 201 do CC, percebe-se que a suspensão da prescrição é um benefício *personalíssimo*, sendo inoperante para suspender a prescrição aquisitiva de terceiro possuidor a execução do credor promovida em face do devedor proprietário. Ademais, apenas este teria o legítimo interesse em descontinuar a posse do terceiro.

3.2. AQUISIÇÃO DA PROPRIEDADE MÓVEL

- Tradição

▸ **CC, art. 1.268**

38. (Vunesp – Juiz de Direito – SP/2014) Assinale a opção correta.

A) Pode ser transferida ao comprador, por contrato, coisa que já lhe pertence, desde que o desconheça.

B) Na venda a non domino, estando o adquirente de boa fé e o alienante adquirir depois a propriedade, convalida-se o ato, considerando-se realizada a transferência desde o momento em que ocorreu a tradição.

C) Na venda de coisa alheia, feita a tradição, a propriedade se transfere imediata e automaticamente, independentemente de qualquer circunstância.

D) Mesmo no caso de furto ou roubo, a propriedade é transferida, e a posse, legitimada.

COMENTÁRIOS

✪ **Nota do autor:** a *tradição* é um dos modos de aquisição da propriedade móvel, versada nos arts. 1.267 e 1.268 do Código Civil. Caracteriza-se como a entrega material da coisa (*tradição real*), podendo consistir também no ato representativo da transferência, em que não há real entrega do objeto ou da coisa a ele equivalente (*tradição simbólica*), ou quando se realizada pelo constituto possessório, hipótese e em que o transmitente continua na posse da coisa alienada, não mais em seu nome, mas em nome do adquirente (*tradição ficta*). Feita por quem **não seja proprietário**, a tradição não aliena a propriedade, **exceto** se a coisa, oferecida ao público, em leilão ou estabelecimento comercial, for transferida em circunstâncias tais que, ao adquirente de boa-fé, como a qualquer pessoa, o alienante se afigurar dono. A outro giro, mesmo que não adquirida em leilão ou estabelecimento empresarial, se o adquirente estiver de **boa-fé** e o alienante **adquirir depois** a propriedade, considera-se realizada a transferência desde o momento em que ocorreu a tradição, ou seja, neste caso os efeitos são *"ex tunc"* (*aquisição a non domino e a teoria da aparência*). Por fim, não transfere a propriedade pela tradição quando tiver por título um negócio jurídico **nulo**.

Alternativa correta: letra "b". Estabelece o art. 1.268 do CC: "Feita por quem não seja proprietário, a tradição não aliena a propriedade, exceto se a coisa, oferecida ao público, em leilão ou estabelecimento comercial, for transferida em circunstâncias tais que, ao adquirente de boa-fé, como a qualquer pessoa, o alienante se afigurar dono. § 1º Se o adquirente estiver de boa-fé e o alienante adquirir depois a propriedade, considera-se realizada a transferência desde o momento em que ocorreu a tradição. § 2º Não transfere a propriedade a tradição, quando tiver por título um negócio jurídico nulo". Segundo Washington de Barros Monteiro, "Se o *tradens* não é proprietário, a tradição despir-se-á de significação jurídica. A alienação consuma-se com a *traditio*, último ato geralmente praticado pelo alienante no desdobramento do negócio. Conseguintemente, só o *dominus* tem a qualidade ou legitimação para efetuá-la. Alienação realizada por que não é dono configura crime de estelionato, previsto no art. 171, § 2º, nº I, do Código Penal. Todavia, por imposição da equidade, se o adquirente estiver de boa-fé e o alienante vier adquirir posteriormente o domínio, revalidar-se-á a transferência e essa revalidação processar-se-á *ex tunc*, desde o instante em que o ato se realiza (§ 1º do art. 1.268 do Cód. Civil de 2002). O art. 1.268 adotou o princípio de revalidação da *traditio* pelo domínio superveniente do *tradens*, no que se apartou da orientação romana. Assim, a aquisição a *non domino* é negócio jurídico inexistente, ante o verdadeiro proprietário; todavia, se este vem a ratificá-la, ou se o vendedor se torna proprietário, se convalesce o ato" (Curso de Direito Civil, vol. 3, Direito das Coisas, Saraiva, 43ª ed, 2013, pág. 252).

Alternativa "a". Segundo o art. 481 do CC: "Pelo contrato de compra e venda, um dos contratantes se obriga a transferir o domínio de certa coisa, e o outro, a pagar-lhe certo preço em dinheiro". Logo, o contrato não transfere o domínio, por si, que somente ocorre pela tradição, se o bem for móvel, ou pelo registro, se imóvel. O contrato de compra e venda, nas palavras de Maria Helena Diniz, "é translativo do domínio, não no sentido de operar a transferência, mas no de servir como *titulus adquirendi*, uma vez que gera entre os contraentes um direito pessoal, trazendo para o vendedor apenas uma obrigação de transferir o domínio" (Código Civil Anotado, 16ª ed, Saraiva, 2012, pág. 432).

Alternativa "c". De acordo com o art. 1.268, *caput*, 1ª parte, do CC: "**Feita por quem não seja proprietário, a tradição não aliena a propriedade**, exceto se a coisa, oferecida ao público, em leilão ou estabelecimento comercial, for transferida em circunstâncias tais que, ao adquirente de boa-fé, como a qualquer pessoa, o alienante se afigurar dono". Desse modo, "Se o transmitente (*tradens*) não for o proprietário do bem móvel, a tradição não terá o efeito de transferir o domínio, constituindo crime de estelionato" (Diniz, Maria Helena, Código Civil Anotado, 16ª ed, Saraiva, 2012, pág. 918).

Alternativa "d". A coisa objeto de furto ou roubo não é transferida ao autor do ilícito penal, e nem mesmo este, noutro momento, poderá transferir aquilo que não lhe pertence. A propriedade só se transmite pela tradição ou pelo registro, conforme o bem seja móvel ou imóvel, respectivamente. Feita por quem não seja proprietário, aliás, a tradição não aliena a propriedade (CC, art. 1.268, 1ª parte). Também em relação à posse, afirma o art. 1.208 do CC: "Não induzem posse os atos de mera permissão ou tolerância assim como não autorizam a sua aquisição os atos violentos, ou clandestinos, senão depois de cessar a violência ou a clandestinidade". A posse injusta é ilegítima, pois contrária a ordem pública. Vale acrescentar, porém, as lições de Carlos Roberto Gonçalves, para quem "ainda que viciada, pois, a posse injusta não deixa de ser posse, visto que a sua qualificação jurídica é feita em face de determinada pessoa, sendo, portanto, relativa. Será injusta em face do legítimo possuidor. Mesmo viciada, porém, será justa, suscetível de proteção em relação às demais pessoas estranhas ao fato. Assim, a posse obtida clandestinamente, por furto, é injusta em relação ao legítimo possuidor, mas poderá ser justa em relação a um terceiro que não tenha posse alguma. Para a proteção da posse não importa seja justa ou injusta, em sentido absoluto. Basta que seja justa em relação ao adversário. A tutela é dispensada em atenção à paz social" (Direito Civil Esquematizado, vol. 2, 1ª ed, Saraiva, 2013, pág. 366).

3.3. CONDOMÍNIO GERAL, EDILÍCIO E DE LOTES

- Condomínio em geral

▸ **CC, art. 1.319**

39. (Vunesp – Juiz de Direito – TJ SP/2017) Em área rural, objeto de condomínio pro indiviso, José, um dos condôminos, passa a exercer atividade de plantio na totalidade do imóvel. O outro condômino, Antônio, insurge-se e propõe ação de indenização por danos materiais.

É correto afirmar que o pedido deve ser

A) acolhido, determinando-se a João que responda pelos frutos que percebeu e pelos danos que causou.

B) rejeitado, uma vez que a condição de condômino autoriza José a explorar o imóvel de maneira irrestrita.

C) acolhido, garantindo-se a Antônio a divisão da coisa comum ou a adjudicação do quinhão de José.

D) rejeitado, exceto se Antônio, na qualidade de detentor da administração da coisa comum, requereu previamente a divisão do imóvel.

COMENTÁRIOS

✪ **Nota do autor:** caracteriza-se o *condomínio edilício* pela apresentação de uma propriedade comum ao lado de uma propriedade privada. Cada condômino é titular, com exclusividade, da unidade autônoma (apartamento, loja, escritório, etc) e titular de partes ideais das áreas comuns (terreno, estrutura, esgoto, etc). O condomínio edilício ou em edificações, que também leva o nome de condomínio horizontal, foi inicialmente previsto no Decreto 5.481/1928, modificado pelo Decreto 5.234/43 e pela Lei 285/48. Posteriormente o instituto foi regido pela Lei 4.591/64, que sofreu alteração pela Lei 4.864/65. Para Carlos Roberto Gonçalves, "o condomínio edilício compõe-se de dois títulos, o primeiro do condomínio e o segundo das incorporações; permitiu o condomínio em prédios de um pavimento atribuiu o caráter *propter rem* a essas obrigações tornou obrigatória a convenção de condomínio e o regulamento interno a representação do condomínio é feita pelo síndico cuidou das incorporações" (op. cit.). O Código Civil de 2002, atualmente, disciplina os direitos e deveres dos condomínios, bem como a respeito da competência das assembleias e dos síndicos, situações nas quais a Lei 4.591/64 será aplicada de maneira subsidiária. Por conseguinte, permanece vigente a Lei 4.591/64, que também traz o regramento das incorporações imobiliárias; logo, o Código Civil e a lei especial convivem harmonicamente, esta última com aplicação subsidiária, frise-se, em relação aos direitos e deveres dos condôminos e competência das assembleias e dos síndicos. De maneira geral, o condomínio não é pessoa jurídica, pois a lei não lhe confere personalidade, embora o art. 75, XI, do NCPC, por exemplo, lhe admita a capacidade de ser parte. Tramita na

Câmara dos Deputados o Projeto de Lei nº 80/2011, que acrescenta dispositivos na 10.406/2002 (CC) e Lei 6.015/73 (LRP), permitindo que os condomínios sejam constituídos em pessoa jurídica, na mesma esteira das legislações da França e do Chile. Mais recente, foi acrescentado ao Código Civil o art. 1.358-A, pela Lei n. 13.465/2017, que passou a dispor sobre o **condômino de lotes**, pelo qual se admite, em terrenos, partes designadas de lotes que são propriedade exclusiva e partes que são propriedade comum dos condôminos.

Alternativa correta: letra "a". (responde as demais alternativas). Os condôminos poderão usar da coisa comum, retirando seus frutos, sendo que cada responsável responderá, perante os outros, pelas vantagens ou frutos que vier a perceber, sem a devida autorização, bem como pelos prejuízos que lhe causar. É o que estabelece o art. 1.319 do CC: "cada condômino responde aos outros pelos frutos que percebeu da coisa e pelo dano que lhe causou". Mas é preciso atenção aqui, pois essa regra só se aplica para o condomínio *pro indiviso*. O condomínio pode ser classificado em ***pro diviso*** ou ***pro indiviso***. **Pro diviso** é a comunhão existe de direito, mas não de fato, uma vez que cada condômino já se localiza numa parte determinada da coisa. Já no condomínio **pro indiviso**, a comunhão é de fato e de direito, pois os condôminos não tem a posse de determinada parcela da coisa, mas da coisa no todo, ou seja, tudo é todos.

- Condomínio edilício

▸ **CC, art. 1.331**

40. (Vunesp - Juiz de Direito - PA/2014) Considerando unidade autônoma alienada fiduciariamente e havendo despesas de condomínio, assinale a alternativa correta.

A) A dívida condominial autoriza ao credor fiduciário a reivindicar o imóvel pela resolução contratual.

B) Houve a transferência ao credor fiduciário da propriedade resolúvel e a posse indireta do imóvel, por isso, não a obrigação condominial.

C) Dívida de natureza propter rem, cuja responsabilidade recai também sobre o titular da propriedade, ainda que resolúvel.

D) O devedor fiduciário tem a obrigação com as despesas ordinárias, ficando a cargo do credor fiduciário as extraordinárias.

E) O devedor fiduciário não ostenta a condição jurídica de condômino, tendo apenas a obrigação de restituir as despesas condominiais ao credor fiduciário.

COMENTÁRIOS

Alternativa correta: letra "c". Segundo o STJ, "A dívida condominial constitui uma obrigação *propter rem*, cuja prestação não deriva da vontade do devedor, mas de sua condição de titular do direito real. Aquele que possui a unidade e que, efetivamente, exerce os direitos e obrigações de condômino, responde pela contribuição de pagar as cotas condominiais, na proporção de sua fração ideal. O adquirente de imóvel em condomínio responde pelas cotas condominiais em atraso, ainda que anteriores à aquisição, ressalvado o seu direito de regresso contra o antigo proprietário" (STJ: REsp 1366894 / RS). Para o TJ/SP, "é admissível a ação ajuizada contra o adquirente do imóvel, em alienação fiduciária. Trata-se de dívida de natureza *propter rem*, cuja responsabilidade recai **também** sobre o titular da propriedade, ainda que resolúvel" (Apelação nº 0047518-94.2010.8.26.0564).

Alternativa "a". A dívida condominial não autoriza o credor fiduciário a reivindicar o imóvel pela resolução contratual, mas apenas a obrigação principal (a dívida). Segundo o art. 26, *caput*, e § 1º da Lei 9.514/97, "Vencida e não paga, no todo ou em parte, a dívida e constituído em mora o fiduciante, consolidar-se-á, nos termos deste artigo, a propriedade do imóvel em nome do fiduciário. Para os fins do disposto neste artigo, o fiduciante, ou seu representante legal ou procurador regularmente constituído, será intimado, a requerimento do fiduciário, pelo oficial do competente Registro de Imóveis, a satisfazer, no prazo de quinze dias, a prestação vencida e as que se vencerem até a data do pagamento, os juros convencionais, as penalidades e os demais encargos contratuais, os encargos legais, inclusive tributos, as contribuições condominiais imputáveis ao imóvel, além das despesas de cobrança e de intimação".

Alternativa "b". As despesas condominiais devem ser carreadas ao fiduciante, com quem o imóvel permanecerá, dele se utilizando. A Lei 9.514/97 deixa isso claro em diversas passagem, sobretudo quando dispõe a respeito da venda do bem em caso de inadimplência devedor (art. 27, § 8º). Contudo, também se admite que as despesas condominiais (*propter rem*) sejam carreadas ao credor fiduciário, pois é o titular da propriedade, ainda que resolúvel.

Alternativa "d". O devedor é o fiduciante; o credor é o fiduciário. As despesas ordinárias e as extraordinárias são de responsabilidade do fiduciante, pois exerce a posse direta sobre o bem. Contudo, as despesas condominiais também podem ser carreadas ao fiduciário.

Alternativa "e". O devedor é o fiduciante, enquanto o credor é o fiduciário. Aquele é considerado condômino, para todos os efeitos, de modo que todas as despesas que venham a recair sobre a unidade imobiliária são de sua responsabilidade (Lei 9.514/97, art. 27, § 8º).

3.4. PROPRIEDADE RESOLÚVEL E FIDUCIÁRIA

- Propriedade fiduciária

▸ CC, art. 1.361

41. (Vunesp – Juiz de Direito – MS/2015) De acordo com a legislação aplicável e interpretação do Superior Tribunal de Justiça sobre a matéria, é possível ao fiduciante, em alienação fiduciária de bem imóvel, purgar a mora

A) até a averbação da consolidação da propriedade na matrícula do imóvel.

B) no prazo de 15 (quinze) dias após a intimação promovida pelo cartório, impreterivelmente.

C) até a outorga da escritura pública de venda e compra ao arrematante, quando houver arrematação.

D) até a concessão de decisão judicial que determine a imissão na posse pelo fiduciário ou pelo arrematante, conforme o caso.

E) até que haja a arrematação do bem em hasta pública.

COMENTÁRIOS

✪ **Nota do autor:** entende-se por *fiduciária* a propriedade resolúvel de coisa móvel infungível que o devedor, com escopo de garantia, transfere ao credor (CC, art. 1.361). Na alienação fiduciária em garantia, dá-se a transferência do domínio do bem móvel ao credor (fiduciário) em garantia do pagamento, permanecendo o devedor (fiduciante) com a posse direta da coisa. A *aquisição* do domínio exige a tradição, que é ficta. Porém, *constitui-se* a propriedade fiduciária com o *registro do contrato*, celebrado por *instrumento público* ou *particular*, que lhe serve de título, no *Registro de Títulos e Documentos do domicílio do devedor*, ou, em se tratando de veículos, na *repartição competente para o licenciamento*, fazendo-se a anotação no certificado de registro, garantindo-se a oponibilidade *erga omnes*. Segundo a Súmula n. 92 do STJ, *"A terceiro de boa-fé não é oponível a alienação fiduciária não anotada no Certificado de Registro do veículo automotor"*. Com a constituição da propriedade fiduciária, dá-se o desdobramento da posse, tornando-se o *devedor* possuidor direto da coisa. A propriedade superveniente, adquirida pelo devedor, torna eficaz, desde o arquivamento, a transferência da propriedade fiduciária (CC, art. 1.361, §§ 1º ao 3º). Pelo art. 1.362, I a IV, o contrato, que deverá ser escrito, por instrumento público ou particular, conterá: (a) o total da dívida, ou sua estimativa; (b) o prazo, ou a época do pagamento; (c) a taxa de juros, se houver; (d) a descrição da coisa objeto da transferência, com os elementos indispensáveis à sua identificação. Antes de vencida a dívida, o devedor, a suas expensas e risco, pode usar a coisa segundo sua destinação, sendo obrigado, como depositário: (i) a empregar na guarda da coisa a diligência exigida por sua natureza; (ii) a entregá-la ao credor, se a dívida não for paga no vencimento. É *nula* a cláusula que autoriza o proprietário fiduciário a ficar com a coisa alienada em garantia, se a dívida não for paga no vencimento (CC, art. 1.365). Trata-se da proibição de *pacto comissório*. Todavia, o devedor pode, com a anuência do credor, dar seu direito eventual à coisa em pagamento da dívida, após o vencimento desta (CC, art. 1.365, parágrafo único). Quando, vendida a coisa, o produto não bastar para o pagamento da dívida e das despesas de cobrança, continuará o devedor obrigado pelo restante (CC, art. 1.366). O terceiro, interessado ou não, que pagar a dívida, se sub-rogará de pleno direito no crédito e na propriedade fiduciária (CC, art. 1.367). As demais espécies de propriedade fiduciária ou de titularidade fiduciária submetem-se à disciplina específica das respectivas leis especiais, somente se aplicando as disposições do Código Civil naquilo que não for incompatível com a legislação especial. Recentemente foi acrescentado o art. 1.368-B ao Código Civil, pela L. 13.043/2014, dispondo o seguinte: "A alienação fiduciária em garantia de bem móvel ou imóvel confere direito real de aquisição ao fiduciante, seu cessionário ou sucessor. Parágrafo único. O credor fiduciário que se tornar proprietário pleno do bem, por efeito de realização da garantia, mediante consolidação da propriedade, adjudicação, dação ou outra forma pela qual lhe tenha sido transmitida a propriedade plena, passa a responder pelo pagamento dos tributos sobre a propriedade e a posse, taxas, despesas condominiais e quaisquer outros encargos, tributários ou não, incidentes sobre o bem objeto da garantia, a partir da data em que vier a ser imitido na posse direta do bem".

Alternativa correta: letra "e". Segundo o entendimento do STJ, "cinge-se a controvérsia a examinar se é possível a purga da mora em contrato de alienação fiduciária de bem imóvel (Lei nº 9.514/1997) quando já consolidada a propriedade em nome do credor fiduciário. No âmbito da alienação fiduciária de imóveis em garantia, o contrato não se extingue por força da consolidação da propriedade em nome do credor fiduciário, mas, sim, pela alienação em leilão público do bem objeto da alienação fiduciária, após a lavratura do auto de arrematação. Considerando-se que o credor fiduciário, nos termos do art. 27 da Lei nº 9.514/1997, não incorpora o bem alienado em seu patrimônio, que o contrato de mútuo não se extingue com a consolidação da propriedade em nome do fiduciário, que a principal finalidade da alienação fiduciária é o adimplemento da dívida e a ausência de prejuízo para o credor, a purgação da mora até a arrematação não encontra nenhum entrave procedimental, desde que cumpridas todas as exigências previstas no art. 34 do Decreto-Lei nº 70/1966. O devedor pode purgar a mora em 15 (quinze) dias após a intimação prevista no art. 26, § 1º, da Lei nº 9.514/1997, ou a qualquer momento, até a assinatura do auto de arrematação (art. 34 do Decreto-Lei nº 70/1966). Aplicação subsidiária do Decreto-Lei nº 70/1966 às operações de financiamento imobiliário a que se refere a Lei nº 9.514/1997" (REsp 1462210 / RS, Ministro Ricardo Villas Bôas Cueva).

Alternativa "a". Segundo a interpretação do STJ, o devedor pode purgar a mora em 15 (quinze) dias após a intimação prevista no art. 26, § 1º, da Lei nº 9.514/1997, ou a qualquer momento, até a assinatura do auto de arrematação (art. 34 do Decreto-Lei nº 70/1966).

Alternativa "b". Para o STJ, o fiduciante tem o prazo fatal para purgar a mora até a assinatura do auto de arrematação.

Alternativa "c". A derradeira oportunidade para o devedor-fiduciante purgar a mora é a assinatura do auto de arrematação.

Alternativa "d". O devedor-fiduciante pode purgar a mora em 15 (quinze) dias após a intimação prevista no art. 26, § 1º, da Lei nº 9.514/1997, ou a qualquer momento, até a assinatura do auto de arrematação (art. 34 do Decreto-Lei nº 70/1966). Após a lavratura do auto de arrematação, o contrato de alienação estará extinto.

4. RESPONSABILIDADE CIVIL

- Responsabilidade civil por perda da chance

> ▸ **CF, art. 37, § 6º**

42. (Vunesp – Juiz de Direito – PA/2014) Maria compareceu ao banco para pagamento de taxa de inscrição para prestar concurso público. Por erro do sistema não foi computado o pagamento, embora tenha sido recebido o valor determinado, deixando Maria fora do certame. Do ponto de vista da Responsabilidade Civil, Maria tem direito a ser indenizada

A) pelo valor do pagamento da taxa e danos, pela perda de uma chance.

B) pelos danos materiais apenas.

C) por danos morais apenas.

D) por danos morais, pela perda de uma chance apenas.

E) pela perda de uma chance e dos valores que Maria teria direito a perceber no cargo pretendido.

COMENTÁRIOS

✪ **Nota do autor:** a jurisprudência, sobretudo do direito comparado, e a doutrina passaram a cogitar da *teoria da perda da chance*. Essa teoria procura dar vazão ao intrincado problema das probabilidades com as quais se depara no dia-a-dia, trazendo para o campo do ilícito aquelas condutas que minam, de forma dolosa ou culposa, as chances, sérias e reais, de sucesso às quais a vítima fazia jus. Há possibilidades e probabilidades diversas e tal fato exige que a teoria seja vista com o devido cuidado. A adoção da *teoria da perda da chance* exige que o Poder Judiciário bem saiba diferenciar o *"improvável"* do *"quase certo"*, a *"probabilidade de perda"* da *"chance do lucro"*, para atribuir a tais fatos as consequências adequadas. Em determinados casos, a perda da chance, além de determinar o dano material, poderá ser considerada um agregador do dano moral, o que não se pode admitir é considerar o dano da perda de chance como sendo um dano exclusivamente moral (STJ – Info 376). Assim, a teoria da perda de uma chance tem sido admitida no ordenamento jurídico brasileiro como sendo uma das *modalidades possíveis de mensuração do dano* em sede de responsabilidade civil. Esta modalidade de reparação do dano tem como fundamento a *"probabilidade e uma certeza, que a chance seria realizada e que a vantagem perdida resultaria em prejuízo"*. Essencialmente, esta construção teórica implica num novo critério de mensuração do dano causado. Isso porque o objeto da reparação é a perda da possibilidade de obter um ganho como provável, sendo que *"há que se fazer a distinção entre o resultado perdido e a possibilidade de consegui-lo"*. A chance de vitória terá sempre valor menor que a vitória futura, o que refletirá no montante da indenização. Esta teoria tem sido admitida não só no âmbito das relações privadas stricto sensu, mas também em sede de responsabilidade civil do Estado. Isso porque, embora haja delineamentos específicos no que tange à interpretação do art. 37, § 6º, da Constituição Federal, é certo que o ente público também está obrigado à reparação quando, por sua conduta ou omissão, provoca a perda de uma chance do cidadão de gozar de determinado benefício (STJ: REsp 1308719/MG).

Alternativa correta: letra "a". Para o STJ, "com a aplicação da 'Teoria da Perda da Chance' o que se indeniza não é a vantagem esperada, mas a frustração da oportunidade de obter a vantagem, no futuro, ou mesmo de evitar um prejuízo. A frustração decorrente da não participação em concurso público devido a falha no serviço prestado pela instituição recebedora do pagamento da inscrição não se situa no plano dos dissabores insuscetíveis de causarem dano moral. Supera-os, causando abalo psíquico de considerável monta, na medida em que depositadas esperanças na conquista de emprego estável e razoavelmente remunerado, além de despendidos tempo e dinheiro na preparação. A hipótese é de 'Perda de uma chance' de realizar concurso (...) em relação à valoração do *quantum* indenizatório, toda a frustração gerada pelo fato de não ser efetivada a inscrição por um serviço mal prestado, a todo ver, causa danos morais suscetíveis de serem indenizados, conforme previsão legal e constitucional. É senso comum que se deve ter em mente que, a um só tempo, faz as vezes de punição ao faltoso e reparação ao lesado. Assim, não pode ser ínfimo a ponto de não revestir poderes sancionatórios; tampouco pode ser elevado de forma a dar azo a enriquecimento sem causa" (STJ: AREsp 391920 e AREsp 159246). Desse modo, além dos danos morais, os materiais devem ser indenizados, entre os quais inclui-se a devolução do pagamento da taxa de inscrição. Pelo Enunciado 444 da V Jornada de Direito Civil: "A responsabilidade civil pela perda de chance não se limita à categoria de danos extrapatrimoniais, pois, conforme as circunstâncias do caso concreto, a chance perdida pode apresentar também a natureza jurídica de dano patrimonial. A chance deve ser séria e real, não ficando adstrita a percentuais apriorísticos".

Alternativa "b". A situação descrita autoriza não só os danos materiais, mas também os danos morais. A frustração da não participação em concurso público, que decorreu do defeito no serviço prestado pela instituição recebedora do pagamento da inscrição, não se situa no plano dos meros dissabores insuscetíveis de causarem dano moral, conforme já decidiu o STJ (AREsp 391920).

Alternativa "c". Maria, em função do revés da não participação no certame, que não foi mero dissabor, fará *jus* à reparação dos danos morais, fundado na 'perda da chance' de obter o cargo público, e danos materiais, para ressarcimento do valor da inscrição e de outras despesas relacionadas ao concurso.

Alternativa "d". A frustração de uma expectativa de participar no concurso, o de obter um cargo estável e bem remunerado, conforme os postulados da *teoria da perda da chance*, enseja a responsabilidade civil por danos materiais, a exemplo das despesas comprovadas com a inscrição do concurso.

Alternativa "e". Os danos materiais devem ser ressarcidos à Maria, tais como a taxa de inscrição. Em relação aos danos morais, "A teoria da perda de uma chance aplica-se quando o evento danoso acarreta para alguém a frustração da chance de obter um proveito determinado ou de evitar uma perda. Não se exige a comprovação da existência do dano final, bastando prova da certeza da chance perdida, pois esta é o objeto de reparação" (STJ: REsp 1291247 / RJ). Ainda segundo o STJ, "A jurisprudência desta Corte admite a responsabilidade civil e o consequente dever de reparação de possíveis prejuízos com fundamento na denominada teoria da perda de uma chance, *desde que séria e real a possibilidade de êxito, o que afasta qualquer reparação no caso de uma simples esperança subjetiva ou mera expectativa aleatória*" (STJ: REsp 1354100 / TO). Por conseguinte, não se permite que a reparação seja feita de acordo com o direito a perceber no cargo pretendido por Maria (*dano final*), pois será indenizada a chance perdida.

- Responsabilidade civil por atividade lícita de risco

▸ **CC, art. 927, parágrafo único**

43. (Vunesp – Juiz de Direito – RJ/2014) A falsificação de documentos para abertura de conta corrente

A) equipara-se ao furto ou ao roubo, constituindo-se todas estas hipóteses em excludentes do dever de indenizar.

B) é ato imputável a terceiros, assim ante a inexistência de ilícito praticado pela instituição bancária e nexo de causalidade, não há dever de indenizar.

C) não isenta a instituição financeira da responsabilidade de indenizar, por constituir risco inerente à atividade por ela desenvolvida.

D) é evento imprevisível, caracterizando hipótese de força maior, capaz de elidir o nexo de causalidade, requisito indispensável ao dever de indenizar.

COMENTÁRIOS

✪ **Nota do autor:** a teoria clássica, também chamada de teoria da culpa ou subjetiva, pressupõe a culpa como fundamento da responsabilidade civil. Não havendo culpa, não há responsabilidade. Em determinadas situações e para algumas pessoas, todavia, a lei impõe o dever de indenizar ainda que o evento ocorra sem culpa. Quando isso ocorre, a *responsabilidade é legal ou objetiva*, porque prescinde de culpa. Uma das teorias que procuram justificar a responsabilidade objetiva é a teoria do risco, segundo a qual toda pessoa que exerce alguma atividade cria um risco de dano para terceiros e deve ser obrigada a repará-lo, ainda que sua conduta seja isenta de culpa. O risco pode ser analisado sob a ótica do "risco-proveito", "risco-criado", "risco-profissional". O Código Civil de 2002 filiou-se à **teoria subjetiva**, como regra, conforme o art. 186 do CC. Já a **responsabilidade objetiva**, independentemente de culpa, também foi acolhida, quando prevista em lei, ou nas atividades quem importem risco. De acordo com o art. 927, parágrafo único, do Código Civil: *"Haverá obrigação de reparar o dano, independentemente de culpa, nos casos especificados em lei, ou quando a atividade normalmente desenvolvida pelo autor do dano implicar,* *por sua natureza, risco para os direitos de outrem"*. A responsabilidade civil por atividade de risco ocorre quando o desempenho daquela cria ou oferece risco a terceiros. A obrigação de indenizar é consequência do dano oriundo de atividade lícita. Trata-se de responsabilidade objetiva, que obriga ao ressarcimento do prejuízo independentemente de culpa, em função do potencial risco da atividade para os direitos de outrem. A respeito, conferir os Enunciados das Jornadas de Direito Civil n. 38, 377, 443, 446, 448 e 555.

Alternativa correta: letra "c". É reiterada a jurisprudência do STJ no sentido de que "A instituição bancária é responsável em relação à abertura de conta por terceiros mediante utilização de documentos falsos, mostrando-se irrelevante a circunstância de tais documentos advirem de furto ou falsificação" (AgRg no REsp 1189734 / PR, Ministro Luis Felipe Salomão).

Alternativa "a". Mesmo que os documentos utilizados para a abertura de conta corrente tenham sido furtados ou roubados, não se afasta a responsabilidade da casa bancária, conforme precedentes do STJ.

Alternativa "b". O nexo de causalidade entre a conduta do banco e o dano decorre do reconhecimento da abertura de conta corrente, mediante fraude praticada por terceiros falsários, à luz dos reiterados precedentes do STJ, por constituir risco inerente à atividade econômica das instituições financeiras, não elide a responsabilidade destas pelos danos daí advindos.

Alternativa "d". A falsificação de documentos para abertura de conta corrente não isenta a instituição financeira da responsabilidade de indenizar, pois constitui risco inerente à atividade por ela desenvolvida (REsp 671.964/BA, Rel. Min. Fernando Gonçalves).

- Indenização por atividade lícita de risco

▸ cc, art. 927, parágrafo único

44. (Vunesp – Juiz de Direito – SP/2014) No que se refere a indenização, assinale a opção correta.

A) A morte de filho menor que não exercia trabalho remunerado não poderá gerar indenização.

B) O soar de alarme nas saídas das lojas por si só acarreta o dever de indenizar o cliente.

C) Tendo em vista que a indenização se mede pela extensão do dano, o juiz somente poderá reduzir equitativamente a indenização, havendo excessiva desproporção entre a gravidade da culpa e o dano, no caso de haver pedido expresso da parte.

D) Não gera o dever de indenizar o simples travamento de porta giratória nos estabelecimentos bancários com usuário dentro.

COMENTÁRIOS

Alternativa correta: letra "d". Conforme já decidiu o STJ, "É obrigação da instituição financeira promover a segurança de seus clientes, constituindo-se em exercício regular de direito a utilização de porta giratória com detector de objetos metálicos. Não caracteriza ato ilícito passível de indenização por dano moral o simples travamento da porta giratória..." (STJ: REsp 1444573 / SP, rel. Min. João Otávio de Noronha).

Alternativa "a". A orientação do STJ está consolidada no sentido de fixar a indenização por morte de filho menor, ainda que não exerça trabalho remunerado (STJ: EDcl nos EDcl no Ag 1192570 / RJ).

Alternativa "b". "(...) Se soa o alarme e não há indicação de que houve tratamento abusivo de nenhum empregado da loja, no caso, o segurança, sequer objeto da queixa da autora, não se pode identificar a existência de constrangimento suficiente para deferir o dano moral. Para que a indenização por dano moral seja procedente é necessário que haja alguma atitude que exponha o consumidor a uma situação de humilhação, de constrangimento" (STJ: REsp 658975 / RS). Todavia, "O soar falso do alarme magnetizado na saída da loja, a indicar o furto de mercadorias do estabelecimento comercial, causa constrangimento ao consumidor, vítima da atenção pública **e forçado a mostrar os seus pertences** para comprovar o equívoco" (STJ: REsp 710876 / RJ).

Alternativa "c". Diz o art. 944, parágrafo único, do CC: "Se houver excessiva desproporção entre a gravidade da culpa e o dano, poderá o juiz reduzir, equitativamente, a indenização". Para Carlos Roberto Gonçalves: "... poderá o juiz fixar a indenização que julgar adequada ao caso concreto, levando em conta, se necessário, a situação econômica do ofensor, o grau da culpa, a existência ou não de seguro e outras circunstâncias" (Direito Civil Brasileiro, vol. 4, Responsabilidade Civil, 8ª ed, 2013, pág. 432). Desse modo, não é necessário pedido expresso para que a redução da indenização se verifique, embora seja de bom grado que o interessado o faça. Pelo Enunciado 457: "A redução equitativa da indenização tem caráter excepcional e somente será realizada quando a amplitude do dano extrapolar os efeitos razoavelmente imputáveis à conduta do agente"; pelo Enunciado 458: "O grau de culpa do ofensor, ou a sua eventual conduta intencional, deve ser levado em conta pelo juiz para a quantificação do dano moral".

- Responsabilidade por ato ou fato de terceiro

▸ CC, art. 933

45. (Vunesp – Juiz de Direito – MS/2015) De acordo com o Código Civil de 2002, é responsável pela reparação civil, independentemente de culpa, o

A) comandante de aeronave ou embarcação, pelos atos praticados pelos tripulantes.

B) relativamente incapaz, pelos atos praticados pelo absolutamente incapaz em sua companhia.

C) militar, pelos atos praticados pelos seus subordinados.

D) que houver gratuitamente participado no produto de crime, até a concorrente quantia.

E) síndico, pelos atos praticados pelo condômino.

COMENTÁRIOS

✪ **Nota do autor:** a responsabilidade civil por ato ou fato de terceiro do empregador ou comitente, por seus empregados, serviçais (domésticas) e prepostos (que cumpre ordens), no exercício do trabalho que lhes competir, ou em razão dele, é prevista no art. 932, III, do Código Civil. Será responsável pela reparação civil o empregador ou comitente, pessoa física ou jurídica, por seus empregados, serviçais e prepostos, no exercício do trabalho que lhes competir, ou em razão dele, que nessa qualidade causem dano a outrem. Trata-se de responsabilidade objetiva e solidária, pois o empregador ou comitente, ainda que não haja culpa de sua parte, responderão pelos atos praticados pelos terceiros referidos acima (CC, art. 934). Pelo Enunciado 191, *"A instituição hospitalar privada responde, na forma do art. 932, III, do Código Civil, pelos atos culposos praticados por médicos integrantes de seu corpo clínico"*. Pelo Enunciado 44 da I Jornada de Direito Civil do CJF, *"Na hipótese do art. 934, o empregador e o comitente somente poderão agir regressivamente contra o empregado ou preposto se estes tiverem causado dano com dolo ou culpa"*. A outro giro, o Código Civil de 2002 abandonou definitivamente as presunções, adotando a responsabilidade objetiva pelos atos praticados por terceiros, conforme se observa do art. 933 (Cristiano Vieira Sobral Pinto, Direito Civil Sistematizado, 4ªed, Forense, 2012, Rio de Janeiro). Pelo Enunciado 451 da V Jornada de Direito Civil, *"A responsabilidade civil por ato de terceiro funda-se na responsabilidade objetiva ou independente de culpa, estando superado o modelo de culpa presumida"*.

Alternativa correta: letra "d". Segundo o art. 932, IV, do CC, são também responsáveis pela reparação civil os que gratuitamente houverem participado nos produtos do crime, até a concorrente quantia. Dessa forma, aqueles que não participaram do delito inicial, mas receberam o seu produto, deverão restituí-lo, por ser vedado o enriquecimento ilícito.

Alternativa "a". O comandante de aeronave ou embarcação não é empregador ou comitente da tripulação, de maneira que não responde pelos atos praticados por estes, sendo inaplicável a regra do art. 932, III, do CC.

Alternativa "b". Os pais são responsáveis pelos filhos menores que estiverem sob sua autoridade e em sua companhia. A assertiva não diz se o relativamente incapaz possui vínculo de filiação com o absolutamente incapaz. Portanto, da maneira como formulada, é inconclusiva a resposta.

Alternativa "c". O militar não responde pelos atos praticados por seus subordinados, pois inexiste a relação de emprego ou preposição entre eles (CC, art. 932, III).

Alternativa "e". Conforme decidiu o STJ, "(...) em regra, não há responsabilidade do Condomínio por fato de terceiro. Isso porque, conforme reiterada jurisprudência da Casa, conquanto o disposto no art. 22 da Lei n. 4.591/64 preceitue que a administração do condomínio está a cargo do síndico, daí não se conclui que este é o responsável por todos os danos sofridos pelos condôminos, notadamente os causados por atos dolosos de terceiros" (REsp 579121 / DF, Ministro Luis Felipe Salomão).

- Correção monetária do ato ilícito

▸ **CC, arts. 944 e 398**

46. (Vunesp – Juiz de Direito Substituto – SP/2015) Em matéria de ilicitude dos atos jurídicos, é correto afirmar que

A) depende de prova do prejuízo a indenização pela publicação não autorizada de imagem de pessoa com fins econômicos ou comerciais.

B) a pessoa jurídica de direito público não tem direito à indenização por dano moral.

C) o termo a quo da correção monetária na indenização por ato ilícito é a data do efetivo prejuízo, enquanto que na indenização por dano moral é a data do seu arbitramento.

D) o descumprimento da prática convencional da pós- -datação não retira a obrigação do sacado de efetuar o pagamento de título de crédito à vista e não gera indenização por responsabilidade civil do beneficiário.

COMENTÁRIOS

Alternativa correta: letra "c". Em relação **correção monetárias** dos **danos materiais**, proclama a Súmula 43 do STJ: "Incide correção monetária sobre dívida por ato ilícito a partir da data do efetivo prejuízo". Por sua vez, referindo-se aos **danos morais**, a Súmula 362 do STJ, diz: "A correção monetária do valor da indenização do dano moral incide desde a data do arbitramento". De outro lado, quanto aos **juros de mora**, a Súmula 54 do STJ: "Os juros moratórios fluem a partir do evento danoso, em caso de responsabilidade extracontratual".

Alternativa "a". A Súmula 403 do STJ estabelece: "Independe de prova do prejuízo a indenização pela publicação não autorizada de imagem de pessoa com fins econômicos ou comerciais".

Alternativa "b". Decidiu o STJ: "A pessoa jurídica de direito público não tem direito à indenização por danos morais relacionados à violação da honra ou da imagem" (Info – 534). A nós a alternativa está correta, muito embora o gabarito considere o contrário.

Alternativa "d". Conforme entendimento do verbete da Súmula 370 do STJ "Caracteriza dano moral a apresentação antecipada de cheque pré-datado".

5. FAMÍLIA

5.1. CASAMENTO

- Capacidade para o casamento

▸ **CC, art. 1.517**

---

47. (Vunesp – Juiz de Direito – MS/2015) Márcio e Caroline, ambos com 16 (dezesseis) anos de idade, decidiram que se casariam, considerando a gravidez de Caroline. Noticiaram sua decisão aos pais de ambos, mas o pai de Caroline recusou-se a autorizar o matrimônio, apesar da aquiescência da mãe de Caroline e dos pais de Márcio. Assim, foi ajuizada ação para solução do impasse, e, após regular tramitação, sobreveio sentença autorizando o casamento.

Em relação ao caso concreto apresentado, assinale a alternativa correta.

A) Não corriam prazos prescricionais em desfavor de Márcio e Caroline, em razão de sua idade, mas, com a celebração do casamento, cessará a causa impeditiva.

B) Com o suprimento judicial, Márcio e Caroline poderão casar-se, vigorando condição suspensiva consistente no nascimento com vida do filho do casal.

C) A sentença é nula, na medida em que não se admite suprimento judicial em caso de falta de anuência de qualquer dos pais.

D) Judicialmente autorizado o casamento entre Márcio e Caroline, será obrigatório o regime legal da separação de bens.

E) Com o suprimento judicial, Márcio e Caroline poderão casar-se, mas o casamento não fará cessar a incapacidade civil de ambos.

COMENTÁRIOS

✪ **Nota do autor:** a idade nupcial ou núbil é a idade mínima para casar, na qual se presume que todos se tornaram púberes, aptos para procriar. Para o Código Civil essa condição física é atingida aos 16 anos, para o homem e para a mulher. Antes da maioridade civil, o menor depende do consentimento de ambos os pais ou representantes legais para que possa casar-se. A **autorização** para o casamento deve ser escrita, pois o instrumento da autorização para casar transcrever-se-á integralmente na escritura antenupcial (CC, art. 1.537). Se um dos pais estiver ausente, por desaparecimento, não reconhecimento ou outra causa, valerá a autorização dada por um só. Se houver divergência entre os pais, qualquer deles poderá socorrer ao judiciário para o suprimento da outorga, caso em que o regime da separação será obrigatório. Por outro lado, a eficácia do pacto antenupcial, realizado por menor, fica condicionada à **aprovação** de seu representante legal, salvo as hipóteses de regime obrigatório de separação de bens. Por fim, é anulável o casamento contraído por quem não alcançou a idade mínima, relativamente ou absolutamente incapaz, com tratamento diversificado quanto à legitimidade (CC, arts. 1.517 a 1.520, 1.550, I, 1.552, 1.555, 1.631, 1.640, III, 1.654). O Novo Estatuto do Deficiente alterou o art. 1.518 do CC, que assim passa a viger: "Até a celebração do casamento podem os pais ou tutores revogar a autorização". A temática foi abordada nas dicas.

Alternativa correta: letra "d". Segundo o art. 1.641, III, do CC, é obrigatório o regime da separação de bens no casamento de todos os que dependerem, para casar, de suprimento judicial.

Alternativa "a". A prescrição não corre contra o absolutamente incapaz de que trata o art. 3º do CC. Recentemente alterado pelo Estatuto do Deficiente (Lei 13.146/2015), apenas o menor de 16 anos conservou esse grau de incapacidade. Todavia, a mudança legislativa não alterou a resposta a esta assertiva. Márcio e Caroline possuem 16 anos completos; logo, são relativamente incapazes (art. 4º, I, do CC), e contra eles a prescrição corre normalmente. Em razão da pertinência, vale lembrar o disposto no art. 195 do CC: "Os relativamente incapazes e as pessoas jurídicas têm ação contra os seus assistentes ou representantes legais, que derem causa à prescrição, ou não a alegarem oportunamente".

Alternativa "b". Com suprimento judicial os menores poderão casar-se, sendo que a segunda parte da opção, de vigora condição suspensiva, consistente no nascimento com vida do filho, mescla dois institutos diversos sem qualquer coerência.

Alternativa "c". A sentença é válida, pois a denegação do consentimento, quando injusta, pode ser suprida pelo juiz, conforme previsto no art. 1.519 do CC.

Alternativa "e". O casamento é uma das causas emancipação, conforme o art. 5º, parágrafo único, II, do CC. Trata-se de *emancipação legal ou tácita* que decorre de determinados fatos previstos na lei, como casamento, o exercício de emprego público efetivo, etc.

5.2. REGIME DE BENS

- Validade da fiança sem outorga conjugal

▸ **CC, art. 1.647, III**

48. (Vunesp – Juiz de Direito Substituto – SP/2015) Em tema de outorga marital ou uxória, é correto afirmar que

A) é exigível em todos os regimes de bens, e sua ausência implica ineficácia total do contrato.

B) a assinatura do cônjuge, na qualidade de testemunha instrumental do contrato, supre a outorga exigida na garantia fidejussória, conforme o entendimento do Superior Tribunal de Justiça.

C) o fiador tem legitimidade para arguir a invalidade da garantia fidejussória independentemente de tal consentimento.

D) é válida a fiança prestada durante união estável sem anuência do companheiro, conforme entendimento do Superior Tribunal de Justiça.

COMENTÁRIOS

Alternativa correta: letra "d". Para o STJ, é válida a fiança recebida sem a outorga uxória do companheiro, uma vez que seria impossível ao credor saber que o fiador vivia em união estável. A Súmula 332 da Corte, segundo a qual a fiança prestada sem autorização de um dos cônjuges implica a ineficácia total da garantia, sempre o fez no âmbito do casamento. Se alguém pretende negociar com pessoas casadas, é necessário que saiba o regime de bens e, eventualmente, a projeção da negociação no patrimônio do consorte. Portanto, não se considera nula nem anulável a fiança prestada por fiador convivente em união estável, sem a outorga uxória, mesmo que tenha havido a celebração de escritura pública entre os consortes (REsp 1.299.894).

Alternativa "a". No regime de separação absoluta não se exige outorga para a prática dos atos previstos no art. 1647 do CC.

Alternativa "b". Já decidiu o STJ que a assinatura das *testemunhas instrumentárias* somente expressa a regularidade formal do instrumento particular, mas não evidencia sua ciência acerca do conteúdo do negócio jurídico. A fiança deve ser interpretada restritivamente, de maneira que sempre estará limitada aos encargos expressa e inequivocamente assumidos pelo fiador. Quando há incerteza a respeito de algum aspecto essencial do pacto fidejussório, como a outorga marital, não é possível proclamar a validade da garantia. A ausência do necessário consentimento do cônjuge para a prestação de fiança somente poderá ser suprida se for realizada por escrito, por meio de instrumento público ou particular autenticado. A assinatura do cônjuge, na qualidade de mera testemunha instrumental do contrato de locação, não é capaz de suprir essa exigência (REsp 1185982 / PE).

Alternativa "c". O cônjuge que proporcionou a invalidade da fiança (fiador) não tem legitimidade para arguir a anulabilidade da garantia, na medida em que não pode se valer de sua própria torpeza. Assim, a alegação de nulidade da fiança não favorece o próprio garantidor, porquanto estaria valendo-se de sua própria torpeza, cabendo somente ao cônjuge ou aos herdeiros prejudicados tal arguição.

- Comunhão parcial de bens

▸ **CC, art. 1.659**

49. (Vunesp – Juiz de Direito Substituto – SP/2015) É correto afirmar que

A) as causas suspensivas do casamento podem ser opostas por qualquer pessoa.

B) salvo no regime da separação, os cônjuges são obrigados a concorrer, na proporção de seus bens e rendimentos, para o sustento da família e a educação dos filhos.

C) é obrigatório o regime da separação de bens aos que contraírem matrimônio com inobservância das cláusulas de impedimento da celebração do casamento.

D) se excluem da comunhão parcial de bens os proventos do trabalho pessoal de cada cônjuge.

COMENTÁRIOS

Alternativa correta: letra "d". De acordo com o 1.659, VI, do CC, excluem-se do regime de comunhão parcial os proventos do trabalho pessoal de cada cônjuge.

Alternativa "a". As *causas suspensivas* previstas no art. 1.523 do CC só podem ser opostas: (a) pelos parentes em linha reta de um dos nubentes, sejam consanguíneos ou afins e; (b) pelos colaterais em segundo grau, sejam também consanguíneos ou afins (CC, art 1.524). Apenas os impedimentos podem ser opostos por qualquer pessoa capaz (CC, art. 1.522).

Alternativa "b". Em todos os regimes de bens os cônjuges são obrigados a concorrer, na proporção de seus bens e dos rendimentos do trabalho, para o sustento da família e a educação dos filhos (CC, art. 1.568).

Alternativa "c". O regime da separação obrigatória de bens se impõe no casamento das pessoas que o contraírem com inobservância das causas suspensivas da celebração do casamento (CC, art. 1.641, I). A infringência de impedimento fulmina de nulidade absoluta o casamento (CC, art. 1.548, II).

- Comunhão parcial de bens

▸ CC, art. 1.659

50. (Vunesp – Juiz de Direito – PA/2014) Quanto ao regime de comunhão parcial de bens, é correto dizer que são incomunicáveis, quando adquiridos na constância do casamento,

A) os frutos dos bens particulares.

B) as obrigações provenientes de atos ilícitos em proveito do casal.

C) os prêmios de loteria recebido por um dos cônjuges.

D) as benfeitorias em bem particular.

E) as quantias pagas pelo Estado ao cônjuge beneficiário de funcionário falecido.

COMENTÁRIOS

✪ **Nota do autor:** o *regime legal ou supletivo* do casamento é a comunhão parcial de bens, porque não havendo ou sendo nula ou ineficaz a convenção, é o regime que vigora quanto aos bens do casal (CC/art. 1.640). O *regime legal* é a comunhão parcial de bens, enquanto o *regime obrigatório*, o da separação de bens, o qual é imposto em algumas situações, para conferir proteção a certas pessoas que a lei especifica. Dessa forma, o regime será obrigatório: *(a)* das pessoas que o contraírem com inobservância das causas suspensivas da celebração do casamento; *(b)* da pessoa maior de 70 (setenta) anos; *(c)* de todos os que dependerem, para casar, de suprimento judicial. (CC/art. 1.641, I a III). Fora a hipótese do *regime obrigatório*, os contraentes podem eleger o regime por meio de um contrato *solene e condicional* chamado *pacto antenupcial;* é *solene* porque exige escritura pública e condicional já que será *ineficaz* se não lhe seguir o casamento (CC/art. 1.653). Realizado o casamento por menor, tem-se uma regra de *eficácia jurídica*, segundo a qual deve ser aprovado por seu representante legal (CC/art. 1.654). As regras sobre a *capacidade* do casamento se aplicam na totalidade ao *pacto antenupcial.* Além da formalidade da escritura pública, sua eficácia *"erga omnes"* contra terceiros *(regime externo)* demanda registro, em livro especial, pelo oficial do Registro de Imóveis do domicílio dos cônjuges (CC/art. 1.657); sem esse registro, o pacto é válido, porém seus efeitos irradiam somente entre os cônjuges e seus herdeiros *(regime interno)*. Se o nubente for empresário, o pacto deverá ser arquivado e averbado no Registro Público de Empresas Mercantis. Dispõe o CC/art. 1.656 que, adotando o *pacto antenupcial* o regime de participação final nos aquestos, poder-se-á convencionar a livre disposição dos bens imóveis, desde que particulares, quando será dispensada a outorga para alienação destes bens. Pelo **Enunciado 261,** *"A obrigatoriedade do regime da separação de bens não se aplica a pessoa maior de sessenta anos, quando o casamento for precedido de união estável iniciada antes dessa idade".*

Alternativa correta: letra "e". Estabelece o art. 1.659, VII, do CC, que estão excluídos do regime de comunhão parcial de bens as pensões, meios-soldos, **montepios** e outras rendas semelhantes. *Montepio* é conceituado como a pensão paga pelo Estado aos herdeiros de funcionário falecido, em atividade ou não.

Alternativa "a". Entram na comunhão os frutos dos bens comuns, ou dos particulares de cada cônjuge, percebidos na constância do casamento, ou pendentes ao tempo de cessar a comunhão (CC, art. 1.660, V).

Alternativa "b". Em *regra*, excluem-se da comunhão as obrigações provenientes de atos ilícitos, porque a responsabilidade civil é pessoal. Contudo, e por *exceção*, se ambos os cônjuges tiveram proveito, será possível responsabilizar o casal pela indenização decorrente do ilícito (CC, art. 1.659, IV).

Alternativa "c". Os bens adquiridos por fato eventual, com ou sem o concurso de trabalho ou despesa anterior (CC, art. 1.660, II) entram na comunhão. Como exemplo de *fato eventual*, temos a loteria, os jogos, as rifas, as apostas.

Alternativa "d". As benfeitorias em bens particulares de cada cônjuge entram na comunhão (CC, art. 1.660, IV).

5.3. PROTEÇÃO DA PESSOA DOS FILHOS

- Guarda

▸ CC, art. 1.588

51. (Vunesp - Juiz de Direito - RJ/2014) Mãe que possui a guarda unilateral de dois filhos, menores de 12 (doze) anos, oriundos de casamento anterior, contrai nova união. Tal fato

A) permite que seja alterada a guarda para sua forma compartilhada, a fim de que seja atendido o princípio do melhor interesse.

B) não repercute no direito de a mãe ter os filhos do leito anterior em sua companhia, salvo quando houver comprometimento da sadia formação e do integral desenvolvimento da personalidade destes.

C) permite ao pai das crianças pleitear a guarda unilateral dos filhos, já que não é aconselhável a permanência com a mãe.

D) poderá ser considerado para fins de modificação da guarda para os avós ou para pessoas com as quais a criança ou o adolescente mantenha vínculo afetivo, atendendo ao seu melhor interesse.

COMENTÁRIOS

✪ **Nota do autor:** *guarda* é um dever de assistência educacional, material e moral, conferindo a seu detentor o direito de opor-se a terceiros, inclusive aos pais (Estatuto da Criança e do Adolescente, art. 33). É cumprida no interesse e em proveito do menor e do incapaz, garantindo-lhe a sobrevivência física e o pleno desenvolvimento psíquico. É um poder-dever exercido no interesse da prole. O *direito de visita* é o exercício descontínuo da guarda, pois se opera em intervalos de tempo (Maria Helena Diniz, *op. cit.*). Por fim, a guarda conferida a um dos genitores não altera a titularidade do poder familiar. Compreende-se por *guarda unilateral* a atribuída a um só dos genitores ou a alguém que o substitua e, por *guarda compartilhada*, a responsabilização conjunta e o exercício de direitos e deveres do pai e da mãe que não vivam sob o mesmo teto, concernentes ao poder familiar dos filhos comuns. Antes da Lei 13.058/2014, afirmava o art. 1.583, § 2º, I a III, dizia-se que "A guarda unilateral será atribuída ao genitor que revele melhores condições para exercê-la e, objetivamente, mais aptidão para propiciar aos filhos: (1) afeto nas relações com o genitor e com o grupo familiar; (2) saúde e segurança e; (3) educação". Desse modo, a resposta era verdadeira porque atendia aos preceitos legais vigentes à época. Com a entrada em vigor da "Lei da Guarda Compartilhada", os incisos I a III do art. 1.583, § 2º, do CC, foram revogados.

Alternativa correta: letra "b". Proclama o art. 1.588 do CC: "O pai ou a mãe que contrair novas núpcias não perde o direito de ter consigo os filhos, que só lhe poderão ser retirados por mandado judicial, provado que não são tratados convenientemente". Pelo Enunciado 337, aprovado na IV Jornada de Direito Civil do CJF/STJ: "O fato de o pai ou a mãe constituírem nova união não repercute no direito de terem os filhos do leito anterior em sua companhia, salvo quando houver comprometimento da sadia formação e do integral desenvolvimento da personalidade destes".

Alternativa "a". Conforme o art. 1.588 do CC, e o Enunciado 337 da IV Jornada de Direito Civil, a nova união não interfere no direto da mãe ter os filhos consigo, exceto se houver prejuízo para a formação dos filhos, no que diz respeito ao seu integral desenvolvimento.

Alternativa "c". Por força de preceito legal, a nova união não altera a guarda existente entre a mãe e seus filhos, salvo se houver prejuízo ao desenvolvimento destes (CC, art. 1.588, En. 337).

Alternativa "d". A nova união não é motivo bastante para a modificação da guarda da mãe em relação aos filhos, exceto se houver prejuízo para o desenvolvimento destes e proteção integral destes.

5.4. ALIMENTOS

- Alimentos na separação

▸ **CC, art. 1.707**

52. (Vunesp – Juiz de Direito Substituto – SP/2015) Acerca dos alimentos, é correto afirmar que

A) a obrigação alimentar dos ascendentes é subsidiária à obrigação alimentar entre irmãos, germanos ou unilaterais.

B) o débito alimentar que autoriza a prisão civil do alimentante é o que compreende as prestações que se vencerem no curso do processo.

C) se o cônjuge declarado culpado pela separação judicial vier a necessitar de alimentos e não tiver aptidão para o trabalho, o outro cônjuge será obrigado a assegurá-los, desde que inexistam parentes na condição de prestá-los, limitados ao quantum indispensável à sobrevivência.

D) considerando que se extingue o poder familiar pela maioridade (art. 1.635 do Código Civil), cessa desde logo o dever de prestar alimentos, dispensada decisão judicial a esse respeito.

COMENTÁRIOS

✪ **Nota do autor:** para o STJ, "a boa-fé objetiva deve guiar as relações familiares, como um manancial criador de deveres jurídicos de cunho preponderantemente ético e coerente. De acordo com os arts. 1.694 e 1.695 do CC/02, a obrigação de prestar alimentos está condicionada à permanência dos seguintes pressupostos: (i) o vínculo de parentesco, ou conjugal ou convivencial; (ii) a necessidade e a incapacidade do alimentando de sustentar a si próprio; (iii) a possibilidade do alimentante de fornecer alimentos. O fosso fático entre a lei e o contexto social impõe ao Juiz detida análise de todas as circunstâncias e peculiaridades passíveis de visualização ou de intelecção no processo, para a imprescindível aferição da capacidade ou não de autossustento daquele que pleiteia alimentos, notadamente em se tratando de obrigação alimentar entre ex-cônjuges ou ex-compaheiros. Disso decorre a existência ou não da presunção da necessidade de alimentos... A obrigação de prestar alimentos transitórios – a tempo certo – é cabível, em regra, quando o alimentando é pessoa com idade, condições e formação profissional compatíveis com uma provável inserção no mercado de trabalho, necessitando dos alimentos apenas até que atinja sua autonomia financeira, momento em que se emancipará da tutela do alimentante – outrora provedor do lar –, que será então liberado da obrigação, a qual se extinguirá automaticamente..." (REsp 1025769/MG, STJ – Info 444).

Alternativa correta: letra "c". De acordo com o texto do art. 1.704, parágrafo único, do CC, " Se o cônjuge declarado culpado vier a necessitar de alimentos, e não tiver parentes em condições de prestá-los, nem aptidão para o trabalho, o outro cônjuge será obrigado a assegurá-los, fixando o juiz o valor indispensável à sobrevivência". Como se percebe, o *culpado*, portanto, só fará jus ao *quantum* suficiente para sobreviver, arbitrado judicialmente. Trata-se de *alimentos humanitários* ou *necessarium vitae.*

Alternativa "a". Proclama o art. 1.697 do CC: "Na falta dos ascendentes cabe a obrigação aos descendentes, guardada a ordem de sucessão e, faltando estes, aos irmãos, assim germanos como unilaterais". Da leitura do dispositivo tem-se o contrário da assertiva, pois a obrigação alimentar dos entre irmãos (germanos ou unilaterais) é *subsidiária e condicionada*, porque somente ocorre na falta ou incapacidade de ascendentes e descendentes, condicionando-se, ainda, à prova da necessidade do pensionamento pelo alimentando, da capacidade de prestá-los pelo alimentante e da proporcionalidade da prestação, considerado esse balizamento.

Alternativa "b". Segundo o CPC-2015, "o débito alimentar que autoriza a prisão civil do alimentante é o que compreende até as 3 (três) prestações anteriores ao ajuizamento da execução e as que se vencerem no curso do processo" (art. 528, § 7º).

Alternativa "d". A maioridade de fato extingue o poder familiar, automaticamente (CC, art. 1.635, III). Porém, com relação aos alimentos, a maioridade não conduz à extinção automática dos mesmos. A respeito a Súmula 358 do STJ, pela qual "O cancelamento de pensão alimentícia de filho que atingiu a maioridade está sujeito à decisão judicial, mediante contraditório, ainda que nos próprios autos".

6. SUCESSÕES

6.1. SUCESSÃO LEGÍTIMA

- Cessão da herança

▸ **CC, art. 1.793**

53. (Vunesp – Juiz de Direito Substituto – SP/2015) Acerca do Direito das Sucessões, assinale a alternativa correta.

A) É eficaz a cessão, pelo coerdeiro, de seu direito hereditário sobre bem da herança singularmente considerado.

B) Considera-se imóvel o direito à sucessão aberta, exigindo-se escritura pública para sua cessão, não se admitindo que a renúncia da herança conste de termo judicial.

C) É intransferível ao cessionário de direitos hereditários o direito de preferência inerente à qualidade de herdeiro.

D) A morte do responsável cambiário é modalidade de transferência anômala da obrigação, repassável aos herdeiros, salvo se o óbito tiver ocorrido antes do vencimento do título.

COMENTÁRIOS

✪ **Nota do autor:** a *cessão da herança*, gratuita ou onerosa, consiste na transferência que o herdeiro, legítimo ou testamentário, faz a outrem de todo o quinhão hereditário ou de parte dele, que lhe competirá após a abertura da sucessão (Maria Helena Diniz, Código Civil Anotado, 16ed, Saraiva, 2012, São Paulo). É importante saber: (A) a cessão só pode ser feita depois de aberta a sucessão, pois, segundo o art. 426 do CC, não pode ser objeto de contrato a herança de pessoa viva (pacto sucessório, *pacta corvinae* ou pacto de abutres); (B) incide no todo ou em parte do quinhão, já que antes da partilha a herança é uma universalidade, sendo **ineficaz a cessão**, pelo coerdeiro, de seu direito hereditário sobre qualquer bem da herança considerado singularmente; (C) é **ineficaz** é a disposição, **sem prévia autorização do juiz da sucessão**, por qualquer herdeiro, de bem componente do acervo hereditário, pendente a indivisibilidade; (D) a cessão é aleatória, pois o herdeiro não responde pelo *quantum* da herança cedida, que dependerá da partilha (*benefício do inventário*); (E) se o herdeiro for único ou todos os herdeiros cederem o direito à herança, ocorre a **pré-partilha** amigável, que pode ser feita por escritura pública e homologada pelo juiz (Nelson Nery Junior e Rosa M. A. Nery);

(F) a cessão só pode ser feita por escritura pública; (G) não compreende eventual substituição ou direito de acrescer.

Alternativa correta: letra "c". Realizada a cessão sobre a qual dispõe o art. 1.793 do CC, o cessionário sub-roga-se no direito do herdeiro cedente, mas não quer dizer que o cedente deixou de ser herdeiro ou que o cessionário adquiriu tal condição, uma vez que essa qualidade, da qual decorre o direito de preferência, é intransferível por ser personalíssima. A cessão de direito hereditários é negócio exclusivamente patrimonial. O cessionário apenas equipara-se ao herdeiro. Como bem ressalta Nelson Nery "o cessionário sub-roga-se no direito que o herdeiro cedente lhe transferiu, assumindo sua titularidade, **com todas as qualidades e defeitos do direito cedido"**. Sendo assim, o cessionário além do ativo, ficará responsável pelo pagamento, dentro das forças do quinhão hereditário, das dívidas que caberiam ao cedente. Isso porque, o herdeiro não garante a quantidade ou qualidade dos direitos cedidos, mas tão somente a qualidade de herdeiro que possui.

Alternativa "a". É ineficaz a cessão, pelo coerdeiro, de seu direito hereditário sobre qualquer bem da herança considerado singularmente (CC, art. 1.793, § 2º).

Alternativa "b". O direito a sucessão aberta é considerado bem imóvel, por determinação legal (CC, art. 80, II). O direito à sucessão aberta, bem como o quinhão de que disponha o coerdeiro, pode ser objeto de cessão por escritura pública (CC, art. 1.793, *caput*). Todavia a renúncia à herança não se limita a uma única forma. Isso porque o art. 1.806 do CC admite-a, expressamente, por instrumento público ou termo judicial.

Alternativa "d". Segundo o STJ, "a morte do responsável cambiário é modalidade de transferência anômala da obrigação que, por não possuir caráter personalíssimo, é repassada aos herdeiros, mesmo que o óbito tenha ocorrido antes do vencimento do título" (REsp, n. 260.004 – SP).

- Vocação hereditária

▸ **CC, art. 1.798**

54. (Vunesp – Juiz de Direito – PA/2014) Quanto à capacidade sucessória do nascituro, assinale a alternativa correta.

A) Não possui legitimidade para receber herança ou legado.

B) Legitima-se a suceder desde que contemplado em testamento.

C) Legitima-se a suceder desde que concebido quando da abertura da sucessão.

D) Legitima-se a suceder desde que se trate de herança pela via direta e não colateral.

E) Legitima-se a suceder por legado desde que concebido até 180 dias anteriores à abertura da sucessão.

COMENTÁRIOS

✪ **Nota do autor:** o Código Civil de 2002 dispõe sobre a legitimação ou capacidade para suceder na sucessão legítima e na testamentária, nos arts. 1.798 a 1.803. A *legitimação* para suceder é a qualidade para que alguém possa invocar a sua vocação sua vocação hereditária ou seu direito de herdar por testamento. É, portanto, a aptidão da pessoa para receber os bens deixados pelo *de cujus*, que ao tempo do falecimento do autor da herança deve estar vivo, ou pelo menos, concebido, para ocupar o lugar que lhe compete (Maria Helena Diniz, Código Civil Anotado, 16ed, 2012, Saraiva, São Paulo). Legitimam-se a suceder as pessoas nascidas ou já concebidas no momento da abertura da sucessão (CC, art. 1.798). Pelo **Enunciado 267**, *"A regra do art. 1.798 do Código Civil deve ser estendida aos embriões formados mediante o uso de técnicas de reprodução assistida, abrangendo, assim, a vocação hereditária da pessoa humana a nascer cujos efeitos patrimoniais se submetem às regras previstas para a petição da herança"*. Desta maneira, a capacidade sucessória do embrião e do nascituro no útero após a morte do pai, ou a do nascituro é excepcional, já que só sucederá se nascer com vida (CC, art. 2º), havendo um estado de pendência da transmissão hereditária, recolhendo seu representante legal a herança sob condição resolutiva (Maria Helena Diniz. Código Civil Anotado, 16 ed, Saraiva, São Paulo, 2012). Na **sucessão testamentária**, podem suceder: *(1)* os filhos ainda não concebidos *"prole eventual"*; *(2)* as pessoas jurídicas empresarias ou simples; *(3)* e as pessoas jurídicas a ser constituídas sob a forma de fundação.

Alternativa correta: letra "c". Segundo o art. 1.798 do CC: "Legitimam-se a suceder as pessoas nascidas ou já concebidas no momento da abertura da sucessão". Para Carlos Roberto Gonçalves, "A *regra geral* segundo a qual só tem legitimação para suceder as pessoas nascidas por ocasião da abertura da sucessão encontra exceção no caso do nascituro. De acordo com o sistema adotado pelo Código Civil acerca do começo da personalidade natural (art. 2º), tem-se o nascimento com vida como marco inicial da personalidade. Respeitam-se, porém, os direitos do nascituro, desde a concepção, pois desde esse momento já começa a formação do novo ser [...] os *nascituros* podem ser, assim, chamados a suceder tanto na sucessão legítima como na testamentária, ficando a eficácia da vocação dependente do seu nascimento. Podem, com efeito, ser indicados para receber deixa testamentária" (Direito Civil Brasileiro, Sucessões, vol. 7, Saraiva, pág. 69). Para Maria Helena Diniz, "A capacidade sucessória do embrião, implantado no útero após a morte se seu pai, ou a do nascituro é excepcional, já que só sucederá se nascer com vida (CC, art. 2º), havendo um estado de pendência da transmissão hereditária, recolhendo seu representante legal a herança sob condição resolutiva. O já concebido no momento da abertura da sucessão e chamado a suceder adquire desde logo o domínio e a posse da herança como se já fosse nascido, porém, estado potencial, como lhe falta personalidade jurídica material, nomeia-se-lhe um curador ao ventre. Se nascer morto, será tido como se nunca tivesse existido, logo, a sucessão será ineficaz. Se nascer com vida, terá capacidade ou legitimação para suceder" (Código Civil Anotado, 16ª ed, Saraiva, 2012, pág. 1319). Pelo **Enunciado 267**, "A regra do art. 1.798 do Código Civil deve ser estendida aos embriões formados mediante o uso de técnicas de reprodução assistida, abrangendo, assim, a vocação hereditária da pessoa humana a nascer cujos efeitos patrimoniais se submetem às regras previstas para a petição da herança".

Alternativa "a". O nascituro possui legitimação ou capacidade para suceder, segundo os arts. 2º e 1.798 do CC.

Alternativa "b". A legitimação ou capacidade para suceder compreende a qualidade para alguém herdar. O *nascituro* possui vocação hereditária e pode ser chamado a participar da sucessão legítima e da testamentária (CC, art. 1.798 e 1.799).

Alternativa "d". "Legitimam-se a suceder as pessoas nascidas ou **já concebidas** no momento da abertura da sucessão" (CC, art. 1.798). Por seu turno, afirma o art. 2º do CC: "A personalidade civil da pessoa começa do nascimento com vida; mas a lei põe a salvo, **desde a concepção**, os direitos do *nascituro*". Sendo assim, o nascituro possui capacidade sucessória,

Alternativa "e". O nascituro possui legitimação ou capacidade para suceder tanto à sucessão legítima como à testamentária. O *legado* é a disposição feita em *testamento* ou *codicilo* de coisa *certa* e *determinada*, deixada ao legatário. Em todos os casos – herança (por força de lei ou testamento) ou legado (sucessão *singular*) – garante-se ao nascituro a legitimidade sucessória passiva.

- Ordem de vocação hereditária

▸ **CC, art. 1.829**

55. (Vunesp – Juiz de Direito – TJ SP/2017) Arlindo casa-se com Joana pelo regime da comunhão universal de bens e com ela tem dois filhos, Bruno e Lucas, ambos solteiros e sem conviventes em união estável. Arlindo e Lucas morrem em um mesmo acidente de trânsito, tendo Lucas deixado um filho menor. Dos atestados de óbito, consta que o falecimento de Arlindo ocorreu cinco minutos antes do de Lucas.

Assinale a alternativa correta.

A) Os bens deixados por Arlindo serão transmitidos a Joana, Bruno e ao filho de Lucas.

B) Em razão dos falecimentos no mesmo acidente, a presunção é a de que a morte do mais velho precede a do mais jovem, o que faz com que a herança do filho de Lucas fique restrita à parte em que seu pai sucederia, se vivo fosse.

C) Os bens deixados por Arlindo serão transmitidos a Bruno e a Lucas, observada a meação de Joana.

D) Em razão dos falecimentos no mesmo acidente e da comoriência, a presunção é a de que Arlindo e Lucas morreram simultaneamente, o que exclui a transmissão de bens entre eles.

COMENTÁRIOS

✪ **Nota do autor:** *ordem de vocação hereditária* é uma relação preferencial, estabelecida pela lei, das pessoas que são chamadas a suceder o finado (Silvio Rodrigues). Na sucessão legítima convocam-se os herdeiros segundo tal ordem legal, de forma que uma classe só será chamada quando faltarem herdeiros da classe precedente (Maria Helena Diniz). A sucessão testamentária decorre de uma manifestação de última vontade, enquanto a legitima representa a vontade supletiva do *de cujus*, em favor de pessoas que presumivelmente gostaria que fossem beneficiadas. A *ordem de vocação hereditária*, sobre a qual dispõe o CC/art. 1.829 e seguintes, é a ordem preferencial estatuída por lei, feita por *classe*, e dentro dela, por *graus*. Pode ocorrer que essa ordem não seja seguida necessariamente, quando então a sucessão será *anômala ou irregular* (*princípio do prelèvement*) como ocorre em relação à sucessão de bens de estrangeiros situados no País, que será regulada pela lei brasileira em benefício do cônjuge ou dos filhos brasileiros, sempre que não lhes seja mais favorável a lei pessoal do *"de cujus"* (CF/art. 5º, XXXI, e LINDB/ art. 10, § 1º). A sucessão do companheiro é prevista no CC/art. 1.790 e seguintes. Porém, no RE 878694, o STF encaminhou o julgamento na sessão realizada em agosto de 2016, no sentido *"da inconstitucionalidade do artigo 1.790, com modulação dos efeitos da decisão para que não alcance sucessões que já tiveram sentenças transitadas em julgado ou partilhas extrajudiciais com escritura pública (...) isso porque no sistema constitucional vigente é inconstitucional a distinção de* *regimes sucessórios entre cônjuges e companheiros, devendo ser aplicado, em ambos os casos, o regime estabelecido no artigo 1.829 do Código Civil de 2002".*

Alternativa correta: letra "c". (responde as demais alternativas). O regime de bens da comunhão universal afasta da sucessão o consorte, se concorrer com os descendentes. Restará ao cônjuge supérstite apenas a meação (CC, art. 1.685). Arlindo veio a óbito *antes* de Lucas. Diante disso, o descendente que se encontrava no mesmo acidente de trânsito herdou do ascendente, por cabeça, não sendo o caso de comoriência e nem tampouco de representação. Bruno também sucedeu o pai, por direto próprio (CC, arts. 8º, 1.829, I, e 1.851).

- Direito real de habitação

▸ **CC, art. 1.831**

56. (Vunesp - Juiz de Direito Substituto - SP/2015) Assinale a alternativa correta, no que tange ao direito real de habitação, assegurado ao cônjuge sobrevivente.

A) Não dá direito aos frutos.

B) Não é extensível o regime da separação de bens.

C) É irrenunciável.

D) Exige registro imobiliário para a sua constituição.

COMENTÁRIOS

✪ **Nota do autor:** o *direito real de habitação*, instituído causa mortis, seja na vigência do Código Civil de 1916 (§ 2º do artigo 1.611), ou sob a égide da atual lei substantiva civil (artigo 1.831), ainda que com contornos bem diversificados, sempre foi compreendido como direito sucessório, a considerar o Livro em que inseridas as correspondentes disposições legais - Do Direito das Sucessões. De acordo com os contornos fixados pelo Código Civil de 2002, o direito real de habitação confere ao cônjuge supérstite a utilização do bem, com o fim de que nele seja mantida sua residência, independente do regime de bens do casamento e da titularidade do imóvel, afastado, inclusive, o caráter vidual estabelecido na legislação precedente. Substancia-se, assim, o direito à moradia previsto no art. 6º da Constituição Federal, assegurado ao cônjuge supérstite. A constituição do direito real de habitação do cônjuge supérstite **emana exclusivamente** da lei, sendo certo que seu reconhecimento de forma alguma repercute na definição de propriedade dos bens partilhados. Em se tratando de direito ex vi lege, seu reconhecimento não precisa necessariamente dar-se por ocasião da partilha dos bens deixados pelo de cujus, inocorrendo, por conseguinte, ofensa à coisa julgada. Nesse quadro, a superveniente declaração do direito real de habitação dispensa prévia rescisão ou anulação da partilha, pois com ela não encerra qualquer oposição. (STJ: REsp 1125901/RS). Ademais, o **direito real de habitação**, por ser *ex vi* legis, decorrente do direito sucessório, ao contrário do direito instituído *inter vivos*, **não necessita ser registrado no Cartório de Registro de Imóveis**. É de se ver, portanto, que há direito sucessório exercitável desde a abertura da sucessão, sendo que, a partir desse momento, terá o cônjuge/companheiro sobrevivente instrumentos processuais para garantir o exercício do direito de habitação, inclusive, por meio dos interditos possessórios (STJ - Info 543). Por outro lado, o **direito real de habitação tem sido reconhecido também na união estável**. Colacionamos as decisões do STJ a respeito: **STJ - (2012 e 2013):** o instituto do direito real de habitação possui por escopo garantir o direito fundamental à moradia constitucionalmente protegido (art. 6º, caput, da CRFB). Observância, ademais, ao postulado da dignidade da pessoa humana (art. art. 1º, III, da CRFB). A disciplina geral promovida pelo Código Civil acerca do regime sucessório dos companheiros não revogou as disposições constantes da Lei 9.278/96 nas questões em que verificada a compatibilidade. A legislação especial, ao conferir direito real de habitação ao companheiro sobrevivente, subsiste diante da omissão do Código Civil em disciplinar tal direito àqueles que convivem em união estável. Prevalência do princípio da especialidade (STJ: REsp 1156744/MG); **STJ - (2014):** a companheira sobrevivente faz jus ao direito real de habitação (art. 1.831 do CC) sobre o imóvel no qual convivia com o companheiro falecido, ainda que tenha adquirido outro imóvel residencial com o dinheiro recebido do seguro de vida do de cujus. De fato, o art. 1.831 do CC reconhece ao cônjuge sobrevivente, qualquer que seja o regime de bens, sem prejuízo da participação que lhe caiba na herança, o direito real de habitação relativamente ao imóvel destinado à residência da família, desde que seja o único daquela natureza a inventariar, silenciando quanto à extensão desse direito ao companheiro sobrevivente. No entanto, a regra contida no art. 226, § 3º, da CF, que reconhece a união estável entre o homem e a mulher como entidade familiar, devendo a lei facilitar sua conversão em casamento, é norma de inclusão, sendo contrária ao seu espírito a tentativa de lhe extrair efeitos discriminatórios entre cônjuge e companheiro. Assim sendo, o direto real de habitação contido no art. 1.831 do CC deve ser aplicado também ao companheiro sobrevivente (REsp 821.660 - DF, Terceira Turma, DJe 17/6/2011) (STJ - Info 533).

Alternativa correta: letra "a". O direito real de habitação é assegurado ao cônjuge sobrevivente e ao companheiro no art. 1.831 do CC. Quanto a este último, afirma o Enunciado 117 da I Jornada de Direito Civil: "O direito real de habitação deve ser estendido ao companheiro, seja por não ter sido revogada a previsão da Lei n. 9.278/96, seja em razão da interpretação analógica do art. 1.831, informado pelo art. 6º, caput, da CF/88". O *direito real de habitação "inter vivos"* é disciplinado no art. 1.414 do Código Civil, no direito das coisas, mas suas regras aplicam-se ao *direito real de habitação "causa mortis"*, previsto no art. 1.831 do CC, no direito sucessório. Em breves palavras, consiste no direito de habitar gratuitamente casa alheia. Assim, o titular *não a pode* alugar, nem emprestar, mas simplesmente ocupá-la com sua família. O art. 1.415 do CC estabelece que são aplicáveis à habitação, no que não for contrário à sua natureza, as disposições relativas ao usufruto. Sabe-se que o usufruto abrange os frutos e as utilidades da coisa; não admite a alienação, mas pode ceder-se, por título gratuito ou oneroso (CC, arts. 1.390 e 1.393). Como se vê, o direito de habitação não comunga estas regras do usufruto, as quais colidem com sua natureza.

Alternativa "b". O direito real de habitação é extensivo a qualquer regime de bens, por expressa previsão do art. 1.831 do CC.

Alternativa "c". Segundo o Enunciado 271 da III Jornada de Direito Civil, "O cônjuge pode renunciar ao direito real de habitação nos autos do inventário ou por escritura pública, sem prejuízo de sua participação na herança".

Alternativa "d". O direito real de habitação, previsto no art. 1.831 do CC, é *ex vi legis* decorrente do direito sucessório e, ao contrário do direito instituído *inter vivos*, não necessita ser registrado no Cartório de Registro de Imóveis (STJ, Info 543).

- Direito real de habitação

▸ **CC, art. 1.831**

---

57. (Vunesp - Juiz de Direito - PA/2014) Quanto à companheira sobrevivente que adquiriu imóvel próprio e o direito real de habitação no qual convivia com companheiro falecido, assinale a alternativa correta.

A) O direito real de habitação não é extensivo à união estável, não tendo a companheira sobrevivente direito a reclamá-lo, ainda que possua direito sucessório sobre os bens do companheiro falecido.

B) A companheira sobrevivente faz jus ao direito real de habitação sobre o imóvel no qual convivia com o companheiro falecido.

C) Havendo vários tipos de imóveis a inventariar, caberá à companheira sobrevivente a escolha sobre qual habitar, independentemente de ter imóvel próprio.

D) Considerando a aquisição de imóvel próprio, a companheira perde o direito de habitação.

E) No caso de possuir imóvel próprio, a companheira sobrevivente terá direito à habitação concomitantemente com os herdeiros do companheiro falecido.

COMENTÁRIOS

✪ **Nota do autor:** o *direito real de habitação*, instituído causa mortis, seja na vigência do Código Civil de 1916 (§ 2º do artigo 1.611), ou sob a égide da atual lei substantiva civil (artigo 1.831), ainda que com contornos bem diversificados, sempre foi compreendido como direito sucessório, a considerar o Livro em que inseridas as correspondentes disposições legais – Do Direito das Sucessões. De acordo com os contornos fixados pelo Código Civil de 2002, o direito real de habitação confere ao cônjuge supérstite a utilização do bem, com o fim de que nele seja mantida sua residência, independente do regime de bens do casamento e da titularidade do imóvel, afastado, inclusive, o caráter vidual estabelecido na legislação precedente. Substancia-se, assim, o direito à moradia previsto no art. 6º da Constituição Federal, assegurado ao cônjuge supérstite. O direito real de habitação do cônjuge supérstite **emana exclusivamente** da lei, sendo certo que seu reconhecimento de forma alguma repercute na definição de propriedade dos bens partilhados. Para o STJ, a superveniente declaração do direito real de habitação dispensa prévia rescisão ou anulação da partilha, pois com ela não encerra qualquer oposição. (STJ: REsp 1125901/RS). Além disso, o **direito real de habitação**, por ser *ex vi* legis, decorrente do direito sucessório, ao contrário do direito instituído *inter vivos*, **não necessita ser registrado no Cartório de Registro de Imóveis**. É de se ver, portanto, que há direito sucessório exercitável desde a abertura da sucessão, sendo que, a partir desse momento, terá o cônjuge/companheiro sobrevivente instrumentos processuais para garantir o exercício do direito de habitação, inclusive, por meio dos interditos possessórios (STJ – Info 543). Por outro lado, o **direito real de habitação tem sido reconhecido também na união estável**. Colacionamos as decisões a respeito: **(STJ, 2012 e 2013):** o instituto do direito real de habitação possui por escopo garantir o direito fundamental à moradia constitucionalmente protegido (art. 6º, caput, da CRFB). Observância, ademais, ao postulado da dignidade da pessoa humana (art. art. 1º, III, da CRFB). A disciplina geral promovida pelo Código Civil acerca do regime sucessório dos companheiros não revogou as disposições constantes da Lei 9.278/96 nas questões em que verificada a compatibilidade. A legislação especial, ao conferir direito real de habitação ao companheiro sobrevivente, subsiste diante da omissão do Código Civil em disciplinar tal direito àqueles que convivem em união estável. Prevalência do princípio da especialidade (STJ: REsp 1156744/MG); **(STJ, 2014):** a companheira sobrevivente faz jus ao direito real de habitação (art. 1.831 do CC) sobre o imóvel no qual convivia com o companheiro falecido, ainda que tenha adquirido outro imóvel residencial com o dinheiro recebido do seguro de vida do de cujus. De fato, o art. 1.831 do CC reconhece ao cônjuge sobrevivente, qualquer que seja o regime de bens, sem prejuízo da participação que lhe caiba na herança, o direito real de habitação relativamente ao imóvel destinado à residência da família, desde que seja o único daquela natureza a inventariar, silenciando quanto à extensão desse direito ao companheiro sobrevivente. No entanto, a regra contida no art. 226, § 3º, da CF, que reconhece a união estável entre o homem e a mulher como entidade familiar, devendo a lei facilitar sua conversão em casamento, é norma de inclusão, sendo contrária ao seu espírito a tentativa de lhe extrair efeitos discriminatórios entre cônjuge e companheiro. Assim sendo, o direto real de habitação contido no art. 1.831 do CC deve ser aplicado também ao companheiro sobrevivente (REsp 821.660 - DF, Terceira Turma, DJe 17/6/2011) (STJ - Info 533).

Alternativa correta: letra "b". Conforme o Enunciado 117 da I Jornada de Direito Civil, "o direito real de habitação deve ser estendido ao companheiro, seja por não ter sido revogada a previsão da Lei nº 9.278/96, seja em razão da interpretação analógica do art. 1.831, informado pelo art. 6º, caput, da CF/88". Também é entendimento pacífico no STJ que a companheira supérstite tem direito real de habitação sobre o imóvel de propriedade do falecido onde residia o casal, mesmo na vigência do atual Código Civil (STJ: REsp 1203144 / RS). Decidiu a Corte Superior: "É bem verdade que o art. 1.790 do Código Civil de 2002, norma que inovou o regime sucessório dos conviventes em união estável, não previu o direito real de habitação aos companheiros. Tampouco a redação do art. 1831 do Código Civil traz previsão expressa de direito real de habitação à companheira. Ocorre que a interpretação literal das normas conduziria à conclusão de que o cônjuge estaria em situação privilegiada em relação ao companheiro, o que não parece verdadeiro pela regra da Constituição Federal" (STJ: REsp 1249227 / SC).

Alternativa "a". O direito real de habitação é reconhecido ao companheiro sobrevivente, aplicando-se à união estável o art. 1.831 do CC.

Alternativa "c". O direito real de habitação é reconhecido ao companheiro sobrevivente, segundo os precedentes do STJ, nos moldes do art. 1.831 do CC, vejamos: "o direito real de habitação, assegurado, devido à união estável, ao cônjuge sobrevivente (...) incide, relativamente ao imóvel em que **residia o casal**, ainda que haja mais de um imóvel residencial a inventariar" (STJ: REsp 1220838 / PR). Portanto, não há que se falar em *"escolha"* do imóvel sobre o qual recairá o direito real de habitação, pois terá essa condição o imóvel **destinado** à residência do casal.

Alternativa "d". O direito real de habitação não é afastado pela aquisição de outro imóvel, de acordo com o entendimento do STJ: "o Código Civil de 2002 regulou inteiramente a sucessão do companheiro, ab-rogando, assim, as leis da união estável, nos termos do art. 2º, § 1º da Lei de Introdução às Normas do Direito Brasileiro - LINDB. Portanto, é descabido considerar que houve exceção apenas quanto a um parágrafo. É bem verdade que o art. 1.790 do Código Civil de 2002, norma que inovou o regime sucessório dos conviventes em união estável, não previu o direito real de habitação aos companheiros. Tampouco a redação do art. 1831 do Código Civil traz previsão expressa de direito real de habitação à companheira. Ocorre que a interpretação literal das normas conduziria à conclusão de que o cônjuge estaria em situação privilegiada em relação ao companheiro, o que não parece verdadeiro pela regra da Constituição Federal. A parte final do § 3º do art. 226 da Constituição Federal consiste, em verdade, tão somente em uma fórmula de facilitação da conversão da união estável em casamento. Aquela não rende ensejo a um estado civil de passagem, como um degrau inferior que, em menos ou mais tempo, cederá vez a este. No caso concreto, o fato de a companheira ter adquirido outro imóvel residencial com o dinheiro recebido pelo seguro de vida do falecido não resulta exclusão de seu direito real de habitação referente ao imóvel em que residia com o companheiro, ao tempo da abertura da sucessão. Ademais, o imóvel em questão adquirido pela ora recorrente não faz parte dos bens a inventariar" (STJ: REsp 1249227 / SC).

Alternativa "e". A finalidade do direito real de habitação é garantir o direito fundamental à moradia constitucionalmente protegido (art. 6º, *caput*, da CRFB). Observância, ademais, ao postulado da dignidade da pessoa humana (art. art. 1º, III, da CRFB). Trata-se de um direito que decorre da lei, motivo pelo qual dispensa qualquer registro para sua instituição. O direito real de habitação é conferido ao cônjuge ou companheiro sobrevivente, e não há qualquer previsão legal para que os demais herdeiros nele concorram (CC, art. 1.831). Desse modo, pelo Enunciado 271 da III Jornada de Direito Civil: "o **cônjuge** pode renunciar ao direito real de habitação nos autos do inventário ou por escritura pública, sem prejuízo de sua participação na herança".

- Direito de representação

▸ **cc, art. 1.852**

58. (Vunesp – Juiz de Direito – MS/2015) É correto que no direito de representação, considerado como instituto do direito das sucessões,

A) há direito de representação na linha reta descendente, mas nunca na ascendente.

B) o renunciante à herança de uma pessoa não poderá representá-la na sucessão de outra.

C) não há direito de representação na linha transversal.

D) o descendente do herdeiro excluído da sucessão não poderá herdar representando o excluído.

E) quando houver mais de um representante concorrendo à sucessão por estirpe, a herança caberá ao mais velho.

COMENTÁRIOS

✪ **Nota do autor:** o *direito de representação* se verifica quando um parente sucede o outro por disposição de lei. O art. 1.851 do Código Civil lhe confere o significado nestes termos: "Dá-se o direito de representação, quando a lei chama certos parentes do falecido a suceder em todos os direitos, em que ele sucederia, se vivo fosse". O *direito de representação* só se verifica na linha **reta descendente** (ilimitadamente) e na **linha colateral ou transversal** (limitadamente) em favor dos filhos de irmãos do falecido, quando com irmãos deste concorrerem. É a situação do sobrinho do autor da herança que representa o pai pré-morto (CC/art. 1.852 e 1.853). Por conseguinte, na **linha ascendente não há direito de representação** (CC/art. 1.852, segunda parte).

Alternativa correta: letra "a". Proclama o art. 1.852: "O direito de representação dá-se na linha reta descendente, mas nunca na ascendente". Para Orlando Gomes, "o direito de representação é o mecanismo pelo qual se opera a vocação indireta da sucessão legítima. Por esse instituto do direito das sucessões, malnomeado, chama-se a suceder o descendente de herdeiro premorto, ou julgado indigno, para lhe tomar o lugar como se tivesse o mesmo grau de parentesco dos outros chamados. O direito de representação é restrito, entre nós, à sucessão legal, *conquanto* apresente alguma semelhança com a substituição na sucessão testamentária. Tem cabimento apenas quando falta um parente na classe dos descendentes, e, limitadamente, da classe dos colaterais. A natureza do direito de representação é controvertida, e **cinco teorias** tentam explica-la: 1. da *ficção*; 2. da *conversão*; 3. da *sub-rogação*; 4. da *unidade orgânica*; 5 e da *substituição ex lege*. Com sufrágio da maioria dos tratadistas, avantaja-se a doutrina da substituição *ex lege*, tecnicamente mais perfeita" (GOMES, Orlando. Sucessões. 16 ed. Rio de Janeiro. Forense: 2015, p. 46).

Alternativa "b". Expressamente afirma o art. 1.856 do CC: "O renunciante à herança de uma pessoa poderá representá-la na sucessão de outra".

Alternativa "c". Na linha transversal ou colateral existe o direito de representação, mas limitadamente, porque somente se dá em favor dos filhos de irmãos do falecido, quando com irmãos deste concorrerem (CC, art. 1.853).

Alternativa "d". São pessoais os efeitos da exclusão; logo os descendentes do herdeiro excluído sucedem, como se ele morto fosse antes da abertura da sucessão. Portanto, o herdeiro do excluído pode herdar, representando-o (CC, art. 1.816 e 1.851).

Alternativa "e". Quando forem vários os representantes, o quinhão hereditário partilhar-se-á por igual entre eles. Assim, a cota do representado será dividida entre pelo número de representantes (CC, art. 1.855).

6.2. SUCESSÃO TESTAMENTÁRIA

- Legado

▸ **CC, art.**

59. (Vunesp – Juiz de Direito – RJ/2014) Sendo o legado coisa certa e determinada deixada a alguém, denominado legatário, em testamento ou codicilo, é correto afirmar que

A) o legado pode recair sobre coisa alheia, cabendo ao herdeiro a obrigação de adquirir a coisa alheia, por conta do espólio, para entregá-la ao legatário.

B) as benfeitorias necessárias, úteis ou voluptuárias, apesar de serem bens acessórios, não aderem ao imóvel legado.

C) qualquer pessoa, natural ou jurídica, simples ou empresária, pode ser contemplada com legado, podendo, assim, o herdeiro cumular a qualidade de legatário.

D) em se tratando de legado de alimentos, não é possível presumi-lo como vitalício, ainda que o testador não tenha disposto expressamente acerca disso.

COMENTÁRIOS

✪ **Nota do autor:** *legado* é a disposição testamentária a título singular pela qual o testador deixa pessoa estranha ou não à sucessão legítima em ou mais objetos individualizados ou uma certa quantia em dinheiro. Não terá eficácia o legado de coisa certa que não pertença ao testador no momento da abertura da sucessão. Ineficaz será o legado de coisa alheia, exceto se for posteriormente adquirida pelo testador. Todavia, se o testador legar coisa sua, singularizando-a, terá eficácia o legado se, ao tempo do seu falecimento, ela se achava entre os bens da herança; se a coisa legada existir entre os bens do testador, mas em quantidade inferior à do legado, este será eficaz apenas quanto à existente. Assim, a aquisição ulterior à feitura testamentária produzirá efeitos retroativos, desde a confecção do testamento (Diniz, Maria Helena, Código Civil Anotado, 16ª ed, saraiva, 2012).

Alternativa correta: letra "c". Segundo o art. 1.849 do CC, "O herdeiro necessário, a quem o testador deixar a sua parte disponível, ou algum legado, não perderá o direito à legítima". Nada impede que um herdeiro necessário venha a receber mais do que outro, pois o testando pode deixar-lhe, além da legítima, bens que constituem sua porção disponível. Em se tratando de sucessão testamentária, possuem capacidade testamentária passiva a pessoa natural e a pessoa jurídica, quer sejam de direito público (interno), quer de direito privado, sejam elas simples ou empresárias (CC, art. 1.799, I a III).

Alternativa "a". É ineficaz o legado de coisa certa que não pertença ao testador no momento da abertura da sucessão (CC, art. 1.912). Portanto, o legado de coisa alheia ao tempo da confecção do testamento, que for adquirida depois, e no momento da abertura da sucessão, estiver no patrimônio do testador, será válida e eficaz.

Alternativa "b". De acordo com o art. 1.922 do CC: "Se aquele que legar um imóvel lhe ajuntar depois novas aquisições, estas, ainda que contíguas, não se compreendem no legado, salvo expressa declaração em contrário do testador. Parágrafo único. Não se aplica o disposto neste artigo às benfeitorias necessárias, úteis ou voluptuárias feitas no prédio legado". Deste modo, as aquisições posteriores, contíguas ou não ao prédio, não estão contidas no legado, salvo disposição expressa em contrário. As benfeitorias, das três espécies, feitas no imóvel legado, pertencerão ao legatário, sem que tenha o devedor de indenizá-las, pois o acessório segue o principal (CC, art. 92 e 1.937).

Alternativa "d". Estabelece o art. 1.920 do CC: "O legado de alimentos abrange o sustento, a cura, o vestuário e a casa, enquanto o legatário viver, além da educação, se ele for menor". Por conseguinte, o legado de alimentos compreende o necessário durante toda à vida do legatário, segundo *quantum* fixado pelo testador ou juiz, que decidirá de acordo com as forças da herança e as necessidades do legatário.

6.3. INVENTÁRIO E PARTILHA

- Colação

▸ **CC, art. 2.002**

60. (Vunesp - Juiz de Direito - TJ SP/2017) Aberto o inventário dos bens deixados pelo falecimento de José, o automóvel, único bem a ser partilhado entre seus dois filhos, Pedro e Antônio, passa a ser reivindicado na totalidade por Pedro sob a alegação de que o veículo foi objeto de doação feita a ele verbalmente 1 (um) ano antes da morte do pai.

Considerando o processo de inventário, é correto afirmar que o veículo deve ser

A) partilhado entre os dois herdeiros, ainda que tenha sido entregue ao donatário incontinenti à doação verbal.

B) destinado a Pedro, ainda que não tenha saído da parte disponível do patrimônio do doador, uma vez que a doação, mesmo que verbal, não perde o caráter de liberalidade e torna obrigatório o prevalecimento da manifestação de vontade do falecido doador.

C) levado à colação e partilhado entre os dois herdeiros, exceto se foi entregue ao donatário incontinenti à doação verbal.

D) destinado a Pedro, considerando que a doação tem preferência sobre a herança e não a torna sujeita à colação.

COMENTÁRIOS

✪ **Nota do autor:** a *colação* dos bens é prevista nos arts. 2002 a 2012 do CC. Trata-se do ato pelo qual o descendente recompõe ou confere o valor da doação recebida em vida quando se tratar de sucessão de ascendente comum, com a finalidade de igualar a legítima, sob pena de sonegados (CC/art. 2002); tal preceito decorre do CC/art. 544, pelo qual *"a doação de ascendentes a descendentes, ou de um cônjuge a outro, importa adiantamento do que lhes cabe por herança"*. A outro giro, devem ser colacionados os bens ainda que ao tempo da sucessão não existam mais. Por fim, não há tributação incidente sobre colação. Admite-se a dispensa da colação, que pode ser outorgada pelo doador em *testamento*, ou no *próprio título de liberalidade*.

Alternativa correta: letra "a". (responde as demais alternativas). A doação far-se-á por escritura pública ou instrumento particular, mas também será válida a doação verbal, se, versando sobre bens móveis e de pequeno valor, se lhe seguir incontinenti a tradição, diz o art. 541 do CC. Trata-se da *doação manual*. Ainda que o valor do veículo possa não ser "pequeno", a doação de ascendentes a descendentes, ou de um cônjuge a outro, importa adiantamento do que lhes cabe por herança, devendo, por essa razão, ser conferida no inventário do doador, por meio da colação (CC, arts. 544 e 2.002). Existe a possibilidade de dispensa da colação, no caso de doação, podendo ser outorgada pelo doador em testamento, ou no próprio título de liberalidade (CC, arts. 2.005 e 2.006).

Direito Civil

Ronaldo Vieira Francisco

+ DICAS

1. ACEPÇÕES E GENERALIDADES DO DIREITO

1.1. DIREITO E MORAL

- **direito e moral:** possuem alguns pontos de contato, mas não se confundem; as diferenças entre um e outro podem ser resumidas nos seguintes pontos:

Direito	Moral
o direito é mais restrito, limitado às relações interpessoais.	a moral é mais ampla, abrangendo os deveres religiosos e aqueles de ordem pessoal, em relação ao comportamento consigo mesmo e em relação aos semelhantes, pautada pela consciência.
possui a característica da coerção, como forma de constranger o indivíduo a cumprir a norma, sujeitando-o à eventual sanção.	a moral é incoercível, sujeitando o indivíduo apenas aos postulados do foro íntimo e particular da consciência, sem qualquer alcance da norma cogente.
o direito existe para possibilitar o controle social, mediante força coativa, diferenciando-se da religião, da moral e das normas de trato social.	a moral está relacionada ao bem, afastando-se dela o comportamento antiético, prejudicial e mal-intencionado.
o direito é externo, físico, material.	a moral é interna, ligada a ao psíquico, à vontade
o direito é definido.	a moral é difusa.

- Existem algumas teorias que explicam o campo de aplicação entre o direito e a moral, quais sejam:
- teoria dos *círculos secantes* do jurista francês *Claude du Pasquier*, segundo a qual Direito e Moral coexistem, não se separam, pois há um campo de competência comum onde há regras com qualidade jurídica e que têm caráter moral. Toda norma jurídica possui conteúdo moral, mas nem toda substância moral será jurídica.
- Teoria dos *círculos concêntricos* (Jeremy Bentham), segundo a qual a ordem jurídica estaria incluída totalmente no campo da moral. Os dois círculos (Moral e Direito) seriam concêntricos, com o maior pertencendo à Moral. Assim, o campo moral é mais amplo do que o do Direito e este se subordina à Moral.
- Teoria do *mínimo ético*, desenvolvida por Georg Jellinek, segundo a qual o Direito representa apenas o mínimo de Moral obrigatório para que a sociedade possa sobreviver.

1.2. DIREITO POSITIVO E NATURAL

- *direito positivo*: segundo a definição de *Washington de Barros Monteiro*, direito positivo é o ordenamento jurídico em vigor num determinado país e numa determinada época (*jus in civitate positum*). *(Monteiro, Washington de Barros – Curso de Direito Civil, Parte Geral, Saraiva, 44ª edição, 2012, pag. 16).*
- *direito natural*: ainda de acordo com o autor, direito natural é o ordenamento ideal, correspondente a uma justiça superior.

1.3. DIREITO OBJETIVO E SUBJETIVO

- *direito objetivo:* é a regra imposta de comportamento, pelo Estado, de caráter geral, a que todo indivíduo deve respeito, sujeito a eventual coerção (*norma agendi*).
- *direito subjetivo:* é a faculdade de invocar a proteção daquelas regras previstas na ordem jurídica, caracterizado por um *poder* que emana da vontade do indivíduo, mas amparado pelo direito objetivo (*facultas agendi*).

Teorias dos Direitos Subjetivos	
doutrinas negativistas:	**doutrinas afirmativas**
negam a existência dos direitos subjetivos, ora interpretando-os como:	atestam a existência dos direitos subjetivos, e se dividem em:
"situação jurídica subjetiva" (DUGUIT, in *"Traité de Droit Constitutionnel"*). *"a própria norma jurídica"*, ou seja, o direito subjetivo não é senão o direito objetivo (KELSEN, in *"Teoria pura do direito"*).	**teoria da vontade:** o direito subjetivo é um poder que emana da vontade. Confere ao senhor do direito, em virtude do ordenamento jurídico, agir conforme a norma lhe reconhece. A crítica a essa teoria é situar a vontade como a base do direito subjetivo, que também é reconhecido aos despidos de vontade, como os deficientes mentais. **teoria do interesse:** nesta teoria, o princípio da vontade cede lugar à utilidade; a vontade não

Teorias dos Direitos Subjetivos	
doutrinas negativistas:	**doutrinas afirmativas**
	é a causa ou o efeitos dos direitos subjetivos, a utilidade é que representa a substância destes; trata-se do interesse juridicamente tutelado. A crítica fica por conta da existência de interesses sem tutela jurídica. **teoria mista:** conjugando a os elementos das teorias anteriores, o direito subjetivo é o interesse protegido, que a vontade tem o poder de realizar. É uma expressão da vontade individual.

1.4. DIREITO PÚBLICO E PRIVADO

- **direito público:** a divisão do direito objetivo, que remonta aos romanos, coloca o direito público como aquele destinado a regular os interesses entre os Estados ou entre estes e os cidadãos. *Exemplo*: Direito Constitucional, Direito Administrativo, Direito Penal, Direito Processual, etc.
- **direito privado:** já este ramo destina-se às relações entre os particulares, regulando as relações dos indivíduos entre si. ***Exemplo***: Direito Civil, Direito Agrário, Direito Comercial, etc.

1.5. PRECEDENTES DA CODIFICAÇÃO

- a partir do século XIII, Portugal deixa a vinculação com o Direito da Península Ibérica, e após a promulgação das Ordenações do Reino, em 1446, conhecidas por *"Ordenações Afonsinas"*, em alusão ao Rei Afonso VI.
- em 1521, D. Manuel promove a reforma nas ordenações, surgindo as *"Ordenações Manuelinas"*.
- depois, em 1603, e com influência direta sobre a nossa legislação subsequente, surgem as *"Ordenações Filipinas"*, que permaneceriam vigentes durante o *período colonial*.
- em 1822, com a independência do Brasil, a legislação portuguesa continuaria a ser aplicada, até a elaboração e vigência de um Código Civil. A Constituição do Império de 25 de março de 1824 previu o Código Civil, fundado nas *"bases da Justiça e Equidade"* (art. 179, XVIII). Em 1865, a tarefa foi cometida a *Teixeira de Freitas*, que em 1858 já havia apresentado uma *"consolidação das leis civis"*. Esse trabalho, conhecido por *"esboço do Código Civil"*, acabou rejeitado, mas serviu, por outro lado, de influência para o Código Civil argentino.
- após a *proclamação da república*, em 1889, Clóvis Beviláqua foi indicado para o mister, chegando o *"Projeto de Código Civil"* ao Congresso Nacional em 1900. Depois de aprovado em 1916, o Código Civil entrou em vigor no dia 1º de janeiro de 1917 (CC/1916, art. 1.806).

1.6. CÓDIGO CIVIL DE 1916

- o CC/1916 foi revogado pelo CC/2002, art. 2.045, no dia 11 de janeiro de 2003. Continha 1.817 artigos, e possuía uma parte geral e a parte especial, seguindo a estrutura organizacional já preconizada por *Teixeira de Freitas*, em sua consolidação de 1858. Diversas modificações foram sentidas no Código Civil de 1916, por leis especiais e pela Constituição Federal de 1988, notadamente aquelas referentes à função social da propriedade, família e contratos.

1.7. CÓDIGO CIVIL DE 2002

- diversas foram as tentativas de revisão do CC/1916, mas todas frustradas. Diante disso, em 1967 foi nomeada uma comissão de juristas, encarregados de elaborar o Novo Código Civil. A supervisão ficou a cargo de Miguel Reale. Já em 1972 um anteprojeto foi apresentado, preservando a estrutura organizacional do CC/1916, entretanto, com nova roupagem, fundada em *"valores éticos e sociais"*, caráter bem diverso daquele *"individualista"* da primeira codificação. Enviado o anteprojeto ao Congresso Nacional, foi nominado de Projeto de Lei nº 634/75. Após longa tramitação, o Novo Código Civil, como passou a ser chamado, foi publicado no Diário Oficial da União no dia 11.01.2002, com *vacatio legis* de um ano, iniciando vigência no dia **11.01.2003** (CC, art. 2.044; Enunciado 164 da III Jornada do CJF).

1.7.1. CARACTERÍSTICAS E PRINCÍPIOS DA CODIFICAÇÃO DE 2002.

- institui o sistema de ***"cláusulas gerais"***, as quais devem ser preenchidas pelo juiz, a quem o CC/2002 conferiu certa dose interpretativa, como aquelas referentes ao comportamento alinhado à *"probidade e boa-fé"* (CC, art. 422), bem como à *"função social dos contratos"* (CC, art. 421).
- exclui matéria de ordem processual.
- a codificação permanece como lei básica, mas sem afastar as leis extravagantes, mantendo a autonomia entre o direito civil e o direito comercial.
- estruturação em Parte Geral (Das Pessoas, Dos Bens e Dos Fatos Jurídicos) e Parte Especial (Direito das Obrigações, Direito de Empresa, Direito das Coisas, Direito de Família e Direito das Sucessões).
- são *princípios do CC/2002*:

a) *Socialidade*: prevalência dos valores coletivos sobre os individuais.

b) *Eticidade*: a pessoa humana é a fonte dos outros valores, priorizando a equidade, a boa-fé, a justa causa, a lealdade, a probidade e a confiança (CC, art. 113, 421 e 422).

c) *Operabilidade*: a plena efetividade de suas normas, ou seja, o direito deve ser executado e definitivamente aplicado de forma simples e concreta.

1.7.2. DIREITO CIVIL – CONSTITUCIONAL. TEORIA DA EFICÁCIA HORIZONTAL

- a *"Constitucionalização do Direito Civil"* é o fenômeno pelo qual os institutos de direito privado passam a fincar bases na Constituição Federal, provocando o inter-relacionamento do direito público e do direito privado, ou seja, o ***"Direito Civil-Constitucional"*** é a leitura unitária que se faz da codificação à luz dos princípios fundamentais constitucionais, como a dignidade da pessoa humana, a solidariedade social, a igualdade substancial, a redução das desigualdades sociais, e erradicação da pobreza e o bem de todos (CF, arts. 1º, III, 3º, III, 5º).
- a *teoria da "eficácia horizontal dos direitos fundamentais"*, da *"eficácia irradiante dos direitos fundamentais"* ou da *"aplicação direta dos direitos fundamentais"*, reconhece a imediata incidência das normas definidoras dos direitos fundamentais nas relações privadas.

2. LEI DE INTRODUÇÃO ÀS NORMAS DO DIREITO BRASILEIRO

2.1. FUNÇÃO

- a respeito da aplicação da lei no tempo e no espaço, dispõe o Decreto-Lei 4.657, de 04 de setembro de 1942, conhecido outrora por Lei de Introdução ao Código Civil que, em razão da Lei 12.376, de 30 de dezembro de 2010, foi renomeado para *"Lei de Introdução as Normas do Direito"* (LINDB). O diploma normativo conta com 19 artigos, e não possui aplicação unicamente ao Direito Civil, mas universalmente a todos os ramos do direito, razão porque, diferentemente das demais leis, que recaem sobre o comportamento do homem, a LINDB tem por objeto as leis ou as normas.
- Quadro resumo, Funções da *"Lei de Introdução às normas do Direito Brasileiro"*:

Regular a vigência e a eficácia das normas jurídicas, regulando os conflitos de leis no tempo e no espaço (LINDB, arts. 1º, 2º, 6º e 7º a 19)	Apresentar as soluções para a integração das lacunas normativas (LINDB, art. 4º).
Fornecer os critérios de hermenêutica (LINDB, art. 5º)	Preservar a efetividade global do sistema, não admitindo o erro de direito, bem como consolidando a segurança jurídica (LINDB, art. 3º e 6º).

- ***ATENÇÃO***: Há exceções à aplicabilidade da LINDB a todos os ramos do direito, de maneira indistinta. A regra da LINDB a respeito da *integração* das lacunas normativas, como forma de garantia da plenitude do sistema, segundo o art. 4º, é a seguinte: *"Quando a lei for omissa, o juiz decidirá o caso de acordo com a analogia, os costumes e os princípios gerais de direito"*. No *Direito Penal*, não se admite a analogia *in malam partem*, em função do princípio da reserva legal (CP, art. 1º). De igual maneira, o *Direito Tributário*, em função do princípio da legalidade, não admite o emprego da analogia para exigir tributo não previsto em lei (CTN, art. 108, § 2º, CF, art. 150, I).
- lembramos ao candidato que a Lei Complementar 95, de 26 de fevereiro de 1998, dispõe sobre a elaboração, a redação, a alteração e a consolidação das leis, conforme determina o parágrafo único do art. 59 da Constituição Federal, e estabelece normas para a consolidação dos atos normativos que menciona.

2.2. FONTES DO DIREITO

- a expressão *fontes do direito* segundo Carlos Roberto Gonçalves, "tanto significa o poder de criar normas jurídicas quanto a forma de expressão dessas normas". Para Caio Mário da Silva Pereira, fonte do direito "é o meio técnico de realização do direito objetivo".

2.2.1. FONTES FORMAIS DIRETAS OU IMEDIATAS. FONTES NÃO-FORMAIS, INDIRETAS OU MEDIATAS.

- **Fontes formais, diretas ou imediatas*:*** leis, analogia, costumes e os princípios gerais do direito (geradores de regras jurídicas, LINDB, art. 4º). A lei é *"fonte primária"*, enquanto as demais *"secundárias"*.
- **Fontes não formais, indiretas ou meditas*:*** doutrina e jurisprudência (contribuem para a elaboração da regra jurídica).

Fontes formais – diretas	Fontes não formais – indiretas
Lei Analogia Costumes Princípios Gerais do Direito	Doutrina Jurisprudência Equidade

2.3. LEI

- **noções gerais***:* trata-se de *fonte formal "primária"*, que surge mediante processo legislativo, por meio do qual se positiva, tornando-se obrigatória; estabelece normas de comportamento, depois de formalmente promulgada e publicada.

2.3.1. ACEPÇÃO

Leis	
Generalidade	dirigida a todos, sem distinção, razão pela qual é abstrata. Ainda que se dirija a determinado grupo, não perde a variável.
Imperatividade	impõe deveres e condutas, encerrando ordens e comandos.
Obrigatoriedade (teoria da necessidade social)	não se permite a alegação do desconhecimento, LINDB/art. 3°
Competência	sua validade formal depende de regular processo de elaboração, de acordo com as competências legislativas constitucionalmente previstas.
Autorizante	autoriza que o lesado o lesado pela violação exija o seu cumprimento ou a reparação pelo mal causado (Goffredo da Silva Telles).
Permanência (princípio da continuidade)	a lei perdura até que outra a modifique ou revogue. Há exceção, como as leis temporárias.

2.3.2. CLASSIFICAÇÃO

- **Quanto à imperatividade:**

Cogentes (de ordem pública ou de imperatividade absoluta)	Não cogentes (dispositivas ou de imperatividade relativa)
Mandamentais (determinam ação) Proibitivas (determinam abstenção)	Permissivas (permitem ação e abstenção) Supletivas (suprem declaração de vontade)

- **Quanto à intensidade da sanção:**

Intensidade da sanção das Leis	**Leis mais que perfeitas**	duas sanções quando violadas. Ex. Lei de Alimentos, art. 19
	Leis perfeitas	nulidade do ato, sem qualquer pena. Ex. CC, art. 166, I
	Leis menos que perfeitas	não há nulidade ou anulação do ato, mas uma sanção. Ex. CC, art. 1.641, I
	Leis imperfeitas	sem consequência. Ex. dívida de jogo, ou prescrita, CC, art. 814

- **Quanto à natureza:**

Substantivas (Materiais)	Adjetivas (Formais)
Tratam-se das leis que reconhecem direitos e deveres, ou seja, é o complexo de normas que regem as relações jurídicas.	Os direitos materiais são realizados por um conjunto de leis que determinam a forma por que se devem fazer valer os direitos; conjunto de leis reguladoras dos atos judiciários; direito processual, direito judiciário, direito formal.

- Quanto à hierarquia *(v. CF, art. 59, parágrafo único; art. 69; art. 68, §§ 1º a 3º; art. 84, XXVI; art. 59, VI; arts. 51 e 52).*

CF
↓
Leis Complementares
↓
Leis Ordinárias
↓
Leis Delegadas
↓
Medidas Provisórias
↓
Decretos Legislativos
↓
Resoluções
↓
Normas Internas

- **Quanto à competência ou extensão territorial.**

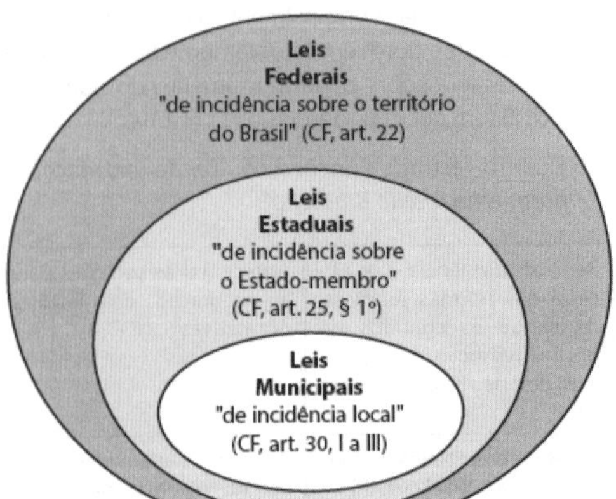

- **Quanto ao alcance**

Gerais ou Comuns	Especiais
Aplicam-se à totalidade das relações jurídicas. Ex. Código Civil	Afastam a incidência do direito comum ou geral, em razão da relação ou situação jurídica. Ex. Relação de consumo; Locação Urbana; Locação Rural.

2.3.3. VIGÊNCIA. REVOGAÇÃO. REPRISTINAÇÃO X EFEITO REPRISTINATÓRIO

- as leis são elaboradas mediante processo legislativo, o qual é divido em fases, segundo o quadro abaixo:

Fase introdutória	Nesta fase, é necessário que se observem as disposições a respeito da iniciativa, segundo a CF, art. 61. Admite-se iniciativa: a) parlamentar b) extraparlamentar c) concorrente d) exclusiva
Fase constitutiva	Apresentado o projeto de lei e definido qual das casas analisará primeiramente o assunto (deliberação principal e revisional), haverá instrução, discussão e votação sobre o tema, na Câmara e no Senado (CF, art. 58), e após o exercício da sanção ou veto. Resumidamente: a) deliberação parlamentar b) deliberação executiva (sanção ou veto)
Fase complementar	A fase em destaque compreende a promulgação e a publicação. a) Promulgar é atestar uma nova ordem jurídica, declarando a existência e autenticidade de uma lei. b) Publicar é conferir notoriedade e obrigatoriedade a uma lei, informando o seu conteúdo a todos para que seja cumprida. ** Com a publicação tem-se o início da vigência da lei **

- ***ATENÇÃO***: não confundir o ***início da vigência*** da lei, que ocorre com sua publicação, com ***vacatio legis***, intervalo entre a data da publicação e a sua entrada em vigor (força vinculante). Não confundir, ainda, os termos ***vigência*** e ***vigor*** de uma lei; o primeiro refere-se ao período de sua duração, seu efeito temporal; o segundo, à força vinculante de suas regras, à autoridade normativa. Ex. uma lei pode ter perdido a vigência, se estiver ab-rogada, mas ainda irradiar sua força – ***ter vigor*** – em razão das situações jurídicas constituídas sob sua égide (CC, art. 2.035).
- o *"princípio da obrigatoriedade simultânea ou sincrônica"*, também chamado de *"critério do prazo único ou isócrono"*, estabelece que a lei terá vigência a um só momento, ou seja, o intervalo de *vacatio legis* será comum e simultâneo para o país todo. A primeira *"Lei de Introdução ao Código Civil"*, aprovada em 1916, juntamente com o Código Civil daquela época – motivo de seu nome – dispunha de prazos diversos de *vacatio legis*, em ordem crescente do Distrito Federal para os Estados e Territórios mais distantes da capital federal, e ficou conhecido por *"critério do prazo progressivo"* (CC/1916, Introdução, art. 2º).
- segundo a LC nº 98/95, art. 8º, *caput*, *"A vigência da lei será indicada de forma expressa e de modo a contemplar prazo razoável para que dela se tenha amplo conhecimento, reservada a cláusula "entra em vigor na data de sua publicação" para as leis de pequena repercussão"*. Por sua vez, diz o preceito da LINDB, art. 1º, *caput*: *"Salvo disposição contrária, a lei começa a vigorar em todo o país quarenta e cinco dias depois de oficialmente publicada"*. Interpretando os dispositivos acima, temos que, caso a lei nova ***não possua indicação especial e expressa*** do momento a partir do qual terá vigor, haverá a incidência da LINDB, art. 1º, *caput*, ou seja, se a lei for ***omissa*** quanto ao prazo de *vacatio legis*, segue a regra de que a *"lei começa a vigorar em todo o país quarenta e cinco dias depois de oficialmente publicada"*.
- ***ATENÇÃO:*** No estrangeiro, a lei brasileira terá prazo de *vacatio legis de **03 meses***, contados a partir da publicação. Assim, antes de transcorrido o prazo trimestral, a lei brasileira não terá incidência em país estrangeiro. Segundo Maria Helena Diniz, *"se, porventura, o comando legal vier a fixar prazo superior a três meses para o início da vigência da nova lei no Brasil, sem fazer qualquer referência à data da entrada em vigor dessa referida lei no exterior, impor-se-á o prazo de vigência interna à do exterior, pois incompreensível seria que uma norma vigorasse no estrangeiro antes de ter vigência no país de origem". **(Lei de Introdução ao Código Civil Brasileiro Interpretada, Saraiva, 6ª edição, 2000, pag. 55)**.*
- é importante recordar ao candidato que durante a *vacatio legis*, período entre a publicação da lei e sua entrada em vigor, as relações jurídicas estão sujeitas à lei velha, pois a lei nova não produz qualquer efeito naquele intervalo, mesmo que totalmente incompatíveis as legislações.
- no quadro a seguir, o resumo a respeito dos prazos de *vacatio legis*, segundo a LINDB, art. 1º, §§ 1º ao 4º. Relembramos ao candidato que *vacatio legis* é o intervalo entre a data de publicação da lei e a sua entrada em vigor.
- **Quadro resumo:**

Vacatio Legis	
no Brasil:	**45 DIAS**, salvo disposição em contrário.
estados estrangeiros:	**03 MESES**, depois de oficialmente publicada.

<table>
<tr><td rowspan="2">**novo texto de correção**</td><td>**ANTES:** de entrar a lei em vigor, se ocorrer a nova publicação de seu texto, destinado à correção, os prazo de *vacatio legis* começarão a correr da nova publicação</td></tr>
<tr><td>**DEPOIS:** as correções de texto de lei já em vigor considera-se lei nova.</td></tr>
</table>

- **contagem dos prazos**: segundo a LC nº 95/98, art. 8º, § 1º, *"A contagem do prazo para entrada em vigor das leis que estabeleçam período de vacância far-se-á com a inclusão da data da publicação e do último dia do prazo, entrando em vigor no dia subseqüente à sua consumação integral".*
- **revogação da lei:** significa a cessação de sua vigência, suprimindo-lhe a existência e a força obrigatória. As leis, em regra, permanecem vigentes até que outra as modifique ou revogue, ***exceto*** quando sua ***vigência for temporária*** (LINDB, art. 2º, *caput*). Assim, em regra, as leis possuem o ***caráter permanente***, assentado no ***princípio da continuidade*. A *revogação*** é o gênero, do qual **são espécies**:

a) ***ab-rogação:*** *ab-rogar* é extinguir uma lei por outra, *totalmente*;

b) ***derrogação:*** por sua vez, é cessar a existência parcial de uma lei.

- **IMPORTANTE:** A revogação poder ser:
- ***expressa***: quando a lei posterior expressamente o declare, nos termos da LINDB, art. 2º, § 1º, primeira parte. De acordo com a LC nº 95/98, art. 9º, com redação dada pela LC nº 107/2001, *"A cláusula de revogação deverá enumerar, expressamente, as leis ou disposições legais revogadas".*
- ***tácita:*** quando a lei posterior

*b.1) for **incompatível*** com a anterior;

b.2) regular ***inteiramente a matéria*** de que tratava a lei anterior. É de bom alvitre que *"A lei nova, que estabeleça disposições gerais ou especiais a par das já existentes, não revoga nem modifica a lei anterior"* (LINDB, art. 2º, § 2º). O preceito deverá ser lido segundo o contexto dos parágrafos anteriormente mencionados, ou seja, se a nova lei geral/especial for ***incompatível*** ou ***regular*** o assunto da lei anterior em formato diverso, haverá revogação, em razão do conflito, pelo que haverá *revogação tácita.* Todavia, se a lei nova, geral ou especial, reafirmar os termos já vigentes em outra norma, *não haverá revogação.*

- ***ATENÇÃO***: as ***leis temporárias*** têm a vigência cessada por causas ***intrínsecas***, as quais não se limitam ao transcurso de ***determinado tempo de duração***, mas, ainda, ao ***implemento de condição resolutiva*** e quando ***atingido o fim*** para o qual foi concebida. Dessa maneira, não há propriamente revogação das leis temporárias, mas ***caducidade de seus efeitos***, isso porque as causas de sua extinção são previamente estabelecidas, ou seja, prescinde de outra lei para que seja revogada, embora nada impeça que uma lei posterior o faça.

- **Quadro resumo:**

Revogação das Leis
• lei revoga lei. **(LINDB/art. 2º):** porém, as *leis temporárias* possuem a duração predeterminada, pelo tempo, finalidade ou condição resolutiva.
• ***revogação*** é o *gênero*, enquanto são espécies: a) *ab-rogação:* supressão ***total*** de uma norma b) *derrogação*: supressão ***parcial*** de uma norma
• a **revogação** poderá ser, ainda: a) *expressa*: lei posterior declara a revogação da anterior b) *tácita*: lei posterior possui incompatibilidade normativa com a anterior ou regula inteiramente a matéria versada na norma antiga (LINDB/art. 2º, § 1º).
• a lei nova que estabeleça disposições gerais ou especiais a par das já existentes, não revoga nem modifica a lei anterior. (LINDB/art. 2, § 2º), ***exceto se houver incompatibilidade***.

- **repristinação x efeito repristinatório**: de acordo com a LINDB/art. 2º, § 3º, *"salvo disposição em contrário, a lei revogada não se restaura por ter a lei revogadora perdido a vigência".* O preceito em tela dispõe a respeito da ***repristinação***, que é admitida e reconhecida no sistema brasileiro, ***não como regra geral***, mas por ***exceção***. É necessária disposição legal expressa para que ocorra.
- ***ATENÇÃO:*** a inconstitucionalidade de uma lei faz com que seu *"efeito revocatório"* também seja invalidado (LINDB/art. 2º, § 1º); dessa forma, a lei anterior, revogada por lei posterior declarada inconstitucional, tem a vigência restabelecida, porém, nessa situação, fala-se que houve *"efeito repristinatório"*, conforme já decidiu o STJ (REsp. 445.455-BA, DJ 5/12/2005). Para que se reconheça a *"repristinação propriamente dita"* é necessário que se observe o delineamento da LINBD/art. 2º, § 3º; o *"efeito repristinatório"*, uma vez declarada a inconstitucionalidade de lei, é uma das repercussões do efeito *"ex tunc"* da decisão, que retroage desde a origem, permitindo a reaplicação da legislação anterior.
- **posição do STF:** *"A declaração de inconstitucionalidade de uma lei alcança, inclusive, os atos pretéritos com base nela praticados, eis que o reconhecimento desse supremo vício jurídico, que inquina de total nulidade os atos emanados do Poder Público, desampara as situações constituídas sob sua égide e inibe – ante a sua inaptidão para produzir efeitos jurídicos válidos – a possibilidade de invocação de qualquer direito. – A declaração de inconstitucionalidade em tese encerra um juízo de exclusão, que, fundado numa competência de rejeição deferida ao Supremo Tribunal Federal, consiste em remover do ordenamento positivo a manifestação estatal inválida e desconforme ao modelo plasmado na Carta Política, com todas as consequên-*

cias daí decorrentes, ***inclusive a plena restauração de eficácia das leis e das normas afetadas pelo ato declarado inconstitucional****"* (STF – Pleno, Ac. un. ADIn 652-5-MA – Questão de Ordem – Rel. Min. Celso de Mello, DJU de 02.04.93, p. 5.615)";

- **escólio do Ministro Celso de Mello (ADIn 2.215/PE)**: *"Já se afirmou, no início desta decisão, que a declaração de inconstitucionalidade in abstracto, de um lado, e a suspensão cautelar de eficácia do ato reputado inconstitucional, de outro, importam – considerado o efeito repristinatório que lhes é inerente – em restauração das normas estatais revogadas pelo diploma objeto do processo de controle normativo abstrato. Esse entendimento – hoje é expressamente consagrado em nosso sistema de direito positivo (Lei nº 9.868/99, art. 11, § 2º)...".*
- ***ATENÇÃO:*** de acordo com o STF, o efeito repristinatório será afastado se a norma anterior padecer do mesmo vício de inconstitucionalidade *(ADIn nº 2.574/AP, rel. Ministro Carlos Velloso).*

2.3.4 OBRIGATORIEDADE DAS LEIS

- *"princípio da obrigatoriedade"* ou *"inescusabilidade da ignorância da lei"*: reconhecido na LINDB, art. 3º, pelo qual *"Ninguém se escusa de cumprir a lei, alegando que não a conhece".* Fundado na *necessidade social* de segurança e obediência às leis, o princípio é a base e a própria condição de coexistência da sociedade, sob a ótica do controle social, que demanda o respeito pelo direito e, sobretudo, por sua força obrigatória, com isso evitando o caos e a anarquia generalizada. Nesse sentido, o princípio confere eficácia global à ordem jurídica, que é obtida com a publicação da lei, neutralizando a ignorância.
- teorias que fundamentam o *"princípio da obrigatoriedade"* ou *"inescusabilidade da lei" (exceptio ignorantie juris).*

Teoria da presunção legal *juris et de jure*	segundo esta corrente, com a publicação da lei haverá a presunção de que os destinatários da norma conhecem o seu conteúdo, não podendo alegar desconhecimento para escusar-se aos seus efeitos. A presunção é absoluta (juris et de jure), e não relativa (juris tantum), pois não se admite prova em contrário da presunção de que todos conhecem lei.
Teoria da ficção de direito	alguns autores consideravam a possibilidade de prova em contrário a respeito do conhecimento da lei (presunção relativa ou *juris tantum*), e, assim, procuraram substituir a teoria acima por esta, que se resume na afirmação de que há ficção de conhecimento geral da lei publicada. A teoria foi criticada por não corresponder à realidade de que todos conhecem os termos da lei.
Teoria da necessidade social	entre outros, Clóvis Beviláqua sustentou que não haveria presunção ou ficção a respeito do conhecimento da lei, mas uma conveniência desse conhecimento, por ser imprescindível à coexistência social e à segurança jurídica.

- ***ATENÇÃO***: De acordo com o C, art. 139, III, o erro é substancial quando *"sendo de direito e não implicando recusa à aplicação da lei, for o motivo único ou principal do negócio jurídico".* O erro de direito ou *"error juris"* não era previsto no CC/1916, mas no vigente é defeito expresso como causa de anulabilidade dos negócios jurídicos. Trata-se da ignorância da norma jurídica, o falso conhecimento, a interpretação errônea e, ainda, o equívoco sobre as consequências jurídicas do negócio jurídico. Tal preceito não afronta aquele da LINDB, art. 3º, pois o erro de direito recai sobre a manifestação da vontade, viciando o consentimento, como principal ou único motivo da realização de um negócio, sem, contudo, importar recusa à aplicação da lei.

2.3.5. INTEGRAÇÃO DAS LEIS

- a justificativa para a integração das normas jurídicas é a impossibilidade de previsão de todas as situações jurídicas, sendo certo que o direito não consegue acompanhar a evolução da sociedade e os novos conflitos surgidos. Sendo assim, o ordenamento jurídico é sempre completo, não tem vazios. Já a lei pode ser omissa, pois o legislador não consegue regular todas as situações que porventura surgirão no meio social.
- de acordo com a LINDB, art. 4º, *"Quando a lei for omissa, o juiz decidirá o caso de acordo com a analogia, os costumes e os princípios gerais de direito".*
- por sua vez, estabelece o art. 140, *caput*, do NCPC: "O juiz não se exime de decidir sob a alegação de lacuna ou obscuridade do ordenamento jurídico".. A norma em apreço dispõe a respeito da ***indeclinabilidade da jurisdição***, consistente na proibição de o juiz pronunciar o ***non liquet***, alegando lacuna ou obscuridade na lei. Pode haver lacuna na lei, mas nao no direito.
- segundo a classificação atribuída a Maria Helena Diniz *(Lacunas no Direito, Saraiva, São Paulo, 2002, pag. 95)*, as lacunas podem ser: ***Normativa*** (ausência de norma para o caso concreto); ***Ontológica*** (presença de norma para o caso concreto, porém, sem eficácia social); ***Axiológica*** (presença de norma para o caso concreto, no entanto, insatisfatória ou injusta); ***De conflito ou antinomia*** (colisão entre duas ou mais normas válidas para o caso concreto).
- Há uma hierarquia a seguir na utilização dos métodos de integração, tratando-se de uma ordem preferencial e taxativa, segundo a dicção da LINDB, art. 4º. Em primeiro lugar a analogia, depois os costumes e os princípios gerais do direito.
- **analogia**: de início, diferencia-se da **interpretação extensiva**, pois nesta se aplica a norma a situações implicitamente previstas no seu conteúdo. Há **duas espécies** de analogia.

a) ***analogia legis* ou propriamente dita**: ampliação de uma norma existente, destinada a reger caso semelhante ao previsto.

b) ***analogia juris***: a norma é retirada de um caso singular, mas abstraída de todo o sistema ou de parte dele; baseia-se em um conjunto de normas para obter elementos que permitam sua aplicação ao caso pendente, não previsto, mas similar.

- **requisitos da analogia**:

a) inexistência de preceito legal para o caso concreto;

b) semelhança entre as situações, aquela prevista legalmente e a sem disposição legal;

c) identidade de fundamentos lógicos e jurídicos.

- **limitações à analogia**: na seara penal (admitida somente a analogia in bonam partem); na tributária (criar ou exigir tributos) e nas normas de ordem pública, de natureza sancionatória e administrativa, onde impera o princípio da legalidade.

- **costume**: trata-se da conduta reiterada, uniforme, pública e geral (*elemento externo ou material*) baseada na falsa percepção de sua obrigatoriedade (*elemento interno ou psicológico*). Enquanto a lei é escrita, o costume é direito não escrito. São **três as espécies de costumes**:

a) ***secundum legem***: (quanto expressamente mencionado em dispositivos legais. Ex. CC, art. 596, 615, 1.297, § 1º);

b) ***praeter legem:*** (destinado a suprir lacuna normativa, cf. a LINDB, art. 4º e NOVO CPC, art. 140. Ex. Pagamento com cheque pré-datado)

c) ***contra legem:*** (aquele que se opõe à lei, chamado de *costume ab-rogatório*. De acordo com a LINDB, art. 2º, uma lei somente é revogada por outra. Assim, o costume não tem o poder de revogar uma norma, sendo certo que o *desuso*, que torna uma lei não utilizável, não possui o condão de revogar uma lei).

- ***ATENÇÃO***: *desuetudo* é o não uso de uma lei por longo tempo ou, ainda, quando o costume suprime a lei.

- **princípios gerais do direito**: falhas a analogia e os costumes no preenchimento da lacuna, socorrerá o intérprete desses princípios, que são *"os cânones que não foram ditados, explicitamente, pelo elaborador da norma, mas que estão contidos de forma imanente no ordenamento jurídico". (Maria Helena Diniz – Lei de Introdução ao Código Civil Brasileiro Interpretada – Saraiva, 2000, pag. 123)*. Como exemplos: *"viver honestamente, não lesar a ninguém e dar a cada um o que é seu". (Silvio de Salvo Venosa – Direito Civil – Parte Geral – Atlas, 2013)*. Presentes na consciência dos povos e universalmente aceitos, os princípios gerais do direito estão implícitos no sistema jurídico, como que ninguém pode valer-se da própria torpeza, ou de que a boa-fé se presume. Tais princípios não devem ser confundidos com os ***princípios fundamentais***, como a presunção de inocência do Direito Penal, que são normas jurídicas vinculantes. Também não se confundem com os ***adágios, brocardos ou máximas***, os quais não passam de ditos pedagógicos.

- **equidade e a *"equity"* do direito inglês**: segundo a LINDB, art. 4º, *"Quando a lei for omissa, o juiz decidirá o caso de acordo com a analogia, os costumes e os princípios gerais de direito"*. A leitura do preceito deixa em evidência que a equidade ***não é meio supletivo de lacuna da lei***. Em ***sentido amplo***, a equidade é o ideal de justiça absoluta ou ideal, o equitativo é o justo. No ***sentido estrito***, é aplicada como recurso auxiliar quando a própria lei expressamente deixa espaços para que o juiz elabore a norma mais coerente ao caso concreto. Nesse caso, há verdadeira autorização legal, ainda que tácita, para que juiz, entre a norma e o fato, aplique a lei atendendo seus fins sociais e ao bem comum (LINDB, art. 5º). Significa, em última análise, a possibilidade de decidir *"por equidade"*, buscando a solução mais justa ao litigio apresentado. **São espécies de equidade:**

a) ***legal:*** (quando apresenta as possibilidades de solução do litígio. Ex: CC, art. 1584, § 5º)

b) ***judicial*** (sem apresentar qualquer *"opção"* de solução, deixa em aberto ao juiz verdadeiros espaços ou lacunas, para formule a resolução mais adequada ao caso concreto. Ex. CC, art. 1.740, II).

- ***ATENÇÃO:*** no direito inglês moderno, decorrente da reforma ocorrida em 1876, não mais existe a duplicidade jurisdicional, formada por tribunais específicos e diversos para a *common law* e a *equity*; disso decorre que *equity* (equidade), modernamente, é fonte do direito para solução das questões judiciais, especialmente na ausência de normas do direito comum, agindo como complemento destas.

- **quadro resumo (integração das normas jurídicas):**

- ***ATENÇÃO:*** **há uma hierarquia na utilização desses mecanismos, porque o Brasil consagra a supremacia da lei escrita.**

▪ analogia	• legis ou legal • juris ou jurídica
▪ costumes	• secundum legem • praeter legem • contra legem
▪ princípios gerais do direito	• ex: • princípios constitucionais ou superiores • princípios institucionais • princípio da eticidade • princípio da socialidade • princípio da operabilidade

2.3.6. APLICAÇÃO E INTERPRETAÇÃO DAS LEIS

- enquanto norma geral e abstrata, as leis não se referem aos casos concretos. O processo de justaposição do fato ou relação jurídica a uma norma jurídica, de caráter geral, prévio e abstrato, é chamado de ***subsunção***. Caso o fato submetido ao Estado-juiz não encontre qualquer disposição legal aplicável, deverá aplicar a ***integração normativa***, conforme vimos acima. A esta análise da norma aplicável ao caso concreto confere-se o nome de ***interpretação***. Assim, temos que:

a) ***interpretar*** é a busca da essência da norma jurídica, como forma de determinar sua abrangência e aplicabilidade;

b) ***hermenêutica*** é a ciência da intepretação, a teoria que vai ao encontro do sentido e alcance da lei;

c) ***exegese***, por sua vez, é sinônimo de interpretação. A expressão, todavia, não se confunde com a *Escola da Exegese*, de origem francesa, do século XIX, pela qual o legislador possuía o monopólio da revelação do direito (juspositivismo).

- os ***critérios metodológicos*** que o interprete deve seguir na busca do sentido e alcance da norma jurídica são tratados nas seguintes teorias:

Teoria subjetiva da interpretação (escola exegética)	trata-se da busca da vontade histórica do legislador escrita na norma.
Teoria objetiva da interpretação	por esta corrente, deve-se perseguir a vontade da lei, a mens legis, sem qualquer vinculação à vontade do legislador, responsável pela elaboração da norma.
Teoria da livre pesquisa do direito (livre investigação científica)	defende que o juiz deve ter vontade criadora na intepretação na lei, segundo as concepções jurídicas, morais e sociais.

- **com relação às técnicas de intepretação, são as seguintes:**

Quanto à fonte ou origem, ou seja, em relação a quem interpreta.	
autentica	realizada pelo legislador
doutrinária	aquela confeccionada pelos estudiosos do direito, em livros, manuais, teses, etc.
jurisprudencial	elaborada pelos órgãos do Poder Judiciário, inclusive por meio de súmulas.
Quanto aos meios	
gramatical ou literal	interpreta-se sob o enfoque linguístico do vernáculo.
lógica	vale-se do raciocínio lógico, das deduções.
sistemática	ocorre mediante a análise comparativa entre os dispositivos legais de uma mesma e de outros textos legais, atuais e anteriores.
histórica	prende-se às circunstâncias fáticas que envolveram a elaboração da norma, os antecedentes do processo legislativo.
sociológica ou teleológica	o contexto e as exigências sociais permeiam esse meio. (LINDB, art. 5º).
ontológica	é o meio no qual o sentido ou a essência da norma é perseguido (*ratio legis*).
Quanto à extensão ou resultado	
declarativa	restringe-se aos termos do texto legal, sem ampliá-lo ou restringi-lo
extensiva ou ampliativa	amplia-se o alcance do texto legal, porque o legislador disse menos do que deveria.
restritiva	aqui, diferente da anterior, o texto legal foi além do que deveria, e o interprete restringe os seus efeitos.

2.3.7. CONFLITO DAS LEIS NO TEMPO

- **noções gerais**: as leis, em função do *princípio da continuidade*, permanecem vigentes até que outras as derroguem ou ab-roguem. Diferente das *antinomias*, que se referem ao *conflito de leis vigentes*, o estudo do *conflito das leis no tempo* se desenvolve para determinar a lei aplicável entre uma *nova* (vigente) e outra *anterior* (revogada) às situações jurídicas constituídas sob a égide desta última, ou seja, vigente a **Lei – A**, e uma vez revogada pela **Lei – B**, qual delas projetará seus efeitos em relação ao evento jurídico constituído na vigência da primeira.
- **critérios de solução:** o *direito intertemporal* soluciona os conflitos da lei no tempo, apontando os dois critérios de solução.

disposições transitórias	são elaboradas pelo legislador no próprio texto legal para conciliar a nova norma com as situações jurídicas constituídas na vigência da anterior. Destinadas a resolver e evitar conflitos, possuem vigência temporária. Ex. CC, arts. 2.028 a 2.046.
retroatividade e Irretroatividade	em regra, a norma diz respeito aos comportamentos futuros, embora possa referir-se a condutas passadas. No direito brasileiro, a *irretroatividade* é a regra, porém, não absoluta. Admite nosso sistema constitucional *a retroatividade limitada*. Não permite, todavia, a retroatividade total e completa, conhecida por *retroatividade restitutória*. Assim, *retroativa* é a lei nova que atinja as situações jurídicas constituídas sob a lei revogada. E será *irretroativa* aquela que não tenha qualquer eficácia sobre as situações praticadas sob a lei antiga.

- segundo a ***teoria subjetiva de Gabba***, a irretroatividade das leis é a regra, a qual comporta exceções. No entanto, operada a retroação da LEI NOVA aos *fatos consumados*, esta deverá respeitar o ato jurídico perfeito, o direito adquirido e a coisa julgada. Disso decorre a aplicabilidade da LEI NOVA, em regra, aos *fatos pendentes* e aos *futuros*.
- **espécies de retroatividade:** a retroatividade, uma vez admitida, poderá ser:

justa	quanto não atenta contra as garantias dos direitos fundamentais do ato jurídico perfeito, direito adquirido e coisa julgada
injusta	quando há ofensa
máxima	quando atinge os direitos adquiridos e os negócios jurídicos perfeitos
média	atinge os fatos pendentes e os direitos existentes, mas não integrados ao patrimônio do titular);
mínima	quando alcança os fatos anteriores, cujos efeitos sejam produzidos depois da entrada em vigor da nova lei

- **A lei terá aplicabilidade imediata e geral**, ou seja, atingirá desde as relações que, nascidas sob as vestes da lei anterior, ainda não se consumaram, até os acontecimentos futuros, sempre respeitando o ato jurídico perfeito, o direito adquirido e a coisa julgada, porque, logicamente, já sedimentados.
- de acordo com a CF/88:***art. 5º, XXXVI***, *"a lei não prejudicará o direito adquirido, o ato jurídico perfeito e a coisa julgada".*
- segundo a LINDB:

> ***Art. 6º:*** *A Lei em vigor terá efeito imediato e geral, respeitados o ato jurídico perfeito, o direito adquirido e a coisa julgada.*
>
> ***§ 1º*** *Reputa-se **ato jurídico perfeito** o já consumado segundo a lei vigente ao tempo em que se efetuou.*
>
> ***§ 2º*** *Consideram-se **adquiridos** assim os direitos que o seu titular, ou alguém por ele, possa exercer, como aqueles cujo começo do exercício tenha termo pré-fixo, ou condição pré-estabelecida inalterável, a arbítrio de outrem.* **(Trata-se do direito já incorporado em definitivo ao patrimônio ou personalidade do titular).**
>
> ***§ 3º:*** *Chama-se **coisa julgada** ou caso julgado a decisão judicial de que já não caiba recurso.*

- **Súmula 344 do STJ:** *A liquidação por forma diversa da estabelecida na sentença não ofende a coisa julgada.*
- **Súmula 473 do STF**: *A administração pode anular seus próprios atos, quando eivados de vícios que os tornam ilegais, porque deles não se originam direitos; ou revogá-los, por motivo de conveniência ou oportunidade, respeitados os direitos adquiridos, e ressalvada, em todos os casos, a apreciação judicial.*
- **relativização (flexibilização) da coisa julgada**: o STJ, quanto ao tema, admite relativizar a coisa julgada, mas em situações extraordinárias, como no caso de colisão de direitos ou princípios fundamentais, como a dignidade da pessoa humana, direito à identidade genética, mesma posição do STF, para quem a *"relativização"* da autoridade da coisa julgada deve prevalecer no caso do direito fundamental ao conhecimento da própria ancestralidade, a busca da identidade genética, como expressão dos direitos da personalidade.

2.3.8. EFICÁCIA DAS LEIS NO ESPAÇO

- A LINDB, arts. 7º a 19, dispõe a respeito das normas do direito internacional público e privado, as quais são dedicadas a estabelecer os limites territoriais da aplicação da lei brasileira e da estrangeira.
- **sistema da territorialidade**: a norma jurídica aplica-se no território do Estado, abrangendo as embaixadas, consulados, navios de guerra, etc.
- **sistema da extraterritorialidade**: a norma é aplicada em território de outro Estado, seguindo os princípios e convenções internacionais. Nesse caso, diz Carlos Roberto Gonçalves, "estabelece-se um privilégio pelo qual certas pessoas escapam à jurisdição do Estado em cujo território se achem, submetendo-se apenas à jurisdição do seu país. A norma estrangeira passa a integrar momentaneamente o direito nacional, para solucionar determinado caso submetido á apreciação".
- **territorialidade moderada** (sistema adotado no Brasil): por tal sistema, o direito pátrio é plenamente eficaz, mas, em algumas situações, decorrentes de tratados, convenções e princípios, ele passa a coexistir com o alienígena, no que se denomina *"estatuto pessoal"*, ou seja, o direito externo é invocado para disciplinar a condição do estrangeiro.
- **estatuto pessoal**: é situação jurídica que rege o estrangeiro pelas leis de seu país de origem. É baseado na *lei da nacionalidade* ou do *domicílio*. A LICC/1916, art. 8º, adotou a *lei da nacionalidade*. Para a LINDB/1942, por sua vez, o *"estatuto pessoal"* do estrangeiro é fundado na *"Lei do domicílio"*. De acordo com a LINDB/art. 7º, *caput*: "A *lei do país em que domiciliada a pessoa* determina as regras sobre o começo e o fim da personalidade, o nome, a capacidade e os direitos de família" (*lex domicilii*). Nesses casos, a legislação onde domiciliada a pessoa será aplicável, segundo o conceito da *lex fori*, ou seja, a lei onde a eventual demanda será processada. No Brasil, o conceito é dado pelo CC, art. 70 e seguintes.

- ***lex loci actus***: a lei brasileira será aplicável para o casamento realizado no Brasil em relação aos impedimentos absolutos e às formalidades da celebração do casamento (LINDB, art. 7º, § 1º). É inaplicável a disposição, no entanto, em relação aos impedimentos proibitivos ou meramente impedientes, referentes às causas suspensivas do casamento (CC, art. 1.523).
- **casamento de estrangeiros**: segundo a LINDB, art. 7º, § 2º, o casamento de estrangeiros poderá celebrar-se perante autoridades diplomáticas ou consulares do país de ambos os nubentes. Nesse caso, será aplicável a lei do país que celebrar o casamento.
- **casamento de brasileiros no exterior**: se ambos os nubentes forem brasileiros, o casamento poderá realizar-se no exterior, perante a autoridade consular brasileira.
- **lex rei sitae**: significa a lei da situação da coisa. Dispõe a LINDB, art. 8º, em relação aos bens:

a) para qualificar os bens e regular as relações a eles concernentes, aplicar-se- á a *lei do país em que estiverem situados;*

b) Aplicar-se-á a lei do país em que for *domiciliado o proprietário*, quanto aos ***bens moveis*** que ele trouxer ou se destinarem a transporte para outros lugares; **c)** o ***penhor*** regula-se pela lei do domicílio que tiver a pessoa, em cuja posse se encontre a coisa apenhada**.**

- **sucessão causa mortis**: a *lei do domicílio* também é aplicável em se tratando de sucessão. Dispõe a LINDB, art. 10, que a sucessão por morte ou por ausência obedece à lei do país em que domiciliado o defunto ou o desaparecido, qualquer que seja a natureza e a situação dos bens. No entanto, prescreve a LINDB, art. 10, § 2º, que a lei do domicílio do herdeiro ou legatário regula a *capacidade para suceder*. É importante lembrar o *princípio do prélèvement*, do sistema criado na França, como forma de favorecimento ao nacional em detrimento do estrangeiro. Segundo a LINDB, art. 10, § 1º, a sucessão de bens de estrangeiros, situados no País, será regulada pela *lei brasileira em benefício do cônjuge ou dos filhos brasileiros*, ou de quem os represente, sempre que não lhes seja mais favorável a lei pessoal do de cujus (CF/art. 5º, XXXI).
- **competência judiciária do Brasil**: ainda que estrangeiro, o réu que tiver domicílio no Brasil se sujeita à competência judiciária brasileira. Vale a mesma regra se a obrigação tiver de ser cumprida no Brasil (LINDB, art. 12). Só à autoridade judiciária brasileira compete conhecer das ações relativas a *imóveis* situados no Brasil, tratando-se de norma absoluta e obrigatória (LINDB, art. 12, § 1º). Por fim, em relação às *cartas rogatórias*, quanto ao objeto (conteúdo e matéria) subordinam-se à lei do *país rogante* e em relação ao procedimento (formalidades), aplica-se a lei do país rogado (LINDB, art. 12, § 2º). Observe-se, por outro lado, que as cartas rogatórias, assim como as sentenças ou quaisquer declarações de vontade de outro país serão ineficazes, no Brasil, se ofenderem a soberania nacional, a ordem pública e os bons costumes (LINDB, art. 17).
- **ônus da prova**: a prova dos fatos ocorridos em país estrangeiro rege-se pela lei que nele vigorar, quanto ao ônus e aos meios de produzir-se (*lex loci*), não admitindo os tribunais brasileiros provas que a lei brasileira desconheça. Em relação aos modos de produção, será observada a *lex fori*, ou seja, as normas de ordem processual aplicáveis serão aquelas do direito brasileiro. (LINDB, art. 13).
- **princípio da devolução, retorno ou reenvio ("Gesamtverweisung"):** é a indicação de um caso, pelas normas de um país a que se transmitiu a competência para resolvê-lo, a um terceiro ordenamento (reenvio de 2º grau) ou ao Estado originário (reenvio de 1º grau). A LINDB, art. 16, **proíbe** o reenvio, quer de 1º, quer de 2º grau
- **execução de sentença estrangeira**: as sentenças estrangeiras, assim consideradas aquelas proferidas no estrangeiro, dependem do cumprimento dos requisitos da LINDB, art. 15 c/c art. 105, I, i, da Constituição da República, de acordo com a redação dada pela Emenda nº 45/2004, quais sejam: **a)** proferida por juiz competente; **b)** terem sido as partes citadas ou haver-se legalmente verificado à revelia; **c)** ter passado em julgado e estar revestida das formalidades necessárias para a execução no lugar em que foi proferida; **d)** traduzida por intérprete autorizado; **e)** ter sido homologada pelo Superior Tribunal de Justiça, a quem compete "a homologação de sentenças estrangeiras e a concessão de exequatur às cartas rogatórias". Lembramos ao candidato a LINDB, art. 17, segundo o qual *"As leis, atos e sentenças de outro país, bem como quaisquer declarações de vontade, não terão eficácia no Brasil, quando ofenderem a soberania nacional, a ordem pública e os bons costumes"*. O controle judicial que se desenvolve em relação às sentenças estrangeiras possui a finalidade de verificar os aspectos formais da decisão alienígena, sem qualquer incursão no mérito da questão debatida em cenário externo; no entanto, a análise não se circunscreve aos requisitos do art. 15, mas ainda àqueles do art. 17 acima declinado, ou seja, a decisão externa não terá eficácia no Brasil quando ofender a soberania nacional, a ordem pública e os bons costumes. De acordo com o STJ *"...A Corte Especial, amparada em julgados do STF, ostenta precedente no sentido de não exigir, para fins de homologação de sentença estrangeira, a comprovação de que houve intimação da parte para todos os atos do processo, bastando, para fins de cumprimento da Res. nº 09/2005 do STJ, que a parte tenha tido ciência do trâmite do feito em curso perante a Justiça alienígena"*. (SEC 6.551/EX, Rel. Ministra ELIANA

CALMON, CORTE ESPECIAL, julgado em 17/12/2012, DJe 20/02/2013).

- **Código de Bustamante**: o Brasil é signatário do Código de Bustamante (Convenção de Havana de 1928), promulgado pelo Decreto nº 18.871, de 13 de agosto de 1929, que sistematiza normas de direito internacional privado, e pode ser invocado em eventuais conflitos entre brasileiro e estrangeiro que pertença a um dos países signatários.

2.3.9. A NOVA LEI 12.874, DE 29 DE OUTUBRO DE 2013.

- a **Lei 12.874, de 29 de outubro de 2013**, acrescentou dois parágrafos ao art. 18 da LINDB. De acordo com o art. 18, *caput*, da LINDB, os **brasileiros domiciliados** ou **não** no Brasil, que estejam no exterior, podem **celebrar matrimônio** perante a autoridade consular brasileira, que poderá, ainda, exercer as funções de tabelião e de oficial de registro civil em todos os atos alusivos, levados a efeito no estrangeiro. Igualmente, admite-se o **registro de nascimento** e de **óbito** dos filhos de brasileiros ou brasileiras nascidos no país da sede do Consulado.
- a inovação legal confere novos poderes à autoridade consular brasileira, permitindo que celebrem, ainda: **separação consensual** e o **divórcio consensual de brasileiros**, **não havendo filhos menores** ou **incapazes do casal** e observados os requisitos legais quanto aos prazos, **devendo** constar da respectiva **escritura pública** as disposições relativas à descrição e à **partilha dos bens comuns** e à **pensão alimentícia** e, ainda, ao acordo quanto à retomada pelo cônjuge de seu **nome** de solteiro ou à **manutenção** do nome adotado quando se deu o casamento **(LINDB, art. 18, § 1º)**.
- para a prática desses atos, é **indispensável** a assistência de advogado, devidamente constituído, que se dará mediante a subscrição de petição, juntamente com ambas as partes, ou com apenas uma delas, caso a outra constitua advogado próprio, **não se fazendo necessário** que a assinatura do advogado conste da escritura pública **(LINDB, art. 18, § 2º)**.
- a nova Lei 12.894/2013 entrou em vigor 120 (cento e vinte) dias depois de oficialmente publicada, de acordo com o art. 3º. A contagem do prazo, quando estabelecido período de vacância, é realizada de acordo com a LC nº 95/98, art. 8º, § 1º. A nova lei foi publicada no dia 30/10/2013, e portanto entrou em vigor no dia 26/02/2014.

2.3.10. ANTINOMIAS OU LACUNAS DE CONFLITO

- **antinomia:** é a presença que duas ou mais normas válidas e que se revelam em conflito por apresentarem soluções diversas para o fato concreto.

- **Quadro resumo:**

<table>
<tr><td rowspan="3">métodos de soluções dos conflitos:</td><td>critério cronológico</td><td>a norma posterior prevalece sobre a anterior</td></tr>
<tr><td>critério da especialidade</td><td>a norma especial prevalece sobre a geral</td></tr>
<tr><td>critério hierárquico</td><td>a norma superior prevalece sobre a inferior</td></tr>
<tr><td rowspan="3">classificação das antinomias:</td><td>antinomia de 1º Grau</td><td>a solução do conflito envolve apenas um dos critérios acima</td></tr>
<tr><td>antinomia de 2º Grau</td><td>se o desenlace do conflito envolve dois dos critérios</td></tr>
<tr><td>conforme a solução</td><td>Antinomia aparente: aquela que é solucionada segundo os métodos acima
Antinomia real: diferente da anterior, não há solução.</td></tr>
</table>

- **teoria do diálogo das fontes:** a ideia de que as leis devem ser aplicadas de forma isolada umas das outras é afastada pela teoria do diálogo das fontes, segundo a qual o ordenamento jurídico deve ser interpretado de forma unitária. A teoria do diálogo das fontes foi idealizada na Alemanha pelo jurista Erik Jayme, professor da Universidade de Helderberg e trazida ao Brasil por Claudia Lima Marques, da Universidade Federal do Rio Grande do Sul. A teoria surge para fomentar a ideia de que o Direito deve ser interpretado como um todo de forma sistemática e coordenada. Segundo a teoria, uma norma jurídica não excluiria a aplicação da outra, como acontece com a adoção dos critérios clássicos para solução dos conflitos de normas (antinomias jurídicas) idealizados por Norberto Bobbio. Pela teoria, as normas não se excluiriam, mas se complementariam. Nas palavras do professor Flávio Tartuce, "a teoria do diálogo das fontes surge para substituir e superar os critérios clássicos de solução das antinomias jurídicas (hierárquico, especialidade e cronológico). Realmente, esse será o seu papel no futuro". A jurista Claudia Lima Marques, após discorrer sobre a exclusão da norma pela aplicação dos critérios clássicos de solução de antinomias, ensina que a "doutrina atualizada, porém, está a procura, hoje, mais da harmonia e da coordenação entre as normas do ordenamento jurídico (concebido como sistema) do que da exclusão". A tese tem o fito de trazer ao intérprete uma nova ferramenta hermenêutica hábil a solucionar problemas de conflito entre normas jurídicas (antinomias) no sentido de interpretá-las de forma coordenada e sistemática, em consonância com os preceitos constitucionais. Erik Jayme, em seu Curso Geral de Haia de 1995, ensinava que, em face do atual 'pluralismo pós-moderno' de um direito com fontes legislativas plúrimas, ressurge a necessidade de coordenação entre leis no mesmo ordenamento, como exigência para um sistema jurídico eficiente e justo (Identité-culturelle et intégration: le droit internationalpri-védpostmoderne. RecueildesCours, II, p. 60 e 251 e ss.).O uso da expressão do mestre, 'diálogo das fontes', é uma tentativa de expressar a necessidade de uma aplicação coerente das leis de direito privado, coexistentes no sistema. É a denominada 'coerência derivada ou restaurada' (cohérencedérivée ou restaurée), que, em um momento posterior à descodificação, à tópica e à microrrecodificação, procura uma eficiência não hierárquica, mas funcional do sistema plural e complexo de nosso direito contemporâneo, a evitar a 'antinomia', a 'incompatibilidade' ou a 'não coerência'.Conforme ensina o professor Flávio Tartuce, "a primeira justificativa da aplicação da teoria do diálogo das fontes estaria na sua funcionalidade, pois atualmente o operador do Direito se depara com uma enorme quantidade de leis que leva o intérprete a um verdadeiro desnorteio". (http://www.migalhas.com.br/dePeso/16,MI171735,101048-Da+teoria+do+dialogo+das+fontes).

◉ CÓDIGO CIVIL: PARTE GERAL

3. PESSOAS

3.1. PESSOAS NATURAIS

- **pessoa natural**: é o ser humano a quem se atribuem direitos e obrigações. Os animais e seres inanimados, assim, não podem ser sujeitos de direito, mas objeto de relações ou situações jurídicas.

3.1.1. PERSONALIDADE. CAPACIDADE. LEGITIMAÇÃO

- **personalidade**: significa a aptidão jurídica de exercer direitos e contrair obrigações.
- **capacidade**: divide-se em jurídica (de direito/gozo) e de fato (de exercício/ação). A primeira decorre da personalidade, significa capacidade de aquisição de direitos, reconhecida a qualquer ser humano, como o doente mental, a criança. A segunda é a aptidão de exercer os atos da vida civil por si mesmo, sem outra pessoa que o assista ou represente.
- **capacidade plena e limitada**: diferença que se faz caso o sujeito reúna as capacidades de direito e de fato ou somente a de direito.
- **legitimação**: aptidão especial exigida para a prática de determinados atos. Ex. CC, arts. 496, 1.749, I, 1.687.

3.1.2. COMEÇO DA PERSONALIDADE. NASCITURO. TEORIAS

- **marca o *início* da personalidade jurídica**: o nascimento com vida, mas a lei põe a salvo, desde a concepção, os direitos do nascituro (CC, art. 2º). O ser humano nasce *com vida* ao respirar, ainda que segundos depois lhe sobrevenha a morte, de acordo com a LRP, art. 53, § 2º. Não é assim em outros diplomas alienígenas, que exigem, por exemplo, a sobrevida mínima de 24 horas (CC – espanhol).
- **natimorto**: é aquele que *"nasceu sem vida"*, não respirou; por tal condição, não possui personalidade jurídica. No entanto, para ele, segundo o ***Enunciado 01 da I Jornada de Direito Civil do CJF***: *"A proteção que o Código defere ao nascituro alcança o natimorto no que concerne aos direitos da personalidade, tais como: nome, imagem e sepultura"*. Para determinar biologicamente se houve *"respiração"* procede-se ao exame clínico chamado de *"docimasia hidrostática de Galeno"*.
- **nascituro**: é o ser concebido, mas não nascido. Em razão do provável nascimento com vida, o nascituro é protegido pelo ordenamento jurídico em função daquela projeção futura, por exemplo, nos arts. 542 (doação) e 1.779 (curatela do nascituro), todos do CC/2002. Vimos acima que a personalidade jurídica inicia com o nascimento com vida. Com relação ao nascituro, a lei põe a salvo seus direitos desde a concepção. No entanto, os momentos *"concepção"* e *"nascimento"* são distintos, e somente o último é atributivo de personalidade. Para explicar a posição jurídica do nascituro em relação à personalidade formaram-se, principalmente, ***três teorias***, são elas:

Teorias a respeito da posição jurídica do nascituro	
Concepcionista	a personalidade pode ser adquirida *antes* do nascimento, no momento da concepção, daí o nome que lhe é conferido. Todavia, os direitos patrimoniais oriundos de doação e herança, por exemplo, condicionam-se ao nascimento com vida.
Natalista	a personalidade jurídica é marcada pelo nascimento com vida. O nascituro, portanto, não tem personalidade, mas proteção legal e direitos, que são amparados desde a concepção.
Personalidade -Condicional	o nascituro é uma pessoa condicional, porque sua personalidade jurídica está sob condição suspensiva do nascimento com vida, momento a partir do qual a personalidade se define.
Posição do STF	não há uma posição certa a respeito da teoria adotada. No julgamento da ADI 3.510, afirmou-se: "... a proteção constitucional do direito à vida e os direitos infraconstitucionais do embrião pré-implanto. O Magno Texto Federal não dispõe sobre o início da vida humana ou o preciso instante em que ela começa. Não faz de todo e qualquer estádio da vida humana um autonomizado bem jurídico, mas da vida que já é própria de uma concreta pessoa, porque nativiva (teoria "natalista", em contraposição às teorias "concepcionista" ou da "personalidade condicional") ...".

Posição do STJ	o nascituro é sujeito de direitos, admitindo-se contra ele, por exemplo, lesão a direito da personalidade e a caracterização de dano moral, à luz da teoria concepcionista. (AREsp 150297).
Atenção	nascituro é o concebido; concepturo o não concebido. Com relação a este, na sucessão testamentária, podem ainda ser chamados a suceder os filhos, ainda não concebidos, de pessoas indicadas pelo testador, desde que vivas estas ao abrir-se a sucessão; são chamados de prole eventual (CC/art. 1.799, I e 1.800).

3.1.3. INCAPACIDADES

- **incapazes**: são as pessoas dotadas de capacidade de direito (de aquisição de direitos ou jurídica), mas que, por razões diversas, não dispõem de capacidade de fato (de ação). Inexiste incapacidade de direito, pois a incapacidade será sempre de fato, de acordo com o CC, art. 1º. Incapaz, por outro lado, é todo aquele que possui restrição em relação aos atos da vida civil.
- **de acordo com o grau de incapacidade**: que varia entre *absoluta* (grau máximo) e *relativa* (grau mínimo), haverá, conforme uma ou outra, *representação* ou *assistência* para a prática do ato. Será **representado** quem **não possuir** qualquer discernimento para a manifestação da vontade; **assistido**, aquele que possuir **algum discernimento**. De maneira geral, o ato praticado por absolutamente incapaz é nulo (CC, art. 166, I), e o feito por relativamente incapaz, anulável (CC, art. 171, I).
- **Quadro resumo:**

Conceitos (capacidade – incapacidade)		
Plenamente Capazes	**Absolutamente Incapazes**	**Relativamente Incapazes**
▪ são aqueles dotados de capacidade de direito e de fato. A capacidade de direito é a aptidão que todos possuem de adquirir direitos e deveres da ordem civil (CC, art. 1º). Já a capacidade de fato ou de ação pode faltar em algumas pessoas, em razão da idade ou desenvolvimento mental, por exemplo.	▪ incapazes são os possuidores de capacidade de direito, mas SEM discernimento para a prática dos atos da vida civil. Logo, não dispõem de capacidade de fato ou de ação. Por tal falta, a capacidade é limitada, sendo necessário que outra pessoa os substitua nos atos da vida civil.	▪ incapazes são os possuidores de capacidade de direito, mas com discernimento REDUZIDO para a prática dos atos da vida civil. Logo, não dispõem de capacidade de fato ou de ação. Por tal falta, é necessário que outra pessoa complete o ato praticado.

3.1.3.1. A NOVA LEI 13.146, DE 06 DE JULHO DE 2015

- novidades: com o *"Estatuto da Pessoa com Deficiência"*, altera-se profundamente a sistemática das incapacidades previstas originalmente. Para que o candidato tenha bem presente as principais mudanças que entrarão em vigor, elaboramos um quadro comparativo entre a redação original e a nova dos arts. 3º e 4º do Código Civil de 2002.
- vigência: a novel lei foi publicada do DOU (Diário Oficial da União) do dia 07 de julho de 2015, com prazo de *vacatio legis* de 180 dias, com relação aos novos arts. 3º e 4º do Código Civil. Assim, as alterações entrarão em vigor no dia 08 de janeiro de 2016, observadas as regras de contagem de prazo previstas no art. 8º, § 1º, da Lei Complementar 95/98.
- **Quadro resumo:**

Absolutamente Incapazes	
Redação original do CC/2002	**Com a alteração do Novo Estatuto do Deficiente**
▪ os menores de dezesseis anos; ▪ os que, por enfermidade ou deficiência mental, não tiverem o necessário discernimento para a prática desses atos; ▪ os que, mesmo por causa transitória, não puderem exprimir sua vontade.	▪ são absolutamente incapazes de exercer pessoalmente os atos da vida civil os menores de 16 (dezesseis) anos * **Nota:** vide comentários abaixo.

Relativamente Incapazes	
Redação original do CC/2002	**Com a alteração do Estatuto do Deficiente**
▪ os maiores de dezesseis e menores de dezoito anos ▪ os ébrios habituais, os viciados em tóxicos, e os que, por deficiência mental, tenham o discernimento reduzido ▪ os excepcionais, sem desenvolvimento mental completo ▪ os pródigos ------ ▪ a capacidade dos **índios** será regulada por legislação especial	▪ os maiores de dezesseis e menores de dezoito anos ▪ os ébrios habituais e os viciados em tóxico ▪ aqueles que, por causa transitória ou permanente, não puderem exprimir sua vontade ▪ os pródigos ------ ▪ a capacidade dos **indígenas** será regulada por legislação especial

- **comentários às alterações do art. 3º do Código Civil:** a redação original do art. 3º do CC trazia três incisos, hipóteses nas quais o legislador considerava as pessoas absolutamente incapazes. Assim eram considerados: *(i) os menores de dezesseis anos; (ii) os que, por enfermidade ou deficiência mental, não tiverem o necessário discernimento para a prática desses atos; (iii) os que, mesmo por causa transitória, não puderem exprimir sua vontade*. Pelo Decreto 6.949, de 25 de agosto de 2009, o Brasil promulgou a Convenção de Nova York sobre os Direitos das Pessoas com Deficiência, que seguiu os critérios do art. 5º, § 3º, da Constituição da República. Posteriormente, a Lei 13.146/2015 (Estatuto do Deficiente), que entra em vigor no dia 08 de janeiro de 2016 (art. 127), revogou os incisos I, II e III do art. 3º, mantendo apenas os menores de 16 anos como absolutamente incapazes, no *caput* do mesmo artigo. Em relação aos deficientes **(antigo inciso II)**, passa-se a reconhecer-lhes a plena capacidade civil, como regra, em qualquer caso (art. 6º). Ainda que necessário, a pessoa com deficiência reconhecidamente demonstrada, em casos mais extremos, não poderá ser interditada. Todavia, se *não puder exprimir sua vontade*, poderá se sujeitar ao processo de curatela. O critério é objetivo. Se a pessoa tiver alguma vulnerabilidade, admite-se o *processo de decisão apoiada*, como medida de promoção. A qualificação da curatela, como medida extraordinária, é limitada aos atos relacionados a **direitos de natureza patrimonial** e **negocial**, devendo constar da sentença as razões e motivações de sua definição, preservados os interesses do curatelado (art. 85, *caput*, e § 2º). A definição da curatela **não alcança** o direito ao *próprio corpo*, à *sexualidade*, ao *matrimônio*, à *privacidade*, à *educação*, à *saúde*, ao *trabalho* e ao *voto* (art. 85, § 1º). Notadamente em relação àqueles que, "mesmo por causa transitória, não puderem exprimir sua vontade" **(antigo inciso III)**, o legislador que antes os considerava absolutamente incapazes os coloca agora como relativamente incapazes, acrescentando, no novo art. 4º, III, que a causa pela qual a pessoa não pode exprimir sua vontade pode ser "transitória ou permanente".

- **comentários às alterações do art. 4º do Código Civil:** o novel Estatuto do Deficiente manteve as redações originais dos incisos I e IV do art. 4º do CC. Assim, continuam relativamente incapazes os maiores de dezesseis e menores de dezoito anos e os pródigos. As novidades são os incisos II e III. Naquele, manteve-se a incapacidade relativa dos ébrios habituais e dos viciados em tóxico. No inciso seguinte, foi suprimida a alusão aos *"os excepcionais, sem desenvolvimento mental completo"*, e passou-se a considerar como *"aqueles que, por causa transitória ou permanente, não puderem exprimir sua vontade"*. Vale lembrar que ocorreu a migração desta condição de incapacidade do art. 3º, III, para o art. 4º, III, ou seja, era absolutamente incapaz e agora relativamente, com uma única diferença. A partir de agora, há expressa menção à "causa permanente" como consequência da falta de condições pessoais para a manifestação da vontade.

3.1.4 TEMAS DIVERSOS DE INCAPACIDADE

- **ato praticados antes da interdição**: podem ser nulificados, reclamando prova inequívoca, robusta e convincente da insanidade, protegendo-se a boa-fé das relações. A situação é diferente se o ato é praticado ***após a interdição***, pois aqui a incapacidade não demanda produção de prova, operando-se de pleno direito. Nesse sentido: **STJ – Resp. 9.077**.
- **são válidos, em relação ao incapaz:**

a) menor, **entre 16 e 18 anos**, que encobrir dolosamente a idade, no ato de obrigar-se, por ocultação ou declaração (CC, art. 180);

b) menor de qualquer idade ou amental, que praticar ato ilícito, sendo que sua responsabilidade é *subsidiária e mitigada*.

- **índios:** no CC/1916, os ***silvícolas*** eram relativamente incapazes. No CC/2002, por sua vez, o art. 4º, parágrafo único, além de alterar a nomenclatura de ***silvícolas*** para ***índios***, compatibilizando o texto com a CR/1988, arts. 20, XI, e 231 e seguintes, remeteu a solução de sua condição jurídica a respeito da capacidade à legislação especial (Estatuto do Índio, Lei 6.001/73). **A Lei 13.146/2015 (Estatuto do Deficiente)**, que vigorará a partir do dia 07 de janeiro de 2016 (art. 127), alterou a terminologia de "índios" para "indígenas", conforme a nova redação conferida ao art. 4º, parágrafo único, do CC. **Vejamos algumas questões envolvendo os indígenas**:

a) são **nulos** os negócios entre o **índio não integrado (absolutamente incapaz)** e qualquer pessoa estranha à comunidade, sem a ***assistência*** do órgão tutelar competente (FUNAI – Fundação Nacional do Índio, Lei 5.371/67);

b) é **inaplicável** a regra se o índio revelar **consciência e conhecimento** do ato praticado, desde que não lhe seja **prejudicial**, e da extensão dos seus efeitos

c) **emancipação do índio** (liberação do regime tutelar): é admitido, com aquisição da plena capacidade civil, mediante o cumprimentos dos seguintes requisitos:

- pedido de qualquer índio;
- exige-se decisão judicial, após instrução sumária
- ouvidos o órgão de assistência ao índio, FUNAI e Ministério Público
- transcrição da sentença concessiva no registro civil
- idade mínima de **21 anos;**
- conhecimento da língua portuguesa;
- habilitação para o exercício de atividade útil, na comunhão nacional;
- razoável compreensão dos usos e costumes da comunhão nacional.

d) integração do índio

- pedido escrito do interessado à FUNAI
- o órgão de assistência, onde em declaração formal, reconhece a condição de integrado
- os efeitos são de cessação das restrições à capacidade, desde que, homologado judicialmente o ato, seja inscrito no registro civil.
- idade mínima de **21 anos**
- conhecimento da língua portuguesa
- habilitação para o exercício de atividade útil, na comunhão nacional
- razoável compreensão dos usos e costumes da comunhão nacional.

e) emancipação da comunidade

- requerimento da ***maioria dos membros***
- demonstração da ***plena integração na comunhão nacional***
- *decreto presidencial*

f) nascimento: enquanto ***não integrados***, não estão obrigados a inscrição do nascimento. Este poderá ser feito em livro próprio do órgão federal de assistência aos índios (LRP, art. 50, § 2º).

g) índios podem ser:

- *integrados*
- *em via de integração*
- *não integrados ou isolados.*

- ***ATENÇÃO***: segundo a CF/1988, art. 129, V, é atribuição do MPF defender judicialmente os direitos e interesses das populações indígenas, a quem caberá, ainda, intervir nos termos da CF/1988, art. 232.

3.1.5. REPRESENTAÇÃO. AUTOCONTRATO OU CONTRATO CONSIGO MESMO (CC, ARTS. 115 A 120)

- **noções gerais de representação**: representação é uma relação jurídica em função da qual uma pessoa se obriga de forma direta perante terceiro, por meio de ato praticado por outra, o representante, a quem são conferidos os poderes por lei ou mandato. Aliás, de acordo com o CC, art.120, *"os requisitos e os efeitos da representação legal são os estabelecidos nas normas respectivas; os da representação voluntária são os da Parte Especial deste Código"*.
- **partes**: a representação é a atuação em nome de outrem, assim:

a) *representante*: quem pratica o ato, logo, a quem são conferidos poderes

b) *representado*: pessoa em nome de quem o ato é praticado

- **origem**: a representação pode ser (CC, art. 115):

a) *legal*: a qual serve aos interesses do incapaz (ex. CC, arts. 115, 1ª parte, 1.634, V, 1.690 e 1.747, I). Trata-se de representação exercida no interesse do representado.

b) *contratual*: convencional ou voluntária, a que decorre de mandado expresso ou tácito, verbal ou escrito (ex. CC, art. 115, 2ª parte, 653 a 692 e 120, 2ª parte). **Divide-se em**:

1. *direta*: como no contrato de mandato;

2. *indireta ou imperfeita*: quando não há mandato, como ocorre na comissão (ex. CC, art. 693 a 709).

- **regras importantes sobre a representação**:

a) a manifestação de vontade pelo representante, nos limites de seus poderes, produz efeitos em relação ao representado (CC, art. 116)

b) o mandatário que **exceder** os poderes do mandato, ou proceder contra eles, será considerado mero gestor de negócios, enquanto o mandante lhe não ratificar os atos (CC, art. 665), podendo responder por tais (CC, art. 118).

c) o representante é obrigado a **provar** às pessoas, com quem tratar em nome do representado, a sua **qualidade** e a **extensão** de seus poderes, sob pena de, não o fazendo, responder pelos atos que a estes excederem (CC, art. 118)

d) é **anulável** o negócio concluído pelo representante em **conflito de interesses** com o representado, se tal fato era ou devia ser do **conhecimento** de quem com aquele tratou (CC, art. 119)

e) é de **180 dias**, a contar da conclusão do negócio ou da cessação da incapacidade, o prazo de decadência para pleitear-se a anulação na situação acima (CC, art. 119, parágrafo único)

- **noções gerais de contrato consigo mesmo (autocontrato):** em regra, o representante atua em nome de uma das partes do negócio jurídico. No entanto, ambas as partes podem se representar por meio do mesmo representante, quando ocorrerá uma **dupla representação**, ou seja, temos as partes (representados), mais o terceiro (representante). Em outra situação, uma das partes representa a outra no negócio, e nesse caso, possui **dupla qualidade**, ou seja, é parte e representante do outro figurante no negócio, como ocorre no **mandato em causa própria** (CC, art. 685), pelo qual o mandatário aufere poderes para alienar determinado bem, a terceiros ou para si próprio. Em ambas as situações, haverá ***autocontrato*** ou ***contrato consigo mesmo***.
- **consequências do autocontrato**: diz o CC, art. 117, caput, *"Salvo se o permitir a lei ou o representado, é anulável o negócio jurídico que o representante, no seu interesse ou por conta de outrem, celebrar consigo mesmo"*. **Assim**:

a) admite-se o autocontrato, desde que autorizado pela a **lei** ou **representado**

b) de acordo com o STJ, não é válida a cláusula de mandato inserta nos contratos quando houver **conflito de interesses** entre representado e representante, de modo a afetar a vontade que constitui a substância do ato jurídico (STJ, AG 292226, Re. Ministra Nancy Andrighi)

c) segundo o verbete da **Súmula 60 do STJ: "***É nula a obrigação cambial assumida por procurador do mutuário vinculado ao mutuante, no exclusivo interesse deste***"**.

d) dispõe o CDC, art. 51, VIII, *"São nulas de pleno direito, entre outras, as cláusulas contratuais relativas ao fornecimento de produtos e serviços que: imponham representante para concluir ou realizar outro negócio jurídico pelo consumidor"*

e) nas situações de autocontrato, tem-se como celebrado pelo representante o negócio realizado por aquele em quem os poderes houverem sido substabelecidos *(autocontrato indireto)*

3.1.6. MAIORIDADE. EMANCIPAÇÃO (CC, ART. 5º, I A V)

- **noções gerais de maioridade:** a *menoridade* pelo CC, art. 5º, *caput*, cessa aos **18 anos completos**, quando a pessoa adquire a capacidade plena, momento a partir do qual poderá exercer os atos da vida civil por si só. Relembramos que a capacidade de fato ou de exercício é contemplada ao se atingir a maioridade, pois a capacidade de direito é adquirida ao nascer com vida, ressalvados os direitos do nascituro, desde a concepção (CC, arts. 1º e 2º). Segundo o **Enunciado 3 da I Jornada de Direito Civil do CJF**, *"A redução do limite etário para a definição da capacidade civil aos 18 anos não altera o disposto no art. 16, I, da Lei nº 8.213/91, que regula específica situação de dependência econômica para fins previdenciários e outras situações similares de proteção, previstas em legislação especial"*.
- **noções gerais de emancipação:** como vimos acima, cessa a menoridade aos 18 anos completos, quando a pessoa fica habilitada à prática de todos os atos da vida civil (CC, art. 5º, caput). A emancipação, assim, é a aquisição da capacidade de fato antes daquela idade legal, ou seja, com ela antecipa-se a capacidade de exercício.
- **espécies:** em relação à origem, a emancipação poderá ser:
- **voluntária ou direta:**

a) concessão dos pais, ou de um deles na falta do outro

b) mediante instrumento público, independentemente de homologação judicial

c) se o menor tiver 16 anos completos (CC, art. 5º, parágrafo único, I, 1ª parte).

- **judicial:**

a) menor sob tutela

b) por sentença do juiz, ouvido o tutor

c) se o menor tiver 16 anos completos

- **tácita ou legal:**

a) casamento: mesmo que ocorra anulação ou divórcio, remanesce o efeito da antecipação. (CC, art. 5º, parágrafo único)

b) exercício de emprego público efetivo: exige-se a nomeação em caráter efetivo.

c) colação de grau em curso de ensino superior: aqui fica evidente o amadurecimento do menor.

d) *estabelecimento civil ou comercial ou existência de relação de emprego, desde que, em função deles, o menor de* ***16 anos completos*** *tenha economia própria*: aquele que se mantém por seus próprios meios demonstra maturidade e experiência para conduzir o próprio negócio, daí porque a razão da emancipação tácita.

3.1.7. EXTINÇÃO DA PESSOA NATURAL. COMORIÊNCIA

- **noções gerais de extinção da pessoa:** a *existência* da pessoa natural termina com a *morte*, que pode ser real ou física e presumida, com ou sem declaração de ausência.
- **espécies de morte**:

a) morte real ou física: ocorre com a cessação das atividades encefálicas, conforme o art. 3º da Lei 9.434/97. A prova da morte é feita mediante certidão de óbito, ou mediante justificação para o assento de óbito. (LRP, art. 77 e 88).

b) morte presumida com declaração judicial de ausência: haverá morte presumida com declaração de ausência nos casos em que a lei autoriza a abertura de sucessão definitiva, conforme os arts. 22 a 39 do CC, observadas os ritos dos arts. 744 e 745 do Novo. Assim, teremos sucessão definitiva do ausente em 2 casos:

1. **10 anos** depois de passada em julgado a sentença que concede a abertura da sucessão provisória, poderão os interessados requerer a sucessão definitiva e o levantamento das cauções prestadas (CC, art. 37);
2. provando-se que o ausente conta **80 anos de idade**, e que de **5 anos** datam as últimas notícias dele (CC, art. 38). O que se pretende, aqui, é a declaração de ausência, tendo em vista que o desaparecido sumiu e não deixou representante (CC, art. 22);

c) morte presumida sem declaração de ausência: as hipóteses desta modalidade estão elencadas no CC, art. 7º, I e II, e são elas:

1. se for extremamente provável a morte de quem estava em perigo de vida (ex. acidente aéreo);
2. se alguém, desaparecido em campanha ou feito prisioneiro, não for encontrado até **02 anos** após o término da guerra. Trata-se de procedimento judicial que segue o procedimento da justificação (LRP, art. 88). Aqui a ação é voltada a declarar a morte.

d) *morte simultânea ou comoriência*: ocorre quando, em um só momento (identidade de tempo, ocasião, e não mesmo evento), dois ou mais indivíduos falecerem, não se podendo averiguar se algum dos comorientes precedeu aos outros, presumir-se-ão simultaneamente mortos (CC, art. 8º). Para que se reconheça juridicidade a tal fato, é necessário que entre os indivíduos mortos se verifique relação sucessória, ou seja, que um deles seja herdeiro ou beneficiário de outro. A presunção de morte simultânea afasta a possibilidade de sucessão entre eles. Importa dizer que um não herda do outro. Por outro lado, o momento que ocorreu a morte é determinado por *perícia médica*, que se for inconclusiva incide a presunção legal. Trata-se de presunção relativa (*juris tantum*).

e) *morte civil*: presente na idade média e moderna, sobretudo para os apenados por longos períodos, como aqueles que recebiam prisão perpétua, resultava na privação do condenado de todos os direitos civis. Pouco a pouco foi abolida das legislações, e não mais remanesce no direito moderno. A doutrina aponta um resquício dela no CC, art. 1.816.

3.2. AUSÊNCIA (CC, ART. 22 A 39)

- **noções gerais:** de acordo com a definição legal, a teor do CC, art. 22, desaparecendo uma pessoa do seu domicílio sem dela haver notícia, se não houver deixado representante ou procurador a quem caiba administrar-lhe os bens, o juiz, a requerimento de qualquer interessado ou do Ministério Público, declarará a ausência, e nomear-lhe-á curador. Ainda que tenha deixado mandatário, se não quiser, não puder exercer ou continuar o mandato, ou se os seus poderes forem insuficientes, também se declarará a ausência (CC, art. 23). Vale lembrar que, se não houver bens, não é necessária a nomeação de curador, pois o seu papel recai sobre os "bens", e não sobre a "pessoa" do ausente.
- **fixação dos poderes do curador:** quando o juiz declarar a ausência e nomear curador, fixará os poderes e obrigações, segundo as circunstâncias, observando, ainda, no que forem aplicáveis, as regras a respeito dos tutores e curadores (CC, art. 24 e 1.728 a 1.783).
- **curador:** CC, art. 25, § 1º a 3º:

a) *legítimo*:

b) *cônjuge:* desde que não esteja separado judicialmente ou de fato por mais de **2 anos**, antes da declaração da ausência. Segundo o ***Enunciado 97 da I Jornada de Direito Civil do CJF***, a disposição é aplicável ao companheiro.

c) aos pais ou descendentes

d) entre os descendentes, os mais próximos precedem os mais remotos.

e) *dativo*: na falta de todos, o juiz nomeará curador.

- **sucessão provisória**:

a) passado **1 ano** da arrecadação dos bens do ausente (curadoria legitima ou dativa);

b) ou **3 anos**, se deixou representante ou procurador;

c) os interessados podem requerer a abertura da sucessão provisória (CC, art. 26). Os *"interessados"* são aqueles do art. 27 do CC:

1. cônjuge não separado judicialmente;
2. herdeiros presumidos, legítimos ou testamentários;
3. aqueles que tenham direito sobre os bens do ausente dependente de sua morte;
4. credores de obrigações vencidas e não pagas).

- ***ATENÇÃO:*** O MP possui *legitimidade subsidiária* para requerer a abertura da sucessão provisória, se os interessados não fizerem nos prazos acima, ou se estes forem incapazes (CC, art. 28).
- **conversão dos bens**: o juiz, se julgar conveniente (faculdade), pode converter os bens ***móveis***, sujeitos a deterioração ou extravio, em imóveis ou títulos da União (CC, art. 29). Por sua vez, o ***imóveis*** só poderão ser alienados para evitar ruina, se ordenados pelo juiz, salvo em caso de desapropriação ou hipoteca (CC, 31).
- **imissão na posse**: os herdeiros podem imitir na posse dos bens, mas darão garantia, em penhores e hipoteca, equivalentes aos quinhões respectivos. Os ***herdeiros necessários***, todavia, ficam dispensados de garantir o quinhão (ascendente, descendente e ao cônjuge). Caso o herdeiro comum não possa dar garantia, é descabida a imissão na posse. Nesse caso, os bens ficam sob administração do curador, ou outro herdeiro, que preste a garantia (CC, art. 30). Apesar de excluído, por não prestar garantia, o herdeiro poderá ter direito aos rendimentos do quinhão que lhe tocaria, se justificar que tal valor será utilizado para a sua subsistência (CC, art. 34). Como consequência da imissão na posse dos bens, os sucessores provisórios representarão ativa e passivamente o ausente nas ações pendentes e futuras (CC, art. 31).
- **frutos e rendimentos***:* em relação a estes, duas regras:

a) para sucessores provisórios **ascendente**, **descendente** e **cônjuge**, serão seus os frutos e rendimentos dos bens do ausente;

b) os demais sucessores, farão seus 50% deles, e os outros 50% serão capitalizados, em imóveis ou títulos da União, segundo o representante do MP, além da obrigação de prestação de contas anual. Tal capitalização visa a restituição do ausente que, se desaparecer voluntária e injustificadamente, perderá em favor do sucessor, o montante dos frutos e rendimentos capitalizados (CC, art. 33).

- **data certa do falecimento**: se provada a data certa do falecimento, considera-se a partir deste momento aberta a sucessão. (CC, art. 35).
- **retorno do ausente**: uma vez que retorne o ausente, ou provada sua existência, depois de estabelecida a sucessão provisória, cessarão as vantagens dos sucessores nela imitidos, os quais deverão, ainda, conservar e preservar os bens (CC, art. 36).
- **sucessão definitiva**: ocorre em dois casos:

a) **10 anos** depois de passada em julgado a sentença que concede a abertura da sucessão provisória, os interessados poderão requerer a definitiva (CC, art. 37).

b) pode-se requerer a sucessão definitiva, também, provando-se que o ausente **conta 80 anos de idade** e que de **5 anos** datam as últimas notícias dele (CC, art. 38).

- **regresso do ausente ou de seu herdeiro necessário**: **10 anos** depois de aberta a sucessão definitiva, retornando o ausente, ou algum de seus descendentes ou ascendentes, todos eles receberão os bens no estado em que se encontrarem, os sub-rogados em seu lugar, ou o preço que houverem recebido, se alienados depois daquele tempo. (CC, art. 39)
- **vacância**: nos **10 anos** seguintes à abertura da sucessão definitiva, caso não retorne o ausente ou não promova a sucessão definitiva, os bens serão arrecadados como vagos, passando a propriedade do Município ou do Distrito Federal, se neles situado, ou à União, se estiverem em território federal (CC, art. 39, parágrafo único).
- **NOVO CPC:** a Lei 13.115/2015, estabelece nos arts. 744 e 745 o rito a ser observado em relação aos bens do ausente.

3.3. DO REGISTRO E DA AVERBAÇÃO

- de acordo com os arts. 9º e 10 do CC/2002, os atos neles descritos estão sujeitos a registro ou averbação, com a finalidade de conferir publicidade do estado das pessoas, assegurando eventuais direitos de terceiros. Devem ser observados, em tais atos, as disposições da Lei de Registros Públicos (Lei 6.015/73).

Registrados (CC, art. 9º, I a IV)	Averbados (CC, art. 10, I e II)
▪ nascimentos ▪ casamentos ▪ óbitos ▪ emancipação por outorga dos pais ou por sentença do juiz ▪ interdição por incapacidade absoluta ou relativa ▪ sentença declaratória de ausência e de morte presumida.	▪ nulidade ou anulação do casamento ▪ divórcio ▪ separação judicial ▪ restabelecimento da sociedade conjugal ▪ atos jud. ou extr. que declararem ou reconhecerem a filiação

3.4. INDIVIDUALIZAÇÃO DA PESSOA

- **finalidade:** distinguir a posição de um titular de direitos e obrigações nas relações jurídicas, em relação aos demais, importando segurança dos negócios e estabilidade das famílias e sociedade.
- **Elementos de individualização:**

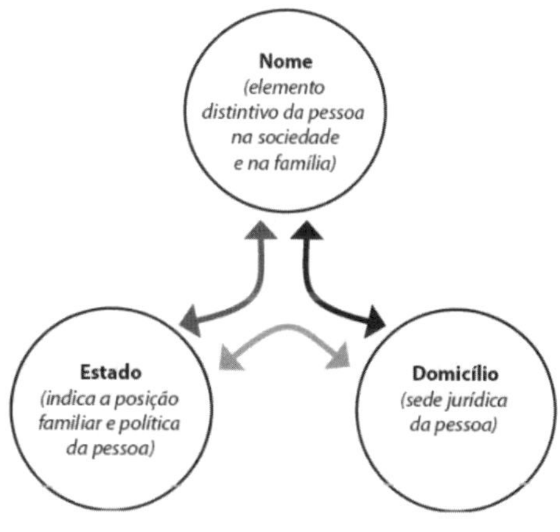

3.4.1. NOME. (CC, ART. 16 A 19)

- **nome:** nos artigos 16 a 19 o CC/2002 dispõe sobre o nome, nele compreendido o prenome (simples ou composto) e o sobrenome, apelido familiar ou patronímico, bem como o pseudônimo adotado para atividades lícitas, o qual goza da proteção que se dá ao nome (elementos fundamentais). Outros podem ser os elementos componentes do nome, como o agnome, a partícula, o apelido ou alcunha, o hipocorístico, os títulos nobiliários, os heterônimos, entre outros (elementos secundários). Todos os preceitos a respeito do nome civil da pessoa natural estão inseridos no campo dos direitos da personalidade e em razão disso são inalienáveis e imprescritíveis, e representam o dado exterior que diferencia uma pessoa das demais, tanto na família, quanto nas relações em sociedade.

- **natureza jurídica do nome:** são variadas as teorias que existem a respeito da natureza jurídica do nome, entre elas: da propriedade, da propriedade *sui generis*, negativistas, da personalidade. O nome é um direito de personalidade, como o direito à vida, honra, etc.
- **elementos:** compõe-se o nome do *prenome* (simples, composto) e do *sobrenome* (apelido familiar ou patronímico). Poderá compor-se, ainda, do *agnome*, que é o sinal que diferencia uma pessoa de outra, da mesma família, que contenha o mesmo prenome e sobrenome, p. ex, Filho, Neto, Segundo. É importante que sejam observadas as disposições da Lei 6.015/73 em relação ao nome, especialmente aquela do art. 55 (proibição do registro do nome que exponha a ridículo o portador).
- **ordem dos apelidos de família**: a lei não faz nenhuma exigência no que tange à observância de determinada ordem quanto aos apelidos de família, seja no momento do registro do nome do indivíduo ou por ocasião da sua posterior retificação. Ademais, inexiste proibição legal de que a ordem do sobrenome dos filhos seja distinta daquela presente no sobrenome dos pais (STJ – Info 513).
- **títulos nobiliários, eclesiásticos e os honoríficos**: são as às qualificações de nobreza, religiosas e outras que acompanham o nome pelo qual a pessoa é conhecida, p. ex, Príncipe, Dom, ou Cardeal; lembramos alguns notáveis nomes assim grifados: Visconde de Taunay, Duque de Caxias, Príncipe Pedro Luis de Orleans e Bragança e Dom Evaristo Arns.
- **pseudônimo:** segundo o CC/art. 19, e desde que adotado para ***atividades lícitas***, possui a proteção que se dá ao nome. Conhecido por nome fictício ou falso nome, este elemento goza da proteção legal quando utilizado para certas atividades nas quais a pessoa é conhecida, como na arte, literatura ou religião. O que importa para invocar a proteção legal é a sua utilização, mesmo que não ostente a notoriedade, a qual não é exigida no preceito destacado acima; a proteção conferida ao pseudônimo, enquanto direito de personalidade, não é admitida em toda e qualquer circunstância; exige-se a licitude das atividades para que se possa reclamar de eventuais perdas e danos, em razão do uso não autorizado; lembramos alguns notáveis conhecidos por seu pseudônimo: Jango (João Belchior Marques Goulart); Chico Xavier (Francisco de Paula Cândido Xavier); Pelé (Edson Arantes do Nascimento); Garrincha (Manuel Francisco dos Santos). Lembramos, ainda, que a *heterônímia* é alcançada pela norma em apreço (CC, art. 19), quando utilizada em atividades lícitas. Exemplificamos com o poeta e escritor português Fernando Pessoa, que, em suas obras literárias, se desdobrou em múltiplas personalidades, assinando-as como, entre outros, Álvaro de Campos, Ricardo Reis, Alberto Caeiro e Bernardo Soares.
- **regra da imutabilidade relativa do nome:** somente por exceção e motivadamente, e caso se apresente necessário, será admitido alterar o prenome. Assim, não é absoluta a imutabilidade ou definitividade do nome (STJ – Info 513)
- **decisões do STJ, apelidos de família:**

a) **apelidos da família de origem, porque identificadores da estirpe, a imutabilidade é absoluta.** Tratando-se de norma cogente como garantia de segurança jurídica, o sobrenome de família constitui sinal identificador da origem do indivíduo. Assim, neste caso, vedam-se as **supressões** (STJ – Info 460)

b) em caso concreto, no qual se identifica justo motivo no pleito do recorrente de supressão do patronímico paterno do seu nome, pois, **abandonado** pelo pai desde tenra idade, foi criado exclusivamente pela mãe e pela avó materna – *abandono afetivo* (STJ, REsp 1304718 / SP)

c) As regras que relativizam o princípio da imutabilidade dos registros públicos não contemplam a possibilidade de exclusão do patronímico paterno por razões de **ordem religiosa** – especialmente se a supressão pretendida prejudica o apelido familiar, tornando impossível a identificação do indivíduo com seus ascendentes paternos (STJ, REsp 1189158 / SP)

3.4.2. ALTERAÇÃO DO PRENOME

- no quadro a seguir, ilustramos as hipóteses de alteração do nome, diferenciando-as em relação ao prenome e ao sobrenome, terminologias adotadas pelo CC, art. 16.

HIPÓTESES DE ALTERAÇÃO DO PRENOME DE ACORDO COM A LEI 6.015/73 E PRECEDENTES DO STJ

- **alteração do nome, sem motivação:** de acordo com a LRP, art. 56, o interessado, nº **1.º ano após ter atingido a maioridade civil** poderá, **pessoalmente** ou por **procurador bastante**, alterar o **nome** (prenome e sobrenome), desde que **não prejudique** os apelidos de família, averbando-se a alteração que será publicada pela imprensa (obs: admite-se a forma administrativa ou judicial). Nesse caso, é habitual o acréscimo de apelidos, nome de uso ou sobrenomes.

a) **prazo**: neste caso, o prazo é decadencial de **1 ano**.

b) **contagem**: a contagem é iniciada a partir da **maioridade** (CC, art. 5º, *caput*). Antes dos 18 anos, o menor poderá ser emancipado, o que faz cessar-lhe a incapacidade. Porém, a emancipação não inicia o prazo decadencial.

- **alteração por exceção e motivadamente, ouvido o Ministério Público:** diz a LRP, art. 57, *caput*, que a

alteração posterior de nome, somente por **exceção e motivadamente**, após audiência do **Ministério Público**, será permitida por **sentença** do juiz a que estiver sujeito o registro, arquivando-se o mandado e publicando-se a alteração pela imprensa, ressalvada a hipótese do art. 110 desta Lei.

a) **prazo**: não há

b) não é absoluta a imutabilidade do nome (STJ – Info 145)

c) admite-se a alteração por tal fundamento aos menores, observadas as regras de representação e assistência (STJ, REsp 345456)

- **alteração do nome com erros de pronta verificação:** conforme dissemos acima, a parte final do preceito, LRP, art. 110, refere-se aos **erros que não exijam qualquer indagação para a constatação imediata de necessidade de sua correção**, os quais poderão ser corrigidos **de ofício pelo oficial de registro no próprio cartório** onde se encontrar o assentamento, mediante petição assinada pelo **interessado**, **representante legal** ou **procurador**, independentemente de pagamento de selos e taxas, após manifestação conclusiva do **Ministério Público.**

a) admite-se a correção pelo próprio oficial, mediante provocação

b) poderão fazê-lo o interessado, o representante legal ou convencional

c) independe do pagamento de selos e taxas

d) exige-se a participação do Ministério Público

- **Outras situações legais ou jurisprudências de alteração do nome**

1. o nome abreviado, usado como firma comercial registrada ou em atividade profissional (LRP, art. 57, § 1º);
2. substituição ou inclusão por apelidos públicos notórios (LRP, art. 58);
3. em razão de fundada coação decorrente de colaboração com a apuração em crime, mediante sentença, ouvido o MP (LRP, art. 58, parágrafo único);
4. se o prenome expor o titular ao ridículo (LRP, art. 55, parágrafo único);
5. quando ocorrer erro gráfico (LRP, art. 110);
6. homonímia;
7. substituição por prenome de uso, aquele pelo qual a pessoa é conhecida;
8. em caso de adoção (ECA/art. 47, § 5º);
9. para a tradução de nome estrangeiro, quando este passe a residir em definitivo no Brasil;
10. em decorrência de cirurgia de transgenitalização (mudança de sexo).

3.4.3. ALTERAÇÃO DO SOBRENOME

HIPÓTESES DE ALTERAÇÃO DO SOBRENOME DE ACORDO COM A LEI 6.015/73 E PRECEDENTES DO STJ

- **alteração do nome, sem motivação:** de acordo com a LRP, art. 56, o interessado, nº **1.º ano após ter atingido a maioridade civil** (aos 18 anos) poderá, **pessoalmente** ou por **procurador bastante**, alterar o **nome** (prenome e sobrenome), desde que **não prejudique** os apelidos de família, averbando-se a alteração que será publicada pela imprensa (obs: admite-se a forma administrativa ou judicial). Neste caso, é habitual o acréscimo de apelidos, nome de uso ou sobrenomes.

a) **prazo**: neste caso, o prazo é decadencial de **01 ano.**

b) **contagem**: a contagem é iniciada a partir da **maioridade** (CC, art. 5º, *caput*). Antes dos 18 anos, o menor poderá ser emancipado, cessando-lhe a incapacidade. Porém, a emancipação não inicia o prazo decadencial.

- **alteração por exceção e motivadamente, ouvido o Ministério Público:** diz a LRP, art. 57, *caput*, que a **alteração posterior de nome**, somente por **exceção e motivadamente**, após audiência do **Ministério Público**, será permitida por **sentença** do juiz a que estiver sujeito o registro, arquivando-se o mandado e publicando-se a alteração pela imprensa, ressalvada a hipótese do art. 110 desta Lei.

a) **prazo**: não há

b) não é absoluta a imutabilidade do nome (STJ – Info 145)

c) admite-se a alteração por tal fundamento aos menores, observadas as regras de representação e assistência (STJ, REsp 345456)

- **alteração do nome com erros de pronta verificação:** conforme dissemos acima, a parte final do preceito, LRP, art. 110, refere-se aos **erros que não exijam qualquer indagação para a constatação imediata de necessidade de sua correção**, os quais poderão ser corrigidos **de ofício pelo oficial de registro no próprio cartório** onde se encontrar o assentamento, mediante petição assinada pelo **interessado**, **representante legal** ou **procurador**, independentemente de pagamento de selos e taxas, após manifestação conclusiva do **Ministério Público.**

a) admite-se a correção pelo próprio oficial, mediante provocação

b) poderão fazê-lo o interessado, o representante legal ou convencional

c) independe do pagamento de selos e taxas

d) exige-se a participação do Ministério Público

- **Outras situações legais ou jurisprudências de alteração do nome:**

1. casamento
2. adoção
3. reconhecimento da filiação
4. união estável
5. divórcio
6. mudança de sexo
7. não se tem admitido a supressão ou substituição do sobrenome, mas somente o acréscimo, quando for prejudicial à identificação dos apelidos da família.
8. segundo a LRP, art. 57, § 8º, o enteado ou a enteada, havendo motivo ponderável e na forma dos §§ 2º e 7º deste artigo, poderá requerer ao juiz competente que, no registro de nascimento, seja averbado o nome de família de seu padrasto ou de sua madrasta, desde que haja expressa concordância destes, sem prejuízo de seus apelidos de família.

3.5. ESTADO DAS PESSOAS

- **noções gerais:** em resumo, são os atributos que a pessoa dentro da sociedade, nos aspectos civil e pessoal. Para o Direito Romano, eram três os estados da pessoa, a saber: a liberdade (libertatis); a cidadania (civitatis) e o familiar (familiae). Para a pessoa, perder estes estados representava a capitis deminutio. O estado da pessoa é um dos elementos de sua individualização, assim como são o nome e o domicílio.
- **Espécies:** basicamente, são três os estados da pessoa:

a) *político*: as pessoas podem ser *nacionais* (*natos* e *naturalizados*) ou *estrangeiras*. A situação jurídica do estrangeiro é definida pela Lei 6.815/80, regulamentada pelo Decreto 86.715/81.

b) *familiar:* situação da pessoa dentro da família, do *cônjuge (vinculo da afinidade)* e do *parente (vínculo consanguíneo).*

c) *individual.* é a posição da pessoa que cria direitos e deveres específicos decorrentes, como ser solteiro, casado, viúvo, separado.

- **Características do estado**:

1. *irrenunciabilidade*
2. *inalienabilidade*
3. *imprescritibilidade.*

- **Ações de estado**: são aquelas que visam criar, modificar ou extinguir um estado, como ocorre com a interdição, anulação de casamento, etc.

3.6. DIREITOS DA PERSONALIDADE

- aos *direitos da personalidade* dedica o CC/2002 um capítulo próprio, conforme artigos 11 a 21.
- *características*: os direitos da personalidade são:

1. *absolutos;*
2. *extrapatrimoniais;*
3. *irrenunciáveis;*
4. *intransmissíveis.*[1]
5. *perpétuos ou vitalícios;*
6. *inalienáveis;*
7. *imprescritíveis;*
8. *impenhoráveis;*
9. *quando inatos, não se sujeitam à desapropriação;*

- **exemplos***:* integram essa categoria de direito todos os atributos subjetivos da pessoa, como a vida, a integridade física, a liberdade, a honra, a imagem, entre outros.
- **origem:** enquanto categoria de direitos subjetivos, os direitos da personalidade são recentes. As fontes mais citadas na doutrina são as *"Declarações dos Direitos do Homem"* (1789 e 1948) e a *"Convenção Europeia para a proteção dos Direitos do Homem e das liberdades fundamentais"* (1950).
- **gerações:** os direitos fundamentais remontam à Revolução Francesa, que possuía como lemas a *liberdade*, a *igualdade* e a *fraternidade*.

Classificação em gerações dos direitos fundamentais		
1ª Geração:	**2ª Geração:**	**3ª Geração:**
os *"direitos e garantias individuais e políticos clássicos"*, as chamadas liberdades públicas, surgidos a partir da *Magna Charta.*	desta classe são os *"direitos sociais"*, econômicos e culturais, como aqueles relacionados ao trabalho, seguro social, amparo à doença, ao idoso, ao deficiente.	são os direitos de solidariedade ou fraternidade, como o direito ao meio ambiente equilibrado, aos demais direitos difusos.

- ***excludendi alios:*** os direitos da personalidade conferem a prerrogativa de exigir um comportamento negativo endereçado a todos, ou seja, seu caráter é geral e legal. A respeito, diz o CC/art. 12: *"Pode-se exigir que cesse a ameaça, ou a lesão, a direito da personalidade, e reclamar perdas e danos, sem prejuízo de outras sanções previstas em lei".*
- **categorias:** os direitos da personalidade são divididos em duas categorias, a saber:

1. Apesar de intransmissíveis (CC, art. 11), admite-se a cessão de uso dos direitos da personalidade (Ex. direitos autorais, direitos de imagem, etc.), razão pela qual a indisponibilidade quanto a eles é relativa. (Ver Enunciados 04, 139 e 274 das Jornadas de Direito Civil do CJF)

Inatos	Adquiridos
aqueles imanentes a qualquer pessoa, desde a concepção, por isso geral, como o direito a vida, a integridade física, a moral.	estes, por sua vez, envolvem um comportamento da pessoa. Logo, são direitos individuais e restritos, como os autorais.

- **legitimados aos mecanismo de proteção:** segundo o CC, art. 12, as sanções decorrentes das ofensas aos direitos da personalidade, destinadas à proteção da dignidade humana, de tutela especifica ou cautelar, sem prejuízo das perdas e danos materiais ou morais, devem ser pleiteadas pelo ***lesado direto*** (*ofendido*). Por outro lado, não se afasta ao ***lesado indireto*** *(herdeiros, cônjuge, companheiro, membros da família, etc)* aquele que sofreu algum prejuízo pessoal, resultado de um dano a um bem jurídico de outrem, de manejar contra o responsável, por direito próprio (CC/art. 12, parágrafo único). Tratando-se de **morto**, terá **legitimação** para requerer a medida prevista nesse artigo o **cônjuge sobrevivente**, ou **qualquer parente em linha reta, ou colateral até o 4º grau.** O **Enunciado 275 do CJF** reconhece igual legitimidade ao *companheiro*. Conferir, ainda, os ***Enunciados 398, 399, 400 e 140 das Jornadas de Direito Civil do CJF.***
- **disposição do corpo em vida***:* a respeito da disposição do corpo em vida dispõe o CC, arts. 13. O corpo é **indisponível** quando importar diminuição permanente da integridade física, salvo quando for necessário por exigência médica, para preservar a saúde, como amputar um membro ou extrair um órgão para evitar que um câncer se alastre. Também é **indisponível** o corpo se contrariar os bons costumes, como ocorre se verificado o comércio de órgãos e tecidos. Lembramos que **por exceção**, o ato previsto neste artigo será admitido para fins de transplante, na forma estabelecida em lei especial. A Lei 9.434, de 04 de fevereiro de 1997, regula a disposição em vida de tecidos, órgãos e partes do corpo humano para fins de transplante ou tratamento, sendo a lei especial mencionada no CC/art. 13, parágrafo único. **Ver: Enunciados 06 e 401 das Jornadas de Direito Civil do CJF**.

☒ requisitos para disposição do corpo em vida: a Lei 9.434/97 **estabelece a respeito da remoção** de órgãos, tecidos e partes do corpo humano para fins de transplante e tratamento e dá outras providências.

1. é permitida à pessoa juridicamente capaz dispor **gratuitamente** de tecidos, órgãos e partes do próprio corpo vivo, para fins terapêuticos ou para transplantes em cônjuge ou parentes consanguíneos até o quarto grau, ou em qualquer outra pessoa
2. a disposição é sempre **gratuita**
3. a realização de transplante ou enxertos de tecidos, órgãos ou partes do corpo humano só poderá ser realizada por estabelecimento de saúde, público ou privado, e por equipes médico-cirúrgicas de remoção e transplante previamente autorizados pelo órgão de gestão nacional do Sistema Único de Saúde.
4. a realização de transplantes ou enxertos de tecidos, órgãos ou partes do corpo humano só poderá ser autorizada após a realização, no doador, de todos os testes de triagem para diagnóstico de infecção e infestação exigidos para a triagem de sangue para doação, segundo dispõem a Lei nº 7.649, de 25 de janeiro de 1988, e regulamentos do Poder Executivo.
5. **não** estão compreendidos entre os tecidos **o sangue, o esperma e o óvulo.**
6. **(forma)**: **em relação ao cônjuge ou parentes consanguíneos até o quarto grau**, o doador deverá autorizar, preferencialmente por escrito e diante de testemunhas, especificamente o tecido, órgão ou parte do corpo objeto da retirada; **qualquer pessoa**, mediante autorização judicial, dispensada esta em relação à medula óssea.
7. **(limitações)**: **a)** órgãos duplos, de partes de órgãos, tecidos ou partes do corpo cuja retirada não impeça o organismo do doador de continuar vivendo sem risco para a sua integridade; **b)** não represente grave comprometimento de suas aptidões vitais e saúde mental; **c)** não cause mutilação ou deformação inaceitável; **d)** corresponda a uma necessidade terapêutica comprovadamente indispensável à pessoa receptora.
8. **(revogação)**: a doação poderá ser revogada pelo doador ou pelos responsáveis legais a qualquer momento antes de sua concretização.
9. **(medula óssea de incapaz)**: o indivíduo juridicamente **incapaz**, com compatibilidade imunológica comprovada, poderá fazer doação nos casos de transplante de medula óssea, desde que haja consentimento de **ambos** os pais ou seus **responsáveis legais** e **autorização judicial,** e o ato **não oferecer risco para a sua saúde**.
10. **(medula óssea de capaz)**: dispensa-se a autorização judicial.
11. **(hipótese de vedação legal)**: **Regra**: é vedado à **gestante** dispor de tecidos, órgãos ou partes de seu corpo vivo. **Exceção**: se tratar de doação de tecido para ser utilizado em transplante de medula óssea, e o ato não oferecer risco à sua saúde ou ao feto.
12. **(autotransplante)** o autotransplante depende apenas do consentimento do próprio indivíduo, registrado em seu prontuário médico; (**incapaz**) se ele for juridicamente incapaz, de **um** de seus pais ou responsáveis legais.
13. (direito à informação da gestante): é garantido a toda mulher o acesso a informações sobre as possibilidades e os benefícios da doação voluntária de sangue do cordão umbilical e placentário durante o período de consultas pré-natais e no momento da realização do parto.
14. (consentimento do receptor): o transplante ou enxerto só se fará com o **consentimento expresso**

do receptor, assim inscrito em **lista única** de espera, após aconselhamento sobre a excepcionalidade e os riscos do procedimento. Nos casos em que o **receptor seja juridicamente incapaz** ou cujas **condições de saúde impeçam ou comprometam** a manifestação válida da sua vontade, o consentimento de que trata esse artigo será dado por **um** de seus pais ou responsáveis legais.

- **transgenitalização (mudança de sexo)**: de acordo com a **Resolução 1.955/2010 do Conselho Federal de Medicina**, a cirurgia de transformação plástico-reconstrutiva da genitália externa, interna e caracteres sexuais secundários não constitui crime de mutilação previsto no artigo 129 do Código Penal brasileiro, haja vista que tem o propósito terapêutico específico de adequar a genitália ao sexo psíquico. Nessa linha, afirma o ***Enunciado 276 da IV Jornada de Direito Civil do CJF***: *"O art. 13 do Código Civil, ao permitir a disposição do próprio corpo por exigência médica, autoriza as cirurgias de transgenitalização, em conformidade com os procedimentos estabelecidos pelo Conselho Federal de Medicina, e a conseqüente alteração do prenome e do sexo no Registro Civil".*
- **disposição do corpo após a morte:** o CC, art. 14, estabelece os critérios legais em relação à disposição do corpo depois da morte. Admite-se desde que seja **gratuita**, de todo o corpo ou parte dele. Quanto aos **objetivos**, poderá ser científico ou altruístico. De acordo com o **princípio do consenso afirmativo** a pessoa capaz **deverá manifestar sua vontade** de dispor de forma gratuita do próprio corpo, no todo ou em parte, para depois de sua morte, com objetivo científico ou altruístico. O ato de disposição pode ser livremente revogado a qualquer tempo. Segundo o teor do ***Enunciado 277 da IV Jornada de Direito Civil do CJF***, *"o art. 14 do Código Civil, ao afirmar a validade da disposição gratuita do próprio corpo, com objetivo científico ou altruístico, para depois da morte, determinou que a manifestação expressa do doador de órgãos em vida prevalece sobre a vontade dos familiares, portanto, a aplicação do art. 4º da Lei nº 9.434/97 ficou restrita à hipótese de silêncio do potencial doador"*; pelo ***Enunciado 402 da V Jornada de Direito Civil***: *"o art. 14, parágrafo único, do Código Civil, fundado no consentimento informado, não dispensa o consentimento dos adolescentes para a doação de medula óssea prevista no art. 9º, § 6º, da Lei nº 9.434/1997 por aplicação analógica dos arts. 28, § 2º (alterado pela Lei nº 12.010/2009), e 45, § 2º, do ECA".* Lembramos que a Lei 8.501/92 regula a disposição de cadáver não reclamado, para fins de estudos e pesquisas, e a Lei 9.434/97, a disposição do corpo *post mortem* para fins de transplante.
- requisitos para disposição do corpo após a morte: a Lei **9.434/97** dispõe sobre a remoção de órgãos, tecidos e partes do corpo humano para fins de transplante e tratamento e dá outras providências.

1. **(morte encefálica)**: a retirada *post mortem* de tecidos, órgãos ou partes do corpo humano destinados a transplante ou tratamento **deverá** ser precedida de **diagnóstico de morte encefálica**, constatada e registrada por **dois médicos não participantes das equipes de remoção e transplante**, mediante a utilização de critérios **clínicos e tecnológicos** definidos por resolução do Conselho Federal de Medicina.
2. **(médico da família)**: será admitida a presença de médico de confiança da família do falecido no ato da comprovação e atestação da morte encefálica.
3. **(arquivo dos prontuários médicos de diagnóstico)**: os prontuários médicos, contendo os resultados ou os laudos dos exames referentes aos diagnósticos de morte encefálica e cópias dos documentos de que tratam os arts. 2º, parágrafo único; 4º e seus parágrafos; 5º; 7º; 9º, §§ 2º, 4º, 6º e 8º, e 10, quando couber, e detalhando os atos cirúrgicos relativos aos transplantes e enxertos, serão mantidos nos arquivos das instituições referidas no art. 2º por um período mínimo de **05 anos**.
4. **(relatório anual dos receptores)**: as instituições referidas no art. 2º da Lei 9.434/97, enviarão **anualmente** um relatório contendo os nomes dos pacientes receptores ao órgão gestor estadual do Sistema único de Saúde.
5. **(princípio do consenso afirmativo)**: toda pessoa deve manifestar sua vontade de doar os seus órgãos e tecidos depois de sua morte, com objetivo científico ou terapêutico, reconhecido o direito de a qualquer tempo revogar livremente essa vontade manifestada; (inexistência da presunção de doador no silêncio da declaração): está afastada a presunção de que todos sejam doadores. A Lei 10.211/2001, passou a exigir autorização expressa dos familiares, conforme o item seguinte; (declaração expressa da vontade de não doador): neste caso, prevalece a vontade do potencial doador, ainda que a família autorize a retirada dos órgãos e tecidos, por se tratar de ato personalíssimo do doador **(Enunciado 277 da IV Jornada)**.
6. **(autorização referente a doador capaz)**: a retirada de tecidos, órgãos e partes do corpo de pessoas falecidas para transplantes ou outra finalidade terapêutica, dependerá da autorização do **cônjuge** ou **parente, maior de idade, obedecida a linha sucessória, reta ou colateral, até o segundo grau inclusive**, firmada em documento **subscrito** por **duas testemunhas** presentes à verificação da morte.
7. **(autorização referente a doador incapaz)**: a remoção post mortem de tecidos, órgãos ou partes do corpo de pessoa juridicamente incapaz poderá ser feita desde que permitida **expressamente por ambos** os pais, ou por seus **responsáveis legais**.
8. **(vedação doador não identificado)**: é vedada a remoção post mortem de tecidos, órgãos ou partes do corpo de pessoas não identificadas.

9. **(recomposição condigna)**: após a retirada de partes do corpo, o cadáver será condignamente recomposto e entregue aos parentes do morto ou seus responsáveis legais para sepultamento.

10. **(proibição de comércio)**: de acordo com a CF, art. 199, § 4º, *"a lei* disporá sobre as condições e os requisitos que facilitem a remoção de órgãos, tecidos e substâncias humanas para fins de transplante, pesquisa e tratamento, bem como a coleta, processamento e transfusão de sangue e seus derivados, **sendo vedado todo tipo de comercialização**"*. – grifo não original.

- **princípio da autonomia** e da **recusa ao tratamento arriscado**: previsto no art. 15 do CC, ninguém pode ser constrangido a submeter-se, com risco de vida, a tratamento médico ou a intervenção cirúrgica. Disso decorre o **direito à informação** do paciente a respeito de seu estado de saúde e tratamento, resultando nos **princípios da transparência** e do **dever de informar**, os quais devem ser cumpridos pelo profissional da medicina, e se acham previstos no CDC, arts. 4º, 6º, III e 31. Na impossibilidade da **autorização escrita** para o tratamento médico, por analogia à Lei 9.434/97, art. 4º, poderão fazê-lo o cônjuge ou parente, maior de idade, obedecida a linha sucessória, reta ou colateral, até o segundo grau inclusive. Em caso de emergência ou urgência, que importe em iminente risco de vida, a intervenção médica poderá ocorrer independentemente de autorização, o que se verifica, por exemplo, para aquele acometido de AVC ou infarto (CP, art. 146, § 3º, I).

- **tratamento e religião:** se a recusa ao tratamento for decorrente da liberdade de religião, lembramos o teor do ***Enunciado 403 da V Jornada de Direito Civil***, pelo qual *"o direito à inviolabilidade de consciência e de crença, previsto no art. 5º, VI, da Constituição Federal, aplica-se também à pessoa que se nega a tratamento médico, inclusive transfusão de sangue, com ou sem risco de morte, em razão do tratamento ou da falta dele, desde que observados os seguintes critérios: a) capacidade civil plena, excluído o suprimento pelo representante ou assistente; b) manifestação de vontade livre, consciente e informada; e c) oposição que diga respeito exclusivamente à própria pessoa do declarante"*.

- **princípio da beneficência:** informa a necessidade de a prática médica buscar o bem-estar do paciente, buscando a ponderação entre riscos e benefícios, tanto atuais como potenciais, comprometendo-se com o máximo de benefícios e o mínimo de danos e riscos, sempre para o bem do enfermo.

- **princípio da não maleficência:** por ele, existe a obrigação de **não** causar mais danos ao paciente, devendo buscar o tratamento alternativo sempre que houver recusa motivada, por exemplo, em razão de questões religiosas. (**Conferir: Enunciado 403 do CJF**)

- **proteção à palavra e à imagem:** a palavra e os escritos já eram protegidos pela Lei 9.608/98 (Lei dos Direitos Autorais). Com o CC, art. 20, *"salvo se autorizadas, ou se necessárias à* ***administração da justiça*** *ou à* ***manutenção da ordem pública****, a* ***divulgação de escritos, a transmissão da palavra (falada e escrita – CF/art. 5º, XXVII, "a")****, ou a* ***publicação****, a* ***exposição ou a utilização da imagem de uma pessoa*** *poderão ser proibidas, a seu requerimento e sem prejuízo da indenização que couber, se lhe atingirem a honra, a boa fama ou a respeitabilidade, ou se se destinarem a fins comerciais"*. Tratando-se de ***morto*** ou de ***ausente***, são partes legítimas para requerer essa proteção o *cônjuge*, os *ascendentes* ou os *descendentes*. O **Enunciado 275 do CJF** reconhece igual legitimidade ao *companheiro*. Em resumo, a divulgação de escritos, a transmissão da palavra, ou a publicação, a exposição ou a utilização da imagem de uma pessoa poderão ser *proibidas*, a seu requerimento e sem prejuízo da indenização que couber, se lhe atingirem a honra, a boa fama ou a respeitabilidade, ou se se destinarem a fins comerciais. Há, contudo, exceções a essa regra:

a) *se autorizadas*;

b) se *necessárias à administração da justiça*;

c) se necessárias à *manutenção da ordem pública*;

d) no *caso de biografia não autorizada*. Conforme decidiu o STF na ADIN 4815, em consonância com os direitos fundamentais à liberdade de pensamento e de sua expressão, declarar inexigível o consentimento de pessoa biografada relativamente a obras biográficas literárias ou audiovisuais, sendo por igual desnecessária autorização de pessoas retratadas como coadjuvantes (ou de seus familiares, em caso de pessoas falecidas).

- **Súmula 403 do STJ**: *"Independe de prova do prejuízo a indenização pela publicação não autorizada de imagem de pessoa com fins econômicos ou comerciais"*.

- **uso não lucrativo da imagem:** *"A obrigação da reparação pelo uso não autorizado de imagem decorre do próprio uso indevido do direito personalíssimo e não é afastada pelo caráter não lucrativo do evento ao qual a imagem é associada. Para a configuração do dano moral pelo uso não autorizado de imagem não é necessária a demonstração de prejuízo, pois o dano se apresenta in re ipsa..."* ***(STJ – REsp 299832 /RJ RECURSO ESPECIAL – Dje 27/02/2013)***.

- **biografia não autorizada:** o STF em recente decisão sobre as biografias não autorizadas, decidiu, por **unanimidade**, julgar procedente o pedido formulado em ação direta para dar interpretação conforme à Constituição aos **artigos 20 e 21 do Código Civil, sem redução de texto**, para, em consonância com os direitos fundamentais à liberdade de pensamento e de sua expressão, de criação artística, produção científica, **declarar inexigível o consentimento de pessoa biografada relativamente a obras biográficas literárias ou audiovisuais, sendo por igual desnecessária autorização de**

pessoas retratadas como coadjuvantes (ou de seus familiares, em caso de pessoas falecidas). (STF, ADI 4815, 10.06.2015).

- **rol não exaustivo dos direitos da personalidade**: de acordo com o ***Enunciado 274 da IV Jornada de Direito Civil***: *"Os direitos da personalidade, regulados de maneira não-exaustiva pelo Código Civil, são expressões da cláusula geral de tutela da pessoa humana, contida no art. 1º, inc. III, da Constituição (princípio da dignidade da pessoa humana). Em caso de colisão entre eles, como nenhum pode sobrelevar os demais, deve-se aplicar a técnica da ponderação".*
- **paralelo:** não raro em concursos são colocados lado a lado os arts. 12, parágrafo único, e o 20, parágrafo único, em relação aos *legitimados* para a proteção dos *direitos da personalidade* e da *imagem* do morto, surgindo duas regras:

Proteção do morto e do ausente	
- Regra da Personalidade – art. 12, parágrafo único, do CC	**- Regra da Imagem – art. 20, parágrafo único, do CC**
▪ o direito de exigir que cesse a lesão ou ameaça a **direito da personalidade** e reclamar perdas e danos. ***. Em se tratando de MORTO**.	▪ **salvo se autorizadas**, ou se **necessárias à administração da justiça** ou à **manutenção da ordem pública**, a **divulgação de escritos, a transmissão da palavra**, ou **a publicação**, a **exposição** ou a **utilização da imagem** de uma pessoa poderão ser proibidas, a seu requerimento e sem prejuízo da indenização que couber, **se lhe atingirem a honra**, a **boa fama** ou a **respeitabilidade**, ou se se destinarem a **fins comerciais**. * **Tratando-se de MORTO ou de AUSENTE.**
▪ **Legitimados:** cônjuge sobrevivente qualquer parente em linha reta colateral até o quarto grau.	▪ **Legitimados:** cônjuge os ascendentes descendentes.
* **Enunciado 275 da IV Jornada do CJF**: *"O rol dos legitimados de que tratam os arts. 12, parágrafo único, e 20, parágrafo único, do Código Civil também compreende o companheiro".* * **Ver: Enunciado 399.**	

- **intimidade e vida privada:** dispõe a CF, art. 5º, X, que *"são invioláveis a intimidade, a vida privada, a honra e a imagem das pessoas, assegurado o direito a indenização pelo dano material ou moral decorrente de sua violação"*. Por sua vez, estabelece o CC, art. 21, que *"A vida privada da pessoa natural é inviolável, e o juiz, a requerimento do interessado, adotará as providências necessárias para impedir ou fazer cessar ato contrário a esta norma"*. A **intimidade** é o círculo mais reservado e restrito da pessoa, diz respeito ao "eu" individualmente considerado; é o segredo ou os acontecimentos da vida que dizem respeito ao que somos, sentimos ou pensamos, como o pudor, o relacionamento amoroso. A **vida privada** ou **a privacidade**, também fundada no texto constitucional, é o direito de maior abrangência subjetiva, pois seus aspectos individuais ficam estendidos a um grupo de pessoas, escolhidos pelo titular, como as comunicações telefônicas, epistolares. A **intimidade** é interna e a **privacidade,** o aspecto externo da existência. Nos EUA, a ***privacidade*** é denominada de *right of privacy*; na França, *droit a la priveé e droit a lintimité*; na Itália, *diritto allá riservatezza*; Alemanha, *Recht auf informationelle Selbstbestimmung*.
- **direito da personalidade das pessoas jurídicas**: inicialmente, lembramos ao candidato o teor do ***Enunciado 286 da IV Jornada de Direito Civil do CJF***: *"Os direitos da personalidade são direitos inerentes e essenciais à pessoa humana, decorrentes de sua dignidade, não sendo as pessoas jurídicas titulares de tais direitos"*. Em que pese o verbete, reconhece o CC, art. 52 que *"aplica-se às pessoas jurídicas, no que couber, a proteção dos direitos da personalidade"*. Não é por acaso que o **STF, Súmula 227**, admite o dano moral à pessoa jurídica, bem como é a proteção ao nome. Outrossim, admite-se à pessoa jurídica as medidas judiciais conducentes à preservação dos direitos mencionados, como cautelares, ações ordinárias, etc. Assim, esse é o sentido que se deve conferir ao texto legal. Para as pessoas jurídicas, fala-se em *"direitos da personalidade por equiparação"*. **(Conferir: Enunciado 189 do CJF***)*.

4. PESSOAS JURÍDICAS

4.1. FINALIDADE. PERSONALIDADE. SOCIEDADE DE FATO E IRREGULAR

- **finalidade e característica:** reunião de esforços e/ou bens em busca de objetivos comuns. A Personalidade jurídica dada ao grupo é **distinta** da de seus membros, individualmente considerados (CC, art. 50 e 1.024). O **começo** da pessoa jurídica ocorre no exato momento em que o ato constitutivo (contrato social ou estatuto) é levado a registro, na Junta Comercial (sociedades) ou Cartório de Registro Civil de Pessoas Jurídicas. Assim, o registro é **constitutivo** da personalidade da pessoa jurídica, é o instante de seu nascimento. Não é assim para as pessoas naturais, pois o registro de nascimento é meramente **declaratório**, já que a personalidade começa do nascimento com vida (CC, art. 2º).

- **sociedades de fato e irregular:** vimos acima que a pessoa jurídica terá personalidade assim que registrado o ato constitutivo. Ponto comum entre as sociedades de *fato* e a *irregular* é a **inexistência** de registro para ambas. Diferem-se unicamente pelo **ato constitutivo**. A de fato **não o tem**, e a irregular, possui o instrumento, mas **não** registrado.

4.2 TEORIAS DA PESSOA JURÍDICA

QUADRO – TEORIAS DA PESSOA JURÍDICA

- **Negativistas:** negam a existência da pessoa jurídica, porque um grupo de pessoas não poderia ter personalidade própria.
- **Afirmativistas:** explicam as razões pelas quais um grupo de pessoas passa a ter personalidade distinta daqueles que a compõem, formando uma unidade reconhecida pelo Estado. A presente teoria pode ser resumida em dois grupos, a saber: ***a)*** *das teorias da* ***ficção****;* ***b)*** *das terias da* ***realidade****.*
- **Teorias da Ficção**[2]:

a) *ficção legal*: desenvolvida por Savigny, no século XIX, afirma que a pessoa jurídica é uma criação artificial da lei; é um ente fictício, pois somente a pessoa natural poderia figurar nas relações jurídicas, como titular e sujeito de direitos. A pessoa jurídica, por sua vez, é uma construção legal, uma ficção jurídica, que detém personalidade com finalidade patrimonial, mas na realidade não passa de um grupo de pessoas.

b) *ficção doutrinária*: para esta corrente, a pessoa jurídica também não possui existência real. Sua existência é apenas intelectual, ou seja, não passa de uma ficção doutrinária criada por juristas.

- **Teorias da realidade:**

a) *realidade objetiva ou orgânica:* a pessoa jurídica não é mera abstração, mas realidade viva e presente. Trata-se de uma realidade sociológica, que nasce por imposições sociais. Vinda da Alemanha, essa teoria afirma que a pessoa jurídica nasce de uma vontade pública ou privada, capaz de dar vida a um organismo, que passa a ter existência própria e diversa da de seus membros, o que lhe confere a condição de sujeito de direitos. A **crítica** a essa teoria é o não esclarecimento de como os grupos sociais podem tornar-se sujeitos de direitos e obrigações, como as pessoas naturais, já que não possuem vida própria e personalidade. Além disso, limita o papel do Estado às questões existentes, deixando-o sem poder de criação.

b) *realidade jurídica ou institucionalista: Hauriou* é seu defensor. Considera a pessoa jurídica uma organização social, destinada a um serviço ou ofício, razão pela qual são personificadas. Não se afasta do cunho sociológico da corrente vista acima, porque não deixa de ser uma entidade por imposição social. Assim, a razão de ser da pessoa jurídica são as relações sociais, sua utilidade social, e não propriamente o resultado de uma vontade do homem. A **crítica** recai justamente na falta de explicação para pessoas jurídicas como as fundações, as quais são criadas e desenvolvidas segundo a vontade do instituidor. Ademais, não esclarece a respeito das pessoas jurídicas que não têm a finalidade de prestar serviços ou ofícios.

c) *realidade técnica:* para os que sustentam essa teoria, entre eles Colin e Capitant, a personificação dos grupos sociais é de ordem técnica, ou seja, é a forma encontrada pelo Direito, Lei e Estado, para reconhecer a grupos de indivíduos personificação própria, distinta da de seus membros, com finalidades e objetivos determinados. Devem ser observados os requisitos de validade e existência ditados pelo Estado, e sua necessidade decorre da conveniência da pessoa jurídica participar das relações de direitos nas mesmas condições das pessoas naturais. Também não está ilesa a **críticas**, porém, é a que melhor explica o fenômeno *"pessoa jurídica"*, que se consubstancia da reunião de pessoas com objetivos comuns, com personalidade própria e diversa daqueles que a compõem. É a **teoria adotada** pelo CC, no art. 45, segundo o qual *"Começa a existência legal das pessoas jurídicas de direito privado com a inscrição do ato constitutivo no respectivo registro, precedida, quando necessário, de autorização ou aprovação do Poder Executivo, averbando-se no registro todas as alterações por que passar o ato constitutivo"*, como também nos arts. 51, 54, VI, 61, 69 e 1.033, todos do CC/2002.

4.3. CONSTITUIÇÃO DA PESSOA JURÍDICA

- requisitos para a constituição da pessoa jurídica:

a) vontade humana ou intenção de criar a pessoa jurídica: exige-se duas ou mais pessoas (pluralidade de pessoas), com vontades convergentes, que se unem com finalidade específica (*affectio societatis*);

b) obediência aos preceitos legais, quais sejam:

1. cumprimento do requisito formal, confeccionando o ato constitutivo, que são: o **estatuto** (associações sem fim lucrativo), o **contrato social** (sociedades simples ou empresárias) ou a **escritura pública** ou **testamento** (fundações). Nesse ato é que são definidos os poderes dos administradores (CC, art. 47).
2. registro do ato constitutivo: com o **registro** começa a existência da pessoa jurídica de direito privado, prece-

---

2. Nota: as teorias da ficção não são aceitas, porque não explicam a existência do Estado, pois o direito que dele emana é real e não uma mera ficção jurídica ou fruto do intelecto dos juristas.

dida, quando necessário, de **autorização** ou **aprovação** do Poder Executivo (CC, art. 45). Sem ele, trata-se de **sociedade de fato** ou **personificada**. Tratando-se de **sociedade empresária**, na Junta Comercial, que possui um registro próprio. As demais pessoas jurídicas, no Cartório de Registro Civil das Pessoas Jurídicas (CC, art. 1.150 e 114 e seg. da LRP).

3. **exigências do objeto:** *lícito; determinado e possível*

OBS - 1: as **sociedades** têm por objeto o lucro; as **associações**, fins não econômicos (CC, art. 53); as **fundações**, fins religiosos, morais, culturais ou de assistência (CC, art. 62, p. ú).

OBS - 2: de acordo com o Enunciado 09 da I Jornada de Direito Civil do CJF: *"art. 62, parágrafo único: Deve ser interpretado de modo a excluir apenas as fundações com fins lucrativos"*.

OBS - 3: de acordo com o CC, art. 69, *"Tornando-se **ilícita**, **impossível** ou **inútil** a finalidade a que visa a fundação, ou **vencido o prazo de sua existência**, o órgão do Ministério Público, ou qualquer interessado, lhe promoverá a extinção, incorporando-se o seu patrimônio, salvo disposição em contrário no ato constitutivo, ou no estatuto, em outra fundação, designada pelo juiz, que se proponha a fim igual ou semelhante"*.

OBS - 4: a responsabilidade das sociedades e associações irregulares ou de fato, aquelas sem personalidade jurídica, porque não registradas, são disciplinadas nos arts. 986 a 990 do CC. Observe-se que, nesse caso, todos os sócios respondem solidária e ilimitadamente pelas obrigações sociais, excluído do benefício de ordem, aquele que contratou pela sociedade, ou seja, excutem-se, primeiramente, os bens sociais. De acordo com o art. 75, IX, do NOVO CPC, a sociedade e a associação irregulares e outros entes organizados sem personalidade jurídica, pela pessoa a quem couber a administração de seus bens. Dispõe também o art. 53, III, "c" do NOVO CPC, que é competente o foro do lugar "onde exerce suas atividades, para a ação em que for ré sociedade ou associação sem personalidade jurídica".

OBS - 5: certos grupos despersonalizados, sem personalidade jurídica, possuem representação processual, pelo que podem figurar em juízo, ativa ou passivamente. O art. 91 do CC proclama: "Constitui universalidade de direito o complexo de relações jurídicas, de uma pessoa, dotadas de valor econômico". Para tais universalidades, o NOVO CPC, art. 75 e incisos, dispõe de um rol de representantes, entre os quais destacamos, por exemplo: a massa falida (administrador judicial); a herança jacente ou vacante (curador); o espólio (inventariante); as sociedades sem personalidade jurídica (pessoa a quem couber a administração dos seus bens); o condomínio, (administrador ou síndico).

4.4. CLASSIFICAÇÃO DA PESSOA JURÍDICA

4.4.1. QUANTO À NACIONALIDADE

- **nacional**: aquela que tem sede de sua administração no país e organizada segundo as leis brasileiras, CC, art. 1.126.
- **estrangeira**: a sociedade estrangeira, qualquer que seja o seu objeto, não pode, sem autorização do Poder Executivo, funcionar no País, ainda que por estabelecimentos subordinados, podendo, todavia, ressalvados os casos expressos em lei, ser acionista de sociedade anônima brasileira, CC, art. 1.134.

4.4.2. QUANTO ESTRUTURA INTERNA

- **corporação** (*universitas personarum*): reunião de pessoas para a consecução de seus objetivos. Assim, a finalidade é dos sócios ou interna. Dessa modalidade são as *associações* e as *sociedades simples* e *empresária*, conforme o CC, art. 982.
- **fundação** (*universitas bonorum*): enquanto na corporação seu aspecto é eminentemente pessoal, aqui é material. Reveste-se de um **patrimônio personalizado**, voltado a um **fim**, que é estabelecido pelo instituidor, motivo pelo qual fala-se em **fim externo**.

4.4.3. QUANTO AO CAMPO DE ATUAÇÃO

pessoa jurídica de direito público interno (CC, art. 41, I a V).	União Estados Distrito Federal Territórios Municípios	**adm. direta.**
	Autarquias Associações públicas Entidades de caráter público criadas por lei. (Ex. fundações públicas)	**adm. indireta**
pessoa jurídica de direito público externo (CC, art. 42)	Todas as Nações Santa Sé ONU OMC	
pessoa jurídica de direito privado (CC, art. 44, I a VI)	Associações Sociedades Fundações Organizações religiosas Partidos políticos Empresas individuais de responsabilidade limitada.	

4.5. ESPÉCIES DE PESSOAS JURÍDICAS

4.5.1. ASSOCIAÇÕES

- **noções gerais:** tratam-se de pessoas jurídicas que se constituem pela união de pessoas que se organizam para **fins não econômicos**, por exemplo, altruístico, cultural, educativos, etc (CC, art. 53). A CF, art. 5º, XVII, garante a liberdade de associação para fins lícitos.
- **características:**

a) não visam lucro, ao contrário das sociedades (Enunciado 534 da VI Jornada)

b) não há, entre os associados, direitos e obrigações recíprocos (CC, art. 53, p. ú)

c) os requisitos para a elaboração do estatuto constam do CC, art. 54, I a VII:

1. a denominação, os fins e a sede da associação;
2. os requisitos para a admissão, demissão e exclusão dos associados;
3. os direitos e deveres dos associados;
4. as fontes de recursos para sua manutenção;
5. o modo de constituição e funcionamento dos órgãos deliberativos e administrativos;
6. o modo de constituição e de funcionamento dos órgãos deliberativos;
7. as condições para a alteração das disposições estatutárias e para a dissolução;
8. a forma de gestão administrativa e de aprovação das respectivas contas.

d) a **exclusão** do associado só é admissível havendo **justa causa**, assim reconhecida em procedimento que assegure direito de defesa e de recurso, nos termos previstos no estatuto (CC, art. 57)

e) a **retirada** do associado é permitida a qualquer tempo, pois "ninguém poderá ser compelido a associar-se ou a permanecer associado" (CF, art. 5º, XX)

f) há **isonomia** entre os associados, mas o estatuto poderá excepcionar essa regra, instituindo categorias com vantagens, privilégios ou direitos especiais, como os sócios remidos (CC, art. 55). Pelo **Enunciado 577 da VII Jornada de Direito Civil**: *"A possibilidade de instituição de categorias de associados com vantagens especiais admite a atribuição de pesos diferenciados ao direito de voto, desde que isso não acarrete a sua supressão em relação a matérias previstas no art. 59 do CC".*

g) caberá à **assembleia geral**, desde que **convocada para tal finalidade**, e atingido o **quórum** previsto no estatuto: **a)** destituir os administradores e; **b)** alterar o estatuto. (CC, art. 59);

h) a **convocação** das assembleias seguem a forma estabelecida no estatuto, garantida a **1/5 (um quinto)** dos associados o direito de promovê-la (CC, art. 60);

i) a qualidade de associado é **intransmissível**, salvo se o estatuto permitir (CC, art. 56). Se o associado for titular de quota ou fração ideal do patrimônio da associação, a transferência daquela não importará, de per si, na atribuição da qualidade de associado ao adquirente ou ao herdeiro, salvo disposição diversa do estatuto. (CC, art. 56, p. ún.);

j) em caso de **dissolução** da associação, haverá **destinação** dos **bens** remanescentes, os quais seguem para: **(1º)** entidade sem fim econômico constante do estatuto; **(2º)** se omisso o estatuto, os associados devem deliberar para que os bens sigam para instituição municipal, estadual ou federal, de fins idênticos ou semelhantes **(CC, art. 61; Enunciado 407 das Jornadas);**

k) também em caso de **dissolução**, e antes da **destinação**, admite a possibilidade de **restituição** da contribuição social aos associados, devidamente atualizada, desde que: **a)** esteja previsto no estatuto; **b)** se omisso, por deliberação dos associados (CC, art. 61, § 1º).

4.5.2. FUNDAÇÕES

- **noções gerais:** as fundações são pessoas jurídicas que se resumem em um complexo de bens (*universitates bonorum*), voltado para fins religiosos, morais, culturais ou de assistência. Sua criação representa a vontade de uma pessoa – o *instituidor* – que, **por escritura pública** ou **testamento**, procede a dotação especial de **bens livres**, especificando o **fim** a que se destina. Assim, os fins, uma vez que são determinados, são **imutáveis**.
- **elementos**: as fundações compõem-se de dois elementos:

a) fim: de acordo com o art. 62, parágrafo único, do CC, com a nova redação dada pela Lei 13.151, de 2015, a fundação somente poderá constituir-se para fins:

1. assistência social;
2. cultura, defesa e conservação do patrimônio histórico e artístico;
3. educação;
4. saúde;
5. segurança alimentar e nutricional;
6. defesa, preservação e conservação do meio ambiente e promoção do desenvolvimento sustentável;
7. pesquisa científica, desenvolvimento de tecnologias alternativas, modernização de sistemas de gestão, produção e divulgação de informações e conhecimentos técnicos e científicos;
8. promoção da ética, da cidadania, da democracia e dos direitos humanos;

9. atividades religiosas;

- ***ATENÇÃO***: O rol acima é meramente exemplificativo, deve ser interpretado de modo a excluir apenas as fundações de fins lucrativos **(Enunciado 9 da I Jornada de Direito Civil)**. Assim, a constituição de fundação para fins científicos, educacionais ou de promoção do meio ambiente está compreendida no Código Civil, art. 62, parágrafo único. **(Enunciado 8 da I Jornada de Direito Civil).**

b) *patrimônio:* o patrimônio de constituição deve ser *livre* (sem qualquer ônus ou limitação) e *suficiente* (CC, art. 63)

- **classificação:**

a) *particulares*: são as disciplinas no CC, arts. 62 a 69. O instituidor poderá ser pessoa física ou jurídica, e os bens do acervo conferidos à fundação

b) *públicas*: são criadas pelo Estado, com patrimônio público, e regidas segundo as normas de direito administrativo

- **fases da constituição**:

a) *dotação:* trata-se da destinação dos bens, que deve ser feita por escritura pública ou testamento. A propriedade dos bens ou outro direito real sobre eles devem ser transferidos à fundação, sob pena de ser feito o registro por ordem judicial (CC, art. 64). Os bens da fundação, que não sejam destinados à alienação, são *inalienáveis*. No entanto, essa *inalienabilidade é relativa*, admitindo-a, excepcionalmente, mediante autorização judicial, ouvido o MP.

b) *confecção do estatuto:* admite-se que seja:

c) *direta ou própria* (quem faz é o instituidor);

d) *fiduciária* (feita por terceiro designado);

e) *Ministério Público* (se o estatuto não for elaborado no prazo **assinado pelo instituidor**, ou, não havendo prazo, em **180 dias**, a incumbência caberá ao Ministério Público, CC, art. 65, par. único).

f) *aprovação do estatuto:* é **atribuição** do Ministério Público Estadual ou do Distrito Federal e Territórios velar pelas *fundações particulares*, diz a nova Lei 13.151, de 2015. Se a fundação estender suas atividades para mais de um Estado, caberá o encargo, em cada um deles, ao respectivo Ministério Público (CC, art. 66, § 2º). Conforme decidiu o STF na ADIN 2.794-8, ao Ministério Público Federal caberá a veladura pelas *fundações federais de direito público*, ainda que funcionem no DF ou Territórios.

g) Para que **aprove** o estatuto, o Ministério Público deverá se manifestar em **15 dias (NCPC, art. 721)**, e analisar:

1. *a licitude do objeto;*
2. *se as bases fixadas pelo instituidor foram observadas;*
3. *se os bens são suficientes para o fim* (CC, arts. 65, 66 e 69; NOVO CPC, arts. 764 e seguintes)

h) caso o MP proponha alterações no estatuto ou lhe denegue a aprovação, bem como quando o interessado discorde do estatuto elaborado pelo MP, poderá requerer o *suprimento judicial* (NCPC, art. 764, caput)). Da decisão judicial é cabível o **recurso de apelação**, de acordo com o art. 723 do NOVO CPC.

i) *registro:* é o ato que confere existência à pessoa jurídica (CC, art. 45. LRP, art. 114, I). Decai em **3 anos** o direito de anular a constituição das pessoas jurídicas de direito privado, por defeito do ato respectivo, contado o prazo da publicação de sua inscrição no registro (CC, art. 45, parágrafo único).

- **NOVO CPC:** a Lei 13.105, de 2015 (Novo Código de Processo Civil), dispõe sobre a aprovação do estatuto das fundações no art. 764. Fica claro com o novo diploma que a aprovação do estatuto ou a indicação de eventuais modificações ainda é atribuição do Ministério Público (NCPC, art. 764, I). O **juiz decidirá** em duas situações: (i) quando a aprovação for negada **previamente** pelo Ministério Público ou por este forem exigidas modificações com as quais o interessado não concorde; (ii) e quando o interessado discordar do estatuto elaborado pelo Ministério Público (NCPC, art. 764, I e II). Antes de suprir a aprovação, o juiz poderá mandar fazer no estatuto modificações a fim de adaptá-lo ao objetivo do instituidor.

- **alteração do estatuto da fundação**:

a) *deliberação por **dois terços (2/3)** dos competentes para gerir e representar a fundação*: se a alteração não houver sido aprovada por **votação unânime**, os administradores da fundação, ao submeterem o estatuto ao órgão do Ministério Público, requererão que se dê ciência à minoria vencida para impugná-la, se quiser, em **10 dias** (CC, art. 68);

b) *que não contrarie ou desvirtue o fim desta*: os fins da fundação são definitivos, motivo pelo qual não podem alterados (CC, art. 67, I a III);

c) *seja aprovada pelo órgão do Ministério Público no prazo máximo de **45 (quarenta e cinco) dias**, findo o qual ou no caso de o Ministério Público a denegar, poderá o juiz supri-la, a requerimento do interessado*, conforme nova redação dada ao art. 67, III, do CC, pela Lei 13.151, de 2015.

- **extinção da fundação:**

1. *quanto aos fins:* se ilícita, impossível ou inútil a finalidade a que visa a fundação
2. *quanto ao prazo:* vencido o prazo de sua existência, fixado pelo instituidor, pois inexiste qualquer prazo legal.

- **legitimados para promover extinção**:

1. *Ministério Público*
2. *qualquer interessado*

- **destino dos bens, em caso de extinção da fundação:** de acordo com o CC, art. 69, segunda parte, do CC, em caso de extinção da fundação, **incorpora-se**

o seu patrimônio, salvo disposição em contrário no *ato constitutivo*, ou no *estatuto*, em **outra fundação, designada pelo juiz**, que se proponha a fim **igual** ou **semelhante**.

4.5.3. SOCIEDADE

- **disposições gerais**: o CC/2002 unificou as obrigações civis e comerciais, no livro pertencente ao direito de empresa, onde disciplina as sociedades civis e empresárias (CC, art. 981 e seguintes). Celebram contrato de sociedade as pessoas que reciprocamente se obrigam a contribuir, com bens ou serviços, para o exercício de atividade econômica e a partilha, entre si, dos resultados. A atividade pode restringir-se à realização de **um** ou **mais** negócios determinados, ou seja, admite-se a sociedade de **propósito específico** ou para **vários negócios**. **(Ver: Enunciado 206 das Jornadas)**.
- **classificam-se em**:

a) *sociedade simples* (antiga sociedade civil) ⊠ na sociedade simples **não há** atividade empresarial econômica, organizada e voltada à produção e circulação de bens ou serviços, ainda que assuma a roupagem de uma sociedade empresária, conforme admite o CC, art. 983, segunda parte. **Uma exceção:** a *sociedade por ações* é sempre empresária (CC, art. 982, par. único, 1ª parte). Isto quer dizer que, de acordo com o ***Enunciado 477 da V Jornada de Direito Civil***, *"O art. 983 do Código Civil permite que a sociedade simples opte por um dos tipos empresariais dos arts. 1.039 a 1.092 do Código Civil. Adotada a forma de sociedade anônima ou de comandita por ações, porém, ela ser considerada empresária"*. Por outro lado, a **cooperativa** é sempre sociedade simples (CC, art. 982, par. único, 2ª parte). São constituídas as sociedades simples, em geral, para as atividades de advocacia, rural, educacional, não se restringindo às aquelas de natureza intelectual **(Enunciado 196 das Jornadas)**. Possuem finalidade econômica ou lucrativa, mas não empresária, conforme veremos abaixo

b) *sociedade empresária* (antiga sociedade comercial): possui registro na Junta Comercial (CC, art. 866), visa o **lucro** e o resultado econômico. Exerce com **habitualidade** a atividade de empresário, ou seja, profissionalmente realiza **atividade econômica organizada** para a **produção ou a circulação de bens ou de serviços** (CC, art. 966). Pode assumir diversas formas, por exemplo, comandita simples, comandita por ações, sociedade em nome coletivo, limitada, anônima, etc. (CC, art. 1.088, 1.089 e 982, parágrafo único). A sociedade que tenha por objeto o exercício de atividade própria de **empresário rural** e seja **constituída, ou transformada**, de acordo com um dos **tipos de sociedade empresária**, pode, com as formalidades do art. 968, requerer inscrição no Registro Público de Empresas Mercantis da sua sede, caso em que, depois de inscrita, ficará equiparada, para todos os efeitos, à sociedade empresária (CC, art. 984).

4.5.4. ORGANIZAÇÕES RELIGIOSAS. PARTIDOS POLÍTICOS

- **organizações religiosas:** possuem fins pastorais, evangélicos e de estudos da fé. Em relação a elas, aplicam-se as disciplinas pertinentes às associações, conforme o ***Enunciado 142 da III Jornada de Direito Civil***, *"Os partidos políticos, os sindicatos e as **associações religiosas** possuem natureza associativa, aplicando-se lhes o Código Civil"*. O ***Enunciado 143 da III Jornada de Direito Civil*** dispõe que *"A liberdade de funcionamento das organizações religiosas não afasta o controle de legalidade e legitimidade constitucional de seu registro, nem a possibilidade de reexame, pelo Judiciário, da compatibilidade de seus atos com a lei e com seus estatutos"*.
- **partidos políticos:** ostentam natureza jurídica especial, e são criados com finalidade própria. São disciplinados na Lei 9.096/95, que regulamenta os arts. 14, § 3º, V, e 17 da CF/88. Estabelece o ***Enunciado 142 da III Jornada de Direito Civil***, que *"Os **partidos políticos**, os sindicatos e as associações religiosas possuem natureza associativa, aplicando-se lhes o Código Civil"*.

4.5.5. OUTRAS PESSOAS JURÍDICAS

- a relação de pessoas jurídicas constantes do CC, art. 44, I a VI, não é exaustiva. Assim, tal rol é aberto, pois observados os requisitos legais, admitem-se outras pessoas jurídicas. **(Enunciado 144 da III Jornada de Direito Civil)**.

4.6. DESCONSIDERAÇÃO DA PESSOA JURÍDICA

- **noções gerais:** a pessoa jurídica possui personalidade e fins próprios, inconfundíveis com a de seus membros. Trata-se, assim, de uma realidade autônoma. Em função dessa característica, muitos se utilizam da pessoa jurídica para a prática de **fraudes** e **abusos**.
- **diferenças:**

a) **desconsiderar**: é descortinar o ente jurídico, sua autonomia, para alcançar determinados atos determinados praticados com **abuso** ou **desvios**, sendo que a pessoa jurídica continua a existir normalmente

b) **despersonalização:** é anular ou extinguir a pessoa jurídica

- **origem no Mundo:** a medida surgiu na Inglaterra e chegou ao Brasil no final dos anos 60, especialmente com os trabalhos do jurista e professor Rubens Requião. Diversos países admitem a teoria, também conhecida por teoria da penetração. Entre eles, destacam-se os EUA (disregard of legal entity);

França (abus de la notion de personnalité sociale) e Alemanha (durchgriff der juristishen personen).

- **origem no Brasil:** o **primeiro** diploma a prever a **teria da desconsideração** foi o Código de Defesa do Consumidor, em 1990, no art. 28. Segundo o preceito, *"O juiz poderá desconsiderar a personalidade jurídica da sociedade quando, em* ***detrimento do consumidor****, houver* ***abuso de direito, excesso de poder, infração da lei, fato ou ato ilícito*** *ou* ***violação dos estatutos*** *ou* ***contrato social****. A desconsideração também será efetivada quando houver* ***falência, estado de insolvência, encerramento*** *ou* ***inatividade da pessoa jurídica*** *provocados por* ***má administração****"*. pode ser declarada de ofício pelo juiz. A **Lei 9.605/1998**, também admite a medida. De acordo com o art. 4º, *"Poderá ser desconsiderada a pessoa jurídica sempre que sua personalidade for* ***obstáculo ao ressarcimento*** *de prejuízos causados à qualidade do meio ambiente"*. Por fim, a Lei **12.529/2011** (Lei do Sistema Brasileiro de Defesa da Concorrência – **Lei Antitruste**), prevê a medida no art. 34.
- **teoria maior e teoria menor:** por sua vez, o CC/2002, no art. 50, admite a desconsideração da pessoa jurídica. Nesse regime, **somente a requerimento**, da parte ou Ministério Público, quando lhe couber intervir, poderá o juiz decretar a desconsideração da personalidade jurídica. No **regime consumerista** (CDC, art. 28), por se tratar de norma de ordem pública, permite-se a decretação da medida judicial sem provocação, ou seja, o juiz poderá decretá-la de ofício. Outra diferença entre ambos diz respeito à **teoria menor** acolhida pelo CDC, e a **teoria maior** sufragada pelo CC. Para a **teoria menor**, basta a **insolvência** da pessoa jurídica para ser possível a desconsideração de sua personalidade, pouco importando se houve fraude ou desvio (*prejuízo do credor*). Já o CC/2002, adotou a chamada **teoria maior da desconsideração**, segundo a qual se exige, além da **prova de insolvência**, a demonstração ou de **desvio de finalidade** (*teoria subjetiva da desconsideração*) ou de **confusão patrimonial** (*teoria objetiva da desconsideração*). Acolheram a **teoria menor** (basta demonstrar o prejuízo), a **Lei Ambiental** e a **Lei Antitruste**.
- **processo de execução:** segundo o **Informativo 440 do STJ**, está sedimentado o entendimento de ser possível a desconstituição da personalidade jurídica dentro do processo de execução ou falimentar, independentemente de ação própria e autônoma.
- **desconsideração inversa:** pessoas físicas também usam pessoas jurídicas para escapar de suas obrigações. A **desconsideração inversa** da personalidade jurídica caracteriza-se pelo afastamento da autonomia patrimonial da sociedade, para, contrariamente do que ocorre na **desconsideração da personalidade propriamente dita**, atingir, então, o ente coletivo e seu patrimônio social, de modo a responsabilizar a pessoa jurídica por obrigações de seus sócios ou administradores. Sob a ótica de uma interpretação teleológica, legitima a inferência de ser possível a teoria da desconsideração da personalidade jurídica em sua modalidade inversa, que encontra justificativa nos princípios éticos e jurídicos intrínsecos à própria *disregard doctrine*, que vedam o abuso de direito e a fraude contra credores. A finalidade maior da *disregard doctrine* contida no CC, art. 50, é combater a utilização indevida do ente societário por seus sócios. De acordo com o ***Enunciado 283 da IV Jornada de Direito Civil do CJF***, *"É cabível a desconsideração da personalidade jurídica denominada "inversa" para alcançar bens de sócio que se valeu da pessoa jurídica para ocultar ou desviar bens pessoais, com prejuízo a terceiros"*. Segundo o **STJ** (REsp 948.117), a *"desconsideração inversa"* é medida excepcional, a exigir os requisitos da teoria maior, adotados no art. 50 do CC.
- **empresa controladora:** a aplicação da desconsideração da personalidade foi admitida pelo STJ no REsp 1.141.447, da empresa controladora para poder penhorar bens de forma a quitar débitos da sua controlada.
- **requisitos no CC, art. 50**: **a)** desvio de finalidade; **b)** confusão patrimonial; **c)** requerimento da parte ou do MP, quando lhe couber intervir no processo.
- **requisitos no CDC/art. 28 e § 5º**: **a)** utilização da pessoa jurídica em detrimento do consumidor; **b)** abuso de direito da PJ; **c)** excesso de poder; **d)** infração à lei; **e)** fato ou ato ilícito; **f)** violação do estatuto ou contrato social; **g)** falência; **h)** estado de insolvência; **i)** encerramento ou inatividade da pessoa jurídica por má administração; **j)** por fim, a medida terá lugar quando de alguma forma a personalidade da pessoa jurídica servir de obstáculo ao ressarcimento dos prejuízos causados ao consumidor.
- **Enunciados das Jornadas de Direito Civil**: **Enunciado 7**: *"Só se aplica a desconsideração da personalidade jurídica quando houver a prática de ato irregular e, limitadamente, aos administradores ou sócios que nela hajam incorrido"*; **Enunciado 146** *"Nas relações civis, interpretam-se restritivamente os parâmetros de desconsideração da personalidade jurídica previstos no art. 50 (desvio de finalidade social ou confusão patrimonial)"*; **Enunciado 281**: *"A aplicação da teoria da desconsideração, descrita no art. 50 do Código Civil, prescinde da demonstração de insolvência da pessoa jurídica"*; **Enunciado 282**: *"O encerramento irregular das atividades da pessoa jurídica, por si só, não basta para caracterizar abuso da personalidade jurídica"*; **Enunciado 283**: *"É cabível a desconsideração da personalidade jurídica denominada "inversa" para alcançar bens de sócio que se valeu da pessoa jurídica para ocultar ou desviar bens pessoais, com prejuízo a terceiros"*; **Enunciado 284**: *"As pessoas*

jurídicas de direito privado sem fins lucrativos ou de fins não-econômicos estão abrangidas no conceito de abuso da personalidade jurídica"; **Enunciado 285**: *"A teoria da desconsideração, prevista no art. 50 do Código Civil, pode ser invocada pela pessoa jurídica, em seu favor"*; **Enunciado 406**: *"A desconsideração da personalidade jurídica alcança os grupos de sociedade quando estiverem presentes os pressupostos do art. 50 do Código Civil e houver prejuízo para os credores até o limite transferido entre as sociedades"*.

- **NOVO CPC:** o novo diploma processual prevê nos arts. 133 a 137 o *incidente de desconsideração da personalidade jurídica*. Pode se destacar o seguinte:

a) pode ser instaurado mediante pedido da parte ou do Ministério Público, quando lhe couber intervir no processo

b) os pressupostos são aqueles previstos na lei sob a qual o pedido é manejado, ou seja, são aqueles próprios de cada instrumento legal: Ex: CC, CDC, etc. Vale lembrar que cada lei contempla exigências distintas

c) a desconsideração inversa da personalidade jurídica a ter previsão legal expressa, devendo observar os mesmos pressupostos

d) o incidente de desconsideração é cabível em todas as fases do processo de conhecimento, no cumprimento de sentença e na execução fundada em título executivo extrajudicial

e) dispensa-se a instauração do incidente se a desconsideração da personalidade jurídica for requerida na petição inicial

f) com relação ao rito do incidente em si:

1. o requerimento deve demonstrar o preenchimento dos pressupostos legais específicos para desconsideração da personalidade jurídica
2. a instauração do incidente será imediatamente comunicada ao distribuidor para as anotações devidas
3. como efeito, o processo será suspenso, a menos que tenha sido requerido na petição inicial
4. o sócio ou a pessoa jurídica será citado para manifestar-se e requerer as provas cabíveis no prazo de 15 dias
5. se necessário, poderá ocorrer do instrução
6. com ou sem instrução, o incidente será resolvido por decisão interlocutória
7. contra a decisão cabe agravo de instrumento, no prazo de 15 dias
8. se a decisão for proferida pelo relator, cabe agravo interno, em 15 dias
9. acolhido o pedido de desconsideração, a alienação ou a oneração de bens, havida em fraude de execução, será ineficaz em relação ao requerente.

4.7. RESPONSABILIDADE CIVIL DAS PESSOAS JURÍDICAS DE DIREITO PRIVADO

- **contratual:** de acordo com o CC, art. 389, *"Não cumprida a obrigação, responde o devedor por perdas e danos, mais juros e atualização monetária segundo índices oficiais regularmente estabelecidos, e honorários de advogado"*.
- **extracontratual:** sua responsabilidade neste campo emerge dos arts. 186, 187, 927, 932, III e 933, todos do CC/2002. Com efeito, admite-se a responsabilidade por *fato próprio* e por *fato de terceiro*, tanto *subjetiva*, quanto *objetiva*. Igualmente, independe para que tenha responsabilidade civil os seus fins, quer lucrativos, quer sem fins lucrativos.
- **relações de consumo:** a responsabilidade da pessoa jurídica é objetiva (CDC, arts. 12 e ss).

4.8. RESPONSABILIDADE CIVIL DAS PESSOAS JURÍDICAS DE DIREITO PÚBLICO E DE DIREITO PRIVADO PRESTADORAS DE SERVIÇOS PÚBLICOS

- **as pessoas jurídicas de direito público e as de direito privado prestadoras de serviços públicos**: responderão pelos danos que seus agentes, nessa qualidade, causarem a terceiros, assegurado o direito de regresso contra o responsável nos casos de dolo ou culpa **(CF, art. 37, § 6º; CC, art. 43)**
- ***ATENÇÃO***: Em relação aos entes acima, a teoria adotada é da **responsabilidade objetiva do risco administrativo**, a qual poderá ser afastada se ocorrer:

1. *culpa exclusiva da vítima;*
2. *força maior;*
3. *fato exclusivo de terceiro.*

4.9. EXTINÇÃO DA PESSOA JURÍDICA

- **noções gerais:** começa a existência legal das pessoas jurídicas de direito privado com a **inscrição** do ato constitutivo no respectivo **registro**, precedida, quando necessário, de **autorização** ou **aprovação** do Poder Executivo, averbando-se no registro todas as alterações por que passar o ato constitutivo (CC, art. 45).
- **encerramento:** a pessoa jurídica termina por uma das causas previstas nos arts. 54, VI, segunda parte, 69, 1.028, II, e 1.033 e seguintes, todos do CC/2002.
- **formas**: a dissolução da pessoa jurídica poderá assumir as seguintes modalidades:

a) *decurso do prazo de duração* (CC, 69, 1ª parte, art. 1.033, I);

b) *deliberação dos sócios, quando a maioria é absoluta* (Ex. CC, art. 1.033, III);

c) *distrato* ou *dissolução deliberada unânime dos membros* (CC, art. 1.033, III);

d) *falta de pluralidade de sócios, não reconstituída no prazo de **180 dias***, salvo se o sócio remanescente requerer a transformação do registro da sociedade para empresário individual ou para empresa individual de responsabilidade limitada (CC, art. 1.033, IV, parágrafo único);

e) *determinação legal*: em todas as situações previstas em lei para extinção da pessoa jurídica (CC, art. 1.033);

f) *implemento da condição ou termo*: (CC, art. 127, 128 e 135);

g) *por causa prevista no contrato social*: (CC, art. 1.035);

h) *falência*: (Lei 11.101/2005, art. 123);

i) *ato administrativo*: quando a pessoa jurídica depende de autorização do Poder Público que vem a ser cassada, por exercer fins ilícitos, impossíveis ou contrários à ordem pública (CC, arts. 1.033, V, e 1.125);

j) *judicial*: nas hipóteses legais ou estatutárias previstas para a dissolução, qualquer dos sócios tenha que ingressar em juízo para que a pessoa jurídica seja extinta (CC, arts. 69, 1ª parte, 1.028, II, 1.033, 1.034, I e II, 1.035).

- **processo de extinção**:

a) *liquidação*: a pessoa jurídica não é extinta em um só ato ou momento. Se tiver bens e dívidas a serem pagas, seu processo de extinção prossegue em fase de liquidação, para realização do ativo, pagamento do passivo e partilha entre os sócios (CC, arts. 51, §§ 1º e 2º; 1.036 a 1.038);

b) *dissolução*: somente após liquidada, a inscrição da pessoa jurídica será cancelada, com efeitos *ex nunc* (CC, art. 51, § 3º). É no registro em que inscrita a pessoa jurídica que se faz a **averbação** de sua dissolução (CC, art. 51, § 1º). Por outro lado, aplicam-se as disposições a respeito da dissolução das sociedades em relação às demais pessoas jurídicas (CC, art. 51, § 2º).

- ***ATENÇÃO:*** De acordo com a CF, art. 5º, XIX, *"as associações só poderão ser **compulsoriamente dissolvidas** ou ter suas **atividades suspensas** por decisão judicial, exigindo-se, no primeiro caso, o trânsito em julgado"*.

5. DOMICÍLIO

5.1. DOMICÍLIO DA PESSOA NATURAL

- **noções gerais:** é a sede jurídica da pessoa natural ou jurídica, onde se presume que esteja para fins de direito. É o local onde as pessoas serão encontradas, por *lei* ou *escolha*, para responder por suas obrigações. A palavra domicílio provém do latim *domus*, que significa casa ou morada.

- **elementos:**

a) *elemento objetivo:* residência ou centro profissional (situação física, de fato ou exterior);

b) *elemento subjetivo:* ânimo definitivo ou permanente (situação psicológica ou interior).

- **outros conceitos:**

a) *residência:* um dos elementos do domicílio, mas com ele não se confunde. É uma situação física, é o local onde a pessoa está radicada. Pode haver *domicílio sem residência*, se a pessoa natural não tiver residência habitual. Neste caso, terá por domicílio o local onde for encontrada (CC, art. 73). Trata-se do *"domicílio aparente, ocasional ou presumido"*.

b) *morada* ou *habitação*: não pertence ao conceito de domicílio, pois referem-se ao local que a pessoa ocupa de maneira transitória ou esporádica. Ex. Casa de verão.

5.1.1. ESPÉCIES DE DOMICÍLIO DA PESSOA NATURAL OU FÍSICA

- **em relação ao número ou quantidade**:

a) *único/familiar*:

1. o domicílio da pessoa natural é o lugar onde ela estabelece a sua residência com ânimo definitivo (CC, art. 70);
2. é também domicílio da pessoa natural, quanto às relações concernentes à profissão, o lugar onde esta é exercida (CC, art. 72, caput).

b) *plúrimo/plural (residencial e profissional)*

1. se pessoa natural tiver diversas residências, onde, alternadamente, viva, considerar-se-á domicílio seu qualquer delas (CC, art. 71)
2. se a pessoa exercitar profissão em lugares diversos, cada um deles constituirá domicílio para as relações que lhe corresponderem (CC, art. 72, p. ú)

- **em relação à existência:**

a) *real:* são os domicílios fixos, residenciais ou profissionais

b) *presumido, aparente ou ocasional:* ter-se-á por domicílio da pessoa natural, que **não tenha residência habitual**, o lugar onde for encontrada (CC, art. 73).[3]

- **necessário ou legal**

a) *do incapaz: é o do seu representante legal*

b) *do servidor público: é o lugar que exercer permanentemente suas funções*

c) *do militar: onde servir*

---

3. Trata-se do "princípio da cogência do domicílio", pelo qual não se admite a falta ou ausência de domicilio. Aplica-se o preceito aos sem residência certa ou fixa, como os ciganos, os vendedores ambulantes e outros, os quais não se estabelecem em um lugar com habitualidade.

d) *do militar da Marinha ou da Aeronáutica: a sede do comando a que se encontrar imediatamente subordinado*

e) *do marítimo: onde o navio estiver matriculado*

f) *do preso: o lugar em que cumprir a sentença*

g) *do diplomata: o agente diplomático do Brasil, que, citado no estrangeiro, alegar extraterritorialidade sem designar onde tem, no país, o seu domicílio, poderá ser demandado no Distrito Federal ou no último ponto do território brasileiro onde o teve (CC, art. 77).*

- ***voluntário:***

a) *geral ou comum:* aquele escolhido livremente (CC, art. 74)

b) *especial: (subdivisão):*

c) *foro do contrato*: nos contratos escritos, poderão os contratantes especificar domicílio onde se **exercitem** e **cumpram** os direitos e obrigações deles resultantes (CC, art. 78)

d) *foro de eleição*: as partes poderão eleger o foro onde serão propostas as ações oriundas de direitos e obrigações. O acordo, porém, só produz efeito, quando constar de contrato escrito e aludir expressamente a determinado negócio jurídico. O foro contratual obriga os herdeiros e sucessores das partes. (NOVO CPC: art. 63, §§ 1º e 2º). De acordo com o art. 64, *caput*, do NOVO CPC, a incompetência, absoluta ou relativa, será alegada como questão preliminar de contestação, e não mais por meio de exceção. A incompetência absoluta pode ser alegada em qualquer tempo e grau de jurisdição e deve ser declarada de ofício (§ 1º). Por fim, segundo o art. 65 do NOVO CPC, prorrogar-se-á a competência relativa se o réu não alegar a incompetência em preliminar de contestação. Admite-se ao Ministério Público, nas causas em que atuar, a alegação da incompetência relativa (art. 65, parágrafo único).

- **enunciados das jornadas:**

a) ***Enunciado 408 da V Jornada de Direito Civil do CJF***: *Para efeitos de interpretação da expressão "domicílio" do art. 7º da Lei de Introdução às Normas do Direito Brasileiro, deve ser considerada, nas hipóteses de litígio internacional relativo a criança ou adolescente, a residência habitual destes, pois se trata de situação fática internacionalmente aceita e conhecida*

b) de acordo com o ***Enunciado 427 da V Jornada de Direito Civil do CJF***: *É válida a notificação extrajudicial promovida em serviço de registro de títulos e documentos de circunscrição judiciária diversa da do domicílio do devedor.*

5.2. DOMICÍLIO DAS PESSOAS JURÍDICAS

- **noções gerais:** para a pessoa jurídica, fala-se em *sede, estabelecimento* ou *centro de atividades*, como elemento do domicílio, enquanto para a natural, um dos seus elementos é a *residência*.

5.2.1. ESPÉCIES DE DOMICÍLIO DA PESSOA NATURAL OU FÍSICA

- **domicílio das pessoas jurídicas de Direito Público**

a) *da União:* Distrito Federal

b) *dos Estados e Territórios:* as respectivas capitais

c) *dos Municípios:* o lugar onde funcione a administração municipal

- **domicílio das pessoas jurídicas de Direito Privado**

a) *comum*: as pessoas jurídicas de direito privado têm por domicílio o lugar onde funcionarem sua diretoria e administração (CC, art. 74, IV, primeira parte).

b) *especial:* onde elegerem domicílio especial no seu estatuto ou atos constitutivos (CC, art. 74, IV, segunda parte).

c) *plúrimo/plural*: tendo a pessoa jurídica diversos estabelecimentos em lugares diferentes, cada um deles será considerado domicílio para os atos nele praticados (CC, art. 75, § 1º).

- **domicílio da pessoa jurídica de Direito Privado Estrangeira:** se a administração, ou diretoria, tiver a sede no estrangeiro, haver-se-á por domicílio da pessoa jurídica, no tocante às obrigações contraídas por cada uma das suas agências, o lugar do estabelecimento, sito no Brasil, a que ela corresponder (CC, art. 75, § 2º).

- ***ATENÇÃO***: de acordo com a **Súmula 363 do STF:** *"A pessoa jurídica de direito privado pode ser demandada no domicílio da agência, ou estabelecimento, em que se praticou o ato".*

6. BENS

6.1. GENERALIDADES

- **noções gerais:** enquanto as pessoas natural e jurídica são ***sujeitos*** das relações jurídicas, os bens são o ***objeto***. Assim, ***bem*** é tudo aquilo que se pode submeter aos poder dos sujeitos das relações, como instrumento de realização de suas necessidades. Assim, o bem poderá ser uma coisa, uma ação humana, os atributos da personalidade, ou até mesmo outros direitos, como um crédito. ***Coisa*** é gênero e bem ***espécie.***

- **características:** o bem é útil e raro, por isso suscetível de apropriação e dotado de valor econômico. Se abundantes no universo, como a água do mar, o ar atmosférico, não se reconhece a posição jurídica de bem. Vale lembrar que o diploma de 1916 não distinguia os termos ***coisa*** e ***bem***. No de 2002, a expressão *"bem"* é empregada na Parte Geral para designar o objeto das relações jurídicas. Vimos no tópico acima que o a nomenclatura *"coisa"* traz em si um conceito mais amplo do que "bem". Por fim, os bens de podem ser ***materiais*** (um imóvel) ou ***imateriais*** (crédito, direitos autorais). O que diferencia um e outro é possibilidade de apropriação do primeiro e de apreciação econômica do segundo.

- **direito romano:** em Roma, a *res extra patrimonium* se referia ao ***direito humano*** *(res humani iuris)* e ao ***direito divino*** *(res divini iuris)*; este, por sua vez, era dividido em ***res sacrae*** *(coisas consagradas aos deuses superiores, como as estátuas)*; ***res religiosae*** *(os lugares dedicados aos mortos, como as sepulturas)* e ***res sanctae*** *(aquelas coisas com características ou relacionadas à religião)*. Também os romanos diferenciavam os bens em ***corpóreo*** e ***incorpóreo***, os primeiros com existência física e material, e os últimos com existência abstrata. O critério distintivo entre ambos é a tangibilidade, ou seja, a possibilidade de serem tocados.
- **patrimônio:** trata-se do complexo de relações jurídicas dotadas de valor econômico, compreendendo, assim, os ativos e os passivos (dívidas), todos avaliáveis em dinheiro. *Não são patrimoniais* os direitos da personalíssimos, os familiares, etc. De acordo com o CC, art. 91, *"Constitui universalidade de direito o complexo de relações jurídicas, de uma pessoa, dotadas de valor econômico"*. O patrimônio está inserido neste conceito, acrescentando sua *unidade* e *indivisibilidade*.
- **patrimônio mínimo:** deve ser garantido o mínimo patrimonial ao sujeito, com isso protegendo-lhe a dignidade humana, e como exemplos, citam-se a proibição de doação de todo o patrimônio (doação universal, CC, art. 548) e a proteção do único bem de família, na forma da Lei 8.009/90 c/c CF/88, art. 1º, III; sobre as diferentes classes de bens, são eles: móveis e imóveis, ou considerados em si mesmos (CC/art. 79 a 84).

6.2. CLASSIFICAÇÃO DOS BENS

- **noções gerais:** a classificação dos bens é baseada em critérios físicos e jurídicos, bem como na relação dos bens com seu titular. Nada impede, ainda, que determinado bem pertença a classificações distintas, admitindo-se, por exemplo, bens públicos imóveis, ou móveis fungíveis. Essa classificação tem por fundamento os arts. 79 a 103 do CC de 2002, em três capítulos.

Classificação dos bens		
Considerados em si mesmos CC, arts. 79 a 91	**Reciprocamente considerados CC, arts. 92 a 97**	**Quanto ao titular do domínio CC, arts. 98 a 103**
▪ bens móveis ▪ bens imóveis ▪ bens fungíveis e consumíveis ▪ bens divisíveis ▪ bens singulares e coletivos	▪ bens principais ▪ bens acessórios – produtos – frutos – benfeitorias – pertenças	▪ bens particulares ▪ bens públicos – uso comum do povo – de uso especial – dominicais

6.2.1. CONSIDERADOS EM SI MESMOS

6.2.1.1. BENS IMÓVEIS – CC, ARTS. 79 A 81

- **noções gerais:** são **imóveis** aqueles que não podem transportar, sem destruição, de um lugar para outro, bem como aqueles assim considerados por lei.
- **aquisição:** os **bens imóveis** podem ser adquiridos por (CC, arts. 108, 1.227, 1.238 a 1.244, 1.248 e 1.784):

a) *escritura pública e registro*

b) *acessão por:*

1. formação de ilhas
2. *aluvião*
3. *avulsão*
4. *abandono de álveo*
5. *plantações ou construções.*
6. usucapião
7. direito hereditário

- **classificação:**

imóveis por natureza	solo, subsolo, espaço aéreo, p. ex.
imóveis acessão natural	árvores, mesmo que plantadas pelo homem no solo; se estas árvores forem destinadas ao corte, como eucalipto, são chamadas de móveis por antecipação).
imóveis acessão artificial ou industrial	tudo que o homem incorpora definitivamente, como as construções.
imóveis por determinação legal	em razão da maior segurança buscada pelo legislador, o CC/art. 80, I e II, diz que são imóveis os direitos reais e as ações que os asseguram e a sucessão aberta; inovação no CC/2002, o direito a sucessão aberta pode ser objeto de cessão, na forma do CC/art. 1.793; é exigência legal que a cessão seja feita por escritura pública.

- **não perdem o caráter de imóveis**:

a) as edificações que, separadas do solo, mas conservando a sua unidade, forem removidas para outro local;

b) os materiais provisoriamente separados de um prédio, para nele se reempregarem.

- ***ATENÇÃO:*** não mais remanesce a classificação dos bens ***imóveis por destinação ou acessão intelectual***, conforme previa o CC/1916, como os tratores do uma propriedade rural, porque o art. 93, do atual CC, adota o conceito de pertença. Pelo **Enunciado 11 da I Jornada de Direito Civil do CJF**: *"Não* *persiste no novo sistema legislativo a categoria dos bens imóveis por acessão intelectual, não obstante a expressão "tudo quanto se lhe incorporar natural ou artificialmente", constante da parte final do art. 79 do Código Civil".*

6.2.1.2. BENS MÓVEIS (CC, ARTS. 82 A 84)

- **noções gerais:** são **móveis** os bens suscetíveis de movimento próprio, ou de remoção por força alheia, sem alteração da substância ou da destinação econômico-social (CC, art. 82).
- **aquisição:** os **bens móveis** são adquiridos (CC, arts. 1.226, e 1.260 a 1.274):

1. *tradição*
2. *usucapião*
3. *ocupação*
4. *achado de tesouro*
5. *especificação*
6. *confusão*
7. *comistão*
8. *adjunção*

- **classificação**:

a) móveis por natureza: desta classe são os semoventes (que possuem movimento próprio, como os animais) e os móveis propriamente ditos (de remoção por força alheia, como as coisas inanimadas). Os navios e aeronaves são bens móveis, porque podem movimentar sem perder as características que lhe são próprias. Todavia, estão sujeitos à hipoteca, direito real de garantia que recai sobre bens imóveis (CC, art. 1.473, VI e VII; Código Brasileiro de Aeronáutica, art. 138).

b) móveis por lei ou determinação legal: nesta seara a energia, em quaisquer de suas formas (térmica, elétrica); os direitos reais sobre objetos móveis, e suas ações (penhor, usufruto sobre tais bens); e os direitos pessoais de caráter patrimonial, e suas ações (crédito); por fim, há haverá bens móveis por antecipação quando incorporados ao solo, mas com a intenção de separá-los.

- ***ATENÇÃO***: Segundo o art. 84 do CC, os materiais destinados a alguma construção, enquanto não forem empregados, conservam sua qualidade de móveis; readquirem essa qualidade os provenientes da demolição de algum prédio

6.2.1.3. BENS FUNGÍVEIS E INFUNGÍVEIS (CC, ART. 85)

- **noções gerais:** de acordo com o CC/art. 85, **fungíveis**, são os **móveis** que podem ser **substituídos** por outros da mesma espécie, qualidade e quantidade (dinheiro, soja). Os bens **infungíveis** são aqueles sem essa qualidade, ou seja, são individualizados e personalizados, e **não podem ser substituídos** por outros na mesma espécie, qualidade e quantidade (quadro de um pintor famoso). A definição dos bens infungíveis não consta do CC/2002, assim como a dos inconsumíveis, por exemplo. No entanto, sua existência é inconteste. Vale lembrar que o **mútuo** recai sobre **bens fungíveis** (CC, art. 586), e o **comodato** sobre **bens infungíveis** (CC, art. 579).
- **regra da fungibilidade**: é determinada pela **natureza** do bem. Todavia, por **convenção das partes**, os bens podem ter a qualidade alterada, de fungíveis para infungíveis.
- **fungibilidade**: é uma característica dos **bens móveis**, que podem ser **substituídos** por outros de igual conteúdo, o que não ocorre para os infungíveis. Com relação aos **imóveis**, em regra são infungíveis, embora excepcionalmente, se admita a fungibilidade, para certos negócios nos quais as características dos bens não sejam relevantes
- **obrigações:** *infungíveis* são os bens que, *"por consistirem em corpo certo, não se prestam a substituição"*; vale lembrar que as obrigações de fazer podem ser fungíveis ou infungíveis; será desta última quando a prestação for executável somente por quem detenha especial qualidade, e que não possa ser substituído por terceiro (intuito personae ou personalíssima).
- **origem**: ainda de acordo com autor do CC/1916, (op. cit. pág. 233) *"o direito romano conhecia o fenômeno da fungibilidade dos bens, mas não teve um vocabulário técnico próprio com que o designar"*; importa dizer, porém, que a classificação dos bens em fungíveis e infungíveis, somente apareceu na idade média.

6.2.1.4. BENS CONSUMÍVEIS E INCONSUMÍVEIS (CC, ART. 86)

- **noções gerais: consumíveis** são os bens móveis cujo uso importa destruição imediata da própria substância, sendo, também, considerados tais os destinados à alienação (dinheiro, os alimentos). Por sua vez, os bens **inconsumíveis** são aqueles que permitem reiterados usos, sem atingir sua integralidade, admitindo, assim, sua utilização contínua (veículos, imóveis).
- **espécies de bens consumíveis:**

a) consumíveis de fato (natural ou materialmente consumíveis): são os bens cujo o normal uso importa a destruição imediata de sua substância, o que ocorre com os alimentos, por exemplo.

b) consumíveis de direito (juridicamente consumíveis): qualquer bem destinado à alienação.

- **origem da consuntibilidade**:

a) *natureza do bem*: quando a própria substância do bem confere a ele tal qualidade, como os alimentos, as bebidas.

b) *vontade das partes*: a consuntibilidade do bem pode resultar da vontade das partes, em razão da **finalidade econômico-jurídica**

- **relação de consumo:** conforme classificação do Código de Defesa do Consumidor, os bens podem ser ***duráveis*** e ***não duráveis*** (CDC/art. 26, I e II).
- **quase-usufruto** ou **usufruto impróprio:** é o direito real que recai sobre **bem alheio consumível** (CC, art. 1.392, § 1º).
- **bens divisíveis e indivisíveis** (CC/art. 87 e 88).

6.2.1.5. BENS DIVISÍVEIS E INDIVISÍVEIS – CC, ART. 87 E 88

- **noções gerais:** de acordo com o CC, art. 87, são **divisíveis** os bens que se podem fracionar sem alteração na sua substância, diminuição considerável de valor, ou prejuízo do uso a que se destinam. Assim, podem ser partidos em porções distintas, formando cada qual um todo perfeito. Os **bens indivisíveis**, não podem ser partidos, pois deixariam de formar um todo perfeito.
- **espécies de bens indivisíveis** (CC, art. 88).

a) *bens indivisíveis por natureza (indivisibilidade física ou material)*: aqueles que não poder ser partidos sem alteração na sua substância, diminuição de valor ou prejuízo do uso (um anima, um carro). Vale lembrar que uma obrigação será divisível ou indivisível segundo a natureza do objeto (CC, arts. 257 e 258).

b) *bens indivisíveis por determinação legal (indivisibilidade jurídica)*: são aqueles que a lei proíbe o fracionamento, como ocorre nas servidões prediais (CC, art. 1.386), hipoteca (CC, art. 1.421), herança até o julgamento da partilha (CC, art. 1.791 e 2.023).

c) *bens indivisíveis por vontade das partes (indivisibilidade convencional)*: os bens naturalmente divisíveis podem se tornar indivisíveis por acordo das partes, por **prazo não maior de 5 anos, suscetível de prorrogação ulterior** (CC/art. 1.320, § 1º). **Não poderá exceder** de **5 anos** a indivisão estabelecida pelo **doador** ou **pelo testador**

- ***ATENÇÃO***: relacionado aos condomínios, **se divisível o bem**, podem os condôminos exigir a divisão do bem comum, respondendo o quinhão de cada um pela sua parte nas despesas da divisão. Quando a coisa **for indivisível** e os consortes não quiserem adjudicá-la a um só, indenizando os outros, será vendida e repartido o apurado, preferindo-se, na venda, em condições iguais de oferta, o condômino ao estranho, e entre os condôminos aquele que tiver na coisa benfeitorias mais valiosas, e, não as havendo, o de quinhão maior (CC, arts. 1.320 e 1.322).

6.2.1.6. BENS SINGULARES E COLETIVOS (CC, ARTS. 89 A 91)

- **noções gerais bens singulares** são os que, em embora reunidos, são considerados de per si, independentemente dos demais, razão pela qual são individualmente considerados (carro, lápis, celular).
- **espécies de bens singulares**:

a) *simples*: aqueles cujas partes estão ligadas por natureza (animal).

b) *compostos*: se as partes estiverem unidas pelo trabalho humano (prédio).

- **noções gerais bens coletivos (ou universais)**: aqueles que reunidos formam um todo, distinto das unidades que o compõem, e com individualmente própria (rebanho, floresta).
- **espécies de bens coletivos**:

a) *universalidade de fato* (CC, art. 90): constitui universalidade de fato a pluralidade de bens singulares que, pertinentes à mesma pessoa, tenham destinação unitária, por vontade do titular (biblioteca, rebanho). Diferenciam-se os **bens coletivos (universais)** dos **bens compostos**, porque a autonomia dos bens é conservada nos primeiros, não passam de mera pluralidade de bens singulares, a ponto de figurarem como objeto de relações jurídicas próprias (CC, art. 90, parágrafo único)

b) *universalidade de direito* (CC, art. 91): constitui universalidade de direito o complexo de relações jurídicas, de uma pessoa, dotadas de valor econômico, onde o efeito da unidade é decorrência legal (herança, fundo de comércio, massa falida).

6.2.2. RECIPROCAMENTE CONSIDERADOS

6.2.2.1. BEM PRINCIPAL E BENS ACESSÓRIOS (CC, ARTS. 92 A 97)

- **noções gerais, bem principal:** é o que existe sobre si, é autônomo, abstrata ou concretamente, exercendo funções e finalidades independentes. (CC, art. 92, 1ª parte).
- **noções gerais**, **bens acessórios:** bens acessórios aquele cuja existência supõe a do principal, formando uma relação de dependência para com aquele, como o solo *(principal)* e a árvore *(dependente daquele, logo, acessório)*. (CC, art. 92, 2ª parte).
- **princípio da gravitação jurídica**: como regra, o destino do acessório segue o principal (*acessssorium sequitur suum principale* – princípio da gravitação jurídica). Há exceções, **convencionais** e **legais**. Admite-se, nos negócios jurídicos, que seja ajustado de maneira diversa o destino do bem acessório *(exceção convencional)*. De acordo com o CC/art.

1.284, os frutos pertencem ao dono do solo onde caírem, e não ao dono da árvore *(exceção legal)*.

- **efeitos do princípio da gravitação jurídica**:

a) *identidade de natureza*: o regime jurídico do bem principal é estendido ao acessório, se o primeiro é imóvel, o segundo também o será.

b) *identidade de destino*: uma vez extinta a obrigação principal, a acessória também o é. (CC, arts. 233, 287, 1.392).

c) *identidade de propriedade*: o proprietário do bem principal também o é do acessório (CC, arts. 237, 1.209, 1.232, 1.248 e seguintes).

- **classes de bens acessórios:**

a) *frutos*: são as utilidades periódicas do bem, que podem ser separadas, sem que sua substância seja alterada. podem ser divididos quanto à **origem** em:

1. *naturais* (renovam-se por forças da própria natureza)
2. *industriais* (surgem em razão do trabalho do homem)
3. *civis* (rendimentos pela utilização do bem por terceiro, aluguel, juros).

- **produtos***:* as utilidades que se retiram da coisa, alterando e diminuindo sua substância, que não é renovável periodicamente (retirada de pedras de uma mina).

- **pertenças***:* são os bens que, não constituindo partes integrantes (frutos, produtos e benfeitorias), se destinam, de modo duradouro, ao uso, ao serviço ou ao aformoseamento de outro. A **regra da gravitação jurídica**, segundo a qual o acessório segue o principal, **não é aplicável** em relação às pertenças. De acordo com o CC, art. 94, *"os negócios jurídicos que dizem respeito ao bem principal não abrangem as pertenças, salvo se o contrário resultar da lei, da manifestação de vontade, ou das circunstâncias do caso"*. Assim, um trator que componha o acervo de maquinas de uma propriedade rural não seguirá a sorte da compra e venda do imóvel, salvo se houver manifestação de vontade neste sentido.

- **benfeitorias***:* tratam-se dos bens acessórios, que conferem melhorias ou acréscimos ao bem principal, mediante a intervenção do proprietário, possuidor ou detentor (CC, art. 97). Assim, ficam de fora do conceito as melhorias ou acréscimos sobrevindos ao bem principal por outras forças, como ocorre na **acessão natural** (formação de ilhas, aluvião, avulsão e abandono de álveo). As benfeitorias são consideradas acessórias, qualquer que seja o seu valor, e sua classificação, conforme veremos a seguir, depende da análise do contexto no qual inserida, porque uma piscina em uma casa é benfeitoria voluptuária, mas em uma escola de natação, necessária, por permitir a normal exploração da atividade.

- **em relação ao estado**: para Clóvis Beviláqua, são:

a) *pendentes* (unidos ao bem)

b) *percebidos* (colhidos depois de separado)

c) *estantes* (separados e acondicionados para venda)

d) *percipiendos* (deviam ser, mas não foram percebidos)

e) *consumidos* (não existem, porque utilizados).

- **espécies de benfeitorias**:

a) *voluptuárias* as de mero deleite ou recreio, que não aumentam o uso habitual do bem, ainda que o tornem mais agradável, ou sejam de elevado valor (luxo e recreio, como os jardins).

b) *úteis*: as que aumentam ou facilitam o uso do bem, sob a ótica objetiva.

c) *necessárias*: as que têm por fim conservar o bem ou evitar que se deteriore, bem como aquelas para a sua normal exploração.

- **importante sobre as benfeitorias:**
- dica – 1: dica admite-se acessoriedade entre **bens** e **direitos pessoais e reais** (fiança, cláusula penal, hipoteca).
- *dica – 2*: benfeitorias são as obras e despesas feitas em bem existente
- *dica – 3:* são inconfundíveis as benfeitorias e as acessões industriais, porque estas, modo de aquisição das propriedades, são obras que criam bens novos.
- *dica – 4:* os acréscimos sobrevindos ao bem por forças eventuais e fortuitas, são acessões naturais (aluvião, avulsão, formação de ilhas e abandono do álveo, CC, art. 1.248). Será benfeitoria se as obras ou despesas forem realizadas pelo proprietário, possuidor ou detentor (CC, art. 97).

6.2.3. QUANTO AO TITULAR DO DOMÍNIO

6.2.3.1. BENS PÚBLICOS E PARTICULARES (CC, ART. 98 A 103)

- **noções gerais:** são públicos os bens do domínio nacional pertencentes às pessoas jurídicas de direito público interno; todos os outros são particulares, seja qual for a pessoa a que pertencerem. Não dispondo a lei em contrário, consideram-se dominicais os bens pertencentes às pessoas jurídicas de direito público a que se tenha dado estrutura de direito privado.

- **categorias de bens públicos**:

a) *bens públicos são de uso comum do povo*: podem ser utilizados por todos, a exemplo das ruas, praças, estradas, mares, ou seja, a acessibilidade é geral, gratuita ou retribuída (CC, art. 103). Apesar da acessibilidade por qualquer um do povo, admite-se a restrição ou vedação do uso, por motivos de interesse público. Por outro lado, o acesso livre não altera o direto de propriedade pública sobre tais bens, que continua a pertencer ao Estado. São inalienáveis, enquanto conservarem a sua qualificação, na forma que a lei determinar (CC, art. 100).

b) *bens públicos de uso especial*: são aqueles destinados ao serviço público, como as instalações das administrações públicas, em todas as esferas. Tais bens, de igual forma dos anteriores, são inalienáveis, enquanto conservarem a sua qualificação, na forma que a lei determinar (CC, art. 100).

c) *bens públicos dominicais ou dominiais*: são os que compõem o acervo patrimonial de direito pessoal e real das pessoas jurídicas de direito público, seu patrimônio disponível. Desde que não afetados a uma finalidade pública, podem ser alienados, observadas as disposições legais (CC, art. 101).

- **importante:**

1. os bens públicos de uso comum do povo e os de uso especial são inalienáveis, enquanto conservarem a sua qualificação, na forma que a lei determinar. Deixam de *"conservar a sua qualificação"* mediante **desafetação**, que altera a destinação do bem público de comum ou especial, para dominial (em patrimônio disponível), permitindo, com isso, a alienação.
2. os bens públicos dominicais podem ser alienados, observadas as exigências da lei. Estes bens, ainda, podem ser **afetados**, quando deixam de pertencer ao domínio privado do Estado para a categoria de bem do domínio público.
3. a desafetação ou afetação podem ser **expressas** (por lei ou ato administrativo) e **tácitas** (práticas administrativas ou fato natural).
4. os bens públicos de uso comum, especial e dominical não se sujeitam à usucapião (prescrição aquisitiva); por conta disso, contra as pessoas jurídicas a quem pertencem não é cabível o direito de retenção por benfeitoria, e nem mesmo a proteção possessória, pois a situação de fato sobre eles é de mera detenção.
5. rol não exaustivo de bens: pelo Enunciado 287 da IV Jornada de Direito Civil do CJF: *"O critério da classificação de bens indicado no art. 98 do Código Civil não exaure a enumeração dos bens públicos, podendo ainda ser classificado como tal o bem pertencente a pessoa jurídica de direito privado que esteja afetado à prestação de serviços públicos"*.
6. alguns bens estão fora do mundo dos negócios jurídicos (bens de uso comum do povo); outros, por vontade do doador ou testador, não podem ser alienados, quando gravados da "cláusula três irmãs" (CC/art. 1.911); por fim, temos os bens insuscetíveis de apropriação, em razão da natureza, como uma pedra de Marte; assim, consideram-se fora do comércio os bens em decorrência da lei, da vontade humana e da natureza.

7. FATOS JURÍDICOS, ATO JURÍDICO E NEGÓCIO JURÍDICO

7.1. GENERALIDADES

- **fato comum**: é todo acontecimento sem repercussão no direito.
- **fato jurídico ou jurígeno**: é todo acontecimento da vida que tenha relevância para o direito

7.1.1 CLASSIFICAÇÃO

Fluxograma:

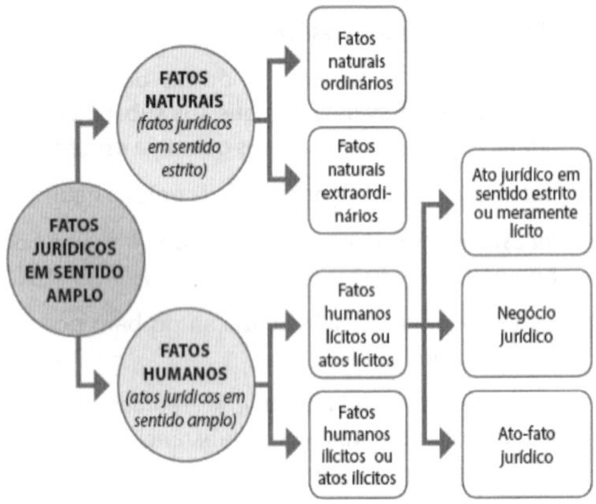

- **fatos jurídicos em sentido amplo (*lato sensu*)**: acontecimentos da vida que o direito atribui efeitos, ou seja, com relevância no ordenamento jurídico.
- **fatos naturais ou fatos jurídicos em sentido estrito (*stricto sensu*)**: aqueles acontecimentos sem interferência da vontade humana. Dividem-se em:

a) *fatos naturais ordinários:* p. ex: nascimento, morte; tratam-se dos acontecimentos relacionadas às pessoas naturais

b) *fatos naturais extraordinários*: p. ex: terremotos, maremotos; referem-se aos episódios inseridos nas categorias de caso fortuito e de força maior.

- **fatos humanos ou atos jurídicos em sentido amplo *(lato sensu)***: são as ações humanas que criam, modificam ou extinguem direitos.

a) *lícitos*: são os atos humanos que a lei atribui o efeito esperado por quem o pratica. Seus efeitos jurídicos, assim, são aqueles voluntariamente queridos, uma que praticados pelo agente de acordo com o ordenamento jurídico. **Dividem-se em**:

1. *ato jurídico em sentido estrito (stricto sensu) ou meramente lícito*: manifestada a vontade, ou a simples intenção, seus efeitos são predeterminados por lei, como a tradição. Destaca-se que a manifestação declarada, neste caso, reveste-se de *"mera intenção"*, e não de *"vontade qualificada"*, o que por vezes resulta a inaplicabilidade dos postulados do negócio jurídico, quanto aos defeitos do negócio jurídico.

2. *negócio jurídico*: trata-se da ação humana visa alcançar uma finalidade permitida pela lei; em razão disso, é necessário que a vontade seja qualificada, sem vícios.

3. *ato-fato jurídico*: neste inexiste a vontade de praticar o ato, que ocorre casualmente. No ato-fato se tem é um comportamento humano, pouco importando a norma se houve a vontade de praticá-lo; como à lei não interessa a vontade, logo não se perquire a capacidade, ou seja, se o ato foi praticado por menor, interdito ou por alguém sem qualquer discernimento; são exemplos de ato-fato jurídico o achado de tesouro e a ocupação. (CC/art. 1.263 a 1.266)

b) *ilícitos*: contrariamente ao anterior, tratam-se dos atos humanos praticados em desconformidade com o ordenamento jurídico. Logo, seus efeitos são involuntários, porque decorrem da lei, e não da vontade do agente. Decerto, produzem efeitos jurídicos (CC, arts. 186 e 927).

- ***ATENÇÃO***: direito potestativo é a prerrogativa jurídica de impor a outrem, unilateralmente, a sujeição de seu exercício. É o que ocorre, por exemplo, na passagem forçada, CC, art. 1.285.

7.2. AQUISIÇÃO DE DIREITOS

- **noções gerais:** adquire-se um direito quando incorporado ao patrimônio e à personalidade da pessoa.
- **modos de aquisição**:

a) *originária:* o direito é incorporado ao patrimônio da pessoa sem relação de continuidade com o titular anterior (ocupação de coisa sem dono, nos casos de *res derelicta* ou *res nullius*, CC, art. 1.263).

b) *derivada:* há transferência do direito do antigo para o novo titular, com relação de continuidade, inclusive em relação às qualidades e defeitos do título anterior.

c) *gratuita:* com vantagens somente para o adquirente (sucessão hereditária)

d) *onerosa:* é exigido do adquirente, em razão do direito transferido, uma contraprestação (compra e venda)

e) *a título singular:* quando os bens transferidos são determinados (compra e venda, legado)

f) *a título universal:* há transferência de uma totalidade de bens e direitos, não determinados (herdeiro)

- **espécies de direito**:

a) *atual:* trata-se do direito subjetivo já incorporado ao patrimônio do titular (LINDB, art. 6, § 2º).

b) *futuro:* ainda não formado ou constituído, quer porque dependente da exclusiva vontade do titular **(deferido)**, quer porque pendente de um evento futuro que pode não ocorrer **(não deferido)**

c) *expectativa de direito:* é encarado como mera possibilidade. A expectativa recai sobre a fase antecedente e preliminar ao ato em si.

d) *eventual:* é a fase avançada de aquisição do direito, quando parcialmente ultrapassada aquela fase preliminar do ato. Para que seja considerado perfeito e acabado o direito, basta-lhe a concretização. É o que ocorre com a aceitação de uma proposta de compra e venda, ou o exercício do direito de preferência (CC, arts. 434 e 513).

e) *condicional:* quando a eficácia do direito constituído e perfeito, depende do implemento de uma condição, evento futuro e incerto.

- **métodos de conservação de direitos**

a) *preventivo*: utilizado para acautelar e garantir futuras violações de direitos, prevenindo e evitando que tal ocorra. **Podem ser**:

b) *extrajudiciais*: visam assegurar o cumprimento de uma obrigação, seja como garantias reais (hipoteca, penhor), seja como garantias pessoais (fiança).

c) *judiciais*: tratam-se das medidas cautelares previstas no Código de Processo Civil (busca e apreensão, notificação, protesto).

d) *repressivo*: incide no momento posterior à violação do direito, com o objetivo de restauração da situação anterior, por meio de pretensão deduzida em juízo.

e) *defesa privada ou autotutela*: admitida por exceção no Código Civil, nas situações de legitima defesa, exercício regular de um direito e estado de necessidade (CC, art. 188, I e II), bem como para manter-se ou restituir-se na posse por sua própria força, mediante legitima defesa e desforço imediato (CC, art. 1.210, § 1º).

- **modificação de direitos**

a) *objetiva*: sabe-se que, nem sempre, os negócios jurídicos objetivam criar ou extinguir direitos. Entre os efeitos almejados, a modificação de direitos é um deles. E será objetiva quando ocorrer a modificação do conteúdo do direito (*qualitativa*) ou sua extensão (*qualitativa*), ou seja, tratam-se de alterações sobre o objeto.

b) *subjetiva*: referem-se às alterações que dizem respeito aos sujeitos das relações jurídicas (sucessão *inter vivos*, *causa mortis*). Não são admitidas as alterações subjetivas de *direitos personalíssimos* (*intuito personae*), porque constituídas por razões próprias e particulares do titular do direito.

- **extinção de direitos**

a) *objetiva:* quando se verifica o perecimento do objeto

b) *subjetiva:* quando o direito é personalíssimo e ocorre a morte do titular

c) do vínculo jurídico: quando perece a pretensão, ou o direito material (prescrição, decadência)

- **importante:**

1. segundo Caio Mario da Silva Pereira, a ***perda do direito*** ocorre quando aquele pertencente a uma pessoa é destacado passa a pertencer à outra.
2. ainda, segundo o autor, ***extinção do direito*** é o seu desaparecimento, porque deixa de existir para qualquer pessoa.

7.3. NEGÓCIO JURÍDICO

7.3.1. GENERALIDADES

- **posição dualista:** o CC/1916 não distinguiu negócio jurídico de ato jurídico, e adotou a *teoria unitária*. Por sua vez, o CC/2002 reconhece os contornos próprios de um e outro, e acolhe a *teria dualista* (CC, arts. 104 e 185).
- **NOVO CPC:** o Novo Código de Processo Civil, nos arts. 190 e 191, passou a prever o que se denomina *negócios jurídicos processuais*. Nas palavras de Flávio Tartuce, "cuida-se de projeção da teoria geral dos atos e negócios jurídicos, para o âmbito do processo civil brasileiro" (*O novo CPC e o Direito Civil*. 1 ed. Método. São Paulo. 2015; p. 85). Para Pedro Henrique Pedrosa Nogueira, "negócio jurídico processual é o fato jurídico voluntário em cujo suporte fático, descrito em norma processual, esteja conferido ao respectivo sujeito o poder de escolher a categoria jurídica ou de estabelecer, dentro dos limites fixados no próprio ordenamento jurídico, certas situações jurídicas processuais. Estando ligado ao poder de autorregramento da vontade, o negócio jurídico processual esbarra em limitações preestabelecidas pelo ordenamento jurídico, como sucede em todo negócio jurídico (*op. cit*, p. 86-6).

7.3.1.1. CLASSIFICAÇÃO

- **quanto ao número de sujeitos:**

a) *unilaterais*: se aperfeiçoam com uma única manifestação de vontade (testamento renúncia à herança). **Divide-se em**:

1. *receptícios*: só produzem efeitos se a declaração de vontade chegar ao conhecimento do destinatário (resilição)
2. *não receptícios*: o conhecimento do destinatário é irrelevante para que do ato surtam os efeitos (testamento)

c) bilaterais: é necessária a manifestação de duas vontades convergentes sobre o objeto, o consentimento mútuo ou acordo de vontades. **Divide-se**:

1. *simples*: com vantagens a um dos sujeitos e ônus ao outro (doação)
2. *sinalagmático*: com vantagens e ônus recíprocos (compra e venda)
3. *plurilaterais*: duas ou mais partes, com interesses coincidentes (contrato de consórcio, contrato de sociedade entre várias pessoas).

- **quanto às vantagens patrimoniais do negócio jurídico**

a) gratuitos: com vantagens ou benefícios para uma das partes apenas (doação)

b) *onerosos*: com vantagens e contraprestação recíprocas. **Podem ser**:

1. *comutativos*: de prestações certas e determinadas
2. *aleatórios*: de prestações incertas quanto às vantagens e sacrifícios
3. *neutros:* são os negócios praticados sem atribuição patrimonial, pois se caracterizam por conferir uma destinação de um bem (instituição de bem de família, cláusulas "três irmãs", etc).
4. *bifrontes*: aqueles que podem ser gratuitos ou onerosos, segundo a vontade das partes (mútuo, mandato). Destaca-se que a conversão é admitida unicamente para os negócios gratuitos.

- **quanto ao momento dos efeitos**

a) inter vivos: que produzem efeitos desde logo, em vida dos agentes (locação, mandato)

b) causa mortis: destinados a produzir efeitos após a morte.

- **ao modo de existência**

a) principais: aqueles dotados de existência própria (locação)

b) acessórios: dependem de um negócio principal para existir, e por conta disso, seguem o mesmo destino (cláusula penal, fiança)

c) derivados ou subcontratos: são aqueles que possuem o objeto de outro contrato (base ou principal) transferido para uma segunda relação jurídica, sem desvinculação da primitiva (subempreitada, sublocação, etc).

- **às formalidades**

a) solene: de observância restrita à forma prescrita em lei, para sua validade (*ad solemnitatem* ou *ad substantiam*, CC, art. 108). Não confundir com a forma exigida para a prova do ato (*ad probationem tantum*, CC, art. 1.536).

b) não solenes: tratam-se dos negócios de forma livre, inclusive verbal (CC, art. 107).

- **ao números de atos necessários para o aperfeiçoamento do negocio**

a) *simples:* são os negócios que se aperfeiçoam em um ato apenas

b) *complexos:* trata-se do negócio, único, que decorrem da fusão de diversos atos, ou várias manifestações de vontade. **Divide-se em:**

1. *complexidade objetiva:* são os negócios com várias manifestações de vontade de um só sujeito que recaem sobre único objeto
2. *complexidade subjetiva:* as várias manifestações de vontade são de diferentes sujeitos, mas sobre único objeto
3. *coligados:* são os vários negócios jurídicos, reunidos por um vínculo de conexão, que se destinam a um único objetivo. Há multiplicidade de negócios, autônomos e distintos entre eles, mas reunidos por um vínculo de finalidade.

- **em relação à criação**

a) *dispositivos*: aqueles que objetivam por seu titular, alienar, modificar ou extinguir direitos.

b) *obrigacionais*: são os negócios geradores de obrigações, pelos quais uma das partes pode exigir da outra o cumprimento (compra e venda)

7.3.2. INTERPRETAÇÃO

- **noções gerais:** a interpretar é aclarar, explicar o sentido e o alcance da declaração da vontade, de maneira objetiva e concreta. Tanto a lei quanto os negócios jurídicos devem ser interpretados, com a finalidade de afastar as dúvidas e as imprecisões que, não raro, acometem tais manifestações.
- **teorias da vontade e da declaração:** o descortinamento da intenção das partes é realizado a partir da declaração feita nos negócios jurídicos. Inicia-se o processo de interpretação, portanto, da declaração escrita, para se chegar à concreta vontade do agente, no momento da celebração. Assim, nos casos de obscuridade ou dúvida, entre a **vontade manifestada** e a **declaração feita**, surgem as teorias da vontade e da declaração para auxiliar o interprete a determinar qual manifestação é a verdadeira, aquela pretendida ou aquela pronunciada.
- **nas declarações de vontade se atenderá mais à intenção nelas consubstanciada do que ao sentido literal da linguagem:** a disposição é prevista é prevista no CC, art. 112, e representa o acolhimento de ambas as teorias acima, as quais são aplicadas em conjunto, pois a real intenção das partes, ou seja, o que de fato quiseram declarar, é pesquisado a partir das declarações feitas.
- **modalidades de intepretação**:

a) *declaratória:* tem por finalidade expressar a intenção dos interessados

b) *integrativa:* voltada a completar o negócio, preenchendo lacunas

c) *construtiva:* quando o objetivo é reconstruir o negócio, para salvá-lo

- **regras:**

1. **interpretação baseada na boa-fé e nos usos do local da celebração do negócio jurídico:** de acordo com o CC/art. 113, *"Os negócios jurídicos devem ser interpretados conforme a boa-fé e os usos do lugar de sua celebração"*. **Ver Enunciado 409 da V Jornada de Direito Civil**.
2. os negócios jurídicos **benéficos** e a **renúncia** interpretam-se **estritamente** (CC, art. 114)
3. os contratantes são obrigados a guardar, assim, na conclusão do contrato, como em sua execução, os princípios de probidade e boa-fé (CC, art. 422).
4. a vedação do comportamento contraditório (venire contra factum proprium) funda-se na proteção da confiança, tal como se extrai dos arts. 187 e 422 do Código Civil (Enunciado 362 da IV Jornada de Direito Civil)
5. quando houver no **contrato de adesão** cláusulas **ambíguas** ou **contraditórias**, dever-se-á adotar a interpretação mais **favorável ao aderente** (CC, art. 423).
6. a **transação** interpreta-se **restritivamente** (CC, art. 843)
7. a **fiança** não admite interpretação **extensiva** (CC, art. 819).
8. as diversas hipóteses de exercício inadmissível de uma situação jurídica subjetiva, tais como supressio, tu quoque, surrectio e venire contra factum proprium, são concreções da boa-fé objetiva (Enunciado 412 da V Jornada de Direito Civil)

- **tu quoque**: expressa o significado de *"tu também"*. As partes nos negócios jurídicos não podem exigir um comportamento que não tenham cumprido, ou seja, vedam-se as exigências de conduta não observadas. Exemplo da situação é prevista no CC, art. 150, segundo o qual *"se ambas as partes procederem com dolo, nenhuma pode alegá-lo para anular o negócio, ou reclamar indenização"*.
- **supressio**: de origem portuguesa, que os alemães chamam de *"verwirkung"*, significa que um direito não exercido durante um determinado lapso de tempo não poderá mais sê-lo, por contrariar a boa-fé, pois, em decorrência da inércia, surge para a outra parte a expectativa de que aquele direito não será exercido. É a diminuição de conteúdo do negócio jurídico.
- **surrectio**: chamada pelos alemães de *"erwirkung"*, caracteriza-se pela ampliação do direito subjetivo de uma parte, não convencionado ou reconhecido pelo ordenamento jurídico, decorrente do comportamento continuado e contraditório de outra. É o aumento de conteúdo do negócio jurídico.
- **venire contra factum proprium**: traduz o exercício de uma posição jurídica em contradição com o comportamento assumido anteriormente pelo exercente. O comportamento anterior gera expectativa na outra parte a qual é frustrada pela ação pelo agente que antagoniza seu anterior posicionamento.

- **Duty to mitigate the loss**: a boa-fé objetiva, enquanto standard ético-jurídico, é de observância obrigatória pelas partes em todas as fases do negócio jurídico. Significa dizer que as condutas devem ser pautadas pela probidade, cooperação e lealdade, preceitos éticos insertos no ordenamento jurídico, que resultam a obrigação de mitigar o próprio prejuízo, ou seja, devem os agentes tomar as medidas necessárias e possíveis para que o dano não seja agravado. A parte a que a perda aproveita não pode permanecer, deliberadamente, inerte diante do dano, pois o agravamento do prejuízo, em razão da inércia do credor, caracteriza infringência aos deveres de cooperação e lealdade. (STJ, REsp 758518 /PR).
- ***ATENÇÃO***: A *surrectio* pode ou não vir acompanhada da *supressio.*

7.3.3. ELEMENTOS ESSENCIAIS (RESERVA MENTAL)

- **noções gerais:** *negócios jurídicos* são aqueles nos quais a ação humana *visa alcançar uma finalidade permitida pela lei*. Por esta razão disso, é necessário que a vontade seja qualificada, sem vícios.
- **elementos essenciais de existência**:

a) *manifestação de vontade*:

b) *formas*: expressa, tácita e presumida.

c) *silêncio*: o silêncio importa anuência, quando as circunstâncias ou os usos o autorizarem, e não for necessária a declaração de vontade expressa (CC, art. 111).

d) *reserva mental*: a manifestação de vontade subsiste ainda que o seu autor haja feito a reserva mental de não querer o que manifestou, salvo se dela o destinatário tinha conhecimento. Verifica-se a reserva mental quando um dos declarantes oculta a verdadeira intenção, não coincidindo a declaração externa e a vontade interna do agente. Se for conhecida da outra parte, a declaração é inexistente, macula o ato. Se **não** for conhecida, preserva-se o negócio, ante a irrelevância jurídica e a boa-fé da outra parte (CC, art. 110 e 422).

e) *finalidade negocial:* é a intenção de criar, modificar ou extinguir direitos.

f) *idoneidade do objeto:* é a pertinência da coisa para figurar nas relações jurídicas, como o *bem fungível* o é para o contrato de mútuo, e o *bem infungível* no contrato de comodato.

- **elementos essenciais de validade**:

a) *capacidade do agente*: é a aptidão para figurar nos negócios jurídicos. Trata-se da capacidade de fato ou de exercício, de o agente agir por si. Essa possibilidade é atingida aos 18 anos completos, ou antes, com a emancipação (CC, art. 5º). Conforme vimos acima, a incapacidade poderá ser relativa e absoluta (CC, arts. 3º e 4º), admitindo-se que seja suprida:

b) *incapacidade absoluta*: representação, até aos **16 anos** (CC, art. 1.634, V).

c) *incapacidade relativa*: assistência, após essa idade (CC, art. 1.634, V).

d) *legitimação:* também chamada de impedimento, é a falta de *capacidade especial* para a prática de determinados atos (CC, art. 496).

e) *objeto lícito, possível, determinado ou determinável*:

1. *objeto imediato*: é a prestação humana, um dar, fazer ou não fazer

2. *objeto mediato:* ou material, são os bens ou prestações sobre as quais incide a relação jurídica

3. *objeto lícito:* não contraria a lei, a moral e os bons costumes. Se for **ilícito** o objeto, o negócio jurídico será nulo (CC, art. 166, I).

4. *objeto possível*: é aquele que apresenta viabilidade física ou natural, bem jurídica. Se **impossível absolutamente** o objeto, o negócio jurídico é nulo (CC, art. 166, II). A **impossibilidade relativa**, que atinge o devedor, não invalida o negócio (CC, art. 106). Assim, a **impossibilidade** do objeto poderá ser: *física ou jurídica.*

5. *objeto determinado ou determinável*: **admite-se** a indeterminação relativa, como a venda de coisa incerta (gênero e quantidade) ou alternativa (duas ou mais prestações, com objetos distintos), mas a determinação deve ocorrer no momento da execução CC, arts. 243 e 252.

f) *forma prescrita ou não defesa em lei*: é o meio pelo qual a vontade é manifestada, externamente (CC, arts. 107). **Sistemas**:

1. *consensualismo*: é o da forma livre, que pode ser escrita, verbal, pública, etc.

2. *formalismo:* é o da forma regrada, exigida por lei. Ex. CC, art. 108.

3. *sistema adotado no CC/2002*: nosso diploma adota o sistema do consensualismo, pelo qual a forma é livre, e o formalismo a exceção.

4. *consequência*: não atendida a formalidade prescrita, ou a solenidade que a lei considere essencial para a validade do ato, o negócio jurídico será **nulo** (CC, art. 166, IV e V).

- **espécies de forma:**

a) *livre:* é a regra pela qual admite-se quaisquer formas, escrita, falada, etc (CC, art. 107);

b) *especial ou solene*: é a exceção; trata-se da forma exigida como requisito de validade de alguns negócios jurídicos (CC, art. 107). **Divide-se em**:

1. *única*: a forma legalmente estabelecida é uma e insubstituível. Ex. escritura pública, para os negó-

cios a respeito de direitos reais (CC, art. 108); testamento para a deserdação (CC, art. 1.964).

2. *múltipla ou plural*: existe a possibilidade de se praticar o negócio por mais de uma forma, mas todas, em conjunto, formam um conjunto de observância obrigatória. Ex. os diversos modos de reconhecimento da filiação (CC, art. 1.609).

3. *contratual*: é a convenção entre as partes, nos termos do CC, art. 109, segundo o qual: *"No negócio jurídico celebrado com a cláusula de não valer sem instrumento público, este é da substância do ato".*

7.3.4. ELEMENTOS ACIDENTAIS

- **noções gerais:** os elementos *essenciais* vistos acima, os quais são determinados por *lei*, repercutem na esfera de validade e existência do negócio jurídico. Os elementos *acidentais*, introduzidos facultativamente por vontade das *partes*, por meio de *convenção* ou *declaração unilateral* de vontade, atuam sobre a eficácia e abrangência do negócio jurídico. São autolimitações aos atos patrimoniais, com restrições inclusive neste campo, como nas situações de renúncia e aceitação da herança (CC, art. 1.808). De qualquer forma, não são admitidos os elementos acidentais naqueles atos de natureza pessoal, como os pertencentes ao *direito de família* e aos *direitos da personalidade.*
- **elementos acidentais na legislação pátria:**

a) condição

b) termo

c) encargo

7.3.4.1. CONDIÇÃO

- **noções gerais:** condição segundo o CC/art. 121 é cláusula acidental, de introdução facultativa das partes (convecção ou negócio unilateral. Ex. testamento), autolimitador da vontade e que subordina o efeito do negócio jurídico a evento **futuro e incerto.** Fala-se em condição voluntária e condição legal (*conditio iuris*). Estas, porém, são pressupostos dos negócios jurídicos.
- **elementos**:

a) *voluntariedade:* sua inserção depende da vontade, quer em convecção, quer em negócio unilateral

b) *futuridade*: não se considera o fato presente ou passado, ainda que desconhecidos

c) *incerteza*: é o fato cujo acontecimento é totalmente desconhecido. A morte é um acontecimento certo para todos nós, mas não o momento. Assim, trata-se de um evento futuro e certo.

- **negócios jurídicos que não admitem condição**:

a) de caráter pessoal patrimonial (renúncia à herança)

b) de direito de família puro

c) de direitos personalíssimos ou da personalidade, como a vida, a integridade física

d) negócios que não admitem incerteza

e) negócios presentes ou passados, ainda que desconhecidos

f) atos jurídicos em sentido estrito, pois seus efeitos decorrem da lei

- **classificação das condições:**

1. quanto à licitude:

a) *lícitas:* aquelas **não** contrárias à lei, à ordem pública ou aos bons costumes (CC, art. 122)

b) *ilícitas*: por sua vez, estas **atentam** contra os bens jurídicos protegidos acima. Além disso, segundo o CC, art. 122, 2ª parte, e 123, são **proibidas** as condições:

1. que privarem de todo efeito o negócio jurídico (perplexas)
2. que sujeitarem ao puro arbítrio de uma das partes (puramente potestativas)
3. física ou juridicamente impossíveis
4. incompreensíveis ou contraditórias

2. quanto à possibilidade

a) *possíveis:* são as praticáveis

b) *impossíveis:* aquelas inexequíveis. **Poder ser**:

1. *fisicamente impossíveis:* nenhum ser humano consegue cumprir, motivo pelo qual são chamadas de *genéricas*
2. *juridicamente impossíveis:* aquelas que contrariam lei expressa, a moral ou os bons costumes (ex: CC, art. 426)
3. *efeitos das condições impossíveis*:

3.1. quando **resolutivas**: têm-se por inexistentes as condições impossíveis e as de não fazer coisa impossível, quer física, quer juridicamente, ou seja, são consideradas não escritas, mas válido é o negócio jurídico (CC, art. 124)

3.2. quando **suspensivas**: invalidam os negócios jurídicos que lhes são subordinados as condições física ou juridicamente impossíveis; as condições ilícitas, ou de fazer coisa ilícita, bem como as condições incompreensíveis ou contraditórias.

3. quanto à fonte de onde promanam

a) *casuais:* aquelas que dependem do acaso, do fortuito, da força maior, ou da vontade exclusiva de um terceiro.

b) *potestativas:* aqueles que dependem da vontade ou poder de uma das partes

1. *puramente potestativas:* sujeitas ao puro arbítrio de uma das partes, são defesas (CC, art. 122, última parte). São chamadas de cláusula *si voluero* (se me aprouver); 2.

2. *simplesmente potestativas ou meramente potestativas:* são permitidas, porque mesclam a vontade de uma das partes + um acontecimento ou circunstância exterior
3. *mistas:* dependem da vontade da parte + a vontade de um terceiro;
4. *promíscuas:* aquelas que, inicialmente *puramente potestativas*, em razão de um acontecimento inesperado e não previsto, venham a ter o implemento dificultado. Neste caso, perdem o caráter de puro arbítrio
5. *perplexas ou contraditórias:* são as que privam de todo efeito o negócio jurídico, logo, torna-os inválidos, porque sem sentido, confusas, contrárias à segurança e firmeza dos termos (CC, arts. 122, 2ª parte; 123, III).

4. quanto ao modo de atuação

a) *suspensiva:* impede a eficácia do negócio jurídico até que o evento futuro e incerto ocorra. De acordo com o CC, art. 125, subordinando-se a eficácia do negócio jurídico à condição suspensiva, enquanto esta se não verificar, não se terá adquirido o direito a que ele visa

b) *resolutiva:* a condição resolutiva é a que extingue, resolve o direito transferido pelo negócio, verificado o implemento do evento futuro e incerto. Trata-se de **condição de ineficácia**, pois enquanto não verificada, o negócio jurídico vigorará, podendo exercer-se desde a celebração deste o direito por ele estabelecido, mas, verifica a condição, estingue-se para todos os efeitos o direito a que ela se opõe. Dessa maneira, na condição resolutiva, o direito é adquirido desde logo.

- **princípio da retroatividade e da irretroatividade das condições suspensivas**: se alguém dispuser de uma coisa sob condição suspensiva, e, pendente esta, fizer quanto àquela novas disposições, estas não terão valor, realizada a condição, se com ela forem **incompatíveis** (CC, art. 125).

a) *regra:* se as disposições forem **incompatíveis (porque inválidas) ou compatíveis**, haverá aplicação do **princípio da retroatividade**

b) *exceções:* a doutrina colaciona as seguintes, aplicando-se o **princípio da irretroatividade**, sem prejuízo das perdas e danos:

1. nos contratos reais, se o assento do registro não mencionar a condição
2. nos contratos sobre bens fungíveis de boa-fé adquiridos
3. em relação aos bens móveis de boa-fé adquiridos
4. em relação aos frutos percebidos

- **princípio da retroatividade e da irretroatividade nas condições resolutivas:** sobrevindo a condição resolutiva, extingue-se, para todos os efeitos, o direito a que ela se opõe; mas, se aposta a um negócio de execução continuada ou periódica, a sua realização, salvo disposição em contrário, não tem eficácia quanto aos atos já praticados, desde que compatíveis com a natureza da condição pendente e conforme aos ditames de boa-fé (CC, art. 128).

a) *regra:* aplica-se o **princípio da retroatividade** nos contratos de **execução única ou instantânea** e nos contratos de execução **continuada ou periódica pendentes**.

b) *exceção:* o **princípio da irretroatividade** é consagrado nos contratos de **execução continuada, periódica ou de duração**, em relação aos atos já praticados, ou seja, quanto às prestações executadas.

- **momento de aquisição do direito disposto sob condição suspensiva**: há duas posições a respeito; uma se considera adquirido o direito, no implemento da condição, desde a **celebração do negócio** (tese da retroatividade – sistema francês); e outra, no momento exato do **implemento da condição** (tese da irretroatividade – sistema alemão).

- **termos relacionados de condição**

a) *pendente*: termo utilizado para a condição não realizada ou frustrada. Caso **suspensiva**, enquanto esta se não verificar, não se terá adquirido o direito, a que ele visa. Na **resolutiva**, enquanto esta se não realizar, vigorará o negócio jurídico, podendo exercer-se desde a conclusão deste o direito por ele estabelecido (CC, arts. 125 e 127).

b) *implemento real*: designa a verificação da condição. Importante destacar que antes de ocorrida, permite-se ao titular do direito eventual a prática dos atos destinados a conservá-lo (CC, art. 130).

c) *implemento fictício (1ª parte) e frustrado (2ª parte)*: prevê o CC, ar.129, *"Reputa-se verificada, quanto aos efeitos jurídicos, a condição cujo implemento for maliciosamente obstado pela parte a quem desfavorecer **(implemento fictício)**, considerando-se, ao contrário, não verificada a condição maliciosamente levada a efeito por aquele a quem aproveita o seu implemento **(implemento frustrado)**"*.

- **OBS – 1**: atos ou negócios jurídicos puros ou simples são aqueles que contêm apenas e necessariamente os elementos essenciais (CC/art. 104), sem a presença dos acidentais (condição, termo e encargo); alguns negócios jurídicos, por sua natureza, porque referentes ao estado de pessoas, ou afetos ao direito de família ou à sucessão, como o reconhecimento da paternidade e a aceitação ou renúncia da herança (CC/art. 1.613 e 1.808), não admitem os elementos acidentais; tratam-se de exceção no ordenamento jurídico pátrio.

- **OBS – 2**: *condição imprópria* é aquela na qual não há evento futuro e incerto, mas passado ou presente não conhecido.

7.3.4.2. TERMO

- **noções gerais:** termo é o dia ou momento inicial ou final que determina o surgimento da eficácia ou a cessação dos efeitos do negócio jurídico.
- **unidade de medida**: não determinada o CC/2002 que o sistema de medição do termo, assim, poderá ser contado em horas, dias, mês ou ano.
- **aquisição do direito:** o termo inicial, de acordo com o CC/art. 131, suspende o exercício, mas não a aquisição do direito. Nisso difere da condição suspensiva, porque nesta, enquanto pendente o evento é futuro e incerto, não se adquire o direito (CC/art. 125).
- **conservação do direito:** os atos conservatórios são admitidos, assim como em relação ao titular do direito eventual disposto sob condição, suspensiva ou resolutiva (CC, arts. 130 e 135)
- **evento futuro e certo:** pode não ser conhecido o exato momento que ocorrerá a morte, mas, mesmo assim, é incorreto o uso do vernáculo *"termo incerto"*. Na verdade, em situações como essa, melhor falar em evento indeterminado.
- **negócios que não admitem o termo:**

a) aceitação ou renúncia da herança (CC, art. 1808)

b) adoção (CC, art. 1.626)

c) emancipação

d) casamento

e) reconhecimento dos filhos (CC, art. 1.613)

f) negócios incompatíveis com o termo, como aqueles que envolvem direitos da personalidade, família, ou quando a execução seja imediata.

- **espécies de termo:**

a) convencional: previsto no contrato

b) de direito: decorre da lei

c) de graça: é a dilação concedida ao devedor, sem ônus

d) inicial ou suspensivo (dies a quo, ex die)

e) final ou resolutivo (dies ad quem, ad diem)

f) essencial: aquele que exige um momento preciso para que ocorra

g) não essencial: sem a exigência da precisão

- **termo e prazo:** são intimamente relacionados, porque o último é espaço de tempo ou o intervalo entre o termo inicial e o final (Cf. CC/art. 132 a 134).
- **termo e condição:** diferem-se:

a) condição: suspende o **exercício** e a **aquisição** do direito/evento futuro e **incerto**

b) termo: suspende o **exercício**/evento futuro e **certo**

- **retroatividade:** não há retroatividade em se tratando do termo, tendo em vista a **certeza do evento**.

7.3.4.3. ENCARGO OU MODO

- **noções gerais:** encargo ou modo é o elemento acidental dos negócios jurídicos, introduzido facultativamente pelas partes em cláusula acessória, em função do qual se impõe um ônus ou obrigação ao beneficiário de uma **liberalidade**. Também é admitido o encargo ou modo nas **declarações unilaterais** de vontade. São expressões comuns utilizadas para destacar a eficácia jurídica dos motivos do ato "para que", "a fim de", com a "obrigação de", etc. É admitido nos negócios *inter vivos (doação)* ou *causa mortis (testamento)*:
- **obrigatoriedade:** o *encargo ou modo* possuía a característica da coerção, e seu cumprimento poderá ser exigido por ação cominatória. Por esta razão, difere do *ônus*, cujo descumprimento repercute em relação à validade do ato.
- **efeitos:**

a) regra geral, o encargo **não suspende** a aquisição ou exercício do direito, salvo se assim expresso, pelo disponente, como condição suspensiva (CC, art. 136)

b) de igual forma, se o encargo estiver previsto em testamento, a herança transmite-se deste logo aos herdeiros (CC, art. 1.784), admitindo-se que seja revogada, caso não seja cumprido.

c) de acordo com o CC, art. 553, o donatário é obrigado a cumprir os encargos da doação, caso forem a **benefício do doador**, de **terceiro**, ou do **interesse geral**. Se desta última espécie for o encargo, o **Ministério Público** poderá exigir sua execução, depois da morte do doador, se este não tiver feito.

d) aplica-se o preceito acima em relação ao **legado** com encargo, segundo o CC, art. 1.938.

e) ainda de acordo com o CC, art. 1.949, o **substituto** fica sujeito à condição ou encargo imposto ao substituído, quando não for diversa a intenção manifestada pelo testador, ou não resultar outra coisa da natureza da condição ou do encargo.

- **encargo ilícito ou impossível:** o CC, art. 137, reafirma o encargo como elemento acidental e acessório do negócio, ao prever que sua ilicitude ou impossibilidade o torna **não escrito**. Há **uma exceção**, quando o **motivo for determinante** da liberalidade, quando **invalida o negócio jurídico**.
- **diferenças entre encargo, condição suspensiva e resolutiva**

a) quanto à coerção: o **encargo** pode ser exigido por ação cominatória ou revogado. Não se obriga a cumprir uma condição.

b) quanto à aquisição e o exercício do direito: o **encargo** não os impede. A **condição suspensiva** impede a aquisição. Já o **termo inicial**, para lembrar, suspende o exercício, mas não a aquisição,

c) *quanto às expressões*: na **condição** usa-se a partícula "se". No encargo, "para que", "devendo".

d) *quanto à revogação*: a **condição resolutiva** gera efeitos de pleno direito, em sentença declaratória. No **encargo**, o instituidor poderá propor ação revocatória, de natureza desconstitutiva, sem efeitos pretéritos ou retroativos.

7.4. PRAZO

- **noções gerais:** intervalo entre de tempo entre termos (inicial e final, ou *a quo* e *ad quem*), ou entre a manifestação de vontade e o termo final (*ad quem*). Disciplina o instituto os arts. 132 a 134 do CC.
- **critérios de contagem dos prazos (CC, art. 132, §§ 1º a 4º):**

a) salvo disposição **legal** ou **convencional** em contrário, computam-se os prazos, **excluído** o dia do começo, e **incluído** o do vencimento.

b) se o dia do vencimento cair em feriado, considerar-se-á **prorrogado** o prazo até o seguinte dia útil.

c) **meado** considera-se, em qualquer mês, o **seu 15º – décimo quinto dia**.

d) os prazos de **meses** e **anos** expiram no **dia de igual número** do de início, ou no imediato, se faltar exata correspondência (Ex. ano bissexto)

e) os prazos fixados por **hora** contar-se-ão de **minuto a minuto**.

- **presunção do prazo em favor de herdeiro:** nos testamentos, presume-se que o prazo é estabelecido em favor do herdeiro o que ocorre, por exemplo, se o testador fixar prazo para a entrega do legado, situação que favorece o herdeiro obrigado ao pagamento, não ao legatário (CC, art. 133, 1ª parte).
- **presunção "juris tantum de prazo em favor do devedor**: nos contratos os prazos são estipulados em proveito do devedor, exceto se do seu **conteúdo**, ou das **circunstâncias**, ficar evidenciado que foram estabelecidos em proveito do credor ou de ambos os contratantes. A presunção nos contratos resulta a possibilidade da **renúncia do prazo**, a qual é reconhecida ao consumidor no CDC, art. 52, § 2º.
- **negócios sem prazo.**

a) os negócios jurídicos entre vivos, sem prazo, são exequíveis **desde logo**.

b) se a execução tiver de ser feita em **lugar diverso** ou **depender de tempo**, haverá prazo tácito para que o negócio seja cumprido, segundo a natureza e as circunstâncias do negócio.

7.5. DEFEITOS DO NEGÓCIO JURÍDICO

7.5.1. GENERALIDADES

- **noções gerais:** defeitos são os vícios do negócio jurídico que o tornam anulável.
- **previsão legal:** os defeitos do negócio jurídico estão regulados no CC/art. 138 a 165.
- **número de defeitos**: são 06 os defeitos previstos no CC/2002, a saber:

1) erro

2) dolo

3) coação

4) lesão

5) estado de perigo

6) fraude contra credores

- **natureza dos defeitos**: os cinco primeiros acima são chamados de **vício de consentimento**, porque a vontade manifestada não corresponde ao íntimo querer do agente, ou seja, há um descompasso entre a declaração e a intenção. O último defeito (fraude contra credores), diferentemente, é chamado de **vício social**, há perfeita correlação entre a vontade interna e a exteriorizada, mas o negócio viola a lei ou a boa-fé, prejudicando, com isso, terceiros. Não só a fraude contra credores é considerada um vício social, pois a simulação também o é. Todavia, no campo da invalidade do negócio jurídico, a **fraude contra credores** é causa de anulabilidade (CC/art. 171, II) e a **simulação**, por sua vez, com a mesma consequência no CC/1916, elevou o grau de comprometimento, para conferir nulidade absoluta aos negócios (CC/art. 167).

Defeitos ou vícios do negócio jurídico	
Vícios do consentimento	**vício social**
erro (CC/art. 138 a 144)	fraude contra credores (CC/art. 167)
dolo (CC/art. 145 a 150)	
coação (CC/art. 151 a 155)	
estado de perigo (CC/art. 156)	
lesão (CC/art. 157).	

7.5.2. ERRO OU IGNORÂNCIA

- **noções gerais:** trata-se do vício do consentimento onde o agente se engana sozinho. **Erro** é a fala percepção da realidade, que recai sobre a pessoa ou objeto. **Ignorância** é o completo desconhecimento. Existirá a figura do erro, portanto, quando for significativo em relação celebração do negócio, de forma que, conhecida a realidade pelo declarante, o negócio não se realizaria; exige a lei que o erro ou ignorância possa incidir sobre pessoa de diligência normal (*vir medius*)

- **espécies:**

a) *substancial ou essencial*: é o relevante, o determinante, aquele que, uma vez conhecido do agente, o negócio não seria realizado. **Pode ser dividido em** (CC, art. 139, I a III):

b) erro sobre a natureza do negócio *(error in negotio):* o agente supõe praticar um negócio, mas

c) erro sobre o objeto principal da declaração *(error in corpore):* a manifestação incide sobre objeto diverso do querido

d) erro sobre alguma das qualidades essenciais do objeto *(error in substantia ou error qualitate)*: aqui a suposição é sobre uma qualidade do objeto, que o agente acredita ter

e) erro quanto à identidade ou à qualidade da pessoa *(erro rim persona)*: desde que tenha influído de maneira relevante na declaração de vontade, e não seja possa conhecer a realidade, e ocorre o equívoco em relação a quem seja a pessoa (*intuito personae*) ou sobre a qualidade que possua (herdeiro, filho natural).

f) erro de direito (*error juris*): abrange a ignorância da lei, o falso conhecimento e a interpretação errônea, bem como a ideia errônea sobre as consequências jurídicas do ato negocial. Segundo a dicção do CC, art. 139, III, sendo de direito e não implicando recusa à aplicação da lei, for o motivo único ou principal do negócio jurídico.

g) *acidental***:** diz respeito aos aspectos secundários do negócio, ou seja, ainda que conhecido, mesmo assim haveria negócio. Tratando-se de **erro de cálculo**, admite-se a retificação (CC, art. 143).

- **requisitos:** são apontados como requisitos para o reconhecimento do erro:

a) cognoscível

b) real ou de efetivo prejuízo

c) que se refira ao próprio negócio, e não a motivos deste, exceto quando expresso como razão determinante (CC, art. 140)

d) relevante

- ***ATENÇÃO*****:** Na sistemática do art. 138, é irrelevante ser ou não escusável o erro, porque o dispositivo adota o *princípio da confiança*. ***(Conf. Enunciado 12 da I Jornada de Direito Civil do CJF)***. Assim, o CC/2002 adotou o **princípio da cognoscibilidade**, afastando o critério da escusabilidade.

- **falso motivo:** em regra, não vicia o ato, salvo quando figurar expressamente, integrando a manifestação de vontade, como razão determinante do negócio (CC, art. 140)

- **erro na transmissão por meios interpostos:** a transmissão errônea por meios interpostos é anulável, nos mesmos casos em que o é a declaração direta.

- **convalescimento do erro:** a oferta da execução do negócio conforme a vontade real do manifestante não prejudica a validade do negócio jurídico, consagrando o *princípio da conservação dos negócios jurídicos*, ante a ausência de prejuízo *(pas de nullité sans grief)*.

- **interesse negativo:** a doutrina de Pontes de Miranda lembra a questão do "*interesse negativo*", previsto em no CC/Alemão, pelo qual o responsável pelo erro, aquele que deu causa, tem o dever de indenizar a outra parte que não concorreu para a situação anulável. Não há previsão do instituto no CC/2002.

7.5.3. DOLO

- **noções gerais:** dolo é o emprego de artifício astucioso para induzir alguém a praticar um negócio jurídico que lhe é prejudicial, mas que favorece ao autor do dolo ou a terceiro. Assim, enquanto o **erro** é espontâneo e subjetivo e íntimo de uma das partes, o **dolo** é provocado intencionalmente pela outra parte ou terceiro. Na **simulação**, ambas as partes em conluio criam uma situação, mediante um negócio jurídico, para fraudar a lei ou terceiros. De qualquer forma, o dolo é causa de nulidade relativa, enquanto a simulação de nulidade absoluta. Por sua vez, a **coação** é o emprego de ameaça contra a vítima, e o **dolo** o artifício de enganar.

- **espécies de dolo:**

a) *principal (essencial) e acidental*: os negócios jurídicos são anuláveis por dolo (convencimento astucioso), quando este for a sua causa, o que significa dizer que sem ele o negócio não seria realizado *(principal ou dolus causam dans)*. No entanto, se apesar do dolo, o negócio é realizado, embora por outro modo, assim entendido quanto às condições periféricas, haverá dolo *acidental*, o qual obriga a satisfação das perdas e danos. No *dolus incidens*, o negócio aconteceria, com ou sem ele (CC, arts. 145 e 146).

b) *dolus bonus* e *dolus malus:* aquele é tolerado, aceito no comércio, sem gravidade (*dolus bonus*); este tem o propósito de enganar, ludibriar, prejudicar, motivo pelo qual é grave (*dolus malus*)

c) *positivo e negativo (omissão dolosa)*: o dolo se realiza por ação (*dolo positivo*) ou omissão (*dolo negativo, omissão dolosa ou reticência*); segundo o CC, art. 147, nos negócios jurídicos bilaterais, o silêncio intencional de uma das partes a respeito de fato ou qualidade que a outra parte haja ignorado, constitui omissão dolosa, provando-se que sem ela o negócio não se teria celebrado; desde que essencial, o dolo negativo anula o negócio jurídico.

d) *dolo de terceiro:* o dolo de terceiro é previsto no CC/ art. 148; trata-se do expediente astucioso empregado por estranho ao negócio. **Podem ocorrer duas situações**:

e) *com ciência*: a mando ou com o conhecimento de uma das partes, ou seja, se aquele a quem o dolo aproveitar **conheceu** do defeito, ou deveria conhecer, o negócio poderá ser anulado.

f) *sem ciência:* se o dolo de terceiro **não for conhecido** da parte a quem aproveita, ainda que subsista o negócio jurídico, o terceiro responderá por todas as perdas e danos da parte a quem ludibriou.

g) *dolo do representante:*

1. o dolo do ***representante legal*** de uma das partes só obriga o representado a responder civilmente até a importância do proveito que teve;

2. o dolo for do ***representante convencional***, o representado responderá solidariamente com ele por perdas e danos

h) *unilateral e bilateral:* em regra o *dolo é unilateral*, porque empregado por uma das partes. Todavia, se ambas as partes procederem com dolo (*bilateral*), nenhuma pode alegá-lo para anular o negócio, ou reclamar indenização (CC, art. 150). Essa *"compensação"* pode ocorrer entre dolos principais, dolos acidentais, ou entre aqueles e estes.

7.5.4. COAÇÃO

- **noções gerais:** coação é o emprego de pressão injusta ou ameaça psicológica para que o agente realize um ato ou negócio jurídico contra sua vontade.
- **espécies de coação:**

a) absoluta ou física (*vis absoluta*): não há consentimento ou declaração da vontade, mas emprego de força ou violência contra o coacto, que fica subjugado ao impulso físico do coator. A doutrina diverge, ora taxando de **nulo** o negócio, ora de **inexistente**.

b) relativa ou moral (*vis compulsiva*): é a coação psicológica, a ameaça de praticar o negócio ou sofrer as consequências prometidas. É causa de nulidade relativa (CC, 171, II)

c) *principal*: é a ameaça que determina o negócio, é sua causa.

d) *acidental*: repercute nas condições menos desfavoráveis do negócio, sem, contudo, torná-lo anulável, porque não é determinante. Todavia, obriga as perdas e danos.

- **requisitos para o reconhecimento da coação**

a) que seja determinante: exige-se relação de causalidade entre a coação e o negócio

b) grave: que incuta fundado temor. De acordo com o CC, art. 153, não se considera coação a ameaça do exercício normal de um direito, nem o simples temor reverencial, entendido este, nas palavras de Clóvis Bevilaqua como *"o receio de desgostar o pai ou a mãe, ou outras pessoas, a quem se deve obediência e respeito"* (Teoria Geral do Direito Civil, Livraria Francisco Alves, 2ª edição, 1929, pág. 287); o simples temor reverencial não se confunde com a hierarquia, que significa graus de poder com subordinação funcional.

c) *injusta*: aquela ilícita, anormal, abusiva e contraria ao direito.

d) *de dano atual ou iminente*: é o que pode acontecer *desde já*, porque *inevitável*. Afasta-se, assim, o dano remoto, mediato, ou *evitável*.

e) que recaia sobre a pessoa, família ou bens: a acepção aqui é ampla, abrangendo qualquer dano pessoal, físico ou patrimonial.

- **coação de terceiro**:

a) *com ciência*: vicia (anula) o negócio jurídico a coação exercida por terceiro, se dela tivesse ou devesse ter conhecimento a parte a que aproveite, e esta responderá **solidariamente** com aquele (**terceiro**) por perdas e danos.

b) *sem ciência*: subsistirá (não anula) o negócio jurídico, se a coação decorrer de terceiro, sem que a parte a que aproveite dela tivesse ou devesse ter conhecimento, mas o **autor da coação** responderá por todas as **perdas e danos** que houver causado ao coacto (CC/art. 154).

7.5.5. ESTADO DE PERIGO

- **noções gerais:** *estado de perigo* ocorre quando alguém, premido da necessidade de **salvar-se** ou a **pessoa de sua família**, de grave dano conhecido da outra parte, assume obrigação excessivamente onerosa. Tratando-se de pessoa **não pertencente** à família do declarante, o juiz decidirá segundo as circunstâncias. Não foi previsto no CC/1916
- **elementos:**

a) situação de necessidade

b) iminência de dano atual e grave

c) nexo de causalidade entre a declaração e a situação de risco de dano à vida

d) que o risco de dano recaia sobre a pessoa do declarante, alguém de sua família, ou terceiro, com quem tenha afinidade, segundo as circunstâncias analisadas pelo juiz

e) que o perigo seja conhecido da outra parte, caracterizando-se sua má-fé

f) que a obrigação seja excessivamente onerosa, ou desproporcional

- **consequências:** de acordo com o CC, art. 178, II, é de **04 anos** o prazo de decadência para pleitear-se a **anulação** do negócio jurídico, contado, no caso de estado de perigo, do dia em que se **realizou** o negócio jurídico.

- ***ATENÇÃO*:** segundo o **Enunciado 148 da III Jornada de Direito Civil**, ao *estado de perigo (art. 156) aplica-se, por analogia, o disposto no § 2º do art. 157"*. Diz o preceito em destaque, pertencente ao instituto da lesão: *"Não se decretará a anulação do negócio, se for oferecido suplemento suficiente, ou se a parte favorecida concordar com a redução do proveito"*.

7.5.6. LESÃO

- **noções gerais:** ocorre a lesão quando uma pessoa, sob premente necessidade, ou por inexperiência, se obriga a prestação manifestamente desproporcional ao valor da prestação oposta. Aprecia-se a desproporção das prestações segundo os valores vigentes ao tempo em que foi celebrado o negócio jurídico. Por outro lado, não se decretará a anulação do negócio, se for oferecido suplemento suficiente, ou se a parte favorecida concordar com a redução do proveito. Sem previsão no CC/1916.

- **características:**

a) o negócio é realizado por necessidade ou inexperiência patrimonial

b) o agente age por si próprio, sem provocação

c) deve haver manifesta desproporção da prestação oposta. Caso seja proporcional, não haverá lesão

d) os valores das prestações são analisados ao tempo do negócio

e) não se exige dolo de aproveitamento, ou seja, que o beneficiário conheça a necessidade porque passa a outra parte ou mesmo que seja inexperiente na vivência dos negócios. Dispensa-se, assim, o elemento subjetivo da má-fé. Assim, trata-se de ***lesão objetiva***.

- **espécies de lesão:**

a) usurária, real ou subjetiva: quando há exigência do dolo de aproveitamento (elemento subjetivo), ou seja, que o beneficiário tenha conhecimento da necessidade ou inexperiência da outra parte, quando se obriga a prestação desproporcional.

b) simplesmente lesão, lesão especial, lesão enorme ou lesão objetiva: quando se analisa a desproporcionalidade das prestações, bem como a necessidade ou inexperiência do contratante, sem perquirir o prévio conhecimento desta situação pelo outro, que é indiferente ao instituto. **É a espécie adotada no CC/2002.**

- **elementos da lesão**

a) objetivo: é a desproporcionalidade das prestações recíprocas

b) temporal: a desproporção das prestações segundo os **valores vigentes ao tempo** em que foi **celebrado** o negócio jurídico, segundo perícias e avaliações do juiz. A desproporcionalidade superveniente é juridicamente irrelevante.

c) subjetivo: decorre da *"necessidade"* e *"inexperiência"* do lesado

- **efeitos da lesão**

a) anulação: é prevista no CC, art. 178, II, com prazo decadencial de **4 anos** a contar do dia em que se realizou o negócio.

b) revisão: não se decretará a anulação do negócio, **desde que**:

1. seja oferecido **suplemento** suficiente.
2. ou se a parte favorecida concordar com a **redução do proveito**.

- **aplicação**

a) aplica-se o instituto nos contratos comutativos, bilaterais e onerosos

b) em **regra** não se aplica aos contratos aleatórios, em função dos riscos normais que os cercam. Por **exceção**, admite-se o defeito nestes últimos, quando há excessiva desproporção à álea recorrentemente vista no contrato.

- **OBS 1:** pelo **Enunciado 149 da III Jornada de Direito Civil do CJF**: *"Em atenção ao princípio da conservação dos contratos, a verificação da lesão deverá conduzir, sempre que possível, à revisão judicial do negócio jurídico e não à sua anulação, sendo dever do magistrado incitar os contratantes a seguir as regras do art. 157, § 2º, do Código Civil de 2002"*;

- **OBS 2:** pelo **Enunciado 150 da III Jornada de Direito Civil do CJF:** *"A lesão de que trata o art. 157 do Código Civil não exige dolo de aproveitamento"*.

- **OBS 3:** diz o **Enunciado 290 da IV jornada de Direito Civil do CJF:** *"A lesão acarretará a anulação do negócio jurídico quando verificada, na formação deste, a desproporção manifesta entre as prestações assumidas pelas partes, não se presumindo a premente necessidade ou a inexperiência do lesado"*.

- **OBS 4:** dispõe o **Enunciado 291 da IV Jornada de Direito Civil do CJF:** *"Nas hipóteses de lesão previstas no art. 157 do Código Civil, pode o lesionado optar por não pleitear a anulação do negócio jurídico, deduzindo, desde logo, pretensão com vista à revisão judicial do negócio por meio da redução do proveito do lesionador ou do complemento do preço"*.

- **OBS 5:** segundo o **Enunciado 410 da V Jornada de Direito Civil**: *"A inexperiência a que se refere o art.*

157 não deve necessariamente significar imaturidade ou desconhecimento em relação à prática de negócios jurídicos em geral, podendo ocorrer também quando o lesado, ainda que estipule contratos costumeiramente, não tenha conhecimento específico sobre o negócio em causa".

7.5.7. FRAUDE CONTRA CREDORES

- **noções gerais:** a fraude contra credores é o vício social pelo qual o devedor reduz o patrimônio, mediante a transmissão gratuita de bens ou remissão de dívida, desde que os pratique já insolvente, ou por eles reduzido à insolvência, ainda quando o ignore. Traz a nomenclatura de vício social porque a vontade *interna* (querida) e a *externa* (manifestada), estão em perfeita sintonia, mas a intenção do devedor é direcionada para prejudicar terceiros (credores).
- **princípio da responsabilidade patrimonial**: de acordo com o CC, art. 927, os bens do devedor constituem a garantia dos credores, que é desfalcada com a fraude, motivo pelo qual o legislador culminou de defeituoso os atos praticados nos termos do CC, arts. 158, por violar o princípio segundo o qual o patrimônio do devedor responde por suas obrigações.
- **elementos da fraude contra credores:**

a) ***objetivo*** (*eventus damni*): corresponde a todo ato prejudicial ao credor, praticado pelo devedor já insolvente, ou por eles reduzido à insolvência, ainda quando ignorada a situação. Assim, temos o seguinte:

1. insolvência ou redução a ela em razão dos atos de disposição

2. *eventus dammi*, ou seja, prejuízo aos credores decorrente dos atos praticados em função da situação de insolvência

b) ***subjetivo*** (*consilium fraudis*): é a intenção de prejudicar terceiros; trata-se da má-fé do devedor, que age sozinho ou aliado a terceiro. Relacionado ao elemento subjetivo, **não se** anulará o negócio se o adquirente estiver de boa-fé. Assim, o credor deverá provar a má-fé do adquirente, para obter o êxito da anulação. A má-fé, neste caso, se limita a demonstrar que o adquirente conhecia a situação de insolvência do devedor. Desse modo, pode-se dizer que a *consilium fraudis* é o conhecimento do adquirente, sua ciência, do estado de insolvência que se encontra o devedor. Deve ser **provada** nas **transmissões onerosas**. Todavia, será **presumida** em **03** casos:

a) quando a insolvência for notória

b) quando houver motivo para ser conhecida do outro contratante a situação de insolvência, em função do parentesco próximo, preço vil, negociação clandestina, alienação de todos os bens, etc.

c) nos **negócios gratuitos**, ou liberalidades, quando se dispensa a prova do conluio fraudulento (consilium fraudis). Segundo os arts. 159, 162 e 163, todos do CC/2002, são espécies de negócios gratuitos praticados com fraude, pelo devedor insolvente ou passe a esta condição em razão do negócio: **exemplos:**

1. *as transmissões gratuitas de bens* (doação, renúncia à herança, renúncia de usufruto, etc)

2. *a remissão ou perdão de dívidas*;

3. *o pagamento de dívidas ainda não vencidas ou antecipado*, feito ao *credor quirografário* (sem garantia especial). A regra não se aplica ao *credor privilegiado* (com garantia especial). A concessão de garantias reais de dívidas a algum credor está inserida neste item; logo, estão excluídas as garantias fidejussórias. O efeito da fraude, neste caso, é a anulação da garantia. Lembramos que a presunção aqui é *juris et de jure*.

- **validade dos negócios jurídicos celebrados com presunção de boa-fé:** de acordo com o CC, art. 164, **presume-se de boa-fé** e valem os negócios ordinários indispensáveis à:

a) manutenção de estabelecimento mercantil, rural, ou industrial ou

b) subsistência do devedor e de sua família

- **ação pauliana ou revocatória:** é o mecanismo processual para pleitear judicialmente a anulação do negócio jurídico defeituoso por fraude contra credores.

a) *Súmula 195 do STJ: "Em embargos de terceiro não se anula ato jurídico, por fraude contra credores".*

b) *legitimados* (CC, art. 158, §§ 1º e 2º).

1. polo ativo: os credores quirografários ao tempo da alienação, bem como aqueles com garantia real que se tornou insuficiente com o negócio. Igualmente, admite-se aos sucessores a título singular ou universal, atingidos pelos atos fraudulentos;

2. *polo passivo:* o devedor insolvente, o adquirente e eventuais terceiros de má-fé, todos em litisconsórcio passivo necessário (NOVO CPC, art. 506). No caso do subadquirente, deve-se provar a má-fé, ainda que contra o adquirente a má-fé seja presumida.

c) *natureza da sentença*: é **desconstitutiva** do negócio jurídico. Difere, assim, dos efeitos da fraude à execução, quando haverá **ineficácia do ato**, permanecendo válido o negócio.

- **fraude não ultimada ou perda do interesse da ação revocatória pelo pagamento mercadoló-**

gico em juízo: se o adquirente dos bens do devedor insolvente ainda não tiver pagado o preço e este for, aproximadamente, o corrente, desobrigar-se-á depositando-o em juízo, com a citação de todos os interessados. O valor corrente é aquele praticado no de mercado atual. Com essa postura, afasta-se a má-fé do devedor e o negócio jurídico é conservado, por ausência de prejuízo aos credores, uma vez o que o patrimônio do devedor não é desfalcado.

7.5.8. DIFERENÇAS ENTRE FRAUDE CONTRA CREDORES X FRAUDE À EXECUÇÃO

Fraude contra credores **x** **Fraude à execução**	
fraude contra credores	**Fraude à execução**
- **requisitos comuns:** - fraude na alienação dos bens, com desfalque do patrimônio do devedor - *consilium fraudis* entre o alienante e o adquirente, embora nem sempre ocorra - *eventos damini* que se resume na insolvência do devedor, ou a pratica de atos que possam levá-lo a tal situação.	
diferenças: - é defeito do negócio jurídico, um vício social, regulado no Código Civil, nos arts. 158 e seg. - é feita sem processo em curso, de conhecimento ou execução. - é causa de anulação do negócio jurídico, com o retorno do bem ao patrimônio do devedor. - seu reconhecimento exige a propositura de *ação pauliana ou revocatória*, mediante sentença desconstitutiva. - o negócio é anulável - não se admite o reconhecimento por meio de embargos de terceiro **(Súmula 195 do STJ)** - aproveita a todos os credores, para que se estabeleça o concurso entre eles dos bens do acervo.	**diferenças:** - é um incidente processual, previsto NCPC, art. 792, IV. - ocorre com demanda em curso, de mérito ou execução, capaz de reduzir o devedor à insolvência, quando da execução, frustrando os seus efeitos (NCPC, art. 792, IV). Demanda em curso, para fins de fraude, é aquela na qual houve **citação** do devedor. - é causa de ineficácia dos efeitos do negócio jurídico, que permanece íntegro. - o negócio é ineficaz - seu reconhecimento precede petição incidente durante a execução ou o cumprimento de sentença, mediante decisão interlocutória - aproveita unicamente ao exequente

Fraude contra credores **x** **Fraude à execução**	
fraude contra credores	**Fraude à execução**
- a má-fé *(consilium fraudis)* deve ser provada nos negócios onerosos; mas é presumida nos gratuitos - o *eventus damni* é o requisito objetivo, e está sempre presente. - o prazo para a propositura da ação é decadencial de **4 anos**, a partir do dia em que se realizou o negócio jurídico	- tradicionalmente a ma-fé é presumida, *in re ipsa*. Todavia, o STJ exige a prova da má-fé *(scientia fraudis)* do adquirente **(Súmula 375 do STJ).** - presume *iuris et de iure* a má-fé se o ato constritivo do bem, penhora, arresto, estiver registrado ou averbado no cartório apropriado. - o *eventus damni* deve ser demonstrado, ou seja, que do ato de disposição decorreu um estado de insolvência. - fraude à execução, como incidente processual não possui qualquer prazo para o exercício, próprio ou impróprio.

7.6. INVALIDADE DO NEGÓCIO JURÍDICO

7.6.1. GENERALIDADES

- **noções gerais:** o CC/2002 dispõe a respeito da invalidade do negócio jurídico nos arts. 166 a 184, em que estão inseridas as regras a respeito do negócio jurídico ***nulo*** e ***anulável***. O negócio jurídico será ***válido*** quando observar as regras pertinentes aos elementos do negócio jurídico (CC/art. 104 e seguintes). A expressão ***invalidade*** abrange a nulidade e a anulabilidade do negócio jurídico, e significa o negócio jurídico que não produz os efeitos desejados pelas partes, conforme o grau de imperfeição verificado, por exemplo, na manifestação de vontade. Veremos a seguir, em três tabelas esquematizadas, o resumo da matéria.

7.6.2. ESPÉCIES DE NULIDADE

- **absoluta*:*** quando ocorre ofensa a preceito de ordem pública e social, afetando o negócio jurídico com vício insanável.
- **relativa*:*** refere-se à ofensa sanável, por atingir interesse do próprio indivíduo.

- **total:** quando atinge todo o negócio.
- **parcial:** nesse caso, apenas parte do negócio é atingida. De acordo com o CC, art. 184, *"Respeitada a intenção das partes, a **invalidade parcial** de um negócio jurídico **não o prejudicará na parte válida, se esta for separável**..."*. A regra é amparada pelos ***princípios da incomunicabilidade*** das nulidades e da ***conservação dos atos ou negócios jurídicos***.
- **textual ou expressa:** quando explicitada na lei, que diz ser nulo o ato. Ex: CC, art. 548.
- **virtual ou implícita:** aquela que é deduzida por expressões, como "não pode", "não deve". Ex. CC, art. 1.521.

7.6.3. NEGÓCIO JURÍDICO INEXISTENTE

- **noções gerais:** não há menção expressa a respeito do **negócio inexistente** no Código Civil, mas a classe é admitida juridicamente. Trata-se do negócio jurídico praticado com a falta de algum dos elementos estruturais de todo e qualquer negócio jurídico, como p. ex, quando não houver manifestação ou declaração de vontade. Não se confunde com o **negócio ineficaz,** o qual é completo**, ou seja,** não se ressente da falta ou irregularidade dos elementos internos que o compõe, mas de alguma circunstância extrínseca que, conjuntamente com o negócio, integra a situação complexa (fattispecie) produtiva de efeitos jurídicos, ou seja, o negócio jurídico foi celebrado, está valido, mas a sua eficácia está pendente a um termo, condição ou encargo.
- **efeitos:** o negócio jurídico inexiste não chega a se formar, razão pela qual não gera efeito algum.
- **reconhecimento:** em regra, não reclama ação, porém, se o negócio for daqueles com aparência material, justifica-se a propositura de *"ação declaratória de inexistência"*.

7.6.4. NEGÓCIO JURÍDICO NULO (NULIDADE ABSOLUTA)

- **noções gerais:** o negócio jurídico nulo (nulidade absoluta) é aquele praticado sem os requisitos essenciais, o que impede que produza efeitos. É nulo o negócio que atenta contra os preceitos de ordem pública, pertencentes à sociedade.
- **causas de nulidade:** segundo o CC, art. 166, é *nulo* o negócio jurídico quando:

a) celebrado por pessoa absolutamente incapaz;

b) for ilícito, impossível ou indeterminável o seu objeto;

c) o motivo determinante, comum a ambas as partes, for ilícito;

d) não revestir a forma prescrita em lei;

e) for preterida alguma solenidade que a lei considere essencial para a sua validade;

f) tiver por objetivo fraudar lei imperativa;

g) a lei taxativamente o declarar nulo, ou proibir-lhe a prática, sem cominar sanção.

- **implicações do Estatuto do Deficiente:** com a entrada em vigor da novel lei apenas os menores de 16 anos continuarão absolutamente incapazes (CC, art. 3º). As demais hipóteses foram revogadas. Portanto, a partir do dia 07 de janeiro de 2016, o candidato deve ser atentar para a mudança.
- **características dos negócios jurídicos nulos:**

a) celebrado, o vício o contamina desde a origem, razão pela os efeitos da decisão que declara a nulidade são *ex tunc*

b) pode ser alegado por qualquer interessado, e pelo Ministério Público, quando couber intervir

c) não admite a confirmação

d) não se convalesce, pois a nulidade absoluta é perpetua

e) o juiz deverá conhecer de ofício, e não poderá supri-lo, ainda que a requerimento

- **posição doutrinaria:** segundo Orlando Gomes, o negócio jurídico nulo possui as seguintes características (Introdução ao Direito Civil, 12ª edição, Rio de Janeiro, Forense, 1.996, pag. 474):

a) imediata (vicia o negócio desde a formação)

b) absoluta (as nulidades podem ser alegadas por qualquer interessado, ou pelo Ministério Público, quando lhe couber intervir, e devem ser pronunciadas pelo juiz, quando conhecer do negócio jurídico ou dos seus efeitos e as encontrar provada)

c) incurável (as partes não podem saná-las, e não é permitido ao juiz supri-las, ainda que a requerimento das partes)

d) perpétua (não se convalescem pelo decurso do tempo).

- **conversão:** se o negócio jurídico nulo contiver os requisitos de outro, subsistirá este quando o fim a que visavam as partes permitir supor que o teriam querido, se houvessem previsto a nulidade (CC, art. 170).

a) verifica-se quando o negócio praticado é nulo na forma invocada pelas partes, porém, atende aos elementos de outro, para o qual pode ser transformado, conferindo nova qualificação ao negócio, salvo proibição expressa, como ocorre em relação aos testamentos.

b) exige-se os requisitos:

1. *objetivo*: que o segundo negócio possua os mesmos suportes fáticos do primeiro (nulo)
2. *subjetivo:* que as partes efetivamente queiram um negócio diverso

c) pode ser requerida pelo terceiro

d) o juiz não poderá decretá-la de ofício

e) pelo **Enunciado 13 da I Jornada de Direito Civil do CJF**: *"O aspecto objetivo da conversão requer a existência do suporte fático no negócio a converter-se"*.

7.6.5. NEGÓCIO JURÍDICO ANULÁVEL (NULIDADE RELATIVA)

- **noções gerais**: anulável é o negócio jurídico que atinge interesse de ordem particular da pessoa. E será considerado *válido* o negócio se o prejudicado se conformar com os seus efeitos, deixando transcorrer o prazo legal para atacá-lo, bem como se confirmar seu teor, quando expressa ou tacitamente, consente com o vício, salvo o direito de terceiros (CC, art. 172).
- **causas de nulidade:** de acordo com o CC, art. 171, além dos casos expressamente declarados na lei, é anulável o negócio jurídico:

a) por incapacidade relativa do agente (CC, art. 4º, I a IV). * Nota: observar a nova redação do Estatuto do Deficiente.

b) por vício resultante de erro, dolo, coação, estado de perigo, lesão ou fraude contra credores.

c) por falta de assentimento de terceiro. Ex. CC, art. 496 (compra e venda entre ascendente e descendente)

- **características dos negócios jurídicos anuláveis:**

a) são de interesse privado ou de conveniência particular do prejudicado

b) podem ser supridos pelo juiz, mediante provocação (CC/art. 168, parágrafo único, leitura a *contrario sensu*).

c) não se admite o reconhecimento *ex oficio* pelo juiz (CC, art. 177)

d) quando a anulabilidade decorrer da falta de autorização de terceiro, será válido o ato se conferida posteriormente (CC/art. 176 c/c art. 496)

e) seus efeitos surgem após a sentença desconstitutiva, ex nunc. Assim, não opera antes da sentença

f) possui prazos de decadência; o ato nulo, não pode ser confirmado, convalidado pelo tempo ou suprido, e deverá ser reconhecido de ofício pelo juiz, com efeitos ex tunc; o menor **entre 16 e 18 anos** é relativamente incapaz; logo, o negócio nessa condição é anulável (CC/art. 166, I).

g) só os interessados a podem alegar, e aproveita exclusivamente aos que a alegarem, salvo o caso de solidariedade ou indivisibilidade (CC, art. 177);

h) podem ser confirmados, expressa ou tacitamente, salvo direito de terceiro; vale lembrar que, quando da primeira espécie, o ato de confirmação deve conter a substância do negócio celebrado e a vontade expressa de mantê-lo (CC, art. 172 e 174)

i) o convalescimento da anulabilidade, pelo decurso do tempo, confere-se a validade

- **prazo decadenciais**:

a) será de **2 anos**, se não houver prazo estabelecido em lei especificamente para o vício, contado da conclusão do ato (CC, art.179).

b) é de **4 anos** o prazo de decadência para pleitear-se a anulação do negócio jurídico, contado:

c) no caso de coação, do dia em que ela cessar

d) no de erro, dolo, fraude contra credores, estado de perigo ou lesão, do dia em que se realizou o negócio jurídico.

- **confirmação do negócio jurídico:** confirmar significa aproveitar o negócio inválido, integrando-o e retroagindo à data do ato, tornando-o válido na origem, pelo que deverá conter a mesma forma, conforme CC/art. 173. Trata-se de ato *unilateral e não receptício.* Sua forma é a mesma do negócio jurídico, ou seja, se o negócio foi realizado por escritura pública, a confirmação também deverá ser.

a) expressa: quando é feita por escrito, no mesmo formato do negócio, constando a vontade declarada de mantê-lo (CC, art.173)

b) tácita: quando a obrigação foi parcialmente cumprida pelo devedor ciente do vício que a inquinava (CC, art. 174) e quando transcorre *in albis* o prazo decadencial para exercer seu direito.

- **efeitos da confirmação**: são *"ex tunc"*, retroagindo à data do ato. Assim, expressa ou tácita, importa a renúncia ou a desistência do direito de anular o negócio sendo, portanto, **irrevogável** (CC, art. 175).

7.6.6. SIMULAÇÃO

- **noções gerais:** trata-se de vicio social realizado mediante declaração falsa, a qual aparenta um negócio jurídico ostensivo, que na realidade não existe. Essa declaração falsa também pode servir para ocultar, sob um ilusório negócio, o verdadeiro negócio querido, com a finalidade de enganar terceiros ou fraudar a lei. Nela há conluio entre as partes, porque se exige declaração receptícia, nos negócios bilaterais e unilaterais. Assim, difere do dolo, pois neste uma das partes tem a vontade comprometida, participando diretamente do negócio. Na simulação, quando se objetiva fraudar terceiro, sua posição é estranha ao negócio. É prevista no CC, art. 167, §§ 1º e 2º.
- **classificação presente CC/1916.**

a) simulação inocente: presente no CC/1916, art. 103, assim era quando as partes não pretendiam prejudicar terceiros ou fraudar a lei. No CC/2002, de acordo com o **Enunciado 152 da III Jornada de Direito Civil do CJF**: *"Toda simulação, inclusive a inocente, é invalidante"*.

b) simulação fraudulenta: também presente no CC/1916, nesta objetivavam as partes o prejuízo de terceiro ou a burla a lei. Conforme vimos acima, a classificação perdeu interesse com o CC/2002, mas remanesce para fins históricos.

- **modalidades de simulação CC/2002.**

a) *simulação absoluta*: nesta, a declaração enganosa de negócio bilateral ou unilateral é puramente fictícia e irreal, pois não há negócio algum.

b) *simulação relativa*: ocorre quando é realizado, sob a aparência de um negócio fictício, outro verdadeiro, diverso e verdadeiramente querido. São dois negócios. Um simulado, fingido, inventado, ilusório. E outro oculto, mas realmente querido pelas partes. Aquele encobre este, o efetivo e concretamente pretendido. **Divide-se em**:

c) *subjetiva ou ad personam*: quando o negócio é real, mas uma das partes é aparente, fictícia ou interposta, e não tira proveito da avença. (Ex. laranja, testa de ferro, homem de palha, etc.). **(interposição de pessoa)**

d) *objetiva:* contiverem declaração, confissão, condição ou cláusula não verdadeira **(ocultação da verdade)** ou os instrumentos particulares forem antedatados, ou pós-datados **(falsidade de data).**

- **efeitos da simulação**

a) é **nulo** o negócio jurídico simulado.

b) mas **subsistirá** o que se dissimulou, se válido for na substância e na forma

c) ressalvam-se os direitos de **terceiros de boa-fé** em face dos contraentes do negócio jurídico simulado

- **simulação e dissimulação:** não se confundem. Simular é aparentar algo que não existe, é o disfarce. Dissimular é ocultar algo verdadeiro.

- **enunciados das jornadas de direito civil**

a) **152:** *"Toda simulação, inclusive a inocente, é invalidante".*

b) **153:** *"Na simulação relativa, o negócio simulado (aparente) é nulo, mas o dissimulado será válido se não ofender a lei nem causar prejuízos a terceiros".*

c) **293:** *"Na simulação relativa, o aproveitamento do negócio jurídico dissimulado não decorre tão-somente do afastamento do negócio jurídico simulado, mas do necessário preenchimento de todos os requisitos substanciais e formais de validade daquele".*

d) **294**: *"Sendo a simulação uma causa de nulidade do negócio jurídico, pode ser alegada por uma das partes contra a outra".*

7.6.7. ANOTAÇÕES ARTIGO POR ARTIGO DE INVALIDADE

- **CC, art. 180**: *"O menor, entre dezesseis e dezoito anos, não pode, para eximir-se de uma obrigação, invocar a sua idade se dolosamente a ocultou quando inquirido pela outra parte, ou se, no ato de obrigar-se, declarou-se maior"*

– **Nota:** será **válido** o negócio praticado nessa condição, pois a boa-fé do terceiro prevalece em relação à malícia do menor.

- **CC, art. 183**: *"A invalidade do instrumento não induz a do negócio jurídico sempre que este puder provar-se por outro meio".*

– **Nota:** admitindo-se a prova do negócio por outros meios, como a testemunhal, o negócio será válido, apesar da invalidade do instrumento. Todavia, quando essencial para a validade do negócio, sobretudo na constituição e prova (CC, art. 108), anulado o instrumento, o negócio seguirá a mesma sorte.

- **CC, art. 184, primeira parte:** *"Respeitada a intenção das partes, a invalidade parcial de um negócio jurídico não o prejudicará na parte válida, se esta for separável..."*

– **Nota:** em razão do princípio da conservação, o negócio parcialmente nulo ou anulável subsiste na parte válida, desde que seja essa a intenção das partes (***requisito subjetivo***) e se admita o desmembramento (***requisito objetivo***).

- **CC, art. 184, segunda parte:** *"...a invalidade da obrigação principal implica a das obrigações acessórias, mas a destas não induz a da obrigação principal".*

– **Nota:** nula ou anulável a obrigação principal, a acessória também é atingida (*accessorium sequitur suum principale*). Já a obrigação acessória na mesma condição não contamina a principal, a qual permanecerá válida e eficaz.

- **CC, art. 182:** *"Anulado o negócio jurídico, restituir-se-ão as partes ao estado em que antes dele se achavam, e, não sendo possível restituí-las, serão indenizadas com o equivalente".*

– **Nota:** refere-se o preceito ao objeto do negócio ou a prestação, em relação aos quais as partes serão restituídas ao estado anterior (*status quo* ante) uma vez reconhecida a nulidade ou anulabilidade. Assim, em um negócio de compra e venda, o comprador devolve o bem e o vendedor o preço. Caso não seja possível o retorno à situação anterior ao negócio, o lesado será indenizado. Há **exceções, nas quais, ainda que anulado o negócio, não se verifica o retorno ao estado anterior**: **A)** *"ninguém pode reclamar o que, por uma obrigação anulada, pagou a um incapaz, se não provar que reverteu em proveito dele a importância paga"* (CC, art. 181); **B)** *"o possuidor de boa-fé tem direito, enquanto ela durar, aos frutos percebidos"*; **C)** *"o possuidor de boa-fé tem direito à indenização das benfeitorias necessárias e úteis, bem como, quanto às voluptuárias, se não lhe forem pagas, a levantá-las, quando o puder sem detrimento da coisa,* *e poderá exercer o direito de retenção pelo valor das benfeitorias necessárias e úteis."* (CC, art. 1.219).

- **CC, art. 181:** *"Ninguém pode reclamar o que, por uma obrigação anulada, pagou a um incapaz, se não provar que reverteu em proveito dele a importância paga".*

- **Nota:** reconhece o dispositivo a impossibilidade de reclamar a devolução da importância paga a um incapaz, em uma obrigação anulada, seja a incapacidade relativa ou absoluta. Entretanto, provado por quem pagou que a importância reverteu em proveito do incapaz, haverá a obrigação de restituir.

7.6.8. DIFERENÇAS ENTRE NULO X ANULÁVEL

Invalidade do Negócio Jurídico e Seus Efeitos	
Nulo	**Anulável**
▪ celebrado por pessoa absolutamente incapaz; ▪ for ilícito, impossível ou indeterminável o seu objeto; ▪ o motivo determinante, comum a ambas as partes, for ilícito; ▪ não revestir a forma prescrita em lei; ▪ for preterida alguma solenidade que a lei considere essencial para a sua validade; ▪ tiver por objetivo fraudar lei imperativa; ▪ a lei taxativamente o declarar nulo, ou proibir-lhe a prática, sem cominar sanção. ▪ reserva mental ilícita (CC/art. 110). ▪ simulação	▪ por incapacidade relativa do agente; ▪ erro ▪ dolo ▪ coação ▪ estado de perigo ▪ lesão ▪ fraude contra credores ▪ a lei taxativamente afirmar que o negócio é anulável
Efeitos	**Efeitos**
▪ não pode ser confirmado e nem se convalesce pelo decurso do tempo (**imprescritível**) ▪ não admite suprimento judicial, ainda que a requerimento das partes.	▪ admite-se a confirmação, expressa ou tácita. ▪ ocorre o convalescimento quando decorridos os prazos decadenciais. ▪ disso decorre que somente os interessados podem propor a ação anulatória.
▪ qualquer interessado pode arguir ▪ o MP, quando intervir, pode alegar nulidade ▪ o juiz pode conhecer de ofício, ▪ seus efeitos são *ex tunc*	▪ ao juiz não é dado conhecer de ofício. ▪ os efeitos da decisão são *ex nunc*. ▪ os defeitos acima devem ser alegados no prazo decadencial de **4 anos**, contados da celebração do negócio, **exceto** a coação e a incapacidade relativa, que se contam a partir de cessadas.
▪ em relação à simulação relativa, admite-se o aproveitamento, desde que não ocorra a ofensa à lei, prejuízo a terceiros e estejam presentes os requisitos substanciais e formais do negócio oculto e dissimulado **(Enunciados 153 e 293 das Jornadas de Direito Civil do CJF)** ▪ a simulação absoluta não admite aproveitamento. ▪ a simulação, ainda que inocente, invalida ▪ é aceita a conversão do negócio jurídico nulo, se contiver os requisitos de outro, e quando o fim a que visavam as partes permitir supor que o teriam querido, se houvessem previsto a nulidade. ▪ em regra, não produz efeitos, mas excepcionalmente pode gerar, como ocorre no casamento putativo, ou na citação nula, para interromper a prescrição e constituir o devedor em mora	▪ quando a lei dispuser que determinado ato é anulável, sem estabelecer prazo para pleitear-se a anulação, será este de **02 anos**, a contar da data da conclusão do ato. ▪ o menor, entre dezesseis e dezoito anos, não pode, para eximir-se de uma obrigação, invocar a sua idade se dolosamente a ocultou quando inquirido pela outra parte, ou se, no ato de obrigar-se, declarou-se maior ▪ ninguém pode reclamar o que, por uma obrigação anulada, pagou a um incapaz, se não provar que reverteu em proveito dele a importância paga.

7.7. ATOS JURÍDICOS LÍCITOS

- **CC, art. 185:** *"Aos atos jurídicos lícitos, que não sejam negócios jurídicos, aplicam-se, no que couber, as disposições do Título anterior".*
- **origem:** o CC/2002 segue a mesma sistemática do direito alemão (BGB), distinguindo o ato jurídico em sentido estrito do negócio jurídico.

7.7.1. CLASSIFICAÇÃO

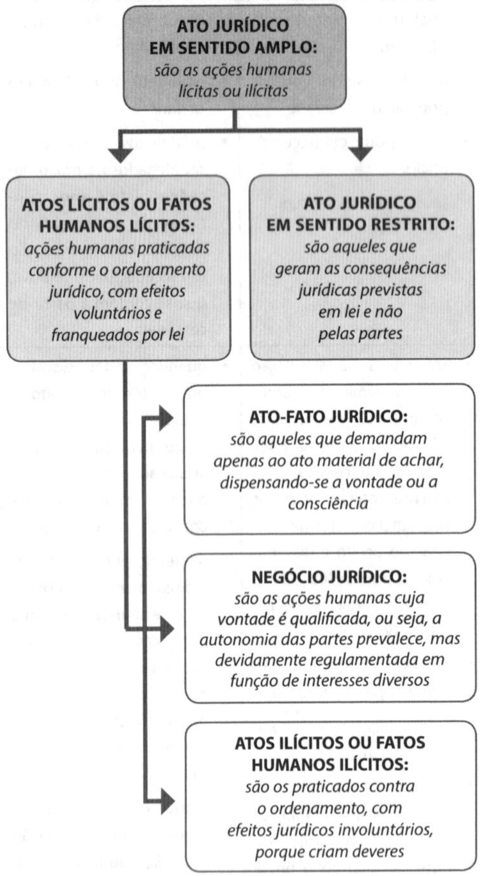

- **atos jurídicos em sentido estrito:** *(Diniz, Maria Helena, Código Civil Anotado, Saraiva, 16ª edição, 2012, pág. 234)* aqueles de consequências jurídicas previstas em lei, e não pelas partes interessadas, são **divididos em:**

a) **atos materiais:** aqueles cuja atuação da vontade lhes conferem existência imediata, pois não são destinados ao conhecimento de determinada pessoa, ou seja, não possui um destinatário. Ex. ocupação, achado de tesouro, etc.

b) **participações:** ao contrário, são declarações de ciência ou comunicação de intenção ou fato a um destinatário. Ex. intimação, notificação, etc.

7.8. ATOS JURÍDICOS ILÍCITOS

- **noções gerais:** são ilícitos os atos contrários à ordem jurídica, violando direitos subjetivos. Em razão disso, são causadores de danos materiais e/ou morais, criando o dever de reparar o dano (CF, art. 5º, V e X; CC, art. 927).
- **disposições legais:** o CC/2002 estabelece em três artigos as noções dos atos ilícitos, são eles: **arts. 186, 187 e 927.** No **art. 188** são apresentados os atos lesivos não ilícitos *(legitima defesa, exercício regular de um direito reconhecido e o estado de necessidade)*, o qual é complementado pelos arts. 929 e 930.

7.8.1. DIFERENÇAS ENTRE RESPONSABILIDADE CONTRATUAL X EXTRACONTRATUAL

- **noções gerais***:* será **contratual** a responsabilidade civil que tiver origem numa relação contratual, ou seja, nasce do descumprimento de um dever contratual. O inadimplemento dessa natureza implica a responsabilidade de indenizar perdas e danos, segundo o art. 389 do CC. Por sua vez, a responsabilidade **extracontratual** é resulta da infração a um dever legal de conduta, genericamente previsto nos arts. 186, 187 e 927, todos dos CC.
- **teoria adotada:** o CC/2002 adotou a **teoria dualista** em relação à responsabilidade extracontratual e contratual, **afastando a unitária**, ou seja, a obrigação de ressarcir é comum, mas a disciplina normativa é diversa. Os **"atos ilícitos"** são tratados nos arts. 186, 187 e 927. A **"inexecução das obrigações"** nos arts. 389 e 395.

Responsabilidade extracontratual	Responsabilidade contratual
▪ cabe ao lesado o ônus da prova do dolo ou culpa do autor do dano	▪ o inadimplemento presume-se culposo (juris tantum)
▪ nasce da inobservância de um dever genérico legal de não causar dano	▪ origina-se de um contrato ou avença prévia
▪ os incapazes podem causá-lo (amentais e menores)	▪ a validade dos negócios celebrados exige plena capacidade dos agentes
▪ alcança a culpa levíssima	▪ não alcança a culpa levíssima

7.8.2. ELEMENTOS ESSENCIAIS DOS ATOS ILÍCITOS

- **ação ou omissão**: a pessoa pode ser responsabilizada por agir mal ou por deixar de praticar um fato quando existente um dever jurídico legal ou convencional de fazê-lo:

a) ato próprio (CC, arts. 939, 940, 953, etc)

b) ato de terceiro (CC, art. 932)

c) fato de animal (CC, art. 936)

d) fato da coisa (CC, art. 937)

e) de *"effusis ou dejectis"* (CC, art. 938)

- **culpa ou dolo do agente:** culpa é a falta de diligência que vem a causar um dano. Dolo é a vontade intencional e direcionada da causar um dano. Foi acolhida a **teoria subjetiva da culpa**:

- **quanto à extensão, a culpa poderá ser**:

a) lata ou grave: totalmente evitável.

b) leve: evitável com diligência ordinária

c) levíssima: só evitável com extraordinária habilidade

- **outras espécies de culpa**:

a) *in eligendo*: má escolha

b) *in vigilando*: falta de fiscalização

c) *in comittendo*: por ação ou ato positivo

d) *in omittendo*: por omissão, sempre que tiver um dever jurídico de agir

e) *in custodiendo:* falta de cuidado na guarda de um animal ou coisa

- **relação de causalidade ou etiológica:** a responsabilidade emerge quando há relação de causa e efeito entre o comportamento do agente e o dano produzido. Logo, *são excludentes do nexo de causalidade*:

a) culpa exclusiva da vítima

b) culpa exclusiva de terceiro

c) caso fortuito

d) força maior

- **espécies de dano**: não há responsabilidade civil sem dano. Assim, são suas espécies:

a) dano material: é o que repercute na esfera patrimonial ou financeira do lesado

b) dano moral: ataca a ordem extrapatrimonial do lesado, sua honra, imagem, etc.

7.8.3. ATOS LESIVOS NÃO ILÍCITOS

- **legitima defesa:** estabelece o CC, art. 188, I, 1ª parte, que não constituem atos ilícitos os praticados em legítima defesa, ou seja, quem, usando moderadamente dos meios necessários, repele injusta agressão, atual ou iminente, a direito seu ou de outrem.

- **regras importantes:**

a) se o ato é praticado contra o agressor, o agente não é responsabilizado

b) se por erro terceiro é atingido, o agente repara o dano, mas terá ação regressiva contra o agressor.

c) a mesma ação regressiva competirá contra aquele em defesa de quem se causou o dano

- **exercício regular do direito:** não constituem atos ilícitos aqueles praticados no exercício **regular** de um direito reconhecido, diz o CC, art. 188, I, 2ª parte. Também está inserido no preceito os atos praticados no **estrito cumprimento do dever legal**. Não se reconhece a licitude se o ato é irregular ou abusivo, com desvio de finalidade social, prescindindo de culpa

- **estado de necessidade:** não constitui ato ilícito a deterioração ou destruição da coisa alheia, ou a lesão à pessoa, a fim de remover perigo iminente, quando as circunstâncias o tornarem ***absolutamente necessário*** e quando ***não exceder os limites do indispensável*** para a remoção do perigo, descreve o CC, art. 188, II, e parágrafo único.

a) se a pessoa lesada, ou o dono da coisa, não forem culpados do perigo, assistir-lhes-á direito à indenização do prejuízo que sofreram

b) se o perigo ocorrer por culpa de terceiro, contra este terá o autor do dano **ação regressiva** para haver a importância que tiver ressarcido ao lesado.

7.8.4. TEMAS IMPORTANTES DE RESPONSABILIDADE CIVIL. ATO ABUSIVO

- **responsabilidade civil subjetiva e objetiva:** a responsabilidade subjetiva, teoria da culpa ou clássica, pressupõe a culpa ou o dolo como fundamento da responsabilidade civil. Para determinadas pessoas, em situações, porém, admite-se a responsabilidade civil sem o pressuposto da culpa. Nestes casos, fala-se em **responsabilidade legal ou objetiva**, a qual prescinde da culpa ou dolo, contentando-se com o dano e o nexo causal. Também conhecida por teoria do risco, a prova da culpa é dispensada, e a obrigação de reparar surge sem ela.

- **teorias do risco**: aquele que exerce uma atividade é criador de riscos a terceiros, obrigando-se a reparar, ainda que não atue com culpa ou dolo, no resultado danoso. **Desdobra-se em**:

a) *teoria do risco integral* (Lei 6.938, art. 14, § 1º, nos danos ao meio ambiente);

b) *teoria do risco-proveito* ou *risco-atividade* (decorrente atividade lucrativa). Ver: Enunciado 43 da I Jornada de Direito Civil do CJF. (CC/art. 927, parágrafo único)

c) *teoria do risco criado* (CC/art. 937)

d) *teoria do risco administrativo* (CF/art. 37, § 6º)

e) *teoria do risco-profissional* (pertinente às relações de trabalho)

- ***ATENÇÃO*:** com exceção da *responsabilidade objetiva do risco integral*, não se reconhece a responsabilidade subjetiva e objetiva quando o nexo de causalidade é afastado por culpa exclusiva da vítima, exclusiva de terceiro, caso fortuito e força maior.

- **teoria adotada pelo CC/2002:**

a) *regra*: teoria subjetiva (CC, art. 186)

b) *exceção*: responsabilidade legal (CC, art. 927, parágrafo único).

- **responsabilidade dos privados de discernimento:** mitigada e subsidiária (Ex. curatelado; CC, art. 928, *caput*, e parágrafo único)

Responsabilidade do menor por atos ilícitos	
Abs. incapaz	▪ mitigada e subsidiária (CC, art. 932, I; 928, caput, e parágrafo único)
Rel. incapaz	▪ mitigada e subsidiária (CC, art. 932, I; 928, caput, e parágrafo único)
Tutelado	▪ mitigada e subsidiária (CC, art. 932, II; 928, caput, e parágrafo único)
Efeitos da emancipação na responsabilidade civil	
Eman. Legal	▪ com a emancipação legal, cessa a responsabilidade dos pais em relação aos atos dos filhos. A responsabilidade do menor é direta e os pais são irresponsáveis.
Em. Voluntária	▪ a emancipação direta dos pais os mantém responsáveis diretamente pelos atos dos filhos menores, permanecendo, assim, mitigada e subsidiária a responsabilidade dos filhos relativamente incapazes.
Em. Concedida	▪ de acordo com precedentes do STJ, a emancipação do filho que mantém estabelecimento civil ou comercial, com economia própria, mas possível graças aos recursos dos pais (STJ. REsp 586399), não os afasta do dever de indenizar por ato praticado. Neste caso, a emancipação é concedida, com os pais e os filhos solidariamente responsáveis pelo dano. (CC, art. 942, parágrafo único).

- **ato abusivo, o abuso do direito, ou o exercício irregular do direito:** regulado no CC/art. 187, ocorre quando o titular de um direito excede nos limites impostos pelo seu fim econômico, social, pela boa-fé ou pelos bons costumes, lesando alguém, resultando o dever de indenizar. O ato abusivo é lícito, mas desconforme a finalidade socioeconômica pretendida pela norma. A *ilicitude é objetiva*, e independe de culpa ou dolo.
- **categorias de abuso de direito**:

a) atos emulativos

b) os atos ofensivos aos bons costumes ou contrários à boa-fé

c) atos praticados em desacordo com o fim social ou econômico do direito subjetivo

- **enunciados das jornadas de direito civil**:

a) 37: *"A responsabilidade civil decorrente do abuso do direito independe de culpa e fundamenta-se somente no critério objetivo-finalístico".*

b) 139: *"Os direitos da personalidade podem sofrer limitações, ainda que não especificamente previstas em lei, não podendo ser exercidos com abuso de direito de seu titular, contrariamente à boa-fé objetiva e aos bons costumes".*

c) 508: *"Verificando-se que a sanção pecuniária mostrou-se ineficaz, a garantia fundamental da função social da propriedade (arts. 5º, XXIII, da CRFB e 1.228, § 1º, do CC) e a vedação ao abuso do direito (arts. 187 e 1.228, § 2º, do CC) justificam a exclusão do condômino antissocial, desde que a ulterior assembleia prevista na parte final do parágrafo único do art. 1.337 do Código Civil delibere a propositura de ação judicial com esse fim, asseguradas todas as garantias inerentes ao devido processo legal".*

d) 539: *"O abuso de direito é uma categoria jurídica autônoma em relação à responsabilidade civil. Por isso, o exercício abusivo de posições jurídicas desafia controle independentemente de dano".*

e) 543: *"Constitui abuso do direito a modificação acentuada das condições do seguro de vida e de saúde pela seguradora quando da renovação do contrato".*

8. PRESCRIÇÃO E DECADÊNCIA

8.1. PRESCRIÇÃO

- **disciplina normativa:** a prescrição é regrada no CC, arts. 189 a 206
- **noções gerais:** a **prescrição** é o instituto que confere estabilidade às situações jurídicas, consolidando-as em razão do decurso do tempo previsto em lei.
- **características da prescrição:**

a) ocorre pela inércia do titular

b) recai sobre a pretensão

c) é unicamente legal

d) Súmula 150 do STF: *"Prescreve a execução no mesmo prazo de prescrição da ação".*

e) a **exceção** prescreve no mesmo prazo em que a pretensão (CC, art. 190). Pelo **Enunciado 415 da V Jornada de Direito Civil:** *"O art. 190 do Código Civil refere-se apenas às exceções impróprias (dependentes/não autônomas). As exceções propriamente ditas (independentes/autônomas) são imprescritíveis".*

f) o decurso do tempo sem que a pretensão seja exercida influi na **aquisição** ou **extinção** de um direito. Assim, são **espécies** de prescrição:

1. aquisitiva ou usucapião
2. extintiva

g) os prazos de prescrição estão na Parte Geral, arts. 205 (regra geral) e 206 (regras especiais)

h) em sessão, o STF firmou a tese de repercussão geral no sentido de que "é prescritível a ação de reparação de danos à Fazenda Pública decorrente de ilícito civil". Essa tese foi elaborada no julgamento do Recurso Extraordinário (RE) 669069 em que se discute o prazo de prescrição das ações de ressarcimento por danos causados ao erário, entretanto essa tese não alcança prejuízos que decorram de ato de improbidade administrativa, tema não discutido nesse recurso.

- **prescrição intercorrente**: ocorre com o processo já iniciado, permanecendo o autor da ação inerte durante tempo suficiente para a perda da pretensão, segundo o prazo fixado em lei (CC, art. 202, parágrafo único).
- **são imprescritíveis as pretensões que versam sobre**:

a) direitos da personalidade

b) estado de pessoas

c) de exercício facultativo ou potestativo (Ex. extinção de condomínio, etc)

d) bens públicos

e) direitos de propriedade (Ex. ação reivindicatória)

f) de reaver bens confiados a guarda de outrem

g) anulação de inscrição do nome empresarial feita com violação da lei ou do contrato (CC, art. 1.167).

- ***ATENÇÃO:*** são prescritíveis as vantagens econômicas dos direitos imprescritíveis. Exemplo: Súmula 149 do STF: *É imprescritível a ação de investigação de paternidade, mas não o é a de petição de herança".*
- **prescrição quanto à natureza da ação**

a) as ações declaratórias puras são imprescritíveis

b) as ações condenatórias, estão sujeitas a prescrição

c) as ações condenatória-constitutiva, estão sujeitas à prescrição (STJ – REsp1346864)

d) as ações declaratórias com carga constitutiva, como é o caso da constitutiva negativa, estão sujeitas à prescrição (STJ: REsp 748966/RJ)

e) são perpétuas (*imprescritíveis*) as ações constitutivas que não têm prazo especial de exercício fixado em lei (Silvio Rodrigues)

- ***ATENÇÃO:*** as ações constitutivas, com prazo especial fixado em lei, representam meios de exercício de direitos potestativos (que não são suscetíveis de violação) e, portanto, estão sujeitas à **decadência**.
- **renúncia à prescrição** (CC, art. 191):

a) são espécies: expressa ou tácita

b) vale feita **após** a consumação

c) **não** é admitida a **renúncia prévia** ou **antecipada** da prescrição, ou seja, aquela que ocorre antes da consumação

d) **não** pode prejudicar terceiros

- **alteração dos prazos prescricionais**:

a) decorrente de convenção: os prazos de prescrição **não** podem ser alterados por **acordo** das partes (CC, art. 192)

b) em virtude de lei: **lei superveniente** pode alterar os prazos de prescrição, para reduzi-los ou ampliá-los.

- **alegação e conhecimento da prescrição**:

a) pode ser alegada em qualquer grau de jurisdição pela parte a quem aproveita (CC, art. 193). Poderão fazê-lo os interessados *diretos* e os *indiretos* (credores, por exemplo). Deve ser suscitada na instância ordinária (1ª e 2ª instância), para que seja admitida no recurso especial (STJ) e extraordinário (STF), em razão do prequestionamento.

b) deve ser pronunciada de **ofício** pelo juiz (NCPC, art. 332, § 1º e 487, II).

- **NOVO CPC:** com o CPC/2015 o juiz pode reconhecer de ofício ou a requerimento sobre a ocorrência da decadência ou prescrição (NCPC, art. 487, II). Todavia, a prescrição e a decadência não serão reconhecidas sem que **antes** seja dada às partes oportunidade de manifestar-se. O contraditório opera-se sempre que a relação processual estiver completa, mediante citação (NCPC, art. 487, parágrafo único). Assim, se juiz julgar liminarmente improcedente o pedido e verificar, desde logo, a ocorrência de decadência ou de prescrição, a parte contra quem a ação foi manejada não será ouvida porque, neste caso, a relação jurídica está incompleta (NCPC, art. 332, § 1º). Nesse sentido, o Enunciado 581 da VII Jornada de Direito Civil: *"Em complemento ao Enunciado 295, a decretação ex officio da prescrição ou da decadência deve ser precedida de oitiva das partes".*
- **responsabilidade civil por dar causa à prescrição ou não a alegarem oportunamente**.

a) os **relativamente incapazes** têm ação contra os seus assistentes ou representantes legais, que derem causa à prescrição, ou não a alegarem oportunamente (CC, art. 195). Contra os absolutamente incapazes não corre a prescrição (CC, art. 198, I).

b) as **pessoas jurídicas** têm ação contra os seus assistentes ou representantes legais, que derem causa à prescrição, ou não a alegarem oportunamente (CC, art. 195)

- ***acessio temporis***: a prescrição iniciada contra uma pessoa continua a correr contra o seu sucessor, a título universal (herdeiro) ou singular (cessionário, legatário), salvo se for absolutamente incapaz (CC, art. 196).
- **causas suspensivas ou impeditivas da prescrição**: diferenciam-se pelo momento que atuam. Se **não iniciado** o decurso do prazo, a causa é impeditiva. Se **iniciado**, suspensiva. Neste caso, uma vez retomado, fluirá pelo tempo restante. Em termos gerais, **não corre** a prescrição (impede ou suspende), de acordo com os arts. 197 a 200 do CC/2002:

a) **entre** os cônjuges, na **constância** da sociedade conjugal;

b) **entre** ascendentes e descendentes, **durante** o poder familiar;

c) **entre** tutelados ou curatelados e seus tutores ou curadores, **durante** a tutela ou curatela.

d) **contra** os absolutamente incapazes; todavia, **corre a favor** dos relativamente incapazes

e) **contra** os ausentes do País, em serviço público da União, dos Estados ou dos Municípios

f) **contra** os que se acharem servindo nas Forças Armadas, em **tempo de guerra**

g) pendendo condição **suspensiva**

h) não estando vencido o prazo princípio da *"actio nata"* **(ver: Nota 1)**

i) pendendo ação de evicção

k) se houver questão prejudicial criminal, que ocorre quando a ação se originar de fato que deva ser apurado no juízo penal, caso em que não correrá a prescrição antes da respectiva sentença definitiva, que ocorre com o transito em julgado (CC, art. 200)

l) suspensa a prescrição em favor de **um** dos **credores solidários**, só aproveitam os outros se a obrigação for **indivisível** (CC, art. 200). Assim, prescrição é um benefício personalíssimo.

* **Nota 1:** nos casos "g, h e i", incide o princípio da *"actio nata"*, pelo qual somente haverá fluência do prazo prescricional se existir pretensão a ser exercida em decorrência da violação de um direito.

* **Nota 2**: de acordo com a Súmula 229 do STJ**:** *"O pedido do pagamento de indenização à seguradora suspende o prazo de prescrição até que o segurado tenha ciência da decisão".*

- **causas interruptivas da prescrição:** todas as causas exigem um **comportamento ativo** do interessado, diferente das causas suspensivas e impeditivas, as quais são **automáticas**. Além disso, o prazo interrompido **recomeça por inteiro**, e nisso difere das causas suspensivas, onde a **contagem é pelo tempo restante**.

a) a prescrição interrompida recomeça a correr **da data do ato que a interrompeu**, ou do **último** ato do processo para a interromper. Se ambos ocorrerem, vale a interpretação mais favorável ao devedor.

b) a interrupção da prescrição somente poderá ocorrer **uma única vez** (CC, art. 202, caput, parte final)

c) causas que interrompem a prescrição (CC, art. 202, I a VI):

1. por **despacho do juiz**, mesmo incompetente, que ordenar a citação, se o interessado a promover no prazo e na forma da lei processual. No CPC estabelece-se que a interrupção retroage à data da propositura da ação (CPC/73, art. 219, § 5º), o que não sofreu mudanças no próximo diploma (NCPC, art. 210, § 1). Todavia, se o autor não adotar, no prazo de 10 dias, as providências necessárias para viabilizar a citação, a interrupção ficará sem efeito, permitindo-se que a prescrição seja reconhecida (NCPC, art. 210, § 2º). Por outro lado, a parte não será prejudicada pela demora imputável exclusivamente ao serviço judiciário (NCPC, art. 210, § 3º). Como novidade, o efeito retroativo aplica-se à decadência e aos demais prazos extintivos previstos em lei (NCPC, art. 240, § 4º).
2. por protesto judicial, medida que segue o rito do NCPC, art. 726, § 2º, observadas as condições acima
3. por protesto cambial
4. pela apresentação do título de crédito, ou habilitação do crédito, em juízo de inventário ou em concurso de credores
5. por qualquer ato judicial que constitua em mora o devedor (Ex. notificações, interpelações, etc)
6. por qualquer ato inequívoco, **ainda que extrajudicial**, que importe reconhecimento do direito **pelo devedor** (Ex. pedido de parcelamentos, pagamento parcial, pagamento de juros, etc)

d) prescrição pode ser interrompida por **qualquer interessado** (Ex. herdeiros, credores, fiador, etc; CC, art. 203)

e) **em regra**, os efeitos da prescrição são personalíssimos (CC, art. 204, §§ 1º a 3º), mas há **exceções** em relação à **solidariedade**, à **indivisibilidade** das obrigações e direitos dos herdeiros e nas **obrigações acessórias**. **Vejamos**:

f) a interrupção da prescrição por **um credor não aproveita** aos outros; semelhantemente, a interrupção operada contra o codevedor, ou seu herdeiro, **não prejudica aos demais coobrigados**

g) a interrupção por **um dos credores solidários aproveita aos outros**; assim como a interrupção efetuada contra o **devedor solidário envolve os demais e seus herdeiros**

h) a interrupção operada contra **um dos herdeiros do devedor solidário** não prejudica os outros herdeiros ou devedores, senão quando se trate de **obrigações e direitos indivisíveis**

i) a interrupção produzida contra o **principal devedor** prejudica o **fiador**

- **retroatividade da lei prescricional:** leciona Câmara Leal, na obra *Da Prescrição e da Decadência*, Forense, *"estabelecendo a nova lei um prazo mais curto de prescrição, essa começará a correr da data da nova lei, salvo se a prescrição iniciada na vigência da lei antiga viesse a completar-se em menos tempo, segundo essa lei, que, nesse caso, continuaria a regê-la, relativamente ao prazo".*

a) **regra do CC/2002:** dispõe art. 2.028: *"Serão os da lei anterior os prazos, quando reduzidos por este Código, e se, na data de sua entrada em vigor, já houver transcorrido mais da metade do tempo estabelecido na lei revogada".*

b) requisitos **cumulativos** para que os prazos da **lei antiga** (CC/1916) sejam aplicados:

1. **redução** dos prazos na lei nova
2. que **mais da metade** do tempo previsto na **lei antiga** tenha transcorrido na data da entrada em vigor do CC/02
3. o CC/2002 passou a vigorar no dia **11/01/2003**.

8.1.1. PRAZOS GERAIS E ESPECIAIS DE PRESCRIÇÃO

- **regra geral, prescrição ordinária, comum ou subsidiária**: CC, art. 205: *"A prescrição ocorre em **10 anos**, quando a lei não lhe haja fixado prazo menor"*.
- **regras especiais ou prescrição especial:** os prazos podem ser anual, bienal, trienal, quatrienal e quinquenal. Assim, de acordo com os arts. 205 e 206 do Código Civil, **prescreve em:**

1 ano:
1) a pretensão dos hospedeiros ou fornecedores de víveres destinados a consumo no próprio estabelecimento, para o pagamento da hospedagem ou dos alimentos;
2) a pretensão do segurado contra o segurador, ou a deste contra aquele, contado o prazo:
a) para o segurado, no caso de seguro de responsabilidade civil, da data em que é citado para responder à ação de indenização proposta pelo terceiro prejudicado, ou da data que a este indeniza, com a anuência do segurador;
b) quanto aos demais seguros, da ciência do fato gerador da pretensão;
3) a pretensão dos tabeliães, auxiliares da justiça, serventuários judiciais, árbitros e peritos, pela percepção de emolumentos, custas e honorários;
4) a pretensão contra os peritos, pela avaliação dos bens que entraram para a formação do capital de sociedade anônima, contado da publicação da ata da assembleia que aprovar o laudo;
5) a pretensão dos credores não pagos contra os sócios ou acionistas e os liquidantes, contado o prazo da publicação da ata de encerramento da liquidação da sociedade.
2 anos
1) a pretensão para haver prestações alimentares, a partir da data em que se vencerem.
3 anos:
1) a pretensão relativa a aluguéis de prédios urbanos ou rústicos;
2) a pretensão para receber prestações vencidas de rendas temporárias ou vitalícias;
3) a pretensão para haver juros, dividendos ou quaisquer prestações acessórias, pagáveis, em períodos não maiores de um ano, com capitalização ou sem ela;
4) a pretensão de ressarcimento de enriquecimento sem causa;
5) a pretensão de reparação civil;
6) a pretensão de restituição dos lucros ou dividendos recebidos de má-fé, correndo o prazo da data em que foi deliberada a distribuição;
7) a pretensão contra as pessoas em seguida indicadas por violação da lei ou do estatuto, contado o prazo:
a) para os fundadores, da publicação dos atos constitutivos da sociedade anônima;
b) para os administradores, ou fiscais, da apresentação, aos sócios, do balanço referente ao exercício em que a violação tenha sido praticada, ou da reunião ou assembléia geral que dela deva tomar conhecimento;
c) para os liquidantes, da primeira assembléia semestral posterior à violação;
4 anos
1) a pretensão relativa à tutela, a contar da data da aprovação das contas.
5 anos:
1) a pretensão de cobrança de dívidas líquidas constantes de instrumento público ou particular
2) a pretensão dos profissionais liberais em geral, procuradores judiciais, curadores e professores pelos seus honorários, contado o prazo da conclusão dos serviços, da cessação dos respectivos contratos ou mandato;
3) a pretensão do vencedor para haver do vencido o que despendeu em juízo.

8.2. DECADÊNCIA

- **noções gerais:** decadência é a perda de um direito potestativo pela inércia do titular no período determinado por lei ou convenção.
- **características da decadência**:

a) é de direito material, acarretando a perda de um direito
b) incide sobre direitos potestativos
c) pode ser estabelecida por **lei** ou **convenção**, unilateral (testamento) ou bilateral (contrato), segundo CC, arts. 210 e 211
d) quando **legal**, os prazos sao aqueles previstos esparsamente na Parte Geral e Especial do CC/2002
e) omlsso em relação ao prazo, aplica-se o prazo subsidiário de **02 anos**, contado da conclusão do ato, conforme o CC, art. 179

- **alteração do prazo decadencial:**

a) legal: vedado, por razões de ordem pública
b) convencional: é permitida quando convencionada pelas partes, pois estabelecida no interesse comum

- **renúncia à decadência:**

a) legal: é nula a renúncia à decadência fixada em lei (CC, art. 209), pois versam matéria de ordem pública
b) convencional: aqueles suscetíveis de convenção das partes são renunciáveis, porque se estabelecem, podem abrir mão dos prazos decadenciais

- **decretação "ex ofício" da decadência:**

a) legal: deve o juiz, de ofício, conhecer da decadência, quando estabelecida por lei (CC, art. 210), por versar matéria de ordem pública e interesse social

b) convencional: se a decadência for convencional, a parte a quem aproveita pode alegá-la em qualquer grau de jurisdição, mas o juiz não pode suprir a alegação (CC, art. 211)

- **NOVO CPC:** de acordo com o art. 487, II, do NCPC, o juiz pode conhecer de ofício a decadência. Porém, antes deve ser dada às partes oportunidade de manifestar-se (NCPC, art. 487, parágrafo único).
- **arguição da decadência convencional:** se a decadência for convencional, a parte a quem aproveita **pode alegá-la** em qualquer grau de jurisdição (CC, art. 211).
- **suspensão e interrupção dos prazos decadenciais:**

a) regra: não admitem suspensão e nem interrupção, pois envolvem matéria de ordem pública. São fatais e peremptórios.

b) exceção legal: admitem-se exceções, desde que previstas em lei. Assim ocorre na decadência contra os absolutamente incapazes (CC, art. 208, última parte, e 198, I).

c) o juiz deve conhecer de ofício a decadência.

d) os prazos decadenciais estão dispersos no Código Civil, menos nos arts. 205 e 206, que são prazos prescricionais.

- **NOVO CPC:** de acordo com o art. 240, § 4º, do NCPC, o "efeito retroativo" da interrupção da prescrição aplica-se à decadência e aos demais prazos extintivos previstos em lei. Verifica-se este efeito porque a interrupção da prescrição ou da decadência, operada pelo despacho que ordena a citação, ainda que proferido por juízo incompetente, retroagirá à data de propositura da ação (NCPC, art. 240, § 1º).
- **responsabilidade civil por dar causa à decadência ou não a alegarem oportunamente.**

a) os **relativamente incapazes** têm ação contra os seus assistentes ou representantes legais, que derem causa à decadência, ou não a alegarem oportunamente (CC, art. 208, 1ª parte, e 195). Contra os absolutamente incapazes não corre a decadência (CC, art. 208, 2ª parte, 198, I).

b) as **pessoas jurídicas** têm ação contra os seus assistentes ou representantes legais, que derem causa à decadência, ou não a alegarem oportunamente (CC, art. 208, 1ª parte, e 195).

8.3. DIFERENÇAS ENTRE PRESCRIÇÃO X DECADÊNCIA

- **Características da "Prescrição":**

1. é legal
2. flui o prazo a partir da **violação** do direito subjetivo violado (CC/art. 189)
3. os prazos são aqueles previstos na Parte Geral, divididos em **regra geral** (CC, art. 205) e **especial** (CC, art. 206)
4. recai sobre a pretensão
5. suas espécies são: extintiva e aquisitiva (usucapião)
6. o juiz deve conhecer de ofício (NCPC "oportunizando às partes manifesta-se")
7. a exceção e a execução prescrevem no mesmo tempo da pretensão
8. admite-se a renúncia depois de consumada; a **renúncia prévia** é vedada.
9. poderá ser alegada em qualquer grau de jurisdição
10. não pode ser alterada por vontade das partes
11. não flui contra algumas pessoas, em razão da capacidade, do vínculo familiar, civil ou consanguíneo, serviço público civil ou militar, condição suspensiva, se houver prazo em curso ou pendendo ação de evicção
12. *pessoal:* a suspensão e o impedimento não aproveitam aos credores solidários, exceto se indivisível o objeto.
13. *pessoal:* a interrupção não aproveita aos outros credores, exceto se solidários; contra um dos herdeiros do devedor, só atinge os demais herdeiros e devedores, senão quando se trate de obrigações e direitos indivisíveis; a interrupção produzida contra o principal devedor prejudica o fiador.
14. prazos de 10, 5, 4, 3,2 e 1 ano.

- **Características da "Decadência":**

1. pode ser estabelecida por lei ou convenção (unilateral e bilateral). Daí as espécies: **decadência legal** e **convencional**
2. aqui os direitos são potestativos
3. a decadência convencional é pertinente aos direitos disponíveis
4. flui o prazo a partir do **nascimento** do direito
5. ocorre a perda de um direito
6. quando **legal**, os prazos são aqueles previstos esparsamente na Parte Geral e Especial do CC/2002.
7. na **omissão legal expressa** quando ao prazo para pleitear a anulação de um ato, será ele de **02 anos**, contado da conclusão, descreve o CC/art. 179
8. quando **legal**, o juiz deve decretá-la "ex ofício"
9. quando **convencional**, a parte a quem aproveita pode alegá-la em qualquer grau de jurisdição
10. admite-se a renúncia quando convencional; a renúncia à decadência legal é nula
11. poderá ser alegada em qualquer grau de jurisdição

12. a **decadência legal** não pode ser alterada por vontade das partes. A **decadência convencional** é passível de alteração
13. não se aplicam a decadência as causas que impedem, suspendem ou interrompem a prescrição, salvo nos casos previstos em lei, como em relação ao absolutamente incapaz. Assim, a decadência é contínua

- **outros institutos:**

a) **preclusão**: é a perda da faculdade processual. **Espécies**:

1. lógica
2. temporal
3. consumativa

b) **perempção:** também possui natureza processual. Prevista no art. 486, § 3º, do NOVO CPC, quando o autor da ação der causa, por 3 (três) vezes, a sentença fundada em abandono da causa, caso em que não poderá propor nova ação contra o réu com o mesmo objeto, ficando-lhe ressalvada, entretanto, a possibilidade de alegar em defesa o seu direito. Trata-se de sanção de natureza civil, não exclusiva do Processo Civil, já que o Processo Penal também prevê a perempção da queixa-crime (CPP, art. 60, I a IV).

9. PROVA

9.1. GENERALIDADES

- **disciplina legal:** o CC/2002 dispõe a respeito das provas nos arts. 212 a 232.
- **noções gerais:** prova é o meio empregado para demonstrar a existência do ato ou negócio jurídico.
- **características:** para que se reconheça o meio de prova, é necessário que seja:

a) *admissível:* não vedado pela lei ou pelo ato ou negócio a ser provado

b) *pertinente*: adequado à demonstração dos atos ou negócio

c) *concludente*: convincente e decisivo para desvendar o ato ou negócio

9.2. PRINCÍPIOS DA PROVA

- **são princípios aplicáveis às provas**

a) princípio dispositivo

b) princípio da oralidade

c) princípio da proibição da prova obtida ilicitamente

d) princípio da unidade da prova

e) princípio da necessidade da prova

f) princípio da iniciativa oficial

g) princípio da aquisição processual ou comunhão da prova

h) princípio da concentração de provas

i) princípio da identidade física do juiz

j) princípio do livre convencimento motivado do juiz e da persuasão racional

k) princípio do contraditório e da ampla defesa

l) princípio da verdade real e verdade formal

m) princípio do ônus da prova

n) princípio da imediação

9.3. REGRAS IMPORTANTES SOBRE A PROVA

- quando a lei exigir, como da substância do ato, como o instrumento público, nenhuma outra prova, por mais especial que seja, pode suprir-lhe a falta (NOVO CPC, art. 406; CC, art. 212, *caput*).
- as partes têm o direito de empregar todos os meios legais, bem como os moralmente legítimos, ainda que não especificados neste Código, para provar a verdade dos fatos em que se funda o pedido ou a defesa e influir eficazmente na convicção do juiz (NOVO CPC, art. 369). Assim, o rol dos meios de prova dos negócios jurídicos sem forma especial, previsto no art. 212, I a V, do CC, é exemplificativo (*numerus apertus*), e não taxativo (*numerus clausus*).
- em regra o objeto da prova são fatos, mas pode ser necessário demonstrar o direito, seu teor e vigência, nos casos lei estrangeira, estadual, municipal ou a existência de um costume (NOVO CPC, art. 376 e art. 14 da LINDB).

9.4. MEIOS DE PROVA

- **meios de prova no CC/2002**: previstos nos art. 212, I a V, os negócios jurídicos quando não se imponha forma especial, podem ser provados mediante:

a) **confissão**

b) **documento**

c) **testemunha**

d) **presunção**

e) **pericia**

9.4.1. CONFISSÃO

- **noções gerais:** é o ato pela qual a parte, espontaneamente ou não, admite a verdade de um fato contrário ao seu interesse e favorável ao adversário. O termo "confissão" deve abarcar o conceito lato de depoimento pessoal, tendo em vista que este consiste em meio de prova de maior abrangência, plenamente admissível no ordenamento jurídico brasileiro (**Enunciado 157**). O NCPC, art. 341, admite a chamada "confissão tácita ou ficta", quando não se cumprir o ônus da impugnação especifica ou quando o réu deixa de contestar a ação, ou seja, ocorrem os efeitos da revelia. Vale destacar que a confissão possui valor probante relativo (STJ, 4ª T, Resp. 54.809). O NCPC dispõe a respeito nos arts. 344 a 349.

- **a confissão pode ser**:

a) judicial

1. provocada
2. espontânea

b) extrajudicial

1. provocada
2. espontânea

- **elementos essenciais**

a) capacidade da parte

b) titularidade do direito (CC, art. 213)

c) declaração da vontade

d) objeto possível

- **forma:**

a) confissão judicial

1. provocada: constará do termo de depoimento pessoal

2. espontânea: não se exige forma especial

b) confissão extrajudicial: pode ser *escrita* ou *verbal*. Quando feita oralmente, só terá eficácia nos casos em que a lei não exija prova literal (NCPC, art. 394).

- **casos especiais**

a) o representante **legal** não pode confessar, salvo se tal poder for conferido por lei (CC, art. 213 e 119)

b) o representante **voluntário**, com poderes expressos (ou "poder especial" – NCPC, art. 390, § 1º), pode confessar (CC, art. 213, parágrafo único). A confissão feita por um representante somente é eficaz nos limites em que este pode vincular o representado (NCPC, art. 392, § 2º).

c) a confissão judicial faz prova contra o confitente, não prejudicando, todavia, os litisconsortes (NCPC, art. 391)

d) nas ações que versarem sobre bens imóveis ou direitos sobre imóveis alheios, a confissão de um cônjuge ou companheiro não valerá sem a do outro, salvo se o regime for o de separação de bens (art. 391, parágrafo único, do NOVO CPC).:

e) não vale como confissão a admissão, em juízo, de fatos relativos a direitos indisponíveis (CPC, art. 351; NCPC, art. 392)

f) a confissão será **ineficaz** se feita por quem não for capaz de dispor do direito a que se referem os fatos confessados (NCPC, art. 392, § 1º)

- **irrevogabilidade da confissão:** a confissão é irrevogável (CC, art. 214, 1ª parte; NCPC, art. 393, 1ª parte)

- **anulabilidade ou nulidade relativa: o NCPC não faz menção ao dolo, adotando mesma redação do Código Civil. Assim, não há possibilidade de se anular confissão por dolo. Vejamos:**

a) no CC, art. 214, 2ª parte, a confissão é anulável, se decorreu de **erro de fato** ou de **coação**

b) no CPC, art. 352, e parágrafo único, dizia-se a confissão, quando emanar de **erro**, **dolo** ou **coação**, pode ser revogada.

c) no NCPC, art. 393, 2ª parte, a confissão é anulável se decorreu de **erro de fato** ou de **coação.**

- **legitimados**:

a) ao confitente, o direito de propor a ação

b) uma vez iniciada, passa aos seus herdeiros

- **ações cabíveis no CPC/1973**:

a) ação anulatória, se **pendente** o processo em que foi feita

b) ação rescisória, depois de **transitada em julgado** a sentença, da qual constituir o **único** fundamento

- **ação cabíveis no NCPC/2015**:

a) com o NCPC a única ação prevista é a ação anulatória, pois foram revogados os incisos I e II do art. 352 do CPC/1973, que estabelecia as opções de ações a serem manejadas, conforme o estado da marcha do processo.

- **indivisibilidade: a confissão é, em *regra*, indivisível, não podendo a parte que a quiser invocar como prova aceitá-la no tópico que a beneficiar e rejeitá-la no que lhe for desfavorável, porém cindir-se-á quando o confitente a ela aduzir fatos novos, capazes de constituir fundamento de defesa de direito material ou de reconvenção (CPC, art. 354; NCPC, art. 395).**

- **Como fica com o NOVO CPC:**

Antigo Código de Processo Civil /1973	Novo Código de Processo Civil /2015
"Art. 348. Há confissão, quando a parte admite a verdade de um fato, contrário ao seu interesse e favorável ao adversário. A confissão é judicial ou extrajudicial.	"Art. 389. Há confissão, judicial ou extrajudicial, quando a parte admite a verdade de fato contrário ao seu interesse e favorável ao do adversário.
Art. 349. A confissão judicial pode ser espontânea ou provocada. Da confissão espontânea, tanto que requerida pela parte, se lavrará o respectivo termo nos autos; a confissão provocada constará do depoimento pessoal prestado pela parte.	Art. 390. A confissão judicial pode ser espontânea ou provocada. § 1º A confissão espontânea pode ser feita pela própria parte ou por representante com poder especial. § 2º A confissão provocada constará do termo de depoimento pessoal.

Antigo Código de Processo Civil /1973	Novo Código de Processo Civil /2015
Parágrafo único. A confissão espontânea pode ser feita pela própria parte, ou por mandatário com poderes especiais. Art. 350. A confissão judicial faz prova contra o confitente, não prejudicando, todavia, os litisconsortes. Parágrafo único. Nas ações que versarem sobre bens imóveis ou direitos sobre imóveis alheios, a confissão de um cônjuge não valerá sem a do outro. Art. 351. Não vale como confissão a admissão, em juízo, de fatos relativos a direitos indisponíveis. Art. 352. A confissão, quando emanar de erro, dolo ou coação, pode ser revogada: I – por ação anulatória, se pendente o processo em que foi feita; II – por ação rescisória, depois de transitada em julgado a sentença, da qual constituir o único fundamento. Parágrafo único. Cabe ao confitente o direito de propor a ação, nos casos de que trata este artigo; mas, uma vez iniciada, passa aos seus herdeiros. Art. 353. A confissão extrajudicial, feita por escrito à parte ou a quem a represente, tem a mesma eficácia probatória da judicial; feita a terceiro, ou contida em testamento, será livremente apreciada pelo juiz. Parágrafo único. Todavia, quando feita verbalmente, só terá eficácia nos casos em que a lei não exija prova literal. Art. 354. A confissão é, de regra, indivisível, não podendo a parte, que a quiser invocar como prova, aceitá-la no tópico que a beneficiar e rejeitá-la no que lhe for desfavorável. Cindir-se-á, todavia, quando o confitente lhe aduzir fatos novos, suscetíveis de constituir fundamento de defesa de direito material ou de reconvenção.	Art. 391. A confissão judicial faz prova contra o confitente, não prejudicando, todavia, os litisconsortes. Parágrafo único. Nas ações que versarem sobre bens imóveis ou direitos reais sobre imóveis alheios, a confissão de um cônjuge ou companheiro não valerá sem a do outro, salvo se o regime de casamento for o de separação absoluta de bens. Art. 392. Não vale como confissão a admissão, em juízo, de fatos relativos a direitos indisponíveis. § 1º A confissão será ineficaz se feita por quem não for capaz de dispor do direito a que se referem os fatos confessados. § 2º A confissão feita por um representante somente é eficaz nos limites em que este pode vincular o representado. Art. 393. A confissão é irrevogável, mas pode ser anulada se decorreu de erro de fato ou de coação. Parágrafo único. A legitimidade para a ação prevista no caput é exclusiva do confitente e pode ser transferida a seus herdeiros se ele falecer após a propositura. Art. 394. A confissão extrajudicial, quando feita oralmente, só terá eficácia nos casos em que a lei não exija prova literal. Art. 395. A confissão é, em regra, indivisível, não podendo a parte que a quiser invocar como prova aceitá-la no tópico que a beneficiar e rejeitá-la no que lhe for desfavorável, porém cindir-se-á quando o confitente a ela aduzir fatos novos, capazes de constituir fundamento de defesa de direito material ou de reconvenção".

9.4.2. DOCUMENTO

- **noções gerais:** possui função probatória, mas é criado para representar um fato, conservando-o para o futuro.

- **espécies de documento**:

a) públicos: elaborados por autoridade pública, no exercício de suas funções

b) particulares: se feitos mediante atividade privada

c) eletrônico: públicos ou particulares, o *"...documento eletrônico tem valor probante, desde que seja apto a conservar a integridade de seu conteúdo e idôneo a apontar sua autoria, independentemente da tecnologia empregada"* **(Enunciado 297)**. *"Os arquivos eletrônicos incluem-se no conceito de "reproduções eletrônicas de fatos ou de coisas" do art. 225 do Código Civil, aos quais deve ser aplicado o regime jurídico da prova documental"* **(Enunciado 298).**

- **documento e instrumentos**

a) documento: gênero

b) instrumento: espécie daquele, criado com a finalidade de provar um fato.

c) instrumento público: feitos perante o oficial público, com os requisitos do CC, art. 215

d) instrumento particular: assinado por particulares, somente

- **escritura pública:** é prevista no CC, art. 215, a escritura pública, lavrada em notas de tabelião, é documento dotado de fé pública, fazendo prova plena, motivo pelo qual não exige testemunhas instrumentárias. Pelo Enunciado 158 da III Jornada de Direito Civil, *"A amplitude da noção de "prova plena" (isto é, "completa") importa presunção relativa acerca dos elementos indicados nos incisos do § 1º, devendo ser conjugada com o disposto no parágrafo único do art. 219"*.

- **requisitos da escritura pública**, salvo outros, quando exigidos por **lei**:

a) data e local de sua realização

b) reconhecimento da identidade e capacidade das partes e de quantos hajam comparecido ao ato, por si, como representantes, intervenientes ou testemunhas;

c) nome, nacionalidade, estado civil, profissão, domicílio e residência das partes e demais comparecentes, com a indicação, quando necessário, do regime de bens do casamento, nome do outro cônjuge e filiação

d) manifestação clara da vontade das partes e dos intervenientes

e) referência ao cumprimento das exigências legais e fiscais inerentes à legitimidade do ato

f) declaração de ter sido lida na presença das partes e demais comparecentes, ou de que todos a leram

g) assinatura das partes e dos demais comparecentes, bem como a do tabelião ou seu substituto legal, encerrando o ato. Se algum comparecente não puder ou não souber escrever, outra pessoa capaz assinará por ele, a seu rogo.

h) a escritura será redigida na língua nacional.

i) se qualquer dos comparecentes não souber a língua nacional e o tabelião não entender o idioma em que se expressa, deverá comparecer tradutor público para servir de intérprete, ou, não o havendo na localidade, outra pessoa capaz que, a juízo do tabelião, tenha idoneidade e conhecimento bastantes.

j) se algum dos comparecentes não for conhecido do tabelião, nem puder identificar-se por documento, deverão participar do ato pelo menos duas testemunhas que o conheçam e atestem sua identidade.

- **força probante das certidões e dos traslados de autos:** de acordo com o art. 216 do CC, *"Farão a* ***mesma prova que os originais*** *as* ***certidões textuais*** *de qualquer peça judicial, do protocolo das audiências, ou de outro qualquer livro a cargo do escrivão, sendo extraídas por ele, ou sob a sua vigilância, e* ***por ele subscritas****, assim como os* ***traslados de autos****, quando por outro escrivão consertados"* – grifo nosso.

a) **certidão textual**: quer de *"inteiro teor"*, quer em *"breve relato"*, é a reprodução de conteúdo de ato escrito, registrado em autos ou em livro, feito por pessoa investida de fé pública.

b) **traslado**: é cópia reprográfica passada por escrivão e por outro concertada (conferência da cópia com o original). O "con**c**erto" é gravado com a letra "c", e não com a "s", conforme ficou no texto do Código Civil de 2002.

- **Como fica com o NOVO CPC:**

Antigo Código de Processo Civil /1973	Novo Código de Processo Civil /2015
"Art. 365. Fazem a mesma prova que os originais:	"Art. 425. Fazem a mesma prova que os originais:
I – as certidões textuais de qualquer peça dos autos, do protocolo das audiências, ou de outro livro a cargo do escrivão, sendo extraídas por ele ou sob sua vigilância e por ele subscritas;	I – as certidões textuais de qualquer peça dos autos, do protocolo das audiências ou de outro livro a cargo do escrivão ou do chefe de secretaria, se extraídas por ele ou sob sua vigilância e por ele subscritas;
II – os traslados e as certidões extraídas por oficial público, de instrumentos ou documentos lançados em suas notas;	II – os traslados e as certidões extraídas por oficial público de instrumentos ou documentos lançados em suas notas;
III – as reproduções dos documentos públicos, desde que autenticadas por oficial público ou conferidas em cartório, com os respectivos originais.	III – as reproduções dos documentos públicos, desde que autenticadas por oficial público ou conferidas em cartório com os respectivos originais;
IV – as cópias reprográficas de peças do próprio processo judicial declaradas autênticas pelo próprio advogado sob sua responsabilidade pessoal, se não lhes for impugnada a autenticidade.	IV – as cópias reprográficas de peças do próprio processo judicial declaradas autênticas pelo advogado, sob sua responsabilidade pessoal, se não lhes for impugnada a autenticidade;
V – os extratos digitais de bancos de dados, públicos e privados, desde que atestado pelo seu emitente, sob as penas da lei, que as informações conferem com o que consta na origem;	V – os extratos digitais de bancos de dados públicos e privados, desde que atestado pelo seu emitente, sob as penas da lei, que as informações conferem com o que consta na origem;
VI – as reproduções digitalizadas de qualquer documento, público ou particular, quando juntados aos autos pelos órgãos da Justiça e seus auxiliares, pelo Ministério Público e seus auxiliares, pelas procuradorias, pelas repartições públicas em geral e por advogados públicos ou privados, ressalvada a alegação motivada e fundamentada de adulteração antes ou durante o processo de digitalização.	VI – as reproduções digitalizadas de qualquer documento público ou particular, quando juntadas aos autos pelos órgãos da justiça e seus auxiliares, pelo Ministério Público e seus auxiliares, pela Defensoria Pública e seus auxiliares, pelas procuradorias, pelas repartições públicas em geral e por advogados, ressalvada a alegação motivada e fundamentada de adulteração.
§ 1º Os originais dos documentos digitalizados, mencionados no inciso VI do caput deste artigo, deverão ser preservados pelo seu detentor até o final do prazo para interposição de ação rescisória.	§ 1º Os originais dos documentos digitalizados mencionados no inciso VI deverão ser preservados pelo seu detentor até o final do prazo para propositura de ação rescisória.
§ 2º Tratando-se de cópia digital de título executivo extrajudicial ou outro documento relevante à instrução do processo, o juiz poderá determinar o seu depósito em cartório ou secretaria".	§ 2º Tratando-se de cópia digital de título executivo extrajudicial ou de documento relevante à instrução do processo, o juiz poderá determinar seu depósito em cartório ou secretaria".

- **validade como instrumento público dos traslados não concertados e das certidões não subscritas:** para fazer **prova como originais**, tais documentos devem observar o art. 216 do CC, ou seja, os traslados devem ser concertados e as certidões subscritas. Sem a a formalidade, valerão como instrumento público, desde que os originais se houverem produzido em **juízo** como **prova de algum ato**, em alusão ao *princípio da confiança* do Poder Judiciário (CC, art. 218).

- **força probante de traslados e certidões de instrumentos ou documentos notariais:** estabelece o CC, art. 217, *"Terão a mesma força probante os* ***traslados*** *e as* ***certidões****, extraídos por tabelião ou oficial de registro, de instrumentos ou documentos lançados em suas notas".*
- **declarações:** determina o CC, art. 219, caput, e parágrafo único, que *"As declarações constantes de documentos* ***assinados*** *presumem-se* ***verdadeiras em relação aos signatários****". "Não* ***tendo relação direta****, porém, com as* ***disposições principais*** *ou com a* ***legitimidade das partes****, as declarações enunciativas* ***não eximem*** *os interessados em sua veracidade do ônus de prová-las"* – grifamos.

a) presunção: há presunção *"juris tantum"* de veracidade do conteúdo das declarações principais e enunciativas em relação aos signatários. As declarações meramente enunciativas devem ser provadas, porque em relação a elas **não há** presunção.

b) declarações dispositivas ou principais: referem-se aos elementos essenciais do negócio (objeto, prazo de vencimento, etc)

c) declarações enunciativas: descrevem detalhes ou situações, como a descrição do bem, e **possuem relação direta** com a **disposição principal** ou com a **legitimidade** das partes.

d) declarações meramente enunciativas: **não possuem** pertinência com as disposições principais ou legitimidade das partes.

- **prova da anuência ou autorização para a prática de um negócio:** *"A* ***anuência*** *ou a* ***autorização*** *de outrem, necessária à* ***validade*** *de um ato, provar-se-á* ***do mesmo modo que este****, e constará,* ***sempre que se possa****, do próprio instrumento".* Lembramos a outorga uxória ou marital para a venda de um bem imóvel, que deverá ser dada por instrumento público, essencial a validade do ato.
- **instrumento particular** (CC, art. 221)

a) forma e efeitos entre as partes: independentemente do valor, pode ser feito e assinado, ou somente assinado, pelos próprios interessados, desde que estejam na livre disposição e administração de seus bens. Neste caso, vale entre as partes.

b) efeitos em relação à cessão e terceiros: em relação à cessão, e a respeito de terceiros, não se operam, antes de **registrado no registro público**.

c) título executivo extrajudicial: para servir, o documento particular deve ser assinado pelo **devedor** e por **duas testemunhas** (NCPC, art. 784, III).

d) reconhecimento da firma: confere autenticidade ao documento, mas não é condição de validade entre as partes. Além disso, apenas se admitia a registro os escritos particulares autorizados em lei, assinados pelas partes e testemunhas, com as firmas reconhecidas, dispensado o reconhecimento quando se tratar de atos praticados por entidades vinculadas ao Sistema Financeiro da Habitação (NOVO CPC, art. 411, I; Lei 6.015/73, art. 221, II).

- **força probatória do telegrama:** *"O telegrama, quando lhe for* ***contestada*** *a autenticidade, faz prova mediante* ***conferência com o original assinado****"* (CC, art. 222) – grifamos.
- **cópia fotográfica de documento:** *"A cópia fotográfica de documento,* ***conferida*** *por tabelião de notas,* ***valerá como prova de declaração da vontade****, mas,* ***impugnada*** *sua autenticidade,* ***deverá ser exibido o original****".* (CC, art. 223, *caput*) – grifo nosso.
- **ausência do título de crédito ou do original:** *"A* ***prova não supre*** *a ausência do* ***título de crédito****, ou do* ***original****, nos casos em que a* ***lei*** *ou as* ***circunstâncias*** *condicionarem o exercício do direito à sua exibição".* A título de exemplo, o NOVO CPC, art. 784, I, segundo o qual são títulos executivos extrajudiciais "a letra de câmbio, a nota promissória, a duplicata, a debênture e o cheque"..
- **uso da língua portuguesa nos atos negociais:** *"Os documentos redigidos em língua estrangeira serão* ***traduzidos*** *para o* ***português*** *para ter efeitos legais no País"* (CF, art. 13, *caput*; CC, art. 224).

a) registro de documentos estrangeiros (Lei 6.015/73, art. 148, caput, e parágrafo único).

b) os títulos, documentos e papéis escritos em língua estrangeira, uma vez adotados os caracteres comuns, poderão ser registrados no original, para o efeito da sua **conservação ou perpetuidade**.

c) para produzirem **efeitos legais no País** e para **valerem contra terceiros**, deverão, entretanto, ser **vertidos em vernáculo** e **registrada a tradução**, o que, também, se observará em relação às **procurações** lavradas em língua estrangeira.

d) para o **registro resumido**, os títulos, documentos ou papéis em língua estrangeira, deverão ser **sempre traduzidos**.

- **reproduções mecânicas ou eletrônicas de fatos ou de coisas:**

Código Civil em sua redação original	Antigo Código de Processo Civil/1973	Novo Código de Processo Civil/2015
"Art. 225. As reproduções fotográficas, cinematográficas, os registros fonográficos e, em geral, quaisquer outras reproduções mecânicas ou eletrônicas de fatos ou de coisas fazem prova plena destes, se a parte, contra quem forem exibidos, não lhes impugnar a exatidão".	"Art. 383. Qualquer reprodução mecânica, como a fotográfica, cinematográfica, fonográfica ou de outra espécie, faz prova dos fatos ou das coisas representadas, se aquele contra quem foi produzida lhe admitir a conformidade.	"Art. 422. Qualquer reprodução mecânica, como a fotográfica, a cinematográfica, a fonográfica ou de outra espécie, tem aptidão para fazer prova dos fatos ou das coisas representadas, se a sua conformidade com o documento original não for impugnada por aquele contra quem foi produzida.

Código Civil em sua redação original	Antigo Código de Processo Civil/1973	Novo Código de Processo Civil/2015
	Parágrafo único. Impugnada a autenticidade da reprodução mecânica, o juiz ordenará a realização de exame pericial.	§ 1º As fotografias digitais e as extraídas da rede mundial de computadores fazem prova das imagens que reproduzem, devendo, se impugnadas, ser apresentada a respectiva autenticação eletrônica ou, não sendo possível, realizada perícia. § 2º Se se tratar de fotografia publicada em jornal ou revista, será exigido um exemplar original do periódico, caso impugnada a veracidade pela outra parte. § 3º Aplica-se o disposto neste artigo à forma impressa de mensagem eletrônica".

- **livros e fichas de empresários e sociedades:** os livros e fichas dos empresários e sociedades **provam contra** as pessoas a que pertencem. P**rovam em seu favor**, quando escriturados sem vício extrínseco ou intrínseco, **forem confirmados** por outros subsídios

a) a prova resultante dos livros e fichas **não é bastante** nos casos em que a **lei exige escritura pública**, ou **escrito particular revestido de requisitos especiais**

b) além disso, pode ser **ilidida** pela **comprovação da falsidade** ou **inexatidão dos lançamentos**.

Código Civil em sua redação original	Antigo Código de Processo Civil/1973	Novo Código de Processo Civil/2015
"Art. 226. Os livros e fichas dos empresários e sociedades provam contra as pessoas a que pertencem, e, em seu favor, quando, escriturados sem vício extrínseco ou intrínseco, forem confirmados por outros subsídios.	"Art. 378. Os livros comerciais provam contra o seu autor. É lícito ao comerciante, todavia, demonstrar, por todos os meios permitidos em direito, que os lançamentos não correspondem à verdade dos fatos".	"Art. 417. Os livros empresariais provam contra seu autor, sendo lícito ao empresário, todavia, demonstrar, por todos os meios permitidos em direito, que os lançamentos não correspondem à verdade dos fatos".
Parágrafo único. A prova resultante dos livros e fichas não é bastante nos casos em que a lei exige escritura pública, ou escrito particular revestido de requisitos especiais, e pode ser ilidida pela comprovação da falsidade ou inexatidão dos lançamentos.".	"Art. 379. Os livros comerciais, que preencham os requisitos exigidos por lei, provam também a favor do seu autor no litígio entre comerciantes". "Art. 380. A escrituração contábil é indivisível: se dos fatos que resultam dos lançamentos, uns são favoráveis ao interesse de seu autor e outros lhe são contrários, ambos serão considerados em conjunto como unidade". "Art. 381. O juiz pode ordenar, a requerimento da parte, a exibição integral dos livros comerciais e dos documentos do arquivo: I – na liquidação de sociedade; II – na sucessão por morte de sócio; III – quando e como determinar a lei". "Art. 382. O juiz pode, de ofício, ordenar à parte a exibição parcial dos livros e documentos, extraindo-se deles a suma que interessar ao litígio, bem como reproduções autenticadas".	"Art. 418. Os livros empresariais que preencham os requisitos exigidos por lei provam a favor de seu autor no litígio entre empresários". "Art. 419. A escrituração contábil é indivisível, e, se dos fatos que resultam dos lançamentos, uns são favoráveis ao interesse de seu autor e outros lhe são contrários, ambos serão considerados em conjunto, como unidade". "Art. 420. O juiz pode ordenar, a requerimento da parte, a exibição integral dos livros empresariais e dos documentos do arquivo: I – na liquidação de sociedade; II – na sucessão por morte de sócio; III – quando e como determinar a lei". "Art. 421. O juiz pode, de ofício, ordenar à parte a exibição parcial dos livros e dos documentos, extraindo-se deles a suma que interessar ao litígio, bem como reproduções autenticadas".

9.4.3. TESTEMUNHA

- **panorama à respeito da testemunha:**

a) livre (regra) ou limitada nas obrigações escritas (exceção): previa o art. 227, *caput*, do CC: "Salvo os casos expressos, a prova exclusivamente testemunhal só se admite nos negócios jurídicos cujo valor não ultrapasse o décuplo do maior salário mínimo vigente no País ao tempo em que foram celebrados". A doutrina considerava, na hipótese, a prova testemunhal exclusiva, respeitado o valor máximo do negócio. O Novo CPC, todavia, revogou expressamente o dispositivo (art. 1.072, II) e, diferentemente, agora dispõe no art. 442: "A prova testemunhal é sempre admissível, não dispondo a lei de modo diverso". Não há, assim, limite quantitativo dos negócios para se admitir a prova testemunhal. A disciplina legal é qualitativa, conforme o art. 444 do NCPC: "Nos casos em que a lei exigir prova escrita da obrigação, é admissível a prova testemunhal quando houver começo de prova por escrito, emanado da parte contra a qual se pretende produzir a prova". Deixa-se, assim, de impor limites".

b) subsidiária: qualquer que seja o valor do negócio jurídico, a prova testemunhal é admissível como- subsidiária ou complementar da prova por escrito (CC, art. 227, parágrafo único).

- **noções gerais**: é a pessoa chamada a depor sobre fato ou para atestar um ato negocial.
- **espécies de testemunhas**:

a) instrumentárias: assinam um instrumento, e pronuncia sobre o teor deste ato.

b) judiciárias: é a que declara em juízo, por ter presenciado ou conhecer um fato

- **panorama à respeito da testemunha** (CC, art. 227).

a) exclusiva: salvo os casos expressos, a prova exclusivamente testemunhal só se admite nos negócios jurídicos cujo valor não ultrapasse o décuplo do maior salário mínimo vigente no País ao tempo em que foram celebrados.

b) subsidiária: qualquer que seja o valor do negócio jurídico, a prova testemunhal é admissível como subsidiária ou complementar da prova por escrito.

- **Novo CPC e o Novo Estatuto do Deficiente:** o novel *Estatuto* promoveu importantes mudanças no art. 228 do CC, que dispõe sobre as pessoas que não podem ser admitidas como testemunhas. Dois incisos do art. 228 foram revogados. Com a exclusão do inciso II, aqueles que, por enfermidade ou retardamento mental, não tiverem discernimento para a prática dos atos da vida civil, agora poderão servir como testemunha. O mesmo ocorre em relação ao inciso III do art. 228 do CC, que na primitiva redação não admitia aos cegos e surdos o *munus* de testemunha quando a ciência do fato a se provar dependesse dos sentidos que lhes faltavam. Talvez a principal mudança ocorreu no novo § 2º do art. 228, pelo qual *"A pessoa com deficiência poderá testemunhar em igualdade de condições com as demais pessoas, sendo-lhe assegurados todos os recursos de tecnologia assistiva"*. Prevendo-lhe a *"tecnologia assistiva"*, tais como equipamentos, tradutor, etc, desde que necessário, o deficiente testemunhará em igualdade de condições com as demais pessoas sem essa condição pessoal. Vale notar que o NCPC manteve em sua redação todos os dispositivos revogados do CC expressamente pelo Estatuto do Deficiente. É certo que o capítulo da prova constante do CC é empregado para demonstrar a existência do ato ou negócio jurídico, e o previsto no NCPC, o modo de constituir a prova e de produzi-la em juízo. Todavia, a interpretação sistemática deve prevalecer para que o *Estatuto* tenha plena efetividade, até porque traz em sua essência direitos fundamentais incorporados com status de **emenda constitucional**, por se tratar a Convenção de Nova York dos Direitos da Pessoa com Deficiência (CDPD) de convenções internacional sobre direitos humanos, que recebeu a aprovação, em cada Casa do Congresso Nacional, em **dois (2) turnos**, **três quintos (3/5) dos votos** dos respectivos membros, segundo a norma prevista o art. 5º, § 3º, da CF/88.

- **segue a tabela comparativa das mudanças:**

Código Civil em sua redação original	Código Civil com a nova redação do Estatuto do Deficiente	Novo Código de Processo Civil/2015
"Art. 228. Não podem ser admitidos como testemunhas: I – os menores de dezesseis anos; II – aqueles que, por enfermidade ou retardamento mental, não tiverem discernimento para a prática dos atos da vida civil; III – os cegos e surdos, quando a ciência do fato que se quer provar dependa dos sentidos que lhes faltam; IV – o interessado no litígio, o amigo íntimo ou o inimigo capital das partes; V – os cônjuges, os ascendentes, os descendentes e os colaterais, até o terceiro grau de alguma das partes, por consangüinidade, ou afinidade.	"Art. 228. Não podem ser admitidos como testemunhas: I – os menores de dezesseis anos; **II – revogado** (art. 114 da Lei nº 13.146, de 2015) **III – revogado** (art. 114 da Lei nº 13.146, de 2015) IV – o interessado no litígio, o amigo íntimo ou o inimigo capital das partes; V – os cônjuges, os ascendentes, os descendentes e os colaterais, até o terceiro grau de alguma das partes, por consangüinidade, ou afinidade. § 1º Para a prova de fatos que só elas conheçam, pode o juiz admitir o depoimento das pessoas a que se refere este artigo.	"Art. 447. Podem depor como testemunhas todas as pessoas, exceto as incapazes, impedidas ou suspeitas. § 1º **São incapazes:** **I – o interdito por enfermidade ou deficiência mental;** **II o que, acometido por enfermidade ou retardamento mental, ao tempo em que ocorreram os fatos, não podia discerni-los, ou, ao tempo em que deve depor, não está habilitado a transmitir as percepções;** III – o que tiver menos de 16 (dezesseis) anos; **IV – o cego e o surdo, quando a ciência do fato depender dos sentidos que lhes faltam**

Código Civil em sua redação original	Código Civil com a nova redação do Estatuto do Deficiente	Novo Código de Processo Civil/2015
Parágrafo único. Para a prova de fatos que só elas conheçam, pode o juiz admitir o depoimento das pessoas a que se refere este artigo.	**§ 2º A pessoa com deficiência poderá testemunhar em igualdade de condições com as demais pessoas, sendo-lhe assegurados todos os recursos de tecnologia assistiva. (Incluido)**	

- **ninguém pode ser obrigado a depor sobre fato:**

Código Civil em sua redação original	Novo Código de Processo Civil
"Art. 229. Ninguém pode ser obrigado a depor sobre fato: I – a cujo respeito, por estado ou profissão, deva guardar segredo; II – a que não possa responder sem desonra própria, de seu cônjuge, parente em grau sucessível, ou amigo íntimo; III – que o exponha, ou às pessoas referidas no inciso antecedente, a perigo de vida, de demanda, ou de dano patrimonial imediato". ---------------- * **Nota:** o art. 1.072, II, do NCPC (Lei 13.105/2015) revoga expressamente este artigo.	"Art. 448. A testemunha não é obrigada a depor sobre fatos: I – que lhe acarretem grave dano, bem como ao seu cônjuge ou companheiro e aos seus parentes consanguíneos ou afins, em linha reta ou colateral, até o terceiro grau; II – a cujo respeito, por estado ou profissão, deva guardar sigilo".

9.4.4. PRESUNÇÃO

- **noções gerais**: **presunção** é a dedução obtida de um fato para comprovar outro fato. É a ilação tirada de um fato conhecido para demonstrar outro desconhecido. É a consequência advinda da lei ou do juiz, tendo como ponto inicial o fato conhecido, para atingir o ignorado. Não se confunde com **indício**, que é toda circunstância conhecida e provada, a partir da qual, mediante raciocínio lógico, pelo método indutivo, obtém-se a conclusão sobre outro fato. A indução parte do particular e chega ao geral.
- **espécies de presunção:**

a) **legais***:* são as que decorrem da lei, como aquela do CC, 324, 1.597, etc. **dividem-se em**:

1. *absolutas* ou *"juris et jure"*: quando não admitem prova em contrário, pois o efeito atribuído pela lei é indiscutível.
2. *relativas ou "júris tantum":* quando admitem a prova em contrário. Ex. CC, art. 1.601.

b) **hominis, comuns ou simples:** é deixada ao prudente critério do magistrado, e se funda no que ordinariamente ocorre, são os acontecimentos do cotidiano, da vida. Segundo o art. 375 do Novo CPC, *"O juiz aplicará as regras de experiência comum subministradas pela observação do que ordinariamente acontece e, ainda, as regras de experiência técnica, ressalvado, quanto a estas, o exame pericial"*.

- **NOVO CPC: restrição à presunção hominis: previa o art. 230 do CC o seguinte:** *"As presunções, que não as legais, não se admitem nos casos em que a lei exclui a prova testemunhal"*. Com o novo Código de Processo Civil, o art. 1072, II, revogou expressamente a disposição da lei material. Assim, deixa de existir qualquer restrição às presunções simples, de maneira que as presunções legais e as simples poderão ser aplicadas amplamente pelos juízes.

9.4.5. PERÍCIA

- **noções gerais**: são provas decorrentes de análises de especialistas ou peritos. Segundo o NOVO CPC, arts. 464 a 480, são perícias o exame, a vistoria ou avaliação.
- **espécies de perícia:**

a) exame: apreciação técnica feita por peritos, para auxílio do juiz: Ex. exame grafotécnico.

b) vistoria: diligência ocular. Ex. ação demarcatória. Admite-se a vistoria *ad perpetuam rei memoriam,* do procedimento da tutela cautelar requerida em caráter antecedente, disciplinada nos arts. 305 e seguintes do NOVO CPC, destinada a perpetuar fatos transitórios, efêmeros, de pouca duração.

c) avaliação: presta-se à atribuição de valor a um bem

- **exame médico necessário**: quem se nega a exame médico não poderá alegar a imprescindibilidade da perícia para a solução do litígio. Assim, a negativa em submeter-se a **exame médico necessário** ilide qualquer aproveitamento de sua recusa. (CC, art. 231).
- **recusa à perícia médica:** *"A recusa à perícia médica ordenada pelo juiz poderá* ***suprir a prova*** *que se pretendia obter com o exame"*. (CC, art. 232). Uma vez que o juiz determine a prova, para que a verdade do fato seja alcançada, em ação de investigação de paternidade, interdição, e outras, a **recusa** poderá suprir a prova. A Lei 8560/92, que dispõe sobre a investigação de paternidade, contempla disposição semelhante, no art. 2º, parágrafo único, que diz: *"A recusa do réu em se submeter ao exame de código genético – DNA gerará a presunção da paternidade, a ser apreciada em conjunto com o contexto probatório"*.

- ***ATENÇÃO*: segundo a Súmula 301 do STJ,** *"Em ação investigatória, a recusa do suposto pai a submeter-se ao exame de DNA induz* ***presunção juris tantum*** *de paternidade".*

◉ DIREITO CIVIL: PARTE ESPECIAL

10. DIREITO DAS OBRIGAÇÕES

10.1. GENERALIDADES

- **noções gerais**: é relação jurídica em razão da qual o *devedor ou sujeito passivo* se obriga a dar, fazer ou não fazer alguma coisa *(prestação)* em favor do *credor ou sujeito ativo*. A natureza da prestação é patrimonial.
- **elementos constitutivos:**

a) **subjetivo ou pessoal**: são as partes da obrigação. **Pode ser**:

1. *sujeito ativo*: a quem é devida a prestação
2. *sujeito passivo*: quem deve cumprir a prestação

b) **objetivo ou material**: é a prestação devida, ou seja, um dar, um fazer ou não fazer. A prestação deve ser lícita, possível (física ou juridicamente), determinada ou determinável e de conteúdo econômico.

c) **Ideal, imaterial ou espiritual:** é o vínculo jurídico ou legal que sujeita o devedor cumprir a prestação em favor do credor

- **fontes:** indicam as origens dos vínculos obrigacionais.

a) **imediata ou direta:** Lei

b) **mediatas ou indiretas:** negócios jurídicos, atos ilícitos, etc.

10.2. DAS DIVERSAS CLASSIFICAÇÕES DAS OBRIGAÇÕES

10.2.1. CLASSIFICAÇÃO DAS OBRIGAÇÕES

- **obrigações de dar coisa certa:**

a) são positivas

b) o devedor tem o dever de entregar algo ao credor, cumprindo, com isso, a prestação devida por contrato

c) a coisa, móvel ou imóvel, é certa e determinada

d) **antes** da tradição ou **pendente** condição suspensiva, **caberá ao devedor:**

e) os melhoramentos e acrescidos a coisa, pertencem ao devedor, que poderá exigir aumento do preço e até resolver a obrigação se não for aceito.

f) os frutos **percebidos**

g) a **responsabilidade** pela perda e deterioração da coisa**, que se resume em:**

perda com culpa	▪ o devedor responde pelo equivalente mais perdas e danos;
perda sem culpa	▪ resolve-se a obrigação, com o retorno das partes à situação anterior;
deterioração com culpa	▪ poderá o credor exigir o equivalente, ou aceitar a coisa no estado em que se acha, com direito a reclamar, em um ou em outro caso, indenização das perdas e danos;
deterioração sem culpa	▪ poderá o credor resolver a obrigação, ou aceitar a coisa, abatido de seu preço o valor que perdeu

- **NOVO CPC:** a respeito da execução para a entrega de coisa certa, conferir os arts. 806 a 810.
- **obrigação de restituir:**

a) equipara-se a de dar, porque importa a devolução de uma coisa, como ocorre na locação.

b) responsabilidade pela perda **antes** da tradição pelo **devedor: sem culpa**, sofrerá o credor a perda (*res perit domino*), e a obrigação se resolverá, ressalvados os seus direitos até o dia da perda; **por culpa**, responderá o devedor este pelo equivalente, mais perdas e danos.

- **obrigação de dar coisa incerta:**

a) objeto indeterminado (relativamente) e genérico, mas indicado, ao **menos**, pelo gênero e quantidade

b) a escolha futura, que determinará o objeto a ser entregue, chama-se "concentração".

c) com a escolha, aplicam-se as regras vistas acima.

d) natureza da "concentração": ato jurídico unilateral

e) as partes podem indicar qual dela fará a escolha, ou cometer o ato a um terceiro

f) na omissão, a escolha pertence ao **devedor**, que não poderá dar a coisa pior nem ser obrigado a prestar a melhor (limites)

g) antes da escolha, não pode o devedor alegar perda ou deterioração da coisa, mesmo por força maior ou caso fortuito (*genus nunquam perit*)

- **NOVO CPC:** com relação à obrigação para a entrega de coisa incerta, consultar os arts. 811 a 813.
- **obrigações de fazer**:

a) a prestação ou objeto é uma atividade positiva (serviço, tarefa ou ato)

b) podem ser personalíssimas (intuito personae, infungível, imaterial) ou impessoais (fungível, material), conforme a prestação em razão da natureza ou convenção possa ser prestada somente pela parte ou por terceiro

c) a impossibilidade ou a recusa da prestação, acarreta o inadimplemento

d) impossibilidade da prestação:

e) **sem culpa do devedor**: resolver-se-á a obrigação;

f) **com culpa na prestação infungível**: responderá por perdas e danos, sem prejuízo da execução específica (*astreinte*);

g) **com culpa na prestação fungível**: se o fato puder ser executado por terceiro, será livre ao credor mandá-lo executar à custa do devedor, havendo **recusa** ou **mora** deste, sem prejuízo da indenização cabível.

- **NOVO CPC:** o cumprimento da **sentença** que reconheça a exigibilidade de obrigação de **fazer** e não fazer realiza-se segundos os preceitos dos arts. 536 e 537 do emergente diploma.
- **NOVO CPC:** a execução de obrigação de fazer ou de não fazer fundada em **título extrajudicial** deve seguir o rito do art. 814 e 815 a 821 do novo estatuto.
- **obrigações de não fazer**:

a) o devedor obriga-se a **não** praticar um ato;

b) é personalíssima, sempre;

c) praticado pelo devedor o ato, a cuja abstenção se obrigara, ocorre o descumprimento;

d) com isso, o credor pode exigir dele que o desfaça, sob pena de se desfazer à sua custa, ressarcindo o culpado perdas;

e) impossibilidade de se abster da prestação:

1. **sem culpa do devedor**: extingue-se a obrigação.
2. em caso de urgência, poderá o credor desfazer ou mandar desfazer, independentemente de autorização judicial, sem prejuízo do ressarcimento devido.

- **NOVO CPC:** o cumprimento da **sentença** que reconheça a exigibilidade de obrigação de fazer e **não fazer** realiza-se segundos os preceitos dos arts. 536 e 537 do emergente diploma.
- **NOVO CPC:** a execução de obrigação de fazer ou de não fazer fundada em **título extrajudicial** deve seguir o rito do art. 814, 822 e 823 do novo estatuto.
- **obrigações singulares ou simples:** possui unicidade de objeto ou sujeito.
- **obrigações compostas, complexas ou plurais** possui multiplicidade de objetos ou sujeitos. **Subdividem-se** em:

a) **obrigações disjuntivas ou alternativas**:

1. há múltiplas prestações possíveis, mas o cumprimento de **uma** delas importa o adimplemento da obrigação
2. a **escolha** é do devedor, se outra coisa não se estipulou; se **periódicas**, pode-se fazê-la para cada novo período; se houver pluralidade de optantes, exige-se acordo **unânime** que, se não ocorrer, o juiz escolhe
3. o devedor não pode obrigar o credor a receber parte de uma e parte de outra prestação
4. se uma prestação não puder ser objeto de obrigação ou tornar-se impossível, subsiste o débito quanto a outra
5. se houver impossibilidade de **todas** as prestações:
   - sem culpa do devedor, extingue-se a obrigação
   - por culpa, sendo a **escolha do devedor**, deverá pagar o valor da última que se perdeu, mais perdas e danos
   - por culpa, sendo a **escolha do credor**, este poderá optar entre todas, mais perdas e danos
6. se houver impossibilidade **parcial** das prestações
   - por culpa do devedor, sendo a escolha do credor, haverá opção entre a remanescente, ou a que se perdeu, mais perdas e danos

b) **obrigações conjuntivas ou cumulativas**:

1. o devedor se libera cumprindo duas ou mais prestações pelas quais se vinculou no mesmo negócio
2. por ser cumulativa, se uma das prestações não for cumprida, ocorre inadimplemento total, pois **todas** devem ser cumpridas

c) **obrigações facultativas, com faculdade de substituição ou solução**: trata-se da obrigação simples que admite, por convecção, que o devedor substitua a prestação inicial por outra

d) **obrigações solidárias**

1. não são presumidas, resultam da lei ou vontade das partes
2. ocorre quando há pluralidade de devedores ou credores, vinculados em uma única obrigação, cada um obrigado ou com direito à dívida toda. **Subdividem-se** em:

2.1. Solidariedade ativa:

- cada um dos credores pode exigir do devedor o cumprimento da prestação por inteiro
- enquanto alguns dos credores solidários não demandarem o devedor comum, a qualquer daqueles poderá este pagar
- o pagamento feito a um dos credores solidários extingue a dívida até o montante do que foi pago
- a conversão da prestação em perdas e danos não extingue a solidariedade, para todos os efeitos
- o credor que perdoar a dívida ou receber o pagamento responderá aos outros pela parte que lhes caiba
- a oposição de exceção pessoal não é extensiva aos demais credores
- a solidariedade não é sucessível, ou seja, os herdeiros herdam apenas a cota parte, ressalvada a indivisibilidade da obrigação
- **do julgamento**:
- se *favorável* a um credor, aproveita aos demais, salvo quando se funde em exceção pessoal daquele

- se *contrária* a um credor, não atinge os outros admitindo-se a desistência
- **NOVO CPC:** nada mudou em relação aos efeitos *contrários* do julgamento da ação manejada por um dos credores solidários contra o devedor comum, ou seja, os demais credores não sofrerão prejuízo. Quanto aos efeitos *favoráveis*, estes aproveitam aos demais credores que não participaram da ação, sem prejuízo da exceção pessoal do devedor em relação a qualquer deles. Neste ponto é importante destacar que os credores podem demandar isoladamente ou em conjunto, sendo o caso, portanto, de *litisconsórcio ativo facultativo*. Com relação ao julgamento *favorável*, existiam dois posicionamentos na doutrina civilista e outro na processualista. O *primeiro* (Gustavo Tepedino, Heloisa Helena Barbosa e Maria Celina Bodin de Moraes), de que a vitória na ação de um dos credores favoreceria os demais, salvo quando o devedor possuísse, em seu favor, alguma exceção pessoal em relação aos credores que não promoveram a demanda. Assim, o devedor não poderia apresentar defesa contra o credor que não foi parte, de maneira que a extensão da coisa julgada apenas viria em favor, e nunca contra os interesses do credor que não compôs a relação processual (coisa julgada *secundum eventum litis*). O *segundo* entendimento (Pablo Stolze Gagliano e Rodolfo Pamplona Filho) colocava dois caminhos como solução ao preceito: (i) se o magistrado não acolhesse a defesa e se esta não fosse de natureza pessoal, o julgamento beneficiaria a todos os demais credores; (ii) se o magistrado não acolhesse a defesa e se esta for de natureza pessoal, o julgamento não interferiria no direito dos demais credores[4]. Para a corrente processualista (Fredie Didier JR.), não tem sentido o art. 274 do CC (original), porque "não há julgamento favorável fundado em exceção pessoal; quando se acolhe a defesa, julga-se desfavoravelmente o pedido[5].

Código Civil – Redação original	Código Civil – Redação após o NCPC/2015
"Art. 274. O julgamento contrário a um dos credores solidários não atinge os demais; o julgamento favorável aproveita-lhes, a menos que se funde em exceção pessoal ao credor que o obteve"	"Art. 274. O julgamento contrário a um dos credores solidários não atinge os demais, mas o julgamento favorável aproveita-lhes, sem prejuízo de exceção pessoal que o devedor tenha direito de invocar em relação a qualquer deles"

2.2. Solidariedade passiva:

- pluralidade de devedores, onde cada um responde por toda a dívida, como se fosse único
- o avalista é devedor solidário, vedando-se o aval parcial
- o credor pode cobrar a dívida de um ou alguns devedores, parcial ou totalmente, e não importa renúncia a solidariedade a propositura da ação contra um deles, a quem permite-se o chamamento ao processo dos demais
- o credor pode renunciar parcialmente a solidariedade em favor de um ou alguns devedores, mas subsistirá a dos demais. Somente desaparece para todos a renúncia total
- a renúncia a solidariedade não depende de aceitação expressa ou tácita da outra parte, diferenciando-se da remissão ou perdão da dívida, que deve ser aceita pelo devedor (CC, art. 385)
- é admissível o chamamento ao processo, requerido pelo réu, dos demais devedores solidários, quando o credor exigir de um ou de alguns o pagamento da dívida comum (NCPC, art. 130, III)
- ainda que exonerado (beneficiado pela renúncia), todos os devedores respondem pelo rateio do insolvente
- o pagamento parcial e a remissão (perdão) obtida por um devedor, só aproveita aos demais até à concorrência da quantia paga ou relevada
- o pagamento total de um permite-lhe o direito de regresso contra os demais, mas com rateio por todos do quinhão do insolvente, presumindo-se iguais as cotas de débito
- se a dívida solidária interessar exclusivamente a um dos devedores, responderá este por toda ela para com aquele que pagar
- qualquer cláusula, condição ou obrigação adicional entre um dos devedores e o credor não pode agravar a posição dos demais, sem que consintam
- **impossibilidade da prestação:**
- culpa de um dos devedores solidários, subsiste para todos o encargo de pagar o equivalente, mas pelas perdas e danos só responde o culpado
- sem culpa dos devedores, extingue-se a obrigação
- pela mora todos respondem, mesmo que acionado um só dos devedores, mas o culpado responde regressivamente aos outros
- se um dos devedores solidários falecer deixando herdeiros, nenhum destes será obrigado a pagar senão a quota que corresponder ao seu quinhão hereditário, salvo se a obrigação for indivisível; mas todos reunidos serão considerados como um devedor solidário em relação aos demais devedores.
- ***ATENÇÃO 1:* estabelece o Enunciado 350 do CJF/STJ, da IV Jornada de Direto Civil:** *"A renúncia à solidariedade diferencia-se da remissão, em que o devedor fica inteiramente liberado do vínculo obrigacional,*

---

4. TARTUCE, Flavio. *O NOVO CPC e o Direito Civil*. São Paulo. Método. 2015, 245.
5. Op. cit, p. 245.

inclusive no que tange ao rateio da quota do eventual codevedor insolvente, nos termos do art. 284".

- ***ATENÇÃO 2:* segundo o Enunciado 351 do CJF/STJ, aprovado na IV Jornada de Direito Civil,** *"A renúncia à solidariedade em favor de determinado devedor afasta a hipótese de seu chamamento ao processo".*

2.3. solidariedade mista ou reciproca:

- se houver simultaneidade de credores e de devedores.

e) **obrigações indivisíveis:**

1. o objeto é uma coisa ou fato que não comporta divisão, por sua natureza, por motivo de ordem econômica, ou dada a razão determinante do negócio jurídico
2. se houver pluralidade de devedores, e a prestação não for divisível, cada um ficará obrigado pela dívida toda
3. devedor que paga a dívida, sub-roga-se (legal) no direito do credor em relação aos outros coobrigados
4. se a pluralidade for dos credores, poderá cada um destes exigir a dívida inteira; mas o devedor ou devedores se desobrigarão, pagando: 1) a todos conjuntamente; 2) a um, dando este caução de ratificação dos outros credores
5. se um só dos credores receber a prestação por inteiro, a cada um dos outros assistirá o direito de exigir dele em dinheiro a parte que lhe caiba no total
6. se um dos credores perdoar a dívida, bem como efetuar transação, novação, compensação ou confusão, a obrigação não ficará extinta para com os outros; mas estes só a poderão exigir, descontada a quota do credor
7. perde a qualidade de indivisível a obrigação que se resolver em perdas e danos, o que não ocorre na solidariedade
8. não cessa com a morte, diferente do que ocorre com a solidariedade.

- **responsabilidade pelo não cumprimento:**
- se houver culpa de todos os devedores, responderão todos por partes iguais
- se for de um só a culpa, ficarão exonerados os outros, respondendo só esse pelas perdas e danos
- **diferenças entre solidariedade e indivisibilidade:**

a) na solidariedade o devedor pode ser acionado sozinho a pagar a dívida

b) inteira, porque é devedor do todo

c) nas obrigações indivisíveis, o codevedor só deve sua quota-parte. Só é compelido ao pagamento da totalidade do objeto porque este não pode ser fracionado

d) a obrigação perda a indivisibilidade se resolver em perdas e danos

e) a solidariedade sobrevive às perdas e danos, pois cada devedor continuará responsável pelo pagamento integral do equivalente em dinheiro do objeto perecido

10.2.2. CLASSIFICAÇÃO DAS OBRIGAÇÕES

- **obrigações civis e naturais:**

a) civil: possui todos os elementos das obrigações, sujeitos (ativo e passivo), objeto e vínculo, ou seja, a obrigação é perfeita, exigível (*debitum* e a *obligatio*).

b) natural: imperfeita, porque não é exigível (Ex: CC, art. 882).

- **obrigações de meio, resultado e de garantia**

a) meio: o devedor deverá empregar os esforços e habilidades para entregar uma prestação, mas sem prometer qualquer êxito.

b) resultado: aqui o êxito é prometido, como ocorre em uma cirurgia plástica estética.

c) garantia: sua finalidade é eliminar os riscos que recaem sobre o credor (ex: contrato de seguro).

- **obrigações de execução instantânea, diferida e continuada**

a) instantânea: consuma-se num só ato, é imediata, como numa compra e venda à vista

b) diferida: realiza-se num só ato, mas em momento futuro, como a entrega posterior do objeto

c) continuada ou de trato sucessivo: aquela de atos reiterados ou prestações periódicas

- **obrigações puras e simples, condicionais a termo e modais**

a) puras e simples: são de efeitos imediato, pois carecem de elementos acidentais (condição, termo, etc.)

b) condicionais: aquelas subordinadas a um evento futuro e incerto (condição)

c) a termo: dependem de um evento futuro e certo (prazo)

d) modais: as quais estão oneradas por um encargo

- **obrigações liquidas e ilíquidas**

a) liquida: é a certa quanto a existência e determinada quando ao objeto

b) ilíquida: nesta sabe-se o que será entregue, mas é necessário apurar o montante

- **obrigações principais e acessórias**

a) principais: de existência própria, sem dependência de outra

b) acessórias: as quais dependem de uma obrigação principal

- **obrigações ambulatórias (propter rem):** assim conhecida por ser real ou reipersecutória, pois a obrigação é carreada ao titular de um direito real. Transferido o direito a um terceiro, a obrigação segue o mesmo destino. É o que ocorre em relação ao dano ambiental em uma propriedade, por exemplo. Ainda que o passivo ambiental tenha ocorrido com o antigo dono, o novo que adquirir a propriedade passa a ser o responsável pela obrigação de recuperar ou indenizar a área degradada (teoria do risco integral).

10.3. TRANSMISSÃO DAS OBRIGAÇÕES

10.3.1 CESSÃO DE CRÉDITO

- **noções gerais:** negócio pelo qual o credor transfere sua posição obrigacional; trata-se de negócio jurídico bilateral envolvendo bem *incorpóreo* ou um crédito. O credor que transfere os direitos é chamado de *cedente* e aquele para quem são transferidos de *cessionário*. O terceiro que **não** participa da cessão, o devedor, é chamado de *cedido*. Uma vez transferida a obrigação, o *cedido* deverá ser notificado, para que possa pagar a obrigação ao novo credor. Todavia, sua *anuência* é desnecessária (CC/art. 288, 290 e 293). Todo crédito poderá ser cedido, total ou parcialmente.
- **regras importantes:**

a) a cláusula proibitiva da cessão não poderá ser oposta ao cessionário de boa-fé, se não constar do instrumento da obrigação

b) não se admite a cessão de crédito decorrente de direitos personalíssimos ou direito de família, os que contenham proibição legal, ou em relação àqueles créditos que contenham ajuste vedando sua transmissão *(pacto de non cedendo)*

c) a penhora realizada sobre um crédito é causa de impedimento legal para que seja cedido (CC/art. 298); por outro lado, a *impenhorabilidade*, por si só, não impede a cessão do crédito, pois é reconhecidamente válida. (STJ: REsp 724158-PR/Rel. Ministra Nancy Andrighi).

d) **não se confunde**:

- *cessão de contrato* (porque ocorre a inteira cessão da posição contratual – todos os débitos e créditos – do cedente ao cessionário)
- *novação subjetiva ativa* (porque ocorre a substituição do credor e a extinção da dívida por novo crédito)
- *sub-rogação legal* (o sub-rogado não pode exercer os direitos e as ações do credor, senão até à soma que tiver desembolsado para desobrigar o devedor, faltando-lhe, pois, o caráter especulativo próprio da cessão de crédito)

e) **não e exige forma especial**, exceto quando for da natureza do ato a escritura pública

f) é ineficaz, em relação a terceiros, a transmissão de um crédito, se não celebrar-se mediante instrumento público, ou instrumento particular revestido das solenidades do § 1º do art. 654, do CC

g) a cessão de título de crédito opera-se mediante endosso

10.3.2 ASSUNÇÃO DE DÍVIDA OU CESSÃO DE DÉBITO

- **noções gerais:** é o negócio bilateral pelo qual o devedor antigo cede lugar ao novo, que assume a posição daquele, responsabilizando-se pela dívida, que não é extinta.
- **regras importantes**:

a) exige-se o consentimento **expresso** do credor.

b) **exceção:** CC, art. 303: *"O adquirente de imóvel hipotecado pode tomar a seu cargo o pagamento do crédito garantido; se o credor, notificado, não impugnar em **30 dias** a transferência do débito, entender-se-á dado o assentimento"*. (**consentimento tácito**)

c) o devedor primitivo fica exonerado

d) **exceção**: o devedor permanecerá responsável pela obrigação quando, ao **tempo** da assunção, o novo devedor era **insolvente**, e o credor o **ignorava**.

e) são extintas, a partir da assunção da dívida, as garantias especiais (reais ou fidejussórias) do devedor primitivo, salvo assentimento expresso. Anulada a assunção, o **débito** e as **garantias** são restauradas.

f) com a assunção, também são extintas as garantias de terceiros, salvo expressa concordância

g) qualquer das partes pode assinar prazo ao credor para que consinta na assunção da dívida, **interpretando-se** o seu silêncio como recusa.

h) não se confunde com a novação subjetiva passiva, que gera obrigação nova, extinguindo a anterior

i) **pode efetivar-se:**

- *por expromissão*: contrato que ocorre sem a participação ou anuência do devedor, pois ocorre entre o terceiro e o credor. A expromissão **pode ser:**

1. *liberatória*: se ocorrer a integral sucessão no débito pela substituição do devedor na obrigação pelo expromitente, ficando exonerado o devedor primitivo, exceto se o terceiro que assumiu a dívida era insolvente e o credor o ignorava, o que não impede que o credor aceite o risco
2. *cumulativa*: o expromitente ingressa na relação obrigacional como novo devedor, ao lado no antigo, passando a ser devedor solidário, mediante declaração expressa nesse sentido, caso em que o credor poderá reclamar a dívida total de qualquer deles

- *por delegação*: acordo que acontece entre o terceiro e o devedor, com a concordância do credor. **Pode ser**:

1. *liberatória*: valem aqui os comentários acima
2. *cumulativa:* também se aplicam os termos do item 2 anterior

3. *Imperfeita:* quando não exclui totalmente a responsabilidade do primitivo devedor

- ***ATENÇÃO***: pelo **Enunciado 16 do CJF/STJ, da I Jornada de Direito Civil:** *"O art. 299 do Código Civil não exclui a possibilidade da assunção cumulativa da dívida quando dois ou mais devedores se tornam responsáveis pelo débito com a concordância do credor".*

10.3.3. CESSÃO DE CONTRATO: OU CESSÃO DE POSIÇÃO CONTRATUAL

- **noções gerais:** é a transferência da posição (ativa ou passiva) em um contrato, a um terceiro, com todos os direitos e deveres, simultaneamente, global ou unitariamente. Necessariamente ocorre em contratos bilaterais, com execução não concluída.
- **regras importantes:**

a) seus personagens são o *cedente* (que transfere a posição), o cessionário (a quem a posição é transmitida) e o cedido (o outro contraente, que consente na cessão feita pelo cedente)

b) exige-se o consentimento da outra parte, aplicando-se o art. 299, *caput*, que dispõe sobre a *assunção de dívida*

c) contrato atípico (sem previsão expressa no CC/2002), na forma do CC/art. 425, e aceito no STJ (Info – 376)

d) não se confunde com o *contrato derivado ou subcontrato*, porque neste o contraente mantem sua posição contratual, limitando-se a criar um novo contrato da mesma natureza com terceiro

e) diferencia-se da *sub-rogação legal*, pois decorre da lei diretamente, a a necessidade do consentimento do contraente cedido

f) também distingue-se da *novação*, já que nesta ocorre a transmissão dos direitos (novação subjetiva ativa) ou a transmissão das obrigações (novação subjetiva passiva), com extinção da dívida, enquanto na cessão de contrato os direitos e as obrigações são transferidos do cedente ao cessionário, e não importa a extinção da obrigação

g) Pode ocorrer a liberação do cedente perante o contraente cedido. Não ocorrendo a liberação do cedente, fica estabelecido o vínculo da solidariedade entre este e aquele

10.4. ADIMPLEMENTO DAS OBRIGAÇÕES

10.4.1. PAGAMENTO DIRETO OU NORMAL

- **noções gerais:** adimplemento significa o cumprimento da obrigação, seu pagamento. O pagamento poderá ser direto (normal) ou indireto (anormal). E regra, o devedor é o obrigado pelo pagamento, mas também poderá ser um **terceiro que tenha interesse** jurídico-econômico, ou seja, aquele que poderá sofrer os efeitos da obrigação não cumprida no tempo e forma devidos (ex. fiador, avalista). O terceiro **não interessado** poderá cumprir a obrigação, em nome e à conta do devedor (não poderá cobrar o que pagou) ou em seu próprio nome (poderá cobrar o que pagou, mas não se sub-roga).
- **efeito pagamento**:

a) extingue a obrigação

b) libera o devedor do vínculo obrigacional (efeito liberatório)

- **modalidades de pagamento:**

a) pagamento direto: ocorre a entrega da prestação no tempo e forma devidos

b) pagamento indireto: verifica-se de forma diversa daquela convencionada (ex. dação em pagamento, imputação, etc).

- **natureza jurídica do pagamento:** são duas as correntes:

a) ato jurídico: assim reconhecido por ter efeitos previamente estabelecidos por lei

b) negócio jurídico bilateral: por exigir a vontade do credor e do devedor

- **requisitos do pagamento:**

a) subjetivos: diz respeito aos sujeitos da relação (ex: de quem deve pagar, a quem se deve pagar, etc)

b) objetivos: aqueles não relacionados aos sujeitos (ex. tempo do pagamento, lugar do pagamento)

- **de quem deve pagar** (*"solvens"*)**:**

a) "solvens": qualquer interessado, se a obrigação não for *intuito personae*

b) se for personalíssima a obrigação, somente o devedor poderá fazê-lo

c) terceiro interessado: ex. fiador

d) terceiro não interessado:

1. em nome e à conta do devedor, salvo oposição deste: quando não haverá direito de reembolso
2. em nome próprio: tem direito de reembolso, mas não se sub-roga. Para tanto, deverá manejar *"ação in rem verso"*, sem direito a perdas e danos. Se pagar antes de vencida a dívida, só terá direito de reembolso no vencimento.

e) o terceiro, interessado ou não, que paga com desconhecimento ou oposição do devedor, que tinha meios de ilidir a ação, não terá direito ao reembolso (pagamento *invito debitore*)

f) o pagamento que importar transmissão da propriedade, móvel ou imóvel, só terá eficácia se feito por quem possa alienar.

1. **exceção**: se der em pagamento **coisa fungível**, valerá o pagamento, desde que o credor, de boa-fé, a recebeu e consumiu, ainda que o solvente não tivesse o direito de aliená-la.

- **daqueles a quem se deve pagar** (*"accipiens"*):

a) credor

b) ou quem o represente

c) em razão da teoria da aparência, é válido o pagamento feito de boa-fé ao credor putativo, ainda provado depois que não era credor. Exigem-se, assim, dois requisitos: (1) boa-fé do devedor; (2) erro

- **objeto do pagamento:**

a) é a prestação convencionada

b) o credor não é obrigado a receber prestação diversa da que lhe é devida, ainda que mais valiosa (proibição do *solvere aliud pro alio*)

c) as dívidas em dinheiro devem ser pagas no vencimento, em moeda corrente, pelo valor nominal (princípio do nominalismo)

d) permite-se a clausula de escala móvel ou de atualização nas obrigações pecuniárias (exceção ao princípio do nominalismo)

e) ainda como exceção ao princípio do nominalismo, por motivo imprevisível, sobrevier manifesta desproporção entre o valor da prestação devida e o do momento de sua execução, poderá o juiz corrigi-lo, assegurando o valor real da prestação.

f) são nulas as convenções de pagamento em ouro ou moeda estrangeira, com exceção dos casos previstos na legislação especial

g) o devedor ou terceiro que paga tem direito a receber a quitação

h) as despesas com o pagamento e a quitação são do **devedor**, mas as despesas eventualmente acrescidas pelo credor correrão por sua conta

i) os pagamentos por medida e peso, no **silêncio das partes**, valem pelo lugar da execução.

- **presunções de pagamento**:

a) para as quotas periódicas, o pagamento da última

b) a quitação do capital, sem a ressalva dos juros, estes presumem-se pagos

c) e entrega do título ao devedor.

* **Nota:** admite-se que o credor prove a falta de pagamento, em **60 dias**.

- **lugar do pagamento:**

a) se houver cláusula entre as partes, será este o local de cumprimento da obrigação

b) o lugar também pode ser determinado pela lei, da natureza da obrigação ou das circunstâncias

c) na omissão, a dívida é quesível (quérable), ou seja, no **domicílio do devedor.** Será portável (portable) quando houver de ser paga no **domicílio do credor ou terceiro**.

d) designados dois ou mais lugares, **cabe** ao credor a escolha do loca

e) o pagamento **reiterado** em outro local, presume a **renúncia** do credor

f) as tradição ou prestações referentes aos imóveis, será feita onde situado

- **tempo do pagamento:**

a) o pagamento deve ocorrer no vencimento, conforme ajustado

b) sem ajuste, o credor pode exigir o pagamento imediatamente

c) nas obrigações condicionais, deve ser paga assim que ocorrer o implemento

d) admite-se que o credor cobre a dívida antes de vencido o prazo ajustado ou marcado no Código Civil:

1. no caso de falência do devedor, ou de concurso de credores
2. se os bens, hipotecados ou empenhados, forem penhorados em execução por outro credor
3. se cessarem, ou se se tornarem insuficientes, as garantias do débito, fidejussórias, ou reais, e o devedor, intimado, se negar a reforçá-las.

- ***ATENÇÃO***: se houver, no débito, **solidariedade passiva**, não se reputará vencido quanto aos outros **devedores solventes.**

10.5. FORMAS ESPECIAIS OU INDIRETAS DE PAGAMENTO

10.5.1. PAGAMENTO EM CONSIGNAÇÃO

- **pagamento em consignação:** trata-se do depósito **judicial** feito pelo devedor, do bem móvel ou imóvel, com o objetivo de libera-se da obrigação liquida e certa. Se a **prestação for em dinheiro**, o devedor poderá efetuar o deposito **extrajudicial** em estabelecimento bancário oficial, cientificando o credor por carta com aviso de recepção, bem como manejar **ação de consignação**.

- **características:**

a) libera o devedor do vínculo obrigacional, bem como das consequências do inadimplemento da obrigação

b) as obrigações de fazer e não fazer não admitem a consignação

c) devem concorrer todos os requisitos sem os quais o pagamento não é valido, como pessoas, objetos, modo, tempo

d) será admitido nas seguintes hipóteses:

1. se o credor não puder, ou, sem justa causa, recusar receber o pagamento, ou dar quitação na devida forma
2. se o credor não for, nem mandar receber a coisa no lugar, tempo e condição devidos
3. se o credor for incapaz de receber, for desconhecido, declarado ausente, ou residir em lugar incerto ou de acesso perigoso ou difícil
4. se ocorrer dúvida sobre quem deva legitimamente receber o objeto do pagamento
5. se pender litígio sobre o objeto do pagamento.

10.5.2. PAGAMENTO COM SUB-ROGAÇÃO

- **noções gerais:** é a substituição de uma coisa por outra, com os mesmos ônus e atributos (sub-rogação real), ou se uma pessoa por outra (sub-rogação pessoal). Uma vez paga a obrigação por terceiro, o credor primitivo não poderá reclamar o cumprimento, mas o devedor continua obrigado a terceira pessoa. Ocorre, assim, a **substituição do polo ativo** da relação obrigacional, passando o terceiro até então estranho na relação, a ostentar a posição de credor. A obrigação permanece íntegra, pois o novo credor conserva todas as garantias e privilégios os quais possuíam o anterior.
- **espécies de sub-rogação**:

a) sub-rogação legal:

1. do credor que paga a dívida do devedor comum
2. do adquirente do imóvel hipotecado que paga ao credor hipotecário
3. do terceiro interessado juridicamente, que paga a dívida pela qual era ou poderia ser obrigado, no todo ou em parte (ex. avalista, fiador)

b) sub-rogação convencional:

1. quando o credor recebe o pagamento de terceiro e expressamente lhe transfere todos os seus direitos
2. quando terceira pessoa empresta ao devedor a quantia precisa para solver a dívida, sob a condição expressa de ficar o mutuante sub-rogado nos direitos do credor satisfeito

10.5.3. IMPUTAÇÃO DO PAGAMENTO

- **noções gerais:** quando a pessoa, obrigada por **dois ou mais** débitos da mesma natureza, a **um só credor**, tem o direito de indicar a qual deles oferece pagamento, se todos forem líquidos e vencidos. Haverá extinção da obrigação para a qual o pagamento foi dirigido.
- **características:**

a) a escolha da dívida a ser imputada pertence ao devedor

b) se não o fizer, o direito passa ao credor

c) o devedor poderá reclamar a imputação do credor, se provar violência e dolo

d) se qualquer deles não fizer a escolha, adotam-se os critério do CC, quais sejam:

1. havendo capital e juros, imputa-se o pagamento nos juros
2. depois, nas dívidas líquidas e vencidas mais antigas
3. por último, imputa-se a dívida mais onerosa

10.5.4. DAÇÃO EM PAGAMENTO

- **noções gerais:** o credor pode consentir em receber prestação diversa da que lhe é devida, substituindo a prestação de dinheiro por móvel ou imóvel, com efeito liberatório (*datio in solutum*). A extingue a obrigação, mesmo que o bem seja de menor valor, sem criar outro vínculo obrigacional, como ocorre na novação. Caso ocorra a evicção do bem, a obrigação é restabelecida. Outrossim, responde o devedor pelos vícios redibitórios.
- **características:**

a) forma indireta de pagamento

b) exige como requisitos:

1. existência de um débito vencido
2. *animus solvendi*
3. diversidade do objeto, daquele dado em pagamento (coisa ou prestação) diverso do avençado (*aliud pro alio*)
4. consentimento do credor na substituição

c) não constitui novação objetiva, e não é contrato

d) determinado o preço da coisa dada em pagamento, a relação entre as partes rege-se pelas normas do contrato de compra e venda

e) se for título de crédito a coisa dada em pagamento, a transferência importará em cessão

f) se o credor for evicto da coisa recebida em pagamento, restabelecer-se-á a obrigação primitiva, ficando sem efeito a quitação dada, ressalvados os direitos de terceiros

10.6. EXTINÇÃO DAS OBRIGAÇÕES SEM PAGAMENTO

10.6.1. NOVAÇÃO

- **noções gerais:** conhecida por sucedâneo de pagamento, ao lado da compensação, da confusão e da remissão de dívidas, a novação é a criação de uma obrigação nova para extinguir a anterior, ou seja, é a substituição de uma dívida por outra, extinguindo-se a primeira. É um modo extintivo não satisfativo da obrigação, como é o pagamento, extinção natural das obrigações. Para o STJ, permite-se a discussão de dívida novada, em relação a contratos bancários, em razão da função social dos contratos, eventual abusividade e a onerosidade excessiva. O entendimento foi consolidado na Súmula 286 da Corte, assim escrita: *"A renegociação de contrato bancário ou a confissão da dívida não impede a possibilidade de discussão sobre eventuais ilegalidades dos contratos anteriores"*.

- **características:**

a) não há novação legal, exigindo-se acordo de vontades

b) são **requisitos**:

1. existência de obrigação anterior (*obligatio novanda*)
2. a constituição de nova obrigação (*aliquid novi*)
3. *animus novandi*, que é intenção de novar, ou o acordo de vontade para esse fim

c) não havendo ânimo de novar, expresso ou tácito mas inequívoco, a segunda obrigação confirma simplesmente a primeira

d) pode ser expressa ou tácita

e) não se admite novação de obrigação nula ou extinta

f) admite-se a novação e obrigação anulável

g) com relação às obrigações naturais, há **dois entendimentos**:

1. *possível*: se as partes novaram uma obrigação natural, embora não exigível (*imperfeita*) por outra civil, não há porque obstar o livre acordo de vontades, porque a possibilidade de cumprimento do crédito é que confere corpo a novação, e não sua exigibilidade
2. *não é possível*: porque o pagamento não é exigível compulsoriamente.

h) a obrigação sujeita a termo ou condição pode ser novada

i) a dívida prescrita pode ser novada, verificando-se a renúncia tácita a prescrição consumada

j) a nova obrigação deve ser válida

k) a novação extingue os acessórios e garantias da dívida, sempre que não houver estipulação em contrário, como os juros e a mora

l) a novação exonera o fiador e o devedor solidário que não participou da novação, salvo se consentirem

m) com a novação as garantias reais – penhor, hipoteca ou a anticrese – se os bens dados pertencerem a terceiro, que não foi parte na novação, também ficam extintas; portanto, podem as partes e os terceiros acordarem para que as garantias reais que constavam da dívida antiga remanesçam na nova

n) se o novo devedor for insolvente, não tem o credor, que o aceitou, ação regressiva contra o primeiro, salvo se este obteve por má-fé a substituição.

10.6.2. COMPENSAÇÃO

- **noções gerais: é o meio de extinção da obrigações entre pessoas que são** ao mesmo tempo **credor** e **devedor** uma da outra. Acarreta a extinção das duas obrigações, desde que sejam líquidas, vencidas e de coisas fungíveis. É modo indireto de extinção das obrigações.

- **características:**

a) exige como requisitos:

1. reciprocidade dos créditos
2. liquidez das dívidas
3. exigibilidade das prestações
4. fungibilidade dos débitos

b) com relação à reciprocidade dos créditos, o devedor somente pode compensar com o credor o que este lhe dever, mas a lei abre *exceção* em favor do fiador, que pode compensar sua dívida com a de seu credor ao afiançado

c) as dívidas devem ser líquidas (certas e determinas), vencidas (exigíveis) e de coisas fungíveis (mesma natureza, homogêneas entre si e da mesma qualidade, quando especificado no contrato)

d) os prazos de favor, embora consagrados pelo uso geral, não obstam a compensação

e) são **espécies de compensação**:

1. *legal*: é a que resulta da lei, observados os pressupostos e opera-se automaticamente, *ipso iure*, de pleno direito, desde que requerida e declarada em juízo
2. *convencional*: resulta de acordo de vontades, nas hipóteses em que não incidem os requisitos da compensação legal
3. *judicial*: determinada pelo juiz, quando presentes os requisitos legais

f) não se compensam as dívidas:

1. quando as partes, por mútuo acordo, a excluírem, ou no caso de renúncia prévia de uma delas
2. se provier de esbulho, furto ou roubo
3. se uma se originar de comodato, depósito ou alimentos
4. se uma for de coisa não suscetível de penhora
5. obrigando-se por terceiro uma pessoa, não pode compensar essa dívida com a que o credor dele lhe dever

6. se duas dívidas não são pagáveis no mesmo lugar, não se podem compensar sem dedução das despesas necessárias à operação
7. em prejuízo de direito de terceiro.

g) sendo a mesma pessoa obrigada por várias dívidas compensáveis, serão observadas, no compensá-las, as regras estabelecidas quanto à imputação do pagamento

h) o devedor que se torne credor do seu credor, depois de penhorado o crédito deste, não pode opor ao exequente a compensação, de que contra o próprio credor disporia.

10.6.3. CONFUSÃO

- **confusão: as obrigações pressupõem dois sujeitos distintos, que devem ser pessoas diferentes, que são o sujeito ativo e o sujeito passivo. Caso estas duas qualidades encontrarem-se em uma só pessoa, haverá uma** causa extintiva da obrigação, isto é, se reunirem as qualidades de credor e devedor em um só sujeito, a obrigação deixa de existir, é extinta. Não se trata de extinção da dívida, mas sim da obrigação, devido a impossibilidade de exercício simultâneo da açãp creditória e da prestação, um *impedimentum praestandi.*
- **características:**

a) verificados os pressupostos da confusão (reunião na mesma pessoa das qualidades de credor-devedor), seus efeitos operam automaticamente, *ope legis*

b) pode ocorrer por ato *inter vivos* (ex: cessão de crédito, casamento por regime de comunhão universal de bens) ou *causa mortis* (ex: é mais comum nas heranças)

c) o fenômeno ocorre em outros ramos do direito, não se limitando às obrigações (ex: reunião de coisas liquidas, art. 1.272 do CC; extinção das servidões, art. 1.389, I, do CC, etc.)

d) **espécies**:

1. total ou própria: quando recai sobre toda a dívida

2. parcial ou imprópria: atinge parte da dívida (ex. obrigações solidárias, art. 383 do CC)

e) extingue a obrigações principal e também os acessórios (ex: fiança, penhor)

f) todavia, se a confusão ocorrer apenas nos acessórios das obrigações, não há extinção da obrigação principal (ex: confusão entre devedor e fiador ou credor e fiador), hipóteses nas quais ocorre a extinção da garantia

g) cessando a confusão, para logo se restabelece, com todos os seus acessórios, a obrigação anterior, caso em que não se verifica a extinção, mas a *neutralização* ou *pós-ineficacização da confusão.*

10.6.4. REMISSÃO DE DÍVIDAS

- **noções gerais:** trata-se de liberalidade efetuada pelo credor, que consiste em livrar o devedor do cumprimento da obrigação, desde que ocorre sem prejuízo de terceiros. A remissão ("ss") não se confunde com a remição ("ç") da dívida ou de bens, que possuí natureza processual, e é prevista no art. 877, § 3º, do NCPC. Além da grafia diversa, sua natureza jurídica é de resgate dos bens penhorados, mediante pagamento. A remissão é perdão da dívida. Lembramos que a remissão de dívida pode ensejar fraude contra credores, conforme o art. 158 do CC.
- **características:**

a) para que se torne eficaz, o remitente deve ser capaz de alienar e o remido capaz de adquirir

b) a natureza do instituto é contratual (bilateral), pois o Código Civil (art. 385) exige aceitação e capacidade para alienar do remitente e do remitido para consentir e adquirir

c) pode-se conceder remissão para qualquer crédito, desde que sejam dívidas patrimoniais de caráter privado, e não contrarie o interesse públicos ou o de terceiros

d) difere a renúncia da remissão, aquela é unilateral e alcança direitos pessoais de natureza não patrimonial, esta bilateral e se limita

e) **espécies:**

1. total: toda a dívida

2. parcial: parte dela

3. expressa: declaração expressa do credor dada por escrito

4. tácita: decorre o comportamento liberatório do credor, incompatível com a futura cobrança da dívida (ex. desfaz-se do título)

5. presumida: decorre de expressa previsão legal, em dois casos:

- a restituição voluntária do objeto empenhado prova a renúncia do credor à **garantia real**, não a extinção da dívida
- a devolução voluntária do título da obrigação, quando por escrito particular, prova desoneração do devedor e seus coobrigados, se o credor for capaz de alienar, e o devedor capaz de adquirir.

f) seus efeitos são pessoais, pois concedida ao devedor solidário, a obrigação remanesce para os demais, dos quais a dívida poderá ser exigida, porém, descontada a cota do credor que perdoou

- ***ATENÇÃO***: outras são as causas de extinção das obrigações sem pagamento, entre as quais destacamos a prescrição, o caso fortuito ou de força maior, se por eles o devedor não se responsabilizar (CC, art. 393), os contratos típicos de transação e compromisso, entre outras.

10.7. INADIMPLEMENTO DAS OBRIGAÇÕES

- **noções gerais:** inadimplir significa o descumprimento de uma obrigação, que poderá ser culposo ou fortuito. De acordo com o CC, art. 389, *"Não cumprida a obrigação, responde o devedor por perdas e danos, mais juros e atualização monetária segundo índices oficiais regularmente estabelecidos, e honorários de advogado".* **(Ver: Enunciado 426 do CJF/STJ, da V Jornada de Direito Civil)**.

- **espécies de inadimplemento**: são quatro as espécies:

a) *inadimplemento absoluto*: a obrigação não foi cumprida e nem poderá sê-lo de forma útil do credor. Embora possível ainda o cumprimento da obrigação, é a prestação que se apresenta inútil ao credor ". (Ver: Enunciado 162 do CJF/STJ, da III Jornada de Direito Civil). Este inadimplemento pode ser:

1. *total*: refere-se à totalidade do objeto

2. *parcial:* a prestação compreende vários objetos, sendo que alguns são entregues e outros perecem

b) *inadimplemento relativo*: ocorre no caso de mora do devedor, quando ocorre o cumprimento imperfeito da obrigação, com inobservância do tempo, lugar e forma convencionada (CC, art. 394).

c) *violação positiva do contrato*: a boa-fé objetiva enseja a caracterização de inadimplemento, embora não haja mora ou inadimplemento absoluto. Trata-se da violação positiva do contrato, que ocorre quando se descumpre os deveres laterais ou anexos dos contratos, decorrentes do princípio da boa-fé objetiva que norteia todas as relações contratuais. Portanto, a ofensa a um dever de lealdade, esclarecimento, proteção, conservação ou cooperação, por exemplo, enseja o inadimplemento não especificamente quanto ao objeto da prestação, mas quanto aos deveres laterais, nova categoria de inexecução, que independe de culpa **(Ver: Enunciado 24 da V Jornada de Direito Civil, do CJF/STJ)**.

- **NOVO CPC:** estabelece o art. 391 do CC: *"Pelo inadimplemento das obrigações respondem **todos** os bens do devedor".* Segundo o escólio de Washington de Barros Monteiro, "a obrigação é a relação jurídica, de caráter transitório, estabelecida entre o devedor e credor e cujo objeto consiste numa prestação pessoal econômica, positiva ou negativa, devida pelo primeiro ao segundo, garantindo-lhe o adimplemento através de seu patrimônio" (citado *in*. DINIZ, Maria Helena. Código Civil Anotado. 16ed. Saraiva. 2012: São Paulo: p. 369). Como veremos adiante, nem sempre obrigações convertem-se em perdas e danos. Somente quando não for possível a execução direta da obrigação, ou a restauração do seu objeto, é que terá lugar a indenização. Por conseguinte, "indenizar" é uma alternativa ao cumprimento específico da obrigação, que surge a partir do momento em que compelir o devedor é inútil. Condenado ao pagamento das perdas e danos, e não satisfeito o pagamento, o devedor poderá sofrer execução forçada, e ter seus bens penhorados. Como é sabido, o patrimônio do devedor responde por suas obrigações, contratuais (CC, art. 391) e extracontratuais (CC, art. 942).

Antigo Código de Processo Civil/1973	Novo Código de Processo Civil/2015
Responsabilidade patrimonial	**Responsabilidade patrimonial**
"Art. 591. O devedor responde, para o cumprimento de suas obrigações, com todos os seus bens presentes e futuros, salvo as restrições estabelecidas em lei.	"Art. 789. O devedor responde com todos os seus bens presentes e futuros para o cumprimento de suas obrigações, salvo as restrições estabelecidas em lei.
Art. 592. Ficam sujeitos à execução os bens:	Art. 790. São sujeitos à execução os bens:
I – do sucessor a título singular, tratando-se de execução fundada em direito real ou obrigação reipersecutória;	I – do sucessor a título singular, tratando-se de execução fundada em direito real ou obrigação reipersecutória;
II – do sócio, nos termos da lei;	II – do sócio, nos termos da lei;
III – do devedor, quando em poder de terceiros;	III – do devedor, ainda que em poder de terceiros;
IV – do cônjuge, nos casos em que os seus bens próprios, reservados ou de sua meação respondem pela dívida;	IV – do cônjuge ou companheiro, nos casos em que seus bens próprios ou de sua meação respondem pela dívida;
V – alienados ou gravados com ônus real em fraude de execução.	V – alienados ou gravados com ônus real em fraude à execução;
Art. 593. Considera-se em fraude de execução a alienação ou oneração de bens: I – quando sobre eles pender ação fundada em direito real;	VI – cuja alienação ou gravação com ônus real tenha sido anulada em razão do reconhecimento, em ação autônoma, de fraude contra credores;
II – quando, ao tempo da alienação ou oneração, corria contra o devedor demanda capaz de reduzi-lo à insolvência; III – nos demais casos expressos em lei.	VII – do responsável, nos casos de desconsideração da personalidade jurídica. Art. 791. Se a execução tiver por objeto obrigação de que seja sujeito passivo o proprietário de terreno submetido ao regime do direito de superfície, ou o superficiário, responderá pela dívida, exclusivamente, o direito real do qual é titular o executado, recaindo a penhora ou outros atos de constrição exclusivamente sobre o terreno, no primeiro caso, ou sobre a construção ou a plantação, no segundo caso.
Art. 594. O credor, que estiver, por direito de retenção, na posse de coisa pertencente ao devedor, não poderá promover a execução sobre outros bens senão depois de excutida a coisa que se achar em seu poder.	

Antigo Código de Processo Civil/1973	Novo Código de Processo Civil/2015
Responsabilidade patrimonial	**Responsabilidade patrimonial**
Art. 595. O fiador, quando executado, poderá nomear à penhora bens livres e desembargados do devedor. Os bens do fiador ficarão, porém, sujeitos à execução, se os do devedor forem insuficientes à satisfação do direito do credor. Parágrafo único. O fiador, que pagar a dívida, poderá executar o afiançado nos autos do mesmo processo. Art. 596. Os bens particulares dos sócios não respondem pelas dívidas da sociedade senão nos casos previstos em lei; o sócio, demandado pelo pagamento da dívida, tem direito a exigir que sejam primeiro excutidos os bens da sociedade. § 1º Cumpre ao sócio, que alegar o benefício deste artigo, nomear bens da sociedade, sitos na mesma comarca, livres e desembargados, quantos bastem para pagar o débito. § 2º Aplica-se aos casos deste artigo o disposto no parágrafo único do artigo anterior. Art. 597. O espólio responde pelas dívidas do falecido; mas, feita a partilha, cada herdeiro responde por elas na proporção da parte que na herança lhe coube. CAPÍTULO V DAS DISPOSIÇÕES GERAIS Art. 598. Aplicam-se subsidiariamente à execução as disposições que regem o processo de conhecimento. Art. 599. O juiz pode, em qualquer momento do processo: I – ordenar o comparecimento das partes; II – advertir ao devedor que o seu procedimento constitui ato atentatório à dignidade da justiça.	§ 1º Os atos de constrição a que se refere o caput serão averbados separadamente na matrícula do imóvel, com a identificação do executado, do valor do crédito e do objeto sobre o qual recai o gravame, devendo o oficial destacar o bem que responde pela dívida, se o terreno, a construção ou a plantação, de modo a assegurar a publicidade da responsabilidade patrimonial de cada um deles pelas dívidas e pelas obrigações que a eles estão vinculadas. § 2º Aplica-se, no que couber, o disposto neste artigo à enfiteuse, à concessão de uso especial para fins de moradia e à concessão de direito real de uso. Art. 792. A alienação ou a oneração de bem é considerada fraude à execução: I – quando sobre o bem pender ação fundada em direito real ou com pretensão reipersecutória, desde que a pendência do processo tenha sido averbada no respectivo registro público, se houver; II – quando tiver sido averbada, no registro do bem, a pendência do processo de execução, na forma do art. 828; III – quando tiver sido averbado, no registro do bem, hipoteca judiciária ou outro ato de constrição judicial originário do processo onde foi arguida a fraude; IV – quando, ao tempo da alienação ou da oneração, tramitava contra o devedor ação capaz de reduzi-lo à insolvência; V – nos demais casos expressos em lei. § 1º A alienação em fraude à execução é ineficaz em relação ao exequente.

Antigo Código de Processo Civil/1973	Novo Código de Processo Civil/2015
Responsabilidade patrimonial	**Responsabilidade patrimonial**
Art. 600. Considera-se atentatório à dignidade da Justiça o ato do executado que: I – frauda a execução; II – se opõe maliciosamente à execução, empregando ardis e meios artificiosos; III – resiste injustificadamente às ordens judiciais; IV – intimado, não indica ao juiz, em 5 (cinco) dias, quais são e onde se encontram os bens sujeitos à penhora e seus respectivos valores. Art. 601. Nos casos previstos no artigo anterior, o devedor incidirá em multa fixada pelo juiz, em montante não superior a 20% (vinte por cento) do valor atualizado do débito em execução, sem prejuízo de outras sanções de natureza processual ou material, multa essa que reverterá em proveito do credor, exigível na própria execução. Parágrafo único. O juiz relevará a pena, se o devedor se comprometer a não mais praticar qualquer dos atos definidos no artigo antecedente e der fiador idôneo, que responda ao credor pela dívida principal, juros, despesas e honorários advocatícios.	§ 2º No caso de aquisição de bem não sujeito a registro, o terceiro adquirente tem o ônus de provar que adotou as cautelas necessárias para a aquisição, mediante a exibição das certidões pertinentes, obtidas no domicílio do vendedor e no local onde se encontra o bem. § 3º Nos casos de desconsideração da personalidade jurídica, a fraude à execução verifica-se a partir da citação da parte cuja personalidade se pretende desconsiderar. § 4º Antes de declarar a fraude à execução, o juiz deverá intimar o terceiro adquirente, que, se quiser, poderá opor embargos de terceiro, no prazo de 15 (quinze) dias. Art. 793. O exequente que estiver, por direito de retenção, na posse de coisa pertencente ao devedor não poderá promover a execução sobre outros bens senão depois de excutida a coisa que se achar em seu poder. Art. 794. O fiador, quando executado, tem o direito de exigir que primeiro sejam executados os bens do devedor situados na mesma comarca, livres e desembargados, indicando-os pormenorizadamente à penhora. § 1º Os bens do fiador ficarão sujeitos à execução se os do devedor, situados na mesma comarca que os seus, forem insuficientes à satisfação do direito do credor. § 2º O fiador que pagar a dívida poderá executar o afiançado nos autos do mesmo processo. § 3º O disposto no caput não se aplica se o fiador houver renunciado ao benefício de ordem.

Antigo Código de Processo Civil/1973	Novo Código de Processo Civil/2015
Responsabilidade patrimonial	**Responsabilidade patrimonial**
	Art. 795. Os bens particulares dos sócios não respondem pelas dívidas da sociedade, senão nos casos previstos em lei. § 1º O sócio réu, quando responsável pelo pagamento da dívida da sociedade, tem o direito de exigir que primeiro sejam excutidos os bens da sociedade. § 2º Incumbe ao sócio que alegar o benefício do § 1º nomear quantos bens da sociedade situados na mesma comarca, livres e desembargados, bastem para pagar o débito. § 3º O sócio que pagar a dívida poderá executar a sociedade nos autos do mesmo processo. § 4º Para a desconsideração da personalidade jurídica é obrigatória a observância do incidente previsto neste Código. Art. 796. O espólio responde pelas dívidas do falecido, mas, feita a partilha, cada herdeiro responde por elas dentro das forças da herança e na proporção da parte que lhe coube".

10.7.1. INADIMPLEMENTO ABSOLUTO

- **noções gerais:** preceitua o art. 389 do Código Civil: *"Não cumprida a obrigação, responde o devedor por perdas e danos, mais juros e atualização monetária segundo índices oficiais regularmente estabelecidos, e honorários de advogado"*. O dispositivo em tela apresenta delineia o inadimplemento absoluto, que ocorre quando a prestação não cumprida se torna inútil ao credor, de maneira que sua entrega, ainda que ocorra, não terá utilidade alguma. Um exemplo dessa imprestabilidade, inutilidade do objeto, é a realização de uma festa de casamento, de formatura, uma semana depois da data contratada.
- **componentes do inadimplemento absoluto:**

a) *perdas e danos*: trata-se da indenização devida, da recomposição patrimonial da parte lesada. Devem ser proporcionais ao prejuízo experimentado. Abrangem, salvo as exceções expressamente previstas em lei, o dano emergente (efetivamente perdido) e o lucro cessante (o que razoavelmente deixou de lucrar)

b) *correção monetária*: a desvalorização da moeda é o fundamento da correção e deve ser calculada a partir do evento

c) *juros*: também são devidos, conforme os arts. 85 e 322, § 1º, do NCPC. Com efeito, destaca-se a Súmula 254 do STF: *"Incluem-se os juros moratórios na liquidação, embora omisso o pedido inicial ou a condenação"*

- **características:**

a) o inadimplemento presume-se culposo, exceto nas prestações de serviço, quando a obrigação for de meio e não de resultado, quando a culpa deixa de ser presumida e deve ser provada, ainda que contratual

b) a responsabilidade contratual tem fundamento no art. 389 do CC, enquanto a extracontratual no art. 186 do mesmo *codex*

c) a responsabilidade civil patrimonial surge como alternativa à execução direta da obrigação ou a restauração do objeto. Não satisfeito o pagamento, uma vez condenado o devedor às perdas e danos, determina o art. 391 do CC que pelo inadimplemento das obrigações respondem todos os bens do devedor

d) nos contratos benéficos ou gratuitos, de proveito ou vantagem a uma das partes, responde por simples **culpa** (*e por culpa leve ou levíssima*) o contratante, a quem o contrato aproveite, e por **dolo** (*e por culpa grave*) aquele a quem não favoreça

e) nos contratos onerosos, de proveito e sacrifícios de ambos os contratantes, responde cada uma das partes por culpa e dolo, salvo as exceções previstas em lei.

f) inadimplemento fortuito da obrigação: pode ocorrer que o inadimplemento da obrigação decorra de fato não imputável ao devedor, destacando-se:

1. fato de terceiro
2. fato do credor
3. fato do devedor, embora sem culpa
4. caso fortuito ou de força maior

- rompem o nexo de causalidade
- por cláusula expressa, podem as partes se responsabilizar pelo inadimplemento ainda que resultantes de caso fortuito ou força maior
- caso fortuito: ato ou fato alheio à vontade das partes, ligado o comportamento humano
- força maior: acontecimentos externos ou fenômenos ligados à natureza
- comum entre ambos: inevitável, superveniente e irresistível.
- fortuito "interno" e "externo": concepção moderna, acolhida na doutrina e na jurisprudência, com base na lição de Agostinho Alvim. O 1º é ligado à pessoa, à coisa, à empresa, enquanto o 2º é a força maior, da

natureza, estranha à pessoa do agente, da máquina, do banco (*Act of god*).

10.7.2. MORA

- **noções gerais:** o *retardamento* ou o *imperfeito* cumprimento da obrigação é que caracteriza a mora. Há inadimplemento *relativo*, portanto, quando ocorre o *atraso* ou o cumprimento *defeituoso* do ajuste. Assim, a mora é mais do que o simples retardamento, incluídos que estão em seu conceito o cumprimento fora do lugar e de forma diversa. Também não se limita a mora ao descumprimento de uma convenção, podendo decorrer de infração a lei, o que se verifica com a realização de ato diverso daquele estabelecido em lei (CC, art. 394, parte final) ou pela prática de ato ilícito (CC, art. 398). O que diferencia a *mora* do *inadimplemento absoluto* da obrigação é a sua utilidade que ainda remanesce ao credor ou sua completa inutilidade. Pelo Enunciado 162 da III Jornada de Direito Civil do CJF/STJ: *"A inutilidade da prestação que autoriza a recusa da prestação por parte do credor deverá ser aferida objetivamente, consoante o princípio da boa-fé e a manutenção do sinalagma, e não de acordo com o mero interesse subjetivo do credor".*

- **características:**

a) difere-se do inadimplemento absoluto, em função da *utilidade ou proveito* da obrigação

b) assim como ocorre em relação ao inadimplemento absoluto, responde o devedor pelos prejuízos a que sua mora der causa, mais juros, atualização dos valores monetários segundo índices oficiais regularmente estabelecidos, e honorários de advogado (ver componentes do inadimplemento absoluto)

c) identifica-se ainda com o inadimplemento absoluto porque a mora decorre de culpa do devedor, ou seja, a mora deve ser imputável a ele

1. a culpa é empregado em sentido amplo, abrangendo a culpa *strictu sensu* (imprudência, negligência ou imperícia), como o dolo
2. devedor não responde por fato a ele não imputável – caso de inadimplemento fortuito – se expressamente não se houver por eles responsabilizado
3. não há mora, ainda, por ausência de culpa, quando o retardamento ou cumprimento imperfeito for imputável a fato de terceiro ou do credor, quer quando provenha de fato do devedor não culposo (ex: encargos abusivos, superendividamento, etc.)
4. portanto, a mora possui um elemento objetivo (atraso ou defeito) e outro subjetivo (culpa), vejamos a doutrina:

Elementos constitutivos da mora (doutrina sobre o tema)
• Washington de Barros Monteiro, "a mora debitoris apresenta, assim, um lado objetivo e um lado subjetivo. O lado objetivo decorre da não realização do pagamento no tempo, lugar e forma convencionados; o lado subjetivo descansa na culpa do devedor. Esta é elemento essencial ou conceitual da mora solvendi. Inexistindo fato ou omissão imputável ao devedor, não incide este em mora. Assim se expressa o art. 396 do Código Civil de 2002" (*Curso de Direito Civil. Direito das Obrigações.* 38 ed. vol. 4. Saraiva. São Paulo. 2013: pág. 378)
• Sílvio de Salvo Venosa diz o seguinte: "o art. 396 pontua a necessidade de culpa por parte do devedor (...) Se, por um lado, a exigibilidade da obrigação é requisito objetivo para a mora do devedor, a culpa, como já vimos, é requisito subjetivo. Assim, não responde o devedor pelo ônus da mora se não concorreu para ela (...) escusa-se o devedor da mora, se provar caso fortuito ou de força maior. A culpa é essencial para a caracterização da mora, ainda que esta deflua diretamente de fatos objetivos do contrato" (*Direito Civil. Teoria Geral das Obrigações e Teoria Geral dos Contratos.* 13 ed. Atlas. São Paulo. 2013: págs. 325 e 328)
▪ Caio Mario da Silva Pereira: "a **culpa do devedor é outro elemento essencial** (...) Embora o retardo faça presumir a conduta culposa, **cabe ao devedor evidenciar que o atraso lhe foi imposto por um acontecimento, cujos efeitos não teve ele condições de evitar ou impedir**. De conseguinte, envolve escusativa para o devedor e consequente ausência de mora a verificação de um acontecimento de *força maior*, ainda que transitório" (*Instituições de Direito Civil. Teoria Geral das Obrigações.* 26 ed. vol. II. Forense. São Paulo: 2014, pág. 291).
▪ Silvio Rodrigues afirma: "E nisso é que a **mora se distingue do simples retardamento**. O retardamento é um dos elementos da mora, pois esta é o retardamento derivado da culpa. **São inúmeros os julgados exonerando o devedor em atraso das consequências da mora, por não se encontrar em seu procedimento qualquer resquício de culpa** (...) Não há dúvida que o nosso Código Civil, para a caracterização da mora, não se contenta com o lado objetivo de não-efetuação do pagamento, **exigindo também o elemento subjetivo da culpa do devedor**. Mas esta culpa se presume sempre, cabendo ao devedor provar que não houve fato ou omissão a ele imputável, **mas sim uma impossibilidade motivada pelo próprio credor**, ou por causa razoável que obstasse o pagamento... (RT, 145/221)" (*Direito Civil. Parte Geral das Obrigações.* 30 ed. vol. 2, Saraiva: São Paulo: 2008, pág. 245).
▪ Gustavo Tepedino: "elemento essencial à mora *debitoris* é a culpa do devedor. Em outras palavras, somente incorre o devedor em mora se o retardamento no cumprimento da prestação no tempo, lugar e modo acordados se der por fato a ele imputável. Se o **não-cumprimento provém**, por exemplo, de caso fortuito ou de força maior, ou **de fato do credor, não incorre o devedor em mora**" (*Código Civil Comentado.* Direito das Obrigações. Coordenação de Álvaro Villaça Azevedo, vol. IV, Atlas. São Paulo: pág. 361).

Elementos constitutivos da mora (doutrina sobre o tema)
▪ Paulo Nader: "para a verificação da mora *debitoris*, conforme o disposto no art. 396 da Lei Civil, imprescindível que o devedor tenha atuado culposamente (...) **Se o incumprimento foi provocado pelo credor não há que se falar em mora *solvendi*"** (*Curso de Direito Civil. Obrigações*. 6 ed. vol. 2. Forense. Rio de janeiro: 2012: pág. 448).
▪ Flávio Tartuce: "foi aprovado o Enunciado n. 354 da IV Jornada de Direito Civil, prevendo que 'A cobrança de encargos e **parcelas** indevidas ou **abusivas impede a caraterização da mora do devedor**'. O enunciado doutrinário visa a afastar o atraso obrigacional nos casos em que houver a **cobrança de valores abusivos por parte dos credores, principalmente instituições bancárias e financeiras**. Afastando-se a mora, nesses casos, torna-se possível a revisão judicial do contrato e da obrigação. **O Enunciado tem conteúdo bem interessante e está de acordo com a jurisprudência do Superior Tribunal de Justiça**" (*Direito Civil*. Parte Geral. 8 ed. vol. 2. Método. São Paulo: 2013, pág. 205).

- **posição do STJ:**

a) "A jurisprudência do STJ é firme no sentido de que a existência de previsão no contrato celebrado entre as partes de encargos ilegais ou abusivos tem força para afastar a incidência da mora do devedor" (AgRg REsp 674.301/RS, de 14-06-2005."

b) "Resta descaracterizada a mora do devedor pela cobrança de encargos abusivos no período de normalidade" (AgRg nos EDcl no Ag: 836599, de 08-10-2010).

- **Enunciado 354 da IV Jornada de Direito Civil do CJF/STJ:** *"A cobrança de encargos e parcelas indevidas ou abusivas impede a caracterização da mora do devedor".*

- **espécies de mora:**

a) mora do devedor *(solvendi ou debitoris)*: devedor responde pela impossibilidade da prestação, e todos os prejuízos, mesmo que causada caso fortuito ou de força maior, se ocorrer durante o atraso. Neste caso, o devedor não responderá pelos danos se provar isenção de culpa em relação ao atraso, ou que o dano ocorreria ainda que pontualmente cumprida a obrigação. **Divide-se em**:

1. mora *ex re*: a constituição em mora é automática, pois já prefixado a data de vencimento da obrigação na **lei** ou no **contrato** (*dies interpellat pro homine*)
2. mora *ex persona:* não há uma data determinada para o vencimento da obrigação, exigindo-se interpelação **judicial** ou **extrajudicial** do devedor.

- ***ATENÇÃO:*** Conferir os **Enunciados 162, 354, 427, da III, IV e V Jornada de Direito Civil do CJF/STJ**

b) mora do credor *(accipiendi ou creditoris)*: o credor não cumpre a obrigação no tempo, forma e lugar devidos. A principal consequência é a isenção do devedor da responsabilidade pela conservação da coisa

c) mora bilateral *(simultânea ou sucessiva)*: aquela atribuída ao credor e ao devedor, resultando na eliminação dos efeitos da mora, como se não existisse

- **mora em relação às obrigações:**

a) obrigação positiva: ocorre a mora no vencimento

b) obrigação negativa: no dia que o devedor praticar o ato que deveria se abster

c) obrigação por ato ilícito: desde o momento de sua prática

- **purgação da mora:** trata-se da neutralização dos efeitos da mora. Admite-se que o faça o devedor e o credor:

a) por parte do **devedor**: oferecendo este a prestação mais a importância dos prejuízos decorrentes do dia da oferta

b) por parte do **credor**: oferecendo-se este a receber o pagamento e sujeitando-se aos efeitos da mora até a mesma data.

- **NOVO CPC:** os arts. 397 e 398 do Código Civil **não** foram revogados pelo novo diploma processual. Apenas são objeto de remissão legislativa no art. 240, *caput*, do NCPC. Assim, a *mora "ex re"*, previstas nos artigos remetidos, aquela em que o devedor nela incorre automaticamente, em razão de termo pré-fixo, pela pratica de ato ilícito ou quando, por escrito, declara que não cumprira a obrigação, permanecerão quando entrar em vigor o estatuto processual civil, vejamos:

Código Civil de 2002	Novo Código de Processo Civil
"Art. 397. O inadimplemento da obrigação, positiva e líquida, no seu termo, constitui de pleno direito em mora o devedor"	"Art. 240. A citação válida, ainda quando ordenada por juízo incompetente, induz litispendência, torna litigiosa a coisa e constitui em mora o devedor,
Parágrafo único. Não havendo termo, a mora se constitui mediante interpelação judicial ou extrajudicial". "Art. 398. Nas obrigações provenientes de ato ilícito, considera-se o devedor em mora, desde que o praticou".	ressalvado o disposto nos arts. 397 e 398 da Lei no 10.406, de 10 de janeiro de 2002 (Código Civil)".

10.7.3. JUROS LEGAIS

- **noções gerais:** os juros são os rendimentos do capital, seus frutos civis, para o caso de inadimplemento relativo. São considerados acessórios da obrigação principal.

- **espécies:**

a) moratórios: prestam-se a indenizar, como penalidade, decorrente no atraso do pagamento (CC, art. 407). Em relação ao montante dos **juros moratórios legais**, temos o seguinte:

1. entendem alguns que a *Selic (taxa referencial do sistema especial de liquidação e custódia)* é o fator de atualização, sem qualquer incidência de correção monetária, que já compõe o índice *(**STJ**, REsp 727842/SP, Rel. Ministro TEORI ALBINO ZAVASCKI, CORTE ESPECIAL).*
2. no entanto, vale lembrar o ***Enunciado 20 da I Jornada de Direito Civil do CJF***: *"A taxa de juros moratórios a que se refere o art. 406 é a do art. 161, § 1º, do Código Tributário Nacional, ou seja, um por cento ao mês. A utilização da taxa Selic como índice de apuração dos juros legais não é juridicamente segura, porque impede o prévio conhecimento dos juros; não é operacional, porque seu uso será inviável sempre que se calcularem somente juros ou somente correção monetária; é incompatível com a regra do art. 591 do novo Código Civil, que permite apenas a capitalização anual dos juros, e pode ser incompatível com o art. 192, § 3º, da Constituição Federal, se resultarem juros reais superiores a doze por cento ao ano".*

b) legais: estipulados em lei
c) convencionais: decorrem da vontade das partes
d) compensatórios: servem como remuneração pela utilização do capital alheio (CC, art. 406), como ocorre no mútuo feneratício. São conhecidos por *juros-frutos.*

10.7.4. CLÁUSULA PENAL

- **noções gerais:** trata-se de *pena convencional ou multa contratual* acessória de uma obrigação principal, em que as partes, antecipadamente, estipulam a quantia devida para os casos de inexecução total ou parcial da obrigação ou pela mora.
- **funções:** é dupla a função da cláusula penal:

a) coercitiva: estimula o devedor a cumprir a obrigação principal. Serve de garantia e prevenção.
b) ressarcitória: prefixação das perdas e danos (inexecução total) ou mora (inexecução relativa).

- **espécies:**

a) compensatória: para o caso de inadimplemento **total** e **completo** da obrigação, quando ao credor é conferida a **alternativa** de exigir o adimplemento da obrigação principal **ou** a cláusula penal (**não** cumulativa).
b) moratória: prevista para o caso de atraso no cumprimento da obrigação, ou em segurança especial de outra cláusula contratual. Pode ser exigida a obrigação principal **e** a multa (**cumulativa**).

- **muita atenção:**

a) para exigir a pena convencional, não é necessário que o credor alegue prejuízo
b) é admitida a convenção de *indenização suplementar*, para o caso do prejuízo exceder a cláusula penal. Neste caso, a cláusula valerá como mínimo da indenização, porém, competirá ao credor **provar** o prejuízo excedente
c) e seu montante é limitado pelo valor da obrigação principal
d) o valor da cominação imposta na *cláusula penal* não pode exceder o da obrigação principal

* **Nota: conferir os Enunciados 355, 356, 357, 358 e 359 das Jornadas de Direito Civil** do CJF/STJ

10.7.5. ARRAS OU SINAL

- **noções gerais:** refere-se à quantia em **dinheiro** ou outra coisa **móvel**, fungível ou infungível, entregue por um dos contratantes ao outro. Se o bem for infungível, deve ser restituído quando cumprida a obrigação. Se fungível, vale com parte do pagamento.
- **natureza jurídica e características:**

a) pacto acessório inserido nos contratos bilaterais.
b) princípio de pagamento, porque antecipa parte do preço
c) a entrega das arras serve como prova de conclusão do contrato
d) garantia de cumprimento da obrigação

- **arras confirmatórias**

a) direito de arrependimento? **NÃO** estipulado no contrato
b) o contrato é obrigatório, pois a parte não pode se arrepender unilateralmente
c) não é prefixação de perdas e danos
d) se quem **deu** as arras não cumprir o contrato, poderá a outra tê-lo por desfeito, retendo-as
e) se quem **recebeu** as arras foi quem descumpriu a obrigação, poderá a outra rescindir o contrato e exigir sua devolução mais o equivalente, com atualização monetária segundo índices oficiais regularmente estabelecidos, juros e honorários de advogado.
f) a parte inocente pode pedir **indenização suplementar**, se provar maior prejuízo, valendo as arras como taxa mínima.
g) a parte inocente pode, também, exigir a **execução do contrato**, com as perdas e danos, valendo as arras como o mínimo da indenização.

- **arras penitenciais:**

a) direito de arrependimento? **SIM**, estipulado no contrato
b) funcionam como indenização prefixada
c) se quem **deu** arrepender-se, perde-as em benefício do outro
d) se quem **recebeu** arrepender-se, devolve-as mais o equivalente, ou seja, em dobro
e) **NÃO** há indenização suplementar
f) **Súmula 412 do STF:** *"No compromisso de compra e venda com cláusula de arrependimento, a devolução do sinal, por quem o deu, ou a sua restituição em dobro, por quem o recebeu, exclui indenização maior a título de perdas e danos, salvo os juros moratórios e os encargos do processo".*

- **arras assecuratórias:** no escólio de Orlando Gomes, seria a terceira espécie de arras, as quais seriam entregues no momento da conclusão de um contrato preliminar, com a finalidade de assegurar um contrato futuro.

10.7.6. PERDAS E DANOS

- **noções gerais:** correspondem ao prejuízo *dano positivo ou negativo*, suportado pelo credor, em virtude do inadimplemento absoluto ou relativo, total ou parcial, de uma obrigação.
- **espécies:** as perdas e danos são os prejuízos efetivos e os lucros cessantes por efeito *direto e imediato* da falta de execução, sem prejuízo do disposto na lei processual (CC/art. 403).

a) *danos emergentes* (dano positivo): é o aspecto que desponta de plano da inexecução da obrigação, é o prejuízo efetivo e real.

b) *lucro cessante* (dano negativo ou frustrado): representa o que o contratante deixou de auferir, razoavelmente, em função da obrigação não cumprida.

c) Adotado, quanto ao lucro cessante, o **princípio da razoabilidade**.

- **nexo de causalidade:** exige-se a relação de causa e efeito entre a inexecução da obrigação e os prejuízos suportados. Adota-se a **teoria da causalidade direta e imediata**, afastada a do dano remoto.
- **perda da chance**: admite-se a indenização, diante da certeza da existência de uma *chance* perdida pelo lesado por ato culposo, comissivo ou omissivo, do causar do dano.

11. CONTRATOS EM GERAL

11.1. PRINCÍPIOS CONTRATUAIS

- **autonomia da vontade:** ou autonomia privada, preceitua as seguintes características:

a) liberdade de contratar (**exceção**: contrato coativo ou ditado)

b) com quem contratar

c) liberdade contratual ou do conteúdo das cláusulas (**exceção**: contrato de adesão)

d) observância dos preceitos de ordem pública

- **obrigatoriedade das convenções (*"pacta sunt servanda"*):** o acordo de vontade é apto para o surgimento de um contrato (consensualismo) e, uma vez formado, as partes devem cumpri-lo, não se admitindo alteração unilaterais de seu conteúdo, admitindo-se, porém, os temperos legais para a manutenção ou o restabelecimento do equilíbrio contratual **(teorias revisionistas, teoria da imprevisão, etc)**.
- **relatividade do contrato:** os efeitos do contrato irradiam entre as partes, são internos, não repercutindo na esfera jurídica de terceiros. Todavia, o princípio não é absoluto **(estipulação em favor de terceiro, promessa de fato de terceiro, contrato com pessoa a declarar, etc)**.
- **função social:** previsto no CC, art. 421, tem por foco atender aos anseios da pessoa. Segundo o **Enunciado 23 das Jornadas**, *"A função social do contrato, prevista no art. 421 do novo Código Civil, não elimina o princípio da autonomia contratual, mas atenua ou reduz o alcance desse princípio quando presentes interesses metaindividuais ou interesse individual relativo à dignidade da pessoa humana"*. Em relação à eficácia interna e externa do suso princípio, é importante destacar o **Enunciado 360**, pelo qual *"O princípio da função social dos contratos também pode ter eficácia interna entre as partes contratantes"*.
- **boa-fé objetiva:** os contratantes são obrigados a guardar, na conclusão do contrato como em sua execução, os princípios de probidade e boa-fé (CC, art. 422). A boa-fé objetiva não se liga à vontade íntima das partes, mas à vontade exterior, seu o comportamento, segundo os padrões éticos esperados como modelo de conduta. O princípio atua assim na conclusão do contrato, como em sua execução. De acordo com o **Enunciado 24 das Jornadas**: *"Em virtude do princípio da boa-fé, positivado no art. 422 do novo Código Civil, a violação dos deveres anexos constitui espécie de inadimplemento, independentemente de culpa"*. Muito exigido nos concursos públicos, os deveres laterais ou anexos significam dizer que as partes estão obrigadas a respeitar o princípio da boa-fé objetiva e que, se não o fizerem, provocam, ainda que **sem culpa**, a **violação positiva do contrato ou adimplemento ruim.** Temos, portanto, em todos os contratos, os deveres principais *(obrigação de fazer, não fazer, dar, etc)* e os deveres laterais *(decorrentes da boa-fé objetiva, de proteção, informação, lealdade, etc)*. *"As diversas hipóteses de exercício inadmissível de uma situação jurídica, tais como a supressio, tu quoque, surrectio e venire contra factum proprium, são concreções da boa-fé objetiva"* **(Enunciado 412 das Jornadas)**.

Vejamos:

a) *venire contra factum proprium:* a vedação do comportamento contraditório funda-se na proteção da confiança, tal como se extrai dos arts. 187 e 422 do Código Civil (Enunciado 362 da IV Jornada de Direito Civil). Por tal princípio, é assegurada a manutenção de uma situação de confiança e coerência legitimamente nascida durante a relação contratual, decorrente de um agir padrão pelo qual a outra parte espera que assim continue, gerando expectativa, a qual é frustrada pela ação do agente que antagoniza seu anterior posicionamento. Sua violação ocorre quando do comportamento contraditório em relação àquele até então praticado, ou seja, a parte vai contra os atos próprios já exercidos. É o exercício de uma posição jurídica em contradição com o comportamento assumido anteriormente pelo exercente.

b) *tu quoque*: expressa o significado de *"tu também"*. As partes nos negócios jurídicos não podem exigir um comportamento que não tenham cumprido, ou seja, vedam-se as exigências de conduta não observadas. Exemplo da situação é prevista no CC, art. 150, segundo o qual *"se ambas as partes procederem com dolo, nenhuma pode alegá-lo para anular o negócio, ou reclamar indenização"*.

c) *supressio:* de origem portuguesa, que os alemães chamam de *"verwirkung"*, significa que um direito não exercido durante um determinado lapso de tempo não poderá mais sê-lo, por contrariar a boa-fé, pois, em decorrência da inércia, surge para a outra parte a expectativa de que aquele direito não será exercido. É a diminuição de conteúdo do negócio jurídico.

d) *surrectio:* chamada pelos alemães de *"erwirkung"*, caracteriza-se pela ampliação do direito subjetivo de uma parte, não convencionado ou reconhecido pelo ordenamento jurídico, decorrente do comportamento continuado e contraditório de outra. É o aumento de conteúdo do negócio jurídico.

e) *duty to mitigate the loss*: a boa-fé objetiva, enquanto standard ético-jurídico, é de observância obrigatória pelas partes, em todas as fases do negócio jurídico. Significa dizer que as condutas devem ser pautadas pela probidade, cooperação e lealdade, preceitos éticos insertos no ordenamento jurídico, que resultam a obrigação de mitigar o próprio prejuízo, ou seja, devem os agentes tomar as medidas necessárias e possíveis para que o dano não seja agravado. A parte a que a perda aproveita não pode permanecer, deliberadamente, inerte diante do dano, pois o agravamento do prejuízo, em razão da inércia do credor, caracteriza infringência aos deveres de cooperação e lealdade. (STJ, REsp 758518 /PR).

f) *adimplemento substancial:* é o adimplemento quase completo, tão próximo do resultado final da obrigação, que a resolução do contrato mostra-se francamente contra os princípios da função social e da boa-fé objetiva. Formalmente há inexecução, mas materialmente, visto o contrato como um todo, há mínima fração para se alcançar a entrega completa da prestação. Nesse caso, afasta-se o reconhecimento do direito de resolução, permitindo-se, unicamente, a indenização pelo que resta a ser adimplido.

11.2. ELEMENTOS ESSENCIAIS DOS CONTRATOS

- **noções gerais de contrato:** trata-se do acordo de duas ou mais vontades, que, conforme a ordem pública e jurídica, disciplina interesses entre as partes, com o fim de adquirir, resguardar, modificar ou extinguir relações jurídicas de natureza patrimonial. São atos jurídicos bilaterais, portanto.
- fluxograma:

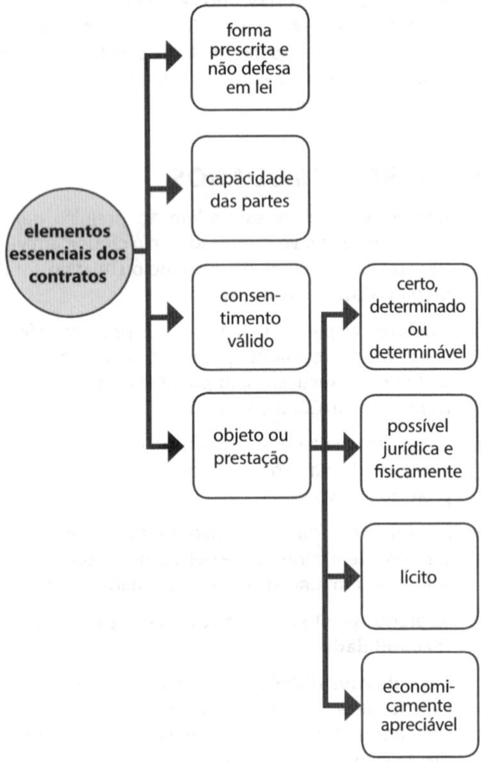

11.3. FORMAÇÃO DOS CONTRATOS

- **noções gerais:** a formação dos contratos resulta de duas manifestações de vontade, a **proposta** e a **aceitação**, com que sempre haverá mútuo consentimento. Previamente ao contrato, são possível as **negociações preliminares** *(fase das tratativas ou puntuações)*, que são os debates, conversas, as discussões sobre as cláusulas, momento esse que não gera direitos ou obrigações para quaisquer das partes.
- fluxograma:

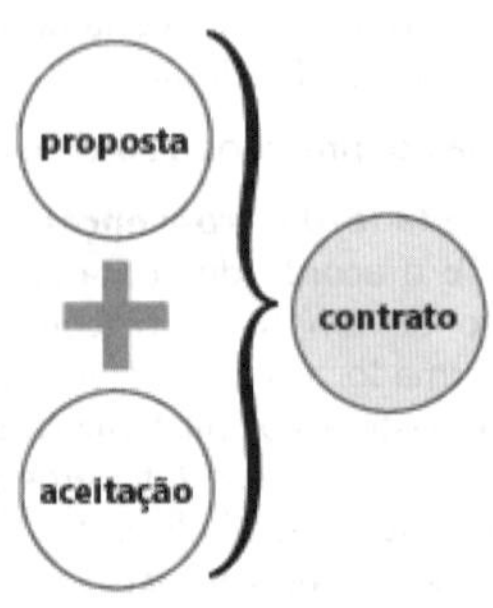

- **regras importantes sobre a PROPOSTA:**

a) nomina-se a parte de proponente ou policitante

b) é uma manifestação unilateral

c) define o lugar da celebração do contrato

d) quem a faz é o proponente

e) é *receptícia*, porque só produz efeitos se recebido pelo outro contratante ou potenciais contratantes, neste caso se se tratar de *"oferta pública"*

- **fluxograma: proposta não obrigatória**

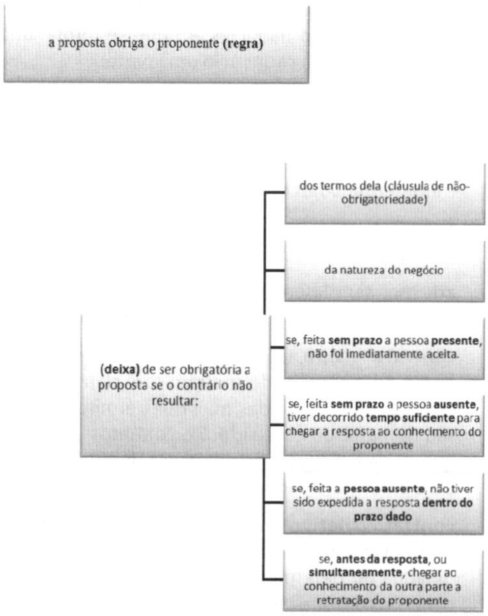

- **regras importantes sobre a OFERTA PÚBLICA:**

a) a parte é chamada de ofertante

b) equivale a proposta quando encerra os requisitos essenciais ao contrato, salvo se o contrário resultar das **circunstâncias** ou dos **usos**

c) é receptícia, assim como a **"proposta"**

d) para o CDC, art. 30, a oferta é **irrevogável**

e) no CC, art. 429, parágrafo único, **revogável**, desde que:

1. pela mesma **via** de sua divulgação
2. e que da **oferta conste esta ressalva**

f) quanto aos efeitos, no sistema do CDC, o consumidor, para a oferta não cumprida, poderá pedir a execução específica e, na impossibilidade, sua conversão em perdas e danos, aceitar outro produto ou serviço equivalente, ou rescindir o contrato com devolução do que foi pago devidamente corrigido (CDC/art. 35, I, II e III e 84, § 1º,). No CC, art. 402, a não execução da oferta gera perdas e danos.

g) a **diferenciação de preços** de bens e serviços oferecidos ao **público**, em função do **prazo** ou do **instrumento de pagamento utilizado** fica autorizado, conforme as disposições da Lei n. 13.455, de 26 de junho de 2017 (antiga MP n. 764/2016), obriga à releitura do art. 429 do Código Civil, bem como dos arts. 39, V e X, do CDC, e do art. 36, § 3º, X e XI, da Lei n. 12.529/2011. Nesse aspecto é importante destacar o entendimento **antes** e **depois** da novel legislação quanto à diferenciação de preços, nas relações de consumo:

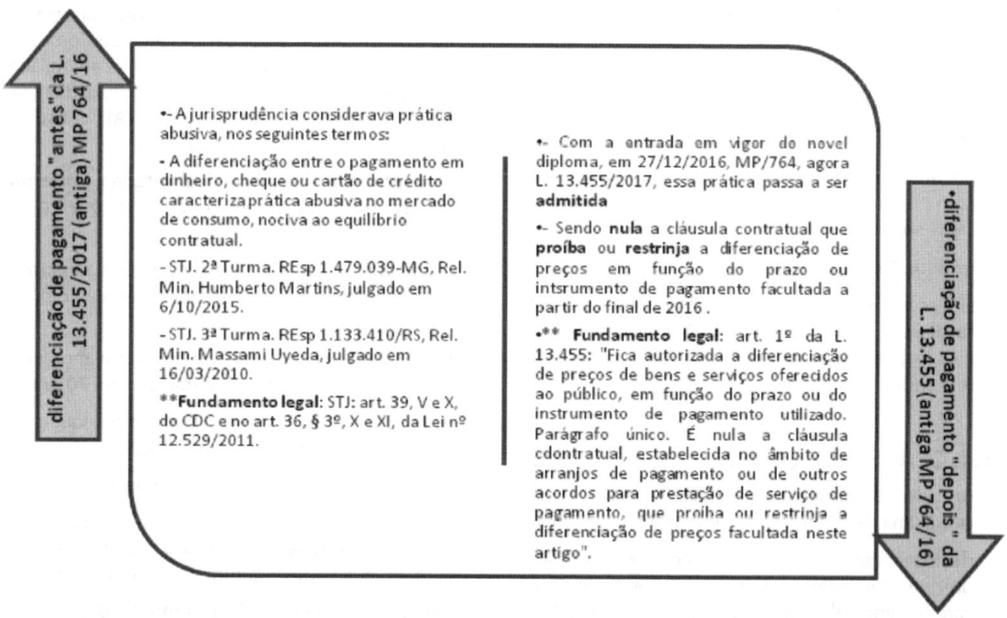

1. **hipóteses legais:** o art. 1º da Lei n. 13.455/2017 permite **expressamente** a diferenciação de preços de bens e serviços em função: (a) **do prazo**. Ex: pagamentos à vista podem ser mais baratos que os realizados a prazo; (b) **do instrumento de pagamento utilizado**. Ex: pagamentos em dinheiro podem ter o preço nominalmente menores mais baratos que aqueles realizados com cheque ou cartão crédito.
2. **nova causa de nulidade:** segundo o art. 1º, parágrafo único, da Lei n. 13.455/2017, é **nula a cláusula contratual**, estabelecida no âmbito de arranjos de pagamento ou de outros acordos para prestação de serviço de pagamento, que **proíba** ou **restrinja** a diferenciação de preços facultada pela nova Lei.

- **regras importantes sobre a ACEITAÇÃO**

a) é chamado de destinatário, solicitado, oblato ou aceitante

b) é a manifestação de consentimento, pela qual o contrato é concluído

c) pode ser expressa ou tácita

d) entre **presentes**, reputa-se concluído o contrato:

1. assim que aceita a proposta
2. a aceitação deve ser oportuna e integral aos termos da oferta

e) se **fora do prazo**, com **adições**, **restrições**, ou **modificações**, importará nova proposta (aceitação modificativa ou contraposta)

f) entre **ausentes**, reputa-se perfeito o contrato:

1. no caso de **aceitação tácita (por dispensa do proponente ou por inexistência de costume da aceitação expressa),** reputar-se-á concluído o contrato, não chegando a **tempo** a **recusa**
2. quando a **aceitação for expressa**, assim que **expedida** (teoria da expedição).

g) entre **ausentes**, não haverá contrato concluído:

1. por **inexistência** da aceitação, se **antes** dela ou **com** proponente se houver comprometido a **esperar resposta**

h) responsabilidade civil:

1. se a aceitação, por circunstância imprevista, **chegar tarde** ao conhecimento do proponente, este comunicá-lo-á imediatamente ao aceitante, sob pena de responder por perdas e danos

11.4. CLASSIFICAÇÃO DOS CONTRATOS

- **gratuitos ou benéficos**: com vantagens ou benefícios a uma das partes, com diminuição patrimonial.
- **desinteressado**: espécie de contrato gratuito, porque acarretam vantagem, mais sem diminuição patrimonial, como no mútuo ou comodato (empréstimos).
- **onerosos**: com proveito e sacrifícios para ambas as partes.
- **unilaterais**: criam obrigações para uma das partes: Ex. doação pura.
- **bilaterais** (sinalagmático): as obrigações são para ambas as partes: Ex. compra e venda.
- **bilateral imperfeito**: na origem unilateral e, no decorrer do cumprimento, bilateral
- **plurilaterais** (plúrimos): contratos com mais de uma parte, como naqueles em que se forma uma sociedade, sendo cada sócio uma parte.
- **comutativo**: contrato oneroso com prestação certa e determinada.
- **aleatório**: contrato oneroso com prestação incerta e indeterminada, com risco para ambas as partes.
- **paritário**: com ampla liberdade de discussão das cláusulas do contrato.
- **adesão**: sem liberdade de discussão do teor das cláusulas do contrato, as quais são aceitas em bloco.
- **contrato – tipo** (contrato de massa, seriado ou formulário): trata-se de contrato com cláusulas pré-concebidas ou redigidas, mais que permite a discussão de parte do conteúdo. Ex. contratos bancários que deixam margem a deliberação dos juros, carência e prazo para pagamento.
- **contrato coletivo**: estatui normas que devem presidir a formação dos contratos individuais subordinados ou determina alterações no conteúdo de contratos em curso (Orlando Gomes)
- **contrato coativo e necessário**: trata-se de contrato ditado, imposto, forçado, pois constitui negócio jurídico que se realiza sem o pressuposto do livre consentimento das partes (Orlando Gomes). A vontade do contratante é praticamente aniquilada, e em algumas vezes, resta-lhe a faculdade da escolha (exemplos: contratação do DPVAT; opção de segurados nas operações do SFH).
- **contrato de execução instantânea, diferida ou de trato sucessivo**: diferem-se quanto ao momento do cumprimento

a) *instantâneo ou imediato*: é o de realização subsequente à celebração. Ex. compra e venda com tradição imediata

b) *diferido*: se cumpre num ato, mais em momento futuro. Ex. compra e venda e tradição em **30 dias**

c) *trato sucessivo ou execução continuada*: aquele no qual há prestações ou diversos atos.

- **contrato personalíssimo e impessoal**:

a) *personalíssimo ou intuito personae*: são aqueles celebrados em virtude das qualidades do contratante, sem possibilidade de cumprimento por terceiro

b) *impessoal*: o que poderá ser cumprido pelo contratante ou terceiro.

- **contrato principal, acessório e derivado**:

a) *principal*: possui existência própria

b) *acessório*: é subordinado ao principal. Ex. locação com fiança

c) *derivado ou subcontrato*: são contratos que decorrem de um outro contrato principal, participando da natureza do direito do mesmo. Ex. sublocação

- **contrato solene e não solene**:

a) *solene:* exige forma especial e prescrita em lei, sob pena de invalidade (*ad solemintatem*)

b) *não solene:* aqueles sem exigência de forma

- **contrato consensual e real:**

a) consensual: exige-se consentimento ou acordo de vontades

b) real: pressupõe o consentimento e a entrega da coisa.

- **contrato preliminar e definitivo**:

a) *preliminar*: tem por objeto o futuro contrato definitivo

b) *definitivo:* tem por objeto qualquer avença lícita e não vedada em lei.

- **contrato nominado, inominado, misto e coligado**:

a) *nominado*: um dos 23 contratos previstos no CC/2002, que possui definição própria. É típico, pois disciplinado em lei, quanto às características e requisitos.

b) *inominado*: é lícito às partes estipular contratos atípicos, observadas as normas gerais fixadas no Código Civil, ante o princípio da autonomia da vontade e o reconhecimento número *apertus* dos contratos (CC, art. 425).

c) *misto*: contrato que reúne elementos de contratos típicos ou destes com outras normas gerais fixadas no Código Civil

d) *coligado*: são queridos pelas partes contratantes como um todo. Um depende do outro de tal modo que cada qual, isoladamente, seria desinteressante. Mas não se fundem. Conservam a individualidade própria, por isso se distinguindo dos contratos mistos (Orlando Gomes).

11.5. ESTIPULAÇÃO EM FAVOR DE TERCEIROS

- **noções gerais:** contrato pelo qual o promitente se obriga a entregar a prestação a favor de um terceiro, alheio à relação contratual. Ex. seguro de vida.

- **regras importantes:**

a) estipulante: aquele que estipula em favor de terceiro

b) promitente: assume a prestação em favor do terceiro

c) beneficiário: terceiro alheio a relação e em favor de quem é estipulado

d) é uma exceção ao princípio da relatividade

e) o estipulante pode exigir o cumprimento da obrigação

f) o terceiro também é permitido exigi-la, ficando, todavia, sujeito às condições e normas do contrato, se a ele anuir, e o estipulante não o substituir

g) se ao terceiro, em favor de quem se fez o contrato, se deixar o direito de reclamar-lhe a execução, não poderá o estipulante exonerar o devedor.

h) o estipulante pode reservar-se ao direito de substituir o terceiro designado no contrato, independentemente da sua anuência e da do outro contratante, por ato entre vivos ou por disposição de última vontade

11.6. PROMESSA DE FATO DE TERCEIRO

- **noções gerais:** o terceiro que não participa da relação contratual não pode ser vinculado em uma obrigação. Assim, se alguém vier a prometer um fato de terceiro, este não ficará obrigado, exceto quando houver consentido. De qualquer forma, se o terceiro não executar o fato, aquele que tiver prometido responderá por **perdas e danos**.

- **regras importantes:**

a) a responsabilidade por perdas e danos **não existirá** se o terceiro for **cônjuge** do promitente, que tenha anuído ao ato, e que, pelo **regime do casamento**, a indenização, de algum modo, venha a recair sobre os seus bens.

b) trata-se de obrigação de fazer e de resultado

c) não há vinculação do terceiro, ainda que consinta

d) o credor não tem ação contra o terceiro

11.7. CONTRATO COM PESSOA A DECLARAR

- **noções gerais:** no momento da conclusão do contrato, pode uma das partes reservar-se à faculdade de indicar a pessoa que deve adquirir os direitos e assumir as obrigações dele decorrentes. Inserindo-se a cláusula *electio amici, pro amigo elegendo ou pro amico electo*, permite-se a um dos contratantes-estipulante que, tendo interesse de fazer-se substituir por outra pessoa, revele seu nome apenas no momento da conclusão do negócio. Ao tempo da escolha, a pessoa indicada (*electus*) é que assumira, perante a outra parte, os deveres e direitos do contrato. Veda-se a presente avença nos contratos *personalíssimos* (intuito personae).

11.8. VÍCIOS REDIBITÓRIOS

- **noções gerais:** são defeitos ocultos em coisa recebida em virtude de *contrato comutativo, oneroso e bilateral*, que a tornam imprópria ao uso, ou lhe diminua o valor. No *contrato unilateral*, como as doações puras, porque liberalidade, sem pagamentos e nem obrigações, não há defeito a reclamar. Porém, nas *doações onerosas*, os vícios podem ser reclamados. É fundado no *princípio da garantia*, pelo qual o alienante deve oferecer ao adquirente o justo uso da coisa que lhe sobreveio onerosamente, em função destes vícios admite-se as *ações edilícias*, para a rescisão do contrato, com a devolução das quantias pagas, salvo má-fé do alienante, quando haverá também perdas e danos *(ação redibitória)* ou a conservação da coisa com o abatimento no preço *(ação estimatória ou quanti minoris)*, nos termos do CC, art. 442; os prazos do CC/art. 445 para reclamar os vícios são decadenciais; pelo ***Enunciado 28 das Jornadas***: *"O disposto no art. 445, §§ 1º e 2º, do Código Civil reflete a consagração da doutrina e da jurisprudência quanto à natureza decadencial das ações edilícias"*; por sua vez, o ***Enunciado 174*** dispõe: *"Em se tratando de vício oculto, o adquirente tem os prazos do caput do art. 445 para obter redibição ou abatimento de preço, desde que os vícios se revelem nos prazos estabelecidos no § 1º, fluindo, entretanto, a partir do conhecimento do defeito"*.
- **prazos decadências para as ações:**

Prazos decadenciais e suas regras (vícios redibitórios no Código Civil)	
Bens móveis	**Bens imóveis**
▪ redibição, **30 dias**, contados da entrega efetiva (tradição) ▪ abatimento do preço, **30 dias**, contados da entrega efetiva (tradição) ▪ se já estava na posse, o prazo conta-se da alienação, reduzido à metade, ou seja, **15 dias** ▪ se vicio, por sua natureza só é conhecido mais tarde, conta-se o prazo da ciência, até o prazo máximo de **180 dias**	▪ redibição, **1 ano**, contado na entrega efetiva (tradição) ▪ abatimento do preço, **1 ano**, contado da entrega efetiva (tradição) ▪ se já estava na posse, o prazo conta-se da **alienação**, reduzido à metade, ou seja, **6 meses** ▪ vicio por natureza conhecido mais tarde, conta-se o prazo da ciência, até o prazo máximo de **1 ano**
Semoventes	
▪ tratando-se de venda de animais (semoventes), os prazos de garantia por vícios ocultos serão os estabelecidos em lei especial, ou, na falta desta, pelos usos locais, aplicando-se as regras acima, para os bens móveis, se não houver disciplina diversa.	

Prazos decadenciais e suas regras (vícios redibitórios no Código Civil)
Importante
▪ o decurso dos prazos acima (decadência legal) não fluem na vigência de eventual decadência contratual (cláusula de garantia). Neste caso, o adquirente deve denunciar o defeito ao alienante nos **30 dias** seguintes ao seu descobrimento, sob pena de decadência. ▪ pelo Enunciado 174 da III Jornada de Direito Civil, do CJF/STJ: "Em se tratando de vício oculto, o adquirente tem os prazos do caput do art. 445 para obter redibição ou abatimento de preço, desde que os vícios se revelem nos prazos estabelecidos no § 1º, fluindo, entretanto, a partir do conhecimento do defeito".

- ***ATENÇÃO:*** no regime do **Código de Defesa do Consumidor**, os prazos são diversos.

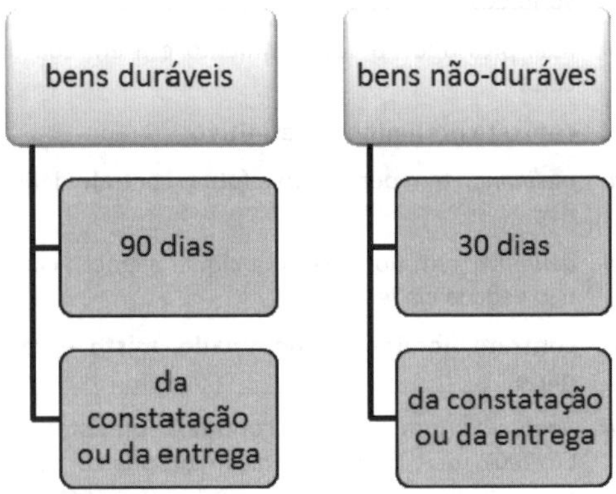

11.9. EVICÇÃO

- **noções gerais:** é a perda da coisa para outrem, o evictor, em razão de decisão judicial ou apreensão administrativa, fundada em causa jurídica anterior ao contrato pelo qual o bem é transferido pelo alienante ao evicto. Funda-se no **princípio da garantia** do bem alienado contra os defeitos do direito transferido. Decorre da **lei** em todo **contrato oneroso** pelo qual se transfere o domínio, a posse e o uso, mesmo em **hasta pública**. Nos **contratos gratuitos** inexiste a evicção, exceto na **doação modal** (onerosa ou com encargo).
- **posicionamentos do STJ:** o conceito clássico de evicção é que ela decorre de sentença judicial. Todavia, o STJ tem entendido que a evicção pode estar presente em casos de apreensão administrativa do bem. Portanto, a evicção não decorre necessariamente de uma decisão judicial (STJ, REsp 259.726/RJ). Também não se exige que a sentença tenha transitado em julgado (STJ – Info 519).
- **figurantes na evicção**:

a) alienante

b) evicto (adquirente vencido na demanda)

c) evictor (terceiro vencedor na demanda, ou reivindicante)

- **extensão**:

a) a evicção poderá ser **total** ou **parcial**

b) se a evicção for **parcial**, mas **considerável**, poderá o evicto **optar** entre a rescisão do contrato e o abatimento do preço. Se **não for considerável**, caberá somente direito à indenização

- **Regras importantes:**

a) admite cláusula de reforço, diminuição ou exclusão da garantia

b) em regra, o alienante responde pelo preço integral, mais as indenizações dos frutos que tiver sido obrigado a restituir, das **benfeitorias necessárias e úteis** não pagas pelo evictor e das custas e honorários de advogado por ele constituído

c) todavia, na hipótese de cláusula de exclusão da garantia (cláusula *"non praestanda evictione"*) podem ocorrer as seguintes situações:

1. cláusula expressa de exclusão, conhecimento do risco e sua assunção: sem responsabilidade do alienante
2. cláusula expressa de exclusão, e falta de conhecimento do risco: responde o alienante pelo preço
3. cláusula expressa de exclusão, informado do risco, não o assumiu: responde o alienante pelo preço

d) caso o alienante não atender à denunciação da lide, e sendo **manifesta** a procedência da evicção, pode o adquirente **deixar** de oferecer contestação, ou usar de recursos.

- **enunciados pertinentes ao tema:**

a) Enunciado 29: *"A interpretação do art. 456 do novo Código Civil permite ao evicto a denunciação direta de qualquer dos responsáveis pelo vício"*.

b) Enunciado 434: *"A ausência de denunciação da lide ao alienante, na evicção, não impede o exercício de pretensão reparatória por meio de via autônoma"*.

- **NOVO CPC:** a denunciação da lide era "obrigatória" no antigo CPC, e com o NOVO CPC passa a ser "admissível". O legislador foi sensível ao entendimento do STJ, já sedimentado, no sentido de que a denunciação era *facultativa*, e **não** *obrigatória* (STJ, AgRg 917.314/PR). O Enunciado 434 da V Jornada de Direito Civil do CJF/STJ também expressava que: *"A ausência de denunciação da lide ao alienante, na evicção, não impede o exercício de pretensão reparatória por meio de via autônoma"*. Com supressão do art. 456, *caput*, do CC, passa-se a não se admitir a denunciação da lide por saltos ou *per saltum*, que permitia a convocação para o processo de qualquer um dos alienantes da cadeia de alienações do bem, em razão da propriedade anterior. Contudo, permite o NCPC a *denunciação sucessiva*, **uma vez só**, promovida pelo denunciado, contra seu antecessor imediato na cadeia dominial ou quem seja responsável por indenizá-lo (NCPC, art. 125, § 2º). Por último, a revogação do parágrafo único do art. 456 não altera os efeitos da denunciação quando a evicção for manifesta. A respeito, dispõe o art. 128, II, do NCPC: *"se o denunciado for revel, o denunciante pode deixar de prosseguir com sua defesa, eventualmente oferecida, e abster-se de recorrer, restringindo sua atuação à ação regressiva"*.

Código Civil de 2002 (redação original)	Código Civil de 2002 (após o Novo Código de Processo Civil)
"Art. 456. Para poder exercitar o direito que da evicção lhe resulta, o adquirente notificará do litígio o alienante imediato, ou qualquer dos anteriores, quando e como lhe determinarem as leis do processo. Parágrafo único. Não atendendo o alienante à denunciação da lide, e sendo manifesta a procedência da evicção, pode o adquirente deixar de oferecer contestação, ou usar de recursos".	Art. 456. **(revogado)** pelo art. 1.072, II, do NCPC)
Antigo Código de Processo Civil de 1973	**Novo Código de Processo Civil de 2015**
"Art. 70. A denunciação da lide é obrigatória: I – ao alienante, na ação em que terceiro reivindica a coisa, cujo domínio foi transferido à parte, a fim de que esta possa exercer o direito que da evicção lhe resulta"	"Art. 125. É admissível a denunciação da lide, promovida por qualquer das partes: I – ao alienante imediato, no processo relativo à coisa cujo domínio foi transferido ao denunciante, a fim de que pos-
Antigo Código de Processo Civil de 1973	**Novo Código de Processo Civil de 2015**
	sa exercer os direitos que da evicção lhe resultam". ... § 1º O direito regressivo será exercido por ação autônoma quando a denunciação da lide for indeferida, deixar de ser promovida ou não for permitida.

11.10. CONTRATOS ALEATÓRIOS

- **noções gerais:** trata-se do contrato em que a prestação de uma ou ambas as partes depende de um risco futuro e incerto, não se podendo antecipar seu montante.

- **espécies:** os contratos podem ser aleatórios por:

a) natureza: Ex. jogo, aposta, seguro, etc.

b) acidentalmente: quando o valor ou o objeto é incerto. Ex. contrato de colheita • **características**:

a) não se sujeitam à teoria da imprevisão

b) não estão sujeitos aos vícios

c) não se sujeitam as arras

d) não se sujeitam, por fim, a qualquer instituto que busque o equilíbrio contratual

e) *emptio spei* (venda da esperança) contrato aleatório pelo qual um dos contratantes, na alienação de coisa futura, toma para si o risco quanto à existência da coisa, ajustando o preço global (*per aversionem*), que será devido na totalidade, mesmo que nada se produza, ressalvado o **dolo ou a culpa** do alienante. A álea diz respeito à existência da coisa, e uma aquisição por conjunto.

f) *emptio rei speratae* (venda da coisa esperada) contrato aleatório pelo qual o adquirente, na alienação de coisa futura, assume o risco quanto à maior ou menor quantidade da coisa, sendo devido o preço ao alienante, salvo **conduta culposa**, ainda que a quantidade seja irrisória. O risco, assim, é relacionado à quantidade. Se nada existir, é nulo o contrato, por falta de objeto, e o alienante restituirá o preço. É aquisição de coisa futura por conjunto, a um preço certo por unidade.

g) o for aleatório o contrato, por se referir a coisas existentes, mas expostas a risco, assumido pelo adquirente, terá igualmente direito o alienante a todo o preço, posto que a coisa já não existisse, em parte, ou de todo, no dia do contrato. Poderá ser **anulado** o contrato pelo prejudicado, por **omissão dolosa**, se provar que o outro contratante **tinha ciência** que o bem **não mais existia**.

11.11. CONTRATO PRELIMINAR

- **noções gerais**: trata-se do contrato que tem por objeto um contrato final que se pretende firmar no momento oportuno. Conhecido por *pactum de contrahendo*, **exceto quanto à forma**, deve conter todos os requisitos essenciais ao contrato a ser celebrado. É uma promessa de contratar.

- **características:**

a) concluído o contrato preliminar, e desde que dele não conste **cláusula de arrependimento**, qualquer das partes terá o direito de exigir a **celebração do definitivo**, assinando **prazo** à outra para que o efetive.

b) o contrato preliminar deverá ser levado ao registro competente

c) sem o registro, há relação de direito pessoal, admitindo-se indenização por perdas e danos

d) efetuado o contrato **sem cláusula de arrependimento**, e esgotado o **prazo**, poderá o juiz, a pedido do interessado, suprir a vontade da parte inadimplente, conferindo caráter definitivo ao contrato preliminar, salvo se a isso se opuser a natureza da obrigação

e) admite-se a rescisão do contrato preliminar, se o estipulante não der execução ao contrato preliminar, poderá a outra parte considerá-lo desfeito e pedir perdas e danos

f) se a promessa de contrato for **unilateral**, o credor, sob pena de ficar a mesma sem efeito, deverá manifestar-se no prazo nela previsto, ou, inexistindo este, no que lhe for razoavelmente assinado pelo devedor

g) a **forma** não precisa ser a mesma do contrato definitivo.

- **enunciados das jornadas:**

a) Enunciado 435: *"O contrato de promessa de permuta de bens imóveis é título passível de registro na matrícula imobiliária".*

b) Enunciado 30: *"A disposição do parágrafo único do art. 463 do novo Código Civil deve ser interpretada como fator de eficácia perante terceiros".*

11.12. EXTINÇÃO DO CONTRATO

- **noções gerais:** o **modo normal** de extinção dos contratos é o cumprimento ou adimplemento da prestação devida. Antes ou durante o seu cumprimento, o contrato pode ser extinto. Quando isto se verifica, ocorre a **extinção do contrato sem cumprimento** (**modo anormal**). Para esta segunda via, as causas da anormalidade são *anteriores, contemporâneas* e *posteriores* à formação do contrato.

- **causas anteriores ou contemporâneas:** nulidade; condição resolutiva; direito de arrependimento.

- **causas supervenientes:** resolução por inexecução voluntária e involuntária; resolução por onerosidade excessiva; resilição bilateral ou distrato; resilição unilateral e morte de um dos contratantes nas obrigações personalíssimas (*intuito personae*)

- **posição jurídica de algumas das causas:** tabela 1 (distrato, resilição unilateral e cláusula resolutiva)

distrato	é negócio jurídico bilateral que objetiva a desconstituição do contrato, extinguindo os seus efeitos. Por ele é desfeito o acordo de vontades, a relação jurídica entre as partes. Exige-se a mesma forma do contrato, e seus efeitos são ex nunc. Também é chamado de resilição bilateral.

resilição unilateral (denúncia vazia)	é forma de extinção da relação contratual por manifestação da vontade de uma das partes, em função da natureza de alguns negócios. Nos casos que a lei permita, expressa ou implicitamente, opera-se mediante denúncia notificada a outra parte. É direito potestativo, de impor a extinção do contrato ao outro. Pode assumir as formas de revogação, renúncia e resgate.
cláusula resolutiva (rescisória ou resolutória)	admite-se que seja expressa (opera de pleno direito) ou tácita (depende de interpelação judicial). Seus efeitos decorrem de uma obrigação não cumprida de acordo com o modo estipulado. Verificado o inadimplemento, permite-se a resolução do contrato, se não preferir exigir-lhe o cumprimento, cabendo, em qualquer dos casos, indenização por perdas e danos.

- ***ATENÇÃO*: Inadimplemento antecipado:** ocorre quando o devedor, nas obrigações a prazo, pratica atos que, em razão da natureza ou da lei, tornem impossível o futuro cumprimento da obrigação **(Ruy Rosado de Aguiar).**
- **posição jurídica de algumas das causas:** tabela 2 (exceção do contrato não cumprido, exceção do descumprimento parcial e onerosidade excessiva).

exceção do contrato não cumprido ou descumprimento total (exceptio non adimpleti contractus)	nos contratos de prestações reciprocas e contemporâneas, é exercido pela parte que, cobrada por sua obrigação contratual, recusa-se a fazê-lo, porque a outra não exerceu a prestação que lhe competia, ou seja, nos contratos bilaterais, nenhum dos contratantes, antes de cumprida a sua obrigação, pode exigir o implemento da do outro. Trata-se de causa impeditiva da exigibiliade prestação. Admite-se a renúncia ao emprego da exceção (cláusula "solve et repete").
exceção do descumprimento parcial (exceptio non rite adimpleti contractus)	o cumprimento defeituoso do contrato importa o seu cumprimento parcial. Segundo Orlando Gomes, a diferente entre o descumprimento total e o parcial diz respeito ao ônus da prova, pois quem invoca o incumprimento em parte deve provar, em vista da presunção regular do pagamento aceito.
onerosidade excessiva	trata-se do evento extraordinário e imprevisível, que impossibilita ou torna extremamente difícil o adimplemento do contrato, em razão da desproporcionalidade manifesta entre a prestação e a contraprestação, com dano a uma das partes e vantagem excessiva a outra. Trata-se da aplicação da teoria da imprevisão, e de causa superveniente decorrente da cláusula rebus sic stantibus, implícita nos contratos comutativos e de execução diferida ou continuada. Admite-se a resolução do contrato, e os efeitos da sentença retroagirão à data da citação. Permite-se, ainda, em função do princípio da conservação dos negócios jurídicos, a revisão do contrato, a pedido da parte. Assim, a resolução e a revisão é direito potestativo do autor, sua opção. (CC, art. 317, 479 e Enunciado 176 e 367).

- **lembre-se:**

a) **a teoria da imprevisão adotada pelo CC** não se confunde com a **teoria do rompimento da base objetiva do negócio jurídico** albergada pelo **CDC**, porque nas relações de consumo não é necessário provar a previsibilidade do fato econômico superveniente ao contrato.

b) **para o Superior Tribunal de Justiça**: a teoria da imprevisão não é aplicável aos contratos aleatórios, pois a possibilidade de desequilíbrio econômico é inerente a este tipo de contrato (AgRg no REsp 806.302/MT, Rel. Ministro Raul Araújo, 4ª Turma, julgado em 07/11/2013, DJe **11/12/2013**). Noutra banda, o **Enunciado 440:** *"É possível a revisão ou resolução por excessiva onerosidade em contratos aleatórios, desde que o evento superveniente, extraordinário e imprevisível não se relacione com a álea assumida no contrato".*

c) *adimplemento substancial*: é o adimplemento quase completo, tão próximo do resultado final da obrigação, que a resolução do contrato mostra-se francamente contra os princípios da função social e da boa-fé objetiva. Formalmente há inexecução, mas materialmente, visto o contrato como um todo, há mínima fração para se alcançar a entrega completa da prestação. Nesse caso, afasta-se o reconhecimento do direito de resolução, permitindo-se, unicamente, a indenização pelo que resta a ser adimplido.

12. CONTRATOS EM ESPÉCIE

12.1. COMPRA E VENDA

- **noções gerais:** o contrato de compra e venda é aquele em que uma pessoa (vendedor) se obriga a transferir a outra (comprador) o domínio de uma coisa corpórea ou incorpórea, mediante o pagamento de certo preço em dinheiro ou valor fiduciário (Caio Mario da Silva Pereira)
- **características:**

a) um dos contratantes se obriga a transferir o domínio da coisa e o outro a pagar o preço em dinheiro.

b) o contrato **cria** a obrigação de transferir, pois o bem móvel é transferido pela tradição, e o imóvel pelo registro do título aquisitivo no Registro Imobiliário. Assim, o contrato de compra e venda é *translativo* do domínio, porque não opera a transferência, mas serve de *titulus adquirendi*, gerando entre os contraentes um *direito pessoal.*

c) contrato: bilateral, oneroso, comutativo ou aleatório, consensual e solene.

d) elementos: coisa, preço e consentimento.

e) é **nulo** é o contrato de compra e venda, quando se deixa ao arbítrio **exclusivo** de uma das partes a fixação do preço

f) salvo **cláusula em contrário**, ficarão as despesas de **escritura e registro a cargo do comprador**, e a cargo do **vendedor as da tradição**

g) venda *ad corpus:* o comprador adquire bem certo e determinado, independente da metragem

h) venda *ad mensuram:* o preço é quantificado por metragem ou extensão. Se não houver correspondência entre o tamanho da venda e o de fato existência, admite-se ação para complementação, abatimento do preço ou anulação do negócio.

i) haverá dimensão **simplesmente enunciativa**, quando a diferença encontrada não exceder de **um vigésimo da área total enunciada** (5%) ressalvado ao comprador o direito de provar que, em tais circunstâncias, não teria realizado o negócio.

j) prazo decadencial da venda *ad mensuram*: decai do direito o vendedor ou o comprador que não o fizer no prazo:

1. **1 ano** a contar do **registro do título**

2. **1 ano** a contar da **imissão na posse**. Utiliza-se este segundo prazo, por exceção, em caso de **atraso na imissão de posse no imóvel**, atribuível ao **alienante**.

k) **vedações**:

1. os ascendentes **não** podem vender aos descendentes, sem que os **outros** e o **cônjuge** expressem o **consentimento**, dispensando-se a anuência do cônjuge se o regime for da **separação obrigatória**

2. o cônjuge **não** pode alienar ou gravar de ônus os bens imóveis sem a outorga do outro, salvo em relação ao regime da **separação absoluta**.

3. é **lícita** a compra e venda entre cônjuges, com relação a bens **excluídos** da comunhão; logo, os bens que compõem o patrimônio comum não podem ser objeto deste contrato

l) sob pena de **nulidade**, não podem ser comprados, ainda que em hasta pública:

1. pelos tutores, curadores, testamenteiros e administradores, os bens confiados à sua guarda ou administração;

2. pelos servidores públicos, em geral, os bens ou direitos da pessoa jurídica a que servirem, ou que estejam sob sua administração direta ou indireta

3. pelos juízes, secretários de tribunais, arbitradores, peritos e outros serventuários ou auxiliares da justiça, os bens ou direitos sobre que se litigar em tribunal, juízo ou conselho, no lugar onde servirem, ou a que se estender a sua autoridade

4. pelos leiloeiros e seus prepostos, os bens de cuja venda estejam encarregados.

* **Nota:** as proibições estendem-se à **cessão de crédito**

- **cláusulas especiais da compra e venda:**

a) Retrovenda ou cláusula de resgate

1. direito do vendedor readquirir o **imóvel**

2. prazo decadencial de **3 anos**

3. deve restituir o preço, mais as despesas do comprador

4. as despesas incluem, ainda, aquelas autorizadas por **escrito** durante o período de resgate, e as **benfeitorias necessárias**, as quais não dependem de autorização

5. trata-se de **condição resolutiva**, e deve constar **expressamente** do contrato

6. se o comprador não receber o valor, o vendedor poderá depositar judicialmente

7. o direito de retrato é cessível e transmissível a herdeiros e legatários

8. e poderá ser exercido contra o terceiro adquirente

9. se duas ou mais pessoas tiverem o mesmo direito, e uma o exercer, o comprador pode intimar as outras, prevalecendo quem depositar o valor integral

b) Venda a contento e da venda sujeita a prova

1. **venda a contento**: não há negócio enquanto o comprador não declara seu **agrado** ou **satisfação**, ainda que já esteja com a coisa.

2. **venda sujeita a prova**: o vendedor assegura ao comprador que a coisa ostente as qualidades esperadas e seja idônea para o fim a que se destina

3. tratam-se de venda sujeita a **condição suspensiva**

4. enquanto o comprador não concluir que aceita o negócio, sua posição jurídica é de comodatário, com o dever de restituir a coisa

5. pode ser estipulado **prazo** para o comprador **declarar**

6. não estipulado, o vendedor pode intimá-lo judicial ou extrajudicialmente, para fazê-lo no **prazo improrrogável** fixado

c) Preempção, preferência ou prelação

1. cláusula pela qual o comprador, quando for vender o bem **móvel** ou **imóvel** a terceiro, deverá oferecê-lo ao vendedor, para exercer o direito de prelação, em igualdade de condições com aquele

2. direito **personalíssimo** e **intransferível**, não admite cessão e nem passa dos herdeiros

3. **prazo decadencial máximo da preempção convencional:** o prazo máximo para a vigência da cláusula de preferência, quando não estipulado outro menor, **não poderá exceder** a:

- **180 dias**, bem **móvel**, contado da tradição
- **2 anos** se **imóvel**, contado do registro

4. **caducidade do direito de prelação:** o exercício da preferência, depois da **notificação** do vendedor, **salvo outro prazo estipulado** no contrato, ocorrerá nos seguintes prazos, sob pena de caducar, por renúncia tácita:

- **3 dias**, bem **móvel**
- **60 dias**, bem **imóvel**

5. se o direito de prelação for estipulado em favor de condôminos, só pode ser exercido em relação à coisa no seu todo, pois a preempção é um **direito indivisível**.

d) Reserva de domínio (cláusula *"pactum reservati domini"*)

1. ocorre a transferência da posse, reservando o vendedor para si a propriedade, até o pagamento integral do preço, quando o negócio adquire plena eficácia
2. quando efetuado o pagamento, a transferência do domínio é automática
3. cláusula formal, feita por escrito
4. para ter eficácia contra terceiros (*erga omnes*), deve ser registrada no domicílio do comprador
5. pelos riscos responde o comprador, desde o momento da entrega da coisa
6. não pagas as prestações, poderá o vendedor:

- mover contra ele a competente ação de cobrança das prestações vencidas e vincendas e o mais que lhe for devido
- recuperar a posse da coisa vendida, facultado, ainda, reter as prestações pagas até o necessário para cobrir a depreciação da coisa, as despesas feitas e o mais que de direito lhe for devido. O excedente será devolvido ao comprador, e o que faltar, lhe será cobrado, tudo na forma da lei processual.

e) Venda sobre documento ou *trust receipt*

1. na venda sobre documentos, a tradição da coisa é substituída pela entrega do seu título representativo e dos outros documentos exigidos pelo contrato ou, no silêncio deste, pelos usos
2. trata-se de tradição *ficta*
3. não havendo **estipulação em contrário**, o pagamento deve ser efetuado na data e no lugar da entrega dos documentos
4. comumente utilizada nos negócios de importação e exportação, conhecidos por crédito documentado (*trust receipt*) e na venda de mercadorias depositada, representada pelo conhecimento de depósito e pelo *warrant*
5. **cobertura dos riscos do transporte:** se entre os documentos entregues ao comprador figurar **apólice de seguro** que cubra os **riscos do transporte**, correm estes à conta do **comprador**, salvo se, ao ser **concluído** o contrato, tivesse o vendedor **ciência** da perda ou avaria da coisa
6. **pagamento por estabelecimento bancário:** caberá a este efetuá-lo, contra a entrega dos documentos, sem obrigação de verificar a coisa vendida, pela qual não responde. Nesse caso, somente após a **recusa** do estabelecimento bancário a efetuar o pagamento, poderá o vendedor pretendê-lo, **diretamente** do comprador.

12.2. TROCA OU PERMUTA

- **noções gerais:** a permuta, escambo troca, permutação, barganha – palavras sinônimas na técnica e no uso vulgar que exprimem o contrato em que as partes se obrigam a prestar uma coisa por outra, excluindo o dinheiro. Portanto, a troca é o contrato pelo qual as partes se obrigam a dar uma coisa por outra, que não seja dinheiro. Difere da compra e venda apenas porque, nesta, a prestação de uma das partes consiste em dinheiro (GONÇALVES, Carlos Roberto. *Direito Civil Esquematizado*. 2. 1 ed. Saraiva. São Paulo: 2013: p. 77, citando Clóvis Beviláqua e Carvalho de Mendonça).
- **características:**

a) as partes se obrigam a dar um coisa por outra que não seja dinheiro

b) contrato: bilateral, oneroso, comutativo e consensual

c) não é contrato real, pois **cria** a obrigação de transferir

d) cada contratante paga **metade** das despesas da troca

e) **anulável** a troca de valores desiguais entre ascendente e descendente, sem o consentimento dos outros descendentes e do cônjuge do alienante

12.3. CONTRATO ESTIMATÓRIO

- **noções gerais:** contrato estimatório ou de vendas em consignação é aquele em que uma pessoa (consignante) entrega *bens móveis* a outra (consignatária), ficando esta autorizada a vendê-los, obrigando-se a pagar um preço ajustado previamente, se não preferir restituir as coisas consignadas dentro do prazo ajustado. O consignatário recebe o bem com a finalidade de *vendê-lo a terceiro*, segundo estimação feita pelo consignante. Nada impede, porém, que fique com o objeto *para si*, pagando o preço fixado. Se preferir vendê-lo, auferirá lucro no sobrepreço que obtiver (GONÇALVES, Carlos Roberto. *Direito Civil Esquematizado*. 2. 1 ed. Saraiva. São Paulo: 2013: p. 81).

- **características:**

a) alguém recebe de outrem bens **móveis**, ficando autorizado a vendê-los e obrigando-se a pagar o preço estimado anteriormente, se não restituir as coisas consignadas dentro do prazo ajustado

b) é conhecido por venda em consignação

c) **consignante**: quem entrega o bem e determina o preço

d) **consignatário**: quem recebe a coisa e se obriga a entregar o preço ou restituir o bem. Deve entregar o preço, ainda que o bem se perca por fato a ele não imputável. Caso obtenha preço maior, fara seu o lucro.

e) as despesas de custódia e venda são do consignatário.

f) a coisa consignada não poderá ser penhorada ou sequestrada, pelos credores do consignatário, enquanto não pago integralmente o preço.

g) o consignante não pode dispor da coisa antes de lhe ser restituída ou de lhe ser comunicada a restituição

h) contrato: bilateral, oneroso, real, comutativo, informal e temporário

12.4. DOAÇÃO

- **noções gerais:** a doação é o contrato em que uma pessoa, por liberalidade, visa transferir do seu patrimônio bens ou vantagens para outra, que os aceita. Serve, portanto, de *titulus adquirendi*, pois o domínio só se transferirá pela tradição se móvel o bem doado, e pelo registro, se imóvel (DINIZ, Maria Helena. *Código Civil Anotado*. Saraiva. 2012: São Paulo, p. 459). Pelo Enunciado 549 da VI Jornada de Direito Civil do CJF/STJ: *"A promessa de doação no âmbito da transação constitui obrigação positiva e perde o caráter de liberalidade previsto no art. 538 do Código Civil"*.

- **características:**

a) contrato em que uma pessoa, por liberalidade, transfere do seu patrimônio bens ou vantagens para o de outra

b) natureza do contrato: unilateral, gratuito, pode-se estipular encargo, receptício (depende de aceitação, expressa ou tácita), solene (instrumento particular ou público), verbal, para os bens móveis de pequeno valor (desde que com imediata tradição) e *inter vivos*.

c) podem ser doados os bens móveis, imóveis, presentes ou futuros.

d) espécies:

1. *pura e simples:* sem restrições ao donatário
2. *condicional:* impõe uma condição
3. *a termo:* impõe um termo, inicial ou final
4. *modal:* impõe um encargo ao donatário (onerosa)
5. *remuneratória:* recompensação por serviços ou favores prestados ao doador (onerosa)
6. com *cláusula de reversão ou doação de retorno (condição resolutiva):* se o donatário falecer antes do doador, os bens retornam ao patrimônio deste. Tal cláusula não prevalece em favor de terceiro, vedando-se a **doação sucessiva**, evidenciando seu caráter *intuito personae*.
7. *conjuntiva:* doação em comum a mais de uma pessoa, presumindo-se a distribuição por partes iguais. Se forem marido e mulher os donatários, subsistirá na totalidade a doação para o cônjuge sobrevivo.
8. *ao nascituro:* valerá, sendo aceita por seu representante legal. Todavia, sujeita-se à condição suspensiva, do nascimento com vida.
9. ao *absolutamente incapaz*: dispensa-se a aceitação, desde que se trate de doação pura
10. de *ascendente a descendente, ou de um cônjuge a outro:* importa adiantamento do que lhes cabe por herança
11. sem *reserva de bens ou renda suficiente para a subsistência do doador:* é nula, trata-se de **doação universal**. Será admitida, desde que o doador se reservar o usufruto
12. que *excede a legítima:* no momento que doa, se o doador tiver herdeiros necessários, só poderá dispor de metade da herança; o que **exceder**, será nulo (**doação inoficiosa**).
13. a *entidade futura* (pessoa jurídica): a doação a entidade futura caducará se, em **2 anos**, esta não estiver constituída regularmente, contado da data da doação. Trata-se de condição suspensiva.

e) revogação: não se admite **renuncia antecipada** do direito de revogar a liberalidade por ingratidão do donatário. A doação **pode ser revogada** nos seguintes casos:

<table>
<tr><th>Ingratidão do donatário</th><th>Inexecução do encargo</th></tr>
<tr><td>▪ se atentou contra a vida do doador ou cometeu crime de homicídio doloso contra ele
▪ se cometeu contra ele ofensa física
▪ se o injuriou gravemente ou o caluniou
▪ se, podendo ministrá-los, recusou ao doador os alimentos de que este necessitava</td><td rowspan="6">▪ o donatário é obrigado a cumprir os encargos da doação, caso forem a benefício:
- do doador
- de terceiro
- ou do interesse geral.
▪ no interesse geral, o MP poderá exigir sua execução, depois da morte do doador, se este não tiver feito</td></tr>
<tr><th>extensão dos casos de revogação por ingratidão, se o ofendido for do doador</th></tr>
<tr><td>▪ cônjuge
▪ ascendente
▪ descendente, ainda que adotivo
▪ irmão</td></tr>
<tr><th>não se revogam por ingratidão</th></tr>
<tr><td>▪ as doações puramente remuneratórias
▪ as oneradas com encargo já cumprido
▪ as que se fizerem em cumprimento de obrigação natural
▪ as feitas para determinado casamento</td></tr>
<tr><td></td></tr>
<tr><th colspan="2">prazo para a revogação da doação</th></tr>
<tr><td colspan="2">▪ decadencial de 1 ano, a contar do conhecimento do fato pelo doador.
Anotações:
▪ trata-se de direito personalíssimo.
▪ o direito de revogar a doação não se transmite aos herdeiros do doador, nem prejudica os do donatário. Mas aqueles podem prosseguir na ação iniciada pelo doador, continuando-a contra os herdeiros do donatário, se este falecer depois de ajuizada a lide</td></tr>
<tr><th colspan="2">prazo para a revogação da doação</th></tr>
<tr><td colspan="2">▪ há uma exceção, no caso do homicídio doloso, quando a ação competirá aos herdeiros, exceto se o doador, antes de morrer, houver perdoado o algoz.
▪ a doação onerosa pode ser revogada por inexecução do encargo, se o donatário incorrer em mora. Não havendo prazo para o cumprimento, o doador poderá notificar judicialmente o donatário, assinando-lhe prazo razoável para que cumpra a obrigação assumida
▪ a revogação por ingratidão não prejudica os direitos adquiridos por terceiros, nem obriga o donatário a restituir os frutos percebidos antes da citação válida; mas sujeita-o a pagar os posteriores, e, quando não possa restituir em espécie as coisas doadas, a indenizá-la pelo meio termo do seu valor.</td></tr>
</table>

12.5. LOCAÇÃO DE COISAS

- **noções gerais:** é o contrato pelo qual uma das partes se obriga a conceder à outra o uso e gozo de uma coisa não fungível, temporariamente e mediante remuneração (CC, art. 565).
- **características:**

a) figuram no contrato o locador e o locatário

b) contrato: bilateral, oneroso, comutativo, consensual, de forma livre, de trato sucessivo e por tempo certo (é temporário).

c) pode recair sobre bem móvel ou imóvel, ambos infungíveis

d) o preço é o aluguel. Se for gratuito, haverá comodato.

e) o bem alienado durante a locação deve ser entregue ao adquirente, exceto cláusula em contrário devidamente registrada, no de Títulos e Documentos do domicílio do locador (bens móveis) ou Imobiliário (bens imóveis).

f) a locação é transferível aos herdeiros

g) em caso de dúvida, a intepretação será favorável ao locatário

h) o locatário goza do direito de retenção, no caso de benfeitorias necessárias, ou no de benfeitorias úteis, se estas houverem sido feitas com expresso consentimento do locador

i) segundo o art. 2.036 do CC: *"A locação de prédio urbano que esteja sujeita a lei especial, por esta continua a ser regida"*. Assim, o Código Civil disciplina a locação de garagens, apart-hotéis, espaços destinados a publicidade, hotéis-residência, etc. A Lei 8.245/91 (Lei de Locação) continua a reger a locação urbana, destinada à habitação, à temporada ou à atividade empresarial. Se a atividade a ser desenvolvida no imóvel locado for a exploração extrativa agrícola, pecuária ou agroindustrial, a locação será de imóvel rústico ou arrendamento rural, regulada pela Lei 4.504/64 (Estatuto da Terra – ET) e pelo Decreto 59.566/66. De acordo com o ET/art. 4º, I, o prédio será rústico independentemente de sua localização, pois o que importa para caracterizá-lo é a atividade rural que desenvolve

j) a locação de bens públicos é regida pela Lei 9.760/46 e o arrendamento mercantil pela Lei 6.099/74 e resoluções do Banco Central

12.6. EMPRÉSTIMO

- **noções geras do contrato de comodato:** é o empréstimo gratuito de bem infungível e inconsumível, para uso temporário e posterior restituição. Perfaz-se com a **tradição** do objeto.
- **características:**

a) contrato: unilateral, gratuito, real, temporário e intuito personae.

b) tutores, curadores e, em geral, todos os administradores de bens alheios não poderão dar em comodato, **sem autorização especial**, os bens confiados à sua guarda

c) o comodatário constituído em **mora**, além de por ela responder, pagará, até restituí-la, o aluguel da coisa que for arbitrado pelo comodante

d) o comodatário **não** poderá jamais recobrar do comodante as despesas feitas com o uso e gozo da coisa emprestada

e) duas ou mais pessoas forem **simultaneamente** comodatárias de uma coisa, ficarão solidariamente responsáveis para com o comodante

- **noções gerais do contrato de mútuo:** é o empréstimo de coisas fungíveis. O mutuário é obrigado a restituir ao mutuante o que dele recebeu em coisa do mesmo gênero, qualidade e quantidade. Pode ser gratuito ou oneroso.
- **características:**

a) contrato: unilateral, gratuito ou oneroso (quando se estipula contraprestação), real e temporário.

b) em regra, o mútuo feito a **menor**, sem **prévia** autorização daquele sob cuja guarda estiver, não pode ser reavido nem do mutuário, nem de seus fiadores. **Exceções:**

1. ratificação posterior do responsável
2. ausente o responsável, o menor se viu obrigado ao empréstimo para os alimentos habituais
3. se o menor tiver bens, quando seu patrimônio será o limite da execução
4. se o menor agiu com malícia

c) mutuo feneratício**:** destinando-se o mútuo a fins econômicos, presumem-se devidos juros, os quais, sob pena de redução, não poderão exceder a taxa a que se refere o art. 406, permitida a capitalização anual (Enunciado 34 das Jornadas).

d) não se tendo convencionado expressamente, o prazo do mútuo será:

1. até a próxima colheita, se o mútuo for de produtos agrícolas, assim para o consumo, como para semeadura
2. de **30 dias**, pelo menos, se for de dinheiro
3. do espaço de tempo que declarar o mutuante, se for de qualquer outra coisa fungível

12.7. PRESTAÇÃO DE SERVIÇOS

- **noções gerais:** constitui locação ou prestação de serviço toda espécie de serviço ou trabalho lícito, material ou imaterial, contratado mediante retribuição (CC, art. 594). As regras do CC têm caráter residual, aplicando-se somente às relações não regidas pela CLT e pelo CDC, sem distinguir a espécie de prestador de serviços, que pode ser profissional liberal ou trabalhador (art. 593) (GONÇALVES, Carlos Roberto. *Direito Civil Esquematizado*. 2. 1 ed. Saraiva. São Paulo: 2013: p. 159). Portanto, é contrato pelo qual uma pessoa se obriga a fornecer a outra, sem vínculo empregatício, prestação de atividade, mediante remuneração. É chamado de *locação de serviço*, e não gera vínculo trabalhista.
- **características:**

a) recai sobre serviço ou trabalho

b) prestador é quem executa o serviço e tomador é aquele que contrata os serviços, remunerando

c) contrato: bilateral, comutativo, oneroso, consensual e de forma livre.

d) a remuneração é de livre estipulação entre as partes. Caso não façam, será fixada por **arbitramento**, segundo o costume do lugar, tempo de serviço e qualidade. Em regra, remunera-se após a prestação do serviço, mas admite-se que seja antecipada, ou paga em prestações

e) a prestação de serviço não se poderá convencionar por **mais** de **04 anos**

f) a rescisão do contrato por prazo indeterminado pode ocorrer a qualquer tempo, e o **aviso prévio** será com antecedência de:

1. **8 dias**, se o salário for por mês

2. **4 dias**, se o salário for por semana ou quinzena

3. na **véspera**, se o salário for por **menos de 7 dias**

12.8. EMPREITADA (LOCAÇÃO DE OBRA)

- **noções gerais:** conhecido no direito romano como *locatio conductio operis*, foi previsto no CC/1916 nos artigos 1.237 e seguintes; no vigente CC/2002, consta dos artigos 610 a 626. Trata-se de contrato pelo qual um dos contratantes – *o empreiteiro* – se obriga com outro – *o dono da obra* – mediante remuneração, por si ou terceiro, e sem subordinação e mediante instruções deste, a executar uma obra.
- **características:**

a) contrato: bilateral, comutativo, oneroso, não solene (de forma livre).

b) **espécies**:

1. *lavor:* o empreiteiro fornece somente a mão de obra

2. *mista*: o empreiteiro assume a obrigação de fornecer a mão de obra e os materiais empregados na execução da construção ou produção.

c) não há presunção do fornecimento do material pelo empreiteiro, pois ele resulta da lei ou cláusula contratual entre as partes

d) o contrato de elaboração do projeto não implica a obrigação de executá-lo, ou de fiscalizar-lhe a execução

e) o preço pode ser:

1. *fixo*: absoluto e relativo
2. *por medida*
3. *por valor reajustável*
4. *por valor máximo*
5. *por valor de custo*

f) riscos e garantias do contrato:

1. *empreitada de lavor*: se o empreiteiro só forneceu mão de obra, todos os riscos em que não tiver culpa correrão por conta do dono. Se a coisa **perecer antes de entregue**, sem mora do dono nem culpa do empreiteiro, este perderá a retribuição, se **não provar** que a perda resultou de defeito dos materiais e que em tempo reclamara contra a sua quantidade ou qualidade.
2. *empreitada mista*: os riscos são do empreiteiro, até a entrega da obra, ante o princípio *res perit domino*, salvo se o dono da obra estiver em mora.
3. nas obras e construções consideráveis ou de grande vulto, o empreiteiro *misto* garantirá o trabalho, por sua solidez e segurança, assim como em relação aos materiais e ao solo, por **5 anos, independentemente de sua culpa**[6].

g) o contrato de empreitada não é extinto com a morte das partes, salvo quando estabelecido com o empreiteiro em função de suas qualidades pessoais *(intuito personae ou personalíssimo)*.

12.9. DEPÓSITO

- **noções gerais:** contrato pelo qual uma das partes, nomeada depositário, recebe da outra, denominada depositante, uma coisa móvel, para guardá-la, com a obrigação de restituí-la na ocasião ajustada ou quando lhe for reclamada (GONÇALVES, Carlos Roberto. Direito Civil Esquematizado. 2. 1 ed. Saraiva. São Paulo: 2013: p. 179).
- **características:**

a) contrato: real (exige a entrega da coisa)

b) tem por finalidade a guarda de coisa alheia

c) unilateral (em regra é gratuito), mas se admite que seja oneroso (bilateral), se houver convenção ou se o depositário exerce a função profissionalmente

d) temporário (impõe ao depositário a obrigação de restituir) e personalíssimo.

e) espécies:

1. *voluntário ou convencional*: realiza-se por acordo
2. *regular ou ordinário*: recai sobre bens infungíveis
3. *irregular*: recai sobre bens fungíveis e consumíveis
4. *judicial ou sequestro*: o qual decorre de determinação judicial.
5. *necessário*: presume-se oneroso

- legal: obrigações legais
- miserável: por ocasião de calamidade
- hoteleiro ou hospedeiro: decorrente de bagagens em hotéis

- ***ATENÇÃO*: segundo a Súmula Vinculante 25 do STF:** *É ilícita a prisão civil de depositário infiel, qualquer que seja a modalidade do depósito".*

12.10. MANDATO

- **noções gerais:** opera-se o mandato quando alguém recebe de outrem poderes para, em seu nome, praticar atos ou administrar interesses. Trata-se de representação voluntária ou convencional (CC, art. 653). Vale lembrar que segundo o art. 115 do CC, os poderes de representação conferem-se por **lei** ou pelo **interessado**. Logo, a representação pode ser legal ou convencional (voluntária). O *representante legal* é aquele a quem a norma jurídica confere poderes para administrar bens alheios (ex: pai ou mãe em relação ao filho menor). O *representante convencional ou voluntário* é o que recebe procuração para agir em nome do mandante em contrato de mandato. Observe-se que a representação é distinta do mandato, e que pode haver representação sem mandato (ex: tutela) e mandato sem representação (ex: comissão mercantil). O CC/2002 não adotou a teoria da separação, conforme veremos abaixo.
- **características:**

a) contrato: unilateral, gratuito ou oneroso, personalíssimo, consensual, não solene, revogável e renunciável, de aceitação tácita ou expressa

b) a procuração é o instrumento do mandato, e pode ser público ou particular. Não foi adotada a **teoria da separação** pelo CC/2002. De acordo com ela, o poder da representação não nasce do mandato, mas do negócio jurídico *unilateral, autônomo e abstrato*, que é a procuração; o mandato, portanto, pela *teoria da separação*, é a relação subjacente à procuração.

c) espécies de mandato:

1. *legal*: a representação legal dispensa o instrumento, pois decorre da lei, como os pais que representam o filho.
2. *judicial*: conferido em decorrência de processo judicial. Ex. inventariante, administrador judicial
3. *convencional*: conferida por acordo de vontade. Pode ser: (1) *ad negotia*: no mundo dos negócios;

---

6. **Enunciado 181:** *"O prazo referido no art. 618, parágrafo único, do Código Civil refere-se unicamente à garantia prevista no caput, sem prejuízo de poder o dono da obra, com base no mau cumprimento do contrato de empreitada, demandar perdas e danos".*

(2) *ad judicia*: no âmbito judicial. Em regra escrito e oneroso, conferido a advogado inscrito na OAB.

d) admite-se o **substabelecimento**, que é a transferência a outrem os poderes recebidos. Pelo Enunciado 182 da III Jornada de Direito Civil: *"O mandato outorgado por instrumento público previsto no art. 655 do Código Civil somente admite substabelecimento por instrumento particular quando a forma pública for facultativa e não integrar a substância do ato".*

Sem reserva de poderes:		
o mandatário transfere os poderes e deixa a posição de procurador. O substabelecido passa a ser o único. O mandante deve ser notificado.		
Com reserva de poderes:		
mandato possibilita substabelecimento	**mandato é omisso**	**mandato proíbe**
há responsabilidade do mandante somente se o substabelecido por notoriamente incapaz ou insolvente	ato é válido, mas mandatário é responsável por prejuízo causado a título de culpa do substabelecido	ato é válido, mas o mandatário responde por culpa, caso fortuito e de força maior, salvo se provar que o prejuízo ocorreria ainda que não tivesse substabelecido.

e) o mandato pode ser conferido a uma pessoa (singular) ou várias (plural). No plural, pode ser:

1. *conjunto*: só será válido o ato se todos praticarem, ressalvada a ratificação
2. *solidário*: podem agir separadamente, em relação a todos os atos
3. *fracionário*: os mandatários podem em setores, pois possuem delimitação do poder
4. *substituto:* um atua na falta do outro, segundo a ordem de nomeação

f) o menor, a **partir de 16 anos**, pode ser mandatário *ad negotia*, mas o mandante não tem ação de regresso para cobrar eventual prejuízos, salvo se autorizado por seu representante, ou se ocultou a idade, apresentando-se maior

g) contrato consigo mesmo (autocontrato): uma das partes representa a outra no negócio, e neste caso possui **dupla qualidade**, ou seja, é parte e representante, como ocorre no **mandato em causa própria** (CC, art. 685), pelo qual o mandatário aufere poderes para alienar determinado bem, a terceiros ou para si próprio. Em ambas as situações, haverá ***autocontrato*** ou ***contrato consigo mesmo***.

h) consequências do autocontrato: diz o CC, art. 117, caput, *"Salvo se o permitir a lei ou o representado, é anulável o negócio jurídico que o representante, no seu interesse ou por conta de outrem, celebrar consigo mesmo"*. **Assim**:

1. admite-se o autocontrato, desde que autorizado pela a **lei** ou **representado**
2. de acordo com o STJ, não é válida a cláusula de mandato inserta nos contratos quando houver **conflito de interesses** entre representado e representante, de modo a afetar a vontade que constitui a substância do ato jurídico (STJ, AG 292226, Re. Ministra Nancy Andrighi).

i) são hipóteses de extinção do contrato de mandato:

1. revogação
2. renúncia
3. morte de uma das partes
4. interdição de uma das partes
5. mudança de estado de uma das partes
6. término do prazo
7. conclusão do negócio

12.11. COMISSÃO

- **noções gerais:** trata-se do contrato que tem por objeto a aquisição ou a venda de bens pelo comissário, em seu próprio nome, à conta do comitente. É intermediação com prestação de serviço.
- **características:**

a) contrato: bilateral, oneroso, consensual e personalíssimo

b) no mandato, o representante atua em nome do representado e, na comissão, o **comissário atua nome próprio**

c) comissão *"del crede"*: o comissário assume a responsabilidade pela solvência daquele com quem contrata, no interesse e por conta do comitente. Neste caso, o **comissário** responde **solidariamente**, motivo pelo qual tem direito a remuneração maior, em razão do risco assumido.

12.12. AGÊNCIA E DISTRIBUIÇÃO

- **contrato de agência ou representação comercial**: trata-se da convenção pela qual uma pessoa se obriga, mediante retribuição, a realização de certos negócios, dentro de um limite territorial, com o caráter da habitualidade, em favor e por conta de outrem, sem subordinação hierárquica.
- **contrato de distribuição**: é aquele e que o fabricante, oferecendo vantagens especiais, compromete-se a vender, continuamente, seus produtos ao distribuidor, para revenda em zona determinada. O distribuidor assume a obrigação de revender, com exclusividade, e por conta própria, mediante retribuição, mercadorias de certo fabricante, em zona determinada. (Maria Helena Diniz).

12.13. CORRETAGEM

- **noções gerais:** corretagem ou mediação é o contrato no qual uma pessoa, não ligada a outra em virtude de mandato, de prestação de serviços ou por qualquer relação de dependência, obriga-se a obter para a segunda um ou mais negócios, conforme as instruções recebidas.
- **características:**

a) trata-se de **obrigação de resultado**, em que o corretor aproxima pessoas interessadas em um negócio jurídico e fará jus a **retribuição** somente se o negócio se realizou **exclusivamente** por sua intervenção.

b) não terá culpa pelo fracasso da negociação

c) contrato: bilateral, oneroso, aleatório, comutativo, consensual, não solene, acessório, de fazer e de resultado

d) lembramos a Lei 6.530/78, regulamentada pelo Decreto 81.871/78, que dispõe sobre o corretor de imóveis.

12.14. TRANSPORTE

- **noções gerais:** é a convenção pela qual alguém se obriga, mediante retribuição, a transportar, de um lugar para outro, pessoas ou coisas.
- **características:**

a) contrato: bilateral, oneroso, comutativo, consensual

b) transporte de pessoas: o transportador se obriga a remover uma pessoa e sua bagagem de um local a outro, mediante a correspondente remuneração.

c) responsabilidade civil: o transportador responde pelos danos causados às pessoas transportadas e suas bagagens, salvo motivo de força maior, sendo **nula** qualquer cláusula excludente da responsabilidade.

d) responsabilidade objetiva: do transportador pelos danos morais e patrimoniais também em relação aos desastres, desde que não provados por força maior. A culpa de terceiro não elide tal responsabilidade, contra quem o transportador terá **ação regressiva.** A outo giro, o **transporte em cortesia** ou **amizade**, salvo se o transportador auferir vantagens indiretas, não se sujeita ao mesmo tratamento.

e) transporte de coisas: conceitua-se como aquele em que o transportador, mediante frete, encaminha o objeto móvel ou semovente do *expedidor ou remetente* ao *consignatário ou destinatário*

f) Enunciado 369 da IV Jornada de Direito Civil do CJF/STJ: *"Diante do preceito constante no art. 732 do Código Civil, teleologicamente e em uma visão constitucional de unidade do sistema, quando o contrato de transporte constituir uma relação de consumo, aplicam-se as normas do Código de Defesa do Consumidor que forem mais benéficas a este".*

g) Superior Tribunal de Justiça: *"é eximida a responsabilidade da empresa de transporte coletivo em caso de assalto à mão armada ocorrido no interior de ônibus, pois o fato é estranho ao serviço (força maior)"* **(Informativos 224, 162, 78)**

h) responsabilidade civil do transportador aéreo: no campo nacional, é regida pelo Código Brasileiro de Aeronáutica - CBA - (Lei 7.565, de 19 de dezembro de 1986), pelo Código de Defesa do Consumidor - CDC - (Lei 8.079, de 11 de setembro de 1990) e pelo Código Civil de 2002, art. 732, segundo o qual *"Aos contratos de transporte, em geral, são aplicáveis, quando couber, desde que não contrariem as disposições deste Código, os preceitos constantes da legislação especial e de tratados e convenções internacionais".* **(STJ - Info 490)**.

12.15. SEGURO

- **noções gerais:** convenção pela qual alguém adquire, mediante pagamento de um prémio, o direito de exigir da outra parte uma indenização, caso ocorra o risco futuro assumido (Maria Helena Diniz). Tem por objeto um interesse legitimo relativo a pessoa ou coisa. Segurador é quem suporta o risco. Segurado é quem adquire a apólice, paga o prémio e, eventualmente, receberá a indenização, se o risco se confirmar. Beneficiário, a pessoa que, eventualmente, receberá a indenização.
- **características:**

a) contrato: bilateral, oneroso, aleatório, formal e de adesão, submetido à SUSEP

b) a forma escrita é exigida (formal), e prova-se o contrato com a exibição da apólice ou do bilhete

c) precede a emissão da apólice, de uma proposta escrita, com a declaração dos elementos essenciais

d) no seguro de dano a apólice ou o bilhete serão nominativos, à ordem ou ao portador.

e) para o seguro de pessoa, a apólice ou o bilhete **não** podem ser ao portador

f) nulo será o contrato para garantia de risco proveniente de ato doloso do segurado, do beneficiário, ou de representante de um ou de outro

g) não terá direito a indenização o segurado que estiver em **mora** no pagamento do prêmio, se ocorrer o sinistro antes de sua purgação

h) o pagamento do seguro é em dinheiro, salvo convenção que estabeleça a reposição da coisa

i) seguro de dano (o que é preciso saber):

1. a garantia não pode exceder o valor do interesse
2. não se inclui na garantia o sinistro provocado por vício intrínseco da coisa segurada, não declarado pelo segurado

3. a apólice ou o bilhete à ordem só se transfere por endosso em preto, datado e assinado pelo endossante e pelo endossatário
4. admite-se seguro de responsabilidade civil, e neste caso possui restrições na ação e de indenizar diretamente

j) **seguro de pessoa (o que é preciso saber):**

1. cobre os riscos de **morte involuntária**
2. é lícito estipular prazo de carência
3. a **morte voluntária** (suicídio) possui período de carência legal, nos **2 primeiros anos** de vigência do contrato, ou de recondução depois de suspenso
4. é **nula** a cláusula contratual que exclui o pagamento do capital por suicídio do segurado, salvo a hipótese de carência legal **(Enunciado 187).**
5. no seguro sobre a vida de outros, o proponente é obrigado a declarar, sob pena de falsidade, o seu interesse pela preservação da vida do segurado, presumindo-se o interesse, quando o segurado é cônjuge, ascendente ou descendente do proponente
6. na falta de indicação da pessoa ou beneficiário, ou se por qualquer motivo não prevalecer a que for feita, o capital segurado será pago por metade ao **cônjuge** não separado judicialmente, e o **restante** aos **herdeiros do segurado**, obedecida a ordem da vocação hereditária. Na **falta destes**, serão beneficiários os que provarem que a morte do segurado os **privou** dos meios necessários à subsistência
7. o capital estipulado **não** está sujeito às dívidas do segurado, nem se **considera herança**
8. é nula, no seguro de pessoa, qualquer transação para pagamento reduzido
9. não há sub-rogação do segurador contra o causador do sinistro
10. pode ser estipulado por pessoa jurídica, em proveito do grupo que a ela se vincule. No caso de modificação da apólice, **¾ (três quartos)** dos segurados deverão anuir expressamente
11. não está compreendido no seguro, o reembolso das despesas hospitalares, médicas, de luto e funeral.

12.16. CONSTITUIÇÃO DE RENDA

- **noções gerais:** no contrato de constituição de renda, uma pessoa obrigar-se para com outra a uma prestação periódica, a título gratuito. Pode ocorrer, também, quando uma parte (instituidor ou censuísta) entrega certo capital, em dinheiro, bem móvel ou imóvel, a outra (rendeiro ou censuário), que se obriga a pagar-lhe, temporariamente, renda ou prestação periódica, quando será a título oneroso (Maria Helena Diniz).
- **características:**

a) pode ser **gratuito** (instituição de renda por liberalidade) ou **oneroso** (entrega de dinheiro, bem móvel ou imóvel).

b) quando **oneroso**, pode o credor exigir do rendeiro que preste garantia real ou fidejussória

c) pode ser, ainda, **comutativo** (quando por prazo e prestações certas) ou **aleatório** (quando onerosa, vier a ultrapassa a vida do devedor ou rendeiro, mas não a do credor, seja ele contratante ou terceiro. Neste caso, a renda é vitalícia)

d) contrato real, pois exige a tradição dos bens

e) o contrato requer escritura pública

f) é **nulo** o contrato:

1. em favor de pessoa falecida, quando celebrado o contrato
2. que vier a falecer nº **30 dias** seguintes a celebração do contrato, de moléstia que já sofria

g) constituída a renda em favor de duas ou mais pessoas, sem determinar as partes, entende-se que foram por igual. **Não há direito de acrescer** entre eles.

h) a renda gratuitamente instituída, é impenhorável, inclusive em favor de montepios e pensão de alimentos.

12.17. JOGO E APOSTA

- **noções gerais jogo:** é o contrato entre duas ou mais pessoas que prometem, entre si, pagar certa soma àquela que conseguir um resultado favorável, em virtude de um acontecimento incerto (Maria Helena Diniz)
- **noções gerais aposta:** é o acordo entre duas ou mais pessoas que prometem, entre si, pagar certa quantia àquele que acertar a opinião sobre um evento futuro.
- **características:** as dívidas de jogo ou de aposta não obrigam a pagamento; mas não se pode recobrar a quantia, que voluntariamente se pagou, salvo se foi ganha por **dolo**, ou se o perdente é **menor** ou **interdito**.

a) as dívidas de jogo e aposta são irrepetíveis, salvo se:

1. dolosa
2. perdente menor ou interdito

b) outrossim, não se pode pedir o **reembolso** do que se emprestou para jogo e aposta, no ato de apostar ou jogar

c) as disposições sobre o jogo e a aposta **não** se aplicam aos contratos sobre títulos de bolsa, mercadorias ou valores.

12.18. FIANÇA

- **noções gerais:** o contrato de *fiança ou caução fidejussória* caracteriza-se pela promessa feita por uma ou mais pessoas de satisfazer a obrigação assumida pelo devedor, caso este não a cumpra
- **características:**

a) trata-se de garantia pessoal, pois a garantia real ocorre quando um bem determinado é vinculado ao cumprimento da obrigação (penhor, hipoteca, etc)

b) o terceiro que se compromete perante o credor chama-se fiador

c) o contrato de fiança é *acessório e subsidiário* da obrigação principal, aplicando-se a máxima de que nula a obrigação principal o acessório segue a mesma sorte, **exceto** se a nulidade resultar, **tão somente**, de incapacidade pessoal do devedor (relativamente ou absolutamente incapaz), disposição que **não** se aplica ao **mútuo feito a menor.**

d) admite-se a *fiança solidária*

e) Enunciado 364 da IV Jornada de Direito Civil do CJF/STJ: *"No contrato de fiança é nula a cláusula de renúncia antecipada ao benefício de ordem quando inserida em contrato de adesão".*

f) o *benefício da ordem ou da excussão* não se confunde com o *benefício da divisão*; o primeiro é o direito do fiador de exigir que o credor excuta em primeiro lugar os bens do devedor; o segundo, é o direito dos fiadores conjuntos estipularem a responsabilidade de cada um *(pro rata)* na obrigação principal, reconhecendo-se por solidários se omisso o contrato de fiança dessa repartição

g) valor da fiança **pode** ser **menor** que a obrigação principal e possuir condições menos onerosas, sendo que, **convencionada em valor superior** a obrigação, o que exceder não será válido, mantendo-se livre de vícios o equivalente da obrigação afiançada

h) interessante anotar, ainda, que a fiança é ilimitada, abrangendo todos os acessórios da dívida, salvo se declarada pelo fiador que é limitada

i) além disso, tanto as dívidas **atuais**, quanto as **futuras**, podem ser objeto de fiança

j) a fiança poderá ser estipulada **sem** o consentimento do devedor, ou **contra** a sua vontade, já que se trata de negócio entre o fiador e o credor, ficando o devedor de fora dessa relação jurídica

k) contrato: acessório, unilateral, escrito ou solene, em regra gratuito e por exceção oneroso, **não** admite interpretação extensiva, admitindo-se que seja convencional, legal ou judicial

l) em relação aos **cônjuges**, a outorga **é exigida**, salvo no regime da **separação de bens**

m) de acordo com a Súmula 332 do STJ: *"A anulação de fiança prestada sem outorga uxória implica a ineficácia **total** da garantia"*

n) na união estável não se exige o consentimento do companheiro para a prática dos atos previstos no art. 1.647 do CC (STJ, Resp 1299894/DF). Assim, uma pessoa que viva em união estável com outra pode prestar fiança sem a necessidade de autorização de seu (sua) companheiro (a). Logo, NÃO é nula a fiança prestada por fiador convivente em união estável sem a autorização de sua companheira.

o) Estabelece, por outro lado, a Súmula 214 do STJ: *"O fiador na locação não responde por obrigações resultantes de aditamento ao qual não anuiu"*

p) o credor pode pedir a substituição do fiador, se este se tornar insolvente ou incapaz

q) o fiador que paga a dívida sub-roga-se nos direitos do credor

r) a morte do fiador extingue a fiança, mas a obrigação passa aos herdeiros, limitada ao tempo decorrido **até** a morte do fiador, e não pode ultrapassar as forças da herança

s) a extinção da fiança ocorre, entre outros motivos, se o credor conceder moratória ao devedor, sem o consentimento do fiador; morte do fiador, anulação judicial, etc.

t) na fiança, a responsabilidade é subsidiária; no aval, solidária e autônoma

12.19. TRANSAÇÃO

- **noções gerais:** é um negócio jurídico bilateral, pelo qual as partes interessadas, fazendo-se concessões mútuas, previnem ou extinguem obrigações litigiosas ou duvidosas (Maria Helena Diniz). Há divergência sobre a natureza jurídica da transação, formando-se duas correntes. A 1ª, de que contratual; a 2ª, *meio de extinção das obrigações*. Para esta corrente, a transação não pode ser considerada contrato, que tem por fim gerar obrigações. De fato, a transação constitui-se por acordo de vontades, e nisso aproxima-se dos contratos. Nos seus efeitos, tem natureza de pagamento indireto. O Código Civil de 2002 inclui a transação entre os contratos.
- **característica:** é lícito, por composição amigável das partes, mediante mútuas concessões, prevenirem ou terminarem obrigações ou litígios já desencadeados.

a) admitida quanto a direitos patrimoniais de caráter privado

b) interpreta-se **restritivamente**

c) por ela **não** se transmitem, apenas se declaram ou reconhecem direitos

d) não aproveita, nem prejudica senão aos que nela intervierem, **ainda** que diga respeito a coisa indivisível

e) concluída entre o credor e o devedor, desobrigará o fiador

f) **solidariedade**:

1. entre um dos credores solidários e o devedor, extingue a obrigação deste para com os outros credores
2. entre um dos devedores solidários e seu credor, extingue a dívida em relação aos codevedores

g) dada a evicção, **não** revive a obrigação extinta pela transação, restando ao evicto as perdas e danos

h) resultante de delito, não extingue a ação penal pública

i) é admissível, na transação, a pena convencional ou cláusula penal

j) é **indivisível**, pois nula qualquer das cláusulas da transação, nula será esta, salvo os direitos **independentes entre si**, embora constantes do mesmo negócio

k) **anulável**:

1. dolo
2. coação
3. erro essencial quanto à **pessoa** ou **coisa** controversa

l) **não** se anula por erro de direito, a respeito das questões que foram objeto de controvérsia entre as partes

m) **nula:**

1. se recair em litígio **sentenciado** e com **trânsito em julgado**, se algum dos transatores não tinha ciência
2. por título **ulteriormente** descoberto, se verificar que nenhum deles tinha direito sobre o objeto da transação

n) **espécies**:

1. judicial
   - escritura pública (CC, art. 108)
   - instrumento particular
2. extrajudicial
   - escritura pública
   - termo nos autos, assinado pelos transigentes e homologado pelo juiz

12.20. COMPROMISSO

- **noções gerais:** é o acordo bilateral em que as partes interessadas, capazes de contratar, submetem suas controvérsias jurídicas à decisão de árbitros, comprometendo-se a acatá-las, subtraindo a demanda da jurisdição da justiça comum (Maria Helena Diniz)
- **características:**

a) a Lei 9.307/96, dispõe sobre a arbitragem

b) o compromisso pode ser:

- *judicial*
- *extrajudicial.*

c) *judicial* quando convencionado sobre demanda já em curso, celebrando-se por termo nos autos. Caso não exista processo em trâmite no momento de sua instituição, será *extrajudicial* (Lei 9.307/96, art. 9º).

d) é **vedado** nas questões:

1. de estado
2. de direito pessoal de família
3. e de outras que não tenham caráter **estritamente** patrimonial
4. admite-se nos contratos a cláusula compromissória, nos termos da Lei 9.307/96

13. ATOS UNILATERAIS

13.1. PROMESSA DE RECOMPENSA

- **noções gerais:** é a declaração de vontade feita por anúncio público (p. ex. TV, jornal, folhetos distribuídos), em razão da qual aquele que prometeu a recompensa ou gratificação a quem se encontrar em certa situação, ou praticar determinado ato, contrai obrigação de cumprir o prometido.
- **características:**

a) trata-se de *ato unilateral* ou *declaração unilateral de vontade* que também é fonte de obrigações, como são os atos ilícitos e os contratos, que se forma com a manifestação da vontade

b) o direito ao prêmio surge para quem fizer o serviço, ou satisfizer a condição, ainda que não pelo interesse da promessa, momento a partir do qual poderá exigir a recompensa estipulada

c) a promessa **é revogável**, antes de prestado o serviço ou preenchida a condição, com a mesma publicidade da promessa, salvo se houver **prazo assinado** para a sua execução, quando ocorre a **renúncia** à revogação durante a fluência do prazo

d) prestado o serviço ou preenchida a condição por mais de um indivíduo, a recompensa é devida ao primeiro, em razão da *"teria da prioridade"*; se for **simultânea** a execução, o quinhão será *dividido* por igual, segundo a *"teoria da divisibilidade"*; se a recompensa for **indivisível**, haverá **sorteio**, e o vencedor deverá conferir ao outro o valor de seu quinhão, como forma de manter a igualdade de partes

13.2. GESTÃO DE NEGÓCIOS

- **noções gerais:** é a intervenção de terceiro em negócio alheio, que ocorre sem o conhecimento do dono, mas a seu favor, de forma espontânea e desinteressada. Ao tempo do CC/1916, a gestão estava entre os contratos nominados. No CC/2002, o instituto foi inserido entre os atos unilaterais. A nova posição jurídica é acertada, pois a intervenção não autorizada de uma pessoa na direção dos negócios de outra definitivamente não é contrato, faltando-lhe o acordo de vontades, o prévio ajuste.

- **características:**

a) é gratuita e ratificada pura e simplesmente pelo dono do negócio, retroage (*"ex tunc"*) ao dia do começo da gestão, produzindo os efeitos do **mandato**

b) o gestor atua no interesse e na vontade presumível de seu dono, ficando responsável a este e às pessoas com que tratar. Se iniciada **contra** a vontade do interessado, responderá o gestor **até** pelos casos fortuitos, não provando que teriam sobrevindo, ainda quando se houvesse abatido

c) o gestor **responde** pelo caso fortuito quando fizer operações arriscadas, ainda que o dono costumasse fazê-las

d) quando alguém, na **ausência** do indivíduo **obrigado a alimentos**, por ele os prestar a quem se devem, poder-lhes-á reaver do devedor a importância, ainda que este não ratifique o ato, salvo se **provado** que o gestor fez essas despesas com o **simples intento** de bem-fazer

e) nas despesas do enterro, proporcionadas aos usos locais e à condição do falecido, feitas por **terceiro**, podem ser cobradas da pessoa que teria a obrigação de **alimentar a que veio a falecer**, ainda mesmo que esta **não** tenha deixado herança, salvo se **provado** que o gestor fez essas despesas com o **simples intento** de bem-fazer

f) se negócios alheios forem **conexos** ao do gestor, de tal arte que se **não** possam gerir separadamente, haver-se-á o gestor **por sócio** daquele cujos interesses agenciar de envolta com os seus

13.3. PAGAMENTO INDEVIDO

- **noções gerais:** é uma das formas de enriquecimento ilícito. Ocorre pelo pagamento feito *sem causa jurídica – a dívida ou sua extensão inexistem (indébito objetivo)* – ou por quem *não é devedor (solvens)* ou a quem *não é credor (accipiens) – indébito subjetivo* – gerando o efeito legal do dever de restituir.

- **características:**

a) seus elementos são a *voluntariedade* e o *erro de fato ou de direito*

b) nas obrigações *condicionais*, o pagamento feito antes do implemento da condição será havido por erro, o que não ocorre nas obrigações a termo, nas quais se admite a renúncia do prazo concedido em favor do devedor

c) o *direito de repetição* é o de exigir a restituição do que se pagou

d) a prova do erro de direito ou de fato, tanto no indébito objetivo quanto no subjetivo, compete a quem **pagou voluntariamente o indevido.**

e) os frutos, acessões, benfeitorias e deteriorações sobrevindas à coisa dada em pagamento indevido, aplica-se o disposto no CC/2002 sobre o possuidor de boa-fé ou de má-fé, conforme o caso

f) aquele que **indevidamente recebeu um imóvel**:

1. se alienou em **boa-fé**, por **título oneroso**, responde somente pela **quantia** recebida
2. se agiu de **má-fé**, além do valor do imóvel, responde por perdas e danos
3. se o imóvel foi alienado por **título gratuito**, ou se, alienado por **título oneroso**, o **terceiro** adquirente agiu de **má-fé**, cabe ao que pagou por erro o direito de **reivindicação**

g) aquele que recebeu de boa-fé a prestação de quem não é devedor, como parte de dívida verdadeira, e inutilizou o título, deixou prescrever a pretensão, ou renunciou as garantias que asseguram seu direito, não precisa restituir. Mas o devedor que pagou em erro terá ação regressiva contra o verdadeiro devedor e seu fiador (Maria Helena Diniz)

h) se o pagamento indevido tiver consistido no desempenho de obrigação de fazer ou para eximir-se da obrigação de não fazer, aquele que recebeu a prestação fica na obrigação de indenizar o que a cumpriu, na medida do lucro obtido

i) as dívidas prescritas ou obrigações naturais são irrepetíveis

j) não terá direito à repetição aquele que deu alguma coisa para obter fim ilícito, imoral, ou proibido por lei. Neste caso, o que se deu reverterá em favor de estabelecimento **local** de beneficência, a critério do juiz.

13.4. ENRIQUECIMENTO SEM CAUSA

- **noções gerais:** significa auferir um ganho à custa de alguém sem causa que o justifique, ou que deixou de existir, resultando no dever de restituir, **devidamente corrigido.** Por outro lado, se esse enriquecimento tiver por objeto **coisa determinada**, quem a recebeu é obrigado a **restituí-la**, e, se a coisa não existir, a restituição se fará pelo valor do bem na **época em que foi exigido**.

- **características:**

a) Enunciado 35 da I Jornada de Direito Civil do CJF/STJ: *"A expressão "se enriquecer à custa de outrem" do art. 886 do novo Código Civil não significa, necessariamente, que deverá haver empobrecimento"*

b) Enunciado 188 III Jornada de Direito Civil do CJF/STJ:: *"A existência de negócio jurídico válido e eficaz é, em regra, uma justa causa para o enriquecimento".*

c) pode ocorrer o **caráter subsidiário** da restituição, se a lei conferir ao lesado outros meios para se ressarcir do prejuízo. Pelo **Enunciado 36** da I Jornada do CJF/STJ: *"O art. 886 do novo Código Civil não exclui o direito à restituição do que foi objeto de enriquecimento sem* *causa nos casos em que os meios alternativos conferidos ao lesado encontram obstáculos de fato".*

d) as ações *in rem verso* possuem como **requisitos**:

1. enriquecimento de um e empobrecimento de outro
2. relação de causalidade entre ambos
3. inexistência de causa jurídica, ou que tenha deixado de existir
4. inexistência de ações específicas, reconhecendo-se o caráter subsidiário

14. DA RESPONSABILIDADE CIVIL

14.1. INTRODUÇÃO

- **noções gerais: o** ato ilícito é fonte de obrigações. Todo aquele que causar dano a outrem, material ou moral, tem o dever de repará-lo. Também comete ato ilícito o titular de um direito que, ao exercê-lo, excede manifestamente os limites impostos pelo seu fim econômico ou social, pela boa-fé ou pelos bons costumes. Tradicionalmente a responsabilidade civil é baseada na conduta culposa. Apesar disso, é admitida, em algumas situações legalmente previstas, a responsabilidade objetiva. Aliás, "A responsabilidade civil decorrente do abuso do direito independe de culpa e fundamenta-se somente no critério objetivo-finalístico" (Enunciado 37). A teoria do risco, na mesma linha, admite a responsabilidade objetiva, quando a atividade normalmente desenvolvida pelo autor do dano implicar, por sua natureza, risco para os direitos de outrem. (CC/art. 927, parágrafo único).

14.2. ELEMENTOS DA RESPONSABILIDADE CIVIL

14.2.1. CONDUTA HUMANA E CULPA

- **noções gerais de conduta humana:** para que ocorra o ato ilícito, será imprescindível a conduta humana, que pode ser causada por uma ação (conduta positiva) ou omissão (conduta negativa) voluntária (dolo) ou por negligência, imprudência ou imperícia (culpa). O elemento volitivo caracteriza a conduta como *fato jurígeno*. Note-se que a responsabilidade civil não se limita aos atos próprios. Além dessa regra da pessoa responder por suas próprias condutas (*direta*), são previstas hipóteses legais de responsabilidade por ato de terceiro, fato do animal, fato da coisa inanimada ou mesmo por produto colocado no mercado. São situações de responsabilidade *indireta*.
- **noções gerais de culpa:** a responsabilidade civil extracontratual decorre de uma conduta humana "culpável". Portanto, a culpa, em sentido amplo (ou genérico), que abrange o dolo e a culpa em sentido estrito (*strictco sensu*), é o segundo pressuposto da responsabilidade aquiliana.
- **graus da culpa:**

a) grave
b) leve
c) levíssima

* **Nota:** Vide CC, art. 944, parágrafo único.

- **culpa estrito sensu**:

a) imprudência: ação com falta de cuidado
b) negligência: omissão com falta de cuidado
c) imperícia: falta de qualificação ou treinamento de um profissional o desempenho de determinada função (ex: CC, art. 951)

- **espécies de dolo**:

a) direto
b) indireto
c) eventual

- **a culpa ainda pode ser:**

a) in comitendo: decorre de ação ou imprudência
b) in omitendo: advém de omissão ou negligência
c) in vigilando: falha de fiscalização de alguém
d) in elegendo: má escolha; sem habilidade ou qualificação
e) in custodiando: falta de cuidado da coisa
f) culpa presumida: a existência da culpa para fins de reparação é exigida e presumida contra o autor do dano, a quem compete, para afastar-se da responsabilidade, demonstrar que sua conduta não é culposa.
g) culpa concorrente: para a eclosão do evento danoso, concorreram o autor do dano e a vítima.

* **Nota:** se a vítima tiver concorrido culposamente para o evento danoso, a sua **indenização será fixada,** tendo-se em conta a **gravidade de sua culpa,** em confronto com a do autor do dano (CC, art. 945). Pelo **Enunciado 459**: *"A conduta da vítima pode ser fator atenuante do nexo de causalidade na responsabilidade civil objetiva".*

14.2.2. NEXO DE CAUSALIDADE

- **noções gerais:** o nexo de causalidade ou nexo causal constitui o elemento imaterial ou virtual da responsabilidade civil, constituindo a relação de causa e efeito entre a conduta culposa e o risco criado e o dano suportado por alguém. (TARTUCE, Flavio. *Direito Civil. Direito das Obrigações e Responsabilidade Civil.* 8 ed. Método. São Paulo: p. 358). Trata-se de noção aparentemente fácil, mas que, na prática, enseja algumas perplexidades (...). O conceito de nexo causal não é jurídico; decorre das leis naturais. É o vínculo, a ligação ou relação de causa e efeito entre a conduta e o resultado (FILHO, Sergio Cavalieri, citado *in*: op cit, p. 358).

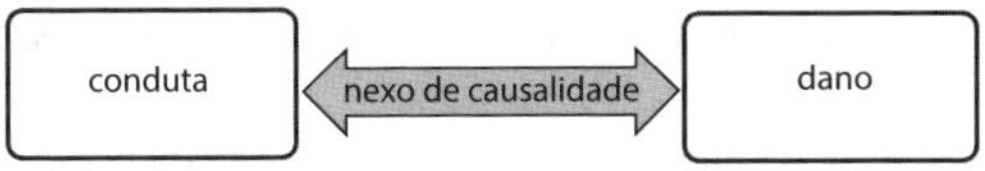

* ***Nota***:

a) ***responsabilidade subjetiva***: nexo de causalidade é formado pela conduta culposa (latu sensu)

b) ***responsabilidade objetiva****: nexo de causalidade é formado pela conduta, cumulada com a previsão legal de responsabilização sem culpa ou pela atividade de risco (TARTUCE, Flavio, op. cit. p. 359).*

- **principais teorias do nexo de causalidade**: as duas últimas teorias abaixo segundo a doutrina e a jurisprudência, são acolhidas pelo Código Civil. Não há unanimidade a respeito. De todo modo, fundamentam as ambas as teorias os arts. 403 e 944/945 do CC. Pelo **Enunciado 47 da I Jornada de Direito Civil do CJF/STJ,** o sistema civilista atual não exclui a teoria da causalidade adequada. O Superior Tribunal de Justiça, por sua vez, inclina-se também às duas teorias, como se ambas se completassem, vejamos: *"Na aferição do nexo de causalidade, a* ***doutrina majoritária*** *de Direito Civil adota a* ***teoria da causalidade adequada ou do dano direto e imediato****, de maneira que somente se considera existente o nexo causal quando o dano é efeito necessário e adequado de uma causa (ação ou omissão). Essa teoria foi acolhida pelo Código Civil de 1916 (art. 1.060) e pelo Código Civil de 2002 (art. 403)"* (REsp 1307032 / PR). São estas as teorias:

a) teoria da equivalência das condições ou histórico dos antecedentes (sine qua non)

b) teoria da causalidade adequada

c) teoria do dano direto e imediato ou teoria da interrupção do nexo causal

- **solução das concausas**: concausalidade é a concorrência de causas de determinado resultado. Estas **podem ser**:

a) *concomitantes ou simultâneas*: neste caso, resolve-se com a regra do art. 942, que estipula responsabilidade solidária de todos aqueles que concorram para o resultado danoso

b) *sucessivas*. Nestas, vejamos as três teorias reportadas acima:

1. *equivalência das condições* ou *dos antecedentes* ou *conditio sine qua non* estipulando que existindo várias circunstâncias que poderiam ter causado o prejuízo, qualquer delas poderá ser considerada causa eficiente, ou seja, se suprimida alguma delas, o resultado danoso não teria ocorrido. Por exemplo: se uma pessoa é atropelada, a causa pode ser a imperícia do condutor, mas também a constituição débil da vítima, a natureza do pavimento sobre o qual esta foi projetada, a demora de seu transporte para o hospital, a falta de meios adequados para o seu tratamento, etc. Aplicada de forma isolada, leva a resultados absurdos por provocar responsabilidades infinitas
2. *causalidade adequada*: exige que a causa seja por si mesma, apta para produzir o resultado danoso, excluindo danos decorrentes de circunstâncias extraordinárias, ou seja, o efeito deve se ajustar perfeitamente à causa
3. *causalidade imediata ou dos danos diretos e imediatos*, exige a presença entre o fato e o dano, de uma natural relação de causa e efeito, direta e imediata. É a adotada pelo nosso ordenamento, no art. 403 do CC. Será, assim, a causa do dano, aquela que está mais próxima deste, imediatamente (sem intervalo) e diretamente (sem intermediário).

- **são excludentes totais do nexo causal**:

a) culpa exclusiva da vítima

b) culpa exclusiva de terceiro

c) caso fortuito ou de força maior

14.2.3. DANO OU PREJUÍZO

- **noções gerais:** para que se permita o pagamento de indenização, além dos elementos anteriormente vistos – a conduta, a culpa (*genérica*) quando for o caso e o nexo causal – é necessário comprovar o dano, patrimonial ou extrapatrimonial, que tenha sido suportado. O ônus da prova é do autor da ação (NCPC, art. 373, I). Não cabe, portanto, a reparação do *dano hipotético ou eventual.*

- **danos patrimoniais ou materiais**

a) *emergente*: patrimônio atual

b) *lucro cessante*: patrimônio futuro, que razoavelmente deixou de lucrar

c) *teoria da diferença* (danos materiais): tradicionalmente, define-se dano patrimonial como a **diferença** entre o que se tem e o que se teria, não fosse o evento danoso. A assim chamada *'teoria da diferença'*, devida à reelaboração de Friedrich Mommsen, converteu o dano numa dimensão matemática e, portanto, objetiva e facilmente calculável (Maria Celina Bodin de Moraes).

d) *teoria do interesse*: adotada majoritariamente, vincula-se o dano à lesão de um interesse juridicamente protegido. Tal entendimento possibilita a proteção não só de direitos, mas também de interesses considerados dignos de tutela. Modernamente, pois, desvincula-se o conceito de dano da noção de antijuridicidade, adotando-se critérios mais amplos, que englobam não apenas direitos (absolutos ou relativos) mas também interesses que, porque considerados dignos de tutela jurídica, quando lesionados, obrigam à sua reparação (Maria Celina Bodin de Moraes).

e) *perda de uma chance*: exige-se que seja real, atual e certa, dentro de um juízo de probabilidade, e não mera possibilidade. Assim, **não** abrange o dano potencial e incerto. Pelo **Enunciado 444:** *"A responsabilidade civil pela perda de chance não se limita à categoria de danos extrapatrimoniais, pois, conforme as circunstâncias do caso concreto, a chance perdida pode apresentar também a natureza jurídica de dano patrimonial. A chance deve ser* ***séria e real****, não ficando adstrita a percentuais apriorísticos"*.

f) *dano incerto:* segundo o **STJ**, não é indenizável

g) *material futuro:* desde que concreto, é indenizável

- ***ATENÇÃO:*** a desproporção entre a gravidade da culpa e o dano autoriza o juiz a reduzir equitativamente o valor da indenização, caracterizando-se exceção à "teoria da diferença" (CC, art. 944, parágrafo único). Pelo **Enunciado 46, alterado pelo 380:** *"A possibilidade de redução do montante da indenização em face do grau de culpa do agente, estabelecida no parágrafo único do art. 944 do novo Código Civil, deve ser interpretada restritivamente, por representar uma exceção ao princípio da reparação integral do dano"*.

- danos morais:

a) lesão a um interesse que visa à satisfação ou gozo de um bem jurídico extrapatrimonial contido nos direitos da personalidade ou nos atributos da pessoa (Carlos Roberto Gonçalves)

b) dissabor não gera dano moral

c) segundo o Enunciado 411 da IV Jornada de Direito Civil do CJF/STJ: *"O descumprimento de contrato pode gerar dano moral quando envolver valor fundamental protegido pela Constituição Federal de 1988"*.

d) critérios de reparação do dano moral:

1. *compensatório*: extensão do dano e as condições pessoais da vítima

2. *punitivo*: condições econômicas e o grau de culpa do autor do dano

3. teoria *punitive damages* (**valor do desestímulo**): **STJ**: *"A aplicação irrestrita das "punitive damages" encontra óbice regulador no ordenamento jurídico pátrio que, anteriormente à entrada do Código Civil de 2002, vedava o enriquecimento sem causa como princípio informador do direito e após a novel codificação civilista, passou a prescrevê-la expressamente, mais especificamente, no art. 884 do Código Civil de 2002"*. (AgRg no Ag 850.273/BA, Rel. Ministro Honildo Amaral De Mello Castro, QUARTA TURMA, julgado em 03/08/2010, DJe 24/08/2010).

4. pelo Enunciado 379 da IV Jornada de Direito Civil do CJF/STJ: *"O art. 944, caput, do Código Civil não afasta a possibilidade de se reconhecer a função punitiva ou pedagógica da responsabilidade civil"*.

5. segundo o Enunciado 588 da VII Jornada de Direito Civil do CJF/STJ: *"O patrimônio do ofendido não pode funcionar como parâmetro preponderante para o arbitramento de compensação por dano extrapatrimonial"*.

6. para o Enunciado 589 da VII Jornada de Direito Civil do CJF/STJ: *"A compensação pecuniária não é o único modo de reparar o dano extrapatrimonial, sendo admitida a reparação in natura, na forma de retratação pública ou outro meio"*.

7. STF: *"...dano moral. Ressarcibilidade. Dupla função da indenização civil por dano moral (reparação-sanção): (a) caráter punitivo ou inibitório ("exemplary or punitive damages") e (b) natureza compensatória ou reparatória. Doutrina. Jurisprudência. Agravo improvido"* (**Info 364**).

- **aspectos do dano moral:**

a) dano moral direto: com ofensa a bem jurídico do titular, sem reflexos a terceiros

b) dano indireto (ricochete): com ofensa direta a bem jurídico de determinada pessoa, mas seus efeitos acabam por atingir, indiretamente, a integridade moral de terceiros. É também chamado de dano moral *préjudice d'affection*, cuja reparação constitui direito personalíssimo e autônomo.

c) dano moral de pessoa jurídica de direito privado: É admitido no **STJ** (Súmula 227).

d) dano moral se houver preexistência legitima de inscrição: Não cabe indenização, segundo o **STJ** (Súmula 385), ressalvado o direito ao cancelamento.

e) dano moral coletivo e sociais: **Enunciado 456 da IV Jornada de Direito Civil:** *"A expressão "dano" no art. 944 abrange não só os danos individuais, materiais ou imateriais, mas também os danos sociais, difusos, coletivos e individuais homogêneos a serem reclamados pelos legitimados para propor ações coletivas"*.

f) dano moral e estético: são cumuláveis, segundo o **STJ** (Súmula 387).

g) *teoria do desamor:* o abandono paterno-filial ou abandono afetivo, significa lesão à dignidade humana, fundada na máxima de que "amar é faculdade, cuidar é dever". Nas relações familiares, o dano moral pode envolver questões extremamente subjetivas, como afetividade, mágoa, amor e outros. O cuidado é um valor jurídico apreciável e com repercussão no âmbito da responsabilidade civil, porque constitui fator essencial – e não acessório – no desenvolvimento da personalidade da criança. Nessa linha de pensamento, é possível se afirmar que tanto pela concepção, quanto pela adoção, os pais assumem obrigações jurídicas em relação à sua prole, que vão além daquelas chamadas *necessarium vitae*. (**STJ**: 1159242).

h) *direito do esquecimento*: segundo o **Enunciado 531 da V Jornada de Direto Civil**, *"A tutela da digni-*

dade da pessoa humana na sociedade da informação inclui o direito ao esquecimento". A tese foi acolhida no STJ, que fixou o entendimento de que ninguém é obrigado a conviver para sempre com erros do passado, surgindo o direito ao esquecimento, como um direito personalíssimo a ser protegido. Apesar da origem na esfera criminal, atualmente tem sido estendido a outras áreas, inclusive admitindo-se a responsabilidade civil por danos morais (**STJ**: REsp 1.334.097).

i) pelo Enunciado 587 da VII Jornada de Direito Civil do CJF/STJ: *"O dano à imagem restará configurado quando presente a utilização indevida desse bem jurídico, independentemente da concomitante lesão a outro direito da personalidade, sendo dispensável a prova do prejuízo do lesado ou do lucro do ofensor para a caracterização do referido dano, por se tratar de modalidade de dano in re ipsa".*

14.3. RESPONSABILIDADE DO INCAPAZ

- **noções gerais:** a total irresponsabilidade dos incapazes de outrora hodiernamente é *mitigada* **e** *subsidiária.* O incapaz responde pelos prejuízos que causar, se as pessoas por ele responsáveis não tiverem obrigação de fazê-lo ou não dispuserem de meios suficientes. A indenização, porém, deverá ser *equitativa*, e *não* terá lugar se privar do *necessário* o incapaz ou as pessoas que dele dependam.

14.4. ATIVIDADE LÍCITA DE RISCO

- **noções gerais:** está consagrada a responsabilidade civil objetiva que impõe o ressarcimento de prejuízo, independentemente de culpa, nos casos previstos legalmente, ou quando a atividade do lesante importar, por sua natureza, potencial risco para os direitos de outrem. A responsabilidade fundada no risco da atividade, como prevista na segunda parte do parágrafo único do art. 927 do Código Civil, configura-se quando a atividade normalmente desenvolvida pelo autor do dano causar a pessoa determinada um ônus maior que os demais membros da coletividade (DINIZ, Maria Helena. Código Civil Anotado. 16ed. Saraiva. São Paulo. 2012: p.655). De acordo com o art. 927, parágrafo único, do CC: *"Haverá obrigação de reparar o dano, independentemente de culpa, nos casos especificados em lei, ou quando a atividade normalmente desenvolvida pelo autor do dano implicar, por sua natureza, risco para os direitos de outrem".* O risco possui diversas modalidades, entre os quais destacam-se o risco-proveito, o risco-profissional, o risco-excepcional, o risco-integral. Quanto ao risco integral, trata-se da responsabilidade objetiva máxima, pois não admite a exclusão do responsabilidade, por falta do nexo de causalidade, nas hipótese de caso fortuito ou de força maior. São exemplos, ainda: o *dano ambiental, o dano nuclear.* Para o Enunciado 448 da IV Jornada de Direito Civil: *"A regra do art. 927, parágrafo único, segunda parte, do CC aplica-se sempre que a atividade normalmente desenvolvida, mesmo sem defeito e não essencialmente perigosa, induza, por sua natureza, risco especial e diferenciado aos direitos de outrem. São critérios de avaliação desse risco, entre outros, a estatística, a prova técnica e as máximas de experiência".* Ainda sobre o instituto, ver os Enunciados 446 e 447.

14.5. RESPONSABILIDADE POR FATO DE OUTREM OU INDIRETA

- **noções gerais:** ocorre quando uma pessoa deve responder pela conduta ilícita de outra, em razão da qual resulta um dano. A relação entre o causador direto do dano e a vítima é subjetiva. Aquela entre o responsável indireto e o causador direto, é de ordem objetiva. Não se questiona se o responsável infringiu um dever de vigilância.
- **hipóteses:**

a) dos pais, pelos filhos menores que estiverem sob sua autoridade e em sua companhia

1. a responsabilidade dos pais é objetiva (*teoria da substituição*)
2. exige-se autoridade e companhia. O pai sem a guarda do filho não responde (Gustavo Tepedino, Flávio Tartuce, Heloisa Helena Barbosa e José Fernando Simão). Em sentido contrário, de que **não** se exige guarda, porque ambos os pais são responsáveis pela educação do filho (Giselda Maria Fernandes Novaes Hironaka, Maria Berenice Dias e Giselda Groeninga)
3. **Enunciado 450:** *"Considerando que a responsabilidade dos pais pelos atos danosos praticados pelos filhos menores é objetiva, e não por culpa presumida, ambos os genitores, no exercício do poder familiar, são, em regra, solidariamente responsáveis por tais atos, ainda que estejam separados, ressalvado o direito de regresso em caso de culpa exclusiva de um dos genitores".*
4. **STJ**: *"... A mera separação dos pais não isenta o cônjuge, com o qual os filhos não residem, da responsabilidade em relação ao atos praticados pelos menores, pois permanece o dever de criação e orientação, especialmente se o poder familiar é exercido conjuntamente..."* (REsp 1074937/MA).
5. aquele que ressarcir o dano causado por outrem pode reaver o que houver pago daquele por quem pagou, salvo se o causador do dano for **descendente seu, absoluta ou relativamente** incapaz
6. **emancipação** (STJ. REsp 586399):

- *voluntária ou concedida* (fornecimento de recursos): no campo da responsabilidade civil, a emancipação dos pais por concessão, aos 16 anos completos do filho, bem como quando a economia própria é possível com os recursos dos pais, gera a incidência do CC/art. 942, parágrafo único, pelo qual ambos, pais e filhos, deixam a responsabilidade exclusiva e subsidiária mitigada de lado para juntos responder **solidariamente** pelo dano

- *legal:* fica cessada a responsabilidade dos pais por completo. (CC/art. 5º, parágrafo único).

b) do tutor e o curador, pelos pupilos e curatelados, que estiverem sob sua autoridade e em sua companhia

1. a responsabilidade é solidária e decorre do *munus publico*
2. permite-se o direito de regresso

c) do empregador ou comitente, por seus empregados, serviçais e prepostos, no exercício do trabalho que lhes competir, ou em razão dele

1. adota a teoria do risco-proveito
2. abrange a relação de emprego e a relação de preposição (mais ampla, compreende a prestação de serviço sob ordens)
3. **haverá exclusão da responsabilidade:**

- vítima sabia do abuso ou desvio do empregado
- caso fortuito e de força maior
- se o ato foi praticado fora das atribuições

d) dos donos de hotéis, hospedarias, casas ou estabelecimentos onde se albergue por dinheiro, mesmo para fins de educação, pelos seus hóspedes, moradores e educandos

1. objetiva e solidária a responsabilidade
2. afasta-se a ideia de culpa, em relação ao responsável indireto

e) dos que gratuitamente houverem participado nos produtos do crime, até a concorrente quantia

1. objetiva e solidária a responsabilidade
2. quem não participou do delito, mas dele auferiu qualquer vantagem, deverão restituí-lo, em razão da vedação do enriquecimento sem causa

- ***ATENÇÃO:*** segundo o CC, art. 942, é **solidária** a responsabilidade daqueles elencados no art. 932. Todavia, a disposição é inaplicável aos incapazes, porque, quanto a estes, **em regra**, a responsabilidade é indireta e subsidiaria. Por **exceção**, conforme vimos acima, a responsabilidade do menor emancipado, desde que voluntária ou concedida, será solidária.

- **responsabilidade do menor:**

Não emancipado	os pais são responsáveis objetiva e diretamente, sem ação regressiva; se as pessoas por ele responsáveis não tiverem obrigação de fazê-lo, ou não dispuserem de meios suficientes, o menor indeniza, mas de forma **equitativa**, e não terá lugar se privar do **necessário** o incapaz ou as pessoas que dele dependem **(Responsabilidade subsidiária e mitigada)**
emancipação legal:	com a emancipação legal, cessa a responsabilidade dos pais em relação aos atos dos filhos. O emancipado, neste caso, responde diretamente pelos danos que causar. Os pais são irresponsáveis**. (Responsabilidade direta)**
emancipação voluntária direta e indireta (concedida):	segundo o STJ, a emancipação possível ao filho que se mantém com os recursos dos pais (STJ. REsp 586399), não os afasta do dever de indenizar por ato praticado; trata-se de emancipação concedida. A emancipação direta dos pais os mantém responsáveis pelos atos dos filhos menores. Em resumo, a emancipação voluntária direta e a concedida, geram a incidência do CC, art. 942, parágrafo único, pelo qual ambos, pais e filhos, são solidariamente responsáveis pelo dano. **(Responsabilidade direta e solidária).**

- **temas importantes de responsabilidade civil:**

a) a responsabilidade civil é independente da criminal; porém, não se discute no cível as questões sobre a **existência do fato**, ou sobre **quem seja o seu autor**, quando essas questões se acharem **decididas** no juízo criminal.

b) se a ofensa tiver mais de um autor, todos responderão solidariamente pela reparação

c) pela *teoria da guarda da coisa inanimada* é objetiva a responsabilidade dos proprietários das coisas, como animais e objetos, que venham a causar dano Ex. CC/art. 936, 937, 938. Admite-se a excludente, no fato exclusivo de terceiro.

d) o dono do prédio ou construção respondem pelo dano que resultar de sua ruína

e) aquele que habitar prédio, ou parte dele, responde pelo dano das coisas que dele caírem ou forem lançadas ("*effusis et dejectis*" – coisas liquidas e sólidas)

f) o credor que **demandar dívida**:

1. **paga no todo** ou pedir mais do que for devido, pagará em **dobro**, salvo prescrição
2. **em parte paga**, o equivalente do que dele exigir, salvo prescrição
3. **antes de vencida**, fora dos casos legais, deverá esperar o tempo que faltava para vencer, descontar os juros e a pagar as custas em dobro.

g) a culpa *concorrente* da vítima não exclui o dever de indenizar

h) direito de exigir reparação e a obrigação de prestá-la transmitem-se com a herança

i) a indenização por injúria, difamação ou calúnia consistirá na reparação do dano que delas resulte ao ofendido

15. DIREITOS DAS COISAS

- **noções gerais:** pela *teoria realista*, o *direito real* é poder que decorre da relação entre o sujeito e a coisa; algumas características são próprias desse *poder*, por conferir ao titular os direitos da *exclusividade e da universalidade*, que significam o dever legal e geral de abstenção, razão pela qual é dirigido contra todos *(erga omnes)*.
- **direito real *"in faciendo"*:** é aquele voltado ao titular, porque a ele caberá uma prestação devida em função da relação que possui com a coisa, que se verifica nas obrigações *propter-rem (p. ex. em relação ao dever do condômino de contribuir para as despesas de conservação da coisa, CC/art. 1.336, I)*
- **características:** os direitos reais conferem ao seu titular:

a) duas teorias explicam a diferença entre os direitos pessoais e os direitos reais

1. *teoria unitária realista:* não aceita o dualismo, ora baseando-se na existência de um sujeito passivo universal (*teoria personalista*), ora no critério patrimonial (*teoria realista ou impersonalista*).
2. *teoria dualista ou clássica:* os direitos pessoas e os reais são distintos, pois este é relação **titular - coisa**, e aquele a relação **sujeito ativo - sujeito passivo**, tendo por objeto a prestação do segundo

b) o *jus persequendi* ou *direito de sequela*: pelo qual se reconhece a prerrogativa de exercício do direito contra o detentor da coisa

c) são *princípios dos direitos reais*: *aderência, tipicidade, taxatividade, absolutismo, publicidade ou visibilidade, perpetuidade, exclusividade, desmembramento*; de acordo com o CC/1.225 os direitos reais abrangem a propriedade e os direitos reais sobre coisa alheia, os quais se dividem em:

1. *direitos reais limitados de gozo ou fruição* (servidão, enfiteuse, usufruto, uso, habitação, etc)
2. *direitos reais de garantia* (penhor, hipoteca, anticrese, alienação fiduciária)
3. *direitos reais de aquisição* (compromisso de compra e venda)
4. *direitos reais de interesse social* (uso para fins de moradia, etc)

- ***ATENÇÃO:*** os direitos reais, segundo os princípios acima, são dispostos em *numerus clausus*, ou seja, somente podem ser criados por **lei ou medida provisória**. O art. 1.225, I a XIII, do Código Civil de 2002, porém, não é fonte exclusiva e única de direitos reais; logo, não é exaustivo. São previstos no sistema outros direitos reais. A título de exemplo, lembremos da *alienação fiduciária de imóveis* (Lei 9.514/97) e do *compromisso de compra e venda de lotes* (Lei 6.766/79). Por último, entrou em vigor no dia 23 de dezembro 2016, a **Medida Provisória n. 759, de 22 de dezembro de 2016 (Convertida na Lei nº 13.465, de 2017)**, que incluiu entre os direitos reais, no inciso XIII, do art. 1.225 do CC, o direito real de "laje". Nestes termos: *"os direitos oriundos da imissão provisória na posse, quando concedida à União, aos Estados, ao Distrito Federal, aos Municípios ou às suas entidades delegadas e respectiva cessão e promessa de cessão".*

Redação anterior do Código Civil	Nova redação do Código Civil, após as alterações da Medida Provisória 759, de 22 de dezembro de 2016 (Convertida na Lei nº 13.465, de 2017)
"Art. 1.225. São direitos reais: I - a propriedade; II - a superfície; III - as servidões; IV - o usufruto; V - o uso; VI - a habitação; VII - o direito do promitente comprador do imóvel; VIII - o penhor; IX - a hipoteca; X - a anticrese. XI - a concessão de uso especial para fins de moradia; XII - a concessão de direito real de uso".	"Art. 1.225. São direitos reais: I - a propriedade; II - a superfície; III - as servidões; IV - o usufruto; V - o uso; VI - a habitação; VII - o direito do promitente comprador do imóvel; VIII - o penhor; IX - a hipoteca; X - a anticrese. XI - a concessão de uso especial para fins de moradia; **XII - a concessão de direito real de uso; e** **XIII - a laje"**

- **princípios dos direitos reais: tabela de conceitos:**

Princípios dos direitos reais	
aderência	significa vínculo entre o sujeito e a coisa
tipicidade	os direitos legais guardam os contornos e formatos previstos em lei
taxatividade	os direitos reais são somente os constantes de rol taxativo legal (numerus clausus).
absolutismo	oposição contra todos, com direito de sequela (erga omnes - jus persequendi)
publicidade ou visibilidade	serve a tal fim o registro, tornando público titular do direito real.
perpetuidade	não uso do direito real não importa em sua perda
exclusividade	somente haverá um único direito real de igual conteúdo sobre o bem
desmembramento	os direitos reais podem ser destacados, formando os direitos reais sobre coisa alheia; extintos estes, pelo "princípio da consolidação", a propriedade volta a ser plena

15.1. POSSE

- **noções gerais:** considera-se possuidor todo aquele que tem de fato o exercício, pleno ou não, de algum dos poderes inerentes à propriedade (usar, gozar, dispor e reivindicar). É a exteriorização da propriedade, situação de fato que lei confere juridicidade.

15.2. TEORIAS SOBRE A POSSE

- **teoria subjetiva**: defendida por Savigny, reconhece que a posse se compõe de três elementos, dois subjetivos (*affectio tenendi e o animus domini*) e um objetivo (*corpus*). O *corpus* caracteriza-se pela possibilidade de exercer a detenção física da coisa, o que importa na permanente disponibilidade direta e imediata, de forma a excluir toda a intervenção humana estranha. É o **elemento externo**. O *animus ou elemento subjetivo* se converge na intenção de ter a coisa como própria, a intenção de ser dono (*animus domini*) e o agir como proprietário (*affectio tenendi*). Para a teoria subjetiva, portanto, é possuidor quem reunir em relação à coisa a seguinte fórmula: **elemento físico ou material** *(corpus)* + **agir como proprietário** *(affectio tenedi)* + **animus domini** *(intenção de ser dono)*. Os elementos subjetivos também são chamados de *morais* ou *intelectuais*. Sem eles, não haverá posse, mas detenção, situação que ocorre para quem tem a coisa em nome de outrem.
- **teoria objetiva:** Jhering, em oposição e crítica à teoria subjetiva, diz que a posse nada mais é do que proceder como proprietário, ou seja, o *animus* já está contido no comportamento de agir sobre a coisa na condição aparente, externa e visível de dono, com ou sem apreensão física da coisa. A intenção de dono, o *animus domini*, exigência da *teoria subjetiva*, é dispensada, motivo pelo qual é chamada de *teoria objetiva*. A *detenção* para *Savigny* ocorre sempre que não existir a disposição subjetiva sobre a coisa (agir como proprietário *"affectio tenendi"* + a intenção *"animus domini"*). *Jhering* afirma que à detenção e à posse concorrem os mesmos elementos *(corpus + animus)*. O que as distingue é a ausência de conformidade legal que nega à detenção os efeitos possessórios.
- ***ATENÇÃO:*** CC/2002: a *teoria objetiva* foi adotada pelo CC, art. 1.196, porque considera possuidor quem, em razão do exercício de uma posição de fato sobre a coisa, que exterioriza e confere visibilidade de proprietário.

15.2.1. ALGUMAS CLASSIFICAÇÕES DA POSSE

- **noções gerais:** a posse recebe proteção em nosso sistema como direito autônomo e independente do título, isso para se evitar a violência e assegurar a convivência social, porque uma situação aparente de dono gera a tranquilidade que o direito requer; se alguém se instala em um imóvel por mais de ano e dia, cria-se um estado de proteção conhecido por *jus possessionis*; se além da *posse* também tiver o *título transcrito*, ou for titular de outros direitos reais, tem-se o *jus possidendi ou posse casual*, ou seja, aqui a posse não é autônoma, mas decorrente de um título.
- **vejamos a classificação das espécies de posse:**

a) *direta ou indireta* (CC/art. 1.197)

b) *justa e injusta* (CC/art. 1.200). Esta divide-se em:

1. *violenta;*
2. *clandestina;*
3. *precária.*

c) *de boa ou má-fé* (CC/art. 1.201)

d) *melhor posse* (art. 1.211 do CC). Não confundir com *ação de força nova ou velha*; ação de força nova ou velha é a que se baseia no tempo que decorre entre a turbação ou esbulho e o ingresso da ação possessória, para fins de concessão de liminar (NOVO CPC, art. 558; CPC, art. 924)

e) *posse natural ou civil* (titulada, como *constituto possessório*)

f) *posse ad interdicta e posse ad usucapionem*

g) *posse pro diviso e pro indiviso.*

* **Nota:** de acordo com o CC/art. 1.199, *"Se duas ou mais pessoas possuírem coisa indivisa, poderá cada uma exercer sobre ela atos possessórios, contanto que não excluam os dos outros compossuidores"*. Nesta situação de ***composse***, que pode surgir de uma convenção ou herança, a proteção possessória *(autotutela e heterotutela)* é admitida de compossuidor contra o outro e contra terceiro. Admite-se a composse *pro diviso* (com divisão de fato e não de direito sobre o bem; mas com partes certas e determinadas) e a composse *pro indiviso* (não há partes certas e determinadas, mas ideal)

h) a posse com título se chama *jus possidendi* ou posse causal; a posse sem título leva o nome de *jus possessionis* ou posso autônoma.

i) *detenção* é a relação de fato sobre a coisa, mas decorrente de uma situação de dependência econômica ou de vínculo e subordinação em relação a outra pessoa (ex. zelador, caseiro). O detentor tem a **posse natural**. Assim, não pode manjar ações possessórias, mas admite-se a autotutela (legitima defesa da posse e desforço imediato). Os atos de permissão que conferir sobre a coisa não induzem a posse, e nem conferem direitos.

j) nosso sistema não distingue a *quase posse* da posse, porque se equivalem.

k) a *posse natural* e a *posse civil ou jurídica* diferenciam-se, pois, enquanto uma decorre do exercício dos poderes de fato inerentes à propriedade (CC/art. 1.196 e 1.204), a outra opera por força da lei ou relação jurídica.

15.2.2. AQUISIÇÃO E PERDA DA POSSE

- **formas de aquisição:**

a) *originária*: sem relação de causalidade

b) *derivada*: com relação de causalidade à posse anterior

- **quem pode adquirir:**

a) pela própria pessoa que a pretende ou por seu representante

b) por terceiro sem mandato, dependendo de ratificação.

- **regras e conceitos importantes:**

a) a *aquisição da posse* ocorre *desde o momento em que se torna possível o exercício, em nome próprio, de qualquer dos poderes inerentes à propriedade* (CC/art. 1.204)

b) não há fórmula ou rol de situações de fato em *numerus clausus* previstas; o CC/2002 adotou a *teria objetiva* da posse, de Jhering, segundo a qual é possuidor aquele que aparenta ser dono da coisa, uma impressão objetiva e externa; como exemplos colhidos na doutrina, citam-se a *apreensão* (apropriação unilateral de coisa sem dono, porque abandonada ou não pertencente a ninguém – *res derelicta* ou *res nullius*); *o exercício do direito*; *a disposição da coisa*; *na tradição, real, simbólica ou ficta*; no *constituto possessório (clausula constituti)*; na *traditio brevi manu*.

c) a *perda da posse* caracteriza-se quando cessa, embora contra a vontade do possuidor, o poder sobre o bem, assim considerado todo aquele que tem de fato o exercício, pleno ou não, de alguma das forças inerentes à propriedade (CC/art. 1.196).

d) a posse *transmite-se* aos herdeiros ou legatários do possuidor com os mesmos caracteres (CC/art. 1.206)

e) *sucessio possessionis:* a posse é contínua e única, e necessariamente somada a anterior, porque não há novo período possessório, mas o mesmo; a transferência dessa posse é legal ou *ex lege* (CC/art. 1.207, primeira parte)

f) *acessio possessionis:* há mera faculdade de unir a posse, porque o adquirente recebe nova posse, e a união é uma faculdade (CC/art. 1.207, segunda parte).

g) entre **presentes**, de acordo com o art. 1.223 do CC, a posse é perdida quando cessa, embora contra a vontade do possuidor, o poder sobre o bem, ao qual se refere o art. 1.196.

h) entre **ausentes**, o CC/art. 1.224, diz que só se considera perdida a posse para quem não presenciou o esbulho, quando, tendo notícia dele, se abstém de retornar a coisa, ou, tentando recuperá-la, é violentamente repelido.

i) *animus rem sibi habendi* significa a intenção de ter a coisa para si; o *animus domini* a intenção de ser proprietário.

j) **tradição**:

1. *"tradição brevi manu":* ocorre para aquele que possuía em nome alheio

- passa a possuir em nome próprio, em decorrência de uma relação jurídica.

2. *"longa manu"*: quando ninguém tem a posse ou poder de fato sobre a coisa transmitida, como o adquirente de um bem que passa a tê-lo a sua disposição.

3. *cláusula constituti* (*constituto possessório*): alguém, possuindo em nome próprio, passa a possuir em nome alheio, ou seja, era proprietário e, depois da venda, apesar do negócio, permanece no bem, porém na condição de locatário.

15.2.3. EFEITOS DA POSSE

- **noções gerais:** são variados os efeitos jurídicos da posse, notadamente aqueles previstos nos arts. 1.210 a 1.222 e 1.238 e seguintes do Código Civil. Estão nitidamente evidenciados **cinco** efeitos, que são:

a) a proteção possessória (autotutela e heterotutela)

b) a percepção dos frutos

c) a responsabilidade pela perda ou deterioração da coisa

d) a indenização pelas benfeitorias e o direito de retenção

e) a usucapião

- **quanto à proteção da posse, são mecanismos de defesa direta:**

- **noções gerais:** *autodefesa ou autotutela***:** são previstos no art. 1.210, § 1º, do CC, pelo qual: *"o possuidor turbado, ou esbulhado, poderá manter-se ou restituir-se por sua própria força, contanto que o faça logo; os atos de defesa, ou de desforço, não podem ir além do indispensável à manutenção, ou restituição da posse"*.

1. *desforço imediato* (em caso de esbulho) e;

2. *legitima defesa da posse* (no caso de turbação).

3. **requisitos comuns**:

- *temporal*: deve fazer logo, imediatamente ou assim que possível
- *indispensabilidade:* deve fazer uso dos meios proporcionais e moderados, sem excesso.

- ***ATENÇÃO:*** *pode o guardião da coisa exercer a autodefesa (desforço e legitima defesa), em benefício do possuidor ou representado, não em seu nome, porque exerce a autoproteção do possuidor, em razão do dever de vigilância que tem sobre a coisa enquanto exerce a detenção.*
- **heterotutela, ações tipicamente possessórias ou interditos possessórios**
- **noções gerais**: *ações possessórias em sentido estrito:* as ações possessórias podem ser de *reintegração, manutenção* e de *interdito proibitório.* Estão sujeitas ao rito processual dos arts. 920 e ss do CPC/1973 ou 554 e ss do NCPC/2015. Anotamos que se diferenciam quanto ao procedimento as *ações de posse nova* e as de *posse velha,* em razão do transcurso de *ano e dia* a partir do momento que molestada a posse. De acordo com o art. 1.212 do CC, o possuidor pode intentar a ação de esbulho, ou de indenização, contra o terceiro, que recebeu a coisa esbulhada sabendo que o era.

◊ **características**:

a) legitimidade ativa:

1. *possuidor*
2. *proprietário ou titular de outro direito real* **não** a possui, salvo se também tiver posse, ou for sucessor de quem detinha posse.
3. *detentor* **não** tem essa faculdade.
4. o herdeiro ou sucessor *causa mortis* continua a posse do antecessor (CC, art. 1.207, 1ª parte). Assim, deverá provar a posse do *de cujus* para os efeitos legais. Também é facultado ao sucessor a título singular unir sua posse (CC, art. 1.207, 2ª parte). Portanto, são legítimos nas condições acima.
5. o *nascituro* não tem legitimidade, porque não é possuidor, ou seja, não é titular de direitos subjetivos
6. o *possuidor direto* tem direito de defender a sua posse contra o *indireto*, e este, contra aquele (Enunciado 76 da I Jornada de Direito Civil)

b) legitimidade passiva:

1. é o *autor* da ameaça, turbação ou esbulho (CPC, art. 927, II e 932; NCPC, art. 561, II, e 567), ou quem ordenou sua prática, ou ainda, contra ambos
2. assim como o *herdeiro a título universal* pode figurar no polo ativo, a mesma razão vale para ele no passivo (CC, art. 1.207)
3. o herdeiro a *título singular ou inter vivos* deve ter má-fé, o que ocorre quando ele conhece que sua posse procede de esbulho
4. também pode figurar no polo passivo o *terceiro de má-fé* que tenha recebido a coisa esbulhada, sabendo que o era (CC, art. 1.212).
5. não se admite as ações contra *terceiro de boa-fé*, leitura a *contrario sensu* do preceito acima. Contra ele admite-se, todavia, a *ação petitória.*
6. com o NCPC, disciplina-se a formação do processo no caso de ação possessória em que figure no polo passivo **grande número de pessoas.** Neste caso, serão feitas a citação pessoal dos ocupantes que forem encontrados no local e a citação por edital dos demais, determinando-se, ainda, a intimação do Ministério Público e, se envolver pessoas em situação de hipossuficiência econômica, da Defensoria Pública. Para fim da citação pessoal prevista, o oficial de justiça procurará os ocupantes no local por uma vez, citando-se por edital os que não forem encontrados. Também como novidade, o juiz deverá determinar que se dê ampla publicidade da existência da ação possessória com essa qualificação no polo passsivo, e dos respectivos prazos processuais, podendo, para tanto, valer-se de anúncios em jornal ou rádio locais, da publicação de cartazes na região do conflito e de outros meios (NOVO CPC, art. 554, §§ 1º a 3º).
7. se o autor dos atos contrários à posse for incapaz, figurará no polo passivo o seu responsável
8. a pessoa jurídica de direito privado pode integrar o passivo da ação
9. as pessoas jurídicas de direito público podem cometer esbulho, mas a jurisprudência vem convertendo as ações possessórias manejadas contra elas em desapropriação indireta (*indenizatória*), ao fundamento de que a obra pública não poder ser demolida. Para tanto, é necessário que a petição inicial contemple pedido alternativo.
10. admitia-se a *nomeação à autoria* quando a ação fosse manejada contra o mero preposto (*detentor*), conforme o art. 62 do CPC-73. O NOVO CPC não prevê o instituto entre as hipóteses de intervenção de terceiro. A solução para essa situação é prevista no arts. 338 e 339 do NOVO CPC pelo qual o réu indicará, na contestação (15 dias úteis), se for parte ilegítima, facultando-se ao autor, no prazo de 15 dias úteis, a alteração da petição inicial, para substituição do réu, sendo devidos despesas e honorários ao réu excluído (NCPC, art. 338, parágrafo único). Ao réu original ainda incumbe o dever de apontar o sujeito passivo da relação jurídica, se souber quem seja, podendo responder por despesas e indenização, se souber e deixar de indicar (NCPC, art. 339, *caput*).
11. também se admitia ao possuidor direto *denunciar à lide* o indireto (CPC-73, art. 70, II). Contudo, essa hipótese foi excluída do NOVO CPC;
12. todos os casos de nomeação à autoria e um dos casos de denunciação da lide (CPC-73, art. 70, II) foram excluídos no NCPC. Com isso, a partir da vigência do novel diploma, fora as situações em que, na contestação, o réu pode alegar ser parte ile-

gítima, será indeferida a parte for **manifestamente** ilegítima (NCPC, art. 330, II).

c) **pedido:**

1. pode ser cumulado com perdas e danos (CPC, art. 921, I)
2. com o NCPC, pode-se cumular, a indenização das perdas e danos e dos frutos (art. 555, I e II)
3. também no NCPC, pode o autor requerer, ainda, imposição de medida necessária e adequada para evitar nova turbação ou esbulho e cumprir-se a tutela provisória ou final (NCPC, art. 555, parágrafo único, I e II)

d) **aspectos gerais:**

1. as ações possessórias estão sujeitas aos *princípio da fungibilidade* (CPC, art. 920; NCPC, art. 554)
2. os *pedidos podem ser cumulados*, conforme já antecipamos acima (CPC, art. 921; NCPC, art. 554)
3. no caso de ação possessória em que figure no polo passivo grande número de pessoas, serão feitas a citação pessoal dos ocupantes que *forem encontrados no local* e a citação por *edital* dos demais, determinando-se, ainda, a intimação do Ministério Público e, se envolver pessoas em situação de hipossuficiência econômica, da Defensoria Pública. Para fim da citação pessoal prevista, o oficial de justiça procurará os ocupantes no local *por uma vez*, citando-se por edital os que não forem encontrados. Também como novidade, o juiz deverá determinar que se dê ampla publicidade da existência da ação possessória com essa qualificação no polo passsivo, e dos respectivos prazos processuais, podendo, para tanto, valer-se de anúncios em jornal ou rádio locais, da publicação de cartazes na região do conflito e de outros meios (NCPC, art. 554, §§ 1º a 3º)
4. possuem *caráter dúplice* (CPC, art. 922; NCPC, art. 556)
5. o *juízo possessório* e o *petitório* distinguem-se: naquele discute-se a posse autônoma ou formal (*jus possessionis*), neste a posse casual, ou seja, aquela de decorre dos direitos reais, de propriedade ou outro (*jus possidendi*). Ao tempo do CC/1916, no *juízo possessório* admitia-se a discussão sobre o domínio (*exceptio dominii*), quando duvidosa a posse ou se a discussão era fundada em título de domínio, época que foi editada a Súmula 487 do STF. Com o novo CC/2002, a *exceptio proprietatis* foi extinta de vez, ao dispõe o art. 1.210, § 2º, que: *"Não obsta à manutenção ou reintegração na posse a alegação de propriedade, ou de outro direito sobre a coisa"*. Lado outro, segundo o art. 923 do CPC/1973, *"Na pendência do processo possessório, é defeso, assim ao autor como ao réu, intentar a ação de reconhecimento do domínio"*. Interpretando o preceito, a jurisprudência limita sua aplicação aos casos de ações possessórias cuja posse é discutida com base nos títulos de domínio, não, portanto, às situações em que as partes alegam posse de fato (*jus possessionis*). O NCPC/2015, no art. 557, *caput*, traz redação semelhante, salvo em sua parte final. Vejamos: *"Na pendência de ação possessória é vedado, tanto ao autor quanto ao réu, propor ação de reconhecimento do domínio,* ***exceto se a pretensão for deduzida em face de terceira pessoa****"* (o negrito é meu). Portanto, o entendimento consolidado com relação à 1ª parte do dispositivo continua o mesmo. Assim, se a posse é discutida com fundamento em título, afasta-se a possibilidade de existir ação paralela de reconhecimento de domínio entre eles, mas se faculta ação em face de *terceiro*.
6. *ação de força nova e ação de força velha*: de acordo com o art. 924 do **antigo** Código de Processo Civil: *"Regem o procedimento de manutenção e de reintegração de posse as normas da seção seguinte,* ***quando intentado dentro de ano e dia*** *da turbação ou do esbulho; passado esse prazo,* ***será ordinário****, não perdendo, contudo, o caráter possessório"* (grifo meu). De início, o CPC/1973 afirmava que o procedimento comum era ordinário ou sumário (art. 272). No CPC/2015, todavia, não haverá essa dicotomia, mas apenas um procedimento de conhecimento, com forte inspiração no rito sumário, diz o art. 318. Notadamente em relação ao rito das possessórias, o art. 557 do NCPC traz essa inovação legislativa em relação ao Código Bizaid: *"Regem o procedimento de manutenção e de reintegração de posse as normas da Seção II deste Capítulo* ***quando a ação for proposta dentro de ano e dia*** *da turbação ou do esbulho afirmado na petição inicial. Parágrafo único. Passado o prazo referido no caput,* ***será comum o procedimento****, não perdendo, contudo, o caráter possessório"*. Se a ação for proposta **dentro de ano e dia** (*força nova*), aplica-se o rito especial das ações possessórias, com a possibilidade de concessão de liminar *inaudita altera parte* ou mediante justificação prévia. Se a ação for proposta **passado esse prazo**, o autor poderá propor a ação possessória, porém, deverá observar o "rito ordinário – 1973" ou "comum – 2015", sem liminar.
7. *prestação de caução*: admite-se que, concedida a liminar ao autor, possa o réu exigir daquele a prestação de caução, desde que prove sua falta de idoneidade financeira (CPC/1973, art. 925; NCPC/2015, art. 559).

◊ **Novo CPC:** a seguir, a tabela comparativa dos ritos especiais das possessórias de manutenção, reintegração e interdito proibitório, entre o antigo e o novo CPC.

Antigo Código de Processo Civil	Novo Código de Processo Civil
"Art. 926. O possuidor tem direito a ser mantido na posse em caso de turbação e reintegrado no de esbulho. Art. 927. Incumbe ao autor provar: I - a sua posse; II - a turbação ou o esbulho praticado pelo réu; III - a data da turbação ou do esbulho; IV - a continuação da posse, embora turbada, na ação de manutenção; a perda da posse, na ação de reintegração. Art. 928. Estando a petição inicial devidamente instruída, o juiz deferirá, sem ouvir o réu, a expedição do mandado liminar de manutenção ou de reintegração; no caso contrário, determinará que o autor justifique previamente o alegado, citando-se o réu para comparecer à audiência que for designada. Parágrafo único. Contra as pessoas jurídicas de direito público não será deferida a manutenção ou a reintegração liminar sem prévia audiência dos respectivos representantes judiciais. Art. 929. Julgada procedente a justificação, o juiz fará logo expedir mandado de manutenção ou de reintegração. Art. 930. Concedido ou não o mandado liminar de manutenção ou de reintegração, o autor promoverá, nos 5 (cinco) dias subseqüentes, a citação do réu para contestar a ação. Parágrafo único. Quando for ordenada a justificação prévia (art. 928), o prazo para contestar contar-se-á da intimação do despacho que deferir ou não a medida liminar. Art. 931. Aplica-se, quanto ao mais, o procedimento ordinário". Seção III Do Interdito Proibitório "Art. 932. O possuidor direto ou indireto, que tenha justo receio de ser molestado na posse, poderá impetrar ao	"Art. 560. O possuidor tem direito a ser mantido na posse em caso de turbação e reintegrado em caso de esbulho. Art. 561. Incumbe ao autor provar: I - a sua posse; II - a turbação ou o esbulho praticado pelo réu; III - a data da turbação ou do esbulho; IV - a continuação da posse, embora turbada, na ação de manutenção, ou a perda da posse, na ação de reintegração. Art. 562. Estando a petição inicial devidamente instruída, o juiz deferirá, sem ouvir o réu, a expedição do mandado liminar de manutenção ou de reintegração, caso contrário, determinará que o autor justifique previamente o alegado, citando-se o réu para comparecer à audiência que for designada. Parágrafo único. Contra as pessoas jurídicas de direito público não será deferida a manutenção ou a reintegração liminar sem prévia audiência dos respectivos representantes judiciais. Art. 563. Considerada suficiente a justificação, o juiz fará logo expedir mandado de manutenção ou de reintegração. Art. 564. Concedido ou não o mandado liminar de manutenção ou de reintegração, o autor promoverá, nos 5 (cinco) dias subsequentes, a citação do réu para, querendo, contestar a ação no prazo de 15 (quinze) dias. Parágrafo único. Quando for ordenada a justificação prévia, o prazo para contestar será contado da intimação da decisão que deferir ou não a medida liminar. Art. 565. No litígio coletivo pela posse de imóvel, quando o esbulho ou a turbação afirmado na petição inicial houver ocorrido há mais de ano e dia, o juiz, antes de apreciar o pedido
juiz que o segure da turbação ou esbulho iminente, mediante mandado proibitório, em que se comine ao réu determinada pena pecuniária, caso transgrida o preceito. Art. 933. Aplica-se ao interdito proibitório o disposto na seção anterior".	de concessão da medida liminar, deverá designar audiência de mediação, a realizar-se em até 30 (trinta) dias, que observará o disposto nos §§ 2º e 4º. § 1º Concedida a liminar, se essa não for executada no prazo de 1 (um) ano, a contar da data de distribuição, caberá ao juiz designar audiência de mediação, nos termos dos §§ 2º a 4º deste artigo. § 2º O Ministério Público será intimado para comparecer à audiência, e a Defensoria Pública será intimada sempre que houver parte beneficiária de gratuidade da justiça. § 3º O juiz poderá comparecer à área objeto do litígio quando sua presença se fizer necessária à efetivação da tutela jurisdicional. § 4º Os órgãos responsáveis pela política agrária e pela política urbana da União, de Estado ou do Distrito Federal e de Município onde se situe a área objeto do litígio poderão ser intimados para a audiência, a fim de se manifestarem sobre seu interesse no processo e sobre a existência de possibilidade de solução para o conflito possessório. § 5º Aplica-se o disposto neste artigo ao litígio sobre propriedade de imóvel. Art. 566. Aplica-se, quanto ao mais, o procedimento comum". Seção III Do Interdito Proibitório "Art. 567. O possuidor direto ou indireto que tenha justo receio de ser molestado na posse poderá requerer ao juiz que o segure da turbação ou esbulho iminente, mediante mandado proibitório em que se comine ao réu determinada pena pecuniária caso transgrida o preceito. Art. 568. Aplica-se ao interdito proibitório o disposto na Seção II deste Capítulo".

◊ **ações afins dos interditos possessórios:** as ações tipicamente possessórias são as de manutenção, reintegração e interdito proibitório. Todavia, há outros procedimentos que de forma direta ou indireta também são utilizados para a proteção possessória. Tais ações, portanto, não são possessórias, pois o pedido funda-se em direito de propriedade, em obrigações de devolução da coisa ou na proteção contra atos judiciais de constrição. As ações são as seguintes:

a) *ação de imissão na posse*, **ex**: proprietário que tem o domínio, mas **nunca teve** a posse do bem, sendo proposta contra o **alienante**, para consolidar o *jus possidendi*. A matéria de defesa é limitada à nulidade de aquisição ou na justa causa para a retenção da coisa

b) *ação reivindicatória*, **ex**: proprietário que **perde** o domínio e a posse do bem, sendo manejada contra o **detentor**. A defesa é ampla, abrangendo qualquer tema que se relacione ao domínio e a posse perdidos

c) *nunciação de obra nova*: as hipóteses são aquelas previstas no art. 934 do CPC/1973. No **NOVO CPC** a ação em questão foi excluída, devendo a situação concreta ser resguardada ou protegida por meio de ações que seguirão o procedimento comum previsto, com a possibilidade de utilização das tutelas provisórias, cabíveis em cada caso, para proteção de situações de urgência, em que se demonstre o risco de dano irreparável e de difícil reparação.

d) *embargos de terceiro*: por meio deles o titular do domínio e o possuidor podem utilizar para a defesa da posse. Difere-se das ações possessórias, em razão daquele que efetua a privação do bem. Nos embargos é uma ordem judicial, executada por oficial de justiça, que apesar de lícita, priva a posse do terceiro que não é parte do processo, e nas possessórias o particular.

- **a percepção dos frutos, a responsabilidade pela perda ou deterioração da coisa e a indenização pelas benfeitorias e o direito de retenção:**

	Possuidor de boa-fé	Possuidor de má-fé:
Frutos:	▪ aos frutos percebidos ▪ os frutos pendentes ao tempo em que cessar a boa-fé, devem ser restituídos, depois de deduzidas as despesas da produção e custeio ▪ os frutos colhidos com antecipação também devem ser restituídos	▪ responde por todos os frutos colhidos e percebidos, bem como pelos que, por culpa sua, deixou de perceber, desde o momento em que se constituiu de má-fé ▪ terá direito às despesas da produção e custeio
Frutos:	**lembre-se:** ▪ os frutos civis reputam-se percebidos dia por dia ▪ os frutos naturais e os industriais reputam-se colhidos e percebidos, **logo que são separados**	
perda ou deterioração do bem	▪ não responde pela perda ou deterioração da coisa, a que não der causa	▪ responde pela perda, ou deterioração da coisa, ainda que acidentais, salvo se provar que de igual modo se teriam dado, estando ela na posse do reivindicante
benfeitorias:	▪ tem direito à indenização das benfeitorias **necessárias e úteis**, e ainda, o direito de retenção por elas	▪ serão ressarcidas **somente** as benfeitorias **necessárias**
benfeitorias:	▪ **quanto às voluptuárias**, se não lhe forem pagas, a levantá-las, quando o puder sem detrimento da coisa	▪ **não lhe assiste** o direito de retenção pela importância destas, nem o de levantar as voluptuárias

15.3. PROPRIEDADE

- **noções gerais:** direito real mais completo dos direitos reais, pois reúne em si os direitos de usar, gozar e dispor de um bem, ou reavê-lo de quem injustamente o possua ou detenha. Possui limitações, algumas ditadas pelos direitos de vizinhança e outras, talvez as mais importantes, pela função social da propriedade, ou finalidade econômico-social.
- **classifica-se em:**

a) *plena:* quando todos os elementos acima estão reunidos numa só pessoa, física ou jurídica

b) *limitada***:** se algum daqueles direitos estiver destacado a pessoa diversa. **Neste caso:**

1. nua-propriedade ou domínio direto: é a situação jurídica do senhorio, titular do bem, aquele que o tem em seu nome.
2. domínio útil: titular dos direitos de usar, gozar, como o usufrutuário.

15.3.1. DESCOBERTA

- **noções gerais:** segundo o art. 1.233 do CC: "Quem quer que ache coisa alheia perdida há de restituí-la ao dono ou legítimo possuidor. Parágrafo único. Não o conhecendo, o descobridor fará por encontrá-lo, e, se não o encontrar, entregará a coisa achada à autoridade competente". No Cód. Civil de 1916 a descoberta era um dos modos de aquisição e perda da propriedade, como o nome de "invenção". Todavia, a descoberta, tecnicamente, não é um dos modos de aquisição da propriedade, porque o descobridor deve restituir a coisa. Assim, a descoberta é achado de coisa perdida, e não coisa abandonada. Vale lembrar que o Cód. Penal, no art. 169, II, tipifica a conduta de apropriação de coisa achada e a não entrega à autoridade competente ou ao seu dono, no prazo de 15 dias. Por sua vez, estabelece o art. 1.234 do CC: Aquele que restituir a coisa achada, nos termos do artigo antecedente, terá direito a uma recompensa não inferior a cinco por cento do seu valor, e à indenização pelas despesas que houver feito com a conservação e transporte da coisa, se o dono não preferir abandoná-la. Parágrafo único. Na determinação do montante da recompensa, considerar-se-á o esforço desenvolvido pelo descobridor para encontrar o dono, ou o legítimo possuidor, as possibilidades que teria este de encontrar a coisa e a situação econômica de ambos". Apesar da obrigação de restituição, ao descobridor é assegurada uma recompensa, que leva o nome de *achádego*, de 5% do valor do bem, sem prejuízo da indenização das despesas feitas com a conservação e o transporte da coisa. Contudo, se o dono abrir mão da coisa, abandonando-a, o descobridor para logo adquire-lhe a propriedade, pelo instituto da ocupação (CC, art. 1.263), caso em que não fará jus à recompensa. O descobridor será responsável pela coisa achada, e responderá ao proprietário ou possuidor, se proceder com dolo, deixando de tomar os cuidados necessários para conservá-la. O descobridor não é obrigado a recolher a coisa, mas, se o fizer, deverá empenhar-se para resguarda sua integridade (CC, art. 1.235). Entregue a coisa à autoridade, dar-se-á conhecimento da descoberta através da imprensa e outros meios de informação, somente expedindo editais se o seu valor os comportar (CC, art. 1.237). Com relação à destinação do bem, decorridos 60 dias da divulgação da notícia pela imprensa, ou do edital, não se apresentando quem comprove a propriedade sobre a coisa, será esta vendida em hasta pública e, deduzidas do preço as despesas, mais a recompensa do descobridor, pertencerá o remanescente ao Município em cuja circunscrição se deparou o objeto perdido. Sendo de diminuto valor, poderá o Município abandonar a coisa em favor de quem a achou (CC, art. 1.237).

- **características:**

a) a *descoberta* recai sobre coisa móvel perdida;

b) resulta em uma obrigação de *restituir*

c) o descobridor que o fizer, entregando a coisa ao dono, terá direito a uma recompensa, como prêmio pela honestidade, não inferior a 5% do valor da coisa, chamada de *achádego*, sem prejuízo de eventual indenização pelas despesas de conservação da coisa

d) se o dono preferir, poderá abandonar a coisa, modo voluntário de perda da propriedade a *descoberta* não é considerada, inicialmente, como um dos modos de aquisição da propriedade, em função do dever de restituir. Todavia, se o dono, para eximir-se do pagamento do *achádego* ou *indenização*, preferir abandonar a coisa, o descobridor adquire a propriedade, por ser *res derelictae* (coisa abandonada).

15.3.2. AQUISIÇÃO DA PROPRIEDADE IMÓVEL

- **noções gerais:** assim como ocorre em relação à posse, a aquisição da propriedade pode ser *originária* ou *derivada*. Será *originária* quando inexistir qualquer solução de continuidade ou transferência entre os titulares anterior e o posterior, o que ocorre na usucapião, por exemplo, em que a causa da aquisição é desvinculada por completo do domínio que pertencia ao antigo titular. Na *derivada* ocorre o inverso, pois ocorre a transferência do direito anterior, em função da manifestação da vontade das partes. É importante distinção, em razão dos vícios, atributos e limitações que **não** acompanham a propriedade na aquisição originária, mas são transferidos com a coisa ao adquirente na derivada.

- **alguns modos de aquisição da propriedade imóvel**:

a) *usucapião*

b) *registro*

c) *direito hereditário*

d) *acessão:*

1. por formação de ilhas
2. por aluvião
3. por avulsão
4. por abandono de álveo
5. por plantações ou construções

- **usucapião:**

a) **noções gerais:** *usucapião ou prescrição aquisitiva* é modo originário de aquisição da propriedade e outros direitos reais, como as servidões, em decorrência da posse prolongada de tempo, além de outros pressupostos legais *(coisa apta a ser usucapida; posse; boa-fé; tempo; justo título)*. Segundo o STJ, o tempo para ter direito à propriedade de um imóvel em uma ação de usucapião começa a contar a partir da primeira posse. As causas impeditivas, suspensivas, e interruptivas da *prescrição extintiva* se aplicam à *aquisitiva*, de acordo com o CC, art. 1.244. A sentença na usucapião é *declaratória* (CC/art. 1.241).

b) **Novo CPC (*procedimento comum*):** o diploma emergente não mais prevê um tratamento específico da ação de usucapião (*rito especial*), como previa o Código de Processo Civil de 1973, arts. 941 a 945. Todavia, duas regras esparsas constam do novel CPC. Com efeito, dispõe o art. 246, § 3º: *"Na ação de usucapião de imóvel, os* ***confinantes serão citados pessoalmente****, exceto quando tiver por objeto unidade autônoma de prédio em condomínio, caso em que tal citação é dispensada"*. A exceção de citação pessoal é novidade que não constava do antigo CPC. Mais adiante, no art. 259, I, preceitua o CPC/2015: *"Serão publicados editais: I – na ação de usucapião de imóvel"*. Com relação à **usucapião de imóvel, será utilizado o procedimento comum**. É o que determina o art. 318 do NCPC, segundo o qual *"Aplica-se a todas as causas o procedimento comum, salvo disposição em contrário deste Código ou de lei"*. A parte final abre exceção ao procedimento comum do NCPC quando o próprio Código de Processo Civil ou outras leis estabelecerem um procedimento especial, o que é reforçado pelo art. 1.046, § 2º, das disposições finais e transitórias. Como vimos no início, o Código deixa de adotar um rito especial da ação de *usucapião de bens imóveis* (*ordinária e extraordinária*). No entanto, são variadas as modalidades de usucapião, sendo que as regras procedimentais específicas previstas na legislação extravagante para as variantes de *usucapião constitucional* (*rural ou agrário* e *urbana individual*) e para a *usucapião coletiva* continuam a valer.

c) **Novo CPC (*usucapião em defesa*):** estabelece a Súmula 237 do STF: *"O usucapião pode ser arguido em defesa"*. O NCPC não prejudicará o conteúdo sumulado. Dentro desse ótica, o Enunciado 315 da IV Jornada de Direito Civil do CJF/STJ prescreve: *"O art. 1.241 do Código Civil permite ao possuidor que figurar como réu em ação reivindicatória ou possessória formular pedido contraposto e postular ao juiz seja declarada adquirida, mediante usucapião, a propriedade imóvel, valendo a sentença como instrumento para registro imobiliário, ressalvados eventuais interesses de confinantes e terceiros"*. Verificada a improcedência da ação, a sentença serve como título a ser registrado CRI, em favor do réu, **apenas** quando se tratar de *usucapião especial rural* (Lei 6.969/81, art. 7º) e *usucapião especial urbana coletiva* (Lei 10.257/2001, art. 13), e **não** nas demais modalidades, como por exemplo, a usucapião ordinária ou extraordinária.

d) **Novo CPC (*participação do Ministério Público*):** ainda quanto ao rito comum do NCPC, fica a discussão sobre a participação **obrigatória** do Ministério Público nas ações de **usucapião individual**, tendo em vista que não foi reproduzido o art. 944 do CPC. O Conselho Nacional do Ministério Público, por meio da **recomendação** n. 16, de 28 de abril de 2010, estabeleceu no art. 5º, *caput*, e inciso XI, *"Perfeitamente identificado o objeto da causa e respeitado o princípio da independência funcional, é* ***desnecessária a intervenção ministerial*** *nas seguintes demandas e hipóteses: XI –* ***Ação de usucapião de imóvel regularmente registrado****, ou de* ***coisa móvel****, ressalvadas as hipóteses da Lei nº 10.257, de 10 de julho de 2001"*. Portanto, não se tratando deste exceção constante da recomendação, naqueles casos de *"litígios coletivos pela posse da terra rural ou urbana"* (NCPC, art. 178, III) ou quando a situação concreta evidenciar que a participação do Ministério Público tem por finalidade *"(...) a defesa da ordem jurídica, do regime democrático e dos interesses e direitos sociais e individuais indisponíveis"* (NCPC, art. 176), a participação do Ministério Público é meramente facultativa, exceto nas situações colocadas, quando será obrigatória.

e) **Novo CPC (*usucapião administrativa ou extrajudicial*):** o novo diploma, no art. 1.071, acrescentou o art. 216-A à lei 6.015/73 (Lei dos Registros Públicos), para permitir a usucapião pela via extrajudicial, em sintonia com o viés de desjudicialização dos conflitos civis, a aquisição originária da propriedade pela via administrativa. Essa possibilidade foi inaugurada pelo art. 60 da Lei 11.977/2009, a "Lei Minha Casa, Minha Vida", por meio da qual se permitia requerer ao oficial de registro de imóveis, a conversão do título de legitimação de posse em usucapião especial ou constitucional urbana. Com o novo Código de Processo Civil, **qualquer modalidade de usucapião** pode tramitar pela via administrativa ou extrajudicial, não se tratando, portanto, de uma via obrigatória, mas sim facultativa, daquele que pretende ver reconhecido o direito á prescrição aquisitiva sobre um **bem imóvel usucapiendo**. Além de ser uma via opcional, a rejeição do pedido extrajudicial **não impede** o ajuizamento da ação de usucapião (art. 216-A, § 9º, da Lei 6.015/73). Estabelece-se, ainda, a necessidade de representação por advogado. Caso o "interessado" (e não a "parte") seja necessitado, a defensoria pública fará esse papel (NCPC, art. 185). Recentemente a Lei n. 13.465, de 11 de julho de 2017, alterou e incluiu ao art. 216-A, da Lei n. 6.015/73, os incisos I e II, e os §§ 2º, 6º, 11, 12, 13, 14 e 15. Resumidamente, sãs estas as novidades:

1. **Alterações quanto aos documentos que devem instruir o pedido:**

- a partir de agora, o inciso I, do art. 216-A, da LRP, determina a observância do disposto no art. 384 da Lei nº 13.105, de 16 de março de 2015 (Código de Processo Civil) para a lavratura da **ata notarial**, pelo tabelião, que servirá para atestar o tempo de posse do requerente e de seus antecessores, conforme o caso e suas circunstâncias.
- a nova redação do inciso II,, do art. 216-A, da LRP, permite que a **planta e memorial** descritivo assinado por profissional legalmente habilitado, com prova de anotação de responsabilidade técnica no respectivo conselho de fiscalização profissional,

venha subscrita (assinada) pelos titulares de direitos registrados ou averbados na matrícula do imóvel usucapiendo **ou** na matrícula dos imóveis confinantes, alternativamente. Em sua redação original, os titulares de direitos e os confinantes, cumulativamente, deveriam assinar planta e memorial.

2. **Alterações quanto ao procedimento:**

- nesta fase, o art. 216, § 2º, da LRP, talvez sufrague, na parte final, a principal mudança, pois, se a planta não contiver a assinatura de qualquer um dos titulares de direitos registrados ou averbados na matrícula do imóvel usucapiendo ou na matrícula dos imóveis confinantes, o titular será notificado pelo registrador competente, pessoalmente ou pelo correio com aviso de recebimento, para manifestar consentimento expresso em 15 dias, interpretado o **silêncio como concordância**. Na redação primitiva, o silencio era interpretado como "discordância".
- após transcorrido o prazo (de 15 dias) do edital em jornal de grande circulação, de que trata o art. 216-A, § 4º. LRP, sem pendência de diligências, referente a ponto de dúvida, na forma do § 5º do mesmo artigo, e achando-se em ordem a documentação, o oficial de registro de imóveis registrará a aquisição do imóvel com as descrições apresentadas, sendo permitida a abertura de matrícula, se for o caso. Logo, a concordância dos titulares de direitos reais, ou dos confinantes, ainda que feita por declaração expressa, não constará do registro, ou seja, não é documento obrigatório.

3. **Aspectos relevantes da notificação, o silêncio como concordância e a justificação administrativa:**

- o novo § 11 do art. 216-A, estabelece, no caso de o imóvel usucapiendo ser unidade autônoma de **condomínio edilício, fica dispensado** consentimento dos titulares de direitos reais e outros direitos registrados ou averbados na matrícula dos imóveis confinantes e **bastará a notificação do síndico** para se manifestar quanto à planta e memorial.
- quanto ao § 12 do mesmo artigo, se o **imóvel confinante** contiver um **condomínio edilício**, bastará a **notificação do síndico** para os mesmos efeitos, dispensada a notificação de todos os condôminos.
- pelo § 13 do art. 216, caso **não seja encontrado** o notificando *(titulador do direito real, confinante ou síndico)* ou caso ele esteja em **lugar incerto** ou **não sabido**, tal fato será certificado pelo registrador, que deverá promover a sua notificação por edital mediante publicação, por **duas vezes (2x)**, em jornal local de grande circulação, pelo prazo de **15 dias cada um**, interpretado o silêncio do notificando como concordância.
- o **regulamento do órgão jurisdicional** competente para a correição das serventias poderá **autorizar a publicação do edital em meio eletrônico**, caso em que ficará dispensada a publicação em jornais de grande circulação (Novo § 14 do art. 216-A)
- por fim, o § 15 do art. 216-A, da LRP, afirma que no caso de ausência ou insuficiência dos documentos de que trata o inciso IV do caput do artigo, a posse e os demais dados necessários poderão ser comprovados em **procedimento de justificação administrativa** perante a serventia extrajudicial, que obedecerá, no que couber, ao disposto no § 5º do art. 381 e ao rito previsto nos arts. 382 e 383 da Lei nº 13.105, de 16 março de 2015 (Código de Processo Civil), que estabelecem a respeito da produção antecipada da prova.
- Tabela usucapião extrajudicial ou administrativo:

USUCAPIÃO EXTRAJUDICIAL OU ADMINISTRATIVO *** Nova Lei n. 13.465, de 11 de julho de 2017**
"Art. 216-A. Sem prejuízo da via jurisdicional, é admitido o pedido de reconhecimento extrajudicial de usucapião, que será processado diretamente perante o cartório do registro de imóveis da comarca em que estiver situado o imóvel usucapiendo, a requerimento do interessado, representado por advogado, instruído com:
I - ata notarial lavrada pelo tabelião, atestando o tempo de posse do requerente e de seus antecessores, conforme o caso e suas circunstâncias, aplicando-se o disposto no art. 384 da Lei nº 13.105, de 16 de março de 2015 (Código de Processo Civil);
II - planta e memorial descritivo assinado por profissional legalmente habilitado, com prova de anotação de responsabilidade técnica no respectivo conselho de fiscalização profissional, e pelos titulares de direitos registrados ou averbados na matrícula do imóvel usucapiendo ou na matrícula dos imóveis confinantes;
III - certidões negativas dos distribuidores da comarca da situação do imóvel e do domicílio do requerente;
IV - justo título ou quaisquer outros documentos que demonstrem a origem, a continuidade, a natureza e o tempo da posse, tais como o pagamento dos impostos e das taxas que incidirem sobre o imóvel.
§ 1º O pedido será autuado pelo registrador, prorrogando-se o prazo da prenotação até o acolhimento ou a rejeição do pedido.
§ 2º Se a planta não contiver a assinatura de qualquer um dos titulares de direitos registrados ou averbados na matrícula do imóvel usucapiendo ou na matrícula dos imóveis confinantes, o titular será notificado pelo registrador competente, pessoalmente ou pelo correio com aviso de recebimento, para manifestar consentimento expresso em quinze dias, interpretado o silêncio como concordância.

USUCAPIÃO EXTRAJUDICIAL OU ADMINISTRATIVO * Nova Lei n. 13.465, de 11 de julho de 2017
§ 3º O oficial de registro de imóveis dará ciência à União, ao Estado, ao Distrito Federal e ao Município, pessoalmente, por intermédio do oficial de registro de títulos e documentos, ou pelo correio com aviso de recebimento, para que se manifestem, em 15 (quinze) dias, sobre o pedido. § 4º O oficial de registro de imóveis promoverá a publicação de edital em jornal de grande circulação, onde houver, para a ciência de terceiros eventualmente interessados, que poderão se manifestar em 15 (quinze) dias. § 5º Para a elucidação de qualquer ponto de dúvida, poderão ser solicitadas ou realizadas diligências pelo oficial de registro de imóveis. § 6º Transcorrido o prazo de que trata o § 4º deste artigo, sem pendência de diligências na forma do § 5º deste artigo e achando-se em ordem a documentação, o oficial de registro de imóveis registrará a aquisição do imóvel com as descrições apresentadas, sendo permitida a abertura de matrícula, se for o caso. § 7º Em qualquer caso, é lícito ao interessado suscitar o procedimento de dúvida, nos termos desta Lei. § 8º Ao final das diligências, se a documentação não estiver em ordem, o oficial de registro de imóveis rejeitará o pedido. § 9º A rejeição do pedido extrajudicial não impede o ajuizamento de ação de usucapião. § 10. Em caso de impugnação do pedido de reconhecimento extrajudicial de usucapião, apresentada por qualquer um dos titulares de direito reais e de outros direitos registrados ou averbados na matrícula do imóvel usucapiendo e na matrícula dos imóveis confinantes, por algum dos entes públicos ou por algum terceiro interessado, o oficial de registro de imóveis remeterá os autos ao juízo competente da comarca da situação do imóvel, cabendo ao requerente emendar a petição inicial para adequá-la ao procedimento comum. § 11. No caso de o imóvel usucapiendo ser unidade autônoma de condomínio edilício, fica dispensado consentimento dos titulares de direitos reais e outros direitos registrados ou averbados na matrícula dos imóveis confinantes e bastará a notificação do síndico para se manifestar na forma do § 2º deste artigo. § 12. Se o imóvel confinante contiver um condomínio edilício, bastará a notificação do síndico para o efeito do § 2º deste artigo, dispensada a notificação de todos os condôminos. § 13. Para efeito do § 2º deste artigo, caso não seja encontrado o notificando ou caso ele esteja em lugar incerto ou não sabido, tal fato será certificado pelo registrador, que deverá promover a sua notificação por edital mediante publicação, por duas vezes, em jornal local de grande circulação, pelo prazo de quinze dias cada um, interpretado o silêncio do notificando como concordância. § 14. Regulamento do órgão jurisdicional competente para a correição das serventias poderá autorizar a publicação do edital em meio eletrônico, caso em que ficará dispensada a publicação em jornais de grande circulação. § 15. No caso de ausência ou insuficiência dos documentos de que trata o inciso IV do caput deste artigo, a posse e os demais dados necessários poderão ser comprovados em procedimento de justificação administrativa perante a serventia extrajudicial, que obedecerá, no que couber, ao disposto no § 5º do art. 381 e ao rito previsto nos arts. 382 e 383 da Lei nº 13.105, de 16 março de 2015 (Código de Processo Civil).

◊ **quadro esquemático:** modalidades de usucapião

- Modalidades de Usucapião -			
Modalidades	**Fundamento**	**Requisitos**	**Disp. legal**
Extraordinária – 1	Decurso do tempo que causa a prescrição aquisitiva	a) posse *ad usucapionem* b) decurso de **15 anos**, ininterruptos.	CC, art. 1.238
Extraordinária – 2 (posse-trabalho)	Prescrição aquisitiva minorada por ter o possuidor dado destinação que atende a função social da propriedade	a) posse *ad usucapionem* b) transcurso de **10 anos** sem interrupção c) ter o possuidor constituído sua morada habitual no imóvel, ou nele realizado obras e serviços de caráter produtivo.	CC, art. 1.238, parágrafo único.
Ordinária – 1	Prescrição aquisitiva	a) posse *ad usucapionem* b) decurso de **10 anos** contínuos c) justo título d) boa-fé	CC, art. 1.242, *caput.*

- Modalidades de Usucapião -			
Modalidades	**Fundamento**	**Requisitos**	**Disp. legal**
Ordinária – 2 (posse-trabalho) ***usucapião tabular***: serve não para a aquisição do domínio, mas para sanar vícios originais da aquisição a título derivado	Prescrição aquisitiva	a) posse *ad usucapionem* b) decurso de **5 anos** contínuos; c) aquisição onerosa do imóvel usucapiendo com base em registro regular, posteriormente cancelado; d) possuidor tenha estabelecido moradia no imóvel ou tenha realizado nele investimentos de interesse social e econômico.	CC, art. 1.242, parágrafo único.
Ordinária – 3 (familiar)	Prescrição aquisitiva decorrente do abandono do lar	a) posse *ad usucapionem* b) decurso de **2 anos**, ininterruptamente e sem oposição c) posse direta, com exclusividade, sobre imóvel urbano de até 250m² (duzentos e cinquenta metros quadrados) d) propriedade dividida com ex-cônjuge ou ex-companheiro, que abandonou o lar, utilizando-o para sua moradia **ou** de sua família e) aquisição do domínio integral, desde que não seja proprietário de outro imóvel urbano ou rural	CC, art. 1.240-A
Especial Rural, (Constitucional Rural, ou Pro Labore)	Prescrição extintiva pelo fato de o proprietário não haver dado cumprimento à função social da propriedade e prescrição aquisitiva, benefício ao possuidor que a atendeu.	a) posse *ad usucapiuonem* b) transcurso de **5 anos** sem interrupção c) área possuída de no máximo 50 hectares localizada em zona rural (CC 1.239) d) propriedade rural que se tornou produtiva pelo trabalho do possuidor ou de sua família e) haver o possuidor tornado o imóvel sua moradia ou de sua família f) não ser o possuidor proprietário de imóvel rural ou urbano.	CF, art. 191 CC, art. 1239 Lei 969/81 (Lei da Usucapião Especial)
Especial Urbana Coletiva (Residencial Coletiva ou Constitucional Urbana Coletiva)	Sanção ao proprietário por não dar cumprimento à função social da propriedade e benefício aos pos-suidores que a atendeu	a) núcleos urbanos informais existentes b) sem oposição c) posse há **mais de 5 anos** d) área total a ser usucapida, dividida pelo número de possuidores, inferior a 250 m² por possuidor	Estatuto da Cidade, art. 10 e seguintes (nova redação, pela Lei n. 13.465/2017)
		e) reconhecimento coletivo da proprie-dade f) desde que os possuidores não sejam proprietários de outro imóvel urbano ou rural g) ocupação destinada à morada da população posseira destine-se a ocupação à morada da população posseira	
Especial Urbana (Residencial Individual ou Constitucional Urbana Individual)	Sanção ao proprietário por não dar cumprimento à função social da propriedade ao possuidor que a atendeu.	a) posse *ad usucapionem* b) decurso de 5 anos ininterruptos c) área urbana de até 250 m² d) utilização para morada própria ou de sua família e) não ser o possuidor proprietário de imóvel rural ou urbano f) não ter o possuidor se valido desse benefício anteriormente.	CF, art. 183 CF CC, art. 1.240 Estatuto da Cidade, art. 9 e seguintes

- ***ATENÇÃO:*** a propriedade das coisas **móveis** não se transfere pelos negócios jurídicos antes da **tradição** (CC, art. 1.267) e com o **registro do título translativo**, tratando-se de coisas **imóveis** (CC, art. 1.245). O contrato, assim, não é o bastante para a aquisição do bem, e isso fica evidente no art. art. 481, do CC, segundo o qual: *"Pelo contrato de compra e venda, **um dos contratantes SE OBRIGA a transferir o domínio de certa coisa**, e o outro, a pagar-lhe certo preço em dinheiro".*

- **aquisição pelo registro do título:**

a) diz o CC, art. 1.227: *"Os direitos reais sobre imóveis constituídos, ou transmitidos por atos entre vivos, só se adquirem com o registro no Cartório de Registro de Imóveis dos referidos títulos (arts. 1.245 a 1.247), salvo os casos expressos neste Código".*

b) no Direito Romano, o acordo de vontades **não** era suficiente para a aquisição da propriedade imóvel, como é o *sistema nacional*. São conhecidos três ***sistemas de aquisição da propriedade imobiliária***:

1. *sistema francês*: basta o contrato para a aquisição da propriedade, tendo no registro um mero instrumento de publicidade.

2. *sistema alemão*: não há qualquer vinculação entre o título e o registro. A fase do registro do título ocorre mediante um *processo sumário*, perante os juízes do registro imobiliário, pelo qual é formado um *novo* negócio jurídico, formal, abstrato e desvinculado do título, o qual servirá de registro em um cadastro de imóveis, momento a partir do qual ocorrerá a aquisição da propriedade.

3. *sistema misto ou eclético*: adotado no CC/1916 e no CC/2002, o registro é constitutivo do direito real sobre a coisa imóvel, porém, distanciando-se do *sistema alemão*, onde o título é estranho ao registro, porque dele se desliga em determinado momento, no *sistema misto*, título é causal, ou seja, permanece vinculado ao registro dele fazendo parte; logo, eventual invalidade do negócio jurídico, contamina o registro. Assim, o Brasil adotou o *sistema misto ou eclético*.

c) princípios de regência do registro imobiliário: entre outros, *fé-pública, publicidade, territorialidade, continuidade*, entre outros.

- **acessão.**

a) ocorre por *formação de ilhas, aluvião, avulsão, abandono de álveo* e *plantações ou construções* (CC/art. 1.248, I a V); caracteriza-se pelo direito que o proprietário de um bem passa a ter sobre tudo aquilo que aderir ou for unido a ele; dessa forma, haverá *acessão* em função da aderência de algo em um bem, alterando-o em *quantidade, qualidade, volume ou valor.*

b) a ***acessão*** pode ser: ***a)*** *natural*; ***b)*** *industrial ou artificial*; o que diferencia uma e outra é a ação humana que não ocorre na natural (aluvião, avulsão, etc.), mas se verifica na artificial (plantações, construções).

c) a a**cessão pode dar-se** por:

1. ***aluvião:*** são os acréscimos formados, sucessiva e imperceptivelmente, por depósitos e aterros naturais ao longo das margens das correntes ***(aluvião própria)***, ou pelo desvio das águas destas, descobrindo parte do álveo ***(aluvião imprópria)*** que importa na aquisição da propriedade do dono do imóvel a que aderirem essas terras, sem indenização; o terreno aluvial, que se formar em frente a prédios de proprietários diferentes, dividir-se-á entre eles, na proporção da testada de cada um sobre a antiga margem (CC, arts. 1.250/51).

2. ***avulsão***: é o repentino e abrupto deslocamento de terra, que venha a ocorrer por força natural violenta, resultando que uma porção de terra se destaque de um prédio e se junte a outro; nesse caso, o dono deste adquirirá a propriedade do acréscimo, se:

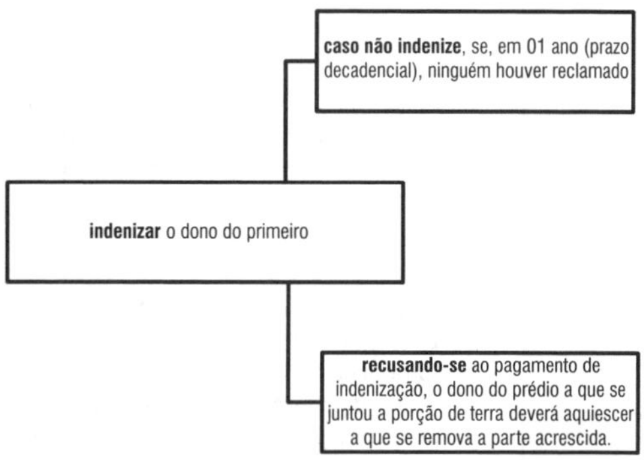

3. ***formação de ilhas***: é acessão natural em correntes comuns ou particulares, em razão de depósitos regulares, graduais e fragmentados de areia, pedras ou terra, carreados pela própria correnteza ou, ainda, pelo declínio das águas, resultando na exposição a seco de parte do fundo daquelas correntes (CC/art. 1.248, I e 1.249); a propriedade das ilhas formadas pertence aos proprietários ribeirinhos, de acordo com a disciplina do CC/art. 1.249, I a III; segundo o Código de Águas, Decreto 24.643, de 10 de julho de 1934, as ilhas que se formarem em águas públicas pertencem ao domínio público, e ao domínio particular, no caso de águas comuns ou particulares (art. 23).

4. ***construções e plantações*** *(acessão industrial ou artificial)*: duas regras são importantes:

1ª Regra:	– a propriedade da construção ou da plantação é do dono do imóvel, porque o acessório segue o principal, ainda que de maior valor – toda construção ou plantação existente em um terreno **presume-se** feita pelo proprietário e à sua custa, até que se prove o contrário (presunção *juris tantum*). – quem semeia, planta ou edifica em terreno **próprio** com sementes, plantas ou materiais **alheios**, adquire a propriedade destes; mas fica obrigado a pagar-lhes o **valor**, além de responder por **perdas e danos**, se agiu de **má-fé**

2ª Regra:	- quem semeia, planta ou edifica em terreno **alheio** perde, em proveito do proprietário, as sementes, plantas e construções; se procedeu de **boa-fé**, terá direito a **indenização**. Todavia, se a construção ou a plantação **exceder consideravelmente o valor do terreno**, aquele que, de **boa-fé**, plantou ou edificou, adquirirá a propriedade do solo, mediante pagamento da **indenização** fixada judicialmente, se não houver **acordo**.
2ª Regra:	- no caso de má-fé de **ambas** as partes, adquirirá o **proprietário** as sementes, plantas e construções, devendo ressarcir o **valor** das acessões. **Presume-se** má-fé no proprietário, quando o trabalho de construção, ou lavoura, se fez em sua presença e sem impugnação sua. - se terceiro de boa-fé plantar ou edificar em solo alheio, com sementes e material de outrem, o dono da matéria-prima perderá sua propriedade, mas será indenizado pelo valor dela. O principal devedor é o plantador ou construtor, e **subsidiariamente** o dono do solo. - **construção em zona lindeira NÃO superior a 1/20 (5%):** (1) adquire o construtor de **boa-fé** a propriedade da parte do solo invadido, se o valor da **construção exceder o dessa parte**, e responde por indenização que represente, também, o valor da área perdida e a desvalorização da área remanescente; (2) adquire o construtor de **má-fé** a propriedade da parte do solo que invadiu, pagando **10 x** (décuplo) as perdas e danos sobre o valor da área perdida e a desvalorização, mas o valor da construção deve **exceder consideravelmente o dessa parte** e **não** se puder demolir a porção invasora sem grave prejuízo para a construção. (**Enunciado 318:** *"...além dos requisitos explícitos previstos em lei, houver necessidade de proteger terceiros de boa-fé*). - **construção em zona lindeira superior a 1/20 (5%):** (1) se o construtor estiver de **boa-fé**: adquire a propriedade da parte do solo invadido, e responde por perdas e danos que abranjam o valor que a invasão acrescer à construção, mais o da área perdida e o da desvalorização da área remanescente (2) se o construtor estiver de **má-fé**: é obrigado a demolir o que nele construiu, pagando as perdas e danos apurados, que serão devidos em **dobro**.

5. **abandono do álveo**: ocorre quando um rio seca por completo, ou se desvia por razões naturais; neste caso, o álveo abandonado de corrente pertence aos **proprietários ribeirinhos** das **duas margens**, **sem** que tenham indenização os donos dos terrenos por onde as águas abrirem novo curso, entendendo-se que os prédios marginais se estendem até o meio do álveo. É previsto no no art. 1.252 do CC, e nos arts. 26 e 27 do Código de Águas (Decreto 24.643/34).

Acessões	**naturais ou físicas**	▪ formação de ilhas ▪ aluvião ▪ avulsão ▪ abandono do álveo
	industriais ou artificiais	▪ construções ▪ plantações

- Conferir a respeito da aquisição e perda da propriedade os *Enunciados da I, III, IV e V Jornada de Direito Civil do CJF de nº 77, 82, 83, 84, 85, 86, 87, 240, 241, 242, 243, 304, 305, 306, 307, 308, 309, 310, 311, 312, 313, 314, 315, 316, 317, 318, 495, 496, 497, 498, 499, 500, 501, 502, 510.*
- ***ATENÇÃO***: *res nullius* é a coisa que nunca teve dono e *res derelicta* é a coisa que teve dono, mas foi abandonada, fato que se caracteriza pela disposição física e anímica do bem.

15.3.3. AQUISIÇÃO DA PROPRIEDADE MÓVEL

- **usucapião de bem móvel:**

	Usucapião de bem móvel	
	ordinária	**extraordinária**
requisitos:	▪ posse contínua e inconteste, por 3 anos ▪ justo título ▪ boa-fé	▪ posse por 5 anos ▪ **dispensa-se**: - justo título - boa-fé

- **outros modos de aquisição da propriedade móvel.**

a) **ocupação:** trata-se de um dos modos de aquisição da *coisa móvel (inanimadas)* ou *semovente (propriamente dita)*, e sem dono, compreendendo: **a)** a *res nullius*, coisa que nunca teve dono e; **b)** a *res derelicta*, que teve dono, mas foi abandonada, fato que se caracteriza pela disposição *física e anímica* do bem. Para que seja reconhecida, exige-se a **reunião** de requisitos, quais sejam:

1. *intenção ou vontade de adquirir* **(elemento subjetivo, animus)**
2. *apreensão física da res nullius ou da res derelecta* **(elemento objetivo)**
3. *reconhecimento legal do ato como modo originário de aquisição* **(elemento normativo)**.

b) **achado de tesouro**: um dos modos de aquisição da propriedade móvel; *tesouro* é o depósito antigo de coisas preciosas, oculto e de cujo dono não haja memória. É importante não confundir. A *coisa sem dono* compreende a *coisa de ninguém (res nullius)* e a *abandonada (res derelicta)*, conceituações jurídicas afetas à *ocupação*. No achado de tesouro, a coisa foi *"depositada"*, mas há tanto tempo, que não se lembra mais quem seja o dono. Situação dos bens:

1. por **inteiro**, ao **proprietário do prédio**, se for achado:

- **pelo proprietário**
- em **pesquisa** que ordenou
- por terceiro **não autorizado**

2. na enfiteuse:

- **metade**, se encontrado no terreno aforado pelo descobridor
- **inteiro**, se achado pelo enfiteuta

c) **tradição**: é a entrega do bem móvel ao adquirente, com a intenção de transferir o domínio; o negócio, por si só, não transfere a propriedade, geram apenas direitos pessoais. Também **não** transfere a propriedade a tradição, quando tiver por título um negócio jurídico **nulo**. A outro giro, a tradição baseada em título de negocial **anulável** opera tradição normalmente. **Classificação**:

1. ***tradição real***: entrega material do bem

2. ***tradição simbólica***: entrega representativa da transferência do bem (*traditio longa manus*). Ex. entrega de chaves de um imóvel.

3. ***tradição ficta***: é uma ficção. É o caso da *constituto possessório* (posse em nome próprio para posse em nome alheio) e da *traditio brevi manu* (posse em nome alheio para posse em nome próprio). Pelo **Enunciado 77:** *"A posse das coisas móveis e imóveis também pode ser transmitida pelo constituto possessório".*

d) **venda a non domino:** é a venda realizada por quem **não** é dono. Em **regra**, não transfere a propriedade. Há duas exceções:

1. oferecida ao público, em leilão ou estabelecimento comercial, for transferida em circunstâncias tais que, ao adquirente de boa-fé, como a qualquer pessoa, o alienante se afigurar dono

2. se o adquirente estiver de **boa-fé** e o alienante adquirir **depois** a propriedade, considera-se realizada a transferência desde o momento em que ocorreu a tradição. Neste caso, os efeitos da tradição são *ex tunc*.

e) **especificação:** é o modo de adquirir a propriedade mediante a transformação de coisa móvel em espécie nova, em virtude do trabalho ou da indústria do especificador, de que não seja possível reduzi-la à sua forma primitiva (Washington de Barros Monteiro). Ex. escultura em relação à pedra, pintura em relação ao quadro (Maria Helena Diniz). A mescla de coisas (comistão, confusão e adjunção) não importa o nascimento de uma *nova espécie*, pois conservam sua unidade. **Coisa nova feita com matéria-prima alheia**:

1. pertence ao **especificador de boa-fé**, desde que não possa voltar à forma anterior

2. pertence ao **especificador**, de boa ou má-fé, possa ou não voltar ao estado anterior, se o **valor** da espécie nova exceder consideravelmente o da matéria-prima.

3. pertence ao **dono** da matéria prima, se o especificador estiver de má-fé, e desde que não possa volver à forma primitiva

4. pertence ao **dono** da matéria-prima, se puder voltar à forma original

f) **confusão** (mistura de coisas liquidas), a **comistão** (mistura de coisas sólidas ou secas) e a **adjunção** (justaposição de uma coisa à outra tornando impossível destacar o acessório do principal, sem deterioração). Trata-se da **doutrina da confusão real**. Caracterizam-se, em comum, pela mescla ou mistura de coisas pertencentes a donos diversos.

1. **mistura de boa-fé:**

- se a mistura for **intencional** (*voluntária*), os proprietários decidem com quem ficará o produto final
- se a mistura **não** for **intencional** *(involuntária)* a lei civil determina três situações:

– permanece inalterada a propriedade, sendo possível separar a coisa sem deterioração

– não sendo possível a separação das coisas, ou exigindo dispêndio excessivo, por ordem natural ou econômica, subsiste indiviso o todo, cabendo a cada um dos donos quinhão proporcional ao valor da coisa com que entrou para a mistura ou agregado, ocorrendo na hipótese *condomínio forçado*

– se uma das coisas puder considerar-se principal, o dono sê-lo-á do todo, indenizando os outros pelo valor dos acessórios

2. **mistura de má-fé**

- se a confusão, comissão ou adjunção se operou de má-fé, à outra parte caberá escolher entre adquirir a propriedade do todo, pagando o que não for seu, abatida a indenização que lhe for devida
- renunciar ao que lhe pertencer, caso em que será indenizado

• ***ATENÇÃO:*** a *descoberta* tem por objeto coisa móvel perdida e resulta para o descobridor uma obrigação de *restituir*. Se o descobridor restituir o bem, entregando-o ao dono, terá direito a uma recompensa, como prêmio pela honestidade, não inferior a 5% do valor da coisa – *achádego* – sem prejuízo de eventual indenização pelas despesas de conservação da coisa. No entanto, se o dono preferir, poderá **abandonar** a coisa, **um dos modos voluntários de perda da propriedade** (CC, art. 1.234). Assim, a *descoberta* não é considerada, inicialmente, como um dos modos de aquisição da propriedade, em função do dever de restituir. Todavia, se o dono, para eximir-se do pagamento do *achádego* e da *indenização*, preferir abandonar a coisa, o descobridor adquire a propriedade, por ser *res derelictae* (coisa abandonada).

15.3.4. PERDA DA PROPRIEDADE

- **modos de perda da propriedade imóvel.**

a) ***voluntários***: *vontade do titular*; Ex. alienação, abandono, etc.

b) ***involuntários***: *causas legais*; Ex. usucapião, desapropriação administrativa ou judicial, confisco, etc.

- ***ATENÇÃO:*** o CC, art. 1.275, I a V, prevê um rol exemplificativo dos modos *voluntários (vontade)* e *involuntários (legal)* de perda da propriedade imóvel, completado pelos arts. 1.228, §§ 3º, 4º, 5º e 1.276.

15.4. PROPRIEDADE RESOLÚVEL

- **noções gerais:** exceção ao caráter perpétuo e irrevogável, é prevista no CC/art. 1.360 e 1.361, e se verifica quando no título aquisitivo da propriedade há inserção de condição resolutiva ou termo.

15.5. PROPRIEDADE FIDUCIÁRIA

- **noções gerais**: é a propriedade resolúvel de coisa móvel infungível que o devedor, com escopo de garantia, transfere ao credor (CC/art. 1.361).

16. DIREITOS DE VIZINHANÇA

- **fluxograma:**

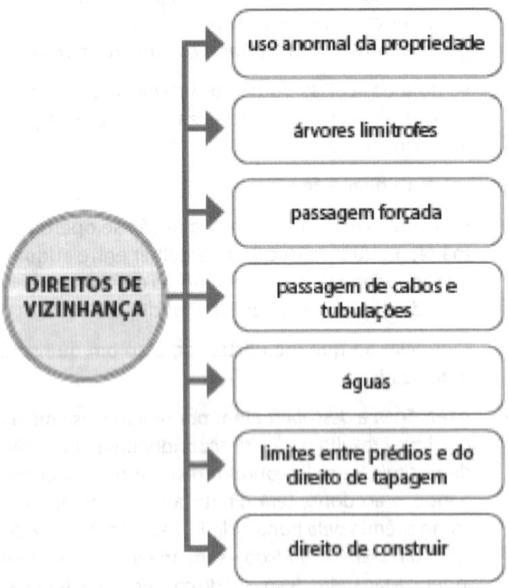

16.1. USO ANORMAL DA PROPRIEDADE

- **noções gerais:** caracteriza-se pelas interferências prejudiciais à segurança, ao sossego e à saúde provocados pela utilização de propriedade vizinha, segundo os critérios de tolerância, zoneamento urbano e anterioridade da posse; em razão desses comportamentos, o proprietário ou o possuidor de um prédio tem o direito de fazer cessar as interferências prejudiciais; esse direito de fazer cessar as interferências não prevalece quando justificadas por interesse público, caso em que o proprietário ou o possuidor, causador delas, pagará ao vizinho indenização cabal; por outro lado, ainda que por decisão judicial devam ser toleradas as interferências, poderá o vizinho exigir a sua redução, ou eliminação, quando essas se tornarem possíveis. Será devida *ação de dano infecto* para exigir a demolição, ou a reparação de prédio, quando ameace ruína, caso em que será possível o pedido de tutela de urgência, mediante caução real ou fidejussória, desde que evidenciada a probabilidade do direito e o perigo de dano ou o risco ao resultado útil do processo. Pelo NOVO CPC, o juiz pode, conforme o caso, exigir caução real ou fidejussória idônea para ressarcir os danos que a outra parte possa vir a sofrer, podendo a caução ser dispensada se a parte economicamente hipossuficiente não puder oferecê-la (CPC/2015, art. 300, *caput*, e § 1º).

16.2. ÁRVORES LIMÍTROFES

- **noções gerais:** a árvore cujo tronco estiver na linha divisória, presume-se pertencer em comum aos donos dos prédios confinantes *(árvore-meia)*; as raízes e os ramos de árvore, que ultrapassarem a estrema do prédio, poderão ser cortados, até o plano vertical divisório, pelo proprietário do terreno invadido. Os frutos caídos *naturalmente* de árvore do terreno vizinho pertencem ao dono do solo onde caíram, se este for de propriedade particular; os frutos pendentes e aqueles que caírem na via pública são do dono da árvore (CC/art. 1.282 a 1.284).

16.3. PASSAGEM FORÇADA

- **noções gerais:** é o direito assegurado ao dono do prédio encravado de forma absoluta, e, por razões naturais, não tem acesso à via pública, nascente ou porto. Nesse caso poderá, mediante pagamento de indenização cabal, constranger o vizinho a lhe dar passagem, cujo rumo será judicialmente fixado, se necessário. Sofrerá o constrangimento o vizinho cujo imóvel mais **natural e facilmente** se prestar à passagem. O direito não é assegurado se houver saída do prédio, ainda que dificultosa; trata-se de instituto pertencente ao direito de vizinhança. A ***servidão de passagem*** difere da ***passagem forçada*** (*servidão legal*). Aquele é um direito real sobre coisa alheia, constituído finalísticamente para melhor servir a aproveitar o prédio dominante, potencializando suas qualidades. No presente instituto, o prédio é totalmente encravado, sem qualquer acesso às vias públicas. Com relação à origem, a ***servidão de passagem*** é assetada na vontade das partes, e a ***passagem forçada*** na lei.

16.4. PASSAGEM DE CABOS E TUBULAÇÕES

- **noções gerais**: o proprietário deverá tolerar que em seu imóvel passem cabos, tubulações e outros condutos subterrâneos de serviços de utilidade pública, em proveito de proprietários vizinhos, quando de outro modo for impossível ou excessivamente oneroso. Para tanto, será devido o recebimento de indenização que atenda, também, à desvalorização da área remanescente. Em função no *princípio da menor onerosidade*, o proprietário prejudicado pode exigir que a instalação seja feita de ***modo menos gravoso*** ao prédio onerado, bem como, depois, seja ***removida***, à sua custa, para outro local do imóvel; pode exigir, também, se as instalações oferecerem grave risco à realização de obras de segurança.

16.5. ÁGUAS

- **noções gerais:** o dono ou o possuidor do prédio inferior é obrigado a receber as águas que correm **naturalmente** do superior, não podendo realizar obras que embaracem o seu fluxo. Todavia, nada impede que o dono do prédio inferior canalize as águas que recebe naturalmente do superior. Porém, a condição natural do prédio inferior, não pode ser agravada por obras feitas pelo dono ou possuidor do prédio superior. Quando as águas artificiais levadas ao prédio superior, ou aí colhidas, correrem dele para o inferior, poderá o dono deste reclamar que se desviem, ou se lhe indenize o prejuízo que sofrer. O escoamento de água de esgoto não possui o mesmo tratamento conferido as águas naturais, porque estas são pluviais ou nascentes, conforme o CC, art. 1.288. As águas de esgoto são artificiais. A lei da gravidade é a solução do CC, art. 1.288 aplicável às águas naturais.
- **direito de aqueduto:** o Código de Águas (Decreto 24.643/34) regula o ***direito de aqueduto*** nos arts. 117 a 138, e será aplicado em tudo aquilo que não contrariar o art. 1.293 do CC/2002, que também disciplina o instituto. A *servidão legal de aqueduto*, é conceituada como o *direito potestativo* de conduzir água por prédio alheio, ou deste para o próprio, em benefício ou utilidade pessoal, entre particulares, mediante prévia indenização, por meio de canais. Assim, não é um direito real.

16.6. LIMITES ENTRE PRÉDIOS E DIREITO DE TAPAGEM

- **noções gerais:** o proprietário tem direito a cercar, murar, valar ou tapar de qualquer modo o seu prédio, urbano ou rural, e pode constranger o seu confinante a proceder com ele à demarcação entre os dois prédios, a aviventar rumos apagados e a renovar marcos destruídos ou arruinados, repartindo-se proporcionalmente entre os interessados as respectivas despesas.

a) 1ª parte: direito de tapagem (cercar, murar, valar, etc)

b) 2ª parte: direito de demarcar (demarcar e aviventar rumos apagados, etc)

c) para exercer o direito de demarcar, admite-se ação demarcatória ***simples*** (fixação de rumos e aviventação) e a ***qualificada*** (fixação de rumos, aviventação, **cumulado** com reposição de glebas)

d) há presunção legal (juris tantum) de que a obra divisória, os muros, cercas e os tapumes pertencem a ambos os proprietários, salvo prova em contrário

e) as sebes vivas, as árvores, ou plantas quaisquer, que servem de marco divisório, só podem ser cortadas, ou arrancadas, de comum acordo entre proprietários

f) os tapumes especiais para animais de pequeno porte são de responsabilidade dos proprietários ou detentores destes animais

16.7. DIREITO DE CONSTRUIR

- **noções gerais:** o proprietário pode levantar em seu terreno as construções que lhe aprouver, salvo o direito dos vizinhos e os regulamentos administrativos. Entre os direitos, destacam-se:

a) que o prédio não despeje águas, diretamente, sobre o prédio vizinho

b) limitações de janelas:

1. é defeso abrir janelas, ou fazer eirado, terraço ou varanda, a menos de **1,5m** do terreno vizinho
2. as janelas cuja visão **não** incida sobre a linha divisória, bem como as perpendiculares, não poderão ser abertas a **menos** de **75cm**
3. as limitações acima **não** abrangem as aberturas para luz ou ventilação, não maiores de **10cm** de largura sobre **20cm** de comprimento e construídas a mais de **2m** de altura de cada piso
4. nesses casos, a **ação demolitória** deve ser proposta dentro do prazo **decadencial de ano e dia** após a **conclusão** da obra
5. admite-se a ação de **nunciação de obra nova**, **durante** a construção, para evitar que se ergam janelas que firam os direitos acima.
6. na zona rural, não se permite edificação a menos de **3m**

17. CONDOMÍNIO

- **noções gerais:** em linhas gerais, o condomínio é o direito de propriedade que pertence a mais de um titular,, ou seja, quando duas ou mais pessoas têm o domínio de um mesmo bem, tem-se um condomínio. Tradicionalmente o Código Civil conhecia apenas duas espécies de condomínio, quais sejam: (a) o **tradicional**: também conhecido por geral, disciplinado a partir do art. 1.314 do CC e; (b) **necessário ou legal:** é o condomínio imposto por lei (CC/art. 1.297, 1.298, 1.304 e 1.307, conforme o 1.327); (c) o **edilício**,que é previsto nos arts. 1.331 e seguintes do CC e, no que não for contraditório, pela Lei nº 4.591/64. Com a Lei n. 13.465, de /2017, surgiram **duas novas espécies** de condomínio: (d) o **condomínio de lotes**, previsto no art. 1.358-A do CC, e também pelo art. 2º, § 7º, e pelo art. 4º, § 4º, da Lei nº 6.766/79; e (e) o **condomínio urbano simples**, disciplinado pelos arts. 61 a 63 da Lei n. 13.465/2017.

- **características:** no **condomínio tradicional**, o condômino pode alienar a fração ideal a terceiros, desde que, previamente, dê preferência para os outros condôminos (arts. 504e 1.314, CC). O **condomínio edilício**, por sua vez, envolve imóveis com áreas de propriedade exclusiva dos condôminos ("unidades autônomas") – como os apartamentos em prédios – e áreas de propriedade comum – como o *hall* de entrada, a piscina etc. Nessa espécie de condomínio, cada condômino possui a propriedade exclusiva da unidade privativa, que, por representar um imóvel autônomo, recebe uma matrícula própria no Cartório de Imóveis, conforme estabelece o *princípio da unitariedade* ou *unicidade matricial*, pelo qual cada imóvel deve ter uma matrícula no CRI..Nessa modalidade, o proprietário da unidade autônoma é também titular de uma fração ideal do solo e das áreas comuns. O condomínio edilício pode ser *horizontal* ou *vertical*. O condomínio horizontal é aquele em que as unidades autônomas são separadas por planos virtuais horizontais, razão por que também pode ser chamada de condomínio em planos horizontais, pois os andares são separados por planos virtuais horizontais. Por outro lado, o *condomínio vertical* ou em planos verticais é aquele cujas unidades privativas são separadas por planos virtuais verticais. São os condomínios de casas**.** No **condomínio de lotes**, nova figura inserida no Código Civil, com acerto, pela lei n. 13.465/2017, no art. 1.358-A, é um desdobramento do condomínio edilício vertical (de casas), de que tratava o art. 8º da Lei nº 4.591/2017. Isto porque o condomínio edilício vertical não cria lotes, e sim unidades imobiliárias vinculadas a uma fração ideal do solo e das áreas comuns. Com o novo art. 1.358-A do CC, passa a ser permitido a criação de um condomínio que será composto por lotes, os quais estarão necessariamente vinculados a uma fração ideal das áreas comuns em proporção a ser definida no ato de instituição. Isso significa, por exemplo, que as ruas, as praças e as demais áreas de uso comum não são transferidas à propriedade do Município ou Distrito Federal, mas continuam sendo propriedade privada, pertencente aos titulares do lote de acordo com a respectiva fração ideal. O condomínio de lotes não se confunde com o edilício em planos verticais, ainda que o o § 2º do art. 1.358-A do CC a estabeleça que serão aplicadas ao condomínio de lotes, no que couber, as regras de condomínio edilício no que couber. Isto porque no condomínio de lotes, não haverá uma associação de moradores, e sim um condomínio, ente despersonalizado que é representado pelo síndico, que se sujeita às deliberações dos condôminos e que tem legitimidade para cobrar as contribuições de todos os condôminos. O § 3º do art. 1.358-A, estabelece que, "para fins de incorporação imobiliária, a implantação de toda a infraestrutura ficará a cargo do empreendedor". Logo, no condomínio de lotes, como as áreas de uso comum são bens privados, as obras de infraestrutura não serão feitas pelo poder público, não impedindo, todavia, que o incorporador repasse os custos ou a obrigação de fazer essas obras aos compradores dos lotes. Se estes não fizerem, contudo, o incorporador deve responder perante o Poder Público por eventuais omissões destes na realização dessas obras, sem prejuízo do direito de regresso.

- **condômino de lotes e loteamento de acesso controlado na Lei n. 6.766/79:** ao art. 2º da Lei n. 6.766/79, foi inserido § 7º, pela Lei n. 13.465/2017, pelo qual "o lote poderá ser constituído sob a forma de imóvel autônomo ou de unidade imobiliária integrante de condomínio de lotes". Também foi acrescido o § 4º ao art. 4º da Lei nº 6.766/79, estabelecendo que o município poderá instituir limitações administrativas ou direitos reais sobre essa área privada em benefício do interesse público. O "loteamento fechado", portanto, com estas mudanças, pode ser constituído sob a forma de condomínio de lotes, ou não. Isto porque a Lei nº 13.465/2017 introduziu o § 8º ao art. 2º da Lei nº 6.766/79, para criar a figura do *"loteamento de acesso controlado"*, que pode ser utilizada para respaldar a dinâmica de loteamentos fechados, assim entendidos aqueles que, por qualquer meio (muros, portarias etc.) restringem o acesso de terceiros à região loteada. O loteamento de acesso controlado nada mais é do que um parcelamento de que resultem lotes sob a forma de imóveis autônomos (e não como unidades condominiais) com a possibilidade de serem instaladas portarias nas ruas com o objetivo de controlar o acesso de veículos e de pessoas. Esse tipo de restrição de controle depende de ato administrativo do poder público do Município. Essa autorização municipal deverá ser concedida a algum representante dos interesses dos moradores da região loteada. O art. 2º, § 8º, da Lei nº 6.766/79 veda claramente que se impeça o acesso de pessoas e veículos, se o condutor ou o pedestre, se identificar e autorizar o seu cadastramento. No loteamento de acesso controlado, as vias de circulação são bens públicos municipais, diferentemente do loteamento condominial, em que as vias de circulação interna são privadas, apenas sujeitas a restrições impostas pelos condôminos, salvo eventual limitação decorrente da legislação urbanística local, administrativa ou decorrente de direito real alheio em benefício do poder público da população em geral e da proteção da paisagem urbana, tais como servidões de passagem, usufrutos e restrições à construção de muros. (novo art. 1.358-A, § 2º, do CC; novo § 4º, do art. 4º, da L. 6.766/79). Assim, são agora espécies de loteamentos:

- **espécies de loteamento:**

(a) **loteamento tradicional:** aquele em que os lotes são imóveis autônomos (art. 2º, § 7º, Lei nº 6.766/79);

(b) **loteamento de acesso controlado**: loteamento tradicional, com a autorização do poder público municipal para que os representantes dos proprietários (geralmente uma associação) controlem o acesso de pessoas e de veículos mediante a sua identificação e o seu cadastramento, vedado, porém, impedir-lhes o trânsito se estiverem identificados (art. 2º, § 8º, Lei nº 6.766/79);

(c) **loteamento condominial:** aquele em que os lotes constituem unidades autônomas de um condomínio de lotes (art. 2º, § 7º, Lei nº 6.766/79; CC, art. 1.358-A).

- **condomínio urbano simples:** uma nova forma de condomínio foi criada pelos arts. 61 a 63 da Lei n. 13.465/2017, mas não foi inserida no Código Civil. Trata-se do condomínio urbano simples, espécie de condomínio que se aplica a imóveis urbanos. Essa nova modalidade pode ser compreendida como condomínio edilício, que dispensa algumas formalidades em razão da sua pequena dimensão. Segundo o art. 61, *caput*, da Lei n. 13.465/2017, esse condomínio aplica-se a situações de terrenos onde haja mais de uma construção e em que o seu titular queira tornar cada uma dessas construções uma unidade autônoma de condomínio. Diante da sua simplicidade, o condomínio urbano simples dispensa a apresentação de convenção de condomínio (art. 61, parágrafo único). Assim, como se trata de um condomínio, cada construção constituirá uma unidade imobiliária autônoma e, portanto, terá uma matrícula própria. Além do mais, cada unidade autônoma deve ficar vinculada a uma fração ideal das áreas comuns, à semelhança do que sucede no condomínio edilício. As unidades autônomas poderão ser alienadas e gravadas livremente por seus titulares, sendo nenhuma destas unidades poderá ser privada de acesso ao logradouro público (art. 62, § 3º). A gestão das partes comuns, embora se apliquem as regras de condomínio edilício no que couber (art. 61, parágrafo único, da Lei nº 13.465/2017), será feita de comum acordo entre os condôminos, podendo ser formalizada por meio de **instrumento particular** (art. 62, § 4º).

- **importante:**

- **outras classificações:**

1. *pro diviso* (comunhão de direito): é o exercido sobre parte certa e determinada da coisa, como se dono exclusivo da parte ocupada;
2. *pro indiviso* (comunhão de direito e de fato): é o ocupado em partes ideais, sem qualquer delimitação da coisa em porções individualizadas
3. *permanente:* não poderá extinguir-se, dada a natureza do bem ou em virtude da relação jurídica que o gerou ou do exercício do direito correlativo.
4. *transitório:* denomina-se assim aquele que, oriundo ou não de convenção, vigora durante um certo lapso de tempo ou enquanto não se lhe ponha termo, mas que sempre e em qualquer momento pode cessar
5. *universal:* se compreender a totalidade do bem, inclusive frutos e rendimento
6. *singular ou particular:* restringe a determinadas coisas ou efeitos, ficando livres os demais
7. segundo a *"teoria da propriedade integral ou total"*, atribuída a Washington de Barros Monteiro, há no condomínio é um só direito, de maneira que cada condômino tem direito à propriedade sobre toda a coisa, sendo que o exercício desse direito é limitado pelos direitos dos demais consortes; em função disso o *"princípio da exclusividade"* não é malferido, já que há partes ideais conferidas a cada condômino; já em relação a terceiros, o titular da parte ideal atua como proprietário exclusivo do todo.
8. discute-se sobre o *sistema "time-charing" (tempo repartido), multipropriedade ou propriedade compartilhada.* Segundo o escólio de Gustavo Tepedino em sua obra *Multipropriedade imobiliária* (São Paulo: Saraiva, 1993, p. 01) *"... multipropriedade de forma genérica é a relação jurídica de aproveitamento econômico de uma coisa móvel ou imóvel, repartida em unidades fixas de tempo, de modo que diversos titulares possam, cada qual a seu turno, utilizar-se da coisa com exclusividade e de maneira perpétua. O sistema utilizado para os imóveis é conhecido como time--sharing"; "... No Brasil, tal fenômeno surgiu timidamente sem legislação específica, sendo assim, nasceu a dificuldade de conceituar a multipropriedade como direito real. Nesse sistema, todos os multiproprietários são condôminos, mas esse condomínio somente será exclusivo na unidade autônoma no tempo fixado no pacto. Sem permissão legal, contudo, não pode ser conferido direito real aos multiproprietários. Uma das soluções encontradas é registrar o empreendimento em nome de pessoa centralizadora de contratos (trustee), que concede e organiza a utilização periódica.*

*Nesse caso, a relação dos multiusuários é de direito obrigacional com o proprietário da coisa. Outra solução é constar na escritura a aquisição por vários titulares de períodos de **07 dias** em cada ano, atribuindo-se a cada unidade cinqüenta e dois períodos compartilhados. Todos os adquirentes são co-proprietários de fração ideal, não se identificando a unidade, a não ser no vínculo obrigacional. Um pacto adjeto meramente contratual o fará. Não existe, desse modo, constituição de unidades autônomas, invocando-se as normas típicas do condomínio ordinário. A relação de tempo fica exposta em regulamento. A administração é atribuída a empresa, que normalmente reserva para si frações ideais, correspondentes a duas semanas do ano todos os apartamentos (Gustavo Tepedino, Multipropriedade imobiliária, São Paulo: Saraiva, 1993, p. 45)...".*

d) Conferir os Enunciados: 89, 90, 91, 246, 247, 248, da I e III Jornada de Direito Civil do CJF/STJ.

18. PROPRIEDADE RESOLÚVEL

- **noções gerais:** exceção ao caráter perpétuo e irrevogável, a propriedade resolúvel é prevista nos arts. 1.359 e 1.360 do CC, e se verifica quando no título aquisitivo da propriedade há inserção de condição resolutiva ou termo. A propriedade neste caso não é plena, mas limitada. Isso porque no título de sua constituição já se prevê as causas de sua extinção, uma vez que se realize a condição resolutória, ou sobrevenha o termo extintivo, seja por força de declaração de vontade, seja por determinação da lei. Pelo Enunciado 509 da V Jornada de Direito Civil do CJF/STJ,*"A resolução da propriedade, quando determinada por causa originária, prevista no título, opera ex tunc e erga omnes; se decorrente de causa superveniente, atua ex nunc e inter partes"*. Se a propriedade vier a resolver-se por causa superveniente, alheia ao título e posterior à transmissão, tal revogação terá efeitos *ex nunc*. É o que ocorrer, por exemplo, na revogação da doação por ingrratidão do donatário (CC, art. 555 a 557).

19. PROPRIEDADE FIDUCIÁRIA

- **noções gerais:** é a propriedade resolúvel de **coisa móvel infungível** que o devedor, com escopo de garantia, transfere ao credor (CC, art. 1.361). Assim, com a alienação fiduciária, em garantia, ocorre a transferência do domínio do bem móvel ao credor (fiduciário), em garantia de pagamento, permanecendo o devedor (fiduciante) com a posse direta da coisa. De acordo com o art. 1.367 do CC, *"A propriedade fiduciária em garantia de bens móveis ou imóveis sujeita-se às disposições do Capítulo I do Título X do Livro III da Parte Especial deste Código e, no que for específico, à legislação especial pertinente, não se equiparando, para quaisquer efeitos, à propriedade plena de que trata o art. 1.231"*. Desse modo, a legislação especial cível pode dispor sobre outras hipóteses de propriedade fiduciária, como a L. 9.514, de 1997, que recai sobre bens imóveis. O art. 1.368-A do CC reafirma a aplicação da lei especial nos contratos que reger, aplicando-se as normas do Cód. Civil em caráter subsidiário, ao proclamar que *"... as demais espécies de propriedade fiduciária ou de titularidade fiduciária submetem-se à disciplina específica das respectivas leis especiais, somente se aplicando as disposições deste Código naquilo que não for incompatível com a legislação especial"*.

- **características:**

a) o contrato deve ser escrito, por instrumento público ou particular

b) deve conter as seguintes cláusulas:

1. total da dívida
2. prazo ou época do pagamento
3. taxa de juros, se houver
4. descrição da coisa objeto da transferência

c) a aquisição do domínio exige a tradição, ficta no caso

d) o registro no Cartório de Título e Documentos confere existência legal à propriedade fiduciária, gerando oponibilidade *erga omnes*

e) a propriedade superveniente, adquirida pelo devedor-fiduciante, que ocorre quando paga o valor total do bem, confere **eficácia** à aquisição do domínio, desde o arquivamento (registro) da alienação fiduciária em favor do credor-fiduciário; logo, seus efeitos operam-se *ex tunc*; É importante lembrar que o art. 1.367-B do CC, inserido em 2014, conferiu à alienação fiduciária em garantia de bem móvel ou imóvel o **direito real de aquisição** ao devedor-fiduciante, seu cessionário ou sucessor.

f) pelo Enunciado 325 da IV Jornada de Direito Civil, do CJF/STJ, *"É impenhorável, nos termos da Lei n. 8.009/90, o direito real de aquisição do devedor fiduciante"*.

g) antes de vencida a dívida, o devedor, a suas expensas e risco, pode usar a coisa segundo sua destinação, sendo obrigado, como depositário:

1. a empregar na guarda da coisa a diligência exigida por sua natureza;
2. a entregá-la ao credor, se a dívida não for paga no vencimento.

h) vencida a dívida, e não paga, fica o credor obrigado a vender, judicial ou extrajudicialmente, a coisa a terceiros, a aplicar o preço no pagamento de seu crédito e das despesas de cobrança, e a entregar o saldo, se houver, ao devedor.

i) é nula a cláusula que autoriza o proprietário fiduciário a ficar com a coisa alienada em garantia, se a dívida não for paga no vencimento. Todavia, o devedor pode, com a anuência do credor, dar seu direito eventual à coisa em pagamento da dívida, após o vencimento desta (*proibição de pacto comissório*)

j) quando, vendida a coisa, o produto não bastar para o pagamento da dívida e das despesas de cobrança, continuará o devedor obrigado pelo restante.

k) o terceiro, **interessado** ou **não**, que pagar a dívida, se sub-rogará de pleno direito no crédito e na propriedade fiduciária. Veja-se que se trata de uma exceção ao art. 346, III, do CC.

l) o credor fiduciário que se tornar proprietário pleno do bem, por efeito de realização da garantia, mediante consolidação da propriedade, adjudicação, dação ou outra forma pela qual lhe tenha sido transmitida a propriedade plena, passa a responder pelo pagamento dos tributos sobre a propriedade e a posse, taxas, despesas condominiais e quaisquer outros encargos, tributários ou não, incidentes sobre o bem objeto da garantia, a partir da data em que vier a ser imitido na posse direta do bem.

20. DIREITOS REAIS SOBRE COISAS ALHEIAS

- **tabela de conceitos:** direitos reais de gozo e fruição:

Superfície:	é o direito real de fruição ou gozo sobre coisa alheia, gratuito ou oneroso, e por tempo determinado, pelo qual o proprietário transmite a alguém o direito de construir ou plantar em seu terreno. . É constituído por escritura pública, devidamente registrada. A Lei 10.257/2001 (Estatuto da Cidade) prevê o direito de superfície para o imóvel urbano, e o CC/2002 se ocupa do urbano e do rural são direitos reais de gozo sobre imóveis que, em virtude de lei ou vontade das partes, se impõem sobre o prédio serviente em benefício do dominante (DINIZ, Maria Helena. *Código Civil Anotado*. 16 ed. Saraiva. São Paulo: 2012, p. 985)
Usufruto:	caracteriza-se pelo desmembramento, em face do princípio da elasticidade, dos poderes inerentes ao domínio: de um lado, fica o nu-proprietário o direito à substância da coisa, a prerrogativa de dispor dela, e a expectativa de recuperar a propriedade plena pelo fenômeno da consolidação, tendo em vista que o usufruto é sempre temporário; de outro, passam para as mãos do usufrutuário os direitos e uso de gozo, dos quais transitoriamente se torna titular (GONÇALVES, Carlos Roberto. Direito Civil Esquematizado 2. Coisas. 1ed. Saraiva. São Paulo: p. 700).
Uso:	é considerado um usufruto restrito, porque ostenta as mesmas características de direito real, temporário e resultante do desmembramento da propriedade, distinguindo-se, entretanto, pelo fato de o usufrutuário auferir o uso e a fruição da coisa, enquanto ao usuário não é concedida senão a utilização restrita aos limites das necessidades suas e de sua família". (*op. cit*, p. 713).
Habitação:	É o direito real temporário de ocupar gratuitamente casa alheia para moradia do titular e de sua família (*op. cit*, p. 1012)
Compromisso de compra e venda:	trata-se de um contrato pelo qual as partes se comprometem a levar a efeito um contrato definitivo de venda e compra. O consentimento já foi dado, na promessa, convencionando os contratantes reiterá-lo na escritura definitiva. Pode ser celebrado por instrumento público ou particular, e registrada no Cartório de Registro de Imóveis (*op. cit*, p. 731).
Concessão de direito real uso:	trata-se de um contrato por meio do qual a Administração transfere do uso de terreno público ou privado – não se mencionando a transferência de domínio – por um tempo determinado ou indeterminado, oneroso ou gratuito, com o compromisso por parte do concessionário de destiná-lo estritamente dentro dos fins previstos em Lei, sendo assim atendido o princípio da supremacia do interesse público. Sua redação sofreu pequena alteração na parte final do inciso XII do art. 1.225 do CC, pela Lei n. 13.465/2017 (antiga MP 759/2017), que incluiu a letra "e", para então, no inciso XIII, inserir novo direito real de laje.
Concessão de uso especial para fins de moradia:	a concessão de uso para fins de moradia é um dos instrumentos utilizados para realização da regularização fundiária, diferenciando-se por se aplicar a imóveis públicos, cujo domínio não pode ser adquirido por particular, garantindo, assim, o direito à moradia às pessoas que residem nestes imóveis insuscetíveis de usucapião (SOUZA, Leonardo da Silva Carneiro, *in* JusNavigandi).
Laje	pelo direito de laje o proprietário de uma construção-base poderá ceder a superfície superior ou inferior de sua construção a fim de que o titular da laje mantenha unidade distinta daquela originalmente construída sobre o solo (novo art. 1.510-A do CC).

20.1. DIREITO REAL DE LAJE

- **noções gerais:** o *direito de laje* foi criado pela Medida Provisória n. 759, de 22 de dezembro de 2016, cuja vigência teve início no dia 23 de dezembro de 2016. Por se tratar de instrumento normativo com prazo de vigência determinado, as Medidas Provisórias devem ser convertidas em lei, dentro do prazo de 60 dias, prorrogáveis por igual período, salvo as exceções constitucionais (CF, art. 62, §§ 3º, 4º, 11 e 12). A inobservância desse lapso implica a perda de eficácia da norma, devendo o Congresso Nacional disciplinar, por decreto legislativo, as relações jurídicas delas decorrentes. A MP 759/2016, assim, foi convertida na Lei n. 13.465, de 11 de julho de 2017. Como vimos, o direito real de laje criado pela MP 759/16 foi mantido com a nova Lei de Regularização Fundiária. A nova espécie de direito real, "a laje", encontra-se foi inserida nos arts. 1.225, XIII, e arts. 1.510-A a 1.510-E, todos do Código Civil. O direito real de laje consiste na faculdade de o proprietário de uma **construção-base** ceder a superfície superior ou inferior de sua construção a fim de que o titular da laje mantenha unidade distinta daquela originalmente construída sobre o solo.. Com a mudança, a legislação passa a admitir algo que já existia na prática, muito comum em assentamentos urbanos informais, como as favelas, em que alguém tem um imóvel (uma casa, p. ex.) e cede a outra pessoa a parte de cima deste imóvel (a "laje") para que lá ela construa outra edificação autônoma em relação à construção existente na parte de baixo.

- **características:**

a) **espaço aéreo e subsolo:** o direito real de laje contempla o espaço aéreo ou o subsolo de terrenos públicos ou privados, tomados em projeção vertical, como unidade imobiliária autônoma, não contemplando as demais áreas edificadas ou não pertencentes ao proprietário da construção-base.

b) **encargos e tributos:** o titular do direito real de laje responderá pelos encargos e tributos que incidirem sobre a sua unidade.

c) **matrícula própria e atributos reais:** os titulares da laje, unidade imobiliária autônoma constituída em matrícula própria, poderão dela usar, gozar e dispor.

d) **terrenos e áreas edificadas:** a instituição do direito real de laje não implica a atribuição de fração ideal de terreno ao titular da laje ou a participação proporcional em áreas já edificadas.

e) **posturas urbanas locais:** os Municípios e o Distrito Federal poderão dispor sobre posturas edilícias e urbanísticas associadas ao direito real de laje.

f) **direito de laje sucessivo:** o titular da laje poderá ceder a superfície de sua construção para a instituição de um sucessivo direito real de laje, desde que haja autorização expressa dos titulares da construção-base e das demais lajes, respeitadas as posturas edilícias e urbanísticas vigentes.

g) **uso anormal do direito de laje:** é expressamente vedado ao titular da laje prejudicar com obras novas ou com falta de reparação a segurança, a linha arquitetônica ou o arranjo estético do edifício, observadas as posturas previstas em legislação local.

h) **regras do condômino edilício e rateio das despesas:** sem prejuízo, no que couber, das normas aplicáveis aos condomínios edilícios, para fins do direito real de laje, as despesas necessárias à conservação e fruição das **partes que sirvam a todo o edifício** e ao pagamento de serviços de interesse comum serão partilhadas entre o proprietário da construção-base e o titular da laje, na proporção que venha a ser estipulada em contrato.

i) **são partes que servem a todo o edifício**: (i) os alicerces, colunas, pilares, paredes-mestras e todas as partes restantes que constituam a estrutura do prédio; (ii) o telhado ou os terraços de cobertura, ainda que destinados ao uso exclusivo do titular da laje; (iii) as instalações gerais de água, esgoto, eletricidade, aquecimento, ar condicionado, gás, comunicações e semelhantes que sirvam a todo o edifício; e (iv) em geral, as coisas que sejam afetadas ao uso de todo o edifício.

j) **reparações urgentes:** é assegurado, em qualquer caso, o direito de qualquer interessado em promover reparações urgentes na construção na forma do parágrafo único do art. 249 do Código Civil, pelo qual *"em caso de urgência, pode o credor, independentemente de autorização judicial, executar ou mandar executar o fato, sendo depois ressarcido"*. Logo, é aplicada a regra da execução da *obrigação de fazer fungível em caso de urgência* (CC, art. 249).

k) **direito de preferência sobre qualquer unidade sobreposta, em caso de alienação:** terão direito de preferência, em igualdade de condições com terceiros, os titulares da construção-base e da laje, nessa ordem, que serão cientificados por escrito para que se manifestem no prazo de **30 dias**, salvo se o contrato dispuser de modo diverso. O titular da construção-base ou da laje a quem não se der conhecimento da alienação poderá, *mediante depósito do respectivo preço*, haver para si a parte alienada a terceiros, se o requerer no *prazo decadencial* de **180 dias**, contado da data de alienação. Se houver *mais de uma laje*, terá preferência, sucessivamente, o titular das lajes ascendentes e o titular das lajes descendentes, assegurada a prioridade para a laje mais próxima à unidade sobreposta a ser alienada.

l) **ruína da construção-base:** implica extinção do direito real de laje, salvo: (i) se este tiver sido instituído sobre o subsolo; (ii) se a construção-base não for reconstruída no prazo de **5 anos**; Em todo caso, não se afasta o direito a eventual reparação civil contra o culpado pela ruína.

21. DIREITOS REAIS DE GARANTIA

- **fluxograma:** direitos reais de garantia

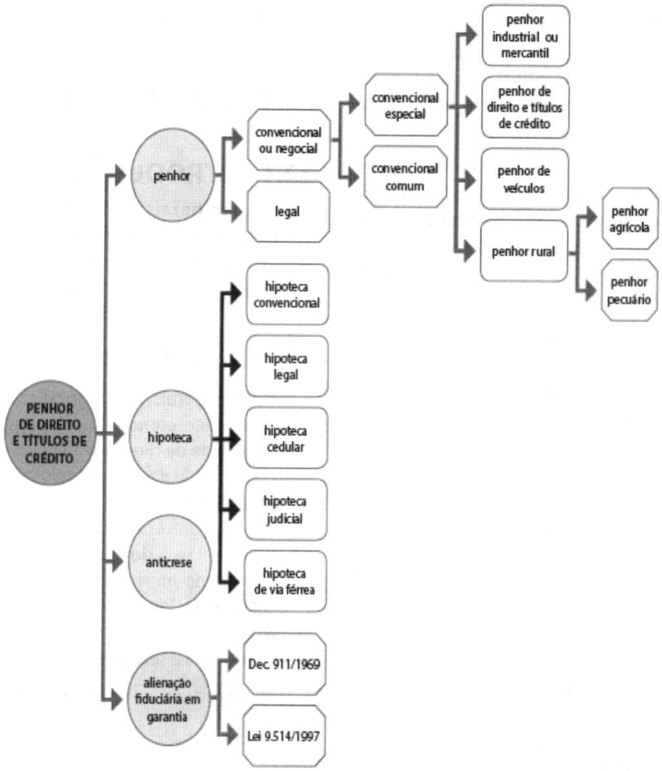

- **características gerais:**

a) os *direitos reais* de garantia diferem das *garantias pessoais ou fidejussórias,* porque nestas uma terceira pessoa com seu patrimônio se responsabiliza pela dívida, se o devedor não a honrar (CC, art. 818); naquelas, o que garante a dívida *é um bem*, seja móvel *(penhor)* ou imóvel *(hipoteca).*

b) os *direitos de garantia são acessórios* de uma obrigação principal. A respeito, confira-se o art. 1.419 do CC: *"Nas dívidas **garantidas** por penhor, anticrese ou hipoteca, o bem dado em garantia fica sujeito, por vínculo real, ao **cumprimento** da obrigação".*

c) de acordo com o ***"princípio da indivisibilidade dos direitos reais de garantia"***, o bem fica integral e completamente gravado, ainda que a dívida representada na obrigação seja de menor valor, em cotejo com aquele; noutro sentido, ainda que paga parte da dívida, a garantia remanesce íntegra, salvo quando diversos bens forem dados em garantia, e houver disposição expressa no título ou na quitação admitindo a liberação de parte deles, na ordem pretendida (CC/art. 1.421 e 1.429)

d) o *"**princípio da indivisibilidade dos direitos reais**"* sofre exceção no art. 1.488 do CC, o qual admite o ***fracionamento da garantia***, quando o bem vier a ser loteado, ou se nele se constituir condomínio edilício, admitindo-se a divisão do ônus, gravando cada lote ou unidade autônoma, se o requererem ao juiz o credor, o devedor ou os donos, obedecida a proporção entre o valor de cada um deles e o crédito; embora possa parecer o contrário, o fracionamento é admitido nesta hipótese por via negocial ou judicial

e) é **nula** a cláusula que autoriza o credor pignoratício, anticrético ou hipotecário a ficar com o objeto da garantia, se a dívida não for paga no vencimento (**proibição de pacto comissório**). Após o vencimento, poderá o devedor dar a coisa em pagamento da dívida.

f) **STJ:** em recente julgamento, apreciou a seguinte questão: *"... A usucapião é forma de aquisição originária da propriedade, de modo que não permanecem os ônus que gravavam o imóvel antes da sua declaração..."(AgRg no REsp 647.240/DF, Rel. Min. Ricardo Villas Bôas Cueva, julgado em 07/02/2013)*; em outra decisão anterior, o **STJ** proclamou *"... Consumada a prescrição aquisitiva, a titularidade do imóvel é concebida ao possuidor desde o início de sua posse, presentes os efeitos ex tunc da sentença declaratória, não havendo de prevalecer contra ele eventuais ônus constituídos pelo anterior proprietário...". (AgRg no Ag 1319516/MG, Rel. Min. Sidnei Beneti, julgado em 28/09/2010)*; pela leitura dos acórdãos temos que a usucapião importa na aquisição originária da propriedade e na liberação ou extinção de todos os ônus reais que eventualmente possua **(*usucapio libertatis*)**

g) é **nula** a hipoteca conferida depois de já consumado o lapso da prescrição aquisitiva, porque junto com a usucapião, naturalmente, perde-se a capacidade para alienar (CC/art. 1.420).

- **NOVO CPC:** alterações importantes foram processadas no Código Civil em relação à hipoteca. Para facilitar o estudo, destacaremos as mudanças no quadro comparativo a seguir. Entretanto, algumas anotações são necessárias para a melhor compreensão do leitor. Vamos a elas:

a) é importante recordar que a hipoteca é um direito real de garantia, recaindo sobre bens imóveis ou outros que a lei entende hipotecável, pertencente ao devedor ou terceiro;

b) a *remição da hipoteca* (ou *resgate* que é o pagamento) é o direito concedido a certas pessoas de liberar o imóvel gravado, mediante pagamento de quantia devida, impendentemente da anuência do credor (*EJSTJ 15:243*). É o ato de recomprar, readquirir, algo bem diferente da *remissão*, que é o perdão concedido pelo credor e aceito pelo devedor (CC, art. 385). O Código Civil dispunha sobre três hipóteses de remição, vejamos:

1. *remição pelo adquirente do imóvel*: prevista no art. 1.481 do CC, sendo um direito potestativo, que pode ser exercido até mesmo antes de vencida a dívida (STJ, Resp. 164.609/ES)

2. *remição pelo executado e sua família:* constava do **revogado** art. 1.482 do CC, permitida até a assinatura do auto de arrematação ou até que fosse publicada a sentença de adjudicação, mediante a oferta do preço igual ao da avaliação, se não tiver havido licitantes, ou ao do maior lance oferecido. Os familiares eram o cônjuge (companheiro), os descendentes ou ascendentes. Alguma dúvida anterior havia sobre a revogação tácita do dispositivo com a reforma do CPC pela Lei 11.382/2006, que excluiu o art. 787 do texto da lei processual, disciplinador da matéria. O NCPC, no entanto, afastou qualquer discussão sobre o tema, e encerrou definitivamente a possibilidade da *remição pelos familiares do executado.* Por outro lado, manteve o direito de preferência dos parentes para a compra do bem, na *adjudicação*, conforme o art. 876, § 5º (ant.CPC, art. 685-A, § 3º). Todavia, ainda sobrevive a *remição do executado* no NOVO CPC, a teor do art. 877, § 3º, que assim pronuncia: *"No **caso de penhora de bem hipotecado**, o executado poderá remi-lo até a assinatura do auto de adjudicação, oferecendo preço igual ao da avaliação, se não tiver havido licitantes, ou ao do maior lance oferecido".*

3. *remição da hipoteca no caso de falência ou insolvência do devedor:* a revogação do art. 1.483 do CC apenas serviu para levar o regramento do tema da lei material para o NOVO CPC. Com efeito, dispõe o art. 877, § 4º, do NOVO CPC: *"Na hipótese de falência ou de insolvência do devedor hipotecário, o direito de remição previsto no § 3º será deferido à massa ou aos credores em concurso, não podendo o exequente recusar o preço da avaliação do imóvel".*

22. DIREITO DE FAMÍLIA

22.1. INTRODUÇÃO

- **noções gerais:** o direito de família se ocupa com casamento, a relação de parentesco, a filiação, a adoção, o poder familiar, o bem de família, a união estável, a tutela, a curatela e os alimentos.

22.2. CASAMENTO

- **noções gerais:** segundo o CC, art. 1.511, o casamento estabelece comunhão plena de vida, com base na igualdade de direitos e deveres dos cônjuges; trata-se da *família legitima*, hoje não exclusiva daqueles casais com diversidade de sexo, mas também aos homoafetivos, conforme decidiu o **STJ (Informativo 486)**; a união estável, de igual forma, é admitida aos companheiros do mesmo sexo, decidiu o **STF (Informativo 625). Vale lembrar que** a *família monoparental* ou *anaparental* é aquela formada sem um dos ascendentes ou pais e seus descendentes (CF/art. 226, § 4º).
- **fluxograma**: natureza jurídica do casamento

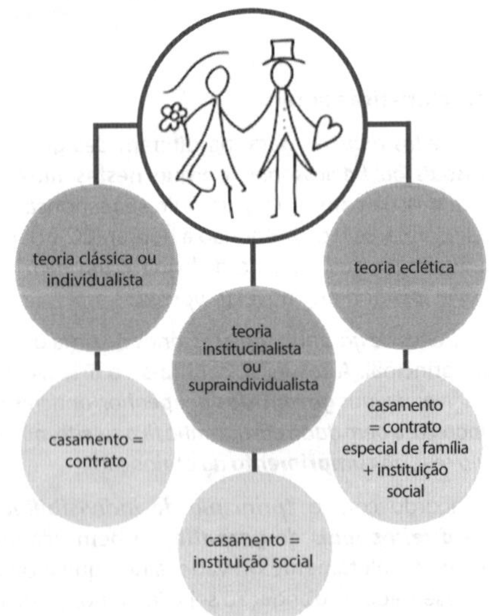

22.2.1. PROCESSO DE HABILITAÇÃO. CAPACIDADE

- **processo de habilitação:**

a) o processo de habilitação do casamento foi alterado pela Lei 12.133/2009, que deu nova redação ao art. 1.526 do CC/2002;

b) com a mudança, a fase de habilitação será feita pessoalmente perante o oficial do Registro Civil, com a audiência do *Ministério Público;*

c) *somente* em caso de impugnação do pedido, que poderá ser feito pelo oficial, *Ministério Público* ou terceiro, é que teremos a intervenção judicial (CC/art. 1.527).

- **capacidade para o casamento:** o homem e a mulher com 16 anos (*idade núbil*) podem casar, exigindo-se autorização de ambos os pais, ou de seus representantes legais, enquanto não atingida a maioridade civil (18 anos). Se houver *divergência dos pais* quanto à *autorização* para o casamento, que é uma situação de divergência em relação ao exercício do poder familiar, é assegurado a qualquer deles recorrer ao juiz para solução do desacordo.

a) **os pais, tutores e curadores podem revogar a autorização?** Sim, podem, mas desde que o façam até a celebração do casamento.

b) **como será com Novo Estatuto do Deficiente:** a Lei 13.146, de 06 de junho de 2015, alterou a redação do art. 1.518 do CC, excluindo os curadores entre aqueles que podem **revogar** a autorização para o casamento. Com a alteração promovida pelo *Estatuto*, é certo que a deficiência **não afeta** a plena capacidade civil da pessoa, inclusive para casar-se e constituir união estável (art. 6º, I). Ainda se prevê a curatela no *Estatuto do Deficiente*, todavia, **limitada** aos atos relacionados aos direitos de natureza patrimonial e negocial, **não** alcançando o direito ao próprio corpo, à sexualidade, ao **matrimônio**, etc (Estatuto do Deficiente, art. 85, § 1º). O art. 1.550 do CC, que dispõe sobre a anulabilidade do casamento, ganhou o § 2º, alteração também promovida pela Lei 13.146/2015, afirmando: *"A pessoa com deficiência mental ou intelectual em idade núbia poderá contrair matrimônio, expressando sua vontade diretamente ou por meio de seu responsável ou curador"*. A alteração promovida permite duas interpretações. **A uma** de que o deficiente pode ser casar a partir dos 16 anos, independentemente da autorização dos pais ou responsáveis, como determina o art. 1.517 do CC, já que lhe possibilidade expressar a vontade diretamente. **A duas**, por nós perfilhada, de que, após vigorar a nova regra (08.01.2016), não será exigível qualquer autorização para o casamento da pessoa com deficiência, desde que atingida a maioridade. Se contar com 16 anos completos e menos de 18 anos, permanece válida a necessidade de *"autorização"* dos pais ou responsáveis para que possa se casar (CC, art. 1.517). A partir da maioridade, como não se exige "autorização" para o casamento de qualquer pessoa no art. 1.517, regra que inclui o deficiente, o curador não poderá revogar a manifestação da vontade que tenha feito, nem mesmo vetar a vontade manifestada diretamente pelo deficiente. Portanto, a manifestação da vontade pelo responsável ou curador expressando a vontade do deficiente é irrevogável, frise-se, após a maioridade daquele.

Antiga redação do Código Civil	Nova redação do Código Civil
"Art. 1.518. Até à celebração do casamento podem os **pais, tutores ou curadores** revogar a autorização".	'Art. 1.518. Até a celebração do casamento podem os **pais ou tutores** revogar a autorização".

c) **é permitido o casamento de quem não alcançou a idade núbil?** Sim, há duas exceções legais.

1. para evitar imposição ou cumprimento de pena criminal
2. em caso de gravidez

Prazo de caducidade do certificado de habilitação matrimonial
▪ o certificado de habilitação do casamento tem validade de **90 dias** (CC/art. 1.532).

22.2.2. IMPEDIMENTOS E CAUSAS SUSPENSIVAS

- Códigos de 1916 e 2002: a disciplina dos impedimento é diversa entre os diplomas. O revogado apresentava no art. 183 os impedimentos classificados em absolutamente dirimentes (*nulidade*), relativamente dirimentes (*anulabilidade*) e proibitivos ou meramente impedientes (*regime obrigatório*). Já o vigente considera impedimentos apenas os dirimentes absolutos, que de uma maneira ou outra podem afetar a ordem pública. Aquelas hipóteses de impedimentos relativamente dirimentes hoje também são consideradas causas de anulabilidade, mas foram deslocadas para o capitulo da invalidade do casamento (arts. 1.548 e ss). Por último, aquelas regras proibitivas ou meramente impedientes, agora são *as causas suspensivas do casamento*.
- noções gerais de impedimentos: o impedimento para o casamento são as circunstâncias que impossibilitam a realização de determinado matrimônio (MONTEIRO, Washington de Barros, citado *in. Direito Civil Brasileiro*. Vol. 6. 10 ed. Saraiva. São Paulo, p. 69). Para Clovis Bevilaqua, é a ausência de requisitos para o casamento (GONÇALVES, Carlos Roberto, *op. cit*, p. 69).
- **hipóteses impedimentos:**

Dos Impedimentos
"Art. 1.521. Não podem casar:
I – os ascendentes com os descendentes, seja o parentesco natural ou civil;
II – os afins em linha reta;
III – o adotante com quem foi cônjuge do adotado e o adotado com quem o foi do adotante;
IV – os irmãos, unilaterais ou bilaterais, e demais colaterais, até o terceiro grau inclusive;
V – o adotado com o filho do adotante;
VI – as pessoas casadas;
VII – o cônjuge sobrevivente com o condenado por homicídio ou tentativa de homicídio contra o seu consorte".

- noções gerais de causas suspensivas: são determinadas circunstâncias ou situações capazes de suspender a realização do casamento, se arguidas tempestivamente pelas pessoas legitimadas a fazê-lo, mas que não provocam, quando infringidas, a sua nulidade ou anulabilidade. O casamento é apenas considerado irregular, tornando, porém, obrigatório o regime da separação de bens (CC, art. 1.641, I), como sanção ao infrator (GONÇALVES, Carlos Roberto. *Direito Civil Brasileiro*. Vol. 6. 10 ed. Saraiva. São Paulo, p. 84).

- **hipóteses de causas suspensivas:**

Das causas suspensivas
"Art. 1.523. Não devem casar:
I – o viúvo ou a viúva que tiver filho do cônjuge falecido, enquanto não fizer inventário dos bens do casal e der partilha aos herdeiros;
II – a viúva, ou a mulher cujo casamento se desfez por ser nulo ou ter sido anulado, até dez meses depois do começo da viuvez, ou da dissolução da sociedade conjugal;
III – o divorciado, enquanto não houver sido homologada ou decidida a partilha dos bens do casal;
IV – o tutor ou o curador e os seus descendentes, ascendentes, irmãos, cunhados ou sobrinhos, com a pessoa tutelada ou curatelada, enquanto não cessar a tutela ou curatela, e não estiverem saldadas as respectivas contas.
Parágrafo único. É permitido aos nubentes solicitar ao juiz que não lhes sejam aplicadas as causas suspensivas previstas nos incisos I, III e IV deste artigo, provando-se a inexistência de prejuízo, respectivamente, para o herdeiro, para o ex-cônjuge e para a pessoa tutelada ou curatelada; no caso do inciso II, a nubente deverá provar nascimento de filho, ou inexistência de gravidez, na fluência do prazo.".

- impedimento e incapacidade: esta é geral, e determina que a pessoa não pode se casar com ninguém, sendo intransponível; aquele é específico, pois o impedido não está legitimado a casar com determinada pessoa, é caso de falta de legitimação (*ex: casamento de ascendente com descendente*).

22.2.3. OPOSIÇÃO DOS IMPEDIMENTOS E DAS CAUSAS SUSPENSIVAS

- **noções gerais:** a oposição dos impedimentos é a comunicação escrita feita por pessoa legitimada, antes da celebração do casamento, ao oficial do registro civil perante quem se processa a habitação, ou ao juiz que preside a solenidade, sobre a existência de um dos empecilhos mencionados na lei (Silvio Rodrigues).

- tabela: finalidade, forma, momento e legitimados:

Oposição Dos Impedimentos e das Causas Suspensivas		
Finalidade	▪ impugnação ao casamento em razão de impedimento ou causa suspensiva	
Forma	▪ declaração escrita e assinada, com provas ou indicação do lugar onde estiverem.	
Processamento	▪ o processo de habilitação do casamento é feito perante o oficial de registro, com audiência do MP. Todavia, a impugnação ou oposição do oficial, do MP ou de terceiros, será submetida ao juiz	
Momento	▪ até a celebração do casamento	
Legitimados	**Impedimentos**	▪ devem declarar de ofício o juiz e o oficial do registro ▪ podem alegar qualquer pessoa capaz e o MP
	Causas suspensivas	▪ parentes em linha reta de um dos nubentes, sejam consanguíneos ou afins ▪ pelos colaterais em segundo grau, sejam também consanguíneos ou afins.

22.2.4. CELEBRAÇÃO

- **noções gerais:** os nubentes, estando preenchidos todos os requisitos legais do processo de habilitação, de posse da certidão passada pelo registro civil, requererão à autoridade competente a designação de dia, hora e local em que pretendem casar, o juiz, na verdade, apenas defere-lhes o requerimento apesar de não estar obrigado a acatar a sugestão da data nele contida. A celebração do casamento (ato necessário para sua validade) é da competência do juiz do lugar em que se processou a habilitação e realizar-se-á no dia, hora e local estipulados pelos nubentes. Poderá ser escolhido qualquer dia da semana, inclusive domingos e feriados, pouco importando a hora e o local, podendo ser celebrado à noite ou durante o dia em quer edifício público ou particular (DINIZ, Maria Helena. Código Civil Anotado. 16 ed. Saraiva. São Paulo: 2012, p. 1100).

- **testemunhas**:

a) a solenidade realizar-se-á na sede do cartório, com toda publicidade, a portas abertas, presentes pelo menos **2 testemunhas**, **parentes** ou **não** dos contraentes.

b) quando o casamento for em edifício **particular**, ficará este de portas abertas durante o ato, e serão

4 as **testemunhas**, nesse caso, se **algum dos contraentes não souber** ou **não** puder **escrever**.

c) é possível a celebração do casamento por procuração, desde que por instrumento público, com poderes especiais.

- **suspensão imediata da celebração, caso algum dos contraentes**

a) recusar a solene afirmação da sua vontade

b) declarar que esta não é livre e espontânea

c) manifestar-se arrependido

d) não será admitido a retratar-se no mesmo dia

- **casamento por procuração**

a) o casamento pode celebrar-se mediante procuração, por **instrumento público**, com poderes especiais.

b) a revogação do mandato **não** necessita chegar ao conhecimento do mandatário; **mas**, celebrado o casamento sem que o mandatário ou o outro contraente tivessem **ciência** da revogação, responderá o mandante por perdas e danos.

c) o nubente que **não** estiver em **iminente** risco de vida poderá fazer-se representar no casamento nuncupativo.

d) a eficácia do mandato não ultrapassará **90 dias**.

e) só por **instrumento público** se poderá revogar o mandato.

22.2.5. PROVAS DO CASAMENTO

- **noções gerais:** como todo negócio jurídico, o casamento está sujeito a comprovação. A lei estabelece um rigoroso sistema de prova da sua existência, em decorrência de sua repercussão na órbita privada e dos efeitos relevantes que dele defluem, como, por exemplo, a condição de cônjuge meeiro e de herdeiro legítimo, a presunção de paternidade dos filhos nele havidos, a comunhão dos bens adquiridos na sua constância; a obrigação de prestar alimentos ao consorte, o estabelecimento de um regime de bens entre os cônjuges, a configuração da nulidade de outras núpcias posteriores, etc. (GONÇALVES, Carlos Roberto. *Direito Civil Brasileiro*. Vol. 6. 10 ed. Saraiva. São Paulo, p. 112).

a) prova do casamento celebrado no Brasil: prova-se pela certidão do registro (CC, art. 1.543), mas, *justificada a falta ou perda do registro civil* **(e não da certidão) é admissível qualquer outra espécie de prova** (*prova principal e supletória*). Por conseguinte, a prova específica do casamento é a certidão do registro. Caso, por alguma circunstância, não possa ser comprovado por este meio *"pré-constituído de prova"*, permite-se, por exceção, outros meios de demonstração de que o casamento realmente ocorreu (CC, art. 1.543, parágrafo único).

b) posse do estado de casado: é a situação de duas pessoas que vivem publicamente como casadas (*more uxorio*), e assim são consideradas por todos. Trata-se de meio de prova do casamento em **duas situações**:

1. de cônjuges não possam manifestar vontade, ou tenham falecido, em ***favor da prole***, salvo registro que aponte que um deles já era casado

2. para solucionar ***a dúvida*** entre as provas favoráveis e contrárias, julgar-se-á pelo casamento, se os cônjuges, cujo casamento se impugna, viverem ou tiverem vivido na posse do estado de casados.

c) prova do casamento celebrado no exterior: o casamento de brasileiro, celebrado no estrangeiro, perante as respectivas autoridades ou os cônsules brasileiros, deverá ser registrado em **180 dias**, a contar da volta de um ou de ambos os cônjuges ao Brasil, no cartório do respectivo domicílio, ou, em sua falta, nº 1.o Ofício da Capital do Estado em que passarem a residir.

22.2.6. ESPÉCIES DE CASAMENTO VÁLIDO E INVÁLIDO

- **espécies de casamento e regras de invalidade: tabela explicativa.**

Espécies de Casamento	
Válido	▪ putativo (realizado de boa-fé, mesmo nulo ou anulável, CC/art. 1.561) ▪ nuncupativo (contraído em caso de risco de vida, CC/art. 1.540 e 1.541) ▪ religioso (CC/art. 1.515 e 1.516) ▪ consular (realizado no estrangeiro, por brasileiro, CC/art. 1.544) ▪ conversão de união estável (pedido ao juiz, CC/art. 1.726)
Inválido	▪ casamento inexistente (ausência de elemento essencial) ▪ casamento nulo (CC/art. 1.548, II); ▪ casamento anulável (CC/art. 1.550, I a VI)
Regras de invalidade	1. os efeitos da ação de declaratória de nulidade são *ex tunc*. 2. os efeitos da ação anulatória são *ex nunc*. 3. ambas são *ações de estado*, o MP intervém (CPC/art. 82 a 84). 4. casamento irregular é o realizado com ofensa a causa suspensiva, e a consequência é o regime obrigatório da separação de bens, e a hipoteca legal (CC, arts. 1.489, II e 1.641, I). 5. não confundir invalidade com dissolução.

22.2.7. REGIME DE BENS E PACTO ANTENUPCIAL

- **noções gerais regime de bens:** o regime matrimonial de bens é o conjunto de normas aplicáveis às relações e interesses econômicos resultantes do casamento, envolvendo questões sobre propriedade, fruição, administração e disponibilidade de bens de ambos os cônjuges ou de cada um deles, desde a celebração do matrimônio até sua dissolução. Consiste, portanto, n estatuto patrimonial dos cônjuges (DINIZ, Maria Helena. Código Civil Anotado. 16 ed. Saraiva. São Paulo: 2012, p. 1205). Sua vigência inicia desde a data do casamento.

- **noções gerais pacto antenupcial:** é a forma exigida por lei para a escolha de qualquer regime, com exceção do legal ou supletivo, assim chamado o da comunhão parcial de bens, para o qual será reduzido a termo a opção. Se porventura o pacto antenupcial for declarado nulo ou ineficaz, vigorará, quanto aos bens entre os cônjuges, o regime da comunhão parcial, atuando como supletivo. O pacto é ato solene, de forma única (escritura pública). Levado a efeito por menor, fica condicionado à aprovação de seu representante legal, exceto nos casos de separação obrigatória de bens (CC, art. 1.641, III). A outro giro, se houver opção pelo regime de participação final nos aquestos, poder-se-á convencionar a livre disposição dos bens imóveis, desde que particulares. Por fim, relacionado aos efeitos do pacto, fala-se em regime interno (entre os cônjuges) e externo (contra terceiros). Será interno, se as convenções antenupciais não forem registradas no registro de imóveis do domicílio dos cônjuges; será externo, uma vez registradas. Por último, é nulo o pacto antenupcial se não for feito por escritura pública, e ineficaz se não lhe seguir o casamento.

- mutabilidade justificada: segundo o art. 1.639, § 2º, do CC: *"É admissível alteração do regime de bens, mediante autorização judicial em pedido motivado de ambos os cônjuges, apurada a procedência das razões invocadas e ressalvados os direitos de terceiros"*. No regime do CC/1916 o regime de bens era inalterável. Com a entrada em vigor do CC/2002, tornou-se possível a alteração, no curso do casamento, desde que, cumulativamente, se preencham os seguintes requisitos: *(a) pedido motivado de ambos os cônjuges; (b) procedência das razões invocadas; (c) sejam ressalvados os direitos de terceiros; (d) por fim, seja autorizado judicialmente.* Pelo Enunciado 113 da I Jornada de Direito Civil do CJF/STJ: *"É admissível a alteração do regime de bens entre os cônjuges, quando então o pedido, devidamente motivado e assinado por ambos os cônjuges, será objeto de autorização judicial, com ressalva dos direitos de terceiros, inclusive dos entes públicos, após perquirição de inexistência de dívida de qualquer natureza, exigida ampla publicidade"*.

O Enunciado 260, por sua vez, estabelece que *"A alteração do regime de bens prevista no § 2º do art. 1.639 do Código Civil também é permitida nos casamentos realizados na vigência da legislação anterior"*. Outro Enunciado de importância para a matéria foi o 262, que assim dispõe: *"A obrigatoriedade da separação de bens nas hipóteses previstas nos incs. I e III do art. 1.641 do Código Civil não impede a alteração do regime, desde que superada a causa que o impôs"*.

a) **NOVO CPC**: o diploma emergente dispõe de um rito especial para a alteração do regime de bens, previsto no art. 734, conforme a tabela abaixo:

Novo Código de Processo Civil/2015 (procedimento da alteração do regime de bens do matrimônio)
"Art. 734. A alteração do regime de bens do casamento, observados os requisitos legais, poderá ser requerida, motivadamente, em petição assinada por ambos os cônjuges, na qual serão expostas as razões que justificam a alteração, ressalvados os direitos de terceiros. § 1º Ao receber a petição inicial, o juiz determinará a intimação do Ministério Público e a publicação de edital que divulgue a pretendida alteração de bens, somente podendo decidir depois de decorrido o prazo de 30 (trinta) dias da publicação do edital. § 2º Os cônjuges, na petição inicial ou em petição avulsa, podem propor ao juiz meio alternativo de divulgação da alteração do regime de bens, a fim de resguardar direitos de terceiros. § 3º Após o trânsito em julgado da sentença, serão expedidos mandados de averbação aos cartórios de registro civil e de imóveis e, caso qualquer dos cônjuges seja empresário, ao Registro Público de Empresas Mercantis e Atividades Afins".

- **classificação dos regimes e regras importantes:**

Classificação dos regimes de bens	▪ regime da comunhão parcial de bens ▪ regime de comunhão universal ▪ regime de participação final nos aquestos ▪ regime da separação de bens
Regras importantes sobre os regimes de bens	1. o regime só começa a vigorar desde a data do casamento; sem ele, é ineficaz (CC, art. 1.639) 2. **princípios**: ▪ *mutabilidade motivada* (CC, art. 1.639, § 2º); ▪ *variedade de regimes* ▪ *livre estipulação* (CC, art. 1.639). 3. regime legal ou supletivo é o da comunhão parcial de bens (CC, art. 1.640). 4. regime obrigatório é o da separação de bens (CC, art. 1.641, I a III).

22.2.8. INVALIDADE DO CASAMENTO

- **noções gerais:** sob a denominação acima, o Código Civil de 2002 dispõe sobre a invalidade do casamento, abrangendo as situações de *nulidade absoluta* e *nulidade relativa do casamento*. O casamento realizado com algum defeito impede a formação do vínculo matrimonial válido. A doutrina ainda inclui no gênero de casamento inválido o *casamento inexistente*, assim considerado aquele que carece de algum dos *elementos essenciais ou estruturais*, tais como o consentimento e a celebração, por exemplo.
- **características:**

a) o *casamento nulo* se realiza com infração de impedimento de ordem pública, enquanto o *casamento anulável* a infração é mais branda, não atentando contra a ordem pública, mas ferindo apenas o interesse de pessoas que a lei quer proteger

b) o casamento nulo e o anulável só podem ser invalidados por *ação declaratória de nulidade (efeitos "ex tunc")* ou *ação anulatória ("efeitos ex nunc")* promovida pelos legitimados, não se permitindo ao juiz pronunciar de ofício a nulidade, nisto diferindo-se do regime geral dos negócios jurídicos; logo, ainda que se trate de nulidades, estas não se operam de pleno direito

c) são legitimados qualquer interessado ou o Ministério Público

d) a *ação anulatória* está sujeita a prazo *decadencial*; assim, o decurso do tempo convalida o casamento anulável

e) a *ação declaratória* de casamento nulo é *imprescritível*

f) embora anulável ou mesmo nulo, o *casamento putativo* produz todos os efeitos de um casamento válido para o cônjuge de boa-fé

- **casamento nulo:** é nulo o casamentos em dois casos, segundo o art. 1.548, I e II, do Código Civil, contraído: (1ª) *pelo enfermo mental sem o necessário discernimento para os atos da vida civil*; (2ª) *por infringência de impedimento*. Esta segunda causa de nulidade envolve quem não pode casar-se com determinada pessoa, por razões de parentesco, consanguinidade, etc, ou seja, falta a elas legitimidade. O rol dos impedidos de casar consta do art. 1.521 do CC.
- **Novo CPC e o Estatuto do Deficiente:** o NCPC **não** prevê rito especial para as ações que buscam invalidar o casamento, de maneira que será aplicável o procedimento comum (NCPC, art. 318, *caput*). Por outro lado, a Lei 13.146/2015, em vigor no dia 08.01.2016, revogou o inciso I do art. 1.548 do CC. Sendo assim, a única hipótese de nulidade do casamento remanesce no inciso II (por infringência de impedimento). Em sua redação original, previa o Código Civil a nulidade do casamento contraído por todos portadores de insanidade mental, *permanente ou duradora*, caracterizada por graves alterações das faculdades psíquicas, casos de incapacidade civil absoluta (antiga redação do art. 3º, II, do CC). Portanto, com a revogação do inciso I do art. 1.548, o casamento de quem se encontra nas situações nele compreendidas não se poderá invalidar. o *Estatuto do Deficiente* estabelece que a deficiência não afeta a plena capacidade civil da pessoa, inclusive para casar-se e constituir união estável (art. 6º, I). Ademais, determina que a curatela, medida extraordinária, afetará tão somente os atos relacionados aos direitos de natureza patrimonial e negocial, **não alcançando** o direito ao **matrimônio** (art. 85, *caput*, e § 1º).

Antiga redação do Código Civil	Nova redação do Código Civil, após o Estatuto do Deficiente
"Art. 1.548. É nulo o casamento contraído:	"Art. 1.548. É nulo o casamento contraído:
I - pelo enfermo mental sem o necessário discernimento para os atos da vida civil;	I - **revogado** (art. 123, IV, da Lei 13.146, de 06 de julho de 2015)
II - por infringência de impedimento".	II - por infringência de impedimento".

- **casamento anulável:** as causas da anulabilidade do casamento são variadas, ora decorre de erro, ora por defeito de idade.
- **Novo CPC e o Estatuto do Deficiente:** não é previsto no NCPC rito especial para as ações que buscam invalidar o casamento, de maneira que será aplicável o procedimento comum (NCPC, art. 318, *caput*). Muda com o *Estatuto do Dificiente* o art. 1.550, § 2º, do CC, segundo o qual *"A pessoa com deficiência mental ou intelectual, em idade núbia, poderá contrair matrimônio, expressando sua vontade diretamente ou por meio de seu responsável ou curador"*. A idade núbil é atingida aos 16 anos, segundo o art. 1.517 do CC. Desde que atingida a maioridade, contudo, o deficiente não dependerá de autorização para se casar, razão da mudança promovida no art. 1.518 do CC. Todavia, entendemos que o art. 1.517 do CC é de se aplicar ao deficiente, exigindo-se, caso queira se casar – aqui se preservando sua vontade direta – "autorização" dos pais ou responsáveis, que podem revogar tal ato. Após a maioridade, o deficiente possui a plena capacidade, e poderá casar-se mediante manifestação direta, sem a necessidade de expressar sua vontade por meio de responsável ou curador, que caso se dê, será irrevogável (CC, art. 1.518). O art. 1.557, III, do CC, com a nova redação do *Estatuto do Deficiente*, afasta a possibilidade de se anular o matrimônio, por a ignorância, anterior ao casamento, de defeito físico irremediável que caracterize deficiência. Por fim, a doença mental deixa de ser causa da anulação (CC, art. 1.557, IV).

Antiga redação do Código Civil	Dispositivos do Código Civil com com redação, após o Estatuto do Deficiente
"Art. 1.550. É anulável o casamento: I – de quem não completou a idade mínima para casar; II – do menor em idade núbil, quando não autorizado por seu representante legal; III – por vício da vontade, nos termos dos arts. 1.556 a 1.558; IV – do incapaz de consentir ou manifestar, de modo inequívoco, o consentimento; V – realizado pelo mandatário, sem que ele ou o outro contraente soubesse da revogação do mandato, e não sobrevindo coabitação entre os cônjuges; VI – por incompetência da autoridade celebrante. Parágrafo único. Equipara-se à revogação a invalidade do mandato judicialmente decretada.	Art. 1.550. É anulável o casamento: I – de quem não completou a idade mínima para casar; II – do menor em idade núbil, quando não autorizado por seu representante legal; III – por vício da vontade, nos termos dos arts. 1.556 a 1.558; IV – do incapaz de consentir ou manifestar, de modo inequívoco, o consentimento; V – realizado pelo mandatário, sem que ele ou o outro contraente soubesse da revogação do mandato, e não sobrevindo coabitação entre os cônjuges; VI – por incompetência da autoridade celebrante. **§ 1º Equipara-se à revogação a invalidade do mandato judicialmente decretada (Renumerado)** **§ 2º A pessoa com deficiência mental ou intelectual em idade núbia poderá contrair matrimônio, expressando sua vontade diretamente ou por meio de seu responsável ou curador (Incluído)**
Art. 1.551. Não se anulará, por motivo de idade, o casamento de que resultou gravidez.	-----------
Art. 1.552. A anulação do casamento dos menores de dezesseis anos será requerida: I – pelo próprio cônjuge menor; II – por seus representantes legais; III – por seus ascendentes.	-----------
Art. 1.553. O menor que não atingiu a idade núbil poderá, depois de completá-la, confirmar seu casamento, com a autorização de seus representantes legais, se necessária, ou com suprimento judicial.	-----------
Art. 1.554. Subsiste o casamento celebrado por aquele que, sem possuir a competência exigida na lei, exercer publicamente as funções de juiz de casamentos e, nessa qualidade, tiver registrado o ato no Registro Civil.	-----------

Antiga redação do Código Civil	Dispositivos do Código Civil com com redação, após o Estatuto do Deficiente
Art. 1.555. O casamento do menor em idade núbil, quando não autorizado por seu representante legal, só poderá ser anulado se a ação for proposta em cento e oitenta dias, por iniciativa do incapaz, ao deixar de sê-lo, de seus representantes legais ou de seus herdeiros necessários. § 1º O prazo estabelecido neste artigo será contado do dia em que cessou a incapacidade, no primeiro caso; a partir do casamento, no segundo; e, no terceiro, da morte do incapaz. § 2º Não se anulará o casamento quando à sua celebração houverem assistido os representantes legais do incapaz, ou tiverem, por qualquer modo, manifestado sua aprovação.	Art. 1.557. Considera-se erro essencial sobre a pessoa do outro cônjuge: I – o que diz respeito à sua identidade, sua honra e boa fama, sendo esse erro tal que o seu conhecimento ulterior torne insuportável a vida em comum ao cônjuge enganado; II – a ignorância de crime, anterior ao casamento, que, por sua natureza, torne insuportável a vida conjugal; **III – a ignorância, anterior ao casamento, de defeito físico irremediável que não caracterize deficiência ou de moléstia grave e transmissível, por contágio ou por herança, capaz de pôr em risco a saúde do outro cônjuge ou de sua descendência (Nova redação)** **IV – revogado** (art. 114 da Lei nº 13.146, de 2015)
Art. 1.556. O casamento pode ser anulado por vício da vontade, se houve por parte de um dos nubentes, ao consentir, erro essencial quanto à pessoa do outro.	-----------
Art. 1.557. Considera-se erro essencial sobre a pessoa do outro cônjuge: I – o que diz respeito à sua identidade, sua honra e boa fama, sendo esse erro tal que o seu conhecimento ulterior torne insuportável a vida em comum ao cônjuge enganado; II – a ignorância de crime, anterior ao casamento, que, por sua natureza, torne insuportável a vida conjugal; III – a ignorância, anterior ao casamento, de defeito físico irremediável, ou de moléstia grave e transmissível, pelo contágio ou herança, capaz de pôr em risco a saúde do outro cônjuge ou de sua descendência; IV – a ignorância, anterior ao casamento, de doença mental grave que, por sua natureza, torne insuportável a vida em comum ao cônjuge enganado.	-----------

Antiga redação do Código Civil	Dispositivos do Código Civil com com redação, após o Estatuto do Deficiente
Art. 1.558. É anulável o casamento em virtude de coação, quando o consentimento de um ou de ambos os cônjuges houver sido captado mediante fundado temor de mal considerável e iminente para a vida, a saúde e a honra, sua ou de seus familiares.	-----------
Art. 1.559. Somente o cônjuge que incidiu em erro, ou sofreu coação, pode demandar a anulação do casamento; mas a coabitação, havendo ciência do vício, valida o ato, ressalvadas as hipóteses dos incisos III e IV do art. 1.557.	-----------
Art. 1.560. O prazo para ser intentada a ação de anulação do casamento, a contar da data da celebração, é de:	-----------
I – cento e oitenta dias, no caso do inciso IV do art. 1.550;	-----------
II – dois anos, se incompetente a autoridade celebrante;	
III – três anos, nos casos dos incisos I a IV do art. 1.557;	
IV – quatro anos, se houver coação.	
§ 1º Extingue-se, em cento e oitenta dias, o direito de anular o casamento dos menores de dezesseis anos, contado o prazo para o menor do dia em que perfez essa idade; e da data do casamento, para seus representantes legais ou ascendentes.	
§ 2º Na hipótese do inciso V do art. 1.550, o prazo para anulação do casamento é de cento e oitenta dias, a partir da data em que o mandante tiver conhecimento da celebração.	
Art. 1.561. Embora anulável ou mesmo nulo, se contraído de boa-fé por ambos os cônjuges, o casamento, em relação a estes como aos filhos, produz todos os efeitos até o dia da sentença anulatória.	
§ 1º Se um dos cônjuges estava de boa-fé ao celebrar o casamento, os seus efeitos civis só a ele e aos filhos aproveitarão.	
§ 2º Se ambos os cônjuges estavam de má-fé ao celebrar o casamento, os seus efeitos civis só aos filhos aproveitarão.	
Art. 1.562. Antes de mover a ação de nulidade do casamento, a de anulação, a de separação judicial, a de divórcio direto ou a de dissolução de união estável, poderá requerer a parte, comprovando sua necessidade, a separação de corpos, que será concedida pelo juiz com a possível brevidade.	
Art. 1.563. A sentença que decretar a nulidade do casamento retroagirá à data da sua celebração, sem prejudicar a aquisição de direitos, a título oneroso, por terceiros de boa-fé, nem a resultante de sentença transitada em julgado.	
Art. 1.564. Quando o casamento for anulado por culpa de um dos cônjuges, este incorrerá:	
I – na perda de todas as vantagens havidas do cônjuge inocente;	
II – na obrigação de cumprir as promessas que lhe fez no contrato antenupcial.	

22.2.9. DISSOLUÇÃO DO CASAMENTO E DA SOCIEDADE CONJUGAL

- **a sociedade conjugal termina:**

a) pela morte de um dos cônjuges *(*inclui-se a morte presumida, com ou sem ausência)*

b) pela nulidade ou anulação do casamento

c) pela separação judicial

d) pelo divórcio

- **o casamento válido ou vínculo matrimonial, termina**

a) pela morte de um dos cônjuges

b) pelo divórcio

- **dualidade:**

a) a separação coloca fim à sociedade conjugal

b) o divórcio encerra o vínculo matrimonial ou conjugal

- **Emenda Constitucional nº 66, de 13 de julho de 2010**: conhecida por *"emenda do divórcio"*, alterou a redação do art. 226, § 6º, da CF/88, conferindo-lhe o texto que segue *"O casamento civil pode ser dissolvido pelo divórcio"*. Reina na doutrina se a separação ainda sobrevive à alteração constitucional. Todavia, a **Corte Especial do STJ**, em julho de 2013, proferiu o seguinte julgamento, referente à homologação de sentença estrangeira, a nosso ver, implicitamente aceitando a pertinência constitucional da separação: *"A Emenda Constitucional nº 66/2012 modificou o § 6º do art. 226 da Constituição Federal e, assim, não mais requer o decurso de dois anos para a conversão da separação de fato em divórcio, como consignava o art. 1580, § 2º, do Código Civil; neste novo contexto normativo, a sentença estrangeira pode ser integrada sem ofender o panorama jurídico pátrio"*. (SEC 261 / EX, Min. Humberto Martins). A outro giro, o **Enunciado 514 da V Jornada:** *"A Emenda Constitucional nº 66/2010 não extinguiu o instituto da separação judicial e extrajudicial"*.

- **quadro esquemático:** espécies de separação

Espécies de separação		
Consensual	**Judicial:**	(CC, art. 1.574 c/c Novo CPC, art. 731)
	Extra Judicial	(escritura pública e cláusulas obrigatórias, Novo CPC, art. 733).
Litigiosa	**Separação-sanção**	(CC, art. 1.572 c/c Novo CPC, arts. 693 a 699)
	Separação-falência	(CC, art. 1.572, § 1º c/c Novo CPC, arts. 693 a 699)
	Separação--remédio	(CC, art. 1572, § 2º c/c Novo CPC, arts. 693 a 699)

- **quadro esquemático**: espécies de divórcio

Espécies de divórcio			
		Divórcio direto	**Divórcio indireto ou conversão**
Extrajudicial		escritura pública, não havendo nascituro ou filhos incapazes, observadas as cláusulas referentes aos bens, alimentos entre os cônjuges e nome. (Novo CPC, art. 733 c/c art. 731, I e II)	escritura pública, não havendo nascituro ou filhos incapazes, observadas as cláusulas referentes aos bens, alimentos entre os cônjuges e nome. (Novo CPC, art. 733 c/c art. 731, I e II)
Judicial	**Consensual**	CF, art. 226, § 6º Novo CPC, art. 733	CF, art. 226, § 6º Novo CPC, art. 733
	Litigioso	Novo CPC, arts. 693 a 699	CC/art. 1.580, § 1º Novo CPC, arts. 693 a 699

- ***ATENÇÃO:*** as tabelas da separação e do divórcio seguem a sistemática do CC/2002.

- **NOVO CPC:** as novidades do NCPC a respeito do casamento, inclusive a dissolução, constam da tabela abaixo, dentre as quais destaca-se o rito especial. Segundo o art. 318 do NCPC, *"Aplica-se a todas as causas o procedimento comum, salvo disposição em contrário deste Código ou de lei"*. As ações de família são versadas nos arts. 693 a 699, quando *contenciosas*. Nos arts. 731 a 734 são abordados o divórcio, a separação, a extinção da união estável e a alteração do regime de bens do matrimônio, quando *consensuais*. Desse modo, há disposição em contrário no texto do novo diploma abrindo a ressalva de procedimento especial nas ações acima especificadas. A respeito da alteração do regime de bens, abordamos o tema em outro momento (dos regimes de bens).

Novo Código de Processo Civil/2015
COMPETÊNCIA Art. 53. É competente o foro: I – para a ação de divórcio, separação, anulação de casamento e reconhecimento ou dissolução de união estável: a) de domicílio do guardião de filho incapaz; b) do último domicílio do casal, caso não haja filho incapaz; c) de domicílio do réu, se nenhuma das partes residir no antigo domicílio do casal; --------- **DA FORMA, DO TEMPO E DO LUGAR DOS ATOS PROCESSUAIS** Art. 189. Os atos processuais são públicos, todavia tramitam em segredo de justiça os processos: II – que versem sobre casamento, separação de corpos, divórcio, separação, união estável, filiação, alimentos e guarda de crianças e adolescentes; § 1º O direito de consultar os autos de processo que tramite em segredo de justiça e de pedir certidões de seus atos é restrito às partes e aos seus procuradores. § 2º O terceiro que demonstrar interesse jurídico pode requerer ao juiz certidão do dispositivo da sentença, bem como de inventário e de partilha resultantes de divórcio ou separação. --------- **AÇÕES DE FAMÍLIA** Art. 693. As normas deste Capítulo aplicam-se aos processos contenciosos de divórcio, separação, reconhecimento e extinção de união estável, guarda, visitação e filiação. Parágrafo único. A ação de alimentos e a que versar sobre interesse de criança ou de adolescente observarão o procedimento previsto em legislação específica, aplicando-se, no que couber, as disposições deste Capítulo. Art. 694. Nas ações de família, todos os esforços serão empreendidos para a solução consensual da controvérsia, devendo o juiz dispor do auxílio de profissionais de outras áreas de conhecimento para a mediação e conciliação.

Novo Código de Processo Civil/2015
Parágrafo único. A requerimento das partes, o juiz pode determinar a suspensão do processo enquanto os litigantes se submetem a mediação extrajudicial ou a atendimento multidisciplinar. Art. 695. Recebida a petição inicial e, se for o caso, tomadas as providências referentes à tutela provisória, o juiz ordenará a citação do réu para comparecer à audiência de mediação e conciliação, observado o disposto no art. 694. § 1º O mandado de citação conterá apenas os dados necessários à audiência e deverá estar desacompanhado de cópia da petição inicial, assegurado ao réu o direito de examinar seu conteúdo a qualquer tempo. § 2º A citação ocorrerá com antecedência mínima de 15 (quinze) dias da data designada para a audiência. § 3º A citação será feita na pessoa do réu. § 4º Na audiência, as partes deverão estar acompanhadas de seus advogados ou de defensores públicos. Art. 696. A audiência de mediação e conciliação poderá dividir-se em tantas sessões quantas sejam necessárias para viabilizar a solução consensual, sem prejuízo de providências jurisdicionais para evitar o perecimento do direito. Art. 697. Não realizado o acordo, passarão a incidir, a partir de então, as normas do procedimento comum, observado o art. 335. Art. 698. Nas ações de família, o Ministério Público somente intervirá quando houver interesse de incapaz e deverá ser ouvido previamente à homologação de acordo. Art. 699. Quando o processo envolver discussão sobre fato relacionado a abuso ou a alienação parental, o juiz, ao tomar o depoimento do incapaz, deverá estar acompanhado por especialista. --------- **DIVÓRCIO E SEPARAÇÃO CONSENSUAIS** Art. 731. A homologação do divórcio ou da separação consensuais, observados os requisitos legais, poderá ser requerida em petição assinada por ambos os cônjuges, da qual constarão: I - as disposições relativas à descrição e à partilha dos bens comuns; II - as disposições relativas à pensão alimentícia entre os cônjuges; III - o acordo relativo à guarda dos filhos incapazes e ao regime de visitas; e IV - o valor da contribuição para criar e educar os filhos. Parágrafo único. Se os cônjuges não acordarem sobre a partilha dos bens, far-se-á esta depois de homologado o divórcio, na forma estabelecida nos arts. 647 a 658. Art. 732. As disposições relativas ao processo de homologação judicial de divórcio ou de separação consensuais aplicam-se, no que couber, ao processo de homologação da extinção consensual de união estável.

Novo Código de Processo Civil/2015
Art. 733. O divórcio consensual, a separação consensual e a extinção consensual de união estável, não havendo nascituro ou filhos incapazes e observados os requisitos legais, poderão ser realizados por escritura pública, da qual constarão as disposições de que trata o art. 731. § 1º A escritura não depende de homologação judicial e constitui título hábil para qualquer ato de registro, bem como para levantamento de importância depositada em instituições financeiras. § 2º O tabelião somente lavrará a escritura se os interessados estiverem assistidos por advogado ou por defensor público, cuja qualificação e assinatura constarão do ato notarial.

22.2.10. PROTEÇÃO DA PESSOA DOS FILHOS

- **noções gerais:** o Código Civil dispõe nos arts. 1.583 a 1.590 a respeito da proteção da pessoa dos filhos. Segundo Carlos Roberto Gonçalves (*op. cit.*), "a guarda dos filhos constitui direito natural dos genitores. Verificado, porém, que não devem eles permanecer em poder da mãe ou do pai, o juiz deferirá a sua guarda preferencialmente a pessoa *'que revele compatibilidade'* com a natureza da medida, *"considerados, de preferência, o grau de parentesco e as relações de afinidade e afetividade com os infantes"* (CC, art. 1.584, § 5º, com redação dada pela Lei 13.058, de 22 de dezembro de 2014). Com propriedade Maria Helena Diniz afirma que a "guarda unilateral ou compartilhada é um dever de assistência educacional, material e moral (ECA, art. 33) a ser cumprido no interesse e em proveito do filho menor e do maior incapaz, garantindo-lhe a sobrevivência física e o pleno desenvolvimento psíquico. É um poder-dever exercido no interesse da prole. Ao genitor-guardião, sendo a guarda unilateral, se defere o poder familiar em toda a sua extensão, cabendo-lhe a decisão sobre a educação do filho. Ao outro genitor se defere o direito de visita e o de supervisionar os interesses do filho, ou seja, o de fiscalizar a criação daquele filho, pois continua sendo detentor do poder familiar, visto que apenas seu exercício passou ao guardião (genitor contínuo). O genitor-visitante possui tão somente a guarda descontínua, pois a visita se opera em intervalos de tempo" (Código Civil Anotado, 16ª Ed, 2012, Saraiva, 2012, pág. 1152).

- **guarda unilateral: estabelece o art. 1.583, § 1º, 1ª parte, do CC:** "Compreende-se por guarda unilateral a atribuída a um só dos genitores ou a alguém que o substitua (art. 1.584, § 5º)...". Oportuno destacar o art. 1.583, § 5ª, do CC: "A guarda unilateral obriga o pai ou a mãe que não a detenha a supervisionar os interesses dos filhos, e, para possibilitar tal supervisão, qualquer dos genitores sempre será parte legítima para solicitar informações e/ou prestação de contas, objetivas ou subjetivas, em assuntos ou situações que direta ou indiretamente afetem a saúde física e psicológica e a educação de seus filhos." (Redação dada pela Lei 13.058/2014).

- **guarda compartilhada: também conceitua o Código Civil a guarda compartilhada, o fazendo no art. 1.583, § 1º, 2ª parte, do CC:** "Compreende-se [...] por guarda compartilhada a responsabilização conjunta e o exercício de direitos e deveres do pai e da mãe que não vivam sob o mesmo teto, concernentes ao poder familiar dos filhos comuns". Trata-se, segundo Carlos Roberto Gonçalves, "de um novo modelo que passou, aos poucos, a ser utilizado nas Varas de Família, com base na ideologia da cooperação mútua entre os separandos e divorciandos, com vistas a um acordo pragmático e realístico, na busca do comprometimento de ambos os pais no cuidado aos filhos havidos em comum, para encontrar, juntos, um solução boa para ambos e, consequentemente, para seus filhos. Tal sistema é muito utilizado nos Estados Unidos da América do Norte com o nome de *joint custody*" (Direito Civil Brasileiro 6, Direito de Família, Saraiva, São Paulo, 2013, 10ª edição, pág. 296).

- **direito de visitas: o** pai ou a mãe, em cuja guarda não estejam os filhos, poderá visitá-los e tê-los em sua companhia, segundo o que acordar com o outro cônjuge, ou for fixado pelo juiz, bem como fiscalizar sua manutenção e educação. O direito de visita estende-se a **qualquer dos avós**, a critério do juiz, observados os interesses da criança ou do adolescente (CC, art. 1.589).

- **guarda de filhos maiores incapazes:** as disposições relativas à guarda e prestação de alimentos aos filhos menores estendem-se aos maiores incapazes, aplicando-se a estes o mesmo tratamento daqueles (CC, art. 1.590).

- **o que mudou com a Lei 13.058, de 22 de dezembro de 2014: publicada no Diário Oficial da União do dia 23 de dezembro de 2014, a "Lei da Guarda Compartilhada" entrou em vigor na data de sua publicação (art. 3º), alterando os arts. 1.583, 1.584, 1.585 e 1.634 do Código Civil, este último referente ao poder familiar. As inovações aqui aplicáveis foram as seguintes:**

- **Art. 1.583, §§ 2º, 3º e 5º:**

a) foi estabelecido que, na guarda compartilhada, o **tempo de convívio** com os filhos deve ser **dividido** de forma **equilibrada** com a mãe e com o pai, sempre tendo em vista as **condições fáticas** e os **interesses dos filhos**.

b) criou-se, também para a guarda compartilhada, a **cidade** considerada **base de moradia** dos filhos, que será aquela que melhor **atender aos interesses destes. COMENTÁRIOS:** Desse modo, quando a guarda for compartilhada entre os genitores que não residam na mesma cidade, obrigatoriamente deverá ser estabelecido em qual deles será a base de moradia do filho menor.

c) a guarda unilateral obriga o pai ou a mãe que não a detenha a supervisionar os interesses dos filhos, e, para possibilitar tal supervisão, qualquer dos genitores sempre será parte legítima para solicitar informações e/ou prestação de contas, objetivas ou subjetivas, em assuntos ou situações que direta ou indiretamente afetem a saúde física e psicológica e a educação de seus filhos. **COMENTÁRIOS:** a grande novidade relaciona-se à legitimidade expressa do pai e da mãe que não detenha a guarda para, mediante provocação judicial, se for o caso, obter informações e/ou prestação de contas, relacionados a acontecimentos que acabam por interferir na saúde física e psicológica e na educação de seus filhos.

- **Art. 1.584, §§ 2º, 3º, 4º, 5º e 6º:**

a) quando **não houver acordo** entre a mãe e o pai quanto à guarda do filho, encontrando-se ambos os genitores aptos a exercer o poder familiar, **será aplicada a guarda compartilhada**, salvo se **um** dos genitores **declarar** ao magistrado que **não** deseja a guarda do menor. **COMENTÁRIOS:** a guarda compartilha, com a alteração legislativa, passa a ser regra, e a guarda unilateral a exceção. Não se verificando o acordo entre os pais, o magistrado fará com que a guarda compartilha seja aplicada, exceto se o pai ou a mãe declararem ao juiz que não deseja a guarda do filho, caso em que a guarda unilateral será deferida ao outro. A alteração legislativa vai ao encontro dos precedentes Superior Tribunal de Justiça. Vejamos: " (...) A inviabilidade da guarda compartilhada, por ausência de consenso, faria prevalecer o exercício de uma potestade inexistente por um dos pais. E diz-se inexistente, porque contrária ao escopo do Poder Familiar que existe para a proteção da prole. A imposição judicial das atribuições de cada um dos pais, e o período de convivência da criança sob guarda compartilhada, quando não houver consenso, é medida extrema, porém necessária à implementação dessa nova visão, para que não se faça do texto legal, letra morta. A guarda compartilhada deve ser tida como regra, e a custódia física conjunta – sempre que possível – como sua efetiva expressão" (STJ: REsp 1428596 / RS. Min. Nancy Amdrigui).

b) para estabelecer as atribuições do pai e da mãe e os períodos de convivência sob **guarda compartilhada**, o juiz, de ofício ou a requerimento do Ministério Público, poderá basear-se em orientação técnico-profissional ou de equipe interdisciplinar, **que deverá visar à divisão equilibrada do tempo com o pai e com a mãe**. **COMENTÁRIOS:** cotejando a redação vigente com a revogada, criou-se o direito subjetivo do pai e da mãe à "divisão equilibrada do tempo" de permanência com o filho, quando aplicada a guarda compartilhada.

c) a alteração **não autorizada** ou o **descumprimento imotivado** de **cláusula de guarda unilateral ou compartilhada** poderá implicar a **redução de prerrogativas** atribuídas ao seu detentor. **COMENTÁRIOS:** a lei anterior permitia, além da redução das prerrogativas, que o número de horas de convivência com o filho também fosse subtraído. A inovação é salutar, pois não permite, como consequência da inexecução da cláusula de guarda, que o tempo dos pais com os filhos venha a ser prejudicado.

d) se o juiz verificar que o filho **não deve permanecer** sob a guarda do pai ou da mãe, deferirá a guarda a pessoa que revele compatibilidade com a natureza da medida, considerados, de **preferência**, o **grau de parentesco** e as **relações de afinidade e afetividade**.

e) qualquer estabelecimento público ou privado é obrigado a **prestar informações** a qualquer dos **genitores** sobre os **filhos destes**, sob pena de multa de R$ 200,00 (duzentos reais) a R$ 500,00 (quinhentos reais) por dia pelo não atendimento da solicitação. **COMENTÁRIOS:** os estabelecimentos públicos e privados que não prestarem informações aos pais, sobre os seus filhos, sujeitam-se à multa diária entre os valores acima. É preciso que os estabelecimentos tenham um prazo mínimo para que a solicitação seja atendida, quando então será possível afirmar que estão em mora quanto ao dever de informar.

- **Art. 1.585:**

a) Em sede de medida cautelar de separação de corpos, em sede de medida cautelar de guarda ou em outra sede de fixação liminar de guarda, a decisão sobre guarda de filhos, mesmo que provisória, será proferida preferencialmente após a oitiva de ambas as partes perante o juiz, salvo se a proteção aos interesses dos filhos exigir a concessão de liminar sem a oitiva da outra parte, aplicando-se as disposições do art. 1.584. **COMENTÁRIOS:** trata-se de norma de conteúdo processual, dirigida ao magistrado, para que, nas medidas cautelares de separação de corpos e guarda, e nas liminares de guarda, "ouça", antes de decidir, ambas as partes, exceto quando, por interesse e proteção do menor, tenha que apreciar o pedido *"inaldita altera pars"*.

22.3. RELAÇÕES DE PARENTESCO

- **noções gerais:** o parentesco é natural ou civil, conforme resulte o vínculo da consanguinidade ou outra origem. Assim, apresentamos a seguinte divisão das relações de parentesco.

consanguíneo ou natural	• descendente, ascendente, etc.
por afinidade	• entre um cônjuge ou companheiro e os parentes do outro
civil	• não há vínculos de sangue, como ocorre na adoção, reprodução heteróloga e na socioafetiva.
parentesco na linha colateral ou transversal	• até o 4º grau

- ***ATENÇÃO:*** o parentesco por afinidade **limita-se** aos ascendentes, aos descendentes e aos irmãos do cônjuge ou companheiro. Na linha reta, a afinidade **não** se extingue com a dissolução do casamento ou da união estável.

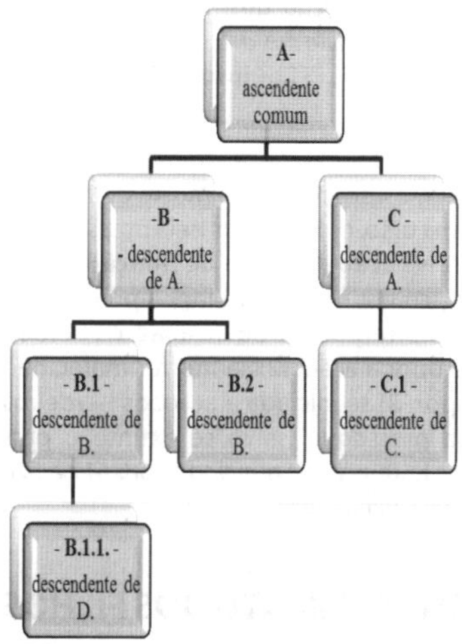

Legenda explicativa:

1. B.1.1: não é colateral de C.1, pois a linha em questão vai até o 4º grau (CC, art. 1.592).
2. A: é parente de B.1.1, pois não há limitação de graus na linha reta descendente (CC, art. 1.591).

22.3.1. FILIAÇÃO

- **noções gerais:** filiação é vínculo consanguíneo e de primeiro grau. Com relação à situação jurídica, a CF, art. 226, § 6º, proíbe a distinção entre os filhos. Por esta razão, a distinção entre filiação *legitima* e *ilegítima* não tem mais sentido. Outrora, os filhos que não viessem de pessoas casadas seriam ilegítimos (CC, art. 1.596).
- **presunção de que foram concebidos na constância do casamento:**

a) nascidos **180 dias**, pelo menos, depois de estabelecida a convivência conjugal

b) nascidos nos **300 dias** subsequentes à dissolução da sociedade conjugal, por morte, separação judicial, nulidade e anulação do casamento

c) havidos por fecundação artificial homóloga, mesmo que falecido o marido

d) havidos, a qualquer tempo, quando se tratar de embriões excedentários, decorrentes de concepção artificial homóloga

e) havidos por inseminação artificial heteróloga, desde que tenha prévia autorização do marido.

f) a presunção acima é *juris tantum*, e pode ser ilidida pelo marido ou seus herdeiros, desde que já iniciada a ação, por ação negatória ou de contestação da paternidade, a qual é imprescritível (CC/art. 1.601) e manejada contra o filho e a genitora, autora do registro

g) "a presunção de concepção dos filhos na constância do casamento prevista no art. 1.597, II, do CC se estende à união estável". **(STJ - Info 508).**

h) a *ação negatória de paternidade* não é transmissível se a morte do marido ocorrer sem que a ação tenha sido proposta; mas, sobrevindo a morte do marido, com a ação em curso, os herdeiros nela prosseguem (CC/art. 1.601). Na **ação de prova de filiação**, a qual imprescritível, com a morte do filho, é preciso distinguir; (1) se morrer menor ou incapaz, os herdeiros podem propor a ação; (2) se morrer maior, não poderão propor; **3)** se iniciada a ação, os herdeiros poderão nela prosseguir, salvo se extinto o processo (CC/art. 1.606). Ver: *Enunciado 258, 519 e 520 das Jornadas de Direito Civil.*

22.3.2. RECONHECIMENTO DOS FILHOS

- **posição jurídica:** é disciplinado nos arts. 1.607 a 1.617 do CC/2002. A Lei 8.560, de 29 de dezembro de 1992, dispõe a respeito do procedimento para a obtenção de reconhecimento voluntário, e da averiguação oficiosa. É **recorrente em concursos** disposição do art. 3º da mencionada, pela qual *"É vedado legitimar e reconhecer filho na ata do casamento".*

- **reconhecimento voluntário:**

a) o CC/art. 1.609, I a IV, prevê os modos *irrevogáveis* de *reconhecimento voluntário* dos filhos que são feitos:

1. no registro do nascimento
2. por escritura pública ou escrito particular, a ser arquivado em cartório
3. por testamento, ainda que incidentalmente manifestado
4. por manifestação direta e expressa perante o juiz, ainda que o reconhecimento não haja sido o objeto único e principal do ato que o contém
5. o reconhecimento pode preceder o nascimento do filho ou ser posterior ao seu falecimento, se ele deixar descendentes
6. ainda que feita em testamento - que é tipicamente revogável (CC/1.858 e 1.969) - será sempre válida e irretratável a declaração de reconhecimento (CC/art. 1.610); uma observação, no entanto, há de ser feita, pois, ainda que irrevogável o reconhecimento, não se afasta a manifestação de vontade com vício de consentimento, permitindo-se sua anulação por defeitos.

- **reconhecimento coativo:**

a) trata-se de *ação de estado, imprescritível, personalíssima e indisponível* (ECA, art. 27); porém, seus efeitos patrimoniais prescrevem. De acordo com a **Súmula 149 do STF**: *"É imprescritível a ação de investigação de paternidade, mas não o é a de petição de herança".* A ação de petição de herança prescreve em **10 anos** (CC/art. 205)

b) interessa ao tema, ainda, a Lei 12.004, de 12 de dezembro de 2009, que acrescentou o art. 2º-A, na Lei 8.560/92, pelo qual: *"Na ação de investigação de paternidade, todos os meios legais, bem como os moralmente legítimos, serão hábeis para provar a verdade dos fatos"*; no parágrafo único, a seu tempo, dispôs sobre a *recusa específica* de exame: *"a recusa do réu em se submeter ao exame de código genético - DNA gerará a presunção da paternidade, a ser apreciada em conjunto com o contexto probatório".* Apreciando a questão, mas sob a ótica genérica da recusa à perícia médica ordenada pelo juiz, diz a **Súmula 301 do STJ**: *"Em ação investigatória, a recusa do suposto pai a submeter-se ao exame de DNA induz presunção juris tantum de paternidade".*

c) **outras questões relevantes**:

1. o filho havido fora do casamento e reconhecido por um dos cônjuges não poderá residir no lar conjugal sem que o outro consinta
2. o interesse no menor prevalece em relação à guarda quando reconhecido por ambos os pais (CC/art. 1.612, 2ª parte). Se reconhecido por um só deles, com este ficará a guarda.
3. o ato de reconhecimento da filiação é puro e simples, e são tidas por ineficazes a condição e o termo apostos no ato
4. o reconhecimento do filho maior exige seu consentimento, como medida protetora; essa anuência, porém, não muda a natureza *unilateral* do ato que reconhece a filiação
5. o menor poderá impugnar o reconhecimento, nos **04 anos** que se seguirem a maioridade; de acordo com o ***STJ no Informativo 200***, a *"...o prazo do citado artigo só é aplicável ao filho natural que impugna a paternidade por mero ato de vontade, a fim de afastar o reconhecimento da filiação sem buscar constituir nova relação. Em conclusão, a* ***decadência*** *não atinge o direito do filho legítimo ou legitimado, nem do filho natural que pleiteie a investigação de paternidade e anulação do registro, com base na falsidade desse...".*

6. a ação de investigação de paternidade ou maternidade pode ser contestada por qualquer interessado
7. os efeitos do *reconhecimento voluntário e coativo* são os mesmos, exceto quanto a ordenar que o filho se crie e eduque fora da companhia dos pais ou daquele que lhe contestou essa qualidade
8. ainda que nulo ou anulável o casamento, não lhe conferindo o efeito da putatividade, os filhos havidos são matrimoniais, dispensando-se a perfilhação voluntária ou involuntária

22.3.3. ADOÇÃO

- **noções gerais:** é o ato solene – porque exige sentença constitutiva e é irrevogável – pelo qual, atendidos os requisitos legais, dispostos no Estatuto da Criança e do Adolescente, arts. 39 à 52-D, é estabelecido o vínculo civil unindo o adotado ao adotante e à sua família, na condição de filho. A adoção pode ser:

a) *unilateral*

b) *bilateral*

c) *singular*

d) *conjunta*

e) *post mortem*: de acordo com o **STJ**, se *"... falecendo o adotante antes de concluído o processo de adoção, com inequívoca manifestação de vontade de adotar, por força de laço de afetividade preexistente entre adotante e menor adotada, não há a violação dos arts. 28, § 2º, 42, § 5º, do ECA para impedir o reconhecimento da adoção póstuma" (REsp 823.384-RJ*, *Rel. Min. Nancy Andrighi).*

f) *adoção por casal homoafetivo*: o **STJ** se orienta pela possibilidade, seguindo os mesmos passos do casamento e união estável entre pares do mesmo sexo; nesse sentido, confira: *"...A plena equiparação das uniões estáveis homoafetivas, às uniões estáveis heteroafetivas, afirmada pelo STF (ADI 4277/DF, Rel. Min. Ayres Britto), trouxe como corolário, a extensão automática àquelas, das prerrogativas já outorgadas aos companheiros dentro de uma união estável tradicional, o que torna o pedido de adoção por casal homoafetivo legalmente viável".(Recurso especial não provido".(REsp 1281093/SP, Rel. Ministra Nancy Andrighi, DJe 04/02/2013)".*

- **Convenção de Haia relativa à proteção das crianças e à cooperação em matéria de adoção internacional de 1993.**

a) em relação à criança e ao adolescente, de início, temos que a colocação em *família substituta estrangeira* constitui *medida excepcional*, somente admissível na modalidade de adoção (ECA/art. 31)

b) disso decorre e completa o preceito que a guarda pode ser deferida, liminar ou incidentalmente, nos procedimentos de tutela e adoção, *exceto no de adoção por estrangeiros* (ECA/art. 33, § 1º); o art. 51 do ECA conceitua a adoção internacional como *"aquela na qual a pessoa ou casal postulante é residente ou domiciliado fora do Brasil, conforme previsto no Artigo 2 da Convenção de Haia, de 29 de maio de 1993, Relativa à Proteção das Crianças e à Cooperação em Matéria de Adoção Internacional, aprovada pelo Decreto Legislativo nº 1., de 14 de janeiro de 1999, e promulgada pelo Decreto nº 3.087, de 21 de junho de 1999".*

c) importa dizer, nesse passo, que a adoção internacional não se caracteriza em razão da nacionalidade, mas em função da residência ou domicilio de quem postula, porque, mesmo que feita por brasileiro, nato ou naturalizado, será internacional a adoção se este residir ou tiver domicilio fora Brasil; o ECA/art. 51, § 2º, por outro lado, distingue o *estrangeiro* do *brasileiro residente fora do país*, já que expressamente dispõe que *"Os brasileiros residentes no exterior terão preferência aos estrangeiros, nos casos de adoção internacional de criança ou adolescente brasileiro".*

d) a Convenção de Haia, no art. 2º, afirma sua incidência nos termos seguintes: *"A Convenção será aplicada quando uma criança com residência habitual em um Estado Contratante ("o Estado de origem") tiver sido, for, ou deva ser deslocada para outro Estado Contratante ("o Estado de acolhida"), quer após sua adoção no Estado de origem por cônjuges ou por uma pessoa residente habitualmente no Estado de acolhida, quer para que essa adoção seja realizada, no Estado de acolhida ou no Estado de origem"*; exige-se para a adoção internacional, por outro lado, de acordo com o ECA/art. 51, § 1º, que se comprove, *cumulativamente:*

1. que a colocação em família substituta é a solução adequada ao caso concreto;
2. que foram esgotadas todas as possibilidades de colocação da criança ou adolescente em família substituta brasileira, após consulta aos cadastros mencionados no art. 50 da Lei 8.069/90 (ECA); **C)** que, em se tratando de *adoção de adolescente*, este foi consultado, por meios adequados ao seu estágio de desenvolvimento, e que se encontra preparado para a medida, mediante parecer elaborado por equipe interprofissional, observado o disposto nos §§ 1º e 2º do art. 28 desta Lei *(opinião deverá ser considerada e, sendo maior de **12 anos**, exige-se o seu consentimento colhido em audiência)*;
3. por fim, a adoção internacional pressupõe a intervenção das Autoridades Centrais Estaduais e Federal; noutro giro, o procedimento de colocação em família substituta, de acordo como ECA/art. 165 a 170, é aplicável à adoção internacional, observando-se, porém, as regras especiais do ECA/art. 52, I a VIII, e §§ 1º a 15; ainda dispõem sobre a adoção internacional os arts. 52-A à 52-D, todos com redação dada pela *"Lei da Adoção".*

- **outras particularidades:** *pelo Código Civil é permitida a adoção aos maiores de **18 anos***, observadas as disposições da Lei 12.010, de 03 de agosto de 2009, que revogou os arts. 1.620 a 1.629 do CC/2002, e conferiu ao Estatuto da Criança e do Adolescente toda a regulamentação acerca da adoção dos adultos.

22.3.4. PODER FAMILIAR

- **noções gerais:** é conceituado como o conjunto de direitos e obrigações dos pais em relação aos filhos e aos seus bens, *enquanto menores* e *não emancipados*.
- **histórico:** no CC/1916 o instituto levava o nome de *pátrio poder*, como se o pai dirigisse os rumos dos filhos, apenas auxiliado pela mãe; com a igualdade do homem e da mulher relacionado aos direitos e deveres da sociedade conjugal (CF/art. 226, § 5º), e até porque a paternidade responsável quanto ao planejamento familiar é livre ao casal, direito esse que antecede a igualdade que acima vimos (CF/art. 226, § 7º), o termo empregado na atualidade é consentâneo à evolução sentida nas relações familiares.
- **características**: quanto à **natureza**, caracteriza-se por ser um *múnus público irrenunciável, indelegável e imprescritível*; porém, de acordo com a nova redação do ECA, art. 166, conferida pela Lei 12.010/2009 (Lei da Adoção), os pais poderão entregar o filho para a adoção, transferindo o encargo à família substituta, admitindo-se que o pedido se realize em cartório, dispensada a assistência de advogado, contando a decisão com o apoio de equipe interprofissional, de ratificação do consentimento perante a autoridade judiciária, em audiência especialmente designada, presente o Ministério Púbico, onde deverão ser esgotados todos os esforços para a manutenção da criança ou adolescente na família natural ou extensa; vale destacar que o consentimento é **retratável** até a publicação da sentença constitutiva da adoção, e só será válido, por outro lado, se for dado após o nascimento da criança (ECA, art. 166, §§ 1º ao 6º).
- **exercício:** aos pais compete o poder familiar dos filhos menores, sendo que, na falta ou impedimento de um deles, o outro exercerá com exclusividade (CC, art. 1.631); havendo divergência quanto ao exercício do poder familiar, qualquer dos pais poderá **recorrer ao juiz** para solução do desacordo (CC, art. 1.632); o **divórcio** não altera a relação dos pais quanto aos filhos, senão quanto ao direito que aos primeiros cabe, de terem em sua companhia os segundos (CC/art. 1.632); por outro lado, o filho, não reconhecido pelo pai, fica sob poder familiar exclusivo da mãe; se a mãe não for conhecida ou capaz de exercê-lo, dar-se-á tutor ao menor(CC, art. 1.633). Compete aos pais, ainda, quanto à pessoa dos filhos menores, segundo a nova redação dada pela Lei 13.058, de 22 de dezembro de 2014 ao art. 1.634, I a IX, do CC:

a) *dirigir-lhes a criação e a educação;*

b) *exercer a guarda unilateral ou compartilhada nos termos do art. 1.584;*

c) *conceder-lhes ou negar-lhes consentimento para casarem;*

d) *conceder-lhes ou negar-lhes consentimento para viajarem ao exterior;*

e) *conceder-lhes ou negar-lhes consentimento para mudarem sua residência permanente para outro Município;*

f) *nomear-lhes tutor por testamento ou documento autêntico, se o outro dos pais não lhe sobreviver, ou o sobrevivo não puder exercer o poder familiar;*

g) *representá-los judicial e extrajudicialmente até os 16 (dezesseis) anos, nos atos da vida civil, e assisti-los, após essa idade, nos atos em que forem partes, suprindo-lhes o consentimento;*

h) *reclamá-los de quem ilegalmente os detenha;*

i) *exigir que lhes prestem obediência, respeito e os serviços próprios de sua idade e condição.*

- **prescrição:** lembramos que o *poder familiar* é causa impeditiva ou suspensiva da prescrição (CC, art. 197, II)
- **usufruto e a administração dos bens dos filhos menores:** trata-se da vertente patrimonial do poder familiar. Os despontam como administradores legais, mas, apesar disso, para **alienar ou gravar de ônus reais os bens imóveis** dos filhos, dependem de autorização judicial, mediante a *"demonstração da necessidade, ou do evidente interesse da prole"*, observada a avaliação do bem (CC, art. 1.691). Podem pleitear a declaração de **nulidade** dos atos acima: (1) **os filhos**; (2) **os herdeiros**; (3) **o representante legal**. A outro giro, a divergência *entre* os pais quanto à administração do patrimônio dos filhos é de solução judicial (CC, art. 1.690). O mesmo acontece se no exercício da administração patrimonial colidir o interesse dos pais com o dos filhos, quando o juiz dará *curador especial*, a requerimento dele ou do Ministério Público (CC/art. 1.692); por fim, o *usufruto legal* que decorre do exercício do poder familiar dispensa a prestação de contas prevista no CC, art. 1.400.
- **suspensão poder familiar**: trata-se de sanção que deve ser aplicada judicialmente, para situações mais brandas; possui nítido caráter de proteção do filho menor, mediante a privação temporária do poder familiar do pai ou mãe, que, desaparecida a causa, importa o retomada de seu exercício contra o filho ou filhos, pois é *facultativa* a um ou mais filhos; as causas legais da suspensão do poder familiar são (CC/art. 1.637):

a) *abuso de autoridade*

b) *falta dos deveres inerentes ao poder familiar*

c) *ruína dos bens dos filhos*

d) *condenação por sentença irrecorrível, em virtude de crime cuja pena exceda a **02 anos** de prisão*

* **Nota**: em qualquer caso, cabe ao juiz, requerendo algum parente, ou o Ministério Público, adotar a presente medida, observando-se o rito da Lei 8.069/90 (ECA), art. 155 e seguintes; é importante lembrar que a falta ou a carência de recursos materiais não constitui motivo suficiente para a perda ou a suspensão do poder familiar (ECA, art. 23).

- **extinção, perda ou destituição do poder familiar**: é uma sanção reservada aos atos mais graves praticados contra o *filho menor* e se caracteriza como *permanente* (não definitiva) e *imperativa*, por abranger toda a prole; o procedimento para a sua decretação judicial é aquele do ECA, art. 155 e seguintes, de contraditório necessário (ECA, art. 24); segundo o CC/art. 1.638, as causas legais para a perda do poder familiar são:

a) *o castigo imoderadamente do filho*

b) *o abandono material ou moral*

c) *a prática de atos contrários à moral e aos bons costumes*

d) *a incidência reiterada nas faltas previstas para a suspensão do poder familiar.*

e) a Lei n. 13.509, de 2017, que dispõe sobre a adoção, passou a prever mais uma hipótese de perda do poder familiar, ao estabelecer que sofrerá essa consequência, por ato judicial, o pai ou a mãe que entregar de forma irregular o filho a terceiros para fins de adoção

- **ATENÇÃO:** a destituição do poder familiar não resulta a extinção do filho menor aos alimentos. Enquanto menor, o fundamento para a prestação de alimentos dos pais aos filhos é o **dever de sustento**, previsto no CC, art. 1.566, IV, 1.568 e 1.634, I. Com a destituição do poder familiar, seja qual for o motivo, não é afastada a obrigação de alimentos, pois permanece íntegro o vínculo de parentesco biológico. Nesse caso, a prestação de alimentos sofre mutação de base jurídica, alicerçando-se, agora, na relação de parentesco, regida pelo princípio da solidariedade familiar, quando haverá **obrigação de alimentos**. (Maria Berenice Dias).

22.4. ALIMENTOS

- **noções gerais:** alimentos são as prestações destinadas à satisfação daquelas necessidades vitais, como descritas no CC, art.1.920, entre elas, o sustento, a cura, o vestuário, a casa, a educação e outras.

◉ REVISAÇO ALIMENTOS – "77 DICAS"

JURISPRUDÊNCIA DO STF E STJ

1) Atual (não se admite alimentos pretéritos);

2) Transmissível aos herdeiros do devedor;

3) Divisível entre os obrigados, proporcionalmente;

4) Sujeito ao binômio – "necessidade – recursos" (obrigação alimentar) e "recursos" (dever de sustento);

5) É dever genérico no casamento; no companheirismo; entre pais e filhos, e extensivo a todos os ascendentes, recaindo a obrigação nos mais próximos em grau, uns em falta de outros, e na falta dos ascendentes cabe a obrigação aos descendentes, guardada a ordem de sucessão e, faltando estes, aos irmãos, assim germanos como unilaterais, por isto chamados de legais ou legítimos. (princípio da solidariedade familiar e do dever de assistência);

6) Não cabe entre sobrinhos e tios.

7) Alimentos e dever de sustento: decorre do poder familiar; não é recíproco e a necessidade é presumida de forma absoluta (CC/art. 1.634);

8) Alimentos e obrigação alimentar: decorre da relação de parentesco; é recíproco e exige a demonstração da necessidade. (CC/art. 1.694);

9) Admite-se durante a gravidez (alimentos gravídicos, Lei 11.804/2008);

10) Personalíssimo;

11) Incessível;

12) Impenhorável

13) Incompensável

14) Imprescritível

15) Irrepetível;

16) Irrenunciável;

17) Alimentos civis ou côngruos: status de família, condição social (ordem moral e intelectual);

18) Alimentos naturais ou necessários: vestuário, alimentação, saúde (ordem primária);

19) Alimentos voluntários: inter vivos ou *causa mortis (legado de alimentos)*

20) Alimentos provisórios (Lei 5.478/68), provisionais (CPC/art. 852 a 854) e definitivos (fixados em sentença ou homologados em juízo). O Novo CPC não dispõe expressamente a respeito dos alimentos provisionais. Contudo, a medida de tutela de urgência está compreendida no art. 301 do diploma.

21) Alimentos *humanitários ou necessarium vitae*, aqueles suficientes para sobreviver, nos termos do art. 1.704, parágrafo único, do CC (Jones Figueirêdo Alves)

22) Alimentos indenizatórios: oriundos de responsabilidade civil

23) Alimentos transitórios: prestados a tempo certo quando o alimentando é pessoa com idade, condições e formação profissional compatíveis com uma provável inserção no mercado de trabalho, necessitando dos alimentos apenas até que atinja sua autonomia financeira, momento em que se emancipará da tutela do alimentante (STJ – Info 444);

24) Admite-se a revisão a qualquer tempo; não faz coisa julgada material (Lei 5.478/68; NCPC/art. 505, I);

25) Obrigação *solidária*, para o idoso, admite-se que opte entre os prestadores (Estatuto do Idoso, art. 12).

26) Com a maioridade, a extinção não é automática (STJ – 358);

27) Prescreve em **02 anos** as prestações fixadas, a partir da data que se vencerem (CC/art. 206, § 2º);

28) O foro do domicílio ou da residência do alimentando é o competente para a ação de investigação de paternidade, quando cumulada com a de alimentos (STJ - 01);

29) Na apuração da possibilidade do alimentante, observar-se-ão os sinais exteriores de riqueza. (Enunciado 573 da VI Jornada de Direito Civil do CJF);

30) STJ: 1º – JULGADO (NOVA FAMÍLIA/2002): "A constituição de nova família, com a obrigação de alimentar mais três filhos pelo alimentante, trazendo modificação das novas condições financeiras, é motivo para a redução do quantum devido, a título de alimentos, à filha do primeiro casamento". Resp 109.259-SP/2002, constante Informativo 154;

31) STJ: 2º JULGADO (NOVA FAMÍLIA/2005): "...Por outro lado, a circunstância de o alimentante constituir nova família, com nascimento de filhos, por si só, não importa na redução da pensão alimentícia paga a filha havida de união anterior, sobretudo se não resta verificada a mudança para pior na situação econômica daquele". REsp 703.318/PR/2005;

32) Alimentos Mestrado: A missão de criar os filhos se prorroga mesmo após o término do poder familiar, porém finda com a conclusão, pelo alimentado, de curso de graduação, independentemente de posterior especialização, podendo assim, em tese, prover o próprio sustento, circunstância que afasta, por si só, a presunção *iuris tantum* de necessidade do filho estudante; a partir daí persistem as relações de parentesco que ainda possibilitam a busca de alimentos, desde que presente a prova da efetiva necessidade (STJ – Info 484).

33) Julgada procedente a investigação de paternidade, os alimentos são devidos a partir da citação. (STJ – Súmula 277)

34) A sentença revisional de alimentos possui eficácia retroativa à data da citação (STJ – Info 491);

35) STJ: Na linha dos precedentes desta Corte, **os alimentos definitivos, quando fixados em valor inferior ao dos provisórios, não geram para o alimentante o direito de pleitear o que foi pago a maior**, tendo em vista irrepetibilidade própria da verba alimentar (REsp 1318844 /PR);

36) Na hipótese de superveniência de **sentença que fixa alimentos em quantia inferior aos provisórios**, a prisão civil do devedor somente pode ser admitida diante do não pagamento do valor resultante do **cômputo das prestações vencidas** com base no novo valor estabelecido pela sentença (STJ – Info 531)

37) O recurso de apelação é recebido unicamente no efeito devolutivo (NCPC/art. 1.012, II, e STJ – Info 501);

38) As três prestações anteriores ao ajuizamento da execução autorizam a prisão civil (STJ – 309);

39) O pagamento parcial da obrigação alimentar não afasta a regularidade da prisão civil, quando fundamentada na falta de pagamento de prestações vencidas nos **03 meses** anteriores à propositura da execução ou daquelas vencidas no decorrer do processo (STJ – Info 504);

40) No tocante à execução, há formatos diversos para a satisfação do alimentante, como a execução por quantia, o desconto em folha, a reserva de alugueis, a garantia real, o usufruto, a prisão, entre outras (CPC/arts. 732, 733, 734; NCPC/arts. 528 e seguintes; Lei 5.478/68, art. 17; Lei 6.515/77, art. 21);

41) É possível a cobrança de verbas alimentares pretéritas mediante cumprimento de sentença, art. 523 do NCPC. (STJ – Info 500);

42) É possível o desconto em folha de pagamento do devedor de alimentos, inclusive quanto a débito pretérito, desde que em montante razoável e que não impeça sua própria subsistência. (STJ – Info 485);

43) Nos termos do art. 1.710 do CC/02, a atualização monetária deve constar expressamente da decisão concessiva de alimentos, os quais podem ser fixados em número de salários mínimos (STJ – REsp 1025769 /MG);

44) A Segunda Seção do STJ sedimentou o entendimento de que a pensão alimentícia **incide sobre o décimo terceiro salário e sobre o adicional de férias** (terço constitucional de férias), porque tais verbas estão compreendidas nas expressões "vencimento", "salários" ou "proventos" que consubstanciam a totalidade dos rendimentos auferidos pelo alimentante (REsp 865617 /MG);

45) Em regra, os alimentos provisórios fixados em percentual sobre os **rendimentos líquidos** do alimentante não abrangem as verbas que não façam parte da sua remuneração habitual (STJ – Info 519)

46) Admite-se habeas corpus preventivo em execução de alimentos, mesmo não havendo decreto prisional, quando evidenciado o risco de constrição à liberdade do paciente. Precedentes. (STJ: RHC 34014/SP);

47) O habeas corpus não é a via adequada para o exame aprofundado de provas, a fim de averiguar a condição econômica do devedor, a necessidade do credor dos alimentos e o eventual excesso do valor dos alimentos. Precedentes. (STJ: RHC 33720/SP);

48) A jurisprudência do STJ considera viável a homologação de sentença estrangeira que fixa dever de prestar alimentos, obrigação que pode ser alterada pela via revisional (STJ: SEC 5822/EX);

49) O descumprimento de acordo firmado entre o alimentante e os alimentados, nos autos da ação de alimentos, pode ensejar o decreto de prisão civil do devedor, porquanto a dívida pactuada constitui débito em atraso, e não dívida pretérita. (STJ: RHC 34986/SP);

50) Sem embargo da vedação constitucional à imposição de prisão em decorrência de débito de natureza civil, a coação física à liberdade do devedor recalcitrante de alimentos é medida excepcionalmente admitida pela Carta Política (art. 5º, LXVII, da CF/88), somente se justificando, contudo, quando presentes os requisitos legais, dentre os quais, a observância estrita ao disposto no art. 733 do CPC (NCPC, arts. 528 e ss) e na Súmula nº 309/STJ. (STJ: HC 247502 /GO);

51) A prisão civil não deve ser tida como meio de coação para o adimplemento de parcelas atrasadas de obrigação alimentícia - acumuladas por inércia da credora - já que, com o tempo, a quantia devida perde o cunho alimentar e passa a ter caráter de ressarcimento de despesas realizadas. Com esse fundamento, a Turma deferiu habeas corpus ¾¾ sem prejuízo de nova decretação da prisão civil, se ocorrido o inadimplemento de parcelas mensais mais modernas ¾¾ contra decisão do TJMG. HC 75.180-MG, rel. Min. Moreira Alves, 10.6.97. (STF - Info 75);

52) A obrigação dos avós em relação aos netos é subsidiária e complementar, ou seja, primeiramente respondem os pais e, se eles se virem impossibilitados de prestá-la, total ou parcialmente, somente aí pode ser intentada a ação contra os progenitores (STJ - Info 459);

53) A obrigação subsidiária - em caso de inadimplemento da principal - deve ser diluída entre os avós paternos e maternos, na medida de seus recursos, diante de sua divisibilidade e possibilidade de fracionamento. (STJ - Info 264).

54) A interpretação das normas relativas à competência, quando o assunto é alimentos, deve, sempre, ser a mais favorável aos alimentandos, sobretudo em se tratando de menores, por incidência, também, do princípio do melhor interesse e da proteção integral à criança e ao adolescente (art. 3º da Convenção sobre os Direitos da Criança e art. 1º do ECA (STJ - Info 531)

55) Não cabe prisão civil do inventariante em razão do descumprimento do dever do espólio de prestar alimentos (STJ - Info 531)

56) Alimentos na hipótese de formação de vínculo socioafetivo são devidos. A esposa infiel não tem o dever de restituir ao marido traído os alimentos pagos por ele em favor de filho criado com estreitos laços de afeto pelo casal, ainda que a adúltera tenha ocultado do marido o fato de que a referida criança seria filha biológica sua e de seu "cúmplice". (STJ - Info 524)

57) O reconhecimento judicial da exoneração do pagamento de pensão alimentícia não alcança as parcelas vencidas e não pagas de dívida alimentar anteriormente reconhecida e cobrada judicialmente (STJ - Info 518)

58) Os pais não têm obrigação de fornecer alimentos à filha maior de 25 anos e com curso superior completo, se inexistirem elementos que indiquem quaisquer problemas quanto à sua saúde física ou mental (STJ - Info 518)

59) Não cabe a prisão civil para o devedor de alimentos no caso de dívida pretérita (STJ - Resp 189671 /GO)

60) O deferimento de alimentos gravídicos à gestante pressupõe a demonstração de indícios da paternidade atribuída ao agravado, não bastando a mera imputação da paternidade (Lei 11.848 /08) - TJ/RS

61) Alimentos compensatórios, cuja instituição é regulada em outros países e assegura alimentos para aquele cônjuge que trabalhe ou não, mas cujo padrão de vida pode sofrer brusca queda na comparação com o estilo de vida proporcionado durante o casamento pela maior remuneração do outro cônjuge.

62) Apesar de não constar expressamente em lei, está pacificado pela jurisprudência que os alimentos entre adultos (ex-cônjuges e ex-conviventes) são renunciáveis. Não há direito à pensão alimentícia por parte de quem expressamente renunciou a ela em acordo de separação caracterizado pelo equilíbrio e pela razoabilidade da divisão patrimonial (STJ, REsp 1.143.762).

63) A "obrigação de prestar alimentos transmite-se aos herdeiros do devedor". Ocorre que, de acordo com a jurisprudência do STJ e com a doutrina majoritária, esses dispositivos só podem ser invocados se a obrigação alimentar **já fora estabelecida anteriormente ao falecimento do autor da herança** por acordo ou sentença judicial. Isso porque esses dispositivos não se referem à transmissibilidade em abstrato do dever jurídico de prestar alimentos, mas apenas à transmissão (para os herdeiros do devedor) de obrigação alimentar já assumida pelo genitor por acordo ou decisão judicial antes da sua morte. (STJ - Info 534)

64) *Retroatividade da sentença de exoneração de alimentos:* eram duas as correntes sobre o tema, mas o STJ, no julgamento dos EREsp 1.181.119/RJ, pacificou o entendimento segundo o qual os alimentos definitivos fixados na sentença prolatada em revisional de alimentos, independentemente de se tratar de aumento, redução ou exoneração, retroagem à data da citação, nos termos do art. 13, § 2º, da Lei 5.478/68, com a ressalva de que os valores já pagos são irrepetíveis e não podem ser objeto de compensação com prestações vincendas. (STJ: REsp 1412781/SP)

65) *Irrenunciabilidade dos alimentos durante a união estável:* tendo os conviventes estabelecido, no início da união estável, por escritura pública, a dispensa à assistência material mútua, a superveniência de moléstia grave na constância do relacionamento, reduzindo a capacidade laboral e comprometendo, ainda que temporariamente, a situação financeira de um deles, autoriza a fixação de alimentos após a dissolução da união. De início, cabe registrar que a presente situação é distinta daquelas tratadas em precedentes do STJ, nos quais a renúncia aos alimentos se deu ao término da relação conjugal. Naqueles casos, o entendimento aplicado foi no sentido de que, "após a homologação do divórcio, não pode o ex-cônjuge pleitear alimentos se deles desistiu expressamente por ocasião do acordo de separação consensual" (AgRg no Ag 1.044.922-SP, Quarta Turma, DJe 2/8/2010). No presente julgado, a hipótese é de prévia dispensa dos alimentos, firmada durante a união estável, ou seja, quando ainda existentes os laços conjugais que, por expressa previsão legal, impõem aos companheiros, reciprocamente, o dever de assistência (STJ - Info 553).

66) **13º Salário:** desde que não haja disposição transacional ou judicial em sentido contrário, o décimo terceiro salário não compõe a base de cálculo da pensão alimentícia quando esta é estabelecida em valor fixo (STJ - Info 553).

67) **Participação nos lucros e resultados como base de cálculo de pensão alimentícia**: Desde que não haja disposição transacional ou judicial em sentido contrário, as parcelas percebidas a título de participação nos lucros e resultados integram a base de cálculo da pensão alimentícia quando esta é fixada em percentual sobre os rendimentos (STJ - Info 553).

68) **Aviso prévio como base de cálculo de pensão alimentícia**: Desde que não haja disposição transacional ou judicial em sentido contrário, o aviso prévio não integra a base de cálculo da pensão alimentícia (STJ - Info 553).

69) A **constituição de nova família** pelo devedor de alimentos não acarreta, por si só, revisão da quantia estabelecida a título de alimentos em favor dos filhos advindos de anterior unidade familiar formada pelo alimentante, sobretudo se não houver prova da diminuição da capacidade financeira do devedor em decorrência da formação do novo núcleo familiar (STJ - Info 557).

70) Em regra, a **pensão alimentícia devida a ex-cônjuge deve ser fixada por tempo determinado**, sendo cabível o pensionamento alimentar sem marco final tão somente quando o alimentado (ex-cônjuge) se encontrar em circunstâncias excepcionais, como de incapacidade laboral permanente, saúde fragilizada ou impossibilidade prática de inserção no mercado de trabalho (STJ - Info 557).

71) Extingue-se, com o óbito do alimentante, a obrigação de prestar alimentos a sua excompanheira decorrente de acordo celebrado em razão do encerramento da união estável, transmitindo-se ao espólio apenas a responsabilidade pelo pagamento dos débitos alimentares que porventura não tenham sido quitados pelo devedor em vida (art. 1.700 do CC) (STJ - Info 555)

72) É juridicamente possível o pedido de alimentos decorrente do rompimento de união estável homoafetiva (STJ - 558)

73) Não supre a falta de citação em ação revisional de alimentos o comparecimento do réu para contraminutar agravo de instrumento contra decisão denegatória de tutela antecipada, sem que haja qualquer pronunciamento na ação principal por parte do demandado (STJ - Info 573).

74) A autora pode optar entre o foro de seu domicílio e o foro de domicílio do réu para propor ação de reconhecimento e dissolução de união estável cumulada com pedido de alimentos, quando o litígio não envolver interesse de incapaz (STJ - Info 568)

75) Em execução de alimentos pelo rito do art. 528 do NCPC, o acolhimento da justificativa da impossibilidade de efetuar o pagamento das prestações alimentícias executadas desautoriza a decretação da prisão do devedor, mas não acarreta a extinção da execução (STJ - Info 573)

76) Em sede de ação revisional de alimentos, é possível a modificação da forma da prestação alimentar (em espécie ou in natura), desde que demonstrada a razão pela qual a modalidade anterior não mais atende à finalidade da obrigação, ainda que não haja alteração na condição financeira das partes nem pretensão de modificação do valor da pensão (STJ - Info 567)

77) Mesmo que uma pessoa esteja registrada pelo pai de criação não impede o reconhecimento da paternidade biológica e a garantia de seus respectivos direitos, inclusive o de pedir alimentos e o direito à herança, em face de uma "dupla parentalidade". A paternidade socioafetiva, declarada ou não no registro público, não impede o reconhecimento do vínculo de filiação concomitante baseado na origem biológica (STF, RE 898060).

- **NOVO CPC:** em relação aos alimentos familiares – *os alimentos reparatórios ou indenizatórios por atos ilícitos são versados no art. 533 e ss* – o Novo Código de Processo Civil consolidou entendimentos já cristalizados na jurisprudência, e trouxe novidades. As ações de alimentos de crianças e adolescentes continuam a ser regidas pela Lei 5.478/68, aplicando-se o NCPC, referente ao rito das ações de família, no que couber. Com relação ao pedido de alimentos de maiores, o rito a ser seguido é o do NCPC, das ações de família, arts. 693 e ss. A satisfação forçada dos alimentos constantes de sentença e título extrajudicial seguem ritos diversos. Permite-se a prisão em regime fechado, e o protesto da sentença ou decisão interlocutória. A prisão só é admitida com relação às 3 prestações anteriores ao ajuizamento da execução. E somente a impossibilidade absoluta de pagar justificará o inadimplemento. Vejamos as novidades:

Novo Código de Processo Civil/2015

COMPETÊNCIA

Art. 53. É competente o foro:

...

II – de domicílio ou residência do alimentando, para a ação em que se pedem **alimentos**;

DA FORMA, DO TEMPO E DO LUGAR DOS ATOS PROCESSUAIS

Art. 189. Os atos processuais são públicos, todavia **tramitam em segredo de justiça** os processos:

II – que versem sobre casamento, separação de corpos, divórcio, separação, união estável, filiação, **alimentos** e guarda de crianças e adolescentes;

§ 1º O direito de consultar os autos de processo que tramite em segredo de justiça e de pedir certidões de seus atos é restrito às partes e aos seus procuradores.

§ 2º O terceiro que demonstrar interesse jurídico pode requerer ao juiz certidão do dispositivo da sentença, bem como de inventário e de partilha resultantes de divórcio ou separação.

Art. 215. Processam-se durante as férias forenses, onde as houver, e não se suspendem pela superveniência delas:

...

II – a **ação de alimentos** e os processos de nomeação ou remoção de tutor e curador;

VALOR DA CAUSA

Art. 292. O valor da causa constará da petição inicial ou da reconvenção e será:

...

...

III – na **ação de alimentos** , a soma de 12 (doze) prestações mensais pedidas pelo autor;

Novo Código de Processo Civil/2015

DO CUMPRIMENTO DE SENTENÇA QUE RECONHEÇA A EXIGIBILIDADE DE OBRIGAÇÃO DE PRESTAR ALIMENTOS

Art. 528. No **cumprimento de sentença** que condene ao **pagamento de prestação alimentícia** ou de **decisão interlocutória que fixe alimentos**, o juiz, a requerimento do exequente, mandará intimar o executado pessoalmente para, em 3 (três) dias, pagar o débito, provar que o fez ou justificar a impossibilidade de efetuá-lo.

§ 1º Caso o executado, no prazo referido no caput, não efetue o pagamento, não prove que o efetuou ou não apresente justificativa da impossibilidade de efetuá-lo, o juiz mandará protestar o pronunciamento judicial, aplicando-se, no que couber, o disposto no art. 517.

§ 2º Somente a comprovação de fato que gere a impossibilidade absoluta de pagar justificará o inadimplemento.

§ 3º Se o executado não pagar ou se a justificativa apresentada não for aceita, o juiz, além de mandar protestar o pronunciamento judicial na forma do § 1º, decretar-lhe-á a prisão pelo prazo de 1 (um) a 3 (três) meses.

§ 4º A prisão será cumprida em regime fechado, devendo o preso ficar separado dos presos comuns.

§ 5º O cumprimento da pena não exime o executado do pagamento das prestações vencidas e vincendas.

§ 6º Paga a prestação alimentícia, o juiz suspenderá o cumprimento da ordem de prisão.

§ 7º O débito alimentar que autoriza a prisão civil do alimentante é o que compreende até as 3 (três) prestações anteriores ao ajuizamento da execução e as que se vencerem no curso do processo.

§ 8º O exequente pode optar por promover o cumprimento da sentença ou decisão desde logo, nos termos do disposto neste Livro, Título II, Capítulo III, caso em que não será admissível a prisão do executado, e, recaindo a penhora em dinheiro, a concessão de efeito suspensivo à impugnação não obsta a que o exequente levante mensalmente a importância da prestação.

§ 9º Além das opções previstas no art. 516, parágrafo único, o exequente pode promover o cumprimento da sentença ou decisão que condena ao pagamento de prestação alimentícia no juízo de seu domicílio.

Art. 529. Quando o executado for funcionário público, militar, diretor ou gerente de empresa ou empregado sujeito à legislação do trabalho, o exequente poderá requerer o desconto em folha de pagamento da importância da prestação alimentícia.

§ 1º Ao proferir a decisão, o juiz oficiará à autoridade, à empresa ou ao empregador, determinando, sob pena de crime de desobediência, o desconto a partir da primeira remuneração posterior do executado, a contar do protocolo do ofício.

§ 2º O ofício conterá o nome e o número de inscrição no Cadastro de Pessoas Físicas do exequente e do executado, a importância a ser descontada mensalmente, o tempo de sua duração e a conta na qual deve ser feito o depósito.

Novo Código de Processo Civil/2015

§ 3º Sem prejuízo do pagamento dos alimentos vincendos, o débito objeto de execução pode ser descontado dos rendimentos ou rendas do executado, de forma parcelada, nos termos do caput deste artigo, contanto que, somado à parcela devida, não ultrapasse cinquenta por cento de seus ganhos líquidos.

Art. 530. Não cumprida a obrigação, observar-se-á o disposto nos arts. 831 e seguintes.

Art. 531. O disposto neste Capítulo aplica-se aos alimentos definitivos ou provisórios.

§ 1º A execução dos alimentos provisórios, bem como a dos alimentos fixados em sentença ainda não transitada em julgado, se processa em autos apartados.

§ 2º O cumprimento definitivo da obrigação de prestar alimentos será processado nos mesmos autos em que tenha sido proferida a sentença.

Art. 532. Verificada a conduta procrastinatória do executado, o juiz deverá, se for o caso, dar ciência ao Ministério Público dos indícios da prática do crime de abandono material.

AÇÕES DE FAMÍLIA

Art. 693. As normas deste Capítulo aplicam-se aos processos contenciosos de divórcio, separação, reconhecimento e extinção de união estável, guarda, visitação e filiação.

Parágrafo único. A **ação de alimentos** e a que versar sobre interesse de criança ou de adolescente observarão o procedimento previsto em **legislação específica**, aplicando-se, no que couber, as disposições deste Capítulo.

* **Nota: Lei de Alimentos (Lei 5.478/68).**

EXECUÇÃO DE ALIMENTOS

Art. 911. Na **execução fundada em título executivo extrajudicial** que contenha **obrigação alimentar**, o juiz mandará citar o executado para, em 3 (três) dias, efetuar o pagamento das parcelas anteriores ao início da execução e das que se vencerem no seu curso, provar que o fez ou justificar a impossibilidade de fazê-lo.

Parágrafo único. Aplicam-se, no que couber, os §§ 2º a 7º do art. 528.

Art. 912. Quando o executado for funcionário público, militar, diretor ou gerente de empresa, bem como empregado sujeito à legislação do trabalho, o exequente poderá requerer o desconto em folha de pagamento de pessoal da importância da prestação alimentícia.

§ 1º Ao despachar a inicial, o juiz oficiará à autoridade, à empresa ou ao empregador, determinando, sob pena de crime de desobediência, o desconto a partir da primeira remuneração posterior do executado, a contar do protocolo do ofício.

§ 2º O ofício conterá os nomes e o número de inscrição no Cadastro de Pessoas Físicas do exequente e do executado, a importância a ser descontada mensalmente, a conta na qual deve ser feito o depósito e, se for o caso, o tempo de sua duração.

Art. 913. Não requerida a execução nos termos deste Capítulo, observar-se-á o disposto no art. 824 e seguintes, com a ressalva de que, recaindo a penhora em dinheiro, a concessão de efeito suspensivo aos embargos à execução não obsta a que o exequente levante mensalmente a importância da prestação.

22.5. BEM DE FAMÍLIA

- **noções gerais:** o Código Civil nos arts. 1.711 e ss. prescreve a respeito do bem de família *voluntário*, como forma de proteção contra dívidas do imóvel. O bem de família *involuntário ou legal* é previsto na Lei 8.009/90.
- **características:**

a) o bem de **família convencional, voluntário ou instituído** consiste em um prédio ou parcela de um patrimônio que os cônjuges ou conviventes destinam ao abrigo e domicílio da entidade familiar, com a cláusula de ficar isento da execução por dívidas futuras. Esse instituto visa a assegurar um lar à família, pondo-a o abrigo de penhoras por débitos posteriores à instituição, salvo os que provierem de impostos relativo ao prédio.

b) trata-se de bem inalienável e impenhorável.

c) somente pessoas casadas conviventes ou integrante-chefe da família monoparental poderão constituir bem de família. A sua instituição também poderá competir ao marido ou à mulher, se um deles estiver na chefia exclusiva da família, caso o outro esteja ausente ou interditado, por exemplo.

d) a pessoa solteira, sem prole, mesmo que viva em concubinato, tutor ou curador ou avô não poderão instituir bem de família.

e) de acordo com o STJ, dois irmãos solteiros que residam no mesmo imóvel podem instituir o bem de família, pois o solteiro pode constituir família e os irmãos podem ser tidos como entidade familiar (STJ: REsp 182.223-SP)

f) o terceiro também poderá, em doação ou testamento, instituir o bem de família (CC, art. 1.711, parágrafo único).

g) trata-se de ato solene, pois deverá ser feito por escritura pública ou testamento, dependendo a eficácia do ato da aceitação expressa de ambos os cônjuges beneficiados ou da entidade familiar beneficiada. (CC, art. 1.711). E, ainda, quer instituído pelos cônjuges ou por terceiro, constitui-se pelo registro de seu título no Registro de Imóveis (CC, art.1.714)

h) o **bem de família legal ou involuntário** decorre do interesse do Estado em proteger a família, base da sociedade, sendo instituído em nosso ordenamento pela Lei 8.009/90.

i) tem por objeto o imóvel rural ou urbano que seja utilizado como moradia, o qual se torna impenhorável, excetuando-se aquelas situações do art. 3°.

j) segundo a Súmula 205 do STJ: *"A Lei nº 8.009-90 aplica-se à penhora realizada antes de sua vigência"*.

k) pela Súmula 364 do STJ: *"O conceito de impenhorabilidade de bem de família abrange também o imóvel pertencente a pessoas solteiras, separadas e viúvas"*.

l) a Súmula 449 do STJ: *"A vaga de garagem que possui matrícula própria no registro de imóveis não constitui bem de família para efeito de penhora"*.

m) a impenhorabilidade do bem de família é oponível em qualquer processo de execução civil, fiscal, previdenciária, trabalhista ou de outra natureza. A **Lei Complementar 150**, de 01 de julho de 2015, **revogou** o inciso I do art. 3º da Lei 8.009/90, que admitia a penhora em razão dos créditos de trabalhadores da própria residência e das respectivas contribuições previdenciárias. Assim, nem mesmo os créditos de natureza trabalhista afastam a proteção legal. Prevalece, nesse aspecto, a regra do art. 3º, *caput*, da Lei 8.009/90. Outra novidade foi a **nova redação** do inciso III do art. 3º, promovida pela Lei 13.144, de 06 de julho de 2015, que mantem a inoponibilidade do bem de família ao credor de pensão alimentícia, porém, passa a resguardar os direitos, sobre o bem, do seu coproprietário que, com o devedor, integre união estável ou conjugal, observadas as hipóteses em que ambos responderão pela dívida..

n) STJ: o fato de um imóvel ser adquirido com dinheiro ilícito é motivo suficiente para afastar a impenhorabilidade do bem de família, condição que impede a penhora do imóvel, o que muitas vezes pode levá-lo a hasta pública (espécie de venda pública ou leilão, entre outros). O entendimento é da Quarta Turma do Superior Tribunal de Justiça (STJ).

o) a Súmula 549 do STJ: *"É válida a penhora de bem de família pertencente a fiador de contrato de locação."*.

22.6. UNIÃO ESTÁVEL

a) a união estável é prevista no CC/art. Art. 1.723, assim *"reconhecida como entidade familiar a união estável entre o homem e a mulher, configurada na convivência pública, contínua e duradoura e estabelecida com o objetivo de constituição de família"*;

b) vale lembrar que o *STF – Informativo 625 (ADI 4277/DF, rel. Min. Ayres Britto, 4 e 5.5.2011. ADI-4277)* reconheceu a união estável homoafetiva.

c) também do **STF** no verbete da **Súmula 382**, dispõe: *"A vida em comum sob o mesmo teto "more uxorio", não é indispensável à caracterização do concubinato"*

d) união estável não se constituirá se ocorrerem os impedimentos do art. 1.521, salvo a igualdade de sexo, e a incidência do inciso VI, caso a pessoa casada se ache separada de fato ou judicialmente

e) as causas suspensivas do art. 1.523 não impedirão a caracterização da união estável

f) as relações pessoais entre os companheiros obedecerão aos deveres de lealdade, respeito e assistência, e de guarda, sustento e educação dos filhos

g) a união estável, salvo contrato escrito entre os companheiros, aplica-se às relações patrimoniais, no que couber, o regime da comunhão parcial de bens

h) a união estável poderá converter-se em casamento, mediante pedido dos companheiros ao juiz e assento no Registro Civil.

i) as relações não eventuais entre o homem e a mulher, impedidos de casar, constituem concubinato impuro. (Ver: CC/art. 1.723 a 1.727).

j) a competência para processar e julgar ação destinada ao reconhecimento de união estável homoafetiva é da vara de família (STJ – Info 519)

k) é possível a alteração de assento registral de nascimento para a inclusão do patronímico do companheiro na constância de uma união estável, em aplicação analógica do art. 1.565, § 1º, do CC, desde que seja feita prova documental da relação por instrumento público e nela haja anuência do companheiro cujo nome será adotado (STJ – Info 506).

- **NOVO CPC:** mudanças foram promovidas no novo diploma para conferir à união estável (ou *companheiro*) a mesma categoria ou posição jurídica do casamento (ou *cônjuge*). É bem clara a intenção do legislador nesse aspecto em diversos dispositivos que colocam lado a lado ambas os institutos. Abaixo trouxemos alguns exemplos, sem esgotar as menções constantes do Novo Código de Processo Civil. Devem ainda ser lidos pelos candidatos, pela importância da metéria, os arts: 447, § 2º, I; 448, I; 600, parágrafo único; 616, I e IX; 617, I e II; 620, II; 626, *caput*, e § 1º; 648, III; 649, *caput*; 653, I, a; 672, II; 674, I; 740, § 6º; 741, § 3º; 743, § 2º; 747, I; 752, § 3º; 790, IV; 876, § 5º e 6º; 892, § 2º e 915, § 1º.

Novo Código de Processo Civil/2015

COMPETÊNCIA

Art. 53. É competente o foro:

I – para a ação de divórcio, separação, anulação de casamento e reconhecimento ou dissolução de união estável:

CAPACIDADE PROCESSUAL

Art. 73. O cônjuge necessitará do consentimento do outro para propor ação que verse sobre direito real imobiliário, salvo quando casados sob o regime de separação absoluta de bens.

§ 1º Ambos os cônjuges serão necessariamente citados para a ação:

I – que verse sobre direito real imobiliário, salvo quando casados sob o regime de separação absoluta de bens;

II – resultante de fato que diga respeito a ambos os cônjuges ou de ato praticado por eles;

III – fundada em dívida contraída por um dos cônjuges a bem da família;

IV – que tenha por objeto o reconhecimento, a constituição ou a extinção de ônus sobre imóvel de um ou de ambos os cônjuges.

§ 2º Nas ações possessórias, a participação do cônjuge do autor ou do réu somente é indispensável nas hipóteses de composse ou de ato por ambos praticado. **§ 3º Aplica-se o disposto neste artigo à união estável comprovada nos autos.**

Novo Código de Processo Civil/2015

IMPEDIMENTOS E SUSPEIÇÃO

Art. 144. Há impedimento do juiz, sendo-lhe vedado exercer suas funções no processo:

...

...

III – quando nele estiver postulando, como defensor público, advogado ou membro do Ministério Público, seu cônjuge ou **companheiro**, ou qualquer parente, consanguíneo ou afim, em linha reta ou colateral, até o terceiro grau, inclusive;

IV – quando for parte no processo ele próprio, seu cônjuge ou **companheiro**, ou parente, consanguíneo ou afim, em linha reta ou colateral, até o terceiro grau, inclusive;

VIII – em que figure como parte cliente do escritório de advocacia de seu cônjuge, **companheiro** ou parente, consanguíneo ou afim, em linha reta ou colateral, até o terceiro grau, inclusive, mesmo que patrocinado por advogado de outro escritório;

Art. 145. Há suspeição do juiz:

III – quando qualquer das partes for sua credora ou devedora, de seu cônjuge ou companheiro ou de parentes destes, em linha reta até o terceiro grau, inclusive;

DA FORMA, DO TEMPO E DO LUGAR DOS ATOS PROCESSUAIS

Art. 189. Os atos processuais são públicos, todavia **tramitam em segredo de justiça** os processos:

II – que versem sobre casamento, separação de corpos, divórcio, separação, **união estável**, filiação, alimentos e guarda de crianças e adolescentes;

§ 1º O direito de consultar os autos de processo que tramite em segredo de justiça e de pedir certidões de seus atos é restrito às partes e aos seus procuradores.

§ 2º O terceiro que demonstrar interesse jurídico pode requerer ao juiz certidão do dispositivo da sentença, bem como de inventário e de partilha resultantes de divórcio ou separação.

CITAÇÃO

Art. 244. Não se fará a citação, salvo para evitar o perecimento do direito:

...

II – de cônjuge, de **companheiro** ou de qualquer parente do morto, consanguíneo ou afim, em linha reta ou na linha colateral em segundo grau, no dia do falecimento e nos 7 (sete) dias seguintes;

PETIÇÃO INICIAL

Art. 319. A petição inicial indicará:

...

II – os nomes, os prenomes, o estado civil, **a existência de união estável**, a profissão, o número de inscrição no Cadastro de Pessoas Físicas ou no Cadastro Nacional da Pessoa Jurídica, o endereço eletrônico, o domicílio e a residência do autor e do réu;

Novo Código de Processo Civil/2015

DEPOIMENTO PESSOAL

Art. 388. A parte não é obrigada a depor sobre fatos:

...

...

III – acerca dos quais não possa responder sem desonra própria, de seu cônjuge, de seu **companheiro** ou de parente em grau sucessível

----

CONFISSÃO

Art. 391. A confissão judicial faz prova contra o confitente, não prejudicando, todavia, os litisconsortes.

Parágrafo único. Nas ações que versarem sobre bens imóveis ou direitos reais sobre imóveis alheios, a confissão de um cônjuge ou **companheiro** não valerá sem a do outro, salvo se o regime de casamento for o de separação absoluta de bens.

DAS AÇÕES DE FAMÍLIA

Art. 693. As normas deste Capítulo aplicam-se aos processos contenciosos de divórcio, separação, reconhecimento e **extinção de união estável**, guarda, visitação e filiação.

Parágrafo único. A ação de alimentos e a que versar sobre interesse de criança ou de adolescente observarão o procedimento previsto em legislação específica, aplicando-se, no que couber, as disposições deste Capítulo.

Art. 694. Nas ações de família, todos os esforços serão empreendidos para a solução consensual da controvérsia, devendo o juiz dispor do auxílio de profissionais de outras áreas de conhecimento para a mediação e conciliação.

Parágrafo único. A requerimento das partes, o juiz pode determinar a suspensão do processo enquanto os litigantes se submetem a mediação extrajudicial ou a atendimento multidisciplinar.

Art. 695. Recebida a petição inicial e, se for o caso, tomadas as providências referentes à tutela provisória, o juiz ordenará a citação do réu para comparecer à audiência de mediação e conciliação, observado o disposto no art. 694.

§ 1º O mandado de citação conterá apenas os dados necessários à audiência e deverá estar desacompanhado de cópia da petição inicial, assegurado ao réu o direito de examinar seu conteúdo a qualquer tempo.

§ 2º A citação ocorrerá com antecedência mínima de 15 (quinze) dias da data designada para a audiência.

§ 3º A citação será feita na pessoa do réu.

§ 4º Na audiência, as partes deverão estar acompanhadas de seus advogados ou de defensores públicos.

Art. 696. A audiência de mediação e conciliação poderá dividir-se em tantas sessões quantas sejam necessárias para viabilizar a solução consensual, sem prejuízo de providências jurisdicionais para evitar o perecimento do direito.

Art. 697. Não realizado o acordo, passarão a incidir, a partir de então, as normas do procedimento comum, observado o art. 335.

Art. 698. Nas ações de família, o Ministério Público somente intervirá quando houver interesse de incapaz e deverá ser ouvido previamente à homologação de acordo.

Novo Código de Processo Civil/2015

Art. 699. Quando o processo envolver discussão sobre fato relacionado a abuso ou a alienação parental, o juiz, ao tomar o depoimento do incapaz, deverá estar acompanhado por especialista.

§ 1º Ao despachar a inicial, o juiz oficiará à autoridade, à empresa ou ao empregador, determinando, sob pena de crime de desobediência, o desconto a partir da primeira remuneração posterior do executado, a contar do protocolo do ofício.

§ 2º O ofício conterá os nomes e o número de inscrição no Cadastro de Pessoas Físicas do exequente e do executado, a importância a ser descontada mensalmente, a conta na qual deve ser feito o depósito e, se for o caso, o tempo de sua duração.

EXTINÇÃO CONSENSUAL DE UNIÃO ESTÁVEL

Art. 731. A homologação do divórcio ou da separação consensuais, observados os requisitos legais, poderá ser requerida em petição assinada por ambos os cônjuges, da qual constarão:

I - as disposições relativas à descrição e à partilha dos bens comuns;

II - as disposições relativas à pensão alimentícia entre os cônjuges;

III - o acordo relativo à guarda dos filhos incapazes e ao regime de visitas; e

IV - o valor da contribuição para criar e educar os filhos.

Parágrafo único. Se os cônjuges não acordarem sobre a partilha dos bens, far-se-á esta depois de homolo gado o divórcio, na forma estabelecida nos arts. 647 a 658.

Art. 732. As disposições relativas ao processo de homologação judicial de divórcio ou de separação consensuais aplicam-se, no que couber, ao processo de homologação da extinção consensual de união estável.

Art. 733. O divórcio consensual, a separação consensual e a **extinção consensual de união estável**, não havendo nascituro ou filhos incapazes e observados os requisitos legais, poderão ser realizados por escritura pública, da qual constarão as disposições de que trata o art. 731.

§ 1º A escritura não depende de homologação judicial e constitui título hábil para qualquer ato de registro, bem como para levantamento de importância depositada em instituições financeiras.

§ 2º O tabelião somente lavrará a escritura se os interessados estiverem assistidos por advogado ou por defensor público, cuja qualificação e assinatura constarão do ato notarial.

22.7. TUTELA. CURATELA

- **noções gerais sobre a tutela:** é o conjunto de direitos e obrigações conferidos pela lei a um terceiro, para que proteja um menor nao emancipado, que não estiver sob poder familiar, administrando seus bens, representando-o e assistindo-o nos atos na vida civil. É um *"munus"* público (Maria Helena Diniz). **Espécies:**

a) tutela testamentária

b) tutela legitima

c) tutela dativa

- **noções gerais sobre a curatela:** é o encargo público cometido, por lei, a alguém para reger e defender uma pessoa e administrar os bens de maiores incapazes, que, por si sós, não estão em condições de fazê-lo, em razão de enfermidade ou deficiência mental (Maria Helena Diniz). **Espécies:**

a) curatela legítima

b) curatela dativa

* **ATENÇÃO:** naquilo que não for incompatível, aplicam-se as disposições da tutela a curatela (CC, art. 1.781).

- **atuação subsidiária do Ministério Público na ação de interdição (NCPC e Estatuto do Deficiente):** O MP possui legitimação subsidiária para promover a interdição desde o CC/1916, conforme os arts. 448 e 449. Naquele diploma, falava-se que o *parquet* só promoveria a interdição em caso de "loucura furiosa", entre outros requisitos. Com o CC/2002, o Ministério Público permanece legitimado a manejar a ação, estabeleciam os arts. 1.768, III, 1.769 e 1.770. O Estatuto do Deficiente, vigente por pouco mais de dois meses, de janeiro a março, conferiu nova redação aos dispositivos originais do CC/2002, alterando, por exemplo, o inciso I do art. 1.769, que na redação original afirmava que o MP promoveria a interdição "em caso de doença mental grave", e com a nova, "nos casos de deficiência mental ou intelectual". Com o CPC/2015, todos os dispositivos do CC/2002 que dispunham sobre a promoção da interdição pelo Ministério Público foram revogados, arts. 1.769 e 1.770. Desse modo, a partir de então, as normas que regem a atuação subsidiária do MP são as previstas nos arts. 747 e 748 do novel diploma. Assim, o Ministério Público só promoverá interdição em caso de:

a) doença **mental grave**:

b) se **não existirem** ou **não promoverem** a interdição: (i) o *cônjuge ou companheiro*; (ii) os *parentes ou tutores;* (iii) o *representante da entidade em que se encontra abrigado o interditando*;

c) se, **existindo**, forem **incapazes:**(i) o *cônjuge ou companheiro*; (ii) os *parentes ou tutores.*

* **ATENÇÃO:** também prevê o NCPC/2015 a atuação do Ministério Público como fiscal da ordem jurídica (art. 752, § 1º).

- **como será a curatela com o CPC/2015 e o Novo Estatuto do Deficiente**: o Código Civil sofreu inovações em decorrência do NCPC/2015 e do Estatuto do Deficiente. Inicialmente, cumpre observar que o Estatuto do Deficiente (L. 13.146/2015) alterou muitos aspetos da curatela, previstos no Cód. Civil, mas cuja vigência expirou-se com a entrada em vigor do NCPC/2015, no dia 18.03.2016. Vamos ao que mudou e o que ficou, artigo por artigo.

a) Sem alterações (Redação original do CC):

1. Art. 1.767, V, do CC: Estão sujeitos à curatela, (V) os pródigos
2. Art. 1.774. Aplicam-se à curatela as disposições concernentes à tutela, com as modificações dos artigos seguintes.
3. Art. 1.775. O cônjuge ou companheiro, não separado judicialmente ou de fato, é, de direito, curador do outro, quando interdito. § 1º Na falta do cônjuge ou companheiro, é curador legítimo o pai ou a mãe; na falta destes, o descendente que se demonstrar mais apto. § 2º Entre os descendentes, os mais próximos precedem aos mais remotos. § 3º Na falta das pessoas mencionadas neste artigo, compete ao juiz a escolha do curador.
4. Art. 1.778. A autoridade do curador estende-se à pessoa e aos bens dos filhos do curatelado, observado o art. 5º.
5. Art. 1.779. Dar-se-á curador ao nascituro, se o pai falecer estando grávida a mulher, e não tendo o poder familiar.Parágrafo único. Se a mulher estiver interdita, seu curador será o do nascituro.
6. Art. 1.781. As regras a respeito do exercício da tutela aplicam-se ao da curatela, com a restrição do art. 1.772 e as desta Seção.
7. Art. 1.782. A interdição do pródigo só o privará de, sem curador, emprestar, transigir, dar quitação, alienar, hipotecar, demandar ou ser demandado, e praticar, em geral, os atos que não sejam de mera administração.
8. Art. 1.783. Quando o curador for o cônjuge e o regime de bens do casamento for de comunhão universal, não será obrigado à prestação de contas, salvo determinação judicial.

b) Alterados e vigentes pelo Estatuto do Deficiente:

1. Art. 1.767, I e III. Estão sujeitos à curatela: (I) aqueles que, por causa transitória ou permanente, não puderem exprimir sua vontade; (III) os ébrios habituais e os viciados em tóxico.
2. Art. 1.775-A. Na nomeação de curador para a pessoa com deficiência, o juiz poderá estabelecer curatela compartilhada a mais de uma pessoa.
3. Art. 1.777. As pessoas referidas no inciso I do art. 1.767 receberão todo o apoio necessário para ter preservado o direito à convivência familiar e comunitária, sendo evitado o seu recolhimento em estabelecimento que os afaste desse convívio.

c) Revogados ou alterados pelo Estatuto do Deficiente e revogados pelo NOVO CPC:

1. Arts. 1.768 a 1.773 do Código Civil foram revogados pelo art.1.072 do NCPC; porém,a Lei 13.146/2015 (Estatuto do Deficiente)havia alterado os arts. 1.768, IV, 1.769, I e III, 1.771 e 1.772.
2. Art. 1.768, IV, permitia a iniciativa do processo que definiria os termos da curatela "pela própria pessoa", o que não foi mantido no NOVO CPC, como veremos abaixo.
3. Art. 1.769, I e III, diz que: O Ministério Público somente promoverá o processo que define os termos da curatela: (I) nos casos de deficiência mental ou intelectual; (III) se, existindo, forem menores ou incapazes as pessoas mencionadas no inciso II.
4. Art. 1.771. Antes de se pronunciar acerca dos termos da curatela, o juiz, que deverá ser assistido por equipe multidisciplinar, entrevistará pessoalmente o interditando.
5. Art. 1.772. O juiz determinará, segundo as potencialidades da pessoa, os limites da curatela, circunscritos às restrições constantes do art. 1.782, e indicará curador.
6. Art. 1.776 do CC foi revogado pela L. 13.146/2015, e seu conteúdo incluído no art. 1.777, que recebeu nova redação, e originalmente dispunha sobre a obrigação do curador promover a recuperação do interdito.
7. Art. 1.780 do CC foi revogado pela L. 13.146/2015, e se referia à curadoria do enfermo ou portador de deficiência. Tratava-se tratavam-se de curatelas especiais, que poderiam ser solicitadas pelos próprios interessados. Os requerentes, nestes casos, possuíam plena capacidade, mas, por causas transitórias (enfermo) ou físicas (deficiente), estariam impossibilitados de praticar determinados atos. Tratava-se de transferência de poderes, pelos quais o curador poderia cuidar de todos ou alguns de seus negócios ou bens. A doutrina conferia o nome de curatela-mandato (Maria Helena Diniz), curatela administrativa especial (Rodrigo Cunha Pereira) ou caso singular e especial de curatela sem interdição (Zeno Veloso). Aquele que transferiu os poderes poderia levantar a curatela a qualquer momento, caso preferisse transferir o encargo a outro, por exemplo. A Lei 13.146, de 2015, incluiu o art. 1.783-A ao Cód. Civil, para dispor sobre o processo de "tomada de decisão apoiada", que pode ser pedido unicamente pela pessoa deficiente a ser apoiada (CC, art. 1.783-A, caput, e §2º), não se estabelecendo a mesma previsão legal para o "enfermo".

d) Revogados pelo NOVO CPC:

1. Vimos acima que os arts. 1.768 a 1.773 do Cód. Civil foram revogados pelo NOVO CPC.
2. Assim, a interdição ou curatela do interdito deve preceder de processo judicial, respeitando-se as disposições dos arts. 747 a 763 do NOVO CPC, conforme tabela abaixo.

- **NOVO CPC e o Novo Estatuto do Deficiente:** as mudanças promovidas pelo Estatuto do Deficiente tiveram origem a Convenção de Nova York sobre os Direitos das Pessoas com Deficiência, ingressando no plano jurídico interno como norma constitucional, na forma do art. 5º, § 3º, da CF/88. O Novo Estatuto contém em seu bojo direitos fundamentais, assim. Em linhas gerais, a definição de "curatela" de pessoa com deficiência constitui medida protetiva extraordinária, proporcional às necessidades e às circunstâncias de cada caso, e durará o menor tempo possível (art. 84, § 3º do Estatuto). Parece-nos que o *critério objetivo* que conduz à curatela remete "aqueles que, por causa transitória ou permanente, não puderem exprimir sua vontade", ou seja, a condição de relativamente incapaz prevista no art. 4º, III, do CC. De todo modo, pode-se considerar situações de "vulnerabilidade", aptas à submissão do processo de tomada de decisão apoiada (CC, art. 1.783 -A). O que pretende o Estatuto, assim, é assegurar e promover, em condições de igualdade, o exercício dos direitos e das liberdades fundamentais por pessoa com deficiência, visando à sua inclusão social e cidadania. Dentro dessa perspectiva, o NOVO CPC deve ser interpretado de maneira sistemática com o Código Civil e o Estatuto do Deficiente, especialmente porque as normas definidoras dos direitos e garantias fundamentais têm aplicação imediata e hierarquia maior. Portanto, embora o NCPC fale sobre o procedimento da interdição, pelo Novo Estatuto, tem-se apenas a curatela de quem não pode expressar sua vontade nos atos "patrimoniais e negociais". Portanto, com a vigência do Estatuto teremos a nova categoria de pessoas capazes sob curatela, para certos atos (art. 85, § 1º, do Estatuto). Assim, pelo novel Estatuto, a "regra" será a plena capacidade das pessoas, não importando para essa condição de estado se possuem alguma deficiência, física ou intelectual. O Estatuto, assim, inova nesta matéria, permitindo, por força do artigo 84, § 1º, a interdição de pessoa capaz: "quando necessário, a pessoa com deficiência será submetida à curatela, conforme a lei".Portanto, a curatela de pessoa capaz é algo inusitado no Direito Civil brasileiro. A diretriz do Estatuto é clara, mesmo com a curatela, não temos uma pessoa incapaz, em algumas situações (art. 85, § 1º, do Estatuto).Tanto é assim que deixam de existir pessoas incapazes em decorrência da deficiência, simplesmente, como constava da redação original dos arts. 3º e 4º do CC.Como afirma Pablo Stolze, "temos, portanto, um novo sistema que, vale salientar, fará com que se configure como "imprecisão técnica" considerar-se a pessoa com deficiência incapaz. Ela é dotada de capacidade legal, ainda que se valha de institutos assistenciais para a condução da sua própria vida". No sistema anterior ao Estatuto do Deficiente, o **curador** representava os absolutamente incapazes e assistia os relativamente incapazes. Com a vigência do Estatuto, a única hipótese de absolutamente incapaz é o menor de 16 anos, e para estes os pais exercem o poder familiar. Segundo o art. 85, *caput*, do Estatuto,"A curatela afetará tão somente os atos relacionados aos direitos de natureza patrimonial e negocial". Pelo art. 85, § 1º,"A definição da curatela não alcança o direito ao próprio corpo, à sexualidade, ao matrimônio, à privacidade, à educação, à saúde, ao trabalho e ao voto".De acordo com o art. 85, § 2º,"A curatela constitui medida extraordinária, devendo constar da sentença as razões e motivações de sua definição, preservados os interesses do curatelado". A leitura do texto sugere que caberá ao juiz definir se o curador do deficiente, que prossegue sendo capaz, deverá representa-lo ou assisti-lo. Não se impede, todavia, que o deficiente seja declarado incapaz, quando, "por causa transitória ou permanente, não puder exprimir sua vontade". Nesta situação, descrita no art. 4º, III, do CC, com redação dada pela Lei 13.146/2015, a incapacidade será relativa, e somente alcançara os atos **patrimoniais e negociais**, única limitação admitida para a curatela no artigo 85 do Estatuto do Deficiente. Para José Fernando Simão, "O contrato assinado exclusivamente por deficiente capaz, mas sob curatela, será nulo se o juiz fixar em sentença que a o curador o representa (aplicação do art. 166, I do CC por analogia) ou anulável se fixar que o assiste (aplicação do art. 171, I do CC por analogia)". E ainda, "A quitação dada pelo credor deficiente capaz sob curatela será ineficaz e não liberará o devedor (aplicação do artigo 310 do CC por analogia)". Contudo, pondera: "Aplicação analógica de regras que cuidam da invalidade é solução atécnica e contrária ao Direito. Se a regra é a validade dos negócios jurídicos, as invalidades são excepcionais não se admitindo analogia. Entretanto, não vejo outra solução em razão do problema jurídico criado pelo próprio Estatuto. Se não fosse esta a solução, a consequência seria a seguinte: o deficiente capaz sob curatela pode praticar validamente todo e qualquer ato da vida civil e a curatela, portanto, seria completamente inútil" (http://www.conjur.com.br/2015-ago-07/jose-simao-estatuto-pessoa-deficiencia-traz-mudancas). Também entende o autor que, "Se a pessoa, por causa transitória ou permanente, não puder exprimir sua vontade, a sentença deve declará-la relativamente incapaz, tendo o curador a mera função de assistente?A resposta é negativa. Contrariando o texto expresso do Código Civil, deve o juiz declarar a incapacidade absoluta para permitir a representação. A solução da assistência é inútil e não atende ao interesse do incapaz que estará impedido de praticar qualquer ato da vida civil"(http://www.conjur.com.br/2015-ago-07/jose-simao-estatuto-pessoa-deficiencia-traz-mudancas). Em sentido contrário, Atalá Correia entende que "caso o quadro legislativo não se altere, será razoável tolerar uma hibridização de institutos, para que se admita a existência de incapacidade relativa na qual o curador representa o incapaz, e não o assiste. Entendida a questão de maneira literal, a interdição de pessoas teria pouco significado prático" (http://www.conjur.com.br/2015-ago-07/jose-simao-estatuto-pessoa-deficiencia-traz-mudancas).

- **curatela do nascituro:** dar-se-á curador ao nascituro, se o pai falecer estando grávida a mulher e não tendo o poder familiar. Se a mulher estiver interdita, seu curador será o do nascituro.
- **como será com o NOVO CPC e o Novo Estatuto do Deficiente:** o Código Civil passou por profundas mudanças em decorrência do NCPC e do Estatuto do Deficiente. A partir do momento em que passar a vigorar o novel Estatuto, a "regra" será a plena

capacidade das pessoas, não importando para essa condição de estado se possuem alguma deficiência, física ou intelectual. Tanto é assim que deixam de existir pessoas incapazes em decorrência da deficiência, como constava da redação original dos arts. 3º e 4º do CC. Conforme tivemos oportunidade de ver, a Convenção de Nova York sobre os Direitos das Pessoas com Deficiência ingressou no plano jurídico interno como norma constitucional, na forma do art. 5º, § 3º, da CF/88, de maneira que o novo diploma sob o número 13.146/2015 contém em seu bojo direitos fundamentais. Qualquer pessoa também pode se sujeitar a "curatela", caso não possa exprimir sua vontade, critério objetivo que coloca qualquer um na condição de relativamente incapaz. De igual modo, todos podem ser considerados vulneráveis, e ser submetido a processo de tomada de decisão apoiada. O que pretende o Estatuto, assim, é assegurar e a promover, em condições de igualdade, o exercício dos direitos e das liberdades fundamentais por pessoa com deficiência, visando à sua inclusão social e cidadania. Dentro dessa perspectiva, o Novo Código de Processo Civil deve ser interpretado de maneira sistemática com o Código Civil e suas alterações processadas pelo *Estatuto do Deficiente*, especialmente porque as normas definidoras dos direitos e garantias fundamentais têm aplicação imediata, e hierarquia maior. Portanto, embora o NCPC fale sobre o *procedimento da interdição*, pelo Novo Estatuto – que é lei posterior – tem-se apenas a *curatela* de quem não pode expressar sua vontade, além de outras adaptações que se fizerem necessárias.

Redação original do Código Civil de 2002	Redação do Código Civil com as alterações do Estatuto do Deficiente e do Código de Processo Civil	Novo Código de Processo Civil
Art. 1.767. Estão sujeitos a curatela: I – aqueles que, por enfermidade ou deficiência mental, não tiverem o necessário discernimento para os atos da vida civil; II – aqueles que, por outra causa duradoura, não puderem exprimir a sua vontade; III – os deficientes mentais, os ébrios habituais e os viciados em tóxicos;	Art. 1.767. Estão sujeitos a curatela: I – aqueles que, por causa transitória ou permanente, não puderem exprimir sua vontade; II – **(Revogado)**; III – os ébrios habituais e os viciados em tóxico; IV – **(Revogado)**; V – os pródigos. Art. 1.768. O processo que define os termos da curatela deve ser promovido	"Art. 747. A interdição pode ser promovida: I – pelo cônjuge ou companheiro; II – pelos parentes ou tutores; III – pelo representante da entidade em que se encontra abrigado o interditando; IV – pelo Ministério Público. Parágrafo único. A legitimidade deverá ser comprovada por documentação que acompanhe a petição inicial.
IV – os excepcionais sem completo desenvolvimento mental; V – os pródigos. Art. 1.768. A interdição deve ser promovida: I – pelos pais ou tutores; II – pelo cônjuge, ou por qualquer parente; III – pelo Ministério Público. Art. 1.769. O Ministério Público só promoverá interdição: I – em caso de doença mental grave; II – se não existir ou não promover a interdição alguma das pessoas designadas nos incisos I e II do artigo antecedente; III – se, existindo, forem incapazes as pessoas mencionadas no inciso antecedente. Art. 1.770. Nos casos em que a interdição for promovida pelo Ministério Público, o juiz nomeará defensor ao suposto incapaz; nos demais casos o Ministério Público será o defensor Art. 1.771. Antes de pronunciar-se acerca da interdição, o juiz, assistido por especialistas, examinará pessoalmente o argüido de incapacidade	I – pelos pais ou tutores; II – pelo cônjuge, ou por qualquer parente; III – pelo Ministério Público. IV – pela própria pessoa Art. 1.769. O Ministério Público somente promoverá o processo que define os termos da curatela I – nos casos de deficiência mental ou intelectual II – se não existir ou não promover a interdição alguma das pessoas designadas nos incisos I e II do artigo antecedente; III – se, existindo, forem menores ou incapazes as pessoas mencionadas no inciso II. Art. 1.770. Nos casos em que a interdição for promovida pelo Ministério Público, o juiz nomeará defensor ao suposto incapaz; nos demais casos o Ministério Público será o defensor. Art. 1.771. Antes de se pronunciar acerca dos termos da curatela, o juiz, que deverá ser assistido por equipe multidisciplinar, entrevistará pessoalmente o interditando. Art. 1.772. O juiz determinará, segundo as potencialidades da pes-	Art. 748. O Ministério Público só promoverá interdição em caso de doença mental grave: I – se as pessoas designadas nos incisos I, II e III do art. 747 não existirem ou não promoverem a interdição; II – se, existindo, forem incapazes as pessoas mencionadas nos incisos I e II do art. 747. Art. 749. Incumbe ao autor, na petição inicial, especificar os fatos que demonstram a incapacidade do interditando para administrar seus bens e, se for o caso, para praticar atos da vida civil, bem como o momento em que a incapacidade se revelou. Parágrafo único. Justificada a urgência, o juiz pode nomear curador provisório ao interditando para a prática de determinados atos. Art. 750. O requerente deverá juntar laudo médico para fazer prova de suas alegações ou informar a impossibilidade de fazê-lo. Art. 751. O interditando será citado para, em dia designado, comparecer perante o juiz, que o entrevistará minuciosamente acerca de sua vida negócios,, bens,

Redação original do Código Civil de 2002	Redação do Código Civil com as alterações do Estatuto do Deficiente e do Código de Processo Civil	Novo Código de Processo Civil
Art. 1.772. Pronunciada a interdição das pessoas a que se referem os incisos III e IV do art. 1.767, o juiz assinará, segundo o estado ou o desenvolvimento mental do interdito, os limites da curatela, que poderão circunscrever-se às restrições constantes do art. 1.782 Art. 1.773. A sentença que declara a interdição produz efeitos desde logo, embora sujeita a recurso Art. 1.774. Aplicam-se à curatela as disposições concernentes à tutela, com as modificações dos artigos seguintes. Art. 1.775. O cônjuge ou companheiro, não separado judicialmente ou de fato, é, de direito, curador do outro, quando interdito. § 1º Na falta do cônjuge ou companheiro, é curador legítimo o pai ou a mãe; na falta destes, o descendente que se demonstrar mais apto. § 2º Entre os descendentes, os mais próximos precedem aos mais remotos. § 3º Na falta das pessoas mencionadas neste artigo, compete ao juiz a escolha do curador.	soa, os limites da curatela, circunscritos às restrições constantes do art. 1.782, e indicará curador Parágrafo único. Para a escolha do curador, o juiz levará em conta a vontade e as preferências do interditando, a ausência de conflito de interesses e de influência indevida, a proporcionalidade e a adequação às circunstâncias da pessoa Art. 1.773. (Revogado pela Lei n º 13.105, de 2015). Art. 1.774. Aplicam-se à curatela as disposições concernentes à tutela, com as modificações dos artigos seguintes. Art. 1.775. O cônjuge ou companheiro, não separado judicialmente ou de fato, é, de direito, curador do outro, quando interdito. § 1º Na falta do cônjuge ou companheiro, é curador legítimo o pai ou a mãe; na falta destes, o descendente que se demonstrar mais apto. § 2º Entre os descendentes, os mais próximos precedem aos mais remotos. § 3º Na falta das pessoas mencionadas neste artigo, compete ao juiz a escolha do curador.	vontades, preferências e laços familiares e afetivos e sobre o que mais lhe parecer necessário para convencimento quanto à sua capacidade para praticar atos da vida civil, devendo ser reduzidas a termo as perguntas e respostas. § 1º Não podendo o interditando deslocar-se, o juiz o ouvirá no local onde estiver. § 2º A entrevista poderá ser acompanhada por especialista. § 3º Durante a entrevista, é assegurado o emprego de recursos tecnológicos capazes de permitir ou de auxiliar o interditando a expressar suas vontades e preferências e a responder às perguntas formuladas. § 4º A critério do juiz, poderá ser requisitada a oitiva de parentes e de pessoas próximas. Art. 752. Dentro do prazo de 15 (quinze) dias contado da entrevista, o interditando poderá impugnar o pedido. § 1º O Ministério Público intervirá como fiscal da ordem jurídica. § 2º O interditando poderá constituir advogado, e, caso não o faça, deverá ser nomeado curador especial.

Redação original do Código Civil de 2002	Redação do Código Civil com as alterações do Estatuto do Deficiente e do Código de Processo Civil	Novo Código de Processo Civil
Art. 1.776. Havendo meio de recuperar o interdito, o curador promover-lhe-á o tratamento em estabelecimento apropriado. Art. 1.777. Os interditos referidos nos incisos I, III e IV do art. 1.767 serão recolhidos em estabelecimentos adequados, quando não se adaptarem ao convívio doméstico. Art. 1.778. A autoridade do curador estende-se à pessoa e aos bens dos filhos do curatelado, observado o art. 5º. Seção II Da Curatela do Nascituro e do Enfermo ou Portador de Deficiência Física Art. 1.779. Dar-se-á curador ao nascituro, se o pai falecer estando grávida a mulher, e não tendo o poder familiar. Parágrafo único. Se a mulher estiver interdita, seu curador será o do nascituro. Art. 1.780. A requerimento do enfermo ou portador de deficiência física, ou, na impossibilidade de fazê-lo, de qualquer das pessoas a que se refere o art. 1.768, dar-se-lhe-á curador para cuidar de todos ou alguns de seus negócios ou bens.	Art. 1.775-A Na nomeação de curador para a pessoa com deficiência, o juiz poderá estabelecer curatela compartilhada a mais de uma pessoa Art. 1.776. (Revogado pela Lei n º 13.146, de 2015, art. 123, VII). Art. 1.777. As pessoas referidas no inciso I do art. 1.767 receberão todo o apoio necessário para ter preservado o direito à convivência familiar e comunitária, sendo evitado o seu recolhimento em estabelecimento que os afaste desse convívio.” ------- ------- ------- ------- ------- ------- ------- ------- ------- ------- Art. 1.780. (Revogado pela Lei n º 13.146, de 2015, art. 123, VII). ------- ------- ------- ------- ------- ------- ------- -------	§ 3º Caso o interditando não constitua advogado, o seu cônjuge, companheiro ou qualquer parente sucessível poderá intervir como assistente. Art. 753. Decorrido o prazo previsto no art. 752, o juiz determinará a produção de prova pericial para avaliação da capacidade do interditando para praticar atos da vida civil. § 1º A perícia pode ser realizada por equipe composta por expertos com formação multidisciplinar. § 2º O laudo pericial indicará especificadamente, se for o caso, os atos para os quais haverá necessidade de curatela. Art. 754. Apresentado o laudo, produzidas as demais provas e ouvidos os interessados, o juiz proferirá sentença. Art. 755. Na sentença que decretar a interdição, o juiz: I – nomeará curador, que poderá ser o requerente da interdição, e fixará os limites da curatela, segundo o estado e o desenvolvimento mental do interdito; II – considerará as características pessoais do interdito, observando

Redação original do Código Civil de 2002	Redação do Código Civil com as alterações do Estatuto do Deficiente e do Código de Processo Civil	Novo Código de Processo Civil
Seção III Do Exercício da Curatela Art. 1.781. As regras a respeito do exercício da tutela aplicam-se ao da curatela, com a restrição do art. 1.772 e as desta Seção. Art. 1.782. A interdição do pródigo só o privará de, sem curador, emprestar, transigir, dar quitação, alienar, hipotecar, demandar ou ser demandado, e praticar, em geral, os atos que não sejam de mera administração. Art. 1.783. Quando o curador for o cônjuge e o regime de bens do casamento for de comunhão universal, não será obrigado à prestação de contas, salvo determinação judicial.	------- ------- ------- ------- ------- ------- ------- ------- ------- ------- ------- ------- ------- ------- ------- ------- ------- Art. 1.783-A. A tomada de decisão apoiada é o processo pelo qual a pessoa com deficiência elege pelo menos 2 (duas) pessoas idôneas, com as quais mantenha vínculos e que gozem de sua confiança, para prestar-lhe apoio na tomada de decisão sobre atos da vida civil, fornecendo-lhes os elementos e informações necessários para que possa exercer sua capacidade. § 1º Para formular pedido de tomada de decisão apoiada, a pessoa com deficiência e os apoiadores devem apresentar termo em que constem os limites do apoio a ser oferecido e os compromissos	suas potencialidades, habilidades, vontades e preferências. § 1º A curatela deve ser atribuída a quem melhor possa atender aos interesses do curatelado. § 2º Havendo, ao tempo da interdição, pessoa incapaz sob a guarda e a responsabilidade do interdito, o juiz atribuirá a curatela a quem melhor puder atender aos interesses do interdito e do incapaz. § 3º A sentença de interdição será inscrita no registro de pessoas naturais e imediatamente publicada na rede mundial de computadores, no sítio do tribunal a que estiver vinculado o juízo e na plataforma de editais do Conselho Nacional de Justiça, onde permanecerá por 6 (seis) meses, na imprensa local, 1 (uma) vez, e no órgão oficial, por 3 (três) vezes, com intervalo de 10 (dez) dias, constando do edital os nomes do interdito e do curador, a causa da interdição, os limites da curatela e, não sendo total a interdição, os atos que o interdito poderá praticar autonomamente.

Redação original do Código Civil de 2002	Redação do Código Civil com as alterações do Estatuto do Deficiente e do Código de Processo Civil	Novo Código de Processo Civil
	dos apoiadores, inclusive o prazo de vigência do acordo e o respeito à vontade, aos direitos e aos interesses da pessoa que devem apoiar. § 2º O pedido de tomada de decisão apoiada será requerido pela pessoa a ser apoiada, com indicação expressa das pessoas aptas a prestarem o apoio previsto no caput deste artigo. § 3º Antes de se pronunciar sobre o pedido de tomada de decisão apoiada, o juiz, assistido por equipe multidisciplinar, após oitiva do Ministério Público, ouvirá pessoalmente o requerente e as pessoas que lhe prestarão apoio. § 4º A decisão tomada por pessoa apoiada terá validade e efeitos sobre terceiros, sem restrições, desde que esteja inserida nos limites do apoio acordado. § 5º Terceiro com quem a pessoa apoiada mantenha relação negocial pode solicitar que os apoiadores contra-assinem o contrato ou acordo, especificando, por escrito, sua função em relação ao apoiado.	Art. 756. Levantar-se-á a curatela quando cessar a causa que a determinou. § 1º O pedido de levantamento da curatela poderá ser feito pelo interdito, pelo curador ou pelo Ministério Público e será apensado aos autos da interdição. § 2º O juiz nomeará perito ou equipe multidisciplinar para proceder ao exame do interdito e designará audiência de instrução e julgamento após a apresentação do laudo. § 3º Acolhido o pedido, o juiz decretará o levantamento da interdição e determinará a publicação da sentença, após o trânsito em julgado, na forma do art. 755, § 3º, ou, não sendo possível, na imprensa local e no órgão oficial, por 3 (três) vezes, com intervalo de 10 (dez) dias, seguindo-se a averbação no registro de pessoas naturais. § 4º A interdição poderá ser levantada parcialmente quando demonstrada a capacidade do interdito para praticar alguns atos da vida civil. Art. 757. A autoridade do curador estende-se à pessoa e aos bens do

Redação original do Código Civil de 2002	Redação do Código Civil com as alterações do Estatuto do Deficiente e do Código de Processo Civil	Novo Código de Processo Civil
	§ 6º Em caso de negócio jurídico que possa trazer risco ou prejuízo relevante, havendo divergência de opiniões entre a pessoa apoiada e um dos apoiadores, deverá o juiz, ouvido o Ministério Público, decidir sobre a questão. § 7º Se o apoiador agir com negligência, exercer pressão indevida ou não adimplir as obrigações assumidas, poderá a pessoa apoiada ou qualquer pessoa apresentar denúncia ao Ministério Público ou ao juiz. § 8º Se procedente a denúncia, o juiz destituirá o apoiador e nomeará, ouvida a pessoa apoiada e se for de seu interesse, outra pessoa para prestação de apoio. § 9º A pessoa apoiada pode, a qualquer tempo, solicitar o término de acordo firmado em processo de tomada de decisão apoiada. § 10. O apoiador pode solicitar ao juiz a exclusão de sua participação do processo de tomada de decisão apoiada, sendo seu desligamento condicionado à manifestação do juiz sobre a matéria.	incapaz que se encontrar sob a guarda e a responsabilidade do curatelado ao tempo da interdição, salvo se o juiz considerar outra solução como mais conveniente aos interesses do incapaz. Art. 758. O curador deverá buscar tratamento e apoio apropriados à conquista da autonomia pelo interdito. **Disposições Comuns à Tutela e à Curatela** Art. 759. O tutor ou o curador será intimado a prestar compromisso no prazo de 5 (cinco) dias contado da: I - nomeação feita em conformidade com a lei; II - intimação do despacho que mandar cumprir o testamento ou o instrumento público que o houver instituído. § 1º O tutor ou o curador prestará o compromisso por termo em livro rubricado pelo juiz. § 2º Prestado o compromisso, o tutor ou o curador assume a administração dos bens do tutelado ou do interditado. Art. 760. O tutor ou o curador poderá eximir-se do encargo apresentando escusa
	§ 11. Aplicam-se à tomada de decisão apoiada, no que couber, as disposições referentes à prestação de contas na curatela."	ao juiz no prazo de 5 (cinco) dias contado: I - antes de aceitar o encargo, da intimação para prestar compromisso; II - depois de entrar em exercício, do dia em que sobrevier o motivo da escusa. § 1º Não sendo requerida a escusa no prazo estabelecido neste artigo, considerar-se-á renunciado o direito de alegá-la. § 2º O juiz decidirá de plano o pedido de escusa, e, não o admitindo, exercerá o nomeado a tutela ou a curatela enquanto não for dispensado por sentença transitada em julgado. Art. 761. Incumbe ao Ministério Público ou a quem tenha legítimo interesse requerer, nos casos previstos em lei, a remoção do tutor ou do curador. Parágrafo único. O tutor ou o curador será citado para contestar a arguição no prazo de 5 (cinco) dias, findo o qual observar-se-á o procedimento comum. Art. 762. Em caso de extrema gravidade, o juiz poderá suspender o tutor ou o curador do exercício de suas funções, nomeando substituto interino.

Redação original do Código Civil de 2002	Redação do Código Civil com as alterações do Estatuto do Deficiente e do Código de Processo Civil	Novo Código de Processo Civil
		Art. 763. Cessando as funções do tutor ou do curador pelo decurso do prazo em que era obrigado a servir, ser-lhe-á lícito requerer a exoneração do encargo. § 1º Caso o tutor ou o curador não requeira a exoneração do encargo dentro dos 10 (dez) dias seguintes à expiração do termo, entender-se-á reconduzido, salvo se o juiz o dispensar. § 2º Cessada a tutela ou a curatela, é indispensável a prestação de contas pelo tutor ou pelo curador, na forma da lei civil.

23. DIREITO DAS SUCESSÕES

23.1. ABERTURA DA SUCESSÃO

- **noções gerais:** sucessão é a substituição na titularidade de um patrimônio, por ato *inter vivos* ou em *causa mortis*; sobre a primeira, já falamos quando das obrigações e contratos; neste momento, nos interessa a segunda espécie. A sucessão *causa mortis* ocorre no exato momento da morte do autor da herança (CC/art. 1.784), quando o domínio e a posse da herança são transmitidos, ao que se nomeia de *direito de saisina ou droit de saisine*; nesse caso, o sucessor universal continua a posse do antecessor (*sucessio possessionis*, CC/art. 1.206).
- **características:**

a) ao legatário não se aplica o *direito da saisina*, pois a ele não se é transferida a posse, apenas a propriedade, quando se tratar de legado puro e simples. Em outros casos, como no legado condicional ou a termo, ainda será preciso que ocorra os acontecimentos futuros e incertos ou certos (CC, art. 1.923 e ss.)

b) quanto às ***espécies de sucessão***, será *legitima ou legal* se a pessoa morrer sem testamento ou não contemplar todos os bens em disposição de última vontade (CC/art. 1.788 e 1.829); ou será *testamentária*, se houver disposto os bens para depois da morte, por meio de testamento ou codicilo, limitados à metade da herança, se o *de cujus* tiver herdeiros necessários (descendente, ascendente, cônjuge e companheiro).

c) *sucessão universal* é a que transmite os bens na totalidade, parte ideal ou fração; *sucessão a título singular* é a que confere bem determinado; a *sucessão legítima* é sempre universal, ainda que um só e único bem seja o objeto da herança; a *sucessão testamentária* será universal ou singular, de acordo com o conteúdo da disposição final.

d) *sucessão anômala ou irregular* é a que **não** transfere o patrimônio na ordem de vocação hereditária presente o CC, arts. 1.829 e ss, e como exemplo, lembramos o *princípio do prélèvement*, previsto na CF/art. 5º, XXXI, e LINDB/art. 7º, pelos quais na sucessão de bens de estrangeiro situados no país, em benefício do cônjuge ou filhos brasileiros, aplica-se o estatuto pessoal do *de cujus* se mais favorável e eles.

e) segundo o art. 2º, § 5º, da Lei n. 13.311, de 11 de julho de 2016, **não será considerado herança, para todos os efeitos de direito**, a outorga para ocupação e utilização de área pública urbana, por equipamentos urbanos do tipo quiosque, **trailer**, feira e banca de venda de jornais e de revistas. Todavia, mediante requerimento e preenchimento dos requisitos legais, admite-se a "transferência" da outorga, pelo prazo restante: (i) ao cônjuge ou companheiro; (ii) aos ascendentes; (iii) aos descendentes.

23.2. ACEITAÇÃO E RENÚNCIA DA HERANÇA

- **noções gerais:** a ***aceitação da herança*** possui a natureza de *negócio jurídico unilateral, não receptício, indivisível* e *incondicional*; trata-se de um *direito potestativo*, que se consubstancia no ato jurídico unilateral pelo qual o herdeiro legítimo ou testamentário manifesta ou confirma a herança transmitida por ocasião da morte do *de cujus*; não importa aceitação os atos oficiosos, como o funeral; vale lembrar, ainda, que a *cessão gratuita pura e simples* aos outros herdeiros importa em *renúncia abdicativa*; contudo, a renúncia em favor de *pessoa determinada*, importa em *renúncia translativa*, pois contém em si duas declarações de vontade, uma de aceitar e outra de alienar; quanto às **formas**, a aceitação poderá ser:

a) *expressa*

b) *tácita*

c) *presumida*

- **noções gerais**: a ***renúncia da herança*** deve processar sob forma especial, mediante **instrumento público** ou **termo** nos autos. Quando o interessado que o herdeiro declare se aceita ou não a herança, poderá, **20 dias** após aberta a sucessão, requerer ao juiz prazo razoável, não maior de **30 dias**, para, nele, se pronunciar o herdeiro, sob pena de se haver a herança por aceita. Trata-se da *aceitação presumida* ou *provocada da herança*. Algumas regras são importantes ao tema, vejamos:

a) não se admite a renúncia parcial

b) não se admite a renúncia sob condição ou termo

c) o credor pode aceitar a herança em nome do renunciante, se forem prejudicados, devolvendo ao monte o que remanescer das dívidas pagas, sobre as quais prevalece a renúncia

d) a aceitação e a renúncia são irrevogáveis

e) ninguém pode suceder, **representando** herdeiro renunciante. Se, porém, ele for o único legítimo da sua classe, ou se todos os outros da mesma classe renunciarem à herança, poderão os filhos vir à sucessão, por direito próprio, e por cabeça

f) há direito de acrescer sobre o quinhão do renunciante entre os herdeiros da mesma classe

g) o direito de aceitar a herança está sujeito a sucessão hereditária *(jure transmissionis)*

- ***ATENÇÃO***: o procurador, para renunciar, também deve possuir poderes especiais em instrumento público **(conferir: STJ - Informativo 506);** além disso, a renúncia à herança exige outorga do outro consorte, exceto no regime da separação absoluta. (CC, art. 1.647).

23.3. ESPÉCIES DE SUCESSÃO

- **noções gerais:** conforme a *lei* ou o *testamento* seja a fonte de disciplina a respeito da transmissão de bens, de um lado temos a sucessão ***legítima ou ab intestato*** e de outro a ***testamentária;*** na primeira, a vontade do legislador e, na segunda, uma disposição de última vontade, expressada em um testamento ou codicilo; é importante esclarecer, contudo, que será legitima a sucessão na hipótese de o testamento ser *nulo, anulável, caduco, revogado ou rompido* (CC/art. 1.788, parte final, 1.969 e 1973); basicamente, a sucessão legitima é a vontade presumida ou esperada do *de cujus*, e a testamentária, a vontade expressa do morto; em relação à disposição do patrimônio feita em testamento, caso o falecido tenha herdeiros necessários, que são os descendentes, os ascendentes e o cônjuge (CC/art. 1.845), sua liberdade de *"testar"* não é plena, mas *limitada (legitima).*
- **caracterísitcas:**

a) em regra o direito dos herdeiros necessários sobre a *legítima* não sofre restrição, salvo se houver *justa causa, declarada em testamento*, estabelecendo as cláusulas de inalienabilidade, impenhorabilidade, e de incomunicabilidade (CC/art. 1.848), que não escapam ao controle judicial e, noutro giro, são *personalíssimas*, porque em nova sucessão, tais bens são transferidos livres e desembaraçados.

b) admite-se, por outro lado, a partilha feita por ascendente, por ato entre vivos, desde que não exceda a metade disponível, conhecida por *partilha-doação* (CC/art. 2.018); uma observação, no entanto, deve ser feita, pois, segundo o CC/art. 426 *"Não pode ser objeto de contrato a herança de pessoa viva"*; por tal preceito, não se conhece a *sucessão contratual* ou *pacto sucessório* (*pacta corvina*).

23.4. ADMINISTRAÇÃO DA HERANÇA

- **noções gerais:** a herança defere-se como um todo unitário, ainda que vários sejam os herdeiros. Até a partilha, o direito dos coerdeiros, quanto à propriedade e posse da herança, será indivisível, e regular-se-á pelas normas relativas ao condomínio.
- **características:**

a) o herdeiro não responde por encargos superiores às forças da herança (regra do ***benefício do inventário***). A **prova** do excesso compete ao herdeiro, salvo se houver inventário que a escuse, demostrando o valor dos bens herdados

b) a herança é uma universalidade de direito

c) *inventário negativo* é o realizado sem que exista qualquer bens a inventariar

d) a herança é indivisível, mas poderá ser objeto de **cessão por escritura pública**, não se admitindo que seja feita sobre bem determinado, sob pena de **ineficácia** (CC/art. 1.793). Também é **ineficaz** a cessão, **sem prévia autorização do juiz da sucessão**, por qualquer herdeiro, de bem componente do acervo hereditário, pendente a **indivisibilidade.** Assegura-se, na *cessão onerosa a terceiro*, o direito de preferência do cordeiro, que terá **180 dias** após a transmissão do acervo para exercê-lo (CC/art. 1.795).

e) o inventário deve ser aberto em 2 (dois) meses, a contar da abertura da sucessão, ultimando-se nos 12 (doze) meses subsequentes, podendo o juiz prorrogar esses prazos, de ofício ou a requerimento de parte, ficando a herança sob a responsabilidade do administrador provisório, até o compromisso do inventariante (CC/art. 1.796 e 1.797; NCPC/arts. 611 e 614); entre os legitimados para pedir a abertura de inventario está o Ministério Público, se houver herdeiros incapazes (NCPC/art. 616, VII).

23.5. VOCAÇÃO HEREDITÁRIA

- **noções gerais**: são os que podem suceder, herdeiros e legatários.
- **regras:**

a) legitimam-se a suceder as pessoas **nascidas** ou **já concebidas** no momento da abertura da sucessão

b) na **sucessão testamentária** podem ainda ser chamados a suceder:

1. os filhos, ainda não concebidos, de pessoas indicadas pelo testador, desde que vivas estas ao abrir-se a sucessão (*concepturo, nondum concepti*)

- neste caso, os bens da herança serão confiados, após a liquidação ou partilha, a curador nomeado pelo juiz

- a curatela desta caberá à pessoa cujo filho o testador esperava ter por herdeiro, e, sucessivamente, ao **cônjuge ou companheiro**, não separado judicialmente ou de fato, o pai ou a mãe, o descendente que se demonstrar mais apto, entre os descendentes, os mais próximos precedem aos mais remotos
- nascendo com vida o herdeiro esperado, ser-lhe-á deferida a sucessão, com os frutos e rendimentos relativos à deixa, a partir da morte do testador.
- se, decorridos **2 anos** após a abertura da sucessão, não for concebido o herdeiro esperado, os bens reservados, salvo disposição em contrário do testador, caberão aos herdeiros legítimos.

2. as pessoas jurídicas
3. as pessoas jurídicas, cuja organização for determinada pelo testador sob a forma de fundação.

c) **não podem ser nomeados herdeiros nem legatários**:

1. a pessoa que, a rogo, escreveu o testamento, nem o seu cônjuge ou companheiro, ou os seus ascendentes e irmãos
2. as testemunhas do testamento
3. o concubino do testador casado, salvo se este, sem culpa sua, estiver separado de fato do cônjuge há mais de **5 anos**, mas é lícita a deixa ao filho do concubino, quando também o for do testador
4. o tabelião, civil ou militar, ou o comandante ou escrivão, perante quem se fizer, assim como o que fizer ou aprovar o testamento.

d) são **nulas** as disposições testamentárias em favor de pessoas não legitimadas a suceder, ainda quando simuladas sob a forma de contrato oneroso, ou feitas mediante interposta pessoa; **presumem-se** pessoas interpostas os:

1. **ascendentes**;
2. **os descendentes**;
3. **os irmãos;**
4. **cônjuge ou companheiro** do não legitimado a suceder.

23.6. EXCLUÍDOS DA SUCESSÃO

- **noções gerais:** trata-se de pena civil que priva da herança herdeiros e legatários que cometeram atos criminosos, ofensivos ou reprováveis, taxativamente previstos em lei, contra o autor da herança ou alguém de sua família. Difere da deserdação, que atinge os herdeiros necessários, unicamente, em testamento válido e mediante a menção expressa da causa.

- **regras importantes:**

a) a exclusão exige a propositura de ação especifica, iniciada por quem tenha interesse na sucessão, como regra. Isso porque a Lei n. 13.352, de 2017, concedeu legitimidade para o MP propor ação de indignidade, limitado à hipótese do art. 1.814, I, do CC, ou seja, apenas quando os herdeiros ou legatários houverem sido autores, coautores ou partícipes de homicídio doloso, ou tentativa deste, contra a pessoa de cuja sucessão se tratar, seu cônjuge, companheiro, ascendente ou descendente (CC, art. 1.815, § 2º). Em qualquer caso, a exclusão do sucessor sera decretada por sentença (CC, art. 1.815, caput), afastando por completo o herdeiro ou legatário do monte, até mesmo o direito real de habitação.

b) é decadencial de **4 anos** o prazo para demandar a exclusão do herdeiro ou legatário, *contados da abertura da sucessão* (CC/art. 1.815, par. único)

c) os efeitos da indignidade são pessoais, e os descendentes do herdeiro excluído sucedem, como se ele morto fosse, antes da abertura da sucessão, conferindo-se a tais bens o nome de *erepticios*

d) o excluído não sucede e, ainda, perde o direito de usufruto e administração sobre tais bens

e) a sentença possui efeitos retrooperante ou *ex tunc*, mas são preservados os direitos de terceiros de boa-fé, porquanto válidas as alienações onerosas de bens hereditários a terceiros nessa condição; porém, aos herdeiros subsiste, quando prejudicados, o direito de demandar-lhe perdas e danos

f) o excluído da sucessão é obrigado a **restituir** os **frutos e rendimentos** que dos bens da herança houver percebido, mas tem direito a ser **indenizado** das despesas com a **conservação** deles

g) **pelo Enunciado 116** da I Jornada de Direito Civil, do CJF/STJ: *"O Ministério Público, por força do art. 1.815 do novo Código Civil, desde que presente o interesse público, tem legitimidade para promover ação visando à declaração da indignidade de herdeiro ou legatário"*.

23.7. HERANÇA JACENTE E VACANTE

- **noções gerais:** é o acervo ou monte sem herdeiro legítimo ou testamentário notoriamente conhecido; seu estado **não** é permanente, mas momentâneo e transitório, perdurando até a entrega da herança ao sucessor que se habilite ou a declaração judicial da vacância.

- **características e regras:**

a) a herança jacente ou vacante não possui personalidade jurídica, todavia lhe é conferida legitimidade para estar em juízo, representada por seu curador, com quem os bens ficam depois de arrecadados, respondendo pela guarda e administração de todos eles (NCPC/art. 75, VI, e CC/art. 1.819)

b) praticadas as diligências de arrecadação e ultimado o inventário, bem como expedidos os editais na forma da lei processual, e, decorrido **1 ano** de sua primeira publicação, sem que haja herdeiro habilitado, ou penda habilitação, será a herança declarada *vacante* (CC/art. 1.820), sem prejuízo dos credores de pedir o pagamento das dívidas reconhecidas (CC/art. 1.821).

c) decorridos **5 anos** da abertura da sucessão, os bens arrecadados passarão ao domínio do Município ou do Distrito Federal, se localizados nas respectivas circunscrições, incorporando-se ao domínio da União quando situados em território federal; **frise**: o prazo não é contado da declaração de vacância, mas da abertura da sucessão (CC/art. 1.822)

d) não se habilitando até a declaração de **vacância**, os colaterais ficarão **excluídos** da sucessão (CC/art. 1.822, par. único)

e) declara-se imediatamente **vacância** quando todos os chamados a suceder renunciarem à herança (CC/ art. 1.823)

f) declarada a vacância da herança, os bens são devolvidos aos entes públicos que o CC/art. 1.822 informa; os herdeiros (descendente, ascendente e cônjuge) terão o prazo de **até 5 anos** para se habilitarem no inventário e reclamar os bens vagos; decorridos **5 anos** da abertura da sucessão, os bens incorporam-se definitivamente no patrimônio daquelas pessoas jurídicas de direito público, afastando-se qualquer possibilidade de reclamá-los.

23.8. PETIÇÃO DE HERANÇA

- **noções gerais:** trata-se da ação de reconhecimento de direito sucessório e restituição total ou parcial da herança. A doutrina ora a denomina de *"ação real universal"* (Clóvis Bevilaqua), ora de *"ação especial de singularidade de objeto, por adquirir herança"* (Orlando Gomes).

- **características e regras:**

a) sua natureza é de ação condenatória

b) possui prazo prescricional de **10 anos**, contado da abertura da sucessão (CC, art. 205), observada a disciplina das causas impeditivas, suspensiva e interruptivas da prescrição. (CC/art. 1.824 a 1.828). Aqui vale lembrar: Súmula **49 do STF**: *"É imprescritível a ação de investigação de paternidade, mas não o é a de petição de herança"*.

c) é manejada no foro do inventário (NCPC, art. 48)

d) no polo passivo, contra quem, na qualidade de herdeiro, ou mesmo sem título, a possua (Ex. possuidor, detentor, terceiro estranho, etc)

e) mesmo que intentada contra um herdeiro, abrange todos os bens hereditários

23.9. SUCESSÃO LEGÍTIMA (ORDEM DE VOCAÇÃO HEREDITÁRIA)

- **noções gerais:** a ordem de vocação hereditária é uma relação preferencial, estabelecida em lei, das pessoas que são chamadas a suceder o finado (Silvio Rodrigues).

a sucessão legítima defere-se na ordem seguinte:	▪ aos **descendentes**, em concorrência com o **cônjuge sobrevivente**, salvo se casado este com o falecido no regime da comunhão universal, ou no da separação obrigatória de bens (art. 1.640, parágrafo único); ou se, no regime da comunhão parcial, o autor da herança **não houver deixado bens particulares.** ▪ **STJ:** 1. Admite-se ao cônjuge casado sob o regime de separação convencional de bens, a condição de herdeiro necessário, possibilitando a concorrência com os descendentes do falecido (AgRg no REsp 1334340 / MG, 08.10.2015) 2. Nos termos do art. 1.829, I, do Código Civil de 2002, o cônjuge sobrevivente, casado no regime de comunhão parcial de bens, concorrerá com os descendentes do cônjuge falecido somente quando este tiver deixado bens particulares (REsp 1368123 / SP, 22.04.2015) ▪ **Jornadas de Direito Civil do CJF/STJ** **3. Enunciado 270**: "O art. 1.829, inc. I, só assegura ao cônjuge sobrevivente o direito de concorrência com os descendentes do autor da herança quando casados no regime da separação convencional de bens ou, se casados nos regimes da comunhão parcial ou participação final nos aqüestos, o falecido possuísse bens particulares, hipóteses em que a concorrência se restringe a tais bens, devendo os bens comuns (meação) ser partilhados exclusivamente entre os descendentes".
	▪ aos **ascendentes**, em concorrência com o **cônjuge**
	▪ ao **cônjuge sobrevivente**
	▪ **aos colaterais.**

- **regras importantes:**

a) somente é reconhecido direito sucessório ao **cônjuge sobrevivente** se, ao tempo da morte do outro, não estavam separados judicialmente, nem separados de fato há mais de dois anos, salvo prova, nesse caso, de que essa convivência se tornara impossível sem culpa do sobrevivente.

b) ao cônjuge sobrevivente, qualquer que seja o regime de bens, é assegurado o **direito real de habitação** *"causa mortis"*, relativamente ao imóvel destinado à residência da família, desde que seja o **único** daquela natureza a inventariar, o qual decorre da lei e dispensa o registro imobiliário (STJ – REsp nº 1.134.387 – SP – 3ª Turma – Rel. Min. Nancy Andrighi – DJ 29.05.2013). O uso desse direito deve alinhar-se com o direito real de habitação *"inter vivos"*, previsto no art. 1.414 do CC.

Nota 1: STJ: *"... o instituto do direito real de habitação possui por escopo garantir o direito fundamental à moradia constitucionalmente protegido (art. 6º, caput, da CRFB). Observância, ademais, ao postulado da dignidade da pessoa humana (art. art. 1º, III, da CRFB). A disciplina geral promovida pelo Código Civil acerca do regime sucessório dos companheiros não revogou as disposições constantes da Lei 9.278/96 nas questões em que verificada a compatibilidade. A legislação especial, ao conferir direito real de habitação ao companheiro sobrevivente, subsiste diante da omissão do Código Civil em disciplinar tal direito àqueles que convivem em união estável".* **REsp 1156744 /MG**

Nota 2: STJ: *"... o direito real à habitação limita os direitos de propriedade, porém, quem deve suportar tal limitação são os herdeiros do de cujus, e não quem já era proprietário do imóvel antes do óbito e havia permitido sua utilização a título de comodato"* **(REsp 1212121 /RJ).**

Nota 3: STJ: *"...o direito real de habitação de cônjuge sobrevivente não se aplica se o condomínio entre o marido falecido e os irmãos foi constituído antes do óbito (preexistência de condomínio). O direito real de habitação tem o propósito de aplicar o princípio da solidariedade familiar. Contudo, não há elos de solidariedade entre um cônjuge e os parentes do outro. Esse vínculo é apenas de afinidade, que se extingue, à exceção da linha reta, com a dissolução do casamento."* **(REsp 1184492).**

c) em concorrência com os descendentes, caberá ao cônjuge quinhão **igual** ao dos que sucederem por cabeça, não podendo a sua quota ser inferior à ¼ **quarta parte** da herança, se for ascendente dos herdeiros com que concorrer

d) entre os descendentes, os em grau mais próximo **excluem** os mais remotos, salvo o direito de representação

e) os descendentes da mesma classe têm os **mesmos** direitos à sucessão de seus ascendentes

f) na linha descendente, os filhos sucedem por cabeça, e os outros descendentes, por cabeça ou por estirpe, conforme se achem ou não no mesmo grau

g) na falta de descendentes, são chamados à sucessão os ascendentes, em concorrência com o cônjuge sobrevivente. Na classe dos ascendentes, o grau mais próximo exclui o mais remoto, sem distinção de linhas. Havendo igualdade em grau e diversidade em linha, os ascendentes da linha paterna herdam a ½ **metade**, cabendo a outra aos da linha materna.

h) concorrendo com ascendente em primeiro grau, ao cônjuge tocará um **¹/3 um terço** da herança; caber-lhe-á a **½ metade** desta se houver um só ascendente, ou se maior for aquele grau

i) em falta de descendentes e ascendentes, será deferida a sucessão por **inteiro** ao cônjuge sobrevivente.

j) se não houver cônjuge sobrevivente, nas condições estabelecidas no art. 1.830, serão chamados a suceder os **colaterais até o 4º grau**

k) na **classe dos colaterais**, os mais próximos **excluem** os mais remotos, salvo o **direito de representação** concedido aos filhos de irmãos

l) concorrendo à herança do falecido **irmãos bilaterais** com **irmãos unilaterais**, cada um destes herdará metade do que cada um daqueles herder

m) não concorrendo à herança irmão bilateral, herdarão, em partes **iguais, os unilaterais**

n) na falta de irmãos, herdarão os filhos destes e, não os havendo, os tios

o) se concorrerem à herança somente filhos de irmãos falecidos, herdarão por cabeça.

p) se concorrem filhos de irmãos bilaterais com filhos de irmãos unilaterais, cada um destes herdará a metade do que herdar cada um daqueles.

q) se todos forem filhos de irmãos bilaterais, ou todos de irmãos unilaterais, herdarão por igual.

r) em caso de inexistência de parentes sucessíveis, não sobrevivendo cônjuge, ou companheiro, nem parente algum sucessível, ou tendo eles renunciado a herança, esta se devolve ao Município ou ao Distrito Federal, se localizada nas respectivas circunscrições, ou à União, quando situada em território federal.

23.9.1. HERDEIROS NECESSÁRIOS

- **noções gerais:** herdeiros forçados, obrigatórios, legitimário ou reservatário, são os descendentes, os ascendentes e o cônjuge, aos quais pertence, **de pleno direito**, a metade dos bens da herança, constituindo a **legítima**. Assim, o testador não pode dispor de metade da herança, conforme o cálculo abaixo. Resta-lhe a outra metade, chamada *porção disponível.*

- **regras importantes:**

a) calcula-se a legítima sobre o valor dos bens existentes na **abertura da sucessão**, abatidas as dívidas e as despesas do funeral, adicionando-se, em seguida, o valor dos bens sujeitos a colação.

b) salvo se houver justa causa, declarada no testamento, não pode o testador estabelecer cláusula de inalienabilidade, impenhorabilidade e de incomunicabilidade sobre os bens da legítima. Outrossim, não é permitido ao testador estabelecer a conversão dos bens da legítima em outros de espécie diversa. Os bens gravados, **mediante autorização judicial** e havendo **justa causa**, podem ser alienados, **convertendo-se** o produto em outros bens, que ficarão sub-rogados nos ônus dos primeiros.

c) o herdeiro necessário, a quem o testador deixar a sua parte disponível, ou algum legado, **não** perderá o direito à legítima.

d) para excluir da sucessão os herdeiros **colaterais**, basta que o testador disponha de seu patrimônio **sem os contemplar**

23.10. DIREITO DE REPRESENTAÇÃO

- **noções gerais:** quando a lei chama certos parentes do falecido a suceder em todos os direitos, em que ele sucederia, se vivo fosse, ocorre o direito de representação.
- **regras importantes:**

a) **ilimitado:** o direito de representação ocorre na **linha reta descendente**

b) **limitado:** na **linha transversal ou colateral**, somente se dá o direito de representação em favor dos **filhos de irmãos do falecido quando com irmãos deste concorrerem** (CC/art. 1.851 a 1.856).

c) **proibido**: o direito de representação é **vedado na linha reta ascendente**

d) os representantes só podem herdar, como tais, o que herdaria o representado, se vivo fosse

e) se houver **pluralidade** de representantes, o quinhão do representado partir-se-á por igual entre eles

f) o renunciante à herança de uma pessoa poderá representá-la na sucessão de outra

23.11. SUCESSÃO TESTAMENTÁRIA

- **noções gerais:** testamento é o ato personalíssimo, unilateral, gratuito, solene e revogável, pelo qual alguém, segundo norma jurídica, dispõe, no todo ou em parte, de seu patrimônio para depois de sua morte ou determina providência de caráter pessoal ou familiar (José Lopes de Oliveira).
- **características**:

a) trata-se de negócio jurídico unilateral, solene (exceção, o testamento *nuncupativo* militar CC/art. 1.896), personalíssimo, gratuito, revogável, de efeitos "causa mortis".

b) toda pessoa capaz **pode** testar

c) além dos incapazes, **não podem testar** os que, no ato de fazê-lo, não tiverem pleno discernimento

d) mas **excepciona** a lei, admitindo a capacidade testamentária ativa ao **16 anos.** Assim, aqueles **com idade igual ou maior *de 16 anos*** podem testar. Os ***menores de 16 anos*** não.

e) a legítima não pode ser objeto de testament

f) as disposições testamentárias de caráter **não patrimonial** são válidas, ainda que o testador somente a elas se tenha limitado (Ex. reconhecimento de filiação). Pelo **Enunciado 527:** *"É válida a declaração de vontade expressa em documento autêntico, também chamado **"testamento vital"**, em que a pessoa estabelece disposições sobre o tipo de tratamento de saúde, ou não tratamento, que deseja no caso de se encontrar sem condições de manifestar a sua vontade".*

g) *revogabilidade* é um dos atributos do testamento, que pode ser mudado a qualquer tempo

- **tabela:** diferença de impugnação de validade de testamento x nulidade relativa de disposição testamentária.

impugnação da validade do testamento	nulidade relativa de disposição testamentária por vício de consentimento
situações: ✓ *nulidade em geral* ✓ *anulabilidade em geral*	**situações** ✓ *anulabilidade por erro, dolo e coação*
prazo de impugnação: ✓ *decadencial de **5 anos** contado do registro do testamento*	**direito de anular:** ✓ *decadencial de **4 anos**, contados de quando o interessado tiver conhecimento do vício*
quem pode alegar: ✓ **nulo:** MP, interessado, juiz de ofício ✓ **anulável:** interessado	**quem pode alegar:** ✓ **anulável:** somente o interessado
convalescimento: ✓ *expirado o prazo da impugnação, **o testamento anulável, ou nulo, convalesce**, tratando-se de exceção ao art. 169 do CC*	**efeitos:** ✓ *não ocorrem antes da sentença, e não podem ser pronunciados de ofício*

23.11.1. FORMAS ORDINÁRIAS DE TESTAMENTO.

- **noções gerais:** testamento ordinário é o que pode ser feito por qualquer pessoa capaz em qualquer condição. **Taxativamente** *(numerus clausus)*, são eles:

a) público

b) cerrado

c) particular ou hológrafo

- **testamento conjuntivo:** é vedado o testamento conjuntivo, simultâneo, recíproco ou correspectivo. Ocorre quando duas ou mais pessoas estabelecem disposições recíprocas em um único testamento.
- **testamentos admitidos ao cego, surdo e ao surdo-mudo**:

a) **cego**: só é admitido o testamento público (CC, art. 1.867)

b) **surdo**: admite-se o testamento público (CC, art. 1866)

c) **surdo-mudo**: admite-se que faça o testamento público e o testamento cerrado, desde que, quando a este, saiba ler e escrever (CC, art. 1.864, I, 1.866 e 1.873).

* **Nota:** a doutrina diverge sobre a possibilidade do surdo-mudo utilizar o testamento público, negando a possibilidade, por exigir a leitura do testador (Zeno Veloso), e admitindo-a, já que pode ser escrito mediante notas e apontamentos (Carlos Roberto Barbosa Moreira, atualizador de Caio Mario da Silva Pereira).

- **assinatura a rogo:** o testamento é ato personalíssimo, pois somente o autor da herança poderá fazê-lo. Não é admitido testamento por representação voluntária ou legal. Situação diferente é o **testamento a rogo**, o qual escrito por outra pessoa sob ditado e vontade do testador. No testamento público, admite-se, ainda, a **assinatura a rogo** (CC, art. 1.865).

23.11.2. CODICILOS

- **noções gerais:** é o ato de disposição especial de objeto mais restrito do que o testamento, de pequeno valor, disposições especiais sobre o seu enterro, sobre esmolas de pouca monta a certas e determinadas pessoas, ou, indeterminadamente, aos pobres de certo lugar, assim como legar móveis, roupas ou jóias, de pouco valor, de seu uso pessoal.

a) é feito mediante escrito particular, datado e assinado (forma holográfa simplificada)

b) é **vedado** a forma a rogo, escrita ou assinada.

c) possui autonomia, podendo ser feito independentemente de um testament

d) pode-se, por codicilo, nomear ou substituir testamenteiro

e) é **revogável** por outro **codicilo**, ou **testamento posterior**, que não o **confirme** ou **modifique**

f) se estiver fechado, abre-se do mesmo modo que o testamento cerrado

23.11.3. TESTAMENTOS ESPECIAIS

- **noções gerais:** permitidos a certas e determinadas pessoas que se encontram em situações especiais definidas na lei. Tendo em vista as circunstâncias extraordinárias nas quais são confeccionados, o legislador abranda as exigências de algumas formalidades, reduzindo requisitos. **Não** são admitidos outros testamentos especiais, pois o CC/2002 apresenta um rol em *numerus clausus*. Dispõe sobre eles os arts. 1.888 a 1.890 (testamento marítimo e aeronáutico) e 1.893 a 1.896 (testamento militar)

a) marítimo

b) aeronáutico

c) militar

23.11.4 DISPOSIÇÕES TESTAMENTÁRIAS

- **noções gerais:** disciplina o **conteúdo** das cláusulas testamentárias, o aspecto interno do testamento, com regras proibitivas, interpretativas e permissivas.
- **regras importantes:**

a) a nomeação do herdeiro ou legatário poderá ser:

1. pura e simples
2. condicional
3. modal
4. por certo motivo

* **Nota:** a nomeação a termo é considerada **não escrita**, exceto no fideicomisso. Significa dizer que o testamento é valido, mas entende-se que a nomeação foi pura e simples.

b) se o testamento admitir interpretações diferentes, prevalece a que assegura a vontade testador. Em um primeiro momento, busca-se a vontade real do testador (***princípio "voluntas spectanda"***). Se não for possível, aplica-se a **teoria da intepretação subjetiva** do testamento, como forma de garantir a vontade do testador.

c) entre outros motivos, é nula a disposição que favoreça pessoa totalmente incerta, cometendo a determinação de sua identidade a terceiro, **salvo** se a incerteza for entre duas ou mais pessoas mencionadas pelo testador, ou pertencentes a uma família, ou a um corpo coletivo, ou a um estabelecimento por ele designado.

d) é nula a **disposição captatória**, ou seja, que institua herdeiro ou legatário com a finalidade destes fazerem o mesmo, beneficiando o testador ou terceiro; a nulidade decorre do tolhimento da liberdade de testar

e) nomeados dois ou mais herdeiros, sem discriminar a parte de cada um, partilhar-se-á por igual a porção

f) a ineficácia de uma disposição não prejudica as demais, que prevalecerão, exceto se houver relação de interdependência, quando todas serão inquinadas da ineficácia.

23.11.5. LEGADOS

- **noções gerais:** é a disposição testamentária a título singular pela qual o testador deixa a pessoa estranha ou não à sucessão legítima um ou mais objetos individualizados ou uma certa quantia em dinheiro (Maria Helena Diniz). Difere da herança, que é deferida numa totalidade ou parte ideal. Se ao herdeiro legítimo for atribuído um legado, passa-se a chamar *prelegado* ou *legado precípuo*. Por fim, o herdeiro incumbido de cumprir o legado chama-se *onerado*. Admite-se que o testamento faça referência a quem caberá cumprir o legado. Se não o fizer, a incumbência caberá aos herdeiros. Não os havendo, serão os legatários, na proporção que herdarem (CC, art. 1.934).
- **regras importantes:**

a) é **ineficaz** o legado de coisa certa que não pertença ao testador no momento da abertura da sucessão; trata-se de **legado de coisa alheia**, que será válido desde que o testador, depois de confeccionar a deixa, mas antes de falecer, adquirir a coisa.

b) se o testador ordenar que o herdeiro ou legatário entregue coisa de sua propriedade a outrem, não o cumprindo ele, entender-se-á que renunciou à herança ou ao legado; no caso de **sublegado**, o herdeiro ou legatário aceita a herança ou o legado, e a entrega ao sublegatário, ou conserva o bem em seu patrimônio, entendendo-se, nesse caso, que renunciou à herança ou legado.

c) os legados podem caducar ou perder a eficácia, por fato superveniente à sua instituição. Ex. se o legatário falecer antes do testador (CC, art. 1.939).

- **fluxograma**: modalidade de legado

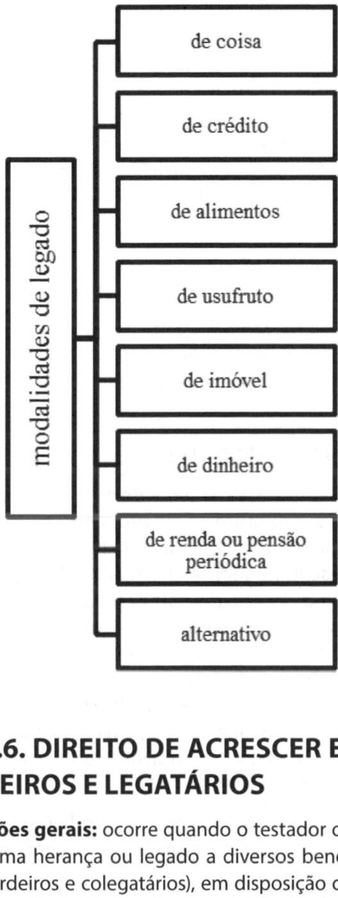

23.11.6. DIREITO DE ACRESCER ENTRE HERDEIROS E LEGATÁRIOS

- **noções gerais:** ocorre quando o testador confere a mesma herança ou legado a diversos beneficiários (coerdeiros e colegatários), em disposição conjunta, e sem a individualização do quinhão (fração ou porção), vindo um deles a não participar da sucessão em decorrência das causas descritas no art. 1.943 do CC, entre as quais, a *pré-morte* do beneficiário ao testador, renuncia a herança ou legado, ou exclusão por indignidade, entre outras. Também haverá direito de acrescer entre colegatários quando o objeto do legado não puder ser dividido sem risco de desvalorização (CC, art. 1.942). A consequência de tais fatos é o direito que se confere aos outros coerdeiros ou colegatários de acrescentar o quinhão daquele que não quis ou não pôde suceder, sem prejuízo das obrigações ou encargos que o oneravam.

- **pressupostos do direito de acrescer:**

a) nomeação conjunta de vários herdeiros na mesma disposição testamentária

b) quinhão não determinado (herdeiro)

c) uma só coisa, determinada e certa, ou quando o objeto que não pude ser dividido sem risco de desvalorização (legado)

d) qualquer deles não puder ou não quiser aceitar a herança

e) falta de substituto

23.11.7. SUBSTITUIÇÕES. FIDEICOMISSO

- **noções gerais:** o testador pode apontar outra pessoa ao herdeiro ou ao legatário nomeado, para o caso de um ou outro não querer ou não poder aceitar a herança ou o legado, presumindo-se que a substituição foi determinada para as duas alternativas, ainda que o testador só a uma se refira. São **espécies** de substituição:

a) *a vulgar ou ordinária*

1. *simples ou singular*
2. coletiva ou plural
3. recíproca

b) *a fideicomissária*

1. *compendiosa (combinação das anteriores);*

- **regras importantes:**

a) *substituição vulgar*: a disposição testamentária indica o substituto ao primeiro nomeado, que não quiser ou não puder receber a herança ou legado; trata-se de vocação direta e única, na qual apenas o nomeado original ou o substituto receberá a herança ou legado.

b) *substituição fideicomissária*: a substituição é sucessiva, porque ocorre uma dupla vocação da herança ou legado, instituindo o primeiro beneficiário *(fiduciário)* que recebe a propriedade resolúvel, a qual, por sua morte, certo tempo ou condição, é extinta e transferida ao segundo beneficiário *(fideicomissário)*, que assim a recebe em segundo grau. Somente a *prole eventual* de alguém poderá ser instituído fideicomissário (CC/art. 1.799, I, e 1.952), e **será nulo o fideicomisso além do 2º grau** (CC/art. 1.959); por outro lado, se, ao tempo da morte do testador, já houver nascido o fideicomissário, adquirirá este a propriedade dos bens fideicometidos, convertendo-se em usufruto o direito do fiduciário (CC/art. 1.952, par. único). Pelo ***Enunciado 529 da V Jornada de Direito Civil do CJF***: *"O fideicomisso, previsto no art. 1.951 do Código Civil, somente pode ser instituído por testamento".*

23.11.8. DESERDAÇÃO

- **noções gerais:** é o ato unilateral pelo qual o testador exclui da sucessão **herdeiro necessário**, privando-o da legitima, mediante fundamentação expressa de que ocorreu alguma das hipóteses legais e taxativamente previstas nos arts. 1.814, 1.962 e 1963, todos do CC/2002. Entre as causas previstas, além daquelas referentes à exclusão por indignidade, autorizam a deserdação a **ofensa física** e a **injúria grave**, que são comuns tanto na deserdação dos descendentes por seus ascendentes, quanto destes por aqueles (CC/art. 1.962 e 1.963). Conforme já dissemos acima, exige-se a **declaração expressa** da causa legal, dada em testamento válido.
- **regras importantes:**

a) a **causa** deve constar **expressamente** em **testamento**

b) a causa legal da deserdação deverá ser provada em juízo, mediante ação ordinária

c) **são legitimados para a propositura da ação**:

1. o herdeiro instituído
2. àquele a quem aproveite a deserdação

d) o prazo decadencial é de **4 anos** a *contar da abertura do testamento*

23.11.9. REDUÇÃO DAS DISPOSIÇÕES TESTAMENTÁRIAS

- **noções gerais:** a legítima dos herdeiros necessários não pode ser atingida, pois haveria a privação do direito atribuído por lei aos sucessores reservatários (CC, art. 1.846). Caso ocorra a invasão de parte indisponível da herança, haverá a necessidade de sua redução, como forma de preservar a legítima. A outro giro, a redução não importa a nulidade do testamento, mas do encurtamento das disposições testamentárias que excederem a porção disponível.

23.11.10. REVOGAÇÃO DO TESTAMENTO

- **noções gerais:** o testamento é personalíssimo e revogável a qualquer tempo, da mesma forma que feito, ou seja, por outro testamento, ainda que de espécie diversa. Ex. um testamento público pode revogar um particular, e vice-versa (CC/art. 1.969 e seguintes). A revogação poderá ser total ou parcial. Não valerá se o testamento revogatório for **anulado** por omissão ou infração de solenidades essenciais ou por vícios intrínsecos. A outro giro, a revogação produzirá seus efeitos, ainda quando o testamento, que a encerra, vier a caducar por exclusão, incapacidade ou renúncia do herdeiro nele nomeado.
- **regras importantes:**

a) exceção à regra da revogação pelo mesmo modo, **testamento cerrado** que o testador **abrir** ou **dilacerar**, ou for aberto ou dilacerado **com seu consentimento**, haver-se-á como revogado.

b) codicilo não revoga testamento

23.11.11. ROMPIMENTO DO TESTAMENTO

- **noções gerais:** sobrevindo **descendente sucessível** ao testador, que não o tinha ou não o conhecia quando testou, rompe-se o testamento em todas as suas disposições, se esse **descendente sobreviver ao testador**. Rompe-se também o testamento feito na ignorância de existirem outros **herdeiros necessários**. Não se rompe o testamento se o testador dispuser da sua metade, não contemplando os herdeiros necessários de cuja existência **saiba**, ou quando os **exclua** dessa parte.

23.11.12. TESTAMENTEIRO

- **noções gerais:** é quem foi nomeado para cumprir sua disposição de última vontade (CC, art. 1.976 e ss.); sua remuneração se chama *vintena* (CC/art. 1.987).

23.12. INVENTÁRIO

- **noções gerais:** é o momento no qual os bens transferidos com a sucessão *mortis causa* serão catalogados, descritos e avaliados, admitindo-se que se faça por escritura pública (inventário administrativo ou extrajudicial), se não houver testamento a ser cumprido e todas as partes forem capazes e concordes na forma (NCPC/art. 610); caso contrário, será judicial. O inventário é iniciado no último domicílio do autor da herança (NCPC/art. 48 e CC/art. 1.785). Para os bens de pequeno valor, é reconhecido o arrolamento sumário e o arrolamento comum, nos termos do NCPC/arts. 664 e 665.
- **NOVO CPC:** os ritos do Novo Código de Processo Civil a respeito do inventário e da partilha ficaram assim divididos:

Ritos previstos no Novo Código de Processo Civil (Inventário e partilha)
▪ inventário judicial, pelo rito tradicional (NCPC, art. 610 a 658)
▪ Inventário judicial, pelo rito sumário (NCPC, arts. 659 a 663)
▪ Inventário judicial, pelo rito do arrolamento cumum (NCPC, arts. 664 a 665)
▪ independerá de inventário ou de arrolamento o pagamento dos valores previstos na Lei nº 6.858, de 24 de novembro de 1980 (NCPC, art. 666).

23.13. SONEGADOS

- **noções gerais:** é a infração que se caracteriza pela ocultação intencional de bens que devem ser inventariados ou colacionados. A transgressão pode ser praticada pelo inventariante, pelo herdeiro e pelo testamenteiro (NCPC, art. 669, I). Segundo o CC, art. 1.992, "*o herdeiro que sonegar bens da herança, não os descrevendo no inventário quando estejam em seu poder, ou, com o seu conhecimento, no de outrem, ou que os omitir na colação, a que os deva levar, ou que deixar de restituí-los, perderá o direito que sobre eles lhe cabia*". A sanção ou penalidade deste descumprimento possui natureza civil.
- **regras importantes:**

a) **requisitos**

1. **elemento subjetivo**: dolo
2. **legitimados**: os herdeiros legítimos ou testamentários e o credor da herança
3. **prazo para a propositura da ação**: prescricional de **10 anos**
4. **foro competente:** do inventário
5. **se não se restituírem o bem, por não se encontrar em poder do sonegador**: paga-se a importância dos valores que ocultou mais perdas e danos

b) **consequências da sonegação**:

1. para o *herdeiro* haverá a perda do direito sobre o bem sonegado (CC, art. 1.992, última parte), que voltará ao monte para ser partilhado entre os outros
2. o *inventariante é removido* (CC, art. 1.993)
3. o testamenteiro perderá a inventariança e a vintena (CPC-73, art. 1.140; NCPC, arts. 617, V, 622 a 625 e 553, parágrafo único).

23.14. COLAÇÃO

- **noções gerais:** é o ato pelo qual os descendentes, concorrendo à sucessão do ascendente comum, são obrigados, para igualar as legítimas, a conferir ou relacionar o valor das doações que dele em vida receberam, sob pena de sonegação, que é a perda do direito sobre tais bens. Segundo o art. 544 do CC, a doação de ascendente a descendente, ou de um cônjuge a outro, mesmo que da parte disponível, a natureza de adiantamento do que lhes cabe na herança, seja a *doação direta ou indireta* (perdão de dívida, p. ex.). Essa obrigatoriedade da colação não se estende *ao descendente de segundo grau*, que recebeu doação em nome próprio.
- **regras importantes:**

a) a conferência da doação não é absoluta, admitindo-se a dispensa da colação, por ato do doador, nos termos do CC/art. 2.005, que exige, *cumulativamente: (a) que a doação sai da parte disponível; (b) que não a excedam, segundo o valor ao tempo da doação; (c) que a dispensa seja outorgada em testamento ou no próprio título da liberalidade*

b) o dever de colacionar também se aplica aos cônjuges, por força do CC/art. 544

c) a colação é conferida por substância, exceto se os bens não existirem, quando a conferência será por valor ou estimação, chamada de *colação ideal* (CC/art. 2003, par. único e 2.007, § 2º)

d) as doações remuneratórias e os gastos ordinários com os descendentes não se sujeitam à colação (CC/art. 2.010 e 2.011), mas deverão colacionar o renunciante da herança e o dela excluído, por deserdação ou indignidade, para o fim de repor o que excedeu o disponível (CC/art. 2.008)

23.15. PARTILHA

- **noções gerais:** é a divisão oficial do monte líquido, apurado durante o inventário, entre os sucessores do *de cujus* (coproprietários *pro indiviso*), para lhes adjudicar os respectivos quinhões hereditários. Seu efeito é declaratório e retroativo, ou seja, *ex tunc*. (Maria Helena Diniz).
- **características:**

a) a partilha não atribui a propriedade, que ocorre com o *droit de saisine*, daí seu caráter declaratário

b) admite-se as formas *judicial ou amigável, sendo esta inter vivos ou post mortem* (CC/art. 2.016 e 2.018). A partilha *inter vivos* só é admitida se feita pelo ascendente (CC/art. 426); deverá ser observado em quaisquer delas a maior igualdade possível, em razão do valor, natureza e qualidade dos bens (CC/art. 2.017)

c) na partilha judicial, o documento que se expede ao final da divisão dos bens se chama formal de partilha ou certidão do pagamento do quinhão (NCPC/art. 655, parágrafo único); a partilha judicial consensual é homologada e não julgada por sentença.

- **anulação da partilha:** é cabível pelos vícios e defeitos que invalidam, em geral, os negócios jurídicos (coação, erro, dolo, estado de perigo, lesão, fraude contra credores e incapacidade), com **prazo decadencial** de **01 ano**.
- **nulidade da partilha:** pelos vícios previstos nos arts. 166 e 167. Pode ser alegada por qualquer interessado e pelo Ministério Público, bem como reconhecida de ofício (CC/art. 168), e nesse caso, a eiva não se convalesce, e nem se confirmam os atos nulos (CC, art. 169).
- **NOVO CPC**: o novel diploma corrigiu o anterior, pois os prazos de anulação do negócio jurídico são decadenciais e não prescricionais. Tratando-se de ação desconstitutiva, ou constitutiva negativa de ato ou negócio, o prazo é decandencial. Os prazos prescricionais, por seu turno, são próprios das ações condenatárias (Filho, Agnelo Amorim. *citado in*: TARTUCE, Flavio. *O novo CPC e o Direito Civil.* 1 ed. 2015. Método. São Paulo: p. 552). O prazo para a ação continua de 1 ano, como já constava do primitivo art. 2.027 do CC, mas agora alocado no art. 657, parágrafo único, do NCPC.

Redação original do Código Civil	Nova Redação do Código Civil	Antigo Código de Processo Civil	Novo Código de Processo Civil
"Art. 2.027. A partilha, uma vez feita e julgada, só é anulável pelos vícios e defeitos que invalidam, em geral, os negócios jurídicos. Parágrafo único. Extingue-se em um ano o direito de anular a partilha".	"Art. 2.027. A partilha é anulável pelos vícios e defeitos que invalidam, em geral, os negócios jurídicos (Vide Lei nº 13.105, de 2015)"	"Art. 1.029. A partilha amigável, lavrada em instrumento público, reduzida a termo nos autos do inventário ou constante de escrito particular homologado pelo juiz, pode ser anulada, por dolo, coação, erro essencial ou intervenção de incapaz. Parágrafo único. O direito de propor ação anulatória de partilha amigável prescreve em 1 (um) ano, contado este prazo: I - no caso de coação, do dia em que ela cessou; II - no de erro ou dolo, do dia em que se realizou o ato; III - quanto ao incapaz, do dia em que cessar a incapacidade".	"Art. 657. A partilha amigável, lavrada em instrumento público, reduzida a termo nos autos do inventário ou constante de escrito particular homologado pelo juiz, pode ser anulada por dolo, coação, erro essencial ou intervenção de incapaz, observado o disposto no § 4º do art. 966. Parágrafo único. O direito à anulação de partilha amigável extingue-se em 1 (um) ano, contado esse prazo: I - no caso de coação, do dia em que ela cessou; II - no caso de erro ou dolo, do dia em que se realizou o ato; III - quanto ao incapaz, do dia em que cessar a incapacidade".

- **rescisão da partilha:** é admitida quando a atividade jurisdicional não foi meramente homologatória, mas de conteúdo decisório (CPC, art. 1.030; NCPC, art. 658); nesse caso: (a) para quem participou do processo, seu prazo será *decadencial de* 2 anos, nos termos do CPC, art. 495; NCPC, art. 975; (b) para quem ***não*** participou do processo, deverá propor ação de *petição de herança* no prazo prescricional de **10 anos**, segundo o CC, art. 205 (Súmula 149 do STF), reconhecendo-se a invalidade do decisório, com o retorno ao estado anterior.
- **emenda da partilha**: para correção de erro de fato (CPC, art. 1.028; NCPC, art. 656).
- **sobrepartilha**: a sobrepartilha é utilizada em caso de desconhecimento de uma das partes a respeito de determinado bem no momento da partilha, seja por má fé ou porque esse era desconhecido. Sempre será necessária a abertura de nova divisão, para que seja incluído o que ficou de fora. Todavia, um prazo para se entrar na Justiça pedindo sobrepartilha. Com o novo Código Civil (2002), esse prazo é prescricional de 10 anos. No antigo CC (1916) era de 20 anos. É a complementação da partilha. Segundo o art. 1.040 do CPC (NCPC, art. 669), haverá a sobrepartilha em relação:

a) aos *bens sonegados*
b) *aos bens da herança que se descobrirem depois da partilha*
c) *daqueles litigiosos, assim como os de liquidação difícil ou morosa*
d) *os situados em lugar remoto da sede do juízo onde se processa o inventário*

* **Nota:** em relação à sobrepartilha, observam-se as regras procedimentais pertinentes ao inventário e à partilha, mas com novas citações e intimações, ainda que corra nos autos do inventário do autor da herança. Igualmente, admite-se a sobrepartilha por **escritura pública**, mesmo que a partilha venha sob a forma judicial, e vice versa (CPC, art. 1.041, parágrafo único; NCPC, art. 670 e 610, § 1º).

23.16. SUCESSÃO DO COMPANHEIRO

- **noções gerais:** o Supremo Tribunal Federal (STF) concluiu o julgamento que discutia a equiparação entre cônjuge e companheiro para fins de sucessão, inclusive em uniões homoafetivas. A decisão foi proferida no julgamento dos REs n. 646721 e n. 878694, ambos com repercussão geral reconhecida. No julgamento, os ministros declararam inconstitucional o artigo 1.790 do Código Civil, que estabelece diferenças entre a participação do companheiro e do cônjuge na sucessão dos bens, sendo aprovada a seguinte tese, válida para ambos os processos: "No sistema constitucional vigente é inconstitucional a diferenciação de regime sucessório entre cônjuges e companheiros devendo ser aplicado em ambos os casos o regime estabelecido no artigo 1829 do Código Civil.". Na sistemática do art. 1.790 do CC, contudo, era observada a disciplina a seguir:
- **regras importantes:**

a) a companheira ou o companheiro participará da sucessão do outro, quanto aos bens **adquiridos onerosamente** na **vigência** da união estável, nas condições seguintes:

1. se concorrer com filhos comuns, terá direito a uma **quota equivalente** à que por lei for atribuída ao filho
2. se concorrer com descendentes **só do autor da herança**, tocar-lhe-á a **½ metade** do que couber a cada um daqueles
3. se concorrer com outros parentes sucessíveis, terá direito a um **¹/3 terço** da herança

4. não havendo parentes sucessíveis, terá direito à **totalidade** da herança.

24. DISPOSIÇÕES FINAIS E TRANSITÓRIAS

24.1. PRAZOS REDUZIDOS PELO NOVO CÓDIGO CIVIL

- **noções gerais:** de acordo com o art. 2.028 do CC: "Serão os da lei anterior os prazos, quando reduzidos por este Código, e se, na data de sua entrada em vigor, já houver transcorrido mais da metade do tempo estabelecido na lei revogada". O Código Civil de 2002 disciplinou a questão do direito intertemporal relativamente aos prazos iniciados no Código Civil de 1916 e ultimados quando já em vigor o diploma atual. Segundo as lições de Maria Helena Diniz, "os prazos prescricionais, decadenciais e inclusive os ad usucapionem (CC, arts. 1.238, caput, e 1.242, caput), de que, por ocasião da entrada e vigor do novo Código Civil, já tiver transcorrido mais da metade do tempo (metade do prazo mais um dia) estabelecido na lei revogada, serão os desta, apesar de terem sido reduzidos pelo novo diploma legal, em respeito à patrimonialidade gerada" (Código Civil Anotado, 16ª ed. 2012, pág. 1.437). Para o STJ, "os novos prazos fixados pelo Código Civil de 2002, sempre que reduzidos em relação aos prazos anteriormente previstos, estão sujeitos à regra de transição do art. 2.028 daquele diploma legal, devendo, por isso, ser contados a partir da entrada em vigor do novo Código" (STJ: AgRg no AREsp 16465 / DF).

24.2. PRAZOS DE USUCAPIÃO

- **noções gerais:** estabelece o art. 2.029 do CC: "Até dois anos após a entrada em vigor deste Código, os prazos estabelecidos no parágrafo único do art. 1.238 e no parágrafo único do art. 1.242 serão acrescidos de dois anos, qualquer que seja o tempo transcorrido na vigência do anterior, Lei no 3.071, de 1º de janeiro de 1916". Para Maria Helena Diniz, "os prazos de usucapião extraordinária (de dez anos, se o possuidor estabeleceu sua moradia habitual ou nele realizou obras e serviços de caráter produtivo) e de usucapião ordinária (de cinco anos, se o imóvel houver sido adquirido, onerosamente, com base em assento constante do registro próprio, cancelada posteriormente, desde que os possuidores nele tivessem estabelecido a sua moradia, ou realizado investimentos de interesse social) sofrerão, até dois anos após a entrada em vigor do novo Código, pouco importando o tempo transcorrido (metade, mais ou menos) sob a égide do antigo Código Civil. Até 11 de janeiro de 2005, os prazos, no caso em tela, serão de 12 e 07 anos. Consequentemente, aqueles prazos de 10 e 05 anos apenas se aplicarão após o transcurso do primeiro biênio de vigência do novel Código, àqueles possuidores cuja situação, que se enquadraria nos arts. 1.238 e parágrafo único e 1.242 e parágrafo único, se iniciou após a sua entrada em vigor (...) A partir de 11-1-2015, aos prazos de usucapião ordinária e extraordinária não mais deverão ser adicionados os dois anos, pois o art. 2.029 é norma transitória, que não mais terá aplicabilidade" (Código Civil Anotado, 16ª ed. 2012, pág. 1.443).

24.3. PRAZOS PARA A CONFIGURAÇÃO DA DESAPROPRIAÇÃO JUDICIAL

- **noções gerais:** estabelece o art. 2.030 do CC: "O acréscimo de que trata o artigo antecedente, será feito nos casos a que se refere o § 4º do art. 1.228". O artigo reportado dispõe sobre a desapropriação judicial, nestes termos: "O proprietário também pode ser privado da coisa se o imóvel reivindicado consistir em extensa área, na posse ininterrupta e de boa-fé, por mais de cinco anos, de considerável número de pessoas, e estas nela houverem realizado, em conjunto ou separadamente, obras e serviços considerados pelo juiz de interesse social e econômico relevante". Segundo Nelson Rosenvald, "trata-se de nova modalidade de desapropriação judicial indireta e de aquisição da propriedade imobiliária, sem qualquer traço de inconstitucionalidade. A norma será aplicada nas hipóteses de prolongado abandono do imóvel pelo titular, com o consequente ingresso na área de uma relevante comunidade de pessoas, que praticam posse qualificada pela função social por período mínimo de cinco anos. O magistrado preencherá na concretude do caso os conceitos jurídicos indeterminados, "extensa área", "considerável número de pessoas" e "obras e serviços de interesse social e econômico" (...) o dispositivo que ora examinamos prevê a dilação do prazo quinquenal da desapropriação indireta judicial em mais dois anos, até o transcurso de dois anos contados do início da vigência do Código Civil. Portanto, mesmo que já existam os requisitos para a aplicação desse modelo jurídico, os prazos ficarão congelados até janeiro de 2005, a fim de que os proprietários dormidores não sejam surpreendidos pela perda do imóvel, fato que inequivocamente importaria em confisco" (Código Civil Comentado, 6ª ed, Manole, Coordenação do Ministro Cesar Peluso, pág. 2.367).

24.4. CONSTITUIÇÃO DE ASSOCIAÇÕES, SOCIEDADES E FUNDAÇÕES

- **noções gerais:** afirma do art. 2.031 do CC: "As associações, sociedades e fundações, constituídas na forma das leis anteriores, bem como os empresários, deverão se adaptar às disposições deste Código até 11 de janeiro de 2007. Parágrafo único. O disposto neste artigo não se aplica às organizações religiosas nem aos partidos políticos". Ensina Maria Helena Diniz: "Conceder-se-á prazo de quatro anos, contado da entrada em vigor do novo Código, para que associações, sociedades e fundações, com exceção das organizações religiosas e dos partidos políticos, constituídas sob a égide das leis anteriores, se adaptem ao disposto no novo diploma legal, que introduziu algumas modificações, para que possam continuar irradiando efeitos. P. ex. uma associação deveria adaptar seu estatuto aos arts. 53 a 61 do novo Código Civil"

24.5. FUNDAÇÕES INSTITUÍDAS SOB O CÓDIGO CIVIL DE 1916

- **noções gerais:** prescreve o art. 2.032 do CC: "As fundações, instituídas segundo a legislação anterior, inclusive as de fins diversos dos previstos no parágrafo único do art. 62, subordinam-se, quanto ao seu funcionamento, ao disposto neste Código". Conforme Maria Helena Diniz, "todas as fundações existentes, instituídas de conformidade com a lei anterior, mesmo que não tenham fins religiosos, morais, culturais (p. ex., artístico, educacionais, ambientais) ou assistenciais, em razão de ato jurídico perfeito, serão respeitadas, mas subordinar-se-ão, no que atinar ao seu funcionamento, aos arts. 44, III, 45, 62 a 69 do Código Civil" (Código Civil Anotado, 16ª ed. 2012, pág. 1.443).

24.6. MODIFICAÇÃO DOS ATOS CONSTITUTIVOS, TRANSFORMAÇÃO, INCORPORAÇÃO, CISÃO OU FUSÃO DAS PESSOAS JURÍDICAS DE DIREITO PRIVADO

- **noções gerais:** preceitua o art. 2.033 do CC: "Salvo o disposto em lei especial, as modificações dos atos constitutivos das pessoas jurídicas referidas no art. 44, bem como a sua transformação, incorporação, cisão ou fusão, regem-se desde logo por este Código". Como diz Maria Helena Diniz, "Qualquer alteração no estatuto ou ato constitutivo de pessoas jurídicas de direito privado, ou seja, de associações, sociedades e fundações, reger-se-á pelo novo Código, bem como a sua transformação, incorporação, cisão ou fusão (CC, art. 1.113 a 1.122), salvo o disposto em lei especial. Tal alteração do contrato social, que poderá ser feita por escritura pública ou instrumento particular, independentemente da forma de que se reveste o ato constitutivo, dará origem ao chamado contrato modificativo, por não implicar constituição de nova sociedade. Esse contrato modificativo deverá ser averbado, cumprindo-se todas as formalidades do art. 998 do novo Código Civil, à margem da inscrição da sociedade do Registro competente (CC, arts. 45, 999, parágrafo único, e 1.048)" (op. cit, pág. 1447).

24.7. DISSOLUÇÃO E LIQUIDAÇÃO DAS PESSOAS JURÍDICAS DE DIREITO PRIVADO

- **noções gerais:** conforme o art. 2.034 do CC: "A dissolução e a liquidação das pessoas jurídicas referidas no artigo antecedente, quando iniciadas antes da vigência deste Código, obedecerão ao disposto nas leis anteriores". Desse modo, se o processo de dissolução e liquidação das pessoas jurídicas de direito privado se deu antes da entrada em vigor do novo Código, serão observados os preceitos legais anteriores, ou seja, a lei vigente ao tempo da abertura daquele processo.

24.8. OBRIGATORIEDADE DO CÓDIGO CIVIL DE 1916 DURANTE A *VACATIO LEGIS*

- **noções gerais:** diz o art. 2.035 do CC: "A validade dos negócios e demais atos jurídicos, constituídos antes da entrada em vigor deste Código, obedece ao disposto nas leis anteriores, referidas no art. 2.045, mas os seus efeitos, produzidos após a vigência deste Código, aos preceitos dele se subordinam, salvo se houver sido prevista pelas partes determinada forma de execução. Parágrafo único. Nenhuma convenção prevalecerá se contrariar preceitos de ordem pública, tais como os estabelecidos por este Código para assegurar a função social da propriedade e dos contratos".

- **regras importantes:**

a) os negócios e atos jurídicos constituídos antes da entrada em vigor do Código Civil de 2002, ou durante o período de vacatio legis (CC, art. 2.044), em razão da obrigatoriedade do Código Civil de 1916, obedecerão às normas anteriores, referidas no art. 2.045 (Cód. Civil/1916 e Cód. Comercial), pois nestes casos o Cód. Civil de 2002 não produziu efeitos, embora publicado.

b) em função do ato jurídico perfeito e do direito adquirido, os negócios jurídicos constituídos sob a vigência do Cód. Civil de 1916, os seus efeitos, são insuscetíveis de modificação pela nova norma. Assim, o novo Código Civil não pode alterar os atos e negócios jurídicos válidos e já consumados.

c) os contratos ou atos jurídicos em curso de constituição ou de formação (e não aqueles em curso de execução), ao tempo em que a lei nova entrou em vigor, considerados fato pendentes, subordinam-se, quanto aos efeitos (formalidade intrínseca), à novel legislação, pois sob a lei anterior efeito algum foi produzido. Todavia, em sua formalidade extrínseca (validade ou invalidade), o fato pendente reger-se-á pela lei antiga, pois, em relação a esse aspecto, a lei nova não os alcança os fatos em curso de formação.

24.9. LOCAÇÃO DE PRÉDIO URBANO

- **noções gerais:** segundo o art. 2.036 do CC: "A locação de prédio urbano, que esteja sujeita à lei especial, por esta continua a ser regida". A locação de prédio urbano é regida pela Lei 8.245, de 18 de outubro de 1991. Trata-se do "contrato pelo qual uma das partes - locador - mediante remuneração pega pela outra - locatário - se compromete a fornecer-lhe, durante certo lapso, determinado ou não, o uso e gozo de imóvel destinado à habitação, a temporada ou a atividade empresarial" (Maria Helena Diniz, op. cit, pág. 1.453).
- **regras importantes:**

a) se o prédio locado tiver por finalidade exploração agrícola ou pecuária, a locação não será urbana. Neste caso, haverá locação de prédio rústico, que é regida pelo Estatuto da Terra (Lei 4.504/64 e 4.947/66 e Decreto 59.566/66).

b) estão excluídas da abrangência da Lei de Locação e continuam regulados pelo Código Civil e pelas leis especiais (art. 1º, parágrafo único, da Lei 8.245/91): (A) as locações: (1) de imóveis de propriedade da União, dos Estados e dos Municípios, de suas autarquias e fundações públicas; (2) de vagas autônomas de garagem ou de espaços para estacionamento de veículos; (3) de espaços destinados à publicidade; (4) em apart- hotéis, hotéis - residência ou equiparados, assim considerados aqueles que prestam serviços regulares a seus usuários e como tais sejam autorizados a funcionar; (B) o arrendamento mercantil, em qualquer de suas modalidades.

24.10. PROIBIÇÃO DE CONSTITUIÇÃO DE NOVAS ENFITEUSES E SUBENFITEUSES

- **noções gerais:** segundo Maria Helena Diniz, "a enfiteuse é o mais amplo dos jus in re aliena por autorizar o enfiteuta a exercer, restritiva e perpetuamente, sobre coisa imóvel, todos os poderes do domínio, mediante pagamento ao senhorio direto de uma renda anual [...] enfiteuta é a pessoa que possui o bem de modo direto, tendo sobre ele uso, gozo e disposição, desde que não afete sua substância, sendo, portanto, o titular do domínio [...] senhorio direto é o titular do domínio direto ou iminente. É aquele que tem a propriedade do imóvel aforado e esta dele afastado, não tendo a posse direta [...] canon é uma pensão anual e invariável, paga ao senhorio direito pelo enfiteuta. O canon, que é pago previamente, é fixado com base no valor proporcional ao do domínio pleno" (Código Civil Anotado, 16ª ed, 2012, Saraiva, pág. 1.456). Pelo art. 2.038, caput, do CC: "Fica proibida a constituição de enfiteuses e subenfiteuses, subordinando-se as existentes, até sua extinção, às disposições do Código Civil anterior, Lei no 3.071, de 1º de janeiro de 1916, e leis posteriores".

O Código Civil de 2002 dispõe sobre a enfiteuse e as subenfiteuses nas disposições transitórias, as quais não podem mais ser constituídas desde de 11.01.2003, data em que passou a vigorar a proibição do novo diploma, sem, contudo, ofender as situações constituídas sob o império do Código Civil de 1916, face o princípio da irretroatividade da lei, resguardados os direitos adquiridos, por força constitucional. Além da proibição de novas enfiteuses e subenfiteuses, o Código Civil de 2002 reduziu as vantagens até em então reconhecidas à enfiteuse, para que, mediante restrições, fosse desencorajada sua utilização. Segundo o art. 2.038, § 1º, do CC: "Nos aforamentos a que se refere este artigo é defeso: I - cobrar laudêmio ou prestação análoga nas transmissões de bem aforado, sobre o valor das construções ou plantações; II - constituir subenfiteuse". Contudo, se a alienação fiduciária tiver por objeto bens enfitêuticos, será exigível o pagamento do laudêmio se houver a consolidação do domínio útil do fiduciário (art. 22, § 1º, I, da Lei 9.514/97). Além disso, ficam isentas do pagamento de foros, taxas de ocupação e laudêmios, referentes a imóveis de propriedade da União, as pessoas consideradas carentes ou de baixa renda cuja situação econômica não lhes permita pagar esses encargos sem prejuízo do sustento próprio ou de sua família, sendo que a situação de carência ou baixa renda será comprovada a cada 4 (quatro) anos, na forma disciplinada pelo órgão competente, devendo ser suspensa a isenção sempre que verificada a alteração da situação econômica do ocupante ou foreiro. Considera-se carente ou de baixa renda para fins da isenção disposta acima o responsável por imóvel cuja renda familiar mensal for igual ou inferior ao valor correspondente a 5 (cinco) salários mínimos (art. 1º, §§ 1º e 2º, do Decreto-Lei 1.876/1981). Por fim, a enfiteuse dos terrenos de marinha e acrescidos regula-se por lei especial (art. 2.038, § 2º, do CC). Os terrenos da marinha e seus acrescidos são conceituados pelo Decreto-Lei 9.760/46, arts. 2º e ss. Basicamente, são aqueles banhados pelas águas do mar ou dos rios navegáveis, e os acrescidos são os que natural ou artificialmente se formaram a contar da preamar média das enchentes ordinárias para o lado do mar ou do rio. A enfiteuse poderá ter por objeto os terrenos da marinha e seus acrescidos, pois estes são bens dominiais da União, regidos por lei especial (Decreto-Lei 2.490/40, 4.120/42 e Lei 9.760/98, arts. 64, § 2º, 99, parágrafo único, 101, 102 e 103, regulamentada pelo Decreto 3.725/2001).

24.11. REGIME DE BENS DE CASAMENTOS REALIZADOS SOB O CÓDIGO CIVIL DE 1916

- **noções gerais:** estabelece o art. 2.039 do CC: "O regime de bens nos casamentos celebrados na vigência do Código Civil anterior, Lei no 3.071, de 1º de janeiro de 1916, é o por ele estabelecido". As situações jurídicas constituídas sob e égide do Código Civil revogado, inclusive durante a vacatio legis, mereceram destaque neste preceito. Desse modo, o regime matrimonial de bens dos casamentos celebrados ao tempo do Cód. Civil de 1916 devem ser respeitados.

- **regra importante:** é possível a mutalibidalide do regime de bens de casamento celebrado na égide do Cód. Civil de 1916. O Cód. Civil de 2002 acolheu o princípio da mutabilidade justificada do regime de bens, enquanto o Cód. Civil de 1916 o da imutabilidade absoluta. Todavia, segundo o STJ, a "interpretação conjugada dos arts. 1.639, § 2º, 2.035 e 2.039, do CC/02, admite a alteração do regime de bens adotado por ocasião do matrimônio, desde que ressalvados os direitos de terceiros e apuradas as razões invocadas pelos cônjuges para tal pedido" (STJ: REsp 821807 / PR, rel. Ministra Nancy Andrigui). O NOVO CPC/2015 – vimos acima no capítulo dos direitos de família – dispõe de procedimento expecial para alteração dos regime de bens, conforme o art. 734.

24.12. ORDEM DE VOCAÇÃO HEREDITÁRIA E RESTRIÇÃO AOS BENS DA LEGÍTIMA

- **noções gerais (1ª parte):** de acordo com o art. 2.041 do CC: "As disposições deste Código relativas à ordem da vocação hereditária (arts. 1.829 a 1.844) não se aplicam à sucessão aberta antes de sua vigência, prevalecendo o disposto na lei anterior (Lei no 3.071, de 1º de janeiro de 1916)". Por conseguinte, as normas do Cód. Civil de 2002 a respeito da ordem de vocação hereditária somente serão aplicáveis para sucessão aberta após a sua vigência. Portanto, se o autor da herança falecer antes da entrada em vigor do Novo Código, as regras disciplinadoras da sucessão serão aquelas do Código Civil antigo. Igualmente, regula a sucessão e a legitimação para suceder – a aptidão para herdar ou a qualidade para suceder – a lei vigente ao tempo da abertura daquela (CC, art. 1.787).

- **noções gerais (2ª parte):** a "legítima é a porção indisponível de bens de que o testador não pode dispor por estar reservada aos herdeiros necessários: descendente, ascendente e cônjuge sobrevivente" (Diniz, Maria Helena, op. cit, pág. 1350). Segundo o art. 1.848 do CC: "Salvo se houver justa causa, declarada no testamento, não pode o testador estabelecer cláusula de inalienabilidade, impenhorabilidade, e de incomunicabilidade, sobre os bens da legítima". Para que a restrição da legítima tenha validade e eficácia, exige-se que a devida justificação, feita em testamento, dos motivos pelos quais o testador quer limitar a legítima do herdeiro necessário. De acordo com o art. 2.042 do CC: "Aplica-se o disposto no caput do art. 1.848, quando aberta a sucessão no prazo de um ano após a entrada em vigor deste Código, ainda que o testamento tenha sido feito na vigência do anterior, Lei n. 3.071, de 1º de janeiro de 1916; se, no prazo, o testador não aditar o testamento para declarar a justa causa de cláusula aposta à legítima, não subsistirá a restrição". Portanto, o testado terá um ano após vigorar o Cód. Civil de 2002 para promover o aditamento do testamento sendo que, não o fazendo, a restrição legitimaria, ainda que sob a égide da lei passada, não subsistira.

24.13. VIGÊNCIA DAS DISPOSIÇÕES PROCESSUAIS, ADMINISTRATIVAS OU PENAIS

- **noções gerais:** preceitua o art. 2.043 do CC: "Até que por outra forma se disciplinem, continuam em vigor as disposições de natureza processual, administrativa ou penal, constantes de leis cujos preceitos de natureza civil hajam sido incorporados a este Código". De acordo com Maria Helena Diniz, "o novo Código Civil, acertadamente, contém, em sua maior parte, normas gerais, de caráter substantivo, que procuram definir as instituições jurídicas, por ele regidas, ressaltando seus fins e efeitos, deixando os pormenores à leias especiais, bem como a disciplina de fatos polêmicos engendrados, pelo avanço tecnológico, ou de situações que exigem construção doutrinária ou jurisprudencial para delinear os seus contornos (...) Ficou adstrito às matérias próprias do direito civil e empresarial, deixou até mesmo de lado as normas adjetivas, abarcando tão somente as intimamente relacionadas com os temas de direito material por ele tratados. Continuam tendo vigor as disposições de natureza processual (p. ex., os arts. 3º, § 2º, 34 a 37 e 40, § 2º, da Lei n. 6.015/77) administrativas ou penal contidas em normas, cujos preceitos de natureza civil forma incorporados ao novo Código Civil, até que por outra forma sejam disciplinadas. Nada obsta, juridicamente, a que leis adjetivas, administrativas e penais continuem vigorando e incidindo nas questões intimamente relacionas com o direito civil, por serem de ordem pública, sendo reflexos da ordem jurídica, que as reconhece, permitindo sua incidência, apesar de anteriores à Lei 10.406/2002" (Código Civil Anotado, 16ed, Saraiva, São Paulo, 2012, anotações ao art. 2.043).

24.14. DATA DA ENTRADA EM VIGOR DO NOVO CÓDIGO CIVIL

- **noções gerais:** estabelece o art. 2.044 do CC: "Este Código entrará em vigor 1 (um) ano após a sua publicação". O Cód. Civil de 2002 foi publicado no Diário Oficial da União no dia 11-01-2002, com vacatio legis de um ano. De acordo com o art. 8º, § 1º, da Lei Complementar n. 95/98, incluído pela Lei Complementar n. 107/91, "A contagem do prazo para entrada em vigor das leis que estabeleçam período de vacância far-se-á com a inclusão da data da publicação e do último dia do prazo, entrando em vigor no dia subsequente à sua consumação integral". Assim, conforme sedimentou o STJ, "a entrada em vigor do novo código ocorreu no dia 11 de janeiro de 2003" (STJ: AgRg no REsp 1285996/RS).

◉ SÚMULAS APLICÁVEIS

1. STF – PARTE GERAL

- **Morte presumida**

STF – 331: É legítima a incidência do imposto de transmissão "causa mortis" no inventário por morte presumida.

- **Direitos da personalidade**

STF – 386: Pela execução de obra musical por artistas remunerados é devido direito autoral, não exigível quando a orquestra for de amadores.

- **Pessoa jurídica**

STF – 629: A impetração de mandado de segurança coletivo por entidade de classe em favor dos associados independe da autorização destes.

- **Domicílio**

STF – 483: É dispensável a prova da necessidade, na retomada de prédio situado em localidade para onde o proprietário pretende transferir residência, salvo se mantiver, também, a anterior, quando dita prova será exigida.

STF – 363: A pessoa jurídica de direito privado pode ser demandada no domicílio da agência, ou estabelecimento, em que se praticou o ato.

- **Bens**

STF – 650: Os incisos I e XI do art. 20 da Constituição Federal não alcançam terras de aldeamentos extintos, ainda que ocupadas por indígenas em Passado remoto.

STF – 487: Será deferida a posse a quem, evidentemente, tiver o domínio, se com base neste for ela disputada.

STF – 480: Pertencem ao domínio e administração da União, nos termos dos arts. 4º, IV, e 186, da Constituição Federal de 1967, as terras ocupadas por silvícolas. **Ver: CF/1988, art. 20, XI, 231, § 2º, 232.**

STF – 479: As margens dos rios navegáveis são de domínio público, insuscetíveis de expropriação e, por isso mesmo, excluídas de indenização. **Ver: CF/1988, art. 20, III.**

STF – 477: As concessões de terras devolutas situadas na faixa de fronteira, feitas pelos estados, autorizam, apenas, o uso, permanecendo o domínio com a união, ainda que se mantenha inerte ou tolerante, em relação aos possuidores. **Ver: CF/1988, art. 20, II, 26, IV e 225, § 5º.**

STF – 340: Desde a vigência do código civil, os bens dominicais, como os demais bens públicos, não podem ser adquiridos por usucapião.

- **Atos ilícitos**

STF – 562: Na indenização de danos materiais decorrentes de ato ilícito cabe a atualização de seu valor, utilizando-se, para esse fim, dentre outros critérios, os índices de correção monetária.

STF – 529: Subsiste a responsabilidade do empregador pela indenização decorrente de acidente do trabalho, quando o segurador, por haver entrado em liquidação, ou por outro motivo, não se encontrar em condições financeiras, de efetuar, na forma da lei, o pagamento que o seguro obrigatório visava garantir.

STF – 491: É indenizável o acidente que cause a morte de filho menor, ainda que não exerça trabalho remunerado.

STF – 261: Para a ação de indenização, em caso de avaria, é dispensável que a vistoria se faça judicialmente.

STF – 229: A indenização acidentária não exclui a do direito comum, em caso de dolo ou culpa grave do empregador.

STF – 35: Em caso de acidente do trabalho ou de transporte, a concubina tem direito de ser indenizada pela morte do amásio, se entre eles não havia impedimento para o matrimônio.

STF – 28: O estabelecimento bancário é responsável pelo pagamento de cheque falso, ressalvadas as hipóteses de culpa exclusiva ou concorrente do correntista.

- **Prescrição**

STF – 600: Cabe ação executiva contra o emitente e seus avalistas, ainda que não apresentado o cheque ao sacado no prazo legal, desde que não prescrita a ação cambiária.

STF – 443: A prescrição das prestações anteriores ao período previsto em lei não ocorre, quando não tiver sido negado, antes daquele prazo, o próprio direito reclamado, ou a situação jurídica de que ele resulta.

STF – 383: A prescrição em favor da Fazenda Pública recomeça a correr, por dois anos e meio, a partir do ato interruptivo, mas não fica reduzida aquém de cinco anos, embora o titular do direito a interrompa durante a primeira metade do prazo.

STF – 154: Simples vistoria não interrompe a prescrição.

STF – 150: Prescreve a execução no mesmo prazo de prescrição da ação.

STF – 149: É imprescritível a ação de investigação de paternidade, mas não o é a de petição de herança.

STF – 259: Para produzir efeito em juízo não é necessária a inscrição, no registro público, de documentos de procedência estrangeira, autenticados por via consular.

- **Decadência**

STF – 632: É constitucional lei que fixa o prazo de decadência para a impetração de mandado de segurança.

- **Prova**

STF – 442: A inscrição do contrato de locação no registro de imóveis, para a validade da cláusula de vigência contra o adquirente do imóvel, ou perante terceiros, dispensa a transcrição no registro de títulos e documentos.

STF – 341: É presumida a culpa do patrão ou comitente pelo ato culposo do empregado ou preposto.

STF – 420: Não se homologa sentença proferida no estrangeiro sem prova do trânsito em julgado.

STF – 279: Para simples reexame de prova não cabe recurso extraordinário.

STF – 259: Para produzir efeito em juízo não é necessária a inscrição, no registro público, de documentos de procedência estrangeira, autenticados por via consular.

STF - 231: O revel, em processo civil, pode produzir provas, desde que compareça em tempo oportuno.

2. STJ - PARTE GERAL

- **Direitos da personalidade**

STJ - 404: É dispensável o aviso de recebimento (AR) na carta de comunicação ao consumidor sobre a negativação de seu nome em bancos de dados e cadastros.

STJ - 403: Independe de prova do prejuízo a indenização pela publicação não autorizada de imagem de pessoa com fins econômicos ou comerciais.

STJ - 359: Cabe ao órgão mantenedor do Cadastro de Proteção ao Crédito a notificação do devedor antes de proceder à inscrição.

STJ - 261: A cobrança de direitos autorais pela retransmissão radiofônica de músicas, em estabelecimentos hoteleiros, deve ser feita conforme a taxa média de utilização do equipamento, apurada em liquidação.

STJ - 228: É inadmissível o interdito proibitório para a proteção do direito autoral.

STJ - 221: São civilmente responsáveis pelo ressarcimento de dano, decorrente de publicação pela imprensa, tanto o autor do escrito quanto o proprietário do veículo de divulgação.

STJ - 63: São devidos direitos autorais pela retransmissão radiofônica de músicas em estabelecimentos comerciais.

- **Pessoa jurídica**

STJ - 227: A pessoa jurídica pode sofrer dano moral.

STJ - 324: Compete à Justiça Federal processar e julgar ações de que participa a Fundação Habitacional do Exército, equiparada à entidade autárquica federal, supervisionada pelo Ministério do Exército.

STJ - 421: Os honorários advocatícios não são devidos à Defensoria Pública quando ela atua contra a pessoa jurídica de direito público à qual pertença.

STJ - 42: Compete à Justiça Comum Estadual processar e julgar as causas cíveis em que é parte sociedade de economia mista e os crimes praticados em seu detrimento.

STJ - 333: Cabe mandado de segurança contra ato praticado em licitação promovida por sociedade de economia mista ou empresa pública.

STJ - 389: A comprovação do pagamento do "custo do serviço" referente ao fornecimento de certidão de assentamentos constantes dos livros da companhia é requisito de procedibilidade da ação de exibição de documentos ajuizada em face da sociedade anônima.

STJ - 481: Faz jus ao benefício da justiça gratuita a pessoa jurídica com ou sem fins lucrativos que demonstrar sua impossibilidade de arcar com os encargos processuais.

- **Domicílio**

STJ - 383: A competência para processar e julgar as ações conexas de interesse de menor é, em princípio, do foro do domicílio do detentor de sua guarda.

STJ - 58: Proposta a execução fiscal, a posterior mudança de domicílio do executado não desloca a competência já fixada.

STJ - 01: O foro do domicilio ou da residência do alimentando e o competente para a ação de investigação de paternidade, quando cumulada com a de alimentos.

- **Bens**

STJ - 335: Nos contratos de locação, é válida a cláusula de renúncia à indenização das benfeitorias e ao direito de retenção.

STJ - 103: incluem-se entre os imóveis funcionais que podem ser vendidos os administrados pelas forças armadas e ocupados pelos servidores civis.

- **Defeitos dos atos jurídicos**

STJ - 322: Para a repetição de indébito, nos contratos de abertura de crédito em conta-corrente, não se exige a prova do erro.

STJ - 195: Em embargos de terceiro não se anula ato jurídico, por fraude contra credores.

- **Atos ilícitos**

STJ - 498: Não incide imposto de renda sobre a indenização por danos morais.

STJ - 479: As instituições financeiras respondem objetivamente pelos danos gerados por fortuito interno relativo a fraudes e delitos praticados por terceiros no âmbito de operações bancárias.

STJ - 476: O endossatário de título de crédito por endosso-mandato só responde por danos decorrentes de protesto indevido se extrapolar os poderes de mandatário.

STJ - 475: Responde pelos danos decorrentes de protesto indevido o endossatário que recebe por endosso translativo título de crédito contendo vício formal extrínseco ou intrínseco, ficando ressalvado seu direito de regresso contra os endossantes e avalistas.

STJ - 420: Incabível, em embargos de divergência, discutir o valor de indenização por danos morais.

STJ - 402: O contrato de seguro por danos pessoais compreende os danos morais, salvo cláusula expressa de exclusão.

STJ - 388: A simples devolução indevida de cheque caracteriza dano moral.

STJ - 387: Lícita a cumulação das indenizações de dano estético e dano moral.

STJ - 385: Da anotação irregular em cadastro de proteção ao crédito, não cabe indenização por dano moral, quando preexistente legítima inscrição, ressalvado o direito ao cancelamento.

STJ - 370: Caracteriza dano moral a apresentação antecipada de cheque pré-datado.

STJ - 362: A correção monetária do valor da indenização do dano moral incide desde a data do arbitramento.

STJ - 326: Na ação de indenização por dano moral, a condenação em montante inferior ao postulado na inicial não implica sucumbência recíproca.

STJ - 281: A indenização por dano moral não está sujeita à tarifação prevista na lei de imprensa.

STJ - 257: A falta de pagamento do prêmio do seguro obrigatório de danos pessoais causados por veículos automotores de vias terrestres (dpvat) não é motivo para a recusa do pagamento da indenização.

STJ - 227: A pessoa jurídica pode sofrer dano moral.

STJ - 221: São civilmente responsáveis pelo ressarcimento de dano, decorrente de publicação pela imprensa, tanto o autor do escrito quanto o proprietário do veículo de divulgação.

STJ - 186: Nas indenizações por ato ilícito, os juros compostos somente são devidos por aquele que praticou o crime.

STJ - 145: No transporte desinteressado, de simples cortesia, o transportador só será civilmente responsável por danos causados ao transportado quando incorrer em dolo ou culpa grave.

STJ – 132: A ausência de registro da transferência não implica a responsabilidade do antigo proprietário por dano resultante de acidente que envolva o veículo alienado.

STJ – 43: Incide correção monetária sobre dívida por ato ilícito a partir da data do efetivo prejuízo.

STJ – 37: São cumuláveis as indenizações por dano material e dano moral oriundos do mesmo fato.

- **Prescrição**

STJ – 547: Nas ações em que se pleiteia o ressarcimento dos valores pagos a título de participação financeira do consumidor no custeio de construção de rede elétrica, o prazo prescricional é de vinte anos na vigência do Código Civil de 1916. Na vigência do Código Civil de 2002, o prazo é de cinco anos se houver previsão contratual de ressarcimento e de três anos na ausência de cláusula nesse sentido, observada a regra de transição disciplinada em seu art. 2.028.

STJ – 504: O prazo para ajuizamento de ação monitória em face do emitente de nota promissória sem força executiva é quinquenal, a contar do dia seguinte ao vencimento do título.

STJ – 503: O prazo para ajuizamento de ação monitória em face do emitente de cheque sem força executiva é quinquenal, a contar do dia seguinte à data de emissão estampada na cártula.

STJ – 405: A ação de cobrança do seguro obrigatório (DPVAT) prescreve em três anos

STJ – 412: A ação de repetição de indébito de tarifas de água e esgoto sujeita-se ao prazo prescricional estabelecido no Código Civil.

STJ – 278: O termo inicial do prazo prescricional, na ação de indenização, é a data em que o segurado teve ciência inequívoca da incapacidade laboral.

STJ – 229: O pedido do pagamento de indenização à seguradora suspende o prazo de prescrição até que o segurado tenha ciência da decisão.

STJ – 106: Proposta a ação no prazo fixado para o seu exercício, a demora na citação, por motivos inerentes ao mecanismo da justiça, não justifica o acolhimento da arguição de prescrição ou decadência.

STJ – 101: A ação de indenização do segurado em grupo contra a seguradora prescreve em um ano.

STJ – 85: Nas relações jurídicas de trato sucessivo em que a Fazenda Pública figure como devedora, quando não tiver sido negado o próprio direito reclamado, a prescrição atinge apenas as prestações vencidas antes do quinquênio anterior à propositura da ação

- **Decadência**

STJ – 477: A decadência do art. 26 do CDC não é aplicável à prestação de contas para obter esclarecimentos sobre cobrança de taxas, tarifas e encargos bancários.

STJ – 106: Proposta a ação no prazo fixado para o seu exercício, a demora na citação, por motivos inerentes ao mecanismo da justiça, não justifica o acolhimento da arguição de prescrição ou decadência.

- **Prova**

STJ – 389: A comprovação do pagamento do "custo do serviço" referente ao fornecimento de certidão de assentamentos constantes dos livros da companhia é requisito de procedibilidade da ação de exibição de documentos ajuizada em face da sociedade anônima.

STJ – 372: Na ação de exibição de documentos, não cabe a aplicação de multa cominatória.

STJ – 301: Em ação investigatória, a recusa do suposto pai a submeter-se ao exame de DNA induz presunção *juris tantum* de paternidade.

STJ – 149: A prova exclusivamente testemunhal não basta à comprovação da atividade rurícola, para efeito da obtenção de benefício previdenciário.

3. STF – OBRIGAÇÕES

- **Obrigação de dar**

STF – 500: Não cabe a ação cominatória para compelir-se o réu a cumprir obrigação de dar **(Súmula anterior à Lei 10.444/2002, que alterou os arts. 287 e 461-A, §§ 3º 4º, todos do CPC)**.

- **Juros de mora e legais**

STF – 163: Salvo contra a Fazenda Pública, sendo a obrigação ilíquida, contam-se os juros moratórios desde a citação inicial para a ação.

STF – 254: Incluem-se os juros moratórios na liquidação, embora omisso o pedido inicial ou a condenação.

STF – 255: sendo ilíquida a obrigação, os juros moratórios, contra a fazenda pública, incluídas as autarquias, são contados do trânsito em julgado a sentença de liquidação.

STF – 412: No compromisso de compra e venda com cláusula de arrependimento, a devolução do sinal, por quem o deu, ou a sua restituição em dobro, por quem o recebeu, exclui indenização maior, a título de perdas e danos, salvo os juros moratórios e os encargos do processo.

4. STJ – OBRIGAÇÕES

- **Obrigação solidária**

STJ – 26: O avalista do título de crédito vinculado a contrato de mútuo também responde pelas obrigações pactuadas, quando no contrato figurar como devedor solidário.

- **Juros de mora e legais**

STJ – 523: A taxa de juros de mora incidente na repetição de indébito de tributos estaduais deve corresponder à utilizada para cobrança do tributo pago em atraso, sendo legítima a incidência da taxa Selic, em ambas as hipóteses, quando prevista na legislação local, vedada sua cumulação com quaisquer outros índices

STJ – 54: Os juros moratórios fluem a partir do evento danoso, em caso de responsabilidade extracontratual.

STJ – 70: Os juros moratórios, na desapropriação direta ou indireta, contam-se desde o trânsito em julgado da sentença.

STJ – 72: A comprovação da mora é imprescindível à busca e apreensão do bem alienado fiduciariamente.

STJ – 76: A falta de registro do compromisso de compra e venda de imóvel não dispensa a prévia interpelação para constituir em mora o devedor.

STJ – 102: A incidência dos juros moratórios sobre os compensatórios, nas ações expropriatórias, não constitui anatocismo vedado em lei.

STJ – 188: Os juros moratórios, na repetição do indébito tributário, são devidos a partir do trânsito em julgado da sentença.

STJ – 204: Os juros de mora nas ações relativas a benefícios previdenciários incidem a partir da citação válida.

STJ – 245: A notificação destinada a comprovar a mora nas dívidas garantidas por alienação fiduciária dispensa a indicação do valor do débito

STJ - 284: A purga da mora, nos contratos de alienação fiduciária, só é permitida quando já pagos pelo menos 40% (quarenta por cento) do valor financiado.

STJ - 285: Nos contratos bancários posteriores ao Código de Defesa do Consumidor incide a multa moratória nele prevista.

STJ - 369: No contrato de arrendamento mercantil (leasing), ainda que haja cláusula resolutiva expressa, é necessária a notificação prévia do arrendatário para constituí-lo em mora.

STJ - 379: Nos contratos bancários não regidos por legislação específica, os juros moratórios poderão ser convencionados até o limite de 1% ao mês.

STJ - 380: A simples propositura da ação de revisão de contrato não inibe a caracterização da mora do autor.

STJ - 426: Os juros de mora na indenização do seguro DPVAT fluem a partir da citação.

STJ - 410: A prévia intimação pessoal do devedor constitui condição necessária para a cobrança de multa pelo descumprimento de obrigação de fazer ou não fazer.

- **Imputação de pagamento**

STJ - 464: A regra de imputação de pagamentos estabelecida no art. 354 do Código Civil não se aplica às hipóteses de compensação tributária.

5. STF - CONTRATOS

- **Compra e venda**

STF - 621: Não enseja embargos de terceiro à penhora a promessa de compra e venda não inscrita no registro de imóveis

STF - 489: A compra e venda de automóvel não prevalece contra terceiros, de boa-fé, se o contrato não foi transcrito no registro de títulos e documentos.

STF - 413: O compromisso de compra e venda de imóveis, ainda que não loteados, dá direito à execução compulsória, quando reunidos os requisitos legais.

STF - 412: No compromisso de compra e venda com cláusula de arrependimento, a devolução do sinal, por quem o deu, ou a sua restituição em dobro, por quem o recebeu, exclui indenização maior, a título de perdas e danos, salvo os juros moratórios e os encargos do processo.

STF - 168: Para os efeitos do decreto-lei 58, de 10/12/1937, admite-se a inscrição imobiliária do compromisso de compra e venda no curso da ação.

STF - 167: Não se aplica o regime do decreto-lei 58, de 10/12/1937, ao compromisso de compra e venda não inscrito no registro imobiliário, salvo se o promitente vendedor se obrigou a efetuar o registro.

STF - 166: É inadmissível o arrependimento no compromisso de compra e venda sujeito ao regime do decreto-lei 58, de 10/12/1937.

- **Doação**

STF - 328: É legítima a incidência do imposto de transmissão "inter vivos" sobre a doação de imóvel.

- **Comodato**

STF - 573: Não constitui fato gerador do imposto de circulação de mercadorias a saída física de máquinas, utensílios e implementos a título de comodato.

- **Mútuo**

STF - 586: Incide imposto de renda sobre os juros remetidos para o exterior, com base em contrato de mútuo.

- **Empreitada**

STF - 334: É legítima a cobrança, ao empreiteiro, do imposto de vendas e consignações, sobre o valor dos materiais empregados, quando a empreitada não for apenas de lavor.

- **Transporte**

STF - 161: Em contrato de transporte, é inoperante a cláusula de não indenizar.

- **Seguro**

STF - 504: Compete à justiça federal, em ambas as instâncias, o processo e o julgamento das causas fundadas em contrato de seguro marítimo.

STF - 188: O segurador tem ação regressiva contra o causador do dano, pelo que efetivamente pagou, até ao limite previsto no contrato de seguro.

STF - 105: Salvo se tiver havido premeditação, o suicídio do segurado no período contratual de carência não exime o segurador do pagamento do seguro.

- **Outros contratos**

STF - 335: É válida a cláusula de eleição do foro para os processos oriundos do contrato.

STF - 169: Depende de sentença a aplicação da pena de comisso.

STF - 170: É resgatável a enfiteuse instituída anteriormente à vigência do Código Civil.

STF - 159: Cobrança excessiva, mas de boa-fé, não dá lugar às sanções do art. 1.531 do Código Civil.

STF - 122: O enfiteuta pode purgar a mora enquanto não decretado o comisso por sentença.

STF - 49: A cláusula de inalienabilidade inclui a incomunicabilidade dos bens.

6. STJ - CONTRATOS

- **Compra e venda**

STJ - 543: Na hipótese de resolução de contrato de promessa de compra e venda de imóvel submetido ao Código de Defesa do Consumidor, deve ocorrer a imediata restituição das parcelas pagas pelo promitente comprador - integralmente, em caso de culpa exclusiva do promitente vendedor/construtor, ou parcialmente, caso tenha sido o comprador quem deu causa ao desfazimento

STJ - 308: A hipoteca firmada entre a construtora e o agente financeiro, anterior ou posterior à celebração da promessa de compra e venda, não tem eficácia perante os adquirentes do imóvel.

STJ - 239: O direito à adjudicação compulsória não se condiciona ao registro do compromisso de compra e venda no cartório de imóveis.

STJ - 84: É admissível a oposição de embargos de terceiro fundados em alegação de posse advinda do compromisso de compra e venda de imóvel, ainda que desprovido do registro.

STJ - 76: A falta de registro do compromisso de compra e venda de imóvel não dispensa a previa interpelação para constituir em mora o devedor.

- **Mútuo**

STJ – 26: O avalista do título de credito vinculado a contrato de mútuo também responde pelas obrigações pactuadas, quando no contrato figurar como devedor solidário.

- **Seguro**

STJ – 580: A correção monetária nas indenizações do seguro DPVAT por morte ou invalidez, prevista no § 7º do art. 5º da Lei n. 6.194/1974, redação dada pela Lei n. 11.482/2007, incide desde a data do evento danoso.

STJ – 573: Nas ações de indenização decorrente de seguro DPVAT, a ciência inequívoca do caráter permanente da invalidez, para fins de contagem do prazo prescricional, depende de laudo médico, exceto nos casos de invalidez permanente notória ou naqueles em que o conhecimento anterior resulte comprovado na fase de instrução.

STJ – 540: Na ação de cobrança do seguro DPVAT, constitui faculdade do autor escolher entre os foros do seu domicílio, do local do acidente ou ainda do domicílio do réu.

STJ – 537: Em ação de reparação de danos, a seguradora denunciada, se aceitar a denunciação ou contestar o pedido do autor, pode ser condenada, direta e solidariamente junto com o segurado, ao pagamento da indenização devida à vítima, nos limites contratados na apólice.

STJ – 529: No seguro de responsabilidade civil facultativo, não cabe o ajuizamento de ação pelo terceiro prejudicado direta e exclusivamente em face da seguradora do apontado causador do dano.

STJ – 465: Ressalvada a hipótese de efetivo agravamento do risco, a seguradora não se exime do dever de indenizar em razão da transferência do veículo sem a sua prévia comunicação.

STJ – 402: O contrato de seguro por danos pessoais compreende os danos morais, salvo cláusula expressa de exclusão.

STJ – 61: O seguro de vida cobre o suicídio não premeditado.

- **Fiança**

STJ – 332: A fiança prestada sem autorização de um dos cônjuges implica a ineficácia total da garantia.

STJ – 214: O fiador na locação não responde por obrigações resultantes de aditamento ao qual não anuiu.

- **Revisão de contrato**

STJ – 380: A simples propositura da ação de revisão de contrato não inibe a caracterização da mora do autor.

- **Repetição de indébito**

STJ – 322: Para a repetição de indébito, nos contratos de abertura de crédito em conta-corrente, não se exige a prova do erro.

STJ – 176: É nula a cláusula contratual que sujeita o devedor à taxa de juros divulgada pela Anbid/Cetip.

- **Cláusula de arbitragem**

STJ – 485: A Lei de Arbitragem aplica-se aos contratos que contenham cláusula arbitral, ainda que celebrados antes da sua edição.

- **Arrendamento mercantil**

STJ – 293: A cobrança antecipada do valor residual garantido (VRG) não descaracteriza o contrato de arrendamento mercantil.

- **Contratos bancários**

STJ – 530: Nos contratos bancários, na impossibilidade de comprovar a taxa de juros efetivamente contratada – por ausência de pactuação ou pela falta de juntada do instrumento aos autos -, aplica-se a taxa média de mercado, divulgada pelo Bacen, praticada nas operações da mesma espécie, salvo se a taxa cobrada for mais vantajosa para o devedor.

7. STF – RESPONSABILIDADE CIVIL

- **Uso de algemas**

STF – Súmula Vinculante 11: Só é lícito o uso de algemas em casos de resistência e de fundado receio de fuga ou de perigo à integridade física própria ou alheia, por parte do preso ou de terceiros, justificada a excepcionalidade por escrito, sob pena de responsabilidade disciplinar, civil e penal do agente ou da autoridade e de nulidade da prisão ou do ato processual a que se refere, sem prejuízo da responsabilidade civil do Estado.

- **Morte do filho menor**

STF – 491: É indenizável o acidente que cause a morte de filho menor, ainda que não exerça trabalho remunerado.

- **Locadora de veículos**

STF – 492: A empresa locadora de veículos responde, civil e solidariamente com o locatário, pelos danos por este causados a terceiro, no uso do carro locado.

- **Cheque falso. Estabelecimento bancário**

STF – 28: O estabelecimento bancário é responsável pelo pagamento de cheque falso, ressalvadas as hipóteses de culpa exclusiva ou concorrente do correntista.

- **Culpa presumida**

STF – 341: É presumida a culpa do patrão ou comitente pelo ato culposo do empregado ou preposto.

- **Responsabilidade acidentária e comum**

STF – 229: A indenização acidentária não exclui a do direito comum, em caso de dolo ou culpa grave do empregador.

- **Responsabilidade contratual no transporte**

STF – 187: A responsabilidade contratual do transportador, pelo acidente com o passageiro, não é elidida por culpa de terceiro, contra o qual tem ação regressiva.

- **Cálculo da indenização**

STF – 562: Na indenização de danos materiais decorrentes de ato ilícito cabe a atualização de seu valor, utilizando-se, para esse fim, dentre outros critérios, os índices de correção monetária.

STF – 490: A pensão correspondente à indenização oriunda de responsabilidade civil deve ser calculada com base no salário mínimo vigente ao tempo da sentença e ajustar-se-á às variações ulteriores.

STF – 314: Na composição do dano por acidente do trabalho, ou de transporte, não é contrário à lei tomar para base da indenização o salário do tempo da perícia ou da sentença.

STF – 188: O segurador tem ação regressiva contra o causador do dano, pelo que efetivamente pagou, até o limite previsto no contrato de seguro.

- **Indenização. Contrato de transporte**

STF – 161: Em contrato de transporte é inoperante a cláusula de não indenizar.

STF – 35: Em caso de acidente do trabalho ou de transporte, a concubina tem direito de ser indenizada pela morte do amásio, se entre eles não havia impedimento para o matrimônio.

8. STJ – RESPONSABILIDADE CIVIL

- **Pessoa jurídica**

STJ – 227: A pessoa jurídica pode sofrer dano moral.

STJ – 572: O Banco do Brasil, na condição de gestor do Cadastro de Emitentes de Cheques sem Fundos (CCF), não tem a responsabilidade de notificar previamente o devedor acerca da sua inscrição no aludido cadastro, tampouco legitimidade passiva para as ações de reparação de danos fundadas na ausência de prévia comunicação.

- **Acidente de trânsito**

STJ – 145: no transporte desinteressado, de simples cortesia, o transportador só será civilmente responsável por danos causados ao transportado quando incorrer em dolo ou culpa grave.

STJ – 132: A ausência de registro da transferência não implica a responsabilidade do antigo proprietário por dano resultante de acidente que envolva o veículo alienado.

- **Dano moral**

STJ – 420: Incabível, em embargos de divergência, discutir o valor de indenização por danos morais.

STJ – 403: Independe de prova do prejuízo a indenização pela publicação não autorizada de imagem de pessoa com fins econômicos ou comerciais.

STJ – 402: O contrato de seguro por danos pessoais compreende os danos morais, salvo cláusula expressa de exclusão.

STJ – 388: A simples devolução indevida de cheque caracteriza dano moral.

STJ – 387: É lícita a cumulação das indenizações de dano estético e dano moral.

STJ – 385: Da anotação irregular em cadastro de proteção ao crédito, não cabe indenização por dano moral, quando preexistente legítima inscrição, ressalvado o direito ao cancelamento.

STJ – 370 – Caracteriza dano moral a apresentação antecipada de cheque pré-datado.

STJ – 362: A correção monetária do valor da indenização do dano moral incide desde a data do arbitramento.

STJ – 326: Na ação de indenização por dano moral, a condenação em montante inferior ao postulado na inicial não implica sucumbência recíproca.

STJ – 281: A indenização por dano moral não está sujeita à tarifação prevista na Lei de Imprensa.

STJ – 227: A pessoa jurídica pode sofrer dano moral.

STJ – 37: São cumuláveis as indenizações por dano material e dano moral oriundos do mesmo fato.

- **Cálculo da indenização**

STJ – 580: A correção monetária nas indenizações do seguro DPVAT por morte ou invalidez, prevista no § 7º do art. 5º da Lei n. 6.194/1974, redação dada pela Lei n. 11.482/2007, incide desde a data do evento danoso.

STJ – 544: É válida a utilização de tabela do Conselho Nacional de Seguros Privados para estabelecer a proporcionalidade da indenização do seguro DPVAT ao grau de invalidez também na hipótese de sinistro anterior a 16/12/2008, data da entrada em vigor da Medida Provisória n. 451/2008.

STJ – 498: Não incide imposto de renda sobre a indenização por danos morais.

STJ – 474: A indenização do seguro DPVAT, em caso de invalidez parcial do beneficiário, será paga de forma proporcional ao grau da invalidez.

STJ – 470: O Ministério Público não tem legitimidade para pleitear, em ação civil pública, a indenização decorrente do DPVAT em benefício do segurado.

STJ – 362: A correção monetária do valor da indenização do dano moral incide desde a data do arbitramento.

STJ – 335: Nos contratos de locação, é válida a cláusula de renúncia à indenização das benfeitorias e ao direito de retenção.

STJ – 326: Na ação de indenização por dano moral, a condenação em montante inferior ao postulado na inicial não implica sucumbência recíproca.

STJ – 313: Em ação de indenização, procedente o pedido, é necessária a constituição de capital ou caução fidejussória para a garantia de pagamento da pensão, independentemente da situação financeira do demandado.

STJ – 281: A indenização por dano moral não está sujeita à tarifação prevista na Lei de Imprensa.

STJ – 278: O termo inicial do prazo prescricional, na ação de indenização, é a data em que o segurado teve ciência inequívoca da incapacidade laboral.

STJ – 257: A falta de pagamento do prêmio do seguro obrigatório de Danos Pessoais Causados por Veículos Automotores de Vias Terrestres (DPVAT) não é motivo para a recusa do pagamento da indenização.

STJ – 246: O valor do seguro obrigatório deve ser deduzido da indenização judicialmente fixada.

STJ – 229: O pedido do pagamento de indenização à seguradora suspende o prazo de prescrição até que o segurado tenha ciência da decisão.

STJ – 109: O reconhecimento do direito a indenização, por falta de mercadoria transportada via marítima, independe de vistoria.

STJ – 43: Incide correção monetária sobre dívida por ato ilícito a partir da data do efetivo prejuízo

- **Juros**

STJ – 541: A previsão no contrato bancário de taxa de juros anual superior ao duodécuplo da mensal é suficiente para permitir a cobrança da taxa efetiva anual contratada

STJ – 539: É permitida a capitalização de juros com periodicidade inferior à anual em contratos celebrados com instituições integrantes do Sistema Financeiro Nacional a partir de 31/3/2000 (MP n. 1.963-17/2000, reeditada como MP n. 2.170-36/2001), desde que expressamente pactuada.

STJ – 426: Os juros de mora na indenização do seguro DPVAT fluem a partir da citação.

STJ – 186: Nas indenizações por ato ilícito, os juros compostos somente são devidos por aquele que praticou o crime.

STJ – 54: os juros moratórios fluem a partir do evento danoso, em caso de responsabilidade extracontratual.

- **Furto em estacionamento**

STJ – 130: A empresa responde, perante o cliente, pela reparação de dano ou furto de veículo ocorrido em seu estacionamento.

- **Lei de Imprensa**

STJ – 281: A indenização por dano moral não está sujeita à tarifação prevista na Lei de Imprensa.

STJ – 221: São civilmente responsáveis pelo ressarcimento de dano, decorrente de publicação pela imprensa, tanto o autor do escrito quanto o proprietário do veículo de divulgação.

- **Denunciação à lide**

STJ – 537: Em ação de reparação de danos, a seguradora denunciada, se aceitar a denunciação ou contestar o pedido do autor, pode ser condenada, direta e solidariamente junto com o segurado, ao pagamento da indenização devida à vítima, nos limites contratados na apólice.

- **Prazo para exclusão da cadastro de Inadimplente**

STJ – 548: Incumbe ao credor a exclusão do registro da dívida em nome do devedor no cadastro de inadimplentes no prazo de cinco dias úteis, a partir do integral e efetivo pagamento do débito.

9. STF – COISAS

- **Posse**

STF – 487: Será deferida a posse a quem, evidentemente, tiver o domínio, se com base neste for ela disputada.

STF – 415 – Servidão de trânsito não titulada, mas tomada permanente, sobretudo pela natureza das obras realizadas, considera-se aparente, conferindo direito a proteção possessória

- **Usucapião**

STF – 391: O confinante certo deve ser citado, pessoalmente, para a ação de usucapião.

STF – 340: Desde a vigência do código civil, os bens dominicais, como os demais bens públicos, não podem ser adquiridos por usucapião.

STF – 263: O possuidor deve ser citado pessoalmente para a ação de usucapião.

STF – 237: O usucapião pode ser arguido em defesa.

- **Uso**

STF – 477: As concessões de terras devolutas situadas na faixa de fronteira, feitas pelos estados, autorizam, apenas, o uso, permanecendo o domínio com a união, ainda que se mantenha inerte ou tolerante, em relação aos possuidores.

- **Direito de vizinhança**

STF – 120: Parede de tijolos de vidro translúcido pode ser levantada a menos de metro e meio do prédio vizinho, não importando servidão sobre ele.

10. STJ – COISAS

- **Posse**

STJ – 84: É admissível a oposição de embargos de terceiro fundados em alegação de posse advinda do compromisso de compra e venda de imóvel, ainda que desprovido do registro.

- **Interdito proibitório**

STJ – 228. É inadmissível o interdito proibitório para a proteção do direito autoral.

- **Registro de terrenos da marinha**

STJ – 496: Os registros de propriedade particular de imóveis situados em terrenos de marinha não são oponíveis à União.

- **Condomínio**

STJ – 260: A convenção de condomínio aprovada, ainda que sem registro, é eficaz para regular as relações entre os condôminos.

- **Usucapião**

STJ – 11: A presença da União ou de qualquer de seus entes, na ação de usucapião especial, não afasta a competência do foro da situação do imóvel.

STJ – 193: O direito de uso de linha telefônica pode ser adquirido por usucapião.

- **Hipoteca**

STJ – 308: A hipoteca firmada entre a construtora e o agente financeiro, anterior ou posterior à celebração da promessa de compra e venda, não tem eficácia perante os adquirentes do imóvel.

11. STF – FAMÍLIA

- **Casamento**

STF – 421: Não impede a extradição a circunstância de ser o extraditando casado com brasileira ou ter filho brasileiro.

STF – 377: No regime de separação legal de bens, comunicam-se os adquiridos na constância do casamento.

- **Alimentos**

STF – 226: Na ação de desquite, os alimentos são devidos desde a inicial e não da data da decisão que os concede.

STF – 379: No acordo de desquite não se admite renúncia aos alimentos, que poderão ser pleiteados ulteriormente, verificados os pressupostos legais.

- **Concubinato**

STF – 382: A vida em comum sob o mesmo teto, "more uxorio", não é indispensável à caracterização do concubinato.

STF – 380 – Comprovada a existência de sociedade de fato entre os concubinos, é cabível a sua dissolução judicial, com a partilha do patrimônio adquirido pelo esforço comum.

- **Regime de bens**

STF – 377: No regime de separação legal de bens, comunicam-se os adquiridos na constância do casamento.

- **Divórcio em outro país por procuração**

STF – 381: Não se homologa sentença de divórcio obtida, por procuração, em país de que os cônjuges não eram nacionais.

- **Desquite**

STF – 305: Acordo de desquite ratificado por ambos os cônjuges não é retratável unilateralmente.

12. STJ – FAMÍLIA

- **Separação judicial**

STJ – 336: A mulher que renunciou aos alimentos na separação judicial tem direito à pensão previdenciária por morte do ex-marido, comprovada a necessidade econômica superveniente.

- **Divórcio**

STJ – 197: O divórcio direto pode ser concedido sem que haja previa partilha dos bens.

- **Investigação de paternidade**

STJ - 301: Em ação investigatória, a recusa do suposto pai a submeter-se ao exame de DNA induz presunção juris tantum de paternidade.

- **Bem de família**

STJ - 549: É válida a penhora de bem de família pertencente a fiador de contrato de locação.

STJ - 486: Único imóvel residencial alugado a terceiros é impenhorável, desde que a renda obtida com o aluguel seja para subsistência do proprietário

STJ - 449: A vaga de garagem que possui matrícula própria no registro de imóveis não constitui bem de família para efeito de penhora.

STJ - 364: O conceito de impenhorabilidade de bem de família abrange também o imóvel pertencente a pessoas solteiras, separadas e viúvas.

STJ - 205: A lei 8.009/90 aplica-se a penhora realizada antes de sua vigência.

- **Alimentos**

STJ - 358: O cancelamento de pensão alimentícia de filho que atingiu a maioridade está sujeito à decisão judicial, mediante contraditório, ainda que nos próprios autos

STJ - 336: A mulher que renunciou aos alimentos na separação judicial tem direito à pensão previdenciária por morte do ex-marido, comprovada a necessidade econômica superveniente.

STJ - 309: O débito alimentar que autoriza a prisão civil do alimentante é o que compreende as três prestações anteriores ao ajuizamento da execução e as que se vencerem no curso do processo.

STJ - 277: Julgada procedente a investigação de paternidade, os alimentos são devidos a partir da citação.

STJ - 1: O foro do domicílio ou da residência do alimentando é o competente para a ação de investigação de paternidade, quando cumulada com a de alimentos.

13. STF - SUCESSÕES

- **Petição de herança**

STF - 149: É imprescritível a ação de investigação de paternidade, mas não o é a de petição de herança.

- **Inventário**

STF - 542: Não é inconstitucional a multa instituída pelo estado-membro, como sanção pelo retardamento do início ou da ultimação do inventário.

STF - 331: É legítima a incidência do imposto de transmissão "causa mortis" no inventário por morte presumida.

- **Partilha**

STF - 380: Comprovada a existência de sociedade de fato entre os concubinos, é cabível a sua dissolução judicial, com a partilha do patrimônio adquirido pelo esforço comum.

- **Testamento**

STF - 447: É válida a disposição testamentária em favor de filho adulterino do testador com sua concubina.

✦ INFORMATIVOS APLICÁVEIS

1. DO DIREITO DAS OBRIGAÇÕES

1.1. DO INADIMPLEMENTO DAS OBRIGAÇÕES

▸ **Desproporção entre a quantia paga inicialmente e o preço ajustado.**

Se a proporção entre a quantia paga inicialmente e o preço total ajustado evidenciar que o pagamento inicial englobava mais do que o sinal, não se pode declarar a perda integral daquela quantia inicial como se arras confirmatórias fosse, sendo legítima a redução equitativa do valor a ser retido. *REsp 1.513.259-MS, Rel. Min. João Otávio de Noronha, DJe 22.2.2016. 3ª T. (Info 577)*

1.2. DAS VÁRIAS ESPÉCIES DE CONTRATO

1.2.1. DA COMPRA E VENDA

▸ **Inaplicabilidade do direito de preferência em contrato de compra e venda celebrado entre condôminos.**

O direito de preferência previsto no art. 504 do CC aplica-se ao contrato de compra e venda celebrado entre condômino e terceiro, e não àquele ajustado entre condôminos. *REsp 1.137.176-PR, Rel. Min. Marco Buzzi, DJe 24.2.2016. 4ª T. (Info 577)*

1.2.2. DA DOAÇÃO

▸ **Requisitos do instrumento procuratório para a validade da doação.**

É inválida a doação realizada por meio de procurador se o instrumento procuratório concedido pelo proprietário do bem não mencionar o donatário, sendo insuficiente a declaração de poderes gerais na procuração. *REsp 1.575.048-SP, Rel. Min. Marco Buzzi, DJe 26.2.2016. 4ª T. (Info 577)*

1.2.3. DO SEGURO

▸ **Abrangência de cláusula securitária de invalidez total permanente.**

O fato de o beneficiário de seguro de vida em grupo ter sido reformado pelo Exército em razão de incapacidade total para sua atividade habitual (serviço militar) não implica, por si só, o direito à percepção de indenização securitária em seu grau máximo quando a apólice de seguro estipula que esse grau máximo é devido no caso de invalidez total permanente para qualquer atividade laboral. *REsp 1.318.639-MS, Rel. Min. João Otávio de Noronha, DJe 6.5.2016. 3ª T. (Info 582)*

▸ **Cobertura securitária em caso de perda total do bem.**

Ainda que o sinistro tenha ocasionado a perda total do bem, a indenização securitária deve ser calculada com base no prejuízo real suportado pelo segurado, sendo o valor previsto na apólice, salvo expressa disposição em contrário, mero teto indenizatório. *REsp 1.473.828-RJ, Rel. Min. Moura Ribeiro, DJe 5.11.2015. 3ª T. (Info 573)*

▸ Indenização securitária pelo valor do automóvel no momento do sinistro.

É abusiva a cláusula de contrato de seguro de automóvel que, na ocorrência de perda total do veículo, estabelece a data do efetivo pagamento (liquidação do sinistro) como parâmetro do cálculo da indenização securitária a ser paga conforme o valor médio de mercado do bem, em vez da data do sinistro. *REsp 1.546.163-GO, Rel. Min. Ricardo Villas Bôas Cueva, DJe 16.5.2016. 3ª T. (Info 583)*

1.3. DA RESPONSABILIDADE CIVIL

1.3.1. DA RESPONSABILIDADE CIVIL (GERAL)

▸ Devolução de cheque sem provisão de fundos e responsabilidade civil de instituição bancária.

O banco sacado não é parte legítima para figurar no polo passivo de ação ajuizada com o objetivo de reparar os prejuízos decorrentes da devolução de cheque sem provisão de fundos emitido por correntista. De fato, os arts. 2º, 7º e 10 da Res. Bacen n. 2.025/93 estabelecem regras para a elaboração da ficha-proposta a ser preenchida pelo cliente e procedimento para entrega de talonário de cheques. Mas, em nenhum momento, essas regras impõem o ônus da fiscalização constante do saldo em conta, nem transformam as instituições financeiras em garantes da solvibilidade de seus clientes. Assim, não se tratando de cheque administrativo ou cheque visado, a partir do momento em que o cheque é colocado à disposição do correntista não é possível fazer um controle do valor de emissão do título. *REsp 1.509.178-SC, Rel. Min. Maria Isabel Gallotti, DJe 30.11.2015. 4ª T. (Info 574)*

▸ Hipótese de inexistência de responsabilidade civil da mãe de menor de idade causador de acidente.

A mãe que, à época de acidente provocado por seu filho menor de idade, residia permanentemente em local distinto daquele no qual morava o menor – sobre quem apenas o pai exercia autoridade de fato – não pode ser responsabilizada pela reparação civil advinda do ato ilícito, mesmo considerando que ela não deixou de deter o poder familiar sobre o filho. *REsp 1.232.011-SC, Rel. Min. João Otávio de Noronha, DJe 4.2.2016. 3ª T. (Info 575)*

▸ Responsabilidade civil de instituição financeira por danos materiais decorrentes de desvios de valores por gerente de conta bancária.

A instituição financeira deverá restituir os valores desviados por gerente que, conquanto tivesse autorização do correntista para realizar aplicações financeiras, utilizou-se das facilidades de sua função para desviar em proveito próprio valores constantes da conta bancária do cliente. *REsp 1.569.767-RS, Rel. Min. Paulo de Tarso Sanseverino, DJe 9.3.2016. 3ª T. (Info 578)*

▸ Responsabilidade civil dos genitores pelos danos causados por seu filho esquizofrênico.

Os pais de portador de esquizofrenia paranoide que seja solteiro, maior de idade e more sozinho tem responsabilidade civil pelos danos causados durante os recorrentes surtos agressivos de seu filho, no caso em que eles, plenamente cientes dessa situação, tenham sido omissos na adoção de quaisquer medidas com o propósito de evitar a repetição desses fatos, deixando de tomar qualquer atitude para interditá-lo ou mantê-lo sob sua guarda e companhia. *REsp 1.101.324-RJ, Rel. Min. Antonio Carlos Ferreira, DJe 12.11.2015. 4ª T. (Info 573)*

▸ Termo final de pensão mensal por ato ilícito com resultado morte.

O fato de a vítima de ato ilícito com resultado morte possuir, na data do óbito, idade superior à expectativa média de vida do brasileiro não afasta o direito de seu dependente econômico ao recebimento de pensão mensal, que será devida até a data em que a vítima atingiria a expectativa de vida prevista na tabela de sobrevida (Tábua Completa de Mortalidade) do IBGE vigente na data do óbito, considerando-se, para os devidos fins, o gênero e a idade da vítima. *REsp 1.311.402-SP, Rel. Min. João Otávio de Noronha, DJe 7.3.2016. 3ª T. (Info 578)*

▸ Termo inicial de juros moratórios quando fixada pensão mensal a título de responsabilidade civil extracontratual.

Na responsabilidade civil extracontratual, se houver a fixação de pensionamento mensal, os juros moratórios deverão ser contabilizados a partir do vencimento de cada prestação, e não da data do evento danoso ou da citação. *REsp 1.270.983-SP, Rel. Min. Luis Felipe Salomão, DJe 5.4.2016. 4ª T. (Info 580)*

▸ Via processual adequada para se requerer sanção por cobrança judicial de dívida já adimplida. Recurso repetitivo. Tema 622.

A aplicação da sanção civil do pagamento em dobro por cobrança judicial de dívida já adimplida (cominação encartada no art. 1.531 do CC/1916, reproduzida no art. 940 do CC/02) pode ser postulada pelo réu na própria defesa, independendo da propositura de ação autônoma ou do manejo de reconvenção, sendo imprescindível a demonstração de má-fé do credor. *REsp 1.111.270-PR, Rel. Min. Marco Buzzi, 2ª S., DJe 16.2.2016. (Info 576)*

1.3.2. DA RESPONSABILIDADE CIVIL (DANOS MORAIS)

▸ Saque indevido em conta bancária e dano moral.

O banco deve compensar os danos morais sofridos por consumidor vítima de saque fraudulento que, mesmo diante de grave e evidente falha na prestação do serviço bancário, teve que intentar ação contra a instituição financeira com objetivo de recompor o seu patrimônio, após frustradas tentativas de resolver extrajudicialmente a questão. *AgRg no AREsp 395.426-DF, Rel. p/ ac. Marco Buzzi, DJe 17.12.2015. 4ª T. (Info 574)*

2. DO DIREITO DAS COISAS

2.1. DA PROPRIEDADE

2.1.1. DA PROPRIEDADE EM GERAL

▸ Usucapião especial urbana e área de imóvel inferior ao "módulo urbano".

Não obsta o pedido declaratório de usucapião especial urbana o fato de a área do imóvel ser inferior à correspondente ao "módulo urbano" (a área mínima a ser observada no parcelamento de solo urbano por determinação infraconstitucional). *REsp 1.360.017-RJ, Rel. Min. Ricardo Villas Bôas Cueva, DJe 27.5.2016. 3ª T. (Info 584)*

2.1.2. DO CONDOMÍNIO GERAL

▸ Aplicação de multas sancionatória e moratória por inadimplência condominial contumaz.

No caso de descumprimento reiterado do dever de contribuir para as despesas do condomínio (inciso I do art. 1.336 do CC), pode ser aplicada a multa sancionatória em razão de comportamento "antissocial" ou "nocivo" (art. 1.337 do CC), além da aplicação da multa moratória (§ 1º do art. 1.336 do CC). *REsp 1.247.020-DF, Rel. Min. Luis Felipe Salomão, DJe 11.11.2015. 4ª T. (Info 573)*

3. DO DIREITO DE FAMÍLIA

3.1. DO DIREITO PESSOAL

3.1.1 DAS RELAÇÕES DE PARENTESCO

▸ Direito ao reconhecimento de paternidade biológica.

O filho tem direito de desconstituir a denominada "adoção à brasileira" para fazer constar o nome de seu pai biológico em seu registro de nascimento, ainda que preexista vínculo socioafetivo de filiação com o pai registral. *REsp 1.417.598-CE, Rel. Min. Paulo de Tarso Sanseverino, DJe 18.2.2016. 3ª T. (Info 577)*

▸ Reconhecimento de paternidade socioafetiva "post mortem".

Será possível o reconhecimento da paternidade socioafetiva após a morte de quem se pretende reconhecer como pai. *REsp 1.500.999-RJ, Rel. Min. Ricardo Villas Bôas Cueva, DJe 19.4.2016. 3ª T. (Info 581)*

3.2. DO DIREITO PATRIMONIAL

3.2.1. DO REGIME DE BENS ENTRE OS CÔNJUGES

▸ Inexistência de meação de valores depositados em conta vinculada ao FGTS antes da constância da sociedade conjugal sob o regime da comunhão parcial.

Diante do divórcio de cônjuges que viviam sob o regime da comunhão parcial de bens, não deve ser reconhecido o direito à meação dos valores que foram depositados em conta vinculada ao FGTS em datas anteriores à constância do casamento e que tenham sido utilizados para aquisição de imóvel pelo casal durante a vigência da relação conjugal. *REsp 1.399.199-RS, Rel. p/ ac. Min. Luis Felipe Salomão, DJe 22.4.2016. 2ª S. (Info 581)*

▸ Partilha de quotas de sociedade de advogados.

Na separação judicial, sujeitam-se a partilha as quotas de sociedade de advogados adquiridas por um dos cônjuges, sob o regime da comunhão universal de bens, na constância do casamento. A participação societária distingue-se nitidamente da atividade econômica propriamente desenvolvida pela sociedade. Ainda que o objeto social consista na exploração da atividade profissional intelectual de seus sócios, a participação societária de cada qual, de modo algum, pode ser equiparada a proventos, rendimentos ou honorários, compreendidos estes como a retribuição pecuniária pela prestação de determinado serviço ou trabalho. Para a hipótese, é absolutamente irrelevante saber se a sociedade tem por objeto social a exploração de atividade empresarial, assim compreendida como a atividade econômica organizada para a produção ou circulação de bens ou serviços, ou de atividade profissional de seus sócios (sociedades uniprofissionais). A distinção quanto à natureza da sociedade, se empresarial ou simples, somente terá relevância se a pretensão de partilha estiver indevidamente direcionada a bens incorpóreos, como a clientela e seu correlato valor econômico e fundo de comércio, elementos típicos de sociedade empresária, espécie da qual a sociedade de advogados, por expressa vedação legal, não se insere (REsp 1.227.240 e REsp 958.116). *REsp 1.531.288-RS, Rel. Min. Marco Aurélio Bellizze, DJe 17.12.2015. 3ª T. (Info 575)*

▸ Termo inicial do prazo para herdeiro pleitear anulação de fiança.

O prazo decadencial para herdeiro do cônjuge prejudicado pleitear a anulação da fiança firmada sem a devida outorga conjugal é de dois anos, contado a partir do falecimento do consorte que não concordou com a referida garantia. *REsp 1.273.639-REsp 1273639-SP, Rel. Luis Felipe Salomão, DJe 18.4.2016. 4ª T. (Info 581)*

3.2.2. DO BEM DE FAMÍLIA

▸ Exceção à impenhorabilidade do bem de família.

Na execução civil movida pela vítima, não é oponível a impenhorabilidade do bem de família adquirido com o produto do crime, ainda que a punibilidade do acusado tenha sido extinta em razão do cumprimento das condições estipuladas para a suspensão condicional do processo. *REsp 1.091.236-RJ, Rel. Min. Marco Buzzi, DJe 1º.2.2016. 4ª T. (Info 575)*

▸ Impenhorabilidade do bem de família.

A impenhorabilidade do bem de família no qual reside o sócio devedor não é afastada pelo fato de o imóvel pertencer à sociedade empresária. *EDcl no AREsp 511.486-SC, Rel. Min. Raul Araújo, DJe 10.3.2016. 4ª T. (Info 579)*

4. DO DIREITO DAS SUCESSÕES

4.1. DA SUCESSÃO LEGÍTIMA

▸ Discussão de culpa no direito sucessório e ônus da prova.

Ocorrendo a morte de um dos cônjuges após dois anos da separação de fato do casal, é legalmente relevante, para fins sucessórios, a discussão da culpa do cônjuge sobrevivente pela ruptura da vida em comum, cabendo a ele o ônus de comprovar que a convivência do casal se tornara impossível sem a sua culpa. *REsp 1.513.252-SP, Rel. Min. Maria Isabel Gallotti, DJe 12.11.2015. 4ª T. (Info 573)*

▸ Herança de bem gravado com cláusula de incomunicabilidade.

A cláusula de incomunicabilidade imposta a um bem transferido por doação ou testamento só produz efeitos enquanto viver o beneficiário, sendo que, após a morte deste, o cônjuge sobrevivente poderá se habilitar como herdeiro do referido bem, observada a ordem de vocação hereditária. Isso porque a cláusula de incomunicabilidade imposta a um bem não se relaciona com a vocação hereditária. Assim, se o indivíduo recebeu por doação ou testamento bem imóvel com a referida cláusula, sua morte não impede que seu herdeiro receba o mesmo bem. São dois institutos distintos: cláusula de incomunicabilidade e vocação hereditária. *REsp 1.552.553-RJ, Rel. Min. Maria Isabel Gallotti, DJe 11.2.2016. 4ª T. (Info 576)*

▸ Ilegitimidade da viúva meeira para figurar no polo passivo de ação de petição de herança.

A viúva meeira que não ostente a condição de herdeira é parte ilegítima para figurar no polo passivo de ação de petição de herança na qual não tenha sido questionada a meação, ainda que os bens integrantes de sua fração se encontrem em condomínio "pro indiviso" com os bens pertencentes ao quinhão hereditário. Isso porque eventual procedência da ação de petição de herança em nada refletirá na esfera de direitos da viúva meeira, tendo em vista que não será possível subtrair nenhuma fração de sua meação, que permanecerá invariável, motivo pela qual não deve ser qualificada como litisconsorte passiva necessária (REsp 331.781). *REsp 1.500.756-GO, Rel. Min. Maria Isabel Gallotti, DJe 2.3.2016. 4ª T. (Info 578)*

▸ Termo inicial do prazo prescricional da ação de petição de herança em reconhecimento póstumo de paternidade.

Na hipótese em que ação de investigação de paternidade post mortem tenha sido ajuizada após o trânsito em julgado da decisão de partilha de bens deixados pelo "de cujus", o termo inicial do prazo prescricional para o ajuizamento de ação de petição de herança é a data do trânsito em julgado da decisão que reconheceu a paternidade, e não o trânsito em julgado da sentença que julgou a ação de inventário. *REsp 1.475.759-DF, Rel. Min. João Otávio de Noronha, DJe 20.5.2016. 3ª T. (Info 583)*

4.2. DO INVENTÁRIO E DA PARTILHA

▸ Pretensão anulatória de doação-partilha.

Na hipótese em que o autor da herança tenha promovido em vida a partilha da integralidade de seus bens em favor de todos seus descendentes e herdeiros necessários, por meio de escrituras públicas de doação nas quais ficou consignado o consentimento de todos eles e, ainda, a dispensa de colação futura, a alegação de eventual prejuízo à legítima em decorrência da referida partilha deve ser pleiteada pela via anulatória apropriada, e não por meio de ação de inventário. *REsp 1.523.552-PR, Rel. Min. Marco Aurélio Bellizze, DJe 13.11.2015. 3ª T. (Info 573)*

◉ ENUNCIADOS DAS JORNADAS DE DIREITO CIVIL DO CONSELHO DA JUSTIÇA FEDERAL

(JORNADAS I, III, IV, V, VI E VII).

1. ENUNCIADOS DA PARTE GERAL

▪ I JORNADA DE DIREITO CIVIL

1 – Art. 2º: A proteção que o Código defere ao nascituro alcança o natimorto no que concerne aos direitos da personalidade, tais como: nome, imagem e sepultura.

2 – Art. 2º: Sem prejuízo dos direitos da personalidade nele assegurados, o art. 2º do Código Civil não é sede adequada para questões emergentes da reprogenética humana, que deve ser objeto de um estatuto próprio.

3 – Art. 5º: A redução do limite etário para a definição da capacidade civil aos 18 anos não altera o disposto no art. 16, I, da Lei n. 8.213/91, que regula específica situação de dependência econômica para fins previdenciários e outras situações similares de proteção, previstas em legislação especial.

4 – Art. 11: O exercício dos direitos da personalidade pode sofrer limitação voluntária, desde que não seja permanente nem geral.

5 – Arts. 12 e 20: 1) As disposições do art. 12 têm caráter geral e aplicam-se, inclusive, às situações previstas no art. 20, excepcionados os casos expressos de legitimidade para requerer as medidas nele estabelecidas; 2) as disposições do art. 20 do novo Código Civil têm a finalidade específica de regrar a projeção dos bens personalíssimos nas situações nele enumeradas. Com exceção dos casos expressos de legitimação que se conformem com a tipificação preconizada nessa norma, a ela podem ser aplicadas subsidiariamente as regras instituídas no art. 12.

6 – Art. 13: A expressão "exigência médica" contida no art. 13 refere-se tanto ao bem-estar físico quanto ao bem-estar psíquico do disponente.

7 – Art. 50: Só se aplica a desconsideração da personalidade jurídica quando houver a prática de ato irregular e, limitadamente, aos administradores ou sócios que nela hajam incorrido.

8 – Art. 62, parágrafo único: A constituição de fundação para fins científicos, educacionais ou de promoção do meio ambiente está compreendida no Código Civil, art. 62, parágrafo único.

9 – Art. 62, parágrafo único: Deve ser interpretado de modo a excluir apenas as fundações com fins lucrativos.

10 – Art. 66, § 1º: Em face do princípio da especialidade, o art. 66, § 1º, deve ser interpretado em sintonia com os arts. 70 e 178 da LC n. 75/93.

11 – Art. 79: Não persiste no novo sistema legislativo a categoria dos bens imóveis por acessão intelectual, não obstante a expressão "tudo quanto se lhe incorporar natural ou artificialmente", constante da parte final do art. 79 do Código Civil.

12 – Art. 138: Na sistemática do art. 138, é irrelevante ser ou não escusável o erro, porque o dispositivo adota o princípio da confiança.

13 – Art. 170: O aspecto objetivo da conversão requer a existência do suporte fático no negócio a converter-se.

14 – Art. 189: 1) O início do prazo prescricional ocorre com o surgimento da pretensão, que decorre da exigibilidade do direito subjetivo; 2) o art. 189 diz respeito a casos em que a pretensão nasce imediatamente após a violação do direito absoluto ou da obrigação de não fazer.

37 – Art. 187: A responsabilidade civil decorrente do abuso do direito independe de culpa e fundamenta-se somente no critério objetivo-finalístico.

51 – Art. 50: A teoria da desconsideração da personalidade jurídica – *disregard doctrine* – fica positivada no novo Código Civil, mantidos os parâmetros existentes nos microssistemas legais e na construção jurídica sobre o tema.

▪ III JORNADA DE DIREITO CIVIL

138 – Art. 3º: A vontade dos absolutamente incapazes, na hipótese do inc. I do art. 3º é juridicamente relevante na concretização de situações existenciais a eles concernentes, desde que demonstrem discernimento bastante para tanto.

139 – Art. 11: Os direitos da personalidade podem sofrer limitações, ainda que não especificamente previstas em lei, não podendo ser exercidos com abuso de direito de seu titular, contrariamente à boa-fé objetiva e aos bons costumes.

140 – Art. 12: A primeira parte do art. 12 do Código Civil refere-se às técnicas de tutela específica, aplicáveis de ofício, enunciadas no art. 461 do Código de Processo Civil, devendo ser interpretada com resultado extensivo.

141 – Art. 41: A remissão do art. 41, parágrafo único, do Código Civil às pessoas jurídicas de direito público, a que se tenha dado estrutura de direito privado", diz respeito às fundações públicas e aos entes de fiscalização do exercício profissional.

142 – Art. 44: Os partidos políticos, os sindicatos e as associações religiosas possuem natureza associativa, aplicando-se-lhes o Código Civil.

143 – Art. 44: A liberdade de funcionamento das organizações religiosas não afasta o controle de legalidade e legitimidade constitucional de seu registro, nem a possibilidade de reexame, pelo Judiciário, da compatibilidade de seus atos com a lei e com seus estatutos.

144 – Art. 44: A relação das pessoas jurídicas de direito privado constante do art. 44, incs. I a V, do Código Civil não é exaustiva.

145 – Art. 47: O art. 47 não afasta a aplicação da teoria da aparência.

146 – Art. 50: Nas relações civis, interpretam-se restritivamente os parâmetros de desconsideração da personalidade jurídica previstos no art. 50 (desvio de finalidade social ou confusão patrimonial). (Este Enunciado não prejudica o Enunciado n. 7)

147 – Art. 66: A expressão "por mais de um Estado", contida no § 2º do art. 66, não exclui o Distrito Federal e os Territórios. A atribuição de velar pelas fundações, prevista no art. 66 e seus parágrafos, ao MP local – isto é, dos Estados, DF e Territórios onde situadas – não exclui a necessidade de fiscalização de tais pessoas jurídicas pelo MPF, quando se tratar de fundações instituídas ou mantidas pela União, autarquia ou empresa pública federal, ou que destas recebam verbas, nos termos da Constituição, da LC n. 75/93 e da Lei de Improbidade.

148 – Art. 156: Ao "estado de perigo" (art. 156) aplica-se, por analogia, o disposto no § 2º do art. 157.

149 – Art. 157: Em atenção ao princípio da conservação dos contratos, a verificação da lesão deverá conduzir, sempre que possível, à revisão judicial do negócio jurídico e não à sua anulação, sendo dever do magistrado incitar os contratantes a seguir as regras do art. 157, § 2º, do Código Civil de 2002.

150 – Art. 157: A lesão de que trata o art. 157 do Código Civil não exige dolo de aproveitamento.

151 – Art. 158: O ajuizamento da ação pauliana pelo credor com garantia real (art. 158, § 1º) prescinde de prévio reconhecimento judicial da insuficiência da garantia.

152 – Art. 167: Toda simulação, inclusive a inocente, é invalidante.

153 – Art. 167: Na simulação relativa, o negócio simulado (aparente) é nulo, mas o dissimulado será válido se não ofender a lei nem causar prejuízos a terceiros.

154 – Art. 194: O juiz deve suprir, de ofício, a alegação de prescrição em favor do absolutamente incapaz.

155 – Art. 194: O art. 194 do Código Civil de 2002, ao permitir a declaração ex officio da prescrição de direitos patrimoniais em favor do absolutamente incapaz, derrogou o disposto no § 5º do art. 219 do CPC.

156 – Art. 198: Desde o termo inicial do desaparecimento, declarado em sentença, não corre a prescrição contra o ausente.

157 – Art. 212: O termo "confissão" deve abarcar o conceito lato de depoimento pessoal, tendo em vista que este consiste em meio de prova de maior abrangência, plenamente admissível no ordenamento jurídico brasileiro.

158 – Art. 215: A amplitude da noção de "prova plena" (isto é, "completa") importa presunção relativa acerca dos elementos indicados nos incisos do § 1º, devendo ser conjugada com o disposto no parágrafo único do art. 219.

▪ IV JORNADA DE DIREITO CIVIL

272 – Art. 10: Não é admitida em nosso ordenamento jurídico a adoção por ato extrajudicial, sendo indispensável a atuação jurisdicional, inclusive para a adoção de maiores de dezoito anos.

273 – Art. 10: Tanto na adoção bilateral quanto na unilateral, quando não se preserva o vínculo com qualquer dos genitores originários, deverá ser averbado o cancelamento do registro originário de nascimento do adotado, lavrando-se novo registro. Sendo unilateral a adoção, e sempre que se preserve o vínculo originário com um dos genitores, deverá ser averbada a substituição do nome do pai ou mãe naturais pelo nome do pai ou mãe adotivos.

274 – Art. 11: Os direitos da personalidade, regulados de maneira não-exaustiva pelo Código Civil, são expressões da cláusula geral de tutela da pessoa humana, contida no art. 1º, inc. III, da Constituição (princípio da dignidade da pessoa humana). Em caso de colisão entre eles, como nenhum pode sobrelevar os demais, deve-se aplicar a técnica da ponderação.

275 – Arts. 12 e 20: O rol dos legitimados de que tratam os arts. 12, parágrafo único, e 20, parágrafo único, do Código Civil também compreende o companheiro.

276 – Art. 13: O art. 13 do Código Civil, ao permitir a disposição do próprio corpo por exigência médica, autoriza as cirurgias de transgenitalização, em conformidade com os procedimentos estabelecidos pelo Conselho Federal de Medicina, e a consequente alteração do prenome e do sexo no Registro Civil.

277 – Art. 14: O art. 14 do Código Civil, ao afirmar a validade da disposição gratuita do próprio corpo, com objetivo científico ou altruístico, para depois da morte, determinou que a manifestação expressa do doador de órgãos em vida prevalece sobre a vontade dos familiares, portanto, a aplicação do art. 4º da Lei n. 9.434/97 ficou restrita à hipótese de silêncio do potencial doador.

278 – Art. 18: A publicidade que divulgar, sem autorização, qualidades inerentes a determinada pessoa, ainda que sem mencionar seu nome, mas sendo capaz de identificá-la, constitui violação a direito da personalidade.

279 – Art. 20: A proteção à imagem deve ser ponderada com outros interesses constitucionalmente tutelados, especialmente em face do direito de amplo acesso à informação e da liberdade de imprensa. Em caso de colisão, levar-se-á em conta a notoriedade do retratado e dos fatos abordados, bem como a veracidade destes e, ainda, as características de sua utilização (comercial, informativa, biográfica), privilegiando-se medidas que não restrinjam a divulgação de informações.

280 – Arts. 44, 57 e 60: Por força do art. 44, § 2º, consideram-se aplicáveis às sociedades reguladas pelo Livro II da Parte Especial, exceto às limitadas, os arts. 57 e 60, nos seguintes termos: a) em havendo previsão contratual, é possível aos sócios deliberar a exclusão de sócio por justa causa, pela via extrajudicial, cabendo ao contrato disciplinar o procedimento de exclusão, assegurado o direito de defesa, por aplicação analógica do art. 1.085; b) as deliberações sociais poderão ser convocadas por iniciativa de sócios que representem 1/5 (um quinto) do capital social, na omissão do contrato. A mesma regra aplica-se na hipótese de criação, pelo contrato, de outros órgãos de deliberação colegiada.

281 – Art. 50: A aplicação da teoria da desconsideração, descrita no art. 50 do Código Civil, prescinde da demonstração de insolvência da pessoa jurídica.

282 – Art. 50: O encerramento irregular das atividades da pessoa jurídica, por si só, não basta para caracterizar abuso da personalidade jurídica.

283 – Art. 50: É cabível a desconsideração da personalidade jurídica denominada "inversa" para alcançar bens de sócio que se valeu da pessoa jurídica para ocultar ou desviar bens pessoais, com prejuízo a terceiros.

284 – Art. 50: As pessoas jurídicas de direito privado sem fins lucrativos ou de fins não-econômicos estão abrangidas no conceito de abuso da personalidade jurídica.

285 – Art. 50: A teoria da desconsideração, prevista no art. 50 do Código Civil, pode ser invocada pela pessoa jurídica, em seu favor.

286 – Art. 52: Os direitos da personalidade são direitos inerentes e essenciais à pessoa humana, decorrentes de sua dignidade, não sendo as pessoas jurídicas titulares de tais direitos.

287 – Art. 98: O critério da classificação de bens indicado no art. 98 do Código Civil não exaure a enumeração dos bens públicos, podendo ainda ser classificado como tal o bem pertencente a pessoa jurídica de direito privado que esteja afetado à prestação de serviços públicos.

288 – Arts. 90 e 91: A pertinência subjetiva não constitui requisito imprescindível para a configuração das universalidades de fato e de direito.

289 – Art. 108: O valor de 30 salários mínimos constante no art. 108 do Código Civil brasileiro, em referência à forma pública ou particular dos negócios jurídicos que envolvam bens imóveis, é o atribuído pelas partes contratantes, e não qualquer outro valor arbitrado pela Administração Pública com finalidade tributária.

290 – Art. 157: A lesão acarretará a anulação do negócio jurídico quando verificada, na formação deste, a desproporção manifesta entre as prestações assumidas pelas partes, não se presumindo a premente necessidade ou a inexperiência do lesado.

291 – Art. 157: Nas hipóteses de lesão previstas no art. 157 do Código Civil, pode o lesionado optar por não pleitear a anulação do negócio jurídico, deduzindo, desde logo, pretensão com vista à revisão judicial do negócio por meio da redução do proveito do lesionador ou do complemento do preço.

292 – Art. 158: Para os efeitos do art. 158, § 2º, a anterioridade do crédito é determinada pela causa que lhe dá origem, independentemente de seu reconhecimento por decisão judicial.

293 – Art. 167: Na simulação relativa, o aproveitamento do negócio jurídico dissimulado não decorre tão-somente do afastamento do negócio jurídico simulado, mas do necessário preenchimento de todos os requisitos substanciais e formais de validade daquele.

294 – Arts. 167 e 168: Sendo a simulação uma causa de nulidade do negócio jurídico, pode ser alegada por uma das partes contra a outra.

295 – Art. 191: A revogação do art. 194 do Código Civil pela Lei n. 11.280/2006, que determina ao juiz o reconhecimento de ofício da prescrição, não retira do devedor a possibilidade de renúncia admitida no art. 191 do texto codificado.

296 – Art. 197: Não corre a prescrição entre os companheiros, na constância da união estável.

297 – Art. 212: O documento eletrônico tem valor probante, desde que seja apto a conservar a integridade de seu conteúdo e idôneo a apontar sua autoria, independentemente da tecnologia empregada.

298 – Arts. 212 e 225: Os arquivos eletrônicos incluem-se no conceito de "reproduções eletrônicas de fatos ou de coisas" do art. 225 do Código Civil, aos quais deve ser aplicado o regime jurídico da prova documental.

299 – Art. 2.028: Iniciada a contagem de determinado prazo sob a égide do Código Civil de 1916, e vindo a lei nova a reduzi-lo, prevalecerá o prazo antigo, desde que transcorrido mais de metade deste na data da entrada em vigor do novo Código. O novo prazo será contado a partir de 11 de janeiro de 2003, desprezando-se o tempo anteriormente decorrido, salvo quando o não-aproveitamento do prazo já vencido implicar aumento do prazo prescricional previsto na lei revogada, hipótese em que deve ser aproveitado o prazo já transcorrido durante o domínio da lei antiga, estabelecendo-se uma continuidade temporal.

300 – Art. 2.035: A lei aplicável aos efeitos atuais dos contratos celebrados antes do novo Código Civil será a vigente na época da celebração; todavia, havendo alteração legislativa que evidencie anacronismo da lei revogada, o juiz equilibrará as obrigações das partes contratantes, ponderando os interesses traduzidos pelas regras revogada e revogadora, bem como a natureza e a finalidade do negócio.

▪ V JORNADA DE DIREITO CIVIL

397 – Art. 5º: A emancipação por concessão dos pais ou por sentença do juiz está sujeita à desconstituição por vício de vontade.

398 – Art. 12, parágrafo único: As medidas previstas no art. 12, parágrafo único, do Código Civil podem ser invocadas por qualquer uma das pessoas ali mencionadas de forma concorrente e autônoma.

399 – Arts. 12, parágrafo único e 20, parágrafo único: Os poderes conferidos aos legitimados para a tutela post mortem dos direitos da personalidade, nos termos dos arts. 12, parágrafo único, e 20, parágrafo único, do CC, não compreendem a faculdade de limitação voluntária.

400 – Arts. 12, parágrafo único, e 20, parágrafo único: Os parágrafos únicos dos arts. 12 e 20 asseguram legitimidade, por direito próprio, aos parentes, cônjuge ou companheiro para a tutela contra lesão perpetrada post mortem.

401 – Art. 13: Não contraria os bons costumes a cessão gratuita de direitos de uso de material biológico para fins de pesquisa científica, desde que a manifestação de vontade tenha sido livre, esclarecida e puder ser revogada a qualquer tempo, conforme as normas éticas que regem a pesquisa científica e o respeito aos direitos fundamentais.

402 – Art. 14, parágrafo único: O art. 14, parágrafo único, do Código Civil, fundado no consentimento informado, não dispensa o consentimento dos adolescentes para a doação de medula óssea prevista no art. 9º, § 6º, da Lei n. 9.434/1997 por aplicação analógica dos arts. 28, § 2º (alterado pela Lei n. 12.010/2009), e 45, § 2º, do ECA.

403 – Art. 15: O Direito à inviolabilidade de consciência e de crença, previsto no art. 5º, VI, da Constituição Federal, aplica-se também à pessoa que se nega a tratamento médico, inclusive transfusão de sangue, com ou sem risco de morte, em razão do tratamento ou da falta dele, desde que observados os seguintes critérios: a) capacidade civil plena, excluído o suprimento pelo representante ou assistente; b) manifestação de vontade livre, consciente e informada; e c) oposição que diga respeito exclusivamente à própria pessoa do declarante.

404 – Art. 21: A tutela da privacidade da pessoa humana compreende os controles espacial, contextual e temporal dos próprios dados, sendo necessário seu expresso consentimento para tratamento de informações que versem especialmente o estado de saúde, a condição sexual, a origem racial ou étnica, as convicções religiosas, filosóficas e políticas.

405 – Art. 21: As informações genéticas são parte da vida privada e não podem ser utilizadas para fins diversos daqueles que motivaram seu armazenamento, registro ou uso, salvo com autorização do titular.

406 – Art. 50: A desconsideração da personalidade jurídica alcança os grupos de sociedade quando estiverem presentes os pressupostos do art. 50 do Código Civil e houver prejuízo para os credores até o limite transferido entre as sociedades.

407 – Art. 61: A obrigatoriedade de destinação do patrimônio líquido remanescente da associação à instituição municipal, estadual ou federal de fins idênticos ou semelhantes, em face da omissão do estatuto, possui caráter subsidiário, devendo prevalecer a vontade dos associados, desde que seja contemplada entidade que persiga fins não econômicos.

408 – Arts. 70 e 7º da Lei de Introdução às Normas do Direito Brasileiro: Para efeitos de interpretação da expressão "domicílio" do art. 7º da Lei de Introdução às Normas do Direito Brasileiro, deve ser considerada, nas hipóteses de litígio internacional relativo a criança ou adolescente, a residência habitual destes, pois se trata de situação fática internacionalmente aceita e conhecida.

409 – Art. 113: Os negócios jurídicos devem ser interpretados não só conforme a boa-fé e os usos do lugar de sua celebração, mas também de acordo com as práticas habitualmente adotadas entre as partes.

410 – Art. 157: A inexperiência a que se refere o art. 157 não deve necessariamente significar imaturidade ou desconhecimento em relação à prática de negócios jurídicos em geral, podendo ocorrer também quando o lesado, ainda que estipule contratos costumeiramente, não tenha conhecimento específico sobre o negócio em causa.

411 – Art. 186: O descumprimento de contrato pode gerar dano moral quando envolver valor fundamental protegido pela Constituição Federal de 1988.

412 – Art. 187: As diversas hipóteses de exercício inadmissível de uma situação jurídica subjetiva, tais como supressio, tu quoque, surrectio e venire contra factum proprium, são concreções da boa-fé objetiva.

413 – Art. 187: Os bons costumes previstos no art. 187 do CC possuem natureza subjetiva, destinada ao controle da moralidade social de determinada época, e objetiva, para permitir a sindicância da violação dos negócios jurídicos em questões não abrangidas pela função social e pela boa-fé objetiva.

414 – Art. 187: A cláusula geral do art. 187 do Código Civil tem fundamento constitucional nos princípios da solidariedade, devido processo legal e proteção da confiança, e aplica-se a todos os ramos do direito.

415 – Art. 190: O art. 190 do Código Civil refere-se apenas às exceções impróprias (dependentes/não autônomas). As exceções propriamente ditas (independentes/autônomas) são imprescritíveis.

416 – Art. 202: A propositura de demanda judicial pelo devedor, que importe impugnação do débito contratual ou de cártula representativa do direito do credor, é causa interruptiva da prescrição.

417 – Art. 202, I: O art. 202, I, do CC deve ser interpretado sistematicamente com o art. 219, § 1º, do CPC, de modo a se entender que o efeito interruptivo da prescrição produzido pelo despacho que ordena a citação é retroativo até a data da propositura da demanda.

418 – Art. 206: O prazo prescricional de três anos para a pretensão relativa a aluguéis aplica-se aos contratos de locação de imóveis celebrados com a administração pública.

419 – Art. 206, § 3º, V: O prazo prescricional de três anos para a pretensão de reparação civil aplica-se tanto à responsabilidade contratual quanto à responsabilidade extracontratual.

420 – Art. 206, § 3º, V: Não se aplica o art. 206, § 3º, V, do Código Civil às pretensões indenizatórias decorrentes de acidente de trabalho, após a vigência da Emenda Constitucional n. 45, incidindo a regra do art. 7º, XXIX, da Constituição da República.

▪ VI JORNADA DE DIREITO CIVIL

530 – Art. 5°, parágrafo único: A emancipação, por si só, não elide a incidência do Estatuto da Criança e do Adolescente.

531 – Art. 11: A tutela da dignidade da pessoa humana na sociedade da informação inclui o direito ao esquecimento.

532 – Arts. 11 e 13: É permitida a disposição gratuita do próprio corpo com objetivos exclusivamente científicos, nos termos dos artigos 11 e 13 do Código Civil.

533 – Art. 15: O paciente plenamente capaz poderá deliberar sobre todos os aspectos concernentes a tratamento médico que possa lhe causar risco de vida, seja imediato ou mediato, salvo as situações de emergência ou no curso de procedimentos médicos cirúrgicos que não possam ser interrompidos.

534 – Art. 53: As associações podem desenvolver atividade econômica, desde que não haja finalidade lucrativa.

535 – Art. 93: Para a existência da pertença, o art. 93 do Código Civil não exige elemento subjetivo como requisito para o ato de destinação.

536 – Art. 169: Resultando do negócio jurídico nulo consequências patrimoniais capazes de ensejar pretensões, é possível, quanto a estas, a incidência da prescrição.

537 – Art. 169: A previsão contida no art. 169 não impossibilita que, excepcionalmente, negócios jurídicos nulos produzam efeitos a serem preservados quando justificados por interesses merecedores de tutela.

538 – Art. 179: No que diz respeito a terceiros eventualmente prejudicados, o prazo decadencial de que trata o art. 179 do Código Civil não se conta da celebração do negócio jurídico, mas da ciência que dele tiverem.

539 – Art. 187: O abuso de direito é uma categoria jurídica autônoma em relação à responsabilidade civil. Por isso, o exercício abusivo de posições jurídicas desafia controle independentemente de dano.

▪ VII JORNADA DE DIREITO CIVIL

576 – O direito ao esquecimento pode ser assegurado por tutela judicial inibitória.

577 – A possibilidade de instituição de categorias de associados com vantagens especiais admite a atribuição de pesos diferenciados ao direito de voto, desde que isso não acarrete a sua supressão em relação a matérias previstas no art. 59 do CC.

578 – Sendo a simulação causa de nulidade do negócio jurídico, sua alegação prescinde de ação própria.

579 – Nas pretensões decorrentes de doenças profissionais ou de caráter progressivo, o cômputo da prescrição iniciar-se-á somente a partir da ciência inequívoca da incapacidade do indivíduo, da origem e da natureza dos danos causados.

580 – É de 3 anos, pelo art. 206, § 3º, V, do CC, o prazo prescricional para a pretensão indenizatória da seguradora contra o causador de dano ao segurado, pois a seguradora sub-roga-se em seus direitos.

581 – Em complemento ao Enunciado 295, a decretação ex officio da prescrição ou da decadência deve ser precedida de oitiva das partes.

2. ENUNCIADOS DA PARTE ESPECIAL – OBRIGAÇÕES

▪ I JORNADA DE DIREITO CIVIL

15 – Art. 240: As disposições do art. 236 do novo Código Civil também são aplicáveis à hipótese do art. 240, in fine.

16 – Art. 299: O art. 299 do Código Civil não exclui a possibilidade da assunção cumulativa da dívida quando dois ou mais devedores se tornam responsáveis pelo débito com a concordância do credor.

18 – Art. 319: A "quitação regular" referida no art. 319 do novo Código Civil engloba a quitação dada por meios eletrônicos ou por quaisquer formas de "comunicação a distância", assim entendida aquela que permite ajustar negócios jurídicos e praticar atos jurídicos sem a presença corpórea simultânea das partes ou de seus representantes.

20 – Art. 406: A taxa de juros moratórios a que se refere o art. 406 é a do art. 161, § 1º, do Código Tributário Nacional, ou seja, um por cento ao mês. A utilização da taxa Selic como índice de apuração dos juros legais não é juridicamente segura, porque impede o prévio conhecimento dos juros; não é operacional, porque seu uso será inviável sempre que se calcularem somente juros ou somente correção monetária; é incompatível com a regra do art. 591 do novo Código Civil, que permite apenas a capitalização anual dos juros, e pode ser incompatível com o art. 192, § 3º, da Constituição Federal, se resultarem juros reais superiores a doze por cento ao ano.

▪ III JORNADA DE DIREITO CIVIL

160 – Art. 243: A obrigação de creditar dinheiro em conta vinculada de FGTS é obrigação de dar, obrigação pecuniária, não afetando a natureza da obrigação a circunstância de a disponibilidade do dinheiro depender da ocorrência de uma das hipóteses previstas no art. 20 da Lei n. 8.036/90.

161 – Art. 389 e 404: Os honorários advocatícios previstos nos arts. 389 e 404 do Código Civil apenas têm cabimento quando ocorre a efetiva atuação profissional do advogado.

162 – Art. 395: A inutilidade da prestação que autoriza a recusa da prestação por parte do credor deverá ser aferida objetivamente, consoante o princípio da boa-fé e a manutenção do sinalagma, e não de acordo com o mero interesse subjetivo do credor.

163 – Art. 405: A regra do art. 405 do novo Código Civil aplica-se somente à responsabilidade contratual, e não aos juros moratórios na responsabilidade extracontratual, em face do disposto no art. 398 do novo Código Civil, não afastando, pois, o disposto na Súmula 54 do STJ.

164 – Art. 406, 2.044 e 2045: Tendo início a mora do devedor ainda na vigência do Código Civil de 1916, são devidos juros de mora de 6% ao ano, até 10 de janeiro de 2003; a partir de 11 de janeiro de 2003 (data de entrada em vigor do novo Código Civil), passa a incidir o art. 406 do Código Civil de 2002.

165 – Art. 413: Em caso de penalidade, aplica-se a regra do art. 413 ao sinal, sejam as arras confirmatórias ou penitenciais.

▪ IV JORNADA DE DIREITO CIVIL

347: A solidariedade admite outras disposições de conteúdo particular além do rol previsto no art. 266 do Código Civil.

348: O pagamento parcial não implica, por si só, renúncia à solidariedade, a qual deve derivar dos termos expressos da quitação ou, inequivocamente, das circunstâncias do recebimento da prestação pelo credor.

349 – Art. 282. Com a renúncia da solidariedade quanto a apenas um dos devedores solidários, o credor só poderá cobrar do beneficiado a sua quota na dívida; permanecendo a solidariedade quanto aos demais devedores, abatida do débito a parte correspondente aos beneficiados pela renúncia.

350 – Art. 284. A renúncia à solidariedade diferencia-se da remissão, em que o devedor fica inteiramente liberado do vínculo obrigacional, inclusive no que tange ao rateio da quota do eventual codevedor insolvente, nos termos do art. 284.

351 – Art. 282. A renúncia à solidariedade em favor de determinado devedor afasta a hipótese de seu chamamento ao processo.

352 – Art. 300. Salvo expressa concordância dos terceiros, as garantias por eles prestadas se extinguem com a assunção de dívida; já as garantias prestadas pelo devedor primitivo somente são mantidas no caso em que este concorde com a assunção.

353 – Art. 303. A recusa do credor, quando notificado pelo adquirente de imóvel hipotecado, comunicando-lhe o interesse em assumir a obrigação, deve ser justificada.

354 – Art. 395, 396 e 408. A cobrança de encargos e parcelas indevidas ou abusivas impede a caracterização da mora do devedor.

355 – Art. 413. Não podem as partes renunciar à possibilidade de redução da cláusula penal se ocorrer qualquer das hipóteses previstas no art. 413 do Código Civil, por se tratar de preceito de ordem pública.

356 – Art. 413. Nas hipóteses previstas no art. 413 do Código Civil, o juiz deverá reduzir a cláusula penal de ofício.

357 – Art. 413. O art. 413 do Código Civil é o que complementa o art. 4º da Lei n. 8.245/91. Revogado o Enunciado 179 da III Jornada.

358 – Art. 413. O caráter manifestamente excessivo do valor da cláusula penal não se confunde com a alteração de circunstâncias, a excessiva onerosidade e a frustração do fim do negócio jurídico, que podem incidir autonomamente e possibilitar sua revisão para mais ou para menos.

359 – Art. 413. A redação do art. 413 do Código Civil não impõe que a redução da penalidade seja proporcionalmente idêntica ao percentual adimplido.

▪ V JORNADA DE DIREITO CIVIL

421 – Arts. 112 e 113: Os contratos coligados devem ser interpretados segundo os critérios hermenêuticos do Código Civil, em especial os dos arts. 112 e 113, considerada a sua conexão funcional.

422: A expressão "garantias especiais" constante do art. 300 do CC/2002 refere-se a todas as garantias, quaisquer delas, reais ou fidejussórias, que tenham sido prestadas voluntária e originariamente pelo devedor primitivo ou por terceiro, vale dizer, aquelas que dependeram da vontade do garantidor, devedor ou terceiro para se constituírem.

423: O art. 301 do CC deve ser interpretado de forma a também abranger os negócios jurídicos nulos e a significar a continuidade da relação obrigacional originária em vez de "restauração", porque, envolvendo hipótese de transmissão, aquela relação nunca deixou de existir.

424: A comprovada ciência de que o reiterado pagamento é feito por terceiro no interesse próprio produz efeitos equivalentes aos da notificação de que trata o art. 303, segunda parte.

425: O pagamento repercute no plano da eficácia, e não no plano da validade como preveem os arts. 308, 309 e 310 do Código Civil.

426: Os honorários advocatícios previstos no art. 389 do Código Civil não se confundem com as verbas de sucumbência, que, por força do art. 23 da Lei n. 8.906/1994, pertencem ao advogado.

427: É válida a notificação extrajudicial promovida em serviço de registro de títulos e documentos de circunscrição judiciária diversa da do domicílio do devedor.

428: Os juros de mora, nas obrigações negociais, fluem a partir do advento do termo da prestação, estando a incidência do disposto no art. 405 da codificação limitada às hipóteses em que a citação representa o papel de notificação do devedor ou àquelas em que o objeto da prestação não tem liquidez.

429: As multas previstas nos acordos e convenções coletivas de trabalho, cominadas para impedir o descumprimento das disposições normativas constantes desses instrumentos, em razão da negociação coletiva dos sindicatos e empresas, têm natureza de cláusula penal e, portanto, podem ser reduzidas pelo juiz do trabalho quando cumprida parcialmente a cláusula ajustada ou quando se tornarem excessivas para o fim proposto, nos termos do art. 413 do Código Civil.

430: No contrato de adesão, o prejuízo comprovado do aderente que exceder ao previsto na cláusula penal compensatória poderá ser exigido pelo credor independentemente de convenção.

- **VI JORNADA DE DIREITO CIVIL**

540 – Art. 263: Havendo perecimento do objeto da prestação indivisível por culpa de apenas um dos devedores, todos respondem, de maneira divisível, pelo equivalente e só o culpado, pelas perdas e danos.

3. ENUNCIADOS DA PARTE ESPECIAL – CONTRATOS

- **I JORNADA DE DIREITO CIVIL**

17 – Art. 317: A interpretação da expressão "motivos imprevisíveis" constante do art. 317 do novo Código Civil deve abarcar tanto causas de desproporção não-previsíveis como também causas previsíveis, mas de resultados imprevisíveis.

21 – Art. 421: A função social do contrato, prevista no art. 421 do novo Código Civil, constitui cláusula geral a impor a revisão do princípio da relatividade dos efeitos do contrato em relação a terceiros, implicando a tutela externa do crédito.

22 – Art. 421: A função social do contrato, prevista no art. 421 do novo Código Civil, constitui cláusula geral que reforça o princípio de conservação do contrato, assegurando trocas úteis e justas.

23 – Art. 421: A função social do contrato, prevista no art. 421 do novo Código Civil, não elimina o princípio da autonomia contratual, mas atenua ou reduz o alcance desse princípio quando presentes interesses metaindividuais ou interesse individual relativo à dignidade da pessoa humana.

24 – Art. 422: Em virtude do princípio da boa-fé, positivado no art. 422 do novo Código Civil, a violação dos deveres anexos constitui espécie de inadimplemento, independentemente de culpa.

25 – Art. 422: O art. 422 do Código Civil não inviabiliza a aplicação pelo julgador do princípio da boa-fé nas fases pré-contratual e pós-contratual.

26 – Art. 422: A cláusula geral contida no art. 422 do novo Código Civil impõe ao juiz interpretar e, quando necessário, suprir e corrigir o contrato segundo a boa-fé objetiva, entendida como a exigência de comportamento leal dos contratantes.

27 – Art. 422: Na interpretação da cláusula geral da boa-fé, deve-se levar em conta o sistema do Código Civil e as conexões sistemáticas com outros estatutos normativos e fatores metajurídicos.

28 – Art. 445 (§§ 1º e 2º): O disposto no art. 445, §§ 1º e 2º, do Código Civil reflete a consagração da doutrina e da jurisprudência quanto à natureza decadencial das ações edilícias.

29 – Art. 456: A interpretação do art. 456 do novo Código Civil permite ao evicto a denunciação direta de qualquer dos responsáveis pelo vício.

30 – Art. 463: A disposição do parágrafo único do art. 463 do novo Código Civil deve ser interpretada como fator de eficácia perante terceiros.

31 – Art. 475: As perdas e danos mencionados no art. 475 do novo Código Civil dependem da imputabilidade da causa da possível resolução.

32 – Art. 534: No contrato estimatório (art. 534), o consignante transfere ao consignatário, temporariamente, o poder de alienação da coisa consignada com opção de pagamento do preço de estima ou sua restituição ao final do prazo ajustado.

33 – Art. 557: O novo Código Civil estabeleceu um novo sistema para a revogação da doação por ingratidão, pois o rol legal previsto no art. 557 deixou de ser taxativo, admitindo, excepcionalmente, outras hipóteses.

34 – Art. 591: No novo Código Civil, quaisquer contratos de mútuo destinados a fins econômicos presumem-se onerosos (art. 591), ficando a taxa de juros compensatórios limitada ao disposto no art. 406, com capitalização anual.

35 – Art. 884: A expressão "se enriquecer à custa de outrem" do art. 886 do novo Código Civil não significa, necessariamente, que deverá haver empobrecimento.

36 – Art. 886: O art. 886 do novo Código Civil não exclui o direito à restituição do que foi objeto de enriquecimento sem causa nos casos em que os meios alternativos conferidos ao lesado encontram obstáculos de fato.

- **III JORNADA DE DIREITO CIVIL**

166 – Arts. 421 e 422 ou 113: A frustração do fim do contrato, como hipótese que não se confunde com a impossibilidade da prestação ou com a excessiva onerosidade, tem guarida no Direito Brasileiro pela aplicação do art. 421 do Código Civil.

167 – Arts. 421 a 424: Com o advento do Código Civil de 2002, houve forte aproximação principiológica entre esse Código e o Código de Defesa do Consumidor no que respeita à regulação contratual, uma vez que ambos são incorporadores de uma nova teoria geral dos contratos.

168 – Art. 422: O princípio da boa-fé objetiva importa no reconhecimento de um direito a cumprir em favor do titular passivo da obrigação.

169 – Art. 422: O princípio da boa-fé objetiva deve levar o credor a evitar o agravamento do próprio prejuízo.

170 – Art. 422: A boa-fé objetiva deve ser observada pelas partes na fase de negociações preliminares e após a execução do contrato, quando tal exigência decorrer da natureza do contrato.

171 – Art. 423: O contrato de adesão, mencionado nos arts. 423 e 424 do novo Código Civil, não se confunde com o contrato de consumo.

172 – Art. 424: As cláusulas abusivas não ocorrem exclusivamente nas relações jurídicas de consumo. Dessa forma, é possível a identificação de cláusulas abusivas em contratos civis comuns, como, por exemplo, aquela estampada no art. 424 do Código Civil de 2002.

173 – Art. 434: A formação dos contratos realizados entre pessoas ausentes, por meio eletrônico, completa-se com a recepção da aceitação pelo proponente.

174 – Art. 445: Em se tratando de vício oculto, o adquirente tem os prazos do caput do art. 445 para obter redibição ou abatimento de preço, desde que os vícios se revelem nos prazos estabelecidos no § 1º, fluindo, entretanto, a partir do conhecimento do defeito.

175 – Art. 478: A menção à imprevisibilidade e à extraordinariedade, insertas no art. 478 do Código Civil, deve ser interpretada não somente em relação ao fato que gere o desequilíbrio, mas também em relação às consequências que ele produz.

176 – Art. 478: Em atenção ao princípio da conservação dos negócios jurídicos, o art. 478 do Código Civil de 2002 deverá conduzir, sempre que possível, à revisão judicial dos contratos e não à resolução contratual.

177 – Art. 496: Por erro de tramitação, que retirou a segunda hipótese de anulação de venda entre parentes (venda de descendente para ascendente), deve ser desconsiderada a expressão "em ambos os casos", no parágrafo único do art. 496.

178 – Art. 528: Na interpretação do art. 528, devem ser levadas em conta, após a expressão "a benefício de", as palavras "seu crédito, excluída a concorrência de", que foram omitidas por manifesto erro material.

180 – Arts. 575 e 582: A regra do parágrafo único do art. 575 do novo Código Civil, que autoriza a limitação pelo juiz do aluguel-pena arbitrado pelo locador, aplica-se também ao aluguel arbitrado pelo comodante, autorizado pelo art. 582, 2ª parte, do novo Código Civil.

181 – Art. 618: O prazo referido no art. 618, parágrafo único, do Código Civil refere-se unicamente à garantia prevista no caput, sem prejuízo de poder o dono da obra, com base no mau cumprimento do contrato de empreitada, demandar perdas e danos.

182 – Art. 655: O mandato outorgado por instrumento público previsto no art. 655 do Código Civil somente admite substabelecimento por instrumento particular quando a forma pública for facultativa e não integrar a substância do ato.

183 – Arts. 660 e 661: Para os casos em que o parágrafo primeiro do art. 661 exige poderes especiais, a procuração deve conter a identificação do objeto.

184 – Arts. 664 e 681: Da interpretação conjunta desses dispositivos, extrai-se que o mandatário tem o direito de reter, do objeto da operação que lhe foi cometida, tudo o que lhe for devido em virtude do mandato, incluindo-se a remuneração ajustada e o reembolso de despesas.

185 – Art. 757: A disciplina dos seguros do Código Civil e as normas da previdência privada que impõem a contratação exclusivamente por meio de entidades legalmente autorizadas não impedem a formação de grupos restritos de ajuda mútua, caracterizados pela autogestão.

186 – Art. 790: O companheiro deve ser considerado implicitamente incluído no rol das pessoas tratadas no art. 790, parágrafo único, por possuir interesse legítimo no seguro da pessoa do outro companheiro.

187 – Art. 798: No contrato de seguro de vida, presume-se, de forma relativa, ser premeditado o suicídio cometido nos dois primeiros anos de vigência da cobertura, ressalvado ao beneficiário o ônus de demonstrar a ocorrência do chamado "suicídio involuntário".

188 – Art. 884: A existência de negócio jurídico válido e eficaz é, em regra, uma justa causa para o enriquecimento.

▪ IV JORNADA DE DIREITO CIVIL

360 – Art. 421: O princípio da função social dos contratos também pode ter eficácia interna entre as partes contratantes.

361 – Arts. 421, 422 e 475: O adimplemento substancial decorre dos princípios gerais contratuais, de modo a fazer preponderar a função social do contrato e o princípio da boa-fé objetiva, balizando a aplicação do art. 475.

362 – Art. 422: A vedação do comportamento contraditório (venire contra factum proprium) funda-se na proteção da confiança, tal como se extrai dos arts. 187 e 422 do Código Civil.

363 – Art. 422: Os princípios da probidade e da confiança são de ordem pública, sendo obrigação da parte lesada apenas demonstrar a existência da violação.

364 – Arts. 424 e 828: No contrato de fiança é nula a cláusula de renúncia antecipada ao benefício de ordem quando inserida em contrato de adesão.

365 – Art. 478. A extrema vantagem do art. 478 deve ser interpretada como elemento acidental da alteração das circunstâncias, que comporta a incidência da resolução ou revisão do negócio por onerosidade excessiva, independentemente de sua demonstração plena.

366 – Art. 478: O fato extraordinário e imprevisível causador de onerosidade excessiva é aquele que não está coberto objetivamente pelos riscos próprios da contratação.

367 – Art. 479: Em observância ao princípio da conservação do contrato, nas ações que tenham por objeto a resolução do pacto por excessiva onerosidade, pode o juiz modificá-lo equitativamente, desde que ouvida a parte autora, respeitada sua vontade e observado o contraditório.

368 – Art. 496: O prazo para anular venda de ascendente para descendente é decadencial de dois anos (art. 179 do Código Civil).

369 – Arts. 732 e 735: Diante do preceito constante no art. 732 do Código Civil, teleologicamente e em uma visão constitucional de unidade do sistema, quando o contrato de transporte constituir uma relação de consumo, aplicam-se as normas do Código de Defesa do Consumidor que forem mais benéficas a este.

370 – Art. 757: Nos contratos de seguro por adesão, os riscos predeterminados indicados no art. 757, parte final, devem ser interpretados de acordo com os arts. 421, 422, 424, 759 e 799 do Código Civil e 1º, inc. III, da Constituição Federal.

371 – Art. 763: A mora do segurado, sendo de escassa importância, não autoriza a resolução do contrato, por atentar ao princípio da boa-fé objetiva.

372 – Art. 766: Em caso de negativa de cobertura securitária por doença preexistente, cabe à seguradora comprovar que o segurado tinha conhecimento inequívoco daquela.

▪ V JORNADA DE DIREITO CIVIL

431 – Art. 421: A violação do art. 421 conduz à invalidade ou à ineficácia do contrato ou de cláusulas contratuais.

432 – Art. 422: Em contratos de financiamento bancário, são abusivas cláusulas contratuais de repasse de custos administrativos (como análise do crédito, abertura de cadastro, emissão de fichas de compensação bancária, etc.), seja por estarem intrinsecamente vinculadas ao exercício da atividade econômica, seja por violarem o princípio da boa-fé objetiva.

433 – Art. 424: A cláusula de renúncia antecipada ao direito de indenização e retenção por benfeitorias necessárias é nula em contrato de locação de imóvel urbano feito nos moldes do contrato de adesão.

434 – Art. 456: A ausência de denunciação da lide ao alienante, na evicção, não impede o exercício de pretensão reparatória por meio de via autônoma.

435 – Art. 462: O contrato de promessa de permuta de bens imóveis é título passível de registro na matrícula imobiliária.

436 – Art. 474: A cláusula resolutiva expressa produz efeitos extintivos independentemente de pronunciamento judicial.

437 – Art. 475: A resolução da relação jurídica contratual também pode decorrer do inadimplemento antecipado.

438 – Art. 477: A exceção de inseguridade, prevista no art. 477, também pode ser oposta à parte cuja conduta põe, manifestamente em risco, a execução do programa contratual.

439 – Art. 478: A revisão do contrato por onerosidade excessiva fundada no Código Civil deve levar em conta a natureza do objeto do contrato. Nas relações empresariais, observar-se-á a sofisticação dos contratantes e a alocação de riscos por eles assumidas com o contrato.

440 – Art. 478: É possível a revisão ou resolução por excessiva onerosidade em contratos aleatórios, desde que o evento superveniente, extraordinário e imprevisível não se relacione com a álea assumida no contrato.

441 – Art. 488, parágrafo único: Na falta de acordo sobre o preço, não se presume concluída a compra e venda. O parágrafo único do art. 488 somente se aplica se houverem diversos preços habitualmente praticados pelo vendedor, caso em que prevalecerá o termo médio.

442 – Art. 844: A transação, sem a participação do advogado credor dos honorários, é ineficaz quanto aos honorários de sucumbência definidos no julgado.

373 – Art. 787: Embora sejam defesos pelo § 2º do art. 787 do Código Civil, o reconhecimento da responsabilidade, a confissão da ação ou a transação não retiram do segurado o direito à garantia, sendo apenas ineficazes perante a seguradora.

374 – Arts. 792 e 795: No contrato de seguro, o juiz deve proceder com equidade, atentando às circunstâncias reais, e não a probabilidades infundadas, quanto à agravação dos riscos.

375 – Art. 801: No seguro em grupo de pessoas, exige-se o quórum qualificado de 3/4 do grupo, previsto no § 2º do art. 801 do Código Civil, apenas quando as modificações impuserem novos ônus aos participantes ou restringirem seus direitos na apólice em vigor.

376 – Art. 763: Para efeito de aplicação do art. 763 do Código Civil, a resolução do contrato depende de prévia interpelação.

▪ VI JORNADA DE DIREITO CIVIL

541 – O contrato de prestação de serviço pode ser gratuito.

542 – A recusa de renovação das apólices de seguro de vida pelas seguradoras em razão da idade do segurado é discriminatória e atenta contra a função social do contrato.

543 – Constitui abuso do direito a modificação acentuada das condições do seguro de vida e de saúde pela seguradora quando da renovação do contrato.

544 – O seguro de responsabilidade civil facultativo garante dois interesses, o do segurado contra os efeitos patrimoniais da imputação de responsabilidade e o da vítima à indenização, ambos destinatários da garantia, com pretensão própria e independente contra a seguradora.

545 – O prazo para pleitear a anulação de venda de ascendente a descendente sem anuência dos demais descendentes e/ou do cônjuge do alienante é de 2 (dois) anos, contados da ciência do ato, que se presume absolutamente, em se tratando de transferência imobiliária, a partir da data do registro de imóveis.

546: O § 2º do art. 787 do Código Civil deve ser interpretado em consonância com o art. 422 do mesmo diploma legal, não obstando o direito à indenização e ao reembolso.

547 – Na hipótese de alteração da obrigação principal sem o consentimento do fiador, a exoneração deste é automática, não se aplicando o disposto no art. 835 do Código Civil quanto à necessidade de permanecer obrigado pelo prazo de 60 (sessenta) dias após a notificação ao credor, ou de 120 (cento e dias) dias no caso de fiança locatícia.

548 – Caracterizada a violação de dever contratual, incumbe ao devedor o ônus de demonstrar que o fato causador do dano não lhe pode ser imputado.

549 – A promessa de doação no âmbito da transação constitui obrigação positiva e perde o caráter de liberalidade previsto no art. 538 do Código Civil.

▪ VII JORNADA DE DIREITO CIVIL

582 – Com suporte na liberdade contratual e, portanto, em concretização da autonomia privada, as partes podem pactuar garantias contratuais atípicas.

583 – O art. 441 do código civil deve ser interpretado no sentido de abranger também os contratos aleatórios, desde que não inclua os elementos aleatórios do contrato.

584 – Desde que não haja forma exigida para a substância do contrato, admite-se que o distrato seja pactuado por forma livre.

585 – Impõe-se o pagamento de indenização do seguro mesmo diante de condutas, omissões ou declarações ambíguas do segurado que não guardem relação com o sinistro.

586 – Para a caracterização do adimplemento substancial (tal qual reconhecido pelo enunciado 361 da IV jornada de direito civil – CJF), levam-se em conta tanto aspectos quantitativos quanto qualitativos.

4. ENUNCIADOS DA PARTE ESPECIAL – RESPONSABILIDADE CIVIL

▪ I JORNADA DE DIREITO CIVIL

38 – A responsabilidade fundada no risco da atividade, como prevista na segunda parte do parágrafo único do art. 927 do novo Código Civil, configura-se quando a atividade normalmente desenvolvida pelo autor do dano causar a pessoa determinada um ônus maior do que aos demais membros da coletividade.

39 – A impossibilidade de privação do necessário à pessoa, prevista no art. 928, traduz um dever de indenização equitativa, informado pelo princípio constitucional da proteção à dignidade da pessoa humana. Como consequência, também os pais, tutores e curadores serão beneficiados pelo limite humanitário do dever de indenizar, de modo que a passagem ao patrimônio do incapaz se dará não quando esgotados todos os recursos do responsável, mas se reduzidos estes ao montante necessário à manutenção de sua dignidade.

40 – O incapaz responde pelos prejuízos que causar de maneira subsidiária ou excepcionalmente como devedor principal, na hipótese do ressarcimento devido pelos adolescentes que praticarem atos infracionais nos termos do art. 116 do Estatuto da Criança e do Adolescente, no âmbito das medidas socioeducativas ali previstas.

41 – A única hipótese em que poderá haver responsabilidade solidária do menor de 18 anos com seus pais é ter sido emancipado nos termos do art. 5º, parágrafo único, inc. I, do novo Código Civil.

42 – O art. 931 amplia o conceito de fato do produto existente no art. 12 do Código de Defesa do Consumidor, imputando responsabilidade civil à empresa e aos empresários individuais vinculados à circulação dos produtos.

43 – A responsabilidade civil pelo fato do produto, prevista no art. 931 do novo Código Civil, também inclui os riscos do desenvolvimento.

44 – Na hipótese do art. 934, o empregador e o comitente somente poderão agir regressivamente contra o empregado ou preposto se estes tiverem causado dano com dolo ou culpa.

45 – No caso do art. 935, não mais se poderá questionar a existência do fato ou quem seja o seu autor se essas questões se acharem categoricamente decididas no juízo criminal.

46 – A possibilidade de redução do montante da indenização em face do grau de culpa do agente, estabelecida no parágrafo único do art. 944 do novo Código Civil, deve ser interpretada restritivamente, por representar uma exceção ao princípio da reparação integral do dano, não se aplicando às hipóteses de responsabilidade objetiva. (Alterado pelo Enunciado 380 – IV Jornada).

47 – O art. 945 do novo Código Civil, que não encontra correspondente no Código Civil de 1916, não exclui a aplicação da teoria da causalidade adequada.

48 – O parágrafo único do art. 950 do novo Código Civil institui direito potestativo do lesado para exigir pagamento da indenização de uma só vez, mediante arbitramento do valor pelo juiz, atendidos os arts. 944 e 945 e a possibilidade econômica do ofensor.

49 – A regra do art. 1.228, § 2º, do novo Código Civil interpreta-se restritivamente, em harmonia com o princípio da função social da propriedade e com o disposto no art. 187.

50 – A partir da vigência do novo Código Civil, o prazo prescricional das ações de reparação de danos que não houver atingido a metade do tempo previsto no Código Civil de 1916 fluirá por inteiro, nos termos da nova lei (art. 206).

▪ III JORNADA DE DIREITO CIVIL

159 – O dano moral, assim compreendido todo dano extrapatrimonial, não se caracteriza quando há mero aborrecimento inerente a prejuízo material.

189 – Art. 927: Na responsabilidade civil por dano moral causado à pessoa jurídica, o fato lesivo, como dano eventual, deve ser devidamente demonstrado.

190 – Art. 931: A regra do art. 931 do novo Código Civil não afasta as normas acerca da responsabilidade pelo fato do produto previstas no art. 12 do Código de Defesa do Consumidor, que continuam mais favoráveis ao consumidor lesado.

191 – Art. 932: A instituição hospitalar privada responde, na forma do art. 932, III, do Código Civil, pelos atos culposos praticados por médicos integrantes de seu corpo clínico.

192 – Arts. 949 e 950: Os danos oriundos das situações previstas nos arts. 949 e 950 do Código Civil de 2002 devem ser analisados em conjunto, para o efeito de atribuir indenização por perdas e danos materiais, cumulada com dano moral e estético.

▪ IV JORNADA DE DIREITO CIVIL

377 – Art. 927: O art. 7º, inc. XXVIII, da Constituição Federal não é impedimento para a aplicação do disposto no art. 927, parágrafo único, do Código Civil quando se tratar de atividade de risco.

378 – Art. 931: Aplica-se o art. 931 do Código Civil, haja ou não relação de consumo.

379 – Art. 944: O art. 944, caput, do Código Civil não afasta a possibilidade de se reconhecer a função punitiva ou pedagógica da responsabilidade civil.

380 – Art. 944: Atribui-se nova redação ao Enunciado n. 46 da I Jornada de Direito Civil, pela supressão da parte final: não se aplicando às hipóteses de responsabilidade objetiva.

381 – Art. 950, parágrafo único: O lesado pode exigir que a indenização sob a forma de pensionamento seja arbitrada e paga de uma só vez, salvo impossibilidade econômica do devedor, caso em que o juiz poderá fixar outra forma de pagamento, atendendo à condição financeira do ofensor e aos benefícios resultantes do pagamento antecipado.

▪ V JORNADA DE DIREITO CIVIL

443 – Arts. 393 e 927: O caso fortuito e a força maior somente serão considerados como excludentes da responsabilidade civil quando o fato gerador do dano não for conexo à atividade desenvolvida.

444 – Art. 927: A responsabilidade civil pela perda de chance não se limita à categoria de danos extrapatrimoniais, pois, conforme as circunstâncias do caso concreto, a chance perdida pode apresentar também a natureza jurídica de dano patrimonial. A chance deve ser séria e real, não ficando adstrita a percentuais apriorísticos.

445 – Art. 927: O dano moral indenizável não pressupõe necessariamente a verificação de sentimentos humanos desagradáveis como dor ou sofrimento.

446 – Art. 927: A responsabilidade civil prevista na segunda parte do parágrafo único do art. 927 do Código Civil deve levar em consideração não apenas a proteção da vítima e a atividade do ofensor, mas também a prevenção e o interesse da sociedade.

447 – Art. 927: As agremiações esportivas são objetivamente responsáveis por danos causados a terceiros pelas torcidas organizadas, agindo nessa qualidade, quando, de qualquer modo, as financiem ou custeiem, direta ou indiretamente, total ou parcialmente.

448 – Art. 927: A regra do art. 927, parágrafo único, segunda parte, do CC aplica-se sempre que a atividade normalmente desenvolvida, mesmo sem defeito e não essencialmente perigosa, induza, por sua natureza, risco especial e diferenciado aos direitos de outrem. São critérios de avaliação desse risco, entre outros, a estatística, a prova técnica e as máximas de experiência.

449 – Art. 928, parágrafo único: A indenização equitativa a que se refere o art. 928, parágrafo único, do Código Civil não é necessariamente reduzida sem prejuízo do Enunciado n. 39 da I Jornada de Direito Civil.

450 – Art. 932, I: Considerando que a responsabilidade dos pais pelos atos danosos praticados pelos filhos menores é objetiva, e não por culpa presumida, ambos os genitores, no exercício do poder familiar, são, em regra, solidariamente responsáveis por tais atos, ainda que estejam separados, ressalvado o direito de regresso em caso de culpa exclusiva de um dos genitores.

451 – Arts. 932 e 933: A responsabilidade civil por ato de terceiro funda-se na responsabilidade objetiva ou independente de culpa, estando superado o modelo de culpa presumida.

452 - Art. 936: A responsabilidade civil do dono ou detentor de animal é objetiva, admitindo-se a excludente do fato exclusivo de terceiro.

453 - Art. 942: Na via regressiva, a indenização atribuída a cada agente será fixada proporcionalmente à sua contribuição para o evento danoso.

454 - Art. 943: O direito de exigir reparação a que se refere o art. 943 do Código Civil abrange inclusive os danos morais, ainda que a ação não tenha sido iniciada pela vítima.

455 - Art. 944: Embora o reconhecimento dos danos morais se dê, em numerosos casos, independentemente de prova (in re ipsa), para a sua adequada quantificação, deve o juiz investigar, sempre que entender necessário, as circunstâncias do caso concreto, inclusive por intermédio da produção de depoimento pessoal e da prova testemunhal em audiência.

456 - Art. 944: A expressão "dano" no art. 944 abrange não só os danos individuais, materiais ou imateriais, mas também os danos sociais, difusos, coletivos e individuais homogêneos a serem reclamados pelos legitimados para propor ações coletivas.

457 - Art. 944: A redução equitativa da indenização tem caráter excepcional e somente será realizada quando a amplitude do dano extrapolar os efeitos razoavelmente imputáveis à conduta do agente.

458 - Art. 944: O grau de culpa do ofensor, ou a sua eventual conduta intencional, deve ser levado em conta pelo juiz para a quantificação do dano moral.

459 - Art. 945: A conduta da vítima pode ser fator atenuante do nexo de causalidade na responsabilidade civil objetiva.

460 - Art. 951: A responsabilidade subjetiva do profissional da área da saúde, nos termos do art. 951 do Código Civil e do art. 14, § 4º, do Código de Defesa do Consumidor, não afasta a sua responsabilidade objetiva pelo fato da coisa da qual tem a guarda, em caso de uso de aparelhos ou instrumentos que, por eventual disfunção, venham a causar danos a pacientes, sem prejuízo do direito regressivo do profissional em relação ao fornecedor do aparelho e sem prejuízo da ação direta do paciente, na condição de consumidor, contra tal fornecedor.

- **VI JORNADA DE DIREITO CIVIL**

550 - Art. 186 e 944: A quantificação da reparação por danos extrapatrimoniais não deve estar sujeita a tabelamento ou a valores fixos.

551 - Arts. 186, 884, 927 e 944: Nas violações aos direitos relativos a marcas, patentes e desenhos industriais, será assegurada a reparação civil ao seu titular, incluídos tanto os danos patrimoniais como os danos extrapatrimoniais.

552 - 786, caput: Constituem danos reflexos reparáveis as despesas suportadas pela operadora de plano de saúde decorrentes de complicações de procedimentos por ela não cobertos.

553 - Art. 927: Nas ações de responsabilidade civil por cadastramento indevido nos registros de devedores inadimplentes realizados por instituições financeiras, a responsabilidade civil é objetiva.

554 - Art. 927, parágrafo único: Independe de indicação do local específico da informação a ordem judicial para que o provedor de hospedagem bloqueie determinado conteúdo ofensivo na internet.

555 - Art. 927, parágrafo único: "Os direitos de outrem" mencionados no parágrafo único do art. 927 do Código Civil devem abranger não apenas a vida e a integridade física, mas também outros direitos, de caráter patrimonial ou extrapatrimonial.

556 - Art. 937: A responsabilidade civil do dono do prédio ou construção por sua ruína, tratada pelo art. 937 do CC, é objetiva.

557 - Art. 938: Nos termos do art. 938 do CC, se a coisa cair ou for lançada de condomínio edilício, não sendo possível identificar de qual unidade, responderá o condomínio, assegurado o direito de regresso.

558 - Art. 942, *caput* e parágrafo único, do Código Civil, combinado com os arts 3º, 4º, 5º e 6º da Lei n. 8.429, de 2/6/1992 (LIA): São solidariamente responsáveis pela reparação civil, juntamente com os agentes públicos que praticaram atos de improbidade administrativa, as pessoas, inclusive as jurídicas, que para eles concorreram ou deles se beneficiaram direta ou indiretamente.

559 - Art. 732 e 736 do Código Civil, 256, § 2º, *b*, da Lei n. 7.565/1986 e 1º do Decreto n. 5.910/2006: Observado o Enunciado 369 do CJF, no transporte aéreo, nacional e internacional, a responsabilidade do transportador em relação aos passageiros gratuitos, que viajarem por cortesia, é objetiva, devendo atender à integral reparação de danos patrimoniais e extrapatrimoniais.

560 - Art. 948: No plano patrimonial, a manifestação do dano reflexo ou por ricochete não se restringe às hipóteses previstas no art. 948 do Código Civil.

561 - Art. 952: No caso do art. 952 do Código Civil, se a coisa faltar, dever-se-á, além de reembolsar o seu equivalente ao prejudicado, indenizar também os lucros cessantes.

562 - Art. 931: Aos casos do art. 931 do Código Civil aplicam-se as excludentes da responsabilidade objetiva.

- **VII JORNADA DE DIREITO CIVIL**

587 - O dano à imagem restará configurado quando presente a utilização indevida desse bem jurídico, independentemente da concomitante lesão a outro direito da personalidade, sendo dispensável a prova do prejuízo do lesado ou do lucro do ofensor para a caracterização do referido dano, por se tratar de modalidade de dano *in re ipsa*.

588 - O patrimônio do ofendido não pode funcionar como parâmetro preponderante para o arbitramento de compensação por dano extrapatrimonial.

589 - A compensação pecuniária não é o único modo de reparar o dano extrapatrimonial, sendo admitida a reparação in natura, na forma de retratação pública ou outro meio.

590 - A responsabilidade civil dos pais pelos atos dos filhos menores, prevista no art. 932, inc. I, do Código Civil, não obstante objetiva, pressupõe a demonstração de que a conduta imputada ao menor, caso o fosse a um agente imputável, seria hábil para a sua responsabilização. Parte da legislação: art. 932, inc. I, Código Civil

5. ENUNCIADOS DA PARTE ESPECIAL – COISAS

- **I JORNADA DE DIREITO CIVIL**

76 - Art. 1.197: O possuidor direto tem direito de defender a sua posse contra o indireto, e este, contra aquele (art. 1.197, in fine, do novo Código Civil).

77 - Art. 1.205: A posse das coisas móveis e imóveis também pode ser transmitida pelo constituto possessório.

78 - Art. 1.210: Tendo em vista a não-recepção pelo novo Código Civil da *exceptio proprietatis* (art. 1.210, § 2º) em caso de ausência de prova suficiente para embasar decisão liminar ou sentença final ancorada exclusivamente no *ius possessionis*, deverá o pedido ser indeferido e julgado improcedente, não obstante eventual alegação e demonstração de direito real sobre o bem litigioso.

79 – Art. 1.210: A *exceptio proprietatis*, como defesa oponível às ações possessórias típicas, foi abolida pelo Código Civil de 2002, que estabeleceu a absoluta separação entre os juízos possessório e petitório.

80 – Art. 1.212: É inadmissível o direcionamento de demanda possessória ou ressarcitória contra terceiro possuidor de boa-fé, por ser parte passiva ilegítima diante do disposto no art. 1.212 do novo Código Civil. Contra o terceiro de boa-fé, cabe tão-somente a propositura de demanda de natureza real.

81 – Art. 1.219: O direito de retenção previsto no art. 1.219 do Código Civil, decorrente da realização de benfeitorias necessárias e úteis, também se aplica às acessões (construções e plantações) nas mesmas circunstâncias.

82 – Art. 1.228: É constitucional a modalidade aquisitiva de propriedade imóvel prevista nos §§ 4º e 5º do art. 1.228 do novo Código Civil.

83 – Art. 1.228: Nas ações reivindicatórias propostas pelo Poder Público, não são aplicáveis as disposições constantes dos §§ 4º e 5º do art. 1.228 do novo Código Civil. (Alterado pelo Enunciado 304 – IV Jornada)

84 – Art. 1.228: A defesa fundada no direito de aquisição com base no interesse social (art. 1.228, §§ 4º e 5º, do novo Código Civil) deve ser argüida pelos réus da ação reivindicatória, eles próprios responsáveis pelo pagamento da indenização.

85 – Art. 1.240: Para efeitos do art. 1.240, caput, do novo Código Civil, entende-se por "área urbana" o imóvel edificado ou não, inclusive unidades autônomas vinculadas a condomínios edilícios.

86 – Art. 1.242: A expressão "justo título" contida nos arts. 1.242 e 1.260 do Código Civil abrange todo e qualquer ato jurídico hábil, em tese, a transferir a propriedade, independentemente de registro.

87 – Art. 1.245: Considera-se também título translativo, para fins do art. 1.245 do novo Código Civil, a promessa de compra e venda devidamente quitada (arts. 1.417 e 1.418 do Código Civil e § 6º do art. 26 da Lei n. 6.766/79).

88 – Art. 1.285: O direito de passagem forçada, previsto no art. 1.285 do CC, também é garantido nos casos em que o acesso à via pública for insuficiente ou inadequado, consideradas, inclusive, as necessidades de exploração econômica.

89 – Art. 1.331: O disposto nos arts. 1.331 a 1.358 do novo Código Civil aplica-se, no que couber, aos condomínios assemelhados, tais como loteamentos fechados, multipropriedade imobiliária e clubes de campo.

90 – Art. 1.331: Deve ser reconhecida personalidade jurídica ao condomínio edilício nas relações jurídicas inerentes às atividades de seu peculiar interesse. (Alterado pelo En. 246 – III Jornada).

91 – Art. 1.331: A convenção de condomínio ou a assembléia-geral podem vedar a locação de área de garagem ou abrigo para veículos a estranhos ao condomínio.

92 – Art. 1.337: As sanções do art. 1.337 do novo Código Civil não podem ser aplicadas sem que se garanta direito de defesa ao condômino nocivo.

93 – Art. 1.369: As normas previstas no Código Civil sobre direito de superfície não revogam as relativas a direito de superfície constantes do Estatuto da Cidade (Lei n. 10.257/2001) por ser instrumento de política de desenvolvimento urbano.

94 – Art. 1.371: As partes têm plena liberdade para deliberar, no contrato respectivo, sobre o rateio dos encargos e tributos que incidirão sobre a área objeto da concessão do direito de superfície.

95 – Art. 1.418: O direito à adjudicação compulsória (art. 1.418 do novo Código Civil), quando exercido em face do promitente vendedor, não se condiciona ao registro da promessa de compra e venda no cartório de registro imobiliário (Súmula n. 239 do STJ).

▪ III JORNADA DE DIREITO CIVIL

236 – Arts. 1.196, 1.205 e 1.212: Considera-se possuidor, para todos os efeitos legais, também a coletividade desprovida de personalidade jurídica.

237 – Art. 1.203: É cabível a modificação do título da posse – *interversio possessionis* – na hipótese em que o até então possuidor direto demonstrar ato exterior e inequívoco de oposição ao antigo possuidor indireto, tendo por efeito a caracterização do *animus domini*.

238 – Art. 1.210: Ainda que a ação possessória seja intentada além de "ano e dia" da turbação ou esbulho, e, em razão disso, tenha seu trâmite regido pelo procedimento ordinário (CPC, art. 924), nada impede que o juiz conceda a tutela possessória liminarmente mediante antecipação de tutela, desde que presentes os requisitos autorizadores do art. 273, I ou II, bem como aqueles previstos no art. 461-A e parágrafos, todos do Código de Processo Civil.

239 – Art. 1.210: Na falta de demonstração inequívoca de posse que atenda à função social, deve-se utilizar a noção de "melhor posse", com base nos critérios previstos no parágrafo único do art. 507 do Código Civil /1916.

240 – Art. 1.228: A justa indenização a que alude o § 5º do art. 1.228 não tem como critério valorativo, necessariamente, a avaliação técnica lastreada no mercado imobiliário, sendo indevidos os juros compensatórios.

241 – Art. 1.228: O registro da sentença em ação reivindicatória, que opera a transferência da propriedade para o nome dos possuidores, com fundamento no interesse social (art. 1.228, § 5º), é condicionada ao pagamento da respectiva indenização, cujo prazo será fixado pelo juiz.

242 – Art. 1.276: A aplicação do art. 1.276 depende do devido processo legal, em que seja assegurado ao interessado demonstrar a não-cessação da posse.

243 – Art. 1.276: A presunção de que trata o § 2º do art. 1.276 não pode ser interpretada de modo a contrariar a norma-princípio do art. 150, inc. IV, da Constituição da República.

244 – Art. 1.291: O art. 1.291 deve ser interpretado conforme a Constituição, não sendo facultada a poluição das águas, quer sejam essenciais ou não às primeiras necessidades da vida.

245 – Art. 1.293: Embora omisso acerca da possibilidade de canalização forçada de águas por prédios alheios, para fins industriais ou agrícolas, o art. 1.293 não exclui a possibilidade da canalização forçada pelo vizinho, com prévia indenização aos proprietários prejudicados.

246 – Art. 1.331: Fica alterado o Enunciado n. 90, com supressão da parte final: "nas relações jurídicas inerentes às atividades de seu peculiar interesse". Prevalece o texto: "Deve ser reconhecida a personalidade jurídica ao condomínio edilício".

247 – Art. 1.331: No condomínio edilício é possível a utilização exclusiva de área "comum" que, pelas próprias características da edificação, não se preste ao "uso comum" dos demais condôminos.

248 – Art.: 1.334, V: O quórum para alteração do regimento interno do condomínio edilício pode ser livremente fixado na convenção.

249 – Art. 1.369: A propriedade superficiária pode ser autonomamente objeto de direitos reais de gozo e garantia, cujo prazo não exceda a duração da concessão da superfície, não se lhe aplicando o art. 1.474.

250 – Art. 1.369: Admite-se a constituição do direito de superfície por cisão.

251 – Art. 1.379: O prazo máximo para o usucapião extraordinário de servidões deve ser de 15 anos, em conformidade com o sistema geral de usucapião previsto no Código Civil.

252 – Art. 1.410: A extinção do usufruto pelo não-uso, de que trata o art. 1.410, inc. VIII, independe do prazo previsto no art. 1.389, inc. III.

253 – Art. 1.417: O promitente comprador, titular de direito real (art. 1.417), tem a faculdade de reivindicar de terceiro o imóvel prometido a venda.

▪ IV JORNADA DE DIREITO CIVIL

301 – Art. 1.198, c/c o art.1.204: É possível a conversão da detenção em posse, desde que rompida a subordinação, na hipótese de exercício em nome próprio dos atos possessórios.

302 – Arts. 1.200 e 1.214: Pode ser considerado justo título para a posse de boa-fé o ato jurídico capaz de transmitir a posse *ad usucapionem*, observado o disposto no art. 113 do Código Civil.

303 – Art. 1.201: Considera-se justo título, para a presunção relativa da boa-fé do possuidor, o justo motivo que lhe autoriza a aquisição derivada da posse, esteja ou não materializado em instrumento público ou particular. Compreensão na perspectiva da função social da posse.

304 – Art. 1.228: São aplicáveis as disposições dos §§ 4º e 5º do art. 1.228 do Código Civil às ações reivindicatórias relativas a bens públicos dominicais, mantido, parcialmente, o Enunciado 83 da I Jornada de Direito Civil, no que concerne às demais classificações dos bens públicos.

305 – Art. 1.228: Tendo em vista as disposições dos §§ 3º e 4º do art. 1.228 do Código Civil, o Ministério Público tem o poder-dever de atuar nas hipóteses de desapropriação, inclusive a indireta, que encerrem relevante interesse público, determinado pela natureza dos bens jurídicos envolvidos.

306 – Art. 1.228: A situação descrita no § 4º do art. 1.228 do Código Civil enseja a improcedência do pedido reivindicatório.

307 – Art. 1.228: Na desapropriação judicial (art. 1.228, § 4º), poderá o juiz determinar a intervenção dos órgãos públicos competentes para o licenciamento ambiental e urbanístico.

308 – Art. 1.228: A justa indenização devida ao proprietário em caso de desapropriação judicial (art. 1.228, § 5º) somente deverá ser suportada pela Administração Pública no contexto das políticas públicas de reforma urbana ou agrária, em se tratando de possuidores de baixa renda e desde que tenha havido intervenção daquela nos termos da lei processual. Não sendo os possuidores de baixa renda, aplica-se a orientação do Enunciado 84 da I Jornada de Direito Civil.

309 – Art. 1.228: O conceito de posse de boa-fé de que trata o art. 1.201 do Código Civil não se aplica ao instituto previsto no § 4º do art. 1.228.

310 – Art. 1.228: Interpreta-se extensivamente a expressão "imóvel reivindicado" (art. 1.228, § 4º), abrangendo pretensões tanto no juízo petitório quanto no possessório.

311 – Caso não seja pago o preço fixado para a desapropriação judicial, e ultrapassado o prazo prescricional para se exigir o crédito correspondente, estará autorizada a expedição de mandado para registro da propriedade em favor dos possuidores.

312 – Art. 1.239: Observado o teto constitucional, a fixação da área máxima para fins de usucapião especial rural levará em consideração o módulo rural e a atividade agrária regionalizada.

313 – Arts. 1.239 e 1.240: Quando a posse ocorre sobre área superior aos limites legais, não é possível a aquisição pela via da usucapião especial, ainda que o pedido restrinja a dimensão do que se quer usucapir.

314 – Art. 1.240: Para os efeitos do art. 1.240, não se deve computar, para fins de limite de metragem máxima, a extensão compreendida pela fração ideal correspondente à área comum.

315 – Art. 1.241: O art. 1.241 do Código Civil permite ao possuidor que figurar como réu em ação reivindicatória ou possessória formular pedido contraposto e postular ao juiz seja declarada adquirida, mediante usucapião, a propriedade imóvel, valendo a sentença como instrumento para registro imobiliário, ressalvados eventuais interesses de confinantes e terceiros.

316 – Art. 1.276: Eventual ação judicial de abandono de imóvel, caso procedente, impede o sucesso de demanda petitória.

317 – Art. 1.243: A accessio possessionis de que trata o art. 1.243, primeira parte, do Código Civil não encontra aplicabilidade relativamente aos arts. 1.239 e 1.240 do mesmo diploma legal, em face da normatividade do usucapião constitucional urbano e rural, arts. 183 e 191, respectivamente.

318 – Art. 1.258: O direito à aquisição da propriedade do solo em favor do construtor de má-fé (art. 1.258, parágrafo único) somente é viável quando, além dos requisitos explícitos previstos em lei, houver necessidade de proteger terceiros de boa-fé.

319 – Art. 1.277: A condução e a solução das causas envolvendo conflitos de vizinhança devem guardar estreita sintonia com os princípios constitucionais da intimidade, da inviolabilidade da vida privada e da proteção ao meio ambiente.

320 – Arts. 1.338 e 1.331: O direito de preferência de que trata o art. 1.338 deve ser assegurado não apenas nos casos de locação, mas também na hipótese de venda da garagem.

321 – Art. 1.369: Os direitos e obrigações vinculados ao terreno e, bem assim, aqueles vinculados à construção ou à plantação formam patrimônios distintos e autônomos, respondendo cada um de seus titulares exclusivamente por suas próprias dívidas e obrigações, ressalvadas as fiscais decorrentes do imóvel.

322 – Art. 1.376: O momento da desapropriação e as condições da concessão superficiária serão considerados para fins da divisão do montante indenizatório (art. 1.376), constituindo-se litisconsórcio passivo necessário simples entre proprietário e superficiário.

323 – É dispensável a anuência dos adquirentes de unidades imobiliárias no "termo de afetação" da incorporação imobiliária.

324 – É possível a averbação do termo de afetação de incorporação imobiliária (Lei n. 4.591/64, art. 31b) a qualquer tempo, na matrícula do terreno, mesmo antes do registro do respectivo Memorial de Incorporação no Registro de Imóveis.

325 – É impenhorável, nos termos da Lei n. 8.009/90, o direito real de aquisição do devedor fiduciante.

▪ V JORNADA DE DIREITO CIVIL

492 – A posse constitui direito autônomo em relação à propriedade e deve expressar o aproveitamento dos bens para o alcance de interesses existenciais, econômicos e sociais merecedores de tutela.

493 – O detentor (art. 1.198 do Código Civil) pode, no interesse do possuidor, exercer a autodefesa do bem sob seu poder.

494 – A faculdade conferida ao sucessor singular de somar ou não o tempo da posse de seu antecessor não significa que, ao optar por nova contagem, estará livre do vício objetivo que maculava a posse anterior.

495 – No desforço possessório, a expressão "contanto que o faça logo" deve ser entendida restritivamente, apenas como a reação imediata ao fato do esbulho ou da turbação, cabendo ao possuidor recorrer à via jurisdicional nas demais hipóteses.

496 – O conteúdo do art. 1.228, §§ 4º e 5º, pode ser objeto de ação autônoma, não se restringindo à defesa em pretensões reivindicatórias.

497 – O prazo, na ação de usucapião, pode ser completado no curso do processo, ressalvadas as hipóteses de má-fé processual do autor.

498 – A fluência do prazo de 2 (dois) anos previsto pelo art. 1.240-A para a nova modalidade de usucapião nele contemplada tem início com a entrada em vigor da Lei n. 12.424/2011.

499 – A aquisição da propriedade na modalidade de usucapião prevista no art. 1.240-A do Código Civil só pode ocorrer em virtude de implemento de seus pressupostos anteriormente ao divórcio. O requisito "abandono do lar" deve ser interpretado de maneira cautelosa, mediante a verificação de que o afastamento do lar conjugal representa descumprimento simultâneo de outros deveres conjugais, tais como assistência material e sustento do lar, onerando desigualmente aquele que se manteve na residência familiar e que se responsabiliza unilateralmente pelas despesas oriundas da manutenção da família e do próprio imóvel, o que justifica a perda da propriedade e a alteração do regime de bens quanto ao imóvel objeto de usucapião.

500 – A modalidade de usucapião prevista no art. 1.240-A do Código Civil pressupõe a propriedade comum do casal e compreende todas as formas de família ou entidades familiares, inclusive homoafetivas.

501 – As expressões "ex-cônjuge" e "ex-companheiro", contidas no art. 1.240-A do Código Civil, correspondem à situação fática da separação, independentemente de divórcio.

502 – O conceito de posse direta referido no art. 1.240-A do Código Civil não coincide com a acepção empregada no art. 1.197 do mesmo Código.

503 – É relativa a presunção de propriedade decorrente do registro imobiliário, ressalvado o sistema Torrens.

504 – A escritura declaratória de instituição e convenção firmada pelo titular único de edificação composta por unidades autônomas é título hábil para registro da propriedade horizontal no competente registro de imóveis, nos termos dos arts. 1.332 a 1.334 do Código Civil.

505 – É nula a estipulação que, dissimulando ou embutindo multa acima de 2%, confere suposto desconto de pontualidade no pagamento da taxa condominial, pois configura fraude à lei (Código Civil, art. 1336, § 1º), e não redução por merecimento.

506 – Estando em curso contrato de alienação fiduciária, é possível a constituição concomitante de nova garantia fiduciária sobre o mesmo bem imóvel, que, entretanto, incidirá sobre a respectiva propriedade superveniente que o fiduciante vier a readquirir, quando do implemento da condição a que estiver subordinada a primeira garantia fiduciária; a nova garantia poderá ser registrada na data em que convencionada e será eficaz desde a data do registro, produzindo efeito ex tunc.

507 – Na aplicação do princípio da função social da propriedade imobiliária rural, deve ser observada a cláusula aberta do § 1º do art. 1.228 do Código Civil, que, em consonância com o disposto no art. 5º, inc. XXIII, da Constituição de 1988, permite melhor objetivar a funcionalização mediante critérios de valoração centrados na primazia do trabalho.

508 – Verificando-se que a sanção pecuniária mostrou-se ineficaz, a garantia fundamental da função social da propriedade (arts. 5º, XXIII, da CRFB e 1.228, § 1º, do CC) e a vedação ao abuso do direito (arts. 187 e 1.228, § 2º, do CC) justificam a exclusão do condômino antissocial, desde que a ulterior assembleia prevista na parte final do parágrafo único do art. 1.337 do Código Civil delibere a propositura de ação judicial com esse fim, asseguradas todas as garantias inerentes ao devido processo legal.

509 – A resolução da propriedade, quando determinada por causa originária, prevista no título, opera ex tunc e erga omnes; se decorrente de causa superveniente, atua ex nunc e inter partes.

510 – Ao superficiário que não foi previamente notificado pelo proprietário para exercer o direito de preferência previsto no art. 1.373 do CC é assegurado o direito de, no prazo de seis meses, contado do registro da alienação, adjudicar para si o bem mediante depósito do preço.

511 – Do leilão, mesmo que negativo, a que se refere o art. 27 da Lei n. 9.514/1997, será lavrada ata que, subscrita pelo leiloeiro, poderá ser averbada no registro de imóveis competente, sendo a transmissão da propriedade do imóvel levado a leilão formalizada mediante contrato de compra e venda.

▪ VI JORNADA DE DIREITO CIVIL

563 – Art. 1.196: O reconhecimento da posse por parte do Poder Público competente anterior à sua legitimação nos termos da Lei n. 11.977/2009 constitui título possessório.

564 – Art. 1.238: As situações relativas à usucapião extraordinária (art. 1.238, *caput*, CC) e à usucapião ordinária (art. 1.242, *caput*, CC), por experimentarem redução de prazo em benefício do possuidor, têm aplicação imediata, não incidindo o disposto no art. 2.028 do Código Civil.

565 – Art. 1.275, III: Não ocorre a perda da propriedade por abandono de resíduos sólidos, que são considerados bens socioambientais, nos termos da Lei n. 12.305/2012.

566 – Art. 1.335, I, e Lei n. 4.591/1964, art. 19: A cláusula convencional que restringe a permanência de animais em unidades autônomas residenciais deve ser valorada à luz dos parâmetros legais de sossego, insalubridade e periculosidade.

567 – Lei n. 9.514/1997, art. 27, § 1º: A avaliação do imóvel para efeito do leilão previsto no § 1º do art. 27 da Lei n. 9.514/1997 deve contemplar o maior valor entre a avaliação efetuada pelo município para cálculo do imposto de transmissão inter vivos (ITBI) devido para a consolidação da propriedade no patrimônio do credor fiduciário e o critério fixado contratualmente.

568 – Art. 1.369: O direito de superfície abrange o direito de utilizar o solo, o subsolo ou o espaço aéreo relativo ao terreno, na forma estabelecida no contrato, admitindo-se o direito de sobrelevação, atendida a legislação urbanística.

569 – Art. 1.242, parágrafo único: No caso do art. 1.242, parágrafo único, a usucapião, como matéria de defesa, prescinde do ajuizamento da ação de usucapião, visto que, nessa hipótese, o usucapiente já é o titular do imóvel no registro.

▪ VII JORNADA DE DIREITO CIVIL

591 – A ação de reintegração de posse nos contratos de alienação fiduciária em garantia de coisa imóvel pode ser proposta a partir da consolidação da propriedade do imóvel em poder do credor fiduciário e não apenas após os leilões extrajudiciais previstos no art. 27 da Lei 9.514/1997.

592 – O art. 519 do Código Civil derroga o art. 35 do Decreto-Lei n. 3.365/1941 naquilo que ele diz respeito a cenários de tredestinação ilícita. Assim, ações de retrocessão baseadas em alegações de tredestinação ilícita não precisam, quando julgadas depois da incorporação do bem desapropriado ao patrimônio da entidade expropriante, resolver-se em perdas e danos.

593 – É indispensável o procedimento de demarcação urbanística para regularização fundiária social de áreas ainda não matriculadas no Cartório de Registro de Imóveis, como requisito à emissão dos títulos de legitimação da posse e de domínio. Parte da legislação: art. 1.196 do Código Civil – Da Posse e Da Propriedade – e arts. 56 e 57 da Lei n. 11.977/2009.

594 – É possível adquirir a propriedade de área menor do que o módulo rural estabelecido para a região, por meio da usucapião especial rural. Parte da legislação: art. 1.239 do Código Civil

595 – O requisito "abandono do lar" deve ser interpretado na ótica do instituto da usucapião familiar como abandono voluntário da posse do imóvel somado à ausência da tutela da família, não importando em averiguação da culpa pelo fim do casamento ou união estável. Revogado o Enunciado 499. Parte da legislação: art. 1240-A do Código Civil

596 – O condomínio edilício pode adquirir imóvel por usucapião. Parte da legislação: art. 1243-A do Código Civil.

597 – A posse impeditiva da arrecadação, prevista no art. 1.276 do Código Civil, é efetiva e qualificada por sua função social. Parte da legislação: art. 1276 do Código Civil

598 – Na redação do art. 1.293, "agricultura e indústria" não são apenas qualificadores do prejuízo que pode ser causado pelo aqueduto, mas também finalidades que podem justificar sua construção. Parte da legislação: art. 1293 do Código Civil

6. ENUNCIADOS DA PARTE ESPECIAL – FAMÍLIA

- **I JORNADA DE DIREITO CIVIL**

97 – Art. 25: No que tange à tutela especial da família, as regras do Código Civil que se referem apenas ao cônjuge devem ser estendidas à situação jurídica que envolve o companheiro, como, por exemplo, na hipótese de nomeação de curador dos bens do ausente (art. 25 do Código Civil).

98 – Art. 1.521, IV, do novo Código Civil: O inc. IV do art. 1.521 do novo Código Civil deve ser interpretado à luz do Decreto-lei n. 3.200/41, no que se refere à possibilidade de casamento entre colaterais de 3º grau.

99 – Art. 1.565, § 2º: O art. 1.565, § 2º, do Código Civil não é norma destinada apenas às pessoas casadas, mas também aos casais que vivem em companheirismo, nos termos do I, III, IV e V Jornadas de Direito Civil 27 art. 226, caput, §§ 3º e 7º, da Constituição Federal de 1988, e não revogou o disposto na Lei n. 9.263/96.

100 – Art. 1.572: Na separação, recomenda-se apreciação objetiva de fatos que tornem evidente a impossibilidade da vida em comum.

101 – Art. 1.583: Sem prejuízo dos deveres que compõem a esfera do poder familiar, a expressão "guarda de filhos", à luz do art. 1.583, pode compreender tanto a guarda unilateral quanto a compartilhada, em atendimento ao princípio do melhor interesse da criança.

102 – Art. 1.584: A expressão "melhores condições" no exercício da guarda, na hipótese do art. 1.584, significa atender ao melhor interesse da criança.

103 – Art. 1.593: O Código Civil reconhece, no art. 1.593, outras espécies de parentesco civil além daquele decorrente da adoção, acolhendo, assim, a noção de que há também parentesco civil no vínculo parental proveniente quer das técnicas de reprodução assistida heteróloga relativamente ao pai (ou mãe) que não contribuiu com seu material fecundante, quer da paternidade socioafetiva, fundada na posse do estado de filho.

104 – Art. 1.597: No âmbito das técnicas de reprodução assistida envolvendo o emprego de material fecundante de terceiros, o pressuposto fático da relação sexual é substituído pela vontade (ou eventualmente pelo risco da situação jurídica matrimonial) juridicamente qualificada, gerando presunção absoluta ou relativa de paternidade no que tange ao marido da mãe da criança concebida, dependendo da manifestação expressa (ou implícita) da vontade no curso do casamento.

105 – Art. 1.597: As expressões "fecundação artificial", "concepção artificial" e "inseminação artificial" constantes, respectivamente, dos incs. III, IV e V do art. 1.597 deverão ser interpretadas como "técnica de reprodução assistida".

106 – Art. 1.597, inc. III: Para que seja presumida a paternidade do marido falecido, será obrigatório que a mulher, ao se submeter a uma das técnicas de reprodução assistida com o material genético do falecido, esteja na condição de viúva, sendo obrigatória, ainda, a autorização escrita do marido para que se utilize seu material genético após sua morte.

107 – Art. 1.597, IV: Finda a sociedade conjugal, na forma do art. 1.571, a regra do inc. IV somente poderá ser aplicada se houver autorização prévia, por escrito, dos ex-cônjuges para a utilização dos embriões excedentários, só podendo ser revogada até o início do procedimento de implantação desses embriões.

108 – Art. 1.603: No fato jurídico do nascimento, mencionado no art. 1.603, compreende-se, à luz do disposto no art. 1.593, a filiação consangüínea e também a socioafetiva.

109 – Art. 1.605: A restrição da coisa julgada oriunda de demandas reputadas improcedentes por insuficiência de prova não deve prevalecer para inibir a busca da identidade genética pelo investigando.

110 – Art. 1.621, § 2º: É inaplicável o § 2º do art. 1.621 do novo Código Civil às adoções realizadas com base no Estatuto da Criança e do Adolescente.

111 – Art. 1.626: A adoção e a reprodução assistida heteróloga atribuem a condição de filho ao adotado e à criança resultante de técnica conceptiva heteróloga; porém, enquanto na adoção haverá o desligamento dos vínculos entre o adotado e seus parentes consangüíneos, na reprodução assistida heteróloga sequer será estabelecido o vínculo de parentesco entre a criança e o doador do material fecundante.

112 – Art. 1.630: Em acordos celebrados antes do advento do novo Código, ainda que expressamente convencionado que os alimentos cessarão com a maioridade, o juiz deve ouvir os interessados, apreciar as circunstâncias do caso concreto e obedecer ao princípio rebus sic stantibus.

113 – Art. 1.639: É admissível a alteração do regime de bens entre os cônjuges, quando então o pedido, devidamente motivado e assinado por ambos os cônjuges, será objeto de autorização judicial, com ressalva dos direitos de terceiros, inclusive dos entes públicos, após perquirição de inexistência de dívida de qualquer natureza, exigida ampla publicidade.

114 – Art. 1.647: O aval não pode ser anulado por falta de vênia conjugal, de modo que o inc. III do art. 1.647 apenas caracteriza a inoponibilidade do título ao cônjuge que não assentiu.

115 – Art. 1.725: Há presunção de comunhão de aquestos na constância da união extramatrimonial mantida entre os companheiros, sendo desnecessária a prova do esforço comum para se verificar a comunhão dos bens.

III JORNADA DE DIREITO CIVIL

254 – Art. 1.573: Formulado o pedido de separação judicial com fundamento na culpa (art. 1.572 e/ou art. 1.573 e incisos), o juiz poderá decretar a separação do casal diante da constatação da insubsistência da comunhão plena de vida (art. 1.511) – que caracteriza hipótese de "outros fatos que tornem evidente a impossibilidade da vida em comum" – sem atribuir culpa a nenhum dos cônjuges.

255 – Art. 1.575: Não é obrigatória a partilha de bens na separação judicial.

256 – Art. 1.593: A posse do estado de filho (parentalidade socioafetiva) constitui modalidade de parentesco civil.

257 – Art. 1.597: As expressões "fecundação artificial", "concepção artificial" e "inseminação artificial", constantes, respectivamente, dos incs. III, IV e V do art. 1.597 do Código Civil, devem ser interpretadas restritivamente, não abrangendo a utilização de óvulos doados e a gestação de substituição.

258 – Arts. 1.597 e 1.601: Não cabe a ação prevista no art. 1.601 do Código Civil se a filiação tiver origem em procriação assistida heteróloga, autorizada pelo marido nos termos do inc. V do art. 1.597, cuja paternidade configura presunção absoluta.

259 – Art. 1.621: A revogação do consentimento não impede, por si só, a adoção, observado o melhor interesse do adotando.

260 – Arts. 1.639, § 2º, e 2.039: A alteração do regime de bens prevista no § 2º do art. 1.639 do Código Civil também é permitida nos casamentos realizados na vigência da legislação anterior.

261 – Art. 1.641: A obrigatoriedade do regime da separação de bens não se aplica a pessoa maior de sessenta anos, quando o casamento for precedido de união estável iniciada antes dessa idade.

262 – Arts. 1.641 e 1.639: A obrigatoriedade da separação de bens nas hipóteses previstas nos incs. I e III do art. 1.641 do Código Civil não impede a alteração do regime, desde que superada a causa que o impôs.

263 – Art. 1.707: O art. 1.707 do Código Civil não impede seja reconhecida válida e eficaz a renúncia manifestada por ocasião do divórcio (direto ou indireto) ou da dissolução da "união estável". A irrenunciabilidade do direito a alimentos somente é admitida enquanto subsistir vínculo de Direito de Família.

264 – Art. 1.708: Na interpretação do que seja procedimento indigno do credor, apto a fazer cessar o direito a alimentos, aplicam-se, por analogia, as hipóteses dos incs. I e II do art. 1.814 do Código Civil.

265 – Art. 1.708: Na hipótese de concubinato, haverá necessidade de demonstração da assistência material prestada pelo concubino a quem o credor de alimentos se uniu.

IV JORNADA DE DIREITO CIVIL

329 – Art. 1.520: A permissão para casamento fora da idade núbil merece interpretação orientada pela dimensão substancial do princípio da igualdade jurídica, ética e moral entre o homem e a mulher, evitando-se, sem prejuízo do respeito à diferença, tratamento discriminatório.

330 – Art. 1.524: As causas suspensivas da celebração do casamento poderão ser argüidas inclusive pelos parentes em linha reta de um dos nubentes e pelos colaterais em segundo grau, por vínculo decorrente de parentesco civil.

331 – Art. 1.639: O estatuto patrimonial do casal pode ser definido por escolha de regime de bens distinto daqueles tipificados no Código Civil (art. 1.639 e parágrafo único do art. 1.640), e, para efeito de fiel observância do disposto no art. 1.528 do Código Civil, cumpre certificação a respeito, nos autos do processo de habilitação matrimonial.

332 – Art. 1.548: A hipótese de nulidade prevista no inc. I do art. 1.548 do Código Civil se restringe ao casamento realizado por enfermo mental absolutamente incapaz, nos termos do inc. II do art. 3º do Código Civil.

333 – Arts. 1.584 e 1.589: O direito de visita pode ser estendido aos avós e a pessoas com as quais a criança ou o adolescente mantenha vínculo afetivo, atendendo ao seu melhor interesse.

334 – Art. 1.584: A guarda de fato pode ser reputada como consolidada diante da estabilidade da convivência familiar entre a criança ou o adolescente e o terceiro guardião, desde que seja atendido o princípio do melhor interesse.

335 – Art. 1.636: A guarda compartilhada deve ser estimulada, utilizando-se, sempre que possível, da mediação e da orientação de equipe interdisciplinar.

336 – Art. 1.584: O parágrafo único do art. 1.584 aplica-se também aos filhos advindos de qualquer forma de família.

337 – Art. 1.588: O fato de o pai ou a mãe constituírem nova união não repercute no direito de terem os filhos do leito anterior em sua companhia, salvo quando houver comprometimento da sadia formação e do integral desenvolvimento da personalidade destes.

338 – Art. 1.588: A cláusula de não-tratamento conveniente para a perda da guarda dirige-se a todos os que integram, de modo direto ou reflexo, as novas relações familiares.

339 – A paternidade socioafetiva, calcada na vontade livre, não pode ser rompida em detrimento do melhor interesse do filho.

340 – Art. 1.665: No regime da comunhão parcial de bens é sempre indispensável a autorização do cônjuge, ou seu suprimento judicial, para atos de disposição sobre bens imóveis.

341 – Art. 1.696: Para os fins do art. 1.696, a relação socioafetiva pode ser elemento gerador de obrigação alimentar.

342 – Art. 1.695: Observadas suas condições pessoais e sociais, os avós somente serão obrigados a prestar alimentos aos netos em caráter exclusivo, sucessivo, complementar e não-solidário quando os pais destes estiverem impossibilitados de fazê-lo, caso em que as necessidades básicas dos alimentandos serão aferidas, prioritariamente, segundo o nível econômico-financeiro de seus genitores.

343 – Art. 1.700: A transmissibilidade da obrigação alimentar é limitada às forças da herança.

344 – Art. 1.701: A obrigação alimentar originada do poder familiar, especialmente para atender às necessidades educacionais, pode não cessar com a maioridade.

345 – Art. 1.708: O "procedimento indigno" do credor em relação ao devedor, previsto no parágrafo único do art. 1.708 do Código Civil, pode ensejar a exoneração ou apenas a redução do valor da pensão alimentícia para quantia indispensável à sobrevivência do credor.

346 – Art. 1.725: Na união estável o regime patrimonial obedecerá à norma vigente no momento da aquisição de cada bem, salvo contrato escrito.

V JORNADA DE DIREITO CIVIL

512 – Art. 1.517: O art. 1.517 do Código Civil, que exige autorização dos pais ou responsáveis para casamento, enquanto não atingida a maioridade civil, não se aplica ao emancipado.

513 – Art. 1.527, parágrafo único: O juiz não pode dispensar, mesmo fundamentadamente, a publicação do edital de proclamas do casamento, mas sim o decurso do prazo.

514 – Art. 1.571: A Emenda Constitucional n. 66/2010 não extinguiu o instituto da separação judicial e extrajudicial.

515 – Art. 1.574, caput: Pela interpretação teleológica da Emenda Constitucional n. 66/2010, não há prazo mínimo de casamento para a separação consensual.

516 – Art. 1.574, parágrafo único: Na separação judicial por mútuo consentimento, o juiz só poderá intervir no limite da preservação do interesse dos incapazes ou de um dos cônjuges, permitida a cindibilidade dos pedidos com a concordância das partes, aplicando-se esse entendimento também ao divórcio.

517 – Art. 1.580: A Emenda Constitucional n. 66/2010 extinguiu os prazos previstos no art. 1.580 do Código Civil, mantido o divórcio por conversão.

518 – Arts. 1.583 e 1.584: A Lei n. 11.698/2008, que deu nova redação aos arts. 1.583 e 1.584 do Código Civil, não se restringe à guarda unilateral e à guarda compartilhada, podendo ser adotada aquela mais adequada à situação do filho, em atendimento ao princípio do melhor interesse da criança e do adolescente. A regra aplica-se a qualquer modelo de família.

519 – Art. 1.593: O reconhecimento judicial do vínculo de parentesco em virtude de socioafetividade deve ocorrer a partir da relação entre pai(s) e filho(s), com base na posse do estado de filho, para que produza efeitos pessoais e patrimoniais.

520 – Art. 1.601: O conhecimento da ausência de vínculo biológico e a posse de estado de filho obstam a contestação da paternidade presumida.

521 – Art. 1.606: Qualquer descendente possui legitimidade, por direito próprio, para propor o reconhecimento do vínculo de parentesco em face dos avós ou de qualquer ascendente de grau superior, ainda que o pai não tenha iniciado a ação de prova da filiação em vida.

522 – Arts. 1.694, 1.696, primeira parte, e 1.706: Cabe prisão civil do devedor nos casos de não prestação de alimentos gravídicos estabelecidos com base na Lei n. 11.804/2008, inclusive deferidos em qualquer caso de tutela de urgência.

523 – Art. 1.698: O chamamento dos codevedores para integrar a lide, na forma do art. 1.698 do Código Civil, pode ser requerido por qualquer das partes, bem como pelo Ministério Público, quando legitimado.

524 – Art. 1.723: As demandas envolvendo união estável entre pessoas do mesmo sexo constituem matéria de Direito de Família.

525 – Arts. 1.723, § 1º, 1.790, 1.829 e 1.830: Os arts. 1.723, § 1º, 1.790, 1.829 e 1.830 do Código Civil admitem a concorrência sucessória entre cônjuge e companheiro sobreviventes na sucessão legítima, quanto aos bens adquiridos onerosamente na união estável.

526 – Art. 1.726: É possível a conversão de união estável entre pessoas do mesmo sexo em casamento, observados os requisitos exigidos para a respectiva habilitação.

▪ VI JORNADA DE DIREITO CIVIL

570 – Arts. 1.607 e 1.609: O reconhecimento de filho havido em união estável fruto de técnica de reprodução assistida heteróloga "a patre" consentida expressamente pelo companheiro representa a formalização do vínculo jurídico de paternidade-filiação, cuja constituição se deu no momento do início da gravidez da companheira.

571 – Arts. 1.571 ao 1.582 do Código Civil, combinados com a Lei n. 11.441/2007: Se comprovada a resolução prévia e judicial de todas as questões referentes aos filhos menores ou incapazes, o tabelião de notas poderá lavrar escrituras públicas de dissolução conjugal.

572 – Arts. 1.695 e 1.701, parágrafo único: Mediante ordem judicial, é admissível, para a satisfação do crédito alimentar atual, o levantamento do saldo de conta vinculada ao FGTS.

573 – Art. 1.694, § 1º: Na apuração da possibilidade do alimentante, observar-se-ão os sinais exteriores de riqueza.

574 – Art. 1.772: A decisão judicial de interdição deverá fixar os limites da curatela para todas as pessoas a ela sujeitas, sem distinção, a fim de resguardar os direitos fundamentais e a dignidade do interdito (art. 1.772).

▪ VII JORNADA DE DIREITO CIVIL

599 – Deve o magistrado, em sede de execução de alimentos avoengos, analisar as condições do (s) devedor (es), podendo aplicar medida coercitiva diversa da prisão civil ou determinar seu cumprimento em modalidade diversa do regime fechado (prisão em regime aberto ou prisão domiciliar), se o executado comprovar situações que contraindiquem o rigor na aplicação desse meio executivo e o torne atentatório à sua dignidade, como corolário do princípio de proteção aos idosos e garantia à vida. Parte da legislação: art. 733 do Código de Processo Civil de 1973 (Lei n. 5.689/1973), art. 528 do Código de Processo Civil de 2015 (Lei n. 13.105/2015), art. 19 da Lei de Alimentos (Lei n. 5.478/1968)

601 – É existente e válido o casamento entre pessoas do mesmo sexo. Parte da legislação: art. 1.514 do Código Civil

602 – Transitada em julgado a decisão concessiva do divórcio, a expedição do mandado de averbação independe do julgamento da ação originária em que persista a discussão dos aspectos decorrentes da dissolução do casamento. Parte da legislação: art. 1.571 do Código Civil

603 – A distribuição do tempo de convívio na guarda compartilhada deve atender precipuamente ao melhor interesse dos filhos, não devendo a divisão de forma equilibrada, a que alude o § 2° do art. 1.583 do Código Civil, representar convivência livre ou, ao contrário, repartição de tempo matematicamente igualitária entre os pais. Parte da legislação: art. 1.583, § 2º, do Código Civil

604 – A divisão, de forma equilibrada, do tempo de convívio dos filhos com a mãe e com o pai, imposta na guarda compartilhada pelo § 2° do art. 1.583 do Código Civil, não deve ser confundida com a imposição do tempo previsto pelo instituto da guarda alternada, pois esta não implica apenas a divisão do tempo de permanência dos filhos com os pais, mas também o exercício exclusivo da guarda pelo genitor que se encontra na companhia do filho. Parte da legislação: § 2° do art. 1.583 do Código Civil

605 – A guarda compartilhada não exclui a fixação do regime de convivência. Parte da legislação: art. 1.583 do Código Civil

606 – O tempo de convívio com os filhos "de forma equilibrada com a mãe e com o pai" deve ser entendido como divisão proporcional de tempo, da forma que cada genitor possa se ocupar dos cuidados pertinentes ao filho, em razão das peculiaridades da vida privada de cada um. Parte da legislação: art. 1.583, § 2º, do Código Civil

607 – A guarda compartilhada não implica ausência de pagamento de pensão alimentícia. Parte da legislação: art. 1.583 c/c 1.694 c/c 1.701 do Código Civil

7. ENUNCIADOS DA PARTE ESPECIAL – SUCESSÕES

- **I JORNADA DE DIREITO CIVIL**

116 – Art. 1.815: O Ministério Público, por força do art. 1.815 do novo Código Civil, desde que presente o interesse público, tem legitimidade para promover ação visando à declaração da indignidade de herdeiro ou legatário.

117 – Art. 1831: O direito real de habitação deve ser estendido ao companheiro, seja por não ter sido revogada a previsão da Lei n. 9.278/96, seja em razão da interpretação analógica do art. 1.831, informado pelo art. 6º, caput, da CF/88.

118 – Art. 1.967, caput e § 1º: O testamento anterior à vigência do novo Código Civil se submeterá à redução prevista no § 1º do art. 1.967 naquilo que atingir a porção reservada ao cônjuge sobrevivente, elevado que foi à condição de herdeiro necessário.

119 – Art. 2.004: Para evitar o enriquecimento sem causa, a colação será efetuada com base no valor da época da doação, nos termos do caput do art. 2.004, exclusivamente na hipótese em que o bem doado não mais pertença ao patrimônio do donatário. Se, ao contrário, o bem ainda integrar seu patrimônio, a colação se fará com base no valor do bem na época da abertura da sucessão, nos termos do art. 1.014 do CPC, de modo a preservar a quantia que efetivamente integrará a legítima quando esta se constituiu, ou seja, na data do óbito (resultado da interpretação sistemática do art. 2.004 e seus parágrafos, juntamente com os arts. 1.832 e 884 do Código Civil).

- **III JORNADA DE DIREITO CIVIL**

266 – Art. 1.790: Aplica-se o inc. I do art. 1.790 também na hipótese de concorrência do companheiro sobrevivente com outros descendentes comuns, e não apenas na concorrência com filhos comuns.

267 – Art. 1.798: A regra do art. 1.798 do Código Civil deve ser estendida aos embriões formados mediante o uso de técnicas de reprodução assistida, abrangendo, assim, a vocação hereditária da pessoa humana a nascer cujos efeitos patrimoniais se submetem às regras previstas para a petição da herança.

268 – Art. 1.799: Nos termos do inc. I do art. 1.799, pode o testador beneficiar filhos de determinada origem, não devendo ser interpretada extensivamente a cláusula testamentária respectiva.

269 – Art. 1.801: A vedação do art. 1.801, inc. III, do Código Civil não se aplica à união estável, independentemente do período de separação de fato (art. 1.723, § 1º).

270 – Art. 1.829: O art. 1.829, inc. I, só assegura ao cônjuge sobrevivente o direito de concorrência com os descendentes do autor da herança quando casados no regime da separação convencional de bens ou, se casados nos regimes da comunhão parcial ou participação final nos aquestos, o falecido possuísse bens particulares, hipóteses em que a concorrência se restringe a tais bens, devendo os bens comuns (meação) ser partilhados exclusivamente entre os descendentes.

271 – Art. 1.831: O cônjuge pode renunciar ao direito real de habitação nos autos do inventário ou por escritura pública, sem prejuízo de sua participação na herança.

- **V JORNADA DE DIREITO CIVIL**

527 – Art. 1.832: Na concorrência entre o cônjuge e os herdeiros do de cujus, não será reservada a quarta parte da herança para o sobrevivente no caso de filiação híbrida.

528 – Arts. 1.729, parágrafo único, e 1.857: É válida a declaração de vontade expressa em documento autêntico, também chamado "testamento vital", em que a pessoa estabelece disposições sobre o tipo de tratamento de saúde, ou não tratamento, que deseja no caso de se encontrar sem condições de manifestar a sua vontade.

529 – Art. 1.951: O fideicomisso, previsto no art. 1.951 do Código Civil, somente pode ser instituído por testamento.

- **VI JORNADA DE DIREITO CIVIL**

575 – Art. 1.810: Concorrendo herdeiros de classes diversas, a renúncia de qualquer deles devolve sua parte aos que integram a mesma ordem dos chamados a suceder.

- **VII JORNADA DE DIREITO CIVIL**

600 – Após registrado judicialmente o testamento e sendo todos os interessados capazes e concordes com os seus termos, não havendo conflito de interesses, é possível que se faça o inventário extrajudicial. Parte da legislação: art. 610, § 1º, do Código de Processo Civil e Lei n. 13.105, de 16/3/2015

608 – É possível o registro de nascimento dos filhos de pessoas do mesmo sexo originários de reprodução assistida, diretamente no Cartório do Registro Civil, sendo dispensável a propositura de ação judicial, nos termos da regulamentação da Corregedoria local. Parte da legislação: arts. 1.593 e 1.596 do Código Civil

609 – O regime de bens no casamento somente interfere na concorrência sucessória do cônjuge com descendentes do falecido. Parte da legislação: arts. 1.640, parágrafo único, e art. 1.829 do Código Civil

610 – Nos casos de comoriência entre ascendente e descendente, ou entre irmãos, reconhece-se o direito de representação aos descendentes e aos filhos dos irmãos. Parte da legislação: arts. 1.851 e 1.854 do Código Civil

611 – O testamento hológrafo simplificado, previsto no art. 1.879 do Código Civil, perderá sua eficácia se, nos 90 dias subsequentes ao fim das circunstâncias excepcionais que autorizaram a sua confecção, o disponente, podendo fazê-lo, não testar por uma das formas testamentárias ordinárias. Parte da legislação: art. 1.879 do Código Civil

612 – O prazo para exercer o direito de anular a partilha amigável judicial, decorrente de dissolução de sociedade conjugal ou de união estável, extingue-se em 1 (um) ano da data do trânsito em julgado da sentença homologatória, consoante dispõem o art. 2.027, parágrafo único, do Código Civil de 2002, e o art. 1.029, parágrafo único, do Código de Processo Civil (art. 657, parágrafo único, do NOVO CPC).

⊙ ENUNCIADOS PROGRAMÁTICOS DO INSTITUTO BRASILEIRO DE DIREITO DE FAMÍLIA (IBDFAM)

Enunciado 01. A Emenda Constitucional 66/2010, ao extinguir o instituto da separação judicial, afastou a perquirição da culpa na DISSOLUÇÃO do casamento e na quantificação dos alimentos.

Enunciado 02. A separação de fato põe fim ao regime de bens e importa extinção dos deveres entre cônjuges e entre companheiros.

Enunciado 03. Em face do princípio da igualdade das entidades familiares, é inconstitucional o tratamento discriminatório conferido ao cônjuge e ao companheiro.

Enunciado 04. A constituição de entidade familiar paralela pode gerar efeito jurídico.

Enunciado 05. Na adoção, o princípio do superior interesse da criança e do adolescente deve prevalecer sobre a família extensa.

Enunciado 06. Do reconhecimento jurídico da filiação socioafetiva decorrem todos os direitos e deveres inerentes à autoridade parental.

Enunciado 07. A posse de estado de filho pode constituir paternidade e maternidade.

Enunciado 08. O abandono afetivo pode gerar direito à reparação pelo dano causado.

Enunciado 09. A multiparentalidade gera efeitos jurídicos.

Enunciado 10. É cabível o reconhecimento do abandono afetivo em relação aos ascendentes idosos.

Enunciado 11. Na ação destinada a dissolver o casamento ou a união estável, pode o juiz disciplinar a custódia compartilhada do animal de estimação do casal.

Enunciado 12. É possível o registro de nascimento dos filhos de casais homoafetivos, havidos de reprodução assistida, diretamente no Cartório do Registro Civil.

Enunciado 13. Na hipótese de adoção *intuitu personae* de criança e de adolescente, os pais biológicos podem eleger os adotantes.

Enunciado 14. Salvo expressa disposição em contrário, os alimentos fixados *ad valorem* incidem sobre todos os rendimentos percebidos pelo alimentante que possua natureza remuneratória, inclusive terço constitucional de férias, 13º salário, participação nos lucros e horas extras.

Enunciado 15. Ainda que casado sob o regime da separação convencional de bens, o cônjuge sobrevivente é herdeiro necessário e concorre com os descendentes.

Enunciado 16. Mesmo quando houver testamento, sendo todos os interessados capazes e concordes com os seus termos, não havendo conflito de interesses, é possível que se faça o inventário extrajudicial.

Enunciado 17. A técnica de ponderação, adotada expressamente pelo art. 489, § 2º, do NOVO CPC, é meio adequado para a solução de problemas práticos atinentes ao Direito das Famílias e das Sucessões

Enunciado 18. Nas ações de divórcio e de dissolução da união estável, a regra deve ser o julgamento parcial do mérito (art. 356 do NOVO CPC), para que seja decretado o fim da conjugalidade, seguindo a demanda com a discussão de outros temas.

Enunciado 19. O rol do art. 693 do NOVO CPC é meramente exemplificativo, e não taxativo.

Enunciado 20. O alimentante que, dispondo de recursos econômicos, adota subterfúgios para não pagar ou para retardar o pagamento de verba alimentar, incorre na conduta descrita no art. 7º, inc. IV da Lei nº 11.340/2006 (violência patrimonial).

Direito Empresarial

Daniel Trindade

TABELA DE INCIDÊNCIA DE QUESTÕES

Distribuição das questões organizada por ordem didática de assuntos		
Questões	**Número de Questões**	**Peso**
1 DIREITO DE EMPRESA		
1.1 EMPRESÁRIO: CARACTERIZAÇÃO. INSCRIÇÃO. CAPACIDADE. TEORIA DA EMPRESA E SEUS PERFIS	3	5,36%
1.2 ESTABELECIMENTO EMPRESARIAL	4	7,14%
1.3 INSTITUTOS COMPLEMENTARES DO DIREITO EMPRESARIAL		
1.3.1 REGISTRO	1	1,79%
1.3.2 ESCRITURAÇÃO	2	3,57%
2 DIREITO SOCIETÁRIO		
2.1 TEORIA GERAL DO DIREITO SOCIETÁRIO	1	1,79%
2.2 SOCIEDADES NÃO PERSONIFICADAS	2	3,57%
2.3 SOCIEDADES PERSONIFICADAS		
2.3.1 SOCIEDADE LIMITADA	7	12,50%
2.3.2 SOCIEDADE ANÔNIMA	2	3,57%
2.3.3 SOCIEDADES COLIGADAS	1	1,79%
3 DIREITO FALIMENTAR E RECUPERACIONAL		
3.1 DISPOSIÇÕES GERAIS	1	1,79%
3.2 RECUPERAÇÃO JUDICIAL	3	5,36%
3.3 FALÊNCIA	8	14,29%
4 DIREITO CAMBIÁRIO		
4.1 TEORIA GERAL DOS TÍTULOS DE CRÉDITOS	2	3,57%
4.2 TÍTULOS DE CRÉDITOS		
4.2.1 DUPLICATA	1	1,79%
4.2.2 CÉDULA DE CRÉDITO BANCÁRIO	1	1,79%

4.3 ATOS CAMBIÁRIOS		
4.3.1 AVAL	1	1,79%
4.3.2 ENDOSSO	1	1,79%
4.4 AÇÕES CAMBIAIS	1	1,79%
5 DIREITO DE PROPRIEDADE INDUSTRIAL		
5.1 MARCA	2	3,57%
6 CONTRATOS EMPRESARIAIS		
6.1 AGÊNCIA	1	1,79%
6.2 ALIENAÇÃO FIDUCIÁRIA EM GARANTIA	1	1,79%
6.3 ARRENDAMENTO MERCANTIL (LEASING)	1	1,79%
6.4 LOCAÇÃO EMPRESARIAL	3	5,36%
6.5 SEGURO	1	1,79%
7 CONTRATOS BANCÁRIOS	1	1,79%
8 DIREITO CONCORRENCIAL	2	3,57%
9 O EMPRESÁRIO E O DIREITO DO CONSUMIDOR	2	3,57%
Total	**56**	**100%**

Direito Empresarial

Daniel Trindade

1 QUESTÕES

1.1 DIREITO DE EMPRESA

1.1.1 EMPRESÁRIO: CARACTERIZAÇÃO. INSCRIÇÃO. CAPACIDADE. TEORIA DA EMPRESA E SEUS PERFIS

01. (Vunesp – Juiz de Direito – TJ SP/2017) Quais dos elementos indicados a seguir são considerados indispensáveis para a existência de uma empresa?

A) Lucro, sociedade e aviamento.

B) Produção racional, comercialização dos produtos e função social.

C) Eficiência, registro no órgão competente e estabilidade.

D) Atividade, empresário e estabelecimento.

COMENTÁRIOS

✪ **Nota do autor:** a questão exigia do candidato conhecimento da doutrina. *Empresa* é a atividade econômica exercida pelo empresário. *Empresário* é a pessoa física (empresário individual) ou jurídica (sociedade empresária ou empresa individual de responsabilidade limitada) criada para a exploração de atividade mercantil. *Estabelecimento* é o complexo de bens corpóreos e incorpóreos organizados pelo empresário para a exploração da empresa.

Alternativa correta: letra "d" (responde, também, as demais questões). Waldirio Bulgarelli define empresa como "atividade econômica organizada de produção e circulação de bens e serviços para o mercado, exercida pelo empresário, em caráter profissional, através de um complexo de bens" (Direito Comercial. 12. ed. São Paulo: Atlas, 1997). Com efeito, são considerados indispensáveis para a existência de uma empresa, a atividade, o empresário e o estabelecimento. Trata-se de um perfil reducionista do conceito poliédrico de empresa desenvolvido por Alberto Asquini. Pelo conceito poliédrico, a empresa possui quatro perfis: **a) perfil subjetivo:** empresário; **b) perfil objetivo:** estabelecimento empresarial; **c) perfil funcional:** atividade empresarial; e **d) perfil corporativo ou institucional:** existência de empregados que auxiliam o empresário no cumprimento dos objetivos empresariais.

02. (Vunesp – Juiz de Direito – SP/2014) A incapacidade superveniente do empresário

A) não impede a continuidade do exercício da empresa pelo agora incapaz, mediante autorização judicial com a nomeação de um representante.

B) exime de responsabilidades o representante ou o assistente do empresário incapaz, se estes nomearem um gerente para substituí-lo quando não puder exercer a atividade empresarial.

C) acarreta a extinção imediata da sociedade empresarial.

D) não impede a continuidade do exercício da empresa podendo ele exercer a administração da sociedade.

COMENTÁRIOS

✪ **Nota do autor:** a questão exigia do candidato conhecimento do texto da lei.

Alternativa correta: letra "a". Em prestígio ao princípio da continuidade da empresa, há apenas duas hipóteses em que o incapaz poderá ser empresário: **a)** continuação da empresa no caso de incapacidade superveniente; e **b)** continuação da empresa no caso de sucessão hereditária. Para que isso ocorra, o Código Civil exige que haja prévia autorização judicial e que o incapaz esteja devidamente representado (no caso de incapacidade absoluta) ou assistido (no caso de incapacidade relativa). Importante lembrar também que não ficam sujeitos ao resultado da empresa os bens que o incapaz já possuía ao tempo da sucessão ou da interdição, desde que estranhos ao acervo daquela, devendo tais fatos constar do alvará judicial que conceder a autorização para a continuidade da empresa. Vide art. 974 do CC.

Alternativa "b": incorreta. Se o representante ou assistente do incapaz for pessoa legalmente impedida de exercer atividade empresarial, nomeará, com a aprovação do juiz, um ou mais gerentes. No entanto, de acordo com o § 2º do art. 975 do CC, "a aprovação do juiz **não exime** o representante ou assistente do menor ou do interdito da responsabilidade pelos atos dos gerentes nomeados."

Alternativa "c": incorreta. A incapacidade superveniente não acarreta, necessariamente, a extinção da sociedade empresarial. Dispõe o § 3º do art. 974 do CC que o sócio relativamente incapaz deve ser assistido e o absolutamente incapaz deve ser representado por seus representantes legais. Além disso, o Código Civil impõe que o capital social esteja totalmente integralizado e que o sócio incapaz não pode exercer a administração da sociedade.

Alternativa "d": incorreta. De fato, a incapacidade superveniente não impede a continuidade do exercício da empresa; no entanto, ele não poderá exercer a administração da sociedade.

---

03. (Vunesp – Juiz de Direito – TJ – SP/2013) O Juiz que autorizar o incapaz, por meio de seu representante, continuar a empresa antes exercida por seus pais poderá

A) limitar a responsabilidade do incapaz pelas dívidas da empresa autorizada.

B) eximir o representante do incapaz pelos atos do gerente nomeado.

C) especificar, segundo seu livre convencimento, quais os bens que ficarão sujeitos ao resultado da empresa.

D) ordenar e aprovar a nomeação de gerente em todos os casos em que entender conveniente.

COMENTÁRIOS

✪ **Nota do autor:** a questão exigia do candidato conhecimento do texto da lei.

Alternativa correta: letra "d". Em prestígio ao princípio da continuidade da empresa, há apenas duas hipóteses em que o incapaz poderá ser empresário: **a)** continuação da empresa no caso de incapacidade superveniente; e **b)** continuação da empresa no caso de sucessão hereditária. Para que isso ocorra, o Código Civil exige que haja prévia autorização judicial e que o incapaz esteja devidamente representado (no caso de incapacidade absoluta) ou assistido (no caso de incapacidade relativa). Se o representante ou assistente do incapaz for pessoa legalmente impedida de exercer atividade empresarial, nomeará, com a aprovação do juiz, um ou mais gerentes (CC, art. 975, *caput*). Do mesmo modo, será nomeado gerente em todos os casos em que o juiz entender ser conveniente, nos termos do § 1º do art. 975 do CC.

Alternativa "a": incorreta. Não é tarefa do juiz limitar, no alvará, a responsabilidade do incapaz pelas dívidas da empresa autorizada. Certa limitação decorre da própria lei, ao dispor que não ficam sujeitos ao resultado da empresa os bens que o incapaz já possuía ao tempo da sucessão ou da interdição, desde que estranhos ao acervo daquela, devendo tais fatos constar do alvará judicial que conceder a autorização para a continuidade da empresa (CC, art. 974, § 2º).

Alternativa "b": incorreta. Se o representante ou assistente do incapaz for pessoa legalmente impedida de exercer atividade empresarial, nomeará, com a aprovação do juiz, um ou mais gerentes. No entanto, de acordo com o § 2º do art. 975 do CC, "a aprovação do juiz não exime o representante ou assistente do menor ou do interdito da responsabilidade pelos atos dos gerentes nomeados."

Alternativa "": incorreta. Não cabe ao juiz especificar, <u>segundo seu livre convencimento</u>, quais os bens que ficarão sujeitos ao resultado da empresa. É que o § 2º do art. 974 do CC determina que: "Não ficam sujeitos ao resultado da empresa os bens que o incapaz já possuía, ao tempo da sucessão ou da interdição, desde que estranhos ao acervo daquela, devendo tais fatos constar do alvará que conceder a autorização." Assim, haverá um levantamento de quais bens o incapaz já possuía, ao tempo da sucessão ou da interdição, devendo o juiz fazer constar esta informação no alvará que conceder a autorização para a continuação da empresa.

1.1.2 ESTABELECIMENTO EMPRESARIAL

---

04. (Vunesp – Juiz de Direito – TJ SP/2017) Considerando a definição de "estabelecimento" contida no artigo 1.142 do Código Civil e a possibilidade, prevista nos artigos 1.143 e seguintes, a natureza jurídica desse instituto jurídico, adotada pelo nosso legislador, é aquela de

A) pessoa jurídica.

B) universalidade de direito.

C) sociedade de fato.

D) núcleo patrimonial provisório.

COMENTÁRIOS

✪ **Nota do autor:** a questão exigia do candidato conhecimento da doutrina.

Alternativa correta: letra "b" (responde, também, as demais alternativas). Entendemos que a presente questão deveria ter sido anulada pela Banca Examinadora. Isso porque o gabarito dado como correto tem como fundamento doutrina minoritária acerca da natureza jurídica do estabelecimento empresarial. Prevalece o entendimento na doutrina e jurisprudência majoritárias que o estabelecimento empresarial tem natureza jurídica de universalidade de fato (e não de direito). Vejamos. Segundo o STJ: "Esta Corte já se manifestou, inclusive em sede de recurso especial repetitivo (REsp nº 1.355.812/RS, Primeira Seção, Rel. Min. Mauro Campbell Marques, DJe 31.5.2013), no sentido de que a filial é uma espécie de estabelecimento empresarial, fazendo parte do acervo patrimonial de uma única pessoa jurídica, partilhando dos mesmos sócios, contrato social e firma ou denominação da matriz. **Nessa condição, consiste, conforme doutrina majoritária, em uma universalidade de fato, não ostentando personalidade jurídica própria, não sendo sujeito de direitos, tampouco uma pessoa distinta da sociedade empresária.** Tal significa que, em regra, a sujeição passiva tributária deve se referir à empresa como um todo, somente admitindo a separação entre estabelecimentos se houver expressa determinação legal." (REsp 1.628.352/PR, Rel. Min. Mauro Campbell Marques, 2ª Turma, julgado em 04/05/2017). A doutrina de André Luiz Santa Cruz Ramos ensina que: "**A doutrina brasileira majoritária, seguindo mais uma vez as ideias suscitadas pela doutrina italiana sobre o tema, sempre considerou o estabelecimento empresarial uma universalidade de fato, uma vez que os elementos que o compõem formam uma coisa unitária exclusivamente em razão da destinação que o empresário lhes dá, e não em virtude de disposição legal.** Essa posição parece ter ganhado ainda mais força com a edição do Código Civil de 2002 e a consequente definição do estabelecimento como o complexo de bens organizado pelo empresário para o exercício de sua atividade econômica. É que a organização dos bens usados na atividade empresarial não decorre de determinação legal, mas da vontade do empresário, que articula os fatores de produção no intuito de explorar um determinado empreendimento e auferir lucro. De fato, o que dá origem ao estabelecimento empresarial, na qualidade universalidade, é a vontade do empresário, que organiza os diversos elementos que o compõem com a finalidade de exercer uma determinada econômica." (*Direito Empresarial Esquematizado.* 7. ed. rev., atual. e ampl. – Rio de Janeiro: Forense; São Paulo: Método, 2017).

05. (Vunesp – Juiz de Direito – RJ/2016) Assinale a alternativa correta no que respeita ao estabelecimento empresarial.

A) O alienante, em razão de expressa previsão legal, não poderá fazer concorrência ao adquirente, nos 5 anos subsequentes à assinatura do contrato de trepasse, não sendo admitida autorização expressa em sentido contrário.

B) O contrato que tenha por objeto o trespasse do estabelecimento produzirá efeitos quanto a terceiros a partir da data de sua assinatura.

C) A eficácia da alienação do estabelecimento, se ao alienante não restarem bens suficientes para solver o passivo, dependerá do pagamento de todos os credores, ou do consentimento destes, que se admite de modo expresso ou tácito, no prazo de 30 dias contados de sua notificação.

D) Por consistir no complexo de bens organizado para o exercício da empresa, o estabelecimento não pode ser objeto unitário de negócios jurídicos constitutivos, ainda que compatíveis com a sua natureza.

E) O adquirente do estabelecimento responde pessoalmente pelo pagamento dos débitos anteriores à transferência, independentemente de estarem contabilizados, exonerando-se o devedor primitivo quanto aos créditos vencidos.

COMENTÁRIOS

✪ **Nota do autor:** a questão exigia do candidato conhecimento do texto da lei. *Estabelecimento empresarial* é o conjunto de bens corpóreos e/ou incorpóreos organizados pelo empresário para o exercício da atividade empresarial. *Trespasse* é o nome que se dá ao contrato de compra e venda do estabelecimento empresarial. Trata-se de um negócio jurídico translativo.

Alternativa correta: letra "c". É o que dispõe o art. 1.145 do CC: «Se ao alienante não restarem bens suficientes para solver o seu passivo, a eficácia da alienação do estabelecimento depende do pagamento de todos os credores, ou do consentimento destes, de modo expresso ou tácito, em trinta dias a partir de sua notificação."

Alternativa "a": incorreta. Nos termos do art. 1.147, "não havendo autorização expressa, o alienante do estabelecimento não pode fazer concorrência ao adquirente, nos cinco anos subsequentes à transferência." Trata-se da chamada cláusula de não restabelecimento (ou de não concorrência), que é uma cláusula implícita do contrato de trespasse. Por esta cláusula, não havendo autorização expressa no contrato de trespasse, o alienante do estabelecimento não poderá fazer concorrência ao adquirente, nos 5 (cinco) anos subsequentes à transferência do estabelecimento comercial. **Atenção!** Considera-se abusiva a cláusula de não restabelecimento fixada por prazo indeterminado (STJ, REsp 680.815-PR). Ainda segundo o STJ, é válida a cláusula contratual de não concorrência, desde que limitada espacial e temporalmente (REsp 1.203.109-MG).

Alternativa "b":incorreta. Nos termos do art. 1.144 do CC:"O contrato que tenha por objeto a alienação, o usufruto ou arrendamento do estabelecimento, só produzirá efeitos quanto a terceiros depois de averbado à margem da inscrição do empresário, ou da sociedade empresária, no Registro Público de Empresas Mercantis, e de publicado na imprensa oficial.

Alternativa "d": incorreta. Por ter natureza de universalidade de fato, formada por bens materiais e imateriais, o estabelecimento empresarial pode ser objeto de negócio jurídico translativo (ex. alienação, arrendamento) ou de negócio jurídico constitutivo (ex. hipoteca). Veja o que determina o art. 1.143 do CC: "Pode o estabelecimento ser objeto unitário de direitos e de negócios jurídicos, translativos ou constitutivos, que sejam compatíveis com a sua natureza".

Alternativa "e": incorreta. Nos termos do art. 1.146 do CC: "O adquirente do estabelecimento responde pelo pagamento dos débitos anteriores à transferência, desde que regularmente contabilizados, continuando o devedor primitivo solidariamente obrigado pelo prazo de um ano, a partir, quanto aos créditos vencidos, da publicação, e, quanto aos outros, da data do vencimento."

---

06. (Vunesp – Juiz de Direito – SP/2015) Sobre alienação dos estabelecimentos empresariais, é correto afirmar:

A) a alienação implica a responsabilidade do adquirente pelos débitos anteriores à transferência, desde que regularmente contabilizados, sem prejuízo da obrigação solidária do devedor primitivo na forma da lei.

B) exige que o alienante ceda, separada e individualmente, ao adquirente cada um dos contratos estipulados para a exploração do estabelecimento.

C) permite que o alienante se restabeleça de imediato se assim desejar, continuando a exploração da mesma atividade, caso não haja expressa vedação contratual no contrato de trespasse.

D) o contrato de alienação de estabelecimento produzirá efeitos imediatos entre as partes e perante terceiros, salvo se alienante e adquirente exercerem o mesmo ramo de atividades, quando a operação ficará na dependência da aprovação da autoridade de defesa da concorrência.

COMENTÁRIOS

✪ **Nota do autor:** a questão exigia do candidato conhecimento do texto da lei. Estabelecimento empresarial é o conjunto de bens corpóreos e/ou incorpóreos organizados pelo empresário para o exercício da atividade empresarial. Trespasse é o nome que se dá ao contrato de compra e venda do estabelecimento empresarial. Trata-se de um negócio jurídico translativo.

Alternativa correta: letra "a". É o que dispõe o art. 1.146 do CC: "O adquirente do estabelecimento responde pelo pagamento dos débitos anteriores à transferência, desde que regularmente contabilizados, continuando o devedor primitivo solidariamente obrigado pelo prazo de um ano, a partir, quanto aos créditos vencidos, da publicação, e, quanto aos outros, da data do vencimento."

Alternativa "b":incorreta. De fato, em regra, ocorrendo o contrato de trespasse, automaticamente, haverá a sub-rogação ("transferência") de todos os contratos envolvendo exploração do estabelecimento, salvo disposição em sentido contrário (CC, art. 1.148). "CC, art. 1.148. Salvo disposição em contrário, a transferência importa a sub-rogação do adquirente nos contratos estipulados para exploração do estabelecimento, se não tiverem caráter pessoal, podendo os terceiros rescindir o contrato em noventa dias a contar da publicação da transferência, se ocorrer justa causa, ressalvada, neste caso, a responsabilidade do alienante."

Exceção: importante lembrar que há apenas uma exceção, qual seja o contrato de locação (Lei 8.245/91, art. 13). Para que o contrato de locação seja sub-rogado ao adquirente, o locador deve anuir previa e expressamente com o contrato de trespasse. Veja o entendimento estampado no Enunciado nº 234 do CJF: "Quando do trespasse do estabelecimento empresarial, o contrato de locação do respectivo ponto não se transmite automaticamente ao adquirente. Fica cancelado o Enunciado n. 64".

Alternativa "c": incorreta. Nos termos do art. 1.147, "não havendo autorização expressa, o alienante do estabelecimento não pode fazer concorrência ao adquirente, nos cinco anos subsequentes à transferência." Trata-se da chamada cláusula de não restabelecimento (ou de não concorrência), que é uma cláusula implícita do contrato de trespasse. Por esta cláusula, não havendo autorização expressa no contrato de trespasse, o alienante do estabelecimento não poderá fazer concorrência ao adquirente, nos 5 (cinco) anos subsequentes à transferência do estabelecimento comercial. **Atenção!** Considera-se abusiva a cláusula de não restabelecimento fixada por prazo indeterminado (STJ, REsp 680.815-PR). Ainda segundo o STJ, é válida a cláusula contratual de não concorrência, desde que limitada espacial e temporalmente (REsp 1.203.109-MG).

Alternativa "d": incorreta. O contrato que tenha por objeto a alienação, o usufruto ou arrendamento do estabelecimento, só produzirá efeitos quanto a terceiros depois de averbado à margem da inscrição do empresário, ou da sociedade empresária, no Registro Público de Empresas Mercantis, e de publicado na imprensa oficial (CC, art. 1.144).

---

07. (Vunesp – Juiz de Direito – RJ/2014) Considera-se complexo de bens organizado para o exercício da empresa, por empresário ou sociedade empresária:

A) atividade econômica desenvolvida profissionalmente.

B) estabelecimento.

C) patente.

D) ponto.

COMENTÁRIOS

✪ **Nota do autor:** a questão exigia do candidato conhecimento do texto da doutrina.

Alternativa correta: letra "b" (responde, também, as demais alternativas). O *estabelecimento empresarial* compreende o conjunto de bens corpóreos e/ou incorpóreos organizados pelo empresário para o exercício da atividade empresarial. *Empresa* é a atividade econômica desenvolvida profissionalmente pelo empresário. A *patente* se relaciona com à invenção ou ao modelo de utilidade, cujo efeito é a concessão de propriedade, garantindo o direito de exploração com exclusividade. Em outras palavras, a patente confere ao seu titular o direito de impedir terceiro, sem o seu consentimento, de produzir, usar, colocar à venda, vender ou importar com estes propósitos: **a)** produto objeto de patente; **b)** processo ou produto obtido diretamente por processo patenteado. *Ponto empresarial* é o local utilizado pelo empresário para exploração de sua atividade. Trata-se de um bem incorpóreo que irá integrar o estabelecimento empresarial. O empresário pode explorar sua atividade tanto em um imóvel de sua propriedade como também em imóvel por ele locado. Nas duas situações o ponto empresarial será protegido pelo ordenamento jurídico, já que o ponto tem um valor ao empresário.

1.1.3 INSTITUTOS COMPLEMENTARES DO DIREITO EMPRESARIAL

1.1.3.1 REGISTRO

---

08. (Vunesp – Juiz de Direito – SP/2013) Das decisões do Plenário da Junta Comercial, cabe recurso ao ANULADA

A) Governador do Estado da unidade federativa da junta respectiva.

B) Secretário Estadual da Indústria e Comércio.

C) Ministro de Estado da Indústria, do Comércio e do Turismo.

D) Presidente da Junta Comercial.

COMENTÁRIOS

✪ **Nota do autor:** a questão foi anulada pela Banca Examinadora, pois, dentre as alternativas, não havia resposta correta a ser marcada pelo candidato. Quando da realização do concurso, o art. 69 do Decreto n. 1.800/1996, que tratava do tema, havia sido alterado pelo Decreto n. 8.060/2013, prevendo que o recurso deveria ser direcionado ao Ministro Chefe da Secretaria da Micro e Pequena Empresa da Presidência da República, como última instância administrativa. **Atenção!** Em 2016, o art. 69 do Decreto n. 1.800/1996 foi novamente alterado, agora pelo Decreto n. 8.815. De acordo com a nova redação do dispositivo, o recurso deve ser direcionado ao Ministro de Estado Chefe da Casa Civil da Presidência da República. **Como ficou o processo revisional das decisões do registro de empresa?** O processo revisional das decisões da Junta Comercial dar-se-á mediante: **a)** Pedido de Reconsideração; **b)** Recurso ao Plenário; e **c)** recurso ao Ministro de Estado Chefe da Casa Civil da Presidência da República. Vejamos:

Pedido de Reconsideração	O pedido de reconsideração terá por objeto obter a revisão de despachos singulares ou de Turmas que formulem exigências para o deferimento do arquivamento e o seu procedimento iniciar-se-á com a protocolização de petição dirigida ao Presidente da Junta Comercial dentro do prazo de trinta dias concedidos para cumprimento da exigência.
Recurso ao Plenário	Das decisões definitivas, singulares ou de Turmas, cabe recurso ao Plenário da Junta Comercial, cujo procedimento compreenderá as fases de instrução e julgamento.
Recurso ao Ministro de Estado Chefe da Casa Civil da Presidência da República ** inciso III do art. 64 do Decreto 1.800/96 com redação dada pelo Decreto nº 8.815, de 2016.*	Das decisões do Plenário cabe recurso ao Ministro de Estado Chefe da Casa Civil da Presidência da República, como última instância administrativa, nos termos do art. 69, *caput*, do Decreto 1.800/96 com redação dada pelo Decreto nº 8.815, de 2016.

1.1.3.2 ESCRITURAÇÃO

09. (Vunesp – Juiz de Direito – SP/2015) A respeito da escrituração mercantil, é incorreto afirmar que

A) quando preencherem os requisitos legais, os livros contábeis fazem prova a favor de seu titular, nos litígios entre empresários.

B) o exame de livros comerciais, em ação judicial envolvendo contratos mercantis, fica limitado aos lançamentos correspondentes às transações entre os litigantes.

C) os livros obrigatórios do empresário e da sociedade empresária devem ser autenticados na Junta Comercial.

D) as sociedades anônimas deverão manter registros permanentes, observando a legislação e os princípios de contabilidade geralmente aceitos e registrar suas mutações patrimoniais segundo o regime de caixa.

COMENTÁRIOS

✪ **Nota do autor:** a questão exigia do candidato conhecimento do texto da lei e da jurisprudência. Todo empresário (salvo o pequeno empresário) tem obrigação de escriturar os livros empresariais. Isso porque os empresários são obrigados a manter um sistema de contabilidade. A escrituração dos livros materializa a higidez da empresa e do sistema contábil, trazendo vantagens ao empresário, porque os livros fornecem subsídios para a escolha de estratégias de gestão e atuação no mercado. Para que sejam considerados regulares e tenham eficácia probatória em favor do empresário, os livros empresariais devem preencher requisitos intrínsecos e extrínsecos. Pelos requisitos intrínsecos, os livros empresariais devem ser escriturados em idioma nacional, moeda corrente e forma contábil, ordem cronológica e sem rasura. Já os requisitos extrínsecos se relacionam com a segurança e autenticidade, que ocorre quando o livro empresarial possui contiver termos de abertura e de encerramento, e estiver autenticado pela Junta Comercial. Incide o princípio da sigilosidade sobre os livros empresariais. No entanto, excepcionalmente, o ordenamento jurídico autoriza a exibição dos livros empresariais, como no presente caso. A ausência de escrituração acarreta a ineficácia probatória dos livros comerciais, a ilegitimidade ativa para requerer a recuperação judicial de terceiros e pode inclusive configurar crime falimentar.

Alternativa incorreta: letra "d". De acordo com o art. 177 da Lei n. 6.404/76 (Lei da Sociedade Anônima): "A escrituração da companhia será mantida em registros permanentes, com obediência aos preceitos da legislação comercial e desta Lei e aos princípios de contabilidade geralmente aceitos, devendo observar métodos ou critérios contábeis uniformes no tempo e registrar as mutações patrimoniais segundo o regime de competência."

Alternativa "a": correta. É o que dispõe o art. 418 do CPC/2015: "Os livros empresariais que preencham os requisitos exigidos por lei provam a favor de seu autor no litígio entre empresários."

Alternativa "b": correta. É o que dispõe o enunciado da Súmula n. 260 do Supremo Tribunal Federal: "O exame de livros comerciais, em ação judicial, fica limitado às transações entre os litigantes."

Alternativa "c": correta. É o que dispõe o art. 1.181, *caput*, do CC: "Salvo disposição especial de lei, os livros obrigatórios e, se for o caso, as fichas, antes de postos em uso, devem ser autenticados no Registro Público de Empresas Mercantis.

10. (Vunesp – Juiz de Direito – TJ – SP/2013) O Juiz só poderá autorizar a exibição integral dos livros e papéis de escrituração empresarial quando necessária para

A) verificar se o empresário ou a sociedade empresária observa, ou não, em seus livros e fichas, as formalidades prescritas em lei.

B) resolver questões relativas a sucessão, comunhão ou sociedade, administração ou gestão à conta de outrem, ou em caso de falência.

C) apurar se a atividade empresarial gerou lucros ou prejuízos no exercício financeiro.

D) apurar se a empresa paga pontualmente os tributos incidentes sobre a atividade empresarial.

COMENTÁRIOS

✪ **Nota do autor:** a questão exigia do candidato conhecimento do texto da lei. Todo empresário (salvo o pequeno empresário) tem obrigação de escriturar os livros empresariais. Isso porque os empresários são obrigados a manter um sistema de contabilidade. A escrituração dos livros materializa a higidez da empresa e do sistema contábil, trazendo vantagens ao empresário, porque os livros fornecem subsídios para a escolha de estratégias de gestão e atuação no mercado. Para que sejam considerados regulares e tenham eficácia probatória em favor do empresário, os livros empresariais devem preencher requisitos intrínsecos e extrínsecos. Pelos requisitos intrínsecos, os livros empresariais devem ser escriturados em idioma nacional, moeda corrente e forma contábil, ordem cronológica e sem rasura. Já os requisitos extrínsecos se relacionam com a segurança e autenticidade, que ocorre quando o livro empresarial possui contiver termos de abertura e de encerramento, e estiver autenticado pela Junta Comercial. Incide o princípio da sigilosidade sobre os livros empresariais. No entanto, excepcionalmente, o ordenamento jurídico autoriza a exibição dos livros empresariais, como no presente caso. A ausência de escrituração acarreta a ineficácia probatória dos livros comerciais, a ilegitimidade ativa para requerer a recuperação judicial de terceiros e pode inclusive configurar crime falimentar.

Alternativa correta: letra "b" (responde, também, as demais alternativas). A regra é a de que os livros empresariais são sigilosos. No entanto, há exceções. É o que dispõe o art. 1.191, *caput*, do CC: "O juiz só poderá autorizar a exibição integral dos livro e papéis de escrituração quando necessária para resolver questões relativas a sucessão, comunhão ou sociedade, administração ou gestão à conta de outrem, ou em caso de falência."

1.2 DIREITO SOCIETÁRIO

1.2.1 TEORIA GERAL DO DIREITO SOCIETÁRIO

11. (Vunesp - Juiz de Direito - SP/2014) Tratando-se de sociedade empresarial, é correto afirmar que

A) as sociedades em nome coletivo e em comandita simples são de capital.

B) as sociedades de pessoas são aquelas em que a contribuição material é o que mais importa com relação aos sócios.

C) a natureza da sociedade importa diferenças no tocante à alienação da participação societária (quotas ou ações), à sua penhorabilidade por dívida particular do sócio e à questão da sucessão por morte.

D) as sociedades de capital são aquelas em que a realização do objeto social depende mais dos atributos individuais dos sócios.

COMENTÁRIOS

✪ **Nota do autor:** sociedade empresária é aquela que tem por objeto o exercício de atividade própria de empresário sujeito a registro (CC, art. 966).

Alternativa correta: letra "c". De fato, a natureza da sociedade importa diferenças no tocante à alienação da participação societária (quotas ou ações), à sua penhorabilidade por dívida particular do sócio e à questão da sucessão por morte.*Vide comentários sobre Sociedade Limitada e Sociedade Anônima no item 2 "Dicas (Resumo)".

Alternativa "a": incorreta. As sociedades em nome coletivo e em comandita simples são de pessoas. Sociedades de pessoas são aquelas em que não importa a figura do sócio, mas sim o capital por ele investido. Assim, a entrada de pessoas estranhas no quadro societário, não dependerá do consentimento dos demais sócios.

Alternativa "b": incorreta. As sociedades de capital são aquelas em que a contribuição material é o que mais importa com relação aos sócios.

Alternativa "d": incorreta. As sociedades de pessoas são aquelas em que a realização do objeto social depende mais dos atributos individuais dos sócios.

1.2.2 SOCIEDADES NÃO PERSONIFICADAS

12. (Vunesp - Juiz de Direito - RJ/2014) Tratando-se de sociedade em comum, enquanto não inscritos os atos constitutivos, exceto por ações em organização, a sociedade será regida pelas disposições constantes do Código Civil, observadas, subsidiariamente e no que com ele forem compatíveis, as normas da sociedade

A) anônima.

B) em comandita simples.

C) em nome coletivo.

D) simples.

COMENTÁRIOS

✪ **Nota do autor:** a questão exigia do candidato conhecimento do texto da lei. A sociedade em comum é gênero que abrange a sociedade irregular (possui contrato social, mas não ele foi levado a registro ou, estando inscrito, o está de forma irregular) e a sociedade de fato (sequer possui contrato social).

Alternativa correta: letra "d" (responde, também, as demais alternativas). É o que dispõe o art. art. 986 do CC: «Enquanto não inscritos os atos constitutivos, reger-se-á a sociedade, exceto por ações em organização, pelo disposto neste Capítulo, observadas, subsidiariamente e no que com ele forem compatíveis, **as normas da sociedade simples.**"

13. (Vunesp - Juiz de Direito - SP/2014) Assinale a opção incorreta.

A) Tanto a sociedade irregular quanto a de fato compõem categorias de sociedade comum.

B) Na sociedade em comum, os sócios, nas relações entre si ou com terceiros, somente por escrito podem provar a existência da sociedade, e também os terceiros deverão assim provar.

C) Sociedade irregular é aquela cujo contrato social não está inscrito no registro próprio, ou, estando inscrito, o está de forma irregular.

D) Sociedade de fato é aquela que nem mesmo possui contrato social escrito.

COMENTÁRIOS

✪ **Nota do autor:** a questão exigia do candidato conhecimento do texto da lei.

Alternativa incorreta: letra "b". Na sociedade em comum, os sócios, nas relações entre si ou com terceiros, somente por escrito podem provar a existência da sociedade, mas os terceiros podem prová-la de qualquer modo (CC, art. 987).

Alternativa "a" (responde, também, as alternativas "c" e "d"): correta. A sociedade em comum é gênero que abrange a sociedade irregular (possui contrato social, mas não ele foi levado a registro ou, estando inscrito, o está de forma irregular) e a sociedade de fato (sequer possui contrato social).

1.2.3 SOCIEDADES PERSONIFICADAS

1.2.3.1 SOCIEDADE LIMITADA

14. (Vunesp - Juiz de Direito - SP/2017) A retirada do sócio de sociedade limitada

A) depende da aprovação dos demais em assembleia ou reunião.

B) condiciona-se à prévia propositura de ação judicial.

C) condiciona-se à apresentação de justa causa.

D) constitui direito potestativo do sócio retirante.

COMENTÁRIOS

✪ **Nota do autor:** a questão trata do chamado direito de retirada. Segundo André Luiz Santa Cruz Ramos: "O direito de retirada, também chamado de direito de recesso ou direito de denúncia, fundamenta-se na ideia de que ninguém é obrigado a contratar contra sua própria vontade. No entanto, esse direito do sócio não poderia acarretar sempre a dissolução total da sociedade, porque isso significaria impedir os demais sócios de continuar o vínculo contratual que os une e preservar a existência da pessoa jurídica que criaram."(*Direito Empresarial Esquematizado.* 7. ed. rev., atual. e ampl. - Rio de Janeiro: Forense; São Paulo: Método, 2017).

Alternativa correta: letra "d" (responde, também, as demais alternativas). De fato, a retirada do sócio de sociedade limitada constitui direito potestativo do sócio retirante. O direito de recesso garante ao sócio quotista o direito de retirar-se da sociedade. O Código Civil trata do direito de retirada no art. 1.029, orientando que: "além dos casos previstos na lei ou no contrato, qualquer sócio pode retirar-se da sociedade; se de prazo indeterminado, mediante notificação aos demais sócios, com antecedência mínima de sessenta dias; se de prazo determinado, provando judicialmente justa causa".

15. (Vunesp - Juiz de Direito - RJ/2016) A sociedade limitada rege-se pelas disposições do Código Civil, e nas omissões deste, não havendo previsão no contrato social acerca da regência supletiva, pelas normas aplicáveis à sociedade

A) em comandita por ações.

B) simples.

C) em comandita simples.

D) anônima.

E) em conta de participação.

COMENTÁRIOS

✪ **Nota do autor:** a questão exigia do candidato conhecimento do texto da lei.

Alternativa correta: letra "b" (responde, também, as demais alternativas). É o que dispõe o art. 1.053, *caput*, do CC: "A sociedade limitada rege-se, nas omissões deste Capítulo, pelas normas da sociedade simples. "**Exceção:** o contrato social da sociedade limitada poderá prever a regência supletiva da sociedade limitada pelas normas da sociedade anônima (CC, art. 1.052, parágrafo único).

16. (Vunesp - Juiz de Direito - SP/2015) Assinale a alternativa incorreta.

A) Na sociedade limitada, em que o capital social ainda não estiver integralizado, a designação de administrador não sócio depende da aprovação pela unanimidade dos sócios.

B) Exceto se houver expressa autorização no contrato social, na sociedade limitada, um sócio não pode ceder quotas a outro quotista sem o consentimento dos demais.

C) Na sociedade limitada, a responsabilidade dos sócios é restrita ao valor das suas quotas, salvo quanto à obrigação de integralização do capital, que é solidária.

D) Na sociedade simples, a contribuição do sócio pode consistir apenas em serviços.

COMENTÁRIOS

✪ **Nota do autor:** a questão exigia do candidato conhecimento do texto da lei.

Alternativa incorreta: letra "b". Nos termos do art. 1.057 do CC: "Na omissão do contrato, o sócio **pode** ceder sua quota, total ou parcialmente, a quem seja sócio, independentemente de audiência dos outros, ou a estranho, se não houver oposição de titulares de mais de um quarto do capital social."

Alternativa "a": correta. É o que dispõe o art. 1.061 do CC: "A designação de administradores não sócios dependerá de aprovação da unanimidade dos sócios, enquanto o capital não estiver integralizado, e de 2/3 (dois terços), no mínimo, após a integralização."

Alternativa "c": correta. É o que dispõe o art. 1.052 do CC: "Na sociedade limitada, a responsabilidade de cada sócio é restrita ao valor de suas quotas, mas todos respondem solidariamente pela integralização do capital social."

Alternativa "d": correta. De fato, na sociedade simples, a contribuição do sócio pode consistir apenas em serviços. Nos termos do art. 997 do CC: "A sociedade constitui-se mediante contrato escrito, particular ou público, que, além de cláusulas estipuladas pelas partes, mencionará: (...) V – **as prestações a que se obriga o sócio, cuja contribuição consista em serviços**." Dispõe, ainda, o art. 1.007 do CC, que "salvo estipulação em contrário, o sócio participa dos lucros e das perdas, na proporção das respectivas quotas, mas aquele, **cuja contribuição consiste em serviços**, somente participa dos lucros na proporção da média do valor das quotas."

---

17. (Vunesp – Juiz de Direito – RJ/2014) Na sociedade limitada,

A) as deliberações serão tomadas por maioria de votos, contados segundo o número de sócios, independentemente de seu comparecimento em assembleia.

B) o sócio, admitido em sociedade já constituída, não se exime das dívidas anteriores à admissão.

C) no silêncio do contrato, os administradores podem praticar todos os atos pertinentes à gestão, inclusive quanto à oneração ou à venda de bens imóveis.

D) são revogáveis os poderes do sócio investido na administração por cláusula expressa do contrato social, inclusive por justa causa, independentemente de reconhecimento judicial, desde que assim decida a maioria absoluta dos sócios.

COMENTÁRIOS

✪ **Nota do autor:** a questão exigia do candidato conhecimento do texto da lei.

Alternativa correta: letra "b".

Alternativa "a": incorreta. As deliberações dos sócios serão tomadas por maioria de votos, contados segundo o valor das quotas de cada um (CC, art. 1.010). Tais deliberações poderão ser tomadas em reunião ou em assembleia, conforme previsto no contrato social, devendo ser convocadas pelos administradores nos casos previstos em lei ou no contrato (CC, art. 1.072).

Alternativa "c": incorreta. No silêncio do contrato, os administradores podem praticar todos os atos pertinentes à gestão da sociedade; não constituindo objeto social, a oneração ou a venda de bens imóveis depende do que a maioria dos sócios decidir (CC, art. 1.015).

Alternativa "d": incorreta. São irrevogáveis os poderes do sócio investido na administração por cláusula expressa do contrato social, salvo justa causa, reconhecida judicialmente, a pedido de qualquer dos sócios (CC, art. 1.019). **Cuidado:** são revogáveis, a qualquer tempo, os poderes conferidos a sócio por ato separado, ou a quem não seja sócio.

---

18. (Vunesp – Juiz de Direito – SP/2014) Tendo em vista a Sociedade Limitada, assinale a opção incorreta.

A) A sociedade limitada adquire uma personalidade jurídica distinta do patrimônio dos sócios que a compõem. Isto gera, de maneira absoluta, a irresponsabilidade dos sócios pelos débitos da sociedade limitada.

B) A sociedade limitada terá um capital fixo e determinado, formado por qualquer espécie de bens, suscetíveis de avaliação pecuniária e execução forçada, adequados à consecução do objeto social.

C) Subscrição e integralização são momentos distintos. Subscrição é a divisão do capital entre os sócios. Integralização é o efetivo pagamento do valor subscrito.

D) A responsabilidade de cada sócio é restrita ao valor de suas quotas, mas todos respondem solidariamente pela integralização do capital social.

COMENTÁRIOS

✪ **Nota do autor:** a questão exigia do candidato conhecimento da doutrina e do texto da lei.

Alternativa incorreta: letra "a". De fato, a sociedade limitada adquire uma personalidade jurídica distinta do patrimônio dos sócios que a compõem. No entanto, isso não gera, de maneira absoluta, a irresponsabilidade dos sócios pelos débitos da sociedade limitada, sobretudo pela possibilidade de desconsideração da personalidade jurídica nas hipóteses legais.

Alternativa "b": correta. Capital social é o valor investido pelos sócios para o início da atividade empresarial, constituindo um fundo originário e obrigatório da sociedade empresária. Nas sociedades contratuais, como as sociedades limitadas, o capital social divide-se em quotas, sendo os sócios denominados quotistas. O capital social diferencia-se do patrimônio social, na medida em que o primeiro é um valor estático, fixo, e o segundo variável, dinâmico.

Isso porque se o empresário acumular lucros, o patrimônio excederá o valor do capital social, podendo esse excesso ser distribuído entre os sócios ou conservado como reserva ou lucro acumulado.

Alternativa "c":correta. A subscrição e a integralização ocorrem em momentos diversos. Subscrição é um ato de comprometimento para com a sociedade. Quando o sócio efetivamente paga o valor que subscreveu, diz-se que ele integralizou o capital social.

Alternativa "d":correta. É o que dispõe o art. 1.052 do CC: "Na sociedade limitada, a responsabilidade de cada sócio é restrita ao valor de suas quotas, mas todos respondem solidariamente pela integralização do capital social."

---

19. (Vunesp – Juiz de Direito – SP/2014) Assinale a opção correta.

A) É lícito dispor no contrato social, mediante acordo dos sócios, cláusula que exclua um dos sócios de participar das perdas da sociedade.

B) A Sociedade Limitada deve ser constituída por dois ou mais sócios, não se admitindo, em nenhuma hipótese, a redução a apenas um.

C) A pessoa física, declarada insolvente, está impedida de participar de sociedade limitada.

D) Será de pleno direito excluído da sociedade limitada o sócio declarado falido.

COMENTÁRIOS

✪ **Nota do autor:** a questão exigia do candidato conhecimento do texto da lei.

Alternativa correta: letra "d".

Alternativa "a":incorreta. É nula a estipulação contratual que exclua qualquer sócio de participar dos lucros e das perdas (CC, art. 1.008).

Alternativa "b":incorreta. Dissolve-se a sociedade quando ocorrer a falta de pluralidade de sócios, não reconstituída no prazo de 180 (cento e oitenta) dias. No entanto, a dissolução total poderá ser evitada, caso o sócio remanescente, inclusive na hipótese de concentração de todas as cotas da sociedade sob sua titularidade, requeira, na Junta Comercial, a transformação do registro da sociedade para empresário individual ou para empresa individual de responsabilidade limitada (CC, art. 1.033).

Alternativa "c": incorreta. De fato, será de pleno direito excluído da sociedade limitada o sócio declarado falido. É o que dispõe a primeira parte do parágrafo único do art. 1.030 do CC: "**Será de pleno direito excluído da sociedade o sócio declarado falido**, ou aquele cuja quota tenha sido liquidada nos termos do parágrafo único do art. 1.026."

---

20. (Vunesp – Juiz de Direito – TJ – SP/2013) Na sociedade limitada que for administrada por sócio nomeado administrador no contrato, sua destituição somente se opera pela aprovação de titulares de quotas correspondentes

A) à totalidade do capital social.

B) no mínimo, a dois terços do capital social.

C) a mais da metade do capital social.

D) no mínimo, a três quartos do capital social.

COMENTÁRIOS

✪ **Nota do autor:** a questão exigia do candidato conhecimento do texto da lei. O administrador da sociedade limitada pode ser tanto um sócio como um não sócio. Se o contrato social permitir administradores não sócios, a designação deles dependerá de aprovação da unanimidade dos sócios, enquanto o capital não estiver totalmente integralizado, e de dois terços, no mínimo, após a integralização.

Alternativa correta: letra "b" (responde, também, as demais alternativas). É o que dispõe o § 1º do art. 1.063 do CC: "Tratando-se de sócio nomeado administrador no contrato, sua destituição somente se opera pela aprovação de titulares de quotas correspondentes, no mínimo, a dois terços do capital social, salvo disposição contratual diversa."

1.2.3.2 SOCIEDADE ANÔNIMA

---

21. (Vunesp – Juiz de Direito – SP/2015) Em relação às sociedades anônimas, é correto afirmar que

A) o acordo de acionistas registrado na Companhia pode vincular o voto dos membros do conselho de administração eleitos pelos sócios que o tenham firmado.

B) a critério de seus fundadores, a sociedade anônima que tenha por objeto social atividade rural poderá ser inscrita no registro civil de pessoas jurídicas.

C) desde que não haja oposição de qualquer dos acionistas presentes, a assembleia geral da S/A fechada pode deliberar a distribuição de dividendos inferiores aos fixos ou mínimos estipulados para os acionistas preferencialistas.

D) a assembleia geral não pode suspender o exercício dos direitos de acionista em mora com obrigações impostas pelo estatuto, salvo se tal obrigação decorrer de expressa disposição legal.

COMENTÁRIOS

✪ **Nota do autor:** a questão exigia do candidato conhecimento do texto da lei.

Alternativa correta: letra "a". De fato, o acordo de acionistas registrado na Companhia pode vincular o voto dos membros do conselho de administração eleitos pelos sócios que o tenham firmado. Segundo determina o § 9º do art. 118 da LSA: "**O não comparecimento à assembleia ou às reuniões dos órgãos de administração da companhia, bem como as abstenções de voto** de qualquer parte de acordo de acionistas **ou de membros do conselho de administração eleitos nos termos de acordo de acionistas, assegura à parte prejudicada o direito de votar com as ações pertencentes ao acionista ausente ou omisso** e, **no caso de membro do conselho de administração, pelo conselheiro eleito com os votos da parte prejudicada**.

Alternativa "b":incorreta. Por expressa determinação legal, as sociedades anônimas serão sempre empresárias. Logo, o único objeto social a ser explorado por sociedade anônima é a atividade empresarial e/ou a participação em outras sociedades (LSA, art. 2º, § 3º).

Alternativa "c": incorreta. A assembleia geral da S/A fechada não pode deliberar a distribuição de dividendos inferiores aos fixos ou mínimos estipulados para os acionistas preferencialistas. É o que dispõe o art. 203 da LSA: "O disposto nos artigos 194 a 197, e 202, não prejudicará o direito dos acionistas preferenciais de receber os dividendos fixos ou mínimos a que tenham prioridade, inclusive os atrasados, se cumulativos."

Alternativa "d": incorreta. A assembléia-geral poderá suspender o exercício dos direitos do acionista que deixar de cumprir obrigação imposta pela lei ou pelo estatuto, cessando a suspensão logo que cumprida a obrigação (LSA, art. 120).

---

22. (Vunesp – Juiz de Direito – TJ – SP/2013) Poderão ser eleitas para membros dos órgãos de administração da sociedade anônima:

A) pessoas naturais, devendo os diretores ser residentes no País.

B) pessoas naturais, residentes no País, devendo os membros do conselho de administração ser acionistas, e os diretores, acionistas ou não.

C) pessoas naturais, devendo os membros do conselho de administração ser acionistas, e os diretores residentes no País, acionistas ou não.

D) pessoas naturais, residentes no País, diplomadas em curso de nível universitário, ou que tenham exercido, por prazo mínimo de três anos, cargo de administrador de empresa ou de conselheiro fiscal.

COMENTÁRIOS

✪ **Nota do autor:** a questão exigia do candidato conhecimento do texto da lei.

Alternativa correta: letra "a" (responde, também, as demais alternativas). De fato, poderão ser eleitas para membros dos órgãos de administração da sociedade anônima pessoas naturais, devendo os diretores ser residentes no País. É o que dispõe o art. 146 da Lei de S/A: "Poderão ser eleitas para membros dos órgãos de administração pessoas naturais, devendo os diretores ser residentes no País."

1.2.3.3 SOCIEDADES COLIGADAS

---

23. (Vunesp – Juiz de Direito – SP/2013) Em relação ao consórcio de sociedades, assinale a alternativa correta.

A) Adquire personalidade jurídica mediante o arquivamento do contrato no Registro do Comércio do lugar da sua sede.

B) Nas obrigações assumidas pelas consorciadas, presume-se responsabilidade solidária.

C) O consórcio será constituído mediante contrato aprovado pelo órgão da sociedade competente para autorizar a alienação de bens do ativo não circulante.

D) O consórcio não tem capacidade processual.

COMENTÁRIOS

✪ **Nota do autor:** consideram-se coligadas as sociedades que, em suas relações de capital, são controladas, filiadas, ou de simples participação (art. 1.097, CC). As sociedades coligadas podem ser de 3 tipos: **1) sociedade filiada ou coligada:** é a sociedade de cujo capital outra sociedade participa com dez por cento ou mais, do capital da outra, sem controlá-la; **2) sociedade de simples participação:** é a aquela de cujo capital outra sociedade possua menos de dez por cento, do capital da outra, com direito de voto; e **3) sociedade controladora e controlada:** sociedade controladora é aquela que possui a maioria de votos da outra sociedade, bem como o poder de eleger a maioria dos administradores da outra sociedade; por outro lado, é controlada: **a)** a sociedade de cujo capital outra sociedade possua a maioria dos votos nas deliberações dos quotistas ou da assembleia geral e o poder de eleger a maioria dos administradores; **b)** a sociedade cujo controle esteja em poder de outra, mediante ações ou quotas possuídas por sociedades ou sociedades por esta já controladas.

Alternativa correta: letra "c". É o que dispõe o art. 279 da Lei n. 6.404/1976 (Lei da Sociedade Anônima): "O consórcio será constituído mediante contrato aprovado pelo órgão da sociedade competente para autorizar a alienação de bens do ativo não circulante, do qual constarão: (...)."

Alternativa "a": incorreta. Por expressa disposição legal, o consórcio não tem personalidade jurídica(Lei n. 6.404/1976, art. 278, § 1º).

Alternativa "b":incorreta. Nas obrigações assumidas pelas consorciadas, não se presume a responsabilidade solidária. As consorciadas somente se obrigam nas condições previstas no respectivo contrato, respondendo cada uma por suas obrigações, sem presunção de solidariedade (Lei n. 6.404/76, art. 278, § 1º).

Alternativa "d": incorreta. O consórcio, embora não tenha personalidade jurídica, tem capacidade processual, podendo demandar e ser demandado em juízo. Segundo o STJ, "O Consórcio constituído sob o regime da Lei n. 6.404/1976, ainda que não goze de personalidade jurídica (artigo 278, § 1º, CPC), possui personalidade judiciária, nos termos do artigo 12, VII, do CPC." (AgRg no AREsp 703.654/MS, Rel. Min. Maria Isabel Gallotti, Quarta Turma, julgado em 01/09/2015).

1.3 DIREITO FALIMENTAR E RECUPERACIONAL

1.3.1 DISPOSIÇÕES GERAIS

24. (Vunesp - Juiz de Direito - RJ/2014) Assinale a alternativa que está em consonância com a lei que rege a recuperação judicial, extrajudicial e a falência do empresário ou sociedade empresária.

A) Estão sujeitos à recuperação extrajudicial todos os créditos existentes na data do pedido, salvo os de natureza tributária, com preferência no pagamento dos créditos derivados da legislação do trabalho ou decorrentes de acidente do trabalho.

B) É vedado ao devedor, regularmente citado no processo de falência, pleitear sua recuperação judicial dentro do prazo da contestação.

C) Os coobrigados solventes e os garantes do devedor ou dos sócios ilimitadamente responsáveis podem habilitar o crédito correspondente às quantias pagas ou devidas, se o credor não se habilitar no prazo legal.

D) A ação revocatória, objetivando a revogação de atos praticados com a intenção de prejudicar credores, deverá ser proposta pelo administrador judicial, por qualquer credor ou pelo Ministério Público, no prazo de 3 anos, contados do pedido de falência.

COMENTÁRIOS

✪ **Nota do autor:** a questão exigia do candidato conhecimento do texto da Lei n. 11.101/2005 (Lei de Falência e Recuperação de Empresas - LF). A recuperação judicial tem por finalidade viabilizar a superação da crise pela qual a empresa vem passando, para que se tenha a manutenção da fonte produtora, manutenção dos empregos, manutenção dos interesses dos credores e do recolhimento de impostos. A recuperação privilegia o princípio da manutenção ou da conservação da empresa.

Alternativa correta: letra "c".

Alternativa "a":incorreta. Podem ser incluídos no plano de recuperação judicial todos os créditos existentes na data do pedido, ainda que não estejam vencidos. No entanto, por expressa vedação legal, não podem ser incluídos no plano de recuperação judicial: **a)**créditos posteriores ao pedido de recuperação judicial; **b)** créditos tributários; **c)**créditos do art. 49, § 3º da LF; **d)** créditos decorrentes de propriedade fiduciária; **e)**créditos decorrentes de arrendamento mercantil (*leasing*);**f)**créditos decorrentes de contrato de compra e venda com reserva de domínio; **g)**créditos decorrentes de contratos de compra e venda de imóvel com cláusula de irrevogabilidade ou irretratabilidade; e **h)**créditos decorrentes de adiantamento de contrato de câmbio. Nos termos do art. 161 da LF: "O devedor que preencher os requisitos do art. 48 desta Lei poderá propor e negociar com credores plano de recuperação extrajudicial. § 1º Não se aplica o disposto neste Capítulo a titulares de créditos de natureza tributária, derivados da legislação do trabalho ou decorrentes de acidente de trabalho, assim como àqueles previstos nos arts. 49, § 3º, e 86, inciso II do *caput*, desta Lei."

Alternativa "b":incorreta. Dentro do prazo de contestação, o devedor <u>poderá</u> pleitear sua recuperação judicial (LF, art. 95).

Alternativa "d": incorreta. De acordo com o art. 132 da LF: "A ação revocatória, de que trata o art. 130 desta Lei, deverá ser proposta pelo administrador judicial, por qualquer credor ou pelo Ministério Público no prazo de 3 (três) anos <u>contado da **decretação** da falência</u>.".

1.3.2 RECUPERAÇÃO JUDICIAL

25. (Vunesp - Juiz de Direito - TJ SP/2017) Quais dos créditos indicados a seguir não têm natureza extraconcursal na recuperação judicial?

A) Aqueles derivados de contrato de câmbio.

B) Honorários de advogados decorrentes de serviços prestados à sociedade após o deferimento da recuperação.

C) Obrigações garantidas por penhor mercantil.

D) Bens alienados fiduciariamente não essenciais à realização da atividade empresarial da sociedade.

COMENTÁRIOS

✪ **Nota do autor:** a questão exigia do candidato conhecimento do texto da Lei n. 11.101/2005 (Lei de Falência e Recuperação de Empresas – LF).

Alternativa correta: letra "c". Sendo o penhor mercantil um crédito com garantia real, este será tratado como crédito concursal; são concursais os "créditos com garantia real até o limite do valor do bem gravado" (LF, art. 83, II).

Alternativa "a":incorreta. Nos termos da Súmula n. 307 do STJ: "A restituição de adiantamento de contrato de câmbio, na falência, deve ser atendida antes de qualquer crédito."

Alternativa "b":incorreta. Honorários de advogados decorrentes de serviços prestados à sociedade após o deferimento da recuperação, tem natureza extraconcursal. De acordo com a jurisprudência do STJ: "1. Para efeito do art. 543-C do Código de Processo Civil: 1.1) os créditos resultantes de honorários advocatícios têm natureza alimentar e equiparam-se aos trabalhistas para efeito de habilitação em falência, seja pela regência do Decreto-Lei n. 7.661/1945, seja pela forma prevista na Lei n. 11.101/2005, observado, neste último caso, o limite de valor previsto no artigo 83, inciso I, do referido Diploma legal. 1.2) **são créditos extraconcursais os honorários de advogado resultantes de trabalhos prestados à massa falida, depois do decreto de falência, nos termos dos arts. 84 e 149 da Lei n. 11.101/2005**. 2. Recurso especial provido." (REsp 1152218/RS, Rel. Min. Luis Felipe Salomão, Corte Especial, julgado em 07/05/2014, DJe 09/10/2014).

Alternativa "d": incorreta. A alienação fiduciária em garantia é considerada um crédito extraconcursal. De acordo com o § 3º do art. 49 da LF: "**Tratando-se de credor titular da posição de proprietário fiduciário de bens móveis ou imóveis**, de arrendador mercantil, de proprietário ou promitente vendedor de imóvel cujos respectivos contratos contenham cláusula de irrevogabilidade ou irretratabilidade, inclusive em incorporações imobiliárias, ou de proprietário em contrato de venda com reserva de domínio, **seu crédito não se submeterá aos efeitos da recuperação judicial e prevalecerão os direitos de propriedade sobre a coisa e as condições contratuais**, observada a legislação respectiva, não se permitindo, contudo, durante o prazo de suspensão a que se refere o § 4º do art. 6º desta Lei, a venda ou a retirada do estabelecimento do devedor dos bens de capital essenciais a sua atividade empresarial."

26. (Vunesp – Juiz de Direito – SP/2015) No período de seis meses, a contar do deferimento da recuperação judicial,

A) é permitido retirar do estabelecimento do devedor bens móveis sobre os quais o credor tenha propriedade fiduciária, mesmo que sejam eles essenciais à atividade empresarial do recuperando.

B) não tramitam as ações propostas contra a recuperanda que demandem quantias ilíquidas.

C) o juízo da recuperação judicial é competente para decidir sobre a constrição de todos os bens da recuperanda, mesmo que não abrangidos pelo plano de recuperação da empresa.

D) não são suspensas as execuções fiscais em face da recuperanda.

COMENTÁRIOS

✪ **Nota do autor:** a questão exigia do candidato conhecimento do texto da Lei n. 11.101/2005 (Lei de Falência e Recuperação de Empresas – LF).

Alternativa correta: letra "d". É o que dispõe o § 7º do art. 5º da LF: "As execuções de natureza fiscal não são suspensas pelo deferimento da recuperação judicial, ressalvada a concessão de parcelamento nos termos do Código Tributário Nacional e da legislação ordinária específica."

Alternativa "a":incorreta. De acordo com o § 3º do art. 49 da LF: "Tratando-se de credor titular da posição de proprietário fiduciário de bens móveis ou imóveis, de arrendador mercantil, de proprietário ou promitente vendedor de imóvel cujos respectivos contratos contenham cláusula de irrevogabilidade ou irretratabilidade, inclusive em incorporações imobiliárias, ou de proprietário em contrato de venda com reserva de domínio, seu crédito não se submeterá aos efeitos da recuperação judicial e prevalecerão os direitos de propriedade sobre a coisa e as condições contratuais, observada a legislação respectiva, **não se permitindo, contudo, durante o prazo de suspensão a que se refere o § 4º do art. 6º desta Lei, a venda ou a retirada do estabelecimento do devedor dos bens de capital essenciais a sua atividade empresarial**."

Alternativa "b":incorreta. De acordo com o § 1º do art. 6º da LF: "Terá prosseguimento no juízo no qual estiver se processando a ação que demandar quantia ilíquida."

Alternativa "c":incorreta. De acordo com a Súmula n. 480 do STJ: "O juízo da recuperação judicial não é competente para decidir sobre a constrição de bens não abrangidos pelo plano de recuperação da empresa."

27. (Vunesp – Juiz de Direito – SP/2013) Submete(m)-se aos efeitos da recuperação o(s) seguinte(s) crédito(s):

A) garantidos por propriedade fiduciária de bens móveis ou imóveis e de arrendamento mercantil.

B) fiscais e parafiscais.

C) debêntures com garantia real.

D) importância entregue ao devedor, em moeda corrente nacional, decorrente de adiantamento a contrato de câmbio para exportação (ACC).

COMENTÁRIOS

✪ **Nota do autor:** a questão exigia do candidato conhecimento do texto da Lei n. 11.101/2005 (Lei de Falência e Recuperação de Empresas – LF).

Alternativa correta: letra "c" (responde, também, as demais alternativas). Podem ser incluídos no plano de recuperação judicial todos os créditos existentes na data do pedido, ainda que não estejam vencidos. No entanto, por expressa vedação legal, estão excluídos do plano de recuperação judicial: **a)** créditos posteriores ao pedido de recuperação judicial; **b)** créditos tributários (arts. 6º, §7º, e 57, ambos da LF); **c)** créditos do art. 49, § 3º da LF; **d)** créditos decorrentes de propriedade fiduciária; **e)** créditos decorrentes de arrendamento mercantil (*leasing*); **f)** créditos decorrentes de contrato de compra e venda com reserva de domínio; **g)** créditos decorrentes de contratos de compra e venda de imóvel com cláusula de irrevogabilidade ou irretratabilidade; e **h)** créditos decorrentes de adiantamento de contrato de câmbio (art. 49, § 4º, LF).

1.3.3 FALÊNCIA

28. (Vunesp – Juiz de Direito – RJ/2016) Assinale a assertiva correta acerca da ineficácia e da revogação dos atos praticados antes da falência.

A) Os atos praticados com a intenção de prejudicar credores, desde que provado o conluio fraudulento entre o devedor e o terceiro que com ele contratar, são revogáveis de *per si*, sem necessidade da produção de qualquer outra prova.

B) A sentença que julgar procedente a ação revocatória determinará o retorno dos bens à massa falida em espécie, com todos os acessórios, ou o valor de mercado, mas não dará direito a acréscimo a título de perdas e danos.

C) Os registros de direitos reais e de transferência de propriedade entre vivos, por título oneroso ou gratuito, ou averbação relativa a imóveis realizados após a decretação da falência, não geram efeitos em relação à massa falida, independentemente de prenotação anterior.

D) Tratando-se de ato revogável, a ação revocatória deverá ser proposta no prazo de 3 anos contado da decretação da falência pelo administrador judicial, pelo Ministério Público ou por qualquer credor.

E) Da sentença que julgar procedente a ação revocatória cabe agravo na modalidade de instrumento, da que julgá-la improcedente cabe apelação.

COMENTÁRIOS

✪ **Nota do autor:** a questão exigia do candidato conhecimento do texto da Lei n. 11.101/2005 (Lei de Falência e Recuperação de Empresas – LF). São válidos os atos de alienação praticados antes da decretação da falência. Na prática, isso é comum, pois o empresário, antevendo a crise econômico-financeira, pode pretender angariar recursos financeiros para evitar a quebra. No entanto, havendo a decretação de falência, será necessário analisar se tais atos de alienação são ou não ineficazes perante a massa falida. No caso de serem ineficazes, o juiz determinará o retorno dos bens à massa falida. A ineficácia de tais atos pode ser objetiva (art. 129) ou subjetiva (art. 130). Em se tratando de ação revocatória fundada na ineficácia objetiva, não será necessário provar o conluio fraudulento entre os contratantes, podendo ser inclusive declarada pelo juiz de ofício. Por outro lado, em se tratando de ação revocatória fundada na ineficácia subjetiva, será necessário provar o conluio fraudulento entre os contratantes e o efetivo prejuízo à massa falida, não podendo o juiz declarar a ineficácia de ofício. Insta salientar que o Ministério Público tem legitimidade para propor a ação revocatória fundada na ineficácia subjetiva. Por fim, vale lembrar que o legitimado para a ação revocatória pode requerer, como medida preventiva, o sequestro dos bens retirados do patrimônio do devedor que estejam em poder de terceiros.

Alternativa correta: letra "d" (responde, também, as demais alternativas). De fato, tratando-se de ato revogável, a ação revocatória deverá ser proposta no prazo de 3 anos contado da decretação da falência pelo administrador judicial, pelo Ministério Público ou por qualquer credor. É o que dispõe o art. 132 da LF: "A ação revocatória, de que trata o art. 130 desta Lei, deverá ser proposta pelo administrador judicial, por qualquer credor ou pelo Ministério Público no prazo de 3 (três) anos contado da decretação da falência.

Alternativa "a": incorreta. De acordo com o art. 130 da LF: "São revogáveis os atos praticados com a intenção de prejudicar credores, **provando-se o conluio fraudulento entre o devedor e o terceiro que**

com ele contratar e o efetivo prejuízo sofrido pela massa falida."

Alternativa "b": incorreta. De acordo com o art. 135, *caput*, da LF: "A sentença que julgar procedente a ação revocatória determinará o retorno dos bens à massa falida em espécie, **com todos os acessórios, ou o valor de mercado, acrescidos das perdas e danos.**"

Alternativa "c": incorreta. De acordo com o art. 129 da LF: "São ineficazes em relação à massa falida, tenha ou não o contratante conhecimento do estado de crise econômico-financeira do devedor, seja ou não intenção deste fraudar credores: (...) VII – os registros de direitos reais e de transferência de propriedade entre vivos, por título oneroso ou gratuito, ou a averbação relativa a imóveis realizados após a decretação da falência, **salvo se tiver havido prenotação anterior.**"

Alternativa "e": incorreta. Da sentença que julgar procedente a ação revocatória cabe apelação (e não agravo cabe apelação. É o que dispõe o parágrafo único do art. 135 da LF. Vejamos: "Art. 135. A sentença que julgar procedente a ação revocatória determinará o retorno dos bens à massa falida em espécie, com todos os acessórios, ou o valor de mercado, acrescidos das perdas e danos. Parágrafo único. **Da sentença cabe apelação.**"

---

29. (Vunesp – Juiz de Direito – SP/2015) Na falência, é correto afirmar que ANULADA

A) os créditos trabalhistas cedidos a terceiros passam a ser considerados quirografários.

B) um sócio da sociedade falida pode exercer seu direito de retirada, mesmo após a decretação da falência.

C) na realização do ativo, o juiz deverá dar preferência à alienação separada e individualizada de cada um dos ativos que integram a massa, em lugar da venda em bloco dos estabelecimentos da empresa.

D) são exigíveis contra a massa falida juros vencidos após a decretação da falência, independentemente da suficiência do ativo apurado para pagamento dos credores subordinados, desde que estejam previstos em lei ou contrato.

COMENTÁRIOS

✪ **Nota do autor:** a questão exigia do candidato conhecimento do texto da Lei n. 11.101/2005 (Lei de Falência e Recuperação de Empresas – LF).

Alternativa "a": correta. Por expressa disposição legal, o § 4º do art. 83 da LF, determina que: "Os créditos trabalhistas cedidos a terceiros serão considerados quirografários."

Alternativa "b": incorreta. Por determinação do art. 116, inciso II, da LF, a decretação da falência suspende o exercício do direito de retirada ou de recebimento do valor de suas quotas ou ações, por parte dos sócios da sociedade falida.

Alternativa "c": incorreta. Ao juiz compete a presidência da administração da falência, com o auxílio do administrador judicial. Cabe ao administrador judicial a arrecadação e a realização dos bens do falido. Após a arrecadação dos bens do falido, será feita a realização do ativo, que deverá obedecer a uma determinada ordem de preferência definida pela lei de falência. Na fase de realização do ativo, o juiz, ouvido o administrador judicial e atendendo à orientação do Comitê (se houver), ordenará que se proceda à alienação do ativo em uma das seguintes modalidades: **a)** leilão, por lances orais; **b)** propostas fechadas; e **c)** pregão. Em qualquer modalidade de realização do ativo, o Ministério Público deve ser intimado pessoalmente, sob pena de nulidade. A Lei de Falência, no seu art. 140, estabelece uma ordem preferencial na realização do ativo. Assim, de acordo com a lei, a alienação dos bens será realizada de uma das seguintes formas, observada esta ordem de preferência: **1)** alienação da empresa, com a venda de seus estabelecimentos em bloco; **2)** alienação da empresa, com a venda de suas filiais ou unidades produtivas isoladamente; **3)** alienação em bloco dos bens que integram cada um dos estabelecimentos do devedor; **4)** alienação dos bens individualmente considerados. **Obs.:** na alienação conjunta ou separada de ativos, inclusive da empresa ou de suas filiais, o objeto da alienação estará livre de quaisquer ônus e não haverá sucessão do arrematante nas obrigações do devedor, inclusive as de natureza tributária, as derivadas da legislação do trabalho e as decorrentes de acidentes de trabalho. Isso significa que o sujeito adquire os bens do falido sem quaisquer ônus, nem mesmo débitos tributários ou trabalhistas. O valor pago pelo adquirente é destinado à massa falida, e lá os créditos tributários e trabalhistas serão satisfeitos. **Exceção:** a fim de evitar fraudes, essa regra não se aplica quando o arrematante for: **a)** sócio da sociedade falida, ou sociedade controlada pelo falido; **b)** parente, em linha reta ou colateral até o quarto grau, consanguíneo ou afim, do falido ou de sócio da sociedade falida; ou **c)** identificado como agente do falido com o objetivo de fraudar a sucessão.

Alternativa "d": incorreta. Nos termos do art. 124 da LF, "contra a massa falida não são exigíveis juros vencidos após a decretação da falência, previstos em lei ou em contrato, se o ativo apurado não bastar para o pagamento dos credores subordinados."

---

30. (Vunesp – Juiz de Direito – SP/2014) Com relação à Lei n. 11.101, de 09.02.2005 (Lei de Falências e Recuperação de Empresas), assinale a opção incorreta.

A) Só é cabível o pedido de falência se o valor da dívida em atraso for superior ao mínimo estabelecido em lei (40 salários mínimos).

B) A simples apresentação de plano de recuperação, no prazo da contestação, impede a decretação da falência com base na impontualidade injustificada.

C) O próprio falido ou o administrador judicial deve apresentar a lista de seus credores.

D) O crédito fiscal tem preferência sobre os titulares de garantia real.

COMENTÁRIOS

✪ **Nota do autor:** a questão exigia do candidato conhecimento do texto da Lei n. 11.101/2005 (Lei de Falência e Recuperação de Empresas – LF).

Alternativa incorreta: letra "d". Na verdade, nos termos do art. 83 da LF, é o crédito com garantia real que tem preferência em relação ao crédito fiscal. A classificação dos créditos na falência obedece a uma ordem estabelecida pela lei. O crédito com garantia real situa-se na segunda classe de credores. Já o crédito fiscal encontra-se na terceira posição na ordem de classificação dos créditos, sendo pagos posteriormente aos créditos com garantia real.

Alternativa "a": correta. De fato, com fundamento da impontualidade injustificada, só é cabível o pedido de falência se o valor da dívida em atraso for superior ao mínimo estabelecido em lei (40 salários mínimos). A impontualidade injustificada trata-se da falta de pagamento sem relevante razão de direito. A obrigação deve ser líquida e materializada em título executivo extrajudicial ou judicial. O protesto do título é indispensável para o pedido de falência com base na impontualidade injustificada. Ainda, o valor da obrigação deve ser superior a 40 salários mínimos. **Importante!** A Lei de Falência permite o litisconsórcio de credores para que, somados os seus créditos, completem este requisito para o pedido de falência.

Alternativa "b":correta. De fato, a simples apresentação de plano de recuperação, no prazo da contestação, impede a decretação da falência com base na impontualidade injustificada. Vejamos o que diz a Lei de Falência: "Art. 96. A falência requerida com base no art. 94, inciso I do *caput*, desta Lei, **não será decretada se o requerido provar**: VII – **apresentação de pedido de recuperação judicial no prazo da contestação, observados os requisitos do art. 51 desta Lei;**".

Alternativa "c":correta. De fato, o próprio falido ou o administrador judicial deve apresentar a lista de seus credores. É o que se extrai dos artigos 7º, § 2º, 51, inciso III, 99, inciso III, 104, inciso XI e 166, § 6º, inciso III.

31. (Vunesp – Juiz de Direito – SP/2014) Tendo em vista a Lei n. 11.101/2005, assinale a opção incorreta.

A) Depois de homologado ou aprovado o plano de recuperação pelo juiz, sendo este cumprido pelo beneficiado, não têm mais os credores competência para, em Assembleia, votar a convolação em falência.

B) A lei estabelece que o requerente do benefício deve submeter ao juiz o plano de recuperação no prazo de 60 dias, contados do despacho que determina o processamento da ação, sendo vedada sua prorrogação, seja qual for a justificativa que o devedor apresente.

C) O juiz decretará a falência durante o processo de recuperação judicial se não tiverem sido apresentadas, no prazo legal (art. 185 do CPC), as certidões tributárias negativas (LF, art. 57; CTN, art. 191-A), em se verificando omissão do devedor.

D) No direito brasileiro, abstraída a hipótese de desistência, quem requer o benefício da recuperação judicial, ou o obtém e cumpre ou terá sua falência decretada.

COMENTÁRIOS

✪ **Nota do autor:** a questão exigia do candidato conhecimento do texto da lei e da jurisprudência.

Alternativa incorreta: letra "c". Segundo o STJ: "*Recuperação judicial e falência. Débitos fiscais.* ***Desnecessidade de apresentação de certidões de débito para concessão de recuperação judicial.*** *Precedentes. Agravo interno n***ão provido. (...).** 2. 'O parcelamento tributário é direito da empresa em recuperação judicial que conduz a situação de regularidade fiscal, de modo que eventual descumprimento do que dispõe o art. 57 da LRF só pode ser atribuído, ao menos imediatamente e por ora, à ausência de legislação específica que discipline o parcelamento em sede de recuperação judicial, não constituindo ônus do contribuinte, enquanto se fizer inerte o legislador, a apresentação de certidões de regularidade fiscal para que lhe seja concedida a recuperação.' (REsp 1187404/MT) (...)" (AgInt no AREsp 958.025/RS, Rel. Min. Luis Felipe Salomão, Quarta Turma, julgado em 01/12/2016). No mesmo sentido: "***Exigência de que a empresa recuperanda comprove sua regularidade tributária. Art. 57 da Lei n. 11.101/2005 (LRF) e art.191-A do Código Tributário Nacional (CTN). Inoperância dos mencionados dispositivos.*** *Inexistência de lei específica a disciplinar o parcelamento da dívida fiscal e previdenciária de empresas em recuperação judicial.* 1. O art. 47 serve como um norte a guiar a operacionalidade da recuperação judicial, sempre com vistas ao desígnio do instituto, que é "viabilizar a superação da situação de crise econômico-financeira do devedor, a fim de permitir a manutenção da fonte produtora, do emprego dos trabalhadores e dos interesses dos credores, promovendo, assim, a preservação da empresa, sua função social e o estímulo à atividade econômica".2. O art. 57 da Lei n. 11.101/2005 e o art. 191-A do CTN devem ser interpretados à luz das novas diretrizes traçadas pelo legislador para as dívidas tributárias, com vistas, notadamente, à previsão legal de parcelamento do crédito tributário em benefício da empresa em recuperação, que é causa de suspensão da exigibilidade do tributo, nos termos do art. 151, inciso VI, do CTN.3. O parcelamento tributário é direito da empresa em recuperação judicial que conduz a situação de regularidade fiscal, de modo que eventual descumprimento do que dispõe o art. 57 da LRF só pode ser atribuído, ao menos imediatamente e por ora, à ausência de legislação específica que discipline o parcelamento em sede de recuperação judicial, não constituindo ônus do contribuinte, enquanto se fizer inerte o legislador, a apresentação de certidões de regularidade fiscal para que lhe seja concedida a recuperação. 4. Recurso especial não provido." (STJ, REsp 1187404/MT, Rel. Min. Luis Felipe Salomão, Corte Especial, julgado em 19/06/2013). No mesmo passo, o Enunciado n. 55 do CJF determina que: "**O parcelamento do crédito tributário na recuperação judicial é um direito do contribuinte, e não uma faculdade da Fazenda Pública, e, enquanto não for editada lei específica, não é cabível a aplicação do disposto no art. 57 da Lei nº 11.101, de 2005, e no art.191-A do CTN**."

Alternativa "a": correta. De fato, depois de homologado ou aprovado o plano de recuperação pelo juiz, sendo este efetivamente cumprido pelo devedor beneficiado, os credores não poderão mais votar, em Assembleia, pela convolação da recuperação em falência.

Alternativa "b":correta. É o que dispõe o art. 53 da LF: "O plano de recuperação será apresentado pelo devedor em juízo no prazo improrrogável de 60 (sessenta) dias da publicação da decisão que deferir o processamento da recuperação judicial, sob pena de convolação em falência, e deverá conter: (...)".

Alternativa "d":correta. De fato, de acordo com a Lei de Falência, salvo a hipótese de desistência, quem requer o benefício da recuperação judicial, ou o obtém e cumpre ou terá sua falência decretada. O descumprimento do plano de recuperação acarretará a convocação em falência. De acordo com a Lei de Falência: "Art. 61. Proferida a decisão prevista no art. 58 desta Lei, o devedor permanecerá em recuperação judicial até que se cumpram todas as obrigações previstas no plano que se vencerem até 2 (dois) anos depois da concessão da recuperação judicial.§ 1º **Durante o período estabelecido no *caput* deste artigo, o descumprimento de qualquer obrigação prevista no plano acarretará a convolação da recuperação em falência, nos termos do art. 73 desta Lei.**"

32. (Vunesp – Juiz de Direito – SP/2014) Tendo em vista as relações contratuais do falido, assinale a opção incorreta.

A) Se o devedor vendeu coisas compostas e o administrador judicial resolver não continuar a execução do contrato, poderá o comprador pôr à disposição da massa falida as coisas já recebidas, pedindo perdas e danos.

B) No compromisso de compra e venda de bens imóveis loteados ou de lotes, com a falência do vendedor, o compromisso será cumprido; com a do adquirente, os seus direitos de promitente serão arrecadados e liquidados.

C) Nos patrimônios de afetação, constituídos para cumprimento de destinação específica, o administrador judicial arrecadará o próprio bem mesmo antes do término do prazo da desafetação ou do cumprimento de sua finalidade.

D) A falência do locador não resolve o contrato de locação e, na falência do locatário, o administrador judicial pode, a qualquer tempo, denunciar o contrato.

COMENTÁRIOS

✪ **Nota do autor:** a questão exigia do candidato conhecimento do texto da Lei n. 11.101/2005 (Lei de Falência e Recuperação de Empresas – LF).

Alternativa incorreta: letra "c". Nos termos do art. 119 da LF: "Nas relações contratuais a seguir mencionadas prevalecerão as seguintes regras: (...) IX – os patrimônios de afetação, constituídos para cumprimento de destinação específica, obedecerão ao disposto na legislação respectiva, **permanecendo seus bens, direitos e obrigações separados dos do falido até o advento do respectivo termo ou até o cumprimento de sua finalidade**, ocasião em que o administrador judicial arrecadará o saldo a favor da massa falida ou inscreverá na classe própria o crédito que contra ela remanescer.

Alternativa "a": correta. De acordo com o art. 119 da LF: "Nas relações contratuais a seguir mencionadas prevalecerão as seguintes regras: (...) II – **se o devedor vendeu coisas compostas e o administrador judicial resolver não continuar a execução do contrato, poderá o comprador pôr à disposição da massa falida as coisas já recebidas, pedindo perdas e danos**;".

Alternativa "b":correta. De acordo com o art. 119 da LF: "Nas relações contratuais a seguir mencionadas prevalecerão as seguintes regras: (...) VI – **na promessa de compra e venda de imóveis, aplicar-se-á a legislação respectiva**;". A "legislação respectiva" a que o dispositivo faz referência é a Lei n. 6.766/1979 (Lei do Parcelamento do Solo Urbano). Nos termos do art. 30 da Lei n. 6.766/1979: "A sentença declaratória de falência ou da insolvência de qualquer das partes não rescindirá os contratos de compromisso de compra e venda ou de promessa de cessão que tenham por objeto a área loteada ou lotes da mesma. Se a falência ou insolvência for do proprietário da área loteada ou do titular de direito sobre ela, incumbirá ao síndico ou ao administrador dar cumprimento aos referidos contratos; se do adquirente do lote, seus direitos serão levados à praça."

Alternativa "d":correta. De acordo com o art. 119 da LF: "Nas relações contratuais a seguir mencionadas prevalecerão as seguintes regras: (...) VII – **a falência do locador não resolve o contrato de locação e, na falência do locatário, o administrador judicial pode, a qualquer tempo, denunciar o contrato**;".

33. (Vunesp – Juiz de Direito – SP/2014) Com relação ao Direito Empresarial, assinale a opção correta. ANULADA

A) O depósito elisivo afasta a obrigação do exame do pedido de falência para definir quem o levanta.

B) Crédito constituído após o pedido de recuperação judicial legitima requerimento de falência contra a recuperanda.

C) A possibilidade de execução singular do título executivo não impede a opção do credor pelo pedido de falência.

D) O protesto comum dispensa o especial para o requerimento de falência.

COMENTÁRIOS

✪ **Nota do autor:** a presente questão foi anulada pela Banca Examinadora, pois havia três alternativas corretas. A questão exigia do candidato conhecimento das súmulas do Tribunal de Justiça do Estado de São Paulo.

Alternativa "a":incorreta. "O depósito elisivo não afasta a obrigação do exame do pedido de falência para definir quem o levanta." (Súmula n. 40 do Tribunal de Justiça do Estado de São Paulo).

Alternativa "b":correta. "Crédito constituído após o pedido de recuperação judicial legitima requerimento de falência contra a recuperanda." (Súmula n. 55 do Tribunal de Justiça do Estado de São Paulo).

Alternativa "c":correta. "A possibilidade de execução singular do título executivo não impede a opção do credor pelo pedido de falência." (Súmula n. 42 do Tribunal de Justiça do Estado de São Paulo).

Alternativa "d": correta. "O protesto comum dispensa o especial para o requerimento de falência." (Súmula n. 41 do Tribunal de Justiça do Estado de São Paulo).

34. 07. (Vunesp – Juiz de Direito – TJ – SP/2013) Na sentença que decreta a falência, o Juiz

A) fixará o termo legal da falência, sem poder retrotraí-lo por mais de 60 dias, contados do primeiro protesto por falta de pagamento.

B) poderá ordenar a prisão preventiva do falido ou de seus administradores, quando requerida com fundamento em prova da prática de crime definido na Lei n. 11.101/2005.

C) nomeará administrador judicial que será escolhido entre os maiores credores do falido, residente ou domiciliado no foro da falência, de reconhecida idoneidade moral e financeira.

D) explicitará o prazo de 60 dias para as habilitações de crédito.

COMENTÁRIOS

✪ **Nota do autor:** a questão exigia do candidato conhecimento do texto da Lei n. 11.101/2005 (Lei de Falência e Recuperação de Empresas – LF).

Alternativa correta: letra "b". De fato, a sentença que decretar a falência do devedor, dentre outras determinações, poderá ordenar a prisão preventiva do falido ou de seus administradores quando requerida com fundamento em provas da prática de crime falimentar (LF, art. 99, VII).

Alternativa "a":incorreta. A sentença que decretar a falência do devedor, dentre outras determinações, fixar**á o termo legal da falência, sem poder retrotraí-lo por mais de** 90 (noventa) dias contados do pedido de falência, do pedido de recuperação judicial ou do primeiro protesto por falta de pagamento, excluindo-se, para esta finalidade, os protestos que tenham sido cancelados (LF, art. 99, II).

Alternativa "c":incorreta. De acordo com o art. 21 da LF: "O administrador judicial será profissional idôneo, preferencialmente advogado, economista, administrador de empresas ou contador, ou pessoa jurídica especializada."

Alternativa "d": incorreta. A verificação dos créditos será realizada pelo administrador judicial, com base nos livros contábeis e documentos comerciais e fiscais do devedor e nos documentos que lhe forem apresentados pelos credores, podendo contar com o auxílio de profissionais ou empresas especializadas (LF, art. 7º, *caput*). Deferido o processamento da recuperação, haverá a publicação de edital que conterá o pedido do autor, os termos da decisão que deferiu o processamento da recuperação e a relação de credores (mesma relação apresentada na petição inicial). Os credores devem habilitar seus créditos no prazo de 15 dias contados da publicação do edital. Nos termos do § 1º do art. 7º da LF: "Publicado o edital previsto no art. 52, § 1º, ou no parágrafo único do art.

99 desta Lei, os credores terão o prazo de 15 (quinze) dias para apresentar ao administrador judicial suas habilitações ou suas divergências quanto aos créditos relacionados."

---

35. (Vunesp – Juiz de Direito – TJ – SP/2013) A Lei n. 11.101/2005, no que diz respeito aos crimes nela previstos, considera a sentença que decreta a falência e a que concede a recuperação judicial

A) pressupostos dos crimes pós-falimentares.

B) condições de procedibilidade.

C) elementos integrantes do tipo.

D) condições objetiva de punibilidade.

COMENTÁRIOS

Nota do autor: a questão exigia do candidato conhecimento do texto da Lei n. 11.101/2005 (Lei de Falência e Recuperação de Empresas – LF).

Alternativa correta: letra "d" (responde, também, as demais alternativas). É o que dispõe o art. 180 da LF: "A sentença que decreta a falência, concede a recuperação judicial ou concede a recuperação extrajudicial de que trata o art. 163 desta Lei é condição objetiva de punibilidade das infrações penais descritas nesta Lei."

1.4 DIREITO CAMBIÁRIO

1.4.1 TEORIA GERAL DOS TÍTULOS DE CRÉDITOS

---

36. (Vunesp – Juiz de Direito – SP/2017) O reconhecimento da nulidade de um contrato determina

A) a inexigibilidade do título pelo novo titular do crédito por endosso.

B) a autonomia da nota promissória como título executivo em favor do credor original.

C) a validade do título em favor de qualquer portador.

D) a inexigibilidade das notas promissórias a ele vinculadas, caso estejam na posse do credor original.

COMENTÁRIOS

Nota do autor: a questão exigia do candidato conhecimento da doutrina e da jurisprudência. Três princípios informam o regime jurídico cambial: **a) princípio da cartularidade:** a exigibilidade do crédito representado no título depende da apresentação do documento original. Pelo princípio da cartularidade, o direito exigível está incorporado num documento formal e original, qual seja o título de crédito; **b) princípio da literalidade:** as relações jurídicas que podem interferir com o crédito adquirido são apenas aquelas que constam, expressamente, do título de crédito. Os títulos de crédito são formais devendo todos os requisitos essenciais estarem previstos na cártula (documento), valendo apenas o que nele está escrito; **c) princípio da autonomia:** as obrigações cambiárias são autônomas e independentes. Em outras palavras, havendo mais de um devedor no título, cada devedor tem uma obrigação autônoma. O princípio da autonomia – pelo qual as obrigações cambiárias são autônomas e independentes – se desdobra em dois subprincípios: o da abstração e o da inoponibilidade das exceções pessoais. O princípio da abstração orienta que quando o título de crédito circula, há uma desvinculação com à causa que deu origem à sua emissão. Como as obrigações cambiárias são autônomas e independentes, pelo princípio da inoponibilidade das exceções pessoais, eventuais vícios na relação que originou a emissão do título de crédito não são oponíveis ao terceiro de boa-fé que recebeu o título.

Alternativa correta: letra "d" (responde, também, as demais alternativas). O reconhecimento da nulidade de um contrato determina a inexigibilidade das notas promissórias a ele vinculadas, caso estejam na posse do credor original. André Luiz Santa Cruz Ramos ensina que "quando a nota promissória for emitida com vinculação a um determinado contrato – não apenas contratos bancários, o que é mais comum, mas qualquer contrato –, tal fato deve constar expressamente do título, uma vez que este pode circular, e o terceiro que recebê-lo por endosso deve ter conhecimento da relação contratual à qual o título está atrelado. Assim, constando expressamente da nota promissória a vinculação a determinado contrato, de certa forma estará descaracterizada a abstração/autonomia do título, já que o terceiro que o recebeu via endosso tem conhecimento da relação que lhe deu origem, e, portanto, está consciente de que contra ele poderão ser opostas exceções ligadas ao referido contrato. Atente-se, entretanto, que a nota promissória perde apenas, e em certa medida, a sua abstração (subprincípio ligado à autonomia), permitindo-se que o devedor alegue contra um eventual terceiro endossatário, conforme visto acima, as exceções fundadas na relação contratual que está atrelada ao título. Todavia, a nota promissória conserva, em princípio, a sua executividade, salvo se o contrato a que está ligada descaracterizar a sua liquidez." (*Direito Empresarial Esquematizado*. 7. ed. rev., atual. e ampl. – Rio de Janeiro: Forense; São Paulo: Método, 2017). No mesmo sentido, é a jurisprudência do STJ: "1. **Consoante entendimento desta Corte, o fato de achar-se a nota promissória vinculada a contrato não a desnatura como título executivo extrajudicial**. 2. Recurso provido para determinar o regular prosseguimento da execução (STJ, REsp 259.819-PR,

Rel. Min. Jorge Scartezzini, DJ 05.02.2007, p. 237). Agravo regimental nos embargos de declaração no recurso especial. Embargos à execução. Nota promissória. Contrato de parceria com valor determinado. Executoriedade. Agravo desprovido. 1. **A jurisprudência desta Corte Superior é no sentido de que a nota promissória vinculada a um contrato de abertura de crédito perde a sua autonomia ante a iliquidez do título que a originou, acarretando, portanto, na nulidade da execução por ela embasada. Súmula 258/STJ.** 2. **Entretanto, a vinculação de uma nota promissória a um contrato retira a autonomia de título cambial, mas não, necessariamente, a sua executoriedade.** Assim, quando a relação jurídica subjacente estiver consubstanciada em contrato que espelhe uma dívida líquida, como no caso, não há empecilho ao prosseguimento da execução. Diversamente, se estiver amparada em contrato que não espelhe dívida líquida, como se verifica do contrato de abertura de crédito, não será possível a execução. Dessa forma, este Tribunal tem admitido a execução de nota promissória vinculada a contrato de mútuo que contenha valor determinado, por se entender que o contrato traduz a existência de dívida líquida e certa. Precedentes." (AgRg nos EDcl no REsp 1.367.833/SP, Rel. Min. Marco Aurélio Bellizze, Terceira Turma, j. 16.02.2016, DJe 19.02.2016). Destaca-se também o enunciado da Súmula n. 258 do STJ: "A nota promissória vinculada a contrato de abertura de crédito não goza de autonomia em razão da iliquidez do título que a originou."

---

37. (Vunesp – Juiz de Direito – SP/2017) Qual dos títulos de crédito a seguir é necessariamente causal?

A) O cheque.

B) A promissória.

C) A letra de câmbio

D) A duplicata.

COMENTÁRIOS

✪ **Nota do autor:** a questão exigia do candidato conhecimento da doutrina.

Alternativa correta: letra "d". A duplicata não é um título de saque obrigatório. No entanto, sua emissão está condicionada a existência de um contrato de compra e venda ou de um contrato de prestação de serviços (causas específicas previstas na Lei da Duplicata). A duplicata, portanto, é um título causal, pois sua emissão depende de uma causa específica.

Alternativa "a": incorreta. O cheque é um título abstrato (e não causal), pois sua emissão independe de causa específica.

Alternativa "b": incorreta. A nota promissória é um título abstrato (e não causal), pois sua emissão independe de causa específica.

Alternativa "c": incorreta. A letra de câmbio é um título abstrato (e não causal), pois sua emissão independe de uma causa específica.

1.4.2 TÍTULOS DE CRÉDITOS

1.4.2.1 DUPLICATA

---

38. (Vunesp – Juiz de Direito – RJ/2016) Dispõe a lei que rege o título de crédito, denominado duplicata, que em todo contrato de compra e venda mercantil, celebrado entre partes domiciliadas no território brasileiro, com prazo não inferior a 30 dias, contados da data da entrega ou despacho das mercadorias, o vendedor extrairá a respectiva fatura para apresentação ao comprador. A esse respeito, é correto afirmar que

A) em toda venda realizada em tais condições, o vendedor é obrigado a extrair da fatura a respectiva duplicata.

B) no ato da emissão da fatura, o vendedor extrairá a duplicata para circulação com efeito comercial, sendo admitida, nesse caso, qualquer outra espécie de título de crédito, a exemplo da letra de câmbio ou da nota promissória, para documentar o saque do vendedor pela importância faturada ao comprador.

C) uma só duplicata poderá corresponder a mais de uma fatura, nos casos de venda para pagamento em parcelas, situação em que se discriminarão todas as prestações e vencimentos, distinguindo-se a numeração pelo acréscimo, em sequência, de letra do alfabeto.

D) no valor total da duplicata serão incluídos os abatimentos de preços das mercadorias feitos pelo vendedor até o ato do faturamento, desde que constem da fatura.

E) quando a remessa da duplicata for feita por intermédio de representantes, instituições financeiras, procuradores ou correspondentes, estes deverão apresentar o título ao comprador, dentro de 10 dias contados da data de seu recebimento na praça de pagamento.

COMENTÁRIOS

✪ **Nota do autor:** **a**tenção para a legislação aplicável aos títulos de crédito: **a)** arts. 887 a 923 do Código Civil (regras gerais aplicáveis nos casos de omissão ou lacuna na legislação especial correspondente a cada título de crédito); **b)** Lei 5.474/68 (Lei da Duplicata); **c)** Lei 7.357/85 (Lei do Cheque); **d)** Decreto 57.663/66 (Lei Uniforme de Genebra – LUG) e Decreto 2.044/08 (aplicável nas omissões da LUG), aplicáveis às letras de câmbio e notas promissórias. As disposições do Código Civil relativas aos títulos de crédito, aplicam-se àqueles regulados por leis especiais apenas nos casos de omissão ou lacuna. "Art. 903, CC. Salvo disposição diversa em lei especial, regem-se os títulos de crédito pelo disposto neste Código." **Atenção!** Sempre que o examinador não especificar o título de crédito, o candidato deve responder a questão com base nas regras gerais do Código Civil. Por óbvio, se o examinador especificar o título, responder com base na legislação respectiva.

Alternativa correta: letra "e". É o que dispõe o § 2º do art. 6º da Lei n. 5.474/1968 (Lei da Duplicata – LD): "Se a remessa for feita por intermédio de representantes instituições financeiras, procuradores ou correspondentes estes deverão apresentar o título, ao comprador dentro de 10 (dez) dias, contados da data de seu recebimento na praça de pagamento."

Alternativa "a": incorreta. Nos termos do art. 2º, *caput*, da LD: "No ato da emissão da fatura, dela poderá ser extraída uma duplicata para circulação como efeito comercial, não sendo admitida qualquer outra espécie de título de crédito para documentar o saque do vendedor pela importância faturada ao comprador."

Alternativa "b": incorreta. Nos termos do art. 2º, *caput*, da LD: "No ato da emissão da fatura, dela poderá ser extraída uma duplicata para circulação como efeito comercial, não sendo admitida qualquer outra espécie de título de crédito para documentar o saque do vendedor pela importância faturada ao comprador."

Alternativa "c": incorreta. Nos termos do § 2º do art. 2º da LD: "Uma só duplicata não pode corresponder a mais de uma fatura."

Alternativa "d": incorreta. Nos termos do § 1º do art. 3º da LD: "Não se incluirão no valor total da duplicata os abatimentos de preços das mercadorias feitas pelo vendedor até o ato do faturamento, desde que constem da fatura."

1.4.2.2 CÉDULA DE CRÉDITO BANCÁRIO

39. (Vunesp – Juiz de Direito – SP/2015) Sobre títulos de crédito, é correto afirmar que

A) o endossatário de endosso em branco pode mudá-lo para endosso em preto, desde que o complete com o seu nome ou de terceiro, bem como pode endossar novamente o título, mas não pode transferi-lo sem novo endosso.

B) o devedor deve conferir a autenticidade das assinaturas de toda a cadeia de endossos lançados no título, antes de realizar o pagamento ao último endossatário e portador.

C) não é possível o preenchimento do título de crédito incompleto pelo credor após a sua emissão.

D) na cédula de crédito bancário pode ser constituída garantia real em documento separado, desde que se faça mera referência a isso no corpo da cédula.

COMENTÁRIOS

✪ **Nota do autor:** a questão exigia do candidato conhecimento do texto da Lei n. 10.931/2004.

Alternativa correta: letra "d". É o que dispõe o art. 32 da Lei n. 10.931/2004: "A constituição da garantia poderá ser feita na própria Cédula de Crédito Bancário ou em documento separado, neste caso fazendo-se, na Cédula, menção a tal circunstância."

Alternativa "a": incorreta. Nos termos do art. 913 do CC: "O endossatário de endosso em branco pode mudá-lo para endosso em preto, completando-o com o seu nome ou de terceiro; pode endossar novamente o título, em branco ou em preto; ou pode transferi-lo sem novo endosso."

Alternativa "b": incorreta. Considera-se legítimo possuidor o portador do título à ordem com série regular e ininterrupta de endossos, ainda que o último seja em branco (CC, art. 911, *caput*). Aquele que paga o título está obrigado a verificar a regularidade da série de endossos, mas não a autenticidade das assinaturas (CC, art. 911, parágrafo único).

Alternativa "c": incorreta. Nos termos do art. 891 do CC: "O título de crédito, incompleto ao tempo da emissão, deve ser preenchido de conformidade com os ajustes realizados." Sobre o tema há, ainda, a Súmula n. 387 do STF: "A cambial emitida ou aceita com omissões, ou em branco, pode ser completada pelo credor de boa-fé antes da cobrança ou do protesto."

1.4.3 ATOS CAMBIÁRIOS

1.4.3.1 AVAL

40. (Vunesp – Juiz de Direito – RJ/2014) Nos títulos de crédito, segundo a disciplina que lhe confere o Código Civil, o aval posterior ao vencimento

A) produz os mesmos efeitos do anteriormente dado.

B) produz efeito de cessão civil de crédito.

C) é ineficaz.

D) é nulo de pleno direito.

COMENTÁRIOS

✪ **Nota do autor:** legislação aplicável aos títulos de crédito: **a)** arts. 887 a 923 do Código Civil (regras gerais aplicáveis nos casos de omissão ou lacuna na legislação especial correspondente a cada título de crédito); **b)** Lei 5.474/68 (Lei da Duplicata);**c)**Lei 7.357/85 (Lei do Cheque);**d)** Decreto 57.663/66 (Lei Uniforme de Genebra – LUG) e Decreto 2.044/08 (aplicável nas omissões da LUG), aplicáveis às letras de câmbio e notas promissórias. As disposições do Código Civil relativas aos títulos de crédito, aplicam-se àqueles regulados por leis especiais apenas nos casos de omissão ou lacuna. "Art. 903, CC. Salvo disposição diversa em lei especial, regem-se os títulos de crédito pelo disposto neste Código." **Atenção!** Sempre que o examinador não especificar o título de crédito, o candidato deve responder a questão com base nas regras gerais do Código Civil. Por óbvio, se o examinador especificar o título, responder com base na legislação respectiva.

Alternativa correta: letra "a" (responde, também, as demais alternativas). Segundo a disciplina que lhe confere o Código Civil (art. 900):"**O aval posterior ao vencimento produz os mesmos efeitos do anteriormente dado.**"

1.4.3.2 ENDOSSO

41. (Vunesp – Juiz de Direito – RJ/2016) A cláusula «não à ordem»

A) não é admitida na Letra de Câmbio.

B) inviabiliza o aval parcial.

C) inviabiliza o aceite.

D) impede a circulação mediante endosso.

E) implica em aceite do cumprimento da obrigação assumida em Nota Promissória.

COMENTÁRIOS

✪ **Nota do autor:** a questão exigia do candidato conhecimento da doutrina.

Alternativa correta: letra "d" (responde, também, as demais alternativas). A cláusula «não à ordem» impede a circulação mediante endosso. *Título nominal* é aquele que identifica o credor/beneficiário. O título nominal pode ser "à ordem" ou "não à ordem". A cláusula "à ordem" significa que o título pode circular por endosso (assinatura no verso do título, ou designação e assinatura no anverso). O título de crédito só circula por endosso se for "à ordem". **Atenção:** no caso de omissão, o título será considerado "à ordem". Por outro lado, a cláusula "não à ordem "impede que o título circule por endosso. **Atenção:** se o emitente consignar expressamente na cártula a cláusula "não à ordem", o título não poderá circular por endosso, mas poderá circular por cessão de crédito.

1.4.4 AÇÕES CAMBIAIS

42. (Vunesp – Juiz de Direito – SP/2017) Ação judicial proposta com fundamento em nota promissória vencida e não paga deverá ser

A) admitida, se proposta ação monitória até o decurso de cinco anos do vencimento do título.

B) admitida, caso seja proposta ação de execução no prazo de até cinco anos do dia seguinte ao do seu vencimento do título.

C) admitida, qualquer que seja a ação proposta, aplicando-se ao caso o prazo da prescrição ordinária.

D) extinta, pela prescrição, se proposta ação monitória após três anos do vencimento do título.

COMENTÁRIOS

✪ **Nota do autor:** a questão exigia do candidato conhecimento do texto da lei e da jurisprudência.

Alternativa correta: letra "a". É o que dispõe a Súmula 504 do STJ: «O prazo para ajuizamento de ação monitória em face do emitente de nota promissória sem força executiva é quinquenal, a contar do dia seguinte ao vencimento do título.

Alternativa "b" (responde, também, as demais alternativas). Prazos prescricionais relacionados à nota promissória: **a) ação contra o devedor direto:** 3 anos; e **b) ação contra o devedor indireto:** 1 ano.

1.5 DIREITO DE PROPRIEDADE INDUSTRIAL

1.5.1 MARCA

43. (Vunesp – Juiz de Direito – RJ/2016) No tocante às marcas, conforme disciplina em lei específica, é correto afirmar que

A) ao seu titular ou depositante é assegurado, dentre outros, o direito de impedir que comerciantes ou distribuidores utilizem sinais distintivos que lhe são próprios, juntamente com a marca do produto, na sua promoção e comercialização.

B) se considera marca de produto ou serviço aquela usada para atestar a conformidade de um produto ou serviço com determinadas normas ou especificações técnicas, notadamente quanto à qualidade, natureza, material utilizado e metodologia empregada.

C) o registro da marca vigorará pelo prazo de 15 anos, contados da data da concessão, prorrogável por dois períodos iguais e sucessivos.

D) caducará o registro da marca, salvo justificado o desuso por seu titular, a requerimento de qualquer pessoa com legítimo interesse se, decorridos 10 anos de sua concessão, o uso da marca tiver sido interrompido por mais de 5 anos consecutivos.

E) ao seu titular ou depositante é assegurado, dentre outros, o direito de ceder seu registro ou pedido de registro.

COMENTÁRIOS

✪ **Nota do autor:** a questão exigia do candidato conhecimento do texto da Lei n. 9.279/1996 (Lei da Propriedade Industrial – LPI).Em termos gerais, a marca identifica o produto ou serviço no meio empresarial, sendo protegida a partir do registro no Instituto Nacional de Propriedade Industrial – INPI, que é uma autarquia federal vinculada ao Ministério da Indústria, Comércio Exterior e Serviços.

Alternativa correta: letra "e". É o que dispõe o art. 130 da LPI: "Ao titular da marca ou ao depositante é ainda assegurado o direito de: I – ceder seu registro ou pedido de registro;".

Alternativa "a":incorreta. O titular da marca não poderá impedir que comerciantes ou distribuidores utilizem sinais distintivos que lhes são próprios, juntamente com a marca do produto, na sua promoção e comercialização, nos termos do art. 132, inciso I, da LPI.

Alternativa "b":incorreta. Se considera **marca de certificação** (e não marca de produto ou serviço) aquela usada para atestar a conformidade de um produto ou serviço com determinadas normas ou especificações técnicas, notadamente quanto à qualidade, natureza, material utilizado e metodologia empregada (LPI, art. 123, II). Se considera marca de produto ou serviço aquela usada para distinguir o produto ou serviço de outro idêntico, semelhante ou afim, de origem diversa (LPI, art. 123, I).

Alternativa "c": incorreta. O registro da marca vigorará pelo prazo de 10 (dez) anos, contados da data da concessão do registro, prorrogável por períodos iguais e sucessivos (LPI, art. 133).

Alternativa "d": incorreta. O registro da marca extingue-se: **a)** pela expiração do prazo de vigência; **b)** pela renúncia, que poderá ser total ou parcial em relação aos produtos ou serviços assinalados pela marca; **c)** pela caducidade; ou **d)** pela inobservância do disposto no art. 217 da LPI. Nos termos do art. 143 da LPI: "Caducará o registro, a requerimento de qualquer pessoa com legítimo interesse se, decorridos 5 (cinco) anos da sua concessão, na data do requerimento: I – o uso da marca não tiver sido iniciado no Brasil; ou II – **o uso da marca tiver sido interrompido por mais de 5 (cinco) anos consecutivos, ou se, no mesmo prazo, a marca tiver sido usada com modificação que implique alteração de seu caráter distintivo original, tal como constante do certificado de registro.** § 1º Não ocorrerá caducidade se o titular justificar o desuso da marca por razões legítimas."

---

44. (Vunesp – Juiz de Direito – RJ/2014) A marca usada para atestar a conformidade de um produto ou serviço com determinadas normas e especificações técnicas, notadamente quanto à qualidade, natureza, material utilizado e metodologia empregada, nos termos da lei, é considerada marca

A) de certificação.

B) de conformidade.

C) coletiva.

D) de produto ou serviço.

COMENTÁRIOS

✪ **Nota do autor:** a questão exigia do candidato conhecimento do texto da Lei n. 9.279/1996 (Lei da Propriedade Industrial – LPI). Em termos gerais, a marca identifica o produto ou serviço no meio empresarial, sendo protegida a partir do registro no Instituto Nacional de Propriedade Industrial – INPI, que é uma autarquia federal vinculada ao Ministério da Indústria, Comércio Exterior e Serviços.

Alternativa correta: letra "a" (responde, também, as demais alternativas). De acordo com o art. 123 da LPI: "Para os efeitos desta Lei, considera-se: I – **marca de produto ou serviço:** aquela usada para distinguir produto ou serviço de outro idêntico, semelhante ou afim, de origem diversa; II – **marca de certificação:** aquela usada para atestar a conformidade de um produto ou serviço com determinadas normas ou especificações técnicas, notadamente quanto à qualidade, natureza, material utilizado e metodologia empregada; e III – **marca coletiva:** aquela usada para identificar produtos ou serviços provindos de membros de uma determinada entidade."

1.6 CONTRATOS EMPRESARIAIS

1.6.1 AGÊNCIA

---

45. (Vunesp – Juiz de Direito – RJ/2016) Sobre o contrato de agência, é correto afirmar que

A) se dispensado por justa causa, o agente não terá direito a ser remunerado, ainda que por serviços úteis que eventualmente tenha prestado ao proponente.

B) salvo ajuste, o proponente pode constituir, ao mesmo tempo, mais de um agente, na mesma zona, com idêntica incumbência.

C) salvo ajuste, o agente terá direito à remuneração correspondente aos negócios concluídos dentro de sua zona, ainda que sem a sua interferência.

D) salvo estipulação diversa, todas as despesas com a agência correm a cargo do proponente.

E) se aplicam ao contrato de agência, no que couberem, as regras concernentes à empreitada e à corretagem.

COMENTÁRIOS

✪ **Nota do autor:** a questão exigia do candidato conhecimento do texto da lei. Pelo contrato de "agência", uma pessoa assume, em caráter não eventual e sem vínculos de dependência, a obrigação de promover, à conta de outra, mediante retribuição, a realização de certos negócios, em zona determinada, caracterizando-se a "distribuição" quando o agente tiver à sua disposição a coisa a ser negociada.

Alternativa correta: letra "c". É o que dispõe o art. 714 do CC: «Salvo ajuste, o agente ou distribuidor terá direito à remuneração correspondente aos negócios concluídos dentro de sua zona, ainda que sem a sua interferência."

Alternativa "a": incorreta. Ainda que dispensado por justa causa, **terá** o agente direito a ser remunerado pelos serviços úteis prestados ao proponente, sem embargo de haver este perdas e danos pelos prejuízos sofridos, nos termos do art. 717 do CC.

Alternativa "b": incorreta. Salvo ajuste, o proponente **não pode** constituir, ao mesmo tempo, mais de um agente, na mesma zona, com idêntica incumbência, nos termos do art. 711 do CC.

Alternativa "d": incorreta. Salvo estipulação diversa, todas as despesas com a agência correm a cargo **do agente ou distribuidor**, nos termos do art. 713 do CC.

Alternativa "e": incorreta. De acordo com o art. 721 do CC, "aplicam-se ao contrato de agência e distribuição, no que couber, **as regras concernentes ao mandato e à comissão e as constantes de lei especial**".

1.6.2 ALIENAÇÃO FIDUCIÁRIA EM GARANTIA

46. (Vunesp – Juiz de Direito – TJ SP/2017) Na alienação fiduciária em garantia, regida pelo Decreto-lei nº 911/1969,

A) a mora e a busca e apreensão do bem estão condicionadas à prévia notificação do devedor.

B) a mora se configura com o vencimento da obrigação, mas a busca e apreensão do bem está condicionada à prévia notificação do devedor.

C) a notificação do devedor é facultativa, mas necessária para a preservação de direitos de terceiros.

D) não há necessidade de prévia notificação do devedor para a busca e apreensão do bem, sendo esta decorrência imediata do inadimplemento.

COMENTÁRIOS

✪ **Nota do autor:** a questão exigia do candidato conhecimento do texto da lei e da jurisprudência. Segundo André Luiz Santa Cruz Ramos, "o contrato de alienação fiduciária em garantia é um contrato instrumental em que uma das partes, em confiança, aliena a outra a propriedade de determinado bem, móvel ou imóvel, ficando esta parte (uma instituição financeira, em regra) obrigada a devolver àquela o bem que lhe foi alienado quando verificada a ocorrência de determinado fato. Diz-se que é contrato instrumental porque, em regra, é formalizado como um meio para a concretização de um outro negócio principal. Assim, geralmente está associada a um mútuo, servindo-lhe de garantia." (*Direito Empresarial Esquematizado.* 6. ed. rev., atual. e ampl. – Rio de Janeiro: Forense; São Paulo: Método, 2016).

Alternativa correta: letra "b" (responde, também, as demais alternativas). De fato, na alienação fiduciária em garantia, regida pelo DL nº 911/1969, a mora se configura com o vencimento da obrigação, mas a busca e apreensão do bem está condicionada à prévia notificação do devedor. De acordo com o § 2º do art. 2º do diploma legal em comento: "**A mora decorrerá do simples vencimento do prazo para pagamento** e poderá ser comprovada por carta registrada com aviso de recebimento, não se exigindo que a assinatura constante do referido aviso seja a do próprio destinatário" (redação dada pela Lei n. 13.043/2014). A segunda parte da assertiva reflete o disposto no enunciado da Súmula 72 do Superior Tribunal de Justiça, a saber: "A comprovação da mora é imprescindível à busca e apreensão do bem alienado fiduciariamente." Aliás, conforme entendimento do STJ, "para a busca e apreensão nos contratos de alienação fiduciária, imperiosa a comprovação da mora por meio da notificação extrajudicial do devedor, realizada por intermédio de carta registrada, enviada por Cartório de Títulos e Documentos, e entregue no domicílio do devedor, dispensando-se a notificação pessoal. Para a comprovação da mora é imprescindível que a notificação extrajudicial seja encaminhada ao endereço do devedor, ainda que seja dispensável a notificação pessoal."(AgInt no AREsp 894.433/MS, Rel. Min. Marco Aurélio Bellizze, Terceira Turma, julgado em 06/06/2017, DJe 16/06/2017).

1.6.3 ARRENDAMENTO MERCANTIL (*LEASING*)

47. (Vunesp – Juiz de Direito – SP/2013) A jurisprudência do Superior Tribunal de Justiça, em relação ao contrato de arrendamento mercantil, tem, atualmente, como entendimento sumulado:

A) no contrato de arrendamento mercantil com cláusula resolutiva expressa, é desnecessária a notificação prévia do arrendatário para constituí-lo em mora.

B) a cobrança antecipada do valor residual garantido (VRG) não descaracteriza o contrato de arrendamento mercantil.

C) a cobrança antecipada do valor residual (VRG) descaracteriza o contrato de arrendamento mercantil, transformando-o em compra e venda à prestação.

D) a simples propositura de ação revisional do contrato de arrendamento mercantil inibe a caracterização da mora do autor.

COMENTÁRIOS

✪ **Nota do autor:** a questão exigia do candidato conhecimento da jurisprudência. De acordo com André Luiz Santa Cruz Ramos, "pode-se definir o contrato de arrendamento mercantil, também chamado de *leasing*, como um contrato especial de locação que assegura ao locatário a prerrogativa de adquirir o bem alugado ao final da avença, pagando, nesse caso, uma diferença chamada de valor residual. Em síntese: o *leasing* ou arrendamento mercantil é um contrato de locação em que se asseguram ao arrendatário três opções ao final do aluguel: (i) renovar a locação; (ii) encerrar o contrato, não mais renovando a locação; (iii) comprar o bem alugado, pagando-se o valor residual. O *leasing* não pode ser considerado um contrato típico: a Lei 6.099/1974 regula apenas o seu aspecto tributário." (*Direito Empresarial Esquematizado.* 6. ed. rev., atual. e ampl. – Rio de Janeiro: Forense; São Paulo: Método, 2016).

Alternativa correta: letra "b" (responde, também, a alternativa "c"). É o que dispõe o enunciado da Súmula n. 293, a saber: «A cobrança antecipada do Valor Residual Garantido (VRG) não descaracteriza o contrato de arrendamento mercantil.» Foi superado o entendimento jurisprudencial de que a cobrança antecipada do valor residual garantido descaracteriza o contrato de arrendamento mercantil, transformando-o em compra e venda a prestação. De acordo com a atual jurisprudência dos tribunais superiores, a possibilidade de antecipação de pagamento a título de valor residual garantido não desvirtua a natureza jurídica do contrato de arrendamento mercantil (*leasing*). Isso porque deve-se prevalecer a vontade das partes, prestigiando o princípio da liberdade de contratar. Além disso, não há qualquer dispositivo legal que proíba esta prática.

Alternativa "a":incorreta, existindo cláusula resolutiva expressa no contrato de arrendamento mercantil, a constituição em mora do arrendatário exige notificação prévia.

pois no contrato de arrendamento mercantil com cláusula resolutiva expressa, **é necessária** a notificação prévia do arrendatário para constituí-lo em mora.

Alternativa "d": incorreta. Nos termos da Súmula n. 380 do STJ: "A simples propositura da ação de revisão de contrato **não inibe** a caracterização da mora do autor."

1.6.4 LOCAÇÃO EMPRESARIAL

48. (Vunesp – Juiz de Direito – SP/2015) Assinale a alternativa correta sobre os contratos empresariais.

A) É permitida na representação comercial a estipulação de cláusulas *del credere*.

B) No contrato de locação comercial de imóvel urbano que tenha sido construído pelo locador para atender a especificações fixadas pelo locatário, as partes podem estipular a renúncia à revisão do locativo durante a vigência do contrato.

C) A circular oferta de franquia pode ser entregue pelo franqueador ao franqueado após a assinatura do contrato e do pagamento das taxas pertinentes.

D) Existindo cláusula resolutiva expressa no contrato de arrendamento mercantil, a constituição em mora do arrendatário não exige notificação prévia.

COMENTÁRIOS

✪ **Nota do autor: a** questão exigia do candidato conhecimento do texto da lei.

Alternativa correta: letra "b". É o que dispõe o art. 54-A da Lei n. 8.245/1991: «Na locação não residencial de imóvel urbano na qual o locador procede à prévia aquisição, construção ou substancial reforma, por si mesmo ou por terceiros, do imóvel então especificado pelo pretendente à locação, a fim de que seja a este locado por prazo determinado, **prevalecerão as condições livremente pactuadas no contrato respectivo e as disposições procedimentais previstas nesta Lei.** § 1º **Poderá ser convencionada a renúncia ao direito de revisão do valor dos aluguéis durante o prazo de vigência do contrato de locação.**"

Alternativa "a": incorreta. É vedada no contrato de representação comercial a inclusão de cláusulas *del credere* (art. 43 da Lei n. 4.886/1965 – Lei da Representação Comercial).

Alternativa "c": incorreta. Sempre que o franqueador tiver interesse na implantação de sistema de franquia empresarial, deverá fornecer ao interessado em tornar-se franqueado uma "circular de oferta de franquia", por escrito e em linguagem clara e acessível, contendo os dados essenciais do negócio que se pretende realizar. A circular oferta de franquia deve ser entregue ao candidato a franqueado no mínimo 10 dias antes da assinatura do contrato ou pré-contrato de franquia ou ainda do pagamento de qualquer tipo de taxa pelo franqueado ao franqueador ou a empresa ou pessoa ligada a este. Na hipótese do não cumprimento dessa regra, o franqueado poderá arguir a anulabilidade do contrato e exigir devolução de todas as quantias que já houver pago ao franqueador ou a terceiros por ele indicados, a título de taxa de filiação e *royalties*, devidamente corrigidas, mais perdas e danos.

Alternativa "d": incorreta, pois no contrato de arrendamento mercantil com cláusula resolutiva expressa, é necessária a notificação prévia do arrendatário para constituí-lo em mora.

---

49. (Vunesp – Juiz de Direito – RJ/2014) Conforme expressa previsão da lei que disciplina a ação renovatória de locação não residencial, é correto afirmar que

A) o prazo do contrato a renovar pode ser determinado ou indeterminado.

B) nas locações de espaço em *shopping centers*, o locador não poderá recusar a renovação do contrato sob alegação de uso próprio.

C) não poderá ser exercida pelos cessionários ou sucessores da locação.

D) a defesa do locador é adstrita às hipóteses previstas na lei de locações, visto constituírem *numerus clausus*.

COMENTÁRIOS

✪ **Nota do autor: a** questão exigia do candidato conhecimento do texto da lei. A ação renovatória de aluguel visa proteger o ponto comercial.

Alternativa correta: letra "b".

Alternativa "a": incorreta. Contrato a renovar deve ter sido celebrado por escrito e com prazo determinado. O prazo mínimo do contrato a renovar ou a soma dos prazos ininterruptos dos contratos escritos deve ser de 5 (cinco) anos, bem como o locatário deve estar explorando seu comércio, no mesmo ramo, pelo prazo mínimo e ininterrupto de 3 (três) anos. Vide art. 51 da Lei n. 8.245/1991.

Alternativa "c": incorreta. Conforme expressa previsão da Lei n. 8.245/1991, a ação renovatória de locação não residencial poderá ser exercida pelos cessionários ou sucessores da locação. Vide art. 71, inciso VII, da referida lei.

Alternativa "d": incorreta. Apenas quanto à matéria de fato, a defesa do locador é adstrita a algumas matérias. Quanto à matéria de direito não há esta limitação. De acordo com o art. 72 da Lei n. 8.245/1991: "A contestação do locador, **além da defesa de direito que possa caber**, ficará adstrita, quanto à matéria de fato, ao seguinte: I – não preencher o autor os requisitos estabelecidos nesta lei;

II – não atender, a proposta do locatário, o valor locativo real do imóvel na época da renovação, excluída a valorização trazida por aquele ao ponto ou lugar; III – ter proposta de terceiro para a locação, em condições melhores; IV – não estar obrigado a renovar a locação (incisos I e II do art. 52)."

---

50. (Vunesp – Juiz de Direito – SP/2013) De acordo com a jurisprudência do Superior Tribunal de Justiça na interpretação da Lei de Locações (Lei n.º 8.245/91), a expressão «accessio temporis» utilizada para viabilizar o perfazimento do prazo mínimo legal exigido para a renovação das locações empresariais significa a possibilidade da soma dos prazos

A) dos contratos escritos de locação do cedente e do cessionário da locação.

B) de exploração de ramos diferentes de comércio do locatário.

C) dos contratos escritos de locação do antecessor e do sucessor da locação.

D) dos contratos celebrados por escrito, entremeados por pequeno lapso temporal de contrato não escrito.

COMENTÁRIOS

✪ **Nota do autor:** a ação renovatória de aluguel visa proteger o ponto comercial. Contrato a renovar deve ter sido celebrado por escrito e com prazo determinado. Além disso, o prazo mínimo do contrato a renovar ou a soma dos prazos ininterruptos dos contratos escritos deve ser de 5 (cinco) anos, bem como o locatário deve estar explorando seu comércio, no mesmo ramo, pelo prazo mínimo e ininterrupto de 3 (três) anos.

Alternativa correta: letra "d" (responde, também, as demais alternativas). De acordo com o STJ: "Embora inadmitida na letra mesma da lei atualmente em vigor, a existência de hiato entre os contratos escritos, por "ininterruptos" os prazos contratuais a serem somados, esta Corte Superior de Justiça firmou sua jurisprudência no sentido de afirmar a **possibilidade do *accessio temporis*, mesmo após a edição da Lei nº 8.245/91, nas hipóteses em que for curto o período existente entre os contratos escritos.**" (AgRg no REsp 61.436/SP, Rel. Min. Hamilton Carvalhido, Sexta Turma, julgado em 16/03/2006).

1.6.5 SEGURO

51. (Vunesp – Juiz de Direito – SP/2013) Em relação ao contrato de seguro, é correto afirmar que

A) subsistirá a responsabilidade do segurado perante o terceiro, se o segurador for insolvente.

B) a apólice à ordem se transfere por endosso em branco assinado pelo endossante.

C) jurisprudência sumulada do STJ afirma que prescreve em três (3) anos a pretensão do segurado em grupo contra a seguradora.

D) o estipulante representa o segurador perante o grupo segurado.

COMENTÁRIOS

✪ **Nota do autor:** pelo contrato de seguro, o segurador se obriga, mediante o pagamento do prêmio, a garantir interesse legítimo do segurado, relativo a pessoa ou a coisa, contra riscos predeterminados. Somente pode ser parte, no contrato de seguro, como segurador, entidade para tal fim legalmente autorizada. O contrato de seguro prova-se com a exibição da apólice ou do bilhete do seguro, e, na falta deles, por documento comprobatório do pagamento do respectivo prêmio. A emissão da apólice deverá ser precedida de proposta escrita com a declaração dos elementos essenciais do interesse a ser garantido e do risco.

Alternativa correta: letra "a". É o que dispõe o § 4º do art. 787 do CC: "Subsistirá a responsabilidade do segurado perante o terceiro, se o segurador for insolvente."

Alternativa "b": incorreta. Nos termos do § 2º do art. 784 do CC: "A apólice ou o bilhete à ordem só se transfere por endosso em preto, datado e assinado pelo endossante e pelo endossatário."

Alternativa "c": incorreta. De acordo com o enunciado da Súmula n. 101 do STJ: "A ação de indenização do segurado em grupo contra a seguradora prescreve em 1 (um) ano."

Alternativa "d": incorreta. Nos termos do § 1º do art. 801 do CC: "O estipulante não representa o segurador perante o grupo segurado, e é o único responsável, para com o segurador, pelo cumprimento de todas as obrigações contratuais."

1.7 CONTRATOS BANCÁRIOS

52. (Vunesp – Juiz de Direito – SP/2015) Nos contratos bancários,

A) a comissão de permanência pode ser cumulada com os juros remuneratórios contratados.

B) os juros remuneratórios superiores a 12% ao ano presumem-se abusivos, cabendo à instituição financeira demonstrar sua adequação e razoabilidade.

C) os juros moratórios sujeitam-se ao limite de 1% ao mês, caso não se trate de contratos bancários regidos por legislação específica.

D) o julgador pode conhecer de ofício a abusividade de cláusulas.

COMENTÁRIOS

✪ **Nota do autor:** *contratos bancários* são aqueles em que, necessariamente, uma das partes é um Banco (Instituição Financeira) e o objeto seja algum serviço ligado à atividade bancária, como a coleta, a intermediação ou aplicação de recursos financeiros próprios ou de terceiros, a custódia de valores.

Alternativa correta: letra "c". É o que dispõe o enunciado da Súmula n. 379 do STJ: "Nos contratos bancários não regidos por legislação específica, os juros moratórios poderão ser convencionados até o limite de 1% ao mês".

Alternativa "a": incorreta. "A comissão de permanência e a correção monetária são inacumuláveis" (Súmula n. 30 do STJ).

Alternativa "b": incorreta. "A estipulação de juros remuneratórios superiores a 12% ao ano, por si só, não indica abusividade." (Súmula n. 382 do STJ).

Alternativa "d": incorreta. "Nos contratos bancários, é vedado ao julgador conhecer, de ofício, da abusividade das cláusulas." (Súmula n. 381 do STJ).

1.8 DIREITO CONCORRENCIAL

53. (Vunesp – Juiz de Direito – SP/2017) A recusa à venda de bens ou à prestação de serviços em condições corriqueiras na prática comercial representa, de acordo com a Lei nº 12.529/2011,

A) afronta à boa-fé objetiva.

B) afronta à boa-fé subjetiva.

C) fonte possível de enriquecimento sem causa, a ser comprovada.

D) lesão a direitos.

COMENTÁRIOS

✪ **Nota do autor: a** questão exigia do candidato conhecimento do texto da lei. A Lei 12.529/11, conhecida como Lei de Defesa da Concorrência ou Lei Antitruste, estrutura o Sistema Brasileiro de Defesa da Concorrência – SBDC e dispõe sobre a prevenção e a repressão às infrações contra a ordem econômica, sendo orientada pelos ditames constitucionais de liberdade de iniciativa, livre concorrência, função social da propriedade, defesa dos consumidores e repressão ao abuso do poder econômico. A Lei Antitruste (LAT) aplica-se às pessoas físicas ou jurídicas de direito público ou privado, bem como a quaisquer associações de entidades ou pessoas, constituídas de fato ou de direito, ainda que temporariamente, com ou sem personalidade jurídica, mesmo que exerçam atividade sob regime de monopólio legal.

Alternativa correta: letra "a" (responde, também, as demais alternativas).A recusa à venda de bens ou à prestação de serviços em condições corriqueiras na prática comercial configura infração da ordem econômica e representa afronta à boa-fé objetiva. Isso porque, de acordo com o art. 36 da Lei n. 12.529/2011, a configuração das infrações d ordem econômica, independem de culpa.

---

54. (Vunesp - Juiz de Direito - SP/2015) Nos termos da Lei nº 12.529/11, não constitui por si só infração da ordem econômica os atos dos competidores que tenham por objeto ou possam produzir o seguinte efeito:

A) limitar a livre iniciativa.

B) dominar mercado relevante de bens ou serviços.

C) exercício de forma abusiva de posição dominante.

D) falsear ou de qualquer forma prejudicar a livre concorrência.

COMENTÁRIOS

✪ **Nota do autor: a** questão exigia do candidato conhecimento do texto da lei. A Lei n. 12.529/11, conhecida como Lei de Defesa da Concorrência ou Lei Antitruste, estrutura o Sistema Brasileiro de Defesa da Concorrência - SBDC e dispõe sobre a prevenção e a repressão às infrações contra a ordem econômica, sendo orientada pelos ditames constitucionais de liberdade de iniciativa, livre concorrência, função social da propriedade, defesa dos consumidores e repressão ao abuso do poder econômico. A Lei Antitruste (LAT) aplica-se às pessoas físicas ou jurídicas de direito público ou privado, bem como a quaisquer associações de entidades ou pessoas, constituídas de fato ou de direito, ainda que temporariamente, com ou sem personalidade jurídica, mesmo que exerçam atividade sob regime de monopólio legal.

Alternativa correta: letra "b" (responde, também, as demais alternativas). De acordo com o art. 36 da Lei n. 12/529/2011, "constituem infração da ordem econômica, independentemente de culpa, os atos sob qualquer forma manifestados, que tenham por objeto ou possam produzir os seguintes efeitos, ainda que não sejam alcançados: I - limitar, falsear ou de qualquer forma prejudicar a livre concorrência ou a livre iniciativa; II - **dominar mercado relevante de bens ou serviços**; III - aumentar arbitrariamente os lucros; e IV - exercer de forma abusiva posição dominante."

1.9 O EMPRESÁRIO E O DIREITO DO CONSUMIDOR

---

55. (Vunesp - Juiz de Direito - SP/2017) No caso da celebração de um contrato de prestação de serviços vinculados à saúde, a obtenção do consentimento informado do paciente, destinatário final do atendimento, é

A) subordinada às condições e cláusulas do contrato celebrado, a serem apreciadas em cada caso concreto.

B) obrigatória, tratando-se de obrigação vinculada ao princípio da boa-fé.

C) facultativa e sujeita à aferição de necessidade, a ser feita pelo profissional de saúde.

D) obrigatória, tratando-se da obrigação principal do contrato celebrado.

COMENTÁRIOS

✪ **Nota do autor: a** questão exigia do candidato conhecimento da jurisprudência do Superior Tribunal de justiça.

Alternativa correta: letra "b" (responde, também, as demais alternativas). O direito à informação visa a assegurar ao consumidor uma escolha consciente, permitindo que suas expectativas em relação ao produto ou serviço sejam de fato atingidas, manifestando o que vem sendo denominado de consentimento informado ou vontade qualificada (STJ, REsp 1.121.275/SP). O tema da questão foi tratado no Informativo n. 493 do STJ. Vejamos: "Tendo em vista a importância que a rede conveniada assume para a continuidade do contrato, a operadora de plano de saúde somente cumprirá o dever de informar se comunicar individualmente a cada associado o descredenciamento de médicos e hospitais. Isso porque o direito à informação visa assegurar ao consumidor uma escolha consciente, permitindo que suas expectativas em relação ao produto ou serviço sejam de fato atingidas, manifestando o que vem sendo denominado de consentimento informado ou vontade qualificada. Diante disso, o comando do art. 6º, III, do CDC somente será efetivamente cumprido quando a informação for prestada ao consumidor de forma adequada, assim entendida como aquela que se apresenta simultaneamente completa, gratuita e útil, vedada, no último caso, a diluição da comunicação efetivamente relevante pelo uso de informações soltas, redundantes ou destituídas de qualquer serventia para o consumidor. Precedentes citados: REsp

418.572-SP, DJe 30/3/2009, e REsp 586.316-MG, DJe 19/3/2009."(REsp 1.144.840-SP, Rel. Min. Nancy Andrighi, julgado em 20/3/2012).

---

56. (Vunesp – Juiz de Direito – SP/2014) Assinale a opção incorreta.

A) O transportador não pode ser responsabilizado pelos danos decorrentes de fatos de terceiros que possam ser caracterizados como fortuito externo.

B) O transportador só responde pelos danos resultantes de fatos conexos com o serviço que presta.

C) O reconhecimento do direito a indenização, por falta de mercadoria transportada por via marítima, independe de vistoria.

D) Na atividade empresarial de transporte aéreo, a ocorrência de problemas técnicos é considerada hipótese de caso fortuito ou força maior a afastar a responsabilidade da empresa de aviação.

COMENTÁRIOS

✪ **Nota do autor: a** questão exigia do candidato conhecimento da jurisprudência do Superior Tribunal de Justiça.

Alternativa incorreta: letra "d". De acordo com o STJ, "o transporte aéreo é serviço essencial e pressupõe continuidade. Assim, considera-se prática abusiva tanto o cancelamento de voos sem razões técnicas ou de segurança inequívocas como o descumprimento do dever de informar o consumidor, por escrito e justificadamente, quando tais cancelamentos vierem a ocorrer." (REsp 1.469.087-AC, julgado em 18/8/2016, Informativo n. 593). Configurando prática abusiva, a responsabilidade da empresa de aviação não será afastada.

Alternativa "a": correta. A responsabilidade decorrente do contrato de transporte é objetiva, sendo obrigação do transportador a reparação do dano causado ao passageiro quando demonstrado o nexo causal entre a lesão e a prestação do serviço, pois o contrato de transporte acarreta a assunção de obrigação de resultado. Trata-se da chamada cláusula de incolumidade, que garante que o transportador empregará todos os expedientes que são próprios da atividade para preservar a integridade física do passageiro, contra os riscos inerentes ao negócio, durante todo o trajeto, até o destino final da viagem. De acordo com o entendimento do STJ, "o ato culposo de terceiro, conexo com a atividade do transportador e relacionado com os riscos próprios do negócio, caracteriza o fortuito interno, inapto a excluir a responsabilidade do transportador. Por sua vez, o ato de terceiro que seja doloso ou alheio aos riscos próprios da atividade explorada, é fato estranho à atividade do transportador, caracterizando-se como fortuito externo, equiparável à força maior, rompendo o nexo causal e excluindo a responsabilidade civil do fornecedor." (EREsp 1.318.095/MG, Rel. Min.Raul Araújo, Segunda Seção, julgado em 22/02/2017).

Alternativa "b":correta. "O transportador só responde pelos danos resultantes de fatos conexos com o serviço que presta. Recurso especial não conhecido" (STJ, REsp 468.900/RJ, Rel. Min. Ari Pargendler, Terceira Turma, julgado em 20/02/2003).

Alternativa "c": De fato, à luz de sedimentado entendimento, é prescindível a vistoria para embasar a pretensão de ressarcimento de empresa seguradora, referente ao extravio de mercadorias ocorridas em transporte marítimo.

Direito Empresarial

Daniel Trindade

✦ 2. DICAS (RESUMO)

2.1 DIREITO COMERCIAL: ORIGEM. EVOLUÇÃO HISTÓRICA. AUTONOMIA. FONTES. CARACTERÍSTICAS

2.1.1 ORIGEM

Idade média. Muito embora os gregos e os fenícios sejam historicamente associados a atividades de compra e troca, fato é que o surgimento do direito comercial de forma organizada se relaciona com à ascensão da classe burguesa na Idade Média.

À medida que artesãos e comerciantes europeus se reuniam em corporações de ofícios, surgiam normas destinadas a disciplinar os usos e costumes comerciais da época.

Segundo Fábio de Ulhôa Coelho, "alguns povos da Antiguidade, como os fenícios, destacaram-se intensificando as trocas e, com isto, estimularam a produção de bens destinados especificamente à venda. Esta atividade de fins econômicos, o *comércio*, expandiu-se com extraordinário vigor. Graças a ela, estabeleceram-se intercâmbios entre culturas distintas, desenvolveram-se tecnologias e meios de transporte, fortaleceram-se os estados, povoou-se o planeta de homens e mulheres (...). Na Idade Média, o comércio já havia deixado de ser atividade característica só de alguma culturas ou povos. Difundiu-se por todo o mundo civilizado. Durante o Renascimento Comercial, na Europa, artesãos e comerciantes europeus reuniam-se em corporações de ofício, poderosas entidades burguesas (isto é, sediadas em burgos) que gozavam de significativa autonomia em face do poder real e dos senhores feudais. Nas corporações de ofício, como expressão dessa autonomia, foram paulatinamente surgindo normas destinadas a disciplinar as relações entre os seus filiados. Na Era Moderna estas normas pseudosistematizadas serão chamadas de Direito Comercial." (*Manual de Direito Comercial*. 18 ed. São Paulo: Saraiva, 2007, p. 5-6)

2.1.2 EVOLUÇÃO HISTÓRICA

Evolução histórica do Direito Empresarial no mundo:	No mundo, percebemos quatro grandes fases do direito empresarial: **i)** fase das Corporações de Ofício; **ii)** fase dos Estados Nacionais; **iii)** fase da Codificação Napoleônica; e **iv)** fase da Teoria da Empresa.
Evolução histórica do Direito Empresarial no Brasil:	No Brasil, o direito comercial teve dois grandes momentos: **i)** momento da teoria dos atos de comércio; e **ii)** momento da teoria da empresa. A teoria dos atos de comércio foi adotada pelo Código Comercial de 1850, que foi dividido em três partes: i) Do comércio em geral; ii) Do comércio marítimo; iii) Das quebras. A primeira parte do Código Comercial foi expressamente revogada pelo art. 2.045 do CC/02 e a terceira parte foi revogada pela Lei nº 11.101/05 (nova lei de falência). No entanto, a segunda parte (Comércio Marítimo) do Código Comercial ainda está em vigor. O Código Civil de 2002 passou a adotar a Teoria da Empresa, originada no Direito Italiano, de autoria de Alberto Asquini, em substituição a antiga teoria dos atos de comércio.

2.1.3 AUTONOMIA

O Direito Empresarial é autônomo em relação aos outros ramos do Direito. Muito embora o Direito Empresarial seja um ramo autônomo do direito privado, fato é que mantém íntima relação com os outros ramos do Direito, como, por exemplo, o Direito Civil, o Direito do Consumidor, o Direito Tributário, o Direito do Trabalho, o Direito Econômico, o Direito Penal e o Direito Processual Penal. **Exemplos:**

a) aplicação da teoria geral dos contratos aos contratos empresariais;

b) responsabilidade por fato do produto e do serviço nas relações consumeristas;

c) responsabilidade tributária por sucessão empresarial no caso de trespasse;

d) habilitação dos créditos trabalhistas na falência;

e) disciplina da concorrência desleal;

f) crimes contra a ordem tributária, econômica, relações de consumo e crimes falimentares;

g) prisão cautelar do falido.

2.1.4 FONTES

- As fontes do Direito Empresarial são classificadas em primárias e secundárias.

Fontes primárias do Direito Empresarial	Fontes secundárias do Direito Empresarial
a) Constituição Federal;	**a)** Analogia;
b) Código Civil de 2002;	**b)** Costumes; e
c) Código Comercial de 1850 (segunda parte);	**c)** **P**rincípios gerais do direito.
d) Tratados internacionais;	
e) demais leis extravagantes que tratam do direito empresarial.	

2.1.5 CARACTERÍSTICAS

- Como características do Direito Empresarial, temos:

a) o cosmopolitismo;

b) a fragmentariedade;

c) o informalismo;

d) a elasticidade; e

e) a onerosidade.

2.1.6 TEORIA DA EMPRESA E SEUS PERFIS

- **Teoria dos atos de comércio:** o Código Comercial de 1850 adotava a **Teoria dos Atos de Comércio**, originada no **Direito Francês**. Referida teoria tratava do comerciante (pessoa física) e da sociedade comercial (pessoa jurídica) como sendo aqueles que praticavam atos de comércio com habitualidade e finalidade lucrativa. O Direito Comercial regulava, portanto, as relações jurídicas decorrentes da prática de alguns atos tipificados como atos de comércio.

> **ATENÇÃO!**
>
> O Código Comercial de 1850 regulava o Direito Comercial e dividia-se em três partes: **a)** comércio em geral; **b)** comércio marítimo; e **c)** quebras ("falência"). A primeira parte do Código Comercial foi expressamente revogada pelo art. 2.045 do CC/02 e a terceira parte foi revogada pela Lei nº 11.101/05 (nova lei de falência). No entanto, a segunda parte (Comércio Marítimo) do Código Comercial ainda está em vigor.

- **Teoria da empresa:** o Código Civil de 2002 passou a adotar a **Teoria da Empresa**, originada no **Direito Italiano**, de autoria de Alberto Asquini, em substituição a antiga teoria dos atos de comércio. Agora, não se fala mais em comerciante, assim entendido como aquele que pratica atos de comércio, mas, sim, em empresário, como sendo aquele que exerce profissionalmente atividade econômica organizada para a produção ou a circulação de bens ou de serviços (CC, art. 966).

2.1.7 NOÇÕES ECONÔMICA E JURÍDICA DE EMPRESA

- **Noção econômica:** a empresa é um organismo econômico que se assenta sobre uma organização fundada em princípios técnicos e leis econômicas.
- **Noção jurídica:** a empresa é a atividade econômica organizada exercida pelo empresário. Atividade econômica organizada é aquela que reúne os quatro os fatores de produção (mão de obra + matéria prima + capital + tecnologia). Para a doutrina majoritária, faltando qualquer um dos fatores de produção, não há falar em atividade empresarial.

2.2 DIREITO DE EMPRESA

2.2.1 EMPRESÁRIO

2.2.1.1 CONCEITO E CARACTERIZAÇÃO

- Empresário é a pessoa física (empresário individual) ou jurídica (sociedade empresária ou empresa individual de responsabilidade limitada) que exerce profissionalmente atividade econômica organizada para a produção ou circulação de bens ou de serviços.

> **ATENÇÃO!**
>
> O sócio da sociedade empresária não é empresário.

- Considera-se empresário quem exerce profissionalmente (habitualmente) atividade econômica organizada para a produção ou a circulação de bens ou de serviços (CC, art. 966). A expressão "profissionalmente" designa a necessidade de habitualidade. Já "atividade econômica organizada" designa a necessidade dos quatro fatores de produção, quais sejam a mão-de-obra, matéria-prima, capital e tecnologia.

> **ATENÇÃO!**
>
> Na ausência de qualquer um dos fatores de produção não há falar em atividade empresarial. No entanto, interessante a posição mais moderna de André Luiz Santa Cruz Ramos (a qual nos filiamos), para quem a "ideia fechada de que a organização dos fatores de produção é absolutamente imprescindível para a caracterização do empresário vem perdendo força no atual contexto da economia capitalista. Com efeitos, basta citar o caso dos microempresários, os quais, não raro, exercem atividade empresarial única ou preponderantemente com trabalho próprio. Pode-se citar também o caso dos empresários virtuais, que muitas vezes atuam completamente sozinhos, resumindo-se sua atividade à intermediação de produtos ou serviços por meio da internet" (*Direito Empresarial Esquematizado*. 4 ed. Rio de Janeiro: Forense; São Paulo: Método, 2014, p. 38).

- Não se considera empresário quem exerce profissão intelectual, de natureza científica, literária ou artística, ainda com o concurso de auxiliares ou colaboradores, salvo se o exercício da profissão constituir elemento de empresa (CC, p.u. do art. 966).

> **ATENÇÃO!**
>
> Se a profissão intelectual de natureza científica, literária ou artística constituir elemento de empresa, ela passará a ter natureza empresarial. Isso porque a atividade profissional intelectual será apenas um dos elementos dentro do complexo de atividades oferecidos pela sociedade.

- **ENUNCIADOS DO CJF RELACIONADOS:**

  III Jornada de Direito Civil.

Enunciado 193: "O exercício das atividades de natureza exclusivamente intelectual está excluído do conceito de empresa."

Enunciado 194: "Os profissionais liberais não são considerados empresários, salvo se a organização dos fatores de produção for mais importante que a atividade pessoal desenvolvida."

Enunciado 195: "A expressão 'elemento de empresa' demanda interpretação econômica, devendo ser analisada sob a égide da absorção da atividade intelectual, de natureza científica, literária ou artística, como um dos fatores da organização empresarial."

2.2.1.2 INSCRIÇÃO

- O empresário é obrigado a efetuar seu registro no Registro Público de Empresas Mercantis (Junta Comercial) antes de iniciar sua atividade. **Exceção:** para o empresário ou sociedade rural o registro na Junta Comercial é facultativo; se efetuarem o registro, ficarão equiparados ao empresário comum, tendo as mesmas obrigações deste (CC, art. 971).
- **Natureza do registro:** tem natureza declaratória, sendo uma condição de regularidade. O registro na Junta Comercial, embora obrigatório, não é constitutivo, mas meramente declaratório da qualidade de empresário. **Exceção:** o registro do empresário ou sociedade rural na Junta Comercial é facultativo e de natureza constitutiva, sujeitando-o ao regime jurídico empresarial.
- **Consequências da ausência do registro: a)** responsabilidade ilimitada; **b)** impossibilidade de requerer a própria recuperação judicial; **c)** impossibilidade de requerer falência de terceiros (mas pode pedir a própria falência); **d)** impossibilidade de participar de licitação.

2.2.1.3 CAPACIDADE

- Podem exercer a atividade de empresário os que estiverem em pleno gozo da capacidade civil e não forem legalmente impedidos (CC, art. 972).
- **Emancipação:** o menor emancipado pode ser empresário, uma vez que a emancipação antecipa a capacidade civil plena.
- **Continuação da empresa pelo incapaz:** em prestígio ao princípio da continuidade da empresa, há apenas duas hipóteses em que o incapaz poderá ser empresário:
  - **a)** continuação da empresa no caso de incapacidade superveniente; e
  - **b)** continuação da empresa no caso de sucessão hereditária.

> **ATENÇÃO!**
>
> O incapaz não poderá iniciar a atividade empresarial, mas no caso de incapacidade superveniente ou sucessão hereditária poderá continuar a empresa já existente.

- **Requisitos para a continuação da empresa pelo incapaz:** o incapaz deve estar representado (no caso de incapacidade absoluta) ou assistido (no caso de incapacidade relativa) e deve haver prévia autorização judicial (o juiz deve analisar a pertinência da continuação da empresa).

> **ATENÇÃO!**
> Não ficam sujeitos ao resultado da empresa os bens que o incapaz já possuía ao tempo da sucessão ou da interdição, desde que estranhos ao acervo daquela, devendo tais fatos constar do alvará que conceder a autorização.

- **Empresário casado:** três importantes regras envolvem o empresário casado, a saber:
  - **a)** os cônjuges podem contratar sociedade entre si ou com terceiros, desde que não tenham casado sob o regime de comunhão universal ou no de separação obrigatória (CC, art. 977);
  - **b)** o empresário casado pode, sem necessidade de outorga conjugal, qualquer que seja o regime de bens, alienar os imóveis que integrem o patrimônio da empresa ou gravá-los de ônus real (CC, art. 978 – trata-se de exceção ao art. 1647, I, do CC; e
  - **c)** os pactos e declarações antenupciais do empresário, o título de doação, herança ou legado, de bens clausulados de inalienabilidade ou incomunicabilidade, devem ser arquivados e averbados na Junta Comercial.

> **ATENÇÃO!**
> Também devem ser levados a arquivamento e averbação na Junta Comercial para que possam ser opostos a terceiros, a sentença que decretar ou homologar a separação judicial do empresário, bem como o ato de reconciliação.

- **Impedimentos legais:** a pessoa legalmente impedida de exercer atividade própria de empresário, se a exercer, responderá pelas obrigações contraídas (art. 973, CC). Vale lembrar que quando uma pessoa pratica atividade empresarial sem o cumprimento dos requisitos exigidos por lei (ex: impedimentos legais), além da consequência empresarial de responsabilidade ilimitada, isso também é considerado contravenção penal (art. 47 e 49 da LCP – "pessoa que exerce atividade econômica sem os requisitos exigidos pela lei").
- **Pessoas legalmente impedidas de serem empresários individuais:**
  - **a)** Funcionários públicos civis da União, Estados, Municípios e Distrito Federal;
  - **b)** Magistrados;
  - **c)** Membros do Ministério Público;
  - **d)** Falidos não reabilitados;
  - **e)** Corretores;
  - **f)** Leiloeiros;
  - **g)** Cônsules, salvo os não remunerados;
  - **h)** Militares da ativa das Forças Armadas e da Polícia Militar.

2.2.1.4 EMPRESA INDIVIDUAL DE RESPONSABILIDADE LIMITADA – EIRELI

- **Previsão:** a Eireli foi trazida pela Lei 12.441/11, que acrescentou o art. 980-A ao Código Civil.
- **Conceito:** *empresa individual de responsabilidade limitada* é a pessoa jurídica de direito privado, composta por um único titular da totalidade do capital social, devidamente integralizado, que não será inferior a 100 vezes o maior salário mínimo vigente no País.
- **Natureza:** não é sociedade, mas novo ente jurídico personificado (CJF, enunciado 469).
- **Titularidade:** só pode ser constituída por pessoa natural. No entanto, o DREI (órgão que regulamenta o registro) admite que pessoa jurídica constitua Eireli. O titular não pode constituir mais de uma Eireli.
- **Registro:** ocorre na Junta Comercial, sendo um ato constitutivo. **Capital mínimo:** o capital social não pode ser inferior a 100 vezes o valor do salário mínimo. Esse valor deve estar totalmente integralizado. A integralização pode ser feita com dinheiro, bens, mas não pode ser feita com prestação de serviços (aplicação subsidiária de regra da sociedade limitada – art. 1.055, CC). A imagem, o nome ou a voz não podem ser utilizados para a integralização do capital da Eireli (CJF, enunciado 473).
- **Responsabilidade: é limitada. As dívidas sociais alcançam apenas os bens da pessoa jurídica. Obs.:** sempre que o titular da Eireli agir contra a lei ou o ato constitutivo, ele responderá ilimitadamente pelas obrigações sociais (aplicação subsidiária de regra da sociedade limitada – art. 1.080, CC).
- **Administrador:** é a pessoa que pratica atos de gestão. Na Eireli, o administrador pode ser tanto o titular quanto um terceiro contratado. Essa informação pode aparecer no próprio ato constitutivo ou em documento separado, desde que esteja igualmente registrado na Junta Comercial (regra que decorre da aplicação subsidiária das disposições da sociedade limitada).
- **Nome empresarial:** a Eireli pode adotar firma ou denominação; em ambos os casos, é necessária a inclusão da expressão "Eireli" ao final.
- **Desconsideração da personalidade jurídica: é possível.**
- **Reorganização societária:** uma sociedade empresária pode ser transformada em EIRELI,

desde que as quotas estejam concentradas num único sócio; também é possível o caminho inverso (ex.: Eireli se transforma em empresário individual ou sociedade empresária).

- **Regime jurídico subsidiário:** aplicam-se, subsidiariamente, as regras da sociedade limitada. Ex.: o administrador da Eireli pode ser tanto o titular quanto um terceiro contratado.
- **ENUNCIADOS DO CJF RELACIONADOS:**

I Jornada de Direito Comercial.

Enunciado 3: "A Empresa Individual de Responsabilidade Limitada – EIRELI não é sociedade unipessoal, mas um novo ente, distinto da pessoa do empresário e da sociedade empresária."

Enunciado 4: "Uma vez subscrito e efetivamente integralizado, o capital da empresa individual de responsabilidade limitada não sofrerá nenhuma influência decorrente de ulteriores alterações no salário mínimo."

V Jornada de Direito Civil.

Enunciado 468: "A empresa individual de responsabilidade limitada só poderá ser constituída por pessoa natural."

Enunciado 469: "A empresa individual de responsabilidade limitada (EIRELI) não é sociedade, mas novo ente jurídico personificado."

Enunciado 470: "O patrimônio da empresa individual de responsabilidade limitada responderá pelas dívidas da pessoa jurídica, não se confundindo com o patrimônio da pessoa natural que a constitui, sem prejuízo da aplicação do instituto da desconsideração da personalidade jurídica."

Enunciado 471: "Os atos constitutivos da EIRELI devem ser arquivados no registro competente, para fins de aquisição de personalidade jurídica. A falta de arquivamento ou de registro de alterações dos atos constitutivos configura irregularidade superveniente."

Enunciado 472: "É inadequada a utilização da expressão "social" para as empresas individuais de responsabilidade limitada."

Enunciado 473: "A imagem, o nome ou a voz não podem ser utilizados para a integralização do capital da EIRELI."

2.2.1.5 MICROEMPRESA E EMPRESA DE PEQUENO PORTE

- **Fundamento constitucional:** a União, os Estados, o Distrito Federal e os Municípios dispensarão às microempresas e às empresas de pequeno porte, assim definidas em lei, tratamento jurídico diferenciado, visando a incentivá-las pela simplificação de suas obrigações administrativas, tributárias, previdenciárias e creditícias, ou pela eliminação ou redução destas por meio de lei (CF, art. 179).
- **Simples Nacional:** o Simples Nacional, regido pela LC nº 123/06, surgiu da premente necessidade de se fazer com que o sistema tributário nacional concretizasse as diretrizes constitucionais do favorecimento às microempresas e às empresas de pequeno porte.
- **Microempreendedor individual x Microempresa x Empresa de Pequeno Porte:**

	Quem pode ser?	Qual a receita bruta anual?
Microempreendedor individual – MEI	▪ Só o empresário individual.	Até 81.000 reais.
Microempresa – ME	▪ Empresário individual; ▪ Sociedade empresária; ▪ Empresa individual de responsabilidade limitada; ▪ Sociedade simples.	Até 360.000 reais.
Empresa de pequeno porte – EPP	▪ Empresário individual; ▪ Sociedade empresária; ▪ Empresa individual de responsabilidade limitada; ▪ Sociedade simples.	De 360.000 até 4.800.000 reais. **os valores acima estão atualizados conforme a LC n.º 155, de 2016, que deu nova redação ao inciso II do art. 3º da LC n.º 123/2006.*

- **Objeto:** as microempresas e as empresas de pequeno porte podem ter por objeto quaisquer atividades econômicas de natureza empresarial (no caso de empresário individual, sociedade empresária e Eireli) ou intelectual (no caso de sociedade simples).

2.2.2 ESTABELECIMENTO EMPRESARIAL

- **Conceito:** o estabelecimento empresarial compreende o conjunto/complexo de bens (corpóreos ou incorpóreos) organizados pelo empresário para o exercício da atividade empresarial.

> **ATENÇÃO!**
> O estabelecimento empresarial não é sujeito de direitos e obrigações.

- **Classificação dos elementos do estabelecimento empresarial:**

Elementos corpóreos	Elementos incorpóreos
▪ Bens móveis (ex: mercadorias em estoque, etc.); ▪ Bens imóveis (ex: imóvel utilizado como armazém para depósitos de mercadorias; prédios apropriados para instalação de usinas; estacionamentos para cargas, etc.)	▪ Ponto empresarial; ▪ Nome empresarial; ▪ Propriedade industrial (ex: patente de invenção e de modelo de utilidade; registro de marca e de desenho industrial).

> **ATENÇÃO!**
> 1) **Mercadorias em estoque:** as mercadorias em estoque compõem o conceito de estabelecimento empresarial. Segundo o STJ "as mercadorias do estoque constituem um dos elementos materiais do estabelecimento empresarial, visto tratar-se de bens corpóreos utilizados na exploração da sua atividade econômica. (REsp 1.079.781/RS, julgado em 14/09/2010).
> 2) **Aviamento:** o aviamento (potencialidade do estabelecimento empresarial de gerar lucro) não compõe o conceito de estabelecimento empresarial. O aviamento não é um elemento do estabelecimento, mas sim um atributo deste, que corresponde a sua capacidade de gerar lucros.
> 3) **Clientela:** a clientela não compõe o conceito de estabelecimento empresarial. Na verdade, a clientela está diretamente relacionada ao aviamento. Quanto maior a clientela, tanto maior será o aviamento.

- **Elementos do estabelecimento empresarial:** O estabelecimento comercial é composto por patrimônio material e imaterial, constituindo exemplos do primeiro os bens corpóreos essenciais à exploração comercial, como mobiliários, utensílios e automóveis, e, do segundo, os bens e direitos industriais, como patente, nome empresarial, marca registrada, desenho industrial e o ponto (STJ, REsp 633.179/MT).
- **Atributos do estabelecimento empresarial:** O estabelecimento possui dois atributos: **a) clientela:** conjunto de pessoas que mantém uma relação de fidelidade com o empresário, adquirindo os seus produtos ou serviços; e **b) aviamento:** potencialidade do estabelecimento empresarial de gerar lucro.
- **Natureza jurídica do estabelecimento empresarial:** prevalece que o estabelecimento empresarial tem natureza jurídica de universalidade de fato (bens que estão juntos por vontade do titular). Essa universalidade de fato é formada por bens corpóreos e incorpóreos, uma vez que os elementos que o compõe formam uma coisa unitária por destinação do próprio empresário.
- **Penhora:** é legítima a penhora da sede do estabelecimento comercial (Súmula 451-STJ).
- **ENUNCIADOS DO CJF RELACIONADOS:**

I Jornada de Direito Comercial.

Enunciado 7: "O nome de domínio integra o estabelecimento empresarial como bem incorpóreo para todos os fins de direito."

Enunciado 8: "A sub-rogação do adquirente nos contratos de exploração atinentes ao estabelecimento adquirido, desde que não possuam caráter pessoal, é a regra geral, incluindo o contrato de locação."

II Jornada de Direito Comercial.

Enunciado 59: "A mera instalação de um novo estabelecimento, em lugar antes ocupado por outro, ainda que no mesmo ramo de atividade, não implica responsabilidade por sucessão prevista no art. 1.146 do CCB."

Enunciado 59: "A mera instalação de um novo estabelecimento, em lugar antes ocupado por outro, ainda que no mesmo ramo de atividade, não implica responsabilidade por sucessão prevista no art. 1.146 do CCB."

III Jornada de Direito Civil.

Enunciado 233: "A sistemática do contrato de trespasse delineada pelo Código Civil nos arts. 1.142 e ss., especialmente seus efeitos obrigacionais, aplica-se somente quando o conjunto de bens transferidos importar a transmissão da funcionalidade do estabelecimento empresarial."

Enunciado 234: "Quando do trespasse do estabelecimento empresarial, o contrato de locação do respectivo ponto não se transmite automaticamente ao adquirente."

IV Jornada de Direito Civil.

Enunciado 393: "A validade da alienação do estabelecimento empresarial não depende de forma específica, observado o regime jurídico dos bens que a exijam."

2.2.2.1 TRESPASSE

- **Conceito:** trespasse é o nome que se dá ao contrato de compra e venda do estabelecimento empresarial. Trata-se de um negócio jurídico translativo.
- **Trespasse x Cessão de quotas:** o trespasse não se confunde com a cessão de quotas. No trespasse ocorre a transferência da titularidade do estabelecimento. Na cessão de cotas não ocorre a transferência da titularidade do estabelecimento, mas sim a modificação do quadro societário.
- **Formalidades do trespasse:** averbação + publicação na imprensa oficial. O contrato que tenha por objeto a alienação, o usufruto ou arrendamento do estabelecimento, só produzirá efeitos quanto a terceiros depois de averbado à margem da inscrição do empresário, ou da sociedade empresária, no Registro Público de Empresas Mercantis (Junta Comercial), e de publicado na imprensa oficial. **Exceção:** as microempresas e empresas de pequeno porte estão desobrigadas do requisito de publicação na imprensa oficial (LC 123/06, art. 71).

> **ATENÇÃO!**
> Se o alienante não tiver bens suficientes para saldar as dívidas do estabelecimento é necessária uma formalidade adicional, qual seja a notificação dos credores, que terão prazo de 30 (trinta) dias, para concordar de forma tácita ou expressa com a alienação. Caso os credores não concordem com a venda do estabelecimento, o alienante ainda poderá fazê-lo, mas desde que pague todos os credores.

- **Eficácia do trespasse:** se ao alienante não restarem bens suficientes para solver o seu passivo, a eficácia da alienação do estabelecimento dependerá do pagamento de todos os credores, ou do consentimento destes, de modo expresso ou tácito, em 30 (trinta) dias a partir de sua notificação.

> **ATENÇÃO!**
> ✓ Caso os credores não concordem com a venda do estabelecimento, o alienante ainda poderá fazê-lo, mas desde que pague todos os credores.
> ✓ Caso o trespasse seja realizado sem o pagamento de todos os credores ou sem a notificação de todos os credores, o contrato será ineficaz.
> ✓ O credor poderá pleitear a ineficácia do contrato de trespasse tanto em ação ordinária como em ação de falência.
> ✓ Reconhecida a ineficácia ou julgada procedente a ação revocatória, as partes retornarão ao estado anterior, e o contratante de boa-fé terá direito à restituição dos bens ou valores entregues ao devedor.

- **Responsabilidade pelas dívidas sociais no trespasse:**

  I - **Responsabilidades pelas dívidas posteriores ao trespasse:** após o trespasse, todas as dívidas sociais correm por conta do adquirente.

  II - **Responsabilidade <u>do adquirente</u> pelas dívidas anteriores ao trespasse:** o adquirente responde pelas dívidas anteriores, desde que estejam regularmente contabilizadas. **Exceção:** quando se tratar de compra de estabelecimento na recuperação judicial ou na falência, o adquirente não responde pelas dívidas anteriores, inclusive as tributárias e trabalhistas (art. 141, II, da Lei 11.101/05).

  III - **Responsabilidade <u>do alienante</u> pelas dívidas anteriores ao trespasse:** o alienante responde solidariamente pelas dívidas anteriores pelo prazo de 1 (um) ano. Se a dívida estiver vencida, conta-se 1 (um) ano da data da publicação do trespasse na imprensa oficial. Se a dívida for vincenda, conta-se 1 (um) ano da data do vencimento.

  IV - **Responsabilidade pelas dívidas tributárias anteriores ao trespasse:** se o adquirente continuar a exploração da atividade empresarial responderá pelos tributos relativos ao estabelecimento adquirido devidos até a data do ato: **a) integralmente:** se o alienante cessar a exploração do comércio, indústria ou atividade; ou **b)subsidiariamente com o alienante:** se este prosseguir na exploração ou iniciar dentro de 6 meses, a contar da data da alienação, nova atividade no mesmo ou em outro ramo de comércio, indústria ou profissão.

EXCEÇÃO!

Quando se tratar de compra de estabelecimento na recuperação judicial ou na falência, o adquirente não responde pelas dívidas anteriores, inclusive as tributárias e trabalhistas.

2.2.2.2 CLÁUSULA DE NÃO RESTABELECIMENTO

- **Sinônimo:** cláusula de não concorrência.
- **Cláusula de não restabelecimento:** trata-se de cláusula implícita do contrato de trespasse, nos termos do art. 1.147 do Código Civil. Por esta cláusula, não havendo autorização expressa no contrato de trespasse, o alienante do estabelecimento não poderá fazer concorrência ao adquirente, nos 5 (cinco) anos subsequentes à transferência do estabelecimento comercial.
- **Abusividade da cláusula de não concorrência sem limitação de tempo:** é abusiva a vigência, por prazo indeterminado, da cláusula de não restabelecimento, também denominada cláusula de não concorrência.

2.2.2.3 PONTO EMPRESARIAL

Ponto empresarial é o local utilizado pelo empresário para exploração de sua atividade. Trata-se de um bem incorpóreo que integra o conceito de estabelecimento empresarial.

O empresário pode explorar sua atividade tanto em um imóvel de sua propriedade como também poderá explorar a sua atividade em imóvel por ele locado. Nas duas situações o ponto empresarial será protegido pelo ordenamento jurídico, já que o ponto tem um valor ao empresário.

Quando o empresário explora a sua atividade em imóvel próprio, a proteção do ponto empresarial se dá pelo direito de propriedade. Por outro lado, quando o empresário decide explorar a sua atividade em imóvel locado, a proteção ao ponto se dará pela Lei n. 8.245/91 através da chamada **ação renovatória de aluguel**.

2.2.2.4 AÇÃO RENOVATÓRIA DE ALUGUEL

- **Finalidade:** a ação renovatória tem por finalidade a proteção do ponto comercial.
- **Requisitos para a propositura da ação renovatória (Lei 8.245/91, art. 51): a)** o contrato a renovar tenha sido celebrado por escrito e com prazo determinado; **b)** o prazo mínimo do contrato a renovar ou a soma dos prazos ininterruptos dos contratos escritos seja de cinco anos; **c)** o locatário esteja explorando seu comércio, no mesmo ramo, pelo prazo mínimo e ininterrupto de três anos.
- **Momento para ajuizamento da ação renovatória:** deve ser ajuizada durante a vigência do contrato no interregno de 1 (um) ano, no máximo, a 6 (seis) meses, no mínimo, do término de vigência do contrato. A não propositura no prazo legal acarretará na decadência (perda do direito a renovação do contrato), conforme art. 51, § 5º da Lei 8.245/91.
- **Exceções que podem ser opostas pelo locador para a retomada do imóvel**: ao ser citado, o locador poderá apresentar exceções para a retomada do imóvel, exemplificativamente previstas nos artigos 52 e 72 da Lei 8.245/91, dentre as quais se destacam:
  - **a)** realização de obras no imóvel, por determinação do Poder Público ou para fazer modificações de tal natureza que aumento o valor do negócio ou da propriedade;
  - **b)** uso próprio;
  - **c)** melhor proposta de terceiro (o locatário terá oportunidade de permanecer no imóvel desde que aceite pagar o mesmo valor de aluguel ofertado pelo terceiro);
  - **d)** insuficiência do valor do aluguel.
- **Indenização:** o locatário fará jus à indenização para o ressarcimento de seus prejuízos e lucros cessantes decorrentes de sua mudança, perda do ponto e desvalorização do seu fundo de comércio quando o locador não der ao imóvel a destinação alegada em sua exceção no prazo de até três meses a contar de sua entrega ou quando a exceção para retomada do imóvel consistir na melhor proposta de terceiro.

2.2.3 INSTITUTOS COMPLEMENTARES DO DIREITO EMPRESARIAL

2.2.3.1 REGISTRO

- O empresário é obrigado a efetuar seu registro no Registro Público de Empresas Mercantis (Junta Comercial) antes de iniciar sua atividade. **Exceção:** para o empresário rural ou sociedade rural o registro na Junta Comercial é facultativo; se efetuarem o registro, ficarão equiparados ao empresário comum, tendo as mesmas obrigações deste (CC, art. 971).
- **Natureza do registro:** o registro do empresário é obrigatório e tem natureza declaratória, sendo uma condição para a sua regularidade. O registro na Junta Comercial, embora obrigatório, não é constitutivo, mas meramente declaratório da qualidade de empresário. **Exceção:** o registro do empresário rural ou sociedade rural na Junta

Comercial é facultativo e de natureza constitutiva, sujeitando-o ao regime jurídico empresarial.

- **Consequências da ausência do registro:**
  - **a)** responsabilidade ilimitada;
  - **b)** impossibilidade de requerer a própria recuperação judicial;
  - **c)** impossibilidade de requerer falência de terceiros (mas pode pedir a própria falência);
  - **d)** impossibilidade de participar de licitação.
- **Órgãos do registro de empresa:** de acordo com o art. 3º da Lei 8.934/94, os serviços do Registro Público de Empresas Mercantis e Atividades Afins serão exercidos pelo Sistema Nacional de Registro de Empresas Mercantis (SINREM), composto pelos seguintes órgãos:
  - **a)** o Departamento Nacional de Registro do Comércio (DNRC), órgão central SINREM, com funções supervisora, orientadora, coordenadora e normativa, no plano técnico; e supletiva, no plano administrativo; e
  - **b)** as Juntas Comerciais, como órgãos locais, com funções executora e administradora dos serviços de registro.

DREI (antigo DNRC)	Junta Comercial
É um órgão federal, vinculado ao Ministério do Desenvolvimento, Indústria e Comércio Exterior. Tem atribuição normativa (traçar as diretrizes a serem cumpridas pela Junta Comercial). O DREI é o órgão normatizador e fiscalizador, de âmbito federal.	É um órgão estadual. No âmbito técnico, a junta comercial está subordinada ao DREI; no âmbito administrativo, está subordinada ao Estado em que se encontra. A JC é o órgão executor, de âmbito estadual. **Obs.:** a Junta Comercial do Distrito Federal é subordinada administrativa e tecnicamente ao DREI (Lei 8.934/84, art. 6º, parágrafo único).

ATENÇÃO!

✓ O DNRC foi substituído pelo DREI.

✓ O Departamento de Registro Empresarial e Integração (DREI) é o órgão que substituiu o Departamento Nacional de Registro do Comércio (DNRC) em 2003. **Crítica:** o DNRC foi criado pela Lei 4.048/1961, sendo extinto por um Decreto (nº 8.001/2013), apesar de o art. 84, VI, "a", da CF, ser taxativo no sentido de que compete ao Presidente da República dispor, mediante decreto, sobre a organização e funcionamento da administração federal, quando não implicar aumento de despesa nem criação ou extinção de órgãos públicos. A outra crítica que recai sobre essa substituição é a de que a Lei 4.048/61 não poderia ter sido modificada por um Decreto, uma vez que "a lei terá vigor até que outra a modifique ou revogue" (LINDB, art. 2º).

- **Atos de registro de empresa:** o registro de empresa compreende a *matrícula*, o *arquivamento* e a *autenticação* na Junta Comercial.
  - **I - Matrícula:** o registro compreende a matrícula dos leiloeiros, tradutores públicos e intérpretes comerciais, trapicheiros e administradores de armazéns-gerais.
  - **II - Arquivamento:** o registro compreende o arquivamento: a)dos documentos relativos à constituição, alteração, dissolução e extinção dos empresários individuais, sociedade empresária, Eireli e cooperativas; **b)** dos atos relativos a consórcio e grupo de sociedade; **c)** dos atos concernentes a sociedades empresárias estrangeiras autorizadas pelo Poder Executivo federal a funcionar no Brasil; **d)** das declarações de microempresa; **e)** de atos ou documentos que, por determinação legal, sejam atribuídos ao Registro Público de Empresas Mercantis e Atividades Afins ou daqueles que possam interessar ao empresário e às empresas mercantis.
  - **III - Autenticação:** o registro compreende a autenticação dos instrumentos de escrituração das sociedades empresárias, como os livros empresariais.
- **Processo decisório do registro de empresa:**

Regra (decisão singular)	Exceção (decisão colegiada)
Os atos próprios do Registro Público de Empresas Mercantis e Atividades Afins serão objeto de decisão singular proferida pelo Presidente da Junta Comercial, por vogal ou servidor que possua comprovados conhecimentos de Direito Comercial e de Registro de Empresas Mercantis.	Estão sujeitos ao regime de decisão colegiada pelas Juntas Comerciais: **1)** o arquivamento: **a)** dos atos de constituição de sociedades anônimas, bem como das atas de assembleias gerais e demais atos, relativos a essas sociedades, sujeitos ao Registro Público de Empresas Mercantis e Atividades Afins; **b)** dos atos referentes à transformação, incorporação, fusão e cisão de empresas mercantis; **c)** dos atos de constituição e alterações de consórcio e de grupo de sociedades. **2)** o julgamento do recurso previsto no art. 46 da Lei 8.934/94 (recurso ao Plenário).

- **Mandado de segurança contra ato do Presidente da Junta Comercial:** É possível o mandado de segurança contra ato técnico do Presidente da Junta Comercial, sendo a competência da Justiça Federal (STF, RE 199.793).
- **Inatividade da empresa**: O empresário que não proceder a qualquer arquivamento no período de 10 (dez) anos consecutivos deverá comunicar à junta comercial que deseja manter-se em funcionamento. Na ausência dessa comunicação, a empresa será considerada inativa, promovendo a junta comercial o cancelamento do registro, com a perda automática da proteção ao nome empresarial. O empresário deverá ser notificado previamente pela junta comercial, mediante comunicação direta ou por edital. A partir daí a junta comercial fará comunicação do cancelamento às autoridades arrecadadoras.
- **Reativação da empresa: a** reativação da empresa obedecerá aos mesmos procedimentos requeridos para sua constituição.
- **Empresário irregular:** Diz-se irregular o empresário que não levou os seus atos constitutivos à registro na Junta Comercial. Neste caso, a responsabilidade dos sócios é ilimitada.
- **Lei nº 8.934/1994 e suas Alterações (Registro de Empresas Mercantis):** A Lei nº 8.934/1994 dispõe sobre o Registro Público de Empresas Mercantis e Atividades Afins, sendo regulada, ainda, pelo Decreto nº 1.800/1996, que sofreu algumas alterações no ano de 2016, pelo Decreto nº 8.815, de 2016. Dentre outras alterações, chama atenção aquelas relativas ao processo revisional das decisões do registro da empresa.
- **Processo revisional das decisões do registo de empresa:** o processo revisional das decisões da Junta Comercial dar-se-á mediante: **a)** Pedido de Reconsideração; **b)** Recurso ao Plenário; e **c)** recurso ao Ministro de Estado Chefe da Casa Civil da Presidência da República.

Pedido de Reconsideração	O pedido de reconsideração terá por objeto obter a revisão de despachos singulares ou de Turmas que formulem exigências para o deferimento do arquivamento e o seu procedimento iniciar-se-á com a protocolização de petição dirigida ao Presidente da Junta Comercial dentro do prazo de trinta dias concedidos para cumprimento da exigência.
Recurso ao Plenário	Das decisões definitivas, singulares ou de Turmas, cabe recurso ao Plenário da Junta Comercial, cujo procedimento compreenderá as fases de instrução e julgamento.
Recurso ao Ministro de Estado Chefe da Casa Civil da Presidência da República ** inciso III do art. 64 do Decreto 1.800/96 com redação dada pelo Decreto nº 8.815, de 2016.*	Das decisões do Plenário cabe recurso ao Ministro de Estado Chefe da Casa Civil da Presidência da República, como última instância administrativa, nos termos do art. 69, *caput*, do Decreto 1.800/96 com redação dada pelo Decreto nº 8.815, de 2016.

2.2.3.2 NOME EMPRESARIAL

- **Conceito:** nome empresarial é o elemento de identificação do empresário no meio empresarial.
- **Exclusividade:** a proteção do nome empresarial ocorre automaticamente do registro do empresário na Junta Comercial. Essa proteção tem âmbito tem âmbito estadual, ou seja, se restringe ao Estado/DF de competência da Junta Comercial. No entanto, a proteção poderá ter âmbito nacional, sendo estendida a todo o território nacional, desde que o empresário faça pedido complementar de arquivamento nas demais Juntas Comerciais.

- **Princípios:** o nome empresarial obedecerá aos princípios da veracidade e da novidade.

Veracidade	Novidade
O nome empresarial deve ser novo/original, devendo distinguir-se de outro já inscrito no mesmo registro.	O nome empresarial deve corresponder à verdade, não podendo conter informação falsa.

- **Inalienabilidade:** o nome empresarial não pode ser objeto de alienação (CC, art. 1.164). O nome empresarial é personalíssimo e inalienável, porque envolve direitos da personalidade que também são assegurados às pessoas jurídicas.
- **Espécies:** o nome empresarial abrange duas espécies, quais sejam a firma e a denominação.

Firma (ou razão social)	A firma é constituída pelo nome civil do empresário, completo ou abreviado. A inclusão do ramo de atividade é facultativa. Ex.: Daniel Messias da Trindade; Daniel M. da Trindade Materiais de Construção. **Obs.:** O nome de sócio que vier a falecer, for excluído ou se retirar, não pode ser conservado na firma social.
Denominação	A denominação deve (obrigatoriamente) ser constituída pelo ramo de atividade, sendo permitido (faculdade) a inclusão de elemento/nome fantasia. Ex.: Divina Delícia Pizzaria; Doce Festa Doceria; Escola Aprender S/A. Excepcionalmente, admite-se a inclusão de nome de sócio, a fim de prestar-lhe homenagem. **Obs.:** nas sociedades anônimas, excepcionalmente, pode constar da denominação o nome do fundador, acionista, ou pessoa que haja concorrido para o bom êxito da formação da empresa.

- **Aplicabilidade do nome empresarial em cada tipo societário:**

Firma	▪ Empresário individual; ▪ Sociedade em nome coletivo; ▪ Sociedade em comandita simples.
Denominação	▪ Sociedade anônima; ▪ Sociedade cooperativa.
Firma ou denominação	▪ Sociedade limitada; ▪ Empresa individual de responsabilidade limitada; ▪ Sociedade comandita por ações;

- **Nome empresarial x Marca registrada x Título de estabelecimento:**

Nome empresarial	Marca registrada	Título de estabelecimento
Identifica o empresário no meio empresarial.	Identifica o produto ou serviço no meio empresarial.	Identifica o estabelecimento empresarial.
Protegido a partir do registro dos seus atos constitutivos na Junta Comercial, que é um órgão estadual. A proteção tem âmbito estadual.	Protegida a partir do registro no INPI, que é um órgão federal. A proteção tem âmbito federal.	Não precisa ser registrado.
Não pode ser alienado.	Pode ser alienada.	Pode ser alienado.

2.2.3.3 PREPOSTOS

- **Previsão legal:** arts. 1.169 a 1.178 do Código Civil.
- **Conceito:** prepostos são os trabalhadores que desempenham tarefas sob a coordenação do empresário. São exemplos de propostos, o gerente (facultativo) e o contabilista (obrigatório).

> **ATENÇÃO!**
> Os atos praticados pelos prepostos obrigam o empresário preponente, que terá direito à ação de regresso se o ato foi praticado com culpa do primeiro. Caso o ato tenha sido praticado com dolo, o preposto responde perante o terceiro em solidariedade com o empresário.

- **ENUNCIADOS DO CJF RELACIONADOS:**

I Jornada de Direito Comercial.

Enunciado 1: "Decisão judicial que considera ser o nome empresarial violador do direito de marca não implica a anulação do respectivo registro no órgão próprio nem lhe retira os efeitos, preservado o direito de o empresário alterá-lo."

Enunciado 2: "A vedação de registro de marca que reproduza ou imite elemento característico ou diferenciador de nome empresarial de terceiros, suscetível de causar confusão ou associação (art. 124, V, da Lei n. 9.279/1996), deve ser interpretada restritivamente e em consonância com o art. 1.166 do Código Civil."

Enunciado 7: "O nome de domínio integra o estabelecimento empresarial como bem incorpóreo para todos os fins de direito."

I Jornada de Direito Civil.

Enunciado 72: Suprimir o art. 1.164 do novo Código Civil.

V Jornada de Direito Civil.

Enunciado 491: A proteção ao nome empresarial, limitada ao Estado-Membro para efeito meramente administrativo, estende-se a todo o território nacional por força do art. 5º, XXIX, da Constituição da República e do art. 8º da Convenção Unionista de Paris.

2.2.3.4 ESCRITURAÇÃO

- Todo empresário (salvo o pequeno empresário) tem obrigação de escriturar os livros empresariais. Isso porque os empresários são obrigados a manter um sistema de contabilidade. A escrituração dos livros materializa a higidez da empresa e do sistema contábil, trazendo vantagens ao empresário, porque os livros fornecem subsídios para a escolha de estratégias de gestão e atuação no mercado. Para que sejam considerados regulares e tenham eficácia probatória em favor do empresário, os livros empresariais devem preencher requisitos intrínsecos e extrínsecos.

> **ATENÇÃO!**
> O pequeno empresário está dispensado da escrituração de livros.

- **Requisitos da escrituração dos livros empresariais:**
  - **a) Requisitos intrínsecos:** os livros empresariais devem ser escriturados em idioma nacional, moeda corrente e forma contábil, ordem cronológica e sem rasura.
  - **b) Requisitos extrínsecos:** os requisitos extrínsecos se relacionam com a segurança e autenticidade, que ocorre quando o livro empresarial possui contiver termos de abertura e de encerramento, e estiver autenticado pela Junta Comercial.
- **Livro obrigatório:** *Livro Diário ou Balancetes Diários*. O livro diário pode ser datilografado (escrituração mecânica) ou informatizado.
- **Consequências da ausência de escrituração:**
  - **a)** ineficácia probatória dos livros comerciais;
  - **b)** ilegitimidade ativa para requerer a recuperação judicial de terceiros; e
  - **c)** configuração de crime falimentar (Lei 11.101/05, art. 178).
- **Sigilosidade dos livros empresariais:** os livros empresariais são sigilosos. No entanto, há exceções, a saber:
  - **a)** Súmula 260 do STF ("O exame de livros comerciais, em ação judicial, fica limitado às transações entre os litigantes").
  - **b)** O juiz poderá autorizar a exibição integral dos livros e papéis de escrituração quando necessária para resolver questões relativas a sucessão, comunhão ou sociedade, administração ou gestão à conta de outrem, ou em caso de falência;
  - **c)** A sigilosidade dos livros comerciais não se aplica às autoridades fazendárias, quando no exercício da fiscalização de impostos;
  - **d)** Arts. 420 e 421 do CPC/2015.

> **ATENÇÃO!**
> O procedimento de exibição judicial está no art. 396 do CPC/2015 e depende da apresentação de justo motivo, a saber: questões sucessórias, questões societárias, questões sobre a administração/gestão e falência.

- **Força probatória dos livros empresariais:** os livros empresariais provam contra seu autor, sendo lícito ao empresário, todavia, demonstrar, por todos os meios permitidos em direito, que os lançamentos não correspondem à verdade dos fatos. Os livros empresariais que preencham os requisitos exigidos por lei provam a favor de seu autor no litígio entre empresários. Além disso, como a escrituração contábil é indivisível, se dos fatos que resultam dos lançamentos, uns são favoráveis ao interesse de seu autor e outros lhe são contrários, ambos serão considerados em conjunto, como unidade.

- **Falsificação de livro mercantil:** A falsificação de livro mercantil configura o crime de falsificação de documento público, nos termos do art. 297 do CP.

2.2.3.5 CONTABILIDADE

- **Obrigação de demonstrativos contábeis periódicos:** o empresário e a sociedade empresária são obrigados a seguir um sistema de contabilidade, mecanizado ou não, com base na escrituração uniforme de seus livros, em correspondência com a documentação respectiva, e a levantar anualmente o balanço patrimonial e o de resultado econômico.

2.3 DIREITO SOCIETÁRIO

2.3.1 TEORIA GERAL DO DIREITO SOCIETÁRIO

2.3.1.1 CONCEITO DE SOCIEDADE

- Sociedades são pessoas jurídicas de direito privado formadas por um **conjunto de pessoas** (pessoa jurídica intersubjetiva) e **com finalidade lucrativa**. Em outras palavras, as sociedades são pessoas jurídicas intersubjetivas com finalidade lícita e lucrativa.

2.3.1.2 PERSONALIZAÇÃO DA SOCIEDADE

- A personalidade jurídica das pessoas jurídicas inicia-se com a inscrição dos seus atos constitutivos no respectivo registro. O ato constitutivo a ser levado a registro pode ser um contrato social (sociedades contratuais) ou um estatuto social (sociedades estatutárias).

Sociedades simples	Sociedades empresárias
A sociedade simples adquire personalidade jurídica com o arquivamento de seu ato constitutivo no Cartório de Registro Civil de Pessoas Jurídicas.	A sociedade empresária adquire personalidade jurídica com o arquivamento de seu ato constitutivo no Registro Público de Empresas.

2.3.1.3 CLASSIFICAÇÃO DAS SOCIEDADES

1) Quanto a responsabilidade dos sócios pelas obrigações sociais:

Sociedade ilimitada	Sociedade mista	Sociedade limitada
▪ Sociedade em nome coletivo	▪ Sociedade em comandita simples; ▪ Sociedade em comandita por ações.	▪ Sociedade limitada; ▪ Sociedade anônima.
Todos os sócios respondem ilimitadamente pelas obrigações sociais.	Uma parte dos sócios tem responsabilidade ilimitada e outra parte tem responsabilidade limitada.	Todos os sócios respondem de forma limitada pelas obrigações sociais.

2) Quanto ao regime de constituição e dissolução:

Sociedades contratuais	Sociedades institucionais
▪ Sociedade em nome coletivo; ▪ Sociedade em comandita simples; ▪ Sociedade limitada.	▪ Sociedade anônima; ▪ Sociedade em comandita por ações.
O ato constitutivo é um *contrato social*.	O ato constitutivo é um *estatuto social*.

3) Quanto às condições para a alienação da participação societária:

Sociedade de pessoas	Sociedade de capital
As sociedades contratuais podem ser "de pessoas" ou "de capital".	As sociedades institucionais serão sempre "de capital".

Sociedade de pessoas	Sociedade de capital
As sociedades de pessoas são aquelas em que a realização do objeto social depende mais dos atributos individuais dos sócios. Assim, a entrada de pessoas estranhas no quadro societário dependerá do consentimento dos demais sócios.	As sociedades de capital são aquelas em que a contribuição material é o que mais importa com relação aos sócios. Assim, a entrada de pessoas estranhas no quadro societário não dependerá do consentimento dos demais sócios.

4) As sociedades podem ser, ainda, simples ou empresárias:

Sociedades Simples	Sociedades Empresárias
Sociedades simples são aquelas que exploram o seu objeto sem empresarialidade, ou seja, sem a organização profissional dos fatores de produção. Em outras palavras, são aquelas que não exercem atividade empresarial.	São aquelas que têm por objeto o exercício de atividade própria de empresário sujeito a registro (CC, art. 966). Em outras palavras, são aquelas que exercem atividade empresarial.
O ato constitutivo deve ser levado a registro no Cartório de Registro Civil de Pessoas Jurídicas. **Exceção!** A sociedade de advogados e a sociedade unipessoal de advogados são sociedades simples, mas que adquirem personalidade jurídica com o registro aprovado dos seus atos constitutivos no Conselho Seccional da OAB em cuja base territorial tiver sede.	O ato constitutivo deve ser levado a registo na Junta Comercial.
A sociedade simples pode se constituir segundo os seguintes tipos: **a)** sociedade cooperativa; **b)** sociedade em comandita simples; **c)** sociedade limitada.	As sociedades empresárias devem se constituir mediante um dos seguintes tipos societários: **a)** sociedade em nome coletivo; **b)** sociedade em comandita simples; **c)** sociedade em comandita por ações; **d)** sociedade limitada; **e)** sociedade anônima.
ATENÇÃO! Por expressa previsão legal, as sociedades cooperativas serão sempre sociedades simples.	**ATENÇÃO!** Por expressa previsão legal, as sociedades por ações – sociedade anônima e sociedade em comandita por ações – serão sempre sociedades empresárias.

2.3.1.4 SOCIEDADES NÃO PERSONIFICADAS: SOCIEDADE EM COMUM E SOCIEDADE EM CONTA DE PARTICIPAÇÃO

- **Sinônimo:** sociedades despersonalizadas.
- **Conceito:** sociedades não personificadas são aquelas que não possuem personalidade jurídica.
- **Patrimônio especial:** Nas sociedades não personificadas, os bens e dívidas sociais constituem patrimônio especial, do qual os sócios são titulares em comum (CC, art. 988). Tal patrimônio é chamado de "especial", porque ele não pertence à pessoa jurídica, mas sim aos sócios.
- **Espécies:** A sociedade não personificadas pode ser: **a)** sociedade em comum; e **b)** sociedade em conta de participação.
- **Sociedade em comum:** a sociedade em comum é gênero que abrange a sociedade irregular (possui contrato social, mas não foi levado a registro) e a sociedade de fato (sequer possui contrato social). Assim:
  - **a) Sociedade irregular:** é aquela cujo contrato social não está inscrito no registro próprio, ou, estando inscrito, o está de forma irregular.
  - **b) Sociedade de fato:** é aquela que nem mesmo possui contrato social escrito.

- **Responsabilidade dos sócios nas sociedades em comum:**

Perante terceiros	Perante os demais sócios	Perante a sociedade empresária
A responsabilidade dos sócios é ilimitada (CC, art. 990).	Entre os sócios, a responsabilidade é solidária.	Perante a pessoa jurídica, a responsabilidade do sócio é subsidiária (CC, art. 1.024).

- **Sociedade em conta de participação:**
  1) **Previsão legal:** está prevista a partir do art. 991 do CC.
  2) **Conceito:** sociedade em conta de participação é aquela que possui um *sócio oculto ou participante* e um *sócio ostensivo*, em nome do qual são realizadas todas as atividades. A atividade constitutiva do objeto social é exercida unicamente pelo sócio ostensivo, em seu nome individual e sob sua própria e exclusiva responsabilidade, participando os demais dos resultados correspondentes. Obriga-se perante terceiro tão-somente o sócio ostensivo; e, exclusivamente perante este, o sócio participante, nos termos do contrato social.
  3) **Sócios:** na sociedade em comandita simples tomam parte sócios de duas categorias:
     a) **os comanditados:** pessoas físicas, responsáveis solidária e ilimitadamente pelas obrigações sociais; e
     b) **os comanditários:** pessoas físicas ou jurídicas, obrigados somente pelo valor de sua quota.

> **ATENÇÃO!**
> O contrato social deve obrigatoriamente discriminar os comanditados e os comanditários.

4) **Características do sócio ostensivo:**
   a) exerce o objeto social;
   b) possui responsabilidade exclusiva (é ele que responde perante terceiros); e
   c) age em seu nome próprio (e não em nome da sociedade).
5) **Sócio oculto ou participante:** participa dos resultados. Sem prejuízo da faculdade de participar das deliberações da sociedade e de lhe fiscalizar as operações, não pode o comanditário praticar qualquer ato de gestão, nem ter o nome na firma social, sob pena de ficar sujeito às responsabilidades de sócio comanditado. No entanto, pode o comanditário ser constituído procurador da sociedade, para negócio determinado e com poderes especiais.
6) Por expressa determinação legal, a sociedade em conta de participação será sempre despersonificada. Ainda que se leve a registro o seu ato constitutivo, a sociedade em conta de participação nunca adquirirá personalidade jurídica (CC, art. 993).
7) A sociedade em comandita simples opera sob firma composta com o nome completo ou abreviado de um ou mais sócios. A inclusão do ramo de atividade é facultativa.

2.3.1.5 SOCIEDADES PERSONIFICADAS

2.3.1.5.1 SOCIEDADE SIMPLES

- **Conceito:** sociedades simples são aquelas que exploram o seu objeto sem empresarialidade, ou seja, sem a organização profissional dos fatores de produção. Em outras palavras, são aquelas que não exercem atividade empresarial.
- **Personalização:** o ato constitutivo deve ser levado a registro no Cartório de Registro Civil de Pessoas Jurídicas.

> **EXCEÇÃO!**
> A sociedade de advogados e a sociedade unipessoal de advogados são sociedades simples, mas que adquirem personalidade jurídica com o registro aprovado dos seus atos constitutivos no Conselho Seccional da OAB em cuja base territorial tiver sede.

- **Tipos societários:** a sociedade simples pode se constituir segundo os seguintes tipos:
  a) sociedade cooperativa;
  b) sociedade em comandita simples;
  c) sociedade limitada.

ATENÇÃO!
Por expressa previsão legal, as sociedades cooperativas serão sempre sociedades simples.

- **Sociedade simples x Sociedade empresária:**

Sociedade simples	Sociedade empresária
É a aquela que explora o seu objeto sem empresarialidade, ou seja, sem a organização profissional dos fatores de produção.	É aquela que tem por objeto o exercício de atividade própria de empresário sujeito a registro (CC, art. 966).
O ato constitutivo deve ser levado a registro no Cartório de Registro Civil de Pessoas Jurídicas. **Exceções:** **a)** a sociedade de advogados é uma sociedade simples, mas seu ato constitutivo deve ser levado a registro na OAB; **b)** a sociedade cooperativa é uma sociedade simples, mas seu ato constitutivo deve ser levado a registro na junta comercial.	O ato constitutivo deve ser levado a registro na Junta Comercial.
A sociedade simples pode se constituir segundo os seguintes tipos: **a)** cooperativa; **b)** sociedade em comandita simples; **c)** sociedade limitada. **Atenção!** Por expressa previsão legal, as sociedades cooperativas serão sempre sociedades simples.	As sociedades empresárias devem se constituir mediante um dos seguintes tipos societários: **a)** sociedade em nome coletivo; **b)** sociedade em comandita simples; **c)** sociedade em comandita por ações; **d)** sociedade limitada; **e)** sociedade anônima.

- **ENUNCIADOS DO CJF RELACIONADOS:**

I Jornada de Direito Comercial.

Enunciado 10: "Nas sociedades simples, os sócios podem limitar suas responsabilidades entre si, à proporção da participação no capital social, ressalvadas as disposições específicas."

I Jornada de Direito Civil.

Enunciado 57: "A opção pelo tipo empresarial não afasta a natureza simples da sociedade."

Enunciado 58: "A sociedade em comum compreende as figuras doutrinárias da sociedade de fato e da irregular."

Enunciado 69: "As sociedades cooperativas são sociedades simples sujeitas à inscrição nas juntas comerciais."

III Jornada de Direito Civil.

Enunciado 196: "A sociedade de natureza simples não tem seu objeto restrito às atividades intelectuais."

Enunciado 206: "A contribuição do sócio exclusivamente em prestação de serviços é permitida nas sociedades cooperativas (art. 1.094, I) e nas sociedades simples propriamente ditas (art. 983, 2ª parte)."

Enunciado 207: "A natureza de sociedade simples da cooperativa, por força legal, não a impede de ser sócia de qualquer tipo societário, tampouco de praticar ato de empresa."

Enunciado 208: "As normas do Código Civil para as sociedades em comum e em conta de participação são aplicáveis independentemente de a atividade dos sócios, ou do sócio ostensivo, ser ou não própria de empresário sujeito a registro (distinção feita pelo art. 982 do Código Civil entre sociedade simples e empresária)."

Enunciado 213: "O art. 997, inc. II, não exclui a possibilidade de sociedade simples utilizar firma ou razão social."

Enunciado 214: "As indicações contidas no art. 997 não são exaustivas, aplicando-se outras exigências contidas na legislação pertinente, para fins de registro."

Enunciado 222: "Não se aplica o art. 997, V, à sociedade limitada na hipótese de regência supletiva pelas regras das sociedades simples."

Enunciado 223: "O parágrafo único do art. 1.053 não significa a aplicação em bloco da Lei n. 6.404/76 ou das disposições sobre a sociedade simples. O contrato social pode adotar, nas omissões do Código sobre as sociedades limitadas, tanto as regras das sociedades simples quanto as das sociedades anônimas."

IV Jornada de Direito Civil.

Enunciado 382: "Nas sociedades, o registro observa a natureza da atividade (empresarial ou não – art. 966); as demais questões seguem as normas pertinentes ao tipo societário adotado (art. 983). São exceções as sociedades por ações e as cooperativas (art. 982, parágrafo único)."

V Jornada de Direito Civil.

Enunciado 474: "Os profissionais liberais podem organizar-se sob a forma de sociedade simples, convencionando a responsabilidade limitada dos sócios por dívidas da sociedade, a despeito da responsabilidade ilimitada por atos praticados no exercício da profissão."

Enunciado 475: "Considerando ser da essência do contrato de sociedade a partilha do risco entre os sócios, não desfigura a sociedade simples o fato de o respectivo contrato social prever distribuição de lucros, rateio de despesas e concurso de auxiliares."

Enunciado 476: "Eventuais classificações conferidas pela lei tributária às sociedades não influem para sua caracterização como empresárias ou simples, especialmente no que se refere ao registro dos atos constitutivos e à submissão ou não aos dispositivos da Lei n. 11.101/2005."

Enunciado 477: "O art. 983 do Código Civil permite que a sociedade simples opte por um dos tipos empresariais dos arts. 1.039 a 1.092 do Código Civil. Adotada a forma de sociedade anônima ou de comandita por ações, porém ela será considerada empresária."

Enunciado 479: "Na sociedade simples pura (art. 983, parte final, do CC/2002), a responsabilidade dos sócios depende de previsão contratual. Em caso de omissão, será ilimitada e subsidiária, conforme o disposto nos arts. 1.023 e 1.024 do CC/2002."

2.3.1.5.2 SOCIEDADE EM NOME COLETIVO

- Somente pessoas físicas podem tomar parte na sociedade em nome coletivo.
- Os sócios respondem solidária e ilimitadamente, pelas obrigações sociais.
- Sem prejuízo da responsabilidade perante terceiros, podem os sócios, no ato constitutivo, ou por unânime convenção posterior, limitar entre si a responsabilidade de cada um.
- A administração da sociedade compete exclusivamente a sócios.
- A sociedade em nome coletivo opera sob firma composta com o nome completo ou abreviado de um ou mais sócios. A inclusão do ramo de atividade é facultativa.
- A sociedade em nome coletivo se dissolve de pleno direito por qualquer das causas enumeradas no art. 1.033 e, se empresária, também pela declaração da falência.

2.3.1.5.3 SOCIEDADE EM COMANDITA SIMPLES

- Na sociedade em comandita simples tomam parte sócios de duas categorias:
  a) **os comanditados**(pessoas físicas, responsáveis solidária e ilimitadamente pelas obrigações sociais); e
  b) **os comanditários**(pessoas físicas ou jurídicas, obrigados somente pelo valor de sua quota).

> **ATENÇÃO!**
> O contrato social deve obrigatoriamente discriminar os comanditados e os comanditários.

- A sociedade em comandita simples opera sob firma composta com o nome completo ou abreviado de um ou mais sócios. A inclusão do ramo de atividade é facultativa.
- Sem prejuízo da faculdade de participar das deliberações da sociedade e de lhe fiscalizar as operações, não pode o comanditário praticar qualquer ato de gestão, nem ter o nome na firma social, sob pena de ficar sujeito às responsabilidades de sócio comanditado. No entanto, pode o comanditário ser constituído procurador da sociedade, para negócio determinado e com poderes especiais.

2.3.1.5.4 SOCIEDADE EM COMANDITA POR AÇÕES

- Na sociedade em comandita por ações o capital social é divido em ações, sendo os sócios denominados acionistas.

- Na sociedade em comandita por ações a responsabilidade é mista, pois:
  a) acionistas respondem limitadamente pelo preço das ações subscritas ou adquiridas; e
  b) acionista diretor responde solidária e ilimitadamente pelas obrigações sociais.

2.3.1.5.5 SOCIEDADE LIMITADA

- **Legislação aplicável:** a sociedade limitada rege-se pelos arts. 1.052 e seguintes do CC (Capítulo das Sociedades Limitadas). Nas omissões deste Capítulo, aplicam-se, subsidiariamente, as normas aplicáveis às sociedades simples. **Exceção:** o contrato social da sociedade limitada poderá prever a regência supletiva da sociedade limitada pelas normas da sociedade anônima.
- **Constituição:** a sociedade limitada pode ser constituída por um instrumento público ou particular, devendo em todo caso ter o visto de um advogado, sob pena de nulidade (art. 1º, § 2º, EOAB). **Exceção:** quando se tratar de microempresa e empresa de pequeno porte não se exige que o instrumento particular tenha o visto de um advogado.
- **Pressupostos de existência:**
  a) pluralidade de sócios (dois ou mais sócios); e
  b) *affectio societatis* (vontade comum entre os sócios).
- **Responsabilidade do sócio:** a responsabilidade do sócio é limitada, estando restrita ao valor de suas quotas, mas todos os sócios respondem de forma solidária pelo que falta para a integralização do capital social (art. 1.052, CC).
- **Exceções quanto à responsabilidade limitada dos sócios:**
  a) dívidas trabalhistas;
  b) dívidas com o INSS;
  c) casos de desconsideração da personalidade jurídica.
- **Capital social:**o capital social divide-se em quotas, iguais ou desiguais, cabendo uma ou diversas a cada sócio.
- **Quotas sociais:** conferem ao titular o direito de sócio de uma sociedade limitada. O sócio pode integralizar as quotas que subscreveu de diversas formas, a saber:
  a) dinheiro;
  b) bens móveis ou imóveis (lembrando que quem integraliza com bens responde pela evicção);
  c) créditos (lembrando que quem integraliza com créditos responde pela solvência).

> **ATENÇÃO!**
> É vedada a integralização com prestação de serviços, em razão do art. 1.055, § 2º do CC.

- **Transferência de quotas:** se o contrato for omisso quanto à possibilidade de transferência de quotas, aplica-se a regra do art. 1.057 do CC. Assim, se o sócio quiser transferir sua quota para outro sócio não é necessária autorização de ninguém. No entanto, caso o sócio pretenda transferir suas quotas para um terceiro estranho à sociedade, somente poderá fazê-lo se não houver a oposição de mais de um quarto do capital social.
- **Direitos dos quotistas:**
  a) direito de participar nos resultados;
  b) direito de deliberar sobre os assuntos da sociedade;
  c) direito de retirada (direito de recesso);
  d) direito de fiscalização.
- **Administração:** o administrador da sociedade limitada pode ser tanto um sócio como um não sócio. No entanto, se se tratar de não sócio, deve-se observar o art. 1.061 do CC: "Se o contrato permitir administradores não sócios, a designação deles dependerá de aprovação da unanimidade dos sócios, enquanto o capital não estiver totalmente integralizado, e de dois terços, no mínimo, após a integralização."
- **ENUNCIADOS DO CJF RELACIONADOS:**

I Jornada de Direito Comercial.

Enunciado 17: "Na sociedade limitada com dois sócios, o sócio titular de mais da metade do capital social pode excluir extrajudicialmente o sócio minoritário desde que atendidas as exigências materiais e procedimentais previstas no art. 1.085, caput e parágrafo único, do CC."

III Jornada de Direito Civil.

Enunciado 216: "O quórum de deliberação previsto no art. 1.004, parágrafo único, e no art. 1.030 é de maioria absoluta do capital representado pelas quotas dos demais sócios, consoante a regra geral fixada no art. 999 para as deliberações na sociedade simples. Esse entendimento aplica-se ao art. 1.058 em caso de exclusão de sócio remisso ou redução do valor de sua quota ao montante já integralizado."

IV Jornada de Direito Civil.

Enunciado 280: "Por força do art. 44, § 2º, consideram-se aplicáveis às sociedades reguladas pelo Livro II da Parte Especial, exceto às limitadas, os arts. 57 e 60, nos seguintes termos: a) em havendo previsão contratual, é possível aos sócios deliberar a exclusão de sócio por justa causa, pela via extrajudicial, cabendo ao contrato disciplinar o procedimento de exclusão, assegurado o direito de defesa, por aplicação analógica do art. 1.085; b) as deliberações sociais poderão ser convocadas por iniciativa de sócios que representem 1/5 (um quinto) do capital social, na omissão do contrato. A mesma regra aplica-se na hipótese de criação, pelo contrato, de outros órgãos de deliberação colegiada."

2.3.1.5.6 SOCIEDADE ANÔNIMA

- **Legislação:** a sociedade anônima é regida pela Lei nº 6.404/76 (Lei da S.A.).
- **Sinônimo:** a sociedade anônima é também chamada de companhia (Cia).
- **Espécies:** as sociedades anônimas podem ser abertas ou fechadas (art. 4º, LSA):
  - **a) S/A aberta:** é aquela em que seus valores mobiliários (papéis, títulos, ações) são admitidos à negociação no Mercado de Valores Mobiliários (Bolsa de Valores). Dito de outro modo, a sociedade anônima aberta é aquela que pode negociar os seus valores mobiliários na Bolsa de Valores.
  - **b) S/A fechada:** É aquela em que seus valores mobiliários não são admitidos à negociação no mercado de valores mobiliários. Isso não significa que a sociedade anônima fechada não possa negociar os seus valores mobiliários, mas apenas que estes valores não poderão ser negociados na Bolsa de Valores.
- **Constituição:** a constituição de uma sociedade anônima passa, preliminarmente, pelo preenchimento de três requisitos:
  - **a)** subscrição das ações por, no mínimo, duas pessoas;
  - **b)** realização, como entrada, de 10% (dez por cento), no mínimo, do preço de emissão das ações subscritas em dinheiro. **Obs.:** tratando-se de instituição financeira, a realização mínima é de 50%;
  - **c)** depósito no Banco do Brasil S.A. ou em outro estabelecimento bancário autorizado pela Comissão de Valores Mobiliários (CVM), da parte do capital realizado em dinheiro.
- **Autorização da Comissão de Valores Mobiliários (CVM):** a sociedade anônima aberta precisa, ainda, da autorização da CVM para ser constituída. Trata-se do que a doutrina denomina de *subscrição pública*, também chamada de subscrição sucessiva.

> **ATENÇÃO!**
> A sociedade anônima fechada não precisa da autorização da CVM para ser constituída.

- **Estatuto social:** a sociedade anônima, quanto ao regime jurídico, é uma sociedade institucional. Logo, seu ato constitutivo é o estatuto social (e não o contrato social).
- **Capital social:** o capital social da sociedade anônima é dividido em *ações*, sendo os seus sócios chamados de *acionistas*. A principal obrigação do acionista é a de pagar o preço de emissão das ações que subscreveu ou adquiriu. O acionista que descumprir esse dever será considerado remisso.
- **Penhora de ações:** as ações da sociedade anônima (aberta ou fechada) podem ser penhoradas. Isso porque as sociedades anônimas são classificadas como sociedades de capital (e não de pessoas).
- **Objeto social:** por expressa determinação legal, as sociedades anônimas serão sempre empresárias. Logo, o único objeto social a ser explorado por sociedade anônima é a atividade empresarial <u>e/ou</u> a participação em outras sociedades (art. 2º, § 3º, LSA).
- **Responsabilidade dos acionistas:** responsabilidade limitada. A responsabilidade do acionista é limitada ao valor das ações subscritas (adquiridas, mas não integralizadas) ou adquiridas (já integralizadas). A regra está no art. 1.088 do Código Civil: "Na sociedade anônima ou companhia, o capital divide-se em ações, obrigando-se cada sócio ou acionista somente pelo preço de emissão das ações que subscrever ou adquirir." A regra está também descrita no art. 1º da LSA: "A companhia ou sociedade anônima terá o capital dividido em ações, e a responsabilidade dos sócios ou acionistas será limitada ao preço de emissão das ações subscritas ou adquiridas."
- **Órgãos da sociedade anônima:** Assembléia Geral, Conselho de Administração, Diretoria e Conselho Fiscal.
  - **a) Assembleia Geral**: a principal função é a tomada de decisão sobre determinados assuntos, quais sejam: alteração de estatuto social; aprovação de balanço (uma vez por ano); eleição de administradores e membros do Conselho Fiscal; avaliação das contas dos administradores; autorização do Conselho de Administração a pedir a autofalência ou a recuperação da empresa.
  - **b) Conselho de Administração:** os membros são eleitos pela Assembleia Geral. O Conselho de Administração é composto por, no mínimo, três pessoas físicas, acionistas ou não acionistas (antes de 2011 havia exigência de que fossem acionistas). Trata-se do órgão que toma as decisões que não são de atribuição

específica da assembleia geral. O Conselho de Administração é obrigatório na sociedade aberta (SA aberta), na sociedade de capital autorizado e na sociedade de economia mista (LSA, art. 168). Os membros do Conselho de Administração são eleitos pela Assembleia Geral, sendo composto por, no mínimo, três pessoas físicas, acionistas ou não acionistas (antes de 2011 havia exigência de que fossem acionistas), nos termos do art. 140, da Lei 6.404/76. **Exceção:** nas sociedades de economia mista, o Conselho de Administração é composto por, no mínimo, 7 e no máximo 11 membros (Lei 13.303/16, art. 13, I).

c) **Diretoria:** normalmente o diretor é responsável pela ação ou omissão própria, mas será responsável solidariamente por atos ou omissões de terceiros se sabia do ato ou omissão e deixou de fazer constar em ata a sua divergência. A Diretoria é composta por, no mínimo, duas pessoas físicas e domiciliadas no Brasil. A diretoria é o órgão que representa e executa as decisões da S.A. Como regra, são eleitos pelo Conselho de Administração ou, se este não existir, são eleitos pela assembleia geral.

d) **Conselho Fiscal:** é composto de três a cinco pessoas físicas, mesmo que existam auditores independentes. O Conselho Fiscal tem existência obrigatória, mas seu funcionamento depende de convocação (por acionista com pelo menos 5% do capital social). **Exceção:** na sociedade de economia mista o funcionamento do Conselho Fiscal é obrigatório (Lei 13.303/16, art. 13, IV).

- **Direitos do acionista (art. 109, LSA):**

a) direito de participação nos lucros;

b) direito de participação no acervo da sociedade anônima no caso de liquidação;

c) direito de retirada (direito de recesso);

d) direito de fiscalização;

> **ATENÇÃO!**
> O direito de voto não é um direito essencial.

- **Mercado de capitais (Bolsa de Valores):** é o sistema de distribuição dos valores mobiliários cuja finalidade é a de proporcionar liquidez aos títulos de emissão de empresas e viabilizar seu processo de capitalização.
- **Valores mobiliários:** são títulos de investimento que uma sociedade anônima pode emitir para obtenção dos recursos que necessita. Os títulos de valores mobiliários são os seguintes: ações, debêntures, *comercial papers*, bônus de subscrição e partes beneficiárias.

Ações	• **Conceito:** *Ações* são frações do capital social, que conferem ao titular o direito de sócio de uma sociedade anônima. • **Classificação das ações (LSA, art. 15): a)** ações ordinárias; **b)** ações preferenciais; **c)** ações de fruição. • **Ações ordinárias:** são aquelas que conferem direitos comuns ao acionista (ex. direito de fiscalização, direito de participação nos lucros), bem como o direito de voto em assembléia. **Atenção!** A sociedade anônima é obrigada a emitir as ações ordinárias. • **Ações preferenciais:** são aquelas que conferem vantagens econômicas/preferências econômicas ao titular. Ex: art. 17, LSA (prioridade de recebimento). **Atenção!** A emissão das ações preferenciais e facultativa. • **Ações de fruição (LSA, art. 44, § 5º):** são aquelas que conferem meros direitos de gozo e fruição, sendo emitidas para substituir as ações ordinárias e preferenciais que já foram amortizadas. • **Acionista controlador:** é aquele que tem a maioria das ações com direito de voto e o poder de eleger a maioria dos administradores. • **Limite máximo de ações preferenciais sem voto que a sociedade anônima pode emitir:** até 50% (cinquenta por cento) do total de ações (art. 15, § 2º, LSA).
Debêntures	• **Conceito:** *Debêntures* são títulos representativos de um contrato de mútuo, em que a sociedade anônima é a mutuaria e o debenturista é o mutuante.
Comercial papers	• **Conceito:** *Comercial papers* são títulos de curto prazo, emitidas pelas sociedades anônimas, visando captar recursos para financiar seu capital de giro.
Bônus de subscrição	• **Conceito:** Bônus de subscrição nada mais é que o direito de preferência. Antes da sociedade anônima ofertar as ações ao público ela as oferece em primeiro lugar para quem tem o bônus de subscrição.
Partes beneficiárias	• **Conceito:** *Partes beneficiárias* são títulos negociáveis, sem valor nominal e estranhos ao capital social. Logo, os titulares de partes beneficiárias não são os sócios. As partes beneficiárias conferem aos titulares, direito de crédito eventual (participação dos lucros anuais).

- ***Holding*:** é a sociedade anônima constituída com o objetivo de participar de outras sociedades.

> **ATENÇÃO!**
> Tanto a sociedade limitada como a sociedade anônima podem ser *holding*.

- **Espécies de *holding*:**

***Holding* pura**	***Holding* mista**
É a sociedade anônima ou sociedade limitada que tem por único objeto participar de outras sociedades.	É a sociedade anônima ou sociedade limitada que tem por objeto participar de outras sociedades, bem como exercer qualquer outra atividade empresarial com finalidade lucrativa.

- **Unipessoalidade:** a sociedade anônima pode ser unipessoal quando se tratar de empresa pública (quando o Poder Público que a criou for seu único acionista) ou subsidiária integral. A companhia pode ser constituída, mediante escritura pública, tendo como único acionista, a sociedade brasileira (LSA, art. 251).
- **Subsidiária Integral:** é um tipo de sociedade anônima que admite um único acionista que, necessariamente, será uma sociedade nacional.

2.3.1.5.7 SOCIEDADE COOPERATIVA

- **Sinônimo:** sociedade cooperada.
- **Direito fundamental:** a criação de associações e, na forma da lei, a de cooperativas independem de autorização, sendo vedada a interferência estatal em seu funcionamento (CF, art. 5º, XVIII).
- **Natureza jurídica:** por expressa determinação legal, as sociedades cooperativas serão sempre sociedades simples.

> **ATENÇÃO!**
> O ato constitutivo das cooperativas deve ser levado à registro perante a Junta Comercial. Embora o ato constitutivo das sociedades cooperativas deva ser levado a registro na Junta Comercial, elas nunca serão consideradas empresárias.

- **Conceito:** as cooperativas são sociedades de pessoas, com forma e natureza próprias, de natureza civil, não sujeitas à falência, constituídas para prestar serviços aos associados, distinguindo-se das demais sociedades pelas seguintes características:
  a) variabilidade, ou dispensa do capital social;
  b) concurso de sócios em número mínimo necessário a compor a administração da sociedade, sem limitação de número máximo;
  c) limitação do valor da soma de quotas do capital social que cada sócio poderá tomar;
  d) intransferibilidade das quotas do capital a terceiros estranhos à sociedade, ainda que por herança;
  e) quórum, para a assembleia geral funcionar e deliberar, fundado no número de sócios presentes à reunião, e não no capital social representado;
  f) direito de cada sócio a um só voto nas deliberações, tenha ou não capital a sociedade, e qualquer que seja o valor de sua participação (*"one man, one vote"*);
  g) distribuição dos resultados, proporcionalmente ao valor das operações efetuadas pelo sócio com a sociedade, podendo ser atribuído juro fixo ao capital realizado;
  h) indivisibilidade do fundo de reserva entre os sócios, ainda que em caso de dissolução da sociedade.
- **Responsabilidade dos sócios:** na sociedade cooperativa, a responsabilidade dos sócios pode ser limitada ou ilimitada.

2.3.1.5.8 SOCIEDADES COLIGADAS

- **Conceito:** consideram-se coligadas as sociedades que, em suas relações de capital, são controladas, filiadas, ou de simples participação (art. 1.097, CC).
- **Espécies:** as sociedades coligadas podem ser de 3 tipos:
  1) Sociedade filiada ou coligada: é a sociedade de cujo capital outra sociedade participa com dez por cento ou mais, do capital da outra, sem controlá-la.
  2) Sociedade de simples participação: é a aquela de cujo capital outra sociedade possua menos de dez por cento, do capital da outra, com direito de voto.
  3) Sociedade controladora e controlada: Sociedade controladora é aquela que possui a maioria de votos da outra sociedade, bem como o poder de eleger a maioria dos administradores da outra sociedade. Por outro lado, é controlada:
    a) a sociedade de cujo capital outra sociedade possua a maioria dos votos nas deliberações dos quotistas ou da assembleia geral e o poder de eleger a maioria dos administradores;
    b) a sociedade cujo controle esteja em poder de outra, mediante ações ou quotas

possuídas por sociedades ou sociedades por esta já controladas.

> **ATENÇÃO!**
> A sociedade controladora deve ser brasileira.

- **Responsabilidade civil:** a responsabilidade civil nas ligações societárias é disciplinada pelo art. 28, §§ 2º e 3º do CDC, que pode ser assim resumida:
  - **a)** **Grupos societários e sociedades controladas:** a responsabilidade é subsidiária.
  - **b)** Sociedades consorciadas: a responsabilidade é solidária.
  - **c)** **Sociedades coligadas:** a responsabilidade é subjetiva, dependendo de culpa em sentido amplo (culpa ou dolo).

2.3.1.5.9 SOCIEDADES DEPENDENTES DE AUTORIZAÇÃO

- **Conceito:** sociedades dependentes de autorização são aquelas que precisam de prévia autorização do Poder Executivo para começarem a funcionar.
- **Princípio da livre iniciativa:** É assegurado a todos o livre exercício de qualquer atividade econômica, independentemente de autorização de órgãos públicos, salvo nos casos previstos em lei(CF, art. 170, p.u.). Em regra, dispensa-se prévia autorização do Poder Executivo para a constituição de pessoa jurídica, considerando que a livre iniciativa é fundamento da República Federativa do Brasil (CF, art. 1º, IV) e princípio da Ordem Econômica (CF, art. 170, IV). Assim, as sociedades dependentes de autorização são exceção à regra geral.
- **Dependem de autorização do Poder Executivo para funcionar:**
  - **a)** as instituições financeiras (dependem de prévia autorização do Banco Central);
  - **b)** as operadoras de planos de seguros privados (dependem de prévia autorização da SUSEP);
  - **c)** as operadoras de planos de saúde;
  - **d)** as empresas de segurança e de transporte de valores;
  - **e)** as sociedades estrangeiras

> **ATENÇÃO!**
> A sociedade estrangeira, qualquer que seja o seu objeto, não pode, sem autorização do Poder Executivo, funcionar no País, ainda que por estabelecimentos subordinados, podendo, todavia, ressalvados os casos expressos em lei, ser acionista de sociedade anônima brasileira (CC, art. 1.134).

2.3.2 LIQUIDAÇÃO DAS SOCIEDADES

- Ocorrido o ato de dissolução da sociedade, ela não perde automaticamente a personalidade jurídica. Para tanto, o ato de dissolução deve ser levado a registro no Registro Público de Empresas Mercantis. A partir daí a sociedade inicia a sua liquidação, ocasião em que será acrescido ao seu nome empresarial a expressão "em liquidação". Dissolvida a sociedade, é nomeado um liquidante. A liquidação é conduzida com a finalidade de atingir dois objetivos primordiais: a realização do ativo e a satisfação do passivo.
- **Perda da autorização para funcionamento:** no caso de dissolução decorrente da perda da autorização, dispõe o art. 1.037 do CC, que: "Ocorrendo a hipótese prevista no inciso V do art. 1.033, o Ministério Público, tão logo lhe comunique a autoridade competente, promoverá a liquidação judicial da sociedade, se os administradores não o tiverem feito nos trinta dias seguintes à perda da autorização, ou se o sócio não houver exercido a faculdade assegurada no parágrafo único do artigo antecedente. Parágrafo único. Caso o Ministério Público não promova a liquidação judicial da sociedade nos quinze dias subsequentes ao recebimento da comunicação, a autoridade competente para conceder a autorização nomeará interventor com poderes para requerer a medida e administrar a sociedade até que seja nomeado o liquidante.

2.3.3 OPERAÇÕES SOCIETÁRIAS

2.3.3.1 TRANSFORMAÇÃO

- Transformação é a modificação do tipo societário. Ex.: sociedade limitada se transforma em sociedade anônima (ou vice-versa).
- Na transformação não ocorre a extinção da pessoa jurídica ("só há uma mudança de roupagem").
- A transformação não prejudica e nem modifica os direitos dos credores. Isso porque ocorre apenas a mudança do tipo societário, sem a dissolução ou liquidação da pessoa jurídica.
- A transformação deve obedecer às formalidades para a constituição da sociedade do tipo resultante.

> **ATENÇÃO!**
> A deliberação acerca da transformação exige, em regra, votação unânime, salvo nos casos em que o ato constitutivo da sociedade transformada já contenha disposição expressa prevendo a transformação. No caso de previsão contratual ou estatutária da transformação, os sócios dissidentes poderão exercer o direito de retirada (LSA, art. 221).

- **ENUNCIADO DO CJF RELACIONADO:**

V Jornada de Direito Civil.

Enunciado 465: "A 'transformação de registro' prevista no art. 968, § 3º, e no art. 1.033, parágrafo único, do Código Civil não se confunde com a figura da 'transformação de pessoa jurídica'."

2.3.3.2 INCORPORAÇÃO

- Na incorporação, uma ou mais sociedades (incorporadas) são absorvidas/incorporadas por outra (incorporadora).
- A sociedade incorporadora sucederá as demais quanto aos direitos e obrigações sociais.

> **ATENÇÃO!**
> Na incorporação, apenas a sociedade incorporada será extinta, continuando em pleno funcionamento, a incorporadora. Não há, portanto, a criação de nova sociedade.

2.3.3.3 FUSÃO

- Fusão é a união de duas ou mais sociedades para formar uma nova, extinguindo-se as sociedades que se uniram.
- A nova sociedade sucederá as demais quanto aos direitos e obrigações sociais.

> **ATENÇÃO!**
> Na fusão, todas que se uniram são extintas, sendo criada uma nova sociedade. Ex.: sociedade "X" se une com sociedade "Y", dando origem a sociedade "Z". "X" e "Y" serão extintas.

2.3.3.4 CISÃO

- Na cisão, a sociedade transfere (total ou parcialmente) seu patrimônio para uma ou mais sociedades (constituídas para esta finalidade ou já existentes), extinguindo-se a sociedade cindida (no caso de transferência de todo o seu patrimônio) ou dividindo-se o seu capital (no caso de transferência de parcela do seu patrimônio).
- Em suma, cisão é a transferência (total ou parcial) do patrimônio de uma sociedade para outra.
- A cisão implica a venda de patrimônio (e não da empresa).
- **Cisão parcial:** transferência de parcela do patrimônio para outra sociedade, implicando a divisão do capital.
- **Cisão total:** transferência da totalidade do patrimônio para outra sociedade, implicando em extinção da sociedade cindida.

2.3.4 DESCONSIDERAÇÃO DA PERSONALIDADE JURÍDICA

- **Sinônimos:** *disregard of legal entity* (desconsideração da entidade legal); *lifting the corporate veil* (levantamento do véu corporativo); *teoria de la penetración* (teoria da penetração); *superamento della personalitá giuridica* (superação da pessoa jurídica).
- **Conceito:** *desconsideração da personalidade jurídica* é a medida processual que tem por objetivo a inclusão dos sócios ou administradores da pessoa jurídica no polo passivo da demanda para que respondam com o seu patrimônio pessoal pelas dívidas da pessoa jurídica.
- A desconsideração não acarreta a extinção, dissolução, liquidação ou anulação da pessoa jurídica. A pessoa jurídica continua existindo.
- A desconsideração deve atingir apenas o patrimônio dos sócios ou administradores que praticaram o ato irregular.
- **Excepcionalidade:** a desconsideração da personalidade jurídica é sempre uma medida excepcional.
- **Teorias:** a desconsideração funda-se em duas teorias, a maior e a menor.

Teoria maior	Teoria menor
Pela teoria maior, além da insuficiência patrimonial da pessoa jurídica exige-se também outros motivos para a desconsideração.	Pela teoria menor basta a insuficiência patrimonial da pessoa jurídica, dispensando-se outros motivos para a desconsideração.
É adotada pelo Código Civil (art. 50).	É adotada pelo CDC (art. 28) e pela Lei dos Crimes Ambientais (Lei 9.605/98, art. 4º). Obs.: há quem entenda que o CDC adota a teoria maior e a menor.

- Há, ainda, quem classifique a teoria maior em subjetiva e objetiva.

Teoria maior subjetiva	Teoria maior objetiva
É aquela fundamentada na noção de fraude e ato ilícito praticados pelos sócios. A teoria maior objetiva é pautada em requisitos que independem do elemento volitivo dos sócios.	Para que ocorra a desconsideração, basta o desvio de função. O *desvio de função* se caracteriza quando ocorre confusão patrimonial entre o controlador (administrador) controlado (pessoa jurídica).

- **A desconsideração da personalidade jurídica pode ser decretada pelo juiz de ofício?** No CC e no CPC/15, o juiz não pode decretar de ofício, dependendo de requerimento da parte interessada ou do Ministério Público, quando lhe couber intervir no feito. Já no CDC o juiz pode desconsiderar de ofício, considerando que as normas consumeristas são de ordem pública e interesse social.
- **Pode haver a desconsideração da personalidade jurídica de pessoa jurídica sem finalidade lucrativa?** Sim. A desconsideração também pode ser decretada em face de pessoas jurídicas de direito privado sem intuito lucrativo. Neste caso, a desconsideração deverá atingir os administradores que praticaram os atos irregulares.
- **Desconsideração inversa ou invertida:** a desconsideração inversa da personalidade jurídica caracteriza-se pelo afastamento da autonomia patrimonial da sociedade, para, contrariamente do que ocorre na desconsideração da personalidade propriamente dita, atingir, então, o ente coletivo e seu patrimônio social, de modo a responsabilizar a pessoa jurídica por obrigações de seus sócios ou administradores(STJ, REsp 948.117).
- **Exemplo clássico de desconsideração inversa:** sobre o tema, merece registro os ensinamentos de Rolf Madaleno: *"Quando o marido transfere para sua empresa o rol mais significativo dos bens matrimoniais, sentença final de cunho declaratório haverá de desconsiderar este negócio específico, flagrada a fraude ou o abuso, havendo, em consequência, como matrimoniais esses bens, para ordenar sua partilha no ventre da separação judicial, na fase destinada a sua divisão, já considerados comuns e comunicáveis"* (*Direito de Família. Aspectos polêmicos*. 2. Ed. Porto Alegre: Livraria do Advogado, 1999, p. 31).
- **Desconsideração inversa no CPC/2015:** o novo Código de Processo Civil admite expressamente a desconsideração inversa. CPC, art. 133: "O incidente de desconsideração da personalidade jurídica será instaurado a pedido da parte ou do Ministério Público, quando lhe couber intervir no processo. § 1º O pedido de desconsideração da personalidade jurídica observará os pressupostos previstos em lei. § 2º **Aplica-se o disposto neste Capítulo à hipótese de desconsideração inversa da personalidade jurídica**".
- **A desconsideração da personalidade jurídica no CPC/2015 (art. 133 a 137):** o novo Código de Processo Civil prevê o incidente de desconsideração da personalidade jurídica como uma modalidade de intervenção de terceiro. O novo CPC não tratou das hipóteses de desconsideração, considerando que este assunto cabe ao direito material. A desconsideração por ser feita até a fase recursal.
- **Desconsideração da personalidade jurídica como incidente processual: a** desconsideração da personalidade jurídica, como incidente processual, pode ser decretada sem a prévia citação dos sócios atingidos, os quais se garante o exercício postergado ou diferido do contraditório e da ampla defesa.
- **Encerramento irregular das atividades empresariais:** O encerramento das atividades da sociedade ou sua dissolução, ainda que irregulares, não são causas, por si sós, para a desconsideração da personalidade jurídica a que se refere o art. 50 do CC (STJ, EREsp 1.306.553-SC).
- **ENUNCIADOS DO CJF RELACIONADOS:**

I Jornada de Direito Civil.

Enunciado 7: "Só se aplica a desconsideração da personalidade jurídica quando houver a prática de ato irregular e, limitadamente, aos administradores ou sócios que nela hajam incorrido."

Enunciado 51: "A teoria da desconsideração da personalidade jurídica – *disregard doctrine* – fica positivada no novo Código Civil, mantidos os parâmetros existentes nos microssistemas legais e na construção jurídica sobre o tema."

III Jornada de Direito Civil.

Enunciado 146: "Nas relações civis, interpretam-se restritivamente os parâmetros de desconsideração da personalidade jurídica previstos no art. 50 (desvio de finalidade social ou confusão patrimonial)."

IV Jornada de Direito Civil.

Enunciado 281: "A aplicação da teoria da desconsideração, descrita no art. 50 do Código Civil, prescinde da demonstração de insolvência da pessoa jurídica."

Enunciado 282: "O encerramento irregular das atividades da pessoa jurídica, por si só, não basta para caracterizar abuso da personalidade jurídica."

Enunciado 283: "É cabível a desconsideração da personalidade jurídica denominada "inversa" para alcançar bens de sócio que se valeu da pessoa jurídica para ocultar ou desviar bens pessoais, com prejuízo a terceiros."

Enunciado 284: "As pessoas jurídicas de direito privado sem fins lucrativos ou de fins não-econômicos estão abrangidas no conceito de abuso da personalidade jurídica."

Enunciado 285: "A teoria da desconsideração, prevista no art. 50 do Código Civil, pode ser invocada pela pessoa jurídica, em seu favor."

V Jornada de Direito Civil.

Enunciado 406: "A desconsideração da personalidade jurídica alcança os grupos de sociedade quando estiverem presentes os pressupostos do art. 50 do Código Civil e houver prejuízo para os credores até o limite transferido entre as sociedades."

Enunciado 487: "Na apuração de haveres de sócio retirante (art. 1.031 do CC), devem ser afastados os efeitos da diluição injustificada e ilícita da participação deste na sociedade."

I Jornada de Direito Processual Civil.

Enunciado 11: "Aplica-se o disposto nos arts. 133 a 137 do CPC às hipóteses de desconsideração indireta e expansiva da personalidade jurídica."

Enunciado 42: "É cabível a concessão de tutela provisória de urgência em incidente de desconsideração da personalidade jurídica."

- **ENUNCIADOS DA ESCOLA NACIONAL DE FORMAÇÃO E APERFEIÇOAMENTO DE MAGISTRADOS – ENFAM:**

Enunciado 52: "A citação a que se refere o art. 792, § 3º, do CPC/2015 (fraude à execução) é a do executado originário, e não aquela prevista para o incidente de desconsideração da personalidade jurídica (art. 135 do CPC/2015)."

Enunciado 53: "O redirecionamento da execução fiscal para o sócio-gerente prescinde do incidente de desconsideração da personalidade jurídica previsto no art. 133 do CPC/2015."

- **ENUNCIADOS DO FÓRUM PERMANENTE DE PROCESSUALISTAS CIVIS:**

Enunciado 123: "(art. 133) É desnecessária a intervenção do Ministério Público, como fiscal da ordem jurídica, no incidente de desconsideração da personalidade jurídica, salvo nos casos em que deva intervir obrigatoriamente, previstos no art. 178. (Grupo: Litisconsórcio e Intervenção de Terceiros)."

Enunciado 124: "(art. 133; art. 15) A desconsideração da personalidade jurídica no processo do trabalho deve ser processada na forma dos arts. 133 a 137, podendo o incidente ser resolvido em decisão interlocutória ou na sentença. (Grupo: Impacto do CPC no Processo do Trabalho)."

Enunciado 125: "(art. 134) Há litisconsórcio passivo facultativo quando requerida a desconsideração da personalidade jurídica, juntamente com outro pedido formulado na petição inicial ou incidentemente no processo em curso. (Grupo: Litisconsórcio e Intervenção de Terceiros)."

Enunciado 126: "(art. 134; art. 15) No processo do trabalho, da decisão que resolve o incidente de desconsideração da personalidade jurídica na fase de execução cabe agravo de petição, dispensado o preparo. (Grupo: Impacto do CPC no Processo do Trabalho)."

Enunciado 247: "(art. 133) Aplica-se o incidente de desconsideração da personalidade jurídica no processo falimentar. (Grupo: Impactos do CPC nos Juizados e nos procedimentos especiais de legislação extravagante)."

Enunciado 248: "(art. 134, § 2º; art. 336) Quando a desconsideração da personalidade jurídica for requerida na petição inicial, incumbe ao sócio ou a pessoa jurídica, na contestação, impugnar não somente a própria desconsideração, mas também os demais pontos da causa. (Grupo: Petição inicial, resposta do réu e saneamento)."

Enunciado 390: "(arts. 136, caput, 1.015, IV, 1.009, §3º) Resolvida a desconsideração da personalidade jurídica na sentença, caberá apelação. (Grupo: Litisconsórcio e intervenção de terceiros)."

2.4 DIREITO FALIMENTAR E RECUPERACIONAL

2.4.1 DISPOSIÇÕES COMUNS À RECUPERAÇÃO E À FALÊNCIA

2.4.1.1 APLICABILIDADE

- A Lei 11.101/05 se aplica ao devedor empresário individual, sociedade empresária e à empresa individual de responsabilidade limitada.
- **Agentes econômicos excluídos da falência:** empresa pública e sociedade de economia mista; instituição financeira pública ou privada; cooperativa de crédito; consórcio; entidade de previdência complementar; sociedade operadora de plano de assistência à saúde; sociedade seguradora; sociedade de capitalização e outras entidades legalmente equiparadas.

Totalmente excluídos da lei de falência	Parcialmente excluídos da lei de falência
• Empresas públicas; e • Sociedade de economia mista.	• Instituições financeiras públicas ou privadas; • Consórcios; • Cooperativas de crédito; • Seguradoras; • Operadoras de planos de saúde; • Entidades de previdência complementar; • Sociedades de capitalização; e • Outras entidades legalmente equiparadas à estas, como, por exemplo, as sociedades administradoras de cartão de crédito e as sociedades de arrendamento mercantil (*leasing*).

2.4.1.2 COMPETÊNCIA

O foro competente para recuperação e decretação de falência é o do juízo do local do principal estabelecimento do devedor (art. 3º da Lei 11.101/2005), assim considerado o local mais importante da atividade empresária, o do maior volume de negócios. Para fins do Direito Falimentar, o local do principal estabelecimento é aquele de onde partem as decisões empresariais, e não necessariamente a sede indicada no registro público (CJF, enunciado 466).

> **ATENÇÃO!**
> Ajuizada a ação de falência em juízo incompetente, não deve ser aplicada a teoria do fato consumado e tornar prevento o juízo inicial, considerando que a competência para processar e julgar falência é funcional e, portanto, absoluta(STJ, CC 116.743-MG).

2.4.1.3 INTERVENÇÃO DO MINISTÉRIO PÚBLICO

A Lei 11.101/05 não exige a atuação geral e obrigatória do Ministério Público na fase pré-falimentar, determinando a sua intervenção, apenas nas hipóteses que enumera, a partir da sentença que decreta a falência. No entanto, convém lembrar que presente alguma das hipóteses do art. 178 do CPC/2015, é possível a atuação do *Parquet* na fase pré-falimentar como fiscal da ordem jurídica.

2.4.1.4 VERIFICAÇÃO E HABILITAÇÃO DOS CRÉDITOS CONCURSAIS

A verificação dos créditos é realizada pelo administrador judicial, com base nos livros contábeis e documentos comerciais e fiscais do devedor e nos documentos que lhe forem apresentados pelos credores, podendo contar com o auxílio de profissionais ou empresas especializadas.

Os credores devem habilitar seus créditos no prazo de 15 dias contados da publicação do edital. Encerrado o prazo de 15 dias para a habilitação dos créditos dos credores, inicia-se, automaticamente, novo prazo de 45 dias para o administrador judicial publicar uma nova relação de credores.

2.4.1.5 ADMINISTRADOR JUDICIAL

Administrador judicial é o agente nomeado pelo juiz no processo falimentar ou de recuperação judicial.

A presidência da administração da falência é feita pelo juiz competente, com o auxílio do administrador judicial.

Cabe ao administrador judicial a representação legal da massa falida subjetiva.

O administrador judicial deve ser profissional idôneo, preferencialmente advogado, economista, administrador de empresas ou contador, ou pessoa jurídica especializada.

Se o administrador judicial nomeado for pessoa jurídica, deve-se declarar o nome de profissional responsável pela condução do processo de falência ou de recuperação judicial, que não poderá ser substituído sem autorização do juiz. As atribuições do administrador judicial são indelegáveis.

2.4.1.6 COMITÊ DE CREDORES

O comitê dos credores é um órgão facultativo, cuja atribuição é, basicamente, fiscalizar o trabalho do administrador judicial e auxiliar o juiz no processo falimentar ou de recuperação.

No caso de ausência, as atribuições do comitê serão exercidas pelo administrador judicial.

> **ATENÇÃO!**
> O comitê de credores não é um órgão obrigatório nos processos falimentares ou de recuperação.

2.4.1.7 ASSEMBLEIA DE CREDORES

A assembleia dos credores é, em suma, o órgão colegiado responsável por representar a vontade predominante dos credores sujeitos aos efeitos do plano de recuperação judicial do devedor.

Compete à assembleia geral de credores:

a) aprovar, rejeitar e revisar o plano de recuperação;

b) aprovar a instalação do comitê e eleger seus membros;

c) manifestar-se sobre o pedido de desistência da recuperação;

d) eleger gestor judicial, quando afastados os diretores da sociedade empresária requerente;

e) deliberar sobre qualquer outra matéria de interesse dos credores.

2.4.2 RECUPERAÇÃO JUDICIAL

- **Conceito: a** recuperação judicial tem por finalidade viabilizar a superação da crise pela qual a empresa vem passando, para que se tenha a manutenção da fonte produtora, manutenção dos empregos, manutenção dos interesses dos credores e do recolhimento de impostos. A recuperação privilegia o princípio da manutenção ou da conservação da empresa.
- **Legitimidade:** Poderá requerer recuperação judicial o devedor que, no momento do pedido, exerça regularmente suas atividades há mais de

2 anos e que atenda aos seguintes requisitos, cumulativamente:

a) não ser falido e, se o foi, estejam declaradas extintas, por sentença transitada em julgado, as responsabilidades daí decorrentes;

b) não ter, há menos de 5 anos, obtido concessão de recuperação judicial;

c) não ter, há menos de 8 anos, obtido concessão de recuperação judicial especial;

d) não ter sido condenado ou não ter, como administrador ou sócio controlador, pessoa condenada por crime falimentar.

ATENÇÃO!
A recuperação judicial também poderá ser requerida pelo cônjuge sobrevivente, herdeiros do devedor, inventariante ou sócio remanescente.

- **Créditos sujeitos à recuperação:** podem ser incluídos no plano de recuperação judicial todos os créditos existentes na data do pedido, ainda que não estejam vencidos.
- **Créditos não sujeitos à recuperação:** por expressa vedação legal, não podem ser incluídos no plano de recuperação judicial:

a) créditos posteriores ao pedido de recuperação judicial;

b) créditos tributários;

c) créditos do art. 49, § 3º da LF;

d) créditos decorrentes de propriedade fiduciária;

e) créditos decorrentes de arrendamento mercantil (*leasing*);

f) créditos decorrentes de contrato de compra e venda com reserva de domínio;

g) créditos decorrentes de contratos de compra e venda de imóvel com cláusula de irrevogabilidade ou irretratabilidade; e

h) créditos decorrentes de adiantamento de contrato de câmbio.

- **Fases do processo de recuperação judicial:**

1. **Petição inicial com os requisitos do art. 51** (exposição das causas concretas que provocaram a crise; apresentação de demonstrativos contábeis dos últimos três exercícios sociais; relação nominal completa dos credores);
2. Despacho de processamento. Verificando que a inicial preenche os requisitos, o juiz autoriza o processamento da recuperação judicial. A decisão que defere o processamento da recuperação judicial é irrecorrível, por aplicação analógica da Súmula 264-STJ: "*É irrecorrível o ato judicial que apenas manda processar a concordata preventiva*». O despacho de processamento da recuperação acarreta: a) suspensão de todas as ações e execuções que correm contra o devedor pelo prazo de 180 dias; e b) a nomeação do administrador judicial.
3. **Publicação do edital.** Deferido o processamento da recuperação, haverá a publicação de edital que conterá: o pedido do autor; os termos da decisão que deferiu o processamento da recuperação; a relação de credores (mesma relação apresentada na petição inicial);
4. **Apresentação do plano.** No prazo improrrogável de 60 dias, contados da publicação da decisão que deferiu o processamento, o devedor deve apresentar o plano de recuperação judicial, sob pena de conversão (convolação) em falência;
5. **Habilitação dos créditos** (os credores devem habilitar seus créditos no prazo de 15 dias contados da publicação do edital);
6. **Nova relação de credores.** Encerrado o prazo de 15 dias para a habilitação dos créditos dos credores, inicia-se, automaticamente, novo prazo de 45 dias para o administrador judicial publicar uma nova relação de credores;
7. **Abertura de prazo para objeção.** A objeção só ocorre quando os credores habilitados não concordarem com o plano de recuperação apresentado. O prazo para a apresentação da objeção é de 30 dias, contados da publicação da nova relação de credores. Se, durante esse prazo, algum credor apresentar objeção, o juiz deve convocar Assembleia Geral de Credores, que poderá aprovar ou reprovar o plano de recuperação judicial. Caso a Assembleia Geral de Credores reprove o plano, o juiz deve decretar a falência do empresário;
8. **Decisão concessiva da recuperação judicial.** Se os credores concordaram com o plano o juiz defere a recuperação judicial. Tem-se admitido a recuperação mesmo quando o devedor não apresenta a certidão negativa de débitos fiscais. Encerrado o prazo de 30 dias sem objeção, presume-se que os credores concordaram com o plano apresentado pelo devedor, ocasião em que o juiz também defere a recuperação judicial.

- **Convolação da recuperação em falência:** o juiz decretará a falência durante o processo de recuperação judicial: **a)** por deliberação da assembleia-geral de credores, na forma do art. 42 da LF; **b)** pela não apresentação, pelo devedor, do plano de recuperação no prazo do art. 53 da LF; **c)** quando houver sido rejeitado o plano de recuperação, nos termos do § 4º do art. 56 da LF; **d)** por descumprimento de qualquer obrigação assumida no plano de recuperação, na forma do § 1º do art. 61 da LF. Na convolação (conversão) da recuperação em falência, os atos de administração, endividamento, oneração ou alienação praticados durante a recuperação judicial presumem-se válidos.

- **Apresentação do plano de recuperação judicial:** no prazo improrrogável de 60 dias, contados da publicação da decisão que deferiu o processamento, o devedor deve apresentar o plano de recuperação judicial, sob pena de convolação em falência.
- **Descumprimento de obrigação prevista no plano:** o plano de recuperação judicial implica novação dos créditos anteriores ao pedido. O descumprimento de qualquer obrigação prevista no plano acarretará a convolação da recuperação em falência, com o que os credores terão reconstituídos seus direitos e garantias nas condições originalmente contratadas, deduzidos os valores eventualmente pagos e ressalvados os atos validamente praticados no âmbito da recuperação judicial (STJ, REsp 1.260.301-DF).

2.4.3 RECUPERAÇÃO JUDICIAL ESPECIAL

- **Conceito: a** recuperação judicial especial é assim chamada, porque só ela se aplica às microempresas e às empresas de pequeno porte.
- Vejamos algumas de suas peculiaridades:
  1) **Créditos abrangidos: a**té o ano de 2014, o plano de recuperação judicial especial só abrangia os *créditos quirografários*. No entanto, a LC 147/14, deu nova redação ao inciso I do art. 71 da Lei 11.101/05, passando a prever que o plano de recuperação judicial especial abrangerá todos os créditos existentes na data do pedido, ainda que não vencidos, excetuados os decorrentes de repasse de recursos oficiais, os fiscais e os previstos nos parágrafos 3º e 4º do art. 49.
  2) **Fases do processo da recuperação judicial especial:**
     1. **Petição inicial;**
     2. **Despacho de processamento da recuperação.** O pedido de recuperação judicial com base em plano especial não acarreta a suspensão do curso da prescrição nem das ações e execuções por créditos não abrangidos pelo plano;
     3. **Publicação de edital;**
     4. **Apresentação do plano.** Na recuperação judicial especial, o plano já está pronto pela lei:
        a) parcelamento em até 36 parcelas mensais, iguais e sucessivas, acrescidas de juros equivalentes à taxa SELIC, podendo conter ainda a proposta de abatimento do valor das dívidas;
        b) pagamento da 1ª parcela no prazo máximo de 180 dias, contado da distribuição do pedido de recuperação judicial. Não será convocada assembleia-geral de credores para deliberar sobre o plano, e o juiz concederá a recuperação judicial se atendidas as exigências legais;
     5. **Habilitação dos créditos;**
     6. **Nova relação de credores;**
     7. **Abertura de prazo para eventual objeção (30 dias, contados da publicação da nova relação de credores).** Mesmo com a objeção dos credores, o juiz pode deferir o plano de recuperação. No entanto, se os credores titulares de mais da metade de qualquer de uma das classes de créditos previstos no art. 83 apresentarem objeção, o juiz deve decretar a falência do devedor;
     8. **Decisão concessiva da recuperação judicial especial. Obs.:** da decisão concessiva da recuperação judicial especial cabe agravo de instrumento, que poderá ser interposto por qualquer credor ou pelo Ministério Público.

2.4.4 RECUPERAÇÃO EXTRAJUDICIAL

- **Conceito:** recuperação extrajudicial é o acordo privado que o devedor realiza diretamente com seus credores fora do âmbito judicial. Se o acordo não for cumprido pelo devedor, não haverá conversão automática em falência exatamente por se tratar de recuperação extrajudicial.
- **Créditos excluídos da recuperação extrajudicial:**
  a) créditos tributários;
  b) créditos trabalhistas e de acidente do trabalho;
  c) créditos fiscais;
  d) créditos previdenciários;
  e) pagamento antecipado de dívida;
  f) arrendamento mercantil;
  g) adiantamento de contrato de câmbio.

- **Legitimidade passiva:** poderá requerer recuperação extrajudicial o devedor que, no momento do pedido, exerça regularmente suas atividades há mais de 2 anos e que atenda aos seguintes requisitos, cumulativamente:
  - **a)** não ser falido e, se o foi, estejam declaradas extintas, por sentença transitada em julgado, as responsabilidades daí decorrentes;
  - **b)** não ter, há menos de 5 anos, obtido concessão de recuperação judicial;
  - **c)** não ter, há menos de 5 anos, obtido concessão de recuperação judicial com base no plano especial;
  - **d)** não ter sido condenado ou não ter, como administrador ou sócio controlador, pessoa condenada por qualquer dos crimes previstos nesta Lei.

> **ATENÇÃO!**
> A recuperação judicial também poderá ser requerida pelo cônjuge sobrevivente, herdeiros do devedor, inventariante ou sócio remanescente.

- Órgãos da recuperação extrajudicial:
  - **a)** não exige nomeação de administrador judicial;
  - **b)** não há comitê de credores nem a assembleia geral de credores;
  - **c)** não é obrigatória a participação do Ministério Público.

> **ATENÇÃO!**
> Como visto acima, pode-se dizer que o único órgão da recuperação extrajudicial é a autoridade judiciária. No entanto, aqui, a função do juiz é a de homologar o plano, não tendo competência para atrair outras questões de caráter econômico.

- **Efeitos da recuperação extrajudicial:**
  - **a)** não suspende a prescrição de outras ações e execuções do devedor e dos participantes do plano;
  - **b)** não suspende a prescrição da rescisão de contratos bilaterais;
  - **c)** o credor não incluído no plano de recuperação pode pedir a falência do devedor, assim como os demais participantes do plano, quando descumprida as obrigações;
  - **d)** a homologação do plano de recuperação extrajudicial não afeta os bens do devedor nem o funcionamento da empresa. No entanto, acarreta a vedação do pagamento antecipado de dívida e do tratamento desfavorável aos credores.

2.4.5 FALÊNCIA

- **Sujeitos à lei de recuperações e falências:** a Lei 11.101/05 se aplica ao devedor empresário individual, sociedade empresária e à empresa individual de responsabilidade limitada.

> **ATENÇÃO:**
> Alguns agentes econômicos estão excluídos, total ou parcialmente, da falência. São eles:

Totalmente excluídos da lei de falência	Parcialmente excluídos da lei de falência
• Empresas públicas; e • Sociedade de economia mista.	• Instituições financeiras públicas ou privadas; • Consórcios; • Cooperativas de crédito; • Seguradoras; • Operadoras de planos de saúde; • Entidades de previdência complementar; • Sociedades de capitalização; e • Outras entidades legalmente equiparadas à estas, como, por exemplo, as sociedades administradoras de cartão de crédito e as sociedades de arrendamento mercantil (*leasing*).

- **Competência:** O foro competente para recuperação e decretação de falência é o do juízo do local do principal estabelecimento do devedor (art. 3º da Lei 11.101/2005), assim considerado o local mais importante da atividade empresária, o do maior volume de negócios. Para fins do Direito Falimentar, o local do principal estabelecimento é aquele de onde partem as decisões empresariais, e não necessariamente a sede indicada no registro público (CJF, enunciado 466).

ATENÇÃO!

Ajuizada a ação de falência em juízo incompetente, não deve ser aplicada a teoria do fato consumado e tornar prevento o juízo inicial, considerando que a competência para processar e julgar falência é funcional e, portanto, absoluta (STJ, CC 116.743-MG, julgado em 10/10/2012).

- **Intervenção do Ministério Público:** a Lei 11.101/05 não exige a atuação geral e obrigatória do MP na fase pré-falimentar, determinando a sua intervenção, apenas nas hipóteses que enumera, a partir da sentença que decreta a falência (REsp 996.264/DF). No entanto, convém lembrar que presente alguma das hipóteses do art. 178 do CPC/2015, é possível a atuação do Parquet na fase pré-falimentar como fiscal da ordem jurídica.
- **Órgãos da falência:**
  1) **Administrador judicial:** trata-se de agente nomeado pelo juiz, no processo falimentar. Ao juiz compete a presidência da administração da falência, com o auxílio do administrador judicial. Assim, o administrador judicial (antigo síndico), é o agente criado por lei para desempenhar atribuições relacionadas com a administração da falência, auxiliando o magistrado. Além disso, o cabe ao administrador judicial a representação legal da massa falida subjetiva. O administrador judicial será profissional idôneo, preferencialmente (e não obrigatoriamente) advogado, economista, administrador de empresas ou contador, ou pessoa jurídica especializada.

ATENÇÃO!

✓ O administrador judicial pode ser pessoa jurídica. Se o administrador judicial nomeado for pessoa jurídica, deve-se declarar o nome de profissional responsável pela condução do processo de falência ou de recuperação judicial, que não poderá ser substituído sem autorização do juiz.

✓ As atribuições do administrador judicial são indelegáveis.

  2) **Assembleia dos credores:** de acordo com o art. 35, II da LF, no processo falimentar, a assembleia geral de credores possui as seguintes atribuições: **a)**a constituição do Comitê de Credores, a escolha de seus membros e sua substituição; **b)** a adoção de outras modalidades de realização do ativo, na forma do art. 145 da lei; **c)** qualquer outra matéria que possa afetar os interesses dos credores.
  3) **Comitê dos credores:** o comitê de credores é um órgão facultativo, sendo que a sua atribuição é, basicamente, fiscalizar o trabalho do administrador judicial e auxiliar o juiz no processo falimentar ou de recuperação.

ATENÇÃO!

Vale lembrar que o comitê de credores não é um órgão obrigatório nos processos falimentares ou de recuperação. No caso de ausência, as atribuições do comitê serão exercidas pelo administrador judicial.

✓ **Fundamentos jurídicos para a falência: a)** impontualidade injustificada; **b)** execução frustrada; e **c)** atos de falência. Vale lembrar que estes não são fundamentos cumulativos (presente ao menos uma das hipóteses arroladas, já será possível requerer a falência do empresário).

  a) **Impontualidade injustificada:** trata-se da falta de pagamento sem relevante razão de direito. A obrigação deve ser líquida e materializada em título executivo extrajudicial ou judicial. O protesto do título é indispensável para o pedido de falência com base na impontualidade injustificada. Ainda, o valor da obrigação deve ser superior a 40 salários mínimos. A LF permite o litisconsórcio de credores para que, somados, completem este requisito para o pedido de falência.
  b) **Execução frustrada:** ocorre quando o devedor é executado e não paga, não deposita e não nomeia bens à penhora dentro do prazo legal. Aqui não há limite de valor para o pedido de falência, bastando a frustração da execução.
  c) **Atos de falência (atos de bancarrota):** atos de falência são comportamentos previstos em lei que, caso praticados, acarretarão a presunção do estado de insolvência do empresário. Os principais atos de falência estão nas alíneas "a" a "g" do inciso III do art. 94 da LF.

- **Atitudes que podem ser tomadas pelo devedor após a citação:** citado, o devedor-empresário pode tomar uma das seguintes atitudes: **a)** apresentar contestação; **b)** fazer o depósito elisivo; **c)**fazer o depósito elisivo e apresentar contestação; e **d)** pleitear recuperação judicial, dentro do prazo para a contestação.
- **Depósito elisivo:** quando o devedor efetua o depósito elisivo, o juiz fica impedido de decretar a falência. O depósito elisivo deve ser feito no prazo da contestação e deve compreender o valor principal, mais juros, correção monetária e honorários advocatícios.
- **Sentença denegatória da falência:** é a sentença de improcedência, ou seja, que rejeita o pedido de falência. Da sentença denegatória da falência cabe recurso de apelação pelo devedor, pelo Ministério Público e pelo credor.

- **Sentença declaratória da falência:** é a sentença de procedência, ou seja, que decreta a falência. Da sentença que decreta a falência cabe recurso de agravo de instrumento pelo devedor, pelo Ministério Público, ou pelo credor.
- **Sentença de falência e seus efeitos:**

Efeitos em relação aos credores:	✓ incidência da universalidade do juízo falimentar; ✓ suspensão de todas as ações e execuções contra o falido (salvo ações trabalhistas, fiscais, ações que demandarem quantia ilíquida e ações não reguladas pela LF, em que o falido ou a massa falida seja autor ou litisconsorte ativo); ✓ suspensão da fluência de juros; ✓ vencimento antecipado de todas as dívidas do falido; ✓ suspensão do curso da prescrição das obrigações do falido.
Efeitos em relação ao falido e aos administradores e liquidantes:	✓ inabilitação do empresário; ✓ indisponibilidade dos bens; ✓ dissolução total da sociedade; ✓ extinção de concessão de serviço público, se houver.
Efeitos em relação aos bens do falido e dos sócios da sociedade falida:	**A decretação da falência suspende:** ✓ o exercício do direito de retenção sobre os bens sujeitos à arrecadação, os quais deverão ser entregues ao administrador judicial; ✓ o exercício do direito de retirada ou de recebimento do valor de suas quotas ou ações, por parte dos sócios da sociedade falida. **Obs.:** no caso de sócio com responsabilidade ilimitada, aplica-se o art. 190 da LF: "Todas as vezes que esta Lei se referir a devedor ou falido, compreender-se-á que a disposição também se aplica aos sócios ilimitadamente responsáveis." Em outras palavras, todos os efeitos aplicáveis ao falido aplicam-se também ao sócio ilimitadamente responsável.
Efeitos em relação aos contratos:	Os contratos bilaterais não se resolvem pela falência e podem ser cumpridos pelo administrador judicial se o cumprimento reduzir ou evitar o aumento do passivo da massa falida ou for necessário à manutenção e preservação de seus ativos, mediante autorização do Comitê.

- **Administração:** ao juiz compete a presidência da administração da falência, com o auxílio do administrador judicial.
- **Arrecadação:** cabe ao administrador judicial a arrecadação e a realização dos bens do falido. Após a arrecadação dos bens do falido, será dada a realização do ativo, que deverá obedecer a uma determinada ordem de preferência definida pela lei.
- **Realização do ativo:** o juiz, ouvido o administrador judicial e atendendo à orientação do Comitê (se houver), ordenará que se proceda à alienação do ativo em uma das seguintes modalidades: **a)** leilão, por lances orais; **b)** propostas fechadas; e **c)** pregão.

ATENÇÃO!

Em qualquer modalidade de realização do ativo, o Ministério Público deve ser intimado pessoalmente, sob pena de nulidade.

- **Ordem preferencial na realização do ativo:** a alienação dos bens será realizada de uma das seguintes formas, observada a seguinte ordem de preferência: **a)**alienação da empresa, com a venda de seus estabelecimentos em bloco; **b)** alienação da empresa, com a venda de suas filiais ou unidades produtivas isoladamente; **c)**alienação em bloco dos bens que integram cada um dos estabelecimentos do devedor; **d)** alienação dos bens individualmente considerados. **Obs.:** na alienação conjunta ou separada de ativos, inclusive da empresa ou de suas filiais, o objeto da alienação estará livre de quaisquer ônus e não haverá sucessão do arrematante nas obrigações do devedor, inclusive as de natureza tributária, as derivadas da legislação do trabalho e as decorrentes de acidentes de trabalho. Isso significa que o sujeito adquire os bens do falido sem quaisquer ônus, nem mesmo débitos tributários ou trabalhistas. O valor pago pelo adquirente é destinado à massa falida, e lá os créditos tributários e trabalhistas serão satisfeitos. **Exceção:** a fim de evitar fraudes, essa regra não se aplica quando o arrematante for: a)sócio da sociedade falida, ou sociedade controlada pelo falido; **b)**parente, em linha reta ou colateral até o quarto grau, consanguíneo ou afim, do falido ou de sócio da sociedade falida; ou **c)** identificado como agente do falido com o objetivo de fraudar a sucessão.

- **Pedidos de restituição:** estão disciplinados a partir do art. 85 da LF:

1) **Restituição dos bens alienados que não eram do falido, mas de terceiros:** o proprietário de bem arrecadado no processo de falência ou que se encontre em poder do devedor na data da decretação da falência poderá pedir sua *restituição* (pedido de restituição). Também pode ser pedida a restituição de coisa vendida a crédito e entregue ao devedor nos 15 dias anteriores ao requerimento de sua falência, se ainda não alienada.

2) **Restituição em dinheiro dos bens alienados que não eram do falido, mas de terceiros:** a restituição proceder-se-á em *dinheiro*: **a)** se a coisa não mais existir ao tempo do pedido de restituição, hipótese em que o requerente receberá o valor da avaliação do bem, ou, no caso de ter ocorrido sua venda, o respectivo preço, em ambos os casos no valor atualizado; **b)** da importância entregue ao devedor, em moeda corrente nacional, decorrente de adiantamento a contrato de câmbio para exportação, desde que o prazo total da operação, inclusive eventuais prorrogações, não exceda o previsto nas normas específicas da autoridade competente; e **c)** dos valores entregues ao devedor pelo contratante de boa-fé na hipótese de revogação ou ineficácia do contrato. Por fim, cumpre lembrar que, nos casos em que não couber pedido de restituição, fica resguardado o direito dos credores de propor embargos de terceiros, nos termos do NCPC.

3) **Ineficácia e da revogação de atos praticados antes da falência:**

Ação revocatória nas hipóteses de ineficácia objetiva	Ação revocatória nas hipóteses de ineficácia subjetiva
Art. 129 da LF.	Art. 130 da LF.
Hipóteses de ineficácia objetiva	Hipóteses de ineficácia subjetiva
Não precisa provar o conluio fraudulento	Precisa provar o conluio fraudulento e o dano.
Pode ser declarada pelo juiz de ofício	Não pode ser declarada pelo juiz de ofício

- **Pagamento do passivo:** realizadas as restituições, pagos os créditos extraconcursais (na ordem do art. 94), e consolidado o quadro geral de credores, as importâncias recebidas com a realização do ativo serão destinadas ao pagamento dos credores, atendendo a classificação do art. 83 da LF.
- **Classificação e pagamento dos credores:**

Créditos extraconcursais	Créditos extraconcursais são aqueles que surgem no curso do processo falimentar, e que são pagos com precedência sobre todos os créditos acima citados, na ordem prevista no art. 84 da LF: **1º)** remunerações devidas ao administrador judicial e seus auxiliares, e créditos derivados da legislação do trabalho ou decorrentes de acidentes de trabalho relativos a serviços prestados após a decretação da falência; **2º)** quantias fornecidas à massa pelos credores; **3º)** despesas com arrecadação, administração, realização do ativo e distribuição do seu produto, bem como custas do processo de falência; **4º)** custas judiciais relativas às ações e execuções em que a massa falida tenha sido vencida; **5º)** obrigações resultantes de atos jurídicos válidos praticados durante a recuperaçao judicial, nos termos do art. 67 da Lei, ou após a decretação da falência, e tributos relativos a fatos geradores ocorridos após a decretação da falência, respeitada a ordem estabelecida no art. 83 da Lei.

Créditos concursais	O pagamento dos créditos concursais obedece à ordem do art. 83 da LF: **1º)** créditos derivados da legislação do trabalho, limitados a 150 salários-mínimos por credor, e os decorrentes de acidentes de trabalho. Aqui, entram também os créditos equiparados a trabalhistas (ex.: créditos relacionados ao FGTS) e os devidos ao representante comercial (art. 44 da Lei 4.886/65); **2º)** créditos com garantia real até o limite do valor do bem gravado; **3º)** créditos tributários, independentemente da sua natureza e tempo de constituição, excetuadas as multas tributárias; **4º)** créditos com privilégio especial (os previstos no art. 964 do CC; os assim definidos em outras leis civis e comerciais, salvo disposição contrária desta Lei; e aqueles a cujos titulares a lei confira o direito de retenção sobre a coisa dada em garantia; aqueles em favor dos microempreendedores individuais e das microempresas e empresas de pequeno porte); **5º)** créditos com privilégio geral (os previstos no art. 965 do CC; os previstos no parágrafo único do art. 67 da LF; os assim definidos em outras leis civis e comerciais, salvo disposição contrária da LF); **6º)** créditos quirografários (aqueles não previstos nos demais incisos deste artigo; os saldos dos créditos não cobertos pelo produto da alienação dos bens vinculados ao seu pagamento; os saldos dos créditos derivados da legislação do trabalho que excederem o limite estabelecido no inciso I do *caput* deste artigo; **7º)** multas contratuais e penas pecuniárias por infração das leis penais ou administrativas, inclusive as multas tributárias; **8º)** créditos subordinados (os assim previstos em lei ou em contrato; os créditos dos sócios e dos administradores sem vínculo empregatício)

- **Encerramento da falência:**
  1) **Julgamento das contas do administrador judicial:** concluída a realização de todo o ativo (venda dos bens), e distribuído o produto entre os credores, o administrador judicial apresentará suas contas, que serão julgadas pelo juiz. Julgadas as contas do administrador judicial, ele apresentará o relatório final da falência no prazo de 10 (dez) dias, indicando o valor do ativo e o do produto de sua realização, o valor do passivo e o dos pagamentos feitos aos credores, e especificará justificadamente as responsabilidades com que continuará o falido.
  2) **Sentença de encerramento:** apresentado o relatório final, o juiz encerrará a falência por sentença, que será publicada por edital e dela caberá apelação.
- **Sentença de extinção das obrigações do falido:** extingue as obrigações do falido:
  a) o pagamento de todos os créditos;
  b) o pagamento, depois de realizado todo o ativo, de mais de 50% dos créditos quirografários, sendo facultado ao falido o depósito da quantia necessária para atingir essa porcentagem se para tanto não bastou a integral liquidação do ativo;
  c) o decurso do prazo de 5 anos, contado do encerramento da falência, se o falido não tiver sido condenado por prática de crime previsto nesta Lei;
  d) o decurso do prazo de 10 anos, contado do encerramento da falência, se o falido tiver sido condenado por prática de crime previsto nesta Lei.

2.4.6 PRISÃO DO FALIDO

A Lei 11.101/05 trata da prisão do falido: "Art. 99. A sentença que decretar a falência do devedor, dentre outras determinações: VII – determinará as diligências necessárias para salvaguardar os interesses das partes envolvidas, podendo ordenar a prisão preventiva do falido ou de seus administradores quando requerida com fundamento em provas da prática de crime definido nesta Lei;".

A prisão do falido trata-se de uma prisão preventiva que pode ser decretada pelo juiz falimentar, portanto, por um juiz cível. Neste ponto, a doutrina diverge sobre a constitucionalidade da prisão do falido prevista na Lei 11.101/05.

Para Renato Brasileiro de Lima (corrente a qual nos filiamos): "o art. 99, inciso VII, da Lei 11.101/05, é incompatível com o art. 5º, incisos LXI e LXVII, da Constituição Federal, porquanto permite que, no cível, o juiz determine a prisão preventiva do falido como efeito da sentença que decreta a falência, sem que haja ação penal, pois esta será oferecida no juízo criminal e não perante o Juízo da falência (Lei 11.101/05, art. 187, *caput*). Tendo em conta que a prisão preventiva é espécie de prisão cautelar que visa assegurar a eficácia das investigações ou do processo criminal, não se pode admitir que essa medida cautelar seja decretada por autoridade judiciária desprovida de competência criminal para processar e julgar os crimes falimentares supostamente praticados pelo falido ou pelo administrador. Portanto, pensamos que subsiste a possibilidade de decretação da prisão preventiva, mas desde que decretada pela autoridade judiciária competente para processar e julgar os crimes falimentares" (*Manual de Processo Penal*. 2 ed. Salvador: Juspodivm, 2014, p. 807).

2.4.7 CRIMES FALIMENTARES E PROCEDIMENTOS PENAIS

- **Competência:** no caso de crimes falimentares, o foro competente é o do lugar onde foi decretada a falência, concedida a recuperação judicial ou homologado o plano de recuperação extrajudicial. Trata-se de exceção ao art. 70 do CPP, que estabelece a teoria do resultado como critério para a fixação da competência territorial.
- **Ação penal:** os crimes previstos na Lei 11.101/05 são de ação penal pública incondicionada
- **Ação penal privada subsidiária da pública (LF, art. 184):** qualquer credor habilitado pode oferecer queixa subsidiária no caso de inércia do membro do MP em oferecer a denúncia.
- **Procedimento (LF, art. 185):** os crimes falimentares seguem o rito sumário.
- **Condição objetiva de punibilidade (LF, art. 180):** a sentença que decreta a falência, concede a recuperação judicial ou concede a recuperação extrajudicial é condição objetiva de punibilidade dos crimes falimentares.
- **Efeitos extrapenais da condenação por crimes falimentares (LF, art. 181): a)** inabilitação para o exercício de atividade empresarial; **b)** impedimento para o exercício de cargo ou função em conselho de administração, diretoria ou gerência das sociedades sujeitas a esta Lei; **c)** impossibilidade de gerir empresa por mandato ou por gestão de negócio. Tais efeitos não são automáticos, devendo ser motivadamente declarados na sentença, e perdurarão até 5 anos após a extinção da punibilidade, podendo, contudo, cessar antes pela reabilitação penal.
- **Prescrição dos crimes falimentares (LF, art. 182):** segue a mesma regra da prescrição do CP. No entanto, com relação aos crimes falimentares, o prazo prescricional começa a correr do dia da decretação da falência, da concessão da recuperação judicial ou da homologação do plano de recuperação extrajudicial.
- **Causa interruptiva da prescrição (LF, art. 182, p.u.):** a decretação da falência do devedor interrompe a prescrição cuja contagem tenha iniciado com a concessão da recuperação judicial ou com a homologação do plano de recuperação extrajudicial.

2.4.7.1 COMPETÊNCIA

Nos termos do art. 183, da Lei 11.101/05, no caso de crimes falimentares, o foro competente é o do lugar onde foi decretada a falência, concedida a recuperação judicial ou homologado o plano de recuperação extrajudicial. Trata-se de uma exceção ao art. 70 do Código de Processo Penal, que estabelece a teoria do resultado como critério para a fixação da competência territorial.

2.4.7.2 AÇÃO PENAL PRIVADA SUBSIDIÁRIA DA PÚBLICA

Regra geral, não cabe ação penal privada subsidiária da pública nos chamados "crimes vagos", assim entendidos como aqueles cujo sujeito passivo é uma coletividade sem personalidade jurídica. Assim, em regra, para que seja possível a queixa subsidiária, deve o crime possuir um ofendido individualizado. Com efeito, não cabe ação penal privada subsidiária da pública, por exemplo, no crime de tráfico de drogas, no crime de porte de arma de fogo, nos crimes de trânsito, etc.

No entanto, os crimes falimentares são uma exceção à esta regra. Isso porque, por expressa autorização legal, o art. 184, da Lei nº 11.101/2005, prevê que **qualquer credor habilitado** pode oferecer queixa subsidiária no caso de inércia do membro do Ministério Público em oferecer a denúncia dentro do prazo legal.

2.5 DIREITO CAMBIÁRIO

2.5.1 TEORIA GERAL DOS TÍTULOS DE CRÉDITOS

- **Legislação aplicável:**
  - **a)** Arts. 887 a 923 do Código Civil (regras gerais);
  - **b)** Lei nº 5.474/1968 (Lei da Duplicata);
  - **c)** Lei nº 7.357/1985 (Lei do Cheque);
  - **d)** Decreto nº 57.663/66 (Lei Uniforme de Genebra – LUG, aplicável às letras de câmbio e nota promissória) e Decreto nº 2.044/08 (aplicável nas omissões da LUG).

ATENÇÃO!

✓ As disposições do Código Civil relativas aos títulos de crédito, aplicam-se àqueles regulados por leis especiais apenas nos casos de omissão ou lacuna.

✓ Se o examinador não especificar o título de crédito o candidato deve responder a questão com base nas regras gerais do Código Civil. Por outro lado, caso seja especificado o título de crédito, o candidato deve responder com base na legislação respectiva.

- **Princípios:** três princípios informam o regime jurídico cambial:
  - **a) princípio da cartularidade:** a exigibilidade do crédito representado no título depende da apresentação do documento original. Pelo princípio da cartularidade, o direito exigível está incorporado num documento formal e original, qual seja o título de crédito.
  - **b) princípio da literalidade:** as relações jurídicas que podem interferir com o crédito adquirido são apenas aquelas que constam, expressamente, do título de crédito. Os títulos de crédito são formais devendo todos os requisitos essenciais estarem previstos na cártula (documento), valendo apenas o que nele está escrito.
  - **c) princípio da autonomia:** as obrigações cambiárias são autônomas e independentes. Em outras palavras, havendo mais de um devedor no título, cada devedor tem uma obrigação autônoma. Os princípios da ***abstração*** e da ***inoponibilidade das exceções pessoais*** em matéria de títulos de créditos são subprincípios da autonomia dos títulos de crédito.
- **Formalismo:** o documento, para ser título de crédito, deve preencher os requisitos essenciais previstos na lei especial de cada título de crédito (p.ex.: o art. 1º da Lei do Cheque prevê os requisitos essenciais do cheque). Requisitos essenciais são aqueles que a ausência não pode ser suprida. Há, pelo menos, três requisitos essenciais comuns a todos os títulos de crédito:
  - **a)** denominação (nome do título de crédito);
  - **b)** data da emissão; e
  - **c)** assinatura do emitente ou a assinatura do mandatário com poderes especiais.

ATENÇÃO!

Súmula 387 do STF: "A cambial emitida ou aceita com omissões, ou em branco, pode ser completada pelo credor de boa-fé, antes da cobrança ou do protesto."

A Súmula 387 do STF não mitiga o formalismo dos títulos de crédito. Na verdade, mitiga tão somente o momento de preenchimento dos requisitos essenciais do título, desde que os requisitos essenciais sejam preenchidos antes do momento da cobrança ou do protesto.

- **Obrigação querable, quesível, ou não *portable***: todo título de crédito documenta uma obrigação *querable*, ou seja, cabe ao credor ir até o devedor e exigir o pagamento da obrigação.
- **Obrigação certa, líquida e exigível:** todo título de crédito documenta uma obrigação certa (existente), líquida (o valor inserido no título é determinado), e exigível (não pode ter havido prescrição da pretensão executória).
- **Título executivo extrajudicial:** os títulos de crédito são títulos executivos extrajudiciais, desde que executados dentro do seu prazo prescricional previsto na lei especial de cada título.

ATENÇÃO!

Após o decurso do prazo prescricional, o título de crédito perde a força executória, mas o titular poderá ajuizar ação monitória. Veja:

✓ **Súmula 299-STJ: "É admissível a ação monitória fundada em cheque prescrito."**

✓ **Súmula 503-STJ:** "O prazo para ajuizamento de ação monitória em face do emitente de cheque sem força executiva é quinquenal, a contar do dia seguinte à data de emissão estampada na cártula."

✓ **Súmula 504-STJ:** "O prazo para ajuizamento de ação monitória em face do emitente de nota promissória sem força executiva é quinquenal, a contar do dia seguinte ao vencimento do título."

- **Títulos de resgate:** os títulos de crédito são títulos de resgate, porque há sempre um momento determinado (data) para o cumprimento da obrigação. Se o documento não tiver data de vencimento, considerar-se-á que o pagamento é à vista.
- **Título *pro solvendo*:** os títulos de crédito são *pro solvendo*, porque a emissão de um novo título de crédito não gera a novação da dívida. Dito de outro modo, a emissão de um novo título de crédito não extingue a dívida anterior.
- **Solidariedade cambiária ou legal:** havendo mais de um devedor no título, todos eles serão sempre solidários. Ex.: art. 51 da Lei do Cheque; art. 47 da LUG.

- **Circulabilidade:** os títulos de crédito são passíveis de circulação. A circulação dos títulos de crédito não pode ser obstaculizada. O endosso é uma das formas de pôr em circulação o título de crédito.
- **Classificação dos títulos de crédito quanto à circulabilidade:**

Título ao portador	• *Título ao portador* é aquele que não identifica o credor, podendo circular pela simples tradição. • A maioria dos títulos de crédito não pode ser ao portador, porque na maioria das leis especiais, exige-se que se identifique o credor (a maioria dos títulos de crédito, portanto, são nominais, ou seja, devem indicar o credor). • Cheque: b) o cheque pode ser ao portador, desde que o valor seja inferior a cem reais; b) o cheque acima de cem reais deve ser nominal (deve indicar o credor).
Título nominal	• *Título nominal* é aquele que identifica o credor (o nome do credor consta da cártula). • O título nominal pode ser à ordem ou não à ordem. • *Título nominal à ordem* é aquele que pode circular por endosso (assinatura no verso do título, ou designação e assinatura no anverso). A cláusula à ordem pode ser expressa. No caso de omissão, o título será considerado à ordem. O título de crédito só circula por endosso se for à ordem. • *Título nominal não à ordem* é aquele que não pode circular por endosso. Se o emitente consignar expressamente na cártula a cláusula não à ordem, o título não poderá circular por endosso, mas poderá circular por cessão de crédito.

2.5.2 TÍTULOS DE CRÉDITOS

2.5.2.1 LETRA DE CÂMBIO

- A letra de cambio está prevista nos arts. 1º a 74 da Lei Uniforme de Genebra – LUG (Decreto nº 57.663/1966).
- A letra de câmbio é uma ordem de pagamento.
- A letra de câmbio é um título abstrato (e não causal), pois sua emissão independe de uma causa específica.
- A letra de câmbio é um título nominal, podendo ser à ordem ou não à ordem, quando houver cláusula expressa.
- Na letra de câmbio o aceite deve ser expresso, mas não é obrigatório.
- A letra de câmbio admite aval total ou parcial.
- A letra de câmbio não admite o endosso parcial. O endosso parcial é nulo.
- Quanto ao vencimento, a letra de câmbio pode ser à vista ou a prazo.
- Na letra de câmbio, as partes são o sacador (aquele dá a ordem de pagamento), o sacado (aquele que recebe a ordem de pagamento) e o credor/tomador (beneficiário da ordem de pagamento). Os devedores cambiários diretos da letra de câmbio são o aceitante e seu avalista. Já os devedores cambiários indiretos são o endossante e seu avalista, e o sacador e seu avalista.
- **Prazos prescricionais:**

Ação contra o aceitante	Ação do portador contra o endossante e sacador	Ação dos endossantes uns contra os outros e contra o sacador
3 anos a partir do vencimento.	1 ano da data do protesto ou vencimento do título com cláusula sem despesas.	6 meses do dia em que o endossante pagou a letra e ele próprio foi acionado.

- **Jurisprudência correlata:**
  - A letra de cambio sem aceite obsta a cobrança pela via executiva. Pois a recusa do aceite traz como única consequência o vencimento antecipado da letra de cambio (art. 43 da LUG), pode, então, o tomador cobrá-la imediatamente do sacador. *REsp 511.387/GO, Rel. Min. Nancy Andrighi, julgado em 21/06/2005. (Informativo n. 252).*

2.5.2.2 CHEQUE

- O cheque está previsto na Lei nº 7.357/1985.
- O cheque é uma ordem de pagamento à vista.
- O cheque é um título abstrato, pois sua emissão independe de causa específica.
- As partes são o emitente (devedor do cheque), o sacado (banco) e o credor/beneficiário (terceira pessoa ou o próprio emitente).
- No cheque não há aceite.
- O cheque admite aval total ou parcial.
- O cheque não admite endosso parcial. O endosso parcial no cheque é nulo.
- Quanto ao vencimento, o cheque é **à vista**, considerando não escrita qualquer menção em contrário.

> **ATENÇÃO!**
> Embora o cheque seja uma ordem de pagamento à vista, convencionou-se (costume), no caso de cheque pós-datado ("pré-datado") que entre o emitente e o credor existe uma obrigação de não fazer (não depositar antes do prazo). Isso estimulou o STJ a editar a súmula n. 370, que dispõe: "Caracteriza dano moral a apresentação antecipada de cheque pré-datado."

- Quanto à circulação, o cheque pode ser ao portador, nominal à ordem ou nominal não à ordem. Vejamos:

Ao portador	Nominal à ordem	Nominal não à ordem
Não identifica o credor.	Identifica o credor.	Identifica o credor.
Admissível somente para cheques de valor inferior a R$ 100 reais. Cheques acima de cem reais devem ser nominais.	Admissível para cheques de qualquer valor.	Admissível para cheques de qualquer valor.
Circula por tradição.	Circula via endosso.	Não se transfere via endosso, mas sim via cessão.

- **Prazo para apresentação (art. 33):** O cheque deve ser apresentado para pagamento, a contar do dia da emissão, no prazo de 30 dias, quando emitido no lugar onde houver de ser pago; e de 60 dias, quando emitido em outro lugar do País ou no exterior.
- **Prazos prescricionais (arts. 33/47/59):** 6 meses da data da expiração do prazo para apresentação.

2.5.2.3 NOTA PROMISSÓRIA

- A nota promissória está prevista nos arts. 75 a 78 da LUG (Decreto nº 57.663/66).
- A nota promissória é uma promessa de pagamento.
- A nota promissória é um título abstrato (e não causal), pois sua emissão independe de causa específica.
- A nota promissória é um título nominal, podendo ser à ordem ou não à ordem, quando houver cláusula expressa.
- As partes são o emitente (aquele que promete pagar) e o credor (beneficiário do pagamento).
- Na nota promissória não há aceite.
- A nota promissória admite aval total ou parcial.
- A nota promissória não admite o endosso parcial. O endosso parcial é nulo.
- Quanto ao vencimento, a nota promissória pode ser à vista ou a prazo.
- **Prazos prescricionais:**

Ação contra o devedor direto	Ação contra o devedor indireto
3 anos.	1 ano.

2.5.2.4 DUPLICATA

- A duplicata está prevista na Lei nº 5.474/1968.
- A duplicata é uma ordem de pagamento.
- A duplicata é necessariamente um título nominal e à ordem.
- A duplicata é um título causal, pois sua emissão depende de uma causa específica (compra e venda mercantil).
- A duplicata não é título de saque obrigatório. No entanto, para sacar uma duplicata, deve haver necessariamente um contrato de compra e venda ou um contrato de prestação de serviços (causas específicas previstas na Lei da Duplicata). A duplicata, portanto, é um título causal (sua emissão depende de uma causa específica).
- As partes são o sacador **(é autor da ordem de pagamento e ao mesmo tempo o credor), o** sacado (recebe a ordem de pagamento) e o credor/beneficiário **(é o próprio sacador).**
- Na duplicata há a figura do aceite, que pode ser expresso ou tácito.
- A duplicata admite o aval total ou parcial.
- A duplicata não admite o endosso parcial. O endosso parcial na duplicata é nulo.
- Quanto ao vencimento a duplicata pode ser **à vista ou a prazo**.
- **Prazos prescricionais:**

Ação contra o sacado e seus avalistas	Ação contra o endossante e seus avalistas	Ação de qualquer dos coobrigados contra os demais
3 anos contados da data de vencimento do título.	1 ano contado da data do protesto.	1 ano, contado da data em que haja sido efetuado o pagamento do título.

2.5.3 TÍTULOS DE CRÉDITO PRÓPRIOS E IMPRÓPRIOS

Títulos de crédito próprios são aqueles que se submetem aos princípios cambiários da cartularidade, autonomia e literalidade e criam uma relação cambial entre credor e devedor, possuindo executividade. Por outro lado, os *títulos impróprios* se assemelham aos títulos de crédito próprios, mas não se submetem a todos os princípios cambiários.

Os títulos impróprios são classificados em representativos, de financiamento e de investimento. Vejamos o quadro sinótico para facilitar a compreensão:

Títulos de crédito próprios		• Letra de câmbio; • Cheque; • Nota promissória; • Duplicata.
Títulos de crédito impróprios	**Títulos representativos**	• Títulos representativos de mercadorias depositadas; • Títulos representativos de mercadorias transportadas
	Títulos de financiamento	• Cédulas de crédito rural; • Cédula de credito industrial.
	Títulos de investimento	• Letra de cambio financeira (Lei 4.728/65); • Certificados de depósitos bancários (Lei 4.728/65); • Certificado de recebíveis imobiliários (Lei 9.514/97, art.6º); e Letra de crédito imobiliário (Lei 10.193/04, art.12).

2.5.3.1 CÉDULA DE CRÉDITO RURAL

O financiamento rural concedido pelos órgãos integrantes do sistema nacional de crédito rural à pessoa física ou jurídica poderá efetivar-se por meio das células de crédito rural.

A cédula de crédito rural é promessa de pagamento em dinheiro, com ou sem garantia real cedularmente constituída, sob as seguintes denominações e modalidades:

a) cédula rural pignoratícia;

b) cédula rural hipotecária;

c) cédula rural pignoratícia e hipotecária;

d) nota de crédito rural.

2.5.3.2 CÉDULA DE CRÉDITO INDUSTRIAL

A cédula de crédito industrial é promessa de pagamento em dinheiro, com garantia real, cedularmente constituída. Trata-se de título líquido e certo, exigível pela soma dela constante ou do endosso, além dos juros, da comissão de fiscalização, se houver, e demais despesas que o credor fizer para segurança, regularidade e realização de seu direito creditório.

Importa em vencimento antecipado da dívida resultante da cédula, independentemente de aviso ou de interpelação judicial, a inadimplência de qualquer obrigação do eminente do título ou, sendo o caso, do terceiro prestante da garantia real.

Dentre outros requisitos, a cédula de crédito industrial deve conter a taxa de juros a pagar, comissão de fiscalização, se houver, e as épocas em que serão exigíveis, podendo ser capitalizadas.

2.5.3.3 TÍTULO DE FINANCIAMENTO COMERCIAL

Títulos de financiamento comercial são títulos de crédito impróprios, pois, embora se assemelhem aos títulos próprios, não se submetem a todos os princípios cambiários.

Os títulos de financiamento comercial podem ser constituídos sob às seguintes modalidades:

a) letra de câmbio financeira (Lei nº 4.728/65);

b) certificado de depósito bancário (Lei nº 4.728/65);

c) certificado de recebíveis imobiliários (Lei nº 9.514/97, art. 6º); e

d) letra de crédito imobiliário (Lei nº 10.193/04, art.12).

2.5.3.4 TÍTULO DE GARANTIA IMOBILIÁRIA

Os títulos de garantia imobiliária podem ser constituídos sob às seguintes modalidades: **a)** letras imobiliárias (Lei 4.380/64): **b)** cédulas hipotecárias (Decreto 70/66): **c)** letra hipotecária (Lei 7.684/88); **d)** letras de crédito imobiliário (Lei 10.931/2004); **e)** cédulas de crédito imobiliárias (Lei 10.931/04); **f)** certificado de recebíveis imobiliários.

2.5.3.5 CONHECIMENTO DE DEPÓSITO E *WARRANT*

Segundo Fábio Ulhôa Coelho, "o conhecimento de depósito e o *warrant* gerais são títulos de emissão de armazéns gerais, representativos de mercadorias neles depositadas (Decreto nº 1.102/2003). Sua emissão depende de solicitação do depositante e substituem o recibo de depósito." (*Manual de Direito Comercial*. 18 ed. São Paulo: Saraiva, 2007, p. 195)

2.5.4 ATOS CAMBIÁRIOS

2.5.4.1 ACEITE

Letra de câmbio	Cheque	Nota promissória	Duplicata
O aceite deve ser expresso, mas não é obrigatório.	Não há aceite.	Não há aceite.	O aceite pode ser expresso ou tácito.

2.5.4.2 AVAL

- **Conceito:** *aval* é o ato cambiário pelo qual uma pessoa (avalista) se compromete a pagar título de crédito, nas mesmas condições que um devedor desse título (avalizado). A grande característica do aval é que o avalista é um garantidor. Segundo André Luiz Santa Cruz Ramos, o aval é o "ato cambiário pelo qual um terceiro (o avalista) se responsabiliza pelo pagamento da obrigação constante no título" (*Direito Empresarial Esquematizado*. 4 ed. Rio de Janeiro: Forense; São Paulo: Método, 2014, p. 496).
- **Aval x Fiança:**

Aval	Fiança
▪ É um instituto cambiário. ▪ É uma declaração unilateral de vontade. ▪ É uma obrigação autônoma e independente (princípio da autonomia). ▪ É uma obrigação solidária. ▪ Partes: avalista e avalizado. ▪ O aval não admite o benefício de ordem, motivo pelo qual o avalista pode ser acionado juntamente com o avalizado.	▪ É um instituto civilista. ▪ É um contrato, portanto, uma declaração bilateral de vontade. ▪ É uma obrigação acessória. ▪ É uma obrigação subsidiária (há benefício de ordem, benefício de excussão). ▪ Partes: fiador e afiançado. ▪ A fiança admite o benefício de ordem, assegurando ao fiador, a prerrogativa de ser acionado somente após o afiançado. Logo, a responsabilidade do fiador é subsidiária.

2.5.4.3 ENDOSSO

- **Conceito:** *endosso* é o ato cambiário que põe o título de crédito em circulação. Através do endosso, o endossante transfere o seu direito de receber o crédito documentado no título ao endossatário. O endosso garante a existência da obrigação e o pagamento. Segundo André Luiz Santa Cruz Ramos, "o endosso é o ato cambiário mediante o qual o credor do título de crédito (*endossante*) transmite seus direitos a outrem (*endossatário*). É ato cambiário, pois, que põe o título em circulação. Os títulos 'não à ordem', registre-se, são transmitidos mediante cessão civil de crédito (...). Os títulos de crédito típicos, nominados ou próprios (letra de cambio, nota promissória, cheque, duplicata etc.) circulam mediante endosso porque todos eles possuem implícita a cláusula 'à ordem'. Somente quando for inserida, expressamente, a cláusula 'não à ordem' num título de crédito é que ele não poderá circular por endosso, e sim por mera cessão civil de crédito. O endosso produz dois efeitos, basicamente: a) *transfere a titularidade do crédito*; e b) *responsabiliza o endossante*, passando este a ser codevedor do título (se o devedor principal não pagar, o endossatário poderá cobrar do endossante)" (*Direito Empresarial Esquematizado*. 4 ed. Rio de Janeiro: Forense; São Paulo: Método, 2014, p. 490).
- **Endosso-mandato ou endosso-procuração:** é uma das espécies de endosso impróprio. O endosso-mandato tem previsão no art. 18 da LUG e no art. 917 do CC. Segundo a doutrina de André Luiz Santa Cruz Ramos, por meio do endosso-mandato, "o endossante confere poderes ao endossatário – por exemplo, uma instituição financeira – para agir como seu legítimo representante, exercendo em nome daquele os direitos constantes do título, podendo cobrá-lo, protestá-lo, executá-lo, etc. Faz-se o endosso-mandato, segundo a Lei Uniforme, mediante a colocação, junto ao endosso, das expressões 'para cobrança', 'valor a cobrar' ou 'por procuração'." (*Direito Empresarial Esquematizado*. 4 ed. Rio de Janeiro: Forense; São Paulo: Método, 2014, p. 492).
- **Normas gerais do Código Civil:** as disposições do Código Civil relativas aos títulos de crédito, aplicam-se àqueles regulados por leis especiais, nos casos de omissão ou lacuna. O art. 903 do CC, dispõe que: "Salvo disposição diversa em lei especial, regem-se os títulos de crédito pelo disposto neste Código." Sempre que o examinador não especificar o título de crédito, responder à questão com base nas regras gerais do Código Civil. Por outro lado, se o examinador especificar o título de crédito, responder com base na legislação respectiva.

- **Regras especiais decorrentes da legislação regente de cada título de crédito:**

Letra de câmbio	Cheque	Nota promissória	Duplicata
Admite aval total ou parcial.	Admite aval total ou parcial.	Admite aval total ou parcial.	Admite aval total ou parcial.
O endosso parcial é nulo.	O endosso parcial é nulo.	O endosso parcial é nulo.	O endosso parcial é nulo.

- **Endosso x Cessão civil de crédito:**

Endosso	Cessão de crédito
▪ É um instituto cambial. ▪ É uma declaração unilateral de vontade. ▪ Partes: endossante e endossatário. ▪ Garante a existência da obrigação e o pagamento. ▪ Diz respeito ao título nominal à ordem, porquanto somente estes circulam por endosso. ▪ Transfere um direito puro, originário, sem vícios. O endosso tem efeito purificador.	▪ É um instituto civilista. ▪ É uma declaração bilateral de vontade (é um negócio jurídico). ▪ Partes: cedente e cessionário. ▪ Garante a existência da obrigação, mas o cedente ao ceder não garante o pagamento do título, salvo previsão expressa. ▪ Utilizada tanto para os negócios jurídicos previstos no Código Civil como para o título nominal não à ordem. ▪ Transfere um direito derivado, ou seja, transfere o título com eventuais vícios. A cessão não tem efeito purificador.

- **Endosso x Aval:**

Endosso	Aval
▪ É um instituto cambiário. ▪ É uma declaração unilateral de vontade. ▪ Partes: endossante e endossatário. ▪ Garante a existência da obrigação e o pagamento. ▪ Diz respeito ao título nominal à ordem, porquanto somente estes circulam por endosso. ▪ Transfere um direito puro, originário, sem vícios. O endosso tem efeito purificador. ▪ O endosso é feito através de uma assinatura no verso. É possível que ele seja feito no anverso do título. Nesse caso, deverá ser feita uma assinatura acompanhada de uma expressão identificadora do ato (ex.: "endosso a"; "pague-se a").	▪ É um instituto cambiário. ▪ É uma declaração unilateral de vontade. ▪ Partes: avalista e avalizado. ▪ É uma obrigação autônoma e independente (princípio da autonomia). ▪ É uma obrigação solidária. ▪ O aval é feito através de uma assinatura no anverso do título. É possível que ele seja feito no verso do título. Nesse caso, deverá ser feita uma assinatura acompanhada de uma expressão identificadora do ato (ex.: "avalizo a", "por aval a").

2.5.4.4 PROTESTO

- **Legislação:** A Lei nº 9.492/1997 regulamenta o protesto de títulos e documentos.
- **Conceito:** Protesto é o ato formal e solene pelo qual se prova a inadimplência e o descumprimento de uma obrigação originada em títulos e outros documentos de dívida. Assim, um credor pode pedir o protesto de qualquer título representativo de uma dívida líquida e certa. O protesto possui duas finalidades: provar a mora do devedor e resguardar o direito do crédito.
- **Modalidades**:
  1) Protesto por falta de pagamento;
  2) Protesto por falta de aceite;
  3) Protesto por falta de devolução;

4) Protestos especiais:

a) para comprovação da data de aceite;

b) de cópia do título;

c) para fins falimentares;

d) do contrato de câmbio;

e) da conta de profissional liberal.

- **Procedimento do protesto:**

Protocolização	▪ Todos os títulos e documentos de dívida protocolizados serão examinados em seus caracteres formais e terão curso se não apresentarem vícios, não cabendo ao Tabelião de Protesto investigar a ocorrência de prescrição ou caducidade. ▪ Qualquer irregularidade formal observada pelo Tabelião obstará o registro do protesto. ▪ Poderão ser protestados títulos e outros documentos de dívida em moeda estrangeira, emitidos fora do Brasil, desde que acompanhados de tradução efetuada por tradutor público juramentado
Intimação	▪ O protesto será registrado dentro de 3 (três) dias úteis contados da protocolização do título ou documento de dívida. ▪ Na contagem do prazo, exclui-se o dia da protocolização e inclui-se o do vencimento. ▪ Quando a intimação for efetivada excepcionalmente no último dia do prazo ou além dele, por motivo de força maior, o protesto será tirado no primeiro dia útil subsequente. ▪ Protocolizado o título ou documento de dívida, o Tabelião expedirá a intimação ao devedor, no endereço fornecido pelo apresentante do título ou documento, considerando-se cumprida quando comprovada a sua entrega no mesmo endereço. ▪ A remessa da intimação poderá ser feita por portador do próprio tabelião, ou por qualquer outro meio, desde que o recebimento fique assegurado e comprovado através de protocolo, aviso de recebimento (AR) ou documento equivalente. **Obs.:** A notificação do protesto, para requerimento de falência da empresa devedora, exige a identificação da pessoa que a recebeu (Súmula 361-STJ). ▪ A intimação deverá conter nome e endereço do devedor, elementos de identificação do título ou documento de dívida, e prazo limite para cumprimento da obrigação no Tabelionato, bem como número do protocolo e valor a ser pago. ▪ A intimação será feita por edital se a pessoa indicada para aceitar ou pagar for desconhecida, sua localização incerta ou ignorada, for residente ou domiciliada fora da competência territorial do Tabelionato, ou, ainda, ninguém se dispuser a receber a intimação no endereço fornecido pelo apresentante. O edital será afixado no Tabelionato de Protesto e publicado pela imprensa local onde houver jornal de circulação diária. ▪ Aquele que fornecer endereço incorreto, agindo de má-fé, responderá por perdas e danos, sem prejuízo de outras sanções civis, administrativas ou penais.
Sustação	▪ Antes da lavratura do protesto, poderá o apresentante retirar o título ou documento de dívida, pagos os emolumentos e demais despesas. ▪ Permanecerão no Tabelionato, à disposição do Juízo respectivo, os títulos ou documentos de dívida cujo protesto for judicialmente sustado. ▪ O título do documento de dívida cujo protesto tiver sido sustado judicialmente só poderá ser pago, protestado ou retirado com autorização judicial. ▪ Revogada a ordem de sustação, não há necessidade de se proceder a nova intimação do devedor, sendo a lavratura e o registro do protesto efetivados até o primeiro dia útil subsequente ao do recebimento da revogação, salvo se a materialização do ato depender de consulta a ser formulada ao apresentante, caso em que o mesmo prazo será contado da data da resposta dada. ▪ Tornada definitiva a ordem de sustação, o título ou o documento de dívida será encaminhado ao Juízo respectivo, quando não constar determinação expressa a qual das partes o mesmo deverá ser entregue, ou se decorridos trinta dias sem que a parte autorizada tenha comparecido no Tabelionato para retirá-lo. ▪ As dúvidas do Tabelião de Protesto serão resolvidas pelo Juízo competente.

Pagamento	▪ O pagamento do título ou do documento de dívida apresentado para protesto será feito diretamente no Tabelionato competente, no valor igual ao declarado pelo apresentante, acrescido dos emolumentos e demais despesas. ▪ Não poderá ser recusado pagamento oferecido dentro do prazo legal, desde que feito no Tabelionato de Protesto competente e no horário de funcionamento dos serviços. ▪ No ato do pagamento, o Tabelionato de Protesto dará a respectiva quitação, e o valor devido será colocado à disposição do apresentante no primeiro dia útil subsequente ao do recebimento. ▪ Quando for adotado sistema de recebimento do pagamento por meio de cheque, ainda que de emissão de estabelecimento bancário, a quitação dada pelo Tabelionato fica condicionada à efetiva liquidação. ▪ Quando do pagamento no Tabelionato ainda subsistirem parcelas vincendas, será dada quitação da parcela paga em apartado, devolvendo-se o original ao apresentante.
Registro	▪ Não ocorrendo pagamento, desistência ou sustação, o Tabelião lavrará e registrará o protesto, sendo o respectivo instrumento entregue ao apresentante. ▪ Como visto anteriormente, o protesto será tirado por falta de pagamento, de aceite ou de devolução. **a) Protesto por falta de aceite:** o protesto por falta de aceite somente poderá ser efetuado antes do vencimento da obrigação e após o decurso do prazo legal para o aceite ou a devolução. **b) Protesto por falta de pagamento:** após o vencimento, o protesto sempre será efetuado por falta de pagamento, vedada a recusa da lavratura e registro do protesto por motivo não previsto na lei cambial. **Obs.:** não se poderá tirar protesto por falta de pagamento de letra de câmbio contra o sacado não aceitante. **c) Protesto por falta de devolução:** quando o sacado retiver a letra de câmbio ou a duplicata enviada para aceite e não proceder à devolução dentro do prazo legal, o protesto poderá ser baseado na segunda via da letra de câmbio ou nas indicações da duplicata, que se limitarão a conter os mesmos requisitos lançados pelo sacador ao tempo da emissão da duplicata, vedada a exigência de qualquer formalidade não prevista na Lei que regula a emissão e circulação das duplicatas. ▪ Os devedores, assim compreendidos os emitentes de notas promissórias e cheques, os sacados nas letras de câmbio e duplicatas, bem como os indicados pelo apresentante ou credor como responsáveis pelo cumprimento da obrigação, não poderão deixar de figurar no termo de lavratura e registro de protesto.

- **Efeitos:** Como bem ensina o Professor Waldo Fazzio Júnior, "O protesto como instrumento de conservação de interesses e positivação de atos e fatos jurídicos produz diversos efeitos jurídicos relevantes para o direito comercial, a saber: •torna público o título; •atesta a inexecução da obrigação cambial; •obsta a mora do credor e comprova que diligenciou a cobrança do título; •pode impedir, conforme o caso, a recuperação judicial; •prova a impontualidade; •constitui o devedor em mora; •serve como critério para a fixação do termo legal da falência." (*Manual de Direito Comercial. e-book*. 17. ed. rev., atual. e ampl. – São Paulo: Atlas, 2016, pg. 411).

2.5.4.5 PRESCRIÇÃO

	Ação contra o aceitante	**Ação do portador contra o endossante e sacador**	**Ação dos endossantes uns contra os outros e contra o sacador**
Letra de câmbio	3 anos a partir do vencimento.	1 ano da data do protesto ou vencimento do título com cláusula sem despesas.	6 meses do dia em que o endossante pagou a letra e ele próprio foi acionado.
Cheque	6 meses da data da expiração do prazo para apresentação.		

<table>
<tr><th rowspan="2">Nota promissória</th><th colspan="3">Ação contra o devedor direto</th><th colspan="3">Ação contra o devedor indireto</th></tr>
<tr><td colspan="3">3 anos.</td><td colspan="3">1 ano.</td></tr>
<tr><th rowspan="2">Duplicata</th><th colspan="2">Ação contra o sacado e seus avalistas</th><th colspan="2">Ação contra o endossante e seus avalistas</th><th colspan="2">Ação de qualquer dos coobrigados contra os demais</th></tr>
<tr><td colspan="2">3 anos contados da data de vencimento do título.</td><td colspan="2">1 ano contado da data do protesto.</td><td colspan="2">1 ano, contado da data em que haja sido efetuado o pagamento do título.</td></tr>
</table>

2.5.5 AÇÕES CAMBIAIS

- **Conceito:** ação cambial é o instrumento processual adequado para a cobrança do título de crédito em juízo. Desde que dentro do prazo prescricional, o titular do título de crédito vencido e não pago, poderá ajuizar, em face dos devedores, a competente ação de execução. Isso porque, os títulos de crédito são considerados títulos executivos extrajudiciais.
- **Espécies de ações cambiais:** há duas espécies de ações cambiais: a ação direta e a ação de regresso. A ação direta é intentada contra o aceitante e seus avalistas. A ação de regresso é intentada contra todos os demais coobrigados do título (sacador, endossantes e avalistas).Pela ação de regresso, o signatário que paga o título de crédito pode acionar, na execução, os devedores coobrigados.

2.6 DIREITO DE PROPRIEDADE INDUSTRIAL

2.6.1 NOÇÕES GERAIS

- **Abrangência do Direito Industrial:** são 4 os bens imateriais protegidos pelo Direito Industrial: **a)** patente de invenção; **b)** patente de modelo de utilidade; **c)** registro de desenho industrial; **d)** registro de marca. O empresário que titulariza tais bens (patentes ou registro) possui o direito de explorar economicamente, com exclusividade, o respectivo objeto.
- **Instituto Nacional de Propriedade Industrial – INPI:** o INPI, autarquia federal, é o ente encarregado de proteger os direitos do empresário relativos à propriedade industrial.
- **Formas de proteção dos direitos de propriedade industrial:** a proteção dos direitos relativos à propriedade industrial, considerado o seu interesse social e o desenvolvimento tecnológico e econômico do País, efetua-se mediante:
  a) concessão de patentes de invenção e de modelo de utilidade;
  b) concessão de registro de desenho industrial;
  c) concessão de registro de marca;
  d) repressão às falsas indicações geográficas; e
  e) repressão à concorrência desleal.
- **Patente:**
  1) Requisitos da patenteabilidade (A.N.A):
    a) atividade inventiva;
    b) novidade;
    c) aplicação industrial.
  2) Efeito da patente: é a concessão de propriedade do bem, garantindo o direito de exploração com exclusividade. Em outras palavras, a patente confere ao seu titular o direito de impedir terceiro, sem o seu consentimento, de produzir, usar, colocar à venda, vender ou importar com estes propósitos:
    a) produto objeto de patente;
    b) processo ou produto obtido diretamente por processo patenteado.
  3) Cessão da patente: o pedido de patente ou a patente, ambos de conteúdo indivisível, poderão ser concedidos, total ou parcialmente.

4) **Vigência da patente:** é muito comum as bancas examinadoras cobrarem os seguintes prazos, todos previstos na Lei 9.279/96:

Patente de invenção	Patente de modelo de utilidade	Registro de desenho industrial	Registro de marca
20 anos	15 anos	10 anos	10 anos
Art. 40	Art. 40	Art. 108	Art. 133

- **Prescrição:** prescreve em 5 (cinco) anos a ação para reparação de dano causado ao direito de propriedade industrial (art. 225 da LPI).

2.6.2 REGIME JURÍDICO

- A propriedade industrial está sujeita às normas constantes da Lei nº 9.279/1996 (Lei da Propriedade Industrial – LPI).
- **Natureza dos direitos de propriedade industrial:** consideram-se bens móveis, para os efeitos legais, os direitos de propriedade industrial.

2.6.3 INVENÇÃO

- A patente se relaciona com à invenção ou ao modelo de utilidade.
- **Conceito:** "Invenção é o ato original do gênio humano. Toda vez que alguém projeta algo que desconhecia, estará produzindo uma invenção. Embora toda invenção seja, assim, original, nem sempre será nova, ou seja, desconhecida das demais pessoas. E a novidade, conforme se verá em seguida, é condição de patenteabilidade da invenção." (Coelho, Fábio Ulhoa. *Manual de Direito Comercial.* 28 ed. – São Paulo: Editora Revista dos Tribunais, 2016).
- **Requisitos para a patente de invenção:** é patenteável a invenção que atenda aos requisitos de novidade, atividade inventiva e aplicação industrial.
  a) **Novidade:** a invenção é considerada nova, quando não compreendida no estado da técnica. Em outras palavras, a invenção deve ser desconhecida da comunidade científica, técnica ou industrial.
  b) **Atividade inventiva:** a invenção é dotada de atividade inventiva sempre que, para um técnico no assunto, não decorra de maneira evidente ou óbvia do estado da técnica.
  c) **Aplicação industrial:** a invenção é considerada suscetível de aplicação industrial quando possa ser utilizado ou produzida em qualquer tipo de indústria.
- **Vigência da patente de invenção:** 20 anos.
- **Não se considera invenção (art. 10 da LPI):**
  a) descobertas, teorias científicas e métodos matemáticos;
  b) concepções puramente abstratas;
  c) esquemas, planos, princípios ou métodos comerciais, contábeis, financeiros, educativos, publicitários, de sorteio e de fiscalização;
  d) obras literárias, arquitetônicas, artísticas e científicas ou qualquer criação estética;
  e) programas de computador em si;
  f) apresentação de informações;
  g) regras de jogo;
  h) técnicas e métodos operatórios ou cirúrgicos, bem como métodos terapêuticos ou de diagnóstico, para aplicação no corpo humano ou animal; e
  i) o todo ou parte de seres vivos naturais e materiais biológicos encontrados na natureza, ou ainda que dela isolados, inclusive o genoma ou germoplasma de qualquer ser vivo natural e os processos biológicos naturais.
- **Não são patenteáveis (art. 18 da LPI):**
  a) o que for contrário à moral, aos bons costumes e à segurança, à ordem e à saúde públicas;
  b) substâncias, matérias, misturas, elementos ou produtos de qualquer espécie, bem como a modificação de suas propriedades físico-químicas e os respectivos processos de obtenção ou modificação, quando resultantes de transformação do núcleo atômico; e
  c) o todo ou parte dos seres vivos, exceto os microrganismos transgênicos que atendam aos três requisitos de patenteabilidade – novidade, atividade inventiva e aplicação industrial – previstos no art. 8º e que não sejam mera descoberta. **Obs.:** microorganismos transgênicos são organismos, exceto o todo ou parte de plantas ou de animais, que expressem, mediante intervenção humana direta em sua composição genética, uma característica normalmente não alcançável pela espécie em condições naturais.

2.6.4 DESENHO INDUSTRIAL

- O registro se relaciona com o desenho industrial e com a marca.

- **Conceito:** considera-se desenho industrial a forma plástica ornamental de um objeto ou o conjunto ornamental de linhas e cores que possa ser aplicado a um produto, proporcionando resultado visual novo e original na sua configuração externa e que possa servir de tipo de fabricação industrial.
- **Requisitos para o registro do desenho industrial:** o desenho industrial pode ser registrado quando atenda aos requisitos da novidade, originalidade e desimpedimento:
  - **a) Novidade:** o desenho industrial é considerado novo quando não compreendido no estado da técnica. O desenho industrial deve resultar em visual inédito, desconhecido dos técnicos do setor.
  - **b) Originalidade:** o desenho industrial é considerado original quando dele resulte uma configuração visual distintiva, em relação a outros objetos anteriores. **Obs.:** O resultado visual original poderá ser decorrente da combinação de elementos já conhecidos.
  - **c) Desimpedimento:** o desenho industrial não pode incorrer em nenhuma das situações do art. 100 da LPI.
- **Não é registrável como desenho industrial (art. 100 da LPI):**
  - **a)** o que for contrário à moral e aos bons costumes ou que ofenda a honra ou imagem de pessoas, ou atente contra liberdade de consciência, crença, culto religioso ou ideia e sentimentos dignos de respeito e veneração;
  - **b)** a forma necessária comum ou vulgar do objeto ou, ainda, aquela determinada essencialmente por considerações técnicas ou funcionais.
- **Vigência do registro do desenho industrial:** 10 anos.

2.6.5 MODELO DE UTILIDADE

- A patente se relaciona com à invenção ou ao modelo de utilidade.
- **Conceito:** "Desenho industrial diz respeito à forma dos objetos, e serve tanto para conferir-lhe um ornamento harmonioso como para distingui-los de outros do mesmo gênero. Lembre-se, por exemplo, a cadeira *Hill House*, projetada pelo arquiteto Charles Mackintosh em 1902, cuja forma (desenho industrial, design) tem especificidades que permitem sua imediata identificação. A marca, por sua vez, é o signo que identifica produtos e serviços, como Coca-Cola, RT, Itaú." (Coelho, Fábio Ulhoa. Manual de Direito Comercial. 28 ed. – São Paulo: Editora Revista dos Tribunais, 2016).
- **Requisitos para a patente de modelo de utilidade:** é patenteável o modelo de utilidade que atenda aos requisitos de novidade, atividade inventiva e aplicação industrial.
  - **a) Novidade:** o modelo de utilidade é considerado novo, quando não compreendido no estado da técnica. Em outras palavras, o modelo de utilidade deve ser desconhecido da comunidade científica, técnica ou industrial.
  - **b) Atividade inventiva:** o modelo de utilidade é dotado de ato inventivo sempre que, para um técnico no assunto, não decorra de maneira comum ou vulgar do estado da técnica.
  - **c) Aplicação industrial:** o modelo de utilidade é considerado suscetível de aplicação industrial quando possa ser utilizado ou produzido em qualquer tipo de indústria.
- **Vigência da patente de modelo de utilidade:** 15 anos.
- **Não se considera modelo de utilidade (art. 10 da LPI):**
  - **a)** descobertas, teorias científicas e métodos matemáticos;
  - **b)** concepções puramente abstratas;
  - **c)** esquemas, planos, princípios ou métodos comerciais, contábeis, financeiros, educativos, publicitários, de sorteio e de fiscalização;
  - **d)** obras literárias, arquitetônicas, artísticas e científicas ou qualquer criação estética;
  - **e)** programas de computador em si;
  - **f)** apresentação de informações;
  - **g)** regras de jogo;
  - **h)** técnicas e métodos operatórios ou cirúrgicos, bem como métodos terapêuticos ou de diagnóstico, para aplicação no corpo humano ou animal; e
  - **i)** o todo ou parte de seres vivos naturais e materiais biológicos encontrados na natureza, ou ainda que dela isolados, inclusive o genoma ou germoplasma de qualquer ser vivo natural e os processos biológicos naturais.
- **Não são patenteáveis (art. 18 da LPI):**
  - **a)** o que for contrário à moral, aos bons costumes e à segurança, à ordem e à saúde públicas;
  - **b)** as substâncias, matérias, misturas, elementos ou produtos de qualquer espécie, bem como a modificação de suas propriedades físico-químicas e os respectivos processos de obtenção ou modificação, quando resultantes de transformação do núcleo atômico; e

c) o todo ou parte dos seres vivos, exceto os microrganismos transgênicos que atendam aos três requisitos de patenteabilidade – novidade, atividade inventiva e aplicação industrial – previstos no art. 8º e que não sejam mera descoberta. **Obs.:** microorganismos transgênicos são organismos, exceto o todo ou parte de plantas ou de animais, que expressem, mediante intervenção humana direta em sua composição genética, uma característica normalmente não alcançável pela espécie em condições naturais.

ATENÇÃO!

Não se considera modelo de utilidade e, portanto, não podem ser patenteados:

I – as descobertas, teorias científicas e métodos matemáticos;

II – concepções puramente abstratas;

III – esquemas, planos, princípios ou métodos comerciais, contábeis, financeiros, educativos, publicitários, de sorteio e de fiscalização;

IV – as obras literárias, arquitetônicas, artísticas e científicas ou qualquer criação estética;

V – programas de computador em si;

VI – apresentação de informações;

VII – regras de jogo;

VIII – técnicas e métodos operatórios ou cirúrgicos, bem como métodos terapêuticos ou de diagnóstico, para aplicação no corpo humano ou animal; e

IX – o todo ou parte de seres vivos naturais e materiais biológicos encontrados na natureza, ou ainda que dela isolados, inclusive o genoma ou germoplasma de qualquer ser vivo natural e os processos biológicos naturais.

2.6.6 MARCA

- O registro se relaciona com o desenho industrial e com a marca.
- **Conceito:** marca é o signo que identifica produtos e serviços, produzidos ou colocados em circulação pelo empresário.
- **Requisitos do registro de marca:** é registrável a marca que atenta aos requisitos da *novidade relativa, não colidência com marca notória* e *não impedimento*.
- **Sinais registráveis como marca:** são suscetíveis de registro como marca os sinais distintivos visualmente perceptíveis, não compreendidos nos impedimentos legais do art. 124 da LPI.
- **Não são registráveis como marca (art. 124 da LPI):**

a) brasão, armas, medalha, bandeira, emblema, distintivo e monumento oficiais, públicos, nacionais, estrangeiros ou internacionais, bem como a respectiva designação, figura ou imitação;

b) letra, algarismo e data, isoladamente, salvo quando revestidos de suficiente forma distintiva;

c) expressão, figura, desenho ou qualquer outro sinal contrário à moral e aos bons costumes ou que ofenda a honra ou imagem de pessoas ou atente contra liberdade de consciência, crença, culto religioso ou ideia e sentimento dignos de respeito e veneração;

d) designação ou sigla de entidade ou órgão público, quando não requerido o registro pela própria entidade ou órgão público;

e) reprodução ou imitação de elemento característico ou diferenciador de título de estabelecimento ou nome de empresa de terceiros, suscetível de causar confusão ou associação com estes sinais distintivos;

f) sinal de caráter genérico, necessário, comum, vulgar ou simplesmente descritivo, quando tiver relação com o produto ou serviço a distinguir, ou aquele empregado comumente para designar uma característica do produto ou serviço, quanto à natureza, nacionalidade, peso, valor, qualidade e época de produção ou de prestação do serviço, salvo quando revestidos de suficiente forma distintiva;

g) sinal ou expressão empregada apenas como meio de propaganda;

h) cores e suas denominações, salvo se dispostas ou combinadas de modo peculiar e distintivo;

i) indicação geográfica, sua imitação suscetível de causar confusão ou sinal que possa falsamente induzir indicação geográfica;

j) sinal que induza a falsa indicação quanto à origem, procedência, natureza, qualidade ou utilidade do produto ou serviço a que a marca se destina;

k) reprodução ou imitação de cunho oficial, regularmente adotada para garantia de padrão de qualquer gênero ou natureza;

l) reprodução ou imitação de sinal que tenha sido registrado como marca coletiva ou de certificação por terceiro, observado o disposto no art. 154;

m) nome, prêmio ou símbolo de evento esportivo, artístico, cultural, social, político, econômico ou técnico, oficial ou oficialmente reconhecido, bem como a imitação suscetível de criar confusão, salvo quando autorizados pela autoridade competente ou entidade promotora do evento;

n) reprodução ou imitação de título, apólice, moeda e cédula da União, dos Estados, do Distrito Federal, dos Territórios, dos Municípios, ou de país;

o) nome civil ou sua assinatura, nome de família ou patronímico e imagem de terceiros, salvo com consentimento do titular, herdeiros ou sucessores;

p) pseudônimo ou apelido notoriamente conhecidos, nome artístico singular ou coletivo, salvo com consentimento do titular, herdeiros ou sucessores;

q) obra literária, artística ou científica, assim como os títulos que estejam protegidos pelo direito autoral e sejam suscetíveis de causar confusão ou associação, salvo com consentimento do autor ou titular;

r) termo técnico usado na indústria, na ciência e na arte, que tenha relação com o produto ou serviço a distinguir;

s) reprodução ou imitação, no todo ou em parte, ainda que com acréscimo, de marca alheia registrada, para distinguir ou certificar produto ou serviço idêntico, semelhante ou afim, suscetível de causar confusão ou associação com marca alheia;

t) dualidade de marcas de um só titular para o mesmo produto ou serviço, salvo quando, no caso de marcas de mesma natureza, se revestirem de suficiente forma distintiva;

u) a forma necessária, comum ou vulgar do produto ou de acondicionamento, ou, ainda, aquela que não possa ser dissociada de efeito técnico;

v) objeto que estiver protegido por registro de desenho industrial de terceiro; e

w) sinal que imite ou reproduza, no todo ou em parte, marca que o requerente evidentemente não poderia desconhecer em razão de sua atividade, cujo titular seja sediado ou domiciliado em território nacional ou em país com o qual o Brasil mantenha acordo ou que assegure reciprocidade de tratamento, se a marca se destinar a distinguir produto ou serviço idêntico, semelhante ou afim, suscetível de causar confusão ou associação com aquela marca alheia.

- **Espécies de marca:**

a) **marca de produto ou serviço:** aquela usada para distinguir produto ou serviço de outro idêntico, semelhante ou afim, de origem diversa;

b) **marca de certificação:** aquela usada para atestar a conformidade de um produto ou serviço com determinadas normas ou especificações técnicas, notadamente quanto à qualidade, natureza, material utilizado e metodologia empregada; e

c) **marca coletiva:** aquela usada para identificar produtos ou serviços provindos de membros de uma determinada entidade.

- **Marca de alto renome:** à marca registrada no Brasil considerada de alto renome será assegurada proteção especial, em todos os ramos de atividade.

> **ATENÇÃO!**
> As marcas de alto renome dependem de registro no Brasil para terem a respectiva proteção.

- **Legitimidade para o requerer o registro da marca:** podem requerer registro de marca as pessoas físicas ou jurídicas de direito público ou de direito privado.

> **ATENÇÃO!**
> As pessoas de direito privado só podem requerer registro de marca relativo à atividade que exerçam efetiva e licitamente, de modo direto ou através de empresas que controlem direta ou indiretamente, declarando, no próprio requerimento, esta condição, sob as penas da lei.

- **Aquisição dos direitos sobre a marca:** a propriedade da marca adquire-se pelo registro validamente expedido, conforme as disposições desta Lei, sendo assegurado ao titular seu uso exclusivo em todo o território nacional.

> **ATENÇÃO!**
> Toda pessoa que, de boa-fé, na data da prioridade ou depósito, usava no País, há pelo menos 6 (seis) meses, marca idêntica ou semelhante, para distinguir ou certificar produto ou serviço idêntico, semelhante ou afim, terá direito de precedência ao registro.

- **Vigência do registro da marca:** 10 anos.
- **Contrato de cessão de marca:** a cessão de marca é o instrumento apto a transferir os direitos de propriedade da marca transacionada, legitimando o cessionário ao uso, fruição, disposição e reivindicação e, por consequência, a opor-se, ainda que preventivamente, à pretensão de registro por terceiro, inclusive o próprio cedente (STJ, REsp 1.532.206/RJ).
- **Distinção:** Nome empresarial x Marca x Título de estabelecimento:

Nome empresarial	Marca	Título de estabelecimento
Identifica o empresário no meio empresarial.	Identifica o produto ou serviço no meio empresarial.	Identifica o estabelecimento empresarial.
É protegido a partir do momento em que o empresário registra os seus atos constitutivos na Junta Comercial, que é um órgão estadual. A proteção é de âmbito estadual.	É protegida a partir do momento em que é registrada no INPI (Instituto Nacional de Propriedade Industrial), que é um órgão federal. A proteção é de âmbito federal.	Não precisa ser registrado.
Não pode ser alienado.	Pode ser alienada.	Pode ser alienado.

- **Princípio da especialidade:** pelo princípio da especialidade, a proteção da marca é assegurada no âmbito da sua classe de produtos ou serviços, e não em todos os ramos de atividade. É possível, portanto, que produtos ou serviços tenham marcas semelhantes.
- **Marca de alto renome x Marca notoriamente conhecida:** A marca de alto renome é uma exceção ao princípio da especialidade. Isso porque, desde que devidamente registrada e assim declarada pelo INPI, a marca de alto renome terá proteção especial em todos os ramos de atividade no território nacional. Por outro lado, a marca notória, independentemente de registro, terá proteção no seu ramo específico de atividade. Por fim, vale ressaltar que, independentemente de estar registrada no Brasil, a marca notória possui proteção em todos os países signatários da Convenção da União de Paris.

Marca de alto renome	Marca notória
Depende de registro no Brasil para ser protegida.	Não depende de registro no Brasil para ser protegida.
A marca de alto renome terá proteção especial em todos os ramos de atividade no território nacional.	A marca notória, independentemente de registro, terá proteção no seu ramo específico de atividade. Possui também proteção em todos os países signatários da Convenção da União de Paris.

- **ENUNCIADOS DO CJF RELACIONADOS:**

I Jornada de Direito Comercial.

Enunciado 1: "Decisão judicial que considera ser o nome empresarial violador do direito de marca não implica a anulação do respectivo registro no órgão próprio nem lhe retira os efeitos, preservado o direito de o empresário alterá-lo."

Enunciado 2: "A vedação de registro de marca que reproduza ou imite elemento característico ou diferenciador de nome empresarial de terceiros, suscetível de causar confusão ou associação (art. 124, V, da Lei n. 9.279/1996), deve ser interpretada restritivamente e em consonância com o art. 1.166 do Código Civil."

2.7 CONTRATOS EMPRESARIAIS

2.7.1 NOÇÕES GERAIS

- **Conceito:** *contratos mercantis* são aqueles em que ambos os contratantes são empresários.
- **Classificação:** os contratos mercantis classificam-se em: ***a)* cíveis:** são aqueles regidos pelo CC e ocorrem quando ambos os contratantes empresários estiverem em posição de igualdade do ponto de vista econômico; ***b)* de relação de consumo:** são aqueles regidos pelo CDC e ocorrem quando um dos contratantes empresários está em posição de desigualdade (vulnerabilidade) frente ao outro. Ex.: um empresário adquire produto ou serviço como destinatário final; aplicação da teoria finalista mitigada.

2.7.2 COMPRA E VENDA MERCANTIL

"A compra e venda é mercantil quanto comprador e vendedor são empresários. Trata-se do contrato elementar da atividade empresarial. Numa esquematização simples, o comércio pode ser explicado como a sucessão de contratos de compra e venda. O importador compra o produto do fabricante sediado no exterior e o revende ao atacadista, que o revende ao varejista e assim por diante." (Coelho, Fábio Ulhoa. *Manual de Direito Comercial*. 18 ed. São Paulo: Saraiva, 2007, p. 422).

2.7.3 COMISSÃO

- O contrato de comissão tem por objeto a aquisição ou a venda de bens pelo comissário, em seu próprio nome, à conta do comitente.
- O comissário fica diretamente obrigado para com as pessoas com quem contratar, sem que estas tenham ação contra o comitente, nem este contra elas, salvo se o comissário ceder seus direitos a qualquer das partes.
- Se do contrato de comissão constar a cláusula *del credere*, responderá o comissário solidariamente com as pessoas com que houver tratado em nome do comitente, caso em que, salvo estipulação em contrário, o comissário tem direito a remuneração mais elevada, para compensar o ônus assumido.
- Para reembolso das despesas feitas, bem como para recebimento das comissões devidas, tem o comissário direito de retenção sobre os bens e valores em seu poder em virtude da comissão.

2.7.4 REPRESENTAÇÃO COMERCIAL

- Exerce representação comercial autônoma a pessoa física ou jurídica, sem relação de emprego, que desempenha, em caráter não eventual, por conta de uma ou mais pessoas, a mediação para a realização de negócios mercantis, agenciando propostas ou pedidos, para, transmiti-los aos representados, praticando ou não atos relacionados com a execução dos negócios. Em suma, cabe ao representante comercial expandir os negócios do representado e promover os seus produtos.
- É obrigatório o registro dos que exerçam a representação comercial autônoma nos Conselhos Regionais dos Representantes Comerciais, aos quais incumbe a fiscalização do exercício da profissão.
- O contrato de representação comercial deve obrigatoriamente indicar o prazo (determinado ou indeterminado), bem como a zona(s) em que será exercida a representação.
- No caso de contrato a prazo certo, a indenização corresponderá à importância equivalente à média mensal da retribuição auferida até a data da rescisão, multiplicada pela metade dos meses resultantes do prazo contratual.
- Salvo autorização expressa, o representante não poderá conceder abatimentos, descontos ou dilações, nem agir em desacordo com as instruções do representado.
- **Exclusividade de zona:** prevendo o contrato de representação a exclusividade de zona(s), ou quando este for omisso, fará jus o representante à comissão pelos negócios aí realizados, ainda que diretamente pelo representado ou por intermédio de terceiros. A exclusividade de representação não se presume na ausência de ajustes expressos.
- **Remuneração:** o representante comercial adquire o direito às comissões quando do pagamento dos pedidos ou propostas. No caso de falência do representado, as importâncias por ele devidas ao representante comercial, inclusive comissões vencidas e vincendas, indenização e aviso prévio, serão considerados créditos da mesma natureza dos créditos trabalhistas.

2.7.5 CONCESSÃO COMERCIAL

- **Previsão legal:** Lei nº 6.729/1979, conhecida como "Lei Renato Ferrari", que dispõe sobre a concessão comercial entre produtores e distribuidores de veículos automotores de via terrestre.
- **Conceito:** concessão comercial é o contrato pelo qual um empresário (concessionário) se obriga a comercializar, com ou sem exclusividade, com ou sem cláusula de territorialidade, os produtos fabricados por outro empresário (concedente).

2.7.6 FRANQUIA (*FRANCHISING*)

- **Previsão legal:** a franquia está prevista na Lei nº 8.955/1994.
- **Conceito:** *franquia (franchising)* é o contrato mercantil de colaboração pelo qual um franqueador cede ao franqueado o direito de uso de marca ou patente, associado ao direito de distribuição exclusiva ou semi-exclusiva de produtos ou serviços e, eventualmente, também ao direito de uso de tecnologia de implantação e administração de negócio ou sistema operacional desenvolvidos ou detidos pelo franqueador, mediante remuneração direta ou indireta, sem que, no entanto, fique caracterizado vínculo empregatício.
- **Circular de Oferta de Franquia:** sempre que o franqueador tiver interesse na implantação de sistema de franquia empresarial, deverá fornecer ao interessado em tornar-se franqueado uma "circular de oferta de franquia", por escrito e em linguagem clara e acessível, contendo os dados essenciais do negócio que se pretende realizar. A circular oferta de franquia deve ser entregue ao candidato a franqueado no mínimo 10 dias antes da assinatura do contrato ou pré-contrato de franquia ou ainda do pagamento de qualquer tipo de taxa pelo franqueado ao franqueador ou a empresa ou pessoa ligada a este. Na hipótese do não cumprimento dessa regra, o franqueado poderá arguir a anulabilidade do contrato e exigir devolução de todas as quantias que já houver pago ao franqueador ou a terceiros por ele indicados, a título de taxa de filiação e *royalties*, devidamente corrigidas, mais perdas e danos.

- **Formalismo:** o contrato de franquia deve ser sempre escrito e assinado na presença de 2 testemunhas e terá validade independentemente de ser levado a registro perante cartório ou órgão público.

2.7.7 AGÊNCIA E DISTRIBUIÇÃO

Pelo contrato de "agência", uma pessoa assume, em caráter não eventual e sem vínculos de dependência, a obrigação de promover, à conta de outra, mediante retribuição, a realização de certos negócios, em zona determinada, caracterizando-se a "distribuição" quando o agente tiver à sua disposição a coisa a ser negociada.

Salvo ajuste, o proponente não pode constituir, ao mesmo tempo, mais de um agente, na mesma zona, com idêntica incumbência; nem pode o agente assumir o encargo de nela tratar de negócios do mesmo gênero, à conta de outros proponentes.

2.7.8 ALIENAÇÃO FIDUCIÁRIA EM GARANTIA

- **Conceito:** "O contrato de alienação fiduciária em garantia é um contrato instrumental em que uma das partes, em confiança, aliena a outra a propriedade de determinado bem, móvel ou imóvel, ficando esta parte (uma instituição financeira, em regra) obrigada a devolver àquela o bem que lhe foi alienado quando verificada a ocorrência de determinado fato. Diz-se que é contrato instrumental porque, em regra, é formalizado como um meio para a concretização de um outro negócio principal. Assim, geralmente está associada a um mútuo, servindo-lhe de garantia." (Ramos, André Luiz Santa Cruz. *Direito Empresarial Esquematizado.* 6. ed. rev., atual. e ampl. – Rio de Janeiro: Forense; São Paulo: Método, 2016).

2.7.9 FATURIZAÇÃO (*FACTORING*)

- **Sinônimos:** *factoring* ou fomento mercantil.
- **Conceito:** Faturização "é o contrato pelo qual uma sociedade empresária se obriga a cobrar os devedores de exercente de atividade econômica, empresária ou não (faturizado), prestando a este serviços de administração de crédito. (Coelho, Fábio Ulhoa. *Manual de Direito Comercial. 18 ed. São Paulo: Saraiva, 2007, p. 464).*
- ***Factoring*** não é instituição financeira: As empresas de *factoring* desempenham atividades de fomento mercantil, de cunho meramente comercial, em que se ajusta a compra de créditos vencíveis, mediante preço certo e ajustado, e com recursos próprios, não podendo ser caracterizadas como instituições financeiras (STJ, CC 98.062/SP).

2.7.10 ARRENDAMENTO MERCANTIL (*LEASING*)

- **Conceito:** "Pode-se definir o contrato de arrendamento mercantil, também chamado de leasing, como um contrato especial de locação que assegura ao locatário a prerrogativa de adquirir o bem alugado ao final da avença, pagando, nesse caso, uma diferença chamada de valor residual. Em síntese: o leasing ou arrendamento mercantil é um contrato de locação em que se asseguram ao arrendatário três opções ao final do aluguel: (i) renovar a locação; (ii) encerrar o contrato, não mais renovando a locação; (iii) comprar o bem alugado, pagando-se o valor residual. O leasing não pode ser considerado um contrato típico: a Lei 6.099/1974 regula apenas o seu aspecto tributário." (Ramos, André Luiz Santa Cruz. *Direito Empresarial Esquematizado.* 6. ed. rev., atual. e ampl. – Rio de Janeiro: Forense; São Paulo: Método, 2016).

2.7.11 LOCAÇÃO EMPRESARIAL

- Por ter valor econômico, o estabelecimento empresarial pode ser objeto de negócios jurídicos translativos (ex: alienação, arrendamento) ou constitutivos (ex: hipoteca), desde que compatíveis com a sua natureza.
- O contrato que tenha por objeto a alienação, o usufruto ou arrendamento do estabelecimento, só produzirá efeitos quanto a terceiros depois de averbado à margem da inscrição do empresário, ou da sociedade empresária, no Registro Público de Empresas Mercantis, e de publicado na imprensa oficial.
- **Ação renovatória de aluguel:**

Finalidade	A ação renovatória de aluguel visa proteger o ponto comercial.
Requisitos	Contrato a renovar deve ter sido celebrado por escrito e com prazo determinado + prazo mínimo do contrato a renovar ou a soma dos prazos ininterruptos dos contratos escritos deve ser de 5 anos + o locatário deve estar explorando seu comércio, no mesmo ramo, pelo prazo mínimo e ininterrupto de 3 anos.
Momento	A ação deve ser ajuizada durante a vigência do contrato no interregno de 1 ano, no máximo, a 6 meses, no mínimo, do término de vigência do contrato. A não propositura no prazo legal acarreta a decadência (perda do direito a renovação do contrato).

Exceções	Ao ser citado, o locador poderá apresentar as exceções exemplificativamente previstas nos arts. 52 e 72 da Lei 8.245/91.
Indenização	O locatário fará jus à indenização para o ressarcimento de seus prejuízos e lucros cessantes decorrentes de sua mudança, perda do ponto e desvalorização do seu fundo de comércio quando o locador não der ao imóvel a destinação alegada em sua exceção no prazo de até 3 meses a contar de sua entrega ou quando a exceção para retomada do imóvel consistir na melhor proposta de terceiro.

2.7.12 SEGURO

- **Conceito:** Pelo contrato de seguro, o segurador se obriga, mediante o pagamento do prêmio, a garantir interesse legítimo do segurado, relativo a pessoa ou a coisa, contra riscos predeterminados. Somente pode ser parte, no contrato de seguro, como segurador, entidade para tal fim legalmente autorizada. O contrato de seguro prova-se com a exibição da apólice ou do bilhete do seguro, e, na falta deles, por documento comprobatório do pagamento do respectivo prêmio. A emissão da apólice deverá ser precedida de proposta escrita com a declaração dos elementos essenciais do interesse a ser garantido e do risco.

2.8 CONTRATOS BANCÁRIOS

2.8.1 CONCEITO

Contratos bancários são aqueles em que, necessariamente, uma das partes é um Banco e o objeto seja algum serviço ligado à atividade bancária, como a coleta, a intermediação ou aplicação de recursos financeiros próprios ou de terceiros, a custódia de valores.

2.8.2 DEPÓSITO BANCÁRIO

Depósito bancário é contrato pelo qual uma pessoa (depositante) entrega valores monetários a um banco, que por sua vez se obriga a restituí-los quando solicitados pelo depositante. A entrega dos valores monetários e a sua restituição ao depositante são registrados em conta-corrente.

2.8.3 CONTA-CORRENTE

Conta-corrente é o contrato pelo qual um banco se obriga a receber valores monetários do correntista ou de terceiros, bem como utilizar esses recursos para proceder pagamentos por ordem do correntista.

2.8.4 APLICAÇÃO FINANCEIRA

Aplicação financeira é o contrato pelo qual uma pessoa (depositante) autoriza um banco a empregar/aplicar o valor monetário mantido na conta de depósito em determinados investimentos, como ações, títulos da dívida pública, etc. O depositante terá direito à remuneração decorrente do valor investido.

O contrato de aplicação financeira, normalmente, está relacionado aos fundos de investimento.

2.8.5 MÚTUO BANCÁRIO

Mútuo bancário é o contrato pelo qual um Banco empresta ao cliente certa quantia em dinheiro. O cliente, por sua vez, assume as obrigações de restituir-lhe o valor emprestado, de acordo com correção monetária, juros, encargos e demais taxas previstas no ajuste, além de amortizar o valor emprestado, de acordo com as condições e prazos estabelecidos.

2.8.6 DESCONTO

Desconto bancário é o contrato pelo qual o banco antecipa o pagamento de um título de crédito ao cliente. O cliente, por sua vez, cede ao banco um determinado crédito não vencido, contra ele mesmo ou contra terceiro. Normalmente, este crédito cedido ao banco é representado por um título de crédito, respondendo o cliente pelo seu pagamento.

No desconto bancário de cheque, havendo cessão de crédito do beneficiário ao banco, a cessão só terá eficácia se o emitente do cheque dela for notificado.

2.8.7 ABERTURA DE CRÉDITO

Abertura de crédito é o contrato pelo qual o banco disponibiliza determinada quantia em dinheiro ao cliente, que pode ou não fazer uso deste recurso. Caso utilize o valor monetário disponibilizado, o cliente se obriga a pagar juros e encargos ao banco. Normalmente, costuma-se designar o contrato de abertura de crédito de "cheque especial".

2.8.8 CRÉDITO DOCUMENTÁRIO

- Crédito documentário é o contrato pelo qual um banco assume a obrigação, perante o seu cliente (ordenante), de efetuar pagamentos em favor de terceiro (beneficiário), contra a apresentação de documentos que se relacionem com o negócio celebrado pelo ordenante e o beneficiário.
- O contrato de crédito documentário é muito utilizado no comércio internacional.

2.9 SISTEMA FINANCEIRO NACIONAL - SFN

- A organização e as funções das diversas entidades do mercado financeiro compõem o chamado Sistema Financeiro Nacional – SFN.
- O Sistema Financeiro Nacional, estruturado de forma a promover o desenvolvimento equilibrado do País e a servir aos interesses da coletividade, em todas as partes que o compõem, abrangendo as cooperativas de crédito, será regulado por leis complementares que disporão, inclusive, sobre a participação do capital estrangeiro nas instituições que o integram (CF, art. 192).

2.9.1 CONSTITUIÇÃO E COMPETÊNCIA DAS ENTIDADES INTEGRANTES DO SFN

Os integrantes do Sistema Financeiro Nacional se desdobram em uma série de órgãos e instituições cujo objetivo é manter operativo o sistema. O SFN é estruturado em órgãos normativos, entidades supervisoras e operadores.

Órgãos normativos	• **Constituição:** **a)** Conselho Monetário Nacional - CMN; **b)** Conselho Nacional de Seguros Privados – CNSP; **c)** Conselho Nacional de Previdência Complementar – CGPC; • **Competência:** os órgãos normativos têm a competência de disciplinar, regulamentar e estabelecer as políticas públicas para o Sistema Financeiro Nacional, sem exercerem funções executivas.
Entidades supervisoras	• **Constituição:** **a)** Banco Central do Brasil – BACEN; **b)** Comissão de Valores Mobiliários – CVM; **c)** Superintendência de Seguros Privados – SUSEP; **d)** Institutos de Resseguros do Brasil – IRB; **e)** Secretaria da Previdência Complementar – SPC. • **Competência:** as entidades supervisoras têm a competência de fiscalizar as entidades operadoras, bem como realizar e executar as atividades de regulação estatal do SFN.
Entidades operadoras	• **Constituição:** entidades operadoras são todas as instituições privadas que atuam no SFN, devendo respeito ao poder de regulação dos órgãos normativos, bem como ao poder de fiscalização pelas entidades supervisoras, a saber: **a)** Bolsa de Valores; **b)** Bolsa de Mercadorias e Futuros; **c)** Sociedades Seguradoras; **d)** Sociedades de Capitalização; **e)** Entidades Abertas de Previdência Complementar; **f)** Entidades Fechadas de Previdência Complementar; **g)** Instituições Financeiras Captadoras de Depósitos à Vista:**i)** Bancos Múltiplos;**ii)** Bancos Comerciais;**iii)** Caixa Econômica Federal;**iv)** Cooperativas de Crédito.

2.9.2 INSTITUIÇÕES FINANCEIRAS PÚBLICAS E PRIVADAS

- **Conceito:** consideram-se instituições financeiras, as pessoas jurídicas públicas ou privadas, que tenham como atividade principal ou acessória a coleta, intermediação ou aplicação de recursos financeiros próprios ou de terceiros, em moeda nacional ou estrangeira, e a custódia de valor de propriedade de terceiros.
- **Sociedades dependentes de autorização:** as instituições financeiras somente poderão funcionar no País mediante prévia autorização do Banco Central do Brasil – BACEN ou decreto do Poder Executivo, quando forem estrangeiras.
- **Classificação:**
  1) **Instituições financeiras captadoras de depósitos à vista:**

a) Bancos comerciais;

b) Bancos múltiplos com carteira comercial;

c) Caixa Econômica Federal;

d) Cooperativas de Crédito.

2) **Instituições financeiras não captadoras de depósitos à vista (operam apenas com captação de depósitos a prazo e depósito de poupança):**

a) Associações de Poupança e Empréstimo;

b) Bancos de Desenvolvimento e de Investimento;

c) Banco Nacional de Desenvolvimento Econômico e Social (BNDES);

d) Companhias Hipotecárias;

e) Cooperativas Centrais de Crédito;

f) Sociedades de Crédito, Financiamento e Investimento;

g) Sociedades de Crédito Imobiliário;

h) Sociedades de Crédito ao Microempreendedor.

2.9.3 REGIME DE INTERVENÇÃO EM INSTITUIÇÕES FINANCEIRAS

- **Previsão legal:** Lei 6.024/74.
- **Conceito:** a intervenção é uma medida administrativa cautelar que visa evitar a continuidade de irregularidade ou o agravamento da situação de risco patrimonial de instituição financeira. Exemplos de irregularidades: a entidade estiver sofrendo prejuízo, decorrente da má administração, que sujeite a riscos os seus credores; forem verificadas reiteradas infrações a dispositivos da legislação bancária não regularizadas após as determinações do Banco Central (BC), no uso das suas atribuições de fiscalização.
- **Legitimidade:** a intervenção pode ser decretada de ofício pelo Banco Central ou por solicitação dos administradores da instituição (se o respectivo estatuto lhes conferir esta competência).
- **Duração:** a intervenção pode perdurar até 6 meses, prorrogáveis, uma única vez, por decisão do BC por até mais 6 meses.
- **Efeitos:** a intervenção produzirá, desde sua decretação, os seguintes efeitos:

a) suspensão da exigibilidade das obrigações vencidas;

b) suspensão da fluência do prazo das obrigações vincendas anteriormente contraídas;

c) inexigibilidade dos depósitos já existentes à data de sua decretação.

- **Encerramento:** a intervenção cessará:

a) se os interessados, apresentando as necessárias condições de garantia, julgadas a critério do BC, tomarem a si o prosseguimento das atividades econômicas da empresa;

b) quando, a critério do BC, a situação da entidade se houver normalizado;

c) se decretada a liquidação extrajudicial pelo BC, ou a falência decretada pelo Poder Judiciário, após o BC autorizar ajuizamento do pedido de autofalência, diante das hipóteses do art. 12, "d", da Lei n. 6.024/74.

2.9.4 REGIME DE ADMINISTRAÇÃO ESPECIAL TEMPORÁRIA DE INSTITUIÇÕES FINANCEIRAS

- **Previsão legal:** Dec.-Lei 2.321/87.
- **Conceito:** o Regime de Administração Especial Temporária (RAET) é uma medida administrativa de caráter cautelar, que não interrompe nem suspende as atividades da instituição financeira privadas e públicas não federais, sendo gerida por Conselho Diretor nomeado pelo Banco Central para afastar a irregularidade que a motivou.
- **Hipóteses de incidência do RAET:** prática reiterada de operações contrárias às diretrizes de política econômica ou financeira traçadas em lei federal; existência de passivo a descoberto; gestão temerária ou fraudulenta; situações passíveis de intervenção.

2.9.5 LIQUIDAÇÃO EXTRAJUDICIAL DE INSTITUIÇÕES FINANCEIRAS

- **Previsão legal:** arts. 15 a 35 da Lei 6.024/74.
- **Conceito:** As instituições financeiras estão sujeitas a um regime de execução concursal extrajudicial, na forma prevista pela Lei nº 6.024/74 (LILE). Liquidação extrajudicial é uma modalidade de execução concursal aplicável às instituições financeiras, visando à preservação do patrimônio da empresa no interesse de seus credores e do próprio sistema financeiro.
- **Exemplos de hipóteses de incidência da liquidação extrajudicial:**

a) sério comprometimento da situação econômica ou financeira;

b) violação grave das normas legais e estatutárias, bem como das determinações do CMN e do Banco Central;

c) cassação da autorização, quando não se iniciar a liquidação ordinária em 90 dias;

d) a morosidade do procedimento ordinário causar prejuízo aos credores.

- **Efeitos liquidação extrajudicial:** a decretação da liquidação extrajudicial produzirá, de imediato, os seguintes efeitos:
  - **a)** suspensão das ações e execuções iniciadas sobre direitos e interesses relativos ao acervo da entidade liquidanda, não podendo ser intentadas quaisquer outras, enquanto durar a liquidação;
  - **b)** vencimento antecipado das obrigações da liquidanda;
  - **c)** não atendimento das cláusulas penais dos contratos unilaterais vencidos em virtude da decretação da liquidação extrajudicial;
  - **d)** não fluência de juros, mesmo que estipulados, contra a massa, enquanto não integralmente pago o passivo;
  - **e)** interrupção da prescrição relativa a obrigações de responsabilidade da instituição;
  - **f)** não reclamação de correção monetária de quaisquer divisas passivas, nem de penas pecuniárias por infração de leis penais ou administrativas.
- **Encerramento (art. 19 da Lei 6.024/74 com redação dada pela Medida Provisória 784, de 7 de junho de 2017):** a liquidação extrajudicial será encerrada:
  - **1)** por decisão do Banco Central, nas seguintes hipóteses:
    - **a)** pagamento integral dos credores quirografários;
    - **b)** mudança de objeto social da instituição para atividade econômica não integrante do SFN;
    - **c)** transferência do controle societário da instituição;
    - **d)** convolação em liquidação ordinária;
    - **e)** exaustão do ativo da instituição, mediante a sua realização total e a distribuição do produto entre os credores, ainda que não ocorra o pagamento integral dos créditos;
    - **f)** iliquidez ou difícil realização do ativo remanescente na instituição, reconhecidas pelo BC.
  - **2)** pela decretação de falência da instituição.

2.9.6 SISTEMA FINANCEIRO DA HABITAÇÃO – SFH

- **Conceito:** visando assegurar o direito social à moradia, o Sistema Financeiro de Habitação – SFH destina-se a facilitar e promover a construção e a aquisição da casa própria ou moradia, especialmente pelas classes de menor renda da população.
- **Constituição:** de acordo com o art. 8º da Lei nº 4.380/64, integram o SFH:
  - **a)** os bancos múltiplos;
  - **b)** os bancos comerciais;
  - **c)** as caixas econômicas;
  - **d)** as sociedades de crédito imobiliário;
  - **e)** as associações de poupança e empréstimo;
  - **f)** as companhias hipotecárias;
  - **g)** os órgãos federais, estaduais e municipais, inclusive sociedades de economia mista em que haja participação majoritária do poder público, que operem no financiamento de habitações e obras conexas;
  - **h)** as fundações, cooperativas e outras formas associativas para construção ou aquisição da casa própria sem finalidade de lucro, que se constituirão de acordo com as diretrizes desta Lei;
  - **i)** as caixas militares;
  - **j)** as entidades abertas de previdência complementar;
  - **k)** as companhias securitizadoras de crédito imobiliário; e
  - **l)** outras instituições que venham a ser consideradas pelo Conselho Monetário Nacional como integrantes do Sistema Financeiro da Habitação.

2.10 DIREITO CONCORRENCIAL

2.10.1 SISTEMA BRASILEIRO DE DEFESA DA CONCORRÊNCIA – SBDC

- **Sistema Brasileiro de Defesa da Concorrência:** o SBDC é formado pelo Conselho Administrativo de Defesa Econômica – CADE e pela Secretaria de Acompanhamento Econômico do Ministério da Fazenda.
- **Conselho Administrativo de Defesa Econômica:** o CADE é entidade judicante com jurisdição em todo o território nacional, que se constituiu em autarquia federal, vinculada ao Ministério da Justiça, com sede e foro no Distrito Federal (LAT, art. 4º).
- **Ministério Público Federal perante o CADE:** o PGR, ouvido o Conselho Superior, designará membro do MPF para, nesta qualidade, emitir parecer, nos processos administrativos para imposição de sanções administrativas por infrações à ordem econômica, de ofício ou a requerimento do Conselheiro-Relator.

2.10.2 LIVRE INICIATIVA E LIVRE CONCORRÊNCIA

- **Princípio fundamental:** A livre iniciativa é um princípio fundamental da República Federativa do Brasil (CF, art. 1º, IV).
- **Princípio geral da Ordem Econômica: a** ordem econômica, fundada na valorização do trabalho humano e na livre iniciativa, tem por fim assegurar a todos existência digna, conforme os ditames da justiça social, observado, dentre outros princípios, a livre concorrência (CF, art. 170, IV).
- **Modelo econômico híbrido ou eclético:** O Brasil adota o modelo econômico híbrido na medida em que a Ordem Econômica deve harmonizar a livre iniciativa e os valores sociais do trabalho. A livre iniciativa é expressão de liberdade titulada não apenas pela empresa, mas também pelo trabalho (STF, ADI 1.950).
- **Defesa do consumidor:** O princípio da livre iniciativa não pode ser invocado para afastar regras de regulamentação do mercado e de defesa do consumidor (STF, AI 636.883).

2.10.3 CONCORRÊNCIA EMPRESARIAL

- **Disciplina jurídica da concorrência:** a Lei 12.529/11, conhecida como Lei de Defesa da Concorrência ou Lei Antitruste, estrutura o Sistema Brasileiro de Defesa da Concorrência – SBDC e dispõe sobre a prevenção e a repressão às infrações contra a ordem econômica, sendo orientada pelos ditames constitucionais de liberdade de iniciativa, livre concorrência, função social da propriedade, defesa dos consumidores e repressão ao abuso do poder econômico.
- **Incidência:** a Lei Antitruste (LAT) aplica se às pessoas físicas ou jurídicas de direito público ou privado, bem como a quaisquer associações de entidades ou pessoas, constituídas de fato ou de direito, ainda que temporariamente, com ou sem personalidade jurídica, mesmo que exerçam atividade sob regime de monopólio legal.

2.10.4 INFRAÇÕES DA ORDEM ECONÔMICA

- **Responsabilidade:** a infração da ordem econômica implica a responsabilidade da empresa ea responsabilidade individual de seus dirigentes ou administradores, solidariamente.
- **Infrações da ordem econômica:** constituem infração da ordem econômica, independentemente de culpa, os atos sob qualquer forma manifestados, que tenham por objeto ou possam produzir os seguintes efeitos, ainda que não sejam alcançados:

a) limitar, falsear ou de qualquer forma prejudicar a livre concorrência ou a livre iniciativa;

b) dominar mercado relevante de bens ou serviços;

c) aumentar arbitrariamente os lucros; e

d) exercer de forma abusiva posição dominante.

- **Compromisso de cessação:** trata-se de ato discricionário do CADE. Pelo compromisso de cessação, o infrator da ordem econômica se compromete a cessar a prática lesiva em troca da suspensão do procedimento administrativo instaurado para investigar os atos ilícitos praticados.
- **Programa de leniência ou "acordo de brandura ou de doçura":** o CADE, por intermédio da Superintendência-Geral, pode celebrar acordo de leniência, com a extinção da ação punitiva da administração pública ou a redução de um a dois terços da penalidade aplicável, com pessoas físicas e jurídicas que forem autoras de infração à ordem econômica, desde que colaborem efetivamente com as investigações e o processo administrativo e que dessa colaboração resulte na identificação dos demais envolvidos na infração e na obtenção de informações e documentos que comprovem a infração noticiada ou sob investigação.
- **Impossibilidade de oposição do sigilo do acordo de leniência ao Judiciário:** O sigilo do acordo de leniência celebrado com o CADE não pode ser oposto ao Poder Judiciário para fins de acesso aos documentos que instruem o respectivo procedimento administrativo (STJ, REsp 1.554.986).

3 SÚMULAS APLICÁVEIS

3.1 SÚMULAS DO STF

3.1.1 DIREITO CAMBIÁRIO

- **28.** O estabelecimento bancário é responsável pelo pagamento de cheque falso, ressalvadas as hipóteses de culpa exclusiva ou concorrente do correntista.
- **387.** A cambial emitida ou aceita com omissões, ou em branco, pode ser completada pelo credor de boa-fé antes da cobrança ou do protesto.
- **600.** Cabe ação executiva contra o emitente e seus avalistas, ainda que não apresentado o cheque ao sacado no prazo legal, desde que não prescrita a ação cambiária

3.1.2 DIREITO FALIMENTAR E RECUPERACIONAL

- **265.** Na apuração de haveres não prevalece o balanço não aprovado pelo sócio falecido, excluído ou que se retirou.

- **417.** Pode ser objeto de restituição, na falência, dinheiro em poder do falido, recebido em nome de outrem, ou do qual, por lei ou contrato, não tivesse ele a disponibilidade.

3.1.3 CONTRATOS EMPRESARIAIS

- **Súmula vinculante 7.** A norma do § 3º do artigo 192 da Constituição, revogada pela Emenda Constitucional nº 40/2003, que limitava a taxa de juros reais a 12% ao ano, tinha sua aplicação condicionada à edição de lei complementar.
- **Súmula vinculante 25.** É ilícita a prisão civil de depositário infiel, qualquer que seja a modalidade do depósito.
- **151.** Prescreve em um ano a ação do segurador sub-rogado para haver indenização por extravio ou perda de carga transportada por navio.
- **596.** As disposições do Decreto 22.626/1933 não se aplicam às taxas de juros e aos outros encargos cobrados nas operações realizadas por instituições públicas ou privadas, que integram o sistema financeiro nacional.

3.1.4 DIREITO CONCORRENCIAL

- **Súmula vinculante 49.** Ofende o princípio da livre concorrência lei municipal que impede a instalação de estabelecimentos comerciais do mesmo ramo em determinada área.
- **419.** Os Municípios têm competência para regular o horário do comércio local, desde que não infrinjam leis estaduais ou federais válidas.
- **645.** É competente o Município para fixar o horário de funcionamento de estabelecimento comercial.
- **646.** Ofende o princípio da livre concorrência lei municipal que impede a instalação de estabelecimentos comerciais do mesmo ramo em determinada área.

3.2 SÚMULAS DO STJ

3.2.1 ESTABELECIMENTO EMPRESARIAL

- **451.** É legítima a penhora da sede do estabelecimento comercial.

3.2.2 DIREITO SOCIETÁRIO

- **227.** A pessoa jurídica pode sofrer dano moral.
- **554.** Na hipótese de sucessão empresarial, a responsabilidade da sucessora abrange não apenas os tributos devidos pela sucedida, mas também as multas moratórias ou punitivas referentes a fatos geradores ocorridos até a data da sucessão.
- **584.** As sociedades corretoras de seguros, que não se confundem com as sociedades de valores mobiliários ou com os agentes autônomos de seguro privado, estão fora do rol de entidades constantes do art. 22, § 1º, da Lei n. 8.212/1991, não se sujeitando à majoração da alíquota da Cofins prevista no art. 18 da Lei n. 10.684/2003.

3.3.3 DIREITO CAMBIÁRIO

3.3.3.1 CHEQUE

- **299.** É admissível a ação monitória fundada em cheque prescrito.
- **370.** Caracteriza dano moral a apresentação antecipada de cheque pré-datado.
- **388.** A simples devolução indevida de cheque caracteriza dano moral.
- **503.** O prazo para ajuizamento de ação monitória em face do emitente de cheque sem força executiva é quinquenal, a contar do dia seguinte à data de emissão estampada na cártula.
- **531.** Em ação monitória fundada em cheque prescrito ajuizada contra o emitente, é dispensável a menção ao negócio jurídico subjacente à emissão da cártula.
- **572.** O Banco do Brasil, na condição de gestor do Cadastro de Emitentes de Cheques sem Fundos (CCF), não tem a responsabilidade de notificar previamente o devedor acerca da sua inscrição no aludido cadastro, tampouco legitimidade passiva para as ações de reparação de danos fundadas na ausência de prévia comunicação.

3.3.3.2 NOTA PROMISSÓRIA

- **60.** É nula a obrigação cambial assumida por procurador do mutuário vinculado ao mutuante, no exclusivo interesse deste.
- **258.** A nota promissória vinculada a contrato de abertura de crédito não goza de autonomia em razão da iliquidez do título que a originou.

3.3.3.3 DUPLICATA

- **248.** Comprovada a prestação dos serviços, a duplicata não aceita, mas protestada, é título hábil para instruir pedido de falência.

3.3.3.4 CÉDULA DE CRÉDITO RURAL

- **16.** A legislação ordinária sobre crédito rural não veda a incidência da correção monetária.
- **93.** A legislação sobre cédulas de crédito rural, comercial e industrial admite o pacto de capitalização de juros.

3.3.3.5 AVAL

- **26.** O avalista do título de crédito vinculado a contrato de mútuo também responde pelas obrigações pactuadas, quando no contrato figurar como devedor solidário.

- **475.** Responde pelos danos decorrentes de protesto indevido o endossatário que recebe por endosso translativo título de crédito contendo vício formal extrínseco ou intrínseco, ficando ressalvado seu direito de regresso contra os endossantes e avalistas.

3.3.3.6 ENDOSSO

- **475.** Responde pelos danos decorrentes de protesto indevido o endossatário que recebe por endosso translativo título de crédito contendo vício formal extrínseco ou intrínseco, ficando ressalvado seu direito de regresso contra os endossantes e avalistas.
- **476.** O endossatário de título de crédito por endosso-mandato só responde por danos decorrentes de protesto indevido se extrapolar os poderes de mandatário.

3.3.3.7 PROTESTO

- **475.** Responde pelos danos decorrentes de protesto indevido o endossatário que recebe por endosso translativo título de crédito contendo vício formal extrínseco ou intrínseco, ficando ressalvado seu direito de regresso contra os endossantes e avalistas.
- **476.** O endossatário de título de crédito por endosso-mandato só responde por danos decorrentes de protesto indevido se extrapolar os poderes de mandatário.

3.3.4 DIREITO FALIMENTAR E RECUPERACIONAL

- **25.** Nas ações da lei de falências o prazo para a interposição de recurso conta-se da intimação da parte.
- **29.** No pagamento em juízo para elidir falência, são devidos correção monetária, juros e honorários de advogado.
- **36.** A correção monetária integra o valor da restituição, em caso de adiantamento de câmbio, requerida em concordata ou falência.
- **248.** Comprovada a prestação dos serviços, a duplicata não aceita, mas protestada, é título hábil para instruir pedido de falência.
- **361.** A notificação do protesto, para requerimento de falência da empresa devedora, exige a identificação da pessoa que a recebeu.
- **480.** O juízo da recuperação judicial não é competente para decidir sobre a constrição de bens não abrangidos pelo plano de recuperação da empresa.
- **581.**A recuperação judicial do devedor principal não impede o prosseguimento das ações e execuções ajuizadas contra terceiros devedores solidários ou coobrigados em geral, por garantia cambial, real ou fidejussória.

3.3.5 CONTRATOS EMPRESARIAIS

3.3.5.1 COMPRA E VENDA

- **76.**A falta de registro do compromisso de compra e venda de imóvel não dispensa a prévia interpelação para constituir em mora o devedor.
- **239.** O direito à adjudicação compulsória não se condiciona ao registro do compromisso de compra e venda no cartório de imóveis.
- **308.** A hipoteca firmada entre a construtora e o agente financeiro, anterior ou posterior à celebração da promessa de compra e venda, não tem eficácia perante os adquirentes do imóvel.

3.3.5.2 LOCAÇÃO

- **335.** Nos contratos de locação, é válida a cláusula de renúncia à indenização das benfeitorias e ao direito de retenção.

3.3.5.3 FIANÇA

- **332.** A fiança prestada sem autorização de um dos cônjuges implica a ineficácia total da garantia.
- **549.** É válida a penhora de bem de família pertencente a fiador de contrato de locação.

3.3.5.4 ALIENAÇÃO FIDUCIÁRIA EM GARANTIA

- **28.** O contrato de alienação fiduciária em garantia pode ter por objeto bem que já integrava o patrimônio do devedor.
- **239.** O direito à adjudicação compulsória não se condiciona ao registro do compromisso de compra e venda no cartório de imóveis.
- **245.** A notificação destinada a comprovar a mora nas dívidas garantidas por alienação fiduciária dispensa a indicação do valor do débito.
- **586.** A exigência de acordo entre o credor e o devedor na escolha do agente fiduciário aplica-se, exclusivamente, aos contratos não vinculados ao Sistema Financeiro da Habitação – SFH.

3.3.5.5 ARRENDAMENTO MERCANTIL *(LEASING)*

- **138.** O ISS incide na operação de arrendamento mercantil de coisas moveis.
- **293.** A cobrança antecipada do valor residual garantido (VRG) não descaracteriza o contrato de arrendamento mercantil.

- **369.** No contrato de arrendamento mercantil (leasing), ainda que haja cláusula resolutiva expressa, é necessária a notificação prévia do arrendatário para constituí-lo em mora.
- **564.** No caso de reintegração de posse em arrendamento mercantil financeiro, quando a soma da importância antecipada a título de valor residual garantido (VRG) com o valor da venda do bem ultrapassar o total do VRG previsto contratualmente, o arrendatário terá direito de receber a respectiva diferença, cabendo, porém, se estipulado no contrato, o prévio desconto de outras despesas ou encargos pactuados.

3.3.5.6 DEPÓSITO

- **419.** Descabe a prisão civil do depositário judicial infiel.

3.3.5.7 SEGURO

- **402.** O contrato de seguro por danos pessoais compreende os danos morais, salvo cláusula expressa de exclusão.
- **465.** Ressalvada a hipótese de efetivo agravamento do risco, a seguradora não se exime do dever de indenizar em razão da transferência do veículo sem a sua prévia comunicação.
- **473.** O mutuário do SFH não pode ser compelido a contratar o seguro habitacional obrigatório com a instituição financeira mutuante ou com a seguradora por ela indicada.
- **529.** No seguro de responsabilidade civil facultativo, não cabe o ajuizamento de ação pelo terceiro prejudicado direta e exclusivamente em face da seguradora do apontado causador do dano.
- **537.** Em ação de reparação de danos, a seguradora denunciada, se aceitar a denunciação ou contestar o pedido do autor, pode ser condenada, direta e solidariamente junto com o segurado, ao pagamento da indenização devida à vítima, nos limites contratados na apólice.
- **584.** As sociedades corretoras de seguros, que não se confundem com as sociedades de valores mobiliários ou com os agentes autônomos de seguro privado, estão fora do rol de entidades constantes do art. 22, § 1º, da Lei n. 8.212/1991, não se sujeitando à majoração da alíquota da Cofins prevista no art. 18 da Lei n. 10.684/2003.

3.3.5.8 TRANSPORTE DE PESSOAS E COISAS

- **145.** No transporte desinteressado, de simples cortesia, o transportador só será civilmente responsável por danos causados ao transportado quando incorrer em dolo ou culpa grave.
- **161.** Em contrato de transporte, é inoperante a cláusula de não indenizar.
- **187.** A responsabilidade contratual do transportador, pelo acidente com o passageiro, não é elidida por culpa de terceiro, contra o qual tem ação regressiva.

3.3.5.9 CONSÓRCIO

- **35.** Incide correção monetária sobre as prestações pagas, quando de sua restituição, em virtude da retirada ou exclusão do participante de plano de consórcio.
- **538.** As administradoras de consórcio têm liberdade para estabelecer a respectiva taxa de administração, ainda que fixada em percentual superior a dez por cento.

3.3.6 CONTRATOS BANCÁRIOS

3.3.6.1 DISPOSIÇÕES GERAIS

- **30.** A comissão de permanência e a correção monetária são inacumuláveis.
- **79.**Os bancos comerciais não estão sujeitos a registro nos conselhos regionais de economia.
- **259.** A ação de prestação de contas pode ser proposta pelo titular de conta-corrente bancária.
- **271.** A correção monetária dos depósitos judiciais independe de ação específica contra o banco depositário.
- **285.** Nos contratos bancários posteriores ao Código de Defesa do Consumidor incide a multa moratória nele prevista.
- **286.** A renegociação de contrato bancário ou a confissão da dívida não impede a possibilidade de discussão sobre eventuais ilegalidades dos contratos anteriores.
- **287.** A Taxa Básica Financeira (TBF) não pode ser utilizada como indexador de correção monetária nos contratos bancários.
- **288.** A Taxa de Juros de Longo Prazo (TJLP) pode ser utilizada como indexador de correção monetária nos contratos bancários.
- **294.** Não é potestativa a cláusula contratual que prevê a comissão de permanência, calculada pela taxa média de mercado apurada pelo Banco Central do Brasil, limitada à taxa do contrato.
- **295.** A Taxa Referencial (TR) é indexador válido para contratos posteriores à Lei nº 8.177/91, desde que pactuada.
- **296.** Os juros remuneratórios, não cumuláveis com a comissão de permanência, são devidos no período de inadimplência, à taxa média de

mercado estipulada pelo Banco Central do Brasil, limitada ao percentual contratado.

- **297.** O Código de Defesa do Consumidor é aplicável às instituições financeiras.
- **328.** Na execução contra instituição financeira, é penhorável o numerário disponível, excluídas as reservas bancárias mantidas no Banco Central.
- **332.** A fiança prestada sem autorização de um dos cônjuges implica a ineficácia total da garantia.
- **379.** Nos contratos bancários não regidos por legislação específica, os juros moratórios poderão ser convencionados até o limite de 1% ao mês.
- **380.**A simples propositura da ação de revisão de contrato não inibe a caracterização da mora do autor.
- **381.** Nos contratos bancários, é vedado ao julgador conhecer, de ofício, da abusividade das cláusulas.
- **382.** A estipulação de juros remuneratórios superiores a 12% ao ano, por si só, não indica abusividade.
- **472.** A cobrança de comissão de permanência – cujo valor não pode ultrapassar a soma dos encargos remuneratórios e moratórios previstos no contrato – exclui a exigibilidade dos juros remuneratórios e da multa contratual.
- **477.** A decadência do art. 26 do CDC não é aplicável à prestação de contas para obter esclarecimentos sobre cobrança de taxas, tarifas e encargos bancários.
- **530.**Nos contratos bancários, na impossibilidade de comprovar a taxa de juros efetivamente contratada (por ausência de pactuação ou pela falta de juntada do instrumento aos autos), aplica-se a taxa média de mercado, divulgada pelo Bacen, praticada nas operações da mesma espécie, salvo se a taxa cobrada for mais vantajosa para o devedor.
- **539.** É permitida a capitalização de juros com periodicidade inferior à anual em contratos celebrados com instituições integrantes do Sistema Financeiro Nacional a partir de 31/3/2000 (MP 1.963-17/00, reeditada como MP 2.170-36/01), desde que expressamente pactuada.
- **541.**A previsão no contrato bancário de taxa de juros anual superior ao duodécuplo da mensal é suficiente para permitir a cobrança da taxa efetiva anual contratada.
- **550.** A utilização de escore de crédito, método estatístico de avaliação de risco que não constitui banco de dados, dispensa o consentimento do consumidor, que terá o direito de solicitar esclarecimentos sobre as informações pessoais valoradas e as fontes dos dados considerados no respectivo cálculo.
- **565.** A pactuação das tarifas de abertura de crédito (TAC) e de emissão de carnê (TEC), ou outra denominação para o mesmo fato gerados, é válida apenas nos contratos bancários anteriores ao início da vigência da Resolução –CMN nº 3.518/2007, em 30/04/2008.
- **566.** Nos contratos bancários posteriores ao início da vigência da Resolução-CMN nº 3.518/2007, em 30/04/2008, pode ser cobrada a tarifa de cadastro no início do relacionamento entre o consumidor e a instituição financeira.
- **571.** A taxa progressiva de juros não se aplica às contas vinculadas ao FGTS de trabalhadores qualificados como avulsos.

3.3.6.2 CONTA-CORRENTE

- **233.** O contrato de abertura de crédito, ainda que acompanhado de extrato da conta-corrente, não é título executivo.
- **247.** O contrato de abertura de crédito em conta-corrente, acompanhado do demonstrativo de débito, constitui documento hábil para o ajuizamento da ação monitória.
- **259.** A ação de prestação de contas pode ser proposta pelo titular de conta-corrente bancária.
- **322.** Para a repetição de indébito, nos contratos de abertura de crédito em conta-corrente, não se exige a prova do erro.

3.3.6.3 MÚTUO BANCÁRIO

- **26.** O avalista do título de crédito vinculado a contrato de mútuo também responde pelas obrigações pactuadas, quando no contrato figurar como devedor solidário.
- **473.** O mutuário do SFH não pode ser compelido a contratar o seguro habitacional obrigatório com a instituição financeira mutuante ou com a seguradora por ela indicada.

3.3.6.4 CARTÃO DE CRÉDITO

- **283.** As empresas administradoras de cartão de crédito são instituições financeiras e, por isso, os juros remuneratórios por elas cobrados não sofrem as limitações da Lei de Usura.
- **532.** Constitui prática comercial abusiva o envio de cartão de crédito sem prévia e expressa solicitação do consumidor, configurando-se ato ilícito indenizável e sujeito à aplicação de multa administrativa.

3.3.7 DIREITO DE PROPRIEDADE INDUSTRIAL: MARCA

- **143.** Prescreve em cinco anos a ação de perdas e danos pelo uso de marca comercial.

3.3.8 OUTROS TEMAS

- **19.** A fixação do horário bancário, para atendimento ao público, é da competência da União.
- **130.** A empresa responde, perante o cliente, pela reparação de dano ou furto de veículo ocorridos em seu estacionamento.
- **479.** As instituições financeiras respondem objetivamente pelos danos gerados por fortuito interno relativo a fraudes e delitos praticados por terceiros no âmbito de operações bancárias.

4 INFORMATIVOS DO STJ

4.1 ESTABELECIMENTO EMPRESARIAL

➘ *Impenhorabilidade do imóvel comercial do devedor.*

É impenhorável o único imóvel comercial do devedor quando o aluguel daquele está destinado unicamente ao pagamento de locação residencial por sua entidade familiar. *REsp 1.616.475-PE, Rel. Min. Herman Benjamin, julgado em 15/9/2016. (Informativo n. 591)*

➘ *Fixação de cláusula de não concorrência.*

Quando a relação estabelecida entre as partes for eminentemente comercial, a cláusula que estabeleça dever de abstenção de contratação com sociedade empresária concorrente pode irradiar efeitos após a extinção do contrato, desde que limitada espacial e temporalmente. *REsp 1.203.109-MG, Rel. Min. Marco Aurélio Bellizze, julgado em 6/5/2015. (Informativo n. 561)*

➘ *Abusividade da vigência por prazo indeterminado de cláusula de não concorrência.*

É abusiva a vigência, por prazo indeterminado, da cláusula de "não restabelecimento" (art. 1.147 do CC), também denominada "cláusula de não concorrência". *REsp 680.815-PR, Rel. Min. Raul Araújo, julgado em 20/3/2014. (Informativo n. 554)*

➘ *Fundo de comércio e desapropriação.*

A imissão provisória na posse não se condiciona ao depósito prévio do valor relativo ao fundo de comércio eventualmente devido. *REsp 1.337.295/SP, Rel. Min. Herman Benjamin, 2ª Turma, julgado em 20/02/2014.*

➘ *Fundo de comércio e desapropriação.*

Na desapropriação, é devida a indenização correspondente aos danos relativos ao fundo de comércio. *EDcl no AgRg no AREsp 275.586/SP, Rel. Min. Humberto Martins, 2ª Turma, julgado em 18/04/2013.*

➘ *Abrangência do conceito de estabelecimento empresarial.*

O "estabelecimento comercial" é composto por patrimônio material e imaterial, constituindo exemplos do primeiro os bens corpóreos essenciais à exploração comercial, como mobiliários, utensílios e automóveis, e, do segundo, os bens e direitos industriais, como patente, nome empresarial, marca registrada, desenho industrial e o ponto. *REsp 633.179/MT, Rel. Min. Luis Felipe Salomão, Quarta Turma, julgado em 02/12/2010, DJe 01/02/2011.*

➘ *Mercadorias em estoque e estabelecimento empresarial.*

As mercadorias do estoque constituem um dos elementos materiais do estabelecimento empresarial, visto tratar-se de bens corpóreos utilizados na exploração da sua atividade econômica. *REsp 1.079.781-RS, Rel. Min. Nancy Andrighi, julgado em 14/9/2010. (Informativo n. 447).*

4.2 DIREITO SOCIETÁRIO

4.2.1 SOCIEDADES EM GERAL

➘ *O art. 1.023 do CC/02 não se aplica às associações civis.*

O art. 1.023 do CC/02 (que trata da responsabilidade dos sócios da sociedade simples) não se aplica às associações civis. *STJ. 3ª Turma. REsp 1.398.438-SC, Rel. Min. Nancy Andrighi, por unanimidade, julgado em 4/4/2017. (Informativo n. 602)*

➘ *Casamento em regime parcial de bens. Partilha de bens. Mancomunhão. Avaliação da expressão econômica das cotas de sociedade.*

Verificada a existência de mancomunhão, o pagamento da expressão patrimonial das cotas societárias à ex-cônjuge, não sócia, deve corresponder ao momento efetivo da partilha, e não àquele em que estabelecido acordo prévio sobre os bens que fariam parte do acervo patrimonial. *REsp 1.537.107-PR, Rel. Min. Nancy Andrighi, por unanimidade, julgado em 17/11/2016. (Informativo n. 594).*

➘ *Impossibilidade de convalidação de negócio jurídico celebrado mediante a falsificação de assinatura de sócio.*

Não são convalidáveis os negócios jurídicos celebrados com o intuito de alterar o quadro societário de sociedade empresária por meio da falsificação de assinatura de sócio, ainda que o próprio sócio prejudicado pelo falso tenha, por escritura pública, concedido ampla, geral e irrevogável quitação, a fim de ratificar os negócios jurídicos. *REsp 1.368.960-RJ, Rel. Min. Marco Aurélio Bellizze, julgado em 7/6/2016. (Informativo n. 585)*

➘ *Impossibilidade de nomeação de liquidante em dissolução parcial de sociedade empresária.*

É indevida a nomeação de liquidante em ação de dissolução parcial de sociedade empresária, bastando, para a apuração dos haveres do sócio falecido, a nomeação de perito técnico habilitado. *REsp 1.557.989-MG, Rel. Min. Ricardo Villas Bôas Cueva, julgado em 17/3/2016. (Informativo n. 580)*

Certidões negativas e transformação de sociedade simples em empresarial.

Para efetuar o registro e o arquivamento de alteração contratual, a fim de promover a transformação de sociedade civil em empresária, não é exigível a apresentação de certidões negativas de débitos com o FGTS e com a União, exigindo-se, contudo, certidão negativa de débito com o INSS. *REsp 1.393.724-PR, Rel. Min. Luis Felipe Salomão, Rel. para acórdão Min. Paulo de Tarso Sanseverino, julgado em 28/10/2015. (Informativo n. 574)*

Critérios para a apuração de haveres do sócio retirante de sociedade por quotas de responsabilidade limitada.

No caso de dissolução parcial de sociedade por quotas de responsabilidade limitada, prevalecerá, para a apuração dos haveres do sócio retirante, o critério previsto no contrato social se o sócio retirante concordar com o resultado obtido, mas, não concordando, aplicar-se-á 198 o critério do balanço de determinação, podendo-se utilizar conjuntamente a metodologia do fluxo de caixa descontado para se aferir, inclusive, o patrimônio intangível da sociedade. *REsp 1.335.619-SP, Rel. originária e voto vencedor Min. Nancy Andrighi, Rel. para acórdão Min. João Otávio de Noronha, julgado em 3/3/2015. (Informativo n. 558).*

Sociedade simples x sociedade empresária.

O que define uma sociedade como empresária ou simples é o seu objeto social. No caso de sociedades formadas por profissionais intelectuais cujo objeto social é a exploração da respectiva profissão intelectual dos seus sócios, são, em regra, sociedade simples, uma vez que nelas faltará o requisito da organização dos fatores de produção, elemento próprio da sociedade empresária: doutrina do Professor André Luiz Santa Cruz Ramos (*Direito Empresarial Esquematizado*, São Paulo, Método, 2014). *REsp 1512652/RS, Rel. Min. Napoleão Nunes Maia Filho, Primeira Turma, julgado em 17/03/2015.*

Suspensão da fluência de juros legais e contratuais em liquidação extrajudicial.

Após a decretação da liquidação extrajudicial de instituição financeira, os juros contra a massa liquidanda, sejam eles legais ou contratuais, terão sua fluência ou contagem suspensa enquanto o passivo não for integralmente pago aos credores habilitados, devendo esses juros serem computados e pagos apenas após a satisfação integral do passivo se houver ativo que os suporte, observando-se a ordem do quadro geral de credores. *REsp 1.102.850-PE, Rel. Min. Maria Isabel Gallotti, julgado em 4/11/2014 (Informativo n. 551).*

Penhora sobre o faturamento da empresa.

É possível, em caráter excepcional, que a penhora recaia sobre o faturamento da empresa, desde que o percentual fixado não torne inviável o exercício da atividade empresarial. *AgRg no AREsp 242.970-PR, Rel. Min. Benedito Gonçalves, julgado em 13/11/2012. (Informativo n. 509).*

Apuração de haveres. Sociedade simples. Renome de um dos sócios.

A possível repercussão econômica do renome de um dos sócios não integra o cálculo na apuração de haveres em dissolução parcial de sociedade simples composta por profissionais liberais. *REsp 958.116-PR, Rel. originário Min. João Otávio de Noronha, Rel. para o acórdão Min. Raul Araújo (art. 52, IV, b, do RISTJ), julgado em 22/5/2012. (Informativo n. 498).*

4.2.2 SOCIEDADE EM CONTA DE PARTICIPAÇÃO

Dissolução de sociedade em conta de participação.

Aplica-se subsidiariamente às sociedades em conta de participação o art. 1.034 do CC, o qual define de forma taxativa as hipóteses pelas quais se admite a dissolução judicial das sociedades. *REsp 1.230.981-RJ, Rel. Min. Marco Aurélio Bellizze, julgado em 16/12/2014. (Informativo n. 554)*

4.2.3 SOCIEDADE LIMITADA

Dissolução parcial de sociedade limitada por perda da "affectio societatis".

A dissolução parcial de sociedade limitada por perda da *affectio societatis* pode ser requerida pelo sócio retirante, limitada a apuração de haveres às suas quotas livres de ônus reais.*REsp 1.332.766-SP, Rel. Min. Luis Felipe Salomão, por unanimidade, julgado em 1/6/2017. (Informativo n. 608).*

Dissolução parcial e extrajudicial da sociedade limitada constituída por tempo indeterminado. Direito de recesso. Momento da apuração dos haveres.

Na hipótese em que o sócio de sociedade limitada constituída por tempo indeterminado exerce o direito de retirada por meio de inequívoca e incontroversa notificação aos demais sócios, a data-base para apuração de haveres é o termo final do prazo de sessenta dias, estabelecido pelo art. 1.029 do CC/02. *REsp 1.602.240-MG, Rel. Min. Marco Aurélio Bellizze, por unanimidade, julgado em 6/12/2016. (Informativo n. 595).*

Prazo decadencial para desconstituir deliberação societária excludente de sócio minoritário.

É de três anos o prazo decadencial para que o sócio minoritário de sociedade limitada de administração coletiva exerça o direito à anulação da deliberação societária que o tenha excluído da sociedade, ainda que o contrato social preveja a regência supletiva pelas normas da sociedade anônima. *REsp 1.459.190-SP, Rel. Min. Luis Felipe Salomão, julgado em 15/12/2015. (Informativo n. 575).*

Formação de quórum deliberativo necessário à exclusão de sócio minoritário de sociedade limitada.

Para a fixação do quórum deliberativo assemblear necessário à aprovação da exclusão de sócio minoritário de sociedade limitada, não se pode computar a participação deste no capital social, devendo a apuração da deliberação se lastrear em 100% do capital restante, ou seja, tão somente no capital social daqueles legitimados a votar. *REsp 1.459.190-SP, Rel. Min. Luis Felipe Salomão, julgado em 15/12/2015. (Informativo n. 575).*

Competência para julgar dissolução parcial de sociedade limitada com apuração de haveres.

Compete ao juízo cível – e não ao juízo de sucessões no qual tramita o inventário – julgar, com consequente apuração de haveres do de cujus, dissolução parcial de sociedade limitada que demande extensa dilação probatória. *REsp 1.459.192-CE, Rel. originário Ricardo Villas Bôas Cueva, Rel. para acórdão João Otávio de Noronha, julgado em 23/6/2015. (Informativo n. 566)*

4.2.4 SOCIEDADE ANÔNIMA

Alienação de ações e direito aos dividendos.

Não faz jus ao recebimento de dividendos o sócio que manteve essa condição durante o exercício financeiro sobre o qual é apurado o lucro, mas se desliga da empresa, por alienação de suas ações, em data anterior ao ato de declaração do benefício. *REsp 1.326.281-RS, Rel. Min. Luis Felipe Salomão, por unanimidade, julgado em 3/8/2017. (Informativo n. 610).*

Dissolução parcial de sociedade anônima. Possibilidade. Inexistência de lucros e não distribuição de dividendos há vários anos. Princípio da preservação da empresa.

É possível que sociedade anônima de capital fechado, ainda que não formada por grupos familiares, seja dissolvida parcialmente quando, a despeito de não atingir seu fim – consubstanciado no auferimento de lucros e na distribuição de dividendos aos acionistas –, restar configurada a viabilidade da continuação dos negócios da companhia. *REsp 1.321.263-PR, Rel. Min. Moura Ribeiro, por unanimidade, julgado em 6/12/2016. (Informativo n. 595).*

Legitimidade ativa para ação social.

Acionistas e companhia podem litigar em litisconsórcio facultativo ativo em ação de responsabilidade civil contra o administrador pelos prejuízos causados ao patrimônio da 196 sociedade anônima (art. 159 da Lei 6.404/1976), quando não proposta a ação pela companhia no prazo de três meses após a deliberação da assembleia-geral (§ 3º). *REsp 1.515.710-RJ, Rel. Min. Marco Aurélio Bellizze, julgado 197 em 12/5/2015. (Informativo n. 563).*

Legitimidade ativa em ação de complementação de ações fundamentada em cessão de direitos relacionada a contrato de participação financeira. Recurso repetitivo (art. 543-C do CPC e Res. 8/2008-STJ).

O cessionário de contrato de participação financeira para a aquisição de linha telefônica tem legitimidade para ajuizar ação de complementação de ações somente na hipótese em que o instrumento de cessão lhe conferir, expressa ou tacitamente, o direito à subscrição de ações, conforme apurado nas instâncias ordinárias. *REsp 1.301.989-RS, Rel. Min. Paulo de Tarso Sanseverino, julgado em 12/3/2014. (Informativo n. 538).*

Critério para a conversão da obrigação de subscrever ações em perdas e danos. Recurso repetitivo (art. 543-C do CPC e Res. 8/2008-STJ).

No âmbito de demanda de complementação de ações relativas a contrato de participação financeira para a aquisição de linha telefônica, converte-se a obrigação de subscrever ações em perdas e danos multiplicando-se o número de ações devidas pela cotação destas no fechamento do pregão da Bolsa de Valores no dia do trânsito em julgado, com juros de mora desde a citação; ressalvada a manutenção de outros critérios definidos em título executivo ante a existência de coisa julgada. *REsp 1.301.989-RS, Rel. Min. Paulo de Tarso Sanseverino, julgado em 12/3/2014. (Informativo n. 538).*

Cálculo de dividendos no âmbito de demanda de complementação de ações relativas a contrato de participação financeira. Recurso repetitivo (art. 543-C do CPC e Res. 8/2008-STJ).

No âmbito de demanda de complementação de ações relativas a contrato de participação financeira para a aquisição de linha telefônica, deve-se observar – ressalvada a manutenção de critérios diversos nas hipóteses de coisa julgada – os seguintes critérios no que diz respeito à obrigação de pagar dividendos: a) os dividendos são devidos durante todo o período em que o consumidor integrou ou deveria ter integrado os quadros societários; b) sobre o valor dos dividendos não pagos, incide correção monetária desde a data de vencimento da obrigação e juros de mora desde a citação; e, c) no caso das ações convertidas em perdas e danos, é devido o pagamento de dividendos desde a data em que as ações deveriam ter sido subscritas até a data do trânsito em julgado do processo de conhecimento, incidindo juros de mora e correção monetária segundo os critérios do item anterior. *REsp 1.301.989-RS, Rel. Min. Paulo de Tarso Sanseverino, julgado em 12/3/2014. (Informativo n. 538).*

Impossibilidade de utilização de crédito pertencente à sociedade anônima para garantir obrigação de sócio.

Não cabe bloqueio judicial de parte de crédito cobrado em execução judicial movida por sociedade anônima contra terceiro, na hipótese em que a decisão 163 judicial que o determina é proferida em sede de ação cautelar movida por ex-cônjuge em face do outro ex-consorte, a fim de garantir àquele direito a ações da referida sociedade anônima, quando a participação acionária já se encontra assegurada por sentença com trânsito em julgado proferida em ação de sobrepartilha de bens sonegados. *REsp 1.179.342-GO, Rel. Min. Luis Felipe Salomão, julgado em 27/5/2014. (Informativo n. 544).*

Prazo prescricional para a cobrança de debêntures.

Prescreve em cinco anos a pretensão de cobrança de valores relativos a debêntures.*REsp 1.316.256-RJ, Rel. Min. Luis Felipe Salomão, julgado em 18/6/2013. (Informativo n. 526).*

Sociedade anônima. Responsabilidade dos administradores. Contas aprovadas pela Assembleia Geral Ordinária.

A aprovação das contas sem reservas pela assembleia geral ordinária (AGO), salvo se anulada, exonera os administradores e diretores de quaisquer responsabilidades (art. 134, § 3º, da Lei n. 6.404/1976 – Lei das Sociedades Anônimas). Não bastaria a prévia deliberação da assembleia geral para a propositura da ação de responsabilidade civil, mas, mister, antes de tal propositura ou concomitantemente a ela, o ajuizamento da ação de anulação da assembleia que aprovou as contas da sociedade (art. 286 da mencionada lei). Somente após o trânsito em julgado da sentença que acolher a anulatória (pela ocorrência de erro, dolo, fraude ou simulação), será possível ajuizar a ação de responsabilidade pertinente. *REsp 1.313.725-SP, Rel. Min. Ricardo Villas Bôas Cueva, julgado em 26/6/2012. (Informativo n. 500).*

Negócio jurídico celebrado por gerente de sociedade anônima. Ausência de poderes. Terceiro de boa-fé.

As limitações estatutárias ao exercício de atos por parte da Diretoria da Sociedade Anônima, em princípio, são, de fato, matéria *interna corporis*, inoponíveis a terceiros de boa-fé que com a sociedade venham a contratar. *REsp 887.277/SC, Rel. Min. Luis Felipe Salomão, 4ª Turma, julgado em 04/11/2010.*

4.2.5 SOCIEDADE COOPERATIVA

Alteração no CNPJ por transformação de sociedade cooperativa.

A alteração no CNPJ da razão social de sociedade cooperativa que modificou sua forma jurídica não exige o prévio cancelamento de sua autorização para funcionar e de seu registro. *REsp 1.528.304-RS, Rel. Min. Humberto Martins, julgado em 20/8/2015. (Informativo n. 568).*

Necessidade de rateio proporcional dos prejuízos experimentados por cooperativa.

A distribuição aos cooperados dos eventuais prejuízos da cooperativa deve ocorrer de forma proporcional à fruição, por cada um deles, dos serviços prestados pela entidade, ainda que haja alteração do estatuto por deliberação da Assembleia Geral Ordinária determinando que a distribuição dos prejuízos seja realizada de forma igualitária. *REsp 1.303.150-DF, Rel. Min. Nancy Andrighi, Terceira Turma, julgado em 5/3/2013. (Informativo n. 520).*

Impossibilidade de aplicação analógica da Lei de Falências.

As sociedades cooperativas não se sujeitam à falência, dada a sua natureza civil e atividade não-empresária, devendo prevalecer a forma de liquidação extrajudicial prevista na Lei 5.764/71, que não prevê a exclusão da multa moratória pleiteada pela recorrente, nem a limitação dos juros moratórios, posteriores à data da liquidação judicial, à hipótese de existência de saldo positivo no ativo da sociedade. *REsp 770.861/SP, Rel. Min. Luiz Fux, Primeira Turma, julgado em 11/09/2007.*

Exclusão de associado.

Na hipótese de exclusão de associado decorrente de conduta contrária aos estatutos, impõe-se a observância ao devido processo legal, viabilizado o exercício amplo da defesa. *STF, RE 158.215, Rel. Min. Marco Aurélio, Segunda Turma, julgado em 30/04/1996.*

4.2.6 SOCIEDADES DEPENDENTES DE AUTORIZAÇÃO

Sociedade de segurança privada controlada parcial e indiretamente por empresa de capital estrangeiro. Interpretação do art. 11 da Lei 7.102/1983 conforme a alteração promovida na Constituição pela Emenda n. 6.

A restrição veiculada pelo art. 11 da Lei 7.102/1983, de acordo com a Constituição Federal, não impede a participação de capital estrangeiro nas sociedades nacionais (art. 1.126 do CC) que prestam serviço de segurança privada. *MS 19.088-DF, Rel. Min. Herman Benjamin, por maioria, julgado em 14/12/2016, DJe 3/2/2017. (Informativo n. 596).*

4.2.7 DESCONSIDERAÇÃO DA PERSONALIDADE JURÍDICA

Desconsideração inversa da personalidade jurídica na ação de divórcio.

A sócia da empresa, cuja personalidade jurídica se pretende desconsiderar, que teria sido beneficiada por suposta transferência fraudulenta de cotas sociais por um dos cônjuges, tem legitimidade passiva para integrar a ação de divórcio cumulada com partilha de bens, no bojo da qual se requereu a declaração de ineficácia do negócio jurídico que teve por propósito transferir a participação do sócio/ex-marido à sócia remanescente.*REsp 1.522.142-PR, Rel. Min. Marco Aurélio Bellizze, 3ª Turma, julgado em 13/6/2017. (Informativo n. 606).*

Alienação de imóvel por sócio da pessoa jurídica após a citação desta e antes do redirecionamento da execução. Desconsideração da personalidade jurídica. Fraude à execução não configurada.

A fraude à execução só poderá ser reconhecida se o ato de disposição do bem for posterior à citação válida do sócio devedor, quando redirecionada a execução que fora originariamente proposta em face da pessoa jurídica. *REsp 1.391.830-SP, Rel. Min. Nancy Andrighi, por unanimidade, julgado em 22/11/2016. (Informativo n. 594).*

A desconsideração da personalidade jurídica, como incidente processual, pode ser decretada sem a prévia citação dos sócios atingidos, os quais se garante o exercício postergado ou diferido do contraditório e da ampla defesa.

Nos termos da jurisprudência consolidada desta Corte, sendo a desconsideração da personalidade jurídica um incidente processual o qual pode ser deferido nos próprios autos, faz-se desnecessária a prévia citação dos sócios da pessoa jurídica cuja personalidade foi superada, visto que plenamente cabível e suficiente para perfectibilizar o contraditório a apresentação da defesa posteriormente, de forma diferida. *AgInt no AREsp 918.295/SP, Rel. Min.Maria Isabel Gallotti, Quarta Turma, julgado em 18/10/2016.*

Direito civil. Limites à aplicabilidade do art. 50 do CC.

O encerramento das atividades da sociedade ou sua dissolução, ainda que irregulares, não são causas, por si sós, para a desconsideração da personalidade jurídica a que se refere o art. 50 do CC. Para a aplicação da teoria maior da desconsideração da personalidade social – adotada pelo CC –, exige-se o dolo das pessoas naturais que estão por trás da sociedade, desvirtuando-lhe os fins institucionais e servindo-se os sócios ou administradores desta para lesar credores ou terceiros. É a intenção ilícita e fraudulenta, portanto, que autoriza, nos termos da teoria adotada pelo CC, a aplicação do instituto em comento. Especificamente em relação à hipótese a que se refere o art. 50 do CC, tratando-se de regra de exceção, de restrição ao princípio da autonomia patrimonial da pessoa jurídica, deve-se restringir a aplicação desse disposto legal a casos extremos, em que a pessoa jurídica tenha sido instrumento para fins fraudulentos, configurado mediante o desvio da finalidade institucional ou a confusão patrimonial. Dessa forma, a ausência de intuito fraudulento afasta o cabimento da desconsideração da personalidade jurídica, ao menos quando se tem o CC como o microssistema legislativo norteador do instituto, a afastar a simples hipótese de encerramento ou dissolução irregular da sociedade como causa bastante para a aplicação do disregard doctrine. Ressalte-se que não se quer dizer com isso que o encerramento da sociedade jamais será causa de desconsideração de sua personalidade, mas que somente o será quando sua dissolução ou inatividade irregulares tenham o fim de fraudar a lei, com o desvirtuamento da finalidade institucional ou confusão patrimonial. Assim é que o enunciado 146, da III Jornada de Direito Civil, orienta o intérprete a adotar exegese restritiva no exame do artigo 50 do CC, haja vista que o instituto da desconsideração, embora não determine a despersonalização da sociedade – visto que aplicável a certo ou determinado negócio e que impõe apenas a ineficácia da pessoa jurídica frente ao lesado –, constitui restrição ao princípio da autonomia patrimonial. Ademais, evidenciando a interpretação restritiva que se deve dar ao dispositivo em exame, a IV Jornada de Direito Civil firmou o enunciado 282, que expressamente afasta o encerramento irregular da pessoa jurídica como causa para desconsideração de sua personalidade: "O encerramento irregular das atividades da pessoa jurídica, por si só, não basta para caracterizar abuso da personalidade jurídica". Entendimento diverso conduziria, no limite, em termos práticos, ao fim da autonomia patrimonial da pessoa jurídica, ou seja, regresso histórico incompatível com a segurança jurídica e com o vigor da atividade econômica. Precedentes citados: AgRg no REsp 762.555-SC, 4ª Turma, DJe 25/10/2012; e AgRg no REsp 1.173.067/RS, 3ª Turma, DJe 19/6/2012. *EREsp 1.306.553-SC, Rel. Min. Maria Isabel Gallotti, julgado em 10/12/2014. (Informativo n. 554).*

Impenhorabilidade do bem de família frente a hipótese de desconsideração da personalidade jurídica.

A desconsideração da personalidade jurídica de sociedade empresária falida que tenha sido decretada em decorrência de fraude contra a massa falida não implica, por si só, o afastamento da impenhorabilidade dos bens de família dos sócios. A desconsideração da personalidade jurídica, de um modo geral, não pode, por si só, afastar a impenhorabilidade do bem de família, salvo se os atos que ensejaram a disregard também se ajustarem às exceções legais previstas no art. 3º da Lei 8.009/1990. Embora o instituto da desconsideração da personalidade jurídica se apresente como importante mecanismo de recuperação de crédito, combate à fraude e, por consequência, fortalecimento da segurança do mercado, esses nobres propósitos não se sobrepõem aos valores legais e constitucionais subjacentes à proteção do bem de família. É por isso que a fraude à execução ou contra credores não se encontra prevista como exceção à regra legal da impenhorabilidade de bens de família. Além disso, a proteção legal conferida pela Lei 8.009/1990, consectária da proteção constitucional e internacional do direito à moradia, não tem como destinatária apenas a pessoa do devedor; na verdade, protege-se também a sua família quanto ao fundamental direito à vida digna. *REsp 1.433.636-SP, Rel. Min. Luis Felipe Salomão, julgado em 2/10/2014. (Informativo n. 549).*

Legitimidade ativa para requerer desconsideração. Inversa de personalidade jurídica.

Se o sócio controlador de sociedade empresária transferir parte de seus bens à pessoa jurídica controlada com o intuito de fraudar partilha em dissolução de união estável, a companheira prejudicada, ainda que integre a sociedade empresária na condição de sócia minoritária, terá legitimidade para requerer a desconsideração inversa da personalidade jurídica de modo a resguardar sua meação. REsp 1.236.916-RS, Rel. Min. Nancy Andrighi, julgado em 22/10/2013. (Informativo n. 533)

Desconsideração da personalidade jurídica. Extensão, no âmbito de procedimento incidental, dos efeitos da falência à sociedade do mesmo grupo.

É possível, no âmbito de procedimento incidental, a extensão dos efeitos da falência às sociedades do mesmo grupo, sempre que houver evidências de utilização da personalidade jurídica da falida com abuso de direito, para fraudar a lei ou prejudicar terceiros, e desde que, demonstrada a existência de vínculo societário no âmbito do grupo econômico, seja oportunizado o contraditório à sociedade empresária a ser afetada. *AgRg no REsp 1.229.579-MG, Rel. Min. Raul Araújo, julgado em 18/12/2012 (Informativo n. 513).*

Desconsideração da personalidade jurídica inversa.

A desconsideração inversa da personalidade jurídica caracteriza-se pelo afastamento da autonomia patrimonial da sociedade, para, contrariamente do que ocorre na desconsideração da personalidade propriamente dita, atingir, então, o ente coletivo e seu patrimônio social, de modo a responsabilizar a pessoa jurídica por obrigações de seus sócios ou administradores. *REsp 948.117-MS, Rel. Min. Nancy Andrighi, julgado em 22/6/2010. (Informativo n. 440).*

4.3 DIREITO FALIMENTAR E RECUPERACIONAL

4.3.1 ADMINISTRADOR JUDICIAL

Responsabilidade pela remuneração do administrador judicial.

É possível impor ao credor que requereu a falência da sociedade empresária a obrigação de adiantar as despesas relativas à remuneração do administrador judicial, quando a referida pessoa jurídica não for encontrada – o que resultou na sua citação por edital e na decretação, incontinenti, da falência – e existirem dúvidas se os bens a serem arrecadados serão suficientes para arcar com a mencionada dívida. *REsp 1.526.790-SP, Rel. Min. Ricardo Villas Bôas Cueva, julgado em 10/3/2016. (Informativo n. 580).*

4.3.2 RECUPERAÇÃO JUDICIAL

Direito de votar dos "bondholders".

Os bondholders – detentores de títulos de dívida emitidos por sociedades em recuperação judicial e representados por agente fiduciário – têm assegurados o direito de voto nas deliberações sobre o plano de soerguimento. *REsp 1.670.096-RJ, Rel. Min. Nancy Andrighi, por maioria, julgado em 20/6/2017. (Informativo n. 607).*

O juízo onde se processa a recuperação judicial é o competente para processamento e julgamento de ação indenizatória derivada de relação de consumo em fase de cumprimento de sentença.

O juízo onde tramita o processo de recuperação judicial é o competente para decidir sobre o destino dos bens e valores objeto de execuções singulares movidas contra a recuperanda, ainda que se trate de crédito decorrente de relação de consumo. *STJ, REsp 1.630.702-RJ, Rel. Min. Nancy Andrighi, por unanimidade, julgado em 2/02/2017. (Informativo n. 598)*

Possibilidade de controle de legalidade feito pelo Poder Judiciário sobre o plano de recuperação judicial aprovado pela Assembleia Geral de Credores.

Se afigura absolutamente possível que o Poder Judiciário, sem imiscuir-se na análise da viabilidade econômica da empresa em crise, promova controle de legalidade do plano de recuperação judicial que, em si, em nada contemporiza a soberania da assembleia geral de credores. *REsp 1.532.943-MT, Rel. Min. Marco Aurélio Bellizze, julgado em 13/9/2016. (Informativo n. 591).*

Vinculação de todos os credores à determinação de plano de recuperação judicial aprovado por maioria pela Assembleia Geral de Credores.

Se, no âmbito de Assembleia Geral de Credores, a maioria deles – devidamente representados pelas respectivas classes – optar, por meio de dispositivo expressamente consignado em plano de recuperação judicial, pela supressão de todas as garantias fidejussórias e reais existentes em nome dos credores na data da aprovação do plano, todos eles – inclusive os que não compareceram à Assembleia ou os que, ao comparecerem, abstiveram-se ou votaram contrariamente à homologação do acordo – estarão indistintamente vinculados a essa determinação. *REsp 1.532.943-MT, Rel. Min. Marco Aurélio Bellizze, julgado em 13/9/2016. (Informativo n. 591).*

Competência do juízo onde se processa a recuperação judicial.

O STJ firmou entendimento no sentido de que o destino do patrimônio da sociedade em processo de recuperação judicial não pode ser atingido por decisões prolatadas por juízo diverso daquele onde tramita o processo de reerguimento, sob pena de violação ao princípio maior da preservação da atividade empresarial. Com efeito, é pacífica a jurisprudência da Segunda Seção no sentido de que a competência para adoção de medidas de constrição e venda de bens integrantes do patrimônio de sociedade em recuperação judicial é do juízo onde tramita o processo respectivo. Consigne-se que até mesmo em processos de execução fiscal – hipóteses nas quais a lei expressamente prevê a continuidade de tramitação, a despeito do deferimento judicial do pedido de soerguimento – o STJ tem posicionamento assentado no sentido de que, embora as ações não se suspendam, compete ao juízo universal dar seguimento a atos que envolvam a expropriação de bens do acervo patrimonial do devedor. *STJ, AgInt no CC 140.021/MT, 2ª Seção, DJe 22/08/2016.*

Submissão de credor dissidente a novo plano de recuperação judicial aprovado pela assembleia geral de credores.

Se, após o biênio de supervisão judicial e desde que ainda não tenha ocorrido o encerramento da recuperação judicial, houver aprovação de novo plano de recuperação judicial, o credor que discordar do novo acordo não tem direito a receber o seu crédito com base em plano anterior aprovado pelo mesmo órgão. *REsp 1.302.735-SP, Rel. Min. Luis Felipe Salomão, julgado em 17/3/2016. (Informativo n. 580).*

Não sujeição a recuperação judicial de direitos de crédito cedidos fiduciariamente.

Não se submetem aos efeitos da recuperação judicial do devedor os direitos de crédito cedidos fiduciariamente por ele em garantia de obrigação representada por Cédula de Crédito Bancário existentes na data do pedido de recuperação, independentemente de a cessão ter ou não sido registrada no Registro de Títulos e Documentos do domicílio do devedor. *REsp 1.412.529-SP, Rel. Min. Paulo de Tarso Sanseverino, Rel. p/ acórdão Min. Marco Aurélio Bellizze, julgado em 17/12/2015. (Informativo n. 578).*

Extinção das execuções individuais propostas contra devedor em recuperação judicial.

A novação resultante da concessão da recuperação judicial após aprovado o plano em assembleia é sui generis, e as execuções individuais ajuizadas contra a própria devedora devem ser extintas, e não apenas suspensas. *REsp 1.212.243/SP, Rel. Min. Luis Felipe Salomão, 4ª Turma, julgado em 01/09/2015.*

Mitigação do rigor do prazo de suspensão das ações e execuções.

É sedimentada a jurisprudência mitigando o rigor do prazo de suspensão das ações e execuções, que poderá ser ampliado em conformidade com as especificidades do caso concreto; de modo que, em regra, uma vez deferido o processamento ou, a fortiori, aprovado o plano de recuperação judicial, é incabível o prosseguimento automático das execuções individuais, mesmo após transcorrido o referido lapso temporal. *REsp 1.212.243/SP, Rel. Min. Luis Felipe Salomão, Quarta Turma, julgado em 01/09/2015.*

Retificação do quadro geral de credores após homologação do plano de recuperação judicial.

Ainda que o plano de recuperação judicial já tenha sido homologado, é possível a retificação do quadro geral de credores fundada em julgamento de impugnação. *REsp 1.371.427-RJ, Rel. Min. Ricardo Villas Bôas Cueva, julgado em 6/8/2015. (Informativo n. 567).*

Retirada do nome do devedor em recuperação judicial do cadastro de inadimplentes.

Somente após a concessão da recuperação judicial, com a homologação do plano e a novação dos créditos, é possível promover a retirada do nome da recuperanda dos cadastros de inadimplentes. *REsp 1.374.259/MT, Rel. Min. Luis Felipe Salomão, 4ª Turma, julgado em 02/06/2015.*

Crédito de honorários advocatícios sucumbenciais constituído após o pedido de recuperação judicial.

Na hipótese em que crédito de honorários advocatícios sucumbenciais tenha sido constituído após o pedido de recuperação judicial, não haverá habilitação desse crédito no juízo universal da recuperação judicial – e, portanto, a execução desses honorários prosseguirá no juízo comum, não ficando suspensa –, mas o juízo universal da recuperação judicial deverá exercer o controle sobre os atos de constrição ou expropriação patrimonial do devedor. *REsp 1.298.670-MS, Rel. Min. Luis Felipe Salomão, julgado em 21/5/2015. (Informativo n. 564).*

Interpretação do art. 94, III, "f", da Lei de Falências.

A mudança de domicílio da sociedade em recuperação judicial, devidamente informada em juízo, ainda que sem comunicação aos credores e sem data estabelecida para a instalação do novo estabelecimento empresarial, não é causa, por si só, para a decretação de ofício da falência. *REsp 1.366.845-MG, Rel. Min. Maria Isabel Gallotti, julgado em 18/6/2015. (Informativo n. 564).*

Deferimento do processamento de recuperação judicial e cadastros de restrição ao crédito e tabelionatos de protestos.

O deferimento do processamento de recuperação judicial, por si só, não enseja a suspensão ou o cancelamento da negativação do nome do devedor nos cadastros de restrição ao crédito e nos tabelionatos de protestos. *REsp 1.374.259-MT, Rel. Min. Luis Felipe Salomão, Quarta Turma, julgado em 2/6/2015. (Informativo n. 564).*

Extinção das execuções individuais propostas contra devedor em recuperação judicial.

Após a aprovação do plano de recuperação judicial pela assembleia de credores e a posterior homologação pelo juízo competente, deverão ser extintas – e não apenas suspensas – as execuções individuais até então propostas contra a recuperanda nas quais se busca a cobrança de créditos constantes do plano. *REsp 1.272.697-DF, Rel. Min. Luis Felipe Salomão, julgado em 2/6/2015. (Informativo n. 564).*

Inaplicabilidade do prazo em dobro para recorrer aos credores na recuperação judicial.

No processo de recuperação judicial, é inaplicável aos credores da sociedade recuperanda o prazo em dobro para recorrer previsto no art. 191 do CPC. *REsp 1.324.399-SP, Rel. Min. Paulo de Tarso Sanseverino, julgado em 3/3/2015. (Informativo n. 557).*

Não submissão de crédito garantido por alienação fiduciária aos efeitos de recuperação judicial.

Não se submetem aos efeitos da recuperação judicial os créditos garantidos por alienação fiduciária de bem não essencial à atividade empresarial. *CC 131.656-PE, Rel. Min. Maria Isabel Gallotti, julgado em 8/10/2014 (Informativo n. 550).*

Sujeição de crédito derivado de honorários advocatícios sucumbenciais à recuperação judicial.

Os créditos derivados de honorários advocatícios sucumbenciais estão sujeitos aos efeitos da recuperação judicial, mesmo que decorrentes de condenação proferida após o pedido de recuperação. *REsp 1.377.764-MS, Rel. Min. Nancy Andrighi, julgado em 20/8/2013 (Informativo n. 531).*

Não sujeição do crédito garantido por cessão fiduciária de direito creditório ao processo de recuperação judicial.

O crédito garantido por cessão fiduciária de direito creditório não se sujeita aos efeitos da recuperação judicial, nos termos do art. 49, § 3º, da Lei n. 11.101/2005. *REsp 1.202.918-SP, Rel. Min. Villas Bôas Cueva, julgado em 7/3/2013. (Informativo n. 518).*

Transferência de valores levantados em cumprimento de plano homologado para a garantia de juízo de execução fiscal em trâmite simultâneo.

As verbas previstas em plano de recuperação judicial aprovado e essenciais ao seu cumprimento não podem ser transferidas a juízo executivo com o intuito de garantir o juízo de execução fiscal ajuizada em face da empresa em crise econômico-financeira, ainda que a inexistência de garantia do juízo da execução gere a suspensão do executivo fiscal. *REsp 1.166.600-RJ, Rel. Min. Nancy Andrighi, julgado em 4/12/2012. (Informativo n. 512).*

Novação de dívida trabalhista ilíquida.

O crédito trabalhista só estará sujeito à novação imposta pelo plano de recuperação judicial quando já estiver consolidado ao tempo da propositura do pedido de recuperação. *REsp 1.321.288-MT, Rel. Min. Sidnei Beneti, julgado em 27/11/2012.*

Plano de recuperação judicial. Aprovação pela Assembléia Geral de Credores. Controle judicial.

A assembleia geral de credores (AGC) é soberana em suas decisões quanto ao conteúdo do plano de recuperação judicial. Contudo, as suas deliberações – como qualquer outro ato de manifestação de vontade – estão submetidas ao controle judicial quanto aos requisitos legais de validade dos atos jurídicos em geral. *REsp 1.314.209-SP, Rel. Min. Nancy Andrighi, julgado em 22/5/2012. (Informativo n. 498).*

4.3.3 FALÊNCIA

Extinção da obrigação do falido pelo decurso do prazo de cinco anos. Art. 135, III, da antiga Lei de Quebras.

A extinção das obrigações do falido, em decorrência da aplicação do art. 135, III, do Decreto-Lei n. 7.661/1945 (antiga Lei de Quebras), não extingue nem impede o prosseguimento de execução ajuizada contra avalista e devedor solidário.*REsp 1.104.632-PR, Rel. Min. Raul Araújo, por unanimidade, julgado em 20/4/2017. (Informativo n. 605).*

Havendo a falência da locatária, a fiança de contrato de locação permanece íntegro.

A decretação de falência do locatário, sem a denúncia da locação, nos termos do art. 119, VII, da Lei n. 11.101/2005, não altera a responsabilidade dos fiadores junto ao locador. O fato de a locatária ter tido sua falência decretada poucos meses após a celebração do contrato de locação é incapaz de alterar a consequência jurídica da cláusula de fiança. *STJ. 3ª Turma. REsp 1.634.048-MG, Rel. Min. Nancy Andrighi, por unanimidade, julgado em 28/3/2017. (Informativo n. 602).*

Extinção das obrigações do falido. Decurso do prazo de cinco anos. Prova da quitação de tributos. Desnecessidade.

Nos processos de falência ajuizados anteriormente à vigência da Lei n. 11.101/2005, a decretação da extinção das obrigações do falido prescinde da apresentação de prova da quitação de tributos. *REsp 1.426.422-RJ, Rel. Min. Nancy Andrighi, por unanimidade, julgado em 28/3/2017. (Informativo n. 601)*

Pedido de falência instruído com título executivo extrajudicial de valor superior a 40 (quarenta) salários-mínimos. Indícios de insolvência patrimonial do devedor. Desnecessidade.

Independentemente de indícios ou provas de insuficiência patrimonial, é possível a decretação da quebra do devedor que não paga, sem relevante razão de direito, no vencimento, obrigação líquida materializada em título ou títulos executivos protestados cuja soma ultrapasse o equivalente a 40 (quarenta) salários-mínimos na data do pedido de falência. *REsp 1.532.154-SC, Rel. Min. Paulo de Tarso Sanseverino, por unanimidade, julgado em 18/10/2016. (Informativo n. 596)*

Operadora de plano de saúde não caracterizada como seguradora. Impossibilidade de equiparação a instituição financeira. Crime contra o sistema financeiro nacional afastado. Possíveis crimes falimentares ou patrimoniais. Competência da justiça estadual.

Compete à justiça estadual o processamento e julgamento de ação penal que apura supostas fraudes praticadas por administrador na gestão de operadora de plano de saúde não caracterizada como seguradora. *CC 148.110-MG, Rel. Min. Reynaldo Soares da Fonseca, Rel. para acórdão Min. Maria Thereza de Assis Moura, por maioria, julgado em 23/11/2016. (Informativo n. 595).*

Legitimidade ativa do credor trabalhista para pedir falência do devedor.

A natureza trabalhista do crédito não impede que o credor requeira a falência do devedor. A lei não distingue entre dívida civil, comercial, trabalhista ou fiscal, importando, isso sim, que seja líquida, dando ensejo, repita-se, à ação executiva. Assim, adota-se corrente doutrinária que sustenta que: "Credores trabalhistas, fiscais, acidentários podem em tese requerer a falência do devedor desde que possuam o título executivo pertinente, seja ele judicial ou extrajudicial e esteja protestado para fins falimentares. Neste caso, é possível o pedido de falência com base no art. 94, I, da LRF. Há, também, a possibilidade do pleito de falência com base no art. 94, II, quando superveniente uma execução frustrada". *REsp 1.544.267-DF, Rel. Min. Ricardo Villas Bôas Cueva, por unanimidade, julgado em 23/8/2016. (Informativo n. 589).*

➘ *Prazo de realização de protesto para fins falimentares.*

O protesto tirado contra o emitente do cheque é obrigatório para o fim de comprovar a impontualidade injustificada do devedor no procedimento de falência (art. 94, I, da Lei 11.101/2005) e deve ser realizado em até seis meses contados do término do prazo de apresentação (prazo prescricional da ação cambial). *REsp 1.249.866-SC, Rel. Min. Paulo de Tarso Sanseverino, julgado em 6/10/2015. (Informativo n. 572).*

➘ *Natureza jurídica dos créditos resultantes de honorários advocatícios.*

Os créditos resultantes de honorários advocatícios têm natureza alimentar e equiparam-se aos trabalhistas para efeito de habilitação em falência, recuperação judicial e privilégio geral em concurso de credores nas execuções fiscais. *AgRg no REsp 1.539.760/PR, Rel. Min. Herman Benjamin, 2ª Turma, julgado em 22/09/2015.*

➘ *Capacidade processual do falido.*

O falido tem capacidade para propor ação rescisória para desconstituir a sentença transitada em julgado que decretou a sua falência. *REsp 1.126.521-MT, Rel. originário Min. Ricardo Villas Bôas Cueva, Rel. para acórdão Min. João Otávio de Noronha, julgado em 17/3/2015. (Informativo n. 558).*

➘ *Alienação extraordinária de ativo da falida e desnecessidade de prévia publicação de edital.*

Na hipótese de alienação extraordinária de ativo da falida (arts. 144 e 145 da Lei 11.101/2005), não é necessária a prévia publicação de edital em jornal de grande circulação prevista no § 1° do art. 142 da Lei 11.101/2005. *REsp 1.356.809-GO, Rel. Min. Paulo De Tarso Sanseverino, julgado em 10/2/2015. (Informativo n. 555).*

➘ *Declaração de extinção das obrigações do falido.*

O reconhecimento da extinção das obrigações não tributárias do falido nos termos do art. 135 do Decreto-Lei 7.661/1945 (art. 158 da Lei 11.101/2005) não depende de prova da quitação de tributos. Inicialmente, destaca-se que, tanto no regramento anterior (Decreto-Lei 7.661/1945) quanto na atual Lei de Falências (Lei 11.101/2005), a questão é tratada da mesma forma. *REsp 834.932-MG, Rel. Min. Raul Araújo, julgado em 25/8/2015. (Informativo n. 572).*

➘ *Abrangência de expressão dos arts. 67, caput, e 84, v, da lei 11.101/2005.*

Nos termos dos arts. 67, caput, e 84, V, da Lei 11.101/2005, em caso de decretação de falência, serão considerados extraconcursais os créditos decorrentes de obrigações contraídas pelo devedor entre a data em que se defere o processamento da recuperação judicial e a data da decretação da falência, inclusive aqueles relativos a despesas com fornecedores de bens ou 209 serviços e contratos de mútuo. *REsp 1.399.853-SC, Rel. originária Min. Maria Isabel Gallotti, Rel. para acórdão Min. Antonio Carlos Ferreira, julgado em 10/2/2015, DJe 13/3/2015 (Informativo n. 557).*

➘ *Classificação de crédito referente a honorários advocatícios no processo de falência.*

Os créditos resultantes de honorários advocatícios, sucumbenciais ou contratuais, têm natureza alimentar e equiparam-se aos trabalhistas para efeito de habilitação em falência, seja pela regência do Decreto-lei 7.661/1945, seja pela forma prevista na Lei 11.101/2005, observado o limite de valor previsto no art. 83, I, do referido diploma legal. *REsp 1.152.218-RS, Rel. Min. Luis Felipe Salomão, julgado em 7/5/2014 (Informativo n. 540).*

➘ *Classificação de crédito referente a honorários advocatícios por serviços prestados à massa falida.*

São créditos extraconcursais os honorários de advogado resultantes de trabalhos prestados à massa falida, depois do decreto de falência, nos termos dos arts. 84 e 149 da Lei 11.101/2005. *REsp 1.152.218-RS, Rel. Min. Luis Felipe Salomão, julgado em 7/5/2014 (Informativo n. 540).*

➘ *Incompetência do juízo universal para julgar ação de despejo movida contra sociedade empresária em recuperação judicial.*

Não se submete à competência do juízo universal da recuperação judicial a ação de despejo movida, com base na Lei 8.245/1991 (Lei do Inquilinato), pelo proprietário locador para obter, unicamente, a retomada da posse direta do imóvel locado à sociedade empresária em recuperação. *CC 123.116-SP, Rel. Min. Raul Araújo, julgado em 14/8/2014. (Informativo n. 551).*

➘ *Hipóteses autônomas de pedido de falência.*

É desnecessário o prévio ajuizamento de execução forçada para se requerer falência com fundamento na impontualidade do devedor. *REsp 1.354.776-MG, Min. Rel. Paulo de Tarso Sanseverino, julgado em 26/8/2014. (Informativo n. 547).*

➘ *Instrução do pedido de falência com duplicatas virtuais.*

A duplicata virtual protestada por indicação é título executivo apto a instruir pedido de falência com base na impontualidade do devedor. *REsp 1.354.776- MG, Min. Rel. Paulo de Tarso Sanseverino, julgado em 26/8/2014. (Informativo n. 547).*

➘ *Créditos extraconcursais e deferimento do processamento de recuperação judicial.*

São extraconcursais os créditos originários de negócios jurídicos realizados após a data em que foi deferido o pedido de processamento de recuperação judicial. *REsp 1.398.092-SC, Rel. Min. Nancy Andrighi, julgado em 6/5/2014. (Informativo n. 543).*

➘ *Eficácia de arrematação de bem imóvel em relação à massa falida.*

É eficaz em relação à massa falida o ato de transferência de imóvel ocorrido em virtude de arrematação em praça pública e realizado após a decretação da falência. *REsp 1.447.271-SP, Rel. Min. Nancy Andrighi, julgado em 22/5/2014. (Informativo n. 543).*

➘ *Pedido de falência fundado em impontualidade injustificada.*

Em pedido de falência requerido com fundamento na impontualidade injustificada (art. 94, I, da Lei 11.101/2005), é desnecessária a demonstração da insolvência econômica do devedor, independentemente de sua condição econômica. *REsp 1.433.652-RJ, Rel. Min. Luis Felipe Salomão, julgado em 18/9/2014. (Informativo n. 550).*

➘ *Hipótese em que não se caracteriza uso abusivo da via falimentar.*

Diante de depósito elisivo de falência requerida com fundamento na impontualidade injustificada do devedor (art. 94, I, da Lei 11.101/2005), admite-se, embora afastada a decretação de falência, a conversão do processo falimentar em verdadeiro rito de cobrança para apurar questões alusivas à existência e à exigibilidade da dívida cobrada, sem que isso configure utilização abusiva da via falimentar como sucedâneo de ação de cobrança/execução. *REsp 1.433.652-RJ, Rel. Min. Luis Felipe Salomão, julgado em 18/9/2014. (Informativo n. 550).*

➘ *Controle judicial do plano de recuperação judicial.*

Cumpridas as exigências legais, o juiz deve conceder a recuperação judicial do devedor cujo plano tenha sido aprovado em assembleia (art. 58, caput, da Lei 11.101/2005), não lhe sendo dado se imiscuir no aspecto da viabilidade econômica da empresa. *REsp 1.319.311-SP, Rel. Min. Luis Felipe Salomão, julgado em 9/9/2014. (Informativo n. 549).*

➘ *Falência de incorporadora imobiliária e classificação dos créditos oriundos de despesas efetuadas por adquirente de imóvel para a conclusão de prédio residencial.*

Quando o adquirente de unidade imobiliária – em razão da impossibilidade de conclusão da edificação por parte da incorporadora responsável, ante a decretação de sua falência – tenha assumido despesas necessárias à conclusão do prédio residencial, os gastos desembolsados pelo adquirente devem ser inscritos no processo de falência da referida incorporadora como créditos quirografários. *REsp 1.185.336-RS, Rel. Luis Felipe Salomão, julgado em 2/9/2014. (Informativo n. 548).*

➘ *Repercussão da homologação de plano de recuperação judicial.*

A homologação do plano de recuperação judicial da devedora principal não implica extinção de execução de título extrajudicial ajuizada em face de sócio coobrigado. *REsp 1.326.888-RS, Rel. Min. Luis Felipe Salomão, julgado em 8/4/2014. (Informativo n. 540).*

➘ *Direito empresarial e processual civil. Juízo universal da falência.*

O reconhecimento, por sentença transitada em julgado, de que elidiu a falência o depósito do valor principal do título executivo extrajudicial cujo inadimplemento baseou o pedido de quebra (art. 1º, § 3º, Decreto-Lei 7.661/1995) não torna prevento o juízo para um segundo pedido de falência fundado na execução frustrada (art. 2º, I, do Decreto-Lei 7.661/1945) do título executivo advindo daquela sentença quanto aos juros e a correção monetária. *REsp 702.417-SP, Rel. Min. Raul Araújo, julgado em 11/3/2014. (Informativo n. 539).*

➘ *Possibilidade de inclusão de multa moratória de natureza tributária na classificação dos créditos de falência decretada na vigência da Lei n. 11.101/2005.*

É possível a inclusão de multa moratória de natureza tributária na classificação dos créditos de falência decretada na vigência da Lei n. 11.101/2005, ainda que a multa seja referente a créditos tributários anteriores à vigência da lei mencionada. *REsp 1.223.792-MS, Rel. Min. Mauro Campbell Marques, julgado em 19/2/2013. (Informativo n. 515).*

➘ *Compensação no processo falimentar.*

Os valores a serem restituídos à massa falida decorrentes da procedência de ação revocatória não podem ser compensados com eventual crédito habilitado no processo de falência pelo réu condenado. *REsp 1.121.199-SP, Rel. Min. Raul Araújo, Rel. para acórdão Min. Luis Felipe Salomão, julgado em 10/9/2013. (Informativo n. 531).*

➘ *Desconsideração da personalidade jurídica. Extensão, no âmbito de procedimento incidental, dos efeitos da falência à sociedade do mesmo grupo.*

É possível, no âmbito de procedimento incidental, a extensão dos efeitos da falência às sociedades do mesmo grupo, sempre que houver evidências de utilização da personalidade jurídica da falida com abuso de direito, para fraudar a lei ou prejudicar terceiros, e desde que, demonstrada a existência de vínculo societário no âmbito do grupo econômico, seja oportunizado o contraditório à sociedade empresária a ser afetada. *AgRg no REsp 1.229.579-MG, Rel. Min. Raul Araújo, julgado em 18/12/2012. (Informativo n. 513).*

➘ *Conceito de massa falida.*

A massa falida nada mais é do que o conjunto de bens, direitos e obrigações da pessoa jurídica que teve contra si decretada a falência, uma universalidade de bens, a que se atribui capacidade processual exclusivamente, mas que não detém personalidade jurídica própria nos mesmos moldes da pessoa natural ou da pessoa jurídica. Todo esse acervo patrimonial não personificado nasce com o decreto de falência e sobre ele recai a responsabilidade patrimonial imputada, ou imputável, à empresa falida, apenas isso, mas não configura uma pessoa distinta. *REsp 1359041/SE, Rel. Min. Castro Meira, Segunda Turma, julgado em 18/06/2013, DJe 28/06/2013.*

Impossibilidade de a sociedade falida ajuizar ação com o objetivo de receber valor que deveria ter sido exigido pela massa falida.

A sociedade empresária falida não tem legitimidade para o ajuizamento de ação cujo objetivo seja o recebimento de valor que, segundo alega, deveria ter sido exigido pela massa falida, mas não o fora. *REsp 1.330.167-SP, Rel. Min. Sidnei Beneti, julgado em 5/2/2013 (Informativo n. 513).*

Competência. Falência e recuperação judicial. Prevenção.

A competência para apreciar pedido de recuperação judicial de grupo de empresas com sedes em comarcas distintas, caso existente pedido anterior de falência ajuizado em face de uma delas, é a do local em que se encontra o principal estabelecimento da empresa contra a qual foi ajuizada a falência, ainda que esse pedido tenha sido apresentado em local diverso. *CC 116.743-MG, Rel. Min. Raul Araújo, Rel. para acórdão Min. Luis Felipe Salomão, julgado em 10/10/2012. (Informativo n. 506)*

Incompetência absoluta requerida como relativa. Momento oportuno.

Quanto à competência para processar e julgar o pedido de falência de empresa em liquidação extrajudicial, ou seja, sob intervenção do Bacen, a Turma decidiu que é da Justiça estadual. *REsp 1.162.469-PR, Rel. Min. Paulo de Tarso Sanseverino, julgado em 12/4/2012. (Informativo n. 495)*

Sentença de decretação da quebra e extinção da personalidade jurídica da sociedade falida.

A mera decretação da quebra não implica extinção da personalidade jurídica do estabelecimento empresarial. *REsp 1.192.210/RJ, Rel. Min. Herman Benjamin, Segunda Turma, julgado em 16/11/2010, DJe 04/02/2011.*

Execução fiscal e juízo universal da falência.

As execuções fiscais não são atraídas pelo juízo universal da falência. Iniciada a execução fiscal antes de decretada a falência, ela transcorrerá normalmente até a liquidação das constrições efetivadas anteriormente à quebra. Não obstante, nessas hipóteses, os valores auferidos pela alienação deverão ser revertidos em favor da massa, para que integrem o montante a ser rateado em conformidade com o quadro geral de credores. *AgRg no CC 108.465/RJ, Rel. Min. Benedito Gonçalves, Primeira Seção, julgado em 26/05/2010, DJe 08/06/2010.*

Massa Falida. Imóvel. Transferência.

A transferência de estabelecimento comercial durante o termo legal de falência não tem eficácia em relação à massa falida. No caso, foi ajuizada ação revocatória para declarar a ineficácia da dação em pagamento, a fim de tornar sem efeito a transferência de propriedade de imóveis e cancelar as transcrições das respectivas escrituras, com a restituição deles à massa falida. *REsp 827.182-PR, Rel. Min. Fernando Gonçalves, julgado em 16/6/2009. (Informativo n. 399).*

Execução fiscal. Competência territorial somente excetuada por provocação do interessado. Falência (juízo falimentar). Não-sujeição da cobrança de débitos fiscais à habilitação do crédito no juízo falimentar (art. 29 da lei 6.830/90). Competência inalterada do foro onde proposta a execução fiscal.

Pode a execução fiscal ajuizada em face da massa falida ser processada normalmente no foro onde foi proposta, mesmo que o Juízo Falimentar seja em outra circunscrição. *CC 63.919/PE, Rel. Min. Humberto Martins, Primeira Seção, julgado em 13/12/2006.*

Competência. Falência. Estabelecimento principal.

A competência para o processo e julgamento do pedido de falência é do Juízo onde o devedor tem o seu principal estabelecimento, o local onde a atividade se mantém centralizada, não sendo, de outra parte, aquele a que os estatutos conferem o título principal, mas o que forma o corpo vivo, o centro vital das principais atividades do devedor. *CC 27.835-DF, Rel. Min. Antônio de Pádua Ribeiro, julgado em 14/3/2001. (Informativo n. 88).*

4.3.4 LIQUIDAÇÃO EXTRAJUDICIAL DE INSTITUIÇÕES FINANCEIRAS

Hipótese de não incidência do art. 18, "a", da Lei 6.024/1974.

A suspensão das ações e execuções ajuizadas em desfavor de instituições financeiras sob regime de liquidação extrajudicial e o veto à propositura de novas demandas após o decreto de liquidação (art. 18, "a", da Lei 6.024/1974) não alcançam as ações de conhecimento voltadas à obtenção de provimento judicial relativo à certeza e liquidez do crédito. *REsp 1.298.237-DF, Rel. Min. João Otávio de Noronha, julgado em 19/5/2015, DJe 25/5/2015. (Informativo n. 562).*

Suspensão da fluência de juros legais e contratuais em liquidação extrajudicial.

Após a decretação da liquidação extrajudicial de instituição financeira, os juros contra a massa liquidanda, sejam eles legais ou contratuais, terão sua fluência ou contagem suspensa enquanto o passivo não for integralmente pago aos credores habilitados, devendo esses juros serem computados e pagos apenas após a satisfação integral do passivo se houver ativo que os suporte, observando-se a ordem do quadro geral de credores. REsp 1.102.850-PE, Rel. Min. Maria Isabel Gallotti, julgado em 4/11/2014. (Informativo n. 551).

➘ Competência da Justiça estadual para apreciar ações envolvendo sociedade de economia mista em liquidação extrajudicial, sob a intervenção do Bacen.

Compete à Justiça Estadual, e não à Justiça Federal, processar e julgar ação proposta em face de sociedade de economia mista, ainda que se trate de instituição financeira em regime de liquidação extrajudicial, sob intervenção do Banco Central. *REsp 1.093.819-TO, Rel. Min. Luis Felipe Salomão, julgado em 19/3/2013. (Informativo n. 519).*

➘ Legitimidade do Ministério Público e intervenção do Banco Central.

• O Ministério Público tem legitimidade para propor a ação de responsabilidade civil de administradores de instituições financeiras que sofrem intervenção pelo Banco Central (Regime de Administração Especial Temporária – RAET). *STJ, REsp 962.265-SP, julgado em 14/6/2011. (Informativo n. 477).*

➘ Legitimidade do Ministério Público e intervenção do Banco Central.

Mesmo após o levantamento do regime de administração especial e temporária imposto pelo Banco Central, o Ministério Público não perde a legitimidade para prosseguir na ação de conhecimento que busca a responsabilização de ex-administradores da instituição financeira. *STJ, REsp 445.662-RO, julgado em 13/5/2003.*

4.4 DIREITO CAMBIÁRIO

4.4.1 LETRA DE CÂMBIO

➘ Execução. Letra. Ausência de aceite.

A letra de cambio sem aceite obsta a cobrança pela via executiva. Pois a recusa do aceite traz como única consequência o vencimento antecipado da letra de cambio (art. 43 da LUG), pode, então, o tomador cobrá-la imediatamente do sacador. *REsp 511.387/GO, Rel. Min. Nancy Andrighi, julgado em 21/06/2005. (Informativo n. 252).*

4.4.2 CHEQUE

➘ Termo inicial de correção monetária e de juros de mora em cobrança de cheque.

Em qualquer ação utilizada pelo portador para cobrança de cheque, a correção monetária incide a partir da data de emissão estampada na cártula, e os juros de mora a contar da primeira apresentação à instituição financeira sacada ou câmara de compensação. *REsp 1.556.834-SP, Rel. Min. Luis Felipe Salomão, Segunda Seção, julgado em 22/6/2016, DJe 10/8/2016. (Informativo n. 587).*

➘ Pós-datação regular. Cheque pré-datado (pós-datado) e o seu prazo de apresentação para pagamento.

A pactuação da pós-datação de cheque, para que seja hábil a ampliar o prazo de apresentação à instituição financeira sacada, deve espelhar a data de emissão estampada no campo específico da cártula. *REsp 1.423.464-SC, Rel. Min. Luis Felipe Salomão, Segunda Seção, julgado em 27/4/2016, DJe 27/5/2016. (Informativo n. 584).*

➘ Pós-datação extracartular. Cheque pré-datado (pós-datado) e o seu prazo de apresentação para pagamento.

A pós-datação de cheque não modifica o prazo de apresentação nem o prazo de prescrição do título. Isso porque conferir eficácia à referida pactuação extracartular em relação aos prazos de apresentação e de prescrição descaracterizaria o cheque como ordem de pagamento à vista. *REsp 1.124.709-TO, Rel. Min. Luis Felipe Salomão, julgado em 18/6/2013. (Informativo n. 528).*

➘ Prazo prescricional para ajuizamento de ação monitória fundada em cheque prescrito.

O prazo para ajuizamento de ação monitória em face do emitente de cheque sem força executiva é quinquenal, a contar do dia seguinte à data de emissão estampada na cártula. *REsp 1.101.412-SP, Rel. Min. Luis Felipe Salomão, julgado em 11/12/2013 (Informativo nº 533).*

➘ Termo inicial dos juros de mora relativos a crédito veiculado em cheque.

Os juros de mora sobre a importância de cheque não pago contam-se da primeira apresentação pelo portador à instituição financeira, e não da citação do sacador. *REsp 1.354.934-RS, Rel. Min. Luis Felipe Salomão, julgado em 20/8/2013 (Informativo n. 532).*

➘ Protesto de cheque nominal à ordem por endossatário terceiro de boa-fé.

É possível o protesto de cheque nominal à ordem, por endossatário terceiro de boa-fé, após o decurso do prazo de apresentação, mas antes da expiração do prazo para ação cambial de execução, ainda que, em momento anterior, o título tenha sido sustado pelo emitente em razão do inadimplemento do negócio jurídico subjacente à emissão da cártula. *REsp 1.124.709-TO, Rel. Min. Luis Felipe Salomão, julgado em 18/6/2013 (Informativo n. 528).*

➘ Ação monitória fundada em cheque prescrito. Prescindibilidade de demonstração da origem do débito expresso na cártula.

Em ação monitória fundada em cheque prescrito, ajuizada em face do emitente, é dispensável a menção ao negócio jurídico subjacente à emissão da cártula. REsp 1.094.571-SP, Rel. Min. Luis Felipe Salomão, julgado em 4/2/2013. *(Informativo n. 513).*

➘ Danos morais. Devolução de cheque por motivo diverso.

É cabível a indenização por danos morais pela instituição financeira quando cheque apresentado fora do prazo legal e já prescrito é devolvido sob o argumento de insuficiência de fundos. *REsp 1.297.353-SP, Rel. Min. Sidnei Beneti, julgado em 16/10/2012. (Informativo n. 507).*

4.4.3 NOTA PROMISSÓRIA

➘ *Desnecessidade de comprovação do negócio jurídico subjacente à nota promissória prescrita para a instrução da ação de locupletamento pautada no art. 48 do Decreto n. 2.044/1908.*

Independentemente da comprovação da relação jurídica subjacente, a simples apresentação de nota promissória prescrita é suficiente para embasar a ação de locupletamento pautada no art. 48 do Decreto n. 2.044/1908. *REsp 1.323.468-DF, Rel. Min. João Otávio de Noronha, julgado em 17/3/2016, DJe 28/3/2016 (Informativo n. 580).*

➘ *Prazo prescricional para ajuizamento de ação monitória fundada em nota promissória prescrita.*

O prazo para ajuizamento de ação monitória em face do emitente de nota promissória sem força executiva é quinquenal, a contar do dia seguinte ao vencimento do título. *REsp 1.262.056-SP, Rel. Min. Luis Felipe Salomão, julgado em 11/12/2013 (Informativo nº 533)*

➘ *Execução de avalista de nota promissória dada em garantia de crédito cedido por "factoring".*

Para executar, em virtude da obrigação avalizada, o avalista de notas promissórias dadas pelo faturizado em garantia da existência do crédito cedido por contrato de *factoring*, o faturizador exequente não precisa demonstrar a inexistência do crédito cedido. *REsp 1.305.637-PR, Rel. Min. Nancy Andrighi, julgado em 24/9/2013 (Informativo n. 532).*

➘ *Execução. Nota promissória vinculada a contrato de confissão de dívida.*

O fato de achar-se a nota promissória vinculada a contrato não a desnatura como título executivo extrajudicial. *REsp 259.819/Presidente da República, Rel. Min. Jorge Scartezzini, DJ 05/02/2007, p. 237.*

4.4.4 DUPLICATA

➘ *Emissão de duplicata com base em mais de uma nota fiscal.*

Uma só duplicata pode corresponder à soma de diversas notas fiscais parciais. *REsp 1.356.541-MG, Rel. Ricardo Villas Bôas Cueva, julgado em 5/4/2016, DJe 13/4/2016 (Informativo n. 581)*

➘ *Duplicata mercantil e aceite lançado em separado.*

O aceite lançado em separado da duplicata mercantil não imprime eficácia cambiária ao título. *REsp 1.334.464-RS, Rel. Min. Ricardo Villas Bôas Cueva, julgado em 15/3/2016, DJe 28/3/2016 (Informativo n. 580)*

➘ *Execução. Duplicata virtual. Protesto por indicação.*

As duplicatas virtuais emitidas e recebidas por meio magnético ou de gravação eletrônica podem ser protestadas por mera indicação, de modo que a exibição do título não é imprescindível para o ajuizamento da execução, conforme previsto no art. 8º, parágrafo único, da Lei n. 9.492/1997. Os boletos de cobrança bancária vinculados ao título virtual devidamente acompanhados dos instrumentos de protesto por indicação e dos comprovantes de entrega da mercadoria ou da prestação dos serviços suprem a ausência física do título cambiário eletrônico e constituem, em princípio, títulos executivos extrajudiciais. *EREsp 1.024.691-PR, Rel. Min. Raul Araújo, julgados em 22/8/2012. (Informativo n. 502).*

➘ *Execução. Duplicata virtual. Boleto bancário.*

As duplicatas virtuais – emitidas por meio magnético ou de geração eletrônica – podem ser protestadas por indicação (art. 13 da Lei n. 5.474/1968), não se exigindo, para o ajuizamento da execução judicial, a exibição do título. Se o boleto bancário que serviu de indicativo para o protesto retratar fielmente os elementos da duplicata virtual, estiver acompanhado do comprovante de entrega das mercadorias ou da prestação dos serviços e não tiver seu aceite justificadamente recusado pelo sacado, poderá suprir a ausência física do título cambiário eletrônico e, em princípio, constituir título executivo extrajudicial. *REsp 1.024.691-PR, Rel. Min. Nancy Andrighi, julgado em 22/3/2011. (Informativo n. 467).*

4.4.5 CÉDULA DE CRÉDITO RURAL

➘ *Cédula de produto rural financeira – CPR-F. Embargos à execução. Juros de mora. Decreto-Lei 167/67. Inaplicabilidade.*

A limitação dos juros moratórios ao patamar de 1% ao ano, estabelecida pelo art. 5º, parágrafo único, do Decreto-Lei 167/67, não se aplica à cédula de produto rural financeira (CPR-F). *STJ. 3ª Turma. REsp 1.435.979-SP, Rel. Min. Paulo de Tarso Sanseverino, por unanimidade, julgado em 30/3/2017, DJe 5/5/2017. (Informativo n. 603)*

➘ *Repetição de indébito de contrato de cédula de crédito rural. Prazo prescricional. Definição.*

A pretensão de repetição de indébito de contrato de cédula de crédito rural prescreve no prazo de vinte anos, sob a égide do art. 177 do Código Civil de 1916, e de três anos, sob o amparo do art. 206, § 3º, IV, do Código Civil de 2002, observada a norma de transição do art. 2.028 desse último Diploma Legal. *REsp 1.361.730-RS, Rel. Min. Raul Araújo, Segunda Seção, por maioria, julgado em 10/8/2016, DJe 28/10/2016. (Informativo n. 592).*

➘ Repetição de indébito de contrato de cédula de crédito rural. Termo inicial do prazo prescricional.

O termo inicial da prescrição da pretensão de repetição de indébito de contrato de cédula de crédito rural é a data da efetiva lesão, ou seja, do pagamento. *REsp 1.361.730-RS, Rel. Min. Raul Araújo, Segunda Seção, por maioria, julgado em 10/8/2016, DJe 28/10/2016. (Informativo n. 592).*

Cobrança pela inscrição de cédula de crédito rural em cartório.

Na cobrança para o registro de cédula de crédito rural, não se aplica o art. 34 do DL n. 167/1967, e sim lei estadual que, em conformidade com a Lei n. 10.169/2000, fixa valor dos respectivos emolumentos. *REsp 1.142.006-MG, Rel. Min. Olindo Menezes (Desembargador convocado do TRF da 1ª Região), Rel. para acórdão Min. Regina Helena Costa, julgado em 16/6/2016, DJe 4/8/2016. (Informativo n. 587).*

Aval em cédulas de crédito rural.

Admite-se aval em cédulas de crédito rural. *REsp 1.315.702-MS, Rel. Min. Luis Felipe Salomão, julgado em 10/3/2015, DJe 13/4/2015 (Informativo n. 559).*

Capitalização de juros em contratos de crédito rural.

A legislação sobre cédulas de crédito rural admite o pacto de capitalização de juros em periodicidade inferior à semestral. *REsp 1.333.977-MT, Rel. Min. Maria Isabel Gallotti, julgado em 26/2/2014 (Informativo nº 537).*

Índice de reajuste de saldo devedor de crédito rural.

O índice de correção monetária aplicável às cédulas de crédito rural no mês de março de 1990, nas quais prevista a indexação aos índices da caderneta de poupança, é o BTN no percentual de 41,28%. *REsp 1.319.232-DF, Rel. Min. Paulo de Tarso Sanseverino, julgado em 4/12/2014. (Informativo n. 552).*

4.4.6 AVAL

Outorga uxória ou marital. Interpretação do art. 1.647, inciso III, do CC/2002, à luz do art. 903 do mesmo diploma legal. Natureza do instituto cambiário do aval. Revisão do entendimento.

O aval dado aos títulos de créditos nominados (típicos) prescinde de outorga uxória ou marital. *STJ. 3ª Turma. REsp 1.526.560-MG, Rel. Min. Paulo de Tarso Sanseverino, julgado em 16/3/2017. (Informativo n. 604)*

4.4.7 PROTESTO

Prazo de realização de protesto para fins falimentares.

O protesto tirado contra o emitente do cheque é obrigatório para o fim de comprovar a impontualidade injustificada do devedor no procedimento de falência (art. 94, I, da Lei 11.101/2005) e deve ser realizado em até seis meses contados do término do prazo de apresentação (prazo prescricional da ação cambial). *REsp 1.249.866-SC, Rel. Min. Paulo de Tarso Sanseverino, julgado em 6/10/2015, DJe 27/10/2015 (Informativo n. 572).*

Protesto de cheque não prescrito.

É legítimo o protesto de cheque efetuado contra o emitente depois do prazo de apresentação, desde que não escoado o prazo prescricional relativo à ação cambial de execução. *REsp 1.297.797-MG, Rel. João Otávio de Noronha, julgado em 24/2/2015, DJe 27/2/2015 (Informativo n. 556).*

Não cancelamento do protesto pela prescrição do título cambial.

A prescrição da pretensão executória de título cambial não enseja o cancelamento automático de anterior protesto regularmente lavrado e registrado. *REsp 813.381-SP, Rel. Min. Raul Araújo, julgado em 20/11/2014, DJe 20/5/2015 (Informativo n. 562).*

Ônus do cancelamento de protesto.

No regime próprio da Lei 9.492/1997, legitimamente protestado o título de crédito ou outro documento de dívida, salvo inequívoca pactuação em sentido contrário, incumbe ao devedor, após a quitação da dívida, providenciar o cancelamento do protesto. *REsp 1.339.436- SP, Rel. Min. Luis Felipe Salomão, julgado em 10/9/2014 (Informativo nº 549).*

Cancelamento de protesto de título pago a posteriori. Ônus do devedor.

Legitimamente protestado o título de crédito, cabe ao devedor que paga posteriormente a dívida, e não ao credor, o ônus de providenciar a baixa do protesto em cartório, sendo irrelevante tratar-se de relação de consumo, não havendo que falar em dano moral pela manutenção do apontamento. *REsp 959.114-MS, Rel. Min. Luis Felipe Salomão, julgado em 18/12/2012. (Informativo n. 512).*

Protesto indevido. Dano moral in re ipsa.

Nos casos de protesto indevido de título ou inscrição irregular em cadastros de inadimplentes, o dano moral se configura in re ipsa, isto é, prescinde de prova, ainda que a prejudicada seja pessoa jurídica. REsp 1.059.663/MS, Rel. Min. Nancy Andrighi, Terceira Turma, julgado em 02/12/2008, DJe 17/12/2008.

4.5 CONTRATOS EMPRESARIAIS

4.5.1 LOCAÇÃO EMPRESARIAL

Contrato de locação de imóvel comercial. Abono pontualidade e multa contratual por impontualidade.

Desde que na data normal de vencimento seja cobrado o valor cheio do aluguel, serão lícitos: a) os descontos dados para pagamento em datas precedentes, a título de bônus pontualidade; e b) a incidência da multa contratual, quando do pagamento após o vencimento, tendo como base de cálculo da sanção o valor cheio do aluguel. *REsp 832.293/PR, Rel. Min. Raul Araújo, Quarta Turma, julgado em 20/08/2015, DJe 28/10/2015.*

4.5.2 LOCAÇÃO EMPRESARIAL EM "SHOPPING CENTER"

↘ *Legalidade de cláusula de raio em contrato de locação de espaço em shopping center.*

Em tese, não é abusiva a previsão, em normas gerais de empreendimento de *shopping center* ("estatuto"), da denominada "cláusula de raio", segundo a qual o locatário de um espaço comercial se obriga - perante o locador - a não exercer atividade similar à praticada no imóvel objeto da locação em outro estabelecimento situado a um determinado raio de distância contado a partir de certo ponto do terreno do *shopping center*. *REsp 1.535.727-RS, Rel. Min. Marco Buzzi, julgado em 10/5/2016, DJe 20/6/2016. (Informativo n. 585)*

↘ *Cláusula de aluguel dúplice ou de 13º aluguel. Validade da cláusula de 13º aluguel em contrato de locação de espaço em shopping center.*

Não é abusiva a mera previsão contratual que estabelece a duplicação do valor do aluguel no mês de dezembro em contrato de locação de espaço em shopping center. *REsp 1.409.849-PR, Rel. Min. Paulo de Tarso Sanseverino, julgado em 26/4/2016, DJe 5/5/2016. (Informativo n. 582).*

4.5.3 CONCESSÃO

↘ *Lei Renato Ferrari. Pagamento antecipado ao faturamento.*

O distribuidor não poderá exigir da concessionária de veículos automotores o pagamento antecipado do preço das mercadorias por ele fornecidas se não houver a referida previsão no contrato, hipótese em que o pagamento somente poderá ser exigido após o faturamento do respectivo pedido, e, apenas se não realizado o pagamento, poderá ser oposta a exceção de contrato não cumprido. *REsp 1.345.653-SP, Rel. Min. Ricardo Villas Bôas Cueva, julgado em 4/12/2012 (Informativo n. 512).*

4.5.4 REPRESENTAÇÃO COMERCIAL

↘ *Zona de Atuação. Exclusividade. Omissão contratual. Possibilidade de comprovação.*

É possível presumir a existência de exclusividade em zona de atuação de representante comercial quando: (i) não houver previsão expressa em sentido contrário; e (ii) houver demonstração por outros meios da existência da exclusividade. *REsp 1.634.077-SC, Rel. Min. Nancy Andrighi, por unanimidade, julgado em 9/3/2017. (Informativo n. 601)*

↘ *Resolução de contrato de representação comercial por justa causa e pagamento de aviso prévio.*

Não é devida a verba atinente ao aviso prévio - um terço das comissões auferidas pelo representante comercial nos três meses anteriores à resolução do contrato (art. 34 da Lei 4.886/1965) -, quando o fim do contrato de representação comercial se der por justa causa. *REsp 1.190.425-RJ, Rel. Min. Luis Felipe Salomão, julgado em 2/9/2014 (Informativo n. 546).*

↘ *Incidência da boa-fé objetiva no contrato de representação comercial.*

Não é possível ao representante comercial exigir, após o término do contrato de representação comercial, a diferença entre o valor da comissão estipulado no contrato e o efetivamente recebido, caso não tenha havido, durante toda a vigência contratual, qualquer resistência ao recebimento dos valores em patamar inferior ao previsto no contrato. *REsp 1.162.985-RS, Rel. Ministra Nancy Andrighi, julgado em 18/6/2013 (Informativo n. 523).*

↘ *Base de cálculo da comissão de representante comercial.*

O valor dos tributos incidentes sobre as mercadorias integra a base de cálculo da comissão do representante comercial. *REsp 1.162.985-RS, Rel. Ministra Nancy Andrighi, julgado em 18/6/2013 (Informativo n. 523).*

4.5.5 FRANQUIA (*FRANCHINSING*)

↘ *Incidência do art. 4º, § 2º, da Lei de Arbitragem em contratos de franquia.*

Em contrato de franquia, "a cláusula compromissória só terá eficácia se o aderente tomar a iniciativa de instituir a arbitragem ou concordar, expressamente, com a sua instituição, desde que por escrito em documento anexo ou em negrito, com a assinatura ou visto especialmente para essa cláusula" (art. 4º, § 2º, da Lei de Arbitragem). *REsp 1.602.076-SP, Rel. Min. Nancy Andrighi, julgado em 15/9/2016, DJe 30/9/2016. (Informativo n. 591).*

↘ *Contrato de franquia. Inaplicabilidade do Código de Defesa do Consumidor.*

No contrato de franquia não há uma relação de consumo tutelada pelo CDC, mas de fomento econômico, com intuito de estimular as atividades empresariais do franqueado. Assim, não há incidência das regras protetivas do CDC a esses contratos, não se admitindo a alegação de nulidade do compromisso arbitral com base no disposto no art. 51, VII, do CDC, que proíbe a utilização compulsória de arbitragem. *REsp 1.602.076-SP, Rel. Min. Nancy Andrighi, julgado em 15/9/2016, DJe 30/9/2016. (Informativo n. 591).*

↘ *Competência do Poder Judiciário para declarar nulidade de cláusula de compromisso arbitral.*

Independentemente do estado em que se encontre o procedimento de arbitragem, o Poder Judiciário pode declarar a nulidade de compromisso arbitral quando o vício for detectável *prima facie*, como ocorre na hipótese de inobservância, em contrato de franquia, do disposto no art. 4º, § 2º, da Lei n. 9.307/1996. *REsp 1.602.076-SP, Rel. Min. Nancy Andrighi, julgado em 15/9/2016, DJe 30/9/2016. (Informativo n. 591).*

↘ *Notificação por e-mail para o exercício de direito de preferência.*

É válida a notificação por e-mail enviada ao franqueador para o exercício do direito de preferência previsto em contrato de franquia, no caso em que, não tendo o contrato previsto forma específica para a notificação e sendo o correio eletrônico meio usual de comunicação entre franqueador e franqueado, houve ciência inequívoca do franqueador quanto à data do envio e do recebimento da mensagem, segurança quanto à legitimidade do remetente para tratar do assunto e, quanto ao conteúdo, respeito aos requisitos estabelecidos na cláusula contratual. *REsp 1.545.965-RJ, Rel. Min. Ricardo Villas Bôas Cueva, julgado em 22/9/2015, DJe 30/9/2015. (Informativo n. 570)*

4.5.6 TRANSPORTE, FRETAMENTO E ARMAZENAGEM

↘ *O transportador não pode ser responsabilizado pelos danos decorrentes de fatos de terceiros que possam ser caracterizados como fortuito externo.*

Conforme concordam doutrina e jurisprudência, a responsabilidade decorrente do contrato de transporte de pessoas é objetiva, sendo obrigação do transportador a reparação do dano causado ao passageiro quando demonstrado o nexo causal entre a lesão e a prestação do serviço, pois o contrato de transporte acarreta para o transportador a assunção de obrigação de resultado, impondo ao concessionário ou permissionário do serviço público o ônus de levar o passageiro incólume ao seu destino. É a chamada cláusula de incolumidade, que garante que o transportador irá empregar todos os expedientes que são próprios da atividade para preservar a integridade física do passageiro, contra os riscos inerentes ao negócio, durante todo o trajeto, até o destino final da viagem. Nos moldes do entendimento uníssono desta Corte, com suporte na doutrina, o ato culposo de terceiro, conexo com a atividade do transportador e relacionado com os riscos próprios do negócio, caracteriza o fortuito interno, inapto a excluir a responsabilidade do transportador. Por sua vez, o ato de terceiro que seja doloso ou alheio aos riscos próprios da atividade explorada, é fato estranho à atividade do transportador, caracterizando-se como fortuito externo, equiparável à força maior, rompendo o nexo causal e excluindo a responsabilidade civil do fornecedor. *EREsp 1.318.095/MG, Rel. Min.Raul Araújo, Segunda Seção, julgado em 22/02/2017.*

↘ *Prazo de prescrição da pretensão de cobrança de demurrage.*

Prescreve em cinco anos a pretensão de cobrança de valores estabelecidos em contrato de transporte marítimo de cargas (unimodal) para as despesas de sobre-estadia de contêiner (demurrage). *REsp 1.340.041-SP, Rel. Min. Ricardo Villas Bôas Cueva, julgado em 24/6/2015, DJe 4/9/2015 (Informativo n. 568).*

↘ *Prazo prescricional das ações de indenização contra armazéns gerais.*

Nas ações de indenização contra armazéns gerais, o prazo prescricional é de três meses. *AgRg no REsp 1.186.115-RJ, Rel. Min. Isabel Gallotti, julgado em 14/5/2013 (Informativo n. 525).*

↘ *Danos conexos à atividade.*

O transportador só responde pelos danos resultantes de fatos conexos com o serviço que presta. Recurso especial não conhecido. *REsp 468.900/RJ, Rel. Min. Ari Pargendler, Terceira Turma, julgado em 20/02/2003.*

4.5.7 FOMENTO MERCANTIL (*FACTORING*)

↘ *Oposição de exceções pessoais a empresa de factoring.*

O sacado pode opor à faturizadora a qual pretende lhe cobrar duplicata recebida em operação de factoring exceções pessoais que seriam passíveis de contraposição ao sacador, ainda que o sacado tenha eventualmente aceitado o título de crédito. *REsp 1.439.749-RS, Rel. Min. João Otávio de Noronha, julgado em 2/6/2015, DJe 15/6/2015 (Informativo n. 564).*

↘ *Desnecessidade de notificação de emitente de título de crédito.*

É desnecessária a notificação de emitente de cheque com cláusula "à ordem", para que o faturizador que tenha recebido a cártula por meio de endosso possa cobrar o crédito decorrente de operação de factoring. *REsp 1.236.701-MG, Rel. Min. Luis Felipe Salomão, julgado em 5/11/2015, DJe 23/11/2015 (Informativo n. 573).*

↘ *Direito de regresso relacionado a contrato de factoring.*

A faturizadora tem direito de regresso contra a faturizada que, por contrato de *factoring* vinculado a nota promissória, tenha cedido duplicatas sem causa subjacente. *REsp 1.289.995-PE, Rel. Ministro Luis Felipe Salomão, julgado em 20/2/2014 (Informativo n. 535).*

↘ *Obtenção de capital de giro. CDC.*

A atividade de factoring não se submete às regras do CDC quando não for evidente a situação de vulnerabilidade da pessoa jurídica contratante. Isso porque as empresas de factoring não são instituições financeiras nos termos do art. 17 da Lei n. 4.595/1964, pois os recursos envolvidos não foram captados de terceiros. Por fim, conforme a jurisprudência do STJ, a obtenção de capital de giro não está submetida às regras do CDC. *REsp 938.979-DF, Rel. Min. Luis Felipe Salomão, julgado em 19/6/2012. (Informativo n. 500).*

↘ Crime contra o Sistema Financeiro Nacional. Inexistência. Empréstimo a juros abusivos. Usura. Competência da Justiça Estadual.

A caracterização do crime previsto no art. 16, da Lei n° 7.492/86, exige que as operações irregulares tenham sido realizadas por instituição financeira. As empresas popularmente conhecidas como *factoring* desempenham atividades de fomento mercantil, de cunho meramente comercial, em que se ajusta a compra de créditos vencíveis, mediante preço certo e ajustado, e com recursos próprios, **não podendo ser caracterizadas como instituições financeiras**. *In casu*, comprovando-se a abusividade dos juros cobrados nas operações de empréstimo, configura-se o crime de usura, previsto no art. 4°, da Lei n° 1.521/51, cuja competência para julgamento é da Justiça Estadual. *CC 98.062/SP, Rel. Ministro JORGE MUSSI, TERCEIRA SEÇÃO, julgado em 25/08/2010, DJe 06/09/2010.*

Limitação. Taxa. Juros.

Como a *factoring* não integra o Sistema Financeiro Nacional, a taxa de juros obedece à limitação de 12% ao ano prevista no Dec. n. 22.626/1933, **não se incluindo na exceção prevista na moderna regra da Lei de Usura** (ex vi MP n. 2.172/2001 e MP 1.820/1999, arts. 1º e 4º). (...) embora as factoring desempenhem algumas atividades também desenvolvidas pelas instituições financeiras, delas se distinguiram, pois não há operação de risco, nem para seu funcionamento exige-se autorização do Banco Central. *REsp 1.048.341-RS, Rel. Min. Aldir Passarinho Junior, julgado em 10/2/2009. (Informativo n. 383).*

4.5.8 ALIENAÇÃO FIDUCIÁRIA EM GARANTIA

Ilegitimidade ativa de OSCIP para a ação de busca e apreensão no caso de alienação fiduciária em garantia.

A organização da sociedade civil de interesse público - OSCIP (mesmo ligada ao Programa Nacional de Microcrédito Produtivo Orientado - PNMPO), não pode ser classificada ou equiparada à instituição financeira, carecendo, portanto, de legitimidade ativa para requerer busca e apreensão de bens com fulcro no Decreto-Lei n. 911/1969. *REsp 1.311.071-SC, Rel. Min. Ricardo Villas Bôas Cueva, 3ª Turma, julgado em 21/3/2017. (Informativo n. 600)*

Alienação fiduciária em garantia. Não se aplica a teoria do adimplemento substancial no contrato de financiamento de veículo com alienação fiduciária em garantia regido pelo Decreto-Lei 911/69.

Não se aplica a teoria do adimplemento substancial aos contratos de alienação fiduciária em garantia regidos pelo Decreto-Lei 911/69. *REsp 1.622.555-MG, Rel. Min. Marco Buzzi, Rel. para acórdão Min. Marco Aurélio Bellizze, julgado em 22/2/2017. (Informativo n. 599)*

Cobrança por liquidação antecipada de débito para as operações de crédito e arrendamento mercantil contratadas antes de 10/12/2007.

É lícita a cobrança de tarifa por liquidação antecipada de débito para as operações de crédito e arrendamento mercantil contratadas antes de 10/12/2007 (data da publicação da Resolução CMN nº 3.516, de 2007), desde que esteja claramente identificada no extrato de conferência. *STJ, 3ª Turma, REsp 1.370.144-SP, Rel. Min. Ricardo Villas Bôas Cueva, julgado em 7/2/2017. (Informativo n. 597)*

Termo inicial do prazo para oferecimento de resposta pelo devedor fiduciante em ação de busca e apreensão de bem.

Em ação de busca e apreensão de bem alienado fiduciariamente, o termo inicial para a contagem do prazo de 15 dias para o oferecimento de resposta pelo devedor fiduciante é a data de juntada aos autos do mandado de citação devidamente cumprido, e não a data da execução da medida liminar. *REsp 1.321.052-MG, Rel. Min. Ricardo Villas Bôas Cueva, julgado em 16/8/2016. (Informativo n. 588).*

Rescisão de contrato de arrendamento mercantil vinculado a contrato de compra e venda de automóvel.

Na hipótese de rescisão de contrato de compra e venda de automóvel firmado entre consumidor e concessionária em razão de vício de qualidade do produto, deverá ser também rescindido o contrato de arrendamento mercantil do veículo defeituoso firmado com instituição financeira pertencente ao mesmo grupo econômico da montadora do veículo (banco de montadora). *REsp 1.379.839-SP, Rel. originária Min. Nancy Andrighi, Rel. para Acórdão Min. Paulo de Tarso Sanseverino, julgado em 11/11/2014. (Informativo n. 554)*

Não submissão de crédito garantido por alienação fiduciária aos efeitos de recuperação judicial.

Não se submetem aos efeitos da recuperação judicial os créditos garantidos por alienação fiduciária de bem não essencial à atividade empresarial. *CC 131.656-PE, Rel. Min. Maria Isabel Gallotti, julgado em 8/10/2014 (Informativo nº 550).*

Manutenção dos bens alienados na posse do devedor no caso de indispensabilidade para o exercício da atividade empresarial.

Admite-se a manutenção dos bens garantidores da alienação fiduciária na posse do devedor se demonstrada a indispensabilidade de tais bens para o exercício da empresa. *AgRg no CC 127629/MT, Rel. Min. João Otávio de Noronha, 2ª Seção, julgado em 23/04/2014.*

Devolução da diferença entre o resultado da soma do VRG quitado com o valor da venda do bem e o total pactuado como VRG no contrato de leasing financeiro.

Nas ações de reintegração de posse motivadas por inadimplemento de arrendamento mercantil financeiro, quando o resultado da soma do VRG quitado com o valor da venda do bem for maior que o total pactuado como VRG na contratação, será direito do arrendatário receber a diferença, cabendo, porém, se estipulado no contrato, o prévio desconto de outras despesas ou encargos contratuais. *REsp 1.099.212-RJ, Rel. originário Min. Massami*

Uyeda, Rel. para acórdão Min. Ricardo Villas Bôas Cueva, julgado em 27/2/2013 (Informativo n. 0517).

4.5.9 CONTRATO DE TRANSFERÊNCIA DE TECNOLOGIA

INPI e contrato de transferência de tecnologia.

O INPI pode intervir no âmbito negocial de transferência de tecnologia, diante de sua missão constitucional e infraconstitucional de regulamentação das atividades atinentes à propriedade industrial. *REsp 1.200.528-RJ, Rel. Min. Francisco Falcão, por unanimidade, julgado em 16/2/2017, DJe 8/3/2017. (Informativo n. 599)*

4.6 CONTRATOS BANCÁRIOS

4.6.1 DISPOSIÇÕES GERAIS

Contrato particular de crédito à pessoa física para aquisição de material de construção não é título executivo.

O contrato particular de abertura de crédito à pessoa física visando financiamento para aquisição de material de construção – Construcard –, ainda que acompanhado de demonstrativo de débito e nota promissória, não é título executivo extrajudicial. *REsp 1.323.951-PR, Rel. Min. Luis Felipe Salomão, 4ª Turma, julgado em 16/5/2017 (Informativo n. 606).*

Possibilidade de cobrança de tarifa bancária a partir do quinto saque mensal.

É legítima a cobrança, pelas instituições financeiras, de tarifas relativas a saques quando estes excederem o quantitativo de quatro realizações por mês. *REsp 1.348.154-DF, Rel. Min. Marco Aurélio Bellizze, por unanimidade, julgado em 13/12/2016, DJe 19/12/2016. (Informativo n. 596)*

4.6.2 MÚTUO MERCANTIL

É legal a capitalização mensal e anual de juros, desde que haja expressa pactuação neste sentido.

A cobrança de juros capitalizados nos contratos de mútuo é permitida, quando houver expressa pactuação. *STJ, REsp 1.388.972-SC, Rel. Min. Marco Buzzi, Segunda Seção, por unanimidade, julgado em 8/2/2017, DJe 13/3/2017. (Tema 953) (Informativo n. 599)*

Período de legalidade da cobrança de tarifa de renovação de cadastro (TRC).

É válida cláusula contratual que prevê a cobrança da tarifa de renovação de cadastro (TRC) em contrato bancário celebrado ainda no período de vigência da Circular n. 3.371/2007 do BACEN (isto é, antes da vigência da Circular n. 3.466/2009 do BACEN, que passou a impossibilitar a cobrança da TRC). *REsp 1.303.646-RJ, Rel. Min. João Otávio de Noronha, julgado em 10/5/2016, DJe 23/5/2016. (Informativo n. 584).*

Dever de utilização do sistema braille por instituições financeiras.

As instituições financeiras devem utilizar o sistema braille na confecção dos contratos bancários de adesão e todos os demais documentos fundamentais para a relação de consumo estabelecida com indivíduo portador de deficiência visual. *REsp 1.315.822-RJ, Rel. Min. Marco Aurélio Bellizze, julgado em 24/3/2015, DJe 16/4/2015. (Informativo n. 559).*

Falta de liquidez e certeza do contrato de abertura de crédito rotativo.

O contrato de abertura de crédito rotativo, ainda que acompanhado dos extratos relativos à movimentação bancária do cliente, **não constitui título executivo**. *REsp 1.022.034-SP, Rel. Min. Luis Felipe Salomão, julgado em 12/3/2013. (Informativo n. 520).*

4.7 DIREITO DE PROPRIEDADE INDUSTRIAL

4.7.1 PATENTES DE INVENÇÃO E DE MODELO DE UTILIDADE

Extinção da patente por falta de pagamento da retribuição anual.

Para arquivamento de pedido ou extinção de patente por falta de pagamento da retribuição anual prevista no art. 84 da Lei n. 9.279/1996, exige-se notificação prévia do respectivo depositante ou titular.

REsp 1.669.131-RJ, Rel. Min. Paulo de Tarso Sanseverino, por unanimidade, julgado em 27/6/2017, DJe 1/8/2017. (Informativo n. 608)

Licença de patente. Pagamento de royalties. Ausência de interesse do INPI. Disputa entre particulares a respeito de cláusulas contratuais referentes ao pagamento. Competência.

Na ação em que se discute apenas o pagamento do valor da remuneração pelo uso da patente, relação de interesse estritamente privado, não é necessária a intervenção do INPI, razão pela qual é competente para o julgamento do feito a Justiça Estadual. *REsp 1.046.324/RJ, Rel. Min. Sidnei Beneti, Terceira Turma, julgado em 14/09/2010, DJe 24/09/2010.*

4.7.2 DESENHO INDUSTRIAL

Termo inicial para o pagamento da retribuição quinquenal prevista no art. 120 da Lei n. 9.279/1996.

O prazo para o pagamento da "retribuição quinquenal" prevista no art. 120 da Lei n. 9.279/1996 conta-se da data do depósito do pedido de registro do desenho industrial no INPI, e não da data do certificado de registro. *REsp 1.470.431-PR, Rel. Min. Ricardo Villas Bôas Cueva, julgado em 23/2/2016, DJe 8/3/2016 (Informativo n. 578)*

Lei aplicável no caso de pedido de registro de desenho industrial em andamento quando da vigência da lei de propriedade industrial.

Na hipótese em que o pedido de registro de desenho industrial tenha sido formulado quando vigente o revogado Código de Propriedade Industrial (Lei 5.772/1971) e a concessão do registro tenha ocorrido já na vigência da Lei de Propriedade Industrial (Lei 9.279/1996), a divulgação do objeto de registro ocorrida durante o "período de graça" (art. 96, § 3º, da Lei 9.279/1996) não afasta a caracterização do requisito da "novidade", ainda que não realizado previamente requerimento de garantia de prioridade (art. 7º da Lei 5.772/1971). *REsp 1.050.659-RJ, Rel. Min. Antonio Carlos Ferreira, julgado em 24/2/2015, DJe 4/3/2015 (Informativo n. 556).*

4.7.3 MARCA

Ação de abstenção de uso de marca. Marco inicial da prescrição.

A pretensão de abstenção de uso de marca nasce para seu titular com a violação do direito de utilização exclusiva. *STJ, REsp 1.631.874-SP, Rel. Min. Nancy Andrighi, por unanimidade, julgado em 25/10/2016, DJe 9/11/2016. (Informativo n. 593).*

Pretensão de nulidade de registro de marca. Atuação obrigatória do INPI. Art. 175 da Lei 9.279/96. Posição processual. Litisconsorte passivo ou assistente especial (intervenção sui generis).

No momento em que é chamado a intervir no feito em razão de vício inerente ao próprio registro, a autarquia federal deve ser citada na condição de litisconsórcio passivo necessário. Se a causa de pedir da anulatória for a desconstituição da própria marca, algum defeito intrínseco do bem incorpóreo, não havendo questionamento sobre o vício do processo administrativo de registro propriamente dito, o INPI intervirá como assistente especial, numa intervenção *sui generis*, em atuação muito similar ao *amicus curiae*, com presunção absoluta de interesse na causa. *REsp 1.264.644/RS, Rel. Min. Luis Felipe Salomão, Quarta Turma, julgado em 28/06/2016.*

Hipótese de não cabimento de honorários sucumbenciais em desfavor do INPI em ação de nulidade de registro de marca.

Em ação de nulidade de registro de marca a que o INPI não deu causa nem após resistência direta, não cabe condenação do instituto em honorários advocatícios sucumbenciais. *REsp 1.378.699-PR, Rel. Min. Marco Aurélio Bellizze, julgado em 7/6/2016, DJe 10/6/2016. (Informativo n. 585)*

Produtos destinados à comercialização no exterior e caducidade da marca.

O fato de produto elaborado e fabricado no Brasil ser destinado exclusivamente ao mercado externo não implica a caducidade do respectivo registro de marca por desuso. *REsp 1.236.218-RJ, Rel. Min. Raul Araújo, julgado em 5/2/2015, DJe 11/6/2015 (Informativo n. 563).*

Caducidade de marca por uso esporádico.

É possível que se reconheça a caducidade do registro da marca quando, em um período de cinco anos, o valor e o volume de vendas do produto relacionado à marca forem inexpressivos (na situação em análise, 70 pacotes de cigarros que geraram receita de R$ 614,75) em comparação com operações bilionárias realizadas pelo titular no mesmo período (produção de mais de 400 207 bilhões de cigarros). *REsp 1.236.218-RJ, Rel. Min. Raul Araújo, julgado em 5/2/2015, DJe 11/6/2015 (Informativo n. 563).*

Requisitos de validade de patente de revalidação.

Uma patente pipeline concedida no exterior e revalidada no Brasil não pode ser anulada ao fundamento de falta de um dos requisitos de mérito do art. 8º da Lei 9.279/1996 (Lei de Propriedade Industrial - LPI), mas apenas por ausência de requisito especificamente aplicável a ela (como, por exemplo, por falta de pagamento da anuidade no Brasil) ou em razão de irregularidades formais. *REsp 1.201.454-RJ, Rel. Min. Ricardo Villas Bôas Cueva, julgado em 14/10/2014 (Informativo nº 550).*

Direito de uso exclusivo de marca registrada.

O uso, por quem presta serviço de ensino regular, da mesma marca anteriormente registrada, na classe dos serviços de educação, por quem presta, no mesmo Município, serviços de orientação e reeducação pedagógica a alunos com dificuldades escolares viola o direito de uso exclusivo de marca. *REsp 1.309.665-SP, Rel. Min. Paulo de Tarso Sanseverino, julgado em 4/9/2014 (Informativo nº 548).*

Necessidade de observância da padronização dos produtos e serviços no caso de licença de uso de marca.

É possível ao titular do registro de marca, após conceder licença de uso, impedir a utilização da marca pelo licenciado quando não houver observância à nova padronização dos produtos e dos serviços, ainda que o uso da marca tenha sido autorizado sem condições ou efeitos limitadores. *REsp 1.387.244-DF, Rel. Min. João Otávio de Noronha, julgado em 25/2/2014 (Informativo nº 538).*

Utilização de propaganda comparativa.

É lícita a propaganda comparativa entre produtos alimentícios de marcas distintas e de preços próximos no caso em que: a comparação tenha por objetivo principal o esclarecimento do consumidor; as informações veiculadas sejam verdadeiras, objetivas, não induzam o consumidor a erro, não depreciem o produto ou a marca, tampouco sejam abusivas (art. 37, § 2º, do CDC); e os produtos e marcas comparados não sejam passíveis de confusão. *REsp 1.377.911-SP, Rel. Min. Luis Felipe Salomão, julgado em 2/10/2014 (Informativo nº 550).*

Precedência de nome empresarial que não implica direito ao registro de marca.

A sociedade empresária fornecedora de medicamentos cujos atos constitutivos tenham sido registrados em Junta Comercial de um Estado antes do registro de marca no Instituto Nacional da Propriedade Industrial (INPI) por outra sociedade que presta serviços médicos em outro Estado, não tem direito ao registro de marca de mesma escrita e fonética, ainda que a marca registrada coincida com seu nome empresarial. *REsp 1.184.867-SC, Rel. Min. Luis Felipe Salomão, julgado em 15/5/2014 (Informativo nº 548).*

Mitigação da exclusividade decorrente do registro no caso de marca evocativa.

Ainda que já tenha sido registrada no INPI, a marca que constitui vocábulo de uso comum no segmento mercadológico em que se insere – associado ao produto ou serviço que se pretende assinalar – pode ser utilizada por terceiros de boa-fé. *REsp 1.315.621-SP, Rel. Min. Nancy Andrighi, julgado em 4/6/2013 (Informativo n. 526).*

Impossibilidade de o Poder Judiciário reconhecer, antes da manifestação do INPI, a caracterização de uma marca como de alto renome.

Caso inexista uma declaração administrativa do INPI a respeito da caracterização, ou não, de uma marca como sendo de alto renome, não pode o Poder Judiciário conferir, pela via judicial, a correspondente proteção especial. *REsp 1.162.281-RJ, Rel. Min. Nancy Andrighi, julgado em 19/2/2013 (Informativo n. 517).*

Possibilidade de obtenção de uma declaração geral e abstrata do INPI referente à caracterização de uma marca como de alto renome.

É legítimo o interesse do titular de uma marca em obter do INPI, pela via direta, uma declaração geral e abstrata de que sua marca é de alto renome. *REsp 1.162.281-RJ, Rel. Min. Nancy Andrighi, julgado em 19/2/2013 (Informativo n. 517).*

Termo inicial do prazo prescricional para pleitear indenização decorrente do uso de marca industrial que imite outra preexistente.

O termo inicial do prazo prescricional de cinco anos (art. 225 da Lei 9.279/1996) para pleitear indenização pelos prejuízos decorrentes do uso de marca industrial que imite outra preexistente, suscetível de causar confusão ou associação com marca alheia registrada (art. 124, XIX), é a data da violação do direito à propriedade industrial e se renova enquanto houver o indevido uso. *REsp 1.320.842-PR, Rel. Min. Luis Felipe Salomão, julgado em 14/5/2013 (Informativo n. 525).*

Indenização por lucros cessantes decorrente da recusa de vender.

O titular de marca estrangeira e a sua distribuidora autorizada com exclusividade no Brasil devem, solidariamente, indenizar, na modalidade de lucros cessantes, a sociedade empresarial que, durante longo período, tenha adquirido daqueles, de maneira consentida, produtos para revenda no território brasileiro na hipótese de abrupta recusa à continuação das vendas, ainda que não tenha sido firmado qualquer contrato de distribuição entre eles e a sociedade revendedora dos produtos. *REsp 1.200.677-CE, Rel. Min. Sidnei Beneti, julgado em 18/12/2012. (Informativo n. 514).*

Impossibilidade de importação paralela de uísque de marca estrangeira sem o consentimento do titular da marca.

Não é possível a realização de "importação paralela" de uísque de marca estrangeira para o Brasil na hipótese em que o titular da marca se oponha à importação, mesmo que o pretenso importador já tenha realizado, em momento anterior à oposição, "importações paralelas" dos mesmos produtos de maneira consentida e legítima. *REsp 1.200.677-CE, Rel. Min. Sidnei Beneti, julgado em 18/12/2012. (Informativo n. 514).*

Proteção de marca notória. Efeitos ex nunc.

A proteção de marca notória registrada no INPI produz efeitos *ex nunc. AgRg no REsp 1.163.909-RJ, Rel. Min. Massami Uyeda, julgado em 2/10/2012. (Informativo n. 505).*

4.8 OUTROS TEMAS DE DIREITO EMPRESARIAL

Suspensão da exigibilidade do direito antidumping provisório.

A caução de maquinário do importador efetuada por ocasião do desembaraço aduaneiro para o fim da liberação de mercadorias originárias de outro país não suspende a exigibilidade dos direitos antidumping provisórios. *REsp 1.516.614-PR, Rel. Min. Gurgel de Faria, julgado em 10/5/2016, DJe 24/5/2016. (Informativo n. 584)*

Prazo prescricional para ajuizar ação de locupletamento pautada no art. 48 do Decreto n. 2.044/1908.

Prescreve em três anos a pretensão de ressarcimento veiculada em ação de locupletamento pautada no art. 48 do Decreto n. 2.044/1908, contados do dia em que se consumar a prescrição da ação executiva. *REsp 1.323.468-DF, Rel. Min. João Otávio de Noronha, julgado em 17/3/2016, DJe 28/3/2016 (Informativo n. 580).*

Limites do sigilo nos acordos de leniência.

O sigilo nos processos administrativos de acordo de leniência celebrado com o CADE, bem como o dos documentos que os instruem, no que tange a pretensões privadas de responsabilização civil por danos decorrentes da eventual formação de cartel, deve ser preservado até a conclusão da instrução preliminar do referido processo administrativo (marcada pelo envio do relatório circunstanciado pela Superintendência-Geral ao Presidente do Tribunal Administrativo), somente podendo ser estendido para após esse marco quando lastreado em circunstâncias concretas fundadas no interesse coletivo – seja ele o interesse das apurações, seja ele a proteção de segredos industriais. *REsp 1.554.986-SP, Rel. Min. Marco Aurélio Bellizze, julgado em 8/3/2016, DJe 5/4/2016. (Informativo n. 580).*

Impossibilidade de oposição do sigilo do acordo de leniência ao Judiciário.

O sigilo do acordo de leniência celebrado com o CADE não pode ser oposto ao Poder Judiciário para fins de acesso aos documentos que instruem o respectivo procedimento administrativo. *REsp 1.554.986-SP, Rel. Min. Marco Aurélio Bellizze, julgado em 8/3/2016, DJe 5/4/2016. (Informativo n. 580).*

Vedação de repasse ao sacado de despesas referentes a tarifa de emissão de boleto bancário.

É abusiva a cobrança ou o repasse, pelo atacadista (beneficiário) ao varejista (pagador), de despesa referente a tarifa de emissão de boleto bancário. *REsp 1.568.940-RJ, Rel. Min. Ricardo Villas Bôas Cueva, julgado em 1/3/2016, DJe 7/3/2016. (Informativo n. 578).*

Responsabilidade civil. Furto de veículo sofrido por cliente em estacionamento oferecido por estabelecimento comercial.

Em se tratando de estacionamento de veículos oferecido por estabelecimento comercial, o roubo sofrido pelo cliente, não caracteriza caso fortuito apto a afastar o dever de indenizar. Aplica-se, ao caso, a Súmula 130 desta Corte, segundo a qual os estabelecimentos comerciais respondem, perante os clientes, pela reparação dos danos ou furtos de veículos ocorridos em seu estacionamento. *AgRg no REsp 1.235.168/SP, Rel. Min. Luis Felipe Salomão, Quarta Turma, julgado em 04/08/2015, DJe 13/08/2015.*

Responsabilidade civil do estado no caso de falha na fiscalização feita pelo Banco Central no mercado de capitais.

Não há nexo de causalidade entre o prejuízo sofrido por investidores em decorrência de quebra de instituição financeira e a suposta ausência ou falha na fiscalização realizada pelo Banco Central no mercado de capitais. *AgRg no REsp 1.405.998/SP, Rel. Min. Mauro Campbell Marques, 2ª Turma, julgado em 21/10/2014, DJE 28/10/2014.*

Direito do Consumidor

Lucas de Souza Lehfeld

TABELA DE INCIDÊNCIA DE QUESTÕES

Distribuição das questões organizada por ordem didática de assuntos		
Questões	**Número de Questões**	**Peso**
1. DOS PRINCÍPIOS FUNDAMENTAIS DO CÓDIGO DE DEFESA DO CONSUMIDOR (CDC) E DOS SEUS DIREITOS BÁSICOS	1	4,17%
2. DA QUALIDADE DE PRODUTOS E SERVIÇOS, DA PREVENÇÃO E DA REPARAÇÃO DOS DANO		
2.1. DA DECADÊNCIA E DA PRESCRIÇÃO (PRAZOS E GARANTIAS)	2	8,33%
2.2. DA DESCONSIDERAÇÃO DA PERSONALIDADE JURÍDICA	1	4,17%
3. DAS PRÁTICAS COMERCIAIS	1	4,17%
3.1. DA OFERTA E DA PUBLICIDADE	2	8,33%
3.2. DAS PRÁTICAS ABUSIVAS	2	8,33%
3.3. DA COBRANÇA DE DÍVIDAS E DOS BANCOS DE DADOS E CADASTROS DE CONSUMIDORES	2	8,33%
4. DA PROTEÇÃO CONTRATUAL	2	8,33%
4.1. DAS CLÁUSULAS ABUSIVAS	5	20,83%
4.2. DAS SANÇÕES ADMINISTRATIVAS	1	4,17%
5. DA DEFESA DO CONSUMIDOR EM JUÍZO	3	12,50%
5.1. INVERSÃO DO ÔNUS DA PROVA	1	4,17%
6. INFRAÇÕES PENAIS NO CDC	1	4,17%
Total	**24**	**100%**

Direito do Consumidor

Lucas de Souza Lehfeld

✦ QUESTÕES

1. DOS PRINCÍPIOS FUNDAMENTAIS DO CÓDIGO DE DEFESA DO CONSUMIDOR (CDC) E DOS SEUS DIREITOS BÁSICOS

01. (Vunesp – Juiz de Direito – SP/2014) Com relação ao Código de Defesa do Consumidor, é correto afirmar:

A) Não é possível ao magistrado aplicar as regras legais *ex officio*, ficando sempre na dependência de pedido expresso da parte.

B) Nas relações de consumo, não havendo lacuna no código consumerista, aplica-se somente seu regra- mento, podendo, entretanto, as partes optarem por outro sistema legal.

C) Mesmo se tratando de um sistema próprio, é possível aplicar normas de outro sistema legal nas relações de consumo, ainda que não haja lacuna no sistema consumerista.

D) A Lei nº 8.078/90 é norma de ordem pública e de interesse social, geral e principiológica e, com base no parágrafo 1° do artigo 2° da Lei de Introdução às Normas do Direito Brasileiro, sempre revoga as anteriores incompatíveis, quer estas sejam gerais ou especiais.

COMENTÁRIOS

✪ **Nota do autor:** Exige conhecimento sobre a natureza, fundamentos e aplicabilidade do Código de Defesa do Consumidor.

Alternativa correta "d": de acordo com o artigo 1º do CDC, trata-se de uma lei de ordem pública (i.e., que contém normas de direito privado, mas de forte interesse público, porque estabelecem valores básicos e fundamentais de nossa ordem jurídica) e de interesse social (pois o Código visa proteger interesses de um grupo específico de indivíduos – os consumidores). Além disto, o Código estabelece uma política nacional para as relações de consumo, em que consolida seus objetivos (artigo 4º) e impõe vários princípios que devem ser observados no mercado de consumo. Por ser um microssistema específicos, suas normas devem prevalecer sobre as demais.

Alternativa "a": incorreta, por ser uma lei de ordem pública, é possível a aplicação "ex officio" de certas normas do CDC, como, por exemplo, a desconsideração da personalidade jurídica, disciplinada no artigo 28.

Alternativa "b": incorreta, pois se aplicam às relações de consumo os tratados ou convenções internacionais de que o Brasil seja signatário, a legislação interna ordinária, regulamentos expedidos pelas autoridades administrativas competentes, bem como os princípios gerais do direito, analogia, costumes e equidade, nos termos do artigo 7º. Neste sentido também é a jurisprudência de nossos tribunais: "CONSUMIDOR E CIVIL. ARTIGO 7º DO CDC. APLICAÇÃO DA LEI MAIS FAVORÁVEL. DIÁLOGO DE FONTES. RELATIVIZAÇÃO DO PRINCÍPIO DA ESPECIALIDADE. RESPONSABILIDADE CIVIL. TABAGISMO. RELAÇÃO DE CONSUMO. AÇÃO INDENIZATÓRIA. PRESCRIÇÃO. PRAZO. O mandamento constitucional de proteção do consumidor deve ser cumprido por todo o sistema jurídico, em diálogo de fontes, e não somente por intermédio do CDC. Assim, e nos termos do artigo 7º do CDC, sempre que uma lei garantir algum direito para o consumidor, ela poderá se somar ao microssistema do CDC, incorporando-se na tutela especial e tendo a mesma preferência no trato da relação de consumo. (...)". (REsp 1.009.591-RS). Além disto, as normas do CDC são de ordem pública e, por isso, inafastáveis pela vontade individual, não podendo as partes optar por outro sistema legal.

Alternativa "c": incorreta segundo o gabarito apresentado pela banca do concurso, mas nossos tribunais têm admitido a aplicação de normas de outros diplomas legais às relações de consumo, mesmo que não haja lacuna no sistema consumerista. Por exemplo, o CDC estabelece o prazo de 30 dias para reclamar de vícios de serviço e produtos não duráveis, nos termos do artigo 26, inciso I. O STJ, no entanto, firmou orientação de que, em se tratando de transporte aéreo, na hipótese de atraso de voos ou descumprimento da programação de pacote turístico, incidirá o prazo prescricional do artigo 205 do Código Civil (dez anos), que é maior do que o prazo prescricional do CDC. Veja o acórdão: "PROCESSUAL CIVIL. RECURSO ESPECIAL. RESPONSABILIDADE CIVIL. TRANSPORTE AÉREO. EXTRAVIO DE MERCADORIA. CÓDIGO DE DEFESA DO CONSUMIDOR, CÓDIGO CIVIL E CÓDIGO BRASILEIRO DE AERONÁUTICA – CBA. PRESCRIÇÃO. PRAZO. 1. O prazo prescricional para os danos decorrentes do inadimplemento de contrato de transporte aéreo de mercadoria é aquele fixado pelo Código Civil. Precedentes. 2. Recurso especial conhecido e provido". (REsp 616.069-MA).

2. DA QUALIDADE DE PRODUTOS E SERVIÇOS, DA PREVENÇÃO E DA REPARAÇÃO DOS DANO

2.1. DA DECADÊNCIA E DA PRESCRIÇÃO (PRAZOS E GARANTIAS)

02. (Vunesp – Juiz de Direito – TJ SP/2017) Pedro compra um televisor novo em 1° de março de 2015. O fornecedor oferece garantia, mediante termo escrito, de 1 (um) ano. Em 15 de julho de 2016, em decorrência de um vício oculto (não originado de desgaste natural), o sistema de áudio da TV para de funcionar. Em 20 de agosto de 2016, Pedro entra em contato com o fabricante, informa o problema e solicita o conserto. O fabricante se recusa a efetuar o conserto afirmando que decorreu o prazo de garantia de 1 (um) ano. Pedro, então, propõe ação de obrigação de fazer, em 10 de setembro de 2016, pleiteando a condenação do fabricante a efetuar o conserto da TV.

É correto afirmar que a ação é

A) procedente, pois a garantia legal de adequação do produto independe de termo expresso, não se sujeitando ao decurso de prazo decadencial, mas prescricional de 5 (cinco) anos.

B) procedente, pois a reclamação referente à garantia legal de adequação do produto foi efetuada dentro do prazo decadencial de 90 dias, cuja contagem teve início a partir do aparecimento do defeito.

C) improcedente, pois houve expiração do prazo da garantia oferecida pelo fabricante.

D) improcedente, pois decorreu o prazo decadencial (30 dias) para o exercício da reclamação referente à garantia legal de adequação do produto.

COMENTÁRIOS

Nota do autor: Exige conhecimento da decadência e prescrição previstas no CDC.

Alternativa correta: "b". Nos termos do art. 26, II e §3º, do CDC, o prazo decadencial, de noventa dias (produto durável), conta-se a partir do momento em que ficar evidenciado o defeito, em se tratando de vício oculto (que no caso foi o dia 15 de julho de 2016).

Alternativa "a": incorreta, pois a garantia legal sujeita-se ao decurso de prazo decadencial, e não prescricional. Este, de 5 anos, refere-se a pretensão à reparação pelos danos causados por fato (e não do vício) do produto ou do serviço fornecido, iniciando-se a contagem do prazo a partir do conhecimento do dano e de sua autoria (art. 27).

Alternativa "c": incorreta, pois a garantia legal independe da oferecida pelo fabricante, sendo que o seu prazo decadencial de 90 dias inicia-se a partir do momento em que ficar evidenciado o defeito quando se tratar de vício oculto (art. 26, §3º, do CDC).

Alternativa "d": Incorreta, pois o prazo decadencial é de 90 dias, pois se trata de produto durável (art. 26, II e §3º, do CDC).

03. (Vunesp – Juiz de Direito – RJ/2016) Marisa de Lima adquiriu um aparelho de telefone celular em uma loja de departamentos para dar como presente a um sobrinho em seu aniversário. O bem foi adquirido em 10 de maio de 2015 e entregue ao sobrinho na primeira semana de julho, quando Paulinho imediatamente passou a utilizar o aparelho. No dia das crianças do mesmo ano, quando novamente encontrou o sobrinho, este informou que o aparelho está apresentando problema de aquecimento e desligamento espontâneo quando está brincando em um jogo e que notou a existência do vício em meados de setembro.

A partir desses fatos, é correta a seguinte afirmação.

A) Ainda não decorreu o prazo decadencial para apresentar reclamação perante o fornecedor, pois como se trata de vício oculto, o prazo iniciou-se no momento em que o aparelho começou a apresentar o problema.

B) A reclamação que venha a ser formulada pelo consumidor perante o fornecedor e a instauração do inquérito civil interrompem o fluxo do prazo para o exercício do direito de reclamar, que é de natureza prescricional, pois se fosse decadencial não suspenderia nem interromperia.

C) Tratando-se de vício oculto, o consumidor poderá formular reclamação perante o fornecedor por escrito, a qualquer tempo, mediante instrumento enviado pelo cartório de títulos e documentos, carta registrada ou simples, encaminhada pelo serviço postal ou entregue pelo consumidor, inclusive de forma verbal.

D) Já decorreu o prazo prescricional para apresentar reclamação perante o fornecedor, pois o direito de reclamar pelos vícios apresentados iniciou-se a partir da retirada do aparelho de telefone celular da loja.

E) O prazo para apresentar reclamação perante o fornecedor é de natureza decadencial, mas não poderá ser exercido, pois decorrido mais de 90 dias desde a data do início da efetiva utilização do aparelho celular.

COMENTÁRIOS

✪ **Nota do autor:** Exige conhecimento das disposições normativas do CDC.

Alternativa correta: "a", nos termos do art. 26, §3º c/c II, do CDC, ou seja, se o vício oculto surgiu apenas em meados de setembro, ainda não decorreu o prazo decadencial, que é de 90 dias, a contar do momento em que ficar evidenciado o defeito.

Alternativa "b": incorreta, a reclamação que venha a ser formulada pelo consumidor perante o fornecedor e a instauração do inquérito civil "suspendem" o fluxo do prazo para o exercício do direito de reclamar (*i.e*, o prazo é retomado de onde tinha parado), e não "interrompem" (o prazo processual deixa de fluir quando do advento da causa que demandou a interrupção, e retorna desde o início quando cessada a causa que lhe deu origem).

Alternativa "c": incorreta, a lei não exige que a comunicação ao fornecedor seja feita por escrito, o que torna possível até mesmo a reclamação verbal, mas recomenda-se que seja escrita para facilitar a prova da comunicação. O que está errado na questão é a expressão "a qualquer tempo", pois o art. 26 do CDC elenca dois prazos de decadência: 90 dias para bens duráveis e 30 dias para bens não duráveis.

Alternativa "d": incorreta, pois se trata de prazo decadencial, e não prescricional, e, em se tratando de vício oculto, o prazo é de 90 dias, a contar do momento em que o vício aparece, e não da aquisição do produto, consoante o disposto no §3º do art. 26 do CDC.

Alternativa "e": incorreta, de acordo com a justificativa acima.

2.2. DA DESCONSIDERAÇÃO DA PERSONALIDADE JURÍDICA

04. (Vunesp – Juiz de Direito – SP/2014) Com relação ao direito do consumidor, assinale a opção correta.

A) A disregard doctrine não tem aplicação no Código de Defesa do Consumidor.

B) A teoria menor da desconsideração da personalidade jurídica, adotada excepcionalmente no direito do consumidor, aplica-se com a mera prova de insolvência da pessoa jurídica para o pagamento de suas obrigações.

C) Demonstrando os sócios e/ou administradores da pessoa jurídica uma administração isenta de culpa ou dolo, ficam isentos de qualquer responsabilidade por eventual dano causado ao consumidor por ela.

D) A teoria maior da desconsideração da personalidade jurídica, adotada como regra geral pelo Código de Defesa do Consumidor, exige, além da demonstração de estar a pessoa jurídica insolvente para cumprir suas obrigações, também prova do desvio de finalidade, ou a demonstração de confusão patrimonial.

COMENTÁRIOS

✪ **Nota do autor:** Exige conhecimento doutrinário e jurisprudencial sobre a desconsideração da personalidade jurídica.

Alternativa correta "b": de acordo com o entendimento do STJ no REsp 279.273-SP, cuja transcrição é oportuna: "A teoria maior da desconsideração, regra geral no sistema jurídico brasileiro, não pode ser aplicada com a mera demonstração de estar a pessoa jurídica insolvente para o cumprimento de suas obrigações. Exige-se, aqui, para além da prova de insolvência, ou a demonstração de desvio de finalidade (teoria subjetiva da desconsideração), ou a demonstração de confusão patrimonial (teoria objetiva da desconsideração). A teoria menor da desconsideração, acolhida em nosso ordenamento jurídico excepcionalmente no Direito do Consumidor e no Direito Ambiental, incide com a mera prova de insolvência da pessoa jurídica para o pagamento de suas obrigações, independentemente da existência de desvio de finalidade ou de confusão patrimonial."

Alternativa "a": incorreta. A "disregarddoctrine" nada é além da teoria da desconsideração da personalidade jurídica, prevista no artigo 28 do CDC, "O juiz poderá desconsiderar a personalidade jurídica da sociedade quando, em detrimento do consumidor, houver abuso de direito, excesso de poder, infração da lei, fato ou ato ilícito ou violação dos estatutos ou contrato social. A desconsideração também será efetivada quando houver falência, estado de insolvência, encerramento ou inatividade da pessoa jurídica provocados por má administração. § 5° Também poderá ser desconsiderada a pessoa jurídica sempre que sua personalidade for, de alguma forma, obstáculo ao ressarcimento de prejuízos causados aos consumidores.

Alternativa "c": incorreta, segundo a teoria menor, não é necessária a existência de culpa ou dolo para que seja efetivada a desconsideração da personalidade jurídica – basta a ocorrência do dano decorrente da má-administração.

Alternativa "d": incorreta, pois o Código de Defesa do Consumidor adota a teoria menor da desconsideração da personalidade jurídica.

3. DAS PRÁTICAS COMERCIAIS

05. (Vunesp – Juiz de Direito – SP/2014) A notificação do consumidor, nos termos do parágrafo 2.° do artigo 43 do Código de Defesa do Consumidor, antes de uma futura inscrição de seu nome no Cadastro de Proteção ao Crédito, cabe

A) ao credor e ao órgão mantenedor do Cadastro de Proteção ao Crédito.

B) ao credor, exigindo-se o aviso de recebimento na carta de comunicação ao consumidor.

C) ao órgão mantenedor do Cadastro de Proteção ao Crédito.

D) somente ao credor.

COMENTÁRIOS

✪ **Nota do autor:** Exige conhecimento de Súmulas acerca dos aspectos relativos aos cadastros de proteção ao crédito.

Alternativa correta "c": nos termos da Súmula 359 do STJ, "Cabe ao órgão mantenedor do Cadastro de Proteção ao Crédito a notificação do devedor antes de proceder à inscrição."

Alternativas "a", "b" e "d": incorretas, conforme argumento acima.

3.1. DA OFERTA E DA PUBLICIDADE

06. (Vunesp – Juiz de Direito – TJ SP/2017) Atraído por material publicitário, Lucas adquire um automóvel mediante contrato escrito de compra e venda. Posteriormente, constata que as condições do negócio lhe foram desfavoráveis, pois diversos itens mencionados na propaganda não constavam do veículo e do contrato.

Assinale a resposta correspondente à correta solução do caso.

A) Lucas deve exigir da vendedora que introduza no contrato as alterações necessárias a adaptá-lo ao conteúdo do material publicitário.

B) As disposições contratuais prevalecem sobre as informações que constam do material publicitário, de modo que Lucas deve cumprir as obrigações que contraiu, exceto na hipótese de comprovar que ao tempo da celebração não dispunha de capacidade para entender o conteúdo do contrato.

C) As disposições contratuais prevalecem sobre as informações que constam do material publicitário, de modo que Lucas deve cumprir as obrigações que contraiu.

D) As informações do material publicitário prevalecerão sobre as disposições contratuais caso as divergências forem potencialmente nocivas ou perigosas à saúde ou à segurança.

COMENTÁRIOS

✪ **Nota do autor:** Exige-se conhecimento do CDC, em especial quanto ao Capítulo V – Das Práticas Comerciais.

Alternativa correta: "a". De acordo com o art. 30 do CDC, toda informação ou publicidade veiculada por qualquer forma de comunicação com relação a produtos e serviços oferecidos obriga o fornecedor que a fizer veicular ou dela se utilizar e **integra o contrato que vier a ser celebrado.**

Alternativas "b", "c" e "d": incorretas, conforme o art. 30 do CDC, supramencionado.

07. (Vunesp – Juiz de Direito – SP/2015) Assinale a alternativa correta, no que concerne ao tema da oferta.

A) O fornecedor, em caso de descumprimento da oferta, poderá exigir que o consumidor rescinda o contrato, restituindo-lhe o valor pago, monetariamente atualizado, além das perdas e danos.

B) Em caso de oferta ou venda por reembolso postal, constarão o nome do fabricante e endereço na publicidade utilizada na transação comercial.

C) Cessada a produção, a oferta de componentes, via de regra, deverá ser mantida por noventa dias.

D) Descabe a responsabilidade solidária do fornecedor por ato de seu representante autônomo.

COMENTÁRIOS

✪ **Nota do autor:** Exige conhecimento a respeito da literalidade das normas do CDC sobre oferta.

Alternativa correta: "b", de acordo com o art. 33, "caput", do CDC.

Alternativa "a": incorreta, de acordo com o art. 35 do CDC, "Se o fornecedor de produtos ou serviços recusar cumprimento à oferta, apresentação ou publicidade, o consumidor poderá, alternativamente e à sua livre escolha: I – exigir o cumprimento forçado da obrigação, nos termos da oferta, apresentação ou publicidade; II – aceitar outro produto ou prestação de serviço equivalente; III – rescindir o contrato, com direito à restituição de quantia eventualmente antecipada, monetariamente atualizada, e a perdas e danos."

Alternativa "c": incorreta, de acordo com o parágrafo único do art. 32 do CDC, "Cessadas a produção ou importação, a oferta deverá ser mantida por período razoável de tempo, na forma da lei."

Alternativa "d": incorreta, de acordo com o art. 34 do CDC, "O fornecedor do produto ou serviço é solidariamente responsável pelos atos de seus prepostos ou representantes autônomos."

3.2. DAS PRÁTICAS ABUSIVAS

08. (Vunesp – Juiz de Direito – TJ SP/2017) No período de 2 (dois) meses, Luciana recebeu em sua residência, sem solicitação prévia, edições semanais de uma revista. No início do terceiro mês, Luciana recebe boleto de cobrança de uma anuidade da revista e, em seguida, mantém contato com a editora e manifesta desinteresse no produto. A editora cancela o boleto de cobrança da anuidade e emite novo boleto referente às 8 (oito) edições recebidas por Luciana no período de 2 (dois) meses. Quanto a esse boleto, assinale a alternativa correta.

A) Existe obrigação de pagamento, pois Luciana não manifestou o desinteresse no produto no prazo de 7 (sete) dias a contar do recebimento da primeira edição.

B) Existe obrigação de pagamento, pois, embora Lucia- na não fosse obrigada a manifestar o desinteresse no prazo de 7 (sete) dias, haveria enriquecimento sem causa por parte dela em detrimento da editora.

C) Inexiste obrigação de pagamento uma vez que houve excesso de cobrança, já que a editora tem direito ao recebimento do valor correspondente a 7 (sete) edições da revista e que a primeira é equiparada a amostra grátis.

D) Inexiste obrigação de pagamento, pois as revistas recebidas são equiparadas a amostras grátis.

COMENTÁRIOS

✪ **Nota do autor:** Exige-se conhecimento das disposições do CDC, em especial da Seção IV – Das Práticas Abusivas do Capítulo V – Das Práticas Comerciais.

Alternativa correta: "d". Nos termos do art. 39, III, e Parágrafo Único do CDC, e vedado ao fornecedor enviar ou entregar ao consumidor, sem solicitação prévia, qualquer produto ou fornecer qualquer serviço. O fazendo, os serviços prestados e os produtos remetidos ou entregues ao consumidor equiparam-se às amostras grátis, inexistindo obrigação de pagamento.

Alternativa "a": incorreta, pois não se trata de direito de arrependimento (art. 49 do CDC), de 7 dias, pois não solicitou o referido produto. Assim, no presente caso, trata-se de amostra grátis, inexistindo obrigação de pagamento, nos termos do art. 39, III, e Parágrafo único do CDC.

Alternativas "b" e "c": incorretas, em razão do art. 39, III e Parágrafo Único do CDC, conforme justificativa supracitada.

09. (Vunesp – Juiz de Direito – TJ – SP/2013) Considerada a lei e a jurisprudência do STJ sobre abusividade de cláusulas de contratos bancários, é correto afirmar que

A) a estipulação de juros superiores a 12% ao ano por si só indica abusividade.

B) nos contratos bancários, é vedado ao julgador conhecer, de ofício, da abusividade das cláusulas.

C) a Comissão de permanência deve ser determinada de antemão, sendo potestativa e, por isso, nulá a cláusula que a atrele a taxas médias de mercado, apuradas pelo Banco Central.

D) é vedada a estipulação de multa moratória em contratos com o consumidor.

COMENTÁRIOS

✪ **Nota do autor:** Exige conhecimento sobre a jurisprudência dominante, bem como das disposições legais contidas no CDC.

Alternativa correta: "b". De acordo com a Súmula 381 do STJ, "Nos contratos bancários, é vedado ao julgador conhecer, de ofício, da abusividade das cláusulas ." Precedente do STJ: AgRg no REsp 782895-SC.

Alternativa "a": incorreta, de acordo com o entendimento do STJ, a estipulação de juros remuneratórios superiores a 12% ao ano, por si só, não indica abusividade, à medida que, nos contratos bancários, não-regidos por legislação específica, os juros moratórios poderão ser convencionados até o limite de 1% ao mês (REsp 1061530/RS, Rel. Ministra NANCY ANDRIGHI, SEGUNDA SEÇÃO, julgado em 22/10/2008, DJe 10/03/2009).

Alternativa "c": incorreta. Conforme Súmula 294 do STJ, "não é potestativa a cláusula contratual que prevê a comissão de permanência, calculada pela taxa média de mercado apurada pelo Banco Central do Brasil, limitada à taxa do contrato".

Alternativa "d": incorreta, de acordo com a Súmula nº 285 do STJ, "Nos contratos bancários posteriores ao CDC incide a multa moratória nele prevista.". Vale lembrar que o §1º do art. 52 do CDC determina que "As multas de mora decorrentes do inadimplemento de obrigações no seu termo não poderão ser superiores a 2% do valor da prestação."

3.3. DA COBRANÇA DE DÍVIDAS E DOS BANCOS DE DADOS E CADASTROS DE CONSUMIDORES

---

10. (Vunesp – Juiz de Direito – TJ SP/2017) Após ter os documentos pessoais furtados, Arlindo é surpreendido com a inclusão de seus dados pessoais em órgão de proteção ao crédito, em razão do inadimple- mento de contrato bancário de financiamento de automóvel celebrado por terceiro em seu nome. Ostentando prévia e legítima negativação anterior à acima referida, Arlindo propõe ação contra a instituição financeira com a qual foi celebrado o contrato de financiamento de automóvel. Pleiteia a declaração de inexistência de relação jurídica e o recebimento de indenização por danos morais. A petição inicial é instruída com documento comprobatório da inclusão feita a requerimento do réu. Em contestação, o banco alega que tomou todas as providências que estavam ao seu alcance no momento da contratação e que não pode ser responsabilizado por fraude praticada por terceiro. Por sua vez, Arlindo informa que não tem provas a produzir, além dos documentos que já apresentou.

De acordo com a orientação sumulada do Superior Tribunal de Justiça, assinale a alternativa correta.

A) Os pedidos devem ser julgados procedentes, pois a instituição financeira responde objetivamente pelos danos gerados por fortuito interno relativo a fraudes praticadas por terceiros, estando demonstrada a inexistência de relação jurídica entre as partes; a simples inscrição indevida do nome do consumidor em órgão de proteção ao crédito é suficiente para a caracterização do dano moral, reconhecido na jurisprudência como *in re ipsa*.

B) O pedido de indenização deve ser julgado improcedente, pois o banco agiu no exercício regular de direito, o que exclui a ilicitude de sua conduta, cabendo a Arlindo se voltar contra o terceiro que utilizou seus dados para celebrar o contrato; o pedido declaratório deve ser julgado procedente, considerando que Arlindo não deu causa ao fato.

C) O pedido declaratório deve ser acolhido, pois a instituição financeira responde objetivamente pelos danos gerados por fortuito interno relativo a fraudes praticadas por terceiros, estando demonstrada a inexistência de relação jurídica entre as partes; o pedido de indenização por danos morais deve ser julgado improcedente em razão da prévia existência de legítima inscrição do nome de Arlindo em órgão de proteção ao crédito.

D) Os pedidos devem ser julgados procedentes, pois, embora a instituição financeira responda subjetivamente, foi comprovada sua culpa pela ineficiência na verificação da documentação apresentada por terceiro, estando demonstrada a inexistência de relação jurídica entre as partes; a simples inscrição indevida do nome do consumidor em órgão de proteção ao crédito é suficiente para a caracterização do dano moral, reconhecido na jurisprudência como in re ipsa.

COMENTÁRIOS

✪ **Nota do Autor:** Exige-se conhecimento da jurisprudência do STJ

Alternativa correta: "c". Conforme a Súmula 479 do STJ, "as instituições financeiras respondem objetivamente pelos danos gerados por fortuito interno relativo a fraudes e delitos praticados por terceiros no âmbito de operações bancarias". Ademais, "da anotação irregular em cadastro de proteção ao crédito, não cabe indenização por dano moral, quando preexistente legítima inscrição, ressalvado o direito ao cancelamento". (Súmula 385 do STJ).

Alternativas "a", "b" e "d": incorretas, conforme as Súmulas 479 e 385 do STJ supramencionadas.

---

11. (Vunesp – Juiz de Direito – SP/2015) É correto afirmar que:

A) na comunicação ao consumidor sobre a negativação de seu nome em bancos de dados e cadastros de inadimplentes é dispensável o aviso de recepção.

B) quem já é registrado como mau pagador não pode se sentir moralmente ofendido pela inscrição de seu nome nos cadastros de proteção ao crédito, mesmo sem a prévia notificação do interessado acerca das notificações anteriores.

C) compete ao credor ou à instituição financeira a notificação do devedor antes de se proceder à inscrição no cadastro de proteção ao crédito.

D) a inscrição do nome do devedor pode ser mantida nos cadastros de inadimplentes pelo prazo máximo de cinco anos, independentemente da prescrição da execução ou da ação de conhecimento para cobrança da dívida.

COMENTÁRIOS

✪ **Nota do autor:** Exige conhecimento das súmulas e da jurisprudência do STJ sobre banco de dados e cadastro de inadimplentes.

Alternativa correta: "a", nos termos da Súmula nº 404 do STJ, "É dispensável o aviso de recebimento (AR) na carta de comunicação ao consumidor sobre a negativação de seu nome em bancos de dados e cadastros." Precedentes: AgRg no REsp 1320418/MS, Rel. Ministro ANTONIO CARLOS FERREIRA, QUARTA TURMA, julgado em 14/04/2015, DJe 23/04/2015.

Alternativa "b": incorreta, pois o consumidor que não for notificado previamente da inscrição sofrerá dano moral, consoante o disposto na Súmula nº 385 do STJ, "Da anotação irregular em cadastro de proteção ao crédito, não cabe indenização por dano moral, quando preexistente legítima inscrição, ressalvado o direito ao cancelamento." Neste sentido: "CONSUMIDOR. INSCRIÇÃO EM CADASTRO DE INADIMPLENTES. DANO MORAL INEXISTENTE SE O DEVEDOR JÁ TEM OUTRAS ANOTAÇÕES, REGULARES, COMO MAU PAGADOR. Quem já é registrado como mau pagador não pode se sentir moralmente ofendido por mais uma inscrição do nome como inadimplente em cadastros de proteção ao crédito; dano moral, haverá se comprovado que as anotações anteriores foram realizadas sem a prévia notificação do interessado. Recurso especial não conhecido. (REsp 1.002.985/RS, Rel. Ministro ARI PARGENDLER, SEGUNDA SEÇÃO, julgado em 14/05/2008, DJe 27/08/2008).

Alternativa "c": incorreta, de acordo com a Súmula nº 359 do STJ, "Cabe ao órgão mantenedor do Cadastro de Proteção ao Crédito a notificação do devedor antes de proceder à inscrição."

Alternativa "d": incorreta, de acordo com a Súmula nº 323 do STJ, "A inscrição do nome do devedor pode ser mantida nos serviços de proteção ao crédito até o prazo máximo de cinco anos, independentemente da prescrição da execução". Logo, a Súmula não se refere às ações de conhecimento para cobrança de dívida, mas tão somente a execução. Neste sentido: "[...] O nome do devedor só pode ser retirado dos cadastros de inadimplentes quando decorrido o prazo de 5 anos previsto no art. 43, § 1º, do CDC. Todavia, admite-se a retirada em prazo inferior quando verificada a prescrição do direito de propositura de ação de conhecimento para cobrança da dívida, conforme consta do § 5º do mesmo artigo, e não simplesmente do direito de ação para execução do título que ensejou a negativação. [...]" (REsp. 615.908/RS, DJ 10/08/2004, Rel. Ministra Nancy Andrighi).

4. DA PROTEÇÃO CONTRATUAL

12. (Vunesp – Juiz de Direito – RJ/2016) Carlos dos Santos mora em um apartamento alugado e pretendendo tornar-se proprietário de sua própria moradia, assinou um contrato de promessa de compra e venda com uma empresa construtora para aquisição de um apartamento. O contrato foi celebrado com cláusula contratual que determina a restituição dos valores devidos somente ao término da obra, ou de forma parcelada na hipótese de resolução de contrato de promessa de compra e venda do imóvel, por culpa de quaisquer contratantes.

A partir desses fatos, assinale a alternativa correta.

A) Se houver resolução do contrato de promessa de compra e venda do imóvel por vontade de ambas as partes, em conformidade com o avençado no contrato, a restituição dos valores devidos deve ocorrer de forma parcelada ou ao término da obra.

B) Se a resolução contratual for unilateral do promissário comprador, este terá direito à devolução das parcelas pagas, mas a devolução não precisa ser imediata, pois inexiste disposição expressa nesse sentido no Código de Defesa do Consumidor.

C) Esse contrato não se submete ao Código de Defesa do Consumidor, regendo-se integralmente pelas normas do Código Civil, devendo ser observado o princípio pacta sunt servanda.

D) Se houver resolução do contrato de promessa de compra e venda do imóvel por vontade unilateral e exclusiva do promissário comprador, em observação à legislação consumerista, Carlos dos Santos terá direito à restituição integral das parcelas pagas.

E) Se houver a resolução do contrato de promessa de compra e venda do imóvel em decorrência de vontade exclusiva do promitente vendedor, caberá a este a imediata restituição integral das parcelas pagas pelo promitente comprador em aplicação da legislação consumerista.

COMENTÁRIOS

✪ **Nota do autor:** Exige conhecimento da Súmula nº 543 do STJ.

Alternativa correta: "e", de acordo com a Súmula nº 543 do STJ: "Na hipótese de resolução de contrato de promessa de compra e venda de imóvel submetido ao Código de Defesa do Consumidor, deve ocorrer a imediata restituição das parcelas pagas pelo promitente comprador – integralmente, em caso de culpa exclusiva do promitente vendedor/construtor, ou parcialmente, caso tenha sido o comprador quem deu causa ao desfazimento"

Alternativa "a": incorreta, de acordo com a Súmula nº 543 do STJ, deve ocorrer a imediata restituição das parcelas pagas pelo promitente comprador, independentemente do consenso das partes na resolução do contrato de promessa de compra e venda do imóvel.

Alternativa "b": incorreta, se foi o comprador quem deu causa ao desfazimento do negócio, terá direito à restituição parcial das parcelas pagas, mas a restituição deve ser imediata, e não parcelada, consoante o disposto na Súmula nº 543 do STJ.

Alternativa "c": incorreta, pois tal contrato se caracteriza como uma relação de consumo, sujeita à incidência do CDC.

Alternativa "d": incorreta, nos termos da justificativa da alternativa "b".

---

13. (Vunesp – Juiz de Direito – SP/2015) Assinale a alternativa correta.

A) Nos contratos bancários posteriores ao Código de Defesa do Consumidor incide multa moratória de até 10% do valor da prestação.

B) O diploma consumerista é aplicável às instituições financeiras, mas não tem aplicação na relação entre entidade de previdência privada e seus participantes.

C) As instituições financeiras, assim entendidas como prestadoras de serviços, respondem, independentemente da existência de culpa exclusiva de terceiros, pela reparação dos danos causados aos consumidores por defeitos relativos à prestação de serviço.

D) Não vulnera o Código de Defesa do Consumidor a cobrança de tarifa básica de assinatura mensal pelo uso dos serviços de telefonia fixa.

COMENTÁRIOS

✪ **Nota do autor:** Exige conhecimento das súmulas e da jurisprudência do STJ.

Alternativa correta: "d", de acordo com a Súmula nº 356 do STJ, "É legítima a cobrança da tarifa básica pelo uso dos serviços de telefonia fixa."

Alternativa "a": incorreta, de acordo com a Súmula nº 285 do STJ, "Nos contratos bancários posteriores ao CDC incide a multa moratória nele prevista.". Vale lembrar que o §1º do art. 52 do CDC determina que "As multas de mora decorrentes do inadimplemento de obrigações no seu termo não poderão ser superiores a 2% do valor da prestação."

Alternativa "b": incorreta, a Súmula nº 321 do STJ prescrevia que "O CDC é aplicável à relação jurídica entre entidade de previdência privada e seus participantes". No entanto, a referida Súmula foi ***cancelada*** e, atualmente, vigora a Súmula nº 563 do STJ, que assim dispõe: "O Código de Defesa do Consumidor é aplicável às entidades abertas de previdência complementar, não incidindo nos contratos previdenciários celebrados com entidades fechadas." Neste sentido: "O Código de Defesa do Consumidor não é aplicável à relação jurídica entre participantes ou assistidos de plano de benefício e entidade de previdência complementar fechada, mesmo em situações que não sejam regulamentadas pela legislação especial." (REsp 1.536.786-MG, Rel. Min. Luis Felipe Salomão, julgado em 26/8/2015 - INFORMATIVO 571).

Alternativa "c": incorreta, de acordo com a Súmula nº 479 do STJ, "As instituições financeiras respondem objetivamente pelos danos gerados por fortuito interno relativo a fraudes e delitos praticados por terceiros no âmbito de operações bancárias." Portanto, não serão responsabilizadas quando prova a culpa exclusiva do consumidor ou de terceiro, consoante o disposto no art. 14, §3º, II, do CDC.

4.1. DAS CLÁUSULAS ABUSIVAS

---

14. (Vunesp – Juiz de Direito – TJ SP/2017) Vítima de acidente automobilístico, Joana fica hospitalizada durante 90 (noventa) dias. Joana é contratante individual de plano de assistência médica e hospitalar. A administradora do plano de saúde se recusa a cobrir a totalidade dos custos da internação, alegando que o contrato limita a obrigação a 30 (trinta) dias. Durante o período de hospitalização, Joana deixa de efetuar o pagamento das prestações mensais do plano de saúde. Após se recuperar, Joana propõe ação requerendo seja o plano de saúde condenado ao pagamento das despesas referentes a todo o período de internação. Por sua vez, a administradora do plano de saúde apresenta contestação e propõe reconvenção pleiteando a condenação de Joana ao pagamento das prestações em atraso, acrescido da multa contratual de 10% (dez por cento).

É correto afirmar que a ação de Joana deve ser julgada

A) improcedente, pois não há abusividade na cláusula contratual que limita o tempo de internação hospitalar; a reconvenção é procedente, pois o ilícito contratual foi praticado por Joana, que está obrigada ao pagamento das mensalidades do plano de saúde, com acréscimo da multa contratual de mora.

B) parcialmente procedente, devendo as partes dividirem equitativamente os custos da internação hospitalar que ultrapassaram o limite de 30 (trinta) dias, como forma de não gerar desequilíbrio contratual; a reconvenção é improcedente, pois ao plano de saúde não é lícito, enquanto não cumprir sua obrigação, exigir o cumprimento daquela atribuída a Joana.

C) procedente, pois a limitação temporal da internação hospitalar é admitida somente nos contratos coletivos de assistência médica; a reconvenção é improcedente, pois a conduta abusiva da administradora do plano de saúde exclui a obrigação de Joana efetuar o pagamento das mensalidades referentes ao período de hospitalização.

D) procedente, pois é abusiva a cláusula contratual que limita o tempo de internação hospitalar; a reconvenção é parcialmente procedente, pois Joana está obrigada ao pagamento das mensalidades do plano de saúde, mesmo diante da recusa de cobertura, mas a multa contratual não pode exceder 2% (dois por cento).

COMENTÁRIOS

✪ **Nota do autor:** Exige-se conhecimento de jurisprudência do STJ, Lei n. 9.656/98 (planos de saúde), bem como disposições normativas do CDC e do CPC/2015.

Alternativa correta: "d". De acordo com o art. 12, II, "a", da Lei n. 9.656/98, veda-se a limitação de prazo para internações hospitalares. A Súmula nº 302 do STJ, por sua vez, determina que "é abusiva a cláusula contratual de plano de saúde que limita no tempo a internação hospitalar do segurado". Quanto a cobrança em reconvenção (art. 343 do CPC/2015), o art. 52, §1º, do CDC estabelece que "as multas de mora decorrentes do inadimplemento de obrigações no seu termo não poderão ser superiores a dois por cento do valor da prestação".

Alternativa "a": incorreta, pois "é abusiva a cláusula contratual de plano de saúde que limita no tempo a internação hospitalar do segurado" (Súmula nº 302 do STJ). Também previsto no art. 12, II, "a", da Lei n. 9.656/98. Ademais, no caso da reconvenção, é parcialmente procedente, pois deve-se observar o limite aos juros de mora de 2% nos termos do art. 52, §1º, do CDC.

Alternativa "b": incorreta, em razão do art. 12, II, "a", da Lei n. 9.656/98, Súmula nº 302 do STJ e art. 52, §1º, do CDC.

Alternativa "c": incorreta, nos termos acima expostos.

---

15. (Vunesp – Juiz de Direito – SP/2015) Em tema de abusividade contratual, é correto afirmar que

A) se admite limitação temporal de internação hospitalar do segurado em contrato de plano de saúde.

B) a estipulação de juros moratórios superiores a 12% ao ano, por si só, não indica abusividade.

C) é válida a obrigação cambial assumida por procurador do mutuário vinculado ao mutuante, no exclusivo interesse deste.

D) a nulidade de uma cláusula contratual abusiva não invalida o contrato, desde que não caracterizada a onerosidade excessiva.

COMENTÁRIOS

✪ **Nota do autor:** Exige conhecimento de disposições normativas do CDC, bem como das súmulas e jurisprudência do STJ a respeito de cláusulas e práticas abusivas.

Alternativa correta: "d", de acordo com o §2º do art. 51 do CDC, "A nulidade de uma cláusula contratual abusiva não invalida o contrato, exceto quando de sua ausência, apesar dos esforços de integração, decorrer ônus excessivo a qualquer das partes."

Alternativa "a": incorreta, de acordo com a Súmula nº 302 do STJ, "É abusiva a cláusula contratual de plano de saúde que limita no tempo a internação hospitalar do segurado."

Alternativa "b": incorreta, de acordo com o entendimento do STJ, a estipulação de juros remuneratórios superiores a 12% ao ano, por si só, não indica abusividade, à medida que, nos contratos bancários, não-regidos por legislação específica, os juros moratórios poderão ser convencionados até o limite de 1% ao mês (REsp 1061530/RS, Rel. Ministra Nancy Andrighi, segunda seção, julgado em 22.10.2008, DJe 10.03.2009).

Alternativa "c": incorreta, de acordo com a Súmula nº 60 do STJ, "É nula a obrigação cambial assumida por procurador do mutuário vinculado ao mutuante, no exclusivo interesse deste."

---

16. (Vunesp – Juiz de Direito – RJ/2014) No que concerne às cláusulas abusivas, constantes de contratos de consumo, assinale a alternativa correta.

A) A nulidade de uma cláusula contratual abusiva não invalida o contrato, exceto quando de sua ausência, apesar dos esforços de integração, decorrer ônus excessivo a qualquer das partes.

B) As cláusulas abusivas constantes de contratos de adesão, se redigidas com destaque, permitindo sua imediata e fácil compreensão pelo consumidor, tornar-se-ão válidas.

C) Nos contratos bancários, é lícito ao julgador conhecer, de ofício, da abusividade das cláusulas.

D) É abusiva a cláusula contratual de plano de saúde que limita no tempo a internação hospitalar do segurado, desde que não seja dado prévio conhecimento da íntegra do contrato de adesão ao consumidor.

COMENTÁRIOS

✪ **Nota do autor:** Exige conhecimento das Súmulas do STJ relativas às cláusulas abusivas.

Alternativa correta: "a", nos termos do art. 51, § 2º do CDC.

Alternativa "b": incorreta, todas as cláusulas abusivas são nulas de pleno direito, nos termos do art. 51 do CDC.

Alternativa "c": incorreta, a teor da Súmula n. 381 do STJ, "Nos contratos bancários, é vedado ao julgador conhecer, de ofício, da abusividade das cláusulas."

Alternativa "d": incorreta, a teor da Súmula n. 302 do STJ, " É abusiva a cláusula contratual de plano de saúde que limita no tempo a internação hospitalar do segurado."

---

17. (Vunesp – Juiz de Direito – SP/2014) Com base no Código de Defesa do Consumidor, assinale a opção correta.

A) As instituições financeiras respondem somente se agirem com culpa pelos danos gerados por fortuito interno relativo a fraudes e delitos praticados por terceiros no âmbito de operações bancárias.

B) O consorciado inadimplente que desiste de participar do grupo de consórcio não tem direito à restituição do que pagou, justamente por não ter cumprido sua parte no contrato.

C) É válida, em atenção ao princípio da autonomia da vontade, cláusula que estabelece a perda das benfeitorias, sem direito a indenização, em caso de rescisão do contrato, em virtude de mora no pagamento do preço.

D) Em contratos submetidos ao Código de Defesa do Consumidor, é abusiva a cláusula contratual que determina a restituição dos valores devidos somente ao término da obra ou de forma parcelada, na hipótese de resolução do contrato de promessa de compra e venda de bem imóvel, por culpa de quaisquer contratantes.

COMENTÁRIOS

✪ **Nota do autor:** Exige conhecimento sobre práticas e cláusulas abusivas, de acordo com o CDC e a jurisprudência do STJ.

Alternativa correta "d": em consonância com o entendimento jurisprudencial do STJ. Segue o acórdão: "RECURSO ESPECIAL REPRESENTATIVO DE CONTROVÉRSIA. ARTIGO 543-C DO CPC. [art. 1036 do CPC/2015] DIREITO DO CONSUMIDOR. CONTRATO DE COMPRA DE IMÓVEL. DESFAZIMENTO. DEVOLUÇÃO DE PARTE DO VALOR PAGO. MOMENTO. 1. Para efeitos do artigo 543-C do CPC (***art. 1036 do CPC/2015***): em contratos submetidos ao Código de Defesa do Consumidor, é abusiva a cláusula contratual que determina a restituição dos valores devidos somente ao término da obra ou de forma parcelada, na hipótese de resolução de contrato de promessa de compra e venda de imóvel, por culpa de quaisquer contratantes. Em tais avenças, deve ocorrer a imediata restituição das parcelas pagas pelo promitente comprador – integralmente, em caso de culpa exclusiva do promitente vendedor/construtor, ou parcialmente, caso tenha sido o comprador quem deu causa ao desfazimento. 2. Recurso especial não provido". (REsp 1.300.418 – SC)

Alternativa "a": incorreta, de acordo com a Súmula 479 do STJ, "As instituições financeiras respondem objetivamente pelos danos gerados por fortuito interno relativo a fraudes e delitos praticados por terceiros no âmbito de operações bancárias."

Alternativa "b": incorreta, pois o artigo 53 do CDC dispõe que "Nos contratos de compra e venda de móveis ou imóveis mediante pagamento em prestações, bem como nas alienações fiduciárias em garantia, consideram-se nulas de pleno direito as cláusulas que estabeleçam a perda total das prestações pagas em benefício do credor que, em razão do inadimplemento, pleitear a resolução do contrato e a retomada do produto alienado." Em se tratando de consórcio de produtos duráveis, a compensação ou a restituição das parcelas quitadas, terá descontada, além da vantagem econômica auferida com a fruição, os prejuízos que o desistente ou inadimplente causar ao grupo (§ 2º do artigo 53).

Alternativa "c": incorreta, eis que são nulas de pleno direito, nos termos do inciso XVI do artigo 51 do CDC.

---

18. (Vunesp – Juiz de Direito – TJ – SP/2013) Acerca dos planos e seguros privados de assistência à saúde, considerada a Lei n.° 9.656/98 e a jurisprudência do STJ, é correto dizer que

A) as doenças e lesões preexistentes devem ser cobertas após prazo de carência de 24 meses, a menos que depois desse prazo a operadora faça prova do conhecimento prévio do consumidor.

B) é lícito ser excluída a cobertura de tratamentos estéticos, inseminação artificial e de doenças sexualmente transmissíveis.

C) é considerada abusiva a cláusula que limita internação hospitalar do segurado a período superior a 90 dias, admitida a limitação acima desse período.

D) é vedado estabelecer carência superior a 24 horas para a cobertura de tratamento de casos de urgência e emergência.

COMENTÁRIOS

✪ **Nota do autor:** Exige conhecimento específico da Lei n. 9.656/98 e também de súmulas do STJ

Alternativa correta: "d". De acordo com o art. 12, V, "c", da Lei n. 9.656/98.

Alternativa "a": incorreta, pois de acordo com o art. 11 da Lei n. 9.656/98, é vedada a exclusão de cobertura às doenças e lesões preexistentes à data de contratação de planos e seguros privados de assistência à saúde após 24 meses de vigência do aludido instrumento contratual, cabendo à respectiva operadora o ônus da prova e da demonstração do conhecimento prévio do consumidor ou beneficiário. Ademais, o Parágrafo Único do referido dispositivo determina que "é vedada a suspensão da assistência à saúde do consumidor ou beneficiário, titular ou dependente, até a prova de que trata o *caput*, na forma da regulamentação s ser editada pela ANS.

Alternativa "b": incorreto, pois o art. 10 e seus incisos da Lei n. 9.656/98 determina que tratamentos como de doenças sexualmente transmissíveis são de cobertura assistencial –medico-ambulatorial e hospitalar (plano de referência de assistência à saúde), exceto inseminação artificial, e procedimentos clínicos ou cirúrgicos para fins estéticos.

Alternativa "c": incorreta. De acordo com a Súmula 302 do STJ, "é abusiva a cláusula contratual de plano de saúde que limita no tempo a internação hospitalar do segurado".

4.2. DAS SANÇÕES ADMINISTRATIVAS

19. (Vunesp – Juiz de Direito – RJ/2014) A respeito das sanções administrativas reguladas pelo sistema jurídico de proteção ao consumidor, é correto afirmar que

A) é de competência exclusiva da União baixar normas relativas à produção, industrialização, distribuição e ao consumo de produtos e serviços, com vistas à aplicação de eventuais sanções administrativas aos fornecedores que as descumprirem.

B) a multa, a suspensão temporária de atividade e a inutilização do produto são espécies de sanções administrativas que não podem, porém, ser aplicadas cumulativamente pela autoridade competente.

C) a pena de multa deverá ser graduada de acordo com a gravidade da infração, a vantagem auferida e a condição econômica do fornecedor; e reverterá exclusivamente para o fundo único nacional de defesa do consumidor de que trata a lei da ação civil pública.

D) as penas de cassação de alvará de licença, de interdição e de suspensão temporária da atividade, bem como a de intervenção administrativa, serão aplicadas mediante procedimento administrativo, assegurada ampla defesa, quando o fornecedor reincidir na prática das infrações de maior gravidade previstas na legislação consumerista.

COMENTÁRIOS

✪ **Nota do autor:** Exige conhecimento sobre as sanções administrativas previstas no CDC, em especial, da literalidade da lei.

Alternativa correta: "d", nos termos do art. 59 do CDC.

Alternativa "a": incorreta, a competência é concorrente entre os três entes federativos, nos termos do art. 55, do CDC, "A União, os Estados e o Distrito Federal, em caráter concorrente e nas suas respectivas áreas de atuação administrativa, baixarão normas relativas à produção, industrialização, distribuição e consumo de produtos e serviços.

Alternativa "b": incorreta, todas as sanções administrativas, previstas no art. 56 do CDC, podem ser aplicadas cumulativamente, nos termos de seu parágrafo único, "As sanções previstas neste artigo serão aplicadas pela autoridade administrativa, no âmbito de sua atribuição, podendo ser aplicadas cumulativamente, inclusive por medida cautelar, antecedente ou incidente de procedimento administrativo."

Alternativa "c": incorreta, pois a multa pode ser revertida para o Fundo Nacional, de que trata a Lei de Ação Civil Pública, se os valores forem devidos à União, ou para Fundos estaduais ou municipais, nos demais casos, consoante art. 57, do CDC, "A pena de multa, graduada de acordo com a gravidade da infração, a vantagem auferida e a condição econômica do fornecedor, será aplicada mediante procedimento administrativo, revertendo para o Fundo de que trata a Lei nº 7.347, de 24 de julho de 1985, os valores cabíveis à União, ou para os Fundos estaduais ou municipais de proteção ao consumidor nos demais casos."

5. DA DEFESA DO CONSUMIDOR EM JUÍZO

20. (Vunesp – Juiz de Direito – SP/2015) Quanto à coisa julgada e seus efeitos, conforme previstos no CDC, é correto afirmar que

A) se aplicam as regras da coisa julgada não só aos direitos do consumidor, mas também à tutela de interesses difusos ou coletivos de outras espécies que não consumeristas.

B) as hipóteses de efeito ultra partes relacionam-se à ação coletiva que tratar de interesses ou direitos individuais homogêneos.

C) a sentença fará coisa julgada erga omnes se o pedido for julgado improcedente por falta de provas.

D) os efeitos da sentença penal definitiva não são extensíveis aos direitos difusos e coletivos, notadamente no que se refere à reparação de danos.

COMENTÁRIOS

✪ **Nota do autor:** Exige conhecimento da literalidade das disposições normativas do CDC sobre a defesa do consumidor em juízo.

Alternativa correta: "a", em razão de expressa disposição legal, aplicam-se às ações consumeristas as normas do CPC e da Lei nº 7.347/1985 (LACP), inclusive no que respeita ao inquérito civil, naquilo que não contrariar suas disposições (art. 90 do CDC), bem como aplicam-se à defesa de quaisquer direitos e interesses difusos, coletivos e individuais, no que for cabível, os dispositivos do Título III da Lei que institui o CDC (art. 1º, IV c/c art. 21 da LACP), inclusive as regras da coisa julgada previstas no art. 103 do CDC.

Alternativa "b": incorreta, nos termos do art. 103, II, do CDC, as hipóteses de efeito "ultra partes" relacionam-se à ação coletiva que tratar de interesses ou direitos coletivos.

Alternativa "c": incorreta, a insuficiência de provas impede a eficácia "erga omnes" da sentença, hipótese em que qualquer legitimado poderá intentar outra ação, com idêntico fundamento valendo-se de nova prova, em se tratando de direitos difusos (art. 103, I, "in fine" do CDC) ou de direitos coletivos (art. 103, II, "in fine" do CDC).

Alternativa "d": incorreta, de acordo com o §§ 3º e 4º do art. 103 do CDC, os efeitos da coisa julgada em sentença penal condenatória não prejudicarão as ações de indenização por danos pessoalmente sofridos, propostas individualmente ou na forma prevista na legislação consumerista.

---

21. (Vunesp - Juiz de Direito - RJ/2014) No que tange às relações de consumo, é correto afirmar que

A) as instituições financeiras respondem objetivamente pelos danos gerados por fortuito interno relativo a fraudes e delitos praticados por terceiros no âmbito de operações bancárias.

B) a decadência sobre o direito de reclamar pelos vícios aparentes ou de fácil constatação é aplicável à prestação de contas para obter esclarecimentos sobre cobrança de taxas, tarifas e encargos bancários.

C) reconhecida a conexão, necessariamente, devem ser reunidas na Justiça Federal as ações civis públicas ou coletivas propostas nesta e na Justiça Estadual.

D) a Anatel será sempre parte legítima nas demandas entre a concessionária e o usuário de telefonia decorrentes de relação contratual de consumo.

COMENTÁRIOS

✪ **Nota do autor:** Exige conhecimento das Súmulas do STJ sobre direito do consumidor.

Alternativa correta: "a". A teor da Súmula nº 479 do STJ: "as instituições financeiras respondem objetivamente pelos danos gerados por fortuito interno relativo a fraudes e delitos praticados por terceiros no âmbito de operações bancarias".

Alternativa "b": incorreta, a teor da Súmula nº 477 do STJ:"A decadência do artigo 26 do CDC não é aplicável à prestação de contas para obter esclarecimentos sobre cobrança de taxas, tarifas e encargos bancários."

Alternativa "c": incorreta, a teor da Súmula nº 489 do STJ: "Reconhecida a continência, devem ser reunidas na Justiça Federal as ações civis públicas propostas nesta e na Justiça estadual."

Alternativa "d": incorreta, a teor da Súmula nº 506 do STJ, "A Anatel não é parte legítima nas demandas entre a concessionária e o usuário de telefonia decorrentes de relação contratual".

---

22. (Vunesp - Juiz de Direito - SP/2014) Com relação à denunciação da lide perante o Código de Defesa do Consumidor, assinale a opção correta.

A) A vedação à apresentação de denunciação da lide em uma demanda envolvendo relação de consumo existe exclusivamente para as hipóteses em que o comerciante foi demandado em lugar do fabricante do produto. Jamais em ações em que se discute prestação de serviços, sendo permitida, nesse caso, a denunciação da lide.

B) É possível a denunciação da lide tanto nas hipóteses em que o comerciante foi demandado em lugar do fabricante do produto, como também nas ações em que se discute prestação de serviços.

C) A denunciação da lide em ação envolvendo relação de consumo é vedada pelo Código de Defesa do Consumidor em qualquer situação.

D) Sempre que não houver identificação do responsável pelos defeitos nos produtos adquiridos, ou que sua identificação for difícil, autoriza-se que o consumidor simplesmente litigue contra o comerciante, que perante ele fica diretamente responsável, podendo este denunciar a lide ao verdadeiro causador do dano, na forma do parágrafo único do artigo 13 do Código de Defesa do Consumidor.

COMENTÁRIOS

✪ **Nota do autor:** Questão polêmica, pois a assertiva apontada como correta vai de encontro ao atual posicional jurisprudencial do STJ, podendo ser considerada ultrapassada. Segundo o artigo 88 de CDC, a ação de regresso, na hipótese de responsabilidade por fato do produto, poderá ser ajuizada em processo autônomo, facultada a possibilidade de prosseguir-se nos mesmos autos, sendo vedada a denunciação da lide. Deste modo, o STJ interpretava restritamente o dispositivo, entendendo que a vedação da denunciação da lide aplicava-se somente à responsabilidade por fato do produto. Eis o seguinte julgado: CIVIL E PROCESSUAL. I. A vedação à denunciação à lide disposta no artigo 88 da Lei nº 8.078/1990 restringe-se à responsabilidade do comerciante por fato do produto (artigo 13), não alcançando o defeito na prestação de serviços (artigo 14), situação, todavia, que não exclui o exame do caso concreto à luz da norma processual geral de cabimento da denunciação, prevista no artigo 70, III, da lei adjetiva civil. II. Anulação do acórdão estadual, para que a Corte a quo se manifeste sobre o pedido de denunciação à lide, nos termos acima. III. Precedentes do STJ..." (REsp 439.233-SP – Ministro Relator Aldir Passarinho Junior – julgamento: 04/10/2007 – Quarta Turma). Todavia, a Corte Superior reviu seu posicionamento, passando a entender que a vedação da denunciação da lide é aplicável tanto à hipótese de fato do produto, como também para a de fato do serviço. Veja o julgado: DENUNCIAÇÃO DA LIDE. CDC. DEFEITO NA PRESTAÇÃO DE SERVIÇO. A Turma, ao rever orientação dominante desta Corte, assentou que é incabível a denunciação da lide nas ações indenizatórias decorrentes da relação de consumo seja no caso de responsabilidade pelo fato do produto, seja no caso de responsabilidade pelo fato do serviço (arts. 12 a 17 do CDC). Asseverou o Min. Relator que, segundo melhor exegese do enunciado normativo do artigo 88 do CDC, a vedação ao direito de denunciação da lide não se restringiria exclusivamente à responsabilidade do comerciante pelo fato do produto (artigo 13 do CDC), mas a todo e qualquer responsável (real, aparente ou presumido) que indenize os prejuízos sofridos pelo consumidor. Segundo afirmou, a proibição do direito de regresso na mesma ação objetiva evitar a procrastinação do feito, tendo em vista a dedução no processo de uma nova causa de pedir, com fundamento distinto da formulada pelo consumidor, qual seja, a discussão da responsabilidade subjetiva. Destacou-se, ainda, que a única hipótese na qual se admite a intervenção de terceiro nas ações que versem sobre relação de consumo é o caso de chamamento ao processo do segurador – nos contratos de seguro celebrado pelos fornecedores para garantir a sua responsabilidade pelo fato do produto ou do serviço (artigo 101, II, do CDC). (REsp 1.165.279-SP, Rel. Min. Paulo de Tarso Sanseverino, julgado em 22/5/2012).

Alternativa correta "a". Como a pergunta era "Com relação à denunciação da lide, perante o Código de Defesa do Consumidor", a resposta da assertiva "a" está correta, já que o artigo 88 faz menção expressa ao parágrafo único do artigo 13, que, por sua vez, se refere à responsabilidade por fato do produto (excluindo de sua abrangência a responsabilidade por fato do serviço).

Alternativa "b": incorreta, de acordo com as justificativas acima.

Alternativa "c": incorreta, segundo a banca do concurso, mas correta conforme o atual posicionamento do STJ.

Alternativa "d": incorreta, de acordo com as justificativas acima.

5.1. INVERSÃO DO ÔNUS DA PROVA

23. (Vunesp – Juiz de Direito – RJ/2016) Carlito da Silva ficou sem energia elétrica em sua residência por várias horas e acabou tendo prejuízo com perda de produtos de consumo doméstico que encontravam-se no freezer e geladeira da sua residência. Tendo acionando a concessionária, esta informou que não constava a existência de interrupção no fornecimento do serviço. Foi enviado um técnico e este constatou que a energia elétrica estava sendo regularmente fornecida. Inconformado, Carlito da Silva, sustentando que a concessionária estava omitindo a verdade, ingressou com ação judicial, calcado na legislação consumerista, pleiteando indenização por danos materiais e morais pelo período que ficou sem energia elétrica.

Diante desses fatos, assinale a alternativa correta.

A) Se restar comprovada a interrupção no fornecimento, mas a concessionária alegar que houve força maior decorrente de descarga elétrica de raio que atingiu transformadores instalados no poste da rua, perto da casa de Carlito da Silva, ocorrido por falha nos equipamentos para-raios, ficará isenta de responsabilização.

B) Existindo relação de consumo entre Carlito da Silva e a concessionária de energia elétrica, diante da hipossuficiência técnica do consumidor, será possível a inversão do ônus da prova, que pode ser estabelecida e aplicada no momento da prolação da sentença.

C) Se o técnico da concessionária atestar que não houve irregularidade no fornecimento e o mesmo for também subscrito pelo usuário, tal documento ostentará o atributo de presunção de legitimidade, por tratar-se de prestação de serviço público.

D) Ainda que se aplique a inversão do ônus da prova, tal fato não exonera Carlito da Silva do ônus de apresentar alguma evidência do fato de que efetivamente houve a interrupção da prestação do serviço pela concessionária.

E) É possível a aplicação dos princípios facilitadores da defesa do consumidor em juízo, notadamente o da inversão do ônus da prova, incumbindo-a ao fornecedor, o que não impede que Carlito da Silva também produza provas dos fatos que alega, hipótese em que caberá à concessionária arcar com os custos dessa prova.

COMENTÁRIOS

✪ **Nota do autor:** Exige conhecimento das disposições normativas do CDC, bem como da jurisprudência dos tribunais superiores sobre responsabilidade no âmbito das relações de consumo.

Alternativa correta: "d". O entendimento jurisprudencial é no sentido de que o consumidor, mesmo diante da inversão do ônus da prova numa relação consumerista, deve fazer prova elementar do direito alegado. Neste sentido: "APELAÇÃO CÍVEL. AÇÃO INDENIZATÓRIA. QUEIMA DE REFRIGERADOR EM RAZÃO DA FALTA DE ENERGIA ELÉTRICA. A concessionária de serviço público detém, em caso de falha na prestação deste serviço, responsabilidade objetiva diante de seus usuários, nos moldes do artigo 37, §6º, da Constituição Federal . Embora se trate de relação de consumo, a inversão do ônus da prova não dispensa, por completo, o consumidor de fazer prova elementar do direito alegado. Ausência de demonstração acerca do estabelecimento do nexo de causalidade entre o serviço prestado pela ré e os danos enfrentados pela apelada. Ausência de laudo pericial demonstrando a causa da queima do refrigerador. A interrupção no fornecimento de energia elétrica por menos de 24 horas, não é suficiente para ocasionar o dano moral. Precedentes. Inteligência do enunciado 193 da súmula desta Corte. Provimento do recurso." (TJ-RJ – APELAÇÃO APL 00199557420128190007 RJ 0019955-74.2012.8.19.0007, Data de publicação: 31/01/2014).

Alternativa "a": incorreta, por se tratar de fato do serviço (acidente de consumo), a responsabilidade da concessionária é objetiva, ou seja, independe da existência de culpa, nos termos do art. 14, "caput", do CDC, de modo que ela só não será responsabilizada se provar que, tendo prestado o serviço, o defeito inexiste ou provar a culpa exclusiva do consumidor ou de terceiro (art. 14, §3º, I e II, do CDC). Portanto, não há previsão legal da excludente de responsabilidade caracterizada pela força maior.

Alternativa "b": incorreta, por se tratar de fato do serviço, o fundamento para a inversão do ônus da prova não é a hipossuficiência técnica do consumidor (art. 6 º, VIII, do CDC), mas decorre de disposição legal, isto é, por força do art. 14 do CDC. Enquanto a primeira (inversão "opejudicis") é uma regra de instrução, podendo ser decretada a critério do juiz na fase de saneamento do processo, a segunda (inversão "ope legis") pode ser declarada, inclusive, na própria sentença, pois assim determina a lei.

Alternativa "c": incorreta, nos termos da justificativa da alternativa "a".

Alternativa "e": incorreta, o entendimento jurisprudencial é no sentido de que a inversão do ônus da prova não tem o condão de obrigar a parte contrária a arcar com as custas da prova requerida pelo consumidor. Neste sentido: "AGRAVO REGIMENTAL NO AGRAVO EM RECURSO ESPECIAL. INVERSÃO DO ÔNUS DA PROVA. RESPONSABILIDADE PELO CUSTEIO DA PROVA PERICIAL REQUERIDA PELO CONSUMIDOR. AGRAVO REGIMENTAL NÃO PROVIDO. 1. Quando verificada a relação de consumo, prevalece, no âmbito da Segunda Seção desta Corte Superior de Justiça que os efeitos da inversão do ônus da prova não possuem a força de obrigar a parte contrária a arcar com as custas da prova requerida pelo consumidor. Precedentes. 2. Na espécie, a prova pericial determinada pelo juízo foi requerida pelo consumidor, e portanto, a ele é imposto o ônus de arcar com as custas, conforme entendimento já pacificado nesta Corte Superior. 3. Agravo regimental a que se nega provimento." (AgRg no AREsp 246375 / PR, j. 04.12.2012, Rel. Min. Luis Felipe Salomão).

6. INFRAÇÕES PENAIS NO CDC

24. (Vunesp – Juiz de Direito – RJ/2014) A respeito dos crimes contra as relações de consumo, assinale a alternativa correta.

A) Se assim recomendar a situação econômica do indiciado ou réu, a fiança poderá ser reduzida até a metade do seu valor mínimo, ou aumentada pelo juiz até trinta vezes.

B) No processo penal, o Procon poderá intervir, como assistente do Ministério Público, sendo-lhe, também, facultado propor ação penal subsidiária, se a denúncia não for oferecida no prazo legal.

C) A prática em época de crise econômica, a ocorrência de grave dano coletivo e a prática por pessoa cuja condição econômico-social seja igual à da vítima, são circunstâncias agravantes.

D) Além das penas privativas de liberdade e de multa, pode ser imposta, apenas alternadamente, a publicação, em órgãos de comunicação de grande circulação ou audiência, às expensas do condenado, de notícia sobre os fatos e a condenação.

COMENTÁRIOS

✪ **Nota do autor:** Exige conhecimento das normas relativas às infrações penais previstas no CDC, em especial, da literalidade da lei.

Alternativa correta: "b", conforme se depreende da interpretação dos artigos 80 e 82, inciso III, do CDC. "Art. 80. No processo penal atinente aos crimes previstos neste código, bem como a outros crimes e contravenções que envolvam relações de consumo, poderão intervir, como assistentes do Ministério Público, os legitimados indicados no art. 82, inciso III e IV, aos quais também é facultado propor ação penal subsidiária, se a denúncia não for oferecida no prazo legal". Art. 82. Para os fins do art. 81, parágrafo único, são legitimados concorrentemente: [...] III – as entidades e órgãos da Administração Pública, direta ou indireta, ainda que sem personalidade jurídica, especificamente destinados à defesa dos interesses e direitos protegidos por este código".

Alternativa "a": incorreta, de acordo com o art. 79, parágrafo único, alínea "b", se assim recomendar a situação econômica do indiciado ou réu, a fiança poderá ser aumentada pelo juiz até **20 (vinte) vezes**.

Alternativa "c": incorreta, de acordo com o art. 76, do CDC, são circunstâncias agravantes dos crimes serem cometidos em época de **grave** crise econômica (inciso I), ocasionarem grave dano **individual** ou coletivo (inciso II) e cometidos por **servidor público**, ou por pessoa cuja condição econômico-social seja **manifestamente superior** à da vítima (inciso IV, alínea "a").

Alternativa "d": incorreta, de acordo com o art. 78, do CDC, além das penas privativas de liberdade e de multa, podem ser impostas, **cumulativamente** ou alternadamente, a publicação, em órgãos de comunicação de grande circulação ou audiência, às expensas do condenado, de notícia sobre os fatos e a condenação.

Direito do Consumidor

Lucas de Souza Lehfeld

✦ DICAS (RESUMO)

1. O CONSUMIDOR NAS RELAÇÕES DE CONSUMO

- **Conceito:** está disposto basicamente no artigo 2º, "caput" e parágrafo único, do CDC, ao dispor que "Consumidor é toda pessoa física ou jurídica que adquire ou utiliza produto ou serviço como destinatário final. Parágrafo único. Equipara-se a consumidor a coletividade de pessoas, ainda que indetermináveis, que haja intervindo nas relações de consumo." Além disso, o conceito ainda é complementado pelos artigos 17 e 29 do CDC.
- **Destinatário final:** pessoa física ou jurídica que utilizará o produto ou serviço para consumo próprio. Assim, se uma pessoa adquire um produto como um intermediário de um ciclo de produção, como por exemplo calças para revendê-las, não será considerado destinatário final, e, consequentemente, consumidor.
- A partir da definição de consumido, no "caput" do artigo 2º, surgiram duas teorias: a) teoria finalista ou subjetiva: é a mais restritiva. Foi adotada pelo CDC e, ao definir o que seja consumidor, apresenta uma divisão entre destinatário final fático, (consumidor é o último da cadeia de consumo), e o destinatário final econômico, onde o consumidor não utiliza o produto ou serviço para o lucro, repasse ou transmissão onerosa. Por outro lado, b) teoria maximalista ou objetiva, que amplia o conceito de consumidor. De acordo com esta teoria o artigo 2º do CDC deve ser interpretado da forma mais extensiva possível, para que as normas do CDC sejam aplicadas a um número cada vez maior de relações de consumo.
- Quanto aos **direitos básicos do consumidor**, importante a leitura do art. 6º do CDC.

2. DOS PRINCÍPIOS FUNDAMENTAIS DO CÓDIGO DE DEFESA DO CONSUMIDOR (CDC)

- **Integração do sistema normativo-jurídico de proteção do consumidor:** o CDC é um texto aberto, pois determina que os direitos nele previstos "não excluem outros decorrentes de tratados ou convenções internacionais de que o Brasil seja signatário, da legislação interna ordinária, de regulamentos expedidos pelas autoridades administrativas competentes, bem como dos que derivem dos princípios gerais do direito, analogia, costumes e equidade" (artigo 7º).
- **O princípio da transparência ou da confiança:** em âmbito jurídico, a informação apresenta dupla face: o dever de quem oferece o produto ou serviço de informar, e o direito do consumidor de ser informado, por ser considerado pelo CDC parte vulnerável na relação de consumo. A informação deve ser adequada e clara sobre o produto ou serviço, com especificação correta de quantidade, características, composição, qualidade e preço, bem como sobre os riscos que apresentem (artigo 6º, III e artigo 31). Deve-se, portanto, evitar a propaganda enganosa ou abusiva, conforme artigo 6º, IV, do CDC, ou mesmo fantasiosa ou exagerada do produto ou serviço, mesmo que sem a intenção de prejudicar.
- **Princípio da boa-fé objetiva:** a Política Nacional das Relações de Consumo (artigo 4º, do CDC) tem como um dos princípios a "harmonização dos interesses dos participantes das relações de consumo e compatibilização da proteção do consumidor com a necessidade de desenvolvimento econômico e tecnológico, de modo a viabilizar os princípios nos quais se funda a ordem econômica (artigo 170 da Constituição Federal), sempre com base na boa-fé e equilíbrio nas relações entre consumidores e fornecedores" (artigo 4º, III). O Princípio da boa-fé, portanto, propugna o *justo equilíbrio* nas relações negociais consumeristas, em uma correta harmonia entre as partes, em todos os momentos relativos à prestação de serviços e ao fornecimento de produtos.
- **Diferença entre boa-fé objetiva (princípio consagrado no CDC) e boa-fé subjetiva**

Boa-fé Subjetiva	Boa-fé Objetiva
Plano psicológico dos agentes na relação jurídica	Plano concreto da atuação humana
Restringe-se à intenção do sujeito na relação negocial	Concretização da vontade dos sujeitos da relação no mundo exterior por meio de suas condutas.

- **Momento em que se aplica o princípio da boa-fé objetiva:** Conforme o Enunciado 25 do Conselho da Justiça Federal, aprovado na I Jornada de Direito Civil em 2002, o princípio da boa-fé poderá ser aplicado pelo julgador nas fases pré-contratual e pós-contratual. Ademais, o Enunciado 26 reitera que a boa-fé objetiva é a exigência de um comportamento de lealdade dos sujeitos da relação negocial, em todas as fases do negócio.
- **Diferença entre vulnerabilidade e hipossuficiência do consumidor:**

Vulnerabilidade	Hipossuficiência
Artigo 4º, I, do CDC: atribui ao consumidor, em todas as circunstâncias, a condição de vulnerável na relação de consumo.	Artigo 6º, VIII, do CDC: O princípio da hipossuficiência, Diferentemente da vulnerabilidade, refere-se a um conceito fático e não jurídico, baseado em uma disparidade ou mesmo discrepância observada no caso concreto.
A presunção é absoluta, por determinação legal (CDC, artigo 2º).	Todo consumidor é vulnerável, mas nem sempre será hipossuficiente. A hipossuficiência, na maioria dos casos, é de natureza técnica, pelo desconhecimento do consumidor em relação ao produto ou serviço adquirido. Entretanto, também "caracteriza hipossuficiência a situação jurídica que impede o consumidor de obter a prova que se tornaria indispensável para responsabilizar o fornecedor pelo dano verificado (hipossuficiência técnica)" (LISBOA, Roberto Senise. *Responsabilidade civil nas relações de consumo*. São Paulo: RT, 2001, p. 90).

3. DA QUALIDADE DE PRODUTOS E SERVIÇOS, DA PREVENÇÃO E DA REPARAÇÃO DOS DANOS

3.1. DA QUALIDADE E SEGURANÇA DOS PRODUTOS E SERVIÇOS

- **Conceito de PRODUTO** (artigo 3º, §1º): "Qualquer bem, móvel ou imóvel, material ou imaterial."
- **Conceito de SERVIÇO** (artigo 3º, §2º): "Qualquer atividade fornecida no mercado de consumo, mediante remuneração, inclusive as de natureza bancária, financeira, de crédito e securitária, salvo as decorrentes das relações de caráter trabalhista."
- Os produtos e serviços colocados no mercado de consumo **não devem acarretar riscos** à saúde ou segurança dos consumidores, **exceto os considerados normais e previsíveis em decorrência de sua natureza e fruição**, como exemplo cigarros, materiais de limpeza, utensílios domésticos (*v.g.*, facas, cortadores, liquidificadores etc.); ferramentas (furadeira, martelo, etc.). Nestes casos, os **fornecedores estarão obrigados** a dar as informações necessárias e adequadas a respeito de seu uso, bem como dos cuidados a serem tomados pelo consumidor (artigo 8º).
- **Produto industrial:** Quando se tratar de produto industrial, cabe ao fabricante prestar as informações sobre proteção à saúde e segurança do consumidor por meio de impressos que devem acompanhar o produto (§1º do art. 8º, com redação dada pela Lei n. 13.486, de 2017). Ademais, o fornecedor deverá higienizar os equipamentos e utensílios utilizados no fornecimento de produtos ou serviços, ou colocados à disposição do consumidor, e informar, de maneira ostensiva e adequada, quando for o caso, sobre o risco de contaminação (§2º).

3.2. DA RESPONSABILIDADE PELO FATO E VÍCIO DO PRODUTO E DO SERVIÇO

- **Diferença entre vício e fato ou defeito do produto ou serviço:**

Vício do produto ou serviço	Fato ou defeito do produto ou serviço
No vício, o problema *está adstrito aos limites do produto ou serviço*, (prejuízos intrínsecos), sem outras repercussões.	No fato ou defeito de um produto ou serviço, há repercussões que extrapolam os limites do bem de consumo, como a geração de danos materiais, morais e estéticos (prejuízos extrínsecos).

Vício do produto ou serviço	Fato ou defeito do produto ou serviço
Afeta a qualidade, quantidade, disparidade (com as indicações do embalagem / recipiente / rotulagem ou mensagem publicitária) do produto ou serviço, tornando-o impróprio ou inadequado para o fim que se destinava, ou lhe diminuindo o valor.	O fato(também denominado de **acidente de consumo**) caracteriza-se por um dano resultante de defeito do produto ou serviço.
Exemplo: televisão que após ser ligada para de funcionar em razão de mau contato da tecla liga/desliga do aparelho.	Exemplo: televisão que após ser ligada para de funcionar, explodindo e causando danos físicos ao consumidor.

- **Conceito de FORNECEDOR** (artigo 3º do CDC): "Toda pessoa física ou jurídica, pública ou privada, nacional ou estrangeira, bem como os entes despersonalizados, que desenvolvem atividade de produção, montagem, criação, construção, transformação, importação, exportação, distribuição ou comercialização de produtos ou prestação de serviços."
- **Responsabilidade do fornecedor do produto ou serviço:** nos termos dos arts. 12 e 14, do CDC, a responsabilidade do fornecedor é **objetiva**, independentemente da existência de culpa ou dolo, sendo suficiente a verificação da existência do dano e do nexo de causalidade com o defeito ou vício do produto ou serviço.
- **EXCEÇÃO: O profissional liberal.** Cabe, no entanto, ressaltar que a própria lei consumerista traz exceção à referida regra ao determinar que o **profissional liberal** responderá de forma **subjetiva** pelo dano, ou seja, mediante a verificação da culpa *lato sensu* (dolo, negligência, imprudência e imperícia), nos termos do § 4º do artigo 14.
- **Observação:** No caso da responsabilidade do profissional liberal, deve-se atentar para a natureza da atividade exercida. Se for de meio, aplica-se a responsabilidade subjetiva. Entretanto, se for de resultado, há entendimento doutrinário e jurisprudencial de que responderá de forma objetiva. *Exemplo: cirurgia plástica de natureza embelezadora ou estética.*
- **Excludentes próprias de responsabilidade civil do fornecedor:**

Produtos	Serviços
O fabricante, o construtor, o produtor ou importador só não será responsabilidade quando provar (artigo 12, §3º): Que não colocou o produto no mercado (inciso I).	O fornecedor só não será responsabilizado quando provar (artigo 14, §2º): Que, tendo prestado o serviço, o defeito inexiste (inciso I).
Que, embora haja colocado o produto no mercado, o defeito inexiste (inciso II).	A culpa exclusiva do consumidor ou de terceiro (Inciso II).
A culpa exclusiva do consumidor ou de terceiro (inciso III).	

- **Solidariedade na responsabilidade civil por vício ou fato do produto ou serviço:** O CDC adota como **regra geral a solidariedade presumida entre os envolvidos no fornecimento dos produtos e na prestação de serviços**. "Tendo mais de um autor a ofensa, todos responderão solidariamente pela reparação dos danos previstos nas normas de consumo" (artigo 7º, Parágrafo Único). A Lei Consumerista rompe com a concepção dual de responsabilidade, contratual e extracontratual. Ou seja, a regra é a solidariedade, no contrato ou fora dele, quando se vislumbrar a relação de consumo (arts. 14, 18, 19 e 20 do CDC).
- **EXCEÇÃO:** Quando se tratar de **fato ou defeito do produto**, pelo disposto nos arts. 12 e 13, ao fabricante (ou quem o substitua) a lei consumerista atribui **responsabilidade imediata** pelo dano, e ao comerciante, **responsabilidade subsidiária**.
- **Prazos legais quanto à responsabilidade civil do fornecedor por vício do produto**: **30 dias** para efetuar a substituição das partes viciadas do produto (artigo 18, "caput", e §1º)
- **Observações:**

a) o **prazo** de 30 dias, por convenção entre as partes (consumidor e fornecedor) **poderá ser reduzido ou ampliado**, não podendo, no entanto, ser inferior a **7 (sete) nem superior a 180 (cento e oitenta) dias;**

b) **Nos contratos de adesão**, cujas cláusulas são estabelecidas unilateralmente pelo fornecedor (artigo 54), a que se refere ao prazo deverá ser **convencionada em separado**, por meio de manifestação expressão do consumidor (artigo 18, §2º);

c) Quando se tratar de **vício de quantidade de produto,** não há que se falar em prazo para sanar o vício pelo fornecedor, podendo o consumidor, neste caso, **exigir imediatamente, alternativamente e à sua escolha** *abatimento proporcional do preço;* ou *complementação do peso ou medida;* ou *a substituição do produto por outro da mesma espécie, marca ou modelo, sem os aludidos vícios;* ou *a restituição imediata da quantia paga, monetariamente atualizada, sem prejuízo de eventuais perdas e danos* (artigo 19, I ao IV, do CDC).

3.3. DA DECADÊNCIA E DA PRESCRIÇÃO (PRAZOS E GARANTIAS)

- **Prazos decadenciais para reclamar e prescricional para ingressar em juízo**

Decadência	Prescrição
Refere-se ao *prazo para reclamar* perante o fornecedor por **vício** do produto ou serviço, nos termos do artigo 26.	Refere-se ao *prazo para ingressar com ação* de reparação de danos oriundos do **fato** do produto ou serviço, conforme determina o artigo 27 do CDC.
Inicia-se a contagem do prazo decadencial a partir da entrega efetiva do produto ou do término da execução dos serviços (art. 26, §1º)	
Se o vício for oculto, o prazo decadencial inicia-se no momento em que ficar evidenciado o defeito (art. 26, §3º)	

Direito de reclamar pelo VÍCIO do produto ou serviço – prazo decadencial (artigo 26):	Ação judicial de reparação de dano por FATO do produto ou serviço – prazo prescricional (artigo 27)
30 dias – fornecimento de serviços e de produtos não duráveis (artigo 26, I, do CDC).	5 anos
90 dias – fornecimento de serviços e de produtos duráveis (artigo 26, II, do CDC).	

- **Atenção:** os prazos de 30 (trinta) e 90 (noventa) dias não são, respectivamente, 1 (um) mês e 3 (três) meses. Deve-se levar em conta a quantidade de dias.
- **Cabe observar que o prazo decadencial, pelo § 2º, I e III do** artigo **26, é obstaculizado pela:**

a) reclamação (que pode ser verbal, por escrito, ou mesmo por telefone) comprovadamente formulada pelo consumidor perante o fornecedor de produtos e serviços até a resposta negativa correspondente, que deve ser transmitida de forma inequívoca;

b) instauração de inquérito civil pelo Ministério Público, até seu encerramento.

- **Qualidade dos vícios:**

Vício for aparente ou de fácil constatação	Vício oculto
É aquele que se verifica pelo singelo uso e consumo do produto e do serviço.	É o que aparece somente algum ou muito tempo após o uso e/ou que, por estar inacessível ao consumidor, não pode ser constatado na utilização ordinária.
Os referidos prazos (30 ou 90 dias) começam a contar da entrega efetiva do produto, ou do final da execução do serviço (artigo 26, §1º).	O prazo decadencial inicia-se no momento que o mesmo ficar evidenciado (artigo 26, §3º).
Exemplo: *consumidor que adquire uma televisão que não sintoniza os canais.*	Exemplo: *na compra de um automóvel, detecta-se depois de seu uso, no tempo, uma irregularidade no motor de fábrica, podendo levá-lo à quebra.*

- **Produtos e serviços duráveis e não duráveis**

Produtos e Serviços Duráveis	Produtos e Serviços Não Duráveis
Produto não durável é o que acaba com o seu uso. Ele se extingue, ou pelo menos vai se extinguindo (*v.g., alimentos, remédios*).	Produto durável é aquele que não se extingue com o seu uso, levando tempo para se desgastar (*v.g., automóvel, eletrodoméstico*).
Serviço não durável, por sua vez, é aquele que de fato exercem-se uma vez prestado (*v.g., hospedagem, serviço de transporte*).	O serviço durável é o prestado de forma contínua, no tempo, em razão de contrato ou por previsão legal (*v.g., plano de saúde, serviços escolares, serviços públicos*) ou se trata daquele, que após a sua prestação, deixa um resultado, um produto final decorrente do serviço executado (*v.g., pintura de uma casa, serviço de buffet*).

- **Garantia contratual e Garantia estendida**

Garantia contratual	Garantia estendida
Artigo 50 do CDC.	Questão atual, que pode ser objeto também de Exame de Ordem, diz respeito à cobrança da denominada **garantia estendida**. Prática usual no mercado, essa modalidade de garantia contratual somente poderá ser cobrada quando efetivamente contratada, ou seja, não se presume, sob pena de responsabilização civil do fornecedor.
É uma faculdade do fornecedor.	
Uma vez oferecida, está obrigado a cumpri-la.	
Pode ser total ou parcial, desde que previamente prevista de forma expressa no contrato.	
No contrato, formaliza-se em regra no denominado "termo de garantia" (artigo 50, parágrafo único).	
Tem caráter de complementariedade em relação à garantia legal. É inadmissível a substituição da garantia legal (obrigatória, inderrogável) pela contratual. Os prazos, portanto, devem ser somados (garantia legal + garantia contratual).	

3.4. DA DESCONSIDERAÇÃO DA PERSONALIDADE JURÍDICA

- A personalidade jurídica é uma ficção, que permite a separação rígida entre os sócios e a sociedade empresária. No entanto, muitas vezes, há a utilização do manto da pessoa jurídica para o acobertamento de práticas abusivas e ilícitas. Permite-se, então, em casos especiais, a desconsideração da personalidade jurídica, a fim de alcançar a figura dos sócios e seu patrimônio. O magistrado tem o dever de desconsiderar a personalidade jurídica, sempre que esta for um óbice na reparação dos danos provocados ao consumidor.

HIPÓTESES (artigo 28, "caput"):
Quando houver abuso de direito;
Excesso de poder;
Infração da lei;
Fato ou ato ilícito;
Violação dos estatutos ou contrato social;
Falência, estado de insolvência, encerramento ou inatividade da pessoa jurídica provocados por má administração.

§ 5º Sempre que sua personalidade for, de alguma forma, obstáculo ao ressarcimento de prejuízos causados aos consumidores.

NÃO SE CONFUNDE COM A DESCONSIDERAÇÃO PREVISTA NO CC/2002 (teoria maior da desconsideração)!

Artigo **50, CC:** "Em caso de **abuso da personalidade jurídica,** caracterizado pelo **desvio de finalidade, ou pela confusão patrimonial,** pode o juiz decidir, a requerimento da parte, ou do Ministério Público quando lhe couber intervir no processo, que **os efeitos de certas e determinadas obrigações sejam estendidos aos bens particulares dos administradores ou sócios da pessoa jurídica.**"

Tipos de sociedade:	Responsabilidade:
Artigo 28, §2º Sociedades integrantes dos grupos societários e sociedades controladas	Responderão **subsidiariamente** pelas obrigações decorrentes do CDC.
Artigo 28, §3º Sociedades consorciadas	Responderão **solidariamente.**
Artigo 28, §4º Sociedades coligadas	Responderão **por culpa**.

4. DAS PRÁTICAS COMERCIAIS

4.1. DA OFERTA E DA PUBLICIDADE

- A oferta, além de sua relação com o princípio da boa-fé objetiva, interage diretamente com o princípio da transparência ou da confiança (artigo 4º, "caput"; artigo 6º, III; arts. 30 a 38). A disciplina normativa trazida pelo CDC, nesse sentido, busca tutelar o vulnerável negocial exposto ao enorme volume de informações que se encontram no mercado de consumo, muitas vezes com o propósito de seduzir o consumidor.
- **Oferta é gênero**, pois abarca qualquer forma de comunicação ou transmissão da vontade no intuito de seduzir ou atrair o consumidor para aquisição de produtos e serviços (*v.g., anúncio ou informação em vitrine, gôndolas de supermercado, periódicos, rádio, televisão, internet, mala-direta, telemarketing etc.)*. Portanto, inclui a **publicidade**, **espécie**, principal instrumento usado pelo fornecedor para disponibilizar seus bens de consumo.
- **Diferença entre publicidade e propaganda:**

Publicidade	Propaganda
Tem um objetivo comercial;	Tem fim ideológico, religioso, filosófico, político, econômico ou social;
A publicidade, além de paga, identifica seu patrocinador;	Nem sempre a propaganda identifica o seu patrocinador;
Exemplo: anúncio de preço de eletrodoméstico em vitrine de loja.	Exemplo: anúncio do Ministério da Saúde sobre a campanha de vacinação contra a gripe veiculada na televisão.

- **Publicidade enganosa e abusiva** (artigo **37, §§1º e 2º)**

Publicidade Enganosa	Publicidade Abusiva
"É enganosa qualquer modalidade de informação ou comunicação de caráter publicitário, inteira ou parcialmente falsa, ou, por qualquer outro modo, mesmo por omissão, capaz de induzir em erro o consumidor a respeito da natureza, características, qualidade, quantidade, propriedade, origem, preço e quaisquer outros dados sobre produtos e serviços" (artigo 37, §1º).	"Dentre outras a publicidade discriminatória de qualquer natureza, a que incite à violência, explore o medo ou a superstição, se aproveite da deficiência de julgamento e experiência da criança, desrespeita valores ambientais, ou que seja capaz de induzir o consumidor a se comportar de forma prejudicial ou perigosa à saúde ou segurança" (artigo 37, §2º).

- **A oferta vincula o fornecedor quanto às informações veiculadas sobre o produto ou serviço** - artigo 30 do CDC.
- **Recusa do cumprimento da oferta pelo fornecedor:** O artigo 35 da Lei consumerista determina que se o fornecedor de produtos ou serviços recusar cumprimento à oferta, apresentação ou publicidade, o consumidor poderá, alternativamente e à sua livre escolha: I – exigir o cumprimento forçado da obrigação, nos termos da oferta, apresentação ou publicidade; II – aceitar outro produto ou prestação de serviço equivalente; e III – rescindir o contrato, com direito à restituição da quantia eventualmente antecipada, monetariamente atualizada, e a perdas e danos.

Conteúdo da oferta (artigo 31)	
Elementos substantivos	**Elementos adjetivos**
Dados mínimos dos produtos e serviços, como informações sobre suas características, qualidades, quantidade, composição, preço, prazos de validade e origem entre outros.	Qualificações relativas aos dados dos produtos e serviços, devendo ser concretadas, claras, precisas, ostensivas e em língua portuguesa, com o objetivo de facilitar a compreensão dos consumidores.
Esse rol de elementos da oferta é meramente exemplificativo e tem por objetivo facilitar ao máximo a compreensão do conteúdo pelo consumidor (*brasileiro médio*).	

- **Inversão legal do ônus da prova quanto à veracidade da publicidade:** Há inversão do ônus da prova em relação à veracidade da informação publicitária, nos termos do artigo 38 do CDC. Cabe, portanto, a quem patrocina a informação ou comunicação publicitária o ônus da prova da sua veracidade e correção.
- De forma majoritária tem se entendido que o ônus da prova previsto no artigo 38 não cabe ao veículo de comunicação ou à agência, mas sim apenas ao patrocinador da oferta.

4.2. DAS PRÁTICAS ABUSIVAS

Práticas Abusivas vedadas pelo CDC (artigo 39, I a XIV)
Condicionar o fornecimento de produto ou de serviço ao fornecimento de outro produto ou serviço, bem como, sem justa causa, a limites quantitativos. Trata-se da denominada *venda casada*.
Recusar atendimento às demandas dos consumidores, na exata medida de suas disponibilidades de estoque, e, ainda, de conformidade com os usos e costumes.
Enviar ou entregar ao consumidor, sem solicitação prévia, qualquer produto, ou fornecer qualquer serviço (os serviços prestados e os produtos remetidos ou entregues ao consumidor, nessa hipótese, equiparam-se às amostras grátis, inexistindo obrigação de pagamento, conforme Parágrafo único do artigo 39).
Prevalecer-se da fraqueza ou ignorância do consumidor, tendo em vista sua idade, saúde, conhecimento ou condição social, para impingir-lhe seus produtos ou serviços.
Exigir do consumidor vantagem manifestamente excessiva.

Práticas Abusivas vedadas pelo CDC (artigo 39, I a XIV)
Executar serviços sem a prévia elaboração de orçamento e autorização expressa do consumidor, ressalvadas as decorrentes de práticas anteriores entre as partes.
Repassar informação depreciativa, referente a ato praticado pelo consumidor no exercício de seus direitos.
Colocar, no mercado de consumo, qualquer produto ou serviço em desacordo com as normas expedidas pelos órgãos oficiais competentes ou, se normas específicas não existirem, pela Associação Brasileira de Normas Técnicas ou outra entidade credenciada pelo Conselho Nacional de Metrologia, Normalização e Qualidade Industrial (CONMETRO).
Recusar a venda de bens ou a prestação de serviços, diretamente a quem se disponha a adquiri-los mediante pronto pagamento, ressalvados os casos de intermediação regulados em leis especiais.
Elevar sem justa causa o preço de produtos ou serviços.
Deixar de estipular prazo para o cumprimento de sua obrigação ou deixar a fixação de seu termo inicial a seu exclusivo critério.
Aplicar fórmula ou índice de reajuste diverso do legal ou contratualmente estabelecido.
Permitir o ingresso em estabelecimentos comerciais ou de serviços de um número maior de consumidores que o fixado pela autoridade administrativa como máximo (incluído pela Lei n. 13.425/2017) *Cabe ressaltar que essa prática abusiva também caracteriza o crime previsto no art. 65 do CDC (Executar serviço de alto grau de periculosidade, contrariando determinação de autoridade competente: Pena de detenção de seis meses a dois anos e multa).*

- **Repetição de indébito em dobro:** O consumidor inadimplente, quando da cobrança de dívidas, não poderá ser exposto a ridículo, nem mesmo submetido a qualquer tipo de constrangimento ou ameaça (artigo 42 do CDC). Caso seja cobrado de forma indevida, terá direito à **repetição de indébito em dobro**, com acréscimo de juros e correção monetária, salvo na hipótese de engano justificável, quando a repetição será, portanto, simples (parágrafo único do artigo 42)
- Os **bancos de dados e cadastros de consumidores**, como SERASA, SPC etc., são entidades consideradas de caráter público (artigo 43, §4º), razão pela qual devem permitir ao consumidor o acesso às informações e dados ali existentes (artigo 46, "caput"). "Os cadastros e dados de consumidores devem ser objetivos, claros, verdadeiros e em linguagem de fácil compreensão, não podendo conter informações negativas referentes a período superior a cinco anos" (artigo 43, §1º).
- Consumado o **prazo prescricional de 5 (cinco) anos** relativo à cobrança de débitos do consumidor, **não poderão ser fornecidas**, pelos bancos de dados e cadastros de consumidores, **quaisquer informações sobre esses débitos que possam impedir ou dificultar novo acesso ao crédito** junto aos fornecedores (artigo 43, §5º).
- **Observação Importante:** A Lei nº 12.414/2011, originária da Medida Provisória nº 783, de 30 de dezembro de 2010, traz o chamado **cadastro positivo de consumidores**, com o objetivo de facilitar o crédito a favor do consumidor, por exemplo, com a redução dos juros.

4.2.1. DA OBRIGATORIEDADE DO ORÇAMENTO

Itens Obrigatórios do Orçamento (Artigo 40)
Valor da mão-de-obra;
O preço dos materiais e dos equipamentos a serem empregados;
As condições de pagamento;
As datas de início e do término do serviço;
Esses dados são o mínimo que deve constar do orçamento. Nada impede que ele seja mais completo, com informações mais detalhadas a respeito do serviço a ser prestado.

- **Prazo de validade do orçamento:** O §1º do artigo 40 do CDC determina que "salvo estipulação em contrário, **o valor orçado terá validade pelo prazo de dez dias**, contado de seu recebimento pelo consumidor".
- O prazo, portanto, será de 10 dias, se outro não for determinado, de forma expressa, pelo fornecedor. É de sua livre decisão, desde que manifeste expressamente no próprio orçamento.
- Quanto à vinculação do fornecedor, dá-se uma vez feito o orçamento, mesmo antes da aceitação pelo consumidor. Como documento, o orçamento já obriga o fornecedor, gerando a possibilidade, inclusive, de exigência judicial pelo consumidor do seu cumprimento, com as consequências de sua negativa, como exemplo a reparação de danos.
- O §2º do artigo 40, por outro lado, disciplina o fechamento do negócio, com a transformação do orçamento em verdadeiro contrato de adesão. Assim, "uma vez aprovado pelo consumidor, o orçamento obriga os contraentes e somente

pode ser alterado mediante livre negociação das partes". A alteração posterior à aprovação, portanto, será permitida apenas por meio de nova negociação, com expressa concordância do consumidor. **Observação:** o **prestador de serviço responde de forma solidária** pelos danos causados **pelo terceiro**, conforme estabelece o artigo 7º, Parágrafo único; artigo 34; e artigo 25, §2º, do CDC.

- **Orçamento e participação de terceiros:** O artigo 40, §3º, do CDC disciplina a participação de terceiros no serviço orçado a ser prestado. É perfeitamente possível o fornecedor se valer, para execução do serviço, de terceiros, Entretanto, o gasto com a terceirização somente poderá ser cobrado do consumidor se constar do orçamento.

4.3 DA DIFERENCIAÇÃO DE PREÇOS DE BENS E SERVIÇOS

- Em 26 de dezembro de 2016, foi expedida a Medida Provisória de n. 764, que autorizou a diferenciação de preços de bens e serviços oferecidos ao público, em função do prazo ou do instrumento de pagamento utilizado (art. 1º). Ou seja, fica facultado ao fornecedor determinar preços diferenciados a bens e serviços em razão de pagamento à vista ou a prazo, ou mesmo em virtude da forma de pagamento (cartão de crédito, débito, em dinheiro, em cheque e outros). É nula a cláusula contratual, estabelecida no âmbito de arranhos de pagamento ou de outros acordos para prestação de serviço de pagamento, que proíba ou restrinha a referida diferenciação de preços (Parágrafo único do art. 1º).

5. DA PROTEÇÃO CONTRATUAL

5.1. DA REVISÃO CONTRATUAL

- A **revisão contratual está expressamente contemplada no artigo 6º, V, do CDC**, considerando-a direito básico do consumidor. Assim, admite-se a "modificação das cláusulas contratuais que estabeleçam prestações desproporcionais ou sua revisão em razão de fatos supervenientes que as tornem excessivamente onerosas". Intimamente ligado ao equilíbrio negocial que deve ser mantido, a revisão contratual decorre de simples onerosidade excessiva ao consumidor em razão de fato superveniente.
- **Revisão contratual e a imprevisibilidade do fato superveniente:**

Código Civil (arts. 317, 478 a 480)	CDC (artigo 6º, V)
Exige a imprevisibilidade para a revisão contratual por fato superveniente, consagrando, portanto, a teoria da imprevisão.	A revisão nos contratos de consumo é facilitada **por não demandar o fator imprevisibilidade**, bastando a presença do **desequilíbrio negocial ou a onerosidade excessiva** decorrente **de um fato superveniente**, ou seja, novo, não existente quando da contratação original.

- **Revisão contratual vs. Resolução contratual:** A resolução do contrato é a *ultima* ratio. O Enunciado 22 do Conselho da Justiça Federal, aprovado na I Jornada de Direito Civil, determina que "a função social do contrato, prevista no artigo 421 do Novo Código Civil, constitui cláusula geral, que reforça o princípio da conservação do contrato, assegurando trocas úteis e justas".
- No CDC, o sentido da conservação contratual encontra-se no artigo 51, §2º, o qual determina que "a nulidade de uma cláusula contratual abusiva não invalida o contrato, exceto quando de sua ausência, apesar dos esforços de integração, decorrer ônus excessivo a qualquer das partes"

5.2. O DIREITO DE ARREPENDIMENTO

"O **consumidor pode desistir do contrato**, no **PRAZO DE 7 DIAS** a contar de sua *assinatura ou do ato de recebimento do produto ou serviço*, **SEMPRE** que a **CONTRATAÇÃO** de fornecimento de produtos e serviços **OCORRER FORA DO ESTABELECIMENTO COMERCIAL**, especialmente por **telefone ou a domicílio**" (artigo 49 do CDC)

- **Limites da aplicação do direito de arrependimento**: O seu regular exercício pelo consumidor dar-se-á quando a contratação de fornecimento de produtos e serviços ocorrer **fora do estabelecimento comercial, especialmente por telefone ou a domicílio** (conhecida tradicionalmente pela *venda porta-a-porta*).
- Evidentemente quando houve a elaboração da norma em destaque ainda não existia o desenvolvimento do comércio eletrônico hodierno pela internet ou outros meios de comunicação, devendo o referido dispositivo legal também ser aplicado a tais hipóteses.
- **Contagem do prazo:** O artigo 49 é específico: conta-se da data da assinatura do contrato ou do ato do recebimento do produto ou serviço. Exclui-se o dia do início e inclui-se o último dia,

por aplicação supletiva do artigo 132 do Código Civil. Em seu §1º, acrescenta: "Se o dia do vencimento cair em feriado, considerar-se-á prorrogado o prazo até o seguinte dia útil".

- **Direito de arrependimento e garantias legal e contratual:** o direito de arrependimento não se confunde com as garantias legal e contratual, por isso o seu prazo é independente daqueles estipulados nas garantias do produto ou serviço.

5.3. DAS CLÁUSULAS ABUSIVAS

- Em conformidade com os princípios da função social do contrato e da boa-fé objetiva, a Lei nº 8.078/90 apresenta em seu artigo **51 rol exemplificativo ("numerus apertus") de cláusulas abusivas (pelo direito romano, denominadas "cláusulas leoninas")**, consideradas por determinação expressa nulas de pleno direito quando presentes em contratos de consumo.

Cláusulas Abusivas (artigo 51)
São NULAS DE PLENO DIREITO!
Rol EXEMPLIFICATIVO das Cláusulas Abusivas:
Cláusulas que impossibilitem, exonerem ou atenuem a responsabilidade do fornecedor por vícios de qualquer natureza dos produtos e serviços ou impliquem renúncia ou disposição de direitos. Nas relações de consumo entre o fornecedor e o consumidor pessoa jurídica, a indenização poderá ser limitada, em situações justificáveis.
Cláusulas que subtraiam ao consumidor a opção de reembolso da quantia já paga, nos casos previstos no CDC.
Cláusulas que transfiram responsabilidades a terceiros.
Cláusulas que estabeleçam obrigações consideradas iníquas, abusivas, que coloquem o consumidor em desvantagem exagerada, ou sejam incompatíveis com a boa-fé ou a equidade.
Cláusulas que estabeleçam inversão do ônus da prova em prejuízo do consumidor.
Cláusulas que determinem a utilização compulsória de arbitragem.
Cláusulas que imponham representante para concluir ou realizar outro negócio jurídico pelo consumidor.
Cláusulas que deixem ao fornecedor a opção de concluir ou não o contrato, embora obrigando o consumidor.
Cláusulas que permitam ao fornecedor, direta ou indiretamente, variação do preço de maneira unilateral.
Cláusulas que autorizem o fornecedor a cancelar o contrato unilateralmente, sem que igual direito seja conferido ao consumidor.
Cláusulas que obriguem o consumidor a ressarcir os custos de cobrança de sua obrigação, sem que igual direito lhe seja conferido contra o fornecedor.
Cláusulas que autorizem o fornecedor a modificar unilateralmente o conteúdo ou a qualidade do contrato, após sua celebração.
Cláusulas que infrinjam ou possibilitem a violação de normas ambientais.
Cláusulas que estejam em desacordo com o sistema de proteção ao consumidor.
Cláusulas que possibilitem a renúncia do direito de indenização por benfeitorias necessárias.

- A determinação legal do artigo 51 consubstancia-se em uma das mais importantes formas de **mitigação da obrigatoriedade decorrente do instrumento contratual** ("pacta sunt servanda"), com a redução do poder das partes em função de um dirigismo contratual (intervencionismo legal).
- **Cláusulas abusivas e reparação do dano:** A presença do abuso de direito contratual leva à ilicitude das referidas cláusulas, razão pela qual, além de serem declaradas nulas de pleno direito, podem gerar o dever de reparar, ou seja, a responsabilização civil do fornecedor ou prestador por dano provocado em razão da abusividade constatada no contrato.
- Pelo fato de as hipóteses descritas no artigo 51 serem consideradas cláusulas nulas de pleno direito (nulidade absoluta), reconhece-se a **imprescritibilidade da ação declaratória correspondente, por incidência do artigo 169 do Código Civil**.
- Em detrimento da insanabilidade da nulidade absoluta das cláusulas abusivas, conforme artigo 169 do Código Civil, o CDC, em seu artigo **51, §2º**, consagra o **princípio da conservação contratual.** "A nulidade de uma cláusula contratual abusiva não invalida o contrato, exceto quando de sua ausência, apesar dos esforços de integração, decorrer ônus excessivo a qualquer das partes".
- "As multas de mora decorrentes do inadimplemento de obrigações no seu termo não poderão ser superiores a dois por cento do valor da prestação" (artigo 52, §1º, do CDC, com redação dada pela Lei nº 9.298/96). Se houver a liquidação antecipada do débito, total ou parcialmente, deverão ser reduzidos proporcionalmente os juros e demais acrescimentos (artigo 52, §2º)

- **Importante:** Em razão da Medida Provisória 764/2016, é nula a cláusula contratual, estabelecida no âmbito de arranjos de pagamento ou de outros acordos para prestação de serviço de pagamento, que proíba ou restrinja a diferenciação de preços em função do prazo ou do instrumento de pagamento utilizado. (Parágrafo único do art. 1º).

5.4. DOS CONTRATOS DE ADESÃO

- **Conceito de contrato de adesão:** Pelo CDC, "contrato de adesão é aquele cujas cláusulas tenham sido aprovadas pela autoridade competente ou estabelecidas unilateralmente pelo fornecedor de produtos ou serviços, sem que o consumidor possa discutir ou modificar substancialmente seu conteúdo" (artigo 54).
- No mercado, há diversidade de exemplos dessa espécie de contrato, como o de saúde, de vida, de conta-corrente, financiamento, empréstimo, de cartão de crédito, de fornecimento de energia elétrica, serviços telefônicos etc. Em todos esses casos, o consumidor não discute, nem mesmo pode exigir alterações substanciais das cláusulas unilateralmente fixadas.
- **Redação do contrato de adesão:** "Os contratos de adesão escritos serão redigidos em termos claros e com caracteres ostensivos e legíveis, cujo tamanho da fonte não será inferior ao corpo doze, de modo a facilitar sua compreensão pelo consumidor" (artigo 54, §3º, do CDC). A referida norma relaciona-se com:

> *Artigo 46. Os contratos que regulam as relações de consumo não obrigarão os consumidores, se não lhes for dada a oportunidade de tomar conhecimento prévio de seu conteúdo, ou se os respectivos instrumentos forem redigidos de modo a dificultar a compreensão de seu sentido e alcance.*
>
> *Artigo 30. Toda informação ou publicidade, suficientemente precisa, veiculada por qualquer forma ou meio de comunicação com relação a produtos e serviços oferecidos ou apresentados, obriga o fornecedor que a fizer veicular ou dela se utilizar e integra o contrato que vier a ser celebrado.*

- **Atenção:** Ainda que uma ou algumas cláusulas sejam inseridas no Instrumento contratual, previamente definido, não haverá a sua descaracterização como contrato de adesão (artigo 54, §1º, do CDC).
- **Cláusula resolutória no contrato de adesão:** Será válida a cláusula resolutória no contrato de adesão se não resultar em desvantagem excessiva ao consumidor e se permitir, a critério do consumidor, a escolha entre dar continuidade à relação jurídica contratada, ou dá-la por acabada (artigo 54, §2º, do CDC). O referido dispositivo, em sua parte final, ressalva os direitos do consumidor previstos no §2º do artigo 53, ou seja, a devolução das quantias pagas, descontados eventuais prejuízos e vantagem econômica auferida.

5.5. DAS SANÇÕES ADMINISTRATIVAS

As principais sanções administrativas aplicáveis às infrações das normas de defesa do consumidor, sem prejuízo das de natureza civil, penal e daquelas definidas em legislação especial, são (artigo 56, incisos I a XII):
Multa;
Apreensão do produto;
Inutilização do produto;
Cassação do registro do produto junto ao órgão competente;
Proibição de fabricação do produto;
Suspensão de fornecimento de produtos ou serviços;
Suspensão temporária de atividade;
Revogação de concessão ou permissão de uso;
Cassação de licença do estabelecimento ou de atividade;
Interdição, total ou parcial, de estabelecimento, de obra ou de atividade;
Intervenção administrativa;
Imposição de contrapropaganda;
IMPORTANTE: "As sanções previstas neste artigo serão aplicadas pela autoridade administrativa, no âmbito de sua atribuição, podendo ser aplicadas cumulativamente, inclusive por medida cautelar, antecedente ou incidente de procedimento administrativo" (parágrafo único do artigo 56).

- **Pena de Multa:** será graduada de acordo com a gravidade da infração, a vantagem auferida e a condição econômica do fornecedor, e aplicada mediante procedimento administrativo, revertendo os valores cabíveis à União para o fundo de que trata a Lei nº 7.347/1985 (Lei da Ação Civil Pública), ou para os fundos estaduais ou municipais de proteção ao consumidor nos demais casos.

6. DA DEFESA DO CONSUMIDOR EM JUÍZO

6.1. INVERSÃO DO ÔNUS DA PROVA

- A **inversão** do ônus da prova pode ser **convencional, legal ou judicial**.

<table>
<tr><th colspan="2">Tipos de Inversão do ônus da prova</th></tr>
<tr><td>Convencional</td><td>Decorre de acordo de vontades entre as partes, podendo ocorre antes ou durante o processo.

Ressalta-se que há limitações a essa inversão, conforme dispõe o artigo 373, §3º do CPC/2015: "A distribuição diversa do ônus da prova também pode ocorrer por convenção das partes, salvo quando: I - recair sobre direito indisponível da parte; II - tornar excessivamente difícil a uma parte o exercício do direito. Essa última limitação é aplicável no caso de inversão do ônus provatório diante da alegação de fato negativo indeterminado, cuja prova é denominada pela doutrina de "prova diabólica".

A inversão convencional, nas relações de consumo, pode ser observada quando da aplicação do artigo 51, VI, do CDC, em que se considera nula de pleno direito a cláusula contratual que determine a inversão do ônus da prova em prejuízo do consumidor.</td></tr>
<tr><td>Legal</td><td>Decorre de previsão expressa em lei, independentemente do caso concreto, ou mesmo de qualquer decisão judicial determinando tal inversão.

No CDC, há três momentos:

A) artigo 12, §3º: "O fabricante, o construtor, o produtor ou importador só não será responsabilidade quando provar: I - que não colocou o produto no mercado; II - que, embora haja colocado o produto no mercado, o defeito inexiste; III - a culpa exclusiva do consumidor ou de terceiro";

B) artigo 14, §3º: "O fornecedor de serviços só não será responsabilizado quando provar: I - que, tendo prestado o serviço, o defeito inexiste; II - a culpa exclusiva do consumidor ou de terceiro";

C) artigo 38: "O ônus da prova da veracidade e correção da informação ou comunicação publicitária cabe a quem as patrocina".</td></tr>
<tr><td>Judicial</td><td>Caberá ao juiz aplicá-la, quando da análise, no caso concreto, do preenchimento dos requisitos legais, como no caso do artigo 6º, VIII, do CDC, regra que prevê essa possibilidade de inversão em favor do consumidor quando verossímeis as suas alegações ou quando ele for hipossuficiente, sendo possível a aplicação da inversão também nas ações coletivas consumeristas.</td></tr>
</table>

- **Requisitos para a inversão judicial do "onusprobandi":** É direito básico do consumidor a facilitação da defesa de seus direitos, "inclusive com a inversão do ônus da prova, a seu favor, no processo civil, quando, a critério do juiz, for verossímil a alegação ou quando for ele hipossuficiente, segundo as regras ordinárias de experiências" (artigo 6º, VIII, do CDC).
- Assim, a inversão não ocorre de forma automática, mas por decisão judicial, quando se constatar o preenchimento dos requisitos legais, quais sejam: **verossimilhança da alegação ou hipossuficiência do consumidor.**

<table>
<tr><th colspan="2">Inversão judicial do ônus da prova –
requisitos legais</th></tr>
<tr><th>Verossimilhança da alegação</th><th>Hipossuficiência do consumidor</th></tr>
<tr><td>A verossimilhança é a aparência da verdade de uma alegação feita pelo consumidor de um fato que costuma ordinaria-mente ocorrer (ou seja, segundo as regras ordinárias de experiências - aquilo que costuma ocorrer em situações semelhantes à alegada na demanda judicial pelo consumidor).</td><td>Pela doutrina majoritária vem considerando que essa hipossuficiência é técnica, sendo, portanto, irrelevan-te a condição econômica dos consumidores, já que mesmo aqueles abastados podem ter dificuldades de acesso às informações e meios para produção probatória.</td></tr>
<tr><td>Não se exige aqui para a constituição desse fato verossímil qualquer espécie de prova, a qual será somente exigida para o convencimento do juiz para a prolação de sua decisão, e não para permitir a inversão do onusprobandi.

Observação: Em sentido contrário, Humberto Theodoro Jr afirma ser a verossimilhança resultado de um "juízo de probabilidade extraída de material probatório de feitio indiciário, do qual se consegue formar a opinião de ser provavelmente verdadeira a versão do consumidor" (THEODORO JR, Humberto. Direito do consumidor. 2 ed. Rio de Janeiro: Forense, 2001, p. 135).</td><td>Deve o magistrado verificar, no caso concreto, a superioridade técnica do fornecedor, de forma que a ele seja mais fácil ou viável a produção da prova.

Por isso não parece razoável a inversão do ônus da prova quando resultar ao fornecedor situação de extrema dificuldade para comprovação dos fatos alegados.</td></tr>
</table>

- **Momento da inversão judicial do ônus da prova – Importante!** A matéria é controvertida na doutrina e na jurisprudência. Parte da doutrina entende que a inversão judicial é no despacho saneador do processo. Outra entende que ocorre na sentença, por ser regra de julgamento (**ônus objetivo da prova**). No primeiro sentido (despacho saneador): STJ, Segunda Seção, REsp nº 802832/MG, Rel. Min. Paulo de Tarso Sanseverino, j. 13 abr. 2011, *Informativo 469*. No sentido de a inversão ocorrer no momento do julgamento do processo: STJ, Quarta Turma, AgRg no Ag nº 1028085/SP, Rel. Min. Vasco Della Giustina, Des. Convocado, j. 04 fev. 2010, DJE 16 abr. 2010.

6.2. TUTELA COLETIVA DO CONSUMIDOR

<table>
<tr><td rowspan="4">Legitimados para a defesa coletiva dos interesses e direitos dos consumidores (artigo 82, I a IV, do CDC)</td><td>Ministério Público;</td></tr>
<tr><td>União, Estados, Municípios e Distrito Federal;</td></tr>
<tr><td>Entidades e órgãos da Administração Pública direta ou indireta, ainda que sem personalidade jurídica, especificamente destinados à proteção dos interesses e direitos tutelados pelo CDC;</td></tr>
<tr><td>Associações legalmente constituídas há pelo menos um ano e que incluam entre seus fins institucionais a defesa dos interesses e direitos protegidos pela Lei consumerista, dispensada a autorização assemblear.</td></tr>
</table>

- Cabe ressaltar que o supramencionado requisito da pré-constituição pode ser dispensado pelo juiz, quando houver manifesto interesse social evidenciado pela dimensão ou característica do dano, ou pela relevância do bem jurídico a ser tutelado (artigo 82, §1º).
- **Direitos coletivos lato sensu (Artigo 81, Parágrafo único, do CDC):** Há três espécies de direitos coletivos *lato sensu*: **interesses ou direitos difusos; interesses ou direitos coletivos stricto sensu e interesses ou direitos individuais homogêneos**.

<table>
<tr><th colspan="2">Direitos coletivos latu sensu (artigo 81, parágrafo único, do CDC)</th></tr>
<tr><td>Interesses ou Direitos Difusos (artigo 81, parágrafo único, I)</td><td>São "os transindividuais, de natureza indivisível, de que sejam titulares pessoas indeterminadas e ligadas por circunstâncias de fato".
Neste caso, a sentença da ação coletiva fará coisa julgada erga omnes (contra todos), exceto se o pedido for julgado improcedente por insuficiência de provas, "hipótese em que qualquer legitimado poderá intentar outra ação, com idêntico fundamento valendo-se de nova prova, na hipótese do inciso I do parágrafo único do artigo 81" (artigo 103, I, do CDC).
Exemplo de direito difuso: meio ambiente ecologicamente equilibrado.</td></tr>
<tr><td>Interesses ou Direitos Coletivos stricto sensu (artigo 81, parágrafo único, II)</td><td>São os "transindividuais, de natureza indivisível de que seja titular grupo, categoria ou classe de pessoas ligadas entre si ou com a parte contrária por uma relação jurídica base" (artigo 81, Parágrafo único, II).
Neste caso a sentença fará coisa julgada ultra partes, mas limitadamente ao grupo, categoria ou classe, salvo improcedência por insuficiência de provas (artigo 103, III).
Exemplo: consumidores segurados de plano de saúde.</td></tr>
<tr><td>Interesses ou Direitos Coletivos individuais homogêneos (artigo 81, parágrafo único, III)</td><td>São "os decorrentes de origem comum" (artigo 81, Parágrafo único, III).
A sentença, neste caso, fará coisa julgada erga omnes, "apenas para beneficiar todas as vítimas e seus sucessores [...]" (artigo 103, III).
Exemplo: direito de indenização das vítimas de acidente aéreo.</td></tr>
</table>

- Em caso de **procedência do pedido da ação**, a **condenação será genérica**, fixando a responsabilidade do réu pelos danos causados. A **liquidação e a execução de sentença**, por seu turno, **poderão ser promovidas pela vítima e seus sucessores, assim como pelos legitimados** de que trata o **art. 82** (art. 97 do CDC).

- Nas **ações coletivas**, quando se tratar de **relação consumerista, não haverá adiantamento de custas, emolumentos, honorários periciais e quaisquer outras despesas**, nem condenação da associação autora, **salvo comprovada má-fé, em honorários de advogados, custas e despesas** (art. 87). Em caso de **litigância de má-fé**, a **associação** autora e os **diretores** responsáveis pela propositura da ação **serão solidariamente condenados** em **honorários advocatícios** e ao **décuplo das custas**, sem prejuízo da responsabilidade por perdas e danos (Parágrafo Único).

7. DO SISTEMA NACIONAL DE DEFESA DO CONSUMIDOR

- **Integrantes do Sistema Nacional de Defesa do Consumidor (SNDC):** órgãos federais, estaduais, do Distrito Federal, municipais, e entidades privadas de defesa do consumidor (artigo 105 do CDC).
- **Departamento Nacional de Defesa do Consumidor:**

O Departamento Nacional de Defesa do Consumidor é organismo de coordenação da política do Sistema Nacional de Defesa do Consumidor. Tem as seguintes atribuições (artigo 106):
Planejar, elaborar, propor, coordenar e executar a política nacional de proteção ao consumidor;
Receber, analisar, avaliar e encaminhar consultas, denúncias ou sugestões apresentadas por entidades representativas ou pessoas jurídicas de direito público ou privado;
Prestar aos consumidores orientação permanente sobre seus direitos e garantias;
Informar, conscientizar e motivar o consumidor através dos diferentes meios de comunicação;
Solicitar à polícia judiciária a instauração de inquérito policial para a apreciação de delito contra os consumidores, nos termos da legislação vigente;
Representar ao Ministério Público competente para fins de adoção de medidas processuais no âmbito de suas atribuições;
Levar ao conhecimento dos órgãos competentes as infrações de ordem administrativa que violarem os interesses difusos, coletivos, ou individuais dos consumidores;
Solicitar o concurso de órgãos e entidades da União, Estados, do Distrito Federal e Municípios, bem como auxiliar a fiscalização de preços, abastecimento, quantidade e segurança de bens e serviços;

O Departamento Nacional de Defesa do Consumidor é organismo de coordenação da política do Sistema Nacional de Defesa do Consumidor. Tem as seguintes atribuições (artigo 106):
Incentivar, inclusive com recursos financeiros e outros programas especiais, a formação de entidades de defesa do consumidor pela população e pelos órgãos públicos estaduais e municipais;
Desenvolver outras atividades compatíveis com suas finalidades.
IMPORTANTE: "Para a consecução de seus objetivos, o Departamento Nacional de Defesa do Consumidor poderá solicitar o concurso de órgãos e entidades de notória especialização técnico-científica" (parágrafo único do artigo 106).

8. DA CONVENÇÃO COLETIVA DE CONSUMO

- **Conceito:** "As entidades civis de consumidores e as associações de fornecedores ou sindicatos de categoria econômica podem regular, por convenção escrita, relações de consumo que tenham por objeto estabelecer condições relativas ao preço, à qualidade, à quantidade, à garantia e características de produtos e serviços, bem como à reclamação e composição do conflito de consumo." (artigo 107).
- **Obrigatoriedade da convenção:** a partir do registro do instrumento no cartório (§1º do artigo 107). Somente obrigará os filiados às entidades signatárias, sendo que o fornecedor que se desligar da entidade, em data posterior ao registro do instrumento, não se exime de cumpri-la (§§ 2º e 3º do artigo 107).

9. INFRAÇÕES PENAIS NO CDC

- Artigo 61 do CDC: "Constituem crimes contra as relações de consumo previstas neste código, sem prejuízo do disposto no Código Penal e leis especiais, as condutas tipificadas nos artigos seguintes."
- Os crimes de consumo podem ser **impróprios** (acidentalmente e reflexamente de consumo) e **próprios** (aqueles propriamente de direito penal do consumidor). Os crimes de consumo próprios estão previstos, principalmente, no CDC, mas se encontram também em outros diplomas legais, como, por exemplo, no próprio Código Penal (artigo 272 – corrupção, adulteração ou falsificação de substância alimentícia ou medicinal; artigo 278 – crimes de fornecimento de substâncias nocivas à saúde pública; artigo 280 – crime de medicamento em desacordo com receita médica etc.).

DICAS:
Todos os crimes previstos no CDC são apenados com DETENÇÃO e/ou MULTA;
São CRIMES DE MENOR POTENCIAL OFENSIVO (penas máximas de 2 anos) e, portanto, de competência dos Juizados Especiais Criminais;
São crimes de ação penal pública INCONDICIONADA, mas admitem a propositura de ação penal subsidiária (art. 80 do CDC);
São passíveis de SUSPENSÃO CONDICIONAL DO PROCESSO, por terem pena mínima inferior a 1 ano;
São passíveis de arbitramento de FIANÇA pelo delegado;
Só duas modalidades admitem CULPA (artigos 63, §2º, e 66, §2º); os demais são TODOS DOLOSOS;
As circunstâncias agravantes estão previstas no art. 76 e as modalidades de sanções penais admitidas no art. 78, ambos do CDC.

✦ SÚMULAS APLICÁVEIS

✦ STJ

1. DOS PRINCÍPIOS FUNDAMENTAIS DO CÓDIGO DE DEFESA DO CONSUMIDOR (CDC)

- **Súmula 297 do STJ:** O Código de Defesa do Consumidor é aplicável às instituições financeiras.
- **Súmula 321 do STJ:** O Código de Defesa do Consumidor é aplicável à relação jurídica entre a entidade de previdência privada e seus participantes.
- **Cancelamento da Súmula 321 DO STJ:** A Segunda Seção, na sessão de 24/02/2016, ao apreciar o Projeto de Súmula nº 627 e o julgado no REsp 1.536.736/MG, determinou o cancelamento da Súmula 321 do STJ (DJe 29/02/2016).
- **Súmula 469 do STJ:** Aplica-se o Código de Defesa do Consumidor aos contratos de plano de saúde.
- **Súmula 506 do STJ:** A Anatel não é parte legítima nas demandas entre a concessionária e o usuário de telefonia decorrentes de relação contratual.
- **Súmula 563 do STJ:** O Código de Defesa do Consumidor é aplicável às entidades abertas de previdência complementar, não incidindo nos contratos previdenciários celebrados com entidades fechadas.

2. DA QUALIDADE DE PRODUTOS E SERVIÇOS, DA PREVENÇÃO E DA REPARAÇÃO DOS DANOS

2.1. DA RESPONSABILIDADE POR VÍCIO DO PRODUTO E DO SERVIÇO

- **Súmula 130 do STJ:** A empresa responde, perante o cliente, pela reparação de danos ou furto de veículo ocorridos em seu estacionamento.
- **Súmula 479 do STJ:** As instituições financeiras respondem objetivamente pelos danos gerados por fortuito interno relativo a fraudes e delitos praticados por terceiros no âmbito de operações bancárias.

2.2. DA DECADÊNCIA E DA PRESCRIÇÃO (PRAZOS E GARANTIAS)

- **Súmula 477 do STJ:** A decadência do artigo 26 do CDC não é aplicável à prestação de contas para obter esclarecimentos sobre cobrança de taxas, tarifas e encargos bancários.

3. DAS PRÁTICAS COMERCIAIS

3.1. DA PUBLICIDADE

- **Súmula 403 do STJ:** Independe de prova do prejuízo a indenização pela publicação não autorizada de imagem de pessoa com fins econômicos ou comerciais.

3.2. DAS PRÁTICAS ABUSIVAS

- **Súmula 285 do STJ**: "Nos contratos bancários posteriores ao CDC incide a multa moratória nele prevista".
- **Súmula 294 do STJ:** "não é potestativa a cláusula contratual que prevê a comissão de permanência, calculada pela taxa média de mercado apurada pelo Banco Central do Brasil, limitada à taxa do contrato".
- **Súmula 359 do STJ:** Cabe ao órgão mantenedor do Cadastro de Proteção ao Crédito a notificação do devedor antes de proceder à inscrição.
- **Súmula 381 do STJ**: "Nos contratos bancários, é vedado ao julgador conhecer, de ofício, da abusividade das cláusulas".
- **Súmula 385 do STJ:** Da anotação irregular em cadastro de proteção ao crédito, não cabe inde-

nização por dano moral, quando preexistente legítima inscrição, ressalvado o direito ao cancelamento.

- **Súmula 412 do STJ:** A ação de repetição de indébito de tarifas de água e esgoto sujeita-se ao prazo prescricional estabelecido no Código Civil.
- **Súmula 473 do STJ:** O mutuário do SFH não pode ser compelido a contratar o seguro habitacional obrigatório com a instituição financeira mutuante ou com a seguradora por ela indicada.
- **Súmula 532 do STJ:** Constitui prática comercial abusiva o envio de cartão de crédito sem prévia e expressa solicitação do consumidor, configurando-se ato ilícito indenizável e sujeito à aplicação de multa administrativa.
- **Súmula 550 do STJ:** A utilização de escore de crédito, método estatístico de avaliação de risco que não constitui banco de dados, dispensa o consentimento do consumidor, que terá o direito de solicitar esclarecimentos sobre as informações pessoais valoradas e as fontes dos dados considerados no respectivo cálculo.

3.3. DA COBRANÇA DE DÍVIDAS E DOS BANCOS DE DADOS E CADASTROS DE CONSUMIDORES

- **Súmula 323 do STJ:** A inscrição do nome do devedor pode ser mantida nos serviços de proteção ao crédito até o prazo máximo de cinco anos, independentemente da prescrição da execução.
- **Súmula 385 do STJ:** Da anotação irregular em cadastro de proteção ao crédito, não cabe indenização por dano moral, quando preexistente legítima inscrição, ressalvado o direito ao cancelamento.
- **Súmula 404 do STJ:** É dispensável o aviso de recebimento (AR) na carta de comunicação ao consumidor sobre a negativação de seu nome em bancos de dados e cadastros.
- **Súmula 479 do STJ:** As instituições financeiras respondem objetivamente pelos danos gerados por fortuito interno relativo a fraudes e delitos praticados por terceiros no âmbito de operações bancarias.

4. DA PROTEÇÃO CONTRATUAL

- **Súmula 284 do STJ:** A purga da mora, nos contratos de alienação fiduciária, só é permitida quando já pagos pelo menos 40% (quarenta por cento) do valor financiado.
- **Súmula 285 do STJ:** Nos contratos bancários posteriores ao Código de Defesa do Consumidor incide a multa moratória nele prevista.
- **Súmula 322 do STJ:** Para a repetição de indébito, nos contratos de abertura de crédito em conta-corrente, não se exige a prova do erro.
- **Súmula 356 do STJ:** "É legítima a cobrança da tarifa básica pelo uso dos serviços de telefonia fixa".
- **Súmula 543 do STJ:** Na hipótese de resolução de contrato de promessa de compra e venda de imóvel submetido ao Código de Defesa do Consumidor, deve ocorrer a imediata restituição das parcelas pagas pelo promitente comprador – integralmente, em caso de culpa exclusiva do promitente vendedor/construtor, ou parcialmente, caso tenha sido o comprador quem deu causa ao desfazimento.
- **Súmula 548 do STJ:** Incumbe ao credor a exclusão do registro da dívida em nome do devedor no cadastro de inadimplentes no prazo de cinco dias úteis, a partir do integral e efetivo pagamento do débito.
- **Súmula nº 563 do STJ:** "O Código de Defesa do Consumidor é aplicável às entidades abertas de previdência complementar, não incidindo nos contratos previdenciários celebrados com entidades fechadas."

4.1. DA REVISÃO CONTRATUAL

- **Súmula 380 do STJ:** A simples propositura da ação de revisão de contrato não inibe a caracterização da mora do autor.

4.2. DAS CLÁUSULAS ABUSIVAS

- **Súmula 60 do STJ:** "É nula a obrigação cambial assumida por procurador do mutuário vinculado ao mutuante, no exclusivo interesse deste".
- **Súmula 302 do STJ:** É abusiva a cláusula contratual de plano de saúde que limita no tempo a internação hospitalar do segurado.
- **Súmula 381 do STJ:** Nos contratos bancários, é vedado ao julgador conhecer, de ofício, da abusividade das cláusulas.
- **Súmula 356 do STJ:** É legítima a cobrança da tarifa básica pelo uso dos serviços de telefonia fixa.
- **Súmula 407 do STJ:** É legítima a cobrança da tarifa de água, fixada de acordo com as categorias de usuários e as faixas de consumo.

5. DA DEFESA DO CONSUMIDOR EM JUÍZO

- **Súmula 477 do STJ:** "A decadência do artigo 26 do CDC não é aplicável à prestação de contas para obter esclarecimentos sobre cobrança de taxas, tarifas e encargos bancários".

- **Súmula 489 do STJ:** "Reconhecida a continência, devem ser reunidas na Justiça Federal as ações civis públicas propostas nesta e na Justiça estadual."
- **Súmula nº 506 do STJ:** "A Anatel não é parte legítima nas demandas entre a concessionária e o usuário de telefonia decorrentes de relação contratual".

✦ STF

1. DA DEFESA DO CONSUMIDOR EM JUÍZO

- **Súmula Vinculante 27 do STF:** Compete à Justiça estadual julgar causas entre consumidor e concessionária de serviço público de telefonia, quando a ANATEL não seja litisconsorte passiva necessária, assistente, nem opoente.
- **Súmula 643 do STF:** O Ministério Público tem legitimidade para promover ação civil pública cujo fundamento seja a ilegalidade de reajuste de mensalidades escolares.

1.1. INVERSÃO DO ÔNUS DA PROVA

- **Súmula 231 do STF:** O revel, em processo cível, pode produzir provas, desde que compareça em tempo oportuno.

✦ INFORMATIVOS APLICÁVEIS

1. DOS DIREITOS DO CONSUMIDOR

1.1. DA QUALIDADE DE PRODUTOS E SERVIÇOS, DA PREVENÇÃO E DA REPARAÇÃO DOS DANOS

1.1.1. DA RESPONSABILIDADE PELO FATO DO PRODUTO E DO SERVIÇO

Ação de indenização por danos materiais e compensação por danos morais. Acidente de trânsito. Falha de mecanismo de segurança. Produto defeituoso.

A comprovação de grave lesões decorrentes da abertura de *air bag* em acidente automobilístico em baixíssima velocidade, que extrapolam as expectativas que razoavelmente se espera do mecanismo de segurança, ainda que de periculosidade inerente, confugira a responsabilidade objetiva da montadora de veículos pela reparação dos danos ao consumidor. *REsp 1.656.614-SC, Rel. Min. Nancy Andrighi, por unanimidade. DJe 02.06.2017. 3ª T. (Info 605)*

Produto de periculosidade inerente (medicamento). Não Responsabilização do fornecedor

Em se tratando de produto de periculosidade inerente (medicamento), cujos riscos são normais à sua natureza e previsíveis, eventual dano por ele causado ao consumidor não enseja a responsabilização do fornecedor. *REsp 1.599.405=SP, Rel. Min. Marco Aurélio Bellizze, por unanimidade. DJe 17.04.2017. 3ª T. (Info 603)*

Necessidade de correspondência entre o argumento e o resultado de pesquisa em provedor de busca.

O provedor de busca cientificado pelo consumidor sobre vínculo virtual equivocado entre o argumento de pesquisa (nome de consumidor) e o resultado de busca (sítio eletrônico) é obrigado a desfazer a referida indexação, ainda que esta não tenha nenhum potencial ofensivo. *REsp 1.582.981-RJ, Rel. Min. Marco Aurélio Bellizze, DJe 19.5.2016. 3ª T. (Info 583)*

Responsabilidade civil dos provedores de busca.

Não há dano moral quando o provedor de busca, mesmo após cientificado pelo consumidor, exibe associação indevida entre o argumento de pesquisa (o nome desse consumidor) e o resultado de busca (o sítio eletrônico cujo conteúdo nocivo ao consumidor já tenha sido corrigido pelo responsável da página eletrônica). *REsp 1.582.981-RJ, Rel. Min. Marco Aurélio Bellizze, DJe 19.5.2016. 3ª T. (Info 583)*

Valor de indenização pelo extravio de mercadorias em transporte aéreo.

Independentemente da existência de relação jurídica consumerista, a indenização pelo extravio de mercadoria transportada por via aérea, prévia e devidamente declarada, com inequívoca ciência do transportador acerca de seu conteúdo, deve corresponder ao valor integral declarado, não se aplicando, por conseguinte, as limitações tarifadas previstas no Código Brasileiro de Aeronáutica e na Convenção de Varsóvia. *REsp 1.289.629-SP, Rel. Min. Marco Aurélio Bellizze, DJe 3.11.2015. 3ª T. (Info 573)*

1.1.2. DA RESPONSABILIDADE POR VÍCIO DO PRODUTO E DO SERVIÇO

Troca de mercadoria e prazo em benefício do consumidor.

É legal a conduta de fornecedor que concede apenas 3 (três) dias para troca de produtos defeituosos, a contar da emissão da nota fiscal, e impõe ao consumidor, após tal prazo, a procura de assistência técnica credenciada pelo fabricante para que realize a análise quanto à existência de vício. *REsp 1.459.555-RJ, Rel. Min. MTicardo Billas Bôas CUeva, por unanimidade, DJe20.02.2017. 3ª T. (Info 598)*

Direito à reparação de danos por vício do produto.

Não tem direito à reparação de perdas e danos decorrentes do vício do produto o consumidor que, no prazo decadencial, não provocou o fornecedor para que este pudesse sanar o vício. Os vícios de qualidade por inadequação dão ensejo, primeiro, ao direito do fornecedor ou equiparado a corrigir o vício manifestado, mantendo-se íntegro o contrato firmado entre as partes. Apenas após o prazo trintídio do art. 18, §1º, do CDC ou a negativa de conserto, abre-se ao consumidor a opção entre três alternativas: a) a redibição do contrato; b) o abatimento do preço; ou c) a substituição do produto, ressalvada em qualquer hipótese a pretensão de reparação de perdas e danos decorrentes. A escolha quanto a alguma das soluções elencadas pela lei consumerista deve ser exercida no prazo decadencial do art. 26 do CDC, contado, por sua vez, após o transcurso do prazo trintídio para conserto do bem pelo fornecedor. *REsp 1.520.500-SP, Rel. Min. Marco Aurélio Bellizze, DJe 13.11.2015. 3ª T. (Info 573)*

1.2. DAS PRÁTICAS COMERCIAIS

➘ *Venda de veículo usado e cadeia de fornecedores. Responsabilidade solidária.*

O fornecimento de bem durável ao seu destinatário final põe termo à eventual cadeia de seus fornecedores originais, de modo que, a posterior revenda desse mesmo bem por seu adquirente constitui nova relação jurídica obrigacional com o eventual comprador e, por conseguinte, não se pode estender aos integrantes daquela primeira cadeia de fornecimento a responsabilidade solidária de que trata o art. 18 do CDC por eventuais vícios que este venha a futuramente detectar no produto. *REsp 1.517.800-PE, Rel. Min. Ricardo Villas Bôas Cueva, DJe05.05.2017. 3ª T. (Info603)*

➘ *Contrato de transporte internacional de cargas e inocorrência da relação de consumo.*

Não se aplica o Código de Defesa do Consumidor – CDC ao contrato de transporte de mercadorias vinculado a contrato de compra e venda de insumos. *REsp 1.442.674-PR, Rel. Min. Paulo de Tarso Sanseverino, por unanimidade, DJe30.03.2017. 3ª T. (Info 600)*

➘ *Corretagem de valores e títulos mobiliários. Relação de consumo.*

Deve ser reconhecida a relação de consumo existente entre a pessoa natural, que visa a atender necessidades próprias, e as sociedades que prestam de forma habitual e profissional o serviço de corretagem de valores e títulos mobiliários. *REsp 1.599.535-RS, Rel. Min. Nancy Andrighi, por unanimidade, DJe14.03.2017. 3ª T. (Info 600)*

1.2.1. DA PUBLICIDADE

➘ *Tamanho mínimo de letra em anúncios.*

A previsão do tamanho mínimo de fonte em contratos de adesão estabelecido no art. 54, §3º, do CDC não é aplicável ao contexto das ofertas publicitárias. *REsp 1.602.678-RJ, Rel. Min. Paulo de Tarso Sanseverino, por unanimidade. DJe23.05.2017. 3ª T. (Info 574)*

➘ *Publicidade enganosa por omissão.*

É enganosa a publicidade televisiva que omite o preço e a forma de pagamento do produto, condicionando a obtenção dessas informações à realização de ligação telefônica tarifada. *REsp 1.428.801-RJ, Rel. Min. Humberto Martins, DJe 13.11.2015. 2ª T. (Info 573)*

1.2.2. DA COBRANÇA DE DÍVIDAS

➘ *Ausência de dano moral "in reipsa" pela mera inclusão de valor indevido na fatura de cartão de crédito.*

Não há dano moral "in reipsa" quando a causa de pedir da ação se constitui unicamente na inclusão de valor indevido na fatura de cartão de crédito de consumidor. Assim como o saque indevido, também o simples recebimento de fatura de cartão de crédito na qual incluída cobrança indevida não constitui ofensa a direito da personalidade (honra, imagem, privacidade, integridade física); não causa, portanto, dano moral objetivo, "in reipsa". *REsp 1.550.509-RJ, Rel. Min. Maria Isabel Gallotti, DJe 14.3.2016. 4ª T. (Info 579)*1.3.3. Dos Bancos de Dados e Cadastros de Consumidores

➘ *Hipótese em que a inscrição indevida em cadastro de inadimplentes não enseja indenização por dano moral. Recurso repetitivo. Tema 922.*

A inscrição indevida comandada pelo credor em cadastro de proteção ao crédito, quando preexistente legítima inscrição, não enseja indenização por dano moral, ressalvado o direito ao cancelamento. *REsp 1.386.424-MG, Rel. p/ ac. Min. Maria Isabel Gallotti, 2ª S., DJe 16.5.2016.(Info 583)*

1.2.3. DAS PRÁTICAS ABUSIVAS

➘ *Concessão de serviços aéreos e cancelamento de voos. Dever de informação ao consumidor.*

O transporte aéreo é serviço essencial e pressupõe continuidade. Considera-se prática abusiva tanto o cancelamento de voos sem razões técnicas ou de segurança inequívocas como descumprimento do dever de informar o consumidor, por escrito e justificadamente, quando tais cancelamentos vierem a ocorrer. REsp 1.469.087-AC, Rel. Min. Humberto Martins, por unanimidade. DJe 17.11.2016. 2ª T. (Info 593)

1.2.4. DAS CLÁUSULAS ABUSIVAS

➘ *Nulidade de cláusula de renúncia à entrevista qualificada para contratar plano de saúde.*

É nula a cláusula inserta por operadora de plano privado de assistência à saúde em formulário de Declaração de Doenças ou Lesões Preexistentes (Declaração de Saúde) prevendo a renúncia pelo consumidor contratante à entrevista qualificada orientada por um médico, seguida apenas de espaço para aposição de assinatura, sem qualquer menção ao fato de tal entrevista se tratar de faculdade do beneficiário. *REsp 1.554.448-PE, Rel. Min. João Otávio de Noronha, DJe 26.2.2016. 3ª T. (Info 578)*

➘ *Responsabilização de consumidor por pagamento de honorários advocatícios extrajudiciais.*

Não é abusiva a cláusula prevista em contrato de adesão que impõe ao consumidor em mora a obrigação de pagar honorários advocatícios decorrentes de cobrança extrajudicial. A cobrança, em favor do credor, de honorários advocatícios extrajudiciais é prática muito comum e, em nada, mostra-se abusiva. Isso porque, além de não causar prejuízo indevido para o devedor em atraso e representar importante segmento no mercado de trabalho dos advogados, ela tem apoio nas normas dos arts. 389, 395 e 404 do CC, as quais atribuem ao devedor a responsabilidade pelas despesas e prejuízos causados em razão de sua mora ou inadimplemento, neles incluindo expressamente os honorários advocatícios. *REsp 1.002.445-DF, Rel. p/ ac. Min. Raul Araújo, DJe 14.12.2015. 4ª T. (Info 574)*

1.3. DO CADASTRO DOS CONSUMIDORES

↘ *Cadastro de devedores inadimplentes e dever da devida notificação prévia.*

É passível de gerar responsabilização civil a atuação do órgão mantenedor de cadastro de proteção ao crédito que, a despeito da prévia comunicação do consumidor solicitando que futuras notificações fossem remetidas ao endereço por ele indicado, envia a notificação de inscrição para endereço diverso. *REsp 1.620.394-SP, Rel. Min. Paulo de Tarso Sanseverino, por unanimidade. DJe 06.02.2017. 3º T. (info. 597)*

↘ *Responsabilidade de sociedade mantenedora de cadastros restritivos de crédito por anotações indevidas de dados e atuação do Banco Central*

O Banco Central não possui atribuição para fiscalizar as atividades desenvolvidas pelo Serasa S.A., entidade que não se qualifica como instituição financeira. *REsp 1.178.768-SP, Rel. Min. Maria Isabel Gallotti, por unanimidade. DJe 07.12.2016. 4º T. (info. 595)*

2. DA DEFESA DO CONSUMIDOR EM JUÍZO

2.1. DISPOSIÇÕES GERAIS

↘ *Competência internacional e relação de consumo.*

A Justiça brasileira é absolutamente incompetente para processar e julgar demanda indenizatória fundada em serviço fornecido de forma viciada por sociedade empresária estrangeira a brasileiro que possuía domicílio no mesmo Estado estrangeiro em que situada a fornecedora, quando o contrato de consumo houver sido celebrado e executado nesse local, ainda que o conhecimento do vício ocorra após o retorno do consumidor ao território nacional. *REsp 1.571.616-MT, Rel. Min. Marco AurélioBellizze, DJe 11.4.2016. 3ª T. (Info 580)*

2.2. DAS AÇÕES COLETIVAS PARA A DEFESA DE INTERESSES INDIVIDUAIS HOMOGÊNEOS

↘ *Improcedência de demanda coletiva proposta em defesa de direitos individuais homogêneos e impossibilidade de novo ajuizamento de ação coletiva por outro legitimado.*

Após o trânsito em julgado de decisão que julga improcedente ação coletiva proposta em defesa de direitos individuais homogêneos, independentemente do motivo que tenha fundamentado a rejeição do pedido, não é possível a propositura de nova demanda com o mesmo objeto por outro legitimado coletivo, ainda que em outro Estado da federação. *REsp 1.302.596-SP, Rel. p/ ac. Min. Ricardo Villas Bôas Cueva, DJe 1º.2.2016. 2ª S. (Info 575)*

↘ *Termo "a quo" do prazo prescricional das execuções individuais de sentença coletiva. Recurso repetitivo. Tema 877.*

O prazo prescricional para a execução individual é contado do trânsito em julgado da sentença coletiva, sendo desnecessária a providência de que trata o art. 94 da Lei 8.078/90. *REsp 1.388.000-PR, Rel. p/ ac. Min. Og Fernandes, 1ª S., DJe 12.4.2016. (Info 580)*

Direito Processual Civil

Luciano Alves Rossato

TABELA DE INCIDÊNCIA DE QUESTÕES

Distribuição das questões organizada por ordem didática de assuntos		
Questões	**Número de Questões**	**Peso**
1. JURISDIÇÃO E COMPETÊNCIA	4	3,45%
2 PRESSUPOSTOS PROCESSUAIS	1	0,86%
3 DESPESAS PROCESSUAIS	2	1,72%
4 LITISCONSÓRCIO E DA INTERVENÇÃO DE TERCEIROS	2	1,72%
5 DO JUIZ	3	2,59%
6 DOS AUXILIARES DA JUSTIÇA	5	4,31%
7 DOS ATOS PROCESSUAIS	19	16,38%
8 DO PROCESSO E DO PROCEDIMENTO	1	0,86%
8.1 PETIÇÃO INICIAL	4	3,45%
8.2 DA CONTESTAÇÃO	6	5,17%
8.3 DAS PROVAS	6	5,17%
9 FORMAÇÃO, SUSPENSÃO E EXTINÇÃO DO PROCESSO	3	2,59%
10 DA SENTENÇA E DA COISA JULGADA	4	3,45%
11 DO CUMPRIMENTO DE SENTENÇA	1	0,86%
12 EXECUÇÃO POR QUANTIA CERTA CONTRA DEVEDOR SOLVENTE	7	6,03%
13 DEFESA DO EXECUTADO E DOS EMBARGOS DE TERCEIRO	2	1,72%
14 TUTELA PROVISÓRIA	5	4,31%
15 EXECUÇÃO FISCAL	7	6,03%
16. PODER PÚBLICO EM JUÍZO	1	0,86%
17 PROCESSOS NOS TRIBUNAIS E DOS MEIOS DE IMPUGNAÇÃO DAS DECISÕES JUDICIAIS	15	12,93%

18 JUIZADOS ESPECIAIS CÍVEIS E DOS JUIZADOS ESPECIAIS DA FAZENDA PÚBLICA	14	12,07%
20 AÇÃO CIVIL PÚBLICA E DO MANDADO DE SEGURANÇA	3	2,59%
21 ARBITRAGEM	1	0,86%
Total	**116**	**100%**

Direito Processual Civil

Luciano Alves Rossato

✦ I QUESTÕES

1. JURISDIÇÃO E COMPETÊNCIA

01. (Vunesp – Juiz de Direito – RJ/2014) Acerca do conflito de competência, assinale a alternativa correta.

A) A controvérsia, entre juízes, acerca da reunião ou separação de processos, não configura conflito de competência.

B) Nos conflitos de competência, é obrigatória a participação do Ministério Público, sob pena de nulidade.

C) O conflito de competência entre juízes vinculados a tribunais diversos será submetido à apreciação do Supremo Tribunal Federal.

D) Quando o conflito for positivo, não se admite exceção declinatória de foro.

COMENTÁRIOS

✪ **Nota do autor:** é possível que entre Justiças diferentes, entre juízos de um mesmo tribunal, entre um juízo e uma turma recursal, entre turmas recursais, ou até mesmo entre tribunais, ocorra divergência quanto à competência para o julgamento de uma ação. Nesse sentido, tem-se como sendo admissível que a divergência consista entre a admissibilidade simultânea, ou seja, os órgãos judiciais admitem ser competentes para o julgamento da ação; de outro lado, a competência pode ser repelida por ambos, quando então se dizem incompetentes para o seu julgamento. E o incidente de conflito de competência consiste no meio adequado para a solução da divergência. Será positivo se houver reconhecimento duplo de competência e, de outro lado, negativo, se houver negativa dos órgãos judiciais envolvidos. Sobre o conflito negativo de competência, já foi ressaltado pela doutrina ser digno de nota a inclusão do inciso II do art. 66 do CPC, pelo qual, para que exista tal conflito, "não basta que dois juízes se considerarem incompetentes, mas que haja um apontamento recíproco de competência", o que não será exigido para o conflito positivo de competência, quando então bastará que os dois juízos pratiquem atos pelos quais demonstrem ser competentes.[1] As regras sobre a competência para o julgamento do conflito de competência podem ser assim resumidas: i) entre dois juízos do mesmo Tribunal – julgamento pelo próprio Tribunal; ii) entre dois juízos federais da mesma Região – julgamento pelo respectivo Tribunal Regional Federal; iii) entre juízo de primeiro grau e tribunal a que está subordinado – julgamento pelo próprio tribunal; iv) entre juízo estadual com competência delegada e juízo federal da mesma região – julgamento pelo respectivo Tribunal Regional Federal; v) entre quaisquer tribunais e entre os tribunais e juízos a eles não vinculados, e, ainda, entre juízos vinculados a tribunais diversos – ao Superior Tribunal de Justiça; vi) entre o STJ e quaisquer tribunais, entre tribunais superiores ou entre esses e qualquer outro tribunal: ao Supremo Tribunal Federal. O conflito de atribuições entre o Ministério Público Federal e o Ministério Público Estadual será decidido pelo Procurador Geral da República, conforme foi fixado pelo Supremo Tribunal Federal. Se excluído do feito o ente federal, cuja presença foi fator preponderante para que o juízo estadual declinasse de sua competência, deverá o juízo federal restituir os autos e não suscitar o conflito (Súmula 224 STJ), não podendo o juízo estadual discutir sobre o interesse do ente federal. O juiz que não acolher a competência declinada deverá suscitar o conflito, salve se a atribuir a outro juízo. O conflito poderá ser suscitado por qualquer das par-

1. NEVES, Daniel Amorim Assumpção. *Novo Código de Processo Civil ComentadoArtigo por Artigo.* Salvador: Juspodivm, 2017, p. 112.

tes, pelo Ministério Público ou pelo juiz. A parte, contudo, não poderá suscitá-lo se já alegou a incompetência relativa. Ao decidir o conflito, o Tribunal não só reconhecerá o juízo competente (que poderá ser até um terceiro, que não tenha participado do conflito), como também se pronunciará sobre a validade dos atos do juiz incompetente. Vide, a respeito, o art. 951 e seguintes do CPC.

Alternativa correta: letra "B" [vide observação de acordo com o CPC 2015]. Esta alternativa merece dois destaques. O primeiro, o de que a sua correção se justificava na vigência do CPC 1973. **Contudo, o CPC de 2015 trouxe solução diversa**, pois determinou que o **Ministério Público somente será ouvido nos conflitos de competência relativos aos processos que exijam a sua intervenção como fiscal da ordem jurídica**, mas assumirá a qualidade de parte nos conflitos que suscitar (CPC, art. 951, parágrafo único). E o segundo destaque se relaciona com o processo de racionalização da atuação do Ministério Público no processo civil, que vem sendo estimulado pelo Conselho Nacional do Ministério Público, com a aprovação de vários atos, entre eles, a Recomendação nº 34, de 05.04.2016, que "dispõe sobre a atuação do Ministério Público como órgão interveniente no processo civil". O CPC de 2015 tratou da atuação do Ministério Público, prevendo a possibilidade de que seja *parte* ou *fiscal da ordem jurídica*.

Alternativa A. Incorreta. Há conflito de competência quando entre 2 (dois) ou mais juízes surge controvérsia acerca da reunião ou separação de processos (CPC, art. 66, III).

Alternativa C. Incorreta. Compete ao Superior Tribunal de Justiça processar e julgar, originariamente os conflitos de competência entre quaisquer tribunais, ressalvado o disposto no art. 102, I, "o" (os conflitos de competência entre o Superior Tribunal de Justiça e quaisquer tribunais, entre Tribunais Superiores, ou entre estes e qualquer outro tribunal), bem como entre tribunal e juízes a ele não vinculados e entre juízes vinculados a tribunais diversos (CF, art. 105, I, d).

Alternativa D. Esta alternativa trata de questões importantes. A primeira, de que o CPC de 2015 não mais admite a *exceção de incompetência*, pois a parte deverá alegar a incompetência relativa em sede de preliminar de contestação e a matéria não poderá ser conhecida de ofício pelo juiz. A segunda, de que as partes têm legitimidade para suscitar o conflito de competência, assim como o Ministério Público e o juiz. A terceira, de que o conflito não poderá ser suscitado pela parte que arguiu a incompetência relativa (art. 952, *caput*). E, a quarta, de que existe um dever previsto no parágrafo único do art. 66, que impõe ao juiz que não acolher a competência declinada suscitar o conflito, salvo se a atribuir a outro juízo. Assim, se o juízo, ao receber um processo em razão da declaração de incompetência manifestada por outro juízo, não suscitará o conflito de competência se reconhecê-la de um terceiro juízo. Neste caso, simplesmente encaminhará os autos. A suscitação do conflito pelo juízo que receber os autos somente ocorrerá na hipótese de competência absoluta e não na relativa, pois o juízo está proibido de declará-la de ofício (Súmula 33 do STJ), exigindo-se a preliminar em contestação. Desse modo, sendo positivo o conflito, há possibilidade de que haja a arguição oportuna da incompetência territorial, como, por exemplo, se vê do caso julgado pelo Superior Tribunal de Justiça que tem a seguinte ementa: "(...). 1. Fica plenamente configurado o conflito positivo de competência quando três juízos distintos deliberam sobre pretensão idêntica, gerando a prolação de medidas liminares colidentes. 2. Diante da evidente conexão entre as ações veiculadas por clubes desportivos vindicando mesma vaga ao certame do Campeonato Brasileiro de Futebol da Série "C", e tratando-se de hipótese de mera competência territorial, impõe-se a reunião dos processos no foro do juízo onde ocorreu a primeira citação válida (art. 219 do CPC). 3. Eventual questionamento quanto à própria competência territorial do juízo prevento deve ser dirimida em momento posterior, mediante oposição e julgamento da competente exceção declinatória de foro, a ser oportunamente apreciada em primeira instância. Discussão a esse respeito desborda ao âmbito de cognição instaurado no presente conflito, descabendo a esta Corte Superior manifestar- se sobre o tema, sob pena de manifesta supressão de instância. 4. Conflito conhecido e acolhido, para declarar a competência do juízo de Campina Grande (PB). (CC 122.830/PB, Rel. Ministro MARCO BUZZI, SEGUNDA SEÇÃO, julgado em 08/05/2013, DJe 06/12/2013).

---

02. (Vunesp – Juiz de Direito – RJ/2016) O Ministério Público ingressou com ação civil pública em face da Administração Pública estadual perante uma das Varas da Fazenda Pública, para o cumprimento de obrigação de fazer no âmbito estadual. Conselho de Classe, considerado autarquia federal, requereu o ingresso no feito como litisconsorte ativo facultativo. Diante desse fato, assinale a alternativa correta.

A) O juiz estadual pode decidir pelo ingresso, mas remeter os autos à Justiça Federal, exceto nos casos de litisconsorte facultativo.

B) A mera intervenção do órgão de classe não justifica o deslocamento do feito para a Justiça Federal, sendo competente a Justiça Estadual para julgar a ação.

C) Considerando tratar-se de autarquia federal, compete à Justiça Federal processar e julgar o feito, ainda que na condição de litisconsorte facultativo.

D) O juiz estadual pode decidir pelo ingresso e considerando a natureza jurídica do direito tutelado, julgar a ação.

E) Eventual conflito de competência será dirimido pelo Tribunal Regional Federal, pois trata-se de litisconsórcio facultativo.

COMENTÁRIOS

✪ **Nota do autor:** a competência da Justiça Federal está indicada no art. 109 da Constituição Federal. Trata-se de hipótese de competência absoluta, que pode ser conhecida de ofício pela autoridade judiciária. O CPC 2015 deixou claro que, se o processo tramitar em outro juízo, os autos serão remetidos ao juízo federal competente se houver a intervenção da União, suas empresas públicas, entidades autárquicas e fundações, ou conselho de fiscalização profissional, como parte ou terceiro interveniente, o que não é aplicável às ações de recuperação judicial, falência, insolvência civil e acidente de trabalho, bem como aquelas sujeitas à justiça eleitoral e à justiça do trabalho (art. 45). Se houver pluralidade de pedidos (cumulação de pedidos) em processo que tramita em justiça diversa, e um deles for de competência da Justiça Federal, o mérito deste pedido não será examinado (extinção sem resolução do mérito), prosseguindo-se a ação em relação aos demais. Contudo, se a competência abranger todos os pedidos, deverão os autos ser remetidos à Justiça Federal e, reconhecendo esta não existir interesse de ente federal, restituirá os autos à Justiça Estadual, sem suscitar o conflito.

Alternativa correta: letra "C" (Responde as demais, exceto o item "E"). Tramitando o processo perante outro juízo, os autos serão remetidos ao juízo federal competente se nele intervier a União, suas empresas públicas, entidades autárquicas e fundações, ou conselho de fiscalização de atividade profissional, na qualidade de parte ou de terceiro interveniente (CPC, art. 45, *caput*). Não importa, para tanto, a modalidade do litisconsórcio, se necessário ou facultativo, simples ou unitário etc., pois em todas elas haverá o deslocamento da competência. É oportuno registrar que a *intervenção anômala* ou *anódina*, amparada pelo art. 5º da Lei nº 9.469/1997, restrita às pessoas jurídicas de direito público nas causas cuja decisão possa ter reflexos, ainda que indiretos, de natureza econômica, ainda que não exista interesse jurídico, como regra, não acarretará o deslocamento da competência da Justiça Estadual para a Federal se houver provocação de ente federal, salvo se reconhecida a existência de interesse jurídico ou a condição de litisconsorte, ou, ainda, se houver a interposição de recurso, hipótese em que, para fins de deslocamento de competência, será o interveniente considerado parte.

Alternativa E. Incorreta. Compete ao Superior Tribunal de Justiça processar e julgar, originariamente os conflitos de competência entre quaisquer tribunais, ressalvado o disposto no art. 102, I, "o" (os conflitos de competência entre o Superior Tribunal de Justiça e quaisquer tribunais, entre Tribunais Superiores, ou entre estes e qualquer outro tribunal), bem como entre tribunal e juízes a ele não vinculados e entre juízes vinculados a tribunais diversos (CF, art. 105, I, d).

---

03. (Vunesp – Juiz de Direito – TJ – SP/2013) Em matéria de competência, é correto afirmar que

A) ainda que se verifique a identidade de partes, causa de pedir e pedidos, não haverá litispendência entre a ação intentada perante tribunal estrangeiro e aquela submetida à autoridade judiciária brasileira.

B) a incompetência relativa se verifica quando há violação de critérios territoriais, de valor da causa, ou funcionais.

C) na ação em que o réu for incapaz e tiver domicílio distinto do de seu representante, prevalecerá o foro do domicílio do incapaz.

D) sendo o autor da ação domiciliado no Brasil e o réu domiciliado e residente exclusivamente no exterior, poderá ela ser ajuizada em qualquer foro.

COMENTÁRIOS

✪ **Nota do autor:** para que uma decisão judicial estrangeira seja plenamente eficaz no território nacional brasileiro, exige a lei que ocorra previamente a sua *nacionalização*, o que será possível por meio de ação própria que tramitará perante o Superior Tribunal de Justiça, conhecida como *homologação de decisão estrangeira* (hipótese de cooperação jurídica internacional, ao lado da carta rogatória). A matéria não é mais tratada no item relativo à competência, mas no que trata dos limites da jurisdição nacional. Desse modo, está claro que o tema se refere a limitações de ordem objetiva para que os tribunais brasileiros possam exercer a jurisdição, quer seja com exclusividade (art. 23), quer em concorrência de admissibilidade com os órgãos jurisdicionais estrangeiros (art. 21 e 22). É oportuno já adiantar que, nos casos de jurisdição exclusiva brasileira, não se admitirá a homologação da decisão estrangeira, bem como que, nos casos de jurisdição concorrente, a ação proposta no estrangeiro não induzirá a litispendência e nem funcionará como pressuposto processual negativo a impedir o conhecimento da ação brasileira. Havendo concomitância de coisas julgadas, prevalecerá aquela que ocorrer em primeiro lugar, sendo que a decisão estrangeira somente atingirá o patamar de coisa julgada após a homologação pelo STJ. Embora se trate de uma ação constitutiva necessária, há hipóteses em que a homologação está dispensada, como, por exemplo, ocorre na homologação de sentença estrangeira de divórcio consensual, que produzirá efeitos no Brasil, independentemente de homologação pelo STJ, bem como se houver previsão em tratado ou outra disposição em sentido contrário (art. 961, *caput*).

Alternativa correta: letra "A". Em conformidade com o art. 24, caput do CPC, "a ação proposta perante tribunal estrangeiro não induz litispendência e não obsta a que a autoridade judiciária brasileira conheça da mesma causa e das que lhe são conexas, ressalvadas as disposições em contrário de tratados internacionais e acordos bilaterais em vigor no Brasil (CPC, art. 24, *caput*)". Em razão disso, admite-se que ambas tramitem ao mesmo tempo, prevalecendo, no futuro, aquela em que formada a coisa julgada em primeiro lugar, desde que respeitadas as regras da jurisdição exclusiva brasileira. Se desrespeitada a coisa julgada formada em processo que tramitou no Brasil, com a homologação posterior pelo STJ de decisão estrangeira. E a discussão parte de outra mais ampla, relativa ao conflito de sentenças transitadas em julgado. Afinal, havendo conflito de coisas julgadas, qual delas deve prevalecer? Dinamarco, ao analisar o tema ao tempo de vigência do CPC 1973, defendeu que, existindo *duas coisas julgadas conflitantes,* há de prevalecer a segunda, enquanto não acolhida a ação rescisória admissível para rescindi-la. E justifica tal posicionamento principalmente pela previsão da admissibilidade da rescisão de tal sentença pela ação rescisória.[2]Não obstante a autoridade do posicionamento do doutrinador, atualmente, é posicionamento corrente prevalecer a primeira coisa julgada. Para Araken de Assis, a questão deve ser vista a partir do direito fundamental processual à estabilidade (art. 5º, XXXVI, da CF), de modo que a segunda coisa julgada fere a imunidade assegurada ao vencedor da primeira. Ainda segundo o autor, a segunda sentença existe e é válida, embora possa ser desconstituída pela ação rescisória.[3] Nery Jr. também defende a prevalência da primeira coisa julgada, em razão da inconstitucionalidade da segunda. Porém, acata a tese da inexistência da segunda coisa julgada, muito embora se admita que o tema seja tratado na ação rescisória, ou mesmo que a matéria seja alegada em nova ação ou em defesa.[4] Atualmente, o Superior Tribunal de Justiça apoia a tese de prevalência da primeira coisa julgada, defendendo ainda que a segunda sentença é ineficaz (REsp 1.354.225-RS, Rel. Min. Paulo de Tarso Sanseverino, julgado em 24.2.2015, DJe 5/3/2015). Dessa maneira, pode-se dizer que a ofensa à coisa julgada poderá ser alegada tanto em ação rescisória, quanto também por meio diverso, como uma ação autônoma, por se tratar de coisa julgada inconstitucional. Por tais motivos, voltando à questão central que se colocou, havendo a concomitância entre coisas julgadas brasileira e de decisão homologada pelo STJ, prevalecerá aquela que transitar em julgado em primeiro lugar, admitindo-se ser inexistente a segunda.

Alternativa B. Incorreta. Existem vários critérios que podem ser adotados para a delimitação da competência. São eles: i) em razão da matéria; ii) em razão do valor e do território; iii) funcional (função do órgão jurisdicional); iv) territorial. Como regra, a competência funcional é absoluta. Note-se que o CPC não fez correspondência entre a *fonte normativa* e a espécie de competência, deixando-o implicitamente à doutrina e à jurisprudência.[5] Admite-se que a competência funcional é espécie de competência absoluta. Pode ser classificada em razão das fases do procedimento, da relação existente entre ação principal e ações acessórias e incidentais, pelo grau de jurisdição e pelo objeto do juízo. São espécies de competência absoluta: em razão da pessoa, da matéria e funcional. O critério territorial conduz à competência relativa, salvo exceções, como ocorre nas ações relativas a imóveis. E o critério em razão do valor da causa trata da competência absoluta, salvo para os Juizados Especiais Cíveis, em que se admite a opção do autor (o que não ocorre para os Juizados Especiais Federais e para os Juizados Especiais da Fazenda Pública).

Alternativa C. Incorreta. A ação em que o incapaz for réu será proposta no foro de domicílio de seu representante ou assistente (CPC, art. 50). Trata-se de competência territorial, fixada em prol do incapaz, e que foge à regra geral da competência territorial do domicílio ou residência do réu para as ações de direito pessoal.

Alternativa D. Incorreta. Sendo o réu domiciliado e residente exclusivamente no exterior, a ação, como regra, não poderá ser ajuizada perante a autoridade judiciária brasileira. Nesse sentido, o inciso I, do art. 21 do CPC, indica ser competente a autoridade judiciária brasileira para processar e julgar as ações

---

2. DINAMARCO, Cândido Rangel. *Instituições de Direito Processual Civil.* Vol. III. São Paulo: Malheiros, 2009, p. 336.
3. ASSIS, Aralen de. *Processo Civil Brasileiro.* Vol. III. São Paulo, Revista dos Tribunais, 2017, p. 1.476,
4. NERY JUNIOR, Nelson. NERY, Rosa Maria de Andrade. *Comentários ao Código de Processo Civil. Novo CPC – Lei 13.105/2015.* São Paulo: RT, 2015, p. 1.198.
5. NEVES, Daniel Amorim Assumpção. *Novo CPC Comentado.* Salvador: Juspodivm, 2017, p. 80.

em que o réu, qualquer que seja a sua nacionalidade, estiver domiciliado no Brasil, salvo hipóteses excepcionais, como, por exemplo, se no Brasil a obrigação tiver de ser cumprida (art. 21, II).

---

04. (Vunesp – Juiz de Direito – TJ – SP/2013 – ADAPTADA) Com relação aos critérios de determinação da prevenção entre 2 juízos, é certo afirmar que

A) sempre será prevento o juízo onde ocorreu o registro ou a distribuição em primeiro lugar.

B) sempre será prevento o juízo onde por primeiro ocorrer a citação válida.

C) entre juízes da mesma competência territorial, será prevento aquele onde tiver ocorrido por primeiro a citação válida; já entre juízos de comarcas diferentes, prevento será aquele onde por primeiro se proferiu despacho.

D) entre juízes da mesma competência territorial, será prevento aquele que despachou em primeiro lugar; já entre juízos de comarcas diferentes, prevento será aquele em que por primeiro ocorreu a citação válida.

COMENTÁRIOS

Nota do autor: o CPC de 1973 fixava a regra de que a prevenção do juízo era um dos efeitos da citação válida, o que era aplicável se houvesse concorrência entre juízos de competência territorial diversas, pois, para os de mesma competência territorial, a prevenção seria fixada pelo juízo que despachasse a inicial em primeiro lugar. O CPC de 2015, porém, alterou consideravelmente este ponto, não mais indicando que se trata de efeito da citação válida (art. 240), bem como para consolidar uma regra única de consolidação no art. 59, de acordo com a qual "o registro ou a distribuição da petição inicial torna prevento o juízo".

Alternativa correta: letra "A" (o gabarito original indicava a alternativa D, o que exigiu a adequação da questão). Como visto anteriormente, o registro ou a distribuição da petição inicial tornarão prevento o juízo. Exclui automaticamente as demais alternativas.

2 PRESSUPOSTOS PROCESSUAIS

---

05. (Vunesp – Juiz de Direito – TJ – SP/2013) Acerca dos pressupostos processuais relativos às partes, é acertado dizer que

A) a capacidade de ser parte depende da personalidade jurídica e dela é decorrente, de sorte que somente as pessoas naturais e as pessoas jurídicas dispõem de capacidade de ser parte.

B) os incapazes dispõem de capacidade postulatória se devidamente representados ou assistidos por seus pais, tutores ou curadores.

C) não obstante tenha capacidade de ser parte, faltará legitimidade processual àquele que intentar, sem consentimento do cônjuge, ações que versem sobre direitos reais de qualquer natureza.

D) o nascituro tem capacidade de ser parte, mas se nascer morto, o processo se extinguirá.

COMENTÁRIOS

Nota do autor: na medida em que se reconhece a natureza do processo como sendo uma relação jurídica própria, distinta da relação jurídica material, também foi forçoso reconhecer a existência dos *pressupostos processuais*, admitidos pelo CPC como sendo de constituição e de desenvolvimento válido e regular do processo (art. 485, IV). Os pressupostos de constituição (ou de existência) referem-se aos requisitos necessários para que a relação processual exista, enquanto os demais dizem respeito ao desenvolvimento válido da relação processual. A relação processual pode existir, mas ser inválida. Reconhecendo que tais pressupostos não estão presentes, deve o juiz proferir pronunciamento sem análise de mérito. Contudo, admite-se que haja decisão de mérito se tal pronunciamento for benéfico para aquele que seria prejudicado pela falta do pressuposto. Trata-se da primazia do julgamento do mérito (art. 4º do CPC), princípio encampado entre as normas fundamentais do Código de Processo Civil.

Alternativa correta: letra "D". Como sabido, existem três concepções sobre o momento em que a pessoa natural adquire a sua personalidade civil. Para a concepção natalista, tal se inicia a partir do nascimento com vida; para a concepção da personalidade condicional, o nascituro possui vários direitos, mas que estão sujeitos a uma condição suspensiva; e, para a teoria concepcionista, a personalidade jurídica é adquirida com a concepção. De acordo com posicionamento dominante da doutrina e jurisprudência, a ordem jurídica vigente encampou a **teoria concepcionista** (apesar da literalidade do art. 2º do Código Civil), por meio da qual a personalidade jurídica se inicia com a concepção, admitindo-se que determinados direitos sejam exercitados apenas se houver o nascimento com vida. Partindo-se do pressuposto de que o nascituro tem direitos, naturalmente, tais direitos podem ser exercidos. Portanto, trata-se de um *sujeito de direito*, tendo legitimidade para a propositura das ações necessárias, desde que devidamente representado pela sua mãe. Podendo exercer direitos, o nascituro possui capacidade de estar em juízo, desde que integrada pela representação de sua mãe. Trata-se de titularidade ordinária, sendo o nascituro parte em sentido material. Adotou a banca examinadora, nesta hipótese, a tese de que, não ocorrendo o nascimento com vida, o processo promovido pelo nascituro deveria ser extinto. Esta afirmativa se baseia na construção doutrinária formulada por Maria Helena Diniz, que pressupõe a existência da personalidade jurídica formal – que tem ligação com os direitos da personalidade, já adquiridos desde a concepção – e a personalidade jurídica material, segundo a qual há relação com direitos patrimoniais, só adquiridos com o nascimento com vida. Dessa maneira, não ocorrendo o nascimento com vida, não haveria motivo para a continuidade da ação. O tema é polêmico e a conclusão apresentada pela banca examinadora, contudo, não parece ser a mais adequada. O STJ já reconheceu vários casos em que se exerce pretensão indenizatória pelo nascituro, como, por exemplo, ao impor o dever de pagamento de indenização em razão de aborto causado por acidente de trânsito, tendo ocorrido a morte a morte do nascituro, ou o perecimento de uma vida intrauterina (REsp 1.415.727-SC, Rel. Min. Luis Felipe Salomão, julgado em 4.9.2014).

Alternativa A. Incorreta. Não se pode confundir a *personalidade jurídica* com a *capacidade de ser parte*. Toda pessoa tem capacidade de ser parte, embora seja necessário, em alguns casos, a integração de tal capacidade. Em alguns casos, porém, admite-se a capacidade de ser parte àquele que não tem personalidade jurídica. Diz-se, então, existir *personalidade judiciária*, tal como ocorre com a Câmara de Vereadores, por exemplo, que pode ajuizar mandado de segurança em face de ato praticado por Prefeito e que ofenda as suas atribuições. Assim, a capacidade de ser parte não depende da personalidade jurídica.

Alternativa B. Incorreta. A capacidade postulatória refere-se à capacidade conferida pela lei aos advogados para praticar atos processuais, consoante preveem a Constituição Federal, o Estatuto da OAB, o CPC e outras leis. Excepcionalmente, a lei poderá reconhecer tal capacidade àqueles que não são advogados, como ocorre para o ajuizamento de *habeas corpus*.

Alternativa C. Incorreta. É possível que a parte detenha capacidade processual, embora não tenha *legitimidade processual*. Em relação aos direitos reais imobiliários, por exemplo, cada cônjuge terá capacidade processual para acionar o Poder Judiciário. Porém, somente terão *legitimidade processual* se contarem com a respectiva outorga marital ou uxória. Note-se que a legitimação processual será verificada a partir de uma situação específica. Além disso, o cônjuge necessitará do consentimento do outro para propor ação que verse sobre direito real imobiliário (e não direitos reais de qualquer natureza), salvo quando casados sob o regime de separação absoluta de bens (CPC, art. 73, *caput*).

3 DESPESAS PROCESSUAIS

06. (Vunesp – Juiz de Direito – TJ – SP/2013) Sobre a assistência judiciária, é acertado afirmar que

A) não pode beneficiar estrangeiros, ainda que residentes no Brasil.

B) a impugnação do direito à assistência judiciária não suspende o curso do processo e será feita em autos apartados.

C) a condição de pobre é presumida para todo aquele que a afirma, não podendo o juiz, portanto, indeferir a assistência judiciária sem que haja a impugnação da outra parte.

D) nas causas em que uma das partes for beneficiária da assistência judiciária, não haverá condenação em honorários advocatícios, independentemente de quem seja vencedor.

COMENTÁRIOS

✪ **Nota do autor:** a gratuidade da justiça compreende as taxas ou as custas judiciais; os selos postais; as despesas com publicação na imprensa oficial, dispensando-se a publicação em outros meios; a indenização devida à testemunha que, quando empregada, receberá do empregador salário integral, como se em serviço estivesse; as despesas com a realização de exame de código genético – DNA e de outros exames considerados essenciais; os honorários do advogado e do perito e a remuneração do intérprete ou do tradutor nomeado para apresentação de versão em português de documento redigido em língua estrangeira; o custo com a elaboração de memória de cálculo, quando exigida para instauração da execução; os depósitos previstos em lei para interposição de recurso, para propositura de ação e para a prática de outros atos processuais inerentes ao exercício da ampla defesa e do contraditório; os emolumentos devidos a notários ou registradores em decorrência da prática de registro, averbação ou qualquer outro ato notarial necessário à efetivação de decisão judicial ou à continuidade de processo judicial no qual o benefício tenha sido concedido (CPC, art. 98, § 1º, I ao IX).

Alternativa correta: letra "B". A questão foi formulada anteriormente ao CPC de 2015, quando a matéria era regida pela Lei nº 1.060/1950, a qual impunha que a gratuidade poderia ser impugnada por meio de um incidente específico. Atualmente, porém, poderá a parte impugnar a gratuidade na própria contestação, na réplica, nas contrarrazões de recurso ou, sendo o pedido apresentado posteriormente, ou formulado por terceiro, por meio de petição simples, no prazo de 15 dias, nos autos do próprio processo, sem a suspensão do seu curso (CPC, art. 100, *caput*).

Alternativa A. Incorreta. A pessoa natural ou jurídica, brasileira ou estrangeira, com insuficiência de recursos para pagar as custas, as despesas processuais e os honorários advocatícios, tem direito à gratuidade da justiça, na forma da lei (CPC, art. 98, *caput*).

Alternativa C. Incorreta. Admite-se que o juiz indefira, de ofício, o pedido de gratuidade processual. Porém, somente o fará se houver nos autos elementos que evidenciem a falta dos pressupostos legais para a concessão de gratuidade, devendo, antes de indeferir o pedido, determinar à parte a comprovação do preenchimento dos referidos pressupostos (CPC, art. 99, § 2º).

Alternativa D. Incorreta. A concessão de gratuidade não afasta a responsabilidade do beneficiário pelas despesas processuais e pelos honorários advocatícios decorrentes de sua sucumbência. Vencido o beneficiário, as obrigações decorrentes de sua sucumbência ficarão sob condição suspensiva de exigibilidade e somente poderão ser executadas se, nos 5 (cinco) anos subsequentes ao trânsito em julgado da decisão que as certificou, o credor demonstrar que deixou de existir a situação de insuficiência de recursos que justificou a concessão de gratuidade, extinguindo-se, passado esse prazo, tais obrigações do beneficiário (CPC, art 98, §§ 2º e 3º).

---

07. (Vunesp – Juiz de Direito – SP/2015) A jurisprudência do Superior Tribunal de Justiça, com relação a honorários advocatícios, estabelece que

A) os honorários advocatícios devem ser compensados quando houver sucumbência recíproca, assegurado o direito autônomo do advogado à execução do saldo sem exclusão da legitimidade da própria parte.

B) arbitrados os honorários advocatícios em percentual sobre o valor da causa, a correção monetária incide a partir da sentença.

C) são devidos honorários advocatícios pela Fazenda Pública nas execuções individuais de sentença proferida em ações coletivas, ainda que não embargadas.

D) os honorários sucumbenciais, quando omitidos em decisão transitada em julgado, podem ser cobrados em ação própria.

COMENTÁRIOS

✪ **Nota do autor:** a sentença condenará o vencido a pagar honorários ao advogado do vencedor. São devidos honorários advocatícios na reconvenção, no cumprimento de sentença, provisório ou definitivo, na execução, resistida ou não, e nos recursos interpostos, cumulativamente.

Alternativa correta: letra "A". A questão foi aplicada e se referia ao CPC de 1973, embora o concurso também pudesse englobar o CPC de 2015. Sob a vigência daquele CPC, a Súmula 306 do STJ previa que os honorários advocatícios deveriam ser compensados quando houvesse sucumbência recíproca, assegurado o direito autônomo do advogado à execução do saldo sem excluir a legitimidade da própria parte. Questão, contudo, superada pelo atual regramento, pelo qual os honorários constituem direito do advogado e têm natureza alimentar, com os mesmos privilégios dos créditos oriundos da legislação do trabalho, sendo vedada a compensação em caso de sucumbência parcial (CPC, art. 85, § 14).

Alternativa correta: letra "C". A explicação desta alternativa demanda algumas anotações. De acordo com o art. 1º-D, da Lei nº 9.494/1997, não haveria a incidência de honorários advocatícios nas execuções não "embargadas" pelo Poder Público. Note-se que a previsão levada em consideração a sistemática da execução contra a Fazenda prevista no CPC de 1973, por meio da qual esta seria *citada* para opor *embargos* no prazo de trinta dias. A previsão do art. 1º-D, da Lei nº 9.494/1997, contudo, foi objeto de análise pelo Supremo Tribunal Federal em controle difuso de constitucionalidade, hipótese em que foi dada interpretação conforme no sentido de restringir a aplicabilidade do dispositivo às execuções em que a obrigação seria cumprida por meio de precatório, afastando a aplicação para os casos de obrigação de pequeno valor. O Superior Tribunal de Justiça, por sua vez, consolidou entendimento de que seriam devidos honorários advocatícios pela Fazenda Públicas nas execuções individuais de sentença, "embargadas" ou não (Súmula nº 345). O Código de Processo Civil de 2015 alterou significativamente a sistemática do cumprimento de obrigação de pagar quantia quando devida pela Fazenda Pública, abolindo-se a exceção ao princípio do sincretismo. Dessa maneira, o processo sincrético também passou a ser aplicado à Fazenda Pública, que deverá ser intimada, na pessoa do advogado público, a oferecer a sua impugnação no prazo de trinta dias. Não se fala mais em embargos à execução, mas em impugnação, que se traduz em defesa endoprocessual. Porém, na execução de pagar quantia fundada em título executivo extrajudicial, ainda persiste a possibilidade de oferecimento de embargos à execução, devendo a Fazenda ser citada para que o faça no prazo de trinta dias. A propósito, o § 7º, do art. 85, do CPC 2015, previu que não serão devidos honorários advocatícios pela Fazenda Pública na execução não *impugnada* (adaptando-se à nova sistemática), quando for cumprida por meio de precatório. Em sentido contrário, se a obrigação for de pequeno valor, ainda que não impugnada a execução, serão devidos honorários na execução. O Superior Tribunal de Justiça voltará a analisar o tema em um recurso especial recebido como representativo da controvérsia.

Alternativa B. Incorreta. Arbitrados os honorários advocatícios em percentual sobre o valor da causa, a correção monetária incide a partir do respectivo ajuizamento (Súmula 14 do STJ).

Alternativa D. A alternativa estava incorreta antes da entrada em vigor do Código de Processo Civil de 2015, quando, segundo a Súmula 453 do STJ, os honorários sucumbenciais, omitidos em decisão transitada em julgado, não poderiam ser cobrados em execução ou em ação própria. Todavia, a súmula foi superada pelo atual Código, que prevê a viabilidade de ação autônoma para sua definição e cobrança (CPC, art. 85, § 18).

4 LITISCONSÓRCIO E DA INTERVENÇÃO DE TERCEIROS

08. (Vunesp - Juiz de Direito - RJ/2014) O chamamento ao processo, considerado como espécie de intervenção de terceiros no processo, é cabível:

A) na hipótese de ação ajuizada em face do detentor de coisa alheia, como se sua fosse.

B) para a citação dos demais fiadores, quando apenas um deles figurar, originalmente, no polo passivo.

C) pelo evicto, na ação em que o terceiro reivindica a coisa alienada.

D) para chamar ao processo aquele que, pela lei ou pelo contrato, tem obrigação de indenizar, em ação regressiva, o prejuízo do que perder a demanda.

COMENTÁRIOS

✪ **Nota do autor:** o chamamento ao processo é uma espécie de intervenção de terceiros, cujo objetivo é a ampliação do polo passivo da ação, para que possa o requerido formar título em face do fiador ou dos demais devedores solidários, quando o credor exigir de um ou alguns o pagamento da dívida comum. A sentença de procedência valerá como título executivo em favor do réu que satisfizer a dívida, a fim de que possa exigi-la, por inteiro, do devedor principal, ou, de cada um dos codevedores, a sua quota, na proporção que lhes tocar (CPC, art. 130, I e III, art. 131, *caput* e parágrafo único e art. 132).

Alternativa correta: letra "B". É admissível o chamamento ao processo, requerido pelo réu dos demais fiadores, na ação proposta contra um ou alguns deles (CPC, art. 130, II).

Alternativa A. Incorreta. Item correspondente ao antigo instituto da nomeação à autoria, excluído do Código de Processo Civil de 2015 como modalidade de intervenção de terceiros, tratando do tema da seguinte forma: alegando o réu, na contestação, ser parte ilegítima ou não ser o responsável pelo prejuízo invocado, o juiz facultará ao autor, em 15 (quinze) dias, a alteração da petição inicial para substituição do réu. Quando alegar sua ilegitimidade, incumbe ao réu indicar o sujeito passivo da relação jurídica discutida sempre que tiver conhecimento, sob pena de arcar com as despesas processuais e de indenizar o autor pelos prejuízos decorrentes da falta de indicação (CPC, arts. 338 e 339, *caput*).

Alternativa C e D. Incorretas. Hipótese de denunciação da lide, ação de responsabilidade regressiva que pode ser promovida por qualquer das partes, ao alienante imediato, no processo relativo à coisa cujo domínio foi transferido ao denunciante, a fim de que possa exercer os direitos que da evicção lhe resultam; e àquele que estiver obrigado, por lei ou pelo contrato, a indenizar, em ação regressiva, o prejuízo de quem for vencido no processo (CPC, art. 125, I e II).

09. (Vunesp - Juiz de Direito - TJ SP/2017) Considerando a denunciação da lide, assinale a alternativa correta.

A) Considerando-se a cadeia dominial, a denunciação da lide sucessiva é admitida ao originariamente denunciado, mas vedada ao sucessivamente denunciado, ressalvada a propositura de ação autônoma.

B) O direito regressivo poderá ser objeto de ação autônoma apenas no caso de não ser permitida pela lei ou no caso de ter sido indeferida pelo juiz.

C) Pode ser requerida e deferida originariamente em grau de apelação, nos casos em que seja dado ao tribunal examinar o mérito desde logo, por estar o processo em condições de julgamento.

D) Pode ser determinada de ofício pelo juiz, nos casos em que a obrigação de indenizar decorra expressamente da lei.

COMENTÁRIOS

✪ **Nota do autor:** a denunciação da lide consiste em hipótese de intervenção de terceiros, por meio da qual o denunciante (que pode ser o autor ou o réu) exerce ação regressiva em face do denunciado (a parte adversa). A denunciação pelo autor ocorrerá na própria petição inicial, ao passo que a exercida pelo réu o será na contestação. Condenado o denunciante, o magistrado já analisa o pedido na denunciação da lide.

Alternativa correta: letra "A". Admite-se uma única denunciação sucessiva, promovida pelo denunciado, contra seu antecessor imediato na cadeia dominial ou quem seja responsável por indenizá-lo, não podendo o denunciado sucessivo promover nova denunciação, hipótese em que eventual direito de regresso será exercido por ação autônoma (CPC, art. 125, § 2º).

Alternativa B. Incorreta. O direito regressivo será exercido por ação autônoma quando a denunciação da lide for indeferida, deixar de ser promovida ou não for permitida (CPC, art. 125, § 1º).

Alternativa C. Incorreta. A citação do denunciado será requerida na petição inicial, se o denunciante for autor, ou na contestação, se o denunciante for réu (CPC, art. 126). Não será exercida em grau recursal.

Alternativa D. Incorreta. É admissível a denunciação da lide, promovida por qualquer das partes (CPC, art. 125), não havendo previsão de sua determinação de ofício pelo juiz. Trata-se de decorrência do princípio da inércia da jurisdição e eventual sentença que fixar a responsabilidade regressiva sem prévio pedido será *extra petita*.

5 DO JUIZ

10. (Vunesp – Escrevente Técnico Judiciário – TJ-SP/2014) É causa de suspeição do juiz:

A) inimizade em relação ao advogado do réu.

B) quando já foi mandatário da parte.

C) amizade com o advogado da parte autora.

D) ter interesse no julgamento da causa em favor de uma das partes.

E) quando seu cônjuge for advogado de uma das partes.

COMENTÁRIOS

✪ **Nota do autor:** poderá o juiz declarar-se suspeito por motivo de foro íntimo, sem necessidade de declarar suas razões. Será ilegítima, porém, a alegação de suspeição quando houver sido provocada por quem a alega ou a parte que a alega houver praticado ato que signifique manifesta aceitação do arguido (CPC, art. 145, §§ 1º e 2º, I e II).

Alternativa correta: letra "D". Há suspeição do juiz interessado no julgamento do processo em favor de qualquer das partes (CPC, art. 145, IV).

Alternativa A. Incorreta, pois a alternativa cita inimizade. Se o juiz for considerado inimigo de qualquer das partes ou de seus advogados será caso de suspeição (CPC, art. 145, I).

Alternativa B. Incorreta. Há impedimento do juiz, e não suspeição, sendo-lhe vedado exercer suas funções no processo em que interveio como mandatário da parte, oficiou como perito, funcionou como membro do Ministério Público ou prestou depoimento como testemunha (CPC, art. 144, I).

Alternativa C. Incorreta. Somente se o juiz for amigo íntimo de qualquer das partes ou de seus advogados será caso de suspeição (CPC, art. 145, I).

Alternativa E. Incorreta. Há impedimento do juiz, sendo-lhe vedado exercer suas funções no processo quando nele estiver postulando, como defensor público, advogado ou membro do Ministério Público, seu cônjuge ou companheiro, ou qualquer parente, consanguíneo ou afim, em linha reta ou colateral, até o terceiro grau, inclusive (CPC, art. 144, III).

11. (Vunesp – Escrevente Técnico Judiciário – TJ-SP/2015) Quanto aos atos do juiz, assinale a alternativa correta.

A) São atos meramente ordinatórios, forma pela qual o juiz resolve questão incidente, quando praticados em decorrência de juntada de documento essencial para o deslinde da causa.

B) Os atos meramente ordinatórios, como a juntada e a vista obrigatória, independem de despacho, devendo ser praticados de ofício pelo servidor e revistos pelo juiz quando necessários.

C) Decisão interlocutória é o ato pelo qual o juiz, no curso do feito, põe fim ao processo, resolvendo todas as questões que deram causa à propositura da ação.

D) Decisão interlocutória compreende todos os demais atos do juiz praticados no processo, de ofício ou a requerimento da parte, a cujo respeito a lei não estabelece outra forma.

E) Recebe a denominação de acórdão o julgamento proferido pelos tribunais, desde que julguem o mérito da demanda e reformem a sentença.

COMENTÁRIOS

✪ **Nota do autor:** os despachos, as decisões, as sentenças e os acórdãos serão redigidos, datados e assinados pelos juízes. E quando forem proferidos oralmente, o servidor os documentará, submetendo-os aos juízes para revisão e assinatura. A assinatura dos juízes, em todos os graus de jurisdição, pode ser feita eletronicamente, na forma da lei. Os despachos, as decisões interlocutórias, o dispositivo das sentenças e a ementa dos acórdãos serão publicados no Diário de Justiça Eletrônico (CPC, art. 205, §§ 1º, 2º e 3º).

Alternativa correta: letra "B". A juntada e a vista obrigatória, independem de despacho, devendo ser praticadas de ofício pelo servidor e revistos pelo juiz quando necessário, se enquadrando, portanto, no conceito de atos meramente ordinatórios (CPC, art. 203, § 4º).

Alternativa A. Incorreta. O juiz resolve a questão incidente através de decisão interlocutória, que é todo pronunciamento judicial de natureza decisória que não se enquadre no conceito de sentença (CPC, art. 203, § 2º).

Alternativa C. Incorreta. Sentença é o pronunciamento por meio do qual o juiz põe fim à fase cognitiva do procedimento comum, bem como extingue a execução (CPC, art. 203, § 1º).

Alternativa D. Incorreta. São despachos todos os demais pronunciamentos do juiz praticados no processo, de ofício ou a requerimento da parte (CPC, art. 203, § 3º).

Alternativa E. Incorreta. Acórdão é o julgamento colegiado proferido pelos tribunais (CPC, art. 204), mesmo que não haja julgamento de mérito e reforma do julgado.

---

12. (Vunesp – Escrevente Técnico Judiciário – TJ – SP/2017) Dr. Jonas era advogado da empresa MMC Ltda. Estudioso, preparou-se com afinco para o concurso da magistratura paulista e hoje é juiz da 1ª Vara Cível da Comarca de Santos, local onde atuou como advogado durante anos. Agora, ao analisar um processo, descobriu que está sob seu julgamento um caso no qual a empresa MMC é parte.

Nesse caso, é correto afirmar que Dr. Jonas

A) é suspeito para atuar na causa, por isso deverá reconhecer tal suspeição e remeter os autos para seu substituto legal.

B) está apto a julgar a ação, pois o fato de ter advogado para uma das partes antes de ser juiz em nada interfere na sua atuação e imparcialidade.

C) é impedido, e, se tal impedimento não for reconhecido de ofício, o tribunal fixará o momento a partir do qual ele não poderia ter atuado.

D) é suspeito, pois demonstra ser interessado em julgar a causa a favor do seu ex-cliente.

E) é impedido, e poderá alegar que seu afastamento se dará em virtude de motivos de foro íntimo, sem necessidade de declarar suas razões.

COMENTÁRIOS

✪ **Nota do autor:** a suspeição e o impedimento poderão ser alegados pelas partes ou reconhecidos de ofício pelo juiz. A alegação será feita por meio de simples petição, e não mais exceção, que será juntada aos autos.

Alternativa correta: letra "C". Há impedimento do juiz, sendo-lhe vedado exercer suas funções no processo em que interveio como mandatário da parte, oficiou como perito, funcionou como membro do Ministério Público ou prestou depoimento como testemunha. Reconhecido o impedimento ou a suspeição, o tribunal fixará o momento a partir do qual o juiz não poderia ter atuado (CPC, art. 144, I e art. 146, § 6º). Exclui automaticamente as demais alternativas.

6 DOS AUXILIARES DA JUSTIÇA

---

13. (Vunesp – Escrevente Técnico Judiciário – TJ-SP/2015) Incumbe ao escrivão

A) dar certidão de qualquer ato ou termo do processo, desde que determinado por despacho exarado por juiz competente.

B) fazer pessoalmente as penhoras e arrestos.

C) estar presente às audiências e coadjuvar o juiz na manutenção da ordem.

D) efetuar avaliações e executar as ordens do juiz a que estiver subordinado.

E) redigir, em forma legal, os ofícios, mandados, cartas precatórias e mais atos que pertencem ao seu ofício.

COMENTÁRIOS

✪ **Nota do autor:** o escrivão é um dos auxiliares da Justiça, responsável por dirigir a unidade judiciária existente. Tem vínculo funcional com a Administração Pública. Para resumir as suas atividades, pode ser considerado o *guardião do processo*, aquele responsável por efetivar as ordens judiciais. As suas atribuições estão especificadas no art. 152 do Código de Processo Civil, que tem a seguinte redação: "Art. 152. Incumbe ao escrivão ou ao chefe de secretaria: I – redigir, na forma legal, os ofícios, os mandados, as cartas precatórias e os demais atos que pertençam ao seu ofício; II – efetivar as ordens judiciais, realizar citações e intimações, bem como praticar todos os demais atos que lhe forem atribuídos pelas normas de organização judiciária; III – comparecer às audiências ou, não podendo fazê-lo, designar servidor para substituí-lo; IV – manter sob sua guarda e responsabilidade os autos, não permitindo que saiam do cartório, exceto: a) quando tenham de seguir à conclusão do juiz; b) com vista a procurador, à Defensoria Pública, ao Ministério Público ou à Fazenda Pública; c) quando devam ser remetidos ao contabilista ou ao partidor; d) quando forem remetidos a outro juízo em razão da modificação da competência; V – fornecer certidão de qualquer ato ou termo do processo, independentemente de despacho, observadas as disposições referentes ao segredo de justiça; VI – praticar, de ofício, os atos meramente ordinatórios.

Alternativa Correta: letra E. Em conformidade com o inciso I do art. 152, competirá ao escrivão ou ao chefe de secretaria redigir, na forma legal, os ofícios, os mandados, as cartas precatórias e os demais atos que pertençam ao seu ofício.

Alternativa Incorreta: letra A. O fornecimento de certidão de qualquer ato ou termo do processo ocorrerá independentemente de despacho, observadas as disposições referentes ao segredo de justiça.

Alternativa Incorreta: letra B. Trata-se de atribuição do oficial de justiça (art. 154, I do CPC).

Alternativa Incorreta: letra C. No CPC de 1973 estava prevista a atribuição do Oficial de Justiça relativamente ao que está indicado na alternativa. Note-se que, atualmente, não há mais previsão dessa atribuição em relação ao meirinho, a quem compete, na verdade, executar as ordens do juiz a que estiver subordinado e auxiliar o juiz na manutenção da ordem.

Alternativa Incorreta: letra D. Trata-se de atribuição do oficial de justiça.

---

14. (Vunesp – Escrevente Técnico Judiciário – TJ-SP/2015) Quanto aos atos do juiz, assinale a alternativa correta.

A) São atos meramente ordinatórios, forma pela qual o juiz resolve questão incidente, quando praticados em decorrência de juntada de documento essencial para o deslinde da causa.

B) Os atos meramente ordinatórios, como a juntada e a vista obrigatória, independem de despacho, devendo ser praticados de ofício pelo servidor e revistos pelo juiz quando necessários.

C) Decisão interlocutória é o ato pelo qual o juiz, no curso do feito, põe fim ao processo, resolvendo todas as questões que deram causa à propositura da ação.

D) Decisão interlocutória compreende todos os demais atos do juiz praticados no processo, de ofício ou a requerimento da parte, a cujo respeito a lei não estabelece outra forma.

E) Recebe a denominação de acórdão o julgamento proferido pelos tribunais, desde que julguem o mérito da demanda e reformem a sentença.

COMENTÁRIOS

✪ **Nota do autor:** os atos meramente ordinatórios serão praticados, de ofício, pelo escrivão ou chefe de secretaria (art. 152, VI CPC). Tratam-se de atos destinados ao mero andamento do processo, como a juntada e a vista obrigatória, que independem de despacho, devendo ser praticados de ofício e revistos pelo juiz quando necessário.

Alternativa Correta: letra B. Como já foi registrado, os atos ordinatórios não dependem de despacho do juiz para que possam ser praticados. Pelo contrário, devem ser praticados de ofício pelo juiz, podendo, no entanto, ser revistos posteriormente. Para padronizar internamente o seu procedimento, poderá o juiz titular editar ato a fim de regulamentar esta atribuição (art. 152, § 1º CPC).

Alternativa Incorreta: letra A. O ato meramente ordinatório tem a finalidade de propiciar o andamento adequado do procedimento.

Alternativa Incorreta: letra C. A decisão interlocutória, de acordo com o CPC 2015, foi conceituada a partir de um critério de exclusão. Nesse sentido, todo pronunciamento judicial de natureza decisória que não se enquadre no conceito de sentença será considerado decisão interlocutória.

Alternativa Incorreta: letra D. Conforme visto no item anterior, outro é o conceito de decisão interlocutória.

Alternativa Incorreta: letra E. Diferentemente do que foi afirmado, o acórdão é o julgamento colegiado proferidos pelos tribunais, independentemente de ser ou não analisado o mérito.

---

15. (Vunesp – Oficial de Justiça – TJ-SP/2009) (*Questão adaptada*)Leia atentamente as assertivas a seguir:

I. A certidão do oficial de justiça tem fé pública e prevalece até prova em contrário.

II. O oficial de justiça é civilmente responsável, independentemente de culpa, quando praticar ato nulo.

III. Incumbe ao oficial de justiça estar presente às audiências e coadjuvar o juiz na manutenção da ordem.

IV. A desistência da ação, pelo autor, produz efeito desde que protocolizada a petição, cessando todos os atos processuais, em todas as suas fases.

V. Decisão interlocutória é ato pelo qual o juiz, no curso do processo, resolve questão ordinatória.

Está correto o que se afirma apenas em:

A) I e II.

B) II e IV.

C) I.

D) II, III e V.

E) III, IV e V

COMENTÁRIOS

✪ **Nota do autor:**

Alternativa correta: letra "c". Está correta a assertiva I.

Item I. Certo. Sendo o oficial de justiça um agente público, tem-se que os atos praticados no exercício de sua função têm a presunção de veracidade e de legalidade até prova em contrário. Por admitir tal prova, tem-se que se trata de presunção relativa.

Item II. Errado. A responsabilização do oficial de justiça ocorrerá quando, sem justo motivo, se recusar a cumprir no prazo os atos impostos pela lei ou pelo juiz a que estão subordinados, ou praticarem ato nulo com dolo ou culpa (art. 155 do CPC). Note-se que, nas duas hipóteses, exige-se que o ato seja praticado *sem justo motivo* ou, então, com *dolo ou culpa*, de modo que há de se considerar o elemento subjetivo. Assim, não há meios de responsabilizá-lo sem que tenha, ao menos, culpa pela prática do evento.

Item III. Errado (com o CPC de 1973, estava correta). As atribuições do oficial de justiça estão mencionadas no art. 154 do CPC e, entre elas, se encontra a de

Item IV. Errado. *Os atos unilaterais e bilaterais das partes produzem efeitos desde logo, independentemente de homologação (art. 200 do CPC). Contudo, a desistência da ação, como exceção, somente produzirá efeitos após a homologação judicial (art. 200, parágrafo único).*

Item V. Errado. *O conceito de decisão interlocutória no CPC de 2015 leva em consideração o critério de exclusão, de modo que será considerada como tal o pronunciamento judicial de natureza decisória que não se enquadre no conceito de sentença.*

---

16. (TJ-SP – Oficial de Justiça – TJ-SP/1999) O oficial de justiça será civilmente responsável:

A) quando praticar ato nulo em prejuízo das partes, independentemente de dolo ou culpa.

B) sempre que se recusar a cumprir, dentro do prazo, os atos que lhe impõe a lei.

C) quando praticar ato anulável, desde que a parte interessada demonstre o prejuízo sofrido.

D) quando praticar ato nulo por negligência ou imprudência.

E) sempre que se recusar a cumprir, dentro do prazo, os atos que o juiz, a que estiver subordinado, lhe cometer.

COMENTÁRIOS

✪ **Nota do autor:** a responsabilidade civil do oficial de justiça, assim como do escrivão, ocorrerá apenas regressivamente. Dessa maneira, o Estado (no caso da Justiça Estadual) necessitará ser demandado para que, sendo condenado, possa buscar o ressarcimento via regressiva contra o servidor.

Alternativa correta: letra "d". Há duas hipóteses de responsabilização civil e regressiva do escrivão, do chefe de secretaria e do oficial de justiça, consoante o art. 155 do CPC. Nesse sentido, serão responsáveis quando, civil e regressivamente, sem justo motivo, se recusarem a cumprir no prazo os atos impostos pela lei ou pelo juiz a que estão subordinados, ou se praticarem ato nulo com dolo ou culpa.

Alternativa "a": Há a necessidade da incidência de culpa para que seja possível a responsabilização civil regressiva, ou, ao menos, que tenha deixado de cumprir no prazo os atos impostos pela lei ou pelo juiz sem justo motivo. Exclui automaticamente as demais alternativas.

---

17. (Vunesp – Escrevente Técnico Judiciário – TJ-SP/2015) Incumbe ao escrivão

A) dar certidão de qualquer ato ou termo do processo, desde que determinado por despacho exarado por juiz competente.

B) fazer pessoalmente as penhoras e arrestos.

C) estar presente às audiências e coadjuvar o juiz na manutenção da ordem.

D) efetuar avaliações e executar as ordens do juiz a que estiver subordinado.

E) redigir, em forma legal, os ofícios, mandados, cartas precatórias e mais atos que pertencem ao seu ofício.

COMENTÁRIOS

✪ **Nota do autor:** são ainda incumbências do escrivão ou chefe de secretaria: efetivar as ordens judiciais, realizar citações e intimações, bem como praticar todos os demais atos que lhe forem atribuídos pelas normas de organização judiciária; manter sob sua guarda e responsabilidade os autos, não permitindo que saiam do cartório, exceto: quando tenham de seguir à conclusão do juiz; com vista a procurador, à Defensoria Pública, ao Ministério Público ou à Fazenda Pública; quando devam ser remetidos ao contabilista ou ao partidor; quando forem remetidos a outro juízo em razão da modificação da competência; e praticar, de ofício, os atos meramente ordinatórios (CPC, art. 152, II, IV e VI).

Alternativa correta: letra "E". Obedecendo a forma pré-estabelecida em lei, cabe ao escrivão ou ao chefe de secretaria redigir os ofícios, os mandados, as cartas precatórias e os demais atos que pertençam ao seu ofício (CPC, art. 152, I).

Alternativa A. Incorreta. Incumbe ao escrivão ou ao chefe de secretaria fornecer certidão de qualquer ato ou termo do processo, independentemente de despacho, observadas as disposições referentes ao segredo de justiça (CPC, art. 152, V).

Alternativa B. Incorreta. Incumbe ao oficial de justiça fazer pessoalmente citações, prisões, penhoras, arrestos e demais diligências próprias do seu ofício, sempre que possível na presença de 2 (duas) testemunhas, certificando no mandado o ocorrido, com menção ao lugar, ao dia e à hora (CPC, art. 154, I).

Alternativa C. Incorreta. Incumbe ao escrivão ou ao chefe de secretaria comparecer às audiências ou, não podendo fazê-lo, designar servidor para substituí-lo (CPC, art. 152, III). Incumbe ao oficial de justiça auxiliar o juiz na manutenção da ordem (CPC, art. 154, IV).

Alternativa D. Incorreta. Incumbe ao oficial de justiça executar as ordens do juiz a que estiver subordinado e efetuar avaliações, quando for o caso (CPC, art. 154, II e V).

7 DOS ATOS PROCESSUAIS

18. (Vunesp – Escrevente Técnico Judiciário – TJ-SP/2015) Os atos processuais são atos das partes, do juiz e dos auxiliares da Justiça, e a eles são assinalados prazos para cumprimento. Nesse caso, assinale a alternativa correta.

A) A parte não poderá renunciar ao prazo estabelecido exclusivamente em seu favor.

B) Não havendo preceito legal nem assinação pelo juiz, será de cinco dias o prazo para a prática de ato processual a cargo da parte.

C) Salvo disposição em contrário, computar-se-ão os prazos, incluindo-se o dia do começo e o do vencimento.

D) Decorrido o prazo, extingue-se, mediante declaração judicial, o direito de praticar o ato.

E) Os atos processuais realizar-se-ão nos prazos prescritos em lei. Quando esta for omissa, o juiz determinará que os prazos se cumpram em cinco dias.

COMENTÁRIOS

✪ **Nota do autor:** como é sabido, prazo é o período de tempo compreendido entre um termo inicial e um termo final. O Código de Processo Civil de 2015 trouxe importantes alterações em relação à sistemática dos prazos, sendo a principal a que determina a contagem dos prazos processuais em dias úteis.

Alternativa Correta: letra B. Se não houver fixação do prazo pela lei e nem pelo juiz, será de cinco dias o prazo para a prática de ato processual a cargo da parte (art. 218, § 3º).

Alternativa Incorreta: letra A. Admite-se que a parte renuncie ao prazo previsto exclusivamente em seu favor, desde que o faça de maneira expressa (art. 225). Trata-se a parte final do dispositivo de uma ótima ressalva, merecendo a atenção do(a) candidato(a).

Alternativa Incorreta: letra C. Salvo disposição em contrário, os prazos serão contados excluindo o dia do começo e incluindo o dia do vencimento (art. 224, *caput* do CPC).

Alternativa Incorreta: letra D. Decorrido o prazo processual ocorre a preclusão, independentemente de decisão judicial (art. 223 do CPC), extinguindo-se o direito de praticar ou de emendar o ato processual.

Alternativa Incorreta: letra E. Não há previsão de qual o prazo deverá ser fixado pelo juiz, competindo-lhe verificar a necessidade no caso concreto.

19. (Vunesp – Escrevente Técnico Judiciário – TJ-SP/ 2010) Sobre a forma dos atos processuais, aponte a alternativa correta:

A) Os atos praticados em processo em que foi decretado o segredo de justiça não podem ser produzidos em forma eletrônica.

B) A desistência da ação produz efeito desde que publicada pela imprensa oficial, para conhecimento de terceiros.

C) Despacho é todo ato pelo qual o juiz, no curso do processo, resolve questão incidente.

D) A assinatura dos juízes, em todos os graus de jurisdição, pode ser feita eletronicamente, na forma da lei.

E) É vedada a utilização de método eletrônico para gravação de voz ou imagem durante a realização de audiências.

COMENTÁRIOS

✪ **Nota do autor:** a questão trata dos atos processuais, tema recorrente no âmbito do Tribunal de Justiça do Estado de São Paulo.

Alternativa correta: letra "d". Em conformidade com o art. 205, § 2º do CPC, a assinatura dos juízes, em todos os graus de jurisdição, pode ser feita eletronicamente, na forma da lei.

Alternativa "a": Não há a vedação de que os atos praticados em processo que corre em sigilo sejam realizados de forma eletrônica. Porém, deve ser observada a regra indicada no art. 195, de modo que, nos casos que tramitem em segredo de justiça, deve ser atentado também para o requisito de confidencialidade.

Alternativa "b": os atos processuais das partes produzem efeitos, como regra, desde logo, com exceção da desistência da ação, que depende de homologação judicial.

Alternativa "c": consideram-se despachos os pronunciamentos que não se enquadrem como sentenças ou decisões interlocutórias praticadas pelo juiz no processo, de ofício ou a requerimento da parte (art. 203, § 3º).

Alternativa "e": A audiência poderá ser integralmente gravada em imagem e em áudio, em meio digital ou analógico, desde que assegure o rápido acesso das partes e dos órgãos julgadores, observada a legislação específica.

20. (TJ-SP – Oficial de Justiça – TJ-SP/1999) Assinale a alternativa correta:

A) A deferência não é motivo que permita a realização de atos processuais fora da sede do juízo.

B) Incumbe ao oficial de justiça executar as ordens de qualquer dos juízes de primeira instância.

C) Incumbe ao oficial de justiça estar presente às audiências e manter, independentemente do juiz, a ordem.

D) O obstáculo arguido pelo interessado, se acolhido pelo juiz, é motivo que permite a realização de atos processuais fora da sede do juízo.

E) Qualquer obstáculo arguido pelo interessado é motivo que permite a realização de atos processuais fora da sede do juízo.

COMENTÁRIOS

Alternativa correta: letra "d". Os atos processuais realizar-se-ão ordinariamente na sede do juízo, ou, excepcionalmente, em outro lugar em razão de deferência, de interesse da justiça, da natureza do ato ou de obstáculo arguido pelo interessado e acolhido pelo juiz (art. 217).

Alternativa "a": como visto acima, a deferência é motivo que autoriza a prática de ato processual fora da sede do juízo, como pode ocorrer, por exemplo, com a oitiva do Presidente da República.

Alternativa "b": incumbe ao oficial de justiça executar as ordens do juiz que estiver subordinado.

Alternativa "c": não há mais a exigência de que o oficial de justiça esteja presente às audiências, conforme se vê do art. 154 do CPC. De outro lado, está mantida a atribuição de que deva auxiliar o juiz na manutenção da ordem (art. 154, IV).

Alternativa "e": não será qualquer obstáculo arguido pela parte que justificará a prática do ato processual fora da sede do juízo.

21. (Vunesp – Escrevente Técnico Judiciário – TJ – SP/2017) Sobre a forma dos atos processuais, é correto afirmar que

A) o documento em língua estrangeira poderá ser juntado aos autos independentemente de tradução em língua portuguesa firmada por tradutor juramentado.

B) é possível lançar nos autos físicos cotas marginais e interlineares às quais o juiz mandará riscar quando não tiver autorizado, impondo, inclusive, multa de até um salário-mínimo vigente a quem as fez.

C) os atos meramente ordinatórios, como a juntada e a vista obrigatória, dependem de despacho e devem ser revistos pelo juiz da causa.

D) de comum acordo, o juiz e as partes podem fixar calendário para prática dos atos processuais, quando for o caso.

E) o direito de consultar os autos do processo que tramita em segredo de justiça e de pedir certidões é restrito aos advogados das partes, pois somente esses possuem capacidade postulatória.

COMENTÁRIOS

✪ **Nota do autor:** o calendário para a prática dos atos processuais vincula as partes e o juiz, e os prazos nele previstos somente serão modificados em casos excepcionais, devidamente justificados. Dispensa-se a intimação das partes para a prática de ato processual ou a realização de audiência cujas datas tiverem sido designadas no calendário (CPC, art. 191, §§ 1º e 2º).

Alternativa correta: letra "D". Observado o caso concreto e havendo acordo entre o juiz e as partes, estes podem fixar calendário para a prática dos atos processuais (CPC, art. 191).

Alternativa A. Incorreta. O documento redigido em língua estrangeira somente poderá ser juntado aos autos quando acompanhado de versão para a língua portuguesa tramitada por via diplomática ou pela autoridade central, ou firmada por tradutor juramentado (CPC, art. 192, parágrafo único).

Alternativa B. Incorreta. É vedado lançar nos autos cotas marginais ou interlineares, as quais o juiz mandará riscar, impondo a quem as escrever multa correspondente à metade do salário-mínimo (CPC, art. 202).

Alternativa C. Incorreta. Os atos meramente ordinatórios, como a juntada e a vista obrigatória, independem de despacho, devendo ser praticados de ofício pelo servidor e revistos pelo juiz quando necessário (CPC, art. 203, § 4º).

Alternativa E. Incorreta. O direito de consultar os autos de processo que tramite em segredo de justiça e de pedir certidões de seus atos é restrito às partes e aos seus procuradores (CPC, art. 189, § 1º).

22. (Vunesp – Escrevente Técnico Judiciário – TJ-SP/2013) Considerando as disposições do Código de Processo Civil sobre prazos, é correto afirmar que

A) serão computados, em quádruplo, o prazo para contestar e, em dobro, para recorrer quando a parte for a Fazenda Pública ou o Ministério Público.

B) o juiz poderá, nas comarcas onde for difícil o transporte, prorrogar quaisquer prazos, mas nunca por mais de 90 (noventa) dias.

C) as partes, desde que todas estejam de acordo, podem reduzir ou prorrogar os prazos peremptórios.

D) incumbirá ao serventuário remeter os autos conclusos no prazo de 48 (quarenta e oito) horas da data em que tiver ciência da ordem, quando determinada pelo juiz.

E) o prazo, estabelecido pela lei ou pelo juiz, é contínuo, não se interrompendo nos feriados e nas férias.

COMENTÁRIOS

✪ **Nota do autor:** solicita-se a máxima atenção a esta questão, visto que consolida várias modificações sobre a sistemática dos prazos processuais.

Alternativa correta: letra "a". Na sistemática do CPC de 1973, havia a previsão de que a Fazenda Pública e o MP tinham prazo em quádruplo para contestar e em dobro para recorrer. Pelo CPC de 2015, porém, esta sistemática foi consideravelmente alterada. De acordo com o novo regramento, o membro do Ministério Público, a União, os Estados, o Distrito Federal, os Municípios e suas respectivas autarquias e fundações de direito público gozarão de prazo em dobro para todas as suas manifestações processuais, cuja contagem terá início a partir da intimação pessoal. Compreende-se, então, tanto o ato de contestar, de recorrer e até mesmo de contra-arrazoar. Porém, não se aplica o benefício da contagem em dobro quando a lei estabelecer, de forma expressa, prazo próprio para o Ministério Público ou para o ente público (art. 180, § 2º e 183, § 2º).

Alternativa "b": na comarca, seção ou subseção judiciária onde for difícil o transporte, o juiz poderá prorrogar os prazos por até dois meses (art. 222 CPC).

Alternativa "c": de acordo com a atual sistemática, prazo peremptório é aquele que não pode ser reduzido pelo juiz senão com a concordância das partes (art. 222, § 1º). De outro lado, poderá o magistrado dilatar os prazos processuais, adequando-os às necessidades do conflito de modo a conferir maior efetividade à tutela do direito (art. 139, VI CPC).

Alternativa "d": incumbirá ao serventuário remeter os autos conclusos no prazo de um dia e executar os atos processuais no prazo de cinco dias, contado da data em que: i) houver concluído o ato processual anterior, se lhe foi imposto pela lei; ii) tiver ciência da ordem, quando determinada pelo juiz.

Alternativa "e": de acordo com o CPC 2015, na contagem de prazo em dias, estabelecido por lei ou pelo juiz, computar-se-ão somente os dias úteis (art. 219 CPC).

---

23. (Vunesp – Escrevente Técnico Judiciário – TJ-SP/2007) (Adaptado) O juiz proferirá:

A) os despachos, no prazo de 90 dias.

B) as decisões, no prazo de 180 dias.

C) os despachos, no prazo de 15 dias.

D) as sentenças, no prazo de 30 dias.

E) os despachos de expediente, no prazo de 2 dias.

COMENTÁRIOS

✪ **Nota do autor:** os prazos para a prática de atos processuais pelo juiz foram alterados. Desse modo, os despachos devem ser proferidos em cinco dias, as decisões interlocutórias em dez dias e as sentenças no prazo de trinta dias (art. 226 CPC).

Alternativa correta: letra "d". As sentenças devem ser proferidas no prazo de trinta dias. Exclui automaticamente as demais alternativas.

---

24. (TJ-SP – Oficial de Justiça – TJ-SP/1999) (adaptada) Assinale a alternativa correta:

A) Não é possível a prática do ato de embargos de terceiro, durante as férias e durante os feriados.

B) Somente é possível, durante as férias e nos feriados, a prática da citação, a fim de evitar o perecimento do direito, da produção antecipada de provas, do arresto, do sequestro, da penhora, da busca e apreensão, do depósito, da prisão, da abertura de testamento, dos embargos de terceiro e da nunciação de obra nova.

C) Em nenhuma hipótese é possível a prática de atos processuais durante as férias.

D) Não é possível a prática de interposição de petição durante as férias e feriados.

E) Não é possível a prática de nunciação de obra nova durante as férias e feriados.

COMENTÁRIOS

✪ **Nota do autor:** durante as férias forenses poderão ser processadas determinadas ações. São elas: I – os procedimentos de jurisdição voluntária e os necessários à conservação de direitos, quando puderem ser prejudicados pelo adiamento; II – a ação de alimentos e os processos de nomeação ou remoção de tutor e curador; III – os processos que a lei determinar (art. 215 CPC).

Alternativa correta: letra "a". Os embargos de terceiro não constam do rol de ações que devem tramitar durante as férias (art. 215).

Alternativa "b": incorreta. Admite-se a prática, independentemente de autorização judicial, das citações, intimações e penhoras, no período de férias forenses, onde as houver, e nos feriados ou dias úteis fora do horário das 6 às 20 horas. Excluem as demais alternativas.

25. (TJ-SP – Oficial de Justiça – TJ-SP/1999) Assinale a alternativa incorreta:

A) Decorrido o prazo, extingue-se independentemente de declaração judicial, o direito de praticar o ato, ficando salvo, porém, à parte provar que não o realizou por justa causa.

B) Verificada a justa causa o juiz permitirá à parte a prática do ato no prazo que antes lhe correspondia.

C) Reputa-se justa causa o evento imprevisto, alheio à vontade da parte, e que a impediu de praticar o ato por si ou por mandatário.

D) Estabelecido o prazo de cinco dias para a parte requerer determinada providência, poderá ela simplesmente renunciar ao prazo.

E) Os prazos começam a correr do primeiro dia útil após a intimação.

COMENTÁRIOS

✪ **Nota do autor:** os prazos processuais devem ser praticados no prazo previsto em lei. Decorrido o prazo sem a sua prática, extingue-se o direito de praticá-lo ou de emenda-lo, independentemente de declaração judicial, ficando assegurado, porém, à parte provar que não o realizou por justa causa (art. 223).

Alternativa incorreta: letra "b". Verificada a justa causa, o juiz permitirá à parte a prática do ato no prazo que lhe assinar (art. 223, § 2º). Considera-se justa causa o evento alheio à vontade da parte e que a impediu de praticar o ato por si ou por mandatário. Verificada a justa causa, o juiz permitirá à parte a prática do ato no prazo que lhe assinar.

Alternativa "a": afirmativa correta e que corresponde ao que consta do art. 223 do Código de Processo Civil.

Alternativa "c": afirmativa correta e que corresponde ao que consta do art. 223, § 1º do CPC.

Alternativa "d": a parte poderá renunciar ao prazo previsto exclusivamente em seu favor, com a observação de que deverá fazê-lo de maneira expressa.

Alternativa "e": na contagem de prazo em dias, estabelecido por lei ou pelo juiz, computar-se-ão somente os úteis, regra essa aplicável apenas aos prazos processuais.

26. (TJ-SP – Oficial de Justiça – TJ-SP/1999) (adaptada) Não será contado em dobro o prazo para contestar e recorrer:

A) quando for parte a Fazenda Pública.

B) quando for parte o Ministério Público.

C) quando os litisconsortes tiverem diferentes procuradores e o processo for eletrônico.

D) quando houver litisconsórcio entre o Ministério Público e a Fazenda Pública.

COMENTÁRIOS

Alternativa correta: letra "c". A contagem diferenciada de prazos é tema certo para a prova de escrevente. A propósito, deve ser lembrado que a Fazenda Pública e o Ministério Público possuirão prazo em dobro para a prática dos atos processuais, não só para contestar ou recorrer, em conformidade com a nova sistemática. Além disso, deve ser analisado o prazo diferenciado existente para os litisconsortes com diversos procuradores.

Alternativas "a" e "b": incorretas. Por litisconsortes deve ser entendida a reunião de partes em um dos polos da ação. Cada litisconsorte corresponderia a uma parte e poderiam cada qual constituir o seu advogado ou, então, ter advogado comum patrocinando a causa. Existindo litisconsortes com diversos procuradores, será possível que estes contem com prazo dobrado para a prática de ato processual, desde que: i) os procuradores sejam de escritórios de advocacia distintos; ii) não se trate de processo eletrônico (art. 229). Cessa a contagem dobrada se, havendo apenas dois réus, for oferecida a contestação por apenas um deles.

27. (TJ-SP – Oficial de Justiça – TJ-SP/1999) (adaptado) Começa a correr o prazo:

A) quando a citação ou intimação for pelo correio, da data de juntada aos autos do comprovante de remessa da correspondência ao endereço do réu.

B) quando a citação ou intimação for por oficial de justiça, da data de juntada aos autos do mandado, independentemente de ter sido cumprido.

C) quando a citação ou intimação for edital, finda a dilação assinada pelo juiz.

D) o dia útil seguinte ao fim da dilação assinada pelo juiz, quando a citação ou a intimação for por edital.

E) quando o ato se realizar em cumprimento de carta de ordem, precatória ou rogatória, da data de seu efetivo cumprimento.

COMENTÁRIOS

✪ **Nota do autor:** salvo disposição em sentido contrário, considera-se dia do começo do prazo os termos constantes do art. 231 do CPC.

Alternativa correta: letra "d". Se o magistrado determinar a realização da citação por edital, fixará prazo por meio do qual se presume que o réu terá conhecimento da ação. Neste caso, determina o

Código que se considera dia do começo do prazo o dia útil seguinte ao fim da dilação assinada pelo juiz, quando a citação ou a intimação for por edital (art. 231, IV). Note-se a tênue diferença em relação ao CPC anterior, pois o Código fala de "dia útil seguinte ao fim da dilação assinada pelo juiz".

Alternativa "a": sendo a citação ou intimação pelo correio, considera-se dia do começo do prazo a data de juntada aos autos do aviso de recebimento (art. 231, I CPC).

Alternativa "b": sendo a citação ou intimação realizada pelo oficial de justiça, considera-se dia do começo do prazo a data de juntada aos autos do mandado cumprido (e não independentemente de ter sido cumprido).

Alternativa "c": de acordo com o Código de Processo Civil de 2015, o dia do começo corresponde ao dia útil seguinte ao fim da dilação assinada pelo juiz.

Alternativa "e": sendo o ato praticado por carta precatória, considera-se o dia do começo do prazo "a data de juntada do comunicado de que trata o art. 232 "Nos atos de comunicação por carta precatória, rogatória ou de ordem, a realização da citação ou da intimação será imediatamente informada, por meio eletrônico, pelo juiz deprecado ao seu juiz deprecante") ou, não havendo esse, a data de juntada da carta aos autos de origem devidamente cumprida, quando a citação ou a intimação se realizar em cumprimento de carta. (Art. 236, VI). Há de se ter muito cuidado, pois se houver a juntada da comunicação de que o ato foi praticado, o prazo estará iniciado.

---

28. (Vunesp – Escrevente Técnico Judiciário – TJ-SP/2014) Quanto aos prazos, assinale a alternativa correta.

A) Não havendo preceito legal, o prazo será de 10 dias para a parte.

B) Podem as partes, de comum acordo, reduzir ou prorrogar o prazo dilatório.

C) Os prazos começam a correr no dia da intimação.

D) Em regra, computar-se-ão os prazos, incluindo o dia do começo.

E) O prazo, estabelecido pela lei ou pelo juiz, interrompe-se nos feriados.

COMENTÁRIOS

✪ **Nota do autor:** vale ressaltar os dispositivos da atual lei processual aplicáveis ao caso: o juiz dirigirá o processo conforme as disposições deste Código, incumbindo-lhe dilatar os prazos processuais e alterar a ordem de produção dos meios de prova, adequando-os às necessidades do conflito de modo a conferir maior efetividade à tutela do direito (CPC, art. 139, VI). Ao juiz é vedado reduzir prazos peremptórios sem anuência das partes (CPC, art. 222, § 1º).

Alternativa correta: letra "B". Versando o processo sobre direitos que admitam autocomposição, é lícito às partes plenamente capazes estipular mudanças no procedimento para ajustá-lo às especificidades da causa e convencionar sobre os seus ônus, poderes, faculdades e deveres processuais, antes ou durante o processo. De comum acordo, o juiz e as partes podem fixar calendário para a prática dos atos processuais, quando for o caso (CPC, arts. 190 e 191, *caputs*).

Alternativa A. Incorreta. Inexistindo preceito legal ou prazo determinado pelo juiz, será de 5 (cinco) dias o prazo para a prática de ato processual a cargo da parte (CPC, art. 218, § 3º).

Alternativas C e D. Incorretas. Salvo disposição em contrário, os prazos serão contados excluindo o dia do começo e incluindo o dia do vencimento. Os dias do começo e do vencimento do prazo serão protraídos para o primeiro dia útil seguinte, se coincidirem com dia em que o expediente forense for encerrado antes ou iniciado depois da hora normal ou houver indisponibilidade da comunicação eletrônica. Considera-se como data de publicação o primeiro dia útil seguinte ao da disponibilização da informação no Diário da Justiça eletrônico. A contagem do prazo terá início no primeiro dia útil que seguir ao da publicação (CPC, arts. 224, *caput* e §§ 1º, 2º e 3º).

Alternativa E. Incorreta. De acordo com o Código de Processo Civil de 2015, na contagem de prazo processual em dias, estabelecido por lei ou pelo juiz, computar-se-ão somente os dias úteis (CPC, art. 219, *caput* e parágrafo único). Portanto, há suspensão e não interrupção nos feriados.

---

29. (Vunesp – Escrevente Técnico Judiciário – TJ-SP/2015) Os atos processuais são atos das partes, do juiz e dos auxiliares da Justiça, e a eles são assinalados prazos para cumprimento. Nesse caso, assinale a alternativa correta.

A) A parte não poderá renunciar ao prazo estabelecido exclusivamente em seu favor.

B) Não havendo preceito legal nem assinação pelo juiz, será de cinco dias o prazo para a prática de ato processual a cargo da parte.

C) Salvo disposição em contrário, computar-se-ão os prazos, incluindo-se o dia do começo e o do vencimento.

D) Decorrido o prazo, extingue-se, mediante declaração judicial, o direito de praticar o ato.

E) Os atos processuais realizar-se-ão nos prazos prescritos em lei. Quando esta for omissa, o juiz determinará que os prazos se cumpram em cinco dias.

COMENTÁRIOS

Nota do autor: no que tange à contagem dos prazos, os dias do começo e do vencimento serão protraídos para o primeiro dia útil seguinte, se coincidirem com dia em que o expediente forense for encerrado antes ou iniciado depois da hora normal ou houver indisponibilidade da comunicação eletrônica. Considera-se como data de publicação o primeiro dia útil seguinte ao da disponibilização da informação no Diário da Justiça eletrônico. A contagem do prazo terá início no primeiro dia útil que seguir ao da publicação (CPC, art. 224, §§ 1º, 2º e 3º).

Alternativa correta: letra "B". Inexistindo preceito legal ou prazo determinado pelo juiz, será de 5 (cinco) dias o prazo para a prática de ato processual a cargo da parte (CPC, art. 218, § 3º).

Alternativa A. Incorreta. A parte poderá renunciar ao prazo estabelecido exclusivamente em seu favor, desde que o faça de maneira expressa (CPC, art. 225).

Alternativa C. Incorreta. Salvo disposição em contrário, os prazos serão contados excluindo o dia do começo e incluindo o dia do vencimento (CPC, art. 224, *caput*).

Alternativa D. Incorreta. Decorrido o prazo, extingue-se o direito de praticar ou de emendar o ato processual, independentemente de declaração judicial, ficando assegurado, porém, à parte provar que não o realizou por justa causa (CPC, art. 223, *caput*).

Alternativa E. Incorreta. Os atos processuais serão realizados nos prazos prescritos em lei. Quando a lei for omissa, o juiz determinará os prazos em consideração à complexidade do ato (CPC, art. 218, *caput* e § 1º).

---

30. (Vunesp – Escrevente Técnico Judiciário – TJ – SP/2017) Luís ingressou com uma ação contra Mirela. Em 09.03 (sexta-feira), na audiência de instrução e julgamento, o juiz julgou a ação improcedente, saindo as partes intimadas de tal decisão nessa data. A parte sucumbente pretende recorrer da decisão do juiz.

Levando em consideração que, durante o prazo do recurso, não há qualquer feriado, é correto afirmar que

A) Luís deverá interpor recurso de agravo de instrumento, e terá, para isso, prazo fatal até 30.03 (sexta-feira).

B) Luís deverá interpor recurso de apelação, e terá, para isso, prazo fatal até 30.03 (sexta-feira).

C) o recurso a ser manejado por Luís é o de agravo de instrumento, e ele terá 15 dias úteis para fazer tal peça processual, contados a partir de 09.03.

D) Mirela deverá manejar recurso de apelação no prazo de 15 dias corridos, contados a partir de 12.03 (segunda-feira).

E) tanto Luís quanto Mirela têm interesse de agir no recurso de apelação, e eles terão prazo comum de 15 dias úteis, contados de 12.03 (segunda-feira), para apresentar tal peça processual.

COMENTÁRIOS

Nota do autor: na contagem de prazo processual em dias, estabelecido por lei ou pelo juiz, computar-se-ão somente os dias úteis (CPC, art. 219, *caput* e parágrafo único).

Alternativa correta: letra "B" (Responde as demais). Da sentença cabe apelação (CPC, art. 1.009, *caput*). O prazo para interposição de recurso conta-se da data em que os advogados, a sociedade de advogados, a Advocacia Pública, a Defensoria Pública ou o Ministério Público são intimados da decisão, sendo que estes considerar-se-ão intimados em audiência quando nesta for proferida a decisão. Excetuados os embargos de declaração, o prazo para interpor os recursos e para responder-lhes é de 15 (quinze) dias (CPC, art. 1.003, *caput*, §§ 1º e 5º). Salvo disposição em contrário, os prazos serão contados excluindo o dia do começo e incluindo o dia do vencimento. Os dias do começo e do vencimento do prazo serão protraídos para o primeiro dia útil seguinte, se coincidirem com dia em que o expediente forense for encerrado antes ou iniciado depois da hora normal ou houver indisponibilidade da comunicação eletrônica (CPC, art. 224, *caput* e § 1º). Portanto, atentando-se às normas citadas, o prazo fatal para a apelação será na sexta-feira, dia 30/03.

---

31. (Vunesp – Escrevente Técnico Judiciário – TJ-SP/2011) A citação é um dos atos processuais mais importantes para a formação do processo. Sendo assim, assinale a alternativa correta.

A) O militar, em serviço ativo, será citado na unidade em que estiver servindo se não for conhecida a sua residência ou nela não for encontrado.

B) Poderá ser feita a citação a quem estiver assistindo a qualquer ato de culto religioso, desde que o ato não seja interrompido.

C) A citação válida constitui em mora o devedor e interrompe a prescrição desde que ordenada por juiz competente.

D) Estando o réu ausente, a citação far-se-á na pessoa de seu mandatário, administrador, feitor ou gerente em qualquer caso.

E) Incumbe à parte promover a citação do réu nos 5 (cinco) dias subsequentes ao despacho que a ordenar.

COMENTÁRIOS

✪ **Nota do autor:** a citação é um pressuposto processual de existência da relação processual. Em razão de sua importância para o processo, são estabelecidos os seus requisitos formais, por meios dos quais se busca garantir a formação do contraditório e da ampla defesa adequados.

Alternativa correta: letra "a". O militar em serviço ativo será citado na unidade em que estiver servindo, se não for conhecida sua residência ou nela não for encontrado (art. 243, parágrafo único).

Alternativa "b": incorreta. Em razão da inconveniência de ser praticada a citação em determinados momentos, procurando-se observar a dignidade da pessoa humana, "não se fará a citação, salvo para evitar o perecimento do direito: i) de quem estiver participando de ato de culto religioso; ii) de cônjuge, de companheiro ou de qualquer parente do morto, consanguíneo ou afim, em linha reta ou na linha colateral em segundo grau, no dia do falecimento e nos 7 dias seguintes; iii) aos noivos, nos três primeiros dias seguintes ao casamento; e, iv) de doente, enquanto grave o seu estado (art. 244).

Alternativa "c": incorreta. Deve ser lembrado que a citação válida produzirá determinados efeitos, ainda que ordenada por juízo incompetente. São eles: induzir litispendência, tornar litigiosa a coisa e constituir em mora o devedor, ressalvado os casos previstos no Código Civil, em que a mora será constituída em momento diverso. Não é efeito da citação a interrupção da prescrição, que ocorrerá com o despacho do juiz, mas se o autor providenciar a citação no prazo especificado na lei (10 dias), a interrupção retroagirá à data da propositura da ação (art. 240, § 2º).

Alternativa "d": incorreta. Estando o réu ausente, deverá o oficial de justiça verificar se existe o ânimo de ocultação e, se o caso, realizar a citação com hora certa.

Alternativa "e": incorreta. Incumbe ao autor adotar as providências necessárias para viabilizar a citação da parte contrária, no prazo de dez dias, sob pena de que os efeitos da citação não retroajam à data da propositura da ação.

---

32. (Vunesp – Escrevente Técnico Judiciário – TJ-SP/ 2010) (adaptado) Reputa-se que a citação é válida quando feita:

A) aos doentes em estado grave, a fim de evitar o perecimento do direito.

B) na pessoa do médico, nomeado pelo juiz da causa, no caso de demente impossibilitado de recebê-la.

C) na pessoa do mandatário, em caso de réu ausente, a fim de não haver perecimento do direito.

D) pelo correio, nos processos de execução e quando o réu residir em local servido não pelo serviço domiciliar de correspondência.

E) por edital, quando requerida pelo autor, nos casos em que o réu residir em local sem serviço domiciliar de correspondência.

COMENTÁRIOS

Alternativa correta: letra "a". Em prol do resguardo da dignidade da pessoa humana, tem-se que a citação não será realizada em determinados momentos a que o réu se encontrar. Nesse sentido, por exemplo, se estiver doente, enquanto grave o seu estado, não poderá ser citado, salvo se for para evitar o perecimento do direito, conforme ressalva o caput do art. 244.

Alternativa "b": incorreta. A citação não poderá ser realizada na pessoa do médico, ainda que o réu se trate de pessoa demente e impossibilitado de recebê-la. Para tanto, deverá o juiz, após a realização de avaliação, designar curador que representará o doente especialmente para o processo.

Alternativa "c": incorreta. Estando o réu ausente, deverá o oficial de justiça diligenciar para encontrá-lo em outra oportunidade.

Alternativa "d": incorreta. O CPC de 2015 admite a citação pelo correio no processo de execução.

Alternativa "e": incorreta. Será a citação realizada por oficial de justiça quando requerida pelo autor e, entre outras hipóteses, nos casos em que o réu residir em local sem serviço domiciliar de correspondência.

---

33. (Vunesp – Escrevente Técnico Judiciário – TJ-SP/2007) A citação válida:

A) torna regular o processo de conhecimento.

B) suspende o prazo decadencial.

C) constitui em mora o devedor.

D) não pode ser realizada na pessoa do curador.

E) impede ao juiz a declaração da prescrição de ofício.

COMENTÁRIOS

✪ **Nota do autor:** nesta questão, entre outros aspectos, foi feita menção a um de seus efeitos.

Alternativa correta: letra "c". Deve ser lembrado que a citação válida, ainda que ordenada por juiz incompetente, induz litispendência, torna litigiosa a coisa e constitui em mora o devedor, ressalvados os casos mencionados no Código Civil.

Alternativa "a": incorreta. A citação válida é pressuposto de validade da relação processual. O processo, enquanto não realizada a citação, não é irregular, mas não tem completada a relação processual.

Alternativa "b": incorreta. A citação não interromperá e nem suspenderá, pois o termo interruptivo advém do despacho do juiz.

Alternativa "d": incorreta. Sendo o réu interditado poderá ser citado na pessoa de seu curador.

Alternativa "e": incorreta. Poderá o juiz reconhecer, de ofício, a prescrição, devendo, porém, ouvir a parte em atenção ao princípio do contraditório dinâmico.

---

34. (TJ-SP – Oficial de Justiça – TJ-SP/1999) Não é incumbência do oficial de justiça, ao citar pessoalmente o réu:

A) ler o mandado de citação.

B) entregar ao réu a contrafé.

C) realizar o ato, sempre que possível, na presença de duas testemunhas.

D) verificar se estão corretos os dados do réu inscritos no mandado.

E) obter a nota de ciente ou certificar que o réu não a apôs no mandado.

COMENTÁRIOS

✪ **Nota do autor:** as incumbências do oficial de justiça estão indicadas no art. 154 do CPC.

Alternativa correta: letra "d". nos termos do art. 154 do CPC, entre as atribuições não se encontra a de verificar se estão corretos os dados do réu inscritos no mandado. Exclui automaticamente as demais alternativas.

---

35. (Vunesp – Juiz de Direito – RJ/2014) No que tange à citação e ao prazo para apresentação de defesa, assinale a alternativa correta.

A) Na citação por edital, o prazo para apresentação de defesa inicia-se da última publicação no jornal local.

B) Quando a ré for pessoa jurídica de direito público, a citação poderá se dar pelos correios ou por oficial de justiça.

C) A citação ordenada por juiz incompetente é hábil à interrupção da prescrição.

D) No processo de execução não se admite a citação por hora certa.

COMENTÁRIOS

✪ **Nota do autor:** a citação por hora certa, citada no item "D", ocorrerá quando, por 2 (duas) vezes, o oficial de justiça houver procurado o citando em seu domicílio ou residência sem o encontrar, deverá, havendo suspeita de ocultação, intimar qualquer pessoa da família ou, em sua falta, qualquer vizinho de que, no dia útil imediato, voltará a fim de efetuar a citação, na hora que designar. Nos condomínios edilícios ou nos loteamentos com controle de acesso, será válida a intimação por hora certa feita a funcionário da portaria responsável pelo recebimento de correspondência (CPC, art. 252, *caput* e parágrafo único).

Alternativa correta: letra "C". A citação válida, ainda quando ordenada por juízo incompetente, induz litispendência, torna litigiosa a coisa e constitui em mora o devedor, observadas as ressalvas previstas em lei. A interrupção da prescrição, operada pelo despacho que ordena a citação, ainda que proferido por juízo incompetente, retroagirá à data de propositura da ação (CPC, art. 240, *caput* e § 1º).

Alternativa A. Incorreta. Salvo disposição em sentido diverso, considera-se dia do começo do prazo o dia útil seguinte ao fim da dilação assinada pelo juiz, quando a citação ou a intimação for por edital (CPC, art. 231, IV).

Alternativa B. Incorreta. A citação será feita pelo correio para qualquer comarca do país, exceto quando o citando for pessoa de direito público (CPC, art. 247, III).

Alternativa D. Incorreta. Feita a citação com hora certa, o escrivão ou chefe de secretaria enviará ao réu, executado ou interessado, no prazo de 10 (dez) dias, contado da data da juntada do mandado aos autos, carta, telegrama ou correspondência eletrônica, dando-lhe de tudo ciência (CPC, art. 254).

---

36. (Vunesp – Juiz de Direito – RJ/2016) A citação válida interrompe todos os prazos extintivos previstos em lei, exceto se a ação for extinta

A) por inépcia da inicial.

B) por perempção.

C) pela ausência de pressupostos processuais.

D) pela confusão entre autor e réu.

E) pela desistência da ação.

COMENTÁRIOS

✪ **Nota do autor:** o juiz não resolverá o mérito quando indeferir a petição inicial; o processo ficar parado durante mais de 1 (um) ano por negligência das partes; por não promover os atos e as diligências que lhe incumbir, o autor abandonar a causa por mais de 30 (trinta) dias; verificar a ausência de pressupostos de constituição e de desenvolvimento válido e regular do processo; reconhecer a existência de perempção, de litispendência ou de coisa julgada; verificar ausência de legitimidade ou de interesse processual; acolher a alegação de existência de convenção de arbitragem ou quando o juízo arbitral reconhecer sua competência; homologar a desistência da ação; em caso de morte da parte, a ação for considerada intransmissível por disposição legal; e nos demais casos prescritos no Código de Processo Civil. O juiz conhecerá de ofício, em qualquer tempo e grau de jurisdição, enquanto não ocorrer o trânsito em julgado, a ausência de pressupostos de constituição e de desenvolvimento válido e regular do processo, a ocorrência de perempção, litispendência ou coisa julgada, a ausência de legitimidade ou de interesse processual e a ocorrência de morte da parte, em ação considerada intransmissível por disposição legal (CPC, art. 485, I ao X e § 3º).

Alternativa correta: letra "B". A perempção é causa de extinção do processo sem julgamento de mérito, e se dá quando o autor der causa, por 3 (três) vezes, a sentença fundada em abandono da causa, não podendo propor nova ação contra o réu com o mesmo objeto, ficando-lhe ressalvada, entretanto, a possibilidade de alegar em defesa o seu direito (CPC, art. 485, V e art. 486, § 3º). Deste modo, reconhecendo o magistrado a ocorrência da perempção, nem mesmo a citação válida será capaz de mitigá-la, até mesmo porque, conforme nota do autor, ela poderá ser reconhecida de ofício pelo juiz, em qualquer tempo e grau de jurisdição, enquanto não ocorrer o trânsito em julgado.

Demais alternativas: incorretas. A citação válida, ainda quando ordenada por juízo incompetente, induz litispendência, torna litigiosa a coisa e constitui em mora o devedor, observadas as ressalvas legais (CPC, art. 240, caput). O pronunciamento judicial que não resolve o mérito não obsta a que a parte proponha de novo a ação, contudo, no caso de extinção em razão de litispendência, indeferimento da petição inicial, ausência de pressupostos processuais, ausência de legitimidade ou de interesse processual, e reconhecimento de existência de convenção de arbitragem ou quando o juízo arbitral reconhecer sua competência, a propositura da nova ação depende da correção do vício que levou à sentença sem resolução do mérito (CPC, art. 486, *caput* e § 1º).

8 DO PROCESSO E DO PROCEDIMENTO

37. (Vunesp – Escrevente Técnico Judiciário – TJ-SP/2012) Observar-se-á o procedimento sumário na seguinte condição:

A) de execução de seguro, relativo aos danos causados em acidente de veículo.

B) de execução ao condômino de quaisquer quantias devidas ao condomínio.

C) nas ações relativas ao estado e à capacidade das pessoas.

D) nas causas cujo valor não exceda a 100 vezes o valor do salário mínimo.

E) de ressarcimento por danos causados em acidente de veículo de via terrestre.

COMENTÁRIOS

✪ **Nota do autor:** esta questão foi mantida no texto do *Revisaço* com a única finalidade de registrar que o Código de Processo Civil de 2015 conta apenas com o procedimento comum e com os procedimentos especiais. Não há mais menção ao procedimento sumário. Por isso, é necessário ter bastante atenção com esse detalhe.

8.1 PETIÇÃO INICIAL

38. (Vunesp – Escrevente Técnico Judiciário – TJ-SP/2015) Quanto ao pedido feito pelo autor na petição inicial, assinale a alternativa correta.

A) É ilícito formular mais de um pedido em ordem sucessiva, por não ser possível ao juiz conhecê-los de modo contínuo.

B) Os pedidos são interpretados extensivamente, devendo haver pedido explícito para o pagamento do principal e dos juros legais.

C) Não é possível a formulação de mais de um pedido, quando cada um corresponder a tipo diverso de procedimento.

D) Antes da sentença, o autor poderá aditar o pedido, correndo à sua conta as custas acrescidas em razão dessa iniciativa.

E) É permitida a cumulação, num único processo, contra o mesmo réu, de vários pedidos, ainda que entre eles não haja conexão.

COMENTÁRIOS

✪ **Nota do autor:** admite-se que a petição inicial tenha apenas um pedido, ou que exista a cumulação dos pedidos. A cumulação de pedidos poderá ser própria, quando o autor requer o acolhimento de todos eles, ou imprópria, quando então não se requer o acolhimento de todos. Na sequência serão analisadas estas situações com mais vagar.

Alternativa Correta: letra E. É lícita a cumulação, em um único processo, contra o mesmo réu, de vários pedidos, ainda que entre eles não haja conexão. São requisitos para tanto: que os pedidos sejam compatíveis entre si e seja competente para conhecer deles o mesmo juízo. Veja, a propósito, o art. 327 do CPC. Esta compatibilidade não será exigida na cumulação subsidiária e na cumulação alternativa.

Alternativa Incorreta: letra A. Admite-se que o autor formule mais de um pedido, estabelecendo-se ou não uma ordem entre eles. Trata-se da cumulação subsidiária (em que estabelece a ordem) e cumulação alternativa (sem indicação da ordem).

Alternativa Incorreta: letra B. Os pedidos serão interpretação restritivamente, existindo aqueles que são implícitos, que serão deferidos ainda que não requeridos, como ocorre com os juros e correção monetária, bem como a condenação de honorários advocatícios.

Alternativa Incorreta: letra C. Admite-se tal cumulação, ainda que os pedidos sigam procedimentos diferentes, se o autor empregar o procedimento comum, sem prejuízo do emprego das técnicas processuais diferenciadas previstas nos procedimentos especiais a que se sujeitam um ou mais pedidos cumulados, que não forem incompatíveis com as disposições sobre o procedimento comum (art. 327, § 2º CPC).

Alternativa Incorreta: letra D. As regras para o aditamento do pedido podem ser assim resumidas: i) o autor poderá aditar o pedido antes da citação do réu, sem que haja necessidade do consentimento deste; ii) após a citação, dependerá de consentimento do réu; iii) não será viável o aditamento do pedido após o saneamento do processo.

---

39. (Vunesp – Escrevente Técnico Judiciário – TJ-SP/2015) Quanto ao pedido feito pelo autor na petição inicial, assinale a alternativa correta.

A) É ilícito formular mais de um pedido em ordem sucessiva, por não ser possível ao juiz conhecê-los de modo contínuo.

B) Os pedidos são interpretados extensivamente, devendo haver pedido explícito para o pagamento do principal e dos juros legais.

C) Não é possível a formulação de mais de um pedido, quando cada um corresponder a tipo diverso de procedimento.

D) Antes da sentença, o autor poderá aditar o pedido, correndo à sua conta as custas acrescidas em razão dessa iniciativa.

E) É permitida a cumulação, num único processo, contra o mesmo réu, de vários pedidos, ainda que entre eles não haja conexão.

COMENTÁRIOS

✪ **Nota do autor:** na ação que tiver por objeto cumprimento de obrigação em prestações sucessivas, essas serão consideradas incluídas no pedido, independentemente de declaração expressa do autor, e serão incluídas na condenação, enquanto durar a obrigação, se o devedor, no curso do processo, deixar de pagá-las ou de consigná-las. Vale ainda ressaltar que são requisitos de admissibilidade da cumulação citada no item "E" que os pedidos sejam compatíveis entre si; seja competente para conhecer deles o mesmo juízo; e seja adequado para todos os pedidos o tipo de procedimento, ressalvada a exceção do item "C" (CPC, art. 323 e art. 327, § 1º, I, II e III).

Alternativa correta: letra "E". É lícita a cumulação, em um único processo, contra o mesmo réu, de vários pedidos, ainda que entre eles não haja conexão (CPC, art. 327, *caput*).

Alternativa A. Incorreta. É lícito formular mais de um pedido em ordem subsidiária, a fim de que o juiz conheça do posterior, quando não acolher o anterior (CPC, art. 326, *caput*). Destaque-se que a expressão "ordem subsidiária", substituiu a antiga "ordem sucessiva" no Código de Processo Civil de 2015.

Alternativa B. Incorreta. O pedido deve ser certo. Compreendem-se no principal os juros legais, a correção monetária e as verbas de sucumbência, inclusive os honorários advocatícios (CPC, art. 322, *caput* e § 1º).

Alternativa C. Incorreta. Quando, para cada pedido, corresponder tipo diverso de procedimento, será admitida a cumulação se o autor empregar o procedimento comum, sem prejuízo do emprego das técnicas processuais diferenciadas previstas nos procedimentos especiais a que se sujeitam um ou mais pedidos cumulados, que não forem incompatíveis com as disposições sobre o procedimento comum (CPC, art. 327, § 2º).

Alternativa D. Incorreta. O autor poderá até a citação, aditar ou alterar o pedido ou a causa de pedir, independentemente de consentimento do réu; e até o saneamento do processo, aditar ou alterar o pedido e a causa de pedir, com consentimento do réu, assegurado o contraditório mediante a possibilidade de manifestação deste no prazo mínimo de 15 (quinze) dias, facultado o requerimento de prova suplementar (CPC, art. 329, I e II).

---

40. (Vunesp – Juiz de Direito – TJ – SP/2013) Acerca da petição inicial, diante dos termos do Código de Processo Civil, é correto afirmar que

A) verificando o juiz que a petição inicial não preenche os requisitos exigidos nos arts. 282 e 283, ou que apresenta defeitos e irregularidades capazes de dificultar o julgamento de mérito, ele a indeferirá de plano.

B) deverá sempre indicar nome e qualificação das partes, os fatos e os fundamentos jurídicos do pedido, o pedido e o valor do pedido.

C) nos litígios que tenham por objeto obrigações decorrentes de empréstimo, financiamento ou arrendamento mercantil, o autor deverá discriminar, na petição inicial, dentre as obrigações contratuais, aquelas que pretende controverter, quantificando o valor incontroverso.

D) é lícito formular mais de um pedido em ordem sucessiva, a fim de que o juiz conheça do posterior, em não podendo acolher o anterior, mas é vedado formularem-se pedidos alternativos.

COMENTÁRIOS

✪ **Nota do autor:** A petição inicial será indeferida quando: for inepta; a parte for manifestamente ilegítima; o autor carecer de interesse processual; e/ou se não atendidas as prescrições dos arts. 106 e 321 (exigências para o advogado que atua em causa própria e emenda à inicial). Considera-se inepta a petição inicial quando: lhe faltar pedido ou causa de pedir; o pedido for indeterminado, ressalvadas as hipóteses legais em que se permite o pedido genérico; da narração dos fatos não decorrer logicamente a conclusão; e/ou contiver pedidos incompatíveis entre si. Indeferida a petição inicial, o autor poderá apelar, facultado ao juiz, no prazo de 5 (cinco) dias, retratar-se. Se não houver retratação, o juiz mandará citar o réu para responder ao recurso. Sendo a sentença reformada pelo tribunal, o prazo para a contestação começará a correr da intimação do retorno dos autos. Não interposta a apelação, o réu será intimado do trânsito em julgado da sentença (CPC, art. 330, I ao IV, § 1º, I ao IV e art. 331, §§ 1º, 2º e 3º).

Alternativa correta: letra "C". Nas ações que tenham por objeto a revisão de obrigação decorrente de empréstimo, de financiamento ou de alienação de bens, o autor terá de, sob pena de inépcia, discriminar na petição inicial, dentre as obrigações contratuais, aquelas que pretende controverter, além de quantificar o valor incontroverso do débito, que deverá continuar a ser pago no tempo e modo contratados. (CPC, art. 330, §§ 2º e 3º).

Alternativa A. Incorreta. Remetendo ao Código de Processo Civil de 2015, o juiz, ao verificar que a petição inicial não preenche os requisitos dos arts. 319 e 320 ou que apresenta defeitos e irregularidades capazes de dificultar o julgamento de mérito, determinará que o autor, no prazo de 15 (quinze) dias, a emende ou a complete, indicando com precisão o que deve ser corrigido ou completado. Se o autor não cumprir a diligência, o juiz indeferirá a petição inicial (CPC, art. 321, *caput* e parágrafo único).

Alternativa B. Incorreta. A petição inicial indicará: o juízo a que é dirigida; os nomes, os prenomes, o estado civil, a existência de união estável, a profissão, o número de inscrição no Cadastro de Pessoas Físicas ou no Cadastro Nacional da Pessoa Jurídica, o endereço eletrônico, o domicílio e a residência do autor e do réu; o fato e os fundamentos jurídicos do pedido; o pedido com as suas especificações; o valor da causa; as provas com que o autor pretende demonstrar a verdade dos fatos alegados; e a opção do autor pela realização ou não de audiência de conciliação ou de mediação (CPC, art. 319, I ao VII). Portanto, deverá ser indicado o valor da causa, e não o valor do pedido, que poderá, inclusive, ser genérico nas ações universais, se o autor não puder individuar os bens demandados; quando não for possível determinar, desde logo, as consequências do ato ou do fato; e quando a determinação do objeto ou do valor da condenação depender de ato que deva ser praticado pelo réu (CPC, art. 324, § 1º, I, II e III).

Alternativa D. Incorreta. É lícito formular mais de um pedido em ordem subsidiária, a fim de que o juiz conheça do posterior, quando não acolher o anterior. É lícito formular mais de um pedido, alternativamente, para que o juiz acolha um deles (CPC, art. 326, *caput* e parágrafo único).

---

41. (Vunesp – Juiz de Direito – TJ SP/2017) Quanto à petição inicial, no procedimento comum,

A) o autor, depois da citação, poderá aditar ou alterar o pedido ou causa de pedir, hipótese em que, desde que assegurado o contraditório mediante a possibilidade de manifestação no prazo mínimo de quinze (15) dias, não será exigido consentimento do demandado.

B) o autor tem o ônus de alegar eventual desinteresse na designação de audiência de conciliação ou mediação, sob pena de ser presumido seu interesse na tentativa de autocomposição.

C) ela será inepta e, como tal, deverá ser indeferida se o juiz verificar desde logo a ocorrência de prescrição ou decadência.

D) o autor poderá cumular pedidos, desde que haja conexão entre eles.

COMENTÁRIOS

✪ **Nota do autor:** são requisitos de admissibilidade da cumulação citada no item "D", que os pedidos sejam compatíveis entre si; seja competente para conhecer deles o mesmo juízo; e seja adequado para todos os pedidos o tipo de procedimento. Observe-se, porém, que quando, para cada pedido, corresponder tipo diverso de procedimento, será admitida a cumulação se o autor empregar o procedimento comum, sem prejuízo do emprego das técnicas processuais diferenciadas previstas nos procedimentos especiais a que se sujeitam um ou mais pedidos cumulados, que não forem incompatíveis com as disposições sobre o procedimento comum (CPC, art. 327, § 1º, I, II, III e § 2º).

Alternativa correta: letra "B". A petição inicial indicará a opção do autor pela realização ou não de audiência de conciliação ou de mediação. Todavia, a audiência não será realizada se ambas as partes manifestarem, expressamente, desinteresse na composição consensual, ou quando não se admitir a autocomposição (CPC, art. 319, VII e art. 334, § 4º, I e II).

Alternativa A. Incorreta. O autor poderá até a citação, aditar ou alterar o pedido ou a causa de pedir, independentemente de consentimento do réu; e até o saneamento do processo, aditar ou alterar o pedido e a causa de pedir, com consentimento do réu, assegurado o contraditório mediante a possibilidade de manifestação deste no prazo mínimo de 15 (quinze) dias, facultado o requerimento de prova suplementar (CPC, art. 329, I e II).

Alternativa C. Incorreta. O juiz julgará liminarmente improcedente o pedido se verificar, desde logo, a ocorrência de decadência ou de prescrição (CPC, art. 332, § 1º).

Alternativa D. Incorreta. É lícita a cumulação, em um único processo, contra o mesmo réu, de vários pedidos, ainda que entre eles não haja conexão (CPC, art. 327, *caput*).

8.2 DA CONTESTAÇÃO

---

42. (Vunesp - Escrevente Técnico Judiciário - TJ-SP/2011) João ingressou com ação tratando de direitos indisponíveis em face de Maria e Antonio. Maria contestou o feito e Antonio deixou passar em branco o prazo para responder à ação. Diante disso, indique a alternativa correta.

A) Antonio se tornou revel, situação processual que afeta a resposta apresentada por Maria.

B) Antonio se tornou revel, reputando-se verdadeiros os fatos afirmados por João.

C) Antonio, como revel, não poderá mais intervir no processo, correndo os prazos independentemente de intimação.

D) Caso a ação fosse proposta somente em face de Antonio, sua revelia não permitiria a alteração do pedido inicial, ainda que se proceda nova citação.

E) A revelia de Antonio não reputa verdadeiros os fatos afirmados por João, por se tratar de discussão de direitos indisponíveis.

COMENTÁRIOS

✪ **Nota do autor:** a revelia é um fato, decorrente da não apresentação de resposta no prazo. Em virtude desse fato, são produzidos determinados efeitos, que são identificados como efeitos materiais e efeitos processuais. Como efeito material tem-se que se presumem verdadeiros os fatos articulados na inicial; como processual, por sua vez, tem-se que o réu deixará de ser intimado dos atos processuais que se seguirão.

Alternativa correta: letra "e". Existem situações em que a revelia não produzirá o efeito material, ou seja, não se presumirão verdadeiros os fatos articulados pelo autor. E assim ocorrerá se, havendo pluralidade de réus, algum deles contestar a ação, se o litígio versar sobre direitos indisponíveis, se a petição inicial não estiver acompanhada de instrumento que a lei considere indispensável à prova do ato ou se as alegações de fato formuladas pelo autor forem inverossímeis ou estiverem em contradição com prova constante dos autos (art. 345 do CPC). No presente caso, Antônio não contestou, mas se trata de direito indisponível, motivo pelo qual não haverá a incidência do efeito material da revelia. Exclui automaticamente as demais alternativas.

---

43. (Vunesp - Juiz de Direito - RJ/2014) Em matéria de defesa, entende-se por princípio da eventualidade

A) o dever do réu de alegar, na contestação, toda a matéria que lhe aproveita, sob pena de preclusão.

B) a faculdade do réu de apresentar reconvenção em substituição à contestação.

C) a prerrogativa do réu de não ser compelido a produzir prova contra si.

D) a garantia do exercício do contraditório, caso o autor apresente novos documentos, na fase de instrução processual.

COMENTÁRIOS

✪ **Nota do autor:** pelo princípio da eventualidade ou da concentração, o réu deverá apresentar toda a sua matéria de defesa na contestação e, posteriormente, somente poderá oferecer alegações quando relativas a direito ou a fato superveniente; competir ao juiz conhecer delas de ofício; por expressa autorização legal, puderem ser formuladas em qualquer tempo e grau de jurisdição (CPC, art. 342, I, II e III).

Alternativa correta: letra "A" (responde as demais). O princípio da eventualidade ou da concentração se depreende da norma pela qual incumbe ao réu alegar, na contestação, toda a matéria de defesa, expondo as razões de fato e de direito com que impugna o pedido do autor e especificando as provas que pretende produzir (CPC, art. 336), sob pena de preclusão.

---

44. (Vunesp - Escrevente Técnico Judiciário - TJ-SP/2008) (adaptada) Na contestação, o réu não poderá, antes de discutir o mérito, alegar:

A) nulidade de citação.

B) perempção.

C) litispendência.

D) impossibilidade jurídica do pedido.

E) incompetência relativa.

COMENTÁRIOS

✪ **Nota do autor:** esta questão foi adaptada em razão das modificações ocorridas com a contestação no CPC de 2015 e que merecem ser destacadas. Sabe-se que a contestação é regida por dois princípios, quais sejam: i) concentração ou eventualidade, por meio do qual nesta peça deverão constar todas as matérias de defesa, ainda que contraditórias; ii) impugnação especificada dos fatos, de acordo com o que o réu deverá impugnar todos os fatos apresentados pelo autor, sob pena de se presumirem verdadeiros os fatos articulados na inicial.

Alternativa correta: letra "d".A impossibilidade jurídica do pedido não é matéria processual, pois a possibilidade jurídica do pedido deixou de ser equiparada a uma das condições da ação.

Alternativas "a", "b", "c" e "e": incorretas. As demais alternativas trazem matérias que podem ser alegadas como preliminares. Destaque-se que, entre elas, está indicada a incompetência relativa. No CPC anterior, tal matéria deveria ser alegada por meio de exceção, em separado. Atualmente, porém, da contestação poderá constar tanto a incompetência absoluta, como a relativa. Não mais se admite a exceção de incompetência (assim como não mais se admite a exceção de impedimento ou a de suspeição).

---

45. (Vunesp – Escrevente Técnico Judiciário – TJ-SP/2014) Tendo sido reconhecida a revelia do réu, que deixou de contestar a ação no prazo legal, assinale a alternativa correta.

A) Contra o revel que não tenha patrono nos autos, correrão os prazos a partir da publicação de cada ato decisório.

B) Ocorrendo a revelia, o autor poderá modificar o pedido ou a causa de pedir, até antes da prolação da sentença.

C) O revel não poderá intervir no feito nas demais fases do processo, como um dos efeitos da revelia.

D) Se a contestação não estiver acompanhada de instrumento público que a lei considere indispensável à prova do fato, sofrerá o réu os efeitos da revelia.

E) Na pluralidade de réus, havendo contestação de um deles, os demais, se não responderem o feito, sofrerão os efeitos da revelia.

COMENTÁRIOS

✪ **Nota do autor:** se o réu não contestar a ação, será considerado revel e presumir-se-ão verdadeiras as alegações de fato formuladas pelo autor. Todavia, a revelia não produz citado efeito, além das hipóteses dos itens "D" e "E", se o litígio versar sobre direitos indisponíveis e as alegações de fato formuladas pelo autor forem inverossímeis ou estiverem em contradição com prova constante dos autos.

Alternativa correta: letra "A". Os prazos contra o revel que não tenha patrono nos autos fluirão da data de publicação do ato decisório no órgão oficial (CPC, art. 346, *caput*).

Alternativa B. Incorreta. Dispunha o Código de Processo Civil de 1973 que ainda que ocorresse revelia, o autor não poderia alterar o pedido, ou a causa de pedir, nem demandar declaração incidente, salvo promovendo nova citação do réu, a quem seria assegurado o direito de responder no prazo de 15 (quinze) dias (CPC/73, art. 321). Já na atual lei processual, a matéria é tratada da seguinte forma: o autor poderá até a citação, aditar ou alterar o pedido ou a causa de pedir, independentemente de consentimento do réu; ou até o saneamento do processo, aditar ou alterar o pedido e a causa de pedir, com consentimento do réu, assegurado o contraditório mediante a possibilidade de manifestação deste no prazo mínimo de 15 (quinze) dias, facultado o requerimento de prova suplementar (CPC, art. 329, I e II).

Alternativa C. Incorreta. O revel poderá intervir no processo em qualquer fase, recebendo-o no estado em que se encontrar (CPC, art. 346, parágrafo único).

Alternativa D. Incorreta. A revelia não produz seus regulares efeitos se a petição inicial não estiver acompanhada de instrumento que a lei considere indispensável à prova do ato (CPC, art. 345, III).

Alternativa E. Incorreta. A revelia não produz seus regulares efeitos se havendo pluralidade de réus, algum deles contestar a ação (CPC, art. 345, I).

---

46. (Vunesp – Juiz de Direito – SP/2015) No que tange à revelia e seus efeitos, assinale a alternativa correta.

A) Em ação possessória tempestivamente contestada, a irregularidade de mandato do advogado do réu, não sanada, permite que o magistrado admita a pretensão inicial.

B) A fluência dos prazos, independentemente de intimação, vale para o réu que não conta com patrono nos autos e não reconvém.

C) A ação de anulação de casamento não contestada induz presunção de veracidade.

D) É vedada ao revel a produção de provas, ainda que em tempo oportuno.

COMENTÁRIOS

✪ **Nota do autor:** a revelia não produz seu efeito típico, além da hipótese elencada no item "C", se, havendo pluralidade de réus, algum deles contestar a ação; se a petição inicial não estiver acompanhada de instrumento que a lei considere indispensável à prova do ato; e se as alegações de fato formuladas pelo autor forem inverossímeis ou estiverem em contradição com prova constante dos autos.

Alternativa correta: letra "A". Verificada a incapacidade processual ou a irregularidade da representação da parte, o juiz suspenderá o processo e designará prazo razoável para que seja sanado o vício. Descumprida a determinação, caso o processo esteja na instância originária o réu será considerado revel, se a providência lhe couber (CPC, art. 76, *caput* e § 1º, II). E assim, se o réu não contestar a ação, será considerado revel e presumir-se-ão verdadeiras as alegações de fato formuladas pelo autor (CPC, art. 344). Portanto, o vício não sanado de ausência de representação induz à revelia, que assim, levará ao reconhecimento da pretensão inicial.

Alternativa B. Incorreta. Os prazos contra o revel que não tenha patrono nos autos fluirão da data de publicação do ato decisório no órgão oficial (CPC, art. 346, *caput*).

Alternativa C. Incorreta. A presunção de veracidade trazida pela revelia não ocorrerá se o litígio versar sobre direitos indisponíveis (CPC, art. 345,

Alternativa D. Incorreta. Ao réu revel será lícita a produção de provas, contrapostas às alegações do autor, desde que se faça representar nos autos a tempo de praticar os atos processuais indispensáveis a essa produção (CPC, art. 349).

---

47. (Vunesp – Juiz de Direito – SP/2015) Acerca da reconvenção, assinale a alternativa correta.

A) É necessária a intimação pessoal do autor reconvindo para contestá-la, no prazo de 15 (quinze) dias.

B) A existência de causa extintiva da ação obsta ao prosseguimento da reconvenção.

C) Nas ações possessórias, o usucapião pode ser arguido pela via reconvencional.

D) É admissível em ação declaratória de nulidade de cláusula contratual.

COMENTÁRIOS

Nota do autor: na contestação, é lícito ao réu propor reconvenção para manifestar pretensão própria, conexa com a ação principal ou com o fundamento da defesa. A reconvenção pode ser proposta contra o autor e terceiro, e pode ser proposta pelo réu em litisconsórcio com terceiro. Se o autor for substituto processual, o reconvinte deverá afirmar ser titular de direito em face do substituído, e a reconvenção deverá ser proposta em face do autor, também na qualidade de substituto processual. O réu pode propor reconvenção independentemente de oferecer contestação (CPC, art. 343, *caput*, §§ 3º ao 6º).

Alternativa correta: letra "D". É admissível reconvenção em ação declaratória (Súmula 258 do STF).

Alternativa A. Incorreta. Proposta a reconvenção, o autor será intimado, na pessoa de seu advogado, para apresentar resposta no prazo de 15 (quinze) dias (CPC, art. 343, § 1º).

Alternativa B. Incorreta. A desistência da ação ou a ocorrência de causa extintiva que impeça o exame de seu mérito não obsta ao prosseguimento do processo quanto à reconvenção (CPC, art. 343, § 2º).

Alternativa C. Incorreta. A usucapião pode ser arguida em defesa (Súmula 237 do STF). Assim, é lícito ao réu, na contestação, alegando que foi o ofendido em sua posse, demandar a proteção possessória e a indenização pelos prejuízos resultantes da turbação ou do esbulho cometido pelo autor (CPC, art. 556).

8.3 DAS PROVAS

---

48. (Vunesp – Escrevente Técnico Judiciário – TJ-SP/ 2010) (adaptada) Quanto à prova testemunhal, aponte a alternativa correta:

A) A prova testemunhal é sempre admissível, não podendo ser indeferida, ainda que haja documento que prove os fatos, sob pena de cerceamento de defesa.

B) É vedado à parte inocente provar com testemunhas, nos contratos simulados, a divergência entre a vontade real e a vontade declarada.

C) Estão impedidos de depor como testemunha o que é parte na causa, bem como seu cônjuge.

D) Não está impedido de depor o condenado por crime de falso testemunho, havendo transitado em julgado a sentença.

E) As testemunhas devem depor pessoalmente em juízo, em audiência de instrução, não se admitindo outra forma de oitiva, sob pena de nulidade.

COMENTÁRIOS

Nota do autor: entre os meios de prova tipificados no Código, encontra-se a prova testemunhal.

Alternativa correta: letra "c". Existem determinadas pessoas que se encontram impedidas de depor, conforme se vê do art. 447 do CPC. Entre elas, está elencada a parte na causa, bem como o seu cônjuge, companheiro, ascendente, descendente em qualquer grau e colateral, até o terceiro grau, de alguma das partes, por consanguinidade ou afinidade, salvo se o exigir o interesse público ou, tratando-se de causa relativa ao estado da pessoa, não se puder obter de outro modo a prova que o juiz repute necessária ao julgamento do mérito.

Alternativa "a": incorreta. Nos contratos em que a lei exigir prova escrita da obrigação, é admissível a prova testemunhal quando houver começo de prova por escrito, emanado da parte contra a qual se pretende produzir a prova (art. 444).

Alternativa "b": incorreta. É lícito à parte provar com testemunhas, nos contratos simulados, a divergência entre a vontade real e a vontade declarada, bem como nos contratos em geral, os vícios de consentimento.

Alternativa "d": incorreta. Muito cuidado. O CPC de 2015 não mais prevê como impedimento para depor o fato de ser a testemunha condenada por crime de falso testemunho, tal como antes existia.

Alternativa "e": incorreta. As testemunhas podem ser ouvidas por meio de carta precatória, por exemplo.

---

49. (Vunesp – Escrevente Técnico Judiciário – TJ-SP/2014) No que diz respeito ao depoimento pessoal da parte, assinale a alternativa correta.

A) Quando o juiz não o determinar de ofício, compete a cada parte requerer seu depoimento pessoal, a fim de ser interrogada na audiência de instrução e julgamento.

B) A parte responderá pessoalmente ou por meio de seu advogado sobre os fatos articulados, podendo se servir de escritos anteriormente preparados, sendo defeso, a quem ainda não depôs, assistir ao interrogatório da outra parte.

C) A parte será intimada pessoalmente, com antecedência mínima de 30 dias da audiência, constando do mandado que se presumirão confessados os fatos, caso não compareça.

D) Quando a parte, sem motivo justificado, deixar de responder ao que lhe for perguntado, ou empregar evasivas, o juiz declarará na sentença sua confissão.

E) Se a parte intimada comparecer, a fim de discorrer sobre os fatos da causa, e se recusar a depor, o juiz lhe aplicará a pena de confissão.

COMENTÁRIOS

✪ **Nota do autor:** o depoimento pessoal da parte que residir em comarca, seção ou subseção judiciária diversa daquela onde tramita o processo poderá ser colhido por meio de videoconferência ou outro recurso tecnológico de transmissão de sons e imagens em tempo real, o que poderá ocorrer, inclusive, durante a realização da audiência de instrução e julgamento. A parte não é obrigada a depor sobre fatos criminosos ou torpes que lhe forem imputados; a cujo respeito, por estado ou profissão, deva guardar sigilo; acerca dos quais não possa responder sem desonra própria, de seu cônjuge, de seu companheiro ou de parente em grau sucessível; que coloquem em perigo a vida do depoente ou das pessoas referidas anteriormente. Referidas recusas, contudo, não se aplicam às ações de estado e de família (CPC, art. 385, § 3º e 388, I a IV e parágrafo único).

Alternativa correta: letra "E". Se a parte, pessoalmente intimada para prestar depoimento pessoal e advertida da pena de confesso, não comparecer ou, comparecendo, se recusar a depor, o juiz aplicar-lhe-á a pena (CPC, art. 385, § 1º).

Alternativa A. Incorreta. Cabe à parte requerer o depoimento pessoal da outra parte, a fim de que esta seja interrogada na audiência de instrução e julgamento, sem prejuízo do poder do juiz de ordená-lo de ofício (CPC, art. 385, *caput*).

Alternativa B. Incorreta. A parte responderá pessoalmente sobre os fatos articulados, não podendo servir-se de escritos anteriormente preparados, permitindo-lhe o juiz, todavia, a consulta a notas breves, desde que objetivem completar esclarecimentos (CPC, art. 387). É vedado a quem ainda não depôs assistir ao interrogatório da outra parte (CPC, art. 385, § 2º).

Alternativa C. Incorreta. Não há o referido prazo na norma correspondente, conforme se verifica no item "E" supra.

Alternativa D. Incorreta. Quando a parte, sem motivo justificado, deixar de responder ao que lhe for perguntado ou empregar evasivas, o juiz, apreciando as demais circunstâncias e os elementos de prova, declarará, na sentença, se houve recusa de depor (CPC, art. 386).

---

50. (Vunesp – Escrevente Técnico Judiciário – TJ – SP/2017) Numa audiência de instrução e julgamento, o juiz determinou que primeiro se ouvissem as testemunhas das partes, e, após isso, fossem prestados os esclarecimentos dos peritos. Além disso, no momento dos debates orais, numa ação em que havia interesse de menores, concedeu prazo de 40 minutos para o advogado do autor e de 30 minutos para o advogado do réu e para o promotor de justiça se pronunciarem.

Diante dessa situação, é correto afirmar que o juiz

A) acertou em todos os seus atos, pois a ordem da oitiva é passível de modificação a critério do juiz, bem como os prazos para debates orais devem ser estipulados pelo magistrado.

B) acertou ao inverter a ordem da colheita de provas em audiência, pois não há uma obrigatoriedade nesse roteiro; mas errou ao fixar limite de tempo de 40 minutos para o pronunciamento em razões finais do advogado do autor, prazo superior ao estabelecido em lei.

C) somente errou ao inverter a ordem de oitiva do perito, tento em vista que a lei determina que, obrigatoriamente, sejam ouvidos primeiro o perito e depois as testemunhas.

D) errou na questão da inversão da ordem das provas em audiência, bem como ao conceder prazo maior para uma das partes em detrimento das outras, ferindo o princípio da igualdade processual.

E) errou unicamente ao conceder prazo para o ministério público, tendo em vista que somente as partes devem participar dos debates orais, cabendo ao promotor apenas manifestar-se por escrito por meio de memoriais.

COMENTÁRIOS

✪ **Nota do autor:** Se a causa apresentar questões complexas de fato ou de direito, o debate oral poderá ser substituído por razões finais escritas, que serão apresentadas pelo autor e pelo réu, bem como pelo Ministério Público, se for o caso de sua intervenção, em prazos sucessivos de 15 (quinze) dias, assegurada vista dos autos (CPC, art. 364, §§ 1º e 2º).

Alternativa correta: letra "B" (Responde as demais). As provas orais serão produzidas em audiência, ouvindo-se nesta ordem, preferencialmente: I – o perito e os assistentes técnicos, que responderão aos quesitos de esclarecimentos requeridos no prazo e na forma prevista em lei, caso não respondidos anteriormente por escrito; II – o autor e, em seguida, o réu, que prestarão depoimentos pessoais; III – as testemunhas arroladas pelo autor e pelo réu, que serão inquiridas. Portanto, ao utilizar a expressão "preferencialmente", o Código deixa claro não haver obrigatoriedade na ordem sugerida. Nesse sentido, ainda, deve ser registrado que o art. 139, VI do CPC autoriza que o magistrado altere a ordem de produção dos meios de prova, adequando-os às necessidades do conflito de modo a conferir maior efetividade à tutela do direito. Finda a instrução, o juiz dará a palavra ao advogado do autor e do réu, bem como ao membro do Ministério Público, se for o caso de sua intervenção, sucessivamente, pelo prazo de 20 (vinte) minutos para cada um, prorrogável por 10 (dez) minutos, a critério do juiz (CPC, art. 364, *caput*). Assim, o prazo concedido de 40 (quarenta) minutos ultrapassou o limite estabelecido em lei.

---

51. (Vunesp – Juiz de Direito – RJ/2014) Ao longo do tempo, o processo civil brasileiro passou por mudanças, com o objetivo de melhor cumprir os princípios da celeridade e economia processual, bem como alcançar a desejável "verdade real". Neste contexto surgiu a teoria da distribuição dinâmica do ônus probatório, que consiste, em suma,

A) na inversão do ônus da prova, a critério do juiz, quando se verificar a hipossuficiência técnica, jurídica ou financeira de uma das partes.

B) na atribuição de hierarquia às espécies de provas, pelo juiz, de acordo com as circunstâncias e peculiaridades do caso concreto.

C) na valorização da prova indiciária produzida por uma das partes, quando da avaliação do integral conjunto probatório.

D) na flexibilização da tradicional distribuição do ônus probatório, de acordo com as circunstâncias fáticas e atributos de cada uma das partes.

COMENTÁRIOS

✪ **Nota do autor:** via de regra, o ônus da prova incumbe ao autor, quanto ao fato constitutivo de seu direito; e ao réu, quanto à existência de fato impeditivo, modificativo ou extintivo do direito do autor. Vale ressaltar que a decisão pela distribuição do ônus probatório de forma diversa não pode gerar situação em que a desincumbência do encargo pela parte seja impossível ou excessivamente difícil. A distribuição diversa do ônus da prova também pode ocorrer por convenção das partes, salvo quando recair sobre direito indisponível da parte; ou tornar excessivamente difícil a uma parte o exercício do direito (CPC, art. 373, I, II, §§ 2º e 3º, I e II).

Alternativa correta: letra "D" (Responde as demais). A alternativa conceitua a teoria da distribuição dinâmica do ônus da prova, consagrada pela norma que pressupõe que nos casos previstos em lei ou diante de peculiaridades da causa relacionadas à impossibilidade ou à excessiva dificuldade de cumprir o encargo do ônus probatório da forma tradicional ou à maior facilidade de obtenção da prova do fato contrário, poderá o juiz atribuir o ônus da prova de modo diverso, desde que o faça por decisão fundamentada, caso em que deverá dar à parte a oportunidade de se desincumbir do ônus que lhe foi atribuído (CPC, art. 373, § 1º).

---

52. (Vunesp – Juiz de Direito – TJ – SP/2013) Acerca de provas, é correto afirmar que

A) qualquer que seja o valor do contrato, é lícito à parte inocente provar exclusivamente com testemunhas a sua simulação.

B) há presunção absoluta de veracidade e exatidão dos livros comerciais quando eles constituam prova contra seu autor, e relativa, quando provam a seu favor.

C) somente a requerimento de algumas das partes, demonstrando que a matéria não está suficientemente esclarecida, poderá o juiz determinar a realização de nova perícia.

D) para provar a verdade dos fatos, só se podem produzir as provas especificadas no Código de Processo Civil.

COMENTÁRIOS

✪ **Nota do autor:** caberá ao juiz, de ofício ou a requerimento da parte, determinar as provas necessárias ao julgamento do mérito. O juiz indeferirá, em decisão fundamentada, as diligências inúteis ou meramente protelatórias e apreciará a prova constante dos autos, independentemente do sujeito que a tiver promovido, e indicará na decisão as razões da formação de seu convencimento.

Alternativa correta: letra "A". É lícito à parte provar com testemunhas nos contratos simulados, a divergência entre a vontade real e a vontade declarada; e nos contratos em geral, os vícios de consentimento (CPC, art. 446, I e II).

Alternativa B. Incorreta. Os livros empresariais provam contra seu autor, sendo lícito ao empresário, todavia, demonstrar, por todos os meios permitidos em direito, que os lançamentos não correspondem à verdade dos fatos (CPC, art. 417).

Alternativa C. Incorreta. O juiz determinará, de ofício ou a requerimento da parte, a realização de nova perícia quando a matéria não estiver suficientemente esclarecida (CPC, art. 480, *caput*).

Alternativa D. Incorreta. As partes têm o direito de empregar todos os meios legais, bem como os moralmente legítimos, ainda que não especificados no Código de Processo Civil, para provar a verdade dos fatos em que se funda o pedido ou a defesa e influir eficazmente na convicção do juiz (CPC, art.369).

53. (Vunesp – Juiz de Direito – SP/2015) Com relação à confissão, assinale a alternativa correta.

A) É, de regra, indivisível.

B) É meio de prova que implica presunção absoluta de veracidade.

C) A confissão judicial faz prova contra os litisconsortes e o confitente.

D) Em ação que verse sobre direitos indisponíveis, a confissão não faz prova contra o confitente se desacompanhada da confissão do outro cônjuge.

COMENTÁRIOS

✪ **Nota do autor:** há confissão, judicial ou extrajudicial, quando a parte admite a verdade de fato contrário ao seu interesse e favorável ao do adversário. A confissão judicial pode ser espontânea ou provocada.

Alternativa correta: letra "A". A confissão é, em regra, indivisível, não podendo a parte que a quiser invocar como prova aceitá-la no tópico que a beneficiar e rejeitá-la no que lhe for desfavorável, porém cindir-se-á quando o confitente a ela aduzir fatos novos, capazes de constituir fundamento de defesa de direito material ou de reconvenção (CPC, art. 395).

Alternativa B. Incorreta. A confissão não induz a presunção absoluta, uma vez que deverá ser levada em consideração juntamente com todo o conjunto probatório. Outrossim, pode ser anulada se decorreu de erro de fato ou de coação (CPC, art. 393, *caput*).

Alternativa C. Incorreta. A confissão judicial faz prova contra o confitente, não prejudicando, todavia, os litisconsortes (CPC, art. 391, *caput*).

Alternativa D. Incorreta. Não vale como confissão a admissão, em juízo, de fatos relativos a direitos indisponíveis (CPC, art. 392).

9 FORMAÇÃO, SUSPENSÃO E EXTINÇÃO DO PROCESSO

54. (Vunesp – Juiz de Direito – RJ/2014) Determinada pessoa ingressou com medida judicial para discutir disposições contratuais. Citado, em sua defesa, o réu confeccionou preliminar, arguindo a existência de cláusula arbitral. Partindo das premissas de que o contrato é paritário e que a cláusula arbitral abrange a totalidade da lide, deverá o juiz:

A) sanear o processo e determinar a produção de provas, remetendo os autos, em seguida, para a câmara arbitral indicada na cláusula ou pelas partes.

B) fixar os pontos controvertidos e remeter os autos para a câmara arbitral indicada na cláusula ou pelas partes.

C) extinguir o processo, sem resolução de mérito.

D) suspender o processo até que se decida o mérito no juízo arbitral, aguardando-se a sentença para execução no Poder Judiciário.

COMENTÁRIOS

✪ **Nota do autor:** sobre a arbitragem, existindo cláusula compromissória e havendo resistência quanto à instituição da arbitragem, poderá a parte interessada requerer a citação da outra parte para comparecer em juízo a fim de lavrar-se o compromisso, designando o juiz audiência especial para tal fim (Lei 9.307 – Lei da arbitragem, art. 7º, *caput*).

Alternativa correta: letra "C" (Responde as demais). O juiz não resolverá o mérito quando acolher a alegação de existência de convenção de arbitragem ou quando o juízo arbitral reconhecer sua competência (CPC, art. 485, VII).

55. (Vunesp – Juiz de Direito – RJ/2016) Em ação declaratória, após a prolação da sentença, as partes, de comum acordo, requereram a suspensão do processo por 90 dias. Houve a homologação desse pedido em 11.09.2015, porém, em 02.10.2015 a sentença foi publicada. A parte sucumbente ofereceu sua apelação em 18.12.2015, sendo certo que todas essas datas correspondem a uma sexta-feira.

Considerando os princípios da boa-fé do jurisdicionado, do devido processo legal e da segurança jurídica, assinale a alternativa correta.

A) A apelação é tempestiva, pois o processo encontrava-se suspenso por decisão homologatória e inquestionável, uma vez que, embora se trate de prazo peremptório, a sentença ainda não estava publicada, dando poder aos juridiscionados de requerer a suspensão de prazos dessa natureza.

B) Tratando-se de prazo peremptório, não se suspende o prazo, por ser defeso às partes transigir sobre prazos dessa natureza, sendo intempestiva a apelação, independentemente da homologação anterior.

C) Ao homologar a suspensão do processo, o juízo criou nos jurisdicionados a legítima expectativa de que o processo só tramitaria ao final do prazo convencionado, devendo ser considerada tempestiva a apelação.

D) Exceto em caso de calamidade pública, poderia o juízo homologar a convenção das partes para a suspensão do prazo recursal, se disso se tratasse, assim, embora suspenso o processo, o prazo recursal permaneceria em curso, sendo intempestiva a apelação.

E) A rigor, é nulo o ato judicial que homologou a convenção das partes para a suspensão dos processos, uma vez que a sentença estando prolatada, não permite ao juiz praticar nenhum outro ato, exceto os relativos ao recebimento dos recursos, de modo que é intempestiva a apelação.

COMENTÁRIOS

✪ **Nota do autor:** aquele que de qualquer forma participa do processo deve comportar-se de acordo com a boa-fé (CPC, art. 5º). Durante a suspensão é vedado praticar qualquer ato processual, podendo o juiz, todavia, determinar a realização de atos urgentes a fim de evitar dano irreparável, salvo no caso de arguição de impedimento e de suspeição (CPC, art. 314). Deste modo, nem mesmo a publicação da sentença deveria ter ocorrido durante a suspensão acordada.

Alternativa correta: letra "C". Ao homologar a convenção pela suspensão do processo, o Poder Judiciário criou nos jurisdicionados a legítima expectativa de que o processo só voltaria a tramitar após o termo final do prazo convencionado(STJ – REsp 1306463/RS – Info 503/2012).

Alternativa A. Incorreta. A sentença foi publicada, porém, o prazo não correu durante a suspensão do processo. Havendo suspensão, ao final, deve o prazo ser restituído por tempo igual ao que faltava para sua complementação (CPC, art. 221, *caput*).

Alternativa B. Incorreta. De comum acordo, o juiz e as partes podem fixar calendário para a prática dos atos processuais, quando for o caso (CPC, art. 191). Ao juiz é vedado reduzir prazos peremptórios sem anuência das partes (CPC, art. 222, § 1º). Portanto, o Código de Processo Civil de 2015 autoriza a composição, inclusive, sobre os prazos peremptórios.

Alternativa D. Incorreta. Na comarca, seção ou subseção judiciária onde for difícil o transporte, o juiz poderá prorrogar os prazos por até 2 (dois) meses. Havendo calamidade pública, o limite referido para prorrogação de prazos poderá ser excedido (CPC, art. 222, § 2º). Assim, se fosse o caso de calamidade pública o juiz poderia prorrogar o prazo independentemente de convenção das partes.

Alternativa E. Incorreta. A convenção das partes é forma expressa de suspensão processual (CPC, art. 313, II), e esta ocorreu, sendo até mesmo homologada, antes da sentença.

56. (Vunesp – Juiz de Direito – RJ/2016) Antonio ingressou com ação em face de José, requerendo o cumprimento de uma obrigação de fazer, peticionando na inicial a antecipação dos efeitos da tutela, mas este pedido lhe foi negado. Antonio agravou de instrumento e o Tribunal de Justiça, ao julgar o recurso, verificou que não estavam presentes todas as condições da ação, decidindo pela negativa de provimento ao agravo e a extinção da ação.

Diante desse fato, é correto afirmar que

A) a interposição do recurso transferiu ao Tribunal o conhecimento da matéria impugnada, sendo nula a decisão que extinguiu o feito, o que deve ser objeto de recurso especial.

B) o efeito devolutivo dos recursos atua em decisão que põe fim às fases do processo, o que não é o caso das decisões interlocutórias, que apenas decidem questões pontuais, não dando poder ao Tribunal para extinguir a ação em agravo.

C) como o Tribunal está restrito a apreciar o conteúdo recursal, poderá, se o caso, recomendar a apreciação de eventual falta de uma ou mais condições de ação, pelo juízo a quo, após a apresentação de resposta do réu.

D) em questões de ordem pública, o sistema processual autoriza o órgão ad quem a julgar fora do que consta das razões ou contrarrazões do recurso, sendo possível a extinção da ação no julgamento do agravo.

E) considerando o princípio dispositivo, o Tribunal poderá extinguir a ação, em obediência ao contraditório, desde que invocada a questão pela parte agravada em suas contrarrazões.

COMENTÁRIOS

✪ **Nota do autor:** vale ressaltar que o Código de Processo Civil de 2015 reduziu as condições da ação à legitimidade de parte e ao interesse processual.

Alternativa correta: letra "D" (Responde as demais). O juiz não resolverá o mérito quando verificar a ausência de legitimidade ou de interesse processual. O juiz conhecerá de ofício da matéria anteriormente citada, em qualquer tempo e grau de jurisdição, enquanto não ocorrer o trânsito em julgado (CPC, art. 485, VI e § 3º).

10 DA SENTENÇA E DA COISA JULGADA

57. (Vunesp – Escrevente Técnico Judiciário – TJ-SP/2013) É defeso ao juiz proferir sentença:

A) certa, quando decidir relação jurídica condicional.

B) impondo multa diária ao réu, a pedido do autor, desde que haja justificado receio de ineficácia do provimento final.

C) a favor do autor, de natureza diversa da pedida, bem como condenar o réu em quantidade superior ou em objeto diverso do que lhe foi demandado.

D) e depois lhe corrigir de ofício, por conta de inexatidões materiais.

E) e modificar o valor ou a periodicidade da multa, caso verifique que se tornou insuficiente ou excessiva.

COMENTÁRIOS

✪ **Nota do autor:**

Alternativa correta: letra "c". Deve-se observar a correlação entre o pedido e a sentença. Trata-se do pedido da adstrição ou da correlação. Nesse sentido, há previsão de que o juiz não poderá proferir decisão de natureza diversa da pedida, bem como condenar a parte em quantidade superior ou em objeto diverso do que lhe foi demandado (art. 492 CPC).

Alternativa "a": incorreta. A decisão deve ser certa, ainda que resolva relação jurídica condicional (art. 492, parágrafo único).

Alternativa "b": incorreta. Admite-se que o juiz imponha multa ao réu, ainda que não haja requerimento expresso do autor.

Alternativa "d": incorreta. Poderá o juiz corrigir, excepcionalmente, a sentença, depois de proferida. Nesse sentido, o art. 494 do CPC detalha que, uma vez publicada a sentença, o juiz poderá alterá-la para corrigir-lhe, de ofício ou a requerimento da parte, inexatidões materiais ou erros de cálculo, ou por meio de embargos de declaração.

Alternativa "e": incorreta. O valor da multa poderá ser corrigido, não estando abrangido pela parte imodificável da sentença.

58. (Vunesp – Juiz de Direito – RJ/2016) Verificada a existência de decisões conflitantes versando sobre o mesmo bem jurídico, e ambas transitadas em julgado,

A) não prevalece nenhuma delas, até que uma seja desconstituída por ação rescisória.

B) prevalece aquela que por último transitou em julgado.

C) prevalece aquela que for mais favorável ao réu.

D) prevalece a que for mais favorável ao autor.

E) prevalecem ambas, até que alguma delas seja desconstituída por ação rescisória.

COMENTÁRIOS

✪ **Nota do autor:** denomina-se coisa julgada material a autoridade que torna imutável e indiscutível a decisão de mérito não mais sujeita a recurso. A questão trata do conflito de coisas julgadas, cuja solução gera polêmica na doutrina e nos tribunais. Enfim, havendo conflito de coisas julgadas, prevalecerá a primeira ou a segunda sentença? A banca examinadora, na prova aplicada pela Magistratura do Rio de Janeiro, em 2016, adotou posicionamento de que deveria prevalecer a segunda coisa julgada, aliás, como já decidiu o STJ (STJ – AgRg no REsp 643998/PE). Dinamarco, ao analisar o tema ao tempo de vigência do CPC 1973, defendeu que, existindo *duas coisas julgadas conflitantes,* há de prevalecer a segunda, enquanto não acolhida a ação rescisória admissível para rescindi-la. E justifica tal posicionamento principalmente pela previsão da admissibilidade da rescisão de tal sentença pela ação rescisória.[6]

Atualmente, no entanto, é posicionamento corrente a defesa da prevalência da **primeira coisa julgada**. Para Araken de Assis, a questão deve ser vista a partir do direito fundamental processual à estabilidade (art. 5º, XXXVI, da CF), de modo que a segunda coisa julgada fere a imunidade assegurada ao vencedor da primeira. Ainda segundo o autor, a

6. DINAMARCO, Cândido Rangel. *Instituições de Direito Processual Civil.* Vol. III. São Paulo: Malheiros, 2009, p. 336.

segunda sentença existe e é válida, embora possa ser desconstituída pela ação rescisória.[7] Nery Jr. também defende a prevalência da primeira coisa julgada, em razão da inconstitucionalidade da segunda. Porém, acata a tese da inexistência da segunda coisa julgada, muito embora se admita que o tema seja tratado na ação rescisória, ou mesmo que a matéria seja alegada em nova ação ou em defesa.[8] Atualmente, o Superior Tribunal de Justiça apoia a tese de prevalência da primeira coisa julgada, defendendo ainda que a segunda sentença é ineficaz (REsp 1.354.225-RS, Rel. Min. Paulo de Tarso Sanseverino, julgado em 24.2.2015, DJe 5/3/2015). Dessa maneira, pode-se dizer que a ofensa à coisa julgada poderá ser alegada tanto em ação rescisória, quanto também por meio diverso, como uma ação autônoma, por se tratar de coisa julgada inconstitucional.

Alternativa correta: letra "B" (Responde as demais). Como dito, este foi o posicionamento adotado pela banca, muito embora as últimas decisões proferidas pelo STJ a respeito sejam em sentido diferente, no sentido de que prevalecerá a primeira decisão, sendo a segunda sentença ineficaz.

---

59. (Vunesp – Juiz de Direito – TJ – SP/2013) Assinale a afirmativa correta.

A) Publicada a sentença contendo inexatidão material, somente a requerimento da parte poderá o juiz corrigi-la.

B) Os embargos de declaração podem ter efeitos infringentes sempre que o juiz reconhecer ter cometido error in judicando.

C) Pelo princípio da adstrição, é defeso ao juiz proferir sentença, a favor do autor, de natureza diversa da pedida.

D) Formulado pelo autor pedido condenatório líquido, o juiz poderá proferir sentença ilíquida, mandando que o quantum seja apurado em liquidação.

COMENTÁRIOS

✪ **Nota do autor:** na ação relativa à obrigação de pagar quantia, ainda que formulado pedido genérico, a decisão definirá desde logo a extensão da obrigação, o índice de correção monetária, a taxa de juros, o termo inicial de ambos e a periodicidade da capitalização dos juros, se for o caso, salvo quando não for possível determinar, de modo definitivo, o montante devido; ou a apuração do valor devido depender da produção de prova de realização demorada ou excessivamente dispendiosa, assim reconhecida na sentença. Nesses casos, seguir-se-á a apuração do valor devido por liquidação. Referida regra também se aplica quando o acórdão alterar a sentença (CPC, art. 491, I, II e §§ 1º e 2º).

Alternativa correta: letra "C". Conforme o princípio da adstrição, ou congruência, é vedado ao juiz proferir decisão de natureza diversa da pedida, bem como condenar a parte em quantidade superior ou em objeto diverso do que lhe foi demandado (CPC, art. 492, *caput*).

Alternativa A. Incorreta. Publicada a sentença, o juiz só poderá alterá-la para corrigir-lhe, de ofício ou a requerimento da parte, inexatidões materiais ou erros de cálculo; ou por meio de embargos de declaração (CPC, art. 494, I e II).

Alternativa B. Incorreta. Cabem embargos de declaração contra qualquer decisão judicial para esclarecer obscuridade ou eliminar contradição; suprir omissão de ponto ou questão sobre o qual devia se pronunciar o juiz de ofício ou a requerimento; ou corrigir erro material (CPC, art. 1.022, I, II e III). Portanto, não constitui objetivo dos embargos invalidar ou reformar a decisão de direito material, razão pela qual não possuem efeito infringente.

Alternativa D. Se o autor alternativa estava totalmente incorreta sob a vigência do Código de Processo Civil de 1973, o qual previa que quando o autor tivesse formulado pedido certo, era vedado ao juiz proferir sentença ilíquida (CPC/73, art. 459, parágrafo único).

---

60. (Vunesp – Juiz de Direito – TJ SP/2017) Sobre a coisa julgada material, é correto afirmar que

A) apenas decisões de mérito transitadas em julgado comportam ação rescisória.

B) na ação de dissolução de sociedade, a coisa julgada se opera em relação à sociedade, ainda que a sociedade não tenha sido citada, desde que todos seus sócios o tenham sido.

C) se opera entre as partes entre as quais é dada, não podendo prejudicar ou beneficiar terceiros.

D) pode abranger a resolução de questão prejudicial, desde que dessa resolução dependa o julgamento do pedido; que tenha sido facultado o contraditório; e que o órgão seja competente em razão da matéria e da pessoa para resolver a questão como se principal fosse.

---

7. ASSIS, Aralen de. *Processo Civil Brasileiro*. Vol. III. São Paulo, Revista dos Tribunais, 2017, p. 1.476,

8. NERY JUNIOR, Nelson. NERY, Rosa Maria de Andrade. *Comentários ao Código de Processo Civil. Novo CPC – Lei 13.105/2015*. São Paulo: RT, 2015, p. 1.198.

COMENTÁRIOS

✪ **Nota do autor:** denomina-se coisa julgada material a autoridade que torna imutável e indiscutível a decisão de mérito não mais sujeita a recurso.

Alternativa correta: letra "B". Na ação de dissolução parcial da sociedade ocorrerá a formação de litisconsórcio passivo necessário a ser integrado pelos sócios e pela sociedade (se acaso não foi esta quem ajuizou a ação), os quais serão citados para, no prazo de 15 dias, concordar com o pedido ou apresentar resposta. Note-se que ocorreu o fim da discussão doutrinária e jurisprudencial, pois a sociedade deve integrar o polo passivo da ação na condição de litisconsorte necessário, salvo se foi a autora da demanda. Porém, se todos os sócios forem citados, a sociedade não precisará compor o polo passivo, posto que se presume o conhecimento pela pessoa jurídica.

Alternativa A. Incorreta. Também será rescindível a decisão transitada em julgado que, embora não seja de mérito, impeça nova propositura da demanda; ou impeça admissibilidade do recurso correspondente (CPC, art. 966, § 2º, I e II).

Alternativa C. Incorreta. A sentença faz coisa julgada às partes entre as quais é dada, não prejudicando terceiros (CPC, art. 506).

Alternativa D. Incorreta. Haverá coisa julgada pela resolução de questão prejudicial, decidida expressa e incidentemente no processo, se dessa resolução depender o julgamento do mérito; a seu respeito tiver havido contraditório prévio e efetivo, não se aplicando no caso de revelia; o juízo tiver competência em razão da matéria e da pessoa para resolvê-la como questão principal. Porém, isto não se aplica se no processo houver restrições probatórias ou limitações à cognição que impeçam o aprofundamento da análise da questão prejudicial.

11 DO CUMPRIMENTO DE SENTENÇA

61. (Vunesp - Juiz de Direito - TJ SP/2017) Na impugnação ao cumprimento de sentença,

A) poderá, ainda que já tenha se operado o trânsito em julgado da sentença, ser alegada inexigibilidade da obrigação reconhecida no título, se ele estiver fundado em lei ou ato normativo considerado inconstitucional pelo Supremo Tribunal Federal, ou fundado em aplicação ou interpretação da lei ou do ato normativo, tido pelo Supremo Tribunal Federal como incompatível com a Constituição Federal, em controle de constitucionalidade concentrado ou difuso.

B) o prazo para a apresentação não será contado em dobro, mesmo que, sendo físicos os autos, haja litisconsortes com procuradores diferentes, de escritórios de advocacia distintos.

C) quando se alegar excesso de execução, é ônus da parte, sob pena de não ser conhecida a alegação, indicar desde logo o valor que entenda correto, mediante demonstrativo, ainda que entenda que a apuração dependa de prova pericial.

D) a respectiva apresentação impedirá a penhora, sua substituição, reforço ou redução, se concedido efeito suspensivo pelo juiz.

COMENTÁRIOS

✪ **Nota do autor:** na fase de cumprimento de obrigação consubstanciada em decisão judicial, poderá o executado oferecer impugnação, que tem natureza de *defesa endoprocessual* e que será apresentada por meio de petição, que será juntada aos autos, na qual poderá o executado alegar várias matérias. Como regra, a impugnação não importará na atribuição de suspender a execução, salvo se houver decisão do juiz a respeito.

Alternativa correta: letra "C". Quando o executado alegar que o exequente, em excesso de execução, pleiteia quantia superior à resultante da sentença, cumprir-lhe-á declarar de imediato o valor que entende correto, apresentando demonstrativo discriminado e atualizado de seu cálculo (CPC, art. 525, § 4º).

Alternativa A. Incorreta. Na impugnação, o executado poderá alegar inexequibilidade do título ou inexigibilidade da obrigação. E para efeitos dessa alegação, considera-se também inexigível a obrigação reconhecida em título executivo judicial fundado em lei ou ato normativo considerado inconstitucional pelo Supremo Tribunal Federal, ou fundado em aplicação ou interpretação da lei ou do ato normativo tido pelo Supremo Tribunal Federal como incompatível com a Constituição Federal, em controle de constitucionalidade concentrado ou difuso. Entretanto, referida decisão do Supremo Tribunal Federal deve ser anterior ao trânsito em julgado da decisão exequenda (CPC, art. 525, § 1º, III, §§ 13 e 14), pois, se posterior, deverá a parte valer-se da ação rescisória.

Alternativa B. Incorreta. Aplica-se à impugnação a regra de que os litisconsortes que tiverem diferentes procuradores, de escritórios de advocacia distintos, terão prazos contados em dobro para todas as suas manifestações, em qualquer juízo ou tribunal, independentemente de requerimento (CPC, art. 525, § 3º c/c art. 229).

Alternativa D. Incorreta. A concessão de efeito suspensivo não impedirá a efetivação dos atos de substituição, de reforço ou de redução da penhora e de avaliação dos bens (CPC, art. 525, § 7º).

12 EXECUÇÃO POR QUANTIA CERTA CONTRA DEVEDOR SOLVENTE

62. (Vunesp – Oficial de Justiça – TJ-SP/2009) Considerando-se a arrematação judicial de bens, é correto o que se afirma em:

A) A arrematação poderá ser feita em dinheiro ou cheque, desde que realizada em hasta pública e com ela houver concordado o depositário.

B) É vedado ao credor participar da praça ou leilão, assim como o juiz, escrivão e oficial de justiça, que atuaram ou atuam na causa.

C) Será suspensa a arrematação logo que o produto da alienação dos bens bastar para o pagamento do credor.

D) A arrematação constará de auto, que será lavrado até cinco dias depois de realizada a praça ou leilão.

E) O fiador do arrematante, que pagar o valor do lanço, não poderá requerer que a arrematação lhe seja transferida.

COMENTÁRIOS

✪ **Nota do autor:** é recomendável muita atenção do candidato em relação às hipóteses expropriatórias em razão das modificações ocorridas com o CPC de 2015. Não mais se utilizará a distinção leilão ou praça públicas. Fala-se unicamente em alienação, que será realizada por meio de iniciativa particular ou por meio de leilão judicial eletrônico ou presencial (art. 879, incisos I e II).

Alternativa correta: letra "c". Será suspensa a arrematação logo que o produto da alienação for suficiente par ao pagamento do credor e para a satisfação das despesas da execução (art. 899 CPC).

Alternativa "a": incorreta. Se o exequente arrematar os bens e for o único credor, não estará obrigado a exibir o preço, mas, se o valor dos bens exceder ao seu crédito, depositará, dentro de três dias, a diferença, sob pena de tornar-se sem efeito a arrematação, e, nesse caso, realizar-se-á novo leilão, à custa do exequente.

Alternativa "b": incorreta. Não há vedação para o credor participar da leilão.

Alternativa "d": incorreta. O auto de arrematação será lavrado de imediato.

Alternativa "e": incorreta. O fiador do arrematante que pagar o valor do lance e a multa poderá requerer que a arrematação lhe seja transferida (art. 898).

---

63. (TJ-SP – Oficial de Justiça – TJ-SP/1999) A expropriação objeto da execução por quantia certa não poderá consistir:

A) na alienação de bens de terceiro indicados pelo devedor e aceitos pelo credor.

B) na adjudicação em favor do credor.

C) no usufruto de imóvel.

D) na alienação de bens do devedor.

E) no usufruto de empresa.

COMENTÁRIOS

✪ **Nota do autor:** as hipóteses expropriatórias estão indicadas no art. 825 do CPC 2015, a expropriação consiste em adjudicação, alienação, apropriação dos frutos e rendimentos da empresa ou estabelecimento e de outros bens. Note que a atual redação torna prejudicada a questão. De toda forma, não se admite a alienação de bens de terceiro indicados pelo devedor e aceitos pelo credor, pois deverá haver o consentimento do proprietário.

---

64. (Vunesp – Juiz de Direito – RJ/2016) Tratando-se de execução de título extrajudicial, não tendo sido encontrado o executado para citação pelo Oficial de Justiça, assinale a alternativa correta.

A) Somente se houver prova do periculum in mora, o juiz determinará o arresto dos bens do devedor até o limite da dívida.

B) Não será possível o arresto de bens, até que o credor os indique e a sua localização.

C) Deverão ser penhorados quantos bens forem necessários para a garantia da execução.

D) Em razão da natureza do título e de sua força executiva extravagante, enquanto não houver a citação, não serão arrestados bens.

E) Será possível o arresto bancário prévio por meio eletrônico, nos moldes da penhora, por interpretação analógica.

COMENTÁRIOS

✪ **Nota do autor:** nos 10 (dez) dias seguintes à efetivação do arresto, conforme item "E", o oficial de justiça procurará o executado 2 (duas) vezes em dias distintos e, havendo suspeita de ocultação, realizará a citação com hora certa, certificando pormenorizadamente o ocorrido. Incumbe ao exequente requerer a citação por edital, uma vez frustradas a pessoal e a com hora certa. Aperfeiçoada a citação e transcorrido o prazo de pagamento, o arresto converter-se-á em penhora, independentemente de termo (CPC, art. 830, §§ 1º, 2º e 3º).

Alternativa correta: letra "E" (Responde as demais, exceto o item "C"). Se o oficial de justiça não encontrar o executado, arrestar-lhe-á tantos bens quantos bastem para garantir a execução (CPC, art. 830, *caput*). Sobre a possibilidade do arresto por meio eletrônico, decidiu o STJ, ainda sobre a vigência do Código de Processo Civil de 1973: "frustrada a tentativa de localização do executado, é admissível o arresto de seus bens na modalidade *on-line* – CPC, art. 655-A, aplicado por analogia (STJ - REsp 1.370.687/MG)".

Alternativa C. Incorreta. Apenhora somente ocorrerá com a citação efetivada, ou conforme já dito na nota do autor, após a conversão do arresto inicial, com a posterior citação.

---

65. (Vunesp – Juiz de Direito – TJ – SP/2013) Considerada a lei e a jurisprudência do STJ sobre execução, é correto afirmar que

A) os contratos de mútuo com garantia real ou pessoal são títulos executivos extrajudiciais, independentemente de outras formalidades.

B) a nota promissória vinculada a contrato de abertura de crédito não goza de autonomia e por isso não pode embasar a ação de execução.

C) contra a Fazenda Pública não cabe a execução de título extrajudicial.

D) o prévio protesto é requisito para a execução da debênture.

COMENTÁRIOS

✪ **Nota do autor:** a execução para cobrança de crédito fundar-se-á sempre em título de obrigação certa, líquida e exigível (CPC, art. 783).

Alternativa correta: letra "B". A nota promissória vinculada a contrato de abertura de crédito não goza de autonomia em razão da iliquidez do título que a originou (Súmula 258 do STJ).

Alternativa A. Incorreta, pois serão necessárias outras formalidades. Para ser considerado título executivo extrajudicial, o contrato de mútuo particular deverá ser assinado pelo devedor e por duas testemunhas (CPC, art. 784, III). O contrato de abertura de crédito, ainda que acompanhado de extrato da conta corrente, não é título executivo (Súmula 233 do STJ).O contrato de financiamento bancário de capital de giro, assinado pelo mutuário e por coobrigados solidários, que também emitem e avalizam nota promissória em garantia, além de duas testemunhas, constitui título executivo extrajudicial, servindo a aparelhar execução, uma vez vencida a obrigação (REsp 9520/SP).

Alternativa C. Incorreta. É cabível execução por título extrajudicial contra a Fazenda Pública (Súmula 279 do STJ).

Alternativa D. Incorreta. São títulos executivos extrajudiciais a letra de câmbio, a nota promissória, a duplicata, a debênture e o cheque (CPC, art. 784, I), não havendo exigência de prévio protesto.

---

66. (Vunesp – Juiz de Direito – SP/2014) Não há fraude em execução, segundo os tribunais, na seguinte hipótese:

A) alienação ou oneração de bens quando sobre eles pender ação fundada em direito real.

B) alienação ou oneração de bens penhorados.

C) alienação ou oneração de bens quando corria contra o devedor demanda capaz de levá-lo à insolvência, ao tempo da alienação ou oneração.

D) alienação ou oneração de bens ou renda por sujeito passivo em débito para com a Fazenda Pública, por crédito regularmente inscrito como dívida ativa, ainda que tenham sido reservados, pelo devedor, bens suficientes ao total pagamento da dívida inscrita.

COMENTÁRIOS

✪ **Nota do autor:** sobre o tema destaque-se que a alienação em fraude à execução é ineficaz em relação ao exequente. No caso de aquisição de bem não sujeito a registro, o terceiro adquirente tem o ônus de provar que adotou as cautelas necessárias para a aquisição, mediante a exibição das certidões pertinentes, obtidas no domicílio do vendedor e no local onde se encontra o bem.

Alternativa correta: letra "D". Presume-se fraudulenta a alienação ou oneração de bens ou rendas, ou seu começo, por sujeito passivo em débito para com a Fazenda Pública, por crédito tributário regularmente inscrito como dívida ativa. No entanto, isto não se aplica na hipótese de terem sido reservados, pelo devedor, bens ou rendas suficientes ao total pagamento da dívida inscrita (CTN, art. 185, *caput* e parágrafo único).

Alternativa A. Incorreta. A alienação ou a oneração de bem é considerada fraude à execução quando sobre o bem pender ação fundada em direito real ou com pretensão reipersecutória, desde que a pendência do processo tenha sido averbada no respectivo registro público, se houver (CPC, art. 792, I).

Alternativa B. Incorreta. A alienação ou a oneração de bem é considerada fraude à execução quando tiver sido averbada, no registro do bem, a pendência do processo de execução, e quando tiver sido averbado, no registro do bem, hipoteca judiciária ou outro ato de constrição judicial originário do processo onde foi arguida a fraude (CPC, art. 792, II e III). Presume-se em fraude à execução a alienação ou a oneração de bens efetuada após a averbação (CPC, art. 827, § 4º).

Alternativa C. Incorreta. A alienação ou a oneração de bem é considerada fraude à execução quando, ao tempo da alienação ou da oneração, tramitava contra o devedor ação capaz de reduzi-lo à insolvência (CPC, art. 792, IV).

67. (Vunesp – Juiz de Direito – SP/2014) Assinale a opção correta.

A) A execução fundada em título executivo extrajudicial é insuscetível de ser provisória, ao passo que a execução fundada em título executivo judicial pode ser provisória, quando se tratar de decisão impugnada mediante recurso ao qual não foi atribuído efeito suspensivo.

B) A execução fundada em título executivo extrajudicial é definitiva, como regra; será provisória, contudo, quando houver pendência de recurso de apelação de sentença de improcedência dos embargos do executado, quando recebidos com efeito suspensivo.

C) Uma vez transitada em julgado a decisão, seu cumprimento será definitivo, não havendo a possibilidade de suspensão da execução em hipótese alguma, em vista da autoridade da coisa julgada material.

D) A execução fundada em título executivo judicial pode ser provisória, quando se tratar de decisão impugnada mediante recurso ao qual não foi atribuído efeito suspensivo; se o título for extrajudicial, a execução será provisória se houver pendência de apelação contra sentença que julgue procedentes os embargos recebidos com efeito suspensivo.

COMENTÁRIOS

✪ **Nota do autor:** via de regra, os embargos à execução não terão efeito suspensivo. O juiz poderá, a requerimento do embargante, atribuir efeito suspensivo aos embargos quando verificados os requisitos para a concessão da tutela provisória e desde que a execução já esteja garantida por penhora, depósito ou caução suficientes (CPC, art. 919, *caput* e § 1º).

Alternativa correta: letra "B" (Responde as demais). Sob a vigência do Código de Processo Civil de 1973, determinava-se que era definitiva a execução fundada em título extrajudicial; e era provisória enquanto pendente apelação da sentença de improcedência dos embargos do executado, quando recebidos com efeito suspensivo (CPC/73, art. 587). O dispositivo não encontra correspondente direto no Código de Processo Civil de 2015 que, por sua vez, trata do cumprimento provisório de sentença no artigo 520 e seguintes.

68. (Vunesp – Juiz de Direito – SP/2015) No que se refere à execução de título extrajudicial, a jurisprudência do Superior Tribunal de Justiça é no sentido de que

A) a nota promissória vinculada a contrato de abertura de crédito em conta corrente não goza de autonomia.

B) o contrato de abertura de crédito em conta corrente é título executivo.

C) o contrato de abertura de crédito em conta corrente é título executivo quando acompanhado do respectivo extrato.

D) o instrumento de confissão de dívida originária de contrato de abertura de crédito em conta corrente não constitui título executivo.

COMENTÁRIOS

✪ **Nota do autor:** são títulos executivos judiciais, cujo cumprimento dar-se-á de acordo com as normas do cumprimento de sentença: as decisões proferidas no processo civil que reconheçam a exigibilidade de obrigação de pagar quantia, de fazer, de não fazer ou de entregar coisa; a decisão homologatória de autocomposição judicial; a decisão homologatória de autocomposição extrajudicial de qualquer natureza; o formal e a certidão de partilha, exclusivamente em relação ao inventariante, aos herdeiros e aos sucessores a título singular ou universal; o crédito de auxiliar da justiça, quando as custas, emolumentos ou honorários tiverem sido aprovados por decisão judicial; a sentença penal condenatória transitada em julgado; a sentença arbitral; a sentença estrangeira homologada pelo Superior Tribunal de Justiça; e a decisão interlocutória estrangeira, após a concessão do exequatur à carta rogatória pelo Superior Tribunal de Justiça (CPC, art. 515, I ao IX).

Alternativa correta: letra "A". A nota promissória vinculada a contrato de abertura de crédito não goza de autonomia em razão da iliquidez do título que a originou (Súmula 258 do STJ).

Alternativas B e C. Incorretas. O contrato de abertura de crédito, ainda que acompanhado de extrato da conta corrente, não é título executivo (Súmula 233 do STJ).

Alternativa D. Incorreta. O instrumento de confissão de dívida, ainda que originário de contrato de abertura de crédito, constitui título executivo extrajudicial (Súmula 300 do STJ).

13 DEFESA DO EXECUTADO E DOS EMBARGOS DE TERCEIRO

69. (Vunesp – Juiz de Direito – RJ/2014) Assinale a alternativa correta acerca dos embargos de terceiro.

A) Os embargos de terceiro podem ser opostos a qualquer tempo, seja na fase de conhecimento, fase de execução ou processo de execução.

B) Admite-se a prova testemunhal nos embargos de terceiro.

C) O prazo para resposta do embargado é igual ao prazo para apresentação de defesa em procedimento comum que segue o rito ordinário.

D) Não se admitem embargos de terceiro pelo cônjuge, quando o fundamento é a proteção de bens que integram sua meação.

COMENTÁRIOS

✪ **Nota do autor:** Quem, não sendo parte no processo, sofrer constrição ou ameaça de constrição sobre bens que possua ou sobre os quais tenha direito incompatível com o ato constritivo, poderá requerer seu desfazimento ou sua inibição por meio de embargos de terceiro.

Alternativa correta: letra "B". Na petição inicial, o embargante fará a prova sumária de sua posse ou de seu domínio e da qualidade de terceiro, oferecendo documentos e rol de testemunhas. É facultada a prova da posse em audiência preliminar designada pelo juiz (CPC, art. 677, *caput* e § 1º).

Alternativa A. Incorreta. Os embargos podem ser opostos a qualquer tempo no processo de conhecimento enquanto não transitada em julgado a sentença e, no cumprimento de sentença ou no processo de execução, até 5 (cinco) dias depois da adjudicação, da alienação por iniciativa particular ou da arrematação, mas sempre antes da assinatura da respectiva carta (CPC, art. 675, *caput*).

Alternativa C. Incorreta sob a vigência do Código de Processo Civil de 1973, o qual previa prazo de 10 (dez) dias para a defesa do embargado (CPC/73, art. 1.053). Pelas regras atuais, os embargos poderão ser contestados no prazo de 15 (quinze) dias, findo o qual se seguirá o procedimento comum (CPC, art. 679).

Alternativa D. Incorreta. Considera-se terceiro, para ajuizamento dos embargos o cônjuge ou companheiro, quando defende a posse de bens próprios ou de sua meação, ressalvado o disposto no art. 843 (CPC, art. 674, § 2º, I).

---

70. (Vunesp – Juiz de Direito – SP/2014) A respeito dos embargos de terceiro, é correto afirmar:

A) Os embargos de terceiro podem ser manejados por aquele que não faz parte do processo para retirar constrição indevida do bem em virtude de fraude à execução, mas não para se anular ato jurídico por fraude contra credores.

B) É admissível a oposição de embargos de terceiro fundados em alegação de posse advinda do compromisso de compra e venda de imóvel, contanto que devidamente registrado.

C) Em embargos de terceiro, pouco importa quem deu causa à constrição indevida para fins de suportar a condenação em honorários advocatícios.

D) Não é dado ao cônjuge ajuizar embargos de terceiro para a defesa de sua meação, ainda que tenha sido intimado da penhora em imóvel pertencente ao casal.

COMENTÁRIOS

✪ **Nota do autor:** Os embargos de terceiro podem ser opostos a qualquer tempo no processo de conhecimento enquanto não transitada em julgado a sentença e, no cumprimento de sentença ou no processo de execução, até 5 (cinco) dias depois da adjudicação, da alienação por iniciativa particular ou da arrematação, mas sempre antes da assinatura da respectiva carta (CPC, arts. 674 e 675, *caputs*).

Alternativa correta: letra "A". Considera-se terceiro, para ajuizamento dos embargos o adquirente de bens cuja constrição decorreu de decisão que declara a ineficácia da alienação realizada em fraude à execução (CPC, art. 674, § 2º, II). Súmula 195 do STJ: em embargos de terceiro não se anula ato jurídico por fraude contra credores. Insta salientar, contudo, que alguns doutrinadores defendem a invalidade da súmula após a entrada em vigor do Código de Processo Civil de 2015.

Alternativa B. Incorreta. Os embargos podem ser de terceiro proprietário, inclusive fiduciário, ou possuidor (CPC, art. 674, § 1º). Súmula 84 do STJ: é admissível a oposição de embargos de terceiro fundados em alegação de posse advinda do compromisso de compra e venda de imóvel, ainda que desprovido do registro.

Alternativa C. Incorreta. Súmula 303 do STJ: em embargos de terceiro, quem deu causa à constrição indevida deve arcar com os honorários advocatícios.

Alternativa D. Incorreta. Considera-se terceiro, para ajuizamento dos embargos o cônjuge ou companheiro, quando defende a posse de bens próprios ou de sua meação, observadas as ressalvas legais (CPC, art. 674, § 3º, I). Súmula 134 do STJ: embora intimado da penhora em imóvel do casal, o cônjuge do executado pode opor embargos de terceiro para defesa de sua meação.

14 TUTELA PROVISÓRIA

---

71. (Vunesp – Oficial de Justiça – TJ-SP/2009) Havendo fundado receio de que bens móveis sejam danificados, quando há disputa judicial sobre sua posse ou propriedade, a medida judicial cabível para preservá-los é:

A) arresto.

B) sequestro.

C) busca e apreensão.

D) arrolamento de bens.

E) exibição.

COMENTÁRIOS

✪ **Nota do autor:** deixamos esta questão unicamente para destacar que o CPC não mais faz previsão do processo cautelar, substituindo a temática pela TUTELA PROVISÓRIA, que terá por fundamentos a urgência (nesta compreendidas as tutelas antecipada e a cautelar) e a tutela da evidência. Vide as dicas a respeito do tema.

---

72. (Vunesp - Escrevente Técnico Judiciário - TJ - SP/2017) Determinada lide esbarra numa súmula vinculante que favorece o réu na sua interpretação. Assim, pretende o réu que essa discussão seja imediatamente solucionada, requerendo tutela provisória nesse sentido, pelas vias processuais adequadas.

Nesse caso, é correto afirmar que

A) para que seja concedida a tutela pretendida, será necessária a presença dos requisitos da verossimilhança, da alegação e do risco de dano.

B) o réu não tem legitimidade para requerer tutela provisória nesse caso, pois esse pedido deve ser formulado exclusivamente pelo autor dessa demanda.

C) o réu tem interesse em pleitear a provisória de evidência, independentemente da presença dos requisitos da verossimilhança, da alegação e do risco de dano.

D) por se tratar de assunto que deve aguardar a cognição exauriente, o pedido de tutela provisória do réu deverá ser indeferido.

E) só será concedida a tutela caso o réu a tenha pleiteado na forma de urgência antecipada antecedente.

COMENTÁRIOS

✪ **Nota do autor:** pela atual sistemática, a tutela provisória compreenderá a *tutela de urgência e a tutela da evidência*. A tutela de urgência, por sua vez, englobará a tutela antecipada e a tutela cautelar, que exigem o risco de dano grave ou de difícil reparação. A tutela da evidência não exige este requisito e poderá ser deferida, de acordo com o art. 311 do CPC, quando ficar caracterizado o abuso do direito de defesa ou o manifesto propósito protelatório da parte; se tratar de pedido reipersecutório fundado em prova documental adequada do contrato de depósito, caso em que será decretada a ordem de entrega do objeto custodiado, sob cominação de multa; e quando a petição inicial for instruída com prova documental suficiente dos fatos constitutivos do direito do autor, a que o réu não oponha prova capaz de gerar dúvida razoável.

Alternativa correta: letra "C" (Responde as demais). A tutela da evidência será concedida, independentemente da demonstração de perigo de dano ou de risco ao resultado útil do processo, quando as alegações de fato puderem ser comprovadas apenas documentalmente e houver tese firmada em julgamento de casos repetitivos ou em súmula vinculante (CPC, art. 311, II). Neste caso, então, como a defesa do réu tem fundamento em súmula vinculante, admite-se que se peça a tutela da evidência com a declaração da improcedência.

---

73. (Vunesp - Juiz de Direito - TJ - SP/2013) Acerca da antecipação de tutela, é correto afirmar que

A) se não deferida no curso do processo, não poderá ser concedida apenas na sentença.

B) a tutela antecipada poderá ser revogada ou modificada a qualquer tempo.

C) uma vez requerida na petição inicial, a título de antecipação de tutela, providência de natureza cautelar, deverá o juiz indeferi-la diante da inadequação do pedido.

D) se o Tribunal de Justiça cassar decisão que antecipa a tutela por entender inverossímil a alegação do autor, não mais poderá o juiz de primeira instância conceder na sentença essa mesma tutela.

COMENTÁRIOS

✪ **Nota do autor:** a tutela antecipada é hipótese de tutela de urgência, de modo que há necessidade de comprovação do perigo de dano ou o risco ao resultado útil do processo.

Alternativa correta: letra "B". A tutela provisória conserva sua eficácia na pendência do processo, mas pode, a qualquer tempo, ser revogada ou modificada (CPC, art. 296, *caput*). Nota-se a característica da provisoriedade.

Alternativa A. A tutela provisória de urgência, cautelar ou antecipada, pode ser concedida em caráter antecedente ou incidental (CPC, art. 294, parágrafo único). Ademais, o STJ já havia decidido favoravelmente ao cabimento de tutela provisória em sede de sentença, ainda sob a vigência do Código de Processo Civil de 1973 (STJ – REsp 706.252/SP).

Alternativa C. Em razão da aplicabilidade do princípio da fungibilidade, tem-se a admissibilidade de que o juiz defira a tutela cautelar, apesar de ser solicitada a tutela antecipada.

Alternativa D. Se o tribunal revogar, em sede de agravo de instrumento, a tutela provisória pela falta de requisito relativo à probabilidade do direito, por exemplo, ainda assim será possível que o juiz defira a tutela antecipada na sentença, em razão do grau de certeza que possui. Não mais se trata de probabilidade, mas de certeza do direito.

74. (Vunesp – Juiz de Direito – TJ – SP/2013) No que diz respeito ao processo cautelar, é correto dizer que

A) cessa a eficácia da medida cautelar se não for executada dentro de 30 (trinta) dias.

B) a sentença só pode servir de fundamento ao arresto quando transitada em julgado.

C) uma das hipóteses de cabimento do arresto é o que recai sobre os bens do casal, no curso da ação de separação judicial, se um dos cônjuges os estiver dilapidando.

D) qualquer que seja o procedimento cautelar, o prazo de contestação é de 10 (dez) dias.

COMENTÁRIOS

✪ **Nota do autor:** Sobre o tema, merece enfoque o fato de que o Código de Processo Civil de 2015 não mais disciplinou as medidas cautelares como procedimentos específicos e autônomos. Assim sendo, pelas regras atuais, a tutela provisória de urgência, cautelar ou antecipada, pode ser concedida em caráter antecedente ou incidental. A tutela de urgência de natureza cautelar pode ser efetivada mediante arresto, sequestro, arrolamento de bens, registro de protesto contra alienação de bem e qualquer outra medida idônea para asseguração do direito (CPC, art. 294, parágrafo único e art. 301).

Alternativa correta: letra "A". Considerando a questão sob a ótica do Código de Processo Civil de 2015, efetivada a tutela cautelar, o pedido principal terá de ser formulado pelo autor no prazo de 30 (trinta) dias, caso em que será apresentado nos mesmos autos em que deduzido o pedido de tutela cautelar, não dependendo do adiantamento de novas custas processuais. Cessa a eficácia da tutela concedida em caráter antecedente, se o autor não deduzir o pedido principal no prazo legal, não for efetivada dentro de 30 (trinta) dias e o juiz julgar improcedente o pedido principal formulado pelo autor ou extinguir o processo sem resolução de mérito (CPC, art. 308, *caput* e art. 309, I, II e III).

75. (Vunesp – Juiz de Direito – TJ SP/2017) A tutela provisória de urgência:

A) exige, além do perigo da demora, prova pré-constituída das alegações de fato em que se funda o autor.

B) não pode ser concedida na sentença porque, do contrário, a tutela perderia a natureza de provisória.

C) quando requerida na forma de tutela cautelar antecedente, poderá ser apreciada como tutela antecipada, caso o juiz entenda que essa é sua verdadeira natureza.

D) só pode ser determinada pelo juiz estatal e não pelo árbitro, uma vez que falta a esse último poder de coerção para efetivar a medida.

COMENTÁRIOS

✪ **Nota do autor:** a tutela provisória pode fundamentar-se em urgência ou evidência.

Alternativa correta: letra "C". Admite-se a aplicação do princípio da fungibilidade também em relação à tutela provisória. Desse modo, se requerida tutela antecipada, mas o magistrado entenda adequada a tutela cautelar, poderá deferi-la.

Alternativa A. Incorreta. A tutela de urgência será concedida quando houver elementos que evidenciem a probabilidade do direito (portanto, não é imperial a prova pré-constituída) e o perigo de dano ou o risco ao resultado útil do processo (CPC, art. 300, *caput*).

Alternativa B. Incorreta. A tutela provisória de urgência, cautelar ou antecipada, pode ser concedida em caráter antecedente ou incidental (CPC, art. 294, parágrafo único).

Alternativa D. Incorreta. Instituída a arbitragem, caberá ao árbitro manter, modificar ou revogar a medida cautelar ou de urgência concedida pelo Poder Judiciário. Estando já instituída a arbitragem, a medida cautelar ou de urgência será requerida diretamente aos árbitros (Lei 9.307/96, art. 22-B, *caput* e parágrafo único).

15 EXECUÇÃO FISCAL

76. (Vunesp – Oficial de Justiça – TJ-SP/2009) Em relação à penhora realizada em execução fiscal, aponte a alternativa correta.

A) Se a penhora recair sobre bem imóvel, far-se-á a citação ao cônjuge do devedor, sob pena de nulidade do ato.

B) A avaliação de bens penhorados deve ser feita sempre pelo oficial de justiça, mesmo que não tenha lavrado o auto de penhora.

C) Em qualquer fase do processo poderá ser deferida a substituição da penhora, pelo executado, por outro bem, independentemente da ordem legal.

D) A Fazenda Pública poderá requerer o reforço da penhora insuficiente ou a substituição dos bens penhorados, mesmo fora da ordem legal.

E) O executado que pagar parte da dívida, que julgar incontroversa, deve garantir a execução, em sua totalidade, para fins de embargos.

COMENTÁRIOS

✪ **Nota do autor:** a execução fiscal será regida pela Lei n. 6.830/1980, aplicando-se subsidiariamente o constante do Código de Processo Civil.

Alternativa correta: letra "d". É admissível que a Fazenda Pública faça o requerimento de reforço da penhora, quando esta for insuficiente, bem como o de substituição dos bens penhorados, ainda que não observado o art. 11 da LEF.

Alternativa "a": incorreta. Se a penhora recair sobre bem imóvel, deverá o cônjuge ser intimado.

Alternativa "b": incorreta. Se o oficial de justiça não tiver lavrado o auto de penhora, será realizada, como regra, a avaliação por um avaliador, quando necessário, ou, tratando-se de termo de penhora, neste já constará o valor do bem.

Alternativa "c": incorreta. O executado poderá pedir a substituição da penhora por outro bem, desde que observe a ordem legal.

Alternativa "e": incorreta. A garantia da dívida deverá corresponder ao valor remanescente.

---

77. (TJ-SP – Oficial de Justiça – TJ-SP/1999) Na execução fiscal, disciplinada pela Lei Federal 6.830/80, far-se-á a intimação da penhora ao executado:

A) mediante mandado a ser cumprido por oficial de justiça.

B) mediante publicação, no órgão oficial, do ato de juntada do termo ou do auto de penhora.

C) mediante publicação de edital com prazo de 15 (quinze) dias.

D) mediante remessa de cópia do auto ou do auto de penhora, pelo correio, nas Capitais dos Estados e no Distrito Federal.

E) mediante termo nos autos, assinado pelo juiz, pelo escrivão e pelo intimando.

COMENTÁRIOS

Alternativa correta: letra "b". Admite-se que haja a intimação da penhora a partir de publicação na imprensa oficial, do ato de juntada do auto de penhora. Isso, porém, não retira a possibilidade de outros meios de intimação.

Alternativa "a": incorreta. Não há vedação a essa possibilidade, embora determine a Lei n. 6.830/1980 que ela se realize mediante intimação de publicação na imprensa oficial.

Alternativa "c": incorreta. Não há previsão dessa possibilidade.

Alternativa "d": incorreta. Não há previsão dessa possibilidade.

Alternativa "e": incorreta. Lavrado o termo nos autos, o devedor será devidamente intimado.

16. PODER PÚBLICO EM JUÍZO

---

78. (Vunesp – Juiz de Direito – SP/2014) Nas hipóteses em que o Poder Público figura em juízo, é incorreto afirmar:

A) São devidos honorários advocatícios pela Fazenda Pública nas execuções individuais de sentença proferida em ações coletivas somente se tiverem sido embargadas.

B) Na remessa necessária, é vedado ao Tribunal, como regra, agravar a condenação imposta à Fazenda Pública.

C) A remessa oficial devolve ao Tribunal o reexame de todas as parcelas da condenação suportadas pela Fazenda Pública, inclusive dos honorários de advogado.

D) A Fazenda Pública, quando parte no processo, fica sujeita à exigência do depósito prévio dos honorários do perito.

COMENTÁRIOS

✪ **Nota do autor:** Sobre o item "A", o STJ admitiu três recursos especiais para julgamento pelo rito dos repetitivos, com o objetivo de definir tese sobre a aplicabilidade da Súmula 345 do tribunal diante da superveniência do artigo 85, parágrafo 7º, do Código de Processo Civil de 2015 ("Não serão devidos honorários no cumprimento de sentença contra a Fazenda Pública que enseje expedição de precatório, desde que não tenha sido impugnada"). Para julgamento da questão controvertida, o colegiado decidiu suspender, em todo o território nacional, todos os processos individuais ou coletivos que discutam o assunto, que foi cadastrado como tema 973 no sistema de recursos repetitivos do STJ (Notícias do STJ – 15/05/2017).

Alternativa incorreta: letra "A". Antes da entrada em vigor do Código de Processo Civil de 2015 a afirmativa estava incorreta, vez que, segundo o STJ, são devidos honorários advocatícios pela Fazenda Pública nas execuções individuais de sentença proferida em ações coletivas, ainda que não embargadas (Súmula 345 do STJ).

Alternativa B. Correta. Na remessa necessária é proibido ao Tribunal agravar a condenação imposta à Fazenda Pública (Súmula 45 do STJ). Tem a remessa necessária a natureza de condição de eficácia da decisão proferida contra o Poder Público.

Alternativa C. Correta. A remessa oficial devolve ao Tribunal o reexame de todas as parcelas da condenação suportadas pela Fazenda Pública, inclusive dos honorários de advogado (Súmula 325 do STJ).

Alternativa D. Correta. De acordo com a Súmula 232 do STJ, a Fazenda Pública, "quando parte no processo, fica sujeita à exigência do depósito prévio dos honorários do perito". O tema foi tratado expressamente pelo CPC de 2015, conforme se vê do art. 91, § 1º. Desse modo, as perícias requeridas pela Fazenda Pública poderão ser realizadas por entidade pública ou, havendo previsão orçamentária, ter os valores adiantados por aquele que requerer a prova. Contudo, se não houve previsão orçamentária no exercício financeiro para adiantamento dos honorários periciais, eles serão pagos no exercício seguinte ou ao final, pelo vencido, caso o processo se encerre antes do adiantamento a ser feito pelo ente público. Não obstante este regramento geral, o STJ vem entendendo que há de ser aplicada regra específica para a ação civil pública, com observância da Súmula 232 (AgInt no REsp 1164186/SP, Rel. Ministra REGINA HELENA COSTA, PRIMEIRA TURMA, julgado em 13/09/2016, DJe 21/09/2016).

17 PROCESSOS NOS TRIBUNAIS E DOS MEIOS DE IMPUGNAÇÃO DAS DECISÕES JUDICIAIS

---

79. (Vunesp – Juiz de Direito – SP/2014) Segundo orientação assente no STJ, sobre a ação rescisória, é correto afirmar:

A) Nas ações rescisórias ajuizadas pelo INSS, deve haver o recolhimento de depósito prévio.

B) O prazo decadencial da ação rescisória pode ter início, ainda que a decisão rescindenda seja recorrível.

C) Cabe ação rescisória contra decisão transitada em julgado, ainda que não tenham sido interpostos todos os recursos cabíveis.

D) Não compete ao Superior Tribunal de Justiça julgar ação rescisória ainda que, embora não tenha conhecido do recurso especial, tenha apreciado a questão federal controvertida.

COMENTÁRIOS

✪ **Nota do autor:** a ação rescisória constitui-se em ação destinada a rescindir a decisão de mérito transitada em julgado. Será admitida nas hipóteses previstas no art. 966 do CPC. Excepcionalmente, admite-se a ação rescisória ainda que não se tenha decisão de mérito, ou mesmo a coisa julgada.

Alternativa correta: letra "C". Admite-se ação rescisória contra sentença transitada em julgado, ainda que contra ela não se tenha esgotado todos os recursos (Súmula 514 do STF). Desse modo, não há necessidade de que a parte tivesse, antes da formação da coisa julgada, interposto todos os recursos previstos em lei.

Alternativa A. Incorreta. Descabe o depósito prévio nas ações rescisórias propostas pelo INSS (Súmula 175 do STJ), que é uma autarquia, pessoa jurídica de direito público.

Alternativa B. Incorreta. O prazo decadencial da ação rescisória só se inicia quando não for cabível qualquer recurso do último pronunciamento judicial (Súmula 401 do STJ). A respeito do tema, também dispõe o art. 975 do CPC: "O direito à rescisão se extingue em 2 (dois) anos contados do trânsito em julgado da última decisão proferida no processo".

Alternativa D. Incorreta. Admite-se que o STJ julgue ação rescisória quando, embora não tendo conhecido do recurso especial, ou negado provimento ao agravo, tiver apreciado a questão federal controvertida (Súmula 249 do STF, com a adaptação necessária em razão da competência prevista no art. 105, da Constituição Federal).

---

80. (Vunesp – Juiz de Direito – SP/2015) Em tema de ação rescisória, afirma-se corretamente que

A) estão impedidos juízes que participaram do julgamento rescindendo.

B) é cabível contra a sentença que resolve o mérito, quando as partes transigirem.

C) se admite sua propositura contra sentença transitada em julgado, mesmo que contra ela não se tenham esgotado todos os recursos.

D) o prazo decadencial para a sua propositura só se inicia quando da intimação do pronunciamento rescindendo.

COMENTÁRIOS

✪ **Nota do autor:** a ação rescisória será admitida para rescindir a decisão de mérito transitada em julgado nas hipóteses previstas no art. 966 do CPC.

Alternativa correta: letra "C". Admite-se ação rescisória contra sentença transitada em julgado, ainda que contra ela não se tenha esgotado todos os recursos (Súmula 514 do STF). Conforme se vê, não é necessário que a parte, antes da formação da coisa julgada, tenha interposto todos os recursos possíveis.

Alternativa A. Incorreta. Na ação rescisória, não estão impedidos juízes que participaram do julgamento rescindendo (Súmula 252 do STF).

Alternativa B. Incorreta. Os atos de disposição de direitos, praticados pelas partes ou por outros participantes do processo e homologados pelo juízo, bem como os atos homologatórios praticados no curso da execução, estão sujeitos à anulação, nos termos da lei (CPC, art. 966, § 4º). Portanto, a açao cabível será a anulatória e não a rescisória.

Alternativa D. Incorreta. O prazo decadencial da ação rescisória só se inicia quando não for cabível qualquer recurso do último pronunciamento judicial (Súmula 401 do STJ). Vide, a propósito, o art. 975 do CPC.

---

81. (Vunesp – Juiz de Direito – TJ SP/2017) Quanto ao incidente de resolução de demandas repetitivas,

A) tanto que seja admitido, a suspensão dos processos pendentes em que se discuta a questão controvertida poderá ser determinada pelo relator ou eventualmente pelo tribunal superior competente para conhecer do recurso extraordinário ou especial.

B) poderá ser instaurado quando houver risco de multiplicação de processos como decorrência de controvérsia sobre questão unicamente de direito, de que possa resultar prejuízo à isonomia e à segurança jurídica.

C) pode tramitar, paralela e concorrentemente, com a afetação, perante tribunal superior, de recurso para definição de tese sobre questão material ou processual repetitiva.

D) o órgão colegiado incumbido de julgá-lo fixará a tese e, para preservar o juiz natural, devolverá o julgamento do recurso, da remessa necessária ou do processo de competência originária para que se complete o julgamento perante o órgão de onde se originou o incidente.

COMENTÁRIOS

✪ **Nota do autor:** o incidente de resolução de demandas repetitivas foi introduzido pelo CPC de 2015 com a finalidade de observância da segurança jurídica e da igualdade. Nesse sentido, havendo efetiva repetição de processos que contenham controvérsia sobre a mesma questão unicamente de direito, será admitido o incidente de resolução de demandas repetitivas. O pedido será dirigido ao presidente de tribunal pelo juiz ou relator, por ofício; pelas partes, por petição; ou pelo Ministério Público ou pela Defensoria Pública, por petição. O ofício ou a petição será instruído com os documentos necessários à demonstração do preenchimento dos pressupostos para a instauração do incidente. O julgamento do incidente caberá ao órgão indicado pelo regimento interno dentre aqueles responsáveis pela uniformização de jurisprudência do tribunal (CPC, art. 976, § 4º, art. 977, I, II, III e parágrafo único e art. 978, *caput*).

Alternativa correta: letra "A". Admitido o incidente, o relator suspenderá os processos pendentes, individuais ou coletivos, que tramitam no Estado ou na região, conforme o caso. Note-se que, neste caso, a suspensão será determinada pelo tribunal em que instaurado o incidente. Porém, também poderá ser requerida a suspensão de todos os processos individuais ou coletivos em curso no território nacional que versarem sobre a questão objeto de incidente já instaurado, ao tribunal competente para conhecer do recurso extraordinário ou especial (STF ou STJ).

Alternativa B. Incorreta. É cabível a instauração do incidente de resolução de demandas repetitivas quando houver, simultaneamente efetiva repetição de processos que contenham controvérsia sobre a mesma questão unicamente de direito; e risco de ofensa à isonomia e à segurança jurídica (CPC, art. 976, I e II).

Alternativa C. Incorreta. É incabível o incidente de resolução de demandas repetitivas quando um dos tribunais superiores, no âmbito de sua respectiva competência, já tiver afetado recurso para definição de tese sobre questão de direito material ou processual repetitiva (CPC, art. 976, § 4º).

Alternativa D. Incorreta. O órgão colegiado incumbido de julgar o incidente e de fixar a tese jurídica julgará igualmente o recurso, a remessa necessária ou o processo de competência originária de onde se originou o incidente (CPC, art. 978, parágrafo único).

---

82. (Vunesp – Juiz de Direito – TJ SP/2017) Em matéria recursal, é correto afirmar que

A) se os embargos de declaração forem acolhidos com modificação da decisão embargada, ficará automaticamente prejudicado o outro recurso que o embargado já tiver interposto contra a decisão originária, ressalvada a interposição de novo recurso.

B) do pronunciamento que julgar parcial e antecipadamente o mérito, caberá apelação desprovida de efeito suspensivo.

C) a resolução da questão relativa à desconsideração da personalidade jurídica será sempre impugnável por agravo de instrumento.

D) a apelação devolverá ao tribunal todas as questões suscitadas e debatidas, ainda que não decididas, mas a devolução em profundidade ficará limitada ao capítulo impugnado.

COMENTÁRIOS

✪ **Nota do autor:** a questão trata de vários aspectos sobre alguns recursos específicos.

Alternativa correta: letra "D". A apelação devolverá ao tribunal o conhecimento da matéria impugnada. Serão, porém, objeto de apreciação e julgamento pelo tribunal todas as questões suscitadas e discutidas no processo, ainda que não tenham sido solucionadas, desde que relativas ao capítulo impugnado (CPC, art. 1.013, § 1º). Trata-se de decorrência do *efeito devolutivo dos recursos.*

Alternativa A. Incorreta. Caso o acolhimento dos embargos de declaração implique modificação da decisão embargada, o embargado que já tiver interposto outro recurso contra a decisão originária tem o direito de complementar ou alterar suas razões, nos exatos limites da modificação, no prazo de 15 (quinze) dias, contado da intimação da decisão dos embargos de declaração (CPC, art. 1.024, § 4º). Nota-se que, como a decisão judicial impugnada foi alterada, deve-se oportunizar à parte adversa adequar as razões recursais ao pronunciamento. Diferentemente, se não houver qualquer modificação da decisão, se já interposto o recurso, não se admitida a complementação, devendo haver a observância do princípio da preclusão (preclusão consumativa), pois esgotada a oportunidade de praticar o ato processual.

Alternativa B. Incorreta. A decisão que julgar parcial e antecipadamente o mérito é impugnável por agravo de instrumento (CPC, art. 356, § 5º). Tem-se, na hipótese, decisão interlocutória de mérito que, se não impugnada, formará a coisa julgada material.

Alternativa C. Incorreta. Se o incidente de desconsideração da personalidade jurídica for decidido no âmbito do tribunal, da decisão proferida pelo relator caberá agravo interno (CPC, art. 136, *caput* e parágrafo único).

---

83. (Vunesp- Juiz de Direito - RJ/2016) Considere o controle de constitucionalidade e assinale a alternativa correta.

A) A figura do amicus curiae no controle concentrado de constitucionalidade perante o STF, tem natureza jurídica de intervenção de terceiro, por colaborar com questões técnico-jurídicas.

B) Proferida decisão pelo STF, no sentido da inconstitucionalidade de lei após o trânsito em julgado de decisão exequenda, caberá ação rescisória desta, cujo prazo será contado do trânsito em julgado da decisão proferida pela Suprema Corte.

C) O STF possui entendimento no sentido de reconhecer a desnecessidade de submissão de demanda judicial à regra da reserva de plenário, na hipótese em que a decisão judicial estiver fundada em jurisprudência do plenário do STF ou em súmula da Corte.

D) Levando-se em conta que o recurso especial possui efeito translativo, e de que inconstitucionalidade de norma é matéria de ordem pública, é possível ao STJ o controle concentrado de constitucionalidade.

E) Como mecanismo de seleção dos processos submetidos ao exame do STF, como instância extraordinária na interpretação final das normas constitucionais, a repercussão geral deve estar presente no controle concentrado de constitucionalidade.

COMENTÁRIOS

✪ **Nota do autor:** o CPC de 2015 inseriu, entre as hipóteses de intervenção de terceiro, a participação do *amicus curiae* no processo. Este posicionamento é aplicável aos *processos subjetivos*. Contudo, aos *processos objetivos*, tem-se natureza diversa, conforme se verá abaixo.

Alternativa correta: letra "C". O Supremo Tribunal Federal (STF) já consolidou entendimento no sentido de ser desnecessário submeter o julgamento à regra da reserva de plenário (art. 97 da Constituição Federal) se a decisão judicial estiver fundada em jurisprudência do plenário do STF ou em uma de suas súmulas (STF, ARE nº 914.045).

Alternativa A. Em processos objetivos de controle de constitucionalidade, reconheceu o Supremo Tribunal Federal a particularidade de que a intervenção do *amicus curiae* possui natureza predominantemente instrutória, a ser deferida segundo juízo do Relator. Dessa maneira, não existe *direito subjetivo* de habilitação de *amicus curiae*.

Alternativa B. Em conformidade com os §§ 12 e 15, do art. 525, será cabível a ação rescisória para rescindir decisão de mérito contrária a pronunciamento do STF que reconheça a inconstitucionalidade de lei ou de ato normativo tido como incompatível com a Constituição Federal, em controle de constitucionalidade concentrado ou difuso proferida posteriormente. Se a decisão do STF for anterior à exequenda, caberá a alegação de *coisa julgada inconstitucional* por meio da impugnação ao cumprimento de sentença.

Alternativa D. Incorreta. A doutrina ensina que os recursos possuem vários efeitos, entre eles, atenta-se ao efeito devolutivo, por meio do qual, o recorrente, ao interpor a impugnação em face de pronunciamento jurisdicional, devolve ao órgão *ad quem* a matéria impugnada. Tem-se, então, o *tantum devolutum quantum apellatum*. Em razão disso, o recurso terá por objeto a matéria impugnada, que lhe foi devolvida. Não obstante, existem hipóteses em que se permite que o órgão *ad quem* analise determinadas matérias, apesar de não terem sido impugnadas quando da interposição do recurso. Assim, admite-se que as matérias de ordem pública sejam conhecidas quando do julgamento do recurso de apelação, apesar de não ser objeto do recurso. A falta de uma condição da ação pode ser conhecida pelo tribunal, muito embora não tenha sido alegada no recurso, ainda que acarrete prejuízo ao recorrente (admissibilidade, de maneira excepcional, da *reformatio in pejus*). A possibilidade de conhecimento da matéria de ordem pública apesar de não impugnada no recurso decorre do efeito translativo. Em que pese tal efeito, nos recursos de estrito direito (extraordinário e especial), em conformidade com atual posicionamento dos Tribunais Superiores, somente admitirão o julgamento de matéria que tenha sido prequestionada. Dessa maneira, a falta de condição da ação somente será conhecida no âmbito de um recurso especial, se a matéria tiver sido prequestionada. A propósito, vide a seguinte ementa: "PROCESSUAL CIVIL. AGRAVO INTERNO NO AGRAVO EM RECURSO ESPECIAL. MATÉRIA DE ORDEM PÚBLICA. PREQUESTIONAMENTO. NECESSIDADE. CONSUMIDOR. DEFICIÊNCIA NO DIREITO À INFORMAÇÃO. ABUSIVIDADE. DECISÃO MANTIDA. 1. Na instância excepcional é exigido o requisito do prequestionamento, ainda que se trate de matéria de ordem pública. 2. A jurisprudência desta Corte é de que as cláusulas contratuais devem ser interpretadas da maneira mais favorável ao consumidor (art. 47 do CDC), devendo observar o direito de informação, mediante redação clara, expressa e em destaque das cláusulas limitativas de direitos.3. Não há falar em óbice da Súmula n. 5 do STJ quando não há interpretação de cláusula contratual, mas análise da matéria com fundamento na premissa fática estabelecida pelo Tribunal a quo.4. Agravo interno a que se nega provimento (AgInt no AREsp 1023073/RJ, Rel. Ministro ANTONIO CARLOS FERREIRA, QUARTA TURMA, julgado em 29/08/2017, DJe 05/09/2017).

Alternativa E. Incorreta. A repercussão geral deve estar presente quando do julgamento do recurso extraordinário e não nas ações de controle de constitucionalidade.

---

84. (Vunesp – Escrevente Técnico Judiciário – TJ-SP/2015) O agravo retido é modalidade de recurso. Quanto a isso, assinale a alternativa correta.

A) Depende de preparo e pagamento das custas de porte e remessa.

B) Será dirigido diretamente ao tribunal competente, por meio de petição, ocasião em que o relator convocará o juiz para demonstrar interesse em reformar a decisão.

C) Não se conhecerá do agravo se a parte não requerer expressamente, nas razões ou na resposta da apelação, sua apreciação pelo Tribunal.

D) O agravante requererá que se forme instrumento com as peças necessárias para o julgamento.

E) Não permite a oitiva da parte contrária, uma vez que somente será apreciado se houver apelação.

COMENTÁRIOS

Deixamos esta questão unicamente para deixar ressaltado que o CPC de 2015 não mais admite o agravo retido. As decisões interlocutórias serão impugnadas exclusivamente pelo recurso de agravo de instrumento e, ainda assim, se estiverem indicadas no art. 1.015 do CPC.

---

85. (Vunesp – Escrevente Técnico Judiciário – TJM-SP/2011) Sobre os recursos, é correto afirmar que:

A) a renúncia ao direito de recorrer depende da aceitação da outra parte.

B) a apelação não devolverá ao tribunal a matéria impugnada.

C) o agravo retido depende de preparo.

D) da decisão que não admitir embargos infringentes caberá agravo para o órgão competente para o julgamento do recurso.

E) os embargos de declaração não interrompem o prazo para a interposição de outros recursos.

COMENTÁRIOS

✪ **Nota do autor:** também deixamos esta questão exclusivamente para ressaltar que o Código de Processo Civil não mais admite o recurso de embargos infringentes. O que existe, atualmente, é uma técnica de ampliação do número de julgadores para o caso indicado no art. 942 do CPC. Assim, não haveria alternativa correta. Em razão da importância para o concurso, serão analisadas as demais alternativas. A) a renúncia ao direito de recorrer não depende da aceitação da outra parte; b) a apelação devolverá ao tribunal a matéria impugnada; c) não há mais o recurso de agravo retido; d) não mais cabem os embargos infringentes (mas ainda persistem os embargos infringentes de alçada, previstos na Lei de Execuções Fiscais); e) os embargos de declaração interrompem o prazo para a interposição de outros recursos.

---

86. (Vunesp – Escrevente Técnico Judiciário – TJ-SP/2014) Interposto recurso, o recorrente poderá dele desistir

A) se não houver recurso adesivo ao seu.

B) somente até a remessa ao tribunal.

C) sem a anuência do recorrido.

D) até que haja a resposta do recorrido.

E) desde que haja a anuência dos litisconsortes.

COMENTÁRIOS

✪ **Nota do autor:** a desistência do recurso não impede a análise de questão cuja repercussão geral já tenha sido reconhecida e daquela objeto de julgamento de recursos extraordinários ou especiais repetitivos. A renúncia ao direito de recorrer independe da aceitação da outra parte (CPC, art. 998, parágrafo único e art. 999).

Alternativa correta: letra "C" (Responde as demais, exceto o item "A"). O recorrente poderá, a qualquer tempo, sem a anuência do recorrido ou dos litisconsortes, desistir do recurso (CPC, art. 998, *caput*).

Alternativa A. Incorreta. O recurso adesivo fica subordinado ao recurso independente, sendo-lhe aplicáveis as mesmas regras deste quanto aos requisitos de admissibilidade e julgamento no tribunal, salvo disposição legal diversa, observado, ainda, que não será conhecido, se houver desistência do recurso principal ou se for ele considerado inadmissível (CPC, art. 997, § 2º, III).

---

87. (Vunesp – Escrevente Técnico Judiciário – TJ – SP/2017) Lucas Bastos propôs ação contra a empresa Limiar Ltda., pois teve seu nome negativado indevidamente. Requereu liminar, que foi indeferida pelo juiz de primeiro grau. Fez agravo de instrumento contra a decisão do juiz singular e requereu a declaração de efeito ativo ao recurso, pois estava pretendendo comprar uma casa e precisava de seu nome sem restrições. O relator indeferiu monocraticamente esse efeito. Diante dessa decisão do relator, é correto afirmar que Lucas

A) poderá manejar outro agravo de instrumento, por se tratar de decisão interlocutória que analisa tutela provisória.

B) poderá manejar agravo retido, pois, apenas com o julgamento de outro recurso, essa situação poderá ser rediscutida.

C) por estar diante de uma decisão irrecorrível, não tem meios de rediscutir a decisão do relator.

D) tem como única forma recursal à sua disposição o pedido de retratação, claramente prescrito na nova sistemática processual.

E) poderá manejar agravo interno, que é recurso cabível contra as decisões proferidas pelo relator.

COMENTÁRIOS

✪ **Nota do autor:** será possível a interposição de agravo interno contra as decisões monocráticas proferidas pelo relator. Para tanto, o recorrente impugnará especificadamente os fundamentos da decisão agravada.

Alternativa correta: letra "E" (Responde as demais). Contra decisão proferida pelo relator caberá agravo interno para o respectivo órgão colegiado, observadas, quanto ao processamento, as regras do regimento interno do tribunal (CPC, art. 1.021, *caput*).

---

88. (Vunesp – Juiz de Direito – RJ/2016) Caberão embargos de divergência perante o Superior Tribunal de Justiça:

A) contra acórdão que, em agravo regimental, decide recurso especial.

B) para discutir o valor de indenização por danos morais.

C) no âmbito do agravo de instrumento que não admite recurso especial.

D) com base em dissídio em acórdão de turma, ainda que não mais tenha competência para a matéria neles versada.

E) ainda que jurisprudência do tribunal se firmou no mesmo sentido do acórdão embargado.

COMENTÁRIOS

✪ **Nota do autor:** de acordo com o CPC de 2015, será possível a interposição de embargos de divergência do acórdão de órgão fracionário que em recurso extraordinário ou em recurso especial, divergir do julgamento de qualquer outro órgão do mesmo tribunal, sendo os acórdãos, embargado e paradigma, de mérito; em recurso extraordinário ou em recurso especial, divergir do julgamento de qualquer outro órgão do mesmo tribunal, sendo um acórdão de mérito e outro que não tenha conhecido do recurso, embora tenha apreciado a controvérsia.

Alternativa correta: letra "A". Cabem embargos de divergência contra acórdão que, em agravo regimental, decide recurso especial (Súmula 316 – STJ).

Alternativa B. Incorreta. Incabível, em embargos de divergência, discutir o valor de indenização por danos morais (Súmula 420 – STJ).

Alternativa C. Incorreta. Não cabem embargos de divergência no âmbito do agravo de instrumento que não admite recurso especial (Súmula 315 – STJ).

Alternativa D. Incorreta. Não se presta a justificar embargos de divergência o dissídio com acórdão de turma ou seção que não mais tenha competência para a matéria neles versada (Súmula 158 – STJ).

Alternativa E. Incorreta. Não cabem embargos de divergência, quando a jurisprudência do tribunal se firmou no mesmo sentido do acórdão embargado (Súmula 168 – STJ).

---

89. (Vunesp – Juiz de Direito – TJ – SP/2013) No que concerne aos recursos, é acertado dizer que

A) nos casos de extinção do processo sem julgamento do mérito, o tribunal só poderá julgar desde logo a lide se houver concordância expressa das partes.

B) verificada a inexistência de preparo devido, o recorrente será intimado para efetuá-lo no prazo de 5 (cinco) dias, sob pena de deserção.

C) o recurso interposto por um litisconsorte só a ele aproveitará.

D) ainda que se limite a confirmar a decisão recorrida, a decisão que aprecia o recurso no tribunal substitui-se à primeira no que tiver sido objeto de recurso.

COMENTÁRIOS

✪ **Nota do autor:** a questão trata de aspectos gerais envolvendo os recursos.

Alternativa correta: letra "D". O julgamento proferido pelo tribunal substituirá a decisão impugnada no que tiver sido objeto de recurso (CPC, art. 1.008). Trata-se do *efeito substitutivo dos recursos*.

Alternativa A. Incorreta. Se o processo estiver em condições de imediato julgamento, o tribunal deve decidir desde logo o mérito quando reformar sentença fundada em extinção do processo sem resolução de mérito; decretar a nulidade da sentença por não ser ela congruente com os limites do pedido ou da causa de pedir; constatar a omissão no exame de um dos pedidos, hipótese em que poderá julgá-lo; decretar a nulidade de sentença por falta de fundamentação (CPC, art. 1.013, § 3º, I ao IV).

Alternativa B. Incorreta. O recorrente que não comprovar, no ato de interposição do recurso, o recolhimento do preparo, inclusive porte de remessa e de retorno, será intimado, na pessoa de seu advogado, para realizar o recolhimento em dobro, sob pena de deserção (CPC, art. 1.007, § 4º).

Alternativa C. Incorreta. O recurso interposto por um dos litisconsortes a todos aproveita, salvo se distintos ou opostos os seus interesses (CPC, art. 1.005, *caput*).

---

90. (Vunesp – Escrevente Técnico Judiciário – TJ-SP/2012) Quanto ao recurso adesivo, assinale a alternativa correta:

A) Será admissível na apelação, nos embargos infringentes e no agravo de instrumento ou retido.

B) Será conhecido, mesmo se houver desistência do recurso principal, ou se for ele declarado inadmissível ou deserto.

C) Caberá, quando vencidos o autor e o réu, e ficará subordinado ao recurso principal, interposto por qualquer das partes.

D) O recorrente não poderá, sem a anuência do recorrido ou dos litisconsortes, desistir do recurso.

E) Para a Fazenda Pública, o prazo será o dobro daquele destinado à parte comum.

COMENTÁRIOS

✪ **Nota do autor:** o recurso adesivo fica subordinado ao recurso independente, sendo-lhes aplicável as mesmas regras deste quanto aos requisitos de admissibilidade e julgamento no tribunal, salvo disposição legal diversa, observando-se que será admissível na apelação, no recurso extraordinário e no recurso especial (art. 997, II CPC). Não se trata de recurso específico, mas de forma de interposição dos recursos mencionados.

Alternativa correta: letra "c". O recurso adesivo fica subordinado ao recurso independente, sendo-lhe aplicáveis as mesmas regras deste quanto aos requisitos de admissibilidade e julgamento no tribunal, salvo disposição legal diversa. Assim, se o recurso de apelação, por exemplo, estiver sujeito a preparo recursal, assim também ocorrerá em relação ao recurso adesivo.

Alternativa "a": incorreta. Será admissível na apelação, no recurso extraordinário e no recurso especial.

Alternativa "b": incorreta. Nestas hipóteses, o recurso adesivo estará prejudicado.

Alternativa "d": incorreta. O recorrente não dependerá de anuência dos demais para desistir do recurso.

Alternativa "e": a Fazenda Pública contará com prazo em dobro para a interposição de recursos, salvo nos juizados especiais.

---

91. (Vunesp – Escrevente Técnico Judiciário – TJ-SP/2008) A apelação será recebida em seu efeito devolutivo e suspensivo quando interposta de sentença que:

A) homologar a divisão ou a demarcação.

B) condenar a prestação de alimentos.

C) julgar procedentes os embargos à execução.

D) decidir processo cautelar.

E) confirmar a antecipação dos efeitos da tutela.

COMENTÁRIOS

✪ **Nota do autor:** o processamento do recurso de apelação foi consideravelmente alterado com o CPC de 2015. A propósito disso, veja nas dicas todas essas alterações. Aqui é importante destacar que a apelação terá, como regra, efeito devolutivo e suspensivo. Contudo, terá somente efeito devolutivo nas hipóteses mencionadas no art. 1.012. A sentença que julgar procedente os embargos à execução será impugnada com recurso que terá efeitos devolutivo e suspensivo, seguindo-se a regra.

---

92. (Vunesp – Escrevente Técnico Judiciário – TJ-SP/2011) Em determinada ação, o juiz proferiu um despacho com conteúdo decisório. Inconformada, uma das partes requereu a reconsideração da decisão, contudo, o juiz não modificou sua deliberação. A parte impetrou então agravo de instrumento referindo-se a essa nova decisão e daí contando seu prazo.

Em razão desses fatos, aponte a alternativa correta:

A) Antes de apresentar agravo de instrumento, a parte deveria ter impetrado agravo retido, pois é o único modo que permite ao juiz retratar-se da decisão anteriormente proferida.

B) O pedido de reconsideração não interrompe nem suspende o prazo para interposição de agravo de instrumento, que deve ser contado a partir do primeiro ato.

C) As decisões proferidas são independentes, ainda que se refiram à solução de um mesmo pedido, razão pela qual caberá interposição de recurso em face do segundo despacho.

D) As decisões não comportam nenhum tipo de inconformismo, visto que o poder decisório do juiz independe da vontade das partes, diante do princípio da imparcialidade e condução da causa.

E) Não poderá o juiz reconsiderar sua decisão, caso seja interlocutória, haja vista que poderá gerar o inconformismo da outra parte litigante no feito, que perderá seu direito de recorrer do primeiro despacho.

COMENTÁRIOS

✪ **Nota do autor:** recomenda-se muito cuidado do candidato ao resolver esta questão, pois o recurso de agravo de instrumento será admitido exclusivamente nas hipóteses mencionadas no art. 1.015 do CPC, ou seja, não será qualquer decisão interlocutória que poderá ser impugnada por este recurso.

---

93. (Vunesp – Escrevente Técnico Judiciário – TJ-SP/2013) Os embargos de declaração deverão ser opostos, no prazo de:

A) 15 (quinze) dias, em petição dirigida ao juiz, com indicação do ponto obscuro, omisso, contraditório ou negativa de vigência de lei federal, estando sujeitos a preparo.

B) 10 (dez) dias, em petição dirigida ao juiz, com indicação do ponto obscuro, contraditório, omisso ou com erro material, estando sujeitos a preparo.

C) 8 (oito) dias, em petição dirigida ao juiz ou relator, com indicação do ponto que deu à lei federal interpretação divergente da que lhe foi atribuída por outro tribunal, estando sujeitos a preparo.

D) 5 (cinco) dias, em petição dirigida ao juiz ou relator, com indicação do ponto obscuro, contraditório ou omisso, não estando sujeitos a preparo.

E) 3 (três) dias, em petição dirigida ao juiz ou relator, com indicação do ponto obscuro, omisso, contraditório ou inconstitucional, não estando sujeitos a preparo.

COMENTÁRIOS

✪ **Nota do autor:** os embargos declaratórios constituem-se em recurso que deverá ser interposto no prazo de cinco dias, com indicação do erro, obscuridade, contradição ou omissão, e não se sujeitam a preparo recursal.

Alternativa correta: d. Os embargos não estão sujeitos ao preparo recursal. Estão excluídas automaticamente as demais alternativas, com a observação, ainda, que os embargos importarão na interrupção do curso do prazo para os demais recursos.

18 JUIZADOS ESPECIAIS CÍVEIS E DOS JUIZADOS ESPECIAIS DA FAZENDA PÚBLICA

---

94. (Vunesp – Escrevente Técnico Judiciário – TJ-SP/2013) Dentre outras, não podem ser partes no processo instituído pela Lei nº 9.099/95:

A) a massa falida e as sociedades de crédito ao microempreendedor.

B) o incapaz e o preso.

C) as empresas públicas da União e as microempresas.

D) o insolvente civil e as pessoas físicas capazes.

E) as pessoas jurídicas qualificadas como Organização da Sociedade Civil de Interesse Público.

COMENTÁRIOS

✪ **Nota do autor:** a Lei n. 9.099/1995 traz uma limitação em relação àqueles que podem ser autores ou réus nos Juizados Especiais Cíveis.

Alternativa correta: letra "b". O incapaz e o preso não podem ser partes nos Juizados Especiais Cíveis. Não há vedação aos demais indicados.

---

95. (Vunesp – Escrevente Técnico Judiciário – TJ-SP/2012) É cabível, perante o Juizado Especial Cível, ação de despejo:

A) para uso próprio.

B) por infração contratual.

C) para fins de alienação do imóvel.

D) por falta de pagamento.

E) por perda de garantia locatícia.

COMENTÁRIOS

Alternativa correta: letra "a". Há determinadas ações que são vedadas de tramitaram pelo sistema dos juizados. O próprio despejo conta com essa proibição, admitindo-se, porém, no caso de despejo para uso próprio.

96. (Vunesp – Escrevente Técnico Judiciário – TJ-SP/2012) No que diz respeito às citações ou intimações realizadas nos procedimentos de competência do Juizado Especial Cível, assinale a alternativa correta:

A) Dos atos praticados na audiência, considerar-se-ão desde logo cientes as partes.

B) A intimação, sendo realizada por oficial de justiça, depende de mandado ou carta precatória.

C) O comparecimento espontâneo não suprirá a falta ou nulidade da citação, em razão do rito especial do Juizado.

D) Poderão ser feitas por correspondência, com aviso de recebimento em mão própria, por mandado ou edital.

E) Tratando-se de pessoa jurídica, a citação será válida mediante entrega ao sócio com poderes para recebê-la.

COMENTÁRIOS

Alternativa correta: letra "a". Dos atos praticados em audiência, consideram-se desde logo intimadas as partes, sendo desnecessário outro ato intimatório.

Alternativa "b": incorreta. A intimação não dependerá de mandado ou carta precatória.

Alternativa "c": incorreta. O comparecimento espontâneo suprirá a falta ou nulidade da citação, em razão do rito especial do juizado.

Alternativa "d": incorreta. Não se admite a citação por edital nos juizados.

Alternativa "e": incorreta. Tratando-se de pessoa jurídica, não há necessidade de que a carta seja entregue ao sócio com poderes para recebê-la.

97. (Vunesp – Escrevente Técnico Judiciário – TJ-SP/2015) No que diz respeito aos atos processuais praticados perante o Juizado Especial Cível, assinale a alternativa correta.

A) Não serão declarados nulos sem que tenha havido prejuízo, sendo válidos sempre que preencherem as finalidades para as quais forem realizados.

B) Todos serão registrados resumidamente, em notas manuscritas, datilografadas, taquigrafadas ou estenotipadas.

C) Serão públicos e poderão realizar-se em horário noturno, conforme dispuserem as normas de organização judiciária, exceto os relativos exclusivamente ao estado da pessoa, que correrão em segredo de justiça.

D) Não poderá ser solicitada a prática de atos processuais em outra Comarca, exceto se se tratar de perícia técnica.

E) Nenhum ato processual essencial será praticado sem a presença de advogado.

COMENTÁRIOS

✪ **Nota do autor:** somente serão declarados nulos os atos processuais em que verificada a ocorrência de prejuízo.

Alternativa Correta: letra A. Exige-se o efetivo prejuízo.

Alternativa Incorreta: letra B. Apenas os atos considerados essenciais serão registrados resumidamente, em notas manuscritas, datilografadas, taquigrafadas ou estenotipadas. Os demais atos poderão ser gravados em fita magnética ou equivalente, que será inutilizada após o trânsito em julgado da decisão.

Alternativa Incorreta: letra C. Os atos processuais serão públicos e poderão realizar-se em horário noturno, conforme dispuserem as normas de organização judiciária. Não se admitem processos sobre o estado das pessoas.

Alternativa Incorreta: letra D. Admite-se que seja solicitada a prática de ato em outra cidade.

Alternativa Incorreta: letra E. Admite-se a prática de ato, ainda que essencial, sem a presença de advogado, como a própria propositura da ação.

98. (Vunesp – Escrevente Técnico Judiciário – TJ-SP/2014) Pode ser autor em ação proposta perante o Juizado Especial Cível:

A) pessoa física cessionária de direito de pessoa jurídica.

B) pessoa presa.

C) pessoa jurídica de direito público.

D) sociedades de crédito ao microempreendedor, nos termos da lei.

E) insolvente civil.

COMENTÁRIOS

✪ **Nota do autor:** somente serão admitidas a propor ação perante o Juizado Especial, além das citadas nos itens "A" e "D" abaixo, as pessoas enquadradas como microempreendedores individuais, microempresas e empresas de pequeno porte na forma da lei, e as pessoas jurídicas qualificadas como Organização da Sociedade Civil de Interesse Público, nos termos da lei (Lei 9.099/95, art. 8º, § 1º, II e III).

Alternativa correta: letra "D". As sociedades de crédito ao microempreendedor, nos termos do art. 1º da Lei nº 10.194, de 14 de fevereiro de 2001, poderão propor ação perante os Juizados Especiais Cíveis e Criminais (Lei 9.099/95, art. 8º, § 1º, IV).

Alternativa A. Incorreta. Somente serão admitidas a propor ação perante o Juizado Especial, dentre outras, as pessoas físicas capazes, excluídos os cessionários de direito de pessoas jurídicas (Lei 9.099/95, art. 8º, § 1º, I).

Alternativas B, C e E. Incorretas. Não poderão ser partes, no processo instituído pela Lei dos Juizados Especiais Cíveis e Criminais, o incapaz, o preso, as pessoas jurídicas de direito público, as empresas públicas da União, a massa falida e o insolvente civil (Lei 9.099/95, art. 8º, *caput*).

---

99. (Vunesp – Escrevente Técnico Judiciário – TJ-SP/2015) No que diz respeito aos atos processuais praticados perante o Juizado Especial Cível, assinale a alternativa correta.

A) Não serão declarados nulos sem que tenha havido prejuízo, sendo válidos sempre que preencherem as finalidades para as quais forem realizados.

B) Todos serão registrados resumidamente, em notas manuscritas, datilografadas, taquigrafadas ou estenotipadas.

C) Serão públicos e poderão realizar-se em horário noturno, conforme dispuserem as normas de organização judiciária, exceto os relativos exclusivamente ao estado da pessoa, que correrão em segredo de justiça.

D) Não poderá ser solicitada a prática de atos processuais em outra Comarca, exceto se se tratar de perícia técnica.

E) Nenhum ato processual essencial será praticado sem a presença de advogado.

COMENTÁRIOS

✪ **Nota do autor:** se uma das partes comparecer assistida por advogado, ou se o réu for pessoa jurídica ou firma individual, terá a outra parte, se quiser, assistência judiciária prestada por órgão instituído junto ao Juizado Especial, na forma da lei local.

Alternativa correta: letra "A". Os atos processuais serão válidos sempre que preencherem as finalidades para as quais forem realizados, atendidos os critérios legalmente previstos. Não se pronunciará qualquer nulidade sem que tenha havido prejuízo (Lei 9.099/95, art. 13, *caput* e § 1º).

Alternativa B. Incorreta. Apenas os atos considerados essenciais serão registrados resumidamente, em notas manuscritas, datilografadas, taquigrafadas ou estenotipadas. Os demais atos poderão ser gravados em fita magnética ou equivalente, que será inutilizada após o trânsito em julgado da decisão (Lei 9.099/95, art. 13, § 3º).

Alternativa C. Incorreta. Os atos processuais serão públicos e poderão realizar-se em horário noturno e em qualquer dia da semana, conforme dispuserem as normas de organização judiciária (Lei 9.099/95, art. 64). Ficam excluídas da competência do Juizado Especial as causas de natureza alimentar, falimentar, fiscal e de interesse da Fazenda Pública, e também as relativas a acidentes de trabalho, a resíduos e ao estado e capacidade das pessoas, ainda que de cunho patrimonial (Lei 9.099/95, art. 3º, § 2º).

Alternativa D. Incorreta. A prática de atos processuais em outras comarcas poderá ser solicitada por qualquer meio idôneo de comunicação (Lei 9.099/95, art. 13, § 2º).

Alternativa E. Incorreta. Nas causas de valor até vinte salários mínimos, as partes comparecerão pessoalmente, podendo ser assistidas por advogado; nas de valor superior, a assistência é obrigatória (Lei 9.099/95, art. 9º, *caput*).

---

100. (Vunesp – Escrevente Técnico Judiciário – TJ – SP/2017) Sobre o que dispõe a Lei nº 9.099/95, é correto afirmar:

A) Nas causas de valor de até vinte salários-mínimos, as partes comparecerão pessoalmente, podendo ser assistidas por advogado; nas causas entre 20 e 40 salários-mínimos, a assistência de advogado é obrigatória.

B) O menor de dezoito anos poderá ser autor, independentemente de assistência, inclusive para fins de conciliação.

C) Nos procedimentos que tramitam perante os Juizados Especiais Cíveis, o réu, sendo pessoa jurídica ou titular de firma individual, poderá ser representado por preposto credenciado, munido de carta de preposição com poderes para transigir, havendo necessidade de vínculo empregatício.

D) Dentre os meios de citação possíveis no âmbito dos Juizados Especiais, incluem-se: carta, oficial de justiça, edital e meios eletrônicos.

E) Registrado o pedido, após distribuição e autuação, a Secretaria do Juizado designará a sessão de conciliação, a realizar-se no prazo de quinze dias.

COMENTÁRIOS

✪ **Nota do autor:** o Juizado Especial Cível tem competência para conciliação, processo e julgamento das causas cíveis de menor complexidade, assim consideradas as causas cujo valor não exceda a quarenta vezes o salário mínimo; a ação de despejo para uso próprio; e as ações possessórias sobre bens imóveis de valor não excedente a quarenta vezes o salário mínimo (Lei 9.099/95, art. 3º, I, III e IV).

Alternativa correta: letra "A". Nas causas de valor até vinte salários mínimos, as partes comparecerão pessoalmente, podendo ser assistidas por advogado; nas de valor superior, a assistência é obrigatória (Lei 9.099/95, art. 9º, *caput*).

Alternativa B. Incorreta. O maior de dezoito anos poderá ser autor, independentemente de assistência, inclusive para fins de conciliação (Lei 9.099/95, art. 8º, § 2º).

Alternativa C. Incorreta. O réu, sendo pessoa jurídica ou titular de firma individual, poderá ser representado por preposto credenciado, munido de carta de preposição com poderes para transigir, sem haver necessidade de vínculo empregatício (Lei 9.099/95, art. 9º, § 4º).

Alternativa D. Incorreta. A citação far-se-á por correspondência, com aviso de recebimento em mão própria; tratando-se de pessoa jurídica ou firma individual, mediante entrega ao encarregado da recepção, que será obrigatoriamente identificado; sendo necessário, por oficial de justiça, independentemente de mandado ou carta precatória. Não se fará citação por edital (Lei 9.099/95, art. 18, I, II, III e § 2º).

Alternativa E. Incorreta. Registrado o pedido, independentemente de distribuição e autuação, a Secretaria do Juizado designará a sessão de conciliação, a realizar-se no prazo de quinze dias (Lei 9.099/95, art. 16).

---

101. (Vunesp – Juiz de Direito – RJ/2016) Quanto ao procedimento do Juizado Especial Cível, assinale a alternativa correta.

A) Presentes os requisitos legais, é possível ação rescisória de decisão transitada em julgado proferida no âmbito de competência de Juizado Especial.

B) O STJ é competente para apreciar mandado de segurança contra ato praticado pelo presidente de Colégio Recursal.

C) Juizado Especial está impedido de condenar o réu no pagamento de indenização por dano moral superior a 40 salários-mínimos.

D) O STJ é competente para apreciar reclamação para dirimir divergência entre acórdão prolatado por turma recursal estadual e sua jurisprudência.

E) Impossível a execução de sentença perante o Juizado Especial, por ele proferida, que exceda o valor de sua competência.

COMENTÁRIOS

✪ **Nota do autor:** a Lei nº 9.099/1995 integra o *Sistema* dos Juizados Especiais, podendo ser verificada a existência de vários princípios e regras específicas.

Alternativa: letra "D". Embora tenha sido dada como correta pela banca, a nosso ver a alternativa está incorreta de acordo com a Resolução 03/16 do STJ, de 07 de abril de 2016: "Caberá às Câmaras Reunidas ou à Seção Especializada dos Tribunais de Justiça a competência para processar e julgar as Reclamações destinadas a dirimir divergência entre acórdão prolatado por Turma Recursal Estadual e do Distrito Federal e a jurisprudência do Superior Tribunal de Justiça, consolidada em incidente de assunção de competência e de resolução de demandas repetitivas, em julgamento de recurso especial repetitivo e em enunciados das Súmulas do STJ, bem como para garantir a observância de precedentes". Aludido ato normativo veio substituir o regramento contido na Resolução nº 12/2009. A admissibilidade da reclamação adveio da inexistência de órgão jurisdicional que uniformizasse a aplicabilidade da lei federal.

Alternativa A. Incorreta. Não se admitirá ação rescisória nas causas sujeitas ao procedimento instituído pela lei dos Juizados Especiais Cíveis (Lei 9.099, art. 59).

Alternativa B. Incorreta. A competência é da própria turma recursal de origem (STF – MS – AgR 24858/SP).

Alternativas C e E. Incorretas. Não há limitação de valor na norma. Nesse sentido: "A competência do juizado especial é verificada no momento da propositura da ação. Se, em sede de execução, o valor ultrapassar o teto de 40 salários mínimos, em razão do acréscimo de encargos da própria condenação, isso não será motivo para afastar a competência dos juizados e não implicará em renúncia do excedente" (STJ – RMS 38884/AC). Da mesma forma, poderá haver condenação ao pagamento de indenização em valor superior a 40 salários-mínimos, pois como já exposto, a competência do JEC é determinada no momento da propositura da ação.

---

102. (Vunesp – Juiz de Direito – TJ – SP/2013) Acerca do Juizado Especial Cível, é correto dizer que

A) no processo perante o Juizado Especial não se admitirá nem o litisconsórcio nem tampouco qualquer modalidade de intervenção de terceiro ou a assistência.

B) no recurso interposto da sentença, as partes serão obrigatoriamente representadas por advogados.

C) os bancos podem ajuizar execução contra seus devedores no Juizado Especial, desde que a cobrança não exceda o limite de 40 (quarenta salários mínimos).

D) as pessoas físicas incapazes, desde que regularmente representadas, podem propor ação perante o Juizado Especial.

COMENTÁRIOS

✪ **Nota do autor:** somente serão admitidas a propor ação perante o Juizado Especial as pessoas físicas capazes, excluídos os cessionários de direito de pessoas jurídicas; as pessoas enquadradas como microempreendedores individuais, microempresas e empresas de pequeno porte na forma da lei; as pessoas jurídicas qualificadas como Organização da Sociedade Civil de Interesse Público, nos termos da lei; e as sociedades de crédito ao microempreendedor, nos termos da lei.

Alternativa correta: letra "B". Da sentença no JEC, excetuada a homologatória de conciliação ou laudo arbitral, caberá recurso para o próprio Juizado. No recurso, as partes serão obrigatoriamente representadas por advogado (Lei 9.099/95, art. 41, *caput* e §§ 1º e 2º).

Alternativa A. Incorreta. Não se admitirá, no processo de competência do JEC, a intervenção de terceiros, conforme exclusão expressa da Lei nº 9.099/1995 (art. 10). Contudo, o CPC de 2015 admitiu que em tais processos haja o manejo do incidente de desconsideração da personalidade jurídica. De toda maneira, não há vedação para a admissibilidade do litisconsórcio.

Alternativas C e D. Incorretas. Não poderão ser partes, no processo instituído pela lei dos Juizados Especial Cíveis, o incapaz, o preso, as pessoas jurídicas de direito público, as empresas públicas da União, a massa falida e o insolvente civil. No que se refere às instituições financeiras, somente as sociedades de crédito ao microempreendedor poderão ajuizar ações no JEC (Lei 9.099/95, art. 8º, *caput* e § 1º, IV).

---

103. (Vunesp - Escrevente Técnico Judiciário - TJ-SP/2015) Quanto aos processos que tramitam perante os Juizados Especiais da Fazenda Pública, assinale a alternativa correta.

A) No foro em que estiverem instalados, a competência é relativa.

B) Não é possível pedido para providências cautelatórias ou antecipatórias no curso do processo.

C) O cumprimento da sentença com trânsito em julgado, que imponha obrigação de fazer, será efetuado mediante ofício do juiz à autoridade citada para a causa, com cópia da sentença ou do acordo.

D) A Fazenda terá prazo em quádruplo para contestar e em dobro para recorrer.

E) Nas causas que correm perante esse Juizado, haverá reexame necessário no caso de procedência do pedido do autor.

COMENTÁRIOS

✪ **Nota do autor:** como se trata de cumprimento da sentença a ser cumprida pela Fazenda Pública, não haverá a penhora de bens, submetendo-se o pagamento à observância das determinações constantes da Constituição Federal, do CPC e da Lei n. 12.153/2009. Assim, o pagamento será feito mediante precatório ou em cumprimento de obrigação de pequeno valor, devendo haver a requisição do pagamento.

Alternativa Correta: letra C. O cumprimento da sentença com trânsito em julgado, que imponha a obrigação de fazer, será feita mediante ofício do juiz à autoridade. Note-se que há diferença em relação ao cumprimento da obrigação de pagar. Na obrigação de fazer, basta a expedição da requisição.

Alternativa Incorreta: letra A. A competência dos Juizados é absoluta, de modo que, onde instalados, as ações deverão ser nele processadas, desde que se amoldem às situações narradas na Lei 12.153/2009.

Alternativa Incorreta: letra B. Há admissibilidade de tais providências, conforme se vê do art. 3º. da Lei n. 12.153/2009.

Alternativa Incorreta: letra D. A Fazenda não terá prazo diferenciado para a prática dos atos.

Alternativa Incorreta: letra E. Não há incidência da remessa necessária no âmbito dos Juizados Especiais da Fazenda Pública.

---

104. (Vunesp - Escrevente Técnico Judiciário - TJ-SP/2012) Não se incluem na competência do Juizado Especial da Fazenda Pública as causas que tenham por objeto:

A) obrigações vincendas, cuja soma de doze parcelas não exceda a 60 salários mínimos.

B) obrigação de fazer.

C) matéria relativa a autarquias e fundações públicas.

D) impugnação da pena de demissão imposta a servidores públicos civis.

E) reparação de danos.

COMENTÁRIOS

Alternativa correta: letra "d". A competência para o julgamento das ações nos juizados especiais da Fazenda Pública será para as causa de até sessenta salários mínimos. De outro lado, há a exclusão de algumas ações, entre elas, a impugnação da pena de demissão imposta a servidores públicos civis. Não há esta restrição para outras sanções. Não há vedação para as outras situações narradas.

105. (Vunesp – Escrevente Técnico Judiciário – TJ-SP/2013) É correto afirmar que o conciliador, conforme previsto na Lei nº 12.153/09:

A) ficará impedido de exercer a advocacia perante todos os Juizados Especiais da Fazenda Pública instalados em território nacional.

B) poderá compor as Turmas Recursais do Sistema dos Juizados Especiais, pelo prazo de 2 (dois) anos.

C) poderá, para fins de encaminhamento da composição amigável, ouvir as partes e testemunhas sobre os contornos fáticos da controvérsia.

D) é auxiliar da Justiça, recrutado, obrigatoriamente, entre advogados com mais de 2 (dois) anos de experiência.

E) presidirá a instrução do processo, podendo dispensar novos depoimentos, se entender suficientes para o julgamento da causa os esclarecimentos já constantes dos autos.

COMENTÁRIOS

✪ **Nota do autor:** os juizados especiais enaltecem a participação dos conciliadores e dos mediadores, o que também ocorre com o CPC de 2015

Alternativa correta: letra "c". De acordo com o art. 16 da Lei n. 12.153/2009, cabe ao conciliador, sob a supervisão do juiz, conduzir a audiência de conciliação. Poderá o conciliador, para fins de encaminhamento da composição amigável, ouvir as partes e testemunhas sobre os contornos fáticos da controvérsia.

Alternativas "a": incorreta. O impedimento é para o exercício da advocacia no próprio juizado.

Alternativa "b": incorreta. Não poderá compor as Turmas Recursais do Sistema dos Juizados Especiais.

Alternativa "d": incorreta. Conforme o art. 149 do CPC, o conciliador e o mediador são auxiliares do juízo, não havendo essa exigência.

Alternativa "e": incorreta. Não presidirão a instrução do processo.

106. (Vunesp – Escrevente Técnico Judiciário – TJ-SP/2014) É de competência dos Juizados Especiais da Fazenda Pública, quanto à matéria, processar, conciliar e julgar causas cíveis de interesse dos Estados, do Distrito Federal, dos Territórios e dos Municípios, incluindo-se em sua competência o julgamento de

A) cobrança de diferenças salariais de funcionário público.

B) ação de improbidade administrativa.

C) causas sobre bens imóveis pertencentes a esses entes.

D) desapropriações.

E) mandado de segurança.

COMENTÁRIOS

✪ **Nota do autor:** No foro onde estiver instalado Juizado Especial da Fazenda Pública, a sua competência é absoluta, podendo figurar como partes em seus processos como autores, as pessoas físicas e as microempresas e empresas de pequeno porte, assim definidas na forma da lei; e como réus, os Estados, o Distrito Federal, os Territórios e os Municípios, bem como autarquias, fundações e empresas públicas a eles vinculadas (Lei 12.153/09, art. 2º, § 4º e art. 5º, I e II).

Alternativa correta: letra "A". Além das hipóteses já presentes na questão, também não se incluem na competência do Juizado Especial da Fazenda Pública as causas que tenham como objeto a impugnação da pena de demissão imposta a servidores públicos civis ou sanções disciplinares aplicadas a militares. Assim, a cobrança de diferenças salariais de funcionário público não constitui exceção legalmente prevista, razão pela qual poderá ser de competência do Juizado Especial da Fazenda Pública, até o valor de 60 (sessenta) salários mínimos (Lei 12.153/09, art. 2º, *caput* e § 1º, III).

Alternativas B, D e E. Incorretas. Não se incluem na competência do Juizado Especial da Fazenda Pública as ações de mandado de segurança, de desapropriação, de divisão e demarcação, populares, por improbidade administrativa, execuções fiscais e as demandas sobre direitos ou interesses difusos e coletivos (Lei 12.153/09, art. 2º, § 1º, I).

Alternativa C. Incorreta. Não se incluem na competência do Juizado Especial da Fazenda Pública as causas sobre bens imóveis dos Estados, Distrito Federal, Territórios e Municípios, autarquias e fundações públicas a eles vinculadas (Lei 12.153/09, art. 2º, § 1º, II).

107. (Vunesp – Escrevente Técnico Judiciário – TJ-SP/2015) Quanto aos processos que tramitam perante os Juizados Especiais da Fazenda Pública, assinale a alternativa correta.

A) No foro em que estiverem instalados, a competência é relativa.

B) Não é possível pedido para providências cautelatórias ou antecipatórias no curso do processo.

C) O cumprimento da sentença com trânsito em julgado, que imponha obrigação de fazer, será efetuado mediante ofício do juiz à autoridade citada para a causa, com cópia da sentença ou do acordo.

D) A Fazenda terá prazo em quádruplo para contestar e em dobro para recorrer.

E) Nas causas que correm perante esse Juizado, haverá reexame necessário no caso de procedência do pedido do autor.

COMENTÁRIOS

✪ **Nota do autor:** Os Juizados Especiais da Fazenda Pública, órgãos da justiça comum e integrantes do Sistema dos Juizados Especiais, serão criados pela União, no Distrito Federal e nos Territórios, e pelos Estados, para conciliação, processo, julgamento e execução, nas causas de sua competência. É de competência dos Juizados Especiais da Fazenda Pública processar, conciliar e julgar causas cíveis de interesse dos Estados, do Distrito Federal, dos Territórios e dos Municípios, até o valor de 60 (sessenta) salários mínimos (Lei 12.153/09, arts. 1º e 2º, *caputs*).

Alternativa correta: letra "C". Após o trânsito em julgado, o cumprimento da sentença ou acórdão que estabeleçam obrigação de fazer, não fazer ou entrega de coisa certa, será realizado mediante ofício do juiz à autoridade citada para a causa, com cópia da sentença ou do acordo (Lei 12.153/09, art. 12).

Alternativa A. Incorreta. No foro onde estiver instalado Juizado Especial da Fazenda Pública, a sua competência é absoluta (Lei 12.153/09, art. 2º, § 4º).

Alternativa B. Incorreta. O juiz poderá, de ofício ou a requerimento das partes, deferir quaisquer providências cautelares e antecipatórias no curso do processo, para evitar dano de difícil ou de incerta reparação (Lei 12.153/09, art. 3º).

Alternativa D. Incorreta. Não haverá prazo diferenciado para a prática de qualquer ato processual pelas pessoas jurídicas de direito público, inclusive a interposição de recursos, devendo a citação para a audiência de conciliação ser efetuada com antecedência mínima de 30 (trinta) dias (Lei 12.153/09, art. 7º).

Alternativa E. Incorreta. Nas causas de que trata a lei dos Juizados Especiais da Fazenda Pública, não haverá reexame necessário (Lei 12.153/09, art. 11).

19 AÇÃO CIVIL PÚBLICA E DO MANDADO DE SEGURANÇA

108. (Vunesp – Juiz de Direito – RJ/2014) Assinale a alternativa correta, de acordo com a lei que disciplina a ação civil pública (Lei n.º 7.347/1985).

A) A liminar concedida poderá ter sua execução suspensa pelo presidente do tribunal competente, mediante requerimento de pessoa jurídica de direito público, para evitar grave lesão à ordem, à saúde, à segurança e à economia pública.

B) O objeto da ação civil pública será condenação em dinheiro, sendo vedados pedidos de obrigação de fazer ou não fazer.

C) As pessoas jurídicas de direito público interno não possuem legitimidade para ajuizar ação civil pública.

D) Figurando a União em um dos polos da demanda, a competência será do juiz estadual do local onde ocorreu o dano, sempre que a comarca não seja sede de vara da justiça federal.

COMENTÁRIOS

✪ **Nota do autor:** a questão trata da ação civil pública, espécie de ação coletiva, que tem esta característica em razão da legitimação e do regime da coisa julgada, que são diferenciados em relação aos processos individuais.

Alternativa correta: letra "A". A alternativa trata do incidente de suspensão de eficácia de pronunciamento que possa produzir efeitos imediatos, quando então, admite-se requerimento de pessoa jurídica de direito público interessada para evitar grave lesão à ordem, à saúde, à segurança e à economia pública, quando então o Presidente do Tribunal a que competir o conhecimento do respectivo recurso poderá suspender a execução do pronunciamento, em decisão fundamentada, da qual caberá agravo para uma das turmas julgadoras. O incidente não tem natureza recursal, pois não se busca cassar a decisão judicial, mas tão somente suspender os seus efeitos.

Alternativa B. Incorreta. A ação civil poderá ter por objeto a condenação em dinheiro ou o cumprimento de obrigação de fazer ou não fazer (Lei 7.347/85, art. 3º).

Alternativa C. Incorreta. Têm legitimidade para propor a ação civil pública, entre outros, a União, os Estados, o Distrito Federal e os Municípios, a autarquia, a empresa pública, e a fundação ou sociedade de economia mista (Lei 7.347/85, art. 5º, III e IV).

Alternativa D. Havendo interesse da União, a competência para o processamento da ação civil pública será da Justiça Federal.

109. (Vunesp – Juiz de Direito – TJ – SP/2013) Assinale a assertiva correta no que diz respeito à ação civil pública (ACP).

A) Pode o juiz cominar liminarmente multa diária para a hipótese de descumprimento de obrigação de fazer ou não fazer, a qual será de imediato exigível.

B) É requisito para a propositura da ACP pelo Ministério Público a instauração e conclusão prévia de inquérito civil.

C) A apelação interposta da sentença proferida em ACP será sempre recebida no duplo efeito.

D) A constituição há mais de um ano da associação que intenta a ACP é requisito de legitimação que pode, em determinadas circunstâncias, ser dispensado pelo juiz.

COMENTÁRIOS

✪ **Nota do autor:** a questão trata de vários aspectos relativos à ação civil pública.

Alternativa correta: letra "D". O requisito da pré-constituição poderá ser dispensado pelo juiz, quando haja manifesto interesse social evidenciado pela dimensão ou característica do dano, ou pela relevância do bem jurídico a ser protegido (Lei 7.347/85, art. 5º, § 4º). Corresponde o requisito à denominada *representatividade adequada*, que justifica a previsão da legitimação a determinados entes que podem substituir a coletividade em juízo.

Alternativa A. Incorreta. Poderá o juiz conceder mandado liminar, com ou sem justificação prévia, em decisão sujeita a agravo. A multa cominada liminarmente só será exigível do réu após o trânsito em julgado da decisão favorável ao autor, mas será devida desde o dia em que se houver configurado o descumprimento (Lei 7.347/85, art. 12, *caput* e § 2º).

Alternativa B. Incorreta. O inquérito civil é investigação administrativa, de caráter inquisitorial, unilateral e facultativo, instaurado e presidido pelo Ministério Público e destinado a apurar a ocorrência de danos efetivos ou potenciais a direitos ou interesses difusos, coletivos ou individuais homogêneos ou outros que lhe incumba defender, servindo como preparação para o exercício das atribuições inerentes às suas funções institucionais. O inquérito civil não é pressuposto processual para o ajuizamento das ações a cargo do Ministério Público, nem para a concretização das demais medidas de sua competência própria.

Alternativa C. Incorreta. Como regra, a apelação terá apenas efeito devolutivo. Contudo, a Lei nº 7.347/1985, em seu art. 14, prevê que o juiz poderá conferir efeito suspensivo aos recursos para evitar dano irreparável à parte.

---

110. (Vunesp - Juiz de Direito - SP/2015) No que se refere ao mandado de segurança, é correto afirmar que

A) se suspende o processo de mandado de segurança se o impetrante não promove, no prazo assinado, a intimação do litisconsorte passivo necessário.

B) a existência de recurso administrativo com efeito suspensivo não impede o uso do mandado de segurança contra omissão de autoridade.

C) é substitutivo de ação de cobrança.

D) é inadmissível a via mandamental para discussão judicial, em execução, da dívida ativa da Fazenda Pública.

COMENTÁRIOS

✪ **Nota do autor:** conceder-se-á mandado de segurança para proteger direito líquido e certo, não amparado por *habeas corpus* ou *habeas data*, sempre que, ilegalmente ou com abuso de poder, qualquer pessoa física ou jurídica sofrer violação ou houver justo receio de sofrê-la por parte de autoridade, seja de que categoria for e sejam quais forem as funções que exerça.

Alternativa correta: letra "B". O recurso administrativo, a que se foi concedido efeito suspensivo, não impede o uso do mandado de segurança contra omissão de autoridade (Súmula 429 do STF).

Alternativa A. Incorreta. Extingue-se o processo de mandado de segurança se o impetrante não promove, no prazo assinado, a citação do litisconsorte passivo necessário (Súmula 631 do STF).

Alternativa C. Incorreta. O mandado de segurança não é substitutivo de ação de cobrança (Súmula 269 do STF).

Alternativa D. Incorreta. A discussão judicial da Dívida Ativa da Fazenda Pública é admissível no mandado de segurança, ação de repetição do indébito ou em ação anulatória do ato declarativo da dívida, esta precedida do depósito preparatório do valor do débito, monetariamente corrigido e acrescido dos juros e multa de mora e demais encargos (LEF, art. 38). E também, segundo a Súmula 213 do STJ, o mandado de segurança constitui ação adequada para a declaração do direito à compensação tributária.

20 ARBITRAGEM

---

111. (Vunesp - Juiz de Direito - TJ - SP/2013) Acerca da arbitragem, é correto dizer que

A) é nula a sentença arbitral quando o julgamento de mérito nela contido contrariar lei federal ou alterar a verdade dos fatos.

B) a nulidade do contrato no qual se estipulou a cláusula arbitral implica, necessariamente, a nulidade da cláusula compromissária.

C) a sentença arbitral brasileira não fica sujeita a recurso ou a homologação pelo Poder Judiciário.

D) somente o Poder Judiciário pode decidir acerca da validade e eficácia da convenção de arbitragem e do contrato que contenha a cláusula compromissória, de sorte que, em caso de tal alegação, o Tribunal Arbitral deve submeter a questão ao juiz togado competente.

COMENTÁRIOS

✪ **Nota do autor:** por meio da arbitragem, o árbitro exerce a *jurisdição privada*, que é admitida pelo legislador, conforme se vê da Lei nº 9.307/1996.

Alternativa correta: letra "C". O árbitro é juiz de fato e de direito, e a sentença que proferir não fica sujeita a recurso ou a homologação pelo Poder Judiciário (Lei 9.307/96, art. 18). Diferentemente, a sentença proferida pelo juiz leigo, nos Juizados Especiais Cíveis, estará sujeita à homologação do juízo, que poderá também proferir outra em substituição ou, antes de se manifestar, determinar a realização de atos probatórios indispensáveis.

Alternativa A. Incorreta. A arbitragem poderá ser de direito ou de equidade, a critério das partes. Poderão as partes escolher, livremente, as regras de direito que serão aplicadas na arbitragem, desde que não haja violação aos bons costumes e à ordem pública. Poderão, também, as partes convencionar que a arbitragem se realize com base nos princípios gerais de direito, nos usos e costumes e nas regras internacionais de comércio (Lei 9.307/96, art. 2º, *caput*, §§ 1º e 2º). A parte interessada poderá pleitear ao órgão do Poder Judiciário competente a declaração de nulidade da sentença arbitral, nos casos previstos na lei específica (Lei 9.307/96, art. 33, caput). Entretanto, o controle do Poder Judiciário se limitará a vícios formais da sentença arbitral, não podendo revisar o mérito.

Alternativa B. Incorreta. A cláusula compromissória é autônoma em relação ao contrato em que estiver inserta, de tal sorte que a nulidade deste não implica, necessariamente, a nulidade da cláusula compromissória (Lei 9.307/96, art. 8º, *caput*).

Alternativa D. Incorreta. Caberá ao árbitro decidir de ofício, ou por provocação das partes, as questões acerca da existência, validade e eficácia da convenção de arbitragem e do contrato que contenha a cláusula compromissória (Lei 9.307/96, art. 8º, parágrafo único).

Direito Processual Civil

em conformidade com o Novo Código de Processo Civil

Luciano Alves Rossato

✦ DICAS SOBRE O NOVO CÓDIGO DE PROCESSO CIVIL

1. NOVO CÓDIGO DE PROCESSO CIVIL – LEI FEDERAL Nº 13.105/2015 E ALTERAÇÕES E LEGISLAÇÕES ESPECIAIS

Todo o estudo que se seguirá é voltado exclusivamente para **o Novo Código de Processo Civil (Lei 13.105/2015), suas alterações e a legislação especial**), de forma sistematizada e em conformidade com ensinamentos doutrinários e posições jurisprudenciais dominantes.

2. PRINCÍPIOS GERAIS DO PROCESSO CIVIL

2.1. AS NORMAS FUNDAMENTAIS DO PROCESSO CIVIL

Sem qualquer dúvida, o ponto de partida para o estudo do Direito Processual Civil brasileiro consiste na análise das "Normas Fundamentais do Processo Civil", até porque "a percepção do uso cada vez mais recorrente de princípios como fundamento da aplicação do direito foi um dos pilares da elaboração do Novo CPC".[1]

A utilização dos princípios no Direito brasileiro é uma realidade desde a Constituição Federal de 1988 e que compreendeu todos os ramos da ciência jurídica, em especial, o processual.

O Novo Código de Processo Civil, instituído pela Lei n. 13.105, de 16.03.2015, determina que **o processo civil** será **ordenado, disciplinado e interpretado** conforme os valores e as normas fundamentais estabelecidos na Constituição Federal, observando-se o quanto é constante do próprio Código. A propósito, já se registrou que o Novo CPC há de ser interpretado como "um conjunto de normas orgânico e coerente", aplicando-se o "postulado interpretativo da unidade do código", tal como a lição de Eros Grau para as normas constitucionais.[2]

2.2. PRINCÍPIOS EXPRESSOS NA CONSTITUIÇÃO FEDERAL

2.2.1. PRINCÍPIO DO DEVIDO PROCESSO LEGAL

Os princípios fundamentais decorrem de um núcleo comum, que é o princípio do devido processo legal.

Encontra-se previsto no art. 5º, LIV, da Constituição Federal e, genericamente, é caracterizado pelo trinômio vida-liberdade-propriedade.

O devido processo legal se caracteriza de duas formas: **material** (devido processo legal em sentido material) e **processual** (devido processo legal em sentido processual). No primeiro sentido, busca-se evitar o arbítrio do legislador e a discricionariedade do Poder Público, exigindo-se a edição de normas que observem a razoabilidade e a proporcionalidade. Em sentido processual, concretiza-se com a possibilidade efetiva de acesso à justiça, apresentando pretensão e defendendo-se da forma mais ampla possível.

2.2.2. PRINCÍPIO DA ISONOMIA

O princípio da isonomia importará na necessidade de que os litigantes recebam o mesmo tratamento no processo.

2.2.3. PRINCÍPIO DO JUIZ NATURAL

O princípio do juiz natural é tridimensional, pois significa que: a) não haverá juízo ou tribunal *ad hoc*; b) todos têm o direito de submeter-se ao juiz competente; c) que o juiz competente deve ser imparcial.

Para preservar essa imparcialidade do juiz, a Constituição Federal concede garantias (incisos I, II, e III, do art. 95), prevê vedações (parágrafo único do art. 95) e proíbe juízo ou tribunais de exceção (inciso XXXVII, do art. 5º – órgão julgadores criados posteriormente ao caso *sob judice*).

Ada Pellegrini Grinover, da mesma maneira, defende o triplo desdobramento do princípio, em três conceitos: "só

---

1 THEODORO JÚNIOR, Humberto. NUNES, Dierle. BAHIA, Alexandre Melo Franco. PEDRON, Flávio Quinaud. Novo CPC – Fundamentos e Sistematização. Rio de Janeiro: GEN-Forense, 2015, p. 35.

2 Registro feito por Fredie Didier Júnior, que estendeu os estudos sobre a interpretação constitucional ao direito processual civil. DIDIER JR, Fredie. Curso de Direito Processual Civil. Salvador: Juspodivm, 17a. ed. 2015, p. 151-152. Os autores desta obra, a propósito, rendem as suas homenagens e o parabenizam por todo o esforço empreendido durante o trâmite legislativo do Novo Código de Processo Civil e pela organização dos Fóruns Permanentes de Processualistas Civis.

são órgãos jurisdicionais os instituídos pela Constituição; ninguém pode ser julgado por órgão constituído após a ocorrência do fato; entre os juízes pré-constituídos vigora uma ordem taxativa de competências, que exclui qualquer alternativa deferida à discricionariedade de quem quer que seja".[3]

2.2.4. PRINCÍPIO DA INAFASTABILIDADE DO CONTROLE JURISDICIONAL

Não é possível que o legislador ou qualquer indivíduo impeça o jurisdicionado de ir ao juízo apresentando a sua pretensão. Por esse motivo, assegura-se o direito de ação, que se revela como um direito subjetivo à sentença, desde que observadas as condições da ação. Consectário deste princípio, deve-se garantir a assistência jurídica e integral aos necessitados, abrangendo a consultoria e a assistência extrajudicial. Da mesma maneira, não é possível impor valor da taxa judiciária sem que o seu cálculo leve em conta o valor da causa.

2.2.5. PRINCÍPIO DO CONTRADITÓRIO

Em consonância com o disposto no art. 5º, LV, da Constituição Federal, "aos litigantes, em processo judicial ou administrativo, e aos acusados em geral são assegurados o contraditório e ampla defesa, com os meios e recursos a ela inerentes".

Esse princípio tem ligação com a igualdade das partes e do direito de ação, que são manifestações do princípio do contraditório.

2.2.6. PRINCÍPIO DA PROIBIÇÃO DA PROVA ILÍCITA

Em conformidade com o art. 5º, XII, CF, são inadmissíveis, no processo, as provas obtidas por meios ilícitos.

2.2.7. PRINCÍPIO DA PUBLICIDADE DOS ATOS PROCESSUAIS

Em conformidade com o art. 5º, LX, "a lei só poderá restringir a publicidade dos atos processuais quando a defesa da intimidade ou o interesse social o exigirem", enquanto o art. 93, IX, dispõe que "todos os julgamentos dos órgãos do Poder Judiciário serão públicos".

2.2.8. PRINCÍPIO DA MOTIVAÇÃO DAS DECISÕES JUDICIAIS

Os pronunciamentos judiciais devem ser necessariamente motivados, sob pena de serem considerados nulos. No Novo CPC, houve sensível alteração do alcance da motivação, evoluindo para a fundamentação analítica.

3 GRINOVER, Ada Pellegrini. Doutrinas. Wambier, vol. 1, p. 116.

2.2.9. PRINCÍPIO DO DUPLO GRAU DE JURISDIÇÃO

Pelo princípio do duplo grau de jurisdição, a matéria decidida pode ser objeto de reexame por meio de recurso, para possibilitar ao prejudicado nova chance de êxito e eventuais correções das ilegalidades e injustiças cometidas pelo julgador. Não é previsto expressamente pela Constituição Federal, embora o seja no Pacto de San José da Costa Rica, ratificado em 1992 pelo Brasil. A Constituição, contudo, disciplina a competência dos órgãos jurisdicionados e o sistema recursal, na Constituição Federal e normas infraconstitucionais.

2.3 NORMAS FUNDAMENTAIS CONTIDAS NO NOVO CPC

As Normas Fundamentais do Novo Código de Processo Civil compreendem princípios e regras jurídicas.

Sendo assim, será apresentado um quadro em que é possível relacionar o artigo do Novo CPC ao princípio ou regra respectivo.

Artigo	Princípio ou Regra
2º	Regras da instauração do processo por iniciativa da parte e do desenvolvimento processual por impulso processual.
3º	Princípio do Acesso à Justiça e Tribunal Multiportas.
4º	Princípio da Duração Razoável do Processo.
4º	Princípio da Preferência do Julgamento de Mérito.
4º	Princípio da Eficiência
5º	Princípio da Boa-fé Processual
6º	Princípio da Efetividade
6º	Princípio da Cooperação
7º	Princípio da Paridade
7º, 9º e 10	Princípio do Contraditório Dinâmico
	Princípio da Adequação
11	Princípio da Publicidade
11	Princípio da Fundamentação Analítica
12	Regra Jurídica da Preferência da Observância da Ordem Cronológica.
190 e 191	Princípio do Respeito ao Autorregramento Processual

3. FONTES

O ordenamento jurídico conta com fontes, **designadas como fontes jurídicas**, objeto de análise da Teoria Geral do Direito, definidas por Bobbio como "aqueles fatos e aqueles atos dos quais o ordenamento jurídico faz depender a produção de normas jurídicas".[4] Correspon-

4 BOBBIO, Norberto. *Teoria do ordenamento jurídico*. São Paulo: Edipro, 2016, p. 55.

dem à origem primária do direito, equiparada à sua fonte real ou material. Também se emprega a expressão para externar a forma de expressão, utilizando-se de modelos de manifestação, como fontes formais.[5]

As fontes formais são classificadas em estatais e não estatais. As primeiras subdividem-se em legislativas e jurisprudenciais, enquanto as não estatais abrangem o direito consuetudinário, a doutrina e as convenções em geral. As fontes formais não são normas, mas formas de tradução da norma em palavras.

As fontes do Direito Processual Civil seguem os parâmetros do direito em geral e são: a lei e os costumes (**fontes imediatas**), a doutrina e a jurisprudência (**fontes mediatas**).

4. LEI PROCESSUAL CIVIL

4.1. EFICÁCIA E APLICAÇÃO

O Código de Processo Civil em vigor foi aprovado pela Lei n. 13.105/2015, posteriormente modificado pelas Leis n. 13.257/2016 e 13.363/2016. Aquela é uma das leis processuais civis em vigência no Brasil.

A Lei Processual Civil constitui toda aquela que "disciplina a função jurisdicional desenvolvida pelos juízes e tribunais, quando convocados pelos titulares de interesses jurídicos em conflito na órbita civil *lato sensu*".[6]

Em conformidade com o art. 13 do NCPC, a "jurisdição civil será regida pelas normas processuais brasileiras, ressalvadas as disposições específicas previstas em tratados, convenções ou acordos internacionais de que o Brasil seja parte".

A lei processual terá eficácia imediata aos processos em curso, respeitando-se os atos processuais praticados e as situações jurídicas consolidadas sob a vigência da norma revogada.

4.2. DIREITO PROCESSUAL INTERTEMPORAL. CRITÉRIOS

As leis processuais civis, como dito anteriormente, são de efeito imediato, aplicando-se aos processos em andamento, respeitando-se, de outro lado, os atos já praticados.

O Novo Código de Processo Civil fez importantes previsões de direito intertemporal nos artigos 1.046, §§ 1º e 5º, 1.047, 1.054, 1.056 e 1.057, das quais se extrai que foi encampado o sistema de isolamento de atos processuais.

O CPC encampou o sistema de isolamento de atos processuais.

IMPORTANTE!

A coisa julgada **abrangerá apenas a questão principal**. Porém, de acordo com o Novo CPC, poderá abranger também a questão prejudicial, desde que seja decidida expressa e incidentalmente no processo, observando-se os incisos do § 1º do art. 503 (independentemente de ação declaratória incidental, abolida no Novo CPC).

Esta regra, contudo, somente será aplicada aos processos iniciados após a vigência do Novo Código de Processo Civil. Aos anteriores, será necessário que a parte tenha se valido da ação declaratória incidental para que a questão prejudicial decidida faça coisa julgada.

Por esse sistema, aplicam-se de imediato as normas processuais, sendo proibida a retroatividade da lei para os atos já praticados.

Se praticado o ato processual sob a vigência do CPC de 1973 e este contar com efeitos pendentes, a eficácia do Código anterior continua até a sua consolidação. Por isso, iniciado anteriormente um prazo para interposição de recurso (10 dias para o agravo de instrumento), este será o prazo a ser contado, ainda que tenha ocorrido o advento de um novo CPC.

ATENÇÃO! DISPOSIÇÕES DE DIREITO PROBATÓRIO E DIREITO INTERTEMPORAL.

Tais disposições previstas no Novo CPC serão aplicadas **apenas às provas requeridas ou determinadas** de ofício a **partir da data de início de sua vigência**.

Portanto: ainda que em trâmite o processo, mas se a prova tiver sido requerida anterior ao Novo CPC, segue-se a sistemática do CPC de 1973 em relação às disposições de direito probatório.

5. JURISDIÇÃO

5.1. CONCEITO

A Jurisdição é o poder que detém o Estado de fazer atuar as regras jurídicas de forma concreta. Frise-se: só diante de casos concretos é que atuará a função jurisdicional. Essa atividade apresenta-se como secundária, instrumental, declarativa, desinteressada e provocada.

A jurisdição voluntária consiste na administração pública de negócios privados. Trata-se de uma atividade heterogênea do Poder Judiciário, pois não há propriamente um conflito de interesses a ser solucionado, mas o controle de determinados atos. Não obstante, é possível que ocorra

---

5 Maria Helena Diniz prefere a expressão "fonte jurídica" ao invés de fonte do direito, uma vez que esta seria empregada "metaforicamente, pois em sentido próprio *fonte* é a nascente de onde brota uma corrente de água. Justamente, por ser uma expressão figurativa tem mais de um sentido". DINIZ, Maria Helena. *Compêndio de Introdução à Ciência do Direito*. 24ª. ed. São Paulo: Saraiva, 2013, p. 301.

6 THEODORO JÚNIOR, Humberto. Curso de Direito Processual Civil. 56a. ed. Vol. I. Rio de Janeiro: Gen-Forense, 2015, p. 33.

litigiosidade no procedimento, como ocorre no caso de um dos interessados não concordar com a providência reclamada.

5.2. CARACTERÍSTICAS

Podem ser apontadas como características da jurisdição:

a) substitutividade: o Estado-Juiz substitui a vontade das partes, aplicando o direito ao caso concreto;

b) imparcialidade: o magistrado não poderá ter qualquer interesse no resultado do litígio;

c) lide: embora questionada atualmente, a doutrina clássica defendia que a lide era característica da jurisdição, na medida em que o seu papel seria solucioná-las;

d) monopólio do Estado: a atividade jurisdicional é monopólio do Estado. Não obstante, permite-se que as partes, em determinados casos, elejam pessoa que possa solucionar a lide que lhes é apresentada, ajustando a convenção de arbitragem;

e) inércia: não haverá atividade do Estado-Juiz sem a devida provocação pela parte interessada. Somente em casos excepcionalíssimos admite-se que a jurisdição atue sem ser previamente provocada;

f) unidade: o poder jurisdicional, embora possa ser repartido, é uno;

g) definitividade: o exercício da jurisdição implicará em se alcançar a decisão definitiva sobre o assunto.

5.3. NATUREZA JURÍDICA

Há várias teorias que tentam explicar a natureza jurídica da jurisdição.

- **Teoria organicista →** que os atos jurisdicionais teriam essa natureza em razão do órgão de que provêm. Ocorre que mesmo tais órgãos também emitem atos administrativos, motivo pelo qual não pode ser aceita.
- **Teoria subjetiva →** considera-se que a jurisdição tem a finalidade de tutelar direitos e aplicar a lei ao caso concreto. É criticável na medida em que é possível que haja necessidade da tutela ainda que não exista direito subjetivo violado.
- **Teoria objetiva →** a jurisdição asseguraria a vigência do direito, que é aplicável ao caso concreto. Não é capaz de separar os atos administrativos dos atos judiciais e, por isso, também criticável.
- **Teoria da substituição →** o Estado-Juiz substitui a vontade das partes por meio da atividade de seus órgãos jurisdicionais, fazendo com que haja a atuação da vontade concreta da lei.

Atualmente, a jurisdição já vem sendo vista como uma forma de inclusão social.

5.4. PRINCÍPIOS

A Jurisdição é informada por três princípios basilares:

(i) Princípio do Juiz Natural: somente exercerá a Jurisdição aquele devidamente investido na forma prevista pela Constituição Federal;

(ii) A Jurisdição é improrrogável: os limites do poder jurisdicional são traçados pela Constituição Federal;

(iii) A Jurisdição é indeclinável: não pode o Poder Jurisdicional recusar-se a cumprir a sua função, e nem delegá-la a quem quer que seja.

5.5. LIMITES DA JURISDIÇÃO NACIONAL

O CPC 2015 corrigiu a imprecisão conceitual existente anteriormente, ao modificar o tratamento da antiga competência internacional para "limites da jurisdição nacional e da cooperação internacional". De fato, não se trata de um problema que envolva a competência, mas de jurisdição, porque se verifica quais são as causas ou que deverão ser submetidas à jurisdição nacional.

Dessa maneira, algumas matérias somente poderão ser submetidas à jurisdição brasileira, como ocorre, por exemplo, com aquelas relativas a imóveis situados no Brasil. Não será admissível decisão estrangeira a respeito desse tema.

Para outras matérias, no entanto, será admissível que haja decisão por jurisdição estrangeira, produzindo efeitos em território nacional se a decisão for homologada pelo Superior Tribunal de Justiça, por meio de procedimento específico.

Tem-se, então, hipóteses de **jurisdição exclusiva** e outras de **jurisdição concorrente**, consoante o seguinte quadro:

EXCLUSIVA	CONCORRENTE
Somente podem ser decididas pela jurisdição brasileira. Eventuais decisões estrangeiras não serão homologadas pelo Superior Tribunal de Justiça.	Podem ser decididas tanto pelo tribunal estrangeiro quanto pela jurisdição nacional, ressalvadas disposições em contrário de tratados internacionais e acordos bilaterais. Eventual decisão estrangeira deverá ser homologada pelo Superior Tribunal de Justiça. A ação proposta perante o Tribunal estrangeiro não induz litispendência.

As hipóteses de jurisdição exclusiva estão previstas no art. 23 do Novo Código de Processo Civil, segundo o qual compete à autoridade judiciária brasileira, com exclusão de qualquer outra: i) conhecer de ações relativas a imóveis situados no Brasil; ii) em matéria de sucessão hereditária, proceder à confirmação de testamento particular e ao inventário e à partilha de bens situados no Brasil, ainda que o autor da herança seja de nacionalidade estrangeira ou tenha domicílio fora do território nacional; iii) em divórcio, separação judicial ou dissolução de união estável, proceder à partilha de bens situados no Brasil, ainda que o titular seja de nacionalidade estrangeira ou tenha domicílio fora do território nacional.

O juízo estrangeiro poderá decretar o divórcio, hipótese em que estará dispensada a homologação da sentença no Brasil (art. 961 CPC). Porém, a decisão sobre a partilha somente poderá ser proferida pela autoridade judicial brasileira.

O divórcio poderá ser decretado pelo juiz estrangeiro, mas a partilha de bens somente pela autoridade brasileira.

De outro lado, determinadas matérias poderão ser objeto de decisão pela autoridade jurisdicional brasileira ou pela estrangeira. No caso de haver concomitância de ações, prevalecerá aquela que transitar em julgado em primeiro lugar.

Para todos os efeitos, transitará em julgado a decisão estrangeira tão somente após a sua homologação pelo Superior Tribunal de Justiça.

Como é possível verificar, o fato de existir uma demanda em trâmite perante a autoridade judiciária estrangeira não induz litispendência em relação à ação movida em território nacional, admitindo-se a concomitância de trâmite de ações.

Admite-se à autoridade judiciária brasileira processar e julgar as seguintes ações em que: i) o réu, qualquer que seja a sua nacionalidade, estiver domiciliado no Brasil; ii) no Brasil tiver de ser cumprida a obrigação; iii) o fundamento seja fato ocorrido ou ato praticado no Brasil; iv) de alimentos, se o credor tiver domicílio ou residência no Brasil ou o réu mantiver vínculos no Brasil, tais como posse ou propriedade de bens, recebimento de renda ou obtenção de benefícios econômicos; v) decorrentes de relações de consumo, quando o consumidor tiver domicílio ou residência no Brasil; vi) em que as partes, expressa ou tacitamente, se submeteram à jurisdição nacional.

Nas ações de jurisdição concorrente, se houver cláusula de eleição de foro exclusivo estrangeiro em contrato internacional e tal for arguido na contestação, não poderá a decisão ser proferida pela autoridade judiciária brasileira.

Admite-se a cooperação jurídica internacional que tenha por objeto: i) citação, intimação e notificação judicial e extrajudicial; ii) colheita de provas e obtenção de informações; iii) homologação e cumprimento de decisão; iv) concessão de medida judicial de urgência; v) assistência jurídica internacional; vi) qualquer outra medida judicial ou extrajudicial não proibida pela lei brasileira.

6. COMPETÊNCIA

6.1. CRITÉRIOS DETERMINADORES

6.1.1. COMPETÊNCIA EM RAZÃO DA MATÉRIA

Analisando-se a causa de pedir e o pedido chega-se à definição da **competência em razão da matéria,** e leva em consideração a repartição do trabalho por conta da previsão de especialização.

Nesse sentido, podem existir varas especializadas em falência, família, direito do consumidor e outras, todas com competência absoluta para o conhecimento da matéria proposta.

A competência determinada em razão da matéria, da pessoa ou da função **é inderrogável por convenção das partes**.

6.1.2. COMPETÊNCIA EM RAZÃO DO VALOR E DO TERRITÓRIO

Admite-se a modificação da competência determinada em razão do valor e do território, **elegendo** foro onde será proposta ação oriunda de direitos e obrigações. Trata-se de negócio processual celebrado entre as partes, conhecido como foro de eleição.

Obrigatoriamente, **a sua celebração deverá ser por escrito e indicar expressamente a determinado negócio jurídico**.

> *Não se admite foro de eleição fixado de forma genérica sem especificação do negócio jurídico a que relacionado.*

Admite-se que o magistrado reconheça, de ofício, ser abusiva a cláusula de eleição de foro, antes de ser o réu citado. Nesse caso, será determinada a remessa dos autos ao juízo do foro do domicílio do réu.

Porém, se o réu já tiver sido citado, o juízo dependerá de alegação do réu para que reconheça a ineficácia da cláusula em razão de suposta abusividade.

Portanto, se o réu não a alegar, a matéria estará preclusa.

6.1.3. COMPETÊNCIA FUNCIONAL

O critério funcional considera a função do órgão jurisdicional e tem como subdivisões a vertical e a horizontal.

Em conformidade com a distribuição vertical, compete ao juízo de primeiro grau processar a demanda e sentenciá-la, enquanto ao Tribunal conhecer dos recursos inerentes. De outro lado, a distribuição horizontal não considera qualquer hierarquia entre os juízos, como ocorre na vertical, como ocorre com a hipótese de ser deprecada a prática de um ato processual.

6.1.4. COMPETÊNCIA TERRITORIAL

Como já visto, a competência territorial, em regra, será relativa, pois prevista no interesse das partes, que podem modificá-la por convenção (foro de eleição) ou por não terem apresentado a respectiva preliminar no tempo oportuno.

Constituem-se exceções à regra as ações fundadas em direito real sobre imóveis e ações possessórias, que devem ser processadas perante o foro da situação da coisa.

Admite-se que o autor opte pelo foro de domicílio do réu ou pelo foro de eleição se o litígio não recair sobre direito de propriedade, vizinhança, servidão, divisão e demarcação de terras e de nunciação de obra nova.

Questão interessante surge na hipótese de a demanda situar-se em localidade em que não há instalada vara da Justiça Federal e houver interesse da União. Nessa hipótese, prevalecerá a competência da Justiça Federal ou então a do foro da situação da coisa e, portanto, da Justiça Estadual?

Em conformidade com o Superior Tribunal de Justiça, a competência será da Justiça Federal, regra que predomina, pois não se está diante de competência delegada. A propósito, vide a Súmula 218 STJ: "é competente o juízo da fazenda nacional da capital do Estado, e não o da situação da coisa, para a desapropriação promovida por empresa de energia elétrica e a União intervém como assistente".

a) Regra geral: foro do domicílio do réu

A ação fundada em direito pessoal e a ação fundada em direito real sobre bens móveis serão propostas, em regra, no foro do domicílio do réu. Tendo este mais de um domicílio, poderá ser demandado em qualquer um deles. Essa é a regra geral, sem prejuízo da existência de regras subsidiárias, se acaso aquela não puder ser aplicada.

Assim, sendo incerto ou desconhecido o domicílio do réu, ele será demandado onde for encontrado ou no foro do domicílio do autor. Ou, se o réu não tiver domicílio nem residência no Brasil, a ação será proposta no foro do domicílio do autor. Se este também residir fora do Brasil, a ação será proposta em qualquer foro.

Havendo dois ou mais réus com diferentes domicílios, serão demandados no foro de qualquer deles, à escolha do autor.

O foro do domicílio do autor da herança, no Brasil, é o competente para o inventário, a partilha, a arrecadação, o cumprimento de disposições de última vontade, a impugnação ou anulação de partilha extrajudicial e para todas as ações em que o espólio for réu, ainda que o óbito tenha ocorrido no estrangeiro.

A ação em que o incapaz for réu será proposta no foro de seu representante ou assistente.

As causas movidas pela União serão processadas perante o foro do domicílio do réu. Se a União for a demanda, será competente o foro do domicílio do autor, no de ocorrência do ato ou fato que originou a demanda, no de situação da coisa ou no Distrito Federal.

b) Hipóteses de foro especial

As hipóteses de foro especial sobrepõem-se à regra geral, segundo a qual a ação deve ser ajuizada perante o domicílio do réu.

Ação de divórcio, separação, anulação de casamento e reconhecimento ou dissolução de união estável	a) de domicílio do guardião de filho incapaz; b) do último domicílio do casal, caso não haja filho incapaz; c) de domicílio do réu, se nenhuma das partes residir no antigo domicílio do casal;
Ação de alimentos	Domicílio ou residência do alimentando.
Ré for pessoa jurídica	Lugar onde está a sede.
Quanto às obrigações assumidas pela pessoa jurídica	Lugar da agência ou sucursal
Ré pessoa jurídica ou associação sem personalidade jurídica	Lugar onde forem exercidas as suas atividades.
Ação em que for exigido o cumprimento	Lugar onde a obrigação deve ser satisfeita.
Direito previsto no Estatuto do Idoso	Residência do idoso.
Ação de reparação de dano praticado em razão de ofício notarial.	Local da sede da serventia notarial ou registral.
Reparação de dano e ação em que for réu administrador ou gestor de negócios.	Lugar do ato ou fato
Ação de reparação de dano sofrido em razão de delito ou acidente de veículos, inclusive aeronaves.	Domicílio do autor ou do local do fato.

6.1.5. COMPETÊNCIA DA JUSTIÇA FEDERAL

A competência da Justiça Federal está prevista na Constituição Federal, sendo admitida a delegação da competência à Justiça Estadual em determinadas hipóteses.

> *Serão julgadas pela Justiça Federal as causas em que a União, a entidade autárquica ou empresa pública federal forem interessadas na condição de autoras, rés, assistentes ou opoentes, salvo nos casos de recuperação judicial, falência, insolvência civil e acidente de trabalho e aquelas sujeitas à justiça eleitoral e à justiça do trabalho (art. 45 do CPC).*

Além disso, compete à Justiça Federal julgar as causas fundadas em contratos internacionais ou tratados firmados pela União, que digam respeito a grave violação a direitos humanos, sobre disputas de terras indígenas e referentes à nacionalidade e à naturalização.

Assim, o critério "em razão das pessoas", leva em consideração o fato de atuarem nos processos, como parte ou interveniente, a União, entidades autárquicas federais (autarquias, agências reguladoras e fundações autárquicas), empresas públicas federais (excluídas as sociedades de economia mista), os Conselhos de fiscalização profissional, o Ministério Público Federal.

Também devem tramitar as causas envolvendo pessoa residente no Brasil ou município brasileiro em face de Estado estrangeiro ou organismo internacional.

É de competência da Justiça Federal julgar os mandados de segurança e *habeas data* contra ato de autoridade federal, salvo se for o caso de competência originária de tribunal.

IMPORTANTE

As execuções fiscais federais serão processadas perante a Justiça Federal. Até o ano de 2014, se o domicílio do executado não contasse com sede da Justiça Federal, a ação tramitaria perante a Justiça Estadual. Tratava-se de hipótese de delegação da competência. Porém, em virtude de alteração da Lei n. 5.021/1966, esta delegação foi revogada, de modo que todas aquelas ações tramitarão perante a Justiça Federal, **salvo aquelas que já tinham sido ajuizadas**.

Verificando existir interesse da União, de suas entidades autárquicas ou de suas empresas públicas, deverá o Juízo Estadual remeter os autos à Justiça Federal, competindo a esta fiscalizar a existência deste interesse.

Se o Juízo federal verificar que não há interesse da União ou de outras entidades que justificariam a competência da Justiça Federal, promoverá à devida exclusão do processo e encaminhará os autos à Justiça Estadual, sem suscitar conflito de interesse.

6.1.6. COMPETÊNCIA ORIGINÁRIA DOS TRIBUNAIS SUPERIORES

A competência do Supremo Tribunal Federal e do Superior Tribunal de Justiça está prevista na Constituição Federal, consoante prevê respectivamente os artigos 102 e 105.

Aproveita-se a oportunidade para analisar alguns órgãos da estrutura judiciária nacional.

INTEGRANTES DO JUDICIÁRIO NACIONAL	NORMAS CONSTITUCIONAIS RESPECTIVAS
Supremo Tribunal Federal	arts. 101 a 103-A
Conselho Nacional de Justiça	art. 103-B
Superior Tribunal de Justiça	arts. 104 a 105
Tribunais Regionais Federais e Juízes Federais	arts. 106 a 110
Tribunais e Juízes do Trabalho	arts. 111 a 117
Tribunais e Juízes Eleitorais	arts. 118 a 121
Tribunais e Juízes Militares	arts. 122 a 124
Tribunais e Juízes dos Estados e do Distrito Federal e Territórios	arts. 125 a 126
Juizados Especiais	art.98, inc. I e § 1º
Justiça de Paz	art.98, inc. II

6.2. COMPETÊNCIA ABSOLUTA E RELATIVA

As regras de competência podem existir para atendimento do interesse público, quando então se diz que se está diante da **competência absoluta**, ou para comodidade das partes, hipótese em que será **relativa**.

A competência absoluta é um pressuposto de validade da relação processual, configurando-se matéria que pode ser conhecida de ofício pelo juiz. Aliás, em consonância com o **princípio da competência sobre a competência**, admite-se que o juiz analise se tem ou não competência para decidir sobre determinada questão que lhe foi apresentada. Admite-se que a parte alegue o vício da incompetência absoluta até mesmo após o trânsito em julgado, por meio da ação rescisória.

Diferentemente, a competência relativa não é um pressuposto de validade da relação processual. Não poderá ser conhecida de ofício pelo juiz, devendo ser alegada oportunamente pela parte interessada, na própria contestação, como preliminar.

A INCOMPETÊNCIA ABSOLUTA E A RELATIVA DEVEM SER ALEGADAS COMO PRELIMINARES, NA PRÓPRIA CONTESTAÇÃO.

COMPETÊNCIA ABSOLUTA	COMPETÊNCIA RELATIVA
Regras de interesse público	Conveniência das partes
São inderrogáveis	Podem ser modificadas pela vontade das partes
Pressuposto processual de validade	Não é pressuposto processual
Pode ser conhecida de ofício	Não pode ser conhecida de ofício.
Pode ser alegada a qualquer momento, mesmo após o trânsito em julgado (na ação rescisória).	Não pode ser alegada a qualquer momento.

Com o registro ou a distribuição da petição inicial estará fixada a competência, sendo irrelevantes as modificações do estado de fato ou de direito ocorridas posteriormente, salvo quando suprimirem órgão judiciário ou alterarem a competência absoluta.

Assim, as alterações supervenientes do estado de fato ou de direito são irrelevantes, de modo que não importarão na modificação da competência. A essa manutenção da competência deu-se o nome de *perpetuatio jurisdicionis*, prevista no art. 43 do NCPC.

A *perpetuatio jurisdicionais* (ou perpetuação da competência, como seria mais adequado) não prevalecerá em quaisquer situações, conforme a própria ressalva do Código. Assim, se houver supressão do órgão judiciário ou alteração da competência da competência absoluta em decorrência das modificações do estado de fato ou de direito, haverá a alteração da competência.

Por esse motivo, se uma Subseção da Justiça Federal for extinta, a ação passará a tramitar perante a Subseção que absorveu os processos daquela.

6.3. MODIFICAÇÕES DA COMPETÊNCIA

A competência poderá ser alterada em decorrência de **previsão legal** (como ocorre com a conexão, por exemplo) ou por **vontade das partes** (foro de eleição ou não formulação de preliminar na contestação).

Prevê o art. 54 que a **competência relativa** poderá ser modificada pela conexão ou pela continência.

É possível estabelecer uma relação de afinidade entre ações, o que pode gerar vários efeitos práticos, como a reunião de processos para julgamento conjunto, a suspensão de um processo para se aguardar o julgamento de outro etc.

Consideram-se **conexas** duas ações quando lhes for comum o **pedido ou a causa de pedir**. Trata-se de hipótese mínima em que as causas serão conexas, porque é possível que exista esta relação muito embora não seja comum o pedido ou a causa de pedir.

EXISTIRÁ CONEXÃO ENTRE CAUSAS
Se houver comunhão entre elas em relação ao pedido OU a causa de pedir.

Para que não ocorram decisões conflitantes e se gere injustiça, determina o Código que, havendo conexão entre as causas, sejam elas reunidas para decisão conjunta. Dessa maneira, será proferida uma única sentença, solucionando as duas ações.

A reunião dos processos será feita em favor do juízo prevento, que os decidirá. A prevenção do juízo será estabelecida **pelo registro ou pela distribuição**. Não mais se trata de efeito da citação válida.

A prevenção não mais se trata de efeito da citação válida. O juízo prevento será estabelecido em razão do registro ou da distribuição.

Para que ocorra a reunião dos processos haverá a necessidade de observância dos seguintes requisitos: i) juízo absolutamente competente para decidir as causas; ii) existência de liame entre as causas; iii) que as causas não tenham sido sentenciadas.

A reunião dos processos para julgamento conjunto também será possível à execução de título executivo extrajudicial e à ação de conhecimento relativa ao mesmo ato jurídico, bem como às execuções fundadas no mesmo título executivo.

Admite o CPC, ainda, **a reunião de processos para julgamento conjunto, ainda que não haja conexão**. Isso será permitido em relação aos processos que possam gerar risco de prolação de decisões conflitantes ou contraditórias caso decididas separadamente.

ADMITE-SE A REUNIÃO DE PROCESSOS, AINDA QUE NÃO HAJA CONEXÃO ENTRE AS DEMANDAS.

Ocorrerá a **continência** entre duas ou mais ações quando houver identidade quanto às partes e à causa de pedir, mas o pedido de uma, por ser mais amplo, abrange o das demais (art. 57).

RELAÇÃO ENTRE CAUSAS { **CONEXÃO** / **CONTINÊNCIA** } { REUNIÃO PROCESSOS / SUSPENSÃO DEPENDENTE }

⇩

HARMONIZAÇÃO, SEGURANÇA JURÍDICA E ECONOMIA

Havendo continência e a ação continente tiver sido proposta anteriormente, no processo relativo à ação contida será proferida sentença sem resolução de mérito. Caso contrário, as ações serão necessariamente reunidas. Assim, se a ação A (mais ampla – continente) for proposta anteriormente à ação B (menos ampla – contida), nesta (ação B) será proferida sentença sem resolução de mérito.

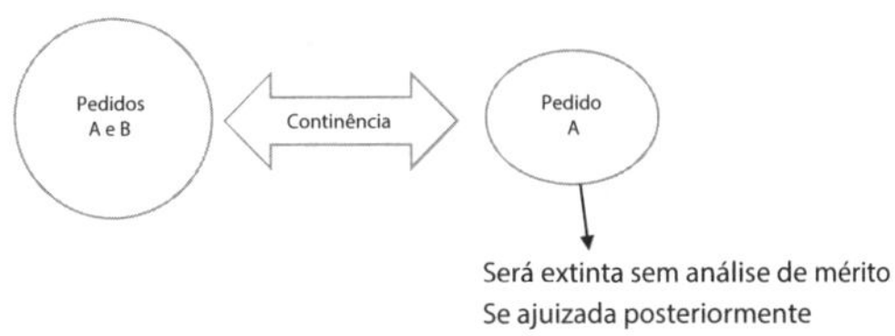

6.4. MEIOS DE DECLARAÇÃO DE INCOMPETÊNCIA

A incompetência absoluta e a relativa poderão ser alegadas como preliminar em contestação. Não mais se admite (ou exige) que a incompetência relativa seja alegada por meio de exceção.

Estarão preservados os efeitos da decisão proferida pelo juízo incompetente até que outra seja proferida, se for o caso, pelo juízo competente, salvo se houver decisão judicial em sentido contrário.

Reiterando, em razão da importância: a incompetência relativa deverá ser alegada como preliminar na contestação. Se o réu não o fizer, o juízo passa a ser competente. Trata-se da **prorrogação da competência**.

6.5. CONFLITOS DE COMPETÊNCIA E DE ATRIBUIÇÕES

Será possível que, entre dois Juízos, haja divergência quanto à competência para o julgamento de determinada demanda, quando se está diante do **conflito de competência**, que poderá ser positivo ou negativo.

Conflito de competência { Positivo / Negativo }

O **conflito positivo de competência** ocorrerá quando dois juízos se derem por competentes. Diferentemente, haverá o **conflito negativo** se houver a recusa entre eles, por entenderem não ser competentes, o que será possível se um atribuir ao outro a competência, ou se surgir controvérsia sobre a reunião ou separação de processos.

Se excluído do feito o ente federal, cuja presença foi fator preponderante para que o juízo estadual declinasse de sua competência, deverá o juízo federal restituir os autos e não suscitar o conflito (Súmula 224 STJ), não podendo o juízo estadual discutir sobre o interesse do ente federal.

O juiz que não acolher a competência declinada deverá **suscitar o conflito**, salve se a atribuir a outro juízo.

O conflito poderá ser suscitado por qualquer das partes, pelo Ministério Público ou pelo juiz. A parte, contudo, não poderá suscitá-lo se já alegou a incompetência relativa.

A competência para o julgamento do conflito segue as seguintes regras: – entre dois juízos do mesmo Tribunal: julgamento pelo próprio Tribunal; – entre dois juízos federais da mesma Região: julgamento pelo respectivo Tribunal Regional Federal; entre juízo de primeiro grau e tribunal a que está subordinado: julgamento pelo próprio tribunal; entre juízo estadual com competência delegada e juízo federal, da mesma região: julgamento pelo respectivo Tribunal Regional Federal; entre quaisquer tribunais e entre os tribunais e juízos a eles não vinculados, e, ainda, entre juízos vinculados a tribunais diversos: ao Superior Tribunal de Justiça; entre o STJ e quaisquer tribunais, entre tribunais superiores ou entre esses e qualquer outro tribunal: ao Supremo Tribunal Federal.

O conflito poderá ser decidido por decisão monocrática ou pelo colegiado.

Permite-se ao relator julgar de plano o conflito quando sua decisão estiver baseada em súmula do STF, do STJ ou do próprio tribunal, ou se a tese estiver firmada em julgamento de casos repetitivos ou em incidente de assunção de competência.

Ao decidir o conflito, o Tribunal não só reconhecerá o juízo competente (que poderá ser até um terceiro, que não tenha participado do conflito), como também se pronunciará sobre a validade dos atos do juiz incompetente.

O conflito de atribuições entre o Ministério Público Federal e o Ministério Público Estadual será decidido pelo Procurador Geral da República e não pelo STF.

Trata-se de matéria administrativa e não jurisdicional.

7. DIREITO DE AÇÃO

7.1. O DIREITO DE AÇÃO OU DIREITO À JURISDIÇÃO

- Como o Estado-juiz é o detentor do monopólio jurisdicional, o cidadão possui o direito à jurisdição ou o direito de ação, que se apresenta como um direito subjetivo distinto.
- Trata-se de um direito que não é vinculado ao direito material da parte, motivo pelo qual o direito de ação é abstrato, tal como prevalece doutrinariamente na atualidade.
- A ação é um direito público subjetivo, abstrato, autônomo e instrumental.
- Direito público subjetivo → pode ser exercitado pela parte.
- **Abstrato** → há o direito à prestação jurisdicional, independentemente de seu resultado.
- **Autônomo** → não necessita de um direito subjetivo material.
- **Instrumental** → há o exercício da pretensão para a obtenção de uma decisão.

7.2. ELEMENTOS

Os elementos da ação proporcionam a sua individualização. São três: partes, pedido e causa de pedir.

7.3. CONDIÇÕES DA AÇÃO

A Constituição Federal assegura o direito de ação, mas é a lei processual que estabelece as condições necessárias para a devida prestação jurisdicional necessitada. No modelo de Liebman, adotado pelo CPC de 1973, para que se obtivesse a sentença de mérito, deveriam estar presentes as condições da ação, indicadas como sendo três: interesse processual, legitimidade de agir e possibilidade jurídica do pedido.

Dividiu-se a doutrina ao interpretar o Novo Código de Processo Civil, sendo possível vislumbrar a existência de dois posicionamentos principais. Pelo primeiro, ainda persiste a categoria jurídica processual das condições da ação, sendo, porém, limitada a duas, quais sejam, **interesse de agir e a legitimidade ad causam**. Pelo segundo, não mais persiste esta categoria processual, sendo o interesse processual e a legitimidade tratadas entre os pressupostos processuais.

Dessa maneira, deve ser novamente enfatizado que as condições da ação, por essa concepção, **resumem-se a duas, que são o interesse de agir e a legitimidade ad causam. A possibilidade jurídica do pedido deixou de ser tratada como condição da ação para ser enfrentada como matéria de mérito**.

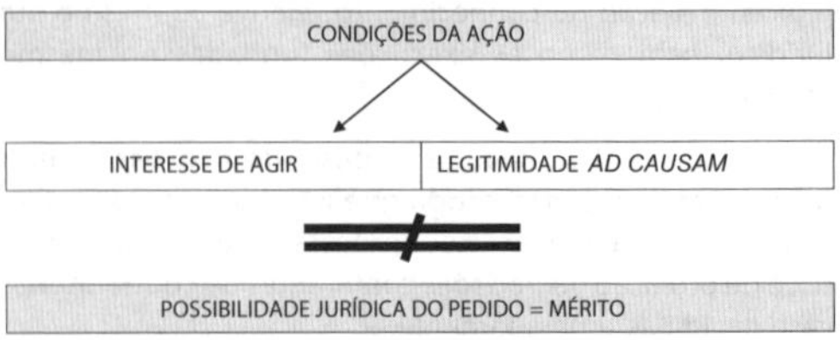

Legitimidade *ad causam*: deve haver nexo subjetivo entre a relação jurídica material e as partes no processo. O autor, em princípio, deve ser o titular da situação jurídica, e o réu deve estar em uma situação de sujeição. Portanto, o autor é aquele que se apresenta como titular da relação jurídica afirmada em juízo. Quando não houver essa correspondência, estar-se-á diante da legitimidade extraordinária.

Pela **Teoria da Asserção**, o magistrado verifica se estão presentes as condições da ação no momento em que a demanda é proposta. Nesta oportunidade, é possível a extinção do processo. Posteriormente, já estando adiantado o procedimento, se verificada a ausência de uma das condições, o magistrado não mais promoveria a extinção sem análise de mérito, mas julgaria o pedido improcedente justamente pela falta da condição. Parcela considerável da doutrina rejeita tal teoria, seguindo entendimento capitaneado por Dinamarco.

Interesse de agir: compreende dois aspectos, representados pelo binômio necessidade-utilidade (ou necessidade-adequação). A provocação da atividade jurisdicional deve ser necessária para a obtenção do resultado pretendido. Isso decorre de lei ou de ato do réu. Ademais, o instrumento deve ser adequado (útil) à obtenção do resultado.

Deve haver a diferenciação entre **o interesse processual (ou secundário) do interesse substancial (primário)**.

O interesse substancial é aquele que o autor afirma ser o titular. É o interesse resistido, que não foi satisfeito pela parte contrária. Em decorrência da necessidade de proteção desse interesse, surge o interesse processual ou secundário.

Retoma-se aqui o tema da legitimidade ordinária e extraordinária. Como visto, a parte exercerá o seu direito de ação para tutelar a satisfação de um interesse substancial. Terá interesse processual para amparar um direito que afirma ser titular. Visto dessa maneira, tem-se a legitimidade ordinária, prevista no art. 18, *caput* do NCPC nos seguintes termos: "Ninguém poderá pleitear direito alheio em nome próprio, salvo quando autorizado pelo ordenamento jurídico".

Ocorre que, por vezes, a lei admite que alguém, embora não seja o titular do interesse substancial, tem o interesse processual (secundário), de modo que lhe é facultado assegurar o direito. Tem-se como exemplo a propositura de ação civil pública para a proteção ambiental pelo Ministério Público.

> *Portanto, na legitimação extraordinária, terá legitimidade aquele que não é titular do interesse substancial, embora a lei lhe confira interesse processual.*

Dessa maneira, o substituído deve ser parte legítima, bem como o substituto deverá atuar somente em virtude de autorização legal. Admite-se, de toda forma, a intervenção do substituído como assistente litisconsorcial.

Caso típico de substituição processual: Tício e Mévio litigam, aduzindo aquele que é o proprietário de um imóvel e, por isso, busca a tutela da propriedade. Mévio aliena o imóvel no curso da ação a Maria. Se Tício não concordar com o ingresso de Maria e exclusão de Mévio, este continuará no polo passivo da ação. Maria, por sua vez, poderá atuar como assistente litisconsorcial. Note-se que, neste caso, Maria será a titular do interesse substancial, ao passo que Mévio terá interesse processual.

O interesse do autor poderá consistir no exercício de uma pretensão com preponderância declaratória. Nesse sentido, indica o art. 19 que o interesse do autor pode limitar-se à declaração: i) da existência, da inexistência ou do modo de ser de uma relação jurídica, ou ii) da autenticidade ou da falsidade de documento. Tem-se, então, a ação meramente declaratória. Como é possível dessumir, não será pertinente ingressar com uma ação apenas para que haja uma consulta jurídica. Não se pode buscar a declaração de fatos, salvo relativos à autenticidade ou falsidade documental.

De toda forma, admite o Superior Tribunal de Justiça o ajuizamento de ação declaratória para obtenção de certeza quanto à exata interpretação de cláusula contratual (Súmula 181 STJ).

O Novo Código de Processo Civil foi enfático no sentido de dirimir uma velha questão: admite-se a ação meramente declaratória, ainda que tenha ocorrido a violação do direito. Admite-se a ação para declaração da existência de obrigação de pagar. Vide art. 20.

7.4. CLASSIFICAÇÃO E CRITÉRIOS IDENTIFICADORES

A ação poderá ser declaratória, condenatória, constitutiva e, encampando-se a teoria quinária, pode ser também mandamental e executiva lato sensu. Para evitar repetição, sugere-se que seja vista a classificação das sentenças, quando o tema foi abordado com mais profundidade.

7.5. CONCURSO E CUMULAÇÃO DE AÇÕES

Como regra, tem-se a cumulação de ações se, em um único processo, forem exercidas várias pretensões.

A cumulação poderá ocorrer desde o início do processo, já na petição inicial, quando o autor apresentar vários pedidos. Ou também poderá ser ulterior, se o réu apresenta pedido na reconvenção.

Também poderá englobar terceiros, como ocorre na denunciação da lide, em que o denunciante exerce sua pretensão regressiva em face do denunciado.

8. CONEXÃO E CONTINÊNCIA

Foi tratada anteriormente no item 6.3.

9. PROCESSO

9.1. NOÇÕES GERAIS

Há várias teorias sobre a natureza jurídica do processo, podendo ser destacadas:

a) Processo como contrato: haveria um contrato entre as partes no sentido de se submeter à decisão judicial;

b) Processo como quase-contrato: as obrigações são determinadas com base na lei, pressupondo-se a existência de um acordo entre as partes;

c) Processo como relação jurídica: identifica-se uma relação jurídica entre as partes e o Estado-Juiz, chamada de relação jurídica processual. Esta relação se caracteriza quanto aos sujeitos, objeto e pelos seus pressupostos.

d) Processo como situação jurídica;

e) Processo como instituição;

f) Processo como mero procedimento;

g) Processo como categoria complexa;

h) Processo como categoria jurídica autônoma.

Para todos os fins, deve-se considerar como adequada a teoria que considera o processo como uma relação jurídica.

9.2. RELAÇÃO JURÍDICA PROCESSUAL

Antes de ingressar propriamente no estudo dos pressupostos processuais, há necessidade de ser analisada a relação jurídica processual.

Essa relação jurídica é estabelecida entre autor, juiz e réu. Esse é o entendimento atual doutrinário, que entende essa relação jurídica como sendo triangular ou trilateral.

Em contrapartida, há aqueles que entendem ser a relação processual angular, estabelecendo-se relações entre autor e juiz, e réu e juiz.

É certo que, antes da citação, a relação jurídica processual não está completada e não há, propriamente, o processo. Tanto é assim que a citação vem sendo considerada como pressuposto processual de existência.

Essa ideia de relação processual surgiu na segunda metade do século XIX, a partir dos estudos da doutrina alemã. Antes disso, não se concebia o direito processual como uma ciência autônoma, mas como um apêndice do direito material.

Diante dessas observações, percebe-se que a relação processual possui as seguintes características: **é autônoma, trilateral, pública, complexa e dinâmica**.

Percebe-se, então, que os estudos da doutrina alemã, o direito processual foi concebido como uma ciência autônoma, com princípios e requisitos próprios, verificando-se a existência dos pressupostos processuais.

Estes pressupostos processuais, ao lado das condições da ação, compõem os pressupostos de admissibilidade da atividade jurisdicional.

9.3. PRESSUPOSTOS PROCESSUAIS

Várias são as **classificações** dos pressupostos processuais existentes em sede doutrinária.

Registre-se que o processo existirá ainda que faltem os pressupostos processuais. Assim, é no próprio processo que há o exame da existência ou inexistência deles.

Focando o estudo na relação processual, formada a partir do vínculo trilateral autor, réu e juiz, percebe-se a existência de pressupostos processuais que estão dentro dessa relação, ou seja, que são intrínsecos a ela, e pressupostos processuais que estão fora dessa relação.

Os primeiros são os pressupostos intrínsecos, que alguns doutrinadores indicam como sendo pressupostos de constituição e de desenvolvimento válido da relação processual. Devem estar presentes para que aquela relação processual exista e se desenvolva validamente.

Paralelamente, há os **pressupostos externos à relação processual (extrínsecos)**. Estes não devem incidir, chamados, por isso, de **negativos**.

Para que o processo exista (no mundo jurídico) devem estar presentes os pressupostos de existência:

JUIZ	→	JURISDIÇÃO
AUTOR	→	PETIÇÃO INICIAL
RÉU	→	CITAÇÃO

Jurisdição: deve existir um órgão jurisdicional devidamente investido consoante determinam as normas constitucionais pertinentes.

Petição inicial: o processo civil começa por iniciativa da parte. Não se inicia a relação processual sem a provocação do autor, por meio do instrumento adequado, denominado petição inicial. Entende-se por demanda a provocação do Estado Juiz e a petição inicial é o instrumento da demanda. Excepcionalmente, verifica-se que existem processos que se iniciam sem a petição inicial.

Citação: é o ato pelo qual são convocados o réu, o executado ou o interessado para integrar a relação processual.

9.4. PRESSUPOSTOS PROCESSUAIS DE DESENVOLVIMENTO (OU DE VALIDADE)

Partindo-se da hipótese em que a relação processual existe (porque presentes os pressupostos de existência), verifica-se se estão presentes os pressupostos de desenvolvimento válido do processo (ou só de desenvolvimento ou só de validade). Esses pressupostos completam os de existência.

São pressupostos de validade ou de desenvolvimento válido: competência (absoluta), imparcialidade, capacidade e legitimidade processual, petição inicial válida e citação válida.

9.5. PRESSUPOSTOS PROCESSUAIS NEGATIVOS

Os pressupostos processuais negativos estão fora da relação processual. Não podem estar presentes, sob pena de extinção do processo, sem resolução do mérito.

Será reconhecida a existência da litispendência quando for proposta ação idêntica a outra já pendente, considerando essa identidade a partir dos elementos da ação.

A coisa julgada impede a repropositura da mesma ação quando já existir sentença transitada em julgado a respeito.

A perempção importará na extinção quando o autor der causa ao abandono da ação por três vezes. Na quarta, não poderá ser proposta a demanda.

Também se aponta a convenção de arbitragem como um dos pressupostos negativos, muito embora não possa ser a matéria conhecida de ofício pelo juiz.

10. PROCESSO E PROCEDIMENTO

10.1. O PROCESSO SINCRÉTICO

Já com o Código de Processo Civil de 1973, adotou-se o princípio do sincretismo, pelo qual houve a fusão dos processos de conhecimento e de execução. Concebeu-se, então, o processo sincrético, com a fase de conhecimento e a fase de cumprimento sentença. Houve continuidade do modelo no Novo Código de Processo Civil, com algumas particularidades, que serão examinadas adiante.

Deve ser registrado que o processo sincrético, no Código de Processo Civil de 2015, também alcança as demandas promovidas em face da Fazenda Pública.

Por esse motivo, o Livro I da Parte Especial do NCPC trata do "Processo de Conhecimento e do Cumprimento de Sentença". A rigor científico, o tema deveria ser tratado em um único capítulo, mas, para fins didáticos, haverá a cisão em dois. Um para o processo de conhecimento e outro para o cumprimento de sentença.

Por meio do processo de conhecimento (ou fase de conhecimento), buscará a parte que o juiz profira uma sentença declaratória, constitutiva (ou desconstitutiva), condenatória, mandamental e/ou executiva. Trata-se da oportunidade em que se busca a certificação do direito. Para tanto, deverá ser observada a Norma Fundamental da primazia do julgamento do mérito (art. 4º), por meio da qual têm as partes direito à solução integral do mérito.

Desse modo, iniciado o processo por atividade da parte, aquele se desenvolverá por impulso oficial do juiz, buscando-se a solução de mérito, incluída a atividade satisfativa. Encerrada a fase de certificação do direito, passa-se ao cumprimento da sentença.

A adoção do processo sincrético não significa a extinção do processo de execução autônomo. Este ainda persevera em relação aos títulos executivos extrajudiciais, que darão ensejo ao início de novo processo. Excepcionalmente também será admitida a execução autônoma para alguns títulos executivos judiciais, como será visto oportunamente.

10.2. DO PROCEDIMENTO

O procedimento corresponde ao rito, ao conjunto de atos que devem ser seguidos para se alcançar a solução da demanda apresentada.

O Novo Código de Processo Civil, de um modo geral, fez previsão dos procedimentos COMUM e ESPECIAIS, rompendo-se com o modelo constante do CPC de 1973, que previa os procedimentos comum ordinário e sumário, além dos especiais. Dessa maneira, atualmente, aplicam-se a todas as causas o procedimento comum, salvo disposição em contrário do Código ou prevista em outras leis. Da mesma forma, as suas disposições também serão aplicadas de forma subsidiária aos procedimentos especiais e também ao processo de execução.

O CPC não prevê o procedimento sumário, tal como fazia o CPC de 1973. Porém, para as ações propostas antes do Novo CPC, continuarão em vigência aquelas indicadas no CPC anterior em relação a tal procedimento.

10.3. DO PROCEDIMENTO COMUM

Como é enfatizado no art. 318, o procedimento comum é aplicado a todas as causas, salvo disposição em contrário prevista no CPC ou em outra lei. Aplica-se, ainda, de forma subsidiária, aos demais procedimentos especiais e ao processo de execução.

A previsão de procedimentos especiais decorre da necessidade de proporcionar a tutela jurisdicional diferenciada, justificada em razão do bem jurídico que é tutelado. A depender do bem jurídico, justifica-se a previsão de um procedimento mais célere, com fases processuais que se concentram. A título de exemplo, tem-se a ação de alimentos, que conta com um procedimento com atos processuais concentrados em audiência e, por isso, mais célere. Tal celeridade se justifica em razão da própria natureza da obrigação.

É possível identificar a seguintes fases no procedimento comum: i) postulatória; ii) saneadora; iii) instrutória; e, iv) decisória.

É interessante notar que, embora cada fase tenha alguns atos que lhe são específicos, nem sempre essa ordem será observada.

Será possível, por exemplo, que o magistrado determine que o autor emende a petição inicial, quando então estará determinando o saneamento do processo, embora ainda na fase postulatória. Então, embora existam atos que são característicos de uma fase, é possível que eles sejam praticados também em outro momento.

Um outro exemplo, é a possibilidade de ser proferida decisão interlocutória de mérito, em julgamento antecipado parcial da lide, prosseguindo-se o processo de conhecimento em relação a outros pedidos. Verifica-se que o magistrado poderá, então, na fase de saneamento, deferir a produção futura de provas em relação a um dos pedidos, e desde já julgar outro que esteja em condições de fazê-lo.

10.4. ESPÉCIES DE PROCESSOS E DE PROCEDIMENTOS

Diante do que foi exposto, conclui-se pela existência de duas espécies de tutela. Uma a ser proporcionada pelo processo de conhecimento (sincrético), no qual são desenvolvidas várias fases (entre elas, a de cumprimento de sentença) e a relativa ao processo de execução.

A tutela provisória deixou de ser objeto de um processo autônomo, tal como ocorria no CPC de 1973. Atualmente, será requerida de forma antecedente ou incidentalmente no processo de conhecimento ou de execução.

Em relação ao procedimento, remete-se o(a) leitor(a) às observações acima.

10.5. OBJETO DO PROCESSO

O objeto do processo **é a prestação jurisdicional**. Trata-se de um ponto que distingue a relação jurídica processual da relação jurídica de direito material.

11. MÉRITO. QUESTÃO PRINCIPAL, QUESTÕES PRELIMINARES E PREJUDICIAIS

O magistrado proferirá pronunciamento com resolução do mérito nas hipóteses mencionados no art. 487 do CPC e que serão individualmente tratadas quando do estudo dos pronunciamentos do juiz.

Não obstante, tem-se que a resolução do mérito poderá ocorrer por meio de decisão interlocutória, como ocorre no julgamento antecipado parcial da lide, ou por meio de sentença e acórdão. Tanto é assim que o art.487 simplesmente se refere à resolução de mérito sem dar destaque à natureza do pronunciamento jurisdicional.

A **questão prejudicial** é aquela que **influenciará no próprio resultado do mérito**. Percebe-se a existência da **questão principal** (dependente) e da **questão prejudicial** (condicionante).

A **prejudicialidade poderá ser externa** (a questão prejudicial será decidida em outro processo, quando haverá a possibilidade de suspensão do processo principal), **ou interna** (a ser decidida no mesmo processo).

NOVIDADE: somente a questão principal fará coisa julgada, já que os fundamentos da sentença não estão abrangidos.

Porém, admite-se que a questão prejudicial também faça coisa julgada quando decidida expressa e incidentemente no processo, se:

i) dessa resolução depender o julgamento do mérito;

ii) a seu respeito tiver havido contraditório prévio e efetivo, não se aplicando no caso de revelia;

iii) o juízo tiver competência em razão da matéria e da pessoa para resolvê-la como questão principal.

A questão preliminar, por sua vez, é aquela que deve ser decidida antes do mérito. Refere-se às preliminares, que serão analisadas com mais atenção no item dedicado à contestação.

12. SUJEITOS PROCESSUAIS

12.1. OBSERVAÇÕES PRELIMINARES

Os sujeitos principais do processo são as partes e o juiz, que fazem parte da relação jurídica trilateral estabelecida.

Para que o juiz possa realizar as suas atribuições ele conta com os auxiliares do juízo, que podem ser permanentes (como o escrivão ou chefe de secretaria) e os eventuais (como geralmente o são o perito e o intérprete).

12.2. JUIZ

O juiz atuará como presidente do processo, sendo de sua atribuição dirigi-lo (princípio do impulso oficial), como um verdadeiro gestor para a garantia da ampla defesa, contraditório e com o objetivo de ser alcançada uma sentença de mérito justa e efetiva.

Para tanto, terá as incumbências indicadas no art. 139, além de outras. Entre elas, destaca-se a possibilidade de dilatar quaisquer prazos processuais e alterar a ordem de produção dos meios de prova, adequando-os às necessidades do conflito de modo a conferir maior efetividade à tutela jurisdicional.

12.3. MEDIADORES E CONCILIADORES

Os mediadores e os conciliadores foram incluídos como auxiliares do juízo, constando do Código alguns dispositivos que regulam a sua atividade.

O Novo CPC enfatizou o princípio do tribunal multiportas, por meio do qual, uma vez provocado o Poder Judiciário, admitem-se outros meios de solução do conflito que não só por meio de decisão adjudicada pelo juiz. Admite-se a mediação e a conciliação como meios alternativos de resolução, a serem presididos por mediadores ou conciliadores.

A conciliação ocorrerá, preferencialmente, nos casos em que não houver vínculo anterior entre as partes, podendo ser sugeridas soluções para o litígio, sendo não admitida a utilização de qualquer tipo de constrangimento ou intimidação para que as partes se conciliem.

A mediação, por sua vez, atuará preferencialmente nos casos em que houver vínculo anterior entre as partes, auxiliando aos interessados a compreender as questões e os interesses em conflito, de modo que eles possam, pelo restabelecimento da comunicação, identificar, por si próprios, soluções consensuais que gerem benefícios mútuos.

A conciliação e a mediação são informadas pelos princípios da independência, da imparcialidade, da autonomia de vontade, da confidencialidade, da oralidade, da informalidade e da decisão informada.

Os conciliadores e mediadores judiciais cadastrados, se advogados, estarão impedidos de exercer a advocacia nos juízos em que desempenhem suas funções.

O conciliador e o mediador ficam impedidos, pelo prazo de um ano, contado do término da última audiência em que atuaram, de assessorar, representar ou patrocinar qualquer das partes.

12.4. PRINCÍPIOS. PODERES. DEVERES. RESPONSABILIDADES DO JUIZ

O exercício da judicatura observará a Lei Orgânica da Magistratura, o Novo CPC e outras leis pertinentes.

Não se admite o *non liquet*, devendo o magistrado decidir, ainda que exista lacuna ou obscuridade no ordenamento jurídico.

A decisão judicial deverá observar o princípio da congruência, tratado com mais vagar quando do estudo dos pronunciamentos jurisdicionais.

O juiz responderá civil e regressivamente por perdas e danos quando: i) no exercício de suas funções, proceder com dolo ou fraude; ii) recusar, omitir ou retardar, sem justo motivo, providência que deva ordenar de ofício ou a requerimento da parte (art. 143).

12.5. IMPEDIMENTOS E SUSPEIÇÃO

A imparcialidade é essencial para a validade da relação processual. Porém, esta imparcialidade poderá estar comprometida em determinadas situações.

No art. 144 há a previsão do impedimento do juiz, sendo-lhe vedado exercer suas funções no processo nas hipóteses mencionadas nos incisos. Para estes casos, o impedimento poderá ser conhecido de ofício pelo magistrado ou alegado pelas partes. Como regra, deverão fazê-lo no prazo de 15 dias contados da ciência do fato, muito embora se admita a alegação posterior. Poderá ser objeto até mesmo de ação rescisória.

De outro lado, o art. 145 prevê as hipóteses de suspeição, que poderão ser conhecidas de ofício pelo juiz e as partes poderão alegá-las no prazo de 15 dias contados da ciência. Porém, se não o fizerem, ocorre a preclusão.

O impedimento e a suspeição poderão ser apresentados por meio de petição que será juntada aos autos, **não havendo mais a exigência da exceção.**

12.6. ORGANIZAÇÃO JUDICIÁRIA FEDERAL E ESTADUAL

Este subitem já foi analisado anteriormente quando do estudo da competência dos Tribunais Superiores.

12.7. PARTES E PROCURADORES

Há dois sentidos para o conceito parte: sentido material e o sentido processual. Por meio do primeiro, traça-se correlação para com o negócio jurídico de direito material discutido em juízo. Porém, é possível que o demandante ou demandado não seja esse titular, mas ainda assim possa postular ou ser postulado. Tem-se aqui o conceito de parte em sentido processual, pois não se identifica com a lide.

A titularidade, como regra, será daquele que tem relação com o direito material em discussão. Nesse sentido, "ninguém poderá pleitear direito alheio em nome próprio, salvo quando autorizado pelo ordenamento jurídico" (art. 18). Terá, então, a legitimação ordinária.

Porém, como ressalvado na lei, há certas hipóteses em que o legislador autoriza que terceiro possa demandar ou ser demandado em nome próprio, mas para a defesa de direito de terceiro. Ou seja, a parte não é titular do direito material em jogo, ocorrendo a substituição processual.

A substituição processual não se confunde com a sucessão de parte. Naquela, terceiro demanda em seu nome na defesa de direito de outrem. Na sucessão, de outro lado, altera-se o polo da ação (por exemplo, o cessionário do crédito na execução).

12.8. CAPACIDADE PROCESSUAL E LEGITIMAÇÃO

O entendimento do que seja a capacidade processual parte da diferenciação entre **capacidade civil de direito** e **capacidade civil de exercício**.

CAPACIDADE CIVIL DE DIREITO ➔ APTIDÃO PARA TER DIREITOS

CAPACIDADE CIVIL DE EXERCÍCIO ➔ POSSIBILIDADE DE PRATICAR ATOS DA VIDA CIVIL

CAPACIDADE DE AGIR NO PROCESSO ➔ CAPACIDADE CIVIL DE EXERCÍCIO

Alguns exemplos ajudarão no entendimento:

➔ Não tem personalidade jurídica. Logo, não tem capacidade civil de direitos e, naturalmente, possibilidade de praticar atos da vida civil. Não tem capacidade processual.

➔ Tem personalidade jurídica. Tem aptidão para ter direitos, mas não pode exercê-los. Logo, **tem capacidade civil de direito, mas não tem capacidade civil de exercício. Não tem capacidade processual.**

➔ Tem personalidade jurídica. Tem aptidão para ter direitos e pode exercê-los. Logo, **tem capacidade civil de direito e capacidade civil de exercício. Tem capacidade processual.**

Como se vê, as pessoas físicas maiores (salvo as emancipadas) e as pessoas jurídicas possuem capacidade civil de direito e de ser parte. Tem aptidão para ter direitos e podem praticar os atos da vida civil. Tendo possibilidade de exercício, terão capacidade processual.

Nesse sentido, o art. 70 do CPC: "toda pessoa que se encontre no **exercício** de seus direitos tem capacidade para estar em juízo".

Se o indivíduo, embora tenha capacidade civil de direito, não puder exercê-la, deve ter a capacidade de agir ou processual integrada. Por isso, o incapaz será representado ou assistido por seus pais, por tutor ou por curador, na forma da lei.

LEGITIMAÇÃO PROCESSUAL também é um pressuposto processual de desenvolvimento regular. Verifica-se se está presente a **partir de uma situação específica**. Exemplo: cada um dos conviventes poderá ter capacidade processual para acionar o Poder Judiciário e promover ação sobre direitos reais imobiliários, em conformidade com a lei civil. Porém, para que tenham legitimidade processual, deverão agir em conjunto, não individualmente.

12.9. REGULARIZAÇÃO DO VÍCIO

Na esteira do que decorre do **princípio da primazia do julgamento do mérito**, o magistrado deverá oportunizar à parte a regularização do vício decorrente da falta de capacidade processual.

Para tanto, deverá o juiz suspender o processo e designar prazo razoável para que o vício seja sanado. Se tal correção não ocorrer, se o processo estiver na instância originária (e não em grau recursal), deverá ser extinto, se a providência competir ao autor, o réu será considerado revel, se a providência lhe couber ou o terceiro será considerado revel ou excluído do processo, dependendo do polo que se encontre no processo.

De outro lado, se a não correção verificar-se na fase recursal, o relator não conhecerá do recurso, se a providência não foi realizada pelo recorrente, ou determinará o desentranhamento das contrarrazões, se a providência for de atribuição do recorrido.

12.10. CURATELA ESPECIAL

Prevê a lei que, em certas ocasiões, deverá o juiz nomear **curador especial**:

i) ao incapaz, se não tiver representante legal ou se os interesses deste colidirem com os daquele, enquanto durar a incapacidade, bem como

ii) ao réu preso revel, bem como ao réu revel citado por edital ou com hora certa, enquanto não constituído advogado.

A curatela especial será exercida pela Defensoria Pública (que tem essa atribuição institucional). O curador especial tem a obrigatoriedade de oferecer a resposta, o que poderá fazer por negativa geral, não lhe sendo aplicado o ônus da impugnação especificada. De outro lado, não estará obrigado a recorrer.

12.11. REPRESENTAÇÃO DE PESSOAS JURÍDICAS E DE ENTES DESPERSONALIZADOS

O artigo 75 trata da representação em juízo, ativa e passivamente, de determinadas pessoas jurídicas e também de entes despersonalizados. Não se trata de buscar suprir a capacidade processual, mas tornar possível a atuação dessas pessoas.

Nesse sentido, serão representados em juízo, ativa e passivamente:

I – a União, pela Advocacia-Geral da União, diretamente ou mediante órgão vinculado;

II – o Estado e o Distrito Federal, por seus procuradores;

III – o Município, por seu prefeito ou procurador;

IV – a autarquia e a fundação de direito público, por quem a lei do ente federado designar;

V – a massa falida, pelo administrador judicial;

VI – a herança jacente ou vacante, por seu curador;

VII – o espólio, pelo inventariante;

VIII – a pessoa jurídica, por quem os respectivos atos constitutivos designarem ou, não havendo essa designação, por seus diretores;

IX – a sociedade e a associação irregulares e outros entes organizados sem personalidade jurídica, pela pessoa a quem couber a administração de seus bens;

X – a pessoa jurídica estrangeira, pelo gerente, representante ou administrador de sua filial, agência ou sucursal aberta ou instalada no Brasil;

XI – o condomínio, pelo administrador ou síndico.

12.12. REPRESENTAÇÃO E SUBSTITUIÇÃO PROCESSUAL

Tratam-se de institutos jurídicos diversos, cada qual com o seu significado.

O representante age em nome alheio defendendo direito alheio. De outro lado, o substituto processual age em nome próprio defendendo direito alheio.

13. LITISCONSÓRCIO

13.1. CONCEITO E CLASSIFICAÇÃO

Tem-se o litisconsórcio quando duas ou mais pessoas litigarem em conjunto, no mesmo processo, em um dos polos da ação. Todos integrarão a relação jurídica processual na condição de **partes**.

O litisconsórcio comporta diversas classificações, com suas consequências práticas.

a) Quanto à posição dos sujeitos

A reunião de pessoas poderá ocorrer no polo ativo, no polo passivo, ou até nos dois. Desse modo, identifica-se o litisconsórcio ativo, passivo e misto.

b) Quanto ao momento de sua formação

Em relação ao **momento** de sua formação, tem-se o litisconsórcio inicial, quando o autor, na sua postulação, já indica a existência de mais de um componente do polo ativo, ou mais de um réu.

Porém, se tal indicação ocorrer supervenientemente, por determinação do juiz ou pela própria vontade da parte, tem-se o litisconsórcio ulterior.

c) Quanto à obrigatoriedade de sua formação

A formação do litisconsórcio poderá ser uma opção do autor ou uma necessidade imposta pela lei. Tem-se, dessa maneira, o litisconsórcio facultativo e o necessário.

O litisconsórcio **facultativo** decorre exclusivamente da iniciativa do autor, que ao invés de propor várias ações contra réus diferentes, apresenta uma única demanda. Poderá ocorrer nas hipóteses indicadas no art. 113: **I – entre elas houver comunhão de direitos ou de obrigações relativamente à lide; II – entre as causas houver conexão pelo pedido ou pela causa de pedir; III – ocorrer afinidade de questões por ponto comum de fato ou de direito (litisconsórcio impróprio).**

Ocorre, contudo, que o número de litisconsortes poderá comprometer a rápida solução do litígio ou dificultar a defesa ou o cumprimento da sentença, hipótese em que se admite a sua limitação. Trata-se do que foi denominado de litisconsórcio facultativo multitudinário.

> *Litisconsórcio facultativo multitudinário é aquele em que o número de litisconsortes poderá comprometer a rápida solução do litígio ou dificultar a defesa ou o cumprimento da sentença. Poderá ser determinada a sua limitação pelo juízo, de ofício, ou atendendo a requerimento da parte contrária.*

A parte poderá requerer a limitação do litisconsórcio multitudinário, quando então o prazo para manifestação ou resposta será interrompido, retomando-se da intimação do pronunciamento que decidir o requerimento.

Se, apresentado o requerimento de limitação do litisconsórcio, não for o mesmo acolhido pelo magistrado, poderá o prejudicado interpor recurso de agravo de instrumento (art. 1.015, VII).

Paralelamente, o litisconsórcio também poderá ser obrigatório ou necessário, quer em razão de disposição legal ou por conta da natureza da relação jurídica. Para tais hipóteses, a eficácia da sentença depende da citação de todos os litisconsortes.

A formação do litisconsórcio necessário deverá ser fiscalizada pelo juiz que, detectando a falha, determinará a regularização pelo autor, indicando prazo para tanto, sob pena de extinção do processo.

Note-se que o Código elencou consequências diferentes para a inobservância do litisconsórcio necessário, a depender se a decisão deveria ou não ser uniforme em relação a todos os que deveriam ter integrado o processo.

Como adiante se verá, o litisconsórcio será unitário se a decisão for obrigatoriamente uniforme em relação a todos os litisconsortes e será simples se tal uniformidade não for obrigatória.

Adianta-se tal informação justamente para que seja possível analisar, com mais precisão, a consequência advinda da inobservância da citação de todos os litisconsortes. Não se pode, com essa informação, confundir as modalidades de litisconsórcio.

Com efeito, litisconsórcio necessário não é a mesma coisa que unitário. No primeiro, há obrigatoriedade de sua formação. Por este, a formação do litisconsórcio não é obrigatória, mas, se ocorrer, a decisão deverá ser uniforme para todos os litisconsortes, não se admitindo pronunciamentos de teor diferentes.

Nesse sentido, tratando-se de litisconsórcio necessário e unitário, ao mesmo tempo, proferida sentença de mérito sem a citação de todos os litisconsortes, tem-se que esta é nula. Por outro lado, não havendo necessidade de tal uniformidade, a sentença não produzirá efeitos em relação àqueles que não foram citados.

Consequências decorrentes da não citação de todos os litisconsortes	
Litisconsórcio necessário e unitário	**Litisconsórcio necessário e simples**
Sentença nula	Ineficaz em relação aos litisconsortes não citados

d) Quanto à uniformidade da decisão

Analisa-se, nesse ponto, se a decisão proferida deverá ser uniforme para todos os litisconsortes, ou se não há essa necessidade de identidade (muito embora ela possa ocorrer).

A propósito de tal critério, tem-se o litisconsórcio simples e o unitário, cada qual com seu regime jurídico.

No litisconsórcio simples, a decisão não precisa necessariamente uniforme em relação a todos os litisconsortes, sendo tratados como litigantes distintos. Consequentemente, os atos e omissões não beneficiarão ou prejudicarão os demais litisconsortes.

> *No litisconsórcio simples, a contestação apresentada por um dos litisconsortes não afastará a incidência do efeito material da revelia em relação aos demais.*

Diferentemente, no litisconsórcio unitário, a decisão há de ser uniforme em relação a todos os litisconsortes. Por essa razão, estes serão considerados como integrantes de um bloco único, motivo pelo qual o ato praticado por um deles a todos aproveitará, embora as omissões não prejudicarão aos demais.

> *No litisconsórcio unitário, a contestação apresentada por um dos litisconsortes afastará a incidência do efeito material da revelia em relação aos demais.*

A propósito, dispõem os artigos 116 e 117 do NCPC:

> *Art. 116. O litisconsórcio será unitário quando, pela natureza da relação jurídica, o juiz tiver de decidir o mérito de modo uniforme para todos os litisconsortes.*
>
> *Art. 117. Os litisconsortes serão considerados, em suas relações com a parte adversa, como litigantes distintos, exceto no litisconsórcio unitário, caso em que os atos e as omissões de um não prejudicarão os outros, mas os poderão beneficiar.*

13.2. LITISCONSÓRCIO EVENTUAL, ALTERNATIVO E SUCESSIVO

Deve-se diferenciar, ainda, as figuras do litisconsórcio eventual, alternativo e sucessivo.

Litisconsórcio eventual: são colocadas em juízo duas pessoas, estabelecendo-se uma **ordem de preferência entre elas**. Ocorre, por exemplo, na desconsideração da personalidade jurídica.

Litisconsórcio alternativo: o autor postula contra dois réus, pois se encontra em dúvida sobre quem deve ocupar o polo passivo. Exemplo típico é o da ação de consignação em pagamento. E outro exemplo é o do pedido postulado em face da seguradora e do intermediário do seguro, pois, se aquele se livrar da responsabilização, requer que este seja obrigado a reparar.

Litisconsórcio sucessivo: o segundo litisconsorte somente terá reconhecido o seu direito se, antes, o primeiro também o tiver. É o exemplo da ação de alimentos com indenização de ressarcimento de despesas do parto.

14. DA INTERVENÇÃO DE TERCEIROS

14.1. NOÇÕES GERAIS

A intervenção de terceiros é caracterizada pelo ingresso de um sujeito em processo pendente. Ele não participava do processo, sendo provocado para tanto, ou comparecendo e requerendo o seu ingresso espontaneamente.

O CPC 2015 trouxe algumas alterações em relação ao tema. A primeira delas foi incluir a assistência entre as modalidades interventivas, corrigindo falha do CPC de 1973. Pode ser citada, ainda, a exclusão da nomeação à autoria, enquanto modalidade interventiva, bem como da oposição. Foram inseridos, entretanto, o incidente de desconsideração de personalidade jurídica e a intervenção do *amicus curiae*.

> *A nomeação à autoria foi excluída. A oposição, por sua vez, foi prevista como modalidade de procedimento especial.*

Dessa maneira, o CPC de 2015 fez previsão das seguintes modalidades de intervenção de terceiros:

i)	Assistência (art. 119 ao 124);
ii)	Denunciação da lide (art. 125 ao 129);
iii)	Chamamento ao processo (art. 130 ao 132);
iv)	Incidente de desconsideração da personalidade jurídica (art. 133 ao 137);
v)	*Amicus Curiae* (art. 138);
vi)	Recurso de terceiro prejudicado (art. 996, parágrafo único).

Além dessas modalidades interventivas, é possível também indicar a intervenção anômala, que poderá ser requerida pelas pessoas jurídicas de direito público, desde que portem interesse econômico (art. 5º, parágrafo único, da Lei n. 9.469/1997).

14.2. CLASSIFICAÇÃO: INTERVENÇÃO VOLUNTÁRIA E PROVOCADA

Algumas modalidades de intervenção são **voluntárias**, ingressando o terceiro por vontade própria, sob o crivo do juiz, enquanto em outras o terceiro é chamado ao processo, citado para compor o processo, motivo porque são denominadas de **provocadas**.

No quadro a seguir, pretende-se distinguir as modalidades interventivas:

Forma de Intervenção	Modalidade
Assistência	Modalidade voluntária, pois o assistente requer o ingresso no processo, demonstrando que possui interesse jurídico. Há entendimento no sentido de que é possível a assistência provocada, denominada de intervenção *iussu iudicis*. Ocorre na hipótese em que o juiz determina a intimação de terceiro que tenha interesse na causa, a fim de que participe na condição de assistente.
Denunciação da lide	Modalidade provocada, tendo em vista que o terceiro é citado para compor a ação de regresso (ação secundária) instaurada pelo denunciante.
Chamamento ao processo	Modalidade provocada pelo réu.
Incidente de desconsideração da personalidade jurídica	Modalidade de intervenção provocada pelo autor.
Amicus curiae	Modalidade de intervenção que poderá ser voluntária ou provocada, seja a requerimento ou de ofício pelo juiz.
Recurso de terceiro prejudicado	Modalidade de intervenção voluntária.

Embora o art. 109, I, da Constituição Federal não tenha feito referência à denunciação da lide e ao chamamento ao processo, o Superior Tribunal de Justiça entende que, havendo provocação para incluir na demanda a União, suas autarquias ou empresas públicas, competirá à Justiça Federal examinar se há interesse que justifique o seu ingresso.[7]

O benefício da prioridade na tramitação processual, em que figure como parte ou interessado pessoa com idade igual ou superior a 60 anos, ou portadora de doença grave, abrange também a intervenção de terceiros.[8]

14.3. DA ASSISTÊNCIA

14.3.1. APONTAMENTOS GERAIS

A assistência é uma modalidade de intervenção de terceiros. Por meio dela, tem-se o ingresso voluntário de terceiro que demonstra possuir um interesse jurídico.

7 (...). 3. Muito embora o art. 109, I, da Constituição Federal não faça referência à denunciação da lide, à nomeação à autoria e ao chamamento ao processo, a jurisprudência do STJ se firmou no sentido de que, havendo provocação para incluir na demanda a União, suas autarquias ou empresas públicas, à Justiça Federal cumpre examinar se há interesse que justifique o seu ingresso, aplicando-se, por analogia, a Súmula 150/STJ. (..). (REsp 1181954/PR, Rel. Ministra NANCY ANDRIGHI, TERCEIRA TURMA, julgado em 27/08/2013, DJe 04/09/2013).

8 PROCESSUAL CIVIL – PRIORIDADE NA TRAMITAÇÃO PROCESSUAL – IDOSOS (MAIORES DE 65 ANOS) – ABRANGÊNCIA DO BENEFÍCIO – INTERVENÇÃO DE TERCEIRO – ASSISTÊNCIA. 1. O art. 1.211-A do CPC, acrescentado pela Lei nº 10.173/2001, contemplou, com o benefício da prioridade na tramitação processual, todos os idosos com idade igual ou superior a sessenta e cinco anos que figurem como parte ou interveniente nos procedimentos judiciais, abrangendo a intervenção de terceiros na forma de assistência, oposição, nomeação à autoria, denunciação da lide ou chamamento ao processo. 2. Recurso especial provido. (REsp 664.899/SP, Rel. Ministra ELIANA CALMON, SEGUNDA TURMA, julgado em 03/02/2005, DJ 28/02/2005, p. 307).

Como se vê, não é qualquer interesse que justifica a intervenção como assistente, mas somente o **interesse jurídico**, que não se confunde com o econômico.

A assistência não importa na ampliação do objeto do processo, sendo que o juiz julgará a demanda inicial do autor.

Ingressando no processo, o assistente estará impedido de discutir a justiça da decisão (art. 123 CPC 2015), vinculando-se a ela por conta da eficácia da intervenção atribuída pela lei. Nesse sentido, dispõe o Código que, transitada em julgado a sentença no processo em que interveio o assistente, este não poderá, em processo ulterior, discutir a justiça da decisão.

Contudo, não estará vinculado à justiça da decisão se alegar e provar que: i) pelo estado em que recebeu o processo ou pelas declarações e pelos atos do assistido, foi impedido de produzir provas suscetíveis de influir na sentença; e, ii) desconhecia a existência de alegações ou de provas das quais o assistido, por dolo ou culpa, não se valeu.

Tal modalidade de intervenção será admitida em qualquer procedimento e em todos os graus de jurisdição, recebendo o assistente o processo no estado em que se encontre.

14.3.2. MODALIDADES DE ASSISTÊNCIA

Há duas modalidades de assistência: **simples** e **litisconsorcial**.

Na assistência simples, o terceiro intervém no processo para auxiliar o assistido, uma vez que sua esfera jurídica será afetada de forma reflexa. Deve demonstrar a existência de **interesse jurídico**. O assistente, ao ingressar na ação, não poderá manifestar-se contrariamente aos interesses do assistido.

Nessa hipótese, sendo revel o assistido, o assistente será considerado seu substituto processual.

A assistência simples nao obsta que a parte principal reconheça a procedência do pedido, desista da ação ou transija sobre direito controvertido, estando a atividade do assistente subordinada à vontade do assistido.

Em princípio, os poderes do assistente são os mesmos do assistido. Porém, não terá eficácia o que fizer o assistente em contraste com a vontade manifesta do assistido.

De outro lado, há assistência litisconsorcial (ou qualificada) quando a sentença houver de influir na relação jurídica entre ele o adversário do assistido. Nessa hipótese, o assistente poderia ser parte no processo.

Os seus poderes são os mesmos de um litisconsorte. Ainda que o assistido renuncie à pretensão ou transija, pode o assistente litisconsorcial atuar de forma contrária a essas atitudes. Somente com anuência do assistente litisconsorcial terá efeito a desistência da ação, transação, renúncia etc. O direito discutido é de todos, ao mesmo tempo.

Como é possível de se ver, na assistência simples, se o assistido manifestar-se no sentido da desistência da ação, não poderá se opor o assistente, pois estará vinculado à vontade deste. Porém, na assistência litisconsorcial, o assistente poderá até mesmo manifestar-se contrariamente aos interesses de seu assistido.

14.3.3. PROCEDIMENTO DE INGRESSO DO ASSISTENTE

O procedimento para ingresso do assistente tem o mesmo trâmite, independentemente de sua modalidade.

Assim, havendo o requerimento de ingresso de terceiro como assistente, as partes serão ouvidas. Se qualquer delas alegar que falece ao assistente interesse jurídico para intervir a bem do assistido, o juiz decidirá o incidente, sem suspensão do processo.

14.3.4. REQUERIMENTO DE ASSISTÊNCIA FORMULADO PELA UNIÃO

Tramitando o processo perante a Justiça Estadual e requerendo a União, suas autarquias, fundações e empresas públicas, o seu ingresso como assistente, deverá o juiz determinar a remessa dos autos à Justiça Federal, oportunidade em que será decidido se a União possui, de fato, interesse jurídico.

14.4. DA DENUNCIAÇÃO DA LIDE

14.4.1. CONSIDERAÇÕES INICIAIS

Tem-se a denunciação da lide quando uma das partes promove, no mesmo processo, ação regressiva contra terceiro, dito denunciado. Pressupõe-se que o denunciante tenha uma pretensão própria contra o denunciado.

São requisitos indispensáveis para o deferimento da denunciação: a) pretensão própria do denunciante *versus* o denunciado; e b) existência de direito de regresso do denunciante frente ao denunciado.

Trata-se de espécie de intervenção de terceiros provocada, que possui natureza jurídica de ***ação condenatória eventual***. Diz-se que é eventual, pois somente será julgada se o responsável pela denunciação (denunciante) for vencido no mérito da ação principal. Nesse sentido, dispôs o parágrafo único do art. 129: "Se o denunciante for vencedor, a ação de denunciação não terá o seu pedido examinado, sem prejuízo da condenação do denunciante ao pagamento das verbas de sucumbência em favor do denunciado".

Percebe-se que a denunciação da lide cria uma nova relação jurídica processual, com lide própria.

14.4.2. A PROVOCAÇÃO DA DENUNCIAÇÃO DA LIDE

Têm legitimidade à denunciação as partes da ação principal (autor e réu, além dos que já figurem como denunciados), desde que exista uma **pretensão de regresso**.

DENUNCIAÇÃO DA LIDE PELO AUTOR	DENUNCIAÇÃO DA LIDE PELO RÉU
O autor requer a denunciação na própria petição inicial. Ela somente será julgada se a ação principal, movida em face do réu, for julgada improcedente.	O réu a requer no prazo de resposta. Somente será julgada se a ação principal, movida em face do denunciante, for julgada procedente.
Requerida a citação do denunciado, o processo principal permanecerá paralisado. Realizada a citação, poderá o denunciado assumir a posição de litisconsorte do denunciante e acrescentar novos argumentos à petição inicial, procedendo-se em seguida à citação do réu.	Oferecida a denunciação, podem surgir três situações distintas: i) se o denunciado contestar o pedido formulado pelo autor, o processo prosseguirá tendo, na ação principal, em litisconsórcio, denunciante e denunciado; ii) se o denunciado for revel, o denunciante pode deixar de prosseguir com a sua defesa e abster-se de recorrer, restringindo sua atuação à ação regressiva; iii) se o denunciado confessar os fatos alegados pelo autor, o denunciante poderá prosseguir com sua defesa ou, aderindo a tal reconhecimento, pedir apenas a procedência da ação de regresso.

Independentemente da modalidade de denunciação – requerida pelo autor ou pelo réu –, será a ação regressiva julgada na mesma sentença em que analisada a ação principal.

De toda maneira, estando prejudicada a denunciação da lide por conta de ser a ação principal favorável ao denunciante, deverá este ser condenado ao pagamento dos honorários devidos ao advogado do denunciado.

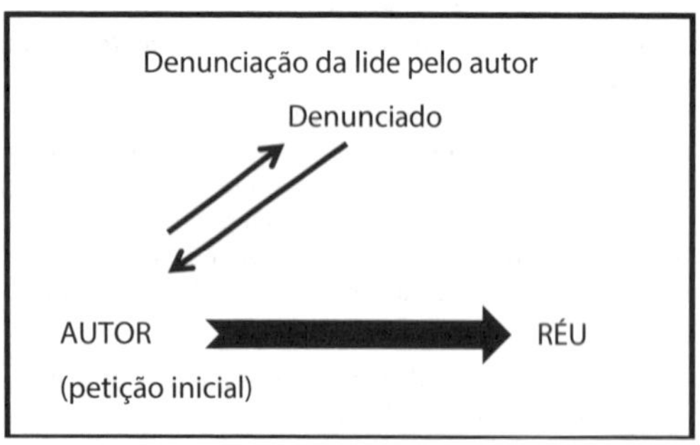

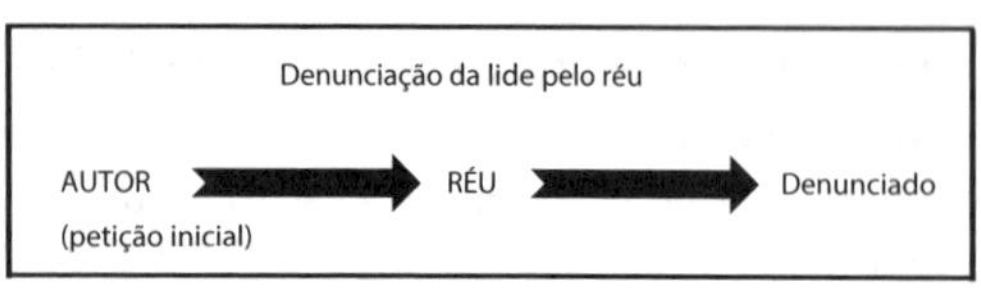

14.4.3. CABIMENTO DA DENUNCIAÇÃO DA LIDE

Será **admissível** a denunciação da lide, promovida por qualquer das partes:

I – ao alienante imediato, no processo relativo à coisa cujo domínio foi transferido ao denunciante, a fim de que possa exercer os direitos que da evicção lhe resultam;

II – àquele que estiver obrigado, por lei ou pelo contrato, a indenizar, em ação regressiva, o prejuízo de quem for vencido no processo.

Em primeiro lugar, deve ser destacado que, **em nenhuma hipótese, a denunciação da lide será obrigatória**. Já não o era no CPC de 1973, de acordo com último entendimento do Superior Tribunal de Justiça, e não o será agora por conta da expressão "admissível", contida no art. 125 do CPC 2015.

Assim, a parte poderá exercer o seu direito de regresso por meio da denunciação da lide, ou, optando diferentemente, ou pela sua inaplicabilidade, o fará por meio de ação autônoma.

Passa-se à análise das particularidades em relação a cada uma das modalidades interventivas.

a) Denunciação para exercício do direito que da evicção resulta

A hipótese do inciso I do art. 125, traz duas importantes alterações.

A primeira delas é constar que será admitida a denunciante exclusivamente ao alienante imediato, de modo que não poderá ser escolhido qualquer integrante da cadeia contratual, mas unicamente aquele que alienou o bem ao denunciante.

Também é digno de nota que houve a revogação do art. 456 do Código Civil e, como mencionado expressamente no § 2º do art. 125, somente será admitida uma única denunciação sucessiva, promovida pelo denunciado, contra seu antecessor imediato na cadeia dominial ou quem seja responsável por indenizá-lo, não podendo o denunciado sucessivo promover nova denunciação, hipótese em que eventual direito de regresso será exercido por ação autônoma.

Portanto, não se admite a denunciação per saltum, permitindo-se apenas uma denunciação sucessiva para com o alienante imediato.

b) Denunciação àquele que estiver obrigado a indenizar em ação regressiva

A segunda hipótese de admissibilidade da denunciação da lide é em relação àquele que estiver obrigado, por lei ou pelo contrato, a indenizar, em ação regressiva, o prejuízo de quem for vencido no processo. Trata-se de hipótese típica do contrato de seguro.

A inadmissibilidade da denunciação *per saltum* e a possibilidade apenas uma denunciação sucessiva também se aplica a esta hipótese.

14.4.4. CUMPRIMENTO DA OBRIGAÇÃO DE PAGAR EXIGIDO DIRETAMENTE PELO AUTOR EM FACE DO DENUNCIADO

Como dito acima, a denunciação da lide poderá ser exercida pelo autor ou pelo réu, promovendo-se ação de regresso em face do denunciado.

Interessa, neste momento, trazer um detalhe interessante em relação à denunciação promovida pelo réu.

Imagine-se o seguinte exemplo: João promoveu ação reparatória em face de Pedro. Este, por sua vez, tem contrato de seguro em relação à Companhia de Seguros Jesus. Neste caso, o réu denunciará à lide a empresa de seguros, exercendo, de imediato, a sua pretensão regressiva.

Têm-se, então, no mesmo processo, duas ações: a principal e a secundária.

Ao final do processo, o pedido apresentado por João, na ação principal, é acolhido e o juiz, na mesma sentença, já analisa a pretensão regressiva, também acolhida, para que a seguradora responda pelo montante total da condenação.

Nesse caso, o autor, no momento oportuno, é claro, poderá exigir o cumprimento da obrigação consubstanciada na sentença em face do réu, ou, se preferir, diretamente em face do denunciado, nos limites da condenação deste na ação regressiva (art. 128, parágrafo único).

Tal possibilidade já era admitida, pelo Superior Tribunal de Justiça, nos contratos de seguro, mas, agora, foi ampliada para outras situações.

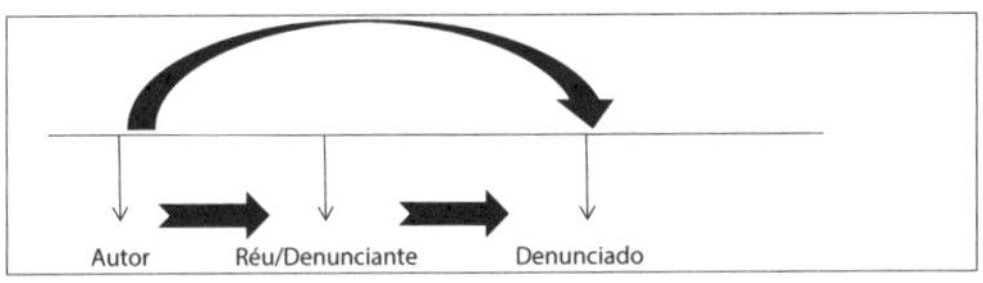

14.4.5. VEDAÇÃO DA DENUNCIAÇÃO DA LIDE NO CÓDIGO DE DEFESA DO CONSUMIDOR LIGADA À INDENIZAÇÃO POR FATO DO PRODUTO

O Código de Defesa do Consumidor vedou a possibilidade da denunciação da lide no seu art. 88, que assim se pronuncia: "Na hipótese do art. 13, parágrafo único deste código, a ação de regresso poderá ser ajuizada em processo autônomo, facultada a possibilidade de prosseguir-se nos mesmos autos, vedada a denunciação da lide". O art. 13, parágrafo único, por sua vez, determina que "aquele que efetivar o pagamento ao prejudicado poderá exercer o direito de regresso contra os demais responsáveis, segundo sua participação na causação do evento danoso".

Nesse passo, e isso é importante, o fornecedor não poderá exercer direito de regresso no processo que demandado. Não obstante, permite-lhe o mesmo Código de Defesa do Consumidor, em seu art. 101, II, ampliar o polo passivo da ação, formando-se litisconsórcio entre ele e o segurador, na hipótese de existir contrato de seguro, vedada a integração do contraditório pelo Instituto de Resseguros do Brasil.

Ocorre que a vedação à denunciação da lide está restrita às hipóteses da existência de fato do produto, não se aplicando em relação ao fato de serviço.

*Portanto, **não está vedada a denunciação da lide nos casos de defeito na prestação de serviços**.*

14.5. DO CHAMAMENTO AO PROCESSO

14.5.1. CONSIDERAÇÕES INICIAIS E NATUREZA JURÍDICA

O chamamento ao processo é modalidade de intervenção de terceiros provocada pelo réu, que deverá exercer tal direito na contestação.

Existem **duas teses** a respeito da natureza do chamamento ao processo.

a) Trata-se de **ação condenatória** requerida pelo devedor solidário que, acionado sozinho para responder pela totalidade da dívida, pretende acertar, na ação secundária de chamamento, a responsabilidade do devedor principal ou dos demais codevedores solidários, na proporção de suas cotas. De acordo com os autores adeptos desta teoria, tese contrária ofenderia a opção do litisconsórcio facultativo para o autor nos casos de solidariedade.

b) Outros autores defendem tratar-se de forma de ampliação subjetiva passiva da relação processual.

O Novo CPC, ao que parece, adotou a segunda tese, como se pode extrair do que está previsto no art. 131, *caput*, ao mencionar que "a citação daqueles que devam figurar em litisconsórcio passivo (...)".

14.5.2. DA ADMISSIBILIDADE DO CHAMAMENTO AO PROCESSO

O chamamento ao processo poderá ser requerido réu, na sua contestação, quando: i) o fiador for réu, hipótese em que chamará o afiançado; ii) os demais fiadores, na ação proposta contra um ou alguns deles; iii) os demais devedores solidários, quando o credor exigir de um ou de alguns o pagamento da dívida comum.

Nessas hipóteses, o réu foi citado para responder sozinho pela obrigação. Então, buscando fixar a responsabilidade do devedor principal ou dos demais devedores, poderá chamá-los ao processo, com quem formará litisconsórcio passivo.

Após requerer a citação do chamado e sendo a intervenção deferida pelo juiz, o réu deverá providenciar a sua citação, disponibilizando o que for necessário. Deverá tomar tal providência no prazo de trinta dias, sob pena de ficar sem efeito o chamamento. Porém, se o chamado residir em outra comarca, seção ou subseção judiciária, ou ainda em lugar incerto, o prazo será de dois meses.

14.5.3. DA SENTENÇA DE PROCEDÊNCIA

O réu, ao promover o chamamento ao processo, tem o interesse, como já foi dito, de ver reconhecida a responsabilidade do chamado em responder total ou parcialmente pela dívida. E, em conformidade com o art. 132 do CPC 2015, a sentença de procedência valerá como título executivo judicial em favor do réu que satisfizer a dívida, a fim de que possa exigi-la, por inteiro, do devedor principal, ou de cada um dos codevedores, na proporção que lhes tocar.

14.5.4. CHAMAMENTO AO PROCESSO E O CÓDIGO DE DEFESA DO CONSUMIDOR

O Código de Defesa do Consumidor prevê uma hipótese de chamamento ao processo no art. 101, II, indicando que, nas ações de responsabilidade do fornecedor de produtos e serviços, o réu que houver contratado seguro de responsabilidade poderá chamar ao processo o segurador, vedada a integração do contraditório pelo Instituto de Resseguros do Brasil.

Sendo o réu falido, será o administrador intimado para indicar se há contrato de seguro de responsabilidade e, sendo positiva a resposta, poderá o autor demandar diretamente à seguradora, sendo novamente vedada a denunciação da lide ao Instituto de Resseguros.

14.6. DO INCIDENTE DE DESCONSIDERAÇÃO DA PERSONALIDADE JURÍDICA

14.6.1. CONSIDERAÇÕES INICIAIS

Com a finalidade de resguardar os princípios do contraditório dinâmico e da ampla defesa, o legislador fez previsão do incidente de desconsideração da personalidade jurídica, por meio do qual o sócio ou a própria pessoa jurídica (desconsideração invertida) serão previamente ouvidos, antes de se decidir pela possibilidade de desconsiderá-la.

A lei processual não fez previsão das hipóteses em que será admitida a desconsideração, reservando tal regulação para o direito material, como é possível verificar no Código Civil, Código de Defesa do Consumidor etc.

Trata-se de novidade inserida pelo Novo CPC, pois, embora o ordenamento jurídico admitisse a desconsideração em algumas hipóteses, não se preocupava com aspectos processuais.

14.6.2. A DESCONSIDERAÇÃO REQUERIDA NA PRÓPRIA INICIAL

O pedido de desconsideração da personalidade jurídica não depende propriamente da instauração de um incidente próprio, pois poderá ser requerido na própria petição inicial, ou em reconvenção (apresentada na contestação).

Optando por tal procedimento, o demandante requererá a formação de litisconsórcio passivo entre a pessoa jurídica e o sócio (ou, o sócio e a pessoa jurídica, no caso da desconsideração invertida).

14.6.3. LEGITIMIDADE PARA REQUERER A INSTAURAÇÃO DO INCIDENTE

O incidente de desconsideração da personalidade jurídica será instaurado a pedido da parte ou do Ministério Público, quando lhe couber intervir no processo.

Aquele que demandar no processo poderá requerer a instauração do incidente de desconsideração da personalidade jurídica. Nesse sentido, poderão fazê-lo: i) autor; ii) o réu, por meio de reconvenção; iii) o autor ou o réu, quando requererem a denunciação da lide; iv) o réu, quando valer-se do chamamento ao processo; v) o assistente litisconsorcial também poderá requerer, até porque poderia ser parte na relação processual.

O Ministério Público também poderá fazê-lo, atuando como parte no processo, ou como fiscal da ordem jurídica.

14.6.4. ADMISSIBILIDADE DO INCIDENTE

O incidente de desconsideração da personalidade jurídica é cabível em todas as fases do processo de conhecimento, no cumprimento de sentença ou na execução fundada em título executivo extrajudicial.

14.6.5. PROCEDIMENTO

O incidente será requerido por meio do interessado, em petição dirigida ao juízo. Uma vez instaurado, haverá comunicação ao distribuidor para as anotações devidas, acarretando a imediata suspensão do processo.

Trata-se, como se vê, de suspensão imprópria, na medida em que, enquanto outros atos processuais não serão praticados, o incidente tramitará, com a citação do sócio ou da pessoa jurídica para manifestar-se e requerer as provas cabíveis no prazo de quinze dias.

Terminada a instrução, se acaso for necessário, o incidente será solucionado por meio de decisão interlocutória, podendo ser impugnada pelo recurso de agravo de instrumento. Se a decisão for proferida pelo relator, caberá o recurso de agravo interno.

Sendo acolhido o incidente, o juiz determinará que os bens do sócio ou da pessoa jurídica também responderão pela dívida. Além disso, a alienação ou a oneração de bens, havida em fraude de execução, será ineficaz em relação ao requerente.

14.7. INTERVENÇÃO DO *AMICUS CURIAE*

14.7.1. QUEM É O *AMICUS CURIAE*?

O *amicus curiae* não é parte no processo, pois não tem qualquer interesse no resultado da ação. Tem unicamente interesse em auxiliar o órgão judicial. Terá legitimidade recursal limitada, pois somente poderá recorrer para opor embargos declaratórios e para impugnar o pronunciamento que julgar o incidente de resolução de demandas repetitivas (art. 138, § 3º do Novo CPC).

14.7.2 LIMITAÇÃO À LEGITIMAÇÃO RECURSAL DO *AMICUS CURIAE*

Se, de um lado, o Novo CPC prevê a intervenção do *amicus curiae* em quatro dispositivos, restringe a possibilidade de interposição de recurso a apenas um deles – incidente de resolução de demandas repetitivas – e admite a apresentação de embargos declaratórios em todos (art. 138, §§ 1º e 3º).

15. ADVOGADO, MINISTÉRIO PÚBLICO E ADVOCACIA PÚBLICA. PRERROGATIVAS DA FAZENDA PÚBLICA EM JUÍZO

15.1. ADVOGADO

A parte será representada em juízo por advogado regularmente inscrito na OAB.

Para que o advogado possa postular, há de apresentar a respectiva procuração, salvo se estiver postulando em causa própria, ou, ainda, para evitar preclusão, decadência ou prescrição, ou para praticar ato considerado urgente.

Nestas últimas situações deverá o advogado apresentar procuração no prazo de 15 dias, prorrogável por igual período por despacho do juiz.

Se não for ratificado o ato será considerado ineficaz relativamente àquele em cujo nome foi praticado, respondendo o advogado pelas despesas e por perdas e danos.

Poderá o advogado examinar, ainda que sem procuração, autos de qualquer processo, salvo na hipótese de segredo de justiça.

Nas causas de segredo de justiça, somente o advogado constituído poderá ter acesso aos autos.

Sendo comum o prazo processual, poderá o advogado retirar os autos para obter cópias, pelo prazo de duas a seis horas, independentemente de ajuste e sem prejuízo da continuidade do prazo.

Admite-se que o procurador renuncie ao mandato a qualquer tempo, devendo comunicar o mandante. Durante os dez dias seguintes, o advogado continuará a representar o mandante, desde que necessário para lhe evitar prejuízo.

Estará dispensada a comunicação se a procuração for firmada em benefício de vários advogados e a parte continuar a ser representada por outro.

15.2. DO MINISTÉRIO PÚBLICO

O Ministério Público atuará na defesa da ordem jurídica, do regime democrático e dos interesses e direitos sociais e individuais indisponíveis, conforme determina a Constituição Federal, a sua Lei Orgânica e o art. 176 do CPC.

Atuação do Ministério Público no Processo Civil
- Parte
- Fiscal da Ordem Jurídica

Atuará como fiscal da ordem jurídica nas hipóteses previstas na Constituição e na lei e, também nos processos: i) que envolvam interesse público ou social; ii) interesse de incapaz; iii) litígios coletivos pela posse de terra rural ou urbana.

> É de se ter atenção com a mudança ocorrida. O Ministério Público não mais atuará nas causas de divórcio, por exemplo, se não existir interesse de incapaz. Além disso, a participação da Fazenda Pública (pessoa jurídica de direito público) não importa na necessidade de participação do MP.

O Ministério Público, no exercício de suas funções, contará com determinadas prerrogativas. Dessa maneira, gozará de prazo em dobro para manifestar-se nos autos e fará jus à intimação pessoal.

O Ministério Público será civil e regressivamente responsável quando agir com dolo ou fraude no exercício de suas funções.

15.3. ADVOCACIA PÚBLICA

É missão da Advocacia Pública a defesa e promoção dos interesses públicos da União, dos Estados, do Distrito Federal e dos Municípios, por meio de representação judicial, em todos os âmbitos federativos, das pessoas jurídicas de direito público que integram a administração direta e indireta.

É integrada por profissionais que ingressam por meio de concurso.

Para a observância do interesse público em juízo há a previsão de determinadas prerrogativas, que serão examinadas na sequência.

15.4. PRERROGATIVAS DA FAZENDA PÚBLICA EM JUÍZO

15.4.1. O PRINCÍPIO CONSTITUCIONAL DA ISONOMIA E O INTERESSE PÚBLICO

As prerrogativas processuais da Fazenda Pública se legitimam na aplicação do princípio constitucional da isonomia que reclama tratamento instrumental condizente com a defesa do interesse público em juízo. Assim, mesmo que a norma não identifique todos os destinatários das prerrogativas processuais, elas são extensíveis se o direito material em litígio for de interesse público, conforme já decidiu o Supremo Tribunal Federal (v.g. RE n.º 220.906, Relator Ministro MAURÍCIO CORRÊA, Plenário, sessão de 17.11.2000).

O princípio constitucional da isonomia previsto no caput e inciso I, do art.5º, da Constituição Federal fora reforçado e especializado sob o enfoque processual no inciso I do art.139, do Novo Código de Processo Civil, e consiste no dever do legislador e do aplicador do direito (juiz) assegurarem às partes tratamento condizente com suas necessidades, com o fito de possibilitar igualdade de condições e instrumentos pertinentes para construção de elementos probatórios a serem utilizados em decisões mais justas reclamadas pelos bens jurídicos tutelados.

15.4.2. A CITAÇÃO DO ESTADO PARA COMPOR A RELAÇÃO PROCESSUAL

A citação da União, dos Estados, do Distrito Federal, dos Municípios e de suas respectivas autarquias e fundações de direito público, será realizada perante o órgão de Advocacia Pública responsável por sua representação judicial (CPC/15, art.242, §3º).

15.4.3. PRAZOS DIFERENCIADOS PARA A PRÁTICA DE ATOS PROCESSUAIS

Inicialmente, será apresentado quadro comparativo entre os artigos 188 do CPC 73 e 183 do CPC 2015:

QUADRO COMPARATIVO	
CPC/73	**CPC/15**
Art. 188. Computar-se-á em quádruplo o prazo para contestar e em dobro para recorrer quando a parte for a Fazenda Pública ou o Ministério Público.	Art. 183. A União, os Estados, o Distrito Federal, os Municípios e suas respectivas autarquias e fundações de direito público gozarão de prazo em dobro para todas as suas manifestações processuais, cuja contagem terá início a partir da intimação pessoal. § 1º A intimação pessoal far-se-á por carga, remessa ou meio eletrônico. § 2º Não se aplica o benefício da contagem em dobro quando a lei estabelecer, de forma expressa, prazo próprio para o ente público.

Como se vê, o Novo CPC inseriu como regra geral o prazo em dobro para todas as manifestações processuais da União, dos Estados, do Distrito Federal, dos Municípios e de suas respectivas autarquias e fundações de direito público. Já o CPC/73 delimitava o prazo diferenciado para certo ato (v.g. contestar, recorrer, defesa em execução etc.) se fosse a Fazenda Pública, não especificando quais pessoas jurídicas ou entidades que estariam incluídas neste conceito e diferenciando o lapso temporal do prazo diferenciado.

EXCEÇÕES AO PRAZO EM DOBRO NO NOVO CPC
Art. 535. A Fazenda Pública será intimada na pessoa de seu representante judicial, por carga, remessa ou meio eletrônico, para, querendo, no prazo de 30 (trinta) dias e nos próprios autos, impugnar a execução, podendo arguir: (...)
Art. 629. A Fazenda Pública, no prazo de 15 (quinze) dias, após a vista de que trata o art. 627, informará ao juízo, de acordo com os dados que constam de seu cadastro imobiliário, o valor dos bens de raiz descritos nas primeiras declarações.
Art. 910. Na execução fundada em título extrajudicial, a Fazenda Pública será citada para opor embargos em 30 (trinta) dias.

Além das exceções elencadas no quadro acima, se outras leis previrem prazos próprios para o ente público se manifestar nos autos, não se aplica a regra de multiplicação em dobro do lapso temporal para a prática do ato, nos termos do § 2º, do art. 183, do CPC/15.

A intimação do órgão de representação do ente público será sempre pessoal e far-se-á por meio de: a) carga ou remessa dos autos físicos; b) intimação eletrônica nos autos digitais. O CPC/73 não tinha igual previsão, e os Procuradores dos Estados e Municípios não tinham a prerrogativa de intimação pessoal (salvo em execuções fiscais), que era concedida aos integrantes da Advocacia Geral da União.

15.4.4. DO NÃO ADIANTAMENTO DE DESPESAS PROCESSUAIS E DOS HONORÁRIOS ADVOCATÍCIOS

De acordo com o que dispõe o art. 91 do CPC/2015, "as despesas dos atos processuais praticados a requerimento da Fazenda Pública, do Ministério Público ou da Defensoria Pública serão pagas ao final pelo vencido".

Por despesas processuais devem ser entendidos "todos os itens do custo do processo que de algum modo e em algum momento serão devidos aos agentes estatais (Poder Judiciário, auxiliares da Justiça), mas não abrange os honorários advocatícios".[9]

A regra geral do nosso regime processual é que as partes adiantem as despesas dos atos realizados a seu requerimento, ao longo do processo e "até a sentença final" (art. 82, *caput*, CPC/2015), sendo certo que, ao final, a parte sucumbente será responsabilizada pelo pagamento, total ou parcial, das despesas processuais e honorários advocatícios, ainda que pela via do ressarcimento da parte contrária, tal como deflui do parágrafo 2º do dispositivo antes citado, combinado com o artigo 85, *caput*.

No tocante à especial condição da Fazenda Pública, o citado art. 91 do CPC/2015, prevê que esta não deve arcar com o pagamento de tais despesas, a não ser ao final, se vencida na demanda. Ou seja, o Estado não está obrigado a *adiantar* o pagamento de tais despesas, e apenas nesse ponto reside a prerrogativa em questão.

Se sucumbente, ao final do processo, a Fazenda Pública efetuará o pagamento das despesas, como qualquer pessoa, não estando obrigada unicamente a adiantá-las no curso do processo.

Os honorários sucumbenciais fixados contra a Fazenda Pública também foram objeto de regulamentação específica (e bastante detalhada), em novo modelo, reduzindo a esfera de atuação discricionária dos magistrados nesse particular.

A distinção vem na determinação de que serão observados percentuais diversos daquele limite fixo de 10% a 20%, aplicado o escalonamento previsto nos incisos desse mesmo parágrafo 3º, da seguinte forma:

Percentual incidente sobre o valor da condenação ou do proveito econômico obtido.	Limites.
Mínimo de 10% e máximo de 20%.	Até 200 salários-mínimos
Mínimo de 8% e máximo de 10%.	Acima de 200 até 2.000 salários mínimos .

9 DINAMARCO, Candido Rangel. *Instituições de Direito Processual Civil*. v. II. 6ª ed. Malheiros: São Paulo, 2009, p. 651.

Mínimo de 5% e máximo de 8%.	Acima de 2.000 até 20.000 salários mínimos.
Mínimo de 3% e máximo de 5%.	Acima de 20.000 até 100.000 salários mínimos.
Mínimo de 1% e máximo de 3%.	Acima de 100.000 salários mínimos.

A fixação, que pode ocorrer desde logo (se líquida a sentença), ou posteriormente, quando liquidada, em qualquer caso observado o valor do salário mínimo então em vigor (§ 4º, I, II e IV), é feita de modo *escalonado*, variando o percentual dos honorários advocatícios de acordo com a extensão de sua base de cálculo, que pode ser o valor da causa se não houver condenação e não for possível mensurar o total do proveito econômico obtido (§ 4º, III).

Além disso, o CPC/2015 impõe a possibilidade de fixação *fracionada*, pois sendo o conteúdo econômico da demanda muito alto "a fixação do percentual de honorários deve observar a faixa inicial e, naquilo que a exceder, a faixa subsequente, e assim sucessivamente" (§ 5º).

15.4.5. DA REMESSA NECESSÁRIA

A remessa necessária é condição de eficácia da sentença proferida contra o Poder Público, de modo que, neste caso, aquela não produzirá efeitos depois de revista pelo tribunal.

De acordo com o art. 496 do Novo Código de Processo Civil, existem algumas regras importantes quanto à incidência ou não da remessa necessária, assim enumeradas:

i) Incidência da remessa necessária quando o valor da condenação ou o proveito econômico obtido na causa for de valor certo e líquido superior a 1.000 salários mínimos para a União; 500 salários mínimos para os Estados e o Distrito Federal e os Municípios que forem capitais; e, 100 salários mínimos para os demais municípios. A mesma regra vale para as respectivas autarquias e fundações públicas.

ii) Aplicação dos precedentes:

Também não haverá a remessa oficial se a sentença proferida estiver em conformidade com súmula de tribunal superior, acórdão proferido pelo Supremo Tribunal Federal ou pelo Superior Tribunal de Justiça em julgamento de recursos repetitivos, ou, ainda, entendimento firmado em incidente de resolução de demandas repetitivas ou assunção de competência.

Ora, não se mostra razoável exigir-se que a sentença seja revista pelo Tribunal a que o juízo estiver vinculado, se o pronunciamento jurisdicional de primeiro grau já for fundado em precedente obrigatório, principalmente pela observância da coerência da jurisprudência.

iii) Entendimento coincidente com orientação vinculante firmada no âmbito administrativo do próprio ente público, consolidada em manifestação, parecer ou súmula administrativa:

No âmbito da Advocacia Geral da União, está a Procuradoria-Geral da Fazenda Nacional dispensada a interpor recurso em determinadas situações, prestigiando os precedentes e a própria orientação emanada da Administração Federal (Lei 10.522/2002, art. 19).

O Novo CPC, ao referir-se à dispensa da remessa necessária quando a sentença estiver fundada em súmula de tribunal superior, acórdão proferido pelo STF ou STJ, também deve estar incluído o Tribunal Superior do Trabalho, guardando-se o devido paralelismo.

16. FATOS E ATOS PROCESSUAIS

16.1. CONCEITO DE ATOS PROCESSUAIS

São **atos processuais** aqueles que se destinam à criação, modificação, conservação ou extinção da ***relação jurídica processual***.[10] Podem ser praticados pelas partes, pelos auxiliares do juízo e pelo magistrado.

Diferenciam-se dos fatos processuais, que são fatos humanos ou não que tenham repercussão no processo.

16.2. FORMA

Os atos processuais não dependem de prova determinada, salvo quando a lei expressamente o exigir.

Princípio da instrumentalidade das formas: consideram-se válidos os atos processuais que, embora realizados de outro modo, tenham preenchido a finalidade essencial.

Deve ser observado, ainda, os princípios da primazia do julgamento do mérito e do máximo aproveitamento do ato processual.

Como regra, os atos processuais são públicos. Porém, correrão em segredo de justiça: i) aqueles em que se exija o interesse público ou social; ii) que versem sobre casamento, separação de corpos, divórcio, separação, união estável, filiação, alimentos e guarda de crianças e adolescentes; iii) em que constem dados protegidos pelo direito constitucional à intimidade; iv) que versem sobre arbitragem, inclusive sobre cumprimento de carta arbitral, desde que a confidencialidade estipulada na arbitragem seja comprovada perante o juízo.

16.3. DO TEMPO DOS ATOS PROCESSUAIS

Os atos processuais serão praticados em horário autorizado por lei, qual seja, das 6 às 20 horas. Se iniciados antes, podem ser concluídos após às 20 horas, se o adiamento prejudicar a diligência ou causar grave dano.

As citações, intimações e as penhoras podem ser realizadas no período de férias forenses, nos feriados ou dias úteis fora do horário estabelecido, desde que se observe a impossibilidade de ingresso em domicílio em horário noturno sem a autorização do morador.

O ato eletrônico poderá ser praticado até as 24 horas do último dia do prazo.

Durante as férias forenses e nos feriados não serão praticados atos processuais, salvo as citações, intimações e penhoras, como acima afirmado, bem como a tutela de urgência.

---

10 WAMBIER, Luiz Rodrigues. TALAMINI, Eduardo. ALMEIDA. Flávio Renato Correia. *Curso Avançado de Processo Civil*. VOL. 1. 10ª ed. São Paulo: RT, 2008.

Citação, intimação e penhora poderão ser praticadas nas férias, nos feriados e após as 20 horas, desde que se observe que o domicílio é o asilo inviolável do indivíduo.

A tutela de urgência é uma espécie da **tutela provisória**. Há o fundamento urgência, o que a distingue da tutela da evidência (de alta probabilidade). Comporta a **tutela antecipada** (em que se antecipa o mérito que seria analisado ao final) e a **tutela cautelar** (com análise do *fumus boni iuris* e do *periculum in mora*).

Logo, poderão ser praticados atos processuais relacionados à tutela antecipada e à tutela cautelar. Não estão abrangidos os que disserem respeito à tutela da evidência.

Durante as férias serão processuais determinadas demandas, continuando o trâmite ainda pela que pela superveniência delas: i) os procedimentos de jurisdição voluntária e os necessários à conservação de direitos, quando puderem ser prejudicados pelo adiamento; ii) a ação de alimentos e os processos de nomeação ou remoção de tutor e curador; iii) os processos que a lei determinar.

Consideram-se feriados, para efeito forense, os sábados, domingos, os dias em que não haja expediente forense, bem como os declarados por lei.

16.4. LUGAR

Os atos processuais, como regra, serão praticados na sede do juízo. Excepcionalmente, poderão ser praticados em outro lugar em razão de deferência, interesse da justiça, da natureza do ato ou de obstáculo arguido pelo interessado e acolhido pelo juiz.

16.5. DOS PRAZOS PROCESSUAIS

A lei prescreverá os prazos em que serão realizados os atos processuais. Prazo pode ser entendido como o período de tempo entre um termo inicial e um termo final.

Se a lei não fizer previsão do prazo, o juiz o fixará, levando em consideração a sua complexidade.

CONTAGEM DOS PRAZOS PROCESSUAIS NO PROCESSO CIVIL: SOMENTE SERÃO CONTADOS OS DIAS ÚTEIS!

Suspende-se o prazo processual no período de 20 de dezembro a 20 de janeiro, inclusive, o que não retira a necessidade de exercício da atribuição pelos juízes, membros do MP, Defensoria Pública, Advocacia Pública e os auxiliares da Justiça.

Entende-se por prazo peremptório, em conformidade com o Novo CPC, aqueles nos quais o juiz não poderá diminuir sem a concordância das partes. Verifica-se que o juiz poderá dilatar quaisquer prazos, ainda que processuais, como ocorre com o prazo para oferecimento de contestação. Ele poderá ser aumentado por decisão judicial. Porém, para diminui-lo, deverá o magistrado contar com a concordância das partes.

O MAGISTRADO PODERÁ DILATAR QUAISQUER PRAZOS.

PARA DIMINUI-LOS, PORÉM, PRECISA DA CONCORDÂNCIA DAS PARTES.

Na esteira do **princípio da preclusão**, o CPC repetiu que decorrido o prazo extingue-se o direito de praticar ou de emendá-lo.

A preclusão comporta as seguintes espécies: i) temporal; ii) lógica; iii) consumativa; iv) elástica.

A preclusão temporal decorre do escoamento do prazo para a prática do ato processual, com o que se extingue o direito de praticá-lo ou de emendá-lo. Deve ser levada em consideração a possibilidade de se verificar a justa causa decorrente de evento alheio à vontade da parte e que a impediu de praticar o ato por si ou por mandatário.

A preclusão lógica, por sua vez, decorre da prática de ato incompatível. Exemplo: pagamento da obrigação reconhecida em sentença condenatória. Tem-se a preclusão lógica em relação à possibilidade de interpor recurso.

A preclusão consumativa decorre da prática do ato processual. Uma vez praticado, não poderá ser renovado. Se oferecida contestação, não poderá ser posteriormente apresentada outra defesa. Se interposto recurso de apelação, não poderá ser ampliado o objeto recursal. Isso não significa vedar-se o aperfeiçoamento do ato processual em decorrência do princípio do máximo aproveitamento dos atos processuais e da primazia do julgamento do mérito.

A preclusão elástica decorre da necessidade de se aguardar para verificar se determinado ato será praticado em período posterior. Exemplo: a impugnação de questão incidental decidida por meio de decisão interlocutória quando da interposição do recurso de apelação, em que será necessário apresentar preliminar nas razões recursais. Se esta não for apresentada, tem-se a preclusão.

Para todos os fins, os prazos serão contados excluindo o dia do começo e incluindo o dia do vencimento. Tais dias serão prorrogados para o primeiro dia útil seguinte, se coincidirem com dia em que o expediente forense for encerrado antes ou iniciado depois da hora normal ou houver indisponibilidade da comunicação eletrônica.

Se a intimação do ato processual se der pelo Diário da Justiça eletrônico, considera-se como data de publicação o primeiro dia útil seguinte ao da disponibilização da informação.

O magistrado contará com prazo impróprio para a prática de atos processuais. A sua inobservância não acarretará em consequência processual, mas disciplinar. Dessa maneira, deverá o juiz proferir os despachos em cinco dias, as decisões interlocutórias em dez dias e as sentenças em trinta dias.

PRONUNCIAMENTO	PRAZO
DESPACHO	5 DIAS
DECISÃO INTERLOCUTÓRIA	10 DIAS
SENTENÇA	30 DIAS

O escrivão, por sua vez, deverá remeter os autos conclusos no prazo de um dia e executar os atos processuais em cinco dias.

Em certas hipóteses o prazo processual será contado de forma diferenciada. Podem ser citados: i) para os litisconsortes com diversos procuradores; ii) para o Ministério Público, Defensor Público e integrantes da Advocacia Pública.

Litisconsortes: serão litisconsortes aqueles que litigarem lado a lado em um dos polos da ação. Tais pessoas podem contar com um único advogado, ou então cada um deles poderá ter o patrocínio de um causídico. Neste último caso, têm-se os litisconsortes com diversos procuradores, que contarão com o prazo em dobro para a prática de atos processuais desde que preenchidos determinados requisitos, resumidos no quadro a seguir.

Requisitos para a contagem em dobro do prazo para os litisconsortes com diversos procuradores:

i) serem os Advogados dos litisconsortes integrantes de escritórios de advocacia distintos;

ii) que não se trate de processo eletrônico.

A contagem em dobro cessará se, havendo apenas dois réus, for oferecida defesa apenas por um deles.

EXERCÍCIO DE CONTAGEM DE PRAZO PROCESSUAL

A propôs ação em face de "B" e de "C". Os dois foram citados. B ofereceu contestação, mas C permaneceu revel. Nesse caso, será contado em dobro o prazo para que B pratique os atos processuais? E para a contestação?

Em primeiro lugar, para a contestação o prazo será contado em dobro, porque ainda havia a expectativa de que os réus teriam procuradores diversos. Contudo, após oferecida a resposta por apenas um dos réus, o prazo não mais será contado em dobro.

O Código **disciplina o dia do começo do prazo**, que será, salvo disposição em sentido contrário:

I – a data de juntada aos autos do aviso de recebimento, quando a citação ou a intimação for pelo correio;

II – a data de juntada aos autos do mandado cumprido, quando a citação ou a intimação for por oficial de justiça;

III – a data de ocorrência da citação ou da intimação, quando ela se der por ato do escrivão ou do chefe de secretaria;

IV – o dia útil seguinte ao fim da dilação assinada pelo juiz, quando a citação ou a intimação for por edital;

V – o dia útil seguinte à consulta ao teor da citação ou da intimação ou ao término do prazo para que a consulta se dê, quando a citação ou a intimação for eletrônica;

VI – a data de juntada do comunicado de que trata o art. 232 (comunicação de cumprimento da carta precatória) ou, não havendo esse, a data de juntada da carta aos autos de origem devidamente cumprida, quando a citação ou a intimação se realizar em cumprimento de carta;

VII – a data de publicação, quando a intimação se der pelo Diário da Justiça impresso ou eletrônico;

VIII – o dia da carga, quando a intimação se der por meio da retirada dos autos, em carga, do cartório ou da secretaria.

O prazo da intimação será contado individualmente. De outro lado, no caso de citação, o prazo se iniciará com a última das datas, ressalvado se houver pedido de dispensa da realização da audiência de conciliação ou de mediação, quando então será contado de cada protocolo de petição.

16.6. DA COMUNICAÇÃO DOS ATOS PROCESSUAIS

Citação é o ato pelo qual são convocados o réu, o executado ou o interessado para integrar a relação processual. Para que a relação processual seja válida, é imprescindível a citação do réu ou do executado, salvo nas hipóteses de indeferimento da petição inicial ou de improcedência liminar do pedido.

→ Atenção ao conceito de citação.

Portanto, o réu, o executado e o interessado serão convocados para integrar a relação processual por meio da citação. Não obstante, é possível que haja o comparecimento espontâneo, quando então o prazo para resposta ou embargos se inicia desta data.

Poderá o réu/executado/interessado comparecerem unicamente para alegar a nulidade da citação. Se rejeitada a alegação, o réu será considerado revel, no processo de conhecimento, ou a execução prosseguirá.

Decorrem certos efeitos da citação válida, ainda que o ato tenha sido ordenado por juiz incompetente.

Efeitos da citação válida

i) induzir litispendência;

ii) tornar litigiosa a coisa;

iii) constituir em mora o devedor, ressalvadas excepcionalidades previstas no Código Civil.

→ Tornar prevento o juízo não é mais efeito da citação válida.

A interrupção da prescrição ocorrerá por força do despacho judicial, conforme prevê o art.202, I do Código Civil. Tal interrupção vai retroagir à data da propositura da ação, desde que o autor providencie as providências necessárias para viabilizar a citação. Se isso não ocorrer, não irá retroagir.

O efeito retroativo aplica-se à prescrição, decadência e também a outros prazos extintivos.

A citação poderá ser realizada: por correio; por oficial de justiça; pelo escrivão ou chefe de secretaria, se o citando comparecer em cartório; por edital; por meio eletrônico.

Deverão as empresas públicas e privadas manter cadastro nos sistemas de processo em autos eletrônicos, para efeito de recebimento de citações e intimações, que serão realizadas de forma preferencial por este meio. Tal regra se aplica às pessoas jurídicas de direito público e também de direito privado integrantes da Administração Pública. Estão excluídas as microempresas e as empresas de pequeno porte.

Como regra, a citação será realizada pelo correio. Contudo, em determinadas situações, será realizada por oficial de justiça nas seguintes hipóteses: nas ações de estado, quando o citando for incapaz, quando o citando for pessoa jurídica de direito público, quando o citando residir em local não atendido pela entrega domiciliar de correspondência e quanto o autor, justificadamente, a requerer de outra forma.

> **IMPORTANTE:**
>
> No caso de condomínio edilícios ou nos loteamentos com controle de acesso, admite-se como válida a entrega do mandado a funcionário da portaria responsável pelo recebimento de correspondência. Admite-se, porém, a recusa, se o funcionário atestar, por escrito, que o destinatário da correspondência está ausente.

Citação com hora certa: poderá ser realizada pelo oficial de justiça quando, tendo procurador o citando em seu domicílio ou residência sem o encontrar, por duas vezes, havendo suspeita de ocultação, deverá intimar qualquer pessoa da família ou, em sua falta, qualquer vizinho de que, no dia útil imediato, voltará a fim de efetuar a citação, na hora que designar. Será admitida a entrega a funcionário de portaria nos condomínios ou nos loteamentos com controle de acesso.

No dia e hora designados, o oficial de justiça, de ofício (sem precisar de decisão judicial), comparecerá ao domicílio ou à residência do citando a fim de realizar a diligência. Estando este não presente, será apurado o motivo da ausência, dando por feita a citação, ainda que a ocultação tenha ocorrido em outra comarca.

A citação com hora certa será feita ainda que a pessoa anteriormente intimada não esteja presente, ou se esta se recursar a receber o mandado.

Uma vez efetivada tal citação, o escrivão enviará ao réu, executado ou interessado, em dez dias, carta, telegrama ou correspondência eletrônica, dando-lhe de tudo ciência.

Nas comarcas contínuas, de fácil comunicação ou na mesma região metropolitana, o oficial de justiça poderá efetuar, em qualquer delas, citações, intimações, notificações, penhoras e quaisquer outros atos executivos.

Será feita a citação por edital quando desconhecido ou incerto o citando, quando ignorado, incerto ou inacessível o lugar em que se encontrar o citando e nos casos expressos em lei.

Intimação é o ato pelo qual se dá ciência a alguém dos atos e dos termos do processo.

As intimações do Ministério Público, da Defensoria Pública e da Advocacia Pública são pessoais.

As intimações, sempre que possível, serão realizadas por meio eletrônico, na forma da lei.

Presumem-se válidas as intimações dirigidas ao endereço constante dos autos, ainda que não recebidas pessoalmente pelo interessado, se a modificação temporária ou definitiva não tiver sido comunicada em juízo.

16.7. DAS NULIDADES

O Código de Processo Civil encampou a Norma Fundamental do máximo aproveitamento processual e da primazia do julgamento do mérito, bem como o princípio da instrumentalidade, de modo que o vício somente importará em nulidade se houver prejuízo. Em outros termos, o ato não será repetido nem sua falta será suprida quando não prejudicar a parte. Dá-se o aproveitamento dos atos praticados desde que não resulte prejuízo à defesa de qualquer parte.

A primazia do julgamento do mérito e o máximo aproveitamento do ato processual impõem que, **quando puder decidir o mérito a favor da parte a quem aproveite a decretação da nulidade, o juiz não a pronunciará nem mandará repetir o ato ou suprir-lhe a falta.**

Ou seja, o juiz poderá até desconsiderar o vício existente e decidir o mérito em favor da parte a quem se aproveite a decretação da nulidade.

O prejuízo é exigido na nulidade absoluta e também na relativa.

A nulidade absoluta é aquela que pode ser conhecida de ofício pelo juízo e as partes podem alegá-la a qualquer tempo. Na nulidade relativa, por sua vez, haverá a necessidade de que seja alegada na primeira oportunidade em que couber à parte falar nos autos, sob pena de preclusão.

Reconhecida a nulidade do ato, consideram-se sem efeito aqueles que forem atingidos, por serem dependentes.

17. PROCEDIMENTO COMUM

17.1. ASPECTOS GERAIS

Já tratados quando da análise do procedimento.

17.2. FASES

São identificadas as seguintes fases do procedimento comum: i) postulatória; ii) saneadora e de organização; iii) instrutória; iv) decisória, que serão adiante esmiuçadas.

17.3. DA PETIÇÃO INICIAL

17.3.1. INSTRUMENTO DA DEMANDA

Em observância ao princípio da inércia da jurisdição (ou princípio da ação), o Estado-Juiz somente poderá agir se for devidamente provocado, ressalvadas exceções especialmente previstas, como ocorre a arrecadação de bens de ausentes.

Portanto, o Estado-Juiz não poderá agir de ofício. Carecerá de provocação da parte, que exercerá a demanda. Demanda é o ato de ir a juízo e provocar a atividade jurisdicional. E o instrumento da demanda é a petição inicial.

Portanto, a petição inicial é o meio pelo qual a parte provoca a atividade jurisdicional. Constitui-se em um pressuposto processual de existência da relação processual e, em razão dessa importância vital, carece de observar alguns requisitos específicos.

17.3.2. REQUISITOS DA PETIÇÃO INICIAL

É possível a identificação de requisitos intrínsecos e extrínsecos da petição inicial. Aqueles devem estar constantes do próprio corpo da petição inicial, ao passo que estes se revelam como documentos que devem acompanhar a peça, por serem imprescindíveis à propositura da ação.

A falta dos requisitos intrínsecos acarretará a necessidade de emenda da petição inicial. De outro lado, a inobservância dos requisitos extrínsecos importará em atividade da parte para completá-la.

Classificação dos Requisitos da Petição Inicial	
Intrínsecos	**Extrínsecos**
Contidos no corpo da petição inicial	Documentos indispensáveis à propositura da ação
Ausência: o juiz determinará a emenda.	Ausência: o juiz determinará que a peça seja completada

Ausentes os requisitos intrínsecos e/ou extrínsecos, ou ainda se o juiz verificar que a petição inicial apresenta defeitos e irregularidades capazes de dificultar o julgamento de mérito, determinará ao autor que, no prazo de 15 dias, promova a emenda ou a complete, indicando com precisão o que deverá ser corrigido ou completado.

Importante é a previsão contida na parte final do *caput* do art. 321 do Código de Processo Civil, por meio da qual se determina ao juiz que indique com precisão o que deve ser corrigido ou completado. Trata-se de uma consequência da aplicação dos princípios processuais da primazia do julgamento do mérito, do máximo aproveitamento dos atos processuais, do contraditório dinâmico e da fundamentação analítica.

Por isso, não poderá o magistrado determinar que a parte emende ou complete a petição inicial, de forma genérica, sem indicar com precisão o que precisa ser ajustado. Ora, isso é natural de toda reforma ocorrida, pois o que se pretende é o julgamento do mérito, com celeridade, ao invés da simples extinção e deixar que a parte percorra todo o caminho processual novamente.

Porém, embora tenha o magistrado indicado com precisão o que precisa ser corrigido ou emendado, e a parte não o fizer, então não restará outra alternativa ao juiz senão a de indeferir a petição inicial.

O art. 319 do CPC indica quais são os requisitos intrínsecos da petição inicial. São eles:

I o juízo a que é dirigida;

II – os nomes, os prenomes, o estado civil, a existência de união estável, a profissão, o número de inscrição no Cadastro de Pessoas Físicas ou no Cadastro Nacional da Pessoa Jurídica, o endereço eletrônico, o domicílio e a residência do autor e do réu;

Caso não disponha das informações previstas neste inciso, poderá o autor, na petição inicial, requerer ao juiz diligências necessárias a sua obtenção. A petição inicial não será indeferida se, a despeito da falta destas informações, for possível a citação do réu. O indeferimento por esse motivo também não ocorrerá se a obtenção de tais informações tornar impossível ou excessivamente oneroso o acesso à justiça.

III – o fato e os fundamentos jurídicos do pedido;

IV – o pedido com as suas especificações;

V o valor da causa;

VI – as provas com que o autor pretende demonstrar a verdade dos fatos alegados;

VII – a opção do autor pela realização ou não de audiência de conciliação ou de mediação.

Podem ser apontadas, como novidades, as previsões contidas no inciso II, como a exigência da indicação da existência de união estável, por exemplo, e a opção do autor pela realização ou não da audiência de conciliação ou de mediação.

O Código indica, em seu artigo 320, que a petição inicial será instruída com os documentos indispensáveis à propositura da ação. Portanto, refere-se aos requisitos extrínsecos. Entre estes documentos, tem-se a procuração *ad judicia*, pela qual a parte outorga poderes ao Advogado para representá-la em juízo, podendo patrocinar a sua causa.

Retornando aos requisitos intrínsecos, pela sua própria importância e extensão, passa-se à análise do pedido.

17.3.3. DO PEDIDO

O pedido corresponde ao objeto do processo. A parte, ao provocar a atividade jurisdicional, pretende ver proferida uma decisão declaratória, condenatória, constitutiva (ou desconstitutiva), mandamental e/ou executiva. Essa é a primeira face do pedido. Pede-se a tutela jurisdicional. Além disso, naturalmente, também é de seu interesse obter o bem da vida perseguido. Não lhe interessa apenas a condenação, como também a quantia em dinheiro. Não lhe interessa apenas a sentença executiva de reintegração de posse, como mais ainda o próprio bem esbulhado.

Verifica-se, então, a existência do PEDIDO IMEDIATO, que é a providência jurisdicional pretendida. Paralelamente, há o PEDIDO MEDIATO, que é o bem da vida perseguido.

O juiz estará atrelado ao pedido apresentado pela parte, por força do princípio da inércia. Estará adstrito ao que foi requerido pelo demandante. A essa adstrição correspondente o princípio da congruência, da correlação ou da adstrição.

Deve-se verificar que o princípio da inércia é a justificativa do princípio da adstrição. Como o magistrado deverá ser provocado, sem o que não poderá exercer da jurisdição, ressalvadas situações excepcionalíssimas.

A inobservância ao princípio da adstrição gerará a nulidade da sentença, que poderá ser sanada em grau recursal, se houver possibilidade de análise do mérito.

VÍCIOS DA INOBSERVÂNCIA DO PRINCÍPIO DA ADSTRIÇÃO SENTENÇA		
ULTRA PETITA	***EXTRA PETITA***	***CITRA PETITA***
Vai além do pedido. Exemplo: o autor pede a condenação do réu em R$ 100,00 e o juiz defere R$ 200,00.	O magistrado defere pedido diverso do que foi requerido.	A sentença não analisa todos os pedidos apresentados.

Portanto, o pedido da parte deverá ser certo. Admite-se, contudo, o pedido implícito em algumas situações.

Por pedido implícito deve-se entender aquele que, muito embora não tenha constado da petição inicial, pode ser deferido pelo juiz. Por isso, o § 1º do art. 322 indica que se compreende no principal os juros legais, a correção monetária e as verbas de sucumbência, inclusive os honorários advocatícios.

Os honorários advocatícios, então, além de algumas verbas específicas, podem ser deferidos ainda que não haja pedido nesse sentido na petição inicial. Anteriormente ao Novo CPC, via a regra jurisprudencial que, embora admitisse a condenação dos honorários sem pedido expresso, não permitia a cobrança posterior se, uma vez transitada em julgado a sentença, a condenação ao pagamento dos honorários não constasse da sentença. Essa regra, contudo, foi alterada, conforme se vê do art. 85, § 18 do Código de Processo, que permite seja ajuizada ação de cobrança específica para tal fim.

O pedido apresentado na petição inicial deverá ser interpretado. Esta interpretação seguirá alguns parâmetros. Em primeiro lugar, deverá ser observado o conjunto da postulação e não de forma isolada. Além disso, ser observado o princípio da boa-fé processual, que, aliás, deve reger todos os atos do processo.

Surge a questão das prestações sucessivas, como ocorre, por exemplo, na ação para fixação de valor a título de alimentos por conta da prática de ato ilícito. Nesse caso, a parte requer que o magistrado certifique a obrigação de pagar os alimentos, bem como o seu respectivo valor. O pagamento de tal parcela prosseguirá nos meses seguintes e, por isso, constituem-se em prestações sucessivas.

Estas prestações sucessivas serão consideradas como incluídas no pedido. Não há necessidade de que haja pedido de condenação das prestações posteriores. Por isso, estará incluída na condenação, enquanto durar a obrigação, se o devedor, no curso do processo, deixar de pagá-las ou de consigná-las.

Além de certo, o pedido também deve ser determinado. Isso significa que deve estar bem delimitado. Não se pode pugnar pela condenação, há de ser indicado o seu valor.

Admite o Código que haja a formulação de pedido genérico em certas situações, o que se aplica também à reconvenção. Nestes casos, a sentença poderá ser ilíquida e, oportunamente, haverá a respectiva liquidação.

Poderá ser formulado pedido genérico nas seguintes situações (art. 324, § 1º): I – nas ações universais, se o autor não puder individuar os bens demandados; II – quando não for possível determinar, desde logo, as consequências do ato ou do fato; III – quando a determinação do objeto ou do valor da condenação depender de ato que deva ser praticado pelo réu.

Em casos como estes, em que formulado pedido genérico, na ação relativa à obrigação de pagar quantia certa, **deverá a decisão judicial definir desde logo a extensão da obrigação, o índice de correção monetária, a taxa de juros, o termo inicial e a periodicidade da capitalização dos juros** (art. 491), a não ser que: i) não for possível determinar, de modo definitivo, o montante devido; ii) a apuração do valor devido depender da produção de prova de realização demorada ou excessivamente dispendiosa, assim reconhecida na sentença.

Portanto, pode-se extrair a seguinte sequência:

> **➔ PEDIDO DETERMINADO**
>
> **➔ EXCEPCIONALMENTE: PEDIDO GENÉRICO**. Mesmo neste caso, na ação relativa à obrigação de pagar quantia certa, deve **a sentença definir desde logo** a extensão da obrigação, salvo se: i) não for possível determinar de imediato o valor da obrigação; ii) a apuração do valor depende da produção da prova de realização demorada ou excessivamente dispendiosa.

Em resumo, deverá o pedido ser: **CERTO e DETERMINADO**.

Poderá o autor apresentar PEDIDO ALTERNATIVO, quando, pela natureza da obrigação, o devedor puder cumprir a prestação de mais de um modo.

A escolha do modo de cumprimento da prestação poderá competir ao autor ou ao réu. No primeiro caso, o autor já fará tal indicação na inicial. Competindo ao réu, de outro lado, o juiz lhe facultará o direito de cumprir a prestação de um ou de outro modo, ainda que o autor não tenha formulado pedido alternativo.

A petição inicial poderá contar com um único pedido, ou com mais de um pedido. Neste último caso, tem-se a cumulação de pedidos.

A cumulação de pedidos comporta a seguinte classificação:

CUMULAÇÃO DE PEDIDOS	
PRÓPRIA	**IMPRÓPRIA**
Haverá a formulação de mais de um pedido e o demandante requer que todos eles sejam acolhidos.	Haverá a formulação de mais de um pedido e o demandante requer que apenas um deles seja acolhido.
Poderá ser simples e sucessiva.	Poderá ser subsidiária e alternativa.

Na cumulação própria, como afirmado, o demandante apresenta mais de um pedido na petição inicial e requer que todos eles sejam acolhidos. É o caso, por exemplo, do pedido de condenação ao pagamento de indenização por dano moral e também à entrega de determinado bem. Também pode ser citada a ação de investigação de paternidade cumulada com alimentos.

Na cumulação própria simples, o autor requer que mais de um pedido seja acolhido e a improcedência de um não refletirá diretamente no outro pedido. No caso de pedido de condenação ao pagamento de indenização em virtude de danos materiais e morais, o juiz poderá não acolher o primeiro pedido, pois não comprovados os danos, mas condenar a parte contrária em virtude do dano moral, por reconhecer que o seu ato causou sofrimento à parte.

De outro lado, na cumulação própria sucessiva, para que o juiz possa analisar o segundo pedido, deverá ter acolhido o primeiro. Na investigação de paternidade, como regra, o magistrado condenará ao pagamento de alimentos, se for reconhecida a paternidade do réu. Se improcedente este pedido (paternidade), não haverá a condenação ao pagamento de alimentos.

Por sua vez, na sua cumulação imprópria, o autor apresentará mais de um pedido, mas não requererá que todos eles sejam acolhidos.

O *caput* do art. 327 do Código de Processo Civil determina que é possível a cumulação de vários pedidos, contra o mesmo réu, em um único processo, ainda que entre eles não haja conexão. Para tanto, deverão os pedidos serem compatíveis entre si, o juízo ser competente para deles conhecer (competência absoluta) e o procedimento seja também adequado.

Duas observações são importantes para o art. 327, exigindo-se a máxima atenção do leitor. A compatibilidade dos pedidos deve ocorrer na cumulação própria, pois não é possível ao juiz deferir pedidos incompatíveis. De outro lado, aquela compatibilidade não é exigida para a cumulação imprópria, quer seja alternativa, quer seja subsidiária.

A COMPATIBILIDADE DOS PEDIDOS NÃO É REQUISITO NA CUMULAÇÃO SUBSIDIÁRIA E NA ALTERNATIVA.

Quando, para cada pedido, corresponder tipo diverso de procedimento, será admitida a cumulação se o autor empregar o **procedimento comum**, podendo ser empregadas as técnicas processuais diferenciadas previstas nos procedimentos especiais a que se sujeitam um ou mais pedidos cumulados, que não forem incompatíveis com as disposições sobre o procedimento comum.

Será subsidiária quando o autor formular mais de um pedido e estipular uma ordem entre eles. Assim, requererá o acolhimento do primeiro e, se acaso for improcedente o pedido, que se passe à análise do segundo e assim por diante. Pede-se a anulação do contrato e, se não for possível, a invalidade de uma das cláusulas.

A cumulação imprópria será alternativa na hipótese em que forem apresentados mais de um pedido e a parte não estipular uma ordem entre eles, podendo o juiz acolher o que entender correto. Nesse passo, o autor apresenta os pedidos 1 e 2 e pede que o magistrado julgue procedente um deles, sem estabelecer qualquer ordem de preferência. Se o magistrado julgar procedente o de número 1, não poderá o réu recorrer posteriormente.

Trata o Código de Processo Civil da pluralidade de credores de obrigação indivisível, em que um ou mais não tenham participado do processo. Um exemplo poderá auxiliar no entendimento. Imagine-se que existam dois credores de uma obrigação de entregar, consistente na entrega de uma máquina de colher grãos. No contrato estabelecido, firmou-se que se tratam de credores solidários, de modo que qualquer um deles poderá exigir o cumprimento da obrigação, sem necessidade da participação do outro. Em tal situação, aquele que não participou do processo deverá receber sua parte, mas serão abatidas as despesas de forma proporcional.

17.3.4. ALTERAÇÃO DO PEDIDO OU DA CAUSA DE PEDIR

Até a citação do réu, poderá o autor aditar ou alterar o pedido ou a causa de pedir (que correspondem aos elementos objetivos da ação), independentemente de concordância daquele.

Posteriormente à citação, as alterações dependerão da concordância do réu e somente poderão ser requeridas até o **saneamento do processo**, assegurando-se o contraditório e o requerimento de prova suplementar.

Em razão disso, diz-se que com o saneamento ocorre a estabilização do processo, não podendo mais haver a modificação do pedido ou da causa de pedir.

Estas regras se aplicam também à reconvenção.

17.3.5. INDEFERIMENTO DA PETIÇÃO INICIAL

O indeferimento da petição inicial consiste na manifestação do juiz no sentido de que, a partir dos elementos indicados naquela peça, a ação não poderá prosseguir. Poderá ocorrer de forma parcial, com relação a algum dos pedidos, ou total, o que refletirá na natureza do pronunciamento jurisdicional (decisão interlocutória ou sentença).

Houve uma sensível diferença no tratamento da matéria pelo Novo Código de Processo Civil. No CPC anterior, o indeferimento da inicial poderia consistir em um pronunciamento com ou sem análise de mérito. No CPC 2015, por sua vez, **o indeferimento decorrerá de pronunciamento sem análise de mérito**.

INDEFERIMENTO DA INICIAL (CPC 2015)
PRONUNCIAMENTO SEM ANÁLISE DE MÉRITO

Há de ser lembrado que, em razão do princípio da primazia do julgamento do mérito, o ideal é que não ocorra o indeferimento da petição inicial. Esta medida somente ocorrerá se eventual vício não puder ser sanado, ou se a parte, intimada, não promoveu ao devido ajuste.

A petição inicial será indeferida quando: I – for inepta; II – a parte for manifestamente ilegítima; III – o autor carecer de interesse processual; IV – não atendidas as prescrições dos arts. 106 e 321.

A inépcia da inicial decorrerá de algum problema em relação ao discorrer dos fatos ou da causa de pedir. Nesse sentido, prevê o art. 301, § 1º, que se considera inepta a petição quando: I – lhe faltar pedido ou causa de pedir; II – o pedido for indeterminado, ressalvadas as hipóteses legais em que se permite o pedido genérico; III – da narração dos fatos não decorrer logicamente a conclusão; IV – contiver pedidos incompatíveis entre si.

17.3.6. DA IMPROCEDÊNCIA LIMINAR DO PEDIDO

Entende-se por liminar o pronunciamento proferido no início do processo, no seu limiar. A liminar poderá consistir em uma decisão interlocutória (tutela antecipada), em uma sentença (sentença de indeferimento da inicial), decisão monocrática proferida por relator e, porque não, até por decisão colegiada em Tribunal.

Como regra, uma vez iniciado o procedimento, haverá a citação da parte contrária e o andamento regular dos atos processuais, para que o magistrado possa, ao final, proferir a sentença de mérito.

Contudo, como visto no item anterior, será possível que o magistrado entenda que a petição inicial não reúne condições para que haja o desenrolar do processo, hipótese em que poderá indeferir a petição inicial, com pronunciamento sem análise de mérito.

Em outros casos, faculta o Novo CPC que o juiz analise o mérito desde já, independentemente de citação da parte contrária, **proferindo pronunciamento de improcedência liminar do pedido**.

Há uma diferenciação a ser feita que é vital para o entendimento. Na improcedência liminar, o magistrado analisa o mérito. Julga-o desde já, com possibilidade de formação da coisa julgada material, se não houver a interposição de recurso. No indeferimento da inicial, contudo, não há análise de mérito.

Assim, o autor postula os seus pedidos e o magistrado, quando da análise da inicial, profere julgamento de improcedência liminar.

O Novo CPC permite que tal julgamento ocorra, em suma, quando a pretensão apresentada pela parte contrária encampar tese jurídica contrária ao já decidido em determinados precedentes, quais sejam: I – enunciado de súmula do Supremo Tribunal Federal ou do Superior Tribunal de Justiça; II – acórdão proferido pelo Supremo Tribunal Federal ou pelo Superior Tribunal de Justiça em julgamento de recursos repetitivos; III – entendimento firmado em incidente de resolução de demandas repetitivas ou de assunção de competência; IV – enunciado de súmula de tribunal de justiça sobre direito local.

Nestes casos, o magistrado funcionará como porta-voz do Tribunal e, considerando que os juízes e tribunais devem observar os precedentes (art. 927 do NCPC), autoriza-se que o pedido seja julgado improcedente desde já.

É claro que a procedência do pedido não será admitida de imediato, havendo necessidade da formação do contraditório e da ampla defesa. Tal julgamento somente será admitido na improcedência.

Também será admitida a improcedência liminar se o magistrado verificar, desde logo, **a prescrição e a decadência**.

Vale a pena enfatizar que a prescrição e a decadência, no CPC anterior, eram causas de indeferimento da inicial. Atualmente, não são mais motivos de indeferimento, mas justificam a liminar improcedência.

17.4. RESPOSTA DO RÉU

17.4.1. PRINCÍPIOS QUE REGEM A CONTESTAÇÃO

Alinhado com a ideia de exercício da ampla defesa e do contraditório, o polo passivo da ação será devidamente citado e, no tempo oportuno, poderá oferecer resposta. E o exercício da defesa pelo réu será efetivado por meio de um instrumento específico, denominado contestação, a ser oferecido de forma escrita.

Será na contestação que o réu concentrará toda a sua matéria de defesa, sob pena de preclusão. Uma vez apresentada, não será possível complementá-la, como regra.

O NOVO CPC AUMENTOU A QUANTIDADE DE MATÉRIAS QUE PODEM SER ALEGADAS NA CONTESTAÇÃO

Alegação de incompetência territorial, impugnação ao valor da causa, impugnação à assistência judiciária (pelo réu) e a reconvenção **constarão da própria contestação**, como preliminares, e não mais em separado.

A contestação é regida pelos seguintes princípios:

a) concentração: deverá o réu concentrar em sua defesa toda a matéria de defesa, ainda que contraditória. Trata-se do momento oportuno para que isso seja feito. Uma vez apresentada, não poderá ser posteriormente complementada, uma vez que verificada a preclusão consumativa.

Há, porém, matérias que o réu poderá alegar posteriormente. Estão elencadas no art. 342 do CPC: i) relativas a direito ou a fato superveniente; ii) competir ao juiz conhecer delas de ofício; iii) por expressa autorização legal, puderem ser formuladas em qualquer tempo e grau de jurisdição.

Nestes casos, admite-se que a matéria seja alegada posteriormente. Imagine-se, por exemplo, o tema prescrição. Como sabido, dele o juiz poderá conhecer, de ofício, a qualquer momento. Por isso, o réu poderá alegá-la posteriormente, ainda que já oferecida contestação. A decadência contém uma particularidade, em razão de suas duas espécies. A decadência legal poderá ser alegada e conhecida a qualquer momento. De outro lado, a decadência convencional poderá ser alegada a qualquer tempo, muito embora somente poderá ser conhecida se houver requerimento nesse sentido. O juiz não poderá dela conhecer de ofício.

A regra, portanto, é de que toda a matéria de defesa seja alegada na contestação, ainda que ela seja contraditória.

b) ônus da impugnação especificada: a contestação é a oportunidade para que o réu impugne os fatos apresentados pelo autor na petição inicial. Algumas explicações preliminares são importantes para o entendimento correto deste princípio.

Na petição inicial, o autor apresenta os fatos dos quais extrai determinadas consequências jurídicas. O réu, ao ser citado, terá oportunidade de impugnar cada um destes fatos por meio da contestação, quando, então, passa-se a ter uma questão controvertida sobre a qual incidirá a prova. De outro lado, se o fato não for impugnado, será presumida a sua veracidade. Trata-se do ônus da impugnação especificada.

Porém, não haverá a presunção de veracidade, se não for admissível, a seu respeito, a confissão; se a petição inicial não estiver acompanhada de instrumento que a lei considerar da substância do ato; se os fatos estiverem em contradição com a defesa, considerada em seu conjunto.

Tal ônus não será aplicado ao defensor público, ao advogado dativo e ao curador especial. Dessa maneira, pela previsão contida no art. 341, parágrafo único do CPC, se a parte for assistida por Defensor Público, ainda que não apresente resposta, tem-se que não serão presumidos como verdadeiros os fatos articulados na petição inicial.

17.4.2. DA FORMA E DO PRAZO DA CONTESTAÇÃO

A contestação deverá ser apresentada por meio de petição, no prazo de 15 dias, sendo aplicáveis os prazos especiais previstos na lei.

> **Têm prazos especiais**: *Ministério Público, Defensoria Pública, Fazenda Pública e litisconsortes com diversos procuradores, que não sejam do mesmo escritório jurídico e não seja processo eletrônico.*

No CPC de 1973, o prazo para o oferecimento de resposta era contado da juntada do mandado de citação aos autos. No CPC de 2015, porém, como houve previsão da necessidade de ser designada a audiência de conciliação ou de mediação, o prazo de resposta terá outro termo inicial.

Nesse sentido, prevê o art. 335 do Código de Processo Civil que o termo inicial será a data:

i) da audiência de conciliação ou de mediação, ou da última sessão de conciliação, quando qualquer parte não comparecer ou, comparecendo, não houver autocomposição: uma vez designada a audiência para tentativa conciliação ou de mediação, deverão as partes comparecer para a composição. Se esta ocorrer, será o ajuste homologado por sentença judicial. Porém, se a composição não ocorrer e houver necessidade de continuação do procedimento, será iniciado o prazo para que o réu possa apresentar a sua contestação. Importante que o (a) candidato(a) esteja bem atento à forma de contagem deste prazo, pois é possível que haja questionamento para indicação de seu termo final em um determinado problema. A título de exemplo, examina-se a seguinte hipótese.

> *O autor propôs ação de cobrança. Foi designada audiência de conciliação. As partes compareceram à audiência, oportunidade em que foi tentada a composição entre elas, que restou infrutífera. Nesse caso, haverá necessidade de continuidade do processo, abrindo-se prazo para que o réu ofereça resposta. Considerando-se que a audiência foi realizada no dia 23.09.2016, assinale o prazo final para que o réu possa oferecer resposta.*

ii) do protocolo do pedido de cancelamento da audiência de conciliação ou de mediação apresentado pelo réu, quando ocorrer a hipótese do art. 334, § 4º, inciso I: poderá o autor ter indicado na petição inicial que não pretende conciliar-se, tendo o réu feito o mesmo no prazo legal. Dessa maneira, não há motivo para que seja realizada a audiência, que será dada como prejudicada. Nesse caso, o prazo para que o réu possa oferecer a sua resposta será na data do protocolo do pedido de cancelamento apresentado pelo réu.

Se houver litisconsórcio passivo, o prazo será contado a partir de cada pedido de cancelamento da audiência. Registre-se que, nesta hipótese, o prazo não será iniciado conjuntamente para todos os réus. Será contado de uma maneira para aqueles que requererem o cancelamento da audiência e da audiência para os demais, se ela ainda assim for realizada.

iii) prevista no art. 231, de acordo com o modo como foi feita a citação, nos demais casos: no inciso III estão incluídas várias situações, como, por exemplo, o caso em que o magistrado vislumbrou, de imediato, que não deverá ser designada audiência de conciliação ou de mediação, uma vez que o direito é indisponível. Dessa forma, desde já, dispensa a audiência e determina a citação do réu para oferecer resposta. Assim, o prazo para a contestação será iniciado: a) da data de juntada aos autos do aviso de recebimento, quando a citação for pelo correio; b) da data de juntada aos autos do mandado cumprido, quando a citação for por oficial de justiça; c) da data da citação, se esta for promovida pelo escrivão ou chefe de secretaria; d) do dia útil seguinte ao fim da dilação assinada pelo juiz, quando a citação for por edital; e) do dia seguinte à consulta ao teor da citação ou ao término do prazo para que a consulta se dê, quando a citação for eletrônica; f) da data da juntada do comunicado de que houve a citação pelo juízo deprecado, ou, não havendo tal, da data de juntada da carta aos autos de origem devidamente cumprida.

Tratando-se de prazo processual, naturalmente, o prazo de resposta será contado em dias úteis.

17.4.3. CONTEÚDO DA RESPOSTA

O Código de Processo Civil de 2015 acarretou na concentração das matérias que podem ser alegadas na contestação, se comparado com o Código anterior.

Nesse sentido, podem ser alegadas e apresentadas as seguintes matérias processuais e substanciais. Além disso, será também possível apresentar pedido na própria contestação, como adiante será visto.

CONTEÚDO DA CONTESTAÇÃO		
DEFESA PROCESSUAL	DEFESA DE MÉRITO	EXERCÍCIO DE PRETENSÃO

Defesa processual: poderá o réu alegar determinadas matérias, que são indicadas como processuais, por não se referirem ao mérito. Tratam-se das preliminares, que podem ser ainda classificadas em dilatória ou peremptórias.

A defesa processual dilatória importa no prolongamento da relação processual, como ocorre com a incompetência absoluta. Nesse caso, o juiz não encerra o processo, mas determina o seu encaminhamento para o juízo competente, o que importa em uma demora na solução da questão.

De outro lado, a defesa processual peremptória importará na extinção do processo, como ocorre com o reconhecimento da existência de coisa julgada.

O art. 337 do Código de Processo Civil elenca as preliminares. Em comum, já poderiam ser conhecidas de ofício pelo juiz, ou seja, independentemente de serem alegadas na contestação, com exceção da incompetência relativa e da convenção de arbitragem, que dependem de ser alegadas pela parte.

> *Há duas preliminares que tratam de matérias que* **não podem ser conhecidas de ofício pelo juiz**. *São elas:* **incompetência relativa e a convenção de arbitragem**.

São preliminares:

i) inexistência ou nulidade da citação: a realização da citação é de suma importância para a relação processual, bem como seu desenvolvimento válido. Por isso, poderá o réu alegar que a citação não ocorreu, ou que o ato foi inválido.

ii) incompetência absoluta e relativa: como já foi afirmado, a competência é a delimitação da jurisdição. É a divisão do trabalho entre os juízes. É a lei quem define qual juízo será competente para conhecer determinada matéria. As regras de competência podem ser fixadas tendo em vista o interesse público, ou apenas o interesse (comodidade) das partes. A inobservância de tais regras poderá ser alegada na própria contestação, o que se observa para a incompetência absoluta, como também para a relativa. Note-se que o Novo CPC não mais exige a chamada exceção para que a incompetência relativa seja alegada. Ela poderá ser mencionada como preliminar na contestação. Como se trata da inobservância de regra vinculada ao interesse das partes, não poderá ser conhecida de ofício pelo juiz. Não alegada, ocorrerá a preclusão e o juízo, antes incompetente, passa a ser competente. Havendo incompetência absoluta ou relativa, a contestação poderá ser protocolada no foro do domicílio do réu, fato que será imediatamente comunicado ao juiz da causa, preferencialmente por meio eletrônico. Neste caso, a contestação será submetida a livre distribuição ou, se o réu houver sido citado por meio de carta precatória, juntada aos autos dessa carta, seguindo-se a sua imediata remessa para o juízo da causa. Se reconhecida a competência do foro indicado pelo réu, o juízo para o qual for distribuída a contestação ou a carta precatória será considerado prevento. Alegada a incompetência, nesses termos, será suspensa a realização da audiência de conciliação ou de mediação, se tiver sido designada.

iii) incorreção do valor da causa: o valor da causa é um dos requisitos da petição inicial. A toda causa, ainda que não tenha conteúdo econômico imediato, será atribuído um valor da causa, que se apresenta como importante por vários aspectos, como, por exemplo, para a fixação da verba honorária devida. Se o valor da causa for indicado de forma incorreta, poderá o réu impugná-lo como preliminar na contestação. De toda forma, também poderá o juiz determinar a correção de ofício.

iv) inépcia da petição inicial: as causas de inépcia da petição inicial já foram vistas e, uma vez presentes, poderão ser arguidas na própria contestação. Mas é preciso ter cuidado com um detalhe: o indeferimento da inicial, ante a inépcia, somente ocorrerá quando do juízo de admissibilidade da ação. Posteriormente, o juízo poderá extinguir o processo, mas não será caso de indeferimento da inicial. Por isso, se o réu alegar a inépcia da petição inicial na contestação e o juiz conhecer dessa alegação, tem-se que será possível a extinção sem o indeferimento da inicial.

v) perempção: trata-se de um dos pressupostos negativos e consiste na perda do direito de demandar sobre determinado objeto. Persiste a pretensão, muito embora ela não possa ser exercida por meio de ação. Isso não prejudica a possibilidade de que seja alegada como matéria de defesa. Nesse sentido, dispõe o § 3º do art. 486: "se o autor der causa, por três vezes, a sentença fundada em abandono da causa, não poderá propor nova ação contra o mesmo réu com o mesmo objetivo, ficando-lhe ressalvada, entretanto, a possibilidade de alegar em defesa o seu direito".

vi) litispendência: a litispendência é um pressuposto negativo. Poderá ser alegada quando se reproduzir uma ação anteriormente ajuizada e que estiver em curso, o que ocorrerá quando possuir as mesmas partes, a mesma causa de pedir e o mesmo pedido.

vii) coisa julgada: também se trata de um pressuposto negativo. Poderá ser alegada quando se reproduzir uma ação anteriormente ajuizada e que já foi decidida por decisão transitada em julgado.

O estudo da litispendência, da coisa julgada e também da conexão pode ser objeto de infindáveis páginas, sobretudo diante de sua complexidade e das suas consequências. Por ora, deve ser ressaltado que pressupõem uma ligação entre duas ou mais demandas. Entre a litispendência e a coisa julgada verifica-se um aspecto em comum, qual seja, que ocorre a repetição de ajuizamento de uma ação antes já proposta. Porém, na litispendência, a ação está em trâmite, ao passo que na coisa julgada, já houve o trânsito em julgado. As duas hipóteses acarretarão na extinção do processo sem análise de mérito. Diferenciam-se da conexão, como será visto, porque nesta, embora haja relação, não se repete ação já ajuizada, por faltar identidade ao menos com um dos elementos da ação.

viii) conexão: entre duas ou mais demandas é possível de se estabelecer a existência de uma relação ou afinidade, que pode justificar, por exemplo, o julgamento em conjunto a fim de que não haja decisões contraditórias. Imagine-se, por exemplo, uma ação de cobrança proposta por uma das partes e outra ação de desconstituição de negócio jurídico proposta pela outra parte. Verifica-se que há relação entre as demandas, podendo ser identificada, então, a conexão. De acordo com o Código de Processo Civil, haverá a conexão quando entre duas ações for comum o pedido ou a causa de pedir (art. 113, II). O réu poderá alegar a existência de conexão na contestação, como preliminar, e requerer que ocorra o julgamento conjunto dos processos, ou, a suspensão de um deles, aguardando-se a análise do outro.

ix) incapacidade da parte, defeito de representação ou falta de autorização: havendo vício nesse sentido, poderá o réu alegá-lo na contestação;

x) convenção de arbitragem: a jurisdição poderá ser pública ou privada. No primeiro caso, tem-se que o conflito será solucionado pelo Poder Judiciário. Na jurisdição privada, porém, as partes entenderam por bem escolher um árbitro para resolvê-lo. Não obstante tenha ocorrido a convenção, é possível que uma das partes opte por propor ação perante o Poder Judiciário, abrindo mão da jurisdição privada. Feito isso, o magistrado não poderá negar o recebimento da ação e a continuidade do processo, aguardando-se a manifestação pelo réu. Se este, por sua vez, nada alegar a respeito, tem-se que a ação prosseguirá, estando preclusa a oportunidade de requerer que a demanda seja julgada pelo árbitro. Diferentemente, poderá o réu alegar a matéria como preliminar, na contestação, o que acarretará na impossibilidade de análise do mérito pelo juiz. Como se vê, trata-se de uma preliminar que não poderá ser conhecida de ofício pelo juiz.

xi) ausência de legitimidade ou de interesse processual: parcela considerável da doutrina Código de Processo Civil encampou as condições da ação como categoria processual. Para esta, porém, as condições da ação resumem-se a duas (ao contrário do que ocorria anteriormente), quais sejam: a legitimidade ad causam e o interesse de agir. A possibilidade jurídica do pedido deixou de ser uma das condições da ação para ser alegada como matéria de mérito. Para outra parcela, porém, as condições da ação não mais existem. De uma forma ou de outra, o fato é que o réu poderá alegar a falta de legitimidade ou de interesse processual como matéria preliminar, ao passo que a impossibilidade jurídica do pedido deverá ser tratada como matéria de mérito. Alegada a ilegitimidade, deverá o réu indicar o sujeito passivo da relação jurídica discutida sempre que tiver conhecimento, sob pena de arcar com as despesas processuais e de indenizar o autor pelos prejuízos decorrentes da falta de indicação.

xii) falta de caução ou de outra prestação que a lei exige como preliminar: para o exercício de determinadas pretensões, poderá a lei exigir que o autor preste caução ou efetue o depósito de determinada quantia. Assim ocorre, por exemplo, para o ajuizamento da ação rescisória, quando deverá ser depositado o valor correspondente a 5% do valor da causa.

xiii) indevida concessão do benefício da gratuidade de justiça: por vezes, a parte não terá condições de demandar e efetuar o pagamento das custas processuais sem prejuízo para o seu próprio sustento e o de sua família. Por isso, admite-se a concessão da gratuidade de justiça pelo juiz. Esta gratuidade poderá ser deferida ao autor e ao réu. Se requerida pelo autor, na petição inicial, competirá ao réu impugná-la na própria contestação. Verifica-se, mais uma vez, uma mudança considerável em relação ao CPC anterior, uma vez que tal alegação dependia de apresentação de peça em separado.

Defesa de mérito:

Além das preliminares, naturalmente, também será na contestação que o réu alegará a sua defesa de mérito, quando então apresentará os motivos que entende que o pedido do autor não poderá ser acolhido. A defesa de mérito, por sua vez, poderá ser dividida em defesa direta e defesa indireta.

Por meio da defesa de mérito direta, o réu nega os fatos alegados pelo autor na petição inicial. De outro lado, na defesa de mérito indireta, o réu não nega tais fatos, mas apresenta outros modificativos, suspensivos ou impeditivos do direito do autor. Consiste em defesa de mérito indireta a alegação da prescrição da pretensão do autor.

Exercício de pretensão: poderá o réu, ainda na contestação, exercer pretensão em face do autor, ou mesmo de terceiro. E assim ocorrerá na reconvenção ou mesmo na denunciação da lide.

17.5. DA RECONVENÇÃO

17.5.1. CONCEITO

A reconvenção é o contra-ataque exercido pelo réu (identificado como réu-reconvinte), ou, no mínimo este e mais pessoas, em face do autor ou também autor e outras pessoas. Trata-se de ação promovida no mesmo processo, que será exercida na própria contestação, quando então deverá o réu indicar o valor da causa (art. 292 *caput* CPC), devendo o pedido ser certo e determinado, admitindo-se também o pedido genérico nas hipóteses legais (art. 324 § 2º).

Por ser ação autônoma, a desistência da ação principal ou a ocorrência de causa extintiva que impeça o exame de seu mérito não obsta ao prosseguimento do processo quanto à reconvenção.

Oferecida a reconvenção, o magistrado determinará que se proceda à respectiva anotação pelo distribuidor (art. 286, parágrafo único).

Na reconvenção não se exigirá caução para que o brasileiro ou estrangeiro, que resida fora do Brasil ou que deixar de residir no país ao longo da tramitação de processo, ainda que não tenha bens imóveis no Brasil que assegure o pagamento das custas e dos honorários de advogado da parte contrária (art. 83, III do CPC).

17.5.2. MOMENTO PARA O EXERCÍCIO

Como visto, diferentemente do CPC anterior, a reconvenção será exercida na própria contestação. Se o réu optar por não apresentar a contestação, poderá oferecer reconvenção no prazo de que dispõe para protocolar a defesa.

A reconvenção poderá ser apresentada para o exercício de pretensão própria, conexa com a ação principal ou com o fundamento da defesa.

17.5.3. PARTES NA RECONVENÇÃO

A reconvenção contará com, no mínimo, as partes da relação processual. O polo ativo será ocupado pelo réu da ação inicial, enquanto o polo passivo pelo seu autor. Não obstante, é possível que ocorra a acréscimo de partes, sendo permitida a formação de litisconsórcio.

Assim, se A propõe ação em face de B, tem-se que B poderá oferecer reconvenção em face de A.

Porém, admite-se também que B ofereça reconvenção em face de A e também de C, assim como, também é possível que B e D ofereçam reconvenção em face de A.

Enfim, é possível o acréscimo subjetivo do processo na reconvenção. Porém, esta deverá contar, no mínimo, com as partes originárias do processo inicial (principal).

Sendo o autor substituto processual, ou seja, demandando em seu nome para a defesa de interesses de outrem, em virtude de permissivo legal, será admitida a reconvenção se o reconvinte afirmar ser titular de direito em face do substituído, figurando o réu-reconvindo como substituto processual.

Admite-se a ampliação subjetiva na reconvenção!!

17.5.4. FORMAÇÃO DO CONTRADITÓRIO NA RECONVENÇÃO

O contraditório na reconvenção será formado a partir de intimação do autor, na pessoa de seu advogado, para apresentar resposta no prazo de 15 dias. Não há necessidade de citação do autor, conforme previsto no art. 343, § 1º.

17.5.5. A DECISÃO DA RECONVENÇÃO

Como regra, a ação inicial e a reconvenção serão julgadas pela mesma sentença. Trata-se de hipótese de cumulação objetiva de demandas. Haverá um capítulo para a ação inicial e outro para a reconvenção.

Contudo, é possível verificar hipóteses excepcionais, como pode ocorrer, a título de exemplo, com o julgamento antecipado em relação à ação inicial e a continuidade do processo no que toca à ação reconvencional.

17.5.6. HONORÁRIOS ADVOCATÍCIOS NA RECONVENÇÃO

Em conformidade com o art. 85, § 1º, do CPC, serão devidos honorários advocatícios na reconvenção, cumulativamente. Constituem-se em direito do advogado e têm natureza alimentar, com os mesmos privilégios dos créditos oriundos da legislação do trabalho, sendo vedada a compensação em caso de sucumbência parcial.

17.5.7. RECONVENÇÃO À RECONVENÇÃO

É admitida, como regra, a reconvenção à reconvenção. Assim, o réu apresenta o seu contra-ataque, o que também será exercido agora pelo autor-reconvindo, em razão da existência de conexão com o fundamento da defesa ou com a ação principal.

Porém, por expressa disposição legal, não se admite a reconvenção à reconvenção na ação monitória (art. 702 § 6º).

17.6. IMPULSO PROCESSUAL

O processo é desenvolvido por impulso oficial do magistrado, conforme já analisado nos princípios processuais.

17.7. PRAZOS E PRECLUSÃO

Os prazos e a preclusão já foram examinados anteriormente por conta do estudo dos atos processuais.

17.8. PRESCRIÇÃO

A prescrição é matéria de mérito, que pode ser conhecida de ofício pelo juiz depois de garantido o contraditório dinâmico. Admite-se o seu conhecimento de ofício, liminarmente, como hipótese de improcedência liminar.

17.9. INÉRCIA PROCESSUAL: CONTUMÁCIA E REVELIA

17.9.1. CONTUMÁCIA

A contumácia advém da inércia processual do autor ou do réu.

Assim, se o autor não comparecer à audiência designada de conciliação ou de mediação, haverá a sua contumácia.

17.9.2. DA REVELIA

A revelia é um fato e decorre da falta de oferecimento de resposta. Como visto anteriormente, para que o réu possa oferecer contestação, deverá observar o prazo previsto em lei.

Desse fato extraem-se determinados efeitos, conhecidos como efeitos material e processual da revelia.

É efeito material da revelia a presunção de veracidade dos fatos articulados pelo autor na inicial. Não decorre a lógica procedência do pedido, mas apenas a presunção de que os fatos indicados na petição inicial são verdadeiros.

Porém, não haverá a produção deste efeito se: i) havendo pluralidade de réus, algum deles contestar a ação; ii) o litígio versar sobre direitos indisponíveis; iii) a petição inicial não estiver acompanhada de instrumento que a lei considere indispensável à prova do ato; iv) as alegações de fato formuladas pelo autor forem inverossímeis ou estiverem em contradição com a prova constante dos autos.

Como é visto, não é sempre que haverá a incidência do efeito material da revelia. Este não se produzirá nas hipóteses mencionadas no art. 345 do CPC.

Entre as hipóteses, destaca-se a primeira prevista, no sentido de que, havendo pluralidade de réus, algum deles contestar a ação. A situação requer muito cuidado.

O litisconsórcio constitui-se na reunião de partes em um dos polos ou nos dois polos da ação. Admite várias classificações do litisconsórcio, sendo a mais importante a que se refere ao simples e ao unitário.

Pelo litisconsórcio simples, a decisão judicial a ser proferida não precisa ser uniforme para todos os litisconsortes. Poderá até ocorrer de ser, mas não é obrigatória a situação. Neste caso, cada litisconsorte é considerado como um litigante distinto.

No litisconsórcio unitário, por sua vez, a decisão a ser proferida obrigatoriamente deverá ser uniforme para todos os litisconsortes. Neste caso, todos eles são considerados como integrantes de um bloco único.

Pois bem. No litisconsórcio simples, uma vez apresentada a resposta por um dos litisconsortes, como eles são considerados como litigantes distintos, os demais não serão beneficiados ou prejudicados. Porém, no litisconsórcio unitário, como há necessidade de que a demanda seja julgada de modo uniforme para todos os litisconsortes, o ato processual praticado por um deles a todos se aproveita, ao passo que as omissões não prejudicam aos demais.

Por isso, a previsão contida no art. 345, I do CPC, refere-se exclusivamente ao litisconsórcio unitário, pois, apresentada a resposta por um dos litisconsortes, afasta-se a incidência do efeito material da revelia em relação aos demais, o que, contudo, não ocorrerá no litisconsorte simples.

Mas, muito cuidado ao resolver a questão, porque o examinador poderá não fazer qualquer distinção e exigir apenas conhecimento sobre o texto legal.

Também é digna de nota a situação das ações promovidas em face da Fazenda Pública (pessoas jurídicas de direito público). Nesses casos, questiona-se se esta estará sujeito ao efeito material da revelia. A questão vem sendo solucionada da seguinte maneira: como estas pessoas defendem interesses indisponíveis em juízo, a falta de resposta não acarretará a incidência de efeito material da revelia. Contudo, se a pessoa jurídica de direito público estiver defendendo interesse privado em juízo, então incidirá este efeito. Trata-se, em síntese, do posicionamento do Superior Tribunal de Justiça a respeito do tema.

Consiste o efeito processual da revelia na desnecessidade de intimação do réu dos demais atos processuais praticados no processo. A propósito, prevê o art. 346, caput do CPC, que, contra o revel que não tenha patrono constituído nos autos, os prazos fluirão da data de publicação do ato decisório no órgão oficial.

Portanto, revel o réu, este não será intimado dos demais atos processuais, salvo se constituir posteriormente advogado, caso em que este poderá interver em qualquer fase, recebendo-o no estado em que se encontrar.

Na fase de cumprimento de sentença, contudo, sendo o réu citado por edital e não oferecer resposta, será intimado também por edital para cumprir a sentença (art. 513, § 2º, IV CPC).

17.10. DA FORMAÇÃO, DA SUSPENSÃO E DA EXTINÇÃO DO PROCESSO

17.10.1. DA FORMAÇÃO DO PROCESSO

A ação será considerada proposta quando a petição inicial for protocolada, ou seja, quando der entrada perante o Poder Judiciário, ainda que seja posteriormente distribuída e despachada.

17.10.2. DA SUSPENSÃO DO PROCESSO

Como regra, o processo será iniciado por iniciativa da parte e desenvolvido por impulso oficial do juiz. O ideal é que tenha início e se desenvolva até o seu encerramento. Porém, em determinadas situações, o trâmite processual será suspenso, deixando de tramitar por certo lapso de tempo.

Nesse sentido, o art. 313 do CPC indica, em rol exemplificativo, as hipóteses de suspensão do processo. A partir delas, o prazo deixa de correr para que, posteriormente, seja retomado pelo que faltava. São elas:

I. Morte ou pela perda da capacidade processual de qualquer das partes, de seu representante legal ou de seu procurador:

Havendo a morte de qualquer uma das partes, será necessária a regularização da relação processual, com a habilitação dos respectivos herdeiros, salvo em relação às ações personalíssimas, em que haverá a extinção do processo. Nesse sentido, em uma ação de divórcio, se houver o falecimento do autor, em razão da natureza personalíssima, tem-se a extinção, ao invés da suspensão do processo.

Ocorrente também o falecimento de qualquer um dos Advogados, o processo será suspenso para que haja a regularização da representação processual, com a constituição de novo causídico.

II. Pela convenção das partes:

Poderão as partes ajustar a suspensão do processo. Trata-se de direito subjetivo das partes, motivo pelo qual não poderá ser indeferido pelo juiz. Há a celebração de negócio processual.

III. Pela arguição de impedimento ou de suspeição:

Para que o juiz possa julgar a causa, a sua imparcialidade não poderá estar comprometida. Nesse sentido, não poderá atuar se for suspeito ou impedido. Tais causas não mais serão alegadas por meio de exceção, mas por simples petição, que será juntada aos autos. Ao receber a petição, automaticamente estará suspenso o processo.

A petição em que se alega impedimento e a suspeição será juntada aos autos. O magistrado analisará as razões e, concordando, encaminhará os autos ao seu substituto legal. Se discordar, mandará desentranhá-la e, após manifestar-se, encaminhará para o tribunal.

No tribunal será designado relator que, por sua vez, poderá atribuir o efeito suspensivo ou, então, determinar o processamento sem tal efeito.

IV. Pela admissão do incidente de resolução de demandas repetitivas

O incidente de resolução de demandas repetitivas se processa diretamente no tribunal e tem por finalidade a uniformização da jurisprudência daquele órgão e de seus juízes em torno de uma tese jurídica. Uma vez admitido o incidente, será possível que o relator determine a suspensão dos processos que digam respeito a mesma tese jurídica, a fim de que se aguarde o seu julgamento.

V. Quando a sentença de mérito:

a) depender do julgamento de outra causa ou da declaração de existência ou da inexistência de relação jurídica que constitua o objeto principal de outro processo pendente: nesse caso, há necessidade de se suspender o processo e aguardar-se o julgamento de questão prejudicial. A questão prejudicial é aquela que influenciará no mérito da ação.

b) tiver de ser proferida somente após a verificação de determinado fato ou a produção de certa prova, requisitada a outro juízo: tendo sido expedida carta de ordem ou carta precatória, será possível a suspensão do processo para aguardar o seu retorno.

VI. Por motivo de força maior;

VII. Quando se discutir em juízo questão decorrente de acidentes e fatos da navegação de competência do Tribunal Marítimo;

VIII. Em outros casos regulados pelo Código.

IX – pelo parto ou pela concessão de adoção, quando a advogada responsável pelo processo constituir a única patrona da causa;

X – quando o advogado responsável pelo processo constituir o único patrono da causa e tornar-se pai.

ATENÇÃO: os dois últimos incisos foram inseridos pela Lei n. 13.363/2016.

Pelo parto ou pela concessão de adoção, quando a advogada responsável pelo processo constituir a única patrona da causa, o período de suspensão será de 30 dias, contado a partir da data do parto ou da concessão da adoção.

Quando o advogado responsável pelo processo constituir o único patrono da causa e tornar-se pai, o período de suspensão será de oito dias.

17.10.3. DA EXTINÇÃO DO PROCESSO

A extinção do processo se dará por sentença, uma vez que encerrada a fase de conhecimento, o cumprimento de sentença ou a execução.

Não são todas as hipóteses de sentença que acarretam na extinção do processo.

A extinção ocorrerá em sentenças com ou sem análise de mérito. Ver, a propósito, os artigos 485 e 487 do CPC.

Antes de proferir decisão sem resolução do mérito, em atenção ao princípio do máximo aproveitamento dos atos processuais e também da primazia do julgamento do mérito, e ainda ao contraditório dinâmico, deverá o magistrado conceder à parte oportunidade para, se possível, corrigir o vício.

17.11. CONTESTAÇÃO. RECONVENÇÃO

Temas já tratados nos itens 17.4 e 17.5.

17.12. DAS DISPOSIÇÕES PRELIMINARES

Tendo o réu apresentado a sua resposta, poderá o magistrado tomar algumas providências, indicadas como preliminares. E assim são identificadas, porque objetivam preparar o processo para a fase processual seguinte.

Nesse sentido, verificando o magistrado que o réu não ofereceu resposta, mas que não haverá a incidência do efeito material da revelia, abrirá oportunidade para que o autor possa especificar as provas que pretende produzir, se ainda não as tiver indicado (art. 348).

Poderá o réu, que não ofereceu resposta, também requerer a produção de provas, desde que se faça representar nos autos a tempo de praticar os atos processuais indispensáveis a essa produção.

Também deverá o magistrado dar oportunidade para que o autor se manifeste, no prazo de 15 dias, se o réu oferecer defesa de mérito indireta, ou seja, se alegar fato impeditivo, modificativo ou extintivo do direito do autor (art. 350).

Ou, então, se o réu alegar qualquer uma das preliminares (defesa processual), deverá o juiz também oportunizar a manifestação pelo autor, no prazo de 15 dias.

Como preparação, verificando o magistrado que existem vícios sanáveis, determinará a sua correção em no máximo 30 dias.

Se o magistrado entender que não é o caso de extinção do processo ou de promover ao julgamento antecipado do mérito, então, deverá proferir decisão de saneamento e de organização do processo, por meio da qual: i) resolverá as questões processuais pendentes, se houver; ii) delimitará as questões de fato sobre as quais recairá a atividade probatória, especificando os meios de prova admitidos; iii) definirá a distribuição do ônus probatório; iv) delimitará as questões de direito relevantes para a decisão do mérito; v) designará, se necessário, audiência de instrução e julgamento.

Uma vez saneado o feito, poderão as partes pedir esclarecimentos ou mesmo pedir ajustes, no prazo comum de cinco dias, a partir do que a decisão se torna estável.

As questões de fato e de direito poderão ser delimitadas pelas partes, por meio de convenção consensual, o que, se homologado, as vinculará, assim como também ao juiz.

Por vezes, a causa poderá apresentar complexidade em matéria de fato ou de direito, quando então o magistrado designará audiência para que o saneamento seja feito em cooperação com as partes, oportunidade em que o juiz, se for o caso, convidará as partes a integrar ou esclarecer suas alegações. Trata-se do saneamento compartilhado.

Se for realizada a produção de prova testemunhal, o magistrado fixará prazo para que as partes arrolem as suas testemunhas, não superior a quinze dias.

17.13. JULGAMENTO CONFORME O ESTADO DO PROCESSO

Verificando o magistrado que poderá proferir pronunciamento sem a análise de mérito por incidir uma das hipóteses do art. 485, ou então, ser possível a análise de mérito com fundamento nos incisos II e III do art. 487 do CPC, proferirá sentença e extinguirá o processo (se decidir sobre a decadência ou a prescrição, ou, ainda, se homologar o reconhecimento da procedência do pedido formulado na ação ou na reconvenção, a transação ou a renúncia à pretensão formulada ou na reconvenção).

Admite-se também pronunciamento sobre parcela do processo, quando então proferirá decisão interlocutória, impugnável pelo recurso de agravo de instrumento.

> *Portanto:*
>
> *A extinção do processo poderá ocorrer por meio de sentença, ou, se for parcial, de agravo de instrumento.*

Se não for o caso de promover a extinção do processo, com ou sem decisão de mérito, poderá o magistrado julgar antecipadamente o pedido, proferindo sentença com resolução de mérito, quando não houver necessidade de produção de outras provas, ou, sendo o réu revel, incidir o efeito material da revelia e não houver requerimento de prova.

Admite-se, também, o julgamento antecipado parcial do mérito, quando então apenas um ou parcela dos pedidos será decidido, prosseguindo-se o processo em relação aos demais. Trata-se de decisão interlocutória de mérito, que poderá ser impugnada por meio do recurso de agravo de instrumento.

Será admitido o julgamento antecipado parcial do mérito quando um ou mais dos pedidos formulados ou parcela deles apresentar-se incontroverso (não impugnado), ou se não houver necessidade de produção de outras provas, ou, ainda, se o réu for revel, incidir o efeito material da revelia e não houver requerimento de prova.

O julgamento antecipado parcial do mérito dependerá, como dito, de decisão interlocutória de mérito e, por isso, se não impugnada, formará a coisa julgada material, podendo ser objeto de cumprimento de sentença. A sua impugnação, contudo, poderá ser realizada por meio do recurso de agravo de instrumento.

Proferido o julgamento antecipado parcial do mérito, se ilíquida a decisão, admite-se desde já a sua liquidação e, também, a suja execução, independentemente de caução.

Note-se que a lei menciona a possibilidade do cumprimento provisório de decisão interlocutória de mérito, embora o condicione, para a sentença, que eventual apelação tenha apenas efeito devolutivo. E isso ocorre porque o agravo, como regra, tem apenas o efeito devolutivo, podendo o relator conceder o efeito suspensivo.

Se o magistrado entender que não é o caso de extinção do processo ou de promover ao julgamento antecipado do mérito, então, deverá proferir decisão de saneamento e de organização do processo, por meio da qual: i) resolverá as questões processuais pendentes, se houver; ii) delimitará as questões de fato sobre as quais recairá a atividade probatória, especificando os meios de prova admitidos; iii) definirá a distribuição do ônus probatório; iv) delimitará as questões de direito relevantes para a decisão do mérito; v) designará, se necessário, audiência de instrução e julgamento.

Uma vez saneado o feito, poderão as partes pedir esclarecimentos ou mesmo pedir ajustes, no prazo comum de cinco dias, a partir do que a decisão se torna estável.

As questões de fato e de direito poderão ser delimitadas pelas partes, por meio de convenção consensual, o que, se homologado, as vinculará, assim como também ao juiz.

Por vezes, a causa poderá apresentar complexidade em matéria de fato ou de direito, quando então o magistrado designará audiência para que o saneamento seja feito em cooperação com as partes, oportunidade em que o juiz, se for o caso, convidará as partes a integrar ou esclarecer suas alegações. Trata-se do saneamento compartilhado.

Se for realizada a produção de prova testemunhal, o magistrado fixará prazo para que as partes arrolem as suas testemunhas, não superior a quinze dias.

17.14. DAS PROVAS

17.14.1. APONTAMENTOS GERAIS

A doutrina prevê o direito constitucional à prova como decorrência do acesso à justiça. A parte também tem o direito de provar os fatos alegados.

Por meios de prova compreendem-se os procedimentos adequados para a obtenção da informação e o seu registro. Há vários meios de prova, como a pericial, a testemunhal. Não se confunde com fonte de prova.

A prova é extraída de uma fonte de prova. Uma pessoa pode ser uma fonte de prova, sendo aquela examinada por um perito médico, por exemplo. Tem-se, então, uma fonte de prova, que não se confunde com os meios de prova.

Serão admitidos todos os meios de prova moralmente legítimos, ainda que atípicos.

Admite-se, também, que o magistrado determine a produção da prova que entenda pertinente como decorrência do dever-poder instrutório do juiz (art. 370 do CPC).

Em consonância com o princípio da comunhão das provas, uma vez sendo produzida, poderá qualquer uma das partes dela se aproveitar, ainda que não tenha a requerido. A prova não pertence à parte que a produziu.

Ônus probatório: a propósito do tema, deve haver prévia análise da carga estática e da carga dinâmica do ônus probatório. Pela carga estática do ônus probatório, que ainda é a regra, há a prévia distribuição daquilo que cada parte no processo deverá comprovar. Desse modo, incumbe ao autor o ônus da prova quanto ao fato constitutivo de seu direito e ao réu, por sua vez, quanto ao fato impeditivo, modificativo ou extintivo do direito do autor.

Admite-se que as partes, por convenção, modifiquem o ônus da prova. Contudo, tal convenção não será admitida quando recair sobre direito indisponível da parte ou se tornar excessivamente difícil a uma parte o exercício do direito (art. 373, § 3º).

O NCPC inovou ao prever, também, a carga dinâmica do ônus probatório. Diferentemente do que foi anteriormente analisado, será possível que o juiz atribua o ônus da prova de modo diverso, desde que o faça por decisão fundamentada, justificada nos casos previstos em lei ou diante de peculiaridades da causa decorrentes da excessiva dificuldade de cumprir o encargo. Enfim, terá o ônus de provar aquele que tiver melhores condições de fazê-lo.

O objeto da prova são os fatos. Estes devem ser demonstrados. Porém, não dependem de prova os fatos notórios, afirmados por uma parte e confessados pela parte contrária, admitidos no processo como incontroversos ou em cujo favor milita presunção legal de existência ou de veracidade.

O direito não precisa ser demonstrado (*iura novit curia*). Ocorre que, se a parte alegar direito municipal, estadual, estrangeiro ou consuetudinário, poderá o juiz determinar que se prove o teor e a vigência.

Como já foi visto, poderá a carta precatória ou a carta de ordem importarem em suspender o processo. E isso ocorrerá quando for atribuído efeito suspensivo ao documento. Para tanto, deverão ser requeridas antes da decisão de saneamento, bem como que a prova nela produzida seja imprescindível.

O Código fez previsão da denominada **ação probatória, que tem por finalidade exclusiva a produção antecipada de prova que poderá ser utilizada posteriormente em procedimento arbitral, judicial ou administrativo. Será admitida se:** houver fundado receio de que venha a tornar-se impossível ou muito difícil a verificação de certos fatos na pendência da ação; a prova a ser produzida seja suscetível de viabilizar a autocomposição ou outro meio adequado de solução de conflito; o prévio conhecimento dos fatos possa justificar ou evitar o ajuizamento de ação.

Note-se que nem sempre haverá necessidade do elemento urgência.

A ação probatória não admitirá defesa ou recurso, salvo contra decisão que indeferir totalmente a produção da prova pleiteada pelo requerente originário.

Uma vez deferida e produzida a prova, os autos permanecerão durante um ano para extração de cópias e certidões.

Admite-se a arguição de falsidade documentação na própria contestação, na réplica no prazo de 15 dias, contado a partir da intimação da juntada. Uma vez arguida, dessa maneira, a falsidade, constando como questão principal, constará da parte dispositiva da sentença e sobre ela incidirá também a autoridade da coisa julgada.

17.14.2. DISTRIBUIÇÃO DO ÔNUS DA PROVA

Ônus probatório: a propósito do tema, deve haver prévia análise da carga estática e da carga dinâmica do ônus probatório. Pela carga estática do ônus probatório, que ainda é a regra, há a prévia distribuição daquilo que cada parte no processo deverá comprovar. Desse modo, incumbe ao autor o ônus da prova quanto ao fato constitutivo de seu direito e ao réu, por sua vez, quanto ao fato impeditivo, modificativo ou extintivo do direito do autor.

Admite-se que as partes, por convenção, modifiquem o ônus da prova. Contudo, tal convenção não será admitida quando recair sobre direito indisponível da parte ou se tornar excessivamente difícil a uma parte o exercício do direito (art. 373, § 3º).

O NCPC inovou ao prever, também, a carga dinâmica do ônus probatório. Diferentemente do que foi anteriormente analisado, será possível que o juiz atribua o ônus da prova de modo diverso, desde que o faça por decisão fundamentada, justificada nos casos previstos em lei ou diante de peculiaridades da causa decorrentes da excessiva dificuldade de cumprir o encargo. Enfim, terá o ônus de provar aquele que tiver melhores condições de fazê-lo.

O objeto da prova são os fatos. Estes devem ser demonstrados. Porém, não dependem de prova os fatos notórios, afirmados por uma parte e confessados pela parte contrária, admitidos no processo como incontroversos ou em cujo favor milita presunção legal de existência ou de veracidade.

O direito não precisa ser demonstrado (*iura novit cúria*). Ocorre que, se a parte alegar direito municipal, estadual, estrangeiro ou consuetudinário, poderá o juiz determinar que se prove o teor e a vigência.

Como já foi visto, poderá a carta precatória ou a carta de ordem importarem em suspender o processo. E isso ocorrerá quando for atribuído efeito suspensivo ao documento. Para tanto, deverão ser requeridas antes da decisão de saneamento, bem como que a prova nela produzida seja imprescindível.

17.14.3. FATOS QUE INDEPENDEM DE PROVA

As provas buscam demonstrar os fatos. Porém, nem todos os fatos precisam ser demonstrados.

Nesse sentido, o art. 374 dispensa a prova dos fatos: i) notórios; ii) afirmados por uma parte e confessados pela parte contrária; iii) admitidos no processo como incontroversos; iv) em cujo favor milita presunção legal de existência ou de veracidade.

17.14.4. DEPOIMENTO PESSOAL

O depoimento pessoal é um meio de prova consistente na colheita do depoimento do autor e do réu. Será produzido na audiência de instrução e julgamento, com possibilidade de que haja a formulação de reperguntas pelo advogado da parte contrária.

Não obstante, admite-se que, se a parte residir em comarca, seção ou subseção judiciária diversa daquela onde tramita o processo poderá ser colhida por meio de videoconferência ou outro recurso tecnológico de transmissão de sons e imagens em tempo real, o que poderá ocorrer, inclusive, durante a realização da audiência de instrução e julgamento.

Se a parte não comparecer, apesar de pessoalmente intimada, ser-lhe-á aplicada a pena de confesso. Da mesma forma, se recusar a depor.

A parte não é obrigada a depor sobre fatos criminosos ou torpes que lhe forem imputados, a cujo respeito, por estado ou profissão, deva guardar sigilo, acerca dos quais não possa responder sem desonra própria, de seu cônjuge, de seu companheiro ou de parente em grau sucessível, que coloquem em perigo a vida do depoente ou das pessoas antes indicadas. Esta regra, contudo, não se aplica às ações de estado e de família.

Difere o depoimento pessoal do interrogatório, que poderá ser colhido a qualquer momento. Porém, no interrogatório a parte não está obrigada a depor e, se deixar de fazê-lo, não lhe será aplicada a pena de confesso.

17.14.5. CONFISSÃO

Haverá a confissão quando a parte admite a verdade de fato contrário ao seu interesse e favorável ao do adversário.

Ela poderá ocorrer no âmbito judicial ou extrajudicial. Pode ainda ser espontânea ou provocada.

A confissão é irrevogável, mas poderá ser anulada se decorreu de erro de fato ou de coação. A legitimidade para a propositura desta ação é exclusiva do confitente e pode ser transferida a seus herdeiros se ele falecer após a propositura.

17.14.6. PROVA DOCUMENTAL

De todos os aspectos da prova documental, merecem ser destacados pela própria incidência em provas e concursos, alguns aspectos importantes.

O réu manifestar-se-á na contestação sobre os documentos anexos à inicial, e o autor na réplica sobre os documentos anexados na contestação.

A parte poderá requerer a juntada de documento aos processos e a outra poderá arguir a sua falsidade na contestação, na réplica ou no prazo de 15 dias contados da intimação da juntada dos documentos aos autos.

Arguida a falsidade como questão incidental, assim será decidida e não fará coisa julgada. Porém, poderá ser resolvida como questão principal, desde que haja requerimento da parte e seja o juiz competente, hipótese em que fará coisa julgada.

A propósito, indica o art. 433: "A declaração sobre a falsidade do documento, quando suscitada como questão principal, constará da parte dispositiva da sentença e sobre ela incidirá também a autoridade da coisa julgada".

Em regra, a prova documental deve ser apresentada juntamente com a petição inicial e contestação, sendo lícito às partes, porém, em qualquer momento, juntar aos autos documentos novos, se destinados a fazer prova de fatos ocorridos depois dos alegados, ou para contrapô-los aos que foram produzidos nos autos.

Sendo assim, se o réu apresenta fatos modificativos do direito do autor, poderá o autor apresentar novos documentos, afastando as alegações trazidas.

Os documentos podem ser públicos ou privados.

Competirá à parte impugnar a autenticidade da assinatura e a veracidade do contexto, o que presumir-se-á tendo em vista o seu silêncio. Tal eficácia cessa, contudo, se o documento foi obtido por erro, dolo ou coação, que podem ser alegados em momento posterior.

17.14.7. EXIBIÇÃO DE DOCUMENTOS OU COISAS

A exibição poderá ser determinada pelo juiz, estando o documento ou coisa sob poder da parte ou de terceiro.

Se estiver em poder da parte contrária, esta será intimada para responder no prazo de cinco dias contados de sua intimação. Instaura-se um incidente processual. Poderá o requerido afirmar que não possui o documento. Se o juiz não admitir a sua recusa, admitirá como verdadeiros os fatos que, por meio do documento ou da coisa, a parte pretendia provar se: i) o requerido não efetuar a exibição e nem fizer nenhuma declaração no prazo de cinco dias; ii) a recusa for havida por ilegítima.

Estando o documento ou coisa em poder de terceiro, será instaurado processo incidente. Nesse sentido, o terceiro será citado para responder no prazo de 15 dias. Não havendo motivo justo, o juiz ordenará o depósito em cartório, podendo haver a expedição de mandado de busca e apreensão.

17.14.8. PROVA TESTEMUNHAL

A testemunha é a fonte da prova testemunhal. É a pessoa que, não sendo parte, será chamada a depor sobre fatos tratados no processo, sendo indeferida a sua oitiva sobre fatos já provados por documento ou confissão da parte, ou que só por documento ou por exame pericial puderem ser provados.

Todas as pessoas podem ser acionadas como testemunhas, havendo ressalva, contudo, em relação às incapazes, impedidas e suspeitas.

Sendo necessário, o magistrado poderá ouvir as testemunhas menores, impedidas ou suspeitas, sem tomar-lhes o compromisso de dizer a verdade.

A testemunha é obrigada a depor e a dizer a verdade, sob pena de praticar o crime de falso testemunho. Porém, não é obrigada a depor sobre fatos: (i) que lhe acarretem grave dano, bem como ao seu cônjuge e aos seus parentes consanguíneos ou afins, em linha reta, ou na colateral em segundo grau; (ii) a cujo respeito, por estado ou profissão, deva guardar sigilo.

Nos casos em que a lei exigir prova escrita da obrigação, é admissível a prova testemunhal quando houver começo de prova por escrito, emanado da parte contra a qual se pretende produzir a prova.

Também se admite a prova testemunhal quando o credor não pode ou não podia, moral ou materialmente, obter a prova escrita da obrigação, em casos como o de parentesco, de depósito necessário ou de hospedagem em hotel ou em razão das práticas comerciais do local onde contraída a obrigação.

O juiz fixará, na decisão saneadora, o prazo comum não superior a 15 dias para que as partes apresentem rol de testemunhas. No caso de saneamento compartilhado, as partes devem levar consigo o rol de testemunhas.

O número de testemunhas não pode ser superior a dez, sendo 03 no máximo para a prova de cada fato.

Admite-se que o juiz limite o número de testemunhas levando em conta a complexidade da causa e dos fatos individualmente considerados.

17.14.9. PROVA PERICIAL

A prova pericial consiste em exame, vistoria ou avaliação. Trata-se de meio de prova em que se necessita dos conhecimentos de *expert* nomeado pelo Juízo.

A prova pericial poderá ser substituída pela prova técnica simplificada, se o ponto controvertido for de menor complexidade, consistindo apenas na inquirição de especialista pelo juiz.

Ao nomear o perito, o juiz fixará prazo para a entrega do laudo.

Uma vez intimada, a parte terá o prazo de quinze dias para arguir o impedimento ou a suspeição do perito, indicar assistente técnico ou apresentar quesitos.

Ciente da notificação, o perito apresentará proposta de honorários, currículo com comprovação de especialização e contatos profissionais, sendo as partes intimadas, podendo manifestar-se a respeito em cinco dias.

Ultrapassado o prazo, com ou sem manifestação, o juiz arbitrará o valor, intimando-se as partes.

É admissível a apresentação de quesitos suplementares durante a diligência, que poderão ser respondidos pelo perito previamente ou na audiência de instrução e julgamento.

É admissível também que as partes escolham o perito, indicando-o mediante requerimento, desde que sejam plenamente capazes e a causa possa ser resolvida por autocomposição.

17.14.10 INSPEÇÃO JUDICIAL

A inspeção judicial consiste na possibilidade de o juiz, sem intermediários, constatar determinado fato indicado na inicial ou na contestação.

Assim, o juiz, de ofício ou a requerimento da parte, poderá, em qualquer fase do processo, inspecionar pessoas ou coisas, com a finalidade de esclarecer sobre fato.

Realizada a inspeção, será lavrado auto circunstanciado.

17.14.11 EXAME E VALORAÇÃO DA PROVA

Deverá o magistrado apreciar a prova constante dos autos, independentemente do sujeito que a tiver promovido, e indicará na decisão as razões da formação de seu convencimento (art. 371).

17.14.12 PRODUÇÃO ANTECIPADA DE PROVAS

O Código fez previsão da denominada **ação probatória, que tem por finalidade exclusiva a produção antecipada de prova que poderá ser utilizada posteriormente em procedimento arbitral, judicial ou administrativo. Será admitida se:** houver fundado receio de que venha a tornar-se impossível ou muito difícil a verificação de certos fatos na pendência da ação; a prova a ser produzida seja suscetível de viabilizar a autocomposição ou outro meio adequado de solução de conflito; o prévio conhecimento dos fatos possa justificar ou evitar o ajuizamento de ação.

Note-se que nem sempre haverá necessidade do elemento urgência.

A ação probatória não admitirá defesa ou recurso, salvo contra decisão que indeferir totalmente a produção da prova pleiteada pelo requerente originário.

Uma vez deferida e produzida a prova, os autos permanecerão durante um mês para extração de cópias e certidões.

17.15. AUDIÊNCIAS

17.15.1. DA AUDIÊNCIA DE CONCILIAÇÃO OU DE MEDIAÇÃO

O Novo Código de Processo Civil encampou o que foi denominado de Tribunal Multiportas (art. 3º), de modo que será verificada a possibilidade de solução da questão por meio da composição via conciliação ou mediação. Resultando infrutífera a tentativa, o processo será decidido por meio de sentença judicial.

Por esse motivo, foi enfatizada esta audiência de conciliação ou de mediação, bem como incluídos os conciliadores e mediadores no rol dos auxiliares do juízo, conforme adiante será visto.

É preciso bem entender a dinâmica do processo (ou o procedimento comum) para visualizar o momento em que se insere a audiência.

PETIÇÃO INICIAL → Distribuição → Juiz →
- Emendada/Completada
- Improcedência liminar
- Citação e audiência
- Citação para resposta

Portanto, estando a petição inicial em ordem e não entendendo o magistrado ser o caso de ser proferida sentença de improcedência liminar, será designada audiência de conciliação ou de mediação com **antecedência mínima de 30 dias**, devendo o réu ser citado com pelo menos **vinte dias de antecedência**.

No entanto, esta audiência não será realizada se ambas as partes manifestarem, expressamente, **desinteresse na composição consensual ou se o litígio não admitir a autocomposição**.

O autor poderá manifestar o seu desinteresse na realização da audiência já na petição inicial. O réu, por sua vez, terá oportunidade para fazê-lo por meio de petição, que deverá ser apresentada com dez dias de antecedência, contados da data da audiência.

Se houver mais de um autor ou réu (litisconsórcio), o desinteresse deverá ser manifestado por todos os litisconsortes.

Se não houver a dispensa da realização da audiência, o comparecimento da parte será obrigatório, importando a ausência injustificada em ato atentatório à dignidade da justiça

17.16. DA AUDIÊNCIA DE INSTRUÇÃO E JULGAMENTO

Tem a audiência de instrução e julgamento a finalidade de ser colhida a prova oral a ser produzida.

Esta prova será produzida com observância da seguinte ordem: i) oitiva do perito e de assistentes técnicos, que responderão a quesitos de esclarecimentos previamente apresentados; ii) o autor e o réu em depoimentos pessoais; iii) as testemunhas arroladas pelo autor e pelo réu, que serão inquiridas.

Admite-se a flexibilização dessa ordem, de modo que o juiz poderá alterá-la (art. 139, VI).

A audiência será adiada por convenção das partes, se não puder comparecer qualquer pessoa que dela necessariamente deveria participar, por motivo justiçado, e por atraso injustificado de seu início em tempo superior a 30 minutos do horário marcado.

Se acaso o advogado da parte que requereu a prova não comparecer, o juiz poderá dispensar a sua produção.

Terminada a instrução, será aberta oportunidade para as alegações finais, abrindo-se a palavra aos autos advogados e Ministério Público, se for necessária a sua intervenção. Tais alegações podem ser substituídas por razões finais escritas, a ser apresentadas no prazo sucessivo de 15 dias.

A audiência de instrução é una e contínua, podendo ser cindida se houver concordância das partes.

Terminados os debates, o juiz proferirá sentença, ou o fará em 30 dias.

18. DA TUTELA PROVISÓRIA: TUTELAS DE URGÊNCIA E DE EVIDÊNCIA

18.1. FUNGIBILIDADE

A fungibilidade, na atualidade, é tratada como tema ligado à teoria geral do processo. Fala-se em fungibilidade de meios, de modo que o ato é recebido como ato, passando a gerar os mesmos efeitos.

Se requerida a tutela cautelar quando cabível a antecipada, por ser mais apropriada, poderá o magistrado deferir esta última.

18.2. PRINCÍPIOS GERAIS

ALTERAÇÕES IMPORTANTES	
CPC 1973	**CPC 2015**
Previsão do Processo Cautelar Autônomo	Não há mais previsão do Processo Cautelar
Tutela da evidência não era prevista como tal. Tratada como tutela antecipada.	Tutela da evidência foi sistematizada
Não havia previsão expressa da possibilidade de ser deferida a tutela antecipada em caráter antecedente, embora admitida na prática.	A tutela de urgência – antecipada ou cautelar – poderá ser deferida de forma antecedente ou incidental, sempre na mesma relação processual.
Havia uma sentença para decidir-se o processo cautelar.	Haverá decisão interlocutória para decidir sobre a tutela cautelar, pois proferido o pronunciamento na própria relação processual em que haverá o acertamento da situação subjetiva (solução do mérito).

O Código de Processo Civil de 2015 denominou de **provisória** a tutela sumária, revogável, que pode ser deferida para em razão da existência de fundamentos relevantes e de risco de dano grave ou de difícil reparação, ou por conta da alta probabilidade de acolhimento da pretensão, não se justificando a necessidade de aguardar-se pelo final da caminhada processual.

Para tanto, tentou abreviar o procedimento para deferimento dessa medida.

Portanto, diferentemente do modelo anterior, o Novo Código de Processo Civil, ao mesmo tempo em que bem diferenciou a tutela satisfativa, cautelar e da evidência, as inseriu em dois grandes grupos: **i) tutela de urgência; ii) tutela da evidência, conforme o seu fundamento**.

Tutela Provisória ➔ Fundamentos ➔ { Urgência / Evidência }

A tutela provisória sob o fundamento da **urgência** (antecipada e cautelar) poderá ser requerida de forma **antecedente ou de forma incidental**. Explica-se o significado de cada uma dessas situações.

Por vezes, pode ser difícil para a parte já apresentar a sua petição inicial completa, demandando mais tempo para que isso ocorra. Ocorre que, não obstante, a parte não pode aguardar por mais prazo para que tenha deferida uma medida de urgência, motivo pelo qual o Código admite a tutela provisória de urgência antecedente.

Entenda-se bem o sentido da palavra **antecedente**. Note-se que, neste caso, não se trata da instauração de relação processual para, unicamente, conhecer e deferir a tutela provisória. Pelo contrário, a parte provoca o Poder Judiciário e requer que haja o deferimento da tutela provisória de forma imediata, por exemplo, suspendendo-se a possibilidade de protesto de título, **apresentando a petição inicial antecedente que, posteriormente, será complementada**. As duas petições são apresentadas no mesmo processo. A primeira implica na provocação do Poder Judiciário, em conformidade com o princípio da ação e já pleiteia o deferimento de tutela provisória. Posteriormente, para a continuidade do processo e possibilidade de exercício pleno da pretensão, o autor completa a sua inicial, apresentando a petição complementar.

Nesses casos, a tutela provisória será requerida ao juízo competente para conhecer o **pedido** principal (e não a causa principal), que será apresentado posteriormente. Como regra, será o mesmo juízo, salvo se for reconhecida a incompetência absoluta e remetidos os autos ao juízo competente enquanto não completada a inicial.

Não obstante, se a parte já apresentou a petição inicial completa, sem que haja necessidade de posterior complementação, a **tutela provisória se apresenta como incidental** (ou, entao, contemporânea à inicial e, se requerida posteriormente, como incidental), que independerá do pagamento de custas.

Independentemente de seu fundamento, a tutela provisória conservará a sua eficácia na pendência do processo, mas poderá ser revogada ou modificada a qualquer tempo. Até por conta disso, diz-se que é provisória.

18.3. DA TUTELA DE URGÊNCIA

18.3.1. REQUISITOS COMUNS PARA A TUTELA DE URGÊNCIA

Independentemente do fundamento, a tutela de urgência será concedida quando houver elementos que evidenciem a probabilidade do direito (*fumus boni iuris*) e o perigo de dano ou o risco ao resultado útil do processo (*periculum in mora*).

Como visto, o Novo CPC não diferencia os requisitos para o deferimento da tutela antecipada ou da tutela cautelar, exigindo-se a probabilidade do direito e a urgência da medida para os dois. Nos casos concretos, deverá ser identificada a providência necessária, que pode consistir em antecipar o mérito que seria acolhido apenas ao final da fase de conhecimento (antecipação dos efeitos da tutela), quando o magistrado proferirá pronunciamento que versa sobre o mérito (ou mesmo de mérito, se o fizer concomitantemente à sentença), ou então em servir como instrumento para o sucesso do processo (tutela cautelar).

Sem dúvida nenhuma, houve significativa facilitação, uma vez que não há mais necessidade de, nas hipóteses de tutelas cautelares, verificar se estavam ou não presentes os requisitos específicos. Agora, para todas elas, bastam o *periculum in mora* e o *fumus boni iuris*.

18.3.2. PRÉVIA GARANTIA PARA A TUTELA PROVISÓRIA DE URGÊNCIA DE CARÁTER ANTECEDENTE

Considerando-se que o deferimento da tutela provisória poderá ocasionar prejuízos à parte que dela suportará, há previsão da responsabilidade objetiva em indenizar a parte contrária pelos prejuízos ocasionados se a sentença lhe for desfavorável, se obtida a medida em caráter antecedente, não forem fornecidos os meios necessários para a citação do requerido em cinco dias, ocorrer a cessação da eficácia da medida ou for acolhida a alegação de decadência ou prescrição da pretensão autoral (art. 302 do NCPC).

Tal indenização será liquidada nos autos em que a medida tiver sido concedida, sempre que foi possível, não havendo necessidade de que se dê em ação autônoma, muito embora não haja propriamente a vedação.

Assim, com a finalidade de garantir eventual prejuízo, bem como a efetividade da reparação decorrente da responsabilidade objetiva, garante o § 1º, do art. 300, a possibilidade de que o magistrado, para o deferimento da tutela de urgência, exija caução real ou fidejussória idônea para ressarcir os danos que a outra parte possa vir a sofrer, podendo, no entanto, ser dispensada a garantia se a parte economicamente hipossuficiente não puder oferecê-la.

Há de ser considerado que, em certas hipóteses, não se pode exigir que a parte preste a caução, até por não ter meios econômicos para tanto. Nesse caso, a razoabilidade há de prevalecer no sentido de que determinados direitos não estejam condicionados à existência de recursos para a sua satisfação.

18.3.3. COMPROVAÇÃO DOS REQUISITOS DA TUTELA DE URGÊNCIA

Para o deferimento da tutela de urgência, o seu requerente deverá demonstrar que se encontram presentes os seus requisitos. Para tanto, poderá valer-se de justificação prévia, que consiste em oportunidade na qual serão inquiridas testemunhas.

A justificação prévia será deferida nos próprios autos em que pleiteada a concessão da tutela provisória.

18.3.4. CONDIÇÃO PARA O DEFERIMENTO DA TUTELA PROVISÓRIA

É condição para o deferimento da tutela provisória que não haja perigo de irreversibilidade dos efeitos da decisão.

De fato, não é possível que a parte suporte os efeitos da tutela provisória, se há possibilidade de que os mesmos não possam ser posteriormente revertidos. Da mesma forma, não é possível que a parte suporte os efeitos da tutela se tais são desproporcionais para com os benefícios por ela obtidos por aquele que a requereu.

Tem-se, então, como condição para o deferimento da tutela provisória a reversibilidade dos efeitos da decisão. E, também existe a proibição da concessão da tutela provisória se houver o *periculum in mora* invertido, em que a tutela é deveras onerosa para a parte que deve suportá-la, em total descompasso com aquilo que se beneficiará a parte contrária.

É verdade que tal condição dever ser analisada casuisticamente, verificando-se aspectos relativos à sua razoabilidade e proporcionalidade. Há situações em que a tutela deve ser deferida, apesar de os efeitos da tutela serem totalmente irreversíveis.

O exemplo clássico é a tutela antecipada que determina ao Estado o fornecimento de medicamento de altíssimo custo, a ser importado, em benefício de pessoa desprovida de qualquer recurso financeiro que possa suportar arcar com reembolso financeiro se acaso fosse desacolhido o seu pedido ao final.

Nesses termos, faz-se ponderação entre os bens jurídicos envolvidos: de um lado, a segurança jurídica, de outro lado, a vida, entre outros bens. A partir dessa ponderação, calcula-se se é possível ou não deferir de imediato a medida.

18.3.5. FUNDAMENTOS, REQUISITOS E CONDIÇÃO PARA O DEFERIMENTO DA TUTELA DE URGÊNCIA

Levando-se em consideração tudo o que foi até aqui dito, há condição para uma tentativa de sistematização do tema tutela provisória de urgência, fechando um quadro em que se apresente os seus fundamento, requisitos e condição.

Tutela Provisória de Urgência	**Fundamento**: **risco** de dano grave/difícil reparação
	Requisitos: *fumus boni iuris* e *periculum in mora*
	Condição: reversibilidade dos efeitos da decisão

18.3.6. A TUTELA ANTECIPADA REQUERIDA DE FORMA ANTECEDENTE

Inovou o Novo Código de Processo Civil ao permitir que a tutela antecipada seja requerida de forma antecedente à instauração da relação processual.

Diferentemente do CPC de 1973, as medidas requeridas de forma antecedente não serão objeto de processo próprio, mas importarão na própria provocação do Poder Judiciário, que aguardará a vinda de futura complementação, a ser juntada nos próprios autos.

Dessa maneira, não haverá uma ação para a tutela de urgência e outra para análise do pedido principal. Tudo será analisado em um único processo, no contexto de uma única relação processual.

Ocorre que, na tutela de urgência satisfativa requerida de forma antecedente, o Poder Judiciário será provocado por meio de uma petição que, muito embora possua importantes elementos, ainda poderá ser completada futuramente.

Nesse passo, o autor apresenta a sua petição inicial, que poderá ser limitada ao requerimento da tutela antecipada e à indicação do pedido de tutela final, com a exposição da lide, do direito que se busca realizar e do perigo de dano ou do risco ao resultado útil do processo.

Se o autor já puder apresentar a sua petição inicial de forma integral, naturalmente, não haveria necessidade de pleitear a tutela antecipada antecedente.

Deverá o autor observar a necessidade de fazer a petição inicial estar acompanhada dos requisitos extrínsecos necessários, como a comprovação do recolhimento das custas, bem como da procuração.

A petição inicial será distribuída (observando-se as regras de competência) e o juízo analisará se estão presentes os requisitos para a concessão da tutela antecipada requerida.

Em caso negativo, o juiz determinará que o autor emende a inicial no prazo de cinco dias, sob pena de extinção e arquivamento. Diferentemente, em caso positivo, o magistrado deferirá a medida de urgência e determinará o prosseguimento do processo.

Competirá ao autor, então, completar a inicial, deixando-a apta à compreensão de seus argumentos e ao exercício do direito de defesa do réu, que será citado.

Concomitantemente à citação para comparecimento à audiência de conciliação, o réu será também intimado dos termos da liminar concedida, abrindo-se o prazo para que possa interpor o seu recurso **de agravo de instrumento** (art. 1.015, I do NCPC).

18.3.7. DA ESTABILIZAÇÃO DA MEDIDA

Como regra, é possível afirmar que a parte procura o Poder Judiciário para dele obter o acertamento de uma situação subjetiva, ou seja, que seja certificado o seu direito, formada a coisa julgada e efetivada a tutela jurisdicional pretendida.

E justamente para essa efetividade, a parte conta com a tutela provisória, que, como o próprio nome indica, não é definitiva, podendo ser modificada ou revogada se não mais estiverem presentes os seus requisitos.

Pode a parte pretender, no entanto, apenas uma decisão com utilidade prática. Basta-lhe o deferimento da tutela provisória para que a sua vida se altere, para que haja a sua satisfação. Não lhe é preciso aguardar por todo o desenrolar do processo e obter uma solução do litígio.

Pensando em tal ponto, o Novo Código de Processo Civil importou uma técnica já prevista em outros ordenamentos jurídicos, no sentido de buscar abreviar o andamento processual e, ao invés de sujeitar as partes ao longo debate processual, resumir a atividade processual ao deferimento da tutela de urgência, que já contém providência prática que atendará às necessidades do jurisdicionado.

O exemplo a seguir poderá elucidar melhor a questão. Imagine-se que a parte requeira, em tutela antecipada antecedente, que o magistrado defira a tutela provisória para determinar que o plano de saúde custeie o tratamento de seu consumidor. Uma vez efetivada a medida, não é de interesse da parte que ocorra o acertamento da situação substancial. Em outras palavras, não interessa ao autor que seja proferida sentença de acolhimento do pleito inicial. Bastou-lhe, em termos práticos, a tutela provisória efetivada. Não é necessário que este autor se sujeite a todos os custos decorrentes da continuidade do processo, o que pode ocorrer também em relação ao réu e, indiretamente, ao próprio Poder Judiciário.

Pensando nessa situação, o Novo Código de Processo Civil previu a **estabilização da tutela provisória,** conforme se vê do *caput* do art. 304, **que é restrita à tutela antecipada concedida em caráter antecedente**.

A estabilização da tutela antecipada concedida em caráter antecedente a torna irrevogável no mesmo processo, exigindo que a parte ajuíze **nova ação** para o fim de rever, reformar ou invalidá-la.

Perceba-se que a estabilização da tutela não forma a coisa julgada. A propósito, não houve sentença de mérito sobre a questão, de modo que o magistrado não emitiu juízo de acertamento da situação subjetiva. Em outras palavras, não analisou se o pedido é procedente ou improcedente. Desse modo, o mérito continuará em aberto. De outro lado, foi estabilizada a tutela provisória, que permanecerá viva, mas somente modificável por meio de outra ação.

Haverá a estabilização da tutela se o réu não impugnar, por meio do recurso de agravo de instrumento (art. 1.015, I do NCPC), a decisão interlocutória que, versando sobre o mérito, deferir a medida.

Fernando da Fonseca Gajardoni defende que "não haverá a estabilização se adotado pelo interessado qualquer expediente processual tendente a cassar a decisão que deferiu a tutela antecipada".[11] Por isso, defende-se

11 GAJARDONI, Fernando da Fonseca. DELLORE, Luiz. ROQUE, Andre Vasconcelos. OLIVEIRA JR., Zulmar Duarte de. Teoria Geral do Processo Comentários ao CPC de 2015. Parte Geral. São Paulo: Forense, 2015, p. 899.

que a interposição de embargos declaratórios com efeitos infringentes, por exemplos, possa afastar a estabilização.

Não interessa saber se o recurso foi ou não conhecido. O simples fato de recorrer, por si só, já afasta a estabilização, salvo, naturalmente, se o recurso for intempestivo. O recurso não precisa ser interposto exclusivamente pelo réu. Também poderá ser oferecido pelo terceiro prejudicado ou pelo próprio Ministério Público, importando, em verdade, tão somente que o ato judicial seja atacado de forma conveniente.

18.3.8. AÇÃO PARA REVER, REFORMAR OU INVALIDAR A TUTELA ANTECIPADA ESTABILIZADA

Conforme já foi dito, a revisão, reforma ou invalidação da tutela antecipada estabilizada somente ocorrerá por meio de **ação própria**, estando o juízo que a proferiu prevento para o seu julgamento. A ação deverá ser proposta no prazo de dois anos, contados da intimação do ato que julgar extinto o processo.

18.3.9. DECISÕES QUE NÃO PODEM SER ESTABILIZADAS (FAMÍLIA, PARCIAIS ETC.)

Há medidas antecipatórias que tratam de situações que não comportam estabilização, ao nosso ver.

Imagine-se, por exemplo, se a parte requerer, em tutela antecipada antecedente, a suspensão de poder familiar dos genitores em relação a determinada criança, indicando que o seu pedido será o de destituição do poder familiar cumulado com adoção. Deferida a medida, a parte contrária é intimada e não interpõe qualquer recurso.

A despeito de não ser tratada essa situação no Novo Código de Processo Civil, tem-se que em situações como essa não se pode dizer que é possível deixar a situação sem o acertamento, sem a solução da situação subjetiva, de modo que é de se impor a continuidade do processo e que o juízo proferira sentença, decidindo a situação da criança e afastando qualquer possibilidade de prejuízo ao seu superior interesse.

Por isso, para determinadas situações, sobretudo ligadas a questões familiares, de interesses de crianças e adolescentes, defende-se que não há a estabilização da tutela.

Não é atingida pela estabilização as tutelas antecipadas antecedentes parciais, nas quais a tutela não corresponde ao pedido total. Assim, por exemplo, se a parte requerer, em caráter antecedente, a concessão de tutela antecipada para suspender a exigibilidade de crédito tributário, e já indicar que o seu pedido será a declaração da inexistência da relação jurídica tributária, ainda que a parte contrária não recorra, não haverá a estabilização.

A tutela estabilizada projeta os seus efeitos no tempo, ainda que o processo seja extinto, sem resolução do mérito e sem formação da coisa julgada material.

18.4. DA TUTELA CAUTELAR

18.4.1. MEDIDAS CAUTELARES TÍPICAS E ATÍPICAS

Muito embora o Novo CPC não tenha indicado requisitos específicos para as medidas cautelares, que podem ser deferidas se presentes os *fumus boni iuris* e o *periculum in mora*, menciona que a "tutela de urgência de natureza cautelar pode ser efetivada mediante arresto, sequestro, arrolamento de bens, registro de protesto contra alienação de bem e qualquer outra medida idônea para asseguração do direito". Ou seja, de um lado, tipifica algumas medidas, mas deixa aberta a possibilidade da adoção de qualquer medida atípica para salvaguardar o direito.

E, como o Novo CPC não se aprofunda de forma específica em qualquer medida cautelar, é necessário tomar emprestado do Código Revogado (1973) a finalidade de cada uma das medidas mencionadas, o que será apresentado no quadro seguinte:

MEDIDA CAUTELAR	FINALIDADE
Arresto	É medida cautelar de apreensão de bens que tem por fim garantir execução por quantia certa. Quaisquer bens penhoráveis podem ser objeto de arresto. Tem como efeito imediato a afetação do bem apreendido.
Sequestro	É medida cautelar específica para assegurar execução para entrega de coisa certa, ou para garantir a eficácia de uma sentença executiva. Consiste na apreensão de objeto determinado.
Arrolamento de Bens	É a medida cautelar a ser utilizada quando ocorra fundado receio de extravio ou dissipação dos bens e interesse na sua conservação. Ou seja: conservação dos bens existentes. Pode ter por objeto somente coisas corpóreas de valor econômico.
Registro de Protesto contra Alienação de Bem	Dar publicidade geral à comunidade contra a alienação de bem específico.

18.4.2. TUTELA CAUTELAR ANTECEDENTE

O procedimento da tutela cautelar requerida em caráter antecedente segue o disposto no art. 305 e seguintes do Novo Código de Processo Civil.

A parte apresentará petição inicial antecedente, na qual indicará a lide e seu fundamento, a exposição sumária do direito que se objetiva assegurar e o perigo de dano ou o risco ao resultado útil do processo.

Entendendo o magistrado que a situação demanda tutela antecipada, aplicará a fungibilidade e processará o requerimento com observância das regras pertinentes.

Apresentado o pedido, o réu será citado para, no prazo de cinco dias, contestar o pedido e indicar as provas que entender pertinentes.

Não contestado o pedido, presumem-se verdadeiros os fatos articulados pelo autor e o juiz decidirá. De outro lado, oferecida contestação, será observado o procedimento comum. Muito embora o art. 307 CPC 2015 indique que o juiz decidirá após oportunizar que o réu se manifeste, tem-se a possibilidade de que a medida cautelar seja deferida liminarmente, postergando-se o contraditório.

Concedida e efetivada a medida cautelar, o pedido principal deverá ser formulado pelo autor no prazo de trinta dias, nos próprios autos, sendo possível o aditamento da causa de pedir.

Uma vez apresentado o pedido principal, as partes serão intimadas para a audiência de conciliação ou de mediação, seguindo-se o procedimento em seus ulteriores termos.

Cessará a eficácia da tutela cautelar concedida em caráter antecedente: i) se o autor não apresentar o pedido principal no prazo legal; ii) se a medida não for efetiva em trinta dias; iii) se o juiz julgar improcedente o pedido principal formulado pelo autor ou extinguir o processo sem resolução do mérito (art. 309 do NCPC).

É de ser destacado que não será possível que a parte apresente o seu pedido principal no prazo legal em alguns casos. Com efeito, se apresente pedido de tutela cautelar antecedente para o arresto de bens do devedor e a dívida somente vencer-se em sessenta dias, o pedido principal não poderá ser apresentado de imediato, de modo que a regra deve ser ponderada no caso concreto.

Da mesma forma, se deferida medida cautelar antecedente em caso que envolva Direito de Família, por certo, o magistrado não reconhecerá que a tutela perdeu a eficácia, em razão do interesse envolvido.

Ainda que indeferida a tutela cautelar, como o juízo realizado foi exclusivamente da presença dos seus requisitos, não haverá prejuízo para a análise do mérito da questão, salvo se o juiz reconhecer a decadência ou a prescrição.

18.5. TUTELA DA EVIDÊNCIA

18.5.1. DIFERENCIAÇÃO PARA COM A TUTELA DE URGÊNCIA

Para o deferimento da tutela de urgência, deve haver a demonstração da probabilidade do direito, de modo que tutela provisória, nesses casos, exige-se a urgência.

Porém, em outras situações, é evidente o direito, de modo que não é necessário aguardar-se todo o trâmite processual para antecipar a tutela requerida pelo autor.

Em casos como este, admite o sistema uma hipótese de antecipação de tutela em que o requisito urgência é desnecessário. Não se trata de novidade legislativa, pois o CPC de 1973 já o previa. No entanto, o CPC de 2015 inova ao sistematizar a tutela da evidência, que somente poderá ser deferida nas hipóteses legais.

18.5.2. HIPÓTESES LEGAIS DE TUTELA DA EVIDÊNCIA

A tutela da evidência – antecipação de tutela sem o requisito exigência – poderá ser deferida nas hipóteses indicadas **no art. 311, 558, 563, 678 e 701 do CPC 2015, bem como na indisponibilidade de bens na ação de improbidade administrativa e liminar de busca e apreensão de bem alienado fiduciariamente (DL nº 911/69)**.

O art. 311 do NCPC demonstra a **ampliação das hipóteses** em que a tutela da evidência poderá ser deferida, se comparada com o regime anterior. São elas:

I – se ficar caracterizado o abuso do direito de defesa ou o manifesto propósito protelatório da parte: a tutela da evidência, na hipótese, é concedida em razão do comportamento abusivo da parte, contrário à boa-fé processual;

II – se as alegações de fato puderem ser comprovadas apenas documentalmente e houver tese em julgamento de casos repetitivos ou em súmula vinculante: se os fatos puderem ser comprovados por meio de documentos, não haverá necessidade de produção de outras provas. Além disso, a pretensão tem amparo jurídico em precedente que pode ser extraído de julgamento de casos repetitivos ou em súmula vinculante, o que permite afirmar que está em conformidade com precedente vinculante, conforme orienta o art. 927 do NCPC;

III – se tratar de pedido reipersecutório fundado em prova documental adequada de contrato de depósito, caso em que será decretada a ordem de entrega do objeto custodiado, sob cominação de multa: é ação reipersecutória aquela em que se reivindica a posse ou a propriedade de uma coisa. Em tais ações, havendo prova documental adequada do contrato de depósito, será decretada a ordem de entrega do objeto custodiado, independentemente de urgência;

IV – se a petição inicial for instruída com prova documental suficiente dos fatos constitutivos do direito do autor, a que o réu não oponha prova capaz de gerar dúvida razoável: neste caso, a contestação não é suficiente para provocar qualquer dúvida no juízo. Note-se que é desnecessário que a tese esteja embasada em entendimento consubstanciado em precedente.

Nas hipóteses dos incisos II e III, o juiz poderá deferir liminarmente a tutela da evidência, pois, nesses casos, não há que se esperar pela conduta do réu.

18.6. PROTESTO, NOTIFICAÇÃO E INTERPELAÇÃO. ARRESTO. SEQUESTRO. CAUÇÃO. BUSCA E APREENSÃO. EXIBIÇÃO. JUSTIFICAÇÃO

Em conformidade com o art. 301 do NCPC, "a tutela de urgência de natureza cautelar pode ser efetivada mediante arresto, sequestro, arrolamento de bens, registro de protesto contra alienação e qualquer outra medida idônea para assegurar o direito".

Muito embora haja essa previsão, o Código não esmiúça cada uma das medidas mencionadas, de modo que a finalidade de cada uma é obtida a partir do conhecimento herdado do CPC de 1973, conforme tratado no item 18.4.1.

Como foi visto, não há mais previsão da existência de um processo apenas para a obtenção da tutela cautelar. Esta será requerida de forma antecedente ou incidente no próprio processo. Ocorre que, para alguns casos, ainda será possível ter-se a cautelar satisfativa, como ocorre com o protesto, a notificação e a interpelação, que são medidas consertivas de direito.

A exibição de documento pode ser compreendida como uma ação probatória, ajuizada exclusivamente com a finalidade de garantir a lisura na produção da prova. A atividade do juiz será a de fiscalizar que a prova foi produzida de forma lícita.

19. SENTENÇA

19.1. CONCEITO

Embora o conceito de sentença já tenha sido trabalhado quando da análise dos pronunciamentos judiciais, vale à pena reiterá-lo para aprofundar os seus demais aspectos.

O Código de Processo Civil de 1973 elencava, entre os atos praticados pelos órgãos judiciais, as sentenças, as decisões interlocutórias, os despachos e acórdãos (arts. 162 e 163).

Os dispositivos que elencavam tais atos eram objeto de crítica da doutrina, pelo fato de que os atos do juiz não se resumiam unicamente aos indicados. Na verdade, o órgão judicial pratica outros, como a condução da audiência, a colheita de depoimentos, a inspeção judicial, por exemplo. Assim, os atos indicados se tratavam de pronunciamentos judiciais e não dos atos do juiz.[12]

O Novo Código de Processo Civil corrigiu a imprecisão terminológica, conforme se vê do art. 203, ao prever que os "os pronunciamentos do juiz consistirão em sentenças, decisões interlocutórias e despachos" (*caput*), e que acórdão é "o julgamento colegiado proferido pelos tribunais".

Conforme dispõe o parágrafo primeiro do art. 203, "ressalvadas as disposições expressas dos procedimentos especiais, sentença é o pronunciamento por meio do qual o juiz, com fundamento nos arts. 485 e 487, põe fim à fase cognitiva do procedimento comum, bem como extingue a execução".

A definição adotada pelo legislador levou em consideração os reclamos da doutrina, para o fim de unir os critérios de conteúdo e de efeito do ato.

O conceito, então, adotado pelo Novo CPC, leva em conta os **critérios do conteúdo,** de modo que será sentença o ato judicial que incidir em uma das hipóteses indicadas nos arts. 485 e 487, **bem como do efeito, pois propiciará o encerramento de uma fase procedimental do procedimento comum, ou mesmo da execução.**

CONCEITO DE SENTENÇA ➔ Critérios { ⇨ Conteúdo ⇨ Finalidade }

Relevante foi a ressalva levada a cabo na parte inicial do parágrafo primeiro do art. 203, no sentido de ser levada em consideração as particularidades dos procedimentos especiais.

E isso, pois: "há procedimentos especiais em que haverá sentenças não correspondentes, exatamente, ao conceito do artigo 203, § 1º, do CPC/2015, pois não terão o condão de pôr fim à fase cognitiva do procedimento comum, ou de extinguir a execução. É o caso da ação de exigir contas (artigo 550, §§ 4º e 5º, CPC/2015), cuja sentença que julga a 1ª. fase (apelável) e reconhece a obrigação de prestar as contas, não impede a 2ª fase (julgamento das contas), haja nova cognição, inclusive para eventual declaração de saldo (art. 552 do CPC/2015)".[13]

Da mesma forma, Fredie Didier também exemplifica: "A ressalva do § 1º do art. 203 teve por objetivo chamar atenção de que alguns processos que tramitam sob rito especial estão divididos em mais de uma fase. O procedimento de demarcação de terras, por exemplo, prevê que, considerando procedente o pedido, o juiz proferirá sentença determinando o traçado da linha demarcanda (art. 581, CPC); transitada em julgado, a linha demarcanda será, então, efetivamente demarcada; após, será proferida nova sentença homologatória da demarcação (art. 587, CPC)".[14]

O Novo Código de Processo Civil também dividiu as **sentenças em terminativas e definitivas.**

As sentenças terminativas são aquelas em que, além de não haver a resolução do mérito, também ocorreu a extinção da fase procedimental.

A sentença terminativa enseja o que Dinamarco denominou de extinção anômala, em que não houve "a produção do provimento para o qual ele foi instaurado e, portanto, sem oferta de tutela jurisdicional plena e nenhuma das partes (...)".[15] Tal pronunciamento conduz à crise do processo[16] e está na contramão de direção do sentido do princípio da primazia do julgamento do mérito (art. 4º do Novo CPC). A depender da hipótese extintiva, também vai de encontro com o contraditório efetivo, uma vez que é

12 "Em verdade, dentre os atos que o juiz pratica no processo, há muitos outros – alguns de superlativa importância – que não consistem nem em sentenças, nem em decisões interlocutórias, nem em despachos: por exemplo, a inquirição de testemunha (art. 416) ou da parte (art. 344), a inspeção de pessoa ou coisa (art. 440), a tentativa de conciliação das partes (art. 331 e 448, *principio*), a audiência dos cônjuges sobre os motivos da separação consensual (art. 1.122, *caput*, com a redação dada pelo art. 39 da Lei nº 6.515), a abertura de testamento cerrado (art. 1.125), a arrecadação dos bens da herança jacente (art. 1.145), o exame do interditando (art. 1.181) e assim por diante". MOREIRA, José Carlos Barbosa. *Comentários ao Código de Processo Civil.* 13. ed. Forense: Rio de Janeiro, 2006, p. 241.

13 GAJARDONI, Fernando da Fonseca; DELLORE, Luiz; ROQUE, Andre Vasconcelos; OLIVEIRA JR., Zulmar Duarte de Oliveira. *Teoria Geral do Processo Comentários ao CPC de 2015. Parte Geral.* São Paulo: Método, 2015, p. 663.

14 DIDIER JÚNIOR, Fredie. BRAGA, Paula Sarno. OLIVEIRA, Rafael Alexandria de. *Curso de Direito Processual Civil.* Vol. II. 10. ed. Salvador: Juspodivm, 2015, p. 305.

15 DINAMARCO, Cândido Rangel. *Instituições de Direito Processual Civil.* 6. ed. Vol. II. São Paulo: Malheiros, 2009, p. 646.

16 DINAMARCO, Cândido Rangel. *Instituições de Direito Processual Civil.* 6. ed. Vol. II. São Paulo: Malheiros, 2009, p. 644.

dever do magistrado indicar às partes o que for necessário para o aperfeiçoamento dos atos processuais, conforme adiante será visto.

A sentença extintiva importará em desgaste da máquina judiciária, pois haverá um processo com utilidade reduzida (ou nenhuma), que ocupou o tempo e recursos necessários para a análise de outros casos relevantes, em que se deve buscar a tutela jurisdicional adequada.

Muito embora não seja um fim em si mesma (e, muitas vezes, até dispensáveis porque uma decisão sem cognição exauriente pode ter utilidade prática à parte), o procedimento tramita com a finalidade de que, em primeiro lugar, tenha-se a sentença de mérito, bem como de que tal sentença seja efetiva.

A sentença de mérito acarretará o encerramento de uma fase procedimental ou da execução e será proferida nas hipóteses indicadas no art. 487 do Novo CPC. Com o trânsito em julgado, formará a coisa julgada material.

Em atenção ao princípio da correlação, deverá a sentença observar os limites que foram impostos pelos pedidos apresentados no processo.

A decisão interlocutória é todo pronunciamento judicial de natureza decisória que não se enquadre nas hipóteses de sentença (art. 203, § 2º do NCPC). Comparando-se a definição do Novo CPC com a do CPC de 1973, não se tem impactante mudança, até porque "os pronunciamentos judiciais não sentenciais, mas com carga decisória, continuarão sendo os que, no curso do processo, resolvem as questões apresentadas pelas partes".[17]

Admitem-se **decisões interlocutórias (portanto, com carga decisória) com ou sem análise de mérito**. Pode-se dizer que serão com análise de mérito todas as decisões proferidas e que, muito embora não encerrem uma fase procedimental, tenham como conteúdo uma das hipóteses indicadas no art. 487 do Novo Código de Processo Civil. A interlocutória que prefere julgamento antecipado parcial da lide é uma hipótese de decisão interlocutória de mérito.

Desse modo, admitem-se as **decisões interlocutórias típicas**, em que não há análise de mérito, e **decisões interlocutórias atípicas**, que dizem respeito ao próprio mérito.

Serão interlocutórias típicas aquelas, como foi dito, em que não há análise de mérito. Mesmo essas poderão ter conteúdo de sentença (embora sejam interlocutórias), como ocorre, por exemplo, com a exclusão de um dos litisconsortes.

As decisões interlocutórias atípicas, por sua vez, comportam a seguinte divisão: i) **decisões interlocutórias que versam sobre o mérito; e, ii) interlocutórias de mérito, com conteúdo de sentença**. Para explicar a diferença entre as duas situações, parte-se do exemplo da decisão antecipatória de mérito (tutela provisória de urgência antecipatória). Neste caso, profere-se "**decisão *sobre o mérito*,** embora **não seja decisão de mérito**, no sentido do art. 485 do NCPC. É decisão *sobre o mérito* e, quando se afirma isto, se leva em conta o objeto sobre o qual recai a cognição do juiz".[18]

Portanto, a decisão antecipatória de tutela, ou mesmo a decisão que defere a tutela da evidência, são **decisões interlocutórias que versam sobre o mérito**, mas não propriamente interlocutórias de mérito.

Será **decisão interlocutória de mérito (com conteúdo de sentença)** a que, por exemplo, promover o julgamento antecipado parcial da lide (art. 356 do Novo CPC), ou então julgar improcedente liminarmente um dos pedidos (art. 332 do NCPC). Nestes casos, a decisão resolve o mérito, mas não coloca fim ao procedimento. Nesse sentido, "haverá decisões – que sempre consideramos serem verdadeiras sentenças – que a nova lei chama de **interlocutórias**, mas que **transitam em julgado** e podem, eventualmente, ser **rescindidas**".[19]

Em conformidade com o art. 203, § 3º, do Novo Código de Processo Civil, são despachos todos os demais pronunciamentos do juiz praticados no processo, de ofício ou a requerimento da parte.

O acórdão é o julgamento colegiado proferido pelos tribunais.

19.2. CLASSIFICAÇÕES

Em primeiro lugar, tem-se que as sentenças poderão ser terminativas (sem resolução do mérito) ou definitivas (com resolução do mérito).

Quanto à espécie de tutela jurisdicional concedida à parte, tem-se que as sentenças podem ser declaratórias, constitutivas e condenatórias. Para os adeptos da teoria quinária da ação, também podem ser mandamentais e executivas lato sensu.

- **Sentença declaratória ➔** tem a finalidade de declarar a existência, a inexistência ou o modo de ser de uma relação jurídica. De se lembrar que toda sentença possui uma carga declaratória, mas há algumas em que isso prevalece. A improcedência de qualquer pedido gera uma sentença declaratória.
- **Sentença condenatória ➔** neste pronunciado, será certificado o direito da parte vencedora. Por meio dela, verifica-se a existência do direito e impõe o seu cumprimento.
- **Sentença constitutiva ➔** por meio dela, o pronunciamento criará, modificará ou extinguirá um estado ou uma relação jurídica. Exemplo: sentença de divórcio.

  É possível que uma sentença encampe uma multiplicidade de efeitos. Poderá ter predominância em relação a um dos efeitos, mas imponha também outro.

17 GAJARDONI, Fernando da Fonseca; DELORE, Luiz; RQOUE, Andre Vasconcelos; OLIVEIRA JR, Zulmar Duarte de. *Teoria Geral do Processo. Comentários ao CPC de 2015. Parte Geral.* São Paulo: Método, 2015, p. 664.

18 WAMBIER, Teresa Arruda Alvim; CONCEIÇÃO, Maria Lúcia Lins; RIBEIRO, Leonardo Ferres da Silva; MELLO, Rogério Licastro Torres de. *Primeiros Comentários ao Novo Código de Processo Civil. Artigo por Artigo.* São Paulo: RT, 2015, p. 370.

19 WAMBIER, Teresa Arruda Alvim; CONCEIÇÃO, Maria Lúcia Lins; RIBEIRO, Leonardo Ferres da Silva; MELLO, Rogério Licastro Torres de. *Primeiros Comentários ao Novo Código de Processo Civil. Artigo por Artigo.* São Paulo: RT, 2015, p. 369.

- **Sentenças mandamental e executiva lato sensu** ➔ para aqueles que defendem a sua existência, tem-se que na primeira haverá a imposição de um ordem, de um mandamento, a ser cumprido pelo próprio obrigado. Diferentemente, na executiva lato sensu, impõe-se uma ordem que será cumprida independentemente da vontade daquele que tem o dever de fazê-lo. Exemplo: mandado de reintegração de posse. A ordem será cumprida ainda que o ocupante não concorde ou não o permita.

Também se admite outra classificação, que relaciona a tutela pretendida com o ilícito e a necessidade de reparação do dano. Assim, tem-se:

Tutela	Ilícito	Dano
Inibitória	Visa impedir a ocorrência do ilícito	Não pressupõe o dano.
Remoção do ilícito	Visa remover o ilícito. O dano ainda não ocorreu.	
Reparatória		Tem a finalidade de reparar o dano. Não pressupõe que tenha ocorrido o ilícito.

19.3. REQUISITOS

Os pronunciamentos do juiz em que houve ou não a resolução do mérito já foram analisados anteriormente, quando do estudo dos pronunciamentos judiciais.

A sentença possui uma estrutura orgânica, devendo ser composta pelo relatório, pelos fundamentos e pelo dispositivo.

- **Relatório** ➔ conterá os nomes das partes, a identificação do caso, com a suma do pedido e da contestação, e o registro das principais ocorrências havidas no andamento do processo;
- **Fundamentação** ➔ por meio dos fundamentos o juiz analisará as questões de fato e de direito.
- **Dispositivo** ➔ o juiz resolverá as questões principais que as partes lhe submeterem.

Em observância ao princípio da fundamentação analítica, não será considerada fundamentada qualquer decisão judicial, seja ela interlocutória, sentença ou acórdão, que: I – se limitar à indicação, à reprodução ou à paráfrase de ato normativo, sem explicar sua relação com a causa ou a questão decidida; II – empregar conceitos jurídicos indeterminados, sem explicar o motivo concreto de sua incidência no caso; III – invocar motivos que se prestariam a justificar qualquer outra decisão; IV – não enfrentar todos os argumentos deduzidos no processo capazes de, em tese, infirmar a conclusão adotada pelo julgador; V – se limitar a invocar precedente ou enunciado de súmula, sem identificar seus fundamentos determinantes nem demonstrar que o caso sob julgamento se ajusta àqueles fundamentos; VI – deixar de seguir enunciado de súmula, jurisprudência ou precedente invocado pela parte, sem demonstrar a existência de distinção no caso em julgamento ou a superação do entendimento.

19.4. EFEITOS

Podem ser apontados os seguintes efeitos da sentença em que ocorra a análise de mérito:

i) colocar fim à fase cognitiva e na execução;

ii) a sentença que impuser obrigação se constituirá em título executivo judicial;

iii) a hipoteca judiciária, como previsto no art. 495: "a decisão que condenar o réu ao pagamento de prestação consistente em dinheiro e a que determinar a conversão de prestação de fazer, de não fazer ou de dar coisa em prestação pecuniária valerão como título constitutivo de hipoteca judiciária". Por isso, a decisão (pode ser sentença ou mesmo decisão interlocutória de mérito) produzirá hipoteca judiciária: a) ainda que a condenação seja genérica, exigindo futura liquidação; b) ainda que submetida a cumprimento provisório apenas; c) ainda que impugnada com recurso com efeito suspensivo.

> *A possibilidade de interposição de recurso com efeito suspensivo não retira a possibilidade da hipoteca judiciária.*

A hipoteca judiciária, uma vez constituída, implicará, para o credor hipotecário, o direito de preferência, quanto ao pagamento, em relação a outros credores, observada a prioridade no registro. Responderá a parte de forma objetiva (sem necessidade de demonstração de dolo ou culpa) pelos prejuízos causados se acaso houver reforma ou invalidação da decisão que impôs o pagamento de quantia. Os danos serão apurados no próprio processo, onde também serão executados.

A hipoteca judiciária constitui efeito secundário da sentença.

19.5. PUBLICAÇÃO, INTIMAÇÃO, CORREÇÃO E INTEGRAÇÃO DA SENTENÇA

Constitui a publicação o ato de tornar pública a sentença. Trata-se da entrega do pronunciamento ao escrivão. A partir de então, o magistrado somente poderá alterar a sentença para corrigir-lhe, de ofício ou a requerimento da parte, inexatidões materiais ou erros de cálculo ou por meio dos embargos de declaração.

Para a correção de inexatidões materiais ou erros de cálculo, como foi dito, a correção poderá se dar de ofício, a qualquer tempo.

Tem os embargos declaratórios natureza mista, na medida em que se constituem em recursos, mas também em meio de correção e integração da sentença.

Uma vez publicada a sentença (tornada pública), providenciará o escrivão (e os demais agentes – auxiliares da justiça) a intimação das partes, seguindo-se as regras gerais para tanto.

20. DO CUMPRIMENTO DA SENTENÇA

Para fins didáticos, o cumprimento da sentença será tratado mais adiante.

21. COISA JULGADA

21.1. CONCEITO E ESPÉCIES

Quer seja por ter decorrido o prazo para interposição de recursos, quer seja porque houve o esgotamento das vias recursais possíveis, a sentença passa a conter uma qualidade especial, da *res judicata*, garantia constitucional (art. 5º, XXXVI, CF), que impede a discussão eterna da questão, propiciando segurança jurídica. É gerada, assim, a imutabilidade da sentença.

A coisa julgada, no entanto, não é uma garantia absoluta, devendo conviver com outras garantias e bens jurídicos de igual importância. Sendo assim, muito embora presente a coisa julgada, a lei permite, em casos excepcionais, a rescisão de tal qualidade, por meio da ação rescisória, apta a ser ajuizada nos casos mencionados no art. 966, do Código de Processo Civil.

Formada a coisa julgada, não se permitirá a rediscussão da sentença.

Porém, é preciso verificar se essa impossibilidade de rediscussão ocorrerá no mesmo ou em outro processo.

E a resposta a essa indagação variará consoante tenha ocorrido ou não a resolução do mérito.

Com efeito, **se proferida sentença extintiva processual, será permitido ao autor repropor a demanda em outra oportunidade**, motivo pelo qual se diz que foi formada a coisa julgada exclusivamente formal. Trata-se da chamada preclusão máxima.

De outro lado, porém, se proferida **sentença com resolução do mérito, será formada não só a coisa julgada formal, mas também a material**, impedindo-se a sua rediscussão não só no mesmo, mas também em outro processo, tendo a sentença força de lei nos limites da lei e das questões decididas.

Nestas sentenças com resolução do mérito, a coisa julgada formal e a material formam-se no mesmo momento, que é o do trânsito em julgado. Ou seja, somente depois de decidido o último recurso interposto é que será formada, ainda que ele seja intempestivo.

21.2. EFEITOS DA COISA JULGADA

A coisa julgada produz três efeitos distintos: **negativo, positivo e preclusivo**.

Em razão do **efeito negativo**, impede-se que a questão seja decidida novamente em outro processo.

Por conta do **efeito positivo**, porém, havendo necessidade de retorno da questão principal ao Poder Judiciário, esta não poderá ser decidida de maneira diversa. Por esse motivo, por exemplo, havendo necessidade de liquidação da sentença, não poderá o magistrado decidir pela desnecessidade da indenização porque o autor não praticou o ato ilícito que lhe foi imputado. Estará impedido de fazê-lo, pois, deverá respeitar a coisa julgada formada.

Note-se, porém, que não há impedimento para a revisão da sentença pelo magistrado, desde que provocado por processo próprio, nas causas em que a modificação do estado das coisas poderá importar na alteração da própria obrigação, como ocorre na ação revisional de alimentos. Ou seja, um julgamento *rebus sic stantibus*, encampado em sentença determinativa, permite que a questão seja reanalisada, porque projeta a sua eficácia à frente.

Por conta do **efeito preclusivo**, reputam-se **deduzidas e repelidas todas as alegações e defesas** que a parte poderia opor assim ao acolhimento como à rejeição do pedido. A coisa julgada, dessa maneira, abrangerá aquilo que foi deduzido e aquilo que era deduzível, o que não afasta a possibilidade de ajuizamento de nova ação, fundada em elementos diversos.

Nelson Nery Júnior aponta a existência de um **efeito especial, que é o substitutivo**. Segunda ensina, "a sentença de mérito transitada em julgado substitui todas as atividades das partes e do juiz praticadas no processo, de sorte que as nulidades e anulabilidades porventura ocorridas durante o procedimento terão sido substituídas pela sentença, que as abarca".[20]

O estudo do regime jurídico da coisa julgada compreende a análise de seus **limites objetivos**, **limites subjetivos** e também de seu **modo de produção**.

a) *Limites objetivos*: verifica-se o que é atingido pela coisa julgada material, se toda a sentença, ou se parte dela.

Como sabido, a sentença é constituída por três elementos essenciais: *o relatório, a fundamentação e a parte dispositiva (dispositivo)*, mas somente a última é atingida pela coisa julgada, excluindo-se os motivos, ainda que importantes para determinar o alcance da parte dispositiva da sentença, assim como também a verdade dos fatos, estabelecida como fundamento da sentença.

Por esse motivo, "a decisão que declara indevida a cobrança do imposto em determinado exercício não faz coisa julgada em relação aos posteriores" (súmula 239, do Supremo Tribunal Federal).

A questão prejudicial, decidida incidentalmente no processo, também não fará coisa julgada material. Trata-se de antecedente lógico da sentença e, por isso, não abrangida pela coisa julgada. Porém, se a parte o requerer por meio da ação declaratória incidental, apresentará a eficácia de coisa julgada material.

Questão interessante refere-se à sentença omissa em relação à condenação ao pagamento de honorários advocatícios. Como tal condenação não constou do dispositivo da sentença, não será possível que tal verba seja posteriormente incluída na execução do julgado, e nem mesmo cobrada em outro processo.

b) *Limites subjetivos*: nesse ponto, verifica-se quem será atingido pela coisa julgada formada.

Em um primeiro momento, a coisa julgada estará adstrita às partes do processo e, por isso, é denominada de ***inter-partes***.

Contudo, admitem-se exceções.

Na primeira, verifica-se a coisa julgada ***ultra partes***, que vai além das partes do processo, para atingir também determinados terceiros. É o que ocorre nos casos de substituição processual, em que o substituído, apesar de não ter participado do processo, terá sua esfera jurídica atingida.

20 Nery, princípios, p. 40-41.

Outra exceção é a **coisa julgada *erga omnes***, que atingirá a todos os jurisdicionados, sendo eles partes ou não. A ação de usucapião é um exemplo, assim como a procedência da ação civil pública para a tutela de interesses difusos.

c) Quanto ao modo de produção: de acordo com esse critério, a coisa julgada será *pro et contra*, *secundum eventum litis* e *secundum eventum probationis*.

Em regra, a coisa julgada forma-se independentemente do resultado do processo. Sendo o pedido procedente ou improcedente, havendo ou não o esgotamento das provas, haverá a coisa julgada.

Portanto, se o autor propuser a sua demanda e o magistrado julgá-la improcedente em decorrência da ausência de comprovação dos fatos apresentados na inicial, ainda assim, será formada a coisa julgada.

Nesse contexto, surgem as técnicas que se passa a expor.

Haverá a coisa julgada *secundum eventum litis* (segundo o resultado do processo), em casos específicos e previstos em lei. Assim, na procedência da ação civil pública em que se busca a tutela de interesses difusos, poderão as vítimas buscar, individualmente, a liquidação do julgado.

Já a coisa julgada *secundum eventum probationis* (segundo a prova produzida) existirá quando houver o esgotamento das provas. Assim, se a ação popular, por exemplo, for julgada improcedente, porém, sem o esgotamento das provas, admite-se a nova ação sobre a mesma matéria. Note-se que se trata de exceção à regra.

22. REMESSA NECESSÁRIA

A remessa necessária constitui em condição de eficácia da sentença proferida contra a fazenda pública, que somente produzirá efeitos depois de revista pelo Tribunal. Foi tratada no item relativo às prerrogativas da fazenda pública.

23. MEIOS DE IMPUGNAÇÃO À SENTENÇA

Constituem-se em meios de impugnação das decisões judiciais: i) os recursos; ii) os sucedâneos recursais; e, iii) as ações impugnativas.

- Recursos ➔ prolongam a relação processual e impedem a formação da coisa julgada. Somente serão assim considerados se previstos na lei processual como tal.
- Sucedâneos recursais ➔ não estão elencados como recursos, mas fazem as vezes destes.
- Ações impugnativas ➔ estabelece-se nova relação processual para impugnar uma decisão judicial.

24. AÇÃO RESCISÓRIA

24.1. CONCEITO

A **coisa julgada** é uma garantia assegurada pela Constituição Federal, fundada na necessidade de proporcionar a **segurança jurídica**. Com efeito, como decorrência da soberania de um país, compete ao seu Poder competente a aplicação da ordem jurídica vigente, dirimindo os conflitos existentes.

Não obstante, a coisa julgada não é um bem jurídico intangível, pois deve ser harmonizado com outros bens de igual de grandeza equivalente ao da segurança jurídica.

Por esse motivo, a mesma ordem jurídica assegura a possibilidade de o interessado valer-se de um importante instrumento, que busca rescindir a coisa julgada formada, a fim de que possa não se submeter ao seu derivado comando.

E esse instrumento é a ação rescisória, que pode ser definida como a **ação que tem por finalidade a rescisão da coisa julgada formada, bem como e, se o caso, que a demanda seja rejulgada pelo mesmo órgão jurisdicional rescindente**.

24.2. OBJETO DA AÇÃO RESCISÓRIA

Por **objeto** da ação rescisória, busca-se definir o seu **pedido**, que sempre será o de **rescindir** a coisa julgada formada, bem como, em alguns casos, o de ser **rejulgada** a causa. Diz-se, então, que há o **juízo rescindente (rescindir)** e o **juízo rescisório (rejulgamento da causa)**.

OBJETO DA AÇÃO RESCISÓRIA {
- Pedido rescindente
- Pedido rescisório

Tem-se, então, a possibilidade de cumulação desses pedidos, que pode ser classificada como **cumulação própria sucessiva de pedidos**, na medida em que o segundo pedido somente será analisado se o primeiro for procedente. Devem ambos constarem expressamente da petição inicial da ação rescisória, observando-se que o acórdão deverá observar o princípio da congruência.

Passa-se, inicialmente, à análise do pedido **rescindente**, sugerindo-se que tal estudo parta do seguinte quadro:

DECISÃO A SER RESCINDIDA (Quadro 1 – Novo CPC)

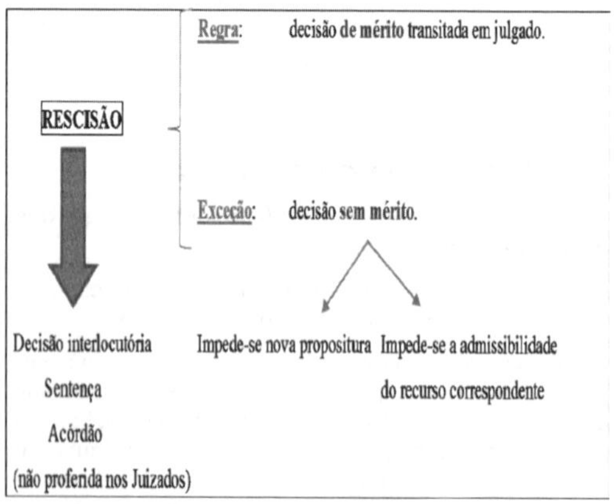

A ação rescisória tem por finalidade rescindir a coisa julgada formada a partir de decisão de mérito, que pode ter sido proferida em sede de decisão interlocutória, sentença ou em acórdão.

Como se vê, o Novo CPC admitiu, expressamente, a decisão interlocutória de mérito, que, não impugnada, ou esgotados os recursos pertinentes, fará coisa julgada material.

> *A propôs ação em face de B, formulando dois pedidos. O juiz, na decisão inicial, indefere a petição inicial em relação ao primeiro pedido, por conta da prescrição, proferindo decisão interlocutória de mérito. No mesmo ato, determina o prosseguimento da ação em relação ao outro pedido.*
>
> *Não sendo a decisão interlocutória atacada por recurso (ou esgotados os recursos pertinentes), tem-se a formação da coisa julgada material parcial.*

Não importa o motivo da formação da coisa julgada, se decorrente da falta de impugnação, ou por conta do esgotamento dos recursos pertinentes (Súmula 514 do STF).

Porém, a ação rescisória não se destina unicamente à rescisão da coisa julgada material, ao contrário da impressão que poderia surgir a partir da leitura do art. 966 do NCPC.

Ao contrário, também pode buscar rescindir a coisa julgada formal, conforme prevê o inciso I, do parágrafo segundo, do art. 966 do NCPC, segundo o qual será rescindível a decisão transitada que, embora não seja de mérito, **impeça nova propositura da demanda**.

EXEMPLO:

O juiz julga extinto o processo, sem resolução do mérito, mas impõe condenação do autor ao pagamento de elevada verba honorária. Nesse caso, será possível ao autor, tendo em vista o trânsito em julgado, verificando-se a flagrante desproporcionalidade, ajuizar a respectiva ação rescisória, com a finalidade de reduzir o montante de verba honorária. É de se ver que foi proferida sentença sem análise de mérito, mas tal *decisum* irradia efeitos que somente podem ser rescindidos pela ação rescisória.

Além dessas situações, a ação rescisória pode ter por objeto **decisão que impeça a admissibilidade do recurso correspondente. Trata-se de inovação inserida no Novo CPC** (art. 966, § 2º, II Novo CPC), voltada exclusivamente a rescindir tal decisão em que tenha sido proferido juízo negativo de admissibilidade de recurso (juízo de prelibação).

Por esse motivo, se o Tribunal de Justiça negar a subida de recurso extraordinário, proferindo juízo negativo de admissibilidade, com trânsito em julgado, poderá esta decisão ser objeto da ação rescisória, com a finalidade de, sendo rescindida, seja determinada a remessa dos autos ao Supremo Tribunal Federal.

Não se pretende, com tal remédio, **que o mérito do recurso antes interposto seja julgado na ação rescisória, mas que simplesmente a matéria seja devolvida ao Tribunal *ad quem* para análise**. Portanto, o pedido da ação rescisória, nesse caso, é o de dar plena efetividade ao efeito devolutivo, para que o tribunal competente possa conhecer do recuso antes interposto.

> ***Em suma:*** *tem-se que a ação rescisória poderá rescindir:*
>
> *i) a coisa julgada material (formada por meio de decisão interlocutória, sentença ou acórdão);*
>
> *ii) a coisa julgada formal, desde que haja impedimento à propositura de nova ação;*
>
> *iii) decisão que não admita recurso, desde que já transcorrido o prazo para que tal decisum seja impugnado pelo meio adequado.*

Passa-se, agora, ao estudo do **pedido rescisório**.

A parte, ao mesmo tempo em que busca rescindir a coisa julgada formada, também pode pretender que seja proferida nova decisão em seu lugar. Trata-se do **pedido rescisório**, que não estará presente em todas as situações.

Por exemplo, se o autor ajuíza a ação rescisória com fundamento em ofensa à coisa julgada, é porque ele pretende que a primeira decisão transitada em julgado prevaleça. Portanto, nesse caso, não há motivo para o pedido rescisório.

Ingressando no juízo rescisório, o Tribunal estará adstrito ao pedido formulado pelo autor, observando-se a princípio da congruência. Mas tal adstrição deve referir-se quer ao pedido constante da petição inicial da ação rescisória, quanto à vestibular da própria ação em que formada a coisa julgada que se pretende rescindir.

O NCPC encampou a ideia dos capítulos de decisão, admitindo-se a coisa julgada parcial. Assim, se a sentença contar com dois capítulos e apenas um deles for impugnado, tem-se a formação da coisa julgada em relação ao capítulo recorrido e, nesse passo, a possibilidade de rescisão por meio da ação rescisória.

Nesse sentido, previu o Novo CPC que a "***ação rescisória pode ter por objeto apenas 1 (um) capítulo da decisão***" (art. 966, § 3º).

Na hipótese de coisa julgada parcial, tal como o tratado no dispositivo mencionado, o prazo para o ajuizamento da ação rescisória somente terá termo inicial a **data do trânsito em julgado da última decisão proferida nos autos**, não sendo encampada a orientação do Supremo Tribunal Federal vigente anteriormente ao Novo Código de Processo Civil.

24.3. COMPETÊNCIA PARA JULGAMENTO

Para a fixação da competência do Tribunal competente para o julgamento da ação rescisória, devem ser observadas **três regras cumulativas**:

> *i) trata-se de ação originária dos tribunais;*
>
> *ii) cada tribunal é competente para o julgamento das rescisórias de seus próprios julgados;*
>
> *iii) Aplicação das Súmulas 249 e 515 do STF.*

i) Trata-se de ação originária dos tribunais:

Somente os tribunais possuem competência para o julgamento de ações rescisória. Nesse sentido, poderão fazê-lo os Tribunais de Justiça, Tribunais Regionais Federais, Tribunais Regionais do Trabalho, Superior Tribunal de Justiça, Supremo Tribunal Federal, entre outros.

Cabe aqui registrar que a Turma Recursal não se equivale a Tribunal, de modo que não poderá julgar ação rescisória (aliás, o art. 59 da Lei 9.099/1995 veda a possibilidade de ser ajuizada ação rescisória em sede de juizados especiais[21]).

ii) Cada tribunal é competente para o julgamento das rescisórias de seus próprios julgados:

Excluída automaticamente a competência dos juízos de primeiro grau, deve-se saber quais tribunais são competentes para conhecer e julgar tal ação. Nesse passo, os Tribunais de Justiça serão competentes para tais demandas quando a coisa julgada for formada a partir de sentença ou de recurso por eles julgado.

Se interposto recurso especial, sendo ele conhecido, por conta do efeito substitutivo, prevalecerá a decisão do Superior Tribunal de Justiça, de modo que este será o competente para conhecer da ação.

Da mesma maneira, se conhecido o recurso extraordinário, será o Supremo Tribunal Federal o competente para o julgamento da rescisória.

Essa competência dos Tribunais Superiores, contudo, não ocorrerá, se os recursos não tiverem sido conhecidos, **pois não houve substituição da decisão anterior**;

iii) Súmulas 249 e 515 do Supremo Tribunal Federal:

Se o Supremo Tribunal Federal ou o Superior Tribunal de Justiça, **embora não tenham conhecido do recurso extraordinário ou especial**, ou havendo negado provimento ao agravo, **tiverem apreciado a questão constitucional ou federal controvertidas**, serão competentes para o julgamento da ação rescisória (Súmula 249 do STF).

E, **se a matéria discutida na rescisória não foi objeto de análise quando dos recursos** extraordinário ou especial, a competência para o julgamento da ação rescisória não será do STF ou do STJ, mas dos Tribunais de Justiça ou Tribunais Regionais Federais (Súmula 515 do STF).

Da junção das duas súmulas do Supremo Tribunal Federal, tem-se que:

> *O Supremo Tribunal Federal e o Superior Tribunal de Justiça **somente serão competentes para o julgamento da ação rescisória** se, tendo conhecido ou não do recurso da decisão que transitou em julgado, apreciaram a questão constitucional ou federal respectiva.*

24.4. AJUIZAMENTO DA AÇÃO PERANTE TRIBUNAL INCOMPETENTE

Na linha do princípio da primazia do julgamento do mérito, determina o Novo Código de Processo Civil (art. 968, § 5º), que, reconhecida a incompetência do tribunal para julgar a ação rescisória, **o autor será intimado para emendar a petição inicial**, a fim de adequar o objeto da ação rescisória, quando a decisão apontada como rescindenda:

a) não tiver apreciado o mérito e não se tratar de decisão que impeça nova propositura da demanda ou a admissibilidade do recurso correspondente: nesses casos, o legislador permitiu que o autor da rescisória ajuste a inicial, uma vez que o objeto indicado não a admite.

b) tiver sido substituída por decisão posterior:

Nestes casos, após a emenda da inicial, será permitido ao réu complementar os fundamentos da defesa, e, em seguida, os autos serão remetidos ao Tribunal competente. Note-se que, nestes casos, permitiu-se a adequação da inicial e da defesa, pois o conteúdo das mesmas poderá ser modificado. De toda forma, admite-se que o Tribunal reconheça a incompetência absoluta e determine a remessa dos autos ao competente, de ofício.

24.5. REQUISITOS DE ADMISSIBILIDADE DA AÇÃO RESCISÓRIA

Por importar no nascedouro de uma nova relação jurídica processual, devem ser atendidos requisitos gerais (de toda e qualquer demanda) e também requisitos específicos de admissibilidade.

São requisitos específicos:

(i) decisão (de mérito) transitada em julgado (já analisado quando do estudo do objeto da ação rescisória);

(ii) observância do prazo legal;

(iii) depósito da multa de 5%;

(iv) presença de uma das hipóteses do art. 966 do NCPC.

• Observância do prazo decadencial

Sobre o prazo para o ajuizamento da ação rescisória, devem ser observadas as seguintes regras:

a) Regra geral: extinção do direito no prazo de dois anos contados do trânsito em julgado da última decisão proferida no processo.

Como regra geral, tem-se que o **direito** ao ajuizamento da ação rescisória se extingue (demonstrando-se a natureza de prazo decadencial) no prazo de **dois anos do trânsito em julgado** da última decisão proferida no processo (art. 975 NCPC).

Foi solucionada discussão existente no âmbito jurisprudencial, que admitia soluções diferentes pelo Supremo Tribunal Federal e pelo Superior Tribunal de Justiça, no sentido de que, apesar de formada a coisa julgada parcial (em decorrência de decisão interlocutória de mérito ou em razão de capítulo não impugnado), **o direito ao ajuizamento da ação rescisória se extingue em um único momento, qual seja, do trânsito em julgado da última decisão proferida nos autos**.

Se o termo final cair durante as férias forenses, recesso, feriados ou em dia em que não houver expediente forense, **o prazo será prorrogado até o primeiro dia útil imediatamente subsequente**.

b) Termo inicial na data de descoberta da prova nova:

---

21 Leonardo Greco sustenta, se acaso o procedimento do juizado for insuficiente para a cognição adequada da causa, a sentença poderá ser atacada por ação autônoma de anulação, competindo ao interessado demonstrar o cerceamento à prova ou a inobservância de algum aspecto do devido processo legal. In Os Juizados Especiais Como tutela Diferenciada: Theodoro Júnior, Humberto; LAUAR, Maira Terra. Tutelas Diferenciadas como Meio de incrementar a efetividade da prestação jurisdicional. Rio de Janeiro: GZ, 2010, p. 711 e s.

Se a ação rescisória tiver por fundamento a existência de prova cuja falsidade tenha sido apurada em processo criminal ou venha a ser demonstrada na própria ação rescisória, **o termo inicial será a da data da descoberta da prova nova**, observado o prazo de cinco anos, contado do trânsito em julgado da última decisão proferida no processo.

Trata-se, sem dúvida, de exceção à regra geral, pois o termo inicial, para fins de contagem do prazo, **não é a data do trânsito em julgado, mas a da descoberta da prova nova**.

Porém, esse direito não é eterno, tendo a lei feito a restrição para o prazo de cinco anos, contado do trânsito em julgado da última decisão proferida no processo.

c) Termo Inicial no Caso de Simulação ou Colusão das Partes

Se a ação rescisória tiver por fundamento a simulação ou a colusão das partes, o prazo começa a contar, para o terceiro prejudicado e para o Ministério Público, que não interveio no processo, a partir do momento em que têm ciência da simulação ou da colusão (art. 975, § 3º NCPC).

Para esta exceção à regra geral, o prazo para o ajuizamento da ação rescisória se inicia quando da **ciência da simulação ou da colusão, pois somente a partir deste momento é que se teve possibilidade de exercício da pretensão rescindente**. Podem valer-se do termo inicial diferenciado o terceiro prejudicado e o Ministério Público, que não interveio no processo.

d) Termo Inicial com a Declaração de Inconstitucionalidade pelo Supremo Tribunal Federal

Poderá o executado, na fase de cumprimento de decisão que reconheça a exigibilidade de obrigação, alegar, em impugnação, a sua inexigibilidade por ser fundada em lei ou ato normativo considerado inconstitucional pelo Supremo Tribunal Federal, ou fundado em aplicação ou interpretação da lei ou do ato normativo tido pelo STF como incompatível com a Constituição Federal, em controle de constitucionalidade concentrado ou difuso.

Para tanto, no entanto, a decisão do Supremo Tribunal Federal deverá ter sido anterior à decisão exequenda.

E isso porque, se a decisão proveniente do STF for posterior ao trânsito em julgado da decisão exequenda, caberá ação rescisória, com fundamento no art. 966, V do NCPC (violar manifestamente norma jurídica), **cujo prazo será contado do trânsito em julgado da decisão proferida pelo Supremo Tribunal Federal**.

Portanto, o termo inicial para essa hipótese, não será o trânsito em julgado da decisão que se pretende rescindir, mas do trânsito da decisão em que realizado o controle de constitucionalidade pelo Supremo Tribunal Federal.

É óbvio que, se o fundamento da ação rescisória for outro, então o termo inicial observará qualquer uma das demais regras apresentadas.

e) Depósito do valor correspondente a 5% do valor da causa

Deverá o autor da ação rescisória providenciar o depósito de 5% do valor da causa, a título de multa, caso a ação seja, por unanimidade de votos, declarada inadmissível ou improcedente. Se por decisão monocrática, o valor será devolvido ao autor.

Será também, obviamente, devolvido ao autor, se a demanda for julgada procedente ou se não acolhida (ou não conhecida) por maioria de votos.

O Novo CPC reiterou a necessidade do depósito de 5% sobre o valor da causa, limitando-o, porém, a mil salários mínimos.

A comprovação do recolhimento do valor é requisito da petição inicial, devendo a parte, em caso de omissão, ser devidamente intimada para demonstração do pagamento.

Estarão isentos de recolhimento as pessoas jurídicas de direito público, o Ministério Público, a Defensoria Pública e os beneficiários da gratuidade processual.

24.6. HIPÓTESES INDICADAS NO ART. 966 CPC

O cabimento da ação rescisória está adstrito às hipóteses indicadas no art. 966, ou seja, se a decisão:

I – se verificar que foi proferida por força de prevaricação, concussão ou corrupção do juiz: não é necessário que exista processo criminal em que fique reconhecida a autoria das ações delituosas pelo juiz, pois a prova poderá ser produzida nos próprios autos da ação rescisória;

II – proferida por juiz impedido ou absolutamente incompetente: comprometida a parcialidade do juiz por conta do impedimento, tem-se que a coisa julgada poderá ser rescindida, ainda que tal matéria não tenha sido alegada anteriormente. O mesmo ocorre em relação à incompetência absoluta do juiz. De outro lado, a sentença proferida por juiz suspeito ou relativamente incompetente não comprometerá a coisa julgada formada.

III – resultar de dolo ou coação da parte vencedora em detrimento da parte vencida, ou, ainda, de simulação ou colusão entre as partes, a fim de fraudar a lei: nesse caso, o resultado final da demanda deve-se ao dolo, coação, simulação ou colusão;

IV – ofender a coisa julgada: se a sentença ofendeu coisa julgada formada, poderá ser rescindida por meio da ação rescisória.

V – violar manifestamente norma jurídica: a expressão "norma jurídica" é bem mais ampla do que lei, antes prevista no inciso V do art. 485 do CPC de 1973, e se refere a ato normativo em sentido geral, bem como a princípios.

A propósito do tema, a súmula 343 do STF dispõe que "não cabe ação rescisória por ofensa a literal disposição de lei, quando a decisão rescindenda se tiver baseado em texto legal de interpretação controvertida nos tribunais".

Assim, havendo sobre a aplicação da lei interpretação controvertida nos tribunais, há de prevalecer a interpretação razoável oferecida, de modo que não será cabível a ação rescisória.

De outro lado, porém, se a ofensa for à Constituição Federal (ou à interpretação oferecida pelo Supremo Tribunal Federal), será admitida a ação rescisória, com fundamento na melhor interpretação (proveniente do STF).

VI – for fundada em prova cuja falsidade tenha sido apurada em processo criminal ou venha a ser demonstrada na própria ação: deve existir um nexo entre a falsidade da prova e o resultado do processo.

VII – obtiver o autor, posteriormente ao trânsito em julgado, prova nova cuja existência ignorava ou de que não pôde fazer uso, capaz, por si só, de lhe assegurar pronunciamento favorável: o documento novo, de que a parte não dispunha, deve ser capaz de alterar o resultado do processo.

VIII – for fundada em erro de fato verificável do exame dos autos: há erro de fato quando a sentença admitir um fato inexistente, ou quando considerar inexistente um fato efetivamente ocorrido.

24.7. LEGITIMIDADE PARA A PROPOSITURA DA AÇÃO RESCISÓRIA

Possuem **legitimidade** para a propositura da ação rescisória quem foi parte no processo ou seu sucessor a título universal ou singular, o terceiro juridicamente interessado, o Ministério Público e aquele que não foi ouvido no processo em que lhe era obrigatória a intervenção.

i) Parte no processo ou seu sucessor

Qualquer um que tenha figurado como parte no processo poderá ingressar com a ação rescisória, ainda que revel.

ii) Terceiro juridicamente interessado

O terceiro deverá demonstrar o interesse jurídico na rescisão da coisa julgada.

iii) Ministério Público

O Ministério Público poderá ingressar com a ação rescisória quando não foi ouvido no processo em que lhe era obrigatória a intervenção, quando a decisão rescindenda é o efeito de simulação ou de colusão das partes, a fim de fraudar a lei e em outros casos em que se imponha sua atuação.

iv) Aquele que não foi ouvido no processo em que lhe era obrigatória a intervenção:

Há processos em que a oitiva de determinadas entidades é obrigatória, como ocorre, por exemplo, com o CADE e a Comissão de Valores Mobiliários (art. 118, da Lei nº 12.529/2011 e art. 31 da Lei nº 6.385/1976).

Se tal oitiva não ocorreu no processo originário, terão as entidades legitimidade para o ajuizamento de ação rescisória.

24.8. POLO PASSIVO

O polo passivo da ação rescisória será ocupado por todos aqueles que participaram da relação processual oriunda da ação cuja coisa julgada se pretende rescindir. Forma-se, então, litisconsórcio passivo necessário, que, em parte, será unitário (juízo rescindente), em parte, será simples (juízo rescisório).

24.9. NÃO IMPEDIMENTO À EXECUÇÃO

Ressalvada a concessão de tutela provisória, o ajuizamento da rescisória não constitui óbice à execução do julgado.

24.10. INDEFERIMENTO DA PETIÇÃO INICIAL

A petição inicial da ação rescisória será indeferida nas hipóteses dos artigos 330, se não comprovado o depósito exigido.

24.11. IMPROCEDÊNCIA LIMINAR DO PEDIDO

Admite-se, também na ação rescisória, a improcedência liminar do pedido nas hipóteses indicadas no art. 332.

24.12. RESPOSTA DO RÉU

O relator fixará prazo que variará entre 15 e 30 dias para o oferecimento de resposta, não havendo que se falar em revelia. A partir daí, será observado o procedimento comum.

24.13. PRESCRIÇÃO INTERCORRENTE

Consoante indicado na súmula 264, do STF, se a ação rescisória permanecer parada por mais de 5 anos, verifica-se a prescrição intercorrente. Ressalte-se que o prazo, atualmente, não é de cinco, mas de dois anos.

25. RECURSOS

25.1. DISPOSIÇÕES GERAIS

Os requisitos, pressupostos ou condições de admissibilidade são aqueles necessários para que seja analisado o mérito do recurso. Constituem-se em matéria de ordem pública, que pode ser conhecida de ofício. Trata-se do objeto do juízo de admissibilidade ou de prelibação.

Os requisitos intrínsecos "são aqueles que dizem respeito à decisão recorrida em si mesma considerada".[22] Consideram "o conteúdo e a forma da decisão impugnada. De tal modo que, para proferir o juízo de admissibilidade, toma-se o ato judicial impugnado no momento e da maneira como foi prolatado".[23] Constituem-se requisitos intrínsecos de admissibilidade: o cabimento, a legitimação para recorrer e o interesse recursal.

a) Cabimento

A recorribilidade e a adequação são dois fatores que compõem o requisito do cabimento. Para que seja cabível, o "recurso precisa estar previsto na lei processual contra

---

22 NERY JÚNIOR, Nelson. *Teoria Geral dos Recursos*. 7. ed. São Paulo: RT, 2013, p. 266.

23 NERY JÚNIOR, Nelson. *Teoria Geral dos Recursos*. 7. ed. São Paulo: RT, 2013, p. 266.

determinada decisão judicial"[24], bem como que seja o correto para impugnar o pronunciamento judicial.

O Novo CPC elenca os recursos no art. 994. São eles: I – apelação; II – agravo de instrumento; III – agravo interno; IV – embargos de declaração; V – recurso ordinário; VI – recurso especial; VII – recurso extraordinário; VIII – agravo em recurso especial ou extraordinário; e, IX – embargos de divergência.

Além destes recursos, merece registro a previsão de outros em leis especiais, como os recursos inominados (art. 49, da Lei 9.099/95), os incidentes de uniformização de interpretação de lei (Leis n. 10.259/2001 e 12.153/2009) e os embargos infringentes de alçada (art. 34 da Lei n. 6.830/1980).

Encampou-se, assim, o princípio da taxatividade dos recursos, por meio do qual somente serão recursos aqueles assim previstos em lei federal.

b) Legitimidade para recorrer

Para a admissibilidade do recurso, deverá o recorrente ter legitimidade para a sua interposição, prevista de forma genérica. Nesse sentido, o art. 996 do NCPC dispõe que tem legitimidade a parte, o terceiro prejudicado e o Ministério Público, como parte ou como fiscal da ordem jurídica.

c) Interesse Recursal

Passa-se ao exame do interesse em recorrer.

Haverá interesse em recorrer quando presentes os requisitos do binômio necessidade e utilidade.

Para que haja a necessidade recursal, deverá o recorrente demonstrar que o recurso é o único meio de obter "o que pretende contra a decisão impugnada".[25]

Em relação à utilidade, o recurso será útil se puder importar em situação de melhora ao recorrente, em decorrência da sucumbência ou prejuízo imposto pelo pronunciamento jurisdicional.

d) Tempestividade

Os requisitos extrínsecos referem-se a fatores externos ao pronunciamento judicial impugnado. São eles: tempestividade, a regularidade formal, a inexistência de fato impeditivo ou extintivo do poder de recorrer e o preparo recursal.

Se o CPC de 1973 já importou em unificação da maioria dos prazos, o CPC de 2015 avançou ainda mais neste ponto, ao prever expressamente que, excetuados os embargos de declaração, o prazo para interpor os recursos e para responder-lhes é de quinze dias (art. 1.003, § 5º do Novo CPC).

Ainda persistem prazos especiais para alguns recursos, em razão de previsão contida em lei extravagante. Em comum entre eles, o recurso deverá ser interposto no prazo de dez dias e a diferenciação decorre da aplicação do princípio da especialidade. É o que acontece com os recursos de: i) apelação e agravo de instrumento nos procedimentos que tramitam perante a Vara da Infância e da Juventude, com exceção das ações coletivas (art. 198, II do Estatuto da Criança e do Adolescente); ii) recurso inominado, previsto na Lei dos Juizados Especiais (art. 42, *caput*, da Lei n. 9.099/95); iii) incidente de uniformização de interpretação de lei para a Turma Regional de Uniformização dos Juizados Especiais Federais (art. 2º, § 1º da Resolução n. 347/2015); iv) embargos infringentes de alçada em processo de execução fiscal (art. 34, § 2º da Lei n. 6.830/80).

e) Regularidade formal

Outro requisito extrínseco é a regularidade formal, exigindo-se que o recorrente observe a forma prevista pela lei, como imprescindível para que o recurso seja conhecido.

A primazia do julgamento do mérito e o máximo aproveitamento dos atos processuais são princípios encampados pelo Novo Código de Processo Civil (art. 283), no contexto do formalismo constitucional democrático.

Por esse motivo, sempre que possível, deverá o julgador determinar a regularização de vício formal, mas, ao fazê-lo, não poderá comprometer a sua imparcialidade ou substituir a atividade que deveria ser praticada pela parte recorrente.

f) Inexistência de fato impeditivo ou extintivo do poder de recorrer

Constitui requisito intrínseco dos recursos a inexistência de fato impeditivo ou extintivo do poder de recorrer.

São fatos impeditivos a desistência do recurso (art. 998), o reconhecimento jurídico do pedido e a renúncia ao direito sobre o que se funda a ação. De outro lado, são fatos extintivos a renúncia e a aquiescência da parte.

A desistência do recurso interposto é negócio jurídico unilateral não receptício, pois, poderá ser manifestado unilateralmente pela parte, sem necessidade de concordância da parte contrária, produzindo efeitos desde que é efetuada.

O parágrafo único do art. 998 do NCPC prevê que a desistência do recurso não impede a análise da questão cuja repercussão geral já tenha sido reconhecida e daquela objeto de julgamento de recursos extraordinário ou especiais repetitivos.

g) Preparo recursal

Por fim, o último requisito extrínseco é da exigência de comprovação do recolhimento de preparo recursal, que compreendem custas e também as despesas processuais com o porte e o retorno dos autos processuais.

De acordo com o Novo CPC, o pagamento do preparo recursal, incluindo-se o porte e o retorno (dispensado em autos eletrônicos), deverá ser comprovado quando da interposição do recurso. Se, posteriormente, for provado justo impedimento, o relator poderá relevar a pena de deserção, fixando-se prazo de cinco dias para efetuar o preparo. Admite-se, ainda, muito embora não previsto legalmente, a continuidade do entendimento encampado na súmula 484 do STJ, de modo que, se interposto o recurso fora do horário do expediente bancário, será possível comprovar o seu recolhimento no primeiro dia útil seguinte.

Sendo insuficiente o valor recolhido, será o recorrente intimado para regularizar o vício, compreendendo-se tanto

---

24 NERY JÚNIOR, Nelson. *Teoria Geral dos Recursos*. 7. ed. São Paulo: RT, 2013, p. 267.

25 NERY JUNIOR, Nelson; NERY, Rosa Maria de Andrade. *Comentários ao Código de Processo Civil. Novo CPC – Lei 13.105/2015*. São Paulo: RT, p. 300.

as custas, quanto a própria despesa de porte e retorno. Se não o fizer, tem-se a deserção.

Como novidade, tem-se a previsão de que, independentemente de justo motivo, é possível ao recorrer livrar-se da deserção advinda da não comprovação do recolhimento do preparo recursal, impondo-lhe, como sanção e condição de admissibilidade, o recolhimento em dobro (art. 1.007, § 4º).

Assegura-se a dispensa de preparo, inclusive porte de remessa e de retorno, aos recursos interpostos pelo Ministério Público, pela União, pelo Distrito Federal, pelos Estados, pelos Municípios, e pelas respectivas autarquias, e pelos que gozam de isenção legal.

No âmbito da Justiça Federal, em razão da alteração do inciso II do art. 14 da Lei n. 9.289/1996, ao interpor o recurso, o recorrente deverá comprovar o recolhimento do preparo recursal (e este consistirá no pagamento da outra metade das custas devidas).

25.2. EFEITOS DOS RECURSOS

Estudo importante para entender-se a dinâmica dos recursos compreende a análise de seus efeitos.

(i) **Efeito devolutivo:** o efeito devolutivo é aquele em virtude do qual a matéria é devolvida ao órgão judicante, seja ele superior àquele que proferiu a decisão, seja ao próprio órgão prolator da decisão. Compreende o princípio do *tantum devolutum quantum appellatum*. Todo recurso conta com esse efeito.

Tal efeito deve ser analisado quanto à sua extensão e quanto à sua profundidade.

Sob o primeiro aspecto (quanto à extensão), tem-se a delimitação da matéria objeto do recurso. Trata-se da ***dimensão horizontal*** do efeito devolutivo.

Assim, se o réu é condenado ao pagamento de indenização por danos materiais e morais e somente recorre em relação a estes últimos, ele delimita o seu recurso, a sua irresignação, e o Tribunal estará vinculado a essa vontade.

Sob o segundo aspecto (quanto à profundidade), tem-se que ficam devolvidas todas as questões suscitadas e discutidas no processo, ainda que a sentença não as tenha julgado por inteiro, desde que relativas ao capítulo impugnado. Trata-se da ***dimensão vertical*** do efeito devolutivo.

Em decorrência da preferência pelo julgamento do mérito, se o processo estiver em condições de imediato julgamento, o tribunal deve decidir desde logo o mérito quando: I – reformar sentença fundada no art. 485; II – decretar a nulidade da sentença por não ser ela congruente com os limites do pedido ou da causa de pedir; III – constatar a omissão no exame de um dos pedidos, hipótese em que poderá julgá-lo; IV – decretar a nulidade de sentença por falta de fundamentação.

(ii) Efeito translativo: apesar do efeito devolutivo, algumas matérias, poderão ser conhecidas de ofício, independentemente de requerimento ou arguição da parte. São as matérias de ordem pública.

(iii) Efeito suspensivo: pelo efeito suspensivo, impede-se a produção imediata de efeitos da decisão, situação essa que durará até o julgamento do recurso. Essa suspensividade não advém da interposição do recurso, mas da simples previsão de que terá tal efeito por força de lei.

O efeito suspensivo poderá existir por força de lei (*ope legis*) ou em razão de decisão judicial a respeito (*ope judicis*).

A apelação, como regra, tem duplo efeito – devolutivo e suspensivo. Terão somente efeito devolutivo a sentença que: I – homologa divisão ou demarcação de terras; II – condena a pagar alimentos; III – extingue sem resolução do mérito ou julga improcedentes os embargos do executado; IV – julga procedente o pedido de instituição de arbitragem; V – confirma, concede ou revoga tutela provisória; VI – decreta a interdição.

Em tais situações, o apelado poderá promover o pedido de cumprimento provisório de sentença.

Não obstante, o apelante poderá pleitear a concessão de efeito suspensivo em tais casos, se for demonstrada a probabilidade de provimento do recurso ou se, sendo relevante a fundamentação, houver risco de dano grave ou de difícil reparação. Este requerimento será dirigido ao: I – tribunal, no período compreendido entre a interposição da apelação e sua distribuição, ficando o relator designado para seu exame prevento para julgá-la; II – relator, se já distribuída a apelação.

Da mesma forma, os recursos extraordinário e especial também não são dotados de efeito suspensivo. Tal efeito, contudo, poderá ser requerido ao tribunal superior, no período compreendido entre a publicação da decisão de admissão do recurso e sua distribuição, ficando o relator designado para seu exame prevento para julgá-lo; ao relator, se já distribuído o recurso; ou, então, ao presidente ou ao vice-presidente do tribunal recorrido, no período compreendido entre a interposição do recurso e a publicação da decisão de admissão do recurso, assim como no caso de recurso ter sido sobrestado.

(iv) Efeito expansivo ou extensivo: em decorrência desse efeito, consideram-se sem efeito os atos ou decisões dependentes da decisão recorrida, naquilo em que forem incompatíveis com o julgamento do recurso. Se o julgamento do recurso afetar outras decisões que não a recorrida, estar-se-á diante do **efeito expansivo externo**; se, porém, o recurso fizer referência apenas a um dos capítulos da decisão, que examina questão preliminar ou prejudicial, e o acolhimento do recurso repercutir no capítulo relacionado à questão subordinada, estar-se-á diante de **efeito expansivo interno**.

(v) Efeito substitutivo: o julgamento proferido pelo tribunal substituirá a sentença ou a decisão recorrida no que tiver sido objeto de recurso.

Portanto, não existirão dois atos ou decisões sobre a mesma matéria, mas apenas um, fato esse que é relevante para se saber a competência para conhecimento da ação rescisória, como adiante será visto.

26. APELAÇÃO

26.1. CABIMENTO

O recurso de apelação será cabível com a finalidade de reformar sentença.

Porém, nem todas as sentenças são apeláveis.

Nesse sentido, a sentença proferida no âmbito dos Juizados Especiais não será impugnada pelo recurso de apelação, mas pelo recurso inominado. Também a sentença proferida nas execuções fiscais de valor inferior ao de alçada será objeto dos embargos infringentes de alçada.

26.2. FORMA

A apelação será interposta por petição dirigida ao juízo da causa, acompanhada das respectivas razões recursais, nas quais o apelante poderá alegar vício da atividade (*error in procedendo*), assim como vícios de juízo (*error in judicando*). Trata-se, portanto, de um recurso de cognição ampla e não vinculada.

26.3. EFEITO

A apelação é dotada de efeitos devolutivo e suspensivo, de modo que a sentença não produzirá efeitos enquanto não julgado o recurso.

Contudo, em determinadas situações, a apelação será recebida somente em seu efeito devolutivo, permitindo-se o cumprimento provisório da sentença. Assim, a apelação será recebida apenas em seu efeito devolutivo quando interposta de sentença que: homologar a divisão ou a demarcação de terras, condenar a pagar alimentos, extingue sem resolução do mérito ou julga improcedentes os embargos do executado, julga procedente o pedido de instituição de arbitragem, confirma, concede ou revoga tutela provisória e decreta a interdição.

Ainda nestes casos, será possível buscar-se a concessão do efeito suspensivo junto ao tribunal, por meio de petição específica, que se apresentada anteriormente à distribuição do recurso, tornará prevento o relator.

26.4. JUÍZO DE ADMISSIBILIDADE

A admissibilidade do recurso de apelação será realizado exclusivamente perante o Tribunal (juízo ad quem). Houve alteração nesse sentido, de modo que o seu juízo de admissibilidade não é mais desdobrado, mas único, no tribunal.

26.5. JUÍZO DE RETRATAÇÃO

Admite-se que, uma vez interposta a apelação, o juízo se retrate. Isso ocorrerá se o juiz proferir pronunciamento sem resolução do mérito, bem como nos casos de improcedência liminar.

27. AGRAVOS (AGRAVO DE INSTRUMENTO E AGRAVO INTERNO)

27.1. AGRAVO DE INSTRUMENTO

O Novo CPC, inovando em relação ao anterior, fixou a regra de que as questões decididas por meio de decisões interlocutória não são recorríveis de imediato, salvo quando admitido o agravo de instrumento para a hipótese.

Constitui-se o agravo de instrumento no recurso apropriado para impugnar decisão interlocutória que versar sobre matérias específicas elencadas no art. 1.015 e em outros dispositivos.

Nesse sentido, caberá a interposição de agravo de instrumento quando a decisão interlocutória versar sobre: i) tutela provisória; ii) mérito do processo; iii) rejeição da alegação de convenção de arbitragem; iv) incidente de desconsideração da personalidade jurídica; v) rejeição do pedido de gratuidade da justiça ou acolhimento do pedido de sua revogação; vi) exibição ou posse de documento ou coisa; vii) exclusão de litisconsorte; viii) rejeição do pedido de limitação do litisconsórcio; ix) admissão ou inadmissão de intervenção de terceiros; x) concessão, modificação ou revogação do efeito suspensivo aos embargos à execução; xi) redistribuição do ônus probatório (carga dinâmica) e em outros casos admitidos na lei.

Também será cabível o agravo contra decisões interlocutórias proferidas na fase de liquidação de sentença ou de cumprimento de sentença, no processo de execução e no processo de inventário. A lógica, nesses casos, é a de que não haverá sentença em um espaço curto de tempo, de modo que não se poderia aguardar por tanto tempo.

O recurso de agravo de instrumento deverá ser interposto no prazo de 15 dias, diretamente no Tribunal, acompanhado das peças obrigatórias e facultativas. Admite-se também que o seu protocolo seja feito na própria comarca, seção ou subseção judiciária, por postagem, sob registro, com aviso de recebimento ou por meio de transmissão de dados tipo fac-símile, ou ainda de acordo com outra forma prevista na lei.

Uma vez recebido o agravo de instrumento, poderá o relator decidi-lo monocraticamente nas hipóteses do art. 932, III e IV. Se não for o caso, mandará intimar o agravado e, oportunamente, solicitará prazo para julgamento.

27.2. AGRAVO INTERNO

Contra as decisões proferidas pelo relator será cabível a interposição do agravo interno, nos termos do regimento interno do tribunal.

É vedado ao relator limitar-se à reprodução dos fundamentos da decisão agravada para julgar improcedente o agravo interno.

Se o agravo interno for declarado manifestamente inadmissível ou improcedente em votação unânime, o órgão colegiado, em decisão fundamentada, condenará o agravante a pagar ao agravado multa fixada entre um e cinco por cento do valor atualizado da causa, estando a interposição de outro recurso condicionada ao seu recolhimento, salvo em relação à Fazenda Pública e dos beneficiários da gratuidade da justiça.

28. EMBARGOS DE DECLARAÇÃO

Os embargos de declaração possuem natureza mista ou híbrida. Reconhece-se a natureza de recurso, porque é previsto do Código de Processo Civil. Ao mesmo tempo, também é um meio de integração e de correção de omissão e de contradição da decisão proferida.

Cabem embargos de declaração quando: I – esclarecer obscuridade ou eliminar contradição; ii – suprir omissão de ponto ou questão sobre o qual devia se pronunciar o juiz de ofício ou a requerimento; iii- corrigir erro material.

Os embargos de declaração devem ter a petição dirigida ao juízo que proferiu a decisão, que terá competência para o seu julgamento. Podem ser interpostos em face de qualquer pronunciamento jurisdicional (decisões interlocutórias, sentenças e acórdãos).

interposição dos embargos de declaração interrompe o curso do prazo para a interposição de outros recursos. Essa interrupção alcança todas as partes do processo, e não só o recorrente, muito embora não albergue o prazo para interposição dos embargos declaratórios.

Poderão opor os embargos não só a parte sucumbente, mas também o vencedor da ação e o Ministério Público.

São isentos de preparo recursal, muito embora se admita a fixação de multa para os embargos manifestamente protelatórios (e assim não são considerados aqueles que têm a finalidade de prequestionamento), não excedente a 1% sobre o valor da causa. Na reiteração de embargos protelatórios, a multa é elevada a até 10%, ficando condicionada a interposição de qualquer outro recurso ao depósito do valor respectivo.

29. EMBARGOS DE DIVERGÊNCIA

O recurso de embargos de divergência tem a finalidade de buscar a uniformização de entendimento nos tribunais superiores. Assim, poderão ser interpostos contra acórdão de órgão fracionário do STF ou do STJ que: i) em recurso extraordinário ou em recurso especial, divergir do julgamento de qualquer outro órgão do mesmo tribunal, sendo os acórdãos embargado e paradigma, de mérito; ii) em recurso extraordinário ou em recurso especial divergir do julgamento de qualquer outro órgão do mesmo tribunal, sendo um acórdão de mérito e outro que não tenha conhecido do recurso, embora tenha apreciado a controvérsia.

A divergência que justifica a interposição dos embargos de divergência pode ser de direito material e de direito processual.

Ainda que proveniente da mesma turma, serão cabíveis os embargos de divergência quando a sua composição tiver sofrido alteração em mais da metade de seus membros.

30. RECURSOS ORDINÁRIO, ESPECIAL E EXTRAORDINÁRIO

30.1. RECURSO ORDINÁRIO

DOS RECURSOS PARA O STF E PARA O STJ (Art. 1.027 e seguintes)

Recursos cabíveis	Recurso ordinário
	Recursos extraordinário e especial
	Agravo nos recursos extraordinário e especial
	Embargos de divergência

Será cabível o recurso ordinário ao: i) I – pelo Supremo Tribunal Federal, os mandados de segurança, os *habeas data* e os mandados de injunção decididos em única instância pelos tribunais superiores, quando denegatória a decisão; II – pelo Superior Tribunal de Justiça: a) os mandados de segurança decididos em única instância pelos tribunais regionais federais ou pelos tribunais de justiça dos Estados e do Distrito Federal e Territórios, quando denegatória a decisão; b) os processos em que forem partes, de um lado, Estado estrangeiro ou organismo internacional e, de outro, Município ou pessoa residente ou domiciliada no País.

Nos processos referidos no inciso II, alínea "b", contra as decisões interlocutórias caberá agravo de instrumento dirigido ao Superior Tribunal de Justiça, nas hipóteses do art. 1.015.

Aplica-se também ao recurso ordinário. Por isso, estando o processo em condições de imediato julgamento, o tribunal deve decidir desde logo o mérito quando: i- reforma sentença proferida sem análise de mérito; ii- decretar a nulidade da sentença por não ser ela congruente com os limites do pedido ou da causa de pedir; iii-contestar a omissão no exame de um dos pedidos, hipótese em que poderá julgá-lo; iv-decretar a nulidade de sentença por falta de fundamentação.

Contra sentença proferida pelo Juízo Federal de 1º grau (art. 1.027, II, b): ao invés de ser impugnada por meio do recurso de apelação, será cabível o recurso ordinário, observando-se, em tudo, as regras de admissibilidade e de procedimento da própria apelação, bem como o Regimento Interno do Superior Tribunal de Justiça.

30.2. DISPOSIÇÕES GERAIS QUANTO AO RECURSO EXTRAORDINÁRIO E RECURSO ESPECIAL

O recurso extraordinário e o recurso especial, nos casos previstos na Constituição Federal, serão interpostos perante o presidente ou o vice-presidente do tribunal recorrido, em petições distintas que conterão:

I – a exposição do fato e do direito;

II – a demonstração do cabimento do recurso interposto;

III – as razões do pedido de reforma ou de invalidação da decisão recorrida.

Quando o recurso fundar-se em dissídio jurisprudencial, o recorrente fará a prova da divergência com a certidão, cópia ou citação do repositório de jurisprudência, oficial ou credenciado, inclusive em mídia eletrônica, em que houver sido publicado o acórdão divergente, ou ainda com a reprodução de julgado disponível na rede mundial de computadores, com indicação da respectiva fonte, devendo-se, em qualquer caso, mencionar as circunstâncias que identifiquem ou assemelhem os casos confrontados.

Quando o recurso estiver fundado em dissídio jurisprudencial, é vedado ao tribunal inadmiti-lo com base em fundamento genérico de que as circunstâncias fáticas são diferentes, sem demonstrar a existência da distinção.

O Supremo Tribunal Federal ou o Superior Tribunal de Justiça poderá desconsiderar vício formal de recurso tempestivo ou determinar sua correção, desde que não o repute grave.

I – ao tribunal superior respectivo, no período compreendido entre a publicação da decisão de admissão do recurso e sua distribuição, ficando o relator designado para seu exame prevento para julgá-lo; II - ao relator, se já distribuído o recurso; III – ao presidente ou ao vice-presidente do tribunal recorrido, no período compreendido entre a interposição do recurso e a publicação da decisão de admissão do recurso, assim como no caso de o recurso ter sido sobrestado, nos termos do art. 1.037.

O juízo de admissibilidade será desdobrado. Diferentemente do que ocorre em relação à apelação.

Na hipótese de interposição conjunta de recurso extraordinário e recurso especial, os autos serão remetidos ao Superior Tribunal de Justiça. Concluído o julgamento do recurso especial, os autos serão remetidos ao Supremo Tribunal Federal para apreciação do recurso extraordinário, se este não estiver prejudicado. Se o relator do recurso especial considerar prejudicial o recurso extraordinário, em decisão irrecorrível, sobrestará o julgamento e remeterá os autos ao Supremo Tribunal Federal. Se o relator do recurso extraordinário, em decisão irrecorrível, rejeitar a prejudicialidade, devolverá os autos ao Superior Tribunal de Justiça para o julgamento do recurso especial.

Questão constitucional constatada pelo Superior Tribunal de Justiça: se o relator, no Superior Tribunal de Justiça, entender que o recurso especial versa sobre questão constitucional, deverá conceder prazo de 15 (quinze) dias para que o recorrente demonstre a existência de repercussão geral e se manifeste sobre a questão constitucional.

Ofensa reflexa à Constituição: se o Supremo Tribunal Federal considerar como reflexa a ofensa à Constituição afirmada no recurso extraordinário, por pressupor a revisão da interpretação de lei federal ou de tratado, remetê-lo-á ao Superior Tribunal de Justiça para julgamento como recurso especial.

Efeito devolutivo no recurso extraordinário ou no especial: admitido o recurso extraordinário ou o recurso especial, o Supremo Tribunal Federal ou o Superior Tribunal de Justiça julgará o processo, aplicando o direito.

30.3. RECURSOS EXTRAORDINÁRIO E ESPECIAL REPETITIVOS

Multiplicidade de recursos extraordinários ou especiais: sempre que houver multiplicidade de recursos extraordinários ou especiais com fundamento em idêntica questão de direito, haverá afetação para julgamento de acordo com as disposições desta Subseção, observado o disposto no Regimento Interno do Supremo Tribunal Federal e no do Superior Tribunal de Justiça.

A escolha dos recursos representativos da controvérsia: o presidente ou o vice-presidente de tribunal de justiça ou de tribunal regional federal selecionará 2 (dois) ou mais recursos representativos da controvérsia, que serão encaminhados ao Supremo Tribunal Federal ou ao Superior Tribunal de Justiça para fins de afetação, **determinando a suspensão do trâmite** de todos os processos pendentes, individuais ou coletivos, que tramitem no Estado ou na região, conforme o caso.

Decisão de afetação: selecionados os recursos, **o relator, no tribunal superior**, constatando a presença do pressuposto do *caput* do art. 1.036, **proferirá decisão de afetação**, na qual: I – identificará com precisão a questão a ser submetida a julgamento; II – determinará a suspensão do processamento de todos os processos pendentes, individuais ou coletivos, que versem sobre a questão e tramitem no território nacional; III – poderá requisitar aos presidentes ou aos vice-presidentes dos tribunais de justiça ou dos tribunais regionais federais a remessa de um recurso representativo da controvérsia.

Requerimento de destravamento – caso distinto: demonstrando distinção entre a questão a ser decidida no processo e aquela a ser julgada no recurso especial ou extraordinário afetado, a parte poderá requerer o prosseguimento do seu processo. O requerimento será dirigido: I – ao juiz, se o processo sobrestado estiver em primeiro grau; II – ao relator, se o processo sobrestado estiver no tribunal de origem; III – ao relator do acórdão recorrido, se for sobrestado recurso especial ou recurso extraordinário no tribunal de origem; IV – ao relator, no tribunal superior, de recurso especial ou de recurso extraordinário cujo processamento houver sido sobrestado.

Extensão da decisão proferida nos recursos afetados: decididos os recursos afetados, os órgãos colegiados declararão prejudicados os demais recursos versando sobre idêntica controvérsia ou os decidirão aplicando a tese firmada.

Parágrafo único. Negada a existência de repercussão geral no recurso extraordinário afetado, serão considerados automaticamente inadmitidos os recursos extraordinários cujo processamento tenha sido sobrestado.

30.4. AGRAVO EM RECURSO ESPECIAL E EM RECURSO EXTRAORDINÁRIO

Cabe agravo contra decisão do presidente ou do vice-presidente do tribunal recorrido que inadmitir recurso extraordinário ou recurso especial, salvo quando fundada na aplicação de entendimento firmado em regime de repercussão geral ou em julgamento de recursos repetitivos.

31. RECLAMAÇÃO

A reclamação possui natureza jurídica de ação e poderá ser ajuizada para preservar a competência de tribunal, garantir a autoridade das decisões do tribunal, garantir a observância de enunciado de súmula vinculante e de decisão do Supremo Tribunal Federal em controle concentrado de constitucionalidade e para garantir a observância de acórdão proferido em julgamento de incidente de resolução de demandas repetitivas ou de incidente de assunção de competência.

Não será cabível a reclamação se a decisão já tiver transitado em julgado. Também não será admissível para garantir a observância de acórdão de recurso extraordinário com repercussão geral reconhecida ou de acórdão proferido em julgamento de recursos extraordinário ou especial repetitivos, quando não esgotadas as vias ordinárias.

Sendo julgada procedente a reclamação, o tribunal cassará a decisão exorbitante de seu julgado ou determinará medida adequada à solução da controvérsia.

32. REPERCUSSÃO GERAL

A Emenda Constitucional n. 45/2004, entre outras importantes alterações, inseriu o requisito da repercussão geral para a admissibilidade do recurso extraordinário, de modo a preservar a função da Corte Suprema como garantidora da unidade do direito. No mesmo sentido, o CPC 2015 indicou que o STF não conhecerá, em decisão irrecorrível, de recurso extraordinário quando a questão constitucional nele versada não tiver repercussão geral (art. 1.035, *caput*).

Como corolário da repercussão geral, exige-se que a questão reflita conteúdo relevante do ponto de vista econômico, político, social ou jurídico que ultrapasse os interesses subjetivos das partes do processo (art. 1.035, § 1º do NCPC).

Diante desses dados, reconhece-se relevância e transcendência aos julgados proferidos pelo STF em controle difuso, motivo pelo qual emite a Corte precedentes constitucionais de eficácia vinculante.[26]

33. SÚMULA VINCULANTE

Os incisos II e IV do art. 927 do NCPC estabelecem que os juízes e Tribunais devem observar as súmulas vinculantes, bem como as súmulas do STF em matéria constitucional e do STJ em matéria infraconstitucional.

As súmulas foram introduzidas no Brasil com a finalidade de facilitar o trabalho do Tribunal, sem preocupação com a coerência da ordem jurídica ou mesmo de buscar a segurança jurídica.[27]

Não há propriamente uma diferenciação, em sua substância, entre as súmulas vinculantes e as demais súmulas. A real diferença entre elas consiste na admissibilidade, na súmula vinculante, da reclamação contra os atos da Administração Pública e das decisões judiciais (art. 103-A, § 3º, da CF/88).

Importante verificar, no entanto, que as súmulas, geralmente, foram editadas após a formação de um precedente. Estão ligadas diretamente a ele. Ou, como afirmado doutrinariamente, "observar tais enunciados é observar a *ratio decidendi* dos precedentes que os originaram".[28]

Portanto, enquanto a súmula se apresenta como uma condensação da tese jurídica, sem demonstração dos elementos fáticos e desenvolvimento da argumentação que conduzisse a uma determinada concepção, tem-se que ela não se constitui propriamente em um precedente. Este consistirá, na verdade, no pronunciamento jurisdicional emitido no caso concreto, cuja regra jurídica pode ser aplicada aos casos futuros, desde que haja coerência fática entre eles.

Por isso, no sentir de Marinoni, as súmulas não se constituem em precedentes, mas em "mero guia de interpretação", desprovidas de qualquer compromisso com a unidade do direito.[29] De outro lado, Fredie Didier, Rafael Alexandria de Oliveira e Paula Sarno Braga, embora também afirmem que a vinculação existe para com o precedente, destacam que se fala em "observância do enunciado apenas por uma opção pela brevidade e pela facilitação do discurso".[30]

34. RECURSOS REPETITIVOS

Para os fins do Código, considera-se julgamento de casos repetitivos a decisão proferida em: i) incidente de resolução de demandas repetitivas; ii) recursos especial e extraordinário repetitivos. Tais casos podem ter por objeto questão de direito material ou processual.

35. LIQUIDAÇÃO DE SENTENÇA – ESPÉCIES E PROCEDIMENTO

35.1. OS PRONUNCIAMENTOS ILÍQUIDOS QUE RECONHECEM A EXISTÊNCIA DE OBRIGAÇÃO

O pronunciamento jurisdicional que reconhece a existência de obrigação e impõe o seu cumprimento, como regra, deverá indicar a sua **extensão**, o índice de correção monetária, a taxa de juros, o termo inicial de ambos e a periodicidade da capitalização dos juros, se for o caso.

Ocorre, porém, que se o juiz não puder determinar, **de modo definitivo, o montante devido, ou a apuração depender da produção de prova demorada ou excessivamente dispendiosa**, assim reconhecida no pronunciamento, poderá proferir **sentença ilíquida**.

EXEMPLO:

Em razão de acidente automobilístico, ao qual o réu deu causa, o autor sofreu determinados danos materiais e morais. Ocorre que, de imediato, não é possível precisar a extensão da obrigação, havendo necessidade de se averiguar se o autor terá sequelas definitivas ou não.

Como se vê, o pronunciamento judicial ilíquido é aquele que, embora certifique a existência de uma obrigação, não delimita a sua extensão, **carecendo-se de nova manifestação do Poder Judiciário para complementação**.

E, a partir da liquidação, a obrigação passa a preencher o requisito da **liquidez, passível, então, de ter início a respectiva fase de cumprimento de sentença**.

A esta atividade de individualização do objeto dá-se o nome de liquidação, e deve estar adstrita aos limites do comando judicial, sendo proibido discutir de novo a lide ou mesmo a sentença. Esta permanece incólume, restando à liquidação apenas **complementá-la,** devendo haver **fidelidade** ao título executivo formado (princípio da fidelidade ao título).

26 MARINONI, Luiz Guilherme. *Precedentes obrigatórios. Op. Cit.*, p. 307.

27 MARINONI, Luiz Guilherme. *Precedentes obrigatórios. Op. Cit.*, p. 309.

28 DIDIER JÚNIOR, Fredie. BRAGA, Paula Sarno. OLIVEIRA, Rafael Alexandria de. *Op. Cit.*, p. 464.

29 MARINONI, Luiz Guilherme. *Precedentes obrigatórios. Op. Cit.*, p. 310.

30 DIDIER JÚNIOR, Fredie. BRAGA, Paula Sarno. OLIVEIRA, Rafael Alexandria de. *Op. Cit.*. 464.

Sendo assim, a liquidação não poderá impor obrigação não contida na sentença. Se esta foi silente em relação à verba honorária, não se poderá buscar tal condenação na via da liquidação, sob pena de ofensa à coisa julgada.

Isso não quer dizer que não possa a liquidação seguir método diferente daquele determinado na sentença, consoante a **súmula 344 do STJ**. Ou seja, não foi porque a sentença determinou a liquidação por artigos que não se possa optar pela liquidação por arbitramento, sendo esta a mais adequada. O que se proíbe é a inserção de obrigações novas, estendendo-se o comando judicial além dos limites fixados na sentença, sendo que a discussão sobre fatos impeditivos, modificativos ou extintivos supervenientes à sentença devem dar-se na impugnação e não na liquidação.[31]

> ***Súmula 344, STJ:*** *A liquidação por forma diversa da estabelecida na sentença não ofende a coisa julgada.*

Não obstante, apesar de não indicados na condenação, devem ser incluídos os juros moratórios na liquidação, assim como outros acessórios devidos, ainda que não pedidos na inicial (como a correção monetária).[32]

> ***Súmula 254, STF:*** *Incluem-se os juros moratórios na liquidação, embora omisso o pedido inicial ou a condenação.*

35.2. LIQUIDAÇÃO PROVISÓRIA E DEFINITIVA

A liquidação **poderá ser iniciada** apesar de estar pendente de julgamento o recurso interposto para impugnar o pronunciamento judicial, ainda que tenha efeito suspensivo.

Trata-se da **liquidação provisória**, que será processada em autos apartados, em que o credor busca adiantar-se. Poderia aguardar o julgamento do recurso, mas prefere já buscar delimitar o valor devido.

Não havendo modificação da decisão em execução, será iniciada a fase de cumprimento de sentença, bastando ao credor atualizar os cálculos. De outro lado, se houver modificação do pronunciamento, o valor da obrigação deverá ser ajustado ao novo desenho traçado com o julgamento do recurso.

35.3. CONCOMITANTES LIQUIDAÇÃO E CUMPRIMENTO DE SENTENÇA EM RELAÇÃO AO MESMO TÍTULO

É possível que o mesmo título executivo judicial contenha uma parte líquida, permitindo-se o cumprimento de sentença imediato, e outra parte ilíquida, a exigir a devida apuração do valor. Nesse caso, poderá o credor, de imediato, iniciar a fase de cumprimento, em relação à primeira, e promover a liquidação no que tange à segunda.

35.4. APURAÇÃO DO VALOR DEPENDENTE DE CÁLCULOS ARITMÉTICOS

Não carecerá de liquidação o cumprimento de pronunciamento que reconheça obrigação, cujo montante poderá ser delimitado com a apresentação **de cálculos aritméticos**.

Tais cálculos deverão ser apresentados pelo credor ao requerer o início da fase de cumprimento de sentença, observando-se estritamente o que foi fixado no título judicial, sendo vedado discutir de novo a lide ou modificar a sentença que a julgou.

A propósito, o Superior Tribunal de Justiça admite a utilização da ação rescisória para **rescindir** a sentença que homologa a liquidação, **se esta não respeitar a coisa julgada.**[33]

35.5. FIXAÇÃO DE HONORÁRIOS NA LIQUIDAÇÃO PROPOSTA EM FACE DA FAZENDA PÚBLICA

O Novo CPC inovou ao fixar uma série de regras para a fixação dos honorários devidos pela Fazenda Pública nas ações em que for vencida.

Para tanto, estabelece faixas de valores, estabelecidos em salários mínimos, bem como os respectivos percentuais máximos e mínimos. Por meio de tal regra, por exemplo, se o valor da condenação sofrida pela Fazenda Pública corresponder a 150 salários mínimos, os honorários serão fixados no percentual de 10 a 20%.

Ocorre, no entanto, que nem sempre será possível fixar, de imediato, o montante da condenação. Em tal hipótese, poderá o montante devido a título de honorários advocatícios ser fixado na **própria liquidação**.

35.6. LIQUIDAÇÃO INCIDENTAL E AUTÔNOMA

Inicialmente, deve ser lembrado que o Código de Processo Civil adota a ideia do processo sincrético.

Nesse contexto, insere-se a liquidação como integrante de tal processo, uma fase específica para a delimitação do valor da obrigação.

Existem outras situações em que a liquidação não ocorre como fase no processo sincrético. Em verdade, o processo se inicia com a própria liquidação (incisos VI a IX, do art. 515 do CPC/2015), quando o devedor será citado no

---

31 REsp 1312526/SP, Rel. Ministro BENEDITO GONÇALVES, Rel. p/ Acórdão Ministro FRANCISCO FALCÃO, PRIMEIRA TURMA, julgado em 07/08/2012, DJe 03/10/2012.

32 REsp 1423027/PR, Rel. Ministro HUMBERTO MARTINS, SEGUNDA TURMA, julgado em 06/02/2014, DJe 17/02/2014)

33 REsp 1513261/RS, Rel. Ministro PAULO DE TARSO SANSEVERINO, TERCEIRA TURMA, julgado em 22/09/2015, DJe 28/09/2015.

juízo cível para o cumprimento da sentença ou para a liquidação no prazo de 15 dias.

E assim ocorre nas seguintes hipóteses: a) sentença penal condenatória transitada em julgado; b) sentença arbitral; c) sentença estrangeira homologada pelo Superior Tribunal de Justiça; e, d) decisão interlocutória estrangeira, após a concessão do exequatur à carta rogatória pelo STJ.

A sentença penal condenatória transitada em julgado configura-se como título executivo judicial apto à execução. Porém, em regra, a sentença circunscreve-se à condenação do réu pela prática criminosa, bem como na fixação da pena a ser cumprida.

É certo que Código de Processo Penal determina que o juiz fixe, sempre que possível, o valor da reparação devida em razão da prática delituosa. Contudo, tal valor configura-se em um mínimo, e nada impede que a parte busque, em processo autônomo, a complementação. Na maioria dos casos, simplesmente não há essa fixação de valor, porque o juiz, no processo penal, não possui elementos suficientes para a sua fixação.

Diante disso, compete à vítima ingressar no juízo cível e buscar executar o título executivo, passando, antes, pela liquidação da obrigação.

Dessa maneira, como a liquidação não se processará perante o juízo criminal, haverá necessidade da formação de nova relação processual, que tramitará no juízo cível competente para a execução.

Também enseja a liquidação autônoma a sentença arbitral, aquela decorrente da convenção de arbitragem, desde que, obviamente, não tenha sido fixado o objeto devido, o mesmo ocorrendo com os casos que exigem homologação pelo STJ.

Note-se que, neste caso, não houve anterior processo civil de conhecimento em trâmite no Poder Judiciário brasileiro, exigindo-se o início de uma ação para a apuração do valor, na qual, posteriormente, correrá o cumprimento de sentença.

35.7. INICIATIVA DA LIQUIDAÇÃO

A liquidação poderá ser iniciada pelo próprio **credor** ou pelo **devedor** (liquidação invertida).

O credor, tendo-se em vista o pronunciamento judicial que lhe é favorável, requer a apuração do valor, fixando-se a extensão da obrigação.

Ocorre que o devedor, por sua vez, também terá interesse em requerer a liquidação, principalmente para ver-se livre o mais rápido possível daquela obrigação, propiciando o seu cumprimento imediato, sem precisar aguardar pelas diligências do credor.

35.8. PROCEDIMENTOS PARA APURAÇÃO DO VALOR

O valor poderá ser apurado de duas formas: ou por **arbitramento**, ou por meio do **procedimento comum**.

35.8.1. LIQUIDAÇÃO POR ARBITRAMENTO

Quando determinado pelo pronunciamento, convencionado pelas partes ou exigido pela natureza do objeto, esta poderá ser realizada por **arbitramento**.

É certo que, embora fixado na sentença que a liquidação deva ocorrer de uma determinada maneira, não há óbice à utilização de técnica diversa se isso for adequado ao procedimento.

Na liquidação por arbitramento, o juiz intimará as partes para a apresentação de seus **pareceres ou documentos elucidativos**, no prazo que fixar e, no caso de não poder decidir de plano, **nomeará perito**, observando-se, no que couber, o procedimento da prova pericial.

35.8.2. LIQUIDAÇÃO PELO PROCEDIMENTO COMUM

Admite-se, também, que a liquidação pelo procedimento comum, quando houver necessidade de alegar e provar fato novo. Trata-se da já conhecida liquidação por artigos.

Nesta modalidade de liquidação, o juiz determinará a intimação do requerido, na pessoa de seu advogado ou de sociedade de advogados, para, querendo, oferecer **contestação no prazo de 15 dias**.

35.9. NATUREZA DO PRONUNCIAMENTO QUE JULGA DA LIQUIDAÇÃO

A liquidação será decidida por meio de **decisão interlocutória**, que poderá ser impugnada pelo **recurso de agravo de instrumento** (art. 1.015, parágrafo único do CPC de 2015).

35.10. CONDENAÇÃO EM VERBA HONORÁRIA NA LIQUIDAÇÃO

Neste último item, deve ser analisado se o juiz deverá condenar o devedor ao pagamento de verba honorária em sede de apuração do valor devido (liquidação).

A propósito, já decidiu o Superior Tribunal de Justiça que são cabíveis honorários advocatícios em sede de liquidação de sentença por arbitramento, quando houver resistência da parte ré.[34]

O Novo Código de Processo Civil silencia a respeito, indicando o § 1º, do art. 85, que serão devidos honorários advocatícios na reconvenção, no cumprimento de sentença, provisório ou definitivo, na execução, resistida ou não, e nos recursos interpostos, cumulativamente. Não há menção à liquidação de sentença.

Ocorre, porém, que o silêncio não foi propositado, devendo ser considerado o trabalho adicional do causídico ao pleitear a liquidação da obrigação, motivo pelo qual, havendo oposição da parte contrária, serão devidos honorários advocatícios.

---

34 AgRg no REsp 1155885/SP, Rel. Ministro MARCO BUZZI, QUARTA TURMA, julgado em 16/02/2016, DJe 24/02/2016.

35.11. INVIABILIDADE DAS SENTENÇAS ILÍQUIDAS NO ÂMBITO DOS JUIZADOS

Nos Juizados Especiais Cíveis não se admite sentença condenatória por quantia ilíquida, ainda que tenha a parte formulado pedido genérico.

O mesmo se aplica, por extensão, aos Juizados Especiais Federais e aos Juizados Especiais da Fazenda Pública.

35.12. LIQUIDAÇÃO IMPRÓPRIA

Nas ações coletivas, é possível que ocorra a condenação genérica, competindo a cada uma das vítimas ajuizar as respectivas liquidações e execuções individuais. Trata-se, como dito acima, da liquidação imprópria, por meio da qual não se apura tão somente a extensão da obrigação, como também deverá o requerente demonstrar que pode se aproveitar do comando condenatório existente.

Ocorre, por exemplo, na ação civil pública em que é proferida sentença condenatória genérica. Nesse caso, a vítima poderá valer-se da sentença e promover a liquidação do valor que lhe é devido, demonstrando, em juízo, que faz jus ao recebimento do valor.[35]

Importante salientar que, nestes casos, o devedor será citado, correndo a liquidação como autônoma. E, a partir da citação, haverá a incidência dos juros moratórios.

A liquidação (e também a execução individual) de sentença condenatória genérica proferida em ação civil coletiva pode ser ajuizada no foro do domicílio do beneficiário.[36]

36. CUMPRIMENTO DA SENTENÇA – PROCEDIMENTO E IMPUGNAÇÃO

36.1. TÍTULOS EXECUTIVOS

São títulos executivos judiciais:

Títulos executivos judiciais
I – as decisões proferidas no processo civil que reconheçam a exigibilidade de obrigação de pagar quantia, de fazer, de não fazer ou de entregar coisa;
II – a decisão homologatória de autocomposição judicial;
III – a decisão homologatória de autocomposição extrajudicial de qualquer natureza;
IV – o formal e a certidão de partilha, exclusivamente em relação ao inventariante, aos herdeiros e aos sucessores a título singular ou universal;
V – o crédito de auxiliar da justiça, quando as custas, emolumentos ou honorários tiverem sido aprovados por decisão judicial; [**antes previstos como título executivo extrajudicial**].
VI – a sentença penal condenatória transitada em julgado;
VII – a sentença arbitral;
VIII – a sentença estrangeira homologada pelo Superior Tribunal de Justiça; e,
IX – a decisão interlocutória estrangeira, após a concessão do exequatur à carta rogatória pelo Superior Tribunal de Justiça.

36.2. CUMPRIMENTO DE SENTENÇA ENQUANTO FASE DO CUMPRIMENTO DE SENTENÇA

Adotando-se o princípio do sincretismo, tem-se que, como regra, o cumprimento da sentença se apresenta como uma fase do processo de execução.

Portanto, **o título executivo judicial acarretará no início da fase de cumprimento de sentença, com a intimação do devedor**. Nos casos dos incisos VI a IX, o devedor será citado no juízo cível para o cumprimento da sentença ou para a liquidação no prazo de 15 (quinze) dias (execução autônoma).

Regra (pressupõe-se anterior fase de conhecimento perante o Poder Judiciário brasileiro): intimação do devedor
Situações excepcionais: citação do devedor

A intimação do devedor se dará:

I – pelo Diário da Justiça, na pessoa de seu advogado constituído nos autos, salvo se o requerimento de início da fase de execução ocorrer após um ano do trânsito em julgado, quando a intimação será realizada na pessoa do devedor;

> *Como regra, o devedor será intimado na pessoa de seu advogado, que o representou na fase de conhecimento ou que ingressou nos autos posteriormente. Porém, se já transcorrido prazo de um ano do trânsito em julgado, a intimação será realizada diretamente na pessoa do devedor e não mais do advogado.*

II – por carta com aviso de recebimento, quando representado pela Defensoria Pública ou quando não tiver procurador constituído nos autos, ressalvada a hipótese do inciso IV;

---

35 "(...). 1. "A sentença de procedência na ação coletiva tendo por causa de pedir danos referentes a direitos individuais homogêneos, nos moldes do disposto no artigo 95 do Código de Defesa do Consumidor, será, em regra, genérica, de modo que depende de superveniente liquidação, não apenas para apuração do *quantum debeatur*, mas também para aferir a titularidade do crédito, por isso denominada pela doutrina 'liquidação imprópria'" (AgRg no REsp 1.348.512/DF, Relator o Ministro LUIS FELIPE SALOMÃO, QUARTA TURMA, DJe de 4/2/2013). 2. Com relação ao termo inicial dos juros moratórios, a jurisprudência desta Corte perfilha entendimento de que, em caso de cumprimento de sentença oriunda de ação civil pública, os juros de mora devem incidir a partir da citação na liquidação de sentença. (...). AgRg no REsp 1374761/MS, Rel. Ministro RAUL ARAÚJO, QUARTA TURMA, julgado em 20/02/2014, DJe 26/03/2014)".

36 REsp 1243887/PR, Rel. Ministro LUIS FELIPE SALOMÃO, CORTE ESPECIAL, julgado em 19/10/2011, DJe 12/12/2011.

Se o devedor será intimado por meio de carta com aviso de recebimento e não na pessoa do Defensor Público.

III - por meio eletrônico, quando, no caso do § 1o do art. 246, não tiver procurador constituído nos autos;

IV - por edital, quando, citado na forma do art. 256, tiver sido revel na fase de conhecimento.

Tendo sido o réu ***revel na fase de conhecimento****, o* ***devedor será intimado por edital*** *na fase de execução.*

A obrigação certificada em título executivo judicial poderá ser de pagar quantia certa, de fazer e de entregar.

36.3. COMPETÊNCIA

O cumprimento da sentença efetuar-se-á perante: I - os tribunais, nas causas de sua competência originária; II - o juízo que decidiu a causa no primeiro grau de jurisdição; III - o juízo cível competente, quando se tratar de sentença penal condenatória, de sentença arbitral, de sentença estrangeira ou de acórdão proferido pelo Tribunal Marítimo. Nas hipóteses dos incisos II e III, o exequente poderá optar pelo juízo do atual domicílio do executado, pelo juízo do local onde se encontrem os bens sujeitos à execução ou pelo juízo do local onde deva ser executada a obrigação de fazer ou de não fazer, casos em que a remessa dos autos do processo será solicitada ao juízo de origem.

36.4. CUMPRIMENTO DE SENTENÇA QUE RECONHECE O DEVER DE PAGAR QUANTIA CERTA

Esta fase de cumprimento de sentença será iniciada por meio de requerimento do exequente, o que não veda a chamada execução invertida (iniciada pelo devedor).

Cumprimento de sentença por iniciativa do devedor: poderá o devedor, antes de ser intimado para o cumprimento da sentença, comparecer em juízo e oferecer em pagamento o valor que entender devido, apresentando memória discriminada do cálculo. O autor será ouvido no prazo de 5 (cinco) dias, podendo impugnar o valor depositado, sem prejuízo do levantamento do depósito a título de parcela incontroversa. Concluindo o juiz pela insuficiência do depósito, sobre a diferença incidirão multa de dez por cento e honorários advocatícios, também fixados em dez por cento, seguindo-se a execução com penhora e atos subsequentes. Se o autor não se opuser, o juiz declarará satisfeita a obrigação e extinguirá o processo.

Cumprimento de sentença por iniciativa do credor: o credor apresentará o respectivo requerimento, acompanhado de cálculo pormenorizado do valor da dívida, individualizado para cada devedor.

A fase de cumprimento de sentença será direcionada em face do devedor. Não poderá ser promovida em face do fiador, do coobrigado ou do corresponsável que não tiver participado da fase de conhecimento.

A decisão judicial transitada em julgado poderá ser levada a protesto, nos termos da lei, depois de transcorrido o prazo para pagamento voluntário.

36.5. CUMPRIMENTO PROVISÓRIO

Se a decisão judicial for impugnada por recurso desprovido de efeito suspensivo, será admissível o cumprimento provisório da sentença, que seguirá algumas regras.

Cumprimento provisório*: não ocorreu o trânsito em julgado da sentença e pende de julgamento recurso que possui apenas efeito devolutivo.*

Cumprimento definitivo*: sentença com trânsito em julgado.*

Será realizada da mesma forma que o cumprimento definitivo, sujeitando-se ao seguinte regime: I - corre por iniciativa e responsabilidade do exequente (responsabilidade objetiva); II - fica sem efeito, sobrevindo decisão que modifique ou anule a sentença objeto da execução, restituindo-se as partes ao estado anterior e liquidando-se eventuais prejuízos nos mesmos autos; III - se a sentença objeto de cumprimento provisório for modificada ou anulada apenas em parte, somente nesta ficará sem efeito a execução; IV - o levantamento de depósito em dinheiro e a prática de atos que importem transferência de posse ou alienação de propriedade ou de outro direito real, ou dos quais possa resultar grave dano ao executado, dependem de caução suficiente e idônea, arbitrada de plano pelo juiz e prestada nos próprios autos.

36.6. PROCEDIMENTO DO CUMPRIMENTO DEFINITIVO DA SENTENÇA QUE RECONHECE A EXIGIBILIDADE DE OBRIGAÇÃO DE PAGAR QUANTIA CERTA

O credor apresentará requerimento para o início da fase de cumprimento de sentença, acompanhado de cálculo.

O devedor será intimado para pagar o débito, no prazo de **quinze dias**, acrescido de custas, de houver.

Intimação do Devedor

- ➔ Pagamento = Extinção.
- ➔ **Sem pagamento**: valor é acrescido de multa e de honorários advocatícios, ambos de 10%, com expedição de mandado de penhora e avaliação. Será iniciado prazo para a apresentação de impugnação ao cumprimento de sentença.

36.7. IMPUGNAÇÃO AO CUMPRIMENTO DE SENTENÇA:

O devedor poderá apresentar impugnação ao cumprimento de sentença. Constitui-se em defesa endoprocessual (apresentada na própria execução).

Pontos importantes sobre a impugnação

Prazo	Decorridos os 15 dias para o cumprimento de sentença, inicia-se o prazo para o oferecimento de impugnação.
Garantia	O oferecimento de impugnação não depende de prévia garantia.

Efeito suspensivo	Como regra, a impugnação não suspenderá a prática de atos na fase de execução. O juiz poderá conceder efeito suspensivo se seus fundamentos forem relevantes e se o prosseguimento da execução for manifestamente suscetível de causar ao executado grave dano de difícil ou incerta reparação. A concessão de efeito suspensivo não impedirá a efetivação dos atos de substituição, de reforço ou de redução da penhora e de avaliação dos bens.
Matérias alegáveis:	O devedor poderá alegar na impugnação: I – falta ou nulidade da citação se, na fase de conhecimento, o processo correu à revelia; II – ilegitimidade de parte; III – inexequibilidade do título ou inexigibilidade da obrigação; IV – penhora incorreta ou avaliação errônea; V – excesso de execução ou cumulação indevida de execuções; VI – incompetência absoluta ou relativa do juízo da execução; VII – qualquer causa modificativa ou extintiva da obrigação, como pagamento, novação, compensação, transação ou prescrição, desde que supervenientes à sentença.

Inexigibilidade da obrigação em decorrência da coisa julgada inconstitucional

Se a sentença em execução estiver fundada em lei ou ato normativo tido pelo Supremo Tribunal Federal como incompatível com a Constituição Federal, em controle de constitucionalidade concentrado ou difuso, será possível que o devedor alegue a inexigibilidade da obrigação.

Diferentemente será a situação se a decisão do Supremo Tribunal Federal for posterior à sentença exequenda. Neste caso, não é possível alegar-se a inexigibilidade em sede de impugnação ao cumprimento de sentença, podendo o interessado buscar a sua rescisão por meio de ação rescisória, cujo biênio será iniciado com a decisão do STF.

Há necessidade de análise de dois dispositivos conjuntamente: artigos 518 e 525 § 11.

As questões supervenientes ao término do prazo para a apresentação de impugnação, bem como aquelas relativas à validade e à adequação da penhora, da avaliação e dos atos executivos posteriores, poderá ser arguida por meio de simples petição, no prazo de 15 dias da ciência do fato ou da intimação do ato.

A alegação de avaliação errônea ocorrerá no prazo de 15 dias contados da intimação do ato ou da sua ciência.

37. PROCESSO DE EXECUÇÃO. PRINCÍPIOS GERAIS E ESPÉCIES

37.1 ATOS EXECUTIVOS

Na execução de obrigação de pagar quantia certa: o juiz despachará a inicial, fixando os honorários advocatícios em 10%, a serem pagos pelo executado. Este será citado para que dê integral cumprimento ao pagamento no prazo de três dias. Se o fizer, a verba honorária será reduzida de metade.

A penhora é o ato executivo destinado à apreensão de bens do devedor, vinculando-os à execução. Com a penhora, o credor também passa a ter preferência em relação a outros credores, da mesma categoria, que futuramente penhorem o mesmo bem. Trata-se do **direito de prelação ou de preferência**.

O auto de penhora é considerado ato complexo, pois engloba tanto a apreensão dos bens, sua avaliação, descrição e nomeação de depositário, como a intimação do devedor.

A intimação do devedor constitui formalidade essencial do ato de penhora, tanto para lhe dar conhecimento do ato como para lhe proporcionar oportunidade para que a impugne ou solicite a substituição do bem penhorado.

Chama-se de expropriação a fase da execução em que se praticam atos destinados à transferência da propriedade ou da posse do bem penhorado ao credor ou visando à conversão em dinheiro do bem penhorado, sempre buscando a satisfação do credor.

O executado poderá oferecer embargos à execução, independentemente de penhora, depósito ou caução. O prazo para tanto será de quinze dias.

No prazo de embargos, poderá o devedor reconhecer o crédito do exequente e comprovando o depósito de 30% do valor em execução, acrescido de custas e de honorários do advogado, requerer que lhe seja permitido pagar o restante em até seis parcelas mensais, acrescidas de correção monetária e de juros de um por cento ao mês.

Os embargos à execução não terão efeito suspensivo. Poderá o juiz concedê-lo, no entanto, a requerimento do embargante, quando verificados os requisitos para a concessão da tutela provisória e desde que a execução já esteja garantida por penhora, depósito ou caução suficientes.

Admite-se que o executado ou outros legitimados pugnem pela adjudicação do bem penhorado, observando-se o valor da avaliação.

A penhora consiste em um ato executivo, por meio do qual se concentra a execução em um bem específico do executado. Em razão do princípio da dignidade da pessoa humana, há determinados bens que não podem ser objeto de constrição.

São absolutamente impenhoráveis:

I – os bens inalienáveis e os declarados, por ato voluntário, não sujeitos à execução;

II – os móveis, os pertences e as utilidades domésticas que guarnecem a residência do executado, salvo os de elevado valor ou os que ultrapassem as necessidades comuns correspondentes a um médio padrão de vida;

III – os vestuários, bem como os pertences de uso pessoal do executado, salvo se de elevado valor;

IV – os vencimentos, os subsídios, os soldos, os salários, as remunerações, os proventos de aposentadoria, as pensões, os pecúlios e os montepios, bem como as quantias recebidas por liberalidade de terceiro e destinadas ao sustento do devedor e de sua família, os ganhos de trabalhador autônomo e os honorários de profissional liberal, ressalvado o § 2º;

V – os livros, as máquinas, as ferramentas, os utensílios, os instrumentos ou outros bens móveis necessários ou úteis ao exercício da profissão do executado;

VI – o seguro de vida;

VII – os materiais necessários para obras em andamento, salvo se essas forem penhoradas;

VIII – a pequena propriedade rural, assim definida em lei, desde que trabalhada pela família;

IX – os recursos públicos recebidos por instituições privadas para aplicação compulsória em educação, saúde ou assistência social;

X – a quantia depositada em caderneta de poupança, até o limite de 40 (quarenta) salários-mínimos;

XI – os recursos públicos do fundo partidário recebidos por partido político, nos termos da lei;

XII – os créditos oriundos de alienação de unidades imobiliárias, sob regime de incorporação imobiliária, vinculados à execução da obra.

- Obrigação de pagar alimentos: admite-se a penhora em alguns casos, como, por exemplo, da caderneta de poupança.
- Haverá a impenhorabilidade relativa em relação aos frutos e os rendimentos dos bens inalienáveis, à falta de outros bens.
- Poderá ocorrer a alienação do bem por iniciativa particular ou em leilão judicial eletrônico ou presencial.

37.2 MEIOS EXPROPRIATÓRIOS

A execução por quantia certa será realizada por meio da expropriação de bens do executado, salvo as execuções especiais (como, por exemplo, a execução de alimentos, em que será possível a prisão do executado).

A expropriação consistirá em: i) adjudicação; **ii) alienação**; iii) apropriação de frutos e rendimentos de empresa ou de estabelecimentos e de outros bens, conforme o quadro a seguir:

Meios Expropriatórios
- Adjudicação
- Alienação
  - Iniciativa Particular
  - Leilão judicial eletrônico ou presencial
- Apropriação de frutos e rendimentos

A expressão adjudicação é utilizada em vários ramos da ciência jurídica. Em comum a todos eles, tem o significado de atribuição.

Por meio da **adjudicação** (enquanto modalidade de expropriação na execução por quantia certa) atribui-se determinado bem ao credor ou a terceiros legitimados. Não se trata de transferir de imediato a propriedade, mas de atribui-la, levando o título (auto de adjudicação) a registro no Serviço de Registro de Imóveis ou sendo expedido mandado de entrega. Efetuado o registro ou entregue o bem (respectivamente), ocorrerá a transferência da propriedade.

São legitimados a requerê-la: o credor e determinados terceiros.

O credor poderá manifestar-se no sentido de que pretende a adjudicação do bem, para que o mesmo lhe seja atribuído, observando-se, para todos os fins, o **valor da avaliação**. Se o valor do bem for superior ao da dívida, deverá depositar em juízo a diferença. De outro lado, se for inferior, a execução prosseguirá em relação a outros bens.

Também poderão requerer a adjudicação aqueles indicados nos incisos II a VII do art. 889 e, ainda, credores concorrentes que tenham penhorado o mesmo bem, cônjuge, companheiro, descendentes e ascendentes do executado. Havendo mais de um interessado, abre-se licitação entre eles, sendo vencedor o que estiver disposto a pagar o maior valor, havendo preferência assegurada ao cônjuge, ao companheiro, ao descendente e ao ascendente, nesta ordem.

A sogra não tem preferência! ☺

Na adjudicação deferida em favor de terceiro, este efetuará o depósito do valor que o bem foi avaliado, cuja quantia será revertida, como regra, ao credor. Propicia-se a liquidez de valor para a satisfação do direito do credor. Por isso, é denominada de adjudicação liquidativa.

Adjudicação liquidativa: deferida em favor de terceiro que, ao efetuar o depósito do valor do bem, promove a satisfação do direito do credor.

A adjudicação será requerida pelo credor ou pelo terceiro e, na sequência, o executado será intimado para se manifestar. Essa intimação será realizada: i) pelo Diário da Justiça, na pessoa do advogado constituído nos autos; ii) por carta com aviso de recebimento, se acaso representado por Defensor Público ou se não tiver advogado constituído nos autos; iii) por meio eletrônico aqueles que podem receber tal intimação não tiverem advogado constituído nos autos (art. 246, § 1º).

O prazo para manifestação do executado será de cinco dias. Decididas eventuais questões, o magistrado determinará que haja a lavratura do auto de adjudicação.

No caso de penhora de bem hipotecado, admite-se ao executado remi-lo até a assinatura do auto de adjudicação, desde que ofereça preço igual ao da avaliação, se não tiver havido licitantes, ou ao do maior lance ofertado. No caso de falência ou insolvência do devedor hipotecário, tal direito será deferido à massa ou aos credores em concurso, não podendo o exequente recusar o preço da avaliação do imóvel.

Feitas as intimações de praxe e decorrido o prazo de cinco dias, o juiz decidirá e determinará a lavratura do auto de adjudicação.

Considera-se perfeita e acabada a adjudicação com a assinatura do auto pelo juiz, pelo adjudicatário, pelo escrivão ou chefe de secretaria e, se estiver presente, o executado.

Se não for efetivada a adjudicação de bens, admite-se que seja requerida a sua alienação por **iniciativa particular** ou em **leilão judicial eletrônico ou presencial**.

> **O Novo CPC não fez diferenciação entre leilão ou praça. Pelo contrário, refere-se apenas ao leilão, que pode ser (i) judicial eletrônico ou (ii) judicial presencial.**

A alienação do bem penhorado poderá ocorrer por meio de **iniciativa do próprio credor, ou por meio de corretor ou leiloeiro público credenciado perante o órgão judiciário**.

Dá-se preferência para que o credor possa providenciar a alienação do bem penhorado, o que se fará por sua própria iniciativa, podendo valer-se de corretor ou leiloeiro público, que devem estar credenciados, exigindo-se, no mínimo, três anos de exercício profissional.

> Percebe-se que a utilização de leiloeiro pode ocorrer quer seja na alienação por iniciativa particular ou em leilão judicial eletrônico ou presencial.

Nesta situação, a autoridade judiciária fixará as condições mínimas para a alienação (prazo em que a alienação deverá ser efetivada, a forma de publicidade, o preço mínimo, as condições de pagamento, as garantias e, se for o caso, a comissão de corretagem).

Se acaso a localidade não contar com leiloeiro público credenciado, admite-se corretor de livre escolha do exequente, motivo pelo qual se defende que a inobservância da regra do prévio cadastramento apenas ensejará a nulidade se houver prejuízo demonstrado.

A alienação judicial poderá ser realizada por dois meios: de forma eletrônica ou de forma presencial, no local designado pelo juiz. Compete ao magistrado designar o leiloeiro público, que poderá ser indicado pelo exequente.

Competirá ao juiz da execução fixar o preço mínimo, as condições de pagamento e as garantias que deverão ser prestadas pelo arrematante. **Se o juiz não fixar aquele valor, a arrematação não poderá se realizar por quantia inferior a 50% do valor da avaliação**. A propósito, o Novo CPC assim definiu o preço vil:

> **Preço Vil** = valor inferior ao estipulado pelo juiz e constante do edital ou, no silêncio, preço inferior a 50% do valor da avaliação.
>
> → Gerará **a invalidade de eventual arrematação**, a ser alegada no prazo de 10 dias, contados do aperfeiçoamento da alienação.

De se registrar que não será admitido lance que ofereça preço vil.

Pode ser indicada como uma **sequência lógica que vai culminar no sucesso da alienação judicial**:

i) requerimento do credor;

ii) deferimento da realização da alienação judicial, com a fixação das condições;

iii) publicidade por meio da publicação de edital (art. 886), com antecedência mínimo de cinco dias e indicação, entre outros pontos, a indicação do dia e hora do segundo leilão presencial, para a hipótese de não haver interessado no primeiro;

iv) cientificação de pessoas e entes específicos indicados no art. 889, entre eles o executado;

v) oferecimento de propostas para aquisição do bem em prestações;

vi) realização do primeiro leilão, com apresentação dos lances, não podendo a arrematação ocorrer por valor inferior ao da avaliação;

vii) realização do segundo leilão, podendo a arrematação ocorrer por valor inferior ao da avaliação, desde que não seja preço vil;

viii) análise das propostas apresentadas e decisão do juiz;

ix) lavratura do auto de arrematação;

x) pagamento do preço pelo arrematante;

xi) prazo de 10 dias para que se alegue que a arrematação é inválida, ineficaz ou resolvida;

xii) decisão do magistrado e expedição da carta de arrematação ou mandado de entrega.

Passa-se à explicação sucinta de todas essas providências.

Requerida a alienação judicial pelo credor, o magistrado deferirá que tal ato ocorra e, concomitantemente, fixará as condições para que a efetivação da medida. Nesse sentido, estabelecerá o preço mínimo, as condições de pagamento e as garantias que poderão ser prestadas pelo arrematante. Também designará o leiloeiro público, que poderá ser indicado pelo exequente e será remunerado pela comissão estabelecida em lei ou arbitrada pelo juiz.

Incumbirá ao leiloeiro público publicar o edital, anunciando a alienação, como requisito prévio para a alienação judicial. Para que tal ato se efetive, há necessidade de que se promova ampla publicidade. Esta publicação deve ocorrer com antecedência mínima de cinco dias à data da alienação, pela rede mundial de computadores, podendo o juiz, atendendo às particularidades existentes, determinar que o edital seja afixado em local de costume e publicado de forma resumida, por uma vez, em jornal de ampla circulação local.

Deverão ser cientificados, com antecedência mínima de cinco dias, entre outros, o executado, por meio de seu advogado ou, não tendo constituído advogado nos autos, por carta registrada, mandado, edital ou outro meio idôneo. Admite-se que esta cientificação do executado se realize no próprio edital de leilão se for revel, não tiver constituído advogado nos autos, não constando dos autos o seu endereço atual.

> A União, o Estado e o Município, no caso de alienação de bem tombado, deverão ser cientificados com antecedência mínima de cinco dias, tendo, na ordem indicada, preferência na arrematação, em igualdade de oferta.

Até a data do leilão, será admitida a apresentação de lances para pagamento parcelado, o que não importará na suspensão do ato, já que se prefere a alienação com pagamento à vista.

No dia e hora designados, serão colhidos os lances. Procedida a análise, o magistrado fixará prazo para o pagamento do preço pelo oferecedor do lance vencedor e determinará a lavratura do auto de arrematação.

A arrematação constará de auto que será lavrado de imediato, **podendo abranger bens penhorados em mais de uma execução.**

Auto de Arrematação poderá abranger mais de um processo executivo.

Como será visto mais adiante, sabe-se que o executado poderá ter oferecido os seus embargos à execução e que estes não possuem efeito suspensivo automático. Tal efeito deverá ser deferido pela autoridade judiciária.

Se o efeito suspensivo não for deferido, admite-se que a execução prossiga normalmente, com a prática de atos executivos e até de atos expropriatórios, como a alienação judicial.

Para que seja assegurada a segurança jurídica, principalmente em relação a eventuais lançadores e arrematantes, registrou o Novo CPC que assinado o auto, considera-se a arrematação perfeita, acabada e irretratável, ainda que pendente de julgamento os embargos à execução e estes venham a ser acolhidos.

Dessa maneira, ainda que julgados procedentes os embargos à execução, a alienação ocorrida permanecerá íntegra, resolvendo-se a questão em perdas e danos.

Não obstante seja considerada perfeita, acabada e irretratável com a assinatura do auto de arrematação, poderão ser alegadas, no prazo de dez dias, as situações indicadas no art. 903, § 1º do CPC. Nesse passo, a arrematação poderá ser **invalidada, considerada ineficaz ou resolvida**, conforme explicado no seguinte quadro:

Invalidação	Se realizada por preço vil ou com outro vício.
Ineficácia em relação a determinadas pessoas.	Alienação sem a intimação prévia: i) dos respectivos credores pignoratício, hipotecário e anticrético; ii) do promitente comprador ou do cessionário de bem objeto de promessa de compra e venda ou de cessão registrada; iii) concedente ou concessionário de direito de superfície; iv) enfiteuta ou concessionário na alienação de imóvel sobre o qual tenha sido instituída a enfiteuse, concessão de uso especial para fins de moradia ou concessão de direito real de uso; do proprietário do imóvel no caso de alienação de direitos do enfiteuta, do concessionário de direito real de uso ou do concessionário de uso especial para fins de moradia; titular do direito de usufruto, uso ou habitação.
Resolvida	Se não for pago o preço ou não for prestada a caução.

Não será expedida a carta de arrematação nesse período e a alegação dessas matérias será óbice para tanto até que a questão seja solucionada pela autoridade judiciária.

É importante notar que o Novo CPC não mais admite os chamados embargos de segunda fase, ou embargos à arrematação, que eram previstos no CPC de 1973. Na atualidade, eventuais nulidades ou matérias posteriores aos embargos poderão ser alegadas na própria execução.

Porém, os vícios inerentes à arrematação poderão ser alegados pelo executado no prazo de dez dias contados do aperfeiçoamento do ato.

Se antes de expedida a carta ou a ordem de entrega, o executado alegar que a arrematação é inválida, ineficaz ou que deve ser resolvida, poderá o arrematante desistir da arrematação, sendo-lhe devolvido o depósito que tiver feito.

Expedida a carta de arrematação, **ocorre a preclusão**, de modo que a invalidação não poderá ser requerida nos próprios autos.

Com a expedição da carta de arrematação ou da ordem de entrega, tem-se a inviabilidade de que o executado possa alegar a invalidação da arrematação nos próprios autos. Opera-se **a preclusão.**

Esta preclusão, contudo, inviabiliza o exercício desse direito nos próprios autos, podendo o executado fazê-lo em ação autônoma.

Por esse motivo, admite-se o ajuizamento da ação com pedido de invalidação da arrematação, figurando o arrematante como litisconsórcio necessário.

Como foi dito anteriormente, os lançadores necessitam de que lhes seja garantida a segurança jurídica necessária para a participação em tais atos, de modo a ser preservados de eventuais questões surgidas no processo.

Assim, muito embora se diga que o executado poderá ajuizar a **ação autônoma para a invalidação da arrematação**, tem-se que o ato expropriatório será considerado **perfeito, acabado e irretratável pelo magistrado**, ainda que venha a ser julgada aquela ação, aduzindo o Código que deve ser **"assegurada a possibilidade de reparação pelos prejuízos sofridos"** (art. 903, caput do CPC).

Deverá haver análise do caso concreto pelo juiz, mas é possível vislumbrar o reconhecimento da invalidade e ser determinado o desfazimento da arrematação nos casos em que o vício for muito grave, como, por exemplo, se o arrematante é uma das pessoas indicadas nos incisos do caput do art. 890, que são aqueles proibidos de fazê-lo por questões éticas.

De outro lado, em decorrência dos princípios da segurança jurídica, boa-fé processual e máximo aproveitamento dos atos processuais, é possível que o juiz reconheça existir a situação que poderia gerar a invalidade, mas, ainda assim, reconheça que deve permanecer preservada a arrematação, assegurando ao executado a possibilidade de reparação dos prejuízos sofridos.

De toda forma, poderá o arrematante desistir da arrematação quando citado para responder à ação autônoma referida, desde que o faça no prazo de resposta da ação.

Uma vez citado na ação autônoma proposta pelo executado, poderá o arrematante, no prazo de resposta, desistir da arrematação.

Tem o executado, então, o direito de desistir da arrematação, desde que o faça no prazo de resposta da ação autônoma ajuizada pelo executado.

Também poderá desistir da arrematação se provar, nos dez dias seguintes, a existência de ônus real ou gravame não mencionado no edital.

Portanto, poderá o arrematante desistir da arrematação em três situações:

i) se provar, no prazo de 10 dias, a existência de ônus real ou gravame não mencionado no edital;

ii) se, antes de expedida a carta de arrematação ou a ordem de entrega, o executado alegar que a arrematação deve ser invalidada, é ineficaz ou que foi resolvida;

iii) se citado para a ação autônoma, faça o requerimento de desistência no prazo de que dispõe para responder à ação.

37.3 SUSPENSÃO E EXTINÇÃO DO PROCESSO DE EXECUÇÃO

A execução será suspensa:

i) nas hipóteses gerais de suspensão do processo;

ii) no todo ou em parte, quando recebidos com efeito suspensivo os embargos à execução;

III – quando o executado não possuir bens penhoráveis, pelo prazo de um ano, durante o qual se suspenderá a prescrição. Ultrapassado esse prazo, inicia-se a prescrição intercorrente.

IV – se a alienação dos bens penhorados não se realizar por falta de licitantes e o exequente, em 15 (quinze) dias, não requerer a adjudicação nem indicar outros bens penhoráveis;

V – quando concedido o parcelamento judicial.

Uma vez suspensa a execução, não serão praticados atos processuais, podendo o juiz, entretanto, salvo no caso de arguição de impedimento ou de suspeição, ordenar providências urgentes.

A execução será extinta:

I – a petição inicial for indeferida;

II – a obrigação for satisfeita;

III – o executado obtiver, por qualquer outro meio, a extinção total da dívida;

IV – o exequente renunciar ao crédito;

V – ocorrer a prescrição intercorrente.

A extinção só produz efeito quando declarada por sentença.

37.4 EMBARGOS À EXECUÇÃO

Natureza Jurídica

Os embargos à execução possuem natureza jurídica de ação. Também são mencionados com defesa incidental (por meio de ação incidental), que pode ser apresentada pelo executado.

Como sabido, existem três tipos de defesa disponíveis ao executado: i) endoprocessual (nos próprios autos, como a impugnação ao cumprimento de sentença, já vista), a incidental (ação incidente – embargos) e a defesa heterotópica (que consiste no ajuizamento de outras ações, uma via diferente, paralela, que pode ser utilizada, como a ação anulatória de título, por exemplo).

Requisitos para a Admissibilidade dos Embargos

Vários são os requisitos para a admissibilidade dos embargos. Podem ser assim destacados, em particular:

Regularidade formal: os embargos à execução serão oferecidos de forma escrita, por meio de petição (que deverá observar os requisitos da petição inicial), instruída com as cópias das peças processuais relevantes, que poderão ser declaradas autênticas pelo próprio advogado, sob sua responsabilidade pessoal. Sendo alegado excesso de execução, deverá o embargante declarar o valor que entende correto. A petição deverá ser distribuída por dependência. Será competente o juízo da execução, ainda que se trata de execução por carta, quando a competência será do juízo deprecante, salvo se a matéria alegada versar sobre vícios ou defeitos da penhora, da avaliação ou da alienação dos bens efetuadas no juízo deprecado, quando então por este serão julgados. Tais procedimentos, porém, não impedem que os embargos sejam oferecidos no juízo deprecante ou no juízo deprecado, mas a competência para julgá-lo observará as regras acima.

É interessante que o art. 914, § 2º do CPC aluda à competência do juízo deprecado para conhecer de embargos em que se alegue vícios ou defeitos da alienação de bens efetuadas no juízo deprecado, pois, **quando da expropriação de bens, não mais haverá oportunidade para se oferecer embargos**. Como foi dito anteriormente, não mais se admitem os embargos à arrematação.

Dessa maneira, **é possível extrair que o pedido de invalidação da arrematação será julgado pelo juízo deprecado, se perante este foi praticada a alienação. Da mesma forma, será competente para julgar eventual ação autônoma em que se pede a invalidação do ato.**

O art. 917 do CPC há indicação das matérias que podem ser alegadas pelo executado, como, por exemplo, a incompetência absoluta ou relativa.

Portanto, a incompetência relativa, na execução, deve ser alegada nos embargos à execução e, decorrido o prazo sem que isso tenha acontecido, prorroga-se a competência do juízo relativamente incompetente.

Indica o CPC que a incorreção da penhora ou da avaliação poderá ser impugnada por simples petição, **no prazo de 15 dias, contado da ciência do ato**.

Tempestividade: os embargos poderão ser oferecidos no prazo de **quinze dias**, contado da juntada do mandado (ou observando-se a regra do art. 231 em relação a todos os meios de citação possíveis). O prazo será contado individualmente para cada executado, salvo no caso de cônjuges ou companheiros, quando então será contada a partir da juntada do último. Tratando-se de execução por carta precatória, o prazo será contado da juntada, na carta, da cientificação da citação, se versarem apenas sobre vícios ou defeitos da penhora, da avaliação ou da alienação dos bens, ou, versando sobre outras matérias, da data da juntada da comunicação da citação expedida pelo juízo deprecado.

Admissibilidade ou não dos embargos

O juiz poderá rejeitar liminarmente os embargos se intempestivos, nos casos de indeferimento da petição inicial e de improcedência liminar do pedido e se forem manifestamente protelatórios.

Se admitidos, porém, decidirá sobre a concessão de efeito suspensivo, se requerido, e determinará a oitiva do exequente, para se manifestar no prazo de 15 dias, podendo, na sequência, julgar o pedido ou designar audiência e, encerrada a instrução, proferir sentença.

Efeito Suspensivo

Os embargos não importarão automaticamente na concessão de efeito suspensivo. Para que isso ocorra, há necessidade de que haja requerimento da parte, bem com o que estejam presentes os requisitos para a concessão da tutela provisória e ainda que a execução esteja garantida.

Portanto, a garantia da execução não é condição de sua admissibilidade, mas é para a concessão de efeito suspensivo.

Dessa maneira, o efeito suspensivo poderá ter por fundamento a urgência (relevantes fundamentos e risco de dano grave) ou a evidência (alta probabilidade de acolhimento da pretensão em razão de comportamento da parte contrária ou se aquela estiver fundada em tese em conformidade com precedente), o que ensejará, como regra, que seja proferida decisão interlocutória.

Como o efeito suspensivo é uma medida fundada em tutela provisória, poderá ser modificada ou revogada, por decisão fundamentada, desde que se reconheça que cessaram as circunstâncias que a motivaram.

A concessão do efeito suspensivo importará na impossibilidade de prosseguimento da execução, salvo em relação a **atos de substituição, reforço ou redução de penhora, ou, ainda, de avaliação de bens**, que poderão ser praticados.

Da mesma forma, também poderão ser praticados em relação à parte da execução que não for abrangida pelo efeito suspensivo, bem como em relação àqueles que não embargaram a execução, se a matéria alegada disser respeito exclusivamente ao embargante.

Pronunciamento que decide os embargos

Os embargos à execução, como regra, serão decididos por meio de sentença, impugnável por apelação.

As decisões interlocutórias não serão objeto de recurso de agravo de instrumento, salvo se a questão decidida estiver referida no art. 1.015 do CPC, como, por exemplo, a concessão, modificação ou revogação do efeito suspensivo aos embargos à execução (art. 1.015, X).

38. EXECUÇÃO CONTRA A FAZENDA PÚBLICA. REGIME DE PRECATÓRIOS. REQUISIÇÕES DE PEQUENO VALOR

Em conformidade com o Novo CPC, há necessidade de diferenciar a execução contra a fazenda pública fundada em título executivo judicial da fundada em título extrajudicial.

Título judicial: segue-se a regra do processo sincrético, tendo-se a fase de cumprimento de sentença. A fazenda pública será intimada, na pessoa de seu advogado público, para, querendo, oferecer impugnação (e não mais embargos). A impugnação consiste em defesa endoprocessual, que poderá ser oferecida, com alegação de uma das matérias indicadas no art. 535 do CPC, conforme já tratado no item das Prerrogativas da Fazenda Pública.

Título extrajudicial: a fazenda pública será citada para, no prazo de 30 dias, opor embargos à execução. Neste caso, ainda estará preservada a possibilidade de ajuizamento dos embargos.

Se não houver o oferecimento de impugnação ou de embargos, ou se estes já tiverem sido julgados, será expedida a documentação necessária para a formação do precatório ou ocorrerá a expedição da requisição de pequeno valor.

Precatório: será formado no âmbito da Presidência do Tribunal, que exercerá atividade de natureza administrativa. Haverá a inscrição em ordem cronológica de inscrição. Os débitos inscritos até o mês de julho devem ser pagos no exercício financeiro seguinte.

Requisição de pequeno valor: lei do ente devedor fixará o montante da obrigação considerada de pequeno valor. Para estes casos, uma vez requisitada, a fazenda pública deverá cumprir a obrigação no prazo de 60 dias, independentemente de observância de ordem cronológica de inscrição, como ocorre no precatório. Não havendo o cumprimento da obrigação, haverá o sequestro de verba pública, determinada pelo próprio juízo da execução.

39. EXECUÇÃO DE OBRIGAÇÃO DE ENTREGAR, DE FAZER E DE NÃO FAZER

Obrigação de entregar: o executado será citado para, em 15 dias, satisfazer a obrigação.

Obrigação de fazer: o juiz fixará multa por período de atraso no cumprimento da obrigação e a data a partir da qual será devida.

40. EMBARGOS DE TERCEIROS

Destinam-se os embargos de terceiro a levantar constrição ou ameaça de constrição de bens que possua ou sobre os quais tenha direito incompatível com o ato constritivo.

Poderão ser ajuizados por terceiro proprietário, inclusive fiduciário, ou possuidor. Também é admissível o ajuizamento por cônjuge ou companheiro quando defender a posse de bens próprios ou de sua meação, o adquirente de bens cuja constrição decorreu de decisão que declara a ineficácia da alienação realizada em fraude à execução, quem sofre constrição judicial de seus bens por força de desconsideração da personalidade jurídica, de cujo incidente não fez parte e o credor com garantia real para obstar expropriação judicial do objeto do direito real de garantia, caso não tenha sido intimado.

O terceiro poderá ajuizar os embargos a qualquer tempo no processo de conhecimento enquanto não transitada em julgado a sentença e, no cumprimento de sentença ou no processo de execução até cinco dias depois da adjudicação, da alienação por iniciativa particular ou da arrematação.

No polo passivo figurará o sujeito a quem o ato de constrição aproveita, como também o seu adversário no processo principal quando for sua a indicação do bem para a constrição judicial.

Uma vez ajuizados, os embargos serão distribuídos por dependência ao juízo que determinou a constrição e autuados em apartado.

O polo passivo poderá oferecer resposta no prazo de quinze dias e, se for acolhido o pedido final, o ato de constrição será cancelado, com o reconhecimento do domínio, da manutenção da posse ou da reintegração definitiva do bem ou do direito ao embargante.

41. EXCEÇÃO DE PRÉ-EXECUTIVIDADE

Consiste em defesa endoprocessual que poderá ser apresentada pelo executado para alegar matéria de ordem pública que não dependa da produção de provas.

42. REMIÇÃO

Antes de adjudicados ou alienados os bens, o executado pode, a todo tempo, remir a execução, pagando ou consignando a importância atualizada da dívida, acrescida de juros, custas e honorários advocatícios.

Na hipótese de:

- penhora de bem hipotecado, o executado poderá remi-lo até a assinatura do auto de adjudicação, oferecendo preço igual ao da avaliação, se não tiver havido licitantes, ou ao do maior lance oferecido;

- de falência ou de insolvência do devedor hipotecário, o direito de remição será deferido à massa ou aos credores em concurso, não podendo o exequente recusar o preço da avaliação do imóvel.

43. SUSPENSÃO E EXTINÇÃO DO PROCESSO DE EXECUÇÃO

A execução será suspensa:

I – nas hipóteses gerais de suspensão do processo;

II – no todo ou em parte, quando recebidos com efeito suspensivo os embargos à execução;

III – quando o executado não possuir bens penhoráveis, pelo prazo de um ano, durante o qual se suspenderá a prescrição. Ultrapassado esse prazo, inicia-se a prescrição intercorrente.

IV – se a alienação dos bens penhorados não se realizar por falta de licitantes e o exequente, em 15 (quinze) dias, não requerer a adjudicação nem indicar outros bens penhoráveis;

V – quando concedido o parcelamento judicial.

Uma vez suspensa a execução, não serão praticados atos processuais, podendo o juiz, entretanto, salvo no caso de arguição de impedimento ou de suspeição, ordenar providências urgentes.

A execução será extinta:

I – a petição inicial for indeferida;

II – a obrigação for satisfeita;

III – o executado obtiver, por qualquer outro meio, a extinção total da dívida;

IV – o exequente renunciar ao crédito;

V – ocorrer a prescrição intercorrente.

A extinção só produz efeito quando declarada por sentença.

44. PROCEDIMENTOS ESPECIAIS

44.1. GENERALIDADES, CARACTERÍSTICAS E ESPÉCIES

O processo civil moderno é um processo que exige resultados. Não adianta apenas conseguir o acertamento da situação subjetiva por meio de uma sentença de mérito. O que a parte precisa é que tal sentença seja efetiva e justa. Em outras palavras, seja proferida em tempo adequado e possa corrigir o desvio causado que justifica a atuação do Poder Judiciário.

E, para que o acesso à Justiça seja pleno, o ordenamento jurídico tipifica procedimentos especiais, diferenciados do comum, que contam com a celeridade e efetividade e que podem ser utilizados em casos específicos.

Nesse passo, o Novo Código de Processo Civil, paralelamente ao procedimento comum, também fez previsão dos procedimentos especiais, cada qual com suas particularidades, tendo-se em vista a situação de direito material tutelada.

Da mesma forma, também existem procedimentos especiais previstos em leis especiais, como ocorre com a ação popular, ação civil pública, ação de alimentos etc.

Os procedimentos especiais são de jurisdição contenciosa e também de jurisdição voluntária, conforme, aliás, se viu quando do estudo da jurisdição.

45. DA AÇÃO DE CONSIGNAÇÃO EM PAGAMENTO

45.1. FINALIDADE DO PROCEDIMENTO

O Novo Código de Processo Civil se preocupa com o processo de consignação em pagamento e não propriamente com as hipóteses em que ele é cabível. De tanto, ocupa-se o Código Civil em seu artigo 335.

Tem a ação de consignação em pagamento a finalidade de proporcionar ao devedor ou a terceiro liberar-se de determinada obrigação de pagar ou de entregar coisa. Para tanto, deverá depositar o respectivo valor ou coisa e pleitear que seja proferida **sentença de natureza declaratória**, pela qual o juiz declara extinta a obrigação.

Em outros termos: como o devedor ou o terceiro não conseguiram efetuar o pagamento, meio ordinário de cumprimento da obrigação, valem-se da ação de consignação.

45.2. INTERRUPÇÃO DA PRESCRIÇÃO

O ajuizamento da ação consignatória importará na interrupção da prescrição da respectiva **ação de cobrança**, pois acarreta no reconhecimento inequívoco, por parte do devedor, do direito do credor em relação às prestações consignadas.

45.3. CONSIGNAÇÃO EXTRAJUDICIAL

Permite o Novo CPC que, tratando-se de obrigação em dinheiro, poderá o valor ser depositado em estabelecimento bancário, oficial onde houver, situado no lugar do pagamento, **cientificando-se o credor por carta com aviso de recebimento**, assinado o prazo de dez dias para a manifestação de recusa. Trata-se da **consignação extrajudicial**, buscada diretamente junto à instituição financeira, que não é obrigatória.

> *A **consignação extrajudicial** somente tem cabimento para **depósito de dinheiro** e não é obrigatória.*

Como foi dito, uma vez notificado o credor, aguarda-se pelo prazo de dez dias, contados do retorno do aviso de recebimento.

Decorrido o prazo, sem manifestação de recusa, estará o devedor liberado da obrigação, permanecendo o valor à disposição do credor. De outro lado, havendo manifestação de recusa, que deverá ser por escrito, **poderá ser proposta ação de consignação**, no prazo de um mês, instruindo-se a inicial com a prova do depósito e da recusa.

Ajuizada a ação, deverá o autor comprovar o ajuizamento à instituição financeira, para que a correção monetária tenha índice diverso. Com efeito, os depósitos extrajudiciais são atualizados pela TR, ao passo que os judiciais seguem as regras da caderneta de poupança (art. 6º, parágrafo único, da Resolução n. 2.814 do Bacen).

Se não ajuizada a ação no prazo de um mês, ficará sem efeito o depósito, podendo levantar o valor o depositante.

Embora a Lei de Locações não faça qualquer previsão a respeito da consignação extrajudicial, prevaleceu a tese segundo a qual poderá ser buscada a liberação do cumprimento da obrigação por esse meio.[37]

45.4. LEGITIMIDADE

Poderá propor a ação de consignação o devedor, que busca liberar-se da obrigação. Também poderá fazê-lo o terceiro, independentemente de ser interessado, como admite a lei civil.

45.5. COMPETÊNCIA TERRITORIAL

A ação consignatória deverá ser ajuizada no lugar do pagamento, consoante preveem os artigos 540 CPC/2015 e art. 337 do Código Civil. Tratando-se, de outro lado, de consignação de aluguéres, será competente o foro da situação da coisa.

Conforme noticiado no Informativo n. 543 do STJ, contudo, competirá ao foro do local em que situado o imóvel o julgamento de ação consignatória e de ação de rescisão de contrato cumulada com retificação de escritura pública, reunidas para julgamento conjunto por conexão.

45.6. EFEITOS DA CONSIGNAÇÃO

Efetuada a consignação, cessará para o devedor, à data do depósito, os juros e os riscos, se acolhido o pedido ao final, com a prolação de sentença declaratória. Contudo, se o pedido for julgado improcedente, naturalmente, não haverá a liberação.

45.7. DEPÓSITO DAS PRESTAÇÕES SUCESSIVAS

Tratando-se de prestações sucessivas, consignada uma delas, permite-se ao autor continuar a depositar as que forem vencendo, no mesmo processo, observando-se o prazo de cinco dias contados do vencimento. O inadimplemento de uma das parcelas, contudo, não levará à improcedência da ação.

A previsão contida no art. 541 do NCPC (que correspondia ao art. 892 do CPC 1973), no sentido de permitir que o depósito se faça em até cinco dias contados da data do respectivo vencimento, não é aplicável à consignatória tributária, pois, para a extinção de tal obrigação, o crédito deverá ser depositado dentro do prazo de vencimento.[38]

45.8. PETIÇÃO INICIAL: REQUISITOS INTRÍNSECOS

Os requisitos intrínsecos são aqueles que devem estar contidos, indicados, na própria petição inicial. Existem aqueles de ordem geral, previstos nos artigos 319 e 320 do NCPC, bem como específicos para cada procedimento.

Nesse sentido, dispõe o art. 542 do NCPC, que, na petição inicial, o autor **requererá**: I – o depósito da quantia ou da coisa devida, a ser efetivado no prazo de cinco dias contados

37 LOCAÇÃO. ALUGUÉIS. CONSIGNAÇÃO EXTRAJUDICIAL. CREDOR. NOTIFICAÇÃO. PESSOAL. I- O depósito extrajudicial dos aluguéis tem o efeito de desonerar o locatário da obrigação. II – É necessário que o locatário comprove o efetivo conhecimento do depósito pelo locador, o que se perfaz com a notificação pessoal deste. Interpretação sistemática do §1º do art. 890 com o art. 223, parágrafo único do CPC. Recurso especial desprovido. (REsp 618.295/DF, Rel. Ministro FELIX FISCHER, QUINTA TURMA, julgado em 06/06/2006, DJ 01/08/2006, p. 514).

38 AgRg no Ag 1.239.917-SP, Segunda Turma, DJe 17/5/2010.

do deferimento, ressalvada a hipótese de prévia consignação extrajudicial; e, II – a citação do réu para levantar o depósito ou oferecer contestação.

Uma vez sendo deferido o depósito pelo juiz, deverá o autor da consignatória promovê-lo em **cinco dias**, sob pena de extinção do processo sem resolução do mérito. Tratando-se de consignatória de alugueres, **o prazo para efetuar o depósito é de vinte e quatro horas (art. 67, II da Lei n. 8.245/1991)**.

Admite-se que haja a cumulação de pedidos, no sentido de se permitir a discussão sobre o débito, especialmente o exame de validade de cláusulas contratuais, bem como a própria consignação do valor que entende ser devido.

45.9. CONSIGNAÇÃO DE COISA INDETERMINADA

Se o autor buscar a liberação de cumprimento de coisa indeterminada, competindo a escolha ao credor, deverá requerer a sua citação para exercer tal direito no prazo de cinco dias, salvo se houver outro prazo previsto em lei ou em contrato, ou para que aceite eventual escolha pelo devedor.

Competindo a escolha ao devedor, pelo não exercício pelo credor, o juiz designará dia e hora em que se fará a entrega, sob pena de depósito.

45.10. CONTESTAÇÃO

Sendo o credor citado, poderá, no prazo de quinze dias, oferecer a sua contestação, que compreenderá defesa processual e de mérito.

Como se nota, há de se admitir a possibilidade de o réu apresentar as suas preliminares, como, por exemplo, a falta de interesse de agir. E, apesar da especificidade do procedimento, permite-se que o réu alegue as matérias indicadas no art. 544 CPC/2015, além de outras.

Deve ser notado que o procedimento da consignatória diferenciará conforme a matéria alegada. Se indicada uma das hipóteses dos incisos I a III, seguirá a ação um caminho. Alegada a matéria indicada no inciso IV, outro será o percurso a ser seguido.

Em conformidade com o art. 544, aludido, poderá o réu alegar que:

> *I – não houve recusa ou mora em receber a quantia ou a coisa devida;*
>
> *II – foi justa a recusa;*
>
> *III – o depósito não se efetuou no prazo ou no lugar do pagamento.*

Indicadas essas matérias, o processo seguirá, sem maiores novidades, em conformidade com o procedimento comum.

Porém, o artigo 544 também permite seja alegado que:

> *IV – o depósito não é integral.*

E complementa no parágrafo único, que tal alegação somente será admissível se o réu indicar o montante que entende devido.

Uma vez alegado que o depósito não é integral, permite-se ao autor complementá-lo, no prazo de dez dias, a não ser que corresponda à prestação cujo inadimplemento acarrete a rescisão do contrato.

De toda maneira, aceita-se que o réu promova ao levantamento da quantia ou da coisa depositada, com a consequente liberação parcial do autor, prosseguindo-se o processo em relação à parte incontroversa.

Alegado que o depósito não é integral, a discussão no processo se dirigirá a especificar o montante suficiente para a liberação da obrigação, o que refletirá na sentença.

Dessa forma, a sentença: i) ou reconhecerá que o depósito inicial é suficiente, liberando-se o devedor (sentença declaratória), condenando-se o réu ao pagamento de custas e honorários advocatícios; ii) ou reconhecerá que o depósito não é integral e condenará o autor ao pagamento do valor restante, formando-se título executivo judicial, com possibilidade de exigir-se o cumprimento da obrigação nos próprios autos (cumprimento de sentença).

45.11. RECONVENÇÃO EM CONSIGNATÓRIA DE ALUGUERES

Consoante o disposto no inciso VI, do art. 67, da Lei de Locações, além de contestar, **o réu poderá, em reconvenção**, pedir o despejo e a cobrança dos valores objeto da consignatória ou da diferença do depósito inicial, na hipótese de ter sido alegado não ser o mesmo integral.

Note-se que, consoante o § 2º do art. 545 do NCPC, a consignatória é ação de natureza dúplice. Portanto, tendo sido apurada a diferença entre o valor efetivamente devido e o consignado, o juízo proferirá sentença condenatória, cujo cumprimento poderá ser exigido nos próprios autos. Assim, tal condenação independerá de reconvenção, apesar do disposto na Lei de Locações.

No entanto, será possível a reconvenção para que se determine o despejo. Por isso, poderá o réu, na sua própria contestação, como determina o NCPC, além de alegar as matérias de defesa, pugnar também pelo decreto de despejo do autor.

45.12. LITISCONSÓRCIO PASSIVO ALTERNATIVO

Como regra, o autor formula o seu pedido e espera que o mesmo seja acolhido para acertamento da situação subjetiva ligada a um réu específico. Porém, existem situações em que o autor pode apresentar o pedido e deixar que o juiz escolha em face de qual dos litisconsortes passivos ele será acolhido.

> *O autor deste capítulo já teve oportunidade de, em nome de autarquia estadual, demandar dois sindicatos de trabalhadores, rogando que a Justiça do Trabalho declarasse em face de qual deles haveria a existência de relação jurídica decorrente da repre-*

sentatividade da categoria de empregados públicos. Trata-se de hipótese de litisconsórcio passivo alternativo, pois não importava ao autor em face de quem o pedido seria acolhido.

A consignatória, nesse passo, poderá ser ajuizada em face de possíveis titulares do crédito, pois há dúvida de quem tem legitimidade para receber o pagamento.

Em tal caso, se, uma vez citados, não comparecer pretendente algum, converter-se-á o depósito em arrecadação de coisas vagas. De outro lado, comparecendo apenas um, o juiz decidirá de plano. E, por fim, comparecendo mais de um, o magistrado poderá declarar efetuado o depósito e extinta a obrigação, continuando o processo a correr unicamente entre os presuntivos credores, segundo o procedimento comum.

45.13. CONSIGNATÓRIA DE ALUGUEL E FÉRIAS FORENSES

Por força do disposto no art. 58, I, da Lei n. 8.245/1991, nas ações de despejo, consignação em pagamento de aluguel e acessório da locação, revisionais de aluguel e renovatórias de locação, os processos tramitam durante as férias forenses e não se suspendem pela superveniência delas.

46. AÇÃO MONITÓRIA

46.1. FINALIDADE

Poderá valer-se da ação monitória aquele que afirmar ter o direito de exigir do devedor capaz, com base em prova escrita sem eficácia de título executivo, pagamento de quantia em dinheiro, a entrega de coisa fungível ou infungível ou de bem móvel ou imóvel ou o adimplemento de obrigação de fazer ou de não fazer.

O objetivo deste procedimento especial é o de constituir um título executivo judicial, de modo que o credor, com prova documental (ainda que seja testemunhal documentada), busca satisfazer a obrigação que lhe é devida.

46.2. PROVA ORAL DOCUMENTADA

Note-se uma importante novidade. A possibilidade de valer-se o autor da prova oral documentada, produzida antecipadamente.

46.3. POLO PASSIVO

Diante de tais documentos, será requerida a citação do polo passivo. O juiz deferirá a expedição de mandado de pagamento, de entrega de coisa ou para execução de obrigação de fazer ou de não fazer, concedendo ao réu o prazo de 15 dias para cumprimento e o pagamento de honorários advocatícios de 5% do valor atribuído à causa.

46.4. CONSTITUIÇÃO DE TÍTULO EXECUTIVO JUDICIAL

Se não oferecidos os embargos, haverá a constituição do título executivo judicial, hábil ao cumprimento de sentença, sendo cabível ação rescisória para rescindir a sentença.

Poderá a ação ser promovida também em face da Fazenda Pública.

46.5. EMBARGOS À AÇÃO MONITÓRIA

Poderá o réu apresentar embargos à ação monitória, alegando matéria que poderia ser aduzida em defesa no procedimento comum. Alegando excesso de execução, deverá declarar de imediato o valor que entende correto, apresentando demonstrativo discriminado e atualizado da dívida.

Uma vez apresentados os embargos, estará suspensa a eficácia da decisão monitória até o julgamento em primeiro grau. O autor será intimado, podendo apresentar reconvenção, sendo vedada a reconvenção da reconvenção.

Da sentença que acolhe ou rejeita os embargos caberá o recurso de apelação.

47. DA AÇÃO DE EXIGIR CONTAS

47.1. FIM DA AÇÃO DE PRESTAR CONTAS

Ao iniciar-se o estudo deste procedimento especial, nota-se, de antemão, a alteração da denominação em relação ao paradigma previsto no CPC de 1973. Com efeito, o art. 550 e seguintes do CPC 2015 trata do procedimento de **exigir contas, pois não mais se admite que o devedor preste contas em juízo**.

Por isso, de acordo com as novas disposições, a ação poderá ser prestada unicamente pelo **credor** pugnando pela imposição do dever de prestá-las em juízo por aquele que administrou interesses alheios.

Há de se verificar a legitimidade para a propositura da ação. Nesse sentido, o condômino não pode, isoladamente, ajuizar ação de exigir contas em face do condomínio. E isso, pois, nos termos do art. 22, §1º, *f*, da Lei 4.591/1964, o condomínio, representado pelo síndico, não tem obrigação de prestar contas a cada um dos condôminos, mas a todos, perante a assembleia dos condôminos. No mesmo sentido, o art. 1.348, VIII, do CC dispõe que compete ao síndico, dentre outras atribuições, prestar contas à assembleia, anualmente e quando exigidas.[39]

Tal direito transmite-se aos herdeiros do credor, como pode ocorrer, por exemplo, com os herdeiros do mandante.[40]

O advogado poderá ser réu na ação de exigir contas.

47.2. PROCEDIMENTO DA AÇÃO DE EXIGIR CONTAS

39 REsp 1.046.652-RJ, *R*el. Min. Ricardo Villas Bôas Cueva, julgado em 16/9/2014.

40 REsp 1.122.589-MG, Rel. Min. Paulo de Tarso Sanseverino, julgado em 10/4/2012.

*Procedimento com **duas fases**, encerradas cada qual por **SENTENÇA**, que pode ser objeto de **APELAÇÃO**.*

***Primeira fase**: verifica-se o dever de prestar contas.*

***Segunda fase**: apura-se se existe saldo.*

O autor, em sua petição inicial, deverá especificar as razões pelas quais exige as contas, instruindo-a com documentos comprobatórios dessa necessidade.

O réu será citado e, no prazo de quinze dias, poderá prestar as contas ou contestar o pedido. O exercício de uma das opções, automaticamente, exclui a outra, por conta da preclusão lógica.

Prestadas as contas, o autor terá quinze dias para se manifestar, competindo-lhe, se o caso, impugná-las de forma precisa, seguindo-se a produção das provas.

Poderá o réu, no entanto, contestar o dever de prestar as contas, o que será objeto de análise pelo magistrado.

A ação de exigir contas conta com **duas fases distintas**, cada qual encerrada por **sentença** (note-se a exceção prevista na primeira parte do § 1º do art. 203 do NCPC, pois se terá sentença sem encerramento da fase cognitiva), que pode ser impugnada pelo recurso de **apelação**.

Dessa maneira, **na primeira fase do procedimento, será analisado se existe ou não o dever de prestar contas.** Convencido disso, o magistrado proferirá sentença, que poderá ser impugnada pelo recurso de apelação, que contará com duplo efeito.

Assim, apenas após o trânsito em julgado, poderá ser exigida coercitivamente a prestação de contas, a partir do cumprimento de sentença.

Nesse passo, competirá ao réu prestar as contas no prazo de quinze dias, seguindo-se a apuração do valor devido. Se não o fizer, o autor poderá apresentá-las, sem possibilidade de o réu impugná-las.

Na segunda fase, porém, as contas serão julgadas e, se apurado saldo, será constituído título executivo judicial, a ser exigido em cumprimento de sentença, nos próprios autos.

47.3. CONTAS DO INVENTARIANTE, TUTOR, CURADOR, DEPOSITÁRIO E DE QUALQUER OUTRO ADMINISTRADOR

As contas do inventariante, tutor, curador, depositário e de qualquer outro administrador serão prestadas em apenso aos autos do processo em que tiver sido nomeado.

48. DAS AÇÕES POSSESSÓRIAS

48.1. A FUNGIBILIDADE DAS AÇÕES POSSESSÓRIAS

A fungibilidade não é matéria restrita aos recursos, mas, em verdade, aplica-se à teoria geral do processo. Consiste na admissão de um meio ao invés de outro, que seria o mais adequado.

Em relação às ações possessórias, o Novo CPC prevê a aplicabilidade do princípio da fungibilidade, de modo que a propositura de uma ação possessória em vez de outra não obsta a que o juiz defira a proteção necessária.

Dessa maneira, se ajuizada ação com pedido de interdito proibitório, porém, já verificado que houve o esbulho, deverá ser deferida a medida que conferir a tutela necessária – reintegração de posse.

48.2. ESPÉCIES DE AÇÕES POSSESSÓRIAS

A depender da proteção necessária, admite-se três tipos diferentes de ações possessórias: i) o interdito proibitório – que tem finalidade preventiva, em razão ser iminente a invasão; ii) a reintegração de posse – que pressupõe a perda total da posse (esbulho); iii) a manutenção de posse – que pressupõe a inexistência de privação integral.

Há de ser relembrado, porém, que o erro na indicação da ação ou a alteração dos fatos no transcorrer do processo, não acarreta a inviabilidade do deferimento da tutela possessória adequada, em razão do princípio da fungibilidade.

INTERDITO PROIBITÓRIO	REINTEGRAÇÃO DE POSSE	MANUTENÇÃO DE POSSE
Natureza Preventiva	**Esbulho**	**Turbação**

48.3. AÇÕES POSSESSÓRIAS E INVASÕES COLETIVAS

Não é incomum que existam ações possessórias de áreas ocupadas por uma coletividade, geralmente com a finalidade de fixar residência, em comunidades de baixa renda, embora não necessariamente.

Há uma preocupação constante nestas ações, notadamente diante do interesse social presente. Por isso, para estas ações a intervenção do Ministério Público, na condição de fiscal da ordem jurídica, é imprescindível. Envolvendo pessoas em situação de hipossuficiência econômica, ainda, deverá ser intimada a Defensoria Pública, para o cumprimento de sua missão institucional.

Proposta ação nessas condições, serão feitas a citação pessoal dos ocupantes que forem encontrados no local e a citação por edital dos demais. Para tais demandas, o juiz deverá determinar que se dê ampla publicidade de sua existência.

Ainda como diferencial, prevê o Novo CPC, em seu artigo 565, requisito para o deferimento de liminar na ação com posse de força velha, conforme se verá adiante.

48.4. PEDIDOS NA AÇÃO POSSESSÓRIA

Além da tutela possessória (inibitória, reintegratória ou de manutenção), poderá o autor cumular outros pedidos. São eles: i) condenação em perdas e danos; ii) indenização dos frutos. Trata-se de cumulação própria de pedidos, pois se requer o acolhimento de todos eles, lembrando que o rol do art. 555 do CPC 2015 é exemplificativo.

Além disso, poderá solicitar, ainda, a imposição de medida necessária para evitar-se nova turbação ou novo esbulho, bem como para cumprir-se a tutela provisória ou final.

48.5. CONTESTAÇÃO

Poderá o réu, em sua contestação, **pugnar a proteção possessória** e a indenização pelos prejuízos resultantes da turbação ou do esbulho cometido pelo autor, **independentemente de reconvenção**.

Dessa forma, a mesma sentença que nega o pedido do autor, reconhece a legitimidade da pretensão apresentada pelo réu.

48.6. INVIABILIDADE DE AJUIZAMENTO DE AÇÃO PETITÓRIA DURANTE O CURSO DE AÇÃO POSSESSÓRIA

Uma vez ajuizada a ação possessória, está vedado o ajuizamento de ação petitória destinada ao reconhecimento do domínio, salvo se for proposta em face de terceira pessoa (que não o autor da possessória).

48.7. PROCEDIMENTO DA AÇÃO POSSESSÓRIA: POSSE NOVA

Se a ação for proposta dentro do prazo de ano e dia a partir da turbação ou do esbulho, adota-se procedimento especial tratado no artigo 560 e seguintes do CPC 2015. No entanto, tratando-se de posse velha, será adotado o procedimento comum.

Como característica principal do procedimento especial, tem-se a possibilidade de deferimento de medida liminar *inaudita altera parte*, sem que se comprove o elemento urgência. Regendo-se pelo procedimento comum, no entanto, embora se admita – e como não poderia deixar de ser – a tutela provisória, deverão ser observados os seus requisitos (tutela provisória com fundamento na urgência, com comprovação do *periculum in mora,* ou tutela da evidência nas hipóteses do art. 311).

48.8. EXIGÊNCIA DE CAUÇÃO

Se o réu provar que o autor provisoriamente mantido ou reintegrado na posse não tem idoneidade financeira para, no caso de sucumbência, responder por perdas e danos, o juiz lhe concederá o prazo de cinco dias para requerer caução, real ou fidejussória, sob pena de ser depositada a coisa litigiosa, salvo a impossibilidade da parte economicamente hipossuficiente.

48.9. POSSE COM FORÇA NOVA E OS REQUISITOS DA TUTELA POSSESSÓRIA

Em conformidade com o art. 561, para o deferimento da tutela possessória na posse com força nova, competirá ao autor provar a sua posse, a turbação ou o esbulho e a sua data, a continuação da posse, embora turbada, na ação de manutenção, ou a perda da posse, na ação de reintegração.

Tais requisitos serão exigidos quer para o deferimento da tutela provisória e para o acolhimento da pretensão ao final.

Estando a petição inicial em ordem, o juiz deferirá a tutela possessória. Contudo, sendo necessária a comprovação de qualquer fato, designará audiência de justificação.

48.10. CONTRADITÓRIO PRÉVIO E AS LIMINARES CONTRA AS PESSOAS JURÍDICAS DE DIREITO PÚBLICO

Em conformidade com o princípio do contraditório dinâmico, evita-se a decisão surpresa, de modo que deve ser permitido às partes influenciarem o magistrado, a partir de suas alegações.

Contudo, em determinadas situações, como para o deferimento da tutela provisória, permite-se que o contraditório seja exercido posteriormente, de modo que o juiz poderá deferir a liminar sem ouvir a parte contrária.

Ocorre, no entanto, que, em relação às pessoas jurídicas, considerando-se o impacto que a medida poderá causar à Administração Pública, exige-se que não será deferida a manutenção ou a reintegração liminar sem prévia audiência dos respectivos representantes judiciais.

48.11. CITAÇÃO DO REQUERIDO E PRAZO PARA RESPOSTA

O réu deverá ser citado para oferecer resposta no prazo de quinze dias, contados da juntada do mandado de citação.

Porém, se o juiz designar audiência de justificação prévia, deverá o réu ser citado para comparecer ao ato judicial, contando-se o prazo de 15 dias para oferecimento de defesa da intimação da decisão que deferir ou não a medida liminar.

48.12. POSSE VELHA E LITÍGIO COLETIVO

Tratando-se de litígio coletivo pela posse de imóvel, quando o esbulho ou a turbação afirmado na petição inicial houver ocorrido há mais de ano e dia, deverá o juiz **preocupar-se em equacionar a questão consensualmente, evitando-se conflitos**. Para tanto, impõe o art. 565 que o juiz designe audiência de mediação, com a participação do Ministério Público, da Defensoria Pública e dos órgãos responsáveis pela política agrária e pela política urbana, como providência prévia à concessão de liminar.

Se deferida a medida liminar, se essa não for executada no prazo de um ano, a contar da distribuição, deverá o magistrado designar audiência de mediação, considerando que o fator tempo poderá alterar o ânimo das pessoas envolvidas, bem como poderão existir particularidades antes não constatadas.

48.13. OCUPAÇÃO INDEVIDA DE BEM PÚBLICO

Consoante jurisprudência do Superior Tribunal de Justiça, restando configurada ocupação indevida de bem público, não há que se falar de posse, mas de mera detenção, afastando-se o direito de retenção por benfeitorias.[41]

48.14. EXERCÍCIO DO DIREITO DE RETENÇÃO

Também consoante jurisprudência do STJ, o exercício do direito de retenção deve ser exercido na própria contestação, sob pena de preclusão.[42]

49. RESTAURAÇÃO DE AUTOS

Destina-se este procedimento à restauração de autos desaparecidos, quer sejam físicos ou eletrônicos.

Constatando o desaparecimento, se existirem autos suplementares, nestes haverá a continuidade do processo.

Requerida a instauração do procedimento, a parte contrária será citada para contestar o pedido no prazo de cinco dias e, se houver concordância, será lavrado auto. Havendo discordância, será observado o procedimento comum.

Se acaso o desaparecimento ocorrer no âmbito do tribunal, nele tramitará o procedimento de restauração.

50. AÇÃO POPULAR

50.1. DEFINIÇÃO

Trata-se de ***remédio constitucional*** que tem por finalidade **corrigir atos lesivos ao patrimônio público ou de entidade de que o Estado participe, à moralidade administrativa, ao meio ambiente e ao patrimônio histórico e cultural.**

A Constituição Federal foi responsável pela ampliação de seu objeto, voltando-se também **à defesa de interesses metaindividuais, dentre eles, o meio ambiente.**

A ação popular pode ser estudada sob três enfoques: constitucional, administrativo e processual. Isto porque, a um só tempo, é uma ***garantia constitucional***, que efetiva o ***controle*** dos atos administrativos pelo cidadão, sendo uma *ação civil*.

50.2. LEGITIMAÇÃO PARA A PROPOSITURA DA AÇÃO POPULAR

A legitimação para a propositura da ação popular é constante da Constituição Federal (art. 5º, LXXIII) e nos arts. 1º e 4º, da Lei 4.717/65. Portanto, somente o ***brasileiro*** (nato ou naturalizado), que ostente a condição de ***eleitor***, poderá ajuizá-la.

O autor popular agirá como substituto processual da coletividade e, por isso, se acaso abandonar a causa, poderá o polo ativo ser ocupado por outro legitimado. Supletivamente, poderá o Ministério Público assumir o polo ativo, se nenhum outro legitimado o fizer.[43]

Exclui-se a possibilidade de ser ajuizada por pessoa jurídica (súmula 365, STF). Somente poderá ser ajuizada por aquele que se encontre no exercício pleno do direito político de eleger os representantes do povo.

O Superior Tribunal de Justiça também admite que a ação popular seja ajuizada pelo **Ministério Público**, legitimando-o a toda e qualquer demanda que vise à defesa dos interesses difusos e coletivos, sob ângulo material ou imaterial.[44]

50.3. POLO PASSIVO

De acordo com o art. 6º, da Lei 4.717/65, o polo passivo da ação popular é bem abrangente, devendo constar: a pessoa jurídica lesada, o agente causador ou produtor direto do ato sindicado e ainda o beneficiado direto. O polo passivo é subjetivamente complexo.

Trata-se, portanto, de ***litisconsórcio necessário*** e, pelo menos em um ponto, *unitário*, na medida em que a desconstituição do ato alcançará a todos.

A Administração Pública, embora conste necessariamente no polo passivo da ação como ré, poderá, a seu critério: i) contestar; ii) não contestar e assistir o autor; iii) quedar-se inerte. Fator determinante da escolha: ***o interesse público.***

O STJ já decidiu pela possibilidade da modificação da situação da Administração.[45]

50.4 DO PROCEDIMENTO DA AÇÃO POPULAR

O polo passivo será citado para oferecer resposta no prazo comum de vinte dias. Tal prazo será contado em dias úteis. Ainda que existam litisconsortes com diversos procuradores de escritórios distintos e não se trate de processo eletrônico, o prazo para oferecimento de resposta não será contado em dobro. Porém, o prazo diferenciado será aplicado para o caso de recurso.

A pessoa jurídica de direito público lesada será citada em litisconsórcio passivo necessário (não unitário). Nesse caso, tal como ocorre na ação de improbidade administrativa, poderá escolher o polo da ação que ocupará.

Nesse passo, poderá defender o ato administrativo praticado, quando permanecerá no polo passivo da ação. De outro lado, poderá optar por integrar o polo ativo da demanda, para que o pleito apresentado seja acolhido. Ou, então, permanecerá inerte.

---

41 AgRg no AREsp 824.129/PE, Rel. Ministro MAURO CAMPBELL MARQUES, SEGUNDA TURMA, julgado em 23/02/2016, DJe 01/03/2016.

42 REsp 1278094/SP, Rel. Ministra NANCY ANDRIGHI, TERCEIRA TURMA, julgado em 16/08/2012, DJe 22/08/2012.

43 REsp 638.011/RJ, Rel. Ministro LUIZ FUX, PRIMEIRA TURMA, julgado em 25/04/2006, DJ 18/05/2006, p. 182.

44 AgRg no AREsp 746.846/RJ, Rel. Ministro HERMAN BENJAMIN, SEGUNDA TURMA, julgado em 15/12/2015, DJe 05/02/2016.

45 STJ, 2ª T., REsp 1185928/SP, Rel. Ministro Castro Meira, j. 15.06.2010, DJe 28.06.2010.

A escolha compete ao representante da Administração Pública e terá por fundamento o interesse público. Uma vez ocorrida a escolha, porém, será possível modificá-la posteriormente.

Uma vez citados os réus e apresentadas as respostas, determinará o magistrado a produção de provas, se necessário for.

Admite-se na ação popular o julgamento antecipado parcial da lide, hipótese em que o magistrado acolherá, de imediato, por meio de decisão interlocutória de mérito, um dos pedidos, prosseguindo-se a demanda em relação aos demais. Tem-se, também, a possibilidade do julgamento antecipado da lide (total).

Sendo desnecessária a prova, ou, se já produzida, proferirá o magistrado a sua sentença, acolhendo ou rejeitando o pedido formulado pelo autor popular.

50.5 DA SENTENÇA NA AÇÃO POPULAR

A sentença de procedência desconstituirá o ato administrativo praticado e determinará que o Erário Público seja ressarcido dos prejuízos sofridos, se houver danos.

50.6. DA COISA JULGADA

A sentença de procedência fará coisa julgada erga omnes, podendo ser executada pelo próprio autor popular, outro legitimado ou, ainda, pelo Ministério Público. Trata-se de coisa julgada *secundum eventum litis*.

Em relação à sentença de improcedência, por sua vez, deve ser verificado o seu fundamento. Como se vê, constitui-se exceção à regra da coisa julgada, que é *pro et contra*. Desse modo, se a sentença reconhecer a ausência de provas, será admitido o ajuizamento de nova ação popular, desde que existam outras provas. De outro lado, se reconhecido que houve o esgotamento das provas, em tese, não é possível o ajuizamento de nova ação popular.

Defende-se que, independentemente da manifestação do juiz na sentença, a análise quanto à existência ou não de prova nova seja feita em um segundo processo, quando será possível fazer uma comparação entre a prova já produzida e aquela proposta no novo processo ajuizado.

50.7. REMESSA NECESSÁRIA

Como já foi visto, a remessa necessária é condição de eficácia da sentença proferida contra as pessoas jurídicas de direito público. O Novo CPC alterou de forma significativa os valores das condenações que ensejarão a remessa obrigatória aos Tribunais, o que reduzirá, e muito, a sua incidência.

Ocorre, porém, que a remessa necessária não ocorrerá somente nos casos mencionados no NCPC, mas também nas hipóteses indicadas na legislação esparsa. Nesse sentido, o art. 14, da Lei do Mandado de Segurança, indica que, no caso de concessão de ordem, estará a sentença sujeita a remessa necessária.

Também ocorre essa previsão na ação popular. Assim, no caso de reconhecimento de carência ou de improcedência desta ação, será obrigatória a remessa dos autos ao Tribunal, para reanálise da questão.

Note-se que, nesse caso, a remessa necessária não é justificada por ser a sentença proferida contra a pessoa jurídica de direito público, mas porque o interesse público não foi amparado, na medida em que a ação popular não foi conhecida ou foi julgada improcedente.

Amparado nesse entendimento e aplicando-se o Sistema Único Coletivo, derivado do complexo de leis que tratam das ações coletivas, já se aplicou o entendimento às ações civis públicas. Por isso, reconhecida a falta de condição da ação ou a improcedência da ação civil pública, estará a sentença sujeita à remessa necessária, ainda que não tenha o poder público em um dos polos da ação. A ideia, nesse caso, é que o interesse metaindividual pode não ter sido tutelado.

51. AÇÃO CIVIL PÚBLICA

51.1. DENOMINAÇÃO DE AÇÃO CIVIL PÚBLICA E INTERESSES TUTELADOS PELA LEI DA AÇÃO CIVIL PÚBLICA

Sustenta Teori Albino Zavascki que Ação Civil Pública é a denominação para o procedimento instituído pela Lei 7.347/1985, que tem por finalidade promover a tutela de direitos transindividuais,[46] que podem ser compreendidos como difusos, coletivos e individuais homogêneos.

Nos termos do art. 81, parágrafo único, I, do Código de Defesa do Consumidor, direitos ou interesses difusos são aqueles "transindividuais, de natureza indivisível, de que sejam titulares pessoas indeterminadas e ligadas por circunstâncias de fato". Compreendem grupos menos determinados de pessoas, sendo que entre elas não existe vínculo jurídico preciso.[47] O objeto desses interesses é indivisível, de modo que não é possível ser dividido entre os membros da coletividade.[48]

A expressão *interesses coletivos* possui mais de um significado. Em sentido amplo, encampado pelo art. 129, III, da Constituição Federal, os interesses coletivos são aqueles transindividuais, de grupos, classes ou categorias de pessoas.[49] Em sentido restrito, os interesses coletivos referem-se aos *interesses transindividuais indivisíveis de um grupo determinado ou determinável de pessoas, reunidas por uma relação jurídica básica comum*, conforme definição constante do art. 81, II, do Código de Defesa do Consumidor.

Os interesses individuais homogêneos, por sua vez, "são aqueles de grupo, categoria ou classe de pessoas determinadas ou determináveis, que compartilhem prejuízos divisíveis, de origem comum, normalmente oriundos da mesma circunstância de fato" (art. 82, III, CDC).

---

46 ZAVASCKI, Teori Albino. *Processo Coletivo – Tutela de Direitos Coletivos e Tutela Coletiva de Direitos*. 3ª ed. São Paulo: RT, 2008, p. 63.

47 MAZZILLI, Hugo Nigro. *A Defesa dos Interesses Difusos em Juízo*. São Paulo: Saraiva, 2006, p. 50-51.

48 Idem, ibidem, p. 52.

49 MAZZILLI, Hugo Nigro. Op. cit., p. 52.

Sobre a relação entre tais interesses, Hugo Nigro Mazzilli apresenta didático quadro para compreensão:[50]

Interesses	Grupo	Objeto	Origem
Difusos	Indeterminável	Indivisível	Situação de fato
Coletivos	Determinável	Indivisível	Relação jurídica
Ind. Homog.	Determinável	Divisível	Origem comum

51.2. DOS ENTES LEGITIMADOS

A legitimação para a defesa dos interesses metaindividuais de crianças e adolescentes decorre da integração da Lei da Ação Civil Pública, do Código de Defesa do Consumidor, do Estatuto da Criança e do Adolescente, entre outras leis.

Nesse sentido, possuem legitimação para a propositura da ação civil pública:

> *I - o Ministério Público;*
>
> *II - a Defensoria Pública;*
>
> *III - a União, os Estados, o Distrito Federal e os Municípios;*
>
> *IV - a autarquia, empresa pública, fundação ou sociedade de economia mista;*
>
> *V - a associação que, concomitantemente: a) esteja constituída há pelo menos um ano e, b) inclua entre suas finalidades institucionais a proteção ao meio ambiente, ao consumir, à ordem econômica, à livre concorrência ou ao patrimônio artístico, estético, histórico, turístico e paisagístico.*

O Ministério Público tem missão especial em relação à ação civil pública, competindo-lhe a tutela dos interesses difusos, coletivos e individuais homogêneos, além de direitos individuais indisponíveis.

A Defensoria Pública é indicada na Constituição Federal como instituição essencial à função jurisdicional do Estado, cabendo-lhe a orientação jurídica e a defesa, em todos os graus, dos necessitados, na forma do seu art. 5º, LXXIV. A expressão "necessitados" não está adstrita ao plano econômico, abrangendo, também, os necessitados do ponto de vista organizacional, que são os socialmente vulneráveis.[51]

Esse foi o entendimento encampado pelo Superior Tribunal de Justiça, conforme se vê do voto proferido pela Ministra Nancy Andrighi:

> *A esse respeito, de se notar, ainda, que, ao contrário do que afirmam as recorridas (F.F.C.LTDA e S.N.F.C.LTDA), nos respectivos memoriais a mim apresentados, não é pelo fato dos seus consumidores terem adquirido automóveis que não podem ser considerados necessitados para fins do art. 134 da CF; porquanto o conceito jurídico de necessitado, contido no parágrafo único do artigo 2º, da Lei 1.060/50, é mais amplo do que o de "pobre" ou "miserável", não está vinculado a determinado limite de valor de renda mensal ou de patrimônio e, sim, à impossibilidade de pagamento das despesas processuais sem prejuízo do próprio sustento ou da família.*[52]

Valendo-se de sentido ainda mais amplo, sustenta Marina Mezzavilla Verri que a legitimação da Defensoria Pública para o ajuizamento das ações civis públicas é universal, não restrita à defesa de interesses dos necessitados, possuindo legitimidade para atuar frente a quaisquer direitos transindividuais,[53] surgindo para a Defensoria uma nova demanda, baseada no exercício das ações coletivas, conforme já pregava Boaventura de Souza Santos.[54]

Reconhecendo-se a importância das Defensorias Públicas, no contexto de defesa dos direitos fundamentais individuais e coletivos, o legislador inseriu esse órgão dentre os legitimados à propositura da ação civil pública, conforme se vê da atual redação do art. 5º, da Lei 7.347/1985. Do mesmo modo, a Lei Complementar 80/1994, com redação alterada pela Lei Complementar 132/2009, enfatizou a atuação das Defensorias Públicas para a tutela dos interesses individuais e coletivos (no art. 4º, VII e VIII).

No que tange à União, os Estados, o Distrito Federal, os Municípios e seus órgãos paraestatais, legitimados ao ajuizamento da ação civil pública, tem-se que paulatinamente vêm assumindo, na esfera da tutela coletiva, o seu papel de gestores de interesses coletivos, não existindo qualquer dúvida sobre a possibilidade de buscarem a tutela dos interesses metaindividuais de crianças e adolescentes, principalmente em assuntos relacionados às políticas públicas gerais, ao redirecionamento de verbas públicas e a outros fatores estruturais.

A legitimação das associações para a defesa de interesses metaindividuais deve ser entendida no contexto como "participação popular na boa gestão da coisa pública, sob a égide da democracia participativa, incentivada pela Constituição Federal (art. 1º, parágrafo único), como se dá com a defesa do meio ambiente (art. 225, *caput*) e do patrimônio cultural (art. 216 e § 1º)".[55]

De acordo com Mancuso, com suporte em balizada doutrina, podem ser identificados três mecanismos de intervenção popular.[56] Transportando a lição para as questões afetas à infância e à juventude, podem ser assim identificados: a) nos processos de criação do direito da criança e do adolescente; b) na participação popular na formulação e execução de políticas públicas; e, c) na participação judicial, que se concretiza por intermédio do Poder Judiciário.

---

50 MAZZILLI, Hugo Nigro. Op. cit., p. 58.

51 Disponível em http://www.anadep.org.br/wtksite/cms/conteudo/4820/Documento10.pdf

52 STJ, Resp 555.111-RJ, rel. Ministro Castro Filho, j. 05.09.2006, DJ 18.12.2006.

53 VERRI, Marina Mezzavilla. *Legitimidade da Defensoria Pública na Ação Civil Pública: limites*. Ribeirão Preto: Ribeirão Gráfica e Editora, 2008, p. 126.

54 SANTOS, Boaventura de Souza. Introdução à sociologia da administração da justiça. *In*: *Revista de Processo*. São Paulo, n. 37, jan-mar. 1985, p. 150.

55 MANCUSO, Rodolfo de Camargo. *Ação Civil Pública – Em defesa do meio ambiente, do patrimônio cultural e dos consumidores*. 10ª ed. São Paulo: RT, 2006, p. 138-139.

56 Idem, ibidem, p. 139.

As associações, ao promoverem a defesa de interesses metaindividuais, colocam-se, na expressão de Mancuso, como uma *longa manus* da coletividade.[57]

Dentre os legitimados à propositura da ação civil pública, estão enumerados órgãos despersonalizados, que podem defender não só os direitos dos consumidores, como também qualquer direito difuso, coletivo e individual homogêneo (art. 82, III, do CDC e art. 2º, da Lei 7.347/1985),[58] ostentando personalidade judiciária.[59]

51.3. COISA JULGADA

O Código de Defesa do Consumidor disciplinou a coisa julgada nas ações coletivas, relacionando-a ao interesse tutelado, o que pode ser resumido no seguinte quadro:

Interesse	Coisa julgada
Difuso	*Erga omnes*, salvo se a improcedência decorrer da falta de provas.
Coletivo	*Ultra partes*, limitada ao grupo, categoria ou classe de lesados, salvo se a improcedência se der por falta de provas.
Individuais homogêneos	*Erga omnes* em caso de procedência, beneficiando vítimas e sucessores.

Como é possível observar do quadro, identifica-se também a coisa julgada segundo o resultado o processo, destacando-se a técnica da coisa julgada *secundum eventum litis*.

Desse modo, **no caso de sentença de procedência**, todos os lesados são beneficiados, salvo se tratar de interesses coletivos em sentido estrito, quando o aproveitamento estará restrito ao grupo, categoria ou classe de pessoas atingidas.

De outro lado, **na sentença de improcedência**, há de ser feita uma importante distinção, segundo haja ou não esgotamento das provas.

Por falta de provas	Outros legitimados poderão propor a ação civil pública, desde que fundada em nova prova.
Por outro motivo	Outros legitimados não poderão propor a ação civil pública, ainda que fundada em nova prova.

52. MANDADO DE SEGURANÇA (LEI N. 12.016/2009)

52.1. INTRODUÇÃO

O mandado de segurança é um remédio constitucional, por meio do qual o impetrante buscará proteger direito líquido e certo, não amparado por habeas corpus ou habeas data, sempre que, ilegalmente ou com abuso de poder, qualquer pessoa física ou jurídica sofrer violação ou houver justo receio de sofrê-lo por parte de autoridade, seja de que categoria for e sejam quais forem as funções que exerça.

Independentemente da competência para o seu julgamento, o mandado de segurança se tratará de uma ação de natureza civil, como ocorre com aquelas ações em que se discute matéria eleitoral.

Na atualidade, o mandado de segurança é regido pela Lei 12.016/09, que prevê um procedimento diferenciado das ações de conhecimento em geral, tipificando uma via rápida para a obtenção da tutela jurisdicional. Essa lei teve como mérito fundir o tratamento legislativo do *writ*, incorporando-se posicionamentos doutrinários e jurisprudenciais existentes, sem prejuízo da inserção de inovações.

Ao procedimento do mandado de segurança serão aplicáveis as normas fundamentais estabelecidas na Constituição Federal e no Código de Processo Civil de 2015, como ocorre com qualquer procedimento judicial, sem prejuízo da aplicabilidade subsidiária das regras existentes no Novo CPC.

52.2. PRAZO PARA O AJUIZAMENTO

O direito de requerer mandado de segurança extinguir-se-á decorridos 120 (cento e vinte) dias, contados da ciência, pelo interessado, do ato impugnado. A contagem será de forma contínua e não em dias úteis.

Por se tratar de uma ação de rito célere, previsto para correção de ato ilegal ou praticado com abuso de poder por autoridade, o impetrante somente poderá se utilizar dessa via se não transcorrido período superior a cento e vinte dias contados da ciência do fato impugnado. Vide o art. 23 da Lei n. 12.016/2009 e a Súmula n. 632 do STF.

Se impugnada lei de efeito concreto, o prazo de cento e vinte dias se inicia com a publicação da norma, ante a configuração de ato comissivo, único e de efeitos permanentes, afastando-se a tese de que se trata de relação jurídica de trato sucessivo.

O prazo, como tem natureza decadencial, será contado **em dias corridos** e não em dias úteis.

Se impugnado ato omissivo, não é necessária a observância do prazo de cento e vinte dias.

52.3. LEGITIMIDADE ATIVA

A legitimidade é ampla, podendo ser ajuizada por pessoas físicas e jurídicas, nacionais ou estrangeiras. Essa legitimação estende-se, também, a entes desprovidos de personalidade jurídica, muito embora possuam personalidade judiciária, como ocorre com a Câmara de Vereadores, condomínios, o Conselho Municipal do Meio Ambiente.

57 Idem, ibidem, p. 139.

58 GOMES JUNIOR, Luiz Manoel. *Curso de Direito Processual Civil Coletivo*. 2ª ed. São Paulo: SRS Editora, 2008, p. 133.

59 NERY JUNIOR, Nelson. O Processo Civil no Código de Defesa do Consumidor. *In: Revista de Processo*. n.º 61. São Paulo: RT, 1991, p. 29.

As próprias pessoas jurídicas de direito público podem ingressar com o mandado de segurança.

Os art. 1º, § 3º, e 3º, da Lei 12.016/09, encerram hipóteses de substituição processual, pois o impetrante postulará direito, em seu nome, porém, em favor de terceiro. Não obstante, há uma particularidade: concomitantemente, o impetrante também postula interesse seu.

Registra o art. 24 da nova lei que são aplicados ao mandado de segurança, o disposto nos artigos 46 a 49, do Código de Processo Civil de 1973, que correspondem aos artigos 113, 114, 115, 117 e 118 do Novo Código de Processo Civil.

52.4. O POLO PASSIVO NO MANDADO DE SEGURANÇA

O polo passivo no mandado de segurança é ocupado pela pessoa jurídica de direito público, que tem interesse imediato na composição da lide e no resultado do julgamento, pois será quem arcará com as consequências patrimoniais advindas da decisão judicial.

De fato, não é correto afirmar que o polo passivo é ocupado pela autoridade apontada como coatora, até porque esta não arcará com quaisquer ônus ou efeitos decorrentes da sentença judicial. Todos os ônus serão suportados pela pessoa jurídica de direito público que deverá figurar no polo passivo da ação.

52.5. A AUTORIDADE APONTADA COMO COATORA

A autoridade é a aquela que tenha praticado o ato impugnado ou da qual emane a ordem para a sua prática (art. 6º, § 3º, da Lei n. 12.016/2009) e que ocupa determinado cargo ou função, quer em pessoa jurídica de direito público, quer em pessoa jurídica de direito privado. Não se confunde com o mero executor do ato.

Se a parte indicar, de forma incorreta, a autoridade apontada como coatora, deve ser determinada a emenda da petição inicial e, se o caso, determinada a remessa dos autos ao juízo ou Tribunal que for competente. Não mais prevalece o antigo entendimento – que aos poucos já estava sendo superado – no sentido de que a indicação errônea da autoridade apontada como coatora importava na extinção do processo, notadamente diante do princípio da preferência pelo julgamento de mérito (art. 4º do Novo CPC).

O § 1º, do art. 1º, da Lei n.º 12.016/2009, equipara às autoridades, para os efeitos da lei, os representantes ou órgãos de partidos políticos e os administradores de entidades autárquicas, bem como os dirigentes de pessoas jurídicas ou as pessoas naturais, no exercício de atribuições do poder público, somente no que disser respeito a essas atribuições.

> *Os representantes ou órgãos de partidos políticos são equiparados a autoridade para fins de correção do ato por mandado de segurança.*

> *Conforme dispõe a letra "e", do inciso I, do art. 22, do Código Eleitoral, compete ao Tribunal Superior Eleitoral processar e julgar originariamente mandado de segurança, em matéria eleitoral, relativos a atos do Presidente da República.*

52.6. O DIREITO LÍQUIDO E CERTO COMO REQUISITO ESPECÍFICO DE ADMISSIBILIDADE

O mandado de segurança tem um requisito específico de admissibilidade que é o direito líquido e certo.

Trata-se de condição da ação do *writ* que, se ausente, inviabiliza o exame do mérito. O direito líquido e certo não se refere ao direito subjetivo da parte, mas se refere à comprovação dos fatos.

Estando ausente o direito líquido e certo, o juiz não concederá a ordem pleiteada. Porém, poderá o impetrante ajuizar outro mandado de segurança, desde que o faça com observância do prazo decadencial (art. 6º, § 6º, da Lei n. 12.016/2009) e valer-se de outros meios de prova para a demonstração dos fatos.

> *Ausente direito líquido e certo, a ordem será denegada, podendo a matéria ser discutida em outro processo, com fundamento em novas provas.*

> ***Ementa de julgado importante**: MANDADO DE SEGURANÇA – "WRIT" MANDAMENTAL IMPETRADO COM O OBJETIVO DE ASSEGURAR, AO SEGUNDO SUPLENTE, A INVESTIDURA NO MANDATO DE SENADOR – ALEGADA OCORRÊNCIA "DE SIMULAÇÃO E FRAUDE NO PROCESSO ELEITORAL DE 2006" – SITUAÇÃO DE CONTROVÉRSIA OBJETIVA E ILIQUIDEZ DOS FATOS – IMPETRAÇÃO QUE BUSCA, AINDA, REDISCUTIR ATO TORNADO IRRECORRÍVEL CONCERNENTE AO FUNDO DA CONTROVÉRSIA QUE JÁ FOI OBJETO DE RESOLUÇÃO JUDICIAL, COM TRÂNSITO EM JULGADO, NO ÂMBITO DO TRIBUNAL SUPERIOR ELEITORAL – IMPOSSIBILIDADE – O MANDADO DE SEGURANÇA NÃO CONSTITUI SUCEDÂNEO DA AÇÃO RESCISÓRIA – SÚMULA 268/STF – PRECEDENTES – PARECER DA PROCURADORIA-GERAL DA REPÚBLICA PELO NÃO PROVIMENTO – RECURSO DE AGRAVO IMPROVIDO. – Refoge, aos estreitos limites da ação mandamental, o exame de fatos despojados da necessária liquidez, não se revelando possível a instauração, no âmbito do processo de mandado de segurança, de fase incidental de dilação probatória. Precedentes. – A noção de direito líquido e certo ajusta-se, em seu específico sentido jurídico-processual, ao conceito de situação decorrente de fato incontestável e inequívoco, suscetível de imediata demonstração mediante prova literal pré-constituída. Precedentes. – **A simples existência de matéria de fato controvertida revela-se bastante para tornar inviável a utilização do mandado de segurança, que pressupõe, sempre, direito líquido e certo resultante de fato incontestável, passível de comprovação de plano pelo impetrante**. – O remédio constitucional do mandado de segurança não tem cabimento quando utilizado com o objetivo de desconstituir a autoridade da coisa julgada. O ordenamento jurídico brasileiro contempla, para esse efeito, um meio processual específico: a ação rescisória. (MS 30523 AgR, Relator(a): Min. CELSO DE MELLO, Tribunal Pleno, julgado em 09/10/2014,*

PROCESSO ELETRÔNICO DJe-216 DIVULG 03-11-2014 PUBLIC 04-11-2014).

52.7. VEDAÇÃO DA UTILIZAÇÃO DO MANDADO DE SEGURANÇA

Não se concederá mandado de segurança quando se tratar: I - de ato do qual caiba recurso administrativo com efeito suspensivo, independentemente de caução; II - de decisão judicial da qual caiba recurso com efeito suspensivo; III - de decisão judicial transitada em julgado.

52.8. VEDAÇÃO DA CONCESSÃO DE LIMINAR

Não será concedida medida liminar que tenha por objeto a compensação de créditos tributários, a entrega de mercadorias e bens provenientes do exterior, a reclassificação ou equiparação de servidores públicos e a concessão de aumento ou a extensão de vantagens ou pagamento de qualquer natureza.

52.9. COMPETÊNCIA PARA O JULGAMENTO DO MANDADO DE SEGURANÇA

O quadro a seguir sintetiza as regras de competência para o julgamento de mandado de segurança, que variará conforme a autoridade impetrada.

Esta competência poderá ser originária dos Tribunais.

Autoridade impetrada	Competência	Fundamento e referências
Presidente da República Ministro do STF Presidente da Mesa da Câmara Presidente da Mesa do Senado Presidente do Tribunal de Contas da União Procurador-geral da República	Supremo Tribunal Federal	Art. 102, I, d, CF Súmula 623 do STF[60]
Ministro de Estado (salvo se for ato de órgão colegiado, Súmula 177 do STJ)[61] Comandante da Marinha, Aeronáutica e Exército Ministro do STJ	Superior Tribunal de Justiça	Art. 105, I, b, da CF Súmula 624 do STF[62]
Desembargador federal ou estadual (membro de Tribunal)	Competência do próprio Tribunal a que pertence o magistrado	Súmula 41 do STJ[63]
Juiz de primeira instância	Competência do Tribunal ao qual o magistrado estiver vinculado	
Governador de Estado Mesa de Assembleia Legislativa Procurador-geral de Justiça	Tribunal de Justiça do Estado	Como regra, nas Constituições dos Estados Por exemplo, art. 74, III da Constituição de SP
Atos relacionados com a jurisdição da Justiça do Trabalho	Justiça do Trabalho	Art. 114, IV, da CF
Autoridade federal – ato suportado pela União ou entidade por ela controlada	Juízo Federal	Art. 109, VIII da CF
Ato de presidente ou de órgão de partido político	Justiça Eleitoral, desde que a decisão puder afetar direitos políticos	

60 Súmula 623 do STF ../jurisprudencia/l – NÃO GERA POR SI SÓ A COMPETÊNCIA ORIGINÁRIA DO SUPREMO TRIBUNAL FEDERAL PARA CONHECER DO MANDADO DE SEGURANÇA COM BASE NO ART. 102, I, "N", DA CONSTITUIÇÃO, DIRIGIR-SE O PEDIDO CONTRA DELIBERAÇÃO ADMINISTRATIVA DO TRIBUNAL DE ORIGEM, DA QUAL HAJA PARTICIPADO A MAIORIA OU A TOTALIDADE DE SEUS MEMBROS.

61 Súmula 177 do STJ ../jurisprudencia/l – O SUPERIOR TRIBUNAL DE JUSTIÇA É INCOMPETENTE PARA PROCESSAR E JULGAR, ORIGINARIAMENTE, MANDADO DE SEGURANÇA CONTRA ATO DE ÓRGÃO COLEGIADO PRESIDIDO POR MINISTRO DE ESTADO.

62 Súmula 630 do STF ../jurisprudencia/l – NÃO COMPETE AO SUPREMO TRIBUNAL FEDERAL CONHECER ORIGINARIAMENTE DE MANDADO DE SEGURANÇA CONTRA ATOS DE OUTROS TRIBUNAIS.

63 Súmula 41 do STJ ../jurisprudencia/l – O SUPERIOR TRIBUNAL DE JUSTIÇA NÃO TEM COMPETENCIA PARA PROCESSAR E JULGAR, ORIGINARIAMENTE, MANDADO DE SEGURANÇA CONTRA ATO DE OUTROS.

Autoridade impetrada	Competência	Fundamento e referências
Autoridade estadual ou municipal	Juízo de Direito (Justiça estadual)	Constituições Estaduais
Juiz do Juizado Especial	Colégio Recursal ou Turma recursal	Súmula 376 do STJ, com observação da RE n.º 576.847, no sentido do não cabimento de MS contra ato judicial dos Juizados.
Ato do Juizado contestando a competência desse órgão jurisdicional	Tribunal de Justiça do Estado	REsp 17.524/BA

52.10. SENTENÇA PROFERIDA NO MANDADO DE SEGURANÇA

A sentença poderá ser concessiva de ordem, quando o mérito terá obrigatoriamente sido analisado, ou denegatória de ordem. Neste último caso, o mérito poderá ou não ter sido analisado.

SENTENÇA
- CONCESSIVA DE ORDEM.
- DENEGATÓRIA DE ORDEM.
  - COM RESOLUÇÃO MÉRITO.
  - SEM RESOLUÇÃO MÉRITO.

52.11. COISA JULGADA E CUMPRIMENTO DE SENTENÇA

Em conformidade com o art. 19, da Lei 12.016/09, "a sentença ou o acórdão que denegar mandado de segurança, sem decidir o mérito, não impedirá que o requerente, por ação própria, pleiteie os seus direitos e os respectivos efeitos patrimoniais".

Formando-se a coisa julgada, é possível o cumprimento do julgado, especialmente com relação **aos seus efeitos patrimoniais**, podendo ser objeto de execução, contra a pessoa jurídica, nos próprios autos do mandado de segurança, seguindo-se o regime de cumprimento de obrigação consubstanciada em título executivo judicial (art. 535 e seguintes do Novo CPC).

A propósito, sempre prevaleceu o entendimento de que poderiam ser englobadas no cumprimento de sentença unicamente as prestações que vencessem após a data de ajuizamento da inicial, não englobando valores anteriores, que deverão ser objeto de ação de conhecimento própria (art. 14, § 4º). Porém, este entendimento também está sendo modificado, admitindo-se o cumprimento de sentença em relação aos valores devidos anteriormente ao ajuizamento da ação.

Informativo n. 578 do Superior Tribunal de Justiça:

Em mandado de segurança impetrado contra redução do valor de vantagem integrante de proventos ou de remuneração de servidor público, os efeitos financeiros da concessão da ordem retroagem à data do ato impugnado. *Não se desconhece a orientação das Súmulas n. 269 e 271 do STF, à luz das quais caberia à parte impetrante, após o trânsito em julgado da sentença mandamental concessiva, ajuizar nova demanda de natureza condenatória para reivindicar os valores vencidos em data anterior à impetração do mandado de segurança. Essa exigência, contudo, não apresenta nenhuma utilidade prática e atenta contra os princípios da justiça, da efetividade processual, da celeridade e da razoável duração do processo. Ademais, essa imposição estimula demandas desnecessárias e que movimentam a máquina judiciária, de modo a consumir tempo e recursos de forma completamente inútil, e enseja inclusive a fixação de honorários sucumbenciais, em ação que já se sabe destinada à procedência. Corroborando esse entendimento, o STJ firmou a orientação de que, nas hipóteses em que o servidor público deixa de auferir seus vencimentos ou parte deles em razão de ato ilegal ou abusivo do Poder Público, os efeitos financeiros da concessão de ordem mandamental devem retroagir à data do ato impugnado, violador do direito líquido e certo do impetrante. Isso porque os efeitos patrimoniais são mera consequência da anulação do ato impugnado que reduz o valor de vantagem nos proventos ou remuneração do impetrante (MS 12.397-DF, Terceira Seção, DJe 16/6/2008). Precedentes citados: EDcl no REsp 1.236.588-SP, Segunda Turma, DJe 10/5/2011; e AgRg no REsp 1.090.572-DF, Quinta Turma, DJe 1º/6/2009. EREsp 1.164.514-AM, Rel. Min. Napoleão Nunes Maia Filho, julgado em 16/12/2015, DJe 25/2/2016.*

52.12. MANDADO DE SEGURANÇA COLETIVO

O mandado de segurança também poderá ser espécie de ação coletiva para a tutela de determinados interesses.

Nesse sentido, assegura-se a possibilidade de ajuizamento do mandado de segurança coletivo por partido político com representação no Congresso Nacional ou por organização sindical, entidade de classe ou associação legalmente constituída e em funcionamento há pelo menos um ano, em defesa dos interesses de seus membros ou associados (art. 5º, LXX, da Constituição Federal).

O Superior Tribunal de Justiça também admite a legitimação ativa do Ministério Público para ao ajuizamento de mandado de segurança coletivo, defendendo-se que o Parquet pode valer-se da ação necessária para a defesa de interesses metaindividuais.

A Lei n. 12.016/2009, em seu artigo 21, regulamenta tal possibilidade, contudo, restringe o seu alcance à defesa de direitos líquidos e certos da totalidade, ou de parte, dos membros ou associados, na forma dos seus estatutos e desde que pertinentes às suas finalidades, dispensada, para tanto, autorização especial.

A partir de tal redação, defendeu-se, não sem críticas, que o mandado de segurança coletivo não tutela interesse difusos, estando restrito aos interesses coletivos e individuais homogêneos. As críticas a tal entendimento são várias e podem ser resumidas no fato de que a lei importaria em restringir o alcance da própria Constituição Federal.

O entendimento, porém, foi objeto de análise do julgamento da medida cautelar em mandado de segurança nº 34.070-DF, Relatoria do Ministro Gilmar Mendes, quando se reconheceu que o mandado de segurança coletivo poderá ser utilizado para a tutela de interesses difusos, sendo que, até o lançamento desta obra, o mérito do writ não havia sido julgado.

53. MANDADO DE INJUNÇÃO

53.1. OBSERVAÇÕES PRÉVIAS

Em conformidade com o art. 5º, LXXI, da Constituição Federal, conceder-se-á mandado de injunção sempre que a falta de norma regulamentadora torne inviável o exercício dos direitos e liberdades constitucionais e das prerrogativas inerentes à nacionalidade, à soberania e à cidadania.

A Lei n. 13.300/2016 disciplina o processo e o julgamento dos mandados de injunção individual e coletivo, propiciando celeridade ao controle constitucional de omissões normativas do poder público.

O advento desta lei era há muito esperado, notadamente depois que o Supremo Tribunal Federal reconheceu o caráter normativo-concretizados da ação, notadamente após o julgamento dos MI n. 670, 708 e 712, quando a Corte tutelou direito subjetivo até então de exercício impossibilitado.

Vê-se que o mandado de injunção é remédio constitucional destinado a sanar a ausência de norma regulamentadora que torne inviável o exercício dos direitos e liberdades constitucionais e das prerrogativas inerentes à nacionalidade, à soberania e à cidadania.

53.2. LEGITIMIDADE

São partes legítimas as pessoas naturais ou jurídicas que se afirmarem titulares dos direitos, das liberdades ou das prerrogativas e, como impetrado, o Poder, o órgão ou a autoridade com atribuição para editar a norma regulamentadora.

53.3. RECONHECIMENTO DA MORA LEGISLATIVA

Uma vez reconhecida a mora legislativa, será deferida a injunção para: i) determinar prazo razoável para que o impetrado promova a edição da norma regulamentadora; ii) estabelecer as condições em que se dará o exercício dos direitos, das liberdades ou das prerrogativas reclamados ou, se for o caso, as condições em que poderá o interessado promover ação própria visando a exercê-los, caso não seja suprida a mora legislativa no prazo determinado.

53.4. EFEITOS DA DECISÃO

A decisão gerará efeitos limitados à parte. Contudo, terá eficácia ultra partes ou erga omnes quando isso for inerentes ou indispensável ao exercício do direito, da liberdade ou da prerrogativa objeto da impetração.

Admite-se que a decisão transitada em julgado estenda os seus efeitos aos casos análogos por decisão monocrática do relator.

A norma regulamentadora superveniente produzirá efeitos ex nunc em relação aos beneficiados por decisão transitada em julgado, a não ser que a aplicação da norma editada lhes for mais favorável.

53.5. MANDADO DE INJUNÇÃO COLETIVO

O mandado de injunção coletivo pode ser promovido: I – pelo Ministério Público, quando a tutela requerida for especialmente relevante para a defesa da ordem jurídica, do regime democrático ou dos interesses sociais ou individuais indisponíveis; II – por partido político com representação no Congresso Nacional, para assegurar o exercício de direitos, liberdades e prerrogativas de seus integrantes ou relacionados com a finalidade partidária; III – por organização sindical, entidade de classe ou associação legalmente constituída e em funcionamento há pelo menos 1 (um) ano, para assegurar o exercício de direitos, liberdades e prerrogativas em favor da totalidade ou de parte de seus membros ou associados, na forma de seus estatutos e desde que pertinentes a suas finalidades, dispensada, para tanto, autorização especial; IV – pela Defensoria Pública, quando a tutela requerida for especialmente relevante para a promoção dos direitos humanos e a defesa dos direitos individuais e coletivos dos necessitados, na forma do inciso LXXIV do art. 5o da Constituição Federal.

53.6. APLICAÇÃO SUBSIDIÁRIA DO PROCEDIMENTO DO MANDADO DE SEGURANÇA

Aplicam-se subsidiariamente ao mandado de injunção as normas do mandado de segurança disciplinado na Lei n. 12.016/2009 e do CPC.

54. *HABEAS DATA*

54.1. PREVISÃO CONSTITUCIONAL E REGULAMENTAÇÃO PROCEDIMENTAL

O *habeas data* foi previsto na Constituição Federal como um remédio constitucional destinado a (i) assegurar o conhecimento de informações relativas à pessoa do impetrante, constantes de registros ou bancos de dados de entidades governamentais ou de caráter público, ou, então (ii) para a retificação de dados, quando não se prefira fazê-lo por processo sigiloso, judicial ou administrativo.

Como se pode ver, tem a ação a função de conhecimento, retificação ou assentamento, que podem estar concentradas em uma única ação.[64]

O seu procedimento está regulado pela Lei 9.507/97.

---

64 AGRA, Welber de Moura. *Comentários à Constituição Federal*. (Org. CANOTILHO, JJ. Gomes e outros), p. 486. São Paulo: Saraiva, 2014.

54.2. LEGITIMIDADE

Podem propor o *habeas data* as pessoas físicas, nacionais e estrangeiras, bem como as pessoas jurídicas.

No polo passivo figurarão as instituições públicas e as privadas que tenham caráter público (assim identificadas aquelas que disponibilizam informações a terceiros).

54.3. CONDIÇÕES ESPECÍFICAS PARA A AÇÃO

Há uma condição específica para o ajuizamento do *habeas data*: a necessidade de provar a negativa da Administração Pública ou da pessoa jurídica de direito privado quanto ao pleito do autor.

Além disso, tal como ocorre com o mandado de segurança, também há necessidade do direito líquido e certo, conforme discorreu Walber de Moura Angra:

> *Uma especificidade do instituto ora analisado é a exigência de direito líquido e certo como requisito para a sua admissão, implicando que o direito pleiteado deve ser certo na sua existência e limitado em seu conteúdo, sem possibilidade de dilação probatória. Mesmo a Lei 9.507/97 não expressamente a prevendo, o motivo maior não é de razão positiva, mas de razão lógica, em decorrência de que o procedimento célere previsto nesse dispositivo não comporta produção de prova.*[65]

54.4. ASPECTOS PROCEDIMENTAIS

A petição inicial deve ser instruída com a (i) recusa ao acesso às informações ou do decurso do prazo de **10 dias** sem decisão; (ii) recusa em fazer-se a retificação ou do decurso de mais de **15 dias**, sem decisão; (iii) ou, então, da recusa em fazer-se a anotação possibilitada pelo assentamento ou o decurso do prazo de **15 dias**.

Ajuizada a ação, a autoridade impetrada será notificada para apresentar informações no prazo de 10 dias, seguindo-se o parecer do Ministério Público em 05 dias, proferindo o magistrado a sentença.

Sendo de procedência a sentença, eventual apelação será recebida apenas em seu efeito devolutivo.

54.5. COMPETÊNCIA

Em conformidade com o art. 20, da Lei 9.507/97, o julgamento do *habeas data* compete:

> *I – originariamente:*
>
> *a) ao Supremo Tribunal Federal, contra atos do Presidente da República, das Mesas da Câmara dos Deputados e do Senado Federal, do Tribunal de Contas da União, do Procurador-Geral da República e do próprio Supremo Tribunal Federal;*
>
> *b) ao Superior Tribunal de Justiça, contra atos de Ministro de Estado ou do próprio Tribunal;*
>
> *c) aos Tribunais Regionais Federais contra atos do próprio Tribunal ou de juiz federal;*
>
> *d) a juiz federal, contra ato de autoridade federal, excetuados os casos de competência dos tribunais federais;*
>
> *e) a tribunais estaduais, segundo o disposto na Constituição do Estado;*
>
> *f) a juiz estadual, nos demais casos;*
>
> *II – em grau de recurso:*
>
> *a) ao Supremo Tribunal Federal, quando a decisão denegatória for proferida em única instância pelos Tribunais Superiores;*
>
> *b) ao Superior Tribunal de Justiça, quando a decisão for proferida em única instância pelos Tribunais Regionais Federais;*
>
> *c) aos Tribunais Regionais Federais, quando a decisão for proferida por juiz federal;*
>
> *d) aos Tribunais Estaduais e ao do Distrito Federal e Territórios, conforme dispuserem a respectiva Constituição e a lei que organizar a Justiça do Distrito Federal;*
>
> *III – mediante recurso extraordinário ao Supremo Tribunal Federal, nos casos previstos na Constituição.*

55. O PROCESSO CIVIL NOS SISTEMAS DE CONTROLE DA CONSTITUCIONALIDADE. AÇÃO DIRETA DE INCONSTITUCIONALIDADE. AÇÃO DECLARATÓRIA DE CONSTITUCIONALIDADE. MEDIDA CAUTELAR. DECLARAÇÃO INCIDENTAL DE INCONSTITUCIONALIDADE

55.1. OBSERVAÇÕES GERAIS

A Lei n. 9.868/1999 dispõe sobre o processo e julgamento da ação direta de inconstitucionalidade e da ação declaratória de constitucionalidade perante o STF.

55.2. PROCEDIMENTO DA AÇÃO DIRETA DE INCONSTITUCIONALIDADE

A petição inicial indicará: I – o dispositivo da lei ou do ato normativo impugnado e os fundamentos jurídicos do pedido em relação a cada uma das impugnações; II – o pedido, com suas especificações.

Competirá ao relator indeferir a petição inicial inepta, não fundamentada ou manifestamente improcedente, cabendo agravo da decisão.

Não se admite a desistência da ação direta de inconstitucionalidade. Também não se admite a intervenção de terceiros, muito embora seja admita a manifestação de outros órgãos ou entidades como *amicus curiae*.

Serão requisitadas informações à autoridade, ouvidos o Advogado-Geral da União e o Procurador-Geral da República. Ao final, o relator lançará seu voto e pedirá dia para julgamento.

---

65 AGRA, Welber de Moura. *Comentários à Constituição Federal*. CANOTILHO, JJ. Gomes e outros (orgs.). São Paulo: Saraiva, 2014, p. 488.

55.3. MEDIDA CAUTELAR

Com exceção do período de recesso, a medida cautelar na ação direta de inconstitucionalidade poderá ser concedida apenas por decisão da maioria absoluta dos membros do Tribunal, após a audiência dos órgãos ou autoridades dos quais emanou a lei ou o ato normativo impugnado (salvo em caso de excepcional urgência).

A medida cautelar torna aplicável a legislação anterior acaso existente, salvo expressa manifestação em sentido contrário. Além disso, tem efeito ex nunc, salvo se o Tribunal deliberar de maneira diversa.

55.4. AÇÃO DECLARATÓRIA DE CONSTITUCIONALIDADE

A petição inicial indicará: I – o dispositivo da lei ou do ato normativo impugnado e os fundamentos jurídicos do pedido em relação a cada uma das impugnações; II – o pedido, com suas especificações; III – a existência de controvérsia judicial relevante sobre a aplicação da disposição objeto da ação declaratória.

Competirá ao relator indeferir a petição inicial inepta, não fundamentada ou manifestamente improcedente, cabendo agravo da decisão.

Não se admite a desistência da ação direta de inconstitucionalidade. Também não se admite a intervenção de terceiros, muito embora seja admita a manifestação de outros órgãos ou entidades como *amicus curiae*.

Serão requisitadas informações à autoridade, ouvidos o Advogado-Geral da União e o Procurador-Geral da República. Ao final, o relator lançará seu voto e pedirá dia para julgamento.

A decisão sobre a constitucionalidade ou a inconstitucionalidade da lei ou do ato normativo somente será tomada se presentes na sessão pelo menos oito Ministros. Proclamada a constitucionalidade, julgar-se-á improcedente a ação direta ou procedente eventual ação declaratória; e, proclamada a inconstitucionalidade, julgar-se-á procedente a ação direta ou improcedente eventual ação declaratória.

A decisão que declara a constitucionalidade ou a inconstitucionalidade da lei ou do ato normativo em ação direta ou em ação declaratória é irrecorrível, ressalvada a interposição de embargos declaratórios, não podendo, igualmente, ser objeto de ação rescisória.

Admite-se a modulação dos efeitos ou atribuir-lhe efeitos prospectivos por decisão da maioria de dois terços de seus membros.

55.5. AÇÕES CIVIS CONSTITUCIONAIS

Dá-se o nome de ações civis constitucionais aos instrumentos previstos na Constituição: mandado de segurança, mandado de injunção, Habeas Data, ação popular, Habeas Corpus e a ação civil pública.

55.6. ARGUIÇÃO DE DESCUMPRIMENTO DE PRECEITO FUNDAMENTAL

A Lei n. 9.882/1999 dispõe sobre o processo e julgamento da arguição de descumprimento de preceito fundamental (art. 102, § 1º da CF).

A petição inicial será indeferida liminarmente pelo relator quando não for o caso de arguição de descumprimento de preceito fundamental, faltar algum dos requisitos prescritos na lei ou for inepta. Desta decisão caberá agravo, no prazo de cinco dias.

O pedido de liminar poderá ser deferido por decisão de maioria absoluta dos membros do STF, o que também será admissível ao relator, de forma monocrática, em caso de extrema urgência ou perigo de lesão grave, ou, ainda, em período de recesso.

Após apreciado o pedido de liminar, serão requisitadas informações às autoridades responsáveis pela prática do ato questionado, no prazo de 10 dias.

A decisão sobre a arguição de descumprimento de preceito fundamental somente será tomada se presentes na sessão pelo menos dois terços dos Ministros.

Ao declarar a inconstitucionalidade de lei ou ato normativo, no processo de arguição de descumprimento de preceito fundamental, e tendo em vista razões de segurança jurídica ou de excepcional interesse social, poderá o Supremo Tribunal Federal, por maioria de dois terços de seus membros, restringir os efeitos daquela declaração ou decidir que ela só tenha eficácia a partir de seu trânsito em julgado ou de outro momento que venha a ser fixado.

A decisão que julgar procedente ou improcedente o pedido em arguição de descumprimento de preceito fundamental é irrecorrível, não podendo ser objeto de ação rescisória.

56. AÇÃO DE IMPROBIDADE ADMINISTRATIVA

56.1. ASPECTOS DE DIREITO MATERIAL

Os atos de improbidade administrativa poderão implicar na "suspensão dos direitos políticos, a perda da função pública, a indisponibilidade dos bens e o ressarcimento ao erário, na forma e gradação previstas em lei, sem prejuízo da ação penal cabível" (art. 37, § 4º, CF).

Para tanto, há necessidade da instauração de uma ação própria, a fim de que haja a apuração da autoria desses atos, aplicando o juiz, ao final, a respectiva sanção prevista. Trata-se, em verdade, de uma espécie de ação coletiva, com rito específico.

O disposto no § 4º do art. 37 foi regulamentado pela Lei 8.429/1992, ato normativo este que dispôs, basicamente, de quatro aspectos: a) sujeitos do ato de improbidade; b) tipologia; c) sanções; d) procedimento administrativo e judicial.[66]

a) Sujeitos do ato de improbidade

Podem ser apontados os sujeitos ativos e passivos do ato de improbidade administrativa, assim identificados pelo art. 3º, da LIA: (i) agentes públicos, servidores ou não; (ii) terceiros que, mesmo não sendo agentes públicos, induzam ou

---

66 DONIZETTI, Elpídio. CERQUEIRA, Marcelo Malheiros. *Curso de processo coletivo*. São Paulo: Atlas, 2010, p. 497.

concorram para a prática do ato ou dele se beneficiem sob qualquer forma direta ou indireta.[67]

No que tange aos **agentes políticos**, registre-se a problemática envolvendo a possibilidade ou não de estarem sujeitos ao regime da improbidade administrativa, ou aos crimes de responsabilidade, **prevalecendo a tese de que tais agentes estão sujeitos aos dois regimes, concomitantemente.**[68]

Tema que ainda não possui uma diretriz segura nos Tribunais Superiores[69] é o de se saber a **competência para o julgamento da ação de improbidade administrativa quando acionados agentes políticos**.

Em regra, a competência será do juízo de primeira instância, havendo ou não foro privilegiado para a ação penal. No entanto, a questão, em relação aos agentes políticos, não é tão simples.

Na Recl. 2.138/SP, o STF firmou entendimento de que "em relação aos agentes políticos há de prevalecer a prerrogativa de foro por exercício de função pública",[70] muito embora existam outras decisões emanadas do Superior Tribunal de Justiça, segundo as quais deve a ação ser julgada em primeira instância, ainda que o agente tenha foro privilegiado para a ação criminal e nos crimes de responsabilidade.[71]

Sujeitos passivos dos atos de improbidade administrativa são as pessoas jurídicas lesadas: União, Estados, Distrito Federal, Municípios, autarquias, fundações, empresas públicas e sociedades de economia mista, entidades para cuja criação ou custeio o erário haja concorrido ou concorra com mais de 50% do patrimônio ou da receita anual, bem como entidades que recebam subvenção, benefício ou incentivo, fiscal ou creditício, entidades para cuja criação ou custeio o erário haja concorrido ou concorra com menos de 50% do patrimônio ou da receita anual.

b) tipologia

São atos de improbidade administrativa aqueles que:

(i) importem em enriquecimento ilícito do autor;

(ii) causem prejuízo ao erário;

(iii) atentem contra os princípios da Administração Pública.

c) sanções

O art. 12, da Lei de Improbidade, estabelece as seguintes sanções:

---

67 Op. cit., p. 498

68 Administrativo. Ação de improbidade. Lia. Aplicabilidade a agentes políticos.

1. O STJ firmou entendimento no sentido de que os agentes políticos se submetem aos ditames da Lei de Improbidade Administrativa, sem prejuízo da responsabilização política e criminal estabelecida no Decreto-Lei 201/1967.

2. Agravo Regimental não provido.

(STJ, 2ª T., AgRg no AREsp 426.418/RS, Rel. Min. Herman Benjamin, j. 06.02.2014, DJe 06.03.2014).

E também: Agravo regimental no agravo de instrumento. Prequestionamento implícito. Impossibilidade. Alegada existência de ofensa direta a normas constitucionais, a permitir o conhecimento do recurso. Decisão atacada que apreciou adequada e exaustivamente as questões em debate nos autos. Eventuais ofensas concernentes ao plano infraconstitucional. Precedentes. 1. Não admite a Corte a existência de prequestionamento implícito. Se a análise das alegadas violações às normas constitucionais em que fundamentado o recurso extraordinário depende, para sua verificação, da apreciação de normas infraconstitucionais e dos fatos em debate nos autos, tal como aqui ocorre, cuida-se de ofensa meramente reflexa, de insuscetível constatação, em recurso extraordinário. 2. A ação de improbidade administrativa, com fundamento na Lei nº 8.429/92, também pode ser ajuizada em face de agentes políticos. Precedentes. 3. A análise da legalidade de ato administrativo pelo Poder Judiciário não implica a violação do princípio da separação de poderes, sendo certo que a apreciação de contas de detentor de mandato eletivo pelo órgão do Poder Legislativo competente não impede o ajuizamento de ação civil pública com vistas ao ressarcimento de danos eventualmente decorrentes desses mesmos fatos. Precedentes. 4. Agravo regimental não provido". (STJ, 1ª T., AI 809338 AgR, rel. Min. Dias Toffoli, j. 29.10.2013, DJe 21.03.2014)

69 "Devemos admitir que o tema ainda não possui uma diretriz segura nos Tribunais Superiores, mas a tendência é admitir, a nosso ver, o foro por prerrogativa de função em se tratando de agentes públicos submetidos à jurisdição originária dos Tribunais Superiores em outras situações, como em ações penais". GAJARDONI, Fernando da Fonseca. CRUZ, Luana Pedrosa de Figueiredo. CERQUEIRA, Luís Otávio Sequeira. GOMES JÚNIOR, Luiz Manoel. FAVRETO, Rogério. *Comentários à Lei de Improbidade Administrativa.* São Paulo: RT, 2014, p. 265.

70 DONIZETTI, Elpídio. CERQUEIRA, Marcelo Malheiros. *Curso de Processo Coletivo.* São Paulo, Atlas, p. 498 e 99.

71 Processual civil. Agravo regimental no agravo em recurso especial. Destrancamento do apelo nobre interposto contra decisão interlocutória. Requisitos. Ausência. Ação de improbidade administrativa. Competência.

1. O destrancamento de recurso especial interposto contra decisão interlocutória pressupõe, além da comprovação do risco de dano irreparável, que o interessado demonstre a forte probabilidade de êxito do recurso especial.

2. Na espécie, contudo, a preliminar de incompetência do juízo de primeiro grau foi afastada pelo Tribunal de origem, sob o argumento de que o foro por prerrogativa de função não se estende ao processamento das ações por improbidade administrativa, o que se compatibiliza com a orientação pacificada nesta Corte.

3. "A ação de improbidade administrativa deve ser processada e julgada nas instâncias ordinárias, ainda que proposta contra agente político que tenha foro privilegiado no âmbito penal e nos crimes de responsabilidade" (AgRg na Rcl 12.514/MT, Rel. Ministro Ari Pargendler, DJe 26/9/2013).

4. Ausente a plausibilidade do direito, fica prejudicada a análise do periculum in mora.

5. Agravo regimental a que se nega provimento.

(STJ, 2ª T., AgRg no AREsp 422.394/DF, Rel. Min. Og Fernandes, j. 20.02.2014, DJe 14.03.2014)

Tipo	Sanção
Atos que importem em enriquecimento ilícito	Perda dos bens ou valores acrescidos ilicitamente ao patrimônio, ressarcimento integral do dano, quando houver, perda da função pública, suspensão dos direitos políticos de oito a dez anos, pagamento de multa civil de até três vezes o valor do acréscimo patrimonial e proibição de contratar com o Poder Público ou receber benefícios ou incentivos fiscais ou creditícios, direta ou indiretamente, ainda que por intermédio de pessoa jurídica da qual seja sócio majoritário, pelo prazo de dez anos.
Atos que causem prejuízo ao erário	Ressarcimento integral do dano, perda dos bens ou valores acrescidos ilicitamente ao patrimônio, se concorrer essa circunstância, perda da função pública, suspensão dos direitos políticos de cinco a oito anos, pagamento de multa civil de até duas vezes o valor do dano e proibição de contratar com o Poder Público ou receber benefícios ou incentivos fiscais ou creditícios, direta ou indiretamente, ainda que por intermédio de pessoa jurídica da qual seja sócio majoritário, pelo prazo de cinco anos;
Atos que atentem contra os princípios da Administração Pública	Ressarcimento integral do dano, se houver, perda da função pública, suspensão dos direitos políticos de três a cinco anos, pagamento de multa civil de até cem vezes o valor da remuneração percebida pelo agente e proibição de contratar com o Poder Público ou receber benefícios ou incentivos fiscais ou creditícios, direta ou indiretamente, ainda que por intermédio de pessoa jurídica da qual seja sócio majoritário, pelo prazo de três anos.

56.2. LEGITIMIDADE

Podem propor a ação de improbidade administrativa o **Ministério Público e a pessoa jurídica interessada** (art. 17, *caput*, da LIA).

Proposta a demanda pelo Ministério Público, a pessoa jurídica lesada será citada para, segundo o interesse público o exigir, contestar o pedido ou decidir se atua ao lado do autor. Trata-se do que foi denominado de **intervenção móvel**.[72]

56.3. PROCEDIMENTO DE IMPROBIDADE ADMINISTRATIVA

a) Procedimento administrativo

Qualquer pessoa poderá representar à autoridade administrativa competente para que seja instaurada investigação apta a apurar ato de improbidade administrativa.

Havendo conhecimento de ato de improbidade, a comissão processante disciplinar deverá dar conhecimento de tal fato ao Ministério Público e também ao Tribunal de Contas, representando àquele ou à procuradoria jurídica do órgão para que requeira a decretação do arresto de bens.

b) Procedimento judicial

O procedimento judicial é iniciado a partir de petição inicial apresentada pelo Ministério Público ou pela pessoa jurídica, que deve ser ajuizada no prazo de 30 dias contados da efetivação de eventual medida cautelar preparatória.

Estando a inicial em termos, o magistrado promoverá uma cognição prévia. Para tanto, o juiz ordenará a notificação do réu para, no prazo de 15 dias, oferecer manifestação escrita e apresentar documentos.

Recebida a manifestação – ou decorrido o prazo para o seu oferecimento – o magistrado fará a análise e, convencido da inexistência do ato improbidade administrativa, de improcedência do pedido ou da inadequação da via eleita, poderá, em decisão fundamentada, analisar ou não o mérito. Porém, convencido da verossimilhança das alegações, receberá a inicial e determinará a citação do réu para oferecimento de resposta. Tal decisão poderá ser impugnada pelo recurso de agravo de instrumento.

Ofertada a contestação, inicia-se a fase instrutória e ao final o juiz proferirá sentença.

56.4. A POSSIBILIDADE DE CELEBRAR TRANSAÇÃO EM AÇÃO DE IMPROBIDADE ADMINISTRATIVA

O § 1º, do art. 17, da Lei n. 8.429/1992, veda a transação, acordo ou conciliação nas ações de improbidade administrativa.

Vários aspectos devem ser levados em consideração em relação a tal revogação. Em primeiro lugar, a urgência de tê-lo feito por meio de medida provisória. Em segundo lugar, a própria indisponibilidade do interesse em litígio. De toda forma, a transação não poderá ser total, não podendo englobar, por exemplo, a suspensão de direitos políticos, mas será viável em relação a aspectos patrimoniais, como a forma de cumprimento da obrigação de indenizar o erário.

56.5. SEQUESTRO E ARRESTO DE BENS

Em conformidade com o art. 16 da Lei nº 8.429/1992, será possível requerer o sequestro dos bens do agente ou terceiro que tenha enriquecido ilicitamente ou causado dano ao patrimônio público. Tal pedido, em consonância com o dispositivo legal, será processado de acordo com o previsto nos artigos 822 e 825 do CPC de 1973.

Algumas observações são importantes a respeito do dispositivo.

Em primeiro lugar, que poderá ser deferido não somente o sequestro, mas também o arresto, a depender da providência necessária.

72 DONIZETTI, Elpídio. CERQUEIRA, Marcelo Malheiros. *Curso de Processo Coletivo*. São Paulo: Atlas, 2010, p. 505.

E, também, de que deve ser compreendida a medida no regime da tutela provisória do Novo Código de Processo Civil.

Com efeito, conforme já foi visto, a tutela provisória (que pode ser revogada) poderá ter dois fundamentos: i) urgência, em que há necessidade de demonstração da existência de fundamentos relevantes e de risco de dano grave ou de difícil reparação, podendo ser deferida como tutela antecipada ou tutela cautelar; ii) evidência, em que não há necessidade do elemento "risco".

As tutelas de urgência poderão ser deferidas em caráter antecedente ou incidental. Em outras palavras, embora na mesma relação processual, poderá o autor requerê-la por meio de petição antecedente, que será posteriormente completada no mesmo processo, ou, então, poderá ser requerida quando já iniciado o processo.

A medida cautelar de arresto apresenta-se como uma hipótese de tutela de urgência cautelar, a ser requerida em caráter antecedente ou incidentalmente no processo.

Tratando-se de medida em caráter antecedente, devem ser observadas as regras constantes dos artigos 305 a 310 do Novo Código de Processo Civil, que podem ser assim resumidas:

a) será apresentada petição inicial antecedente, com indicação da lide e seu fundamento, a exposição sumária do direito que se objetiva assegurar e o perigo de dano ou o risco ao resultado útil do processo;

b) o réu será citado para, no prazo de cinco dias, contestar o pedido e indicar as provas que pretende produzir;

c) o juiz decidirá, sem prejuízo de, ante a urgência, já haver deferido a medida em caráter liminar;

d) uma vez efetivada a tutela cautelar, o pedido principal terá de ser formulado no prazo de 30 dias, nos mesmos autos.

56.6. AFASTAMENTO PROVISÓRIO

Será possível, também, determinar o **afastamento provisório** do agente público do exercício do cargo, emprego ou função, sem prejuízo da remuneração, quando a medida se fizer necessária **à instrução processual** (art. 20, parágrafo único, da Lei n. 8.429/1992).

É possível refletir: qual a natureza de tal afastamento? Trata-se de medida cautelar, pois tem a finalidade de assegurar o resultado útil do processo.

Assim sendo, questiona-se: se a prova for produzida em ação ajuizada exclusivamente para a sua colheita (ação probatória). Nesse caso, seria possível o afastamento do agente se isso for necessário à instrução processual?

É de ser registrado, inicialmente, que a produção antecipada de prova poderá ser deferida em sede de ***ação probatória autônoma***, que não prevenirá o juízo (artigos 381 a 383 do Novo CPC).

Nesse caso, a pretensão é unicamente a de produzir antecipadamente a prova, não havendo discussão quanto, por exemplo, ao ato de improbidade administrativa.

Por isso, segundo aqui se defende, ao menos em tese, apresenta-se temeroso que o magistrado defira o afastamento provisório do agente, ainda que tal medida seja necessária à instrução processual, quando sequer houve admissibilidade da inicial da ação de improbidade administrativa, devendo ser levado em consideração o aspecto excepcional do afastamento.

56.7. INDISPONIBILIDADE DE BENS

A Lei n. 8.429/1992, como visto nos dois últimos subitens, prevê a possibilidade de mais de uma hipótese de tutela provisória. E também o fez em relação à decretação da indisponibilidade de bens do autor do ato de improbidade.

Nesse sentido, indica o art. 7º que, quando o ato de improbidade causar lesão ao patrimônio público ou ensejar enriquecimento ilícito, caberá a autoridade administrativa responsável pelo inquérito representar ao Ministério Público, para a indisponibilidade dos bens do indiciado.

Tal indisponibilidade recairá sobre bens que assegurem o integral ressarcimento do dano, ou sobre o acréscimo patrimonial resultante do enriquecimento ilícito, e pode ser considerada uma hipótese de **tutela provisória da evidência**, sendo desnecessária a comprovação da dilapidação do patrimônio.[73]

56.8. PREVENÇÃO DO JUÍZO

A propositura da ação prevenirá a jurisdição para todas as ações posteriormente ajuizadas e que disserem respeito ao mesmo pedido ou causa de pedir. Note-se que o disposto no § 5º, do art. 17, da Lei n. 8.429/1992, está em consonância com o previsto no art. 59 do NCPC (o registro ou a distribuição da petição inicial torna prevento o juízo).

56.9. DA SENTENÇA

A sentença que julgar procedente a ação civil de reparação de danos ou decretar a perda dos bens havidos ilicitamente determinará o pagamento ou a reversão dos bens, conforme o caso, em favor da pessoa jurídica prejudicada pelo ilícito.

56.10. DA PRESCRIÇÃO

As ações destinadas a levar a efeitos as sanções previstas na Lei de Improbidade Administrativas prescreverão: i) em cinco anos após o término de mandato, de cargo em comissão ou de função de confiança, prevalecendo a tese de que tal prazo se conta do término do segundo mandato no caso de reeleição do agente[74]; ii) dentro do prazo pres-

---

73 "(...) A Primeira Seção desta Corte Superior firmou a orientação no sentido de que a decretação de indisponibilidade de bens em improbidade administrativa dispensa a demonstração de dilapidação do patrimônio para a configuração de periculum in mora, o qual estaria implícito ao comando normativo do art. 7º da Lei 8.429/92, bastando a demonstração do fumus boni iuris que consiste em indícios de atos ímprobos. (...). (AgRg no REsp 1541598/RJ, Rel. Ministro MAURO CAMPBELL MARQUES, SEGUNDA TURMA, julgado em 05/11/2015, DJe 13/11/2015).

74 STJ, AgRg no AREsp 161.420/TO, Rel. Ministro HUMBERTO MARTINS, SEGUNDA TURMA, DJe de 14/04/2014). No

cricional previsto em lei específica para faltas disciplinares puníveis com demissão a bem do serviço público, nos casos de cargo efetivo ou emprego; iii) cinco anos da data da apresentação à administração pública da prestação de contas final pelas entidades que tenham tal obrigação.

Questiona-se em relação à prescrição da pretensão de ressarcimento do erário público, em razão do que é previsto no § 5º do art. 37 da Constituição Federal, segundo o qual "a lei estabelecerá os prazos de prescrição para ilícitos praticados por qualquer agente, servidor ou não, que causem prejuízo ao erário, ressalvadas as respectivas ações de ressarcimento".

A partir de tal disposição constitucional, defende-se a tese da imprescritibilidade de tal reparação.

O Supremo Tribunal Federal analisou a tese da imprescritibilidade sob o viés da pretensão de reparação geral, chegando à conclusão de que não se trata de pretensão imprescritível. E assim o fez no Recurso Extraordinário n. RE 669069/MG, rel. Min. Teori Zavascki, 3.2.2016, do qual é possível extrair o precedente da prescritibilidade da pretensão indenizatória a ser exercida pela Fazenda Pública. Porém, conforme se verifica da fundamentação e dos debates, o Supremo não se manifestou em relação à pretensão de reparação para as ações de improbidade administrativa e decorrentes de ilícitos penais.

Nesse sentido, por ora, ainda prevalece o precedente que pode ser extraído da jurisprudência do Superior Tribunal de Justiça, segundo o qual a pretensão reparatória na ação de improbidade é imprescritível (AREsp 79268/MS, Rel. Ministra Eliana Calmon).

✦ SÚMULAS

NORMAS FUNDAMENTAIS DO PROCESSO CIVIL E APLICAÇÃO DAS NORMAS PROCESSUAIS

- **Súmula 242 STJ.** Cabe ação declaratória para reconhecimento de tempo de serviço para fins previdenciários.
- **Súmula 181 STJ.** É admissível ação declaratória, visando a obter certeza quanto à exata interpretação de cláusula contratual.

COMPETÊNCIA INTERNA

- **Súmula vinculante 27.** Compete à justiça estadual julgar causas entre consumidor e concessionária de serviço público de telefonia, quando a Anatel não seja litisconsorte passiva necessária, assistente, nem oponente.
- **Súmula vinculante 22.** A Justiça do Trabalho é competente para processar e julgar as ações de indenização por danos morais e patrimoniais decorrentes de acidente de trabalho propostas por empregado contra empregador, inclusive aquelas que ainda não possuíam sentença de mérito em primeiro grau quando da promulgação da Emenda Constitucional nº 45/04.
- **Súmula 556 STF.** É competente a justiça comum para julgar as causas em que é parte sociedade de economia mista.
- **Súmula 517 STF.** As sociedades de economia mista só têm foro na justiça federal, quando a união intervém como assistente ou opoente.
- **Súmula 508 STF.** Compete à justiça estadual, em ambas as instâncias, processar e julgar as causas em que for parte o Banco do Brasil S.A.
- **Súmula 501 STF.** Compete à justiça ordinária estadual o processo e o julgamento, em ambas as instâncias, das causas de acidente do trabalho, ainda que promovidas contra a união, suas autarquias, empresas públicas ou sociedades de economia mista.
- **Súmula 343 STF.** Não cabe ação rescisória por ofensa a literal dispositivo de lei, quando a decisão rescindenda se tiver baseado em texto legal de interpretação controvertida nos tribunais.
- **Súmula 570 STJ.** Compete à Justiça Federal o processo e julgamento de demanda em que se discute a ausência de ou o obstáculo ao credenciamento de instituição particular de ensino superior no Ministério da Educação como condição de expedição de diploma de ensino a distância aos estudantes.
- **Súmula 540 STJ.** Na ação de cobrança do seguro DPVAT, constitui faculdade do autor escolher entre os foros do seu domicílio, do local do acidente ou ainda do domicílio do réu.
- **Súmula 505 STJ.** A competência para processar e julgar as demandas que têm por objeto obrigações decorrentes dos contratos de plano de previdência privada firmados com a Fundação Rede Ferroviária de Seguridade Social – REFER é da Justiça estadual.
- **Súmula 489 STJ.** Reconhecida a *continência*, devem ser reunidas na Justiça Federal as ações civis públicas propostas nesta e na Justiça estadual.
- **Súmula 480 STJ.** O juízo da recuperação judicial *não* é competente para decidir sobre a constrição de bens não abrangidos pelo plano de recuperação da empresa.
- **Súmula 428 STJ.** Compete ao Tribunal Regional Federal decidir os conflitos de competência entre juizado especial federal e juízo federal da mesma seção judiciária.
- **Súmula 383 STJ.** A competência para processar e julgar as ações conexas de interesse de menor é, em princípio, do foro do domicílio do detentor de sua guarda.
- **Súmula 381 STJ.** Nos contratos bancários, é vedado ao julgador conhecer, de ofício, da abusividade das cláusulas.
- **Súmula 368 STJ.** Compete à Justiça comum estadual processar e julgar os pedidos de retificação de dados cadastrais da Justiça Eleitoral.

---

mesmo sentido: STJ, AgRg no REsp 1.510.969/SP, Rel. Ministra REGINA HELENA COSTA, PRIMEIRA TURMA, DJe de 11/11/2015; STJ, Resp .414.757/RN, Rel. Ministro HUMBERTO MARTINS, SEGUNDA TURMA, DJe de 16/10/2015; STJ, REsp 1.290.824/MG, Rel. Ministra ELIANA CALMON, SEGUNDA TURMA, DJe de 29/11/2013.

- **Súmula 367 STJ.** A competência estabelecida pela EC nº 45/2004 não alcança os processos já sentenciados.
- **Súmula 363 STJ.** Compete à Justiça estadual processar e julgar a ação de cobrança ajuizada por profissional liberal contra cliente.
- **Súmula 270 STJ.** O protesto pela preferência de crédito, apresentado por ente federal em execução que tramita na Justiça Estadual, não desloca a competência para a Justiça Federal.
- **Súmula 254 STJ.** A decisão do Juízo Federal que exclui da relação processual ente federal não pode ser reexaminada no Juízo Estadual.
- **Súmula 235 STJ.** A conexão não determina a reunião dos processos, se um deles já foi julgado. • **Súmula 206 STJ.** A existência de vara privativa, instituída por lei estadual, não altera a competência territorial resultante das leis de processo.
- **Súmula 161 STJ.** É da competência da Justiça Estadual autorizar o levantamento dos valores relativos ao PIS/PASEP e FGTS, em decorrência do falecimento do titular da conta.
- **Súmula 62 TFR.** Compete à Justiça Federal processar e julgar ação de desapropriação promovida por concessionária de energia elétrica, se a União intervém como assistente.
- **Súmula 33 STJ.** A incompetência relativa não pode ser declarada de ofício.
- **Súmula 11 STJ.** A presença da União ou de qualquer de seus entes, na ação de usucapião especial, não afasta a competência do foro da situação do imóvel.
- **Súmula 1 STJ.** O foro do domicílio ou da residência do alimentando é o competente para a ação de investigação de paternidade, quando cumulada com a de alimentos.

CAPACIDADE PROCESSUAL

- **Súmula 256 STF.** É dispensável pedido expresso para condenação do réu em honorários, com fundamento nos arts. 63 ou 64 do Código de Processo Civil (art. 20, § 3º, e seguintes do CPC de 1973).
- **Súmula 453 STJ.** Os honorários sucumbenciais, quando omitidos em decisão transitada em julgado, não podem ser cobrados em execução ou em ação própria.
- **Súmula 421 STJ.** Os honorários advocatícios não são devidos à Defensoria Pública quando ela atua contra a pessoa jurídica de direito público à qual pertença.

GRATUIDADE DA JUSTIÇA

- **Súmula 481 STJ.** Faz jus ao benefício da justiça gratuita a pessoa jurídica com ou sem fins lucrativos que demonstrar sua impossibilidade de arcar com os encargos processuais.

ATOS PROCESSUAIS - FORMA, TEMPO, LUGAR E COMUNICAÇÃO

- **Súmula 310 STF.** Quando a intimação tiver lugar na sexta-feira, ou a publicação com efeito de intimação for feita nesse dia, o prazo judicial terá início na segunda-feira imediata, salvo se não houver expediente, caso em que começará no primeiro dia útil que se seguir.
- **Súmula 429 STJ.** A citação postal, quando autorizada por lei, exige o aviso de recebimento.

FORMAÇÃO, SUSPENSÃO E EXTINÇÃO DO PROCESSO

- **Súmula 452 STJ.** A extinção das ações de pequeno valor é faculdade da Administração Federal, vedada a atuação judicial de ofício.
- **Súmula 240 STJ.** A extinção do processo, por abandono da causa pelo autor, depende de requerimento do réu.
- **Súmula 106 STJ.** Proposta a ação no prazo fixado para o seu exercício, a demora na citação, por motivos inerentes ao mecanismo da Justiça, não justifica o acolhimento da arguição de prescrição ou decadência.

RESPOSTA DO RÉU

- **Súmula 258 STF.** É admissível reconvenção em ação declaratória.
- **Súmula 292 STJ.** A reconvenção é cabível na ação monitória, após a conversão do procedimento em ordinário.

PROVAS

- **Súmula 390 STF.** A exibição judicial de livros comerciais pode ser requerida como medida preventiva.
- **Súmula 261 STF.** Para a ação de indenização, em caso de avaria, é dispensável que a vistoria se faça judicialmente.
- **Súmula 260 STF.** O exame de livros comerciais, em ação judicial, fica limitado as transações entre os litigantes.
- **Súmula 231 STF.** O revel, em processo cível, pode produzir provas, desde que compareça em tempo oportuno.

SENTENÇA E COISA JULGADA

- **Súmula 500 STF.** Não cabe a ação cominatória para compelir-se o réu a cumprir obrigação de dar.
- **Súmula 423 STF.** Não transita em julgado a sentença por haver omitido o recurso "ex-oficio", que se considera interposto "ex-lege".
- **Súmula 490 STJ.** A dispensa de reexame necessário, quando o valor da condenação ou do direito controvertido for inferior a sessenta salários mínimos, não se aplica a sentenças ilíquidas.

- **Súmula 487 STJ.** O parágrafo único do art. 741 do CPC não se aplica às sentenças transitadas em julgado em data anterior à da sua vigência.
- **Súmula 410 STJ.** A prévia intimação pessoal do devedor constitui condição necessária para a cobrança de multa pelo descumprimento de obrigação de fazer ou não fazer.
- **Súmula 325 STJ.** A remessa oficial devolve ao Tribunal o reexame de todas as parcelas da condenação suportadas pela Fazenda Pública, inclusive dos honorários de advogado.
- **Súmula 253 STJ.** O art. 557 do CPC, que autoriza o relator a decidir o recurso, alcança o reexame necessário.
- **Súmula 45 STJ.** No reexame necessário, é defeso, ao Tribunal, agravar a condenação imposta à Fazenda Pública.

LIQUIDAÇÃO DE SENTENÇA

- **Súmula 254 STF.** Incluem-se os juros moratórios na liquidação, embora omisso o pedido inicial ou a condenação.

PROCEDIMENTOS ESPECIAIS

AÇÕES POSSESSÓRIAS

- **Súmula 487 STF.** Será deferida a posse a quem, evidentemente, tiver o domínio, se com base neste for ela disputada.
- **Súmula 228 STJ.** É inadmissível o interdito proibitório para a proteção do direito autoral.

INVENTÁRIO E PARTILHA

- **Súmula 542 STF.** Não é inconstitucional a multa instituída pelo Estado-Membro, como sanção pelo retardamento do início ou da ultimação do inventário.

EMBARGOS DE TERCEIROS

- **Súmula 303 STJ.** Em embargos de terceiro, quem deu causa à constrição indevida deve arcar com os honorários advocatícios.
- **Súmula 195 STJ.** Em embargos de terceiro não se anula ato jurídico, por fraude contra credores.
- **Súmula 134 STJ.** Embora intimado da penhora em imóvel do casal, o cônjuge do executado pode opor embargos de terceiro para defesa de sua meação.
- **Súmula 84 STJ.** É admissível a oposição de embargos de terceiro fundados em alegação de posse advinda de compromisso de compra e venda de imóvel, ainda que desprovido do registro.

AÇÃO MONITÓRIA

- **Súmula 531 STJ.** Em ação monitória fundada em cheque prescrito ajuizada contra o emitente, é dispensável a menção ao negócio jurídico subjacente à emissão da cártula.
- **Súmula 504 STJ.** O prazo para ajuizamento de ação monitória em face do emitente de nota promissória sem força executiva é quinquenal, a contar do dia seguinte ao vencimento do título.
- **Súmula 503 STJ.** O prazo para ajuizamento de ação monitória em face do emitente de cheque sem força executiva é quinquenal, a contar da do dia seguinte à data de emissão estampada na cártula.
- **Súmula 339 STJ.** É cabível ação monitória contra a Fazenda Pública.
- **Súmula 299 STJ.** É admissível a ação monitória fundada em cheque prescrito.
- **Súmula 292 STJ.** A reconvenção é cabível na ação monitória, após a conversão do procedimento em ordinário.
- **Súmula 282 STJ.** Cabe a citação por edital em ação monitória.
- **Súmula 247 STJ.** O contrato de abertura de crédito em conta-corrente, acompanhado do demonstrativo de débito, constitui documento hábil para o ajuizamento de ação monitória.

PROCEDIMENTOS ESPECIAIS NA LEGISLAÇÃO EXTRAVAGANTE

MANDADO DE SEGURANÇA

- **Súmula 632 STF.** É constitucional lei que fixa o prazo de decadência para a impetração de mandado de segurança.
- **Súmula 631 STF.** Extingue-se o processo de mandado de segurança se o impetrante não promove, no prazo assinado, a citação do litisconsorte passivo necessário.
- **Súmula 630 STF.** A entidade de classe tem legitimação para o mandado de segurança ainda quando a pretensão veiculada interesse apenas a uma parte da respectiva categoria.
- **Súmula 629 STF.** A impetração de mandado de segurança coletivo por entidade de classe em favor dos associados independe da autorização destes.
- **Súmula 626 STF.** A suspensão da liminar em mandado de segurança, salvo determinação em contrário da decisão que a deferir, vigorará até o trânsito em julgado da decisão definitiva de concessão da segurança ou, havendo recurso, até a sua manutenção pelo Supremo Tribunal Federal, desde que o objeto da liminar deferida coincida, total ou parcialmente, com o da impetração.
- **Súmula 625 STF.** Controvérsia sobre matéria de direito não impede concessão de mandado de segurança.
- **Súmula 430 STF.** Pedido de reconsideração na via administrativa não interrompe o prazo para o mandado de segurança.
- **Súmula 271 STF.** Concessão de mandado de segurança não produz efeitos patrimoniais, em relação

a período pretérito, os quais devem ser reclamados administrativamente ou pela via judicial própria.

- **Súmula 269 STF.** O mandado de segurança não é substitutivo de ação de cobrança.
- **Súmula 268 STF.** Não cabe mandado de segurança contra decisão judicial com trânsito em julgado.
- **Súmula 267 STF.** Não cabe mandado de segurança contra ato judicial passível de recurso ou correição.
- **Súmula 266 STF.** Não cabe mandado de segurança contra lei em tese.
- **Súmula 101 STF.** O mandado de segurança não substitui a ação popular.
- **Súmula 376 STJ.** Compete a turma recursal processar e julgar o mandado de segurança contra ato de juizado especial.
- **Súmula 333 STJ.** Cabe mandado de segurança contra ato praticado em licitação promovida por sociedade de economia mista ou empresa pública.
- **Súmula 169 STJ.** São inadmissíveis embargos infringentes no processo de mandado de segurança.

AÇÕES COLETIVAS

- **Súmula 490 STJ.** A dispensa de reexame necessário, quando o valor da condenação ou do direito controvertido for inferior a 60 salários mínimos, não se aplica a sentenças ilíquidas.

AÇÃO POPULAR

- **Súmula 365 STF.** Pessoa jurídica não tem legitimidade para propor ação popular.

AÇÕES E OUTROS PROCEDIMENTOS CONSTITUCIONAIS

- **Súmula vinculante 10.** Viola a cláusula de reserva de plenário (CF, art. 97) a decisão de órgão fracionário de Tribunal que, embora não declare expressamente a inconstitucionalidade de lei ou ato normativo do poder público, afasta sua incidência, no todo em parte.

PROCESSO DE EXECUÇÃO

- **Súmula 519 STJ.** Na hipótese de rejeição da impugnação ao cumprimento de sentença, não são cabíveis honorários advocatícios.
- **Súmula 478 STJ.** Na execução de crédito relativo a cotas condominiais, este tem preferência sobre o hipotecário.
- **Súmula 410 STJ.** A prévia intimação pessoal do devedor constitui condição necessária para a cobrança de multa pelo descumprimento de obrigação de fazer ou não fazer.
- **Súmula 196 STJ.** Ao executado que, citado por edital ou por hora certa, permanecer revel, será nomeado curador especial, com legitimidade para apresentação de embargos.
- **Súmula 46 STJ.** Na execução por carta, os embargos do devedor serão decididos no juízo deprecante, salvo se versarem unicamente vícios ou defeitos da penhora, avaliação ou alienação dos bens.

PARTES

- **Súmula 268 STJ.** O fiador que não integrou a relação processual na ação de despejo não responde pela execução do julgado.

TÍTULO EXECUTIVO

- **Súmula 387 STF.** A cambial emitida ou aceita com omissões, ou em branco, pode ser completada pelo credor de boa-fé antes da cobrança ou do protesto.
- **Súmula 300 STJ.** O instrumento de confissão de dívida, ainda que originário de contrato de abertura de crédito, constitui título executivo extrajudicial.
- **Súmula 258 STJ.** A nota promissória vinculada a contrato de abertura de crédito não goza de autonomia em razão da iliquidez do título que a originou.
- **Súmula 233 STJ.** O contrato de abertura de crédito, ainda que acompanhado de extrato da conta-corrente, não é título executivo.
- **Súmula 27 STJ.** Pode a execução fundar-se em mais de um título extrajudicial relativos ao mesmo negócio.

RESPONSABILIDADE PATRIMONIAL

- **Súmula 375 STJ.** O reconhecimento da fraude à execução depende do registro da penhora do bem alienado ou da prova de má-fé do terceiro adquirente.

PENHORA

- **Súmula 549 STJ.** É válida a penhora de bem de família pertencente a fiador de contrato de locação.
- **Súmula 497 STJ.** Os créditos das autarquias federais preferem aos créditos da Fazenda estadual desde que coexistam penhoras sobre o mesmo bem.
- **Súmula 486 STJ.** É impenhorável o único imóvel residencial do devedor que esteja locado a terceiros, desde que a renda obtida com a locação seja revertida para a subsistência ou a moradia da sua família.
- **Súmula 478 STJ.** Na execução de crédito relativo a cotas condominiais, este tem preferência sobre o hipotecário.
- **Súmula 451 STJ.** É legítima a penhora da sede do estabelecimento comercial.
- **Súmula 417 STJ.** Na execução civil, a penhora de dinheiro na ordem de nomeação de bens não tem caráter absoluto.
- **Súmula 364 STJ.** O conceito de impenhorabilidade de bem de família abrange também o imóvel pertencente a pessoas solteiras, separadas e viúvas.
- **Súmula 328 STJ.** Na execução contra instituição financeira, é penhorável o numerário disponível, excluídas as reservas bancárias mantidas no Banco Central.

- **Súmula 205 STJ.** A Lei nº 8.009-90 aplica-se à penhora realizada antes de sua vigência.

EXECUÇÃO DE ALIMENTOS

- **Súmula 358 STJ.** O cancelamento de pensão alimentícia de filho que atingiu a maioridade está sujeito à decisão judicial, mediante contraditório, ainda que nos próprios autos.
- **Súmula 309 STJ.** O débito alimentar que autoriza a prisão civil do alimentante é o que compreende as três prestações anteriores ao ajuizamento da execução e as que vencerem no curso do processo.

EXECUÇÃO CONTRA A FAZENDA PÚBLICA

- **Súmula 655 STF.** A exceção prevista no art. 100, *caput*, da Constituição, em favor dos créditos de natureza alimentícia, não dispensa a expedição de precatório, limitando-se a isentá-los da observância da ordem cronológica dos precatórios decorrentes de condenações de outra natureza.
- **Súmula vinculante 17.** Durante o período previsto no parágrafo 1º do artigo 100 da Constituição, não incidem juros de mora sobre os precatórios que nele sejam pagos.
- **Súmula 487 STJ.** O parágrafo único do art. 741 do CPC não se aplica às sentenças transitadas em julgado em data anterior à da sua vigência.
- **Súmula 279 STJ.** É cabível execução por título extrajudicial contra a Fazenda Pública.

EXECUÇÃO FISCAL

- **Súmula 521 STJ.** A legitimidade para a execução fiscal de multa pendente de pagamento imposta em sentença condenatória é exclusiva da Procuradoria da Fazenda Pública.
- **Súmula 515 STJ.** A reunião de execuções fiscais contra o mesmo devedor constitui faculdade do Juiz.
- **Súmula 435 STJ.** Presume-se dissolvida irregularmente a empresa que deixar de funcionar no seu domicílio fiscal, sem comunicação aos órgãos competentes, legitimando o redirecionamento da execução fiscal para o sócio-gerente.
- **Súmula 430 STJ.** O inadimplemento da obrigação tributária pela sociedade não gera, por si só, a responsabilidade solidária do sócio-gerente.
- **Súmula 414 STJ.** A citação por edital na execução fiscal é cabível quando frustradas as demais modalidades.
- **Súmula 409 STJ.** Em execução fiscal, a prescrição ocorrida antes da propositura da ação pode ser decretada de ofício (art. 219, § 5º, do CPC).
- **Súmula 406 STJ.** A Fazenda Pública pode recusar a substituição do bem penhorado por precatório.
- **Súmula 394 STJ.** É admissível, em embargos à execução fiscal, compensar os valores de imposto de renda retidos indevidamente na fonte com os valores restituídos apurados na declaração anual.
- **Súmula 393 STJ.** A exceção de pré-executividade é admissível na execução fiscal relativamente às matérias conhecíveis de ofício que não demandem dilação probatória.
- **Súmula 392 STJ.** A Fazenda Pública pode substituir a certidão de dívida ativa (CDA) até a prolação de sentença de embargos, quando se tratar de correção de erro material ou formal, vedada a modificação do sujeito passivo da execução.
- **Súmula 345 STJ.** São devidos honorários advocatícios pela Fazenda Pública nas execuções individuais de sentença proferida em ações coletivas, ainda que não embargadas.
- **Súmula 314 STJ.** Em execução fiscal, não localizados bens penhoráveis, suspende-se o processo por um ano, findo o qual se inicia o prazo da prescrição quinquenal intercorrente.
- **Súmula 251 STJ.** A meação só responde pelo ato ilícito quando o credor, na execução fiscal, provar que o enriquecimento dele resultante aproveitou ao casal.
- **Súmula 190 STJ.** Na execução fiscal, processada perante a Justiça Estadual, cumpre à Fazenda Pública antecipar o numerário destinado ao custeio das despesas com o transporte dos oficiais de justiça.
- **Súmula 189 STJ.** É desnecessária a intervenção do Ministério Público nas execuções fiscais.
- **Súmula 153 STJ.** A desistência da execução fiscal, após o oferecimento dos embargos, não exime o exequente dos encargos da sucumbência.
- **Súmula 128 STJ.** Na execução fiscal haverá segundo leilão, se no primeiro não houver lanço superior à avaliação.
- **Súmula 121 STJ.** Na execução fiscal o devedor deverá ser intimado, pessoalmente, do dia e hora da realização do leilão.
- **Súmula 66 STJ.** Compete à Justiça Federal processar e julgar execução fiscal promovida por Conselho de fiscalização profissional.
- **Súmula 58 STJ.** Proposta a execução fiscal, a posterior mudança de domicílio do executado não desloca a competência já fixada.

AÇÃO RESCISÓRIA

- **Súmula 515 STF.** A competência para a ação rescisória não é do Supremo Tribunal Federal, quando a questão federal, apreciada no recurso extraordinário ou no agravo de instrumento, seja diversa da que foi suscitada no pedido rescisório.
- **Súmula 514 STF.** Admite-se ação rescisória contra sentença transitada em julgado, ainda que contra ela não se tenha esgotado todos os recursos.
- **Súmula 343 STF.** Não cabe ação rescisória por ofensa a literal dispositivo de lei, quando a decisão rescindenda se tiver baseado em texto legal de interpretação controvertida nos tribunais.
- **Súmula 252 STF.** Na ação rescisória, não estão impedidos juízes que participaram do julgamento rescindendo.

- **Súmula 249 STF.** É competente o Supremo Tribunal Federal para a ação rescisória quando, embora não tendo conhecido do recurso extraordinário, ou havendo negado provimento ao agravo, tiver apreciado a questão federal controvertida.
- **Súmula 401 STJ.** O prazo decadencial da ação rescisória só se inicia quando não for cabível qualquer recurso do último pronunciamento judicial.

✦ INFORMATIVOS APLICÁVEIS

✦ STF

1. DO PROCESSO DE CONHECIMENTO

1.1. DAS PARTES E DOS PROCURADORES

▸ ***Assistência judiciária gratuita: art. 12 da Lei 1.060/1950 e recepção***

O art. 12 da Lei 1.060/1950 ("A parte beneficiada pela isenção do pagamento das custas ficará obrigada a pagá-las, desde que possa fazê-lo, sem prejuízo do sustento próprio ou da família, se dentro de cinco anos, a contar da sentença final, o assistido não puder satisfazer tal pagamento, a obrigação ficará prescrita") foi recepcionado pela presente ordem constitucional. *RE 249003 ED/RS, Rel. Min. Edson Fachin, 9.12.2015. Pleno. (Info 811)*

▸ ***Honorários recursais e não apresentação de contrarrazões ou contraminuta***

É cabível a fixação de honorários recursais, prevista no art. 85, § 11, do NCPC, mesmo quando não apresentadas contrarrazões ou contraminuta pelo advogado. *AI 864689 AgR/MS, Rel. p/ ac. Min. Edson Fachin. 27.9.2016. 1ª T. (Info 841)*

▸ ***Novo CPC e ação originária sem previsão de honorários***

Descabe a fixação de honorários recursais, preconizados no art. 85, § 11, do CPC/2015, na hipótese de recurso extraordinário formalizado no curso de processo cujo rito os exclua. *ARE 948578 AgR/RS, Rel. Min. Marco Aurélio, 21.6.2016. 1ª T. (Info 831)*

1.2. DOS ÓRGÃOS JUDICIÁRIOS E DOS AUXILIARES DA JUSTIÇA

1.2.1. DA COMPETÊNCIA

▸ ***OAB e competência jurisdicional***

Compete à justiça federal processar e julgar ações em que a Ordem dos Advogados do Brasil, quer mediante o conselho federal, quer seccional, figure na relação processual. A OAB é autarquia corporativista, o que atrai, a teor do art. 109, I, da CF, a competência da justiça federal para o exame de ações – de qualquer natureza – nas quais ela integra a relação processual. *RE 595332/PR, repercussão geral, Rel. Min. Marco Aurélio, 31.8.2016. Pleno. (Info 837)*

1.3. DA FORMAÇÃO, SUSPENSÃO E EXTINÇÃO DO PROCESSO

▸ ***ICMS: venda financiada e hipótese de incidência***

Deve-se reconhecer, também na instância extraordinária, a possibilidade de homologação do pedido de renúncia ao direito sobre o qual se funda a ação, quando postulado por procurador habilitado com poderes específicos, desde que anterior ao julgamento final do recurso extraordinário. *RE 514639 QO/RS, Rel. Min. Dias Toffoli, 10.5.2016. 2ª T. (Info 825)*

1.4. DO PROCESSO NOS TRIBUNAIS

1.4.1. DA RECLAMAÇÃO

▸ ***Reclamação e esgotamento das vias ordinárias de impugnação***

A reclamação somente é cabível quando esgotados todos os recursos ordinários na causa em que proferido o ato supostamente contrário à autoridade de decisão do STF com repercussão geral reconhecida. Nesses termos, a hipótese de cabimento prevista no art. 988, § 5º, II, do NCPC deve ser interpretada restritivamente, sob pena de o STF assumir, pela via da reclamação, a competência de pelo menos três tribunais superiores (STJ, TST e TSE), para o julgamento de recursos contra decisões de tribunais de segundo grau de jurisdição. *Rcl 24686 ED-AgR/RJ, Rel. Min. Teori Zavascki, j. 28.10.2016. 2ª T. (Info 845)*

1.5. DOS RECURSOS

1.5.1. DAS DISPOSIÇÕES GERAIS

▸ ***Ausência de impugnação e parágrafo único do art. 932 do CPC***

O prazo de cinco dias previsto no parágrafo único do art. 932 do CPC/2015 só se aplica aos casos em que seja necessário sanar vícios formais, como ausência de procuração ou de assinatura, e não à complementação da fundamentação. *ARE 953221 AgR/SP, Rel. Min. Luiz Fux, 7.6.2016. 1ª T. (Info 829)*

▸ ***Contagem de prazo recursal e intimação pessoal***

Nos casos de intimação pessoal realizada por oficial de justiça, a contagem do prazo para a interposição de recursos ou a eventual certificação de trânsito em julgado começa a partir da juntada aos autos do mandado devidamente cumprido. *ARE 892732/SP, Red. p/ ac. Min. Dias Toffoli, 5.4.2016. 2ª T. (Info 820)*

▸ ***Porte de remessa e retorno e recolhimento pelo INSS***

Aplica-se o § 1º do art. 511 do CPC/73 para dispensa de porte de remessa e retorno ao exonerar o seu respectivo recolhimento por parte do INSS. *RE 594116/SP, repercussão geral – mérito, Rel. Min. Edson Fachin, 3.12.2015. Pleno. (Info 810)*

1.5.2. DOS EMBARGOS DE DECLARAÇÃO

▸ ***Embargos de declaração e condenação em honorários advocatícios***

Após 18 de março de 2016, data do início da vigência do Novo Código de Processo Civil, é possível condenar a parte sucumbente em honorários advocatícios na hipótese de o recurso de embargos de declaração não atender os requisitos previstos no art. 1.022 do referido diploma e tampouco se enquadrar em situações excepcionais que autorizem a concessão de efeitos infringentes. *RE 929925 AgR-ED/RS, Rel. Min. Luiz Fux, 7.6.2016. 1ª T. (Info 829)*

1.5.3. DOS RECURSOS PARA O STF E O STJ

▸ ***Agravo interno e juntada extemporânea de documentos***

Embora prevaleça entendimento no sentido da inadmissibilidade da juntada extemporânea de prova documental em recursos interpostos na Suprema Corte, no caso, em razão da natureza do documento anexado aos autos – comunicação oficial dos atos do TCE – e do evidente interesse público indisponível presente na lide – consistente no interesse de toda a coletividade na apreciação da higidez das contas dos gestores públicos -, admite-se a comprovação tardia de que a parte recorrida foi efetivamente intimada da sessão de julgamento. *ARE 916917 AgR/SP, rel. Min. Edson Fachin, j. 6.12.2016. 1ª T. (Info 850)*

▸ ***Discussão de matéria infraconstitucional em recurso extraordinário e ausência de repercussão geral***

Não conhecido recurso extraordinário em que se discutia a possibilidade de imposição ao INSS, nos processos em que figurasse como parte ré, do ônus de apresentar cálculo de liquidação do seu próprio débito. A pretensão deduzida repousa apenas na esfera da legalidade. Embora o recurso tivesse sido apregoado para julgamento conjunto com a ADPF 219, a ótica no âmbito da ADPF, que é ação objetiva, diferiria da ótica no âmbito do recurso extraordinário. Essa espécie recursal teria por base os fundamentos do acórdão recorrido na via extraordinária, que, no caso, teria apenas realizado interpretação de regras infraconstitucionais. *RE 729884/RS, Rel. Min. Dias Toffoli, 23.6.2016. Pleno. (Info 831)*

2. DO PROCESSO DE EXECUÇÃO

▸ ***Execução de honorários sucumbenciais e fracionamento***

É legítima a execução de honorários sucumbenciais proporcional à respectiva fração de cada um dos substituídos processuais em ação coletiva contra a Fazenda Pública. *RE 919269 AgR/RS, Rel. Min. Edson Fachin, 15.12.2015. 1ª T. (Info 812)*

▸ ***Execução de honorários sucumbenciais e fracionamento***

Não é possível fracionar o crédito de honorários advocatícios em litisconsórcio ativo facultativo simples em execução contra a Fazenda Pública por frustrar o regime do precatório. *RE 949383 AgR/RS, Rel. Min. Cármen Lúcia, 17.5.2016. 2ª T. (Info 826)*

3. OUTROS TEMAS

▸ ***Fazenda Pública e atuação em juízo***

O prazo de 30 dias para a Fazenda Pública embargar execução é constitucional. Julgada improcedente ADI ajuizada pelo CFOAB contra o artigo 4º da MPv 2.102-27/2001 que, ao alterar outros dispositivos legais, promoveu alterações em prazos processuais, entre eles a interposição de recurso pela Fazenda Pública. A ADI alegava ofensa aos princípios da isonomia e do devido processo legal. Isto porque o dispositivo questionado, ao acrescentar o art. 1º-B à Lei 9.494/97, aumentou para 30 dias o prazo para interposição de recurso (embargos à execução) pela Fazenda Pública, permanecendo para o particular a previsão de 10 dias na área cível e 5 dias na área trabalhista. A OAB também argumentava afronta ao princípio da isonomia em razão de o dispositivo ter fixado prazo prescricional de cinco anos para ajuizamento de ações de indenização, uma vez que para os particulares a previsão é de 20 anos. Quanto ao parágrafo único, acrescentado ao artigo 741, do CPC/73, o conselho sustentava que a inexigibilidade de título executivo judicial quando firmados em dissonância com o entendimento do Supremo, rescindiria sentença transitada em julgado, ferindo os princípios constitucionais da coisa julgada e da segurança jurídica. Somente em hipóteses excepcionais – quando manifestamente demonstrada a ausência dos requisitos de relevância e urgência – é que caberia anular o ato normativo editado, o que não ocorreu no caso. A ampliação do prazo para a oposição de embargos pela Fazenda Pública não viola os princípios da isonomia e do devido processo legal porque o tratamento processual especial conferido à Fazenda Pública é conhecido de todos – inclusive em relação a prazos diferenciados, quando razoáveis – e não apresenta restrição a direito ou prerrogativa da parte contrária, mas busca atender ao princípio da supremacia do interesse público. Também não viola a Constituição a fixação do prazo prescricional de cinco anos para os pedidos de indenização por danos causados por agentes de pessoas jurídicas de direito público e de pessoas jurídicas de direito privado prestadoras de serviço público. O dispositivo examinado simplesmente reproduziu o que já dispunha o art. 1º do Dec. 20.910/1932. A única novidade foi a inclusão, entre os destinatários dessa norma, das pessoas jurídicas de direito privado prestadoras de serviço público, atribuindo o mesmo regime prescricional das pessoas jurídicas de direito público. Justificada pelo art. 37, § 6º, da CF, que expressamente equipara essas entidades às pessoas de direito público relativamente ao regime de responsabilidade civil pelos atos praticados por seus agentes. Em relação à inexigibilidade de título executivo judicial fundado em lei ou ato normativo declarados inconstitucionais pelo STF, consta inclusive incorporado ao NCPC. *ADI 2418/DF, Rel. Min. Teori Zavascki, 4.5.2016. Pleno. (Info 824)*

✦ STJ

1. DO PROCESSO DE CONHECIMENTO

1.1. DAS PARTES E DOS PROCURADORES

1.1.1. DA CAPACIDADE PROCESSUAL

▸ ***Legitimidade ativa de associação para defender os interesses de seus filiados.***

Associação não tem legitimidade ativa para defender os interesses dos associados que vierem a se agregar somente após o ajuizamento da ação de conhecimento. *REsp 1.468.734-SP, Rel. Min. Humberto Martins, DJe 15.3.2016. 2ª T. (Info 579)*

1.1.2. DOS DEVERES DAS PARTES E DOS SEUS PROCURADORES (HONORÁRIOS ADVOCATÍCIOS)

▸ ***Interpretação extensiva do art. 19, § 1º, I, da Lei 10.522/02.***

Aplica-se a dispensa de condenação em honorários advocatícios prevista no art. 19, § 1º, I, da Lei 10.522/02, na hipótese em que a Fazenda Nacional contesta a demanda, mas, ato contínuo, antes de pronunciamento do juízo ou da parte contrária, apresenta petição em que reconhece a procedência do pedido e requer a desconsideração da peça contestatória. *REsp 1.551.780-SC, Rel. Min. Mauro Campbell Marques, DJe 19.8.2016. 2ª T. (Info 588)*

▸ ***Rescisão de decisão judicial e restituição de verba honorária.***

Se a decisão judicial que ensejou a fixação de honorários de sucumbência for parcialmente rescindida, é possível que o autor da rescisória, em posterior ação de cobrança, pleiteie a restituição da parte indevida da verba advocatícia, ainda que o causídico, de boa-fé, já a tenha levantado. *REsp 1.549.836-RS, Rel. p/ ac. Min. João Otávio de Noronha, DJ 6.9.2016. 3ª T. (Info 589)*

1.2. DO MINISTÉRIO PÚBLICO

▸ ***Possibilidade de atuação do MP estadual no âmbito do STJ.***

O Ministério Público Estadual (MP Estadual) tem legitimidade para atuar diretamente no STJ nos processos em que figurar como parte. *EREsp 1.236.822-PR, Rel. Min. Mauro Campbell Marques, DJe 5.2.2016. Corte Especial. (Info 576)*

1.3. DOS ÓRGÃOS JUDICIÁRIOS E DOS AUXILIARES DA JUSTIÇA

1.3.1. DA COMPETÊNCIA

▸ ***Dever de remessa dos autos ao juízo competente e processo eletrônico.***

Implica indevido obstáculo ao acesso à tutela jurisdicional a decisão que, após o reconhecimento da incompetência absoluta do juízo, em vez de determinar a remessa dos autos ao juízo competente, extingue o feito sem exame do mérito, sob o argumento de impossibilidade técnica do Judiciário em remeter os autos para o órgão julgador competente, ante as dificuldades inerentes ao processamento eletrônico. *REsp 1.526.914-PE, Rel. Min. Diva Malerbi, DJe 28.6.2016. 2ª T. (Info 586)*

1.3.2. DO JUIZ, DOS AUXILIARES DA JUSTIÇA

▸ ***Suspeição por motivo superveniente.***

A autodeclaração de suspeição realizada por magistrado em virtude de motivo superveniente não importa nulidade dos atos processuais praticados em momento anterior ao fato ensejador da suspeição. Isso porque essa declaração não gera efeitos retroativos. *Pet no REsp 1.339.313-RJ, Rel. p/ ac. Min. Assusete Magalhães, DJe 9.8.2016. 1ª S. (Info 587)*

1.4. DO PROCEDIMENTO ORDINÁRIO

1.4.1. DA REVELIA

▸ ***Limites dos efeitos da revelia.***

Reconhecida a revelia, a presunção de veracidade quanto aos danos narrados na petição inicial não alcança a definição do quantum indenizatório indicado pelo autor. Como assentado na doutrina, a revelia não viola o processo justo, o devido processo legal, porque não significa a formação de um contraditório virtual ou presumido, muito menos a existência de uma confissão ficta. A própria existência da ação atesta a inconformação entre a pretensão do autor e a resistência do réu. Por isso, os efeitos da revelia não são absolutos, conduzindo à automática procedência dos pedidos. *REsp 1.520.659-RJ, Rel. Min. Raul Araújo, DJe 30.11.2015. 4ª T. (Info 574)*

1.4.2. DA SENTENÇA E DA COISA JULGADA (OUTROS TEMAS)

▸ ***Extensão dos efeitos de coisa julgada coletiva a autores de ações individuais não suspensas.***

Os autores de ações individuais em cujos autos não foi dada ciência do ajuizamento de ação coletiva e que não requereram a suspensão das demandas individuais podem se beneficiar dos efeitos da coisa julgada formada na ação coletiva. Ao disciplinar a execução de sentença coletiva, o art. 104 da Lei 8.078/90 (CDC) dispõe que os autores devem requerer a suspensão da ação individual que veicula a mesma questão em ação coletiva, a fim de se beneficiarem da sentença que lhes é favorável no feito coletivo. Todavia, compete à parte ré dar ciência aos interessados da existência desta ação nos autos da ação individual, momento no qual começa a correr o prazo de 30 dias para a parte autora postular a suspensão do feito individual. Constitui ônus do demandado dar ciência inequívoca da propositura da ação coletiva àqueles que propuseram ações individuais, a fim de que possam fazer a opção pela continuidade do processo individual, ou requerer a sua suspensão para se beneficiar da sentença coletiva. *REsp 1.593.142-DF, Rel. Min. Napoleão Nunes Maia Filho, DJe 21.6.2016. 1ª T. (Info 585)*

1.4.3. DA LIQUIDAÇÃO DE SENTENÇA

▸ ***Possibilidade de utilização de deduções e presunções na apuração de lucros cessantes.***

É possível ao julgador, na fase de liquidação de sentença por arbitramento, acolher as conclusões periciais fundadas em presunções e deduções para a quantificação do prejuízo sofrido pelo credor a título de lucros cessantes. *REsp 1.549.467-SP, Rel. Min. Marco Aurélio Bellizze, DJ 19.9.2016. 3ª T. (Info 590)*

1.4.4. DO CUMPRIMENTO DA SENTENÇA

▸ ***Impugnação ao cumprimento de sentença e necessidade de garantia do juízo.***

Na fase de cumprimento de sentença, não é cabível a apresentação de impugnação fundada em excesso de execução (art. 475-L, V, do CPC) antes do depósito da quantia devida (art. 475-J, caput, do CPC); contudo, se mesmo assim ela for apresentada, não haverá preclusão da faculdade de apresentar nova impugnação a partir da intimação da penhora realizada nos autos (art. 475-J, §1º, do CPC). *REsp 1.455.937-SP, Rel. Min. João Otávio de Noronha, DJe 9.11.2015. 3ª T. (Info 573)*

1.4.5. DA AÇÃO RESCISÓRIA

▸ ***Impossibilidade de relativizar coisa julgada fundada em lei posteriormente declarada não recepcionada pela CF.***

Não é possível utilizar ação declaratória de nulidade ("querela nullitatis") contra título executivo judicial fundado em lei declarada não recepcionada pelo STF em decisão proferida em controle incidental que transitou em julgado após a constituição definitiva do referido título. *REsp 1.237.895-ES, Rel. Min. Og Fernandes, DJe 12.2.2016. 2ª T. (Info 576)*

▸ ***Prazo decadencial para particular anular acordo firmado com a Fazenda Pública.***

No caso em que particular e Fazenda Pública firmaram, sem a participação judicial, acordo que tenha sido meramente homologado por decisão judicial – a qual, por sua vez, apenas extinguiu a relação jurídica processual existente entre as partes, sem produzir efeitos sobre a relação de direito material existente entre elas –, o prazo decadencial para anular o ajuste por meio de ação ajuizada pelo particular é de 5 anos, contados da data da celebração da transação, e não da decisão homologatória. *REsp 866.197-RS, Rel. Min. Mauro Campbell Marques, DJe 13.4.2016. 2ª T. (Info 581)*

1.5. DOS RECURSOS

1.5.1. DA APELAÇÃO

▸ ***Aplicação do princípio da fungibilidade a recurso em ação de improbidade administrativa.***

Pode ser conhecida a apelação que, sem má-fé e em prazo compatível com o previsto para o agravo de instrumento, foi interposta contra decisão que, em juízo prévio de admissibilidade em ação de improbidade administrativa, reconheceu a ilegitimidade passiva "ad causam" de alguns dos réus. *AgRg no REsp 1.305.905-DF, Rel. Min. Humberto Martins, DJe 18.12.2015. 2ª T. (Info 574)*

1.5.2. DO AGRAVO

▸ ***Comprovação da tempestividade do agravo de instrumento mediante apresentação de certidão de vista pessoal da Fazenda Nacional. Recurso repetitivo. Tema 651.***

O termo de abertura de vista e remessa dos autos à Fazenda Nacional substitui, para efeito de demonstração da tempestividade do agravo de instrumento (art. 522 do CPC) por ela interposto, a apresentação de certidão de intimação da decisão agravada (art. 525, I, do CPC). *REsp 1.383.500-SP, Rel. Min. Benedito Gonçalves, Corte Especial, DJe 26.2.2016. (Info 577)*

▸ ***Falta de citação e manifestação do réu em agravo de instrumento.***

Não supre a falta de citação em ação revisional de alimentos o comparecimento do réu para contraminutar agravo de instrumentos contra decisão denegatória de tutela antecipada, sem que haja qualquer pronunciamento na ação principal por parte do demandado. De fato, a ação só produz efeitos para o réu a partir de quando é regularmente citado ou, na falta de citação, desde quando comparece espontaneamente em juízo. *REsp 1.310.704-MS, Rel. Min. Ricardo Villas Bôas Cueva, DJe 16.11.2015. 3ª T. (Info 573)*

▸ ***Instrumento de agravo entregue em mídia digital.***

As peças que devem formar o instrumento do agravo podem ser apresentadas em mídia digital (DVD). *REsp 1.608.298-SP, Rel. Min. Herman Benjamin, DJ 6.10.2016. 2ª T. (Info 591)*

▸ ***Julgamento de agravo regimental. Mera reprodução da decisão monocrática. Não apreciação de questões relevantes.***

É vedado ao relator limitar-se a reproduzir a decisão agravada para julgar improcedente o agravo interno. *REsp 1.622.386-MT, Rel. Min. Nancy Andrighi, DJe 25.10.2016. 3ª T. (Info 592)*

▸ ***Perda do objeto de agravo de instrumento interposto contra decisão proferida em antecipação de tutela.***

A superveniência de sentença de mérito implica a perda do objeto de agravo de instrumento interposto contra decisão anteriormente proferida em tutela antecipada. *EAREsp 488.188-SP, Rel. Min. Luis Felipe Salomão, DJe 19.11.2015. Corte Especial. (Info 573)*

▸ ***Possibilidade de aplicação da teoria da causa madura em julgamento de agravo de instrumento.***

Admite-se a aplicação da teoria da causa madura (art. 515, § 3º, do CPC/73) em julgamento de agravo de instrumento. *REsp 1.215.368-ES, Rel. Min. Herman Benjamin, DJ 19.9.2016. (Info 590)*

1.5.3. DOS EMBARGOS DE DECLARAÇÃO

▸ ***Embargos de declaração com efeitos infringentes e pedido de reconsideração.***

Os embargos de declaração, ainda que contenham pedido de efeitos infringentes, não devem ser recebidos como "pedido de reconsideração". Os embargos de declaração são um recurso taxativamente previsto na Lei Processual Civil e, ainda que contenham indevido pedido de efeitos infringentes, não se confundem com mero "pedido de reconsideração", este sim, figura processual atípica, de duvidosa existência. Inclusive, a hipótese sequer comporta a aplicação do princípio da fungibilidade recursal, pois "pedido de reconsideração" não é recurso. Assim, deve-se reconhecer que os embargos de declaração apresentados tempestivamente com pedido de efeitos infringentes não devem ser recebidos como "pedido de reconsideração", porque tal mutação não atende a nenhuma previsão legal, tampouco aos requisitos de aplicação do princípio da fungibilidade. *REsp 1.522.347-ES, Rel. Min. Raul Araújo, DJe 16.12.2015. Corte Especial. (Info 575)*

▸ ***Hipótese de não cabimento de embargos de declaração.***

Mesmo após a vigência do CPC/15, não cabem embargos de declaração contra decisão que não se pronuncie tão somente sobre argumento incapaz de infirmar a conclusão adotada. Os embargos de declaração, conforme dispõe o art. 1.022 do CPC/15, destinam-se a suprir omissão, afastar obscuridade ou eliminar contradição existente no julgado. O julgador não está obrigado a responder a todas as questões suscitadas pelas partes, quando já tenha encontrado motivo suficiente para proferir a decisão. *EDcl no MS 21.315-DF, Rel. Min. Diva Malerbi, DJe 15.6.2016. 1ª S. (Info 585)*

1.5.4. DOS RECURSOS PARA O STF E O STJ (RECURSO ESPECIAL)

▸ ***Impossibilidade de reexame de tempestividade de agravo de instrumento em julgamento de recurso especial.***

Ainda que a matéria do processo judicial tenha natureza penal, não cabe, por ocasião do julgamento de recurso especial, o reexame de ofício da tempestividade do agravo de instrumento anteriormente provido para determinar o processamento do próprio recurso especial. *EREsp 1.414.755-PA, Rel. Min. João Otávio de Noronha, DJ 6.9.2016. (Info 589)*

▸ ***Impossibilidade de remessa de agravo pelo STJ ao tribunal de origem.***

Após a entrada em vigor do NCPC, não é mais devida a remessa pelo STJ, ao Tribunal de origem, do agravo interposto contra decisão que inadmite recurso especial com base na aplicação de entendimento firmado em recursos repetitivos, para que seja conhecido como agravo interno. *AREsp 959.991-RS, Rel. Min. Marco Aurélio Bellizze, DJ 26.8.2016. 3ª T. (Info 589)*

2. DO PROCESSO DE EXECUÇÃO

2.1. DA EXECUÇÃO EM GERAL

2.1.1. DAS DISPOSIÇÕES GERAIS

▸ ***Aplicação da multa por ato atentatório à dignidade da justiça (art. 600, III, do CPC/73).***

A multa por ato atentatório à dignidade da Justiça previsto no art. 600, III, do CPC/73 constitui punição cuja aplicabilidade restringe-se aos atos do executado em procedimento executivo. Infere-se do art. 600, III, do CPC/73 que o ato atentatório à dignidade da Justiça se restringe ao processo de execução e que a conduta de deslealdade processual caracteriza-se somente como aquela praticada pelo executado. Isso porque o código se utiliza da expressão "ato do executado", além do fato de as hipóteses previstas nos incisos I, II e IV do mesmo art. 600 se referirem a circunstâncias inerentes ao procedimento executivo. *REsp 1.231.981/RS, Rel. Min. Luis Felipe Salomão, DJe 3.3.2016. 4ª T. (Info 578)*

▸ ***Incompetência para cancelar gravame em matrícula de imóvel arrematado.***

Arrematado bem imóvel, o Juízo da execução que conduziu a arrematação não pode determinar o cancelamento automático de constrições determinadas por outros Juízos de mesma hierarquia e registradas na matrícula do bem, mesmo que o edital de praça e o auto de arrematação tivessem sido silentes quanto à existência dos referidos gravames. Isso porque, além de o Juízo da execução não deter competência para o desfazimento ou cancelamento de constrições e registros determinados por outros Juízos de mesma hierarquia, os titulares dos direitos decorrentes das decisões judiciais proferidas em outros processos, as quais geraram as constrições e registros imobiliários que os arrematantes pretendem cancelar, têm direito ao devido processo legal, com seus consectários contraditório e ampla defesa. Ademais, as possíveis falhas nos atos judiciais que antecederam a arrematação, porque não mencionavam as outras constrições de outros Juízos sobre o imóvel a ser arrematado, não possibilitam ao Juízo da arrematação determinar a baixa de outras constrições levadas a efeito por outros juízos. *RMS 48.609-MT, Rel. Min. Raul Araújo, DJe 8.6.2016. 4ª T. (Info 585)*

▸ ***Inexigibilidade de obrigação fundada em lei não recepcionada pela Constituição.***

Ainda que tenha havido o trânsito em julgado, é inexigível a obrigação reconhecida em sentença com base exclusivamente em lei não recepcionada pela Constituição. Fundado o título judicial exclusivamente na aplicação ou interpretação da lei ou ato normativo tidas pelo STF como incompatíveis com a CF, é perfeitamente permitido o reconhecimento da inexigibilidade da obrigação na própria fase de execução. *REsp 1.531.095-SP, Rel. Min. Ricardo Villas Bôas Cueva, DJe 16.8.2016. 3ª T. (Info 588)*

2.2. DAS DIVERSAS ESPÉCIES DE EXECUÇÃO

2.2.1. DAS DISPOSIÇÕES GERAIS

▸ ***Exequibilidade de sentenças não condenatórias (art. 475-N, I, do CPC/73). Recurso repetitivo. Tema 889.***

A sentença, qualquer que seja sua natureza, de procedência ou improcedência do pedido, constitui título executivo judicial, desde que estabeleça obrigação de pagar quantia, de fazer, não fazer ou entregar coisa, admitida sua prévia liquidação e execução nos próprios autos. *REsp 1.324.152-SP, Rel. Min. Luis Felipe Salomão, Corte Especial, DJe 15.6.2016. Corte Especial. (Info 585)*

▸ ***Possibilidade de o depositário judicial exercer direito de retenção.***

O particular que aceita exercer o múnus público de depositário judicial tem o direito de reter o depósito até que sejam ressarcidas as despesas com armazenagem e conservação do bem guardado e pagos os seus honorários. Não há dúvida de que a pessoa física ou jurídica que aceita o encargo de se tornar depositária de coisa ou bem apreendido em juízo tem o direito de ser ressarcida das despesas que efetuou, além de perceber uma remuneração pelo exercício do encargo público (honorários), nos precisos termos do art. 149 do CPC. Ademais, não há vedação à aplicação do direito de retenção previsto no art. 644 do CC também aos depósitos judiciais. *REsp 1.300.584-MT, Rel. Min. João Otávio de Noronha, DJe 9.3.2016. 3ª T. (Info 578)*

2.2.2. DA PENHORA, DA AVALIAÇÃO E DA EXPROPRIAÇÃO DE BENS

▸ ***Cobrança de cota condominial e penhora sobre direito aquisitivo decorrente de compromisso de compra e venda.***

Em ação de cobrança de cotas condominiais proposta somente contra o promissário comprador, não é possível a penhora do imóvel que gerou a dívida – de propriedade do promissário vendedor –, admitindo-se, no entanto, a constrição dos direitos aquisitivos decorrentes do compromisso de compra e venda. *REsp 1.273.313-SP, Rel. Min. Ricardo Villas Bôas Cueva, DJe 12.11.2015. 3ª T. (Info 573)*

▸ ***Forma preferencial de pagamento ao credor.***

A adjudicação do bem penhorado deve ser assegurada ao legitimado que oferecer preço não inferior ao da avaliação. *REsp 1.505.399-RS, Rel. Min. Maria Isabel Gallotti, DJe 12.5.2016. 4ª T. (Info 583)*

▸ ***Impenhorabilidade da pequena propriedade rural.***

A pequena propriedade rural, trabalhada pela família, é impenhorável, ainda que dada pelos proprietários em garantia hipotecária para financiamento da atividade produtiva. *REsp 1.368.404-SP, Rel. Min. Maria Isabel Gallotti, DJe 23.11.2015. 4ª T. (Info 574)*

▸ ***Invalidade da penhora sobre a integralidade de imóvel submetido a "time sharing".***

É inválida a penhora da integralidade de imóvel submetido ao regime de multipropriedade ("time-sharing") em decorrência de dívida de condomínio de responsabilidade do organizador do compartilhamento. *REsp 1.546.165-SP, Rel. p/ ac. Min. João Otávio de Noronha, DJ 6.9.2016. 3ª T. (Info 589)*

▸ ***Momento para requerimento da adjudicação.***

A adjudicação poderá ser requerida após resolvidas as questões relativas à avaliação do bem penhorado e antes de realizada a hasta pública. O limite temporal para requerimento da adjudicação, embora não esteja claro na legislação, consoante doutrina, parece ser o início da hasta pública. *REsp 1.505.399-RS, Rel. Min. Maria Isabel Gallotti, DJe 12.5.2016. 4ª T. (Info 583)*

▸ ***Ordem de nomeação à penhora de cota de fundo de investimento. Recurso repetitivo. Tema 913.***

A cota de fundo de investimento não se subsume à ordem de preferência legal disposta no inciso I do art. 655 do CPC/73 (ou no inciso I do art. 835 do NCPC). *REsp 1.388.642-SP, Rel. Min. Marco Aurélio Bellizze, 2ª S., DJ 6.9.2016. (Info 589)*

▸ ***Recusa de nomeação à penhora de cotas de fundo de investimento. Recurso repetitivo. Tema 913.***

A recusa da nomeação à penhora de cotas de fundo de investimento, reputada legítima a partir das particularidades de cada caso concreto, não encerra, em si, excessiva onerosidade ao devedor, violação do recolhimento dos depósitos compulsórios e voluntários do Banco Central do Brasil ou afronta à impenhorabilidade das reservas obrigatórias. *REsp 1.388.642-SP, Rel. Min. Marco Aurélio Bellizze, 2ª S., DJ 6.9.2016. (Info 589)*

2.2.3. DA EXECUÇÃO DE PRESTAÇÃO ALIMENTÍCIA

▸ ***Execução de alimentos e impossibilidade de efetuar o pagamento das prestações.***

Em execução de alimentos pelo rito do art. 733 do CPC, o acolhimento da justificativa da impossibilidade de efetuar o pagamento das prestações alimentícias executadas desautoriza a decretação da prisão do devedor, mas não acarreta a extinção da execução. *REsp 1.185.040-SP, Rel. Min. Luis Felipe Salomão, DJe 9.11.2015. 4ª T. (Info 573)*

▸ ***Protesto e inscrição do nome do devedor de alimentos em cadastros de inadimplentes.***

Em execução de alimentos devidos a filho menor de idade, é possível o protesto e a inscrição do nome do devedor em cadastros de proteção ao crédito. Não há impedimento legal para que se determine a negativação do nome de contumaz devedor de alimentos no ordenamento pátrio. Ao contrário, a exegese conferida ao art. 19 da Lei de Alimentos (Lei 5.478/68), que prevê incumbir ao juiz da causa adotar as providências necessárias para a execução da sentença ou do acordo de alimentos, deve ser a mais ampla possível, tendo em vista a natureza do direito em discussão, o qual, em última análise, visa garantir a sobrevivência e a dignidade da criança ou adolescente alimentando. *REsp 1.469.102-SP, Rel. Min. Ricardo Villas Bôas Cueva, DJe 15.3.2016. 3ª T. (Info 579)*

2.3. DOS EMBARGOS DO DEVEDOR

▸ ***Cabimento de embargos à adjudicação.***

Cabem embargos à adjudicação sob alegação de não ter sido excluída da obrigação exequenda a capitalização de juros conforme determinado pela sentença proferida em anteriores embargos à execução. *REsp 1.173.304-SP, Rel. Min. Luis Felipe Salomão, DJe 1º.2.2016. 4ª T. (Info 575)*

▸ ***Prévia intimação na prescrição intercorrente.***

Em execução de título extrajudicial, o credor deve ser intimado para opor fato impeditivo à incidência da prescrição intercorrente antes de sua decretação de ofício. *REsp 1.589.753-PR, Rel. Min. Marco Aurélio Bellizze, DJe 31.5.2016. 3ª T. (Info 584)*

3. DO PROCESSO CAUTELAR

3.1. DOS PROCEDIMENTOS CAUTELARES ESPECÍFICOS

▸ ***Ação cautelar de arrolamento. Prévia indisponibilidade de bens. Interesse de agir. Existência.***

A prévia indisponibilidade de bens não implica a falta de interesse do Ministério Público para propositura da cautelar de arrolamento de bens. *REsp 1.375.540-RJ, Rel. Min. Nancy Andrighi, DJe 21.10.2016. 3ª T. (Info 592)*

▸ ***"Crediscore" e interesse de agir em ação cautelar de exibição de documentos. Recurso repetitivo. Tema 915.***

Em relação ao sistema "credit scoring", o interesse de agir para a propositura da ação cautelar de exibição de documentos exige, no mínimo, a prova de: i) requerimento para obtenção dos dados ou, ao menos, a tentativa de fazê-lo à instituição responsável pelo sistema de pontuação, com a fixação de prazo razoável para atendimento; e ii) que a recusa do crédito almejado ocorreu em razão da pontuação que lhe foi atribuída pelo sistema "scoring". *REsp 1.304.736-RS, Rel. Min. Luis Felipe Salomão, 2ª S., DJe 30.3.2016. (Info 579)*

▸ ***Termo inicial do prazo para oferecimento de resposta pelo devedor fiduciante em ação de busca e apreensão de bem.***

Em ação de busca e apreensão de bem alienado fiduciariamente, o termo inicial para a contagem do prazo de quinze dias para o oferecimento de resposta pelo devedor fiduciante é a data de juntada aos autos do mandado de citação devidamente cumprido, e não a data da execução da medida liminar. *REsp 1.321.052-MG, Rel. Min. Ricardo Villas Bôas Cueva, DJe 26.8.2016. 3ª T. (Info 588)*

4. DOS PROCEDIMENTOS ESPECIAIS

4.1. DOS PROCEDIMENTOS ESPECIAIS DE JURISDIÇÃO CONTENCIOSA

4.1.1. DA AÇÃO DE PRESTAÇÃO DE CONTAS

▸ ***Ação de prestação de contas. Revisão de cláusulas contratuais. Impossibilidade. Recurso repetitivo. Tema 908.***

Tendo em vista a especialidade do rito, não se comporta no âmbito da prestação de contas a pretensão de alterar ou revisar cláusula contratual. As contas devem ser prestadas, com a exposição, de forma mercantil, das receitas e despesas, e o respectivo saldo (CPC/73, art. 917). A apresentação das contas e o respectivo julgamento devem ter por base os pressupostos assentados ao longo da relação contratual existente entre as partes. *REsp 1.497.831-PR, Rel. p/ ac. Min. Maria Isabel Gallotti, DJe 7.11.2016. 2ª S. (Info 592)*

▸ ***Ausência de prejudicialidade entre a morte do interditando e a ação de prestação de contas ajuizada por ele.***

A morte do interditando no curso de ação de interdição não implica, por si só, a extinção do processo sem resolução de mérito da ação de prestação de contas por ele ajuizada mediante seu curador provisório, tendo o espólio legitimidade para prosseguir com a ação de prestação de contas. *REsp 1.444.677-SP, Rel. Min. João Otávio de Noronha, DJe 9.5.2016. 3ª T. (Info 583)*

4.1.2. DAS AÇÕES POSSESSÓRIAS

▸ ***Ajuizamento de ação possessória por invasor de terra pública contra outros particulares.***

É cabível o ajuizamento de ações possessórias por parte de invasor de terra pública contra outros particulares. *REsp 1.484.304-DF, Rel. Min. Moura Ribeiro, DJe 15.3.2016. 3ª T. (Info 579)*

▸ ***Contrato de compra e venda com reserva de domínio e proteção possessória requerida por vendedor.***

Ainda que sem prévia ou concomitante rescisão do contrato de compra e venda com reserva de domínio, o vendedor pode, ante o inadimplemento do comprador, pleitear a proteção possessória sobre o bem móvel objeto da avença. *REsp 1.056.837-RN, Rel. Min. Marco Buzzi, DJe 10.11.2015. 4ª T. (Info 573)*

4.1.3. DA AÇÃO DE DIVISÃO E DA DEMARCAÇÃO DE TERRAS PARTICULARES

▸ ***Hipótese de inexistência de litisconsórcio passivo necessário em ação demarcatória.***

Em ação demarcatória de parte de imóvel, é facultativo – e não necessário – o litisconsórcio passivo entre o réu e os confinantes da área do bem que não é objeto de demarcação. Nas demarcatórias parciais, há o litisconsórcio passivo necessário entre demandante e os vizinhos lindeiros da área específica cuja demarcação é pretendida. É essa a única interpretação cabível do disposto no art. 950 do CPC/73. Tratamento diverso se dá aos demais confinantes da área que não é objeto de demarcação, pois, quanto a estes, não há litisconsórcio passivo necessário, apenas facultativo. Nesse sentido, há entendimento doutrinário sobre o art. 950 do CPC/73, segundo o qual, "são legitimados passivamente todos os confinantes da área demarcanda; se a demarcação for parcial, são réus os confinantes da área a ser demarcada, e não os demais, o que é óbvio". *REsp 1.599.403-MT, Rel. Min. João Otávio de Noronha, DJe 1.7.2016. 3ª T. (Info 586)*

4.1.4. DOS EMBARGOS DE TERCEIRO

▸ ***Aplicação do princípio da causalidade para verbas sucumbenciais em embargos de terceiro. Recurso repetitivo. Tema 872.***

Nos embargos de terceiro cujo pedido foi acolhido para desconstituir a constrição judicial, os honorários advocatícios serão arbitrados com base no princípio da causalidade, responsabilizando-se o atual proprietário (embargante), se este não atualizou os dados cadastrais; os encargos de sucumbência serão suportados pela parte embargada, porém, na hipótese em que esta, depois de tomar ciência da transmissão do bem, apresentar ou insistir na impugnação ou recurso para manter a penhora sobre o bem cujo domínio foi transferido para terceiro. *REsp 1.452.840-SP, Rel. Min. Herman Benjamin, 1ª S., DJ 5.10.2016. (Info 591)*

4.1.5. DA AÇÃO MONITÓRIA

▸ ***Ação Monitória. Prova escrita. Juízo de Probabilidade. Correspondência eletrônica. E-mail. Documento hábil a comprovar a relação contratual e existência de dívida.***

O correio eletrônico (e-mail) pode fundamentar a pretensão monitória, desde que o juízo se convença da verossimilhança das alegações e da idoneidade das declarações. *REsp 1.381.603-MS, Rel. Min. Luis Felipe Salomão, DJe 11.11.2016. 4ª T. (Info 593)*

▸ ***Contrato de arrendamento rural como prova escrita para ação monitória.***

O contrato de arrendamento rural que, a despeito da vedação prevista no art. 18, par. ún., do Dec. 59.566/66, estabelece pagamento em quantidade de produtos agrícolas pode ser usado como prova escrita para instruir ação monitória. *REsp 1.266.975-MG, Rel. Min. Ricardo Villas Bôas Cueva, DJe 28.3.2016. 3ª T. (Info 580)*

▸ ***Natureza jurídica da conversão do mandado monitório em título executivo.***

Em ação monitória, após o decurso do prazo para pagamento ou entrega da coisa sem a oposição de embargos pelo réu, o juiz não poderá analisar matérias de mérito, ainda que conhecíveis de ofício. *REsp 1.432.982-ES, Rel. Min. Marco Aurélio Bellizze, DJe 26.11.2015. 3ª T. (Info 574)*

Direito Penal

Danilo da Cunha Souza

TABELA DE INCIDÊNCIA DE QUESTÕES

Distribuição das questões organizada por ordem didática de assuntos		
Assunto	**Número de Questões**	**Peso**
1. PARTE GERAL DO CÓDIGO PENAL		
1.1. DA APLICAÇÃO DA LEI PENAL	3	4,05%
1.2. DO CRIME	13	17,57%
1.3. DAS PENAS	5	6,76%
1.4. DA MEDIDA DE SEGURANÇA	1	1,35%
1.5. DA EXTINÇÃO DA PUNIBILIDADE	5	6,76%
2. PARTE ESPECIAL		
2.1. CRIMES CONTRA A PESSOA	4	5,41%
2.2. CRIMES CONTRA O PATRIMÔNIO	8	10,81%
2.3. CRIMES CONTRA A FÉ PÚBLICA	4	5,41%
2.4. CRIMES CONTRA A PAZ PÚBLICA	1	1,35%
2.5. CRIMES CONTRA A ADMINISTRAÇÃO PÚBLICA	17	22,97%
3. LEGISLAÇÃO EXTRAVAGANTE		
3.1. LEI Nº 9.099/95.	1	1,35%
3.2. LEI DE EXECUÇÃO PENAL	1	1,35%
3.3. CÓDIGO DE TRÂNSITO BRASILEIRO	1	1,35%
3.4. LEI DE DROGAS	1	1,35%
3.5. LEI DE CRIME ORGANIZADO.	1	1,35%
3.6. LEI DE TORTURA	1	1,35%
3.7. DIREITO PENAL ECONÔMICO	2	2,70%
3.8. ESTATUTO DO IDOSO	2	2,70%
3.9. ECA	1	1,35%
3.10. LEI AMBIENTAL	2	2,70%
Total	**74**	**100%**

Direito Penal

Danilo da Cunha Souza

1. PARTE GERAL DO CÓDIGO PENAL

1.1. DA APLICAÇÃO DA LEI PENAL

01. (Vunesp – Juiz de Direito – SP/2015) À luz da jurisprudência do Supremo Tribunal Federal, assinale a alternativa correta.

A) A opinião do julgador sobre a gravidade em abstrato do crime constitui motivação idônea para a imposição de regime mais severo do que o permitido segundo a pena aplicada.

B) A lei penal mais grave aplica-se ao crime continuado ou ao crime permanente, se sua vigência é anterior à cessação da continuidade ou da permanência.

C) Admite-se a suspensão condicional do processo por crime continuado, se a soma da pena mínima da infração mais grave com o aumento mínimo de um sexto for superior a um ano.

D) Não há crime de latrocínio, quando o homicídio se consuma, mas o agente não realiza a subtração de bens da vítima.

COMENTÁRIOS

Alternativa "B" – correta: A regra estabelecida pelo STF é que se aplica no caso de crime continuado e de permanente a norma de quando se cessou a empreitada criminosa, mesmo que seja norma mais grave. É o que estabelece a Súmula 711, STF.

Alternativa "A" – errada: A opinião do julgador sobre a gravidade em abstrato do crime não constitui motivação idônea para a imposição de regime mais severo do que o permitido segundo a pena aplicada (Súmula 718, STF). O julgador há de fundamentar o aumento de pena em fatos concretos a demonstrar a necessidade de impor a pena acima do previsto em lei.

Alternativa "C" – errada: não se admite a suspensão condicional do processo por crime continuado, se a soma da pena mínima da infração mais grave com o aumento mínimo de um sexto for superior a um ano. Isso porque a Súmula 723 do STF determina a consideração do aumento de pena no crime continuado para a concessão da suspensão condicional do processo.

Alternativa "D"– errada: embora o crime de latrocínio seja considerado pelo CP crime contra o patrimônio, o STF firmou entendimento de que ele se consuma com a morte da vítima, ainda que não se tenha concretizado a subtração do bem (Súmula 610, STF).

02. (Vunesp – Juiz de Direito – SP/2014) Assinale a opção falsa. O C. Supremo Tribunal Federal, recentemente, assentou, por meio de Súmula, o seguinte entendimento:

A) A lei penal mais grave só se aplica ao crime continuado ou ao crime permanente, se a sua vigência é anterior ao início da continuidade ou da permanência.

B) É concorrente a legitimidade do ofendido, mediante queixa, e do Ministério Público, condicionada à representação do ofendido, para a ação penal por crime contra a honra de servidor público em razão do exercício de suas funções.

C) Não se admite a suspensão condicional do processo por crime continuado, se a soma da pena mínima da infração mais grave com o aumento mínimo de um sexto for superior a um ano.

D) O art. 309 do Código de Trânsito Brasileiro, que reclama decorra do fato perigo de dano, derrogou o art. 32 da Lei das Contravenções Penais no tocante à direção sem habilitação em vias terrestres.

COMENTÁRIOS

✪ **Nota do autor:** o examinador exigiu a alternativa errada.

Alternativa "A" – errada: trata-se da Súmula 711, stf: A lei penal mais grave aplica-se ao crime continuado ou ao crime permanente, se a sua vigência é anterior à **cessação** da continuidade ou da permanência.

Alternativa "B"– correta: essa é a redação da Súmula 714, STF. No caso, tanto a honra pessoa do servidor público, quanto a reputação da administração pública são atingidos, motivo pelo qual há a concorrência na legitimidade para propositura da ação penal.

Alternativa "C" – correta: trata-se da súmula 723, STF. A suspensão condicional do processo é cabível nos crimes em que a pena mínima cominada for igual ou inferior a um ano. Para o computo desse prazo, conta-se a fração prevista como aumento de pena no crime continuado.

Alternativa "D"– correta: trata-se da Súmula 720, STF. O art. 32 da LCP descreve: Dirigir, sem a devida habilitação, veículo na via pública, ou embarcação a motor em águas públicas. Com o CTB, a direção sem habilitação de veículo na via pública passou a ser crime de perigo concreto previsto no art. 309. Já a direção de embarcações a motor em águas públicas continua sendo contravenção penal.

---

03. (Vunesp – Juiz de Direito – TJ – SP/2013) O crime de dano (CP, art. 163), norma menos grave, funciona como elemento do crime de furto qualificado pelo rompimento de obstáculo à subtração da coisa (CP, art. 155, § 4.°, inciso I).

Nesta hipótese, o crime de dano é excluído pela norma mais grave, em função do princípio da

A) especialidade.

B) consunção.

C) subsidiariedade tácita ou implícita.

D) subsidiariedade expressa ou explícita.

COMENTÁRIOS

Alternativa "C" – correta: há subsidiariedade, porque a norma menos grave só incide se não é o caso de norma mais grave não incidir. Trata-se e subsidiariedade tácita ou implícita, porque não há na norma expressa que determine a prevalência do crime de furto.

Alternativas "A"– errada: pelo princípio da especialidade, há uma norma especial, com elementos típicos especializantes, que afastam a norma geral. É o que ocorre no crime de roubo em relação ao furto. Em ambos há subtração, mas, no primeiro, há a violência ou a grave ameaça, que tornam o roubo especial em relação ao furto.

Alternativa "B"– errada: pelo princípio da consunção, há um fato que é elemento imprescindível para a realização do fato principal, que o absorve. É o que ocorre no crime de homicídio que absorve a lesão corporal, pois não há morte sem lesão.

Alternativa "D"– errada: na subsidiariedade expressa, a norma penal prevê que se deixa de aplicar o tipo penal, porque há norma mais grave que se aplica no caso concreto. É o que ocorre no crime do art. 132, CP.

1.2. DO CRIME

---

04. (Vunesp – Juiz de Direito – RJ/2016) Assinale a alternativa que contém a assertiva correta no que diz respeito aos dispositivos relativos ao erro previstos no Código Penal.

A) Augustus, agride e provoca lesão corporal em Cassius, pois este segurava o pescoço de Maximus. Imaginava Augustus estar protegendo Maximus mas, por erro decorrente de sua imprudência, não percebeu que tudo se tratava de uma brincadeira. Neste caso, na responsabilização penal pelo crime de lesão corporal, Augustus deverá ter sua pena diminuída de um sexto a um terço.

B) Magnus, policial, adultera, sem autorização legal, sinal identificador de um veículo automotor a fim de que seja utilizado em investigação criminal, pois imagina, por erro evitável, que nesta hipótese sua conduta seria lícita. Na responsabilização penal pelo crime de "adulteração de sinal identificador de veículo automotor", Magnus deverá ter sua pena diminuída de um sexto a um terço.

C) Magnus, policial, adultera, sem autorização legal, sinal identificador de um veículo automotor a fim de que seja utilizado em investigação criminal, pois imagina, por erro evitável, que nesta hipótese sua conduta seria lícita. Na responsabilização penal pelo crime de "adulteração de sinal identificador de veículo automotor", Magnus deverá ser punido na modalidade culposa do delito.

D) Ticius imputa um fato definido como crime a Manassés que imaginava ser verdadeiro quando, na verdade, era falso, tendo o erro de Ticius decorrido de sua negligência. Neste caso, Ticius deverá ser responsabilizado pelo crime de calúnia na modalidade culposa.

E) Ticius imputa um fato definido como crime a Manassés que imaginava ser verdadeiro quando, na verdade, era falso, tendo o erro de Ticius decorrido de sua negligência. Neste caso, ao ser responsabilizado pelo crime de calúnia, Ticius deverá ter sua pena diminuída de um sexto a um terço.

COMENTÁRIOS

Alternativa "A" – correta: houve erro sobre ilicitude do fato, porque o agente agiu sem a potencial consciência da ilicitude, já que, erroneamente, entendeu que a sua conduta era lícita. Como se trata de erro evitável, a pena é diminuída de um sexto a um terço (art. 21, CP).

Alternativa "B" – errada: houve caso de discriminante putativa, pois Augustus imaginou situação de legítima de defesa de terceiro (art. 20, § 1º, CP). Como esse erro decorreu de culpa (imprudência), Augustus responde por lesão corporal culposa.

Alternativa "C"– errada: nesse caso, como houve erro sobre ilicitude do fato, há diminuição da pena de um sexto a um terço.

Alternativa "D"– errada: como o crime de calúnia, só admite o dolo, Tícius, ao agir com imprudência (modalidade de culpa), comete conduta atípica.

Alternativa "E"– errada: como o crime de calúnia, só admite o dolo, Tícius, ao agir com negligência (modalidade de culpa), comete conduta atípica.

---

05. (Vunesp – Juiz de Direito – RJ/2016) José adentra a um bar e pratica roubo contra dez pessoas que ali estavam presentes em dois grupos distintos de amigos, subtraindo para si objetos de valor a elas pertencentes. Nesta hipótese, segundo a jurisprudência dominante mais recente do Superior Tribunal de Justiça, José praticou

A) dois crimes de roubo em concurso material.

B) os crimes (dez crimes de roubo) em concurso formal.

C) os crimes (dez crimes de roubo) em continuidade delitiva.

D) um único crime de roubo.

E) os crimes (dez crimes de roubo) em concurso material.

COMENTÁRIOS

Alternativa "B" – correta: nessas hipóteses, o STJ tem decidido que há uma única conduta e dez resultados diferentes. De modo que há concurso formal.

Alternativas "A" e "E" – erradas: não há concurso material, porque o STJ considera que há única conduta com diversos resultados. No concurso material, há mais de uma conduta com a produção de mais de um resultado.

Alternativa "C"– errada: não há continuidade delitiva, pois, nesta, também há mais de uma conduta que, devido a condições semelhantes de local, tempo e outras condições, é considerada única, com o aumento de pena.

Alternativa "D"– errada: há mais de uma conduta que atinge o patrimônio de pessoas diversas. Logo, não se pode ter como único crime de roubo.

---

06. (Vunesp – Juiz de Direito – RJ/2016) Assinale a alternativa que indica a teoria do Direito Penal que está intimamente ligada à seguinte ideia: "a estruturação do Direito Penal não deve se basear em uma realidade ontológica, devendo ser mitigada a função do bem jurídico como pressuposto e critério norteador para a intervenção penal".

A) Clássica.

B) Garantista.

C) Funcionalista.

D) Finalista.

E) Constitucionalista.

COMENTÁRIOS

Alternativa "A" – correta: pela teoria funcionalista, desenvolvida por Roxin e Jackobs, o direito penal defende a unidade sistêmica entre direito penal e política criminal. A função do direito penal é a tutela dos bens jurídicos mais relevantes.

Alternativa "B" – errada: pela teoria clássica, há mera relação de causa e efeito, em que a tipicidade e a antijuricidade são os elementos objetivos do crime, enquanto a culpabilidade é o elemento subjetivo.

Alternativa "C" – errada: pela teoria garantista, o direito penal é meio de limitação de poder punitivo estatal com o estabelecimento de direitos e garantias fundamentais do cidadão, do que é exemplo clássico o princípio da reserva legal.

Alternativa "D" – errada: pela teoria finalista, a relevância da conduta está na finalidade do agente. O dolo e a culpa são deslocados para o tipo penal, enquanto a culpabilidade é juízo de reprovação.

Alternativa "E" – errada: pela teoria constitucionalista, a norma penal se encontra amparada em normas constitucionais. Está associada à teoria garantista do direito penal. A teoria constitucionalista e a teoria garantista não estão no mesmo grupo de classificação das teorias clássica, finalista e funcionalista.

---

07. (Vunesp – Juiz de Direito – SP/2015) No arrependimento posterior, o agente busca atenuar os efeitos da sua conduta, sendo, portanto, causa geral de diminuição de pena. Sobre esse instituto, assinale a alternativa correta.

A) Deve operar-se até o recebimento da denúncia ou queixa.

B) O dano não precisa ser reparado quando o crime foi sem violência.

C) Pode ocorrer em crime cometido com violência, desde que o agente se retrate até a sentença.

D) A grave ameaça não o tipifica.

COMENTÁRIOS

Alternativa "A" – correta: o arrependimento posterior deve ocorrer até o recebimento da denúncia ou queixa (art. 16, CP). Após esses atos processuais, ficaria demonstrado que o acusado não agiu com sinceridade, confiando em que não seria punido.

Alternativa "B"– errada: no arrependimento posterior, é necessário que haja a reparação do dano.

Alternativa "C"– errada: no arrependimento posterior, é necessário que o crime tenha sido cometido sem violência.

Alternativa "D"– errada: no arrependimento posterior, é necessário que o crime tenha sido cometido sem grave ameaça.

08. (Vunesp – Juiz de Direito – SP/2014) Para o Código Penal (art. 20, § 1.°), quando a descriminante putativa disser respeito aos pressupostos fáticos da excludente, estamos diante de:

A) Excludente de antijuridicidade.

B) Erro de tipo.

C) Erro de proibição.

D) Excludente de culpabilidade.

COMENTÁRIOS

Alternativa "B" – correta: o erro sobre os elementos fáticos das causas excludentes de ilicitude relaciona-se com o erro de tipo. O fato é atípico por falta de dolo ou culpa. O equívoco se passa na mente do agente. Imagina-se a ocorrência de uma situação real que justifica a tomada de uma atitude drástica para debelar a suposta agressão ao bem jurídico.

Alternativa "A"– errada: na excludente de antijuricidade, o fato é típico, pois o agente age com dolo ou culpa, mas a conduta é considerada lícita, como ocorre na legítima defesa.

Alternativa "C"– errada: no erro de proibição, o engano não recai sobre circunstâncias fáticas, mas sobre a existência ou extensão da causa excludente de ilicitude.

Alternativa "D"– errada: na exclusão de culpabilidade, o fato é típico e antijurídico, mas não punível, como ocorre no caso de inimputabilidade.

09. (Vunesp – Juiz de Direito – SP/2014) No tocante à relação de causalidade no crime (art. 13, Código Penal), analise as seguintes assertivas e escolha a opção que contenha afirmação falsa:

A) A superveniência de causa relativamente independente, que, por si só, produz o resultado, exclui a imputação original, mas os fatos anteriores são imputados a quem os praticou.

B) A relação de causalidade relevante para o Direito Penal é a que é previsível ao agente. A cadeia causal, aparentemente infinita sob a ótica naturalística, é limitada pelo dolo ou pela culpa do agente.

C) As concausas absolutamente independentes excluem a causalidade da conduta.

D) A relação de causalidade tem relevância nos crimes materiais ou de resultado e nos formais ou de mera conduta.

COMENTÁRIOS

✪ **Nota do autor:** o examinador exigiu a alternativa errada.

Alternativa "D" – errada: apenas nos crimes materiais é que há produção de resultado naturalístico, como ocorre no caso de morte no homicídio, que deve ter relação de causalidade com a conduta do agente. Nos crimes formais o tipo penal se consuma apenas com a conduta, mesmo que não haja resultado naturalístico, enquanto que no de mera conduta o tipo penal sequer descreve resultado. Assim, como não se exige resultado naturalístico, nos crimes formal e de mero conduta, não se exige relação de causalidade.

Alternativa "A"– correta: trata-se do disposto do art. 13, § 1º, CP, que, adotou a teoria da causalidade adequada. Há uma relação inicial do agente com o resultado, mas a causa superveniente é que, por si só, deu causa ao resultado. Exemplo: A atira em B que ainda vivo é socorrido por ambulância. No caminho ao hospital, a ambulância sofre acidente, quando B more. No caso, A responde por tentativa de homicídio, pois a morte foi causada pelo acidente.

Alternativa "B"– correta: no Brasil, a responsabilidade penal é subjetiva, ou seja, só responde pelo ilícito penal aquele que agir com dolo ou culpa, que deve abranger todos os elementos do tipo penal, entre os quais a relação de causalidade.

Alternativa "C"– correta: nas causas absolutamente independentes, a conduta do agente não tem qualquer relação com o resultado. É o caso de A atira em B, mas este havia se envenenado anteriormente, apurando-se que o veneno foi a causa única da morte.

10. (Vunesp – Juiz de Direito – RJ/2014) Imagine que João e Pedro, ambos enfermeiros, são desafetos de longa data. Em determinado dia em que João estava concentrado, aplicando uma injeção em um paciente de nome José, Pedro aproxima-se sorrateiramente e desfere facada contra João, com o fim de provocar lesão. Posteriormente, descobre-se que João, no momento em que recebeu o golpe desferido por

Pedro, estava inoculando em José poderoso veneno, intencionalmente, a fim de matá-lo – posto que fora "contratado" por familiares de José para tirar-lhe a vida. A ação criminosa de João foi interrompida pelo golpe de Pedro. Em suma: sem saber que José estava a sofrer atentado contra a vida, Pedro acabou salvando-o e, ao mesmo tempo, executou seu plano de ofender a integridade física de João, que sofreu lesão leve. Diante dessa hipótese, é correto afirmar que

A) à luz estritamente do quanto determina o texto do CP, não se exige prévia ciência da situação de risco do direito para que se considere a ação de Pedro praticada em legítima defesa, com o que ficaria afastada a ilicitude de sua conduta.

B) Pedro atuou circunstanciado por erro acerca de causa de justificação, em defesa putativa de bem jurídico de terceiro, com o que deve ser aplicada a pena do crime culposo de lesão corporal.

C) a doutrina historicamente divergiu acerca da necessidade do animus defendendi na legítima defesa, mas hoje a questão está pacificada, no sentido de se exigi-lo, com o que a ação de Pedro estaria acobertada pela legítima defesa.

D) a corrente doutrinária que defende a desnecessidade de animus defendendi para a caracterização da legítima defesa foi expressamente adotada pelo texto que reformou a parte Geral do CP em 1984, com o que é considerada ilícita a conduta de Pedro.

COMENTÁRIOS

Alternativa "A" – correta: o art. 25, CP, não traz explicitamente a necessidade de elemento subjetivo na legítima defesa. Por isso, sua interpretação literal só traz elementos objetivos. Desse modo, Pedro agiu em legítima defesa de terceiro, de acordo com essa visa estrita do art. 25, CP.

Alternativa "B" – errada: o erro quanto a causa de justificação afasta a culpabilidade, porque não há potencial consciência da ilicitude na conduta do agente. No caso, houve legítima defesa de terceiro que afasta a ilicitude da conduta e, portanto, não há que se falar em crime.

Alternativa "C" – errada: na legítima defesa própria, segundo Guilherme Nucci, é imprescindível o *animus defendi*. Há ainda entendimento em sentido diverso, pois o elemento subjetivo não é expressamente exigido pelo art. 25, CP. Se prevalecer o entendimento de que é preciso o elemento subjetivo, Pedro não estaria acobertado pela legítima defesa.

Alternativa "D" – errada: o art. 25, CP, não excluiu expressamente a desnecessidade de *animus defendi*. Tanto é assim que Nucci entende que o elemento subjetivo é indispensável para caracterização de legítima defesa.

11. (Vunesp – Juiz de Direito – RJ/2014) Maria, 22 anos, aos 7 meses de gestação decide praticar um aborto em si mesma. Para tanto, pede e obtém auxílio de sua irmã Ana, 24 anos, que adquire medicamento abortivo. Sem muita coragem, mas mantendo seu propósito inicial, Maria pede a Ana que lhe administre a substância, de forma endovenosa, o que é feito. Quando se inicia a expulsão do feto, ambas arrependem-se da prática, e procuram um serviço médico em busca de auxílio. O feto é expulso no hospital, mas em virtude do seu já adiantado estado de desenvolvimento, sobrevive sem sequelas. Maria, em razão da ação do medicamento abortivo, sofre uma histerectomia. Diante desse quadro, Maria

A) responderá por aborto tentado (tentativa imperfeita) em concurso com Ana.

B) não será punida, em virtude do arrependimento eficaz, e Ana será punida por lesão corporal gravíssima (perda de função reprodutiva).

C) será punida por auto-aborto, e Ana, por provocar aborto com consentimento de terceiro, mas ambas na modalidade tentada (tentativa imperfeita).

D) e Ana não serão punidas, em virtude do arrependimento posterior.

COMENTÁRIOS

Alternativa "B" – correta: houve arrependimento eficaz (art. 15, CP), porque as autoras esgotaram os atos executórios, ao ministrar o medicamento abortivo, mas tomaram condutas que evitaram o resultado inicialmente pretendido, a morte do feto. Respondem elas pelos atos já praticados. O resultado penalmente relevante é a histerectomia (remoção do útero). Maria não responde pelo crime de lesão corporal gravíssima, porque não se pune a autolesão. Já Ana responde pelo crime de lesão corporal gravíssima (art. 129, § 2º, III, CP), pois de sua conduta resultou a perda da função reprodutiva de Maria.

Alternativa "A" – errada: na tentativa, o resultado, no caso, a morte do feto, não advém por conta de circunstâncias alheias à vontade do autor do fato (art. 14, II, CP). No caso em tela, o resultado não se consumou por vontade das autoras do fato.

Alternativa "C" – errada: se o crime se consumasse, ambas responderiam pelo crime de aborto provocado pela gestante ou com seu consentimento (art. 124, CP). Mas, não respondem por esse crime por causa do arrependimento eficaz.

Alternativa "D" – errada: houve arrependimento eficaz. No arrependimento posterior, o agente repara o dano que se consumou, mas um dos requisitos é que não tenha havido violência ou grave ameaça (art. 16, CP).

12. (Vunesp – Juiz de Direito – SP/2014) Analise as seguintes situações:

I. Quando, por erro no uso dos meios de execução, o agente, ao invés de atingir a pessoa que pretendia ofender, atinge pessoa diversa, responde como se tivesse praticado o crime contra aquela, levando-se em consideração as qualidades da vítima que almejava. No caso de ser também atingida a pessoa que o agente pretendia ofender, aplica-se a regra do concurso formal.

II. Há representação equivocada da realidade, pois o agente acredita tratar-se a vítima de outra pessoa. Trata-se de vício de elemento psicológico da ação. Não isenta de pena e se consideram as condições ou qualidades da pessoa contra quem o agente queria praticar o crime.

III. Trata-se de desvio do crime, ou seja, do objeto jurídico do delito. O agente, objetivando um determinado resultado, termina atingindo resultado diverso do pretendido. O agente responde pelo resultado diverso do pretendido somente por culpa, se for previsto como delito culposo. Quando o agente alcançar o resultado almejado e também resultado diverso do pretendido, responderá pela regra do concurso formal.

Tais ocorrências configuram, respectivamente:

A) error in persona; aberratio ictus; aberratio criminis.

B) aberratio ictus; aberratio criminis; error in persona.

C) aberratio ictus; error in persona; aberratio criminis.

D) aberratio criminis; error in persona; aberratio ictus.

COMENTÁRIOS

Alternativa "C" – correta: a sequência é aberratio ictus; error in persona e aberratio criminis.

Aberratio ictus	É o erro quanto à execução: A visa atingir B, mas erra o tiro e atinge C. Responde por homicídio, levando-se em consideração as circunstâncias pessoais de B. Se acertar B e C, com uma conduta produz dois resultados, motivo pelo qual há concurso formal de crimes.
Error in persona	Erro contra a pessoa: D atira em E, imaginando que seja F. O erro é psicológico. É a reprodução equivocada da realidade. Leva-se em consideração as condições pessoais de F.
Aberratio criminis	Trata-se de hipótese onde o agente acaba por atingir resultado diverso do pretendido, neste caso, o agente quer atingir uma pessoa e atinge uma coisa, observem que há desvio no crime, há erro no crime, o indivíduo pretendia produzir uma lesão corporal, por exemplo, e acaba causando dano

13. (Vunesp – Juiz de Direito – TJ – SP/2013) A foi processado como incurso no artigo 217A, § 1.°, do Código Penal (estupro de vulnerável), por ter tido conjunção carnal com pessoa de 19 anos, portadora de deficiência mental.

Finda a instrução, resultou provado que o réu atuou em erro sobre a vulnerabilidade da ofendida, decorrente da deficiência mental, cuja circunstância desconhecia.

Considerada a hipótese, o Juiz deve

A) absolver o réu, com fundamento em causa de exclusão da antijuridicidade.

B) absolver o réu, com fundamento em causa de exclusão da tipicidade.

C) absolver o réu, com fundamento em causa de exclusão da culpabilidade.

D) condenar o réu pelo crime de estupro, na forma simples.

COMENTÁRIOS

Alternativa "B" – correta: houve erro sobre elemento do tipo penal, ou seja, a vulnerabilidade da vítima em decorrência de deficiência mental. Com isso, nos termos do art. 20, CP, afasta-se o dolo, que é elemento do tipo penal. Logo, a conduta é atípica, pois não há estupro, em qualquer de suas modalidades, que seja culposo.

Alternativa "A" – errada: o erro recai sobre elemento do tipo penal, logo a conduta é atípica. Não se faz juízo de licitude ou antijuricidade.

Alternativa "C"– errada: o erro recai sobre elemento do tipo penal, logo a conduta é atípica. Não se faz juízo de culpabilidade.

Alternativa "D"– errada: não há estupro simples, porque não houve violência ou grave ameaça para constranger a vítima a ato libidinoso.

14. (Vunesp – Juiz de Direito – TJ – SP/2013) Conforme o disposto no artigo 14, parágrafo único, do Código Penal, "Salvo disposição em contrário, pune-se a tentativa com a pena correspondente ao crime consumado, diminuída de um a dois terços".

O critério de diminuição da pena levará em consideração

A) a motivação do crime.

B) a intensidade do dolo.

C) o *iter criminis* percorrido pelo agente.

D) a periculosidade do agente.

COMENTÁRIOS

Alternativa "C" – correta: na tentativa, quanto mais se aproxima o agente da consumação menor será a diminuição da pena. Assim, na tentativa de homicídio em que o agente erra todos os tiros a diminuição da pena será maior do que naquela em que ele atinge a vítima, que não morre por circunstância alheia à sua vontade.

Alternativas "A" e "B" - erradas: a tentativa está relacionado a fatores objetivos, ou seja, as fases do *iter criminis*, não à motivação do agente ou ao dolo.

Alternativa "D"- errada: a periculosidade do agente se refere inimputabilidade decorrente de doença mental.

---

15. (Vunesp - Juiz de Direito - TJ - SP/2013) Há crime em que a tentativa é punida com a mesma pena do crime consumado, sem a diminuição legal. Exemplo: art. 309 do Código Eleitoral ("votar ou tentar votar, mais de uma vez, ou em lugar de outrem").

Recebe, em doutrina, a denominação de

A) crime consunto.

B) crime de conduta mista.

C) crime de atentado ou de empreendimento.

D) crime multitudinário.

COMENTÁRIOS

Alternativa "C" - correta: em regra, a tentativa é punida com pena do crime consumado, reduzida de um a dois terços. Mas, há exceções, em que a pena do crime tentado é a mesma do crime consumado. Esses crimes são chamados de crime de atentado ou de empreendimento. É o caso do art. 352, CP.

Alternativas "A"- errada: crime consunto é o crime meio que é absorvido pelo crime fim, na aplicação do princípio da consunção (absorção) para resolução do confllto aparente normas.

Alternativa "B"- errada: crime de conduta mista: o tipo penal é composto de duas fases distintas, uma inicial positiva e outra final, omissiva. Ex: apropriação de coisa achada e omissão em devolvê-la (CP, art. 169, parágrafo único, inciso II).

Alternativa "D"- errada: crime multidudinário: aquele praticado por multidões inflamadas pelo ódio, pela cólera, pelo desespero (Aníbal Bruno).

---

16. (Vunesp - Juiz de Direito - TJ - SP/2013) Quando a descrição legal do tipo penal contém o dissenso, expresso ou implícito, como elemento específico, o consentimento do ofendido funciona como causa de exclusão da

A) antijuridicidade formal.

B) tipicidade.

C) antijuridicidade material.

D) punibilidade do fato.

COMENTÁRIOS

Alternativa "B" - correta: como no crime de estupro, o consentimento da vítima exclui o crime, porque a conduta deixa de ser típica. O consentimento é elemento do tipo penal e, portanto, se refere à tipicidade.

Alternativas "A"- errada: antijuricidade formal é a mera contrariedade do fato ao ordenamento legal (ilícito), sem qualquer preocupação quanto à efetiva perniciosidade social da conduta. O consentimento, no caso do problema, se refere ao tipo penal, não à ilicitude da conduta.

Alternativa "C"- errada: antijuricidade material é a contrariedade do fato em relação ao sentimento comum de justiça (injusto). O comportamento afronta o que o homem médio tem por justo, correto. O consentimento, no caso do problema, se refere ao tipo penal, não à ilicitude da conduta.

Alternativa "D"- errada: punibilidade é a possibilidade jurídica de o Estado impor a pena. O consentimento do ofendido à punibilidade é indiferente, pois se trata de prerrogativa do Estado, salvo em casos específicos de ação penal privada e ação penal pública condicionada à representação nos casos de renúncia ou perdão do ofendido.

1.3. DAS PENAS

---

17. (Vunesp - Juiz de Direito - TJ SP/2017) No tocante às penas privativas de liberdade, é correto afirmar que

A) o condenado por crime hediondo ou assemelhado, independentemente da data de cometimento da infração, só poderá obter a progressão de regime após o cumprimento de 2/5 (dois quintos) da pena, se primário, admitindo-se a determinação de exame criminológico, desde que em decisão motivada.

B) o benefício de saída temporária no âmbito da execução penal, cabível para os condenados que cumprem pena em regime fechado ou semiaberto, é ato jurisdicional insuscetível de delegação à autoridade administrativa do estabelecimento prisional.

C) o reconhecimento de falta grave decorrente do cometimento de fato definido como crime doloso no cumprimento da pena prescinde do trânsito em julgado da sentença penal condenatória no processo penal instaurado para apuração do fato e interrompe a contagem do prazo para a progressão de regime, o qual se reinicia a partir da decisão judicial que identificar a infração.

D) é admissível a adoção do regime prisional fechado aos reincidentes condenados a pena igual ou inferior a 4 (quatro) anos de reclusão, se desfavoráveis as circunstâncias judiciais, bem como vedado o estabelecimento de regime prisional mais gravoso do que o cabível em razão da sanção imposta, com base apenas na gravidade abstrata do delito, se fixada a pena-base no mínimo legal.

COMENTÁRIOS

Alternativa "D" - correta: na fixação do regime inicial de cumprimento de pena, deve-se levar em conta o *quantum* de pena, a reincidência e as circunstâncias judiciais do art. 59, CP. Assim, admite-se a imposição de regime fechado a condenado a pena igual ou inferior a quatro anos, se for reincidente e as circunstâncias judiciais forem desfavoráveis. A jurisprudência é firme no sentido de que não se admite imposição de regime de bens mais gravoso somente com fundamento na gravidade abstrata do crime.

Alternativa "A"- errada: o condenado por crime hediondo ou assemelhado só poderá obter a progressão de regime após o cumprimento de **2/5 (dois quintos)** da pena, se primário, admitindo-se a determinação de exame criminológico, desde que em decisão motivada, se o crime for cometido após a Lei nº 11.464/2007, mais gravosa que a LEP.

Alternativa "B"- errada: o benefício de saída temporária no âmbito da execução penal, cabível para os condenados que cumprem pena em regime **semiaberto**, é ato jurisdicional insuscetível de delegação à autoridade administrativa do estabelecimento prisional. A autorização para saída temporária será concedida por ato motivado do **Juiz** da execução, devendo este ouvir antes o Ministério Público e a administração penitenciária, que irão dizer se concordam ou não com o benefício.

Alternativa "C"- errada: o reconhecimento de falta grave decorrente do cometimento de fato definido como crime doloso no cumprimento da pena prescinde do trânsito em julgado da sentença penal condenatória no processo penal instaurado para apuração do fato, **mas não** interrompe a contagem do prazo para a progressão de regime, segundo a jurisprudência do STJ, por falta de previsão legal.

---

18. (Vunesp - Juiz de Direito - TJ SP/2017) Quanto ao concurso de crimes, é correto afirmar:

A) há concurso formal próprio quando o agente, mediante uma só ação ou omissão, pratica dois ou mais crimes, idênticos ou não, aplicando-se a mais grave das penas cabíveis ou, se iguais, somente uma delas, mas aumentada, em qualquer caso, de um sexto a dois terços, considerado o número de infrações cometidas.

B) há concurso formal impróprio ou imperfeito quando a ação ou omissão, dolosa ou culposa, resultar de desígnios autônomos, hipótese em que a pena será aplicada pela regra do concurso material.

C) nos crimes dolosos, cometidos com violência ou grave ameaça contra a mesma vítima, poderá o juiz, considerando a culpabilidade, os antecedentes, a conduta social e a personalidade do agente, bem como os motivos e as circunstâncias, aumentar a pena de um só dos crimes, se idênticas, ou a mais grave, se diversas, até o triplo.

D) no crime continuado comum, aplica-se a pena de um só dos crimes, se idênticas, ou a mais grave, se diversas, aumentada, em qualquer caso, de um sexto a dois terços, considerado o número de infrações cometidas, incidindo a extinção da punibilidade sobre a pena de cada uma, isoladamente.

COMENTÁRIOS

Alternativa "A" - correta: no crime continuado, por ficção legal, os vários crimes praticados são considerados um só, aumentando-se a pena do mais grave dos crimes de um sexto a dois terços, de acordo com o número de crimes praticados. Mas, para fins de extinção de punibilidade, os crimes são considerados isoladamente.

Alternativa "D"- errada: há concurso formal próprio quando o agente, mediante uma só ação ou omissão, pratica dois ou mais crimes, idênticos ou não, aplicando-se a mais grave das penas cabíveis ou, se iguais, somente uma delas, mas aumentada, em qualquer caso, **de um sexto até metade**, considerado o número de infrações cometidas

Alternativa "B"- errada: há concurso formal impróprio ou imperfeito quando a ação ou omissão, **dolosa**, resultar de desígnios autônomos, hipótese em que a pena será aplicada pela regra do concurso material.

Alternativa "C"- errada: em se tratando de crime continuado, nos crimes dolosos, contra vítimas diferentes, cometidos com violência ou grave ameaça à pessoa, poderá o juiz, considerando a culpabilidade, os antecedentes, a conduta social e a personalidade do agente, bem como os motivos e as circunstâncias, aumentar a pena de um só dos crimes, se idênticas, ou a mais grave, se diversas, até o triplo.

---

19. (Vunesp - Juiz de Direito - TJ SP/2017) No que concerne às penas restritivas de direitos, é correto afirmar que

A) a prestação pecuniária consiste no pagamento à vítima, a seus dependentes ou a entidade pública ou privada com destinação social, de importância não inferior a 10 (dez) nem superior a 360 (trezentos e sessenta) dias-multa.

B) a interdição temporária de direitos, nos crimes ambientais, pode consistir em proibição de participar de licitações, pelo prazo de 5 (cinco) anos, no caso de crimes dolosos, e de 3 (três) anos, no de crimes culposos.

C) são autônomas e substituem as privativas de liberdade quando, entre outros requisitos legais, o réu não for reincidente em crime doloso, a culpabilidade, os antecedentes, a conduta social e personalidade do agente, bem como os motivos e circunstâncias autorizarem a concessão do benefício, e não for indicada ou cabível a suspensão condicional da pena.

D) a prestação de serviços à comunidade ou a entidades públicas é aplicável a qualquer condenação a privação de liberdade, facultado ao condenado cumprir a pena em menor tempo, nunca inferior à metade da sanção corporal imposta.

COMENTÁRIOS

Alternativa "B" - correta: o art. 10 da Lei nº 9.605/1998, estabelece que as penas de interdição temporária de direito são a proibição de o condenado contratar com o Poder Público, de receber incentivos fiscais ou quaisquer outros benefícios, bem como de participar de licitações, pelo prazo de cinco anos, no caso de crimes dolosos, e de três anos, no de crimes culposos.

Alternativa "A"- errada: A prestação pecuniária consiste no pagamento em dinheiro à vítima, a seus dependentes ou a entidade pública ou privada com destinação social, de importância fixada pelo juiz, não inferior a 1 (um) salário mínimo nem superior a 360 (trezentos e sessenta) salários mínimos. O valor pago será deduzido do montante de eventual condenação em ação de reparação civil, se coincidentes os beneficiários (art. 45, § 1º, CP).

Alternativa "C"- errada: as penas restritivas de direitos são autônomas e substituem as privativas de liberdade quando, entre outros requisitos legais, o réu não for reincidente em crime doloso, a culpabilidade, os antecedentes, a conduta social e personalidade do agente, bem como os motivos e circunstâncias autorizarem a concessão do benefício. Não é condição de aplicação de pena restritiva de direitos a indicação ou cabimento da suspensão condicional da pena.

Alternativa "D"- errada: A prestação de serviços à comunidade ou a entidades públicas é aplicável às condenações superiores a seis meses de privação da liberdade (art. 46, CP), além do requisito geral de pena ser não superior a quatro anos, se o crime for doloso. Se a pena substituída for superior a um ano, é facultado ao condenado cumprir a pena substitutiva em menor tempo, nunca inferior à metade da pena privativa de liberdade fixada.

20. (Vunesp - Juiz de Direito - TJ SP/2017) Na aplicação da pena,

A) é vedada a utilização de inquéritos policiais e ações penais em curso para agravar a pena-base, configurando-se, porém, a má antecedência se o acusado ostentar condenação por crime anterior, transitada em julgado após o novo fato.

B) a incidência de circunstância atenuante não pode conduzir à redução da pena abaixo do mínimo legal, a não ser que utilizada a confissão para a formação do convencimento do julgador, hipótese em que o réu fará jus à diminuição, ainda que aquém do piso.

C) o desconhecimento da lei constitui circunstância atenuante, podendo ainda a pena ser atenuada em razão de fato relevante, embora não previsto em lei, desde que necessariamente anterior ao crime.

D) a reincidência não pode ser considerada como circunstância agravante e, simultaneamente, como circunstância judicial, não prevalecendo a condenação anterior, contudo, se entre a data do trânsito em julgado para a acusação da condenação anterior e a infração posterior tiver decorrido período de tempo superior a 5 (cinco) anos.

COMENTÁRIOS

Alternativa "A" - correta: o princípio da presunção de inocência veda a simples existência de inquéritos policiais ou ações penais sem o trânsito em julgado de sentença penal condenatória como má antecedente. Já a condenação anterior, que não pode ser considerada reincidência, pode ser considerada mau antecedente.

Alternativa "B"- errada: qualquer que seja a circunstância atenuante, a ser considerada na segunda fase de aplicação da pena, não autoriza que a pena seja fixada abaixo do mínimo legal.

Alternativa "C"- errada: o desconhecimento da lei constitui circunstância atenuante (art. 65, II, CP), podendo ainda a pena ser atenuada em razão de fato relevante, embora não previsto em lei, seja o fato anterior ou posterior ao crime(art. 66, CP).

Alternativa "D"- errada: a reincidência não pode ser considerada como circunstância agravante e, simultaneamente, como circunstância judicial, sob pena de indevido *bis in idem*. Mas para efeito de reincidência não prevalece a condenação anterior, se entre a data do cumprimento ou extinção da pena e a infração posterior tiver decorrido período de tempo superior a 5 (cinco) anos, computado o período de prova da suspensão ou do livramento condicional, se não ocorrer revogação.

21. (Vunesp – Juiz de Direito – SP/2014) Assinale a opção falsa. O C. Superior Tribunal de Justiça, recentemente, assentou, por meio de Súmula, o seguinte entendimento:

A) A aplicação da causa de diminuição de pena prevista no art. 33, § 4.°, da lei n.° 11.343/2006 não afasta a hediondez do crime de tráfico de drogas.

B) A falta grave interrompe o prazo para obtenção de livramento condicional.

C) É inadmissível a fixação de pena substitutiva (art. 44 do Código Penal) como condição especial ao regime aberto.

D) A configuração do crime do art. 244-B do Estatuto da Criança e do Adolescente independe da prova da efetiva corrupção do menor, por se tratar de delito formal.

COMENTÁRIOS

✪ **Nota do autor:** o examinador exigiu a alternativa errada.

Alternativa "B" – errada: a Súmula 441, STJ, entende que a falta grave não interrompe o prazo para obtenção do livramento condicional. Isso porque, de acordo com o STJ, não há previsão legal nesse sentido.

Alternativa "A"– correta: tratava-se da redação da Súmula 512 do STJ, que foi cancelada depois de o STF firmar o entendimento de que o chamado tráfico privilegiado é incompatível com as consequências penais do crime hediondo.

Alternativa "C"– correta: trata-se da Súmula 493, STJ. Veda a cumulação de penas restritivas de direitos na fixação do regime aberto, pois aquelas são autônomas e não há previsão em lei nesse sentido.

Alternativa "D"– correta: trata-se de Súmula 500, STJ. No mesmo sentido que o STF, o STJ firmou entendimento que esse crime é formal, bastando a participação do menor no crime praticado por imputável, ainda que a criança ou adolescente não tenha se corrompido ou já fosse corrompido.

1.4. DA MEDIDA DE SEGURANÇA

22. (Vunesp – Juiz de Direito – SP/2014) Assinale a opção que contenha assertiva verdadeira no tocante às Medidas de Segurança:

A) A prescrição de medida de segurança deve ser calculada pelo máximo da pena cominada ao delito atribuído ao agente, interrompendo-se-lhe o prazo com o início do seu cumprimento.

B) Perigoso o agente, ainda que extinta sua punibilidade, é possível a aplicação de medida de segurança, subsistindo a que tenha sido imposta.

C) A medida de segurança deve perdurar enquanto não cessada a periculosidade do agente, não sendo cabível, na espécie, a limitação do período máximo de trinta anos, prevista no art. 75 do Código Penal.

D) A regra da detração da prisão provisória em relação à medida de segurança se justifica para o fim de ser levantada a medida e não para desconto do tempo para a realização do exame de averiguação de periculosidade ao termo do prazo mínimo.

COMENTÁRIOS

Alternativa "A" - correta: o CP não traz explicitamente o prazo prescricional das medidas de segurança. O STJ firmou entendimento que o prazo deve ser calculado de acordo com o máximo da pena prevista em abstrato ao delito. Não se pode ter sanção penal imprescritível, salvo nas exceções constitucionais, como o crime de racismo.

Alternativa "B"– errada: extinta a punibilidade, não há possibilidade jurídica para aplicação de medida de segurança, ainda que presente a periculosidade do agente.

Alternativa "C"– errada: o STF firmou entendimento de que a medida de segurança, enquanto sanção penal, não pode ultrapassar o prazo máximo de trinta anos, limite constitucional.

Alternativa "D"– errada: a detração penal, que é o desconto do tempo que a pessoa permanecer presa preventivamente, também se aplica à medida de segurança.

1.5. DA EXTINÇÃO DA PUNIBILIDADE

23. (Vunesp – Juiz de Direito – TJ SP/2017) A chamada prescrição retroativa

A) é regulada pelo máximo da pena privativa de liberdade cominada ao crime.

B) não pode ter por termo inicial data anterior à publicação da sentença condenatória recorrível.

C) acarreta o acréscimo de um terço no lapso prescricional em se tratando de acusado reincidente.

D) não marca os antecedentes do acusado, nem gera futura reincidência.

COMENTÁRIOS

Alternativa "D" – correta: a prescrição retroativa extingue a pretensão punitiva estatal, não se tendo o trânsito em julgado de sentença penal condenatória para a defesa, motivo pelo qual não gera maus antecedentes e reincidência do acusado.

Alternativa "A"– errada: é regulada pela pena em concreto estabelecida na sentença penal condenatória, transitada em julgado para a acusação.

Alternativa "B"- errada: não pode ter por termo inicial data anterior à da denúncia ou da queixa-crime (art. 110, parágrafo único, CP).

Alternativa "C"- errada: a reincidência não influi no cálculo da prescrição da pretensão punitiva, como é o caso da prescrição retroativa. Há influência apenas no caso de prescrição executória, cujo prazo é aumentado de um terço (art. 110, CP)

---

24. (Vunesp - Juiz de Direito - SP/2015) Em matéria de ação penal, a decadência apresenta diferentes efeitos. Sobre isso, é correto afirmar que

A) na ação privada, atinge o direito de o ofendido representar, e este não pode mais agir.

B) sendo ação penal privada, ataca imediatamente o direito de agir do ofendido, e o Estado perde a pretensão punitiva.

C) na ação penal pública condicionada à representação, impede que a vítima apresente queixa-crime.

D) condiciona o agir do Ministério Público à condição de procedibilidade do ofendido em face do ofensor.

COMENTÁRIOS

Alternativa "B" - correta: na ação penal privada, ocorrendo a decadência, o ofendido não pode mais iniciar a ação penal por meio da queixa-crime. Sem ação penal, o Estado não pode exercer a pretensão punitiva.

Alternativa "A"- errada: na ação penal privada, ocorrendo a decadência, o ofendido não pode mais iniciar a ação penal por meio da queixa-crime

Alternativa "C"- errada: a representação é condição especial da ação penal pública condicionada. Se há a decadência nesse tipo de ação penal, não pode mais o ofendido representar para que o Ministério Público ofereça a denúncia.

Alternativa "D"- errada: quando o ofendido tem legitimidade para mover a ação penal em face do ofensor, tem-se a ação penal privada, da qual o MP não tem legitimidade.

---

25. (Vunesp - Juiz de Direito - SP/2015) Segundo a jurisprudência consolidada do Superior Tribunal de Justiça, assinale a alternativa correta.

A) É admissível aplicar, no furto qualificado, pelo concurso de agentes, a majorante de roubo.

B) O tempo de duração da medida de segurança pode ultrapassar o máximo da pena abstratamente comi- nada ao delito praticado.

C) A conduta de atribuir-se falsa identidade perante autoridade policial é atípica, ainda que em situação de alegada autodefesa.

D) É inadmissível a extinção da punibilidade pela prescrição da pretensão punitiva com fundamento em pena hipotética, independentemente da existência ou sorte do processo penal.

COMENTÁRIOS

Alternativa "D" - correta: o STJ editou a Súmula 438 que proíbe o reconhecimento da chamada prescrição virtual. Isso porque, por falta de previsão legal, não se pode declarar extinta a punibilidade se a projeção é que, no fim do processo, condenado o réu à pena mínima a pena estará prescrita.

Alternativa "A"- errada: É inadmissível aplicar, no furto qualificado, pelo concurso de agentes, a majorante de roubo. Trata-se da Súmula 442 do STJ. A norma penal incriminadora tipifica o quantum do crime de furto qualificado pelo concurso de agentes (2 a 8 anos), inexistindo razão para que se aplique, por analogia, a previsão da majorante do roubo em igual condição (artigo 157, parágrafo 2º, inciso II, do CP).

Alternativa "B"- errada: O tempo de duração da medida de segurança não pode ultrapassar o máximo da pena abstratamente cominada ao delito praticado. Isso porque a CF veda a imposição de sanção penal perpétua. Assim, como a lei não prevê duração máxima da medida de segurança, o STJ entendeu que se deve ter por baliza o tempo de pena privativa de liberdade previsto em abstrato.

Alternativa "C"- errada: o STJ firmou entendimento de que a conduta de atribuir-se falsa identidade perante autoridade policial é configura o crime do art. 307, CP, ainda que em situação de alegada autodefesa, já que está se refere aos fatos imputados ao agente, não a sua qualificação.

---

26. (Vunesp - Juiz de Direito - SP/2014) Analise estes conceitos atinentes à prescrição penal:

I. É a perda do direito de punir do Estado, considerada a pena concreta com trânsito em julgado para a acusação, levando-se em conta prazo anterior à sentença.

II. É a perda do direito de punir do Estado, levando-se em conta a pena concreta, com trânsito em julgado para a acusação, ou improvido seu recurso, cujo lapso temporal inicia-se na data da sentença e segue até o trânsito em julgado para a defesa.

III. É a perda do direito de aplicar efetivamente a pena concreta e definitiva, com o lapso temporal entre o trânsito em julgado da sentença condenatória para a acusação e o início do cumprimento da pena ou a ocorrência de reincidência.

Agora, escolha a opção que indique, respectivamente, as modalidades de prescrição acima descritas:

A) retroativa; intercorrente ou superveniente; da pretensão executória.

B) intercorrente ou superveniente; retroativa; da pretensão executória.

C) da pretensão executória; intercorrente ou superveniente; retroativa.

D) retroativa; da pretensão executória; intercorrente ou superveniente.

COMENTÁRIOS

Alternativa "A" – correta: a ordem correta é: prescrição retroativa; intercorrente ou superveniente; da pretensão executória.

Prescrição retroativa	Na prescrição retroativa, consideram-se os marcos interruptivos da prescrição anteriores à sentença, mas não pode ser antes da data anterior à denúncia ou queixa. Assim, se o prazo prescricional de acordo com a pena concreta é de dois anos. Conta-se entre a sentença e o recebimento da denúncia (retroativa), se houve prazo maior que dois, o que acarretaria a prescrição.
Prescrição intercorrente ou superveniente	Ocorre no lapso de tempo entre a sentença e o trânsito em julgado da decisão para a defesa. Assim, se o MP não interpõe recurso, a defesa recorre contra a sentença, a prescrição ocorre se a apelação defensiva não for julgada dentro do prazo prescricional, estabelecido de acordo com a pena em concreto.
Pretensão da pretensão executória	Refere-se à pretensão executória do Estado. Calcula-se com base na pena em concreto e ocorre entre o trânsito em julgado para a acusação e o início da execução da pena ou da reincidência.

27. (Vunesp – Juiz de Direito – RJ/2014) Márcio e Rodrigo, vizinhos, divulgaram comunicado no condomínio onde residem, em que narram que a síndica, Tatiana, apropriou-se de valores em detrimento dos condôminos. Estão sendo processados por Tatiana, em ação penal privada, pelo crime de calúnia. No curso do processo e antes da sentença de primeiro grau, Márcio e Tatiana ficam noivos. Diante da notícia desse fato no processo, trazida pelo Ministério Público, o Juiz deve considerar que

A) o fato comunicado não traz qualquer consequência à punibilidade dos querelados e deve dar seguimento ao processo.

B) Márcio foi perdoado, estendendo tal benesse a Rodrigo, e deve intimá-los para que aceitem ou não o perdão.

C) Márcio foi perdoado, extinguindo imediatamente sua punibilidade e deve intimar Rodrigo para que aceite ou não o perdão.

D) Márcio foi perdoado, estendendo tal benesse a Rodrigo, e deve, imediatamente, extinguir a punibilidade de ambos.

COMENTÁRIOS

Alternativa "B" – correta: o perdão pode ser expresso ou tácito. Nesta hipótese, o ofendido toma conduta incompatível com a vontade de ver o agente punido. É o que ocorre no caso em tela, o noivado é incompatível com a vontade de punir. Ocorre que o perdão é bilateral e, portanto, depende de aceitação do autor do fato criminoso. E por fim aproveita a todos os querelados (art. 106, CP).

Alternativa "A" – errada: houve perdão tácito, que, uma vez aceito, acarreta a extinção da punibilidade dos querelados.

Alternativa "C" – errada: tanto Márcio, quanto Rodrigo devem expressar que aceitam o perdão concedido pela vítima.

Alternativa "D" – errada: a bilateralidade é marca do perdão do ofendido, assim, devem os querelados manifestar expressamente que aceitam o perdão a eles concedidos.

2. PARTE ESPECIAL

2.1. CRIMES CONTRA A PESSOA

28. (Vunesp – Juiz de Direito – RJ/2016) O Soldado Stive, da Polícia Militar do Estado do Rio de Janeiro, de serviço, juntamente com sua companheira de serviço, Soldado Julieta, durante abordagem a uma civil conhecida como Chapinha, por imprudência e sem intenção, efetuou um disparo de arma de fogo que veio a atingir fatalmente Chapinha. Diante da conduta praticada pelo Soldado Stive, é correto afirmar que o policial militar cometeu

A) crime comum de lesão corporal seguida de morte.

B) crime militar de feminicídio.

C) crime militar de homicídio culposo.

D) crime comum de feminicídio.

E) crime comum de homicídio culposo.

COMENTÁRIOS

Alternativa "C" – correta: houve homicídio culposo, pois Julieta agiu com imprudência e sem intenção. O crime é militar, porque se trata de infração penal prevista tanto no CP, quanto no CPM, praticado por militar em serviço contra civil (art. 9º, II, *c*, CPM).

Alternativas "A"– errada: não houve dolo de Julieta de praticar lesão na vítima. Por isso, se trata de crime de homicídio culposo.

Alternativa "B"– errada: o CPM não prevê a figura típica do feminicídio.

Alternativa "D"– errada: não houve feminicídio, pois este é crime doloso praticado contra mulher em razão do sexo feminino.

Alternativa "E"– errada: trata-se de crime de homicídio culposo militar, porque praticado por militar no exercício da função contra civil.

---

29. (Vunesp – Juiz de Direito – RJ/2016) Bonaparte, com o objetivo de matar Wellington, aciona o gatilho com o objetivo de efetuar um disparo de arma de fogo na direção deste último. Todavia, a arma não dispara na primeira tentativa. Momentos antes de efetuar uma segunda tentativa, Bonaparte ouve "ao longe" um barulho semelhante a "sirenes" de viatura e, diante de tal fato, guarda a arma de fogo que carregava, deixando o local calmamente, não sem antes proferir a seguinte frase a Wellington: "na próxima, eu te pego". Momentos após, Bonaparte é abordado na rua por policiais e tem apreendida a arma de fogo por ele utilizada. A arma de fogo era de uso permitido, estava registrada em nome de Bonaparte, mas este não possuía autorização para portá-la. No momento da abordagem e apreensão, também foi constatado pelos policiais que a arma de fogo apreendida em poder de Bonaparte estava sem munições, pois ele havia esquecido de municiá-la.

Diante dos fatos narrados e da atual jurisprudência do Supremo Tribunal Federal, é correto afirmar que Bonaparte poderá ser responsabilizado

A) pelos crimes de ameaça e porte ilegal de arma de fogo de uso permitido.

B) pelos crimes de ameaça e posse ilegal de arma de fogo de uso permitido.

C) pelo crime de ameaça, mas não poderá ser responsabilizado pelo crime de porte ilegal de arma de fogo em virtude da arma estar desmuniciada no momento da apreensão.

D) pelo crime de homicídio tentado, mas não poderá ser responsabilizado pelo crime de posse ilegal de arma de fogo em virtude da arma estar desmuniciada no momento da apreensão.

E) pelos crimes de homicídio tentado, ameaça e porte ilegal de arma de fogo de uso permitido.

COMENTÁRIOS

Alternativa "A" – correta: o crime de ameaça ocorreu no momento em Bonaparte disse "na próxima eu te mato". O crime de porte de arma de fogo ocorreu, pois o sujeito trazia a arma de fogo em via pública. De acordo com o STF, é indiferente que a arma de fogo esteja municiada, pois se trata de crime de perigo abstrato

Alternativa "B" – errada: na posse de arma de fogo, esta fica em uso particular, o agente não faz uso ostensivo, como no porte.

Alternativa "C"– errada: o crime de porte de arma de fogo é de perigo abstrato e, de acordo com a jurisprudência do STF, é crime de perigo abstrato.

Alternativa "D"– errada: não houve crime de homicídio, porque a arma estava desmuniciada e, portanto, o meio escolhido pelo agente para a prática do crime é absolutamente ineficaz. O fato de a arma não estar municiada não impede a configuração do crime de perigo abstrato.

Alternativa "E"– errada: o agente responderá apenas pelos crimes de ameaça e porte ilegal de arma de fogo.

---

30. (Vunesp – Juiz de Direito – SP/2015) A mídia tem noticiado casos em que trabalhadores, em sua grande maioria estrangeiros, são submetidos a trabalhos forçados e jornadas exaustivas, configurando assim o crime de redução à condição análoga à de escravo. Sobre esse delito, assinale a alternativa que não o tipifica.

A) Vigilância ostensiva no local de trabalho.

B) Apoderar-se de documentos ou objetos pessoais do trabalhador com o fim de retê-lo no local de trabalho.

C) Recusar o fornecimento de alimentação ou água potável.

D) Restringir sua locomoção em razão de dívida contraída com o preposto.

COMENTÁRIOS

Alternativa "C" – correta: não há previsão expressa no art. 149, CP, que a recusa de fornecimento de alimentação ou água potável configure o crime de redução à condição análoga a de escravo. Mas, em circunstâncias concretas, isso pode ser um dos elementos que somados a outros possa configurar condições degradantes de trabalho.

Alternativa "A"– errada: a vigilância ostensiva no local de trabalho com o fim de reter a liberdade do trabalhador configura crime do art. 149, CP.

Alternativa "B"– errada: Apoderar-se de documentos ou objetos pessoais do trabalhador com o fim de retê-lo no local de trabalho também configura o crime do art. 149, CP.

Alternativa "D"– errada: Restringir sua locomoção em razão de dívida contraída com o preposto também configura o crime de redução à condição análoga a de escravo, pois isso é forma de exploração do trabalhado, seja porque geralmente se desconta do salário para pagamento dessa dívida indevida, seja porque com ela se justifica a restrição de liberdade.

---

31. (Vunesp – Juiz de Direito – SP/2015) A respeito da retratação nos crimes contra a honra, pode-se afirmar que fica isento de pena o querelado que, antes da sentença, retrata-se cabalmente

A) da calúnia ou injúria.

B) da injúria ou difamação.

C) da calúnia, injúria ou difamação.

D) da calúnia ou difamação.

COMENTÁRIOS

Alternativa "D" – correta: O querelado que, antes da sentença, se retrata cabalmente da calúnia ou da difamação, fica isento de pena (art. 143, CP). Isso porque, nesses crimes, viola-se a honra objetiva do sujeito passivo, ou seja, a reputação que ele goza na sociedade. Com a retratação, sua boa reputação é recuperada, de acordo com o fundamento legal.

Alternativas "A", "B" e "C"– erradas: na injúria, ofende-se a honra subjetiva, ou seja, o conceito que a própria pessoa tem de si própria, que pode não ser recuperado com a simples retratação.

---

32. (Vunesp – Juiz de Direito – SP/2014) Analise estas duas hipóteses isoladas: 1.°) o agente matou o indivíduo que estuprou sua filha menor e 2.°) o agente, que é traficante de drogas, matou seu concorrente para dominar o comércio de drogas no bairro. Relativamente ao crime de homicídio, escolha a opção que indique, respectivamente, o que, em tese, cada uma destas situações poderia significar num eventual Júri:

A) atenuante genérica; agravante genérica.

B) atenuante genérica; causa de aumento de pena.

C) causa de diminuição de pena; qualificadora.

D) causa de diminuição de pena; agravante genérica.

COMENTÁRIOS

Alternativa "C" – correta: no primeiro caso, houve crime de homicídio privilegiado, pois o autor do crime agiu por relevante valor moral e, por isso, a pena pode ser diminuída de um sexto a um terço; no segundo caso, houve a qualificadora do motivo torpe, motivo pelo qual se trata de homicídio qualificado (art. 121, § 2º, I, CP).

Alternativa "A"– errada: as atenuantes e agravantes genéricas estão previstas na Parte Geral do CP, e incidem na pena na segunda fase de aplicação.

Alternativas "B" e " D"– erradas: no primeiro caso, há causa de aumento de pena e, no segundo, qualificadora.

---

33. (Vunesp – Juiz de Direito – RJ/2014) Determinado sujeito, que acabara de se desiludir amorosamente, decide matar sua até então namorada. Toma emprestado o automóvel de seu vizinho e, durante o trajeto, por descuido, abalroa gravemente um outro veículo, causando sério prejuízo material. Mas, faltando-lhe coragem para consumar o homicídio, estaciona próximo a um bar, às portas da casa de sua ex-namorada e intencionalmente se embriaga, a fim de ganhar valentia para executar seu plano. Abandona o veículo, vai a pé até a casa da ex-namorada e, mediante asfixia, tira-lhe a vida. À luz do Direito Penal, o sujeito cometeu

A) dano e homicídio duplamente majorado, pela embriaguez dolosa e asfixia.

B) homicídio qualificado pela asfixia.

C) homicídio qualificado pela asfixia e agravado pela embriaguez pré-ordenada.

D) dano e homicídio qualificado pela asfixia, em concurso material.

COMENTÁRIOS

Alternativa "C" – correta: a asfixia é considerada expressamente meio insidioso ou cruel e qualifica o homicídio (art. 121, § 2º, III, CP). Já a embriaguez, quando pré-ordenado, ou seja, quando o agente se embriaga para cometer o crime, há circunstância agravante (art. 61, II, *l*, CP).

Alternativa "A" – errada: não houve crime de dano, porque o autor abalroa o veículo do amigo por culpo e o crime de dano só ocorre em caso de dolo (art. 163, CP). A asfixia qualifica o homicídio, mas embriaguez não é qualificadora, mas circunstância agravante.

Alternativa "B" – errada: Além de homicídio qualificado pela asfixia, há circunstância agravante da embriagues preordenada.

Alternativa "D" – errada: não há crime de dano, mas apenas homicídio qualificado pela asfixia com circunstância agravante de embriaguez preordenada.

---

34. (Vunesp – Juiz de Direito – TJ – SP/2013) A, perante várias pessoas, afirmou falsamente que B, funcionário público aposentado, explorava a atividade ilícita do jogo do bicho, quando exercia as funções públicas.

Ante a imputação falsa, é correto afirmar que A cometeu o crime de

A) difamação, não se admitindo a exceção da verdade.
B) calúnia, admitindo-se a exceção da verdade.
C) calúnia, não se admitindo a exceção da verdade.
D) difamação, admitindo-se a exceção da verdade.

COMENTÁRIOS

Alternativa "A" – correta: no crime de difamação, imputa-se conduta desonrosa ao agente, que não configure crime. A exploração de jogo de bicho é contravenção penal, não crime. Logo, houve difamação, em que a exceção de verdade só é possível se o ofendido é funcionário público e a ofensa é relativa ao exercício de suas funções (art. 139, CP).

Alternativas "B"e "C" – erradas: não se trata de calúnia, pois nesse caso a imputação falsa não se refere a fato criminoso. Contravenção penal não é crime (art. 138, CP).

Alternativa "D"– errada: trata-se de difamação, porque se imputou a prática de contravenção penal, mas não se admite a exceção da verdade, porque a vítima é funcionário público aposentado e a ofensa não é relativa ao exercício de suas funções

2.2. CRIMES CONTRA O PATRIMÔNIO

35. (Vunesp – Juiz de Direito – TJ SP/2017) Em relação aos crimes contra o patrimônio, é correto afirmar que

A) constitui causa de aumento de pena do furto simples a subtração de semovente domesticável de produção, ainda que abatido ou dividido em partes no local da subtração.
B) é isento de pena quem comete furto em prejuízo de ascendente, independentemente da idade da vítima.
C) não incide a agravante de crime praticado contra maior de sessenta anos no caso de estelionato contra idoso.
D) admitem a figura privilegiada os crimes de furto, dano, apropriação indébita, estelionato e receptação.

COMENTÁRIOS

Alternativa "C" – correta: o estelionato praticado contra o idoso tem causa de aumento de pena específica, aplicando-se a pena em dobro se a vítima estiver nessa situação (art. 171, § 4º, CP). Não se pode aplicar a circunstância agravante do art. 61, II, *h*, CP, sob pena de *bis in idem*.

Alternativa "A"– errada: a subtração de semovente domesticável de produção, ainda que abatido ou dividido em partes no local da subtração, qualifica o crime de furto simples, pois há um preceito secundário com penas em patamares mais gravosos (art. 155, § 6º, CP).

Alternativa "B"– errada: não se aplicam as escusas absolutórias, se o crime é praticado contra pessoa com idade igual ou superior a 60 (sessenta) anos (art. 183, III, CP).

Alternativa "D"– errada: admitem a figura privilegiada os crimes de furto e estelionato.

36. (Vunesp – Juiz de Direito – SP/2015) Quanto ao crime de extorsão mediante sequestro, pode-se afirmar que

A) se resultar em morte da vítima, tipifica homicídio.
B) a pena é aumentada quando o sequestro superar, no mínimo, 48 horas.
C) se o crime é cometido em concurso, o concorrente que o denunciar à autoridade, facilitando a libertação do sequestrado, terá sua pena reduzida de 1 (um) a 2/3 (dois terços).
D) a vantagem almejada com a extorsão é necessariamente o pagamento do preço do resgate.

COMENTÁRIOS

Alternativa "C" – correta: trata-se de uma forma de delação premiada ou colaboração premiada, em que o agente denuncia o crime e seus autores à Autoridade Policial com o fim de ter o benefício de redução de pena. No caso de extorsão mediante sequestro, a delação deve facilitar a liberação da vítima (art. 149, § 4º, CP).

Alternativa "A"– errada: na extorsão mediante sequestro, se resultar morte haverá a qualificadora do art. 149, § 3º, CP, não crime autônomo de homicídio, previsto no art. 121, CP.

Alternativa "B"– errada: a pena é aumentada quando o sequestro superar, no mínimo, 24 horas (art. 149, § 1º, CP).

Alternativa "D"– errada: embora previsto como crime contra o patrimônio, o art. 149, CP, descreve no tipo penal que o agente pode visar qualquer vantagem. Dessa forma, há entendimento que essa vantagem pode ser de natureza não patrimonial.

37. (Vunesp – Juiz de Direito – RJ/2014) Nos estritos termos do CP, aquele que faz ligação clandestina de energia elétrica junto a poste instalado na via pública e a utiliza em proveito próprio

A) comete fato típico equiparado a furto.

B) comete fato típico equiparado a apropriação indébita.

C) não comete crime algum, por falta de expressa previsão legal.

D) comete estelionato.

COMENTÁRIOS

Alternativa "A" – correta: o art. 155, § 3º, CP, equipara energia elétrica a bem móvel, portanto, quem faz ligação clandestina subtrai energia elétrica, cometendo crime de furto.

Alternativa "B" – errada: não se trata de apropriação indébita, porque o agente não teve a legítima posse inicial do bem para depois inverter o *animus*. Ele desviou a energia.

Alternativa "C" – errada: há crime de furto (art. 155, CP).

Alternativa "D" – errada: não há estelionato, porque o agente não engodou alguém para ter a indevida vantagem, mas subtraiu o bem móvel, que é a energia.

38. (Vunesp – Juiz de Direito – RJ/2014) Caio (21 anos) furta seu irmão Mévio (19 anos). É correto afirmar que a ação penal é pública

A) e Caio é isento de pena.

B) incondicionada, mas sujeita a perdão do ofendido.

C) e incide atenuante pela idade.

D) condicionada a representação e incidirá agravante pelo parentesco.

COMENTÁRIOS

Alternativa "D" – correta: em regra, os crimes contra o patrimônio são de ação penal pública incondicionada. O art. 182 estipula algumas hipóteses em que a ação penal é condicionada à representação. Além disso, no caso, há a circunstância agravante pelo fato de Caio ser irmão da vítima (art. 61, II, *e*, CP).

Alternativa "A" – errada: nos crimes contra o patrimônio, há as chamadas escusas absolutórias em que o agente é isento de pena (art. 181, CP). Não é o caso do problema.

Alternativa "B" – errada: pelo fato de a vítima ser irmão do agente, a ação penal é pública condicionada à representação (art. 182, CP). O perdão do ofendido é exclusivo da ação penal privada.

Alternativa "C" – errada: haveria atenuante se o Caio fosse menor de vinte e um anos na data do fato (art. 65, I, CP).

39. (Vunesp – Juiz de Direito – TJ – SP/2013) A e B, agindo em concurso e com unidade de desígnios entre si, mediante grave ameaça, exercida com o emprego de arma de fogo, abordaram C, que reagiu após o anúncio de assalto. Ante a reação, B efetuou um disparo contra C, mas por erro na execução, o projétil atingiu o comparsa, causando-lhe a morte. Em seguida, B pôs-se em fuga, sem realizar a subtração patrimonial visada.

Esse fato configura

A) roubo tentado e homicídio consumado, em concurso material.

B) latrocínio tentado.

C) homicídio consumado.

D) latrocínio consumado.

COMENTÁRIOS

Alternativa "D" – correta: em primeiro lugar, houve crime de latrocínio, porque, no erro de execução, leva-se em consideração as condições da vítima não atingida, no caso, C. Houve crime consumado, porque o STF assentou que o latrocínio se consuma com a morte da vítima, ainda que não haja subtração do bem alheio.

Alternativa "A" – errada: não há homicídio, porque se levam em consideração, no erro de execução, as condições da vítima que não foi atingida. Há assim latrocínio, pois a morte decorreu com o fim de subtrair bens da vítima, C.

Alternativa "B"– errada: há latrocínio consumado, pois houve morte e, no caso, se levam em consideração as condições pessoais da vítima não atingida.

Alternativa "C"– errada: não há homicídio, mas latrocínio, pois a morte teve como objetivo a subtração dos bens da vítima.

2.3. CRIMES CONTRA A FÉ PÚBLICA

40. (Vunesp – Escrevente Técnico Judiciário – TJ – SP/2017) O crime denominado "petrechos de falsificação" (CP, art. 294) tem a pena aumentada, de acordo com o art. 295 do CP, se

A) praticado com intuito de lucro.

B) cometido em detrimento de órgão público ou da administração indireta.

C) a vítima for menor de idade, idosa ou incapaz.

D) causar expressivo prejuízo à fé pública.

E) o agente for funcionário público e cometer o crime prevalecendo-se do cargo.

COMENTÁRIOS

Alternativa "E" – correta: como ao funcionário público é inerente o dever de reproduzir a verdade, qualquer ato que ele pratique em desvio a seu dever funcional faz com que incida causa de aumento de pena. No caso do art. 295, CP, o aumento é de sexta-parte.

Alternativas "A", "B", "C" e "D" – erradas: a única causa de aumento de pena no crime de "petrechos de falsificação" (CP, art. 294) é o fato de o agente ser funcionário público (art. 295, CP).

---

41. (Vunesp – Escrevente Técnico Judiciário – TJ-SP/2015) O crime de falsidade ideológica (CP, art. 299) tem pena aumentada de sexta parte se

A) cometido por motivo egoístico.

B) a vítima sofre vultoso prejuízo.

C) o agente aufere lucro.

D) o agente é funcionário público e comete o crime prevalecendo-se do cargo.

E) cometido com o fim de produzir prova em processo penal.

COMENTÁRIOS

Alternativa "D" – correta: há maior culpabilidade, se o agente for funcionário público, cujo dever de reprodução da verdade dos fatos é inerente à função, motivo pelo qual há a causa de aumento de pena do art. 299, parágrafo único, CP).

Alternativa "A" – errada: não há previsão de causa de aumento de pena no art. 299, CP, se o agente agiu por motivo egoístico.

Alternativa "B" – errada: não há previsão de causa de aumento de pena no art. 299, CP, se a vítima sofreu vultoso prejuízo.

Alternativa "C" – errada: não há previsão de causa de aumento de pena no art. 299, CP, se o agente aufere lucro.

Alternativa "E" – errada: não há previsão de causa de aumento de pena no art. 299, CP, se o crime é cometido com o fim de produzir prova em processo penal.

---

42. (Vunesp – Escrevente Técnico Judiciário – TJ-SP/2015) O caput do art. 293 do CP tipifica a falsificação de papéis públicos, especial e expressamente no que concerne às seguintes ações:

A) produção e confecção.

B) contrafação e conspurcação.

C) fabricação e alteração.

D) adulteração e corrupção.

E) corrupção e produção.

COMENTÁRIOS

Alternativa "C" – correta: Fabricar: reproduzir, imitando ou contrafazer o papel público. **Alterar**: modificar ou transformar o papel público (art. 293, CP).

Alternativas "A", "B", "D" e "E" – erradas: as condutas previstas no art. 293, CP, são fabricar e alterar.

---

43. (Vunesp – Escrevente Técnico Judiciário – TJ-SP/2014) Configura crime de falsidade ideológica:

A) omitir, em documento público ou particular, declaração que dele devia constar.

B) atestar ou certificar falsamente fato ou circunstância que habilite alguém a obter cargo público.

C) falsificar, em nível material, em documento particular, declaração que dele devia constar.

D) inserir ou fazer inserir declaração verdadeira com o fim de prejudicar direito ou criar obrigação.

E) falsificar, no todo ou em parte, documento particular ou alterar documento particular verdadeiro.

COMENTÁRIOS

Alternativa "A" – correta: no crime de falsidade ideológica (art. 299, CP), o fato expresso no documento não corresponde à realidade. Esse crime pode ser cometido por conduta omissiva no caso em que o agente omite declaração relevante juridicamente que do documento devia constar.

Alternativa "B" – errada: atestar ou certificar falsamente fato ou circunstância que habilite alguém a obter cargo público configura o crime de certidão ou atestado ideologicamente falso (art. 301, CP).

Alternativa "C" – errada: no crime de falsidade material, o agente falsifica ou altera o documento. Há a rasura no contrato. A mudança de data é outro exemplo (arts. 297 e 298, CP).

Alternativa "D" – errada: no crime de falsidade ideológica, os dados inseridos são falsos, não verdadeiros (art. 299, CP).

Alternativa "E" – errada: falsificar, no todo ou em parte, documento particular ou alterar documento particular verdadeiro é crime de falsidade de documento particular (art. 298, CP).

2.4. CRIMES CONTRA A PAZ PÚBLICA

---

44. (Vunesp – Juiz de Direito – SP/2014) Assinale a opção verdadeira. No Direito brasileiro posto, é elemento do tipo penal da Associação Criminosa:

A) Voltar-se à prática de delitos cuja pena máxima supera cinco anos.

B) Possuir ao menos três pessoas.

C) Estruturação hierarquizada, com divisão de tarefas entre os seus membros.

D) Possuir ao menos quatro pessoas.

COMENTÁRIOS

Alternativa "B"– correta: também não exige divisão hierárquica. Basta a simples associação entre os agentes.

Alternativa "A"– errada: o art. 288 não estabelece pena máxima para os crimes que a associação visa praticar. Basta que seja crime.

Alternativa "C"– errada: o crime do art. 288, do CP, antiga quadrilha ou bando, passou a exigir que pelo menos três pessoas se associem para a prática de crimes a partir da Lei n. 12.850/2013

Alternativa "D" – errada: o crime de associação criminosa está previsto no art. 288, CP. Trata-se de crime de concurso necessário, pois se exige que ao menos três pessoas se associam para o fim específico de praticarem crimes.

2.5. CRIMES CONTRA A ADMINISTRAÇÃO PÚBLICA

45. (Vunesp – Escrevente Técnico Judiciário – TJ – SP/2017) Funcionário público municipal, imprudentemente, deixa a porta da repartição aberta ao final do expediente. Assim agindo, mesmo sem intenção, concorre para que outro funcionário público, que trabalha no mesmo local, subtraia os computadores que guarneciam o órgão público. O Município sofre considerável prejuízo. A conduta do funcionário que deixou a porta aberta traduz-se em

A) peculato culposo.

B) fato atípico.

C) prevaricação.

D) peculato-subtração.

E) mero ilícito funcional, sem repercussão na esfera penal.

COMENTÁRIOS

Alternativa "A" – correta: como o funcionário público deixou a porta aberta imprudentemente, sua conduta é culposa. Logo, há crime de peculato-culposo (art. 312, § 2º, CP).

Alternativa "B" – errada: houve crime de peculato-culposo.

Alternativa "C" – errada: na prevaricação (art. 319, cp), o agente retarda ou deixa de praticar, indevidamente, ato de ofício, ou o pratica contra disposição expressa de lei, para satisfazer interesse ou sentimento pessoal. No caso, fechar a porta não é ato de ofício do funcionário público, além do que o funcionário público não agiu com dolo referente a um sentimento pessoal.

Alternativa "D" – errada: No peculato-furto (art. 319, cp), o funcionário público, mediante conduta dolosa, subtrai o bem sobre o qual não tem a posse. É a conduta do segundo funcionário público do problema.

Alternativa "E" – errada: há crime de peculato-culposo, além de eventual repercussão na esfera administrativa.

46. (Vunesp – Escrevente Técnico Judiciário – TJ – SP/2017) A conduta de "dar causa à instauração de investigação policial, de processo judicial, instauração de investigação administrativa, inquérito civil ou ação de improbidade administrativa contra alguém, imputando-lhe crime de que o sabe inocente" configura

A) denunciação caluniosa.

B) condescendência criminosa.

C) falso testemunho.

D) comunicação falsa de crime.

E) fraude processual.

COMENTÁRIOS

Alternativa "A" – correta: trata-se de crime de denunciação caluniosa (art. 339, CP), em que o agente dá movimentação à máquina persecutória do Estado ao imputar a pessoa determinada a prática de crime, sabendo que este imputado é inocente.

Alternativa "B" – errada: no crime de condescendência criminosa (art. 320, CP), o funcionário público superior hierárquico deixa de responsabilizar o subordinado por sentimento de indulgência.

Alternativa "C" – errada: no falso testemunho (art. 342, cp), a testemunha faz afirmação falsa, ou nega ou cala a verdade em processo judicial, ou administrativo, inquérito policial, ou em juízo arbitral.

Alternativa "D" – errada: no crime de comunicação falsa de crime (art. 340, cp), o agente provoca a ação de autoridade, comunicando-lhe a ocorrência de crime ou de contravenção que sabe não se ter verificado. Aqui, a falsidade recai sobre o fato, não há imputação a uma determinada pessoa.

Alternativa "E" – errada: no crime de fraude processual (art. 347, cp), o agente inova artificiosamente, na pendência de processo civil ou administrativo, o estado de lugar, de coisa ou de pessoa, com o fim de induzir a erro o juiz ou o perito.

47. (Vunesp – Escrevente Técnico Judiciário – TJ – SP/2017) O crime de "impedimento, perturbação ou fraude de concorrência", do art. 335 do CP, está assim definido: "impedir, perturbar ou fraudar concorrência pública ou venda em hasta pública, promovida pela administração federal, estadual ou municipal, ou por entidade paraestatal; afastar ou procurar afastar concorrente ou licitante, por meio de violência, grave ameaça, fraude ou oferecimento de vantagem."

Incorre na mesma pena estabelecida para o crime citado, nos termos do parágrafo único do mesmo artigo, quem

A) sabendo da ocorrência do fato não o denuncia às autoridades públicas.

B) sendo agente público homologa certame sabendo-o fraudado.

C) se abstém de concorrer ou licitar, em razão da vantagem oferecida.

D) sendo agente público deixa de inabilitar concorrente sabendo-o fraudador.

E) faz proposta em certame licitatório que, posteriormente, deixa de cumprir.

COMENTÁRIOS

Alternativa "C" – correta: no art. 335, parágrafo único, CP, pune-se aquele que não participação de processo licitatório em razão de vantagem oferecida a ele.

Alternativa "A" – errada: não há previsão no art. 335, parágrafo único, CP, de tipicidade de conduta daquele que, sabendo da ocorrência do fato, não o denuncia às autoridades públicas.

Alternativa "B" – errada: não há previsão no art. 335, parágrafo único, CP, de tipicidade de conduta daquele que, sendo agente público, homologa certame sabendo-o fraudado.

Alternativa "D" – errada: não há previsão no art. 335, parágrafo único, CP, de tipicidade de conduta daquele que, sendo agente público deixa de inabilitar concorrente sabendo-o fraudador.

Alternativa "E" – errada: não há previsão no art. 335, parágrafo único, CP, de tipicidade de conduta daquele que faz proposta em certame licitatório que, posteriormente, deixa de cumprir.

48. (Vunesp – Escrevente Técnico Judiciário – TJ – SP/2017) Certos crimes têm suas penas estabelecidas em patamares superiores quando presentes circunstâncias que aumentam o desvalor da conduta. São os denominados "tipos qualificados".

Assinale a alternativa que indica o crime que tem como qualificadoras "resultar prejuízo público" e "ocorrer em lugar compreendido na faixa de fronteira".

A) Corrupção passiva.

B) Exercício arbitrário das próprias razões.

C) Abuso de poder.

D) Violência arbitrária.

E) Abandono de função.

COMENTÁRIOS

Alternativa "E" – correta: no crime de abono de função, tem pena de detenção, de quinze dias a um mês, ou multa (art. 323, CP). Se desse abandono resultar prejuízo, há pena é de detenção, de três meses a um ano, e multa (art. 323, § 1º, CP). Se o fato ocorre em lugar compreendido na faixa de fronteira, a pena é de detenção, de um a três anos, e multa (art. 323, § 2º, CP). Como as penas dos §§ 1º e 2º são maiores que a do *caput*, tais condutas são qualificadoras.

Alternativa "A" – errada: no crime de corrupção passiva, não há qualificadora. Há causa de aumento de pena prevista no art. 317, § 1º, CP, que aumenta a pena do *caput* em um terço, sem se estabelecer um novo patamar.

Alternativa "B" – errada: no crime de exercício arbitrário das próprias razões (art. 345, CP), não há qualificadora.

Alternativa "C" – errada: no crime de abuso de poder (art. 350, CP), não há qualificadoras.

Alternativa "D" – errada: no crime de abuso de poder (art. 322, CP), não há qualificadoras.

49. (Vunesp – Escrevente Técnico Judiciário – TJ – SP/2017) Imagine que um perito nomeado pelo juiz, em processo judicial, mediante suborno, produza um laudo falso para favorecer uma determinada parte, praticando a conduta que configura crime do art. 342 do CP (falsa perícia). Ocorre que, arrependido e antes de proferida a sentença no mesmo processo, o perito retrata-se, corrigindo a falsidade. De acordo com o texto literal do art. 342, § 2º do CP, como consequência jurídica da retratação,

A) o perito fica isento de pena criminal, mas deverá indenizar o prejudicado pela falsidade que cometeu.

B) o perito fica isento de pena criminal, mas deverá devolver os honorários recebidos em dobro.

C) o fato deixa de ser punível.

D) o perito, se condenado pelo crime de falsa perícia, terá a pena reduzida de 1/3 (um terço) a 2/3 (dois terços).

E) o perito fica impedido, por 5 (cinco) anos, de prestar tal serviço.

COMENTÁRIOS

Alternativa "C" – correta: no crime de falso testemunho ou falsa perícia, o fato deixa de ser punido se, antes da sentença no processo em que ocorreu o ilícito, o agente se retrata ou declara a verdade (art. 342, § 2º, CP).

Alternativa "A" – errada: o perito fica isento de pena e a lei penal não prevê o dever de indenizar aquele que foi prejudicado pela falsa perícia.

Alternativa "B" – errada: não há previsão na legislação penal o dever de o perito devolver honorários em dobro.

Alternativa "D" – errada: a retratação do perito consiste em arrependimento posterior (art. 16, CP) que implica na redução da pena de um terço a dois terços. Mas, em relação ao crime de falso testemunho ou falsa perícia, há norma penal específica, que consiste na isenção de pena, se o arrependimento ocorrer até a sentença no processo judicial em que ocorreu o falso.

Alternativa "E" – errada: não há previsão dessa sanção para quem comete o crime de falso testemunho ou falsa perícia.

50. (Vunesp – Escrevente Técnico Judiciário – TJ-SP/2015) O peculato culposo

A) é fato atípico, pois não está expressamente previsto no CP.

B) tem a ilicitude excluída se o agente repara o dano a qualquer tempo.

C) tem a punibilidade extinta se o agente repara o dano antes da sentença irrecorrível.

D) é punido com detenção, de dois a doze anos, e multa.

E) é punido com a mesma pena do peculato doloso.

COMENTÁRIOS

Alternativa "C" – correta: no peculato culposo, em que o funcionário público age com negligência, imperícia ou imprudência, a reparação do dano, que é de interesse primário da Administração Pública, causa a extinção da punibilidade do agente (art. 312, § 3º, CP).

Alternativa "A" – errada: trata-se de fato típico previsto no art. 312, § 2º, CP.

Alternativa "B" – errada: a reparação do dano, se anterior à sentença irrecorrível, causa a **extinção da punibilidade**; se posterior à sentença **diminui à metade** a pena imposta (art. 312, § 3º, CP).

Alternativa "D" – errada: o peculato culposo é punido é de detenção, de três meses a um ano.

Alternativa "E" – errada: o peculato doloso é punido com reclusão, de dois a doze anos, e multa.

51. (Vunesp – Escrevente Técnico Judiciário – TJ-SP/2015) O funcionário público que tem conhecimento de infração cometida no exercício do cargo por subordinado e que, por indulgência, não promove sua responsabilização e também não comunica o fato ao superior competente para tanto pratica

A) corrupção ativa (CP, art. 333).

B) corrupção passiva (CP, art. 317).

C) fato atípico, pois não está descrito expressamente como crime no CP.

D) condescendência criminosa (CP, art. 320).

E) prevaricação (CP, art. 319).

COMENTÁRIOS

Alternativa "D" – correta: é dever do superior hierárquico responsabilizar o seu subordinado por ato ilícito administrativo. Se o deixar de fazer, por indulgência (ou seja, tolerância, benevolência), comete o crime de condescendência criminosa (art. 320, CP).

Alternativa "A" – errada: no crime de corrupção ativa, o particular oferece ou promete vantagem indevida a funcionário público, para determiná-lo a praticar, omitir ou retardar ato de ofício (art. 333, CP).

Alternativa "B" – errada: no crime de corrupção passiva, o funcionário público solicita ou recebe, para si ou para outrem, direta ou indiretamente, ainda que fora da função ou antes de assumi-la, mas em razão dela, vantagem indevida, ou aceita promessa de tal vantagem (art. 317, CP).

Alternativa "C" – errada: trata-se de crime previsto no art. 320, CP.

Alternativa "E" – errada: no crime de prevaricação, o funcionário público retarda ou deixa de praticar, indevidamente, ato de ofício, ou praticá-lo contra disposição expressa de lei, para satisfazer interesse ou sentimento pessoal (art. 319, CP).

52. (Vunesp – Escrevente Técnico Judiciário – TJ-SP/2015) Com intuito de proteger seu filho, João comparece perante a autoridade policial e, falsamente, diz ter praticado o crime que em verdade fora praticado por seu filho. João

A) comete falsa comunicação de crime.

B) comete falso testemunho, mas não será punido por expressa disposição legal.

C) comete falso testemunho.

D) não comete crime algum, pois não está descrito expressamente como crime no CP.

E) comete autoacusação falsa.

COMENTÁRIOS

Alternativa "E" – correta: na autoacusação falsa, o agente se acusa, perante autoridade, como autor de crime inexistente ou, se existente, não foi praticado por ele (art. 341, CP).

Alternativa "A" – errada: no crime de falsa comunicação de crime, o agente provoca a ação de autoridade ao comunicar-lhe crime que sabe que não aconteceu (art. 340, CP).

Alternativas"B"e "C" – erradas: no crime de falso testemunho, a testemunha faz afirmação falsa, ou nega ou cala a verdade como testemunha, perito, contador, tradutor ou intérprete em processo judicial, ou administrativo, inquérito policial, ou em juízo arbitral (art. 342, CP). Não há isenção de pena se o falso for cometido para proteger filho ou outro parente.

Alternativa "D" – errada: há crime de autoacusação falsa (art. 341, CP).

---

53. (Vunesp – Escrevente Técnico Judiciário – TJ-SP/2015) Marcos, advogado, solicita certa quantia em dinheiro a Pedro, seu cliente, pois esclarece que mediante o pagamento dessa quantia em dinheiro pode "acelerar" o andamento de um processo. Informa que seria amigo do escrevente do cartório judicial – o qual também seria remunerado pela celeridade, segundo Marcos. Pedro, inicialmente, tem intenção de aceitar a oferta, mas verifica que Marcos mentiu, pois não é amigo do funcionário público. Pedro nega-se a entregar a Marcos qualquer quantia e não aceita a oferta.

É correto afirmar que Marcos

A) praticou corrupção passiva (CP, art. 317) e Pedro não cometeu crime algum.
B) praticou exploração de prestígio (CP, art. 357) e Pedro não cometeu crime algum.
C) praticou corrupção passiva (CP, art. 317) e Pedro corrupção ativa (CP, art. 333).
D) e Pedro praticaram corrupção passiva (CP, art. 317).
E) e Pedro não praticaram crime algum, pois os fatos não evoluíram.

COMENTÁRIOS

Alternativa "B" – correta: Marcos praticou crime de exploração de prestígio, porque solicitou dinheiro a terceiro com o pretexto de influenciar serventuário da Justiça. É indiferente que ele de fato conheça o funcionário público, basta o pretexto. Pedro não cometeu qualquer crime, pois a sua vontade de subornar o servidor público não saiu da esfera da cogitação.

Alternativa "A" – errada: Marcos não cometeu corrupção passiva, porque não e funcionário público.

Alternativa "C" – errada: Pedro não cometeu crime de corrupção ativa, pois não prometeu ou ofereceu vantagem indevida a funcionário público, sua vontade não passou da cogitação.

Alternativa "D" – errada: ambos não são funcionários públicos e, portanto, não podem ser sujeito ativo de crime de corrupção passiva.

Alternativa "E" – errada: Marcos cometeu crime de exploração de prestígio, porque solicitou dinheiro a terceiro com o pretexto de influenciar o serventuário da Justiça.

---

54. (Vunesp – Juiz de Direito – SP/2015) Profissional nomeado pela assistência judiciária para atuar como defensor dativo ingressa com ação contra o INSS, em favor da parte para a qual foi constituído, e posteriormente faz o levantamento do valor devido. Contudo, não repassou o dinheiro à parte, cometendo o delito de

A) apropriação indébita, uma vez que tinha a posse ou detenção do numerário.
B) prevaricação, considerando que retardou ou deixou de praticar, indevidamente, ato de ofício.
C) furto mediante fraude, pois abusou da confiança da vítima.
D) peculato, tendo em vista apropriar-se de dinheiro ou valor de que tem a posse em razão do cargo.

COMENTÁRIOS

Alternativa "D" – correta: há entendimento jurisprudencial no sentido de que o advogado conveniado, por receber honorários públicos, se equipara a funcionário público para fins penais. Como ele recebeu o dinheiro que pertencia à pessoa assistida e não repassou a ela, cometeu o crime de peculato-apropriação (art. 312, CP).

Alternativa "A"– errada: a condição de funcionário público do advogado conveniado faz com que se afaste o crime de apropriação indébita configurando-se o crime de peculato, aplicando-se o princípio da especialidade.

Alternativa "B"– errada: houve crime de peculato, pois, na qualidade de funcionário público, o advogado conveniado se apropriou dos valores que de direito eram de sua cliente.

Alternativa "C"– errada: o advogado não subtraiu os valores de sua cliente, mas deles se apropriou, pois apenas inverteu o *animus* da posse. Cometeu peculato pela condição especial de funcionário público.

55. (Vunesp – Juiz de Direito – SP/2015) No crime de falso testemunho ou falsa perícia,

A) incide-se no crime quando a afirmação falsa é feita em juízo arbitral.

B) a conduta é tipificada quando realizada apenas em processo penal.

C) a retratação do agente, antes da sentença em que ocorreu o falso testemunho, é causa de diminuição de pena.

D) a pena aumenta da metade se o crime é praticado mediante suborno.

COMENTÁRIOS

Alternativa "A" – correta: como o juízo arbitral também é modo de composição de conflito, o crime de falso testemunho pode ocorrer nele, conforme dispõe o art. 342, CP.

Alternativa "B"– errada: processo judicial, ou administrativo, inquérito policial, ou em juízo arbitral. Se o falso ocorrer em processo penal, há causa de aumento nos termos do art. 342, § 1º, CP.

Alternativa "C"– errada: a retratação do agente, antes da sentença em que ocorreu o falso testemunho, é causa de extinção de punibilidade (art. 342, § 2º, CP).

Alternativa "D"– errada: a pena aumenta de um sexto a um terço se o crime é praticado mediante suborno.

56. (Vunesp – Escrevente Técnico Judiciário – TJ-SP/2014) Com relação aos crimes contra a Administração Pública, assinale a alternativa correta.

A) Pratica corrupção passiva o funcionário público que solicita ou recebe vantagem indevida, para si ou para outrem, ainda que fora da função ou antes de assumi-la, mas em razão dela.

B) Pratica concussão o funcionário público que se apropria de dinheiro, valor ou qualquer outro bem móvel, público ou particular, de que tem a posse em razão do cargo.

C) No peculato culposo, a reparação do dano, em qualquer momento do processo e até a sentença recorrível, reduz em um terço a pena imposta.

D) Pratica concussão o funcionário público que exigir, para si ou para outrem, vantagem devida, ainda que fora da função ou antes de assumi-la.

E) Configura-se excesso de exação a exigência de verbas pelo funcionário público que sabe ou deveria saber indevidas.

COMENTÁRIOS

Alternativa "A" – correta: o crime de corrupção passiva (art. 317, CP) é formal, pois se consuma se o agente solicita a indevida vantagem. Também, há o crime se o funcionário recebe indevida vantagem. Mas, é imprescindível que a solicitação ou o recebimento se dê em razão da função pública, ainda que ele não esteja no seu exercício, como o nomeado, mas ainda não empossado no cargo.

Alternativa "B" – errada: no crime de concussão (art. 316, CP), o funcionário público **exige** a indevida vantagem em decorrência da função pública, ainda que não esteja em exercício.

Alternativa "C" – errada: no peculato culposo, se a reparação do dano for anterior à sentença irrecorrível, extingue-se a punibilidade. Se for posterior, haverá redução da pena imposta à metade art. 313, § 3º, CP.

Alternativa "D" – errada: no crime de concussão, a vantagem exigida deve ser indevida.

Alternativa "E" – errada: no excesso de exação, a exigência se refere à tributos e contribuição social que funcionário público sabia ou devia saber ser indevidas, ou, se devidas, emprega meio vexatório ou gravoso, que a lei não autoriza.

57. (Vunesp – Escrevente Técnico Judiciário – TJ-SP/2014) Assinale a alternativa que contém apenas crimes contra a administração da justiça.

A) Falsificação de papéis públicos, falsificação de selo e falsificação de sinal público.

B) Advocacia administrativa, advocacia profissional no terceiro setor e posse antecipada de cargo público.

C) Coação no curso do processo, comunicação falsa de crime e falsa perícia.

D) Falsificação de papéis públicos, prevaricação e condescendência criminosa.

E) Advocacia administrativa, violência arbitrária e desobediência.

COMENTÁRIOS

Nota do autor: os crimes contra a Administração de Justiça estão previstos no Capítulo III do Título XI do Código Penal.

Alternativa "C" – correta: coação no curso do processo (art. 344, CP), comunicação falsa de crime (art. 340, CP) e falsa perícia (art. 342, CP) atentam contra a regular e correta prestação jurisdicional.

Alternativa "A" – errada: falsificação de papéis públicos (art. 293, CP) e falsificação de selo e sinal público (art. 296, CP) são crimes contra a fé pública.

Alternativa "B" – errada: advocacia administrativa (art. 321, CP) é crime contra a Administração Pública em Geral praticado por funcionário público, não se conhece o crime de advocacia profissional no terceiro setor. A posse antecipada em cargo público pode configurar o crime de exercício funcional ilegalmente antecipado ou prolongado (art. 324, CP), que é crime contra a Administração Pública em Geral.

Alternativa "D" – errada: falsificação de papéis públicos (art. 293, CP) é crimes contra a fé pública; prevaricação (art. 319, CP) e condescendência criminosa (art. 320, CP) são crimes contra a Administração Pública em Geral.

Alternativa "E" – errada: Advocacia administrativa (art. 321, CP), violência arbitrária (art. 321, CP) e desobediência (art. 330, CP) são crimes contra a Administração Pública em Geral.

---

58. (Vunesp – Escrevente Técnico Judiciário – TJ-SP/2014) O Código Penal brasileiro, em relação ao crime de denunciação caluniosa, dispõe:

A) acusar-se, perante a autoridade, de crime inexistente ou praticado por outrem.

B) inovar artificiosamente, na pendência de processo civil ou administrativo, o estado de lugar.

C) provocar a ação de autoridade, comunicando-lhe a ocorrência de crime ou de contravenção que sabe não se ter verificado.

D) dar causa à instauração de investigação policial, de processo judicial, instauração de investigação administrativa, inquérito civil ou ação de improbidade administrativa contra alguém, imputando- lhe crime de que o sabe inocente.

E) dar, oferecer ou prometer dinheiro ou qualquer outra vantagem a testemunha, perito, contador, tradutor ou intérprete, para fazer afirmação falsa, negar ou calar a verdade em depoimento ou perícia.

COMENTÁRIOS

Alternativa "D" – correta: na denunciação caluniosa, o agente imputa a alguém a prática de um crime, sabendo que este é inocente. Com sua conduta de levar a denúncia à Autoridade, ele dá causa à movimentação da máquina judicial sem indevidamente (art. 339, CP).

Alternativa "A" – errada: acusar-se, perante a autoridade, de crime inexistente ou praticado por outrem **é crime de autoacusação falsa (art. 341, CP).**

Alternativa "B" – errada: inovar artificiosamente, na pendência de processo civil ou administrativo, o estado de lugar, é crime de fraude processual (art. 347, CP).

Alternativa "C" – errada: provocar a ação de autoridade, comunicando-lhe a ocorrência de crime ou de contravenção que sabe não se ter verificado é crime de comunicação falsa de crime ou de contravenção (art. 340, CP).

Alternativa "E" – errada: dar, oferecer ou prometer dinheiro ou qualquer outra vantagem a testemunha, perito, contador, tradutor ou intérprete, para fazer afirmação falsa, negar ou calar a verdade em depoimento ou perícia é o crime do art. 343, CP.

---

59. (Vunesp – Escrevente Técnico Judiciário – TJ-SP/2014) Assinale a alternativa correta em relação a funcionário público de acordo com o Código Penal.

A) A pena será aumentada pela metade se o agente for ocupante de cargo em comissão ou função de direção ou assessoramento de órgão da administração direta, sociedade de economia mista, empresa pública ou fundação instituída pelo poder público.

B) Considera-se funcionário público quem, embora transitoriamente, exerce cargo, emprego ou função pública.

C) Consideram-se funcionários públicos: vereadores, peritos judiciais, serventuários da justiça, defensor dativo e o auditor da Receita Federal.

D) Considera-se funcionário público, para efeitos penais, quem, embora transitoriamente e sempre com remuneração, exerce cargo, emprego ou função pública.

E) Equipara-se a funcionário público quem exerce cargo, emprego ou função em entidade paraestatal, e quem trabalha para empresa prestadora de serviço contratada ou conveniada para a execução de atividade típica da Administração Privada.

COMENTÁRIOS

Alternativa "D" – correta: mesmo a pessoa que exerça função, emprego ou cargo público temporariamente, como aquele que é contratado para emprego temporário, como as pessoas contratadas para realização de censo, é considerado funcionário público para fins penais (art. 327, CP).

Alternativa "A" – errada: A pena será aumentada de **terça parte** se o agente for ocupante de cargo em comissão ou função de direção ou assessoramento de órgão da administração direta, sociedade de economia mista, empresa pública ou fundação instituída pelo poder público (art. 327, § 3º, CP).

Alternativa "B" – errada: o defensor dativo não é considerado funcionário público para fins penais, pois exercício de tal *múnus* **é inerente ao de advogado.**

Alternativa "C" – errada: mesmo aquele que não recebe remuneração, é considerado funcionário público para fins penais, como o jurado.

Alternativa "E" – errada: Equipara-se a funcionário público quem exerce cargo, emprego ou função em entidade paraestatal, e quem trabalha para empresa prestadora de serviço contratada ou conveniada para a execução de atividade típica da **Administração Pública** (art. 327, § 1º, CP).

---

60. (Vunesp – Escrevente Técnico Judiciário – TJ-SP/2014) Em relação ao crime de peculato, assinale a alternativa correta.

A) Apropriar-se de dinheiro, valor ou qualquer outro bem móvel de que tenha a posse em razão do cargo.

B) Exigir o funcionário público tributos que sabe inexigíveis à espécie.

C) Retardar o funcionário a prática de ato de ofício, por influência de outrem.

D) Solicitar, fora da função, vantagem indevida à espécie.

E) Patrocinar o funcionário, indiretamente, interesse privado perante a Administração, valendo-se dessa qualidade.

COMENTÁRIOS

Alternativa "A" – correta: trata-se do peculato-apropriação (art. 312, CP). O funcionário público tem a posse do bem em razão da função, mas inverte a posse desse bem em seu favor ou de terceiro.

Alternativa "B" – errada: Exigir o funcionário público tributos que sabe inexigíveis à espécie é crime de excesso de exação (art. 316, § 1º, CP).

Alternativa "C" – errada: Retardar o funcionário a prática de ato de ofício, por influência de outrem é crime de corrupção passiva privilegiada (art. 317, § 2º, CP).

Alternativa "D" – errada: Solicitar, fora da função, **mas em razão dela,** vantagem indevida à espécie é crime de corrupção passiva (art. 317, CP).

Alternativa "E" – errada: Patrocinar o funcionário, indiretamente, interesse privado perante a Administração, valendo-se dessa qualidade é crime de advocacia administrativa (art. 321, CP).

---

61. (Vunesp – Juiz de Direito – TJ – SP/2013) A, testemunha compromissada, mediante suborno, presta falso testemunho, em fases sucessivas de um processo penal, por homicídio doloso, ou seja, no inquérito policial, na instrução criminal e em plenário.

A cometeu crime de

A) falso testemunho em continuidade delitiva.

B) falso testemunho único, com aumento de pena.

C) falso testemunho em concurso material.

D) falso testemunho em concurso formal.

COMENTÁRIOS

Alternativa "B" – correta: houve um único crime de falso testemunho, pois ocorreu na apuração de um mesmo fato, ainda que em fases diferentes da persecução criminal. Há aumento de pena de um sexto a um terço, porque houve suborno e o falso foi para produzir efeito em processo criminal.

Alternativas "A", "C" e "D" – erradas: considera-se que houve crime único, porque o falso ocorreu em um único procedimento, apesar de em fases diversas. Portanto, não há que se falar em concurso de crimes, material ou formal, ou continuidade delitiva.

3. LEGISLAÇÃO EXTRAVAGANTE

3.1. LEI Nº 9.099/95.

---

62. (Vunesp – Juiz de Direito – TJ SP/2017) A suspensão condicional do processo é

A) inadmissível, em qualquer caso, se a lesão corporal for praticada contra ascendente, descendente, irmão, cônjuge ou companheiro, ou com quem conviva ou tenha convivido, ou, ainda, prevalecendo-se o agente das relações domésticas, de coabitação ou de hospitalidade.

B) admissível nos crimes ambientais de menor potencial ofensivo, mas a declaração de extinção da punibilidade dependerá de laudo de constatação de reparação do dano ambiental, salvo impossibilidade de fazê-lo, permitida a prorrogação do prazo, se incompleta a reparação, com suspensão da prescrição.

C) aplicável em relação às infrações penais cometidas em concurso de crimes, excetuado o concurso material, quando a pena mínima cominada, pela incidência da majorante, não ultrapassar o limite de um (1) ano.

D) cabível na desclassificação do crime e na procedência parcial da pretensão punitiva, se reunidos os pressupostos legais permissivos, com remessa necessária da questão ao Procurador Geral de Justiça, ainda que ausente dissenso, aplicando-se por analogia o art. 28 do Código de Processo Penal.

COMENTÁRIOS

Alternativa "D" – correta: para a tutela integral do meio ambiente, a Lei de Crimes Ambientais prevê requisitos específicos em relação ao instituto da suspensão condicional do processo. Assim, a extinção da punibilidade depende de laudo de constatação de reparação do dano ambiental, salvo impossibilidade de fazê-lo, permitida a prorrogação do prazo, se incompleta a reparação, com a suspensão doo prazo prescricional (art. 28, Lei nº 9.605/1998).

Alternativa "A"- errada: nas relações familiares, a suspensão condicional do processo não é cabível em casos de violência doméstica, nos termos do que estabelece a Lei Maria da Penha.

Alternativa "B"- errada: para a concessão do benefício, deve-se ter a pena final em decorrência do concurso de crimes, seja concurso formal, material ou crime continuado.

Alternativa "C"- errada: é cabível a suspensão condicional da pena na desclassificação do crime e na procedência parcial da pretensão punitiva (Súmula 337, STJ), se reunidos os pressupostos legais permissivos. A jurisprudência admite a remessa ao Procurador Geral de Justiça, se houver dissenso entre o Juiz e o membro do MP quanto à concessão do benefício, aplicando-se por analogia o art. 28 do Código de Processo Penal.

3.2. LEI DE EXECUÇÃO PENAL

63. (Vunesp – Juiz de Direito – TJ SP/2017) As faltas disciplinares

A) sujeitam à regressão de regime, após prévia oitiva do condenado, e à perda de até 1/3 (um terço) do tempo remido, recomeçando a contagem a partir da data do reconhecimento administrativo da infração.

B) exigem, para seu reconhecimento no âmbito da execução penal, a instauração de procedimento administrativo pelo diretor do estabelecimento prisional, assegurado o direito de autodefesa, não ofendendo a Constituição a ausência de defesa técnica.

C) estão sujeitas ao princípio da legalidade, cabendo à legislação local especificar as leves e as médias, admitida a imposição de sanções coletivas e punida a tentativa com a sanção correspondente à falta consumada.

D) de natureza grave permitem a imposição da sanção de isolamento celular por ato motivado do diretor do estabelecimento, com necessária comunicação ao juiz da execução, não podendo exceder a trinta dias.

COMENTÁRIOS

Alternativa "D" - correta: a falta grave pode ensejar o isolamento celular a ser aplicado pelo diretor do estabelecimento (art. 54, LEP), podendo ser aplicada em caso de falta grave (art. 57. LEP), não podendo exceder a trinta dias (art. 58, LEP), sempre se comunicando ao Juízo das Execuções Penais (art. 58, parágrafo único, LEP)

Alternativa "A"- errada: o cometimento de falta grave pode ensejar a regressão de regime prisional, embora haja decisões que não pode ser o único motivo para tal. Em caso de falta grave, o juiz poderá revogar até 1/3 (um terço) do tempo remido, observado o disposto no art. 57 da LEP, recomeçando a contagem a partir da **data da infração disciplinar**.

Alternativa "B"- errada: a Constituição Federal garante a ampla defesa, que abrange a autodefesa e a defesa técnica, em qualquer procedimento judicial e administrativo. Desse modo, é imprescindível que haja defesa técnica em procedimento que vise apurar falta grave.

Alternativa "C"- errada: estão sujeitas ao princípio da legalidade, cabendo à legislação local especificar as leves e as médias, punida a tentativa com a sanção correspondente à falta consumada. Não é admitida a imposição de sanções coletivas em nome do princípio da individualização da pena, que também deve ser observado em matéria de execução penal.

3.3. CÓDIGO DE TRÂNSITO BRASILEIRO

64. (Vunesp – Juiz de Direito – TJ SP/2017) Quanto aos crimes de trânsito, é correto afirmar que

A) não padece de inconstitucionalidade o tipo que incrimina o ato de afastar-se o condutor do veículo do local do acidente, para fugir à responsabilidade penal ou civil que lhe possa ser atribuída.

B) o crime de dirigir veículo automotor, em via pública, sem a devida permissão para dirigir ou habilitação ou, ainda, se cassado o direito de dirigir, por reclamar que decorra do fato perigo de dano, derrogou, integralmente, a contravenção penal prevista no art. 32 do Decreto-lei nº 3.688/41, sob a rubrica de falta de habilitação para dirigir veículo.

C) o juiz, no curso da ação penal, havendo necessidade para garantia da ordem pública, poderá, de ofício, decretar, em decisão motivada, a suspensão da permissão ou da habilitação para dirigir veículo automotor, ou a proibição de sua obtenção, cabendo contra tal ato recurso em sentido estrito, sem efeito suspensivo.

D) constitui circunstância agravante, no crime de homicídio culposo na direção de veículo automotor, a ser considerada na segunda fase do cálculo da pena, o fato de o autor não possuir permissão para dirigir ou carteira de habilitação.

COMENTÁRIOS

Alternativa "C" – correta: trata-se do disposto no art. 294, CTB. Tem-se no caso medida cautelar diversa da prisão e que visa garantir a ordem pública, como no caso daquele que, no caso concreto, coloca em risco a segurança do trânsito. O Juiz pode decretar a medida de ofício ou mediante requerimento do Ministério Público ou representação da Autoridade Policial. Contra essa decisão, cabe recurso em sentido estrito.

Alternativa "A"– errada: padece de inconstitucionalidade o tipo que incrimina o ato de afastar-se o condutor do veículo do local do acidente, para fugir à responsabilidade penal ou civil que lhe possa ser atribuída, pois fere o princípio da não-autoincriminação.

Alternativa "B"– errada: o crime de dirigir veículo automotor, em via pública, sem a devida permissão para dirigir ou habilitação ou, ainda, se cassado o direito de dirigir, por reclamar que decorra do fato perigo de dano, derrogou, parcialmente, a contravenção penal prevista no art. 32 do Decreto-lei nº 3.688/41, sob a rubrica de falta de habilitação para dirigir veículo. O crime ocorre, se, além da mera conduta de dirigir sem habilitação, o agente provoca perigo concreto. Já a contravenção se consuma com a mera conduta de dirigir sem habilitação.

Alternativa "D"– errada: constitui causa de aumento de pena, no crime de homicídio culposo na direção de veículo automotor, a ser considerada na terceira fase do cálculo da pena, o fato de o autor não possuir permissão para dirigir ou carteira de habilitação.

3.4. LEI DE DROGAS

65. (Vunesp – Juiz de Direito – TJ SP/2017) No que concerne à lei de drogas, é correto afirmar que

A) o emprego de arma de fogo constitui causa de aumento da pena no crime de tráfico, não configurando majorante, porém, o concurso de pessoas.

B) constitui crime a associação de três ou mais pessoas para o fim de, reiteradamente ou não, financiar ou custear o tráfico de drogas.

C) a prescrição no crime de posse de droga para consumo pessoal ocorre no menor prazo previsto no Código Penal para as penas privativas de liberdade.

D) é isento de pena o agente que, em razão de dependência, era, ao tempo da ação ou da omissão relacionada, com exclusividade, a crimes de drogas, inteiramente incapaz de entender o caráter ilícito do fato ou de determinar-se de acordo com esse entendimento.

COMENTÁRIOS

Alternativa "A" – correta: o art. 40 da Lei de Drogas prevê as causas de aumento de pena no crime de tráfico de drogas, entre os quais está o uso de arma de fogo. Porém, em tal artigo não se prevê a causa de aumento se for praticado em concurso de agentes.

Alternativa "B"– errada: constitui crime a associação de duas ou mais pessoas para o fim de, reiteradamente ou não (art. 35, Lei de Drogas). Financiar ou custear o tráfico de drogas é crime autônomo previsto no art. 36 da Lei de Drogas.

Alternativa "C"– errada: a prescrição no crime de posse de droga para consumo pessoal ocorre em dois anos, enquanto o menor prazo previsto no Código Penal para as penas privativas de liberdade é de três anos.

Alternativa "D"– errada: É isento de pena o agente que, em razão da dependência, ou sob o efeito, proveniente de caso fortuito ou força maior, de droga, era, ao tempo da ação ou da omissão, qualquer que tenha sido a infração penal praticada, inteiramente incapaz de entender o caráter ilícito do fato ou de determinar-se de acordo com esse entendimento (art. 45, Lei de Drogas).

3.5. LEI DE CRIME ORGANIZADO.

66. (Vunesp – Juiz de Direito – RJ/2016) No que diz respeito aos crimes previstos na Lei que Define Organização Criminosa (Lei nº 12.850/13), é correto afirmar que

A) o concurso de funcionário público, valendo-se a organização criminosa dessa condição para a prática de infração penal, é circunstância qualificadora do crime de promover, constituir, financiar ou integrar organização criminosa.

B) aquele que impede ou, de qualquer forma, embaraça a investigação de infração penal que envolva organização criminosa terá, além da pena relativa ao crime de promover organização criminosa, uma causa de aumento de pena.

C) a condenação com trânsito em julgado de funcionário público por integrar organização criminosa acarretará sua perda do cargo, função, emprego ou mandato eletivo e a interdição para o exercício de função ou cargo público pelo prazo de 8 (oito) anos subsequentes ao trânsito em julgado da condenação.

D) não poderá ser concedido perdão judicial ao colaborador cuja colaboração resultar na recuperação parcial do produto ou do proveito das infrações penais praticadas pela organização criminosa mas sem que ele tenha revelado a estrutura hierárquica e a divisão de tarefas da organização criminosa.

E) os funcionários de empresas telefônicas e provedores de internet que descumprirem requisição do delegado de polícia, expedida durante o curso de investigação criminal e independentemente de autorização judicial, por meio da qual são solicitados dados cadastrais do investigado relativos exclusivamente à sua qualificação pessoal, filiação e endereço cometerão crime de recusa de dados, previsto na Lei nº 12.850/13.

COMENTÁRIOS

Alternativa "E" – correta: o art. 21 da Lei n. 12.850/2013 prevê a pena de reclusão de seis meses a dois anos para quem se recusa ou omite dados cadastrais, documentos e informação requisitados pelo juiz, Ministério Público ou autoridade no curso de investigação ou ação penal que apure organização criminosa.

Alternativa "A" – errada: em verdade, há causa de aumento de pena, porque não há um novo patamar mínimo ou máximo, mas o aumento da pena em fração de 1/6 a 2/3 (art. 2º, Lei n. 12.850/2013).

Alternativa "B"– errada: aquele que impede ou, de qualquer forma, embaraça a investigação de infração penal que envolva organização criminosa terá a mesma pena de quem dela participa (art. 2º, § 1º, Lei n. 12.850/2013).

Alternativa "C"– errada: a condenação com trânsito em julgado de funcionário público por integrar organização criminosa acarretará sua perda do cargo, função, emprego ou mandato eletivo e a interdição para o exercício de função ou cargo público pelo prazo de 8 (oito) anos subsequentes ao cumprimento de pena (art. 2º, § 6º, Lei n. 12.850/2013).

Alternativa "D"– errada: o perdão judicial poderá ser concedido se presentes um dos cinco incisos do art. 4º, *caput*, da Lei n. 12.850/2013, sendo que no inciso II consta a recuperação parcial do produto ou proveito do crime.

3.6. LEI DE TORTURA

67. (Vunesp – Juiz de Direito – RJ/2016) Maximilianus constantemente agredia seu filho Ramsés, de quinze anos, causando-lhe intenso sofrimento físico e mental com o objetivo de castigá-lo e de prevenir que ele praticasse "novas artes". Na última oportunidade em que Maximilianus aplicava tais castigos, vizinhos acionaram a polícia ao ouvirem os gritos de Ramsés. Ao chegar ao local os policiais militares constataram as agressões e conduziram ao Distrito Policial Maximilianus, Ramsés e Troia, mãe de Ramsés que presenciava todas as agressões mas, apesar de não concordar, deixava que Maximilianus "cuidasse" da educação do filho sem se "intrometer".

Diante da circunstância descrita, é correto afirmar que

A) Maximilianus incorreu, nos termos da Lei nº 9.455/97, na prática do crime de tortura na qualidade de autor, sendo que Troia será responsabilizada pela prática do crime de omissão em face da tortura praticada por Maximilianus, também previsto na Lei nº 9.455/97, tendo em vista que tinha o dever de evitá-la.

B) Maximilianus e Troia incorreram, nos termos da Lei nº 9.455/97, na prática do crime de tortura na qualidade de co-autores.

C) Maximilianus incorreu, nos termos da Lei nº 9.455/97, na prática do crime de tortura na qualidade de autor, e que Troia também será responsabilizada pela prática do mesmo crime, porém na condição de partícipe.

D) Maximilianus incorreu, nos termos da Lei nº 9.455/97, na prática do crime de tortura na qualidade de autor, e que Troia, porém, não poderá ser responsabilizada, pois não concorreu para a prática do crime.

E) Maximilianus incorreu, nos termos da Lei nº 9.455/97, na prática do crime de tortura na qualidade de autor, assim como Troia também teria incorrido no mesmo crime mas com base na omissão penalmente relevante prevista no Código Penal.

COMENTÁRIOS

Alternativa "A" – correta: O pai submeteu o filho, que está sob sua autoridade e poder familiar, a intenso sofrimento físico, mediante violência, com o fim de aplicar castigo pessoal, motivo pelo qual houve crime de tortura (art. 1º, II, Lei n. 9.455/1997). Já a mãe responde pela conduta omissiva, porque tinha o dever de evitar a tortura (art. 1º, § 2º, Lei n. 9.455/1997).

Alternativas"B"e **"C" – erradas:** cada um responderá por condutas diversas: o pai praticou uma conduta positiva, enquanto a mãe praticou uma conduta omissiva. Não há que se falar em coautoria ou participação.

Alternativa "D"– errada: a mãe será responsabilizada pelo crime de tortura na forma omissiva.

Alternativa "E"– errada: a omissão penalmente relevante é elemento doo tipo penal omissivo impróprio, em que o tipo penal descreve uma conduta ativa, mas o resultado pode ser atingido de forma omissiva (como a mãe que mata seu filho ao deixar de alimentá-lo). No caso, se trata de crime omissivo próprio, pois a conduta descrita no tipo penal é omissiva.

3.7. DIREITO PENAL ECONÔMICO

68. (Vunesp - Juiz de Direito - RJ/2016) No que tange às infrações penais relativas ao Direito Penal Econômico, nos termos previstos no Edital, assinale a alternativa correta.

A) Ocultar ou dissimular a natureza, origem, localização, disposição, movimentação ou propriedade de bens, direitos ou valores provenientes, direta ou indiretamente, de contravenção penal não caracteriza o crime de lavagem de bens, direitos e valores.

B) Com base na jurisprudência do Superior Tribunal de Justiça e do Supremo Tribunal Federal, para a caracterização dos crimes materiais contra a ordem tributária não basta a omissão ou a falsa informação prestada, sendo necessário que impliquem na supressão ou redução tributária.

C) Caracteriza-se como crime contra a ordem econômica formar acordo, convênio, ajuste ou aliança entre ofertantes, visando a variação natural de preços ou quantidades vendidas ou produzidas.

D) Aquele que participa de grupo, associação ou escritório tendo conhecimento de que sua atividade principal ou secundária é dirigida à prática de crimes previstos na Lei de lavagem ou ocultação de bens, direitos e valores, somente será responsabilizado pela prática destes crimes se, efetivamente, participar das condutas ilícitas desenvolvidas pela organização.

E) Fazer declaração falsa ou omitir declaração sobre rendas, bens ou fatos, ou empregar outra fraude para eximir-se, total ou parcialmente, de pagamento de tributo só será considerado crime tributário se implicar na efetiva supressão ou redução tributária.

COMENTÁRIOS

Alternativa "B" - correta: o crime contra a ordem tributária que exige a supressão ou redução do tributo (art. 1º, Lei nº 8.137/1990) é material, ou seja, é preciso que haja efetiva supressão ou redução do tributo, o que se demonstra com a conclusão do processo administrativo tributário.

Alternativas "A"- errada: o crime de lavagem de dinheiro pode ter como infração penal antecedente crime ou contravenção penal.

Alternativa "C"- errada: no crime contra a ordem econômica, a conduta do agente visa, entre outras finalidades, a fixação artificial de preços.

Alternativa "D"- errada: aquele que participa de grupo, associação ou escritório tendo conhecimento de que sua atividade principal ou secundária é dirigida à prática de crimes previstos na Lei nº 9.613/1998 comete infração penal equiparada a lavagem de dinheiro (art. 1º, § 2º, II, Lei nº 9.613/1998.

Alternativa "E"- errada: Fazer declaração falsa ou omitir declaração sobre rendas, bens ou fatos, ou empregar outra fraude para eximir-se, total ou parcialmente, de pagamento de tributo está previsto como conduta autônoma (art. 2º, I, Lei nº 8.137/1990) e há crime, mesmo que não haja a efetiva supressão ou redução do tributo.

69. (Vunesp - Juiz de Direito - SP/2014) Acerca de crime contra a ordem tributária, previsto no art. 1.°, incisos I a IV, da Lei n.° 8.137/90 (constitui crime contra a ordem tributária suprimir ou reduzir tributo, ou contribuição social e qualquer acessório, mediante as seguintes condutas: ...), assinale a opção que contenha afirmação falsa:

A) Não se tipifica crime material contra a ordem tributária, previsto nestas hipóteses, antes do lançamento definitivo do tributo.

B) Não há justa causa para a ação penal antes de esgotada a via administrativa, ou seja, antes do lançamento definitivo do tributo.

C) Por inexistir subordinação entre as instâncias penal e administrativa, no que tange ao delito em tela não há que se falar na exigência do esgotamento da via administrativo-fiscal para caracterização do tipo e configuração da justa causa para a ação penal.

D) Se está pendente recurso administrativo que discute o débito tributário perante as autoridades fazendárias, não há falar-se em início do lapso prescricional, que somente se iniciará com a consumação deste delito, nos termos do art. 111, inc. I, do Código Penal.

COMENTÁRIOS

✪ **Nota do autor:** o examinador exigiu a alternativa errada.

Alternativa "C" - errada: o STF firmou entendimento que o crime contra a ordem tributária é material e, portanto, deve haver efetivamente a redução ou subtração do tributo, o que só pode ser demostrado ao fim do processo administrativo-tributário.

Alternativa "A"- correta: o lançamento tributário é imprescindível para a consumação do crime contra a ordem tributária.

Alternativa "B"- correta: a justa causa é condição da ação penal que exige demonstração da viabilidade da ação penal. Para tanto, nos crimes contra a ordem tributária, é imprescindível o esgotamento da via administrativa.

Alternativa "D"- correta: o prazo prescricional só se inicia com a consumação do crime que, no caso do crime contra a ordem tributária, só ocorre com o fim do processo administrativo.

3.8. ESTATUTO DO IDOSO

70. (Vunesp – Juiz de Direito – SP/2015) O afilhado que cuida e tem a função de curador de sua madrinha, esta com 65 anos de idade, acometida de Alzheimer, vendeu imóvel da ofendida por R$ 80.000,00, recebendo, inicialmente, R$ 20.000,00. Quando foi lavrada a escritura pública, o curador recebeu o restante do pagamento, no importe de R$ 60.000,00, apropriando-se do numerário. Assim,

A) o comportamento do afilhado caracteriza o crime de apropriação, previsto no Estatuto do Idoso.

B) o afilhado é isento de pena por ter praticado o delito em prejuízo de ascendente.

C) o comportamento do afilhado caracteriza o crime de estelionato, na modalidade de abuso de incapazes.

D) o comportamento do afilhado caracteriza o crime de apropriação indébita, agravado em face da qualidade de curador.

COMENTÁRIOS

Alternativa "A" – correta: o art. 102, do Estatuto do Idoso, prevê tipo especial do crime de apropriação indébita, consistente em "apropriar-se de ou desviar bens, proventos, pensão ou qualquer outro rendimento do idoso, dando-lhes aplicação diversa da de sua finalidade".

Alternativa "B"– errada: não há escusa absolutória para esse crime previsto no EI. Além disso, no CP, nos crimes contra o patrimônio, não se aplica a escusa absolutória se a vítima é maior de 60 anos (art. 183, III, CP).

Alternativa "C"– errada: o afilhado não induziu alguém a erro, senão apropriou-se de bem de propriedade de sua curatelada, uma idosa, o que faz a conduta incidir no art. 102, CP.

Alternativa "D"– errada: no caso, incide a norma especial do art. 102, EI.

71. (Vunesp – Juiz de Direito – TJ – SP/2013) A, de forma reiterada, apropriou-se de pensão proveniente do INSS, pertencente a B, pessoa idosa, e dela recebida, dando ao rendimento mensal aplicação diversa de sua finalidade.

A cometeu o crime de

A) furto qualificado pelo abuso de confiança.

B) apropriação indébita, definido no artigo 102, "caput", da Lei n.° 10.741/03 (Estatuto do Idoso), com agravamento da pena, em face da circunstância prevista no artigo 61, inciso II, letra h, do Código Penal (crime contra idoso).

C) apropriação indébita previdenciária, definido no artigo 168-A, "caput", do Código Penal.

D) apropriação indébita, definido no artigo 102, "caput", da Lei n.° 10.741/03 (Estatuto do Idoso), com aumento de pena decorrente da continuidade delitiva, prevista no artigo 71, "caput", do Código Penal.

COMENTÁRIOS

Alternativa "D" – correta: o art. 102, do Estatuto do Idoso, prevê tipo especial do crime de apropriação indébita, consistente em "apropriar-se de ou desviar bens, proventos, pensão ou qualquer outro rendimento do idoso, dando-lhes aplicação diversa da de sua finalidade". Há a continuidade delitiva, pois a conduta do agente se repetia mensalmente.

Alternativa "A"– errada: não se trata de furto, pois não havia subtração. É crime de apropriação indébita especial, prevista no art. 102 do EI.

Alternativa "B"– errada: não incide a circunstância agravante decorrente do fato de o agente ser idoso, pois está circunstância já é elemento do tipo penal. Com isso, se evita o *bis in idem*.

Alternativa "C"– errada: no crime do art. 168-A, CP, o empregador recolhe a contribuição previdenciária do empregado, mas deixa de repassá-la à Previdência Social.

3.9. ECA

72. (Vunesp – Juiz de Direito – RJ/2014) De acordo com entendimento recentemente sumulado pelo STJ, o crime de corrupção de menores do art. 244-B da Lei n.° 8.069/90 (Estatuto da Criança e do Adolescente), é delito ...... e, portanto, para sua configuração, ... da prova da efetiva corrupção do menor.

Completam, correta e respectivamente, as lacunas as expressões contidas em

A) formal ... depende

B) material ... depende

C) material . independe

D) formal . independe

COMENTÁRIOS

Alternativa "D" – correta: trata-se da Súmula 500 do STJ. "Para a configuração do crime de corrupção de menores, atual art. 244-B do Estatuto da Criança e do Adolescente, não se faz necessária a prova da efetiva corrupção do menor, uma vez que se trata de delito formal, cujo bem jurídico tutelado pela norma visa, sobretudo, a impedir que o maior imputável induza ou facilite a inserção ou a manutenção do menor na esfera criminal".

Alternativa "A" - errada: como se trata de crime formal, não depende para sua consumação de que haja a efetiva corrupção de menor. Basta que haja participação de menor no crime.

Alternativas "B" e **"C" - erradas:** o crime do art. 244-B do ECA é forma e independe que haja efetiva corrupção de menores.

3.10. LEI AMBIENTAL

73. (Vunesp - Juiz de Direito - RJ/2014) Motosserra, madeira e animal silvestre são apreendidos em operação policial para combate a crimes ambientais. Nos estritos termos do quanto determina o art. 25 da Lei n.° 9.605/98, tais coisas podem, entre outras soluções, respectivamente, ser objeto de

A) destruição e venda como sucata; avaliação e venda ou doação; entrega a jardim zoológico.

B) reciclagem e venda; avaliação e doação para instituição beneficente; libertação em seu habitat.

C) avaliação e venda; avaliação e venda; avaliação e venda para agentes credenciados pelos órgãos de defesa do meio ambiente.

D) doação para instituição beneficente; avaliação e venda; libertação em seu habitat.

COMENTÁRIOS

Alternativa "B" - correta: nos termos do art. 25, Lei nº 9.605/98, os instrumentos utilizados na prática da infração serão vendidos, garantida a sua descaracterização por meio da reciclagem (motosserra); Tratando-se de produtos perecíveis ou madeiras, serão estes avaliados e doados a instituições científicas, hospitalares, penais e outras com fins beneficentes (madeira); Os animais serão prioritariamente libertados em seu habitat ou, sendo tal medida inviável ou não recomendável por questões sanitárias, entregues a jardins zoológicos, fundações ou entidades assemelhadas, para guarda e cuidados sob a responsabilidade de técnicos habilitados (animal silvestre).

Alternativas "A", "C" e **"D" - erradas:** a ordem dos destinos dos bens apreendidos no caso de crime ambiental é a da alterativa "B".

74. (Vunesp - Juiz de Direito - TJ - SP/2013) A, por motivo egoístico, ordenou a destruição de parte de uma fazenda colonial, de sua propriedade, especialmente protegida por decisão judicial de tutela antecipada, concedida nos autos de ação civil pública movida pelo Ministério Público com vistas à preservação, em sua inteireza, do imóvel, em razão de seu valor histórico, cultural e arquitetônico, cujo processo de tombamento, porém, ainda não havia sido instaurado. Nesse caso, o agente praticou

A) o crime previsto no artigo 62, inciso I, da Lei n.° 9.605/98, que define os crimes ambientais.

B) o crime de dano qualificado pelo motivo egoístico, previsto no artigo 163, parágrafo único, inciso IV, do Código Penal.

C) o fato no exercício regular de direito, uma vez que era o proprietário do imóvel.

D) conduta atípica, uma vez que o imóvel não era tombado, nem iniciado o seu tombamento e provisória a decisão judicial que o protegia.

COMENTÁRIOS

Alternativa "A" - correta: constitui crime ambiental destruir, inutilizar ou deteriorar bem especialmente protegido por lei, ato administrativo ou decisão judicial (art. 62, I, Lei nº 9.605/98). Tutela-se nesse tipo penal o ordenamento urbano ou o patrimônio cultural, como no caso da fazenda.

Alternativa "B"- errada: não houve dano, porque o bem destruído pertencia ao próprio mandante do fato. Não houve prejuízo patrimonial a terceiro.

Alternativa "C"- errada: o direito de propriedade não é ilimitado, devendo atender à sua função social. É o que ocorre no caso em tela, em que o autor do fato deveria preservar a fazenda face o interesse social despertado pelo seu valor histórico.

Alternativa "D"- errada: a conduta é atípica, porque houve destruição de bem especialmente protegido por decisão judicial.

Direito Penal

Danilo da Cunha Souza

✦ DICAS

✦ PARTE GERAL

1. PRINCÍPIOS PENAIS E CONSTITUCIONAIS.

- A concepção moderna de Direito Penal o conceitua como conjunto de normas que visam limitar a pretensão punitiva do Estado em favor dos direitos e garantias do acusado.
- A Constituição Federal estabeleceu um rol de direitos e garantias de natureza penal.
- **Princípio da reserva legal e da anterioridade**: não há crime sem lei anterior que o defina, nem pena sem prévia cominação legal.
- **Princípio da irretroatividade da norma penal**: a lei penal não retroagirá, salvo para beneficiar o réu;
- **Inafiançabilidade do crime de racismo**: a prática do racismo constitui crime inafiançável e imprescritível, sujeito à pena de reclusão, nos termos da lei;
- **Crimes Hediondos**: a lei considerará crimes inafiançáveis e insuscetíveis de graça ou anistia a prática da tortura, o tráfico ilícito de entorpecentes e drogas afins, o terrorismo e os definidos como crimes hediondos, por eles respondendo os mandantes, os executores e os que, podendo evitá-los, se omitirem.
- **Inafiançabilidade dos crimes contra a ordem constitucional e o Estado Democrático**: constitui crime inafiançável e imprescritível a ação de grupos armados, civis ou militares, contra a ordem constitucional e o Estado Democrático;
- **Princípio da intranscendência da pena**: nenhuma pena passará da pessoa do condenado, podendo a obrigação de reparar o dano e a decretação do perdimento de bens ser, nos termos da lei, estendidas aos sucessores e contra eles executadas, até o limite do valor do patrimônio transferido;
- **Princípio da individualização da pena**: a lei regulará a individualização da pena e adotará, entre outras, as seguintes: a) privação ou restrição da liberdade; b) perda de bens; c) multa; d) prestação social alternativa; e) suspensão ou interdição de direitos.
- **Princípio da vedação das penas cruéis ou humanitário**: não haverá penas: a) de morte, salvo em caso de guerra declarada, nos termos do art. 84, XIX. CF; b) de caráter perpétuo; c) de trabalhos forçados; d) de banimento; e) cruéis.
- **Princípio da individualização da execução da pena**: a pena será cumprida em estabelecimentos distintos, de acordo com a natureza do delito, a idade e o sexo do apenado.
- **Princípio da integridade física e moral do preso**: é assegurado aos presos o respeito à integridade física e moral.
- **Princípio da integridade física e moral da presa**: às presidiárias serão asseguradas condições para que possam permanecer com seus filhos durante o período de amamentação.

2. APLICAÇÃO DA LEI PENAL

- Princípio da **irretroatividade da norma penal:** a norma penal não retroage, exceto para beneficiar o réu.
- Assim, a qualquer tempo, mesmo depois de condenação transitada em julgado, é extinta a pena do réu, se lei posterior deixar de considerar o fato como crime (*abolitio criminis*).
- Mas, não se aplica a lei penal posterior que passa a incriminar uma conduta ou agrave a pena ou de qualquer forma seja prejudicial ao acusado.
- **Ultratividade da norma penal:** a norma penal que perde vigência deixa de ser aplicada. Porém, caso a norma penal revogada for mais benéfica, ela continua a reger o fato anterior, permanecendo em atividade.
- **Princípio da territorialidade:** se aplica a lei brasileira aos crimes cometidos no território nacional, ou seja, o espaço territorial em que o Brasil é soberano.

Extensão do território nacional

- *i.* as embarcações e aeronaves brasileiras, de natureza pública ou a serviço do governo brasileiro, em qualquer lugar que se encontre;
- ii. as embarcações e aeronaves brasileiras, de natureza mercantil ou privada, que se achem respectivamente em alto-mar ou no espaço aéreo correspondente;
- *iii.* aeronaves e embarcações estrangeiras de propriedade privada, se estiverem sobre o território nacional, em aeroporto ou porto, ou no espaço aéreo ou marítimo

- Se o crime for cometido em aeronave ou embarcação considerada extensão do território nacional, aplica-se a lei brasileira.
- Por exemplo, se o crime é praticado em embarcação brasileira de propriedade privada no alto-mar, aplica-se a lei brasileira.
- **Princípio da extraterritorialidade**: em razão de determinadas circunstâncias, como de pessoas envolvidas ou dos bens jurídicos atingidos, aplica-se a lei brasileira, ainda que o fato tenha acontecido no exterior (art. 7º do Código Penal). É o caso de homicídio contra o Presidente da República praticado no exterior.

Espécies	Características	Hipóteses
Extraterritorialidade incondicionada	A lei brasileira se aplica aos fatos praticados no exterior, independentemente de qualquer condição	os crimes: a) contra a vida ou a liberdade do Presidente da República; b) contra o patrimônio ou a fé pública da União, do Distrito Federal, de Estado, de Território, de Município, de empresa pública, sociedade de economia mista, autarquia ou fundação instituída pelo Poder Público; c) contra a administração pública, por quem está a seu serviço; d) de genocídio, quando o agente for brasileiro ou domiciliado no Brasil.
Extraterritorialidade condicionada	A aplicação da lei brasileira depende do concurso de diversas condições	I – os crimes: a) que, por tratado ou convenção, o Brasil se obrigou a reprimir; b) praticados por brasileiro; c) praticados em aeronaves ou embarcações brasileiras, mercantes ou de propriedade privada, quando em território estrangeiro e aí não sejam julgados. II- crime cometido por estrangeiro contra brasileiro fora do Brasil

- **Tempo do crime:** art. 4º do Código Penal: adotou a teoria da **atividade**: considera-se praticado o crime no momento da ação ou da omissão, ainda que seja outro o do resultado.
- Se o agente tem 17 anos no dia em que atirou na vítima, que só veio a falecer dois meses depois, quando o autor do fato já completou 18 anos, este não responde penalmente, porque, quando da atividade, ele ainda era inimputável.
- **Lugar do crime**: art. 6º do Código Penal: adotou a teoria da **ubiquidade:** considera-se praticado o crime no lugar em que ocorreu a ação ou omissão, no todo ou em parte, bem como onde se produziu ou deveria produzir o resultado.
- **Lei excepcional:** é aquela adotada em razão de um fato extraordinário, como a guerra ou terremoto.
- **Lei temporária**: é aquela adotada durante período de tempo determinado.
    - **Lei excepcional ou temporária**, embora decorrido o período de sua duração ou cessadas as circunstâncias que a determinaram, aplica-se ao fato praticado durante sua vigência.
- **Lei penal especial:** é a norma penal não prevista no Código Penal, como os crimes eleitorais do Código Eleitoral.
- A aplicação da lei penal está relacionada à soberania do Estado e, portanto, incide aos limites de seu território.
- **Pena cumprida no estrangeiro**: é causa de **detração penal**: porque atenua a pena imposta no Brasil pelo mesmo crime, quando diversas, ou nela é computada, quando idênticas.
- A competência para homologação de sentença penal estrangeira é do **STJ.**
- **Prazo penal**: dia do começo inclui-se no cômputo do prazo.
- Assim, a pessoa que comete crime no dia em que completa dezoito anos está sujeito à legislação penal, não ao ECA.
- **Prazos mistos**: são aqueles que têm importância para o Direito Penal e para o Direito Processual Penal, como no caso de prazo decadencial para representação na ação penal pública condicionada ou para oferecer queixa-crime. Nesse caso, aplica-se a regra do direito penal.
- Desprezam-se, nas penas privativas de liberdade e nas restritivas de direitos, as frações de dia, e, na pena de multa, as frações de moeda.
- Com efeito, a pena aplicada é de ano, mês e dia.
- A norma penal incriminadora, como implica restrição do direito de liberdade de ir e vir, deve ser interpretada restritivamente.
- **Interpretação extensiva:** busca o verdadeiro alcance da norma. O intérprete analisa um caso, a norma que regula esse caso, e procura entender qual o alcance e a elasticidade dela. É admitida no Direito Penal. Exemplo: crime de invasão de domicilio abrange também a proteção ao escritório de advocacia.
- **Interpretação analógica:** é autorizada pelo próprio legislador que, de início, estabelece a casuística e, em seguida, estabelece cláusula aberta. Exemplo: mediante paga ou promessa de recompensa, ou por outro motivo torpe (art. 121, § 2º, I, CP).
- Analogia é o método de **integração da norma**, em que se aplica, a uma hipótese não regulada por lei, a legislação de um caso semelhante.
- **Analogia em norma penal incriminadora ou *in malam partem***: é aquela aplicada em desfavor do réu. É vedada em matéria penal.
- Por exemplo: no processo penal, há a figura do assistente técnico. Não pode ele ser condenado por falso testemunho ou falsa perícia, pois os sujeitos ativos deste crime só podem ser testemunha e perito. Não se pode usar analogia para condenar o assistente técnico que elabore falso laudo.
- **Analogia *in bonam partem***: é aquela aplicada em favor do réu. É admitida em matéria penal.
- Por exemplo: não é punido o aborto praticado por médico com o consentimento da gestante, se a gravidez for resultado de estupro. Se, em um local remoto em que não haja médico, não será punido o aborto praticado por uma enfermeira, se presentes os demais requisitos.
- **Conflito aparente de normas**: a um fato concreto aplica-se uma única norma. Pode ocorrer que, aparentemente, mais de uma lei pode ser aplicada a um fato, o que deve ser resolvido pelas técnicas de resolução do conflito.

Princípios	Características
Especialidade	Há uma norma especial que afasta a aplicação geral. Especial é a norma que reúne todos os elementos da norma geral, acrescidos de alguns outros denominados especializantes.
Subsidiariedade	A norma subsidiária afasta a aplicação da norma principal, ambas a tutelar o mesmo bem jurídico. Essa relação se revela pela análise do fato concreto
Consunção	A norma definidora de um crime é meio necessário ou fase normal de preparação ou execução de outro crime. Tem-se o fato anterior ou posterior impunível, porque fase preparatória ou consequência lógica para a realização do crime.

3. DO CRIME.

3.1 DO FATO TÍPICO

- **Conceito analítico de crime:** crime é fato **típico, antijurídico e culpável.**
- **Conceito material de crime:** crime é o comportamento humano causador de lesão ou perigo de lesão ao bem jurídico tutelado, passível de sanção penal.
- **Conceito formal de crime:** crime é aquilo que está estabelecido em uma normal penal incriminadora sob ameaça de pena.
- Estudaremos cada um dos elementos do crime de acordo como o conceito analítico: FATO TÍPICO + FATO ANTIJURÍDICO + CULPABILIDADE.
- **Fato típico**: é o fato descrito na norma penal como crime.

São elementos do fato típico	A) Conduta; B) Resultado; C) Nexo de causalidade; D) Tipicidade.

A – CONDUTA

- **Conduta**: é o comportamento humano, comissivo ou omissivo, voltado para a prática de um fato definido em lei como típico.
- De acordo com a teoria finalista, o **dolo** e a **culpa** são elementos da conduta.

Teorias do dolo	• **teoria da vontade:** há dolo direto quando há vontade consciente de querer praticar a infração penal; • **teoria da representação:** o agente prevê o resultado como possível e ainda assim opta por continuar a conduta (esta teoria abrange tanto o dolo eventual quanto a culpa consciente). • **teoria do consentimento ou assentimento:** há dolo quando o agente prevê o resultado como possível e ainda assim continua na prática assumindo o risco de produzi-lo.

- **Dolo direto**: é a vontade de, por meio de conduta, produzir o resultado previsto em lei como crime. Teoria da vontade.
- **Dolo eventual**: o agente não tem como finalidade a produção do resultado, mas, diante de sua conduta, assume o risco de produzi-lo, sem se importar que ele advenha. Teoria do assentimento.
- **Culpa**: é a conduta do agente que por **imprudência, negligência** ou **imperícia** produz o resultado.
- **Culpa inconsciente:** objetivamente, é previsível que a conduta vai produzir o resultado típico. Mas, em decorrência de imprudência, imperícia ou negligência, subjetivamente, o agente não prevê a produção do resultado.
- **Culpa consciente**: o agente prevê o advento do resultado típico, mas, mesmo assim, continua em sua conduta.

Dolo eventual	Culpa consciente
O agente prevê o resultado e assume o risco de produzi-lo, pouco se importando que ele advenha	O agente prevê o resultado, mas acredita sinceramente que pode evita-lo

B – RESULTADO

- **Resultado naturalístico**: em consequência à conduta, há modificação sensível do mundo exterior, como ocorre no homicídio com o resultado morte.
- **Resultado jurídico ou normativo:** há violação da norma penal por causa do dano efetivo ou o perigo de ameaça ao bem jurídico tutelado penalmente. Exemplo: violação de domicílio (não há um resultado naturalístico, mas há violação à norma jurídica)
- Na doutrina brasileira, prevalece a doutrina naturalística de resultado, por meio da qual se faz a distinção entre **crime material, formal e de mera conduta.**
- **Crime material:** é aquele em que o tipo descreve a conduta e o resultado naturalístico. Para consumar o delito é necessário o resultado naturalístico (ex.: homicídio, furto, roubo).
- **Crime formal**: é aquele em que o tipo penal descreve a conduta e o resultado naturalístico. Para consumar o delito **não se exige** o resultado naturalístico (ex.: extorsão, corrupção ativa).
- **Crime de mera conduta:** o tipo penal descreve apenas a conduta. Exemplo: invasão de domicílio.

C – NEXO DE CAUSALIDADE

- **Nexo de causalidade:** é o liame entre a conduta e o resultado naturalístico. Dessa forma, só tem relevância nos crimes materiais.

Teorias do nexo de causalidade	• **da equivalência das condições ou equivalência dos antecedente ou *conditio sine que non***: quaisquer das condutas que compõem a totalidade dos antecedentes é causa do resultado; • **da causalidade adequada:** considera causa do evento apenas a ação ou omissão do agente apta e idônea a gerar o resultado; • **imputação objetiva**: para que uma conduta seja considerada causa do resultado é preciso que: 1) o agente tenha, com sua ação ou omissão, criado, realmente, um risco não tolerado nem permitido ao bem jurídico; ou 2) que o resultado não fosse ocorrer de qualquer forma, ou; 3) que a vítima não tenha contribuído com sua atitude irresponsável ou dado seu consentimento para o ocorrência do resultado.

- Em regra, o CP adotou a teoria da equivalência das condições. No art. 13, § 1º, CP, adota-se a teoria da causa adequada.
- A teoria da equivalência das condições gera um problema, pois permite o regresso ao infinito, como, por exemplo, daria causa ao crime o vendedor da arma de fogo ao homicida.
- Para se evitar o regresso ao infinito, tem-se a **teoria da eliminação hipotética de Thyrén**: no campo mental da cogitação e suposições, o aplicador deve proceder a eliminação da conduta do sujeito ativo para concluir pela persistência ou desaparecimento do resultado. Persistindo o resultado não é causa, desaparecendo é causa.
- **Concausas:** trata-se causa que, em conjunto com conduta do agente, produzem o resultado naturalístico.
- **Concausas absolutamente independentes:** não têm qualquer vínculo com a conduta do agente e, por isso, rompem o nexo de causalidade. O agente não responde criminalmente, seja a concausa preexistente, concomitante ou superveniente.
- **Concausas relativamente independentes:** à conduta do agente soma-se outra causa à produção do resultado.

Concausa relativamente independente	Exemplo	Teoria (CP)	Consequência
Preexistente	"A" atira em "B", que é hemofílico. "B" morre de hemorragia	Equivalência dos antecedentes	"A" cometeu homicídio. O tiro mataria "B", ainda que ele não fosse hemofílico.
Concomitante	"A" atira em "B" que, no mesmo instante, sofre um infarto fulminante	Teoria da equivalência dos antecedentes	"A" responde pelo homicídio, pois se demonstrou que a morte de "B" ocorreria ainda que mesmo que não houvesse o infarto
Superveniente que por si só produziu o resultado	"A" atira em "B" que, ao ser socorrido ao hospital, este pega fogo	Teria da causa adequada	"A" responde por homicídio tentado, pois a causa superveniente não é desdobramento esperado de sua conduta. O incêndio é um evento que lhe é imprevisível.
Superveniente que por si só NÃO produziu o resultado	"A" atira em "B" que, ao ser socorrido ao hospital, morre em decorrência de erro médico	Teria é da equivalência dos antecedentes	"A" responde por homicídio consumado, pois a causa superveniente é desdobramento esperado de sua conduta. O erro médico não é causa extraordinária. "A" responde por homicídio doloso e o médico por homicídio culposo.

D – TIPICIDADE

- Tipicidade é a subsunção da conduta do agente ao tipo penal.
  - **Tipicidade formal:** Mera adequação da conduta ao tipo penal. Essa adequação deve ser perfeita, ou seja, conter todos os elementos do tipo penal abstratamente descrito na norma penal.
  - **Tipicidade material:** a conduta do agente deve efetivamente provocar risco ou dano ao bem juridicamente tutelado pela norma penal.
  - Só é punida a conduta se houver tipicidade material e formal.

Excluem a tipicidade	A) **PRINCÍPIO DA LESIVIDADE** – a conduta que não provoca sequer ameaça de lesão ao bem jurídico; B) **PRINCÍPIO DA INSIGNIFICÂNCIA**: a conduta que provoca uma lesão irrelevante ao bem jurídico;

Excluem a tipicidade	C) **PRINCÍPIO DA ADEQUAÇÃO SOCIAL**: a conduta que é socialmente adequada. Exemplo: furar a orelha de um bebê. D) **PRINCÍPIO DA ALTERIDADE:** a conduta que não lesa bens jurídicos de terceiros. Exemplo: o suicídio, a prostituição, a autolesão, destruição de coisa própria.

- Requisitos do princípio da insignificância segundo o STF: a) mínima ofensividade da conduta; b) a ausência de periculosidade social da ação; c) o reduzido grau de reprovabilidade do comportamento; d) a inexpressividade da lesão jurídica

3.2. *ITER CRIMINIS*

- *Iter criminis*: é o caminho percorrido para que o crime se considere consumado.

- A conduta passa a ser relevante penalmente a partir dos atos executivos, quando o agente pratica os verbos-núcleos do tipo, como o início da subtração no furto.
- Se todos os elementos do tipo penal ocorrerem, há consumação.

INSTITUTO	DEFINIÇÃO	CONSEQUÊNCIA
TENTATIVA	o agente inicia a execução do crime, que não se consuma por **circunstâncias alheias à sua vontade**, como na hipótese de o agente atirar como a vítima, mas erra os tiros, ou, se acerta, esta é salva por terceiros	salvo disposição em contrário, **a pena é reduzida de um a dois terços.** Uma disposição em contrário: crime de evasão mediante violência contra a pessoa (art. 352 do CP), em que a tentativa de fuga mediante violência é punida com a mesma pena da fuga consumada.
DESISTÊNCIA VOLUNTÁRIA	o agente inicia a execução do crime, que não se consuma por vontade dele próprio. Por exemplo, a pessoa coloca a mão no bolso da vítima para furtar sua carteira, mas antes de ter a posse desta desiste de consumar a subtração por vontade sua.	o agente responde apenas pelos atos que já havia praticado.
ARREPENDIMENTO EFICAZ	O agente voluntariamente impede a produção do resultado.	Idem.
ARREPENDIMENTO POSTERIOR	o crime já se consumou, porém, o sujeito ativo, voluntariamente, repara o dano sofrido pela vítima. É o que ocorre no caso do furtador que devolve o dinheiro à vítima.	a pena é reduzida de um a dois terços.

3.3. EXCLUDENTE DE ILICITUDE

- **Ilicitude**: a conduta do agente é contrária ao direito.
- **Excludentes de ilicitude ou de antijuricidade**: a princípio, a conduta do agente é típica, ou seja, se "encaixa" em um fato descrito como crime pela lei. Mas há uma circunstância, no caso concreto, que torne essa conduta **lícita,** o que faz com que ele não responda penalmente por tal fato.
- **São excludentes de ilicitude**: legítima defesa, estado de necessidade, estrito cumprimento do dever legal e exercício regular de um direito (arts. 23 a 25 do Código Penal).
- **Legítima defesa**: Entende-se em legítima defesa quem, usando moderadamente dos meios necessários, repele injusta agressão, atual ou iminente, a direito seu ou de outrem.

Requisitos da legítima defesa	• Uso moderado; • Meios necessários; • Contra agressão atual e iminente; • Defesa de direito seu ou de outrem.

- **Estado de necessidade**: Considera-se em estado de necessidade quem pratica o fato para salvar de perigo atual, que não provocou por sua vontade, nem podia de outro modo evitar, direito próprio ou alheio, cujo sacrifício, nas circunstâncias, não era razoável exigir-se.
- **Distinção entre legítima defesa e estado de necessidade**: em ambos, há uma reação a uma agressão ao bem jurídico. No entanto, na legítima defesa, a reação se volta contra a pessoa autora da agressão injusta, enquanto, no estado de necessidade, em regra, a reação se dá contra um objeto (um carro, um cão etc.), cujo titular não ocasionou o perigo intencionalmente. Excepcionalmente, a reação no estado de necessidade se volta contra uma pessoa, cuja conduta é lícita, porque, se fosse ilícita, haveria legítima defesa.
- **Exercício regular de direito**: a conduta do agente é autorizada por lei, apesar de se inserir em um tipo penal. Portanto, não há crime, pois a conduta é **lícita**.
- **Exemplo**: a crítica literária ou jornalística a um autor de livro por mais dura que seja não configura crime contra a honra, pois está relacionada ao direito constitucional à liberdade de expressão.
- **Estrito cumprimento do dever legal**: é a realização de um fato típico, mas que é lícito, porque se trata de um dever imposto por lei.
- **Exemplo**: policial militar que algema pessoa que acaba de cometer crime e que representa ameaça a outras pessoas no momento da prisão.
- O agente deve agir **estritamente** de acordo com a lei, sob pena de se configurar abuso de poder.

3.4 DA CULPABILIDADE

- **Culpabilidade**: é o juízo de reprovação que recai sobre a pessoa que cometeu um fato típico e antijurídico.
- **Requisitos da culpabilidade**: imputabilidade (no que se inclui a maioridade), potencial consciência da ilicitude do fato e exigibilidade de conduta diversa.
- **Imputabilidade**: é a possibilidade jurídica de alguém ser responsabilizado penalmente.
- **O MENOR DE DEZOITO ANOS É INIMPUTÁVEL.**
- Outro fator de inimputabilidade é a doença mental, que, conforme o grau, pode tornar o agente inimputável ou imputável.

Situação pessoal do agente	Característica	Sanção penal
Imputável	**Inteiramente capaz** de entender o caráter ilícito do fato e de se autodeterminar	Pena.
Semi-imputável	**Parcialmente incapaz** de entender o caráter ilícito do fato e de se autodeterminar	Medida de segurança ou pena reduzida.
Inimputável	**Inteiramente incapaz** de entender o caráter ilícito do fato e de se autodeterminar	Medida de segurança.

EMBRIAGUEZ	CONSEQUÊNCIA
Voluntária	Não exclui a imputabilidade penal
Culposa	Não exclui a imputabilidade penal
Caso fortuito ou força maior – completa	A pessoa é considerada **inimputável**
Caso fortuito ou força maior – incompleta	A pessoa é considerada **semi-imputável**
Preordenada (a pessoa se coloca na situação de embriaguez para "ter coragem" de cometer o crime).	Não exclui a imputabilidade penal e incide a agravante do art. 61, II, l, do CP.

- **Inexigibilidade de conduta diversa**: exclui a culpabilidade, porque não se podia exigir do agente outra conduta que não fosse aquela que adotou.
- **Potencial consciência da ilicitude:** o agente tem que ter consciência de que a sua conduta é ilícita.
- **Erro de proibição:** o agente atua de modo a imaginar que está presente uma causa excludente de ilicitude, mas que em verdade não existe, como a legítima defesa putativa. Aqui a exclui a culpabilidade, porque o agente atua sem a potencial consciência da ilicitude.

4. CONCURSO DE PESSOAS

- O concurso de pessoas ocorre nas hipóteses em que duas ou mais pessoas contribuem para a produção do resultado previsto em lei como crime.

Teorias do concurso de agentes	a) **Teoria monista:** dois ou mais agentes praticam condutas distintas e produzem um único resultado. Há somente um delito e cada um dos agentes respondem por esse mesmo crime. b) **Teoria dualista:** dois ou mais agentes praticam condutas diversas e produzem um único resultado. Mas, coautores e partícipes respondem por delitos diferentes. c) **Teoria pluralista:** dois ou mais agentes praticam condutas diversas, ainda que produzam um único resultado, respondem por delitos distintos.

- **No concurso de pessoas**, o Código Penal adotou a **teoria monista**. Assim, a pessoa que entra no imóvel (autor) responde pelo crime de furto, assim como aquele que ficou na rua a vigiar a chegada de terceiros (partícipe).
- Excepcionalmente, aplica-se a **teoria pluralista.** É o que ocorre no caso de disciplina do aborto, em que a gestante que pratica o aborto voluntariamente responde pelo tipo penal do art. 124, CP, enquanto que o terceiro que provoca o mesmo aborto responde pelo crime do art. 126, CP.
- Em atendimento ao princípio constitucional da **individualização da pena,** cada um dos coautores e partícipes terão a pena aplicada na medida proporcional à sua contribuição para o evento.
- A participação ocorre nas hipóteses em que o sujeito ativo do crime não prática um dos verbos-núcleos do tipo penal, mas concorre de qualquer forma para a sua consumação por meio de **instigação, indução** ou **auxílio.**
- A punição do partícipe é explicada pela teoria da acessoriedade, ou seja, sua conduta é acessória à do autor do fato.
- No Brasil, se adotou o princípio da acessoriedade limitada.

Teoria da acessoriedade	Característica
Mínima	Basta que o autor tenha praticado uma conduta típica
Limitada	Basta que o autor tenha praticado uma conduta típica e antijurídica
Extrema	O autor deve ter praticado uma conduta típica, antijurídica e culpável

5. ERRO.

- **Erro de tipo:** incide sobre uma das elementares do tipo penal. O agente que age em erro de tipo não responde pelo crime, pois se exclui o dolo, salvo se houver previsão de tipo culposo para a conduta.

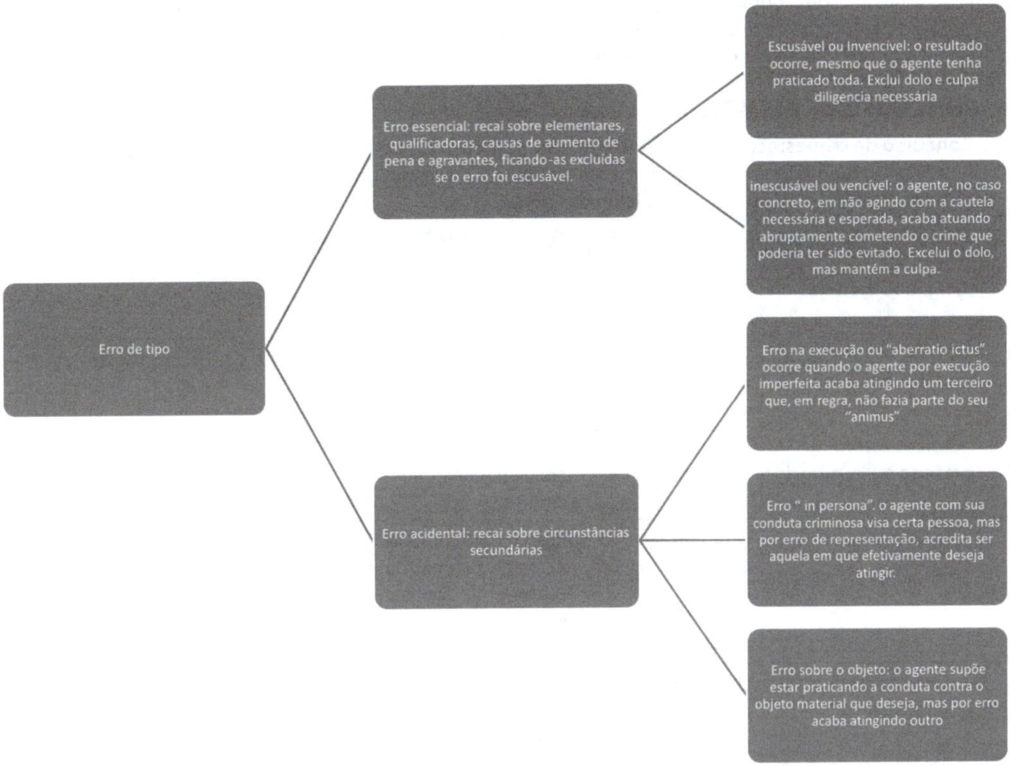

5.1 DESCRIMINANTES PUTATIVAS.

- **Descriminantes putativas:** As descriminantes putativas ocorrem nas hipóteses, em que o agente acredita estar amparado por uma causa legal de exclusão da antijuridicidade (descriminante) que não existe (putativa).
- O agente tem na mente que há um fato que lhe permite agir, por exemplo, em legítima defesa, mas esse fato não existe.
- Se o erro for invencível, exclui-se o dolo e a culpa.
- Se o erro for vencível, exclui-se o dolo, mas mantém-se a culpa. É a chamada **culpa imprópria**.

5.2 ERRO DETERMINADO POR TERCEIRO.

- **Erro determinado por terceiro:** é o erro provocado por terceiro, que induz o agente a atuar com erro.
- Nesse caso, o terceiro responde pelo crime cometido.

5.3 ERRO SOBRE A PESSOA.

- **Erro sobre pessoa ou erro *in persona***: o agente com sua conduta criminosa visa certa pessoa, mas por erro de representação, acredita ser aquela em que efetivamente deseja atingir.
- Trata-se de erro acidental e, com isso, não são excluídos o dolo e a culpa, respondendo o agente pela sua conduta.
- Por exemplo, o agente mata "A" pensando que se trata de "B". Responde o agente pelo crime de homicídio, como se a vítima fosse "B".

5.4 ERRO SOBRE A ILICITUDE DO FATO (ERRO DE PROIBIÇÃO).

- **Erro de proibição**: exclui a potencial consciência da ilicitude. Portanto, o fato é típico e antijurídico, mas, se o erro for escusável, o agente é isento de pena.

- O agente atua com vontade, ou seja, dolo, portanto o primeiro requisito do fato típico punível encontra-se superado. A solução da questão se dará na culpabilidade. Esta não há, uma vez que se pratica o fato por erro quanto a antijuridicidade de sua conduta.

6. CONCURSO DE CRIMES.

- **Concurso de crimes**: acontece quando o agente comete mais de um crime mediante uma ou mais ação ou omissão. No direito brasileiro, por questões de política criminal, cada forma de concurso tem uma maneira distinta no sistema de aplicação e cálculo das penas.

Instituto	Requisitos	Penas
Concurso material	Duas ou mais condutas produzem dois ou mais resultados	Cúmulo material (as penas são somadas)
Concurso formal perfeito ou próprio	Uma única conduta produz dois ou mais resultados	Cúmulo formal (considera-se apenas uma pena, a mais alta ou uma delas se iguais, acrescida de 1/6 a 1/2)
Concurso formal imperfeito ou impróprio	Uma única conduta produz dois ou mais resultados, que eram queridos pelo agente (desígnios autônomos)	Cúmulo material (as penas são somadas)
Crime continuado	Duas ou mais condutas produzem dois ou mais resultados, referentes a crimes de mesma espécie, valendo-se os agentes das mesmas condições de lugar, tempo, maneira de execução e outros semelhantes.	Cúmulo formal (considera-se apenas uma pena, a mais alta ou uma delas se iguais, acrescida de 1/6 a 2/3).
Crime continuado específico	Duas ou mais condutas produzem dois ou mais resultados, referentes a crimes de mesma espécie, dolosos contra vítimas diferentes, cometidos mediante violência ou grave ameaça, valendo-se os agentes das mesmas condições de lugar, tempo, maneira de execução e outros semelhantes.	Considera-se uma única pena, a maior ou uma delas se idênticas, até o triplo.

7. PENAS.

- **Conceito de pena:** a imposição da perda ou diminuição de um bem jurídico, prevista em lei e aplicada pelo órgão judiciário, a quem praticou ilícito penal.

Fins da pena	• **Retributiva:** a pena é uma resposta do Estado àquele que viola a norma penal; • **Preventiva:** a pena é exemplo para que outros não cometam a infração (prevenção geral), bem como o próprio autor do crime não reincida (prevenção especial); • **Ressocializadora:** durante a execução da pena, deve-se dar condições ao condenado de retornar à vida em sociedade.

7.1. ESPÉCIES DE PENA.

- **Pena privativa de liberdade:** é a pena que implica restrição da liberdade de ir e vir e deve ser cumprida no sistema de reclusão ou detenção.

Sistema	Formas de Regime Inicial
Reclusão	Fechado, semiaberto e aberto.
Detenção	Semiaberto e aberto.

- **No sistema de reclusão,** o agente inicia o cumprimento de pena pelo regime aberto, semiaberto ou fechado.

- **No sistema de detenção,** o agente inicia o cumprimento de pena pelo regime aberto ou semiaberto, admitindo-se, porém a **regressão** de regime semiaberto para o fechado.

Regime	Local de cumprimento	A quem é destinado
Fechado	Estabelecimento de segurança máxima ou média	**Reincidente** e primário com pena superior a 8 anos
Semiaberto	Colônia agrícola ou industrial ou estabelecimento similar	**Primário** com pena superior a quatro e não exceda oito anos
Aberto	Casa de albergado ou estabelecimento adequado	**Primário** com pena igual ou inferior a quatro anos.

- De acordo com a lei, quem comete **crime hediondo** o regime **inicial** para cumprimento de pena é o **fechado.**
- Na sentença penal condenatória, o juiz fixa o regime inicial de cumprimento de pena. Mas, durante a execução, o agente está sujeito à **progressão ou regressão de regime**.
- **Pena restritiva de direitos:** são autônomas e substituem a pena privativa de liberdade, se presentes os requisitos legais do art. 44 do CP.

Espécies de pena restritiva de direitos	• prestação pecuniária; • perda de bens e valores; • limitação de fim de semana. • prestação de serviço à comunidade ou a entidades públicas; • interdição temporária de direitos; • limitação de fim de semana.

Requisitos para a aplicação de penas restritivas de direitos	• aplicada pena privativa de liberdade não superior a quatro anos e o crime não for cometido com violência ou grave ameaça à pessoa ou, qualquer que seja a pena aplicada, se o crime for culposo; • o réu não for reincidente em crime doloso; • a culpabilidade, os antecedentes, a conduta social e a personalidade do condenado, bem como os motivos e as circunstâncias indicarem que essa substituição seja suficiente.

- **O reincidente** pode ser beneficiado com pena restritiva de direitos, se **não for reincidente específico** (ou seja, não for condenado pelo mesmo crime da condenação anterior) e se a medida for socialmente recomendável.
- **Multa**: espécie de sanção penal sanção de caráter patrimonial, que se subsume na diminuição do patrimônio do condenado através de uma prestação em dinheiro.
- A pena de multa é aplicada em dias-multa. O valor do dia-multa será fixado pelo juiz não podendo ser inferior a um trigésimo do maior salário mínimo mensal vigente ao tempo do fato, nem superior a 5 (cinco) vezes esse salário.
- O não pagamento da multa **jamais** será convertido em pena privativa de liberdade, devendo ela ser executada pela Fazenda Pública, como dívida ativa.

7.2. COMINAÇÃO DA PENA

- É a pena prevista em lei, fixada pelo legislador.
- Consiste no preceito secundário da norma penal. Exemplo: reclusão, de seis a vinte anos (art. 121, *caput,* CP).

7.3. APLICAÇÃO DA PENA

- O CP, no art. 68, adotou a teoria trifásica de aplicação da pena: 1ª fase (circunstâncias judiciais), 2ª fase (agravantes e atenuantes genéricas) e 3ª fase (causas especiais de aumento e diminuição de pena).

- Na primeira e na segunda fases, o juiz não pode fixar a pena aquém ou além da pena cominada.
- Na terceira fase, em caso de diminuição de pena, ela pode ser fixada aquém do mínimo legal.
- Na terceira fase, em caso de aumento de pena, ela pode ser fixada além do mínimo legal.

Instituto	Conceito
Circunstâncias judiciais	Estão enumeradas no art. 59 do CP e devem ser valoradas pelo juiz para aplicação da pena-base
Agravantes Genéricas	Previstas nos arts. 61 e 62 do CP, são levadas em consideração pelo Juiz na 2ª fase para aumentar a pena
Atenuantes Genéricas	Previstas nos arts. 65 e 66 do CP, são levadas em consideração pelo juiz na 2ª fase para diminuir a pena
Causas especiais de aumento de pena	Previstas na Parte Geral e Especial, aumentam a pena em fração determinada por lei (art. 155, § 1º, CP)
Causa especiais de diminuição de pena	Previstas na Parte Geral e Especial, diminuem a pena em fração determinada por lei (art. 14, p.u., CP)
Qualificadoras	Circunstâncias mais graves que fazem com que o legislador preveja pena mais grave (art. 155, § 4º, CP)
Privilégios	Circunstâncias menos graves que fazem com que o legislador preveja pena mais branda (art. 155, § 2º, CP)

7.4 SUSPENSÃO CONDICIONAL DA PENA.

- É conhecida como *sursis* e implica na imposição de medidas restritivas de direitos e na suspensão da execução da pena privativa de liberdade durante o período de prova, findo o qual, sem revogação do benefício, há extinção de punibilidade.

Pressupostos	I – o condenado **não seja reincidente** em crime doloso; II – a culpabilidade, os antecedentes, a conduta social e personalidade do agente, bem como os motivos e as circunstâncias autorizem a concessão do benefício; III – Não seja indicada ou cabível a substituição prevista no art. 44 deste Código.

- Se a condenação anterior for a pena de multa, é possível o *sursis*.

Espécies de *sursis*	• **Simples**: **condições estabelecidas pelo juiz** + no primeiro ano do prazo, deverá o condenado **prestar serviços à comunidade** ou submeter-se à **limitação de fim de semana** (art. 78, *caput*, e § 1º, CP). • **Especial**: em caso de reparação do dano ou na impossibilidade de fazê-lo e condições judiciais favoráveis: **condições estabelecidas pelo juiz** + a) proibição de frequentar determinados lugares; b) proibição de ausentar-se da comarca onde reside, sem autorização do juiz; comparecimento pessoal e obrigatório a juízo, mensalmente, para informar e justificar suas atividades (art. 78, *caput* e § 2º, CP).

- ***Sursis* etário:** concedido ao condenado **maior de setenta anos.**
- ***Sursis* humanitário:** concedido ao condenado por razões de saúde que justifiquem.

Regra geral	Regra do sursis etário e humanitário
• Condenação por pena privativa de liberdade não superior a **dois anos;** • Período de prova de **dois a quatro anos**.	• Condenação por pena privativa de liberdade não superior a **quatro anos**; • Período de prova de **quatro a seis anos.**

Revogação do *sursis*	Hipóteses
Obrigatória	• é condenado, em sentença irrecorrível, por crime doloso; • frustra, embora solvente, a execução de pena de multa ou não efetua, sem motivo justificado, a reparação do dano; • descumpre a condição de, no primeiro ano do prazo, prestar serviços à comunidade ou submeter-se à limitação de fim de semana.
Facultativa	• se o condenado descumpre qualquer outra condição imposta; • ou é irrecorrivelmente condenado, por crime culposo ou por contravenção, a pena privativa de liberdade ou restritiva de direitos

7.5 LIVRAMENTO CONDICIONAL.

- É benefício concedido ao condenado que preencher algumas condições, pelo qual **se antecipa** a liberdade daquele que cumpre pena privativa liberdade.

Requisitos	• Condenação **igual ou superior a dois anos**; • Cumprida **mais de um terço** da pena se o condenado não for reincidente em crime doloso e tiver **bons antecedentes**; • Cumprida **mais da metade** se o condenado for **reincidente em crime doloso**; • Comprovado **comportamento satisfatório durante a execução da pena**, bom desempenho no trabalho que lhe foi atribuído e aptidão para prover à própria subsistência mediante trabalho honesto; • Tenha **reparado**, salvo efetiva impossibilidade de fazê-lo, **o dano causado pela infração.**

Hipóteses específicas	Condições especiais
• Condenado por **crime doloso**, cometido com **violência ou grave ameaça** à pessoa	• Constatação de condições pessoais que façam presumir que o **liberado não voltará a delinquir.**
• Condenação por **crime hediondo, prática da tortura e terrorismo**, se o apenado não for reincidente específico em crimes dessa natureza.	• **Não reincidente específico nesses crimes**: cumprido **mais de dois terços da pena;** • **Reincidente específico nesses crimes: VEDADO** o livramento condicional.
• **arts. 33, caput e § 1º** (tráfico de drogas)**, e 34** (associação para o tráfico) **a 37 da Lei de Drogas.**	• **Não reincidente específico nesses crimes**: após o cumprimento de **dois terços da pena;** • **Reincidente específico nesses crimes: VEDADO** o livramento condicional.

Revogação do livramento condicional	Hipóteses
Obrigatória	• se o liberado vem a ser **condenado a pena privativa de liberdade, em sentença irrecorrível**: a) por crime cometido durante a vigência do benefício; b) por crime anterior, observado o disposto no art. 84 do Código Penal.
Facultativa	• se o liberado deixar de cumprir qualquer das obrigações constantes da sentença; • ou for irrecorrivelmente condenado, por crime ou contravenção, a pena que não seja privativa de liberdade.

7.6 EFEITOS DA CONDENAÇÃO.

Espécies	Efeitos
Penais	a) **Direto:** cumprimento da pena imposta; b) **Indireto:** consequências provocadas pela condenação, tais como a reincidência, os maus antecedentes, a revogação de algum benefício etc.
Extrapenais	a) **Genéricos, obrigatórios e automáticos:** **a.1)** tornar certa a **obrigação de indenizar o dano** causado pelo crime; **a.2) perda em favor da União,** ressalvado o direito da vítima e do terceiro de boa-fé, dos instrumentos do crime, quando ilícitos, do produto do delito e do proveito auferido pelo agente com a prática criminosa. **b) específicos, facultativos para o juiz e necessitam constar da sentença para valer:** **b.1) a perda de cargo, função pública ou mandato eletivo,** quando aplicada pena privativa de liberdade igual ou superior a um ano, nos crimes cometidos com abuso de poder ou violação de dever para com a administração pública, bem como quando aplicada pena de prisão superior a quatro anos em qualquer caso; **b.2) a incapacidade para o exercício do poder familiar, tutela ou curatela,** nos delitos dolosos, sujeitos à pena de reclusão, cometidos contra filho, tutelado ou curatelado; **b.3) a inabilitação para dirigir veículos** quando usado para o cometimento de delito doloso.

7.7. REABILITAÇÃO.

- **Conceito:** benefício jurídico criado com o intuito de **restituir o condenado à sua situação anterior à condenação**, retirando de sua ficha de antecedentes criminais as anotações negativas nela apostas.

Requisitos a serem observados pelo condenado	• tenha tido domicílio no País no prazo acima referido; • tenha dado, durante esse tempo, demonstração efetiva e constante de bom comportamento público e privado; • tenha ressarcido o dano causado pelo crime ou demonstre a absoluta impossibilidade de o fazer, até o dia do pedido, ou exiba documento que comprove a renúncia da vítima ou novação da dívida.

- **Revogação:** se o reabilitado for condenado, como reincidente, por decisão definitiva, a pena que não seja de multa.

7.8. EXECUÇÃO DE PENA.

- A execução penal é regida por lei específica: Lei nº 7.210/84.
- O disposto no artigo 127 da Lei nº 7.210/1984 (Lei de Execução Penal) foi recebido pela ordem constitucional vigente, e não se lhe aplica o limite temporal previsto no caput do artigo 58.
- Transitada em julgado a sentença condenatória, compete ao juízo das execuções a aplicação de lei mais benigna.
- A pena unificada para atender ao limite de trinta anos de cumprimento, determinado pelo art. 75 do Código Penal, não é considerada para a concessão de outros benefícios, como o livramento condicional ou regime mais favorável de execução.
- Para obtenção dos benefícios de saída temporária e trabalho externo, considera-se o tempo de cumprimento da pena no regime fechado.
- Compete ao juízo das execuções penais do estado a execução das penas impostas a sentenciados pela justiça federal, militar ou eleitoral, quando recolhidos a estabelecimentos sujeitos à administração estadual.
- A frequência a curso de ensino formal é causa de remição de parte do tempo de execução de pena sob regime fechado ou semiaberto.
- Admite-se o exame criminológico pelas peculiaridades do caso, desde que em decisão motivada.
- A falta grave não interrompe o prazo para obtenção de livramento condicional.

- Os condenados por crimes hediondos ou assemelhados cometidos antes da vigência da Lei nº 11.464/2007 sujeitam-se ao disposto no art. 112 da Lei nº 7.210/1984 (Lei de Execução Penal) para a progressão de regime prisional.
- É inadmissível a chamada progressão "per saltum" de regime prisional.
- A prática de falta grave não interrompe o prazo para fim de comutação de pena ou indulto.
- A prática de falta grave interrompe a contagem do prazo para a progressão de regime de cumprimento de pena, o qual se reinicia a partir do cometimento dessa infração.
- Para o reconhecimento da prática de falta disciplinar no âmbito da execução penal, é imprescindível a instauração de procedimento administrativo pelo diretor do estabelecimento prisional, assegurado o direito de defesa, a ser realizado por advogado constituído ou defensor público nomeado.

7.9. LIMITES DA PENA.

- O tempo de cumprimento das penas privativas de liberdade não pode ser superior a **30 (trinta) anos**.
- Unificação de pena: incidente na execução da pena, em que se somam todas as penas a que o sentenciado foi condenado.
- Para efeitos de benefícios, como o livramento condicional e a progressão de regime, leva-se em consideração o total da pena após unificação, mesmo que a soma seja superior a trinta anos.

8. MEDIDAS DE SEGURANÇA

- São duas as medidas de segurança: **internação** em hospital de tratamento psiquiátrico e **atendimento ambulatorial**, reservados, respectivamente, para condenados por crimes apenados com reclusão e detenção.
- Na internação de inimputável, o prazo é **indeterminado**, perdurando enquanto for constatada a periculosidade do agente, fixando-se **um prazo mínimo de um a três anos**, ao final do qual se realizará exame para aferição de **periculosidade do agente**.
- Observada a cessação de periculosidade o agente é colocado em liberdade, mas se, no prazo de um ano, praticar ato que indique que se mantém a periculosidade, a medida de segurança é restabelecida.
- Em caso de semi-imputável e necessitando o condenado de especial tratamento curativo, a pena privativa de liberdade pode ser substituída pela internação, ou tratamento ambulatorial, pelo prazo mínimo de um a três anos.

9. AÇÃO PENAL

- Ação penal pública **incondicionada** é aquela que se inicia por meio de denúncia do Ministério Público, independentemente da vontade da vítima.
- Ação penal pública **condicionada à representação** é aquela iniciada por meio de denúncia do Ministério Público, mediante o expresso consentimento da vítima, por meio de representação, nos casos previstos em lei.
- A representação é **irretratável após o oferecimento da denúncia** pelo Ministério Público.
- No caso da Lei Maria da Penha, a retratação da representação deve ser feita em audiência em Juízo e só pode ser feita antes do recebimento da denúncia, ouvido o Ministério Público.
- Ação penal pública condicionada à requisição é aquela iniciado por meio de denúncia de denúncia do Ministério Público, mediante **requisição do Ministro da Justiça**, nos casos previstos em lei.
- Ação penal pública **privada** é aquela iniciada por meio de queixa crime do ofendido, nos casos previstos em lei.
- **Legitimidade concorrente**: Ministério Público e ofendido em crimes contra honra contra funcionário público em razão do exercício de suas funções.

10. PUNIBILIDADE E CAUSAS DE EXTINÇÃO.

- A punibilidade é a possibilidade jurídica do Estado de aplicar sanção penal ao infrator da norma penal.
- Tem-se por extinta a punibilidade, quando um fato previsto em lei torna impossível a aplicação da sanção penal.

CAUSAS EXTINTIVAS DE PUNIBILIDADE
Morte do agente
Anistia, graça e indulto
Pela retroatividade de lei que não mais considera o fato como criminoso (*abolitio criminis*)
Pela prescrição, decadência ou perempção
Pela renúncia do direito de queixa ou pelo perdão aceito, nos crimes de ação privada
Pela retratação do agente, nos casos em que a lei a admite
Pelo perdão judicial, nos casos previstos em lei

- **Morte:** no direito penal brasileiro, aplica-se o princípio da intranscedência da responsabilidade penal, ou seja, somente o autor do fato pode ser punido pelo crime.
- Se a extinção da punibilidade do agente for declarada com base em **certidão de óbito falsa**, essa decisão judicial pode ser revista, segundo entendimento jurisprudencial predominante.
- **Anistia:** é estabelecida por **lei**, que tem efeito retroativo, fazendo que se apaguem os efeitos penais do crime. Relacionada, geralmente, a crimes políticos.
- **Graça:** é concedida pelo Presidente da República, mediante provocação do interessado, e é direcionada a uma pessoa específica.
- **Indulto:** é concedida espontaneamente pelo Presidente da República e tem caráter generalizado, destinada a um grupo de sentenciados com características próprias.
- ***Abolitio criminis:*** uma lei deixa de considerar determinado fato como criminoso. É o que ocorreu com o adultério, que deixou de ser considerado crime pela Lei nº 11.106/2005. Como se trata de norma penal mais benéfica, retroage para beneficiar o agente, extinguindo a sua punibilidade.
- **Decadência** é a extinção da punibilidade decorrente da perda de direito de ação, já que o ofendido se mantém inerte e não oferece representação, no caso de ação penal pública condicionada à representação, ou queixa-crime, no caso de ação penal privada.
- Em regra, o prazo decadencial é de **seis meses** depois que se tem conhecimento de quem foi o **autor do crime**.
- **Perempção:** é a extinção da punibilidade decorrente da inércia do querelante (ofendido) na ação penal privada.

Causas de Perempção (art. 60, CPP)
Iniciada a ação penal, o querelante deixar de promover o andamento do processo durante 30 dias seguidos
Falecendo o querelante, ou sobrevindo sua incapacidade, não comparecer em juízo, para prosseguir no processo, dentro do prazo de 60 (sessenta) dias, qualquer das pessoas a quem couber fazê-lo, ressalvado o disposto no art. 36
Quando o querelante deixar de comparecer, sem motivo justificado, a qualquer ato do processo a que deva estar presente, ou deixar de formular o pedido de condenação nas alegações finais
Quando, sendo o querelante pessoa jurídica, esta se extinguir sem deixar sucessor.

- **Prescrição** é a extinção da punibilidade decorrente da inércia estatal que não exerce sua pretensão punitiva, que ocorre antes da sentença penal condenatória transitada em julgado, ou executória, que ocorre depois da sentença penal condenatória transitada em julgado.

Espécie	Forma de contagem	Termo Inicial	Efeitos	Modo de Ocorrência
Pretensão punitiva propriamente dita	Pega-se o máximo da pena prevista em lei	Em regra, o dia que o crime se consumou o crime.	Apagam-se todas as consequências penais do crime, obstando desde a instauração de Inquérito Policial até a prolação de sentença penal condenatória.	Transcurso do prazo prescricional sem que tenha ocorrido um fator que o suspensa ou interrompa.
Superveniente ou intercorrente	Pega-se a pena em concreto estabelecido na sentença.	Publicação da sentença peal condenatória.	Apagam-se todas as consequências penais do crime, tirando o efeito da sentença penal condenatória, já prolatada, mas não transitada em julgado.	Transcurso do prazo prescricional entre a publicação da sentença e a intimação do réu ou a publicação da sentença e o julgamento do recurso da defesa.
Retroativa	Pega-se a pena em concreto estabelecido na sentença.	Publicação da sentença peal condenatória.	Apagam-se todas as consequências penais do crime, tirando o efeito da sentença penal condenatória, já prolatada, mas não transitada em julgado.	Conta-se para trás os eventos que suspendem ou interrompem o prazo prescricional
Executória	Pega-se a pena fixada na sentença ou acórdão condenatório transitado em julgado	Trânsito em julgado da sentença condenatória para a acusação	Impede a aplicação da pena, mas permanecem os demais efeitos penais, como reincidência, e extrapenais, como indenizatória.	Transcurso do prazo prescricional para o início ou a continuação da execução da pena

- A prescrição, depois da sentença condenatória com trânsito em julgado para a acusação ou depois de improvido seu recurso, regula-se pela pena aplicada, não podendo, em nenhuma hipótese, ter por termo inicial data anterior à da denúncia ou queixa.
- Termos iniciais para a contagem do prazo prescricional antes do trânsito em julgado da sentença penal condenatória:

Regra Geral	Data de Consumação do Crime
Tentativa	**Dia em que Cessou a Atividade Criminosa**
Crimes Permanentes	**Dia em que Cessou a Permanência**
Bigamia e falsidades de Registro Público	**Dia em que o fato se tornou conhecido**
Crimes contra a dignidade sexual de crianças e adolescente	**Data em que a vítima completar 18 anos, salvo se a ação penal já fora proposta**

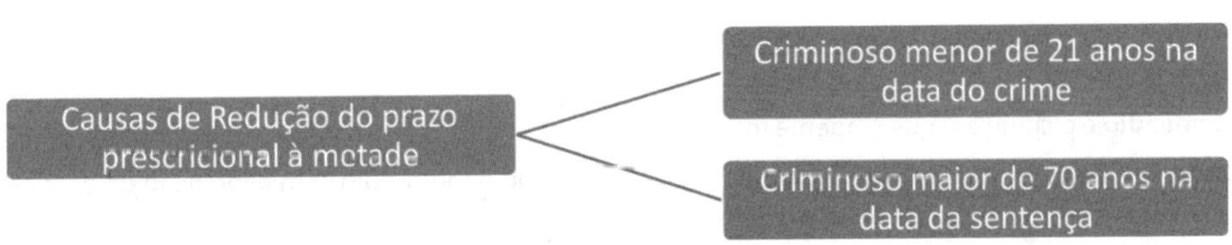

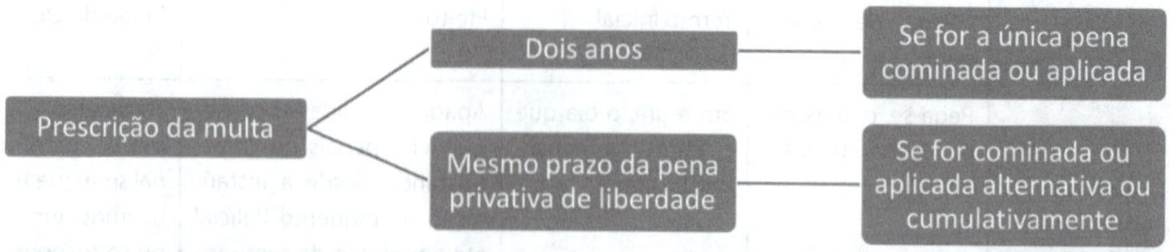

Causas Impediditivas da Prescrição		
Noção: o prazo prescricional não tem início ou é suspenso (art. 116, CP)	enquanto não resolvida, em outro processo, questão de que dependa o reconhecimento da existência do crime	enquanto o agente cumpre pena no estrangeiro

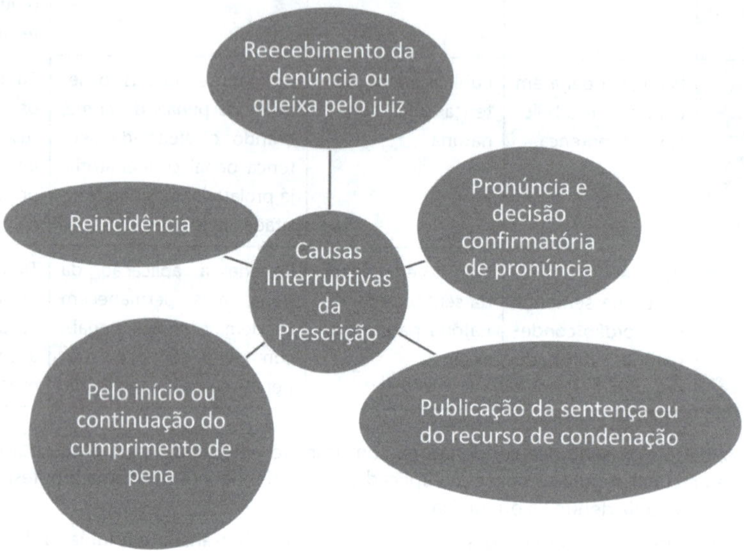

✦ PARTE ESPECIAL

1. CRIMES CONTRA A PESSOA.

- Apenas os crimes dolosos contra a vida são submetidos ao Tribunal do Júri: **homicídio doloso, induzimento instigação ou auxílio ao suicídio, infanticídio e aborto**.
- É possível a realização de **Tribunal do Júri na Justiça Federal**, se o crime for cometido em detrimento de bens, serviços ou interesse da União ou de suas entidades autárquicas ou empresas públicas.
- Por exemplo, é de competência da Justiça Federal o julgamento de homicídio doloso contra Policial Rodoviário Federal no exercício de suas funções.
- **Homicídio** é o crime em que o agente mata alguém.
- Os crimes de latrocínio (roubo seguido de morte) e genocídio (homicídio com a intenção de extinção de uma raça, credo ou cultura) **não são** crimes contra a vida.
- No homicídio privilegiado, o juiz deve reduzir a pena de um sexto a um terço (art. 121, § 1º, do Código Penal.
- A eutanásia pode configurar homicídio privilegiado.

- Homicídio qualificado: os patamares da pena prevista para o crime são maiores (pena: reclusão de 12 a 30 anos), em decorrência de circunstâncias objetivas e subjetivas, consideradas mais graves pelo legislador (art. 121, § 2º, CP).

Qualificadoras subjetivas	Qualificadoras objetivas
Mediante paga ou promessa de recompensa ou por outro motivo torpe.	Com emprego de veneno, fogo, explosivo, asfixia, tortura ou outro meio insidioso ou cruel, ou de que possa resultar perigo comum
Por motivo fútil.	À traição, de emboscada, ou mediante dissolução ou outro recurso que dificulte ou torne impossível a defesa do ofendido.
Para assegurar a execução, a ocultação, a impunidade ou vantagem de outro crime.	Contra a mulher por razões da condição de sexo feminino.
--	Contra autoridade ou agente descrito nos arts. 142 e 144 da Constituição Federal, integrantes do sistema prisional e da Força Nacional de Segurança Pública, no exercício da função ou em decorrência dela, ou contra seu cônjuge, companheiro ou parente consanguíneo até terceiro grau, em razão dessa condição

- **Feminicídio:** é o homicídio praticado contra mulher em razão dessa condição, ou seja, em razão do gênero.
- A vítima pode ser mulher, homossexual ou heterossexual, ou transexual, pois não se trata de identidade de sexo biológico, mas questão de gênero.
- Não se aplica em caso de homossexuais masculinos.
- Admite-se o **homicídio privilegiado-qualificado**, se a qualificadora decorrer de motivo objetivo. Assim, impelido por motivo de relevante valor social, o agente mata a vítima por meio de asfixia.
- No homicídio culposo, o agente provoca a morte da vítima em decorrência de inobservância do dever de cuidado, caracterizada pela imprudência, imprudência ou negligência (art. 121, § 3º, CP).
- Admite-se o perdão judicial no crime de homicídio culposo, como ocorre na hipótese em que um pai negligente acaba por causar a morte de seu próprio filho.
- O homicídio culposo na direção de veículo automotor caracteriza o crime do art. 302 do Código de Transito Brasileiro.
- O suicídio, que é a causa da morte pela própria vítima, não é crime. Dessa forma, não se pune a pessoa que tenta se suicidar, mas não consegue morrer.
- Pune-se aquela pessoa que **induz** (incutir na vítima o desejo de se suicidar), **instiga** (reforça na vítima o desejo de se suicidar) ou **auxilia** (ajuda a vítima materialmente a se suicidar) (art. 122, CP – crime de induzimento, instigação ou auxílio ao suicídio).
- Trata-se de **tipo misto alternativo**. Assim, se o agente induz, instiga e auxilia a vítima a cometer suicídio responde por crime único.
- No crime de induzimento, instigação ou auxílio ao suicídio, não se admite a tentativa. Assim, se a "A" induzir "B" a suicidar, mas isso não ocorre, "A" não responde pelo crime em tela na forma tentada.

- No crime de induzimento, instigação ou auxílio ao suicídio, só se pune o agente se a vítima morrer ou sofrer lesões corporais de natureza grave.
- No infanticídio (art. 123, CP), a mãe, em estado puerperal, provoca a morte do filho, durante ou logo após o parto.
- **Atenção:** o infanticídio é norma especial em relação ao homicídio, já que o sujeito ativo é a **mãe da vítima influenciada pelo estado puerperal,** ocorrendo a conduta durante ou logo após o parto.
- Se o pai da criança ou qualquer outra pessoa induzir, instigar ou auxiliar a mãe a cometer o crime, responde também por infanticídio, em decorrência da comunicação das elementares do tipo ao partícipe (art. 30, CP).
- Nos crimes de aborto (arts. 124 a 126, CP), a morte da vítima ocorre durante a gestação, ou seja, tutela-se a vida intrauterina.
- No aborto provocado por terceiro com o consentimento da gestante, há exceção à teoria monista, pois a gestante responde pelo tipo penal do art. 124, enquanto o terceiro responde pelo art. 126, ambos do CP).
- O namorado que induz a namorada a praticar o aborto em uma clínica clandestina responde pelo tipo penal do art. 124, CP, como **partícipe.**
- Permite-se o aborto praticado por médico no caso de risco de morte para a gestante, de gravidez resultante de estupro e de gravidez de feto anencefálico.
- Se o aborto for praticado por outra pessoa que não seja médico, o agente responde pelo crime, exceto, no caso de risco de morte para a gestante, se presentes os requisitos do estado de necessidade.
- A integridade física também é um bem jurídico tutelado constitucional e penalmente, motivo pelo qual há o crime de lesão corporal.

Leve	Grave	Gravíssima
Residual	Incapacidade para ocupações habituais por mais de 30 dias	Incapacidade permanente para o trabalho
-------------------------	Perigo de vida	Enfermidade incurável
-------------------------	Debilidade permanente de membro, sentido ou função	Perda ou inutilizarão de membro, sentido ou função
-------------------------	Aceleração de Parto	Deformidade permanente
-------------------------	-------------------------	Aborto.

- No crime de lesão corporal gravíssima em decorrência do aborto, há um crime preterdoloso, já que o agente tinha o dolo de provocar a lesão corporal, enquanto resultado aborto decorre de conduta culposa.
- No crime de lesão corporal seguida de morte, há um crime preterdoloso, já que o agente tinha o dolo de provocar a lesão corporal, enquanto resultado morte decorre de conduta culposa.
- A honra é um direito da personalidade assegurado pela Constituição Federal, pelo Pacto de San José da Costa Rica, bem como na legislação infraconstitucional, como o Código Penal, o Código Civil e o Código Eleitoral.
- **Honra subjetiva:** refere-se à autoestima, ao conceito que a própria pessoa tem de si mesmo.
- **Honra objetiva:** refere-se ao conceito que a pessoa tem no meio social em que vive.
- Para a configuração de um dos crimes contra a honra (calúnia, difamação e injúria) é indispensável que o agente tenha o propósito de ofender (**elemento subjetivo especial do tipo**).
- Se a ofensa tem motivação eleitoral, trata-se de um dos crimes contra a honra previstos no Código Eleitoral.
- O STF declarou que a Lei de Imprensa não foi recepcionada pela CF/88, motivo pelo qual se a ofensa se der por meio de veículo de comunicação, a conduta do agente se subsume em uma das figuras dos arts. 138 a 140, CP.
- Imunidade parlamentar é uma causa de exclusão da **tipicidade material.**
- Para as declarações ofensivas feitas no recinto do Parlamento, a inviolabilidade é absoluta.
- Para as declarações feitas fora do Parlamento, como à imprensa, deverá haver um nexo entre as declarações e a atividade parlamentar, podendo, assim, ser afastada a imunidade em caso de abuso.
- **Calúnia**: imputação falsa de um **crime** a uma pessoa.

- Criança, adolescentes e doentes mentais podem ser vítimas de **calúnia**, pois, apesar de serem inimputáveis, podem praticar **fato definido como crime**, como o é o ato infracional praticado por criança e adolescente.
- A calúnia contra os mortos é punível, porém, as vítimas são os familiares do *de cujos*.
- Não há calúnia se a imputação se referir a **contravenção penal**.
- Na calúnia, admite-se, em regra, **a exceção da verdade**, meio de defesa em que o agente visa demonstrar que a imputação que fez é verdadeira.

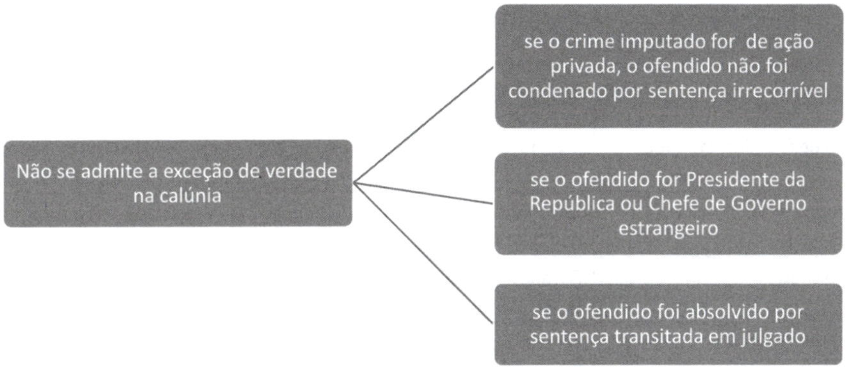

- Exceção de notoriedade: trata-se de figura prevista no art. 523 do Código de Processo Penal. Fato notório é aquele que todas ou muitas pessoas têm conhecimento. Assim, sendo o fato notório, não haverá calúnia, pois é verdadeira a imputação.
- O crime de calúnia praticado por meio de internet se consuma no local em que se encontra o responsável pela veiculação e divulgação do fato ofensivo.
- A denunciação caluniosa, em que se ofende a Administração da Justiça, por ser mais ampla, absorve a calúnia.
- Assim, a imputação falsa sobre o mesmo fato criminoso feita à Autoridade Policial, que, por causa dela, instaura Inquérito Policial, configura crime de denunciação caluniosa, não se falando em calúnia.
- **Difamação:** é a imputação recai sobre fato desonroso, fato esse que não é considerado crime.
- A imputação pode ser falsa ou verdadeira, que se consuma a difamação.
- Na difamação, a exceção de verdade só se admite se o ofendido for funcionário público e a ofensa se referir a essa qualidade.
- Se o ofendido for Presidente da República, considerado funcionário público para efeitos penais, não se admite a exceção de verdade em caso de difamação, dada a vedação expressa no crime de calúnia.
- No caso da difamação, acolhida a exceção de verdade, o fato permanece típico, porém, reconhece-se a excludente da ilicitude do **exercício regular de um direito**.
- **Na injúria,** o agente atribui à vítima uma qualidade desfavorável, um atributo negativo, a provocar abalo em sua autoestima.
- A injúria ocorre no momento em que a vítima toma conhecimento da ofensa.

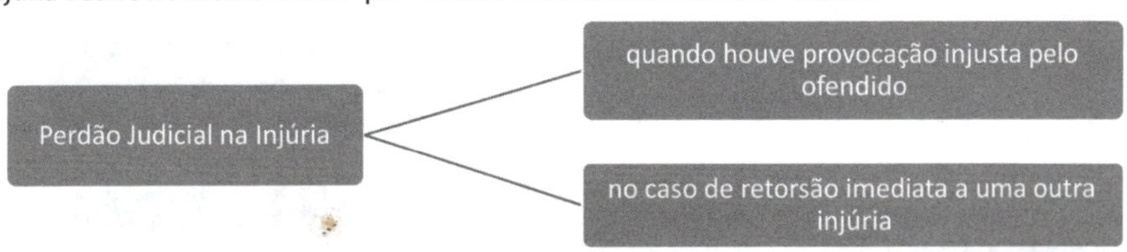

- A **injúria** real: a ofensa é provocada mediante violência ou vias de fato, como, por exemplo, dar um tapa no rosto da vítima.
- No caso de haver produção de lesões corporais, haverá soma da pena da injúria com a da lesão corporal.

Injúria preconceituosa	Racismo
Art. 140, § 3º, CP	Lei nº 7.716/89
Ação penal pública condicionada à representação da vítima	Ação penal pública incondicionada
Crime afiançável	Crime inafiançável
Crime prescritível	Crime imprescritível
Não decorre de segregação racial – é dirigida direta e especificamente à vítima	Pode decorrer de segregação racial – a ofensa é genérica a toda uma raça.

Calúnia	Difamação	Injúria
Imputação de fato determinado.	Imputação de fato determinado.	Atribuição de uma qualidade negativa.
Fato definido como crime.	Fato ofensivo à reputação da vítima, não definido como crime.	Qualidade ofensiva à dignidade ou decoro da vítima.
Imputação é falsa	É irrelevante que a imputação seja falsa.	É irrelevante que a imputação seja falsa.
Ofensa à honra objetiva.	Ofensa à honra objetiva.	Ofensa à honra subjetiva.
Em regra, admite a exceção de verdade.	Em regra, **não** admite a exceção de verdade.	Não admite a exceção de verdade.

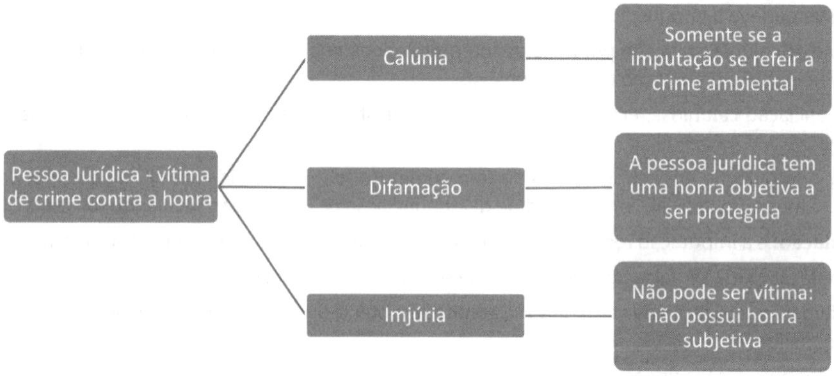

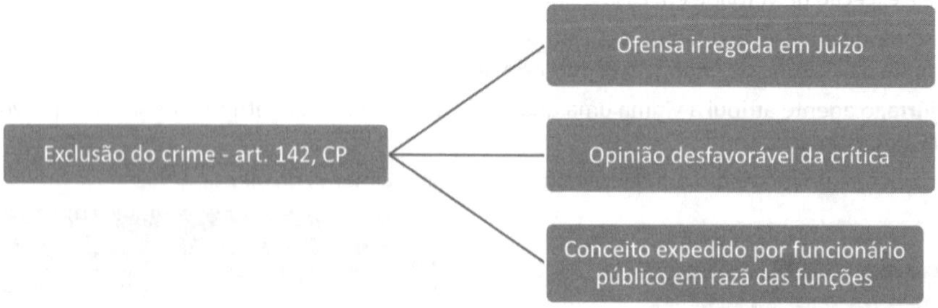

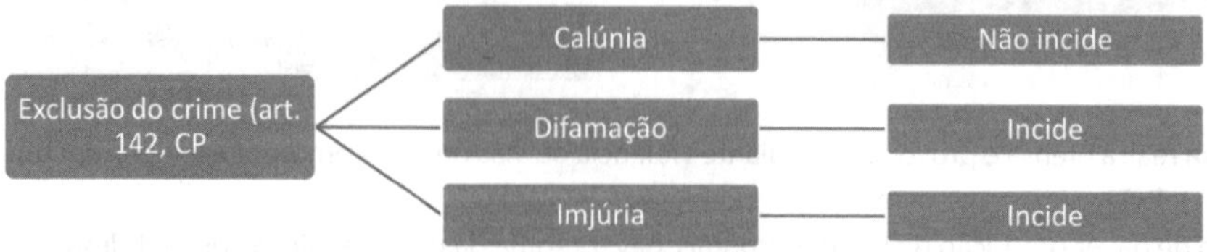

Constrangimento ilegal

- Ninguém será obrigado a fazer ou deixar de fazer alguma coisa senão em virtude de lei (art. 5º, II, CF/88). É essa garantia constitucional que se tutela com o crime de **constrangimento ilegal** (art. 146, CP).
- Constranger significa forçar alguém a fazer alguma coisa ou deixar de fazer alguma coisa.
- No crime de constrangimento ilegal, o agente se vale de **violência, grave ameaça ou qualquer outro meio** (como embriagar a vítima)para reduzir a capacidade de resistência da vítima para que esta pratique ou deixe de praticar ato a que não está obrigado por lei.
- Elemento subjetivo: **dolo.** Não existe a forma culposa.
- Causas de aumento da pena ao dobro: crime praticado por **mais de três pessoas** reunidas ou há emprego de **armas**.
- Se o constrangimento ilegal for cometido mediante violência, à pena do art. 146, CP, soma-se a pena correspondente da violência (como lesão corporal).

Não caracteriza constrangimento ilegal, se o constrangimento visa	I – **intervenção médica ou cirúrgica**, sem o consentimento do paciente ou de seu representante legal, se justificada por **iminente perigo de vida**; II – **impedir suicídio**.

Ameaça

- No crime de **ameaça**, o mal prometido deve ser injusto e grave.
- O Mal deve ser nocivo, grave, sério e verossímil.
- O simples temor reverencial não configura o crime do art. 147, CP.
- O crime de ameaça depende de **representação** do ofendido para o início da ação penal, inclusive, no caso de violência doméstica contra a mulher.
- Meios de realizar a ameaça: **escrito, palavras, gestos ou qualquer outra meio simbólico.**
- O crime de ameaça pode ser absorvido por outro se ela for meio de praticar tal conduta, como ocorre no roubo.

Sequestro e cárcere privado

- A diferença entre **sequestro e cárcere privado** é doutrinária: no primeiro, a restrição de liberdade é menor, como a pessoa que é colocada em uma fazenda de onde não consegue sair; enquanto no segundo a segregação é maior como no caso em que uma pessoa é colocada em um cubículo de uma casa.

Qualificadoras no crime de cárcere privado e sequestro	I – se a vítima é ascendente, descendente, cônjuge ou companheiro do agente ou maior de 60 (sessenta) anos; II – se o crime é praticado mediante internação da vítima em casa de saúde ou hospital; III – se a privação da liberdade dura mais de quinze dias. IV – se o crime é praticado contra menor de 18 (dezoito) anos; V – se o crime é praticado com fins libidinosos.

- A consumação do crime de sequestro ou cárcere privado se consuma no momento em que a vítima é privada da liberdade.
- Com isso, se a finalidade for libidinosa, a consumação se dá ainda que não se pratique o ato libidinoso, basta a privação de liberdade.

Redução à condição análoga a de escravo

- O crime de **redução à condição análoga a de escravo** consiste na submissão de uma pessoa a uma de forma degradante, sem respeito a seus direitos mínimos inerentes à condição humana.
- Na escravidão dos negros africanos na América, exigia-se que o escravo fosse comercializado. Nesse crime, a **comercialização não se faz necessária**. Basta que a pessoa seja colocada em condição degradante e se vê aprisionada a outra.

- **Condutas:**
  - (a) Submeter a vítima a **trabalhos forçados**: o trabalhador, mediante alguma forma de coerção, é submetido a trabalho contra a sua vontade;
  - (b) Submeter a vítima a **jornada exaustiva**: o empregador exige, impõe ao trabalhador a jornada extra de trabalho em desacordo com a legislação trabalhista sem o pagamento de verbas devidas;
  - (c) Sujeitar o trabalhador a **condições degradantes de trabalho:** o trabalhador é submetido a condições humilhantes de trabalho, que mais o aproximam de escravo do que homem livre. O juiz vai analisar no caso concreto se as condições são degradantes, tomando por base, inclusive, mas não exclusivamente, a legislação trabalhista;
  - (d) **Restringir**, por qualquer meio, **sua locomoção** em razão de dívida contraída com o empregador ou preposto: o trabalhador tem a sua liberdade cerceada pelo empregador em razão de dívida contraída. Exemplo clássico: o empregador tem uma mercearia dentro da Fazenda e obriga que o trabalhador compre dele produtos a preços aviltantes. Contraída a dívida, o trabalhador fica impedido de sair da fazenda, enquanto não a pagar;
  - (e) **Cercear o uso** de qualquer **meio de transporte** por parte do trabalhador, com o fim de **retê-lo no local de trabalho:** tutela-se a livre opção do trabalhador de usar meios de transporte para se ausentar do local de trabalho. Geralmente, ocorre em fazendas distantes de grandes centros urbanos, em que o empregador torne inviável o deslocamento do empregado ao retirar do local meios de transporte.;
  - (f) **Manter vigilância ostensiva** no local de trabalho com o fim de **reter o trabalhador no local de trabalho:** o uso de vigilantes armados por si só não configura o crime, como ocorre em bancos. O crime se configurar se a manutenção dessa vigilância tem como finalidade de reter o trabalhador no local de trabalho.
  - (g) **Apoderar-se de documentos ou objetos pessoais** do trabalhador, com o fim de **retê-lo no local de trabalho:** nesse crime a retenção de documentos do trabalhador, qualquer que seja ele, não só a CTPS, visa impedir que ele deixe o local de trabalho. Também ocorre se o emprego reter objetos pessoais doo trabalhador, como utensílios domésticos, instrumentos de trabalho.
- De acordo com recentes decisões do STJ e do STF, crime de redução à condição análoga a de escravo, além de atingir a dignidade da pessoa humana, viola a organização do trabalho, motivo pelo qual a competência para o seu julgamento é da Justiça Federal (art. 109, V-A e VI, CF/88).

Causas de aumento de pena (1/2), se o crime é cometido	I – contra **criança ou adolescente**; II – por motivo de **preconceito de raça, cor, etnia, religião ou origem**.

Tráfico de pessoas: visa tutelar a liberdade da pessoa de permanecer no local em que escolher de acordo com a sua conveniência.

Condutas criminosas (tipo penal misto alternativo): basta que o agente cometa um dos verbos. Se cometer mais de um deles, responderá por um único crime. Por exemplo: compra e aloja a mesma vítima	Agenciar; Aliciar; Recrutar; Transportar; Transferir; Comprar; Alojar; Acolher pessoa

Meios de praticar o crime	Grave ameaça; Violência; Coação; Fraude ou; Abuso

Finalidade especial: elemento subjetivo específico	I – remover-lhe órgãos, tecidos ou partes do corpo; II – submetê-la a **trabalho em condições análogas à de escravo**; III – submetê-la a qualquer **tipo de servidão**; IV – **adoção ilegal**; ou V – **exploração sexual**

Causas especiais de aumento de pena	I – o crime for cometido por **funcionário público** no exercício de suas funções ou a pretexto de exercê-las; II – o crime for cometido contra **criança, adolescente** ou pessoa **idosa** ou com **deficiência**; III – o agente se prevalecer de relações de **parentesco, domésticas, de coabitação, de hospitalidade, de dependência econômica, de autoridade ou de superioridade hierárquica inerente ao exercício de emprego, cargo ou função**; ou IV – a vítima do tráfico de pessoas for **retirada do território nacional**.

2. DOS CRIMES CONTRA O PATRIMÔNIO

Furto

- Nos crimes contra o patrimônio, tutelam-se a propriedade e a posse da vítima sobre um bem.
- **Furto**: o agente subtrai coisa alheia móvel pertencente a outrem.
- Ladrão que furta ladrão comete crime de furto, mas a vítima continua sendo o proprietário ou o possuidor originário.
- Objeto material: coisa material com valor patrimonial.
- Coisa de valor sentimental: há entendimento da doutrina majoritária no sentido de que pode ocorrer crime de furto.
- A subtração de cheque em branco não configura crime de furto por falta de valor econômico. Mas, se o agente que subtraiu o cheque o preenche e o faz circular, comete crime de estelionato.
- A coisa deve pertencer a uma terceira pessoa.
- A coisa abandonada, portanto, não pode ser objeto de furto.
- Se o agente subtrair coisa própria que está em poder de terceiro, pode cometer crime de exercício arbitrário das próprias razões (art. 346, CP) ou furto de coisa comum (art. 156, CP).
- **Furto de uso**: figura atípica.

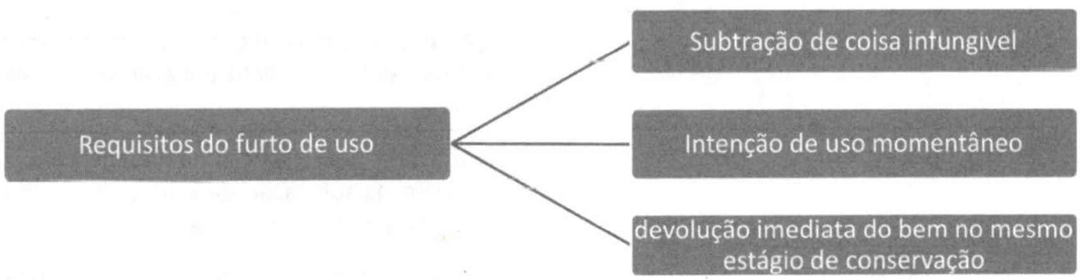

- O crime de furto se consuma no momento em que o agente tem a **posse da coisa subtraída, ainda que seja por um breve espaço de tempo**, sem que seja necessário que ele tenha posse e mansa pacífica do bem e que este seja retirado da esfera de vigilância da vítima.
- De acordo com o STJ, o fato de a loja ser equipada com aparelhos de vigilância, como câmaras, alarmes, por si só, não caracteriza o crime impossível, já que, mesmo sistemas de segurança mais avançados são falíveis.
- **Furto noturno: art. 155, § 1º, CP:** trata-se causa de aumento de pena decorrente de o agente se aproveitar de condição de menor vigilância do proprietário sobre a coisa. Praticado durante o repouso noturno, que deve ser analisado de acordo com os usos e costumes do lugar. O repouso noturno no campo é diferente do repouso noturno de uma grande cidade.

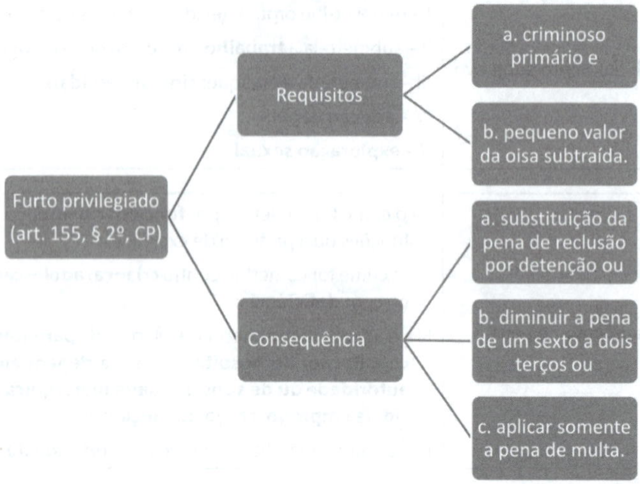

- Há um escalonamento para se diferenciar o furto privilegiado do furto em que incide o princípio da insignificância. No primeiro caso, trata-se de coisa com pequeno valor (até um salário mínimo); no segundo, o valor do bem é insignificante a ponto de não ser ofendido o patrimônio da vítima da subtração.
- **Furto qualificado – art. 155, § 4º, CP:** são circunstâncias que fazem com que o preceito penal secundário seja elevado: pena – **reclusão de 02 a 08 anos e multa.**

QUALIFICADORA	CARACTERÍSTICAS
Destruição ou rompimento de obstáculo	O agente pratica uma violência contra uma coisa que protege o bem a ser subtraído: corta a cerca elétrica da casa. Exige perícia.
Com abuso de confiança	Há uma relação de confiança entre vítima e agente que facilita a subtração. A simples relação empregatícia não significa, por si só, que o empregador tenha confiança em relação ao empregado, para fins penais.
Mediante fraude	O agente utiliza um ardil para diminuir a vigilância da vítima sobre o bem e, assim, ter mais facilidade para subtrair a coisa.
Escalada	O agente entra no local em que está o bem por meio anormal e esforço imediato. Por exemplo, escalar o muro da casa.
Destreza	O agente usa uma especial habilidade para subtrair o bem, como na subtração de uma carteira do bolso da calça da vítima sem que ela perceba a ação do agente.
Chave falsa	Uso de instrumento para fazer vezes de chave verdadeira, como mixa, gazua, arame, alicate.
Concurso de pessoas	Duas ou mais pessoas participam da execução do crime, seja como autores, seja como partícipes.
Veículo automotor que venha a ser transportado de um estado para outro ou para o exterior	O veículo é transportado de um Estado da Federação para outro (de SP para MG) ou para o exterior (do Brasil para o Paraguai)
Subtração for de semovente domesticável de produção, ainda que abatido ou dividido em partes no local da subtração.	Pena de dois a cinco anos

- **Furto qualificado–privilegiado:** o STJ firmou o seguinte entendimento: Consoante entendimento pacificado pelo julgamento do EREsp. 842.425/RS, de que relator o eminente Ministro Og Fernandes, afigura-se absolutamente "possível o reconhecimento do privilégio previsto no § 2º do art. 155 do Código Penal nos casos de furto qualificado (CP, art. 155, § 4º)", máxime se presente qualificadora de ordem objetiva, a primariedade do réu e, também, o pequeno valor da res furtiva.

Roubo

- **Roubo Próprio (art. 157, *caput,* CP)**: o agente subtrai coisa alheia móvel pertencente a outrem com o emprego de **violência** ou **grave ameaça** ou qualquer outra forma de redução de vigilância da vítima (**violência imprópria**: como a hipnose).
- **Roubo Impróprio (art. 157, § 1º, CP):** depois de subtrair o bem, para assegurar a posse e/ou impunidade, o agente pratica **violência** ou **grave ameaça** contra a vítima.
- **Roubo majorado (art. 157, § 3º, CP):** circunstância que faz o juiz aumentar a pena do agente de um terço até metade.

Circunstância	Característica
Emprego de arma	Pode ser arma de fogo ou arma branca, como faca. Arma de brinquedo não faz incidir a circunstância.
Concurso de duas ou mais pessoas	Duas ou mais pessoas participam da execução do crime, seja como autores, seja como partícipes.
A vítima está em transporte de valores	Como por exemplo, carros fortes
Veículo automotor que venha a ser transportado de um estado para outro ou para o exterior	O veículo é transportado de um Estado da Federação para outro (de SP para MG) ou para o exterior (do Brasil para o Paraguai)
Restrição de liberdade da vítima	A restrição de liberdade da vítima deve se dar por um tempo juridicamente relevante e deve ser para executar o crime ou garantir a fuga

- **Roubo qualificado: da violência empregada resulta lesão corporal de natureza grave ou morte (latrocínio).**
- O latrocínio consiste na subtração do bem, bem como, no mesmo contexto, na morte da vítima, que pode se dar pela forma culposa ou pela forma dolosa.

SUBTRAÇÃO	MORTE	LATROCÍNIO
Consumada	Consumada	Consumado
Consumada	Tentada	Tentado
Tentado	Consumada	Consumado
Tentada	Tentada	Tentado

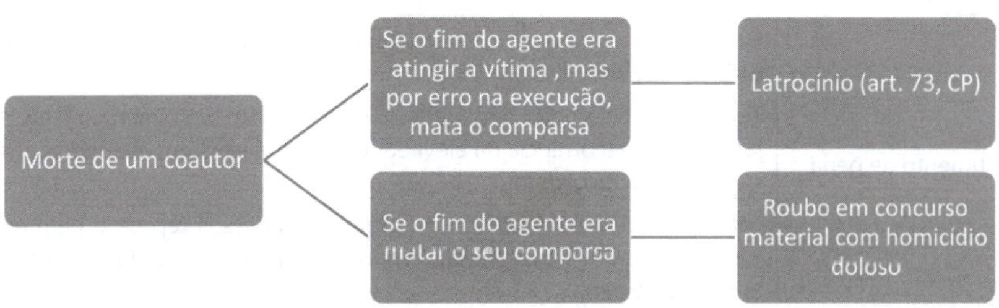

Extorsão

- **Extorsão (art. 158, CP)**: mediante violência ou grave ameaça, o agente constrange alguém a fazer algo, como que obtém vantagem econômica.
- Na **extorsão**, a vítima é constrangida a fazer, tolerar que se faça ou deixar de fazer alguma coisa, mediante violência ou grave ameaça, tendo o sujeito ativo do crime a finalidade de obter, para si ou para outrem, indevida vantagem econômica.
- A diferença fundamental entre roubo e extorsão se encontra **na necessidade de participação ativa** da vítima para que o agente obtenha a vantagem patrimonial.
- No roubo, a coisa desejada pelo agente está à mão e a subtração independe da colaboração da vítima. Na extorsão, a conduta ativa da vítima é imprescindível para que o sujeito ativo do crime obtenha a indevida vantagem econômica.

Extorsão mediante sequestro

- **Extorsão mediante sequestro (art. 159, CP)**: a obtenção da vantagem econômica é obtida por meio da restrição de liberdade da vítima.
- Trata-se de crime complexo, pois o sequestro, por si só, é uma infração autônoma e que, praticado com o fim de obter indevida vantagem, configura o tipo penal do art. 159, CP.
- Trata-se de **crime formal**. Consuma-se com a restrição de liberdade da vítima; Não é preciso que os agentes recebam a indevida vantagem, que se acontecer, configura **exaurimento**.

Formas qualificadas (art. 159, § 1º, CP)	**Característica**
O sequestro dura mais de vinte e quatro horas	A privação de liberdade traz fortes abalos emocionais à vítima, muitas vezes confinadas em locais insalubres, sem notícias de parentes e o medo de desfecho trágico, o que justifica a qualificadora em tela
O sequestrado é menor de dezoito anos ou maior de sessenta	A vulnerabilidade das pessoas menores de dezoito e maiores de sessenta anos exige maior reprimenda. Essa circunstância deve ser abrangida pelo dolo do agente, que sabia ou devia saber de sua existência.
Crime cometido por bando ou quadrilha	Com a Lei nº 12.850/2013, o *nomen criminis* passou a ser associação criminosa, sendo necessário que, pelo menos, **três pessoas** estejam associadas com o fim específico de praticar crimes. Ou seja, não basta o mero concurso de três pessoas a praticar o sequestro, mas se exige a estabilidade da associação voltada à prática de crimes

Apropriação indébita

- **Apropriação Indébita (art. 168, CP)**: a posse ou detenção do bem é obtida licitamente pelo agente, que, no entanto, passa a ter a coisa como sua ilicitamente. Há uma inversão da vontade do agente.
- **Mero descumprimento contratual** não configura o crime de apropriação indébita. Trata-se de mero ilícito civil.

Causas de aumento de pena	Depósito necessário: se refere ao depósito que se faz em ocasião de **calamidade pública** (art. 647, II, CC). Tutor, curador, síndico liquidatário, inventariante, testamenteiro ou depositário judicial: em decorrência da elevada função que exercem recebem bens de terceiros e devem devolvê-los. Em razão de ofício, emprego ou profissão: a pessoa recebe o bem em razão da profissão e, se não o devolver, responde pela apropriação indébita com causa de aumento de pena.

Estelionato

- **Estelionato(art. 171, CP)**: o agente obtém a vantagem patrimonial em detrimento de prejuízo da vítima, induzida ou mantida em erro, em decorrência de ardil.

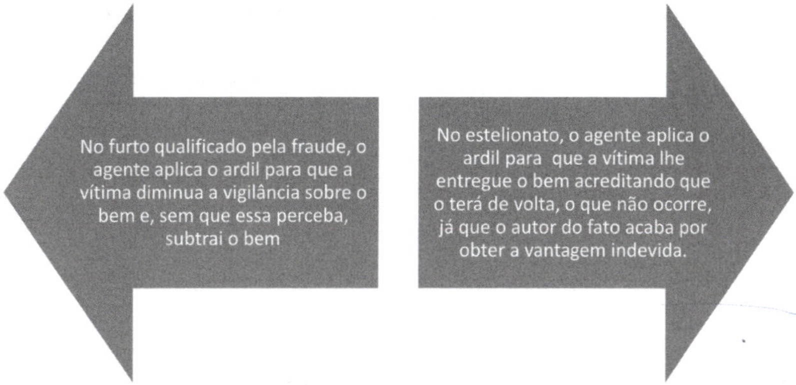

Meios de induzimento ou manutenção em erro	Características
Artifício	É astúcia, esperteza, manobra que implica engenhosidade. Ex: o agente se faz passar como representante de uma entidade caridade respeitada na comunidade e induz o ofendido a fazer doação que, desde o início, tem a intenção de tê-la para si
Ardil	É também artifício, esperteza, embora na forma de armadilha, cilada ou estratagema. Ex: o agente prepara um local como sendo agência de veículos, vende automóvel à vítima, recebe o dinheiro, mas, antes de entrega-lo, desaparece com o dinheiro obtido.
Qualquer outro meio fraudulento	Trata-se de interpretação analógica

Receptação

- **Receptação própria**: o agente, adquire, recebe, transporta, conduz ou oculta, para si ou para outrem, coisa que **sabe ser produto de crime.**
- **Receptação imprópria:** o agente influencia para que terceiro, de boa-fé, a adquira, receba ou oculte a coisa que ele, sujeito ativo do crime, sabe ser produto de crime.
- **Receptação qualificada:** trata-se de crime próprio, porque o agente deve ter uma qualidade especial: comerciante, ainda que irregular ou clandestino, ou empresário.
- **Dano:** Destruir, inutilizar ou deteriorar coisa alheia.

Crime qualificado, se o crime é cometido	I – com violência à pessoa ou grave ameaça; II – com emprego de substância inflamável ou explosiva, se o fato não constitui crime mais grave; III – contra o patrimônio da União, Estado, Município, empresa concessionária de serviços públicos ou sociedade de economia mista; IV – por motivo egoístico ou com prejuízo considerável para a vítima:

Dano

- **Dano:** tutela-se o dano patrimonial, não o moral.
- **Condutas:** (a) destruir (extinguir ou eliminar); (b) inutilizar (tornar a coisa imprestável ao fim a que ela se destina); (c) deteriorar: estragar a coisa.

Formas qualificadas	I – com violência ou grave ameaça à pessoa: se houver violência apenas contra a coisa, não há qualificadora. Ela deve se voltar contra a pessoa, assim como a grave ameaça; II – com emprego se substância inflamável ou explosiva, se o fato não constitui crime mais grave: se for colocada em perigo a incolumidade pública, haverá crime de explosão ou incêndio, por exemplo, mais graves que o dano; III – contra o patrimônio da União, Estado, Município, empresa concessionária de serviços públicos ou sociedade de economia mista: protege-se o patrimônio público, mais relevante que o particular; IV – por motivo egoístico ou com prejuízo considerável para a vítima: motivo egoístico pode ser considerado a vingança, a torpeza; considerável prejuízo à vítima: deve-se elevar em consideração o patrimônio individual da vítima para se ter a dimensão do dano que sofreu

- **Ação Penal:** em regra, é pública, exceto no caso do dano provocado por motivo egoístico ou com prejuízo considerável à vítima, hipótese em que se trata de **ação penal privada.**
- **Escusa absolutória**: há isenção de pena nos crimes contra o patrimônio, apesar da conduta do agente ser típica.

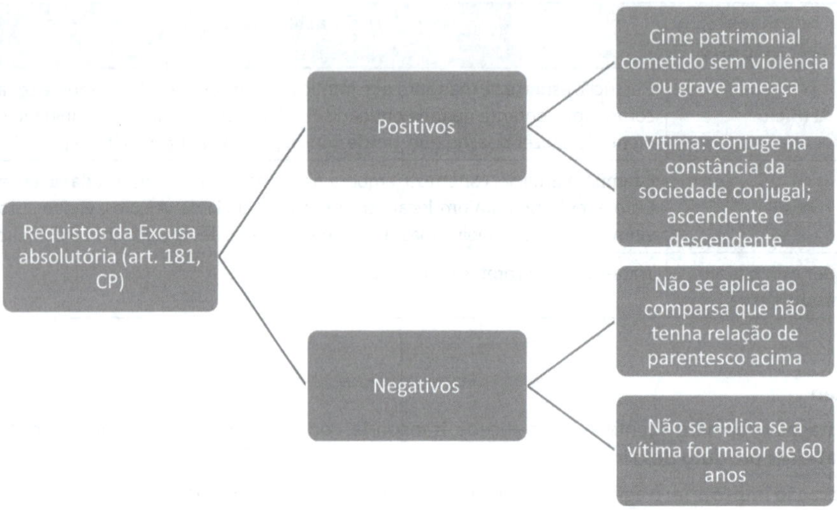

AÇÃO PENAL NOS CRIMES CONTRA O PATRIMÔNIO

PÚBLICA INCONDICIONADA	É a regra geral
PÚBLICA CONDICIONADA À REPRESENTAÇÃO	**se a vítima for:** cônjuge desquitado ou judicialmente separado; irmão; tio ou sobrinho, com quem o agente coabita.
PRIVADA	**Crime de dano** provocado por motivo egoístico ou com prejuízo considerável à vítima,

- Não se aplica o disposto sobre escusa absolutória e as exceções de ação penal pública condicionada à representação se a vítima for: I – se o crime é de roubo ou de extorsão, ou, em geral, quando haja emprego de grave ameaça ou violência à pessoa; II – ao estranho que participa do crime. III – se o crime é praticado contra pessoa com idade igual ou superior a 60 (sessenta) anos

3 CRIMES CONTRA A PROPRIEDADE IMATERIAL

- O STJ e o STF consolidaram entendimento que os crimes de CD's e DVD's "piratas" merecem resposta penal, porque não são abarcados pelo princípio da adequação social, já que visam tutelar o direito de autor, que encontra amparo constitucional.
- A falsificação de CD's e DVD's de filmes e shows musicais incide no art. 184, CP.

4 CRIMES CONTRA A ORGANIZAÇÃO DO TRABALHO

- Os crimes contra a organização do trabalho visam tutelar a **dignidade do trabalhador nas relações de trabalho**, seja sob o aspecto individual, seja sob o aspecto coletivo.
- Se o crime contra a organização do trabalho atingir o **interesse coletivo**, a competência é da **Justiça Federal**. Contudo, se atingir apenas o **interesse individual** do trabalhador ou do empregador, haverá competência da **Justiça Estadual**.
- **Atentado contra a liberdade de trabalho** (art. 197, CP): trata-se de constranger a vítima, mediante grave ameaça ou violência, a fazer ou deixar de fazer alguma coisa relacionada ao livre exercício do trabalho, seja na qualidade de trabalhador (art. 197, I, CP), seja na qualidade de empregador (art. 197, II, CP).
- **Atentado contra a liberdade de contrato de trabalho e boicotagem violenta** (art. 198, CP): trata-se de constranger a vítima, mediante grave ameaça ou violência, a fazer ou deixar de fazer alguma coisa relacionada ao livre exercício de celebração do contrato de trabalho (art. 198, primeira parte, CP), ou de impedir que a pessoa desenvolva livremente a atividade industrial ou agrícola (art. 198, segunda parte, CP).
- **Atentado contra a liberdade de associação** (art. 199, CP): trata-se de constranger a vítima, mediante grave ameaça ou violência, a se associar ou deixar de se associar a um determinado sindicato ou associação profissional.
- **Participação de trabalho, seguida de violência ou perturbação da ordem** (art. 200, CP): trata-se do exercício do lockout, suspensão do trabalho pelo empregador, e da greve de trabalhadores, promovida por meio de violência contra pessoa ou coisa. Como o tipo penal tem como verbo-núcleo "participar", exige-se que haja multiplicidade de pessoas a participar da paralisação, pelo menos três.
- **Paralisação de trabalho de interesse coletivo** (art. 201, CP): trata-se do exercício do lockout, suspensão do trabalho pelo empregador, e da greve de trabalhadores, em que há interrupção de obra pública ou serviço de interesse público. Nesse caso, há abuso do direito de greve e, portanto, deve-se analisar o tipo penal à luz da Lei de Greve (Lei nº 7.783/89). Também, se exige a participação de pelo menos três pessoas.
- **Invasão de estabelecimento industrial, comercial ou agrícola. Sabotagem** (art. 202, CP): a invasão ou a sabotagem (danificação do estabelecimento ou das coisas que ele guarnece) deve ser feita com a finalidade de impedir ou embaraçar o curso normal do trabalho.
- **Frustração de direito assegurado por lei trabalhista** (art. 203, CP): mais uma vez, a incidência da norma penal depende da conjugação com interpretação da legislação trabalhista, constitucional ou inconstitucional. Deve haver o dolo por parte do agente, sendo que o simples inadimplemento com as normas trabalhistas não implica incidência do tipo penal.
- No parágrafo primeiro, o agente não se vale de simples fraude, como no caput, mas de coação. Estranhamento, contudo, as penas previstas são as mesmas.
- Causa especial de pena: vítima menor de dezoito anos, idosa, gestante, indígena ou portadora de deficiência física ou mental.
- **Frustração da lei sobre a nacionalização do trabalho** (art. 204, CP): trata-se de norma penal em branco, porque as regras sobre nacionalização do trabalho são previstas em legislação do trabalho, especialmente os arts. 352 e 354, CLT.
- **Exercício de atividade com infração de decisão administrativa** (art. 205, CP): o livre exercício da profissão é garantia constitucional, porém, a lei pode condicionar e limitar esse direito. Algumas profissões estão sujeitas ao controle administrativo, como, por exemplo, de seus conselhos, como o CRECI, CREA, CRM, etc., que podem impor sanções aos seus associados, como a suspensão da atividade. A inobservância dessa suspensão pode acarretar na subsunção da conduta ao crime do art. 205, CP, desde que seja feita de forma habitual.
- **Aliciamento para fim de emigração** (art. 206, CP): nesse crime, o sujeito ativo recruta (alicia, atrai), mediante fraude (falsas promessas), trabalhadores (no mínimo dois) para levá-los ao exterior.
- **Aliciamento de trabalhadores de um local para outro do território nacional** (art. 207, CP): nesse crime, o sujeito ativo alicia (recruta, atrai), mediante fraude (falsas promessas), trabalhadores (no mínimo dois) com o fim de levá-los de

uma localidade para outra do território nacional. No caso, há violação não só a liberdade trabalhista, como ainda da liberdade de locomoção, dos sujeitos passivos do crime, que se deslocam de seu Estado de origem para outro e, ainda, o retorno ao Estado de origem é dificultada pelas precárias condições de trabalho encontradas no novo local de trabalho, como, por exemplo, o não fornecimento de meios de transporte, conforme figura equiparada do art. 207, § 1º, CP.

- Causas especiais de aumento de pena: qualidade especial da vítima: menor de dezoito anos, idosa, gestante, indígena ou portadora de deficiência física ou mental.

5 CRIMES CONTRA O SENTIMENTO RELIGIOSO E CONTRA O RESPEITO AOS MORTOS

- **Ultraje a culto e impedimento ou perturbação de ato a ele relativo:** na primeira parte do tipo penal, a conduta punida é o **escárnio**, ou seja, a **humilhação, zombaria, desprezo** à **pessoa em decorrência de religião.**
- Na segunda parte do tipo penal, **é** o **impedimento ou perturbação de cerimônia religiosa**, como o barulho excessivo, os gritos de que aquela cerimônia religiosa é uma farsa, etc.
- **Impedimento ou perturbação de cerimônia funerária** (art. 209, CP): nesse crime, o sujeito ativo impede ou perturba o enterro ou a cerimônia de homenagens ao falecido, como derrubar o caixão do morto ao solo, com o dolo de perturbar o ambiente já naturalmente consternado.
- **Violação de sepultura** (art. 210, CP): nesse crime, se viola ou profana o local em que se encontram o cadáver ou os restos mortais da pessoa. Considera-se a infração penal na remoção de parte do túmulo, na destruição de sinais religiosos que nele estão fixados, como esculturas da cruz e de imagens santas.
- Poderá haver concurso com o crime de furto, se, além de atuar com a intenção de violar a sepultura, o agente visa subtrair o bem para si par outro, como as imagens de cobre ou mesmo ouro, as pedras de mármore.
- **Destruição, subtração ou ocultação de cadáver** (art. 211, CP): são as seguintes condutas puníveis:
  - Destruir: ocorre nas hipóteses em que o cadáver é esmagado, queimado;
  - Subtrair: é o furto do cadáver;
  - Ocultar: esconder, desaparecer com o cadáver.
- O crime de **ocultação de cadáver** é praticado muitas vezes com o de homicídio, em que o autor do crime contra a vida joga o corpo do falecido nas **águas** do rio, o enterra, o deixa abandonado em um matagal. Nesse caso, há concurso material entre homicídio e ocultação de cadáver.
- **Vilipêndio ao cadáver** (art. 212, CP): nesse crime, trata-se o cadáver ou suas cinzas com desrespeito, desprezo. Ocorre nos casos de necrofilia, por exemplo.

6. CRIMES CONTRA A DIGNIDADE SEXUAL

- A Lei nº 12.015/09 provocou radical mudança no tratamento dado aos crimes sexuais. Antes se tutelavam os costumes. Agora, se tutela a dignidade sexual, ou seja, o desenvolvimento sadio da sexualidade.
- Com a nova sistemática, o crime de estupro (art. 213, CP) pode ter como sujeitos passivos **homens e mulheres.**
- Para a caracterização do crime de estupro é indispensável que a haja o dissenso por parte da vítima, ou seja, que ela não concorde com a relação sexual que só acontece em decorrência de **violência** ou **grave ameaça.**
- Consuma-se o estupro com a conjunção carnal (coito vaginal) ou com qualquer outra modalidade de ato libidinoso, como o coito anal, o sexo oral, o toque em regiões erógenas como o pênis, os seios, a própria vagina, etc.
- Não há se falar em violação à lei nem em dissídio jurisprudencial, haja vista o acórdão impugnado estar em consonância com o atual entendimento dos tribunais superiores, no sentido de ser possível o reconhecimento de **crime único**, quando praticados os delitos de estupro e de atentado violento ao pudor, denominado hodiernamente também como estupro, contra a mesma vítima e no mesmo contexto.
- Estupro qualificado:

Art. 213, § 1º, CP: reclusão de 8 a 12 anos	• Se da conduta resulta **lesão corporal de natureza grave.** • Se a vítima é menor de 18 anos ou maior de 14 anos.
Art. 213, § 2º, CP: reclusão de 12 a 30 anos	• Se da conduta resulta morte.

- **Assédio Sexual:** Trata-se de crime **próprio** porque o sujeito ativo deve ser superior hierárquico à vítima em relação de trabalho, seja no setor privado, seja no setor público.

- Não configura o crime se a relação hierárquica for de outra natureza, como familiar, de ordem religiosa ou entre professor ou aluno.
- No crime de estupro de vulnerável (art. 217-A, CP), **não são necessárias** a violência ou **grave ameaça**. Isso porque o legislador presume que as vítimas não têm capacidade de discernimento sobre o consentimento na realização do sexo. **Trata-se de presunção absoluta**.
- **Ação penal:** Nos crimes do art. 213 a 218-B, CP, a ação penal é **pública condicionada** à representação.
- Exceção: a ação penal é pública **incondicionada** nos casos em que a vítima: a. é menor de dezoito anos de idade; b. é vulnerável nos termos do art. 217-A, CP.

7 CRIMES CONTRA A FAMÍLIA

- **Bigamia:** uma pessoa já casada contrai novo casamento.
- Se houver ação de anulação do primeiro casamento, o juiz deve suspender o processo criminal até o julgamento dela, pois, se o primeiro matrimônio for anulado, deixa de haver crime de bigamia.
- Com a permissão do **casamento de pessoas do mesmo sexo (homoafetivo)**, se um homem é casado com uma mulher, dela separa de fato, e contrai casamento com um homem, comete bigamia.
- **Adultério:** foi revogado pela Lei nº 11.106/2005.
- **Registro de nascimento inexistente:** o crime se consuma no momento em que é feito o registro de um nascimento que inexistiu e no caso de natimorto.
- O prazo prescricional se inicia a partir da data em que o fato se torna conhecido da autoridade pública.

Condutas do art. 242 do Código Penal
Dar parto suposto como próprio: só pode ser praticado por mulher, que apresenta um recém-nascido como se fosse seu filho, mas não é.
Registrar como seu filho de outrem: pode ser praticado por qualquer pessoa. O Oficial de Registro responde se tem ciência que a criança não é filha da pessoa.
Ocultar recém-nascido, suprimindo ou alterando direito inerente ao estado civil: há um fim especial, que é a supressão de direito do recém-nascido ocultado
Subtrair recém-nascido, suprimindo ou alterando direito inerente ao estado civil: consiste na troca dolosa de recém-nascido em berçário.

8 CRIMES CONTRA A INCOLUMIDADE PÚBLICA

1. No crime de **incêndio** (art. 250, CP, o agente dá origem a um incêndio com a intenção de causar perigo à vida, à integridade física ou patrimônio de outrem.
2. Não é necessária a identificação das pessoas que foram expostas ao **perigo concreto**. Trata-se de crime **vago**, porque a sociedade é sujeito ativo do crime.
3. Não há crime se o incêndio for causado em uma casa abandonada, em meio a um campo, sem potencial perigo a pessoas ou patrimônio de outros que não o proprietário do imóvel incendiado.
4. O crime de incêndio pode ser consumado ainda que o incêndio não seja de grandes proporções, mas, em decorrência do próprio fato, como no incêndio em um teatro, em que o perigo decorre do pânico dos presentes.
5. **Explosão** é "o abalo seguido de forte ruído causado pelo surgimento repentino de uma energia física ou expansão de gás".
6. Trata-se de tipo misto alternativo e pode ser cometido por meio de três condutas: Provocar a explosão; Arremessar explosivo; Colocação de explosivo.

9 CRIMES CONTRA A PAZ PÚBLICA

- **Incitação ao crime:** a conduta deve ser pública, ou seja, na presença de várias pessoas que tenham acesso livre ao evento. Pode ser feito por qualquer meio de discursos, orais ou escritos. A incitação deve se referir a um crime determinado e individualizado, como, por exemplo, o agente que instiga as pessoas a matarem uma pessoa.
- **Apologia ao crime**: o autor faz elogios a um crime ou ao autor do crime, porque o cometeu. O elogio deve ser com o objetivo de atingir número indeterminado de pessoas com o intuito de propagá-la.
- **Associação criminosa**: o tipo penal exige que a associação seja composta por **no mínimo três pessoas**. Portanto, se trata de crime plurissubsistente. Para a caracterização do crime, é necessário que os agentes devam estar associados com o fim específico de cometer crimes.
- **Milícia privada:** As milícias privadas são um fenômeno social em que ela atua em substituição ao Estado, controlando a vida da comunidade por meio de extorsões e coações, interferindo na prestação de serviços, como de água, energia, gás GLP, sinais de TV a cabo, etc. Com o crescimento desse fenômeno, a Lei nº 12.720/2012 acrescentou ao art. 288-A, CP em que se tipificou: Constituir, organizar, integrar, manter ou custear organização paramilitar, milícia particular, grupo ou esquadrão com a finalidade de praticar qualquer dos crimes previstos neste Código.

10. CRIMES CONTRA A FÉ-PÚBLICA

- Nos crimes contra a fé-pública, tutela-se a presunção de veracidade que se emana dos documentos.

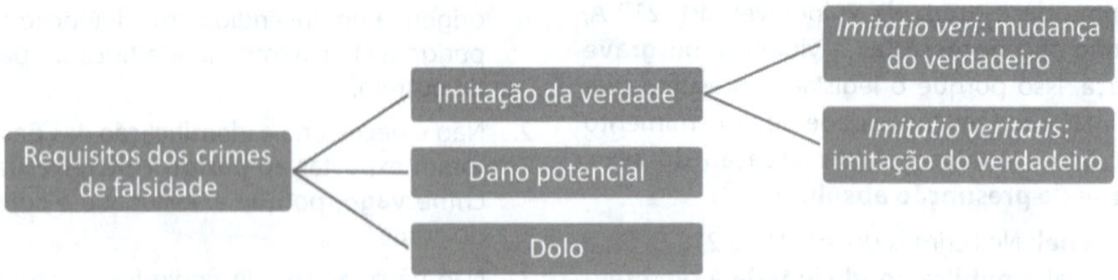

- **Moeda falsa (art. 290, CP):** consiste na fabricação de moeda falsa ou alteração do valor de moeda verdadeira.
- A moeda pode ser **metálica ou papel-moeda, nacional ou estrangeira.**
- A competência para o julgamento do crime é da **Justiça Federal**.
- É atípica a conduta de falsificar moeda que já saiu de circulação, como o cruzeiro ou cruzado.
- **Moeda falsa privilegiada (art. 290, § 2º, CP):** inicialmente, a pessoa recebe a moeda de boa-fé, sem saber da falsidade. No entanto, ao tomar conhecimento de que se trata de moeda falsa, a coloca em circulação.
- **Moeda falsa qualificada (art. 290, § 3º, CP):** trata-se de crime **próprio**, pois o sujeito ativo sempre será **funcionário público ou diretor, gerente, ou fiscal de banco de emissão que fabrica emite ou autoriza a fabricação ou emissão:**

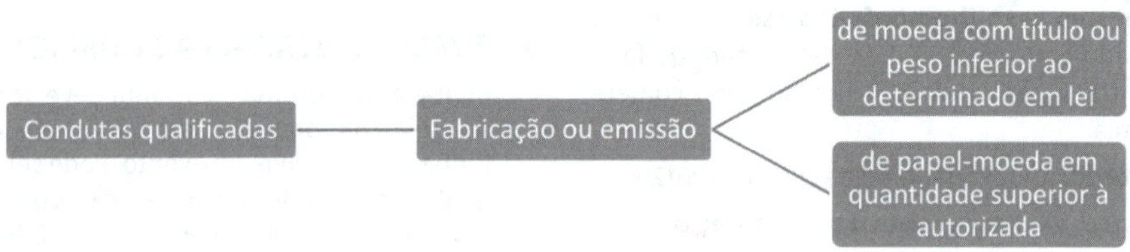

- **Moeda falsa qualificada por equiparação (art. 290, § 4º, CP): funcionário público ou diretor, gerente, ou fiscal de banco de emissão** desvia e faz circular moeda, cuja **circulação não estava ainda autorizada**. Vê-se que a moeda não é falsa, mas sua circulação ainda não é permitida.
- **Petrechos para falsificação de moedas (art. 291, CP):** trata-se de um tipo penal **subsidiário**, pois, se o agente usa o maquinário e fabrica moeda falsa, responde apenas pelo tipo de crime de moeda falsa (art. 290, CP).
- **Falsificação de papéis públicos (art. 293, CP):** conceito de papel público: são os de feitura atribuída privativamente à administração do Estado ou a entidade de direito público cujos objetivos particulares são realizados no interesse da coletividade e que se ajustam ao programa funcional do Poder Público (Júlio Fabbrini Mirabete. *Manual de Direito Penal.* v. 3. p. 223).
- Há inúmeros papéis públicos, mas o crime só se caracterizará se a falsidade recair sobre um daqueles enumerados pelo art. 293, CP, tais como: estampilha, papel selado, papel de crédito público, etc.
- Quem falsifica vale postal incide na figura penal prevista no art. 47 da Lei nº 6.538/78, que revogou tacitamente o art. 293, III, CP.

- **Falsidade documental.**

Não são considerados documentos
Escrito a lápis
Fotografias isoladas
Fotocópia não autenticada
Falsificação grosseira, facilmente perceptível

- **Falsidade material:** (arts. 297 a 298, CP) o documento ou parte dele é falso em sua estrutura. Significa formar um documento materialmente ou alterá-lo. Por exemplo, uma gráfica produz espelho de CNH ou alguém rasura o contrato.
- **Falsidade de documento público:** (art. 297, CP). Documento público: é o elaborado por funcionário público no desempenho de suas funções: escritura pública, RG, CPF, CTPS, alvará judicial, etc.
- **Documentos públicos por equiparação:** emanado de entidade paraestatal, título ao portador ou transmissível por endosso, ações da sociedade comercial, os livros mercantis e o testamento particular.
- **O particular** pode ser sujeito ativo do crime de falsidade de documento público, se fazer um documento que deveria ser elaborado por funcionário público ou adultera um documento público.
- **Causa de aumento de pena:** se o funcionário público for o autor da falsificação e se valer de sua função para cometer o crime (art. 297, § 1º, CP).
- **Crimes de falsidade de documentos relativos à Previdência Social:** art. 297, §§ 3º e 4º, CP: na verdade, seria falsidade ideológica, já que o que é falso é o conteúdo do documento, o fato que expressa. Mas, por falta de técnica de legislador, foi incluído no art. 297, tendo as mesmas penas deste, portanto.
- **Falsidade de documento particular:** (art. 298, CP): documento particular tem conceito residual, ou seja, é aquele que não é elaborado por funcionário público no exercício de suas funções ou não é equiparado pela lei.
- Em caso de documento público, a **Justiça Federal** será competente se o documento público for emanado de entidade ligada à União; se o documento for particular, a **justiça Federal** será competente, se a intenção do autor era causar prejuízo à União.
- A cópia autenticada de um documento particular continua particular. No entanto, se a falsificação recair precisamente sobre a autenticação, haverá falsificação de documento público.
- **Falsidade Ideológica:** (art. 299, CP) o documento é materialmente verdadeiro, emanado de quem tenha legitimidade para fazê-lo, mas o conteúdo que expressa é falso.

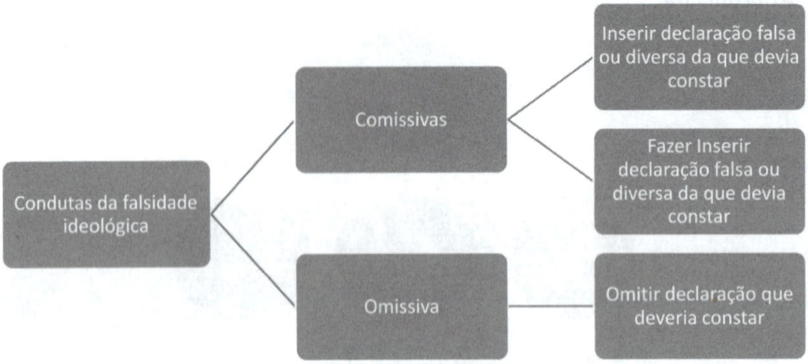

- Na falsidade ideológica, o documento pode ser público ou particular, conforme o art. 299, CP. Porém, a pena é maior se for público.
- O autor do documento pode não responder pelo crime, se não for ciente da declaração falsa. Por exemplo, "A" passou uma informação falsa a um funcionário público que produz uma certidão com esses dados falsos, sem saber desse fato. Somente, "A" responde pelo crime.
- Somente haverá crime de falsidade ideológica se o autor agir com um fim especial: **prejudicar direito, criar obrigação ou alterar a verdade sobre fato juridicamente relevante.**
- Na falsidade material, **é imprescindível o exame de corpo de delito;** enquanto falsidade ideológica não pode ser provado por perícia, já que, nesse caso, o documento é materialmente verdadeiro.

Falsidade Material	Falsidade Ideológica
Fabricação de espelho de RG em uma gráfica não autorizada para emiti-lo	Funcionário Público tem um espelho de RG verdadeiro em suas mãos e, com atribuição para preenchê-lo, acrescenta dados falsos
Particular tem espelho em branco de um RG verdadeiro e o preenche com dados falsos ou mesmo verdadeiro	Particular fornece dados inverídicos ao funcionário público que tem atribuição para emitir RG

- **Uso de documento falso:** (art. 304, CP): Fazer uso de um dos documentos falsos na forma dos arts. 297 a 302, CP.
- Trata-se de um tipo penal **remitido**, uma vez que faz referência a outros tipos penais para a sua configuração.
- Posição majoritária: **aquele que falsifica um documento e depois faz uso dele, só responde pelo crime de falsidade**. De acordo com essa corrente, o uso de documento falso, material ou formalmente, seria mero *post factum* impunível.
- Policiais em cumprimento de mandado de busca e apreensão domiciliar encontram o documento em uma gaveta, não há crime de uso de documento falso, pois não foi a pessoa que o apresentou, que dele fez uso.
- **Exceção:** Em uma *blitz* policial, o condutor se recusa a apresentar a **CNH**, que é falsa. Os policiais, então, fazem a busca e encontram o documento no interior do porta-luvas. Nesse caso, há crime de uso de documento público, uma vez que a **CNH é documento de porte obrigatório** pelos motoristas (art. 159, § 1º, CTB).
- **Finalidade especial:** fazer prova de fato relevante juridicamente.
- **Supressão de documento público**: (art. 305, CP): **destruição, supressão ou ocultação** de um documento público ou particular.
- **Falsa identidade**: (art. 307, CP): o agente não usa um documento falso, mas se identifica falsamente. Ou seja, mente em relação a um elemento de identificação, como nome, estado civil, sexo, idade, filiação, nacionalidade, etc.

- **Finalidade específica**: obter alguma vantagem ou causar prejuízo a terceiros.
- O Supremo Tribunal Federal, ao examinar o RE 640.139/DF, cuja repercussão geral foi reconhecida, entendeu que o **princípio constitucional da autodefesa não alcança aquele que atribui falsa identidade perante autoridade policial** com o objetivo de ocultar maus antecedentes, sendo, portanto, **típica a conduta praticada pelo agente.**
- **Adulteração de sinal de veículo automotor:** (art. 311, CP): trata-se de falsificação de numeração de chassi, de placas, de motor, de câmbio e qualquer outro dado de identificação de veículo.
- Para o Superior Tribunal de Justiça, é típica a conduta de adulterar a placa de veículo automotor mediante a colocação de **fita adesiva**.

11. DOS CRIMES CONTRA A ADMINISTRAÇÃO PÚBLICA

I. Conceito de Funcionário Público.

- Para fins penais, há um conceito de funcionário público próprio, previsto no art. 327 do Código Penal. Conceito esse que não se limita aos crimes previstos no Código, mas se estende à legislação extravagante, como a Lei nº 8.137/1990.
- O conceito abarca quem exerce transitoriamente ou sem remuneração cargo, emprego ou função. É o caso dos jurados do Tribunal do Júri.
- O modo de investidura no serviço público é indiferente. Pode ser por meio de concurso público (servidor de carreira), de eleição (prefeitos, vereadores, vice-prefeitos etc.) ou de livre nomeação (Ministros de Estado).
- Não importa se se trata de agente político (como membro de um dos Poderes ou do Ministério Público), servidor público estatutário, celetista ou ocupante de função pública.
- Estagiário no serviço público: é considerado funcionário público para efeitos penais (STJ – RHC 21951/MT – Rel. Min. Félix Fisher. DJ. 02/09/2008).
- Aquele que não é funcionário público (particular) pode cometer peculato, corrupção passiva ou outro crime em que se exige a qualidade de funcionário público para o sujeito ativo, desde que o particular seja partícipe ou coautor do crime. Ou seja, ele atue conjuntamente com um funcionário público.
- Para fins penais: o art. 327, *caput*, do Código Penal, se aplica tanto às hipóteses em que o funcionário público é autor do crime (por exemplo, concussão, excesso de exação, corrupção passiva), quanto às hipóteses em que é vítima, ao lado do Estado, da infração penal (por exemplo, desacato, desobediência e resistência). (STJ – HC nº 52.989/AC, Rel. Min. Félix Fisher, DJ. 23/05/2006)
- Funcionário público por equiparação: Art. 327, § 1º, do Código Penal.
- A expressão entidade paraestatal do art. 327, § 1º, do Código Penal, deve ser interpretada ampliativamente e deve abranger: autarquias, fundações públicas, sociedades de economia mista, empresas públicas, entidades do sistema S (SESI, SENAI, SENAC) etc.
- São equiparados a funcionários públicos os empregados das pessoas jurídicas de direito privado que mantêm contratos de concessão, permissão, autorização e convênios com o Poder Público, desde que o objeto desse contrato seja uma atividade típica da Administração Pública, como a prestação de serviços de saúde por uma Santa Casa.
- **Causa especial de aumento de pena:** funcionário público ocupante de **cargos em comissão ou de função de direção ou assessoramento.**

II. Alguns crimes contra Administração Pública.

- **Peculato** (arts. 312 e 313 do Código Penal). Peculato é um crime praticado por funcionário público e que visa tutelar o patrimônio da Administração e, excepcionalmente, atinge um bem particular, quando este está sob a posse ou a detenção do Poder Público.

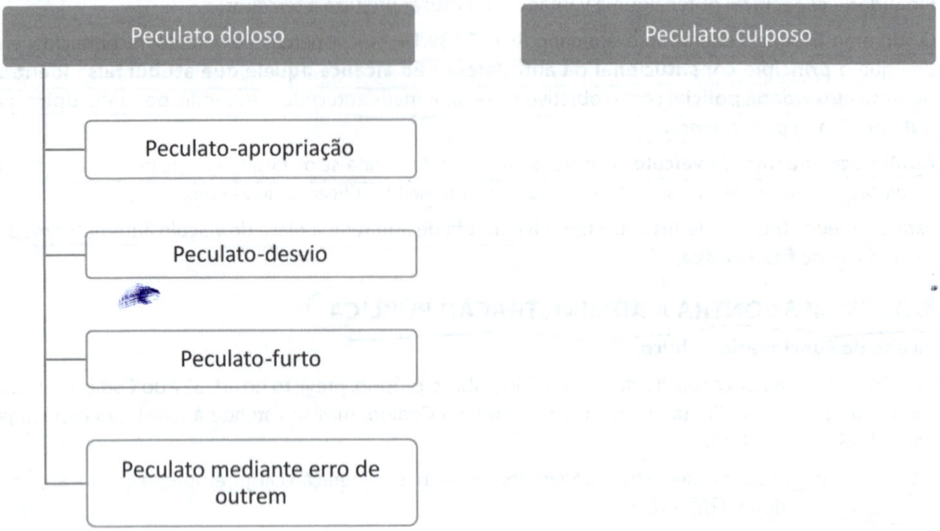

- **Peculato-apropriação**: art. 312, *caput*, 1ª parte, do Código Penal: o funcionário público, em razão da função que ocupa, tem **a posse lícita do bem público, mas passa a agir como se dono fosse do bem**. Por exemplo, o funcionário público tem a posse do computador em que trabalha e, então, resolve levá-lo para casa, dele se apropriando.
- **Peculato-desvio**: art. 312, *caput*, 2ª parte: o funcionário público, em razão da função que ocupa, tem a posse lícita do bem público, mas desvia a sua aplicação em proveito próprio ou alheio. Por exemplo, há uma verba destinada ao pagamento pela construção da praça pública.
- **Prefeito Municipal**: não há crime de peculato, mas crime próprio, previsto no Decreto-Lei nº 201/1967 – que cuida dos crimes de responsabilidade de prefeitos.
- **Peculato-furto**: art. 312, § 1º, do Código Penal: o funcionário público, valendo-se das facilidades de sua função, subtrai (furta) ou concorre (auxilia, induz ou instigue) outrem a subtrair, para si ou para outrem, o bem da Administração Pública ou que esteja sob sua posse ou detenção.
- Nesse caso, o bem não está na posse ou detenção do funcionário-público (como ocorre no peculato-apropriação). Por exemplo, o segurança de um Banco estatal subtrai o dinheiro do caixa da agência, em que trabalha.
- **Peculato mediante erro de outrem**: agindo em erro, um particular entrega à Administração Pública um bem de expressão econômica, o funcionário público percebe o erro, mas mantém o particular nesse estado, e, ainda, se apropria do bem.
- Exemplo: agindo em erro, o particular paga R$ 2.000,00 (dois mil reais), relativa a uma multa administrativa, quando o valor seria de R$ 1.000,00 (mil reais). O funcionário público percebe o erro, mas mantém o particular dessa forma, e se apropria dos R$ 1.000,00 (mil reais).
- **Peculato culposo**: Art. 312, § 2º, do Código Penal: o agente age com culpa (negligência, imprudência ou imperícia), e, de sua conduta culposa, uma terceira pessoa se aproveita para praticar um crime contra a Administração Pública, como um furto ou um peculato, etc.

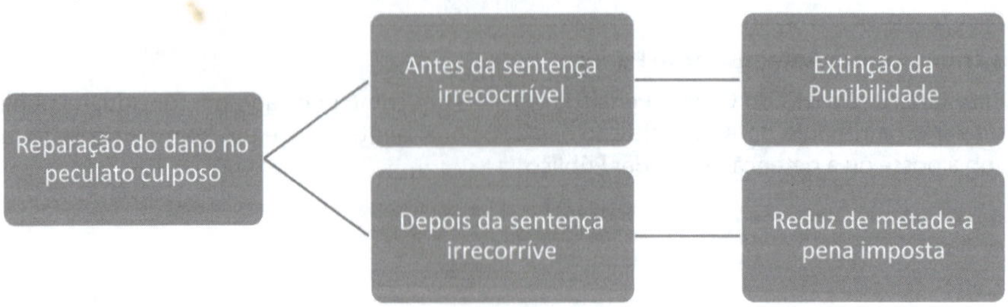

- **NO PECULATO DOLOSO, A REPARAÇÃO DO DANO NÃO EXTINGUE A PUNIBILIDADE.**

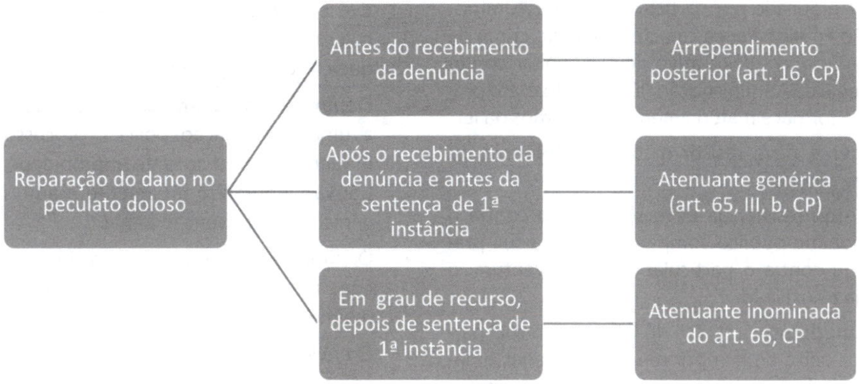

- **Peculato de uso**: ocorre na hipótese de o funcionário público se apropriar, desviar ou subtrair o bem público, mas com a nítida intenção de restituí-lo à Administração Pública e, assim, procede. Nesse caso, não há crime de peculato, porque se exige prejuízo de ordem patrimonial à Administração Pública (STJ – HC nº 94.168/MG. Rel. Min. Jane Silva. DJ. 01º.04.2008).
- Porém, apesar de não ser crime, tal conduta pode configurar ato de improbidade administrativa (Lei nº 8.429/92).
- **Concussão**: Art. 316 do Código Penal: o funcionário público, faz uma exigência ao particular, em que há uma ameaça, ao menos implicitamente, para receber vantagem indevida.
- Exemplo: o agente florestal exige do poluidor uma quantia em dinheiro para si, para deixar de aplicar a multa.
- O crime se consuma com a exigência, independentemente da efetiva vantagem pretendida pelo agente.
- **Excesso de exação**: art. 316, § 1º, do Código Penal: rime relacionado à cobrança de tributos.
- Há duas figuras. Na primeira delas, o funcionário sabe que o tributo é indevido, mas mesmo assim exige o seu pagamento.
- Na segunda delas, o tributo é devido, mas o funcionário público expõe o devedor a uma cobrança vexatória ou gravosa, por meio não previsto em lei.
- Há modalidade especial de excesso de exação previsto: art. 316, § 2º, do Código Penal: o funcionário público desvia a quantia recebida indevidamente em proveito próprio ou alheio.
- **Corrupção passiva**: art. 317 do Código Penal: o **funcionário público** solicita, recebe ou aceita promessa de vantagem indevida.
- Na concussão, o agente **exige** a vantagem indevida, enquanto, na corrupção passiva, há mera **solicitação**.
- Não é necessário que o funcionário público receba a vantagem indevida, basta que solicite ou aceite a promessa de recompensa, para a configuração do crime de corrupção passiva, já que se trata de **crime formal**.
- **Facilitação de contrabando ou descaminho: (art. 318, CP):** o funcionário público que tem a atribuição de combater o contrabando e o descaminho facilita sua ocorrência.
- Trata-se de uma exceção à teoria monista: pois o particular responde por contrabando ou descaminho, enquanto que o funcionário público que facilita responde pelo art. 318, CP.
- **Prevaricação**: art. 319 do Código Penal: se o funcionário público agir de forma contrária ao que determina a lei, comete crime de prevaricação, desde que vise a satisfazer interesse ou sentimento pessoal.
- No caso de dúvida ou erro na interpretação da lei, o funcionário público não responde por prevaricação.
- Além de querer não observar o que estabelece em lei, o funcionário público age para satisfazer interesse ou sentimento pessoal, como o ódio, a afeição, a teimosia, o capricho, a contemplação, benefício patrimonial indireto, etc.
- **Condescendência criminosa:** art. 320, CP: o superior hierárquico, por indulgência, deixa de tomar as medidas legais cabíveis contra o funcionário público subordinado que cometeu uma infração administrativa.

- **Resistência**: art. 329 do Código Penal: Trata-se de crime praticado por particular contra a Administração Pública. Para a caracterização do crime de resistência, o sujeito ativo deve se voltar contra ato legal da Administração Pública, isto é, ato praticado formal e materialmente nos termos da lei.
- O agente deve resistir mediante **violência ou grave ameaça**.
- O ato de resistência deve ser voltado contra o funcionário público competente para a sua prática ou contra o particular que, por ventura, o esteja a auxiliá-lo.
- **Desobediência**: art. 330 do Código Penal: O particular deixa de cumprir uma ordem legal, emanada de funcionário público que tenha competência para dar tal ordem.
- Pode o funcionário público praticar crime de desobediência, desde que não se dê em descumprimento hierarquia interna, não há o crime em tela, podendo configurar mera infração administrativa ou, no máximo, prevaricação (STJ – ROHC nº 12.780/MS. Rel. Min. Félix Fisher. DJ. 27.05.2003).
- **Desacato:** art. 331 do Código Penal: o agente, por qualquer meio, como palavras ou gestos, humilha, ofende, desprestigia o funcionário público no exercício ou em função dela.
- O que se tutela é a dignidade da função pública, ou seja, há crime ainda que o servidor não se sinta ofendido subjetivamente.
- Se a ofensa for feita ao funcionário público ausente, haverá crime de injúria qualificada.
- A discussão exaltada entre o particular e o funcionário público não tipifica o crime de desacato (STJ – REsp. 13.946/PR. Rel. Min. Cid Flaquer Scartezzini. DJ. 24.06.1992).
- O Supremo Tribunal Federal declarou inconstitucional o art. 7º, § 2 ª, do Estatuto da Ordem dos Advogados do Brasil (Lei nº 8.906/1994), que tornava imune o advogado que cometia desacato no exercício de sua função (ADI nº 1127/DF. Rel. Original. Min. Marco Aurélio. Rel. para Acórdão. Min. Ricardo Lewandowski. DJ. 17.05.2006).
- **Corrupção ativa**: art. 333 do Código Penal: o particular que oferece ou promete a vantagem indevida comete crime.
- Trata-se de exceção à teoria monista, pois o funcionário público responde por corrupção passiva, enquanto o particular por corrupção ativa.

Corrupção ativa	Corrupção passiva
--------------------	Solicitar
Oferecer	Receber
Prometer	Aceitar promessa.

- Atenção: se o funcionário público tomar a iniciativa e solicitar a vantagem econômica, o particular não responde por corrupção ativa, mesmo que efetue o pagamento.
- **Denunciação caluniosa:** o agente dá início a uma investigação policial, processo judicial, inquérito civil ou ação de improbidade administrativa, imputando falsamente a autoria de um crime ou contravenção penal.
- O crime se consuma com o início das investigações, mesmo que não haja inquérito policial formalmente instaurado.
- O envio de carta anônima dando notícia de um crime e apontando falsamente a autoria delitiva configura crime de denunciação caluniosa, se a partir dela se iniciam as investigações.
- **Falso testemunho:** se o falso é cometido no cumprimento de carta precatória, o Juízo deprecado é o competente para o julgamento do crime, pois o crime se consumou nesse local.
- O fato deixa de ser punível se, antes da sentença no processo em que ocorreu o ilícito, o agente se retrata ou declara a verdade.

✦ LEGISLAÇÃO ESPECIAL

1. LEI DE DROGAS (LEI Nº 11.343/06);

- A Lei nº 11.343/06 trouxe conferiu tratamento distinto àquele que se vale da droga para consumo pessoal, daquele que a destina ao tráfico.
- Ao que traz a droga para consumo pessoal só se destinam penas restritivas de direitos, mesmo que o autor seja reincidente.
- Os crimes dos arts. 28 e 33 da Lei nº 11.343/06 são normas **penais em branco**, pois o conceito de droga é determinado por normas administrativas emitidas pela ANVISA.
- Ao que promove o tráfico de drogas, prevê-se penas mais graves que a legislação anterior.
- **Art. 28, Lei nº 11.343/06:** condutas**:** adquirir, guardar, tiver em depósito, transportar ou trouxer consigo.
- **Finalidade especial:** para consumo pessoal.

Sanções penais	I – advertência sobre os efeitos das drogas; II – prestação de serviços à comunidade; III – medida educativa de comparecimento a programa ou curso educativo.

- **Tráfico de drogas:** art. 33: trata-se de crime equiparado a hediondo por força de disposição constitucional.
- **Tipo misto alternativo:** quem em um mesmo contexto pratica mais de uma das condutas previstas no art. 33 da Lei de Drogas comete **crime único**.
- **Finalidade especial:** fornecimento de drogas a terceiros, ainda que gratuitamente.
- **Forma privilegiada:** Oferecer droga, eventualmente e sem objetivo de lucro, a pessoa de seu relacionamento, para juntos a consumirem.
- **Associação para o tráfico** (art. 35, Lei nº 11.34306: trata-se de crime de concurso necessário, pois se exige a associação de pelo menos duas pessoas para promoção do tráfico de drogas.
- Exige-se estabilidade na associação, não configurando o crime o mero concurso de agentes.

2. LEI MARIA DA PENHA (LEI Nº 11.340/06)

Configura violência doméstica e familiar contra a mulher aquela que é decorrente do gênero, praticadas:	no âmbito da unidade doméstica, compreendida como o espaço de convívio permanente de pessoas, com ou sem vínculo familiar, inclusive as esporadicamente agregadas.
	no âmbito da família, compreendida como a comunidade formada por indivíduos que são ou se consideram aparentados, unidos por laços naturais, por afinidade ou por vontade expressa.
	no âmbito da família, compreendida como a comunidade formada por indivíduos que são ou se consideram aparentados, unidos por laços naturais, por afinidade ou por vontade expressa.

- Configura violência contra a mulher, ensejando a aplicação da Lei nº 11.340/2006, a agressão cometida por ex-namorado que não se conformou com o fim de relação de namoro, restando demonstrado nos autos o nexo causal entre a conduta agressiva do agente e a relação de intimidade que existia com a vítima.
- Por força de exigência legal, o sujeito passivo, para fins de incidência da proteção e assistência previstas na Lei Maria da Penha, deve ser mulher.
- Todavia, no que tange ao agressor, isto é, ao sujeito ativo, a Lei nº 11.340/06, no parágrafo único de seu art. 5º, não repetiu o mencionado requisito, permitindo, por conseguinte, sua aplicabilidade também em hipótese de relações homoafetivas entre mulheres.
- Medidas protetivas de urgência contra o OFENSOR: I – suspensão da posse ou restrição do porte de armas, com comunicação ao órgão competente, nos termos da Lei no 10.826, de 22 de dezembro de 2003; II – afastamento do lar, domicílio ou local de convivência com a ofendida; III – proibição de determinadas condutas, entre as quais: a) aproximação da ofendida, de seus familiares e das testemunhas, fixando o limite mínimo de distância entre estes e o agressor; b) contato com a ofendida, seus familiares e testemunhas por qualquer meio de comunicação; c) freqüentação de determinados lugares a fim de preservar a integridade física e psicológica da ofendida; IV – restrição ou suspensão de visitas aos dependentes menores, ouvida a equipe de atendimento multidisciplinar ou serviço similar; V – prestação de alimentos provisionais ou provisórios.

3. LEI DE INTERCEPTAÇÃO TELEFÔNICA

- A interceptação telefônica é uma clausula de reserva de jurisdição: somente pode haver mediante autorização judicial.

Requisitos	**a)** Houver indícios de autoria e participação em infração penal; **b)** A prova **não puder ser feita por outros meios.** **c)** Infração penal punida com pena de **reclusão**

- Admite-se a interceptação telefônica em crime apenado com detenção, se este for investigado em conexão com crime apenado com reclusão.

4. LEI DE TORTURA

Tortura é um crime equiparado a hediondo, consistente, em síntese, no emprego de grave ameaça ou violência, que cause sofrimento físico ou mental à vítima.

- No Brasil, o funcionário público e o particular podem ser sujeito ativo do crime de tortura.

Primeira conduta: constranger alguém com emprego de violência ou grave ameaça, causando-lhe sofrimento físico ou mental, com as seguintes FINALIDADES	a) com o fim de obter informação, declaração ou confissão da vítima ou de terceira pessoa; b) para provocar ação ou omissão de natureza criminosa; c) em razão de discriminação racial ou religiosa

- Segunda conduta: submeter alguém, sob sua guarda, poder ou autoridade, com emprego de violência ou grave ameaça, a intenso sofrimento físico ou mental, como forma de aplicar castigo pessoal ou medida de caráter preventivo.
- Tortura imprópria: art. 1º, § 2º, da Lei de Tortura – **OMISSÃO DO AGENTE,** que tinha o dever de evitá-la ou puni-la.
- Crime qualificado: se da tortura resulta **morte ou lesões corporais graves ou gravíssimas.**
- **Princípio da extraterritorialidade incondicionada:** aplicação da lei brasileira, ainda que o fato tenha acontecido no exterior, mas se a vítima é brasileira ou se o agente se encontrar em local sob jurisdição brasileira.

5. LEI Nº 9.503/1997 E SUAS ALTERAÇÕES (CRIMES DE TRÂNSITO).

- Os crimes do Código de Trânsito Brasileiro (CTB) são aqueles praticados na condução de **veículo automotor em via pública**.
- **Veículo automotor**: todo veículo a motor de propulsão que circule por seus próprios meios, e que serve normalmente para o transporte viário de pessoas e coisas, ou para a tração viária de veículos utilizados para o transporte de pessoas e coisas. O termo compreende os veículos conectados a uma linha elétrica e que não circulam sobre trilhos (ônibus elétrico).
- **Via pública**: superfície por onde transitam veículos, pessoas e animais, compreendendo a pista, a calçada, o acostamento, ilha e canteiro central.
- Não comete o crime se o fato ocorreu dentro de uma garagem, ou no interior de um jardim particular, ou em um rio, no mar, etc.
- **Homicídio culposo na direção de veículo automotor:** previsto no art. 302 do CTB, trata-se do homicídio causado pelo agente na direção de veículo automotor, em decorrência de negligência, imprudência ou imperícia.
- Interessante questão surge no que se refere ao homicídio ocorrido em ambiente de disputas de automóveis não autorizadas (**rachas ou pegas**): admissível, em crimes de homicídio na direção de veículo automotor, o reconhecimento do dolo eventual, a depender das circunstâncias concretas da conduta.

Causas de aumento de pena no crime de homicídio do CTB	• não possuir Permissão para Dirigir ou Carteira de Habilitação; • praticá-lo em faixa de pedestres ou na calçada; • deixar de prestar socorro, quando possível fazê-lo sem risco pessoal, à vítima do acidente; • no exercício de sua profissão ou atividade, estiver conduzindo veículo de transporte de passageiros

Formas qualificadas: Se o agente conduz o veículo automotor	• com capacidade psicomotora alterada em razão da **influência de álcool ou de outra substância psicoativa** que determine dependência: é necessário que a ingestão de álcool ou droga tenha provocado alteração da capacidade psicomotora; • participa, em via, de corrida, disputa ou competição automobilística ou ainda de exibição ou demonstração de perícia em manobra de veículo automotor, não autorizada pela autoridade competente: é a hipótese do **racha** em que foi reconhecida modalidade culposa e a incidência do CTB, não dolosa.

- **Lesão corporal culposa na direção de veículo automotor:** trata-se do crime de lesão corporal culposa praticada na direção de veículo automotor (art. 303, CTB).
- Incidem nesse tipo penal as causas de aumento de pena do crime de homicídio culposo na direção de veículo automotor.
- Mas, não incide as formas qualificadas.
- Ação penal: em regra, a ação penal é pública condicionada à representação porque incide a Lei nº 9.099/95.
- Será de ação penal pública incondicionada nos seguintes casos do art. 291, CTB, se o agente: I – sob a influência de álcool ou qualquer outra substância psicoativa que determine dependência; II – participando, em via pública, de corrida, disputa ou competição automobilística, de exibição ou demonstração de perícia em manobra de veículo automotor, não autorizada pela autoridade competente; III – transitando em velocidade superior à máxima permitida para a via em 50 km/h (cinquenta quilômetros por hora).
- **Omissão de socorro na direção de veículo automotor:** no art. 304, CTB, pune-se o crime de omissão de socorro praticado pelo condutor do veículo que causou acidente em que houve vítima.
- Se quem não presta o socorro é o condutor que não causou o acidente ou se não é o condutor do veículo, como o passageiro ou um pedestre, o agente responde pelo crime do art. 135, CP.
- Se houver crime de homicídio culposo na direção de veículo automotor e omissão de socorro: o

agente responde apenas pelo crime do art. 302, § 1º, III, CTB, sem incidência do art. 304, CTB, sob pena de bis in idem.

- **Embriaguez ao volante:** O crime do art. 306, CTB, incide no caso de conduzir veículo automotor com capacidade psicomotora alterada em razão da influência de álcool ou de outra substância psicoativa que determine dependência.

Caracterização da embriaguez	• Concentração igual ou superior a 6 decigramas de álcool por litro de sangue ou igual ou superior a 0,3 miligrama de álcool por litro de ar alveolar; ou • Sinais que indiquem, na forma disciplinada pelo Contran, alteração da capacidade psicomotora.

6. LEI DE CRIME HEDIONDO

- Trata-se de mandado de criminalização da Constituição Federal a previsão legal de crimes hediondos (art. 5º, XLIII, CF/88).
- Crimes equiparados a hediondos – previsão mínima da CF/88: **a tortura, o tráfico ilícito de entorpecentes e drogas afins e o terrorismo.**
- O Brasil adotou o critério legal para definição de crimes hediondos: rol taxativo previsto no art. 1º da Lei nº 8.072/90.
- A mais recente inclusão no rol do art. 1º da Lei nº 8.072/90 foi o de posse ou porte ilegal de arma de fogo de uso restrito, previsto no art. 16 do Estatuto do Desarmamento (Lei nº 13.497/2013).

Tratamento específico ao crime hediondo	Impossibilidade de concessão de anistia, graça, indulto e fiança; Regime **inicial** para cumprimento de pena é o **fechado** A progressão de regime, no caso dos condenados aos crimes previstos neste artigo, dar-se-á após o cumprimento de 2/5 (dois quintos) da pena, se o apenado for primário, e de 3/5 (três quintos), se reincidente. Prazo de prisão temporária: 30 dias, prorrogável por mais 30.

7. CRIME CONTRA A ORDEM TRIBUTÁRIA

- A Lei nº 8.137/90 regulamentou os crimes contra a ordem tributária, econômica e relações de consumo.
- No capítulo I dessa lei, cuida-se dos crimes contra a ordem tributária em duas seções: Seção I dos crimes praticados por particulares; Seção II dos crimes praticados por funcionários públicos.
- Previstos nos arts. 1º e 2º, da Lei nº 8137/90, os crimes praticados por particulares contra ordem tributária se caracterizam pela **sonegação fiscal dolosa** praticada pelo contribuinte.
- Para a caracterização das condutas previstas no art. 1º, I a IV, da Lei nº 8.137/90, faz-se **imprescindível o lançamento tributário definitivo**, motivo pelo qual a natureza jurídica de **crime material** (Súmula Vinculante nº 24 do Supremo Tribunal Federal).
- Se o agente falsificar um documento fiscal, o crime de falsidade é absorvido pelo crime contra a ordem tributária, pois é crime meio para isso.

CONDUTAS POR MEIO DAS QUAIS A PESSOA PRATICA A SONEGAÇÃO FISCAL
Omitir informação, ou prestar declaração falsa às autoridades fazendárias
Fraudar a fiscalização tributária, inserindo elementos inexatos, ou omitindo operação de qualquer natureza, em documento ou livro exigido pela lei fiscal
Falsificar ou alterar nota fiscal, fatura, duplicata, nota de venda, ou qualquer outro documento relativo à operação tributável
Elaborar, distribuir, fornecer, emitir ou utilizar documento que saiba ou deva saber falso ou inexato
Negar ou deixar de fornecer, quando obrigatório, nota fiscal ou documento equivalente, relativa a venda de mercadoria ou prestação de serviço, efetivamente realizada, ou fornecê-la em desacordo com a legislação

- Se o agente pagar o tributo devido, ou parcelar a dívida, é extinta a punibilidade.

8. CRIMES DO ECA

- Considera-se ato infracional a conduta descrita como **crime ou contravenção penal** praticada por criança e adolescente.
- A criança que cometer ato infracional será submetida a medias protetivas do art. 101, ECA.
- O adolescente que comete ato infracional está submetido a **medida socioeducativa e/ou protetiva.**
- É proibida a produção de cena de sexo explícito que envolva criança ou adolescente, sob pena de se cometer o crime do art. 240, ECA.
- Quem pública cena de sexo explícito de criança ou adolescente na internet comete o crime do art. 241-A, ECA.

- O crime de corrupção de menores (art. 244-A, ECA), é crime **formal**. Com isso, se um adulto comete crime qualquer, como roubo, em companhia de adolescente incide nas penas do art. 244-A, ECA), **mesmo que a criança ou adolescente já tenha cometido ato infracional anteriormente.**

LEI Nº 9.605/1998 E SUAS ALTERAÇÕES (CRIMES CONTRA O MEIO AMBIENTE)

- Meio ambiente é o conjunto de condições, leis, influências, alterações e interações de ordem física, química e biológica que **permite, abriga e rege a vida** em todas essas formas.
- Os crimes ambientais podem ser cometidos por pessoas **naturais e jurídicas**.
- **Teoria da dupla imputação:** a pessoa jurídica só responde criminalmente se a conduta também for imputada à pessoa física responsável pela conduta da empresa que causou o dano.
- O STF passou a entender que **não se aplica a teoria da dupla imputação em crime ambiental** em face do postulado constitucional de **tutela integral de meio ambiente** (RE 548.181/PR, de relatoria da Ministra Rosa Weber).
- Com isso, pode a pessoa jurídica responder penalmente por crime ambiental, mesmo que seus diretores (pessoas físicas) sejam absolvidos.
- O baixo grau de instrução ou escolaridade do agente não exclui o crime, mas é **atenuante genérica**.
- Nos **crimes ambientais de menor potencial ofensivo**, se admite a transação penal, desde que haja **prévia composição do dano ambiental**, salvo em caso de comprovada impossibilidade.
- Praticar ato de abuso, maus-tratos, ferir ou mutilar animais silvestres, domésticos ou domesticados, nativos ou exóticos constitui crime. É o que ocorre nas **brigas de galo**.
- Para efeitos da norma penal-ambiental, considera-se pesca todo ato tendente de retirar grupos de **peixe, crustáceos, moluscos e vegetais hidróbios**.
- A mera **utilização** de floresta considerada área de preservação permanente constitui crime, se não observadas normas de proteção ambiental.
- Destruir **plantas de ornamentação** de logradouros públicos e em propriedade privada constitui crime ambiental.

LEI Nº 12.694/2012 E LEI Nº 12.850/2013 (CRIME ORGANIZADO)

- Considera-se **organização criminosa a associação de 4 (quatro) ou mais pessoas** estruturalmente ordenada e caracterizada pela divisão de tarefas, ainda que informalmente, com objetivo de obter, direta ou indiretamente, vantagem de qualquer natureza, mediante a prática de infrações penais cujas penas máximas sejam superiores a 4 (quatro) anos, ou que sejam de caráter transnacional.
- **Colaboração premiada:** meio de prova em que o agente **colabora efetiva e voluntariamente** com a investigação e com o processo criminal, desde que dessa colaboração advenha um ou mais dos seguintes resultados.

Resultados exigidos para o benefício da colaboração premiada	• a identificação dos demais coautores e partícipes da organização criminosa e das infrações penais por eles praticadas; • a revelação da estrutura hierárquica e da divisão de tarefas da organização criminosa; • a prevenção de infrações penais decorrentes das atividades da organização criminosa; • a recuperação total ou parcial do produto ou do proveito das infrações penais praticadas pela organização criminosa; • a localização de eventual vítima com a sua integridade física preservada.

- **Consequências da colaboração premiada**: O juiz poderá, a requerimento das partes, conceder o perdão judicial, reduzir em até 2/3 (dois terços) a pena privativa de liberdade ou substituí-la por restritiva de direitos
- A **infiltração de agentes de polícia** em tarefas de investigação, representada pelo delegado de polícia ou requerida pelo Ministério Público, após manifestação técnica do delegado de polícia quando solicitada no curso de inquérito policial, será precedida de circunstanciada, motivada e sigilosa **autorização judicial**, que estabelecerá seus limites.

✦ SÚMULAS APLICÁVEIS

- **Súmula Vinculante nº 24.** Não se tipifica crime material contra a ordem tributária, previsto no art. 1º, incisos I a IV, da Lei nº 8.137/90, antes do lançamento definitivo do tributo.
- **STF – Súmula 711** – A lei penal mais grave aplica-se ao crime continuado ou ao crime permanente, se a sua vigência é anterior à cessação da continuidade ou da permanência.

- **STF - Súmula 714** - É concorrente a legitimidade do ofendido, mediante queixa, e do Ministério Público, condicionada à representação do ofendido, para a ação penal por crime contra a honra de servidor público em razão do exercício de suas funções.
- **STF - Súmula 715** - A pena unificada para atender ao limite de trinta anos de cumprimento, determinado pelo art. 75 do código penal, não é considerada para a concessão de outros benefícios, como o livramento condicional ou regime mais favorável de execução.
- **STF - Súmula 716** - Admite-se a progressão de regime de cumprimento da pena ou a aplicação imediata de regime menos severo nela determinada, antes do trânsito em julgado da sentença condenatória.
- **STF - Súmula 717** - Não impede a progressão de regime de execução da pena, fixada em sentença não transitada em julgado, o fato de o réu se encontrar em prisão especial.
- **STF - Súmula 718** - A opinião do julgador sobre a gravidade em abstrato do crime não constitui motivação idônea para a imposição de regime mais severo do que o permitido segundo a pena aplicada.
- **STF Súmula 719** - A imposição do regime de cumprimento mais severo do que a pena aplicada permitir exige motivação idônea.
- **STF Súmula 720** - O art. 309 do código de trânsito brasileiro, que reclama decorra do fato perigo de dano, derrogou o art. 32 da lei das contravenções penais no tocante à direção sem habilitação em vias terrestres.
- **STF Súmula 721** - A competência constitucional do tribunal do júri prevalece sobre o foro por prerrogativa de função estabelecido exclusivamente pela constituição estadual.
- **STJ - Súmula 593:** O crime de estupro de vulnerável configura com a conjunção carnal ou prática de ato libidinoso com menor de 14 anos, sendo irrelevante o eventual consentimento da vítima para a prática do ato, experiência sexual anterior ou existência de relacionamento amoroso com o agente.
- **STJ - Súmula 493** - É inadmissível a fixação de pena substitutiva (art. 44 do CP) como condição especial ao regime aberto.
- **STJ - Súmula 492** - O ato infracional análogo ao tráfico de drogas, por si só, não conduz obrigatoriamente à imposição de medida socioeducativa de internação do adolescente.
- **STJ - Súmula 491** - É inadmissível a chamada progressão per saltum de regime prisional.
- **STJ - Súmula 471** - Os condenados por crimes hediondos ou assemelhados cometidos antes da vigência da Lei n. 11.464/2007 sujeitam-se ao disposto no art. 112 da Lei n. 7.210/1984 (Lei de Execução Penal) para a progressão de regime prisional.
- **STJ - Súmula 440** - Fixada a pena-base no mínimo legal, é vedado o estabelecimento de regime prisional mais gravoso do que o cabível em razão da sanção imposta, com base apenas na gravidade abstrata do delito.
- **STJ - Súmula 439** - Admite-se o exame criminológico pelas peculiaridades do caso, desde que em decisão motivada.
- **STJ - Súmula 438 -** É inadmissível a extinção da punibilidade pela prescrição da pretensão punitiva com fundamento em pena hipotética, independentemente da existência ou sorte do processo penal.
- **STJ - Súmula 338 -** A prescrição penal é aplicável nas medidas sócio-educativas.

✦ INFORMATIVOS APLICÁVEIS

✦ STF

1. DAS PENAS

1.1. DA APLICAÇÃO DA PENA

↘ *Circunstâncias judiciais e "bis in idem"*

É legítima a utilização da condição pessoal de policial civil como circunstância judicial desfavorável para fins de exasperação da pena base aplicada a acusado pela prática do crime de concussão. *HC 132990/PE, Rel. p/ ac. Min. Edson Fachin, 16.8.2016. 1ª T. (Info 835)*

↘ *Conduta social e dosimetria*

A circunstância judicial conduta social, prevista no art. 59 do Código Penal, compreende o comportamento do agente no meio familiar, no ambiente de trabalho e no relacionamento com outros indivíduos. Vale dizer, os antecedentes sociais do réu não se confundem com os seus antecedentes criminais. São vetores diversos, com regramentos próprios. Assim, revela-se inidônea a invocação de condenações anteriores transitadas em julgado para considerar a conduta social desfavorável, sobretudo se verificado que as ocorrências criminais foram utilizadas para exasperar a sanção em outros momentos da dosimetria. *RHC 130132, Rel. Min. Teori Zavascki, 10.5.2016. 2ª T. (Info 825)*

↘ *Dosimetria da pena e custos da atuação estatal*

Os elevados custos da atuação estatal para apuração da conduta criminosa e o enriquecimento ilícito logrado pelo agente não constituem motivação idônea para a valoração negativa do vetor "consequências do crime" na primeira fase da dosimetria da pena (CP/40, art. 59). *HC 134193/GO, Rel. Min. Dias Toffoli, j. 26.10.2016. 2ª T. (Info 845)*

1.2. DA SUSPENSÃO CONDICIONAL DA PENA

Injúria: ofensa recíproca e perdão judicial

A representação do ofendido é ato que dispensa maiores formalidades, bastando a inequívoca manifestação de vontade da vítima, ou de quem tenha qualidade para representá-la, no sentido de ver apurados os fatos acoimados de criminosos. A inviolabilidade parlamentar material, especialmente com relação a declarações proferidas fora da Casa Legislativa, requer a existência de nexo de implicação entre as declarações e o exercício do mandato. Imunidade afastada no caso concreto. Ofensor e ofendido, ao projetarem deliberadamente ofensas recíprocas, incitando um ao outro, devem suportar as aleivosias em relação de vice e versa. Hipótese de perdão judicial, nos termos do art. 140, § 1º, do CP. Extinção da punibilidade declarada com fundamento no art. 109, IX, do CP. *AP 926/AC, Rel. min. Rosa Weber, 6.9.2016. 1ª T. (Info 838)*

Prescrição: condenado com mais de 70 anos e sentença condenatória

A prescrição da pretensão punitiva de condenado com mais de 70 anos se consuma com a prolação da sentença e não com o trânsito em julgado, conforme estatui o art. 115 do CP. *HC 129696/SP, Rel. Min. Dias Toffoli, 19.4.2016. 2ª T. (Info 822)*

2. DOS CRIMES CONTRA A PESSOA

2.1. DOS CRIMES CONTRA A VIDA

Aborto consentido e direitos fundamentais da mulher

É preciso conferir interpretação conforme à Constituição aos arts. 124 a 126 do CP, que tipificam o crime de aborto, para excluir do seu âmbito de incidência a interrupção voluntária da gestação efetivada no primeiro trimestre. A criminalização, nessa hipótese, viola diversos direitos fundamentais da mulher, bem como o princípio da proporcionalidade. *HC 124306/RJ, red. p/ ac. Min. Roberto Barroso, j. 29.11.2016. 1ª T. (Info 849)*

3. DOS CRIMES CONTRA O PATRIMÔNIO

3.1. DO ROUBO E DA EXTORSÃO

Roubo: pena-base no mínimo legal e regime inicial fechado

Provido recurso que pleiteava a fixação do regime semiaberto para o início do cumprimento da pena. No caso, ele foi condenado pela prática de roubo duplamente circunstanciado, em razão do concurso de agentes e do uso de arma de fogo. Na sentença, o juízo fixou a pena-base no mínimo legal, mas estabeleceu o regime inicial fechado. Entendeu-se que o juízo, ao analisar os requisitos do art. 59 do CP, havia considerado todas as circunstâncias favoráveis. Fixada a pena no mínimo legal, não cabe determinar regime inicial fechado. A Súm. 440/STJ tem o mesmo sentido. *RHC 135298/SP, Rel. p/ ac. Teori Zavascki, 18.10.2016. 2ª T. (Info 844)*

4. DOS CRIMES CONTRA A PAZ PÚBLICA

Incitação ao crime de estupro, injúria e imunidade parlamentar

Deputado federal passará à condição de réu, perante a Corte, pela suposta prática dos delitos de incitação ao crime de estupro (por denúncia) e injúria (por queixa-crime). Conforme os processos, os crimes teriam sido cometidos durante discurso no Plenário da Câmara dos Deputados, quando teria dito que deputada "não merecia ser estuprada". Também consta dos autos que, em entrevista, teria reafirmado as declarações, dizendo que a deputada "é muito feia, não faz meu gênero, jamais a estupraria". Entendeu-se que as declarações não têm relação com o exercício do mandato. Apesar da impossibilidade de responsabilização do parlamentar quanto às palavras proferidas na Câmara dos Deputados, as declarações foram veiculadas também em veículo de imprensa, não incidindo, assim, a imunidade. Não importa o fato de o parlamentar estar no gabinete durante a entrevista, uma vez que as declarações se tornaram públicas. Para que possam ser relacionadas ao exercício do mandato, as afirmações devem revelar "teor minimamente político", referindo-se a fatos que estejam sob o debate público e sob investigação do Congresso Nacional ou da Justiça, ou ainda sobre qualquer tema relacionado a setores da sociedade, do eleitorado, organizações ou grupos representados no Parlamento ou com a pretensão à representação democrática. A declaração menospreza a dignidade da mulher e, ao menos em tese, a manifestação teve o potencial de incitar outros homens a expor as mulheres à fragilidade, à violência física e psicológica, à ridicularização, inclusive à prática de crimes contra a honra da vítima e das mulheres em geral. Quanto à queixa-crime, o crime de injúria se refere às mesmas declarações analisadas na denúncia, que teriam atingido a honra subjetiva da deputada e, portando, caracterizariam a configuração do delito, mas não foi recebida na parte relativa ao crime de calúnia, por falta de elementos de convicção. *Inq 3932/DF, Rel. Min. Luiz Fux, 21.6.2016. 1ª T. (Info 831)*

5. DOS CRIMES CONTRA A FÉ PÚBLICA

5.1. DA FALSIDADE DOCUMENTAL

Falsificação de lei por prefeito e dosimetria da pena

A posterior inserção de conteúdo não aprovado pela Câmara de Vereadores em texto de Lei Municipal, pelo prefeito municipal, com a finalidade de autorizar a utilização de créditos excepcionais não contemplados no texto originalmente aprovado, configura o crime do art. 297, § 1º, do CP. O fato de a falsificação recair sobre ato legislativo é revelador de alto grau de censurabilidade, a se refletir na dosimetria da pena. Configura "bis in idem" valorar negativamente o fato de ser o apelante Prefeito Municipal, quando da fixação da pena-base, bem como para enquadramento da conduta prevista no § 1º, do art. 297, do CP. *AP 971/RJ, Rel. Min. Edson Fachin, 28.6.2016. 1ª T. (Info 832)*

6. DOS CRIMES CONTRA A ADMINISTRAÇÃO PÚBLICA

6.1. DOS CRIMES PRATICADOS POR FUNCIONÁRIO PÚBLICO

Empréstimos consignados e retenção por prefeito

Procedente pedido formulado em ação penal para condenar acusado da prática dos crimes de peculato-desvio e assunção de obrigação no último ano do mandato (CP, arts. 312 e 359-C). O acusado teria desviado numerário referente a retenções feitas administrativamente nas remunerações de servidores públicos municipais que contraíram empréstimos consignados junto a determinada instituição financeira. Além disso, em razão da não transferência do referido numerário ao banco, o acusado autorizara a assunção de obrigação para com a referida instituição no montante de R$ 8.385.486,73 no último ano do seu mandato. A consumação desse crime ocorreria no momento que houvesse a efetiva destinação diversa do dinheiro ou valor de que tivesse posse o agente, independente da obtenção material de proveito próprio ou alheio. Assim, a consumação, no caso em comento, ocorrera com a não transferência dos valores retidos na fonte dos servidores municipais ao banco detentor do crédito, referentes a empréstimos consignados em folha de pagamento. Com isso, teria havido a alteração do destino da aplicação dos referidos valores. O município seria mero depositário das contribuições descontadas dos contracheques de seus servidores, as quais pertenceriam ao banco. Desse modo, os valores retidos não seriam do Município, não configurando receita pública. Tratar-se-ia de verba particular não integrante do patrimônio público. O acusado, na qualidade de prefeito, teria deixado de repassar os valores retidos dos salários dos servidores municipais à instituição financeira, descumprindo os termos do convênio firmado entre esta última e o município. O réu teria afirmado que o não repasse dos valores ao banco se dera em função da necessidade de pagamento de funcionários do município, que se encontraria em momento de crise, e que, posteriormente, com o repasse de ICMS pelo governo estadual, faria a compensação das consignações. Assim, teria ficado provada a intenção, o dolo, de não repassar os valores para a instituição financeira, descumprindo, também, a legislação referente a operações de crédito com desconto em folha de pagamento (Lei 10.820/2003). Portanto, a partir do momento em que o acusado, consciente e voluntariamente, se apropria de verbas que detém em razão do cargo que ocupa e as desvia para finalidade distinta, pagando os salários dos servidores municipais, não haveria dúvidas quanto à pratica do delito de peculato-desvio. *AP 916/AP, Rel. Min. Roberto Barroso, 17.5.2016. 1ª T. (Info 826)*

Licitação e demonstração de prejuízo ao erário ou favorecimento

O desvio de recursos para finalidades públicas (os recursos teriam sido incorporados ao Tesouro – caixa único do Estado) não configura o crime de peculato (CP, art. 312, caput: "peculato desvio"). O proveito à administração pública não se enquadra no conceito de "proveito próprio ou alheio" exigido pelo tipo penal, mas no tipo "emprego irregular de verbas ou rendas públicas" (CP, art. 315). Já o art. 89 da Lei 8.666/93 (inexigibilidade indevida de licitação) requer prova da inexigibilidade fora das hipóteses legais e demonstração do prejuízo ao erário e da finalidade específica de favorecimento indevido. *Inq 3731/DF, Rel. Min. Gilmar Mendes, 2.2.2016. 2ª T. (Info 813)*

Nomeação de secretária parlamentar e configuração do crime de peculato

No Inq 2913 AgR, o Plenário concluíra que, em tese, a nomeação de funcionário para o exercício de funções incompatíveis com o cargo em comissão ocupado tipificaria o crime de peculato-desvio (CP, art. 312, "caput"). Já no julgamento do Inq 3.776, a Corte assentara que a "utilização dos serviços custeados pelo erário por funcionário público no seu interesse particular não é conduta típica de peculato (art. 312, do CP), em razão do princípio da taxatividade (CF, art. 5º, XXXIX)". O tipo em questão exigiria "apropriação ou desvio de dinheiro, valor ou outro bem móvel". Assim, tendo essas premissas em conta, seria a hipótese de se verificar se, na situação em comento, teria havido: a) desvio de serviços prestados por secretária parlamentar à custa do erário, no interesse particular do apelante, fato este penalmente atípico; ou b) utilização da Administração Pública para pagar o salário de empregado particular, fato que constituiria crime. Contudo, a prova dos autos demonstraria que a pessoa nomeada secretária parlamentar pelo apelante teria, de fato, exercido atribuições inerentes a esse cargo, ainda que também tivesse desempenhado outras atividades no estrito interesse particular do recorrente. De acordo com o art. 8º do Ato da Mesa 72/97, da Câmara dos Deputados, o secretário parlamentar tem atribuições que, nos termos do art. 2º do referido ato normativo, devem ser desempenhadas no gabinete parlamentar na Câmara dos Deputados ou no Estado-Membro de representação do parlamentar, ou seja, no escritório político do parlamentar. Nesse contexto, teria ficado comprovado o efetivo exercício de atribuições inerentes ao cargo de secretária parlamentar. Assim, a prova mostra que a conduta do apelante seria penalmente atípica, uma vez que teria consistido no uso de funcionário público que, de fato, exercia as atribuições inerentes ao seu cargo para, também, prestar outros serviços de natureza privada. A despeito disso, a emissão de qualquer juízo de valor a respeito da moralidade da conduta verificada ou de seu enquadramento em eventual ato de improbidade administrativa não caberia no processo em comento, isso tendo em consideração o seu caráter penal. *AP 504/DF, Rel. p/ ac. Min. Dias Toffoli, 9.8.2016. 2ª T. (Info 834)*

✦ LEIS PENAIS ESPECIAIS

1. ESTATUTO DO DESARMAMENTO (LEI 10.826/03)

Porte ilegal de munição e princípio da insignificância

A configuração da conduta tipificada no art. 14, "caput", da Lei 10.826/03 não depende do tipo ou da quantidade da munição portada pelo agente. *HC 131771/RJ, Rel. Min. Marco Aurélio, 18.10.2016. 1ª T. (Info 844)*

Uso de munição como pingente e atipicidade

É atípica a conduta daquele que porta, na forma de pingente, munição desacompanhada de arma. *HC 133984/MG, Rel. Min. Cármen Lúcia, 17.5.2016. 2ª T. (Info 826)*

2. LEI DE INTERCEPTAÇÃO TELEFÔNICA (LEI 9.296/96)

Interceptação telefônica e competência

Denegado "habeas corpus" em que discutido a competência para o exame de medidas cautelares em procedimento de investigação criminal. No caso, o juízo da vara central de inquéritos de justiça estadual deferiu interceptação telefônica e suas sucessivas prorrogações. A defesa alegou incompetência do juízo pois o procedimento investigatório seria incidente relacionado a ação penal atribuída a outro juízo. Reputou-se que o art. 1º da Lei 9.296/96 não fixa regra de competência, mas sim reserva de jurisdição para quebra de sigilo, o que foi observado. Precedentes do STF admitem a divisão de tarefas entre juízes que atuam na fase de inquérito e na fase da ação penal. *HC 126536/ES, Rel. Min. Teori Zavascki, 1º.3.2016. 2ª T. (Info 816)*

Interceptações telefônicas: compartilhamento e autuação

Os dados alusivos a interceptação telefônica verificada em outra unidade da Federação, ante ordem judicial, para elucidar certa prática delituosa, podem ser aproveitados em persecução criminal diversa. A ausência de autuação da interceptação telefônica, em descompasso com o artigo 8º, cabeça, da Lei 9.296/96, caracteriza irregularidade incapaz de torná-la ilícita. *HC 128102/SP, Rel. Min. Marco Aurélio, 9.12.2015. 1ª T. (Info 811)*

3. LEI DE LICITAÇÕES (LEI 8.666/93)

Dispensa de licitação e peculato

No caso, a acusada deixara de observar, ante a justificativa de inviabilidade de competição, as formalidades legais em processos de inexigibilidade de licitação. Adquirira livros didáticos diretamente das empresas contratadas, com recursos oriundos dos cofres públicos, beneficiando-as com superfaturamento dos objetos contratuais. O Colegiado ressaltou que a justificativa utilizada para a inexigibilidade de licitação fora a inviabilidade de competição. Para dar respaldo a essa alegação, foram consideradas válidas declarações de exclusividade emitidas por entidade não prevista em lei, ou ainda atestados não constantes do respectivo procedimento. Essas cartas de exclusividade não permitiam inferir a inexistência, à época, de outros fornecedores das mercadorias pretendidas. Além disso, inexistiria impedimento ao órgão estadual de efetuar pesquisa de preço em outras praças, ou mesmo em outros órgãos públicos, já que os livros adquiridos têm distribuição em todo o território nacional. Logo, não procede a assertiva de que a exclusividade do fornecedor constituiria obstáculo à realização das pesquisas. Demonstrou que os preços praticados não foram compatíveis com o mercado ou mais vantajosos, mas que houvera significativo sobrepreço, inclusive por meio de aditivos contratuais. Estes eram acompanhados do máximo permitido em lei sobre o preço estabelecido no contrato original, porém, sem dados concretos que justificassem a majoração. Ao contrário, o órgão não negociara os preços, afirmando serem os praticados pelo mercado, sem comprovação. *AP 946/DF, Rel. p/ ac. Min. Edson Fachin, 30.8.2016. 1ª T. (Info 837)*

4. LEI DO TRÁFICO ILÍCITO DE DROGAS (LEI 11.343/06)

Causa de diminuição da pena e quantidade de droga apreendida

Embora o juízo de 1º grau tenha reconhecido a presença de todos os requisitos do art. 33, § 4º, da Lei 11.343/06 (primariedade, bons antecedentes, ausência de dedicação a atividades criminosas e de integração a organização criminosa), a quantidade de entorpecente foi o único fundamento utilizado para afastar a aplicação do redutor do art. 33, § 4º, da Lei 11.343/06. Por essa razão, a quantidade de drogas não constitui isoladamente fundamento idôneo para negar o benefício da redução da pena. *HC 138138/SP, rel. Min. Ricardo Lewandowski, j. 29.11.2016.2ª T. (Info 849)*

Causa de diminuição e Lei de Drogas

Na espécie, o paciente foi condenado pela prática de tráfico de entorpecentes (art. 33, "caput", da Lei de Drogas), com a incidência da causa de aumento prevista no art. 40, V, do referido diploma legal. Na análise das circunstâncias judiciais (art. 59 do CP), a quantidade de entorpecente não foi observada para a dosimetria da pena-base, fixada no mínimo legal. Não é crível que o paciente – surpreendido com 500 kg de maconha – não esteja integrado, de alguma forma, a organização criminosa, circunstância que justifica o afastamento da incidência da causa de diminuição prevista no art. 33, § 4º, da Lei de Drogas. *HC 130981/MS, Rel. Min. Marco Aurélio, 18.10.2016. 1ª T. (Info 844)*

Pureza da droga e dosimetria da pena

O grau de pureza da droga é irrelevante para fins de dosimetria da pena. *HC 132909/SP, Rel. Min. Cármen Lúcia, 15.3.2016. 2ª T. (Info 818)*

Regime inicial e tráfico de drogas

É legítima a fixação de regime inicial semiaberto, tendo em conta a quantidade e a natureza do entorpecente, na hipótese em que ao condenado por tráfico de entorpecentes tenha sido aplicada pena inferior a 4 anos de reclusão. *HC 133308/SP, Rel. Min. Cármen Lúcia, 29.3.2016. 2ª T. (Info 819)*

Tráfico de entorpecentes: fixação do regime e substituição da pena

Não se tratando de réu reincidente, ficando a pena no patamar de quatro anos e sendo as circunstâncias judiciais positivas, cumpre observar o regime aberto e apreciar a possibilidade da substituição da pena privativa de liberdade pela restritiva de direitos. *HC 130411/SP, Red. p/ ac. Min. Edson Fachin, 12.4.2016. 1ª T. (Info 821)*

Tráfico de entorpecentes: fixação do regime e substituição da pena

Não sendo o paciente reincidente, nem tendo contra si circunstâncias judiciais desfavoráveis (CP, art. 59), a gravidade em abstrato do crime do art. 33, "caput", da Lei 11.343/06, não constitui motivação idônea para justificar a fixação do regime mais gravoso. *HC 133028/SP, Rel. Min. Gilmar Mendes, 12.4.2016. 2ª T. (Info 821)*

Tráfico privilegiado e crime hediondo

O crime de tráfico privilegiado de drogas não tem natureza hedionda. Por conseguinte, não são exigíveis requisitos mais severos para o livramento condicional (Lei 11.343/2006, art. 44, parágrafo único) e tampouco incide a vedação à progressão de regime (Lei 8.072/1990, art. 2º, § 2º) para os casos em que aplicada a causa de diminuição prevista no art. 33, § 4º, Lei 11.343/2006. *HC 118533/MS, Rel. Min. Cármen Lúcia, 23.6.2016. Pleno. (Info 831)*

5. LEI DOS CRIMES CONTRA A ORDEM TRIBUTÁRIA/ECONÔMICA/CONSUMO (LEI 8.137/90)

HC: denúncias anônimas e lançamento definitivo

Nos crimes de sonegação tributária, apesar de a jurisprudência do STF condicionar a persecução penal à existência do lançamento tributário definitivo, o mesmo não ocorre quanto à investigação preliminar. Os crimes contra a ordem tributária ou de outra modalidade delitiva podem ser tentados e consumados e jamais se entendeu pela impossibilidade da investigação preliminar durante a execução de um crime e mesmo antes da consumação. *HC 106152/MS, Rel. Min. Rosa Weber, 29.3.2016. 1ª T. (Info 819)*

6. LEI MARIA DA PENHA (LEI 11.340/06)

Princípio da insignificância e violência doméstica

Inadmissível a aplicação do princípio da insignificância aos delitos praticados em situação de violência doméstica. *RHC 133043/MT, Rel. Min. Cármen Lúcia, 10.5.2016. 2ª T. (Info 825)*

7. OUTRAS LEIS ESPARSAS

Incitação à discriminação religiosa e proselitismo

A Primeira Turma, por maioria, deu provimento a recurso ordinário em "habeas corpus" para trancar ação penal em que se imputa ao recorrente a suposta prática de crime de racismo, por meio de incitação à discriminação religiosa (Lei 7.716/1989, art. 20, § 2º). No caso, sacerdote da Igreja Católica Apostólica Romana publicou livro no qual, segundo a acusação, explicitou conteúdo discriminatório a atingir a doutrina espírita. O Colegiado equacionou que, em um cenário permeado por dogmas com fundamentos emocionais, os indivíduos tendem a crer que professam sua fé dentro da religião correta e que aquela é a melhor, e essa certeza contém intrínseca hierarquização. Nesse ambiente, é necessário avaliar a observância dos limites do exercício das liberdades constitucionais. Por sua vez, não cabe ao Judiciário censurar manifestações de pensamento. Assim, eventual infelicidade de declarações e explicitações escapa do espectro de atuação estatal. Ponderou que a liberdade religiosa possui expressa proteção constitucional (CF, art. 5º, VI e VIII) e abrange o livre exercício de consciência, crença e culto. Além disso, alcança a escolha de convicções, de optar por determinada religião ou por nenhuma delas, de empreender proselitismo e de explicitar atos próprios de religiosidade. Assim, a liberdade de expressão funciona como condição de tutela efetiva da liberdade religiosa, assegurando-se a explicitação de compreensões religiosas do indivíduo e atuações conforme a crença. Caso contrário, em vez de liberdade, haveria mera Indiferença religiosa. Por outro lado, a liberdade religiosa não ostenta caráter absoluto e deve ser exercitada de acordo com a delimitação constitucional, segundo o princípio da convivência das liberdades públicas. Nessa perspectiva, o repúdio ao racismo figura como um dos princípios que regem o País em suas relações internacionais (CF, art. 4º, VIII). Ademais, o tipo penal em debate decorre de mandamento de criminalização expresso no art. 5º, XLII, da CF. No caso, cumpre perquirir se as opiniões explicitadas pelo recorrente estão em conformidade com a Constituição ou se desbordam dos limites do exercício das liberdades constitucionalmente asseguradas.

No caso concreto, a publicação escrita pelo recorrente, sacerdote católico, dedica-se à pregação da fé católica, e suas explicitações detêm público específico. Não se pode depreender a intenção de proferir ofensas às pessoas que seguem a doutrina espírita, mas sim de orientar a população católica da incompatibilidade verificada, segundo sua visão, entre o catolicismo e o espiritismo. Ainda que, eventualmente, os dizeres possam sinalizar certa animosidade, não há intenção de que os fiéis católicos procedam à escravização, exploração ou eliminação dos adeptos do espiritismo. A vinculação operada entre o espiritismo e características malignas cinge-se à afirmação da suposta superioridade da religião professada pelo recorrente. Não se trata de tentativa de subjugação dos adeptos do espiritismo, portanto. Assim, a explicitação de aspectos de desigualação, bem como da suposta inferioridade decorrente de aspectos religiosos não perfaz, por si, o elemento típico. É indispensável que se verifique o especial fim de supressão ou redução da dignidade do diferente. Sendo assim, a afirmação de superioridade direcionada à realização de um suposto resgate ou salvação, apesar de indiscutivelmente preconceituosa, intolerante, pedante e prepotente, encontra guarida na liberdade de expressão religiosa, e não preenche o âmbito proibitivo da norma. *RHC 134682/BA, rel. Min. Edson Fachin, j. 29.11.2016. 1ª T. (Info 849)*

➘ *Lei de Segurança Nacional: dolo específico e desclassificação*

Por não se tratar de questão envolvendo segurança nacional, o Plenário deu provimento a recurso ordinário criminal para, afastada a tipificação do art. 12, parágrafo único, da Lei 7.170/1983: a) desclassificar a imputação para a contravenção penal do art. 18 do Decreto-Lei 3.688/1941; b) reconhecer a nulidade "ab initio" do processo, diante da incompetência constitucional da Justiça Federal (CF, art. 109, IV); e c) declarar extinta a punibilidade do recorrente, pela prescrição da pretensão punitiva, com fundamento nos artigos 107, IV, e 109, V, ambos do CP. No caso, o recorrente fora condenado, como incurso nas sanções do art. 12, parágrafo único, da Lei 7.170/1983, à pena de quatro anos e oito meses de reclusão, por guardar e transportar material militar privativo das Forças Armadas. Sustentava, entretanto, que a tipificação do delito exigiria a comprovação do dolo específico, qual seja, a motivação política. Defendia que sua intenção era roubar uma agência bancária, sem motivação política, de modo a não haver ameaça à segurança nacional. O Colegiado entendeu não haver motivação política ou intenção de lesar ou expor a perigo de lesão: a) a integridade territorial e a soberania nacional; b) o regime representativo e democrático, a Federação e o Estado de Direito; e c) a pessoa dos chefes dos Poderes da União, a fazer incidir a Lei de Segurança Nacional. Além disso, à época dos fatos (1997) não estava em vigência o Estatuto do Desarmamento, de modo que a legislação aplicável era a Lei das Contravenções Penais. *RC 1472/MG, Rel. Min. Dias Toffoli, 25.5.2016. Pleno. (Info 827)*

✦ STJ

1. DAS PENAS

1.1. DAS ESPÉCIES DE PENA

1.1.1. DAS PENAS PRIVATIVAS DE LIBERDADE

➘ *Impossibilidade de reconversão de pena a pedido do sentenciado.*

Não é possível, em razão de pedido feito por condenado que sequer iniciou o cumprimento da pena, a reconversão de pena de prestação de serviços à comunidade e de prestação pecuniária (restritivas de direitos) em pena privativa de liberdade a ser cumprida em regime aberto. *REsp 1.524.484-PE, Rel. Min. Reynaldo Soares da Fonseca, DJe 25.5.2016. 5ª T. (Info 584)*

➘ *Sistema vicariante e impossibilidade de conversão de pena privativa de liberdade em medida de segurança por fatos diversos.*

Durante o cumprimento de pena privativa de liberdade, o fato de ter sido imposta ao réu, em outra ação penal, medida de segurança referente a fato diverso não impõe a conversão da pena privativa de liberdade que estava sendo executada em medida de segurança. *HC 275.635-SP, Rel. Min. Nefi Cordeiro, DJe 15.3.2016. 6ª T. (Info 579)*

1.2. Da Aplicação da Pena

➘ *Aumento de pena-base fundado na confiança da vítima no autor de estelionato.*

O cometimento de estelionato em detrimento de vítima que conhecia o autor do delito e lhe depositava total confiança justifica a exasperação da pena-base. De fato, tendo sido apontados argumentos idôneos e diversos do tipo penal violado que evidenciam como desfavoráveis as circunstâncias do crime, não há constrangimento ilegal na valoração negativa dessa circunstância judicial (HC 86.409).*HC 332.676-PE, Rel. Min. Ericson Maranho, DJe 3.2.2016. 6ª T. (Info 576)*

➘ *Compatibilidade entre a agravante do art. 62, I, do CP e a condição de mandante do delito.*

Em princípio, não é incompatível a incidência da agravante do art. 62, I, do CP ao autor intelectual do delito (mandante). *REsp 1.563.169-DF, Rel. Min. Reynaldo Soares da Fonseca, DJe 28.3.2016. 5ª T. (Info 580)*

➘ *Compensação da atenuante da confissão espontânea com a agravante da promessa de recompensa.*

É possível compensar a atenuante da confissão espontânea (art. 65, III, "D", do CP) com a agravante da promessa de recompensa (art. 62, IV). *HC 318.594-SP, Rel. Min. Felix Fischer, DJe 24.2.2016. 5ª T. (Info 577)*

➘ *Emprego da confissão qualificada como atenuante.*

A confissão, mesmo que qualificada, dá ensejo à incidência da atenuante prevista no art. 65, III, d, do CP, quando utilizada para corroborar o acervo probatório e fundamentar a condenação. *EREsp 1.416.247-GO, Rel. Min. Ribeiro Dantas, DJe 28.6.2016. 3ª S. (Info 586)*

➘ *Exclusão de circunstância judicial e "reformatio in pejus".*

Caso o Tribunal, na análise de apelação exclusiva da defesa, afaste uma das circunstâncias judiciais (art. 59 do CP) valoradas de maneira negativa na sentença, a pena base imposta ao réu deverá, como consectário lógico, ser reduzida, e não mantida inalterada. *HC 251.417-MG, Rel. Min. Rogerio Schietti Cruz, DJe 19.11.2015. 6ª T. (Info 573)*

➘ *Impossibilidade de aplicação concomitante da continuidade delitiva comum e específica.*

Se reconhecida a continuidade delitiva específica entre estupros praticados contra vítimas diferentes, deve ser aplicada exclusivamente a regra do art. 71, par. ún., do Código Penal, mesmo que, em relação a cada uma das vítimas, especificamente, também tenha ocorrido a prática de crime continuado. *REsp 1.471.651-MG, Rel. Min. Sebastião Reis Júnior, DJe 5.11.2015. 6ª T. (Info 573)*

➘ *Possibilidade de desconsiderar condenações anteriores para fins de maus antecedentes.*

Mostrou-se possível a aplicação da minorante prevista no § 4º do art. 33 da Lei 11.343/06 em relação a réu que, apesar de ser tecnicamente primário ao praticar o crime de tráfico, ostentava duas condenações (a primeira por receptação culposa e a segunda em razão de furto qualificado pelo concurso de pessoas) cujas penas foram aplicadas no mínimo legal para ambos os delitos anteriores (respectivamente, 1 mês em regime fechado e 2 anos em regime aberto, havendo sido concedido sursis. *REsp 1.160.440-MG, Rel. Min. Rogerio Schietti Cruz, DJe 31.3.2016. 6ª T. (Info 580)*

➘ *Vulnerabilidade emocional e psicológica da vítima como circunstância negativa na dosimetria da pena.*

O fato de o agente ter se aproveitado, para a prática do crime, da situação de vulnerabilidade emocional e psicológica da vítima decorrente da morte de seu filho em razão de erro médico pode constituir motivo idôneo para a valoração negativa de sua culpabilidade. *HC 264.459-SP, Rel. Min. Reynaldo Soares da Fonseca, DJe 16.3.2016. 5ª T. (Info 579)*

2. DOS CRIMES CONTRA A PESSOA

2.1. DOS CRIMES CONTRA A VIDA

➘ *Hipótese de inexistência de motivo fútil em homicídio decorrente da prática de "racha".*

Não incide a qualificadora de motivo fútil (art. 121, § 2º, II, do CP), na hipótese de homicídio supostamente praticado por agente que disputava "racha", quando o veículo por ele conduzido – em razão de choque com outro automóvel também participante do "racha" – tenha atingido o veículo da vítima, terceiro estranho à disputa automobilística. *HC 307.617-SP, Rel. p/ ac. Min. Sebastião Reis Júnior, DJe 16.5.2016. 6ª T. (Info 583)*

➘ *Incompatibilidade entre dolo eventual e a qualificadora de motivo fútil.*

É incompatível com o dolo eventual a qualificadora de motivo fútil (art. 121, § 2º, II, do CP). *HC 307.617-SP, Rel. p/ ac. Min. Sebastião Reis Júnior, DJe 16.5.2016. 6ª T. (Info 583)*

➘ *Qualificadora do motivo torpe em relação ao mandante de homicídio mercenário.*

O reconhecimento da qualificadora da "paga ou promessa de recompensa" (inciso I do § 2º do art. 121) em relação ao executor do crime de homicídio mercenário não qualifica automaticamente o delito em relação ao mandante, nada obstante este possa incidir no referido dispositivo caso o motivo que o tenha levado a empreitar o óbito alheio seja torpe. *REsp 1.209.852-PR, Rel. Min. Rogerio Schietti Cruz, DJe 2.2.2016. 6ª T. (Info 575)*

2.2. DAS LESÕES CORPORAIS

➘ *Natureza da lesão corporal que resulta em perda de dentes.*

A lesão corporal que provoca na vítima a perda de dois dentes tem natureza grave (art. 129, § 1º, III, do CP), e não gravíssima (art. 129, § 2º, IV, do CP). *REsp 1.620.158-RJ, Rel. Min. Rogerio Schietti Cruz, DJ 20.9.2016. 6ª T. (Info 590)*

3. DOS CRIMES CONTRA O PATRIMÔNIO

3.1. DO ROUBO E DA EXTORSÃO

➘ *Incidência da majorante do § 1º do art. 158 do CP sobre a extorsão qualificada prevista no § 3º do mesmo dispositivo legal.*

Em extorsão qualificada pela restrição da liberdade da vítima, sendo essa condição necessária para a obtenção da vantagem econômica (art. 158, § 3º, do CP), é possível a incidência da causa de aumento prevista no § 1º do art. 158 do CP (crime cometido por duas ou mais pessoas ou com emprego de arma). *REsp 1.353.693-RS, Rel. Min. Reynaldo Soares da Fonseca, DJ 21.9.2016. 5ª T. (Info 590)*

3.2. DO DANO, DA APROPRIAÇÃO INDÉBITO

➘ *Hipótese de inaplicabilidade da majorante descrita no art. 168, § 1º, II, do CP.*

O fato de síndico de condomínio edilício ter se apropriado de valores pertencentes ao condomínio para efetuar pagamento de contas pessoais não implica o aumento de pena descrito no art. 168, § 1º, II, do CP (o qual incide em razão de o agente de apropriação indébita ter recebido a coisa na qualidade de "síndico"). *REsp 1.552.919-SP, Rel. Min. Reynaldo Soares da Fonseca, DJe 1.6.2016. 5ª T. (Info 584)*

4. DOS CRIMES CONTRA A DIGNIDADE SEXUAL

➘ *Desnecessidade de contato físico para deflagração de ação penal por crime de estupro de vulnerável.*

A conduta de contemplar lascivamente, sem contato físico, mediante pagamento, menor de 14 anos desnuda em motel pode permitir a deflagração da ação penal para a apuração do delito de estupro de vulnerável. A maior parte da doutrina penalista pátria orienta no sentido de que a contemplação lasciva configura o ato libidinoso constitutivo dos tipos dos arts. 213 e 217-A do CP, sendo irrelevante, para a consumação dos delitos, que haja contato físico entre ofensor e ofendido. *RHC 70.976-MS, Rel. Min. Joel Ilan Paciornik, DJe 10.8.2016. 5ª T. (Info 587)*

➘ *Estupro circunstanciado. Vítima maior de 14 anos e menor de 18 anos. Ato libidinoso diverso da conjunção carnal. Configuração do crime na modalidade consumada. Atipicidade afastada.*

Subsume-se ao crime previsto no art. 213, § 1º, do CP – a conduta de agente que abordou de forma violenta e sorrateira a vítima com a intenção de satisfazer sua lascívia, o que ficou demonstrado por sua declarada intenção de "ficar" com a jovem – adolescente de 15 anos – e pela ação de impingir-lhe, à força, um beijo, após ser derrubada ao solo e mantida subjugada pelo agressor, que a imobilizou pressionando o joelho sobre seu abdômen.*REsp 1.611.910-MT, Rel. Min. Rogerio Schietti Cruz, DJe 27.10.2016. 6ª T. (Info 592)*

5. DOS CRIMES CONTRA A INCOLUMIDADE PÚBLICA

➘ *Atipicidade penal do exercício da acupuntura.*

O exercício da acupuntura não configura o delito previsto no art. 282 do CP (exercício ilegal da medicina, arte dentária ou farmacêutica). *RHC 66.641-SP, Rel. Min. Nefi Cordeiro, DJe 10.3.2016. 6ª T. (Info 578)*

6. DOS CRIMES CONTRA A FÉ PÚBLICA

➘ *Clonagem de cartão de crédito ou débito antes da entrada em vigor da Lei 12.737/2012.*

Ainda que praticada antes da entrada em vigor da Lei 12.737/12, é típica (art. 298 do CP) a conduta de falsificar, no todo ou em parte, cartão de crédito ou débito. *REsp 1.578.479-SC, Rel. p/ ac. Min. Rogerio Schietti Cruz, DJ 3.10.2016. 6ª T. (Info 591)*

7. DOS CRIMES CONTRA A ADMINISTRAÇÃO PÚBLICA

7.1. DOS CRIMES PRATICADOS POR PARTICULAR

➘ *Crime de contrabando e importação de colete à prova de balas.*

Configura crime de contrabando a importação de colete à prova de balas sem prévia autorização do Comando do Exército. *RHC 62.851-PR, Rel. Min. Sebastião Reis Júnior, DJe 26.2.2016. 6ª T. (Info 577)*

➘ *Hipótese em que o falso pode ser absorvido pelo crime de descaminho. Recurso repetitivo. Tema 933.*

[RPT]Quando o falso se exaure no descaminho, sem mais potencialidade lesiva, é por este absorvido, como crime-fim, condição que não se altera por ser menor a pena a este cominada. Conforme entendimento doutrinário, na aplicação do critério da consunção, verifica-se que "o conteúdo de injusto principal consome o conteúdo de injusto do tipo secundário porque o tipo consumido constitui meio regular (e não necessário) de realização do tipo consumidor". *REsp 1.378.053-PR, Rel. Min. Nefi Cordeiro, 3ª S., DJe 15.8.2016. 3ª S. (Info 587)*

➘ *Não configuração do crime de desobediência na hipótese de não atendimento por Defensor Público Geral de requisição judicial de nomeação de defensor.*

Não configura o crime de desobediência (art. 330 do CP) a conduta de Defensor Público Geral que deixa de atender à requisição judicial de nomeação de defensor público para atuar em determinada ação penal. *HC 310.901-SC, Rel. Min. Nefi Cordeiro, DJe 28.6.2016. 6ª T. (Info 586)*

➘ *Reiteração criminosa no crime de descaminho e princípio da insignificância.*

A reiteração criminosa inviabiliza a aplicação do princípio da insignificância nos crimes de descaminho, ressalvada a possibilidade de, no caso concreto, as instâncias ordinárias verificarem que a medida é socialmente recomendável. *EREsp 1.217.514-RS, Rel. Min. Reynaldo Soares da Fonseca, DJe 16.12.2015. 3ª S. (Info 575)*

7.2. DOS CRIMES CONTRA A ADMINISTRAÇÃO DA JUSTIÇA

➘ *Denunciação Caluniosa. Inquérito Policial que culmina em indiciamento do falso apontado. Desnecessidade.*

Não autoriza a desclassificação do crime de denunciação caluniosa (art. 339 do CP) para a conduta do art. 340 do mesmo Estatuto, o fato de que aqueles que foram falsamente apontados como autores do delito inexistente não tenham chegado a ser indiciados no curso do inquérito policial, em virtude da descoberta da inveracidade da imputação.*REsp 1.482.925-MG, Rel. Min. Sebastião Reis, DJe 25.10.2016. 6ª T. (Info 592)*

➘ *Reconhecimento de proteção jurídica a profissionais do sexo.*

Ajusta-se à figura típica prevista no art. 345 do CP (exercício arbitrário das próprias razões) – e não à prevista no art. 157 do CP (roubo) – a conduta da prostituta maior de dezoito anos e não vulnerável que, ante a falta do pagamento ajustado com o cliente pelo serviço sexual prestado, considerando estar exercendo pretensão legítima, arrancou um cordão com pingente folheado a ouro do pescoço dele como forma de pagamento pelo serviço sexual praticado mediante livre disposição de vontade dos participantes e desprovido de violência não consentida ou grave ameaça. *HC 211.888-TO, Rel. Min. Rogerio Schietti Cruz, DJe 7.6.2016. 6ª T. (Info 584)*

Direito Processual Penal

Ricardo Silvares

TABELA DE INCIDÊNCIA DE QUESTÕES

Distribuição das questões organizada por ordem didática de assuntos		
Assunto	**Número de Questões**	**Peso**
PRINCÍPIOS E GARANTIAS	3	4,05%
INQUÉRITO POLICIAL E OUTROS PROCEDIMENTOS INVESTIGATÓRIOS	3	4,05%
AÇÃO PENAL	7	9,46%
AÇÃO CIVIL *EX DELICTO*	1	1,35%
COMPETÊNCIA	3	4,05%
QUESTÕES PREJUDICIAIS, EXCEÇÕES E INCIDENTES	3	4,05%
CITAÇÃO, INTIMAÇÕES E CONTAGEM DE PRAZOS	5	6,76%
PROVAS	4	5,41%
SENTENÇA	3	4,05%
PROCEDIMENTOS		
PROCEDIMENTOS COMUNS ORDINÁRIO E SUMÁRIO	7	9,46%
PROCEDIMENTO SUMARÍSSIMO (LEI 9.099/1995)	5	6,76%
PROCEDIMENTO DOS PROCESSOS DE COMPETÊNCIA DO TRIBUNAL DO JÚRI	4	5,41%
PROCEDIMENTOS ESPECIAIS DO CPP E LEGISLAÇÃO PROCESSUAL ESPECIAL	6	8,11%
NULIDADES	2	2,70%
RECURSOS	4	5,41%
REVISÃO CRIMINAL	1	1,35%
MEDIDAS COATIVAS PESSOAIS	9	12,16%
EXECUÇÃO PENAL	4	5,41%
Total	**74**	**100%**

Direito Processual Penal

Ricardo Silvares

✦ 1. QUESTÕES

PRINCÍPIOS E GARANTIAS

- CF, art. 5º
- Decreto 678/1992 (Convenção Americana de Direitos Humanos)

01. (Vunesp – Escrevente Técnico Judiciário – TJ – SP/2017) Determina o art. 261 do CPP que

A) nenhum acusado, com exceção do foragido, será processado ou julgado sem defensor.

B) salvo nos processos contravencionais e nos de rito sumaríssimo, nenhum acusado será processado ou julgado sem defensor.

C) salvo nos casos de força maior, nenhum acusado, ainda que ausente ou foragido, será processado ou julgado sem defensor.

D) nenhum acusado, ainda que ausente ou foragido, será processado ou julgado sem defensor.

E) nenhum acusado, com exceção do revel, será processado ou julgado sem defensor.

COMENTÁRIOS

✪ **Nota do autor:** o direito à ampla defesa é um dos direitos fundamentais de quaisquer pessoas, devendo ser assegurado no processo penal brasileiro. Aliás, a ausência de defesa acarreta nulidade absoluta do processo, enquanto sua deficiência pode levar à nulidade, desde que demonstrado o prejuízo. A defesa divide-se em duas: a técnica e a pessoal. Esta última é a apresentada pelo próprio acusado, com sua presença na audiência, por meio do interrogatório etc. O acusado pode abrir da sua defesa pessoal, mas nunca da defesa técnica, que é obrigatória.

Alternativa correta: letra "D" (responde também todas as demais alternativas): segundo o art. 261 do CPP, nenhum acusado, ainda que ausente ou foragido, será processado ou julgado sem defensor, não importando se é ou não foragido.

02. (Vunesp – Escrevente Técnico Judiciário – TJ-SP/2015) No que concerne à estruturação da defesa de acusados em juízo criminal, é correto afirmar (CPP, art. 263):

A) o acusado que é Advogado pode apresentar defesa "em nome próprio", sem necessidade de constituição de outro profissional.

B) o acusado que não constituir Advogado será obrigatoriamente defendido por Procurador Municipal ou Estadual.

C) o Juiz não pode indicar Advogado de forma compulsória a um acusado, que sempre tem o direito inalienável de articular a própria defesa, ainda que não seja habilitado para tanto.

D) se for indicado um Defensor Público ao acusado, este não pode desconstituí-lo para nomear um profissional de sua confiança.

E) apenas nos crimes mais graves o acusado deve obrigatoriamente ser assistido por Advogado, podendo articular a própria defesa, mesmo sem habilitação, nos casos em que não está em risco sua liberdade.

COMENTÁRIOS

Alternativa correta: letra "A": o acusado que é advogado pode concentrar em si mesmo as defesas técnica e pessoal, sem necessidade de ser representado por advogado nos autos ou de lhe ser nomeado um pelo juiz.

Alternativa "B": será defendido por Defensor Público ou por advogado nomeado pelo juiz, onde não houver assistência da Defensoria Pública.

Alternativa "C": o acusado não pode renunciar à defesa técnica e não poderá exercê-la se não for devidamente habilitado (advogado ou defensor público).

Alternativa "D": o acusado pode a qualquer momento constituir advogado de sua confiança, indicando-o nos autos (art. 263, CPP).

Alternativa "E": seja qual for a gravidade do crime, o tratamento da matéria será sempre o visto acima.

03. (Vunesp – Escrevente Técnico Judiciário – TJ-SP/2014) "Nenhum acusado, será processado ou julgado sem defensor."

Assinale a alternativa que preenche, adequada e completamente, a lacuna, nos termos do art. 261 do CPP.

A) com exceção do foragido

B) com exceção do ausente ou foragido

C) com exceção do ausente

D) ainda que ausente

E) ainda que ausente ou foragido

COMENTÁRIOS

Alternativa correta: letra "E" (responde todas as demais alternativas): de acordo com o art. 261, *caput*, do CPP: "Nenhum acusado, ainda que ausente ou foragido, será processado ou julgado sem defensor".

INQUÉRITO POLICIAL E OUTROS PROCEDIMENTOS INVESTIGATÓRIOS

- CPP, arts. 4º a 23
- Lei 9.099/1995, art. 69
- Lei 12.037/2009, art. 3º
- CF, arts. 58, § 3º, e 129

04. (Vunesp – Juiz de Direito – TJ SP/2017) Durante o inquérito, o advogado

A) pode assistir a seus clientes investigados durante a apuração de infrações, sob pena de nulidade absoluta do respectivo interrogatório ou depoimento e, subsequentemente, de todos os elementos investigatórios e probatórios dele decorrentes ou derivados, direta ou indiretamente, mas não pode apresentar razões e quesitos.

B) não precisa apresentar procuração para examinar autos sujeitos a sigilo, desde que ainda não conclusos à autoridade.

C) pode ter delimitado, pela autoridade competente, o acesso aos elementos de prova relacionados a diligências em andamento e ainda não documentadas nos autos, quando houver risco de comprometimento da eficiência, da eficácia ou da finalidade das diligências.

D) pode examinar, em qualquer instituição responsável por conduzir a investigação, mesmo sem procuração, autos de flagrante e de investigações de qualquer natureza, findos ou em andamento, ainda que conclusos à autoridade, mas não pode copiar peças e tomar apontamentos por meio digital.

COMENTÁRIOS

Alternativa correta: letra "C": a Súmula Vinculante 14 do STF obriga o delegado de polícia a permitir ao advogado o acesso a todos os elementos já documentados nos autos do inquérito. Portanto, se em curso alguma diligência ainda não documentada, pode o delegado deixar de exibi-la ao advogado. Ademais, permite-se a limitação da publicidade do inquérito quando esta prejudicar diligência em andamento, bastando que se pense numa interceptação telefônica que, se chegar ao conhecimento do investigado, restará totalmente prejudicada.

Alternativa "A": o advogado pode acompanhar seus clientes em qualquer ato do inquérito em que este tiver de participar e sua ausência, quando requerida a presença pelo investigado, pode gerar invalidação do ato realizado (não do inquérito). Porém, não há qualquer obrigação em se permitir a presença da defesa nos demais atos de investigação, até porque não é o inquérito procedimento contraditório. Por fim, o advogado pode apresentar razões e quesitos, como permite o Estatuto da OAB. Trata-se do exercício da ampla defesa, não do contraditório.

Alternativa "B": se os autos estão com o sigilo externo limitado, por óbvio que o advogado deverá mostrar vínculo com o investigado, a fim de que seja aplicada a Súmula Vinculante 14 do STF.

Alternativa "D": pode o advogado tomar notas, fazer apontamentos e fazer cópia por meio digital.

05. (Vunesp – Juiz de Direito – SP/2014) Existindo fundadas suspeitas de prática criminosa por delegado de polícia ou seus subordinados na condução de investigação oficial a seus encargos, o Juiz Corregedor – necessitando fiscalizar a atividade policial investigatória – instaura sindicância para apurar o fato. Assim agindo, o magistrado estará exercendo:

A) A corregedoria da atividade da polícia judiciária.

B) O seu poder hierárquico-administrativo sobre os sindicados.

C) O controle externo da polícia previsto na Constituição Federal.

D) A corregedoria da Polícia Civil.

COMENTÁRIOS

Alternativa correta: letra "a". nesse caso, o juiz está a exercer a corregedoria das atividades da polícia judiciária. No Estado de São Paulo, toda comarca possui um juiz incumbido de exercer essa função. Evidentemente, caso resulte da sindicância presidida pelo juiz uma ação penal, a nosso ver será impossível que a mesma autoridade judiciária atue no processo.

Alternativa "b": não há poder hierárquico-administrativo entre o juiz-corregedor e os policiais civis, pois sequer fazem parte da mesma instituição.

Alternativa "c": o controle externo previsto na CF é de incumbência do Ministério Público.

Alternativa "d": a corregedoria da Polícia Civil é realizada por departamento próprio dela (Corregedoria), dividida, no Estado de São Paulo, por Corregedorias Auxiliares no interior.

---

06. (Vunesp – Juiz de Direito – TJ – SP/2013) Da decisão judicial que determina o arquivamento de autos de inquérito policial, a pedido do Ministério Público,

A) cabe carta testemunhável.

B) cabe recurso de apelação.

C) cabe recurso em sentido estrito.

D) não cabe recurso.

COMENTÁRIOS

Alternativa correta: letra "D" (responde também todas as demais alternativas): não há previsão recurso nesse caso. Se o Promotor de Justiça requerer ao Juiz o arquivamento e o juiz não concordar, deverá este último proceder nos termos do art. 28 do CPP, cabendo a decisão ao Procurador-Geral de Justiça: este confirmará o arquivamento ou determinará que outro Promotor ofereça a denúncia (ele mesmo, a rigor, pode oferecê-la). Quando o caso for da atribuição originária do próprio Procurador-Geral de Justiça (crimes de competência do TJ), aí sim é previsto recurso na Lei 8.625/1993 (Lei Orgânica Nacional do Ministério Público), mas se trata de recurso administrativo, interno, requerido pelo interessado e dirigido ao Colégio de Procuradores de Justiça.

AÇÃO PENAL

- CF, arts. 5º, LIX, 129, I
- CPP, arts. 24 a 62

---

07. (Vunesp – Juiz de Direito – TJ SP/2017) A legitimidade para a propositura de ação penal por crime contra a honra de servidor público em razão do exercício de suas funções é

A) exclusiva do Ministério Público, condicionada à representação do ofendido.

B) concorrente do ofendido, mediante queixa, e do Ministério Público, condicionada à representação do ofendido.

C) concorrente do ofendido, mediante representação, e do Ministério Público, mediante ação pública incondicionada.

D) exclusiva do ofendido, mediante queixa.

COMENTÁRIOS

Alternativa correta: letra "B" (responde também todas as demais alternativas): o crime contra a honra de servidor público em razão de suas funções é, segundo o CP, de ação penal pública condicionada (art. 145, parágrafo único). Porém, a jurisprudência firmou-se no sentido de que a titularidade da ação é concorrente entre o Ministério Público, que depende de representação do ofendido, e do próprio ofendido, mediante queixa-crime. Nesse sentido, a Súmula 714 do STF: "É concorrente a legitimidade do ofendido, mediante queixa, e do Ministério Público, condicionada à representação do ofendido, para a ação penal por crime contra a honra de servidor público em razão do exercício de suas funções".

---

08. (Vunesp – Juiz de Direito – RJ/2016) Em 09 de abril de 2009, em uma festa de aniversário, A, maior, relatou ter sido estuprada por B, irmão da aniversariante. Foi oferecida queixa-crime aos 08 de outubro de 2009, a qual foi recebida em 03 de novembro do mesmo ano, tendo o Juiz determinado, de ofício, a realização de exame de sangue de B, para comparar com os vestígios de sêmen encontrados na vítima. O acusado recusou-se a fazer o exame, suscitando seu direito ao silêncio. Ao final, B acabou condenado, sob o fundamento de que, ao se recusar a fornecer material genético, houve inversão do ônus da prova, não tendo provado sua inocência.

A respeito do caso, assinale a alternativa correta.

A) O processo é nulo, pois a ação penal é de iniciativa privada, e o recebimento da queixa deu-se após o prazo decadencial, de seis meses.

B) Acertada a condenação proferida, haja vista que a recusa em oferecer material genético acarreta inversão do ônus da prova.

C) O juiz, em sede penal, não pode ordenar a realização de provas, pois não há mais espaço para poderes instrutórios, reminiscência do sistema inquisitorial.

D) O processo não é nulo, pois, ainda que ao tempo da propositura da inicial, a ação penal fosse condicionada à representação, ao tempo do crime, a ação era de iniciativa privada, não se aplicando a Lei nº 12.015/2009, de 07 de agosto de 2009, nesta parte.

E) O processo é nulo, por ilegitimidade de parte, pois o crime de estupro, com as alterações advindas da Lei nº 12.015/2009, de 07 de agosto de 2009, passou a ser processável mediante ação penal pública, condicionada à representação da vítima.

COMENTÁRIOS

Alternativa correta: letra "D" (responde também as alternativas "A" e "E"): a Lei 12.015, que modificou os crimes contra a dignidade sexual, é de 07 de agosto de 2009, portanto, posterior ao crime descrito na questão. Portanto, não pode ser a nova sistemática – que tornou o estupro crime de ação penal pública condicionada, deixando de ser de ação penal privada –, prejudicial ao acusado, aplicada ao caso, pois implicaria em *reformatio legis in pejus*. Assim, era cabível a queixa-crime, deixando-se de aplicar a Lei 12.015.

Alternativa "B": não há tal inversão do ônus da prova. O ônus é da acusação, não sendo o acusado obrigado a fornecer material genético, ou seja, não é obrigado a fornecer provar contra si mesmo (*nemo tenetur se detegere*).

Alternativa "C": o art. 156 do CPP permite ao juiz determinar a produção de provas durante a fase processual.

---

09. (Vunesp – Juiz de Direito Substituto – RJ/2016) A, casada com B, durante uma discussão de casal, levou um soco, sendo ameaçada de morte. Diante dos gritos e ameaças, os vizinhos acionaram a Polícia que, ao chegar ao local, conduziu todos à Delegacia. A, inicialmente, prestou depoimento na Delegacia e manifestou o desejo de que o marido fosse processado criminalmente pelos crimes de lesão corporal leve e ameaça. Entretanto, encerradas as investigações policiais e remetidos os autos ao Fórum, em sede de audiência preliminar, A informou o Juízo que havia se reconciliado com B, não desejando que o marido fosse processado por ambos os crimes. Diante da nova manifestação de vontade de A, é correto afirmar que o procedimento

A) será arquivado quanto ao crime de ameaça, já que a ação é condicionada à representação da vítima. Quanto ao crime de lesão corporal, ocorrida em âmbito doméstico, o procedimento terá seguimento, por tratar-se de ação penal pública incondicionada. Todavia, é possível ao órgão de acusação, desde logo, ofertar a transação penal.

B) terá seguimento, tanto para o crime de ameaça quanto para o crime de lesão corporal. Todavia, é possível ao órgão de acusação, desde logo, ofertar a transação penal.

C) terá seguimento quanto ao crime de lesão corporal, visto que a ação penal é pública incondicionada, por ter se dado em âmbito doméstico. Já quanto ao crime de ameaça, a retratação de A obsta o prosseguimento, visto que a ação penal continua condicionada à representação, ainda que praticada em âmbito doméstico.

D) deverá ser arquivado, vez que a ação penal, seja para o crime de ameaça, seja para o de lesão corporal de natureza leve, é condicionada à representação da vítima, e a retratação de A obsta o prosseguimento do feito.

E) terá seguimento, tanto para o crime de ameaça quanto para o crime de lesão corporal, pois em se tratando de crimes ocorridos no âmbito doméstico, a ação penal é pública incondicionada, pouco importando a retratação de A.

COMENTÁRIOS

Alternativa correta: letra "c". (responde também as alternativas "d" e "e"): a ação penal no crime de ameaça é de ação penal pública condicionada à representação, conforme previsto no art. 147, parágrafo único, do CP. Isso não foi alterado pela Lei 11.340/2006 (Lei Maria da Penha). Porém, o crime de lesão corporal leve, até o advento da Lei 9.099/1995, era de ação penal pública incondicionada. Foi a Lei 9.099 que mudou isso, prevendo a necessidade de representação. A Lei Maria da Penha trouxe proibição à aplicação da Lei 9.099 aos casos de violência doméstica contra mulher (art. 41): ou seja, caiu a necessidade de representação. Em 2012, o STF, na ADI 4424 – portanto, com efeitos vinculantes e *erga omnes* – decidiu pela constitucionalidade do art. 41 da Lei Maria da Penha e, assim, que não é necessária a representação da ofendida em casos de lesões corporais leves (v. Informativo 654). Em resumo, nesse caso de violência doméstica contra a mulher, o crime de lesão corporal é de ação penal pública incondicionada; o crime de ameaça, em qualquer caso, é de ação penal pública condicionada. Assim, pode a mulher retratar-se da representação quanto à ameaça, desde que o faça em audiência perante o juiz, designada para tal fim.

Alternativa "a" (responde também a Alternativa "b"): completando o afirmado acima, não cabe transação penal em caso de violência doméstica contra mulher, eis que a Lei Maria da Penha não permite aplicação de institutos da Lei 9.099/1995.

10. (Vunesp – Juiz de Direito Substituto – RJ/2016) Analise o caso a seguir e assinale a alternativa correta.

X, empresário do ramo alimentício, teve decretada a falência de sua empresa, em 20 de outubro de 2009. Tendo o administrador judicial, em relatório circunstanciado, apontado indícios de desvio e venda das mercadorias da massa falida, o Ministério Público requisitou a instauração de inquérito, a fim de apurar a prática de crime falimentar por X, sócio gerente da empresa. Encerradas as investigações, o Ministério Público ofereceu denúncia, junto ao Juízo Criminal da Jurisdição em que foi decretada a falência, sendo a exordial recebida, iniciando-se o processo. Citado, X apresenta resposta à acusação, postulando por sua absolvição sumária, alegando faltar justa causa para a ação penal, uma vez que, por força de agravo interposto junto ao Tribunal, a falência da empresa foi revertida. O Juízo não absolve sumariamente X, dando prosseguimento ao processo. X então impetra habeas corpus, junto ao Tribunal de Justiça.

A) O Tribunal de Justiça haveria de conceder a ordem, para trancar a ação penal, por ausência de condição de punibilidade do crime falimentar.

B) O Ministério Público não poderia ter oferecido denúncia em face de X, por crime falimentar, por faltar condição de procedibilidade, já que a ação é pública condicionada à representação dos credores.

C) O Tribunal de Justiça haveria de denegar a ordem, haja vista a independência das esferas.

D) A ação penal é nula, por incompetência do Juízo, pois, nos termos da Lei nº 11.101/2005, é competente para julgar crime falimentar o Juízo que decretou a falência.

E) Tendo a Lei nº 11.101/2005 previsto o procedimento sumário para o processo e julgamento de crime falimentar, não é possível ao acusado apresentar resposta à acusação, prevista no artigo 396-A, do CPP.

COMENTÁRIOS

✪ **Nota do autor:** a lei que regula a recuperação judicial e a falência e que, portanto, prevê os crimes falimentares é a Lei 11.101/2005.

Alternativa correta: letra "a". é expresso o art. 180 da Lei 11.101/2005 nesse sentido: "A sentença que decreta a falência, concede a recuperação judicial ou concede a recuperação extrajudicial de que trata o art. 163 desta Lei é condição objetiva de punibilidade das infrações penais descritas nesta Lei".

Alternativa "b": a ação penal é pública incondicionada (art. 184, *caput*, Lei 11.101/2005). Em caso de inércia do Ministério Público, pode qualquer credor habilitado ou o administrador judicial propor ação penal privada subsidiária (art. 184, parágrafo único).

Alternativa "c": a questão não é de independência, mas de condição de punibilidade do crime falimentar, que pressupõe a sentença que decreta a falência.

Alternativa "d": a competência é do juiz criminal da localidade onde tenha sido decretada a falência, conforme dispõe o art. 183 da Lei 11.101/2005.

Alternativa "e": de fato, o procedimento adotado é o sumário, pois é o que prevê o art. 185 da Lei 11.101. Ocorre que se aplica a tal procedimento a previsão de resposta à acusação.

11. (Vunesp – Juiz de Direito Substituto – SP/2015) Conforme o artigo 41, do Código de Processo Penal, "A denúncia ou queixa conterá a exposição do fato criminoso, com todas as suas circunstâncias, a qualificação do acusado ou esclarecimentos pelos quais se possa identificá-lo, a classificação do crime e, quando necessário, o rol das testemunhas". Portanto, a peça acusatória

A) pode conter elementos que sejam prescindíveis, mas relevantes para a imputação.

B) precisa apresentar algumas das condutas alegada- mente praticadas pelo agente.

C) necessita trazer a descrição do comportamento delituoso de forma escorreita.

D) deve descrever os fatos ilícitos, ainda que não em sua totalidade.

COMENTÁRIOS

Alternativa correta: letra "c": trata-se de uma necessidade que decorre do princípio da ampla defesa. O acusado precisa saber do que está sendo acusado, para então poder se defender da imputação. E sendo o ônus da prova de quem acusa, é necessário saber qual é exatamente a imputação. Por isso, é inepta e deve ser rejeitada a denúncia que não descreva de forma clara a conduta imputada.

Alternativa "a": os elementos relevantes para a imputação devem estar contidos na denúncia, não sendo, assim, prescindíveis.

Alternativa "b": algumas das condutas? Não, todas as condutas imputadas ao acusado.

Alternativa "d": o fato deve ser descrito em sua totalidade, sob pena de inépcia da denúncia.

12. (Vunesp – Escrevente Técnico Judiciário – TJ-SP/2015) Ao Ministério Público compete, de acordo com o art. 257 do CPP, fiscalizar a execução da lei e promover, privativamente, a ação penal

A) pública.

B) pública incondicionada, e manifestar-se como custos legis, nas ações penais públicas condicionadas.

C) privada, quando houver representação da vítima.

D) pública condicionada, e manifestar-se como custos legis, nas ações penais públicas incondicionadas.

E) pública e, quando houver representação da vítima, promover em seu nome a ação penal privada.

COMENTÁRIOS

Alternativa correta: letra "A" (responde também todas as demais alternativas): o Ministério Público é o titular da ação penal pública, incondicionada ou não, por força, não somente do art. 257 do CPP, mas acima de tudo pelo art. 129, I, da CF. Nas ações penais privadas, funciona o *Parquet* como fiscal da lei (*custos legis*). Lembrem-se: nas ações penais privadas, não há representação da vítima, mas esta é que deve oferecer a ação penal (queixa-crime), não podendo o Ministério Público substituí-la.

---

13. (Vunesp - Juiz de Direito - TJ - SP/2013) A ação penal somente pode ser proposta contra quem se imputa a prática da infração penal. Outra pessoa, ainda que tenha obrigações de caráter civil decorrentes do delito, não pode ser incluída na ação, isto em função do princípio da

A) obrigatoriedade.

B) indisponibilidade.

C) intranscendência.

D) oficialidade.

COMENTÁRIOS

Alternativa correta: letra "C": por intranscendência entende-se a impossibilidade de se propor a ação penal contra quem não foi o autor ou partícipe da infração penal.

Alternativa "A": obrigatoriedade da ação penal significa que o Ministério Público não possui discricionariedade quanto à sua propositura, ou seja, presentes os requisitos legais, cabe a ele propor a ação, já que incabível qualquer juízo de conveniência ou oportunidade.

Alternativa "B": a indisponibilidade da ação penal significa que o Ministério Público não pode dela dispor, ou seja, não pode dela desistir, muito embora seja possível que, ao final do processo, opine pela absolvição do acusado.

Alternativa "D": são legitimados a propor a ação penal pública, em princípio, os órgãos do próprio Estado, no caso brasileiro, o Ministério Público. Esse o significado da oficialidade.

AÇÃO CIVIL *EX DELICTO*

- CPP, arts. 63 a 68

---

14. (Vunesp - Juiz de Direito - TJ - SP/2013) Faz coisa julgada no cível a sentença que absolve o réu com fundamento

A) de não existir prova de ter o réu concorrido para a infração penal.

B) de haver o fato sido praticado em estado de necessidade defensivo.

C) de não constituir o fato infração penal (ser atípico).

D) de haver o fato sido praticado com amparo em causa excludente da culpabilidade (fato é típico e ilícito, mas não culpável).

COMENTÁRIOS

Alternativa correta: letra "B": é o que dispõe o art. 65 do CPP: "Faz coisa julgada no cível a sentença penal que reconhecer ter sido o ato praticado em estado de necessidade, em legítima defesa, em estrito cumprimento de dever legal ou no exercício regular de direito".

Alternativa "A": a falta de provas para a condenação não impede que, no cível, seja discutido o fato, para fins de reparação do dano. A chave para tal porta encontra-se no art. 66 do CPP: "Não obstante a sentença absolutória no juízo criminal, a ação civil poderá ser proposta quando não tiver sido, categoricamente, reconhecida a inexistência material do fato". Além disso, o *standard* probatório no cível é diferente do aplicado no processo penal.

Alternativa "C": a atipicidade penal não impede a propositura da ação de reparação civil. É que toda pessoa que causa dano a outrem fica obrigado a indenizá-lo, conforme determina o Direito Civil. Ou seja, o fato, passível de indenização, pode ser ilícito, sem que seja típico para fins penais.

Alternativa "D": a ausência de culpabilidade não afasta a responsabilidade civil. Em regra, apenas a exclusão da ilicitude tem esse efeito, ou decisão que tenha excluído a própria existência do fato criminoso.

COMPETÊNCIA

- CF, arts. 5º, XXXVIII; 29, X; 96, III; 102; 105; 109; 124; 125
- CPP, arts. 69 a 91
- Lei 9.099/1995, art. 63
- Lei 11.101/2005, art. 183
- Lei 11.343/2006, art. 70

15. (Vunesp – Juiz de Direito – RJ/2014) De acordo com entendimento sumulado pelo STF, é de competência da Justiça Federal processar e julgar crimes de tráfico de drogas, desde que haja remessa do entorpecente para o

A) exterior.

B) exterior, ou entre Estados dentro do país.

C) exterior, ou entre Estados dentro do país, ou entre Municípios.

D) exterior, e desde que seja praticado por associação transnacional.

COMENTÁRIOS

Alternativa correta: letra "A" (responde também todas as demais alternativas): segundo o verbete da Súmula 522 do STF: "Salvo ocorrência de tráfico com o exterior, quando, então, a competência será da Justiça Federal, compete à justiça dos Estados o processo e o julgamento dos crimes relativos a entorpecentes".

16. (Vunesp – Juiz de Direito – TJ – SP/2013) Tratando-se de infração continuada ou permanente, praticada em território de duas ou mais jurisdições, a competência firmar-se-á pelo(a)

A) prevenção.

B) lugar da infração.

C) conexão ou continência.

D) distribuição.

COMENTÁRIOS

Alternativa correta: letra "A" (responde também todas as demais alternativas): a resposta para a hipótese proposta pela questão encontra-se no art. 71 do CPP: a solução para conhecer o juízo competente é o da prevenção, ou seja, verifica-se qual foi o juiz que por primeiro atuou no caso.

17. (Vunesp – Juiz de Direito – TJ – SP/2013) A exceção de incompetência constitui meio processual assecuratório da observância do princípio do(a)

A) oficialidade.

B) juiz natural.

C) publicidade.

D) persuasão racional.

COMENTÁRIOS

Alternativa correta: letra "B" (responde também todas as demais alternativas): o princípio do juiz natural implica na necessidade de se observar as regras de competência existentes no ordenamento jurídico e que são fixadas previamente, de modo que, de forma objetiva e seus casuísmos, seja conhecido o juiz competente. Se tais regras não forem observadas, deve a parte valer-se da exceção de incompetência, a fim de que o processo seja encaminhado ao juízo correto.

QUESTÕES PREJUDICIAIS, EXCEÇÕES E INCIDENTES

▸ CPP, arts. 92 a 124, 145 a 154

18. (Vunesp – Escrevente Técnico Judiciário – TJ – SP/2017) Nos exatos termos do art. 253 do CPP, nos juízos coletivos, não poderão servir no mesmo processo os juízes que forem entre si parentes,

A) consanguíneos ou afins, em linha reta ou colateral até o quarto grau, inclusive.

B) consanguíneos ou afins, em linha reta ou colateral até o terceiro grau, inclusive, bem como amigos íntimos.

C) consanguíneos ou afins, em linha reta ou colateral até o terceiro grau, inclusive, bem como amigos íntimos ou inimigos capitais.

D) consanguíneos, excluídos os parentes afins.

E) consanguíneos ou afins, em linha reta ou colateral até o terceiro grau, inclusive.

COMENTÁRIOS

✪ **Nota do autor:** o art. 253 do CPP traz casos de incompatibilidades aplicáveis aos juízos coletivos (tribunais, colégio recursal).

Alternativa correta: letra "E" (responde também todas as demais alternativas): segundo o art. 253, nos juízos coletivos, não poderão servir no mesmo processo os juízes que forem entre si parentes, consanguíneos ou afins, em linha reta ou colateral até o terceiro grau, inclusive.

19. (Vunesp – Escrevente Técnico Judiciário – TJ-SP/2014) Nos termos do art. 252 do CPP, o juiz não poderá exercer jurisdição no processo em que

A) ele próprio ou seu cônjuge ou seu irmão for amigo íntimo de qualquer das partes.

B) for parte entidade associativa ou de classe da qual faça ou tenha feito parte.

C) seu amigo íntimo for credor ou devedor, tutor ou curador de qualquer das partes.

D) tiver funcionado como juiz de outra instância, pronunciando-se, de fato ou de direito, sobre a questão.

E) ele próprio ou seu cônjuge ou parente em linha reta ou colateral até o terceiro grau tiver servido como testemunha.

COMENTÁRIOS

✪ **Nota do autor:** o art. 252 do CPP traz os casos de impedimento do juiz, que podem ser aplicados também ao membro do Ministério Público.

Alternativa correta: letra "D": trata-se da hipótese do inciso III do art. 252 do CPP.

Alternativa "A": se o juiz for amigo íntimo ou inimigo de qualquer das partes, deverá se dar por suspeito, sendo a hipótese do inciso I do art. 254 do CPP.

Alternativa "B": tal fato não é previsto no CPP como gerador de impedimento do magistrado.

Alternativa "C": se o próprio juiz for credor ou devedor das partes, deverá dar-se por suspeito (art. 254, V, CPP).

Alternativa "E": o juiz estará impedido de atuar nos autos se tiver funcionado seu cônjuge ou parente, consanguíneo ou afim, em linha reta ou colateral até o terceiro grau, inclusive, como defensor ou advogado, órgão do Ministério Público, autoridade policial, auxiliar da justiça ou perito; ou ele próprio houver desempenhado qualquer dessas funções ou servido como testemunha; ou ele próprio ou seu cônjuge ou parente, consanguíneo ou afim em linha reta ou colateral até o terceiro grau, inclusive, for parte ou diretamente interessado no feito (art. 252, I, II e IV, CPP). E deverá dar-se por suspeito: se ele, seu cônjuge, ascendente ou descendente, estiver respondendo a processo por fato análogo, sobre cujo caráter criminoso haja controvérsia; ou se ele, seu cônjuge, ou parente, consanguíneo, ou afim, até o terceiro grau, inclusive, sustentar demanda ou responder a processo que tenha de ser julgado por qualquer das partes (art. 254, II e III).

---

20. (Vunesp - Juiz de Direito - SP/2014) Quando houver dúvida sobre a integridade mental do indiciado ou acusado, o juiz ordenará seja ele submetido a exame médico-legal. Sobre este tema, assinale a opção que contenha assertiva falsa: unique

A) Concluindo a perícia que o réu era inimputável à época do cometimento do injusto penal, o processo prossegue com a assistência do curador, normalmente, o próprio advogado.

B) Quando, no curso da execução da pena privativa de liberdade, sobrevier doença mental ou perturbação da saúde mental, o Juiz poderá determinar a substituição da pena por medida de segurança.

C) Se a perícia concluir que o acusado, à época do fato, era imputável, mas, na época de realização do exame durante o processo, padece de doença mental, o feito será paralisado, aguardando-se que o réu obtenha melhora para que possa se defender com eficácia.

D) Durante o inquérito policial, apurada a inimputabilidade do indiciado, o Ministério Público não poderá oferecer denúncia contendo pedido de absolvição e imposição de medida de segurança.

COMENTÁRIOS

Alternativa incorreta: letra "d". ainda assim poderá o Ministério Público oferecer denúncia – aliás, deverá – e requerer a absolvição imprópria, para aplicação de medida de segurança. Aliás, o exame de insanidade é possível já na fase de inquérito.

Alternativa "a": é a disposição do art. 151 do CPP, sendo, de fato, normalmente nomeado o próprio defensor do acusado.

Alternativa "b": é o que permite o art. 183 da LEP.

Alternativa "c": trata-se da determinação prevista no art. 152 do CPP.

CITAÇÃO, INTIMAÇÕES E CONTAGEM DE PRAZOS

- CPP, arts. 351 a 372
- CPC, 227 a 229

---

21. (Vunesp - Juiz de Direito - TJ SP/2017) Em matéria de citações e intimações, é correto afirmar que

A) os prazos são contados da data da intimação, e não da juntada aos autos do mandado ou da carta precatória ou de ordem.

B) nula a citação por edital que apenas indica o dispositivo da lei penal, sem transcrever a denúncia ou queixa, ou resumir os fatos em que se baseia.

C) a citação do acusado por edital, se ele não comparecer ou constituir advogado, permite a produção antecipada de provas, sob o fundamento de decurso do tempo, e autoriza o decreto de prisão preventiva, se for o caso.

D) nulo o julgamento de recurso criminal, na segunda instância, sem prévia intimação ou publicação da pauta, inclusive em habeas corpus.

COMENTÁRIOS

✪ **Nota do autor:** a questão lida exclusivamente com o conhecimento sobre as Súmulas do STF ou STJ.

Alternativa correta: letra "A": no processo penal, contam-se os prazos da data da intimação, e não da juntada aos autos do mandado ou da carta precatória ou de ordem (STF, Súmula 710).

Alternativa "B": não é nula a citação por edital que indica o dispositivo da lei penal, embora não transcreva a denúncia ou queixa, ou não resuma os fatos em que se baseia (STF, Súmula 366).

Alternativa "C": a decisão que determina a produção antecipada de provas com base no art. 366 do CPP deve ser concretamente fundamentada, não a justificando unicamente o mero decurso do tempo (STJ, Súmula 455).

Alternativa "D": realmente, é nulo o julgamento de recurso criminal, na segunda instância, sem prévia intimação, ou publicação da pauta, salvo em habeas-corpus (STF, Súmula 431).

---

22. (Vunesp – Escrevente Técnico Judiciário – TJ – SP/2017) Estabelece o CPP em seu art. 353 que, quando o réu estiver fora do território da jurisdição do juiz processante, será citado mediante

A) precatória.

B) carta com aviso de recebimento, "de mão própria".

C) edital.

D) videoconferência.

E) qualquer meio que o juiz entenda idôneo.

COMENTÁRIOS

Alternativa correta: letra "A" (responde também todas as demais alternativas): de acordo com o art. 353 do CPP, quando o réu estiver fora do território da jurisdição do juiz processante, será citado mediante precatória. Ou seja, o juiz do processo deverá enviar uma solicitação de colaboração (carta precatória) para o juiz onde estiver o acusado, para que esta última autoridade providencie a obrigatória citação.

---

23. (Vunesp – Escrevente Técnico Judiciário – TJ-SP/2015) Em que momento a lei processual penal (CPP, art. 363) considera que o processo completa sua formação?

A) Constituição de defensor após a citação.

B) Citação do acusado.

C) Recebimento da denúncia.

D) Apresentação de resposta escrita.

E) Juntada do mandado de citação aos autos.

COMENTÁRIOS

Alternativa correta: letra "B" (responde também todas as demais alternativas): conforme dispõe o art. 363 do CPP, o processo terá completada a sua formação quando realizada a citação do acusado.

---

24. (Vunesp – Escrevente Técnico Judiciário – TJ-SP/2014) Nos termos do art. 351 do CPP, quando o réu estiver no território sujeito à jurisdição do juiz que houver ordenado a citação, esta se fará por

A) mandado.

B) meio eletrônico.

C) qualquer meio que atinja a finalidade.

D) carta com aviso de recebimento (AR) ou telegrama.

E) carta simples.

COMENTÁRIOS

Alternativa correta: letra "A" (responde também todas as demais alternativas): de acordo com o art. 351 do CPP: "A citação inicial far-se-á por mandado, quando o réu estiver no território sujeito à jurisdição do juiz que a houver ordenado".

---

25. (Vunesp – Juiz de Direito – RJ/2014) De acordo com entendimento sumulado pelo STJ, a suspensão do prazo prescricional na hipótese do acusado citado por edital que não comparece ao processo e nem constitui defensor

A) é de 20 (vinte) anos.

B) é indeterminada.

C) regula-se pelo máximo da pena cominada.

D) deve ser definida caso a caso, ao prudente arbítrio do magistrado.

COMENTÁRIOS

✪ **Nota do autor:** o art. 366 do CPP estabelece que o acusado citado por edital, que não constitua defensor nos autos e nem compareça, terá o processo suspenso. Além disso, também o prazo prescricional ficará suspenso. Ocorre que tal determinação legal gerou a seguinte indagação: a suspensão da prescrição deve durar indefinidamente. Como veremos abaixo, a resposta, dada pela jurisprudência, é negativa.

Alternativa correta: letra "C" (responde também todas as demais alternativas): segundo a Súmula 415 do STJ, o prazo da suspensão, no caso, é regulado pelo máximo da pena cominada. Assim, por exemplo, se o crime possui pena máxima de 12 anos, o prazo da prescrição é de 16. Logo, a suspensão será de 16 anos, após o que, o prazo prescricional voltará a correr.

PROVAS

- CF, art. 5º, X, XI, XII e LVI
- CPP, arts. 155 a 250

---

26. (Vunesp – Juiz de Direito – TJ SP/2017) No que diz respeito ao exame de corpo de delito e às perícias em geral, é correto afirmar que

A) será facultada ao Ministério Público, ao assistente de acusação, ao ofendido, ao querelante e ao acusado a indicação de assistente técnico, vedada, porém, a formulação de quesitos.

B) é permitido às partes, durante o curso do processo, requerer a oitiva dos peritos para esclarecerem a prova, desde que o mandado de intimação e as questões a serem esclarecidas sejam encaminhados com antecedência mínima de 10 (dez) dias, podendo apresentar as respostas em laudo complementar.

C) é nulo o exame realizado por um só perito, considerando-se impedido o que tiver funcionado, anteriormente, na diligência de apreensão.

D) o assistente técnico atuará a partir de sua admissão pelo juiz, sempre antes da conclusão dos exames e elaboração do laudo pelo perito oficial, sendo as partes intimadas desta decisão.

COMENTÁRIOS

Alternativa correta: letra "B": é o que permite expressamente o art. 159, § 5º, I, do CPP.

Alternativa "A": segundo o § 3º do art. 159 do CPP, quando das perícias, serão facultadas ao Ministério Público, ao assistente de acusação, ao ofendido, ao querelante e ao acusado a formulação de quesitos e indicação de assistente técnico.

Alternativa "C": os laudos são, em regra, elaborados por apenas um perito, de modo a não haver nulidade alguma nesse caso. Antes da alteração do art. 159 do CPP, em 2008, realmente havia o entendimento de que o laudo deveria ser elaborado por pelo menos dois peritos.

Alternativa "D": segundo o § 4º do art. 159 do CPP, o assistente técnico atuará a partir de sua admissão pelo juiz e após a conclusão dos exames e elaboração do laudo pelos peritos oficiais, sendo as partes intimadas desta decisão.

27. (Vunesp – Juiz de Direito Substituto – SP/2015) A confissão do acusado no processo penal

A) nunca será tida como valor probante se houver posterior retratação judicial.

B) pode ser considerada válida ainda que feita somente na fase extrajudicial.

C) para ter validade, deve ser apresentada na polícia e em juízo.

D) só pode ser admitida se houver outras provas.

COMENTÁRIOS

Alternativa correta: letra "b": a confissão é válida se foram observados os requisitos formais para a coleta das declarações do imputado. Isso é uma coisa. Outra, é a questão da sua valoração pelo juiz. Ser válido o ato da confissão não quer dizer que a confissão em si poderá ser valorada pelo juiz em sua decisão final. É que o juiz, conforme dispõe o art. 155 do CPP, deve decidir com base nas provas produzidas em contraditório judicial. Portanto, a nosso ver, não pode o juiz decidir com base em confissão extrajudicial do acusado.

Alternativa "a": parece-nos que está a alternativa a referir-se à confissão extrajudicial, com posterior retratação em juízo. Discordamos do gabarito. A nosso ver, a confissão extrajudicial nunca mesmo deverá ser valorada pelo juiz para condenar o réu, se ele, depois, retratou-se em juízo, ou seja, se ele não confessou o crime sob o contraditório judicial.

Alternativa "c": a confissão em si terá validade como ato se observadas as formalidades legais. Será valorada na sentença pelo juiz apenas se produzida na fase judicial, consoante se depreende do art. 155 do CPP.

Alternativa "d": mais uma vez, discordamos do gabarito. É pacífico o entendimento de que a confissão, sozinha, não é suficiente para a condenação, se não estiver amparada por outros elementos probatórios. Assim, considerando que a alternativa parece usar o verbo "admitir" no sentido de que a confissão será valorada pelo juiz na sentença e usada para condená-lo, ela está, a nosso ver, certa.

28. (Vunesp – Juiz de Direito – RJ/2014) No processo penal, o perito

A) deve prestar compromisso para cada trabalho, ainda que seja perito oficial.

B) deve, quando trabalha em dupla, chegar a um consenso com seu colega acerca do objeto da perícia, não podendo apresentar laudo divergente em separado.

C) pode ser ouvido em audiência e pode, inclusive, ter determinada sua condução coercitiva.

D) pode ser considerado suspeito, mas nunca impedido.

COMENTÁRIOS

Alternativa correta: letra "C": o perito poderá ser ouvido em audiência, a fim de prestar esclarecimentos sobre o laudo (art. 159, § 5º, I, CPP). Notem bem: o perito não figurará como testemunha e seus esclarecimentos em audiência dependerão de prévio requerimento das partes. É perfeitamente possível a condução coercitiva do perito que, requisitado ou intimado, não comparecer (art. 278).

Alternativa "A": o perito oficial não presta compromisso para cada caso, o que somente se dará na hipótese de perito não oficial, nomeado pelo juiz.

Alternativa "B": não se exige mais dois peritos para firmar um laudo. Porém, sendo a perícia realizada por mais de um perito, se houver divergência entre eles, serão consignadas no auto do exame as declarações e respostas de um e de outro, ou cada um redigirá separadamente o seu laudo, e a autoridade nomeará um terceiro; se este divergir de ambos, a autoridade poderá mandar proceder a novo exame por outros peritos (art. 180, CPP).

Alternativa "D": as causas de impedimento dos peritos são previstas no art. 279 do CPP, sendo também aplicáveis aos peritos as causas de suspeição dos juízes (art. 280).

---

29. (Vunesp – Juiz de Direito – SP/2014) Dispõe o art. 5.°, inc. LVI, da Constituição Federal que "são inadmissíveis, no processo, as provas obtidas por meios ilícitos". Trata-se do "Princípio da vedação das provas ilícitas", também invocado no art. 157 do Código de Processo Penal. Sobre este tema, assinale a opção que contenha assertiva falsa:

A) A reforma processual penal promovida pela Lei n.° 11.690/2008 distanciou-se da doutrina e jurisprudência pátrias que distinguiam as provas ilícitas das ilegítimas, concebendo como provas ilícitas tanto aquelas que violem disposições materiais como processuais.

B) São admissíveis as provas derivadas das ilícitas quando puderem ser obtidas por meio que por si só – seguindo os trâmites típicos e de praxe, próprios da investigação ou instrução criminal – seria capaz de conduzir ao fato objeto da prova.

C) É praticamente unânime na doutrina e na jurisprudência pátrias o entendimento que não admite a utilização no processo penal da prova favorável ao acusado se colhida com infringência a direitos fundamentais seus ou de terceiros.

D) São admissíveis as provas derivadas das ilícitas quando não evidenciado o nexo de causalidade entre umas e outras.

COMENTÁRIOS

Alternativa incorreta: letra "c". admite-se a utilização no processo penal, em favor do acusado, de prova considerada ilícita, colhida com infringência a direitos fundamentais. Estamos, porém, entre aqueles que entendem não haver nesse caso propriamente uma prova ilícita. É que, provavelmente, analisando o caso concreto, verificar-se-á que a colheita da prova com tal mácula estará acobertada por causa excludente da ilicitude (ex.: estado de necessidade), o que retira dela... a ilicitude. Isso é importante, porque estamos dentre aqueles que consideram ser a proibição constitucional de utilização da prova ilícita uma norma-regra – não uma norma-princípio – não admitindo, assim, ponderação (é dizer, a aplicação do princípio da proporcionalidade).

Alternativa "a": de fato, na doutrina, há a distinção entre provas ilícitas e ilegítimas, proposta por Ada Pellegrini Grinover, baseando-se em entendimento da doutrina italiana. Assim, segundo tal importante e saudosa jurista, a prova ilegal seria de dois tipos: prova ilegítima (que viola normas processuais para sua produção) e prova ilícita (que viola norma de direito material ou garantias constitucionais). Não foi feita tal distinção no art. 157 do CPP, havendo mesmo quem a repute desnecessária.

Alternativa "b": é o que prevê o § 2º do art. 157 do CPP, que é chamada de fonte independente, mas que, segundo a melhor doutrina, trata-se do instituto da "descoberta inevitável".

Alternativa "d": é o que dispõe o § 1º do art. 157 do CPP, que fala, a nosso ver, o óbvio, pois, não havendo nexo de causalidade entre uma prova e outra, não se poderia mesmo dizer ser uma derivada da outra.

SENTENÇA

- CF, art. 92, IX
- CPP, art. 381 a 392

---

30. (Vunesp – Juiz de Direito Substituto – SP/2015) A formação da convicção do magistrado no processo penal tem por base inúmeros elementos. Assinale a alternativa que contenha elementos que vão ao encontro da sistemática do Código de Processo Penal como um todo.

A) Livre convencimento e motivação da decisão.

B) Hierarquia prefixada de provas e livre apreciação dos elementos constatados nos autos.

C) Vinculação das provas do processo à sua própria consciência e verdade formal.

D) Livre convencimento e verdade material.

COMENTÁRIOS

Alternativa correta: letra "a": o princípio adotado pelo nosso CPP é o da persuasão racional, pelo qual o juiz forma sua convicção pela livre apreciação das provas (livre convencimento), mas desde que sejam aquelas produzidas em contraditório, não podendo, portanto, fundamentar sua decisão exclusivamente nos elementos informativos colhidos na investigação, ressalvadas as provas cautelares, não repetíveis e antecipadas (art. 155, *caput*, CPP). Além disso, por imposição constitucional, não pode o juiz deixar de fundamentar sua decisão (art. 93, IX).

Alternativa "b": não há hierarquia de provas no processo penal brasileiro. Tal sistema já foi adotado por muitas legislações, mas de há muito encontra-se superado.

Alternativa "c" (responde também a Alternativa "d"): vinculação da decisão à sua própria consciência é o modo como julgam os jurados no tribunal do júri. Nos demais casos, prevalece o princípio da persuasão racional. Quanto à busca da verdade no processo penal, é comum a afirmação de que busca-se a verdade real, material, não simplesmente a verdade formal. Entendemos, porém, que o processo penal não pode prescindir da busca da verdade, mas de uma verdade possível, processual, sem pretensões de que seja a verdade "real".

---

31. (Vunesp – Juiz de Direito Substituto – SP/2015) Um réu foi condenado à pena de dois anos e quatro meses de reclusão pelo crime de furto mediante fraude, embora ainda no curso da instrução já existissem elementos indicativos de que outra seria a conduta e a definição jurídica do fato delituoso. Em sede de apelação, o Tribunal de Justiça deverá

A) atribuir definição jurídica diversa daquela realizada anteriormente.

B) determinar vista para que o Ministério Público adite a denúncia, no prazo de 05 dias.

C) absolver o acusado em face do descompasso entre a imputação e a condenação.

D) anular o processo para que haja a modificação da descrição do fato em primeira instância.

COMENTÁRIOS

Alternativa correta: letra "c" (responde também todas as demais alternativas): se outra seria a conduta, imprescindível seria o aditamento à denúncia, fazendo-se a *mutatio libelli*, tal como previsto no art. 384 do CPP. O réu defendeu-se de determinado fato e foi por este condenado. Porém, se os fatos efetivamente provados nos autos foram outros, não tendo havido aditamento, este não mais poderá ser feito em segundo grau, eis que não mais terá o acusado oportunidade de se defender, de produzir provas etc. Assim, caberá ao tribunal decidir com base nas provas e na imputação existentes nos autos: as provas coligidas demonstram a imputação feita na denúncia? Se a resposta é negativa, deve o acusado ser absolvido. E quanto aos fatos, aqueles outros, efetivamente provados, mas não descritos na denúncia? Não havendo imputação, não pode haver condenação (princípio da correlação entre acusação e sentença). Notem o entendimento do STF: "Não se aplicam à segunda instância o art. 384 e parágrafo único do Código de Processo Penal, que possibilitam dar nova definição jurídica ao fato delituoso, em virtude de circunstância elementar não contida explícita ou implicitamente na denúncia ou queixa" (Súmula 453). Não houve nulidade no caso dessa questão. Simplesmente, à imputação feita não correspondia prova alguma, cabendo ao órgão acusador formular imputação adequada ao caso ou aditar aquela inicialmente feita.

---

32. (Vunesp - Juiz de Direito - TJ - SP/2013) A foi denunciado por furto; finda a instrução, a prova coligida aponta para a prática de roubo, a exigir a providência do artigo 384 do CPP (mutatio libelli). O Promotor de Justiça oficiante recusou-se a aditar a denúncia; encaminhados os autos para os fins do artigo 28 do CPP, o Procurador Geral de Justiça avalizou a recusa.

Neste caso, deve o Juiz

A) julgar a lide nos termos da imputação da denúncia.

B) recorrer de ofício ao Tribunal de Justiça.

C) renovar a instrução.

D) julgar extinta a punibilidade do réu.

COMENTÁRIOS

✪ **Nota do autor:** o juiz poderá dar definição jurídica diversa daquela contida na denúncia, ainda que a pena resultante venha a ser maior. Se o fato que justificar a nova classificação já estiver descrito na denúncia, temos a hipótese de *emendatio libelli* (art. 383, CPP); se não estiver descrito, haverá necessidade de aditamento da denúncia pelo Ministério Público, sendo hipótese conhecida como *mutatio libelli* (art. 384), pois serão acrescidos à acusação feita contra o réu fatos novos, dos quais deverá o acusado defender-se.

Alternativa correta: letra "A": sem que tenha havido o aditamento, não pode o juiz julgar o acusado como se a imputação contra ele fosse de roubo. Deverá julgá-lo unicamente por furto, com base nas provas produzidas. Se estas mostrarem não ter ocorrido furto, mas outro crime, não descrito na denúncia, que tampouco foi aditada, poderá o juiz acabar até mesmo absolvendo o réu. Deve o julgador observar a obrigatória correlação entre a sentença e a acusação contida na denúncia.

Alternativa "B": não há previsão alguma de recurso nesse caso. A decisão final sobre o aditamento é sempre do Ministério Público.

Alternativa "C": não há o que ser renovado na instrução, até porque o final será o mesmo: a necessidade de aditamento, segundo a ótica do juiz.

Alternativa "D": o juiz pode, como visto, até mesmo absolver o acusado, mas não extinguir a punibilidade, visto não ser hipótese prevista em lei, além do que não implica na perda do direito de punir pelo Estado.

PROCEDIMENTOS

PROCEDIMENTOS COMUNS ORDINÁRIO E SUMÁRIO

▸ CPP, arts. 394 a 411

33. (Vunesp – Juiz de Direito – TJ SP/2017) No procedimento comum, após o oferecimento da resposta pelo acusado, o juiz deverá absolvê-lo sumariamente quando

A) faltar justa causa para o exercício da ação penal ou verificar a existência manifesta de qualquer causa excludente da culpabilidade.

B) verificar a existência manifesta de qualquer causa excludente da ilicitude do fato ou que o fato narrado evidentemente não constitui crime.

C) a denúncia ou a queixa for manifestamente inepta ou não se convencer da existência de indícios suficientes de autoria ou de participação.

D) faltar pressuposto processual ou condição para o exercício da ação penal ou verificar que extinta a punibilidade do agente.

COMENTÁRIOS

✪ **Nota do autor:** o novo procedimento adotado em 2008 prevê a possibilidade de o juiz, antes mesmo de iniciar a instrução, mas depois do recebimento da denúncia, citação e resposta do réu à acusação, absolvê-lo sumariamente, nas hipóteses restritas do art. 397 do CPP, ou seja, quando o juiz verificar: (i) a existência manifesta de causa excludente da ilicitude do fato; (ii) a existência manifesta de causa excludente da culpabilidade do agente, salvo inimputabilidade; (iii) que o fato narrado evidentemente não constitui crime; ou (iv) extinta a punibilidade do agente.

Alternativa correta: letra "B": é o que dispõem os incisos I e III do art. 397 do CPP.

Alternativa "A": a falta de justa causa, entendida apenas no sentido de falta de indícios de autoria ou prova do crime, deveria gerar a rejeição da denúncia, não a absolvição sumária.

Alternativa "C": são dois casos que justificam a rejeição da denúncia, mas não absolvição sumária.

Alternativa "D": são mais casos que podem fundamentar a rejeição da denúncia, mas não a absolvição sumária.

---

34. (Vunesp – Juiz de Direito – TJ SP/2017) No tocante aos sujeitos do processo, é correto afirmar que

A) a audiência poderá ser adiada se, por motivo justificado, o defensor não puder comparecer, a ele incumbindo provar o impedimento até a abertura do ato; se não o fizer, deve o juiz nomear defensor substituto, ainda que provisoriamente ou só para o efeito do ato.

B) a participação de membro do Ministério Público na fase investigatória criminal acarreta o seu impedimento ou suspeição para o oferecimento da denúncia.

C) o assistente será admitido enquanto não passar em julgado a sentença e receberá a causa no estado em que se achar, podendo recorrer, inclusive extraordinariamente, de decisão concessiva de habeas corpus.

D) o juiz não poderá exercer a jurisdição no processo em que tiver funcionado como juiz de outra instância, pronunciando-se, de fato ou de direito, sobre a questão, mas não há nulidade no julgamento ulterior pelo Júri com a participação de jurado que funcionou em julgamento anterior do mesmo processo.

COMENTÁRIOS

Alternativa correta: letra "A": o art. 265 do CPP dispõe que a defensor não poderá abandonar o processo senão por motivo imperioso, comunicado previamente o juiz, sob pena de multa de 10 a 100 salários mínimos, sem prejuízo das demais sanções cabíveis. Porém, a audiência poderá ser adiada se, por motivo justificado, o defensor não puder comparecer, incumbindo a ele provar o impedimento até a abertura da audiência. Não o fazendo, o juiz não determinará o adiamento de ato algum do processo, devendo nomear defensor substituto, ainda que provisoriamente ou só para o efeito do ato.

Alternativa "B": conforme jurisprudência pacífica, o fato de o membro do Ministério Público ter participado da investigação não o torna suspeito ou impedido para atuar na fase processual (STJ, Súmula 234).

Alternativa "C": o erro está na afirmação do poder de recorrer extraordinariamente do habeas corpus, legitimidade inexistente nesse caso (STF, Súmula 208).

Alternativa "D": é nulo o julgamento ulterior pelo júri com a participação de jurado que funcionou em julgamento anterior do mesmo processo (STF, Súmula 206).

---

35. (Vunesp – Escrevente Técnico Judiciário – TJ – SP/2017) De acordo com o texto expresso do art. 397 do CPP, o juiz deverá absolver sumariamente o acusado no processo penal quando verificar

A) extinta a punibilidade do agente.

B) falta de justa causa para o exercício da ação penal.

C) que a denúncia é manifestamente inepta.

D) falta de condição para o exercício da ação penal.

E) falta de pressuposto processual.

COMENTÁRIOS

✪ **Nota do autor:** o art. 397 do CPP trouxe interessante novidade ao nosso processo penal, qual seja, a possibilidade de o juiz julgar antecipadamente a causa. Assim, uma vez que o acusado tenha apresentado resposta à acusação, o juiz deverá analisar os argumentos trazidos pela defesa e, poderá absolver o réu quando verificar: (a) a existência manifesta de causa excludente da ilicitude do fato; (b) a existência manifesta de causa excludente da culpabilidade do agente, salvo inimputabilidade; (c) que o fato narrado na denúncia evidentemente não constitui crime; e (d) extinta a punibilidade.

Alternativa correta: letra "A": trata-se da última hipótese de absolvição sumária prevista no art. 397 do CPP.

Alternativa "B" (responde as alternativas "C", "D" e "E"): todas essas hipóteses são causas que justificam a rejeição da denúncia, conforme prevê o art. 395 do CPP. Assim, se o juiz, ao analisar a denúncia, antes mesmo de mandar citar o acusado, perceber a ocorrência de alguma dessas hipóteses, deverá rejeitar a denúncia. Porém, já tendo recebido a denúncia e citado o acusado, que apresentou resposta à acusação, só lhe restará verificar se está presente algumas das causas de absolvição sumária do art. 397. Há entendimento minoritário no sentido de que o juiz poderá ainda assim rejeitar a denúncia, eis que o recebimento até então feito teria sido provisório.

---

36. (Vunesp – Escrevente Técnico Judiciário – TJ-SP/2015) Nos procedimentos ___________, oferecida a denúncia ou queixa, o juiz, se não a rejeitar liminarmente, recebê-la-á e ___________ (CPP, art. 396).

Assinale a alternativa que preenche, adequada e respectivamente, as lacunas.

A) comuns ... designará audiência de instrução e interrogatório

B) ordinário e sumário ... designará audiência de instrução e interrogatório

C) ordinário e sumário ... ordenará a citação do acusado para responder à acusação, por escrito, no prazo de 10 (dez) dias

D) comuns ... ordenará a citação do acusado para responder à acusação, por escrito, no prazo de 15 (quinze) dias

E) sumário e sumaríssimo ... designará audiência de instrução e interrogatório

COMENTÁRIOS

Alternativa correta: letra "C" (responde também todas as demais alternativas): dispõe o art. 396 do CPP: "Nos procedimentos ordinário e sumário, oferecida a denúncia ou queixa, o juiz, se não a rejeitar liminarmente, recebê-la-á e ordenará a citação do acusado para responder à acusação, por escrito, no prazo de 10 (dez) dias".

---

37. (Vunesp – Escrevente Técnico Judiciário – TJ-SP/2015) Nas infrações penais de menor potencial ofensivo, quando o juizado especial criminal encaminhar ao juízo comum as peças existentes para a adoção de outro procedimento, de acordo com o art. 538 do CPP, o rito adotado será

A) o ordinário.

B) o sumário.

C) livremente estabelecido pelo juiz.

D) o sumaríssimo.

E) o especial.

COMENTÁRIOS

Alternativa correta: letra "B" (responde também todas as demais alternativas): o art. 538 do CPP dispõe expressamente que o procedimento a ser então adotado no juízo comum será o sumário.

---

38. (Vunesp – Escrevente Técnico Judiciário – TJ-SP/2014) No rito do procedimento comum ordinário, constata-se, imediatamente após o oferecimento da resposta escrita à acusação, que existe em favor do acusado manifesta causa de exclusão da ilicitude. Nesse caso, o art. 397 do CPP indica que se deve seguir a

A) decretação da extinção da punibilidade do acusado.

B) absolvição sumária do acusado.

C) rejeição de denúncia.

D) designação de audiência de instrução e julgamento.

E) designação de audiência preliminar.

COMENTÁRIOS

Alternativa correta: letra "B": trata-se da hipótese e absolvição sumária prevista no inciso I do art. 397 do CPP.

Alternativa "A": causa de exclusão da ilicitude leva à conclusão de que inexistiu crime, apesar de típico o fato, o que é muito diverso da perda, pelo Estado, do direito de punir.

Alternativa "C": se, ao analisar a denúncia, antes mesmo de mandar citar o acusado, perceber o juiz que agiu o acusado sob causa de exclusão da ilicitude, deverá rejeitar a denúncia, sob a alegação de falta de justa causa (art. 395, III, CPP). Porém, já tendo recebido a denúncia, citado o acusado, que apresentou resposta à acusação, deverá absolve-lo.

Alternativa "D": somente deverá o juiz designar a audiência se não houver causa que justifique a absolvição sumária.

Alternativa "E": audiência preliminar é prevista na Lei 9.099/1995 para as infrações de menor potencial ofensivo e dá-se antes mesmo de ser a denúncia oferecida. Seu objetivo principal é a conciliação e, em caso de insucesso, a realização da transação penal entre autor do fato e Ministério Público.

---

39. (Vunesp - Juiz de Direito - RJ/2014) Em processo que tramita pelo rito comum ordinário, que conta com 3 (três) acusados e um assistente do Ministério Público que faz uso da palavra, o tempo reservado ao defensor de cada acusado nos debates orais, como regra, em minutos, é de

A) 30 (trinta).

B) 10 (dez).

C) 15 (quinze).

D) 20 (vinte).

COMENTÁRIOS

Alternativa correta: letra "A" (responde também todas as demais alternativas): as regras a respeito da duração dos debates orais encontram-se no art. 403 e seus parágrafos, do CPP. Assim, o tempo dos debates, normalmente, é de 20 minutos, respectivamente, pela acusação e pela defesa, prorrogáveis por mais 10 minutos. Havendo mais de um acusado, o tempo previsto para a defesa de cada um será individual. Havendo assistente do Ministério Público, usará da palavra depois do *Parquet*, tendo o tempo 10 minutos para apresentar suas alegações, com o que a defesa terá mais 10 minutos da sua, somando, assim, 30 minutos.

PROCEDIMENTO SUMARÍSSIMO (LEI 9.099/1995)

▸ Lei 9.099/1995, arts. 69 a 82

---

40. (Vunesp - Juiz de Direito - TJ SP/2017) No tocante aos juizados especiais criminais, é correto afirmar que

A) cabe recurso especial, mas não extraordinário, contra decisão proferida por turma recursal.

B) cabe revisão criminal de decisão do juizado especial e, por expressa disposição legal, compete à turma recursal julgá-la.

C) compete ao Supremo Tribunal Federal o julgamento de habeas corpus contra decisão de turma recursal.

D) compete à turma recursal processar e julgar o mandado de segurança contra ato de juizado especial.

COMENTÁRIOS

Alternativa correta: letra "D": é o entendimento que vem prevalecendo na jurisprudência (STF, Súmula 376).

Alternativa "A": ao contrário, é cabível recurso extraordinário, mas não recurso especial (STF, Súmula 640; STJ, Súmula 203).

Alternativa "B": cabe revisão criminal de decisão do Juizado Especial com trânsito em julgado. Não havendo trânsito em julgado, caberá apelação. Não há previsão legal quanto à competência, mas entende-se que competirá o julgamento da revisão à Turma Recursal.

Alternativa "C": o STF emitiu a Súmula 690, em que afirmou competir àquele Tribunal o julgamento de *habeas corpus* contra decisão de turma recursal de juizados especiais criminais. Porém, tal entendimento vem sendo alterado pelo próprio STF, que vem entendendo competir o julgamento de referida ação constitucional aos Tribunais de Justiça e Tribunais Regionais Federais. Nesse sentido: "(...) Estando os integrantes das turmas recursais dos juizados especiais submetidos, nos crimes comuns e nos de responsabilidade, à jurisdição do Tribunal de Justiça ou do tribunal regional federal, incumbe a cada qual, conforme o caso, julgar os habeas impetrados contra ato que tenham praticado (...)" (HC 86.834-SP, Rel. Min. Marco Aurélio, j. 23.08.2006).

---

41. (Vunesp - Escrevente Técnico Judiciário - TJ - SP/2017) O processo perante o Juizado Especial Criminal objetiva, sempre que possível, a reparação dos danos sofridos pela vítima e a aplicação de pena não privativa de liberdade.

Nos literais e exatos termos do art. 62 da Lei nº 9.099/95, são critérios que orientam o processo no Juizado Especial Criminal:

A) oralidade, informalidade, economia processual e celeridade.

B) boa-fé, objetividade, economia processual e celeridade.

C) oralidade, objetividade, economia processual e publicidade.

D) oralidade, informalidade, objetividade e celeridade.

E) oralidade, instrumentalidade, economia processual e celeridade.

COMENTÁRIOS

Alternativa correta: letra "A" (responde também todas as demais alternativas): de acordo com o art. 62 da Lei 9.099/1995, o processo perante o Juizado Especial orientar-se-á pelos critérios da oralidade, informalidade, economia processual e celeridade, objetivando, sempre que possível, a reparação dos danos sofridos pela vítima e a aplicação de pena não privativa de liberdade.

---

42. (Vunesp - Juiz de Direito Substituto - SP/2015) A sentença de transação penal, nos termos do artigo 76, parágrafo 5º, da Lei nº 9.099/95, tem as seguintes características:

A) possui natureza absolutória e não faz coisa julgada formal e material.

B) possui natureza condenatória e gera eficácia de coisa julgada formal e material.

C) tem natureza condenatória e gera eficácia de coisa julgada apenas material.

D) tem natureza homologatória e não faz coisa julgada material.

COMENTÁRIOS

Alternativa correta: letra "d": tal sentença é homologatória da transação realizada entre Ministério Público - em regra - e autor do fato. Além disso, não gera efeito de coisa julgada material, pois, se descumprido o acordo, poderá o órgão acusador oferecer a denúncia e procurar dar início, assim, ao processo. Nesse sentido, a Súmula Vinculante 35 do STF: "A homologação da transação penal prevista no artigo 76 da Lei 9.099/1995 não faz coisa julgada material e, descumpridas suas cláusulas, retoma-se a situação anterior, possibilitando-se ao Ministério Público a continuidade da persecução penal mediante oferecimento de denúncia ou requisição de inquérito policial".

Alternativa "a" (responde também as Alternativas "b" e "c"): a decisão que homologa a transação penal não tem caráter absolutório, tampouco condenatório. Faz coisa julgada formal, mas não material, como visto acima. Portanto, não pode o Ministério Público voltar atrás na proposta de transação já homologada, mas pode oferecer denúncia se os termos da transação forem descumpridos pelo autor do fato.

---

43. (Vunesp - Escrevente Técnico Judiciário - TJ-SP/2015) O processo perante o Juizado Especial Criminal objetivará, sempre que possível, a reparação dos danos sofridos pela vítima e a aplicação de pena não privativa de liberdade. Nesse contexto, de acordo com o expresso texto do art. 62 da Lei nº 9.099/95, orientar-se-á pelos critérios de

A) oralidade, informalidade e economia processual, apenas.

B) oralidade e economia processual, apenas.

C) economia processual e celeridade, apenas.

D) oralidade, informalidade, economia processual e celeridade, apenas.

E) oralidade, informalidade, economia processual, celeridade e verdade formal.

COMENTÁRIOS

✪ **Nota do autor:** essa espécie de questão mede o conhecimento do candidato sobre o texto da lei. Por isso, nossa recomendação: sempre estude com o texto legal aberto, pronto para consulta.

Alternativa correta: letra "D" (responde também todas as demais alternativas): de acordo com o art. 62 da Lei 9.099/1995, o processo perante o Juizado Especial orientar-se-á pelos critérios da oralidade, informalidade, economia processual e celeridade, objetivando, sempre que possível, a reparação dos danos sofridos pela vítima e a aplicação de pena não privativa de liberdade.

---

44. (Vunesp - Escrevente Técnico Judiciário - TJ-SP/2014) A composição civil dos danos, de acordo com o art. 74 da Lei nº 9.099/95,

A) tem eficácia de título executivo, a ser executado no próprio Juizado Especial Criminal.

B) prescinde de forma escrita, em atenção à regra da oralidade.

C) impede a propositura da ação penal, inclusive a pública incondicionada.

D) é modalidade de resolução de conflito que pode ser homologada pelo Ministério Público.

E) é irrecorrível quando homologada por sentença.

COMENTÁRIOS

Alternativa correta: letra "E": a irrecorribilidade é reconhecida expressamente pelo *caput* do art. 74 da Lei 9.099/1995. Descumprido o acordo, resta apenas a execução no juízo competente. É diferente da transação penal: descumprida, pode o Ministério Público oferecer denúncia.

Alternativa "A": tem eficácia de título executivo, mas deve a execução dar-se no juízo cível.

Alternativa "B": a composição civil deve ser reduzida a escrito (art. 74, *caput*, Lei 9.099).

Alternativa "C": a composição civil somente impede a propositura da ação penal privada ou da ação penal pública condicionada à representação (art. 74, parágrafo único, Lei 9.099).

Alternativa "D": deve ser homologada pelo juiz.

PROCEDIMENTO DOS PROCESSOS DE COMPETÊNCIA DO TRIBUNAL DO JÚRI

- CF, art. 5º, XXXVIII
- CPP, arts. 406 a 497

45. (Vunesp – Juiz de Direito – TJ SP/2017) A decisão de pronúncia

A) deve apenas indicar a materialidade do fato e a existência de indícios suficientes de autoria ou de participação, cabendo ao juiz declarar o dispositivo legal em que julgar incurso o acusado, sem especificação ou manifestação sobre as qualificadoras e as causas de aumento de pena, matérias de exclusiva apreciação dos jurados.

B) deve motivar a necessidade da decretação da prisão, tratando-se de acusado solto, mas não precisa fazê-lo no caso de manutenção daquela anteriormente decretada.

C) exige intimação pessoal do defensor nomeado, do Ministério Público e do acusado, não se admitindo quanto a este último, se solto, a intimação por edital, ainda que não encontrado.

D) não pode reconhecer a causa especial de diminuição da pena relativa ao chamado homicídio privilegiado.

COMENTÁRIOS

Alternativa correta: letra "D" (responde também a alternativa "A"): segundo o § 1º do art. 413 do CPP, a fundamentação da pronúncia limitar-se-á à indicação da materialidade do fato e da existência de indícios suficientes de autoria ou de participação, devendo o juiz declarar o dispositivo legal em que julgar incurso o acusado e especificar as circunstâncias qualificadoras e as causas de aumento de pena. Portanto, não pode o juiz incluir a causa de diminuição de pena do homicídio privilegiado, até porque a pronúncia estabelece os limites da imputação a ser feita contra o réu em plenário. Se reconhecida a causa de diminuição, o juiz ficaria limitado ao dar a pena, sendo obrigado a diminui-la, em razão da causa de diminuição, ainda que recusada pelos jurados. Ora, isso limitaria totalmente a soberania dos veredictos.

Alternativa "B": a decisão que decreta ou mantém – ou revoga – a prisão preventiva deve ser sempre motivada (art. 413, § 3º, CPP).

Alternativa "C": segundo o art. 420 do CPP, a intimação da pronúncia ser feita pessoalmente ao acusado, ao defensor nomeado e ao Ministério Público, mas será por edital a do acusado solto, que não for encontrado.

46. (Vunesp – Juiz de Direito Substituto – SP/2015) O princípio do in dubio pro sociedade não altera a presunção de inocência, mas permite que a pronúncia seja decretada

A) porque o juízo de certeza é do presidente do tribunal do júri.

B) pelo conselho de sentença, que irá analisar o juízo de admissibilidade da acusação.

C) por mero juízo de admissibilidade, não sendo necessária prova incontroversa do crime.

D) por ocasião da fase da pronúncia, quando vigora o princípio do in dubio pro reo.

COMENTÁRIOS

Alternativa correta: letra "c": os requisitos da pronúncia são dois: prova da materialidade do fato e indícios suficientes de autoria. E o juiz, portanto, deve pronunciar o acusado se estiver convencido da materialidade do fato e da existência de tais indícios de autoria. Logo, a nosso ver – e reconhecemos que podemos estar no campo minoritário – não há mais espaço para o brocardo *in dubio pro societate* no que tange à decisão de pronúncia. É que tal brocardo pressupõe dúvida na mente do juiz, que ele resolveria "em favor da sociedade", ou seja, pronunciando o acusado. Porém, levando em conta o teor do art. 413 do CPP, só haverá pronúncia se o juiz estiver "convencido" da materialidade do crime e da existência dos indícios suficientes de autoria. Ora, se o juiz está convencido, qual o espaço para a dúvida? Havendo esta, a nosso ver, deve o juiz impronunciar o acusado.

Alternativa "a": o juízo da certeza é do Conselho de Sentença, isto é, dos jurados.

Alternativa "b": a pronúncia é proferida pelo juiz, na fase anterior à do julgamento pelo tribunal do Júri.

Alternativa "d": não é possível aplicar-se, ao mesmo tempo, os princípios *in dubio pro societate* e *in dubio pro reo*. Vejam as considerações feitas nos comentários à **Alternativa "c"**.

47. (Vunesp – Juiz de Direito Substituto – SP/2015) No julgamento pelo Tribunal do Júri, havendo condenação pelo crime de homicídio doloso por motivo fútil, a defesa recorre e requer a absolvição alegando a ocorrência de decisão contrária à prova dos autos. A apelação será desprovida com base no seguinte:

A) os jurados adotaram uma das vertentes possíveis e optaram por uma das versões apresentadas.

B) o veredicto será alterado apenas quando a decisão for tomada por maioria e não por unanimidade.

C) as decisões do Tribunal do Júri são soberanas e somente em casos de nulidade podem ser revistas.

D) o Conselho de Sentença decidiu de forma unânime e não cabe alteração.

COMENTÁRIOS

Alternativa correta: letra "a". nesse ponto, deve prevalecer a soberania dos veredictos prevista no art. 5º, XXXVIII, *c*, da CF. A decisão do Júri, no mérito, não pode ser modificada pelo tribunal recursal. Este pode apenas anular o julgamento e mandar que outro se realize, mas isso somente é possível se a decisão dos jurados for manifestamente contrária à prova dos autos. Ou seja, *absolutamente contrária às provas*. Fora dessa hipótese, não cabe ao tribunal anular a decisão e não pode em hipótese alguma substituir o tribunal do júri, decidindo no mérito, absolvendo no caso em que o júri condenou ou condenando quando o júri tiver absolvido. Portanto, está certa a alternativa. Se o júri escolheu uma das versões apresentadas nos autos, a decisão não foi manifestamente contrária à prova e, assim, não pode ser anulado o julgamento.

Alternativa "b" (responde também a Alternativa "d"): não há regra alguma a respeito no direito brasileiro. Portanto, vale o que expusemos acima, independentemente do "placar" dos votos dos jurados. Por sinal, hoje não se verifica mais a unanimidade, visto que não são contados todos os votos, encerrando-se a contagem quando são atingidos quatro votos sim ou quatro votos não.

Alternativa "c": por serem soberanas, não pode ser revistas em sede recursal, podendo apenas ser anuladas se, na análise do mérito, se verificar que a decisão foi manifestamente contrária às provas dos autos. E, por esse motivo, somente poderá ser anulado o julgamento uma vez. Porém, admite-se revisão criminal das condenações proferidas pelo Júri, podendo o tribunal revisor absolver o acusado. Particularmente, ficamos com a minoria: o tribunal revisor pode apenas anular a condenação e determinar que o seja realizado novo julgamento.

---

48. (Vunesp - Juiz de Direito - RJ/2014) Após respectivo trânsito em julgado, a impronúncia do acusado, no rito do Tribunal do Júri, acarreta, diretamente, a

A) absolvição.

B) exclusão da ilicitude.

C) extinção da punibilidade.

D) impossibilidade de o réu ser novamente processado pelo mesmo fato, a menos que surja prova nova.

COMENTÁRIOS

Alternativa correta: letra "D" (responde também todas as demais alternativas): a impronúncia não impede que o acusado seja novamente processado pelo mesmo fato. A única condição para tanto é o surgimento de nova prova: nova, não somente do ponto de vista formal, mas também material, é dizer, trazendo informação ainda não conhecida e avaliada durante o processo que gerou a impronúncia. Assim, esta última decisão não importa em absolvição ou exclusão da ilicitude (que se reconhece por meio da sentença absolutória) ou extinção da punibilidade.

PROCEDIMENTOS ESPECIAIS DO CPP E LEGISLAÇÃO PROCESSUAL ESPECIAL

- CPP, arts. 513 a 530-I
- Lei 9.605/1998
- Lei 4.898/1965
- Lei 1.521/1951
- Lei 12.850/2013
- Lei 9.455/1997
- Lei 9.807/1999
- Lei 9.609/1998
- Lei 11.101/2005
- Lei 11.343/2006
- Lei 4.737/1965
- Lei 9.296/1996
- Decreto-lei 1002/1969 (CPPM)
- Lei 9.613/1998
- Lei 11.340/2006
- Lei 9.503/1997

---

49. (Vunesp - Juiz de Direito Substituto - RJ/2016) A respeito da infiltração de agentes de polícia em tarefas de investigação, é correto afirmar que

A) não possui prazo determinado de duração, podendo ser sustada, a qualquer tempo, havendo indícios seguros de risco iminente ao agente infiltrado.

B) pode ser determinada diretamente pela autoridade policial, em decisão fundamentada, contendo todas as circunstâncias e limites da atuação.

C) pode ser determinada de ofício pela autoridade judicial, cabendo à autoridade policial designar os agentes que atuarão na tarefa.

D) os agentes de polícia que participam da infiltração têm direito à alteração da identidade, bem como a usufruir das medidas de proteção à testemunha.

E) é admitida para todas as infrações penais, inclusive as de menor potencial ofensivo.

COMENTÁRIOS

Nota do autor: atenção para duas leis a respeito do tema da infiltração policial, quais sejam, a Lei 11.343/2006 (Lei de Drogas) e a Lei 12.850/2013 (Organizações Criminosas).

Alternativa correta: letra "d". de acordo com o art. 14 da Lei 12.850/2013 (lei que efetivamente regula com mais detalhes o instituto da infiltração), são direitos do agente que participar da infiltração: (i) recusar ou fazer cessar a atuação infiltrada; (ii) ter sua identidade alterada, aplicando-se, no que couber, o disposto no art. 9º da Lei nº 9.807, de 13 de julho de 1999, bem como usufruir das medidas de proteção a testemunhas; (iii) ter seu nome, sua qualificação, sua imagem, sua voz e demais informações pessoais preservadas durante a investigação e o processo criminal, salvo se houver decisão judicial em contrário; (iv) não ter sua identidade revelada, nem ser fotografado ou filmado pelos meios de comunicação, sem sua prévia autorização por escrito.

Alternativa "a": a infiltração será autorizada pelo prazo de até 6 meses, sem prejuízo de eventuais renovações, desde que comprovada sua necessidade (art. 10, § 3º, Lei 12.850/2013). Além disso, havendo indícios seguros de que o agente infiltrado sofre risco iminente, a operação será sustada mediante requisição do Ministério Público ou pelo delegado de polícia, dando-se imediata ciência ao Ministério Público e à autoridade judicial (art. 12, § 3º, Lei 12.850/2013).

Alternativa "b": a autorização deve ser do juiz, consoante prevê o caput do art. 10 da Lei 12.850.

Alternativa "c": a infiltração não pode ser determinada de ofício pelo juiz, sob pena de infringência ao princípio acusatório, eis que o juiz não pode imiscuir-se na investigação, a não ser para autorizar medidas que dependam de sua decisão, desde que haja requerimento do Ministério Público ou representação da autoridade policial. É o que se extrai do art. 10 da Lei 12.850/2013.

Alternativa "e": a infiltração é admitida nos casos de tráfico de drogas e nas investigações relativas a organizações criminosas.

---

50. (Vunesp – Juiz de Direito – SP/2014) Assinale a opção que contenha assertiva falsa acerca da Lei n.° 11.343/2006 (Lei Antidrogas):

A) Para efeito da lavratura do auto de prisão em flagrante e estabelecimento da materialidade do delito, é suficiente o laudo de constatação da natureza e quantidade da droga, firmado por perito oficial ou, na falta deste, por pessoa idônea.

B) A entrega vigiada prevista na Lei n.° 11.343/2006 não se confunde com a "ação controlada" prevista na Lei n.° 12.850/2013, eis que não depende do envolvimento de organização criminosa.

C) A lei prevê que, em qualquer fase da persecução criminal relativa aos crimes nela previstos, são permitidas, como procedimentos investigatórios, a infiltração policial e a entrega vigiada.

D) O diploma prevê a delação premiada ao estabelecer que o indiciado ou acusado que colaborar voluntariamente com a investigação policial e o processo criminal na identificação dos demais coautores ou partícipes do crime e na recuperação total ou parcial do produto do crime, no caso de condenação, poderá receber perdão judicial.

COMENTÁRIOS

Alternativa incorreta: letra "d". no regime da Lei 11.343/2006, não há previsão do perdão judicial para a colaboração processual. O art. 41 dispõe que: "O indiciado ou acusado que colaborar voluntariamente com a investigação policial e o processo criminal na identificação dos demais coautores ou partícipes do crime e na recuperação total ou parcial do produto do crime, no caso de condenação, terá pena reduzida de um terço a dois terços".

Alternativa "a": é o que prevê o § 1º do art. 50 da Lei de Drogas.

Alternativa "b": de fato, no caso da Lei de Drogas, não há necessidade de que a investigação diga respeito a atividades de organização criminosa. O inciso II do art. 53 permite a não atuação policial sobre os portadores de drogas, seus precursores químicos ou outros produtos utilizados em sua produção, que se encontrem no território brasileiro, com a finalidade de identificar e responsabilizar maior número de integrantes de operações de tráfico e distribuição, sem prejuízo da ação penal cabível. A Lei 12.850/2013, por sua vez, trata da investigação que recai sobre organização criminosa, necessariamente.

Alternativa "c": tais institutos referentes à investigação estão previstos no art. 53 da Lei 11.343.

---

51. (Vunesp – Juiz de Direito – SP/2014) Assinale a opção que contenha assertiva falsa acerca da violência doméstica e familiar contra a mulher e da Lei n.° 11.340/2006:

A) Considerando-se a impossibilidade de qualquer solução conciliatória, se no final advém sentença condenatória contra o agressor, cabe ao juiz examinar a possibilidade de aplicar a suspensão condicional da pena, ou mesmo o regime aberto.

B) No caso de lesão corporal dolosa praticada contra mulher, que tem ou teve com o agente um dos vínculos ou relações referidos no § 9.° do art. 129

do Código Penal, não se aplicam quaisquer dos institutos da Lei n.° 9.099/95 (composição civil, transação e suspensão condicional do processo), nem seu procedimento especial, vedada a aplicação de penas de prestação pecuniária, bem como a substituição de pena que implique o pagamento isolado de multa.

C) Se o crime envolver violência doméstica e familiar contra mulher, criança, adolescente, idoso, enfermo ou pessoa com deficiência, não é possível a decretação da prisão preventiva apenas para garantir a execução de medidas protetivas de urgência.

D) A ação penal em crime de lesão corporal contra mulher no ambiente doméstico, pouco importando a extensão, é pública incondicionada.

COMENTÁRIOS

Alternativa incorreta: letra "c". nesse caso, não estamos a tratar da Lei 11.340, que se aplica, a nosso ver, à violência doméstica cometida contra mulher. Mas, o art. 313, III, do CPP admite a prisão preventiva se o crime envolver violência doméstica e familiar contra a mulher, criança, adolescente, idoso, enfermo ou pessoa com deficiência, para garantir a execução das medidas protetivas de urgência.

Alternativa "a": não há qualquer proibição na Lei 11.340 para a fixação do regime aberto ou aplicação do *sursis*. Nesse caso, valem as regras gerais da Parte Geral do CP.

Alternativa "b" (responde também a Alternativa "d"): em 2012, o STF, na ADI 4.424 – portanto, com efeitos vinculantes e *erga omnes* – decidiu pela constitucionalidade do art. 41 da Lei Maria da Penha, de modo que não se aplica qualquer dos institutos despenalizadores da Lei 9.099/1995, como a transação penal e a suspensão condicional do processo. Tampouco haverá necessidade de representação nos crimes de lesões corporais leves cometidos contra mulher, no âmbito da violência doméstica. No STJ, há a Súmula 536: "A suspensão condicional do processo e a transação penal não se aplicam na hipótese de delitos sujeitos ao rito da Lei Maria da Penha".

---

52. (Vunesp – Juiz de Direito – SP/2014) Assinale a opção que contenha assertiva verdadeira a respeito da "Colaboração Premiada" (ou "delação premiada") prevista na Lei n.° 12.850/2013:

A) A colaboração posterior à sentença não aproveita ao agente colaborador em quaisquer circunstâncias.

B) Caso alcançados os resultados previstos na lei, o Ministério Público poderá deixar de oferecer denúncia se o colaborador não for o líder da organização criminosa e for o primeiro a prestar efetiva e válida colaboração.

C) A sentença condenatória poderá ser proferida com fundamento exclusivo nas declarações de agente colaborador.

D) O juiz participará das negociações realizadas entre as partes para a formalização do acordo de colaboração.

COMENTÁRIOS

Alternativa correta: letra "b": a Lei 12.850/2013 trouxe uma forte mitigação ao princípio da obrigatoriedade da ação penal, pois, em seu art. 4º, § 4º, possibilita que o Ministério Público deixe de oferecer denúncia ao imputado que colaborar com as investigações, desde que (a) não seja o líder da organização criminosa e (b) tenha sido o primeiro a prestar efetiva colaboração.

Alternativa "a": se a colaboração for posterior à sentença, a pena poderá ser reduzida até a metade ou será admitida a progressão de regime ainda que ausentes os requisitos objetivos (art. 4º, § 5º, Lei 12.850).

Alternativa "c": nenhuma sentença condenatória será proferida com fundamento apenas nas declarações de agente colaborador (art. 4º, § 16, Lei 12.850).

Alternativa "d": o juiz não participará das negociações realizadas entre as partes para a formalização do acordo de colaboração, que ocorrerá entre o delegado de polícia, o investigado e o defensor, com a manifestação do Ministério Público, ou, conforme o caso, entre o Ministério Público e o investigado ou acusado e seu defensor (art. 4º, § 6º, Lei 12.850). Questiona-se – a nosso ver, com razão – a negociação entre a autoridade policial e o investigado e seu defensor, sem a participação do Ministério Público, que é o titular da ação penal e destinatário do inquérito policial.

---

53. (Vunesp – Juiz de Direito – TJ – SP/2013) Nos termos da Lei n.° 11.340, de 7 de agosto de 2006 (Lei Maria da Penha), constatada a prática de violência doméstica e familiar contra a mulher, o Juiz poderá aplicar, de imediato, ao agressor, a seguinte medida protetiva de urgência, entre outras:

A) suspensão definitiva do poder familiar.

B) cassação de porte de arma.

C) restrição ou suspensão de visitas aos dependentes menores.

D) suspensão temporária do poder familiar.

COMENTÁRIOS

Alternativa correta: letra "C": o juiz poderá aplicar, de imediato, mesmo sem ouvir o Ministério Público, medidas protetivas de urgência. As que obrigam o agressor estão previstas no art. 22 da Lei 11.340/2006, dentre as quais está a restrição ou suspensão de visitas aos dependentes menores.

Alternativa "A": não há tal previsão no art. 22 da Lei Maria da Penha.

Alternativa "B": há a possibilidade de suspensão ou restrição do porte de arma.

Alternativa "D": não há tal previsão no acima citado art. 22.

---

54. (Vunesp - Juiz de Direito - TJ - SP/2013) A Lei n.° 10.741, de 1.° de outubro de 2003 (Estatuto do Idoso), em seu artigo 94, prescreve a aplicação do procedimento previsto na Lei n.° 9.099, de 26 de setembro de 1995, para crimes contra idosos, cuja pena máxima privativa de liberdade não ultrapasse 4 (quatro) anos. Arguida a inconstitucionalidade do artigo 94 da referida Lei, o Supremo Tribunal Federal, apreciando a questão, entendeu que

A) o artigo 94 é inconstitucional, uma vez que ofende o princípio constitucional da ampla defesa (art. 5.°, LV, da CF), ao adotar procedimento célere reservado aos crimes de menor potencial ofensivo, qualificação que não ostentam os crimes cuja pena máxima privativa de liberdade atinge 4 (quatro) anos.

B) o artigo 94 é inconstitucional, uma vez que permite a aplicação da Lei n.° 10.741/03, que contém benefícios de transação penal e suspensão condicional do processo, incompatíveis com a proteção constitucional ao idoso.

C) aos crimes previstos na Lei n.° 10.741/03, aplica-se, integralmente, o disposto na Lei n.° 9.099/95, inclusive para permitir a composição dos danos civis, a transação penal e a suspensão condicional do processo.

D) aos crimes previstos na Lei n.° 10.741/03 aplica-se o procedimento da Lei n.° 9.099/95, mas não a composição dos danos civis, a transação penal e a suspensão condicional do processo.

COMENTÁRIOS

Alternativa correta: letra "D" (responde também todas as demais alternativas): o art. 94 do Estatuto permite a aplicação da Lei 9.099/1995 mesmo quando a pena máxima cominada chegue a até 4 anos de privação de liberdade. Porém, o STF deu a tal regra interpretação conforme a Constituição na ADIN 3.096-DF (Rel. Min. Cármen Lúcia, j. 16.06.2010): "AÇÃO DIRETA DE INCONSTITUCIONALIDADE. ARTIGOS 39 E 94 DA LEI 10.741/2003 (ESTATUTO DO IDOSO). RESTRIÇÃO À GRATUIDADE DO TRANSPORTE COLETIVO. SERVIÇOS DE TRANSPORTE SELETIVOS E ESPECIAIS. APLICABILIDADE DOS PROCEDIMENTOS PREVISTOS NA LEI 9.099/1995 AOS CRIMES COMETIDOS CONTRA IDOSOS. 1. No julgamento da Ação Direta de Inconstitucionalidade 3.768/DF, o Supremo Tribunal Federal julgou constitucional o art. 39 da Lei 10.741/2003. Não conhecimento da ação direta de inconstitucionalidade nessa parte. 2. Art. 94 da Lei nº 10.741/2003: interpretação conforme à Constituição do Brasil, com redução de texto, para suprimir a expressão "do Código Penal e". Aplicação apenas do procedimento sumaríssimo previsto na Lei nº 9.099/95: benefício do idoso com a celeridade processual. Impossibilidade de aplicação de quaisquer medidas despenalizadoras e de interpretação benéfica ao autor do crime. 3. Ação direta de inconstitucionalidade julgada parcialmente procedente para dar interpretação conforme à Constituição do Brasil, com redução de texto, ao art. 94 da Lei nº 10.741/2003". Portanto, aplica-se apenas o procedimento da Lei 9.099/1995, mas não seus institutos despenalizadores, como a transação penal e a suspensão condicional do processo.

NULIDADES

- CF, art. 5º
- CPP, arts. 563 a 573

---

55. (Vunesp - Juiz de Direito Substituto - RJ/2016) Acerca das nulidades processuais e dos vícios procedimentais, assinale a alternativa correta.

A) As nulidades são divididas conforme a gravidade dos vícios, em relativas e absolutas, sendo a nulidade de ordem absoluta reconhecida ainda que não haja prejuízo.

B) As nulidades processuais penais sofrem influência da instrumentalidade do processo, não se declarando qualquer tipo de nulidade se não verificado o prejuízo.

C) A coisa julgada sana todas as hipóteses de nulidades processuais penais.

D) Segundo a jurisprudência do Superior Tribunal de Justiça, a inversão da ordem das perguntas (art. 212, CPP) não gera nulidade, não implicando afronta ao princípio do contraditório.

E) A inépcia da acusação só pode ser apreciada na fase do artigo 396, do Código de Processo Penal, não podendo tal análise ser refeita na fase do artigo 397, do Código de Processo Penal, após a resposta à acusação.

COMENTÁRIOS

Alternativa correta: letra "b": trata-se da aplicação do princípio **da transcendência ou do prejuízo** (*pas de nullité sans grief*), segundo o qual nenhum ato será declarado nulo, se da nulidade não resultar prejuízo para a acusação ou para a defesa. O princípio em tela encontra-se inscrito no art. 563 do CPP. E mais: somente será declarada nulidade que houver influído na decisão da causa (art. 566).

Alternativa "a": em caso de nulidade absoluta, o prejuízo à parte é presumido. Assim, esta não precisa demonstrar que foi prejudicada pelo ato viciado. No entanto, a presunção não é absoluta e o STF tem mostrado uma tendência de exigir a comprovação, sempre, do prejuízo.

Alternativa "c": a coisa julgada não sana hipóteses de nulidade absoluta, como a falta de citação e de defesa, para ficarmos com dois exemplos extremos.

Alternativa "d": o entendimento do STJ é no sentido de que pode gerar nulidade relativa, sendo necessária a demonstração do prejuízo (REsp 1.580.497-AL, Rel. Min. Rogério Schietti Cruz, j. 27.09.2016).

Alternativa "e": particularmente, discordamos do gabarito, pois entendemos que, de fato, a inépcia da inicial deve ser analisada quando de seu recebimento. Após a resposta à acusação, deve o juiz apenas verificar se há ou não causa de absolvição sumária. Porém, reconhecemos que o STJ vem reconhecendo a possibilidade de o juiz reexaminar a inépcia depois da resposta à acusação, pois tanto a primeira quanto a segunda decisão implicam no exame da admissibilidade da acusação (RHC 54.203-RJ, Rel. Min. Rogério Schietti Cruz, j. 10.05.2016).

---

56. (Vunesp – Juiz de Direito – RJ/2014) Nos exatos termos do quanto determina o art. 564 do CPP, acarreta a nulidade do processo que chega a termo com sentença condenatória a ausência

A) de interrogatório, em qualquer situação.

B) de representação da vítima, no crime de lesão corporal culposa.

C) de pedido condenatório, em ação pública incondicionada.

D) do exame de corpo de delito, no crime de homicídio doloso.

COMENTÁRIOS

Alternativa correta: letra "B": o crime de lesão corporal culposa é de ação penal pública condicionada à representação. Consequentemente, a representação é condição de procedibilidade da ação penal, que sequer poderia existir sem ela. Ora, assim, se há processo nesse caso, ele possui vício de origem, que acarreta sua nulidade. O próprio art. 564, III, "a", do CPP, traz como causa de nulidade a falta da representação.

Alternativa "A": a falta de interrogatório não é causa de nulidade, salvo se o juiz não deu oportunidade para o acusado ser interrogado. Se deu e o acusado não compareceu, estando solto, não há nulidade alguma. Se preso, deverá o juiz providenciar que seja escoltado para ser interrogado ou deverá comparecer na unidade prisional para interroga-lo.

Alternativa "C": a falta de pedido condenatório, em ação penal pública incondicionada ou condicionada, não traz qualquer nulidade, até porque pode o juiz julgar e condenar até mesmo quando a acusação requerer a absolvição. Se fosse ação penal privada, a falta de pedido de condenação geraria perempção, que é causa de extinção da punibilidade.

Alternativa "D": a falte de exame de corpo de delito nos crimes que deixam vestígios (não só no homicídio, portanto) é causa de nulidade, salvo se os vestígios houverem desaparecido, caso em que a prova da materialidade do crime poderá ser suprida por testemunhas (art. 167, CPP).

RECURSOS

- CF, arts. 102, II e II, e 105, II e III
- CPP, arts. 574 a 620 e 639 a 646
- Lei 7.210/1984, art. 197
- Lei 9.099/1995, arts. 82 e 83

---

57. (Vunesp – Juiz de Direito – TJ SP/2017) Quanto aos recursos em matéria criminal, é correto afirmar que

A) o efeito devolutivo da apelação contra decisões do Júri não fica adstrito aos fundamentos da sua interposição.

B) a renúncia do réu ao direito de apelação, manifestada com ou sem a assistência do defensor, obsta o conhecimento da apelação por este interposta.

C) não constitui nulidade a falta de intimação do denunciado para oferecer contrarrazões ao recurso interposto da rejeição da denúncia, se nomeado defensor dativo para tanto.

D) o acórdão que provê o recurso contra a rejeição da denúncia vale, desde logo, pelo recebimento dela, a não ser que nula a decisão de primeiro grau.

COMENTÁRIOS

Nota do autor: a questão lida exclusivamente com entendimentos sumulados do STF.

Alternativa correta: letra "D": é o entendimento da Súmula 709 do STF: "Salvo quando nula a decisão de primeiro grau, o acórdão que provê o recurso contra a rejeição da denúncia vale, desde logo, pelo recebimento dela".

Alternativa "A": segundo a Súmula 713 do STF: "O efeito devolutivo da apelação contra decisões do júri é adstrito aos fundamentos da sua interposição".

Alternativa "B": de acordo com o STF: "A renúncia do réu ao direito de apelação, manifestada sem a assistência do defensor, não impede o conhecimento da apelação por este interposta" (Súmula 705).

Alternativa "C": constitui nulidade a falta de intimação do denunciado para oferecer contra-razões ao recurso interposto da rejeição da denúncia, não a suprindo a nomeação de defensor dativo (STF, Súmula 707).

58. (Vunesp – Escrevente Técnico Judiciário – TJ – SP/2017) No julgamento dos recursos de apelação, expressamente de acordo com os artigos 616 e 617 do CPP, poderá o tribunal, câmara ou turma

A) analisar a matéria em toda a sua extensão sem, contudo, produzir novas provas.

B) agravar a pena, mesmo quando somente o réu houver apelado da sentença.

C) analisar a matéria em toda a sua extensão sem, contudo, produzir novas provas, exceto proceder a novo interrogatório do acusado.

D) condenar o acusado absolvido em sentença de primeiro grau, mesmo que a parte acusatória não tenha apelado.

E) proceder a novo interrogatório do acusado, reinquirir testemunhas ou determinar outras diligências.

COMENTÁRIOS

Alternativa correta: letra "E": é o que possibilita o art. 616 do CPP.

Alternativa "A" (responde também a alternativa "C"): como visto, há a possibilidade de, em sede de apelação, o tribunal interrogar novamente o acusado, ouvir testemunhas já inquiridas nos autos e até mesmo determinar outras diligências. Em nosso entender, em todos esses atos, deverá o tribunal recursal observar o contraditório e a ampla defesa.

Alternativa "B": nesse caso, não será possível agravar a pena, pois importaria em *reformatio in pejus*. Ou seja, sendo o recurso exclusivo da defesa, não poderá a situação processual do acusado ser agravada pelo tribunal.

Alternativa "D": se o acusado foi absolvido e a parte acusatória não apelar, dificilmente haverá recurso, salvo se o absolvido quiser a alteração do fundamento da absolvição. De qualquer forma, havendo recurso exclusivo da defesa, como vimos, não será possível a condenação, sob pena de *reformatio in pejus*.

59. (Vunesp – Juiz de Direito Substituto – RJ/2016) X, de 70 anos, ao descobrir a traição do namorado Y, com outra mulher, decide matá-lo, consumando o intento, ao decepar um de seus membros. X é denunciada por homicídio qualificado (art. 121, § 2º, inciso I, CP) (motivo torpe) e por vilipêndio a cadáver (art. 212, CP). A acusação é recebida pelo MM. Juízo da Vara do Tribunal do Júri, iniciando-se a fase de instrução preliminar. Encerrada a instrução, o Juiz pronuncia X, pelo homicídio qualificado (art. 121, § 2º, inciso I, CP). Entretanto, relativamente ao crime de vilipêndio a cadáver, o Juiz declara extinta a punibilidade de X, com fulcro no art. 61 do CPP, ante a prescrição em abstrato do delito. Da decisão de extinção da punibilidade, X apela, alegando inexistir vilipêndio a cadáver, já que o membro do namorado foi decepado enquanto Y ainda estava vivo, tanto que morreu por hemorragia. O processo é suspenso e enviado ao Tribunal de Justiça, o qual dá provimento ao recurso, reformando a decisão para absolver X, com fulcro no artigo 386, I, do CPP (restar provada a inexistência do fato).

Acerca da questão descrita, pode-se elencar como correta a alternativa:

A) O MM. Juízo da Vara do Tribunal do Júri, ao pronunciar X pelo homicídio doloso qualificado, não poderia declarar extinta a punibilidade do crime de vilipêndio a cadáver, pois fixada a competência por conexão, o julgamento caberia ao Conselho de Sentença.

B) Com fulcro na jurisprudência majoritária dos Tribunais Superiores, o Tribunal de Justiça não poderia conhecer do recurso interposto, já que a decisão extintiva da punibilidade é impugnável por Recurso em Sentido Estrito, cujo trâmite é diverso da Apelação.

C) O MM. Juízo da Vara do Tribunal do Júri acertou ao suspender o processo, vez que a impugnação de decisão extintiva de punibilidade tem efeito suspensivo.

D) O MM. Juízo da Vara do Tribunal do Júri não poderia conhecer da imputação do crime de vilipêndio a cadáver, pois não sendo crime doloso contra a vida, a competência seria da Justiça Comum.

E) Com fulcro na jurisprudência majoritária dos Tribunais Superiores, o Tribunal de Justiça não poderia conhecer e prover o recurso para absolver a acusada, por faltar interesse processual, já que a punibilidade de X encontrava-se extinta.

COMENTÁRIOS

Alternativa correta: letra "e": a seguinte decisão do STF resume o posicionamento de tal Corte a respeito da falta de interesse recursal nessa hipótese: "DIREITO PENAL. AGRAVO REGIMENTAL EM RECURSO

EXTRAORDINÁRIO COM AGRAVO. EXTINÇÃO DA PUNIBILIDADE. PRESCRIÇÃO. AUSÊNCIA DE INTERESSE RECURSAL. 1. A jurisprudência dessa Corte é no sentido de que 'consumada a prescrição da pretensão punitiva do Estado, não mais se discutem as questões pertinentes ao fundo da controvérsia que se instaurou no âmbito do processo penal de conhecimento, eis que a ocorrência dessa típica questão preliminar de mérito impede que o órgão judiciário competente prossiga no exame da causa penal, por não mais subsistir o próprio objeto da *persecutio criminis in judicio*' (AI 795.670, Rel. Min. Celso de Mello). 2. Ainda nessa linha, vejam-se o AI 528.695 AgR, Rel. Min. Gilmar Mendes, e, em sede de habeas corpus, o HC 115.098, Rel. Min. Luiz Fux. 3. Agravo regimental a que se nega provimento" (ARE 940.489 AgR/ES, Rel. Min. Roberto Barroso, j. 19.04.2016).

Alternativa "a": cabe ao Conselho de Sentença julgar apenas os casos não atingidos pela extinção da punibilidade. A conexão é regra de fixação de competência, mas julgamento algum pode ocorrer se não mais tiver o Estado o poder de punir.

Alternativa "b": falta interesse recursal, essa a razão para que o TJ não conheça do recurso interposto. Quanto a este, de fato seria cabível o recurso em sentido estrito (embora haja posicionamento no sentido de que, nesse caso, por analogia com o art. 397 do CPP, o reconhecimento da causa de extinção da punibilidade traria decisão absolutória, impugnável por apelação. No mínimo, seria equivalente a uma impronúncia, contra a qual também é manejável apelação. Discordamos: é caso de declarar extinta a punibilidade, impugnável por recurso em sentido estrito – art. 581, VIII).

Alternativa "c": não há propriamente efeito suspensivo, mas o recurso em sentido estrito contra decisão que reconheceu a extinção da punibilidade sobe nos próprios autos (art. 583, II, CPP), o que impede o julgamento do crime remanescente.

Alternativa "d": sendo conexo ao crime doloso contra a vida, a competência para o julgamento de ambos os delitos é do tribunal do júri.

---

60. (Vunesp – Juiz de Direito – RJ/2014) Recurso que exige concomitante interposição e apresentação de razões:

A) apelação no rito ordinário.

B) apelação no rito sumaríssimo.

C) apelação no rito sumário.

D) recurso em sentido estrito no rito ordinário.

COMENTÁRIOS

Alternativa correta: letra "B": a apelação no rito sumaríssimo, da Lei 9.099/1995, prevê que a apelação deve ser interposta, já contendo as razões (art. 82, § 1º). O prazo para interpor é de 10 dias.

Alternativa "A" (responde também a alternativa "C"): na apelação sob o regime do CPP, aplicável, em geral, a maioria dos procedimentos, há o prazo para interpor o recurso (5 dias – art. 593, *caput*) e para apresentar as razões (8 dias – art. 600, *caput*). Nada impede que as razões sejam apresentadas junto com a petição de interposição.

Alternativa "D": assim como na apelação, o recurso em sentido estrito pode ser primeiramente interposto (prazo de 5 dias, salvo a hipótese do art. 581, XIV, com prazo de 20 dias – art. 586) e depois arrazoado (prazo de 2 dias – art. 588).

REVISÃO CRIMINAL

▸ CPP, arts. 621 a 631

---

61. (Vunesp – Escrevente Técnico Judiciário – TJ – SP/2017) Assinale a alternativa correta no que concerne à revisão criminal, tratada nos artigos 621 a 630 do CPP.

A) É possível a revisão de decisões que ainda não transitaram em julgado, ou seja, ainda não findos.

B) É vedado arbitrar indenização em favor do beneficiado por decisão que julgue procedente a revisão.

C) Quando, no curso da revisão, falecer a pessoa cuja condenação tiver de ser revista, o processo será extinto.

D) É pedido que pode ser articulado a qualquer tempo, antes da extinção da pena ou após.

E) Em seu julgamento, admite-se o agravamento da pena imposta na decisão revista.

COMENTÁRIOS

Alternativa correta: letra "D": é o que dispõe o art. 622, *caput*, do CPP. Ou seja, a revisão pode ser pedida tanto durante o cumprimento da pena quando depois de já cumprida e extinta.

Alternativa "A": nesse caso, a via recursal é a adequada. Revisão criminal, cabível para caso transitados em julgado, não é recurso, mas meio autônomo de impugnação.

Alternativa "B": ao contrário, o art. 630, *caput*, do CPP, assegura que, havendo requerimento, seja arbitrada justa indenização pelos prejuízos sofridos.

Alternativa "C": nesse caso, poderá assumir o polo ativo o cônjuge (ou companheiro(a)), ascendente, descendente ou irmão (art. 623, CPP).

Alternativa "E": jamais será possível o agravamento da pena. A revisão, em nosso sistema, é somente a *pro reo*, jamais a *pro societate*.

MEDIDAS COATIVAS PESSOAIS

▸ CPP, arts. 282 a 350

62. (Vunesp – Juiz de Direito – TJ SP/2017) Cabe a substituição da prisão preventiva pela domiciliar quando o agente for

A) gestante ou mulher com filho de até 14 (quatorze) anos incompletos.

B) homem com filho de até 12 (doze) anos de idade incompletos, caso seja o único responsável por seus cuidados.

C) portador de doença grave, ainda que não se apresente debilitado.

D) maior de sessenta anos.

COMENTÁRIOS

Alternativa correta: letra "B" (responde também todas as demais alternativas): segundo art. 317 do CPP, a prisão domiciliar consiste no recolhimento do indiciado ou acusado em sua residência, só podendo dela ausentar-se com autorização judicial, podendo ser determinada quando o agente for: maior de 80 anos; extremamente debilitado por motivo de doença grave; imprescindível aos cuidados especiais de pessoa menor de 6 anos de idade ou com deficiência; gestante; mulher com filho de até 12 anos de idade incompletos; e homem, caso seja o único responsável pelos cuidados do filho de até 12 anos de idade incompletos (art. 318, I a VI). Atenção para as modificações trazidas pela **Lei 13.257/2016 (Lei da Primeira Infância)** ao art. 318 do CPP.

63. (Vunesp – Juiz de Direito – RJ/2016) X e Y, maiores de idade, empreendem assalto a banco, armados (art. 157, § 2º, I e II). Logo ao saírem do local, em poucos minutos, a polícia chega ao recinto e passa à perseguição dos criminosos, que são presos em flagrante, na posse de armas de fogo e de grande quantidade de dinheiro em espécie. O delegado arbitra fiança a X, mas não para Y, por este ser reincidente. Em juízo, é convertida em preventiva a prisão de Y, sendo imediatamente impetrado habeas corpus no Tribunal de Justiça. A ordem é concedida, revogando-se a prisão preventiva, pois cabíveis medidas alternativas, sendo, desde logo, imposta a obrigatoriedade de comparecimento periódico, em Juízo. Uma vez solto, Y descumpre a medida, sendo decretada, de ofício, nova prisão preventiva.

A respeito do caso, assinale a alternativa correta.

A) A nova prisão preventiva de Y é ilegal, pois, inexistindo urgência, em homenagem ao princípio do contraditório, o imputado haveria de ser ouvido, antes da adoção da medida extrema.

B) O Tribunal errou ao conceder a ordem, pois, em se tratando de crime com violência, a prisão preventiva é a regra.

C) O delegado de polícia oficiante acertou em arbitrar fiança a X, pois o crime praticado não é inafiançável.

D) Embora acertado o arbitramento de fiança para X pelo delegado de polícia oficiante, este não poderia se recusar a arbitrar fiança para Y, em virtude da reincidência.

E) A prisão em flagrante delito dos agentes foi ilegal, eis que a situação não configurava, sob qualquer ótica, estado de flagrância.

COMENTÁRIOS

Alternativa correta: letra "A": de fato, o contraditório é a regra quando da imposição de qualquer medida cautelar pessoal, consoante disposto no § 3º do art. 282 do CPP: "Ressalvados os casos de urgência ou de perigo de ineficácia da medida, o juiz, ao receber o pedido de medida cautelar, determinará a intimação da parte contrária, acompanhada de cópia do requerimento e das peças necessárias, permanecendo os autos em juízo".

Alternativa "B": a prisão preventiva nunca é a regra. A regra é a liberdade. Como dispõe o § 6º do art. 282 do CPP, a prisão preventiva será determinada quando não for cabível a sua substituição por outra medida cautelar. Não importa se o crime foi ou não cometido com violência ou grave ameaça.

Alternativa "C": não poderia o delegado ter arbitrado fiança, pois, apesar de se tratar de crime afiançável, a pena máxima prevista para o roubo majorado supera os 4 anos. Assim, de acordo com o art. 322 do CPP, superado tal patamar, somente o juiz poderá arbitrar a fiança.

Alternativa "D": como visto acima, não poderia arbitrar fiança a X. Além disso, a reincidência não impede a fiança. Os casos de não cabimento estão previstos nos arts. 323 e 324 do CPP.

Alternativa "E": trata-se da hipótese de prisão em flagrante do inciso III do art. 302 do CPP.

64. (Vunesp – Juiz de Direito Substituto – RJ/2016) X, flagrado portando maconha para uso próprio, pode

A) ser preso, em flagrante delito.

B) ser conduzido ao CAPS – Centro de Atenção Psicossocial –, para ser submetido a tratamento compulsório, dado que a lei prevê medidas alternativas à prisão.

C) ignorar a determinação policial no sentido de que se conduza ao Distrito Policial, uma vez que esta conduta não prevê pena privativa de liberdade.

D) ser liberado, mediante pagamento de fiança.

E) ser conduzido ao Distrito Policial, livrando-se solto, haja vista tratar-se de infração de menor potencial ofensivo.

COMENTÁRIOS

Alternativa correta: letra "e".(responde também a Alternativa "a"): o crime de posse de droga para consumo pessoal, previsto no art. 28 da Lei 11.343/2006, é considerado infração de menor potencial ofensivo, a ele sendo aplicadas as disposições da Lei 9.099/1995 (art. 48, § 1º, Lei 11.343). Como se sabe, normalmente não é lavrado flagrante quando a infração é de menor potencial ofensivo, desde que o detido seja apresentado ao Juizado ou se comprometa a se apresentar. A nosso ver, no caso do crime aqui tratado, em nenhuma hipótese poderá ser lavrado auto de prisão, eis que não há cominação de pena privativa de liberdade no tipo penal. Assim, o autor do fato poderá ser conduzido à Delegacia, será lavrado termo circunstanciado e ele estará, portanto, livre.

Alternativa "b": o tratamento não pode ser imposto como pena, tampouco como medida cautelar. Na verdade, o art. 28 prevê, no máximo, medida educativa de comparecimento a programa ou curso educativo.

Alternativa "c": a Lei 9.099 prevê a possibilidade de condução do autor do delito ao distrito policial para que seja lavrado termo circunstanciado. Ou seja, o autor do fato não pode recusar-se a acompanhar o agente que o deteve, podendo incidir, inclusive, conforme o caso, em resistência.

Alternativa "d": não há possibilidade de aplicação de fiança, eis que impossível a prisão nessa espécie de crime.

65. (Vunesp – Juiz de Direito Substituto – SP/2015) A liberdade provisória, assegurada pela Constituição Federal e pelo Código de Processo Penal, não pode depender de um ato meramente discricionário do magistrado. Assim, a decisão deve conter a

A) demonstração concreta que impõe a privação da liberdade antes da decisão de mérito.

B) invocação, ainda que formal, dos dispositivos ensejadores de sua concessão.

C) desnecessidade da manutenção da prisão apenas no momento processual.

D) fundamentação sucinta e sem análise que prejudique o interesse do mérito.

COMENTÁRIOS

Alternativa correta: letra "a": a fundamentação do decreto prisional é absolutamente essencial e deve conter elementos concretos que mostrem ser necessária a prisão no caso concreto, não podendo se basear em argumentos genéricos, cabíveis para qualquer caso. Notem que a CF, no inciso LXVI do art. 5º, garante que ninguém será levado à prisão ou nela mantido, quando a lei admitir a liberdade provisória. Assim, sendo a liberdade a regra, deve o juiz trazer argumentos para afastá-la no caso concreto.

Alternativa "b": para o decreto prisional, não basta que o juiz cite os arts. 312 e 313 do CPP, mas deve mostrar em que medida eles devem ser aplicados ao caso concreto.

Alternativa "c": a liberdade é a regra durante todo o processo. Assim, quando decretá-la, deverá o juiz mostrar que ela é necessária, seja em que fase estiver o feito.

Alternativa "d": o decreto prisional ou a concessão da liberdade provisória não guarda relação com o mérito. Assim, deve o juiz fundamentar a necessidade de se acautelar o processo caso pretenda decretar a prisão preventiva.

66. (Vunesp – Juiz de Direito – SP/2014) Analise a opção que contenha assertiva falsa no tocante à Prisão Temporária prevista na Lei n.° 7.960/89:

A) Os incisos do art. 1.° da Lei n.° 7.960/89 devem ser interpretados em conjunto. Só pode haver prisão temporária de alguém suspeito de ser autor ou partícipe de algum daqueles crimes do rol taxativo, e quando for imprescindível para a investigação. O fumus commissi delicti está previsto no art. 1.°, inciso III, exigindo que existam "fundadas razões, de acordo com qualquer prova admitida na legislação penal, de autoria ou participação do indiciado nos seguintes crimes...". O *periculum libertatis* atende à imprescindibilidade da prisão para as investigações no inquérito.

B) Possui caráter cautelar voltado à investigação policial. Se já houver processo ou tiver sido oferecida a denúncia, não pode ser decretada ou subsistir a prisão temporária.

C) É prisão cautelar cujos prazos máximos de duração estão previstos na lei. Findos tais prazos, o imputado deve ser imediatamente posto em liberdade, sob pena de configurar-se o delito de abuso de autoridade (art. 4.°, I, da Lei n.° 4.898/65).

D) Será decretada de ofício pelo juiz ou mediante requerimento do Ministério Público ou representação da autoridade policial.

COMENTÁRIOS

Alternativa incorreta: letra "d". a prisão temporária não poderá ser decretada de ofício pelo juiz, que sempre dependerá de representação da autoridade policial ou de requerimento do Ministério Público.

Alternativa "a": é esse o entendimento que prevalece. Acrescentamos que também poderá ser decretada a prisão temporária quando o indicado não tiver residência fixa ou não fornecer elementos necessários ao esclarecimento de sua identidade, desde que o crime investigado seja um daqueles do rol do art. 1º, III, da Lei 7.960/1989.

Alternativa "b": a prisão temporária é instrumento – medida coativa – da fase investigatória. Se for preciso decretar a prisão na fase judicial, deve ser utilizado outro instrumento, a prisão preventiva. Esta, aliás, também pode ser aplicada na fase de investigação.

Alternativa "c": tem a prisão temporária natureza cautelar, pois é instrumento para assegurar a investigação, quando necessário. Tem prazo certo, normalmente de 5 dias, prorrogável por igual período, não havendo necessidade de expedição de alvará de soltura: findo o prazo, o imputado deve ser imediatamente solto. O contrário realmente implica em crime de abuso de autoridade.

---

67. (Vunesp – Juiz de Direito – SP/2014) Assinale a opção que contenha assertiva verdadeira no tocante às medidas cautelares diversas da prisão:

A) Em virtude de seu caráter cautelar, as medidas ora tratadas se aplicam às infrações a que não forem – isolada, cumulativa ou alternativamente – cominadas pena privativa de liberdade.

B) Se ausentes os requisitos da prisão preventiva, o juiz deve conceder a liberdade provisória, com ou sem fiança dependendo do caso, podendo cumular a liberdade provisória com qualquer das medidas cautelares diversas da prisão, desde que não tenha concedido a fiança.

C) No caso de descumprimento de qualquer das obrigações impostas nas medidas cautelares, o juiz, de ofício ou mediante requerimento do Ministério Público, de seu assistente ou do querelante, poderá substituir a medida, impor outra em cumulação, vedada a prisão preventiva.

D) O juiz só deve converter a prisão em flagrante em preventiva se verificar presentes seus requisitos e desde que tenha entendido não serem suficientes as medidas cautelares diversas da prisão.

COMENTÁRIOS

✪ **Nota do autor:** o CPP prevê, nos arts. 319 e 320, medidas cautelares diversas da prisão, que constituem importante inovação em nosso ordenamento processual. Agora, o juiz não tem simplesmente duas opções – prisão ou liberdade –, mas muitas outras.

Alternativa correta: letra "d": é o que dispõe o art. 310, II, do CPP. A nosso ver, o juiz deve partir do pressuposto de que a prisão é a última medida que deverá impor, de modo que, após analisar a regularidade da prisão em flagrante, só deverá decretar a prisão se ela for realmente necessária, do contrário, deverá conceder a liberdade, com ou sem aplicação de medidas cautelares, que não se limitam à fiança, tal como faz crer o inciso III do mesmo dispositivo.

Alternativa "a": aplicam-se também aos crimes apenados com reclusão ou detenção.

Alternativa "b": mesmo que tenha concedido a fiança, como esta é uma das medidas cautelares prevista no art. 319 do CPP, o juiz poderá cumulá-la com outra ou outras medidas cautelares. A cumulação é permitida (art. 282, § 1º, CPP).

Alternativa "c": no caso de descumprimento de qualquer das obrigações impostas, o juiz, de ofício ou mediante requerimento do Ministério Público, de seu assistente ou do querelante, poderá substituir a medida, impor outra em cumulação, ou, em último caso, decretar a prisão preventiva (art. 282, § 4º, CPP).

---

68. (Vunesp – Escrevente Técnico Judiciário – TJ-SP/2014) Nos termos do quanto expressamente prescreve o art. 366 do CPP, se o acusado, citado por edital, não comparecer nem constituir advogado, ficarão suspensos o processo e o curso do prazo prescricional, podendo o juiz determinar a produção antecipada das provas consideradas urgentes. Nessa hipótese, presentes os requisitos atinentes à respectiva modalidade detentiva e com base unicamente no dispositivo de lei citado, está autorizado o juiz a decretar a prisão do acusado?

A) Sim, desde que o acusado já tenha sido anteriormente condenado por outro crime.

B) Não, nunca.

C) Sim, a prisão preventiva.

D) Sim, a prisão temporária.

E) Sim, desde que o crime seja inafiançável.

COMENTÁRIOS

Alternativa correta: letra "C": a suspensão do processo ocorre, por óbvio, na fase judicial e a única modalidade de prisão cautelar cabível em tal fase é a prisão preventiva. Mas, atenção: somente será decretada se houve razões concretas que demonstrem sua necessidade.

Alternativa "A" (responde também a alternativa "B"): não há exigência de antecedentes criminais para a decretação da prisão preventiva. Esta será decretada se, presentes alguma das hipóteses do art.

313 do CPP, mostrar-se necessária para garantia da ordem pública ou da ordem econômica, para assegurar futura aplicação da lei penal ou por conveniência da instrução.

Alternativa "D": a prisão temporária somente é cabível na fase de inquérito, ou seja, durante as investigações. Depois, na fase judicial, somente é cabível a decretação da prisão preventiva. Esta, por sinal, pode ser decretada também na fase de investigação, já que seus requisitos são diversos daqueles previstos para a prisão temporária.

Alternativa "E": não há qualquer relação entre possibilidade de decretação da prisão preventiva e afiançabilidade do crime.

---

69. (Vunesp – Juiz de Direito – RJ/2014) Estritamente de acordo com os respectivos textos legais, independe de prévia manifestação do Ministério Público a decisão que

A) admitir Assistente do Ministério Público.

B) decretar prisão temporária por representação da autoridade policial.

C) conceder livramento condicional.

D) decretar prisão preventiva no curso de ação penal.

COMENTÁRIOS

Alternativa correta: letra "D": realmente, não há previsão legal para oitiva do Ministério Público nesse caso, até porque, no curso do processo (mas não do inquérito), pode o juiz decretar a prisão preventiva de ofício. Porém, devemos ponderar o seguinte: sendo o Ministério Público o titular da ação penal pública e tendo sido a prisão preventiva requerida pelo assistente de acusação, deve o juiz ouvir o *Parquet*, embora a lei o não obrigue; e havendo representação da autoridade policial pela decretação da prisão, com muito mais razão deve o juiz ouvir o Ministério Público, pois, em nosso entender, havendo representação (notem: não tem o delegado capacidade postulatória e, portanto, não pode *requerer*), cabe ao titular da ação penal verificar se deve apresentar requerimento de decretação (mais uma vez, não há previsão expressa disso na lei e o ponto em tela ainda não é pacífico na doutrina).

Alternativa "A": o Ministério Público deverá sempre ser ouvido nesse caso, conforme determina o art. 271, § 1º, do CPP.

Alternativa "B": o juiz deve sempre ouvir o Ministério Público nesse caso, como determina o art. 2º, § 1º, da Lei 7.960/1989.

Alternativa "C": o Ministério Público e o Conselho Penitenciário deverão ser ouvidos pelo juiz nesse caso (art. 131, Lei 7.210/1984 – LEP).

---

70. (Vunesp – Juiz de Direito – TJ – SP/2013) A Lei n.° 7.960, de 21 de dezembro de 1989, que dispõe sobre prisão temporária, não permite a aplicação da medida em caso de

A) furto.

B) homicídio doloso.

C) roubo.

D) sequestro ou cárcere privado.

COMENTÁRIOS

Alternativa correta: letra "A" (responde também todas as demais alternativas): o rol do art. 1º da Lei 7.960/1989 é taxativo e não inclui o furto, mas, sim, os demais crimes listados nas outras alternativas.

EXECUÇÃO PENAL

▸ Lei 7.210/1984 (LEP)

---

71. (Vunesp – Juiz de Direito Substituto – SP/2015) Reeducanda que cumpre pena em regime fechado obteve a remição, pelo trabalho, de 37 dias de sua pena. Assim, os dias remidos serão computados

A) do total da reprimenda e não considerados como pena efetivamente cumprida.

B) da integralidade da condenação, e a remissão computada como pena resgatada.

C) da totalidade da pena, sendo considerado apenas o quantum que foi cumprido.

D) de parte da pena e considerada apenas essa parcela da reprimenda como descontada.

COMENTÁRIOS

✪ **Nota do autor:** a questão foi anulada.

Alternativa correta: letra "b" (responde também todas as demais alternativas): segundo o art. 128 da LEP, o tempo remido será computado como pena cumprida, para todos os efeitos. Portanto, no caso do enunciado, os 37 dias serão considerados de pena cumprida pela reeducanda.

---

72. (Vunesp – Juiz de Direito Substituto – SP/2015) Um sentenciado cumpria pena em regime fechado, quando sobreveio nova condenação, com substituição da pena privativa de liberdade por restritiva de direitos.

Portanto, deve o magistrado

A) reconverter a restritiva de direitos em privativa de liberdade, mantendo o cumprimento isolado de cada pena imposta.

B) manter a restritiva de direitos suspensa, para que seja cumprida a privativa de liberdade em primeiro lugar.

C) somar a nova condenação ao restante da pena que está sendo cumprida, desconsiderando a restritiva de direitos.

D) reconverter a restritiva de direitos em privativa de liberdade, unificando as reprimendas.

COMENTÁRIOS

Alternativa correta: letra "d" (responde também todas as demais alternativas): de acordo com o § 5º do art. 44 do CP, sobrevindo condenação a pena privativa de liberdade, por outro crime, o juiz da execução penal decidirá sobre a conversão, podendo deixar de aplicá-la se for possível ao condenado cumprir a pena substitutiva anterior. O mesmo raciocínio pode ser aplicado no caso da questão, embora se trate de situação inversa. É que o fundamental está num ponto: a compatibilidade entre as duas penas, o que, nesse caso, não se verifica. Então, caberá ao juiz simplesmente unificar as penas privativas de liberdade, desconsiderando a pena substitutiva de restrição de direitos.

---

73. (Vunesp - Juiz de Direito - SP/2014) Relativamente à progressão nos regimes de pena na atualidade, assinale a opção que contenha assertiva verdadeira:

A) É admissível a chamada progressão per saltum de regime prisional.

B) É requisito objetivo da progressão: o cumprimento de pelo menos 1/6 da pena no regime anterior (em se tratando de crimes comuns) ou de pelo menos 1/3 da pena, se o apenado for primário, ou de 2/3, se reincidente (em se tratando de crimes hediondos ou assemelhados).

C) A pena unificada para atender ao limite de trinta anos de cumprimento, determinado pelo art. 75 do Código Penal, não é considerada para a concessão de regime mais favorável de execução.

D) O reeducando deve ostentar bom comportamento carcerário, comprovado pelo diretor do estabelecimento, vedada a determinação da realização do exame criminológico em quaisquer circunstâncias.

COMENTÁRIOS

Alternativa correta: letra "c". tal afirmação é extraída da Súmula 715 do STF, cujo enunciado diz: "A pena unificada para atender ao limite de trinta anos de cumprimento, determinado pelo art. 75 do Código Penal, não é considerada para a concessão de outros benefícios, como o livramento condicional ou regime mais favorável de execução".

Alternativa "a": segundo o STJ, é inadmissível a chamada progressão *per saltum* de regime prisional (Súmula 491). Mas o STF admite que, não havendo vaga no regime semiaberto, o preso não poderá ficar no fechado, podendo a ele ser concedida prisão domiciliar (Súmula Vinculante 56).

Alternativa "b": no caso dos hediondos, o lapso temporal é de 2/5, se primário, ou de 3/5, se reincidente o condenado.

Alternativa "d": o exame criminológico não é vedado. Ele foi excluído da LEP como requisito para a progressão. Porém, entende-se que, desde que fundamente sua necessidade, o juiz pode determinar sua realização. Segundo o verbete da Súmula 439 do STJ: "Admite-se o exame criminológico pelas peculiaridades do caso, desde que em decisão motivada". Também faz menção ao exame a Súmula Vinculante 26 do STF: "Para efeito de progressão de regime no cumprimento de pena por crime hediondo, ou equiparado, o juízo da execução observará a inconstitucionalidade do art. 2º da Lei n. 8.072, de 25 de julho de 1990, sem prejuízo de avaliar se o condenado preenche, ou não, os requisitos objetivos e subjetivos do benefício, podendo determinar, para tal fim, de modo fundamentado, a realização de exame criminológico".

---

74. (Vunesp - Juiz de Direito - SP/2014) Analise estas quatro assertivas atinentes a certas formas de clemência do Estado:

I. A Primeira é concedida pelo Congresso Nacional, por lei, voltada ao esquecimento de certos fatos, fazendo desaparecer suas consequências penais, consistindo em medida de política criminal.

II. A Segunda é concedida de ofício pelo Presidente da República, por decreto, voltada a condenados, dirigindo-se a determinada categoria de sentenciados. Configura expectativa de direito, eis que sua aplicação depende de decisão do Juízo das Execuções, que verifica o preenchimento dos requisitos exigidos para identificar quais daqueles condenados são alcançados pelo benefício presidencial, que, destarte, terão extintas suas penas.

III. A Terceira se dirige a um determinado condenado, condicionada à prévia solicitação, concedida em razão de alguma especial situação ou mérito que apresente ou, simplesmente, pela vontade discricionária do Presidente da República, podendo ter caráter humanitário.

IV. A Quarta é modalidade concedida de ofício pelo Presidente da República, por decreto, voltada a condenados e dirigida a um número indeterminado de reeducandos, desde que preencham os requisitos do decreto concessivo, podendo ajustar a execução, diminuindo ou substituindo a pena, devendo ser retificada a conta de liquidação para ajustá-la à nova realidade no tocante ao quantum, nos termos do decreto que a concedeu.

A partir da análise destes quatro conceitos, conclui-se que estamos tratando, respectivamente, de:

A) Graça, Comutação, Anistia, Indulto coletivo pleno.

B) Anistia, Indulto coletivo pleno, Graça, Comutação.

C) Anistia, Comutação, Graça, Indulto coletivo pleno.

D) Graça, Indulto coletivo pleno, Anistia, Comutação.

COMENTÁRIOS

Alternativa correta: letra "B" (responde também todas as demais alternativas): (I) anistia traz a ideia de esquecimento, sendo uma forma de "apagar" o crime cometido, desaparecendo seus efeitos penais. A anistia é dada por meio de lei e, portanto, é da alçada do Congresso Nacional; (II) o indulto coletivo é concedido pelo Presidente da República, por meio de decreto. Se for pleno, leva à extinção da pena; do contrário, à comutação. O decreto contém requisitos, que são aplicados pelo Juiz das Execuções aos presos que os preencham; (III) a graça é tratada em nossa LEP como indulto individual. Também é concedido pelo Presidente da República, por solicitação do condenado; (IV) trata-se de forma de indulto, que não extingue a pena, mas a modifica, tornando-a menor ou com regime mais brando.

Direito Processual Penal

Ricardo Silvares

✦ 2. DICAS IMPORTANTES PARA ESTUDO

PRINCÍPIOS E GARANTIAS

▸ **CF, art. 5º**

*** Decreto 678/1992 (Convenção Americana de Direitos Humanos)**

- **Princípio da presunção de inocência** (ou **da não-culpabilidade** ou **do estado de inocência**): decorre do art. 5º, LVII, da CF. Significa que ninguém pode ser considerado culpado antes que advenha sentença penal condenatória com trânsito em julgado. Disso decorrem diversas consequências, sendo importante sublinhar: a) o acusado não tem que provar sua inocência, cabendo a prova da culpabilidade à parte acusadora; b) não é possível execução provisória da pena, a não ser para fins de progressão de regime ou aplicação de regime menos severo (v. STF, Súmulas 716 e 717); e, ainda, o § 2º do art. 387 do CPP manda que o tempo de prisão provisória já seja computado na sentença para fins de fixação do regime inicial da pena. O STF já vinha admitindo a execução provisória da pena se o recurso especial ou extraordinário manejado mostrar-se claramente protelatório. Ocorre que o STF, no julgamento do HC 126.292-SP, modificou o entendimento que até então mantinha sobre o alcance do princípio da presunção de inocência. Assim, a Corte Suprema entendeu possível o início da execução da pena imediatamente depois do julgamento do recurso em segunda instância, ou seja, do esgotamento da via recursal ordinária. Portanto, o STF agora entende ser possível a prisão para cumprimento da pena ainda que haja recurso especial ou extraordinário pendente – ou seja, execução provisória – isso porque não mais será possível a discussão do fato e da prova, não havendo mais, a partir daí, a presunção da inocência. Tal decisão vem causando polêmica nos meios jurídicos e ainda será objeto de maiores reflexões, visto que, a nosso ver, pode haver, sim, em sede de recurso extraordinário ou especial, reflexos da decisão sobre a prova – e, portanto, sobre a matéria fática provada. Basta que se pense sobre decisão que anule uma determinada prova em sede de recurso especial: o tribunal superior pode, em face de tal decisão, analisando a prova remanescente, absolver o acusado.
  - havendo presunção de inocência, para que o acusado seja condenado é necessário que ela seja afastada pelas provas produzidas na instrução criminal. Logo, havendo dúvida, o acusado não poderá ser condenado (*in dubio pro reo*);
  - no caso da pronúncia, o juiz deve ter certeza da materialidade do crime doloso contra a vida, é dizer, que tal crime ocorreu. Em caso de dúvida, deve impronunciar o réu. O mesmo vale para a existência de indícios suficientes de autoria: se o juiz não estiver convencido de que eles existem – ou seja, se estiver em dúvida quanto à presença de tais indícios suficientes – deve impronunciar o réu. Portanto, notem: ao contrário do que tradicionalmente se afirma, não se aplica, mesmo nesse caso, o brocardo *in dubio pro societate*, mas também o *in dubio pro reo*. Ora, juiz com dúvida é juiz que não está convencido e a pronúncia exige o convencimento.
- **Princípio da ampla defesa**: decorre do art. 5º, LV, da CF, que assegura a ampla defesa, aos litigantes, em processo judicial ou administrativo, e aos acusados em geral, com os meios e recursos a ela inerentes. Assim, todo acusado tem direito à defesa técnica, devendo o Estado providenciá-la, caso aquele não possa fazê-lo (art. 5º, LXXIV, CF). O acusado também tem direito à autodefesa, mas se trata de opção dele, que pode ou não exercê-la (ou seja, o acusado pode confessar o delito, negá-lo, silenciar a respeito etc.). A defesa técnica deve ser efetiva e a falta dela constitui nulidade absoluta. Já sua insuficiência, de acordo com entendimento do STF (Súmula 523), é causa de nulidade apenas relativa, devendo ser demonstrado prejuízo ao acusado. É importante observar que a Defesa deve ter acesso à todas as provas dos autos e a todas as informações nele disponíveis, inclusive na fase policial (v. STF, Súmula Vinculante 14). Entendemos que o princípio da ampla defesa deve ser aplicado já na fase investigatória.

- **Princípio do nemo tenetur se detegere**: é o direito de não produzir prova contra si mesmo. A CF reconhece ter o acusado direito ao silêncio, devendo ser advertido de sua existência (art. 5º, LXIII). Porém, o direito ao silêncio é apenas uma das facetas do princípio. Há outras consequências:
  - além de poder manter-se em silêncio, não sendo obrigado a dizer nada, nem a confessar, o acusado não pode ser obrigado a dizer a verdade. Não se trata de direito de mentir, mas simplesmente que a mentira, nesse caso, não é sancionada. Mas, cuidado: o objetivo de mentir deve ser o de se proteger, o que significa que, caso a mentira prejudique terceiro, inclusive com imputação de crime a este, poderá o acusado responder pelo crime de denunciação caluniosa. Notem: a mentira não pode servir para a prática de crime. Por isso, não se tem admitido que o acusado minta sobre sua identidade, cometendo o delito de falsa identidade, caso o faça;
  - o imputado tem o direito de não praticar qualquer ato que possa incriminá-lo. Mas, o direito somente abarca os comportamentos ativos do imputado, caso em que sempre se dependerá de seu consentimento. Não por outro motivo, o STF já considerou que o imputado não tem a obrigação de fornecer material para perícia grafotécnica ou de voz. O mesmo não se pode dizer quanto ao reconhecimento: o acusado não pode se recusar a ser submetido a reconhecimento;
  - o imputado não pode se sujeitar a coleta de provas incriminadoras invasivas sem o seu consentimento: por prova invasiva, entende-se aquela que, para sua produção, exige que haja intervenção no corpo do imputado, com penetração de instrumentos ou substâncias, com ou sem extração de parte do organismo. Havendo permissão, a prova é lícita. E mais: se o imputado, involuntariamente, fornecer o material (pensem em um filtro de cigarro fumado por ele e recolhido pela polícia em um cinzeiro), este poderá ser usado. A mera inspeção corporal não configura invasão.
- **Princípio do contraditório**: também chamado por alguns de "princípio da bilateralidade da audiência", decorre do mesmo art. 5º, LV, da CF, que o afirma ao lado da ampla defesa. A formulação clássica do princípio do contraditório afirma que este consiste na ciência bilateral dos atos do processo e a possibilidade de contrariá-los. Porém, não é só isso. Contraditório pressupõe conhecimento dos atos e termos do processo, sem dúvida. Mas, implica na possibilidade efetiva de participar de tais atos, podendo neles influir, como ocorre no caso da produção das provas. E as partes no processo devem atuar em seus atos em igualdade de condições. Importante observar que todas as provas devem ser produzidas sob o contraditório, pois as partes tem o direito de presenciar sua produção e, mais importante, de influir na produção e, por via de consequência, no convencimento do juiz. É por isso que o art. 155 do CPP determina que o juiz deve formar sua convicção pela livre apreciação da prova produzida em contraditório judicial, não podendo fundamentar sua decisão exclusivamente nos elementos informativos colhidos na investigação (pois na fase de investigação, posto tenha a Defesa acesso aos autos – STF, Súmula Vinculante 14 –, não vige o contraditório), ressalvadas as provas cautelares, não repetíveis e antecipadas. Nestes três últimos casos ocorre o que a doutrina chama de "contraditório diferido". Na fase investigatória, não incide o princípio do contraditório: o fato de poder o advogado do investigado acompanhar alguns atos, formular requerimentos, apresentar argumentos, não significa que há contraditório, mas apenas a incidência da garantia da ampla defesa;
  - assim, temos o **contraditório real**: as partes atuam na formação da prova (contraditório para a prova);
  - e temos o **contraditório diferido**: atua depois da formação da prova (contraditório sobre a prova).
- **Princípio da paridade de armas** (ou **da igualdade de partes**): a Defesa deve ter os mesmos direitos, no processo, que o Ministério Público e vice-versa. É a igualdade formal, que decorre do art. 5º, *caput*, da CF. Mas, há a necessidade também da igualdade substancial, com a criação de mecanismos que garantam, efetivamente, a igualdade entre as partes no processo, já que a realidade mostra que, na prática, há desigualdade de forças entre o acusado – ou a maioria deles, que não possuem recursos para bancar, por exemplo, assistentes técnicos ou investigações privadas – e o Ministério Público. Alguns mecanismos foram criados, como no caso dos embargos infringentes (só possíveis para a Defesa) e a revisão criminal (já que é vedada a revisão *pro societate*, ou seja, revisão só é permitida a favor do acusado).
- **Princípios do juiz imparcial e do juiz natural**: decorrem de dois dispositivos da CF, quais sejam, os incisos XXXVII (não haverá juízo ou tribunal de exceção) e LIII (ninguém será processado nem sentenciado senão pela autoridade competente) do art. 5º, sendo a garantia do juiz imparcial implícita. Bastante explícito, a nosso ver, é a garantia do juiz natural, já que os dois dispositivos asseguram que sempre haverá um juiz com competências previamente definidas, de modo que, ocorrendo um crime, já se saberá qual magistrado deverá julgá-lo (na realidade, já

se saberá se deverá ser julgado por vara especializada ou se deverá ocorrer distribuição a uma das varas da comarca). Além disso, nenhum tribunal especial não previsto na CF poderá ser formado para julgar um caso determinado.

- **Princípio da motivação**: decorre da regra decorrente do inciso IX do art. 93 do texto constitucional (todos os julgamentos dos órgãos do Poder Judiciário serão públicos, e fundamentadas todas as decisões, sob pena de nulidade, podendo a lei limitar a presença, em determinados atos, às próprias partes e a seus advogados, ou somente a estes, em casos nos quais a preservação do direito à intimidade do interessado no sigilo não prejudique o interesse público à informação).. Isso inclui não somente as decisões finais, mas também, segundo boa parte da doutrina, as interlocutórias;
    - Admite-se, porém, sobretudo nos Tribunais Superiores, que o juiz pode referir-se a argumentos do Ministério Público ou o Tribunal pode referir-se às razões de decidir do juiz de primeiro grau, sendo isso suficiente. Os Tribunais Superiores também vêm admitindo não ser necessária fundamentação no recebimento da denúncia, já que se está no início do processo e o recebimento implica em aceitação implícita dos requisitos da inicial acusatória;
    - **Atenção para duas regras do novo CPC** que podem vir a ser aplicadas ao processo penal, com importantes implicações práticas sobre a fundamentação das decisões judiciais:
        - Art. 489, II: obrigação de fundamentar a decisão, quando deverá o juiz analisar as questões de fato e de direito postas à sua apreciação;
        - Art. 489, § 1º: sentença não será considerada fundamentada (ou seja, pode ser anulada) se o juiz:
            - se limitar à indicação, à reprodução ou à paráfrase de ato normativo, sem explicar sua relação com a causa ou a questão decidida;
            - empregar conceitos jurídicos indeterminados, sem explicar o motivo concreto de sua incidência no caso;
            - invocar motivos que se prestariam a justificar qualquer outra decisão;
            - não enfrentar todos os argumentos deduzidos no processo capazes de, em tese, infirmar a conclusão adotada pelo julgador;
            - se limitar a invocar precedente ou enunciado de súmula, sem identificar seus fundamentos determinantes nem demonstrar que o caso sob julgamento se ajusta àqueles fundamentos;
            - deixar de seguir enunciado de súmula, jurisprudência ou precedente invocado pela parte, sem demonstrar a existência de distinção no caso em julgamento ou a superação do entendimento.
- **Princípio da publicidade**: decorre do inciso LX do art. 5º ("a lei só poderá restringir a publicidade dos atos processuais quando a defesa da intimidade ou o interesse social o exigirem"), e do inciso IX do art. 93 (todos os julgamentos dos órgãos do Poder Judiciário serão públicos, e fundamentadas todas as decisões, sob pena de nulidade, podendo a lei limitar a presença, em determinados atos, às próprias partes e a seus advogados, ou somente a estes, em casos nos quais a preservação do direito à intimidade do interessado no sigilo não prejudique o interesse público à informação), ambos do texto constitucional. Por isso, a Súmula Vinculante 14 do STF, que dispôs ser direito do defensor, no interesse do representado, ter acesso amplo aos elementos de prova que, já documentados em procedimento investigatório realizado por órgão com competência de polícia judiciária, digam respeito ao exercício do direito de defesa. De se notar que as restrições à publicidade dos atos processuais são aquelas acima mencionadas, podendo a lei infraconstitucional regulá-las, como faz o CPP no art. 782, por exemplo. Assim, pode-se dizer que a regra é a da **publicidade interna**, ou seja, publicidade às partes e aos que atuam no processo, podendo haver restrições à **publicidade externa**. Não se considera haver qualquer infringência à regra constitucional na chamada "sala secreta" ou "sala especial" no Tribunal do Júri (ou seja, a recolha dos jurados para a votação, caso não seja possível a realização desta no próprio Plenário, depois de esvaziado). Vejam, adiante, algumas noções sobre o sigilo na fase investigatória.
- **Princípio do duplo grau de jurisdição**: não possui previsão no texto da CF, mas é reconhecido pela doutrina com base no art. 8º, *h*, da Convenção Americana de Direitos Humanos (Pacto de São José da Costa Rica), referendado pelo Decreto 678/1992. Há divergência no STF quanto à natureza jurídica das disposições da referida convenção, havendo, de um lado, entendimento de que teriam *status* de norma constitucional e, por outro, de que teriam natureza supralegal (vem prevalecendo este último entendimento) De qualquer modo, os dispositivos da Convenção integram nosso ordenamento jurídico. Mas,

há exceção evidente ao princípio: casos de competência originária dos Tribunais. Assim, por exemplo, no caso de competência originária do Supremo Tribunal Federal, não caberá recurso a outro tribunal, pois este simplesmente inexiste. No máximo, como visto na Ação Penal 470, que tramitou no STF, são aceitos embargos de declaração – que até podem ter efeitos infringentes, ou seja, modificadores do resultado – e embargos infringentes, desde que haja previsão legal ou regimental.

- **Princípio da oficialidade**: significa que os órgãos responsáveis pela investigação e pela ação penal pública são órgãos do Estado, com funções públicas. No caso da ação penal pública, a titularidade é privativa do Ministério Público, conforme o disposto no art. 129, I, da CF, sendo possível, apenas em caso de inércia de tal órgão, a ação penal privada subsidiária da pública.

- **Princípio da obrigatoriedade**: preenchidos os requisitos legais, os órgãos incumbidos de investigar e de promover a ação penal pública são obrigados a fazê-lo. O Ministério Público, por sinal, não pode desistir da ação ou de recurso que tenha interposto, nem o Delegado de Polícia pode arquivar o inquérito policial (**princípio da indisponibilidade**). O princípio não se aplica à ação penal privada. A lei somente autoriza que o Ministério Público deixe de propor ação penal em alguns casos, como nos casos de crimes de menor potencial ofensivo (Lei 9.099/1995), pois há previsão de transação penal previamente ao momento do oferecimento da denúncia. Aceita a transação pelo autor do fato, a ação deixa de ser proposta. Há flexibilização do princípio também nos casos em que há acordo de leniência . Além disso, a Lei 12.850/2013 autoriza que o Ministério Público deixe de propor a ação penal contra membro de organização criminosa que tenha, dentro de certas condições, colaborado para as investigações. Vejam abaixo, no tópico sobre ação penal, outras exceções ao princípio apontadas pela doutrina.

- **Princípio da duração razoável do processo**: trata-se de garantia do acusado, prevista no inciso LXXVIII do art. 5º da CF. Não há previsão legal sobre o que seja prazo razoável ou quais as consequências da não observância da garantia. No entanto, é certo que pode acarretar a concessão da liberdade ao acusado que estiver preso provisoriamente.

- **Princípio do devido processo legal** (**due process ou law**): decorre da previsão do art. 5º, LIV, da CF (ninguém será privado da liberdade ou de seus bens sem o devido processo legal). Segundo a doutrina, divide-se em **devido processo legal substantivo** (substantive due process) e **devido processo legal processual** (procedural due process). O primeiro significa que as leis devem ser razoáveis e racionais quando se referem a atos do Estado e o segundo, na verdade, engloba diversos outros princípios, sendo o que alguns denominam de "princípio síntese" (ou seja, nele estão englobados os princípios do juiz natural, do contraditório, ampla defesa, juiz imparcial etc.).

- **Princípio do Promotor Natural**: significa que o Procurador-Geral não pode nomear livremente qualquer membro do Ministério Público para atuar em casos determinados, escolhidos por ele, havendo necessidade de previsão – antecipada, por regramentos internos – de qual órgão ministerial deve atuar em determinadas situações. Há muita controvérsia sobre a existência deste princípio, posto não previsto expressamente no texto constitucional. Normalmente, entre os membros do Ministério Público, há a aceitação de sua existência: haverá sempre uma regra de distribuição de feitos predeterminada, que não pode ser alterada, exceto nos casos expressamente previstos pela lei, evitando-se o acusador de exceção (assim como não pode haver tribunal de exceção). Na Lei 8.625/1993 (Lei Orgânica Nacional no Ministério Público) encontram-se hipóteses em que é possível um feito passar de um membro do Ministério Público a outro, como o art. 10, IX, *g* (pode o Procurador-Geral, por ato excepcional e fundamentado, designar membro da instituição, submetendo sua decisão previamente ao Conselho Superior do Ministério Público) e o art. 24 (o Procurador-Geral de Justiça poderá, com a concordância do Promotor de Justiça titular, designar outro Promotor para funcionar em feito determinado, de atribuição daquele). É importante que se observe não ter o STF reconhecido, até agora, explicitamente, na CF, a existência de tal princípio, embora, por vezes, o cite sem entrar numa discussão mais aprofundada do tema. Segundo pensamos, a existência do princípio vem sendo reconhecida pela doutrina processualista penal, até como uma das garantias formadoras do devido processo legal.

- **Princípio da Verdade Real**: muito se afirma que o processo penal, diferentemente do processo civil, não se contenta com a verdade formal, mas deve o Magistrado buscar uma reconstrução histórica fidedigna dos fatos. Um certo "princípio da verdade real" é frequentemente citado em manifestações do Ministério Público e mesmo em Acórdãos dos Tribunais, inclusive do STJ. No entanto, a doutrina vem questionando sua existência. É que a lei estabelece diversas restrições ao juiz quanto ao que pode ser aceito como prova, havendo a proibição das provas ilícitas e daquelas não produzidas sob o contraditório (se únicas nos autos). Entendemos, porém, que o processo não pode e não deve prescindir da busca da verdade, mas, ao mesmo tempo, não deve iludir-se com a ideia de que seja capaz de atingir a "verdade real". No processo, atinge-se a verdade processual possível, dentro dos limites impostos pela CF e pela lei.

- **Princípio da identidade física do juiz**: foi adotado em nosso CPP na reforma de 2008, por meio da redação do § 2º do art. 399 do CPP, que diz: **"**O juiz que presidiu a instrução deverá proferir a sentença". O CPC de 1973 também possuía previsão a respeito, no art. 132, que passou a ser aplicado ao processo penal por analogia. Assim, conforme o dispositivo do CPC revogado, o juiz, titular ou substituto que concluir a audiência julgará a lide, salvo se estiver convocado, licenciado, afastado por qualquer motivo, promovido ou aposentado, casos em que passará os autos ao seu sucessor. No entanto – e aqui há que se ter cautelar –,**o novo CPC**, não contém disposição alguma a respeito do assunto. A nosso ver, deve ser aplicada a mesma solução dada pelo revogado CPC, mas não porque este, nesse ponto, continua em vigor – pois não continua –, mas por segurança jurídica. Entendemos que a solução até aqui seguida pela maioria da doutrina e da jurisprudência é razoável e deveria continuar a ser adotada. Tudo dependerá da posição jurisprudencial, que poderá mudar.
- **Princípio da proporcionalidade**: segundo alguns, trata-se de uma regra, não de um princípio. Seja como for, trata-se de princípio – vamos tratá-lo assim – que busca justamente a proteção dos direitos fundamentais frente às restrições que podem ser impostas, inclusive no processo penal;

- no processo penal, muito influente foi a obra de Nicolas Gonzales-Cuellar Serrano. Assim, tem-se entendido que qualquer restrição a direito fundamental depende, primeiramente, da **legalidade**, ou seja, de previsão em lei, com a respectiva regulamentação, da restrição. Ex.: previsão legal da interceptação telefônica, com a respectiva regulamentação;
- finalidade legítima, do ponto de vista constitucional, da medida restritiva. Assim, não se pode justificar a prisão temporária, por exemplo, com base no argumento de que, uma vez preso e isolado, o imputado poderá vir a confessar o crime, o que atentaria contra a dignidade humana;
- qualquer restrição deve ser judicialmente autorizada e de modo motivado;
- diz-se, ainda, que a proporcionalidade possui requisitos intrínsecos, também chamados de subprincípios:

➢ **adequação**: será adequada a medida restritiva que for apta a se atingir o fim buscado com ela;

➢ **necessidade**: dentre as medidas adequadas, deve o Estado escolher a menos gravosa, ou seja, a restrita em menor grau o direito fundamental atingido;

➢ **proporcionalidade em sentido estrito**: é a ponderação entre a restrição causada ao direito fundamental e o fim buscado por meio dela.

NORMA PROCESSUAL PENAL E SUA APLICAÇÃO

▸ CCPP, arts. 1º a 3º

- **Aplicação da lei penal no espaço**: a regra é a aplicação da *lex fori*, ou seja, a regra da territorialidade, que encontra exceção no próprio art. 1º, I, do CPP: aplica-se o CPP aos casos que devam ser julgados em território brasileiro, salvo disposições em contrário previstas em tratados, convenções ou regras de direito internacional.
- **Aplicação da lei penal no tempo**: a regra geral do art. 2º o CPP estabelece que a lei processual penal aplica-se desde logo, sem prejuízo da validade dos atos realizados sob a vigência da lei anterior. Portanto, alterada a lei processual, a nova deve ser aplicada, sem prejuízo do que já ocorreu no processo. No entanto, a doutrina vem entendendo que, no que tange às normas a respeito de medidas cautelares pessoais privativas ou restritivas da liberdade, por possuírem conteúdo misto, ou seja, penal e processual, deve seguir a regra do art. 5º, LV, da CF, que proíbe a retroação de norma penal, salvo para beneficiar o réu. Além disso, entende que ainda pode ser aplicado, mesmo que por analogia, o disposto no art. 2º do Decreto-lei 3.931/1941 (Lei de Introdução ao Código de Processo Penal), que prevê expressamente, quanto à prisão preventiva e à fiança, a aplicação da lei mais favorável no caso de intertemporalidade. Portanto:

- no caso de normas puramente processuais, aplica-se, como visto, o art. 2º do CPP;
- no caso de normas mistas (híbridas), ou seja, que misturem aspectos penais e processuais, o aspecto penal deve prevalecer, de modo que a nova lei não se aplicará se os dispositivos de natureza penal forem mais gravosos ao imputado. Não confundam normas mistas com as heterotópicas, que são normas que possuem uma única natureza (ex.: natureza processual), mas que se encontra em diploma legislativo com outro caráter (ex.: natureza processual, mas inserida no CP).

- **Analogia**: o art. 3º do CPP permite a aplicação da interpretação extensiva e da analogia. Para a aplicação desta última, deve haver lacuna, que pode ser integrada por meio de analogia. Para tanto, toma-se a regra existente para situações semelhantes, aplicando-se para aquela em que há a lacuna: *ubi eadem ratio, ibi eadem jus* (onde a mesma razão de fato, o mesmo direito);
  - O CPC pode ser aplicado ao processo penal por analogia. O fundamento é o próprio art. 3º do CPP, não o art. 15 do CPC (que não menciona o processo penal).

INQUÉRITO POLICIAL E OUTROS PROCEDIMENTOS INVESTIGATÓRIOS

- **CPP, arts. 4º a 23**
- **Lei 9.099/1995, art. 69**
- **Lei 12.037/2009, art. 3º**
- **Lei 12.830/2013**
- **CF, arts. 58, § 3º, e 129**

- O Inquérito Policial (IP) é conduzido pela Polícia Judiciária, função exercida, nos Estados, pela Polícia Civil e, no âmbito da União, pela Polícia Federal (art. 144, § 1º, IV, e § 4º, da CF). Estão excluídos das atribuições de tais Polícias os crimes militares.
- O IP é presidido por Delegado de Polícia (estadual ou federal), tendo como objetivo a apuração da materialidade e autoria das infrações penais.
- Segundo a Lei 12.830/2013, as funções de polícia judiciária e a apuração de infrações penais exercidas pelo delegado de polícia são de natureza jurídica, essenciais e exclusivas de Estado.
- Cabe ao Delegado de Polícia, segundo a mesma Lei 12.830/2013, a condução das investigações realizadas por meio de IP.
- Tem o IP natureza administrativa e serve de base para a propositura de ação penal (portanto, é um procedimento administrativo preparatório).
- O IP tem natureza inquisitória, é escrito e, segundo costuma dizer a doutrina, sigiloso.
  - É **inquisitório**, pois não se aplica o princípio do contraditório, o que não quer dizer que não deva ser aplicado outro: o princípio da ampla defesa;
  - Quanto ao **sigilo**, é certo que não se aplica aos advogados, em virtude do disposto no art. 7º, XIV, do Estatuto da Advocacia e a Ordem dos Advogados do Brasil (Lei 8.906/1994), que garante que tais profissionais possam examinar autos de inquérito policial em qualquer repartição policial. E a Súmula Vinculante 14 do Supremo Tribunal Federal dispõe ser direito do defensor, no interesse do representado, ter acesso amplo aos elementos de prova que, já documentados em procedimento investigatório realizado por órgão com competência de polícia judiciária, digam respeito ao exercício do direito de defesa. Normalmente, para afirmar que o inquérito é sigiloso, baseia-se a doutrina no art. 20 do CPP. Mas, notem: tal dispositivo na verdade não diz que o IP deve ser sigiloso. Não. Ali afirma-se apenas que a autoridade policial deve assegurar o sigilo necessário para as investigações. Ou seja, assegurar o sigilo, quando necessário.
- A doutrina reconhece a existência de investigações que não são feitas pela Polícia Judiciária: a) inquéritos parlamentares, realizados pelas Comissões Parlamentares de Inquérito ou pelas próprias polícias da Câmara dos Deputados e do Senado Federal, em caso de crimes cometidos em suas dependências (STF, Súmula 397); b) inquéritos policiais militares, conduzido por autoridades militares; c) investigações de infrações penais cometidas por Juízes de Direito e Promotores de Justiça, que são conduzidas pela cúpula das respectivas instituições; d) investigações de infrações penais de pessoas com prerrogativa de função pelos Tribunais Superiores.
- O inquérito civil previsto na Lei 7.347/1985 (que trata da ação civil pública) não é instaurado para apurar crime, mas como preparação para a ação mencionada. No entanto, pode ser usada para embasar a denúncia no âmbito criminal.
- O Ministério Público tem poderes de investigação, conforme já decidiu o STF, no RE 595.727-MG: "(...) Questão constitucional com repercussão geral. Poderes de investigação do Ministério Público. Os artigos 5º, incisos LIV e LV, 129, incisos III e VIII, e 144, inciso IV, § 4º, da Constituição Federal, não tornam a investigação criminal exclusividade da polícia, nem afastam os poderes de investigação do Ministério Público. Fixada, em repercussão geral, tese assim sumulada: 'O Ministério Público dispõe de competência para promover, por autoridade própria, e por prazo razoável, investigações de natureza penal, desde que respeitados os direitos e garantias que assistem a qualquer indiciado ou a qualquer pessoa sob investigação do Estado, observadas, sempre, por seus agentes, as hipóteses de reserva constitucional de jurisdição e, também, as prerrogativas profissionais de que se acham investidos, em nosso País, os Advogados (Lei 8.906/94, artigo 7º, notadamente os incisos I, II, III, XI, XIII, XIV e XIX), sem prejuízo da possibilidade – sempre presente no Estado democrático de Direito – do permanente controle jurisdicional dos atos, necessariamente documentados (Súmula Vinculante 14), praticados pelos membros dessa instituição'. Maioria.

(...)"(RE 593.727-MG, Rel. Min. Gilmar Mendes, j. 14.05.2015).

- De qualquer modo, o **IP é dispensável**, conforme se depreende dos arts. 12, 27, 39, § 5º, e 46, § 1º, do CPP. Portanto, com base em outros tipos de informações (peças de informação, termos circunstanciados no caso dos delitos de menor potencial ofensivo, etc.), pode a ação penal ser oferecida.
- A Lei 13.432/2017 regulamentou a profissão de detetive particular. A nova legislação deixou claro que o detetive somente pode realizar investigações de natureza não-criminal, embora possa colaborar com a polícia nos inquéritos, caso a autoridade policial assim o autorize. Se o detetive realizar investigações, há entendimento de que estará a praticar crime de usurpação de função pública. Porém, outro entendimento entende que não se pode proibir investigações e que o detetive particular poderá agir no âmbito da investigação defensiva.

- **Notitia criminis**: é o conhecimento do crime por parte da autoridade policial. A doutrina costuma dividi-la em três espécies:
- **notitia criminis de cognição imediata ou espontânea**: se dá na hipótese em que a própria autoridade policial, em suas atividades rotineiras (ex.: leitura de jornal), toma conhecimento da infração penal;
- **notitia criminis de cognição mediata ou provocada**: a autoridade policial toma conhecimento da infração penal por meio de comunicado escrito;
- **notitia criminis de cognição coercitiva**: a autoridade policial toma conhecimento da infração quando alguém lhe é apresentado preso em flagrante.
- **Obs: *delatio criminis*** é a comunicação da infração penal à autoridade policial feita por quem não é o ofendido ou seu representante legal. Pode ser apresentar tanto sob a forma de *notitia criminis* de cognição imediata quanto como mediata.

ESPÉCIE DE AÇÃO	INÍCIO DO IP
Ação penal pública incondicionada **CPP, arts. 5º, *caput*, e 8º**	• de ofício, pela Autoridade Policial, que elabora portaria inaugural • por requisição do Ministério Público • por requisição do juiz (há quem entenda que isso atinge o sistema acusatório, sendo inconstitucional) • por requerimento do ofendido • por auto de prisão em flagrante
Ação penal pública condicionada **CPP, art. 5º, § 4º**	• depende de representação do ofendido ou seu procurador • ou de requisição do Ministro da Justiça, quando cabível
Ação penal privada **CPP, art. 5º, § 5º**	• depende de requerimento do ofendido
Foro por prerrogativa de função	• depende de autorizaçao do Tribunal competente para julgar o caso

- **Identificação criminal** em caso de a pessoa já ser civilmente identificada: o assunto é regulado pela Lei 12.037/2009, que estabelece os casos em que o civilmente identificado poderá ser submetido à identificação criminal. São tantas as hipóteses previstas, que haverá a possibilidade de que seja realizada a identificação criminal, ainda que o indivíduo seja civilmente identificado. Os casos são os seguintes (art. 3º):

1) o documento apresentar rasura ou tiver indícios de falsidade;
2) o documento apresentado for insuficiente para identificar cabalmente o indiciado;
3) o indiciado portar documentos de identidade distintos, com informações conflitantes entre si;
4) a identificação criminal for essencial às investigações policiais, segundo despacho da autoridade judiciária competente, que decidirá de ofício ou mediante representação da autoridade policial, do Ministério Público ou da defesa;
5) constar de registros policiais o uso de outros nomes ou diferentes qualificações;
6) o estado de conservação ou a distância temporal ou da localidade da expedição do documento apresentado impossibilite a completa identificação dos caracteres essenciais.

- **Indiciamento**: o CPP não define critério algum. Porém, a Lei 12.830/2013, em seu art. 2º, § 6º, diz ser o indiciamento ato privativo do delegado de polícia, devendo se dar por ato fundamentado, mediante análise técnico-jurídica do fato, que deverá indicar a autoria, materialidade e suas circunstâncias. Trata-se de ato por meio do qual a Autoridade Policial indica quem, segundo os indícios coligidos no IP, é o autor da infração penal. O indiciamento deve ser feito durante o IP, sendo pacífico na jurisprudência o entendimento de que não cabe quando já há denúncia oferecida. A jurisprudência admite o "desindiciamento", por meio de *writ* de *habeas corpus*.
- **Incomunicabilidade do preso**: é vedada pela CF durante o estado de defesa, conforme regra expressa (art. 136, § 3º, IV). É certo que o art. 21 do CPP a prevê. No entanto, se mesmo durante o estado de defesa ela é vedada, entende-se que com mais razão ainda a incomunicabilidade não é possível em condições de normalidade institucional. Logo, concordamos com o entendimento segundo o qual **o art. 21 do CPP não foi recepcionado pela CF de 1988**. Há, é verdade, entendimento contrário. Mas, vale lembrar que até quem entende cabível a incomunicabilidade reconhece não valer para o advogado do preso e para o membro do Ministério Público. Com efeito, é prerrogativa do membro do Ministério Público o acesso ao indiciado preso, a qualquer momento, mesmo quando decretada a sua incomunicabilidade (art. 41, IX, Lei 8.625/1993). Já quanto aos advogados, diz o art. 7º, III, do Estatuto da Advocacia e a Ordem dos Advogados do Brasil (Lei 8.906/1994) ser direito do advogado "comunicar-se com seus clientes, pessoal e reservadamente, mesmo sem procuração, quando estes se acharem presos, detidos ou recolhidos em estabelecimentos civis ou militares, ainda que considerados incomunicáveis".

PRAZOS PARA ENCERRAMENTO DO IP		
	imputado solto	**imputado preso**
Regra geral (CPP)	30 dias, prorrogáveis	10 dias
PF (art. 66, Lei 5.010/1966)	30 dias, prorrogáveis	15 dias
Lei 10.343/2006 (Lei de Drogas)	90 dias, podendo ser duplicado	30 dias, podendo ser duplicado
IPM	40 dias, prorrogáveis por mais 20 dias	20 dias
Crimes contra a economia popular (Lei 1.521/1951, art. 10, § 1º)	10 dias	10 dias

- **Arquivamento do inquérito policial**: não pode ser determinado pela autoridade policial ou de ofício pela autoridade judiciária. O juiz somente poderá determinar o arquivamento a requerimento do Ministério Público.

– se discordar o juiz do pedido do Ministério Público: aplicação do art. 28 do CPP:

- na Justiça Estadual, juiz envia os autos ao Procurador-Geral de Justiça, que decidirá a respeito. Ele poderá: confirmar o arquivamento, com o que os autos irão para o arquivo; determinar a realização de mais diligências; oferecer denúncia ou designar outro Promotor de Justiça para oferece-la;
- na Justiça Federal ou do Distrito Federal: o juiz encaminha os autos à Câmara de Coordenação e Revisão do Ministério Público Federal ou do Distrito Federal. Parte da doutrina entende que a decisão final cabe a esta, tal como ocorre com o Procurador-Geral nos Ministérios Públicos estaduais. Porém, outros entendem que a Câmara dará apenas um parecer e que, nos termos do art. 28 do CPP, a decisão final será do Procurador-Geral da República. Nos últimos tempos, no âmbito do Ministério Público Federal, o Procurador-Geral tem delegado tal função à Câmara, de modo que a divergência doutrinária fica assim superada.

– **Arquivamento pelo Procurador-Geral da República nos feitos de sua atribuição originária**: em regra, não há necessidade de homologação pelo STF. Porém, a Suprema Corte entende que, nos casos de arquivamento por atipicidade ou por reconhecimento de causa de exclusão da ilicitude – que gera, na primeira hipótese, coisa julgada material – o Supremo deverá analisá-lo.

– **Arquivamento pelo Procurador-Geral de Justiça nos feitos de sua atribuição originária**: desnecessária qualquer decisão do Tribunal de Justiça, já que o arquivamento é obrigatório, salvo no caso em que o fundamento gere coisa julgada material (arquivamento por atipicidade do fato). Porém, o interessado que discordar da decisão do Procurador-Geral de Justiça poderá provocar a revisão do ato pelo Colégio de Procuradores de Justiça, nos termos do art. 12, XI, da Lei 8.625/1993, segundo procedimento regulado por cada lei orgânica estadual.

- **Arquivamento e coisa julgada material**: entende a doutrina, em geral, que o arquivamento com fundamento na atipicidade do fato ou na existência de causa de exclusão da ilicitude gera efeito de coisa julgada material, não podendo ocorrer futuro oferecimento de denúncia no caso de surgimento de provas novas. Esse vinha sendo o entendimento do STJ. Ocorre que, em 2015, o STF definiu seu posicionamento sobre o assunto, fixando o entendimento de que o arquivamento do inquérito policial em razão do reconhecimento de excludente de ilicitude não faz coisa julgada material (HC 125.101-SP, Rel. para o Acórdão Min. Dias Toffoli, j. 25.08.2015, Informativo 796) Na hipótese em que o arquivamento gere efeito de coisa julgada material, tal efeito subsiste, segundo o STF, mesmo que o arquivamento tenha sido determinado por juiz absolutamente incompetente.
- **Arquivamento e coisa julgada formal**: nos demais casos, é possível oferecimento da denúncia, enquanto não prescrita a infração penal, desde que surjam provas substancialmente novas.

AÇÃO PENAL

- ▸ **CF, arts. 5º, LIX, 129, I**
- ▸ **CPP, arts. 24 a 62**

- **Condições da ação**:
- possibilidade jurídica do pedido (fato que é crime + punibilidade);
- interesse de agir (interesse + adequação);
- legitimidade de partes (ativa e passiva);
- justa causa (fundamento probatório mínimo).
- **Obs.**: além das condições genéricas da ação penal acima mencionadas, é possível vislumbrar diversas hipóteses de condições específicas. Exs: representação do ofendido ou do representante legal nas ações penais públicas condicionadas; provas novas, no caso em que o inquérito policial tiver sido arquivado; laudo pericial nos crimes contra a propriedade imaterial. São também chamadas **condições de procedibilidade**;
  - o O novo CPC não menciona mais "condições da ação". Entende-se, porém, que não deixou de reconhecer sua existência, eis que há menções a "interesse e legitimidade" (arts. 17, 337, XI, 485, VI). Porém, não há qualquer menção à possibilidade jurídica do pedido. A doutrina já vinha, de há muito, negando que era realmente uma condição da ação
- No CPP, o art. 395, II, diz que o juiz deve rejeitar a denúncia ou queixa quando faltar condição para o exercício da ação penal.
- Corrente minoritária entende que as condições da ação no processo penal são específicas deste: prática de fato aparentemente criminoso, punibilidade concreta, legitimidade de parte e justa causa
- Segue um quadro comparativo, com os princípios mais cobrados em concursos e as principais características das espécies de ação penal.

ESPÉCIES E CARACTERÍSTICAS DAS AÇÕES PENAIS		
	Princípios	**Características**
Ação penal pública incondicionada	**oficialidade**: é promovida por um órgão do Estado (Ministério Público)	não depende da vontade do ofendido ou de requisição de autoridade
	obrigatoriedade: presentes a materialidade da infração penal e indícios suficientes de autoria, o Ministério Público tem o dever de propor a ação penal (salvo exceções legais)	inicial = denúncia
	indisponibilidade: o Ministério Público não pode desistir da ação penal ou de eventual recurso interposto, mas pode, em alegações finais ou parecer em 2º grau, opinar pela absolvição do acusado ou desclassificação da infração penal	

ESPÉCIES E CARACTERÍSTICAS DAS AÇÕES PENAIS		
	Princípios	**Características**
Ação penal pública condicionada à representação do ofendido ou de seu representante legal	**oficialidade**: é promovida por um órgão do Estado (Ministério Público) **obrigatoriedade**: havendo representação e presentes a materialidade da infração penal e indícios suficientes de autoria, o Ministério Público tem o dever de propor a ação penal (salvo exceções legais) **indisponibilidade**: o Ministério Público não pode desistir da ação penal ou de eventual recurso interposto, mas pode, em alegações finais ou parecer em 2º grau, opinar pela absolvição do acusado ou desclassificação da infração penal	Representação do ofendido ou de seu representante legal = condição de procedibilidade para a propositura da ação penal A representação não vincula o Ministério Público: este não está obrigado a propor a ação penal se ausentes prova da ocorrência do delito ou indícios suficientes de autoria Retratação da representação: possível só até o oferecimento da denúncia. No caso da Lei 11.340 (Maria da Penha), a vítima pode se retratar ("renunciar") até antes do recebimento da denúncia O direito de representar está sujeito a prazo decadencial, normalmente de 6 meses, contado do dia em que veio a saber quem é o autor do crime (art. 103, CP) Inicial = denúncia
Ação penal pública condicionada à requisição do Ministro da Justiça	**oficialidade**: é promovida por um órgão do Estado (Ministério Público) **obrigatoriedade**: havendo requisição e presentes a materialidade da infração penal e indícios suficientes de autoria, o Ministério Público tem o dever de propor a ação penal (salvo exceções legais) **indisponibilidade**: o Ministério Público não pode desistir da ação penal ou de eventual recurso interposto, mas pode, em alegações finais ou parecer em 2º grau, opinar pela absolvição do acusado ou desclassificação da infração penal	Requisição do Ministro da Justiça = condição de procedibilidade para a propositura da ação penal Hipóteses do art. 7º, § 3º, CP (caso de extraterritorialidade da lei penal brasileira) e do art. 145, parágrafo único, CP (crime contra a honra do Presidente da República ou de chefe de governo estrangeiro) A requisição é ato administrativo discricionário A requisição não vincula o Ministério Público: este não está obrigado a propor a ação penal se ausentes prova da ocorrência do delito ou indícios suficientes de autoria A requisição não admite retratação e não está sujeita a prazo decadencial, embora haja entendimentos em contrário Inicial = denúncia
Ação penal privada subsidiária da pública	Não se aplicam os princípios da ação penal pública, já que não há obrigatoriedade da propositura da queixa, pois ela é proposta por particular. Mas, atenção: o perdão do ofendido e a renúncia não geram efeitos, já que o Ministério Público assumirá a ação penal	Admitida nos crimes de ação pública, se esta não for intentada no prazo legal Pode o Ministério Público aditar a queixa, repudiá-la e oferecer denúncia substitutiva, intervir em todos os termos do processo, fornecer elementos de prova, interpor recurso e, a todo tempo, no caso de negligência

ESPÉCIES E CARACTERÍSTICAS DAS AÇÕES PENAIS		
	Princípios	**Características**
Ação penal privada subsidiária da pública		do querelante, retomar a ação como "parte principal" O direito à queixa subsidiária está sujeito a prazo decadencial, de 6 meses, contado do dia em que se esgota o prazo para oferecimento da denúncia (art. 103, CP) Não ocorre perempção, pois, em caso de negligência do querelante, o Ministério Público tem o dever de retomar a ação como "parte principal" Inicial = queixa
Ação penal exclusivamente privada	**princípio da oportunidade**: o titular do direito de queixa não é obrigado a propô-la **princípio da disponibilidade**: o titular do direito pode a ele renunciar, pode desistir da ação e perdoar o acusado **princípio da indivisibilidade**: a ação penal privada deve ser intentada contra todos os envolvidos no delito, não podendo o querelante escolher quem irá processar. Assim, a renúncia em relação a um dos querelados, importa em renúncia ao direito de queixa a todos; e o perdão a um deles aproveitará a todos, salvo aquele que recusá-lo	Prazo decadencial é de 6 meses, normalmente; Está sujeita à perempção: A) quando, iniciada a ação penal, o querelante deixar de promover o andamento do processo durante 30 dias seguidos; B) quando, falecendo o querelante, ou sobrevindo sua incapacidade, não comparecer em juízo, para prosseguir no processo, dentro do prazo de 60 (sessenta) dias, qualquer das pessoas a quem couber fazê-lo, ressalvado o disposto no art. 36 do CPP; C) quando o querelante deixar de comparecer, sem motivo justificado, a qualquer ato do processo a que deva estar presente, ou deixar de formular o pedido de condenação nas alegações finais; D) quando, sendo o querelante pessoa jurídica, esta se extinguir sem deixar sucessor Inicial = queixa
Ação penal privada personalíssima	Idem, quanto aos princípios da ação penal exclusivamente privada	Hipótese: art. 236, CP (crime de "induzimento a erro essencial e ocultaçao de impedimento", relacionado a casamento), em que a queixa penal só pode ser proposta pelo contraente do casamento que foi enganado e por mais ninguém Demais características idênticas às da ação penal exclusivamente privada Em caso de falecimento do querelante, entende-se haver perempção, não sendo possível a substituição processual

- **Exceções ao princípio da obrigatoriedade (segundo a doutrina)**:
  - transação penal (art. 76, Lei 9.099/1995);
  - colaboração premiada específica (art. 4º, § 4º, Lei 12.850/2013):
    - colaborador que não for líder da organização criminosa;
    - que for o primeiro a prestar efetiva colaboração
  - acordo de leniência (arts. 86 e 87, Lei 12.529/2011);

- termos de ajustamento de conduta (art. 5º, § 6º, Lei 7.347/1985);
- parcelamento do débito tributário (art. 83, § 2º, Lei 9.430/1996).

· Outros princípios invocados pela doutrina:

- **ne procedat iudex ex officio**: o juiz não pode iniciar o processo de ofício. Aplica-se a todas as espécies de ações penais;
- **ne bis in idem**: ninguém pode ser processado duas vezes pelo mesmo fato, com a mesma imputação. Aplica-se a todas as espécies de ações penais;
- **oficiosidade**: as autoridade públicas devem agir de ofício nas ações penais públicas incondicionadas;
- **autoritariedade**: nas ações penais públicas, a persecução penal fica a carga da autoridade pública. Aplica-se às ações penais privadas apenas quanto à fase pré-processual;
- **instranscendência**: as ações penais, públicas e privadas, devem ser propostas apenas em face daquele contra o qual há indícios de autoria.

· **Legitimidade para oferecer representação (e queixa, de modo geral)**:

- ofendido com 18 anos de idade ou mais: cabe a ele próprio oferecer a representação;
- ofendido menor de 18 anos ou com doença ou retardo mental: representação cabe ao representante legal; se não tiver representante legal ou caso haja interesses colidentes entre eles, a representação caberá a um curador especial, nomeado por juiz competente para o processo penal;
- ofendido maior de 16 e menor de 18 anos, casado: não possuindo representante legal em virtude da emancipação civil, há duas hipóteses: a) nomeação de curador especial; b) aguarda-se que atinja a idade de 18 anos, para que possa ter legitimidade para oferecer a representação, não correndo o prazo decadencial.
- pessoa jurídica: a representação cabe a quem os represente, segundo seus estatutos ou contratos sociais; na ausência de previsão, caberá aos diretores ou sócios que exerçam função de gerência;
- em caso de morte do ofendido (ou declarado ausente por decisão judicial): a representação cabe, nessa ordem, ao cônjuge (não inclui o companheiro, pois isso aumentaria o alcance do direito de punir, segundo entendimento aparentemente majoritário; a nosso ver, deve incluir o companheiro), ascendente, descendente e irmão.

· A representação, em regra, é retratável somente até o **oferecimento** da denúncia (não o recebimento, que é ato posterior, do juiz). Nesse sentido, regra expressa do art. 25 do CPP. Mas há uma exceção. O art. 16 da Lei 11.340/2006 (Lei Maria da Penha) possibilita a retratação feita pela ofendida, em audiência especialmente designada para tal fim, ainda que a denúncia já tenha sido oferecida, mas antes de seu recebimento pelo juiz.

· Normalmente, em se tratando de crime de lesão corporal leve, ainda que cometido no âmbito doméstico, nos termos do § 9º do art. 129 do CP, haverá necessidade de representação da vítima. Porém, em se tratando de **violência contra a mulher**, deve ser aplicada a Lei 11.340/2006 (Lei Maria da Penha), não se exigindo a representação, ainda que leve a lesão corporal. É que a necessidade de representação em crime de lesão corporal leve foi introduzida em nosso ordenamento pela Lei 9.099/1995, pois, até então, o crime do art. 129, *caput*, era de ação penal pública incondicionada. Então, adveio a Lei 11.340/2006 que, em seu art. 41, previu a inaplicabilidade da Lei 9.099/1995 em casos de violência doméstica. Então, a doutrina e a jurisprudência se dividiram a respeito: o que não é aplicado da Lei 9.099, tudo ou apenas a transação penal? A questão nunca foi pacífica, nem no STJ, bastando verificar o Recurso Especial 1.127.981-PE (Rel. Min. Gilson Dipp, j. 22.11.2011), do qual se depreende a necessidade da representação. Ocorre que, em 2012, o STF, na ADI 4424 – portanto, com efeitos vinculantes e *erga omnes* – decidiu pela constitucionalidade do art. 41 da Lei Maria da Penha e, assim, que não é necessária a representação da ofendida em casos de lesões corporais leves (v. Informativo 654). No STJ, há a Súmula 536: "A suspensão condicional do processo e a transação penal não se aplicam na hipótese de delitos sujeitos ao rito da Lei Maria da Penha".

· **Prazo decadencial para a queixa ou representação**: normalmente, de 6 meses, contado do dia em que o ofendido veio a conhecer a autoria da infração penal.

- no caso de legitimidade do representante legal, há duas posições:
  - a inércia do representante não implica na decadência do direito para o ofendido, que poderá exercê-lo quando completar 18 anos (não há decadência de direito que não pode ser exercido);
  - a decadência para o representante legal afeta o direito do ofendido, pois o prazo decadencial não pode ser dividido.

· **Extinção da punibilidade na ação penal privada**

- **Prescrição**: aplicável a todas as espécies de ação, inclusive a privada;
- **Decadência**: perda do direito de oferecer a queixa (e também a representação na ação penal pública condicionada);

- **Renúncia**: ato unilateral do ofendido, realizado antes do processo;
  - **expressa**: por escrito, assinada pelo ofendido ou por seu representante legal ou por procurador com poderes especiais;
  - **tácita**: prática, pelo ofendido, de ato incompatível com a vontade de oferecer a queixa-crime, ou seja, de ver o autor da infração penal processado;

  * renúncia quanto a um dos autores do crime implica em renúncia contra todos;
- **Perdão do ofendido**: ato bilateral, realizado no curso do processo, que depende de aceitação do querelado;
  - **expresso** ou **tácito**;
  - pode ser oferecido até o trânsito em julgado da sentença condenatória;
  - oferecido por um dos ofendidos, não atinge o direito das demais vítimas em prosseguir com o processo;
  - oferecido a um dos querelados, deve ser estendido a todos os demais;
  - aceito por um dos querelados, não implica em aceitação pelos demais;
  - a aceitação pode ser **processual** ou **extraprocessual**, **expressa** ou **tácita**. O silêncio importa em aceitação;
- **Perempção**: inércia ou desídia do titular da ação penal privada;
  - quando, iniciada a ação penal privada, o querelante deixar de promover o andamento do processo durante 30 dias seguidos;
  - quando, falecendo o querelante, ou sobrevindo sua incapacidade, não comparecer em juízo, para prosseguir no processo, dentro do prazo de 60 dias, qualquer das pessoas a quem couber fazê-lo, ressalvado o disposto no art. 36 do CPP;
  - quando o querelante deixar de comparecer, sem motivo justificado, a qualquer ato do processo a que deva estar presente, ou deixar de formular o pedido de condenação nas alegações finais;
  - quando, sendo o querelante pessoa jurídica, esta se extinguir sem deixar sucessor.

• **Requisitos da denúncia e da queixa**

- endereçamento;
- exposição do fato criminoso com todas as suas circunstâncias;
- qualificação do acusado ou dados que permitam individualizá-lo;
- classificação do crime;
- rol de testemunhas, se se pretender usar tal meio de produção de prova;
- subscrição pelo membro do Ministério Público (denúncia) ou pelo advogado do querelante, com poderes especiais (queixa na ação penal privada);
  - na ação penal privada, a procuração deve mencionar o nome do querelado e o fato criminoso, entendendo a jurisprudência não haver necessidade de descrição minuciosas deste. Tais irregularidades são consideradas sanadas se o querelante também assinar a queixa.
  - prevalece o entendimento de que as irregularidades na procuração podem ser sanadas a qualquer tempo, mesmo depois do decurso do prazo decadencial.

AÇÃO CIVIL EX DELICTO

▸ **CPP, arts. 63 a 68**

• No Brasil, adotou-se o sistema da independência entre as instâncias civil e penal, no que toca à reparação do dano causado pela infração penal. Porém, trata-se de uma independência mitigada, eis que pode a ação penal condenatória pode servir de título executivo judicial (ação de execução *ex delicto*), mas, independentemente, é possível o ajuizamento da a ação civil própria (ação civil *ex delicto*).

• Ação penal condenatória com trânsito em julgado = título executivo judicial (ação de execução *ex delicto*).

- necessidade de prévia liquidação para apuração do montante da indenização;
- possibilidade de o juiz criminal, na sentença condenatória, fixar um valor mínimo de indenização;

• Legitimidade ativa para a ação civil *ex delicto*:

- vítima;
- representante legal;
- em caso de óbito: herdeiros;
- Defensoria Pública em caso de hipossuficiência;
- onde não houver Defensoria Pública: admite-se que seja proposta pelo Ministério Público ou que seja nomeado advogado dativo.

• Competência: juízo cível

• Se proposta a ação cível antes da sentença: o juiz cível pode suspendê-la.

HIPÓTESES DE ABSOLVIÇÃO DO ART. 386, CPP E REFLEXOS NA AÇÃO CIVIL	
Hipótese	**Consequência**
Prova da inexistência do fato	não há responsabilidade civil
Falta de prova da existência do fato	pode haver discussão na esfera civil
Fato não constitui infração penal	pode haver ilícito civil e dever de indenizar
Prova de que o acusado não concorreu para a infração	não há responsabilidade civil
Falta de prova de que o acusado concorreu para a infração	pode haver discussão na esfera civil
Prova de excludente de culpabilidade	pode haver discussão na esfera civil
Prova de excludente de ilicitude	**legítima defesa**: em regra, torna o ato lícito também na esfera civil, sendo exceção o caso de *aberratio ictus* (ou seja, o terceiro atingido pode pedir indenização ao causador do dano, que, por sua vez, tem direito de regresso contra o agressor inicial); **estado de necessidade**: em regra, torna o ato lícito também na esfera civil, sendo exceção o caso em que o lesado não foi o causador do perigo (ou seja, deve ser indenizado, tendo o causador direto do dano direito de regresso contra o causador do perigo); **estrito cumprimento do dever legal**: em regra, tor
	na o ato lícito também na esfera civil. Há corrente que entende haver responsabilidade objetiva do Estado (discordamos: a responsabilidade deriva de ato ilícito, apenas) **exercício regular de direito**: torna o ato lícito também na esfera civil

COMPETÊNCIA

- CF, arts. 5º, XXXVIII; 29, X; 96, III; 102; 105; 109; 124; 125
- CPP, arts. 69 a 91
- Lei 9.099/1995, art. 63
- Lei 11.101/2005, art. 183
- Lei 11.343/2006, art. 70

- **Jurisdição**: poder-dever pertinente ao Estado de aplicar o direito ao caso concreto.
- **Características**:
  - Investidura: o exercício da jurisdição é feito por magistrado investido na função;
  - Indelegabilidade: não pode ser delegada a outro órgão, salvo precatórias e cartas de ordem;
  - Juiz natural;
  - Inafastabilidade (art. 5º, LIII, CF: a lei não excluirá da apreciação do Poder Judiciário lesão ou ameaça a direito);
  - Inevitabilidade ou irrecusabilidade: não está sujeita à vontade das partes;
  - Inércia: depende de provocação, em regra.
- **Para exercer a jurisdição há divisão de competências** (v. quadro mais abaixo).
- **Competência absoluta**: tem origem direta em regra trazida pela CF
  - é indisponível ao Ministério Público, querelante e imputado;
  - a incompetência absoluta pode ser arguida até o trânsito em julgado, em qualquer fase do processo;
  - pode ser arguida mesmo depois do trânsito em julgado, por meio de revisão criminal (admite-se, também, o *habeas corpus*), mas apenas nos casos de sentença condenatória ou absolutória imprópria. Assim, é vedada a arguição *pro societate* depois do trânsito em julgado de decisão absolutória própria;
  - não há necessidade de demonstração de prejuízo;
  - a incompetência absoluta pode ser declarada de ofício pelo juiz, até a sentença; depois, deverá ser declarada pelo tribunal recursal;
  - exs. de competência absoluta: em razão da matéria e por prerrogativa de função.
- **Competência relativa**: tem origem direta em normas infraconstitucionais; indiretamente, em normas constitucionais.
  - pode ser prorrogada, caso não alegada a incompetência no momento certo. Normalmente, deve ser alegada por meio de exceção de incompetência, no prazo da resposta à acusação. Se não ale-

gada em exceção, mas na própria resposta, pode ser aceita pelo juiz mesmo assim;

- a incompetência, nesse caso, gera apenas nulidade relativa, devendo ser demonstrado prejuízo à parte;
- a incompetência relativa também pode ser declarada de ofício pelo juiz. A nosso ver de modo equivocado, o STJ estendeu a aplicação da Súmula 33 ao processo penal, de modo que tal Corte veda o reconhecimento da incompetência relativa de ofício pelo juiz. Na verdade, a Súmula 33 tem origem no processo civil, não devendo ser aplicada, *data venia*, ao processo penal;
- entendendo que pode ser declarada de ofício, entende-se que o juiz terá até o início da instrução para declará-la, em virtude de que, hoje, há o princípio da identidade física, de modo que, iniciada a coleta da prova pelo magistrado, estará preclusa a matéria da competência relativa.
- exs. de competência relativa: territorial e por prevenção.

• **Consequências da incompetência**:

- o CPP possui regra a respeito, que está no art. 567: a incompetência anula somente os atos decisórios;
- parte a doutrina entende que tal regra aplica-se apenas à incompetência relativa, já que a incompetência absoluta provoca a anulação de todos os atos, mesmo que não tenham natureza decisória;
- o entendimento jurisprudencial é diverso, ou seja, somente os atos decisórios devem ser anulados, aplicando-se o art. 567 do CPP, devendo o juiz competente ratificar os demais atos. É esse o entendimento do STF. Nesse sentido: "(...) Tanto a denúncia quanto o seu recebimento emanados de autoridades incompetentes rationae materiae são ratificáveis no juízo competente. (...)" (HC 83.006-SP, Rel. Min. Ellen Gracie, j. 18.06.2003);

• **Obs.:** comungamos do entendimento segundo o qual os atos de produção de prova realizados por juiz incompetente devem ser anulados, isso porque hoje vige o princípio da identidade física do juiz. Logo, se ao juiz que presidiu a instrução cabe a prolação da sentença, a produção probatória deverá ser refeita – e não meramente ratificada – pelo juiz competente, para que possa, então, prolatar a decisão.

CRITÉRIOS DOUTRINÁRIOS PARA DIVISÃO DA COMPETÊNCIA	
***Ratione materiae* (matéria)**	Define a Justiça competente, levando em conta: a) a natureza do delito; ou b) a titularidade do bem, valor ou interesse jurídico
***Ratione loci* (territorial)**	Os parâmetros podem ser o lugar da consumação do crime ou do domicílio do acusado: primeiro é necessário estabelecer a competência em razão da matéria (competência de jurisdição); depois, a competência territorial
***Ratione personae* (funcional)**	Leva em conta as funções exercidas por determinadas pessoas (foro por prerrogativa de função): os casos de foro por prerrogativa de função são previstos na CF e superam as demais competências.

• **Competência em razão da matéria:** competência de Justiça, absoluta.

- divide-se em Justiças Comum e Especial:

• as Especiais são: Justiça Eleitoral, Justiça Militar; Justiça do Trabalho (alguns incluem também, para os crimes de responsabilidade, a Justiça Política);

• as Comuns são: Federal e Estadual, que incluem, dentro delas, também os respectivos tribunais do Júri e juizados especiais criminais.

- **Justiça Comum Estadual: competência residual.**

• em caso de conexão com crime de competência da Justiça Federal, prevalecerá a competência desta.

• **Casuística jurisprudencial:**

• Súmula 42, STJ: causas cíveis em que é parte sociedade de economia mista e os crimes praticados em seu detrimento;

• Súmula 53, STJ: civil acusado de prática de crime contra instituições militares estaduais;

• Súmula 62, STJ: crime de falsa anotação na CTPS, atribuído à empresa privada;

• Súmula 73, STJ: uso de papel-moeda grosseiramente falsificado configura estelionato, de competência da Justiça Estadual;

• Súmula 140, STJ: crime em que o indígena figure como autor ou vítima;

- **Justiça Comum Federal:**

• Art. 109, CF: diversas hipóteses (casuística constitucional);

• Regra geral: compete à Justiça Federal o julgamento dos delitos cometidos em detrimento de bens, serviços ou interesse da União, de suas entidades autárquicas ou empresas públicas.

• Exceção: contravenções penais e crimes de competência das Justiças Eleitoral e Militar.

• Casuística jurisprudencial:

• Súmula 91, STJ: cancelada. Agora, crime contra a fauna é competência da Justiça Estadual;

- Súmula 122, STJ: compete à Justiça Federal o processo e julgamento unificado dos crimes conexos de competência federal e estadual, não se aplicando a regra do art. 78, II, a, do CPP;
- Súmula 147, STJ: compete à Justiça Federal processar e julgar os crimes praticados contra funcionário público federal, quando relacionados com o exercício da função;
- Súmula 165, STJ: crime de falso testemunho cometido no processo trabalhista é de competência da Justiça Federal;
- Súmula 208, STJ: prefeito municipal por desvio de verba sujeita à prestação de contas perante órgão federal deve ser julgado pela Justiça Federal;
- Súmula 209, STJ: julgar prefeito por desvio de verba transferida e incorporada ao patrimônio municipal compete à Justiça Estadual;
- Súmula 522, STF: tráfico para o exterior é competência da Justiça Federal.

– **Justiça Militar**: art. 124, CF (Justiça especial): julga os crimes militares;

- *Justiça Militar da União*: julga os membros das Forças Armadas e os civis que incorram em crime militar;
- *Justiça Militar Estadual*: não julga civis, somente PMs (incluindo Bombeiros militares);
- *art. 125, § 4º, CF* (cabe processar e julgar os militares dos Estados, nos crimes militares definidos em lei e as ações judiciais contra atos disciplinares militares, ressalvada a competência do júri quando a vítima for civil);
- *art. 125, § 5º, CF* (compete aos juízes de direito do juízo militar processar e julgar, singularmente, os crimes militares cometidos contra civis e as ações judiciais contra atos disciplinares militares, cabendo ao Conselho de Justiça, sob a presidência de juiz de direito, processar e julgar os demais crimes militares);
- **Atenção 1**: houve importante modificação no CPM, o que alterou a competência para o julgamento dos crimes militares, eis que a definição destes foi alterada. Muito importante a modificação trazida ao inciso II do art. 9º, que passou a considerar militares os crimes previstos no CPM e na legislação penal (o que inclui o CP) quando praticados: a) por militar em situação de atividade ou assemelhado, contra militar na mesma situação ou assemelhado; b) por militar em situação de atividade ou assemelhado, em lugar sujeito à administração militar, contra militar da reserva, ou reformado, ou assemelhado, ou civil; c) por militar em serviço ou atuando em razão da função, em comissão de natureza militar, ou em formatura, ainda que fora do lugar sujeito à administração militar contra militar da reserva, ou reformado, ou civil; d) por militar durante o período de manobras ou exercício, contra militar da reserva, ou reformado, ou assemelhado, ou civil; e) por militar em situação de atividade, ou assemelhado, contra o patrimônio sob a administração militar, ou a ordem administrativa militar. Assim, por exemplo, abuso de autoridade cometido por policial militar contra civil agora deverá ser julgado pela Justiça Militar;
- **Atenção 2**: no âmbito estadual, os crimes dolosos contra a vida cometidos por militar contra civil continua a ser julgado pelo Tribunal do Júri;
- **Atenção 3**: no âmbito federal, os crimes dolosos contra a vida cometidos por militares das Forças Armadas contra civil, serão da competência da Justiça Militar da União, se praticados no contexto: a) do cumprimento de atribuições que lhes forem estabelecidas pelo Presidente da República ou pelo Ministro de Estado da Defesa; b) de ação que envolva a segurança de instituição militar ou de missão militar, mesmo que não beligerante; ou c) de atividade de natureza militar, de operação de paz, de garantia da lei e da ordem ou de atribuição subsidiária, realizadas em conformidade com o disposto no art. 142 da Constituição Federal e na forma dos seguintes diplomas legais: Código Brasileiro de Aeronáutica; LC 97/1999; CPPM; Código Eleitoral.
- **Casuística jurisprudencial:**
- Súmula 6, STJ: compete à justiça comum estadual processar e julgar delito decorrente de acidente de trânsito envolvendo viatura de polícia militar, salvo se autor e vítima forem policiais militares em situação de atividade. **Atenção**: em vista das modificações do CPM vistas acima, entendemos que tal Súmula deverá ser revista;
- Súmula 75, STJ: compete à Justiça Comum Estadual julgar policial militar por crime de promover ou facilitar a fuga de preso de estabelecimento penal. **Atenção**: em vista das modificações do CPM vistas acima, entendemos que tal Súmula deverá ser revista;
- Súmula 78, STJ: compete à Justiça Militar Estadual julgar policial de corporação estadual, ainda que o delito tenha sido praticado em outra unidade da federação;
- Súmula 172, STJ: militar por crime de abuso de autoridade, ainda que praticado em serviço é de competência da Justiça Comum Estadual. **Atenção**: em vista das modificações do CPM vistas acima, entendemos que tal Súmula deverá ser revista;

– **Justiça Eleitoral**: crimes eleitorais + HC e MS se houver pertinência temática.

- **crimes eleitorais** são aqueles previstos no Código Eleitoral ou que a lei defina como eleitorais;
- em caso de conexão entre crime eleitoral e crime comum de competência da Justiça Estadual, prevalece a competência da Justiça Eleitoral;
- se houver conexão entre crime eleitoral e crime doloso contra a vida, prevalece o entendimento de que haverá separação: o crime eleitoral será julgado pela Justiça Eleitoral; o crime doloso contra a vida, pelo Tribunal do Júri, instituído na Justiça Comum Estadual. A razão: assim como a competência da Justiça Eleitora está prevista na CF, a do Tribunal do Júri também está;
- havendo conexão entre crime eleitoral e crime de competência da Justiça Comum Federal, também haverá a separação, pelos mesmos motivos do item anterior;
- idem quanto à conexão entre crime eleitoral e crime militar.

– **Justiça do Trabalho**: a Justiça do Trabalho não tem competência para o julgamento de crimes. É verdade que houve casos de julgamento de infrações penais em tal Justiça, em razão da redação dada pela EC 45/2004 ao art. 114, I, IV e IX, da CF. Porém, decidiu o STF não ser cabível tal julgamento: "COMPETÊNCIA CRIMINAL. Justiça do Trabalho. Ações penais. Processo e julgamento. Jurisdição penal genérica. Inexistência. Interpretação conforme dada ao art. 114, incs. I, IV e IX, da CF, acrescidos pela EC nº 45/2004. Ação direta de inconstitucionalidade. Liminar deferida com efeito ex tunc. O disposto no art. 114, incs. I, IV e IX, da Constituição da República, acrescidos pela Emenda Constitucional nº 45, não atribui à Justiça do Trabalho competência para processar e julgar ações penais" (ADI 3.684 MC-DF, Rel. Min. Cezar Peluso, j. 01.02.2007). Porém, isso não quer dizer que não tenha a Justiça do Trabalho competência criminal alguma. Tem: o art. 114, IV, da CF dá-lhe competência para julgar os mandados de segurança, habeas corpus e habeas data, quando o ato questionado envolver matéria sujeita à sua jurisdição.

- **Competência territorial:** relativa. Deve ser verificada depois que se estabelecer a competência de Justiça.

– Regras previstas na legislação infraconstitucional.

– **Teoria do resultado**: art. 70, CPP (lugar em que se consumar a infração, ou, no caso de tentativa, pelo lugar em que for praticado o último ato de execução);

- Exceção: art. 63, Lei 9.099/1995 (teoria da ação: local em que foi praticada a infração penal);

– A jurisprudência vem mitigando o rigor do art. 70.

– Outras regras:

- se, iniciada a execução no território nacional, a infração se consumar fora dele, a competência será determinada pelo lugar em que tiver sido praticado, no Brasil, o último ato de execução;
- quando o último ato de execução for praticado fora do território nacional, será competente o juiz do lugar em que o crime, embora parcialmente, tenha produzido ou devia produzir seu resultado;
- quando incerto o limite territorial entre duas ou mais jurisdições, ou quando incerta a jurisdição por ter sido a infração consumada ou tentada nas divisas de duas ou mais jurisdições, a competência firmar-se-á pela **prevenção**;
- tratando-se de infração continuada ou permanente, praticada em território de duas ou mais jurisdições, a competência firmar-se-á pela **prevenção**;
- não sendo conhecido o lugar da infração, a competência regular-se-á pelo **domicílio ou residência do réu**;
- se o réu tiver mais de uma residência, a competência firmar-se-á pela **prevenção**;
- se o réu não tiver residência certa ou for ignorado o seu paradeiro, será competente o juiz que primeiro tomar conhecimento do fato;
- **atenção**: nos casos de **ação exclusivamente privada**, o querelante poderá preferir o foro de domicílio ou da residência do réu, ainda quando conhecido o lugar da infração;
- regras especiais dos arts. 88 a 90, CPP, para **crimes ocorridos a bordo de aeronaves ou embarcações no território nacional**:
- **viagem interna** no território brasileiro: compete o julgamento ao lugar em que primeiro a aeronave pousar ou a embarcação atracar após a infração penal;
- **internacional**: compete ao local da chegada da aeronave ou da embarcação, se veio do estrangeiro para o Brasil e o crime ocorreu em nosso território; ou compete ao lugar da última saída, no caso em que se dirige ao exterior.
- **Casuística jurisprudencial:**
- **Homicídio**: a jurisprudência entende ser competência do lugar da conduta;
- **Crime de estelionato mediante cheque sem fundos**: local da recusa do pagamento pelo sacado (Súmula 521, STF – Súmula 244, STJ);
- **Estelionato mediante falsificação de cheque**: local da obtenção da vantagem ilícita (Súmula 48, STJ);
- **Apropriação indébita**: lugar da alienação da coisa como própria, não o do seu recebimento;
- **Falso testemunho por precatória**: juízo deprecado. E por videoconferência? Entendemos que a

competência será do juízo que está efetivamente tomando o depoimento, não do lugar onde está o depoente;

- **Contrabando ou descaminho**: prevenção do Juízo Federal do lugar da apreensão dos bens (Súmula 151, STJ);
- **Uso de passaporte falso**: lugar em que o crime se consumou, sendo competência da Justiça Federal (Súmula 200, STJ).
- **Competência em razão da prerrogativa de foro**: absoluta.

– Matéria regulada na CF, não no CPP.

– Tais competências prevalecem sobre a do Tribunal do Júri.

– No caso de concurso de agentes com prerrogativas de foro diversas, prevalece a do Tribunal com "jurisdição mais ampla". Ex.: concurso entre Desembargador e Promotor de Justiça = competência do Superior Tribunal de Justiça para julgar os dois.

– No caso de concurso de pessoas por crime contra a vida, uma com foro por prerrogativa previsto na CF e outra sem prerrogativa, deve haver a separação de processos, sendo esta última julgada sozinha pelo Tribunal do Júri.

– Em caso de concurso entre Juiz Federal e Juiz de Direito, prevalece a competência do Tribunal Regional Federal.

– Em caso de exceção da verdade em que pessoa com foro de prerrogativa de função é a vítima (ofendido) em crime contra a honra, a exceptio deve se processar perante o Tribunal que a julgaria em caso de cometimento de um crime.

FORO POR PRERROGATIVA DE FUNÇÃO – COMPETÊNCIAS POR CRIMES COMUNS	
STF	Membros do "primeiro escalão" dos três Poderes (Presidente da República, Vice-Presidente da República, Ministros, Senadores, Deputados Federais, Ministros do Supremo Tribunal Federal)
	Alto comando das Forças Armadas
	Membros do Tribunal de Contas da União
	Chefes de missão diplomática permanente
	Membros do Superior Tribunal de Justiça
	Procurador-Geral da República
	Chefe da Casa Civil da Presidência da República, Chefe da Secretaria de Governo da Presidência da República, Chefe do Gabinete de Segurança Institucional da Presidência da República, Chefe da Secretaria-Geral da Presidência da República, Advogado-Geral da União, até que seja aprovada emenda constitucional para incluí-lo no rol das alíneas *c* e *d* do inciso I do *caput* do art. 102 da Constituição Federal, Presidente do Banco Central do Brasil, até que seja aprovada emenda constitucional para incluí-lo, juntamente com os diretores do Banco Central do Brasil, no rol das alíneas c e d do inciso I do caput do art. 102 da Constituição Federal (cuidado para alterações que podem ser feitas a qualquer momento na Lei 13.502/2017).
	Cuidado para alterações que podem ser feitas a qualquer momento na Lei 10.683/2993. As mais recentes datam de 2016.
STJ	Governadores dos Estados e do Distrito Federal
	Membros dos Tribunais Regionais Federais, dos Tribunais de Justiça, dos Tribunais Regionais do Trabalho, dos Tribunais Regionais Eleitorais, dos Tribunais de Contas dos Estados e do Distrito Federal
	Procuradores Regionais da República e do Trabalho
	Procuradores de Justiça do Distrito Federal que atuem perante Tribunal
	Membros dos Tribunais de Contas dos municípios
TRFs	Juízes federais, do trabalho e da Justiça Militar
	Membros do Ministério Público da União (inclusive do Distrito Federal);
	Deputados Estaduais, por crime federal
	Prefeitos municipais, por crime federal
TJs	Juízes de Direito estaduais e do Distrito Federal
	Membros dos Ministérios Públicos estaduais
	Deputados Estaduais
	Prefeitos municipais
TREs	Todos aqueles julgados pelos Tribunais Regionais Federais e Tribunais de Justiça, desde que o crime seja eleitoral

- **Prorrogação da competência.**
- A competência absoluta não pode ser prorrogada e a incompetência, nesse caso, pode ser declarada de ofício pelo juiz.
- A competência relativa é sanável e pode ser prorrogada, portanto, modificada.
- Prorrogação é atribuir competência a órgão judiciário que normalmente não a teria.
- Há alguns casos de prorrogação de competência no ordenamento jurídico brasileiro:
- conexão e continência;
- desaforamento;
- federalização dos crimes em que ocorre grave violação a direitos humanos;
- no caso dos crimes de menor potencial ofensivo:
- necessidade de citação por edital;
- complexidade da causa.
- e, segundo doutrina majoritária, a não oposição de exceção de incompetência, no caso de competência territorial.
- **Conexão**: pluralidade de delitos, cometido por uma pluralidade de agentes ou por apenas um.
- Art. 76, I, CPP: **conexão intersubjetiva** – pluralidade de agentes e de infrações penais. Se subdivide em:
- **conexão intersubjetiva por simultaneidade**: diversas infrações, cometidas ao mesmo tempo (mesmas circunstâncias de tempo e lugar) por várias pessoas reunidas (ex.: torcedores de futebol que depredam os arredores de um estádio);
- **conexão intersubjetiva por concurso**: diversas infrações, cometidas por diversas pessoas, em concurso (i.e., previamente acordadas), mas em circunstâncias de tempo e lugar diversos (ex.: pessoas que praticam vários furtos a caixas eletrônicos em locais e dias diversos);
- **conexão intersubjetiva por reciprocidade**: diversas infrações, cometidas por diversas pessoas, umas contra as outras (ex.: colisão entre dois veículos, com vítimas aos dois condutores, que agiram ambos com culpa). **Atenção**: a rixa não entra nessa classificação, pois, nela, as condutas configuram um só crime.
- Art. 76, II, CPP: **conexão objetiva ou teleológica ou finalista**: duas ou mais infrações cometidas para facilitar ou ocultar as outras, ou para conseguir impunidade ou vantagem em relação a qualquer delas (ex.: crime de ocultação de cadáver em relação ao homicídio; homicídio de uma testemunha de outro crime; lavagem de dinheiro em relação à corrupção passiva).
- Art. 76, III, CPP: **conexão instrumental ou probatória**: a prova de uma infração ou de qualquer de suas elementares influir na prova de outra infração (ex.: receptação e furto do objeto receptado).
- **Continência**: pluralidade de agentes e infração única ou unidade de agentes e concurso formal de delitos.
- Art. 77, I, CPP: **continência por cumulação subjetiva**: concurso de agentes.
- Art. 77, II, CPP: **continência por cumulação objetiva**: concurso formal de delitos (art. 70, CP), erro na execução ou aberratio ictus (art. 73, CP) e resultado diverso do pretendido ou aberratio criminis (art. 74, CP) – são todos casos de concurso formal.
- **Efeito da conexão e da continência**: reunião dos processos.

EXCEÇÕES À REUNIÃO DE PROCESSOS NA CONEXÃO OU CONTINÊNCIA	
Separação obrigatória de processos	**Separação facultativa**
concurso entre jurisdição comum e militar (Súmula 90, STJ: "Compete à Justiça Estadual Militar processar e julgar o policial militar pela prática do crime militar, e à comum pela prática do crime comum simultâneo àquele"	infrações praticadas em circunstâncias de tempo ou de lugar diferentes
concurso entre a jurisdição comum e à da Vara da Infância e Juventude	excessivo número de acusados, a fim de não lhes prolongar a prisão preventiva
concurso entre crime militar e eleitoral	por outro motivo relevante, o juiz reputar conveniente a separação.
superveniência de doença mental em um dos corréus: processo deve ser desmembrado em relação a este, só voltando a ter andamento depois de recuperado o acusado	–
suspensão do processo, nos termos do art. 366, CPP: desmembramento em relação ao acusado citado por edital, que não compareceu em juízo nem constituiu defensor.	–

- **Foro prevalente em caso de conexão e continência**:
- no concurso entre a competência do júri e a de outro órgão da jurisdição comum, prevalecerá a competência do júri;
- no concurso de jurisdições da mesma categoria:
  - preponderará a do lugar da infração, à qual for cominada a pena mais grave;
  - prevalecerá a do lugar em que houver ocorrido o maior número de infrações, se as respectivas penas forem de igual gravidade;
  - firmar-se-á a competência pela prevenção, nos outros casos.
- no concurso de jurisdições de diversas categorias, predominará a de maior graduação (aplicável aos casos de foro por prerrogativa de função). Até a Ação Penal 470, em razão da conexão ou continência, o STF julgava não apenas as pessoas com foro por prerrogativa de função, mas também aqueles réus que deveriam ser julgados pela Justiça Comum. Nos casos mais recentes (v. os processos resultantes da chamada "Operação Lava-Jato"), o STF ter determinado a separação, julgando apenas os casos de foro por prerrogativa, deixando o restante para a Justiça Comum.
- no concurso entre a jurisdição comum e a especial, prevalecerá esta:
- no caso de crime militar, não haverá reunião de processos, pois a Justiça Militar não julga crime comum;
- conexão entre crime eleitoral e comum: reunião na Justiça Eleitoral.
- **Absolvição e Desclassificação**: art. 81, CPP.
- Verificada a reunião dos processos por conexão ou continência, ainda que no processo da sua competência própria venha o juiz ou tribunal a proferir sentença absolutória ou que desclassifique a infração para outra que não se inclua na sua competência, continuará competente em relação aos demais processos (art. 81, caput, CPP);
- Reconhecida inicialmente ao júri a competência por conexão ou continência, o juiz, se vier a desclassificar a infração ou impronunciar ou absolver o acusado, de maneira que exclua a competência do júri (ainda na primeira fase do procedimento), remeterá o processo ao juízo competente (art. 81, parágrafo único, CPP);
- se a absolvição do crime doloso contra a vida ocorrer, os jurados continuarão a julgar o crime conexo;
- se os jurados desclassificarem o crime doloso contra a vida para outro que não é da competência do Júri, o juiz-presidente julgará este e o crime conexo.

QUESTÕES PREJUDICIAIS, EXCEÇÕES E INCIDENTES

- **Questões prejudiciais**: o reconhecimento da infração penal depende da solução de questão a ser decidida em outro processo.
- A doutrina faz algumas classificações:
- quanto à natureza da questão a ser decidida:
- **prejudicial homogênea**: deve ser decidida também no campo penal;
- **prejudicial heterogênea**: deve ser decidida em outro ramo do direito. As hipóteses dos arts. 92 e 93 são dessa espécie.
- quanto à necessidade de suspensão do processo:
- **prejudicial obrigatória** (art. 92, *caput*, CPP): diz respeito ao estado civil das pessoas. **Consequência**: o curso da ação penal ficará suspenso até que no juízo cível seja a controvérsia dirimida por sentença passada em julgado, sem prejuízo, entretanto, da inquirição das testemunhas e de outras provas de natureza urgente;
- **prejudicial facultativa** (art. 93, CPP): questão diversa do estado civil, sendo discutida em processo cível. **Consequência**: o juiz pode, desde que essa questão seja de difícil solução e não verse sobre direito cuja prova a lei civil limite, suspender o curso do processo, após a inquirição das testemunhas e realização das outras provas de natureza urgente. O juiz marcará o prazo da suspensão, que poderá ser razoavelmente prorrogado, se a demora não for imputável à parte. Expirado o prazo, sem que o juiz cível tenha proferido decisão, o juiz criminal fará prosseguir o processo, retomando sua competência para resolver, de fato e de direito, toda a matéria da acusação ou da defesa. O art. 93, do CPP, não fixa prazo para a suspensão do processo. Pensamos ser razoável o uso, por analogia, do prazo fixado, para caso idêntico, no art. 315, § 2º, do novo CPC: um ano.
- da suspensão caberá recurso em sentido estrito; da denegação, não há recurso previsto;
- a suspensão pode ser determinada de ofício pelo juiz ou a pedido das partes.
- **Exceção de suspeição**.
- Hipóteses de suspeição previstas no art. 254 do CPP, aplicáveis ao juiz e também aos membros do Ministério Público, peritos e intérpretes, serventuários da justiça e jurados.
- Delegado de Polícia pode se dar por suspeito, pois a ele se aplicam as hipóteses acima. Porém, contra ele não se pode opor exceção.
- A suspeição pode ser declarada de ofício ou ser oposta pelas partes, por petição assinada pela parte ou por procurador com poderes especiais.

- Se reconhecer a suspeição, o juiz sustará a marcha do processo, mandará juntar aos autos a petição do recusante com os documentos que a instruam, e por despacho se declarará suspeito, ordenando a remessa dos autos ao substituto.
- Não aceitando a suspeição, o juiz mandará autuar em apartado a petição, dará sua resposta dentro em três dias, podendo instruí-la e oferecer testemunhas, e, em seguida, determinará sejam os autos da exceção remetidos, dentro em vinte e quatro horas, ao juiz ou tribunal a quem competir o julgamento.
- Consequência do reconhecimento pelo Tribunal: anulação dos atos do processo.
- É uma exceção meramente dilatória;
- Como a decisão é proferida pelo tribunal, é possível o manejo dos Recursos Especial e Extraordinário, mas não do Recurso em Sentido Estrito.

• **Exceção de impedimento ou incompatibilidade.**

- Hipóteses de impedimento: art. 252, CPP.
- **Atenção**: o inciso I do art. 252 do CPP afirma haver impedimento do juiz quando "tiver funcionado seu cônjuge ou parente, consanguíneo ou afim, em linha reta ou colateral até o terceiro grau, inclusive, como defensor ou advogado, órgão do MP, autoridade policial, auxiliar da Justiça ou perito". A nosso ver, deve também ser aplicado, por analogia, o art. 144, do novo CPC, que incorporou, em seu inciso VII, a *ratio* da Resolução 200/2015 do CNJ: impedimento no caso "em que figure como parte cliente do escritório de advocacia de seu cônjuge, companheiro ou parente, consanguíneo ou afim, em linha reta ou colateral, até o terceiro grau, inclusive, mesmo que patrocinado por advogado de outro escritório"
- Hipóteses de incompatibilidade: art. 253, CPP.
- O juiz, o órgão do Ministério Público, os serventuários ou funcionários de justiça e os peritos ou intérpretes abster-se-ão de servir no processo, quando houver incompatibilidade ou impedimento legal, que declararão nos autos.
- Se não se der a abstenção, a incompatibilidade ou impedimento poderá ser arguido pelas partes, seguindo-se o processo estabelecido para a exceção de suspeição (art. 112, CPP).
- Tem natureza meramente dilatória;
- Quanto ao recurso cabível, aplica-se o mesmo princípio da exceção de suspeição.

• **Exceção de incompetência**.

- Deve ser reconhecida de ofício.
- Pode ser oposta, no prazo para resposta à acusação ou defesa prévia, por escrito ou até oralmente (art. 108, CPP).
- Juiz deve autuar a exceção em apartado e ouvir o Ministério Público ou o acusado, em caso de ter o primeiro apresentado a exceção.
- Juiz decide: reconhecendo a incompetência, cabe recurso em sentido estrito; negada, não caberá recurso algum;
- Consequência em caso de reconhecimento da incompetência: remessa ao juízo competente. V. acima os efeitos da incompetência absoluta ou relativa.
- Não oposta exceção em caso de competência territorial (relativa) = preclusão.
- É exceção meramente dilatória.

• **Exceção de litispendência**.

- Ocorre quando há tramitação simultânea de duas ações penais versando sobre o mesmo fato, imputado ao mesmo acusado.
- É exceção peremptória, pois, se reconhecida, põe fim ao segundo processo, no qual deve ser alegada.
- Pode ser alegada de ofício ou pelas partes, a qualquer tempo, não suspendendo o andamento do processo.
- A decisão que a rejeita é irrecorrível. Se reconhecida, quando arguida por uma das partes, cabe recurso em sentido estrito; se reconhecida de ofício, o recurso cabível é a apelação.

• **Exceção de coisa julgada**.

- Fato que já foi decidido em relação a determinado acusado, com trânsito em julgado, não pode ser objeto de nova ação penal em face da mesma pessoa (*non bis in idem*).
- Cabível em caso de coisa julgada material (processo encerrado definitivamente com decisão sobre o mérito), mostrando-se que já houve decisão definitiva quanto ao mesmo fato e acusado em outro processo.
- Não é cabível em relação à coisa julgada formal (ex.: em outro processo, sobre o mesmo fato, houve rejeição da denúncia por falta de indícios suficientes. Havendo novos indícios, pode haver nova denúncia).
- É exceção peremptória, pois leva à extinção do processo. Acolhida por requerimento da parte, cabe recurso em sentido estrito; se de ofício, apelação. Não há recurso em caso de indeferimento.

• **Exceção de ilegitimidade de parte**.

- Pode ser arguida verbalmente ou por escrito, a qualquer tempo.
- Pode ser peremptória, se há ilegitimidade *ad causam* (ex.: Ministério Público oferece denúncia em caso de ação penal privada).

- Pode, também, ter natureza dilatória, pois no caso da ilegitimidade *ad processum* (vício em pressuposto de constituição e desenvolvimento do processo; ex.: representação do ofendido), há possibilidade de que o vício seja sanado.
- A ilegitimidade pode se dar nos pólos passivo e ativo.
- Cabe recurso em sentido estrito da decisão que reconhece a ilegitimidade de parte, por exceção; se o reconhecimento se dá de ofício, não há previsão de recurso, embora haja entendimento do cabimento também de recurso em sentido estrito. Contra o indeferimento, não há recurso.

• **Conflito de jurisdição**: há jurisdicionalidade envolvida.

Competência para decidir conflito de jurisdição	
Supremo Tribunal Federal (art. 102, I, *o*, CF)	entre o Superior Tribunal de Justiça e quaisquer tribunais
	entre os Tribunais Superiores
	entre os Tribunais Superiores e qualquer outro tribunal
Superior Tribunal de Justiça (art. 105, I, *d*, CF)	entre quaisquer tribunais, ressalvados os casos acima
	entre tribunal e juízes não vinculados a ele (ex.: conflito entre Tribunal Regional Federal e juiz estadual)
	entre juízes vinculados a tribunais diversos (ex.: entre juízes de Estados diversos)
Tribunal Regional Federal (art. 108, I, *e*, CF)	entre juízes federais da mesma região
	entre juizado especial federal e juiz federal da mesma seção judiciária (STJ, Súmula 428)
Tribunais de Justiça	entre juízes de seus respectivos estados

• **Conflito de atribuições**: nesse caso, não há jurisdicionalidade envolvida.

- **Atenção, muito importante**: o STF entendia caber a ele o julgamento do conflito de atribuições entre membros do Ministério Público Federal e do Ministério Público do Estado: "(...)Com fundamento no art. 102, I, f, da Constituição da República, deve ser conhecido o presente conflito de atribuição entre os membros do Ministério Público Federal e do Estado do Rio de Janeiro diante da competência do Supremo Tribunal Federal para julgar conflito entre órgãos de Ministérios Públicos diversos. (...)" (ACO 1.136-RJ, Rel. Min. Ellen Gracie, j. 04.08.2011). Porém, tal entendimento mudou recentemente. De fato, no julgamento de questão de ordem na ACO 1.567-SP (Rel. Min. Dias Toffoli, j. 17.08.2016), decidiu o STF que tal hipótese de conflito deve ser resolvida internamente pelo Ministério Público, especificamente pelo Procurador-Geral da República. Nesse sentido, o **Informativo 835**: "Cabe ao Procurador-Geral da República a apreciação de conflitos de atribuição entre órgãos do ministério público. Com base nesse entendimento, o Plenário, por maioria, resolveu questão de ordem no sentido do não conhecimento da ação e remeteu os autos ao Procurador-Geral da República. No caso, instaurara-se conflito negativo de atribuições entre ministério público estadual e ministério público federal, para apuração de crime contra o mercado de capitais previsto no art. 27-E da Lei 6.385/1976. O Tribunal consignou que a competência para a apreciação de conflitos de atribuição entre membros do ministério público, por não se inserir nas competências originárias do STF (CF, art. 102, I), seria constitucionalmente atribuída ao Procurador-Geral da República, como órgão nacional do ministério público. Vencidos os Ministros Marco Aurélio e Celso de Mello, que conheciam da ação. Pontuavam que a competência seria do STF e que conclusão diversa culminaria por nulificar, de modo absoluto, a autonomia institucional dos ministérios públicos estaduais". Particularmente, discordamos do novo entendimento do STF, pois entendemos que o Procurador-Geral da República não exerce qualquer chefia sobre os Ministérios Públicos dos Estados. Por isso, **na tabela abaixo, mantivemos nosso entendimento**.

ÓRGÃO RESPONSÁVEL PELA DECISÃO DO CONFLITO DE ATRIBUIÇÕES ENTRE MEMBROS DO MINISTÉRIO PÚBLICO	
Procurador-Geral de Justiça	entre Promotores de Justiça do mesmo Estado
Procurador-Geral da República	entre membros do Ministério Público da União
Supremo Tribunal Federal (nosso posicionamento)	entre membros de Ministérios Públicos estaduais diversos
	entre membro de Ministério Público Estadual e do Ministério Público da União

- **Restituição de coisa apreendida.**
- Antes de transitar em julgado a sentença final, as coisas apreendidas durante busca, ou encontradas na cena do crime, não poderão ser restituídas enquanto interessarem ao processo (art. 118, CPP).
- Delegado de polícia: pode restituir, desde que o direito do requerente seja certo ou quando a coisa não tiver sido apreendida em poder de terceiro de boa-fé.
- Juiz: pode decidir sempre.
- O incidente é autuado em apartado e permite dilação probatória.
- Em caso de dúvida sobre quem seja o verdadeiro dono, o juiz remeterá as partes para o juízo cível, ordenando o depósito das coisas em mãos de depositário ou do próprio terceiro que as detinha, se for pessoa idônea.
- Cabe apelação da decisão do juiz.
- **Incidente de falsidade.**
- Para se fazer o desentranhamento de um documento dos autos, em razão de suspeita de sua falsidade, deve ser instaurado este incidente, autuando-se a impugnação ao documento em apartado.
- Pode ser instaurado de ofício.
- A arguição de falsidade, feita por procurador, exige poderes especiais.
- É previsto contraditório e dilação probatória.
- Qualquer que seja a decisão, não fará coisa julgada em prejuízo de ulterior processo penal ou civil.
- **Incidente de insanidade mental.**
- Instaurado, de ofício, em caso de dúvida sobre a integridade mental do acusado.
- Também pode ser instaurado a requerimento do Ministério Público, do defensor, do curador, do ascendente, descendente, irmão ou cônjuge do acusado
- Pode ser instaurado ainda na fase do inquérito policial, por representação do delegado.
- O juiz deve nomear curador ao acusado, ficando suspenso o processo, se já iniciada a ação penal, salvo quanto às diligências que possam ser prejudicadas pelo adiamento.

MOMENTO DA INIMPUTABILIDADE	CONSEQUÊNCIA PROCESSUAL
ao tempo da infração	prosseguimento do processo, com a presença do curador (que pode ser o próprio defensor)
doença mental sobreveio à infração penal	suspensão do processos, até o restabelecimento do acusado
	realização de diligências urgentes
	não há suspensão do prazo prescricional

CITAÇÃO, INTIMAÇÃO E CONTAGEM DE PRAZOS

- **CPP, arts. 351 a 372**
- **CPC, 252 a 254**

- **Citação.**
- O processo terá completada a sua formação quando realizada a citação do acusado.
- A citação do acusado deve ser, a princípio, pessoal. Se estiver preso, será necessariamente pessoal. Exceção: militar, que se dará por intermédio do chefe do respectivo serviço.
- Se o réu estiver fora do território de competência do juiz do processo, pode ser feita a citação por carta precatória.
- Somente se o acusado não for encontrado é que será citado por edital, com prazo de 15 dias.
- A citação com hora certa é prevista no art. 362 do CPP, que faz remissão, quanto ao procedimento, aos arts. 227 a 229 do CPC de 1973, já revogado (por isso, deve ser interpretado o dispositivo como se estivesse a, mencionar os arts. 252/254 do novo CPC). As regras do CPC são as seguintes regras: (a) quando, por duas vezes, o oficial de justiça houver procurado o citando em seu domicílio ou residência sem o encontrar, deverá, havendo suspeita de ocultação, intimar qualquer pessoa da família ou, em sua falta, qualquer vizinho de que, no dia útil imediato, voltará a fim de efetuar a citação, na hora que designar; (b) no dia e na hora designados, o oficial de justiça, independentemente de novo despacho, comparecerá ao domicílio ou à residência do citando a fim de realizar a diligência; (c) se o citando não estiver presente, o oficial de justiça procurará informar-se das razões da ausência, dando por feita a citação, ainda que o citando se tenha ocultado em outra comarca, seçao ou subseção judiciárias; (d) a citação com hora certa será efetivada mesmo que a pessoa da família ou o vizinho que houver sido intimado esteja ausente, ou se, embora pre-

sente, a pessoa da família ou o vizinho se recusar a receber o mandado; (e) da certidão da ocorrência, o oficial de justiça deixará contrafé com qualquer pessoa da família ou vizinho, conforme o caso, declarando-lhe o nome; (f) feita a citação com hora certa, o escrivão ou chefe de secretaria enviará ao réu, executado ou interessado, no prazo de 10 dias, contado da data da juntada do mandado aos autos, carta, telegrama ou correspondência eletrônica, dando-lhe de tudo ciência.

• se feita a citação com hora certa e o acusado não comparecer, ser-lhe-á nomeado defensor dativo.

- O processo seguirá sem a presença do acusado que, citado ou intimado pessoalmente para qualquer ato, deixar de comparecer sem motivo justificado, ou, no caso de mudança de residência, não comunicar o novo endereço ao juízo.
- Estando o acusado no estrangeiro, em lugar sabido, será citado mediante carta rogatória, suspendendo-se o curso do prazo de prescrição até o seu cumprimento.
- Se o acusado, citado por edital, não comparecer, nem constituir advogado, ficarão suspensos o processo e o curso do prazo prescricional, podendo o juiz determinar a produção antecipada das provas consideradas urgentes e, se for o caso, decretar prisão preventiva, se cabível (art. 366, CPP).

• a decisão que determina a produção antecipada de provas com base no art. 366 do CPP deve ser concretamente fundamentada, não a justificando unicamente o mero decurso do tempo (STJ, Súmula 455).

• embora o art. 366 do CPP não estabeleça prazo máximo para a suspensão do processo e do prazo prescricional, a doutrina e a jurisprudência entendem que não poderá ser indefinido. O entendimento majoritário é o de que a suspensão do prescricional regula-se pelo máximo da pena cominada (Súmula 415, Superior Tribunal de Justiça).

• **Intimações.**

- A intimação do acusado deve ser, a princípio, pessoal, aplicando-se as regras referentes à citação.
- A intimação do Ministério Público, do Defensor Público e do defensor dativo será pessoal.
- A intimação do defensor constituído, do advogado do querelante e do assistente far-se-á por publicação no órgão incumbido da publicidade dos atos judiciais da comarca, incluindo, sob pena de nulidade, o nome do acusado.

• **Contagem de prazos.**

- No processo penal, contam-se os prazos da data da intimação, e não da juntada aos autos do mandado ou da carta precatória ou de ordem (STF, Súmula 770).
- Os prazos também correm: da audiência ou sessão em que for proferida a decisão, se a ela estiver presente a parte; e do dia em que a parte manifestar nos autos ciência inequívoca da sentença ou despacho.
- Todos os prazos correm em cartório e são contínuos e peremptórios, não se interrompendo por férias, domingo ou dia feriado.
- Não se computa no prazo o dia do começo, incluindo-se, porém, o do vencimento.
- O prazo que terminar em domingo ou dia feriado considerar-se-á prorrogado até o dia útil imediato.
- Quando a intimação tiver lugar na sexta-feira, ou a publicação com efeito de intimação for feita nesse dia, o prazo judicial terá início na segunda-feira imediata, salvo se não houve expediente, caso em que começará no primeiro dia útil que se seguir (STF, Súmula 310).
- A informatização do processo judicial é objeto da Lei 11.419/2006, que, no § 3º do art. 4º, dispõe que a data da publicação será o primeiro dia útil seguinte ao da disponibilização da informação no Diário da Justiça eletrônico. Assim, o prazo começará a ser contado somente no primeiro dia útil seguinte ao considerado como data da publicação (art. 798, § 1º, CPP).

PROVAS

• **Terminologia da prova**:

- **elemento de prova**: dado objetivo que confirma ou nega uma afirmação sobre determinado fato. Exs.: declaração da testemunha e o conteúdo de um documento;
- **resultado da prova**: conclusão a que se chega depois do exame dos elementos de prova constantes dos autos;
- **objeto de prova**: é a verdade ou a falsidade de uma afirmação sobre um fato;
- **fonte de prova**: pessoa ou coisa da qual se obtém o elemento de prova (exs.: a testemunha e o documento);
- **meio de prova (ou de produção de prova)**: instrumento ou atividade por meio do qual o elemento de prova é introduzido no processo (exs.: prova testemunhal e prova documental). É realizado pelo juiz do processo, sob o contraditório das partes;
- **meio de investigação de prova (ou de pesquisa de prova)**: procedimento que visa à busca de fontes de prova. Nem sempre é realizado pelo juiz, mas pelo órgão de investigação, fora do processo. Exs.: interceptação telefônica e busca;

- **indício**: possui mais de um significado. Segundo o CPP: é a circunstância conhecida e provada, que, tendo relação com o fato, autorize, por indução, concluir-se a existência de outra ou outras circunstâncias (prova indireta);

• no sentido de prova indireta, indícios são elementos de prova (o CPP os trata como "meio de prova") e, como qualquer outro elemento de prova, deve ser valorado em conjunto com dos demais elementos colhidos no processo. Assim, posto haja quem entenda ser impossível a condenação por indícios, entendemos ser, sim, possível, desde que o conjunto de indícios permitam a certeza necessária para o decreto condenatório;

• quando a lei exige a presença de *indícios suficientes* para o juiz proferir algumas decisões (exs.: pronúncia e decretação da prisão preventiva), está se referindo ao indício como "prova semiplena". Nesses casos, a palavra indício não tem o sentido técnico visto acima, mas apenas quer dizer que há uma probabilidade razoável, por exemplo, de que determinada pessoa tenha sido autora do delito;

- **prova nominada**: meio previsto em lei;
- **prova inominada**: meio não previsto em lei;
- **prova típica**: são os meios previstos e regulados pela lei;
- **prova atípica**: meio não previsto (prova inominada) ou previsto, mas não regulado pela lei;
- **prova anômala**: utilização de meio de prova diversos daquele previsto para a obtenção da prova. Ex.: se se pretende obter a declaração de uma testemunha, deve-se usar o meio "prova testemunhal"; utilizando-se o meio "prova documental", com a juntada de documento escrito, contendo declaração da testemunha, tem-se a prova anômala;
- **prova irritual**: não é seguido o rito previsto na lei para a prova que se quer produzir;
- **provas cautelares**: nelas, há um risco de desaparecimento da fonte da prova, devendo ser realizada fora do contraditório, que será, portanto, diferido (ex.: interceptação telefônica);
- **provas irrepetíveis**: nelas, uma vez produzida, não há possibilidade de sua repetição, pelo desaparecimento ou modificação da fonte de prova. Ex.: exame pericial no cadáver (laudo de exame necroscópico);
- **provas antecipadas**: são produzidas sob contraditório e judicialmente, mas fora do momento previsto no rito processual ou mesmo antes de iniciado o processo, em razão da urgência (ex.: oitiva de testemunha acometida de doença grave e potencialmente fatal, ainda durante a fase de investigação);
- **prova emprestada**: de acordo com a maioria da doutrina, trata-se da utilização em um determinado processo, de prova produzida em outro, neste último caso, sob contraditório e tendo as mesmas partes. Doutrina minoritária entende que em ambos os processos deve atuar o mesmo juiz. Ademais, entende-se não ser possível o empréstimo de elemento informativo produzido em inquérito policial, salvo o caso das provas cautelares e irrepetíveis, em que o contraditório é diferido.

• **Provas ilícitas**: há vedação constitucional à utilização de provas ilícitas no processo penal (art. 5º, LVI, CF: "são inadmissíveis, no processo, as provas obtidas por meios ilícitos"). O CPP traz igualmente tal proibição (art. 157, *caput*: "São inadmissíveis, devendo ser desentranhadas do processo, as provas ilícitas, assim entendidas as obtidas em violação a normas constitucionais ou legais").

- portanto, para o CPP são ilícitas: as provas obtidas em violação a normas constitucionais ou legais;
- na doutrina, há distinção entre provas ilícitas e ilegítimas, proposta por Ada Pellegrini Grinover, baseando-se em entendimento da doutrina italiana. Assim, segundo tal importante jurista, a prova ilegal seria de dois tipos: prova ilegítima (que viola normas processuais para sua produção) e prova ilícita (que viola norma de direito material ou garantias constitucionais). Como visto, não foi feita tal distinção no art. 157, CPP;
- as teorias "dos frutos da árvore envenenada" e "da descoberta inevitável" – criações da jurisprudência da Suprema Corte norte-americana – foram claramente adotadas na reforma sofrida pelo CPP em 2008, bastando verificar a redação dada ao § 1º do art. 157. Enquanto o *caput* proíbe a valoração das provas ilícitas – consideradas inadmissíveis, devendo ser desentranhadas dos autos – o referido parágrafo afirma: "São também inadmissíveis as provas derivadas das ilícitas" (frutos da árvore envenenada"), "salvo quando não evidenciado o nexo de causalidade entre umas e outras, ou quando as derivadas puderem ser obtidas por uma fonte independente das primeiras". O que se deve entender por "fonte independente"? Diz o § 2º: "aquela que por si só, seguindo os trâmites típicos e de praxe, próprios da investigação ou instrução criminal, seria capaz de conduzir ao fato objeto da prova". A doutrina vem criticando tal definição, por entender ter feito o legislador uma pequena confusão entre "fonte independente" – outra das criações da Suprema Corte norte-americana – e "descoberta inevitável". De fato, a definição contida no § 2º do art. 157 do CPP brasileiro descreve a situação de "descoberta inevitável". Então, o que seria a fonte indepen-

dente? No caso da fonte independente, a prova tem duas origens, sendo uma delas ilícita. Assim, pode-se perfeitamente suprimir a fonte ilegal, que ainda assim subsistirá a fonte lícita.

- **Sistemas de avaliação da prova**:
  - **sistema da íntima convicção** (ou da certeza moral do juiz): o julgador é livre para apreciar as provas, não sendo sequer obrigado a dar as razões de seu convencimento, não estando sujeito a qualquer restrição legal. Não é adotado como regra no Brasil, já que a CF exige que todas as decisões do Poder Judiciário sejam fundamentadas (art. 93, IX). Como exceção, porém, pode-se dizer que tal sistema foi adotado no Tribunal do Júri, pois os jurados não podem fundamentar seu veredicto, podendo julgar de acordo com sua convicção, ainda que contra a prova dos autos (embora, é certo, isso possa levar a pelo menos uma anulação do julgamento, com realização de outro);
  - **sistema das provas legais** (ou da prova tarifada ou da certeza moral do legislador): os meios de prova têm seu valor fixado previamente pelo legislador. Vêm daí algumas afirmações, hoje sem muito sentido, como *testis unus, testis nullus*, às vezes repetida nos debates perante o Tribunal do Júri. Hoje, não há sentido algum em se considerar não provada a afirmação sobre um fato, porque foi atestado por apenas uma testemunha. Há um resquício bem evidente desse sistema em nosso CPP, no parágrafo único do art. 155: "somente quanto ao estado das pessoas serão observadas as restrições [probatórias, esclarecemos] estabelecidas na lei civil". Há quem aponte outro resquício na regra do art. 158, que afirma ser indispensável o exame de corpo de delito quando a infração deixar vestígio.
  - **Sistema da persuasão racional** (ou do livre convencimento motivado): o juiz tem liberdade para valorar a prova produzida segundo os ditames constitucionais e legais, devendo motivar sua decisão, revelando como os elementos coligidos o levaram à conclusão exposta. É o sistema adotado como regra em nosso CPP;
- o **art. 155 do CPP** diz que o juiz formará sua convicção pela livre apreciação da prova, mas desde que produzida em contraditório judicial, além do que está limitado na fundamentação de sua decisão, eis que não poderá fundamentá-la exclusivamente nos elementos informativos colhidos na fase investigatória, ressalvadas as provas cautelares, não repetíveis e antecipadas.
- No quadro a seguir, os pontos principais cobrados nos concursos comentados.

Aspectos importantes
Provas periciais
• quando a infração deixar vestígios, será indispensável o exame de corpo de delito, direto ou indireto
• não sendo possível o exame de corpo de delito, por haverem desaparecido os vestígios, a prova testemunhal poderá suprir-lhe a falta
• a confissão do acusado não pode suprir a falta do exame de corpo de delito, direto ou indireto
• as perícias serão realizadas por perito oficial, portador de diploma de curso superior, não havendo mais a exigência de dois peritos
• na falta de perito oficial, o exame será realizado por duas pessoas idôneas, portadoras de diploma de curso superior preferencialmente na área específica, dentre as que tiverem habilitação técnica relacionada com a natureza do exame
• o juiz não fica adstrito ao laudo, já que pode aceitá-lo ou rejeitá-lo, no todo ou em parte
Prova testemunhal
• a testemunha não pode eximir-se da obrigação de depor
• poderão recusar-se a depor: o ascendente ou descendente, o afim em linha reta, o cônjuge, ainda que desquitado, o irmão e o pai, a mãe, ou o filho adotivo do acusado
• tais pessoas serão ouvidas, sem o compromisso de dizer a verdade, quando não for possível, por outro modo, obter-se ou integrar-se a prova do fato e de suas circunstâncias
• são proibidas de depor as pessoas que, em razão de função, ministério, ofício ou profissão, devam guardar segredo, salvo se, desobrigadas pela parte interessada, quiserem dar o seu testemunho
• também não se deferirá o compromisso dizer a verdade aos doentes e deficientes mentais e aos menores de 14 anos
• em regra, nos procedimentos comuns, as perguntas serão formuladas pelas partes diretamente à testemunha. Apenas sobre os pontos não esclarecidos, o juiz poderá complementar a inquirição;
• se o juiz verificar que a presença do réu poderá causar humilhação, temor, ou sério constrangimento à testemunha ou ao ofendido, de modo que prejudique a verdade do depoimento, fará a inquirição por videoconferência e, somente na impossibilidade dessa forma, determinará a retirada do réu, prosseguindo na inquirição, com a presença do seu defensor;

Prova testemunhal
• testemunhas numerárias: são as arroladas pelas partes e que prestam compromisso legal; • testemunhas extranumerárias: são as arroladas pelas partes e que não prestam compromisso legal ou que nada sabem de interesse do feito; são também as ouvidas por iniciativa do juiz; • testemunhas fedatárias (ou impróprias ou instrumentárias): prestam depoimento sobre a regularidade de um ato processual, como se dá no caso de lavratura de flagrante em que não há testemunha da infração penal, mas apenas da prisão em si; • a lei prevê o número máximo de testemunhas (numerárias) que podem ser arroladas, conforme o procedimento. P. ex.: no rito comum ordinário, o número máximo é de 8 testemunhas para a acusação e 8 para cada acusado. Entende-se que o número máximo é por fato imputado no processo.
Interrogatório do imputado
• deve ser feito pessoalmente pelo juiz • excepcionalmente, o juiz, por decisão fundamentada, de ofício ou a requerimento das partes, poderá realizar o interrogatório do réu preso por sistema de videoconferência ou outro recurso tecnológico de transmissão de sons e imagens em tempo real, desde que a medida seja necessária para atender a uma das seguintes finalidades: a) prevenir risco à segurança pública, quando exista fundada suspeita de que o preso integre organização criminosa ou de que, por outra razão, possa fugir durante o deslocamento; b) viabilizar a participação do réu no referido ato processual, quando haja relevante dificuldade para seu comparecimento em juízo, por enfermidade ou outra circunstância pessoal; c) impedir a influência do réu no ânimo de testemunha ou da vítima, desde que não seja possível colher o depoimento destas por videoconferência; d) responder à gravíssima questão de ordem pública antes do interrogatório por videoconferência, o preso poderá acompanhar, pelo mesmo sistema tecnológico, a realização de todos os atos da audiência única de instrução e julgamento; • o silêncio do imputado não importará em confissão e não poderá ser interpretado em prejuízo de sua defesa (princípio *nemo tenere se detegere*), não devendo ser aplicado o disposto no art. 198, CPP • a confissão não prova automativamente o envolvimento do imputado no fato: seu valor se aferirá pelos critérios adotados para os outros elementos de prova, e para a sua apreciação o juiz deverá confrontá-la com as demais provas do processo, verificando se entre ela e estas existe compatibilidade ou concordância; • a confissão é divisível e retratável.
Busca e apreensão domiciliar
• a busca e apreensão domiciliar é usada para colher qualquer elemento de convicção, e também para: a) prender criminosos; b) apreender coisas achadas ou obtidas por meios criminosos; c) apreender instrumentos de falsificação ou de contrafação e objetos falsificados ou contrafeitos; d) apreender armas e munições, instrumentos utilizados na prática de crime ou destinados a fim delituoso; e) descobrir objetos necessários à prova de infração ou à defesa do réu; f) apreender cartas, abertas ou não, destinadas ao acusado ou em seu poder, quando haja suspeita de que o conhecimento do seu conteúdo possa ser útil à elucidação do fato; g) apreender pessoas vítimas de crimes • **regra constitucional** (art. 5º, XI): ninguém pode ingressar em casa alheia sem o consentimento do morador, salvo em caso de flagrante delito ou desastre, ou para prestar socorro, ou, durante o dia, por determinação judicial. Ou seja, cumprimento de mandado de busca e apreensão, somente durante o dia; realização de apreensões à noite, somente com o consentimento do morador ou em caso de flagrante delito

Busca e apreensão domiciliar
* **flagrante em crime permanente**: atenção ao decidido pelo STF: "(...) A Constituição dispensa o mandado judicial para ingresso forçado em residência em caso de flagrante delito. No crime permanente, a situação de flagrância se protrai no tempo. (...) Período noturno. A cláusula que limita o ingresso ao período do dia é aplicável apenas aos casos em que a busca é determinada por ordem judicial. Nos demais casos – flagrante delito, desastre ou para prestar socorro – a Constituição não faz exigência quanto ao período do dia. (...) Controle judicial a posteriori. Necessidade de preservação da inviolabilidade domiciliar. Interpretação da Constituição. Proteção contra ingerências arbitrárias no domicílio. Muito embora o flagrante delito legitime o ingresso forçado em casa sem determinação judicial, a medida deve ser controlada judicialmente. A inexistência de controle judicial, ainda que posterior à execução da medida, esvaziaria o núcleo fundamental da garantia contra a inviolabilidade da casa (art. 5, XI, da CF) e deixaria de proteger contra ingerências arbitrárias no domicílio (Pacto de São José da Costa Rica, artigo 11, 2, e Pacto Internacional sobre Direitos Civis e Políticos, artigo 17, 1). O controle judicial a posteriori decorre tanto da interpretação da Constituição, quanto da aplicação da proteção consagrada em tratados internacionais sobre direitos humanos incorporados ao ordenamento jurídico. Normas internacionais de caráter judicial que se incorporam à cláusula do devido processo legal. (...) Justa causa. **A entrada forçada em domicílio, sem uma justificativa prévia conforme o direito, é arbitrária. Não será a constatação de situação de flagrância, posterior ao ingresso, que justificará a medida. Os agentes estatais devem demonstrar que havia elementos mínimos a caracterizar fundadas razões (justa causa) para a medida.** (...) Fixada a interpretação de que **a entrada forçada em domicílio sem mandado judicial só é lícita, mesmo em período noturno, quando amparada em fundadas razões, devidamente justificadas a posteriori, que indiquem que dentro da casa ocorre situação de flagrante delito, sob pena de responsabilidade disciplinar, civil e penal do agente ou da autoridade e de nulidade dos atos praticados.** (...)" (RE 603.616-RO, Rel. Min. Gilmar Mendes, j. 05.11.2015, grifos nossos).
Exame de alcoolemia (embriaguez ao volante)
• houve questionamentos quanto à confiabilidade do exame; quando à falta de possibilidade de contraprova; e, finalmente, quanto à constitucionalidade de sua previsão, eis que ninguém pode ser obrigado a produzir prova contra si mesmo, razão pela qual também não poderia ser obrigado, ainda que na condução de veículo automotor, a se submeter ao exame pericial; • o problema relacionava-se ao crime previsto no art. 306 do Código de Trânsito Brasileiro, que trazia um tipo penal com elementar de natureza objetiva, qual seja, a direção de veículo automotor tendo o motorista concentração superior a 6 decigramas de álcool etílico por litro de sangue. Para a comprovação dessa elementar, era necessária a realização de perícia. A lei mudou e hoje admite outros meios de provar a embriaguez, como a prova testemunhal, sendo o exame de alcoolemia apenas uma – não mais a única – possibilidade; • o Superior Tribunal de Justiça entendeu não caber *habeas corpus* preventivo para discutir o tema, pois não se pode considerar como fundado receio o simples temor de, porventura, ter de se submeter ao exame ao trafegar pelas ruas em veículo automotor, sem a existência de procedimento investigatório (RHC 27.590-SP, Rel. Min. Maria Thereza de Assis Moura, j. 18.05.2010); • além disso, o Superior Tribunal de Justiça entendeu que ninguém é obrigado a se submeter a tal perícia, em razão do princípio *nemo tenetur se detegere*, mas, ao mesmo tempo afirmou que os exames de alcoolemia (análise do sangue e o etilômetro) podem ser realizados e são perfeitamente legais, desde que a ele se submeta voluntariamente o motorista. Nesse sentido, o importante julgado em sede de Recurso Especial: RE 1.111.566-DF, Rel. Min. Marco Aurélio Bellizze, j. 28.03.2012.

· Sobre interceptações telefônicas, v. tópico sobre procedimentos abaixo.

SENTENÇA

- **Emendatio libelli**: o juiz pode dar definição jurídica diversa ao fato, conforme autorização do art. 383 do CPP, desde que não modifique a descrição contida na inicial acusatória (denúncia ou queixa), ainda que, em consequência, tenha de aplicar pena mais grave.
  - assim, o juiz pode dar outra definição jurídica para o fato (e o réu defendeu-se de tal fato, não da classificação jurídica até então existente), não havendo previsão de manifestação da Defesa ou do Ministério Público e tampouco de produção de novas provas;
  - o que o juiz não pode fazer é dar definição jurídica diversa da contida na acusação, se a descrição do fato feita pelo juiz for além dos limites da denúncia ou queixa. Nesses casos, o Ministério Público deverá aditar a denúncia (art. 384, CPP – *mutatio libelli*). Do contrário, o juiz não poderá condenar o acusado por fato do qual não se defendeu. Deve haver correlação entre a acusação e a sentença.

- existe posicionamento no sentido de que, antes de proferir a decisão, se verificar que será possível dar outra classificação jurídica para o fato já descrito na inicial, deve o juiz ouvir pelo menos o acusado. Tal posicionamento, a nosso ver, ganha mais peso com o **novo CPC**, cujo art. 9º estatui: "Não se proferirá decisão contra uma das partes sem que ela seja previamente ouvida". Trata-se de evidente aplicação do princípio constitucional do contraditório. Por que tal dispositivo pode influenciar o processo penal? Ora, além do fato de as disposições processuais civis poderem ser aplicadas, por analogia, ao processo penal, parece-nos haver uma razão mais forte: não pode o contraditório no processo civil ser mais amplo do que o aplicável ao processo penal. Então, tal salutar regra do art. 9º do CPC deve, segundo tal posicionamento, ser aplicado ao processo penal, de modo que o art. 383 do CPP deve ser aplicado em combinação com aquele dispositivo.

- **Mutatio libelli**: hipótese do art. 384 do CPP: "Encerrada a instrução probatória, se entender cabível nova definição jurídica do fato, em consequência de prova existente nos autos de elemento ou circunstância da infração penal não contida na acusação, o Ministério Público deverá aditar a denúncia ou queixa, no prazo de 5 (cinco) dias, se em virtude desta houver sido instaurado o processo em crime de ação pública, reduzindo-se a termo o aditamento, quando feito oralmente".

- a redação do art. 384, *caput*, e § 5º do CPP mostra que a provocação para o aditamento não deve partir do juiz, mas deve ser iniciativa do próprio Ministério Público. Cabe a tal órgão, em respeito ao sistema acusatório, verificar se é ou não cabível o aditamento;
- se o Ministério Público não fizer o aditamento, o juiz, ao invés de sentenciar, pode encaminhar os autos ao Procurador-Geral de Justiça, para que este verifique se é ou não caso de aditamento, em analogia explícita ao art. 28 do CPP (art. 384, § 1º);
- feito o aditamento, cada parte poderá arrolar até 3 testemunhas, no prazo de 5 dias, ficando o juiz, na sentença, adstrito aos termos do aditamento (§ 4º);
- então, o juiz, a requerimento de qualquer das partes, designará dia e hora para continuação da audiência, com inquirição de testemunhas, novo interrogatório do acusado, realização de debates e julgamento (§ 2º);
- se não admitido o aditamento, o processo prosseguirá (§ 5º), isto é, o juiz deverá prolatar a sentença, ficando adstrito apenas aos fatos já contidos na denúncia.

EMENDATIO LIBELLI	*MUTATIO LIBELLI*
Juiz dá definição jurídica diversa ao fato descrito na denúncia	MP verifica possibilidade de definição jurídica diversa da contida na denúncia
Juiz pode aplicar pena mais grave do que aquela prevista para a definição contida na denúncia ou queixa	Fato novo, surgido da instrução, não descrito na denúncia
Não há necessidade de dar vista dos autos ao MP	MP deve aditar a denúncia
Não há necessidade de aditamento	Recusa do MP: aplicação do art. 28, CPP

- **Absolvição imprópria** ocorre nos casos em que a existência do crime e a autoria são reconhecidas, mas o acusado, por ser inimputável, não é condenado, aplicando-se-lhe medida de segurança (art. 386, VI, CPP). Há uma condenação disfarçada de absolvição, como afirma certa doutrina, cabendo, inclusive, revisão criminal.
- Os casos de **absolvição própria** são os seguintes: a) estar provada a inexistência do fato; b) não haver prova da existência do fato; c) não constituir o fato infração penal; d) estar provado que o réu não concorreu para a infração penal; e) não existir prova de ter o réu concorrido para a infração penal; f) existirem circunstâncias que excluam o crime – causa de exclusão da ilicitude – ou mesmo se houver fundada dúvida sobre sua existência; g) não existir prova suficiente para a condenação.
- O art. 387 e §§ 1º e 2º do CPP dispõem que o juiz, ao proferir **sentença condenatória**: a) mencionará as circunstâncias agravantes ou atenuantes definidas no Código Penal, e cuja existência reconhecer; b) mencionará as outras circunstâncias apuradas e tudo o mais que deva ser levado em conta na aplicação da pena, de acordo com o disposto nos arts. 59 e 60 do Código Penal; c) aplicará as penas de acordo com essas conclusões; d) fixará valor mínimo para reparação dos danos causados pela infração, considerando os prejuízos sofridos pelo ofendido; e) atenderá, quanto à aplicação provisória de interdições de direitos e medidas de segurança, ao disposto no CPP; f) determinará se a sentença deverá ser publicada na íntegra ou em resumo e designará o jornal em que será feita a publicação (art. 73, § 1º, do Código Penal); g) decidirá, fundamentadamente, sobre a manutenção ou, se for o caso, imposição de prisão preventiva ou de outra medida cautelar, sem prejuízo do conhecimento da apelação que vier a ser interposta; h) computará o tempo de

prisão provisória, de prisão administrativa ou de internação, no Brasil ou no estrangeiro, para fins de determinação do regime inicial de pena privativa de liberdade. Esta última disposição é mais recente, portanto, **atenção a ela**.

- A Lei 12.736, de 30 de novembro de 2012, modificou o art. 387 do CPP, que era composto do *caput* e de parágrafo único. Agora, possui dois parágrafos, sendo o primeiro praticamente idêntico ao antigo parágrafo único. Já o segundo trouxe a regra da detração vista na letra "h" acima.
- **Eficácia preclusiva subordinante da sentença penal**: a responsabilidade civil é independente da criminal, conforme afirma o art. 935 do CC. Mas tal dispositivo afirma também que não se pode questionar mais sobre a existência do fato, ou sobre quem seja o seu autor, quando estas questões se acharem decididas no juízo criminal. Essa é a ideia da eficácia preclusiva subordinante da sentença penal (v. acima, dicas sobre ação civil *ex delicto*).
- O art. 392 determina que a **intimação da sentença** será feita ao réu, pessoalmente, se estiver preso; ao réu, pessoalmente, ou ao defensor por ele constituído, quando se livrar solto, ou, sendo afiançável a infração, tiver prestado fiança; mediante edital, nesse último caso, se o réu e o defensor que houver constituído não forem encontrados, e assim o certificar o oficial de justiça; ao defensor constituído pelo réu, se este, afiançável, ou não, a infração, expedido o mandado de prisão, não tiver sido encontrado, e assim o certificar o oficial de justiça; nesse último caso, mediante edital, se o defensor que o réu houver constituído também não for encontrado, e assim o certificar o oficial de justiça; mediante edital, se o réu, não tendo constituído defensor, não for encontrado, e assim o certificar o oficial de justiça.

- no caso de sentença condenatória, prevalece o entendimento de que o acusado e seu defensor devem ser intimados separadamente e o prazo para o recurso começa da última intimação;
- se a intimação for por carta precatória, a Súmula 710 do STF estabelece que os prazos são contados da data da intimação e não da juntada do mandado ou da carta aos autos. Em sentido contrário, entendimento é de que começa a correr o prazo recursal a partir da juntada da carta precatória ao autos, devidamente cumprida (STJ, RE 261.360-RS);
- há, também, a Súmula 523 do STF, que estabelece ser a desídia do defensor, que perde o prazo para o recurso, hipótese de nulidade absoluta, por cerceamento de defesa.

PROCEDIMENTOS

PROCEDIMENTOS COMUNS ORDINÁRIO E SUMÁRIO

- O art. 394 do CPP determina que o procedimento será comum ou especial.
- O procedimento comum será **ordinário**, **sumário** ou **sumaríssimo** (§ 1º).

PROCEDIMENTO	PENA PRIVATIVA DE LIBERDADE
Ordinário	máxima igual ou superior a 4 anos
Sumário	máxima inferior a 4 anos
Sumaríssimo	infrações de menor potencial ofensivo

- Nos procedimentos **ordinário** e **sumário**, oferecida a denúncia ou queixa, o juiz, se a não rejeitar liminarmente, recebê-la-á e ordenará a citação do acusado para responder à acusação, por escrito, no prazo de 10 dias.

- no caso de citação por edital, o prazo para a defesa começará a fluir a partir do comparecimento pessoal do acusado ou do defensor constituído; do contrário, aplica-se o disposto no art. 366 do CPP (suspensão do processo);
- na resposta, o acusado poderá arguir preliminares e alegar tudo o que interesse à sua defesa, oferecer documentos e justificações, especificar as provas pretendidas e arrolar testemunhas, qualificando-as e requerendo sua intimação, quando necessário;
- não apresentada a resposta no prazo legal, ou se o acusado, citado, não constituir defensor, o juiz nomeará defensor para oferecê-la, concedendo-lhe vista dos autos por 10 dias.

- O juiz, depois da resposta do acusado, poderá absolvê-lo sumariamente nos casos especificados nos incisos do art. 397 do CPP, ou seja, quando verificar: a) a existência manifesta de causa excludente da ilicitude do fato; b) a existência manifesta de causa excludente da culpabilidade do agente, salvo inimputabilidade; c) que o fato narrado evidentemente não constitui crime; ou d) estar extinta a punibilidade do agente.

- a nosso ver, o rol do art. 397 do CPP é taxativo, não incluindo a definição de ausência de "justa causa";
- a ausência de alguma das condições da ação – atipicidade do fato, por exemplo – pode levar à absolvição sumária. Porém, as hipóteses do art. 397 do CPP não se limitam à análise das condições da ação, chegando mesmo à análise do mérito (exemplo: existência de causa de exclusão da ilicitude);
- a inimputabilidade é excluída expressamente das causas que podem levar à absolvição sumária

nos procedimentos comuns. Nesse caso, deverá a ação prosseguir e, ao final, o juiz proferirá sentença de absolvição imprópria, fixando medida de segurança.

- No **procedimento ordinário**, se o juiz não absolver sumariamente o acusado, designará audiência de instrução e julgamento, a ser realizada no prazo máximo de 60 dias.
- na audiência serão tomadas as declarações do ofendido, serão inquiridas as testemunhas arroladas pela acusação e pela defesa, nesta ordem, serão colhidos os esclarecimentos dos peritos – se houve prévio requerimento das partes –, serão realizadas acareações e reconhecimento de pessoas e coisas, e, ao final, será o acusado interrogado;
- na instrução poderão ser inquiridas até 8 testemunhas arroladas pela acusação e 8 pela defesa, não se computando, nesse número, as que não prestem compromisso e as referidas;
- permite-se o adiamento da audiência se o defensor, por motivo justificado, não puder comparecer. Contudo, o ônus de provar o impedimento do defensor incumbe a este, que deverá fazê-lo até a abertura da audiência e, caso não o faça, o juiz determina o prosseguimento do ato, nomeando defensor substituto, ainda que provisoriamente ou só para o efeito do ato;
- produzidas as provas, ao final da audiência, o Ministério Público, o querelante e o assistente e, a seguir, o acusado poderão requerer diligências cuja necessidade se origine de circunstâncias ou fatos apurados na instrução;
- não havendo requerimento de diligências, ou sendo indeferido, serão oferecidas alegações finais orais por 20 minutos, respectivamente, pela acusação e pela defesa, prorrogáveis por mais 10, proferindo o juiz, a seguir, sentença;
- havendo mais de um acusado, o tempo previsto para a defesa de cada um será individual;
- ao assistente do Ministério Público, após a manifestação desse, serão concedidos 10 minutos, prorrogando-se por igual período o tempo de manifestação da defesa;
- o juiz poderá, considerada a complexidade do caso ou o número de acusados, conceder às partes o prazo de 5 dias sucessivamente para a apresentação de memoriais. Nesse caso, terá o prazo de 10 dias para proferir a sentença;
- havendo necessidade de diligências, não haverá alegações orais em audiência. Assim que realizada a diligência, as partes apresentarão, no prazo sucessivo de 5 dias, suas alegações finais, por memorial, e, no prazo de 10 dias, o juiz proferirá a sentença.
- O juiz que presidiu a instrução deverá proferir a sentença (princípio da identidade física do juiz).
- No **procedimento sumário**, se o juiz não absolver sumariamente o acusado, designará audiência de instrução e julgamento, a ser realizada no prazo máximo de 30 dias.
- na audiência serão tomadas as declarações do ofendido, serão inquiridas as testemunhas arroladas pela acusação e pela defesa, nesta ordem, serão colhidos os esclarecimentos dos peritos – se houve prévio requerimento das partes –, serão realizadas acareações e reconhecimento de pessoas e coisas, e, ao final, será o acusado interrogado;
- na instrução poderão ser inquiridas até 5 testemunhas arroladas pela acusação e 5 pela defesa;
- nenhum ato será adiado, salvo quando imprescindível a prova faltante, determinando o juiz a condução coercitiva de quem deva comparecer.
- as alegações finais serão orais, concedendo-se a palavra, respectivamente, à acusação e à defesa, pelo prazo de 20 minutos, prorrogáveis por mais 10, proferindo o juiz, a seguir, sentença;
- havendo mais de um acusado, o tempo previsto para a defesa de cada um será individual;
- ao assistente do Ministério Público, após a manifestação desse, serão concedidos 10 minutos, prorrogando-se por igual período o tempo de manifestação da defesa;
- não há previsão de diligências complementares;
- O juiz que presidiu a instrução deverá proferir a sentença (princípio da identidade física do juiz).

DIFERENÇAS ENTRE PROCEDIMENTOS ORDINÁRIO E SUMÁRIO		
–	**Ordinário**	**Sumário**
Prazo para realização da audiência	60 dias	30 dias
Número máximo de testemunhas a serem arroladas por cada parte	8	5
Permitidas diligências depois da audiência?	Sim	Não
Previsão de memoriais, em substituição aos debates?	Sim	Não

- A **suspensão condicional do processo** é aplicável a todos os crimes que estiverem dentro dos limites previsto no art. 89 da Lei 9.099/1995.
- a suspensão condicional do processo será aplicada se a pena mínima cominada for igual ou inferior a 1 ano e desde que o acusado não esteja sendo processado ou não tenha sido condenado por outro crime, presentes os demais requisitos que autorizariam a suspensão condicional da pena;
- a suspensão terá duração de 2 a 4 anos;
- entendemos que a proposta de suspensão condicional deve ser feita pelo Promotor de Justiça, titular da ação penal (há, evidentemente, quem entenda que o juiz também pode fazer a proposta, caso o Promotor se recuse a fazê-la). Em caso de recusa do membro do Ministério Público, deve ser aplicado, por analogia, o disposto no art. 28 do CPP. É o entendimento do STF, por meio da Súmula 696: "Reunidos os pressupostos legais permissivos da suspensão condicional do processo, mas se recusando o Promotor de Justiça a propô-la, o juiz, dissentindo, remeterá a questão ao Procurador-Geral, aplicando-se por analogia o art. 28 do Código de Processo Penal". O mesmo se aplica à transação penal.
- quanto ao momento, deve o Ministério Público oferecer a proposta de suspensão quando oferecer a denúncia, conforme consta do art. 89 da Lei 9.099/1995. Mas, qual o momento para o acusado aceitá-la? Se o procedimento a ser adotado for o sumaríssimo, da própria Lei 9.099, deve-se ter em mente que, se foi oferecida denúncia, isso significa que não foi possível ou não foi aceita a proposta de transação penal. Então, apresenta o Ministério Público oralmente a denúncia. Se o acusado estiver presente ao ato, é citado. Porém, caso não esteja presente, deve o acusado também é citado posteriormente. Nos dois casos, o acusado deve comparecer à audiência designada, na qual seu defensor apresentará a defesa preliminar, com o que decidirá o juiz se recebe a denúncia. A recebendo, será o acusado instado a se manifestar quanto à proposta de suspensão. Por outro lado, se o procedimento for o ordinário ou o sumário, lembrem-se que o acusado será citado para oferecer resposta à acusação e depois o juiz decidirá se absolve sumariamente o acusado. Caso o não faça, deverá designar audiência una de instrução e julgamento. Não concordamos com o posicionamento segundo o qual deve ser realizada a audiência e, quando do interrogatório (último ato dela), deve o acusado dizer se aceita a proposta de suspensão ou não. A melhor solução, a nosso ver, é outra: decidindo o juiz não ser o caso de absolvição sumária, designa audiência para que o acusado diga se aceita ou não a proposta de suspensão e, caso a aceite, fica prejudicada a realização da audiência de instrução e julgamento, que sequer é marcada. Por fim, ainda quanto a tal tema, se houver a desclassificação do delito quando da sentença ou acórdão e a nova classificação jurídica do crime possibilitar a aplicação da suspensão condicional do processo, deve o juiz ou tribunal dar ao Ministério Público a oportunidade de apresentar a proposta de suspensão.

PROCEDIMENTO SUMARÍSSIMO (LEI 9.099/1995)

- Adotado para as infrações penais de menor potencial ofensivo e previsto na Lei 9.099/1995.
- **Infrações penais de menor potencial ofensivo**: as contravenções penais e os crimes a que a lei comine pena máxima não superior a 2 anos, cumulada ou não com multa.

* Há crimes em que são previstas penas alternativas: privativa de liberdade ou multa. Como exemplo, vejam o preceito secundário do art. 7º da Lei 8.137/1990: pena de detenção, de 2 a 5 anos, ou multa. Assim, visto sob o ângulo da pena privativa de liberdade, não se trata de infração de menor potencial ofensivo, já que, para isso, a pena máxima não poderia ultrapassar 2 anos; visto sob o prisma da pena de multa, seria crime de menor potencial ofensivo. Então, qual o critério que deve prevalecer? A nosso ver, o da pena privativa de liberdade. Isso porque o legislador, ao definir crime de menor potencial ofensivo levou em conta, essencialmente, a pena privativa de liberdade, de modo que, aquele cuja pena máxima ultrapassar 2 anos não pode ser considerado "de menor potencial ofensivo". Esse é, por sinal, vinha sendo o entendimento de uma das turmas do STJ: "(...) Considera-se crime de menor potencial ofensivo aquele cuja pena máxima não exceda o limite de 2 (dois) anos. (...) No caso, o Agravante foi denunciado pela prática do crime do art. 38 da Lei nº 9.605/98, cuja pena máxima abstratamente cominada é de 3 (três) anos de detenção. E, apesar da previsão de pena alternativa de multa, o critério eleito pelo legislador para definir se a infração reveste-se de menor gravidade e, portanto, se compete o julgamento da causa ao Juizado Especial, é exatamente o quantum máximo da pena privativa de liberdade abstratamente cominada. (...) Agravo regimental desprovido." (AgRg no REsp 1.208.989 – TO, Rel. Min. Laurita Vaz, j. 06.12.2011). Em decisão recente, a 2ª Turma do STF decidiu no mesmo sentido, quanto ao mesmo caso, *verbis*: "HABEAS CORPUS. PENAL. PROCESSUAL PENAL. CRIME CONTRA O MEIO AMBIENTE. AÇÃO PENAL. COM-

PETÊNCIA DA JUSTIÇA FEDERAL COMUM. PENA MÁXIMA SUPERIOR A DOIS ANOS. ORDEM DENEGADA. I – A lei prevê como infrações de menor potencial ofensivo as contravenções e os crimes a que a lei comine pena máxima não superior a dois anos, cumulada ou não com multa. II – O Ministério Público denunciou o paciente pela suposta prática do crime previsto no art. 38 da Lei 9.605/1998, que prevê a pena de detenção de um a três anos, ou multa, ou ambas as penas cumulativamente, de modo que não há falar, in casu, de infração de menor potencial ofensivo. Afastada, pois, a competência do Juizado Especial Federal Criminal. III – Ordem denegada" (HC 112.758 – TO, Rel. Min. Ricardo Lewandowski, j. 16.10.2012). Porém, em decisão da 6ª Turma, de 2015, o STJ decidiu que, nesse caso, é cabível a transação: "PROCESSO PENAL. RECURSO ORDINÁRIO EM HABEAS CORPUS. ART. 7.º, IX, DA LEI N.º 8.137/90. PENA MÍNIMA COMINADA IGUAL A DOIS ANOS. PREVISÃO ALTERNATIVA DE MULTA. SUSPENSÃO CONDICIONAL DO PROCESSO. TRANSAÇÃO PENAL. POSSIBILIDADE. RECURSO A QUE SE DÁ PROVIMENTO. 1. O preceito sancionador do delito descrito no art. 7.º, IX, da Lei n.º 8.137/90 comina pena privativa de liberdade mínima igual a dois anos ou multa. 2. Consistindo a pena de multa na menor sanção penal estabelecida para a figura típica em apreço, é possível a aplicação dos arts. 76 e 89 da Lei n.º 9.099/95. 3. Recurso ordinário a que se dá provimento, a fim de que o Ministério Público do Estado de São Paulo se manifeste acerca das propostas de transação penal e suspensão condicional do processo, afastado o argumento referente à pena mínima cominada para o referido crime" (RHC 54. 429-SP, Rel. Min. Maria Thereza de Assis Moura, j. 24.03.2015). Tal decisão pode indicar uma forte tendência de se aceitar a transação penal nesse caso, tal como já ocorreu com a aceitação da suspensão prevista no art. 89 da Lei 9.099.

- O processo perante o Juizado Especial orientar-se-á pelos critérios da oralidade, informalidade, economia processual e celeridade, objetivando, sempre que possível, a reparação dos danos sofridos pela vítima e a aplicação de pena não privativa de liberdade.

– não se pronunciará qualquer nulidade sem que tenha havido prejuízo;

– a prática de atos processuais em outras comarcas poderá ser solicitada por qualquer meio hábil de comunicação;

– serão objeto de registro escrito exclusivamente os atos havidos por essenciais. Os atos realizados em audiência de instrução e julgamento poderão ser gravados em fita magnética ou equivalente;

– a citação será pessoal e far-se-á no próprio Juizado, sempre que possível, ou por mandado;

– não encontrado o acusado para ser citado, o Juiz encaminhará as peças existentes ao Juízo comum para adoção do procedimento sumário;

– a intimação será feita por correspondência, com aviso de recebimento pessoal ou, tratando-se de pessoa jurídica ou firma individual, mediante entrega ao encarregado da recepção, que será obrigatoriamente identificado, ou, sendo necessário, por oficial de justiça, independentemente de mandado ou carta precatória, ou ainda por qualquer meio idôneo de comunicação.

- **Fase preliminar.**

– não há instauração de inquérito policial, mas é elaborado apenas termo circunstanciado. Se o caso for complexo, deve ser encaminhado ao Juízo criminal comum;

– é designada audiência preliminar;

- presente o representante do Ministério Público, o autor do fato e a vítima e, se possível, o responsável civil, acompanhados por seus advogados, o Juiz esclarecerá sobre a possibilidade da composição dos danos e da aceitação da proposta de aplicação imediata de pena não privativa de liberdade (transação penal);
- a conciliação pode ser conduzida por conciliador sob orientação do juiz;
- em caso de composição dos danos civis haverá redução desta por escrito e, homologada pelo Juiz mediante sentença irrecorrível, terá eficácia de título a ser executado no juízo cível competente;
- no caso de ação penal privada ou pública condicionada à representação, o acordo homologado acarreta a renúncia ao direito de queixa ou representação;
- não havendo a composição dos danos civis, será dada imediatamente ao ofendido a oportunidade de exercer o direito de representação, que não precisa ser feito no ato, podendo ser exercido posteriormente, enquanto não decorrido o prazo decadencial;
- havendo representação ou tratando-se de crime de ação penal pública incondicionada, não sendo caso de arquivamento, o Ministério Público poderá propor a aplicação imediata de pena restritiva de direitos ou multas, a ser especificada na proposta. É a **transação penal**;
- não poderá haver transação penal se: o autor da infração foi condenado, pela prática de crime, à pena privativa de liberdade, por sentença definitiva; o agente foi beneficiado anteriormente, no prazo de cinco anos, pela aplicação de pena

restritiva ou multa, em transação penal; e não indicarem os antecedentes, a conduta social e a personalidade do agente, bem como os motivos e as circunstâncias, ser necessária e suficiente a adoção da medida;

- não pode o juiz propor a transação penal sem a proposta do Ministério Público. Se este se recusar e o juiz entender que deve ser feita a proposta, deve aplicar, por analogia, o disposto no art. 28 do CPP;
- acolhendo a proposta do Ministério Público aceita pelo autor da infração, o juiz aplicará a pena restritiva de direitos ou multa, que não importará em reincidência, sendo registrada apenas para impedir novamente o mesmo benefício no prazo de cinco anos. Além disso, não constará de certidão de antecedentes criminais, salvo para os fins previstos no mesmo dispositivo, e não terá efeitos civis, cabendo aos interessados propor ação cabível no juízo cível.
- **Procedimento sumaríssimo**.

- se o autor do fato não tiver comparecido à audiência preliminar ou não tiver sido possível o oferecimento de proposta de transação penal por falta de seus requisitos legais, o Ministério Público oferecerá ao Juiz, de imediato, denúncia oral, se não houver necessidade de diligências imprescindíveis. É permitida, também, a queixa oral; pode ser proposta a ação penal se o autor do fato descumprir os termos da transação penal (STF, Súmula Vinculante 35);
- oferecida a denúncia ou queixa, será reduzida a termo, entregando-se cópia ao acusado, que com ela ficará citado e imediatamente cientificado da designação de dia e hora para a audiência de instrução e julgamento. Ou, será feita a citação;
- o acusado deverá trazer suas testemunhas ou apresentar requerimento para intimação, no mínimo cinco dias antes da realização da audiência;
- o ofendido e o responsável civil serão intimados para a audiência de instrução e julgamento, caso não tenham comparecido à audiência preliminar;
- é possível a composição entre as partes mesmo depois de oferecida a denúncia, no caso em que não foi possível fazê-lo na fase anterior. É o que permite o art. 79 da Lei 9.099/1995, que cita expressamente os arts. 72, 73, 74 e 75 da mesma Lei. Admite, também, a doutrina a possibilidade, na mesma hipótese, de que se permita também a transação penal. Porém, ela não importa em retratação da ação penal proposta em caso de ação penal pública, que é irrenunciável, indisponível e obrigatória. Simplesmente, o juiz deixará de receber a denúncia em caso de aceitação da proposta de transação pelo autor do fato e aguardará o cumprimento do acordado;
- aberta a audiência, será dada a palavra ao defensor para responder à acusação, após o que o Juiz receberá, ou não, a denúncia ou queixa; havendo recebimento, serão ouvidas a vítima e as testemunhas de acusação e defesa, interrogando-se a seguir o acusado, se presente, passando-se imediatamente aos debates orais e à prolação da sentença;
- é possível a suspensão condicional do processo (art. 89, Lei 9.099/1995);
- da decisão de rejeição da denúncia ou queixa e da sentença caberá apelação (prazo de interposição: 10 dias), que poderá ser julgada por turma composta de três Juízes em exercício no primeiro grau de jurisdição, reunidos na sede do Juizado (Turma Recursal do Juizado Especial Criminal).

PROCEDIMENTO DOS PROCESSOS DE COMPETÊNCIA DO TRIBUNAL DO JÚRI

- O procedimento previsto para o julgamento dos crimes dolosos contra a vida (e os conexos a eles) é dividido em duas fases: instrução preliminar (*judicium accusationis*) e julgamento pelo Tribunal do Júri (*judicium causae*).
- **Instrução preliminar (*judicium accusationis*)**.

- deve se encerrar em no máximo 90 dias;
- oferecimento da denúncia (ou queixa subsidiária), podendo a acusação arrolar até 8 testemunhas;
- recebimento da denúncia, seguindo-se a citação do acusado para oferecer, em 10 dias, resposta à acusação;
- na resposta, o acusado poderá arguir preliminares e alegar tudo que interesse a sua defesa, oferecer documentos e justificações, especificar as provas pretendidas e arrolar testemunhas, até o máximo de 8, qualificando-as e requerendo sua intimação, quando necessário;
- não apresentada a resposta no prazo legal, o juiz nomeará defensor para oferecê-la em até 10 dias, concedendo-lhe vista dos autos;
- apresentada a defesa, o juiz ouvirá o Ministério Público ou o querelante sobre preliminares e documentos, em 5 dias;
- há posições admitindo a aplicação do art. 397 do CPP (absolvição sumária, antes da instrução);
- então, o juiz determinará a inquirição das testemunhas e a realização das diligências requeridas pelas partes, no prazo máximo de 10 dias;
- na audiência de instrução, proceder-se-á à tomada de declarações do ofendido, se possível,

à inquirição das testemunhas arroladas pela acusação e pela defesa, nesta ordem, bem como aos esclarecimentos dos peritos (se houver prévios requerimento das partes e deferimento pelo juiz), às acareações e ao reconhecimento de pessoas e coisas, interrogando-se, em seguida, o acusado e procedendo-se o debate;

- nenhum ato será adiado, salvo quando imprescindível à prova faltante, determinando o juiz a condução coercitiva de quem deva comparecer.
- as alegações serão orais, concedendo-se a palavra, respectivamente, à acusação e à defesa, pelo prazo de 20 minutos, prorrogáveis por mais 10;
- havendo mais de um acusado, o tempo previsto para a acusação e a defesa de cada um deles será individual;
- ao assistente do Ministério Público, após a manifestação deste, serão concedidos 10 minutos, prorrogando-se por igual período o tempo de manifestação da defesa;
- encerrados os debates, o juiz proferirá a sua decisão, ou o fará em 10 dias;
- o juiz poderá proferir as seguintes decisões: pronúncia, impronúncia, absolvição sumária, desclassificação do delito para outro de competência do Juízo criminal comum.

DECISÃO	REQUISITOS	RECURSO
Pronúncia	juiz deve estar convencido da materialidade do fato e da existência de indícios suficientes de autoria ou de participação	recurso em sentido estrito
Impronúncia	juiz que não estiver convencido da materialidade do fato ou da existência de indícios suficientes de autoria ou de participação	apelação
Absolvição sumária	provada a inexistência do fato; ou provado não ser ele autor ou partícipe do fato; ou o fato não constituir infração penal; ou demonstrada causa de isenção de pena (se esta for a única tese defensiva, no caso de inimputabilidade) ou de exclusão do crime	apelação
Desclassificação	juiz se convencer de que o crime não é da espécie "doloso contra a vida"	recurso em sentido estrito

- **Julgamento pelo Tribunal do Júri (*judicium causae*).**

- o acusado deve ser pessoalmente intimado da pronúncia, mas, caso não encontrado, é admitida a intimação por edital;
- preclusa a decisão, o presidente do Tribunal do Júri determinará a intimação do órgão do Ministério Público ou do querelante, no caso de queixa subsidiária, e do defensor, para, no prazo de 5 dias, apresentarem rol de testemunhas que irão depor em plenário, até o máximo de 5, oportunidade em que poderão juntar documentos e requerer diligência;
- **atenção**: não existe mais o libelo;
- **desaforamento**: se necessário, poderá ser requerido pelo Ministério Público, pelo Assistente de Acusação, pelo querelante, pelo acusado e pelo próprio juiz, devendo ser decidido pelo Tribunal – geralmente, o Tribunal de Justiça, mas, no caso da Justiça Federal, o respectivo Tribunal Regional Federal. Os motivos: interesse da ordem pública ou dúvida sobre a imparcialidade do júri ou mesmo a segurança pessoal do acusado. Assim, o Tribunal pode determinar o desaforamento do julgamento para outra comarca da mesma região, preferindo-se as mais próximas, desde que, obviamente, os mesmo motivos que o justificaram não estiverem presentes. A demora na realização do julgamento também pode dar causa ao desaforamento**:** em razão do comprovado excesso de serviço, ouvidos o juiz presidente e a parte contrária, se o julgamento não puder ser realizado no prazo de 6 meses, contado do trânsito em julgado da decisão de pronúncia. A Súmula 712 do STF afirma haver nulidade na decisão que determina o desaforamento do processo sem que a defesa tenha sido ouvida.
- o Tribunal do Júri é composto pelo juiz togado, que é seu presidente, bem como por 25 jurados, que serão sorteados dentre os alistados, dos quais 7 constituirão o Conselho de Sentença em cada sessão de julgamento;

- **Julgamento:**

- se o Ministério Público não comparecer, o juiz presidente adiará o julgamento para o primeiro dia desimpedido da mesma reunião, cientificadas as partes e as testemunhas. Não pode ser nomeado Promotor de Justiça ou Procurador da República *ad hoc*;
- não havendo escusa legítima para a falta do advogado do acusado, o julgamento será adiado somente uma vez, devendo o réu ser julgado quando chamado novamente. Nesse caso, o juiz intimará a Defensoria Pública para o novo julgamento, que será adiado para o primeiro dia desimpedido, observado o prazo mínimo de 10 dias;
- o julgamento não será adiado pelo não comparecimento do acusado solto, do assistente ou do advogado do querelante, que tiver sido regularmente intimado;
- se o acusado preso não for conduzido, o julgamento será adiado para o primeiro dia desimpedido da mesma reunião, salvo se houver pedido de dispensa de comparecimento subscrito por ele e seu defensor;
- o julgamento não será adiado se a testemunha deixar de comparecer, salvo se uma das partes tiver requerido a sua intimação por mandado, em caráter de imprescindibilidade, e indicando a sua localização. Se, intimada, a testemunha não comparecer, o juiz presidente suspenderá os trabalhos e mandará conduzi-la ou adiará o julgamento para o primeiro dia desimpedido, ordenando a sua condução. E o julgamento será realizado mesmo na hipótese de a testemunha não ser encontrada no local indicado, se assim for certificado por oficial de justiça;
- comparecendo, pelo menos, 15 jurados, o juiz presidente declarará instalados os trabalhos, anunciando o processo que será submetido a julgamento. Do contrário, terá de adiar o julgamento;
- o juiz fará, então, o sorteio dos jurados. O Ministério Público e a defesa, nessa ordem, poderão recusar, sem motivos, até 3 jurados (recusas peremptórias), não havendo limites para recusas motivadas, em caso de suspeição ou impedimento;
- não ocorre mais separação do julgamento em caso de mais de um réu, quando um deles recusar o jurado e o outro, assim como o Ministério Público, aceitá-lo. Só haverá separação se, em razão das recusas, não houver o número mínimo de 7 jurados para a composição do Conselho de Sentença;
- prestado o compromisso pelos jurados, será iniciada a instrução plenária quando o juiz presidente, o Ministério Público, o assistente, o querelante e o defensor do acusado tomarão, sucessiva e diretamente, as declarações do ofendido, se possível, e inquirirão as testemunhas arroladas pela acusação. Os jurados formulam perguntas por intermédio do juiz. **Atenção**: o juiz faz as perguntas primeiro, ao contrário do que ocorre no procedimento comum;
- as partes e os jurados poderão requerer acareações, reconhecimento de pessoas e coisas e esclarecimento dos peritos, bem como a leitura de peças que se refiram, exclusivamente, às provas colhidas por carta precatória e às provas cautelares, antecipadas ou não repetíveis;
- segue o interrogatório do acusado, se presente. O Ministério Público, o assistente, o querelante e o defensor, nessa ordem, poderão formular, diretamente, perguntas ao acusado. Os jurados formulam perguntas por intermédio do juiz.
- **atenção**: por expressa determinação legal (art. 474, § 3º, CPP), não se permitirá o uso de algemas no acusado durante o período em que permanecer no plenário do Júri, salvo se absolutamente necessário à ordem dos trabalhos, à segurança das testemunhas ou à garantia da integridade física dos presentes;
- encerrada a instrução, será concedida a palavra ao Ministério Público, que fará a acusação, nos limites da pronúncia ou das decisões posteriores que julgaram admissível a acusação, sustentando, se for o caso, a existência de circunstância agravante. O assistente falará depois do Ministério Público. Em caso de ação privada subsidiária, falará em primeiro lugar o querelante e, em seguida, o Ministério Público, salvo se este houver retomado a titularidade da ação. Depois da acusação, falará a defesa.

Duração máxima das etapas dos debates em plenário		
Ordem	apenas um acusado	dois ou mais acusados
Acusação	1 hora e 30 minutos	2 horas e 30 minutos
Defesa	1 hora e 30 minutos	2 horas e 30 minutos
Réplica	1 hora	2 horas
Tréplica	1 hora	2 horas

- durante os debates as partes não poderão, sob pena de nulidade, fazer referências: a) à decisão de pronúncia como argumento de autoridade que beneficie ou prejudique o acusado; b) às decisões posteriores que julgaram admissível a acusação (acórdão confirmatório da pronúncia, já havendo caso em que o Tribunal de Justiça paulista anulou julgamento em razão da leitura de acórdão que anulou julgamento sob o fundamento de ter sido a decisão dos jurados manifestamente contrária à prova dos autos) como argumento de autoridade que beneficiem ou prejudiquem o acusado; c) ou à determinação do uso de algemas; d) ao silêncio do acusado ou à ausência de interrogatório por falta de requerimento, em seu prejuízo;
- durante o julgamento não será permitida a leitura de documento ou a exibição de objeto que não tiver sido juntado aos autos com a antecedência mínima de 3 dias úteis, dando-se ciência à outra parte. Compreende-se em tal proibição a leitura de jornais ou qualquer outro escrito, bem como a exibição de vídeos, gravações, fotografias, laudos, quadros, croqui ou qualquer outro meio assemelhado, cujo conteúdo versar sobre a matéria de fato submetida à apreciação e julgamento dos jurados;
- concluídos os debates, o presidente indagará dos jurados se estão habilitados a julgar ou se necessitam de outros esclarecimentos;
- **formulação dos quesitos:** os quesitos serão redigidos em proposições afirmativas, simples e distintas, de modo que cada um deles possa ser respondido com suficiente clareza e necessária precisão. Na sua elaboração, o presidente levará em conta os termos da pronúncia ou das decisões posteriores que julgaram admissível a acusação, do interrogatório e das alegações das partes. Em seguida, a lei estabelece a ordem dos quesitos, a saber: materialidade do fato; autoria ou participação; se o acusado deve ser absolvido; se existe causa de diminuição de pena alegada pela defesa; se existe circunstância qualificadora ou causa de aumento de pena reconhecidas na pronúncia ou em decisões posteriores que julgaram admissível a acusação. Assim, tanto as agravantes quanto as atenuantes não mais são objeto de quesitação. O pedido de seu reconhecimento deve ser formulado nos debates e dirigido ao juiz-presidente. Ao final, havendo condenação, caberá a este considerá-lo ou não na sentença;
- **votação**: secreta, sob comando do Juiz-Presidente e na presença das partes. Nenhum dos jurados pode manifestar abertamente seu voto, sob pena de anulação imediata do julgamento. O resultado da votação de cada quesito se dará por maioria;
- em caso de desclassificação do crime doloso contra a vida, o juiz-presidente passará a julgar o caso, incluindo os crimes conexos;
- finalmente, o juiz lerá a sentença em Plenário;
- das decisões do Júri cabe apelação;

FUNDAMENTO DA APELAÇÃO	CONSEQUÊNCIA EM CASO DE PROVIMENTO DA APELAÇÃO
nulidade posterior à pronúncia	anulação do julgamento e realização de outro
sentença do juiz-presidente contrária à lei expressa ou à decisão dos jurados	reforma da sentença
erro ou injustiça no tocante à aplicação da pena ou da medida de segurança	reforma da sentença
decisão dos jurados manifestamente contrária à prova dos autos	anulação do julgamento e realização de outro. **Atenção:** por esse fundamento, só se anula o julgamento uma vez

- o Tribunal de Justiça (ou Tribunal Regional Federal) deve se ater ao fundamento apontado pelo Ministério Público para o recurso. Portanto, alegado um dos fundamentos no recurso, o Tribunal de Justiça não pode dar provimento à apelação com base em outro. A respeito, o STF editou a Súmula 713: "O efeito devolutivo da apelação contra decisões do júri é adstrito aos fundamentos da sua interposição";
- se da sentença não for interposta apelação pelo Ministério Público no prazo legal, o ofendido ou qualquer das pessoas enumeradas no art. 31 do CPP, ainda que não se tenha habilitado como assistente, poderá interpor apelação, que não terá, porém, efeito suspensivo (art. 598, CPP). O prazo para interposição de tal recurso será de quinze dias, começando a correr do dia em que terminar o prazo para o Ministério Público ape-

lar. Contudo, se este recomenda aos Jurados a absolvição do acusado e ele é absolvido, não tem o órgão acusatório sucumbência e, portanto, não possui interesse recursal algum. Logo, não era cabível seu recurso. Pensamos, então, que o art. 598 somente se aplica em caso em que o pleito do Ministério Público em plenário não é aceito pelos jurados.

PROCEDIMENTOS ESPECIAIS DO CPP E LEGISLAÇÃO PROCESSUAL ESPECIAL

- Vejamos algumas dicas sobre alguns dos casos especiais normalmente tratados em questões de concursos.
- **Procedimento para os crimes de responsabilidade dos funcionários públicos**.

- determina o art. 514 do CPP que, nos crimes afiançáveis, estando a denúncia ou queixa em devida forma, o juiz mandará autuá-la e ordenará a notificação do acusado (funcionário público, fora dos casos de foro por prerrogativa de função), para responder por escrito, dentro do prazo de 15 dias;
- prevalece o entendimento de que tal dispositivo somente se aplica aos crimes funcionais típicos, ou seja, aqueles previstos nos arts. 312 a 326 do CP. Portanto, não basta que o acusado seja funcionário público para que seja seguido tal rito
- em geral, os crimes são afiançáveis, sendo mais fácil descobrir quais são inafiançáveis;

- primeiramente, a própria CF estabelece os casos de inafiançabilidade no art. 5º, incisos XLII ("a prática do racismo constitui crime inafiançável e imprescritível, sujeito à pena de reclusão, nos termos da lei"), XLIII ("a lei considerará crimes inafiançáveis e insuscetíveis de graça ou anistia a prática da tortura, o tráfico ilícito de entorpecentes e drogas afins, o terrorismo e os definidos como crimes hediondos, por eles respondendo os mandantes, os executores e os que, podendo evitá-los, se omitirem". V. Lei 8.072/1990) e XLIV (constitui crime inafiançável e imprescritível a ação de grupos armados, civis ou militares, contra a ordem constitucional e o Estado Democrático);
- o CPP não mais adota o critério da pena para a inafiançabilidade de um crime, como ocorria anteriormente às mudanças introduzidas pela Lei 12.403. Agora, os impedimentos para a fiança estão nos art. 323 (que apenas repete as proibições constitucionais) e 324 (que traz as seguintes proibições: aos que, no mesmo processo, tiverem quebrado fiança anteriormente concedida ou infringido, sem motivo justo, qualquer das obrigações a que se referem os arts. 327 e 328 do CPP; em caso de prisão civil ou militar; e quando presentes os motivos que autorizam a decretação da prisão preventiva);

- **voltando ao que dispõe o art. 514 do CPP,** no **STJ**, há o entendimento de que não é necessária a resposta preliminar se a ação penal foi instruída por inquérito policial (Súmula 330). Além disso, o mesmo Tribunal entende que a ausência da resposta sequer seria causa de nulidade absoluta, mas apenas relativa. Nesse sentido: HC 126.901-RS, Rel. Min. Maria Thereza de Assis Moura, j. 19.06.2012. O **STF** trilhava também o mesmo caminho da Súmula 330 acima citada, mas, recentemente, alterou seu entendimento, exigindo a aplicação do art. 514 do CPP, salvo se o acusado não mais exerce o cargo público quando da denúncia: HC 110.361-SC, Rel Min. Ricardo Lewandowski, j. 05.06.2012.
- à vista da resposta do acusado, o juiz rejeitará a queixa ou denúncia, em despacho fundamentado, se convencido da inexistência do crime ou da improcedência da ação;
- se receber a inicial acusatória, seguem a citação e o procedimento comum.

- **Crimes contra a honra**.

- normalmente, aplica-se o procedimento sumaríssimo aos crimes contra a honra, em razão da pena cominada;
- mas, caso não seja aplicada a Lei 9.099/1995, assim que ofertada a inicial acusatória, em caso de ação penal privada, o juiz oferecerá às partes oportunidade para se reconciliarem, fazendo-as comparecer em juízo e ouvindo-as, separadamente, sem a presença dos seus advogados, não se lavrando termo;

- se depois de ouvir o querelante e o querelado, o juiz achar provável a reconciliação, promoverá entendimento entre eles, na sua presença;
- no caso de reconciliação, depois de assinado pelo querelante o termo da desistência, a queixa será arquivada;
- como visto acima, ação penal privada é disponível, de modo que o querelante comparece se quiser para o ato, podendo haver perempção, se o caso (art. 60, III, CPP: quando o querelante deixar de comparecer, sem motivo justificado, a qualquer ato do processo a que deva estar presente). Mas, **atenção**: no caso em tela, temos a aplicação obrigatória da tentativa de conciliação prevista nos arts. 519/523 do CPP. Aqui a doutrina divide-se: uma corrente entende que, caso uma das partes, ou ambas, não compareça, o feito prossegue, pois entende-se que o querelante ou o querelado não quis a conciliação; outra entende que, se o não comparecimento for do querelado, deve haver condução coercitiva; se

for do querelante, deve ser declarada a perempção. Entendo que o querelante e o querelado são obrigados a comparecer, o primeiro sob pena de perempção, o segundo, de condução coercitiva. O art. 520 do CPP diz que o juiz, antes de receber a queixa, **oferecerá** às partes oportunidade para a reconciliação, "fazendo-as comparecer e juízo e ouvindo-as" – é uma imposição legal, não uma opção;

- **exceção da verdade**: quando for oferecida, o querelante poderá contestar a exceção no prazo de dois dias, podendo ser inquiridas as testemunhas arroladas na queixa, ou outras indicadas naquele prazo, em substituição às primeiras, ou para completar o máximo legal;

• **importante**: se o querelante for pessoa com foro por prerrogativa de função, a exceção da verdade deve se processar no tribunal que tem competência para julgá-lo.

• **Procedimento nos crimes contra a propriedade imaterial**.

- o CPP regula o rito para o processamento dos crimes contra a propriedade imaterial nos arts. 524 a 530-I;
- o art. 525 traz verdadeira condição de procedibilidade para o oferecimento da inicial acusatória: no caso de haver o crime deixado vestígio, a queixa ou a denúncia não será recebida se não for instruída com o exame pericial dos objetos que constituam o corpo de delito, admitindo-se que seja suprido por prova testemunhal. Porém, é certo que tal condição somente é exigível nos casos em que o crime deixa vestígios;
- ou seja, pode ser dispensável o exame pericial se a infração for daquelas que não deixam vestígios.

• **Lei de Drogas (Lei 11.343/2006).**

- o inquérito policial será concluído no prazo de 30 dias, se o indiciado estiver preso, e de 90 dias, quando solto, podendo o juiz dobrar tais prazos;
- em qualquer fase da persecução criminal relativa aos crimes previstos na Lei de Drogas, são permitidos, além dos previstos em lei, mediante autorização judicial e ouvido o Ministério Público, os seguintes procedimentos investigatórios: a) a infiltração por agentes de polícia, em tarefas de investigação, constituída pelos órgãos especializados pertinentes; b) a não-atuação policial sobre os portadores de drogas, seus precursores químicos ou outros produtos utilizados em sua produção, que se encontrem no território brasileiro, com a finalidade de identificar e responsabilizar maior número de integrantes de operações de tráfico e distribuição, sem prejuízo da ação penal cabível;
- **procedimento**:

• prazo para oferecimento da denúncia: 10 dias;
• podem ser arroladas até 5 testemunhas;
• segue a notificação do acusado para, em 10 dias, oferecer defesa prévia, na qual poderá arguir preliminares e invocar todas as razões de defesa, oferecer documentos e justificações, especificar as provas que pretende produzir e arrolar até 5 testemunhas;
• se a resposta não for apresentada no prazo, o juiz nomeará defensor para oferecê-la em 10 dias, concedendo-lhe vista dos autos no ato de nomeação;
• somente então o juiz recebe ou rejeita a denúncia;
• recebida a denúncia, o juiz designará dia e hora para a audiência de instrução e julgamento, que será realizada dentro dos 30 dias seguintes ao recebimento da denúncia, salvo se determinada a realização de avaliação para atestar dependência de drogas, quando se realizará em 90 dias;
• na audiência, primeiro ocorre o interrogatório do acusado e somente depois a inquirição das testemunhas;

- atenção: prevalecia o entendimento jurisprudencial de que o rito processual da Lei 11.343/2006, que prevê o interrogatório como ato antecedente às oitivas das testemunhas, deveria ser aplicado. Ocorre que o STF e o STJ alteraram tal entendimento a partir do julgamento, pelo Supremo Tribunal Federal, do HC 127.900-AM, Rel. Min. Dias Toffoli, j. 03.03.2016. Segundo a Corte Suprema, que julgou caso em que era aplicado o Código de Processo Penal Militar, entendeu que a regra do art. 400 do CPP deve ser aplicado a todos os ritos especiais, devendo o interrogatório ser realizado ao final da instrução

• em seguida, será dada a palavra, sucessivamente, ao Ministério Público e ao defensor do acusado, para sustentação oral, pelo prazo de 20 minutos para cada um, prorrogável por mais 10, a critério do juiz;
• encerrados os debates, proferirá o juiz sentença de imediato, ou o fará em 10 dias;
• os crimes praticados nos Municípios que não sejam sede de vara federal serão processados e julgados na vara federal da circunscrição respectiva.

• **Lei "Maria da Penha" (Lei 11.340/2006).**

- a retratação ("renúncia") da representação deve ser feita na presença do juiz, conforme expressamente previsto no art. 16 da Lei 11.340/2006, *verbis*: "Nas ações penais públicas condicionadas à representação da ofendida de que trata esta Lei, só será admitida a renúncia à representação perante o juiz, em audiência especialmente designada com tal finalidade, antes do recebimento da denúncia e ouvido o Ministério Público". A representação pode ser feita à própria autoridade policial (art. 12);

- o art. 19, § 1º, admite que as medidas protetivas de urgência possam ser concedidas de imediato, independentemente de audiência das partes e de manifestação do Ministério Público, embora este possa ser prontamente comunicado;
- normalmente, em se tratando de crime de lesão corporal leve, ainda que cometido no âmbito doméstico, nos termos do § 9º do art. 129 do CP, haverá necessidade de representação da vítima. Porém, em se tratando de violência contra a mulher, deve ser aplicada a Lei 11.340/2006 (Lei Maria da Penha), não se exigindo a representação, ainda que leve a lesão corporal. É que a necessidade de representação em crime de lesão corporal leve foi introduzida em nosso ordenamento pela Lei 9.099/1995, pois, até então, o crime do art. 129, *caput*, era de ação penal pública incondicionada. Então, adveio a Lei 11.340/2006 que, em seu art. 41, previu a inaplicabilidade da Lei 9.099/1995 em casos de violência doméstica. Então, a doutrina e a jurisprudência se dividiram a respeito: o que não é aplicado da Lei 9.099, tudo ou apenas a transação penal? A questão nunca foi pacífica, nem no STJ, bastando verificar o Recurso Especial 1.127.981-PE (Rel. Min. Gilson Dipp, j. 22.11.2011), do qual se depreende a necessidade da representação. Ocorre que, em 2012, o STF, na ADI 4424 - portanto, com efeitos vinculantes e *erga omnes* - decidiu pela constitucionalidade do art. 41 da Lei Maria da Penha e, assim, que não é necessária a representação da ofendida em casos de lesões corporais leves (v. Informativo 654). No STJ, há a Súmula 536: "A suspensão condicional do processo e a transação penal não se aplicam na hipótese de delitos sujeitos ao rito da Lei Maria da Penha".

• **Lei de Falências e Recuperação Judicial (Lei 11.101/2005).**

- nos crimes falimentares, todas as ações penais são públicas incondicionadas;
- admite-se a ação penal privada subsidiária da pública, que pode ser intentada por qualquer credor habilitado ou pelo administrador judicial. O prazo decadencial é de seis meses;
- o juiz não preside inquérito para apuração de crime falimentar. Este deve ser apurado, se o caso, por inquérito policial, presidido por delegado de polícia;
- intimado da sentença que decreta a falência ou concede a recuperação judicial, o Ministério Público, verificando a ocorrência de qualquer crime previsto nesta Lei, promoverá imediatamente a competente ação penal ou, se entender necessário, requisitará a abertura de inquérito policial;
- compete ao juiz criminal da jurisdição onde tenha sido decretada a falência, concedida a recuperação judicial ou homologado o plano de recuperação extrajudicial, conhecer da ação penal.

• **Interceptação telefônica (Lei 9.296/1996).**

- a interceptação telefônica pode ser determinada, de ofício, pelo juiz, ou a requerimento da autoridade policial (na investigação criminal) ou do Ministério Público (durante a investigação ou processo);
- excepcionalmente, o juiz poderá admitir que o pedido seja formulado verbalmente, caso em que a concessão será condicionada à sua redução a termo
- pressupostos:

• indícios razoáveis da autoria ou participação em infração penal;
• a prova não puder ser feita por outros meios disponíveis;
• crime punido com reclusão.

- a interceptação não poderá exceder o prazo de quinze dias, renovável por igual tempo. A jurisprudência dos tribunais superiores admitem prorrogações sucessivas, desde que se mostrem necessárias e que as respectivas decisões sejam sempre fundamentadas;
  - no caso de a diligência possibilitar a gravação da comunicação interceptada, será determinada a sua transcrição. Os tribunais superiores, porém, não exigem a transcrição integral das conversas gravadas;
  - os tribunais superiores admitem que os elementos de prova colhidos nas interceptações sejam aproveitados em outras investigações e processos, cíveis, criminais ou administrativos;
- o procedimento ocorrerá em autos apartados, apensados aos autos do inquérito policial ou do processo criminal, preservando-se o sigilo das diligências, gravações e transcrições respectivas;
- a gravação que não interessar à prova será inutilizada por decisão judicial, durante o inquérito, a instrução processual ou após esta, em virtude de requerimento do Ministério Público ou da parte interessada.

• **Crimes contra o meio ambiente (Lei 9.605/1998).**

- nos crimes ambientais de menor potencial ofensivo, a proposta de aplicação imediata de pena restritiva de direitos ou multa, prevista no art. 76 da Lei 9.099/1995, somente poderá ser formulada desde que tenha havido a prévia composição do dano ambiental, salvo em caso de comprovada impossibilidade;

- em caso de suspensão condicional do processo (art. 89, Lei 9.099/1995):
  - a declaração de extinção de punibilidade dependerá de laudo de constatação de reparação do dano ambiental, ressalvada a impossibilidade prevista no inciso I do § 1° do artigo 89 da Lei 9.099/1995;
  - na hipótese de o laudo de constatação comprovar não ter sido completa a reparação, o prazo de suspensão do processo será prorrogado, até o período máximo previsto no referido art. 89, acrescido de mais um ano, com suspensão do prazo da prescrição;
  - no período de prorrogação, não se aplicarão as condições dos incisos II, III e IV do § 1° do artigo 89 citado;
  - findo o prazo de prorrogação, proceder-se-á à lavratura de novo laudo de constatação de reparação do dano ambiental, podendo, conforme seu resultado, ser novamente prorrogado o período de suspensão, até o máximo previsto acima;
  - esgotado o prazo máximo de prorrogação, a declaração de extinção de punibilidade dependerá de laudo de constatação que comprove ter o acusado tomado as providências necessárias à reparação integral do dano.

• **Abuso de Autoridade. (Lei 4.898/1965).**

- se houver vestígios materiais do ato ou fato constitutivo do abuso de autoridade, a vítima ou o acusado poderá comprovar por meio de duas testemunhas qualificadas ou requerer ao juiz, até 72 horas antes da audiência de instrução e julgamento, a designação de perito para fazer as devidas verificações. Não se trata de suprir a falta de exame de corpo de delito por prova testemunhal, pois, se possível a realização da perícia, esta deve ser realizada, conforme regra geral do art. 158 do CPP;
- a leitura da Lei de Abuso de Autoridade faz crer que a ação penal nos delitos nela previstos dependem de representação do ofendido. Mas, para afastar tal impressão, foi editada a Lei 5.249/1967, que expressamente previu (art. 1º): "A falta de representação do ofendido, nos casos de abusos previstos na Lei nº 4.898, de 9 de dezembro de 1965, não obsta a iniciativa ou o curso de ação pública".

• **Crime contra a economia popular (Lei 1.521/1951)**: o art. 7º da Lei 1.521/1951 prevê que os juízes recorrerão de ofício sempre que absolverem os acusados em processo por crime contra a economia popular, ou quando determinarem o arquivamento dos autos do respectivo inquérito policial. Particularmente, entendemos que tais regras que preveem o reexame necessário são contrárias ao sistema acusatório, empregada em nosso sistema processual penal.

• **Lei de Lavagem de Capitais (Lei 9.613/1998).**

- a competência no caso de lavagem de dinheiro dependerá da análise do caso concreto. O próprio art. 2º da Lei 9.613/1998 dispõe ser competente a Justiça Federal: a) quando praticados os crimes contra o sistema financeiro e a ordem econômico-financeira, ou em detrimento de bens, serviços ou interesses da União, ou de suas entidades autárquicas ou empresas públicas; b) quando a infração penal antecedente for de competência da Justiça Federal.
- o art. 4º da Lei 9.613/1998, com a redação dada pela Lei 12.683/2012, dispõe que o juiz, de ofício, a requerimento do Ministério Público ou mediante representação do delegado de polícia, ouvido o Ministério Público em 24 horas, havendo indícios suficientes de infração penal, poderá decretar medidas assecuratórias de bens, direitos ou valores do investigado ou acusado, ou existentes em nome de interpostas pessoas, que sejam instrumento, produto ou proveito dos crimes previstos na referida lei ou das infrações penais antecedentes. E os §§ 2º e 3º realmente preveem que o interessado deve comprovar a licitude do bem para obter a liberação total ou parcial, bem como comparecer pessoalmente. A questão fala que o juiz age "uma vez provocado", mas a lei permite que atue de ofício;
- o art. 366 do CPP também é aplicado ao delito de lavagem de dinheiro, segundo parte da doutrina. No entanto, a Lei 9.613/1998, em seu art. 2º, § 2º, sempre trouxe regra sobre a não aplicação do art. 366 do CPP aos casos nela tratados. A regra foi mantida e ligeiramente modificada pela Lei 12.683/2012: no processo por crime de lavagem de dinheiro, não se aplica o art. 366 do CPP, devendo o acusado que não comparecer nem constituir advogado ser citado por edital, prosseguindo o feito até o julgamento, com a nomeação de defensor dativo.

• **Código de Trânsito Brasileiro (Lei 9.503/1997).**

- o art. 291, § 1º, do CTB (Lei 9.503/1997) não permite a aplicação dos arts. 74 (composição dos danos civis em audiência preliminar), 76 (transação penal), e 88 (representação em caso de lesões corporais leves ou culposas) da Lei 9.099/1995 nos casos de crimes de trânsito de lesão corporal culposa quando agente estiver sob a influência de álcool ou qualquer outra substância psicoativa que determine dependência; participando, em via pública, de corrida, disputa ou competição automobilística, de exibição ou demonstração de perícia em manobra de veículo automotor, não autorizada pela autoridade competente; transitando em velocidade superior à máxima permitida para a via em 50 km/h.

- além disso, não basta a instauração de termo circunstanciado, mas de inquérito policial para apurar tal crime em tais condições (§ 2º);
- com tais regras, e considerando que o homicídio culposo e a direção embriagada não são crimes de menor potencial ofensivo, conclui-se que não se deve aplicar o procedimento sumaríssimo quando há influência de álcool.

• **Lei das Organizações Criminosas (Lei 12.850/2013).**

- Considera organização criminosa a associação de 4 ou mais pessoas estruturalmente ordenada e caracterizada pela divisão de tarefas, ainda que informalmente, com objetivo de obter, direta ou indiretamente, vantagem de qualquer natureza, mediante a prática de infrações penais cujas penas máximas sejam superiores a 4 anos, ou que sejam de caráter transnacional;
- Prevê os seguintes meios de prova (embora não os regule todos):

• colaboração premiada;
• captação ambiental de sinais eletromagnéticos, ópticos ou acústicos;
• ação controlada;
• acesso a registros de ligações telefônicas e telemáticas, a dados cadastrais constantes de bancos de dados públicos ou privados e a informações eleitorais ou comerciais;
• interceptação de comunicações telefônicas e telemáticas, nos termos da legislação específica;
• afastamento dos sigilos financeiro, bancário e fiscal, nos termos da legislação específica;
• infiltração, por policiais, em atividade de investigação, na forma do art. 11;

- **Colaboração premiada:** o juiz poderá, a requerimento das partes, conceder o perdão judicial, reduzir em até 2/3 a pena privativa de liberdade ou substituí-la por restritiva de direitos daquele que tenha colaborado efetiva e voluntariamente com a investigação e com o processo criminal, desde que dessa colaboração advenha um ou mais dos seguintes resultados: I – a identificação dos demais coautores e partícipes da organização criminosa e das infrações penais por eles praticadas; II – a revelação da estrutura hierárquica e da divisão de tarefas da organização criminosa; III – a prevenção de infrações penais decorrentes das atividades da organização criminosa; IV – a recuperação total ou parcial do produto ou do proveito das infrações penais praticadas pela organização criminosa; V – a localização de eventual vítima com a sua integridade física preservada.

• nas mesmas hipóteses do caput, o Ministério Público poderá deixar de oferecer denúncia se o colaborador: I – não for o líder da organização criminosa; II – for o primeiro a prestar efetiva colaboração nos termos deste artigo.

- **Ação controlada**: consiste em retardar a intervenção policial ou administrativa relativa à ação praticada por organização criminosa ou a ela vinculada, desde que mantida sob observação e acompanhamento para que a medida legal se concretize no momento mais eficaz à formação de provas e obtenção de informações;
- **Infiltração de agentes de polícia**: permita em tarefas de investigação, representada pelo delegado de polícia ou requerida pelo Ministério Público, após manifestação técnica do delegado de polícia quando solicitada no curso de inquérito policial, será precedida de circunstanciada, motivada e sigilosa autorização judicial, que estabelecerá seus limites.

• será admitida se houver indícios de infração penal envolvendo organização criminosa e se a prova não puder ser produzida por outros meios disponíveis;
• a infiltração será autorizada pelo prazo de até 6 meses, sem prejuízo de eventuais renovações, desde que comprovada sua necessidade. Findo o prazo, um relatório circunstanciado será apresentado ao juiz competente, que imediatamente cientificará o Ministério Público.

NULIDADES

• Segundo Gustavo Badaró, os **atos juridicamente inexistentes** "são *não atos*, em relação aos quais não se cogita de invalidação, pois a existência é um *problema que antecede a questão da validade*. Não há que falar em nulidade do ato inexistente. Somente em relação aos atos juridicamente existentes é que se cogita de sua validade ou invalidade, ficando os atos inexistentes fora de tal categoria" (*Processo Penal*. Rio de Janeiro: Campus/Elsevier, 2012, p. 575).

• **Nulidade absoluta**:

- o prejuízo é presumido. Assim, a parte não precisa demonstrar que foi prejudicada pelo ato viciado. No entanto, a presunção não é absoluta e o STF tem mostrado uma tendência de exigir a comprovação, sempre, do prejuízo;

- pode ser arguida a todo tempo, em regra. No caso de haver sentença absolutória com trânsito em julgado, não mais poderá ser arguida;

• **Nulidade relativa**:

- deve ser comprovado o prejuízo à parte que arguir a nulidade;
- deve ser arguida no momento oportuno, pena de preclusão. Vejamos tais momentos:

• as nulidades da instrução criminal ocorridas na primeira fase do procedimento do Júri, ocorridas depois da resposta à acusação, devem ser arguidas na fase das alegações finais orais ou nos memoriais;
• as nulidades ocorridas depois da pronúncia, mas antes da designação do julgamento devem ser arguidas na fase do art. 422 do CPP;
• as nulidade ocorridas depois da fase de preparação do julgamento pelo Júri (art. 422), mas antes do julgamento devem ser arguidas no julgamento, após o pregão;
• as nulidade ocorridas no julgamento em plenário do Júri devem ser arguidas de imediato
• nos procedimentos comuns ordinário e sumário, as nulidades ocorridas até a citação devem ser arguidas na resposta à acusação; se ocorridas depois, a arguição se dará até as alegações finais orais ou nos memoriais;
• nestes casos, se ocorridas depois da sentença, devem ser arguidas no recurso.

• **Princípios:**

- **da transcendência ou do prejuízo** (*pas de nullité sans grief*): nenhum ato será declarado nulo, se da nulidade não resultar prejuízo para a acusação ou para a defesa;

• não será declarada a nulidade de ato processual que não houver influído na apuração da verdade substancial ou na decisão da causa;

- **da conservação dos atos processuais**: incompetência do juízo anulará apenas os atos decisórios;

• parte minoritária da doutrina entende que a incompetência absoluta provoca a anulação de todos os atos processuais, enquanto a relativa anula apenas os atos decisórios;
• ocorre que o Supremo Tribunal Federal passou a entender que até mesmo os atos decisórios proferidos por juiz incompetente pode ser ratificado pelo juiz que receber o processo. Nesse sentido: HC 83.006-SP, Rel. Min. Ellen Gracie, j. 18.06.2003.

- **do interesse**: nenhuma das partes poderá arguir nulidade referente a formalidade cuja observância só à parte contrária interesse;

• nenhuma das partes poderá arguir nulidade a que haja dado causa, ou para que tenha concorrido;

- **da instrumentalidade das formas**: não será declarada a nulidade de ato processual que, praticado por outra forma, tiver atingido o seu fim;
- **da oportunidade**: não será declarada nulidade (relativa) se não for arguida, em tempo oportuno;
- **da preclusão lógica**: não será declarada nulidade (relativa) se a parte, ainda que tacitamente, tiver aceito os seus efeitos;
- **da causalidade (ou da consequencialidade)**: a nulidade de um ato, uma vez declarada, causará a dos atos que dele diretamente dependam ou sejam consequência.

	Nulidade absoluta	**Nulidade relativa**
Ocorrência	violação de regras processuais previstas na CF	inobservância da forma do ato
Declaração	pode ser declarada de ofício	depende de provocação das partes para seu reconhecimento
Princípios	da instrumentalidade das formas	da transcendência
	da causalidade (ou da consequencialidade)	da conservação dos atos processuais
		do interesse
		da instrumentalidade das formas
		da oportunidade
		da preclusão lógica
		da causalidade (ou da consequencialidade)

RECURSOS

- **Características principais dos recursos:**
- **voluntariedade**: a parte interessada deve manifestar a intenção de recorrer. O reexame necessário da decisão de mérito é prevista em poucas hipóteses: decisão que concede habeas corpus ou a reabilitação; e decisão absolutória de acusados em processo por crime contra a economia popular ou arquivamento do respectivo inquérito policial (art. 7º da Lei 1.521/1951).
- **previsão legal**;
- **interposição antes da preclusão ou da coisa julgada**.
- **Princípios**:
- **duplo grau de jurisdição**: a decisão da matéria de fato e de direito deve ser reexaminada por órgão jurisdicional diverso daquele que a prolatou. O princípio é restringido, no Brasil, nos casos de foro por prerrogativa de função;
- **unirrecorribilidade das decisões**: a cada decisão deve corresponder, normalmente, apenas um recurso;
- **fungibilidade**: salvo a hipótese de má-fé, a parte não será prejudicada pela interposição de um recurso por outro (art. 579, CPP);
- **taxatividade**: o recurso deve estar previsto em lei para ser admitido. Porém, é possível a aplicação de interpretação extensiva e analogia, com um limite: não será admitido o recurso, mesmo nesses casos, se restar claro que a lei quis excluir a possibilidade de recurso na hipótese considerada;
- **voluntariedade**: v. acima;
- **disponibilidade**: cabe à parte decidir se quer ou não recorrer. No caso do Ministério Público, uma vez optando por recorrer, não pode desistir do recurso interposto;
- **non reformatio in pejus**: em caso de recurso interposto exclusivamente pela defesa, o recorrente não poderá ser prejudicado pela decisão do tribunal. A isso, dá-se também o nome de **efeito prodrômico da sentença**. Inclui-se a proibição à *reformatio in pejus* indireta: havendo recurso exclusivo da defesa que resulte em anulação da decisão, esta quando novamente proferida, não poderá agravar a situação do recorrente.
- **Recurso em sentido estrito**:
- hipóteses de cabimento previstas no art. 581, CPP; embora se diga que o rol não é taxativo, não se pode incluir situações que evidentemente foram excluídas pelo legislador (ex.: há previsão apenas de recurso contra decisão que não receber a denúncia, estando excluída a possibilidade de recurso contra a decisão que a receber);
- prazo para interposição: 5 dias;
- prazo para apresentação de razões e contrarrazões: 2 dias;
- efeito suspensivo: apenas naqueles interpostos contra perda da fiança e decisão que denegar a apelação ou a julgar deserta;
- é previsto juízo de retratação.
- **Apelação**:
- hipóteses de cabimento:
- das sentenças definitivas de condenação ou absolvição proferidas por juiz singular;
- das decisões definitivas, ou com força de definitivas, proferidas por juiz singular nos casos em que não cabe recurso em sentido estrito;
- das decisões de impronúncia e absolvição sumária;
- das decisões do Tribunal do Júri;
- da rejeição da denúncia ou da queixa no procedimento da Lei 9.099/1995;
- da decisão homologatória da transação penal, prevista na Lei 9.099/1995;
- em regra, não terá efeito suspensivo, salvo no caso em que interposta contra sentença condenatória;
- nos crimes de competência do Tribunal do Júri, ou do juiz singular, se da sentença não for interposta apelação pelo Ministério Público no prazo legal, o ofendido ou qualquer das pessoas enumeradas no art. 31 do CPP, ainda que não se tenha habilitado como assistente, poderá interpor apelação, que não terá, porém, efeito suspensivo;
- prazo para interposição: 5 dias;
- prazo para apresentação de razões e contrarrazões:
- crimes: 8 dias;
- para o assistente: 3 dias;
- contravenções penais: 3 dias.
- se o apelante declarar, na petição ou no termo, ao interpor a apelação, que deseja arrazoar na superior instância serão os autos remetidos ao tribunal ad quem onde será aberta vista às partes, observados os prazos legais.

PRAZOS		
-	**INTERPOSIÇÃO**	**RAZÕES E C.R.**
APELAÇÃO	5 dias	8 dias (crime) – 3 dias (contravenções)
R.E.S.E.	5 dias	2 dias

- **Carta testemunhável**:
- o CPP estabelece que deve ser dada carta testemunhável da decisão que denegar o recurso e da que, admitindo embora o recurso, obstar à sua expedição e seguimento para o juízo *ad quem*;
- portanto, se a apelação não for recebida, caberá recurso em sentido estrito (art. 581, XV), mas, caso este não seja recebido pelo juiz, será possível a carta testemunhável;
- a carta testemunhável será requerida ao escrivão, ou ao secretário do tribunal, conforme o caso, nas 48 horas seguintes ao despacho que denegar o recurso, indicando o requerente as peças do processo que deverão ser trasladadas. Então, o escrivão, ou o secretário do tribunal, dará recibo da petição à parte e, no prazo máximo de 5 dias, no caso de recurso em sentido estrito, ou de 60 dias, no caso de recurso extraordinário, fará entrega da carta, devidamente conferida e concertada. E a lei prevê que o escrivão, ou o secretário do tribunal, que se negar a dar o recibo, ou deixar de entregar, sob qualquer pretexto, o instrumento, será suspenso por trinta dias;
- o juiz, ou o presidente do Tribunal de Apelação, em face de representação do testemunhante, imporá a pena e mandará que seja extraído o instrumento, sob a mesma sanção, pelo substituto do escrivão ou do secretário do tribunal. Se o testemunhante não for atendido, poderá reclamar ao presidente do tribunal *ad quem*, que avocará os autos, para o efeito do julgamento do recurso e imposição da pena;
- extraído e autuado o instrumento, observar-se-á o disposto nos arts. 588 a 592 do CPP, no caso de recurso em sentido estrito;
- o processo da carta testemunhável na instância superior seguirá o processo do recurso denegado e não terá efeito suspensivo;
- o juiz poderá se retratar de sua decisão anterior que não deu seguimento a recurso interposto, não, obviamente, de sua decisão de mérito.
- **Correição parcial**: é classificado como recurso apenas pela doutrina, sendo cabível contra a inversão tumultuária do processo.
- **Embargos de declaração**:
- art. 382, CPP: qualquer das partes poderá, no prazo de 2 dias, pedir ao juiz que declare a sentença, sempre que nela houver obscuridade, ambiguidade, contradição ou omissão;
- art. 619, CPP: aos acórdãos proferidos pelos Tribunais de Apelação, câmaras ou turmas, poderão ser opostos embargos de declaração, no prazo de dois dias contados da sua publicação, quando houver na sentença ambiguidade, obscuridade, contradição ou omissão;
- art. 83, § 2º, da Lei 9.099/1995: a apresentação dos embargos provoca a suspensão do prazo para os demais recursos. O CPP não tem previsão a respeito, razão pela qual a doutrina majoritária entende deva ser aplicado, subsidiariamente, o CPC (art. 1.026), que prevê a interrupção – não a suspensão – do prazo recursal, ou seja, o prazo se inicia novamente depois de julgados os embargos.
- **Protesto por novo Júri**: não existe mais, tendo sido revogado em 2008 os dispositivos que o previam (arts. 607 e 608, CPP).
- **Embargos infringentes e de nulidade**:
- recurso exclusivamente em favor do acusado, contra acórdão não unânime;
- prazo de 10 dias para interposição, a contar da publicação do acórdão;
- serão restritos à matéria objeto de divergência;
- não há vedação a que o Ministério Público interponha tal recurso, razão pela qual entendemos ser possível, desde que o faça em favor do acusado;
- e o caso de acórdão unânime numa parte e não unânime em outra? Cabem embargos infringentes quanto à parte não unânime e recurso especial ou extraordinário quanto à parte unânime? O entendimento era o de que deveriam ser interpostos embargos infringentes e, somente depois do julgamento destes, é que seriam interpostos RE ou REsp. Tal entendimento baseava-se no disposto no art. 498, do CPC revogado. O novo CPC não prevê embargos infringentes. Que fazer? A nosso ver, mais seguro interpor RE ou REsp quanto à parte unânime e embargos infringentes contra a não unânime. Tal entendimento pode trazer de volta duas Súmulas já antigas do STF:
    - o Súmula 354 do STF: "Em caso de embargos infringentes parciais, é definitiva a parte da decisão embargada em que não houve divergência na votação";
    - o Súmula 355 do STF: "Em caso de embargos infringentes parciais, é tardio o recurso extraordinário interposto após o julgamento dos embargos, quanto à parte da decisão embargada que não for a por eles abrangida".
- **Agravo em execução**:
- o agravo em execução não terá efeito suspensivo, conforme disposição expressa do art. 197 da LEP;
- o STJ entende não ser cabível a interposição de mandado de segurança para dar efeito suspensivo ao agravo;

- o prazo para a interposição é o mesmo do recurso em sentido estrito, aplicando-se, aqui, o disposto no art. 586 do CPP. A Lei de Execução Penal silencia a respeito, mas esse entendimento encontra-se na Súmula 700 do STF.

HABEAS CORPUS

- **Habeas corpus**:
- é garantia prevista no art. 5º, LXVIII, CF: conceder-se-á "habeas-corpus" sempre que alguém sofrer ou se achar ameaçado de sofrer violência ou coação em sua liberdade de locomoção, por ilegalidade ou abuso de poder;
- não é recurso, mas ação constitucional;
- protege a liberdade de locomoção;
- portanto, não havendo risco à liberdade de locomoção, não é cabível, sendo utilizado o mandado de segurança;
- muito importante: o STF e o STJ têm limitado a possibilidade de impetração de *habeas corpus* quando for cabível a interposição de recurso ou revisão criminal. Em outras palavras, o *habeas corpus* não pode servir de sucedâneo recursal ou de revisão criminal.

- **Mandado de segurança:**
- é garantia prevista no art. 5º, LXIX, CF: conceder-se-á mandado de segurança para proteger direito líquido e certo, não amparado por "habeas-corpus" ou "habeas-data", quando o responsável pela ilegalidade ou abuso de poder for autoridade pública ou agente de pessoa jurídica no exercício de atribuições do Poder Público;
- não é recurso, mas ação constitucional;
- protege direitos líquidos e certos outros que não o de locomoção;
- regulado pela Lei 12.016/2009.

MEDIDAS COATIVAS PESSOAIS

- São de dois tipos as chamadas de medidas cautelares: **prisão** e **medidas cautelares diversas da prisão**

MEDIDAS COATIVAS PESSOAIS	ESPÉCIES
Prisão	• prisão em flagrante delito • prisão temporária • prisão preventiva
Medidas Cautelares Diversas	• comparecimento periódico em juízo, no prazo e nas condições fixadas pelo juiz, para informar e justificar atividades • proibição de acesso ou frequência a determinados lugares quando, por circunstâncias relacionadas ao fato, deva o indiciado ou acusado permanecer distante desses locais para evitar o risco de novas infrações • proibição de manter contato com pessoa determinada quando, por circunstâncias relacionadas ao fato, deva o indiciado ou acusado dela permanecer distante • proibição de ausentar-se da Comarca quando a permanência seja conveniente ou necessária para a investigação ou instrução • recolhimento domiciliar no período noturno e nos dias de folga quando o investigado ou acusado tenha residência e trabalho fixos • suspensão do exercício de função pública ou de atividade de natureza econômica ou financeira quando houver justo receio de sua utilização para a prática de infrações penais • internação provisória do acusado nas hipóteses de crimes praticados com violência ou grave ameaça, quando os peritos concluírem ser inimputável ou semi-imputável (art. 26 do Código Penal) e houver risco de reiteração • fiança, nas infrações que a admitem, para assegurar o comparecimento a atos do processo, evitar a obstrução do seu andamento ou em caso de resistência injustificada à ordem judicial • monitoração eletrônica; • proibição de ausentar-se do país, com entrega do passaporte

- **Características**:
- somente deve ser aplicada medida adequada ao fim que se busca atingir;
- somente deve ser aplicada a medida que realmente se mostre necessária para atingir tal fim, devendo ser escolhida a menos restritiva a direito fundamental;
- as medidas podem ser aplicadas isoladas ou cumuladas;
- as medidas não podem ser aplicadas de ofício pelo juiz no curso da investigação criminal, dependendo de representação da autoridade policial ou de requerimento do Ministério Público;
- durante a fase processual, o juiz pode decretar de ofício;
- ressalvados os casos de urgência ou de perigo de ineficácia da medida, o juiz deve ouvir a pessoa que será atingida por ela;
- o juiz pode substituir uma medida por outra ou acrescer alguma àquela já aplicada;
- a prisão preventiva pode ser decretada em caso de descumprimento das medidas cautelares diversas da prisão.

- **Prisão especial:** consiste exclusivamente no recolhimento da pessoa em local distinto da prisão comum. É cabível para algumas pessoas, em caso de prisão provisória, portanto, antes da prisão em razão de condenação definitiva. Tais pessoas permanecerão em quartéis ou em prisão especial. E, não havendo estabelecimento específico para o preso especial, este será recolhido em cela distinta do mesmo estabelecimento. São elas (o rol do CPP é apenas exemplificativo, já que leis especiais podem – e trazem – outros casos, sendo exemplo os **membros do Ministério Público**):
  - os ministros de Estado;
  - os governadores ou interventores de Estados ou Territórios, o governador do Distrito Federal, seus respectivos secretários, os prefeitos municipais, os vereadores e os chefes de Polícia (Delegado-Geral de Polícia);
  - os membros do Parlamento Nacional, do Conselho de Economia Nacional (que não mais existe) e das Assembleias Legislativas dos Estados;
  - os cidadãos inscritos no "Livro de Mérito" (v. Decreto-lei 1.706/1939 e sua regulamentação pelo Decreto 5.244/1940);
  - os oficiais das Forças Armadas e os militares dos Estados, do Distrito Federal e dos Territórios;
  - os magistrados;
  - os diplomados por qualquer das faculdades superiores da República;
  - os ministros de confissão religiosa;
  - os ministros do Tribunal de Contas;
  - os cidadãos que já tiverem exercido efetivamente a função de jurado, salvo quando excluídos da lista por motivo de incapacidade para o exercício daquela função;
  - os delegados de polícia e os guardas-civis dos Estados e Territórios, ativos e inativos.

* O art. 84 da LEP, com as modificações trazidas pela Lei 13.167/2015, passou a exigir a **separação de presos provisórios ou condenados**, segundo alguns critérios. Assim, os presos provisórios deverão ficar separados da seguinte maneira: (i) acusados pela prática de crimes hediondos ou equiparados; (ii) acusados pela prática de crimes cometidos com violência ou grave ameaça à pessoa; (iii) acusados pela prática de outros crimes ou contravenções diversos dos anteriores

- **Critérios da decretação e escolha das medidas cautelares**:
- deve o juiz (e, como muitas vezes será o requerente, também o Ministério Público) verificar qual o objetivo que pretende atingir com a decretação da medida cautelar (ex.: assegurar a realização da instrução criminal, impedindo intimidação de testemunha; impedir que o acusado fuja, vindo a frustrar a aplicação da lei penal etc.);
- deve estar presente o *fumus comissi delicti*, ou seja, indícios suficientes que indiquem ter o imputado envolvimento na infração penal;
- verificação da presença do *periculim libertatis*, ou seja, do risco efetivo que a liberdade do imputado representa para o fim que se pretende atingir com a medida;
- verificação de quais medidas cautelares, incluindo a prisão preventiva, são adequadas para atingir a finalidade;
- em seguida, dentre as adequadas, qual a necessária, ou seja, aquela que terá eficiência para atingir a finalidade buscada, ao mesmo tempo em que representa uma menor restrição aos direitos fundamentais envolvidos
- a restrição deve ser proporcional à pena que o imputado receberá em caso de condenação, é dizer: se não há probabilidade de cumprir pena privativa de liberdade, mas restritiva de direito, não é cabível a prisão preventiva; se apenas receberá pena privativa de liberdade em regime aberto, idem;

- estes três últimos critérios representam a aplicação do princípio da proporcionalidade;

- notem: o art. 282 do CPP tenta trazer o princípio para a legislação processual, mas o faz de modo invertido.
- **regra**: a prisão preventiva será determinada quando não for cabível a sua substituição por outra medida cautelar (art. 282, § 6º, CPP).
- **Prisão temporária**: prevista na Lei 7.960/1989.
- cabível apenas na fase de investigação;
- não pode ser decretada de ofício pelo juiz, dependendo de representação da autoridade policial ou de requerimento do Ministério Público;
- tem duração máxima de 5 dias, prorrogável, apenas uma vez, por igual período, em caso de comprovada necessidade; nos casos dos crimes previsto na Lei 8.072/1990 (Lei dos Crimes Hediondos), o prazo máximo é de 30 dias, igualmente prorrogáveis;
- é cabível:
- quando imprescindível para as investigações do inquérito policial;
- quando o indicado não tiver residência fixa ou não fornecer elementos necessários ao esclarecimento de sua identidade;
- quando houver fundadas razões, de acordo com qualquer prova admitida na legislação penal, de autoria ou participação do indiciado nos seguintes crimes:
- homicídio doloso;
- sequestro ou cárcere privado;
- roubo;
- extorsão;
- extorsão mediante seqüestro;
- estupro;
- epidemia com resultado de morte;
- envenenamento de água potável ou substância alimentícia ou medicinal qualificado pela morte;
- quadrilha ou bando;
- genocídio, em qualquer de suas formas típicas;
- tráfico de drogas;
- crimes contra o sistema financeiro;

* rimes previstos na Lei de Terrorismo.

- o rol de crimes é taxativo, só sendo possível a decretação da prisão temporária em tais casos e desde que: imprescindível para as investigações do inquérito policial; ou quando o indiciado não tiver residência fixa ou não fornecer elementos necessários ao esclarecimento de sua identidade.
- **Prisão em flagrante**: hipóteses previstas no art. 302 do CPP.

ESPÉCIES DE FLAGRANTE DO CPP		
–	**Característica**	**Dispositivo legal**
flagrante próprio ou propriamente dito ou real ou verdadeiro	o imputado está cometendo a infração penal ou acaba de cometê-la	art. 302, I e II
flagrante impróprio ou irreal ou quase flagrante	o imputado é perseguido, logo após, pela autoridade, pelo ofendido ou por qualquer pessoa, em situação que faça presumir ser autor da infração	art. 302, III
flagrante presumido ou ficto ou assimilado	o imputado é encontrado, logo depois, com instrumentos, armas, objetos ou papéis que façam presumir ser ele autor da infração	art. 302, IV

- as autoridades policiais e seus agentes têm a obrigação de prender o imputado em situação de flagrância (**flagrante obrigatório**); qualquer do povo pode efetuar tal prisão (**flagrante facultativo**);
- **flagrante esperado**: a autoridade policial, sabendo que um crime poderá ocorrer em determinado local, em determinada hora, para lá se dirige e, quando realmente a infração se perfaz, efetua a prisão, que é legal;
- **flagrante preparado**: é ilegal, pois há provocação do agente da autoridade policial para que o imputado cometa o crime. Para o Supremo Tribunal Federal, não há crime quando a preparação do flagrante tornou impossível sua consumação (Súmula 145);
- **ação controlada (flagrante prorrogado** ou **retardado** ou **postergado** ou **diferido** ou **estratégico)**: é situação prevista em leis especiais.
- **Lei 12.850/2013**, art. 8º: consiste em retardar a intervenção policial ou administrativa relativa à ação praticada por organização criminosa ou a ela vinculada, desde que mantida sob observação e acompanhamento para que a medida legal se concretize no momento mais eficaz à formação de provas e obtenção de informações. Nesse caso, o retardamento da intervenção policial ou administrativa será previamente comunicado ao juiz competente que, se for o caso, estabelecerá os seus limites e comunicará ao Ministério Público;

- **Lei 11.343/2006**, art. 53, II: a não-atuação policial sobre os portadores de drogas, seus precursores químicos ou outros produtos utilizados em sua produção, que se encontrem no território brasileiro, com a finalidade de identificar e responsabilizar maior número de integrantes de operações de tráfico e distribuição, sem prejuízo da ação penal cabível.

- aos casos em que se aplica a Lei 9.099/1995 (ou seja, nas infrações penais de menor potencial ofensivo, excluídos os casos da Lei 11.340/2005, sobre violência doméstica), não se fará o flagrante, devendo ser lavrado termo circunstanciado, desde que o autor do fato seja encaminhado ao juizado ou assumir o compromisso de a ele comparecer;

CASOS ESPECIAIS		
Magistrados	**Membros do Ministério Público**	**Advogados**
só serão presos em flagrante em caso de cometimento de crime inafiançável e a autoridade policial deverá imediatamente comunicar e	só serão presos em flagrante em caso de cometimento de crime inafiançável, quando a autoridade policial deverá comunicar e apresentar o	podem ser presos em flagrante, mas, quando o flagrante ocorrer por motivo de exercício da profissão, somente será possível se o crime for inafiançável, sendo necessária, nesse caso, a presença de repre-
apresentar o preso ao Presidente do tribunal	preso ao Procurador-Geral em 24 horas	sentante da Ordem dos Advogados do Brasil durante a lavratura do auto

- apresentado o preso à autoridade competente, ouvirá esta o condutor e colherá, desde logo, sua assinatura, entregando a este cópia do termo e recibo de entrega do preso. Em seguida, procederá à oitiva das testemunhas (testemunhas numerárias) que o acompanharem e ao interrogatório do acusado sobre a imputação que lhe é feita, colhendo, após cada oitiva suas respectivas assinaturas, lavrando, a autoridade, afinal, o auto;
- a doutrina não vê empecilho para lavratura do auto no caso da presença de apenas uma testemunha;
- a falta de testemunhas da infração não impedirá o auto de prisão em flagrante; mas, nesse caso, com o condutor, deverão assiná-lo pelo menos duas pessoas que hajam testemunhado a apresentação do preso à autoridade (testemunhas instrumentais ou indiretas);
- não havendo autoridade no lugar em que se tiver efetuado a prisão, o preso será logo apresentado à do lugar mais próximo;
- a prisão de qualquer pessoa e o local onde se encontre serão comunicados imediatamente ao juiz competente, ao Ministério Público e à família do preso ou à pessoa por ele indicada;
- ao receber o auto de prisão em flagrante, o juiz deverá fundamentadamente (art. 310, CPP):

- relaxar a prisão ilegal; ou
- conceder liberdade provisória, com ou sem fiança; ou
- converter a prisão em flagrante em preventiva, quando presentes os requisitos constantes do art. 312 do CPP, e se revelarem inadequadas ou insuficientes as medidas cautelares diversas da prisão.

- invertemos a ordem prevista no art. 310: o juiz somente decretará a prisão preventiva se não for caso de concessão da liberdade provisória, com ou sem aplicação de medida cautelar diversa da prisão;

- **importante**: percebam que a prisão em flagrante não mais se sustenta sozinha. Portanto, para que o imputado permaneça preso, deve ser decretada a prisão preventiva;
- por isso, parte da doutrina tem afirmado que a prisão em flagrante tem natureza "pré-cautelar";
- parte da doutrina também entende que o juiz pode decidir sem ouvir o Ministério Público. Particularmente, entendemos que deve o *Parquet* ser ouvido, até para que diga se há necessidade ou não de aplicação de alguma medida cautelar ou de prisão preventiva. E mais: se há a presença do *fumus comissi delicti* e do *periculum libertatis*.
- **Prisão preventiva**:

- pode ser decretada durante a investigação (nesse caso, nunca de ofício) ou durante fase processual;
- devem ser observados os requisitos dos arts. 312 e 313 do CPP.
- particularmente, apreciamos a classificação trazida por Antonio Scarance Fernandes quando à prisão preventiva. Para tal importante autor, há cinco espécies de prisão preventiva: "a prisão preventiva originária, imposta a pessoa solta (arts. 312 e 313, CPP); a prisão preventiva derivada,

resultante de conversão de prisão em flagrante (art. 310, II, CPP); a prisão preventiva sancionatória, decretada em caso de descumprimento de outra medida cautelar (art. 312, par. único, CPP); a prisão preventiva protetiva, aplicada para garantir a atuação de medida protetiva em caso de violência doméstica (art. 313, III, CPP) e a prisão preventiva esclarecedora, determinada para que se esclareça a identidade de pessoa suspeita (art. 313, par. único, CPP)" (*Processo constitucional*. 7ª ed., São Paulo: Revista dos Tribunais, 2012, pp. 292-293).

REQUISITOS E CONDIÇÕES PARA A PRISÃO PREVENTIVA	
Art. 312, CPP	1) como garantia da ordem pública; 2) como garantia da ordem econômica; 3) por conveniência da instrução criminal; 4) para assegurar a aplicação da lei penal
Art. 313, CPP	1) crimes dolosos punidos com pena privativa de liberdade máxima superior a 4 anos; 2) se o imputado tiver sido condenado por outro crime doloso, em sentença transitada em julgado, ressalvado o disposto no inciso I do caput do art. 64 do Código Penal 3) se o crime envolver violência doméstica e familiar contra a mulher, criança, adolescente, idoso, enfermo ou pessoa com deficiência, para garantir a execução das medidas protetivas de urgência; 4) quando houver dúvida sobre a identidade civil da pessoa ou quando esta não fornecer elementos suficientes para esclarecê-la, devendo o preso ser colocado imediatamente em liberdade após a identificação, salvo se outra hipótese recomendar a manutenção da medida.

- a prisão preventiva em nenhum caso será decretada se o juiz verificar pelas provas constantes dos autos ter o agente praticado o fato sob manto de excludente de ilicitude (art. 23, CP);
- diz o art. 236 do Código Eleitoral (Lei 4.737/1965) que nenhuma autoridade poderá, desde 5 dias antes e até 48 horas depois do encerramento da eleição, prender ou deter qualquer eleitor, salvo em flagrante delito ou em virtude de sentença criminal condenatória por crime inafiançável, ou, ainda, por desrespeito a salvo-conduto. E o § 1º determina que os membros das mesas receptoras e os fiscais de partido, durante o exercício de suas funções, não poderão ser detidos ou presos, salvo o caso de flagrante delito; da mesma garantia gozarão os candidatos desde 15 dias antes da eleição. Portanto, ainda que o juiz decrete a prisão, não poderá ser cumprido mandado dentro de tal prazo;
- poderá o juiz substituir a prisão preventiva pela domiciliar quando o agente for:
  - maior de 80 anos;
  - extremamente debilitado por motivo de doença grave;
  - imprescindível aos cuidados especiais de pessoa menor de 6 anos de idade ou com deficiência;
  - gestante;
  - * mulher com filho de até 12 anos de idade incompletos;
  - * homem, caso seja o único responsável pelos cuidados do filho de até 12 anos de idade incompletos.

- Como vimos acima, os arts. 319 e 320 do CPP, com a reforma ocorrida em 2011, trouxe diversas medidas cautelares diversas da prisão. Dentre elas, encontra-se a **fiança**.

FIANÇA – QUEM PODE CONCEDER?	
Autoridade Policial	**Juiz**
pena privativa de liberdade máxima não superior a 4 anos	todos os casos de crimes afiançáveis

- são inafiançáveis:
- crimes de racismo;
- crimes de tortura, tráfico ilícito de entorpecentes e drogas afins, terrorismo e nos definidos como crimes hediondos;
- crimes cometidos por grupos armados, civis ou militares, contra a ordem constitucional e o Estado Democrático;
- não pode ser concedida fiança:
- aos que, no mesmo processo, tiverem quebrado fiança anteriormente concedida ou infringido,

sem motivo justo, qualquer das obrigações a que se referem os arts. 327 e 328 do CPP;

- em caso de prisão civil ou militar;
- quando presentes os motivos que autorizam a decretação da prisão preventiva).

PARÂMETROS PARA FIXAÇÃO DA FIANÇA	
Pena privativa de liberdade máxima não superior a 4 anos	**Pena privativa de liberdade máxima superior a 4 anos**
1 a 100 salários mínimos	10 a 200 salários mínimos

- se a situação econômica do preso recomendar, a fiança poderá ser:
- dispensada;
- reduzida até o máximo de 2/3; ou
- aumentada em até 1.000 vezes.
- a fiança poderá ser prestada enquanto não transitar em julgado a sentença condenatória.
- **quebramento** da fiança (importará na perda de metade do seu valor, cabendo ao juiz decidir sobre a imposição de outras medidas cautelares ou, se for o caso, a decretação da prisão preventiva):
- não comparecimento do imputado perante a autoridade, quando tenha sido intimado para atos do inquérito e da instrução criminal e para o julgamento, sem motivo justo;
- mudança de residência, sem prévia permissão da autoridade processante;
- ausência por mais de 8 dias de sua residência, sem comunicar àquela autoridade o lugar onde será encontrado;
- deliberadamente, o imputado praticar ato de obstrução ao andamento do processo;
- descumprimento de medida cautelar imposta cumulativamente com a fiança;
- quando o imputado resistir injustificadamente a ordem judicial;
- quando o imputado praticar nova infração penal dolosa.
- **cassação da fiança:**
- quando não era cabível na espécie de delito;
- quando reconhecida a existência de delito inafiançável, no caso de inovação na classificação do delito.
- fiança **sem efeito** (implica em retorno à prisão): quando não for reforçada. Necessidade de reforço:
- quando a autoridade tomar, por engano, fiança insuficiente;
- quando houver depreciação material ou perecimento dos bens hipotecados ou caucionados, ou depreciação dos metais ou pedras preciosas;
- quando for inovada a classificação do delito.
- **perda** da fiança: se, condenado, o acusado não se apresentar para o início do cumprimento da pena definitivamente imposta.

MEDIDAS CAUTELARES REAIS

- O CPP as chama de medidas assecuratórias.
- São as seguintes:
- sequestro de bens imóveis ilícitos;
- o imóvel deve ser produto direto ou indireto do crime;
- sequestro de bens móveis ilícitos;
- produto indireto do crime;
- produto direto: busca e apreensão.
- especialização e registro da hipoteca legal;
- bens de origem lícita;
- necessária para reparação do dano;
- arresto de bens imóveis, de origem lícita, previamente ao registro e especialização da hipoteca;
- arresto de bens móveis;
- bens de origem lícita;
- natureza subsidiária: ausência de bens imóveis ou com valor insuficiente para assegurar a indenização.
- Meios de defesa:
- embargos de terceiro: pessoa estranha ao processo;
- embargos do imputado: para alegação de que o bem é lícito, quando afirmado o contrário;
- embargos do terceiro de boa-fé: adquirente de boa-fé.

EXECUÇÃO PENAL

- **Trabalho do preso:**
- o condenado à pena privativa de liberdade está obrigado ao trabalho na medida de suas aptidões e capacidade;
- para o preso provisório, o trabalho não é obrigatório e só poderá ser executado no interior do estabelecimento;
- o trabalho externo será admissível para os presos em regime fechado somente em serviço ou obras públicas realizadas por órgãos da Administração direta ou indireta, ou entidades privadas, desde que tomadas as cautelas contra a fuga e em favor da disciplina.

- **Faltas disciplinares**: classificam-se em leves, médias e graves, as duas primeiras especificadas na legislação local, não na LEP.

configuram falta grave (art. 50, LEP):	• fuga; • incitar ou participar de movimento para subverter a ordem ou a disciplina; • possuir, indevidamente, instrumento capaz de ofender a integridade física de outrem; • provocar acidente de trabalho; • descumprir, no regime aberto, as condições impostas; • inobservar os deveres previstos nos incisos II e V, do artigo 39, da LEP; • ter em sua posse, utilizar ou fornecer aparelho telefônico, de rádio ou similar, que permita a comunicação com outros presos ou com o ambiente externo.

- **Súmula 441,** Superior Tribunal de Justiça: a falta grave não interrompe o prazo para obtenção de livramento condicional. Também não interrompe o prazo para a comutação das penas, conforme entendimento do mesmo Tribunal Superior. V. Súmulas a respeito de Execução Penal no próximo tópico.

- **Regime Disciplinar Diferenciado (RDD)**: previsto pelo art. 52 da LEP. Tal dispositivo prevê que a prática de fato previsto como crime doloso constitui falta grave e, quando ocasione subversão da ordem ou disciplina internas, sujeita o preso provisório, ou condenado, sem prejuízo da sanção penal, ao regime disciplinar diferenciado, com as seguintes características:

- duração máxima de trezentos e sessenta dias, sem prejuízo de repetição da sanção por nova falta grave de mesma espécie, até o limite de um sexto da pena aplicada;
- recolhimento em cela individual;
- visitas semanais de duas pessoas, sem contar as crianças, com duração de duas horas;
- o preso terá direito à saída da cela por 2 horas diárias para banho de sol.
- os §§ 1º e 2º ampliam a aplicação de tal regime disciplinar diferenciado aos presos provisórios ou condenados, nacionais ou estrangeiros, que apresentem alto risco para a ordem e a segurança do estabelecimento penal ou da sociedade, bem como para o preso provisório ou o condenado sob o qual recaiam fundadas suspeitas de envolvimento ou participação, a qualquer título, em organizações criminosas, quadrilha ou bando.

- **Execução provisória**: o princípio da presunção de inocência, a nosso ver, realmente veda a execução provisória da pena, não obstante as opiniões em contrário. Estas opiniões baseiam-se no fato de que os Recursos Extraordinário e Especial têm, em regra, apenas o efeito devolutivo. É dizer, ainda que não tenha ocorrido o trânsito em julgado da sentença, caso restem apenas tais recursos aos Tribunais Superiores, não haverá efeito suspensivo e, logo, poderá ser iniciado o cumprimento da pena. A nosso ver, o art. 5º, LVII, da CF não faz exceção alguma: ninguém será considerado culpado antes de uma sentença penal condenatória com trânsito em julgado, o que inclui não cumprir pena antes disso. É certo que se admite a progressão de regime de cumprimento da pena ou a aplicação imediata de regime menos severo, antes do trânsito em julgado, o que vem em benefício do acusado. Nesse sentido, a Súmula 716 do Supremo Tribunal Federal. E, ainda, o § 2º do art. 387 do CPP manda que o tempo de prisão provisória já seja computado na sentença para fins de fixação do regime inicial da pena. Ocorre que o STF passou a entender ser possível a execução provisória da pena, sempre, desde que esgotada a via recursal ordinária. Discordamos.

- **Unificação das penas**:

- quando houver condenação por mais de um crime, no mesmo processo ou em processos distintos, a determinação do regime de cumprimento será feita pelo resultado da soma ou unificação das penas, observada, quando for o caso, a detração ou remição; e, sobrevindo condenação no curso da execução, somar-se-á a pena ao restante da que está sendo cumprida, para determinação do regime. Por que dá-se a soma apenas ao restante da pena que está sendo cumprida? Porque o que já cumpriu não pode ser contada: pena cumprida é pena extinta, como gosta de afirmar a doutrina;
- a pena unificada para atender ao limite de trinta anos de cumprimento, determinado pelo art. 75 do Código Penal, não é considerada para a concessão de outros benefícios, como o livramento condicional ou regime mais favorável de execução (Súmula 715, Supremo Tribunal Federal).

- **Excesso ou desvio de execução**: ocorre sempre que algum ato for praticado além dos limites fixados na sentença, em normas legais ou regulamentares (art. 185, LEP – Lei 7.210/1984). O incidente pode ser suscitado pelo Ministério Público, pela Defensoria Pública, pelo Conselho Penitenciário, pelo sentenciado e por qualquer dos demais órgãos da execução penal. (arts. 81-B, I, *f*, e 186, LEP).

* O art. 84 da LEP, com as modificações trazidas pela Lei 13.167/2015, passou a exigir a separação de presos provisórios ou condenados, segundo alguns critérios. Assim, a separação dos presos condenados dá-se segundo estes critérios: (a) condenados pela prática de crimes hediondos ou equiparados; (b) reincidentes condenados pela prática de crimes cometidos com violência ou grave ameaça à pessoa; (c) primários condenados pela prática de crimes cometidos com violência ou grave ameaça à pessoa; (d) demais condenados pela prática de outros crimes ou contravenções em situação diversa das anteriores.

SAÍDAS DURANTE A EXECUÇÃO DA PENA	
PERMISSÃO DE SAÍDA	**SAÍDA TEMPORÁRIA**
condenados em regime fechado ou semiaberto presos provisórios saída com escolta **hipóteses:** • falecimento ou doença grave do cônjuge, companheira, ascendente, descendente ou irmão • necessidade de tratamento médico permissão fornecida pelo direito do estabelecimento	presos em regime semiaberto **requisitos:** • comportamento adequado • cumprimento mínimo de 1/6 da pena, se o condenado for primário, e 1/4, se reincidente • compatibilidade do benefício com os objetivos da pena • saída sem escolta **hipóteses:** • visita à família; • frequência a curso supletivo profissionalizante, bem como de instrução do 2º grau ou superior, na Comarca do Juízo da Execução; • participação em atividades que concorram para o retorno ao convívio social **regras:** • concedida por prazo não superior a 7 dias • pode ser renovada por mais 4 vezes durante o ano • quando se tratar de frequência a curso profissionalizante, de instrução de ensino médio ou superior, o tempo
	de saída será o necessário para o cumprimento das atividades discentes • nos demais casos, as autorizações de saída somente poderão ser concedidas com prazo mínimo de 45 dias de intervalo entre uma e outra. • autorização concedida pelo juiz da execução

- **Remição**: o condenado que cumpre a pena em regime fechado ou semiaberto poderá remir, por trabalho ou por estudo, parte do tempo de execução da pena.

– 1 dia de pena a cada 12 horas de frequência escolar – atividade de ensino fundamental, médio, inclusive profissionalizante, ou superior, ou ainda de requalificação profissional – divididas, no mínimo, em 3 dias;

– 1 dia de pena a cada 3 dias de trabalho.

- **Monitoração eletrônica:** o art. 146-B da LEP permite a monitoração eletrônica de presos quando o juiz autorizar a saída temporária no regime semiaberto ou determinar a prisão domiciliar.

– a violação comprovada dos deveres previstos àqueles que estão sob monitoração poderá acarretar, a critério do juiz da execução, ouvidos o Ministério Público e a defesa:

- a regressão do regime;

- a revogação da autorização de saída temporária;
- a revogação da prisão domiciliar;
- advertência, por escrito, para todos os casos em que o juiz da execução decida não aplicar alguma das medidas anteriores.

- o art. 146-D também permite a revogação da monitoração quando se tornar desnecessária ou inadequada; ou se o acusado ou condenado violar os deveres a que estiver sujeito durante a sua vigência ou cometer falta grave;
- assim, não há uma só hipótese em que a revogação da monitoração é obrigatória. É certo que o art. 118, I, permite a regressão em caso de prática de crime doloso ou falta grave, devendo o juiz ouvir, antes, o condenado. De qualquer modo, não há previsão de proibição e nova progressão.

- **Anistia**: é lei de natureza penal. Como tal, sua edição é da competência legislativa da União (art. 22, I, CF) e, portanto, do Congresso Nacional. Além disso, há não pode ser concedida por medida provisória (art. 62, § 1º, *b*, CF). É lei penal de efeito retroativo, que retira as consequências de alguns crimes já praticados, promovendo, no dizer da doutrina, o seu "esquecimento" jurídico.
- A anistia pode ser:

1) especial (para crimes políticos);
2) comum (para crimes não políticos);
3) própria (concedida antes do trânsito em julgado);
4) imprópria (concedida depois do trânsito em julgado);
5) geral ou plena (menciona os fatos e atinge a todos que os cometeram);
6) parcial ou restrita (menciona fatos, mas exige o preenchimento de alguma condição pessoal do criminoso, como a primariedade);
7) incondicionada ou irrestrita (não exige o atendimento de nenhum requisito);
8) condicionada ou restrita (exige o atendimento a certos requisitos, podendo ser recusada pelo anistiado).

- uma vez concedida, a anistia não pode ser revogada, porque a lei posterior revogadora prejudicaria os anistiados, violando o princípio constitucional de que a lei não pode retroagir para prejudicar o acusado (art. 5º, XL);
- a lei que concede a anistia retira todos os efeitos penais, principais e secundários do fato, mas não os efeitos extrapenais;
- não é possível a concessão de anistia aos crimes mencionados na Lei 8.072/1990 (Lei dos Crimes Hediondos).

- **Agravo em execução**: recurso cabível contra decisões proferidas na execução penal.

- o agravo em execução não terá efeito suspensivo, conforme disposição expressa do art. 197 da LEP;
- o Superior Tribunal de Justiça entende não ser cabível a interposição de mandado de segurança para dar efeito suspensivo ao agravo;
- o prazo para a interposição é o mesmo do recurso em sentido estrito, aplicando-se, aqui, o disposto no art. 586 do CPP. A Lei de Execução Penal silencia a respeito, mas esse entendimento encontra-se na Súmula 700 do Supremo Tribunal Federal.

✦ SÚMULAS APLICÁVEIS

1. PRINCÍPIOS E GARANTIAS

- **STF – Súmula 523** – No processo penal, a falta da defesa constitui nulidade absoluta, mas a sua deficiência só o anulará se houver prova de prejuízo para o réu.
- **STF – Súmula 716** – Admite-se a progressão de regime de cumprimento da pena ou a aplicação imediata do regime menos severo nela determinada, antes do trânsito em julgado da sentença condenatória.
- **STF – Súmula Vinculante 14** – É direito do defensor, no interesse do representado, ter acesso amplo aos elementos de prova que, já documentados em procedimento investigatório realizado por órgão com competência de polícia judiciária, digam respeito ao exercício do direito de defesa.

2. INQUÉRITO POLICIAL E OUTROS PROCEDIMENTOS INVESTIGATÓRIOS

- **STF – Súmula 397** – O poder de polícia da Câmara dos Deputados e do Senado Federal, em caso de crime cometido nas suas dependências, compreende, consoante o regimento, a prisão em flagrante do acusado e a realização do inquérito.
- **STF – Súmula 524** – Arquivado o inquérito policial, por despacho do juiz, a requerimento do promotor de justiça, não pode a ação penal ser iniciada sem novas provas.
- **STF – Súmula 568** – A identificação criminal não constitui constrangimento ilegal, ainda que o indiciado já tenha sido identificado civilmente.
- **STF – Súmula Vinculante 14** – É direito do defensor, no interesse do representado, ter acesso amplo aos elementos de prova que, já documentados em procedimento investigatório realizado por órgão com competência de polícia judiciária, digam respeito ao exercício do direito de defesa.

- **STJ – Súmula 234** – A participação de membro do Ministério Público na fase investigatória criminal não acarreta seu impedimento ou suspeição para o oferecimento de denúncia.
- **STJ – Súmula 444** – É vedada a utilização de inquéritos policiais e ações penais em curso para agravar a pena-base.

3. AÇÃO PENAL

- **STF – Súmula 524** – Arquivado o inquérito policial, por despacho do juiz, a requerimento do Promotor de Justiça, não pode a ação penal ser iniciada, sem novas provas.
- **STF – Súmula 554** – O pagamento de cheque emitido sem provisão de fundos, após o recebimento da denúncia, não obsta ao prosseguimento da ação penal
- **STF – Súmula 594** – Os direitos de queixa e de representação podem ser exercidos, independentemente, pelo ofendido ou por seu representante legal.
- **STF – Súmula 609** – É pública incondicionada a ação penal por crime de sonegação fiscal.
- **STF – Súmula 709** – Salvo quando nula a decisão de primeiro grau, o acórdão que provê o recurso contra a rejeição da denúncia vale, desde logo, pelo recebimento dela.
- **STF – Súmula 714** – É concorrente a legitimidade do ofendido, mediante queixa, e do Ministério Público, condicionada à representação do ofendido, para a ação penal por crime contra a honra de servidor público em razão do exercício de suas funções.

* **STJ – Súmula 542** – A ação penal relativa ao crime de lesão corporal resultante de violência doméstica contra a mulher é pública incondicionada.

4. AÇÃO CIVIL *EX DELICTO*

- **STJ – Súmula 18** – A sentença concessiva do perdão judicial é declaratória da extinção da punibilidade, não subsistindo qualquer efeito condenatório.

5. COMPETÊNCIA

* **STF – Súmula Vinculante 36** – Compete à Justiça Federal comum processar e julgar civil denunciado pelos crimes de falsificação e de uso de documento falso quando se tratar de falsificação da caderneta de inscrição e registro (CIR) ou de carteira de habilitação de amador (CHA), ainda que expedidas pela Marinha do Brasil.

* **STF – Súmula Vinculante 45** – A competência constitucional do tribunal do Júri prevalece sobre o foro por prerrogativa de função estabelecido exclusivamente pela Constituição Estadual

- **STF – Súmula 498** – Compete à justiça dos Estados, em ambas as instâncias, o processo e o julgamento dos crimes contra a economia popular.
- **STF – Súmula 521** – O foro competente para o processo e julgamento dos crimes de estelionato, sob a modalidade da emissão dolosa de cheque sem provisão de fundos, é o do local onde se deu a recusa do pagamento pelo sacado.
- **STF – Súmula 522** – Salvo ocorrência de tráfico com o exterior, quando, então, a competência será da Justiça Federal, compete à justiça dos Estados o processo e o julgamento dos crimes relativos a entorpecentes.
- **STF – Súmula 555** – É competente o tribunal de justiça para julgar conflito de jurisdição entre juiz de direito do Estado e a justiça militar local.
- **STF – Súmula 603** – A competência para o processo e julgamento de latrocínio é do juiz singular e não do tribunal do júri.
- **STF – Súmula 702** – A competência do Tribunal de Justiça para julgar prefeitos restringe-e aos crimes de competência da Justiça comum estadual; nos demais casos, a competência originária caberá ao respectivo tribunal de segundo grau.
- **STF – Súmula 703** – A extinção do mandato do prefeito não impede a instauração de processo pela prática dos crimes previstos no art. 1º do DL 201/67.
- **STF – Súmula 704** – Não viola as garantias do juiz natural, da ampla defesa e do devido processo legal a atração por continência ou conexão do co-réu ao foro por prerrogativa de função de um dos denunciados.
- **STF – Súmula 706** – É relativa a nulidade decorrente da inobservância da competência penal por prevenção.
- **STJ – Súmula 6** – Compete à justiça comum estadual processar e julgar delito decorrente de acidente de trânsito envolvendo viatura de polícia militar, salvo se autor e vítima forem policiais militares em situação de atividade. **Atenção**: o entendimento desta Súmula poderá ser revisto e até mesmo revogada, tendo em vista a modificação do art. 9º do CPM, que alterou a definição de crime militar, com reflexos na competência.
- **STJ – Súmula 38** – Compete à justiça estadual comum, na vigência da Constituição de 1988, o processo por contravenção penal, ainda que praticada em detrimento de bens, serviços ou interesse da União ou de suas entidades.
- **STJ – Súmula 42** – Compete à justiça comum estadual processar e julgar as causas cíveis em

que é parte sociedade de economia mista e os crimes praticados em seu detrimento.

- **STJ – Súmula 48** – Compete ao juízo do local da obtenção da vantagem ilícita processar e julgar crime de estelionato cometido mediante falsificação de cheque.
- **STJ – Súmula 53** – Compete à justiça comum estadual processar e julgar civil acusado de prática de crime contra instituições militares estaduais.
- **STJ – Súmula 59** – Não há conflito de competência se já existe sentença com trânsito em julgado, proferida por um dos juízos conflitantes.
- **STJ – Súmula 62** – Compete à justiça estadual processar e julgar o crime de falsa anotação na Carteira de Trabalho e Previdência Social, atribuído a empresa privada.

* **STJ – Súmula 73** – A utilização de papel moeda grosseiramente falsificado configura, em tese, o crime de estelionato, da competência da Justiça Estadual.

- **STJ – Súmula 75** – Compete à justiça comum estadual processar e julgar o policial militar por crime de promover ou facilitar a fuga de preso de estabelecimento penal. **Atenção**: o entendimento desta Súmula poderá ser revisto e até mesmo revogada, tendo em vista a modificação do art. 9º do CPM, que alterou a definição de crime militar, com reflexos na competência.
- **STJ – Súmula 90** – Compete à justiça estadual militar processar e julgar o policial militar pela prática do crime militar, e à comum pela prática do crime comum simultâneo àquele.
- **STJ – Súmula 104** – Compete à justiça estadual o processo e julgamento dos crimes de falsificação e uso de documento falso relativo a estabelecimento particular de ensino.
- **STJ – Súmula 107** – Compete à justiça comum estadual processar e julgar crime de estelionato praticado mediante falsificação das guias de recolhimento das contribuições previdenciárias, quando não ocorrente lesão à autarquia federal.
- **STJ – Súmula 122** – Compete à justiça federal o processo e julgamento unificado dos crimes conexos de competência federal e estadual, não se aplicando a regra do art. 78, II, "a", do Código de Processo Penal.
- **STJ – Súmula 140** – Compete à justiça comum estadual processar e julgar crime em que o indígena figure como autor ou vítima.
- **STJ – Súmula 147** – Compete à justiça federal processar e julgar os crimes praticados contra funcionário público federal, quando relacionados com o exercício da função.
- **STJ – Súmula 151** – A competência para o processo e julgamento por crime de contrabando ou descaminho define-se pela prevenção do juízo federal do lugar da apreensão dos bens.
- **STJ – Súmula 164** – O prefeito municipal, após a extinção do mandato, continua sujeito a processo por crime previsto no art. 1º do Decreto-lei nº 201, de 27.2.67.
- **STJ – Súmula 165** – Compete à justiça federal processar e julgar crime de falso testemunho cometido no processo trabalhista.
- **STJ – Súmula 172** – Compete à justiça comum processar e julgar militar por crime de abuso de autoridade, ainda que praticado em serviço. **Atenção**: o entendimento desta Súmula poderá ser revisto e até mesmo revogada, tendo em vista a modificação do art. 9º do CPM, que alterou a definição de crime militar, com reflexos na competência.
- **STJ – Súmula 200** – O juízo federal competente para processar e julgar acusado de crime de uso de passaporte falso é o do lugar onde o delito se consumou.

* **STJ – Súmula 206** – A existência de vara privativa, instituída por lei estadual, não altera a competência territorial resultante das leis de processo.

- **STJ – Súmula 208** – Compete à justiça federal processar e julgar prefeito municipal por desvio de verba sujeita a prestação de contas perante órgão federal.
- **STJ – Súmula 209** – Compete à justiça estadual processar e julgar prefeito por desvio de verba transferida e incorporada ao patrimônio municipal.

* **STJ – Súmula 224** – Excluído do feito o ente federal, cuja presença levara o Juiz Estadual a declinar da competência, deve o Juiz Federal restituir os autos e não suscitar conflito.

* **STJ – Súmula 235** – A conexão não determina a reunião dos processos, se um deles já foi julgado.

- **STJ – Súmula 244** – Compete ao foro do local da recusa processar e julgar o crime de estelionato mediante cheque sem provisão de fundos.

* **STJ – Súmula 528** – Compete ao juiz federal do local da apreensão da droga remetida do exterior pela via postal processar e julgar o crime de tráfico internacional.

6. QUESTÕES PREJUDICIAIS, EXCEÇÕES E INCIDENTES

- **STJ – Súmula 59** – Não há conflito de competência se já existe sentença com trânsito em julgado, proferida por um dos juízes conflitantes.

- **STJ - Súmula 428 -** Compete ao Tribunal Regional Federal decidir os conflitos de competência entre juizado especial federal e juízo federal da mesma seção judiciária.

7. CITAÇÃO, INTIMAÇÕES E CONTAGEM DE PRAZOS

- **STF - Súmula 155 -** É relativa a nulidade do processo criminal por falta de intimação da expedição de precatória para inquirição de testemunha.
- **STF - Súmula 310 -** Quanto a intimação tiver lugar na sexta-feira, ou a publicação com efeito de intimação for feita nesse dia, o prazo judicial terá início na segunda-feira imediata, salvo se não houve expediente, caso em que começará no primeiro dia útil que se seguir.
- **STF - Súmula 351 -** É nula a citação por edital de réu preso na mesma unidade da federação em que o juiz exerce a sua jurisdição.
- **STF - Súmula 366 -** Não é nula a citação por edital que indica o dispositivo da lei penal, embora não transcreva a denúncia ou queixa, ou não resuma os fatos em que se baseia.
- **STF - Súmula 707 -** Constitui nulidade a falta de intimação do denunciado para oferecer contra-razões ao recurso interposto da rejeição da denúncia, não a suprindo a nomeação de defensor dativo.
- **STF - Súmula 710 -** No processo penal, contam-se os prazos da data da intimação, e não da juntada aos autos do mandado ou da carta precatória ou de ordem.
- **STJ - Súmula 273 -** Intimada a defesa da expedição da carta precatória, torna-se desnecessária intimação da data da audiência no juízo deprecado.

8. PROVAS

- **STF - Súmula 352 -** Não é nulo o processo penal por falta de nomeação de curador ao réu menor que teve a assistência de defensor dativo.
- **STJ - Súmula 455 -** A decisão que determina a produção antecipada de provas com base no art. 366 do CPP deve ser concretamente fundamentada, não a justificando unicamente o mero decurso do tempo.

* **STJ - Súmula 574 -** Para a configuração do delito de violação de direito autoral e a comprovação de sua materialidade, é suficiente a perícia realizada por amostragem do produto apreendido, nos aspectos externos do material, e é desnecessária a identificação dos titulares dos direitos autorais violados ou daqueles que os representem.

9. SENTENÇA

- **STF - Súmula 423 -** Não transita em julgado a sentença por haver omitido o recurso "ex officio", que se considera interposto "ex lege".
- **STF - Súmula 453 -** Não se aplicam à segunda instância o art 384 e parágrafo único do Código de Processo Penal, que possibilitam dar nova definição jurídica ao fato delituoso, em virtude de circunstância elementar não contida explícita ou implicitamente na denúncia ou queixa.
- **STJ - Súmula 337 -** É cabível a suspensão condicional do processo na desclassificação do crime e na procedência parcial da pretensão punitiva.
- **STJ - Súmula 442 -** Fixada a pena-base no mínimo legal, é vedado o estabelecimento de regime prisional mais gravoso do que o cabível em razão da sanção imposta, com base apenas na gravidade abstrata do delito.
- **STJ - Súmula 443 -** O aumento na terceira fase de aplicação da pena no crime de roubo circunstanciado exige fundamentação concreta, não sendo suficiente para a sua exasperação a mera indicação do número de majorantes.
- **STJ - Súmula 444 -** É vedada a utilização de inquéritos policiais e ações penais em curso para agravar a pena-base.

10. PROCEDIMENTOS

* **Súmula Vinculante 35** - A homologação da transação penal prevista no artigo 76 da Lei 9.099/1995 não faz coisa julgada material e, descumpridas suas cláusulas, retoma-se a situação anterior, possibilitando-se ao Ministério Público a continuidade da persecução penal mediante oferecimento de denúncia ou requisição de inquérito policial.

- **STF - Súmula 156 -** É absoluta a nulidade do Julgamento, pelo júri, por falta de quesito obrigatório.
- **STF - Súmula 206 -** É nulo o julgamento ulterior pelo júri com a participação de jurado que funcionou em julgamento anterior do mesmo processo.
- **STF - Súmula 208 -** O assistente do Ministério Público não pode recorrer, extraordinariamente, de decisão concessiva de "habeas-corpus".
- **STF - Súmula 210 -** O assistente do Ministério Público pode recorrer, inclusive extraordinariamente, na ação penal, nos casos dos arts. 584, § 1º, e 598 do Código de Processo Penal.
- **STF - Súmula 351 -** É nula a citação por edital de réu preso na mesma unidade da federação em que o juiz exerce a sua jurisdição.

- **STF – Súmula 366** – Não é nula a citação por edital que indica o dispositivo da lei penal, embora não transcreva a denúncia ou queixa, ou não resuma os fatos em que se baseia.
- **STF – Súmula 696** – Reunidos os pressupostos legais permissivos da suspensão condicional do processo, mas se recusando o promotor de justiça a propô-la, o juiz, dissentindo, remeterá a questão ao procurador-geral, aplicando-se por analogia o art. 28 do Código de Processo Penal.
- **STF – Súmula 709** – Salvo quando nula a decisão de primeiro grau, o acórdão que provê o recurso contra a rejeição da denúncia vale, desde logo, pelo recebimento dela.
- **STF – Súmula 712** – É nula a decisão que determina o desaforamento de processo da competência do júri sem audiência da defesa.
- **STF – Súmula 723** – Não se admite a suspensão condicional do processo por crime continuado, se a soma da pena mínima da infração mais grave com o aumento mínimo de um sexto for superior a um ano.
- **STJ – Súmula 21** – Pronunciado o réu, fica superada a alegação do constrangimento ilegal da prisão por excesso de prazo na instrução.
- **STJ – Súmula 52** – Encerrada a instrução criminal, fica superada a alegação de constrangimento por excesso de prazo.
- **STJ – Súmula 64** – Não constitui constrangimento ilegal o excesso de prazo na instrução, provocado pela defesa.
- **STJ – Súmula 243** – O benefício da suspensão do processo não é aplicável em relação às infrações penais cometidas em concurso material, concurso formal ou continuidade delitiva, quando a pena mínima cominada, seja pelo somatório, seja pela incidência da majorante, ultrapassar o limite de um (01) ano.
- **STJ – Súmula 330** – É desnecessária a resposta preliminar de que trata o art. 514 do Código de Processo Penal, na ação penal instruída por inquérito policial.
- **STJ – Súmula 337** – É cabível a suspensão condicional do processo na desclassificação do crime e na procedência parcial da pretensão punitiva.
- **STJ – Súmula 415** – O período de suspensão do prazo prescricional é regulado pelo máximo da pena cominada.
- **STJ – Súmula 455** – A decisão que determina a produção antecipada de provas com base no art. 366 do CPP deve ser concretamente fundamentada, não a justificando unicamente o mero decurso do tempo.

* **STJ – Súmula 536** – A suspensão condicional do processo e a transação penal não se aplicam na hipótese de delitos sujeitos ao rito da Lei Maria da Penha.

11. NULIDADES

- **STF – Súmula 155** – É relativa a nulidade do processo criminal por falta de intimação da expedição de precatória para inquirição de testemunha.
- **STF – Súmula 156** – É absoluta a nulidade do julgamento, pelo júri, por falta de quesito obrigatório.
- **STF – Súmula 160** – É nula a decisão do tribunal que acolhe, contra o réu, nulidade não argüida no recurso da acusação, ressalvados os casos de recurso de ofício.
- **STF – Súmula 206** – É nulo o julgamento ulterior pelo júri com a participação de jurado que funcionou em julgamento anterior do mesmo processo.
- **STF – Súmula 351** – É nula a citação por edital de réu preso na mesma unidade da federação em que o juiz exerce a sua jurisdição.
- **STF – Súmula 352** – Não é nulo o processo penal por falta de nomeação de curador ao réu menor que teve a assistência de defensor dativo.
- **STF – Súmula 366** – Não é nula a citação por edital que indica o dispositivo da lei penal, embora não transcreva a denúncia ou queixa, ou não resuma os fatos em que se baseia.
- **STF – Súmula 431** – É nulo o julgamento de recurso criminal, na segunda instância, sem prévia intimação, ou publicação da pauta, salvo em habeas-corpus.
- **STF – Súmula 523** – No processo penal, a falta da defesa constitui nulidade absoluta, mas a sua deficiência só o anulará se houver prova de prejuízo para o réu.
- **STF – Súmula 706** – É relativa a nulidade decorrente da inobservância da competência penal por prevenção.
- **STF – Súmula 707** – Constitui nulidade a falta de intimação do denunciado para oferecer contra-razões ao recurso interposto da rejeição da denúncia, não a suprindo a nomeação de defensor dativo.
- **STF – Súmula 708** – É nulo o julgamento da apelação se, após a manifestação nos autos da renúncia do único defensor, o réu não foi previamente intimado para constituir outro.
- **STF – Súmula 712** – É nula a decisão que determina o desaforamento de processo da competência do júri sem audiência da defesa.
- **STJ – Súmula 273** – Intimada a defesa da expedição da carta precatória, torna-se desnecessária intimação da data da audiência no juízo deprecado.

12. RECURSOS

- **STF – Súmula 160 –** É nula a decisão do tribunal que acolhe, contra o réu, nulidade não argüida no recurso da acusação, ressalvados os casos de recurso de ofício.
- **STF – Súmula 208 –** O assistente do Ministério Público não pode recorrer, extraordinariamente, de decisão concessiva de "habeas-corpus".
- **STF – Súmula 210 –** O assistente do Ministério Público pode recorrer, inclusive extraordinariamente, na ação penal, nos casos dos arts. 584, § 1º e 598 do Código de Processo Penal.
- **STF – Súmula 279 –** Para simples reexame da prova não cabe recurso extraordinário.
- **STF – Súmula 280 –** Por ofensa a direito local não cabe recurso extraordinário.
- **STF – Súmula 281 –** É inadmissível o recurso extraordinário, quando couber na justiça de origem, recurso ordinária da decisão impugnada.
- **STF – Súmula 282 –** É inadmissível o recurso extraordinário, quando não ventilada, na decisão recorrida, a questão federal suscitada.
- **STF – Súmula 283 –** É inadmissível o recurso extraordinário, quando a decisão recorrida assenta em mais de um fundamento suficiente e o recurso não abrange todos eles.
- **STF – Súmula 284 –** É inadmissível o recurso extraordinário, quando a deficiência na sua fundamentação não permitir a exata compreensão da controvérsia.
- **STF – Súmula 286 –** Não se conhece do recurso extraordinário fundado em divergência jurisprudencial, quando a orientação do plenário do Supremo Tribunal Federal já se firmou no mesmo sentido da decisão recorrida.
- **STF – Súmula 287 –** Nega-se provimento ao agravo, quando a deficiência na sua fundamentação, ou na do recurso extraordinário, não permitir a exata compreensão da controvérsia.
- **STF – Súmula 288 –** Nega-se provimento a agravo para subida de recurso extraordinário, quando faltar no traslado o despacho agravado, a decisão recorrida, a petição de recurso extraordinário ou qualquer peça essencial à compreensão da controvérsia.
- **STF – Súmula 289 –** O provimento do agravo por uma das turmas do Supremo Tribunal Federal ainda que sem ressalva, não prejudica a questão do cabimento do recurso extraordinário.
- **STF – Súmula 293 –** São inadmissíveis embargos infringentes contra decisão em matéria constitucional submetida ao plenário dos tribunais.
- **STF – Súmula 299 –** O recurso ordinário e o extraordinário interpostos no mesmo processo de mandado de segurança, ou de "habeas-corpus", serão julgados conjuntamente pelo Tribunal Pleno.
- **STF – Súmula 319 –** O prazo do recurso ordinário para o Supremo Tribunal Federal, em "habeas-corpus" ou mandado de segurança, é de cinco dias.
- **STF – Súmula 322 –** Não terá seguimento pedido ou recurso dirigido ao Supremo Tribunal Federal, quando manifestamente incabível, ou apresentado fora do prazo, ou quando for evidente a incompetência do tribunal.
- **STF – Súmula 344 –** Sentença de primeira instância concessiva de "habeas-corpus", em caso de crime praticado em detrimento de bens, serviços ou interesses da união, está sujeita a recurso "ex officio".
- **STF – Súmula 356 –** O ponto omisso da decisão, sobre o qual não foram opostos embargos declaratórios, não pode ser objeto de recurso extraordinário, por faltar o requisito do prequestionamento.
- **STF – Súmula 369 –** Julgados do mesmo tribunal não servem para fundamentar o recurso extraordinário por divergência jurisprudencial.
- **STF – Súmula 395 –** Não se conhece de recurso de habeas corpus cujo objeto seja resolver sobre o ônus das custas, por não estar mais em causa a liberdade de locomoção.
- **STF – Súmula 399 –** Não cabe recurso extraordinário, por violação de lei federal, quando a ofensa alegada for a regimento de tribunal.
- **STF – Súmula 423 –** Não transita em julgado a sentença por haver omitido o recurso "ex officio", que se considera interposto "ex lege".
- **STF – Súmula 428 –** Não fica prejudicada a apelação entregue em cartório no prazo legal, embora despachada tardiamente.
- **STF – Súmula 431 –** É nulo o julgamento de recurso criminal, na segunda instância, sem prévia intimação, ou publicação da pauta, salvo em habeas-corpus.
- **STF – Súmula 448 –** O prazo para o assistente recorrer, supletivamente, começa a correr imediatamente após o transcurso do prazo do Ministério Público.
- **STF – Súmula 453 –** Não se aplicam à segunda instância o art 384 e parágrafo único do Código de Processo Penal, que possibilitam dar nova definição jurídica ao fato delituoso, em virtude de circunstância elementar não contida explícita ou implicitamente na denúncia ou queixa.

- **STF – Súmula 455** – Da decisão que se seguir ao julgamento de constitucionalidade pelo Tribunal Pleno, são inadmissíveis embargos infringentes quanto à matéria constitucional.
- **STF – Súmula 640** – É cabível recurso extraordinário contra decisão proferida por juiz de primeiro grau nas causas de alçada, ou por turma recursal de juizado especial cível e criminal.
- **STF – Súmula 699** – O prazo para interposição de agravo, em processo penal, é de cinco dias, de acordo com a Lei 8.038/90, não se aplicando o disposto a respeito nas alterações da Lei 8.950/94 ao Código de Processo Civil.
- **STF – Súmula 700** – É de cinco dias o prazo para interposição de agravo contra decisão do juiz da execução penal.
- **STF – Súmula 705** – A renúncia do réu ao direito de apelação, manifestada sem a assistência do defensor, não impede o conhecimento da apelação por este interposta.
- **STF – Súmula 707** – Constitui nulidade a falta de intimação do denunciado para oferecer contra-razões ao recurso interposto da rejeição da denúncia, não a suprindo a nomeação de defensor dativo.
- **STF – Súmula 708** – É nulo o julgamento da apelação se, após a manifestação nos autos da renúncia do único defensor, o réu não foi previamente intimado para constituir outro.
- **STF – Súmula 713** – O efeito devolutivo da apelação contra decisões do júri é adstrito aos fundamentos da sua interposição.
- **STJ – Súmula 7** – A pretensão de simples reexame de prova não enseja recurso especial.
- **STJ – Súmula 83** – Não se conhece do recurso especial pela divergência, quando a orientação do tribunal se firmou no mesmo sentido da decisão recorrida.
- **STJ – Súmula 86** – Cabe recurso especial contra acórdão proferido no julgamento de agravo de instrumento.
- **STJ – Súmula 123** – A decisão que admite, ou não, recurso especial deve ser fundamentada, com o exame dos seus pressupostos gerais e constitucionais.
- **STJ – Súmula 126** – É inadmissível recurso especial, quando o acórdão recorrido assenta em fundamentos constitucional e infraconstitucional, qualquer deles suficiente, por si só, para mantê-lo, e a parte vencida não manifesta recurso extraordinário.

* **STJ – Súmula 203** – Não cabe recurso especial contra decisão proferida por órgão de segundo grau dos Juizados Especiais.

- **STJ – Súmula 207** – É inadmissível recurso especial quando cabíveis embargos infringentes contra o acórdão proferido no tribunal de origem.
- **STJ – Súmula 211** – É inadmissível recurso especial quanto à questão que, a despeito da oposição de embargos declaratórios, não foi apreciada pelo tribunal *a quo*.
- **STJ – Súmula 216** – A tempestividade de recurso interposto no Superior Tribunal de Justiça é aferida pelo registro no protocolo da secretaria e não pela data da entrega na agência do correio.

* **STJ – Súmula 315** – Não cabem embargos de divergência no âmbito do agravo de instrumento que não admite recurso especial.

- **STJ – Súmula 316** – Cabem embargos de divergência contra acórdão que, em agravo regimental, decide recurso especial.
- **STJ – Súmula 347** – O conhecimento de recurso de apelação do réu independe de sua prisão.

* **STJ – Súmula 579** – Não é necessário ratificar o recurso especial interposto na pendência do julgamento dos embargos de declaração, quando inalterado o resultado anterior.

13. REVISÃO CRIMINAL

- **STF – Súmula 393** – Para requerer revisão criminal, o condenado não é obrigado a recolher-se à prisão.

14. *HABEAS CORPUS* E MANDADO DE SEGURANÇA

- **STF – Súmula 208** – O assistente do Ministério Público não pode recorrer, extraordinariamente, de decisão concessiva de habeas-corpus.
- **STF – Súmula 344** – Sentença de primeira instância concessiva de "habeas corpus", em caso de crime praticado em detrimento de bens, serviços ou interesses da União, está sujeita a recurso "ex officio".
- **STF – Súmula 395** – Não se conhece de recurso de habeas corpus cujo objeto seja resolver sobre o ônus das custas, por não estar mais em causa a liberdade de locomoção.
- **STF – Súmula 606** – Não cabe habeas corpus originário para o Tribunal Pleno de decisão de turma, ou do plenário, proferida em habeas corpus ou no respectivo recurso.
- **STF – Súmula 691** – Não compete ao Supremo Tribunal Federal conhecer de habeas corpus impetrado contra decisão do relator que, em habeas corpus requerido a tribunal superior, indefere a liminar.
- **STF – Súmula 692** – Não se conhece de habeas corpus contra omissão de relator de extradição,

se fundado em fato ou direito estrangeiro cuja prova não constava dos autos, nem foi ele provocado a respeito.

- **STF – Súmula 693 –** Não cabe habeas corpus contra decisão condenatória a pena de multa, ou relativo a processo em curso por infração penal a que a pena pecuniária seja a única cominada.
- **STF – Súmula 694 –** Não cabe habeas corpus contra a imposição da pena de exclusão de militar ou de perda de patente ou de função pública.
- **STF – Súmula 695 –** Não cabe habeas corpus quando já extinta a pena privativa de liberdade.

* **STF – Súmula 701 –** No mandado de segurança impetrado pelo Ministério Público contra decisão proferida em processo penal, é obrigatória a citação do réu como litisconsorte passivo.

- **STJ – Súmula 21 –** Pronunciado o réu, fica superada a alegação do constrangimento ilegal da prisão por excesso de prazo na instrução.
- **STJ – Súmula 52 –** Encerrada a instrução criminal, fica superada a alegação de constrangimento por excesso de prazo.
- **STJ – Súmula 64 –** Não constitui constrangimento ilegal o excesso de prazo na instrução, provocado pela defesa.
- **STJ – Súmula 376 –** Compete a turma recursal processar e julgar o mandado de segurança contra ato de juizado especial.

15. MEDIDAS COATIVAS PESSOAIS

- **STF – Súmula 145 –** Não há crime, quando a preparação do flagrante pela polícia torna impossível a sua consumação.
- **STF – Súmula 397 –** O poder de polícia da Câmara dos Deputados e do Senado Federal, em caso de crime cometido nas suas dependências, compreende, consoante o regimento, a prisão em flagrante do acusado e a realização do inquérito.
- **STF – Súmula Vinculante 11 –** Só é lícito o uso de algemas em casos de resistência e de fundado receio de fuga ou de perigo à integridade física própria ou alheia, por parte do preso ou de terceiros, justificada a excepcionalidade por escrito, sob pena de responsabilidade disciplinar, civil e penal do agente ou da autoridade e de nulidade da prisão ou do ato processual a que se refere, sem prejuízo da responsabilidade civil do Estado.
- **STF – Súmula Vinculante 25 –** É ilícita a prisão de depositário infiel, qualquer que seja a modalidade do depósito.

- **STJ – Súmula 21 –** Pronunciado o réu, fica superada a alegação do constrangimento ilegal da prisão por excesso de prazo na instrução.
- **STJ – Súmula 52 –** Encerrada a instrução criminal, fica superada a alegação de constrangimento por excesso de prazo.
- **STJ – Súmula 64 –** Não constitui constrangimento ilegal o excesso de prazo na instrução, provocado pela defesa.

16. EXECUÇÃO PENAL

- **STF – Súmula 611 –** Transitada em julgado a sentença condenatória, compete ao juízo das execuções a aplicação de lei mais benigna.
- **STF – Súmula 700 –** É de cinco dias o prazo para interposição de agravo contra decisão do juiz da execução penal.
- **STF – Súmula 715 –** A pena unificada para atender ao limite de trinta anos de cumprimento, determinado pelo art. 75 do Código Penal, não é considerada para a concessão de outros benefícios, como o livramento condicional ou regime mais favorável de execução.
- **STF – Súmula 716 –** Admite-se a progressão de regime de cumprimento da pena ou a aplicação imediata de regime menos severo nela determinada, antes do trânsito em julgado da sentença condenatória.

* **STF – Súmula 717 –** Não impede a progressão de regime de execução da pena, fixada em sentença não transitada em julgado, o fato de o réu se encontrar em prisão especial.

- **STF – Súmula Vinculante 5 –** A falta de defesa técnica por advogado no processo administrativo disciplinar não ofende a Constituição.
- **STF – Súmula Vinculante 9 –** O disposto no artigo 127 da Lei no 7.210/1984 (Lei de Execução Penal) foi recebido pela ordem constitucional vigente, e não se lhe aplica o limite temporal previsto no caput do artigo 58.
- **STF – Súmula Vinculante 26 –** Para efeito de progressão de regime no cumprimento de pena por crime hediondo, ou equiparado, o juízo da execução observará a inconstitucionalidade do art. 2º da Lei n. 8.072, de 25 de julho de 1990, sem prejuízo de avaliar se o condenado preenche, ou não, os requisitos objetivos e subjetivos do benefício, podendo determinar, para tal fim, de modo fundamentado, a realização de exame criminológico.

* **STF – Súmula Vinculante 56 –** A falta de estabelecimento penal adequado não autoriza a manutenção do condenado em regime prisional mais gravoso, devendo-se observar, nessa hipótese, os parâmetros fixados no RE 641.320/RS.

* **STJ – Súmula 40 –** Para obtenção dos benefícios de saída temporária e trabalho externo, considera-se o tempo de cumprimento da pena no regime fechado.
- **STJ – Súmula 192 –** Compete ao juízo das execuções penais do Estado a execução das penas impostas a sentenciados pela Justiça Federal, Militar ou Eleitoral, quando recolhidos a estabelecimentos sujeitos à administração estadual.
* **STJ** – Súmula 341 – A freqüência a curso de ensino formal é causa de remição de parte do tempo de execução de pena sob regime fechado ou semi-aberto.
- **STJ – Súmula 439 –** Admite-se o exame criminológico pelas peculiaridades do caso, desde que em decisão motivada.
- **STJ – Súmula 441 –** A falta grave não interrompe o prazo para obtenção de livramento condicional.
- **STJ – Súmula 471 –** Os condenados por crimes hediondos ou assemelhados cometidos antes da vigência da Lei n. 11.464/2007 sujeitam-se ao disposto no art. 112 da Lei n. 7.210/1984 (Lei de Execução Penal) para a progressão de regime prisional.
- **STJ – Súmula 491 –** É inadmissível a chamada progressão per saltum de regime prisional.
- **STJ – Súmula 493 –** É inadmissível a fixação de pena substitutiva (art. 44 do CP) como condição especial ao regime aberto.
- **STJ – Súmula 520 –** O benefício de saída temporária no âmbito da execução penal é ato jurisdicional insuscetível de delegação à autoridade administrativa do estabelecimento prisional.
* **STJ – Súmula 521 –** A legitimidade para a execução fiscal de multa pendente de pagamento imposta em sentença condenatória é exclusiva da Procuradoria da Fazenda Pública.
- **STJ – Súmula 526 –** O reconhecimento de falta grave decorrente do cometimento de fato definido como crime doloso no cumprimento da pena prescinde do trânsito em julgado de sentença penal condenatória no processo.
- **STJ** – Súmula 533 – Para o reconhecimento da prática de falta disciplinar no âmbito da execução penal, é imprescindível a instauração de procedimento administrativo pelo diretor do estabelecimento prisional, assegurado o direito de defesa, a ser realizado por advogado constituído ou defensor público nomeado.
- **STJ – Súmula 534 –** A prática de falta grave interrompe a contagem do prazo para a progressão de regime de cumprimento de pena, o qual se reinicia a partir do cometimento dessa infração.
- **STJ – Súmula 535 –** A prática de falta grave não interrompe o prazo para fim de comutação de pena ou indulto.
- **STJ – Súmula 562 –** É possível a remição de parte do tempo de execução da pena quando o condenado, em regime fechado ou semiaberto, desempenha atividade laborativa, ainda que extramuros.
- **STJ** – Súmula 341 – A freqüência a curso de ensino formal é causa de remição de parte do tempo de execução de pena sob regime fechado ou semi-aberto.

✦ INFORMATIVOS APLICÁVEIS

✦ STF

1. DO PROCESSO EM GERAL

1.1. DO INQUÉRITO POLICIAL

Arquivamento de inquérito e procedimento investigatório criminal

No caso, houve arquivamento de inquérito pelo STF e superveniente perda do foro originário perante a Corte. A reclamação com fundamento nos efeitos da decisão de arquivamento se enquadra no art. 102, I, "l", da CF (competência para julgar reclamação para garantia da autoridade das decisões do STF). Não há prejudicialidade entre duas as reclamações (STF e TJSP) sobre a mesma investigação posto que os paradigmas são diversos. O art. 18 do CPP possibilita reabertura de investigações, se de outras provas houver notícia. Daí, impossível a reabertura decorrer de simples mudança de opinião ou reavaliação da situação. É indispensável que haja novas provas ou, ao menos, novas linhas de investigação em perspectiva. É impossível reabrir inquérito para aprofundar linhas de investigação que já estavam disponíveis para exploração anterior. O arquivamento da investigação, ainda que não faça coisa julgada, é ato sério que só pode ser revisto por motivos igualmente sérios e surgidos posteriormente. Obsta-se, portanto, a reabertura de investigações que decorrem do puro e simples inconformismo com arquivamento requerido pelo Procurador-Geral da República, sem que uma linha de investigação nova tenha surgido após o arquivamento. *Rcl 20132/SP, Red. p/ ac. Min. Gilmar Mendes, 23.2.2016. 2ª T. (Info 815)*

Inquérito: corrupção passiva e lavagem de dinheiro

1. Cabe ao STF, ao exercer sua prerrogativa exclusiva de decidir sobre a cisão de processos envolvendo agentes com prerrogativa de foro, promover, em regra, o seu desmembramento, a fim de manter sob sua jurisdição apenas o que envolva especificamente essas autoridades, segundo as circunstâncias de cada caso. Ressalvam-se, todavia, situações em que os fatos se revelem "de tal forma imbricados que a cisão por si só implique prejuízo a seu esclarecimento". 2. A garantia contra a autoincrimi-

nação se estende às testemunhas, no tocante às indagações cujas respostas possam, de alguma forma, causar-lhes prejuízo. 3. A previsão constitucional do art. 86, § 4º, da CF se destina expressamente ao Chefe do Poder Executivo da União, não autorizando, por sua natureza restritiva, qualquer interpretação que amplie sua incidência a outras autoridades, nomeadamente do Poder Legislativo. 4. Tratando-se de colaboração premiada contendo diversos depoimentos, envolvendo diferentes pessoas e, possivelmente, diferentes organizações criminosas, tendo sido prestados em ocasiões diferentes, em termos de declaração separados, dando origem a diferentes procedimentos investigatórios, em diferentes estágios de diligências, não assiste a um determinado denunciado o acesso universal a todos os depoimentos prestados. O que a lei lhe assegura é o acesso aos elementos da colaboração premiada que lhe digam respeito. 5. Eventual desconstituição de acordo de colaboração premiada tem âmbito de eficácia restrito às partes que o firmaram, não beneficiando e nem prejudicando terceiros. Até mesmo em caso de revogação do acordo, o material probatório colhido em decorrência dele pode ainda assim ser utilizado em face de terceiros, razão pela qual não ostentam eles, em princípio, interesse jurídico em pleitear sua desconstituição, sem prejuízo, obviamente, de formular, no momento próprio, as contestações que entenderem cabíveis quanto ao seu conteúdo. 6. Preservado o conteúdo das informações prestadas pelo colaborador, eventuais divergências de literalidade entre o documento escrito e a gravação dos depoimentos, quando realizada, não importa, automaticamente, a nulidade do ato, reservando-se ao interessado, se for o caso, no âmbito da ação penal, insurgir-se contra eventuais inconsistências existentes na versão escrita, podendo demandar do colaborador os esclarecimentos que forem necessários. 7. Não há nulidade na realização de busca e apreensão deferida após o oferecimento da denúncia, quando a medida cautelar visa especificamente coletar elementos referentes a fatos circunscritos a outra investigação e os elementos probatórios colhidos não foram utilizados ou considerados para o específico juízo de recebimento da denúncia. 8. Não se fazem presentes elementos mínimos de autoria, exigidos para o recebimento da denúncia, em relação à efetiva participação dos denunciados nos supostos crimes ocorridos nos anos de 2006 e 2007, ou mesmo que tenham eles, no período imediato, recebido vantagem indevida em razão do mandato parlamentar. 9. Todavia, em sua segunda parte, a denúncia, reforçada pelo aditamento, contém adequada indicação da conduta delituosa imputada, a partir de elementos aptos a tornar plausível a acusação e permitir o pleno exercício do direito de defesa, o que autoriza, nesse ponto, o recebimento da denúncia. 10. É incabível a causa de aumento do art. 327, § 2º, do CP pelo mero exercício do mandato parlamentar, sem prejuízo da causa de aumento contemplada no art. 317, § 1º. A jurisprudência exige uma imposição hierárquica ou de direção que não se acha nem demonstrada nem descrita nos presentes autos. 11. Denúncia parcialmente recebida, prejudicados os agravos regimentais. *Inq 3983/DF, Rel. Min. Teori Zavascki, 2 e 3.2016. Pleno. (Info 816)*

➘ *Inquérito e acesso às provas*

Diligências determinadas a requerimento do Ministério Público Federal são meramente informativas, não suscetíveis ao princípio do contraditório. Desse modo, não cabe à defesa controlar, "ex ante", a investigação, de modo a restringir os poderes instrutórios do relator do feito para deferir, desde logo, as diligências requeridas pelo Ministério Público que entender pertinentes e relevantes para o esclarecimento dos fatos. *Inq 3387 AgR/CE, Rel. Min. Dias Toffoli, 15.12.2015. 2ª T. (Info 812)*

➘ *Inquérito e compartilhamento de provas*

É assente na jurisprudência do STF a admissibilidade, em procedimentos administrativos ou civis, de prova emprestada produzida em processo penal, mesmo que sigilosos os procedimentos criminais. *Inq 3305 AgR/RS, Red. p/ ac. Min. Roberto Barroso, 23.2.2016. 1ª T. (Info 815)*

➘ *Inquérito e recebimento de denúncia*

Recebida parcialmente denúncia oferecida contra o deputado federal, presidente afastado da Câmara dos Deputados. O parlamentar afastado é acusado da suposta prática de corrupção passiva, lavagem de dinheiro e evasão de divisas e falsidade ideológica para fins eleitorais. A vantagem indevida seria oriunda da compra, pela Petrobras, de um campo petrolífero no Benim (África), e mantida de forma oculta, com dissimulação de sua propriedade e origem, em contas bancárias na Suíça. O Plenário entendeu demonstrados indícios suficientes de materialidade e autoria para que Cunha responda a ação penal sobre os fatos. Os dados constantes na denúncia sobre a transferência dos recursos para a conta do deputado indicam elementos típicos do crime de corrupção passiva, em razão de ações no sentido de assegurar a nomeação e manutenção de terceira pessoa em cargo público. Rejeitada a parte da denúncia, quanto ao crime de corrupção passiva, que pedia a incidência da causa de aumento de pena prevista no artigo 327, § 2º, do CP, pois o mero exercício do mandato popular não gera a aplicação desse dispositivo. Em relação aos crimes de lavagem de dinheiro, conforme a denúncia, uma empresa teria firmado contrato que incluía uma "taxa de sucesso" no valor de US$ 10 milhões com a petrolífera do Benim para intermediar as negociações com a Petrobras, desvelando indícios concretos de materialidade e autoria, como depoimentos, e-mails e contratos que atestam que os recursos recebidos pela empresa foram utilizados para abastecer uma conta do parlamentar em banco na Suíça. Comprovam, ainda, a utilização de mecanismos para ocultar sua participação por meio de depósitos em conta no exterior de sua propriedade e titularidade. O ministro destacou que os depósitos foram feitos em um trust, modalidade de empresa controladora de recursos financeiros cuja principal finalidade é a de manter o patrimônio e os investimentos feitos a partir dele de forma anônima. Em relação ao crime de evasão de divisas, a denúncia aponta que o o deputado afastado teria mantido ativos não declarados às autoridades brasileiras em valores superiores a US$ 100 mil, o que é proibido por lei. Embora as contas objeto dos depósitos estivessem em nome de trusts, foi comprovada na denúncia a relação direta que o deputado mantinha com os valores depositados, além de plena disponibilidade jurídica e econômica sobre o montante. A circunstância de os valores não estarem formalmente em seu nome é irrelevante para demonstrar a tipicidade da conduta. Quanto à falsidade ideológica para fins eleitorais, segundo o Ministério Público, o deputado não declarou, em documento enviado ao TSE em julho de 2009, US$ 3,836 milhões nas contas dos trusts mantidos na Suíça. O objetivo da omissão seria para fins eleitorais, pois o denunciado não teria como justificar bens incompatíveis no exterior, o que iria influenciar as eleições pela demonstração de enriquecimento ilícito. Rejeitados agravos regimentais apresentados por esposa e filha do deputado, respectivamente, contra decisão que deferiu o desmembramento dos autos, enviando para a Justiça Federal no Paraná os feitos referentes a ambas, que não têm prerrogativa de foro. O fato de a investigação apontar que o dinheiro proveniente de corrupção abasteceria a conta da esposa e pagaria despesas de cartão de crédito em nome de sua filha não seria motivo indispensável para se manter no STF a investigação. *Inq 4146/DF, Rel. Min. Teori Zavascki, 22.6.2016. Pleno. (Info 831)*

➘ *Vício em inquérito policial e nulidade de ação penal*

É incabível a anulação de processo penal em razão de suposta irregularidade verificada em inquérito policial (atos praticados em inquérito presidido por delegado alegadamente suspeito). *RHC 131450/DF, Rel. Min. Cármen Lúcia, 3.5.2016. 1ª T. (Info 824)*

1.2. DA AÇÃO PENAL

1.2.1. DA AÇÃO PENAL (DISPOSIÇÕES GERAIS)

➘ *Crime sexual contra vulnerável e titularidade da ação penal*

O art. 225 do CP, na sua redação original, previa que em crimes como o dos presentes autos somente se procedia mediante queixa, salvo se a vítima fosse pobre ou tivesse ocorrido abuso do pátrio-poder. A Lei 12.015/09, modificou a matéria, passando a prever ação pública incondicionada no caso de violência sexual contra menor. No caso concreto, em decisão transitada em julgado, considerou-se descabido o oferecimento de queixa-crime pelo pai da vítima, entendendo tratar-se de crime de ação penal pública. Inadmitida a ação penal pública, a consequência é a total desproteção da menor e a impunidade do crime. À vista da excepcionalidade do caso, o art. 227 da CF paralisa a incidência do art. 225 do CP, na redação originária, e legitima a propositura da ação penal pública. Aplicação da do princípio da proibição de proteção deficiente. *HC 123971/DF, Red. p/ ac. Min. Roberto Barroso, 25.2.2016. Pleno. (Info 815)*

➘ *Queixa-crime e indivisibilidade da ação penal*

Não oferecida a queixa-crime contra todos os supostos autores ou partícipes da prática delituosa, há afronta ao princípio da indivisibilidade da ação penal, a implicar renúncia tácita ao direito de querela, cuja eficácia extintiva da punibilidade estende-se a todos quantos alegadamente hajam intervindo no cometimento da infração penal. *Inq 3526/DF, Rel. Min. Roberto Barroso, 2.2.2016. 1ª T. (Info 813)*

1.2.2. DA AÇÃO PENAL (DENÚNCIA)

➘ *Recebimento de denúncia: existência de indícios mínimos de autoria e materialidade do delito*

O Plenário, por maioria, recebeu parcialmente denúncia oferecida em face de senador por suposta prática de crime de peculato, previsto no art. 312 do CP. De acordo com a acusação, o senador, no período de janeiro a julho de 2005, teria desviado recursos públicos da chamada verba indenizatória (destinada a despesas relacionadas ao exercício do mandato parlamentar), para pagar pensão alimentícia à filha. A denúncia ainda imputava ao senador a suposta prática dos crimes de falsidade ideológica e de uso de documento falso, previstos nos arts. 299 e 304 do CP, respectivamente. Diante do exposto, o Tribunal declarou a extinção da punibilidade ante a incidência da prescrição, quanto aos crimes de falsidade ideológica e de uso de documento falso, no que se referia aos documentos particulares. O Colegiado também rejeitou a denúncia, por inépcia, quanto aos crimes de falsidade ideológica e de uso de documento falso, relativamente aos documentos públicos (GTAs e declarações de vacinação contra febre aftosa). *Inq 2593/DF, rel. Min. Edson Fachin, j. 1º.12.2016. Pleno. (Info 849)*

➘ *Trancamento de ação penal e inépcia da denúncia*

O trancamento de ação penal é medida excepcional, a ser aplicada quando evidente a inépcia da denúncia. A denúncia, embora tenha descrito as operações de evasão de divisas e individualizado as condutas atribuídas aos corréus, imputou ao paciente o cometimento do delito, tão somente em razão de ele ter ocupado, à época dos fatos, o cargo de diretor-presidente da sociedade empresária. Assim, não atendeu ao comando do art. 41 do CPP, por não conter o mínimo narrativo exigido pelo referido dispositivo legal. Não é inepta denúncia que contenha descrição mínima dos fatos atribuídos aos acusados – em especial, quanto ao crime imputado a administradores de sociedades empresárias. Todavia, essa inexigibilidade de individualização das condutas dos dirigentes da pessoa jurídica na peça acusatória pressupõe a não diferenciação das responsabilidades, no estatuto ou no contrato social, dos membros do conselho de administração ou dos diretores da companhia, ou, ainda, dos sócios ou gerentes da sociedade por quotas de responsabilidade limitada. *HC 127397/BA, rel. Min. Dias Toffoli, j. 6.12.2016. 2ª T. (Info 850)*

1.3. DA COMPETÊNCIA

➘ *Competência e crime cometido no estrangeiro por brasileiro*

O fato de o delito ter sido cometido por brasileiro no exterior, por si só, não atrai a competência da justiça federal, porquanto não teria ofendido bens, serviço ou interesse da União (CF, art. 109, IV). *HC 105461/SP, Rel. Min. Marco Aurélio, 29.3.2016. 1ª T. (Info 819)*

➘ *Desmembramento de processo e cerceamento de defesa*

O desmembramento do processo, como consectário do excessivo número de acusados, para imprimir maior celeridade processual, encontra respaldo no art. 80 do CPP. A reversão desse entendimento, com a posterior reunião dos processos, implicou a superação dessas questões, de modo que não há como avançar no exame da vulneração da paridade de armas e da ampla defesa quanto aos atos processuais realizados no período em que os autos permaneceram desmembrados, já que, sobre essa matéria específica, o STJ não se pronunciou. *HC 127288/SP, Rel. Min. Teori Zavascki, 23.8.2016. 2ª T. (Info 836)*

➘ *Prerrogativa de foro e competência*

Por reputar usurpada a competência do STF, referendou-se medida cautelar deferida em reclamação ajuizada pela Presidente da República em face de decisão proferida nos autos de procedimento investigatório que tramita perante juízo federal de primeira instância. A decisão objeto de referendo determinara a suspensão e a remessa ao STF do referido procedimento, bem assim de quaisquer outros com o conteúdo de interceptação telefônica em que captadas conversas mantidas entre a Presidente da República e investigado nos autos do procedimento em questão. Determinara, ademais, a sustação dos efeitos de decisão na qual autorizada a divulgação das conversações telefônicas interceptadas. O Tribunal destacou que haveria dois dispositivos constitucionais fundamentalmente em cotejo na espécie. O primeiro, CF, art. 102, I, "l", a estabelecer, nas hipóteses de cabimento da reclamação, a preservação de competência do STF. E o segundo, CF, art. 102, I, "b, a fixar a competência originária dessa Corte para processar e julgar, originariamente, nas infrações penais comuns, o Presidente da República, entre outras autoridades. Assim, a reclamação teria por finalidade tutelar e proteger em sua globalidade a competência institucional que a Constituição defere ao STF, ou seja, o instrumento da reclamação deveria ser interpretado como meio de pronta e de eficaz proteção da sua competência originária, da sua competência recursal ordinária e da sua competência recursal extraordinária. No caso, o ato impugnado na reclamação estaria projetado exatamente sobre a esfera de competência originária do STF, a quem incumbiria, em sua condição de juiz natural, processar e julgar, nos processos penais condenatórios, aquelas autoridades detentoras de prerrogativa de foro. Por outro lado, competiria igualmente ao STF, com exclusividade, emitir qualquer juízo a respeito do desmembramento ou não de inquéritos ou processos nos quais se desse o surgimento de questões jurídicas a envolver detentor de prerrogativa de foro. Em seguida, o Plenário determinou a execução da decisão liminar independentemente da publicação do acórdão. *Rcl 23457 Referendo-MC/PR, Rel. Min. Teori Zavascki, 31.3.2016. Pleno. (Info 819)*

1.4. DA PROVA

1.4.1. DA PROVA (GERAL)

➘ *Homicídio e desnecessidade da oitiva de todas as vítimas*

Não há direito absoluto à produção de prova. Em casos complexos, há que confiar no prudente arbítrio do juiz da causa, mais próximo dos fatos, quanto à avaliação da pertinência e relevância das provas requeridas pelas partes. Assim, a obrigatoriedade de oitiva da vítima deve ser compreendida à luz da razoabilidade e da utilidade prática da colheita da referida prova. *HC 131158/RS, Rel. Min. Edson Fachin, 26.4.2016. 1ª T. (Info 823)*

➘ *Incidente de insanidade mental e obrigatoriedade*

O incidente de insanidade mental é prova pericial constituída em favor da defesa. Logo, não é possível determiná-lo compulsoriamente na hipótese em que a defesa se oponha à sua realização. *HC 133.078/RJ, Rel. min. Cármen Lúcia, 6.9.2016. 2ª T. (Info 838)*

1.4.2. DA PROVA (ILICITUDE)

➘ *Busca e apreensão, violação de correspondência e domicílio*

No caso, procurador do MPT teria forjado a assinatura da procuradora-chefe, em promoção formulada por si próprio. O relator do inquérito havia deferido diligência requerida pelo "Parquet" apenas em relação ao equipamento usado pelo indiciado, com a finalidade de averiguar se a promoção fora lá elaborada. Porém, ao cumprir o mandado, o procurador-chefe substituto também havia autorizado a arrecadação do computador do gabinete da chefia da Procuradoria Regional. A defesa insurgia-se contra a apreensão desse equipamento, por transbordar os limites do mandado, bem assim contra a impossibilidade de indicar assistente técnico e de formular quesitos nessa fase inquisitorial. Além disso, sustentava que se teria procedido à análise do equipamento utilizado pelo recorrente de forma indevida, porque verificada sua correspondência eletrônica lá armazenada, em violação ao art. 5º, XII, da Constituição Federal. O Colegiado entendeu que, na hipótese, o fato de ter havido a entrega espontânea dos computadores traduz peculiaridade. Além disso, não cabe falar em violação ao direito à intimidade, por se tratar de material disponibilizado, inclusive, para o serviço público. Ademais, no que diz respeito à suposta violação do sigilo de correspondência eletrônica, não houve quebra da troca de dados, mas sim acesso aos dados registrados nos computadores. Sublinhou, também, no tocante ao cerceamento de defesa por indeferimento de diligência no curso da investigação, não ser o momento próprio para invocar o exercício do contraditório e da ampla defesa. Lembrou, inclusive, que a denúncia já havia sido recebida. Enfatizou, ainda, que uma vez entregue o computador que não constava da ordem de busca e apreensão, a perícia nessa máquina foi sustada. Depois de reapreciada a decisão, foi deferido o exame do elemento de prova. Assim, no caso, não houve a produção de prova ilícita para, posteriormente, decidir-se sobre sua admissão. A prova apenas foi produzida depois de decidido sobre a licitude da colheita do equipamento. *RHC 132062/RS, red. p/ ac. Min. Edson Fachin, j. 29.11.2016. 1ª T. (Info 849)*

➘ *Prova ilícita e desentranhamento de peças processuais*

A denúncia, a pronúncia, o acórdão e as demais peças judiciais não são provas do crime. Por isso, em princípio, estão fora da regra constitucional que determina a exclusão das provas obtidas por meios ilícitos. O art. 157 do CPP, ao tratar das provas ilícitas e derivadas, não prevê a exclusão de peças processuais que a elas façam referência. A exclusão de peça que faça menções à realização da prova e ao debate quanto à validade da prova não é uma consequência óbvia da exclusão da prova. Não se aplica ao caso a jurisprudência que afasta o envelopamento como alternativa à desconstituição da pronúncia por excesso de linguagem. Isso porque os jurados recebem cópia da peça processual relativa à pronúncia e têm a prerrogativa de acessar a integralidade dos autos (arts. 472, par. ún.; e 480, § 3º, do CPP). Logo, seria incompatível com o rito que a decisão de pronúncia fosse uma peça oculta. *RHC 137368/PR, rel. Min. Gilmar Mendes, j. 29.11.2016. 2ª T. (Info 849)*

➘ *Sigilo bancário e nulidade*

Negado provimento a recurso no qual se pleiteava a anulação de condenação criminal lastreada em prova produzida no âmbito da Receita Federal do Brasil por meio da obtenção de informações de instituições financeiras sem prévia autorização judicial de quebra do sigilo bancário (LC 105/01, art. 5º e 6º; Dec. 3.724/01; e Dec. 4.489/02). Reiterou-se o decidido na ADI 2390, no sentido de assentar a constitucionalidade das normas que permitem o acesso direto da Receita Federal à movimentação financeira dos contribuintes. *RHC 121429/SP, Rel. Min. Dias Toffoli, 19.4.2016. 2ª T. (Info 822)*

1.5. DOS SUJEITOS DO PROCESSO

1.5.1. DO JUIZ

➘ *HC e impedimento ou suspeição de magistrado*

Não se admite interpretação criadora de causas de impedimento e suspeição (no caso, alegava-se impedimento ou suspeição de desembargador federal que havia exercido a função de corregedor da justiça federal em processo administrativo instaurado em desfavor do recorrente). *RHC 131735/DF, Rel. Min. Cármen Lúcia, 3.5.2016. 1ª T. (Info 824)*

1.6. DA PRISÃO, DAS MEDIDAS CAUTELARES E DA LIBERDADE PROVISÓRIA

1.6.1. DISPOSIÇÕES GERAIS

➘ *Busca veicular e autorização judicial*

As medidas cautelares, por reclamarem especial urgência, não prescindem de agilidade, mas também não podem se distanciar das necessárias autorizações legais e judiciais. Consignou, também, que as apreensões de documentos no interior de veículos automotores, por constituírem hipótese de busca pessoal - caracterizada pela inspeção do corpo, das vestes, de objetos e de veículos (não destinados à habitação do indivíduo) –, dispensam autorização judicial quando houver fundada suspeita de que neles estão ocultados elementos necessários à elucidação dos fatos investigados, a teor do disposto no art. 240, § 2º, do CPP. *RHC 117767/DF, Rel. Min. Teori Zavascki, j. 11.10.2016. 2ª T. (Info 843)*

➘ *Lei 13.257/16 e pedido superveniente*

Pedido superveniente para substituir prisão preventiva por domiciliar em atenção ao inc. V do art. 318 do CPP, recentemente incluído pela Lei 13.257/2016, deve ser analisado pelo juízo de origem, uma vez que não cabe à Suprema Corte apreciá-lo de forma originária, sob pena de incorrer em supressão de instância e em grave violação das regras constitucionais de competência. *HC 132462 AgR-ED/RJ, Rel. Min. Dias Toffoli, 10.5.2016. 2ª T. (Info 825)*

1.6.2. DA PRISÃO DOMICILIAR

➘ *Marco Legal da Primeira Infância e prisão domiciliar*

O Marco Legal da Primeira Infância (Lei 13.257/2016), ao alterar as hipóteses autorizativas da concessão de prisão domiciliar, permite que o juiz substitua a prisão preventiva pela domiciliar quando o agente for gestante ou mulher com filho até 12 anos de idade incompletos (CPP, art. 318, IV e V). *HC 134069/DF, Rel. Min. Gilmar Mendes, 21.6.2016. 2ª T. (Info 831)*

1.6.3. DA PRISÃO PREVENTIVA

↘ *Cabimento de prisão preventiva e concessão de "habeas corpus" de ofício*

Inocorrência de ilegalidade evidente que atinja os pressupostos e requisitos da prisão preventiva, cuja presença é sinalizada por intermédio de elementos concretos da situação em exame. Descabimento de análise minuciosa do conjunto fático-probatório que dá suporte à medida gravosa, tendo em vista a impossibilidade de se fazer por meio da via restrita do "habeas corpus". Presentes distinções processuais, anterior concessão da ordem não se projeta para o fim de alcançar fatos até então não submetidos ao STF. *HC 134240/MT, Rel. Min. Edson Fachin, 28.6.2016. 1ª T. (Info 832)*

↘ *HC e substituição de prisão preventiva por medidas cautelares*

A prisão preventiva supõe prova da existência do crime (materialidade) e indício suficiente de autoria; todavia, por mais grave que seja o ilícito apurado e por mais robusta que seja a prova de autoria, esses pressupostos, por si sós, são insuficientes para justificar o encarceramento preventivo. A eles deverá vir agregado, necessariamente, pelo menos mais um dos seguintes fundamentos, indicativos da razão determinante da medida cautelar: (a) a garantia da ordem pública, (b) a garantia da ordem econômica, (c) a conveniência da instrução criminal ou (d) a segurança da aplicação da lei penal. Em nosso sistema, notadamente a partir da Lei 12.403/2011, que deu nova redação ao art. 319 do Código de Processo Penal, o juiz tem não só o poder, mas o dever de substituir a prisão cautelar por outras medidas sempre que essas se revestirem de aptidão processual semelhante. Impõe-se ao julgador, assim, não perder de vista a proporcionalidade da medida cautelar a ser aplicada no caso, levando em conta, conforme reiteradamente enfatizado pela jurisprudência desta Corte, que a prisão preventiva é medida extrema que somente se legitima quando ineficazes todas as demais. *HC 132233/PR, Rel. Min. Teori Zavascki, 26.4.2016. 2ª T. (Info 823)*

1.7. DAS CITAÇÕES E INTIMAÇÕES

1.7.1. DAS CITAÇÕES

↘ *Citação com hora certa e processo penal*

[RPG] É constitucional a citação com hora certa no âmbito do processo penal. *RE 635145/RS, repercussão geral, Rel. p/ ac. Min. Luiz Fux, 1º.8.2016. Pleno. (Info 833)*

1.7.2. DAS INTIMAÇÕES

↘ *Intimação da Defensoria Pública e sessão de julgamento de HC*

A intimação pessoal da Defensoria Pública quanto à data de julgamento de "habeas corpus" só é necessária se houver pedido expresso para a realização de sustentação oral. *HC 134.904/SP, Rel. min. Dias Toffoli, 13.9.2016. 2ª T. (Info 839)*

2. DOS PROCESSOS EM ESPÉCIE

2.1. DO PROCESSO COMUM

2.1.1. DO PROCEDIMENTO DO TRIBUNAL DO JÚRI

↘ *Tribunal do júri e novo enquadramento fático-jurídico*

Se houver incorreto enquadramento fático-jurídico na capitulação penal, que repercuta na competência do órgão jurisdicional, admite-se, excepcionalmente, a possibilidade de o magistrado, antes da pronúncia e submissão do réu ao júri popular, efetuar a desclassificação para outro tipo penal e encaminhar o feito ao órgão competente. *HC 113598/PE, Rel. Min. Gilmar Mendes, 15.12.2015. 2ª T. (Info 812)*

3. DAS NULIDADES E DOS RECURSOS EM GERAL

3.1. DAS NULIDADES

↘ *Intimação pessoal da Defensoria Pública e preclusão*

A não observância da intimação pessoal da Defensoria Pública – prerrogativa para o efetivo exercício de sua missão institucional – deve ser impugnada, imediatamente, na primeira oportunidade processual, sob pena de preclusão. No caso, na apelação, não teria havido a intimação, tendo sido alegada somente no recuso especial, não obstante a Defensoria houvesse oposto embargos de declaração. *HC 133476, Rel. Min. Teori Zavascki, 14.6.2016. 2ª T. (Info 830)*

↘ *Prerrogativas da advocacia e interceptação telefônica*

Observou-se que a ofensa das prerrogativas da defesa e do advogado poderia produzir consequências processuais de três ordens, mas não gerariam a automática absolvição do imputado. Em primeiro lugar, poderia servir para a cassação ou invalidação do ato judicial. Em segundo lugar, poderia ser fundamento para a invalidação dos atos processuais subsequentes ao ato atentatório e com ele relacionados. Em terceiro lugar, poderia haver base para a recusa do magistrado, caso a transgressão apontar para a parcialidade dele. Observou que o magistrado atendera pedido do paciente e determinara o desentranhamento e a inutilização da prova. Notou que essa autoridade judicial teria feito constar que, da diligência, não resultara material útil e que não percebera que o telefone seria de advogado que atuaria no processo. Tendo em vista esse contexto, a primeira consequência da afronta à prerrogativa profissional – cassação ou invalidação do ato judicial – estaria fora de cogitação nesse caso. O resultado da interceptação fora desentranhado e destruído, após a defesa informar que o terminal interceptado pertenceria ao patrono do acusado. Não haveria nulidade a ser decretada, visto que o ato já se tornara ineficaz. *HC 129706/PR, Rel. Min. Gilmar Mendes, 28.6.2016. 2ª T. (Info 832)*

3.2. DOS RECURSOS EM GERAL

3.2.1. DO RECURSO EXTRAORDINÁRIO

➘ *Inadmissibilidade de RE em matéria penal e prazo recursal*

Em razão da alteração da base normativa, inexistindo previsão específica no CPP e no RISTF, à luz do preconizado no art. 3º do CPP, o prazo a ser observado na interposição do agravo destinado a impugnar a decisão de inadmissibilidade do recurso extraordinário é o da regra geral do art. 1.003, § 5º, do NCPC, ou seja, de 15 dias. A despeito do que dispõe o art. 219, "caput", do NCPC, que determina a contagem do prazo recursal em dias úteis, o caso concreto trata de agravo em recurso extraordinário em matéria criminal. Nessa hipótese, as regras do processo civil somente se aplicam subsidiariamente. No caso, a contagem dos prazos no processo penal está prevista no art. 798 do CPP. Portanto, o NCPC não regula o processo penal nesse particular. Logo, diante da nova sistemática processual, o prazo para interposição do agravo que almeja destrancar recurso extraordinário criminal inadmitido na origem passou a ser de 15 dias, com a contagem regida pelo CPP. *ARE 993407/DF, Rel. Min. Edson Fachin, 25.10.2016. 1ª T. (Info 845)*

4. TEORIA E PRINCÍPIOS PROCESSUAIS PENAIS

➘ *Câmara de tribunal de justiça composta por juízes de 1º grau*

Não viola o princípio do juiz natural o julgamento de apelação por órgão colegiado presidido por desembargador, sendo os demais integrantes juízes convocados. *HC 101473/SP, Red. p/ ac. Min. Roberto Barroso, 16.2.2016. 1ª T. (Info 814)*

➘ *Termo de colaboração premiada e Súmula Vinculante 14*

A Súmula Vinculante 14 assegura ao defensor o direito de acesso às provas já produzidas e formalmente incorporadas ao procedimento investigatório, excluídas, consequentemente, as informações e providências investigatórias ainda em curso de execução e, por isso mesmo, não documentados no próprio inquérito ou processo judicial. O conteúdo dos depoimentos pretendidos pelo reclamante, embora posteriormente tornado público e à disposição, encontrava-se, à época do ato reclamado, submetido a sigilo, nos termos do art. 7º da Lei 12.850/13, regime esse que visa, segundo a lei de regência, a dois objetivos básicos: (a) preservar os direitos assegurados ao colaborador, dentre os quais o de "ter nome, qualificação, imagem e demais informações pessoais preservados" (art. 5º, II) e o de "não ter sua identidade revelada pelos meios de comunicação, nem ser fotografado ou filmado, sem sua prévia autorização por escrito" (art. 5º, V); e (b) "garantir o êxito das investigações" (arts. 7º, § 2º e 8º, § 3º). Enquanto não instaurado formalmente o inquérito propriamente dito acerca dos fatos declarados, o acordo de colaboração e os correspondentes depoimentos estão sujeitos a estrito regime de sigilo. Instaurado o inquérito, "o acesso aos autos será restrito ao juiz, ao Ministério Público e ao delegado de polícia, como forma de garantir o êxito das investigações, assegurando-se ao defensor, no interesse do representado, amplo acesso aos elementos de prova que digam respeito ao exercício do direito de defesa, devidamente precedido de autorização judicial, ressalvados os referentes às diligências em andamento" (art. 7º, § 2º). Assegurado, como assegura, o acesso do investigado aos elementos de prova carreados na fase de inquérito, o regime de sigilo consagrado na Lei 12.850/13 guarda perfeita compatibilidade com a Súmula Vinculante 14. *Rcl 22009 AgR/PR, Rel. Min. Teori Zavascki, 16.2.2016. 2ª T. (Info 814)*

✦ STJ

1. DO PROCESSO EM GERAL

1.1. DO INQUÉRITO POLICIAL

➘ *Tramitação direta de inquérito policial entre a Polícia Federal e o Ministério Público Federal.*

Não é ilegal a portaria editada por Juiz Federal que, fundada na Res. CJF n. 63/09, estabelece a tramitação direta de inquérito policial entre a Polícia Federal e o Ministério Público Federal. De fato, o inquérito policial "qualifica-se como procedimento administrativo, de caráter pré-processual, ordinariamente vocacionado a subsidiar, nos casos de infrações perseguíveis mediante ação penal de iniciativa pública, a atuação persecutória do Ministério Público, que é o verdadeiro destinatário dos elementos que compõem a 'informatio delicti'" (STF, HC 89837). Nesse desiderato, a tramitação direta de inquéritos entre a Polícia Judiciária e o órgão de persecução criminal traduz expediente que, longe de violar preceitos constitucionais, atende à garantia da duração razoável do processo – pois lhe assegura célere tramitação –, bem como aos postulados da economia processual e da eficiência. *RMS 46.165-SP, Rel. Min. Gurgel de Faria, DJe 4.12.2015. 5ª T. (Info 574)*

1.2. DA AÇÃO PENAL

1.2.1. DA AÇÃO PENAL (QUEIXA/REPRESENTAÇÃO)

Honorários advocatícios sucumbenciais em ação penal privada extinta sem julgamento de mérito.

É possível condenar o querelante em honorários advocatícios sucumbenciais na hipótese de rejeição de queixa-crime por ausência de justa causa. É pacífica a orientação de possibilidade de condenação em honorários advocatícios em caso de ação penal privada, com base no princípio geral de sucumbência e na aplicação do CPC. *EREsp 1.218.726-RJ, Rel. Min. Felix Fischer, DJe 1.7.2016. 3ª S. (Info 586)*

Rejeição de inicial acusatória desacompanhada de documentos hábeis a demonstrar, ainda que de modo indiciário, a autoria e a materialidade do crime.

Deve ser rejeitada a queixa-crime que, oferecida antes de qualquer procedimento prévio, impute a prática de infração de menor potencial ofensivo com base apenas na versão do autor e na indicação de rol de testemunhas, desacompanhada de Termo Circunstanciado ou de qualquer outro documento hábil a demonstrar, ainda que de modo indiciário, a autoria e a materialidade do crime. *RHC 61.822-DF, Rel. Min. Felix Fischer, DJe 25.2.2016. 5ª T. (Info 577)*

1.2.2. DA AÇÃO PENAL (QUEIXA/REPRESENTAÇÃO)

Honorários advocatícios sucumbenciais em ação penal privada extinta sem julgamento de mérito.

É possível condenar o querelante em honorários advocatícios sucumbenciais na hipótese de rejeição de queixa-crime por ausência de justa causa. É pacífica a orientação de possibilidade de condenação em honorários advocatícios em caso de ação penal privada, com base no princípio geral de sucumbência e na aplicação do CPC. *EREsp 1.218.726-RJ, Rel. Min. Felix Fischer, DJe 1.7.2016. 3ª S. (Info 586)*

Rejeição de inicial acusatória desacompanhada de documentos hábeis a demonstrar, ainda que de modo indiciário, a autoria e a materialidade do crime.

Deve ser rejeitada a queixa-crime que, oferecida antes de qualquer procedimento prévio, impute a prática de infração de menor potencial ofensivo com base apenas na versão do autor e na indicação de rol de testemunhas, desacompanhada de Termo Circunstanciado ou de qualquer outro documento hábil a demonstrar, ainda que de modo indiciário, a autoria e a materialidade do crime. *RHC 61.822-DF, Rel. Min. Felix Fischer, DJe 25.2.2016. 5ª T. (Info 577)*

1.3. DA AÇÃO CIVIL

Legitimidade extraordinária do Ministério Público. Ação civil "ex delicto" em favor de menores carentes. Existência de Defensoria Pública.

O reconhecimento da ilegitimidade ativa do Ministério Público para, na qualidade de substituto processual de menores carentes, propor ação civil pública "ex delicto", sem a anterior intimação da Defensoria Pública para tomar ciência da ação e, sendo o caso, assumir o polo ativo da demanda, configura violação ao art. 68 do CPP. *REsp 888.081-MG, Rel. Min. Raul Araújo, DJe 18.10.2016. 4ª T. (Info 592)*

1.4. DA COMPETÊNCIA

Conflito negativo de competência. Crimes contra a honra de particular supostamente cometidos durante depoimento prestado à Procuradoria do Trabalho. Competência da Justiça estadual.

Não compete à Justiça federal processar e julgar queixa-crime proposta por particular contra particular, somente pelo fato de as declarações do querelado terem sido prestadas na Procuradoria do Trabalho. *CC 148.350-PI, Rel. Min. Felix Fischer, DJe 18.11.2016. 3ª S. (Info 593)*

Interceptação telefônica e envio à instância especial de diálogo envolvendo terceiro não investigado detentor de prerrogativa de foro.

Durante interceptação telefônica deferida em primeiro grau de jurisdição, a captação fortuita de diálogos mantidos por autoridade com prerrogativa de foro não impõe, por si só, a remessa imediata dos autos ao Tribunal competente para processar e julgar a referida autoridade, sem que antes se avalie a idoneidade e a suficiência dos dados colhidos para se firmar o convencimento acerca do possível envolvimento do detentor de prerrogativa de foro com a prática de crime. *HC 307.152-GO, Rel. p/ ac. Min. Rogerio Schietti Cruz, DJe 15.12.2015. 6ª T. (Info 575)*

1.5. DA PROVA

1.5.1. DA PROVA (GERAL)

Utilização no processo penal de provas obtidas pela administração tributária.

Os dados bancários entregues à autoridade fiscal pela sociedade empresária fiscalizada, após regular intimação e independentemente de prévia autorização judicial, podem ser utilizados para subsidiar a instauração de inquérito policial para apurar suposta prática de crime contra a ordem tributária. *RHC 66.520-RJ, Rel. Min. Jorge Mussi, DJe 15.2.2016. 5ª T. (Info 577)*

1.5.2. DA PROVA (ILICITUDE)

Acesso a dados armazenados em telefone celular apreendido com base em autorização judicial.

Determinada judicialmente a busca e apreensão de telefone celular ou smartphone, é lícito o acesso aos dados armazenados no aparelho apreendido, notadamente quando a referida decisão o tenha expressamente autorizado. *RHC 75.800-PR, Rel. Min. Felix Fischer, DJ 26.9.2016. 5ª T. (Info 590)*

Extração sem prévia autorização judicial de dados e de conversas registradas no whatsapp.

Sem prévia autorização judicial, são nulas as provas obtidas pela polícia por meio da extração de dados e de conversas registradas no whatsapp*RHC 51.531-RO, Rel. Min. Nefi Cordeiro, DJe 9.5.2016. 6ª T. (Info 583)*

1.5.3. DA PROVA (PERÍCIA)

Monitoramento de e-mail corporativo de servidor público.

As informações obtidas por monitoramento de e-mail corporativo de servidor público não configuram prova ilícita quando atinentes a aspectos não pessoais e de interesse da Administração Pública e da própria coletividade, sobretudo quando exista, nas disposições normativas acerca do seu uso, expressa menção da sua destinação somente para assuntos e matérias afetas ao serviço, bem como advertência sobre monitoramento e acesso ao conteúdo das comunicações dos usuários para cumprir disposições legais ou instruir procedimento administrativo. *RMS 48.665-SP, Rel. Min. Og Fernandes, DJe 5.2.2016. 2ª T. (Info 576)*

1.5.4. DA PROVA (TESTEMUNHAS)

Inquirição de testemunhas pelo magistrado e ausência do MP na audiência de instrução.

Não gera nulidade do processo o fato de, em audiência de instrução, o magistrado, após o registro da ausência do representante do MP (que, mesmo intimado, não compareceu), complementar a inquirição das testemunhas realizada pela defesa, sem que o defensor tenha se insurgido no momento oportuno nem demonstrado efetivo prejuízo. *REsp 1.348.978-SC, Rel. p/ ac. Min. Nefi Cordeiro, DJe 17.2.2016. 6ª T. (Info 577)*

1.6. DOS SUJEITOS DO PROCESSO

Hipótese de deferimento de assistência à acusação.

É possível a intervenção dos pais como assistentes da acusação na hipótese em que o seu filho tenha sido morto, mas, em razão do reconhecimento de legítima defesa, a denúncia tenha imputado ao réu apenas o crime de porte ilegal de arma de fogo. *RMS 43.227-PE, Rel. Min. Gurgel de Faria, DJe 7.12.2015. 5ª T. (Info 574)*

1.7. DA PRISÃO, DAS MEDIDAS CAUTELARES E DA LIBERDADE PROVISÓRIA

1.7.1. DA PRISÃO EM FLAGRANTE

Crime de tráfico de drogas. Situação de flagrância. Extração de provas advindas de troca de mensagens por aparelho de telefone celular. Ausência de autorização judicial. Desconsideração das provas obtidas.

Na ocorrência de autuação de crime em flagrante, ainda que seja dispensável ordem judicial para a apreensão de telefone celular, as mensagens armazenadas no aparelho estão protegidas pelo sigilo telefônico, que compreende igualmente a transmissão, recepção ou emissão de símbolos, caracteres, sinais, escritos, imagens, sons ou informações de qualquer natureza, por meio de telefonia fixa ou móvel ou, ainda, por meio de sistemas de informática e telemática. *RHC 67379-RN, Rel. Min. Ribeiro Dantas, DJe 9.11.2016. 5ª T. (Info 593)*

1.7.2. DA PRISÃO PREVENTIVA

Registro de atos infracionais não justifica prisão preventiva.

No processo penal, o fato de o suposto autor do crime já ter se envolvido em ato infracional não constitui fundamento idôneo à decretação de prisão preventiva. Isso porque a vida na época da menoridade não pode ser levada em consideração pelo Direito Penal para nenhum fim. Atos infracionais não configuram crimes e, por isso, não é possível considerá-los como maus antecedentes nem como reincidência, até porque fatos ocorridos ainda na adolescência estão acobertados por sigilo e estão sujeitos a medidas judiciais exclusivamente voltadas à proteção do jovem. *HC 338.936-SP, Rel. Min. Nefi Cordeiro, DJe 5.2.2016. 6ª T. (Info 576)*

1.8. DAS CITAÇÕES E INTIMAÇÕES

1.8.1. DAS CITAÇÕES

Nulidade em ação penal por falta de citação do réu.

Ainda que o réu tenha constituído advogado antes do oferecimento da denúncia – na data da prisão em flagrante – e o patrono tenha atuado, por determinação do Juiz, durante toda a instrução criminal, é nula a ação penal que tenha condenado o réu sem a sua presença, o qual não foi citado nem compareceu pessoalmente a qualquer ato do processo, inexistindo prova inequívoca de que tomou conhecimento da denúncia. *REsp 1.580.435-GO, Rel. Min. Rogerio Schietti Cruz, DJe 31.3.2016. 6ª T. (Info 580)*

1.8.2. DAS INTIMAÇÕES

Inexigibilidade de termo de recurso ou de renúncia na intimação pessoal do acusado.

Na intimação pessoal do acusado acerca de sentença de pronúncia, a ausência de apresentação do termo de recurso ou de renúncia não gera nulidade do ato. *RHC 61.365-SP, Rel. Min. Felix Fischer, DJe 14.3.2016. 5ª T. (Info 579)*

Nulidade da intimação por edital de réu preso.

Preso o réu durante o curso do prazo da intimação por edital da sentença condenatória, essa intimação fica prejudicada e deve ser efetuada pessoalmente. *RHC 45.584/PR, Rel. Min. Nefi Cordeiro, DJe 12.5.2016. 6ª T. (Info 583)*

1.9. DA SENTENÇA

Possibilidade de fixação de valor mínimo para compensação de danos morais sofridos pela vítima de infração penal.

O juiz, ao proferir sentença penal condenatória, no momento de fixar o valor mínimo para a reparação dos danos causados pela infração (art. 387, IV, do CPP), pode, sentindo-se apto diante de um caso concreto, quantificar, ao menos o mínimo, o valor do dano moral sofrido pela vítima, desde que fundamente essa opção. *REsp 1.585.684-DF, Rel. Min. Maria Thereza de Assis Moura, DJe 24.8.2016. 6ª T. (Info 588)*

2. DOS PROCESSOS EM ESPÉCIE

2.1. DO PROCESSO COMUM

2.1.1. DO PROCEDIMENTO DO TRIBUNAL DO JÚRI

Ordem de formulação do quesito da absolvição enquanto tese defensiva principal em relação ao quesito da desclassificação.

A tese absolutória de legitima defesa, quando constituir a tese principal defensiva, deve ser quesitada ao conselho de sentença antes da tese subsidiária de desclassificação em razão da ausência de "animus necandi"*REsp 1.509.504-SP, Rel. Min. Maria Thereza de Assis Moura, DJe 13.11.2015. 6ª T. (Info 573)*

Possibilidade de extensão de decisão de desclassificação adotada por júri em favor de corréu.

Ocorrido o desmembramento da ação penal que imputava aos coacusados a prática de homicídio doloso tentado decorrente da prática de "racha", a desclassificação em decisão do Tribunal do Júri do crime de homicídio doloso tentado para o delito de lesões corporais graves ocorrida em benefício do corréu (causador direto da colisão da que decorreram os ferimentos suportados pela vítima) é extensível, independentemente de recurso ou nova decisão do Tribunal Popular, a outro corréu (condutor do outro veículo) investido de igual consciência e vontade de participar da mesma conduta e não responsável direto pelas citadas lesões. *RHC 67.383-SP, Rel. p/ ac. Min. Sebastião Reis Júnior, DJe 16.5.2016. 6ª T. (Info 583)*

Reexame necessário de sentença absolutória sumária em procedimento do tribunal do júri após entrada em vigor da Lei 11.689/08.

Após a entrada em vigor da Lei 11.689/08, em 8 de agosto de 2008, o reexame necessário de decisão absolutória sumária proferida em procedimento do Tribunal do Júri que estiver pendente de apreciação não deve ser examinado pelo Tribunal "ad quem", mesmo que o encaminhamento da decisão absolutória à instância superior tenha ocorrido antes da entrada em vigor da referida Lei. *HC 278.124-PI, Rel. p/ ac. Min. Felix Fischer, DJe 30.11.2015. 5ª T. (Info 574)*

3. DAS NULIDADES E DOS RECURSOS EM GERAL

3.1. DAS NULIDADES

Complementação de denúncia com rol de testemunhas.

A intimação do Ministério Público para que indique as provas que pretende produzir em Juízo e a juntada do rol de testemunhas pela acusação, após a apresentação da denúncia, mas antes da formação da relação processual, não são causas, por si sós, de nulidade absoluta. Isso porque, a despeito da previsão legal do momento processual adequado para o arrolamento das testemunhas tanto para a acusação (art. 41 do CPP) quanto para a defesa (arts. 396 e 396-A), aspectos procedimentais devem ser observados pelas partes, devendo-se proceder a uma visão global do todo previsto, interpretando sistematicamente o CPP. *RHC 37.587-SC, Rel. Min. Reynaldo Soares da Fonseca, DJe 23.2.2016. 5ª T. (Info 577)*

3.2. DOS RECURSOS EM GERAL

3.2.1. DISPOSIÇÕES GERAIS

Forma de contagem de prazo para interposição de agravo contra decisão monocrática de ministro relator do STJ.

No âmbito do STJ, mesmo após a vigência do CPC/15, em controvérsias que versem sobre matéria penal ou processual penal, a contagem do prazo para interposição de agravo contra decisão monocrática de relator continua sendo feita de forma contínua (art. 798 do CPP), e não somente em dias úteis (art. 219 do CPC/15). *AgRg nos EDcl nos EAREsp 316.129-SC, Rel. Min. Reynaldo Soares da Fonseca, DJe 1º.6.2016. 3ª S. (Info 585)*

Proibição de agravar a pena em recurso exclusivo da defesa.

No âmbito de recurso exclusivo da defesa, o Tribunal não pode agravar a reprimenda imposta ao condenado, ainda que reconheça equívoco aritmético ocorrido no somatório das penas aplicadas. *HC 250.455-RJ, Rel. Min. Nefi Cordeiro, DJe 5.2.2016. 6ª T. (Info 576)*

3.2.2. DA APELAÇÃO

Efeito devolutivo da apelação criminal interposta pelo Ministério Público.

A matéria suscitada em apelação criminal interposta pelo Ministério Público deve ser apreciada quando, embora não tenha sido especificada na petição de interposição, fora explicitamente delimitada e debatida nas razões recursais. *HC 263.087-SP, Rel. Min. Nefi Cordeiro, DJe 5.4.2016. 6ª T. (Info 580)*

Sentença de absolvição sumária e vedação de análise do mérito da ação penal em apelação.

No julgamento de apelação interposta pelo Ministério Público contra sentença de absolvição sumária, o Tribunal não poderá analisar o mérito da ação penal para condenar o réu, podendo, entretanto, prover o recurso para determinar o retorno dos autos ao juízo de primeiro grau, a fim de viabilizar o prosseguimento do processo. *HC 260.188-AC, Rel. Min. Nefi Cordeiro, DJe 15.3.2016. 6ª T. (Info 579)*

3.2.3. DA REVISÃO

Revisão criminal na hipótese em que a questão atacada também tenha sido enfrentada pelo STF em HC.

O julgamento pelo STF de HC impetrado contra decisão proferida em recurso especial não afasta, por si só, a competência do STJ para processar e julgar posterior revisão criminal. *RvCr 2.877-PE, Rel. Min. Gurgel de Faria, DJe 10.3.2016. 3ª S. (Info 578)*

Direito da Criança e do Adolescente

Luciano Rossato e
Paulo Lépore

TABELA DE INCIDÊNCIA DE QUESTÕES

Distribuição das questões organizada por ordem didática de assuntos		
Assunto	**Número de Questões**	**Peso**
1. DISPOSIÇÕES PRELIMINARES	2	3,77%
2. DIREITOS FUNDAMENTAIS		
2.1 DIREITO FUNDAMENTAL AO RESPEITO	1	1,89%
2.2 DIREITO À EDUCAÇÃO.	2	3,77%
2.3 DIREITO À CONVIVÊNCIA FAMILIAR E COMUNITÁRIA	21	39,62%
2.4 DIREITO FUNDAMENTAL À PROFISSIONALIZAÇÃO E À PROTEÇÃO NO TRABALHO	1	1,89%
3 NORMAS DE PREVENÇÃO	9	16,98%
4 CONSELHO TUTELAR	7	13,21%
5 PROCEDIMENTOS	4	7,55%
6 INTERESSES DIFUSOS, COLETIVOS E INDIVIDUAIS	2	3,77%
7 RECURSOS	2	3,77%
8 CRIMES	2	3,77%
Total	**53**	**100%**

Direito da Criança e do Adolescente

Luciano Rossato e
Paulo Lépore

✦ QUESTÕES

1. DISPOSIÇÕES PRELIMINARES

01. (Vunesp – Juiz de Direito Substituto – RJ/2016) Com relação à Convenção sobre os Direitos da Criança da ONU, tratado internacional de proteção de direitos humanos, com início de vigência em 1990, é correto afirmar que

A) a de diferenciação utilizada pela legislação específica brasileira, define criança como todo ser humano que não atingir a maioridade civil e penal ou for declarado totalmente incapaz, desde que menor de 18 anos, nos termos da legislação aplicável.

B) em respeito aos princípios da anterioridade e da legalidade, bem como ao garantismo processual, foram criados os Protocolos Facultativos adesivos, versando sobre a) Venda de Crianças, Prostituição Infantil e Pornografia Infantil e b) Envolvimento de Crianças em Conflitos Armados, para tipificação de delitos contra a dignidade sexual e de guerra envolvendo crianças.

C) ao estabelecer a obrigação dos Estados de respeitar responsabilidades, direitos e obrigações dos pais, apropriados para o exercício, pela criança, dos direitos que contempla, adotou o princípio do best interest of the child, encampada pelo artigo 227, caput, da Constituição da República Federativa do Brasil.

D) estabelece, em seu rol de direitos contemplados, a proteção de crianças estrangeiras, inclusive contra a migração interna forçada e utilização em experiências médicas e científicas, prevendo a entrega como instituto de cooperação internacional.

E) visando a observação dos direitos das crianças, estabeleceu forma de monitoramento peculiar (special force machinery), via relatórios apresentados pelo Comitê sobre os Direitos da Criança aos Estados- -Partes, para análise e acompanhamento.

COMENTÁRIOS

✪ **Nota do autor:** a Convenção sobre os Direitos da Criança e do Adolescente foi o documento internacional com o maior número de ratificações. No âmbito brasileiro, a sua vigência ocorreu após o advento do Estatuto da Criança e do Adolescente, muito embora esta lei já estivesse em conformidade com os dispositivos da norma internacional.

Alternativa Correta: letra "c". O princípio do *best interest of the child* se refere ao superior interesse da criança, que deve ser observado pela administração, pelo legislador e pelo julgador. O art. 227 da Constituição Federal, ao prever a prioridade absoluta, encampa o superior interesse da criança e do adolescente.

Alternativa "a": incorreta. Em conformidade com a Convenção, será criança a pessoa que tiver menos de dezoito anos de idade, a não ser que, em conformidade com a lei aplicável à criança, a maioridade seja alcançada antes (Artigo 1). Conforme se vê, admitiu-se que cada Estado Parte faça previsão de outra idade ("em conformidade com a lei aplicável à criança").

Alternativa "b": incorreta. Os Protocolos Facultativos à Convenção foram criados em razão do reconhecimento de que determinadas necessidades da coletividade infância precisariam ser trabalhadas com mais detalhamento, buscando-se a sua efetiva proteção. Nesse sentido, foram aprovados os Protocolos sobre a) Venda de Crianças, Prostituição Infantil e Pornografia Infantil e b) Envolvimento de Crianças em Conflitos Armados, além de outro mais recente, c) que trata do controle da efetivação das disposições da Convenção e que admite as petições individuais.

Alternativa "d": incorreta. Não há essa previsão na Convenção sobre os Direitos da Criança da ONU.

Alternativa "e": incorreta. Foi estabelecida como forma de monitoramento a partir de relatórios enviados pelos Estados Partes ao Comitê sobre os Direitos da Criança da ONU, por intermédio do Secretário-Geral das Nações Unidas. Tais relatórios devem relatas as medidas que tenham adotado com vistas a tornar efetivos os direitos reconhecidos na convenção e sobre os progressos alcançados no desempenho desses direitos, com periodicidade quinquenal (art. 44, item 1, b, da Convenção). De outro lado, admite-se que o Comitê solicite aos Estados Partes maiores informações sobre a implementação da convenção. A cada dois anos, o Comitê submeterá relatórios sobre suas atividades à Assembleia Geral das Nações Unidades, por intermédio do Conselho Econômico e Social.

---

02. (Vunesp – Juiz de Direito – MS/2015) Com relação à retrospectiva e evolução históricas do tratamento jurídico destinado à criança e ao adolescente no ordenamento pátrio, é correto afirmar que

A) na fase tutelar, regida pelo Código Mello Mattos, de 1927, e Código de Menores, de 1979, as leis se limitavam à colocação de crianças e adolescentes, em situação de risco, em família substituta, pelo instituto da tutela.

B) na fase da mera imputação criminal, regida pelas Ordenações Afonsinas e Filipinas, pelo Código Criminal do Império, de 1830, e pelo Código Penal, de 1890, as leis se limitavam à responsabilização criminal de maiores de 16 (dezesseis) anos por prática de ato equiparado a crime.

C) na fase da proteção integral, regida pelo Estatuto da Criança e do Adolescente, as leis se limitam ao reconhecimento de direitos e garantias de crianças e adolescentes, sem intersecção com o direito amplo à infância, porque direito social, amparado pelo artigo 6º da Constituição Federal.

D) na fase da absoluta indiferença, não havia leis voltadas aos direitos e deveres de crianças e adolescentes.

E) a fase da mera imputação criminal não se insere na evolução histórica do tratamento jurídico concedido à criança e ao adolescente no ordenamento jurídico pátrio porque extraída do direito comparado.

COMENTÁRIOS

✪ **Nota do autor:** foi um longo processo para que se chegasse ao estágio atual de previsão de tutela dos direitos da criança e do adolescente, consolidado sob a proteção integral. Nesse sentido, várias são as fases que podem ser delimitadas: a) fase da absoluta indiferença; b) fase da mera imputação criminal; c) fase tutelar; d) fase da proteção integral.

Alternativa correta: letra "d". de acordo com a fase da absoluta indiferença, não havia diploma legislativo correspondente à questão da infância e da juventude. Como o próprio nome diz, não havia qualquer tratamento diferenciado em relação às pessoas menores de idade.

Alternativa "a": também havia a previsão da adoção. Ressalte-se que a colocação em família substituta não era uma exceção, como é hoje.

Alternativa "b": o Código Penal de 1890 determinava a inimputabilidade penal absoluta até os nove anos de idade.

Alternativa "c": assegura-se, também, o direito à infância, considerada como uma coletividade.

Alternativa "d": na fase da mera imputação criminal, também se inseria o Código Penal de 1890, proclamado, naturalmente, após a independência e implantação da República.

2. DIREITOS FUNDAMENTAIS

2.1 DIREITO FUNDAMENTAL AO RESPEITO

---

03. (Vunesp – Juiz de Direito – SP/2015) Segundo o Estatuto da Criança e do Adolescente, os casos de suspeita ou confirmação de castigo físico, de tratamento cruel ou degradante e de maus-tratos contra criança ou adolescente serão obrigatoriamente comunicados, sem prejuízo de outras providências legais,

A) às Varas de Violência Doméstica para o cadastramento do domicílio.

B) ao Juiz Corregedor da Comarca para a viabilização da adoção.

C) ao Conselho Tutelar da respectiva localidade.

D) ao Hospital Regional Infantil responsável pelo domicílio da criança.

COMENTÁRIOS

✪ **Notas do autor:** a Lei nº 13.010/2014, conhecida como *Lei Menino Bernardo*, foi também responsável por alterações do Estatuto, notadamente com a inserção dos artigos 18-A e 18-B. Por meio destes dispositivos, tem-se a proibição da prática de castigo físico e tratamento cruel ou degradante com a finalidade de educar a criança e o adolescente. Constatada a prática de tais condutas, tem-se a obrigatoriedade de comunicação do fato ao Conselho Tutelar da respectiva localidade.

Alternativa correta: letra C. Ocorrendo a comunicação ao Conselho Tutelar, este órgão poderá aplicar as medidas previstas no art. 18-B do Estatuto, se o fato não for mais grave e ensejar outras providências. Exclui automaticamente as demais alternativas.

2.2 DIREITO À EDUCAÇÃO.

04. (Vunesp – Juiz de Direito – MS/2015) Constitui dever do Estado assegurar à criança e ao adolescente a educação básica obrigatória e gratuita, conforme se depreende do artigo 208, inciso I, da Constituição Federal, com redação determinada pela EC 59/2009. Quanto ao Direito à Educação, previsto no Capítulo IV, do Título II, do Estatuto da Criança e do Adolescente e na Lei de Diretrizes e Bases da Educação Nacional, analisado à luz da norma constitucional mencionada, assinale a alternativa correta.

A) O ensino fundamental será oferecido, diretamente, pelos Estados e Municípios, às crianças com 6 (seis) anos de idade, com duração de 9 (nove) anos, assegurada a sua oferta gratuita, inclusive àqueles que não tiveram acesso a ele na idade adequada.

B) Os pais e responsáveis, apesar de não participarem da definição de propostas educacionais, terão ciência, ao início do ano letivo, do processo pedagógico.

C) A educação básica, em compasso com a Lei de Diretrizes e Bases da Educação Nacional, subdivide-se em infantil, fundamental, média, superior e complementar.

D) De acordo com a Lei de Diretrizes e Bases da Educação Nacional, os entes federados (União, Estados, Distrito Federal e Municípios) não têm áreas prioritárias de atuação.

E) A finalidade precípua do direito à educação é garantir à criança e ao adolescente ingresso no mercado de trabalho.

COMENTÁRIOS

✪ **Nota do autor:** a questão foi bem formulada e se refere à aplicação do complexo de normas que tratam do direito fundamental à educação: Constituição Federal, Lei de Diretrizes e Bases da Educação Nacional e Estatuto da Criança e do Adolescente. De se destacar que, em 2016, o ECA foi alterado pela Lei nº 13.306/2016, ao prever o dever do Estado de assegurar a creche e a pré-escola às crianças de zero a cinco anos.

Alternativa correta: letra "a". de acordo com a CF e LDBEN, o ensino fundamental será assegurado às crianças com seis anos, tendo prazo de duração de nove anos.

Alternativa "b": os pais poderão participar da formação das propostas educacionais.

Alternativa "c": a educação básica compreende a educação infantil, o ensino fundamental e o ensino médio.

Alternativa "d": há áreas prioritárias de atuação, como, por exemplo, ser atribuição dos Estados o ensino médio.

Alternativa "e": a finalidade precípua do direito à educação não é garantir o acesso ao mercado de trabalho, mas também a de promover o pleno desenvolvimento do educando e seu preparo para o exercício da cidadania.

05. (Vunesp – Juiz Substituto – MT 2009) Analise as premissas a seguir elencadas.

I. Os pais ou responsável têm a obrigação de matricular seus filhos ou pupilos na rede regular de ensino.

II. É dever do Estado assegurar a oferta de ensino noturno regular, adequado às condições do adolescente trabalhador.

III. Os dirigentes de estabelecimento de ensino individual têm a incumbência de comunicar ao conselho tutelar casos de reiteração de faltas injustificadas e de evasão escolar de crianças e adolescentes nas hipóteses em que se esgotaram os recursos escolares.

Assinale a alternativa correta.

A) Somente o item III está incorreto.

B) Apenas os itens II e III estão incorretos.

C) Todas as afirmações são falsas.

D) Todas as afirmações são verdadeiras.

E) Somente os itens I e III contemplam ideias falsas.

COMENTÁRIOS

✪ **Nota do autor:** o direito à educação é considerado como um direito subjetivo público da criança e do adolescente.

Alternativa correta: letra "d". Estão corretos os itens I, II e III.

Item I. Certo. Há a obrigatoriedade de os pais matricularem os seus filhos na rede regular de ensino, de modo que o Estado brasileiro não permite que os pais assumam, em casa, de forma exclusiva, o ensino de seus filhos.

Item II. Certo. Sabendo da realidade brasileira, o Estatuto determina que o Estado forneça o ensino noturno para os adolescentes trabalhadores.

Item III. Certo. Ao comunicar tal fato ao conselho tutelares, os conselheiros devem tomar as providências necessárias.

2.3 DIREITO À CONVIVÊNCIA FAMILIAR E COMUNITÁRIA

06. (Vunesp – Juiz de Direito – TJ SP/2017) No curso de processo de adoção de criança ou adolescente, o casal adotante se divorcia. Nesse caso, é correto afirmar que a adoção

A) poderá ser deferida, autorizando-se a guarda compartilhada, desde que demonstrado efetivo benefício ao adotando.

B) não poderá ser deferida, exceto se o estágio de convivência se realizar com um dos cônjuges, após pareceres favoráveis das equipes técnicas da área de psicologia e de assistência social.

C) não poderá ser deferida, caso em que fica assegurada ao adotando a imediata colocação em programas de acolhimento familiar, bem como em cadastros estaduais e nacional de crianças e adolescentes em condições de serem adotados.

D) poderá ser deferida, dispensando-se o estágio de convivência a partir da homologação do divórcio, da separação judicial ou da união estável.

COMENTÁRIOS

✪ **Notas do autor:** a questão trata da possibilidade da adoção por um casal que se divorciou. Como regra, a adoção importará no ingresso da criança ou do adolescente em uma entidade familiar, seja ela composta por uma única pessoa (adoção singular), ou por duas pessoas (adoção conjunta). Fala-se que, na adoção conjunta, haveria necessidade de que os adotantes fossem casados ou vivessem em união estável, não obstante se defenda, na atualidade, pela inserção em entidade familiar ainda que composta por pessoas que não possuam vínculo derivado do matrimônio ou da união estável. O ECA autoriza a adoção por pessoas que tenham se divorciado, desde que haja o ajuste quanto à guarda, admitindo-se que seja deliberado pela utilização da guarda compartilhada entre os adotantes, desde que se trate de medida que vai ao encontro do superior interesse da criança.

Alternativa correta: letra "A". Admite-se o requerimento da adoção, como dito, por duas pessoas que já tivessem sido casadas ou vivido em união estável, desde que o estágio de convivência tenha sido realizado enquanto vigente a convivência dos adotantes, bem como que exista vínculo de afetividade ou de afinidade em relação àquele que não detiver a guarda. Admite-se, ainda, a guarda compartilhada entre os adotantes (art. 42, § 5º do ECA). A escolha dependerá da análise do superior interesse da criança. Exclui automaticamente as demais alternativas.

---

07. (Vunesp – Juiz de Direito – TJ SP/2017) Ação de anulação de registro de nascimento cumulada com pedidos de investigação e reconhecimento de paternidade, proposta em março de 2017, por filho nascido em dezembro de 2003, contra A, que consta do assento de nascimento como pai do autor, e contra B, a quem se atribui a verdadeira paternidade. Realizado o exame de DNA, conclui-se que A, com quem o autor não estabeleceu vínculo socioafetivo, não é o pai biológico do autor da ação, mas sim B. O suposto pai (B) morre no curso do processo, antes do julgamento. Deve, então, o juiz

A) converter o julgamento em diligência e, obtendo o depoimento pessoal do autor, avaliar se persiste seu interesse na obtenção de julgamento harmonizado com a verdade real e biológica.

B) julgar extinto o processo com resolução do mérito, reconhecendo a prescrição.

C) julgar extinto o processo sem resolução do mérito em razão do falecimento do suposto pai e, consequentemente, da perda do objeto da ação.

D) julgar procedente a ação, após a inclusão dos herdeiros do falecido no polo passivo do feito.

COMENTÁRIOS

✪ **Notas do autor:** trata a questão de tema relacionado ao direito fundamental à convivência familiar, bem como a alguns aspectos do procedimento de investigação de paternidade. De acordo com o Estatuto, o reconhecimento do estado de filiação é direito personalíssimo, indisponível e imprescritível, podendo ser exercido contra os pais ou seus herdeiros, sem qualquer restrição (art. 27). Nota-se que o enunciado ressalvou a inexistência de vínculo afetivo entre aquele que constava como pai do autor, o que viabiliza a exclusão da paternidade do registro de nascimento e a prevalência da verdade biológica.

Alternativa correta: letra E. Por meio da aludida ação, busca-se a declaração da existência do vínculo decorrente da paternidade, sendo a ação, por isso, imprescritível, tal como prevê o art. 27 do Estatuto. Além disso, será exercida em face de quem se pretende que se reconheça a paternidade ou, se falecido, em face de seus herdeiros, admitindo-se a habilitação destes se o falecimento ocorrer durante o trâmite do processo. Exclui automaticamente as demais alternativas.

---

08. (Vunesp – Juiz de Direito – TJ SP/2017) Assinale a opção que não constitui causa para possível perda do poder familiar.

A) A entrega informal do recém-nascido a quem se comprometa a dele cuidar e educar.

B) A doutrinação da criança ou adolescente segundo a crença religiosa e os valores morais dos genitores.

C) A condenação do pai ou da mãe por sentença penal transitada em julgado, por crime doloso contra o próprio filho, sujeito a pena de reclusão.

D) Gravar com caução, reiteradas vezes, os imóveis de propriedade do filho menor, sem prévia autorização judicial.

COMENTÁRIOS

✪ **Notas do autor:** a perda do poder familiar se trata de medida excepcional, que somente poderá ser determinada em prol do superior interesse da criança e do adolescente. De acordo com o art. 1.638 do Código Civil, perderá por ato judicial o poder familiar o pai ou a mãe que: I – castigar imoderadamente o filho;II – deixar o filho em abandono; III – praticar atos contrários à moral e aos bons costumes; IV – incidir, reiteradamente, nas faltas previstas no artigo antecedente.

Alternativa correta: letra B. A doutrinação da criança ou adolescente segundo a crença religiosa e os valores morais dos genitores não se constitui em causa que autorize a perda do poder familiar dos pais. Pelo contrário, têm os genitores o dever de prestar aos seus filhos os necessários cuidados morais e materiais.

Alternativas A, C e D: incorretas. Estas hipóteses refletem situações que a lei civil autoriza a perda do poder familiar.

---

09. (Vunesp – Juiz de Direito – TJ SP/2017) Assinale a alternativa correta.

A) O deferimento da tutela não pressupõe a decretação da perda ou da suspensão do poder familiar.

B) A criança ou o adolescente colocado em família substituta pode ser transferido a terceiros ou a entidades governamentais ou não governamentais, desde que mediante autorização judicial.

C) A criança ou o adolescente colocado sob guarda fica sob a dependência material e moral do detentor, exceto para efeitos previdenciários.

D) A revogação da guarda exige o esgotamento do duplo grau de jurisdição, a elaboração de parecer pelo Conselho Tutelar e a oitiva do Ministério Público.

COMENTÁRIOS

✪ **Notas do autor:** a criança e o adolescente possuem o direito fundamental à convivência familiar e comunitária. Dessa maneira, têm o direito de viver com a sua família natural e, excepcionalmente, com a família substituta (guarda, tutela e adoção).

Alternativa correta: letra B. A inserção da criança e do adolescente em família substituta, qualquer que seja a sua modalidade, dependerá de prévia decisão judicial. Nem mesmo o Conselho Tutelar poderá fazer este encaminhamento se não houver autorização do magistrado.

Alternativa incorreta: letra A. O deferimento da tutela pressupõe a suspensão ou a perda do poder familiar dos pais, de modo que não exista colisão entre os poderes decorrentes do poder familiar.

Alternativa incorreta: C. A criança ou o adolescente colocado sob guarda fica sob a dependência do detentor, especialmente para fins previdenciários. A questão foi por muito tempo debatida, notadamente no Superior Tribunal de Justiça, prevalecendo a tese que defende a aplicabilidade do art. 33, § 3º do Estatuto, com prejuízo da Lei Previdenciária. Desse modo, apesar do que consta da Lei nº 8.213/1991, a guarda atribui a condição de dependente para fins previdenciários.

Alternativa incorreta: D. A revogação da guarda não exige o prévio esgotamento do duplo grau de jurisdição, admitindo-se que o vínculo existente seja afastado até mesmo em sede de tutela provisória. Além disso, a ação respectiva não necessita, obrigatoriamente, de prévio parecer do Conselho Tutelar.

---

10. (Vunesp – Juiz de Direito – RJ/2014) No tocante aos direitos fundamentais da criança e do adolescente previstos no Estatuto da Criança e do Adolescente, pode-se afirmar que

A) é proibido qualquer trabalho a menores de quatorze anos de idade, inclusive na condição de aprendiz.

B) é de progressiva universalização o atendimento de crianças de zero a seis anos de idade em creche e pré- -escola.

C) é permitida a colocação de criança ou adolescente em família substituta para fins exclusivamente previdenciários, quando comprovada a falta ou carência de recursos materiais dos pais.

D) é obrigatória a vacinação das crianças nos casos recomendados pelas autoridades sanitárias.

COMENTÁRIOS

✪ **Notas do autor:** a questão trata de diversos temas relacionados ao Direito da Criança e do Adolescente.

Alternativa correta: letra D. No que se refere ao direito fundamental à vida e à saúde, impõe-se a vacinação das crianças nos casos recomendados pelas autoridades sanitárias (art. 14, § 1º do Estatuto).

Alternativa incorreta: letra A. Entre os direitos específicos da criança e do adolescente, tem-se o de não trabalhar para aqueles que tiverem idade inferior a dezesseis anos, salvo na condição de aprendiz, a partir dos catorze anos (art. 60 do Estatuto).

Alternativa incorreta: B. Às crianças de zero a cinco anos de idade é assegurada a creche e a pré-escola (art. 54, IV do Estatuto).

Alternativa incorreta: C. Não se admite a inserção da criança ou do adolescente em família substituta para fins exclusivamente previdenciários, devendo a guarda, por exemplo, somente ser deferida para regularizar situação de fato existente e não para burlar o sistema.

11. (Vunesp – Juiz de Direito Substituto – SP/2015) O Estatuto da Criança e do Adolescente, acrescido pela Lei nº 12.010, de 2009, menciona que toda criança que estiver inserida em programa de acolhimento familiar ou institucional terá sua situação reavaliada por equipe inter-profissional ou multiprofissional, no máximo, a cada

A) 2 (dois) meses, e a permanência não se prolongará por mais de 3 (três) anos, salvo determinação do Ministério Público.

B) 6 (seis) meses, e a permanência não se prolongará por mais de 2 (dois) anos, salvo comprovada necessidade que atenda ao seu superior interesse.

C) 12 (doze) meses, e a permanência não se prolongará por mais de 6 (seis) meses, salvo comprovada incapacidade física ou mental da criança.

D) 4 (quatro) meses, e a permanência não se prolongará por mais de 1 (um) ano, salvo comprovado abandono afetivo.

COMENTÁRIOS

✪ **Nota do autor:** as medidas protetivas de acolhimento institucional e familiar são regidas pelos princípios da brevidade, excepcionalidade e respeito à condição de pessoa em desenvolvimento.

Alternativa Correta: letra "b". Em razão do princípio da brevidade, tais medidas durarão o menor tempo possível, o imprescindível para o retorno à família natural ou o encaminhamento à família substituta. Para tanto, há previsão de que deverão ser reavaliadas, no máximo, a cada seis meses. Além disso, terão como tempo máximo de duração o prazo de 2 anos. Exclui automaticamente as demais alternativas.

12. (Vunesp – Juiz de Direito Substituto – SP/2015) Tendo como base o Estatuto da Criança e do Adolescente, assinale a alternativa correta sobre as medidas da Adoção e do Estágio de Convivência.

A) A simples guarda de fato não autoriza, por si só, a dispensa da realização do estágio de convivência.

B) Nos casos envolvendo adoção por pessoa ou casal domiciliado fora do País, o estágio de convivência deverá ser cumprido por no mínimo 90 dias.

C) O adolescente pode ser ouvido judicialmente apenas para a apuração de seu interesse em cumprir o estágio de convivência.

D) O estágio de convivência nunca poderá ser dispensado ainda que o adotando já esteja sob a tutela ou guarda legal do adotante.

COMENTÁRIOS

✪ **Nota do autor:** para o deferimento da adoção, devem ser observados os seus requisitos objetivos e subjetivos.

Alternativa Correta: letra "a". Entre os requisitos objetivos, destaca-se a necessário do estágio de convivência, período no qual haverá maior contato entre adotante e adotando. Tal estágio é obrigatório, mas poderá ser dispensado em algumas hipóteses na adoção nacional. Registre-se que, entre as situações de dispensa, destaca-se aquela relativa à existência de prévia guarda legal, o que não se estende à guarda de fato (existente sem a prévia chancela judicial).

Alternativa "b": incorreta. No caso de adoção internacional, o estágio de convivência é obrigatório, não poderá ser dispensado e terá prazo mínimo de 30 dias.

Alternativa "c": incorreta. O adolescente deverá ser ouvido e consentir com a adoção para que esta possa ser deferida. Em relação à criança, no entanto, ela deverá ser ouvida sempre que possível.

Alternativa "d": incorreta. Estando a criança ou adolescente sob a tutela ou guarda legal dos adotantes, é possível que ocorra a dispensa do estágio de convivência.

13. (Vunesp – Juiz de Direito Substituto – SP/2015) A condenação criminal de um pai ou de uma mãe, para efeitos relativos aos cuidados e guarda da criança ou adolescente,

A) impõe a imediata destituição do poder familiar e o encaminhamento do filho ou da filha para família substituta ou acolhimento institucional.

B) implica sempre a suspensão e a posterior destituição do poder familiar independentemente do crime cometido.

C) obriga o Estado a garantir as visitas da criança em local monitorado por equipe interdisciplinar das Varas da Infância e Juventude ou da Família.

D) não implica a destituição do poder familiar, exceto na hipótese de condenação por crime doloso, sujeito à pena de reclusão, contra o próprio filho ou filha.

COMENTÁRIOS

✪ **Nota do autor:** a condenação criminal do pai ou da mãe, por si só, não implica na destituição do poder familiar. Tal ocorrerá, no entanto, se houver condenação por crime doloso, sujeito à pena de reclusão, contra o próprio filho ou filha. De outro lado, o pai ou a mãe condenados por sentença irrecorrível, em virtude de crime cuja pena exceda a dois anos de prisão, acarretará a suspensão do exercício do poder familiar (art. 1.637, parágrafo único, do Código Civil). Exclui automaticamente as demais alternativas.

---

14. (Vunesp – Juiz de Direito Substituto – RJ/2016) Após o falecimento de seus pais, M., menina de 7 (sete) anos de idade, permaneceu sob guarda legal do casal José e Clemence, vizinhos de longa data, mostrando-se plenamente ajustada ao lar familiar, estável. Ajuizada a ação de adoção, por José e Clemence, manifestou-se o Ministério Público, e a Juíza de Direito da Vara da Infância e da Juventude, nos termos dos artigos 39 e seguintes do Estatuto da Criança e do Adolescente, acertadamente:

A) determinou a expedição de editais de intimação de parentes próximos com os quais a menina M. convivia, visando o preferencial encontro de forma legal de arranjo familiar, consubstanciada na família extensa ou ampliada, para recomposição dos laços da família natural.

B) determinou o encaminhamento dos requerentes e da menina M. à equipe interdisciplinar para avaliar a fixação de laços de afinidade e afetividade, pelo lapso de tempo de convivência e ausência de má-fé na formação da família substituta.

C) extinguiu o feito, sem resolução de mérito, após indeferimento da petição inicial, pela ausência de documento indispensável à propositura da ação, consubstanciado na comprovação prévia de inscrição dos requerentes em cadastros estaduais e nacional de pessoas ou casais habilitados à adoção.

D) determinou a busca e a apreensão da menina M. para abrigamento e a sua inscrição, no prazo de 48 horas, em cadastros estaduais e nacional de crianças e adolescentes em condições de serem adotados.

E) extinguiu o feito, com resolução de mérito, pronunciando a procedência da ação de adoção, porque desnecessários: a) o estágio de convivência pela afirmação de ajustamento da menor a família substituta, porque incontroverso, e b) o consentimento tácito dos pais, falecidos.

COMENTÁRIOS

✪ **Nota do autor:** entre os requisitos objetivos para a concessão da adoção, encontra-se presente o relativo à exigência de prévio cadastramento, conforme se vê do art. 50, § 13, do Estatuto.

Alternativa Correta: letra "b". Conforme se vê do aludido § 13, do art. 50, do Estatuto, estará dispensado o prévio cadastramento, no caso de adoção requerida por não parentes, desde que o adotando tenha mais de três anos, existam laços de afinidade e afetividade, que não se trate de situação criminosa e que haja boa-fé. No caso, como aparentemente tais requisitos já estavam presentes, haveria apenas a necessidade de sua comprovação, motivo pelo qual adequado o encaminhamento do caso à equipe técnica. Exclui automaticamente as demais alternativas, por estarem totalmente em desconformidade com o regramento do procedimento para colocação em família substituta que, neste caso, pode ser iniciado até mesmo sem a assistência de advogado.

---

15. (Vunesp – Juiz de Direito – MS/2015) O menor J, de 7 (sete) anos de idade, filho de MISAEL e JUSTINA, o primeiro condenado, definitivamente, em ação penal por tráfico de entorpecentes, no qual a segunda, foragida, se marcou revel, foi encontrado abandonado e em péssimas condições de higiene e saúde. Constatada situação de risco, após internação hospitalar, o Ministério Público deu início a procedimento para perda do poder familiar, instruído com documentos fornecidos pela avó materna do menor, pessoa idônea. Formulado pedido liminar de suspensão do poder familiar, a Juíza de Direito da Vara de Infância e Juventude, nos termos do Estatuto da Criança e do Adolescente,

A) determinou a emenda da petição inicial, para ingresso da avó materna no polo ativo, no prazo de dez dias, sob pena de indeferimento, anotada a atuação do Ministério Público como custos legis.

B) decretou, liminarmente, a suspensão do poder familiar, até julgamento definitivo da causa, ficando J confiado à avó materna, pessoa idônea, mediante termo de responsabilidade, reconhecido o motivo grave.

C) indeferiu a liminar de suspensão do poder familiar, anotando a imprescindibilidade de prévia oitiva dos requeridos, MISAEL e JUSTINA, bem como a citação pessoal de ambos.

D) indeferiu o pedido liminar de suspensão do poder familiar e determinou a expedição de ofício ao hospital para previsão de alta, considerando a obrigatoriedade da oitiva do menor, a ser realizada com respeito ao seu estágio de desenvolvimento e grau de compreensão sobre as implicações da medida.

E) indeferiu, liminarmente, a petição inicial, após pronunciamento da ilegitimidade ativa ad causam do Ministério Público, anotada a impossibilidade de emenda.

COMENTÁRIOS

✪ **Nota do autor:** é possível conceder-se a guarda liminar ou incidentalmente em processo de tutela ou de adoção, ou mesmo como sendo o objeto principal do processo, por conta de situação excepcional ou ainda em razão da ausência momentânea dos pais.

Alternativa correta: letra "b". é permitida a decretação, liminar, da suspensão do poder familiar, bem como o deferido da guarda à avó, regularizando provisoriamente a situação da criança.

Alternativa "a": figurando o Ministério Público no polo ativo da demanda, busca-se a tutela dos interesses da criança e do adolescente, sendo desnecessário, para que seja atribuída a guarda à avó, que esta figure no polo ativo da ação.

Alternativa "c": é possível a concessão de medida liminar sem a oitiva dos pais, em razão da urgência.

Alternativa "d": havendo a urgência, é possível o deferimento da medida provisória.

Alternativa "e": o Ministério Público detém legitimidade ativa para a propositura da ação, por substituição processual (ou, para alguns, na condição de legitimidade decorrente da possibilidade da condução do processo).

---

16. (Vunesp – Juiz de Direito – MS/2015) A colocação em família substituta, nos termos dos artigos 28 e seguintes do Estatuto da Criança e do Adolescente, far-se-á

A) mediante apreciação, em grau crescente de importância, de condições sociais e financeiras da família substituta e do grau de parentesco e da relação de afinidade e afetividade de seus integrantes.

B) após realização de perícia por equipe multidisciplinar, que emitirá laudo com atenção ao estágio de desenvolvimento da criança e do adolescente e mediante seu consentimento sobre a medida, que condicionará a decisão do juiz.

C) mediante o consentimento de maior de 12 (doze) anos de idade, colhido em audiência.

D) a partir da impossibilidade permanente – e não momentânea –, de a criança ou o adolescente permanecer junto à sua família natural e mediante três formas: guarda, tutela e adoção.

E) mediante comprovação de nacionalidade brasileira do requerente.

COMENTÁRIOS

✪ **Nota do autor:** a colocação em família substituta ocorrerá sob as modalidades de guarda, tutela e adoção.

Alternativa correta: letra "c". a opinião da criança e do adolescente deverá sempre ser levada em consideração. Contudo, exige-se também o consentimento do adolescente, que será colhido em audiência.

Alternativa "a": em primeiro lugar, será verificado o grau de parentesco e a relação de afinidade e afetividade de seus integrantes. Posteriormente, serão analisadas outras condições.

Alternativa "b": o laudo não condicionará a decisão do juiz, aplicando-se o princípio da persuasão racional.

Alternativa "d": será implementada a inserção em família substituta com a impossibilidade momentânea de permanência com os pais no caso de guarda e tutela, e absoluta em relação à adoção.

Alternativa "e": os requerentes poderão ter nacionalidade diversa da brasileira no caso da adoção. Em relação à guarda e à tutela, em tese, não pode ter nacionalidade diversa. Contudo, é possível admitir-se isso se a criança ou o adolescente não sair do território nacional.

---

17. (Vunesp – Juiz de Direito Substituto – PA/2014) Conforme prescreve o Estatuto da Criança e do Adolescente, assinale a alternativa correta.

A) A guarda confere ao guardião o direito de opor-se a terceiros, salvo aos pais naturais da criança ou do adolescente.

B) A guarda pode ser destinada a regularizar a posse de fato da criança ou adolescente.

C) Apenas para fins previdenciários, a criança ou o adolescente é considerado dependente do guardião.

D) A guarda só poderá ser retirada dos pais naturais em caso de destituição do poder familiar.

E) O deferimento da guarda de criança ou adolescente a terceiros, em qualquer caso, impede o exercício de direito de visitas pelos pais naturais.

COMENTÁRIOS

✪ **Nota do autor:** a guarda é uma das modalidades de colocação em família substituta.

Alternativa Correta: letra "b". A guarda poderá ser destinada a regularizar a posse de fato da criança ou adolescente. Poderá ser deferida incidentalmente em processo de tutela ou de adoção, ou ser o objeto principal, nos casos de ausência momentânea dos pais ou para atender a situações peculiares.

Alternativa "a": incorreta. A guarda confere ao guardião o direito de opor-se a terceiros, inclusiva aos pais naturais.

Alternativa "c": incorreta. A criança e o adolescente é dependente do guardião para todos os fins, inclusive previdenciários. A propósito, o STJ fixou a tese de que o Estatuto prevalece à Lei Previdenciária.

Alternativa "d": incorreta. A guarda poderá ser retirada também em outras situações.

Alternativa "e": incorreta. O deferimento da guarda a terceiros não retira a possibilidade de visitas pelos pais, salvo se o juiz decidir diferentemente ou se a medida for preparatória para a adoção (art. 33, § 4º, Estatuto).

---

18. (Vunesp – Juiz de Direito – SP/2014) Assinale a opção verdadeira:

A) A criança e o adolescente deverão ficar sob os cuidados de sua família natural. Se isso não for possível, serão encaminhados a um dos integrantes de sua família extensa e, na inviabilidade destas situações, serão encaminhados para família substituta.

B) A colocação em família substituta far-se-á, exclusivamente, mediante adoção, independentemente da situação jurídica da criança ou adolescente, nos termos do ECA.

C) Na colocação em família substituta, sempre que possível, a criança e o adolescente serão previamente ouvidos e as suas opiniões devidamente consideradas, sendo necessários seus consentimentos, colhidos em audiência.

D) Entende-se por família natural, segundo o ECA, aquela composta da unidade de pais e filhos ou da unidade do casal, formada por parentes próximos com os quais a criança ou adolescente convive e mantém vínculos de afinidade e afetividade.

COMENTÁRIOS

✪ **Nota do autor:** a questão trata de um tema recorrente nos concursos da magistratura, que é a inserção da criança e do adolescente em família substituta.

Alternativa Correta: letra "a". A Lei 12.010/2009 (Lei Nacional da Adoção) reforçou que a criança e o adolescente devem permanecer junto à sua família natural. Excepcionalmente poderão dela ser retiradas. Nesse passo, se for necessária tal retirada, então serão inseridas em família substituta.

Alternativa "b": incorreta. A colocação em família substituta far-se-á nas modalidades de guarda, tutela e adoção.

Alternativa "c": incorreta. Atendendo-se ao princípio da proteção integral da criança, na qual a opinião desta deve ser levada em consideração para todos os fins, tem-se que a necessidade de sua oitiva para a inserção em família natural, sempre que for possível. Porém, o Estatuto foi além, ao determinar que o adolescente deve consentir e não apenas ser ouvido.

Alternativa "d": incorreta. Família natural é aquela composta pelo pais, ou qualquer um deles, e seus filhos.

---

19. (Vunesp – Juiz de Direito – SP/2014) Assinale a opção verdadeira:

A) A falta ou a carência de recursos materiais pode constituir motivo exclusivo para a perda ou a suspensão do poder familiar, que serão decretadas judicialmente em procedimento contraditório.

B) A condenação criminal do pai ou da mãe não implicará a destituição do poder familiar em qualquer hipótese.

C) A colocação em família substituta estrangeira constitui medida admissível apenas na modalidade adoção.

D) No ECA, a tutela será deferida, nos termos da lei civil, a pessoa de até 18 (dezoito) anos incompletos, e seu deferimento independe de prévia decretação da perda ou suspensão do poder familiar, mas implica no dever de guarda.

COMENTÁRIOS

✪ **Nota do autor:** para o deferimento da adoção, deve o magistrado analisar se estão presentes vários requisitos, que podem ser classificados em objetivos e subjetivos.

Alternativa Correta: letra "c". Há três modalidades de família substituta, a saber: a guarda, a tutela e a adoção. Entre elas, admite-se a colocação em família substituta estrangeira somente na modalidade de adoção. Apesar de ser esta a regra contida na lei, há de ser feita uma observação importante. O Estatuto, ao referir-se à família substituta estrangeira, quer dar um sentido diferente, exigindo interpretação além da literal. Família estrangeira dá a ideia de que a criança ou o adolescente serão encaminhados para outro país. Desse modo, não se admite a guarda e a tutela que importem no deslocamento da criança ou do adolescente do Brasil a outro país, o que é possível tão somente na modalidade de adoção. Porém, isso não impede que estrangeiros que aqui residam e que já cuidem da criança, por exemplo, possam desempenhar a sua guarda.

Alternativa "a": incorreta. A falta ou a carência de recursos materiais não constitui motivo exclusivo para a perda ou a suspensão do poder familiar. Aliás, isso ocorrendo, deverá a família ser incluída em programas oficiais de auxílio, obrigatoriamente (art. 23, § 1º, incluído pela Lei 12.962/2014).

Alternativa "b": incorreta. A propósito do tema, houve a inclusão do § 2º, do art. 23, do Estatuto, segundo o qual a condenação criminal do pai ou da mãe não implicará a destituição do poder familiar, salvo se houver condenação por crime doloso, sujeito à pena de reclusão, contra o próprio filho ou filha.

Alternativa "d": incorreta. O deferimento da tutela depende da prévia suspensão ou perda do poder familiar.

---

20. (Vunesp – Juiz de Direito – SP/2014) Assinale a opção verdadeira:

A) Na adoção, o consentimento dos pais terá valor mesmo antes do nascimento da criança.

B) O adotando deve contar com, no máximo, dezoito anos à data do pedido, salvo se já estiver sob a guarda ou tutela dos adotantes.

C) Podem adotar os maiores de 21 anos, independentemente do estado civil, e o adotante há de ser, pelo menos, dezoito anos mais velho do que o adotando.

D) Se o adotante falecer no curso do processo de adoção antes da prolação da sentença, ainda que tenha manifestado inequívoca vontade de adotar, o feito será extinto, pois a adoção é ato personalíssimo.

COMENTÁRIOS

✪ **Nota do autor:** a adoção é uma espécie de família substituta, consistente na constituição de novos vínculos familiares.

Alternativa Correta: letra "b". A alternativa reflete uma situação que merece considerações mais aprofundadas. Com efeito, qualquer pessoa, independentemente de sua idade, poderá ser adotada. Ou seja, pessoas com menos ou mais de dezoito anos poderão ser adotadas. O que diferencia um caso do outro, entre outros aspectos, é a competência do juízo que irá analisar a adoção, já que em todos eles haverá necessidade de sentença judicial. Sendo assim, para a adoção de crianças e de adolescentes a competência será da Vara da Infância e da Juventude. De outro lado, para a adoção de adultos, a competência será da Vara de Família. Porém, se o adotando já estiver sob a guarda ou tutela dos adotantes, o processo correrá perante a Vara da Infância e da Juventude. Vê-se que se trata de hipótese (uma entre as duas existentes) de aplicação do ECA aos maiores de dezoito e menores de 21 anos de idade. Portanto, a questão exigia conhecimento da letra da lei, porém, foi apresentado fora de contexto, por poder dar a ideia de que os maiores de dezoito anos não podem ser adotados.

Alternativa "a": incorreta. Para que a adoção seja efetivada, há necessidade de observância de uma série de requisitos. Entre eles, destaca-se o prévio consentimento dos genitores, que será dispensado em hipóteses excepcionais. Esse consentimento, contudo, deve ser prestado após o nascimento do adotando.

Alternativa "c": incorreta. Podem adotar os maiores de 18 anos, independentemente do estado civil, e o adotante há de ser, pelo menos, dezesseis anos mais velho que o adotante.

Alternativa "d": incorreta. Ainda que o adotante venha a falecer no curso do processo de adoção, já tendo manifestado a sua vontade inequívoca de adotar, será constituída a adoção, que produzirá efeitos a partir da data do óbito. O Superior Tribunal de Justiça, em atenção ao princípio do superior interesse da criança, enfatiza que essa manifestação de vontade pode ter ocorrido até mesmo antes do ajuizamento da ação de adoção.

---

21. (Vunesp – Juiz de Direito Substituto – RJ/2011) Sobre a família substituta, guarda e tutela, é correto afirmar:

A) tratando-se de menor de dez anos de idade, para colocação em família substituta será necessário seu consentimento, colhido em audiência.

B) a guarda destina-se a regularizar a posse de fato, podendo ser deferida, liminar ou incidentalmente, nos procedimentos de tutela e adoção por estrangeiros.

C) o deferimento da tutela pressupõe a prévia decretação da perda ou suspensão do poder familiar e não implica necessariamente o dever de guarda.

D) a guarda obriga à prestação de assistência material, moral e educacional à criança ou adolescente, conferindo a seu detentor o direito de opor-se a terceiros, inclusive aos pais.

COMENTÁRIOS

✪ **Nota do autor:** a questão trata das modalidades de família substituta e suas características principais.

Alternativa correta: letra "d". A guarda implica em vários deveres, como o de assistência material, moral e educacional, previstos também para os detentores do poder familiar. Além disso, poderá o guardião opor-se a terceiros.

Alternativa "a". O consentimento do adotando será exigido quando tratar-se de adolescente.

Alternativa "b". No caso de estrangeiros, está vedada a guarda.

Alternativa "c". A tutela pressupõe a atribuição ao tutor dos mesmos deveres inerentes à guarda, além de outros que lhe são específicos.

---

22. (Vunesp – Juiz de Direito Substituto – RJ/2011) Sobre a adoção, é correto afirmar que

A) podem adotar os maiores de 18 (dezoito) anos, independentemente do estado civil.

B) a simples guarda de fato autoriza, por si só, a dispensa da realização do estágio de convivência com a criança ou adolescente.

C) a adoção não poderá ser deferida ao adotante que, após inequívoca manifestação de vontade, vier a falecer no curso do procedimento de adoção, antes de prolatada a sentença.

D) o adotado não tem direito de conhecer sua origem biológica, mesmo após completar dezoito anos.

COMENTÁRIOS

✪ **Nota do autor:** a questão trata da adoção, uma das modalidades de colocação em família substituta, e que para o seu deferimento há necessidade do preenchimento de requisitos de ordem objetiva e também subjetiva.

Alternativa correta: letra "a". Entre os requisitos para a adoção, está a idade mínima dos adotantes, que é de 18 anos, devendo existir, ainda, uma diferença de idade entre o adotante e o adotando de 16 anos.

Alternativa "b". O estágio de convivência é outro requisito para o deferimento da adoção, que poderá ser dispensado nas hipóteses mencionadas no art. 42, do Estatuto. Estar o adotando sob a guarda legal do adotante, em determinada circunstância, dispensa o estágio de convivência, o que não ocorre, porém, com a guarda de fato, que é aquela em que não houve prévio deferimento judicial.

Alternativa "c". Falecendo o adotante durante o processo de adoção, se já demonstrada de forma inequívoca a sua vontade em adotar, será possível o deferimento da medida, que produzirá efeitos a partir da data do óbito. Precedentes do Superior Tribunal de Justiça autorizam o deferimento da medida ainda que a morte tenha ocorrido antes do ajuizamento da ação, como forma de observar o superior interesse da criança, desde que a vontade inequívoca tenha se manifestado de outras maneiras, como a constituição de procuração para o fim de ajuizar a ação.

Alternativa "d". Em conformidade com o art. 48, do Estatuto, o adotado tem direito a conhecer a sua origem biológica, tendo ele já completado a maioridade, ou não.

---

23. (Vunesp - Juiz Substituto - SP/ 2011) O maior de 18 anos também pode ser adotado? Qual o juízo deve decidir a respeito?

A) Sim, nesse caso a adoção será regulada pelo Código Civil e correrá na Vara da Família, aplicando-se o ECA subsidiariamente.

B) Não, só o menor de 18 anos é que poderá ser adotado e a questão deverá ser apreciada na Vara da Infância e da Juventude.

C) Sim, se houve autorização dos pais naturais, e a adoção deverá ser processada e julgada pelo juiz da Vara da Infância e da Juventude.

D) Não, e a questão deverá ser apreciada na Vara da Família.

E) Sim, e a questão deverá ser apreciada na Vara da Família, desde que o processo tenha sido iniciado até os 21 anos de idade do adotado.

COMENTÁRIOS

✪ **Nota do autor:** o maior de dezoito anos pode ser adotado. O que se questiona é o Juízo competente para tanto. Poderá ser tanto a Vara de Família, quanto o Juízo da Vara da Infância e da Juventude, este de modo excepcional. O que o examinador, no caso, não levou em consideração, foi a redação dos únicos dois dispositivos do Código Civil que tratam da adoção: artigos 1618 e 1619. Pelo segundo, a adoção de adultos será regida, no que couber, pelo Estatuto, não mais existindo qualquer outro dispositivo que regule o ato.

Alternativa correta: letra "a". Como visto acima, a adoção de adultos não é regida pelo Código Civil e, subsidiariamente, pelo Estatuto, até porque aquela lei não contém previsões específicas sobre o assunto.

Alternativa "b". O maior de dezoito anos poderá ser adotado, em ação que tramitará perante a Vara de Família, salvo se o adotando já estiver sob a guarda ou tutela do adotante, quando então tramitará perante a Vara da Infância.

Alternativa "c". A adoção tramitará perante a Vara da Infância somente se o adotado já estiver sob a guarda ou tutela do adotante.

Alternativa "d". É possível a adoção e a questão será tratada pela Vara de Família.

Alternativa "e". Independentemente da idade, tratando-se de adoção de adulto, ressalvada a excepcionalidade acima indicada, será competente a Vara de Família.

---

24. (Vunesp - Juiz Substituto - SP/ 2011) Considere as afirmações a seguir.

I. Não cabe investigação de paternidade por mera dúvida do genitor que voluntariamente tenha reconhecido a criança ou o adolescente.

II. Cabe investigação de paternidade por mera dúvida do genitor que voluntariamente tenha reconhecido a criança ou o adolescente.

III. O foro competente para a ação de adoção é o do domicílio do adotante.

IV. Não há restrição quanto à diferença de idade entre o adotante e o adotado.

V. O foro competente para a ação da adoção é o do domicílio do adotando.

Estão corretos apenas os itens

A) I e III.

B) II e V.

C) II e III.

D) I e V.

E) I e IV.

COMENTÁRIOS

✪ **Nota do autor:** a ação de investigação de paternidade possui algumas regras especiais, em que a mera dúvida não justifica o seu ajuizamento.

Alternativa correta: letra "d". Estão corretos os itens I e V.

Item I. Certo. A mera dúvida não justifica o ajuizamento da ação, mas sim, a demanda em que o autor afirme na inicial que não é pai do registrado.

Item II. Errado. Vide item I.

Item III. Errado. Em verdade, o domicílio é o dos pais; na falta destes, no lugar em que o adotando se encontre.

Item IV. Errado. Entre o adotante e o adotado há de existir uma diferença de 16 anos.

Item V. Certo. Considerou-se correta a assertiva, por entender-se que o adotado já não mais se encontra com os pais.

---

25. (Vunesp – Juiz Substituto – SP/ 2011) Maria, casada com João, soube que jamais poderia gerar um filho, após infrutíferas tentativas para tal desiderato. Preocupados com as crianças abandonadas e num ato impetuoso, vão ter ao registro civil e registram como se fosse seu, filho de outro.

Assinale a alternativa correta.

A) João e Maria praticaram ato imoral, mas piedoso, tendo em vista a situação das crianças carentes.

B) João e Maria praticaram ato imoral e piedoso que se justifica ante a angústia de não conseguirem ter filhos.

C) João e Maria praticaram a chamada adoção "à francesa", ante a imperiosa necessidade de terem filhos.

D) João e Maria praticaram a chamada adoção "à italiana" e cometeram o ilícito recitado no art. 242, do diploma repressivo.

E) João e Maria praticaram a chamada adoção "à brasileira" e cometeram o crime previsto no diploma repressivo.

COMENTÁRIOS

✪ **Nota do autor:** a adoção à brasileira é um tema constante nos tribunais brasileiros, que vêm ratificando o ato em razão do superior interesse da criança.

Alternativa correta: letra "e". Considera-se adoção à brasileira aquela em que o registro de nascimento não revela a verdade biológica.

Alternativa "a". Trata-se de infração penal. Não obstante, o Superior Tribunal de Justiça tem admitido a não aplicação de pena.

Alternativa "b". Trata-se de infração penal, que, pelas razões e considerando o superior interesse da criança, vem sendo ratificada pelos tribunais.

Alternativa "c". Não existe a chamada adoção à francesa.

Alternativa "d". Não existe a chamada adoção à italiana.

---

26. (Vunesp – Juiz Substituto – SP/ 2011) Esmeraldo Juremo, depois de passar por todo o processo de adoção, com plena anuência de seus pais naturais, foi adotado pelo casal Silva que, em razão de acidente automobilístico, veio a falecer.

I. Tal circunstância tem o condão de restabelecer o poder familiar dos pais naturais.

II. Tal circunstância o habilita para nova adoção, sem passar por novo processo para tal desideratum.

III. Tal circunstância o torna herdeiro do casal Silva.

IV. Como herdeiro, e sendo adotado, concorre em desigualdade com os filhos naturais do casal Silva.

V. Tal circunstância não tem o condão de restabelecer o poder familiar, tendo em vista o caráter irrevogável da adoção.

Estão corretos apenas os itens

A) I e IV.

B) II e III.

C) III e V.

D) I e V.

E) III e IV.

COMENTÁRIOS

✪ **Nota do autor:** ao ocorrer o falecimento do adotante, questiona-se se há ou não o restabelecimento do poder familiar dos pais. E a resposta é NÃO, em razão da característica de ser a adoção incaducável.

Alternativa correta: letra "c". Estão corretos os itens III e V.

Item I. Errado. A morte do adotante não importa no restabelecimento do poder familiar dos pais.

Item II. Errado. O adotado poderá ser novamente adotado, observando-se o procedimento adotivo necessário.

Item III. Certo. Com a adoção, constitui-se vínculo sucessório, de modo que o adotado é herdeiro de seus adotantes.

Item IV. Errado. O adotado concorrerá em igualdade de condições.

Item V. Certo. De fato, sendo a adoção irrevogável, a morte do adotante não restabelece o poder familiar dos pais.

2.4 DIREITO FUNDAMENTAL À PROFISSIONALIZAÇÃO E À PROTEÇÃO NO TRABALHO

27. (Vunesp – Juiz de Direito – MS/2015) Quanto ao Direito à Profissionalização e à Proteção no Trabalho, previsto no Capítulo V, do Título II do Estatuto da Criança e do Adolescente, nos artigos 60 e seguintes, a aprendizagem está definida como

A) contrato de trabalho especial, ajustado por escrito e por prazo determinado, pelo qual o empregador se compromete a assegurar ao maior de 14 (catorze) anos ingresso em programa de formação técnico-profissional.

B) contrato de trabalho especial, sem forma específica e por prazo determinado, pelo qual o empregador se compromete a assegurar ao maior de 14 (catorze) anos, com anuência de seus pais ou responsável, ingresso em programa de formação técnico-profissional.

C) programa social que tenha por base o trabalho educativo, sob responsabilidade de entidade governamental ou não governamental, sem fins lucrativos.

D) contrato de trabalho especial, sem forma específica e por prazo determinado, pelo qual o empregador se compromete a assegurar ao maior de 14 (catorze) e menor de 24 (vinte e quatro) anos, com anuência de seus pais ou responsável, ingresso em programa social.

E) formação técnico-profissional ministrada segundo as diretrizes e bases da legislação de educação em vigor.

COMENTÁRIOS

✪ **Nota do autor:** o Estatuto determina a observância do direito à profissionalização e à proteção no trabalho. Tais regras devem ser aplicadas em consonância com o previsto na Constituição Federal e na Consolidação das Leis Trabalhistas.

Alternativa correta: letra "e". a aprendizagem está prevista na Constituição Federal, na Consolidação das Leis Trabalhistas e no Estatuto da Criança e do Adolescente. Na CLT, está definida como contrato especial de trabalho, necessariamente celebrado por escrito e por prazo determinado. No Estatuto, de outro lado, está prevista como formação técnico-profissional, pois composto por formação prática e também teórica, que deverá ser ministrada de acordo com a Lei de Diretrizes e Bases da Educação Nacional. Exclui automaticamente as demais alternativas.

3 NORMAS DE PREVENÇÃO

28. (Vunesp – Juiz de Direito – RJ/2014) Dispõe o Estatuto da Criança e do Adolescente acerca de viagem de criança ou adolescente para o exterior:

A) o detentor da guarda poderá opor-se a saída de criança ou adolescente na companhia de seus pais.

B) a autorização para viagem internacional concedida por ambos os pais é exigível para criança acompanhada por terceiros e dispensável em caso de viagem de adolescente sozinho ao exterior.

C) a saída de criança ou de adolescente nascido no Brasil, na companhia de estrangeiro residente ou domiciliado no exterior, requer declaração de ambos os pais com firma reconhecida.

D) requer-se autorização judicial para criança ou adolescente viajar ao exterior apenas quando for realizada na companhia do responsável.

COMENTÁRIOS

✪ **Nota do autor:** as regras sobre a necessidade ou não de prévia autorização judicial para que a criança e adolescente possam viajar estão indicadas nos artigos 83-85 do Estatuto e se refere à prevenção especial.

Alternativa correta: letra "a". a viagem para o exterior não dependerá de autorização judicial se for realizada em companhia dos pais, ou de um destes com a autorização do outro em documento com firma reconhecida. Ocorre que, estando a criança sob guarda de terceiro, poderá este opor-se à vontade dos pais de viajarem, pois aquela está sob os seus cuidados.

Alternativa "b": para a viagem ao exterior, não há qualquer diferenciação em relação ao fato de ser criança ou adolescente. Assim, para os dois haverá necessidade de prévia autorização de um dos pais, se o outro não acompanhar, ou dos dois pais, se for o caso.

Alternativa "c": em consonância com o art. 85 do Estatuto, a saída de criança ou de adolescente em companhia de estrangeiro depende de prévia autorização judicial.

Alternativa "d": requer-se autorização judicial quando for acompanhada de estrangeiro, ou, ainda, se não houver autorização dos pais ou de um deles.

---

29. (Vunesp – Juiz de Direito Substituto – RJ/2011) Sobre as medidas de proteção, é correto afirmar:

A) o acolhimento institucional e o acolhimento familiar são medidas provisórias e excepcionais, utilizáveis como forma de transição para a reintegração familiar ou, não sendo esta possível, para colocação em família substituta, implicando em privação de liberdade.

B) as medidas de proteção à criança e ao adolescente são aplicáveis sempre que os direitos reconhecidos no Estatuto da Criança e do Adolescente forem ameaçados ou violados por ação ou omissão da sociedade ou do Estado.

C) é indispensável o ajuizamento de ação de investigação de paternidade pelo Ministério Público após o não comparecimento do suposto pai ou a recusa em assumir a paternidade a ele atribuída e a criança ser encaminhada para adoção.

D) crianças e adolescentes não poderão ser encaminhados às instituições não governamentais que executem programas de acolhimento institucional.

COMENTÁRIOS

✪ **Nota do autor:** as medidas de proteção (ou medidas protetivas) são medidas assistenciais, nas quais podem ser inseridos a criança ou o adolescente em situação de risco. Estão enumeradas no art. 101, do Estatuto.

Alternativa correta: letra "b". As hipóteses de situação de risco estão enumeradas no art. 98 do Estatuto e, entre elas, está inserida aquela em que a criança ou o adolescente tiverem seus direitos ameaçados ou violados por ação ou omissão da sociedade ou do Estado.

Alternativa "a". Os acolhimentos institucional e familiar não importarão em privação da liberdade, o que ocorria na época do Direito do Menor (sob a tutela da Doutrina da Situação Irregular).

Alternativa "c". Se a criança será encaminhada para a adoção e o pai biológico não demonstra interesse no reconhecimento da paternidade, o ajuizamento de ação com tal intuito mostra-se totalmente inócuo, motivo pelo qual a lei a dispensou. Por esse motivo, o Ministério Público, em tal situação, não necessitará ajuizar ação de reconhecimento de paternidade.

Alternativa "d". As entidades de atendimento de acolhimento institucional poderão ser governamentais ou não governamentais sem fins lucrativos.

---

30. (Vunesp – Juiz de Direito – MS/2015) Caracteriza a internação com prazo determinado ou internação sanção:

A) decretação pelo juízo da execução.

B) prática de ato infracional mediante grave ameaça ou violência contra a pessoa ou em reiteração de infrações graves.

C) aplicação residual se não existir outra medida adequada à ressocialização.

D) prazo limitado a 3 (três) anos.

E) expedição da guia de execução de medida e início do processo de execução.

COMENTÁRIOS

✪ **Nota do autor:** a internação com prazo determinado ou internação-sanção será decretada pelo Juízo da Vara de Execução, por conta do não cumprimento reiterado e injustificável de medida socioeducativa anteriormente aplicada. Tem o prazo máximo de três meses.

Alternativa correta: letra "a". a internação-sanção será decretada pelo juízo da execução, exclusivamente, pois pressupõe anterior medida socioeducativa aplicada. Não poderá o juízo de conhecimento aplicá-la. Exclui automaticamente as demais alternativas.

---

31. (Vunesp – Juiz de Direito – PA/2014) Geraldo, com catorze anos de idade, é acusado de ter furtado dinheiro da carteira de Antonio, seu tio, que relatou o fato ao Ministério Público. Geraldo respondeu procedimento perante o Juiz competente que poderá aplicar

A) a obrigação de reparar o dano, e na impossibilidade, substituí-la por outra medida mais adequada.

B) a remissão, devendo ser considerada a infração em caso de nova falta.

C) advertência verbal, que contribuirá para a reeducação do adolescente.

D) de imediato, medida de liberdade assistida, uma vez que houve a materialidade do fato.

E) de imediato, medida de internação, desde que haja prova de autoria do fato.

COMENTÁRIOS

✪ **Nota do autor:** o art. 112 do Estatuto contém rol taxativo das medidas socioeducativas que poderão ser aplicadas ao adolescente em razão da prática de ato infracional.

Alternativa Correta: letra "a". Entre as medidas possíveis, destaca-se a imposição de obrigação de reparar o dano, que importará na restituição do prejuízo da vítima. Se essa medida, contudo, não for adequada ou não possível, poderá o juiz substituí-la por outra mais adequada.

Alternativa "b": incorreta. A remissão importa na adoção de um procedimento diferenciado. Poderá acarretar no simples perdão (remissão própria), ou poderá ser cumulada com medida socioeducativa (remissão imprópria). Para todos os fins, a remissão não será considerada para fins de reincidência.

Alternativa "c": incorreta. Há a possibilidade aplicação da medida de advertência, que consistirá na admoestação verbal do adolescente pelo juiz. Porém, como o caso importou em prejuízo para a vítima, deve ser levada em consideração a possibilidade da aplicação da obrigação de reparar o dano.

Alternativa "d": incorreta. Para a escolha da medida socioeducativa adequada, deve o juiz levar em consideração a capacidade de cumprimento, as circunstâncias e a gravidade da infração.

Alternativa "e": incorreta. A medida de internação somente poderá ser aplicada se não houver outra medida socioeducativa apta à ressocialização e, ainda assim, se o art. 122 do Estatuto o permitir.

---

32. (Vunesp - Juiz de Direito - SP/2014) Assinale a opção verdadeira:

A) Em caso de aplicação de medida socioeducativa, a desinternação será compulsória aos dezoito anos de idade.

B) Para fixar a condição de criança e de adolescente, o critério adotado pelo ECA foi o cronológico relativo ou biopsicológico, de modo que para tal, impõe-se a análise da condição psicológica ou biológica do indivíduo.

C) A proteção integral da criança ou adolescente é devida em função de sua faixa etária porque o critério adotado pelo legislador foi o cronológico absoluto.

D) A emancipação civil afasta a incidência do Estatuto da Criança e do Adolescente.

COMENTÁRIOS

✪ **Nota do autor:** a questão trata de vários temas inseridos no Direito da Criança e do Adolescente.

Alternativa Correta: letra "c". De fato, o legislador adotou o critério cronológico absoluto, pois não permite que o legislador, no caso concreto, possa desconsiderar aplicar o Estatuto em razão da existência de maturidade tal que pudesse isso justificar.

Alternativa "a": incorreta. Diferentemente, a desinternação será compulsória aos vinte e um anos de idade.

Alternativa "b": incorreta. Não é considerada da condição psicológica ou biológica do indivíduo, mas, na verdade, deve ser verificada a sua idade, exclusivamente.

Alternativa "d": incorreta. A emancipação civil não afasta a incidência do Estatuto.

---

33. (Vunesp - Juiz de Direito Substituto - RJ/2011) Sobre as medidas socioeducativas aplicáveis em casos de atos infracionais, é correto afirmar que

A) a prestação de serviços comunitários consiste na realização de tarefas gratuitas de interesse geral, por período não inferior a seis meses, devendo ser cumpridas durante jornada mínima de oito horas semanais.

B) a liberdade assistida será fixada pelo prazo máximo de seis meses e não poderá ser prorrogada.

C) o regime de semiliberdade pode ser determinado desde o início, ou como forma de transição para o meio aberto, possibilitada a realização de atividades externas, dependendo de autorização judicial.

D) a internação constitui medida privativa de liberdade, sujeita aos princípios de brevidade, excepcionalidade e respeito à condição peculiar de pessoa em desenvolvimento.

COMENTÁRIOS

✪ **Nota do autor:** as medidas socioeducativas estão elencadas no art. 112, do Estatuto, e constituem-se em medidas jurídicas destinadas à ressocialização do adolescente, inibindo-se a reincidência.

Alternativa correta: letra "d". A medida socioeducativa de internação, como privativa de liberdade que é, por força de mandamento constitucional, está sujeita aos princípios de brevidade (menor tempo possível), excepcionalidade (aplicável somente se for necessária a restrição da liberdade e a hipótese adequar-se a uma daquelas indicadas no art. 122, Estatuto) e respeito à condição peculiar de pessoa em desenvolvimento.

Alternativa "a". A medida de prestação de serviços à comunidade tem o prazo máximo de seis meses.

Alternativa "b". A liberdade assistida poderá ser prorrogada a depender da necessidade pedagógica.

Alternativa "c". As atividades externas são da essência da medida socioeducativa de semiliberdade, motivo pelo qual elas não poderão nem mesmo ser vedadas pelo magistrado.

---

34. (Vunesp - Juiz Substituto - SP/ 2011) O juiz Tancredo Demerval, ao apreciar caso em que necessita aplicar medida socioeducativa, decide

A) que o rol do ECA é taxativo, o que vale dizer que somente pode aplicar a reprimenda prevista em lei.

B) que o rol é extenso e ele pode dispensar as medidas socioeducativas previstas no Diploma Legal e aplicar aquelas que bem lhe aprouver.

C) aplicar medidas socioeducativas que se ajustem à Comarca que judica.

D) que o rol é exemplificativo e o juiz, além daquelas medidas socioeducativas aludidas no Diploma Legal, poderá aplicar outras reprimendas que entender adequadas ao caso.

E) que em casos especialíssimos poderá aplicar medida socioeducativa, em homenagem ao princípio da celeridade processual, sem a ouvida do representante do Parquet.

COMENTÁRIOS

✪ **Nota do autor:** as medidas socioeducativas estão indicadas no art. 112, do Estatuto.

Alternativa correta: letra "a". Trata-se de um rol taxativo, de modo que o magistrado não poderá criar uma nova medida socioeducativa.

Alternativa "b". Somente é possível aplicar uma das medidas socioeducativas indicadas no art. 112, do Estatuto.

Alternativa "c". A medida socioeducativa a ser aplicada não deve ser ajustada à comarca, devendo o adolescente ser encaminhado às entidades de atendimento necessárias.

Alternativa "d". Não se trata de um rol exemplificativo, mas sim taxativo.

Alternativa "e". Em qualquer caso deverá ser aplicada medida socioeducativa com a oitiva do Ministério Público.

---

35. (Vunesp - Juiz Substituto - MT 2009) Considere as premissas a seguir elencadas.

I. O abrigo para menores é medida provisória e excepcional, utilizável como forma de transição para colocação em família substituta, não implicando privação de liberdade.

II. Considera-se ato infracional a conduta descrita como crime ou contravenção penal.

III. Em se tratando de ato infracional com reflexos patrimoniais, a autoridade poderá determinar, se for o caso, que o adolescente restitua a coisa, promova o ressarcimento do dano ou, por outra forma, compense o prejuízo da vítima.

IV. A prestação de serviços à comunidade consiste na realização de tarefas gratuitas de interesse geral, por período não excedente a 06 meses, junto a entidades assistenciais, hospitais, escolas e outros estabelecimentos congêneres, salvo a participação em programas governamentais.

Assinale a alternativa correta.

A) Os itens I e III estão incorretos.

B) Somente o item IV contempla uma ideia falsa.

C) Apenas os itens II e III estão corretos.

D) Todas as afirmações são verdadeiras.

E) Os itens I e III e IV contemplam ideias verdadeiras.

COMENTÁRIOS

✪ **Nota do autor:** considera-se ato infracional a conduta praticada por criança ou adolescente prevista na lei como crime ou contravenção penal.

Alternativa correta: letra "b". Estão corretos os itens I, II e III.

Item I. Certo. O abrigo é uma espécie de acolhimento institucional, utilizado como forma de transição para o retorno à família natural, ou a inserção em família substituta. A medida não implica na privação da liberdade.

Item II. Certo. Considera-se ato infracional a conduta prevista na lei como crime ou contravenção penal. Observa-se, então, o princípio da tipicidade delegada.

Item III. Certo. A obrigação de reparar o dano é uma das medidas socioeducativas previstas no art. 112, do Estatuto.

Item IV. Errado. Na prestação de serviços à comunidade é possível a participação em programas governamentais.

---

36. (Vunesp - Juiz Substituto - MT 2009) É medida aplicável aos pais ou responsável expressamente prevista pela Lei nº 8.069/90

A) prestação de serviços à comunidade.

B) multa.

C) realização de matrícula na rede pública de ensino com obrigação de comparecer a todas as reuniões escolares.

D) interdição para a prática dos atos da vida civil.

E) encaminhamento a tratamento psicológico ou psiquiátrico.

COMENTÁRIOS

✪ **Nota do autor:** as medidas pertinentes aos pais ou responsáveis estão previstas no art. 129, do Estatuto, e podem ser aplicadas pelo conselho tutelar (algumas) ou pelo juiz (todas).

Alternativa correta: letra "e". Entre as medidas elencadas, a única que pode ser aplicada aos pais ou responsável é o encaminhamento a tratamento psicológico ou psiquiátrico.

Alternativa "a". A prestação de serviços à comunidade é uma das medidas socioeducativas previstas no art. 112.

Alternativa "b". A multa não está prevista nem como medida socioeducativa, nem mesmo como uma das medidas a serem aplicadas aos pais ou responsável.

Alternativa "c". A realização de matrícula é uma medida protetiva que pode ser aplicada à criança ou ao adolescente.

Alternativa "d". A interdição para os atos da vida civil não se trata de medida que pode ser aplicada aos pais ou responsável.

4 CONSELHO TUTELAR

37. (Vunesp – Juiz de Direito – TJ SP/2017) Compete ao Conselho Tutelar

A) exortar os dirigentes de estabelecimentos de ensino fundamental à realização de recenseamento periódico dos educandos.

B) promover a oitiva informal do adolescente apreendido em flagrante de ato infracional e em seguida encaminhá-lo à autoridade policial competente.

C) receber as comunicações dos dirigentes de estabelecimento de ensino fundamental a respeito de maus-tratos envolvendo alunos e encaminhá-las ao Ministério Público.

D) colocar em família substituta a criança ou o adolescente que se encontre abandonado ou em situação de perigo.

COMENTÁRIOS

✪ **Notas do autor:** o Conselho Tutelar se trata de um órgão permanente e autônomo, não jurisdicional, encarregado pela sociedade de zelar pelo cumprimento dos direitos da criança e do adolescente (art. 131 do Estatuto). Não detém personalidade jurídica e tem as suas atribuições previstas em um rol exemplificativo contido no art. 136 do Estatuto.

Alternativa Correta: letra "C". Deve o Conselho Tutelar receber as comunicações dos dirigentes de ensino acerca de maus-tratos a que se submeteram as crianças e os adolescente e que tenham sido por eles constatados (art. 56, I do Estatuto).

Alternativa incorreta: letra A. Deve o poder público recensear anualmente as crianças e adolescentes em idade escolar, bem como os jovens e adultos que não concluíram a educação básica, consoante prevê o art. 5º, I da LDBEN. Porém, não se trata de atribuição do Conselho Tutelar exortar os dirigentes de ensino a realizar tal procedimento.

Alternativa incorreta: letra B. A oitiva informal de adolescente apreendido será realizada pelo Ministério Público e não pelo Conselho Tutelar.

Alternativa incorreta: letra D. A inserção em família substituta somente poderá ocorrer por decisão da autoridade judiciária.

38. (Vunesp – Juiz de Direito – MS/2015) Com relação à eleição dos Conselheiros Tutelares, é correto afirmar que

A) ocorre a cada 2 (dois) anos, em data unificada em todo o território nacional.

B) todos aqueles que tiverem completado 18 (dezoito) anos poderão ser eleitos por voto direto, secreto e facultativo.

C) em caso de não possuírem residência fixa no Município, os candidatos devem apresentar autorização do Juiz da Vara da Infância e da Juventude como condição de elegibilidade.

D) o processo para escolha será estabelecido por lei municipal e realizado sob a responsabilidade do Conselho Municipal dos Direitos das Crianças, sob fiscalização do Ministério Público.

E) os candidatos devem possuir idoneidade moral e reputação ilibada, vedada a reeleição.

COMENTÁRIOS

✪ **Nota do autor:** os conselhos tutelares são órgãos responsáveis por zelar pela observância dos direitos fundamentais da criança e do adolescente. Existem no âmbito municipal, sendo que cada município deve ter pelo menos um. São compostos por cinco membros, que serão escolhidos pela população local.

Alternativa correta: letra "d". o processo de escolha será de responsabilidade do Conselho Municipal dos Direitos da Criança do respectivo município, sob a fiscalização do Ministério Público (art. 139 do Estatuto).

Alternativa "a": o processo de escolha ocorrerá a cada quatro anos, em data unificada em todo o território nacional.

Alternativa "b": poderão candidatar-se os maiores de vinte e um anos de idade.

Alternativa "c": residir no município é condição de elegibilidade, que não pode ser desconsiderada pela autoridade judiciária.

Alternativa "e": é permitida a reeleição, ou submissão a novo processo de escolha.

---

39. (Vunesp – Juiz de Direito – SP/2014) Assinale a opção verdadeira:

A) São atribuições do Conselho Tutelar aplicar, dentre outras, as medidas protetivas de inclusão em programa de acolhimento familiar e colocação em família substituta, e suas decisões somente poderão ser revistas pela autoridade judiciária a pedido de quem tenha legítimo interesse.

B) O acolhimento institucional e o acolhimento familiar são medidas protetivas provisórias e excepcionais, usadas como forma de transição para reintegração familiar ou, não sendo esta possível, para colocação em família substituta.

C) Quando os direitos reconhecidos no ECA forem ameaçados ou violados por ação ou omissão da sociedade ou do Estado ou por falta, omissão ou abuso dos pais ou responsável, a criança ou o adolescente deve receber a medida socioeducativa adequada, dentre as previstas no art. 112.

D) A criança e o adolescente estão, ambos, sujeitos ao regime das medidas socioeducativas e ao sistema das medidas de proteção.

COMENTÁRIOS

✪ **Nota do autor:** a questão trata de vários temas, como conselhos tutelares, medidas protetivas, medidas socioeducativas e outros.

Alternativa Correta: letra "b". O acolhimento institucional e o acolhimento familiar são espécies de medidas protetivas. Juntamente com a inserção em família substituta, são medidas que somente podem ser aplicadas pelo magistrado. Note-se que não podem ser aplicadas nem mesmo pelo conselho tutelar, apesar do que consta do art. 136, I, do Estatuto. Tratam-se de medidas excepcionais (e essa excepcionalidade justifica o fato de somente poderem ser aplicadas pelo magistrado) e também provisórias, podendo ser revogadas a qualquer tempo. Serão aplicadas como forma de transição para reintegração familiar ou, não sendo esta possível, para colocação em família substituta.

Alternativa "a": incorreta. Não compete ao conselho tutelar aplicar a medida protetiva de inclusão em programa de acolhimento familiar e a colocação em família substituta.

Alternativa "c": incorreta. Sendo tais direitos ameaçados ou violados, não devem ser aplicadas as medidas socioeducativas, mas as medidas protetivas (vide artigos 98 e 101, do Estatuto).

Alternativa "d": incorreta. À criança será possível aplicar as medidas protetivas, enquanto que aos adolescentes é possível aplicar estas e as medidas socioeducativas.

---

40. (Vunesp – Juiz de Direito – PA/2014) Supondo que um determinado pai esteja inconformado com uma decisão do Conselho Tutelar que irregularmente aplicou ao seu filho a medida de acolhimento institucional, em regra, ele poderá

A) pleitear a revisão da decisão à Autoridade Policial competente.

B) interpor Mandado de Segurança junto ao Promotor de Justiça.

C) recorrer ao Presidente do Conselho Tutelar.

D) requerer a revisão da decisão pelo Ministério Público.

E) pleitear a revisão da decisão à Autoridade Judiciária competente.

COMENTÁRIOS

✪ **Nota do autor:** o conselho tutelar é um órgão permanente e autônomo, não jurisdicional, que tem por finalidade zelar pela observância dos direitos fundamentais da criança e do adolescente. Os seus membros serão escolhidos pela população local para o exercício de mandato. Para o desempenho de suas atividades, poderão tomar decisões.

Alternativa Correta: letra "e". Uma vez não se contentando com a decisão proferida pelo conselho, deve o interessado pedir a sua revisão ao juiz da vara da infância e da juventude competente. Exclui automaticamente as demais alternativas

---

41. (Vunesp – Juiz Substituto – MT 2009) Leia as afirmações acerca do tema Conselho Tutelar.

I. Conselho Tutelar é órgão autônomo, permanente, que exerce atividade jurisdicional supletiva, encarregado pela lei de zelar pelo cumprimento dos direitos infanto-juvenis definidos no Estatuto da Criança e do Adolescente.

II. O Estatuto da Criança e do Adolescente não faz exigência mínima de escolaridade àqueles que desejam se candidatar ao exercício do mandato de conselheiro tutelar de determinada localidade, apenas menciona que o candidato deve possuir 21 anos, reconhecida idoneidade moral e residir naquele município.

III. O exercício efetivo da função de conselheiro constituirá serviço público relevante, estabelecerá presunção de idoneidade moral e assegurará prisão especial, em caso de crime comum, até o julgamento definitivo.

IV. Constará da lei orçamentária municipal previsão dos recursos necessários ao funcionamento do Conselho Tutelar.

Assinale a alternativa correta.

A) Somente o item I está incorreto.

B) Apenas os itens I e III estão incorretos.

C) Todas as afirmações são falsas.

D) Todas as afirmações são verdadeiras.

E) Somente os itens I e III e IV contemplam ideias falsas.

COMENTÁRIOS

✪ **Nota do autor:** os conselhos tutelares são órgãos que têm por missão zelar pela observância dos direitos fundamentais de crianças e de adolescentes. As suas normas de organização foram modificadas pela Lei 12.696/2012, motivo pelo qual o gabarito foi aqui alterado.

Alternativa correta: letra "b". Estão corretos os itens II e IV.

Item I. Errado. O conselho tutelar não é órgão jurisdicional, nem mesmo supletivo, pois não soluciona lides.

Item II. Certo. De fato, há três condições de elegibilidade elencadas pelo Estatuto: idade mínima de 21 anos, idoneidade moral e residir no município. Não obstante, a lei municipal poderá prever outras condições, o que é admitido pelo STJ.

Item III. Errado. O conselheiro não mais tem a garantia da prisão especial, direito esse que lhe foi subtraído pela Lei 12.696/2012.

Item IV. Certo. Devem constar da lei orçamentária os recursos para o conselho tutelar.

---

42. (Vunesp – Juiz de Direito – RJ/2014) Assinale a alternativa correta acerca das atribuições do juiz da infância e da juventude no Estatuto da Criança e do Adolescente.

A) O registro dos programas das entidades de acolhimento será feito perante o juiz da infância e da juventude, o qual comunicará a existência deles ao Conselho Municipal dos Direitos da Criança e do Adolescente e ao Conselho Tutelar.

B) O processo de escolha dos membros do Conselho Tutelar será realizado sob presidência do juiz da infância e da juventude e fiscalização do Ministério Público.

C) O juiz da infância e da juventude competente para conhecimento de ato infracional é o do lugar da ação ou omissão, observadas as regras de conexão, continência e prevenção.

D) A participação de criança em programa televisivo na companhia dos pais ou responsável requer obrigatoriamente alvará judicial, salvo quando houver prévia portaria do juiz da infância e da juventude regulando previamente a atividade.

COMENTÁRIOS

✪ **Nota do autor:** o Juízo da Vara da Infância e da Juventude tem a sua competência definida no art. 148 do Estatuto. Porém, trata-se de rol exemplificativo, pois há outras situações que não apenas aquelas ali referidas, como, por exemplo, fiscalizar as entidades de atendimento. O art. 147, por sua vez, trata da competência territorial, tendo o Estatuto adotado o princípio do juízo imediato, segundo precedente consolidado do Superior Tribunal de Justiça.

Alternativa correta: letra "c". a apuração de ato infracional é da competência privativa do Juízo da Vara da Infância e da Juventude, independentemente do ato praticado. Além disso, o ECA adotou o princípio da atividade, de modo que será competente o juízo do local da ação ou da omissão, e não do resultado, resguardadas as regras de conexão, continência e prevenção. Além dessas hipóteses, deve ser destacado que o Novo CPC permite a reunião de processos para julgamento conjunto, não só no caso de conexão e de continência, como também nos casos em que será possível gerar risco de prolação de decisões conflitantes ou contraditórias caso decididos separadamente, mesmo sem conexão entre eles (art. 55, § 3º do Novo CPC). Assim, será possível reunir para julgamento conjunto, perante o mesmo juízo, a apuração de vários processos, para que seja aplicada uma medida socioeducativa condizente com a necessidade pedagógica, em razão da prática de atos infracionais semelhantes.

Alternativa "a": o registro de entidades de atendimento não governamentais, condição para o seu funcionamento, será feito perante o Conselho Municipal dos Direitos da Criança e do Adolescente.

Alternativa "b": o processo de escolha dos membros do conselho tutelar ficará a cargo do conselho municipal dos direitos da criança e do adolescente.

Alternativa "d": a participação de criança ou adolescente, mesmo em companhia dos pais, depende de alvará judicial expedido pelo Juízo da Vara da Infância e da Juventude, não bastando mera portaria nesse sentido.

---

43. (Vunesp – Juiz Substituto – MT 2009) Quanto à entrada e permanência de criança e adolescente em certos locais, o Estatuto da Criança e do Adolescente preconiza que

A) para o ingresso de menores em boates e congêneres, mesmo na companhia dos pais, é necessário requerer autorização judicial prévia fundamentada.

B) é competência da autoridade judiciária disciplinar suas hipóteses, devendo as decisões ser fundamentadas, caso a caso, proibidas as determinações de caráter geral.

C) os conselhos municipais de direitos da criança e do adolescente, mediante resoluções, podem regulamentar restrições de acesso a estúdios cinematográficos, de teatro, rádio e televisão, cuja eficácia do ato fica adstrita à ratificação pela autoridade judiciária competente.

D) compete ao Ministério Público e à autoridade judiciária em caráter supletivo disciplinar os critérios para a sua implementação.

E) é vedado aos estabelecimentos que explorem comercialmente diversões eletrônicas, o acesso de crianças ou adolescentes no período noturno.

COMENTÁRIOS

✪ **Nota do autor:** entre as competências do Juiz da Vara da Infância, está prevista a possibilidade de expedir portaria e alvarás para determinadas situações, consoante prevê o art. 149, do Estatuto.

Alternativa correta: letra "b". São proibidas as portarias que disciplinem situações gerais, como já reconheceu o Superior Tribunal de Justiça para o caso do "toque de recolher".

Alternativa "a". O juiz poderá disciplinar, mediante portaria, a entrada de criança e adolescente DESACOMPANHADOS dos pais em boates e congêneres.

Alternativa "c". Os conselhos de direitos não têm essa atribuição, mas sim a de deliberar sobre políticas públicas voltadas à infância e à juventude.

Alternativa "d". Compete à autoridade judiciária disciplinar a entrada e não ao Ministério Público.

Alternativa "e". Não há vedação para a entrada de crianças e adolescentes em estabelecimentos que explorem comercialmente jogos eletrônicos, porém, poderá o magistrado baixar portaria disciplinando essa entrada.

5 PROCEDIMENTOS

44. (Vunesp – Juiz de Direito Substituto – RJ/2011) Sobre os procedimentos da Justiça da Infância e da Juventude, é correto afirmar:

A) se os pais forem falecidos, tiverem sido destituídos ou suspensos do poder familiar, ou houverem aderido expressamente ao pedido de colocação em família substituta, este poderá ser formulado diretamente em cartório, em petição assinada pelos próprios requerentes, dispensada a assistência de advogado.

B) o adolescente apreendido em flagrante de ato infracional será, desde logo, encaminhado à autoridade judiciária.

C) a intimação da sentença que aplicar medida de internação ou regime de semiliberdade será feita unicamente na pessoa do defensor.

D) a recusa sistemática na adoção de crianças ou adolescentes indicados não importará na reavaliação da habilitação concedida.

COMENTÁRIOS

✪ **Nota do autor:** o Estatuto da Criança e do Adolescente fez previsão de vários procedimentos, prevendo que a eles será aplicável a legislação processual pertinente de forma subsidiária.

Alternativa correta: letra "a". A colocação em família substituta poderá ser pleiteada sem a necessidade de advogado na hipótese em que os pais forem falecidos, tiverem sido destituídos ou suspensos do poder familiar, ou houverem aderido expressamente ao pedido de colocação em família substituta.

Alternativa "b". O adolescente apreendido em flagrante de ato infracional será, desde logo, encaminhado à autoridade policial.

Alternativa "c". A intimação da sentença que aplicar medida não restritiva de liberdade será feita exclusivamente ao defensor. Nos demais casos – medidas restritivas de liberdade – serão feitas ao defensor e também ao adolescente.

Alternativa "d". Há previsão do procedimento de habilitação de pretendentes à adoção. Vencido esse procedimento, ao habilitado serão apresentadas as possíveis crianças ou adolescentes aptos à adoção, de acordo com o perfil apresentado. A recusa sistemática na adoção importará na reavaliação da habilitação que antes foi concedida, pois o caso deve ser novamente estudado para verificar-se se o habilitado, de fato, tem interesse em adotar.

45. (Vunesp – Juiz de Direito Substituto – SP/2015) Quando o adolescente for apreendido em flagrante de ato infracional, será encaminhado

A) à autoridade judiciária.

B) à autoridade policial competente.

C) aos familiares desde que esteja matriculado em escola da rede pública.

D) à sua residência, uma vez que não é permitido prender o adolescente sem que o policial esteja acompanhado de um membro do conselho tutelar.

COMENTÁRIOS

✪ **Nota do autor:** o adolescente somente poderá ser apreendido em razão de flagrante de ato infracional ou em razão de ordem judicial.

Alternativa Correta: letra "b". Uma vez apreendido em razão de flagrante de ato infracional, deverá o adolescente ser encaminhado à autoridade policial, a fim de que haja o cumprimento das medidas indicadas no art. 174 e seguintes do Estatuto. Se a apreensão se der em virtude de ordem judicial, deverá o adolescente ser encaminhado à autoridade judiciária. Exclui automaticamente as demais alternativas.

---

46. (Vunesp – Juiz de Direito Substituto – RJ/2011) Sobre a remissão, é correto afirmar:

A) iniciado o procedimento judicial para apuração do ato infracional, o representante do Ministério Público poderá conceder a remissão como forma de exclusão do processo.

B) a remissão não implica necessariamente o reconhecimento ou a comprovação da responsabilidade, nem prevalece para efeito de antecedentes, podendo incluir eventualmente a aplicação de qualquer das medidas previstas em lei, inclusive a colocação em regime de semiliberdade e a internação.

C) a medida aplicada por força da remissão poderá ser revista judicialmente, a qualquer tempo, mediante pedido expresso do adolescente ou de seu representante legal, ou do Ministério Público.

D) antes de iniciado o procedimento judicial para apuração de ato infracional, não é cabível a concessão de remissão.

COMENTÁRIOS

✪ **Nota do autor:** a remissão é um instrumento previsto no Estatuto, que pressupõe a adoção de um procedimento diferente daquele indicado para a apuração de ato infracional praticado por adolescente. Poderá ser Ministerial (proposta pelo Ministério Público e antes de iniciado o processo) e Judicial (deferida pelo magistrado, de ofício ou atendendo a requerimento do Ministério Público ou da Defesa). No primeiro caso, a remissão importará na exclusão do processo (que não correrá mais). No segundo, importará na suspensão ou na extinção do processo.

Alternativa correta: letra "c". À remissão será possível cumular uma das medidas não restritivas de liberdade. Dessa maneira, é possível cumular à remissão as medidas de advertência, obrigação de reparar o dano, prestação de serviços à comunidade, liberdade assistida e, ainda, qualquer das medidas protetivas de possível aplicação. Nesse caso em que há cumulação de medidas, diz-se que a remissão é imprópria, ao contrário da hipótese em que não há cumulação, que é própria. Aplicada qualquer das medidas socioeducativas possíveis, será possível a sua revisão judicial, ou seja, a mudança da medida, a partir da necessidade da adaptação em consonância com a demanda pedagógica presenciada pelo adolescente.

Alternativa "a". A remissão como forma de exclusão do processo será concedida antes de iniciado o processo. Após iniciado, será possível apenas a remissão judicial, como forma de suspensão ou de extinção do processo.

Alternativa "b". A remissão, de fato, não implica no reconhecimento da responsabilidade e também não importa como antecedente, porém, não poderá ser cumulada com medida de semiliberdade ou de internação.

Alternativa "d". Antes de iniciado o procedimento, é cabível a concessão da remissão como forma de exclusão do processo.

---

47. (Vunesp – Juiz Substituto – MT 2009) Assinale a premissa verdadeira.

A) O prazo máximo e improrrogável para a conclusão do procedimento de representação, remissão ou pedido de arquivamento, estando o adolescente internado provisoriamente, será de 30 dias.

B) A representação de adolescente ofertada pelo Ministério Público depende de prova pré-constituída da autoria e materialidade.

C) A ausência do defensor do adolescente determinará o adiamento de qualquer ato do processo.

D) A falta de intervenção do Ministério Público poderá gerar nulidade do feito desde que não ratificada posteriormente em benefício da criança e do adolescente.

E) A remissão ofertada pelo Ministério Público não obriga a autoridade judiciária discordante à sua homologação imediata, a qual deverá fazer remessa dos autos ao Procurador-Geral da Justiça, mediante despacho fundamentado, para que este ofereça representação, designe outro membro do Ministério Público para apresentá-la, ou ratifique o arquivamento ou a remissão; só então estará a autoridade judiciária obrigada a homologá-la.

COMENTÁRIOS

✪ **Nota do autor:** a questão trata do procedimento de apuração do ato infracional, com as suas regras pertinentes.

Alternativa correta: letra "e" – a concessão da remissão é uma faculdade do Ministério Público, porém, passa pelo crivo da autoridade judiciária, que poderá não concordar e encaminhar os autos ao Procurador Geral de Justiça.

Alternativa "a". Estando o adolescente internado provisoriamente, o procedimento deverá ser concluído em 45 dias.

Alternativa "b". O oferecimento da representação não depende de prova pré-constituída da autoria e da materialidade.

Alternativa "c". A ausência do defensor não determina o adiamento da audiência, devendo o magistrado designar advogado para o ato.

Alternativa "d". A falta de intervenção somente gerará a nulidade se puder importar em prejuízo à criança e ao adolescente, podendo ser posteriormente ratificado.

6 INTERESSES DIFUSOS, COLETIVOS E INDIVIDUAIS

48. (Vunesp – Juiz de Direito – MS/2015) Assinale a alternativa correta com relação à ação civil pública para tutela de interesses de crianças e de adolescentes.

A) Na tutela jurisdicional coletiva, a multa aplicada em sentença proferida em ação civil pública e transitada em julgado é revertida ao autor da ação.

B) A competência da Vara da Infância e da Juventude é absoluta e prevalece sobre a da Justiça do Trabalho em julgamento de ação civil pública fundada em interesses individuais, difusos ou coletivos, afetos à criança e ao adolescente, com temática trabalhista.

C) A suspensão ou cassação de mandato de conselheiro tutelar decorre de procedimento judicial, sendo possível o ajuizamento, pelo Ministério Público, de ação civil pública para impugnação de candidatura e posse.

D) O Estatuto da Criança e do Adolescente, de acordo com entendimento jurisprudencial consentâneo como princípio da tutela integral do menor, não confere legitimação ao Ministério Público para tutela dos interesses de uma só criança por meio da ação civil pública.

E) O prazo da Apelação, interposta contra sentença proferida em ação civil pública, pela sistemática recursal do Estatuto da Criança e do Adolescente, é de 10 (dez) dias.

COMENTÁRIOS

✪ **Nota do autor:** o Estatuto da Criança e do Adolescente compõe o Sistema Único Coletivo, composto de várias leis destinadas à tutela de interesses metaindividuais de um modo geral. Também o compõem a própria Lei da Ação Civil Pública, o Código de Defesa do Consumidor, a Lei da Ação Popular, o Estatuto do Idoso, entre outras leis.

Alternativa correta: letra "c". a alternativa é bastante questionável. Isso porque a suspensão e a cassação de membro do conselho tutelar não decorrem exclusivamente de procedimento judicial, podendo haver previsão, também, de procedimento administrativo, assegurado, naturalmente, o contraditório e a ampla defesa. Assim poderá estar previsto em lei municipal. Paralelamente, poderá também ocorrer em procedimento judicial próprio, até em ação civil pública decorrente de improbidade administrativa. Será possível, ainda, o ajuizamento de ACP com a finalidade de promover a impugnação à candidatura.

Alternativa "a": a multa aplicada será revertida ao fundo administrado pelo Conselho Municipal dos Direitos da Criança e do Adolescente.

Alternativa "b": a competência da Justiça do Trabalho prevalece em relação à da Infância e da Juventude, sendo competente para conhecer, por exemplo, de ações civis públicas que digam respeito a direitos trabalhistas de crianças e adolescentes. A título de exemplo, tem-se as ações civis públicas em que se busca a fixação de indenização decorrente de dano moral coletivo propiciado pela utilização de mão de obra infantil para a exploração sexual.

Alternativa "d": os direitos da criança e do adolescente têm natureza indisponível e essa indisponibilidade conduz naturalmente à possibilidade de ser ajuizada ação civil pública pelo Ministério Público para a tutela dos interesses de uma só criança ou adolescente.

Alternativa "e": em relação à ação civil pública, tem-se que se adota a sistemática recursal prevista no CPC sem as adaptações constantes do ECA, em especial do art. 198. Assim, o prazo para a interposição da apelação não é dez dias (previsto no ECA), mas sim de 15 dias (regra do CPC de 2015).

49. (Vunesp – Juiz Substituto – MT 2009) No que pertine às ações cíveis fundadas em interesses difusos ou coletivos envolvendo questões infanto-juvenis, pode-se afirmar que

A) se admite, apenas em caso de violação de garantias constitucionais, litisconsórcio facultativo entre Ministérios Públicos da União e dos Estados na defesa dos interesses fundamentais da criança e do adolescente.

B) em caso de desistência ou abandono da ação por Associação legitimada, cabe ao Ministério Público o dever exclusivo e subsidiário de assumir a titularidade ativa da demanda.

C) se aplicam subsidiariamente as normas do Código de Processo Civil, admitindo-se todas as espécies de ações pertinentes para a defesa dos direitos e interesses protegidos pelo Estatuto da Criança e do Adolescente, da Constituição Federal e da lei em geral.

D) se consideram legitimados concorrentemente o Ministério Público, a União, os Estados, os Municípios, o Distrito Federal e os Territórios, as Associações legalmente constituídas há pelo menos um ano e que incluam entre seus fins institucionais a defesa dos interesses e direitos protegidos pela Lei nº 8.069/90.

E) se criou a legitimação extraordinária da Defensoria Pública dos Estados, sem a necessidade de participação do Ministério Público, em hipóteses específicas delineadas no Estatuto da Criança e do Adolescente.

COMENTÁRIOS

✪ **Nota do autor:** as ações civis públicas podem ser promovidas para a defesa dos interesses difusos, coletivos, individuais homogêneos e individuais indisponíveis da criança e do adolescente.

Alternativa correta: letra "c". Admitem-se todas as ações necessárias para a defesa dos interesses da criança e do adolescente, aplicando-se o CPC subsidiariamente.

Alternativa "a". O litisconsórcio entre os Ministérios Públicos será possível sempre que isso for necessário na defesa dos interesses e direitos da criança e do adolescente.

Alternativa "b". Não só o Ministério Público, como também outros legitimados poderão assumir a titularidade da ação civil pública.

Alternativa "d". Além desses, há também outros legitimados, como a Defensoria Pública.

Alternativa "e". Se a Defensoria Pública propuser a açao, haverá a necessária intervenção do Ministério Público, o que sempre ocorrerá quando este não for o autor da demanda.

7 RECURSOS

50. (Vunesp – Juiz de Direito – PA/2014) Estabelece o Estatuto da Criança e do Adolescente que compete à autoridade judicial disciplinar, por meio de portaria, ou autorizar, mediante alvará, a participação de criança e do adolescente em espetáculos públicos e seus ensaios e certames de beleza. O recurso cabível contra decisão judicial proferida com base na portaria é

A) Mandado de Segurança.

B) Medida Cautelar Inominada.

C) Agravo de Instrumento.

D) Apelação.

E) Agravo Retido.

COMENTÁRIOS

✪ **Nota do autor:** o Estatuto adotou o sistema recursal previsto no Código de Processo Civil, independentemente do procedimento, com as adaptações constantes da própria Lei 8.069/1990.

Alternativa Correta: letra "d". Em conformidade com o previsto no art. 199 do Estatuto, tais atos desafiam o recurso de apelação. Exclui automaticamente as demais alternativas.

51. (Vunesp – Juiz de Direito Substituto – RJ/2011) Sobre os recursos, é correto afirmar:

A) o prazo para interpor e responder os embargos de declaração será de dez dias.

B) a sentença que deferir a adoção produz efeitos desde logo, embora sujeita a apelação, que será recebida exclusivamente no efeito devolutivo, salvo se se tratar de adoção internacional ou se houver perigo de dano irreparável ou de difícil reparação ao adotando.

C) a sentença que destituir ambos ou qualquer dos genitores do poder familiar fica sujeita a apelação, que deverá ser recebida no efeito suspensivo.

D) os recursos nos procedimentos de adoção e destituição de poder familiar, em face da relevância das questões, serão processados com prioridade absoluta, devendo ser imediatamente distribuídos, ficando vedado que aguardem, em qualquer situação, oportuna distribuição, e serão colocados em mesa para julgamento, com revisão e com parecer urgente do Ministério Público.

COMENTÁRIOS

✪ **Nota do autor:** sobre os recursos, o Estatuto determina (art. 198) que será observado o Código de Processo Civil, independentemente do procedimento, com as adaptações do Estatuto da Criança e do Adolescente. A questão aborda justamente essas adaptações.

Alternativa correta: letra "b". A sentença de adoção produzirá efeitos desde logo e eventual apelação terá só efeito devolutivo. Porém, no caso de adoção, admite-se a concessão de efeito suspensivo (efeito suspensivo impróprio) nas seguintes hipóteses: a) adoção internacional concedida; b) se, na adoção nacional, houver perigo de dano irreparável ou de difícil reparação ao adotando.

Alternativa "a". O prazo para interpor os recursos é de dez dias, salvo os embargos declaratórios, cujo prazo será de cinco dias.

Alternativa "c". A sentença de destituição do poder familiar será recebida apenas em seu efeito devolutivo.

Alternativa "d". Os recursos nos procedimentos do Estatuto independem de revisão.

8 CRIMES

52. (Vunesp – Juiz de Direito – RJ/2014) Quanto aos crimes e infrações administrativas previstos no Estatuto da Criança e do Adolescente, pode-se afirmar, corretamente, que

A) é infração administrativa sujeita à multa de três a vinte salários de referência, aplicando-se o dobro, em caso de reincidência, a conduta de jornaleiro que vende revista que contenha cena de sexo explícito envolvendo adolescente.

B) a apreensão ilegal de criança ou adolescente é conduta atípica pela inexistência de pretensão punitiva pelo Estado.

C) é de ação pública incondicionada a apuração de crime praticado por médico, professor ou responsável por estabelecimento de atenção à saúde e de ensino fundamental, pré-escola ou creche, que não comunica à autoridade competente os casos de que tenha conhecimento, envolvendo suspeita ou confirmação de maus-tratos contra criança ou adolescente.

D) a divulgação indevida de nome de adolescente a quem se atribua a prática de ato infracional por qualquer meio de comunicação é infração administrativa sujeita à multa de três a vinte salários de referência, aplicando-se o dobro em caso de reincidência.

COMENTÁRIOS

✪ **Nota do autor:** o Estatuto da Criança e do Adolescente prevê um complexo sistema de responsabilização derivado da inobservância dos deveres impostos em relação à criança e o adolescente. Para tanto: i) prevê sanções às entidades de atendimento; ii) prevê a possibilidade de aplicação de medidas por conta de uso de castigo físico ou de tratamento cruel ou degradante como forma de correção, disciplina, educação ou qualquer outro pretexto; iii) prevê a possibilidade de aplicação de medidas pertinentes aos pais ou responsáveis; iv) tipifica infrações penais e infrações administrativas.

Alternativa correta: letra "d". em relação às infrações administrativas, observa-se o princípio da legalidade, de modo que somente poderão ser assim consideradas aquelas condutas indicadas no próprio Estatuto. Entre elas, a indicada no art. 247 do Estatuto, relacionada à divulgação indevida de nome de adolescente a quem se atribua a prática de ato infracional, conduta essa proibida pelo Estatuto, por pressupor atividade vexatória à criança ou adolescente, em flagrante desrespeito à regra contida no art. 19.

Alternativa "a": excluída a alternativa, em conformidade com o indicado acima.

Alternativa "b": a apreensão ilegal de adolescente é conduta tipificada no art. 230 do Estatuto. A apreensão de adolescente somente será possível em decorrência de flagrante de ato infracional, ou por conta ordem judicial fundamentada.

Alternativa "c": trata-se de infração administrativa e não de crime.

---

53. (Vunesp – Juiz de Direito – PA/2014) De acordo com o Estatuto da Criança e do Adolescente: "Promover ou auxiliar a efetivação de ato destinado ao envio de criança ou adolescente para o exterior com inobservância das formalidades legais ou com o fito de obter lucro", sujeita o seu autor à pena de

A) detenção de dois anos.

B) detenção de um ano.

C) reclusão de dois anos.

D) reclusão e multa.

E) detenção e multa.

COMENTÁRIOS

✪ **Nota do autor:** o Estatuto estabelece um verdadeiro sistema de responsabilização, ao tipificar infrações administrativas, infrações penais, bem como penalidades que podem ser aplicadas às entidades de atendimento.

Alternativa Correta: letra "d". A conduta foi tipificada como crime no art. 239 do Estatuto. De acordo com tal dispositivo, será punido com reclusão e multa aquele que promove o envio de criança ou adolescente ao exterior, sem observar as formalidades existentes, notadamente o procedimento de adoção internacional. Exclui automaticamente as demais alternativas.

Direito da Criança e do Adolescente

Luciano Rossato e
Paulo Lépore

✦ DICAS (RESUMO)

1. DISPOSIÇÕES PRELIMINARES

1.1. DEFINIÇÃO DE CRIANÇA E DE ADOLESCENTE

- O Estatuto, na linha do próprio Direito da Criança e do Adolescente, encampou a **Doutrina da Proteção Integral**, pela qual essas pessoas são consideradas sujeitos de direitos e não objeto de proteção. Substituiu a Doutrina da Situação Irregular.

SITUAÇÃO IRREGULAR	PROTEÇÃO INTEGRAL
Menor era considerado um objeto de proteção.	Criança e adolescente são considerados sujeitos de direitos.

- **Criança** é a pessoa que tem entre zero e doze anos incompletos, ao passo que o adolescente é a pessoa que possui entre doze e dezoito anos incompletos.

Criança	Adolescente	Excepcionalmente
0 – 12 anos incompletos	12 – 18 anos incompletos	aplica-se o ECA às pessoas de idade de 18 a 21 anos

- Em conformidade com o Marco Legal da Primeira Infância (Lei nº 13.257/2016), considera-se primeira infância o período que abrange os primeiros 6 anos completos ou 72 meses de vida da criança. Tal definição também já era adotada em outros documentos normativos, como, por exemplo, a Lei nº 11.265/2006, que regulamenta a comercialização de alimentos para lactentes e crianças de primeira infância e também a de produtos de puericultura correlatos.

PRIMEIRA INFÂNCIA: os primeiros seis anos de idade.

- As políticas públicas voltadas ao atendimento dos direitos da criança na primeira infância serão elaboradas e executadas de forma a: I – atender ao interesse superior da criança e à sua condição de sujeito de direitos e de cidadã; II – incluir a participação da criança na definição das ações que lhe digam respeito, em conformidade com suas características etárias e de desenvolvimento; III – respeitar a individualidade e os ritmos de desenvolvimento das crianças e valorizar a diversidade da infância brasileira, assim como as diferenças entre as crianças em seus contextos sociais e culturais; IV – reduzir as desigualdades no acesso aos bens e serviços que atendam aos direitos da criança na primeira infância, priorizando o investimento público na promoção da justiça social, da equidade e da inclusão sem discriminação da criança; V – articular as dimensões ética, humanista e política da criança cidadã com as evidências científicas e a prática profissional no atendimento da primeira infância; VI – adotar abordagem participativa, envolvendo a sociedade, por meio de suas organizações representativas, os profissionais, os pais e as crianças, no aprimoramento da qualidade das ações e na garantia da oferta dos serviços; VII – articular as ações setoriais com vistas ao atendimento integral e integrado; VIII – descentralizar as ações entre os entes da Federação; IX – promover a formação da cultura de proteção e promoção da criança, com apoio dos meios de comunicação social.
- A União, os Estados, o Distrito Federal e os Municípios poderão instituir, nos respectivos âmbitos, comitê intersetorial de políticas públicas para a primeira infância com a finalidade de assegurar a articulação das ações voltadas à proteção e à promoção dos direitos da criança, garantida a participação social por meio dos conselhos de direitos.
- **Excepcionalmente**, o Estatuto também é aplicável ás pessoas que possuem entre dezoito e vinte e um anos. Isso ocorre, principalmente, para os casos em que houve a prática de ato infracional pelo jovem enquanto anda adolescente, permitindo-se que seja aplicada medida e que a mesma seja executada, ainda que o autor do ato infracional já tenha completado a maioridade. Porém, completados vinte e um anos, a medida deverá ser necessariamente extinta.

- Assim, se o adolescente estiver em cumprimento de medida socioeducativa, o advento da maioridade **não imporá a sua extinção**, conforme já reiteradamente decidido pelo Supremo Tribunal Federal.
- A criança e o adolescente são **sujeitos de direitos**, sendo-lhes assegurados todos os direitos fundamentais inerentes à pessoa humana, sem prejuízo de outros que lhe são próprios.
- A criança e o adolescente são pessoas em desenvolvimento, de modo que fazem jus à prioridade absoluta da família, da sociedade e do Estado.
- Constitui dever jurídico da família, da sociedade e do Estado assegurar, com absoluta prioridade, a efetivação dos direitos fundamentais de crianças e adolescentes, colocando-as a salvo de qualquer forma de negligência, discriminação, exploração, violência, crueldade e opressão.

2. DIREITOS FUNDAMENTAIS

2.1. DIREITO À VIDA E À SAÚDE

- É assegurado a todas as mulheres o acesso aos programas e às políticas de saúde da mulher e de planejamento reprodutivo e, às gestantes, nutrição adequada, atenção humanizada à gravidez, ao parto e ao puerpério e atendimento pré-natal, perinatal e pós-natal integral no âmbito do Sistema Único de Saúde.
- O atendimento pré-natal será realizado por profissionais da atenção primária.
- Os profissionais de saúde de referência da gestante garantirão sua vinculação, no último trimestre da gestação, ao estabelecimento em que será realizado o parto, garantido o direito de opção da mulher.
- Os serviços de saúde onde o parto for realizado assegurarão às mulheres e aos seus filhos recém-nascidos alta hospitalar responsável e contrarreferência na atenção primária, bem como o acesso a outros serviços e a grupos de apoio à amamentação.
- Incumbe ao poder público proporcionar assistência psicológica à gestante e à mãe, no período pré e pós-natal, inclusive como forma de prevenir ou minorar as consequências do estado puerperal. Essa assistência deverá ser prestada também a gestantes e mães que manifestem interesse em entregar seus filhos para adoção, bem como a gestantes e mães que se encontrem em situação de privação de liberdade.
- A gestante e a parturiente têm direito a 1 (um) acompanhante de sua preferência durante o período do pré-natal, do trabalho de parto e do pós-parto imediato.
- A gestante deverá receber orientação sobre aleitamento materno, alimentação complementar saudável e crescimento e desenvolvimento infantil, bem como sobre formas de favorecer a criação de vínculos afetivos e de estimular o desenvolvimento integral da criança.
- A gestante tem direito a acompanhamento saudável durante toda a gestação e a parto natural cuidadoso, estabelecendo-se a aplicação de cesariana e outras intervenções cirúrgicas por motivos médicos.
- A atenção primária à saúde fará a busca ativa da gestante que não iniciar ou que abandonar as consultas de pré-natal, bem como da puérpera que não comparecer às consultas pós-parto.
- Incumbe ao poder público garantir, à gestante e à mulher com filho na primeira infância que se encontrem sob custódia em unidade de privação de liberdade, ambiência que atenda às normas sanitárias e assistenciais do Sistema Único de Saúde para o acolhimento do filho, em articulação com o sistema de ensino competente, visando ao desenvolvimento integral da criança.
- O poder público, as instituições e os empregadores propiciarão condições adequadas ao aleitamento materno, inclusive aos filhos de mães submetidas a medida privativa de liberdade.
- Os profissionais que atuam no cuidado diário ou frequente de crianças na primeira infância receberão formação específica e permanente para a detecção de sinais de risco para o desenvolvimento psíquico, bem como para o acompanhamento que se fizer necessário.
- Os estabelecimentos de atendimento à saúde, inclusive as unidades neonatais, de terapia intensiva e de cuidados intermediários, deverão proporcionar condições para a permanência em tempo integral de um dos pais ou responsável, nos casos de internação de criança ou adolescente.
- Os casos de suspeita ou confirmação de castigo físico, de tratamento cruel ou degradante e de maus-tratos contra criança ou adolescente serão obrigatoriamente comunicados ao Conselho Tutelar da respectiva localidade, sem prejuízo de outras providências legais.
- As gestantes ou mães que manifestem interesse em entregar seus filhos para adoção serão obrigatoriamente encaminhadas, sem constrangimento, à Justiça da Infância e da Juventude.
- Os serviços de saúde em suas diferentes portas de entrada, os serviços de assistência social

em seu componente especializado, o Centro de Referência Especializado de Assistência Social (Creas) e os demais órgãos do Sistema de Garantia de Direitos da Criança e do Adolescente deverão conferir máxima prioridade ao atendimento das crianças na faixa etária da primeira infância com suspeita ou confirmação de violência de qualquer natureza, formulando projeto terapêutico singular que inclua intervenção em rede e, se necessário, acompanhamento domiciliar.

- O Sistema Único de Saúde promoverá programas de assistência médica e odontológica para a prevenção das enfermidades que ordinariamente afetam a população infantil, e campanhas de educação sanitária para pais, educadores e alunos.
- É obrigatória a vacinação das crianças nos casos recomendados pelas autoridades sanitárias.
- O Sistema Único de Saúde promoverá a atenção à saúde bucal das crianças e das gestantes, de forma transversal, integral e intersetorial com as demais linhas de cuidado direcionadas à mulher e à criança.
- A atenção odontológica à criança terá função educativa protetiva e será prestada, inicialmente, antes de o bebê nascer, por meio de aconselhamento pré-natal, e, posteriormente, no sexto e no décimo segundo anos de vida, com orientações sobre saúde bucal.
- A criança com necessidade de cuidados odontológicos especiais será atendida pelo Sistema Único de Saúde.

2.2. DIREITO À LIBERDADE, AO RESPEITO E À DIGNIDADE

- A criança e o adolescente **têm direito à liberdade**, ao respeito e à dignidade como pessoas em processo de desenvolvimento e como sujeitos de direitos.
- O direito à liberdade compreende várias "liberdades", entre elas, o de ir, vir e estar nos logradouros públicos e espaços comunitários, ressalvadas as restrições legais.
- O Superior Tribunal de Justiça entendeu pela **inviabilidade da medida denominada "toque de recolher"**, determinada por meio de Portaria do Juízo da Vara da Infância e da Juventude.
- Constitui **dever** de todos velar pela dignidade da criança e do adolescente, colocando-a a salvo de qualquer tratamento desumano, violento, aterrorizante, vexatório e constrangedor.

> **Alteração Legislativa: a Lei n. 13.438/2017, com vigência a partir de outubro de 2017, alterou a redação do § 5º do art. 14, determinando que:** "É obrigatória a aplicação a todas as crianças, nos seus primeiros dezoito meses de vida, de protocolo ou outro instrumento construído com a finalidade de facilitar a detecção, em consulta pediátrica de acompanhamento da criança, de risco para o seu desenvolvimento psíquico".

2.3. DIREITO À CONVIVÊNCIA FAMILIAR E COMUNITÁRIA

- A criança e o adolescente devem permanecer perante a sua **família natural** e tão somente em situações excepcionais é que devem dela ser retirados.
- A retirada da família somente pode acontecer em razão de **ordem judicial**, salvo em **situações emergenciais**, quando então a criança ou o adolescente poderá ser encaminhado à entidade, que comunicará o fato ao juiz no prazo de 24 horas.
- A criança e o adolescente podem ser inseridos, excepcionalmente e por período breve, em medidas protetivas de **acolhimento familiar ou acolhimento institucional,** o que poderá ser determinado somente pelo juiz.
- Portanto, o Conselho Tutelar **não poderá** ser aplicar as medidas protetivas de acolhimento institucional e acolhimento familiar (apesar da redação do art. 136, I, do ECA).
- As medidas protetivas de acolhimento institucional e familiar devem ser reavaliadas pelo menos a **cada seis meses** e dependem de decisão do juiz.
- O programa de acolhimento institucional **não se prolongará por mais de dois anos,** salvo comprovada necessidade que atenda ao seu superior interesse, devidamente fundamentada pela autoridade judiciaria.
- A União apoiará a implementação de serviços de acolhimento em família acolhedora como política pública, os quais deverão dispor de equipe que organize o acolhimento temporário de crianças e de adolescentes em residências de famílias selecionadas, capacitadas e acompanhadas que não estejam no cadastro de adoção.
- Poderão ser utilizados recursos federais, estaduais, distritais e municipais para a manutenção dos serviços de acolhimento em família acolhedora, facultando-se o repasse de recursos para a própria família acolhedora.
- Será garantida a convivência da criança e do adolescente com a mãe ou o pai privado de liberdade, por meio de visitas periódicas promovidas

pelo responsável ou, nas hipóteses de acolhimento institucional, pela entidade responsável, independentemente de autorização judicial.

- Não existindo outro motivo que por si só autorize a decretação da medida, a criança ou o adolescente será mantido em sua família de origem, a qual deverá obrigatoriamente ser incluída em serviços e programas oficiais de proteção, apoio e promoção.
- A condenação criminal do pai ou da mãe não implicará a destituição do poder familiar, exceto na hipótese de condenação por crime doloso, sujeito à pena de reclusão, contra o próprio filho ou filha.
- A mãe e o pai, ou os responsáveis, têm direitos iguais e deveres e responsabilidades compartilhados no cuidado e na educação da criança, devendo ser resguardado o direito de transmissão familiar de suas crenças e cultura.
- A família natural é composta pelos pais ou qualquer um deles e seus filhos.
- A família extensa é composta pelos parentes próximos com quem a criança e o adolescente mantêm vínculos de afinidade e de afetiva. Vai além da unidade pais e filhos. Lembre-se, sempre, da **GRANDE FAMÍLIA**.
- A família substituta admite três modalidades: **a guarda, tutela e a adoção**, cada qual com suas características próprias.
- A guarda destina-se a **regularizar a posse de fato**. Obriga o guardião à prestação de assistência material, moral e educacional à criança e ao adolescente.
- O guardião poderá opor-se a terceiros, inclusive em relação aos pais. Porém, não possui o direito de representação, podendo o magistrado, contudo, em casos excepcionais, deferir o direito de representação para a prática de atos determinados.
- A guarda atribui a condição de dependente, inclusive para fins previdenciários. Na jurisprudência do STJ, o assunto é polêmico.
- O deferimento da guarda **não importa na cessação do direito de pagar alimentos e nem obsta o direito de visitas dos pais**, salvo expressa e fundamentada decisão judicial em sentido contrário ou se a medida for aplicada como preparação para a adoção.
- A guarda **poderá ser revogada a qualquer tempo**, mediante ato judicial fundamentado.
- A tutela será deferida a pessoa de até 18 anos incompletos.
- Na **adoção testamentária**, o tutor nomeado terá o prazo de 30 dias para o ajuizamento da ação destinada ao controle judicial do ato e a tutela somente será deferida se restar comprovado que a medida é vantajosa ao tutelando e que não existe outra pessoa em melhores condições de assumi-la.
- A adoção é medida **excepcional e irrevogável**, devendo ser observados requisitos objetivos e subjetivos para o seu deferimento.
- É vedada a adoção requerida por procuração; a adoção é um ato que **não pode ser revogado** (o consentimento prestado pelos genitores é retratável até a publicação da sentença concessiva da adoção); **a morte dos adotantes não restabelece o poder familiar dos pais naturais**; e, a adoção somente pode ser deferida por **sentença judicial** (e não por procuração, ressalvados o direito adquirido em razão de escrituras lavradas para adoção de adultos antes do advento do Código Civil de 2002).
- É **recíproco o direito sucessório** entre o adotado, seus descendentes, o adotante, seus ascendentes, descendentes e colaterais até o 4º grau, observada a ordem de vocação hereditária.
- A adoção deve ser precedida de **estágio de convivência**, que terá duração fixada pelo juiz, salvo se o adotando já estiver sob a tutela ou guarda legal do adotante durante tempo suficiente para que seja possível avaliar a conveniência da constituição do vínculo, hipótese em que poderá ser dispensada.
- O estágio de convivência não será dispensado no caso de adoção internacional. Terá prazo mínimo de 30 dias e será cumprido no território nacional.
- Somente poderá ser deferida a adoção em favor de candidato domiciliado no Brasil não cadastrado previamente, salvo nos casos de adoção unilateral, se requerida por parentes com quem a criança e o adolescente já mantenha vínculo, ou, ainda, por terceiro, para a adoção de criança com mais três anos ou de adolescente, desde que o pedido seja oriundo de quem detenha a tutela ou guarda legal, boa-fé e que não se trate dos crimes de crimes.
- **IMPORTANTE:** ALTERAÇÃO LEGISLATIVA!!! Lei 12.955/2014: terão prioridade de tramitação os processos de adoção em que o adotando for criança ou adolescente com deficiência ou com doença crônica.

2.4. DIREITO FUNDAMENTAL À EDUCAÇÃO, AO DESPORTO

- A expansão da educação infantil deverá ser feita de maneira a assegurar a qualidade da oferta, com instalações e equipamentos que obedeçam a padrões de infraestrutura estabelecidos pelo

Ministério da Educação, com profissionais qualificados conforme dispõe a Lei nº 9.394, de 20 de dezembro de 1996 (Lei de Diretrizes e Bases da Educação Nacional), e com currículo e materiais pedagógicos adequados à proposta pedagógica.

- A expansão da educação infantil das crianças de 0 (zero) a 3 (três) anos de idade, no cumprimento da meta do Plano Nacional de Educação, atenderá aos critérios definidos no território nacional pelo competente sistema de ensino, em articulação com as demais políticas sociais.
- A criança e o adolescente têm direito à educação, visando ao pleno desenvolvimento de sua pessoa, preparo para o exercício da cidadania e qualificação para o trabalho, assegurando-se-lhes: I – igualdade de condições para o acesso e permanência na escola; II – direito de ser respeitado por seus educadores; III – direito de contestar critérios avaliativos, podendo recorrer às instâncias escolares superiores; IV – direito de organização e participação em entidades estudantis; V – acesso à escola pública e gratuita próxima de sua residência.
- É direito dos pais ou responsáveis ter ciência do processo pedagógico, bem como participar da definição das propostas educacionais.
- O poder público estimulará pesquisas, experiências e novas propostas relativas a calendário, seriação, currículo, metodologia, didática e avaliação, com vistas à inserção de crianças e adolescentes excluídos do ensino fundamental obrigatório.
- No processo educacional respeitar-se-ão os valores culturais, artísticos e históricos próprios do contexto social da criança e do adolescente, garantindo-se a estes a liberdade da criação e o acesso às fontes de cultura.
- Os municípios, com apoio dos estados e da União, estimularão e facilitarão a destinação de recursos e espaços para programações culturais, esportivas e de lazer voltadas para a infância e a juventude.
- *Vide* atualização do ECA: ensino fundamental a partir dos seis anos de idade.

2.5. DIREITO FUNDAMENTAL À PROFISSIONALIZAÇÃO E À PROTEÇÃO NO TRABALHO

- O adolescente poderá desempenhar atividades em trabalho educativo (que não é trabalho), como aprendiz (contrato de trabalho), como estagiário ou, ainda, como empregado que não inserido nos programas anteriores.
- Entende-se por trabalho educativo a atividade laboral em que as exigências pedagógicas relativas ao desenvolvimento pessoal e social do educando prevalecem sobre o aspecto produtivo.
- A remuneração que o adolescente recebe pelo trabalho efetuado ou a participação na venda dos produtos de seu trabalho não desfigura o caráter educativo.
- Ao adolescente empregado, aprendiz, em regime familiar de trabalho, aluno de escola técnica, assistido em entidade governamental ou não governamental, é vedado o trabalho noturno, perigoso, insalubre, penoso, realizado em locais prejudiciais à sua formação e ao seu desenvolvimento físico, psíquico, moral e social, ou, ainda, realizado em horários e locais que não permitam a frequência à escola.

3. NORMAS DE PREVENÇÃO À LESÃO AOS DIREITOS FUNDAMENTAIS

3.1. DA AUTORIZAÇÃO PARA VIAJAR

- O adolescente não necessita de autorização para viajar desacompanhado dos pais ou responsável.
- Para a criança viajar desacompanhada de seus pais ou responsável necessitará de autorização judicial para viajar para OUTRA COMARCA (e não outra cidade!!!), salvo quando:

i) mesmo desacompanhada, tratar-se a viagem de deslocamento para comarca contígua à da residência da criança, se na mesma Unidade da Federação, ou incluída na mesma região metropolitana.

ii) quando a criança estiver acompanhada de **ASCENDENTE OU COLATERAL MAIOR, ATÉ O TERCEIRO GRAU, COMPROVADO DOCUMENTALMENTE, ou, ainda, DE PESSOA MAIOR**, expressamente autorizada pelo pai, mãe ou responsável.

- **NOTAR QUE O ASCENDENTE E O COLATERAL DEVEM SER MAIORES.**
- Muito embora o adolescente possa viajar desacompanhado de seus pais ou responsável, sem qualquer autorização, **NÃO PODERÁ HOSPEDAR-SE** sem que seja expressamente autorizado!
- Na viagem internacional, é dispensável se a criança ou adolescente estiver acompanhado de ambos os pais ou responsável.

4. ATO INFRACIONAL, MEDIDAS SOCIOEDUCATIVAS E APURAÇÃO

4.1. DO ATO INFRACIONAL

- **Ato infracional** é toda conduta prevista na lei como crime ou contravenção penal praticada por criança ou adolescente. Aquela está sujeita às medidas protetivas indicadas, enquanto a este é possível a imposição das chamadas medidas socioeducativas.

Criança	Adolescente
medidas protetivas aplicadas pelo Conselho Tutelar ou pelo Juiz (em procedimento restrito à apuração da situação de risco e não para a apuração do ato infracional).	medidas socioeducativas aplicadas pelo Juízo da Vara da Infância e da Juventude, único competente para o julgamento do caso, independentemente do ato praticado. Entre as medidas também estão incluídas as medidas protetivas do art. 101, I a VI, do ECA.

4.2. DAS MEDIDAS SOCIOEDUCATIVAS

- Para a escolha da medida socioeducativa adequada ao caso, deve o magistrado levar em consideração três fatores**: a capacidade de cumprimento da medida, as circunstâncias e a gravidade da infração.**
- Para a medida de internação, além desses fatores, o magistrado deverá verificar **se não existe outra medida socioeducativa mais adequada à ressocialização** e, ainda, **se a hipótese se enquadra em uma das indicadas no art. 122, do Estatuto,** que deve ser interpretado de forma restritiva.
- A advertência consiste na **admoestação verbal** do adolescente pelo juiz, mediante termo. Poderá ser aplicada apenas com **INDÍCIOS de autoria** e materialidade e comprovação da materialidade.

Advertência	bastam indícios de autoria e comprovação da materialidade

- A obrigação de reparar o dano consiste em compelir o adolescente a ressarcir a vítima de seus prejuízos.
- A prestação de serviços à comunidade consiste **na realização de atividades gratuitas, de interesse geral, pelo adolescente**. Tem duração máxima de **06 meses e carga horária máxima de 08 horas por semana.**

Duração máxima	06 meses.
Carga horária máxima	08 horas por semana

- A liberdade assistida consiste na **orientação, apoio e acompanhamento** do adolescente por um orientador. Tem prazo mínimo de **06 meses**, podendo ser prorrogada.

Duração mínima	06 meses.

- A semiliberdade consiste em uma medida socioeducativa restritiva de liberdade, em que o adolescente, por certo período permanecerá junto à comunidade, e em outro momento junto à comunidade. **Poderá ser aplicada desde o início ou como forma de transição para a liberdade. Deverá ser reavaliada pelo menos a cada seis meses.**
- As atividades externas na semiliberdade não poderão ser vedadas pelo juiz, senão a medida se converte em internação.
- A **internação** consiste em medida socioeducativa **restritiva de liberdade**, em que o adolescente permanecerá sob os cuidados de uma entidade de atendimento por tempo integral.
- As atividades externas poderão ser vedadas pela autoridade judiciária, em decisão que poderá ser modificada posteriormente.
- Há duas espécies de internação: **por prazo indeterminado ou por prazo determinado.**

Internação	prazo indeterminado.
	prazo determinado.

- A internação com prazo indeterminado será aplicada pelo Juiz e, como o próprio nome diz, não se identifica o prazo de duração da medida, o que dependerá da ressocialização do adolescente. Porém, há um tempo limite, que é o **prazo de 03 anos** (computando-se o tempo da internação provisória), havendo ainda a liberação compulsória se o jovem completar **21 anos de idade**.
- Essa modalidade de internação somente poderá ser aplicada, conforme dito acima, se não existir outra medida socioeducativa suficiente à ressocialização e, ainda, se incidir uma das hipóteses do art. 122, do ECA, quais sejam:

1) tratar-se de ato infracional cometido mediante violência ou grave ameaça à pessoa, hipótese à qual não se amolda o tráfico de entorpecentes – vide Súmula 492, do STJ;
2) tratar-se de reiteração no cometimento de outras infrações graves (pelo atual entendimento do STF e STJ, a reiteração se configurará já na prática do segundo ato, não mais sendo necessária a prática de três atos.

- ato infracional cometido mediante violência ou grave ameaça à pessoa.
- Internação sem prazo determinado.
- reiteração na prática de outras infrações graves.
- A internação com prazo determinado consiste em uma **sanção** imposta ao adolescente (e, por isso, é denominada de internação-sanção), em razão do **descumprimento reiterado e injusti-**

ficável de medida socioeducativa anteriormente imposta. Tem prazo máximo limitado a 03 meses.

- Além dessas medidas, também é possível a imposição das **medidas protetivas previstas no art. 101, I a VI**, do Estatuto. Note-se que, quando da apuração do ato infracional, não são todas as medidas protetivas que podem ser aplicadas, **excetuando-se as medidas de acolhimento familiar, acolhimento institucional e colocação em família substituta**.
- As medidas socioeducativas podem ser aplicadas de forma cumulativa, desde que haja compatibilidade entre elas (o que acontece, por exemplo, com a liberdade assistida e a prestação de serviços à comunidade); podem ser substituídas umas por outras e, se acaso por outra mais grave, deve ser observada a ampla defesa e o contraditório.
- As medidas socioeducativas prescrevem, conforme é possível ver nos comentários à Súmula 338, do STJ.

4.3. DA APURAÇÃO DO ATO INFRACIONAL PRATICADO POR ADOLESCENTE

- O Estatuto traz vários procedimentos. A todos eles se aplicam as regras nele indicadas e, **subsidiariamente, a lei processual pertinente**.
- Assim, para o procedimento de apuração do ato infracional, aplica-se **subsidiariamente o Código de Processo Penal**.
- A **apreensão** de adolescente somente ocorrerá em **duas situações**: (i) em razão **de flagrante de ato infracional** (art. 302, do CPP) e (ii) **por ordem judicial fundamentada.** Na primeira hipótese, o adolescente será encaminhado à autoridade policial e na segunda à autoridade judiciaria.

Apreensão	→	flagrante	→	autoridade policial
Apreensão	→	ordem judicial	→	autoridade judicial

- Apreendido o adolescente em flagrante, o mesmo será encaminhado à autoridade policial, que, por sua vez, deverá observar algumas formalidades. São elas:

1) lavratura do auto de apreensão, que pode ser substituído por boletim de ocorrência no caso de ato infracional cometido sem violência ou grave ameaça à pessoa;
2) apreender o produto da infração;
3) requisitar perícias e exames.

- Após, **o adolescente será liberado aos seus pais ou responsável, o que constitui a regra**. É firmado o compromisso de apresentação imediata do adolescente ao Ministério Público, ou, se isso não for possível, no primeiro dia útil imediato.
- Porém, o adolescente não será liberado em razão da gravidade do ato infracional e de sua repercussão social, deva o adolescente permanecer internado para garantir a sua segurança pessoal ou a manutenção da ordem pública.
- Não sendo o adolescente liberado, deverá ser encaminhado imediatamente ao Ministério Público. Se não for possível essa apresentação, será encaminhado à entidade de atendimento que, em 24 horas, promoverá a apresentação ao Ministério Público. Se não existir entidade de atendimento, permanecerá na repartição policial, devendo ser apresentado ao Ministério Público em 24 horas.

Adolescente liberado	→	deve apresentar-se ao MP*
Adolescente não liberado	→	deve ser apresentado ao MP*

* Note-se que todos os caminhos conduzem ao Ministério Público.

- O Ministério Público, por sua vez, **promoverá a oitiva informal** do adolescente, da vítima, de testemunhas e dos pais ou responsável. Nesta oportunidade, não há necessidade de participação da defesa.
- Realizada a oitiva informal, o Ministério Público escolherá um de três caminhos possíveis:

Oitiva informal	Arquivamento do procedimento. Concessão de remissão. Oferecimento de representação.

- Entendendo ser o caso de arquivamento do expediente, o Ministério Público o requererá à autoridade judiciária. Portanto, o arquivamento também dependerá de controle do juiz que, se não concordar, encaminhará os autos ao Procurador Geral de Justiça.
- Poderá o Ministério Público conceder a **remissão**, como **forma de exclusão do processo (art. 126-128).**É a chamada remissão como forma de exclusão, ou remissão ministerial ou ainda pré-processual.
- A remissão é um instituto em que implica na **adoção de procedimento diferenciado**. Decorre da necessidade de não estigmatização do adolescente, ou seja, em evitar-se que o infrator se submeta ao processo ou, se este for iniciado, que seja o mais breve possível.

- Há duas espécies de remissão: **a pré-processual** (ou Ministerial) e a **processual** (ou judicial). A remissão pré-processual importa na exclusão do processo. É concedida antes de iniciado o processo. A processual, por óbvio, após já iniciado.
- **A remissão processual** importará na **suspensão** ou na **extinção** do processo já iniciado.
- **Regras comuns** às duas remissões: (i) poderá ser **cumulada medida socioeducativa não restritiva de liberdade**; (ii) **não importará no reconhecimento da autoria e não prevalecerá para fins de antecedentes.**
- Portanto, poderá o Ministério Público conceder a remissão, como forma de exclusão, aguardando-se pela homologação judicial. Se o magistrado entender que não é o caso, remeterá os autos ao Procurador Geral de Justiça.
- Não sendo o caso de arquivamento ou de concessão da remissão, o Ministério Público **OFERECERÁ REPRESENTAÇÃO.**
- A representação é a inicial da ação socioeducativa (também conhecida por ação socioeducativa pública). Somente poderá ser apresentada pelo Ministério Público (jamais pela vítima). Pode ser oferecida de forma escrita ou oral e **independente de prova pré-constituída da autoria e da materialidade.**
- Oferecida a representação, os autos irão conclusos ao Juiz, que, por sua vez, **designará a audiência de apresentação, a notificação do adolescente e de seus pais ou responsável, a elaboração de relatório e deliberará sobre a internação provisória.**
- Se o adolescente **não for encontrado para notificação, será expedido mandado de busca e apreensão**. Contudo, **se encontrado, não comparece, será designada nova data e determinada a condução coercitiva do adolescente**.
- **Mandado de busca e apreensão**

Mandado de busca e apreensão	Condução coercitiva
Adolescente não encontrado	Adolescente encontrado, mas não comparece à audiência de apresentação.

- A internação provisória também é denominada de internação antes da sentença e **dependerá de decisão fundamentada**, baseada em indícios suficientes de autoria e materialidade, além da demonstração da necessidade imperiosa da medida.
- Terá prazo limitado a **45 dias** e o procedimento deverá ser terminado nesse período, senão o adolescente deve ser liberado.
- A inobservância de qualquer prazo previsto em favor de adolescente a que se atribui a prática de ato infracional constitui crime tipificado no Estatuto.

Internação		
Sem prazo determinado	**Com prazo determinado**	**Provisória**
Duração máxima de 03 anos	Duração máxima de 03 meses.	Duração máxima de 45 dias.

- Na audiência de apresentação, o adolescente será ouvido, em procedimento muito próximo do interrogatório, sendo obrigatória a participação de advogado. Após a sua oitiva, bem como a de seus pais, o magistrado poderá **(i) conceder a remissão, como forma de extinção ou suspensão do processo, ou (ii) designar audiência em continuação.**
- Não é necessário que o Ministério Público concorde com a concessão da remissão, porém, deverá ser ouvido a respeito, sob pena de nulidade.
- Em até três dias após a audiência de apresentação, poderá a defesa requerer a produção de provas, arrolando testemunhas.
- Na audiência em continuação, serão inquiridas testemunhas arroladas pela acusação e pela defesa; as partes promoverão os debates e, por fim, o juiz prolatará sentença.
- **A sentença de procedência importa no reconhecimento da autoria** (salvo na advertência, em que é possível o reconhecimento de indícios) e da **materialidade**, bem como na aplicação da medida socioeducativa pertinente.
- Se aplicada medida em meio aberto, deverá ser intimado tão somente o advogado.
- Se aplicada medida restritiva de liberdade, além do Defensor, também deverá ser intimado o adolescente, que se manifestará se pretende ou não recorrer. De toda forma, prevalecerá a vontade daquela que pretenda recorrer, sendo o Advogado, seja o adolescente.

5. DO CONSELHO TUTELAR

- **Conselho Tutelar** é um órgão não jurisdicional, permanente e autônomo, inserido na Administração Pública Municipal, que tem a missão de **zelar pela observância** dos direitos fundamentais da criança e do adolescente.
- Os conselhos tutelares são compostos por **cinco pessoas** escolhidas pela população local, que exercerão **mandato de 04 anos**, permitida uma

recondução. São condições de elegibilidade: 21 anos, residir no município e idoneidade moral.

- Existem impedimentos para exercício no mesmo conselheiro tutelar (art. 139) ou em conselhos situados na mesma comarca (art. 140).
- Os conselheiros tutelares **serão remunerados** pelo município e fazem jus a outras garantias, como contribuição previdenciária, férias e 1/3, gratificação natalina, auxílio maternidade/paternidade.
- A escolha dos conselheiros tutelares ocorrerá em uma data única em todo o país, no ano seguinte ao das eleições presidenciais, muito embora o processo de escolha fique circunscrito ao município.
- Os Conselhos possuem várias atribuições e, entre elas, a aplicação das medidas protetivas previstas no art. 101, incisos I a VI, da fiscalização das entidades de atendimento governamentais e não governamentais, além de outras.
- Os conselheiros tutelares terão as atribuições constantes do art. 136, do Estatuto, além de outros. Destaca-se que, apesar do contido no inciso I, do art. 136, os conselheiros não poderão inserir crianças e adolescentes em acolhimento institucional.
- Compete aos conselheiros também aplicar medidas, sem prejuízo de outras mais graves, àqueles que praticarem castigos físicos ou tratamento cruel ou degradante.
- A Lei Menino Bernardo (Lei 13.010/2014) alterou o Estado, inserindo o art. 18-A, segundo o qual: A criança e o adolescente têm o direito de ser educados e cuidados sem o uso de castigo físico ou de tratamento cruel ou degradante, como formas de correção, disciplina, educação ou qualquer outro pretexto, pelos pais, pelos integrantes da família ampliada, pelos responsáveis, pelos agentes públicos executores de medidas socioeducativas ou por qualquer pessoa encarregada de cuidar deles, tratá-los, educá-los ou protegê-los. Parágrafo único. Para os fins desta Lei, considera-se: I – castigo físico: ação de natureza disciplinar ou punitiva aplicada com o uso da força física sobre a criança ou o adolescente que resulte em:

a) sofrimento físico; ou b) lesão; II – tratamento cruel ou degradante: conduta ou forma cruel de tratamento em relação à criança ou ao adolescente que: a) humilhe; ou

b) ameace gravemente; ou c) ridicularize.

- Praticado qualquer um desses atos, o Conselho Tutelar poderá aplicar, sem prejuízo de outras providências legais: I – encaminhamento a programa oficial ou comunitário de proteção à família; II – encaminhamento a tratamento psicológico ou psiquiátrico; III – encaminhamento a cursos ou programas de orientação; IV – obrigação de encaminhar a criança a tratamento especializado; V – advertência

6. DOS RECURSOS

- Para a impugnação das decisões judiciais proferidas no âmbito da Vara da Infância e da Juventude, com exceção das ações coletivas, aplica-se a sistemática do NOVO CPC, com as adaptações do Estatuto da Criança e do Adolescente.
- Portanto, somente serão cabíveis os recursos previstos no NOVO CPC. Não há possibilidade de agravo na execução, mas sim de agravo de instrumento, ou, eventualmente, de apelação.
- Foram as adaptações do ECA;

i) prazo de 10 dias para a interposição de apelação e de agravo de instrumento. Atenção que, apesar de o Novo CPC fazer previsão de que os recursos devem ser interpostos no prazo de 15 dias, deve ser aplicado o prazo do ECA.

ii) Portanto, em procedimento previsto no ECA, a apelação e o agravo de instrumento devem ser interpostos no prazo de 10 dias, e não de 15, salvo em relação à ação civil pública, cujo prazo seguirá o Novo CPC (15 dias).

iii) Atenção para a forma de contagem do prazo: em dias úteis, pela falta de previsão no ECA;

iv) está dispensado o recolhimento de preparo recursal;

v) possibilidade do juízo de retratação, além dos casos em que o magistrado prefere sentença sem análise de mérito (Novo CPC), para também quando houver a própria análise de mérito. Portanto, interposta a apelação, poderá o juízo retratar-se;

vi) apelação terá efeito devolutivo no caso de procedência do pedido de destituição do poder familiar;

vii) no caso de deferimento da adoção, a apelação contra a sentença terá efeito só devolutivo, salvo no caso de adoção internacional, se acolhido o pedido, ou, ainda, na adoção nacional, se houver perigo de lesão grave ao adotando.

7. DOS PROCEDIMENTOS DO ESTATUTO

7.1. DO PROCEDIMENTO PARA APURAÇÃO DO ATO INFRACIONAL.

- Tratado no item 4.3. acima.

7.2. DO PROCEDIMENTO PARA A PERDA E SUSPENSÃO DO PODER FAMILIAR.

- O procedimento será iniciado pelo Ministério Público ou por quem tenha legítimo interesse.
- Havendo **motivo grave**, poderá a autoridade judiciária, ouvido o Ministério Público, decretar a suspensão do poder familiar, liminar ou incidentalmente, até o julgamento definitivo da causa, ficando a criança ou o adolescente confiado a pessoa idônea.
- O requerido será citado para oferecer resposta escrita no prazo de dez dias.
- O prazo máximo para conclusão do procedimento será de 120 (cento e vinte) dias.

7.3. DO PROCEDIMENTO PARA COLOCAÇÃO EM FAMÍLIA SUBSTITUTA.

- Se os pais forem falecidos, tiverem sido destituídos ou suspensos do poder familiar, ou, ainda, se concordarem expressamente com a adoção, o pedido poderá ser formulado diretamente em cartório, dispensada a assistência de advogado.
- O consentimento será colhido em audiência, garantida a livre manifestação de vontade e esgotados os esforços para a manutenção da criança e do adolescente na família natural ou extensa.
- Se houver necessidade de destituição de tutela, perda ou suspensão do poder familiar, será observado o procedimento indicado no item .6.2., com a citação do requerido para o oferecimento de contestação no prazo de 10 dias.

7.4. DO PROCEDIMENTO PARA APURAÇÃO DE INFRAÇÃO ADMINISTRATIVA.

- O Estatuto tipifica várias **infrações administrativas** e também infrações penais (todas de ação penal pública incondicionada). No primeiro caso, a competência para a apuração será da Vara da Infância e da Juventude, ao passo que no segundo será da Vara Criminal respectiva.
- As infrações administrativas são apuradas em procedimento em que se garante a ampla defesa e o contraditório, iniciado a partir de representação do Ministério Público ou do Conselho Tutelar, ou auto de infração firmado por servidor efetivo ou voluntário credenciado e assinado por duas testemunhas, se possível.
- Este procedimento não pode ser iniciado de ofício pelo juiz.
- Ao final, o magistrado aplicará a pena prevista em lei, se acaso apurada a prática da infração administrativa.

8. DOS CRIMES TIPIFICADOS NO ESTATUTO

- O Estatuto tipifica várias condutas como crimes. Em comum a todos os tipos penais, tem-se que são de ação penal pública incondicionada.
- Em relação a todos os tipos penais, é de importância atualmente registrar que:

a) Art. 241-E:

- O dispositivo traz a indicação do que se entende por "cena de sexo explícito ou pornográfica", no sentido de que compreende qualquer situação que envolva criança ou adolescente em atividades sexuais explícitas, reais ou simuladas, ou exibição de órgãos genitais de uma criança ou adolescente para fins primordialmente sexuais.
- Ocorre que o Superior Tribunal de Justiça considerou tal definição incompleta, devendo ser interpretada em conformidade com a proteção à criança e ao adolescente em condição peculiar de pessoa em desenvolvimento, tratando-se de norma explicativa que contribui para a interpretação dos tipos penais relacionados aos crimes envolvendo a pornografia infantil. A propósito, ver Resp 1.543.264/SC.

b) Art. 244-A:

- Houve alteração da pena prevista no art. 244-A, que trata do crime de submeter criança ou adolescente à prostituição ou à exploração sexual. Penal: reclusão de quatro a dez anos e multa, além da perda de bens e valores utilizados na prática criminosa em favor do Fundo dos Direitos da Criança e do Adolescente da unidade da Federação.

Alteração legislativa.
A Lei n. 13.440/20017 alterou a pena deste tipo penal.

- Desse modo, entendeu-se caracterizar crime a conduta de fotografar ou armazenar foto de criança ou adolescente em poses nitidamente sensuais, com conotação sexual, ainda que não exista a nudez.

c) Art. 244-B:

- Para a configuração do crime de corrupção de menores, não há necessidade de prova da efetiva corrução, por se tratar de delito formal.

Súmula 500 do STJ: a configuração do crime previsto no artigo 244-B do Estatuto da Criança e do Adolescente independe da prova da efetiva corrupção do menor, por se tratar de delito formal.

✦ SÚMULAS APLICÁVEIS

- **Súmula 108 do STJ:** "A aplicação de medidas socioeducativas ao adolescente, pela prática de ato infracional, é da competência exclusiva do juiz".

  A aplicação de qualquer medida socioeducativa depende de decisão da autoridade judiciária, ainda que aplicada em cumulação à remissão pré ou processual. A remissão importa na adoção de um procedimento diferenciado, podendo ser aplicada antes do processo iniciar-se (pré-processual) ou após já iniciado (processual). Nos dois casos, como visto, pode ser cumulada medida socioeducativa, desde que não seja semiliberdade ou internação. E, de acordo com a Súmula, ainda que na remissão pré-processual, oferecida pelo Ministério Público, para que seja cumulada medida socioeducativa há necessidade de decisão do juiz.

- **Súmula 265 do STJ:** É necessária a oitiva do menor infrator antes de decretar-se a regressão da medida socioeducativa.

  A regressão de medida socioeducativa importa na substituição de uma medida por outra de abrangência pedagógica mais ampla, ou, entras palavras, em outra medida mais severa. Para que isso seja possível, é necessária a prévia oitiva do adolescente, garantindo-se a ampla defesa e o contraditório. Em outras palavras, como será adotada medida mais grave que aquela a que o adolescente se encontra submetido, há necessidade de garantir-se a este a ampla defesa, motivo pelo qual deverá ser ouvido.

- **Súmula 338 do STJ:** A prescrição penal é aplicável nas medidas socioeducativas.

  O adolescente possui os mesmos direitos que os adultos, além de outros que lhe são específicos. Nesse sentido, o adolescente também tem direito à prescrição das medidas socioeducativas. Para o cálculo da prescrição, o STJ tem se utilizado de três critérios: (i) se a medida aplicada possui prazo determinado, promove-se a incidência desse prazo no art. 109, do Código Penal, e o reduz de metade por ser o agente menor de 21 anos; (ii) se a medida não possui prazo certo, utiliza-se o prazo da internação (03 anos), incidindo-o no art. 109, do CP, com redução de metade em razão de ser o agente menor de 21 anos; (iii) se os critérios anteriores importarem em situação mais gravosa ao adolescente se em comparação ao adulto, aplica-se o critério utilizado para o cálculo da prescrição para os imputáveis (adultos).

- **Súmula 342 do STJ:** No procedimento para aplicação de medida socioeducativa, é nula a desistência de outras provas em face da confissão do adolescente.

  Era muito comum que ao adolescente, após confessar a prática de ato infracional cometido mediante violência ou grave ameaça à pessoa, fosse aplicada a medida socioeducativa de internação, sem prazo determinado, independentemente da produção de provas em audiência.

  Nesta situação, em diversas oportunidades, o STJ anulou o julgamento, uma vez que não produzida a prova em face do adolescente.

  Sendo assim, de acordo com o STJ, não obstante o adolescente tenha confessado a prática do ato infracional, ainda assim é necessária a produção de provas, com a oitiva de testemunhas, para que seja aplicada medida socioeducativa, salvo nos casos em que seja possível a aplicação de remissão.

- **Súmula 383 do STJ:** A competência para processar e julgar as ações conexas de interesse de menor é, em princípio, do foro do domicílio do detentor de sua guarda.

  O ECA adotou o princípio do juízo imediato, encampando no art. 147, incisos I e II, segundo o qual se exige uma proximidade do Juízo da Vara da Infância e da Juventude, que tem mais condições de decidir no caso concreto, diante da facilidade da colheita da prova e contato com a criança ou o adolescente.

- **Súmula 492 do STJ:** O ato infracional análogo ao tráfico de drogas, por si só, não conduz obrigatoriamente à imposição de medida socioeducativa de internação do adolescente".

  A aplicação da medida socioeducativa de internação somente poderá ocorrer se outra medida socioeducativa não for suficiente à ressocialização e ainda se a hipótese se enquadrar em uma das indicadas no art. 122, do Estatuto da Criança e do Adolescente. Trata-se da aplicação do princípio da excepcionalidade a que estão sujeitas as medidas restritivas de liberdade (art. 227, § 3º, IV, da Constituição Federal).

  Entre as hipóteses do art. 122, a do inciso I contempla a internação para ato infracional praticado com violência ou grave ameaça à pessoa.

  Para a sua incidência, deve ser considerado o tipo penal em si. Assim, homicídio, roubo, latrocínio etc., são atos infracionais cometidos com violência ou grave ameaça à pessoa e, portanto, autorizam a aplicação da medida de internação.

  Contudo, o tráfico de entorpecentes não é considerado como praticado com violência ou grave ameaça à pessoa, motivo pelo qual não está autorizada a aplicação da internação nessa hipótese, conforme reiteradamente decidido pelo STJ.

- **Súmula 500 do STJ:** A configuração do crime do art. 244-B do ECA independe da prova da efetiva corrupção do menor, por se tratar de delito formal.

  O bem jurídico tutelado o desenvolvimento da criança ou adolescente longe do mundo do crime. A norma visa impedir que o maior imputável induza ou facilite a inserção ou a manutenção do menor na esfera criminal.

- **Súmula 594 do STJ:** O Ministério Público tem legitimidade ativa para ajuizar ação de alimentos em proveito de criança ou adolescente independentemente do exercício do poder familiar dos pais, ou do fato de o menor se encontrar nas situações de risco descritas no art. 98 do Estatuto da Criança e do Adolescente, ou de quaisquer outros questionamentos acerca da existência ou eficiência da Defensoria Pública na comarca.

✦ INFORMATIVOS APLICÁVEIS

✦ SUPREMO TRIBUNAL FEDERAL

ECA: classificação indicativa e liberdade de expressão

É inconstitucional a expressão "em horário diverso do autorizado", contida no art. 254 da Lei 8.069/90. Desse modo, o Estado não poderia determinar que a exibição da programação somente se desse em horários determinados, o que caracterizaria imposição, e não recomendação. Inexistiria dúvida de que a expressão questionada teria convertido a classificação indicativa em obrigatória. A Constituição conferira à União e ao legislador federal margem limitada de atuação no campo da classificação dos espetáculos e diversões públicas. A autorização constitucional seria para que aquele ente federativo classificasse, informasse, indicasse as faixas etárias e/ou horários não recomendados, e não que proibisse, vedasse ou censurasse. A classificação indicativa deveria, pois, ser entendida como aviso aos usuários acerca do conteúdo da programação, jamais como obrigação às emissoras de exibição em horários específicos, mormente sob pena de sanção administrativa. *ADI 2404/DF, Rel. Min. Dias Toffoli, 31.8.2016. Pleno. (Info 837)*

Menor infrator e medida socioeducativa

O ato de internação do menor surge excepcional, apenas cabível quando atendidos os requisitos do art. 122 da Lei 8.069/90. *HC 125016/SP, Red. p/ ac. Min. Roberto Barroso, 15.3.2016. 1ª T. (Info 818)*

✦ SUPERIOR TRIBUNAL DE JUSTIÇA

1. DOS DIREITOS FUNDAMENTAIS

1.1. DO DIREITO À CONVIVÊNCIA FAMILIAR E COMUNITÁRIA

1.2.1. DA FAMÍLIA SUBSTITUTA

Hipótese de impossibilidade de ação de adoção conjunta transmudar-se em ação de adoção unilateral post mortem.

Se, no curso da ação de adoção conjunta, um dos cônjuges desistir do pedido e outro vier a falecer sem ter manifestado inequívoca intenção de adotar unilateralmente, não poderá ser deferido ao interessado falecido o pedido de adoção unilateral "post mortem". Tratando-se de adoção em conjunto, um cônjuge não pode adotar sem o consentimento do outro. Caso contrário, ferirá normas basilares de direito, tal como a autonomia da vontade, desatendendo, inclusive, ao interesse do adotando (se menor for), já que questões como estabilidade familiar e ambiência saudável estarão seriamente comprometidas, pois não haverá como impor a adoção a uma pessoa que não queira. Daí o porquê de o consentimento ser mútuo. *REsp 1.421.409-DF, Rel. Min. João Otávio de Noronha, DJe 25.8.2016. 3ª T. (Info 588)*

2. DA PRÁTICA DE ATO INFRACIONAL

2.1. DAS MEDIDAS SOCIOEDUCATIVAS

2.1.1. DISPOSIÇÕES GERAIS

Cumprimento imediato de medida socioeducativa independente de internação provisória.

Mesmo diante da interposição de recurso de apelação, é possível o imediato cumprimento de sentença que impõe medida socioeducativa de internação, ainda que não tenha sido imposta anterior internação provisória ao adolescente. *HC 346.380-SP, Rel. p/ ac. Min. Rogerio Schietti Cruz, DJe 13.5.2016. 3ª S. (Info 583)*

Prisão cautelar fundada em atos infracionais.

A prática de ato infracional durante a adolescência pode servir de fundamento para a decretação de prisão preventiva, sendo indispensável para tanto que o juiz observe como critérios orientadores: a) a particular gravidade concreta do ato infracional, não bastando mencionar sua equivalência a crime abstratamente considerado grave; b) a distância temporal entre o ato infracional e o crime que deu origem ao processo (ou inquérito policial) no qual se deve decidir sobre a decretação da prisão preventiva; e c) a comprovação desse ato infracional anterior, de sorte a não pairar dúvidas sobre o reconhecimento judicial de sua ocorrência. *RHC 63.855-MG, Rel. p/ ac. Min. Rogerio Schietti Cruz, DJe 13.6.2016. 3ª S. (Info 585)*

2.2. DA REMISSÃO

2016

➘ *Impossibilidade de modificação por magistrado dos termos de proposta de remissão pré-processual.*

Se o representante do Ministério Público ofereceu a adolescente remissão pré-processual (art. 126, caput, do ECA) cumulada com medida socioeducativa não privativa de liberdade, o juiz, discordando dessa cumulação, não pode excluir do acordo a aplicação da medida socioeducativa e homologar apenas a remissão. *REsp 1.392.888-MS, Rel. Min. Rogerio Schietti, DJe 1.8.2016. 6ª T. (Info 587)*

3. DOS CRIMES E DAS INFRAÇÕES ADMINISTRATIVAS

➘ *Tipificação das condutas de fotografar cena pornográfica e armazenar fotografias de conteúdo pornográfico envolvendo criança ou adolescente.*

Fotografar cena e armazenar fotografia de criança ou adolescente em poses nitidamente sensuais, com enfoque em seus órgãos genitais, ainda que cobertos por peças de roupas, e incontroversa finalidade sexual e libidinosa, adequam-se, respectivamente, aos tipos do art. 240 e 241-B do ECA. *REsp 1.543.267-SC, Rel. Min. Maria Thereza de Assis Moura, DJe 16.2.2016. 6ª T. (Info 577)*

Direito Eleitoral

Jaime Barreiros Neto

TABELA DE INCIDÊNCIA DE QUESTÕES

Distribuição das questões organizada por ordem didática de assuntos		
Assunto	**Número de Questões**	**Peso**
1. DIREITO ELEITORAL: NOÇÕES INTRODUTÓRIAS	1	3,33%
2. SISTEMAS ELEITORAIS	4	13,33%
3. PARTIDOS POLÍTICOS		
3.1. ORGANIZAÇÃO E FUNCIONAMENTO DOS PARTIDOS	2	6,67%
3.2. FIDELIDADE PARTIDÁRIA	1	3,33%
3.3. FILIAÇÃO PARTIDÁRIA.	1	3,33%
4. ORGANIZAÇÃO DA JUSTIÇA ELEITORAL E MP ELEITORAL	3	10,00%
5. ALISTAMENTO ELEITORAL E AQUISIÇÃO DA CAPACIDADE POLÍTICA	3	10,00%
6. CONVENÇÕES PARTIDÁRIAS E REGISTRO DE CANDIDATURAS	2	6,67%
7. CONDIÇÕES DE ELEGIBILIDADE E CAUSAS DE INELEGIBILIDADE		
7.1. CONDIÇÕES DE ELEGIBILIDADE	1	3,33%
7.2. CAUSAS DE INELEGIBILIDADE	1	3,33%
7.3. PRAZOS DE DESINCOMPATIBILIZAÇÃO	1	3,33%
8. PROPAGANDA ELEITORAL	2	6,67%
9. ORGANIZAÇÃO DAS ELEIÇÕES, NULIDADES ELEITORAIS E GARANTIAS ELEITORAIS	2	6,67%
10. ABUSO DE PODER E CONDUTAS VEDADAS NAS ELEIÇÕES	2	6,67%
11. AÇÕES ELEITORAIS E RECURSOS ELEITORAIS	4	13,33%
Total	**30**	**100%**

Direito Eleitoral

Jaime Barreiros Neto

✦ QUESTÕES

1. DIREITO ELEITORAL: NOÇÕES INTRODUTÓRIAS

01. (Vunesp - Juiz Substituto - MT 2009) O sufrágio é um direito público subjetivo exercido por meio

A) da eleição, do plebiscito, do referendo e da iniciativa popular.

B) do Tribunal Superior Eleitoral, dos Tribunais Regionais Eleitorais, das Juntas Eleitorais e dos Juízes Eleitorais.

C) do alistamento eleitoral, do sistema eleitoral, do voto secreto e da representação proporcional ou majoritária.

D) da propaganda eleitoral gratuita, do sistema eletrônico de votação e totalização de votos, da fiscalização das eleições e da prestação de contas.

E) do ato de votar, da impugnação dos registros de candidaturas, da impugnação dos votos apurados e do recurso dos resultados do pleito.

COMENTÁRIOS

✪ **Nota do autor:** o sufrágio é o "poder que se reconhece a certo número de pessoas (o corpo de cidadãos) de participar direta ou indiretamente na soberania, isto é, na gerência da vida pública". Em uma democracia participativa, como a brasileira, o poder de sufrágio é exercido através do voto, instrumento de materialização do sufrágio manifestado nas eleições e nas consultas populares (plebiscitos e referendos), bem como por outros meios de participação direta do povo na formação da vontade política do Estado, a exemplo da iniciativa popular de lei.

Alternativa correta: assertiva "A". o sufrágio é o poder que se reconhece ao povo de participar direta ou indiretamente na soberania. Em uma democracia participativa, como a brasileira, o poder de sufrágio é exercido através do voto, instrumento de materialização do sufrágio manifestado nas eleições e nas consultas populares (plebiscitos e referendos), bem como por outros meios de participação direta do povo na formação da vontade política do Estado, a exemplo da iniciativa popular de lei.

Assertiva "B" INCORRETA. O sufrágio, como destacado, é o poder que se reconhece ao povo de participar direta ou indiretamente na soberania. Os órgãos da Justiça Eleitoral viabilizam o exercício do sufrágio, organizando o alistamento eleitoral, as eleições e consultas populares. Os meios para o exercício do referido poder, entretanto, são as eleições, as referidas consultas (plebiscito e referendo), bem como a iniciativa popular de lei.

Assertiva "C" INCORRETA. Pelos mesmos motivos expostos na justificativa relativa à assertiva "B", a resposta está incorreta. Alistamento eleitoral e sistema eleitoral não são "meios de exercício do sufrágio".

Assertiva "D" INCORRETA. Propaganda eleitoral gratuita, sistema eletrônico de votação e totalização de votos, fiscalização das eleições e prestação de contas não são "meios de exercício do sufrágio".

Assertiva "E" INCORRETA. Impugnação dos registros de candidaturas, impugnação dos votos apurados e recurso dos resultados do pleito não são "meios de exercício do sufrágio".

2. SISTEMAS ELEITORAIS

02. (Vunesp - Juiz de Direito Substituto - SP/2015) O sistema eleitoral brasileiro atual tem como característica:

A) voto proporcional com lista fechada para as eleições majoritárias e proporcionais, o que submete o eleitor às escolhas das lideranças partidárias.

B) voto proporcional com listas abertas para as eleições aos cargos do Legislativo, o que assegura maior participação a grupos minoritários no âmbito partidário.

C) voto majoritário para o Executivo e o Senado, tendo como resultante o denominado Presidencialismo de coalizão.

D) voto majoritário para o Executivo e o Senado, tendo como resultante o atual modelo de financiamento das campanhas.

COMENTÁRIOS

Alternativa correta. Assertiva "b". O sistema eleitoral proporcional de lista aberta é o sistema adotado, no Brasil, nas eleições para vereadores e deputados, objetivando a garantia da representação das minorias políticas.

Assertiva "a". ERRADO. Não há, no Brasil, voto proporcional com lista fechada, uma vez que os eleitores têm a possibilidade de escolher, nas listas oferecidas pelos partidos políticos e coligações, seus candidatos favoritos.

Assertiva "c". ERRADO. De fato as eleições para o executivo e o Senado são majoritárias. O presidencialismo de coalizão, fundado na ideia de multiplicidade de partidos representados no parlamento, em constante negociação com o presidente da república na formação da governabilidade, não tem relação direta com este fato.

Assertiva "d". ERRADO. Não há relação diretamente o modelo de financiamento de campanha e o sistema eleitoral, da forma como exposto no enunciado.

---

03. (Vunesp – Juiz de Direito Substituto – RJ/2016) Assinale a alternativa que corretamente discorre sobre o sistema eleitoral e/ou o registro dos candidatos.

A) Qualquer cidadão no gozo de seus direitos políticos é parte legítima para dar notícia de inelegibilidade ao Juiz Eleitoral, mediante petição fundamentada, no prazo de 5 dias contados da publicação do edital relativo ao pedido de registro, conferindo ao eleitor legitimidade para impugnar pedido de registro de candidatura.

B) Os membros da aliança somente podem coligar-se entre si, porquanto não lhes é facultado unirem-se a agremiações estranhas à coligação majoritária. Assim, é necessário que o consórcio formado para a eleição proporcional seja composto pelos mesmos partidos da majoritária.

C) Ao Juízo ou Tribunal Eleitoral não é dado conhecer ex officio de todas as questões nele envolvidas, nomeadamente as pertinentes à ausência de condição de elegibilidade, às causas de inelegibilidade e ao atendimento de determinados pressupostos formais atinentes ao pedido de registro.

D) No sistema majoritário, a distribuição de cadeiras entre as legendas é feita em função da votação que obtiverem, pois nesse sistema impõe-se que cada partido com representação na Casa Legislativa receba certo número mínimo de votos para que seus candidatos sejam eleitos.

E) O quociente eleitoral é instrumento do sistema proporcional, sendo determinado dividindo-se o número de votos válidos apurados pelo de lugares a preencher em cada circunscrição eleitoral, desprezada a fração se igual ou inferior a meio, equivalente a um, se superior.

COMENTÁRIOS

Alternativa correta. Assertiva "e". Regra expressamente prevista no artigo 106 do Código Eleitoral, segundo o qual "Determina-se o quociente eleitoral dividindo-se o número de votos válidos apurados pelo de lugares a preencher em cada circunscrição eleitoral, desprezada a fração se igual ou inferior a meio, equivalente a um, se superior".

Assertiva "a". ERRADA. Os eleitores não têm legitimidade para propor Ação de Impugnação de Registro de Candidatura.

Assertiva "b". ERRADA. A Constituição de 1988, em seu artigo 17, § 1º garante ampla autonomia para partidos e coligações firmarem suas coligações.

Assertiva "c". ERRADA. Embora mal redigida, a afirmativa diz respeito ao registro de candidaturas, podendo a Justiça Eleitoral agir de ofício sim, para indeferir um pedido de registro que não atenda condições de elegibilidade ou registrabilidade, ou mesmo quando o pretenso candidato for inelegível.

Assertiva "d". ERRADA. Em mais uma afirmativa dúbia, mal redigida e que mereceria ser anulada, parece ser a intenção da banca confundir o candidato quanto às formas de funcionamento do sistema eleitoral majoritário e do sistema eleitoral proporcional. Na verdade, em qualquer sistema eleitoral, a distribuição das cadeiras em disputa dependerá da votação obtida pelo partido, devendo o candidato obter uma votação mínima de votos necessária à sua eleição, mesmo que este mínimo seja de zero voto, como já aconteceu na história do Brasil. Parece ter sido o intuito da banca descrever, nesta afirmativa, o funcionamento do sistema proporcional, onde as descrições do enunciado são mais evidentes.

---

04. (Vunesp – Juiz de Direito Substituto-MG/2012) Na apuração de vereadores eleitos, é correto afirmar que, pela aplicação do sistema proporcional, o quociente partidário é obtido dividindo-se pelo

A) quociente eleitoral o número de votos válidos dados sob a mesma legenda ou coligação de legendas, desprezada a fração.

B) quociente eleitoral, somado com o número de bairros que compõem o município respectivo, o número de votos válidos dados sob a mesma legenda ou coligação de legendas, desprezada a fração.

C) quociente eleitoral, somado com o número de distritos que compõem o município respectivo, o número de votos válidos dados sob a mesma legenda ou coligação de legendas, desprezada a fração.

D) quociente eleitoral, somado com o número de bairros e distritos, que compõem o município respectivo, o número de votos válidos dados sob a mesma legenda ou coligação de legendas, desprezada a fração.

COMENTÁRIOS

Alternativa correta: assertiva "A". O quociente partidário indica a quantidade de vagas obtidas pelo partido ou coligação, antes do cálculo das sobras. Para isso, divide-se o total de votos obtidos pela coligação ou partido pelo quociente eleitoral. O comentário responde as demais alternativas.

---

05. (Vunesp – Juiz de Direito – MS/2015) O direito brasileiro adota o sistema eleitoral proporcional, sendo correto afirmar que determina-se o quociente eleitoral dividindo-se o número de

A) votos válidos dados sob a mesma legenda ou coligação de legendas e pelo de lugares a preencher em cada circunscrição eleitoral, desprezada a fração se igual ou inferior a um quarto, equivalente a um, se superior.

B) votos válidos dados sob a mesma legenda ou coligação de legendas pelo de lugares a preencher em cada circunscrição eleitoral, desprezada a fração.

C) votos, incluindo os brancos e nulos, apurados pelo de lugares a preencher em cada circunscrição eleitoral, desprezada a fração se igual ou inferior a um quarto, equivalente a um, se superior.

D) votos válidos apurados pelo de lugares a preencher em cada circunscrição eleitoral, desprezada a fração se igual ou inferior a meio, equivalente a um, se superior.

E) votos válidos dados sob a mesma legenda ou coligação de legendas e os brancos pelo de lugares a preencher em cada circunscrição eleitoral, desprezada a fração se igual ou inferior a um quinto, equivalente a um, se superior.

✪ **Nota do autor:** Toda competição tem uma fórmula de disputa, a partir da qual são conhecidos os vencedores e os perdedores. Com as eleições não poderia ser diferente.

A fórmula de disputa de uma eleição, desta forma, é definida pelo seu sistema eleitoral, conceituado como o conjunto de critérios utilizados para definir os vencedores em um processo eleitoral.

No Brasil, atualmente, duas são as espécies de sistemas eleitorais aplicadas: o sistema eleitoral majoritário e o sistema eleitoral proporcional.

De acordo com o sistema eleitoral majoritário, é considerado eleito o candidato que obtenha a maior soma de votos sobre os seus competidores, sendo os votos atribuídos aos demais candidatos desprezados, prevalecendo, assim, o pronunciamento emitido pela maioria. Vence a eleição, no sistema majoritário, o candidato mais votado.

O sistema majoritário simples, adotado nas eleições para prefeitos de municípios com até 200 mil eleitores (e não habitantes) e senadores da república exige um único turno de eleições. Vence o candidato mais votado, independentemente da soma dos votos dos seus adversários. Este sistema é alvo de críticas por pecar quanto à legitimidade do eleito. Afinal, é possível, de acordo com o sistema majoritário simples, a eleição de um candidato com alta rejeição do eleitorado, embora bem votado.

No atual sistema eleitoral brasileiro, é exigida a maioria absoluta dos votos para se apontar o candidato vencedor, em uma eleição, apenas nos pleitos para os cargos de presidente da república, governador de estado, e prefeito de municípios com mais de duzentos mil eleitores, conforme disposto nos artigos 28; 29, II e 77 da Constituição Federal. Para estes cargos, o vencedor só será declarado no primeiro turno caso tenha a maioria absoluta dos votos válidos, ou seja, mais votos do que todos os seus adversários somados. De se ressaltar que esta maioria absoluta deve ser aferida somente dos votos válidos, não sendo, portanto, levados em conta os votos em branco, os votos nulos e as abstenções. Caso nenhum candidato consiga maioria absoluta, deverá haver segundo turno entre os dois candidatos mais votados.

Na contramão do sistema eleitoral majoritário, nos deparamos com o sistema eleitoral proporcional, cujo pressuposto é a repartição aritmética das vagas, pretendendo-se, dessa forma, que a representação, em determinado território se distribua em proporção às correntes ideológicas ou de interesse, integrada nos partidos políticos concorrentes. No Brasil, as eleições para deputados federais, deputados estaduais, deputados distritais e vereadores são decididas, atualmente, de acordo com o sistema eleitoral proporcional, a partir do qual as vagas em disputa são divididas, proporcionalmente, entre partidos políticos e coligações, de acordo com a votação obtida no pleito, de acordo com o cálculo do quociente eleitoral.

O processo para a averiguação do número de vagas cabíveis a cada partido ou coligação não é de tão grande complexidade, como se possa aparentar. A primeira etapa a se cumprir é a de determinar o quociente eleitoral, segundo o que dispõe o artigo 106 do CE: "determina-se o quociente eleitoral dividindo-se o número de votos válidos apurados pelo de lugares a preencher em cada circunscrição eleitoral, desprezada a fração se igual ou inferior a meio, equivalente a um, se superior". De se ressaltar que, neste caso, por votos válidos se entende os votos distribuídos aos candidatos e às legendas, não se computando os votos brancos e nulos.

A segunda etapa é a determinação do quociente partidário, que se atinge através da divisão do número de votos válidos dados sob a mesma legenda ou coligação de legendas, pelo quociente eleitoral, desprezada a fração, conforme disposto no artigo 107 do Código. Quando dois ou mais partidos estiveram coligados para a disputa de uma eleição proporcional (deputados ou vereadores), seus votos serão computados em conjunto para a determinação do quociente partidário, como se fossem um único partido. Somar-se-ão, assim, os votos de todos os candidatos lançados por todos os partidos coligados, além de todos os votos de legenda obtidos pelos mesmos partidos.

Até as eleições de 2014, após o cálculo do quociente partidário, era possível se verificar quantas vagas cada partido ou coligação teria direito, inicialmente. A estas vagas, conquistadas pelo quociente partidário, contudo, eram somadas outras vagas decorrentes do cálculo de sobras, necessário como consequência de um fenômeno matemático: ao se dividir a votação de cada partido ou coligação pelo quociente eleitoral, para fins de cálculo do quociente partidário e consequente distribuição das cadeiras, é praticamente certo que não cheguemos a um número inteiro, como resultado. Por exemplo: se o partido ou coligação atingiu um total de 35 mil votos e o quociente eleitoral foi de 10 mil votos, o quociente partidário será 3,5, contabilizando-se três cadeiras para o partido, desprezada a fração. O desprezo destas frações, de todos os partidos e coligações envolvidos, necessariamente resultará no não preenchimento imediato de todas as cadeiras, restando, assim, o cálculo das sobras.

Este cálculo de sobras, até as eleições de 2014, era realizado da seguinte forma: pegava-se a votação obtida por cada partido ou coligação e dividia-se pelo número de cadeiras conquistadas mais um. Aquele partido ou coligação que atingisse o melhor resultado nesta conta, ganhava a primeira cadeira remanescente em disputa no cálculo das sobras. O procedimento, então, era repetido, até que todas as cadeiras viessem a ser preenchidas, sempre atentando-se para o fato de que, ao adquirir uma nova cadeira, no cálculo seguinte o divisor deste partido era aumentado em uma unidade.

Uma vez distribuídas todas as cadeiras, os candidatos mais votados de cada partido ou coligação eram declarados eleitos, no limite das vagas conquistadas.

A partir das eleições de 2016, mesmo com a manutenção da essência desta sistemática, mudanças importantes ocorrerão na distribuição das cadeiras entre partidos e coligações. Tais mudanças decorrerão das novas redações dos artigos 108, 109 e 112, parágrafo único, do Código Eleitoral, determinadas pela Lei nº. 13.165/15, in verbis:

> **Art. 108.** *Estarão eleitos, entre os candidatos registrados por um partido ou coligação que tenham obtido votos em número igual ou superior a 10% (dez por cento) do quociente eleitoral, tantos quantos o respectivo quociente partidário indicar, na ordem da votação nominal que cada um tenha recebido.*
>
> *Parágrafo único. Os lugares não preenchidos em razão da exigência de votação nominal mínima a que se refere o caput serão distribuídos de acordo com as regras do art. 109.*
>
> **Art. 109.** *Os lugares não preenchidos com a aplicação dos quocientes partidários e em razão da exigência de votação nominal mínima a que se refere o art. 108 serão distribuídos de acordo com as seguintes regras:*
>
> *I – dividir-se-á o número de votos válidos atribuídos a cada partido ou coligação pelo número de lugares definido para o partido pelo cálculo do quociente partidário do art. 107, mais um, cabendo ao partido ou coligação que apresentar a maior média um dos lugares a preencher, desde que tenha candidato que atenda à exigência de votação nominal mínima;*
>
> *II – repetir-se-á a operação para cada um dos lugares a preencher;*
>
> *III – quando não houver mais partidos ou coligações com candidatos que atendam às duas exigências do inciso I, as cadeiras serão distribuídas aos partidos que apresentem as maiores médias.*
>
> *§ 1º O preenchimento dos lugares com que cada partido ou coligação for contemplado far-se-á segundo a ordem de votação recebida por seus candidatos.*

§ 2º Somente poderão concorrer à distribuição dos lugares os partidos ou as coligações que tiverem obtido quociente eleitoral.

Art. 112. *(...)*

Parágrafo único. Na definição dos suplentes da representação partidária, não há exigência de votação nominal mínima prevista pelo art. 108.

As novas redações dos artigos 108 e 109 do Código Eleitoral, determinadas pela Lei nº. 13.165/15, objetivando reduzir o impacto de um fenômeno cada vez mais observado nas eleições proporcionais, a eleição de candidatos pouco votados, em virtude da presença dos chamados "puxadores de voto" em seus partidos ou coligações, reformulou o método de distribuição das cadeiras no sistema eleitoral proporcional, aplicável às eleições de vereadores, deputados estaduais, deputados distritais e deputados federais.

Conforme o novo caput do art. 108, em um primeiro momento, somente serão declarados eleitos, após a distribuição das cadeiras em disputa entre os partidos e coligações, decorrente dos cálculos dos quocientes partidários, os candidatos que obtiverem, no mínimo, votação equivalente a 10% do quociente eleitoral. A partir daí, os lugares não preenchidos em razão da exigência de votação nominal mínima a que se refere o caput serão distribuídos de acordo com as regras do art. 109, que também teve a sua redação reformulada pela Lei nº. 13.165/15.

O novo artigo 109 criou novas regras para o cálculo das sobras decorrentes dos lugares não preenchidos com a aplicação dos quocientes partidários. Doravante, há de se observar, conforme o novo artigo 108, já comentado, o preenchimento das cadeiras em disputa, em um primeiro momento, apenas por aqueles candidatos que tiverem obtido, no mínimo, um quantitativo de votos equivalente a 10% do quociente eleitoral. Assim, candidatos que, na legislação anterior, já seriam declarados eleitos imediatamente após o cálculo dos quocientes partidários, não têm mais asseguradas as suas vitórias, uma vez que, no primeiro momento da distribuição das cadeiras, somente serão declarados eleitos os candidatos que tiverem atingido o referido percentual.

Como consequência desta nova regra, o número de cadeiras não preenchidas a partir do quociente partidário será maior, aumentando, por conseguinte, o quantitativo de cadeiras a serem distribuídas no cálculo das sobras, normatizado pelo presente artigo 109.

A primeira distribuição das cadeiras remanescentes, a partir de agora, privilegiará os candidatos não eleitos pelo quociente partidário que tenham obtido votação igual ou maior que 10% do quociente eleitoral. Apenas quando não houver mais candidatos em tal situação, caso ainda reste alguma vaga não preenchida, é que a regra antiga de distribuição das sobras será aplicada, podendo a cadeira remanescente ser distribuída a candidatos que não obtiveram a votação de 10% do quociente eleitoral.

O parágrafo único do art. 112, incluído pela Lei nº. 13.165/15, tendo em vista as novas regras referentes à distribuição das cadeiras em disputa nas eleições proporcionais, estabeleceu que os suplentes das representações partidárias não precisarão obter a votação mínima equivalente a 10% do quociente eleitoral para serem declarados como tais, regra, de certa forma, óbvia, trazida pela nova legislação.

COMENTÁRIOS

Alternativa correta: assertiva "d" (responde as demais): segundo o artigo 106 do Código Eleitoral, "determina-se o quociente eleitoral dividindo-se o número de votos válidos apurados pelo de lugares a preencher em cada circunscrição eleitoral, desprezada a fração se igual ou inferior a meio, equivalente a um, se superior".

3. PARTIDOS POLÍTICOS

3.1. ORGANIZAÇÃO E FUNCIONAMENTO DOS PARTIDOS

06. (Vunesp – Juiz de Direito Substituto – SP/2015) O art. 22 da Lei nº 9.096/95, com a redação da Lei nº 12.891/13, estabelece como hipótese de cancelamento imediato de filiação partidária, entre outras:

A) a filiação a outro partido, comunicado o fato ao Juiz da respectiva zona eleitoral, prevalecendo a filiação mais recente em caso de coexistência de filiações.

B) a perda dos direitos políticos diante de condenação, em decisão proferida por órgão colegiado, por ato de improbidade decorrente de dolo.

C) a filiação a outro partido, desde que comunicado o fato ao partido para cancelamento da filiação anterior.

D) a expulsão do partido nos casos de posicionamentos contrários à liderança partidária, desde que consultados os filiados.

COMENTÁRIOS

Alternativa correta: assertiva "a". A partir da publicação da lei 12.891/13, a coexistência de filiações deixou de configurar dupla filiação, prevalecendo a filiação mais recente.

Assertiva "b". ERRADA. Ato de improbidade administrativa não gera perda de direitos políticos, mas sim a suspensão destes direitos. Quando proferida por órgão colegiado, sem decisão transitada em julgado, poderá gerar, tão somente, inelegibilidade. A jurisprudência consolidada do TSE é no sentido de que pessoas inelegíveis podem ter filiação partidária.

Assertiva "c". ERRADO. Não há necessidade de tal comunicação.

Assertiva "d". ERRADO. Não há necessidade de tal consulta.

---

07. (Vunesp – Juiz Substituto – SP/ 2011) A liberdade de criação, fusão, incorporação e extinção de partidos políticos, resguardados a soberania nacional, o regime democrático, o pluripartidarismo, os direitos fundamentais da pessoa humana, ainda precisa observar os preceitos que seguem:

A) dignidade da pessoa humana, proibição de recebimento de recursos financeiros de governo estrangeiro e funcionamento parlamentar.

B) caráter nacional, proibição de recebimento de recursos financeiros de entidade estrangeira e funcionamento afeto às funções estatais.

C) caráter nacional, proibição de recebimento de recursos financeiros de governo ou entidade estrangeira e prestação de contas à Justiça Eleitoral.

D) funcionamento parlamentar de acordo com a lei, prestação de contas à Justiça Eleitoral, proibição de recebimento de recursos financeiros de entidade ou governo estrangeiros ou de subordinação a estes e caráter nacional.

E) autonomia para definir sua estrutura interna, prestação de contas à Justiça Eleitoral, subordinação a governo estrangeiro e vedação de utilização de organização paramilitar.

COMENTÁRIOS

✪ **Nota do autor:** a presente questão foi mal elaborada, uma vez que dá margem a duas respostas corretas, as assertivas "C" e "D". Contudo, foi considerada como correta, pela banca examinadora, apenas a assertiva "D".

Alternativa correta: assertiva "D". De acordo com o caput do artigo 17 da Carta Magna, "é livre a criação, fusão, incorporação e extinção de partidos políticos, resguardados a soberania nacional, o regime democrático, o pluripartidarismo e os direitos fundamentais da pessoa humana". Ainda de acordo com o artigo 17, deverão ser observados, no funcionamento dos partidos políticos no país, o caráter nacional; a proibição de recebimento de recursos financeiros de entidade ou governo estrangeiro ou de subordinação a estes; a prestação de contas à Justiça Eleitoral e o funcionamento parlamentar de acordo com a lei.

Assertiva "A" ERRADA. Não há previsão, no artigo 17 da Constituição, do obedecimento ao princípio da dignidade da pessoa humana pelos partidos, embora este princípio seja considerado um fundamento constitucional de todo o ordenamento jurídico brasileiro.

Assertiva "B" ERRADA. Os partidos políticos são pessoas jurídicas de direito privado, não sendo prevista a regra do "funcionamento afeto às funções estatais".

Assertiva "C" CERTO. De acordo com o caput do artigo 17 da Carta Magna, "é livre a criação, fusão, incorporação e extinção de partidos políticos, resguardados a soberania nacional, o regime democrático, o pluripartidarismo e os direitos fundamentais da pessoa humana". Ainda de acordo com o artigo 17, deverão ser observados, no funcionamento dos partidos políticos no país, o caráter nacional; a proibição de recebimento de recursos financeiros de entidade ou governo estrangeiro ou de subordinação a estes; a prestação de contas à Justiça Eleitoral e o funcionamento parlamentar de acordo com a lei. A banca examinadora, contudo, considerou esta assertiva como incorreta.

Assertiva "E" ERRADA. Partidos políticos brasileiros não podem ser subordinados a governos ou entidades estrangeiras, de acordo com a Constituição, em seu artigo 17.

3.2. FIDELIDADE PARTIDÁRIA

---

08. (Vunesp – Juiz de Direito Substituto-MG/ 2012) O artigo 1º, *caput*, da Resolução nº 22.610/07, do Tribunal Superior Eleitoral, estabelece que "o partido político interessado pode pedir, perante a Justiça Eleitoral, a decretação da perda de cargo eletivo em decorrência de desfiliação partidária sem justa causa".

É correto afirmar que a competência para decretar a perda do mandato de vereador, por infidelidade partidária, será do

A) juiz da zona eleitoral em que se situa o município no qual o vereador exerce o mandato.

B) Tribunal Regional Eleitoral do estado em que se situa o município no qual o vereador exerce o mandato.

C) juiz de direito da comarca em que se situa o município no qual o vereador exerce o mandato, *ad referendum* do respectivo Tribunal de Justiça.

D) juiz da zona eleitoral em que se situa o município no qual o vereador exerce o mandato, *ad referendum* do respectivo Tribunal Regional Eleitoral.

COMENTÁRIOS

Alternativa correta: Assertiva "B" CORRETA. De acordo com a Resolução TSE nº 22.610, A *competência* para processar e julgar ações de perda de mandato eletivo de deputados federais, senadores, presidente e vice-presidente da república é do TSE. Já as relativas a mandatos de governador, vice-governador, prefeito, vice-prefeito, deputado estadual e vereador são de competência dos tribunais regionais eleitorais. Alternativa responde às demais.

3.3. FILIAÇÃO PARTIDÁRIA.

---

09. (Vunesp - Juiz de Direito - TJ SP/2017) Sobre filiação partidária, é incorreto afirmar:

A) o cancelamento imediato ocorre nos casos de morte, perda de direitos políticos, expulsão e filiação a outro partido.

B) ela exige que o eleitor esteja no pleno gozo de seus direitos políticos.

C) se for constatada a coexistência de filiações partidárias, serão todas elas canceladas.

D) consideram-se justa causa para a desfiliação a mudança substancial ou desvio reiterado de programa partidário; a grave discriminação política pessoal; e a mudança de partido efetuada durante o período de trinta dias que antecede o prazo de filiação exigido em lei para concorrer à eleição, majoritária ou proporcional, ao término do mandato vigente.

COMENTÁRIOS

Alternativa correta: assertiva "c". Desde a reforma eleitoral de 2013, a filiação partidária mais recente passou a prevalecer sobre a mais antiga, não existindo mais a duplicidade de filiações, que levava ao duplo cancelamento. Por isso, a assertiva está INCORRETA.

Alternativa "a". CERTO. Todas as hipóteses citadas levam ao cancelamento da filiação originária, conforme lei 9.096/95.

Alternativa "b". CERTO. O pleno gozo dos direitos políticos é, de acordo com a legislação em vigor, requisito para a filiação partidária, muito embora o TSE admita que pessoas inelegíveis possam ter filiação partidária.

Alternativa "d". CERTO. Regra prevista no art. 22-A da Lei Geral dos Partidos Políticos, com redação definida pela Lei 13.165/15.

4. ORGANIZAÇÃO DA JUSTIÇA ELEITORAL E MP ELEITORAL

---

10. (Vunesp - Juiz de Direito Substituto - SP/2015) A Justiça Eleitoral, no exercício de suas atribuições legais e constitucionais, não pode

A) estabelecer, por meio do juiz da respectiva zona eleitoral, regras municipais diferenciadas para propaganda eleitoral, por conta das peculiaridades locais, observada a competência legislativa municipal.

B) emitir resoluções com caráter normativo secundário, relativas ao processo eleitoral diante do princípio da reserva legal.

C) emitir opiniões, respondendo a consultas partidárias a respeito de situações apresentadas.

D) apreciar deliberações dos órgãos máximos partidários em relação a questões eleitorais envolvendo os seus membros, diante da autonomia dos Partidos.

COMENTÁRIOS

Alternativa correta. Assertiva "a". As normas de propaganda eleitoral prevalecem sobre normas municipais, não podendo o juiz eleitoral, portanto, tomar tal atitude.

Assertiva "b". ERRADO. Tal possibilidade é viável, desde que não haja a criação de sanções distintas da lei, dentro do poder regulamentar próprio da Justiça Eleitoral.

Assertiva "c". ERRADO. A função consultiva da Justiça Eleitoral é uma das suas maiores peculiaridades, sendo que as consultas devem sempre ser dissociadas de casos concretos.

Assertiva "d". ERRADA. A autonomia partidária não se confunde com soberania, cabendo à Justiça Eleitoral zelar pela normalidade e legitimidade do pleito, Inclusive no que se refere a eventuais violações à legislação praticadas por partidos políticos em relação a seus filiados.

---

11. (Vunesp - Juiz Substituto - MT 2009) Assinale a alternativa correta.

A) O Tribunal Superior Eleitoral é composto de no mínimo sete membros, sendo que três deverão ser escolhidos entre os membros do Supremo Tribunal Federal, e, outros três dentre os membros do Superior Tribunal de Justiça.

B) Os prazos na Justiça Eleitoral são contados de forma diversa da Justiça Comum, pois naquela computam-se sábados, domingos e feriados.

C) Das decisões dos Tribunais Regionais Eleitorais somente caberá recurso quando forem proferidas contra disposição expressa da Constituição Federal ou decretarem a perda de mandatos eletivos federais.

D) Compete aos Juízes Eleitorais resolver as impugnações e demais incidentes verificados durante os trabalhos da contagem e da apuração e expedir diploma aos eleitos para cargos municipais.

E) Até 10 (dez) dias antes da nomeação, os nomes das pessoas indicadas para compor as juntas serão publicados no órgão oficial do Estado, podendo qualquer cidadão, no prazo de 3 (três) dias, em petição fundamentada, impugnar as indicações.

COMENTÁRIOS

Alternativa correta: **Assertiva "B" CORRETA**. De acordo com previsão expressa no artigo 16 da LC 64/90, os prazos de várias ações eleitorais, como a Ação de Impugnação de Registro de Candidatura, são peremptórios e contínuos, correndo em cartório ou secretaria, não se suspendendo aos sábados, domingos e feriados.

Assertiva "A" ERRADA. Serão no mínimo três membros oriundos do STF e dois membros oriundos do STJ (e não três, neste caso).

Assertiva "C" ERRADA. A CF/88, em seu art. 121, § 4º estabeleceu que "das decisões dos tribunais regionais eleitorais somente caberá recurso quando: I – forem proferidas contra disposição expressa desta Constituição ou de lei; II – ocorrer divergência na interpretação de lei entre dois ou mais tribunais eleitorais; III – versarem sobre inelegibilidade ou expedição de diplomas nas eleições federais ou estaduais; IV – anularem diplomas ou decretarem a perda de mandatos eletivos federais ou estaduais; V – denegarem *habeas corpus*, mandado de segurança, *habeas data* ou mandado de injunção".

Assertiva "D" ERRADA. Às Juntas Eleitorais compete, de acordo com o artigo 40 do Código Eleitoral, apurar as eleições, resolver as impugnações e demais incidentes verificados durante os trabalhos de contagem e apuração, expedir os boletins de apuração, bem como os diplomas aos eleitos para cargos municipais (prefeito, vice-prefeito e vereadores). Nos municípios onde houver mais de uma junta eleitoral, a expedição dos diplomas do prefeito, vice-prefeito e vereadores eleitos será feita pela junta que for presidida pelo juiz eleitoral mais antigo.

Assertiva "E" ERRADA. De acordo com o artigo 39 do Código Eleitoral, "até 30 (trinta) dias antes da eleição o Presidente da Junta comunicará ao Presidente do Tribunal Regional as nomeações que houver feito e divulgará a composição do órgão por edital publicado ou afixado, podendo qualquer partido oferecer impugnação motivada no prazo de 3 (três) dias".

---

12. (Vunesp – Juiz de Direito Substituto-MG/ 2012) É correto afirmar que a criação da Justiça Eleitoral ocorreu

A) após a instauração do Regime Militar de 1964, pois os militares, ao assumirem o poder, tinham como meta moralizar as práticas políticas no país.

B) ao tempo do Império, por iniciativa de D. Pedro II, copiando o modelo português, de inspiração francesa.

C) após a Revolução de 1930, durante o governo de Getúlio Vargas.

D) em 1946, após a restauração democrática, quando os militares, egressos da Força Expedicionária Brasileira, inspiraram-se na reação aos regimes nazifascistas corrente na Europa do pós-Guerra.

COMENTÁRIOS

Alternativa correta: **Assertiva "c" CORRETA**. A Justiça Eleitoral foi criada em 1932, durante o governo Vargas, pelo Código Eleitoral publicado naquele ano. Responde as demais.

5. ALISTAMENTO ELEITORAL E AQUISIÇÃO DA CAPACIDADE POLÍTICA

---

13. (Vunesp – Juiz de Direito – TJ – SP/2013) Podem alistar-se como eleitores,

A) os conscritos, durante o período do serviço militar obrigatório.

B) os brasileiros residentes em Portugal que ali gozam dos direitos políticos do Estado onde residem.

C) os militares de carreira.

D) os estrangeiros, com residência no país.

COMENTÁRIOS

Alternativa correta: **Assertiva "c". Militares de carreira podem votar normalmente, não podendo, contudo, manter filiação partidária, no exercício das suas funções.**

Alternativa "a". ERRADO. Os conscritos, durante o exercício do serviço militar obrigatório, são inalistáveis, conforme previsão constitucional (art. 14, § 4º)

Alternativa "b". ERRADO. Brasileiros beneficiários do Tratado de Amizade, Cooperação e Consulta, equiparados a portugueses, deixam de exercer direitos políticos no Brasil, enquanto permanecerem nesta situação. Em caso de dupla nacionalidade, contudo, não há tal restrição.

Alternativa "d". ERRADO. O exercício dos direitos políticos é exclusivo de brasileiros, salvo a exceção do português equiparado, beneficiário do Tratado de Amizade, Cooperação e Consulta firmado entre Brasil e Portugal.

---

14. (Vunesp – Juiz Substituto – MT 2009) Leia as seguintes afirmações.

I. O requerimento de inscrição eleitoral é submetido ao juiz, que pode deferir o pedido, indeferi-lo ou ainda converter o julgamento em diligência. Em caso de indeferimento, cabe recurso interposto pelo alistando, no prazo de 10 (dez) dias.

II. Nenhum requerimento de inscrição eleitoral ou de transferência será recebido dentro dos cento e cinquenta dias anteriores à data da eleição.

III. Os oficiais de Registro Civil devem enviar ao juiz eleitoral da zona em que oficiarem, até o dia 10 de cada mês, comunicação dos óbitos de cidadãos alistáveis ocorridos no mês anterior, para cancelamento das inscrições.

IV. O menor que completar 16 (dezesseis) anos de idade até a data da eleição pode se habilitar como eleitor, no prazo de requerimento de inscrição eleitoral ou transferência. No entanto, seu título somente surtirá efeitos quando completar a idade de 16 (dezesseis) anos.

Estão corretas somente as assertivas

A) I e II.

B) II e III.

C) II e IV.

D) III e IV.

E) I e IV.

COMENTÁRIOS

✪ **Nota do autor:** Eventualmente, poderão ocorrer irregularidades no processo de alistamento de eleitores. Sempre que um brasileiro estiver inscrito como eleitor com infração à legislação eleitoral, a Justiça Eleitoral poderá ser acionada para proceder a exclusão ou cancelamento do título irregular. Qualquer eleitor, assim como o Ministério Público, partidos políticos e, até mesmo, o Juiz Eleitoral, de ofício, poderá provocar a deflagração de procedimento de exclusão de eleitor. Considera-se como eleição, para os fins do inciso V do artigo 71 do Código Eleitoral, segundo o entendimento do TSE, turno de eleição ou mesmo consulta popular (plebiscito ou referendo). Assim, se o eleitor deixa de votar no primeiro e segundo turnos de uma eleição e em plebiscito que ocorra a seguir, seu título deverá ser cancelado. As hipóteses de suspensão e perda dos direitos políticos estão previstas no artigo 15 da Constituição Federal. É de se destacar que a perda será sempre definitiva, enquanto que a suspensão dos direitos políticos é temporária. Só há perda de direitos políticos no Brasil que o eleitor deixa de ser brasileiro.

Alternativa correta: assertiva "C". II e IV estão corretas.

Afirmativa "I" ERRADA. A lei nº 6.996/82, em seu artigo 7º, § 1º, estabelece que o referido prazo é de 05 dias para interposição do recurso pelo alistando.

Afirmativa "II" CORRETA. Norma prevista no artigo 91 da Lei nº 9.504/97, o qual dispõe que "nenhum requerimento de inscrição eleitoral ou de transferência será recebido dentro dos cento e cinqüenta dias anteriores à data da eleição".

Afirmativa "III" ERRADA. De acordo com o artigo 71, § 3º do Código Eleitoral, "os oficiais de registro civil, sob as penas do art. 293, enviarão, até o dia 15 (quinze) de cada mês, ao Juiz Eleitoral da Zona em que oficiarem, comunicação dos óbitos de cidadãos alistáveis, ocorridos no mês anterior, para cancelamento das inscrições".

Afirmativa "IV" CORRETO. É o que dispõe o artigo 14 da Resolução TSE nº 21.538/03, *in verbis*:

> *Art. 14. É facultado o alistamento, no ano em que se realizarem eleições, do menor que completar 16 anos até a data do pleito, inclusive.*
>
> *§ 1º O alistamento de que trata o caput poderá ser solicitado até o encerramento do prazo fixado para requerimento de inscrição eleitoral ou transferência.*
>
> *§ 2º O título emitido nas condições deste artigo somente surtirá efeitos com o implemento da idade de 16 anos (Res. TSE nº 19.465, de 12.3.96).*

---

15. (Vunesp – Juiz de Direito – MS/2015) Nos termos da interpretação do Tribunal Superior Eleitoral, referente ao alistamento eleitoral, não podem alistar-se

A) os índios não-integrados.

B) os conscritos, durante o serviço militar obrigatório.

C) os analfabetos.

D) os que não saibam exprimir-se na língua nacional.

E) os alunos das escolas militares de ensino superior para formação de oficiais.

COMENTÁRIOS

✪ **Nota do autor:** Alternativa correta: assertiva "b" (responde as demais): os conscritos são inalistáveis, conforme, previsão expressa da Constituição Federal de 1988. Não há vedação, no Brasil, ao alistamento de índios, analfabetos, pessoas que não saibam exprimir-se na língua nacional e alunos de escolas militares de ensino superior para formação de oficiais.

6. CONVENÇÕES PARTIDÁRIAS E REGISTRO DE CANDIDATURAS

16. (Vunesp – Juiz de Direito Substituto-MG/ 2012) É correto afirmar que o candidato com pedido de registro *sub judice*

A) poderá prosseguir a campanha eleitoral.

B) poderá prosseguir a campanha eleitoral, exceto a participação na propaganda pelo rádio e TV (horário gratuito), conforme recente interpretação jurisprudencial do Tribunal Superior Eleitoral.

C) poderá prosseguir a campanha eleitoral, exceto a divulgação da propaganda pela internet, conforme recente interpretação jurisprudencial do Tribunal Superior Eleitoral.

D) não poderá prosseguir a campanha eleitoral.

COMENTÁRIOS

Alternativa correta: **Assertiva "A" CORRETA.** Aplica-se, neste caso, a teoria da conta e risco. Abraçando antiga jurisprudência consolidada pelo Tribunal Superior Eleitoral, quanto à possibilidade de candidato impugnado concorrer nas eleições, tendo direito a praticar todos os atos de campanha, até o trânsito em julgado da decisão de impugnação do registro de candidatura, a lei nº 12.034/09 incluiu o novo artigo 16-A na Lei nº 9.504/97, que assim dispõe:

> **Art. 16-A.** *O candidato cujo registro esteja sub judice poderá efetuar todos os atos relativos à campanha eleitoral, inclusive utilizar o horário eleitoral gratuito no rádio e na televisão e ter seu nome mantido na urna eletrônica enquanto estiver sob essa condição, ficando a validade dos votos a ele atribuídos condicionada ao deferimento de seu registro por instância superior.*
>
> **Parágrafo único.** *O cômputo, para o respectivo partido ou coligação, dos votos atribuídos ao candidato cujo registro esteja sub judice no dia da eleição fica condicionado ao deferimento do registro do candidato.*

Como é possível observar-se, valorizou o legislador o princípio da presunção da inocência, bem como, coerentemente, evitou que o dano irreparável de impedimento a uma candidatura posteriormente declarada lícita pudesse ocorrer. Tal interpretação, como já ressaltado, coaduna-se com a jurisprudência consolidada pelo TSE desde a publicação da Resolução nº 21.051, de 26.03.2002, relatada pelo Ministro Fernando Neves.

Vale destacar, na análise do novo dispositivo legal, o seu parágrafo único que, como já ressaltado, determina que "O cômputo, para o respectivo partido ou coligação, dos votos atribuídos ao candidato cujo registro esteja *sub judice* no dia da eleição fica condicionado ao deferimento do registro do candidato". Revoga tacitamente, assim, tal disposição normativa, o artigo 175, § 4º, do Código Eleitoral, que, combinado com o § 3º do mesmo artigo, estabelece que os votos atribuídos ao candidato impugnado sejam contados para o partido pelo qual tenha sido feito o registro, desde que a decisão de inelegibilidade ou de cancelamento de registro seja proferida após a realização da eleição. De acordo com a nova lei, caso um candidato com registro *sub judice* na data da eleição seja definitivamente declarado inelegível, após a eleição, seus votos não serão mais considerados válidos, para efeito algum.

Situação diferente, no entanto, dar-se-á quando candidato a eleição proporcional que não esteja com o seu registro *sub judice* na data da eleição tenha, posteriormente à mesma, seu registro cassado, caso em que o voto deverá ser computado para a legenda, em obediência ao princípio *in dúbio pro voto*. Tal regra não deve ser considerada válida para as eleições majoritárias (presidente da república, governadores, prefeitos e senadores), para as quais vige o princípio da unicidade das chapas (neste sentido, vale conferir precedente do TSE proferido no Ac. 3.291, de 15. 9.09, do TSE).

A lei nº 12.891/13 incluiu um novo artigo à lei nº 9.504/97, o artigo 16-B, dirimindo uma importante dúvida relativa ao processo eleitoral. De acordo com o novo dispositivo legal, candidato que ainda não tenha tido seu pedido de registro de candidatura apreciado pela Justiça Eleitoral, desde que o mesmo tenha sido apresentado no prazo legal, terá, indiscutivelmente, direito de realizar campanha, evitando-se, assim, prejuízos a tais candidatos decorrentes de fato alheios às suas vontades.

17. (Vunesp – Juiz de Direito Substituto-MG/ 2012) É correto afirmar que a prestação de contas de campanha integra o conceito de "quitação eleitoral", para fins de registro de candidatura, nas seguintes condições, à luz da mais recente jurisprudência do Tribunal Superior Eleitoral (p. ex., Agravo Regimental em Recurso Especial Eleitoral nº 339.082):

A) não basta que o candidato tenha apresentado a prestação de contas de campanha eleitoral anterior, sendo exigida a sua aprovação pela Justiça Eleitoral.

B) nem mesmo a aprovação das contas pela Justiça Eleitoral, com ressalvas, permite a obtenção do registro da candidatura.

C) basta que o candidato tenha apresentado a prestação de contas de campanha eleitoral anterior, independentemente de sua aprovação pela Justiça Eleitoral.

D) não basta que o candidato tenha apresentado a prestação de contas de campanha eleitoral anterior, sendo exigida a sua aprovação pela Justiça Eleitoral, mas o indeferimento fica condicionado à impugnação ao pedido do registro, a ser formulada por quem de direito.

COMENTÁRIOS

Alternativa correta: assertiva "c". Não se pode olvidar que a única razão de existência do direito eleitoral é garantir a efetivação material do regime político democrático, abraçado pelo legislador constituinte de 1988 como o eixo central da sociedade brasileira, conforme é possível aferir-se da leitura da carta magna a partir do seu primeiro artigo, que classifica a República Federativa do Brasil como sendo um "Estado democrático de Direito", que tem como fundamentos a soberania, a cidadania, a dignidade da pessoa humana, os valores sociais do trabalho e da livre iniciativa e o pluralismo político. Assim, não é por outra razão que muitos juristas, interpretando o referido art. 11, § 7º da Lei das Eleições, em agosto de 2010, durante o período da análise dos pedidos de registro de candidaturas, defenderam que, ao contrário do que conduz uma interpretação literal da lei, a quitação eleitoral pressupõe a apresentação de contas aprovadas, e não a mera apresentação independente de aprovação. O TSE, entretanto, após muitas idas e vindas, formatadas em concepções contraditórias a respeito da questão, firmou entendimento no sentido da interpretação literal do dispositivo citado, determinando, assim, que a mera apresentação das contas, independentemente de aprovação, já é fato suficiente para a emissão da certidão de quitação eleitoral prevista no artigo 11, § 1º, VI da Lei nº 9.504/97 (Ac. TSE, de 28.9.2010, no Respe nº 442.363: a apresentação das contas de campanha é suficiente para a obtenção de quitação eleitoral, sendo desnecessária sua aprovação. Em sentido contrário: Ac.-TSE, de 3.8.2010, no PA nº 59.459). Responde as demais alternativas.

7. CONDIÇÕES DE ELEGIBILIDADE E CAUSAS DE INELEGIBILIDADE

7.1. CONDIÇÕES DE ELEGIBILIDADE

18. (Vunesp – Juiz Substituto – SP/ 2011) A elegibilidade é a regra e são elegíveis todos os que atenderem às condições estabelecidas, que são:

A) a nacionalidade brasileira, o domicílio eleitoral, a idade mínima prevista na Constituição e a filiação partidária.

B) a nacionalidade brasileira, a filiação partidária, a idade e o pleno exercício dos direitos políticos.

C) a nacionalidade brasileira, o pleno exercício dos direitos políticos, o alistamento e filiação eleitoral, a idade prevista na Constituição.

D) a nacionalidade brasileira, o pleno exercício dos direitos políticos, alistamento, domicílio e filiação partidária e idade prevista na Constituição.

E) a idade prevista na Constituição, a escolaridade, a nacionalidade brasileira, o pleno exercício dos direitos políticos, alistamento, domicílio e filiação partidária.

COMENTÁRIOS

✪ **Nota do autor:** Segundo os seguidores da chamada "Teoria Clássica", doutrina majoritária no estudo das condições de elegibilidade e das causas de inelegibilidade, tem elegibilidade aquele que reúne as condições fixadas na lei (aspecto positivo) e não incorre nas causas de inelegibilidade (aspecto negativo). As condições de elegibilidade, assim, seriam requisitos que o candidato deve cumprir para se candidatar. Já as causas de inelegibilidade, segundo a Teoria Clássica, se apresentam como impedimentos que obstam o exercício da capacidade eleitoral passiva pelo cidadão brasileiro.

Alternativa correta: assertiva "D". CORRETA. Seguindo a Teoria Clássica, abraçada pelo Supremo Tribunal Federal, podemos apontar as seguintes condições de elegibilidade, previstas no artigo 14, § 3º da Constituição Federal de 1988: a nacionalidade brasileira; o pleno exercício dos direitos políticos; o alistamento eleitoral; o domicílio eleitoral na circunscrição; a filiação partidária; e a idade mínima de 35 anos para presidente, vice-presidente da república e senador, 30 anos para governador e vice-governador de estado e do Distrito Federal, 21 anos para deputado federal, deputado estadual ou distrital, prefeito, vice-prefeito e juiz de paz; e dezoito anos para vereador.

7.2. CAUSAS DE INELEGIBILIDADE

19. (Vunesp – Juiz de Direito Substituto – RJ/2011) Sobre as inelegibilidades, assinale a alternativa correta.

A) A inelegibilidade de Prefeito que concorre à cadeira no Poder Legislativo sem renunciar ao cargo seis meses antes do pleito deverá ser arguida na fase de registro da candidatura, sob pena de preclusão.

B) Vice-Prefeito que não tenha substituído o titular em ambos os mandatos pode se candidatar ao cargo de Prefeito, sendo-lhe facultada, ainda, a reeleição ao cargo de Chefe do Poder Executivo por um único período.

C) Na hipótese de rejeição de contas relativas ao exercício de cargos e funções públicas, a Justiça Eleitoral só poderá decidir pela não incidência de causa de inelegibilidade mediante prévia desconstituição da decisão de rejeição das contas, obtida na Justiça Comum.

D) Independentemente de eventual decisão desconstitutiva do Poder Judiciário, a demissão do serviço público, imposta em processo administrativo, não constitui causa de inelegibilidade.

COMENTÁRIOS

Afirmativa correta: assertiva "B". O § 5º do artigo 14 da Constituição Federal de 1988, com redação dada pela Emenda Constitucional nº 16/97, por sua vez, dispõe que "o presidente da república, os governadores de estado e do Distrito Federal, os prefeitos e quem os houver sucedido ou substituído no curso dos mandatos, poderão ser reeleitos por um único período subseqüente". É o instituto da reeleição para cargos executivos, criado na década de 1990 e consolidado nas últimas sete eleições (a partir de 1998). No que se refere, entretanto, ao Poder Executivo, o instituto da reeleição somente foi implementado, no Brasil republicano, a partir da citada EC 16/97, à exceção dos cargos de vice, para os quais era possível a reeleição na vigência da Constituição Federal de 1946 (exemplo de reeleição de vice-presidente na história brasileira ocorreu com João Goulart, eleito vice-presidente para dois mandatos consecutivos, em 1955, quando foi eleito vice-presidente de Juscelino Kubitscheck, e no mandato seguinte, quando foi eleito vice-presidente de Jânio Quadros, a quem terminou sucedendo na presidência da república). Atualmente, entretanto, o entendimento do TSE é consolidado no sentido de que o vice-presidente, o vice-governador e o vice-prefeito não podem exercer tais cargos por três vezes consecutivas (Res. TSE nº 22.529, de 20.03.07, DJ de 17.04.07). Questão muito interessante envolve a possibilidade, ou não, de prefeito reeleito disputar uma terceira eleição municipal consecutiva para prefeito concorrendo, no entanto, na terceira eleição, em outro município (por exemplo, o prefeito do município de Irecê, na Bahia, no exercício do segundo mandato consecutivo, disputando a eleição seguinte para prefeito do município vizinho de João Dourado). Segundo nova jurisprudência do TSE, consolidada a partir do Ac. 32. 539, de 17.12.08, é vedada tal manobra, por se constituir em forma de indevida perpetuação no poder. De acordo com o TSE, "não se pode, mediante a prática de ato formalmente lícito (mudança de domicílio eleitoral) alcançar finalidades incompatíveis com a Constituição: a perpetuação no poder e o apoderamento de unidades federadas para a formação de clãs políticos ou hegemonias familiares (...). Somente é possível eleger-se para o cargo de 'prefeito municipal' por duas vezes consecutivas".

Assertiva "A" ERRADA. A matéria é de ordem constitucional, podendo ser arguida após o período para a propositura da AIRC, em sede de RCD.

Assertiva "C" ERRADA. De acordo com a nova redação da alínea "g" do inciso I do artigo 1º da LC 64/90 serão declarados inelegíveis, para qualquer cargo, "os que tiverem suas contas relativas ao exercício de cargos ou funções públicas rejeitadas por irregularidade insanável **que configure ato doloso de improbidade administrativa,** e por decisão irrecorrível do órgão competente, salvo **se esta houver sido suspensa ou anulada pelo** Poder Judiciário, para as eleições que se realizarem nos **8 (oito)** anos seguintes, contados a partir da data da decisão **(...)". É de se observar, na hipótese prevista na alínea "g", supracitada, que não bastará, para a declaração da inelegibilidade, decisão de órgão colegiado, sendo necessária decisão irrecorrível do órgão competente para o julgamento das contas.** Encerrou, a nova redação da alínea supracitada, antiga polêmica no âmbito do Direito Eleitoral, geradora, inclusive, da Súmula nº 01 do TSE, agora revogada. De acordo com a antiga redação da alínea "g", eram declarados inelegíveis, para qualquer cargo, os que tivessem suas contas relativas ao exercício de cargos ou funções públicas rejeitadas por irregularidade insanável e por decisão irrecorrível do órgão competente, salvo se a questão houvesse sido ou estivesse sendo submetida à apreciação do Poder Judiciário, para as eleições que se realizassem nos 5 (cinco) anos seguintes, contados a partir da data da decisão. Assim, conforme entendimento sumulado do TSE (Súmula nº 01), proposta ação para desconstituir a decisão que rejeitara as contas, anteriormente à impugnação, ficava suspensa a inelegibilidade. Agora, com a nova redação da alínea "g" do inciso I do art. 1º da LC 64/90, patrocinada pela LC 135/10, a decisão de rejeição de contas por irregularidades insanáveis que configurem ato doloso de improbidade administrativa deverá ser suspensa ou anulada pelo Poder Judiciário para que seja evitada a sanção da inelegibilidade, não bastando, portanto, a mera submissão das contas à apreciação do Poder Judiciário, independentemente de manifestação deste, como previa a Súmula nº 01 do TSE. O "órgão competente" que deverá proferir "decisão irrecorrível", previsto na alínea "g" do inciso I do art. 1 º da LC 64/90 poderá variar, a depender do agente político cujas contas estiverem sendo julgadas ou mesmo da origem dos recursos auditados. Assim, é a Câmara Municipal o órgão competente para julgar as contas do prefeito, após emissão de parecer prévio do Tribunal de Contas dos Municípios, onde existir, ou do Tribunal de Contas do Estado (vale destacar que nos municípios de São Paulo e do Rio de Janeiro existem, respectivamente, um Tribunal de Contas Municipal. Ambos são os únicos Tribunais de Contas de um único município existentes no Brasil). O parecer prévio do Tribunal de Contas, rejeitando as contas do prefeito, só deixará de prevalecer por decisão de 2/3 dos vereadores. Em se tratando de convênio celebrado entre a União e a Prefeitura Municipal, o órgão competente para decidir sobre as contas do Prefeito relativas à aplicação da verba federal é unicamente o Tribunal de Contas da União.

Assertiva "D" ERRADA. Os que forem demitidos do serviço público em decorrência de processo administrativo ou judicial estarão inelegíveis pelo prazo de 8 (oito) anos, contado da decisão, salvo se o ato houver sido suspenso ou anulado pelo Poder Judiciário.

7.3. PRAZOS DE DESINCOMPATIBILIZAÇÃO

20. (Vunesp – Juiz Substituto – MT 2009) Servidor Público do Município de Cuiabá, aprovado em concurso público realizado em 1998, exerce o cargo efetivo de professor da rede pública municipal. Já possuindo filiação político-partidária, o servidor pretende candidatar-se a vereador no município de Santo Antônio do Leverger nas próximas eleições municipais. Para atender aos requisitos constitucionais e legais de elegibilidade, e, assim, poder concorrer ao pleito, o servidor deve

A) exonerar-se do cargo, em razão da total incompatibilidade, 6 (seis) meses antes do pleito, podendo, no entanto, se não eleito, retornar ao cargo por reintegração.

B) pedir licença do cargo, no mínimo 6 (seis) meses antes do pleito, com direito a percebimento de proventos integrais nesse período.

C) exonerar-se do cargo, em razão da total incompatibilidade, 3 (três) meses antes do pleito, não podendo, mesmo se não eleito, retornar ao cargo que exercia.

D) pedir licença do cargo, no mínimo 3 (três) meses antes do pleito, com direito a percebimento de proventos integrais nesse período.

E) pedir licença do cargo, no mínimo 3 (três) meses antes do pleito, e, em sendo eleito, exonerar-se antes do ato de diplomação.

COMENTÁRIOS

Alternativa correta: assertiva "D". Os servidores públicos civis, estatutários ou não, dos órgãos ou entidades da administração direta ou indireta da União, dos estados, do Distrito Federal, dos municípios e dos territórios, inclusive das fundações mantidas pelo poder público, deverão se afastar das suas atividades três meses antes do pleito, garantido o direito à percepção dos seus vencimentos integrais, de acordo com o previsto no artigo 1º, II, "j" da LC 64/90, para concorrer a qualquer cargo, inclusive o de prefeito municipal (Res. TSE nº 20.623, de 16.05.00, DJ de 02.06.00).

8. PROPAGANDA ELEITORAL

21. (Vunesp – Juiz de Direito – SP/2014) Sobre o material utilizado pelos candidatos na propaganda eleitoral, é correto afirmar:

A) A utilização de "outdoors" é permitida nas campanhas eleitorais.

B) É permitida na campanha eleitoral a distribuição de material gráfico do candidato ao eleitor, desde que não proporcione a este qualquer vantagem.

C) É permitida na campanha eleitoral a distribuição de chaveiros, bonés e camisetas ao eleitor como forma de propaganda eleitoral.

D) É vedada, mesmo em dias antes do dia das eleições, a utilização, na campanha eleitoral, de carro de som que transite pela cidade divulgando "jingles" ou mensagens dos candidatos.

COMENTÁRIOS

Alternativa correta: assertiva "b". Segundo o artigo 38 da Lei nº. 9.504/97, " Independe da obtenção de licença municipal e de autorização da Justiça Eleitoral a veiculação de propaganda eleitoral pela distribuição de folhetos, volantes e outros impressos, os quais devem ser editados sob a responsabilidade do partido, coligação ou candidato",

Assertiva "a". ERRADO. Desde 2006, com a publicação da lei nº. 11.300/06, os outdoors estão proibidos nas campanhas eleitorais.

Assertiva "c". ERRADO. Prática vedada pelo art. 39, § 6º da Lei das Eleições.

Assertiva "d". ERRADO. O carro de som é permitido nas campanhas eleitorais, exceto no dia da eleição.

22. (Vunesp – Juiz de Direito Substituto-MG/ 2012) É correto afirmar que a propaganda eleitoral pela internet

A) será sempre gratuita, se feita por meio de *sites* dos candidatos e partidos políticos.

B) será admitida somente se for propaganda paga e se feita por meio de *sites* de pessoas jurídicas de direito privado, *blogs* e congêneres.

C) poderá ser feita de forma gratuita, desde que assegurada igualdade de tratamento a candidatos, partidos e coligações, em *sites* oficiais e da Administração Pública indireta, em todos os níveis federativos.

D) será sempre gratuita.

COMENTÁRIOS

Alternativa correta: **Assertiva "D" CORRETA**. De acordo com o art. 57-C da Lei nº 9.504/97, é vedada qualquer espécie de propaganda paga na internet. Também de acordo com o citado dispositivo normativo, é também vedada, mesmo que de forma gratuita, a veiculação de propaganda eleitoral em sites de pessoas jurídicas e em sites oficiais ou hospedados por órgãos ou entidades da administração pública direta ou indireta da União, estados, DF e municípios. Responde as demais. É de se destacar que com a reformas eleitoral de 2017 (leis 13.487 e 13.488) foi permitido o impulsionamento pago de postagens em redes sociais.

9. ORGANIZAÇÃO DAS ELEIÇÕES, NULIDADES ELEITORAIS E GARANTIAS ELEITORAIS

23. (Vunesp – Juiz Substituto – MT 2009) Assinale a alternativa correta.

A) A urna eletrônica exibirá para o eleitor, primeiramente, os painéis referentes às eleições majoritárias e, em seguida, os referentes às eleições proporcionais.

B) A votação eletrônica será feita no número do candidato ou da legenda partidária, devendo o nome e a fotografia do candidato e o nome do partido ou a legenda partidária aparecer no painel da urna eletrônica, com a expressão designadora do cargo disputado no masculino ou feminino, conforme o caso.

C) O boletim de urna, segundo modelo aprovado pelo Tribunal Superior Eleitoral, conterá os nomes e os números dos candidatos nela votados, cumprindo ao Presidente da Junta Eleitoral acostar tal documento à impugnação de urna formulada por fiscal de partido ou coligação, devidamente credenciado.

D) Constitui crime, punível com 2 a 8 anos de detenção, obter acesso a sistema de tratamento automático de dados usado pelo serviço eleitoral, a fim de alterar a apuração ou a contagem de votos.

E) A impugnação não recebida pela Junta Eleitoral pode ser apresentada diretamente ao Tribunal Regional Eleitoral, em quarenta e oito horas, acompanhada de declaração de três testemunhas, sendo que o Tribunal decidirá sobre o recebimento em quarenta e oito horas, e, transmitirá imediatamente à Junta, via telex, fax ou qualquer outro meio eletrônico, o inteiro teor da decisão e da impugnação.

COMENTÁRIOS

Alternativa correta: assertiva "B" Regra prevista no § 1º do art. 59 da Lei das Eleições, que assim dispõe: "a votação eletrônica será feita no número do candidato ou da legenda partidária, devendo o nome e fotografia do candidato e o nome do partido ou a legenda partidária aparecer no painel da urna eletrônica, com a expressão designadora do cargo disputado no masculino ou feminino, conforme o caso".

Assertiva "A" ERRADA. Primeiro serão apresentados os candidatos às eleições proporcionais. Depois os da eleição majoritária (art. 59, § 3º da lei nº 9.504/97).

Assertiva "C" ERRADA. O artigo 179 do Código Eleitoral prevê que concluída a votação, será emitido boletim de urna, de acordo com modelo aprovado pelo TSE, contendo o resultado da respectiva Seção, no qual serão consignados o número de votantes, a votação individual de cada candidato, os votos de cada legenda partidária, os votos nulos e os em branco, bem como recursos, se houver. Ocorre que, com a adoção da urna eletrônica, o boletim de urna passou a ter uma nova disciplina jurídica, sendo expedido pelo própria urna eletrônica, a partir de comando determinado pelo presidente da mesa receptora, ao final da eleição.

Assertiva "D" ERRADA. De acordo com o artigo 72, I da lei das Eleições, a pena para este crime será de reclusão de cinco a dez anos.

Assertiva "E" ERRADA. Serão duas as testemunhas possíveis, de acordo com previsão do artigo 69 da Lei nº 9.504/97.

24. (Vunesp – Juiz Substituto – MT 2009) É nula a votação

A) se houver extravio de documento reputado essencial.

B) quando votar alguém com falsa identidade em lugar do eleitor chamado.

C) feita perante mesa não nomeada pelo juiz eleitoral, ou constituída com ofensa à letra da lei.

D) quando for negado ou sofrer restrição o direito de fiscalizar, e o fato constar da ata ou de protesto interposto, por escrito, no momento.

E) se for constatado o emprego de processo de propaganda ou captação de sufrágios vedado por lei.

COMENTÁRIOS

Alternativa correta: **Assertiva "C" CORRETA**. Eleição será nula, conforme regra do artigo 220, I do Código Eleitoral. Conferir nota do autor à questão anterior.

Assertiva "A" ERRADA. Neste caso a eleição será anulável, conforme previsão do artigo 221, I do Código Eleitoral. Conferir nota do autor à questão anterior.

Assertiva "B" ERRADA. Neste caso a eleição será anulável, conforme previsão do artigo 221, IV do Código Eleitoral. Conferir nota do autor à questão anterior.

Assertiva "D" ERRADA. Neste caso a eleição será anulável, conforme previsão do artigo 221, II do Código Eleitoral. Conferir nota do autor à questão anterior.

Assertiva "E" ERRADA. Neste caso a eleição será anulável, conforme previsão do artigo 222 do Código Eleitoral, o qual dispõe que: "é também anulável a votação, quando viciada de falsidade, fraude, coação, uso de meios de que trata o art. 237, ou emprego de processo de propaganda ou captação de sufrágios vedado por lei".

10. ABUSO DE PODER E CONDUTAS VEDADAS NAS ELEIÇÕES

25. (Vunesp - Juiz de Direito - TJ SP/2017) No âmbito eleitoral, reputa-se conduta vedada aos agentes públicos, servidores ou não:

A) fazer nomeação ou exoneração, nos três meses que antecedem o pleito e até a posse dos eleitos, para cargos em comissão e designação ou dispensa de funções de confiança.

B) fazer, na circunscrição do pleito, revisão geral da remuneração dos servidores públicos para a recomposição da perda de seu poder aquisitivo ao longo do ano da eleição.

C) no ano em que se realizar eleição, promover distribuição gratuita de bens, valores ou benefícios por parte da Administração Pública, exceto nos casos de calamidade pública, de estado de emergência ou de programas sociais autorizados em lei e já em execução orçamentária no exercício anterior.

D) ceder servidor público ou empregado da Administração direta ou indireta, ou usar de seus serviços, para comitês de campanha eleitoral de candidato, partido político ou coligação, durante o horário de expediente normal, inclusive se o servidor ou empregado estiver licenciado.

COMENTÁRIOS

Alternativa correta. Assertiva "c". Regra prevista na Lei das Eleições, artigos 73 a 78.

Alternativa "a". ERRADA. Nomeações para cargos em comissão e designação ou dispensa de funções comissionadas podem ocorrer no período eleitoral, conforme Lei 9.504/97.

Alternativa "b". ERRADA. Segundo jurisprudência consolidada do TSE, a revisão geral da remuneração, para recomposição da inflação, não é conduta vedada nas eleições.

Alternativa "d". ERRADA. Servidor licenciado pode participar de campanha eleitoral durante o horário do expediente.

26. (Vunesp - Juiz de Direito Substituto - RJ/2011) No que se refere à captação ilícita de sufrágio, assinale a alternativa correta.

A) De acordo com a Lei Eleitoral e a atual redação da Lei das Inelegibilidades, as cominações podem compreender a imposição de multa, a cassação do registro ou do diploma e a inelegibilidade octonal.

B) Para sua configuração, é necessária a aferição da potencialidade de o evento provocar desequilíbrio na disputa eleitoral.

C) O termo final para o ajuizamento da ação é o dia da eleição, inclusive.

D) Para sua configuração, é necessária a demonstração de que o ato tenha sido praticado pelo candidato beneficiário da conduta ilícita.

COMENTÁRIOS

✪ **Nota do autor:** A ação por captação ilícita de sufrágio se fundamenta no artigo 41-A da Lei 9.504/97, surgido a partir de um movimento popular liderado pelo Movimento de Combate à Corrupção Eleitoral que originou a lei federal nº 9840, de 28 de setembro de 1999. A partir de pesquisa encomendada pela Comissão Brasileira de Justiça e Paz (CBJP), após a Campanha da Fraternidade da Conferência Nacional dos Bispos do Brasil, de 1996, que teve como tema "fraternidade e política", foi constatado que um dos elementos que mais contribuem para a distorção da democracia brasileira é a compra de votos. Assim, com base nesta constatação, nasceu um movimento popular a partir do qual foi encaminhado, inicialmente, projeto de iniciativa popular de lei, posteriormente convertido em projeto de lei comum, subscrito por deputados de todos os partidos com representação na Câmara dos Deputados, propondo alterações na Lei das Eleições, de forma a combater mais efetivamente a referida prática danosa. Em 28.09.1999, foi então sancionada a lei nº 9.840, que fez incluir na Lei das Eleições o art. 41-A. A partir deste novo dispositivo legal, buscou-se combater a compra de voto e, por conseguinte, o abuso do poder político e econômico nas eleições, preservando-se a liberdade do voto. A lei eleitoral pune aquele candidato que busca aliciar o eleitor, desde o registro da candidatura até o dia da eleição, oferecendo-lhe vantagem indevida em troca do voto. Neste sentido, a mera insinuação do eleitor, sem a complacência do candidato, de busca de vantagem indevida não caracteriza a captação ilícita de sufrágio. É necessário que o candidato sucumba à insinuação do eleitor ou tome, por si só, a iniciativa de aliciá-lo. Vale ressaltar, ainda, no que se refere à caracterização da captação ilícita de sufrágio, que a vantagem pode ser de qualquer tipo, não apenas, portanto, financeira. O oferecimento de um emprego, ou mesmo prestígio político, já pode ser suficiente para a caracterização do ilícito. Por outro lado, a vantagem oferecida deve ser pessoal. Promessas genéricas, sem destinatário objetivamente conhecido não caracterizam a prática de captação ilícita de sufrágio. Como novidades relacionadas ao combate à captação ilícita de sufrágio, definidas pela recente reforma eleitoral, podemos destacar a inclusão dos §§ 1º, 2º, 3º e 4º do artigo 41-A, supracitados, a partir dos quais o legislador acolheu, em parte, a jurisprudência que já vinha sendo praticada nos tribunais. O § 1º, por exemplo, destaca que "para a caracterização da conduta ilícita, é desnecessário o pedido explícito de votos, bastando a evidência do dolo, consistente no especial fim de agir". Neste mesmo sentido, já vinha entendendo a Justiça Eleitoral (Ac. 2.373, de 8.10.09, do TSE). O § 3º, que estabelece que "A representação contra as condutas vedadas no *caput* poderá ser ajuizada até a data da diplomação", da mesma forma, reflete jurisprudência consolidada pela Justiça Eleitoral (Ac. 25.269, de 31.10.06, do TSE, DJ de 20.11.06). O § 2º, por sua vez, expõe uma importante alteração na disciplina da captação ilícita de sufrágio, incluindo como prática concretizadora do ilícito o ato de grave ameaça à pessoa do eleitor, bem como a prática de atos de violência contra o mesmo. Por fim, o § 4º encerra uma antiga polêmica acerca do prazo recursal contra decisões proferidas com base no artigo 41-A. Até a recente reforma eleitoral, havia uma forte tendência na Justiça Eleitoral de entender que tal prazo seria de apenas 24 horas, aplicando-se a regra do artigo 96 da Lei das Eleições. De acordo com a nova regulamentação, extirpa-se qualquer dúvida, tendo em vista que o citado § 4º estabelece que "o prazo de recurso contra decisões proferidas com base neste artigo será de 3 (três) dias, a contar da data da publicação do julgamento no Diário Oficial". Ainda de acordo com a jurisprudência dominante do TSE, a prática de captação ilícita de sufrágio pode ser verificada quando realizada por interposta pessoa, a serviço do candidato beneficiário (Ac. 21.792, de 15.9.05, do TSE, DJ de 21.10.05).

Alternativa correta: assertiva "A". A partir da publicação da Lei da Ficha Limpa, em 2010, a captação ilícita de sufrágio passou a gerar inelegibilidade.

Alternativa "b". ERRADO. Ao contrário do que se verifica na Ação de Investigação Judicial Eleitoral, ou mesmo na Ação de Impugnação de Mandato Eletivo, para a propositura da ação por captação ilícita de sufrágio não é necessária a chamada "potencialidade lesiva", capaz de alterar, significativamente, o resultado das eleições. Basta a comprovação da compra de um único voto para que a captação ilícita de sufrágio esteja caracterizada, sendo pacífico o entendimento do TSE neste sentido (Ac. 26.118, de 1º.3.07, do TSE, DJ de 28.3.07).

Alternativa "c". ERRADO. É a data da diplomação dos eleitos.

Alternativa "d". ERRADO. No que se refere à caracterização da captação ilícita de sufrágio, que a vantagem pode ser de qualquer tipo, não apenas, portanto, financeira. O oferecimento de um emprego, ou mesmo prestígio político, já pode ser suficiente para a caracterização do ilícito. Por outro lado, a vantagem oferecida deve ser pessoal. Promessas genéricas, sem destinatário objetivamente conhecido não caracterizam a prática de captação ilícita de sufrágio. Ainda de acordo com a jurisprudência dominante do TSE, a prática de captação ilícita de sufrágio pode ser verificada quando realizada por interposta pessoa, a serviço do candidato beneficiário (Ac. 21.792, de 15.9.05, do TSE, DJ de 21.10.05).

11. AÇÕES ELEITORAIS E RECURSOS ELEITORAIS

27. (Vunesp – Juiz Substituto – SP/ 2011) Leia atentamente as assertivas a seguir.

I. O mandato eletivo poderá ser impugnado ante a Justiça Eleitoral no prazo de 15 dias contados da proclamação dos resultados eleitorais.

II. A ação de impugnação de mandato é exercível por qualquer cidadão e se submete ao princípio da mais completa publicidade.

III. É vedada a cassação de direitos políticos, enquanto que a perda ou suspensão de direitos políticos decorrem de várias causas.

IV. Os casos de inelegibilidade previstos na Carta Republicana constituem numerus clausus.

V. A vida pregressa do candidato pode ser considerada para fins de inelegibilidade.

VI. A impugnação do mandato eletivo não prescinde de provas de abuso do poder econômico, corrupção ou fraude.

São corretas apenas as assertivas

A) I, II e III.

B) II, III e IV.

C) III, V e VI.

D) I, IV e V.

E) III, IV e VI.

COMENTÁRIOS

Alternativa correta: assertiva "C" Somente III, V e VI estão corretas.

Afirmativa "I" INCORRETA. O termo inicial para a propositura da AIME é a diplomação dos eleitos e não a proclamação dos resultados.

Afirmativa "II" INCORRETA. Têm legitimidade ativa para a propositura de AIME o Ministério Público Eleitoral, partido político, coligação e candidato. Eleitor isoladamente não tem legitimidade para a propositura da AIME, segundo entendimento do TSE (Neste sentido, Ac. TSE nº11.835, Rel. Min. Torquato Jardim, DJ 26.05.1995). Ainda de acordo com o TSE (Acs. nº19.759 e nº 20.977), o partido político que disputou coligado a eleição isoladamente poderá propor a AIME, uma vez que a coligação se desfaz com a ocorrência do pleito e o termo inicial para a propositura da AIME é justamente o fim do pleito. A AIME tramitará em segredo de justiça, mas o seu julgamento deverá ser público (Ac. TSE nº 4.318).

Afirmativa "III" CORRETA. A cassação de direitos políticos é vedada no Brasil, uma vez que caracterizada como arbitrária e antidemocrática. De acordo com o artigo 15 da Constituição Federal de 1988, "é vedada a cassação de direitos políticos, cuja perda ou suspensão só se dará nos casos de: I – cancelamento da naturalização por sentença transitada em julgado; II – incapacidade civil absoluta; III – condenação criminal transitada em julgado, enquanto durarem seus efeitos; IV – recusa de cumprir obrigação a todos imposta ou prestação alternativa, nos termos do art. 5º, VIII; V – improbidade administrativa, nos termos do art. 37, § 4º". Podemos afirmar que a perda dos direitos políticos é definitiva, enquanto que a suspensão é temporária. Diante desta diferenciação, é possível concluir que a única hipótese de perda de direitos políticos prevista no ordenamento jurídico brasileiro ocorre quando o indivíduo perde a sua nacionalidade, seja em ação de cancelamento de naturalização, ou seja, voluntariamente. Deixando de ser brasileiro, o indivíduo fica, evidentemente, impedido de exercer direitos políticos no Brasil, de forma definitiva. À margem da hipótese de perda da nacionalidade brasileira, não restam outras possibilidades de perda de direitos políticos no Brasil. Afinal, a Constituição Federal é muito clara ao vedar a cassação de direitos políticos. Assim, todas as demais hipóteses de impedimento pleno ao exercício de direitos políticos se vinculam a situações de suspensão de direitos políticos, de caráter temporário.

Afirmativa "IV" INCORRETA. Outras hipóteses de inelegibilidade, além daquelas previstas no texto constitucional, podem ser estabelecidas mediante Lei Complementar (atualmente a LC 64/90, com as alterações promovidas pela LC 135/10).

Afirmativa "V" CORRETA. É o que prevê o artigo 14, § 9º da Constituição Federal, o qual possibilitou o surgimento, em 2010, da Lei da Ficha Limpa (LC 135/10), disciplinando a questão.

Afirmativa "VI" CORRETA. Tem-se entendido, de forma majoritária, que não há necessidade de prova pré-constituída para a propositura da AIME, devendo o autor da ação, contudo, demonstrar minimamente, na inicial, a existência do *fumus boni juris*, preferencialmente com a juntada de provas documentais.

---

28. (Vunesp – Juiz de Direito – SP/2014) Sobre o recurso especial em matéria eleitoral, assinale a opção correta.

A) Tem cabimento, dentre outras hipóteses, nos casos em que ocorrer divergência entre os órgãos fracionários do TRE na interpretação de lei.

B) O prazo para sua interposição é de 15 (quinze) dias.

C) Tem cabimento, dentre outras hipóteses, contra decisão dos Tribunais Regionais Eleitorais que forem proferidas contra disposição expressa da Constituição Federal ou de lei.

D) Trata-se de recurso de fundamentação livre, que dispensa o prequestionamento.

COMENTÁRIOS

Alternativa correta: assertiva "c". O recurso especial eleitoral, no prazo de 03 dias, caberá das decisões dos Tribunais Regionais Eleitorais que forem proferidas contra disposição expressa da Constituição Federal ou de lei, assemelhando-se ao recurso especial comum.

Assertiva "a". ERRADO. O recurso especial, com a finalidade de uniformização da jurisprudência, deverá ter como paradigma acórdão proferido por outro TER.

Assertiva "b". ERRADO. O prazo é de 03 dias.

Assertiva "d". ERRADO. O prequestionamento é obrigatório para a admissibilidade do recurso especial eleitoral.

---

29. (Vunesp – Juiz de Direito – MS/2015) Nos pedidos de registro de candidatos a eleições municipais, o Juiz Eleitoral apresentará a sentença em cartório

A) (7) sete dias após a conclusão dos autos, passando a correr da publicação no Diário Oficial da União o prazo de (2) dois dias para interposição de recurso para o Tribunal Superior Eleitoral.

B) (3) três dias após a conclusão dos autos, passando a correr deste momento o prazo de (7) sete dias para interposição de recurso para o Tribunal Regional Eleitoral.

C) (7) sete dias após a conclusão dos autos, passando a correr da publicação no Diário Oficial da União o prazo de (24) vinte e quatro horas para interposição de recurso para o Tribunal Regional Eleitoral.

D) (7) sete dias após a conclusão dos autos, passando a correr da publicação no Diário Oficial da União o prazo de (7) sete dias para interposição de recurso para o Tribunal Superior Eleitoral.

E) (3) três dias após a conclusão dos autos, passando a correr deste momento o prazo de (3) três dias para interposição de recurso para o Tribunal Regional Eleitoral.

COMENTÁRIOS

Alternativa correta: assertiva "e" (responde as demais): regra expressamente prevista no artigo 8º da Lei Complementar nº. 64/1990.

---

30. (Vunesp – Juiz de Direito – MS/2015) Compete ao Tribunal Superior Eleitoral processar e julgar originariamente a ação rescisória

A) nos casos de inelegibilidade e fraude eleitoral, desde que intentada dentro de cento e oitenta dias de decisão irrecorrível, possibilitando-se o exercício do mandato até o seu trânsito em julgado.

B) nos casos de captação ilícita de sufrágio, desde que intentada dentro de cento e vinte dias da diplomação, possibilitando-se o exercício do mandato até o seu trânsito em julgado.

C) nos casos de inelegibilidade, desde que intentada dentro de cento e vinte dias de decisão irrecorrível, possibilitando-se o exercício do mandato até o seu trânsito em julgado.

D) nos casos de abuso do poder econômico, corrupção ou fraude eleitoral, desde que intentada dentro de quinze dias contados da data da diplomação, possibilitando-se o exercício do mandato até o seu trânsito em julgado.

E) nos casos de inelegibilidade e abuso do poder político e econômico, desde que intentada dentro de cento e oitenta dias de decisão irrecorrível, possibilitando-se o exercício do mandato até o julgamento.

COMENTÁRIOS

Alternativa correta: assertiva "c" (responde as demais): a Ação Rescisória Eleitoral foi instituída através da LC 86/96, que acrescentou a alínea "j"ao art. 22, I, do Código Eleitoral. Assim, de acordo com o citado dispositivo normativo, compete ao TSE processar e julgar originariamente ação rescisória "nos casos de inelegibilidade, desde que intentada dentro do prazo de cento e vinte dias de decisão irrecorrível, possibilitando-se o exercício do mandato eletivo até o seu trânsito em julgado".

Direito Eleitoral

Jaime Barreiros Neto

✦ DICAS (RESUMO)

1. DIREITO ELEITORAL: NOÇÕES INTRODUTÓRIAS.

- Pode-se compreender o objeto do Direito Eleitoral como sendo a normatização de todo o chamado "processo eleitoral", que se inicia com o alistamento do eleitor e a consequente distribuição do corpo eleitoral e se encerra com a diplomação dos eleitos.
- O Direito eleitoral tem como objetivo a garantia da normalidade e da legitimidade do procedimento eleitoral, viabilizando a democracia. A normalidade significa a plena garantia da consonância do resultado apurado nas urnas com a vontade soberana expressada pelo eleitorado. A legitimidade, por sua vez, significa o reconhecimento de um resultado justo, de acordo com a vontade soberana do eleitor.
- A competência privativa para legislar sobre Direito Eleitoral é da União, segundo o artigo 22 da Constituição Federal de 1988.
- O sufrágio é o poder inerente ao povo de participar da gerência da vida pública; o voto, por sua vez, é instrumento para a materialização deste poder; o escrutínio, por fim, designa a forma como se pratica o voto, o seu procedimento, portanto.
- No Brasil, de acordo com o artigo 14, caput, da Constituição Federal de 1988: "a soberania popular será exercida pelo sufrágio universal e pelo voto direto e secreto, com igual valor para todos". Vigem, assim, no Brasil, o princípio da imediaticidade do sufrágio, segundo o qual o voto deve resultar imediatamente da vontade do eleitor, sem intermediários, bem como o princípio da universalidade sufrágio, o qual impõe, dentro dos parâmetros da razoabilidade, o direito de sufrágio a todos os cidadãos.
- Segundo o artigo 16 da Constituição Federal, "a lei que alterar o processo eleitoral entrará em vigor na data da sua publicação, não se aplicando à eleição que ocorra até um ano da data da sua vigência". Estabeleceu, assim, o legislador constitucional originário, o princípio da anualidade eleitoral, de fundamental importância para a preservação da segurança jurídica. Evita-se, a partir da aplicação do princípio da anualidade, que as normas eleitorais sejam modificadas faltando menos de um ano e um dia para as eleições, prejudicando o equilíbrio da disputa, com a mudança das regras do jogo.

2. OS SISTEMAS ELEITORAIS.

- Por sistema eleitoral, podemos compreender o conjunto de critérios utilizados para definir os vencedores em um processo eleitoral, as regras, portanto, do jogo eleitoral.
- No sistema majoritário é considerado eleito o candidato que obtenha a maior soma de votos sobre os seus competidores, sendo os votos atribuídos aos demais candidatos desprezados, prevalecendo, assim, o pronunciamento emitido pela maioria.
- No sistema majoritário, pode ser necessária a mera maioria relativa para a aferição do candidato vencedor em uma eleição, como também pode haver exigência de maioria absoluta. Na primeira hipótese, estaremos diante do chamado sistema majoritário simples, adotado no Brasil nas eleições para senadores da república e prefeitos de municípios com até duzentos mil eleitores. Já na segunda hipótese, teremos a aplicação do sistema majoritário absoluto, adotado, no Brasil, nas eleições para presidente da república, governadores e prefeitos de municípios com mais de duzentos mil eleitores.
- O sistema majoritário simples, adotado nas eleições para prefeitos de municípios com até 200 mil eleitores (e não habitantes) e senadores da república exige um único turno de eleições. Vence o candidato mais votado, independentemente da soma dos votos dos seus adversários.
- No atual sistema eleitoral brasileiro, é exigida a maioria absoluta dos votos para se apontar o candidato vencedor, em uma eleição, apenas nos pleitos para os cargos de presidente da república, governador de estado, e prefeito de municípios com mais de duzentos mil eleitores, conforme

disposto nos artigos 28; 29, II e 77 da Constituição Federal. Para estes cargos, o vencedor só será declarado no primeiro turno caso tenha a maioria absoluta dos votos válidos, ou seja, mais votos do que todos os seus adversários somados. De se ressaltar que esta maioria absoluta deve ser aferida somente dos votos válidos, não sendo, portanto, levados em conta os votos em branco, os votos nulos e as abstenções. Caso nenhum candidato consiga maioria absoluta, deverá haver segundo turno entre os dois candidatos mais votados.

- Os votos brancos e os votos nulos, de acordo com a atual legislação eleitoral, não têm nenhum valor. Não procede o mito de que votos brancos e nulos vão para o candidato mais votado. Tais votos proferidos no dia da eleição são desconsiderados, são invalidados, não servindo nem mesmo para anular o pleito, segundo jurisprudência pacificada do TSE.
- Na contramão do sistema eleitoral majoritário, nos deparamos com o sistema eleitoral proporcional, cujo pressuposto é a repartição aritmética das vagas, pretendendo-se, dessa forma, que a representação, em determinado território se distribua em proporção às correntes ideológicas ou de interesse, integrada nos partidos políticos concorrentes.
- Uma importante consideração acerca do sistema eleitoral proporcional atualmente adotado no Direito Brasileiro há de ser feita, e se refere ao disposto no artigo 111 do Código Eleitoral: "se nenhum partido ou coligação alcançar o quociente eleitoral, considerar-se-ão eleitos, até serem preenchidos todos os lugares, os candidatos mais votados". Dessa forma, o sistema proporcional seria excepcionalmente substituído pelo sistema majoritário de eleição. votos brancos e os votos nulos, de acordo com a atual legislação eleitoral, não têm nenhum valor.
- O sistema Eleitoral adotado nas eleições para deputados e vereadores no Brasil é o sistema eleitoral proporcional de lista aberta, cabendo, tão somente, aos eleitores a definição dos nomes dos candidatos que ocuparão as vagas conquistadas pelos partidos ou coligações partidárias. Se o sistema fosse de lista fechada, como vem sendo proposto em muitos projetos de lei integrantes da chamada "reforma política", os eleitores brasileiros votariam apenas nas legendas, ou seja, nos números dos partidos. Neste sistema, os partidos decidem previamente, antes das eleições, a ordem em que os candidatos aparecerão na lista. O eleitor vota somente na legenda, não podendo escolher o seu candidato de preferência, não tendo, assim, a oportunidade de definir livremente os nomes daqueles que ocuparão as cadeiras conquistadas pelo partido ou coligação.

– As novas redações dos artigos 108 e 109 do Código Eleitoral, determinadas pela Lei nº. 13.165/15, objetivando reduzir o impacto de um fenômeno cada vez mais observado nas eleições proporcionais, a eleição de candidatos pouco votados, em virtude da presença dos chamados "puxadores de voto" em seus partidos ou coligações, reformulou o método de distribuição das cadeiras no sistema eleitoral proporcional, aplicável às eleições de vereadores, deputados estaduais, deputados distritais e deputados federais. Conforme o novo caput do art. 108, em um primeiro momento, somente serão declarados eleitos, após a distribuição das cadeiras em disputa entre os partidos e coligações, decorrente dos cálculos dos quocientes partidários, os candidatos que obtiverem, no mínimo, votação equivalente a 10% do quociente eleitoral. A partir daí, os lugares não preenchidos em razão da exigência de votação nominal mínima a que se refere o caput serão distribuídos de acordo com as regras do art. 109, que também teve a sua redação reformulada pela Lei nº. 13.165/15.

– O novo artigo 109 criou novas regras para o cálculo das sobras decorrentes dos lugares não preenchidos com a aplicação dos quocientes partidários. Doravante, há de se observar, conforme o novo artigo 108, já comentado, o preenchimento das cadeiras em disputa, em um primeiro momento, apenas por aqueles candidatos que tiverem obtido, no mínimo, um quantitativo de votos equivalente a 10% do quociente eleitoral. Assim, candidatos que, na legislação anterior, já seriam declarados eleitos imediatamente após o cálculo dos quocientes partidários, não têm mais asseguradas as suas vitórias, uma vez que, no primeiro momento da distribuição das cadeiras, somente serão declarados eleitos os candidatos que tiverem atingido o referido percentual. Como consequência desta nova regra, o número de cadeiras não preenchidas a partir do quociente partidário será maior, aumentando, por conseguinte, o quantitativo de cadeiras a serem distribuídas no cálculo das sobras, normatizado pelo presente artigo 109. A primeira distribuição das cadeiras remanescentes, a partir de agora, privilegiará os candidatos não eleitos pelo quociente partidário que tenham obtido votação igual ou maior que 10% do quociente eleitoral. Apenas quando não houver mais candidatos em tal situação, caso ainda reste alguma vaga não preenchida, é que a regra antiga de distribuição das sobras será aplicada, podendo a cadeira remanescente ser distribuída a candidatos que não obtiveram a votação de 10% do quociente eleitoral.

3. PARTIDOS POLÍTICOS.

- No Brasil, de acordo com o estabelecido no artigo 17 da Constituição Federal de 1988, os partidos políticos são considerados protagonistas do diálogo democrático, sendo vedadas candidaturas de pessoas que não estejam filiadas a partidos políticos. Considerados pessoas jurídicas de direito privado, os partidos políticos têm suas atuações genericamente disciplinadas na Carta Magna, na Lei nº 9096/95 (Lei Geral dos Partidos Políticos), além da própria Lei nº 9.504/97 (Lei das Eleições), que, no seu artigo sexto, disciplina a formação das coligações partidárias.
- De acordo com o caput do artigo 17 da Carta Magna, "é livre a criação, fusão, incorporação e extinção de partidos políticos, resguardados a soberania nacional, o regime democrático, o pluripartidarismo e os direitos fundamentais da pessoa humana". Ainda de acordo com o artigo 17, deverão ser observados, no funcionamento dos partidos políticos no país, o caráter nacional; a proibição de recebimento de recursos financeiros de entidade ou governo estrangeiro ou de subordinação a estes; a prestação de contas à Justiça Eleitoral e o funcionamento parlamentar de acordo com a lei.
- Assegura, ainda, a Constituição Federal, autonomia aos partidos políticos para definir sua estrutura e organização interna, liberdade para a adoção dos critérios de escolha e regime de suas coligações eleitorais, bem como direito a recursos do fundo partidário, acesso gratuito ao rádio e à televisão, na forma da lei, e vedação à utilização de organização paramilitar.

Etapas para a formação de um partido político no Direito brasileiro:	
1ª Etapa	requerimento do registro de partido político, dirigido ao cartório competente do registro civil das pessoas jurídicas da capital federal, subscrito por, no mínimo, 101 fundadores, com domicílio eleitoral em, no mínimo, 1/3 dos estados, acompanhado de: 1) cópia autenticada da ata da reunião de fundação do partido; 2) exemplares do Diário Oficial que publicou, no seu inteiro teor, o programa e o estatuto; 3) relação de todos os fundadores com o nome completo, naturalidade, número do título eleitoral com a zona, seção, município e estado, profissão e residência; 4) nome e função dos dirigentes provisórios e o endereço da sede do partido na capital federal.
2ª Etapa	efetuação, pelo oficial do registro civil, do registro do partido no livro correspondente, com a consequente expedição de certidão de inteiro teor.
3ª Etapa	obtenção do apoiamento mínimo de eleitores, correspondente a, pelo menos, meio por cento dos votos dados na última eleição geral, não computados os votos em branco e os nulos, distribuídos por um terço, ou mais, dos estados, com um mínimo de um décimo por cento do eleitorado que haja votado em cada um deles.
4ª Etapa	promoção do registro do estatuto do partido junto ao TSE, através de requerimento acompanhado de exemplar autenticado de inteiro teor do programa e do estatuto partidários, inscritos no registro civil; certidão do registro civil da pessoa jurídica; certidões dos cartórios eleitorais que comprovem ter o partido obtido o apoiamento mínimo de eleitores.
	Não havendo eventuais falhas no processo, o TSE registra o estatuto do partido no prazo de trinta dias.

- A partir da publicação da Lei nº. 13.165/15, a colheita de assinatura de eleitores para o apoiamento mínimo necessário para o registro do partido no TSE deverá ocorrer durante o período de dois anos, exigência que não era prevista até então. O processo de criação de um novo partido, assim, será mais moroso do que aquele que era observado até a publicação da nova lei, quando não era exigido tal prazo. Como complemento a esta nova regra, o artigo 13 da Lei nº. 13.165/15, em regra de transição, deixa de exigir que o prazo mínimo de dois anos para o recolhimento das assinaturas necessárias ao apoiamento mínimo de eleitores para a criação de novos partidos políticos seja aplicado aos processos de criação de partidos já iniciados na data da promulgação dessa lei (29 de setembro de 2015), valendo, nesta hipótese, a legislação anterior.
- Segundo o TSE, a limitação criada pela art. 2º da Lei 13.107/15, na parte que alterara os artigos 7º e 29 da Lei dos Partidos Políticos, quanto ao apoio para a criação de novos partidos, a qual ficaria restrita aos cidadãos sem filiação partidária, está em conformidade com o regramento constitucional relativo ao sistema representativo. A exigência temporal para se levar a efeito fusões e incorporações entre partidos assegura

o atendimento do compromisso do cidadão com a sua opção partidária, o que evita o estelionato eleitoral ou a reviravolta política contra o apoio dos eleitores, então filiados. A norma distingue cidadãos filiados e não filiados para o exclusivo efeito de conferência de legitimidade do apoio oferecido à criação de novos partidos políticos. O objetivo único é a garantia de coesão, coerência e substância ao modelo representativo instrumentalizado pela atuação partidária. A disseminação de práticas antidemocráticas que vão desde a compra e venda de votos ao aluguel de cidadãos e de partidos inteiros devem ser combatidas pelo legislador, sem prejuízo da autonomia partidária. Portanto, as normas objurgadas tendem a enfraquecer essa lógica mercantilista de prática política. Não se demonstrou ingerência estatal na autonomia constitucional dos partidos políticos.

- Segundo o novo § 7º do art. 29, com redação da Lei nº. 13.107/15, "havendo fusão ou incorporação, devem ser somados exclusivamente os votos dos partidos fundidos ou incorporados obtidos na última eleição geral para a Câmara dos Deputados, para efeito da distribuição dos recursos do Fundo Partidário e do acesso gratuito ao rádio e à televisão". Este novo dispositivo, contudo, logo foi declarado inconstitucional, tendo em vista o julgamento da ADI 5105, em 01 de outubro de 2015.

- Apenas após o registro no TSE, garante-se ao partido o recebimento de recursos do fundo partidário, o acesso gratuito ao rádio e TV e a exclusividade da sua denominação, sigla e símbolos., bem como a possibilidade de participar de eleições.

- Fica cancelado, junto ao ofício civil e ao Tribunal Superior Eleitoral, o registro do partido que, na forma de seu estatuto, se dissolva, se incorpore ou venha a se fundir a outro.

- O STF julgando as ADINs nos. 1351-3 e 1.354-8, ajuizadas pelo PC do B e pelo PSC, respectivamente, declarou a inconstitucionalidade do artigo 13 da Lei nº 9.096/95, derrubando a cláusula de barreira, em 07/12/2006, por decisão unânime. A Emenda Constitucional 97, publicada em outubro de 2017, contudo, restabeleceu a cláusula de desempenho, para excluir partidos políticos pouco votados do acesso a Fundo Partidário, a partir das eleições de 2018.

- Os partidos políticos são pessoas jurídicas de direito privado, com autonomia e regidos por seus respectivos estatutos. A Lei Geral dos Partidos Políticos, no entanto, respeitando a liberdade inerente a cada partido para fixar seu programa, objetivos políticos, estrutura interna, organização e funcionamento, impõe algumas regras de observância obrigatória às agremiações partidárias, que, necessariamente, deverão ser contempladas em seus programas e estatutos. Assim, o estatuto do partido deverá conter, dentre outras, normas sobre seu nome, denominação abreviada, sede na capital federal, filiação e desligamento dos seus membros, direitos e deveres dos seus filiados, modo de organização e administração, fidelidade e disciplina partidárias, condições e formas de escolha de seus candidatos a cargos e funções eletivas, finanças e contabilidade, critérios de distribuição dos recursos do fundo partidário entre os órgãos de nível municipal, estadual e nacional e procedimentos de reforma do programa e do estatuto.

- Fidelidade partidária é o instituto de direito público que relaciona não apenas o mandatário ao seu partido político, mas sim ao próprio eleitor que, ao elegê-lo, escolheu também votar em determinado partido. O infiel, assim, deverá perder o mandato eletivo.

- Indisciplina partidária é o instituto de direito privado, que relaciona os partidos políticos aos seus filiados. Nos termos do estatuto do partido, o filiado indisciplinado deverá ser advertido, suspenso, ou até mesmo expulso do partido, sem que tal fato, no entanto, acarrete a perda de eventual mandato que esteja exercendo. O que está em jogo, tão somente, é a relação do filiado com o partido político, e o respeito a questões interna corporis da agremiação partidária.

- Em resposta à consulta nº 1398, formulada pelo antigo Partido da Frente Liberal (PFL), o TSE firmou entendimento que os mandatos de deputados e vereadores pertencem aos partidos políticos. Posteriormente, foi formulada pelo deputado federal Nilson Mourão (PT-AC), ao TSE, a consulta nº 1.407, em resposta da qual foi estendida aos titulares de mandatos majoritários (presidente da república, vice-presidente, governador, vice-governador, prefeito, vice-prefeito e senador) a possibilidade de perda de mandato eletivo por prática de atos de infidelidade partidária. Em maio de 2015, contudo, o STF, em decisão bastante questionável, no julgamento da ADI 5018, entendeu que o princípio da fidelidade partidária não mais se aplica aos detentores de mandatos eleitos pelo sistema majoritário, sob pena, segundo a Corte Maior "de violação da soberania popular e das escolhas feitas pelo eleitor".

- Por meio da Resolução nº 22.610, o TSE disciplinou o procedimento de perda de mandato eletivo por infidelidade partidária. O STF declarou a constitucionalidade da resolução.

- De acordo com a resolução nº 22.610, são legitimados para propor a ação de perda de mandato por infidelidade partidária o partido político, no prazo de 30 dias, e, após, em novo prazo de trinta dias, o Ministério Público e demais interessados jurídicos.
- A competência para processar e julgar ações de perda de mandato eletivo de deputados federais, senadores, presidente e vice-presidente da república é do TSE. Já as relativas a mandatos de governador, vice-governador, prefeito, vice-prefeito, deputado estadual e vereador são de competência dos tribunais regionais eleitorais.
- Considerava-se justa causa para a troca de partido, sem perda de mandato por infidelidade partidária, de acordo com a Resolução TSE nº. 22.610, a saída do partido para fundação de novo partido, a fusão ou incorporação do partido do mandatário a outro partido político, a grave discriminação pessoal sofrida pelo mandatário e praticada por seu partido, bem como a mudança substancial ou o desvio reiterado do programa partidário. Com a publicação da Lei nº. 13.165/15, e a criação do art. 22-A da Lei nº. 9.096/95, finalmente foi instituída a disciplina legal do instituto da fidelidade partidária, uma vez que, até então, infraconstitucionalmente, a matéria era disciplinada, tão somente, pela Resolução TSE nº. 22.610/07. Como novidade maior, o inciso III do art. 22-A trouxe a possibilidade de uma janela para a troca de partido por mandatários, durante o período de trinta dias que antecede o prazo de filiação exigido em lei para concorrer à eleição, majoritária ou proporcional, ao término do mandato vigente. As demais hipóteses, previstas nos incisos I e II, já eram previstas como situações autorizadoras da troca de partido, sem perda do mandato político, pela Resolução do TSE. Por outro lado, a hipótese também prevista na resolução de troca de partido para fundar partido novo por parte do mandatário, sem perda do mandato, não foi reproduzida pela lei nº. 13.165/15.
- Só há possibilidade de condenação de mandatários a perda de mandato por infidelidade partidária relativas a desfiliações consumadas após 27/03/2007, em se tratando de mandatários eleitos pelo sistema proporcional, e 16/10/2007, em se tratando de mandatários eleitos pelo sistema majoritário.
- De acordo com o art. 14, § 3º, V da Constituição Federal de 1988, é condição de elegibilidade a filiação partidária. Cabe à lei 9.096/95, então, disciplinar esta condição de elegibilidade, estabelecendo as normas relativas à filiação partidária no seu capítulo IV do título II. (arts. 16 a 22).
- Até o dia 30 de abril do ano seguinte, os partidos políticos estão obrigados a enviar, anualmente, à Justiça Eleitoral, balanços contábeis do exercício findo. O balanço contábil do órgão nacional deverá ser enviado ao TSE, os dos órgãos estaduais aos respectivos TREs e o dos órgãos municipais aos juízes eleitorais. No ano em que ocorrerem eleições, o partido deverá enviar balancetes mensais à Justiça Eleitoral durante os quatro meses anteriores e os dois meses posteriores ao pleito.
- De acordo com o artigo 31 da Lei nº 9.096/95, o partido político não pode receber, sob qualquer forma ou pretexto, contribuição em dinheiro, ou estimável em dinheiro, inclusive através de publicidade de qualquer espécie, procedente de: I – entidade ou governo estrangeiros; II – autoridade ou órgãos públicos, ressalvadas as originadas do fundo partidário; III – autarquias; IV – empresas públicas; V – concessionárias de serviços públicos; VI – sociedades de economia mista; VII – fundações instituídas em virtude de lei e para cujos recursos concorram órgãos ou entidades governamentais; VIII – entidade de classe ou sindical.
- Como forma de colaborar financeiramente para o funcionamento dos partidos políticos, a Lei nº 9.096/95 estabeleceu, nos artigos 38 e seguintes, o Fundo Especial de Assistência Financeira aos Partidos Políticos, também chamado de Fundo Partidário, constituído pelos seguintes recursos:

Recursos constitutivos do Fundo Partidário
I – multas e penalidades pecuniárias aplicadas nos termos do Código Eleitoral e leis conexas;
II – recursos financeiros que lhe forem destinados por lei, em caráter permanente ou eventual;
III – doações de pessoas físicas ou jurídicas, efetuadas por intermédio de depósitos bancários, diretamente na conta do Fundo Partidário (por cheque cruzado ou depósito bancário na conta do partido);
IV – dotações orçamentárias da União, em valor nunca inferior, cada ano, ao número de eleitores inscritos em 31 de dezembro do ano anterior ao da proposta orçamentária, multiplicados por trinta e cinco centavos de real, em valores de agosto de 1995.

- De acordo com o previsto no artigo 44 da lei nº 9.096/95, os recursos oriundos do Fundo Partidário deverão ser aplicados da seguinte forma:

Forma de aplicação dos recursos oriundos do Fundo Partidário (art. 44 da Lei nº 9.096/95)
I – na manutenção das sedes e serviços do partido, permitido o pagamento de pessoal, a qualquer título, observado, do total recebido, os seguintes limites:
a) 50% (cinquenta por cento) para o órgão nacional;
b) 60% (sessenta por cento) para cada órgão estadual e municipal;
II – na propaganda doutrinária e política;
III – no alistamento e campanhas eleitorais;
IV – na criação e manutenção de instituto ou fundação de pesquisa e de doutrinação e educação política, sendo esta aplicação de, no mínimo, vinte por cento do total recebido;
V – na criação e manutenção de programas de promoção e difusão da participação política das mulheres, criados e mantidos pela secretaria da mulher do respectivo partido político ou, inexistindo a secretaria, pelo instituto ou fundação de pesquisa e de doutrinação e educação política de que trata o inciso IV, conforme percentual que será fixado pelo órgão nacional de direção partidária, observado o mínimo de 5% (cinco por cento) do total.
VI – pagamento de mensalidades, anuidades e congêneres devidos a organismos partidários internacionais que se destinem ao apoio à pesquisa, ao estudo e à doutrinação política, aos quais seja o partido político regularmente filiado;
VII – no pagamento de despesas com alimentação, incluindo restaurantes e lanchonetes.

- A Lei nº. 13.165, de 29 de setembro de 2015, trouxe uma série de novidades no que se refere ao processo de arrecadação de recursos e prestação de contas pelos partidos políticos. Assim, por exemplo, ao revogar o § 3º do art. 32 da Lei nº. 9.096/95, a reforma eleitoral de setembro de 2015 acabou com a obrigatoriedade do partido político, em ano eleitoral, enviar balancetes mensais à Justiça Eleitoral, durante os quatro meses anteriores e os dois meses posteriores ao pleito. Importante também destacar que o novo § 5º do referido artigo 32 ressaltou que a desaprovação da prestação de contas do partido não enseja sanção alguma que o impeça de participar do pleito eleitoral, restringindo, portanto, as possibilidades de sanção possíveis de ser impostas aos partidos que não fazem a gerência de suas contas adequadamente. O novo caput do art.34 da Lei Geral dos Partidos Políticos, por sua vez, retirou, da Justiça Eleitoral, o papel de fiscal da escrituração contábil do partido político, preservando, contudo, a fiscalização sobre a prestação de contas do partido e das despesas de campanha eleitoral. Os novos incisos I e V, bem como o novo § 1º do referido artigo, por outro lado, reproduziram previsão expressa em vários dispositivos inovadores trazidos pela lei nº. 13.165/15, extinguindo a figura do comitê partidário nas campanhas eleitorais. Já o inciso II, que previa a responsabilização pessoal dos dirigentes do partido, no âmbito cível e criminal, por quaisquer irregularidades nas contas dos partidos foi revogado.
- De acordo com o novo caput do art. 37, a desaprovação das contas partidárias não acarreta mais a suspensão de novas cotas do Fundo Partidário, com a responsabilização dos responsáveis, mas, tão somente, a sanção de devolução da importância apontada como irregular, acrescida de multa de até 20% (vinte por cento), sem que haja suspensão de órgãos de direção partidária ou declaração de dívida ou inadimplência dos respectivos responsáveis partidários (conforme o novo § 2º). Eventuais descontos nos futuros repasses do Fundo partidário, como consequência da sanção prevista no novo caput do art. 37, deverão ocorrer, segundo o novo § 3º, de forma proporcional e razoável, pelo período de um a doze meses, desde que a prestação de contas seja julgada, pelo juízo ou tribunal competente, em até cinco anos de sua apresentação. Tal desconto, contudo, se ocorrer, deverá ser suspenso durante o segundo semestre do ano em que se realizarem as eleições.
- Se antes da lei nº. 13.165/15 a falta de prestação de contas implicava a suspensão de novas cotas do Fundo Partidário e sujeitava os responsáveis ás penas da lei, agora tal procedimento implicará, tão somente, a suspensão de novas cotas do Fundo Partidário enquanto perdurar a inadimplência, mantendo-se a sujeição dos responsáveis às penas da lei. A nova redação do § 3º do art. 39 da Lei Geral dos Partidos Políticos, por sua vez, ao instituir o seu novo inciso III, possibilitou que as doações de recursos financeiros a partidos políticos possam vir a ser realizadas mediante mecanismo disponível em sítio do partido na internet que permita o uso de cartão de crédito ou de débito, o que não era possível, até então. Para que tal forma de doação seja possível, contudo, será necessário que tal mecanismo permita a identificação do doador e emita, obrigatoriamente, recibo eleitoral para cada doação realizada.

• De acordo com o disposto no artigo 17 da Constituição Federal de 1988, os partidos políticos têm direito a acesso gratuito ao rádio e a TV. A Lei 9096/95, desta forma, em seu artigo 45, estabelece que o partido com registro no TSE poderá, gratuitamente, entre as 19 horas e 30 minutos e as 22 horas, utilizar espaço no rádio e na TV para difundir os programas partidários, transmitir mensagens aos filiados sobre a execução do programa partidário, dos eventos com este relacionados e das atividades congressuais do partido; bem como divulgar a posição do partido em relação a temas político-comunitários.

- A propaganda partidária, no rádio e na televisão, será sempre gratuita e restrita aos horários disciplinados em lei. No mínimo 10% do tempo da propaganda partidária deverá ser utilizado na promoção e difusão da participação feminina na política. Somente partido político pode oferecer, à Justiça Eleitoral, representação contra propaganda irregular, até o último dia do semestre em que for veiculado o programa impugnado, ou, se este tiver sido transmitido nos últimos 30 dias do semestre, até o 15º dia do semestre seguinte. A propaganda partidária ocorre sempre nos semestres não-eleitorais. As emissoras de rádio e TV terão direito a compensação fiscal pela cedência do horário gratuito para a divulgação da propaganda partidária.

- Com a publicação da lei nº 12.875/13, a redação do artigo 41-A da lei nº 9.096/95 sofreu pequena alteração, tendo sido o antigo caput dividido em dois incisos. Além disso, foi incluído o parágrafo único, estabelecendo que, para a distribuição dos 95% dos recursos do Fundo partidário para distribuição entre todos os partidos com estatutos registrados no TSE, na proporção dos votos obtidos na última eleição para a Câmara Federal, "serão desconsideradas as mudanças de filiação partidária, em quaisquer hipóteses, ressalvado o disposto no § 6º do art. 29", o qual, por sua vez, determina que "havendo fusão ou incorporação, devem ser somados exclusivamente os votos dos partidos fundidos ou incorporados obtidos na última eleição geral para a Câmara dos Deputados, para efeito da distribuição dos recursos do Fundo Partidário e do acesso gratuito ao rádio e à televisão". Buscou-se, dessa forma, evitar-se uma prática muito comum recentemente, vislumbrada principalmente quando da criação de novos partidos políticos e acatada pela JURISPRUDÊNCIA do TSE: a transferência de tempo de propaganda e recursos do Fundo Partidário de partidos já existentes para novos partidos, na proporção das incorporações de perda e ganho respectivo de bancadas na Câmara Federal a partir da criação destas novas legendas. Partidos que perdiam deputados para novas agremiações partidárias estavam perdendo também recursos financeiros e tempo de rádio e TV. É de destacar, contudo, que a Lei nº. 12.875/2013 foi declarada inconstitucional pelo Supremo Tribunal Federal no julgamento da ADI nº. 5015, ocorrido em setembro de 2015.

- Com a publicação, em setembro de 2015, da Lei nº. 13.165, o inciso IV do art. 45 da Lei das Eleições teve, novamente, sua redação alterada, para determinar que a previsão expressa de que o tempo mínimo de 10% da propaganda partidária para difusão da participação política feminina deverá ser observado também nas inserções a que se refere o art. 49 desta mesma lei, não se limitando, portanto, ao programa em bloco.

- Os partidos com pelo menos um representante em qualquer das Casas do Congresso Nacional têm assegurados os seguintes direitos relacionados à propaganda partidária: I – a realização de um programa a cada semestre, em cadeia nacional, com duração de: a) cinco minutos cada, para os partidos que tenham eleito até quatro Deputados Federais; b) dez minutos cada, para os partidos que tenham eleito cinco ou mais Deputados Federais; II – a utilização, por semestre, para inserções de trinta segundos ou um minuto, nas redes nacionais, e de igual tempo nas emissoras estaduais, do tempo total de: a) dez minutos, para os partidos que tenham eleito até nove Deputados Federais; b) vinte minutos, para os partidos que tenham eleito dez ou mais deputados federais.

- O novo parágrafo único do art. 49, instituído pela lei nº. 13.165/15, como se observa, prevê a possibilidade de realização de propaganda partidária com conteúdo regionalizado, a critério dos órgãos nacionais dos partidos políticos. Vale destacar que o TSE, desde 2006, extinguiu a propaganda partidária regionalizada em bloco, autorizando, através da Resolução nº. 22.503/06, apenas inserções regionalizadas durante a programação normal das emissoras, veiculadas com a concordância dos diretórios nacionais dos partidos políticos

- O Plenário do TSE julgou inconstitucionais os artigos 1º e 2º da Lei 12.875/13, que, ao promoverem alterações nas leis 9.096/95 e 9.504/97, restringem, aos novos partidos políticos, criados após a realização das eleições para a Câmara dos Deputados, qualquer acesso aos recursos do Fundo Partidário, bem como qualquer tempo destinado a propaganda eleitoral. De início, o Colegiado destacou que as disposições ora impugnadas decorreriam de superação legislativa da interpretação conferida pelo STF ao art. 47, § 2º, II, da Lei 9.504/97 (ADI 4430 e ADI 4795). A análise da justificação do projeto de lei que desaguara na norma supracitada revelaria a inaptidão dos fundamentos ali expendidos para legitimar a reversão da interpretação fixada pelo STF.

- Com a publicação da Lei nº. 13.165/15, algumas importantes novidades foram instituídas, referentes à utilização, pelos partidos políticos, dos recursos oriundos do Fundo Partidário. Assim, o novo inciso I do art. 41-A da Lei nº. 9.096/95, a exemplo de outros que tiveram suas redações alteradas pela Lei nº. 13.165/15, passou a possibilitar restrições ao recebimento de recursos do Fundo Partidário a partidos políticos que não venham a atender requisitos constitucionais de acesso ao Fundo Partidário. Atualmente, o requisito necessário, conforme previsão do art. 17 da CF/1988, é o registro do partido no TSE. Dispõe o referido dispositivo legal, com redação conferida pela Lei nº. 13.165/15, que, dos valores arrecadados pela União para a manutenção do benefício, "5% (cinco por cento) serão destacados para entrega, em partes iguais, a todos os partidos que atendam aos requisitos constitucionais de acesso aos recursos do Fundo Partidário". O novo inciso I do art. 44 da Lei Geral dos Partidos Políticos cria, por meio da nova alínea "b", um limite mais amplo, de 60% dos recursos oriundos do Fundo Partidário, para uso dos órgãos estaduais e municipais dos partidos políticos para fins de pagamento de pessoal. Até então, este limite era de 50%. O novo inciso V do art. 44, por sua vez, prevê a possibilidade dos partidos políticos criarem secretarias da mulher, com a finalidade de gerir programas de promoção e difusão da participação política feminina, mister que poderá ser cumprindo, também, por instituto ou fundação de pesquisa mantidos pelo partido para a doutrinação e educação política. O percentual mínimo de utilização de 5% dos recursos do Fundo Partidário para o incentivo à participação feminina na política, já previsto na legislação anterior, foi preservado. De se destacar, também, o novo § 5º-A, incluído pela Lei nº. 13.165/15, o qual prevê que os partidos políticos que não aplicarem o percentual de 5% do Fundo Partidário em ações de incentivo à participação feminina na política, conforme o inciso V, deverão transferir o respectivo saldo para conta específica, sendo vedada sua aplicação para finalidade diversa, de modo que o saldo remanescente deverá ser aplicado dentro do exercício financeiro subsequente, sob pena de acréscimo de 12,5% (doze inteiros e cinco décimos por cento) do valor previsto, a ser aplicado na mesma finalidade. Por fim, o novo § 7º do artigo 44 prevê que o partido político, por meio da sua secretaria da mulher, ou, inexistindo esta, através da fundação de pesquisa e de doutrinação e educação política, poderá acumular os recursos a que se refere o inciso V do caput em diferentes exercícios financeiros, mantidos em contas bancárias específicas, para utilização futura em campanhas eleitorais de candidatas do partido.

- De acordo com o disposto no artigo 17, § 1º da Constituição Federal, os partidos políticos têm autonomia para "adotar os critérios de escolha e os regimes de suas coligações eleitorais, sem obrigatoriedade de vinculação entre as candidaturas em âmbito nacional, estadual, distrital ou municipal".
- A Lei das Eleições (Lei nº 9.504/97), em seu artigo 6º, estabelece as regras relativas ao funcionamento das coligações partidárias, conceituadas como "acordos entre dois ou mais partidos para apresentação à eleição da mesma ou das mesmas candidaturas". De acordo com o disposto no artigo 17, § 1º da Constituição Federal, os partidos políticos têm autonomia para "adotar os critérios de escolha e os regimes de suas coligações eleitorais, sem obrigatoriedade de vinculação entre as candidaturas em âmbito nacional, estadual, distrital ou municipal". Nasce, a partir desta previsão constitucional, um dos mais polêmicos temas do Direito Eleitoral contemporâneo, objeto de constantes críticas por parte de cientistas políticos, jornalistas, parlamentares e juristas, apontado como um dos vilões do enfraquecimento dos partidos políticos nacionais: a existência de tais coligações partidárias, com finalidade pura e simplesmente eleitoral, constituídas durante as convenções partidárias que ocorrem no mês de junho dos anos eleitorais e desfeitas após o período eleitoral, possuindo denominação própria e funcionando como um só partido no relacionamento com a Justiça Eleitoral e no trato de interesses interpartidários. Nas eleições proporcionais, os candidatos de uma mesma coligação, como observado no capítulo desta obra referente aos sistemas eleitorais, concorrem juntos, como se fizessem parte de um único partido. Da mesma forma, nas eleições majoritárias, é possível uma chapa ser formada por candidatos de partidos diversos, que estejam coligados (por exemplo, o candidato a prefeito de um partido e o candidato a vice, da mesma chapa, oriundo de outro partido coligado). As coligações terão denominações próprias, que poderão ser a junção de todas as siglas dos partidos que as integram, sendo a elas atribuídas as prerrogativas e obrigações de partido político no que se refere ao processo eleitoral. A denominação da coligação não poderá coincidir, incluir ou fazer referência a nome ou número de candidato, nem conter pedido de voto para partido político. O objetivo desta norma é o de assegurar a observância do princípio da impessoalidade, bem como com o intuito de evitar um desequilíbrio na coligação em favor de determinado partido (por exemplo, a partir de uma coligação que se chamasse "vote no partido X"). Na propaganda para eleição majoritária, a

coligação usará, obrigatoriamente, sob sua denominação, as legendas de todos os partidos que a integram; na propaganda para eleição proporcional, cada partido usará apenas sua legenda sob o nome da coligação. Uma vez coligado, o partido político somente possui legitimidade para atuar de forma isolada no processo eleitoral quando questionar a validade da própria coligação, durante o período compreendido entre a data da convenção e o termo final do prazo para a impugnação do registro de candidatos, segundo norma expressa no § 4º do artigo 6º da lei nº 9.504/97, incluído pela recente lei nº 12.034/09, encerrando uma antiga polêmica acerca das prerrogativas dos partidos políticos coligados, ao dispor que os mesmos somente possuem legitimidade para atuar de forma isolada no processo eleitoral quando questionarem a validade da própria coligação, durante o período compreendido entre a data da convenção e o termo final do prazo para a impugnação do registro de candidatos. Tal disposição, dessa forma, se coaduna com o disposto no § 1º do mesmo artigo, que estabelece que serão atribuídas à coligação "as prerrogativas e obrigações de partido político no que se refere ao processo eleitoral", devendo a mesma atuar "como um só partido no relacionamento com a Justiça Eleitoral e no trato dos interesses interpartidários". Contrariamente a outros dispositivos incluídos na Lei 9.504/97 pela recente reforma eleitoral, no entanto, o novo § 4º do artigo 6º não seguiu entendimento consolidado do Tribunal Superior Eleitoral, que nas eleições 2008 expediu a resolução nº 22.717, que em seu artigo 6º admitia a atuação isolada de partido político na hipótese de dissidência interna, o que dividia a coligação. Na chapa da coligação, como já destacado, podem inscrever-se candidatos filiados a qualquer partido político dela integrante. O pedido de registro dos candidatos deve ser subscrito pelos presidentes dos partidos coligados, por seus delegados, pela maioria dos membros dos respectivos órgãos executivos de direção ou por representante da coligação. Os partidos integrantes da coligação devem, ainda, designar um representante, que terá atribuições equivalentes às de presidente de partido político, no trato dos interesses e na representação da coligação, no que se refere ao processo eleitoral. Por fim, vale destacar a polêmica questão da verticalização das coligações, determinada, no passado, pelo TSE, por meio da Resolução nº 20.993/2002. Segundo a lógica da verticalização, deveria ser mantida uma coerência, uma simetria, entre as coligações firmadas em âmbito nacional e aquelas firmadas em âmbito regional, em uma mesma eleição. A Emenda Constitucional nº 52/2006, que modificou o artigo 17, § 1º da Constituição Federal, no entanto, terminou por revogar a questão da verticalização, dando plena autonomia aos partidos políticos para firmar o regime das suas coligações.

- Foi acrescentado o parágrafo único ao artigo 3º da Lei nº 9.096/95, determinando que "é assegurada aos candidatos, partidos políticos e coligações autonomia para definir o cronograma das atividades eleitorais de campanha e executá-lo em qualquer dia e horário, observados os limites estabelecidos em lei". Entendemos que tal alteração não traz nenhuma novidade ao processo eleitoral, uma vez que, obviamente, tal autonomia já era implicitamente prevista.
- Foi acrescentado o parágrafo único ao artigo 15-A da Lei nº 9.096/95, estabelecendo norma processual quanto à competência para demanda judiciais em face de diretório nacional de partido político nas ações cíveis e trabalhistas, Dispõe a nova norma que "o órgão nacional do partido político, quando responsável, somente poderá ser demandado judicialmente na circunscrição especial judiciária da sua sede, inclusive nas ações de natureza cível ou trabalhista".
- Foi acrescentado pela Lei nº 12.891/13 o inciso V e alterada a redação do parágrafo único do artigo 22 da Lei Geral dos Partidos Políticos, modificando, de forma relevante, a disciplina jurídica do cancelamento de filiação partidária por parte daquele que se filia a outro partido. Segundo o novo inciso V, será imediatamente cancelada a inscrição partidária daquele que se filiar a outro partido, desde que tal fato venha a ser comunicado ao juiz eleitoral da zona respectiva. Assim, abole-se a necessidade, neste caso, de comunicação, por parte do cidadão, de tal fato ao seu partido originário. O novo parágrafo único, por sua vez, estabelece nova disciplina para os casos de duplicidade de filiação. Doravante, a filiação partidária mais recente prevalece sobre as anteriores, ao contrário do que previa a legislação, a qual determinava que na ocorrência de dupla filiação, ambas seriam consideradas nulas para todos os efeitos.
- O artigo 34 da Lei Geral dos Partidos Políticos ganhou um novo parágrafo com a Lei nº 12.891/13, o qual passou a explicitamente determinar que a fiscalização sobre a escrituração contábil e a prestação de contas dos partidos e das despesas de campanha eleitoral tem por escopo tão somente identificar a origem das receitas e a destinação das despesas com as atividades partidárias e eleitorais, mediante o exame formal dos documentos contábeis e fiscais apresentados pelos partidos políticos, comitês e candidatos,

sendo vedada a análise das atividades político-partidárias ou qualquer interferência em sua autonomia. Assim, o antigo parágrafo único foi renumerado, passando a ser o § 2º do mesmo artigo.

- O § 5º do artigo 46 da Lei Geral dos Partidos Políticos teve sua redação alterada pela Lei nº 12.891/13 a fim de prestigiar o princípio da celeridade, próprio do Direito Eleitoral. Dessa forma, o material de áudio relativo à propaganda partidária gratuita no rádio passou a ser passível de remessa às emissoras por meio de correspondência eletrônica.

  Além disso, foi acrescentado o § 8º ao presente artigo, dirigido fundamentalmente às emissoras de rádio e TV, a partir do qual foi estipulado que "é vedada a veiculação de inserções idênticas no mesmo intervalo de programação, exceto se o número de inserções de que dispuser o partido exceder os intervalos disponíveis, sendo vedada a transmissão em sequência para o mesmo partido político".

– A Lei nº. 13.165, de 29 de setembro de 2015, trouxe uma importante novidade, no que se refere ao prazo para a filiação partidária, com vistas à disputa eleitoral. A filiação a partido político é uma das condições de elegibilidade previstas no artigo 14, § 3º da Constituição Federal de 1988. A escolha do legislador constituinte por esta regra denota a importância dos partidos políticos para o sistema político brasileiro, o qual não admite, portanto, candidaturas avulsas, dando aos partidos políticos, assim, o papel de protagonistas do processo democrático, organizadores do debate público e legítimos representantes do pluralismo político, interpretado como o princípio constitucional fundamental norteador da democratização do poder. Embora preveja a filiação partidária como condição de elegibilidade, a Constituição de 1988 não prevê expressamente qual seria o prazo mínimo desta filiação, delegando à legislação ordinária esta definição. É a Lei das Eleições (Lei 9.504/97), em seu artigo 9º, que define qual o prazo geral mínimo de filiação partidária exigível para que alguém possa disputar uma eleição. Vale destacar, neste sentido, que o prazo do referido artigo é o prazo mínimo geral de filiação, podendo cada partido, no exercício da sua respectiva autonomia, exigir prazos maiores de filiação para a promoção de candidaturas dos seus respectivos filiados. Até a publicação da Lei nº. 13.165, em 29 de setembro de 2015, o artigo 9º da Lei das Eleições previa que para concorrer às eleições, o candidato deveria possuir domicílio eleitoral na respectiva circunscrição e filiação partidária há pelo menos um ano, na data do pleito. Doravante, em regra já válida para as eleições municipais de 2016, o prazo para a filiação partidária dos pretensos candidatos será alargado, podendo ocorrer até seis meses antes do pleito. O prazo para a determinação do domicílio eleitoral, de um ano antes da eleição, contudo, foi preservado.

4. JUSTIÇA ELEITORAL.

- À Justiça Eleitoral compete, dentre outras atribuições, administrar todo o processo de organização das eleições e das consultas populares (plebiscitos e referendos), bem como exercer função jurisdicional no decorrer do mesmo processo, tecnicamente iniciado com o alistamento eleitoral e encerrado com a diplomação dos eleitos (embora também seja da competência da Justiça Eleitoral, como será estudado oportunamente, o julgamento de ações, a exemplo da Ação de Impugnação de Mandato Eletivo, que podem ser propostas após a diplomação).
- A substituição aos litigantes na resolução de conflitos é, como se sabe, a principal função exercida pelo Poder Judiciário. Como não poderia deixar de ser, é a função jurisdicional função típica da Justiça Eleitoral, ramo especializado do Poder Judiciário Federal brasileiro, verificada desde o momento do alistamento eleitoral até a diplomação dos eleitos, respectivamente a primeira e a última etapas do chamado "processo eleitoral". Neste sentido, válido é destacar o seguinte quadro esquemático relativo às etapas do processo eleitoral, diante das quais se verifica o exercício da função jurisdicional pela Justiça Eleitoral:

Fases do processo eleitoral
1. Alistamento eleitoral;
2. Convenções para a escolha de candidatos;
3. Registro de candidaturas;
4. Propaganda política;
5. Votação e apuração de votos;
6. Proclamação dos eleitos e diplomação dos eleitos.

- Ainda em relação ao exercício da função jurisdicional pela Justiça Eleitoral, vale destacar que é pacífico o entendimento acerca da competência da referida justiça especializada para a execução fiscal de multa eleitoral.
- Com o advento da Resolução TSE nº 22.610/07, que disciplinou o processo de perda de mandato por infidelidade partidária, determinou-se a competência da Justiça Eleitoral para o julgamento de tais questões, mesmo quando o ato de infidelidade vier a ser praticado após a diplomação.

- Desde o alistamento dos eleitores, passando pela organização dos locais de votação e pela nomeação de mesários e escrutinadores, cabe à Justiça Eleitoral preparar e administrar todo o chamado "processo eleitoral", desempenhando, assim, função executiva.
- No exercício do poder de polícia, o juiz deverá se restringir "às providências necessárias para inibir práticas ilegais", não tendo poder, portanto, para impor, imediatamente, multas aos infratores da lei, as quais só poderão ser aplicadas mediante a observância do devido processo legal, a partir de representação proposta por partido político, coligação ou candidato, na forma do artigo 96 da Lei nº 9.504/97.
- Conforme previsto no novo artigo 105 da Lei nº 9.504/97, com redação dada pela lei nº 12.034/09, as resoluções do TSE devem se restringir ao caráter regulamentar da lei, não podendo diminuir direitos ou estabelecer sanções distintas das previstas na legislação.
- Em regra, vige no exercício das atribuições dos órgãos constituintes do Poder Judiciário o princípio da inércia, segundo o qual tal poder só deve atuar quando provocado, exercendo, assim, a jurisdição. Assim, não cabe ao Poder Judiciário, de forma geral, responder a questões abstratas, dissociadas de uma lide, papel este a ser exercido pelos doutrinadores. No âmbito da Justiça Eleitoral, no entanto, é possível nos depararmos com mais uma peculiaridade, prevista no artigos 23, XII e 30, VIII do Código Eleitoral: a competência do Tribunal Superior Eleitoral e dos TREs para responder a consultas em tese formuladas por autoridades públicas ou partidos políticos (as consultas dirigidas ao TSE somente poderão ser feitas por autoridade pública federal e órgão nacional de partido político).
- De acordo com previsão constitucional (artigo 118 da CF/88), são órgãos da Justiça Eleitoral o Tribunal Superior Eleitoral (TSE), os tribunais regionais eleitorais (TREs), os juízes eleitorais e as juntas eleitorais.
- Os juízes dos tribunais eleitorais (inclusive os ministros do TSE), salvo motivo justificado, servirão por dois anos, no mínimo, e nunca por mais de dois biênios consecutivos (se não forem consecutivos, podem ser mais de dois), sendo os substitutos escolhidos na mesma ocasião e pelo mesmo processo, em número igual para cada categoria.
- Composição do Tribunal Superior Eleitoral:

Quadro sinótico – Composição do TSE (art. 119 da CF/88)		
Três ministros oriundos do Supremo Tribunal Federal;	Dois ministros oriundos do Superior Tribunal de Justiça;	Dois advogados, de notável saber jurídico e reputação ilibada, nomeados pelo presidente da república, a partir de lista de seis nomes elaborada pelo STF.

- De acordo com a súmula nº 72 do Supremo Tribunal Federal, no julgamento de questão constitucional, vinculada a decisão do Tribunal Superior Eleitoral, não estão impedidos os ministros do STF que ali tenham funcionado no mesmo processo ou no processo originário.
- Integrantes do TSE continuam a exercer suas atividades no STF, STJ e advocacia de forma concomitante ao exercício das suas funções naquela corte. Aos advogados impede-se, tão somente, o exercício da advocacia na Justiça Eleitoral, durante o período dos seus mandatos como magistrados eleitorais.
- Os advogados que compõem o TSE (e também os TREs), por sua vez, deverão ter, de acordo com jurisprudência consolidada do TSE (Ac. 2.833, de 18.12.01, DJ de 01.03.02), dez anos de efetiva atividade profissional. Além disso, de acordo com o § 2º do artigo 16 do Código Eleitoral, não poderão ser nomeados advogados que ocupem cargos públicos dos quais sejam demissíveis ad nutum, que sejam diretores, proprietários ou sócios de empresas beneficiadas com subvenções, privilégios, isenções ou favores em virtude de contrato com a administração pública, ou que exerçam mandato de caráter político, federal, estadual ou municipal.
- O TSE não tem competência penal originária, diferentemente dos TREs, que processam e julgam crimes eleitorais cometidos pelos juízes eleitorais. É pacífico o entendimento, a partir da interpretação dos artigos 102, I, "c" e 105, I, "a" da Constituição Federal de 1988, segundo o qual os ministros do TSE são julgados pelo STF, pela prática de crimes eleitorais, e os membros dos TREs e os governadores de estado, pela prática dos mesmos crimes, são julgados pelo STJ (neste sentido, cf. Ac. 15.584, de 09.05.00, do TSE, DJ de 30.06.00).
- De acordo com o artigo 120 da Constituição Federal, haverá um Tribunal Regional Eleitoral na capital de cada estado e no Distrito Federal, composto, também por sete membros, eleitos pelo voto secreto (vale ressaltar, mais uma vez, que Lei

Complementar poderá aumentar o número de membros dos TREs, conforme interpretação do artigo 121 da Constituição).

- Composição dos TREs:

Quadro sinótico – Composição dos Tribunais Regionais Eleitorais (art. 120 da CF/88)
Dois juízes dentre desembargadores do Tribunal de Justiça;
Dois juízes dentre juízes de direito escolhidos pelo Tribunal de Justiça;
Um juiz do Tribunal Regional Federal com sede na capital do estado ou no Distrito Federal, ou, não havendo, de juiz federal, escolhido, em qualquer caso, pelo Tribunal Regional Federal respectivo;
Dois advogados, de notável saber jurídico e reputação ilibada, nomeados pelo presidente da república, a partir de lista de seis nomes elaborada pelo Tribunal de Justiça.

- Enquanto que no TSE o corregedor-geral eleitoral será, necessariamente, ministro oriundo do Superior Tribunal de Justiça (STJ), nos TREs o corregedor-regional eleitoral poderá ser qualquer um dos membros da corte.
- As competências dos tribunais regionais eleitorais, por sua vez, estão previstas nos artigos 29 e 30 do Código Eleitoral. Dentre as principais, podemos indicar o processamento e o julgamento originário dos pedidos de registro e cancelamento de registros dos diretórios estaduais e municipais de partidos políticos; os conflitos de jurisdição entre juízes eleitorais do respectivo estado; a suspeição ou impedimento dos seus membros, servidores, do procurador regional eleitoral, bem como dos juízes e escrivães eleitorais; os crimes eleitorais cometidos pelos juízes eleitorais; bem como habeas corpus e mandado de segurança, em matéria eleitoral, contra ato de autoridades que respondam perante os tribunais de justiça por crimes de responsabilidade. Em grau de recurso, os TREs ainda são competentes para processar e julgar habeas corpus ou mandado de segurança denegados ou concedidos por juízes eleitorais; bem como outros atos e decisões proferidas pelos juízes e juntas eleitorais.
- Em cada zona eleitoral funcionará um juiz eleitoral que, como já observado, não integra uma carreira própria da magistratura eleitoral. Os juízes eleitorais, assim, serão juízes de direito estaduais em efetivo exercício, que acumularão às suas funções próprias as funções de juiz eleitoral.
- Na primeira instância da Justiça Eleitoral também funcionarão, de acordo com o Código Eleitoral (arts. 36 a 41), as Juntas Eleitorais, compostas por um juiz de direito, que a presidirá, e de dois a quatro cidadãos de notória idoneidade. O juiz de direito que presidirá a junta eleitoral não necessariamente será o juiz eleitoral da zona eleitoral respectiva, embora haja preferência para este. Vale destacar que, em uma mesma zona eleitoral, poderá ser organizada mais de uma Junta Eleitoral, podendo ser organizadas tantas juntas quantas permitir o número de juízes de direito atuantes na área territorial correspondente à zona eleitoral.

5. MINISTÉRIO PÚBLICO ELEITORAL.

- De acordo com o princípio da federalização do Ministério Público Eleitoral, previsto no artigo 37, I c/c art. 72 da LC 75/93, compete ao Ministério Público Federal, a princípio, a atribuição de oficiar junto à Justiça Eleitoral, em todas as fases do processo.
- De acordo com o princípio da delegação, cuja base legal é o artigo 78 da LC 75/93, delega-se aos membros dos Ministérios Públicos dos estados (promotores de justiça) a atribuição de oficiar junto aos juízos eleitorais de primeira instância (juízes eleitorais e juntas eleitorais). É o princípio da delegação, assim, exceção ao princípio da federalização, marcante na organização do Ministério Público Eleitoral.
- Até 1993, a revogada lei nº 1.341/51, antiga Lei Orgânica do Ministério Público, previa, no seu artigo 78, parágrafo único, que membros dos Ministérios Públicos estaduais poderiam oficiar junto aos tribunais regionais eleitorais, auxiliando os Procuradores Regionais Eleitorais. A atuação, em virtude do princípio da federalização, era excepcional, daí a nomenclatura "princípio da excepcionalidade". A Lei Complementar nº 75/93, no seu artigo 77, parágrafo único, no entanto, revogou o princípio da excepcionalidade, impedindo que promotores dos Ministérios Públicos estaduais possam atuar junto à segunda instância da Justiça Eleitoral. Assim, como já destacado, atualmente, em virtude do princípio da delegação, membros dos MP estaduais atuam, tão somente, na primeira instância da Justiça Eleitoral, oficiando junto aos juízes e juntas eleitorais.
- Com o intuito de melhor esclarecer e definir os parâmetros de escolha dos membros dos Ministérios Públicos estaduais que atuarão como promotores eleitorais junto aos juízes e juntas eleitorais, o Conselho Nacional do Ministério Público (CNMP) baixou a resolução nº 30, de 19 de maio de 2008, estabelecendo o seguinte procedimento:

Normas para a escolha dos promotores eleitorais de primeira instância Resolução nº 30 do CNMP
I – a designação será feita por ato do Procurador Regional Eleitoral, com base em indicação do Chefe do Ministério Público local;
II – a indicação feita pelo Procurador-Geral de Justiça do Estado recairá sobre o membro lotado em localidade integrante de zona eleitoral que por último houver exercido a função eleitoral;
III – nas indicações e designações subseqüentes, obedecer-se-á, para efeito de titularidade ou substituição, à ordem decrescente de antiguidade na titularidade da função eleitoral, prevalecendo, em caso de empate, a antiguidade na zona eleitoral;
IV – a designação será feita pelo prazo ininterrupto de dois anos, nele incluídos os períodos de férias, licenças e afastamentos, admitindo-se a recondução apenas quando houver um membro na circunscrição da zona eleitoral;"

- Não poderá ser indicado para exercer a função eleitoral o membro do Ministério Público: **I** – lotado em localidade não abrangida pela zona eleitoral perante a qual este deverá oficiar, salvo em caso de ausência, impedimento ou recusa justificada, e quando ali não existir outro membro desimpedido; **II** – que se encontrar afastado do exercício do ofício do qual é titular, inclusive quando estiver exercendo cargo ou função de confiança na administração superior da Instituição; ou **III** – que estiver respondendo a processo administrativo disciplinar por atraso injustificado no serviço.
- Junto aos tribunais regionais eleitorais, por sua vez, oficiam os Procuradores Regionais Eleitorais (um para cada TRE), a quem incumbe exercer as funções do Ministério Público nas causas de competência do Tribunal Regional Eleitoral respectivo, além de dirigir, no estado, as atividades do setor. O Procurador Regional Eleitoral, juntamente com o seu substituto, será designado pelo Procurador-Geral Eleitoral, dentre os Procuradores Regionais da República no Estado e no Distrito Federal, ou, onde não houver, dentre os Procuradores da República vitalícios, para um mandato de dois anos, podendo ser reconduzido uma vez e destituído, antes do término do mandato, por iniciativa do Procurador-Geral Eleitoral, anuindo a maioria absoluta do Conselho Superior do Ministério Público Federal.
- Junto ao Tribunal Superior Eleitoral, finalmente, atua o Procurador-Geral Eleitoral, que será o próprio Procurador-Geral da República (chefe do Ministério Público da União), a quem compete exercer as funções do Ministério Público nas causas de competência do Tribunal Superior Eleitoral.
- As principais atividades desempenhadas pelo Ministério Público Eleitoral são as seguintes:

Principais atividades desempenhadas pelo MP Eleitoral	
Na fase preparatória do pleito	opinar em todos os processos de pedidos de registro de candidaturas, inclusive promovendo impugnações; fiscalizar o exercício da propaganda política, zelando pelo cumprimento da lei eleitoral; acompanhar o processo de nomeação de mesários e de membros das juntas eleitorais; ajuizar Ação de Investigação Judicial Eleitoral.
Na fase da eleição (dia do pleito)	impugnar atuação de mesário, fiscal ou delegado de partido político; fiscalizar a entrega das urnas; opinar, oralmente ou por escrito, em todos os casos surgidos nesse dia, em sua esfera de atribuição.
Na fase de apuração	fiscalizar a instalação da junta eleitoral; acompanhar a apuração dos votos; zelar pela concessão do direito de ampla fiscalização do processo pelos partidos políticos; impugnar votos ou urnas; atuar como custos legis.
Na fase da diplomação	fiscalizar a expedição dos diplomas eleitorais; ajuizar Ação de Impugnação de Mandato Eletivo e Recurso Contra a Diplomação.

- Podem exercer atividade político-partidária todos os membros do MP que ingressaram na carreira até a publicação da Emenda Constitucional nº 45/04, sendo que aqueles que ingressaram na carreira antes da promulgação da atual Constituição podem, inclusive, exercer cargo eletivo sem a necessidade de afastamento do Ministério Público. A filiação a partido político impede o exercício de funções eleitorais por membro do Ministério Público até dois anos do seu cancelamento.

– As investiduras em função eleitoral não ocorrerão em prazo inferior a noventa dias da data do pleito eleitoral e não cessarão em prazo inferior a noventa dias após a eleição, devendo ser providenciadas pelo Procurador Regional Eleitoral as prorrogações eventualmente necessárias à observância deste preceito, ficando vedada a fruição de férias ou licença voluntária do promotor eleitoral no período de noventa dias que antecedem o pleito até quinze dias após a diplomação dos eleitos, salvo em situações excepcionais autorizadas pelo Chefe do Ministério Público respectivo, instruídos os pedidos, nessa ordem, com os seguintes requisitos: I - demonstração da necessidade e da ausência de prejuízo ao serviço eleitoral; II – indicação e ciência do Promotor substituto; III – anuência expressa do Procurador Regional Eleitoral.

6. CAPACIDADE POLÍTICA E ALISTAMENTO ELEITORAL.

- A aquisição da capacidade política para os brasileiros, firmada a partir do alistamento eleitoral, por sua vez, é obrigatória para os maiores de 18 anos e menores de 70 anos de idade, e facultativa para os maiores de 16 e menores de 18 anos, maiores de 70 anos e analfabetos.
- No Brasil, as normas referentes ao direito de nacionalidade estão previstas, fundamentalmente, no artigo 12 da Constituição Federal de 1988, e, subsidiariamente, no Estatuto do Estrangeiro (lei nº 6.815/80). Assim, de acordo com o inciso I do artigo 12 da CF/88, são considerados brasileiros natos (nacionalidade primária), os nascidos no país, ainda que de pais estrangeiros, desde que estes não estejam a serviço do seu país; os nascidos no exterior, de pai ou mãe brasileira, desde que qualquer deles esteja a serviço da República Federativa do Brasil; e os nascidos no exterior, de pai ou mãe brasileira, que sejam registrados em repartição brasileira competente ou venham a residir no Brasil e optem, a qualquer tempo, depois de atingida a maioridade, pela nacionalidade brasileira.
- Ainda segundo a Constituição Federal (artigo 12, § 2º), "a lei não poderá estabelecer distinção entre brasileiros natos e naturalizados, salvo nos casos previstos nesta Constituição". São privativos de brasileiro nato, contudo, os seguintes cargos, conforme previsão do § 3º do artigo 12 da Carta Magna:

CARGOS PRIVATIVOS DE BRASILEIRO NATO
• Presidente e vice-presidente da República;
• Presidente da Câmara dos Deputados;
• Presidente do Senado Federal;
• Ministro do Supremo Tribunal Federal;
• Cargos da carreira diplomática;
• Oficial das Forças Armadas;
• Ministro de Estado da Defesa.

- Aos portugueses com residência permanente no país, se houver reciprocidade em favor de brasileiros, serão atribuídos os direitos inerentes ao brasileiro, salvo os casos previstos nesta Constituição. É a situação do chamado "português equiparado a brasileiro naturalizado", disciplinada pelo Tratado de Amizade, Cooperação e Consulta, assinado entre Brasil e Portugal em 22 de abril do ano 2000 (data em que se comemorou os 500 anos do descobrimento do Brasil pelos portugueses) e promulgado pelo decreto nº 3.927, de 19 de setembro de 2001.
- O alistamento eleitoral, considerado a primeira etapa do processo eleitoral, é o ato pelo qual o indivíduo se habilita, perante a Justiça Eleitoral, como eleitor e sujeito de direitos políticos, conquistando a capacidade eleitoral ativa.
- O alistamento eleitoral, segundo o artigo 42 do Código Eleitoral, se faz mediante a qualificação e a inscrição do eleitor. A qualificação é o ato através do qual o indivíduo faz prova que satisfaz as exigências legais para se tornar eleitor. Já a inscrição é o registro da pretensão à condição de eleitor, realizada por servidor da Justiça Eleitoral a partir de postulação do cidadão. É através do preenchimento de formulário específico denominado RAE (requerimento de alistamento eleitoral) que se realiza a postulação ao alistamento eleitoral. O RAE serve como documento de entrada de dados e é processado eletronicamente, em todo o território nacional, por servidor da Justiça Eleitoral, na presença do eleitor.
- De grande relevância é a distinção estabelecida entre alistamento eleitoral, transferência eleitoral, revisão eleitoral e segunda via, prevista nos artigos 4º a 7º da Resolução nº 21.538/03, conforme a seguinte tabela:

Distinção entre alistamento eleitoral, transferência, revisão e segunda via	
alistamento	quando o alistando requerer inscrição e em seu nome não for identificada inscrição em nenhuma zona eleitoral do país ou exterior, ou a única inscrição localizada estiver cancelada por determinação de autoridade judiciária.
transferência	ocorre sempre que o eleitor desejar alterar seu domicílio eleitoral. Neste caso, é mantido o número do título de eleitor.
revisão	ocorre quando o eleitor necessitar alterar local de votação no mesmo município, ainda que haja mudança de zona eleitoral, retificar dados pessoais ou regularizar situação de inscrição cancelada por falecimento, duplicidade/pluralidade, deixar de votar em três eleições consecutivas e revisão do eleitorado, desde que comprovada a inexistência de outra inscrição regular ou suspensa para o eleitor.

Distinção entre alistamento eleitoral, transferência, revisão e segunda via	
Segunda via	ocorre quando o eleitor estiver inscrito e em situação regular na zona por ele procurada e desejar apenas a segunda via do seu título eleitoral, sem nenhuma alteração.
nos casos de revisão e segunda via	a data de domicílio do eleitor não será alterada.

- É facultado o alistamento, no ano em que se realizarem eleições, de menores com 15 anos de idade, desde que, na data da eleição, já tenham completado 16 anos. O brasileiro nato que não se alistar até os 19 anos ou o naturalizado que não se alistar até um ano depois de adquirida a nacionalidade brasileira incorrerá em multa imposta pelo juiz eleitoral e cobrada no ato da inscrição. Tal multa, entretanto, não será aplicada caso o não-alistado venha a requerer sua inscrição eleitoral até o 151º dia anterior à eleição subsequente à data em que completar 19 anos.
- Segundo jurisprudência consolidada do TSE (Ac. 18.124, de 16.11.00, do TSE, RJTSE, v. 12, t.3), o domicílio eleitoral não se confunde, necessariamente, com o domicílio civil. Assim, o fato de o eleitor residir em determinado município não constitui óbice para que o mesmo se aliste como eleitor de outro, desde que com este outro mantenha vínculos (negócios, propriedades, atividades políticas etc.). É o chamado "domicílio eleitoral afetivo".
- O título eleitoral prova a quitação do eleitor para com a Justiça Eleitoral até a data de sua emissão.
- Qualquer eleitor (art. 71, § 1º do CE), assim como o Ministério Público, partidos políticos e, até mesmo, o Juiz Eleitoral, de ofício, poderá provocar a deflagração de procedimento de exclusão de eleitor.
- São causas de cancelamento do título eleitoral a infração às regras do domicílio eleitoral; a suspensão ou perda dos direitos políticos (que serão estudadas ainda neste capítulo); a pluralidade de inscrição; o falecimento do eleitor e a falta injustificada em três eleições consecutivas, sem pagamento de multa.
- Anualmente, de forma ordinária, ou extraordinariamente, sempre que entender necessário ou ante a existência de indícios de irregularidade, o corregedor-regional eleitoral realizará correição do eleitorado, a fim de verificar se existem irregularidades no processo de alistamento eleitoral que comprometam a normalidade e a legitimidade das eleições (excesso de eleitores em determinado município, acima da média populacional, ou inscrição de eleitores falecidos, por exemplo). Caso, na correição, seja comprovada irregularidade comprometedora, será realizada a revisão do eleitorado, procedimento equivalente a um recadastramento, a partir do qual todos os eleitores de determinada zona ou região serão convocados para uma revisão eleitoral, sob pena de cancelamento do título.
- O TSE determinará, de ofício, a revisão sempre que: I – total de transferências de eleitores ocorridas no ano em curso seja dez por cento superior à do ano anterior; II – eleitorado for superior ao dobro da população entre dez e quinze anos, somada à idade superior a 70 anos do território daquele município; III – eleitorado for superior a 65% da população projetada para aquele ano pelo IBGE.
- De acordo com o artigo 15 da Constituição Federal de 1988, "é vedada a cassação de direitos políticos, cuja perda ou suspensão só se dará nos casos de: I – cancelamento da naturalização por sentença transitada em julgado; II – incapacidade civil absoluta; III – condenação criminal transitada em julgado, enquanto durarem seus efeitos; IV – recusa de cumprir obrigação a todos imposta ou prestação alternativa, nos termos do art. 5º, VIII; V – improbidade administrativa, nos termos do art. 37, § 4º".
- Podemos afirmar que a perda dos direitos políticos é definitiva, enquanto que a suspensão é temporária. Diante desta diferenciação, é possível concluir que a única hipótese de perda de direitos políticos prevista no ordenamento jurídico brasileiro ocorre quando o indivíduo perde a sua nacionalidade, seja em ação de cancelamento de naturalização, ou seja, voluntariamente. Deixando de ser brasileiro, o indivíduo fica, evidentemente, impedido de exercer direitos políticos no Brasil, de forma definitiva.
- De acordo com a Súmula nº 09 do TSE, "a suspensão de direitos políticos decorrente de condenação criminal transitada em julgado cessa com o cumprimento ou a extinção da pena, independendo de reabilitação ou de prova de reparação de danos".
- Uma das grandes inovações legislativas do ano de 2015, ao lado do Novo Código de Processo Civil e da Lei nº. 13.165/15 (reforma eleitoral), com impactos no direito eleitoral, foi gerada pela publicação, em 06 de julho, do Estatuto da Pessoa com Deficiência (Lei nº. 13.146/15), cuja entrada em vigor foi determinada para janeiro de 2016, após 180 dias de *vacatio legis*. Com um capítulo específico sobre o direito à participação na vida pública e política, além de outras disposições

normativas vinculadas ao processo democrático, com repercussões, inclusive, no âmbito criminal, o Estatuto da Pessoa com Deficiência estabelece, como primeira grande novidade geradora de impactos no direito eleitoral, a alteração dos artigos 3º e 4º do Código Civil, referentes à normatização da capacidade civil.

- Dispunha o Código Civil brasileiro, no seu artigo 3º, que eram absolutamente incapazes: os menores de dezesseis anos; os que, por enfermidade ou deficiência mental, não tivessem o necessário discernimento para a prática desses atos; e os que, mesmo por causa transitória, não pudessem exprimir sua vontade. Já o artigo 4º do Código Civil, antes da vigência do Estatuto da Pessoa com Deficiência, dispunha que seriam relativamente incapazes os maiores de dezesseis e menores de dezoito anos; os ébrios habituais, os viciados em tóxicos, e os que, por deficiência mental, tenham o discernimento reduzido; os excepcionais, sem desenvolvimento mental completo; e os pródigos. Ainda dispunha o parágrafo único do Código que a capacidade dos índios seria regulada por legislação especial. Doravante, com a publicação do Estatuto da Pessoa com Deficiência, o novo artigo 3º do Código Civil passa a dispor, no seu caput, que "são absolutamente incapazes de exercer pessoalmente os atos da vida civil os menores de 16 (dezesseis) anos". Os incisos que existiam anteriormente, referentes ao citado artigo, foram todos revogados pela nova lei. Assim, só será considerado absolutamente incapaz, no Brasil, o menor de 16 anos.
- O artigo 88, § 2º do Estatuto, por sua vez, estabelece que "considera-se pessoa com deficiência aquela que tem impedimento de longo prazo de natureza física, mental, intelectual ou sensorial, o qual, em interação com uma ou mais barreiras, pode obstruir sua participação plena e efetiva na sociedade em igualdade de condições com as demais pessoas", devendo a avaliação da deficiência, quando necessária, ser obtida de forma biopsicossocial, através de trabalho desenvolvido por equipe multidisciplinar, a qual deverá considerar os impedimentos nas funções e nas estruturas do corpo; os fatores socioambientais, psicológicos e pessoais; a limitação no desempenho de atividades; e a restrição de participação do indivíduo.
- A partir da publicação do Estatuto da Pessoa com Deficiência, passa a ser direito fundamental dessas pessoas, de forma inquestionável, a participação na vida política do Estado, inclusive no que se refere ao direito de serem votadas. No que se refere ao direito de votar, por sua vez, a nova lei estabelece que é dever do Estado, e, por conseguinte, da Justiça Eleitoral, garantir que os procedimentos, as instalações, os materiais e os equipamentos para votação sejam apropriados, acessíveis a todas as pessoas e de fácil compreensão e uso, sendo vedada a instalação de seções eleitorais exclusivas para a pessoa com deficiência, regra prevista para não estigmatizar estas pessoas, inserindo-as de forma completa na sociedade. Esta regra, de certa forma, já vem sendo observada pela Justiça Eleitoral há alguns anos, não se constituindo em verdadeira novidade.
- Sempre que necessário, e a pedido da pessoa com deficiência, deverá ser permitido que esta pessoa seja auxiliada na votação por pessoa de sua escolha.

7. CONVENÇÕES PARTIDÁRIAS E REGISTRO DE CANDIDATURAS

- De acordo com a Lei nº 9.504/97, alterada pela Lei nº. 13.165/15, entre os dias 20 de julho e 05 de agosto do ano eleitoral, os partidos políticos deverão realizar suas convenções, a fim de firmar eventuais alianças e escolher seus candidatos, os quais, uma vez escolhidos, deverão solicitar o registro de suas candidaturas até o dia 15 de agosto, do mesmo ano.
- Para concorrer às eleições, o candidato, em regra, deverá possuir domicílio eleitoral na respectiva circunscrição e estar filiado a partido político há pelo menos um ano antes das eleições. Neste sentido, vale relembrar as situações especiais vivenciadas por militares, magistrados, membros do Ministério Público, membros dos tribunais de contas e servidores da Justiça Eleitoral.
- Dispõe o artigo 14, § 8º da Constituição Federal que o militar é elegível, atendidas as seguintes condições: I – se contar menos de dez anos de serviço, deverá afastar-se da atividade; II – se contar mais de dez anos de serviço, será agregado pela autoridade superior e, se eleito, passará automaticamente, no ato da diplomação, para a inatividade. A situação de militar agregado é aquela em que o militar da ativa deixa de ocupar a vaga na escala hierárquica do seu quadro, nela permanecendo sem número.
- Os magistrados e membros dos tribunais de contas, de acordo com a legislação em vigor, deverão se afastar definitivamente dos seus cargos nos prazos de desincompatibilização previstos na Lei Complementar nº 64/90, ou seja, seis meses antes do pleito (Res. TSE nº 20.539/99, 20.886/01, 20.993/02, 22.012/05 e 22.095/05). Uma vez promovida a desincompatibilização, magistrados em membros dos tribunais de contas deverão, imediatamente, filiar-se a partidos políticos, a fim de concorrerem a cargos eletivos.

- De acordo com o § 1º do artigo 8º da Lei nº 9.504/97, "aos detentores de mandato de deputado federal, estadual ou distrital, ou de vereador, e aos que tenham exercido esses cargos em qualquer período da legislatura que estiver em curso, é assegurado o registro de candidatura para o mesmo cargo pelo partido a que estejam filiados". É a chamada "candidatura nata". Analisando, entretanto, a ADI 2.530-9, o Supremo Tribunal Federal considerou o referido dispositivo legal inconstitucional, finalizando a questão. Assim, hoje não é mais possível a candidatura nata: todos os filiados de um partido, postulantes a candidaturas, deverão disputar as convenções partidárias, sem privilégios.
- Nas eleições para presidente da república, vice-presidente da república, governadores, vice-governadores, prefeitos e vice-prefeitos, cada partido político, ou coligação, só poderá lançar um candidato para cada cargo.
- Nas eleições para o Senado Federal, por sua vez, cada partido ou coligação poderá lançar um único candidato ou dois candidatos a depender da eleição. Explicando melhor, o mandato de um senador tem duração de 08 anos e cada unidade federativa (estado e Distrito Federal) tem direito a três senadores no Congresso Nacional. De quatro em quatro anos, então, renova-se um terço ou dois terços das cadeiras do Senado. Assim, na eleição em que duas cadeiras de senadores vierem a ser renovadas (por exemplo, nas eleições 2010), cada partido ou coligação poderá indicar até dois candidatos a senador, cada um deles acompanhado de dois candidatos a suplente, do mesmo partido ou coligação. O eleitor, neste caso, vota em dois candidatos a senador. Já na eleição em que apenas um terço das cadeiras do Senado Federal estiver sendo renovado (por exemplo, nas eleições 2006 e 2014), cada partido ou coligação poderá indicar apenas um candidato a senador, acompanhado de dois candidatos a suplente, do mesmo partido ou coligação. O eleitor, neste caso, vota em apenas um candidato a senador, nesta eleição.
- Os candidatos a vice-presidente da república, vice-governador, vice-prefeito e suplente de senador são eleitos em chapa uma e indivisível juntamente com seus companheiros de chapa, candidatos a titulares dos referidos cargos.
- Até as eleições de 2014, cada partido político que concorresse de forma isolada, sem estar coligado, podia lançar candidatos a vereador ou deputado até 150% do número de lugares a preencher (se eram 100 vagas em disputa, por exemplo, o partido podia lançar 150 candidatos). Já as coligações, independentemente do número de partidos que a integrassem, podiam registrar candidatos até o dobro do número de lugares a preencher (seguindo o exemplo citado, havendo 100 vagas em disputa, a coligação poderia lançar 200 candidatos). Excepcionalmente, conforme o antigo § 2º do artigo 10 da Lei nº. 9.504/97, nas unidades da Federação em que o número de lugares a preencher para a Câmara dos Deputados não excedesse de vinte, cada partido poderia registrar candidatos a Deputado Federal e a Deputado Estadual ou Distrital até o dobro das respectivas vagas; havendo coligação, estes números poderão ser acrescidos de até mais cinquenta por cento (o que, na prática, permitia que em um estado que tivesse 08 deputados federais, uma coligação pudesse lançar até 24 candidatos a este cargo, segundo entendimento dominante nas eleições de 2014). Doravante, a regra geral a ser observada, por partidos e coligações, é a do limite de 150% do número de lugares a serem preenchidos, podendo este percentual ser de 200% nas eleições para deputados estaduais, federais e distritais nas unidades da federação que contem com até 12 deputados federais. Nos municípios com até cem mil eleitores, as coligações (e apenas estas) também poderão lançar um número de candidatos equivalente a 200% das vagas em disputa. Os partidos políticos que vierem a concorrer isoladamente, nestes municípios, ficarão sujeitos ao limite de 150% de candidatos em relação ao número de cadeiras em disputa na Câmara de Vereadores. A nova regra, dessa forma, torna mais claros os limites quantitativos de candidatos a serem lançados nas eleições, reduzindo também este número, tendo em vista que as coligações passarão a ter o mesmo limite de candidaturas que os partidos políticos que concorrerem de forma avulsa. Além disso, até as eleições de 2014, os órgãos de direção dos partidos políticos podiam no caso de as convenções para a escolha de candidatos não indicarem o número máximo de candidatos previsto em lei, preencher as vagas remanescentes até sessenta dias antes do pleito. Este prazo, a partir das eleições de 2016, com a nova redação do § 5º do artigo 10 da Lei das Eleições, encerrar-se-á trinta dias antes do pleito.
- Do número de candidatos possíveis de serem lançados em uma disputa eleitoral, nas eleições proporcionais (deputados e vereadores), cada partido ou coligação deverá reservar o mínimo de trinta por cento e o máximo de setenta por cento para candidaturas de cada sexo.
- Os partidos e coligações, de acordo com o artigo 11 da Lei nº 9.504/97, solicitação à Justiça Eleitoral o registro de seus candidatos até as 19 horas do dia 15 de agosto do ano eleitoral. Em se tratando de eleições municipais (prefeitos, vice-prefeitos e

vereadores), o pedido deverá ser dirigido ao juiz eleitoral da zona eleitoral competente. Nas eleições para governador, vice-governador, deputados federais, deputados estaduais, deputados distritais e senadores, o pedido deverá ser formulado ao Tribunal Regional Eleitoral respectivo. Já nas eleições para presidente e vice-presidente da república, o pedido deverá ser formulado ao Tribunal Superior Eleitoral.

- A idade mínima constitucionalmente estabelecida como condição de elegibilidade é verificada tendo por referência a data da posse, conforme disposto no artigo 11, § 2º da Lei nº 9.504/97. A exceção, a partir da publicação da lei nº. 13.165/15, se dá com o cargo de vereador e a idade mínima de 18 anos, que deverá ser aferida quando do pedido de registro de candidatura.

– Até a publicação da Lei nº. 13.165, em 29 de setembro de 2015, o artigo 9º da Lei das Eleições previa que para concorrer às eleições, o candidato deveria possuir domicílio eleitoral na respectiva circunscrição e filiação partidária há pelo menos um ano, na data do pleito. Doravante, em regra já válida para as eleições municipais de 2016, o prazo para a filiação partidária dos pretensos candidatos será alargado, podendo ocorrer até seis meses antes do pleito. O prazo para a determinação do domicílio eleitoral, de um ano antes da eleição, contudo, foi preservado.

- O candidato cujo registro esteja sub judice poderá efetuar todos os atos relativos à campanha eleitoral, inclusive utilizar o horário eleitoral gratuito no rádio e na televisão e ter seu nome mantido na urna eletrônica enquanto estiver sob essa condição, ficando a validade dos votos a ele atribuídos condicionada ao deferimento de seu registro por instância superior.

- Candidatos que forem expulsos do partido político após o registro da candidatura e antes das eleições poderão ficar sujeitos ao cancelamento dos seus respectivos registros, em processo no qual deverá ser assegurada a ampla defesa e o contraditório e observadas as normas estatutárias da agremiação partidária.

- O candidato às eleições proporcionais indicará, no pedido de registro, além de seu nome completo, as variações nominais com que deseja ser registrado, até o máximo de três opções, que poderão ser o prenome, sobrenome, cognome, nome abreviado, apelido ou nome pelo qual é mais conhecido, desde que não se estabeleça dúvida quanto à sua identidade, não atente contra o pudor e não seja ridículo ou irreverente, mencionando em que ordem de preferência deseja registrar-se.

- A lei nº 12.891/13 incluiu um novo artigo à lei nº 9.504/97, o 16-B, dirimindo uma importante dúvida relativa ao processo eleitoral. De acordo com o novo dispositivo legal, candidato que ainda não tenha tido seu pedido de registro de candidatura apreciado pela Justiça Eleitoral, desde que o mesmo tenha sido apresentado no prazo legal, terá, indiscutivelmente, direito de realizar campanha, evitando-se, assim, prejuízos a tais candidatos decorrentes de fato alheios às suas vontades.

- Segundo o artigo 13 da Lei das Eleições, é facultado ao partido ou coligação substituir candidato que for considerado inelegível, renunciar ou falecer após o termo final do prazo do registro ou, ainda, tiver seu registro indeferido ou cancelado. O registro da candidatura do substituto, a ser procedida na forma do estatuto do partido a que pertencer o substituído, deverá ser requerido até 10 (dez) dias contados do fato ou da notificação do partido da decisão judicial que deu origem à substituição. Nas eleições proporcionais, a substituição só se efetivará se o novo pedido for apresentado até sessenta dias antes do pleito. Já nas eleições majoritárias, a substituição do candidato poderá ocorrer até a véspera do pleito. Aquela que talvez seja a mais salutar mudança legislativa proporcionada pela Lei nº 12.891/13 diz respeito à alteração da redação do § 3º do artigo 13 da Lei nº 9.504/97, a qual altera os prazos para a substituição de candidatos durante o pleito. Até as eleições de 2012, partidos políticos e coligações podiam mudar seus candidatos nas eleições proporcionais até 60 dias antes do pleito, enquanto que, nas eleições majoritárias, não havia prazo estabelecido. Assim, eram comuns mudanças de candidatos a prefeito, por exemplo, na véspera da eleição, confundindo o eleitor e ocasionando, muitas vezes, fraudes, uma vez que o substituto concorria com a foto e o nome do substituído na urna eletrônica, sem que o eleitor tivesse a devida informação acerca da alteração da chapa concorrente.

- Com a nova redação do § 3º do artigo 13 da Lei das Eleições, "tanto nas eleições majoritárias como nas proporcionais, a substituição só se efetivará se o novo pedido for apresentado até 20 (vinte) dias antes do pleito, exceto em caso de falecimento de candidato, quando a substituição poderá ser efetivada após esse prazo". Tal alteração legislativa valerá a partir das eleições 2016, uma vez que a lei nº 12.891/13 foi publicada apenas em dezembro de 2013, a menos de um ano, portanto, do pleito de 2014.

– Como decorrência da publicação da Lei nº. 13.165/15, o novo artigo 16 da Lei das Eleições, em regra também reproduzida pelo novo artigo 93, § 1º do Código Eleitoral, estabelece que, doravante, os processos de pedido de registro de candidatura deverão estar julgados até vinte dias antes da data das eleições pelas instâncias ordinárias, e não mais em todas as instâncias, como anteriormente determinado (foram excluídas desta exigência as instâncias extraordinárias, que, no caso das eleições municipais, compreendem o TSE e o STF). Tais instâncias, portanto, terão cerca de vinte e cinco dias para proceder a tal julgamento, uma vez que o pedido de registro deverá ser formulado até o dia 15 de agosto, para o pleito que ocorrerá no primeiro domingo de outubro seguinte.

8. CONDIÇÕES DE ELEGIBILIDADE E CAUSAS DE INELEGIBILIDADE.

- A capacidade eleitoral ativa refere-se ao direito inerente ao cidadão de participar, como eleitor, de eleições e consultas populares, bem como propor Ação Popular, promover a Iniciativa Popular de Lei, e outras prerrogativas provenientes do exercício do poder de sufrágio. A capacidade eleitoral passiva, por sua vez, vincula-se à capacidade que o cidadão tem de ser votado, pleiteando mandatos políticos.
- Seguindo a Teoria Clássica, abraçada pelo Supremo Tribunal Federal, podemos apontar as seguintes condições de elegibilidade, previstas no artigo 14, § 3º da Constituição Federal de 1988: a nacionalidade brasileira; o pleno exercício dos direitos políticos; o alistamento eleitoral; o domicílio eleitoral na circunscrição; a filiação partidária; e a idade mínima de 35 anos para presidente, vice-presidente da república e senador, 30 anos para governador e vice-governador de estado e do Distrito Federal, 21 anos para deputado federal, deputado estadual ou distrital, prefeito, vice-prefeito e juiz de paz; e dezoito anos para vereador.

Idade Mínima para o exercício de cargos eletivos (Conforme o art. 14, § 3º da CF/1988)	
Presidente da República, Vice-Presidente e Senador	35 anos
Governador e Vice-Governador de estado ou do Distrito Federal	30 anos
Deputado Federal, Deputado Estadual ou Distrital, Prefeito, Vice-Prefeito e Juiz de Paz	21 anos
Vereador	18 anos

- De acordo com o art. 11, § 2º da Lei nº 9.504/97 (Lei das Eleições), "a idade mínima constitucionalmente estabelecida como condição de elegibilidade é verificada tendo por referência a data da posse". A exceção ocorre na aferição da idade mínima dos candidatos a vereador, que deverá ser observada quando do pedido de registro de candidatura.
- O fato de brasileiro ser polipátrida (ter mais de uma nacionalidade, a brasileira e mais uma outra, por exemplo) não é impedimento para o exercício das capacidades eleitorais ativa e passiva no Brasil.

Classificação das inelegibilidades:

Classificação das inelegibilidades, segundo Adriano Soares da Costa

Inelegibilidades inatas	Inegibilidades cominadas
Não resultam da prática de atos ilícitos. Visam a preservar o equilíbrio das disputas eleitorais e a moralidade administrativa e decorrem de incompatibilidades provenientes de parentescos com titulares de cargos eletivos ou mesmo do exercício de determinados cargos, em determinados momentos	Decorrem de uma sanção. Se dividem em cominadas simples, quando aplicáveis a um único pleito, ou cominadas potenciadas, quando tornam inelegível o eleitor para eleições futuras

- A classificação mais difundida, entretanto, no estudo das inelegibilidades, é aquela que diferencia as inelegibilidades absolutas das inelegibilidades relativas. As inelegibilidades absolutas valem para qualquer cargo (por exemplo, os analfabetos são inelegíveis para qualquer cargo). As inelegibilidades relativas, por sua vez, só se referem a determinados cargos, podendo ser originadas de motivos funcionais ou mesmo decorrentes de parentesco (por exemplo, o presidente da república é inelegível para um terceiro mandato consecutivo. O filho do governador da Bahia, salvo se já titular de mandato eletivo e candidato à reeleição, também é inelegível para qualquer cargo disputado na Bahia, mas não para cargos em Pernambuco).

Espécies de inelegibilidades		
Inelegibilidades relativas (para determinados cargos)		Inegibilidades absolutas
originadas por motivos funcionais	decorrentes de parentesco	Válidas para qualquer cargo

- Seguindo a Teoria Clássica, podemos apontar como hipóteses constitucionais de inelegibilidade aquelas previstas nos § § 4º a 7º do artigo 14 da Carta Magna. As inelegibilidades constitucionais podem ser arguidas mesmo após o prazo para o ajuizamento da Ação de Impugnação de Registro de Candidatura (AIRC), ao contrário das inelegibilidades infraconstitucionais.
- São inelegíveis os inalistáveis e os analfabetos. Como inalistáveis, podemos apontar os estrangeiros, uma vez que estes não possuem capacidade política no Brasil (a exceção dos portugueses beneficiados pelo Tratado de Amizade, Coopera-

ção e Consulta), e os conscritos, que são aqueles indivíduos que estão prestando o serviço militar obrigatório. Além desses dois casos, podemos também apontar como inalistáveis os menores de 16 anos (ressaltando, contudo, que, em ano eleitoral, menores com 15 anos de idade podem se alistar eleitores, desde que, na data da eleição já tenham completado 16 anos) e aqueles que tiveram seus direitos políticos perdidos ou suspensos.

- No que se refere aos analfabetos, por sua vez, o entendimento consolidado da Justiça Eleitoral é que o chamado "analfabeto funcional" encontra-se habilitado a disputar eleições, não sendo, portanto, inelegível.
- Segundo jurisprudência consolidada do TSE (Ac.-TSE nº 318/2004, 21.707/2004 e 21.920/2004), havendo dúvida fundada acerca do analfabetismo do candidato, poderá ser realizado teste de alfabetização, desde que individualmente, a fim de evitar constrangimentos. Também o TSE, em sede de acórdão proferido em 2004 (Ac. TSE nº 24.343/2004), entendeu que é ilegítimo o teste de alfabetização quando, apesar de não ser coletivo, traz constrangimentos ao candidato.
- De acordo com a Súmula nº 15 do TSE, "O exercício de cargo eletivo não é circunstância suficiente para, em recurso especial, determinar-se a reforma de decisão mediante a qual o candidato foi considerado analfabeto". Assim, poderá ser considerado analfabeto, e declarado inelegível, candidato que já exerceu mandatos eletivos anteriormente.
- O § 5º do artigo 14 da Constituição Federal de 1988, com redação dada pela Emenda Constitucional nº 16/97 dispõe que "o presidente da república, os governadores de estado e do Distrito Federal, os prefeitos e quem os houver sucedido ou substituído no curso dos mandatos, poderão ser reeleitos por um único período subseqüente". É o instituto da reeleição para cargos executivos, criado na década de 1990 e consolidado nas últimas sete eleições (a partir de 1998).
- No que se refere, entretanto, ao Poder Executivo, o instituto da reeleição somente foi implementado, no Brasil republicano, a partir da citada EC 16/97, à exceção dos cargos de vice, para os quais era possível a reeleição na vigência da Constituição Federal de 1946 (exemplo de reeleição de vice-presidente na história brasileira ocorreu com João Goulart, eleito vice-presidente para dois mandatos consecutivos, em 1955, quando foi eleito vice-presidente de Juscelino Kubitscheck, e no mandato seguinte, quando foi eleito vice-presidente de Jânio Quadros, a quem terminou sucedendo na presidência da república). Atualmente, entretanto, o entendimento do TSE é consolidado no sentido de que o vice-presidente, o vice-governador e o vice-prefeito não podem exercer tais cargos por três vezes consecutivas (Res. TSE nº 22.529, de 20.03.07, DJ de 17.04.07).
- Questão muito interessante envolve a possibilidade, ou não, de prefeito reeleito disputar uma terceira eleição municipal consecutiva para prefeito concorrendo, no entanto, na terceira eleição, em outro município. Segundo nova jurisprudência do TSE, consolidada a partir do Ac. 32. 539, de 17.12.08, é vedada tal manobra, por se constituir em forma de indevida perpetuação no poder. De acordo com o TSE, "não se pode, mediante a prática de ato formalmente lícito (mudança de domicílio eleitoral) alcançar finalidades incompatíveis com a Constituição: a perpetuação no poder e o apoderamento de unidades federadas para a formação de clãs políticos ou hegemonias familiares (...). Somente é possível eleger-se para o cargo de 'prefeito municipal' por duas vezes consecutivas".
- Prevê o § 6º do artigo 14 da Constituição Federal de 1988 que "para concorrerem a outros cargos, o presidente da república, os governadores de estado e do Distrito Federal e os prefeitos devem renunciar aos respectivos mandatos até seis meses antes do pleito". Há de se observar, na leitura no dispositivo constitucional supracitado, que para concorrer ao mesmo cargo (reeleição) não é necessário aos titulares de mandatos executivos renunciarem aos seus mandatos respectivos.
- De acordo com a jurisprudência do TSE (Res. 22.129, de 15.12.05, DJ de 13.03.06), o vice que passou a ser chefe do Poder Executivo, em qualquer esfera, somente disputa a reeleição se pleiteia o cargo de titular que ocupa por sucessão (de forma definitiva). Assim, por exemplo, na ocasião histórica da morte do governador de São Paulo, Mário Covas, assumiu o governo, por sucessão, o seu vice, Geraldo Alckmin, que concluiu o mandato. Na eleição seguinte (2002), Alckmin concorreu a reeleição, sendo eleito. Em 2006, por sua vez, Geraldo Alckmin não mais pôde concorrer ao governo paulista, uma vez que não poderia pleitear um terceiro mandato seguido. Ao contrário, se o ex-governador Covas não tivesse falecido no cargo, e Geraldo Alckmin tivesse, tão somente, o substituído durante o mandato de 1998 a 2002, poderia Alckmin ter concorrido a governador em 2002 e, uma vez eleito, ter disputado a reeleição em 2006.
- De acordo com o previsto no § 7º do artigo 14 da Constituição Federal, "são inelegíveis, no território de jurisdição do titular, o cônjuge e os parentes consangüíneos ou afins, até o segundo grau ou por adoção, do presidente da república, de governador de estado ou território, do Distrito Federal, de prefeito ou de quem os haja substituído dentro dos seis meses anteriores ao pleito, salvo se já titular de mandato eletivo e candidato à reeleição.". É a chamada inelegibilidade reflexa, espécie de inelegibilidade relativa decorrente de parentesco.
- A inelegibilidade reflexa só atinge o cônjuge e os parentes até o segundo grau, consanguíneos, por afinidade ou adoção, dos titulares de cargos do Poder Executivo, ou de quem os haja substituído

dentro dos seis meses anteriores ao pleito, no âmbito do território de jurisdição (circunscrição) dos mesmos. A Súmula Vinculante nº 18 do STF dispõe que a dissolução da sociedade ou vínculo conjugal, no curso do mandato, não afasta a inelegibilidade reflexa.

- De acordo com a Súmula nº 06 do " TSE, "é inelegível, para o cargo de prefeito, o cônjuge e os parentes indicados no § 7º do art. 14 da Constituição, do titular do mandato, ainda que este haja renunciado ao cargo há mais de seis meses do pleito. Ainda de acordo com o TSE, o cônjuge e os parentes, até o segundo grau, consangüíneos, por afinidade ou por adoção, do chefe do executivo, são elegíveis para o mesmo cargo do titular, quando este for reelegível e tiver se desincompatibilizado seis meses antes do pleito (Acs. 19.442, de 21.08.01 e 3.043, de 27.11.01).
- O falecimento ou a renúncia do prefeito, governador ou presidente da república, seis meses antes da eleição, afasta a inelegibilidade reflexa dos seus parentes e cônjuges.
- Segundo jurisprudência pacífica do TSE, a união estável atrai a inelegibilidade reflexa (REspe nº 23.487), com a ressalva de que o mero namoro não se enquadra nessa hipótese (REspe nº 24.672). Da mesma forma, segundo o TSE (Respe nº 24.564, Rel. Min. Gilmar Mendes), a união homoafetiva também atrai a inelegibilidade reflexa.
- É a LC 64/90, com suas alterações posteriores, que disciplina, no Brasil, as hipóteses de inelegibilidades infraconstitucionais, as quais, de acordo com o disposto no § 9º do art. 14 da CF/88, somente poderão ser instituídas mediante lei complementar.
- De forma geral a LC 135/10 (Lei da Ficha Limpa) estabeleceu a substituição de diversas penas de inelegibilidade de três anos, previstas no artigo 1º da Lei Complementar nº 64/90, por outras de oito anos, a contar das eleições em que tenham concorrido os condenados. Da mesma forma, como principal inovação, a referida lei possibilitou a imputação de inelegibilidades a pessoas condenadas, sem trânsito em julgado, por diversas espécies crimes, desde que tais condenações sejam proferidas por órgãos colegiados do Poder Judiciário, flexibilizando o princípio da presunção da inocência. Foram alterados pela LC 135/10 o artigo 1º, I da LC 64/90 nas suas alíneas "c", "d", "e", "f", "g" e "h", além de incluídas, no mesmo inciso, as alíneas "j", "k", "l", "m", "n", "o", "p" e "q". Ainda no artigo 1º da LC 64/90, foram incluídos § § 4º e 5º. Os artigos 15 e 22, por sua vez, também sofreram alterações, e foram incluídos os artigos 26-A, 26-B e 26-C.
- Ficarão inelegíveis para as eleições que se realizarem durante o período remanescente do mandato para o qual foram eleitos e nos oito anos subsequentes ao término da legislatura, de acordo com a alínea b do inciso I do artigo 1º da Lei Complementar nº 64/90, os parlamentares federais, estaduais e municipais que:

Inelegibilidades decorrentes do art. 1º, I, b da LC 64/90	
Atinge os parlamentares que:	**Desde a expedição do diploma venham a:** 1) firmar ou manter contrato com pessoa jurídica de direito público, autarquia, empresa pública, sociedade de economia mista ou empresa concessionária de serviço público, salvo quando o contrato obedecer a cláusulas uniformes (por exemplo, contrato para fornecimento de luz elétrica ou água na residência do parlamentar); 2) aceitar ou exercer cargo, função ou emprego remunerado, inclusive os que sejam demissíveis ad nutum, nas entidades constantes da alínea anterior.
	Desde a posse venham a: 1) ser proprietários, controladores ou diretores de empresa que goze de favor decorrente de contrato com pessoa jurídica de direito público, ou nela exercer função remunerada; 2) ocupar cargo ou função de que sejam demissíveis ad nutum, em pessoas jurídicas de direito público, autarquias, empresas públicas, sociedades de economia mista ou empresas concessionárias de serviço público; ou patrocinar causas em que sejam interessadas qualquer uma destas entidades; 3) ser titulares de mais de um cargo ou mandato público eletivo.
	Tenham procedimento declarado incompatível com o decoro parlamentar.
A inelegibilidade será aplicada pelo período remanescente do mandato para o qual foram eleitos e nos oito anos subsequentes ao término da legislatura.	

- No que se refere à alínea "c" do referido inciso I do artigo 1º, dispõe a LC 64/90 que o governador e o vice-governador de estado e do Distrito Federal e o prefeito e o vice-prefeito que perderem seus cargos eletivos por infringência a dispositivo da Constituição Estadual, da Lei Orgânica do Distrito Federal ou da Lei Orgânica do Município, ficarão inelegíveis para as eleições que se realizarem durante o período remanescente e nos 8 (oito) anos subsequentes ao término do mandato para o qual tenham sido eleitos. O disposto na alínea "c" do inciso I do artigo 1º da LC 64/90 não se aplica ao presidente e ao vice-presidente da república, mas, tão somente, aos governadores, aos vice-governadores, aos prefeitos e aos vice-prefeitos.

- A alínea "d" do inciso I do artigo 1º da LC 64/90, por sua vez, prevê, de acordo com a nova redação patrocinada pela Lei do Ficha Limpa, que serão inelegíveis, para todos os cargos, "os que tenham contra sua pessoa representação julgada procedente pela Justiça Eleitoral, **em decisão** transitada em julgado **ou proferida por órgão colegiado**, em processo de apuração de abuso do poder econômico ou político, para a eleição na qual concorrem ou tenham sido diplomados, bem como para as que se realizarem nos **8 (oito)** anos seguintes".
- Muito semelhante à hipótese de inelegibilidade prevista na alínea "d" supracitada é a aquela prevista na alínea "h" do mesmo inciso I do artigo 1º da LC 64/90. Segundo a alínea "h", são inelegíveis, para todos os cargos, "os detentores de cargo na administração pública direta, indireta ou fundacional, que beneficiarem a si ou a terceiros, pelo abuso do poder econômico ou político, que forem condenados em decisão transitada em julgado ou proferida por órgão judicial colegiado, para a eleição na qual concorrem ou tenham sido diplomados, bem como para as que se realizarem nos 8 (oito) anos seguintes".
- A alínea "e" do artigo 1º, I da LC 64/90 prevê a inelegibilidade desde a condenação por órgão colegiado até o prazo de 08 anos, a contar do término do cumprimento de pena, para os condenados, mesmo sem trânsito em julgado, pelos seguintes crimes:

Crimes geradores da inelegibilidade prevista no art. 1º, I, "e" da LC 64/90
1) Crimes contra a economia popular, a fé pública, a administração pública e o patrimônio público;
2) Crimes contra o patrimônio privado, o sistema financeiro, o mercado de capitais e os previstos na lei que regula a falência;
3) Crimes contra o meio ambiente e a saúde pública;
4) Crimes eleitorais, para os quais a lei comine pena privativa de liberdade;
5) Crimes de abuso de autoridade, nos casos em que houver condenação à perda do cargo ou à inabilitação para o exercício de função pública;
6) Crimes de lavagem ou ocultação de bens, direitos e valores;
7) Crimes de tráfico de entorpecentes e drogas afins, racismo, tortura, terrorismo e hediondos;
8) Crimes de redução à condição análoga à de escravo;
9) Crimes contra a vida e a dignidade sexual; e
10) Crimes praticados por organização criminosa, quadrilha ou bando.

OBSERVAÇÃO: a inelegibilidade será aplicada a partir da condenação, em decisão transitada em julgado ou proferida por órgão judicial colegiado, gerando efeitos até 08 anos após o cumprimento da pena. Caso, no entanto, a condenação se dê por outros crimes, não previstos nesta lista, o eleitor terá apenas seus direitos políticos suspensos enquanto durarem os efeitos da condenação, de acordo com o previsto no artigo 15, III da Constituição Federal de 1988.

- Segundo a alínea "f' do inciso I do artigo 1º da LC 64/90, que os que forem declarados indignos do oficialato, ou com ele incompatíveis, serão declarados inelegíveis, para qualquer cargo, pelo prazo de **8 (oito)** anos. Antes da publicação da Lei do Ficha Limpa, o prazo de inelegibilidade previsto para esta situação era de quatro anos, e não de oito.
- De acordo com a nova redação da alínea "g" do inciso I do artigo 1º da LC 64/90, por sua vez, serão declarados inelegíveis, para qualquer cargo, "os que tiverem suas contas relativas ao exercício de cargos ou funções públicas rejeitadas por irregularidade insanável **que configure ato doloso de improbidade administrativa,** e por decisão irrecorrível do órgão competente, salvo **se esta houver sido suspensa ou anulada pelo** Poder Judiciário, para as eleições que se realizarem nos **8 (oito)** anos seguintes, contados a partir da data da decisão **(...)".**
- Encerrou, a nova redação da alínea "g", antiga polêmica no âmbito do Direito Eleitoral, geradora, inclusive, da Súmula nº 01 do TSE, agora revogada. De acordo com a antiga redação da alínea "g", eram declarados inelegíveis, para qualquer cargo, os que tivessem suas contas relativas ao exercício de cargos ou funções públicas rejeitadas por irregularidade insanável e por decisão irrecorrível do órgão competente, salvo se a questão houvesse sido ou estivesse sendo submetida à apreciação do Poder Judiciário, para as eleições que se realizassem nos 5 (cinco) anos seguintes, contados a partir da data da decisão. Assim, conforme entendimento sumulado do TSE (Súmula nº 01), proposta ação para desconstituir a decisão que rejeitara as contas, anteriormente à impugnação, ficava suspensa a inelegibilidade. Agora, com a nova redação da alínea "g" do inciso I do art. 1º da LC 64/90, patrocinada pela LC 135/10, a decisão de rejeição de contas por irregularidades insanáveis que configurem ato doloso de improbidade administrativa deverá ser suspensa ou anulada pelo Poder Judiciário para que seja evitada a

sanção da inelegibilidade, não bastando, portanto, a mera submissão das contas à apreciação do Poder Judiciário, independentemente de manifestação deste, como previa a Súmula nº 01 do TSE.

- o Supremo Tribunal Federal, julgando, em , o Recurso Extraordinário nº. 848826 RG / DF, no qual foi reconhecida a repercussão geral, decidiu que "a inelegibilidade prevista na alínea g do inciso I do art. 1° da LC n° 64/90 pode ser examinada a partir de decisão irrecorrível dos tribunais de contas que rejeitam as contas do prefeito que age como ordenador de despesas, diante da ressalva final da alínea g do inciso I do art. 1º da LC n° 64/90". Assim, quando o chefe do executivo atuar como ordenador de despesas, bastará a rejeição das suas contas pelo Tribunal de Contas para que seja possível a imputação da inelegibilidade, não havendo necessidade e possibilidade, neste caso, de reversão da decisão pela Câmara de Vereadores, restando, contudo, a possibilidade de análise judicial da matéria".

- O legislador da "Lei do Ficha-Limpa" inovou ao criar novas hipóteses geradoras de inelegibilidades, por meio das alíneas "j", "k", "l", "m", "n", "o", "p" e "q". Assim, tornar-se-ão inelegíveis pelo prazo de oito anos:
- As novas hipóteses de inelegibilidades instituídas pela Lei do Ficha Limpa: Alíneas "j" a "q" do inciso I do art. 1º da LC 64/90
- Aqueles que forem condenados, em decisão transitada em julgado ou proferida por órgão colegiado da Justiça Eleitoral, por corrupção eleitoral, por captação ilícita de sufrágio, por doação, captação ou gastos ilícitos de recursos de campanha ou por conduta vedada aos agentes públicos em campanhas eleitorais que impliquem cassação do registro ou do diploma.
- O Presidente da República, o Governador de Estado e do Distrito Federal, o Prefeito, os membros do Congresso Nacional, das Assembléias Legislativas, da Câmara Legislativa, das Câmaras Municipais, que renunciarem a seus mandatos desde o oferecimento de representação ou petição capaz de autorizar a abertura de processo por infringência a dispositivo da Constituição Federal, da Constituição Estadual, da Lei Orgânica do Distrito Federal ou da Lei Orgânica do Município (prazo de oito anos a contar do término da legislatura, sem afastar a inelegibilidade durante o período restante do mandato).
- Os que forem condenados à suspensão dos direitos políticos, em decisão transitada em julgado ou proferida por órgão judicial colegiado, por ato doloso de improbidade administrativa que importe lesão ao patrimônio público e enriquecimento ilícito (desde a condenação até oito anos após o cumprimento da pena).
- Os que forem excluídos do exercício da profissão, por decisão sancionatória do órgão profissional competente, em decorrência de infração ético-profissional, salvo se o ato houver sido anulado ou suspenso pelo Poder Judiciário; os que forem condenados, em decisão transitada em julgado ou proferida por órgão judicial colegiado, em razão de terem desfeito ou simulado desfazer vínculo conjugal ou de união estável para evitar caracterização de inelegibilidade (prazo de oito anos a contar da decisão que reconhecer a fraude).
- Os que forem demitidos do serviço público em decorrência de processo administrativo ou judicial (prazo de 8 (oito) anos, contado da decisão, salvo se o ato houver sido suspenso ou anulado pelo Poder Judiciário).
- A pessoa física e os dirigentes de pessoas jurídicas responsáveis por doações eleitorais tidas por ilegais por decisão transitada em julgado ou proferida por órgão colegiado da Justiça Eleitoral, pelo prazo de 8 (oito) anos após a decisão, observando-se o procedimento previsto no art. 22 da LC 64/90.
- Os magistrados e os membros do Ministério Público que forem aposentados compulsoriamente por decisão sancionatória, que tenham perdido o cargo por sentença ou que tenham pedido exoneração ou aposentadoria voluntária na pendência de processo administrativo disciplinar.
- A desincompatibilização pode ser definida como o afastamento de cargo, emprego ou função, pública ou privada, exercido por cidadão brasileiro, de forma provisória ou definitiva, com o intuito de disputar mandato eletivo, de forma a afastar a inelegibilidade. Vale ressaltar, ainda, que a desincompatibilização, em alguns casos, é válida a fim de que seja evitada a inelegibilidade reflexa de parentes.
- Na maioria das hipóteses de desincompatibilização exigidas por lei, o prazo previsto é o de seis meses antes do pleito (principalmente no que se refere a titulares de cargos eletivos). São estas as principais hipóteses, de acordo com a LC 64/90, de necessidade de desincompatibilização 06 (seis) meses antes do pleito:

Principais hipóteses, de acordo com a LC 64/90, de necessidade de desincompatibilização 06 (seis) meses antes do pleito:
• Presidente da república, governadores de estado e prefeitos, para a disputa de outros cargos
• Interventor federal.
• Magistrados, membros do Ministério Público, membros dos Tribunais de Contas.
• Advogado-Geral da União.
• Chefes do Estado-Maior da Marinha, do Exército e da Aeronáutica.
• Chefes dos gabinetes civil e militar de governador de estado ou do DF.
• Ministro de Estado, secretários de governos estaduais, municipais ou do DF.
• Presidente, superintendente ou diretor de autarquias, empresas públicas, sociedades de economia mista e fundações públicas ou mantidas pelo poder público.
• Diretor-geral do Departamento de Polícia Federal.
• Nomeados, pelo presidente da república, para cargos ou funções cuja nomeação esteja sujeita à aprovação prévia do Senado Federal.
• Diretores de órgãos estaduais, sociedades de assistência aos municípios ou bancos estaduais.
• Diretor de empresa pública internacional.
• Dirigente de entidade de assistência a município que receba contribuição de órgão público.
• Dirigente de fundação privada que receba verbas públicas imprescindíveis à sua manutenção.
• **OBS:** À exceção do presidente da república, dos governadores de estado e dos prefeitos municipais, todas as pessoas acima elencadas deverão se desincompatibilizar dos seus cargos apenas 04 meses antes, e não 06 meses, quando pleitearem concorrer aos cargos de prefeito e vice-prefeito (apenas estes dois cargos, de acordo com o art. 1º, IV, "a" da LC 64/90).

- Os dirigentes de entidades de classe mantidas, total ou parcialmente, por contribuições impostas pelo poder público, bem como os dirigentes sindicais (Res. TSE nº 21.041, de 21.03.02), deverão se desincompatibilizar dos seus cargos, para a disputa de mandatos eletivos, quatro meses antes das eleições. Além dessas pessoas, todas aquelas que necessitam se desincompatibilizar para a disputa dos cargos de presidente da república, vice-presidente da república, governador de estado ou do DF e vice-governador de estado ou do DF, caso desejem disputar os cargos de prefeito e vice-prefeito deverão se desincompatibilizar quatro meses antes das eleições. (art. 1º, IV, "a" da LC 64/90).
- Os servidores públicos civis, estatutários ou não, dos órgãos ou entidades da administração direta ou indireta da União, dos estados, do Distrito Federal, dos municípios e dos territórios, inclusive das fundações mantidas pelo poder público, deverão se afastar das suas atividades três meses antes do pleito, garantido o direito à percepção dos seus vencimentos integrais, de acordo com o previsto no artigo 1º, II, "j" da LC 64/90, para concorrer a qualquer cargo, inclusive o de prefeito municipal (Res. TSE nº 20.623, de 16.05.00, DJ de 02.06.00). Segundo jurisprudência consolidada do TSE (Acs. 16.595/00, 18.019/92, 18.160/92 e 20.128/98), empregados de empresas públicas e sociedades de economia mista também têm garantido o pagamento do salário, durante o período de afastamento.
- Os servidores da Justiça Eleitoral deverão se afastar definitivamente do cargo em tempo hábil para cumprir o prazo de filiação partidária (um ano antes das eleições), conforme entendimento do TSE (Res. 22.088/05).
- Os membros de Conselhos Tutelares, de acordo com o TSE (Ac. 16.878/00), também deverão se desincompatibilizar no prazo de três meses antes das eleições. Os defensores públicos, por sua vez, também deverão se desincompatibilizar das suas funções, de forma temporária, garantidos os vencimentos integrais, três meses antes do pleito, salvo se estiverem concorrendo ao cargo de prefeito ou vice-prefeito, quando a desincompatibilização deverá ocorrer quatro meses antes da eleição, caso estejam em exercício na comarca onde desejem se candidatar.

9. ARRECADAÇÃO DE RECURSOS E PRESTAÇÃO DE CONTAS NAS CAMPANHAS ELEITORAIS.

- É a lei nº 9.504/97 (Lei das Eleições) que estabelece nos seus artigos 17 a 32 as normas gerais acerca da arrecadação e da aplicação de recursos nas campanhas eleitorais, bem como aquelas relativas à prestação de contas, temas sempre polêmicos.
- Atualmente, o financiamento de campanhas eleitorais no Brasil é de natureza mista. Isso significa que candidatos, partidos políticos e coligações partidárias fazem uso, durante o processo eleitoral de recursos financeiros provenientes do Estado (do Fundo Partidário, especialmente), bem como de doadores, pessoas físicas ou jurídicas.
- Pauta constante, como destacado, no debate da reforma política, o tema da arrecadação de recursos, administração financeira das campanhas eleitorais e prestação de contas é, talvez,

o que mais destaque ganhou na elaboração da Lei nº. 13.165/15, muito embora o resultado final desta construção legislativa não tenha agradado à maioria dos críticos. De forma bastante polêmica, um dos pontos nevrálgicos da nova lei, a disciplina jurídica do financiamento empresarial de campanhas eleitorais, foi totalmente revogado pela presidente Dilma Rousseff, que seguiu entendimento consagrado pelo Supremo Tribunal Federal no julgamento da ADI nº. 4.650, ocorrido dias antes da promulgação da reforma eleitoral de setembro de 2015, na qual a nossa corte maior declarou a inconstitucionalidade desta forma de financiamento eleitoral.

– Outro ponto inovador e polêmico suscitado pela Lei nº. 13.165/15 é o estabelecimento de um teto de gastos nas campanhas eleitorais, velha reivindicação daqueles que defendem uma diminuição dos custos destas campanhas, como forma de uma maior garantia de equilíbrio entre candidatos e partidos nas eleições.

- O partido que descumprir as normas referentes à arrecadação e aplicação de recursos fixada na Lei das Eleições perderá o direito ao recebimento das quotas do Fundo Partidário do ano seguinte. Além disso, os candidatos beneficiados poderão responder por abuso de poder econômico.
- Em conformidade com o artigo 19 da Lei nº 9.504/97, até dez dias após a escolha de seus candidatos em convenção, os partidos políticos deverão constituir comitês financeiros, com a finalidade de arrecadar recursos e aplicá-los nas campanhas eleitorais. Tais comitês deverão ser registrados, nos órgãos da Justiça Eleitoral aos quais compete fazer o registro de candidatos, até cinco dias após a sua constituição, conforme quadro abaixo:

Órgãos da Justiça Eleitoral competentes para o registro dos comitês financeiros dos partidos políticos durante as campanhas eleitorais		
Zonas eleitorais	**Tribunais regionais eleitorais**	**Tribunal Superior Eleitoral**
Registro dos comitês financeiros das eleições municipais (prefeitos e vereadores).	Registro dos comitês financeiros das eleições para governador do estado, senadores, deputados federais, deputados estaduais e deputados distritais.	Registro dos comitês financeiros das eleições presidenciais.

- Os comitês devem ser constituídos para cada umas das eleições para as quais o partido apresente candidato próprio, podendo haver reunião, num único comitê, das atribuições relativas às eleições de uma dada circunscrição. Na eleição presidencial é obrigatória a criação do comitê nacional e facultativa a de comitês nos estados e no DF.
- Cabe ao candidato a responsabilidade pela administração financeira da sua campanha, que poderá ser realizada pelo próprio ou por pessoa por ele designada. Caso o candidato designe pessoa para, em seu nome, administrar as finanças de sua campanha, haverá responsabilidade solidária entre o mesmo e a pessoa indicada, devendo ambos assinar a respectiva prestação de contas.
- É obrigatória para os partidos e os candidatos a abertura de conta bancária específica para registrar todo o movimento financeiro da campanha, salvo nos casos de candidaturas a prefeito em municípios onde não haja agência bancária e candidaturas e vereador em municípios na mesma condição ou com menos de vinte mil eleitores. Os bancos são obrigados a acatar, em até três dias, o pedido de abertura de conta de qualquer comitê financeiro ou candidato escolhido em convenção partidária, sendo-lhes vedado condicioná-la a depósito mínimo e à cobrança de taxas ou outras despesas de manutenção. O uso de recursos financeiros para pagamentos de gastos eleitorais que não provenham da conta específica citada implicará a desaprovação da prestação de contas do partido ou candidato, caracterizando abuso de poder econômico. Até as eleições de 2014, não era obrigatória a abertura dessa conta bancária específica para candidatos a vereador em municípios com menos de vinte mil eleitores, regra alterada pela Lei nº. 13.165/15. A partir das eleições municipais de 2016, o novo § 2º do artigo 22 da Lei das Eleições, com redação determinada pela Lei nº. 13.165/15, restringe a ausência de obrigação de abertura de conta bancária para movimentação dos recursos de campanha apenas para as situações em que, comprovadamente, não houver agência bancária ou posto de atendimento bancário no município. Desta forma, praticamente em todo o país os candidatos a cargos eletivos, nas eleições municipais, administrarão seu recursos de campanha em conta específica, dissociada das suas contas particulares, uma importante regra estabelecida pela reforma eleitoral de setembro de 2015 com o objetivo de fortalecer os meios de controle da Justiça Eleitoral sobre a movimentação de recursos em campanhas eleitorais.
- Novidade importante estabelecida pela recente reforma eleitoral (Lei nº 12.034/09) foi a inclusão do artigo 22-A na Lei das Eleições. O novo artigo

obriga candidatos e comitês financeiros à inscrição no Cadastro Nacional da Pessoa Jurídica – CNPJ, devendo a Justiça Eleitoral fornecer, em até três dias úteis após o recebimento do pedido de registro da candidatura o número do registro de tal cadastro.

- De acordo com o art. 23 da Lei nº 9.504/97, poderão as pessoas físicas fazer doações em dinheiro ou estimáveis em dinheiro para campanhas eleitorais. Neste caso, tais doações deverão ser limitadas a dez por cento dos rendimentos brutos auferidos pelo doador no ano anterior à eleição, exceto quando o doador for o próprio candidato para a sua campanha, quando, então, o teto máximo de doação será o do valor máximo de gastos estabelecidos para a campanha pelo seu partido político.
- Até as eleições de 2014, o artigo 17-A da Lei das Eleições, incluído pela lei nº. 11.300/06 e agora revogado pela Lei 13.165/15, indicava que lei específica, a cada eleição, deveria fixar, até o dia 10 de junho de cada ano eleitoral, os limites dos gastos de campanha para os cargos em disputa. Caso, entretanto, a referida lei não viesse a ser publicada no prazo hábil (algo que se tornou recorrente), caberia a cada partido político fixar o limite de gastos, comunicando à Justiça Eleitoral, a quem cabia dar a tais informações ampla publicidade. No pedido de registro de seus candidatos, os partidos e coligações deveriam comunicar à Justiça Eleitoral os valores máximos a serem gastos por cargo eletivo que viessem a disputar, de acordo com o previsto no artigo 17-A da Lei nº. 9.504/97. Tratando-se de coligação, cada partido dela integrante deveria fixar o valor máximo de despesas com os seus candidatos. Conforme o novo artigo 18 da Lei das Eleições, com redação definida pela reforma eleitoral de setembro de 2015, a partir das eleições municipais de 2016, caberá ao TSE definir o teto de gastos permitido para partidos políticos, coligações e candidatos em campanha eleitoral, tendo como base as regras estabelecidas pela lei nº. 13.165/15, em seus artigos 5º e 6º. De acordo com o art. 5º da referida lei, nas eleições executivas (Presidente da República, Governador e Prefeito), o limite de gastos será definido tendo como base de cálculo os gastos declarados, na respectiva circunscrição, na última eleição para os mesmos cargos (eleições municipais de 2012 e eleições gerais de 2014). A alíquota, por sua vez, será, no primeiro turno eleitoral, de 70% (setenta por cento) do maior gasto declarado para o cargo, na circunscrição eleitoral em que houve apenas um turno, na última eleição antes da publicação da lei; e de 50% (cinquenta por cento) do maior gasto declarado para o cargo, na circunscrição eleitoral em que houve dois turnos. Para o segundo turno, onde houver, de agora em diante, o limite de gastos será de 30% (trinta por cento) dos gastos permitidos para o primeiro turno na respectiva circunscrição eleitoral. Nos Municípios de até dez mil eleitores, o limite de gastos será de, no máximo, R$ 100.000,00 (cem mil reais) para Prefeito e de R$ 10.000,00 (dez mil reais) para Vereador. Nas eleições legislativas, conforme o art. 6º da Lei nº. 13.165/15, também será firmado um teto de gastos de campanhas, a partir das eleições municipais de 2016. Este teto será de 70% (setenta por cento) do maior gasto contratado na circunscrição para o respectivo cargo na eleição imediatamente anterior à publicação da referida lei (eleições de 2012, para os cargos de vereador, e eleições de 2014, para os cargos de Senador, Deputado Estadual, Deputado Distrital e Deputado Federal).
- Segundo o artigo 24 da Lei das Eleições, partidos e candidatos não poderão receber, direta ou indiretamente, inclusive por meio de publicidade de qualquer espécie, doações em dinheiro ou estimáveis e dinheiro das seguintes pessoas:

Não podem fazer doações a candidatos e partidos políticos em campanha:
I – entidade ou governo estrangeiro;
II – órgão da administração pública direta e indireta ou fundação mantida com recursos provenientes do poder público;
III – concessionário ou permissionário de serviço público;
IV – entidade de direito privado que receba, na condição de beneficiária, contribuição compulsória em virtude de disposição legal;
V – entidade de utilidade pública;
VI – entidade de classe ou sindical;
VII – pessoa jurídica sem fins lucrativos que receba recursos do exterior;
VIII – entidades beneficentes e religiosas;
IX – entidades esportivas;
X – organizações não-governamentais (ONGs) que recebam recursos públicos;
XI – organizações da sociedade civil de interesse público (OSCIPs).
OBSERVAÇÃO: podem fazer doações, limitadas a dois por cento do faturamento bruto no ano anterior, cooperativas cujos cooperados não sejam concessionários ou permissionários de serviços públicos, desde que não estejam sendo beneficiadas com recursos públicos.

- Visando à preservação da lisura e da normalidade das eleições, partidos políticos, coligações e candidatos deverão realizar as prestações de contas referentes à campanha eleitoral, nos termos dos artigos 28 a 32 da Lei das Eleições. Assim, de acordo com o previsto no artigo 28, as prestações contas dos candidatos às eleições majoritárias serão feitas por intermédio do comitê financeiro, enquanto que as prestações de contas dos candidatos às eleições proporcionais serão feitas pelo comitê financeiro ou pelo próprio candidato.

Prestação de contas de candidatos	**Candidatos às eleições proporcionais**	• Podem ser realizadas pelo próprio candidato • Podem ser realizadas pelo comitê financeiro
	Candidatos às eleições majoritárias	• sempre serão realizadas pelo comitê financeiro

- No que se refere, especificamente, à prestação de contas de campanha, os artigos 28 e 29 da Lei das Eleições sofrearam relevantes alterações com a publicação da Lei nº. 13.165/15. O novo § 1º do art. 28 da Lei das Eleições imputa aos candidatos às eleições majoritárias a responsabilidade por suas prestações de contas de campanha. Da mesma forma, o novo § 2º elimina a figura do comitê financeiro de campanhas das eleições proporcionais. Assim, as prestações de contas dos candidatos às eleições majoritárias serão feitas pelo próprio candidato, devendo ser acompanhadas dos extratos das contas bancárias referentes à movimentação dos recursos financeiros usados na campanha e da relação dos cheques recebidos, com a indicação dos respectivos números, valores e emitentes. As prestações de contas dos candidatos às eleições proporcionais serão feitas pelo próprio candidato.
- A partir das eleições municipais de 2016, os partidos políticos, as coligações e os candidatos serão obrigados, durante as campanhas eleitorais, a divulgar em sítio criado pela Justiça Eleitoral para esse fim, na internet, os recursos em dinheiro recebidos para financiamento de sua campanha eleitoral, em até 72 (setenta e duas) horas de seu recebimento, sendo obrigados, ainda, a apresentar, no dia 15 de setembro, relatório discriminando as transferências do Fundo Partidário, os recursos em dinheiro e os estimáveis em dinheiro recebidos, bem como os gastos realizados. Esta nova regra, certamente, proporcionará uma maior transparência nas eleições, permitindo aos eleitores acompanhar a evolução da arrecadação de valores percebidos por todos os candidatos quase que instantaneamente, durante todo o processo eleitoral. É o que determina, doravante, o § 4º do artigo 28 da Lei das Eleições, com redação determinada pela Lei nº. 13.165/15.
- Candidatos às eleições proporcionais que optarem por realizar suas próprias prestações contas, bem como os comitês financeiros, deverão encaminhar as prestações de contas finais até o 30º dia posterior à realização das eleições. Havendo segundo turno, os comitês financeiros deverão encaminhar a prestação final de contas dos candidatos que o disputem (apenas destes) até o 30º dia posterior à sua realização.
- Segundo jurisprudência consolidada do TSE, candidato que renuncia, desiste ou, de qualquer forma, é impedido de prosseguir na sua campanha, deverá também prestar contas, no prazo de 30 dias após a realização da eleição, sob pena da não-obtenção da quitação eleitoral (Neste sentido, Ac. TSE nº 29.329, de 16.09.08).
- os novos §§ 8º e seguintes do art. 28 da Lei das Eleições passaram a disciplinar o sistema simplificado de prestação de contas para candidatos que apresentarem movimentação financeira correspondente a, no máximo, R$ 20.000,00 (vinte mil reais), atualizados monetariamente, a cada eleição, pelo Índice Nacional de Preços ao Consumidor – INPC da Fundação Instituto Brasileiro de Geografia e Estatística – IBGE ou por índice que o substituir. Tal sistema deverá ser obrigatório nas eleições de municípios com até cinquenta mil eleitores.
- O novo § 12 do art. 28 da Lei das Eleições, por sua vez, estabelece que "os valores transferidos pelos partidos políticos oriundos de doações serão registrados na prestação de contas dos candidatos como transferência dos partidos e, na prestação de contas dos partidos, como transferência aos candidatos, sem individualização dos doadores", fato que corrobora para o aumento da ocorrência de doações ocultas de campanha, contrariando a transparência necessária ao processo eleitoral.Tendo em vista este retrocesso legislativo, o STF, em 12 de novembro de 2015, concedeu, em decisão unânime, liminar na ADI nº 5394 para suspender a eficácia do § 12 do art. 28 da lei nº. 9.504/97, incluído pela Lei nº. 13.165/15, especificamente no que se refere à expressão "sem individualização dos doadores", que impediria a identificação, nas prestações de contas, do vínculo entre doadores e candidatos. No seu voto condutor, o relator, Min. Teori Zavascki afirmou que a doação oculta viola a transparência do processo eleitoral, no que foi seguido pelo Min. Dias Tóffoli, que citou precedente do TSE nas eleições

2014, cristalizado na Resolução nº. 23.406, que determinou a identificação do doador originário nas prestações de contas, bem como destacou a Lei de Acesso à Informação como um dos fundamentos para a necessária transparência das doações eleitorais.

- Inovação legislativa proporcionada pela recente reforma eleitoral (Lei nº 12.034/09) incluiu os novos § § 3º e 4º do artigo 29 da Lei das Eleições, determinando que eventuais débitos de campanha não quitados pelo candidato até a data de apresentação da prestação de contas poderão ser assumidos pelo partido político, por decisão de seu órgão nacional de direção partidária, hipótese em que o órgão partidário da respectiva circunscrição eleitoral passará a responder solidariamente, com o candidato, por todas as suas dívidas de campanha. Ocorrendo tal fato, eventual existência de débito não mais poderá ser considerada como causa para a rejeição de contas.
- De acordo com o art. 30 da Lei nº 9.504/97, a Justiça Eleitoral verificará a regularidade das contas de campanha, decidindo:

Pela aprovação das contas	Quando as contas estiverem regulares
Pela aprovação das contas com ressalvas	Quando verificadas falhas que não comprometam a regularidade
Pela desaprovação das contas	Quando verificadas falhas que lhes comprometam a regularidade
Pela não aprovação das contas	Quando não apresentadas as contas após notificação emitida pela Justiça Eleitoral, na qual constará a obrigação expressa de prestar as contas no prazo de 72 horas.

- Erros formais e materiais corrigidos ou irrelevantes no conjunto da prestação de contas não comprometem o seu resultado, não autorizando, dessa forma, a rejeição das contas, tampouco a cominação de sanções a candidatos ou partidos políticos.
- A ocorrência de irregularidades na arrecadação e gastos de recursos de campanha poderá ser objeto da propositura da chamada Ação por Captação e Gastos Ilícitos de Recursos, prevista no artigo 30-A da Lei nº 9.504/97 (artigo incluído pela Lei nº 11.300/06), cujo procedimento a ser adotado será o mesmo previsto para a Ação de Investigação Judicial Eleitoral (AIJE) previsto no artigo 22 da LC 64/90.
- Em conformidade com o artigo 31 da lei nº 9.504/97, caso, ao término da campanha, venham a ocorrer sobras de recursos arrecadados, tais sobras deverão ser declaradas na prestação final de contas e, após julgados todos os recursos, transferidas ao órgão do partido político na circunscrição do pleito ou à coligação, neste caso para divisão entre os partidos que a compõem.

– A decisão que julgar as contas dos candidatos eleitos será publicada em sessão até 03 (três) dias antes da diplomação, regra válida a partir das eleições municipais de 2016, em virtude de alteração legislativa promovida pela Lei nº. 13.165/15. Até as eleições de 2014, este prazo era de até 08 dias antes da diplomação.

- Até 180 (cento e oitenta) dias após a diplomação, candidatos e partidos deverão conservar a documentação atinente às suas contas. Caso, no entanto, ainda estejam tais contas pendentes de julgamento, após este prazo, a documentação pertinente deverá ser conservada até a decisão final.

10. PROPAGANDA ELEITORAL E PESQUISAS ELEITORAIS

Informações obrigatórias no ato do registro da pesquisa de opinião pública na Justiça Eleitoral (art. 33 da Lei nº 9.504/97):
I – identificação de quem contratou a pesquisa;
II – valor e origem dos recursos despendidos no trabalho;
III – metodologia e período de realização da pesquisa;
IV – plano amostral e ponderação quanto a sexo, idade, grau de instrução, nível econômico e área física de realização do trabalho, intervalo de confiança e margem de erro;
V – sistema interno de controle e verificação, conferência e fiscalização da coleta de dados e do trabalho em campo;
VI – questionário completo aplicado ou a ser aplicado;
VII – identificação de quem pagou pela realização do trabalho.

- A divulgação de pesquisa sem prévio registro das informações obrigatórias na Justiça Eleitoral sujeita o responsável a multa, em valor definido em resolução específica do TSE, para cada eleição (o § 3º do artigo 33 da lei das Eleições fala em multa de cinqüenta mil a cem mil UFIR, unidade fiscal extinta pela lei nº 10.522/02). A divulgação de pesquisa fraudulenta, por sua vez, constitui crime, gerando, para o responsável, além de pagamento de multa, pena de detenção de seis meses a um ano (podem ser incriminados de acordo com o tipo penal supracitado os representantes legais da empresa ou entidade de pesquisa, bem como do órgão veiculador).

- A propaganda partidária está disciplinada na Lei nº 9.096/95 (Lei Geral dos Partidos Políticos) e tem como objetivo promover a difusão dos programas partidários; a transmissão de mensagens, por parte das agremiações partidárias, dirigidas aos filiados, bem como a divulgação da posição dos partidos em relação a temas político-comunitários. Será a propaganda partidária sempre realizada, de forma gratuita, no rádio e na TV, nos semestres não-eleitorais.
- A propaganda intrapartidária, por sua vez, é aquela prevista no § 1º do artigo 36 da Lei das Eleições (Lei nº 9.504/97), segundo o qual "ao postulante a candidatura a cargo eletivo é permitida a realização, na quinzena anterior à escolha pelo partido, de propaganda intrapartidária com vista à indicação de seu nome, vedado o uso de rádio, televisão e outdoor".
- A propaganda eleitoral, por sua vez, é a espécie mais importante de propaganda política, dirigida à conquista do voto do eleitor, sendo permitida somente após o dia 15 de agosto do ano eleitoral (ou seja, a partir do dia 16), conforme regra estabelecida pela Lei nº. 13.165/15, que alterou o calendário eleitoral. Até as eleições de 2014, a propaganda eleitoral era autorizada a partir do dia 06 de julho do ano eleitoral. Estão previstas as normas referentes à propaganda eleitoral nos artigos 36 a 59-A da Lei das Eleições, os quais, inicialmente, tratam da "propaganda eleitoral em geral".

– A reforma eleitoral de 2015 trouxe, no seu bojo, importantes novidades relativas à propaganda eleitoral, completando uma nova disciplina relativa ao tema iniciada pela publicação da Lei nº. 12.891/13, a qual também será aplicada de forma inédita nas eleições municipais de 2016. A primeira grande novidade trazida pela Lei nº. 13.165/15 diz respeito à alteração do período de realização da propaganda eleitoral, prevista para iniciar-se, a partir de 2016, apenas depois do dia 15 de agosto do ano eleitoral, mais de quarenta dias após o prazo anteriormente estabelecido, portanto (até as eleições de 2014, a propaganda eleitoral se iniciava após o dia 05 de julho) Esta nova disciplina legal da propaganda eleitoral, relativa ao seu termo inicial, está expressamente prevista no art. 240 do Código Eleitoral, bem como no art. 36 da Lei das Eleições.

- A violação às regras de propaganda política (eleitoral, partidária ou intrapartidária) sujeita o responsável pela divulgação da propaganda e, quando comprovado o seu prévio conhecimento, o beneficiário da mesma, à multa no valor de R$ 5.000,00 (cinco mil reais) a R$ 25.000,00 (vinte e cinco mil reais), ou ao equivalente ao custo da propaganda, se este for maior.

– Para facilitar o estudo, apresentamos o seguinte quadro-resumo relativo às principais condutas permitidas e vedadas na propaganda eleitoral:

Conduta	Previsão legal
Propaganda eleitoral nos bens cujo uso dependa de cessão ou permissão do poder público, ou que a ele pertençam, e nos de uso comum, inclusive postes de iluminação pública e sinalização de tráfego, viadutos, passarelas, pontes, paradas de ônibus e outros equipamentos urbanos.	é vedada a veiculação de propaganda de qualquer natureza, inclusive pichação, inscrição a tinta e exposição de placas, estandartes, faixas, cavaletes, bonecos e assemelhados (art. 37, caput, da Lei das Eleições).
Propaganda em cinemas, clubes, lojas, centros comerciais, templos, igrejas, estádios, ainda que de propriedade privada.	Aplica-se a vedação do art. 37, caput, da Lei das Eleições, tendo em vista que os referidos bens são considerados de uso comum, para fins eleitorais.
Propaganda eleitoral em bens particulares.	independe de obtenção de licença municipal e de autorização da Justiça Eleitoral a veiculação de propaganda eleitoral, desde que seja feita em adesivo ou papel, não exceda a 0,5 m² (meio metro quadrado) e não contrarie a legislação eleitoral (art. 37, § 2º da lei nº. 9.504/97). A propaganda, neste caso, deverá ser espontânea e gratuita, sendo vedado qualquer tipo de pagamento em troca de espaço para esta finalidade (art. 37, § 8º da Lei das Eleições).
Propaganda eleitoral nas dependências do Poder Legislativo.	Permitida, a critério da Mesa Diretora da Casa (art. 37, § 3º da Lei nº. 9.504/97).

Conduta	Previsão legal
Propaganda eleitoral em árvores e jardins localizados em áreas públicas.	Proibida, de acordo com o § 5º do art. 37 da Lei das Eleições.
Propaganda eleitoral em árvores e jardins localizados em áreas privadas.	Permitida.
Propaganda eleitoral em muros, cercas e tapumes divisórios.	Não é permitida a colocação de propaganda de qualquer natureza (art. 37, § 5º da Lei das Eleições). A Justiça Eleitoral, contudo, interpretando o referido dispositivo, tem admitido, de forma geral, a propaganda eleitoral em muros, cercas e tapumes divisórios privados.
Utilização de outdoors	É vedada a propaganda eleitoral mediante **outdoors**, inclusive eletrônicos, sujeitando-se a empresa responsável, os partidos, as coligações e os candidatos à imediata retirada da propaganda irregular e ao pagamento de multa no valor de R$ 5.000,00 (cinco mil reais) a R$ 15.000,00 (quinze mil reais).
Colocação de mesas para a distribuição de material de campanha e bandeiras ao longo das vias públicas.	Permitida, desde que móveis e que não dificultem o bom andamento do trânsito de veículos e pessoas. A mobilidade estará caracterizada com a retirada dos meios de propaganda após as 22 horas até as 06 horas da manhã (art. 37, §§ 6º e 7º da Lei das Eleições).
Distribuição de folhetos, volantes e outros impressos editados sob a responsabilidade do partido, coligação ou candidato.	Independe de obtenção de licença municipal e de autorização da Justiça Eleitoral. Todo o material impresso de campanha eleitoral deverá conter o número do CNPJ ou CPF do responsável pela confecção, bem como de quem a contratou, e respectiva tiragem. Adesivos distribuídos poderão ter a dimensão máxima de 50 (cinquenta) centímetros por 40 (quarenta) centímetros.
Plotagem de veículos	Prática vedada, a partir das eleições de 2016. É proibido colar propaganda eleitoral em veículos, exceto adesivos microperfurados até a extensão total do para-brisa traseiro e, em outras posições, adesivos até a dimensão máxima de 50 (cinquenta) centímetros por 40 (quarenta) centímetros.
Realização de ato de propaganda em recinto aberto ou fechado.	Não depende de licença da polícia. Deverá ser feita, entretanto, comunicação à autoridade policial com, no mínimo, 24 horas de antecedência (art. 39 da lei das Eleições).
Utilização de carros de som	Permitida até às 22 horas do dia que antecede às eleições. Considera-se carro de som o veículo automotor que usa equipamento de som com potência nominal de amplificação de, no máximo, 10.000 (dez mil) watts. É o carro de som qualquer veículo, motorizado ou não, ou ainda tracionado por animais, que transite divulgando **jingles** ou mensagens de candidatos.

Conduta	Previsão legal
Funcionamento de alto-falantes ou amplificadores de som.	Permitido entre as 08 e as 22 horas, vedada a instalação a menos de 200 metros das sedes dos poderes executivo e legislativo da união, estados, DF e municípios; tribunais judiciais; quartéis e outros estabelecimentos militares; hospitais e casas de saúde; escolas; bibliotecas públicas; igrejas; teatros em funcionamento.
Utilização de aparelhagem de sonorização fixa em comícios.	Permitida no horário compreendido entre as 08 e as 24 horas.
Uso de alto-falantes, amplificadores de som, ou promoção de comícios ou carreatas no dia da eleição.	Vedada, constituindo crime punível com detenção de 06 meses a um ano, com alternativa de prestação de serviços à comunidade, e multa (art. 39, § 5º da Lei das Eleições).
Prática de boca-de-urna no dia da eleição.	Vedada, constituindo crime punível com detenção de 06 meses a um ano, com alternativa de prestação de serviços à comunidade, e multa (art. 39, § 5º da Lei das Eleições).
Realização de showmício ou evento assemelhado para promoção de candidatos, mesmo que o artista não venha a ser remunerado.	Prática vedada pelo § 7º do art. 39 da Lei das Eleições.
Utilização de trios elétricos em campanhas eleitorais.	Vedada, exceto para a sonorização dos comícios (art. 39, § 10 da Lei das Eleições).
Confecção, utilização, distribuição por comitê, candidato, ou com a sua autorização, de camisetas, chaveiros, bonés, canetas, brindes, cestas básicas ou quaisquer outros bens ou materiais que possam proporcionar vantagem ao eleitor.	Prática vedada pelo § 6º do art. 39 da Lei das Eleições.

Conduta	Previsão legal
Manifestação de preferência do eleitor por partido político, coligação ou candidato no dia da eleição.	Permitida, desde que revelada exclusivamente pelo uso de bandeiras, broches, dísticos e adesivos, de forma individual e silenciosa.
Uso de vestuário ou objeto que contenha propaganda de partido político, coligação ou de candidato, no recinto das seções eleitorais e juntas apuradoras.	Permitido, salvo para servidores da Justiça Eleitoral, mesários e escrutinadores. Aos fiscais partidários, nos trabalhos de votação, só é permitido que, em seus crachás, constem o nome e a sigla do partido político ou coligação a que sirvam, vedada a padronização do vestuário.
Uso de símbolos, frases ou imagens, associadas ou semelhantes às empregadas por órgão de governo, empresa pública ou sociedade de economia mista.	Prática vedada, constituindo crime, punível com detenção de 06 meses a 01 ano, com a alternativa de prestação de serviços à comunidade pelo mesmo período, e multa (art. 40 da Lei das Eleições).
Propaganda eleitoral na imprensa escrita.	São permitidas, até a antevéspera das eleições, a divulgação, na imprensa escrita, e a reprodução na internet do jornal impresso, de até 10 anúncios de propaganda eleitoral, por veículo, em datas diversas, para cada candidato, no espaço máximo, por edição, de 1/8 de página de jornal padrão e ¼ de página de revista ou tablóide.
Propaganda eleitoral no rádio e na TV	Restrita ao horário eleitoral gratuito e aos debates eleitorais, vedada a propaganda paga.

Conduta	Previsão legal
Propaganda eleitoral na internet.	Permitida após o dia 15 de agosto do ano da eleição, sempre de forma gratuita, em sítio de candidato, partido ou coligação, com endereço eletrônico comunicado à Justiça Eleitoral, em provedor de serviço de internet estabelecido no Brasil. Também é permitida a propaganda eleitoral por meio de blogs, redes sociais, sitos de mensagens instantâneas e assemelhados, bem como propaganda eleitoral através de e-mail. Veda-se, na propaganda eleitoral na internet, o anonimato e a veiculação de propaganda em sítios de pessoas jurídicas, com ou sem fins lucrativos, ou sítios oficiais ou hospedados por órgãos ou entidades da administração pública direta ou indireta da União, estados, DF e municípios. A reforma eleitoral de 2017 permitiu o impulsionamento pago de propaganda eleitoral na internet até a véspera da eleição.

- A reforma eleitoral de setembro de 2015 promoveu importantes mudanças do regramento do horário eleitoral gratuito no rádio e na TV. Assim, o novo art. 47 da Lei nº. 9.504/97 diminui os tempos de duração e exibição do horário eleitoral gratuito no rádio e na TV, retirando, inclusive, a participação dos candidatos a vereador dos blocos de exibição do horário eleitoral, restringido as suas propagandas no rádio e TV às inserções durante a programação. Além disso, a distribuição do tempo de propaganda no horário eleitoral foi alterada, reduzindo a participação dos pequenos partidos.

  O novo artigo 51 da Lei das Eleições, por sua vez, como compensação à diminuição da apresentação dos blocos de horário eleitoral gratuito, aumentou de 30 para 70 minutos diários as inserções de candidatos, incluindo, nestas inserções, os candidatos a vereador.

- Ocorrendo segundo turno, o tempo de cada período diário de propaganda eleitoral gratuita no rádio e TV será dividido igualitariamente entre os candidatos.

- Prevê o artigo 58 da lei nº 9.504/97 que "a partir da escolha de candidatos em convenção, é assegurado o direito de resposta a candidato, partido ou coligação atingidos, ainda que de forma indireta, por conceito, imagem ou afirmação caluniosa, difamatória, injuriosa ou sabidamente inverídica, difundidos por qualquer veículo de comunicação social", nos seguintes prazos, contados a partir da veiculação da ofensa (art. 58, § 1º):

Prazos para requerimento do direito de resposta à Justiça Eleitoral (contados a partir da veiculação da ofensa)		
24 horas	**48 horas**	**72 horas**
quando se tratar de horário eleitoral gratuito.	quando se tratar da programação normal das emissoras de rádio e TV.	quando se tratar de órgão da imprensa escrita.

- Reclamações ou representações decorrentes do descumprimento das normas referentes à propaganda eleitoral deverão ser firmadas em conformidade com o disposto no artigo 96 da Lei das Eleições.

- O artigo 241 do Código Eleitoral determina o princípio da solidariedade entre partidos, candidatos e adeptos pelos excessos eventualmente praticados durante a propaganda eleitoral. A grande novidade trazida pela Lei nº 12.891/13 diz respeito ao acréscimo do parágrafo único ao referido artigo, estabelecendo que a referida solidariedade será restrita aos candidatos e aos respectivos partidos, não alcançando outros partidos, mesmo quando integrantes de uma mesma coligação.

- É fato que, ao longo dos tempos, muitas vezes pré-candidatos, mesmo antes de terem seus nomes confirmados em convenções partidárias, empenham-se na caça aos votos muito antes do mês de julho do ano eleitoral, gerando, muitas vezes, desequilíbrio na disputa. É a chamada "propaganda antecipada", e, portanto, irregular, promotora de muita polêmica, na história recente da democracia brasileira, envolvendo a sua configuração: afinal de contas, o que caracterizaria a propaganda antecipada irregular? Visando a estabelecer parâmetros mais objetivos para o Poder Judiciário no momento de classificar determinados atos como propaganda antecipada ilícita ou não, assim dispôs o legislador, por meio de dispositivo legal (art. 36-A) incluído na Lei das Eleições pela reforma eleitoral de 2009 (Lei nº. 12.034/09). Tal artigo, contudo, foi totalmente alterado pela reforma eleitoral de setembro de 2015.

- O novo artigo 36-A, com redação da Lei nº. 13.165/15 torna ainda mais liberais os atos preparatórios às campanhas eleitorais, praticamente vinculando a caracterização da propaganda eleitoral extemporânea ao pedido explícito de voto. Curiosamente, as novas regras não deverão se aplicar totalmente aos profissionais de comunicação social no exercício da profissão, como forma de combate ao abuso de poder através do uso dos meios de comunicação. Pessoas, contudo, que se utilizem dos meios de comunicação social de forma não profissional não estão abrangidas por tais restrições.

- Ainda dispondo sobre a coibição à chamada "propaganda eleitoral antecipada", a recente minirreforma eleitoral de dezembro de 2013 criou o artigo 36-B da Lei nº 9.504/97, dispondo, no seu caput, que "será considerada propaganda eleitoral antecipada a convocação, por parte do Presidente da República, dos Presidentes da Câmara dos Deputados, do Senado Federal e do Supremo Tribunal Federal, de redes de radiodifusão para divulgação de atos que denotem propaganda política ou ataques a partidos políticos e seus filiados ou instituições". Ainda de acordo com o novo artigo, em seu parágrafo único, nos casos permitidos de convocação das redes de radiodifusão, fica vedada a utilização de símbolos ou imagens, salvo aquelas previstas no artigo 13, § 1º da Constituição Federal (bandeira, hino, armas e selo nacionais).

- A **propaganda eleitoral em geral** tem previsão legislativa na Lei das Eleições a partir do **artigo 36 até o art. 41**. Neste diapasão, **destaca-se o artigo 37**, o qual sofreu diversas e importantes alterações, decorrentes das reformas eleitorais de 2009 (lei nº. 12.034/09), 2013 (lei nº. 12.891/13) e 2015 (lei nº. 13.165/15). o caput do art. 37 aparentemente restringe a propaganda política nos bens públicos, proibindo a exposição, e não apenas a fixação de placas, estandartes, faixas, cavaletes, bonecos e assemelhados, como ocorria até as eleições de 2014. Contudo, os §§ 6º e 7º do mesmo artigo continuam a permitir a colocação de mesas para distribuição de material de campanha e a utilização de bandeiras ao longo das vias públicas, desde que móveis e que não dificultem o bom andamento do trânsito de pessoas e veículos.

  No mesmo sentido, o **§ 2º do referido art. 37**, com redação definida pela Lei nº. 13.165/15, estabelece **limites à propaganda eleitoral veiculada em bens particulares**, limitando-a a 0,5 metros quadrados, desde que seja feita em adesivo ou papel e não contrarie a legislação eleitoral, evitando-se, assim, por analogia, a configuração ilícita de propaganda por meio de outdoor, vedada desde a promulgação da lei nº. 11.300/06. Coaduna-se, assim, o legislador, com a jurisprudência já dominante no âmbito da Justiça Eleitoral acerca do tema, ressaltada em vários julgados (Ac. 10.420, de 8.10.09, do TSE; Res. 22.246, de 8.6.06, do TSE, DJ de 31.7.06).

  Ainda demonstrando um aparente enrijecimento da lei, visando ao combate do abuso de poder econômico na propaganda eleitoral, **o § 5º do art. 37**, incluído pela reforma de 2009, **proíbe** a propaganda eleitoral de qualquer espécie em "**árvores** e nos **jardins** localizados em **áreas públicas**, bem como em **muros, cercas e tapumes divisórios**". Prática muito comum em períodos eleitorais, e ainda bastante verificada mesmo após a edição da nova lei, portanto, está proibida pela atual legislação: a propaganda em muros, cercas e tapumes, sejam eles **públicos ou privados** (embora, de forma geral, os **tribunais regionais eleitorais** tenham **aceitado**, nas últimas eleições, a **propaganda em muros particulares**, sob o errôneo argumento de que a lei seria aplicável apenas a muros, cercas e tapumes públicos). A lei é bastante clara ao dispor sobre esta questão, visando ao **combate ao abuso do poder econômico** na propaganda eleitoral e à **busca do equilíbrio de oportunidades entre os candidatos**, objetivos já explicitados quando da publicação da lei nº. 11.300/06, que proibiu o showmício e, principalmente, a propaganda eleitoral por meio de outdoors. Destaque-se, contudo, mais uma vez, que o entendimento seguido pelos tribunais eleitorais é no sentido de que é possível a propaganda eleitoral em muros, cercas e tapumes divisórios, desde que gratuita, autorizada pelo proprietário e limitada a 0,5m², tamanho limite para propagandas eleitorais em bens particulares, conforme definido no § 2º do art. 37 da Lei das Eleições, com redação dada pela Lei nº. 13.165/15. De se destacar ainda, neste sentido, que, mantido o entendimento acerca da possibilidade de propaganda eleitoral em muros privados, esta propaganda, seguindo a nova regra do § 2º do art. 37 citado, somente será possível se realizada em adesivo ou papel, vedada a utilização, portanto, de pintura

- Não obstante um aparente recrudescimento do combate à propaganda eleitoral irregular ou abusiva, promovido pelas recentes reformas eleitorais, o que se observa, na prática, da análise das **novas normas**, é uma **grande flexibilização da**

legislação, incongruente com o objetivo maior do direito eleitoral que é garantir a igualdade de oportunidades e forças entre os pleiteantes a cargos eletivos, de forma a preservar a normalidade das eleições e a legitimidade da soberania popular. O principal argumento para que cheguemos a esta conclusão, bastante desanimadora, fundamenta-se na leitura do **novo § 1º do artigo 37 da Lei das Eleições**, que estabelece que "a **veiculação de propaganda em desacordo** com o disposto no *caput* deste artigo **sujeita o responsável, após a notificação e comprovação**, à **restauração do bem** e, **caso não cumprida** no prazo, a **multa** no valor de R$ 2.000,00 (dois mil reais) a R$ 8.000,00 (oito mil reais)". Como é possível observar, a pena aplicável àquele que não cumprir a legislação eleitoral passou a ser, tão somente, a obrigação de restauração do bem, após a notificação e comprovação, em prazo a ser estabelecido, findo o qual, caso não observado o cumprimento da sanção imposta, exsurge uma nova penalidade, qual seja, o pagamento de multa no valor de R$ 2.000,00 (dois mil reais) a R$ 8.000,00 (oito mil reais). Vale ressaltar que a mesma **norma, incentivadora da impunidade**, é aplicável também às condutas previstas no § 2º do citado artigo 37, já analisado. A flexibilização das práticas de propaganda eleitoral, em contradição a uma aparente busca de moralização, verifica-se também da leitura do **§ 3º**, que **permite a propaganda no interior das casas legislativas**, a depender de decisão a ser tomada pela mesa diretora da casa.

- Da mesma forma, o **conceito de mobilidade**, estampado no **§ 7º do art. 37**, em combinação com o disposto no § 1º, já comentado, **chega a ser risível**, tamanha a sua **ineficácia** no combate à propaganda irregular. Se o caput proíbe a fixação de placas, cartazes e faixas em bens públicos, basta ao candidato colocar, entre as 06 da manhã e às 22 horas, um cavalete, cartaz, boneco, ou outro meio de propaganda semelhante em via pública, com o cuidado de não atrapalhar o trânsito de veículos e pedestres, para que a propaganda vedada inicialmente possa ser realizada, por via transversa. A **desobediência aos limites temporais** estabelecidos no dispositivo normativo citado, **na prática, não enseja punições**: afinal, só caberia punição após a notificação do infrator para a retirada da propaganda irregular, que pode ser novamente divulgada, após o cumprimento da sanção, no horário estabelecido. Por fim, de **forma salutar, o § 8º do artigo 37** também foi inserido pela reforma eleitoral de 2009, na intenção de evitar-se o abuso do poder econômico. Segundo o citado dispositivo legal, "a veiculação de propaganda eleitoral em bens particulares deve ser espontânea e gratuita, sendo vedado qualquer tipo de pagamento em troca de espaço para esta finalidade".
- É de se destacar ainda, em relação ao art. 37, que o Congresso Nacional aprovou, em 2013, alteração do seu § 2º, proibindo propaganda eleitoral em bens particulares. Tal dispositivo, no entanto, foi vetado pela presidente da república, sob o argumento que o mesmo limitaria excessivamente os direitos dos cidadãos se manifestarem a favor de suas convicções político-partidárias.
- A propaganda dos candidatos a cargo majoritário deverão constar, também, os nomes dos candidatos a vice ou a suplentes de senador, de modo claro e legível, em tamanho não inferior a 30% (trinta por cento) do nome do titular. Antes da Lei nº. 13.165/15, o limite mínimo estabelecido, como visto, era de 10% do nome do titular.

• O artigo 38 da lei nº 9.504/97 sofreu uma pequena alteração no seu caput, decorrente da publicação da lei nº 12.891/13, a fim de incluir expressamente (uma vez que entendemos que já era algo implícito) a possibilidade de distribuição de adesivos editados sob responsabilidade de partidos, coligações ou candidatos. Foi ainda incluído, pela reforma de dezembro de 2013, o § 3º do referido artigo, dispondo que os referidos adesivos deverão ter dimensão máxima de 50 centímetros por 40 centímetros.

• O artigo 39 da Lei das Eleições teve dois dos seus parágrafos alterados e acrescentados o § § 11 e 12 pela Lei nº 12.891/13. De acordo com o novo § 4º do referido artigo, os comícios de encerramento de campanha (e apenas eles) poderão se estender até às duas da madrugada do dia seguinte àquele previsto por lei como o último dia para a realização de tais eventos. O novo § 8º, por sua vez, passou a expressamente vedar a utilização de outdoors eletrônicos nas campanhas eleitorais, artifício que vem sendo utilizado desde 2006, quando a lei 11.300/06 proibiu o uso de outdoors em campanhas eleitorais. Finalmente, os novos § § 11 e 12 passou a regulamentar o uso de carros de som nas campanhas eleitorais, estabelecendo, de forma salutar, limites para o uso da pressão sonora. Conforme o novo § 11, "é permitida a circulação de carros de som e minitrios como meio de propaganda eleitoral, desde que observado o limite de 80 (oitenta) decibéis de nível de pressão sonora, medido a 7 (sete) metros de distância do veículo, e respeitadas as vedações previstas no § 3º deste artigo". Já o novo § 12 definiu os conceitos jurídicos de carro de som) veículo automotor que usa equipamento de som com potência nominal de amplificação de, no máximo, 10.000 (dez mil) watts), minitrio (veículo automotor que usa equipamento de som com potência nominal de amplificação maior que 10.000 (dez mil) watts e até 20.000 (vinte mil) watts) e trio elétrico (veículo automotor que usa equipamento de som com potência nominal de amplificação maior que 20.000 (vinte mil) watts). O artigo 39 da Lei das Eleições também ganhou uma pequena alteração com a reforma eleitoral de setembro de 2015. Foi incluído, ao artigo referido, o § 9º-A, o qual amplia o conceito de carro de som, a fim de incluir veículos tracionados por animais ou não motorizados.

- Com a publicação da Lei nº, 13.165/15, as restrições aos meios de comunicação previstas no art. 45 da Lei das Eleições, doravante, passarão a ser observadas, em regra, a partir do dia 05 de agosto, quando se encerra o prazo para a realização das convenções. Além disso, de acordo com o novo § 1º, sob pena de imposição de multa e cancelamento de registro do candidato beneficiado, às emissoras de rádio e TV será vedado, a partir do dia 30 de junho do ano eleitoral, transmitir programa apresentado ou comentado por pré-candidato. Para o programa continuar no ar deverá haver o afastamento do candidato, durante o período eleitoral.
- O novo caput do art. 46 da Lei das Eleições, com redação definida pela reforma eleitoral de setembro de 2015, restringe a obrigação das emissoras de rádio e TV de convidar candidatos para os debates eleitorais àqueles postulantes representantes de partidos que contem com bancada igual ou superior a nove deputados federais. Debates com a participação de partidos políticos com número menor de deputados federais inferior a nove somente será possível com a concordância de, pelo menos, dois terços dos candidatos aptos, no caso de eleição majoritária, e de pelo menos dois terços dos partidos ou coligações com candidatos aptos, no caso de eleição proporcional, segundo o novo § 5º, regra que dificulta ainda mais a participação dos representantes dos partidos menores.
- Para os debates que se realizarem no primeiro turno das eleições, serão consideradas aprovadas as regras, inclusive as que definam o número de participantes, que obtiverem a concordância de pelo menos 2/3 (dois terços) dos candidatos aptos, no caso de eleição majoritária, e de pelo menos 2/3 (dois terços) dos partidos ou coligações com candidatos aptos, no caso de eleição proporcional.

• O artigo 47 da lei nº 9.504/97 teve acrescentado o § 8º pela recente minirreforma de dezembro de 2013, estabelecendo que "as mídias com as gravações da propaganda eleitoral no rádio e na televisão serão entregues às emissoras, inclusive nos sábados, domingos e feriados, com a antecedência mínima de 6 (seis) horas do horário previsto para o início da transmissão, no caso dos programas em rede e de 12 (doze) horas do horário previsto para o início da transmissão, no caso das inserções.

- A nova redação do artigo 54 da Lei nº. 9.504/97, determinada pela Lei nº. 13.165/15, por sua vez, estabelece que nos programas e inserções de rádio e televisão destinados à propaganda eleitoral gratuita de cada partido ou coligação só poderão aparecer, em gravações internas e externas, candidatos, caracteres com propostas, fotos, jingles, clipes com música ou vinhetas, inclusive de passagem, com indicação do número do candidato ou do partido, bem como seus apoiadores, inclusive os candidatos de que trata o § 1º do art. 53-A (candidatos a eleições proporcionais no horário da propaganda das candidaturas majoritárias e vice-versa, registrados sob o mesmo partido ou coligação), que poderão dispor de até 25% (vinte e cinco por cento) do tempo de cada programa ou inserção, sendo vedadas montagens, trucagens, computação gráfica, desenhos animados e efeitos especiais.

  Ainda conforme a reforma eleitoral de setembro de 2015, na propaganda eleitoral gratuita no rádio e TV será permitida a veiculação de entrevistas com o candidato e de cenas externas nas quais ele, pessoalmente, exponha realizações de governo ou da administração pública; falhas administrativas e deficiências verificadas em obras e serviços públicos em geral; bem como atos parlamentares e debates legislativos

• O inciso IV do artigo 51 da lei nº 9.504/97 sofreu importante modificação decorrente da publicação da lei nº 12.891/13. Até a publicação desta, era vedada, na veiculação de inserções, durante a propaganda eleitoral, a utilização de gravações externas, montagens ou trucagens, computação gráfica, desenhos animados e efeitos especiais, bem como a veiculação de mensagens que pudessem degradar ou ridicularizar candidato, partido ou coligação. Com a nova redação do referido dispositivo, apenas as mensagens ofensivas estão vedadas, não fazendo mais a lei menção à utilização de gravações externas, montagens ou trucagens, computação gráfica, desenhos animados e efeitos especiais. Ainda como decorrência da minirreforma eleitoral de dezembro de 2013, foi criado o parágrafo único do artigo 51 da Lei nº 9.504/07, vedando a veiculação de inserções idênticas no mesmo intervalo de programação, exceto se o número de inserções de que dispuser o partido exceder os intervalos disponíveis, passando a ser também vedada a transmissão em sequência para o mesmo partido político, em regra idêntica àquela criada para a propaganda partidária pela mesma reforma, a qual também alterou a Lei Geral dos Partidos Políticos (Lei nº 9.096/95).

- O caput do artigo 53-A da lei nº 9.504/97 sofreu pequena alteração a partir da minirreforma eleitoral de 2013. De acordo com sua nova redação, fica expressamente autorizada a menção ao nome e ao número de qualquer candidato do partido ou da coligação durante o horário eleitoral, mesmo que tal candidato seja o candidato majoritário, durante o horário reservado às eleições proporcionais, ou vice-versa. Seguiu assim, a reforma, tendência consolidada nos tribunais eleitorais.
- O parágrafo único do artigo 55 da Lei das Eleições também sofreu pequena alteração com a publicação, em dezembro de 2013, da lei nº 12.891/13. De acordo com a nova disposição normativa, o tempo correspondente à punição sofrida por partido ou coligação decorrente de decisão da Justiça Eleitoral que retira tempo de propaganda eleitoral deverá ser cumprido após o programa dos demais candidatos com a informação de que a não veiculação do programa resulta de infração da lei eleitoral. Anteriormente, a punição ocorria no meio do programa, durante o horário reservado ao partido ou coligação punidos. Doravante, a punição ocorrerá ao fim do programa eleitoral.

– De acordo com o **artigo 57-A**, alterado pela Lei nº. 13.165/15, é **permitida a propaganda eleitoral na internet**, após o dia 15 de agosto do ano da eleição. Segue, o citado dispositivo, a regra geral sobre a propaganda eleitoral, estabelecendo que só será lícita a propaganda eleitoral na internet a partir do dia 16 de agosto do ano eleitoral, termo inicial para a propaganda eleitoral em geral, a partir das eleições municipais de 2016, conforme definido pela reforma eleitoral de setembro de 2015.

- Foi incluído, pela recente reforma eleitoral, o § 3º do art. 57-D, dispondo que "sem prejuízo das sanções civis e criminais aplicáveis ao responsável, a Justiça Eleitoral poderá determinar, por solicitação do ofendido, a retirada de publicações que contenham agressões ou ataques a candidatos em sítios da internet, inclusive redes sociais". Até a publicação da lei nº 12.891/13, havia uma omissão legislativa a respeito desta possibilidade aventada pelo novo dispositivo de lei.
- A minirreforma eleitoral de dezembro de 2013 criou dois novos tipos penais eleitorais, previstos nos § § 1º e 2º do artigo 57-H da Lei das Eleições. De acordo com o § 1º, "constitui crime a contratação direta ou indireta de grupo de pessoas com a finalidade específica de emitir mensagens ou comentários na internet para ofender a honra ou denegrir a imagem de candidato, partido ou coligação, punível com detenção de 2 (dois) a 4 (quatro) anos e multa de R$ 15.000,00 (quinze mil reais) a R$ 50.000,00 (cinquenta mil reais)" O § 2º por sua vez, prevê que "igualmente incorrem em crime, punível com detenção de 6 (seis) meses a 1 (um) ano, com alternativa de prestação de serviços à comunidade pelo mesmo período, e multa de R$ 5.000,00 (cinco mil reais) a R$ 30.000,00 (trinta mil reais), as pessoas contratadas na forma do § 1º". Buscou, assim, o legislador, recrudescer o combate a uma prática cada vez mais comum nas campanhas eleitorais, a profissionalização dos ataques à honra ou imagem de candidatos. Evidentemente, ambos os tipos exigem a contratação de pessoas com a finalidade da propagação das ofensas, contratação esta que, na nossa opinião, poderá se dar a título oneroso ou gratuito.
- A fim de garantir a celeridade necessária no julgamento dos pedidos de direito de resposta, a minirreforma eleitoral de dezembro de 2013 criou o § 9º do art. 58 da lei nº 9.504/97, estabelecendo a possibilidade de convocação de juiz auxiliar para o julgamento de tais pedidos. Tal possibilidade poderá ocorrer, conforme se pode aferir da leitura do novo dispositivo, em quaisquer das instâncias da Justiça Eleitoral.

– A lei nº. 13.165/15, complementando a disciplina jurídica do direito de resposta a ofensa praticada na internet, durante a propaganda eleitoral, dispôs que o ofendido, ou seu representante legal, poderá pedir o exercício do direito de resposta à Justiça Eleitoral, a qualquer tempo, quando se tratar de conteúdo que esteja sendo divulgado na internet, ou em 72 (setenta e duas) horas, após a sua retirada.

11. ORGANIZAÇÃO DAS ELEIÇÕES E DIPLOMAÇÃO DOS ELEITOS.

- A divisão geográfica da Justiça Eleitoral de primeira instância se dá através da constituição das zonas eleitorais, correspondentes ao espaço territorial sob a jurisdição de um juiz eleitoral, podendo abranger mais de um município ou, em certas ocasiões, área inferior a de um território municipal. Grandes municípios, geralmente, comportam várias zonas eleitorais, enquanto que pequenos municípios costumam ser agrupados sob a égide de uma mesma zona eleitoral.
- As zonas eleitorais, por sua vez, deverão ser divididas em seções eleitorais, correspondentes ao local onde os eleitores comparecem para votar. Em cada seção eleitoral é instalada uma urna,

na eleição ou consulta popular. Em cada seção eleitoral, na data do pleito, funcionará uma mesa receptora de votos, composta por uma equipe de mesários nomeada pelo juiz eleitoral da zona eleitoral da qual a seção fizer parte.

- As seções eleitorais funcionarão preferencialmente em edifícios públicos, podendo, entretanto, ser utilizados, em caso de necessidade, edifícios particulares. Os locais de funcionamento das seções eleitorais são conhecidos como "locais de votação".
- Segundo o artigo 120 do Código Eleitoral, cada mesa receptora de votos deverá ser constituída por seis membros: um presidente, um primeiro e um segundo mesário, dois secretários e um suplente, nomeados pelo juiz eleitoral sessenta dias antes da eleição. Nas eleições 2010, no entanto, o TSE, por meio da Resolução nº 23.218, de 02.03.2010, facultou aos TREs a dispensa do segundo secretário e do suplente.

Não podem ser nomeados para compor mesas receptoras, de acordo com o art. 120 do Código Eleitoral c/c art. 63, § 2º da Lei nº 9.504/97
Candidatos, seus cônjuges e parentes, ainda que por afinidade, até o 2º grau
Membros de diretórios de partidos políticos que exerçam função executiva
Autoridades e agentes policiais, bem como funcionários no desempenho de cargos de confiança do poder executivo
Servidores da Justiça
Eleitores menores de 18 anos de idade quando se tratar de órgão da imprensa escrita.

- O presidente da mesa exercerá, durante o período de votação, o poder de polícia na sua respectiva seção, podendo, para isso requisitar a presença de força policial, se necessário. É o presidente da mesa, assim, durante os trabalhos, a autoridade superior, devendo zelar pela ordem do pleito, com poderes, inclusive para retirar do recinto quem não guardar a devida compostura ou estiver praticando ato atentatório à liberdade eleitoral.
- Nenhuma autoridade estranha à mesa poderá intervir na mesma, sob pretexto algum, salvo o juiz eleitoral. A força Armanda conservar-se-á a cem metros da seção eleitoral e não poderá aproximar-se do local de votação, ou nela penetrar, sem ordem do presidente da mesa.
- Antes do início da votação, deverá ser emitida a zerésima, documento que comprova a ausência de votos depositados previamente na urna eletrônica. Já ao final da mesma, deverá ser preenchida a ata e emitidos os boletins de urna e de justificativas. Dos boletins de urna (BUs) deverão constar as seguintes informações:

Dados constantes dos boletins de urna
a) Data da eleição;
b) identificação da zona eleitoral, município e seção eleitoral;
c) data e horário de encerramento da votação;
d) código de identificação da urna;
e) número de eleitores habilitados a votar;
f) número de eleitores votantes no pleito;
g) votação conferida para cada candidato e cada legenda;
h) quantidade de votos nulos e de votos brancos;
i) soma geral dos votos computados.

- É vedado ao eleitor, no momento da votação, portar aparelho de telefonia celular, máquinas fotográficas e filmadoras, dentro da cabina de votação, a fim de preservar o sigilo do voto, conforme regra estampada no parágrafo único do novo art. 91-A da Lei das Eleições, incluído pela recente reforma eleitoral.
- Com a adoção do sistema eletrônico de votação, tornou-se vedada a possibilidade de voto em trânsito, prevista no Código Eleitoral. Dessa forma, o eleitor passou a ser obrigado a votar, apenas, na seção eleitoral em que esteja alistado (art. 62 da Lei das Eleições).
- Com a recente reforma eleitoral promovida pela Lei nº 12.034/09, entretanto, foi incluído no Código Eleitoral o art. 233-A, dispondo que "aos eleitores em trânsito no território nacional é igualmente assegurado o direito de voto nas eleições para presidente e vice-presidente da república, em urnas especialmente instaladas nas capitais dos estados e na forma regulamentada pelo TSE". Dessa forma, criou-se o instituto do "voto em trânsito nas eleições presidenciais", disciplinado, nas eleições 2010, pela Resolução TSE nº 23.215, de 02 de março de 2010. Previu a citada resolução, no seu artigo 2º, que para votar em trânsito nas eleições presidenciais o eleitor deveria se habilitar em qualquer cartório eleitoral do país, entre 15 de julho e 15 de agosto de 2010, informando a capital de estado brasileiro em que estaria presente no dia da eleição, não sendo admitida a habilitação por procurador. Dessa forma, o eleitor faria uma "transferência provisória" do seu título para as citadas seções especiais, mantendo, no entanto, o domicílio eleitoral.

- Com a publicação da Lei nº. 13.165/15, em 29 de setembro de 2015, a regra do artigo 233-A do Código Eleitoral, criada pela Lei nº. 12.034/09, foi ampliada, permitindo, doravante, o voto em trânsito de eleitores não apenas para as eleições presidenciais, mas também nos pleitos de circunscrição estadual e/ou distrital (governadores, deputados e senadores). Além disso, o eleitor poderá, com as novas regras, a partir de 2018, votar em trânsito se estiver em qualquer município do estado (no caso das eleições com circunscrição estadual) ou do país (no caso das eleições presidenciais) que tenham mais de cem mil eleitores, fato que amplia a possibilidade de utilização do instituto.
- Os membros das Forças Armadas, os integrantes dos órgãos de segurança pública a que se refere o art. 144 da Constituição Federal, bem como os integrantes das guardas municipais mencionados no § 8º do mesmo art. 144, poderão votar em trânsito se estiverem em serviço por ocasião das eleições.

- Estando o eleitor no Brasil, o mesmo poderá justificar sua ausência ao pleito no dia da realização do mesmo ou, se preferir, até 60 dias após, em cartório eleitoral. Para o eleitor que, na data do pleito, se encontrar ausente do país, por sua vez, o prazo para apresentação de justificativa de ausência será de 30 dias, contados do seu retorno ao país. O pedido de justificação será sempre dirigido ao juiz eleitoral da zona da inscrição do eleitor, podendo ser formulado em qualquer zona eleitoral, a qual providenciará sua remessa ao juízo competente.
- Os partidos políticos exercem a fiscalização das eleições, em todas as suas fases, por meio de fiscais e delegados credenciados junto à Justiça Eleitoral. Enquanto o fiscal eleitoral, designado por partidos ou coligações, atua junto às mesas receptoras de votos, no dia da eleição, fiscalizando a votação e mesmo a apuração, apresentando, inclusive, impugnações, os delegados de partido, com atuação mais ampla, representam a agremiação partidária junto à Justiça Eleitoral na defesa dos mais diversos interesses, durante todo o pleito, podendo também atuar no dia da eleição, inclusive apresentando impugnações perante as juntas eleitorais, durante o processo de apuração.
- A diplomação, última fase do processo eleitoral, pode ser entendida, como o ato pelo qual a Justiça Eleitoral, por intermédio de seus órgãos, em solenidade própria, concede aos candidatos eleitos o diploma e o direito de assumirem e exercerem o respectivo mandato eletivo para o qual foram eleitos.
- Os diplomas do presidente e vice-presidente da república eleitos serão expedidos pelo TSE. Já os diplomas dos deputados federais, estaduais, distritais, senadores, respectivos suplentes, governadores de estado e vice-governadores eleitos serão expedidos pelos tribunais regionais eleitorais respectivos. Por fim, os diplomas do prefeito, vice-prefeito e vereadores eleitos, bem como dos suplentes desses, serão expedidos pela Junta Eleitoral competente. O presidente de cada um desses órgãos realizará a diplomação, na esfera da sua respectiva circunscrição eleitoral.
- De acordo com a Constituição Federal de 1988, desde a diplomação, deputados e senadores passam a gozar de prerrogativa de foro, não podendo também ser presos, salvo em flagrante de crime inafiançável. Também desde a diplomação, deputados e senadores não poderão firmar ou manter contrato com pessoa jurídica de direito público, autarquia, empresa pública, sociedade de economia mista ou empresa concessionária de serviço público, salvo quando o contrato obedecer a cláusulas uniformes, bem como aceitar ou exercer cargo, função ou emprego remunerado, inclusive os demissíveis ad nutum, nas entidades citadas. Vale ainda destacar que parlamentar eleito e diplomado para outro cargo poderá continuar a exercer o mandato em curso até a posse novo cargo.
- A nova redação do artigo 8º da lei das eleições, determinada pela lei nº 12.891/13, estabeleceu que as convenções para a escolha de candidatos terão início no dia 12/06 do ano eleitoral, e não mais no dia 10 do mesmo mês, mantida a data de 30/06 como termo final.
- Foi acrescentado, pela lei 12.891/13, o inciso III ao § 8º do artigo 11 da lei nº 9.504/97, estabelecendo que "o parcelamento das multas eleitorais é direito do cidadão, seja ele eleitor ou candidato, e dos partidos políticos, podendo ser parceladas em até 60 (sessenta) meses, desde que não ultrapasse o limite de 10% (dez por cento) de sua renda", norma que, sob um ponto de vista crítico, facilita a prática de atos ilícitos no processo eleitoral, uma vez que ameniza o impacto das penalidades estabelecidas em lei.
- Ao mesmo artigo também foi acrescentado pela minirreforma eleitoral ditada pela lei 12.891/13 o § 13, determinando que a dispensa da apresentação, por parte de candidatos, partidos e coligações, de documentos produzidos a partir de informações detidas pela Justiça Eleitoral, quando da formulação de pedido de registro de candidatura, mudança esta que, certamente, tornará ainda mais ardoroso o trabalho dos ser-

vidores dessa justiça especializada durante o processo de análise de tais pedidos de registro.

- O § 2º do art. 23 da Lei nº 9.504/97 teve a sua redação alterada pela lei nº 12.891/13. De acordo com a nova redação, doações estimáveis em dinheiro a candidato específico, comitê ou partido deverão ser feitas mediante recibo, assinado pelo doador, salvo nas hipóteses de cessão de bens móveis, limitada ao valor de R$ 4.000,00 (quatro mil reais) por pessoa cedente e doações estimáveis em dinheiro entre candidatos, partidos ou comitês financeiros, decorrentes do uso comum tanto de sedes quanto de materiais de propaganda eleitoral, cujo gasto deverá ser registrado na prestação de contas do responsável pelo pagamento da despesa, conforme previsão do novo § 6º do art. 28 da mesma lei, também incluído pela recente reforma de dezembro de 2013.
- Até a publicação da lei nº 12.891/13, o referido § 2º exigia a apresentação de recibo para a comprovação da doação, sem, contudo, a exigência de assinatura do doador.
- O § 4º do art. 28 da Lei nº 9.504/97 sofreu uma pequena alteração na sua redação, decorrente da publicação da lei nº 12.891/13. Anteriormente, as datas de publicação das informações exigíveis no referido dispositivo normativo eram, respectivamente, 06 de agosto e 06 de setembro do ano eleitoral. Agora, tais datas previstas são 08 de agosto e 08 de setembro. Além disso, foi incluído o § 6º ao mesmo artigo, dispondo que ficam dispensadas de comprovação na prestação de contas a cessão de bens móveis, limitada ao valor de R$ 4.000,00 (quatro mil reais) por pessoa cedente; bem como doações estimáveis em dinheiro entre candidatos, partidos ou comitês financeiros, decorrentes do uso comum tanto de sedes quanto de materiais de propaganda eleitoral, cujo gasto deverá ser registrado na prestação de contas do responsável pelo pagamento da despesa.
- O artigo 31 da Lei nº 9.504/97, o qual dispõe sobre a sobra de campanhas, teve sua redação totalmente modificada pela lei nº 12.891/13. De acordo com a redação original, a sobra de recursos financeiros deveria ser declarada na prestação de contas e, após julgados todos os recursos, transferida ao órgão do partido na circunscrição do pleito ou à coligação, para divisão entre os partidos componentes. Dispunha ainda o parágrafo único do referido artigo que as sobras de recursos financeiros de campanha seriam utilizadas pelos partidos políticos, devendo tais valores ser declarados em suas prestações de contas perante a Justiça Eleitoral, com a identificação dos candidatos. Conforme a nova redação, na ocorrência de sobra de campanha, a mesma deverá ser declarada na prestação de contas e, após julgados todos os recursos, transferida ao partido (a norma não se refere mais à coligação), a partir dos seguintes critérios: I – no caso de candidato a Prefeito, Vice-Prefeito e Vereador, esses recursos deverão ser transferidos para o órgão diretivo municipal do partido na cidade onde ocorreu a eleição, o qual será responsável exclusivo pela identificação desses recursos, sua utilização, contabilização e respectiva prestação de contas perante o juízo eleitoral correspondente; II – no caso de candidato a Governador, Vice-Governador, Senador, Deputado Federal e Deputado Estadual ou Distrital, esses recursos deverão ser transferidos para o órgão diretivo regional do partido no Estado onde ocorreu a eleição ou no Distrito Federal, se for o caso, o qual será responsável exclusivo pela identificação desses recursos, sua utilização, contabilização e respectiva prestação de contas perante o Tribunal Regional Eleitoral correspondente; III – no caso de candidato a Presidente e Vice-Presidente da República, esses recursos deverão ser transferidos para o órgão diretivo nacional do partido, o qual será responsável exclusivo pela identificação desses recursos, sua utilização, contabilização e respectiva prestação de contas perante o Tribunal Superior Eleitoral. Por fim, estabelece o novo artigo 31, em seu inciso IV, que "o órgão diretivo nacional do partido não poderá ser responsabilizado nem penalizado pelo descumprimento do disposto neste artigo por parte dos órgãos diretivos municipais e regionais".
- O novo inciso VII do art. 33, com redação dada pela Lei nº 12.891/13, passou a exigir a apresentação de nota fiscal pelo serviço de pesquisa prestado. Além disso, o § 5º, incluído pela nova lei, passou a proibir a realização de enquetes (sem obediência aos ditames legais relativos às pesquisas) relacionadas ao processo eleitoral durante o período de campanha.
- O artigo 65 da Lei das Eleições passou a contar com um novo parágrafo, o § 4º, a partir da minirreforma eleitoral de dezembro de 2013. De acordo com o novo dispositivo legal, cada partido ou coligação poderá credenciar no máximo dois fiscais por seção eleitoral, a fim de realizar o acompanhamento da votação.
- A minirreforma eleitoral de dezembro de 2013 buscou incentivar uma maior participação feminina na política, ao criar o artigo 93-A da Lei nº 9.504/97. De acordo com o novo dispositivo, "o Tribunal Superior Eleitoral (TSE), no período compreendido entre 1º de março e 30 de junho dos anos eleitorais, em tempo igual ao disposto no art. 93 desta Lei, poderá promover propaganda

institucional, em rádio e televisão, destinada a incentivar a igualdade de gênero e a participação feminina na política".

- O artigo 100-A da Lei das Eleições foi criado pela minirreforma eleitoral de dezembro de 2013, através da lei nº 12.891/13, a fim de regulamentar uma prática muito comum e até então ignorada pela legislação eleitoral: a contratação dos chamados "cabos eleitorais", pessoas que trabalham, de forma gratuita ou onerosa, em campanhas eleitorais de candidatos, coligações ou partidos. As novas normas determinam, primeiramente, limites ao número de cabos eleitorais em campanhas: para candidatos a prefeito, um por cento do eleitorado por candidato em municípios com até trinta mil eleitorais e 0,1%, também por candidato, em municípios com maior número de eleitores, bem como no Distrito Federal. Além disso, o novo artigo de lei estabelece limites ao número de contratados nas eleições para presidente da república e senadores (em cada estado, o número estabelecido para o município com o maior número de eleitores); governador de estado ou do DF (dobro do limite estabelecido para o Município com o maior número de eleitores, e, no Distrito Federal, até 0,2% do eleitorado); deputado federal (na circunscrição, 70% do limite estabelecido para o Município com o maior número de eleitores, e, no Distrito Federal, esse mesmo percentual aplicado sobre o limite calculado sob a base de 0,1% do eleitorado, considerado o eleitorado da maior região administrativa); deputado estadual ou distrital (na circunscrição, 50% do limite estabelecido para Deputados Federais); e vereadores (50% do número de contratados pelos candidatos a prefeito, observado o limite de 80% do número máximo permitido para contratação de cabos eleitorais de candidatos e deputado estadual). Os candidatos aos cargos de vice ou suplente seguem os limites dos titulares, tendo em vista a unicidade das candidaturas. Na prestação de contas, os candidatos passaram a ser obrigados a discriminar nominalmente as pessoas contratadas, com indicação de seus respectivos números de inscrição no Cadastro de Pessoas Físicas (CPF). São excluídos dos limites fixados pela lei a militância não remunerada, pessoal contratado para apoio administrativo e operacional, fiscais e delegados credenciados para trabalhar nas eleições e os advogados dos candidatos ou dos partidos e coligações. O descumprimento das normas do artigo 100-A configura crime sujeito às penas previstas no artigo 299 do Código Eleitoral (corrupção eleitoral).

- A partir das eleições de 2018, será instituída a impressão do voto. No processo de votação eletrônica, a urna imprimirá o registro de cada voto, que será depositado, de forma automática e sem contato manual do eleitor, em local previamente lacrado.

12. CONDUTAS VEDADAS EM CAMPANHAS ELEITORAIS E ABUSO DE PODER.

- O abuso de poder nas eleições (que inicia-se, muitas vezes, antes do período destinado à propaganda eleitoral) verifica-se com a ocorrência de práticas que venham a desestabilizar a normalidade e a legitimidade do processo democrático, de modo a favorecer interesses de determinados candidatos em desfavor de outros, comprometendo a suprema expressão da vontade popular.
- O abuso do poder político é observado quando o detentor do poder, na órbita do Poder Executivo, principalmente, mas também no âmbito do Legislativo, valendo-se de sua condição, age com abuso de autoridade, prejudicando a liberdade do voto. Configura abuso de poder político, por exemplo, a prática de atos de improbidade administrativa com potencial para afetar a normalidade de um pleito e o uso indevido de propaganda institucional durante o período eleitoral de forma a violar o princípio da impessoalidade dos atos da administração pública.
- O abuso do poder econômico, por sua vez, verifica-se quando candidato utiliza-se de recursos financeiros vedados, ou acima dos limites permitidos pela legislação, de forma a provocar desequilíbrio no pleito.
- O art. 73, em especial, e os seguintes da Lei das Eleições elencam uma série de condutas vedadas aos agentes públicos em campanhas eleitorais, visando a preservar a normalidade e a legitimidade dos processos eleitorais. Reputa-se agente público, para os fins dos referidos artigos, "quem exerce, ainda que transitoriamente ou sem remuneração, por eleição, nomeação, designação, contratação ou qualquer outra forma de investidura ou vínculo, mandato, cargo, emprego ou função nos órgãos ou entidades da administração pública direta, indireta, ou fundacional" (art. 73, § 1º da Lei nº 9.504/97).
- De acordo com o disposto no art. 76 da Lei das Eleições, o ressarcimento das despesas com o uso de transporte oficial pelo presidente da república e sua comitiva em campanha eleitoral será de responsabilidade do partido político ou coligação a que o mesmo esteja vinculado, tendo como base o tipo de transporte usado e a respectiva tarifa de mercado cobrada no trecho correspondente, ressalvado o uso do avião presidencial, cujo ressarcimento corresponderá ao aluguel de uma aeronave de propulsão a jato do tipo táxi aéreo.

- Não existem óbices à nomeação de pessoas para cargos do Poder Judiciário, do Ministério Público, dos tribunais ou conselhos de contas e dos órgãos da Presidência da República durante o período eleitoral.
- É válida a nomeação de servidores públicos aprovados em concursos que tenham sido homologados até três meses antes das eleições, em qualquer esfera do Poder. Da mesma forma, é lícita a nomeação ou exoneração de cargos em comissão e designação ou dispensa de funções de confiança, mesmo no âmbito dos poderes Executivo e Legislativo.
- É vedado aos agentes públicos, nos três meses anteriores ao pleito, com exceção da propaganda de produtos e serviços que tenham concorrência no mercado, autorizar publicidade institucional dos atos, programas, obras, serviços e campanhas dos órgãos públicos federais, estaduais ou municipais, ou das respectivas entidades da administração indireta, salvo em caso de grave e urgente necessidade pública, assim reconhecida pela Justiça Eleitoral.
- Estabelece **o inciso VII do art. 73 da Lei das Eleições, com redação estipulada pela Lei nº. 13.165/15,** vedação à realização, no primeiro semestre do ano de eleição, de **despesas com publicidade dos órgãos públicos** federais, estaduais ou municipais, ou das respectivas entidades da administração indireta, **que excedam a média dos gastos no primeiro semestre dos três últimos anos que antecedem o pleito.** O novo inciso VII do art. 73 modifica a regra de limitação de despesas com publicidade no ano eleitoral, a qual, doravante, só será aplicada no primeiro semestre do ano eleitoral, ao contrário do que ocorria até as eleições de 2014, quando tal vedação atingia todo o ano da eleição.
- De acordo com o inciso VIII do art. 73 da Lei das Eleições, é vedada a realização, na circunscrição do pleito, de revisão geral da remuneração dos servidores públicos que exceda a recomposição da perda de seu poder aquisitivo ao longo do ano da eleição, a partir do início do período de convenções partidárias (10 de junho do ano eleitoral) até a posse dos eleitos. Considera-se revisão geral da remuneração dos servidores o aumento concedido em razão do poder aquisitivo da moeda e que não tem por objetivo corrigir situações de injustiça ou de necessidade de revalorização profissional de carreiras específica (Res. 21.296, de 12.11.02, do TSE, RJTSE v. 14, t. 1).
- De acordo com o art. 75 da Lei das Eleições (caput e parágrafo único), é vedada, nos três meses que antecederem as eleições, a contratação de shows artísticos, pagos com recursos públicos, para animar inaugurações realizadas nos três meses anteriores à eleição. O descumprimento desta norma acarreta a suspensão imediata da conduta, além da cassação do registro ou diploma do candidato beneficiado.
- É proibido a qualquer candidato comparecer, nos 3 (três) meses que precedem o pleito, a inaugurações de obras públicas.
- Constitui captação de sufrágio o candidato doar, oferecer, prometer, ou entregar, ao eleitor, com o fim de obter-lhe o voto, bem ou vantagem pessoal de qualquer natureza, inclusive emprego ou função pública, desde o registro da candidatura até o dia da eleição, inclusive, sob pena de multa de mil a cinqüenta mil UFIR, e cassação do registro ou do diploma. A lei eleitoral pune aquele candidato que busca aliciar o eleitor, desde o registro da candidatura até o dia da eleição, oferecendo-lhe vantagem indevida em troca do voto. Neste sentido, a mera insinuação do eleitor, sem a complacência do candidato, de busca de vantagem indevida não caracteriza a captação ilícita de sufrágio. É necessário que o candidato sucumba à insinuação do eleitor ou tome, por si só, a iniciativa de aliciá-lo.
- Nenhum veículo ou embarcação poderá fazer transporte de eleitores desde o dia anterior até o posterior à eleição, salvo aqueles a serviço da Justiça Eleitoral, os veículos coletivos de linhas regulares e não fretados, os de uso individual do proprietário, para o exercício do próprio voto e dos membros de sua família, bem como os veículos de aluguel de serviço normal, sem finalidade eleitoral (carro alugado por eleitor para o seu próprio transporte e de seus familiares, serviços de táxi, mototáxi etc.).
- Somente a Justiça Eleitoral poderá, quando imprescindível, em face da absoluta carência de recursos de eleitores da zona rural, fornecer-lhes refeições, correndo, nesta hipótese, as despesas por conta do Fundo Partidário.

13. AÇÕES E RECURSOS ELEITORAIS.

13.1. AÇÕES ELEITORAIS

- A Ação de Impugnação de Registro de Candidaturas (AIRC) é instrumento hábil a impedir que candidato escolhido em convenção partidária seja registrado, em virtude do não atendimento de algum requisito legal ou constitucional, a exemplo da ausência de uma ou mais condições de elegibilidade, a presença de uma causa de inelegibilidade ou mesmo a não apresentação de algum documento indispensável ao pedido de registro de candidatura previsto no art. 11, § 1º da lei nº 9.504/97 (as chamadas "condições de procedibilidade do registro"). Encontra a AIRC previsão legal nos artigos 3º a 17 da LC 64/90.

- Poderá a autoridade judicial competente para o registro de candidatura indeferir o pedido de registro ex officio, em caso de ausência de uma condição de procedibilidade do registro. Não havendo tal espécie de indeferimento, qualquer candidato, partido político, coligação ou o Ministério Público Eleitoral terá legitimidade ativa para a propositura da AIRC.
- Os legitimados passivos para a AIRC são pré-candidatos que tenham incorrido em uma das causas de inelegibilidade ou que não tenham cumprido as condições de elegibilidade e as condições de procedibilidade do registro.
- O prazo para a interposição da AIRC, decadencial e improrrogável, é de 05 dias, contados da publicação do registro do candidato. Vale destacar, neste sentido, que há preclusão da matéria não impugnada em tempo hábil, em sede de AIRC, salvo se cuidar de matéria constitucional, quando a inelegibilidade poderá ser argüida posteriormente, inclusive em sede de Recurso Contra a Diplomação (RCD).
- A competência para o processamento e julgamento da AIRC é determinada pelo cargo pleiteado pelo pré-candidato com pedido de registro de candidatura impugnado, nos seguintes termos:

Órgãos da Justiça Eleitoral competentes originariamente para o processamento e julgamento da AIRC	
Juízes eleitorais	Impugnação de pedido de registro de candidatos a prefeito, vice-prefeito e vereador.
Tribunais regionais eleitorais	Impugnação de pedido de registro de candidatos a governador e vice-governador de estados e do DF, deputados federais, estaduais e distritais, senadores e suplentes de senadores (não existe candidato a suplente de deputado, como já observado no capítulo II desta obra, referente aos sistemas eleitorais).
Tribunal Superior Eleitoral	Impugnação de pedido de registro de candidatos a presidente e vice-presidente da república.

- O procedimento aplicável à AIRC estão previstos nos artigos 3º a 17 da Lei Complementar nº 64/90.
- De acordo com previsão expressa no artigo 16 da LC 64/90, os prazos da AIRC são peremptórios e contínuos, correndo em cartório ou secretaria, não se suspendendo aos sábados, domingos e feriados, a partir da data do encerramento do prazo legal para pedido de registro de candidatos (dia 15 de agosto do ano eleitoral).
- Qualquer partido político, coligação, candidato ou Ministério Público Eleitoral poderá representar à Justiça Eleitoral, diretamente ao Corregedor-Geral ou Regional, relatando fatos e indicando provas, indícios e circunstâncias e pedir abertura de investigação judicial para apurar uso indevido, desvio ou abuso do poder econômico ou do poder de autoridade, ou utilização indevida de veículos ou meios de comunicação social, em benefício de candidato ou de partido político.
- a AIJE tem por finalidade a apuração de abuso de poder político ou econômico cuja gravidade influa na normalidade e legitimidade do exercício do poder de sufrágio popular, bem como para a apuração de condutas em desacordo com as normas da lei nº 9.504/97 relativas à arrecadação e gastos de recursos (art. 30-A) e a doações de pessoas físicas ou jurídicas acima dos limites legais (art. 81).
- Vale destacar, quanto ao objeto da AIJE, que até meados de 2010, quando foi promulgada a LC 135/10 (Lei do Ficha Limpa), a qual alterou, em diversos pontos, a Lei das Inelegibilidades, era prevalente o entendimento segundo o qual o ato praticado caracterizador de abuso de poder econômico ou político, objeto da investigação eleitoral, teria que ter potencialidade para alterar o resultado da eleição. Com a promulgação da LC 135/10, foi acrescido ao art. 22 da LC 64/90 o inciso XVI, dispondo que "para a configuração do ato abusivo, não será considerada a potencialidade de o fato alterar o resultado da eleição, mas apenas a gravidade das circunstâncias que o caracterizam".
- Os mesmos legitimados ativos para a AIRC têm legitimidade para a propositura da AIJE. Vale lembrar mais uma vez, neste sentido, que partido político coligado não tem interesse de agir para a propositura de ações eleitorais enquanto perdurar a coligação, salvo quando estiver contestando a própria validade da mesma (Ac.-TSE nos 25.015/2005 e 24.982/2005).
- O Tribunal Superior Eleitoral tem firmado entendimento no sentido de que é possível o ajuizamento de AIJE mesmo antes de iniciado o período eleitoral (Ac.-TSE, de 17.4.2008, no RO nº 1.530). Quanto ao termo final para a propositura da AIJE, o TSE, por sua vez, tem entendido reiteradamente que o mesmo se dá com o ato de diplomação dos eleitos, operando a decadência, após este prazo (TSE, REsp's nos 15.263 e 12.531 e Ac. nº 15.099).
- Como se afere a partir da leitura do caput do artigo 22 da LC 64/90, o oferecimento da AIJE

deverá ser feito junto ao Corregedor-Geral Eleitoral, quando se tratar de eleição para presidente e vice-presidente da república; e junto ao Corregedor-Regional Eleitoral, quando se tratar de eleição para governador e vice-governador dos estados ou DF; senadores e suplentes; deputados federais, estaduais e distritais. Nas eleições municipais, de acordo com previsão expressa no art. 24 da LC 64/90, o juiz eleitoral será competente para processar e julgar a AIJE, cabendo ao mesmo as funções atribuídas aos corregedores geral e regional previstas nos incisos I a XV do art. 22.

- **O procedimento da AIJE está previsto nos incisos I a XIII do art. 22 da LC 64/90, conforme quadro a seguir:**

Procedimento adotado na AIJE (Art. 22 da LC 64/90)
Art. 22. Qualquer partido político, coligação, candidato ou Ministério Público Eleitoral poderá representar à Justiça Eleitoral, diretamente ao Corregedor-Geral ou Regional, relatando fatos e indicando provas, indícios e circunstâncias e pedir abertura de investigação judicial para apurar uso indevido, desvio ou abuso do poder econômico ou do poder de autoridade, ou utilização indevida de veículos ou meios de comunicação social, em benefício de candidato ou de partido político, obedecido o seguinte rito:
I – o Corregedor, que terá as mesmas atribuições do Relator em processos judiciais, ao despachar a inicial, adotará as seguintes providências:
a) ordenará que se notifique o representado do conteúdo da petição, entregando-se-lhe a segunda via apresentada pelo representante com as cópias dos documentos, a fim de que, no prazo de 5 (cinco) dias, ofereça ampla defesa, juntada de documentos e rol de testemunhas, se cabível;
b) determinará que se suspenda o ato que deu motivo à representação, quando for relevante o fundamento e do ato impugnado puder resultar a ineficiência da medida, caso seja julgada procedente;
c) indeferirá desde logo a inicial, quando não for caso de representação ou lhe faltar algum requisito desta Lei Complementar;
II – no caso do Corregedor indeferir a reclamação ou representação, ou retardar-lhe a solução, poderá o interessado renová-la perante o Tribunal, que resolverá dentro de 24 (vinte e quatro) horas;
IV – feita a notificação, a Secretaria do Tribunal juntará aos autos cópia autêntica do ofício endereçado ao representado, bem como a prova da entrega ou da sua recusa em aceitá-la ou dar recibo;

Procedimento adotado na AIJE (Art. 22 da LC 64/90)
V – findo o prazo da notificação, com ou sem defesa, abrir-se-á prazo de 5 (cinco) dias para inquirição, em uma só assentada, de testemunhas arroladas pelo representante e pelo representado, até o máximo de 6 (seis) para cada um, as quais comparecerão independentemente de intimação;
VI – nos 3 (três) dias subsequentes, o Corregedor procederá a todas as diligências que determinar, ex officio ou a requerimento das partes;
VII – no prazo da alínea anterior, o Corregedor poderá ouvir terceiros, referidos pelas partes, ou testemunhas, como conhecedores dos fatos e circunstâncias que possam influir na decisão do feito;
VIII – quando qualquer documento necessário à formação da prova se achar em poder de terceiro, inclusive estabelecimento de crédito, oficial ou privado, o Corregedor poderá, ainda, no mesmo prazo, ordenar o respectivo depósito ou requisitar cópias;
IX – se o terceiro, sem justa causa, não exibir o documento, ou não comparecer a Juízo, o Juiz poderá expedir contra ele mandado de prisão e instaurar processo por crime de desobediência;
X – encerrado o prazo da dilação probatória, as partes, inclusive o Ministério Público, poderão apresentar alegações no prazo comum de 2 (dois) dias;
XI – terminado o prazo para alegações, os autos serão conclusos ao Corregedor, no dia imediato, para apresentação de relatório conclusivo sobre o que houver sido apurado;
XII – o relatório do Corregedor, que será assentado em 3 (três) dias, e os autos da representação serão encaminhados ao Tribunal competente, no dia imediato, com pedido de inclusão incontinenti do feito em pauta, para julgamento na primeira sessão subseqüente;
XIII – no Tribunal, o Procurador-Geral ou Regional Eleitoral terá vista dos autos por 48 (quarenta e oito) horas, para se pronunciar sobre as imputações e conclusões do relatório.

- Até a publicação da Lei do Ficha Limpa, a sanção de inelegibilidade perdurava pelo prazo de 03 anos, e não de 08 anos. O TSE então, através da súmula nº 19, firmou entendimento no sentido de que "o prazo de inelegibilidade de três anos, por abuso de poder econômico ou político, é contado a partir da data da eleição em que se verificou". Por analogia, podemos entender que a súmula nº 19 citada continua válida, apenas sendo alterado o prazo de inelegibilidade de três para oito anos, conforme nova previsão normativa.

- Uma grande inovação foi estabelecida pela nova redação do inciso XIV do art. 22, citada: a possibilidade de cassação do diploma de candidato eleito em sede de AIJE. Até a publicação da LC 135/10, prevalecia o entendimento, derivado da antiga redação do referido dispositivo legal, segundo o qual não seria possível a perda do diploma de candidato condenado por AIJE após a diplomação, o que tornava a referida ação ineficaz, quanto a esta questão. Para a cassação do diploma, era necessária a utilização de outra via processual, a exemplo da Ação de Impugnação de Mandato Eletivo ou mesmo o Recurso Contra a Diplomação. Agora, a própria AIJE já serve a esta finalidade.
- A Ação de Impugnação de Mandato Eletivo (AIME), com previsão no artigo 14, § § 10 e 11 da Constituição, tem por objeto o combate ao abuso de poder econômico, da corrupção e da fraude eleitoral.
- A competência para o processamento e julgamento da AIME é aquela fixada de acordo com a regra do artigo 2º da LC 64/90. Assim, nas eleições municipais, será competente para processar e julgar a AIME os juízes eleitorais. Nas eleições para governador e vice-governador do DF, deputados das mais diversas esferas e senadores, será competente para processar e julgar a AIME os tribunais regionais eleitorais. Já nas eleições presidenciais, a referida competência será do TSE.
- A AIME tramitará em segredo de justiça, mas o seu julgamento deverá ser público (Ac. TSE nº 4.318). Prevalecerá, para a AIME, a gratuidade, salvo comprovada litigância de má-fé.
- O procedimento a ser adotado no processamento e julgamento da AIME, durante muito tempo, foi objeto de grandes divergências doutrinárias e jurisprudenciais entre aqueles que defendiam a aplicação do rito comum ordinário, previsto no Código de Processo Civil, e aqueles que pugnavam pela utilização do rito mais célere preconizado pela LC 64/90. Em 2004, o TSE finalmente pôs fim à polêmica, determinando, através da Resolução nº 21.634, que o rito aplicável à AIME é o previsto na LC 64/90, referente à AIRC.
- O Tribunal Superior Eleitoral já firmou entendimento de que não existe litispendência entre AIJE, AIME e Recurso Contra a Diplomação, umas vez que os objetivos seriam distintos para cada um dos referidos institutos (Neste sentido, Acs. TSE nos 4.203, 21.218 e 35.923).
- Estabelece o artigo 96 da Lei das Eleições o rito processual das reclamações relativas ao descumprimento da referida lei, em especial no que tange ao desrespeito às normas previstas para a propaganda eleitoral.
- De acordo com o caput do artigo 96 referido, salvo disposições específicas em contrário, as reclamações ou representações relativas ao descumprimento da Lei das Eleições podem ser feitas por qualquer partido político, coligação ou candidato.
- Para a caracterização da captação ilícita de sufrágio ensejadora da representação prevista no art. 41-A da Lei das Eleições, não é necessária a potencialidade lesiva. A violação da liberdade de voto de um único eleitor já caracteriza o ilícito, não sendo necessária, portanto, potencialidade capaz de gerar desequilíbrio nas eleições.
- Dispõe o art. 30-A da lei nº 9.504/97 que "qualquer partido político ou coligação poderá representar à Justiça Eleitoral, no prazo de 15 (quinze) dias da diplomação, relatando fatos e indicando provas, e pedir a abertura de investigação judicial para apurar condutas em desacordo com as normas desta Lei, relativas à arrecadação e gastos de recursos".
- O Recurso Contra a Diplomação é um meio jurídico previsto no art. 262 do Código Eleitoral que tem como objetivo a decretação da inelegibilidade ou incompatibilidade de candidato diplomado quando, depois do deferimento do registro e antes da diplomação aparecer uma inelegibilidade superveniente; ou quando, também depois do registro e antes da diplomação, for percebida a existência de uma inelegibilidade prevista na Constituição Federal e não arguida em sede de AIRC. Não há, nestes casos, preclusão, uma vez que, no primeiro caso, o fato é superveniente ao registro do candidato e, no segundo, mesmo o fato sendo anterior ao registro, a matéria é de ordem constitucional, podendo ser argüida após o fim do prazo estipulado para a propositura da AIRC.
- Ainda persiste, no TSE, uma discussão acerca da possibilidade ou não de cabimento do RCD frente a discussões acerca de condições de elegibilidade ou, tão somente, frente às hipóteses de inelegibilidade, excluindo aquelas outras (ou seja, existe uma corrente que entende que a expressão "inelegibilidade" deve ser interpretada de forma restritiva, excluindo as condições de elegibilidade, e outra corrente que defende o contrário). Percebe-se, hoje, uma tendência, ainda tímida, de aceitação de um objeto mais amplo da RCD, que abarque também a análise das condições de elegibilidade, e não apenas das causas de inelegibilidade (neste sentido, Ac. TSE nº 14.992/MA, Rel. Min. Nilson Naves, DJ de 21.11.1997). Por outro lado, o TSE já firmou entendimento no sentido de que não cabe RCD para o combate às condutas vedadas nos arts. 73 a 77 e 30-A da Lei das Eleições.

Hipóteses de cabimento do RCD:	Decretação da inelegibilidade ou incompatibilidade de candidato diplomado (causa superveniente ao registro ou inelegibilidade constitucional não arguida anteriormente).
	Errônea interpretação da lei quanto à aplicação de sistema de representação proporcional; bem como erro de direito ou de fato na apuração final quanto à determinação do quociente eleitoral ou partidário, contagem de votos e classificação de candidato, ou a sua contemplação sob determinada legenda.
	Concessão ou denegação de diploma em manifesta contradição com a prova dos autos, nas hipóteses do art. 222 do Código Eleitoral e do art. 41-A da Lei nº 9.504/97.

- São legitimados ativamente para a propositura do Recurso Contra a Diplomação os partidos políticos, os candidatos que tenham concorrido ao pleito. Vale destacar, neste sentido que o TSE tem defendido que somente candidato que possa ser diretamente beneficiado pelo provimento do RCD tem legitimidade para a propositura do mesmo (Ac. TSE nº 592/1999).
- No que se refere às coligações partidárias, persiste também uma discussão doutrinária acerca da legitimidade ativa das mesmas para a propositura do RCD, uma vez que o prazo para a sua interposição, como será destacado, começa a contar da diplomação, última fase do processo eleitoral, após a qual a coligação perde a sua existência jurídica. O TSE, entretanto, tem entendido que "a coligação partidária tem legitimidade concorrente com os partidos políticos e candidatos para a interposição de recurso contra expedição de diploma" (Neste sentido, Acs. TSE nºs 643/2004, 647/2004 e 652/2004).
- O artigo 262 do Código Eleitoral, o qual disciplina juridicamente o Recurso Contra a Diplomação, foi totalmente modificado pela Lei nº 12.891/13, passando a contar com nova redação do seu caput, bem como com a revogação dos seus quatro incisos. Com a nova redação, o referido artigo passou a dispor que o RCD é, doravante, cabível somente nos casos de inelegibilidade superveniente ou de natureza constitucional e de falta de condição de elegibilidade, não sendo mais apropriado, portanto, para a correção de erro de direito ou de fato na apuração final, errônea interpretação da lei quanto à aplicação do sistema proporcional ou mesmo concessão ou denegação de diploma em manifesta contradição com a prova nos autos, nas hipóteses do art. 222 do Código Eleitoral e do artigo 41-A da Lei das Eleições. A nova redação também abraçou uma tendência jurisprudencial do TSE quanto à possibilidade jurídica de utilização do RCD na análise das condições de elegibilidade, e não apenas nas causas de inelegibilidade, como ocorria tradicionalmente. Tendo em vista que a publicação da citada lei reformadora ocorreu a menos de um ano das eleições gerais de 2014, resta a dúvida, a ser dirimida pela Justiça Eleitoral, acerca da aplicabilidade ou não da indicada mudança legislativa no referido pleito.
  - A Lei nº. 13.165/15 criou, na Lei das Eleições, o art. 96-B, que, no seu § 3º, impede o conhecimento de ação nova que verse sobre o mesmo fato apreciado em outra ação, transitada em julgado, mesmo que a ação seja de natureza diversa, tendo em vista a ausência de qualquer exceção desta espécie, no novo texto normativo, fato que pode gerar grandes polêmicas.

13.2. RECURSOS ELEITORAIS.

- O recurso diferencia-se da impugnação, ato de oposição, de contradição, de refutação comum no âmbito do Direito Eleitoral e nas mais diversas fases do processo eleitoral. De forma geral a impugnação, que poderá ser verbal ou escrita, serve como pressuposto para evitar-se a preclusão. A impugnação serve, muitas vezes, como ato preparatório para um recurso (exemplo, impugnação de identidade do eleitor que ainda vai votar, no ato da votação). Recurso contra apuração, neste diapasão, só é admitido se tiver ocorrido prévia impugnação perante a junta apuradora. Do julgamento da impugnação cabe recurso quanto ao seu resultado.
- Algumas generalidades acerca dos recursos eleitorais merecem ser destacadas, conforme tabela abaixo:

Questões gerais de relevância quanto aos recursos eleitorais
a) **Os recursos, em regra, não têm efeito suspensivo**, conforme regra prevista no artigo 257 do CE. Regra não abrange o RCD (que tem natureza jurídica de ação, como visto) conforme previsão do art. 216 do CE. Também a decretação de inelegibilidade, conforme previsão do art. 15 da LC 64/90, só produz efeitos após o trânsito em julgado de sentença, o que, dessa forma, determina o efeito suspensivo dos recursos interpostos contra decisões que acarretem tal sanção (vale ressaltar, neste sentido, que ações outras que não visam à decretação da inelegibilidade, mas, tão somente, a cassação do registro ou diploma do candidato, a exemplo da Ação por Captação Ilícita de Sufrágio, não admitem efeito suspensivo das decisões proferidas, em sede recursal). Vale destacar que o artigo 257 do Código Eleitoral, relativo aos recursos eleitorais e seus efeitos, também sofreu importante alteração. O novo §2º do referido artigo de lei, incluído pela reforma de setembro de 2015, inverteu a regra dos efeitos recursais no âmbito

Questões gerais de relevância quanto aos recursos eleitorais
eleitoral, em matéria relativa a cassação de registro de candidatura, afastamento de titular de mandato ou perda do mandato eletivo. Doravante, o recurso ordinário interposto contra decisão proferida por juiz eleitoral ou por Tribunal Regional Eleitoral que resulte em cassação de registro, afastamento do titular ou perda de mandato eletivo será recebido pelo Tribunal competente com efeito suspensivo, e não apenas o efeito devolutivo, como ocorria até então. Desta forma, buscar-se-á evitar uma realidade muito observada na prática eleitoral, o troca-troca intenso de exercício da titularidade de mandatos, especialmente os executivos, no curso de processos eleitorais que tenham o condão de afastar o mandatário do seu posto, realidade, muitas vezes, prejudicial ao interesse público, por gerar descontinuidades administrativas.
b) Os prazos para a interposição de recursos eleitorais, em regra, são de três dias, contados da data da publicação do acórdão, sentença, ato, resolução ou despacho, salvo disposição em contrário. Vale destacar, neste sentido, que de acordo com o TSE, em se tratando de representação fundada no art. 96 da lei nº. 9.504/97, os prazos processuais serão contínuos e ininterruptos, desde o fim do prazo de solicitação de registro de candidaturas (15 de agosto do ano eleitoral, conforme disposto pela Lei nº. 13.165/15) até a data da diplomação dos eleitos, incluindo-se fins de semana e feriados na contabilidade dos dias úteis. (Ac. TSE nº. 4.856, de 24.11.2005, Rel. Min. Humberto Gomes de Bastos). Ainda sobre os prazos no processo eleitoral, é de se ressaltar que a nova regra geral de contagem dos prazos, estabelecida pelo CPC/2015 estabelece que a tal contagem deverá ocorrer nos dias úteis, como regra geral.
c) Nas decisões finais em processo de apuração de crime eleitoral de que resulte condenação ou absolvição (art. 362 do CE), o prazo recursal será de 10 dias (conferir, neste sentido, art. XIV desta obra).
d) Prevalece a irrecorribilidade das decisões que emanam do TSE, ressalvadas as que contrariarem a CF, denegatórias de HC ou MS, das quais caberá recurso ordinário para o STF, interposto em três dias (art. 281 do CE).
e) Os prazos para interposição de recursos são preclusivos, salvo quando nestes se discuta matéria constitucional. O recurso em que se discutir matéria constitucional não poderá ser interposto fora do prazo. Perdido o prazo na fase própria, só em outra poderá ser interposto (CE, art. 259 e parag. Único).
f) As partes deverão ser sempre representadas por advogados, sob pena de defeito de representação (Res. TSE 16.724). É possível a sustentação oral nos Tribunais.
g) De forma geral, são irrecorríveis em separado as decisões interlocutórias, as quais deverão ser atacadas quando do recurso contra a decisão final. Exceções, entretanto, existem, a exemplo da prevista no art. 279 do Código Eleitoral, o qual prevê a interposição de agravo de instrumento quando não conhecido o recurso especial pelo TRE.
h) Os recursos eleitorais são gratuitos, não existindo preparo (neste sentido, Ac. TSE nº. 2.721, de 08.05.2001, relatado pelo Ministro Walter Costa Porto).

- Das decisões das juntas eleitorais cabe o chamado recurso parcial, interposto diante do julgamento de eventuais impugnações às urnas, cédulas e votos durante o processo de apuração das eleições. Tais impugnações, apresentadas por fiscais e delegados de partidos, além de candidatos, deverão ser decididas de plano pela Junta, de acordo com o disposto no artigo 169 do Código Eleitoral.
- Além do recurso parcial, prevê o artigo 265 do Código Eleitoral que "dos atos, resoluções ou despachos dos Juízes ou Juntas Eleitorais caberá recurso para o Tribunal Regional". É o conhecido "recurso inominado", processado da mesma forma que o recurso parcial.
- De decisão de juiz eleitoral caberá também recurso inominado, contra sentença proferida em todas em ações processuais de primeira instância, nos termos previstos nos artigos 266 e 267 do Código Eleitoral, através de petição fundamentada.
- São admissíveis embargos de declaração nas hipóteses previstas no Código de Processo Civil (art. 275 do Código Eleitoral, com redação dada pelo novo CPC) Os embargos de declaração serão opostos no prazo de 3 (três) dias, contado da data de publicação da decisão embargada, em petição dirigida ao juiz ou relator, com a indicação do ponto que lhes deu causa. Os embargos de declaração não estão sujeitos a preparo. O juiz julgará os embargos em 5 (cinco) dias. Nos tribunais, o relator apresentará os embargos em mesa na sessão subsequente, proferindo voto; não havendo julgamento na sessão referida no inciso I, será o recurso incluído em pauta; vencido o relator, outro será designado para lavrar o acórdão. Os embargos de declaração interrompem o prazo para a interposição de recurso. Quando manifestamente protelatórios os embargos de declaração, o juiz ou o tribunal, em decisão fundamentada, condenará o embar-

gante a pagar ao embargado multa não excedente a 2 (dois) salários-mínimos. Na reiteração de embargos de declaração manifestamente protelatórios, a multa será elevada a até 10 (dez) salários-mínimos.

- Ainda no que se refere aos recursos interpostos de decisões de juízes eleitorais, prevê o artigo 362 do Código Eleitoral a doutrinariamente chamada "apelação criminal", em sede de crimes eleitorais, cujo prazo de ajuizamento e oferecimento de razões é de 10 dias a contar da publicação da decisão. Esse recurso possui efeito suspensivo.
- São seis as espécies de recursos cabíveis contra decisões proferidas pelos tribunais regionais eleitorais: o recurso parcial; embargos de declaração; recurso ordinário; recurso especial eleitoral; agravo de instrumento eleitoral; e agravo regimental.
- O prazo para a interposição do recurso ordinário das decisões dos tribunais regionais eleitorais será de 03 dias, a contar da publicação da decisão denegatória de habeas corpus, habeas data, mandado de injunção ou mandado de segurança, ou declaratória de perda mandato eletivo; ou da seção de diplomação, quando a matéria versar sobre expedição de diplomas nas eleições estaduais ou federais.
- O recurso especial de decisões de TREs, por outro lado, tem previsão no inciso I do artigo 276, e poderá ser interposto diante de decisões proferidas contra expressa disposição legal ou quando ocorrer divergência na interpretação de lei entre dois ou mais Tribunais Eleitorais. O prazo para a sua interposição também será de 03 dias, a contar da publicação da decisão, salvo quando se tratar de recurso especial contra decisão do juiz auxiliar em pedido de direito de resposta, quando o prazo será então de 24 horas (Ac. TSE nº 27.839, de 06.03.2007).
- Caberá agravo de instrumento eleitoral, dirigido ao TSE no prazo de três dias, quando não for recebido o recurso especial, objetivando a sua subida. Do recurso deverá constar a exposição dos fatos e do direito; as razões do pedido de reforma da decisão, bem como a indicação das peças a serem trasladadas, sendo peças obrigatórias para o traslado a decisão recorrida e a certidão da sua intimação. O recorrido, por sua vez, deverá ser intimado a, também no prazo de três dias, apresentar suas contra-razões e indicar peças a serem trasladadas para a formação do instrumento. Decorrido tal prazo, o instrumento deverá ser encaminhado ao TSE. O presidente do TRE não poderá negar seguimento ao agravo, ainda que interposto fora do prazo legal (art. 279, § 5º do Código Eleitoral).
- Caberá agravo regimental, na forma do art. 264 do Código Eleitoral, no prazo de três dias, de atos, resoluções ou despachos proferidos por presidente de TRE para o pleno do tribunal.
- De acordo com previsão expressa no art. 281 do Código Eleitoral, "são irrecorríveis as decisões do Tribunal Superior, salvo as que declararem a invalidade de lei ou ato contrário à Constituição Federal e as denegatórias de habeas corpus ou mandado de segurança, das quais caberá recurso ordinário para o Supremo Tribunal Federal, interposto no prazo de 3 (três) dias". Além disso, em conformidade com o disposto no artigo 121, § 3º da Constituição Federal de 1988, caberá recurso extraordinário de decisão do TSE que contrariar a Constituição.
- Vale destacar que são cabíveis das decisões proferidas no âmbito do TSE, agravo regimental das decisões tomadas pelo seu presidente, na forma do regimento interno (art. 264 do CE), a ser julgado pelo plenário da corte; e embargos de declaração, conforme procedimento já estudado, previsto no artigo 275 do CE.

– Dispõe o artigo 263 do Código Eleitoral que "no julgamento de um mesmo pleito eleitoral, as decisões anteriores sobre questões de direito constituem prejulgados para os demais casos, salvo se contra a tese votarem dois terços dos membros do Tribunal", criando uma espécie de "súmula vinculante" aplicável às cortes eleitorais. Ocorre que o TSE, em Acórdão de 1992 (Ac. 12.501/92) afirmou a inconstitucionalidade do referido dispositivo legal, referindo-se, inclusive, ao fato de tal inconstitucionalidade subsistir desde a Constituição Federal de 1946, antes mesmo da publicação do Código Eleitoral. Com o advento do CPC/2015, esta matéria terá que ser rediscutida, uma vez que os artigos 926, 927 e 928 do novo código preveem a consagração de um sistema de precedentes no Brasil, aplicável também ao processo eleitoral.

– Os novos §§ 4º e 5º do art. 28 do Código Eleitoral, incluídos pela reforma de setembro de 2015, por outro lado, estabeleceram que, doravante, decisões de TREs que importem cassação de registro de candidatos, anulação geral das eleições ou perda de diplomas somente poderão ser tomadas com a presença dos sete membros da corte. Quando isso não for possível, no caso, por exemplo, de impedimento de algum juiz, o suplente deverá ser convocado. Tal regra, que, certamente, criará dificuldades a alguns tribunais, principalmente porque se tornou comum, nos TREs, julgamentos sem a presença de todos os membros das cortes, já era prevista, no parágrafo único do art. 19 do Código, para o Tribunal Superior Eleitoral.

- Em termos de matéria processual eleitoral, a reforma de 2015 incluiu no Código Eleitoral o artigo 368-A, segundo o qual "a prova testemunhal singular, quando exclusiva, não será aceita nos processos que possam levar à perda do mandato". Este novo dispositivo tem como objetivo evitar a aplicação de sanções de perdas de mandato pautadas em provas frágeis, que possam vir a atingir a normalidade e a legitimidade da vontade popular. Assim, não será mais possível a condenação do réu acusado em processo que possa levar à perda de mandato quando a prova se resumir a uma única testemunha. Observe-se que a lei fala em "testemunha singular exclusiva", fato que, portanto, não afasta o uso da prova testemunhal acompanhada de outra prova, mesmo que esta outra prova seja outra prova testemunhal.
- Em conformidade com o disposto no artigo 121, § 3º da Constituição Federal de 1988, caberá recurso extraordinário de decisão do TSE que contrariar a Constituição. O prazo será de 03 dias.
- O TSE, através da Resolução nº. 23.478, de 15 de junho de 2016, regulamentou a aplicação do novo CPC ao processo eleitoral.
- Em razão da especialidade da matéria, as ações, os procedimentos e os recursos eleitorais permanecem regidos pelas normas específicas previstas na legislação eleitoral e nas instruções do Tribunal Superior Eleitoral. A aplicação das regras do Novo Código de Processo Civil tem caráter supletivo e subsidiário em relação aos feitos que tramitam na Justiça Eleitoral, desde que haja compatibilidade sistêmica.
- Aplicam-se aos processos eleitorais o contido nos arts. 9º e 10 do Novo Código de Processo Civil (Lei nº 13.105/2015).
- Os feitos eleitorais são gratuitos, não incidindo custas, preparo ou honorários (Lei nº 9.265/96, art. 1º).
- Não se aplica aos feitos eleitorais o instituto do Amicus Curiae de que trata o art. 138 da Lei nº 13.105, de 2015.
- Não se aplicam aos feitos eleitorais as regras relativas à conciliação ou mediação previstas nos arts. 165 e seguintes do Novo Código de Processo Civil.
- O disposto no art. 219 do Novo Código de Processo Civil (contagem de prazos em dias úteis) não se aplica aos feitos eleitorais.
- A suspensão dos prazos processuais entre os dias 20 de dezembro e 20 de janeiro de que trata o art. 220 do Novo Código de Processo Civil aplica-se no âmbito dos cartórios eleitorais e dos tribunais regionais eleitorais.
- Na Justiça Eleitoral não é admitida a autocomposição, não sendo aplicáveis as regras dos arts. 190 e 191 do Novo Código de Processo Civil.
- A regra do art. 205, § 3º, do Novo Código de Processo Civil não se aplica aos processos que tramitem durante o período previsto no calendário eleitoral para os quais seja admitida a publicação em cartório, sessão ou a utilização de edital eletrônico(LC nº 64/90, arts. 8º, 9º e 11, § 2º; Lei nº 9.504/97, art. 94, § 5º).
- Durante o período definido no calendário eleitoral, a carga dos autos para obtenção de cópias no curso de prazo comum às partes, prevista no art. 107, § 3º, do Novo Código de Processo Civil, será automaticamente permitida pela serventia pelo prazo de 2 (duas) horas, cabendo à autoridade judiciária decidir sobre eventual pedido de extensão até o limite de 6 (seis) horas.
- Nos Tribunais Eleitorais, o prazo para sustentação oral dos advogados das partes e do representante do Ministério Público será de: I 15 (quinze) minutos nos feitos originários (art. 937 do Novo Código de Processo Civil); II 10 (dez) minutos, nos recursos eleitorais (art. 272 do Código Eleitoral); III 20 (vinte) minutos no recurso contra expedição de diploma, (art. 272, parágrafo único, do Código Eleitoral).
- Os julgamentos das ações originárias e dos recursos nos Tribunais Eleitorais, inclusive os agravos e embargos de declaração na hipótese do art. 1.024, § 1º, do Novo Código de Processo Civil, somente poderão ser realizados 24 horas após a publicação da pauta. Tal regra não se aplica: I ao julgamento de habeas corpus; recurso em habeas corpus; tutela provisória; liminar em mandado de segurança; e, arguição de impedimento ou suspeição; II durante o período eleitoral, aos processos atinentes ao respectivo pleito; III às questões de ordem; IV à continuidade de julgamento de processos decorrentes da devolução tempestiva de pedido de vista; V aos feitos não apreciados cujo julgamento tiver sido expressamente adiado para a primeira sessão seguinte; VI aos embargos de declaração, quando julgados na sessão subsequente à respectiva oposição ou, se for o caso, à apresentação da manifestação do embargado; VII aos feitos administrativos, com exceção do pedido de registro de partido político; VIII às outras hipóteses previstas em lei ou nas resoluções do Tribunal Superior Eleitoral.
- As decisões interlocutórias ou sem caráter definitivo proferidas nos feitos eleitorais são irrecorríveis de imediato por não estarem sujeitas à preclusão, ficando os eventuais inconformismos para posterior manifestação em recurso contra a decisão definitiva de mérito. O Juiz ou Tribunal

conhecerá da matéria versada na decisão interlocutória como preliminar à decisão de mérito se as partes assim requererem em suas manifestações. O agravo contra decisão que inadmitir o recurso especial interposto contra decisão interlocutória será processado em autos suplementares, prosseguindo o curso da demanda nos autos principais.

- A sistemática dos recursos repetitivos prevista nos arts. 1.036 a 1.042 do Novo Código de Processo Civil não se aplica aos feitos que versem ou possam ter reflexo sobre inelegibilidade, registro de candidatura, diplomação e resultado ou anulação de eleições.

14. CRIMES ELEITORAIS E PROCESSO PENAL ELEITORAL

- O TSE, julgando o processo nº 15.584-Manaus (DJU, 30.06.2000, p. 159) ratificou entendimento pacífico daquela corte no sentido de que "a competência para processar e julgar, originariamente, os feitos relativos a crimes eleitorais praticados por governador de estado é do Superior Tribunal de Justiça". Em 1991, quando do julgamento do conflito de competência nº 6971-DF, o STF já havia decidido, por unanimidade, que os crimes eleitorais devem ser considerados crimes comuns, em contraposição aos crimes de responsabilidade, fazendo com que a competência para o processamento e julgamento de crimes eleitorais praticados por governadores de estado seja atraída para o STJ (STF, Tribunal Pleno, CJ nº 6971 - DF, Rel. Min. Paulo Brossard, j. em 30.10.1991, DJ 21.02.1992, p. 01693).
- No Supremo Tribunal Federal, são processadas e julgadas originariamente, pela prática de crimes eleitorais, as seguintes pessoas, enumeradas pelo art. 102, I, "b" e "c" da Constituição Federal de 1988:

Pessoas julgadas originariamente pelo STF pela prática de crimes eleitorais (art. 102, I, "b" e "c" da CF/1988)
I – Presidente e vice-presidente da república.
II – Membros do Congresso Nacional.
III – Ministros de Estado.
IV – Procurador-Geral da República.
V – Comandantes da Marina, Exército e Aeronáutica.
VI – Membros dos tribunais superiores.
VII – Membros do Tribunal de Contas da União.
VIII – Chefes de missão diplomática de caráter permanente.

- No Superior Tribunal de Justiça, por sua vez, são processadas e julgadas originariamente pela prática de crimes eleitorais as seguintes pessoas, elencadas no artigo 105, I, "a" da Constituição de 1988:

Pessoas julgadas originariamente pelo STJ pela prática de crimes eleitorais (art. 105, I, "a" da CF/1988)
I – Governadores e vice-governadores de estados e do DF.
II – Membros dos tribunais de contas dos estados e do DF.
III – Membros dos tribunais regionais federais, tribunais regionais eleitorais e tribunais regionais do trabalho.
IV – Membros dos tribunais de contas dos municípios
V – Membros do Ministério Público da União que oficiem perante tribunais.
VI – Desembargadores dos tribunais de justiça estaduais.

- Nos tribunais regionais eleitorais, por sua vez, são processados e julgados originariamente os crimes eleitorais praticados por todas as pessoas com privilégio de foro nos tribunais de justiça estaduais, conforme previsão específica de cada Constituição Estadual ou da Lei Orgânica do Distrito Federal. Além disso, prefeitos municipais, promotores de justiça e deputados estaduais deverão ser julgados originariamente pelos TREs, pela prática de crimes eleitorais.
- A competência para o processamento e julgamento originário pela prática de crimes eleitorais praticados por pessoas sem privilégio de foro é dos juízes eleitorais. Inclui-se nesta competência o processamento e julgamento de crimes eleitorais praticados por vereadores e vice-prefeitos.
- Em virtude da possibilidade de aplicação subsidiária do Código de Processo Penal ao processo penal eleitoral, prevista no art. 364 do Código Eleitoral, é possível o cabimento de revisão criminal eleitoral, por analogia a previsão do artigo 621 do CPP. Caberá a revisão criminal eleitoral nos processos com trânsito em julgado de decisão penal condenatória na ocorrência das seguintes situações, a saber:

Hipóteses de cabimento de revisão criminal eleitoral		
Existência de sentença penal condenatória contrária a expressa disposição legal ou à evidencia dos fatos.	Existência de sentença penal condenatória fundada em documentos, exames ou depoimentos comprovadamente falsos.	Descoberta de novas provas de inocência do condenado ou de circunstâncias que determine ou autorize a diminuição especial da penal, após o trânsito em julgado de sentença penal condenatória.

- O Código Eleitoral brasileiro não prevê sanções penais a título de culpa, resumindo-se a estabelecer tipos penais puníveis na modalidade dolosa. Em muitos casos, não prevê o Código Eleitoral pena mínima para os crimes tipificados. Quando isto ocorre, deve ser considerada a pena mínima de 15 dias para a detenção e 01 ano para a reclusão, de acordo com o artigo 284 do referido estatuto.
- As penas de multa em dinheiro deverão ter como base, na sua aplicação, o conceito de dia-multa. O montante de dias-multa imputáveis ao réu (no mínimo de um e no máximo de trezentos) deverá ser fixado segundo o prudente arbítrio do juiz, devendo este ter em conta as condições pessoais e econômicas do condenado, não podendo ser inferior ao salário-mínimo diário da região, nem superior ao valor de um salário-mínimo mensal. O § 2º do citado artigo 286, entretanto, estabelece que a multa poderá ser aumentada até o triplo, considerada, pelo juiz, a situação econômica do condenado e a necessidade de combate à ineficácia da pena.
- Os crimes eleitorais concernentes à formação do corpo eleitoral são aqueles que, em seu conjunto, atentam contra o processo de alistamento eleitoral, primeira fase do processo eleitoral, na qual é formado o corpo de eleitores. Estão estes crimes dispostos nos artigos 289 a 295 do Código Eleitoral, conforme tabela a seguir:

Conduta típica:	
Art. 289. Inscrever-se fraudulentamente eleitor.	**Pena** – reclusão até 05 anos e pagamento de multa de 05 a 15 dias-multa.
Art. 290. Induzir alguém a se inscrever eleitor com infração de qualquer dispositivo deste Código.	**Pena** – reclusão até 2 anos e pagamento de 15 a 30 dias-multa.
Art. 291. Efetuar o juiz, fraudulentamente, a inscrição de alistando.	**Pena** – reclusão de até 05 anos e pagamento de 05 a 15 dias-multa.
Art. 292. Negar ou retardar a autoridade judiciária, sem fundamento legal, a inscrição requerida.	**Pena** – pagamento de 30 a 60 dias-multa.
Art. 293. Perturbar ou impedir de qualquer forma o alistamento.	**Pena** – detenção de 15 dias a 06 meses ou pagamento de 30 a 60 dias-multa.
Art. 294. Revogado pela lei nº 8.868/94.	
Art. 295. Reter título eleitoral contra a vontade do eleitor.	**Pena** – detenção até 02 meses ou pagamento de 30 a 60 dias-multa.

- Os crimes eleitorais relativos à formação e funcionamento dos partidos políticos visam a garantir o efetivo exercício das atribuições exercidas por estes entes, preservando a lisura e a legitimidade do processo político. Merecem destaque os seguintes tipos delituosos relativos à formação e funcionamento dos partidos políticos, previstos no Código Eleitoral:

Conduta típica:	
Art. 319. Subscrever o eleitor mais de uma ficha de registro de um ou mais partidos.	**Pena** – detenção até 01 mês ou pagamento de 10 a 30 dias-multa.
Art. 320. Inscrever-se o eleitor, simultaneamente, em dois ou mais partidos.	**Pena** – pagamento de 10 a 20 dias-multa.
Art. 321. Colher a assinatura do eleitor em mais de uma ficha de registro de partido.	**Pena** – detenção até dois meses ou pagamento de 20 a 40 dias-multa.
Art. 338. Não assegurar o funcionário postal a prioridade prevista no art. 239.	**Pena** – pagamento de 30 a 60 dias-multa.
Art. 346. Violar o disposto no art. 377.	**Pena** – detenção até seis meses e pagamento de 30 a 60 dias-multa.

- Constitui crime eleitoral a arguição de inelegibilidade, ou a impugnação de registro de candidato feito por interferência do poder econômico, desvio ou abuso do poder e autoridade, deduzida de forma temerária ou de manifesta má-fé (art. 25 da LC 64/90).

- Os crimes eleitorais concernentes à propaganda eleitoral estão previstos tanto no Código Eleitoral como também na Lei das Eleições (lei nº 9.504/97). São os seguintes os crimes eleitorais previstos no Código Eleitoral:

Conduta típica:	
Art. 323. Divulgar, na propaganda, fatos que sabe inverídicos, em relação a partidos ou candidatos e capazes de exercerem influência perante o eleitorado. **Parágrafo único.** A pena é agravada se o crime é cometido pela imprensa, rádio ou televisão.	**Pena** – detenção de dois meses a um ano, ou pagamento de 120 a 150 dias-multa.
Art. 324. Caluniar alguém, na propaganda eleitoral, ou visando fins de propaganda, imputando-lhe falsamente fato definido como crime. **§ 1º** Nas mesmas penas incorre quem, sabendo falsa a imputação, a propala ou divulga.	**Pena** – detenção de 06 meses a 02 anos e pagamento de 10 a 40 dias-multa.
§ 2º A prova da verdade do fato imputado exclui o crime, mas não é admitida: I. se, constituindo o fato imputado crime de ação privada, o ofendido não foi condenado por sentença irrecorrível; II. se o fato é imputado ao Presidente da República ou chefe de governo estrangeiro; III. se do crime imputado, embora de ação pública, o ofendido foi absolvido por sentença irrecorrível.	
Art. 325. Difamar alguém, na propaganda eleitoral, ou visando a fins de propaganda, imputando-lhe fato ofensivo a sua reputação. **Parágrafo único.** A exceção da verdade somente se admite se ofendido é funcionário público e a ofensa é relativa ao exercício de suas funções.	**Pena** – detenção de 03 meses a 01 ano e pagamento de 05 a 30 dias-multa.

Conduta típica:	
Art. 326. Injuriar alguém, na propaganda eleitoral, ou visando a fins de propaganda, ofendendo-lhe a dignidade ou o decoro: **§ 1º** O juiz pode deixar de aplicar a pena: I. se o ofendido, de forma reprovável, provocou diretamente a injúria; II. no caso de retorsão imediata, que consista em outra injúria.	**Pena** – detenção até seis meses, ou pagamento de 30 a 60 dias-multa.
§ 2º Se a injúria consiste em violência ou vias de fato, que, por sua natureza ou meio empregado, se considerem aviltantes:	**Pena** – detenção de três meses a um ano e pagamento de 5 a 20 dias-multa, além das penas correspondentes à violência prevista no Código Penal.
Art. 331. Inutilizar, alterar ou perturbar meio de propaganda devidamente empregado.	**Pena** – detenção até seis meses ou pagamento de 90 a 120 dias-multa.
Art. 332. Impedir o exercício de propaganda.	**Pena** – detenção até seis meses e pagamento de 30 a 60 dias-multa.
Art. 334. Utilizar organização comercial de vendas, distribuição de mercadorias, prêmios e sorteios para propaganda ou aliciamento de eleitores.	**Pena** – detenção de 06 meses a 01 ano e cassação do registro se o responsável for candidato.
Art. 335. Fazer propaganda, qualquer que seja a sua forma, em língua estrangeira. **Parágrafo único.** Além da pena cominada, a infração ao presente artigo importa na apreensão e perda do material utilizado na propaganda.	**Pena** – detenção de três a seis meses e pagamento de 30 a 60 dias-multa.
Art. 337. Participar, o estrangeiro ou brasileiro que não estiver no gozo dos seus direitos políticos, de atividades partidárias, inclusive comícios e atos de propaganda em recintos fechados ou abertos:	**Pena** – detenção até seis meses e pagamento de 90 a 120 dias-multa.

Conduta típica:	
Parágrafo único. Na mesma pena incorrerá o responsável pelas emissoras de rádio ou televisão que autorizar transmissões de que participem os mencionados neste artigo, bem como o diretor de jornal que lhes divulgar os pronunciamentos.	

- Na Lei das Eleições (lei nº 9.504/97), por sua vez, estão previstos os seguintes crimes concernentes à propaganda eleitoral:

Conduta típica:
Art. 39. (...) **§ 5º.** Constituem crimes, no dia da eleição, puníveis com detenção, de 06 meses a 01 ano, com a alternativa de prestação de serviços à comunidade pelo mesmo período, e multa no valor de 5 mil a 15 mil UFIR:
I. o uso de alto-falantes e amplificadores de som ou a promoção de comício ou carreata; II. a arregimentação de eleitor ou a propaganda de boca de urna; III. a divulgação de qualquer espécie de propaganda de partidos políticos ou seus candidatos. **Art. 40.** O uso, na propaganda eleitoral, de símbolos, frases ou imagens, associadas ou semelhantes às empregadas por órgão de governo, empresa pública ou sociedade de economia mista constitui crime, punível com detenção, de 06 meses a 01 ano, com a alternativa de prestação de serviços à comunidade pelo mesmo período, e multa no valor de 10 mil a 20 mil UFIR:
Art. 33. (...) **§ 4º.** A divulgação de pesquisa fraudulenta constitui crime, punível com detenção de 06 meses a 01 ano e multa no valor de 50 mil a 100 mil UFIR.
Art. 34. (...) **§ 2º.** O não-cumprimento do disposto neste artigo ou qualquer ato que vise a retardar, impedir ou dificultar a ação fiscalizadora dos partidos constitui crime, punível com detenção, de seis meses a um ano, com a alternativa de prestação de serviços à comunidade pelo mesmo prazo, e multa no valor de dez mil a vinte mil UFIR. (...) **§ 3º.** A comprovação de irregularidades nos dados publicados sujeita os responsáveis às penas mencionadas no parágrafo anterior, sem prejuízo da obrigatoriedade da veiculação dos dados corretos no mesmo espaço, local, horário, página, caracteres e outros elementos de destaque, de acordo com o veículo usado.

- Os crimes relativos à votação, assim classificados por Suzana de Camargo Gomes, são aqueles previstos nos artigo 296 a 312 e 316 do Código Eleitoral. Muitos destes crimes têm pouca utilidade prática nos dias de hoje, por se referirem ao processo de votação manual, muito pouco utilizado. Outros, por sua vez, são dotados de grande relevância, ainda hoje, na busca da garantia da liberdade para o exercício do poder de sufrágio, a liberdade de escolha do eleitor. São os seguintes os crimes relativos à votação previstos no Código Eleitoral:

Conduta típica:	
Art. 296. Promover desordem que prejudique os trabalhos eleitorais.	**Pena** – detenção até 02 meses e pagamento de 60 a 90 dias-multa.
Art. 297. Impedir ou embaraçar o exercício do sufrágio.	**Pena** – detenção até 06 meses e pagamento de 60 a 100 dias-multa.
Art. 298. Prender ou deter eleitor, membro de mesa receptora, fiscal, delegado de partido ou candidato, com violação do disposto no art. 236.	**Pena** – reclusão até 04 anos.
Art. 299. Dar, oferecer, prometer, solicitar ou receber, para si ou para outrem, dinheiro, dádiva, ou qualquer vantagem, para obter ou dar voto e para conseguir ou prometer abstenção, ainda que a oferta não seja aceita.	**Pena** – reclusão até 04 anos e pagamento de 05 a 15 dias-multa.
Art. 300. Valer-se o servidor público da sua autoridade para coagir alguém a votar ou não votar em determinado candidato ou partido. **Parágrafo único.** Se o agente é membro ou funcionário da Justiça Eleitoral e comete o crime prevalecendo-se do cargo a pena é agravada.	**Pena** – detenção até 06 meses e pagamento de 60 a 100 dias-multa.
Art. 301. Usar de violência ou grave ameaça para coagir alguém a votar, ou não votar, em determinado candidato ou partido, ainda que os fins visados não sejam conseguidos.	**Pena** – reclusão até 04 anos e pagamento de 05 a 15 dias-multa.

Conduta típica:	
Art. 302. Promover, no dia da eleição, com o fim e impedir, embaraçar ou fraudar o exercício do voto, a concentração de eleitores, sob qualquer forma, inclusive o fornecimento gratuito de alimento e transporte coletivo.	**Pena** – reclusão de 04 a 06 anos e pagamento de 200 a 300 dias-multa.
Art. 303. Majorar os preços de utilidades e serviços necessários à realização de eleições, tais como transporte e alimentação de eleitores, impressão, publicidade e divulgação de matéria eleitoral.	**Pena** – pagamento de 250 a 300 dias-multa.
Art. 304. Ocultar, sonegar, açambarcar ou recusar no dia da eleição o fornecimento, normalmente a todos, de utilidades, alimentação e meios de transporte, ou conceder exclusividade dos mesmos a determinado partido ou candidato.	**Pena** – pagamento de 250 a 300 dias-multa.
Art. 305. Intervir autoridade estranha à mesa receptora, salvo o juiz eleitoral, no seu funcionamento sob qualquer pretexto.	**Pena** – detenção até 06 meses e pagamento de 60 a 90 dias-multa.
Art. 306. Não observar a ordem em que os eleitores devem ser chamados a votar.	**Pena** – pagamento de 15 a 30 dias-multa.
Art. 307. Fornecer ao eleitor cédula oficial já assinalada ou por qualquer forma marcada.	**Pena** – reclusão até 05 anos e pagamento de 05 a 15 dias-multa.
Art. 308. Rubricar e fornecer a cédula oficial em outra oportunidade que não a de entrega da mesma ao eleitor.	**Pena** – reclusão até 05 anos e pagamento de 60 a 90 dias-multa.
Art. 309. Votar ou tentar votar mais de uma vez, ou em lugar de outrem.	**Pena** – reclusão até 03 anos.

Conduta típica:	
Art. 310. Praticar, ou permitir membro da mesa receptora que seja praticada qualquer irregularidade que determine a anulação da votação, salvo no caso do art. 311.	**Pena** – detenção até 06 meses e pagamento de 90 a 120 dias-multa.
Art. 311. Votar em seção eleitoral em que não está inscrito, salvo nos casos expressamente previstos, e permitir, o presidente da mesa receptora, que o voto seja admitido.	**Pena** – detenção até 01 mês ou pagamento de 05 a 15 dias-multa para o eleitor e de 20 a 30 dias-multa para o presidente da mesa.
Art. 312. Violar ou tentar violar o sigilo de voto.	**Pena** – detenção até dois anos.

- Os crimes eleitorais pertinentes à garantia do resultado legítimo das eleições referem-se, fundamentalmente, ao processo de apuração, momento de fundamental importância para a garantia da lisura do pleito, no qual a vontade soberana do povo manifestada nas urnas é apurada. São eles:

Conduta típica:	
Art. 313. Deixar o Juiz e os membros da Junta de recolher as cédulas apuradas na respectiva urna, fechá-la e lacrá-la, assim que terminar a apuração de cada Seção e antes de passar à subseqüente, sob qualquer pretexto e ainda que dispensada a providência pelos Fiscais, Delegados ou candidatos presentes.	**Pena** – 90 a 120 dias-multa.
Art. 314. Omissão no recolhimento das cédulas apuradas, no fechamento e lacração das urnas.	**Pena** – detenção até 02 meses ou pagamento de 90 a 120 dias-multa.
Art. 315. Alterar nos mapas ou nos boletins de apuração a votação obtida por qualquer candidato ou lançar nesses documentos votação que não corresponda às cédulas apuradas.	**Pena** – reclusão até 05 anos e pagamento de 05 a 15 dias-multa.

Conduta típica:	
Art. 316. Não receber ou não mencionar nas atas da eleição ou da apuração os protestos devidamente formulados ou deixar de remetê-los à instância superior.	**Pena** – reclusão até 05 anos e pagamento de 05 a 15 dias-multa.
Art. 317. Violar ou tentar violar o sigilo da urna ou dos invólucros.	**Pena** – reclusão de 03 a 05 anos.
Art. 318. Efetuar a mesa receptora a contagem dos votos da urna quando qualquer eleitor houver votado sob impugnação (art. 190).	**Pena** – detenção até 01 ano ou pagamento de 30 a 60 dias-multa.

- De forma geral, a grande maioria dos crimes eleitorais, senão a sua totalidade, afetam a organização e o funcionamento dos serviços eleitorais. São os seguintes os crimes que se enquadram nesta categoria:

Conduta típica:	
Art. 296. Promover desordem que prejudique os trabalhos eleitorais.	**Pena** – detenção até dois meses e pagamento de 60 a 100 dias-multa.
Art. 339. Destruir, suprimir ou ocultar urna contendo votos, ou documentos relativos à eleição: **Parágrafo único.** Se o agente é membro ou funcionário da Justiça Eleitoral e comete o crime prevalecendo-se do cargo, a pena é agravada.	**Pena** – reclusão de dois a seis anos e pagamento de 5 a 15 dias-multa.
Art. 340. Fabricar, mandar fabricar, adquirir, fornecer, ainda que gratuitamente, subtrair ou guardar urnas, objetos, mapas, cédulas ou papéis de uso exclusivo da Justiça Eleitoral: **Parágrafo único.** Se o agente é membro ou funcionário da Justiça Eleitoral e comete o crime prevalecendo-se do cargo, a pena é agravada.	**Pena** – reclusão até três anos e pagamento de 3 a 15 dias-multa.

Conduta típica:	
Art. 341. Retardar a publicação ou não publicar, o diretor ou qualquer outro funcionário de órgão oficial federal, estadual, ou municipal, as decisões, citações ou intimações da Justiça Eleitoral:	**Pena** – detenção até um mês ou pagamento de 30 a 60 dias-multa.
Art. 342. Não apresentar o órgão do Ministério Público, no prazo legal, denúncia ou deixar de promover a execução de sentença condenatória:	**Pena** – detenção até dois meses ou pagamento de 60 a 90 dias-multa.
Art. 343. Não cumprir o Juiz o disposto no § 3º do art. 357:	**Pena** – detenção até dois meses ou pagamento de 60 a 90 dias-multa.

Conduta típica:	
Art. 348. Falsificar, no todo ou em parte, documento público, ou alterar documento público verdadeiro, para fins eleitorais. **§ 1º** Se o agente é funcionário público e comete o crime prevalecendo-se do cargo, a pena é agravada.	**Pena** – reclusão de 02 a 06 anos e pagamento de 15 a 30 dias-multa.
§ 2º Para os efeitos penais, equipara-se a documento público o emanado de entidade paraestatal, inclusive Fundação do Estado.	
Art. 349. Falsificar, no todo ou em parte, documento particular ou alterar documento particular verdadeiro, para fins eleitorais.	**Pena** – reclusão até 05 anos e pagamento de 03 a 10 dias-multa.
Art. 350. Omitir, em documento público ou particular, declaração que dele devia constar, ou nele inserir ou fazer inserir declaração falsa ou diversa da que devia ser escrita, para fins eleitorais. **Parágrafo único.** Se o agente da falsidade documental é funcionário público e comete o crime prevalecendo-se do cargo ou se a falsidade ou alteração é de assentamentos do registro civil, a pena é agravada.	**Pena** – reclusão até 05 anos e pagamento de 05 a 15 dias-multa, se o documento é público, e reclusão até 03 anos e pagamento de 03 a 10 dias-multa se o documento é particular.

Conduta típica:	
Art. 352. Reconhecer, como verdadeira, no exercício da função pública, firma ou letra que não o seja, para fins eleitorais.	**Pena** – reclusão até 05 anos e pagamento de 05 a 15 dias-multa se o documento é público, e reclusão até 03 anos e pagamento de 03 a 10 dias-multa se o documento é particular.
Art. 353. Fazer uso de qualquer dos documentos falsificados ou alterados, a que se referem os artigos 348 a 353.	**Pena** – a cominada à falsificação ou à alteração.
Art. 354. Obter, para uso próprio ou de outrem, documento público ou particular, material ou ideologicamente falso para fins eleitorais.	**Pena** – a cominada à falsificação ou alteração. **Pena** – detenção até dois meses ou pagamento de 60 a 90 dias-multa.
Art. 344. Recusar ou abandonar o serviço eleitoral sem justa causa:	**Pena** – detenção até dois meses ou pagamento de 90 a 120 dias-multa.
Art. 345. Não cumprir a autoridade judiciária, ou qualquer funcionário dos órgãos da Justiça Eleitoral, nos prazos legais, os deveres impostos por este Código, se a infração não estiver sujeita a outra penalidade.	**Pena** – pagamento de 30 a 90 dias-multa.
Art. 347. Recusar alguém cumprimento ou obediência a diligências, ordens ou instruções da Justiça Eleitoral ou opor embaraços à sua execução.	**Pena** – detenção de 03 meses a 01 ano e pagamento de 10 a 20 dias-multa.

- O grupo de crimes contra a fé pública eleitoral tem como objetividade jurídica a preservação da confiança nos trabalhos eleitorais, pressuposto para a efetivação do regime político democrático. Aqueles que ofendem a fé pública eleitoral, atentando contra os atos e documentos eleitorais, incorrem nas condutas tipificadas neste grupo de delitos. Vejamos, então, os tipos penais formadores deste grupo de delitos, previstos nos artigos 348 a 350 e 352 a 354 do Código Eleitoral:

Conduta típica:	
Art. 348. Falsificar, no todo ou em parte, documento público, ou alterar documento público verdadeiro, para fins eleitorais. **§ 1º** Se o agente é funcionário público e comente o crime prevalecendo-se do cargo, a pena é agravada. **§ 2º** Para os efeitos penais, equipara-se a documento público o emanado de entidade paraestatal, inclusive Fundação do Estado.	**Pena** – reclusão de 02 a 06 anos e pagamento de 15 a 30 dias-multa.
Art. 349. Falsificar, no todo ou em parte, documento particular ou alterar documento particular verdadeiro, para fins eleitorais.	**Pena** – reclusão até 05 anos e pagamento de 03 a 10 dias-multa.
Art. 350. Omitir, em documento público ou particular, declaração que dele devia constar, ou nele inserir ou fazer inserir declaração falsa ou diversa da que devia ser escrita, para fins eleitorais. **Parágrafo único.** Se o agente da falsidade documental é funcionário público e comete o crime prevalecendo-se do cargo ou se a falsidade ou alteração é de assentamentos do registro civil, a pena é agravada.	**Pena** – reclusão até 05 anos e pagamento de 05 a 15 dias-multa, se o documento é público, e reclusão até 03 anos e pagamento de 03 a 10 dias-multa se o documento é particular.
Art. 352. Reconhecer, como verdadeira, no exercício da função pública, firma ou letra que não o seja, para fins eleitorais.	**Pena** – reclusão até 05 anos e pagamento de 05 a 15 dias-multa se o documento é público, e reclusão até 03 anos e pagamento de 03 a 10 dias-multa se o documento é particular.
Art. 353. Fazer uso de qualquer dos documentos falsificados ou alterados, a que se referem os artigos 348 a 353.	**Pena** – a cominada à falsificação ou à alteração.
Art. 354. Obter, para uso próprio ou de outrem, documento público ou particular, material ou ideologicamente falso para fins eleitorais.	**Pena** – a cominada à falsificação ou alteração.

✦ REFORMA ELEITORAL E ELEIÇÕES 2018: O QUE MUDOU?

Quadro comparativo: Lei das Eleições

Redação anterior	Nova redação	Comentários
Art. 4º. Poderá participar das eleições o partido que, até um ano antes do pleito, tenha registrado seu estatuto no Tribunal Superior Eleitoral, conforme o disposto em lei, e tenha, até a data da convenção, órgão de direção constituído na circunscrição, de acordo com o respectivo estatuto.	**Art. 4º.** Poderá participar das eleições o partido que, até seis meses antes do pleito, tenha registrado seu estatuto no Tribunal Superior Eleitoral, conforme o disposto em lei, e tenha, até a data da convenção, órgão de direção constituído na circunscrição, de acordo com o respectivo estatuto.	Nova redação definida pela Lei 13.488/17.
Art. 9º. Para concorrer às eleições, o candidato deverá possuir domicílio eleitoral na respectiva circunscrição pelo prazo de seis meses e estar com a filiação deferida pelo partido no mesmo prazo.	**Art. 9º.** Para concorrer às eleições, o candidato deverá possuir domicílio eleitoral na respectiva circunscrição pelo prazo de seis meses e estar com a filiação deferida pelo partido no mesmo prazo.	Nova redação definida pela Lei 13.488/17.
Art. 11. (...) (...) § 8º. (...) (...) **III** – o parcelamento das multas eleitorais é direito do cidadão, seja ele eleitor ou candidato, e dos partidos políticos, podendo ser parceladas em até 60 (sessenta) meses, desde que não ultrapasse o limite de 10% (dez por cento) de sua renda.	**Art. 11.** (...) (...) § 8º. (...) (...) **III** – o parcelamento das multas eleitorais é direito dos cidadãos e das pessoas jurídicas e pode ser feito em até sessenta meses, salvo quando o valor da parcela ultrapassar 5% (cinco por cento) da renda mensal, no caso de cidadão, ou 2% (dois por cento) do faturamento, no caso de pessoa jurídica, hipótese em que poderá estender-se por prazo superior, de modo que as parcelas não ultrapassem os referidos limites.	Nova redação definida pela Lei 13.488/17.
Dispositivo incluído pela Lei nº. 13.488/2017.	**Art. 11.** (...) (...) § 14. É vedado o registro de candidatura avulsa, ainda que o requerente tenha filiação partidária.	
Dispositivos incluídos pela Lei 13.487/2017	**Art. 16 – C.** O Fundo Especial de Financiamento de Campanha (FEFC) é constituído por dotações orçamentárias da União em ano eleitoral, em valor ao menos equivalente: I – ao definido pelo Tribunal Superior Eleitoral, a cada eleição, com base nos parâmetros definidos em lei; II – a 30% (trinta por cento) dos recursos da reserva específica de que trata o inciso II do § 3º do art. 12 da Lei nº 13.473, de 8 de agosto de 2017. § 1º (VETADO). § 2º O Tesouro Nacional depositará os recursos no Banco do Brasil, em conta especial à disposição do Tribunal Superior Eleitoral, até o primeiro dia útil do mês de junho do ano do pleito. § 3º Nos quinze dias subsequentes ao depósito, o Tribunal Superior Eleitoral: I – divulgará o montante de recursos disponíveis no Fundo Eleitoral; e II – (VETADO). § 4º (VETADO). § 5º (VETADO).	

Redação anterior	Nova redação	Comentários
	§ 6º (VETADO). § 7º Os recursos de que trata este artigo ficarão à disposição do partido político somente após a definição de critérios para a sua distribuição, os quais, aprovados pela maioria absoluta dos membros do órgão de direção executiva nacional do partido, serão divulgados publicamente. § 8º (VETADO). § 9º (VETADO). § 10. (VETADO). § 11. Os recursos provenientes do Fundo Especial de Financiamento de Campanha que não forem utilizados nas campanhas eleitorais deverão ser devolvidos ao Tesouro Nacional, integralmente, no momento da apresentação da respectiva prestação de contas. § 12. (VETADO). § 13. (VETADO). § 14. (VETADO). § 15. O percentual dos recursos a que se refere o inciso II do caput deste artigo poderá ser reduzido mediante compensação decorrente do remanejamento, se existirem, de dotações em excesso destinadas ao Poder Legislativo."	
Dispositivos incluídos pela Lei 13.488/2017	**Art. 16-D.** Os recursos do Fundo Especial de Financiamento de Campanha (FEFC), para o primeiro turno das eleições, serão distribuídos entre os partidos políticos, obedecidos os seguintes critérios: **I** – 2% (dois por cento), divididos igualitariamente entre todos os partidos com estatutos registrados no Tribunal Superior Eleitoral; **II** – 35% (trinta e cinco por cento), divididos entre os partidos que tenham pelo menos um representante na Câmara dos Deputados, na proporção do percentual de votos por eles obtidos na última eleição geral para a Câmara dos Deputados; **III** – 48% (quarenta e oito por cento), divididos entre os partidos, na proporção do número de representantes na Câmara dos Deputados, consideradas as legendas dos titulares; **IV** – 15% (quinze por cento), divididos entre os partidos, na proporção do número de representantes no Senado Federal, consideradas as legendas dos titulares. § 1º (VETADO). § 2º Para que o candidato tenha acesso aos recursos do Fundo a que se refere este artigo, deverá fazer requerimento por escrito ao órgão partidário respectivo.	
Art. 18. Os limites de gastos de campanha, em cada eleição, são os definidos pelo Tribunal Superior Eleitoral com base nos parâmetros definidos em lei.	**Art. 18.** Os limites de gastos de campanha serão definidos em lei e divulgados pelo Tribunal Superior Eleitoral.	

Redação anterior	Nova redação	Comentários
Dispositivos incluídos pela Lei 13.488/2017.	**Art. 22-A.** (...) (...) § 3º Desde o dia 15 de maio do ano eleitoral, é facultada aos pré-candidatos a arrecadação prévia de recursos na modalidade prevista no inciso IV do § 4º do art. 23 desta Lei, mas a liberação de recursos por parte das entidades arrecadadoras fica condicionada ao registro da candidatura, e a realização de despesas de campanha deverá observar o calendário eleitoral. § 4º Na hipótese prevista no § 3º deste artigo, se não for efetivado o registro da candidatura, as entidades arrecadadoras deverão devolver os valores arrecadados aos doadores.	
Art. 23. (...) (...) § 3º. A doação de quantia acima dos limites fixados neste artigo sujeita o infrator ao pagamento de multa no valor de cinco a dez vezes a quantia em excesso. § 4º. (...) (...) § 6º. Na hipótese de doações realizadas por meio da internet, as fraudes ou erros cometidos pelo doador sem conhecimento dos candidatos, partidos ou coligações não ensejarão a responsabilidade destes nem a rejeição de suas contas eleitorais. § 7º. O limite previsto no § 1º não se aplica a doações estimáveis em dinheiro relativas à utilização de bens móveis ou imóveis de propriedade do doador, desde que o valor estimado não ultrapasse R$ 80.000,00 (oitenta mil reais).	**Art. 23.** (...) (...) § 3º. A doação de quantia acima dos limites fixados neste artigo sujeita o infrator ao pagamento de multa no valor de até 100% (cem por cento) da quantia em excesso. § 4º. (...) (...) IV – instituições que promovam técnicas e serviços de financiamento coletivo por meio de sítios na internet, aplicativos eletrônicos e outros recursos similares, que deverão atender aos seguintes requisitos: a) cadastro prévio na Justiça Eleitoral, que estabelecerá regulamentação para prestação de contas, fiscalização instantânea das doações, contas intermediárias, se houver, e repasses aos candidatos; b) identificação obrigatória, com o nome completo e o número de inscrição no Cadastro de Pessoas Físicas (CPF) de cada um dos doadores e das quantias doadas; c) disponibilização em sítio eletrônico de lista com identificação dos doadores e das respectivas quantias doadas, a ser atualizada instantaneamente a cada nova doação; d) emissão obrigatória de recibo para o doador, relativo a cada doação realizada, sob a responsabilidade da entidade arrecadadora, com envio imediato para a Justiça Eleitoral e para o candidato de todas as informações relativas à doação; e) ampla ciência a candidatos e eleitores acerca das taxas administrativas a serem cobradas pela realização do serviço; f) não incidência em quaisquer das hipóteses listadas no art. 24 desta Lei;	§§§ 4º, IV; 4º-A; 4º-B; 8º e 9º, e respectivos incisos, incluídos pela Lei nº. 13.488/2017.

Redação anterior	Nova redação	Comentários
	g) observância do calendário eleitoral, especialmente no que diz respeito ao início do período de arrecadação financeira, nos termos dispostos no § 2º do art. 22-A desta Lei; h) observância dos dispositivos desta Lei relacionados à propaganda na internet; V – comercialização de bens e/ou serviços, ou promoção de eventos de arrecadação realizados diretamente pelo candidato ou pelo partido político. § 4º-A. Na prestação de contas das doações mencionadas no § 4º deste artigo, é dispensada a apresentação de recibo eleitoral, e sua comprovação deverá ser realizada por meio de documento bancário que identifique o CPF dos doadores. § 4º-**B.** As doações realizadas por meio das modalidades previstas nos incisos III e IV do § 4º deste artigo devem ser informadas à Justiça Eleitoral pelos candidatos e partidos no prazo previsto no inciso I do § 4º do art. 28 desta Lei, contado a partir do momento em que os recursos arrecadados forem depositados nas contas bancárias dos candidatos, partidos ou coligações. (...) § 6º. Na hipótese de doações realizadas por meio das modalidades previstas nos incisos III e IV do § 4º deste artigo, fraudes ou erros cometidos pelo doador sem conhecimento dos candidatos, partidos ou coligações não ensejarão a responsabilidade destes nem a rejeição de suas contas eleitorais. § 7º. O limite previsto no § 1º deste artigo não se aplica a doações estimáveis em dinheiro relativas à utilização de bens móveis ou imóveis de propriedade do doador ou à prestação de serviços próprios, desde que o valor estimado não ultrapasse R$ 40.000,00 (quarenta mil reais) por doador. § 8º. Ficam autorizadas a participar das transações relativas às modalidades de doações previstas nos incisos III e IV do § 4º deste artigo todas as instituições que atendam, nos termos da lei e da regulamentação expedida pelo Banco Central, aos critérios para operar arranjos de pagamento. § 9º. As instituições financeiras e de pagamento não poderão recusar a utilização de cartões de débito e de crédito como meio de doações eleitorais de pessoas físicas.	

Redação anterior	Nova redação	Comentários
Art. 26. (...) (...) IV – despesas com transporte ou deslocamento de candidato e de pessoal a serviço das candidaturas; (...) XV – custos com a criação e inclusão de sítios na Internet; (...)	**Art. 26.** (...) (...) IV – despesas com transporte ou deslocamento de candidato e de pessoal a serviço das candidaturas, observadas as exceções previstas no § 3º deste artigo. (...) XV – custos com a criação e inclusão de sítios na internet e com o impulsionamento de conteúdos contratados diretamente com provedor da aplicação de internet com sede e foro no País; (...) § 2º Para os fins desta Lei, inclui-se entre as formas de impulsionamento de conteúdo a priorização paga de conteúdos resultantes de aplicações de busca na internet. § 3º Não são consideradas gastos eleitorais nem se sujeitam a prestação de contas as seguintes despesas de natureza pessoal do candidato: a) combustível e manutenção de veículo automotor usado pelo candidato na campanha; b) remuneração, alimentação e hospedagem do condutor do veículo a que se refere a alínea *a* deste parágrafo; c) alimentação e hospedagem própria; d) uso de linhas telefônicas registradas em seu nome como pessoa física, até o limite de três linhas.	Parágrafos 2º e 3º incluídos pela Lei 13.488/2017
Art. 28. (...) (...) § 6º (...)	**Art. 28.** (...) (...) § 6º (...) (...) **III** – a cessão de automóvel de propriedade do candidato, do cônjuge e de seus parentes até o terceiro grau para seu uso pessoal durante a campanha.	Dispositivo incluído pela Lei 13.488/2017.
Art. 36. (...). (...) § 2º No segundo semestre do ano da eleição, não será veiculada a propaganda partidária gratuita prevista em lei nem permitido qualquer tipo de propaganda política paga no rádio e na televisão.	**Art. 36.** (...) (...) § 2º Não será permitido qualquer tipo de propaganda política paga no rádio e na televisão.	Redação do § 2º do art. 36 da Lei das Eleições com redação estabelecida pela Lei nº. 13.487/2017.
Art. 36-A. (...) **(...)**	**Art. 36-A. (...)** **(...)** VII – campanha de arrecadação prévia de recursos na modalidade prevista no inciso IV do § 4º do art. 23 desta Lei.	Dispositivo incluído pela Lei 13.488/2017.
Art. 37. (...) **(...)** § 2º. Em bens particulares, independe de obtenção de licença municipal e de autorização da Justiça Eleitoral a veiculação de propaganda eleitoral, desde que seja feita em adesivo ou papel, não exceda a 0,5 m^2 (meio metro quadrado) e não contrarie a legislação eleitoral, sujeitando-se o infrator às penalidades previstas no § 1º.	**Art. 37. (...)** **(...)** § 2º.Não é permitida a veiculação de material de propaganda eleitoral em bens públicos ou particulares, exceto de I – bandeiras ao longo de vias públicas, desde que móveis e que não dificultem o bom andamento do trânsito de pessoas e veículos II – adesivo plástico em automóveis, caminhões, bicicletas, motocicletas e janelas residenciais, desde que não exceda a 0,5 m^2 (meio metro quadrado).	Redação do § 2º definida pela Lei 13.488/2017.

Redação anterior	Nova redação	Comentários
Art. 39. (...) **(...)** § 5º. (...) **(...)** § 11. É permitida a circulação de carros de som e minitrios como meio de propaganda eleitoral, desde que observado o limite de 80 (oitenta) decibéis de nível de pressão sonora, medido a 7 (sete) metros de distância do veículo, e respeitadas as vedações previstas no § 3º deste artigo.	**Art. 39. (...)** **(...)** § 5º. (...) **IV** – a publicação de novos conteúdos ou o impulsionamento de conteúdos nas aplicações de internet de que trata o art. 57-B desta Lei, podendo ser mantidos em funcionamento as aplicações e os conteúdos publicados anteriormente. (...) § 11. É permitida a circulação de carros de som e minitrios como meio de propaganda eleitoral, desde que observado o limite de oitenta decibéis de nível de pressão sonora, medido a sete metros de distância do veículo, e respeitadas as vedações previstas no § 3º deste artigo, apenas em carreatas, caminhadas e passeatas ou durante reuniões e comícios.	Inciso IV incluído pela Lei 13.488/2017. Parágrafo 11 com redação definida pela Lei 13.488/2017.
Art.46. Independentemente da veiculação de propaganda eleitoral gratuita no horário definido nesta Lei, é facultada a transmissão por emissora de rádio ou televisão de debates sobre as eleições majoritária ou proporcional, sendo assegurada a participação de candidatos dos partidos com representação superior a nove Deputados, e facultada a dos demais, observado o seguinte:	**Art.46.** Independentemente da veiculação de propaganda eleitoral gratuita no horário definido nesta Lei, é facultada a transmissão por emissora de rádio ou televisão de debates sobre as eleições majoritária ou proporcional, assegurada a participação de candidatos dos partidos com representação no Congresso Nacional, de, no mínimo, cinco parlamentares, e facultada a dos demais, observado o seguinte:	Caput alterado pela Lei 13.488/2017.
Art. 49. Se houver segundo turno, as emissoras de rádio e televisão reservarão, a partir de quarenta e oito horas da proclamação dos resultados do primeiro turno e até a antevéspera da eleição, horário destinado à divulgação da propaganda eleitoral gratuita, dividido em dois períodos diários de vinte minutos para cada eleição, iniciando-se às sete e às doze horas, no rádio, e às treze e às vinte horas e trinta minutos, na televisão.	**Art. 49.** Se houver segundo turno, as emissoras de rádio e televisão reservarão, a partir da sexta-feira seguinte à realização do primeiro turno e até a antevéspera da eleição, horário destinado à divulgação da propaganda eleitoral gratuita, dividida em dois blocos diários de dez minutos para cada eleição, e os blocos terão início às sete e às doze horas, no rádio, e às treze e às vinte horas e trinta minutos, na televisão.	Redação dada pela Lei 13.488/2017.
Art. 51. Durante os períodos previstos nos arts. 47 e 49, as emissoras de rádio e televisão e os canais por assinatura mencionados no art. 57 reservarão, ainda, setenta minutos diários para a propaganda eleitoral gratuita, a serem usados em inserções de trinta e sessenta segundos, a critério do respectivo partido ou coligação, assinadas obrigatoriamente pelo partido ou coligação, e distribuídas, ao longo da programação veiculada entre as cinco e as vinte quatro horas, nos termos do § 2º do art. 47, obedecido o seguinte:	**<u>Art. 51.</u>** Durante o período previsto no art. 47 desta Lei, as emissoras de rádio e televisão e os canais por assinatura mencionados no art. 57 desta Lei reservarão setenta minutos diários para a propaganda eleitoral gratuita, a serem usados em inserções de trinta e de sessenta segundos, a critério do respectivo partido ou coligação, assinadas obrigatoriamente pelo partido ou coligação, e distribuídas, ao longo da programação veiculada entre as cinco e as vinte quatro horas, nos termos do § 2º do art. 47 desta Lei, obedecido o seguinte: (...) § 2º. Durante o período previsto no art. 49 desta Lei, onde houver segundo turno, as emissoras de rádio e televisão e os canais de televisão por assinatura mencionados no art. 57 desta Lei reservarão, por cada cargo em disputa, vinte e cinco minutos para serem usados em inserções de trinta e de sessenta segundos, observadas as disposições deste artigo.	Caput com redação dada pela Lei 13.488/2017. Parágrafo 2º incluído pela Lei 13.488/2017.

Redação anterior	Nova redação	Comentários
Art. 57-B. (...) (...) IV -por meio de blogs, redes sociais, sítios de mensagens instantâneas e assemelhados, cujo conteúdo seja gerado ou editado por candidatos, partidos ou coligações ou de iniciativa de qualquer pessoa natural.	**Art. 57-B. (...)** (...) IV – por meio de blogs, redes sociais, sítios de mensagens instantâneas e aplicações de internet assemelhadas cujo conteúdo seja gerado ou editado por: a) candidatos, partidos ou coligações; ou b) qualquer pessoa natural, desde que não contrate impulsionamento de conteúdos § 1º Os endereços eletrônicos das aplicações de que trata este artigo, salvo aqueles de iniciativa de pessoa natural, deverão ser comunicados à Justiça Eleitoral, podendo ser mantidos durante todo o pleito eleitoral os mesmos endereços eletrônicos em uso antes do início da propaganda eleitoral. § 2º Não é admitida a veiculação de conteúdos de cunho eleitoral mediante cadastro de usuário de aplicação de internet com a intenção de falsear identidade § 3º É vedada a utilização de impulsionamento de conteúdos e ferramentas digitais não disponibilizadas pelo provedor da aplicação de internet, ainda que gratuitas, para alterar o teor ou a repercussão de propaganda eleitoral, tanto próprios quanto de terceiros § 4º O provedor de aplicação de internet que possibilite o impulsionamento pago de conteúdos deverá contar com canal de comunicação com seus usuários e somente poderá ser responsabilizado por danos decorrentes do conteúdo impulsionado se, após ordem judicial específica, não tomar as providências para, no âmbito e nos limites técnicos do seu serviço e dentro do prazo assinalado, tornar indisponível o conteúdo apontado como infringente pela Justiça Eleitoral. § 5º A violação do disposto neste artigo sujeita o usuário responsável pelo conteúdo e, quando comprovado seu prévio conhecimento, o beneficiário, à multa no valor de R$ 5.000,00 (cinco mil reais) a R$ 30.000,00 (trinta mil reais) ou em valor equivalente ao dobro da quantia despendida, se esse cálculo superar o limite máximo da multa.	Dispositivos incluídos pela Lei 13.488/2017.

Redação anterior	Nova redação	Comentários
	Art. 57 – C. É vedada a veiculação de qualquer tipo de propaganda eleitoral paga na internet, excetuado o impulsionamento de conteúdos, desde que identificado de forma inequívoca como tal e contratado exclusivamente por partidos, coligações e candidatos e seus representantes. (...) § 2º. A violação do disposto neste artigo sujeita o responsável pela divulgação da propaganda ou pelo impulsionamento de conteúdos e, quando comprovado seu prévio conhecimento, o beneficiário, à multa no valor de R$ 5.000,00 (cinco mil reais) a R$ 30.000,00 (trinta mil reais) ou em valor equivalente ao dobro da quantia despendida, se esse cálculo superar o limite máximo da multa. § 3º O impulsionamento de que trata o **caput** deste artigo deverá ser contratado diretamente com provedor da aplicação de internet com sede e foro no País, ou de sua filial, sucursal, escritório, estabelecimento ou representante legalmente estabelecido no País e apenas com o fim de promover ou beneficiar candidatos ou suas agremiações.	
Art. 57-I. A requerimento de candidato, partido ou coligação, observado o rito previsto no art. 96, a Justiça Eleitoral poderá determinar a suspensão, por vinte e quatro horas, do acesso a todo conteúdo informativo dos sítios da internet que deixarem de cumprir as disposições desta Lei.	**Art. 57-I.** A requerimento de candidato, partido ou coligação, observado o rito previsto no art. 96 desta Lei, a Justiça Eleitoral poderá determinar, no âmbito e nos limites técnicos de cada aplicação de internet, a suspensão do acesso a todo conteúdo veiculado que deixar de cumprir as disposições desta Lei, devendo o número de horas de suspensão ser definida proporcionalmente à gravidade da infração cometida em cada caso, observado o limite máximo de vinte e quatro horas.	
Dispositivo incluído pela Lei 13.488/2017.	Art. 57-J. O Tribunal Superior Eleitoral regulamentará o disposto nos arts. 57-A a 57-I desta Lei de acordo com o cenário e as ferramentas tecnológicas existentes em cada momento eleitoral e promoverá, para os veículos, partidos e demais entidades interessadas, a formulação e a ampla divulgação de regras de boas práticas relativas a campanhas eleitorais na internet.	
Art. 58. (...) **(...)** § 3º. (...) **(...)** **IV – (...)** **a)** deferido o pedido, a divulgação da resposta dar-se-á no mesmo veículo, espaço, local, horário, página eletrônica, tamanho, caracteres e outros elementos de realce usados na ofensa, em até quarenta e oito horas após a entrega da mídia física com a resposta do ofendido;	**Art. 58. (...)** **(...)** § 3º. (...) **(...)** **IV – (...)** **a)** deferido o pedido, o usuário ofensor deverá divulgar a resposta do ofendido em até quarenta e oito horas após sua entrega em mídia física, e deverá empregar nessa divulgação o mesmo impulsionamento de conteúdo eventualmente contratado nos termos referidos no art. 57-C desta Lei e o mesmo veículo, espaço, local, horário, página eletrônica, tamanho, caracteres e outros elementos de realce usados na ofensa;	

Redação anterior	Nova redação	Comentários
Art. 93-A. O Tribunal Superior Eleitoral, no período compreendido entre 1º de abril e 30 de julho dos anos eleitorais, promoverá, em até cinco minutos diários, contínuos ou não, requisitados às emissoras de rádio e televisão, propaganda institucional, em rádio e televisão, destinada a incentivar a participação feminina, dos jovens e da comunidade negra na política, bem como a esclarecer os cidadãos sobre as regras e o funcionamento do sistema eleitoral brasileiro.	**Art. 93-A.** O Tribunal Superior Eleitoral, no período compreendido entre 1º de abril e 30 de julho dos anos eleitorais, promoverá, em até cinco minutos diários, contínuos ou não, requisitados às emissoras de rádio e televisão, propaganda institucional, em rádio e televisão, destinada a incentivar a participação feminina, dos jovens e da comunidade negra na política, bem como a esclarecer os cidadãos sobre as regras e o funcionamento do sistema eleitoral brasileiro.	
Art. 99. (...) (...) § 1º. O direito à compensação fiscal das emissoras de rádio e televisão previsto no parágrafo único do art. 52 da Lei nº 9.096, de 19 de setembro de 1995, e neste artigo, pela cedência do horário gratuito destinado à divulgação das propagandas partidárias e eleitoral, estende-se à veiculação de propaganda gratuita de plebiscitos e referendos de que dispõe o art. 8º da Lei nº 9.709, de 18 de novembro de 1998, mantido também, a esse efeito, o entendimento de que:	**Art. 99.** (...) (...) § 1º. O direito à compensação fiscal das emissoras de rádio e televisão estende-se à veiculação de propaganda gratuita de plebiscitos e referendos de que dispõe o art. 8o da Lei no 9.709, de 18 de novembro de 1998, mantido também, a esse efeito, o entendimento de que:	Redação do § 1º do art. 99 da Lei das Eleições com redação estabelecida pela Lei nº. 13.487/2017.

Quadro comparativo: Lei Geral dos Partidos Políticos

Redação anterior	Nova redação	Comentários
Art. 1º. (...)	**Art. 1º. (...)** **Parágrafo único**. O partido político não se equipara às entidades paraestatais."	
Art. 31. É vedado ao partido receber, direta ou indiretamente, sob qualquer forma ou pretexto, contribuição ou auxílio pecuniário ou estimável em dinheiro, inclusive através de publicidade de qualquer espécie, procedente de: **(...)** II – autoridade ou órgãos públicos, ressalvadas as dotações referidas no art. 38; (...) III – autarquias, empresas públicas ou concessionárias de serviços públicos, sociedades de economia mista e fundações instituídas em virtude de lei e para cujos recursos concorram órgãos ou entidades governamentais; (...)	**Art. 31.** É vedado ao partido receber, direta ou indiretamente, sob qualquer forma ou pretexto, contribuição ou auxílio pecuniário ou estimável em dinheiro, inclusive através de publicidade de qualquer espécie, procedente de: **(...)** II – entes públicos e pessoas jurídicas de qualquer natureza, ressalvadas as dotações referidas no art. 38 desta Lei e as proveniente do Fundo Especial de Financiamento de Campanha; (...) III – (revogado); (...) V – pessoas físicas que exerçam função ou cargo público de livre nomeação e exoneração, ou cargo ou emprego público temporário, ressalvados os filiados a partido político.	
Art. 44. Os recursos oriundos do Fundo Partidário serão aplicados: (...) III – no alistamento e campanhas eleitorais;	**Art. 44.**Os recursos oriundos do Fundo Partidário serão aplicados: (...) III – (VETADO);	

Redação anterior	Nova redação	Comentários
Art. 45. A propaganda partidária gratuita, gravada ou ao vivo, efetuada mediante transmissão por rádio e televisão será realizada entre as dezenove horas e trinta minutos e as vinte e duas horas para, com exclusividade: I – difundir os programas partidários; II – transmitir mensagens aos filiados sobre a execução do programa partidário, dos eventos com este relacionados e das atividades congressuais do partido; III – divulgar a posição do partido em relação a temas político-comunitários. IV – promover e difundir a participação política feminina, dedicando às mulheres o tempo que será fixado pelo órgão nacional de direção partidária, observado o mínimo de 10% (dez por cento) do programa e das inserções a que se refere o art. 49 § 1º Fica vedada, nos programas de que trata este Título: I – a participação de pessoa filiada a partido que não o responsável pelo programa; II – a divulgação de propaganda de candidatos a cargos eletivos e a defesa de interesses pessoais ou de outros partidos; III – a utilização de imagens ou cenas incorretas ou incompletas, efeitos ou quaisquer outros recursos que distorçam ou falseiem os fatos ou a sua comunicação. § 2º O partido que contrariar o disposto neste artigo será punido: I – quando a infração ocorrer nas transmissões em bloco, com a cassação do direito de transmissão no semestre seguinte; II – quando a infração ocorrer nas transmissões em inserções, com a cassação de tempo equivalente a 5 (cinco) vezes ao da inserção ilícita, no semestre seguinte. § 3º A representação, que somente poderá ser oferecida por partido político, será julgada pelo Tribunal Superior Eleitoral quando se tratar de programa em bloco ou inserções nacionais e pelos Tribunais Regionais Eleitorais quando se tratar de programas em bloco ou inserções transmitidos nos Estados correspondentes. § 4º O prazo para o oferecimento da representação encerra-se no último dia do semestre em que for veiculado o programa impugnado, ou se este tiver sido transmitido nos últimos 30 (trinta) dias desse período, até o 15º (décimo quinto) dia do semestre seguinte. § 5º Das decisões dos Tribunais Regionais Eleitorais que julgarem procedente representação, cassando o direito de transmissão de propaganda partidária, caberá recurso para o Tribunal Superior Eleitoral, que será recebido com efeito suspensivo. § 6º A propaganda partidária, no rádio e na televisão, fica restrita aos horários gratuitos disciplinados nesta Lei, com proibição de propaganda paga.	Dispositivos legais expressamente revogados pela Lei nº. 13.487/2017.	

Redação anterior	Nova redação	Comentários
Art. 46. As emissoras de rádio e de televisão ficam obrigadas a realizar, para os partidos políticos, na forma desta Lei, transmissões gratuitas em âmbito nacional e estadual, por iniciativa e sob a responsabilidade dos respectivos órgãos de direção. § 1º As transmissões serão em bloco, em cadeia nacional ou estadual, e em inserções de trinta segundos e um minuto, no intervalo da programação normal das emissoras. § 2º A formação das cadeias, tanto nacional quanto estaduais, será autorizada pelo Tribunal Superior Eleitoral, que fará a necessária requisição dos horários às emissoras de rádio e de televisão, mediante requerimento dos órgãos nacionais dos partidos, com antecedência mínima de quinze dias. § 3º No requerimento a que se refere o parágrafo anterior, o órgão partidário solicitará conjuntamente a fixação das datas de formação das cadeias, nacional e estaduais. § 4º O Tribunal Superior Eleitoral, independentemente do âmbito nacional ou estadual da transmissão, havendo coincidência de data, dará prioridade ao partido que apresentou o requerimento em primeiro lugar. § 5º O material de áudio e vídeo com os programas em bloco ou as inserções será entregue às emissoras com antecedência mínima de 12 (doze) horas da transmissão, podendo as inserções de rádio ser enviadas por meio de correspondência eletrônica. § 6º As inserções a serem feitas na programação das emissoras serão determinadas: I – pelo Tribunal Superior Eleitoral, quando solicitadas por órgão de direção nacional de partido; II – pelo Tribunal Regional Eleitoral, quando solicitadas por órgão de direção estadual de partido. § 7º Em cada rede somente serão autorizadas até dez inserções de trinta segundos ou cinco de um minuto por dia. § 8º É vedada a veiculação de inserções idênticas no mesmo intervalo de programação, exceto se o número de inserções de que dispuser o partido exceder os intervalos disponíveis, sendo vedada a transmissão em sequência para o mesmo partido político.	Dispositivos legais expressamente revogados pela Lei nº. 13.487/2017.	

Redação anterior	Nova redação	Comentários
Art. 47.	Dispositivos legais expressamente revogados pela Lei nº. 13.487/2017.	
Art. 48.	Dispositivos legais expressamente revogados pela Lei nº. 13.487/2017.	
Art. 49.	Dispositivos legais expressamente revogados pela Lei nº. 13.487/2017.	
Art. 52. (...) (...) Parágrafo Único.	Dispositivo legal expressamente revogado pela Lei nº. 13.487/2017.	
Art. 53. A fundação ou instituto de direito privado, criado por partido político, destinado ao estudo e pesquisa, à doutrinação e à educação política, rege-se pelas normas da lei civil e tem autonomia para contratar com instituições públicas e privadas, prestar serviços e manter estabelecimentos de acordo com suas finalidades, podendo, ainda, manter intercâmbio com instituições não nacionais.	**Art. 53.** A fundação ou instituto de direito privado, criado por partido político, destinado ao estudo e pesquisa, à doutrinação e à educação política, rege-se pelas normas da lei civil e tem autonomia para contratar com instituições públicas e privadas, prestar serviços e manter estabelecimentos de acordo com suas finalidades, podendo, ainda, manter intercâmbio com instituições não nacionais. § 1º O instituto poderá ser criado sob qualquer das formas admitidas pela lei civil. § 2º O patrimônio da fundação ou do instituto de direito privado a que se referem o inciso IV do art. 44 desta Lei e o caput deste artigo será vertido ao ente que vier a sucedê-lo nos casos de: I – extinção da fundação ou do instituto, quando extinto, fundido ou incorporado o partido político, assim como nas demais hipóteses previstas na legislação; II – conversão ou transformação da fundação em instituto, assim como deste em fundação. § 3º Para fins do disposto no § 2º deste artigo, a versão do patrimônio implica a sucessão de todos os direitos, os deveres e as obrigações da fundação ou do instituto extinto, transformado ou convertido. § 4º A conversão, a transformação ou, quando for o caso, a extinção da fundação ou do instituto ocorrerá por decisão do órgão de direção nacional do partido político.	Parágrafos 1º a 4º, e respectivos incisos, incluídos pela Lei 13.487/2017.

Alterações promovidas no corpo do Código Eleitoral (Lei 4.737/1965)

Redação anterior	Nova redação	Comentários
Art. 109. (...) (...) § 2º. Somente poderão concorrer à distribuição dos lugares os partidos ou as coligações que tiverem obtido quociente eleitoral.	**Art. 109.** (...) (...) § 2º. Poderão concorrer à distribuição dos lugares todos os partidos e coligações que participaram do pleito.	
Dispositivo incluído pela Lei 13.488/2017.	**Art. 354-A.** Apropriar-se o candidato, o administrador financeiro da campanha, ou quem de fato exerça essa função, de bens, recursos ou valores destinados ao financiamento eleitoral, em proveito próprio ou alheio: **Pena** – reclusão, de dois a seis anos, e multa.	

Novas disposições legais previstas no corpo da Lei nº. 13.487/2017

Texto da Lei
Art. 3º. O valor a ser definido pelo Tribunal Superior Eleitoral, para os fins do disposto no inciso I do caput do art. 16-C da Lei no 9.504, de 30 de setembro de 1997, será equivalente à somatória da compensação fiscal que as emissoras comerciais de rádio e televisão receberam pela divulgação da propaganda partidária efetuada no ano da publicação desta Lei e no ano imediatamente anterior, atualizada monetariamente, a cada eleição, pelo Índice Nacional de Preços ao Consumidor (INPC), da Fundação Instituto Brasileiro de Geografia e Estatística (IBGE), ou por índice que o substituir.

Novas disposições legais previstas no corpo da Lei nº. 13.488/2017

Texto da Lei
Art. 4º Em 2018, para fins do disposto nos incisos III e IV do **caput** do art. 16-D da Lei nº 9.504, de 30 de setembro de 1997, a distribuição dos recursos entre os partidos terá por base o número de representantes titulares na Câmara dos Deputados e no Senado Federal, apurado em 28 de agosto de 2017 e, nas eleições subsequentes, apurado no último dia da sessão legislativa imediatamente anterior ao ano eleitoral.
Art. 5º Nas eleições para Presidente da República em 2018, o limite de gastos de campanha de cada candidato será de R$ 70.000.000,00 (setenta milhões de reais). **Parágrafo único.** Na campanha para o segundo turno, se houver, o limite de gastos de cada candidato será de 50% (cinquenta por cento) do valor estabelecido no **caput** deste artigo.
Art. 6º O limite de gastos nas campanhas dos candidatos às eleições de Governador e Senador em 2018 será definido de acordo com o número de eleitores de cada unidade da Federação apurado no dia 31 de maio de 2018, nos termos previstos neste artigo. § 1º Nas eleições para Governador, serão os seguintes os limites de gastos de campanha de cada candidato: I – nas unidades da Federação com até um milhão de eleitores: R$ 2.800.000,00 (dois milhões e oitocentos mil reais); II – nas unidades da Federação com mais de um milhão de eleitores e de até dois milhões de eleitores: R$ 4.900.000,00 (quatro milhões e novecentos mil reais); III – nas unidades da Federação com mais de dois milhões de eleitores e de até quatro milhões de eleitores: R$ 5.600.000,00 (cinco milhões e seiscentos mil reais); IV – nas unidades da Federação com mais de quatro milhões de eleitores e de até dez milhões de eleitores: R$ 9.100.000,00 (nove milhões e cem mil reais); V – nas unidades da Federação com mais de dez milhões de eleitores e de até vinte milhões de eleitores: R$ 14.000.000,00 (catorze milhões de reais); VI – nas unidades da Federação com mais de vinte milhões de eleitores: R$ 21.000.000,00 (vinte e um milhões de reais). § 2º Nas eleições para Senador, serão os seguintes os limites de gastos de campanha de cada candidato: I – nas unidades da Federação com até dois milhões de eleitores: R$ 2.500.000,00 (dois milhões e quinhentos mil reais); II – nas unidades da Federação com mais de dois milhões de eleitores e de até quatro milhões de eleitores: R$ 3.000.000,00 (três milhões de reais); III – nas unidades da Federação com mais de quatro milhões de eleitores e de até dez milhões de eleitores: R$ 3.500.000,00 (três milhões e quinhentos mil reais); IV – nas unidades da Federação com mais de dez milhões de eleitores e de até vinte milhões de eleitores: R$ 4.200.000,00 (quatro milhões e duzentos mil reais); V – nas unidades da Federação com mais de vinte milhões de eleitores: R$ 5.600.000,00 (cinco milhões e seiscentos mil reais). § 3º Nas campanhas para o segundo turno de governador, onde houver, o limite de gastos de cada candidato será de 50% (cinquenta por cento) dos limites fixados no § 1º deste artigo.
Art. 7º Em 2018, o limite de gastos será de: I – R$ 2.500.000,00 (dois milhões e quinhentos mil reais) para as campanhas dos candidatos às eleições de Deputado Federal; II – R$ 1.000.000,00 (um milhão de reais) para as campanhas dos candidatos às eleições de Deputado Estadual e Deputado Distrital.
Art. 8º Nas eleições de 2018, se as doações de pessoas físicas a candidatos, somadas aos recursos públicos, excederem o limite de gastos permitido para a respectiva campanha, o valor excedente poderá ser transferido para o partido do candidato.
Art. 9º Os partidos deverão adequar seus estatutos aos termos desta Lei até o final do exercício de 2017.
Art. 10. Esta Lei entra em vigor na data de sua publicação.
Art. 11. (VETADO).

✦ SÚMULAS APLICÁVEIS

1. SÚMULAS DO SUPREMO TRIBUNAL FEDERAL

- **Súmula nº 72:** No julgamento de questão constitucional, vinculada a decisão do Tribunal Superior Eleitoral, não estão impedidos os ministros do Supremo Tribunal Federal que ali tenham funcionado no mesmo processo, ou no processo originário.
- **Súmula nº 728:** É de três dias o prazo para a interposição de recurso extraordinário contra decisão do Tribunal Superior Eleitoral, contado, quando for o caso, a partir da publicação do acórdão, na própria sessão de julgamento, nos termos do art. 12 da Lei 6.055/74, que não foi revogado pela Lei 8.950/94.
- **Súmula Vinculante nº 18:** O Tribunal, por maioria, vencido o Senhor Ministro Marco Aurélio, acolheu e aprovou a proposta de edição da Súmula Vinculante nº 18, nos seguintes termos: "A dissolução da sociedade ou do vínculo conjugal, no curso do mandato, não afasta a inelegibilidade prevista no § 7º do artigo 14 da Constituição Federal".

2. SÚMULAS DO SUPERIOR TRIBUNAL DE JUSTIÇA

- **Súmula nº 192:** Compete ao Juízo das Execuções Penais do Estado a execução das penas impostas a sentenciados pela Justiça Federal, Militar ou Eleitoral, quando recolhidos a estabelecimentos sujeitos à administração estadual.
- **Súmula nº 368:** Compete à Justiça comum estadual processar e julgar os pedidos de retificação de dados cadastrais da Justiça Eleitoral.
- **Súmula nº 374:** Compete à Justiça Eleitoral processar e julgar a ação para anular débito decorrente de multa eleitoral.

3. SÚMULAS DO TRIBUNAL SUPERIOR ELEITORAL

- **Súmula nº 01:** Proposta a ação para desconstituir a decisão que rejeitou as contas, anteriormente à impugnação, fica suspensa a inelegibilidade (Lei Complementar nº 64/90, art. 1º, I, g)

  Nota: embora não tenha sido cancelada pelo TSE, a presente súmula se tornou incompatível com a nova redação da referida alínea "g" do inciso I do art. 1º da LC 64/90, estabelecida pela LC nº 135/10, a qual estabeleceu que estarão inelegíveis, para qualquer cargo, "os que tiverem suas contas relativas ao exercício de cargos ou funções públicas rejeitadas por irregularidade insanável que configure ato doloso de improbidade administrativa, e por decisão irrecorrível do órgão competente, salvo se esta houver sido suspensa ou anulada pelo Poder Judiciário, para as eleições que se realizarem nos 8 (oito) anos seguintes, contados a partir da data da decisão (...)". Com a nova redação citada, a decisão da rejeição de contas por irregularidade insanável que configure ato doloso de improbidade administrativa deverá ser suspensa ou anulada pelo Poder Judiciário para que seja evitada a sanção de inelegibilidade, não bastando, portanto, a mera submissão das contas à apreciação do Poder Judiciário, independentemente de manifestação deste, como prevê a Súmula nº 01 do TSE.
- **Súmula nº 02:** Assinada e recebida a ficha de filiação partidária até o termo final do prazo fixado em lei, considera-se satisfeita a correspondente condição de elegibilidade, ainda que não tenha fluído, até a mesma data, o tríduo legal de impugnação.
- **Súmula nº 03:** No processo de registro de candidatos, não tendo o juiz aberto prazo para o suprimento de defeito da instrução do pedido, pode o documento, cuja falta houver motivado o indeferimento, ser juntado com o recurso ordinário.
- **Súmula nº 04:** Não havendo preferência entre candidatos que pretendam o registro da mesma variação nominal, defere-se o do que primeiro o tenha requerido.
- **Súmula nº 05:** Serventuário de cartório, celetista, não se inclui na exigência do art. 1º, II, l, da LC nº 64/90.
- **Súmula nº 06:** É inelegível, para o cargo de prefeito, o cônjuge e os parentes indicados no par. 7º do art. 14 da Constituição, do titular do mandato, ainda que este haja renunciado ao cargo há mais de seis meses do pleito.

  Nota: com a promulgação da Emenda Constitucional da reeleição para cargos executivos, o TSE flexibilizou a interpretação desta súmula, estabelecendo que "cônjuge e parentes do chefe do Executivo são elegíveis para o mesmo cargo do titular, quando este for reelegível e tiver se afastado definitivamente do cargo até seis meses antes do pleito (Acs. TSE nºs 3.043/2001 e 19.442/2001)".
- **Súmula nº 07**: É inelegível para o cargo de prefeito a irmã da concubina do atual titular do mandato.

  Nota: súmula cancelada pela Resolução TSE nº 20.920/2001.
- **Súmula nº 08:** O vice-prefeito é inelegível para o mesmo cargo.

  Nota: súmula cancelada pela Res. TSE nº 20.920/2001.

- **Súmula nº 09:** A suspensão de direitos políticos decorrente de condenação criminal transitada em julgado cessa com o cumprimento ou a extinção da pena, independendo de reabilitação ou de prova de reparação dos danos.
- **Súmula nº 10:** No processo de registro de candidatos, quando a sentença for entregue em Cartório antes de três dias contados da conclusão ao Juiz, o prazo para o recurso ordinário, salvo intimação pessoal anterior, só se conta do termo final daquele tríduo.
- **Súmula nº 11:** No processo de registro de candidatos, o partido que não o impugnou não tem legitimidade para recorrer da sentença que o deferiu, salvo se se cuidar de matéria constitucional.
- **Súmula nº 12:** São inelegíveis, no Município desmembrado e ainda não instalado, o cônjuge e os parentes consangüíneos ou afins, até o segundo grau ou por adoção, do Prefeito do Município-mãe, ou de quem o tenha substituído, dentro dos seis meses anteriores ao pleito, salvo se já titular de mandato eletivo.
- **Súmula nº 13:** Não é auto-aplicável o § 9º, Art. 14, da Constituição, com a redação da Emenda Constitucional de Revisão nº 4-94.
- **Súmula nº 14:** A duplicidade de que cuida o parágrafo único do artigo 22 da Lei nº 9.096-95 somente fica caracterizada caso a nova filiação houver ocorrido após a remessa das listas previstas no parágrafo único do artigo 58 da referida lei.

  Nota: súmula cancelada pela Resolução TSE nº 21.885/2004.
- **Súmula nº 15:** O exercício de cargo eletivo não é circunstância suficiente para, em recurso especial, determinar-se a reforma de decisão mediante a qual o candidato foi considerado analfabeto.
- **Súmula nº 16:** A falta de abertura de conta bancária específica não é fundamento suficiente para a rejeição de contas de campanha eleitoral, desde que, por outros meios, se possa demonstrar sua regularidade (art. 34 da Lei 9.096, de 19.9.95).

  Nota: súmula revogada em 05/11/2002.
- **Súmula nº 17:** Não é admissível a presunção de que o candidato, por ser beneficiário de propaganda eleitoral irregular, tenha prévio conhecimento de sua veiculação (arts. 36 e 37 da Lei 9.504, de 30/9/97).

  Nota: súmula cancelada em 16/04/2002 por decisão em Questão de Ordem formulada no julgamento do REspe nº 19.600-CE
- **Súmula nº 18:** Conquanto investido de poder de polícia, não tem legitimidade o juiz eleitoral para, de ofício, instaurar procedimento com a finalidade de impor multa pela veiculação de propaganda eleitoral em desacordo com a Lei nº 9.504/97.
- **Súmula nº 19:** O prazo de inelegibilidade decorrente da condenação por abuso do poder econômico ou político tem início no dia da eleição em que este se verificou e finda no dia de igual número no oitavo ano seguinte (art. 22, XIV, da LC nº 64/1990).

  Nota: esta súmula deve ser interpretada em conformidade com o novo prazo de oito anos de inelegibilidade por abuso de poder econômico ou político, estabelecido pela Lei da Ficha Limpa (LC nº 135/10).
- **Súmula nº 20:** A falta do nome do filiado ao partido na lista por este encaminhada à Justiça Eleitoral, nos termos do Art. 19 da Lei 9.096, de 19.9.95, pode ser suprida por outros elementos de prova de oportuna filiação.
- **Súmula-TSE nº 21 (**Cancelada)

  O prazo para ajuizamento da representação contra doação de campanha acima do limite legal é de 180 dias, contados da data da diplomação.

- **Súmula-TSE nº 22**

  Não cabe mandado de segurança contra decisão judicial recorrível, salvo situações de teratologia ou manifestamente ilegais.
- **Súmula-TSE nº 23**

  Não cabe mandado de segurança contra decisão judicial transitada em julgado.
- **Súmula-TSE nº 24**

  Não cabe recurso especial eleitoral para simples reexame do conjunto fático-probatório.
- **Súmula-TSE nº 25**

  É indispensável o esgotamento das instâncias ordinárias para a interposição de recurso especial eleitoral.
- **Súmula-TSE nº 26**

  É inadmissível o recurso que deixa de impugnar especificamente fundamento da decisão recorrida que é, por si só, suficiente para a manutenção desta.
- **Súmula-TSE nº 27**

  É inadmissível recurso cuja deficiência de fundamentação impossibilite a compreensão da controvérsia.
- **Súmula-TSE nº 28**

  A divergência jurisprudencial que fundamenta o recurso especial interposto com base na alínea b do inciso I do art. 276 do Código Eleitoral somente estará demonstrada mediante a realização de cotejo analítico e a existência de similitude fática entre os acórdãos paradigma e o aresto recorrido.

- **Súmula-TSE nº 29**

  A divergência entre julgados do mesmo Tribunal não se presta a configurar dissídio jurisprudencial apto a fundamentar recurso especial eleitoral.

- **Súmula-TSE nº 30**

  Não se conhece de recurso especial eleitoral por dissídio jurisprudencial, quando a decisão recorrida estiver em conformidade com a jurisprudência do Tribunal Superior Eleitoral.

- Súmula-TSE nº 31

  Não cabe recurso especial eleitoral contra acórdão que decide sobre pedido de medida liminar.

- **Súmula-TSE nº 32**

  É inadmissível recurso especial eleitoral por violação à legislação municipal ou estadual, ao Regimento Interno dos Tribunais Eleitorais ou às normas partidárias.

- **Súmula-TSE nº 33**

  Somente é cabível ação rescisória de decisões do Tribunal Superior Eleitoral que versem sobre a incidência de causa de inelegibilidade.

- **Súmula-TSE nº 34**

  Não compete ao Tribunal Superior Eleitoral processar e julgar mandado de segurança contra ato de membro de Tribunal Regional Eleitoral.

- **Súmula-TSE nº 35**

  Não é cabível reclamação para arguir o descumprimento de resposta a consulta ou de ato normativo do Tribunal Superior Eleitoral.

- **Súmula-TSE nº 36**

  Cabe recurso ordinário de acórdão de Tribunal Regional Eleitoral que decida sobre inelegibilidade, expedição ou anulação de diploma ou perda de mandato eletivo nas eleições federais ou estaduais (art. 121, § 4º, incisos III e IV, da Constituição Federal).

- **Súmula-TSE nº 37**

  Compete originariamente ao Tribunal Superior Eleitoral processar e julgar recurso contra expedição de diploma envolvendo eleições federais ou estaduais.

- **Súmula-TSE nº 38**

  Nas ações que visem à cassação de registro, diploma ou mandato, há litisconsórcio passivo necessário entre o titular e o respectivo vice da chapa majoritária.

- **Súmula-TSE nº 39**

  Não há formação de litisconsórcio necessário em processos de registro de candidatura.

- **Súmula-TSE nº 40**

  O partido político não é litisconsorte passivo necessário em ações que visem à cassação de diploma.

- **Súmula-TSE nº 41**

  Não cabe à Justiça Eleitoral decidir sobre o acerto ou desacerto das decisões proferidas por outros Órgãos do Judiciário ou dos Tribunais de Contas que configurem causa de inelegibilidade.

- **Súmula-TSE nº 42**

  A decisão que julga não prestadas as contas de campanha impede o candidato de obter a certidão de quitação eleitoral durante o curso do mandato ao qual concorreu, persistindo esses efeitos, após esse período, até a efetiva apresentação das contas.

- **Súmula-TSE nº 43**

  As alterações fáticas ou jurídicas supervenientes ao registro que beneficiem o candidato, nos termos da parte final do art. 11, § 10, da Lei nº 9.504/97, também devem ser admitidas para as condições de elegibilidade.

- **Súmula-TSE nº 44**

  O disposto no art. 26-C da LC nº 64/90 não afasta o poder geral de cautela conferido ao magistrado pelo Código de Processo Civil.

- **Súmula-TSE nº 45**

  Nos processos de registro de candidatura, o Juiz Eleitoral pode conhecer de ofício da existência de causas de inelegibilidade ou da ausência de condição de elegibilidade, desde que resguardados o contraditório e a ampla defesa.

- **Súmula-TSE nº 46**

  É ilícita a prova colhida por meio da quebra do sigilo fiscal sem prévia e fundamentada autorização judicial, podendo o Ministério Público Eleitoral acessar diretamente apenas a relação dos doadores que excederam os limites legais, para os fins da representação cabível, em que poderá requerer, judicialmente e de forma individualizada, o acesso aos dados relativos aos rendimentos do doador.

- **Súmula-TSE nº 47**

  A inelegibilidade superveniente que autoriza a interposição de recurso contra expedição de diploma, fundado no art. 262 do Código Eleitoral, é aquela de índole constitucional ou, se infraconstitucional, superveniente ao registro de candidatura, e que surge até a data do pleito.

- **Súmula-TSE nº 48**

  A retirada da propaganda irregular, quando realizada em bem particular, não é capaz de elidir a multa prevista no art. 37, § 1º, da Lei nº 9.504/97.

- **Súmula-TSE nº 49**

  O prazo de cinco dias, previsto no art. 3º da LC nº 64/90, para o Ministério Público impugnar o registro inicia-se com a publicação do edital, caso em que é excepcionada a regra que determina a sua intimação pessoal.

- **Súmula-TSE nº 50**

  O pagamento da multa eleitoral pelo candidato ou a comprovação do cumprimento regular de seu parcelamento após o pedido de registro, mas antes do julgamento respectivo, afasta a ausência de quitação eleitoral.

- **Súmula-TSE nº 51**

  O processo de registro de candidatura não é o meio adequado para se afastarem os eventuais vícios apurados no processo de prestação de contas de campanha ou partidárias.

- **Súmula-TSE nº 52**

  Em registro de candidatura, não cabe examinar o acerto ou desacerto da decisão que examinou, em processo específico, a filiação partidária do eleitor.

- **Súmula-TSE nº 53**

  O filiado a partido político, ainda que não seja candidato, possui legitimidade e interesse para impugnar pedido de registro de coligação partidária da qual é integrante, em razão de eventuais irregularidades havidas em convenção.

- **Súmula-TSE nº 54**

  A desincompatibilização de servidor público que possui cargo em comissão é de três meses antes do pleito e pressupõe a exoneração do cargo comissionado, e não apenas seu afastamento de fato.

- **Súmula-TSE nº 55**

  A Carteira Nacional de Habilitação gera a presunção da escolaridade necessária ao deferimento do registro de candidatura.

- **Súmula-TSE nº 56**

  A multa eleitoral constitui dívida ativa de natureza não tributária, submetendo-se ao prazo prescricional de 10 (dez) anos, nos moldes do art. 205 do Código Civil.

- **Súmula-TSE nº 57**

  A apresentação das contas de campanha é suficiente para a obtenção da quitação eleitoral, nos termos da nova redação conferida ao art. 11, § 7º, da Lei nº 9.504/97, pela Lei nº 12.034/2009.

- **Súmula-TSE nº 58**

  Não compete à Justiça Eleitoral, em processo de registro de candidatura, verificar a prescrição da pretensão punitiva ou executória do candidato e declarar a extinção da pena imposta pela Justiça Comum.

- **Súmula-TSE nº 59**

  O reconhecimento da prescrição da pretensão executória pela Justiça Comum não afasta a inelegibilidade prevista no art. 1º, I, e, da LC nº 64/90, porquanto não extingue os efeitos secundários da condenação.

- **Súmula-TSE nº 60**

  O prazo da causa de inelegibilidade prevista no art. 1º, I, e, da LC nº 64/90 deve ser contado a partir da data em que ocorrida a prescrição da pretensão executória e não do momento da sua declaração judicial.

- **Súmula-TSE nº 61**

  O prazo concernente à hipótese de inelegibilidade prevista no art. 1º, I, e, da LC nº 64/90 projeta-se por oito anos após o cumprimento da pena, seja ela privativa de liberdade, restritiva de direito ou multa.

- **Súmula-TSE nº 62**

  Os limites do pedido são demarcados pelos fatos imputados na inicial, dos quais a parte se defende, e não pela capitulação legal atribuída pelo autor.

- **Súmula-TSE nº 63**

  A execução fiscal de multa eleitoral só pode atingir os sócios se preenchidos os requisitos para a desconsideração da personalidade jurídica previstos no art. 50 do Código Civil, tendo em vista a natureza não tributária da dívida, observados, ainda, o contraditório e a ampla defesa.

- **Súmula-TSE nº 64**

  Contra acórdão que discute, simultaneamente, condições de elegibilidade e de inelegibilidade, é cabível o recurso ordinário.

- **Súmula-TSE nº 65**

  Considera-se tempestivo o recurso interposto antes da publicação da decisão recorrida.

- **Súmula-TSE nº 66**

  A incidência do § 2º do art. 26-C da LC nº 64/90 não acarreta o imediato indeferimento do registro ou o cancelamento do diploma, sendo necessário o exame da presença de todos os requisitos essenciais à configuração da inelegibilidade, observados os princípios do contraditório e da ampla defesa.

- **Súmula-TSE nº 67**

  A perda do mandato em razão da desfiliação partidária não se aplica aos candidatos eleitos pelo sistema majoritário.

- **Súmula-TSE nº 68**

  A União é parte legítima para requerer a execução de astreintes, fixada por descumprimento de ordem judicial no âmbito da Justiça Eleitoral.

- **Súmula-TSE nº 69**

  Os prazos de inelegibilidade previstos nas alíneas j e h do inciso I do art. 1º da LC nº 64/90 têm termo inicial no dia do primeiro turno da eleição e termo final no dia de igual número no oitavo ano seguinte.

- **Súmula-TSE nº 70**

  O encerramento do prazo de inelegibilidade antes do dia da eleição constitui fato superveniente que afasta a inelegibilidade, nos termos do art. 11, § 10, da Lei nº 9.504/97.

- **Súmula-TSE nº 71**

  Na hipótese de negativa de seguimento ao recurso especial e da consequente interposição de agravo, a parte deverá apresentar contrarrazões tanto ao agravo quanto ao recurso especial, dentro do mesmo tríduo legal.

✦ INFORMATIVOS APLICÁVEIS

1. INFORMATIVOS DO STF.

Informativo 01 – Plebiscito: desmembramento de estado e população diretamente interessada.

A expressão "população diretamente interessada" constante do § 3º do art. 18 da CF deve ser entendida como a população tanto da área desmembranda do Estado-membro como a da área remanescente. ADI 2650, Rel. Min. Dias Toffoli, 24.8.2011. Pleno. (Info 637).

Informativo 02 – Lei da Ficha Limpa: inelegibilidade e renúncia

O Tribunal declarou extinto, sem julgamento do mérito, processo no qual pleiteado o deferimento do registro de candidatura do primeiro recorrente ao cargo político de Governador do Distrito Federal. Tendo em conta a renúncia do candidato à pretensão de obter o registro de sua candidatura, submeteu-se ao Colegiado, em questão de ordem, o exame de petição formulada pelos recorrentes, em que requeriam a desistência dos recursos ou, alternativamente, a declaração da perda de seu objeto. Em passo seguinte, rejeitou-se o pedido de desistência dos recursos, haja vista que já iniciado o julgamento, e, embora não declarado o seu resultado, proferidos os votos de todos os mins. da Corte. Entretanto, ao enfatizar que o escopo dos recorrentes seria o registro da candidatura, aduziu-se que, ante a mencionada desistência, inexistiria objeto a ser analisado pela Justiça Eleitoral e, consequentemente, não haveria lugar para a prolação de sentença de mérito. Dessa forma, asseverou-se que, na situação em apreço, ter-se-ia uma hipótese de extinção anômala do processo principal por perda superveniente de objeto e de interesse, sem que resolvida a própria controvérsia suscitada no recurso em questão. *RE 630147 QO, red. p/ o ac. Min. Marco Aurélio, 29.9.10. Pleno. (Info 602)*

Informativo 03 – Lei da Ficha Limpa: inelegibilidade e renúncia

Ante o empate na votação, manteve acórdão do TSE que, ao enfatizar a aplicabilidade imediata das alterações introduzidas pela LC 135/10, concluíra pela inelegibilidade de candidato a cargo de Senador da República. O relator asseverou que inelegibilidade não seria pena ou punição e não caracterizaria repercussão prática da culpa ou do dolo do agente político, mas uma reprovação prévia, anterior e prejudicial às eleições, por comportamento objetivamente descrito como contrário às normas de organização política. Votos divergentes reputaram que a lei complementar repercutira em inúmeros julgamentos no processo eleitoral. Acrescentaram que a alínea k da citada LC 135/10 não seria fruto de iniciativa popular, mas resultado de emenda a projeto de lei. Registraram que, quando da renúncia do recorrente em 2001, dentre as consequências previstas para tal ato, não havia a inelegibilidade e que uma lei posterior não poderia buscar um fato pretérito para dele extrair consequências no presente. Realçaram que a concessão de eficácia retroativa à lei implicaria aplicação casuística e personalizada. Observaram que, na situação dos autos, após a renúncia, o recorrente obtivera da Justiça Eleitoral o deferimento dos registros e respectivas diplomações nas 2 eleições seguintes, sendo o candidato a deputado federal mais votado no Brasil. Indagaram como, à época, ele seria elegível e atenderia às formalidades legais e, nos dias atuais, considerado inelegível para exercer mandato, por essa mesma Justiça Eleitoral, tendo em conta aquela mesma renúncia que não o impedira de exercer os cargos de parlamentar federal. Assim, entendiam que a norma impugnada teria atribuído a um ato lícito um caráter de ilicitude para efeito de privação da elegibilidade passiva, haja vista que a inelegibilidade, dessa forma, configuraria sanção de direito eleitoral restritiva do exercício ao direito fundamental de participação política. Concluíram que a interpretação conferida pelo TSE afrontaria não só o postulado fundamental inscrito no art. 16 da CF, bem como aquele que busca prestigiar a incolumidade de situações já consolidadas no passado. Em seguida, o Plenário rejeitou questão de ordem suscitada da tribuna pelo patrono do recorrente no sentido de suspender o julgamento até a nomeação de novo Ministro para compor o Tribunal. *RE 631102, rel. Min. Joaquim Barbosa, 27.10.10. Pleno. (Info 606)*

Informativo 04 – Lei da Ficha Limpa e art. 16

A LC 135/2010 – que altera a LC 64/90, que estabelece, de acordo com o § 9º do art. 14 da CF, casos de inelegibilidade, prazos de cessação e determina outras providências, para incluir hipóteses de inelegibilidade que visam a proteger a probidade administrativa e a moralidade no exercício do mandato – não se aplica às eleições gerais de 2010. O princípio da anterioridade eleitoral, de acordo com a jurisprudência do STF, constituiria uma garantia fundamental do cidadão-eleitor, do cidadão-candidato e dos partidos políticos e, qualificada como cláusula pétrea, e seria oponível, inclusive, em relação ao exercício do poder constituinte derivado. *RE 633703, Rel. Min. Gilmar Mendes, 23.3.2011. Pleno. (Info 620)*

Informativo 05 – Coligação partidária

A jurisprudência do TSE e do STF afirma que o mandato parlamentar conquistado no sistema eleitoral proporcional pertence ao partido político. Consignado pela Corte no julgamento do MS 27938, o reconhecimento da justa causa para a desfiliação partidária teria o condão apenas de afastar a pecha de infidelidade partidária e permitir a continuidade do exercício do mandato, mas não de transferir ao novo partido o direito à manutenção da vaga. Concluiu-se que o posicionamento mais consentâneo com essa jurisprudência seria o de dar posse ao suplente do próprio partido político detentor do mandato eletivo antes exercido pelo parlamentar que renunciara. *MS 29988 MC, rel. Min. Gilmar Mendes, 9.12.10. Pleno. (Info 612)*

Informativo 06 – Fidelidade partidária

O reconhecimento da justa causa para transferência de partido político afasta a perda do mandato eletivo por infidelidade partidária. Contudo, ela não transfere ao novo partido o direito de sucessão à vaga. *MS 27938, rel. Min. Joaquim Barbosa, 11.3.10. Pleno. (Info 578)*

Informativo 07 – Convocação de suplente e coligação partidária

O afastamento temporário de deputados federais deve ser suprido pela convocação dos suplentes mais votados da coligação, e não daqueles que pertençam aos partidos, aos quais filiados os parlamentares licenciados, que compõem a coligação, de acordo com a ordem de suplência indicada pela Justiça Eleitoral. A figura jurídica derivada dessa coalizão transitória não se exaure no dia do pleito ou, menos ainda, apaga os vestígios de sua existência quando esgotada a finalidade que motivou a convergência de vetores políticos: eleger candidatos. Seus efeitos projetam-se na definição da ordem para ocupação dos cargos e para o exercício dos mandatos conquistados. A situação em apreço não guardaria relação de pertinência com os precedentes invocados sobre a temática da infidelidade partidária como causa de perda do mandato parlamentar. *MS 30260, MS 30272, Rel. Min. Cármen Lúcia, 27.4.2011. Pleno. (Info 624)*

Informativo 08 – Propaganda eleitoral no rádio e na televisão: humor e liberdade de imprensa.

O Tribunal, por maioria, referendou liminar em ADI, para suspender as normas do inc. II e da 2ª parte do inc. III, ambos do art. 45, bem como, por arrastamento, dos §§ 4º e 5º do mesmo artigo, todos da Lei 9.504/97. No caso, a Associação Brasileira de Emissoras de Rádio e Televisão alegava que os dispositivos questionados não estariam em harmonia com o sistema constitucional das liberdades de expressão e de imprensa e do direito à informação, em ofensa aos arts. 5º, IV, IX e XIV, e 220, todos da CF. Embora os incisos questionados estivessem em vigor há alguns anos, a dinâmica da vida não imporia aí a existência de um tipo de "usucapião da legalidade", no sentido de que, se a lei ficasse em vigor por muito tempo, tornar-se-ia constitucional. Destacou-se, no ponto, posicionamento sumulado do STF segundo o qual é insuscetível de prescrição a pretensão de inconstitucionalidade. Consignou-se que o humor poderia ser considerado imprensa, sendo aplicáveis, à espécie, as diretrizes firmadas no julgamento da ADPF 130, relativamente à liberdade de imprensa. Aduziu-se que tal liberdade, também denominada liberdade de informação jornalística, não seria uma bolha normativa, uma fórmula prescritiva oca, porquanto possuiria conteúdo, sendo este formado pelo rol de liberdades contidas no art. 5º da CF: livre manifestação do pensamento, livre expressão da atividade intelectual, artística, científica e de comunicação e livre acesso à informação. Mencionou-se o que disposto no art. 220 da CF, o qual seria uma extensão dos direitos fundamentais do seu referido art. 5º, de modo a reforçar esses sobredireitos. Assim, a comunicação social – que era livre no país – teria se tornado plena (CF, art. 220, § 1º). Salientou-se que, além de se ter em conta as coordenadas da aludida ADPF, dever-se-ia, ainda, atentar-se para a superveniência da Lei 12.034/09 que – ao introduzir os §§ 4º e 5º ao art. 45 da Lei 9.504/97, para conceituar trucagem e montagem – ampliara o âmbito material de incidência do inc. II desse mesmo artigo, o que permitira uma reforma no conteúdo da lei eleitoral. Reputou-se que os dispositivos adversados não apenas restringiriam, censurariam a liberdade de imprensa consubstanciada no humor em si mesmo – enquanto expressão de arte e de opinião crítica –, mas, também, em programas de humor, bem como o humor em qualquer programa, ainda que não especificamente de humor. Concluiu-se ser possível, no curso do processo eleitoral, o exercício do direito de crítica, de opinião, mesmo que contundente, pelos meios de comunicação social por radiodifusão, estando vedado o patrocínio de candidatura. Acentuou-se, ademais, que a dignidade da pessoa humana já estaria tutelada pelo CP, que criminaliza as ofensas à honra caracterizadoras de calúnia, de injúria e de difamação, e pelo Código Eleitoral. Por fim, aduziu-se que, durante o período eleitoral, a liberdade de imprensa deveria ser maior, haja vista ser o momento em que o cidadão mais precisa de plenitude de informação e desta com qualidade. *ADI 4451 Referendo-MC, rel. Min. Ayres Britto, 1º e 2.9.10. Pleno. (Info 598)*

Informativo 09 – Propaganda eleitoral no rádio e na televisão: humor e liberdade de imprensa.

Não cabe ao Estado, por qualquer dos seus órgãos, definir previamente o que pode ou o que não pode ser dito por indivíduos e jornalistas. Dever de omissão que inclui a própria atividade legislativa, pois é vedado à lei dispor sobre o núcleo duro das atividades jornalísticas, assim entendidas as coordenadas de tempo e de conteúdo da manifestação do pensamento, da informação e da criação lato sensu. Vale dizer: não há liberdade de imprensa pela metade ou sob as tenazes da censura prévia, pouco importando o Poder estatal de que ela provenha. Isso porque a liberdade de imprensa não é uma bolha normativa ou uma fórmula prescritiva oca. Tem conteúdo, e esse conteúdo é formado pelo rol de liberdades que se lê a partir da cabeça do art. 220 da CF: liberdade de "manifestação do pensamento", liberdade de "criação", liberdade de "expressão", liberdade de "informação". Liberdades constitutivas de verdadeiros bens de personalidade, porquanto correspondentes aos seguintes direitos que o art. 5º da nossa Constituição intitula de "Fundamentais": a) "livre manifestação do pensamento" (inc. IV); b) "livre expressão da atividade intelectual, artística, científica e de comunicação" (inc. IX); c) "acesso a informação" (inc. XIV). *(Info 633)*

Informativo 10 – dupla identificação do eleitor.

A apresentação do título de eleitor, nos moldes estabelecidos hoje, não ofereceria garantia de lisura nesse momento crucial de revelação da vontade do eleitorado e que as experiências das últimas eleições demonstrariam maior confiabilidade na identificação aferida com base em documentos oficiais de identidade com foto. Aduziu-se que os preceitos adversados, embora objetivassem maior segurança no reconhecimento dos eleitores, estabeleceriam uma exigência desmedida, a qual afastaria a finalidade que a norma pretendera alcançar. Concluiu-se que se deveria apresentar, no momento da votação, tanto o título de eleitor como documento oficial de identificação com fotografia. Contudo, enfatizou-se que apenas a frustração na exibição deste último é que teria o condão de impedir o exercício do voto. *ADI 4467 MC, rel. Min. Ellen Gracie, 29 e 30.9.10. Pleno. (Info 602)*

Informativo 11 – Identificação do eleitor.

Apenas a ausência de documento oficial de identidade com fotografia impede o exercício do direito de voto. *(Info 629)*

Informativo 12– Voto impresso x voto secreto.

Suspender os efeitos do art. 5º da Lei 12.034/09, que dispõe sobre a criação, a partir das eleições de 2014, do voto impresso. A impressão do voto feriria o direito inexpugnável ao segredo, visto que configuraria prova do ato de cidadania. *ADI 4543 MC, Rel. Min. Cármen Lúcia, 19.10.2011. Pleno. (Info 645)*

Informativo 13 – Falsidade ideológica para fins eleitorais e prestação de contas

A materialidade estaria suficientemente comprovada, na fase de cognição sumária, pela demonstração de recursos arrecadados, em que constaria a doação da referida empresa para a campanha do primeiro denunciado, pela comunicação, feita pelo sócio proprietário dessa empresa, ao TRE, no sentido de não ter contribuído para a campanha eleitoral, e, ainda, pelas declarações de informações econômico-fiscais da pessoa jurídica que atestariam que a empresa não obtivera rendimentos, nem tivera movimentação financeira no período da suposta doação. Trata-se de crime formal que não exige, para sua consumação, a efetiva ocorrência do dano. Repeliu-se o argumento de que seria indispensável, para a configuração do delito, que o agente realizasse a conduta típica para fins eleitorais, visto que, de outra forma, não se teria a incidência do art. 350 do Código Eleitoral, mas a do art. 299 do CP. *Inq 1990, rel. Min. Cármen Lúcia, 11.11.10. Pleno. (Info 608)*

2 . INFORMATIVOS DO STJ.

Informativo 01 – Habeas Corpus Ficha Limpa

A Turma não conheceu de "habeas corpus" impetrado com o intuito de anular condenação pelo delito de uso de documento falso, cuja punibilidade já foi extinta pela prescrição. O referido remédio constitucional não é a via adequada para afastar as consequências eleitorais estabelecidas pela LC 135/2010 (Lei da "Ficha Limpa"), porquanto inexistente, em tais hipóteses, ameaça ao direito de locomoção do paciente .*HC 166.977, rel. Min. Laurita Vaz, j. 26.8.10. 5ª T. (Info 444)*

3. INFORMATIVOS DO TSE.

Informativo 01 – Suspensão dos direitos políticos

Agravo Regimental no Recurso Especial Eleitoral nº 651-72/SP Relator: Ministro João Otávio de Noronha Ementa: AGRAVO REGIMENTAL. RECURSO ESPECIAL ELEITORAL. ELEIÇÕES 2012. VEREADOR. RECURSO CONTRA EXPEDIÇÃO DE DIPLOMA. ART. 262, I, DO CÓDIGO ELEITORAL. CONDENAÇÃO CRIMINAL TRANSITADA EM JULGADO. DESPROVIMENTO. 1. O art. 15, III, da CF/88 é auto-aplicável, constituindo a suspensão dos direitos políticos efeito automático da condenação. 2. A condenação criminal transitada em julgado é suficiente à imediata suspensao dos direitos políticos, ainda que a pena privativa de liberdade tenha sido posteriormente substituída por uma restritiva de direitos.3. Agravo regimental desprovido.

DJE de 28.5.2014.

Informativo 02 – Inelegibilidade do vice-prefeito reconhecida após a diplomação e princípio da indivisibilidade da chapa majoritária.

Inelegibilidade do vice-prefeito reconhecida após a diplomação e princípio da indivisibilidade da chapa majoritária. O Plenário do Tribunal Superior Eleitoral, por maioria, assentou que a inelegibilidade referente ao cargo de vice-prefeito, declarada após a eleição, não alcança o candidato a prefeito, por não haver relação de subordinação do titular da chapa majoritária à situação jurídica do vice. Na espécie, o candidato ao cargo de prefeito teve o registro deferido em todos os graus de jurisdição. O candidato a vice-prefeito, por sua vez, teve a candidatura indeferida somente após a diplomação e em julgamento que modificou jurisprudência que lhe era favorável. O Ministro João Otávio de Noronha, relator, enfatizou que, em razão da particularidade do caso, haveria de se afastar a incidência do princípio da indivisibilidade da chapa majoritária para prevalecer o princípio da segurança jurídica, no que foi acompanhado pela Ministra Luciana Lóssio e pelo Ministro Gilmar Mendes. Em divergência, o Ministro Henrique Neves afirmava que, havendo cassação, seja do titular seja do vice, a chapa estaria incompleta, sendo nula a votação a ela dada. Tal entendimento foi acompanhado pelo Ministro Dias Toffoli e pela Ministra Laurita Vaz. O Ministro Marco Aurélio, presidente, em voto de desempate, acompanhou o relator. Ressaltou que o principal é a candidatura à titularidade; e o acessório, a candidatura a vice. Ressaltou, ainda, que, como previsto no art. 77, § 1º, da Constituição da República, a eleição do presidente da República importará a do vice-presidente com ele registrado, e não o inverso. Mencionou também, no que diz respeito ao prefeito, o preceito do art. 3º, § 1º, da Lei nº 9.504/1997 e sustentou ainda não ser possível estender ao titular a inelegibilidade do vice, uma vez que a Lei Complementar nº 64/1990 revela que a pecha é pessoal. O Tribunal, por maioria, proveu o recurso em mandado de segurança para, concedendo-se parcialmente a ordem, anular o ato reputado coator e restabelecer o diploma de prefeito outorgado ao recorrente.

Recurso em Mandado de Segurança nº 503-67, Santa Maria Madalena/RJ, rel. Min. João Otávio de Noronha, em 4.2.2014.

➘ Informativo 03- Negativa da prática de ato de improbidade em rejeição de contas pelo Tribunal de Contas e incidência de inelegibilidade.

Negativa da prática de ato de improbidade em rejeição de contas pelo Tribunal de Contas e incidência de inelegibilidade. O Plenário do Tribunal Superior Eleitoral, por maioria, assentou que a reconsideração de tribunal de contas afastando a nota de improbidade constante de decisão de rejeição de contas de candidato não impede que a Justiça Eleitoral conclua pela inelegibilidade. Na espécie, o recorrido teve seu registro de candidatura ao cargo de vereador indeferido pelo Tribunal Regional Eleitoral do Ceará em razão da rejeição, pelo Tribunal de Contas dos Municípios, de suas contas relativas ao período em que exerceu a Presidência da Câmara Municipal, por descumprimento à Lei de Licitações. Em recurso de reconsideração, a Corte de Contas afastou a pecha da improbidade, mas manteve a rejeição das contas. Este Tribunal Superior asseverou que, mesmo quando o julgamento da Corte de Contas exclui a nota de improbidade, cabe à Justiça Eleitoral analisar os elementos constantes da decisão de rejeição de contas para verificar se as irregularidades se enquadram nas hipóteses previstas na alínea "g" do inciso I do art. 1º da Lei Complementar nº 64/1990. No caso, por maioria, o Plenário entendeu que o descumprimento das regras constantes da Lei nº 8.666/1993 pelo então presidente da Câmara Municipal enseja a inelegibilidade do candidato. Vencidos o Ministro Dias Toffoli, relator, e o Ministro Gilmar Mendes, que votavam no sentido do deferimento do registro da candidatura. O Ministro Dias Toffoli destacava a inexistência de conduta dolosa ou de prejuízo ao Erário. Ademais, enfatizava a necessidade de haver critérios objetivos para a análise dos elementos constantes da decisão do Tribunal de Contas pela Justiça Eleitoral, devendo-se evitar a subjetividade. O Tribunal, por maioria, desproveu o recurso. Recurso Especial Eleitoral n° 149-30, Sobral/CE, rel. Min. Dias Toffoli, em 25.3.2014.

➘ Informativo 04 – Propaganda partidária

Propaganda Partidária nº 914-07/DF Relator: Ministro Henrique Neves da Silva. Ementa:Propaganda partidária. Requerimento. Veiculação. Primeiro semestre de 2014. Novo partido. Segundo a jurisprudência deste Tribunal, o partido recém-criado, ainda que posteriormente à realização das eleições gerais, e que detém representatividade política decorrente da migração de parlamentares de outros partidos se enquadra na hipótese prevista no inciso II do art. 3º da Res.-TSE nº 20.034, sendo-lhe assegurada a realização anual de um programa, em cadeia nacional, com a duração de dez minutos, ou de dois programas de cinco minutos, observada a disponibilidade (PP nº 14-58, rel. Min. Dias Toffoli, DJEde 27.11.2012). Pedido parcialmente deferido. Noticiado no informativo nº 2/2014 DJEde 10.4.2014

➘ Informativo 05 – Ministério Público Eleitoral

Manifestações divergentes emitidas pelo Ministério Público e falta de interesse recursal. O Plenário do Tribunal Superior Eleitoral, por maioria, assentou que o Ministério Público Eleitoral não possui interesse processual para recorrer de decisão proferida em conformidade com parecer por ele ofertado nos autos. Na espécie, o Ministério Público Eleitoral interpôs recurso ordinário contra acórdão prolatado pelo Tribunal Regional Eleitoral de Roraima, no julgamento de representação na qual o órgão ministerial, na condição de *custos legis*, emitiu dois pareceres: o primeiro, logo após a instrução probatória, pela procedência do pedido; o segundo, após as alegações finais, pela improcedência. O Plenário ressaltou que o Ministério Público rege-se pelos princípios da unidade, da indivisibilidade e da independência funcional, conforme disposto no art. 127, § 1º, da Constituição Federal, e se apresenta como instituição única, representada por seus membros. Destacou ainda que é assegurado aos membros desse órgão ministerial agir com independência funcional, princípio cuja interpretação preponderante no Brasil é a de que estão vinculados somente à sua consciência, à Constituição e às leis, o que possibilita opiniões divergentes entre seus integrantes. No ponto, asseverou que as condutas processuais contraditórias do Ministério Público, opinando pela improcedência da representação e posteriormente recorrendo da decisão que acolheu sua manifestação, evidenciavam a falta de interesse recursal, consubstanciada na prática de ato incompatível com a vontade de recorrer. Rememorou que esse tem sido o entendimento adotado por este Tribunal Superior Eleitoral. Vencidos o Ministro Dias Toffoli e a Ministra Laurita Vaz Recurso ordinário não conhecido. O Tribunal, por maioria, não conheceu do recurso. Recurso Ordinário n° 1720-08, Boa Vista/RR, rel. Min. João Otávio de Noronha, em 25.3.2014.

Informativo 06 – Anulação do pleito e registro de candidatura na renovação das eleições.

Anulação de pleito e registro de candidatura na renovação das eleições. O Plenário do Tribunal Superior Eleitoral, por maioria, reafirmou entendimento no sentido de ser possível ao candidato que deu causa à anulação do pleito participar da renovação das eleições quando as circunstâncias evidenciarem a inexistência da prática de ilícito eleitoral. Na espécie, o candidato, eleito vice-prefeito em 2008, foi cassado pela Câmara de Vereadores, sob a alegação de ter se afastado do município por mais de 15 dias sem autorização do Poder Legislativo local, na ocasião em que o então prefeito perdera o cargo por improbidade administrativa. Por esse motivo, em 2012 participou das eleições sub judice. A Justiça Comum, em julgamento de mandado de segurança, considerou ilegal o ato legislativo, bem como a cassação do vice-prefeito, motivo pelo qual, após as eleições, a Câmara Municipal anulou o decreto. A nova situação jurídica foi submetida à Justiça Eleitoral, sendo que este Tribunal Superior não pôde analisá-la, em razão de os fatos não terem sido considerados no julgamento do registro de candidatura realizado pela segunda instância. Como o candidato obteve mais de 50% dos votos, esses foram tidos como nulos, sendo convocada a renovação das eleições. Requereu, então, novo registro de candidatura. O Ministro Dias Toffoli rememorou que a jurisprudência deste Tribunal Superior tem sido no sentido de que o candidato que provocar a anulação do pleito não pode obter o deferimento de seu registro de candidatura para participar da nova eleição. Entretanto, asseverou que, na espécie, as eleições de 2012 daquele município foram anuladas por fato que não caracterizava ilícito eleitoral, ressaltando não mais subsistir a cassação que lastreava o indeferimento do registro da candidatura anterior. Vencidos o Ministro Henrique Neves, relator, e o Ministro Marco Aurélio, presidente. O Ministro Henrique Neves enfatizava que a realização do novo pleito decorreu exclusivamente do indeferimento do registro da candidatura do recorrido, por ter obtido a maioria dos votos, razão pela qual não poderia participar da renovação do pleito, mesmo não se tratando de hipótese de cometimento de ilícitos eleitorais. Ademais, argumentava que as razões pelas quais o registro do candidato fora indeferido nas eleições de 2012 estavam acobertadas pelo manto da coisa julgada, não sendo possível rediscuti-las. Por seu turno, o Ministro Marco Aurélio asseverava que a concessão do registro da candidatura ao candidato na renovação das eleições geraria uma incongruência, por ter, na mesma eleição, registro rejeitado em decisão transitada em julgado. O Tribunal, por maioria, desproveu o recurso. Recurso Especial Eleitoral n° 95-92, Pedro Canário/ES, redator para o acórdão Min. Dias Toffoli, em 27.3.2014

Informativo 07 – Renúncia do candidato e termo inicial da contagem do prazo de substituição.

Renúncia de candidato e termo inicial da contagem do prazo de substituição. O Plenário do Tribunal Superior Eleitoral, por maioria, reafirmou que a contagem do prazo para substituição de candidato, previsto no art. 13, § 1º, da Lei nº 9.504/1997, inicia-se com o trânsito em julgado da decisão judicial. Na espécie, a candidata substituiu seu filho, que teve o registro indeferido pelas instâncias ordinárias por estar incurso na inelegibilidade da alínea 'g' do inciso I do art. 1º da Lei Complementar nº 64/1990, o qual interpôs recurso especial, que foi indeferido em razão de sua intempestividade. Após essa decisão, o candidato originário renunciou a candidatura, sendo substituído por sua genitora, quando ainda estava em curso o prazo para interpor agravo regimental. O § 1º do art. 13 da Lei nº 9.504/1997 estabelece que "a escolha do substituto far-se-á na forma estabelecida no estatuto do partido a que pertencer o substituído, e o registro deverá ser requerido até 10 (dez) dias contados do fato ou da notificação do partido da decisão judicial que deu origem à substituição". A Ministra Laurita Vaz, relatora, asseverou que, na espécie, o prazo de dez dias para a substituição iniciava-se com a renúncia, e não a partir do indeferimento do recurso especial. Afirmou que essa decisão estava sujeita a recurso, não havendo trânsito em julgado, que ocorre com o exaurimento dos recursos cabíveis ou com o decurso, *in albis*, dos prazos para sua interposição. Rememorou que a jurisprudência deste Tribunal Superior é no sentido de que, enquanto for passível de alteração o *decisum*, não começa a fluir o prazo do art. 13, § 1º, da Lei nº 9.504/1997. Vencidos o Ministro Henrique Neves e o Ministro Marco Aurélio, presidente. O Ministro Henrique Neves entendia aplicável à espécie o disposto no art. 15 da Lei Complementar nº 64/1990, que dispõe: "transitada em julgado ou publicada a decisão proferida por órgão colegiado que declarar a inelegibilidade do candidato, ser-lhe-á negado registro, ou cancelado, se já tiver sido feito, ou declarado nulo o diploma, se já expedido".Destacava que, nos termos desse dispositivo, as decisões proferidas por órgãos colegiados atinentes à inelegibilidade têm eficácia desde a prolação, a qual deveria ser considerada como ponto de início do prazo para substituição de candidato. Por outro giro, enfatizava que o candidato, ao renunciar, não possuía mais o direito ao registro de candidatura, pois a decisão do Regional já havia transitado em julgado. O Tribunal, por maioria, desproveu o recurso.

Recurso Especial Eleitoral nº 227-25, Nova Esperança do Piriá/PA, rel. Min. Laurita Vaz, em 26.11.2013.

Informativo 08 – Propaganda eleitoral antecipada.

Agravo Regimental no Agravo de Instrumento nº 479-35/ MG Relatora: Ministra Luciana Lóssio Ementa: ELEIÇÕES

2012. PREFEITO. PROPAGANDA ANTECIPADA. PRÉVIO CONHECIMENTO. CARACTERIZAÇÃO. REVOLVIMENTO. FATOS E PROVAS. IMPOSSIBILIDADE. AGRAVO DESPROVIDO.

1. O beneficiário da propaganda antecipada pode ser por ela responsabilizado desde que

provado o prévio conhecimento.

2. Na espécie, a Corte de origem, tendo por base as provas coligidas e as circunstâncias inerentes ao caso concreto, assentou que o candidato possuía ciência prévia da propaganda antecipada. A modificação dessa premissa envolveria reexame de matéria fático-probatória, providência incompatível com a via do recurso especial.

3. Agravo regimental a que se nega provimento.

DJE de 11.4.2014

Informativo 09 – Veiculação de propaganda eleitoral em área interna de condomínio.

Veiculação de propaganda em área interna de condomínio e bem de uso comum para fins eleitorais. O Plenário do Tribunal Superior Eleitoral, por maioria, assentou que as dependências internas ou áreas comuns de condomínio não podem ser consideradas bens de uso comum para efeito do disposto no § 4º do art. 37 da Lei nº 9.504/1997.

No caso vertente, o Tribunal Regional Eleitoral de Minas Gerais manteve a sentença de primeira instância que julgou procedente representação por propaganda irregular e aplicou ao recorrente multa de R$2.000,00, por considerar que praça localizada em condomínio se enquadraria na espécie de bens de uso comum. O Plenário decidiu que a propaganda afixada nas dependências de condomínio, com a autorização do síndico, não constitui irregularidade que justifique a aplicação da multa. Por se tratar de área comum destinada ao uso exclusivo dos condôminos, que dela se utilizam nos termos da convenção ou do regimento interno do condomínio, não pode ser equiparada àquelas "a que a população em geral tem acesso", como previsto no § 4º do art. 37 da Lei das Eleições. Vencidos o Ministro Castro Meira (relator) e a Ministra Cármen Lúcia, então presidente. O Ministro Castro Meira afirmava a impossibilidade do conhecimento da matéria por implicar o reexame de fatos. A Ministra Cármen Lúcia sustentava que uma praça, ainda que de um condomínio, caracterizaria, para efeito da legislação eleitoral, bem de uso comum. Agravo regimental provido para afastar a multa imposta ao recorrente.

Agravo Regimental no Recurso Especial Eleitoral nº 851-30, Belo Horizonte/MG, redator para o acórdão o Min. Dias Toffoli, em 11.2.2014.

Informativo 10 – Veiculação de entrevista e caracterização da propaganda eleitoral antecipada.

Veiculação de entrevista e caracterização de propaganda eleitoral antecipada. O Tribunal Superior Eleitoral reafirmou o entendimento de que propaganda eleitoral é aquela que leva ao conhecimento geral, ainda que de forma dissimulada, a candidatura, a ação política que se pretende desenvolver ou mesmo razões que induzam a concluir que o beneficiário é o mais apto ao exercício de determinada função pública. Na espécie, foi ajuizada representação por suposta propaganda eleitoral extemporânea ocorrida em entrevista fornecida pelo representado à Rádio Resistência de Mossoró, na qual haveria favorecimento a então candidata à Prefeitura do Município de Mossoró/RN. O juízo eleitoral acolheu as alegações, aplicando multa ao representado, decisão esta que veio a ser parcialmente reformada pelo Tribunal Regional Eleitoral, que reduziu o valor imputado. A Ministra Laurita Vaz, relatora, entendeu configurada a propaganda eleitoral extemporânea, em razão de as premissas fáticas constantes do acórdão do Regional evidenciarem expresso apoio à candidatura da beneficiária, em situação não acobertada pela ressalva constante do art. 36-A da Lei nº 9.504/1997. Vencidos o Ministro Dias Toffoli e a Ministra Luciana Lóssio, que concluíam pela inexistência da propaganda eleitoral antecipada, por não haver pedido explícito de voto por parte do representado. O Tribunal, por maioria, desproveu o agravo regimental. Agravo Regimental no Recurso Especial Eleitoral n° 167-34, Mossoró/RN, rel. Min. Laurita Vaz, em 20.3.2014.

Informativo 11 – Audiências públicas promovidas fora do período eleitoral e inexistência de propaganda extemporânea.

Audiências públicas promovidas fora do período eleitoral e inexistência de propaganda

extemporânea. O Plenário do Tribunal Superior Eleitoral, por maioria, asseverou que a realização de audiências públicas para discussão de questões de interesse da população não configura propaganda eleitoral antecipada 1, caso não haja pedido de votos ou referência à eleição. Na espécie, o Ministério Público Eleitoral ajuizou representação alegando suposta prática de propaganda eleitoral antecipada que teria ocorrido em audiências públicas e palestras promovidas pelo representado, deputado federal. O Tribunal Regional Eleitoral, reformando a sentença, condenou o representado ao pagamento de multa no valor de R$25.000,00, entendendo configurada a propaganda extemporânea. Afirmou que a caravana de audiências públicas e palestras caracterizavam autênticos comícios eleitorais 2, com a finalidade de promover a candidatura do representado, não sendo caso que se subsume à exceção prevista no art. 36-A, inciso II, da Lei nº 9.504/1997:

Não serão consideradas propaganda antecipada e poderão ter cobertura dos meios de comunicação social, inclusive via Internet:

[...]

II – a realização de encontros, seminários ou congressos, em ambiente fechado e a expensas dos partidos políticos, para tratar da organização dos processos eleitorais, discussão de políticas públicas, planos de governo ou alianças partidárias visando às eleições, podendo tais atividades ser divulgadas pelos instrumentos de comunicação intrapartidária.

Ressaltou que o permissivo contido no art. 36-A refere-se à possibilidade da realização de encontros, seminários e congressos em ambiente fechado, e não se amolda à situação em comento, ocorrida em local aberto ao público. O Ministro Dias Toffoli, relator, analisando o recurso especial interposto, reafirmou o entendimento de haver propaganda antecipada apenas quando existir pedido expresso de votos, o que não aconteceu no caso. Concluiu que a realização do evento público teve por finalidade discutir questões sociais com a população, sem referência às eleições de 2012, a pedido de voto, nem à possível candidatura dos representados. Vencidos a Ministra Laurita Vaz, o Ministro Henrique Neves e o Ministro Marco Aurélio, então presidente. A Ministra Laurita Vaz enfatizava não ser necessário haver pedido expresso de votos para caracterização da propaganda antecipada.

O Tribunal, por maioria, proveu o recurso.

Recurso Especial Eleitoral nº 10-34, Serra/ES, rel. Min. Dias Toffoli, em 24.4.2014.

Informativo 12 – Ausência de prestação de contas, irregularidade não verificada na aplicação de recursos públicos e deferimento de registro de candidatura.

Ausência de prestação de contas, irregularidade não verificada na aplicação de recursos

públicos e deferimento de registro de candidatura. O Plenário do Tribunal Superior Eleitoral, por maioria, asseverou que a omissão no dever de prestar contas, desde que demonstrada a regular aplicação dos recursos e ausente o prejuízo ao Erário, não configura irregularidade insanável apta a incidir na inelegibilidade prevista no art. 1º, I, g, da Lei Complementar nº 64/1990. Na espécie vertente, o candidato não apresentou suas contas de prefeito do município de Dois Córregos/SP, no exercício de 2003, referentes a recursos federais transferidos ao Fundo de Assistência Social desse município. Em razão da omissão no dever de prestar contas, o Tribunal de Contas da União julgou irregulares as contas do candidato. Posteriormente, as contas foram apresentadas em tomada de contas especial, pelo prefeito sucessor, não tendo sido constatadas quaisquer irregularidades na destinação dos recursos aplicados. A Ministra Luciana Lóssio, relatora, destacou que, embora o dever de prestar contas seja o meio apto a se controlar a destinação de recursos públicos, extrapola a razoabilidade a sanção de inelegibilidade para o administrador que apresente as contas tardiamente, ainda que em tomada de contas especial, se verificada a regularidade na aplicação de recursos públicos.

Vencidos o Ministro Henrique Neves e a Ministra Laurita Vaz.

O Ministro Henrique Neves, em voto-vista, alegou que a omissão do gestor público em prestar contas configura ato doloso de improbidade administrativa, fazendo incidir a inelegibilidade descrita no art. 1º, I, g, da Lei Complementar nº 64/1990.

Recurso especial a que se dá provimento para deferir o registro do candidato. O Tribunal, por maioria, proveu o recurso para deferir o registro.

Recurso Especial Eleitoral nº 96-28, Dois Córregos/SP, rel. Min. Luciana Lóssio, em 18.2.2014.

Informativo 13 – Rejeição de contas e existência de dúvida quanto à prática de conduta dolosa.

Rejeição de contas e existência de dúvida quanto à prática de conduta dolosa. O Plenário do Tribunal Superior Eleitoral, por unanimidade, reafirmou que a existência de dúvida quanto à configuração de ato doloso de improbidade administrativa inviabiliza a aplicação da inelegibilidade prevista na alínea g do inciso I do art. 1º da Lei Complementar nº 64/1990. Na espécie, o candidato teve suas contas referentes ao período em que exerceu o cargo de prefeito rejeitadas pelo Tribunal de Contas da União, por irregularidade na prestação de contas de verbas federais, repassadas em razão de contrato firmado entre a prefeitura e a Fundação Nacional de Saúde (Funasa). O Tribunal Regional Eleitoral deferiu o registro de candidatura ao concluir que não havia como estabelecer, com segurança, se as irregularidades decorriam de conduta dolosa por parte do gestor público. A Ministra Luciana Lóssio, relatora, rememorou a jurisprudência deste Tribunal Superior, no sentido de ser cabível a análise da rejeição de contas em sede de recurso especial para aferir o preenchimento dos requisitos da alínea g do inciso I do art. 1º da Lei Complementar nº 64/1990, desde que conste da moldura fática do acórdão regional. No ponto, destacou que a falta de clareza no tocante a possível conduta dolosa de improbidade administrativa praticada pelo candidato não permitia a aplicação da inelegibilidade da alínea g. Ressaltou que deve prevalecer o direito fundamental à elegibilidade 1, direito político 2 oriundo do desdobramento do princípio democrático 3, constante do art.1º, parágrafo único, da Constituição da República.

O Tribunal, por unanimidade, desproveu o recurso.

Recurso Especial Eleitoral nº 25-46, Angelim/PE, rel. Min. Luciana Lóssio, em 3.12.2013

Informativo 14 – Doação acima do limite legal

Agravo Regimental no Recurso Especial Eleitoral nº 713-45/BA Relator: Ministro Dias Toffoli

Ementa: AGRAVO REGIMENTAL. RECURSO ESPECIAL. ELEIÇÕES 2010. DOAÇÃO ACIMA DO LIMITE LEGAL. PESSOA FÍSICA. PRINCÍPIO DA INSIGNIFICÂNCIA. DESCABIMENTO. MULTA APLICADA NO PATAMAR MÍNIMO. INOVAÇÃO RECURSAL. IMPOSSIBILIDADE. PRECLUSÃO. DESPROVIMENTO.

1. Indevida inovação recursal e preclusão quanto a temas suscitados no agravo regimental.

2. Não há falar em aplicação do princípio da insignificância no âmbito da representação por doação de campanha acima do limite legal, incidindo a penalidade simplesmente em razão do desrespeito, pelo doador, aos limites objetivamente expressos na lei, sendo irrelevante o fato de ser ínfimo o valor excedido na doação, bem como a verificação de boa-fé.

3. Agravo regimental desprovido.

DJE de 28.5.2014.

Informativo 15 – Manutenção de programa social no período eleitoral e ausência de potencialidade lesiva.

Manutenção de programa social no período eleitoral e ausência de potencialidade lesiva. O Plenário do Tribunal Superior Eleitoral, por unanimidade, asseverou que, no ano da eleição, a manutenção e ampliação de programa social criado por lei e em execução orçamentária no exercício anterior, nos termos do § 10 do art. 73 da Lei nº 9.504/1997, não configura abuso de poder econômico e corrupção eleitoral. O referido dispositivo estabelece:

[...] No ano em que se realizar eleição, fica proibida a distribuição gratuita de bens, valores ou benefícios por parte da administração pública, exceto nos casos de calamidade pública, de estado de emergência ou de programas sociais autorizados em lei e já em execução orçamentária no exercício anterior, casos em que o Ministério Público poderá promover o acompanhamento de sua execução financeira e administrativa.

Na espécie, o Tribunal Regional Eleitoral de Mato Grosso do Sul julgou improcedente a ação de impugnação de mandato eletivo em desfavor dos candidatos à reeleição, aos cargos de governador e vice-governador, em razão de ter sido incluído, no programa social Vale Renda, em ano eleitoral, o dobro de famílias cadastradas no ano anterior, com suposto objetivo de angariar votos e arregimentar eleitores. O Ministro Dias Toffoli, relator, rememorou o entendimento deste Tribunal Superior no sentido de que, em sede de ação de impugnação de mandato eletivo, é necessário comprovar que as supostas práticas de abuso de poder econômico e de corrupção eleitoral tiveram potencialidade ao ponto de influenciar o resultado do pleito.

O Tribunal, por unanimidade, desproveu o recurso.

Recurso Ordinário nº 6213-34, Campo Grande/MS, rel. Min. Dias Toffoli, em 27.2.2014

Informativo 16 – Conduta vedada a agentes públicos e período de incidência da norma proibitiva.

Conduta vedada a agentes públicos e período de incidência da norma proibitiva. O Plenário do Tribunal Superior Eleitoral, por maioria, reafirmou que a vedação constante do inciso I do art. 73 da Lei nº 9.504/1997 não se aplica a fatos ocorridos fora do período eleitoral. Na espécie, o Tribunal Regional Eleitoral condenou os recorrentes, em razão de terem no dia 5 de março de 2012, quando exerciam cargo público, utilizado veículo oficial para possibilitar a transferência de domicílio eleitoral de eleitores em benefício de candidato. O art. 73, inciso I, da Lei nº 9.504/1997 estabelece:

Art. 73. São proibidas aos agentes públicos, servidores ou não, as seguintes condutas tendentes a afetar a igualdade de oportunidades entre candidatos nos pleitos eleitorais:

I – ceder ou usar, em benefício de candidato, partido político ou coligação, bens móveis ou imóveis pertencentes à administração direta ou indireta da União, dos estados, do Distrito Federal, dos territórios e dos municípios, ressalvada a realização de convenção partidária [...].

A Ministra Luciana Lóssio, relatora, afirmou que as proibições previstas nesse dispositivo têm por finalidade proteger a igualdade de oportunidades entre candidatos, que, por definição legal, são aqueles escolhidos em convenção partidária e com pedido de registro de candidatura requerido à Justiça Eleitoral. Ressaltou ainda que o legislador não atribuiu ao inciso I do art. 73 limite temporal para a incidência do preceito normativo, razão pela qual não se deve aplicar interpretação extensiva. Dessa forma, concluiu que a incidência da norma desse dispositivo restringe-se ao período de campanha eleitoral, que se inicia em 5 de julho, quando é possível existir a figura do candidato. Vencidos a Ministra Laurita Vaz e o Ministro Marco Aurélio, presidente, que entendiam configurada a conduta vedada.

O Tribunal, por maioria, proveu os recursos.

Recurso Especial Eleitoral nº989-24, Bugre/MG, rel. Min. Luciana Lóssio, em 17.12.2013.

Informativo 17 – Ação de Investigação Judicial Eleitoral

Agravo Regimental no Agravo de Instrumento nº 744-32/MG Relator: Ministro Henrique Neves da Silva

Ementa: Ação de investigação judicial eleitoral. Art. 30-A da Lei nº 9.504/97. Prefeito.

1. A prestação de contas de campanha e a ação de investigação judicial eleitoral são ações diversas, e o resultado atingido em uma não vincula necessariamente a decisão a ser tomada na outra, não bastando, assim, que as contas tenham sido reprovadas para que se chegue, automaticamente, à aplicação das severas sanções do art. 30-A da Lei nº 9.504/97.

2. A apresentação da prestação de contas para subsidiar representação que vise à apuração das práticas tratadas no art. 30-A da Lei das Eleições não retira dos representados a oportunidade de requerer e produzir as provas que entendam pertinentes para a apuração da verdade real, pois o direito à produção de provas não decorre do tipo da ação, mas do mandamento constitucional que garante ao jurisdicionado a ampla defesa e todos os recursos que lhe são inerentes.

3. A legislação prevê, reciprocamente, a possibilidade da livre produção de provas pelo autor da representação (art. 30-A da Lei nº 9.504/97) e pelo representado (art.

22, incisos I, a, VI, VII, VIII, c.c. o art. 30-A, § 1º, da Lei nº 9.504/97).

4. Não foram infirmados, no agravo interno, os fundamentos relativos à incidência na espécie das Súmulas 182 do STJ. Nova incidência da Súmula 182 do STJ.

5. Para modificar a conclusão da Corte de origem de que não ficou configurada a captação ilícita de recursos na campanha do candidato, porquanto demonstrada a origem de recursos próprios utilizados, seria necessário o reexame dos fatos e das provas, o que não é possível, consoante reiteradamente decidido com apoio nas Súmulas nº 7 do STJ e nº 279 do STF.

Agravo regimental a que se nega provimento.

DJE de 29.5.2014

Informativo 18 – Ação de Impugnação de Mandato Eletivo

Agravo Regimental no Recurso Especial Eleitoral nº 330-48/MG

Relator: Ministro Henrique Neves da Silva

Ementa: Recurso especial. Ação de impugnação de mandato eletivo. Desincompatibilização.

Incompatibilidade.

1. A ação de impugnação de mandato eletivo não se presta para discussão de matéria relacionada à efetiva desincompatibilização do candidato à Vice-Prefeito, que não foram arguidas no momento próprio.

2. "Não é cabível a ação de impugnação de mandato eletivo para, a pretexto de fraude, arguir

questões relativas a inelegibilidade" (AgR-REspe nº 1604-21, Rel. Min. Arnaldo Versiani, DJE de 3.2.2012).

Agravo regimental a que se nega provimento.

DJE de 27.5.2014

Raciocínio Lógico

Brunno Lima

TABELA DE INCIDÊNCIA DE QUESTÕES

Distribuição das questões organizada por ordem didática de assuntos		
Assunto	**Número de Questões**	**Peso**
1 ESTRUTURAS LÓGICAS	10	33,33%
2 LÓGICA DE ARGUMENTAÇÃO E DIAGRAMAS LÓGICOS (PARTE 1)	8	26,67%
3 DIAGRAMAS LÓGICOS (PARTE 02 – "DIAGRAMAS DE VENN")	3	10,00%
4 SEQUÊNCIAS LÓGICAS	7	23,33%
5 PROBLEMAS DE RACIOCÍNIO	2	6,67%
Total	**30**	**100%**

Raciocínio Lógico

Brunno Lima

1 QUESTÕES

1.1 ESTRUTURAS LÓGICAS

01. (Vunesp – Escrevente Técnico Judiciário – TJ – SP/2017) Uma negação lógica para a afirmação "João é rico, ou Maria é pobre" é:

A) Se João é rico, então Maria é pobre.
B) João não é rico, e Maria não é pobre.
C) João é rico, e Maria não é pobre.
D) Se João não é rico, então Maria não é pobre.
E) João não é rico, ou Maria não é pobre.

COMENTÁRIOS

Nota do autor

Questões de negações e equivalências estão entre as mais cobradas pela banca VUNESP nas provas de Raciocínio Lógico. Portanto, todas as regras que tratem desses assuntos devem ser memorizadas para a sua prova.

Nesta questão foi cobrada a regra de negação do conectivo "ou". Vale lembrar que sempre negaremos proposições com conectivo "ou" usando proposições que apresentem o conectivo "e"(ou algum conectivo equivalente ao "e", tal como o "mas", por exemplo). Assim, já podemos descartar as alternativas "a", "d" e "e".

Alternativa correta: letra "b".

Para negarmos uma sentença com conectivo "ou" a Lei de Morgan nos orienta a **negar todas as partes trocando o conectivo "ou" pelo conectivo "e"**. Assim a negação da proposição "João é rico, ou Maria é pobre" pode ser escrita como "João não é rico, e Maria não é pobre". Portanto, podemos garantir que o gabarito está na alternativa "b".

Não se esqueça que **toda sentença com conectivo "e" admite a propriedade comutativa**, ou seja, podemos inverter as posições de suas partes sem perda do sentido lógico. Assim, também seria correta uma alternativa que trouxesse como opção a proposição "Maria não é pobre, e João não é rico".

Alternativas "a", "c", "d" e "e" não indicam de maneira correta o que foi pedido.

02. (Vunesp – Escrevente Técnico Judiciário – TJ – SP/2017) "Existe um lugar em que não há poluição" é uma negação lógica da afirmação:

A) Em todo lugar, não há poluição.
B) Em alguns lugares, há poluição.

C) Em todo lugar, há poluição.

D) Em alguns lugares, pode não haver poluição.

E) Em alguns lugares, não há poluição.

COMENTÁRIOS

✪ Nota do autor

Questão que trata da negação de uma proposição categórica com quantificador existencial "algum". Como jamais negaremos sentenças com quantificador "algum" com outra sentença que também tenha "algum", as alternativas "b", "d" e "e" já estão descartadas.

Alternativa correta: letra "c".

A proposição "Existe um lugar em que não há poluição" é da forma "Algum A não é B". Sabemos que **a negação de sentenças da forma "Algum A não é B" são sentenças da forma "Todo A é B"**. Portanto, a negação da proposição apresentada pode ser representada pela proposição "Em todo lugar, há poluição".

Alternativas "a", "b", "d" e "e" não indicam de maneira correta o que foi pedido.

---

03. (Vunesp – Escrevente Técnico Judiciário – TJ – SP/2017) Uma afirmação equivalente para "Se estou feliz, então passei no concurso" é:

A) Se passei no concurso, então estou feliz.

B) Se não passei no concurso, então não estou feliz.

C) Não passei no concurso e não estou feliz.

D) Estou feliz e passei no concurso.

E) Passei no concurso e não estou feliz.

COMENTÁRIOS

✪ Nota do autor

A questão pede uma equivalência para uma proposição que possui conectivo "se... então...". O conectivo "se... então..." poderá ser equivalente ao conectivo "ou" ou ao conectivo "se... então...". Dessa forma, as alternativas "c", "d" e "e" estão descartadas.

Alternativa correta: letra "b".

Como precisamos de uma equivalência para o conectivo "se... então...", podemos nos basear em alguma das regras:

EQUIVALÊNCIAS LÓGICAS IMPORTANTES	
1. $P \rightarrow Q \Leftrightarrow \neg P \vee Q$	Regra para se escrever um "se... então..." como um "ou" e vice-versa: 1º) **NE**gar a 1ª parte 2º) Trocar o conectivo "se... então" pelo conectivo "ou"; ou trocar o conectivo "ou" pelo "se... então..." 3º) **MA**nter a 2ª parte
2. $P \rightarrow Q \Leftrightarrow \neg Q \rightarrow \neg P$ **(Contrapositiva)**	Regra para escrever um "se...então..." como um outro "se...então...": Devemos negar as duas partes e depois "inverter" as posições das proposições obtidas.

Como já descartamos as alternativas "c", "d" e "e", as alternativas que restam apresentam o conectivo "se... então...". Usando a segunda regra conseguiremos transformar "se... então..." em "se... então...".

Para isso deveremos, inicialmente, **negar as duas partes da proposição** "Se estou feliz, então passei no concurso".

Como a primeira sentença é "Estou feliz" sua negação será "Não estou feliz" e como a segunda sentença é "Passei no concurso" sua negação será "Não passei no concurso".

Agora, **montamos a condicional trazendo os resultados invertidos**, ou seja, no antecedente colocamos a negação da 2ª parte e no consequente colocamos a negação da 1ª parte, obtendo a sentença: "Se não passei no concurso, então não estou feliz".

Alternativas "a", "c", "d" e "e" não indicam de maneira correta o que foi pedido.

---

04. (Vunesp – Escrevente Técnico Judiciário – TJ-SP/2015) Para que seja falsa a afirmação "todo escrevente técnico judiciário é alto", é suficiente que

A) alguma pessoa alta não seja escrevente técnico judiciário.

B) nenhum escrevente técnico judiciário seja alto.

C) toda pessoa alta seja escrevente técnico judiciário.

D) alguma pessoa alta seja escrevente técnico judiciário.

E) algum escrevente técnico judiciário não seja alto.

COMENTÁRIOS

✪ **Nota do autor**

Questão que trata da negação de uma proposição categórica com quantificador existencial "todo". Como jamais negaremos sentenças com quantificador "todo" com outra sentença que também tenha "todo" ou "nenhum", as alternativas "b" e "c" já estão descartadas.

Alternativa correta: letra "e".

Devemos negar a sentença apresentada. Sabemos que a proposição "Todo escrevente técnico judiciário é alto" é da forma "Todo A é B". **Sentenças da forma "Todo A é B" podem ser negadas com sentenças da forma "Algum A não é B".** Portanto, a negação da proposição apresentada pode ser representada pela proposição "Algum escrevente técnico judiciário não é alto".

Alternativas "a", "b", "c" e "d" não indicam de maneira correta o que foi pedido.

---

05. (Vunesp – Escrevente Técnico Judiciário – TJ-SP/2015) Uma equivalente da afirmação "Se eu estudei, então tirei uma boa nota no concurso" está contida na alternativa:

A) Não estudei e não tirei uma boa nota no concurso.

B) Se eu não tirei uma boa nota no concurso, então não estudei.

C) Se eu não estudei, então não tirei uma boa nota no concurso.

D) Se eu tirei uma boa nota no concurso, então estudei.

E) Estudei e tirei uma boa nota no concurso.

COMENTÁRIOS

✪ **Nota do autor**

A questão pede uma equivalência para uma proposição que possui conectivo "se... então...". O conectivo "se... então..." poderá ser equivalente ao conectivo "ou" ou ao conectivo "se... então...". Dessa forma, as alternativas "a" e "e" estão descartadas.

Alternativa correta: letra "b".

Como precisamos de uma equivalência para o conectivo "se... então...", podemos nos basear em alguma das regras:

EQUIVALÊNCIAS LÓGICAS IMPORTANTES	
1. $P \rightarrow Q \Leftrightarrow \neg P \vee Q$	Regra para se escrever um "se... então..." como um "ou" e vice-versa: 1º) **NE**gar a 1ª parte 2º) Trocar o conectivo "se... então" pelo conectivo "ou"; ou trocar o conectivo "ou" pelo "se... então..." 3º) **MA**nter a 2ª parte
2. $P \rightarrow Q \Leftrightarrow \neg Q \rightarrow \neg P$ (Contrapositiva)	Regra para escrever um "se...então..." como um outro "se...então...": Devemos negar as duas partes e depois "inverter" as posições das proposições obtidas.

Como já descartamos as alternativas "a" e "e", as alternativas que restam apresentam o conectivo "se... então...". Usando a segunda regra conseguiremos transformar "se... então..." em "se... então...".

Para isso deveremos, inicialmente, negar as duas partes da proposição "Se eu estudei, então tirei uma boa nota no concurso".

Como a primeira sentença é "Eu estudei" sua negação será "Não estudei" e como a segunda sentença é "Tirei uma boa nota no concurso" sua negação será "Não tirei uma boa nota no concurso".

Agora, montamos a condicional, trazendo os resultados invertidos, ou seja, no antecedente colocamos a negação da 2ª parte e no consequente colocamos a negação da 1ª parte, obtendo a sentença: "Se não tirei uma boa nota no concurso, então não estudei".

Alternativas "a", "c", "d" e "e" não indicam de maneira correta o que foi pedido.

---

06. (Vunesp – Escrevente Técnico Judiciário – TJ-SP/2015) A afirmação "canto e danço" tem, como uma negação, a afirmação contida na alternativa

A) não canto e não danço.

B) canto ou não danço.

C) não danço ou não canto.

D) danço ou não canto.

E) danço ou canto.

COMENTÁRIOS

Nota do autor

Nesta questão foi cobrada a regra de negação do conectivo "e". Como nunca negamos "e" com "e" a alternativa "a" já está descartada. Lembre-se de que a negação de uma sentença com conectivo "e" poderá ser feita com uma proposição que apresente o conectivo "ou" ou com uma proposição que apresente conectivo "se... então...".

Alternativa correta: letra "c".

	REGRAS DE NEGAÇÃO DO CONECTIVO "E"
1. $\sim(P \wedge Q) \Leftrightarrow (\sim P) \vee (\sim Q)$ (Lei de Morgan)	Negação do "e" usando "ou": Negar todas as partes e trocar o conectivo "e" pelo "ou".
2. $\sim(P \wedge Q) \Leftrightarrow P \rightarrow (\sim Q)$	Negação do "e" usando o "se... então...": 1º) **MA**nter a 1ª parte 2º) Trocar o "e" pelo "se... então..." 3º) **NE**gar a 2ª parte.

Se nos basearmos na **Lei de Morgan** a negação da proposição "canto e danço" será escrita como "não canto ou não danço". Perceba, porém, que essa proposição não aparece dentre as alternativas. Fique ligado! Nessa questão o examinador da VUNESP fez uso da **propriedade comutativa do conectivo "ou", ou seja, trocou a ordem das proposições obtidas**. Trata-se de um raciocínio frequentemente usado em provas dessa banca. Portanto, podemos escrever a sentença "não canto ou não danço" como se fosse a sentença "não danço ou não canto". Assim, ficamos com a alternativa "c" como gabarito para a questão.

Para aprofundarmos um pouco mais deixo aqui outra possibilidade de negação baseada na segunda regra indicada no quadro acima. A negação da sentença "canto e danço" também poderia ser expressa por "Se canto, então não danço" (**MA**ntivemos a 1ª parte/**NE**gamos a 2ª parte)

Alternativas "a", "b", "d" e "e" não indicam de maneira correta o que foi pedido.

---

07. (Vunesp – Escrevente Técnico Judiciário – TJ-SP/2014) Considere a afirmação: "Se passei no exame, então estudei muito e não fiquei nervoso". Do ponto de vista lógico, uma afirmação equivalente a essa é:

A) Se estudei muito, então não fiquei nervoso e passei no exame.

B) Se passei no exame, então não estudei muito e fiquei nervoso.

C) Passei no exame porque quem estuda muito só pode passar.

D) Se não fiquei nervoso, então passei no exame ou estudei muito.

E) Se fiquei nervoso ou não estudei muito, então não passei no exame.

COMENTÁRIOS

✪ Nota do autor

A questão pede uma equivalência para uma proposição que possui conectivo "se... então...". Além disso, o candidato também deveria ter conhecimento sobre a regra de negação do conectivo "e".

Alternativa correta: letra "e".

Como precisamos de uma equivalência para o conectivo "se... então...", podemos nos basear em alguma das regras:

EQUIVALÊNCIAS LÓGICAS IMPORTANTES	
1. $P \rightarrow Q \Leftrightarrow \neg P \vee Q$	Regra para se escrever um "se... então..." como um "ou" e vice-versa: 1º) **NE**gar a 1ª parte 2º) Trocar o conectivo "se... então" pelo conectivo "ou"; ou trocar o conectivo "ou" pelo "se... então..." 3º) **MA**nter a 2ª parte
2. $P \rightarrow Q \Leftrightarrow \neg Q \rightarrow \neg P$ **(Contrapositiva)**	Regra para escrever um "se...então..." como um outro "se...então...": Devemos negar as duas partes e depois "inverter" as posições das proposições obtidas.

Como, pela análise das alternativas não temos sentenças com conectivo "ou", usarei a segunda regra. Deveremos, inicialmente, **negar as duas partes da proposição** "Se passei no exame, então estudei muito e não fiquei nervoso".

Como a primeira proposição é "Passei no exame" sua negação será "Não passei no exame".

Já a segunda sentença é uma proposição composta com conectivo "e". Portanto, devemos ter um pouco mais de atenção! Com base na **Lei de Morgan podemos negar todas as partes trocando o conectivo "e" pelo conectivo "ou"**. Assim, a negação da sentença "Estudei muito e não fiquei nervoso" seria "Não estudei muito ou fiquei nervoso".

Vale ressaltar que o **conectivo "ou" é um conectivo para o qual é válida a propriedade comutativa, ou seja, podemos inverter as posições das proposições** que não alteramos o seu sentido lógico. Dessa forma a proposição "Não estudei muito ou fiquei nervoso" pode ser corretamente escrita como "Fiquei nervoso ou não estudei muito".

Agora, juntando todas as peças **montamos a condicional trazendo os resultados invertidos**, ou seja, no antecedente colocamos a negação da 2ª parte e no consequente colocamos a negação da 1ª parte, obtendo a sentença: "Se fiquei nervoso ou não estudei muito, então não passei no exame".

Alternativas "a", "b", "c" e "d" não indicam de maneira correta o que foi pedido.

---

08. (Vunesp – Escrevente Técnico Judiciário – TJ-SP/2014) Considere a afirmação: "Nem todos os técnicos gostam de informática e todos os chefes de seção sabem que isso acontece". Uma afirmação que corresponde à negação lógica da afirmação anterior é:

A) Todos os técnicos gostam de informática e existe algum chefe de seção que não sabe que isso acontece.

B) Nenhum técnico gosta de informática e nenhum chefe de seção sabe que isso acontece.

C) Pelo menos um técnico gosta de informática e algum chefe de seção não sabe que isso acontece.

D) Nenhum técnico gosta de informática ou nenhum chefe de seção sabe que isso acontece.

E) Todos os técnicos gostam de informática ou existe algum chefe de seção que não sabe que isso acontece.

COMENTÁRIOS

✪ Nota do autor

Nesta questão foi cobrada a regra de negação do conectivo "e". Vale lembrar que a negação de uma sentença com conectivo "e" poderá ser feita com uma proposição que apresente o conectivo "ou" ou com uma proposição que apresente conectivo "se... então...". Assim, já podemos descartar as alternativas "a", "b" e "c". Também seria necessário o conhecimento sobre regras de negação de proposições categóricas.

Alternativa correta: letra "e".

REGRAS DE NEGAÇÃO DO CONECTIVO "E"	
1. ~ (P ∧ Q) ⇔ (~P) ∨ (~Q) **(Lei de Morgan)**	Negação do "e" usando "ou": Negar todas as partes e trocar o conectivo "e" pelo "ou".
2. ~ (P ∧ Q) ⇔ P → (~Q)	Negação do "e" usando o "se... então...": 1º) **MA**nter a 1ª parte 2º) Trocar o "e" pelo "se... então..." 3º) **NE**gar a 2ª parte.

Como temos a negação de uma sentença com conectivo "e" podemos usar a **Lei de Morgan**. A primeira sentença é *"Nem todos os técnicos gostam de informática"*. Trata-se de uma proposição da forma **"Nem todo A é B"** cuja **negação** pode ser feita com uma sentença da forma **"Todo A é B"**. Assim, sua negação será "Todos os técnicos gostam de informática". Perceba que, com isso, descartamos a alternativa "d", garantindo assim que o gabarito para a questão será a letra "e".

Mas para confirmarmos, analisemos a segunda sentença a qual afirma que *"Todos os chefes de seção sabem que isso acontece"*. Como se trata de uma proposição da forma **"Todo A é B"**, sua **negação** pode ser feita com uma sentença da forma **"Algum A não é B" ou também "Nem todo A é B"**. Assim, sua negação poderá ser a sentença "Algum chefe de seção não sabe que isso acontece".

Unindo as duas proposições obtidas e ligando-as através do conectivo "ou", confirmamos que o gabarito correto para a questão é a alternativa que traz a proposição "Todos os técnicos gostam de informática ou algum chefe de seção não sabe que isso acontece".

Para aprofundarmos um pouco mais deixo aqui outra possibilidade de negação, baseada na segunda regra indicada no quadro acima. A negação da sentença "Nem todos os técnicos gostam de informática e todos os chefes de seção sabem que isso acontece" também pode ser expressa por "Se nem todos os técnicos gostam de informática, então algum chefe de seção não sabe que isso acontece" (**MA**ntivemos a 1ª parte/**NE**gamos a 2ª parte).

Alternativas "a", "b", "c" e "d" não indicam de maneira correta o que foi pedido.

---

09. (Vunesp – Escrevente Técnico Judiciário – TJ – SP/2017) Considerando falsa a afirmação "Se Ana é gerente, então Carlos é diretor", a afirmação necessariamente verdadeira é:

A) Ana é gerente.

B) Carlos é diretor.

C) Ana não é gerente, e Carlos não é diretor.

D) Ana não é gerente, ou Carlos é diretor.

E) Ana é gerente, e Carlos é diretor.

COMENTÁRIOS

✪ Nota do autor

Questão bem direta. Exige do candidato apenas o conhecimento sobre a tabela-verdade do conectivo "se... então...".

Alternativa correta: letra "a".

A proposição é uma condicional. Sabemos que uma proposição como essa **é falsa apenas quando a primeira parte é verdadeira e a segunda é falsa**. Confira na tabela do conectivo apresentada abaixo:

A	B	A → B
V	V	V
V	**F**	**F**
F	V	V
F	F	V

Portanto, concluímos que para que a sentença "Se Ana é gerente, então Carlos é diretor" seja falsa, deveremos ter "Ana é gerente" com valor lógico V e "Carlos é diretor" com valor lógico F. Vale reforçar que "Ana não é gerente" terá valor lógico F e "Carlos não é diretor" terá valor lógico V.

Alternativa "a": correta

(A) Ana é gerente.

Perfeito! Concluímos que essa proposição tem valor lógico V.

Alternativa "b": incorreta

(B) Carlos é diretor.

Errado. "Carlos é diretor" tem valor lógico F.

Alternativa "c": incorreta

(C) Ana não é gerente, e Carlos não é diretor.

Errado. Temos "F e V = F".

Alternativa "d": incorreta

(D) Ana não é gerente, ou Carlos é diretor.

Errado. Temos "F ou F = F"

Alternativa "e": incorreta

(E) Ana é gerente, e Carlos é diretor.

Errado. Temos "V e F = F"

---

10. (Vunesp – Escrevente Técnico Judiciário – TJ-SP/2015) Marta confeccionou três cartões em papel cartolina e carimbou figuras em somente uma das faces de cada cartão. Ao encontrar um de seus amigos, Marta informou-lhe que todo cartão de cor amarela tinha carimbada, em uma das faces, uma figura em tinta na cor azul. Após dizer isso, ela mostrou a esse amigo três cartões: o primeiro cartão, de cor amarela, continha uma figura carimbada em tinta na cor azul; o segundo cartão, de cor vermelha, continha uma figura carimbada em tinta na cor preta; o terceiro cartão, na cor branca, continha uma figura carimbada em tinta na cor azul.

Com base no que foi apresentado, pode-se afirmar corretamente que

A) apenas o terceiro cartão mostrado contradiz a afirmação de Marta.

B) apenas o segundo cartão mostrado contradiz a afirmação de Marta.

C) todos os cartões mostrados contradizem a afirmação de Marta.

D) nenhum dos cartões mostrados contradiz a afirmação de Marta.

E) apenas o segundo e o terceiro cartões mostrados contradizem a afirmação de Marta.

COMENTÁRIOS

✪ **Nota do autor**

Questão que exige atenção do candidato. Para resolvê-la é necessária uma boa interpretação das situações apresentadas associada à análise correta da tabela-verdade do conectivo "se... então...".

Alternativa correta: letra "d".

Analisemos a sentença:

"Todo cartão de cor amarela tinha carimbada, em uma das faces, uma figura em tinta na cor azul"

Perceba que a proposição apresentada no enunciado é logicamente equivalente a uma condicional da forma:

"Se o cartão tem cor amarela, então tem carimbada, em uma das faces, uma figura em tinta na cor azul".

De acordo com a tabela desse conectivo, sabemos que **a única chance de tornar uma sentença como essa falsa, ou seja, contradizê-la, é apresentar antecedente "verdadeiro" e consequente "falso".**

"Se o cartão tem cor amarela, então tem carimbada, em uma das faces, uma figura em tinta na cor azul".

V F

Assim, para contradizê-la deveríamos encontrar **um cartão que fosse de cor amarela e que não tivesse carimbada, em uma das faces, uma figura em tinta de cor azul**.

Perceba, na tabela abaixo, que nenhuma das situações apresentadas no enunciado se enquadra nessas condições. Assim, **nenhuma delas contraria o que foi dito**.

	Cor do cartão	Cor da figura carimbada
1ª)	Amarela	Azul
2ª)	Vermelha	Preta
3ª)	Branca	Azul

Alternativas "a", "b", "c" e "e" não indicam de maneira correta o que foi pedido.

1.2 LÓGICA DE ARGUMENTAÇÃO E DIAGRAMAS LÓGICOS (PARTE 1)

11. (Vunesp – Escrevente Técnico Judiciário – TJ – SP/2017) Sabendo que é verdadeira a afirmação "Todos os alunos de Fulano foram aprovados no concurso", então é necessariamente verdade:

A) Fulano foi aprovado no concurso.

B) Se Elvis foi aprovado no concurso, então ele é aluno de Fulano.

C) Se Roberto não é aluno de Fulano, então ele não foi aprovado no concurso.

D) Fulano não foi aprovado no concurso.

E) Se Carlos não foi aprovado no concurso, então ele não é aluno de Fulano.

COMENTÁRIOS

✪ Nota do autor

Nessa questão usei a representação através dos diagramas lógicos como forma de resolução. Reforço, porém, que a sentença apresentada no enunciado é logicamente equivalente à proposição "Se é aluno de Fulano, então foi aprovado no concurso". Dessa forma, através da regra da contrapositiva, chegamos à sentença "Se não foi aprovado no concurso, então não é aluno de Fulano" o que confirma a alternativa "e" como gabarito.

Alternativa correta: letra "e".

Podemos fazer a representação da proposição "Todos os alunos de Fulano foram aprovados no concurso" através dos diagramas. Assim:

Alternativa "e": correta

(E) Se Carlos não foi aprovado no concurso, então ele não é aluno de Fulano.

Perfeito! Se Carlos não está no conjunto dos aprovados, ele não pode ser aluno de Fulano.

Alternativa "a": incorreta

(A) Fulano foi aprovado no concurso.

Nada podemos afirmar sobre Fulano.

Alternativa "b": incorreta

(B) Se Elvis foi aprovado no concurso, então ele é aluno de Fulano.

Não necessariamente. Pela análise do diagrama, percebemos que Elvis pode fazer parte do conjunto dos aprovados e pode não ser elemento do conjunto dos alunos de Fulano.

Alternativa "c": incorreta

(C) Se Roberto não é aluno de Fulano, então ele não foi aprovado no concurso.

Não necessariamente. Pela análise do diagrama, percebemos que Roberto pode estar fora do conjunto dos alunos de Fulano, mas dentro do conjunto dos aprovados.

Alternativa "d": incorreta

(D) Fulano não foi aprovado no concurso.

Nada podemos afirmar sobre Fulano.

---

12. (Vunesp – Escrevente Técnico Judiciário – TJ – SP/2017) Se Débora é mãe de Hugo, então Marcelo é baixo. Se Carlos não é filho de Débora, então Neusa não é avó dele. Sabendo-se que Marcelo é alto ou que Neusa é avó de Carlos, conclui-se corretamente que

A) Hugo e Carlos são irmãos.

B) Débora não é mãe de Hugo, e Carlos é filho de Débora.

C) Hugo e Carlos não são irmãos.

D) Débora não é mãe de Hugo, ou Carlos é filho de Débora.

E) Neusa é mãe de Débora.

COMENTÁRIOS

✪ **Nota do autor**

A saída mais comum para esse tipo de questão é aquela em que supomos que todas as premissas são verdadeiras e a partir daí tentamos garantir a veracidade da conclusão. Mas para isso o ideal é que tenhamos uma proposição simples ou alguma certeza para darmos um pontapé inicial. Porém, nesse argumento isso não acontece.

Para resolver essa questão o candidato deve **conhecer um caso clássico de argumento denominado "Dilema Destrutivo"**. Como costumo brincar com meus alunos ele realmente pode ser destruidor na hora da prova caso você não tenha conhecimento sobre ele.

Caso queira aprofundar um pouco mais e/ou esclarecer possíveis dúvidas sobre essa questão, deixo como sugestão o link de um vídeo que está disponível no meu canal do YouTube onde explico todos os detalhes sobre esse exercício: http://goo.gl/4TbVsT. E fique ligado nesse caso! Pode cair na sua prova!

Alternativa correta: letra "d".

Analisemos a estrutura do "Dilema Destrutivo"

$$\begin{array}{c} P \to Q \\ R \to S \\ \underline{\sim Q \vee \sim S} \\ \sim P \vee \sim R \end{array}$$

Nesse modelo temos sempre 3 premissas, sendo **duas condicionais** ("se... então...") e **uma disjunção inclusiva** ("ou") que será composta a partir **da negação dos consequentes das condicionais**. Tendo esse conjunto de premissas sempre teremos como **conclusão uma disjunção inclusiva ("ou") composta pelas negações dos dois antecedentes**.

Observe que foi exatamente essa estrutura que tivemos na questão apresentada. Confira comigo as premissas:

Premissa I (condicional)

Se Débora é mãe de Hugo, então Marcelo é baixo.

Premissa II (condicional)

Se Carlos não é filho de Débora, então Neusa não é avó dele.

Premissa III (disjunção inclusiva)

Marcelo é alto ou Neusa é avó de Carlos.

Abaixo fiz uma análise mais detalhada sobre a construção da disjunção inclusiva que aparece como premissa III.

Nosso primeiro consequente é a proposição "Marcelo é baixo". A negação de "Marcelo é baixo" é a proposição "Marcelo não é baixo" que foi usada pelo examinador como "Marcelo é alto". Já o nosso segundo consequente é a proposição "Neusa não é avó dele". Como no contexto o termo "dele" fazia referência a Carlos, entendemos que essa proposição é equivalente a "Neusa não é avó de Carlos" e, consequentemente, sua negação será "Neusa é avó de Carlos".

Assim, a disjunção inclusiva construída como premissa III foi "Marcelo é alto ou Neusa é avó de Carlos".

Como o argumento atende a todos os requisitos do modelo "Dilema Destrutivo", podemos garantir que a conclusão será a disjunção inclusiva construída a partir da negação dos dois antecedentes.

Nosso primeiro antecedente é a proposição "Débora é mãe de Hugo". Logo, sua negação é a proposição "Débora não é mãe de Hugo". Sabemos que o segundo antecedente é a proposição "Carlos não é filho de Débora", cuja negação é a proposição "Carlos é filho de Débora". Nossa conclusão será, portanto, "Carlos não é filho de Débora ou Carlos é filho de Débora".

Alternativas "a", "b", "c" e "e" não indicam de maneira correta o que foi pedido.

---

13. (Vunesp – Escrevente Técnico Judiciário – TJ-SP/2014) Considere verdadeiras as quatro afirmações seguintes:

I. Ou Luíza é médica ou Márcia é advogada.
II. Carlos não é dentista e Luiz é engenheiro.
III. Se Carlos é dentista, então Márcia não é advogada.
IV. Luíza não é médica.

A partir dessas afirmações, pode-se concluir corretamente que

A) Luiz é engenheiro e Carlos é dentista.
B) Márcia é advogada e Luiz é engenheiro.
C) nem Luíza é médica nem Luiz é engenheiro.
D) Luíza não é médica, mas é dentista.
E) Carlos é dentista ou Márcia não é advogada.

COMENTÁRIOS

Nota do autor

Trata-se de uma questão de Lógica de Argumentação em que partiremos das premissas verdadeiras tentando obter uma conclusão também verdadeira. Chamo a atenção para o fato de que o próprio enunciado sugeriu que tais premissas deveriam ser verdadeiras. Isso, porém, não é necessário. De qualquer forma (mesmo que não fosse dito) teríamos que considerar as premissas verdadeiras. O enunciado tem que reforçar o valor lógico das proposições apenas nos casos em que alguma das premissas tiver que assumir valor lógico F.

A resolução dessa questão fica ainda mais direta pelo fato de termos a premissa IV como uma proposição simples. Partindo dela e consultando as tabelas-verdade dos conectivos conseguimos determinar o valor lógico das demais proposições simples integrantes do argumento apresentado.

Alternativa correta: letra "b".

Das quatro afirmações, começaremos pela mais simples (IV). "Se Luíza não é médica" é verdadeira, a afirmação "Luíza é médica" se torna falsa.

Analisemos a sentença I. Como temos o conectivo "ou... ou..." sabemos que para que essa premissa seja verdadeira devemos ter apenas uma verdade. Mas "Luiza é médica" é falsa. Então, cabe à sentença "Márcia é advogada" assumir valor lógico V.

Partiremos para sentença III. Já sabemos que "Márcia é advogada" é uma proposição verdadeira, então a proposição "Márcia não é advogada" é falsa. Como temos uma proposição com conectivo "se... então" e como a segunda parte é falsa, então cabe à sentença "Carlos é dentista" ser também falsa.

Por fim analisemos a sentença II. Como a proposição possui o conectivo "e" sabemos que suas duas partes devem ser também verdadeiras. Assim, "Carlos não é dentista" é verdadeira e "Luiz é engenheiro" também é verdadeira.

Concluímos, portanto que:

- Luiza não é médica.
- Márcia é advogada.
- Carlos não é dentista.
- Luiz é engenheiro.

Alternativa "b": correta

(B) Márcia é advogada e Luiz é engenheiro.

V e V = V

Opção correta

Alternativa "a": incorreta

(A) Luiz é engenheiro e Carlos é dentista.

V e F = F

Alternativa "c": incorreta

(C) nem Luíza é médica nem Luiz é engenheiro.

Essa proposição é equivalente à "Luiza não é médica e Luiz não é engenheiro".

V e F = F

Alternativa "d": incorreta

(D) Luíza não é médica, mas é dentista.

Essa proposição é equivalente à "Luíza não é médica e Luiza é dentista".

Podemos garantir que Luiza não é médica, mas nada podemos afirmar sobre o fato dela ser dentista. Dessa forma, a alternativa "d" não é necessariamente verdadeira.

Alternativa "e": incorreta

(E) Carlos é dentista ou Márcia não é advogada.

F ou F = F

14. (Vunesp – Escrevente Técnico Judiciário – TJ-SP/2014) Considere falsas as três afirmações seguintes:

I. João é encanador e José não é eletricista.

II. José é eletricista ou Lucas é pedreiro.

III. Se Robson é servente, então João não é servente.

A partir dessas afirmações, pode-se concluir corretamente que

A) Robson não é servente e José não é eletricista.

B) João é eletricista ou Lucas é servente.

C) João é servente ou Robson não é servente.

D) Lucas não é pedreiro e José é eletricista.

COMENTÁRIOS

✪ Nota do autor

A questão foi anulada, pois apresentava duas alternativas corretas. Mas para não perdermos o exercício, excluí uma das alternativas.

Alternativa correta: letra "c".

Como de acordo com o enunciado as três proposições são falsas, tanto a proposição II quanto a III são boas opções para começarmos, já que ambas apresentam apenas uma combinação que gera valor lógico falso.

Se começarmos pela proposição III, perceberemos que a única chance de ela ser falsa é se a primeira parte for verdadeira e a segunda for falsa. Assim, concluímos que é verdade que "Robson é servente" e é falso que "João não é servente".

Não é sempre que acontece, mas perceba que já podemos garantir o gabarito para a questão. A alternativa "c" afirma que "João é servente ou Robson não é servente". Como é falso que "João não é servente" passa a ser verdade que "João é servente" e como é verdade que "Robson é servente" passa a ser falso que "Robson não é servente". Assim, a combinação de valores da alternativa "c" seria "V ou F", ou seja, V. Daí a garantia do gabarito.

Irei continuar a explicação apenas como forma de explorar melhor esse enunciado. Então analisarei agora a proposição II. Por se tratar de uma disjunção inclusiva, deve apresentar as duas partes falsas. Ou seja, a proposição "José é eletricista" é falsa e a proposição "Lucas é pedreiro" é falsa. De posse dessa garantia podemos explorar a proposição I. Ela apresenta o conectivo "e" e para ser falsa deve apresentar pelo menos uma parte falsa. Como a segunda parte "José não é eletricista" é verdadeira, cabe à proposição "João é encanador" assumir valor lógico F.

Assim, concluímos que:

- Robson é servente.
- João é servente.
- José não é eletricista.
- Lucas não é pedreiro.
- João não é encanador.

Alternativa "c": correta

(C) João é servente ou Robson não é servente.

V ou F = V

Alternativa "a": incorreta

(A) Robson não é servente e José não é eletricista.

F e V = F

Alternativa "b": incorreta

(B) João é eletricista ou Lucas é servente.

Sobre João sabemos apenas que ele é servente e não é encanador. Não podemos concluir se ele é eletricista ou não. Da mesma forma, nada podemos afirmar sobre a proposição "Lucas é servente". Sabemos apenas que Lucas não é pedreiro. Nada sobre ser ou não ser servente. Assim, a proposição apresentada na alternativa "b" não é necessariamente verdadeira, e, portanto, não pode ser o gabarito da questão.

Alternativa "d": incorreta

(D) Lucas não é pedreiro e José é eletricista.

V e F = F

---

15. (Vunesp – Escrevente Técnico Judiciário – TJ-SP/2014) Considere verdadeiras as afirmações:

- Todos os cães latem.
- Todos os cães possuem quatro patas.
- Os gatos também possuem quatro patas.
- Alguns seres humanos imitam os latidos dos cães.
- Nem todos os cães mordem e alguns gatos arranham.

A partir dessas afirmações, pode-se concluir, corretamente, que

A) alguns seres humanos imitam os miados dos gatos.

B) os gatos que arranham assustam os cães que não mordem.

C) os cães que latem possuem quatro patas.

D) ou os gatos arranham ou os gatos miam.

E) alguns cães não possuem quatro patas e não latem.

COMENTÁRIOS

✪ Nota do autor

Trata-se de uma questão em que o examinador da VUNESP tentou tirar o foco do candidato apresentando várias premissas. Mas a análise atenta das alternativas permite chegarmos ao gabarito de forma direta.

Alternativa "c": correta

(C) os cães que latem possuem quatro patas.

Temos como garantia pelas premissas do argumento que "Todos os cães latem" e "Todos os cães possuem quatro patas". Assim, todos os cães latem e possuem quatro patas, ou seja, atendem as duas condições. Dessa forma, todo cão que late deve possuir quatro patas.

Alternativa "a": incorreta

(A) alguns seres humanos imitam os miados dos gatos.

Temos como garantia pelas premissas que "Alguns seres humanos imitam os latidos dos cães". Portanto, nada podemos afirmar sobre seres humanos imitarem miados dos gatos.

Alternativa "b": incorreta

(B) os gatos que arranham assustam os cães que não mordem.

Temos como garantia pelas premissas que "Alguns gatos arranham" e que "Nem todos os cães mordem". Essas afirmações não nos dão embasamento lógico para concluirmos que "Os gatos que arranham assustam os cães que não mordem".

Alternativa "d": incorreta

(D) ou os gatos arranham ou os gatos miam.

Como trata-se de uma sentença que apresenta conectivo "ou... ou..." para que ela fosse verdadeira deveríamos ter apenas uma parte verdadeira. Sabemos apenas que é verdade que "alguns gatos arranham". Isso não nos dá garantia lógica para afirmarmos que seja falso que os gatos miam. Dessa forma, a sentença "d" não é necessariamente verdadeira. Logo, não pode ser o gabarito da questão.

Alternativa "e": incorreta

(E) alguns cães não possuem quatro patas e não latem.

Temos como garantia pelas premissas do argumento que "Todos os cães latem" e "Todos os cães possuem quatro patas". Afirmar, portanto, que "Alguns cães não possuem quatro patas" e que "Alguns cães não latem" é necessariamente falso.

16. (Vunesp – Escrevente Técnico Judiciário – TJ-SP/2015) Se todo estudante de uma disciplina A é também estudante de uma disciplina B e todo estudante de uma disciplina C não é estudante da disciplina B, então é verdade que

A) algum estudante da disciplina A é estudante da disciplina C.

B) algum estudante da disciplina B é estudante da disciplina C.

C) nenhum estudante da disciplina A é estudante da disciplina C.

D) nenhum estudante da disciplina B é estudante da disciplina A.

E) nenhum estudante da disciplina A é estudante da disciplina B.

COMENTÁRIOS

✪ **Nota do autor**

Como as premissas apresentam o quantificador '"Todo" podemos usar os diagramas lógicos como auxílio para a resolução da questão.

Alternativa correta: letra "c".

Todo estudante de uma disciplina A é também estudante de uma disciplina B.

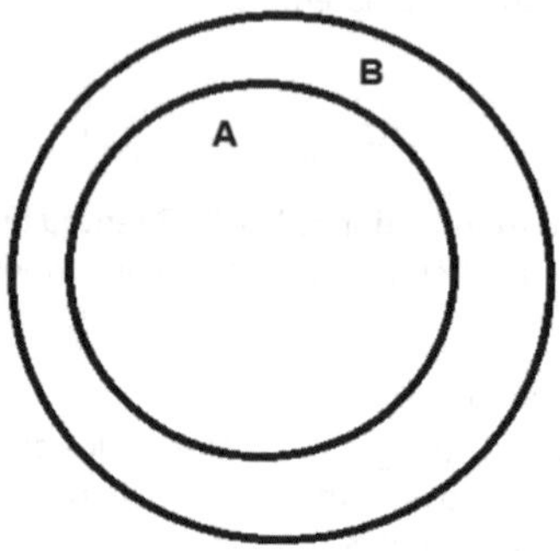

Todo estudante de uma disciplina C não é estudante da disciplina B.

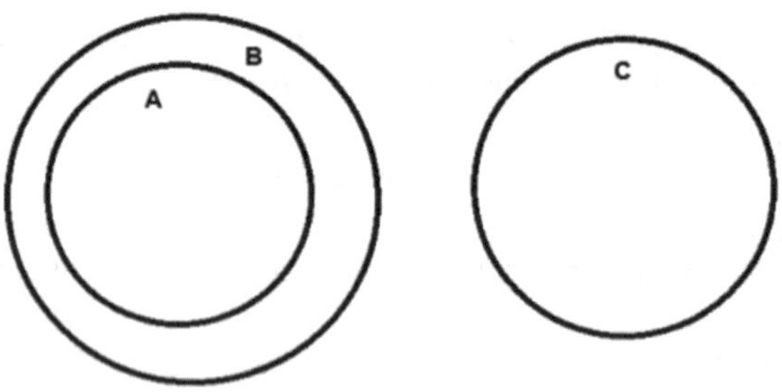

Alternativa "c": correta

(C) nenhum estudante da disciplina A é estudante da disciplina C.

Perfeito! É o que percebemos através da representação dos diagramas.

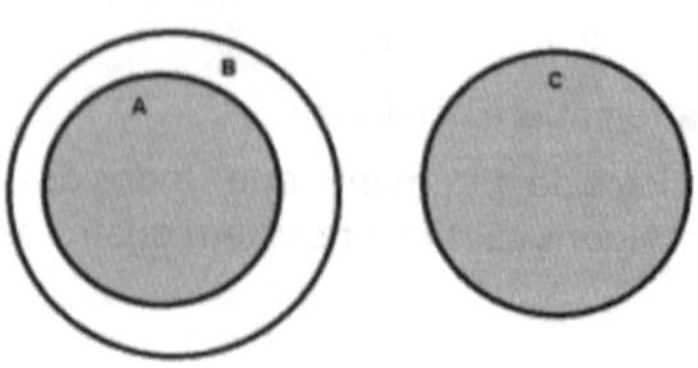

Alternativa "a": incorreta

(A) algum estudante da disciplina A é estudante da disciplina C.

Pela análise dos diagramas, nenhum estudante da disciplina A é estudante da disciplina C.

Alternativa "b": incorreta

(B) algum estudante da disciplina B é estudante da disciplina C.

Pela análise dos diagramas, nenhum estudante da disciplina B é estudante da disciplina C.

Alternativa "d": incorreta

(D) nenhum estudante da disciplina B é estudante da disciplina A.

Pela análise dos diagramas, podemos perceber que existem elementos que pertencem ao conjunto B e também ao conjunto A.

Alternativa "e": incorreta

(E) nenhum estudante da disciplina A é estudante da disciplina B.

Pela análise dos diagramas, todo estudante da disciplina A é estudante da disciplina B.

---

17. (Vunesp – Escrevente Técnico Judiciário – TJ-SP/2015) Considere verdadeira a seguinte afirmação: "Todos os primos de Mirian são escreventes".

Dessa afirmação, conclui-se corretamente que

A) se Pâmela não é escrevente, então Pâmela não é prima de Mirian.

B) se Jair é primo de Mirian, então Jair não é escrevente.

C) Mirian é escrevente.

D) Mirian não é escrevente.

E) se Arnaldo é escrevente, então Arnaldo é primo de Mirian.

COMENTÁRIOS

✪ Nota do autor

Nessa questão usei a representação através dos diagramas lógicos como forma de resolução. Reforço, porém, que a sentença apresentada no enunciado é logicamente equivalente à proposição "Se é primo de Mirian, então é escrevente". Dessa forma, através da regra da contrapositiva, chegamos à sentença "Se não é escrevente, então não é primo de Mirian" que confirma a alternativa "a" como gabarito.

Alternativa correta: letra "a".

Podemos fazer a representação da proposição "Todos os primos de Mirian são escreventes" através dos diagramas. Assim:

Alternativa "a": correta

(A) se Pâmela não é escrevente, então Pâmela não é prima de Mirian.

Perfeito! Se Pâmela não está no conjunto dos escreventes, ela não pode ser prima de Mirian.

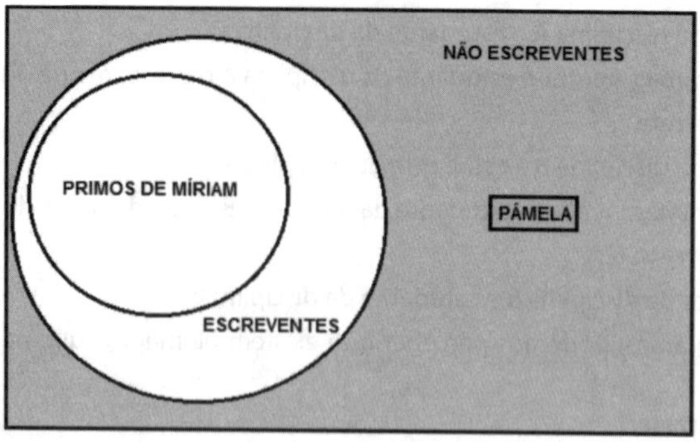

Alternativa "b": incorreta

(B) se Jair é primo de Mirian, então Jair não é escrevente.

Errado! Se Jair é primo de Mirian, então Jair é escrevente.

Alternativa "c": incorreta

(C) Mirian é escrevente.

Nada podemos afirmar sobre Mirian.

Alternativa "d": incorreta

(D) Mirian não é escrevente.

Nada podemos afirmar sobre Mirian.

Alternativa "e": incorreta

(E) se Arnaldo é escrevente, então Arnaldo é primo de Mirian.

Não necessariamente. Pela análise do diagrama, percebemos que Arnaldo pode estar no conjunto dos escreventes e não fazer parte do conjunto dos primos de Mirian.

---

18. (Vunesp – Escrevente Técnico Judiciário – TJ-SP/2015) Se Márcio é dentista, então Rose não é enfermeira. Débora não é médica ou Marcelo não é professor. Identificado que Marcelo é professor e que Rose é enfermeira, conclui-se corretamente que

A) Débora não é médica e Márcio não é dentista.

B) Débora é médica e Márcio é dentista.

C) Débora é médica e Márcio não é dentista.

D) Débora não é médica e Márcio é dentista.

E) Se Débora não é médica, então Márcio é dentista.

COMENTÁRIOS

✪ Nota do autor

Trata-se de uma questão de Lógica de Argumentação em que partimos das premissas verdadeiras para tentar obter uma conclusão também verdadeira. Das três premissas apresentadas a mais simples para começarmos é a que apresenta conectivo "e". Partindo dela e consultando as tabelas-verdade dos conectivos conseguimos determinar o valor lógico das demais proposições simples integrantes do argumento apresentado.

Alternativa correta: letra "a".

Sabemos que uma proposição com conectivo "e" é verdadeira apenas quando todas as proposições simples integrantes assumem valor lógico V. Assim, como a proposição "Marcelo é professor e Rose é enfermeira" é verdadeira, devemos ter as duas proposições simples integrantes também verdadeiras. Dessa forma, "Marcelo é professor" tem valor lógico V e "Rose é enfermeira" tem valor lógico V. Isso nos permite concluir que "Marcelo não é professor" tem valor lógico F e "Rose não é enfermeira" tem valor lógico F.

Analisemos a proposição "Débora não é médica ou Marcelo não é professor". Trata-se de uma disjunção inclusiva e deve apresentar pelo menos uma parte verdadeira para que seja toda verdadeira. Temos a garantia de que a proposição "Marcelo não é professor" tem valor lógico F. Assim, a proposição "Débora não é médica" assume valor lógico V.

Partiremos para sentença "Se Márcio é dentista, então Rose não é enfermeira". Já sabemos que "Rose não é enfermeira" tem valor lógico F. Dessa forma, com base na tabela do conectivo "se... então...", concluímos a proposição "Márcio é dentista" assume valor lógico F. Logo, "Márcio não é dentista" é V.

Pronto! Concluímos, portanto, que:

- Marcelo é professor.
- Rose é enfermeira.
- Débora não é médica.
- Márcio não é dentista.

Alternativa "a": correta

(A) Débora não é médica e Márcio não é dentista.

V e V = V

Alternativa "b": incorreta

(B) Débora é médica e Márcio é dentista.

F e F = F

Alternativa "c": incorreta

(C) Débora é médica e Márcio não é dentista.

F e V = F

Alternativa "d": incorreta

(D) Débora não é médica e Márcio é dentista.

V e F = F

Alternativa "e": incorreta

(E) Se Débora não é médica, então Márcio é dentista.

Se V, então F = F

1.3 DIAGRAMAS LÓGICOS (PARTE 02 – "DIAGRAMAS DE VENN")

Alguns editais da VUNESP não trazem explícito o assunto "Operações com Conjuntos". Mas ainda assim temos questões sobre o tema. Fique ligado, pois a presença dessas questões nas provas é justificada pelo tópico "Diagramas Lógicos".

---

19. (Vunesp – Escrevente Técnico Judiciário – TJ – SP/2017) Carlos é o único atleta que tem patrocínio de 3 empresas: A, B e C. Em se tratando de atletas que recebem patrocínios de apenas 2 dessas empresas, temos: Leandro e Hamilton, das empresas A e B; Marta e Silas, das empresas A e C; e Amanda, Renata e Sérgio, das empresas B e C. Se esses atletas fazem parte de um grupo contendo, ao todo, 18 atletas que recebem patrocínio das empresas A, B ou C, e cada empresa tem, pelo menos, 1 atleta recebendo patrocínio somente dela, então é correto afirmar que os números mínimo e máximo de atletas que a empresa B pode patrocinar são, respectivamente,

A) 6 e 12.

B) 5 e 10.

C) 8 e 16.

D) 7 e 14.

E) 4 e 8.

COMENTÁRIOS

✪ **Nota do autor**

Trata-se de uma questão que envolve 3 conjuntos. Para facilitar a resolução podemos usar a representação através dos Diagramas de Venn.

Alternativa correta: letra "d".

Podemos representar os conjuntos referentes aos patrocínios A, B e C assim:

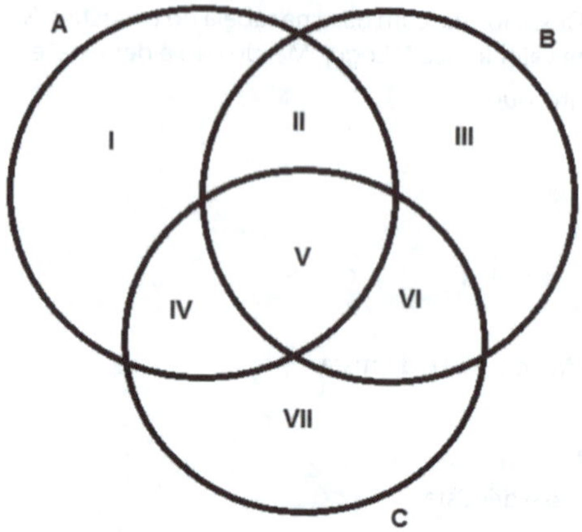

Se "Carlos é o único atleta que tem patrocínio de 3 empresas: A, B e C", significa que temos 1 elemento na região V.

Se "Leandro e Hamilton recebem patrocínio apenas das empresas A e B, significa que temos 2 elementos na região II.

Se "Marta e Silas recebem patrocínio apenas das empresas A e C", significa que temos 2 elementos na região IV.

Se "Amanda, Renata e Sérgio recebem patrocínio apenas das empresas B e C", significa que temos 3 elementos na região VI.

Se "cada empresa tem, pelo menos, 1 atleta recebendo patrocínio somente dela", significa que temos, pelo menos, 1 elemento na região I, 1 elemento da região III e 1 elemento na região VII.

Assim, temos:

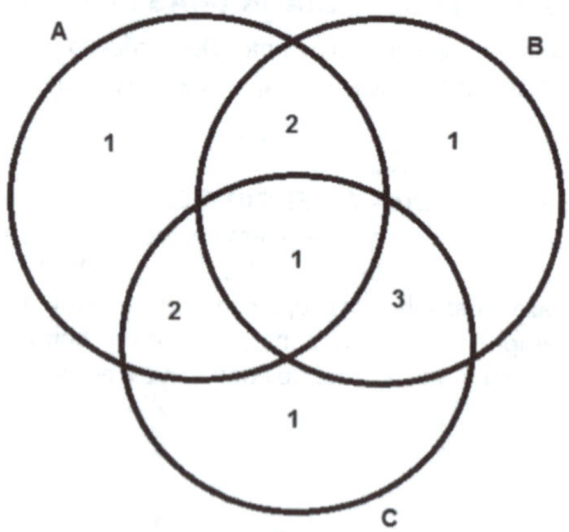

Se somarmos o número de elementos de todas as regiões percebemos que até agora já incluímos 11 atletas (1 + 2 + 1 + 2 + 1 + 3 + 1). Como ao todo são 18, faltam 7.

A questão propõe que determinemos a quantidade mínima e máxima de atletas que a empresa B pode patrocinar. A quantidade será mínima se nenhum dos 7 atletas que faltam pertencer ao conjunto B. Dessa forma o conjunto B continuaria com os mesmos 2 + 1 + 1+ 3, ou seja, 7 elementos que ele já possui. No entanto, a quantidade será máxima se todos os 7 atletas que restam pertencerem ao conjunto B. Dessa forma, além dos 7 elementos já apresentados teríamos mais sete, fechando um total de 14.

Alternativas "a", "b", "c" e "e" não indicam de maneira correta o que foi pedido.

20. (Vunesp – Escrevente Técnico Judiciário – TJ-SP/2015) Uma avaliação com apenas duas questões foi respondida por um grupo composto por X pessoas. Sabendo-se que exatamente 160 pessoas desse grupo acertaram a primeira questão, que exatamente 100 pessoas acertaram as duas questões, que exatamente 250 pessoas acertaram apenas uma das duas questões, e que exatamente 180 pessoas erraram a segunda questão, é possível afirmar, corretamente, que X é igual a

A) 520.

B) 420.

C) 370.

D) 470.

E) 610.

COMENTÁRIOS

✪ **Nota do autor**

Trata-se de uma questão que envolve 2 conjuntos. Para facilitar a resolução podemos usar a representação através dos Diagramas de Venn.

Alternativa correta: letra "d".

Temos dois conjuntos: o das pessoas que acertaram a 1ª questão e o das pessoas que acertaram a 2ª questão. Podemos representa-los assim:

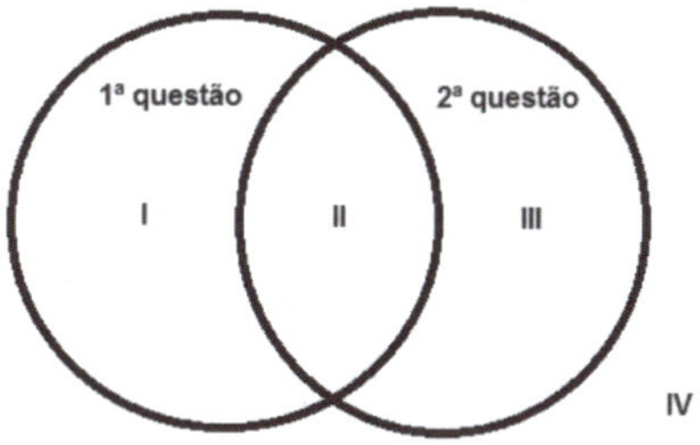

Analisemos as informações:

"100 pessoas acertaram as duas questões".

Como a região II no desenho acima indica a interseção dos dois conjuntos, então as 100 pessoas ficam representadas nela. Passamos a ter:

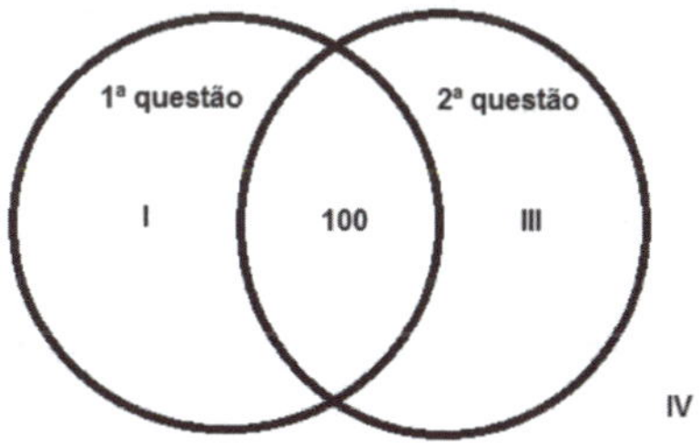

"160 pessoas desse grupo acertaram a primeira questão"

A região que compõe o conjunto das pessoas que acertaram a primeira questão corresponde à soma das regiões I e II. Como em II já temos 100 pessoas, resta para a região I um total de 160 – 100, ou seja, 60 pessoas. Passamos a ter:

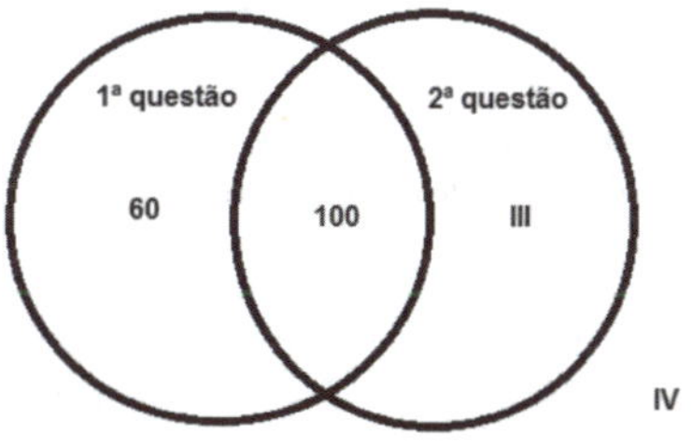

"250 pessoas acertaram apenas uma das duas questões"

A região que compõe o conjunto das pessoas que acertaram apenas uma das duas questões corresponde à soma das regiões I e III. Como em I já temos 60 pessoas, resta para a região III um total de 250 – 60, ou seja, 190 pessoas. Passamos a ter:

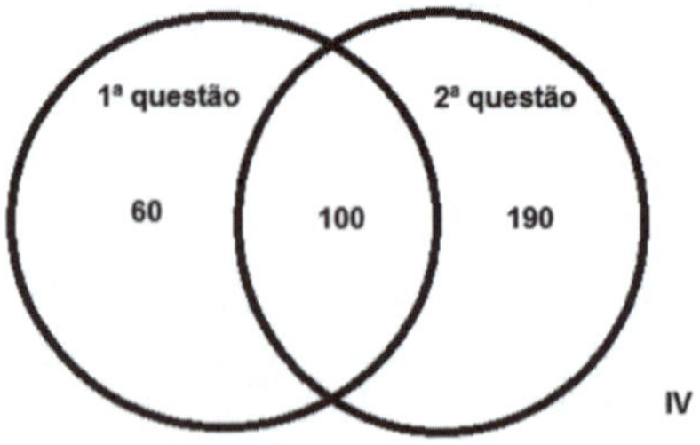

"Exatamente 180 pessoas erraram a segunda questão"

Atenção a essa afirmativa! A região que compõe o conjunto das pessoas que erraram a segunda questão corresponde à soma das regiões I e IV. Como em I já temos 60 pessoas, resta para a região IV, um total de 180 – 60, ou seja, 120 pessoas. Passamos a ter:

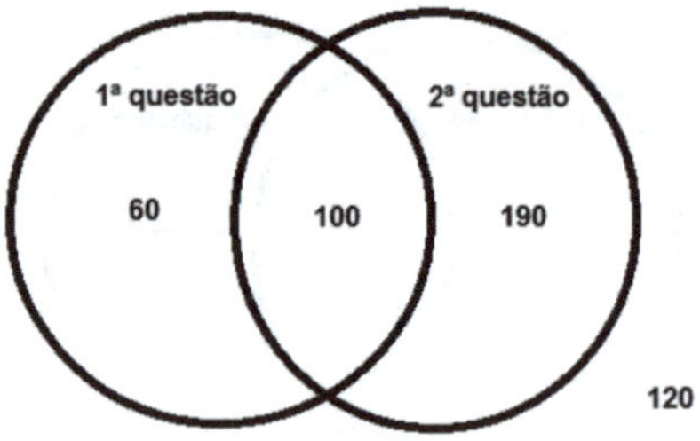

Assim, o total de pessoas (X) era 60 + 100 + 190 +120, ou seja, 470.

Alternativas "a", "b", "c" e "e" não indicam de maneira correta o que foi pedido.

---

21. (Vunesp – Escrevente Técnico Judiciário – TJ-SP/2014) O diagrama mostra a distribuição de pessoas, que possuem uma ou mais das habilidades A, B, C. As letras minúsculas representam o número de pessoas que possuem determinada ou determinadas habilidades. Por exemplo: a letra w, que está na intersecção dos grupos de habilidades A e B, representa a quantidade de pessoas que possuem ambas as habilidades citadas.

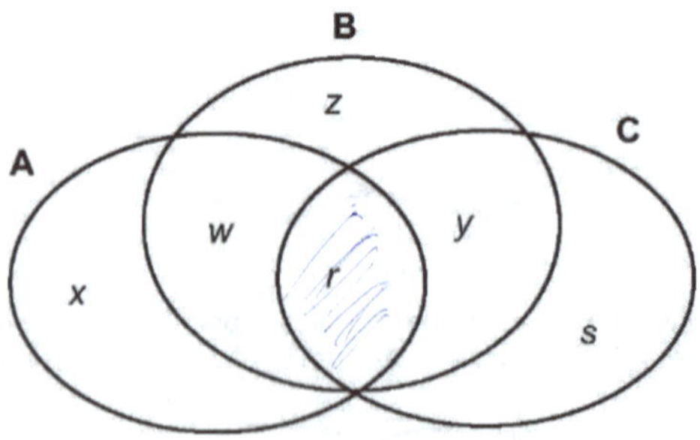

Foi realizada uma enquete com todas essas pessoas, e elas deveriam responder SIM ou NÃO a essa única pergunta: "Você possui as habilidades A e C? Todas as pessoas responderam de forma verdadeira, e o número de pessoas que respondeu SIM foi

A) r.

B) x + s.

C) zero.

D) x + r + s.

E) w + r + y.

COMENTÁRIOS

✪ Nota do autor

Nessa questão os conjuntos já vêm representados através dos diagramas cabendo ao candidato observar de forma atenta quais letras compõem cada região. Trata-se de um modelo pouco explorado por outras bancas, mas que não é tão raro em provas da VUNESP.

Alternativa correta: letra "a".

Lembre-se: nas representações por conjuntos o conectivo "e" associa-se à interseção e o conectivo "ou" associa-se à união. Dessa forma, como a pergunta foi "Você possui as habilidades A e C?" deveríamos encontrar a região que indica a interseção dos conjuntos A e C. Essa região indicada na figura pela letra "r".

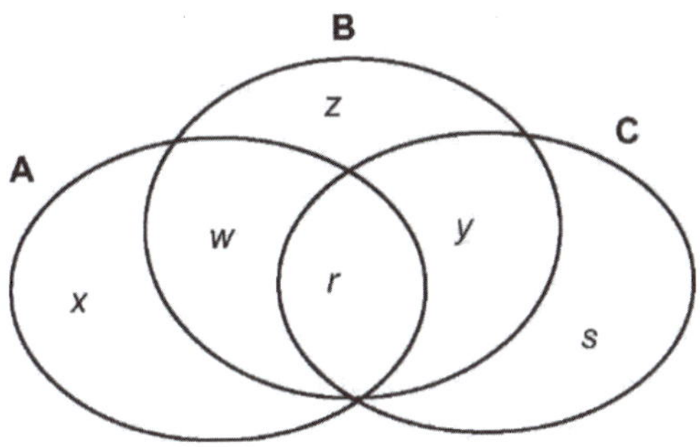

Alternativas "b", "c", "d" e "e" não indicam de maneira correta o que foi pedido.

1.4 SEQUÊNCIAS LÓGICAS

22. (Vunesp – Escrevente Técnico Judiciário – TJ – SP/2017) Na sequência numérica 2, 3, 5, 9, 17, 33, 65, 129, ..., mantida a ordem preestabelecida, o próximo elemento é

A) 273

B) 257

C) 249

D) 281

E) 265

COMENTÁRIOS

✪ Nota do autor

Dica: estude sequências para as provas da VUNESP. É um dos assuntos que mais cai. E a melhor maneira de se acostumar com o estilo da banca é resolver muitas provas de concursos anteriores porque para esse tipo de questão, na maioria das vezes, não há fórmulas.

Para a hora da prova deixo a seguinte dica: olhou para o exercício e enxergou o padrão, ótimo! Manda ver na resolução. Mas se olhou para o exercício uma vez, duas vezes, três vezes e nada de descobrir o padrão, deixe a questão de lado um pouco. Isso porque dependendo do exercício pode ser que você gaste muito tempo para descobrir o padrão e com isso acabará deixando de fazer outras questões da prova. Quando digo para deixar a questão de lado não significa "chutar" logo de cara e dá-la como questão perdida. Nada disso... Sabemos que em algumas situações se voltarmos ao enunciado um tempo depois, com um pouco mais de calma, às vezes, vem aquela famosa "luz" que nos ajuda a resolver o exercício. Faça isso!

Essa questão apresentou um padrão associado a operações matemáticas. É uma linha de raciocínio usada em várias questões de sequências da VUNESP. Portanto, para resolver esse modelo de questão vale a pena arriscar somar, subtrair, multiplicar e dividir para tentar perceber padrões de sequências. Apresentarei duas formas de resolução.

Alternativa correta: letra "b".

<u>1ª resolução</u>:

Observe:

+ 1 + 2 + 4 + 8+16 + 32+ 64 +128

2 3 5 9 17 33 65 129

Podemos observar que **<u>os valores somados são sempre o dobro do anterior</u>** (1, 2, 4, 8, 16, 32, 64,...). Assim, para chegarmos ao próximo elemento da sequência poderíamos somar 129 com **<u>128</u>**, chegando a 257.

<u>2ª resolução</u>:

Outra forma de resolver é perceber que a partir do segundo elemento, todos os números da sequência são sempre **<u>"o dobro do valor anterior diminuído de uma unidade"</u>**.

- 3 é "o dobro de 2 diminuído de 1". (3 = 2 × 2 – 1)
- 5 é "o dobro de 3 diminuído de 1" (5 = 2 × 3 – 1)
- 9 é "o dobro de 5 diminuído de 1" (9 = 2 × 5 – 1)
- 17 é "o dobro de 9 diminuído de 1". (17 = 2 × 9 – 1)
- 33 é "o dobro de 17 diminuído de 1". (33 = 2 × 17 – 1)
- 65 é "o dobro de 33 diminuído de 1". (65 = 2 × 33 – 1)

Assim, o próximo elemento da sequência será "o dobro de 129 diminuído de 1", ou seja, (2 × 129) – 1 = 258 – 1 = 257.

Alternativas "a", "c", "d" e "e" não indicam de maneira correta o que foi pedido.

---

23. (Vunesp – Escrevente Técnico Judiciário – TJ – SP/2017) Observe as 4 primeiras figuras de uma sequência, em que cada figura contém 5 símbolos:

♣♦♥♠●	♦♣♥♠●	♣♦♠♥●	●♦♥♠♣
Figura 1	Figura 2	Figura 3	Figura 4

Nessa sequência, as figuras 5, 6, 7 e 8 correspondem, respectivamente, às figuras 1, 2, 3 e 4, assim como as figuras 9, 10, 11 e 12, e assim por diante, mantendo-se essa correspondência. Com relação à ordem dos símbolos, o 1º dessa sequência é ♣, o 8º é ♥, o 15º é •, e assim por diante. Nestas condições, o 189º símbolo é

A) ♦

B) ♥

C) •

D) ♠

E) ♣

COMENTÁRIOS

✪ Nota do autor

Trata-se de uma sequência que envolve <u>CICLOS</u>. Um dos modelos mais comuns nas provas da VUNESP e que merece total atenção. A grande sacada para esse tipo de questão é numerar os elementos do ciclo, sempre de 1 a 0 (independentemente de quantos elementos tivermos no ciclo).

Se o ciclo tiver 3 elementos, por exemplo, associamos o 1º ao número 1, o 2º ao número 2 e o **<u>3º elemento, por ser o último, deverá ser associado ao número 0</u>** (e não ao 3 como muitos acabam imaginando).

Se o ciclo tiver 5 elementos, associamos o 1º ao número 1, o 2º ao número 2, o 3º ao número 3, o 4º ao número 4 e o **<u>5º elemento, por ser o último, deverá ser associado ao número 0</u>** (e não ao 5 como muitos acabam imaginando).

Se o ciclo tiver 100 elementos, associaremos o 1º ao número 1, o 2º ao número 2,..., o 99º ao número 99 e o **<u>100º elemento, por ser o último, deverá ser associado ao número 0</u>**.

É importante que o último elemento seja associado ao zero, pois isso indicará <u>fechamento de ciclo</u>, ou seja, a ideia de uma divisão exata, **<u>sem resto</u>**. Até, porque, pense comigo... Numa divisão por 5 não há resto 5. Os possíveis restos são 1, 2, 3, 4 e 0; numa divisão por 3 não há resto 3. Os restos possíveis são 1, 2 e 0; numa divisão por 100 não há resto 100.

Alternativa correta: letra "d".

Temos um ciclo formado por 20 elementos já que temos 4 grupos com 5 figuras casa. Podemos numerá-los assim:

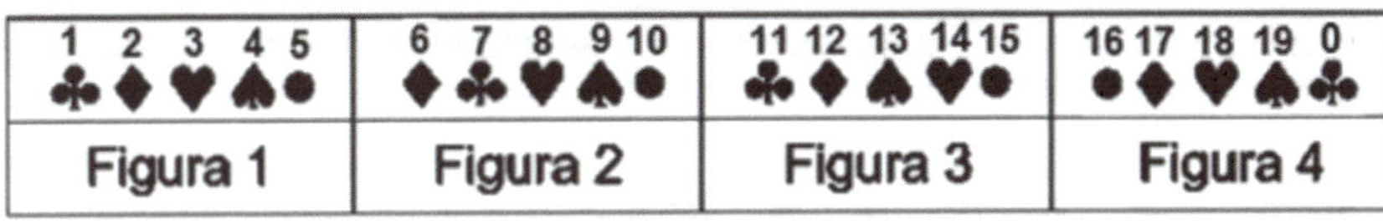

Agora, vamos determinar o resto da divisão de 189 por 20. Veja:

O quociente 9 indica que tivemos 9 ciclos completos de 1 a 0. **<u>O resto 9, porém, é o que nos interessa para essa questão, pois ele indica que o próximo ciclo foi até o 9º termo</u>**. Observe que a 9ª figura da sequência:

Portanto, a 189ª figura é ♠.

Alternativas "a", "b", "c" e "e" não indicam de maneira correta o que foi pedido.

---

24. (Vunesp – Escrevente Técnico Judiciário – TJ-SP/2015) Mantendo-se a regularidade da sequência numérica – 3, 1, – 5, 3, – 7, 5, ..., os dois próximos elementos dessa sequência serão, respectivamente,

A) – 10 e 6.

B) – 9 e 7.

C) – 11 e 5.

D) – 12 e 4.

E) – 13 e 3.

COMENTÁRIOS

✪ **Nota do autor**

Mais uma questão que apresentou um padrão associado a operações matemáticas. Serão apresentadas duas soluções.

Alternativa correta: letra "b".

1ª solução:

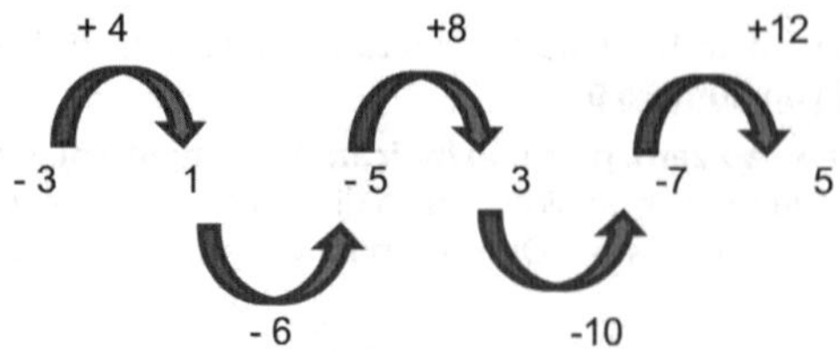

Perceba que os valores que estão sendo somados e subtraídos têm como padrão **a sequência dos números inteiros pares a partir do número 4**: (+4, -6, +8, -10, +12,...)

Assim para **obtermos o próximo número deveríamos subtrair 14 do elemento 5**, chegando ao número – 9. Perceba que com isso já podemos garantir o gabarito letra "b" para a questão.

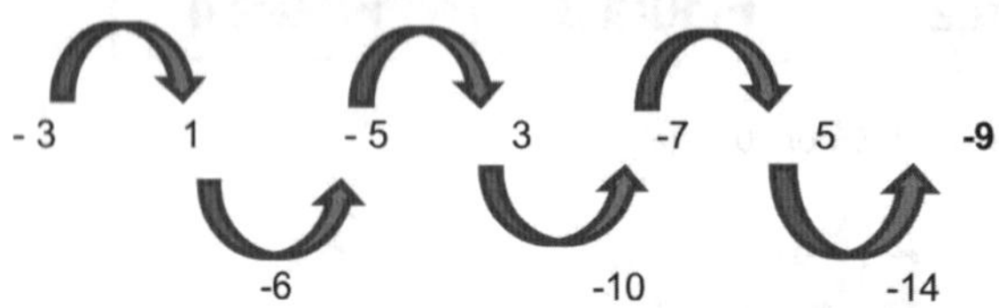

Por fim, **deveremos somar 16 ao elemento – 9**, chegando ao número 7.

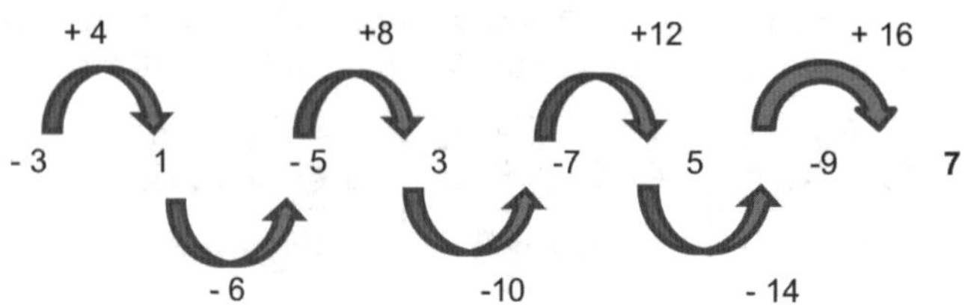

2ª) **Quebrando a sequência em duas**:

Raciocinando dessa forma podemos enxergar uma sequência composta pelos elementos de ordem ímpar, ou seja, composta pelo 1º elemento, 3º elemento, 5º elemento, ...; a outra será composta pelos elementos de ordem par, ou seja, composta pelo 2º elemento, 4º elemento, 6º elemento, ... Assim, teremos:

Sequência 1: –3, –5, –7, ...

Sequência 2: 1, 3, 5, ...

Observe que **na sequência 1 sempre subtraímos duas unidades em relação ao elemento anterior**. Assim, o próximo elemento dessa sequência seria o número – 9(–7 –2 = –9). Perceba que como esse será o próximo elemento da sequência completa isso já nos dá a garantia de que o gabarito será a letra "b". Mas continuemos a análise do exercício.

Na sequência 2, sempre somamos duas unidades em relação ao elemento anterior. Assim, o próximo elemento da sequência será o número 7 (5 + 2 = 7).

Unindo novamente as sequências chegamos a: –3, 1, –5, 3, –7, 5, –9, 7.

Alternativas "a", "c", "d" e "e" não indicam de maneira correta o que foi pedido.

25. (Vunesp – Escrevente Técnico Judiciário – TJ-SP/2015) Considere as seguintes figuras de uma sequência de transparências, todas enumeradas:

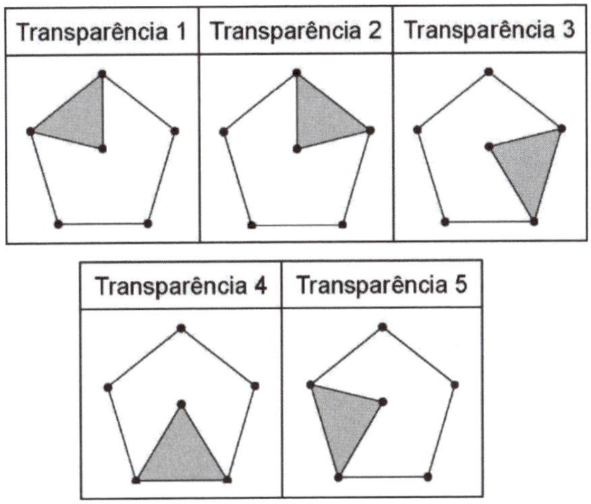

Na referida sequência, a transparência 6 tem a mesma figura da transparência 1, a transparência 7 tem a mesma figura da transparência 2, a transparência 8 tem a mesma figura da transparência 3, e assim por diante, obedecendo sempre essa regularidade. Dessa forma, sobrepondo-se as transparências 113 e 206, tem-se a figura

A)

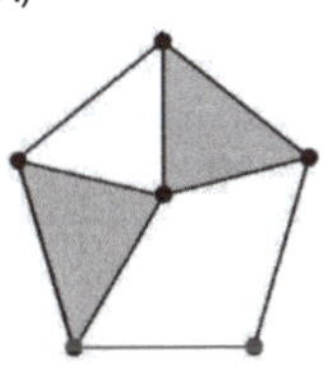

B)

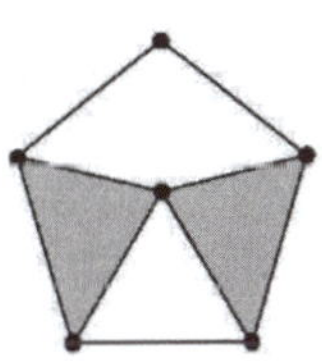

C)

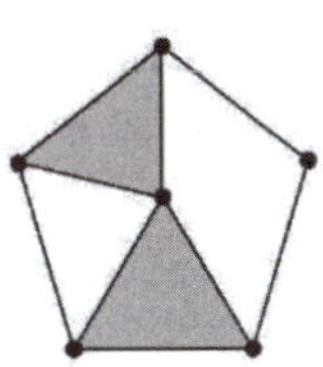

D)

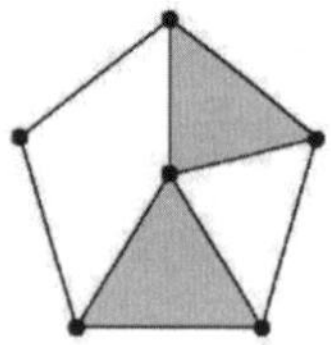

E)

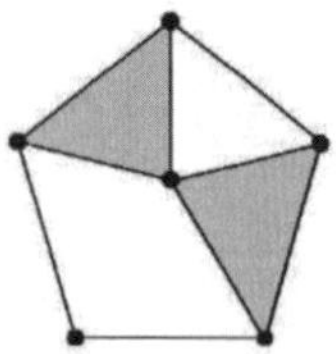

COMENTÁRIOS

✪ Nota do autor

Mais uma questão de ciclos. Fiquem atentos a esse modelo, pois sempre tem enormes chances de cair em provas da VUNESP.

Alternativa correta: letra "e".

Temos um ciclo formado por 5 elementos. Não se esqueça de numerar os elementos do ciclo de 1 a 0. Mais uma vez reforço! É importante que o último elemento seja associado ao zero, pois isso indicará fechamento de ciclo, ou seja, a ideia de uma divisão exata, sem resto. Assim, teremos:

1	2	3	4	0
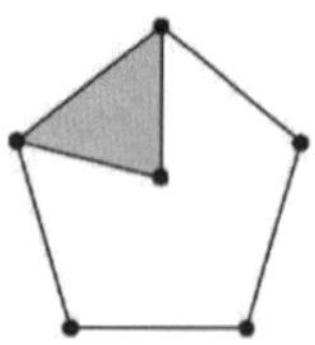	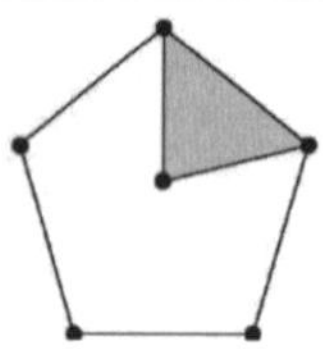	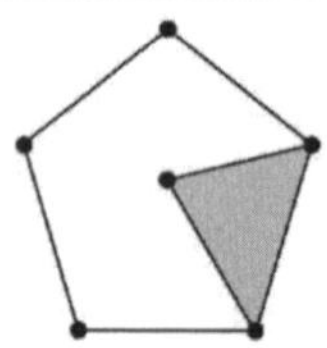	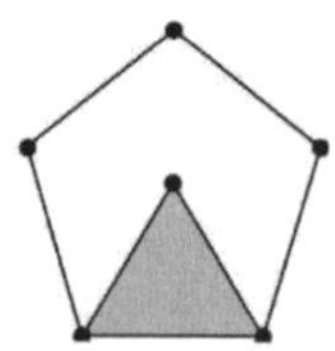	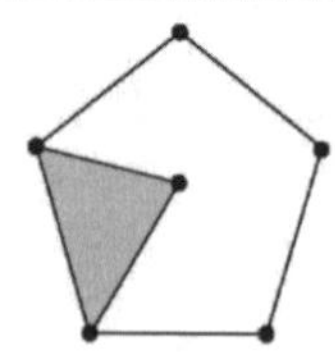

Agora, vamos determinar o resto da divisão de 113 por 5. Veja:

$$\begin{array}{r|l} 113 & 5 \\ \hline \textcircled{3} & 22 \end{array}$$

O quociente 22 indica que tivemos 22 ciclos completos. Já o resto 3 é o que nos interessa, pois ele indica que o próximo ciclo foi até o 3º termo. Assim, a 113ª transparência é da forma:

3
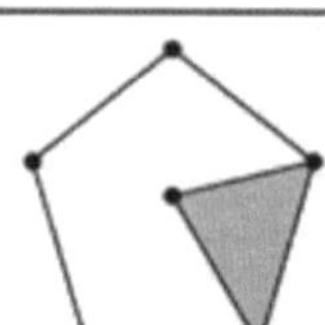

Já podemos descartar as alternativas "a", "c" e "d".

Vamos determinar o resto da divisão de 206 por 5. Veja:

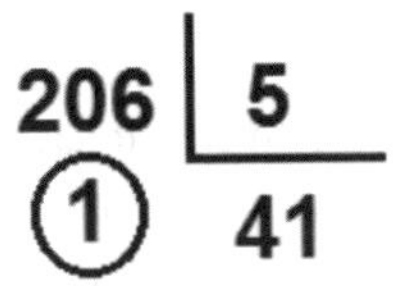

O quociente 41 indica que tivemos 41 ciclos completos. Já o resto 1 é o que nos interessa, pois ele indica que o próximo ciclo foi até o 1º termo. Assim, a 206ª transparência é da forma:

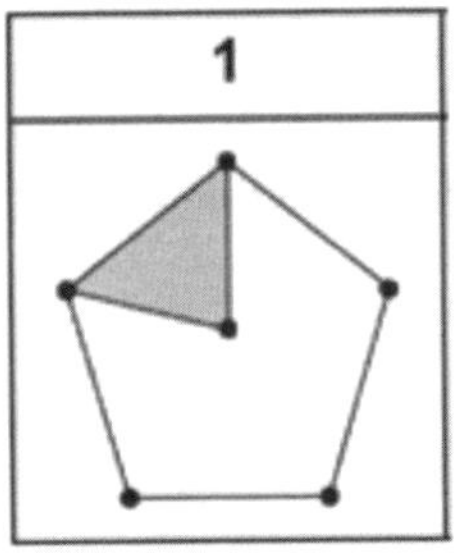

Agora, sobrepondo-se as transparências 1 e 3, temos:

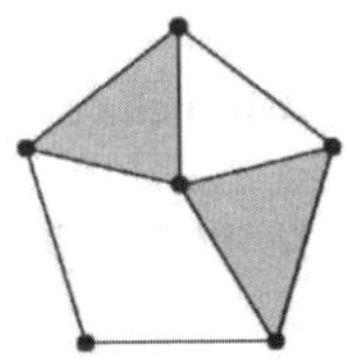

Alternativas "a", "b", "c" e "d" não indicam de maneira correta o que foi pedido.

---

26. (Vunesp – Escrevente Técnico Judiciário – TJ-SP/2014) Observe as regularidades da sequência a seguir: (10; 11; 20; 21; 22; 30; 31; 32; 33; 40; . . . ; 98; 99).

Pode se afirmar corretamente que a soma dos algarismos que compõem o 38º elemento é

A) 7.

B) 10.

C) 9.

D) 6.

E) 8.

COMENTÁRIOS

✪ **Nota do autor**

Nessa questão, apesar de o candidato poder escrever todos os elementos da sequência, é interessante perceber o padrão para o caso de termos modelos semelhantes, mas com uma quantidade maior de elementos.

Alternativa correta: letra "b".

Observe como podemos distribuir os elementos apresentados:

10, 11 (2 elementos)

20, 21, 22 (3 elementos)

30, 31, 32, 33 (4 elementos)

Até agora temos 2 + 3 + 4 = 9 elementos. Conseguiu perceber o padrão desses elementos?

Observe que a cada mudança de dezena, **acrescentamos um número sequencial de elementos nessa dezena**.

Dessa forma:

A sequência iniciada pelo número 40 teria 5 números, totalizando 9 + 5 = 14 elementos.

A sequência iniciada pelo número 50 teria 6 números, totalizando 14 + 6 = 20 elementos.

A sequência iniciada pelo número 60 teria 7 números, totalizando 20 + 7 = 27 elementos.

A sequência iniciada pelo número 70 teria 8 elementos, totalizando 27 + 8 = 35 elementos.

Assim, sabemos que o 38º estará na próxima sequência, ou seja, naquela iniciada pelo número 80. Como já temos 35 números, o 38º será o terceiro dessa sequência. Assim:

80 (36º elemento), 81 (37º elemento) e 82 (38º elemento).

Como a questão pede a soma dos algarismos do 38º elemento, a resposta será 8 + 2 = 10.

Para quem preferiu escrever toda a sequência, teríamos:

10, 11

20, 21, 22

30, 31, 32, 33

40, 41, 42, 43, 44

50, 51, 52, 53, 54, 55

60, 61, 62, 63, 64, 65, 66

70, 71, 72, 73, 74, 75, 76, 77

80, 81, 82.

Alternativas "a", "c", "d" e "e" não indicam de maneira correta o que foi pedido.

---

27. (Vunesp – Escrevente Técnico Judiciário – TJ-SP/2014) Observe os cinco primeiros elementos da sequência figural ilimitada a seguir:

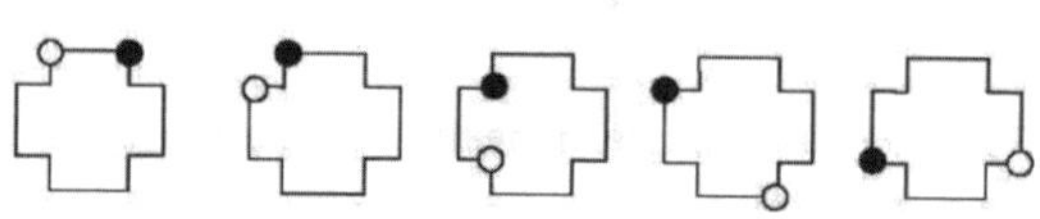

Observando a regularidade apresentada pelos pontos em destaque em cada figura, conclui-se que a 10ª figura é:

A)

B)

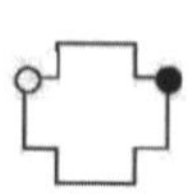

C)

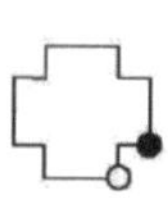

D)

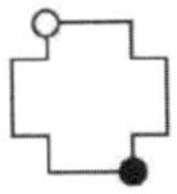

E)

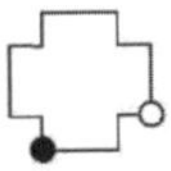

COMENTÁRIOS

✪ Nota do autor

Essa questão envolve padrão associado à orientação espacial, visto que, trata da mudança de posição dos pontinhos de cor preta e branca.

Alternativa correta: letra "c".

Podemos perceber dois padrões diferentes: um em relação ao ponto preto e outro em relação ao ponto branco.

O ponto preto é movimentado no sentido anti-horário "pulando" sempre de vértice em vértice. Assim para chegarmos à 10ª figura deveríamos deslocar o ponto preto cinco vértices no sentido anti-horário a partir da quinta figura. Dessa forma, posicionaríamos esse ponto no seguinte vértice:

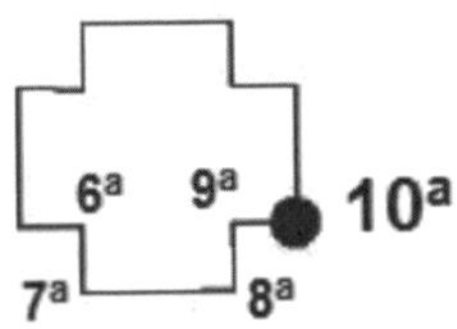

Repare que já podemos descartar as alternativas "b", "d" e "e".

O ponto branco é deslocado no sentido anti-horário, porém ele "pula" de dois em dois vértices. Assim para chegarmos à 10ª figura deveríamos deslocar o ponto branco 10 vértices no sentido anti-horário a partir da quinta figura. Dessa forma, posicionaríamos esse ponto no seguinte vértice:

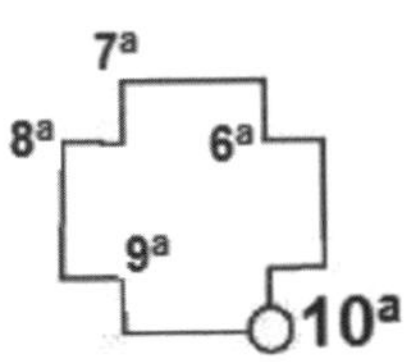

Juntando as duas ideias na mesma figura, chegamos à:

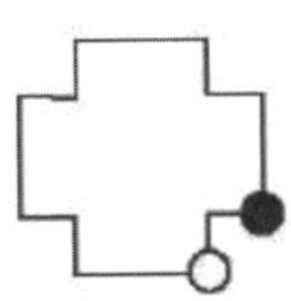

Alternativas "a", "b", "d" e "e" não indicam de maneira correta o que foi pedido.

28. (Vunesp – Escrevente Técnico Judiciário – TJ-SP/2014) Na sequência (10; 11; 12; 13; 100; 110; 120; 130; 1000; 1100; 1200; 1300; 10000; ...), a diferença entre o menor número de 7 algarismos e o maior número de 6 algarismos é igual a

A) 97000.

B) 970000.

C) 87000.

D) 870000.

E) 1130000.

COMENTÁRIOS

✪ Nota do autor

Nessa questão, apesar de o candidato poder escrever todos os elementos da sequência, é interessante perceber o padrão para o caso de termos modelos semelhantes, mas com uma quantidade maior de elementos.

Alternativa correta: letra "d".

Observe que a cada 4 elementos os dois primeiros algarismos seguem sempre a sequência 10, 11, 12, 13.

(**10**; **11**; **12**; **13** / **10**0; **11**0; **12**0; **13**0 / **10**00; **11**00; **12**00; **13**00 / **10**000; ...)

Além disso, a cada 4 elementos incluímos um zero a mais como algarismo das unidades. Veja:

(10; 11; 12; 13 / 10**0**; 11**0**; 12**0**; 13**0** / 10**00**; 11**00**; 12**00**; 13**00** / 10**000**; ...)

Dessa forma, o menor número de 7 algarismos deverá começar com "10" e deveremos acrescentar 5 zeros, obtendo o número 1000000.

O maior número de 6 algarismos deverá começar com "13" e deveremos acrescentar 4 zeros, obtendo o número 130000.

Dessa forma, a diferença entre esses números será de 1000000-130000 = 870000.

Para os que preferiram escrever todos os elementos, teríamos:

10, 11, 12, 13

100, 110, 120, 130

1000, 1100, 1200, 1300

10000, 11000, 12000, 13000

100000, 110000, 120000, 130000 (maior número de 6 algarismos)

1000000 (menor número de 7 algarismos)

Alternativas "a", "b", "c" e "e" não indicam de maneira correta o que foi pedido.

1.5 PROBLEMAS DE RACIOCÍNIO

29. (Vunesp – Escrevente Técnico Judiciário – TJ – SP/2017) Em um edifício com apartamentos somente nos andares de 1° ao 4°, moram 4 meninas, em andares distintos: Joana, Yara, Kelly e Bete, não necessariamente nessa ordem. Cada uma delas tem um animal de estimação diferente: gato, cachorro, passarinho e tartaruga, não necessariamente nessa ordem. Bete vive reclamando do barulho feito pelo cachorro, no andar imediatamente acima do seu. Joana, que não mora no 4°, mora um andar acima do de Kelly, que tem o passarinho e não mora no 2° andar. Quem mora no 3° andar tem uma tartaruga. Sendo assim, é correto afirmar que

A) Kelly não mora no 1° andar.

B) Bete tem um gato.

C) Joana mora no 3° andar e tem um gato.

D) o gato é o animal de estimação da menina que mora no 1° andar.

E) Yara mora no 4° andar e tem um cachorro.

COMENTÁRIOS

✪ Nota do autor

Para resolvermos esse tipo de questão sugerimos a construção de uma tabela onde possamos associar as características apresentadas no texto. Mas antes de passarmos à resolução da questão, gostaria que você soubesse que nessa tabela:

A letra "S" representa "sim" e a letra "N" representa "não". Portanto, se quisesse representar que Fulano não mora em Piúma, poderia fazer assim

	Vitória	Guarapari	Piúma
Beltrano			
Fulano →	→	→	N
Sicrano			

E se quisesse representar que Sicrano torce para o time do Bahia, poderia fazer assim:

	Ceará	Bahia	Náutico
Beltrano			
Fulano			
Sicrano →	→	S	

Mas a vantagem de marcamos um "S", é que junto com ele tem que vir alguns "N´s". Entenda o porquê:

Se Sicrano torce para o Bahia, então ele não pode torcer para o time do Ceará nem do Náutico (marcamos dois "N´s" na linha de Sicrano). Da mesma forma, Beltrano e Fulano não podem torcer para o time do Bahia (marcamos dois "N´s" na coluna do time do Bahia). A tabela então, ficaria assim:

	Ceará	Bahia	Náutico
Beltrano		**N**	
Fulano		**N**	
Sicrano	**N**	**S**	**N**

Alternativa correta: letra "e".

Organizarei a tabela da seguinte forma:

	1º	2º	3º	4º	Gato	Cachorro	Passarinho	Tartaruga
Joana								
Yara								
Kelly								
Bete								

"Bete vive reclamando do barulho feito pelo cachorro, no andar imediatamente acima do seu"

Dessa afirmativa podemos concluir que:

- Bete não é a dona do cachorro (preenchemos com "N" o cruzamento da linha "Bete" com a coluna "cachorro").
- Bete não mora no 4º andar, afinal, precisamos ter uma pessoa que more num andar acima do dela (preenchemos com "N" o cruzamento da linha "Bete" com a coluna "4º").
- A dona do cachorro não vive no 1º andar, afinal, Bete reclama dele em um andar abaixo (ainda não conseguiremos representar essa informação na tabela, mas será importante mais a frente).

	1º	2º	3º	4º	Gato	Cachorro	Passarinho	Tartaruga
Joana								
Yara								
Kelly								
Bete				**N**		**N**		

"Joana, que não mora no 4º, mora um andar acima do de Kelly, que tem o passarinho e não mora no 2º andar"

Dessa afirmativa podemos concluir que:

- Joana não mora no 4º andar (preenchemos com "N" o cruzamento da linha "Joana" com a coluna "4º").
- Joana não mora no 1º andar, afinal ela mora em uma andar acima de Kelly (preenchemos com "N" o cruzamento da linha "Joana" com a coluna "'1º").
- Kelly não mora no 4º andar, afinal ela mora em um andar abaixo de Joana (preenchemos com "N" o cruzamento da linha "Kelly" com a coluna "'4º").
- Kelly tem o passarinho (preenchemos com "S" o cruzamento da linha "Kelly" com a coluna "Passarinho"; lembre-se de que um "S" traz junto vários "N"s que deverão preencher as demais células da linha e coluna do "S").
- Kelly não mora no 2º andar (preenchemos com "N" o cruzamento da linha "Kelly" com a coluna "2º")

Nossa tabela ficará assim:

	1º	2º	3º	4º	Gato	Cachorro	Passarinho	Tartaruga
Joana	**N**			**N**			**N**	
Yara							**N**	
Kelly		**N**		**N**	**N**	**N**	**S**	**N**
Bete				N		N	**N**	

Observe na tabela acima a coluna referente ao 4º andar. Repare que essa coluna traz um "N" com "Joana", outro "N" com Kelly e também um "N" com Bete. Dessa forma, só nos resta concluir que devemos ter um "S" no cruzamento da linha "Yara" com a coluna "4º". E lembre-se de que esse "S" trará vários "N"s que deverão preencher as demais células da linha e da coluna do "S". A tabela ficará assim:

	1º	2º	3º	4º	Gato	Cachorro	Passarinho	Tartaruga
Joana	N			N			N	
Yara	**N**	**N**	**N**	**S**			N	
Kelly		N		N	N	N	S	N
Bete				N		N	N	

Lembre-se de que "***Joana mora um andar acima do de Kelly***".

Agora, observe novamente a tabela anterior. Analise a linha de Kelly. Perceba que ela só pode morar no 1º andar ou no 3º andar. Mas se ela morasse no 3º andar, Joana deveria morar no 4º. Isso, porém, não pode acontecer, afinal, já temos um "N" no cruzamento da linha "Joana" com a coluna "4º". Sendo assim, só resta concluir que Kelly vive no 1º andar. Assim, Joana é a moradora do 2º e, consequentemente, só resta para Bete ser a moradora 3º. Organizando tais informações na tabela, teremos:

	1º	2º	3º	4º	Gato	Cachorro	Passarinho	Tartaruga
Joana	N	**S**	**N**	N			N	
Yara	N	N	N	S			N	
Kelly	**S**	N	**N**	N	N	N	S	N
Bete	**N**	**N**	**S**	N		N	N	

Até o momento, temos:

Joana	2º andar
Yara	4º andar
Kelly	1º andar
Bete	3º andar

O enunciado garante que "***Bete vive reclamando do barulho feito pelo cachorro, no andar imediatamente acima do seu"***. Como descobrimos que Bete vive no 3º andar e o cachorro faz barulho no andar imediatamente acima do dela, então, podemos concluir que o cachorro vive no 4º andar. Mas a moradora do 4º andar é Yara. Logo, Yara é a dona do cachorro. Marcaremos um "S" no cruzamento da linha "Yara" com a coluna "cachorro". E esse "S" trará vários "N"s que deverão preencher as demais células da linha e da coluna do "S". Assim:

	1º	2º	3º	4º	Gato	Cachorro	Passarinho	Tartaruga
Joana	N	S	N	N		**N**	N	
Yara	N	N	N	S	**N**	**S**	N	**N**
Kelly	S	N	N	N	N	N	S	N
Bete	N	N	S	N		N	N	

Repare que nesse ponto já poderíamos indicar a alternativa correta para a questão: letra "e"

"Quem mora no 3º andar tem uma tartaruga"

Como a moradora do 3º andar é Bete, então Bete é a dona da tartaruga. Marcaremos um "S" no cruzamento da linha "Bete" com a coluna "tartaruga". E esse "S" trará vários "N"s que deverão preencher as demais células da linha e da coluna do "S". Consequentemente, Joana é a dona do gato. Marcaremos um "S" no cruzamento da linha "Joana" com a coluna "gato". Completando a tabela, teremos:

	1º	2º	3º	4º	Gato	Cachorro	Passarinho	Tartaruga
Joana	N	S	N	N	**S**	N	N	**N**
Yara	N	N	N	S	N	S	N	N
Kelly	S	N	N	N	N	N	S	N
Bete	N	N	S	N	**N**	N	N	**S**

Assim, fechamos todas as associações:

Joana	2º andar	Gato
Yara	4º andar	Cachorro
Kelly	1º andar	Passarinho
Bete	3º andar	Tartaruga

Alternativa "e": correta

(E) Yara mora no 4° andar e tem um cachorro.

Perfeito! Foi o que concluímos.

Alternativa "a": incorreta

(A) Kelly não mora no 1° andar.

Errado! Kelly mora no 1° andar.

Alternativa "b": incorreta

(B) Bete tem um gato.

Errado! Bete tem uma tartaruga.

Alternativa "c": incorreta

(C) Joana mora no 3° andar e tem um gato.

Errado. Joana mora no 2° andar e tem um gato.

Alternativa "d": incorreta

(D) o gato é o animal de estimação da menina que mora no 1° andar.

Errado. O gato é o animal de estimação da menina que mora no 2° andar.

---

30. (Vunesp – Escrevente Técnico Judiciário – TJ-SP/2014) Luiz, José e Mauro são amigos e cada um deles pertence a um partido político diferente. Os partidos são: Partidos dos Operários, Partido dos Esforçados e Partido dos Professores. Dois dos amigos são candidatos a vereador e um deles é candidato a prefeito da cidade onde moram. O Partido dos Operários não inscreveu candidato à prefeitura. Mauro mora perto do amigo que pertence ao Partido dos Operários, que é um dos candidatos a vereador. Luiz não é candidato a vereador. Nenhum dos filiados do Partido dos Esforçados quis ser candidato à prefeitura. A partir dessas informações, é possível concluir, corretamente, que

A) Luiz pertence ao Partido dos Esforçados.

B) José pertence ao Partido dos Professores.

C) Mauro não é candidato a vereador.

D) José não é candidato a vereador.

E) Luiz pertence ao Partido dos Professores.

COMENTÁRIOS

✪ Nota do autor

Mais uma questão de associação lógica. Para facilitar a sua resolução podemos usar uma tabela como forma de organizarmos as características apresentadas no texto.

Alternativa correta: letra "e".

Organizarei a tabela da seguinte forma:

	Luiz	José	Mauro	Vereador	Vereador	Prefeito
Operários						
Esforçados						
Professores						

"O Partido dos Operários não inscreveu candidato à prefeitura"

Podemos preencher com "N" o cruzamento da linha "Operários" com a coluna "Prefeito".

	Luiz	José	Mauro	Vereador	Vereador	Prefeito
Operários						**N**
Esforçados						
Professores						

"Mauro mora perto do amigo que pertence ao Partido dos Operários, que é um dos candidatos a vereador"

Dessa afirmativa podemos concluir que:

- Mauro não pertence ao Partido dos Operários (preenchemos com "N" o cruzamento da linha "Operários" com a coluna "Mauro").
- O Partido dos Operários lançou um dos candidatos a vereador (preenchemos com "S" o cruzamento da linha "Operários" com a coluna "Vereador"; lembre-se de que um "S" traz junto vários "N"s que deverão preencher as demais células da linha e coluna do "S").

	Luiz	José	Mauro	Vereador	Vereador	Prefeito
Operários			**N**	**S**	**N**	N
Esforçados				**N**		
Professores				**N**		

"Nenhum dos filiados do Partido dos Esforçados quis ser candidato à prefeitura"

Podemos preencher com "N" o cruzamento da linha "Esforçados" com a coluna "Prefeito".

	Luiz	José	Mauro	Vereador	Vereador	Prefeito
Operários			N	S	N	N
Esforçados				N		**N**
Professores				N		

Perceba que na tabela anterior temos um "N" no cruzamento da linha "Operários" com a coluna "Prefeito" e outro "N" no cruzamento da linha "Esforçados" com a coluna "Prefeito". Assim, poderemos preencher com um "S" o cruzamento da linha "Professores" com a coluna "Prefeito". E lembre-se: esse "S" trará junto um "N" no cruzamento da linha "Professores" com a coluna "Vereador". Por fim, teremos um "S" da linha "Esforçados" com a coluna "Vereador".

Nossa tabela ficará assim:

	Luiz	José	Mauro	Vereador	Vereador	Prefeito
Operários			N	S	N	N
Esforçados				N	**S**	N
Professores				N	**N**	**S**

Até o momento, temos:

Operários	Vereador
Esforçados	Vereador
Professores	Prefeito

"Luiz não é candidato a vereador"

Ora, se Luiz não é candidato a vereador, ele só pode ser o candidato a Prefeito. Pela tabela anterior, sabemos que o Partido dos Professores lançou o candidato a prefeito. Assim, concluímos que Luiz foi o candidato a prefeito pelo Partido dos Professores e, com isso, podemos preencher com um "S" o cruzamento da linha "Professores" com "Luiz". E lembre-se de que um "S" traz junto vários "N"s que deverão preencher as demais células da linha e coluna do "S". Fique atento! A garantia de que Luiz pertence ao Partido dos Professores já nos daria o gabarito da questão (alternativa "e").

	Luiz	José	Mauro	Vereador	Vereador	Prefeito
Operários	**N**		N	S	N	N
Esforçados	**N**			N	S	N
Professores	**S**	**N**	**N**	N	N	S

Por fim, analisando a tabela anterior, percebemos que Mauro não foi o candidato do Partido dos Operários nem do Partido dos Professores. Logo, ele foi o candidato do Partido dos Esforçados. Dessa forma, concluímos também que José foi o candidato do Partido dos Operários. Completando a tabela teremos:

	Luiz	José	Mauro	Vereador	Vereador	Prefeito
Operários	N	**S**	N	S	N	N
Esforçados	N	**N**	**S**	N	S	N
Professores	S	N	N	N	N	S

Passando a limpo ficamos com:

José	Operários	Vereador
Mauro	Esforçados	Vereador
Luiz	Professores	Prefeito

Alternativa "e": correta

(E) Luiz pertence ao Partido dos Professores.

Perfeito! Foi o que concluímos.

Alternativa "a": incorreta

(A) Luiz pertence ao Partido dos Esforçados.

Errado. Luiz pertence ao Partido dos Professores.

Alternativa "b": incorreta

(B) José pertence ao Partido dos Professores.

Errado. José pertence ao Partido dos Operários.

Alternativa "c": incorreta

(C) Mauro não é candidato a vereador.

Errado. Mauro foi um dos candidatos a vereador.

Alternativa "d": incorreta

(D) José não é candidato a vereador.

Errado. José foi um dos candidatos a vereador.

+ 2 DICAS

PROPOSIÇÕES

- ✓ Definição
- ✓ Não são proposições

PROPOSIÇÕES SIMPLES E COMPOSTAS

- ✓ Proposições simples
- ✓ Proposições compostas

CONECTIVOS, SÍMBOLOS E OPERAÇÕES LÓGICAS

- ✓ Não
- ✓ E, mas
- ✓ Ou
- ✓ Ou... ou...
- ✓ Se... então...
- ✓ Se e somente se

TABELAS-VERDADE DOS CONECTIVOS

- ✓ Não
- ✓ E, mas
- ✓ Ou
- ✓ Ou... ou...
- ✓ Se... então...
- ✓ Se e somente se

EQUIVALÊNCIAS LÓGICAS IMPORTANTES

- ✓ Regra para se escrever um "se... então..." como um "ou" e vice-versa
- ✓ Regra para escrever um "se...então..." como um outro "se...então..."
- ✓ Regra para escrever uma bicondicional como duas condicionais

NEGAÇÕES LÓGICAS IMPORTANTES

- ✓ Negação do "e" usando "ou"
- ✓ Negação do "e" usando o "se... então..."
- ✓ Negação do "ou" usando "e"
- ✓ Negação do "se... então..." usando "e"
- ✓ Negação do "ou... ou..." usando "se e somente se"
- ✓ Negação do "ou... ou..." usando "ou...ou..."

- ✓ Negação do "ou... ou..." usando "se e somente se"
- ✓ Negação do "se e somente se" usando "se e somente se"
- ✓ Negação do "se e somente se" usando o conectivo "ou"

PROPRIEDADES LÓGICAS IMPORTANTES

- ✓ Comutatividade
- ✓ Distributividade

PROPOSIÇÕES CATEGÓRICAS (formas canônicas, equivalências e representações)

- ✓ Todo A é B
- ✓ Nenhum A é B
- ✓ Algum A é B
- ✓ Algum A não é B

NEGAÇÕES DAS PROPOSIÇÕES CATEGÓRICAS

- ✓ Negação de proposições da forma "Todo A é B"
- ✓ Negação de proposições da forma "Nenhum A é B"
- ✓ Negação de proposições da forma "Algum A é B"
- ✓ Negação de proposições da forma "Algum A não é B"

ARGUMENTOS

- ✓ Definição
- ✓ Argumentos válidos
- ✓ Argumentos inválidos

PRINCIPAIS MÉTODOS PARA TESTAR VALIDADE DE ARGUMENTOS

- ✓ Representar as premissas através de diagramas lógicos.
- ✓ Considerar todas as premissas verdadeiras

MODELOS CLÁSSICOS DE ARGUMENTOS

- ✓ Modus Ponens
- ✓ Modus Tolens
- ✓ Silogismo Hipotético
- ✓ Dilema Construtivo
- ✓ Dilema Destrutivo
- ✓ Absorção

ORIENTAÇÃO TEMPORAL (CALENDÁRIOS)

- ✓ Números de dias em cada mês
- ✓ Número de dias do ano
- ✓ Dia de início e término de um ano
- ✓ Características de meses com 31 dias
- ✓ Características de meses com 30 dias
- ✓ Características de meses com 29 dias
- ✓ Características de meses com 28 dias

PROPOSIÇÕES	
1. Definição	É todo conjunto de palavras ou símbolos que exprimem uma ideia de sentido completo e que, além disso, pode ser julgado como verdadeiro (V) ou falso (F). Exemplos: A: Daniel foi aprovado no concurso do Tribunal de Justiça do Estado de São Paulo B: Fernando estuda e Patrícia viaja. C: $5^3 = 5^2 + 1$ D: Se Fernando tem dois carros novos, então ele é rico.
2. Não são proposições	➢ Frases imperativas: Arrume a bagunça. ➢ Frases interrogativas: Qual é o número do seu telefone? ➢ Frases exclamativas: Que maravilha! ➢ Sentenças abertas: $x + y < 5$ ➢ Paradoxos: Esta frase é falsa.

PROPOSIÇÕES SIMPLES E COMPOSTAS	
1. Proposições simples	Não possui proposição como parte integrante de si mesma. Exemplo: A: Brasília é capital do Brasil.
2. Proposições compostas	São formadas a partir de proposições simples. Exemplo: B: Carla é professora e Daniel é cantor.

CONECTIVO	SÍMBOLO	OPERAÇÃO LÓGICA
1. Não	$\neg$ou ~	Negação
2. E, mas	$\wedge$	Conjunção
3. Ou	$\vee$	Disjunção inclusiva
4. Ou..ou...	$\underline{\vee}$	Disjunção exclusiva
5. Se... então	$\rightarrow$	Condicional (Implicação)
6. Se e somente se...	$\leftrightarrow$	Bicondicional (Bi-implicação)

TABELAS-VERDADE DOS CONECTIVOS		
CONECTIVO	**RESUMO**	**TABELA-VERDADE**
1. Não	Se uma proposição P assumir valor lógico V, sua negação, a proposição *~P*, assumirá valor lógico F e se uma proposição P assumir valor lógico F, sua negação, a proposição *~P*, assumirá valor lógico V.	P | *~P* V | F F | V

<table>
<tr><th colspan="3">TABELAS-VERDADE DOS CONECTIVOS</th></tr>
<tr><th>CONECTIVO</th><th>RESUMO</th><th>TABELA-VERDADE</th></tr>
<tr><td>2. E, mas</td><td>Uma proposição com conectivo "e" é verdadeira apenas quando todas as proposições simples integrantes assumem valor lógico V. Se, ao contrário, a proposição com conectivo "e" possuir pelo menos uma parte falsa, isso será suficiente para garantir que a proposição será necessariamente F.

Dica do autor! Como forma de memorizar, lembre-se de que o conectivo "e" é Exigente. Digo que ele é exigente porque a sentença será verdadeira somente se a proposição for composta apenas de verdades. Uma mentirinha apenas, ou seja, a presença de qualquer parte falsa numa sentença com o conectivo "E"(xigente) torna a proposição toda falsa.</td><td><table><tr><td>P</td><td>Q</td><td>$P \wedge Q$</td></tr><tr><td>V</td><td>V</td><td>V</td></tr><tr><td>V</td><td>F</td><td>F</td></tr><tr><td>F</td><td>V</td><td>F</td></tr><tr><td>F</td><td>F</td><td>F</td></tr></table></td></tr>
<tr><td>3. Ou</td><td>Uma proposição com conectivo "ou" é verdadeira quando pelo menos uma das proposições simples integrantes possuir valor lógico V. Se, ao contrário, todas as proposições simples integrantes assumirem valor lógico F, a proposição com conectivo "ou" assumirá valor lógico F.

Dica do autor! Como forma de memorizar lembre-se de que o conectivo "ou" é "abOUbalhado". Digo que ele é um pouco "bobinho" porque para esse conectivo basta que seja dita uma verdade para que ele aceite a frase como toda verdadeira. Mesmo que tenhamos mentiras, se pelo menos uma parte for verdade, ele acredita nessa verdade, "finge que não vê as mentiras" e torna a sentença toda verdadeira. Portanto, a única chance de irritar o "abOUbalhado" (tornar falsa toda a sentença) é contar mentiras o tempo todo, ou seja, apresentar uma proposição composta apenas por partes falsas.</td><td><table><tr><td>P</td><td>Q</td><td>$P \vee Q$</td></tr><tr><td>V</td><td>V</td><td>V</td></tr><tr><td>V</td><td>F</td><td>V</td></tr><tr><td>F</td><td>V</td><td>V</td></tr><tr><td>F</td><td>F</td><td>F</td></tr></table></td></tr>
<tr><td>4. Ou..ou...</td><td>Uma proposição com conectivo "ou... ou..." é verdadeira quando uma e somente uma das proposições simples integrantes assumir valor lógico V.

Dica do autor! Como forma de memorizar lembre-se de que o conectivo "ou... ou..." gosta de exclusividade. E quem gosta de exclusividade não gosta de coisas repetidas. Quem gosta de exclusividade quer algo que seja único. Assim, numa proposição com o conectivo da exclusividade só podemos ter uma única verdade. Observe que na 1ª e na 4ª linha da tabela temos combinações que apresentam dois valores lógicos iguais, ou seja, isso não agrada ao conectivo "ou..ou..." afinal coisas iguais não marcam a ideia de exclusividade.</td><td><table><tr><td>P</td><td>Q</td><td>$P \veebar Q$</td></tr><tr><td>V</td><td>V</td><td>F</td></tr><tr><td>V</td><td>F</td><td>V</td></tr><tr><td>F</td><td>V</td><td>V</td></tr><tr><td>F</td><td>F</td><td>F</td></tr></table></td></tr>
</table>

<table>
<tr><th colspan="3">TABELAS-VERDADE DOS CONECTIVOS</th></tr>
<tr><th>CONECTIVO</th><th>RESUMO</th><th>TABELA-VERDADE</th></tr>
<tr><td>5. Se... então</td><td>Uma proposição com conectivo "se... então... terá valor lógico F apenas se a 1ª parte (antecedente) assumir valor lógico V e a 2ª parte (consequente) assumir valor lógico F. Em todas as outras combinações a proposição condicional assume valor lógico V.

<u>Dica do autor!</u> Como forma de memorizar lembre-se da fantástica atriz Vera Fischer e use o mnemônico "<u>V</u>era <u>F</u>ischer <u>F</u>antástica". Para entender melhor observe que a segunda linha da tabela do conectivo "se... então..." é a única que apresenta valor lógico F (V → F = F). Dessa forma destacamos a única exceção da tabela. Todas as outras combinações na tabela desse conectivo terão valor lógico V.</td><td><table><tr><td>P</td><td>Q</td><td>P → Q</td></tr><tr><td>V</td><td>V</td><td>V</td></tr><tr><td>V</td><td>F</td><td>F</td></tr><tr><td>F</td><td>V</td><td>V</td></tr><tr><td>F</td><td>F</td><td>V</td></tr></table></td></tr>
<tr><td>6. Se e somente se...</td><td>Uma proposição com conectivo "se e somente se" assume valor lógico verdadeiro quando as proposições simples integrantes possuírem valores lógicos iguais. Nos demais casos a bicondicional será falsa.

<u>Dica do autor!</u> Como forma de memorizar lembre-se de que o nome da operação lógica associada ao conectivo "se e somente se" é a <u>BI</u>condicional. O prefixo <u>BI</u> remete à ideia de "dois", "duplo", "duas vezes". Guarde que na tabela desse conectivo sempre devemos ter <u>DOIS valores iguais para que a proposição seja verdadeira</u>. Duas partes verdadeiras ou duas partes falsas, mas, na bicondicional, <u>sempre em dupla</u>. Ah! Outro detalhe: o símbolo desse conectivo também é uma seta o quê? <u>Seta DUPLA!</u></td><td><table><tr><td>P</td><td>Q</td><td>P ↔ Q</td></tr><tr><td>V</td><td>V</td><td>V</td></tr><tr><td>V</td><td>F</td><td>F</td></tr><tr><td>F</td><td>V</td><td>F</td></tr><tr><td>F</td><td>F</td><td>V</td></tr></table></td></tr>
</table>

<table>
<tr><th colspan="3">EQUIVALÊNCIAS LÓGICAS IMPORTANTES</th></tr>
<tr><td>1. $P \rightarrow Q \Leftrightarrow \neg P \vee Q$</td><td><u>Regra para se escrever um "se... então..." como um "ou" e vice-versa:</u>

1º) <u>NE</u>gar a 1ª parte

2º) Trocar o conectivo "se... então" pelo conectivo "ou"; ou trocar o conectivo "ou" pelo "se... então..."

3º) <u>MA</u>nter a 2ª parte

<u>Dica do professor!</u> Como forma de memorizar essa regra de equivalência, lembre-se do jogador Neymar e use o mnemônico "<u>Sentou Neymar</u>". Para entender melhor observe:

• SENT/OU: forma de transformar o conectivo "se... então..." no "ou".

• <u>NE</u>y<u>MA</u>r: observe as duas sílabas em destaque: "NE" e "MA". Elas ajudarão você a memorizar que nessa regra devemos <u>NE</u>gar a 1ª e <u>MA</u>nter a 2ª.</td><td>Exemplos:

a) A proposição "Se Carlos é médico, então Ana é professora" é equivalente à proposição "Carlos não é médico ou Ana é professora".

b) A proposição "Jogo futebol ou não trabalho" é equivalente à proposição "Se não jogo futebol, então não trabalho".</td></tr>
</table>

EQUIVALÊNCIAS LÓGICAS IMPORTANTES		
2. $P \rightarrow Q \Leftrightarrow \neg Q \rightarrow \neg P$	Regra para escrever um "se...então..." como um outro "se...então...": Devemos negar as duas partes e depois "inverter" as posições das proposições obtidas. **Dica do professor!** Como forma de memorizar essa regra uso duas sentenças apresentadas em algumas campanhas publicitárias: ***Se beber, não dirija.*** ***Se dirigir, não beba.*** Elas são o meu exemplo clássico de contraposição. Observe que negamos as duas partes e depois invertemos as posições das proposições obtidas.	Exemplo: A proposição "Se viajo, então acordo cedo" é equivalente a "Se não acordo cedo, então não viajo".
3. $(P \leftrightarrow Q) \Leftrightarrow (P \rightarrow Q) \wedge (Q \rightarrow P)$	Regra para escrever uma bicondicional como duas condicionais Toda proposição com conectivo "se e somente se" pode ser reescrita a partir da conjunção de duas condicionais (uma que "vai" de P para Q e outra que "volta" de Q para P).	Exemplo: A proposição "Estudo se e somente se sou professor" é logicamente equivalente à proposição "Se estudo, então sou professor e se sou professor, então estudo".

NEGAÇÕES LÓGICAS IMPORTANTES		
1. $\sim(P \wedge Q) \Leftrightarrow (\sim P) \vee (\sim Q)$ **(Lei de De Morgan)**	Negação do "e" usando "ou": Negar todas as partes e trocar o conectivo "e" pelo "ou".	Exemplo: A negação da proposição "Ando e pulo" pode ser a proposição "Não ando ou não pulo".
2. $\sim(P \wedge Q) \Leftrightarrow P \rightarrow (\sim Q)$	Negação do "e" usando o "se... então...": 1º) **MA**nter a 1ª parte 2º) Trocar o "e" pelo "se... então..." 3º) **NE**gar a 2ª parte. **Dica do autor!** Como forma de memorizar lembre-se de que **a negação do "e" para o "se... então..." é feita com base na regrinha do "MANÉ"** (**MA**nter a 1ª / **NE**gar a 2ª)	Exemplo: A negação da proposição "Ando e pulo" pode ser a proposição "Se ando, então não pulo".
3. $\sim(P \vee Q) \Leftrightarrow (\sim P) \wedge (\sim Q)$ **(Lei de De Morgan)**	Negação do "ou" usando "e": Negar todas as partes e trocar o conectivo "ou" pelo "e".	Exemplo: A negação da proposição "Laura é alta ou Gael é moreno" é a proposição "Laura não é alta e Gael não é moreno".
4. $\sim(P \rightarrow Q) \Leftrightarrow P \wedge (\sim Q)$	Negação do "se... então..." usando "e": 1º) **MA**nter a 1ª parte 2º) Trocar o "se... então..." pelo "e" 3º) **NE**gar a 2ª parte. **Dica do autor!** Como forma de memorizar lembre-se de que **a negação do "se... então..." para o "e" é feita com base na regrinha do "MANÉ"** (**MA**nter a 1ª / **NE**gar a 2ª).	Exemplo: A negação da proposição "Se surfo, então sou feliz" é a proposição "Surfo e não sou feliz".

NEGAÇÕES LÓGICAS IMPORTANTES		
5. **1ª possibilidade:** **$\sim(P \underline{\vee} Q) \Leftrightarrow P \leftrightarrow Q$** **2ª possibilidade:** **$\sim(P \underline{\vee} Q) \Leftrightarrow (\sim P) \leftrightarrow (\sim Q)$**	Negação do "ou... ou..." usando "se e somente se" 1ª possiblidade: Mantemos as duas partes e trocamos o conectivo "ou...ou..." pelo conectivo "se e somente se" 2ª possibilidade: Negamos as duas partes e trocamos o conectivo "ou...ou..." pelo conectivo "se e somente se"	Exemplo: Negue a proposição "Ou Maria tem fé ou Ana vai à igreja" 1ª possibilidade: Maria tem fé se e somente se Ana vai à igreja. 2ª possibilidade: Maria não tem fé se e somente se Ana não vai à igreja.
6. **1ª possibilidade:** **$\sim(P \underline{\vee} Q) \Leftrightarrow (\sim P) \underline{\vee} Q$** **2ª possibilidade:** **$\sim(P \underline{\vee} Q) \Leftrightarrow P \underline{\vee} (\sim Q)$**	Negação do "ou... ou..." usando "ou...ou..." 1ª possiblidade: Negamos a primeira parte, mantemos a segunda parte e repetimos o conectivo "ou...ou...". 2ª possibilidade: Mantemos a primeira parte, negamos a segunda parte e repetimos o conectivo "ou...ou...".	Exemplo: Negue a proposição "Ou Maria tem fé ou Ana vai à igreja" 1ª possibilidade: Ou Maria não tem fé ou Ana vai à igreja. 2ª possibilidade: Ou Maria tem fé ou Ana não vai à igreja.
7. **1ª possibilidade:** **$\sim(P \leftrightarrow Q) \Leftrightarrow P \underline{\vee} Q$** **2ª possibilidade:** **$\sim(P \leftrightarrow Q) \Leftrightarrow (\sim P) \underline{\vee} (\sim Q)$**	Negação do "ou... ou..." usando "se e somente se" 1ª possiblidade: Mantemos as duas partes e trocamos o conectivo "se e somente se" pelo conectivo "ou...ou..." 2ª possibilidade: Negamos as duas partes e trocamos o conectivo "se e somente se" pelo conectivo "ou...ou..."	Exemplo: Negue a proposição "Gabriel é engenheiro se e somente se Tereza é enfermeira" 1ª possibilidade: "Ou Gabriel é engenheiro ou Tereza é enfermeira" 2ª possibilidade: "Ou Gabriel não é engenheiro ou Tereza não é enfermeira"
8. **1ª possibilidade:** **$\sim(P \leftrightarrow Q) \Leftrightarrow (\sim P) \leftrightarrow Q$** **2ª possibilidade:** **$\sim(P \leftrightarrow Q) \Leftrightarrow P \leftrightarrow (\sim Q)$**	Negação do "se e somente se" usando "se e somente se" 1ª possiblidade: Negamos a primeira parte, mantemos a segunda parte e repetimos o conectivo "se e somente se". 2ª possibilidade: Mantemos a primeira parte, negamos a segunda parte e repetimos o conectivo "se e somente se".	Exemplo: Negue a proposição "Gabriel é engenheiro se e somente se Tereza é enfermeira" 1ª possibilidade: "Gabriel não é engenheiro se e somente se Tereza é enfermeira" 2ª possibilidade: "Gabriel é engenheiro se e somente se Tereza não é enfermeira"
9. **$\sim(A \leftrightarrow B) \Leftrightarrow (A \wedge \sim B) \vee (B \wedge \sim A)$**	Negação do "se e somente se" usando o conectivo "ou" (Manter 1ª e Negar a 2ª) ou (Manter a 2ª e Negar a 1ª)	Exemplo: A negação da proposição "Gabriel é engenheiro se e somente se Tereza é enfermeira" pode ser a proposição "Gabriel é engenheiro e Tereza não é enfermeira, ou Tereza é enfermeira e Gabriel não é engenheiro"

PROPRIEDADES LOGICAS IMPORTANTES		
1. Comutatividade	À exceção do conectivo "se... então...", todos os demais são comutativos, ou seja, admitem a troca de posições entre as proposições simples integrantes sem perda do sentido lógico. $P \wedge Q \Leftrightarrow Q \wedge P$ $P \vee Q \Leftrightarrow Q \vee P$ $P \vee Q \Leftrightarrow Q \vee P$ $P \leftrightarrow Q \Leftrightarrow Q \leftrightarrow P$	Exemplos: a) A proposição "Danço e não corro" pode ser escrita como "não corro e danço". b) A proposição "Não estudo muito ou sou aprovado" é equivalente à "sou aprovado ou não estudo". c) A proposição "Ou compro um carro ou compro uma casa" pode ser escrita como "Ou compro uma casa ou compro um carro". d) A proposição "Bernardo não é engenheiro se e somente se Ana é professora" é equivalente à "Ana é professora se e somente se Bernardo não é engenheiro".
2. Distributividade	(I) $P \wedge (Q \vee R) \Leftrightarrow (P \wedge Q) \vee (P \wedge R)$ (II) $P \vee (Q \wedge R) \Leftrightarrow (P \vee Q) \wedge (P \vee R)$	Exemplos: a) A proposição "Ana é cantora e, Carlos é professor ou Daniel é advogado" é equivalente à "Ana é cantora e Carlos é professor ou, Ana é cantora e Daniel é advogado. b) A proposição "Brasília é capital do Brasil ou, Roma é capital da Itália e Madrid é capital da Espanha" é equivalente à "Brasília é capital do Brasil ou Roma é capital da Itália e, Brasília é capital do Brasil ou Madrid é capital da Espanha.

PROPOSIÇÕES CATEGÓRICAS	
FORMA CANÔNICA	**EQUIVALÊNCIAS E REPRESENTAÇÕES**
1. TODO A É B	Todo A é B é equivalente a Nenhum A não é B. TODO $\Leftrightarrow$ NENHUM + NÃO Observação: Todo A é B não é equivalente a Todo B é A. (essa forma canônica não é comutativa) De forma geral é representada assim: 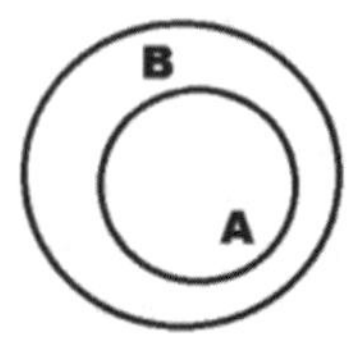 Todo A é B é equivalente a Se x é A, então x é B.

<table>
<tr><th colspan="2">PROPOSIÇÕES CATEGÓRICAS</th></tr>
<tr><td>2. NENHUM A É B</td><td>Nenhum A é B é equivalente a Todo A não é B.
NENHUM ⇔ TODO + NÃO

Observação:
Nenhum A é B é equivalente a Nenhum B é A.
(essa forma é comutativa)

De forma geral é representada assim:
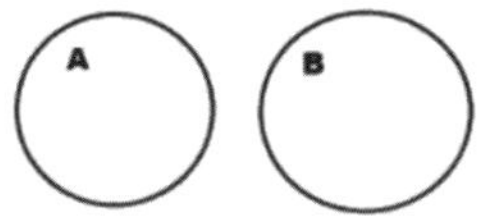

Nenhum A é B é equivalente a Se x é A, então x não é B.</td></tr>
<tr><td>3. ALGUM A É B</td><td>Algum A é B é equivalente a Algum B é A.
(essa forma é comutativa)

Observação:
O quantificador "algum" é equivalente a "existe", "pelo menos um", "há".
Exemplo:
Algum aluno é brasileiro é equivalente a:
Existe aluno que é brasileiro.
Pelo menos um aluno é brasileiro.
Há aluno que é brasileiro.
De forma geral é representada assim:
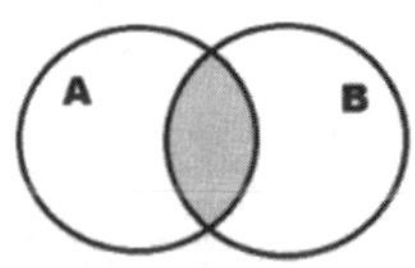

Algum A é B é equivalente a x é A ex é B.</td></tr>
<tr><td>4. ALGUM A NÃO É B</td><td>Algum A não é B é equivalente a Nem todo A é B.
ALGUM + NÃO ⇔ NEM TODO

Observação:
Algum A não é B não é equivalente a Algum B não é A.
(essa forma canônica não é comutativa)

De forma geral é representada assim:
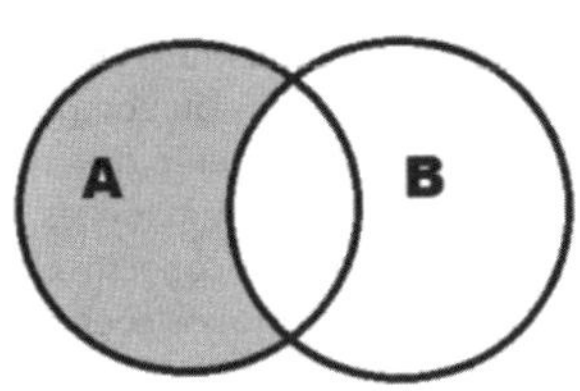

Algum A não é B é equivalente a x é A ex não é B.</td></tr>
</table>

NEGAÇÕES DAS PROPOSIÇÕES CATEGÓRICAS	
FORMA CANÔNICA	**NEGAÇÃO**
Todo A É B	Algum A não é B ou Nem todo A é B
Nenhum A É B	Algum A é B
Algum A É B	Nenhum A é B ou Todo A não é B
Algum A não É B	Todo A é B ou Nenhum A não é B
ARGUMENTOS	
1. Definição	Relação que associa um conjunto de proposições, chamadas PREMISSAS do argumento, a uma outra proposição, chamada de CONCLUSÃO do argumento.
2. Argumento Válido	Quando a sua conclusão é uma consequência obrigatória do seu conjunto de premissas. Exemplo: Todo carioca é argentino. Nenhum argentino é africano. Portanto, nenhum carioca é africano.
3. Argumento Inválido	Dizemos que um argumento é inválido (ou ilegítimo, mal construído, falacioso ou sofisma) quando a verdade das premissas não é suficiente para garantir a verdade da conclusão. Exemplo: Todo estudante gosta de ir ao cinema. Camila gosta de ir ao cinema. Portanto, Camila é estudante.

PRINCIPAIS MÉTODOS PARA VALIDADE DE ARGUMENTOS		
AÇÃO	**QUANDO USAR**	**CONCLUSÃO**
1. Representar as premissas através de diagramas lógicos.	A representação através de diagramas lógicos é recomendada em argumentos cujas premissas apresentem quantificadores (todo, nenhum ou algum). Atenção! Devemos representar apenas as premissas. A conclusão jamais pode ser representada.	Se o argumento for válido conseguiremos **observar a conclusão** representada ao final de forma natural a partir das premissas.
2. Considerar todas as premissas verdadeiras	Podemos utilizar esse método em questões que apresentem argumentos cujas premissas sejam proposições simples ou compostas. Para testarmos a validade do argumento devemos supor que todas as premissas sejam verdadeiras e com o auxílio das tabelas-verdade dos conectivos tentaremos obter o valor lógico das proposições simples presentes na estrutura do argumento.	O argumento será válido caso, ao final, possamos garantir que o valor lógico da conclusão será necessariamente verdadeiro.

MODELOS CLÁSSICOS DE ARGUMENTOS		
1. Modus Ponens	$\begin{array}{l} p \to q \\ p \\ \hline q \end{array}$ **Estrutura**: O modelo conhecido como "Modus Ponens" traz uma condicional como uma das premissas e o antecedente dessa condicional como outra premissa. A conclusão será o consequente da condicional.	Exemplos: a) Se corro, então não descanso. Corri. Logo, não descansei b) Se chove ou não faz frio, então acordo tarde. Choveu ou não fez frio. Logo, acordei tarde.
2. Modus Tolens	$\begin{array}{l} p \to q \\ \sim q \\ \hline \sim p \end{array}$ **Estrutura**: O modelo conhecido como "Modus Tolens" traz uma **condicional** como uma das premissas e a **negação do consequente dessa condicional** como outra premissa. A **conclusão** será a **negação do antecedente da condicional**.	Exemplos: a) Se Ana é médica, então Carla é enfermeira. Carla não é enfermeira. Logo, Ana não é médica. b) Se o gato mia, então o cachorro não voa e o pássaro late. O cachorro voa ou o pássaro não late. Logo, o gato não mia.
3. Silogismo Hipotético	$\begin{array}{l} p \to q \text{ (condicional I)} \\ q \to r \text{ (condicional II)} \\ \hline p \to r \end{array}$ **Estrutura**: O modelo conhecido como "Silogismo Hipotético" traz **duas condicionais como premissas**. Para que seja aplicado o modelo **o consequente de uma dessas condicionais** (condicional I)**deve ser igual ao antecedente da outra** (condicional II). A **conclusão** será **uma condicional** que terá antecedente igual ao a da condicional I e consequente igual ao da condicional II.	Exemplos: a) Se Bárbara é dentista, então Daniel é músico. Se Daniel é músico, então Gabriela é arquiteta. Logo, se Bárbara é dentista, então Gabriela é arquiteta. b) Se acordo cedo e estudo, então serei aprovado. Se eu for aprovado, então ficarei feliz. Logo, se acordo cedo e estudo, então ficarei feliz.

4. Dilema Construtivo	$\begin{array}{c} p \to q \\ r \to s \\ p \vee r \\ \hline q \vee s \end{array}$ **Estrutura**: O modelo conhecido como "Dilema Construtivo" traz três premissas, sendo **duas condicionais e uma disjunção inclusiva composta pelos antecedentes das duas condicionais**. A **conclusão** será uma **disjunção inclusiva composta pelos consequentes das duas condicionais.**	Exemplos: a) Se Sônia é psicóloga, então Camila é bancária. Se Rafael é arquiteto, então Mariana é advogada. Sônia é psicóloga ou Rafael é arquiteto. Logo, Camila é bancária ou Mariana é advogada. b) Se faz frio e não chove, então não durmo tarde. Se caminho e tomo banho, então trabalho à noite. Faz frio e não chove, ou caminho e tomo banho. Logo, não durmo tarde ou trabalho à noite.
5. Dilema Destrutivo	$\begin{array}{c} p \to q \\ r \to s \\ \sim q \vee \sim s \\ \hline \sim p \vee \sim r \end{array}$ **Estrutura**: O modelo conhecido como "Dilema Destrutivo" traz três premissas, sendo **duas condicionais e uma disjunção inclusiva composta pelas negações dos consequentes das duas condicionais**. A **conclusão** será uma **disjunção inclusiva composta pelas negações dos antecedentes das duas condicionais.**	Exemplos: a) Se chove, então faz frio. Se faz calor, então vou à praia. Não faz frio ou não vou à praia. Logo, não chove ou não faz calor. b) Se Ana vai ao cinema ou Beto assiste ao futebol, então Carlos estuda ou Douglas trabalha. Se Eliane viaja, então Lucas tira férias. Carlos não estuda e Douglas não trabalha, ou Lucas não tira férias. Logo, Ana não vai ao cinema e Beto não assiste ao futebol ou Eliane não viaja.
6. Absorção	$\begin{array}{c} p \to q \\ \hline p \to (p \wedge q) \end{array}$ **Estrutura**: O modelo conhecido como "Absorção" traz apenas uma condicional como premissa. A **conclusão** será uma **condicional cujo antecedente é igual ao antecedente da premissa e o consequente será a conjunção formada pelo antecedente e consequente da premissa.**	Exemplos: a) Se a Terra é redonda, então Platão foi um filósofo. Logo, se a Terra é redonda, então a Terra é redonda e Platão foi um filósofo. b) Se Salvador é capital da Bahia, então Fortaleza é capital do Ceará. Logo, se Salvador é capital da Bahia, então Salvador é capital da Bahia e Fortaleza **é capital do Ceará.**

ORIENTAÇÃO TEMPORAL (CALENDÁRIOS)		
1. Números de dias em cada mês	Todo mês do ano possui ou 28 ou 29 ou 30 ou 31 dias.	• Meses com 31 dias: Janeiro, Março, Maio, Julho, Agosto, Outubro e Dezembro. • Meses com 30 dias: Abril, Junho, Setembro e Novembro • Mês com 29 dias: Fevereiro (se o ano for bissexto) Mês com 28 dias: Fevereiro (se o ano não for bissexto)
2. Número de dias do ano	Anos bissextos possuem 366 dias, ou seja, possuem um dia a mais devido ao fato de apresentarem o dia 29 de fevereiro. Para verificarmos se um ano é bissexto ou não, devemos proceder da seguinte forma: 1º) Se o número que representa o ano terminar em "00", então ele deverá ser divisível por 400 para que seja bissexto. Caso contrário, será um ano comum, ou seja, com 365 dias. 2º) Se o número que representa o ano não terminar em "00", então ele deverá ser divisível por 4 para que seja bissexto. Caso contrário, será um ano comum, ou seja, com 365 dias.	Exemplos: A) Ano 2400 Termina em 00 e 2400 é divisível por 400. Logo, o ano de 2400 será bissexto, ou seja, apresentará o dia 29 de fevereiro e terá um total de 366 dias. B) Ano 2100 Termina em 00, mas 2100 não é divisível por 400. Logo, o ano de 2100 não será bissexto, ou seja, terá 365 dias e o mês de fevereiro se encerrará no dia 28. C) Ano 2017 Não termina em 00 e 2017 não é divisível por 4. Logo, 2017 não é um ano bissexto, ou seja, terá 365 dias e o mês de fevereiro se encerrará no dia 28. D) Ano 2020 Não termina em 00 e 2020 é divisível por 4. Logo, 2020 será um ano bissexto, ou seja, apresentará o dia 29 de fevereiro e terá um total de 366 dias.

3. Dia de início e término de um ano	Se o ano não for bissexto, ou seja, se ele tiver 365 dias terminará no mesmo dia da semana que começou. Se o ano for bissexto, ou seja, se ele tiver 366 dias, então ele começará em um dia da semana e terminará no dia da semana subsequente ao do dia de início.	Exemplos: A) Se um ano comum (365 dias) começa numa terça-feira, então ele deverá terminar também em uma terça-feira. Ou seja, teríamos 1º de janeiro e 31 de dezembro caindo na terça-feira. Consequentemente o ano seguinte começaria em uma quarta-feira. B) Se um bissexto começa num sábado, então ele deverá terminar no dia da semana subsequente, ou seja, terminará no domingo. Teríamos 1º de janeiro em um sábado e 31 de dezembro caindo no domingo. Consequentemente o ano seguinte começaria em uma segunda-feira.

4. Características de meses com 31 dias	Todo mês de 31 dias tem 3 dias na semana consecutivos com 5 semanas e outros 4 dias na semana com 4 semanas. Além disso, o primeiro dos três dias consecutivos indicará o dia da semana em que teremos o primeiro dia do mês e o último dos três dias consecutivos indicará o dia da semana em que cairá o dia 31.	Exemplo: Analise o calendário do mês de agosto de 2017. ◂ agosto de 2017 ▸ D S T Q Q S S 1 2 3 4 5 6 7 8 9 10 11 12 13 14 15 16 17 18 19 20 21 22 23 24 25 26 27 28 29 30 31 Repare que temos 3 dias na semana que são consecutivos e possuem 5 semanas (terça, quarta e quinta-feira). Observe também que o primeiro dos três dias consecutivos (terça-feira) indica o dia da semana em que teremos o dia 1º desse mês e o último desses três dias consecutivos (quinta-feira) indica o dia da semana em que teremos o dia 31.
5. Características de meses com 30 dias	Todo mês de 30 dias tem 2 dias na semana consecutivos com 5 semanas e outros 5 dias na semana com 4 semanas. Além disso, o primeiro dos dois dias consecutivos indicará o dia da semana em que teremos o primeiro dia do mês e o último dos dois dias consecutivos indicará o dia da semana em que cairá o dia 30.	Exemplo: Analise o calendário do mês de abril de 2017. ◂ abril de 2017 ▸ D S T Q Q S S 1 2 3 4 5 6 7 8 9 10 11 12 13 14 15 16 17 18 19 20 21 22 23 24 25 26 27 28 29 30 Repare que temos 2 dias na semana que são consecutivos e possuem 5 semanas (sábado e domingo). Observe também que o primeiro dos dois dias consecutivos (sábado) indica o dia da semana em que teremos o dia 1º desse mês e o último desses dois dias consecutivos (domingo) indica o dia da semana em que teremos o dia 30.
6. Características de meses com 29 dias	Todo mês de 29 dias tem 1 dia na semana com 5 semanas e outros 6 dias na semana com 4 semanas. Dessa forma, meses com 29 dias começam e terminam no mesmo dia da semana.	Exemplo: Analise o calendário do mês de fevereiro de 2016. ◂ fevereiro de 2016 ▸ D S T Q Q S S 1 2 3 4 5 6 7 8 9 10 11 12 13 14 15 16 17 18 19 20 21 22 23 24 25 26 27 28 29 Repare que temos 1 dia na semana que possui 5 semanas (segunda-feira). Observe que esse é, portanto, o dia da semana em que caiu o dia 1º e o dia 29.

<table>
<tr>
<td>7. Características de meses com 28 dias</td>
<td>Nos meses de 28 dias todos os dias da semana têm 4 semanas. Além disso, o último dia do mês cai em um dia da semana imediatamente anterior ao dia da semana em que caiu o dia primeiro.</td>
<td>Exemplo:
Analise o calendário do mês de fevereiro de 2017.

fevereiro de 2017
<table>
<tr><th>D</th><th>S</th><th>T</th><th>Q</th><th>Q</th><th>S</th><th>S</th></tr>
<tr><td></td><td></td><td></td><td>1</td><td>2</td><td>3</td><td>4</td></tr>
<tr><td>5</td><td>6</td><td>7</td><td>8</td><td>9</td><td>10</td><td>11</td></tr>
<tr><td>12</td><td>13</td><td>14</td><td>15</td><td>16</td><td>17</td><td>18</td></tr>
<tr><td>19</td><td>20</td><td>21</td><td>22</td><td>23</td><td>24</td><td>25</td></tr>
<tr><td>26</td><td>27</td><td>28</td><td></td><td></td><td></td><td></td></tr>
</table>
Repare que todos dos dias da semana têm 4 semanas. Observe também que o dia 1º caiu em uma quarta-feira e o dia 28 caiu no dia da semana imediatamente anterior, ou seja, caiu em uma terça-feira.</td>
</tr>
</table>

Matemática

Brunno Lima

TABELA DE INCIDÊNCIA DE QUESTÕES

Distribuição das questões organizada por ordem didática de assuntos		
Questões	**Número de Questões**	**Peso**
1.1 MÍNIMO MÚLTIPLO COMUM E MÁXIMO DIVISOR COMUM.	1	3,85%
1.2 PORCENTAGEM	1	3,85%
1.3 JUROS SIMPLES	2	7,69%
1.4 MÉDIA ARITMÉTICA SIMPLES E PONDERADA.	3	11,54%
1.5 RAZÃO E PROPORÇÃO, REGRA DE TRÊS SIMPLES E COMPOSTA.	4	15,38%
1.6 EQUAÇÃO DO 1º E 2º GRAUS E SISTEMA DE EQUAÇÕES DO 1º GRAU	4	15,38%
1.7 NOÇÕES DE GEOMETRIA: FORMA, PERÍMETRO, ÁREA, VOLUME, ÂNGULO, TEOREMA DE PITÁGORAS.	9	34,62%
1.8 RACIOCÍNIO LÓGICO	2	7,69%
Total	**26**	**100%**

Matemática

Brunno Lima

1 QUESTÕES

1.1 MÍNIMO MÚLTIPLO COMUM E MÁXIMO DIVISOR COMUM.

01. (Vunesp – Escrevente Técnico Judiciário – TJ-SP/2015) Para a montagem de molduras, três barras de alumínio deverão ser cortadas em pedaços de comprimento igual, sendo este o maior possível, de modo que não reste nenhum pedaço nas barras. Se as barras medem 1,5 m, 2,4 m e 3 m, então o número máximo de molduras quadradas que podem ser montadas com os pedaços obtidos é

A) 3.

B) 6.

C) 4.

D) 5.

E) 7.

COMENTÁRIOS

Nota do autor

Trata-se de um assunto recorrente em provas da VUNESP, portanto, atenção ao modelo apresentado. Além disso, nessa questão trabalharemos com mudanças de unidades de medidas, outro tópico também explorado nas provas da banca.

Alternativa correta: letra "d".

Como o enunciado cita que as barras deverão ser cortadas em pedaços de comprimento igual sendo este **o maior possível**, podemos determinar o máximo divisor comum (m.d.c) entre os valores apresentados. Porém, como **duas das três medidas são números decimais** sugiro que transformemos as unidades de medidas para que possamos trabalhar com valores inteiros. Perceba que basta uma multiplicação por 10 para acabarmos com esse problema. Dessa forma, transformarei as medidas que estão em "m" para "dm". Assim, teremos:

15 dm, 24 dm e 30 dm.

Optarei por determinar o m.d.c através da decomposição simultânea. Lembre-se de que no cálculo do m.d.c através desse método devemos sempre **dividir os valores dados por números primos que dividam todos os números apresentados**.

Teremos:

15,	24,	30	3
5,	8,	10	

Observe que o m.d.c entre 15, 24 e 30 é o número 3, ou seja, esse é o **maior comprimento dos pedaços das barras de alumínio**. Sendo assim com a barra de 15 dm conseguiríamos 5 pedaços, com a barra de 24 dm conseguiríamos 8 pedaços e com a barra de 30 dm, 10 pedaços. Teríamos, então, ao todo, 5 + 8 + 10 = 23 pedaços.

Com esses 23 pedaços deveremos montar **molduras quadradas**, ou seja, molduras com **4 pedaços**. Para determinarmos o número de molduras, devemos dividir 23 por 4. Observe:

$$\begin{array}{r|l} 23 & 4 \\ \hline 3 & 5 \end{array}$$

Como obtemos quociente 5 e resto 3, concluímos que seriam construídas **5 molduras quadradas** e sobrariam 3 pedaços com os quais não conseguiríamos construir mais molduras quadradas.

Alternativas "a", "b", "c" e "e" não indicam de maneira correta o que foi pedido.

1.2 PORCENTAGEM

02. (Vunesp – Escrevente Técnico Judiciário – TJ-SP/2014) A Câmara dos Deputados aprovou ontem a Medida Provisória nº 647, que permite ao governo elevar para até 27,5% o limite de etanol anidro misturado à gasolina vendida nos postos de combustível. Hoje, esse teto é de 25%.

(O Estado de S.Paulo, 07.08.2014)

Suponha que dois tanques, A e B, contenham quantidades iguais, em litros, de um combustível formado pela mistura de gasolina e de álcool anidro, sendo 25% o teor de álcool na mistura do tanque A e 27,5%, o teor de álcool na mistura do tanque B. Nessas condições, é correto afirmar que a quantidade de álcool no tanque B supera a quantidade de álcool no tanque A em

A) 7,5%

B) 8%

C) 10%

D) 5%

E) 2,5%

COMENTÁRIOS

✪ Nota do autor

Porcentagem é um dos assuntos mais cobrados pela VUNESP e na maioria de suas provas em questões que envolvam outros assuntos tais como média aritmética, cálculo de áreas e volumes, intepretações de gráficos e tabelas, equações e sistemas, entre outros, como veremos na resolução de outras questões do nosso livro.

Trata-se de questões que, muitas vezes, não são consideradas complexas, mas que se não forem interpretadas com a máxima atenção poderão nos induzir a erros e nos direcionar para cálculos e respostas erradas. E vale destacar que em muitos casos essas respostas erradas são apresentadas pelos examinadores da VUNESP nas alternativas, iludindo o candidato, deixando-o com aquela grata sensação do tipo: "Ufa! Essa questão eu acertei". Como sempre digo aos meus alunos, a tristeza não vem na hora da prova, não é mesmo? Vem apenas no dia em que você vai conferir o gabarito e perceber que caiu na famosa "pegadinha". Portanto, máxima atenção! Costumo sugerir aos alunos que tentem perceber se os resultados obtidos trazem coerência ao enunciado apresentado. Conferir no texto da questão se o resultado obtido faz sentido é uma bela sacada não apenas em questões de porcentagem, mas também de outros assuntos.

Alternativa correta: letra "c".

Atenção! O enunciado nos induz de forma quase natural a acreditar que o tanque B possui 2,5% a mais de álcool. E perceba que esse era o valor apresentado na alternativa "e". Portanto, cuidado!

Para facilitar o entendimento, imagine que os dois tanques tenham 100 litros de gasolina, por exemplo. Sendo assim, o tanque A teria 25 litros de álcool e o tanque B teria 27,5 litros. Agora pense... Se aumentarmos 2,5% em 25 chegaremos ao valor de 27,5? Se você fizer os cálculos perceberá que chegamos a 25,0625, ou seja, a conta não fecha. Esse aumento de 2,5% não é coerente e essa é a sacada da questão.

Como a referência para a questão é o tanque A, considerarei seu valor como 100%. Assim, a diferença de 2,5 entre 27,5 e 25, corresponderá em termos percentuais a:

Álcool	Porcentagem (%)
25	100
2,5	x

$$25x = 2{,}5 \times 100$$
$$25x = 250$$
$$x = \frac{250}{25}$$
$$x = 10\%$$

Alternativas "a", "b", "d" e "e" não indicam de maneira correta o que foi pedido.

1.3 JUROS SIMPLES

03. (Vunesp – Escrevente Técnico Judiciário – TJ-SP/2015) Aluísio e Berilo aplicaram, respectivamente, R$ 4.000,00 e R$ 5.000,00 a uma mesma taxa mensal de juros simples durante quatro meses. Se o valor dos juros recebidos por Berilo foi R$ 50,00 maior que o valor dos juros recebidos por Aluísio, então a taxa anual de juros simples dessas aplicações foi de

A) 10,8%.

B) 12%.

C) 12,6%.

D) 14,4%.

E) 15%.

COMENTÁRIOS

✪ Nota do autor

O assunto Juros Simples divide opiniões. Alguns alunos têm muita facilidade em fazerem os cálculos de forma direta, sem uso de fórmulas prontas, trabalhando com o raciocínio proporcional que é a marca desse regime de juros. Outros preferem utilizá-las, pois sentem mais segurança e conseguem organizar melhor as ideias. Minha opinião? Faça da forma que sentir mais segurança. Se consegue fazer sem fórmulas e se assim consegue acertar as questões desse tema, ótimo! Siga dessa forma. Se, no entanto, sem as fórmulas você estiver vacilando, talvez seja interessante tê-las em mãos para a hora da prova.

De maneira geral Juros Simples não é o assunto mais cobrado nas provas da VUNESP. Mas, por favor, não entendam isso como algo do tipo: "Professor Brunno Lima falou que não preciso estudar Juros Simples para a minha prova". Não é isso! Rsrsrs. A orientação é: estude primeiro os assuntos que mais caem, mas não deixe de separar um tempinho para estudar a parte de Juros Simples. Essa é uma das sacadas nas provas de concursos! Estudar os pontos que mais caem, todos estudam, em todos os conteúdos. O grande diferencial, muitas vezes, está em acertar as questões dos assuntos que seus concorrentes não dão muita atenção, mas a banca, às vezes, sim! E Juros Simples entra nessa lista de temas deixados de lados por alguns candidatos.

Alternativa correta: letra "e".

A questão torna-se um pouco mais simples e direta pelo fato de que a taxa de juros e o tempo de aplicação foram os mesmos. A diferença de rendimento se dá, portanto, por conta da diferença entre os capitais aplicados.

Perceba, então, que a diferença de R$ 1.000,00 entre os capitais aplicados gerou uma diferença de R$ 50,00 de juros ao longo dos quatro meses.

Como em juros simples $J = C \cdot i \cdot t$, podemos garantir que:

$$50 = 1000 \cdot i \cdot 4$$
$$50 = 4000i$$
$$i = \frac{50}{4000}$$
$$i = 0{,}0125$$
$$i = 1{,}25\%$$

Lembre-se de que como usamos o tempo em "meses", a taxa também é uma taxa mensal, ou seja, a aplicação de Aluísio e Bento foi feita à uma taxa de 1,25% ao mês.

Como a questão pede o rendimento anual e como trata-se do regime de juros simples (cujo cálculo é feito de forma proporcional), concluímos que se em 1 mês o rendimento foi de 1,25%, então em um ano (conjunto de 12 meses), o rendimento será de 12 × 1,25%, ou seja, o rendimento anual será de 15%.

Alternativas "a", "b", "c" e "d" não indicam de maneira correta o que foi pedido.

---

04. (Vunesp – Escrevente Técnico Judiciário – TJ-SP/2014) Norberto tomou dois empréstimos, que foram pagos após 2 meses com o acréscimo de juro simples. No primeiro, de certo valor, a taxa de juros foi de 1% ao mês. No segundo, de valor R$ 1.600,00 maior que o do primeiro, a taxa de juros foi de 1,5% ao mês. Sabendo que a soma dos juros pagos nos dois empréstimos foi igual a R$ 128,00, é correto afirmar que a soma dos valores desses dois empréstimos é igual a

A) R$ 4.800,00

B) R$ 4.000,00

C) R$ 3.200,00

D) R$ 4.600,00

E) R$ 3.600,00

COMENTÁRIOS

✪ Nota do autor

Reforço os comentários feitos na questão anterior. Se você conseguiu resolver essa questão sem uso de fórmulas, excelente! Sinal de que os conceitos para o regime de juros simples estão bem fundamentados na sua cabeça. Mas, ao mesmo tempo, sei que muitos dos nossos leitores travam uma verdadeira guerra com a Matemática (e também com as questões de Juros Simples) e assim, para atender a todos optei, didaticamente, por fazer uso de algumas fórmulas nesse exercício como forma de organizar melhor minha explicação. E fiquem atentos, pois trata-se de um modelo de questão já cobrado em outras provas da VUNESP.

Alternativa correta: letra "a".

1º empréstimo:

Capital: C_1

Tempo: 2 meses

Taxa: 1% ao mês (escrita na forma unitária 1% = 0,01)

Como em juros simples, $J = C \cdot i \cdot t$, então $J_1 = C_1 \cdot 0{,}01 \cdot 2$. Assim: $J_1 = 0{,}02\,C_1$.

2º empréstimo:

Capital: $C_2 = C_1 + 1600$, pois de acordo com o enunciado o segundo é 1600 maior que o primeiro.

Tempo: 2 meses

Taxa: 1,5% ao mês (escrita na forma unitária 1,5% = 0,015)

Portanto, $J_2 = C_2 \cdot 0{,}015 \cdot 2$. Assim: $J_2 = 0{,}03\,C_2$

Como os juros pagos nos dois empréstimos foi de R$ 128,00, então:

$$J_1 + J_2 = 128$$

$$0{,}02C_1 + 0{,}03C_2 = 128$$

Agora, substituindo, $C_2 = C_1 + 1600$ na equação anterior, teremos:

$$0{,}02C_1 + 0{,}03(C_1 + 1600) = 128$$

Aplicando a distributiva (multiplicando 0,03 por C_1; depois 0,03 por 1600), obtemos:

$$0{,}02C_1 + 0{,}03C_1 + 48 = 128$$

$$0{,}02C_1 + 0{,}03C_1 = 128 - 48$$

$$0{,}05C_1 = 80$$

$$C_1 = \frac{80}{0{,}05}$$

$$C_1 = 1600$$

Como $C_2 = C_1 + 1600$ e $C_1 = 1600$, então $C_2 = 1600 + 1600$.

$$C_2 = 3200$$

Como a questão pede **a soma dos valores dos capitais**, devemos encontrar o valor de $C_1 + C_2$, ou seja, 1600 + 3200 = 4800.

Alternativas "a", "b", "c" e "d" não indicam de maneira correta o que foi pedido.

1.4 MÉDIA ARITMÉTICA SIMPLES E PONDERADA.

05. (Vunesp – Escrevente Técnico Judiciário – TJ – SP/2017) A empresa Alfa Sigma elaborou uma previsão de receitas trimestrais para 2018. A receita prevista para o primeiro trimestre é de 180 milhões de reais, valor que é 10% inferior ao da receita prevista para o trimestre seguinte. A receita prevista para o primeiro semestre é 5% inferior à prevista para o segundo semestre. Nessas condições, é correto afirmar que a receita média trimestral prevista para 2018 é, em milhões de reais, igual a

(A) 200.

(B) 203.

(C) 195.

(D) 190.

(E) 198.

COMENTÁRIOS

✪ Nota do autor

A VUNESP costuma apresentar questões muito interessantes envolvendo os conceitos de média aritmética simples e ponderada. Questões que, muitas vezes, acabam trazendo juntos outros assuntos tais como interpretação de gráficos e tabelas, porcentagens, equações e sistemas de equações, entre outros. Daí, o reforço para que constantemente os candidatos resolvam provas anteriores da VUNESP já que bancas tais como FCC e CESPE, além de cobrarem pouco esses assuntos em suas provas, trazem uma abordagem um pouco diferente em alguns exercícios. Não costumam apresentar questões teóricas, mas, ao mesmo tempo, deixar de conhecer o conceito básico de média aritmética simples pode acabar atrapalhando o candidato.

Alternativa correta: letra "c".

Denotemos por R_{T1} a receita do primeiro trimestre e por R_{T2} a receita do segundo trimestre. De acordo com o enunciado *"a receita prevista para o primeiro trimestre é de 180 milhões de reais, valor que é 10% inferior ao da receita prevista para o trimestre seguinte"*. Assim, podemos concluir que:

$$R_{T1} = 0{,}9 \times R_{T2}$$

$$180 = 0{,}9 \times R_{T2}$$

$$R_{T2} = \frac{180}{0{,}9}$$

$$R_{T2} = 200$$

Observem que usei o fator de desconto associado à taxa de 10% (que pode ser obtido assim: 100% – 10% = 90% = 0,9). Poderíamos ter usado também uma regra de três simples para ter chegado ao resultado acima. Nesse caso, deveríamos apenas tomar o cuidado de associar o número 180 a 90%, visto que, esse valor é 10% inferior ao do trimestre seguinte. Se usássemos essa forma de resolução, teríamos:

180	90%
R_{T2}	100%

$$90\,R_{T2} = 180 \times 100$$

$$90\,R_{T2} = 18000$$

$$R_{T2} = \frac{18000}{90}$$

$$R_{T2} = 200$$

Denotemos a receita do primeiro semestre por R_{S1} e a receita do segundo semestre por R_{S2}. Vale lembrar que a receita do primeiro semestre é dada pela soma da receita do primeiro trimestre com a receita do segundo trimestre.

Assim:

$$R_{S1} = R_{T1} + R_{T2}$$

Portanto,

$$R_{S1} = 180 + 200$$

$$R_{S1} = 380$$

De acordo com o enunciado *"a receita prevista para o primeiro semestre é 5% inferior à prevista para o segundo semestre"*. Assim, podemos concluir que:

$$R_{S1} = 0{,}95 \times R_{S2}$$

$$380 = 0{,}95 \times R_{S2}$$

$$R_{S2} = \frac{380}{0{,}95}$$

$$R_{S2} = 400$$

Aqui fiz uso do fator de desconto associado à taxa de 5% (que pode ser obtido assim: 100% – 5% = 95% = 0,95). Poderíamos ter usado também uma regra de três simples para ter chegado ao resultado acima. Nesse caso, deveríamos apenas tomar o cuidado de associar o número 380 a 95%, visto que, esse valor é 5% inferior ao do segundo semestre. Se usássemos essa forma de resolução, teríamos:

380	95%
R_{S2}	100%

$$95R_{S2} = 380 \times 100$$

$$95R_{S2} = 38000$$

$$R_{S2} = \frac{38000}{95}$$

$$R_{S2} = 400$$

A questão pede a média trimestral para o ano de 2018. Denotarei tal medida por M_t. Para obtê-la devemos dividir a soma de todas as receitas previstas para o ano de 2018 (soma das receitas do primeiro semestre com as receitas do segundo semestre) pelo número de trimestres ao longo do ano (que são 4). Assim:

$$M_t = \frac{R_{S1} + R_{S2}}{4}$$

$$M_t = \frac{380 + 400}{4}$$

$$M_t = \frac{780}{4}$$

$$M_t = 195$$

Alternativas "a", "b", "d" e "e" não indicam de maneira correta o que foi pedido.

---

06. (Vunesp – Escrevente Técnico Judiciário – TJ-SP/2015) Levantamento feito pelo CRA-SP questionou qual reforma deve ser priorizada pelo governo. Entre as opções estavam os setores previdenciário, trabalhista, político, tributário e judiciário, sendo que apenas um deles deveria ser apontado. O gráfico mostra a distribuição porcentual arredondada dos votos por setor.

QUAL REFORMA DEVE SER PRIORIZADA PELO GOVERNO?

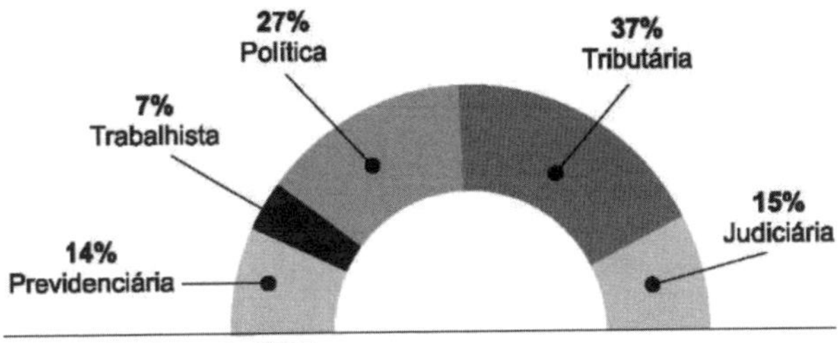

RAP-CRA/SP-Dezembro/2014

Sabendo que o setor político recebeu 87 votos a mais do que o setor judiciário, é correto afirmar que a média aritmética do número de apontamentos por setor foi igual a

A) 128.

B) 130.

C) 137.

D) 140.

E) 145.

COMENTÁRIOS

Nota do autor

A questão tem como pano de fundo o assunto "média aritmética", mas tão importante quanto o conhecimento sobre média foi a interpretação do gráfico apresentado e, principalmente, os cálculos envolvendo porcentagem. Portanto, temos aqui mais um modelo de questão da VUNESP que privilegia a intercalação de conteúdos.

Alternativa correta: letra "e".

Calculemos inicialmente qual é a **média aritmética percentual referente a cada setor**. Como são cinco setores e a soma de todas as porcentagens é 100%, então teremos:

$$\frac{14\% + 7\% + 27 + 37\% + 15\%}{5} = \frac{100\%}{5} = 20\%$$

O enunciado nos garantiu que o **setor político (27%) recebeu 87 votos a mais que o setor judiciário (15%)**, ou seja, essa diferença de 87 votos equivale à diferença entre 27% e 15%. Então, temos a certeza de que 87 votos equivalem a 12%.

Como a média por setor é de 20%, podemos usar uma regra de três simples para chegarmos ao número preciso de apontamentos por setor. Assim:

Porcentagem	Votos
12%	87
20%	x

A proporcionalidade entre as grandezas é direta. Sendo assim, podemos multiplicar "cruzado". Obtemos:

$$12x = 20 \times 87$$

$$12x = 1740$$

$$x = \frac{1740}{12}$$

$$x = 145$$

Alternativas "a", "b", "c" e "d" não indicam de maneira correta o que foi pedido.

07. (Vunesp – Escrevente Técnico Judiciário – TJ-SP/2014) Certa competição tem 6 etapas eliminatórias. Sabe-se que a média aritmética do número de pessoas que participaram da primeira e da segunda etapa é igual ao quádruplo da média aritmética do número de pessoas que participaram de cada uma das quatro etapas seguintes. Desse modo, a razão entre o número de pessoas que participaram da primeira e da segunda etapa e o número total de pessoas que participaram dessa competição é de

A) $\frac{3}{4}$

B) $\frac{1}{2}$

C) $\frac{1}{3}$

D) $\frac{1}{4}$

E) $\frac{2}{3}$

COMENTÁRIOS

✪ Nota do autor

Alguns alunos resolvem essa questão atribuindo valores para os números de participantes de cada etapa. Mas Brunno, posso fazer assim ou foi coincidência? Como os valores apresentados nas alternativas representam razões, podemos usar essa ideia, sim! Claro, **desde que criemos valores que tornem o enunciado coerente**! Grosso modo não é a saída mais correta do ponto de vista do rigor matemático que exige um tratamento genérico como forma de demonstrar o gabarito, mas, pensando de maneira prática e objetiva para uma prova de concurso público na qual o seu único objetivo é marcar a resposta correta, torna-se uma saída realmente interessante. Apresentarei duas sugestões de resolução: uma genérica e a outra atribuindo valores.

Alternativa correta: letra "c".

1ª resolução:

Sejam E_1 e E_2 o número de participantes da primeira e segunda etapas, respectivamente. A média aritmética do número de participantes dessas etapas é:

$$\frac{E_1 + E_2}{2}$$

Sejam E_3, E_4, E_5, e E_6 o número de participantes das quatro etapas seguintes. A média aritmética do número de participantes nessas etapas é:

$$\frac{E_3 + E_4 + E_5 + E_6}{4}$$

Como a média aritmética do número de pessoas que participaram da primeira e da segunda etapa é igual ao quádruplo da média aritmética do número de pessoas que participaram de cada uma das quatro etapas seguintes, então:

$$\frac{E_1 + E_2}{2} = 4 \cdot \left(\frac{E_3 + E_4 + E_5 + E_6}{4} \right)$$

Para facilitar, façamos $x = E_1 + E_2$ e $y = E_3 + E_4 + E_5 + E_6$. Podemos simplificar nossa equação anterior deixando-a assim:

$$\frac{x}{2} = 4.\frac{y}{4}$$

Simplificando "4" com "4" no segundo membro, temos:

$$\frac{x}{2} = y$$

E assim:

$$x = 2y$$

O enunciado pede a razão entre o número de pessoas que participaram da primeira e da segunda etapa (x) e o número total de pessoas que participaram dessa competição ($x + y$). Assim:

$$\frac{x}{x + y}$$

Como sabemos que $x = 2y$, basta fazermos a substituição:

$$\frac{x}{x+y} = \frac{2y}{2y+y} = \frac{2y}{3y} = \frac{2}{3}$$

2ª resolução:

Dessa vez irei atribuir valores. O grande segredo nesses casos é ter paciência e atenção ao texto para criarmos valores que sejam coerentes com o enunciado. Existem, portanto, infinitas combinações que poderiam ser utilizadas. Segue uma possível sugestão:

1ª etapa: 10 pessoas

2ª etapa: 30 pessoas.

Assim, a média da 1ª e 2ª etapas seria:

$$\frac{10+30}{2} = \frac{40}{2} = 20$$

Para que a média 20 seja coerente com o enunciado ela deverá ser o quádruplo da média das demais etapas.

3ª etapa: 2 pessoas

4ª etapa: 4 pessoas

5ª etapa: 6 pessoas

6ª etapa: 8 pessoas

Assim, a média das 4 últimas etapas seria:

$$\frac{2+4+6+8}{4} = \frac{20}{4} = 5$$

A média 5 é coerente com o enunciado, uma vez que, a média das duas primeiras (20) é igual ao quádruplo da média das 4 últimas (20 = 4 x 5).

Assim, como os valores sugeridos trouxeram coerência ao enunciado, poderemos utilizá-los para matarmos a questão.

Como queríamos a razão entre o número de participantes da primeira e segunda etapa (10 + 30) e o número total de participantes (10 + 30 + 2 + 4 + 6 + 8), nossa resposta seria $\frac{40}{60}$, ou seja, $\frac{2}{3}$.

Alternativas "a", "b", "c" e "d" não indicam de maneira correta o que foi pedido.

1.5 RAZÃO E PROPORÇÃO, REGRA DE TRÊS SIMPLES E COMPOSTA.

08. (Vunesp – Escrevente Técnico Judiciário – TJ – SP/2017) Sabe-se que 16 caixas K, todas iguais, ou 40 caixas Q, todas também iguais, preenchem totalmente certo compartimento, inicialmente vazio. Também é possível preencher totalmente esse mesmo compartimento completamente vazio utilizando 4 caixas K mais certa quantidade de caixas Q. Nessas condições, é correto afirmar que o número de caixas Q utilizadas será igual a

A) 10

B) 28

C) 18

D) 22

E) 30

COMENTÁRIOS

✪ Nota do autor

Temas como razão, proporção, regra de três simples e compostas sempre serão aguardados em provas da VUNESP. Aliás, nas provas de qualquer banca, diga-se de passagem. São assuntos básicos, ensinados ainda no ensino fundamental, mas que são apresentados em enunciados de questões que muitas vezes causam dúvidas aos candidatos. Como não dependem de fórmulas ou qualquer outro tipo de ideia mais complexa exigem do candidato muito treino com a resolução de questões anteriores para que possa se acostumar com os modelos de enunciados e ideias mais comuns.

Para essa questão, apresentarei uma solução genérica em função do número de caixas Q e K. Mas é importante reforçar que uma solução em que atribuíssemos valores para Q e K que fossem coerentes com o texto também poderia ser utilizada.

Alternativa correta: letra "c".

Como 16 caixas K ou 40 caixas Q preenchem totalmente o mesmo compartimento, então podemos indicar que:

$$16K = 40Q$$

Dividindo a equação acima por 4, teremos:

$$4K = 10Q$$

Observação: também poderíamos ter concluído que $K = \frac{10Q}{4} = 2,5Q$. Usei diretamente a divisão por 4 para agilizar o cálculo.

Agora, lembre-se: para preenchermos completamente o compartimento precisamos de 40 caixas Q, mas ao mesmo tempo, já temos 4 caixas K e estas equivalem a 10Q.

Assim, podemos representar a situação da seguinte forma:

$$4K + x \,.\, Q = 40Q$$

$$10Q + x \,.\, Q = 40Q$$

$$x \,.\, Q = 40Q - 10Q$$

$$x \,.\, Q = 30Q$$

$$x = 30$$

Sendo assim, podemos concluir que o **número de caixas Q utilizadas foi igual a 30**.

Alternativas "a", "b", "c" e "d" não indicam de maneira correta o que foi pedido.

---

09. (Vunesp – Escrevente Técnico Judiciário – TJ-SP/2015) Para fazer 200 unidades do produto P, uma empresa utilizou $\frac{3}{4}$ do estoque inicial (E) do insumo Q. Para fazer mais 300 unidades do produto P, vai utilizar a quantidade que restou do insumo Q e comprar a quantidade adicional necessária para a produção das 300 unidades, de modo que o estoque do insumo Q seja zerado após a produção desse lote. Nessas condições, deverá ser comprada, do insumo Q, uma quantidade que corresponde, do estoque inicial E, a

A) $\frac{2}{3}$

B) $\frac{7}{8}$

C) $\frac{1}{4}$

D) $\frac{3}{8}$

E) $\frac{9}{8}$

COMENTÁRIOS

Nota do autor

Questão que envolve a noção de proporção e cálculos básicos com frações. Mais uma questão da VUNESP que ataca dois conteúdos em um mesmo enunciado.

Alternativa correta: letra "b".

Se para produzir 200 unidades a empresa utilizou $\frac{3}{4}$ do estoque, podemos concluir que após isso restou $\frac{1}{4}$ do insumo Q.

Para determinarmos a quantidade adicional necessária para a produção das 300 unidades, é interessante conhecermos a fração total correspondente à produção dessa quantidade de unidades. Para isso podemos usar uma regra de três simples:

Unidades	Estoque
200	$\frac{3}{4}$
300	x

Como temos uma proporção direta, podemos multiplicar "cruzado":

$$200x = 300 \cdot \frac{3}{4}$$

Podemos "passar" o 200 para o segundo membro dividindo:

$$x = \frac{300}{200} \cdot \frac{3}{4}$$

$$x = \frac{900}{800}$$

$$x = \frac{9}{8}$$

Pronto! Agora que sabemos que precisamos de uma quantidade equivalente a $\frac{9}{8}$ do estoque inicial, podemos determinar a quantidade adicional a ser comprada calculando a diferença entre $\frac{9}{8}$ (total necessário) e $\frac{1}{4}$ (quantidade que restou após a produção das 200 unidades).

$$\frac{9}{8} - \frac{1}{4} = \frac{9-2}{8} = \frac{7}{8}$$

Alternativas "a", "c", "d" e "e" não indicam de maneira correta o que foi pedido.

---

10. (Vunesp – Escrevente Técnico Judiciário – TJ-SP/2014) Certa empresa produz diariamente quantidades iguais do produto P. Se essa empresa usar três medidas iguais do componente A em cada unidade do produto final P, serão necessárias 480 dessas medidas para suprir a produção de P durante 2 dias. Se passar a usar 2,5 medidas de A em cada unidade de P, o número de medidas de A necessário para suprir a produção de P, durante 5 dias, será igual a

A) 1 050.
B) 1 000.
C) 1 220.
D) 980.
E) 1 140.

COMENTÁRIOS

✪ Nota do autor

Questão que envolve a noção de proporção.

Alternativa correta: letra "b".

Como para suprir a produção durante 2 dias são necessárias 480 medidas, então para cada dia são necessárias 480 ÷ 2, ou seja, 240 medidas. Porém, como em cada produto final P foram usada três medidas do componente A, concluímos que em cada produto, usaríamos 240 ÷ 3, isto é, 80 medidas.

Agora, basta analisarmos a segunda situação apresentada. Passaremos a usar 2,5 medidas de A em cada unidade, ou seja, precisaríamos de 2,5 × 80 que equivalem a 200 medidas por dia. Como a produção de P acontecerá em 5 dias, teremos 200 × 5, isto é, **1000 medidas**.

Alternativas "a", "c", "d" e "e" não indicam de maneira correta o que foi pedido.

11. (Vunesp – Escrevente Técnico Judiciário – TJ-SP/2014) Um feirante compra mangas ao preço de R$ 0,80 para cada duas unidades. Certo dia, ele vendeu 120 mangas ao preço de R$ 6,60 para cada 6 unidades e n mangas ao preço de R$ 4,50 para cada 5 unidades. Se, nesse dia, o lucro obtido com a venda das mangas foi igual a R$ 224,00, então o número total de mangas que o feirante vendeu, nesse dia, foi

A) 480.

B) 400.

C) 420.

D) 320.

E) 280.

COMENTÁRIOS

Nota do autor

Questão que envolve a noção de proporção. Não depende de fórmulas, mas em contrapartida exige atenção do candidato na organização dos dados. Por isso, optei por "quebrar" o enunciado em quatro partes como forma de melhor organizar a explicação. Vale chamar a atenção também para o fato de que o enunciado pede o total de mangas. Muitos candidatos resolvem esse exercício de maneira correta, mas acabam vacilando e assinalando a alternativa que indica o número das "n" mangas vendidas ao preço de R$ 4,50. Cuidado! Sempre voltem no enunciado antes de assinalar a alternativa correta.

Alternativa correta: letra "b".

1ª parte: *"Um feirante compra mangas ao preço de R$ 0,80 para cada duas unidades"*

Como o preço de compra de cada duas unidades é R$ 0,80, o **valor unitário de custo é de R$ 0,40**.

2ª parte: *"Certo dia, ele vendeu 120 mangas ao preço de R$ 6,60 para cada 6 unidades"*

Se ele vendeu 120 mangas ao preço de R$ 6,60 para cada 6 unidades, podemos concluir que cada unidade foi vendida por $\frac{6,60}{6}$, ou seja, R$ 1,10. Assim, o valor recebido foi de 120 × 1,10, isto é, R$ 132,00. Já o custo foi de 120 × 0,40, ou seja, R$ 48,00. Com isso o lucro foi de R$ 84,00 (132 – 48).

3ª parte: *"Se, nesse dia, o lucro obtido com a venda das mangas foi igual a R$ 224,00"*

Como o lucro obtido no dia foi de R$ 224,00, então referente às n mangas, ele ganhou R$ 140,00 (224 – 84).

4ª parte: *"ele vendeu n mangas ao preço de R$ 4,50 para cada 5 unidades"*

Se ele vendeu n mangas ao preço de R$ 4,50 para cada 5 unidades, podemos concluir que cada unidade foi vendida por $\frac{4,50}{5}$, ou seja, R$ 0,90. Assim, o valor recebido foi de $0,90 \times n$. Já o custo foi de $0,40 \times n$. Com isso, o lucro com a venda das n mangas foi de $0,90n - 0,40n$, ou seja, $0,50n$.

Porém, havíamos concluído pela análise da 3ª parte que esse valor é numericamente igual a 140. Assim:

$$0,50n = 140$$

$$n = \frac{140}{0,50}$$

$$n = 280 \text{ mangas}$$

Como a questão pede o **total** de mangas vendidas no dia, teremos: 120 + 280 = 400 mangas.

Alternativas "a", "c", "d" e "e" não indicam de maneira correta o que foi pedido.

1.6 EQUAÇÃO DO 1º E 2º GRAUS E SISTEMA DE EQUAÇÕES DO 1º GRAU

12. (Vunesp – Escrevente Técnico Judiciário – TJ – SP/2017) Os preços de venda de um mesmo produto nas lojas X, Y e Z são números inteiros representados, respectivamente, por x, y e z. Sabendo-se que x + y = 200, x + z = 150 e y + z = 190, então a razão $\frac{x}{y}$ é:

A) $\frac{3}{8}$

B) $\frac{1}{3}$

C) $\frac{3}{5}$

D) $\frac{2}{3}$

E) $\frac{4}{9}$

COMENTÁRIOS

✪ Nota do autor

Situações que envolvam resolução de equações (principalmente de 1º grau) e de sistemas de equações entram na lista dos preferidos da VUNESP. Até mesmo porque é muito simples envolvermos tais assuntos com outros conteúdos como, por exemplo, geometria, juros simples, média aritmética simples e ponderada, entre outros. Então, uma boa forma de se dar bem nessas questões é treinar antes a resolução de muitas equações e sistemas. Matemática não tem milagre! Treino! Treino! Treino! E, claro, muita, muita, muita paciência e disciplina!

Vale destacar que questões que envolvem sistemas de equações apresentam várias formas de resolução. Dessa forma é muito difícil elegermos uma melhor solução. Para esse enunciado, por exemplo, indicarei duas possibilidades, mas existem outros caminhos tão corretos quanto os que serão apresentados.

Alternativa correta: letra "d".

1ª resolução:

Optarei por somar todas as equações.

$$\begin{cases} x + y = 200 \ (I) \\ x + z = 150 \ (II) \\ y + z = 190 \ (III) \end{cases}$$

Teremos:

$$x + y + x + z + y + z = 200 + 150 + 190$$
$$2x + 2y + 2z = 540$$

Agora, dividindo a equação por 2, chegamos a:

$$x + y + z = 270 \ (IV)$$

Para determinarmos o valor de x podemos substituir a equação (III) na equação (IV). Assim:

$$x + (y + z) = 270$$
$$x + 190 = 270$$
$$x = 270 - 190$$
$$x = 80$$

Para determinarmos o valor de y podemos substituir a equação (II) na equação (IV). Assim:

$$x + y + z = 270$$
$$y + (x + z) = 270$$
$$y + 150 = 270$$
$$y = 270 - 150$$
$$y = 120$$

Pronto! Agora, basta determinarmos a razão $\frac{x}{y}$. Teremos:

$$\frac{80}{120} = \frac{80^{\div 40}}{120^{\div 40}} = \frac{2}{3}$$

2ª resolução:

$$\begin{cases} x+y=200\ (I) \\ x+z=150\ (II) \\ y+z=190\ (III) \end{cases}$$

Dessa vez irei utilizar o método da substituição.

Da equação (I), teríamos: $y = 200 - x$.

Da equação (II), teríamos: $z = 150 - x$.

Substituindo essas expressões na equação (III), teríamos:

$$y+z=190$$
$$200 - x + 150 - x = 190$$
$$350 - 2x = 190$$
$$-2x = 190 - 350$$
$$-2x = -160$$
$$2x = 160$$
$$x = \frac{160}{2}$$
$$x = 80$$

Como $y = 200 - x$ e $x = 80$, então:

$$y = 200\text{-}80$$
$$y = 120$$

E assim a razão $\frac{x}{y}$ é $\frac{80}{120}$, ou seja, $\frac{2}{3}$.

Alternativas "a", "b", "c" e "e" não indicam de maneira correta o que foi pedido.

---

13. (Vunesp – Escrevente Técnico Judiciário – TJ-SP/2015) Um determinado recipiente, com 40% da sua capacidade total preenchida com água, tem massa de 428 g. Quando a água preenche 75% de sua capacidade total, passa a ter massa de 610 g. A massa desse recipiente, quando totalmente vazio, é igual, em gramas, a

A) 338.

B) 208.

C) 200.

D) 182.

E) 220.

COMENTÁRIOS

✪ Nota do autor

Questão que envolve cálculos com porcentagem e que pode ser resolvida com auxílio de um sistema de equações de 1º grau.

Alternativa correta: letra "e".

A **massa total do recipiente será dada pela soma entre a massa do recipiente totalmente vazio (R) e a capacidade total do recipiente (A)**. Dessa forma, o trecho que afirma que *"com 40% da sua capacidade total preenchida com água, tem massa de 428 g"*, poderia ser traduzido pela equação $R + 0{,}40A = 428$. Já o trecho que nos garante que *"quando a água preenche 75% de sua capacidade total, passa a ter massa de 610 g"*, poderia ser representado pela expressão $R + 0{,}75A = 610$.

Passamos a ter um sistema com duas equações e duas incógnitas.

$$\begin{cases} R+0{,}40A=428\ (I) \\ R+0{,}75A=610\ (II) \end{cases}$$

Várias são as formas de resolvermos esse sistema. Se fizemos, por exemplo, (II) – (I), obtemos:

$$R + 0{,}75A - (R + 0{,}40A) = 610 - 428$$
$$R + 0{,}75A - R - 0{,}40A = 610 - 428$$
$$0{,}35A = 182$$
$$A = \frac{182}{0{,}35}$$
$$A = 520$$

Agora, substituindo $A = 520$ em uma das equações conseguiremos obter a massa do recipiente completamente vazio (R). Substituirei na equação (I). Teremos:

$$R + 0{,}40 \times 520 = 428$$
$$R + 208 = 428$$
$$R = 428 - 208$$
$$R = 220$$

Alternativas "a", "b", "c" e "d" não indicam de maneira correta o que foi pedido.

---

14. (Vunesp – Escrevente Técnico Judiciário – TJ-SP/2015) Observe a sequência de espaços identificados por letras

$$\underset{a}{\underline{6}}\ \underset{b}{\underline{\ \ }}\ \underset{c}{\underline{\ \ }}\ \underset{d}{\underline{\ \ }}\ \underset{e}{\underline{\ \ }}\ \underset{f}{\underline{\ \ }}\ \underset{g}{\underline{\ \ }}\ \underset{h}{\underline{\ \ }}\ \underset{i}{\underline{5}}\ \underset{j}{\underline{\ \ }}$$

Cada espaço vazio deverá ser preenchido por um número inteiro e positivo, de modo que a soma dos números de três espaços consecutivos seja sempre igual a 15. Nessas condições, no espaço identificado pela letra g deverá ser escrito o número

A) 5.

B) 6.

C) 4.

D) 7.

E) 3.

COMENTÁRIOS

Nota do autor

Questão que envolve o reconhecimento de um padrão para a sequência. Para chegamos ao valor de g, podemos usar equações e fazer substituições.

Alternativa correta: letra "b".

Como o enunciado garante que a soma de três espaços consecutivos é igual a 15, temos:

(I) $a + b + c = 15$.

Como $a = 6$, então $6 + b + c = 15$ e assim $b + c = 15 - 6$, ou seja, $b + c = 9$.

(II) $b + c + d = 15$.

Como $b + c = 9$, então $9 + d = 15$ e assim $d = 15 - 9$, ou seja, $d = 6$.

(III) $c + d + e = 15$

Como $d = 6$, então $c + 6 + e = 15$ e assim $c + e = 15 - 6$, ou seja, $c + e = 9$.

(IV) $d + e + f = 15$

Como $d = 6$, então $6 + e + f = 15$ e assim $e + f = 15 - 6$, ou seja, $e + f = 9$.

(V) $e + f + g = 15$

Como $e + f = 9$, então $9 + g = 15$ e assim $g = 15 - 9$, ou seja, $g = 6$.

Alternativas "a", "c", "d" e "e" não indicam de maneira correta o que foi pedido.

15. (Vunesp – Escrevente Técnico Judiciário – TJ-SP/2014) Um grupo de pessoas participou da fase final de um concurso, sendo que, nesse grupo, o número de mulheres era igual a $\frac{3}{5}$ do número de homens. Sabe-se que, concluída a fase final, apenas $\frac{1}{5}$ do número de homens e $\frac{1}{3}$ do número mulheres foram aprovados, num total de 8 pessoas.

O número de mulheres no grupo que iniciou a participação na fase final desse concurso era igual a

A) 18.

B) 9.

C) 12.

D) 21.

E) 15.

COMENTÁRIOS

✪ **Nota do autor**

Questão que envolve cálculos básicos com números racionais e que pode ser resolvido através de sistema com equações de 1º grau.

Alternativa correta: letra "c".

Sejam M o número de mulheres e H o número de homens. Analisando o enunciado, temos:

"O número de mulheres era igual a $\frac{3}{5}$ do número de homens"

$$M = \frac{3}{5} \cdot H \quad \text{(I)}$$

"Apenas $\frac{1}{5}$ do número de homens e $\frac{1}{3}$ do número mulheres foram aprovados, num total de 8 pessoas"

$$\frac{1}{5} \cdot H + \frac{1}{3} \cdot M = 8 \quad \text{(II)}$$

Substituindo (I) em (II), teríamos:

$$\frac{1}{5} \cdot H + \frac{1}{3} \cdot \frac{3}{5} \cdot H = 8$$

Ao multiplicarmos $\frac{1}{3}$ por $\frac{3}{5}$ podemos cancelar o 3 $\left(\frac{1}{1} \cdot \frac{1}{5} = \frac{1}{5}\right)$.

$$\frac{1}{5} \cdot H + \frac{1}{5} \cdot H = 8$$

Somando $\frac{1}{5}$ com $\frac{1}{5}$, podemos manter o denominador e somar os numeradores $\left(\frac{1}{5} + \frac{1}{5} = \frac{2}{5}\right)$.

$$\frac{2}{5} \cdot H = 8$$

$$2H = 40$$

$$H = \frac{40}{2}$$

$$H = 20$$

Agora, podemos determinar o número de mulheres substituindo $H = 20$ na equação (I). Veja:

$$M = \frac{3}{5} \cdot 20 = \frac{3 \cdot 20}{5} = \frac{60}{5} \Rightarrow M = 12$$

Alternativas "a", "b", "d" e "e" não indicam de maneira correta o que foi pedido.

1.7 NOÇÕES DE GEOMETRIA: FORMA, PERÍMETRO, ÁREA, VOLUME, ÂNGULO, TEOREMA DE PITÁGORAS.

16. (Vunesp – Escrevente Técnico Judiciário – TJ – SP/2017) A figura seguinte, cujas dimensões estão indicadas em metros, mostra as regiões R_1 e R_2, ambas com formato de triângulos retângulos, situadas em uma praça e destinadas a atividades de recreação infantil para faixas etárias distintas.

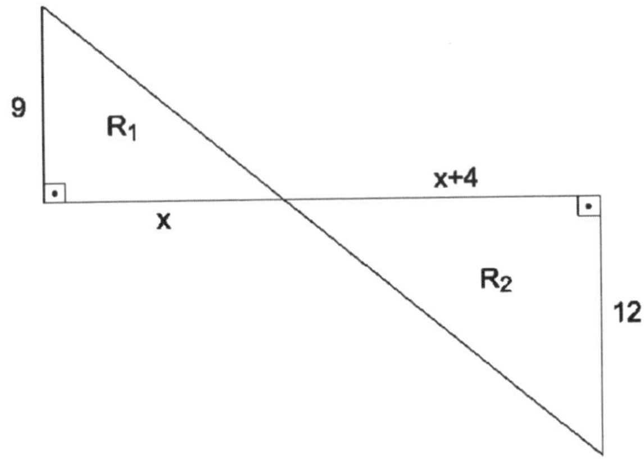

Se a área de R_1 é 54 m^2, então o perímetro de R_2 é, em metros, igual a

A) 54.

B) 48.

C) 36.

D) 40.

E) 42.

COMENTÁRIOS

✪ Nota do autor

O que dizer sobre as questões de geometria nas provas da VUNESP? Eu definiria basicamente da seguinte forma: "VUNESP e Geometria: um caso de amor!". Trata-se de um dos assuntos preferidos da banca e minha recomendação é simples: estude geometria para a sua prova da VUNESP! Negligenciar o estudo desse conteúdo implica assumir o risco de perder questões importantíssimas no seu concurso.

E porque a geometria é tão explorada? Primeiramente, porque sabemos que é realmente um calo na vida dos candidatos. Como o raciocínio geométrico envolve, às vezes, uma visão criativa das figuras, quem não tem essa visão estimulada através da resolução de questões anteriores acaba passando aperto mesmo. Outro bom motivo para a VUNESP cobrar é o fato de que uma questão de geometria pode ser associada a vários outros assuntos presentes nos seus editais: podemos ter questões de geometria envolvendo porcentagens; geometria e equações de 1ª grau; geometria e resolução de sistemas; geometria e noções sobre proporcionalidade; geometria e equações de 2º grau, enfim... Dá para fazer uma verdadeira salada matemática tendo o assunto geometria como pano de fundo. E como já vimos que uma das marcas da VUNESP é a cobrança de mais de um conteúdo por questão, torna-se realmente um prato cheio para a banca.

Agora, falemos dessa questão. Para determinarmos a hipotenusa de R_2 usei na minha explicação o Teorema de Pitágoras, mas chamo a atenção para o fato de que poderíamos ter associado os valores à Tríade Pitagórica 3, 4 e 5 usando a constante de proporcionalidade 4, obtendo assim os valores 12, 16 e 20.

Alternativa correta: letra "b".

Como R_1 é um triângulo retângulo sua área é dada pela expressão $\frac{b \times h}{2}$, onde "b" é a medida da base e "h" é a altura.

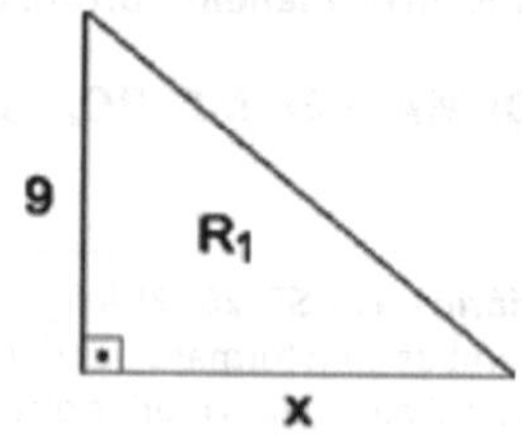

O enunciado afirmou que a área de R_1 é 54 m². Assim:

$$\frac{x \cdot 9}{2} = 54$$

$$9x = 54 \times 2$$

$$9x = 108$$

$$x = \frac{108}{9}$$

$$x = 12$$

Analisemos agora o triângulo R_2:

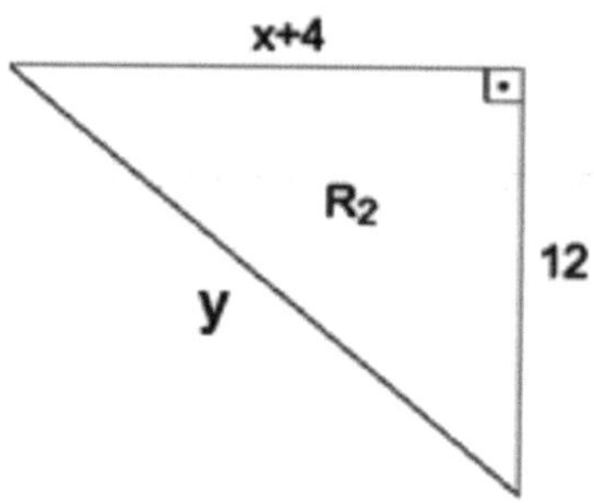

Como um de seus catetos mede $x + 4$ e como descobrimos que $x = 12$, então sua medida é $12 + 4 = 16$.

Agora, para determinarmos a medida da hipotenusa de R_2 (y), podemos usar o Teorema de Pitágoras:

$$y^2 = 12^2 + 16^2$$

$$y^2 = 144 + 256$$

$$y^2 = 400$$

$$y = \pm\sqrt{400}$$

$$y = \pm 20$$

Como para o enunciado em questão o valor de $y = -20$ não faz sentido, pois trata-se da medida do lado do triângulo, concluímos que $y = 20$.

Dessa forma, o perímetro do triângulo R_2 é a soma das medidas dos três lados:

$$12 + 16 + 20 = 48\text{cm}.$$

Alternativas "a", "c", "d" e "e" não indicam de maneira correta o que foi pedido.

---

17. (Vunesp – Escrevente Técnico Judiciário – TJ – SP/2017) Para segmentar informações, de modo a facilitar consultas, um painel de formato retangular foi dividido em 3 regiões quadradas, Q1, Q2 e Q3, e uma região retangular R, conforme mostra a figura, com dimensões indicadas em metros.

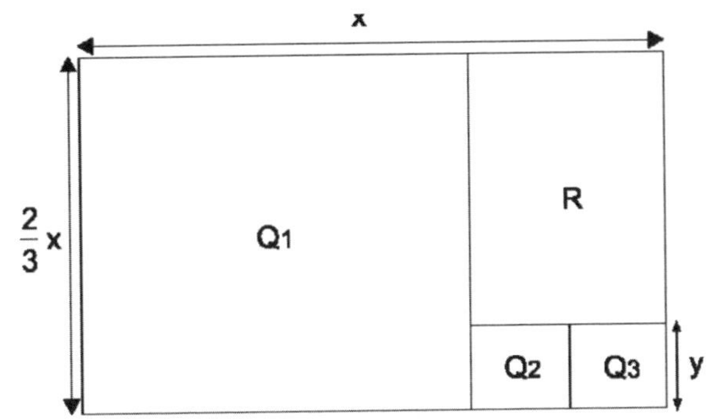

A área, em m², da região retangular R é corretamente representada por:

A) $\frac{1}{6}x^2$

B) $\frac{1}{8}x^2$

C) $\frac{1}{12}x^2$

D) $\frac{1}{3}x^2$

E) $\frac{1}{4}x^2$

COMENTÁRIOS

✪ **Nota do autor**

Questão que exigia muita atenção do candidato, pois apresenta os dados de forma literal, o que causa mais dificuldades. Reforço que existem outras possibilidades de resolução. Se acertou a resposta, mas não seguiu os mesmos passos que eu, relaxe! Pouco provável que tenha sido uma mera coincidência.

Alternativa correta: letra "a".

Para facilitar a compreensão, indicarei os vértices A, B, C, D, E, F, G, H e I da seguinte forma:

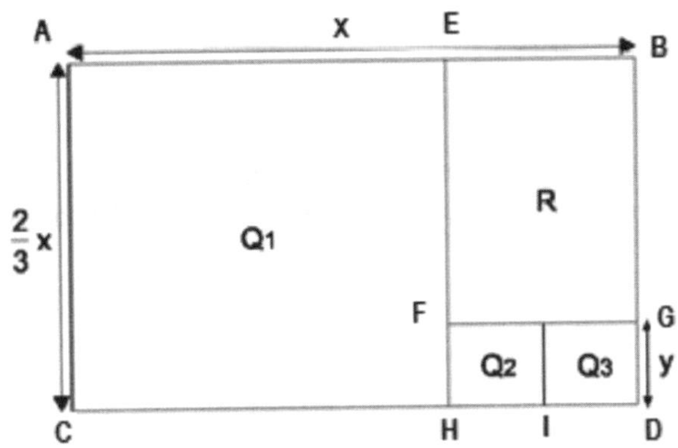

Como a questão pede a área da região retangular R e como sabemos que a área de um retângulo é dada pelo produto entre a medida da base e da sua altura, ou seja, $A_{retângulo} = b \times h$, precisaremos encontrar as expressões que indicam a medidas dos segmentos $\overline{BG}$ e $\overline{FG}$.

Observe que $\overline{AC} = \overline{BG} + \overline{GD}$. Assim, temos:

$$\frac{2x}{3} = \overline{BG} + y$$

$$\overline{BG} = \frac{2x}{3} - y$$

Também podemos concluir pela análise da figura que $\overline{FG} = \overline{HI} + \overline{ID}$.

Como $\overline{HI}$ é lado do quadrado Q_2 sua medida é y; de forma semelhante concluímos que $\overline{ID}$ mede y, pois é lado do quadrado Q_3.

Assim:

$$\overline{FG} = y + y$$

$$\overline{FG} = 2y \quad \text{(I)}$$

Além disso, verifique que $\overline{AB} = \overline{CH} + \overline{FG}$. Note pelo desenho que $\overline{AB} = x$. Por outro lado, como $\overline{CH}$ é lado do quadrado Q_1 sua medida é $\frac{2x}{3}$.

Temos, portanto:

$$x = \frac{2x}{3} + \overline{FG}$$

$$\overline{FG} = x - \frac{2x}{3}$$

$$\overline{FG} = \frac{3x - 2x}{3}$$

$$\overline{FG} = \frac{x}{3} \quad \text{(II)}$$

Agora, comparemos as equações (I) e (II). Como $\overline{FG} = 2y$ e, ao mesmo tempo, $\overline{FG} = \frac{x}{3}$, temos:

$$2y = \frac{x}{3}$$

$$y = \frac{\frac{x}{3}}{2}$$

$$y = \frac{x}{3} \cdot \frac{1}{2}$$

$$y = \frac{x}{6}$$

Pronto! Agora temos tudo de que precisamos para matar a questão.

Como a área da região retangular R é dada pelo produto entre as medidas dos segmentos $\overline{BG}$ e , $\overline{FG}$ teremos:

$$A_R = \overline{BG} \times \overline{FG}$$

$$A_R = \left(\frac{2x}{3} - y\right) \times \frac{x}{3}$$

Como $y = \frac{x}{6}$, temos:

$$A_R = \left(\frac{2x}{3} - \frac{x}{6}\right) \times \frac{x}{3}$$

$$A_R = \left(\frac{4x - x}{6}\right) \times \frac{x}{3}$$

$$A_R = \frac{3x}{6} \times \frac{x}{3}$$

$$A_R = \frac{3x^2}{18}$$

$$A_R = \frac{x^2}{6}$$

Alternativas "b", "c", "d" e "e" não indicam de maneira correta o que foi pedido.

---

18. (Vunesp – Escrevente Técnico Judiciário – TJ – SP/2017) As figuras seguintes mostram os blocos de madeira A, B e C, sendo A e B de formato cúbico e C com formato de paralelepípedo reto retângulo, cujos respectivos volumes, em cm³, são representados por V_A, V_B e V_C.

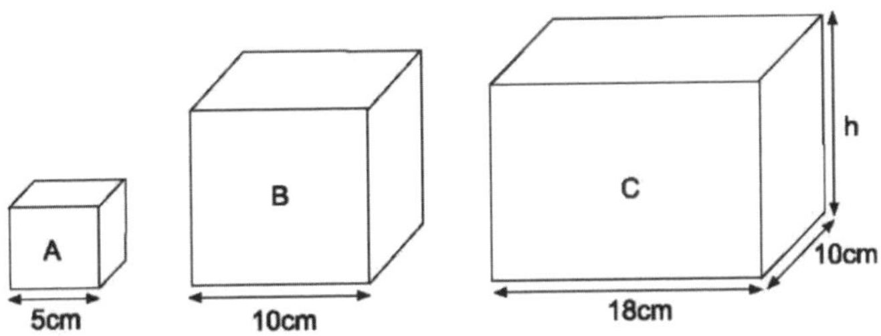

Se $V_A + V_B = \frac{1}{2} V_c$, então a medida da altura do bloco C, indicada por h na figura, é, em centímetros, igual a

A) 15,5.

B) 11.

C) 12,5.

D) 14.

E) 16.

COMENTÁRIOS

Nota do autor

Questão que envolve cálculo de volume de cubos e paralelepípedo. Diga-se de passagem, entre as figuras tridimensionais essas duas são as preferidas dos examinadores da VUNESP. Portanto, suas fórmulas de volumes, áreas e diagonais devem ser memorizadas.

Alternativa correta: letra "c".

Sabemos que o volume de um cubo é dado pelo cubo da medida de sua aresta, ou seja, $V_{CUBO} = a^3$. Já o volume de um paralelepípedo é dado pelo produto da largura pelo comprimento e pela altura, ou seja, $V_{PARALELEPÍPEDO} = a \cdot b \cdot c$.

Cubo A:

$V_A = 5^3 = 125\text{cm}^3$

Cubo B:

$V_B = 10^3 = 1000\text{cm}^3$

Paralelepípedo C:

$V_c = 18 \times 10 \times h$

$V_c = 180h$

Como $V_A + V_B = \frac{1}{2}V_c$, temos:

$$125 + 1000 = \frac{1}{2} \times 180h$$

$$1125 = 90h$$

$$h = \frac{1125}{90}$$

$$h = 12{,}5\text{cm}.$$

Alternativas "a", "b", "d" e "e" não indicam de maneira correta o que foi pedido.

---

19. (Vunesp – Escrevente Técnico Judiciário – TJ-SP/2015) Em um jardim, um canteiro de flores, formado por três retângulos congruentes, foi dividido em cinco regiões pelo segmento AB, conforme mostra a figura.

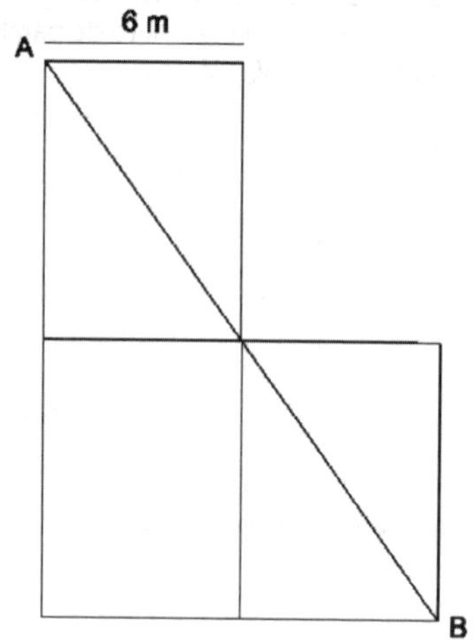

Se $\overline{AB}$ mede 20 m, então a área total desse canteiro é, em m^2, igual a

A) 126

B) 135

C) 144

D) 162

E) 153

COMENTÁRIOS

✪ Nota do autor

Trata-se de uma questão que exigia uma visão atenta do candidato em relação à figura apresentada, visto que temos triângulos, retângulos, triângulos dentro de retângulos, enfim... Exigia aquele olhar criativo que costumo chamar a atenção e que é tão importante nas questões de geometria da VUNESP. Além disso, foram exigidos conhecimentos sobre cálculo de áreas e Teorema de Pitágoras.

Uma ideia interessante poderia ser usada para determinarmos o cateto $\overline{AC}$. Na minha explicação usei o Teorema de Pitágoras, mas chamo a atenção para o fato de que poderíamos ter associado as dimensões do triângulo ABC à Tríade Pitagórica 3, 4 e 5 usando a constante de proporcionalidade 4, obtendo assim os valores 12, 16 e 20.

Alternativa correta: letra "c".

Para facilitar a compreensão, indicarei os vértices C, D, E, F, G e H da seguinte forma:

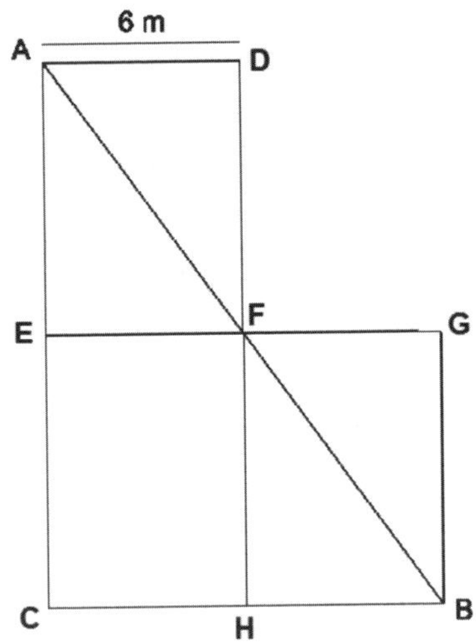

Como o enunciado garantiu que os três retângulos são congruentes, ou seja, iguais, podemos afirmar que $\overline{AD} = \overline{CH} = \overline{HB} = 6\text{m}$ e assim, concluímos que o segmento $\overline{CB} = 12\text{m}$ já que ele corresponde à soma dos segmentos $\overline{CH} = 6$ e $\overline{HB} = 6$.

Agora, observe o triângulo ACB.

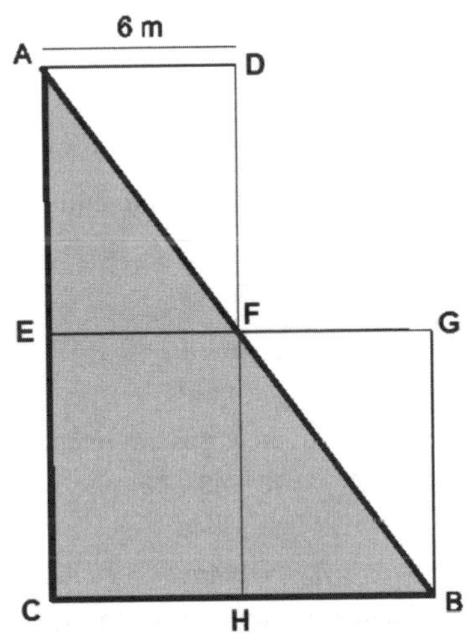

Podemos garantir que ele é um triângulo retângulo, pois possui o ângulo reto $\hat{C}$ que também é ângulo do retângulo EFCH. Dessa forma, podemos aplicar o Teorema de Pitágoras para determinarmos a medida do segmento $\overline{AC}$. Assim:

$$\overline{AB}^2 = \overline{AC}^2 + \overline{BC}^2$$

$$20^2 = \overline{AC}^2 + 12^2$$

$$400 = \overline{AC}^2 + 144$$

$$\overline{AC}^2 = 400 - 144$$

$$\overline{AC}^2 = 256$$

$$\overline{AC} = \pm\sqrt{256}$$

$$\overline{AC} = \pm 16$$

Como para o enunciado em questão o valor de $\overline{AC} = -16$ não faz sentido, pois trata-se da medida do lado do triângulo, concluímos que $\overline{AC} = 16$.

Mais uma vez usaremos o fato de que os 3 retângulos são congruentes. Dessa vez para garantir que $\overline{AE}$ e $\overline{EC}$ têm medidas iguais. Assim, como $\overline{AC} = 16$, poderemos concluir que $\overline{AE} = \overline{EC} = 8$.

Agora, observemos o retângulo ADEF:

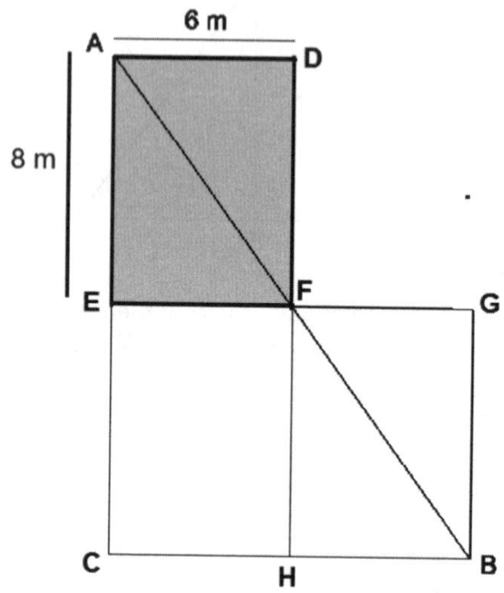

Como sabemos, a área de um retângulo é dada pelo produto entre a medida da base e da sua altura, ou seja, $A_{retângulo} = b \times h$. Nesse caso, teremos:

$$A_{ADEF} = \overline{AD} \times \overline{AE}$$

$$A_{ADEF} = 6 \times 8$$

$$A_{ADEF} = 48m^2$$

Por fim, a área total será equivalente à soma das áreas dos três retângulos.

$$A_{total} = 48 + 48 + 48$$

$$A_{total} = 3 \times 48$$

$$A_{total} = 144m^2$$

Alternativas "a", "b", "d" e "e" não indicam de maneira correta o que foi pedido.

---

20. (Vunesp – Escrevente Técnico Judiciário – TJ-SP/2015) Dois recipientes (sem tampa), colocados lado a lado, são usados para captar água da chuva. O recipiente A tem o formato de um bloco retangular, com 2 m de comprimento e 80 cm de largura, e o recipiente B tem a forma de um cubo de 1 m de aresta. Após uma chuva, cuja precipitação foi uniforme e constante, constatou-se que a altura do nível da água no recipiente B tinha aumentado 25 cm, sem transbordar. Desse modo, pode-se concluir que a água captada pelo recipiente A nessa chuva teve volume aproximado, em m^3, de

A) 0,40.

B) 0,36.

C) 0,32.

D) 0,30.

E) 0,28.

COMENTÁRIOS

✪ **Nota do autor**

Questão que exigia conhecimento sobre volume de paralelepípedo e transformação de unidades.

Alternativa correta: letra "a".

A grande sacada para a resolução da questão era percebermos que como a chuva foi uniforme e constante, o recipiente A também teve o seu nível de água aumentado em 25 cm. Assim, para calcularmos o volume captado por esse recipiente, basta calcularmos o volume de um paralelepípedo com 2 m de comprimento, 80 cm de largura (que equivalem a 0,8 m) e 25 cm de altura (que equivalem a 0,25 m). Como o volume de um paralelepípedo é dado pelo produto da largura pelo comprimento e pela altura, ou seja, $V_{PARALELEPÍPEDO} = a \cdot b \cdot c$, teremos:

$$V_A = 2 \times 0{,}8 \times 0{,}25$$

$$V_A = 0{,}40\text{m}^3.$$

Alternativas "b", "c", "d" e "e" não indicam de maneira correta o que foi pedido.

---

21. (Vunesp – Escrevente Técnico Judiciário – TJ-SP/2015) Na figura, o trapézio retângulo ABCD é dividido por uma de suas diagonais em dois triângulos retângulos isósceles, de lados $\overline{AB} \cong \overline{BC}$ e $\overline{AC} \cong \overline{DC}$.

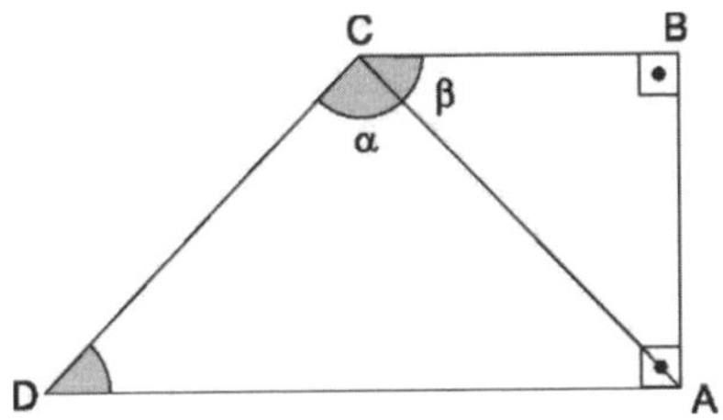

Desse modo, é correto afirmar que a soma das medidas dos ângulos a e p é igual a

A) 125°.

B) 115°.

C) 110°.

D) 135°.

E) 130°.

COMENTÁRIOS

✪ **Nota do autor**

Questão que exigia conhecimento sobre a soma dos ângulos internos de um triângulo. Não é o tipo de assunto que mais aparece nas provas da VUNESP, mas como trata-se de uma relação importante no estudo da Geometria, vale sempre ficar a atento.

Alternativa correta: letra "d".

Como o triângulo ABC é retângulo e isósceles, além dos lados $\overline{AB}$ e $\overline{BC}$ serem iguais, os ângulos da base também são iguais. Além disso, não se esqueça de que a soma dos ângulos internos de um triângulo sempre vale 180º.

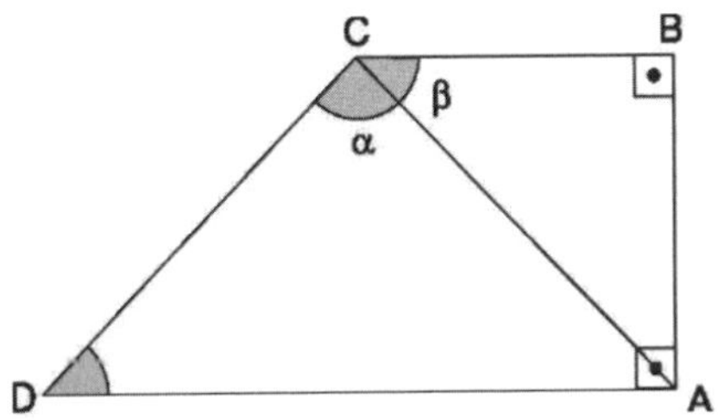

Assim no triângulo ABC, teremos:

$$\beta + \beta + 90 = 180$$
$$2\beta = 180 - 90$$
$$2\beta = 90$$
$$\beta = \frac{90}{2}$$
$$\beta = 45^o$$

Da mesma forma, o triângulo ACD é isósceles e assim, além dos lados $\overline{AC}$ e $\overline{DC}$ serem congruentes, os ângulos da base também serão. Como esses ângulos medem 45º, teremos:

$$45 + 45 + \alpha = 180$$
$$90 + \alpha = 180$$
$$\alpha = 180 - 90$$
$$\alpha = 90^o$$

Como $\alpha = 90^o$ e $\beta = 45^o$, então $\alpha + \beta = 90 + 45$, ou seja, $\alpha + \beta = 135^o$.

Alternativas "a", "c", "d" e "e" não indicam de maneira correta o que foi pedido.

---

22. (Vunesp – Escrevente Técnico Judiciário – TJ-SP/2014) Para efeito decorativo, um arquiteto dividiu o piso de um salão quadrado em 8 regiões com o formato de trapézios retângulos congruentes (T), e 4 regiões quadradas congruentes (Q), conforme mostra a figura:

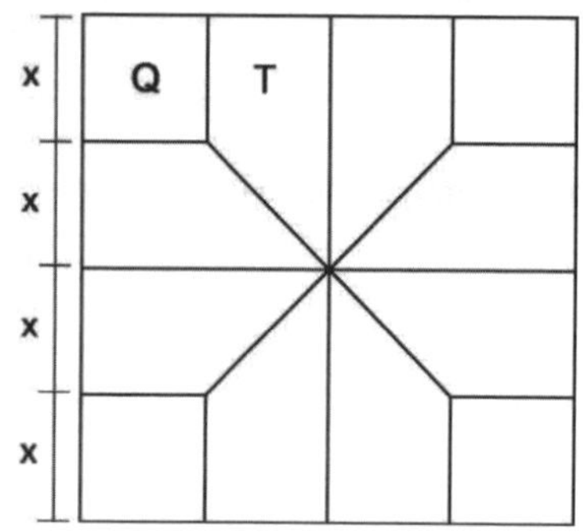

Se a área de cada região com a forma de trapézio retângulo é igual a 24 m², então a área total desse piso é, em m², igual a

A) 324

B) 400

C) 225

D) 256

E) 196

COMENTÁRIOS

✪ Nota do autor

Mais uma questão de geometria da VUNESP em que o olhar criativo seria decisivo. Além disso, foram exigidos conhecimentos sobre cálculo de área e resolução de equações do 2º grau.

Alternativa correta: letra "d".

Analisemos a região:

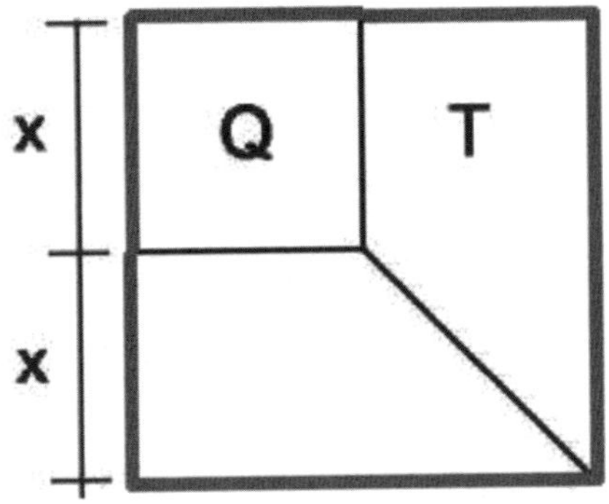

Perceba que trata-se de um quadrado de lado $2x$. Sabemos que a área de um quadrado é dada pelo quadrado da medida do lado, ou seja, $A_{quadrado} = l^2$. Dessa forma, podemos garantir que esse quadrado terá área $(2x)^2 = 4x^2$.

Repare também que esse quadrado é composto por 2 trapézios retângulos (T) cada um de área 24 m² e por 1 quadrado Q, cuja área será dada por x^2.

Agora, unindo as duas ideias, podemos chegar à seguinte equação:

$$4x^2 = x^2 + 24 + 24$$
$$4x^2 - x^2 = 48$$
$$3x^2 = 48$$
$$x^2 = \frac{48}{3}$$
$$x^2 = 16$$
$$x = \pm\sqrt{16}$$
$$x = \pm 4$$

Como para o enunciado em questão o valor $x = -4$ não faz sentido, pois trata-se da medida do lado do quadrado, concluímos que $x = 4$.

Agora, para fecharmos a questão devemos calcular a área total da figura:

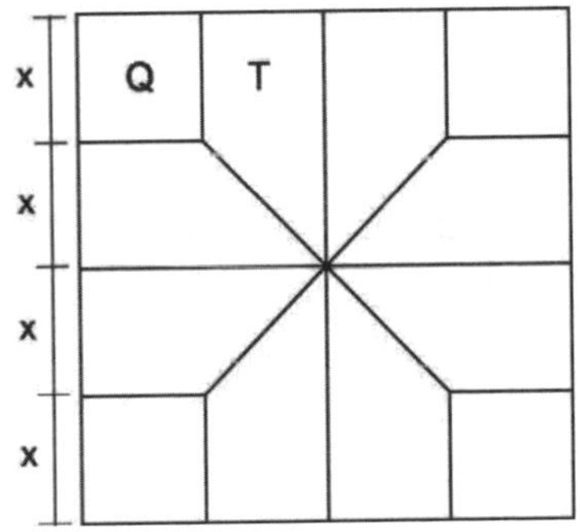

Como trata-se de um quadrado de lado $4x$ e como $x = 4$, teremos $l = 4 \times 4 = 16$. Dessa forma, a área total será de 16^2, ou seja, $256\ cm^2$.

Alternativas "a", "b", "c" e "e" não indicam de maneira correta o que foi pedido.

23. (Vunesp – Escrevente Técnico Judiciário – TJ-SP/2014) Em uma folha quadrada ABCD, foi desenhado um quadrado Z, de área igual a 169 cm^2, conforme mostra a figura:

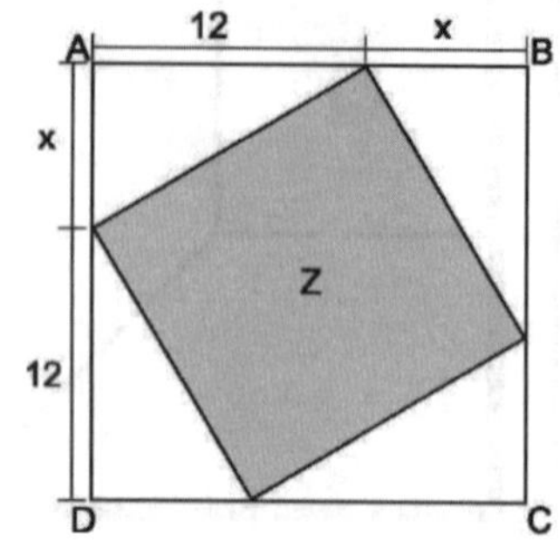

Nessas condições, é correto afirmar que o perímetro da folha ABCD, em centímetros, é igual a

A) 56.

B) 72.

C) 60.

D) 64.

E) 68.

COMENTÁRIOS

✪ **Nota do autor**

Questão envolvendo cálculo de área, Teorema de Pitágoras e perímetro. Para determinarmos a medida do cateto $\overline{AN}$ poderíamos ter associado as dimensões do triângulo AMN à Tríade Pitagórica 5, 12 e 13.

Alternativa correta: letra "e".

Sabemos que a área de um quadrado é dada pelo quadrado da medida do lado, ou seja, $A_{quadrado} = l^2$. Como a área do quadrado Z é de 169 cm^2, então teremos:

$$169 = l^2$$

$$l = \pm\sqrt{169}$$

$$l = \pm 13$$

Como para o enunciado em questão o valor $x = -13$ não faz sentido, pois trata-se da medida do lado do quadrado, concluímos que $x = 13$.

Substituindo esse valor no nosso desenho e indicando os vértices M e N, passamos a ter:

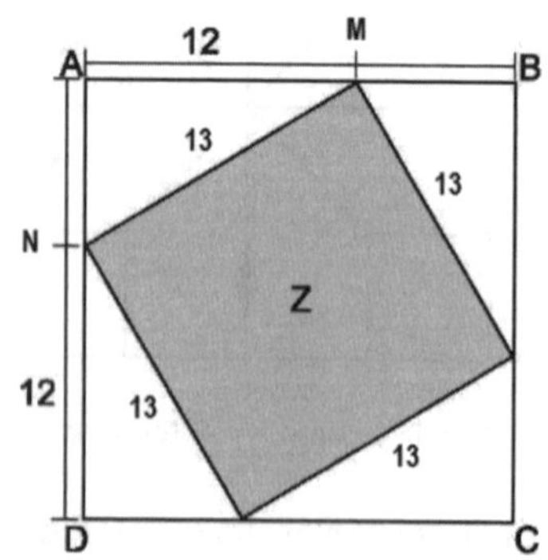

Perceba que o triângulo AMN é retângulo, pois possui um ângulo reto (o ângulo A que também é ângulo do quadrado). Para determinarmos a medida do segmento $\overline{AN}$ usarei o Teorema de Pitágoras (quadrado da hipotenusa é igual à soma dos quadrados dos catetos). Teríamos:

$$\overline{MN}^2 = \overline{AN}^2 + \overline{AM}^2$$

$$13^2 = \overline{AN}^2 + 12^2$$

$$169 = \overline{AN}^2 + 144$$

$$\overline{AN}^2 = 169 - 144$$

$$\overline{AN}^2 = 25$$

$$\overline{AN} = \pm\sqrt{25}$$

$$\overline{AN} = \pm 5$$

Como para o enunciado em questão o valor de $\overline{AN} = -5$ não faz sentido, pois trata-se da medida do lado do triângulo, concluímos que $\overline{AN} = 5$.

Agora, perceba que a medida de $\overline{AD}$ é igual à soma dos segmentos $\overline{AN}$ e $\overline{ND}$. Assim:

$$\overline{AD} = 5 + 12$$

$$\overline{AD} = 17$$

Como a questão pede o perímetro do quadrado e como sabemos que o perímetro dessa figura é igual à soma de todos os lados, teríamos:

$$Per_{ABCD} = 17 + 17 + 17 + 17 = 4 \times 17 = 68$$

Alternativas "a", "b", "c" e "d" não indicam de maneira correta o que foi pedido.

---

24. (Vunesp – Escrevente Técnico Judiciário – TJ-SP/2014) Considere um reservatório com o formato de um paralelepípedo reto retângulo, com 2 m de comprimento e 1,5 m de largura, inicialmente vazio. A válvula de entrada de água no reservatório foi aberta por certo período, e, assim, a altura do nível da água no reservatório atingiu 50 cm, preenchendo 40% da sua capacidade total. Desse modo, é correto afirmar que a medida da altura desse reservatório, em metros, é igual a

A) 1,75.

B) 1,25.

C) 1,65.

D) 1,50.

E) 1,35.

COMENTÁRIOS

✪ Nota do autor

Questão envolvendo cálculo de volume, transformação de unidades e proporção.

Alternativa correta: letra "b".

Primeiramente é importante usarmos todas as medidas em uma mesma unidade. Usarei o "metro" como referência para a questão. Dessa forma podemos escrever 50 cm como 0,5 m.

Sabemos que o volume de um paralelepípedo é dado pelo produto de suas três dimensões, ou seja, $V_{paraleleípedo} = a \cdot b \cdot c$. Dessa forma, podemos garantir que o volume é diretamente proporcional ao comprimento, à largura e à altura. Como com volume de 40% a altura era de 0,5 m, para determinarmos a altura do reservatório (100%) podemos usar uma regra de três simples. Assim:

Altura (m)	Porcentagem (%)
0,5	40
x	100

$$40x = 0{,}5 \times 100$$
$$40x = 50$$
$$x = \frac{50}{40}$$
$$x = 1{,}25\text{m}.$$

Chamo a atenção do leitor para o fato de que essa proporcionalidade direta que permitiu a resolução de forma mais simplificada é possível no paralelepípedo, mas não se aplica a outras figuras, tais como pirâmides, cones e esferas.

Alternativas "a", "c", "d" e "e" não indicam de maneira correta o que foi pedido.

1.8 RACIOCÍNIO LÓGICO

25. (Vunesp – Escrevente Técnico Judiciário – TJ-SP/2014) Observe a sequência de figuras feitas em uma malha quadriculada, sendo cada figura composta por quadradinhos brancos e pretos.

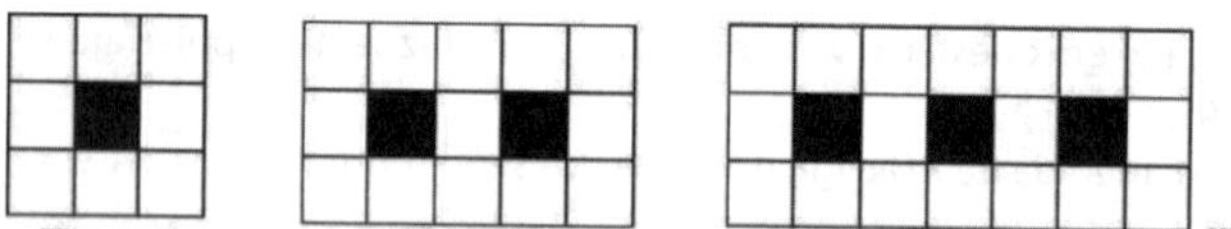

Figura 1 Figura 2 Figura 3 ...

De acordo com a lei de formação dessa sequência, o número de quadradinhos brancos na figura 18 será igual a

A) 113.

B) 103.

C) 108.

D) 93.

E) 98.

COMENTÁRIOS

✪ Nota do autor

Trata-se de uma questão de sequências lógicas. Devemos encontrar um padrão lógico. Nessa questão para os que enxergaram a sequência de quadradinhos brancos como uma progressão aritmética (P.A.) não há problemas. Porém, não é o padrão mais usado pela VUNESP em suas provas. Serve nessa questão, mas não serve para todos os modelos de questões da banca. Portanto, vale a pena acompanhar a resolução apresentada. Outra observação: alguns alunos resolvem a questão "na mão". Ou seja, contam o número de quadradinhos brancos figura a figura. Ok! Para essa questão conseguimos nos sair bem. Mas e se nos pedissem algo relacionado à 100ª figura, ou mesmo à 1000ª figura? Complicaria, não é mesmo? Então, para o estilo da VUNESP a solução apresentada pode abrir um pouco a sua mente e servir como sugestão caso apareça de forma semelhante em sua prova, como já apareceram em várias questões de outros concursos.

Alternativa correta: letra "d".

Podemos resolver a questão percebendo alguns padrões:

1º) O número de quadradinhos pretos é sempre igual ao número da figura. Assim a figura 1 teve 1 quadradinho preto, a figura 2 teve 2 quadradinhos pretos e assim, por diante. Com isso já sabemos, portanto, que o número de quadradinhos pretos na figura 18 será 18. Porém, precisamos saber o número de quadradinhos brancos.

2º) O número de linhas em todas as figuras é constante e igual a 3.

3º) O número de colunas na figura n pode ser dado por $(2.n + 1)$. Veja:

Figura 1: $(2 \cdot 1 + 1) = 3$ colunas.

Figura 2: $(2 \cdot 2 + 1) = 5$ colunas.

Figura 3: $(2 \cdot 3 + 1) = 7$ colunas

Como precisamos da figura 18 seu número de colunas será $2 \cdot 18 + 1 = 36 + 1 = 37$ colunas.

Agora, fechemos o raciocínio. A figura 18 tem 37 colunas e 3 linhas, ou seja, tem ao todo $37 \times 3 = 111$ quadradinhos. Porém, 18 desses quadradinhos são brancos. Assim, o número de quadradinhos pretos é $111 - 18 = 93$.

Alternativas "a", "b", "c" e "e" não indicam de maneira correta o que foi pedido.

---

26. (Vunesp – Escrevente Técnico Judiciário – TJ-SP/2015) Em um laboratório, há 40 frascos contendo amostras de drogas distintas. Esses frascos estão numerados de 01 a 40, sendo que os frascos de numeração par estão posicionados na prateleira Q e os de numeração ímpar estão posicionados na prateleira R. Sabe-se que o volume, em cm^3, de cada amostra é igual à soma dos algarismos do número de cada frasco. Nessas condições, é correto afirmar que a quantidade de frascos cujas amostras têm mais de 8 cm^3 é

A) maior na prateleira R do que na Q.

B) maior na prateleira Q do que na R.

C) igual em ambas as prateleiras.

D) igual a 8.

E) maior que 13.

COMENTÁRIOS

✪ Nota do autor

Questão que não depende de fórmulas ou conceitos muito bem elaborados. Porém, a leitura atenta e o entendimento do enunciado eram decisivos.

Alternativa correta: letra "a".

Antes vamos entender melhor o enunciado. Sabemos que o volume de cada amostra é igual à soma dos algarismos de cada frasco. Então, por exemplo, o frasco que tem o número 05, tem volume igual a $0 + 5 = 5$ cm^3; o frasco que tem o número 16 tem volume igual a $1 + 6 = 7$ cm^3; o frasco que tem o número 38 tem volume igual a $3 + 8 = 11$ cm^3; e assim sucessivamente.

Sendo assim, para que os frascos tenham mais de 8 cm^3, a soma dos algarismos dos números dos frascos devem ser maior que 8. E como conseguiremos isso?

<u>Começando com 0</u>:

Frasco 09 (já que $0 + 9 = 9$)

<u>Começando com 1</u>:

Frasco 18 (já que $1 + 8 = 9$)

Frasco 19 (já que $1 + 9 = 10$)

<u>Começando com 2</u>:

Frasco 27 (já que $2 + 7 = 9$)

Frasco 28 (já que $2 + 8 = 10$)

Frasco 29 (já que $2 + 9 = 11$)

<u>Começando com 3</u>:

Frasco 36 (já que $3 + 6 = 9$)

Frasco 37 (já que $3 + 7 = 10$)

Frasco 38 (já que $3 + 8 = 11$)

Frasco 39 (já que $3 + 9 = 12$).

<u>Começando com 4</u>:

Nenhum frasco.

Pronto! Temos, então, os frascos 09, 18, 19, 27, 28, 29, 36, 37, 38 e 39. Ou seja, 10 frascos.

De acordo com o enunciado na prateleira Q serão posicionados os frascos de numeração par. Ficarão, portanto, na prateleira Q os frascos de numeração 18, 28, 36 e 38, ou seja, 4 frascos. Assim, os outros 6 frascos (09, 19, 27, 29, 37 e 39) ficarão na prateleira R. Com isso, concluímos que a quantidade de frascos que têm mais de 8 cm^3 é maior na prateleira R do que na prateleira Q.

Alternativas "b", "c", "d" e "e" não indicam de maneira correta o que foi pedido.

Matemática

Brunno Lima

✦ 2 DICAS

MÚLTIPLOS E DIVISORES DE NÚMEROS NATURAIS

- ✓ Mínimo Múltiplo Comum
- ✓ Máximo Divisor Comum

OPERAÇÕES COM NÚMEROS INTEIROS E RACIONAIS

- ✓ Adição de números inteiros
- ✓ Subtração de números inteiros
- ✓ Multiplicação de números inteiros
- ✓ Divisão de números inteiros
- ✓ Potenciação de números inteiros
- ✓ Adição e subtração de números racionais
- ✓ Multiplicação de números racionais
- ✓ Divisão de números racionais
- ✓ Potenciação de números racionais

EXPRESSÕES NUMÉRICAS

- ✓ Ordem de precedências dos sinais de associação
- ✓ Ordem de precedência das operações

NÚMEROS E GRANDEZAS PROPORCIONAIS

- ✓ Diretamente proporcionais
- ✓ Inversamente proporcionais

RAZÃO E PROPORÇÃO

- ✓ Razão
- ✓ Proporção

DIVISÃO EM PARTES PROPORCIONAIS

- ✓ Diretamente proporcionais
- ✓ Inversamente proporcionais

REGRA DE TRÊS SIMPLES E COMPOSTA

- ✓ Regra de Três Simples
- ✓ Regra de três Composta

PORCENTAGEM

✓ Definição
✓ Cálculo de porcentagem
✓ Fatores de aumento
✓ Fatores de desconto

JUROS SIMPLES

✓ Definição
✓ Fórmulas para cálculos dos Juros Simples

SISTEMAS DE MEDIDAS

✓ Medidas de tempo
✓ Medidas de comprimento
✓ Medidas de capacidade
✓ Medidas de massa
✓ Medidas de superfície
✓ Medidas de volume
✓ Outras relações importantes

EQUAÇÕES DE 1º GRAU E 2º GRAU

✓ Definição de equação
✓ Equações de 1º grau
✓ Equações de 2º grau

RESOLUÇÃO DE SISTEMAS LINEARES DE 1º GRAU

✓ Método da adição
✓ Método da substituição

MÉDIA ARITMÉTICA SIMPLES E PONDERADA

✓ Média aritmética simples
✓ Média ponderada

NOÇÕES DE GEOMETRIA: FORMA, PERÍMETRO, ÁREA, VOLUME, ÂNGULO, TEOREMA DE PITÁGORAS.

✓ Perímetro
✓ Áreas de figuras planas
✓ Volumes
✓ Ângulos
✓ Teorema de Pitágoras
✓ Relações métricas no triângulo retângulo

<table>
<tr><th colspan="2">MÚLTIPLOS E DIVISORES DE NÚMEROS NATURAIS</th></tr>
<tr><td>1. Mínimo Múltiplo Comum</td><td>
1º método:

Regra: O m.m.c. entre dois ou mais números será o produto dos fatores comuns e não comuns sempre com os maiores expoentes.

Exemplo:

Qual o m.m.c. entre 9 e 24?

$9 = 3^2$

$24 = 2^3 .3$

O fator 2 é não comum, afinal aparece apenas na decomposição do número 24 e o fator 3 é comum, pois aparece na decomposição de 9 e 24. Como devemos tomar os fatores comuns e não comuns com o maior expoente, teremos:

m.m.c. $(9, 24) = 2^3 . 3^2 = 72$

2º método: decomposição simultânea

Regra: No cálculo do m.m.c através da decomposição simultânea devemos sempre dividir os valores dados por números primos que dividam pelo menos um dos números apresentados. Não se esqueça de que números primos são números diferentes de 0 e 1 que são divisíveis apenas por 1 e por ele mesmo, ou seja, temos como números primos os números 2, 3, 5, 7, 11, 13...

No cálculo do m.m.c entre 9 e 24 a decomposição poderia ser apresentada assim:

9, 24 | 2
9, 12 | 2
9, 6 | 2
9, 3 | 3
3, 1 | 3
1, 1 |

Como $2 \times 2 \times 2 \times 3 \times 3 = 72$, esse passa a ser o m.m.c entre 9 e 24.
</td></tr>
<tr><td>2. Máximo Divisor Comum</td><td>
1º método:

Regra: O m.d.c. de dois ou mais números, quando fatorados, é o produto dos fatores comuns a eles, cada um elevado ao menor expoente.

Exemplo:

Qual o m.d.c. entre 36 e 90?

$36 = 2^2 \text{ x } 3^2$

$90 = 2 \text{ x } 3^2 \text{ x } 5$

Os fatores comuns a 36 e 90 são 2 e 3. O fator 5 não é considerado fator comum, pois aparece apenas na decomposição do número 90. Como no cálculo do m.d.c os fatores comuns devem ser tomados com os menores expoentes, passaríamos a ter:

m.d.c. $(36, 90) = 2\text{x } 3^2 = 18$

2º método: decomposição simultânea

Regra: No cálculo do m.d.c através da decomposição simultânea devemos sempre dividir os valores dados por números primos que dividam todos os números apresentados. Não se esqueça de que números primos são números diferentes de 0 e 1 que são divisíveis apenas por 1 e por ele mesmo, ou seja, temos como números primos os números 2, 3, 5, 7, 11, 13...

No cálculo do m.d.c entre 36 e 90 a decomposição poderia ser apresentada assim:

36, 90 | 2
18, 45 | 3
6, 15 | 3
2, 5 |

Como $2 \times 3 \times 3 = 18$, esse passa a ser o m.d.c entre 36 e 90.
</td></tr>
</table>

OPERAÇÕES COM NÚMEROS INTEIROS E RACIONAIS		
OPERAÇÃO	**REGRA**	**EXEMPLOS**
1. Adição de números inteiros	Se os números tiverem sinais iguais somamos e repetimos o sinal; se os números tiverem sinais diferentes subtraímos e repetimos o sinal do maior.	A) (–2) + (–5) = -(2 + 5) = –7 B) (–3) + (+10) = +(10 – 3) = +7 C) 10 – 30 = -(30 – 10) = –20 D) (+3) + (+5) = +(3 + 5) = +8
2. Subtração de números inteiros	Basta eliminar os parênteses e trocar o sinal do número dentro dele, efetuando a seguir a operação.	A) (–8) – (–4) = –8 + 4 = –4 B) 20 – (+13) = 20 – 13 = 7
3. Multiplicação de números inteiros	O produto entre números inteiros de sinais iguais será positivo e o produto entre números inteiros de sinais diferentes será negativo. (+) . (+) = (+) (+) . (–) = (–) (–) . (+) = (–) (–) . (–) = (+)	A) (+5) × (+100) = +500 B) (+70) × (–6) = –420 C) (-2) × (+10) = –20 D) (–3) × (–9) = +27
4. Divisão de números inteiros	O quociente entre números inteiros de sinais iguais será positivo e o quociente entre números inteiros de sinais diferentes será negativo. (+) . (+) = (+) (+) . (–) = (–) (–) . (+) = (–) (–) . (–) = (+)	A) (+400) ÷ (+80) = +5 B) (+180) ÷ (–6) = –30 C) (–250) ÷ (+10) = –25 D) (–350) ÷ (–35) = +10
5. Potenciação de números inteiros	A potenciação é uma multiplicação de fatores iguais. Na potenciação de números inteiros: - se a base for positiva o resultado é positivo (seja o expoente par ou ímpar). - se a base for negativa e o expoente for par o resultado é positivo. - se a base for negativa e o expoente for ímpar o resultado é negativo.	A) $(+3)^2 = +(3 \times 3) = +9$ B) $(+5)^3 = +(5 \times 5 \times 5) = +125$ C) $(-4)^2 = +(4 \times 4) = +16$ D) $(-7)^3 = -(7 \times 7 \times 7) = -343$

OPERAÇÕES COM NÚMEROS INTEIROS E RACIONAIS		
OPERAÇÃO	**REGRA**	**EXEMPLOS**
6. Adição e subtração de números racionais	Temos que analisar dois casos: 1º)Frações com o mesmo denominador: Para somar ou subtrair frações com denominadores iguais, basta somar ou subtrair os numeradores e conservar o denominador. 2º)Frações com denominadores diferentes: Reduzimos as frações a um denominador comum (que pode ser determinado através do m.m.c. entre os denominadores) e procedemos como no primeiro caso.	1º)Denominadores iguais: $\frac{1}{5}+\frac{2}{5}-\frac{7}{5}=\frac{1+2-7}{5}=\frac{3-7}{5}=-\frac{4}{5}$ 2º)Denominadores diferentes: $\frac{2}{3}+\frac{5}{2}-\frac{5}{9}=$ Cálculo do denominador comum: m.m.c. (3, 2, 9) = $\begin{array}{ccc\|c} 3, & 2, & 9 & 2 \\ 3, & 1, & 9 & 3 \\ 1, & 1, & 3 & 3 \\ 1, & 1, & 1 & \end{array}$ Como 2 × 3 × 3 = 18, esse é o m.m.c. entre 3, 2 e 9 e assim poderá ser utilizado como denominador comum. Agora, basta dividirmos esse denominador comum (18) por 3, 2 e 9 e, em seguida, multiplicarmos os resultados obtidos pelos respectivos numeradores (2, 5 e 5). Assim: $18 \div 3 = 6$ e $6 \times 2 = 12$ $18 \div 2 = 9$ e $9 \times 5 = 45$ $18 \div 9 = 2$ e $2 \times 5 = 10$ Passamos a ter: $\frac{12+45-10}{18}=\frac{57-10}{18}=\frac{47}{18}$
7. Multiplicação de números racionais	Na multiplicação de números fracionários, devemos multiplicar numerador por numerador, e denominador por denominador.	A) $\left(-\frac{2}{3}\right)\times\left(+\frac{4}{7}\right)=-\frac{2\times4}{3\times7}=-\frac{8}{21}$ B) $(-10)\times\left(-\frac{1}{3}\right)=+\frac{10\times1}{1\times3}=+\frac{10}{3}$

OPERAÇÕES COM NÚMEROS INTEIROS E RACIONAIS		
OPERAÇÃO	**REGRA**	**EXEMPLOS**
8. Divisão de números racionais	Na divisão de números fracionários, devemos multiplicar a primeira fração pelo inverso da segunda.	A) $\frac{3}{5} \div \frac{4}{7} = \frac{3}{5} \times \frac{7}{4} = \frac{3 \times 7}{5 \times 4} = \frac{21}{20}$ B) $\frac{3}{2} \div \left(-\frac{1}{7}\right) = \frac{3}{2} \times \left(-\frac{7}{1}\right) = -\frac{3 \times 7}{2 \times 1} = -\frac{21}{2}$
9. Potenciação de números racionais	Para elevarmos uma fração a um expoente, elevamos o numerador e o denominador a esse expoente.	A) $\left(\frac{2}{3}\right)^2 = \frac{2^2}{3^2} = \frac{2 \times 2}{3 \times 3} = \frac{4}{9}$ B) $\left(-\frac{4}{5}\right)^3 = -\frac{4^3}{5^3} = -\frac{4 \times 4 \times 4}{5 \times 5 \times 5} = -\frac{64}{125}$

EXPRESSÕES NUMÉRICAS	
1. Ordem de precedências dos sinais de associação	1º) Parênteses ( ) 2º) Colchetes [ ] 3º) Chaves { }
2. Ordem de precedência das operações	1º) Potenciações e Radiciações (na ordem em que aparecerem) 2º) Multiplicações e Divisões (na ordem em que aparecerem) 3º) Adições e Subtrações (na ordem em que aparecerem)

NÚMEROS E GRANDEZAS PROPORCIONAIS		
1. Diretamente proporcionais	Se uma grandeza aumenta, a outra também aumenta de forma proporcional; se uma grandeza diminui, a outra também diminui de forma proporcional.	Exemplo: As grandezas "tempo" e "número de pessoas atendidas em uma fila de banco" são diretamente proporcionais, afinal, quanto maior for o número de pessoas a serem atendidas, maior será o tempo necessário para esse atendimento. Da mesma forma, se o número de pessoas a serem atendidas diminuir, diminuirá também e de forma proporcional o tempo de atendimento.
2. Inversamente proporcionais	Se uma grandeza aumenta, a outra diminui de forma proporcional; se uma grandeza diminui, a outra aumenta de forma proporcional.	Exemplo: As grandezas "tempo" e "velocidade" são inversamente proporcionais, visto que, quanto mais tempo gastamos para percorrer uma determinada distância menor é a nossa velocidade. Da mesma forma, se gastamos menos tempo para percorrer uma determinada distância é porque a velocidade é proporcionalmente maior.

RAZÃO E PROPORÇÃO		
1. Razão	Definimos a razão entre a e b, nesta ordem, como o quociente entre a e b e escrevemos: $\frac{a}{b}$ ou a : b	Exemplo: Se em um evento estão presentes 13 homens e 17 mulheres, podemos afirmar que a razão entre o número de homens e mulheres será: $\frac{homens}{mulheres} = \frac{13}{17}$
2. Proporção	É uma igualdade entre duas razões. Em toda proporção, o produto dos meios é igual ao produto dos extremos.	Exemplo: $\frac{2}{5} = \frac{4}{10}$ Como 2 e 10 são os extremos e, 5 e 4 são os meios, temos: $2 \times 10 = 5 \times 4$ e assim podemos afirmar que a igualdade é uma proporção.

DIVISÃO EM PARTES PROPORCIONAIS		
1. Diretamente proporcionais	Basta multiplicarmos os valores dados como referência pela constante de proporcionalidade.	Exemplo: Números diretamente proporcionais a 5, 7 e 8 podem ser representados, respectivamente, pelas expressões $5k$, $7k$ e $8k$.
2. Inversamente proporcionais	Basta dividirmos a constante de proporcionalidade pelos valores dados como referência.	Exemplo: Números inversamente proporcionais a 3, 5 e 10 podem ser representados, respectivamente, pelas expressões $\frac{k}{3}, \frac{k}{5} e \frac{k}{10}$.

REGRA DE TRÊS		
1. Simples	Envolvem apenas duas grandezas. Se compararmos as grandezas e percebermos que elas são diretamente proporcionais, devemos multiplicar "cruzado" os valores. Se compararmos as grandezas e percebermos que elas são inversamente proporcionais, devemos multiplicar "em linha" os valores.	Exemplo: Um automóvel faz um certo percurso em 40 minutos, com velocidade média de 60 km/h. Se a velocidade média fosse de 80 km/h, em quanto tempo faria esse mesmo percurso? Tempo (min) | Velocidade (km/h): 40 | 60; x | 80 Como as grandezas "tempo" e "velocidade" são inversamente proporcionais, podemos multiplicar os valores "em linha". $40 \cdot 60 = x \cdot 80 \Rightarrow$ $2400 = 80x \Rightarrow$ $\frac{2400}{80} = x \Rightarrow$ $x = 30$ min

Tempo (min)	Velocidade (km/h)
40	60
x	80

REGRA DE TRÊS

2. Composta

Envolvem mais de duas grandezas.

A grandeza que apresenta o valor desconhecido deve ser a nossa referência. Devemos comparar essa grandeza com as demais grandezas e verificar se elas são diretamente ou inversamente proporcionais.

Atenção! Não devemos comparar entre si grandezas que não tenham o valor desconhecido.

Feita a análise da relação de proporcionalidade, podemos isolar a razão que contenha o valor desconhecido e igualar ao produto das razões entre as demais grandezas. Devemos tomar o cuidado de inverter os termos das razões cujas grandezas sejam inversamente proporcionais à grandeza com valor desconhecido.

Exemplo:

Em uma agência bancária, dois caixas atendem em média seis clientes em 10 minutos. Considere que, nesta agência, todos os caixas trabalham com a mesma eficiência e que a média citada sempre é mantida. Assim, qual é o tempo médio necessário para que cinco caixas atendam 45 clientes?

Caixas	Clientes	Tempo (min)
2	6	10
5	45	x

Organizando os dados, percebemos que a grandeza com valor desconhecido (x) é a grandeza tempo (em minutos). Devemos comparar, "tempo" com "número de caixas" e "tempo" com "número de clientes". Em momento algum compare, nesse exemplo, "caixas" com "clientes", afinal nenhuma dessas duas grandezas possui o valor desconhecido "x".

Comparando, "tempo" com "número de caixas" percebemos que essas duas grandezas são inversamente proporcionais, afinal se levamos mais tempo no atendimento é porque temos menos caixas atendendo (lembre-se: se uma grandeza aumenta e a outra diminui de forma proporcional, então essas grandezas são inversamente proporcionais).

Comparando, "tempo" com "número de clientes" percebemos que essas duas grandezas são diretamente proporcionais, afinal se levamos mais tempo no atendimento é porque temos mais clientes para atendermos (lembre-se: se uma grandeza aumenta e a outra também aumenta de forma proporcional, então essas grandezas são diretamente proporcionais).

Agora, passemos ao cálculo do valor desconhecido. Como a grandeza "caixas" foi inversamente proporcional à grandeza "tempo", deveremos inverter a posição dos termos dessa razão. As demais razões serão mantidas.

$$\frac{10}{x}=\frac{5}{2}\times\frac{6}{45}$$

E assim, teremos:

$$\frac{10}{x}=\frac{30}{90}\Rightarrow$$

$$30\cdot x=10\cdot 90\Rightarrow$$

$$30\,x=900\Rightarrow$$

$$x=\frac{900}{30}\Rightarrow$$

$$x=30$$

<table>
<tr><th colspan="3">PORCENTAGEM</th></tr>
<tr>
<td>1. Definição</td>
<td>Ao número p% associamos a razão $\frac{p}{100}$, ou seja, tomamos p partes de um todo que foi dividido em 100 partes</td>
<td>Exemplos:
A) $4\% = \frac{4}{100} = 0{,}04$
B) $2{,}5\% = \frac{2{,}5}{100} = 0{,}025$
C) $150\% = \frac{150}{100} = 1{,}5$</td>
</tr>
<tr>
<td>2. Cálculo de porcentagem</td>
<td>Várias são as formas de calcularmos porcentagens. Entre elas, podemos citar:
1º) Uso de uma regra de três simples.
2º) Transformação da % em fração.
3º) Representação da % na sua forma unitária.
Observação: Para escrevermos uma porcentagem na forma unitária devemos deslocar a vírgula duas casas para a esquerda.</td>
<td>Exemplo:
Calcular 14,6% de 250.
1º)Regra de três
100 -------- 250
14,6 --------x
Multiplicando cruzado, teremos:
$100 \cdot x = 14{,}6 \cdot 250 \Rightarrow$
$100x = 3650 \Rightarrow$
$x = \frac{3650}{100} \Rightarrow$
$x = 36{,}5$
2º)Transformando a % em fração:
Ao escrevermos 14,6% como porcentagem, obtemos: $\frac{14{,}6}{100}$. Assim, 14,6% de 250 será igual a:
$\frac{14{,}6}{100} \times 250 = \frac{14{,}6 \times 250}{100} = \frac{3650}{100} = 36{,}5$
3º)Usando a forma unitária da %:
Como para obtermos a forma unitária de uma porcentagem devemos deslocar a vírgula duas casas para a esquerda, podemos dizer que a forma unitária de 14,6% é igual a 0,146 e, assim:
$14{,}6\%$ de $250 = 0{,}146 \times 250 = 36{,}5$</td>
</tr>
<tr>
<td>3. Fatores de aumento</td>
<td>São usados para determinar um novo valor já com o aumento. São valores, necessariamente, maiores que 1.
Se o aumento apresentado for de x%, seu respectivo fator de aumento poderá ser obtido assim:
100% + taxa percentual de aumento
Observação: No resultado obtido, deslocar a vírgula duas casas para a esquerda a fim de obter a o fator de aumento escrito na sua forma unitária.</td>
<td>Exemplos:
<table>
<tr><th>Aumento de:</th><th>Fator de aumento:</th></tr>
<tr><td>10%</td><td>100% + 10% = 110% = 1,1</td></tr>
<tr><td>45,6%</td><td>100% + 45,6% = 145,6% = 1,456</td></tr>
<tr><td>650%</td><td>100% + 650% = 750% = 7,5</td></tr>
</table>
</td>
</tr>
</table>

PORCENTAGEM

4. Fatores de desconto

São usados para determinar um novo valor já com o desconto. São valores, necessariamente, maiores ou iguais a zero e menores que 1.

Se o desconto apresentado for de x%, seu respectivo fator de desconto poderá ser obtido assim:

100%– taxa percentual de desconto

Observação: No resultado obtido, deslocar a vírgula duas casas para a esquerda a fim de obter a o fator de aumento escrito na sua forma unitária.

Exemplos:

Desconto de:	**Fator de desconto:**
8%	100% – 8% = 92% = 0,92
31,9%	100% – 31,9% = 68,1% = 0,681
98%	100% – 98% = 2% = 0,02

JUROS SIMPLES

1. Definição

No regime de juros simples, os rendimentos ou ganhos, ou seja, os juros "J" em cada período "t" são os mesmos, pois os juros são sempre calculados sobre o capital inicial.

Exemplo:

Analisemos a tabela de um financiamento feito tomando como base o regime de juros simples. Usamos o capital de R$ 1000,00, taxa de 10% ao mês pelo período de 3 meses.

Período	Capital	Juros	Montante
1	1000	10% de 1000 = 100	1000 + 100 = 1100
2	1100	10% de 1000 = 100	1100 + 100 = 1200
3	1200	10% de 1000 = 100	1200 + 100 = 1300

Observe, portanto, que a cada período o valor dos juros é sempre o mesmo, visto que, independentemente do capital inicial do período, o valor dos juros sempre incide sobre o capital inicial.

JUROS SIMPLES

2. Fórmulas para cálculos dos Juros Simples

(I) $M = C + J$

Essa é a ideia básica na Matemática Financeira. Independentemente do regime de juros, o montante é sempre dado pela soma do capital com o valor dos juros.

II) $J = C \cdot i \cdot t$

onde:

é o valor dos juros.

é o valor do capital inicial.

é o tempo de aplicação.

é a taxa de juros.

Atenção! A taxa deve ser usada na sua forma unitária ou na forma fracionária.

Sempre devemos usar taxa e tempo em uma mesma unidade.

III) $M = C \cdot (1 + i \cdot t)$

onde:

é o valor do montante.

é o valor do capital inicial.

é o tempo de aplicação.

é a taxa de juros.

Atenção! A taxa deve ser usada na sua forma unitária ou na forma fracionária.

Sempre devemos usar taxa e tempo em uma mesma unidade.

Exemplos:

01)Uma conta de energia no valor de R$ 3.000,00 foi paga com atraso de dez dias. Se são cobrados juros simples de 15% ao mês, qual o valor dos juros pagos?

Temos:

$C = 3000$

$t = 10$ dias

$i = 15\%$ ao mês

$J = ?$

Observe que taxa e tempo estão em unidades diferentes. Optarei por usar "dia" como referência para a resolução. Dessa forma, deveremos encontrar a taxa proporcional diária correspondente a 15% ao mês. Como em juros simples o rendimento é sempre o mesmo período a período podemos pegar o total de 15% e dividir igualmente por 30 (número de dias em um mês na Matemática Financeira).

Assim, os juros diários cobrados foram de $\frac{15\%}{30} = 0,5\%$.

Agora, usando a fórmula $J = C \cdot i \cdot t$, temos:

$$J = 3000 \cdot \frac{0,5}{100} \cdot 10$$

$$J = \frac{3000 \cdot 0,5 \cdot 10}{100}$$

$$J = \frac{15000}{100}$$

$$J = 150$$

02) Qual o montante referente a uma aplicação de R$ 40.000,00 pelo prazo de 7 meses com taxa de 10% ao mês no regime de juros simples?

Temos:

$C = 40.000$

$t = 7$ meses

$i = 10\%$ ao mês

Perceba que taxa e tempo estão na mesma unidade. Portanto, não precisamos nos preocupar em mudar a unidade de tempo da aplicação. Além disso, sabemos que nas fórmulas de juros simples podemos escrever a taxa *i* na forma fracionária ou na forma unitária. Na resolução desse exemplo usarei a forma unitária escrevendo 10% como se fosse 0,1.

1ª resolução:

Usando a fórmula do montante $M = C \cdot (1 + i \cdot t)$, teremos:

$M = 40000(1 + 0,10 \times 7)$

$M = 40000(1 + 0,70)$

$M = 40000 \cdot 1,70$

$M = 68000$

2ª resolução:

$J = C \cdot i \cdot t$

$J = 40000 \cdot 0,10 \cdot 7$

$J = 28000$

Como $M = C + J$:

$M = 40000 + 28000$

$M = 68000$

<table>
<tr><th colspan="3">SISTEMAS DE MEDIDAS</th></tr>
<tr>
<td>1. Medidas de tempo</td>
<td>1 dia = 24 horas
1 hora = 60 min
1 min = 60 seg</td>
<td>x 24 x 60 x 60
Dia Hora Min Seg
÷ 24 ÷ 60 ÷ 60</td>
</tr>
<tr>
<td>2. Medidas de comprimento</td>
<td><table><tr><td>Km</td><td>hm</td><td>dam</td><td>m</td><td>dm</td><td>cm</td><td>mm</td></tr></table>
Km = quilômetro
hm = hectômetro
dam = decâmetro
m = metro
dm = decímetro
cm = centímetro
mm = milímetro
<u>Cada unidade</u> deslocada para a direita <u>corresponde a uma casa decimal</u> com a vírgula no mesmo sentido.
<u>Cada unidade</u> deslocada para a esquerda <u>corresponde a uma casa decimal</u> com a vírgula no mesmo sentido.</td>
<td>Exemplos:

a) Transformar 14,53 dam em cm.
Repare que para transformarmos de "dam" para "cm" andamos três unidades para a direita (passamos por "m", "dm" e "cm").
<table><tr><td>Km</td><td>hm</td><td>dam</td><td>m</td><td>dm</td><td>cm</td><td>mm</td></tr></table>
Logo, a vírgula deve ser deslocada também três casas para a direita. Assim:
14,53 dam = 14 530 cm

b) Transformar 235,14 mm em dm.
Repare que para transformarmos de "mm" para "dm" andamos duas unidades para a esquerda (passamos por "cm" e "dm").
<table><tr><td>Km</td><td>hm</td><td>dam</td><td>m</td><td>dm</td><td>cm</td><td>mm</td></tr></table>
Logo, a vírgula deve ser deslocada também duas casas para a esquerda. Assim:
235,14 mm = 2,3514dm</td>
</tr>
</table>

<table>
<tr><th colspan="3">SISTEMAS DE MEDIDAS</th></tr>
<tr>
<td>3. Medidas de capacidade</td>
<td>Kl | hl | dal | l | dl | cl | ml

Km = quilolitro
hm = hectolitro
dam = decalitro
m = litro
dm = decilitro
cm = centilitro
mm = mililitro
<u>Cada unidade</u> deslocada para a direita <u>corresponde a uma casa decimal</u> com a vírgula no mesmo sentido.
<u>Cada unidade</u> deslocada para a esquerda <u>corresponde a uma casa decimal</u> com a vírgula no mesmo sentido.</td>
<td>Exemplos:
a) Transformar 1 250,75 kl em hl.
Repare que para transformarmos de “kl” para “hl” andamos uma unidade para a direita (passamos apenas por “hl”).

Kl | hl | dal | l | dl | cl | ml

Logo, a vírgula deve ser deslocada também uma casa para a direita. Assim:
1 250,75 kl = 12 507,5 hl
b) Transformar 1 500 ml em l.
Repare que para transformarmos de “ml” para “l” andamos três unidades para a esquerda (passamos por “cl”, “dl” e “l”).

Kl | hl | dal | l | dl | cl | ml

Logo, a vírgula deve ser deslocada também três casas para a esquerda. Assim:
1 500 ml = 1,5 l</td>
</tr>
<tr>
<td>4. Medidas de massa</td>
<td>Kg | hg | dag | g | dg | cg | mg

Km = quilograma
hm = hectograma
dam = decagrama
m = grama
dm = decigrama
cm = centigrama
mm = miligrama
<u>Cada unidade</u> deslocada para a direita <u>corresponde a uma casa decimal</u> com a vírgula no mesmo sentido.
<u>Cada unidade</u> deslocada para a esquerda <u>corresponde a uma casa decimal</u> com a vírgula no mesmo sentido.</td>
<td>Exemplos:
a) Transformar 1,345 hg em g.
Repare que para transformarmos de “hg” para “g” andamos duas unidades para a direita (passamos por “dag” e “g”).

Kg | hg | dag | g | dg | cg | mg

Logo, a vírgula deve ser deslocada também duas casas para a direita. Assim:
1,345 hg = 134,5 g
b) Transformar 3 500 mg em dg.
Repare que para transformarmos de “mg” para “dg” andamos duas unidades para a esquerda (passamos por “cg” e “dg”).

Kg | hg | dag | g | dg | cg | mg

Logo, a vírgula deve ser deslocada também duas casas para a esquerda. Assim:
3 500 mg = 35 dg</td>
</tr>
</table>

SISTEMAS DE MEDIDAS

5. Medidas de superfície

Km²	hm²	dam²	m²	dm²	cm²	mm²

Km² = quilômetro quadrado

hm² = hectômetro quadrado

dam² = decâmetro quadrado

m² = metro quadrado

dm² = decímetro quadrado

cm² = centímetro quadrado

mm² = milímetro quadrado

Cada unidade deslocada para a direita **corresponde a duas casas decimais** com a vírgula no mesmo sentido.

Cada unidade deslocada para a esquerda **corresponde a duas casas decimais** com a vírgula no mesmo sentido.

Exemplos:

a) Transformar 14,52 m² em dm².

Repare que para transformarmos de "m²" para "dm²" andamos **uma unidade para a direita** (passamos apenas por "dm²").

Km²	hm²	dam²	m²	dm²	cm²	mm²

Logo, a **vírgula** deve ser deslocada **duas casas para a direita**. Assim:

14,52 m² = 1 452 dm²

b) Transformar 12 000 m² em km².

Repare que para transformarmos de "m²" para "Km²" andamos **três unidades para a esquerda** (passamos por "dam²", "hm²" e "Km²").

Km²	hm²	dam²	m²	dm²	cm²	mm²

Logo, a **vírgula** deve ser deslocada **seis casas para a esquerda**. Assim:

12 000 m² = 0,012 Km²

6. Medidas de volume

Km³	hm³	dam³	m³	dm³	cm³	mm³

Km³ = quilômetro cúbico

hm³ = hectômetro cúbico

dam³ = decâmetro cúbico

m³ = metro cúbico

dm³ = decímetro cúbico

cm³ = centímetro cúbico

mm³ = milímetro cúbico

Cada unidade deslocada para a direita **corresponde a três casas decimais** com a vírgula no mesmo sentido.

Cada unidade deslocada para a esquerda **corresponde a três casas decimais** com a vírgula no mesmo sentido.

Exemplos:

a) Transformar 1,675 m³ em dm³.

Repare que para transformarmos de "m³" para "dm³" andamos **uma unidade para a direita** (passamos apenas por "dm³").

Km³	hm³	dam³	m³	dm³	cm³	mm³

Logo, a **vírgula** deve ser deslocada **três casas para a direita**. Assim:

1,675 m³ = 1 675 dm³

b) Transformar 256 000 mm³ em dm³.

Repare que para transformarmos de "mm³" para "dm³" andamos **duas unidades para a esquerda** (passamos por "cm³" e "dm³").

Km³	hm³	dam³	m³	dm³	cm³	mm³

Logo, a **vírgula** deve ser deslocada **seis casas para a esquerda**. Assim:

256 000 mm³ = 0,256 dm³

<table>
<tr><th colspan="3">SISTEMAS DE MEDIDAS</th></tr>
<tr><td>7. Outras relações importantes</td><td><u>Tonelada x Quilograma</u>

1 tonelada (1 t) = 1000 kg

Para passarmos de "tonelada" para "quilograma" devemos multiplicar por 1 000. Para passarmos de "quilograma" para "tonelada" devemos dividir por 1 000.

<u>Decímetro cúbico x Litro</u>

$1\ dm^3 = 1\ l$

A proporção entre as unidades "dm³" e "l" é de "um para um", ou seja, para cada litro temos um decímetro cúbico.

<u>Km/h x m/s</u>

Para passar de "km/h" para "m/s" devemos dividir por 3,6.

Para passar de "m/s" para "km/h" devemos multiplicar por 3,6.</td><td>Exemplos:

Transforme:

a) 1 500 kg em toneladas.

Como para passarmos de "quilogramas" para "toneladas" devemos dividir por 1 000, teremos:

$1500\ kg = \frac{1500}{1000} = 1,5$ tonelada

b) 2,75 toneladas em quilogramas.

Como para passarmos de "toneladas" para "quilogramas" devemos multiplicar por 1 000, teremos:

$2,75t = (2,75 \times 1000)\ kg = 2\ 750\ kg$

c) 15,6 litros em decímetros cúbicos.

Como a proporção entre as unidades "l" e "dm³" é de "um para um", teremos:

$15,6\ l = 15,6\ dm^3$

d) 72 km/h em m/s

Para passarmos de "km/h" para "m/s" devemos dividir por 3,6. Assim:

$72\ km/h = \left(\frac{72}{3,6}\right) m/s = 20\ m/s$

e) 48 m/s em km/h

Para passarmos de "m/s" para "km/h" devemos multiplicar por 3,6. Assim:

$48\ m/s = (48 \times 3,6)\ km/h = 172,8\ km/h$</td></tr>
</table>

<table>
<tr><th colspan="3">EQUAÇÕES DE 1º GRAU E 2º GRAU</th></tr>
<tr><td>1. Definição</td><td>Equações são expressões algébricas expressas por uma igualdade. Nelas devemos ter pelo menos uma letra que representa um número desconhecido, chamada incógnita.</td><td>Exemplos:

a) $2x - 5 = 12$ (equação de 1º grau)

b) $\frac{3x}{5} - 17 = 4x + 13$ (equação de 1º grau)

c) $2x^2 - 3x + 5 = 0$ (equação de 2º grau)

d) $4x^2 - 9 = 0$ (equação de 2º grau)</td></tr>
</table>

EQUAÇÕES DE 1º GRAU E 2º GRAU		
2. Equações de 1º grau	Para resolvermos uma equação de 1º grau nos baseamos nos princípios aditivo e multiplicativo da igualdade. Na prática, significa isolar letras de números. O famoso "letra para um lado e número para outro". Tudo o que fica escrito antes do sinal de igual é chamado de 1º membro e o que aparece após o sinal de igual é chamado de 2º membro. Na equação $5x + 10 = 2x - 7$, temos "$5x + 10$" como 1º membro e "$2x - 7$" como 2º membro. O número que substituir a incógnita e tornar a igualdade verdadeira será chamado de raiz ou zero da equação. Na equação $2x + 6 = 10$, dizemos que $x = 2$ é raiz ou zero da equação, pois, ao trocarmos x por 2, temos $2 \cdot 2 + 6 = 10$, ou seja, uma igualdade verdadeira.	Exemplos: a) $3x - 5 = 13$ Para separarmos letras de números, levaremos (–5) para o segundo membro. Ele passará "trocando" o sinal (na realidade estamos usando aqui o princípio aditivo). $3x = 13 + 5$ $3x = 18$ Agora, para isolarmos o "x" passaremos o 3 para o segundo membro "dividindo" (aqui estamos usando na realidade o princípio multiplicativo). $x = \frac{18}{3}$ $x = 6$ Assim: $S = \{6\}$ Observação: Se substituirmos por 6 na equação $3x - 5 = 13$ teremos uma igualdade verdadeira, confirmando que esse número é raiz da equação. $3.6 - 5 = 13$ $18 - 5 = 13$ $13 = 13$ b) $4x - 5 + 6x = 13 + 8x - 2$ Primeiramente vamos organizar a casa, deixando "letras para um lado e números para outro". Optarei por deixar números no 1º membro e letras no 2º membro. Repare que o vai "mudar de lado" e o também. Com isso, eles terão os seus sinais trocados. $4x + 6x - 8x = 13 - 2 + 5$ $2x = 16$ $x = \frac{16}{2}$ $x = 8$ Assim: $S = \{8\}$ Observação: Se substituirmos x por 8 na equação $4x - 5 + 6x = 13 + 8x - 2$ teremos uma igualdade verdadeira, confirmando que esse valor é raiz da equação. $4 \cdot 8 - 5 + 6 \cdot 8 = 13 + 8 \cdot 8 - 2$ $32 - 5 + 48 = 13 + 64 - 2$ $75 = 75$

EQUAÇÕES DE 1º GRAU E 2º GRAU

c) $4(x + 1) = 5 + 3(2 - x)$

Inicialmente aplicaremos a propriedade distributiva. No 1º membro multiplicaremos 4 por *x* e depois 4 por 1. No 2º membro multiplicaremos 3 por 2 e depois 3 por –x. Teremos:

$$4x + 4 = 5 + 6 - 3x$$

Agora, separando letras e números. Deixarei letras no 1º membro e números no 2º membro.

$$4x + 3x = 5 + 6 - 4$$

$$7x = 7$$

$$x = \frac{7}{7}$$

$$x = 1$$

Assim: S = {1}

Observação:

Se substituirmos x por 1 na equação $4(x + 1) = 5 + 3(2 - x)$ teremos uma igualdade verdadeira, confirmando que esse número é raiz da equação.

$$4(1 + 1) = 5 + 3(2 - 1)$$

$$4 \cdot 2 = 5 + 3 \cdot 1$$

$$8 = 5 + 3$$

$$8 = 8$$

d) $\frac{3x - 2}{2} - \frac{x + 2}{3} = 3$

Inicialmente devemos encontrar um denominador comum. Se usarmos o m.m.c entre 2 e 3, teremos 6 como denominador comum.

A partir daí devemos dividir esse denominador comum pelo denominador da fração e, em seguida, multiplicar pelo respectivo numerador.

Aqui valem duas observações importantes:

1ª) Muito cuidado com o sinal de "–" da segunda fração.

2ª) Lembre-se de que, no 2º membro, abaixo do número 3, temos denominador 1.

Teremos, então:

- 6 dividido por 2 e o resultado multiplicado por 3x – 2.
- 6 dividido por 3 e o resultado multiplicado por x + 2. Cuidado aqui com o sinal de "–" da fração.
- 6 dividido por 1 e o resultado multiplicado por 3.

$$\frac{3(3x - 2) - 2(x + 2) = 18}{6}$$

EQUAÇÕES DE 1º GRAU E 2º GRAU		
		A partir de agora, como 6 é um denominador comum ele torna-se indispensável para a nossa resolução. Devemos nos preocupar apenas com a igualdade dos numeradores. $3(3x - 2) - 2(x + 2) = 18$ Aplicando a distributiva: $9x - 6 - 2x - 4 = 18$ Deixando letras antes do sinal de igual e números após o sinal de igual. $9x - 2x = 18 + 4 + 6$ $7x = 28$ $x = \frac{28}{7}$ $x = 4$ Assim: $S = \{4\}$ Observação: Se substituirmos x por 4 na equação $\frac{3x-2}{2} - \frac{x+2}{3} = 3$ teremos uma igualdade verdadeira, confirmando que esse número é raiz da equação. $\frac{3 \cdot 4 - 2}{2} - \frac{4+2}{3} = 3$ $\frac{12-2}{2} - \frac{6}{3} = 3$ $\frac{10}{2} - \frac{6}{3} = 3$ $5 - 2 = 3$ $3 = 3$
3. Equações de 2º grau	São equações da forma $ax^2 + bx + c = 0$, com $a \neq 0$. Para resolvermos uma equação de 2º grau podemos usar a fórmula: $x = \frac{-b \pm \sqrt{\Delta}}{2a}$	a) $x^2 - 4x - 5 = 0$ $a = 1b = -4c = -5$ $\Delta = b^2 - 4ac$ $\Delta = (-4)^2 - 4 \cdot 1 \cdot (-5)$ $\Delta = 16 + 20$ $\Delta = 36$

EQUAÇÕES DE 1º GRAU E 2º GRAU

onde: $\Delta = b^2 - 4ac$.

"Δ" é o discriminante da equação e define o número de raízes que a equação possui. Se:

$\Delta > 0$ a equação possui duas raízes reais e distintas.

$\Delta = 0$ a equação possui duas raízes reais e iguais.

$\Delta < 0$ a equação não possui raízes reais.

Casos particulares:

1º) Equações da forma:

$$ax^2 + bx = 0$$

Nesses casos poderemos usar o caso de fatoração de polinômios conhecido como "fator comum em evidência".

2º) Equações da forma:

$$ax^2 + c = 0$$

Nesses casos poderemos isolar o termo independente "c" no segundo membro.

Soma e produto das raízes de uma equação do 2º grau:

Se "x^1" e "x^2" forem as raízes de uma equação da forma $ax^2 + bx + c = 0$, então:

Soma:

$$x_1 + x_2 = \frac{-b}{a}$$

Produto:

$$x_1 \cdot x_2 = \frac{c}{a}$$

Como $\Delta > 0$, a equação apresentará duas raízes reais e distintas.

$$x = \frac{-b \pm \sqrt{\Delta}}{2a}$$

$$x = \frac{-(-4) \pm \sqrt{36}}{2.1}$$

$$x = \frac{4 \pm 6}{2}$$

$$x' = \frac{4+6}{2} = \frac{10}{2} \Rightarrow x' = 5$$

$$x'' = \frac{4-6}{2} = \frac{-2}{2} \Rightarrow x'' = -1$$

Assim: S = {–1,5}

Observação:

Se substituirmos x por 5 na equação $x^2 - 4x - 5 = 0$ teremos uma igualdade verdadeira, confirmando que esse número é raiz da equação.

$$5^2 - 4 \cdot 5 - 5 = 0$$
$$25 - 20 - 5 = 0$$
$$5 - 5 = 0$$
$$0 = 0$$

Se substituirmos x por –1 na equação $x^2 - 4x - 5 = 0$ teremos uma igualdade, confirmando que esse número é raiz da equação.

$$(-1)^2 - 4(-1) - 5 = 0$$
$$1 + 4 - 5 = 0$$
$$5 - 5 = 0$$
$$0 = 0$$

b) $x^2 + 8x = -4x - 36$

Lembre-se: em uma equação de 2º grau antes de determinarmos os valores dos coeficientes a, b e c deveremos ter a equação na forma $ax^2 + bx + c = 0$. Assim, é fundamental passarmos "– 4x" e "– 36" para o 1º membro com sinal trocado.

$$x^2 + 8x + 4x + 36 = 0$$
$$x^2 + 12x + 36 = 0$$
$$a = 1 b = 12 c = 36$$

EQUAÇÕES DE 1º GRAU E 2º GRAU		
		$\Delta = b^2 - 4ac$ $\Delta = 12^2 - 4 \cdot 1 \cdot 36$ $\Delta = 144 - 144$ $\Delta = 0$ Como $\Delta = 0$, a equação apresentará duas raízes reais iguais. $x = \frac{-b \pm \sqrt{\Delta}}{2a}$ $x = \frac{-12 \pm \sqrt{0}}{2.1}$ $x = \frac{-12 \pm 0}{2}$ $x' = \frac{-12+0}{2} = \frac{-12}{2} \Rightarrow x' = -6$ $x'' = \frac{-12-0}{2} = \frac{-12}{2} \Rightarrow x'' = -6$ Assim: $S = \{-6\}$ Observação: Se substituirmos x por –6 na equação x2 + 8x = –4 x –36 teremos uma igualdade verdadeira, confirmando que esse número é raiz da equação. $(-6)^2 + 8 \cdot (-6) = -4 \cdot (-6) - 36$ $36 - 48 = 24 - 36$ $-12 = -12$ c) $x^2 - 2x + 5 = 0$ $a = 1 b = -2 c = 5$ $\Delta = b^2 - 4ac$ $\Delta = (-2)^2 - 4 \cdot 1 \cdot 5$ $\Delta = 16 - 20$ $\Delta = -4$ Como $\Delta < 0$, a equação não apresentará raízes reais. d) $4x^2 - 36 = 0$ Como temos uma equação da forma $ax^2 + c = 0$, podemos isolar letras e números. Assim, teríamos: $4x^2 = 36$ $x^2 = \frac{36}{4}$ $x^2 = 9$ Aqui não se esqueça! $x = \pm\sqrt{9}$ $x = \pm 3$

EQUAÇÕES DE 1º GRAU E 2º GRAU		
		Assim: S = {–3,3} Observação: Se substituirmos x por –3 na equação $4x^2 - 36 = 0$ teremos uma igualdade verdadeira, confirmando que esse número é raiz da equação. $4(-3)^2 - 36 = 0$ $4 \cdot 9 - 36 = 0$ $36 - 36 = 0$ $0 = 0$ Se substituirmos x por 3 na equação $4x^2 - 36 = 0$ teremos uma igualdade verdadeira. $4 \cdot 3^2 - 36 = 0$ $4 \cdot 9 - 36 = 0$ $36 - 36 = 0$ $0 = 0$ e) $9x^2 - 18x = 0$ Como temos uma equação da forma $ax^2 + bx = 0$, podemos usar a fatoração através do fator comum em evidência. Teremos: $9x(x - 2) = 0$ Assim: $9x = 0$ ou $x - 2 = 0$ (I) $9x = 0$ $x = \frac{0}{9}$ $x = 0$ (II) $x - 2 = 0$ $x = 2$ Logo: S = {0,2} Observação: Se substituirmos x por 0 na equação $9x^2 - 18x = 0$ teremos uma igualdade verdadeira, confirmando que esse número é raiz da equação. $9 \cdot 0^2 - 18 \cdot 0 = 0$ $9 \cdot 0 - 0 = 0$ $0 - 0 = 0$ $0 = 0$ Se substituirmos x por 2 na equação $9x^2 - 18x = 0$ teremos uma igualdade verdadeira. $9 \cdot 2^2 - 18 \cdot 2 = 0$ $9 \cdot 4 - 36 = 0$ $36 - 36 = 0$ $0 = 0$

RESOLUÇÃO DE SISTEMAS LINEARES

1. Método da Adição

Para resolvermos um sistema através do método da adição, devemos somar as equações membro a membro a fim de conseguimos eliminar uma das incógnitas. Para isso é necessário que os coeficientes da incógnita a ser eliminada em ambas as equações sejam opostos. Se isso não ocorrer podemos multiplicar qualquer das equações por números (diferentes de zero e um) que tornem isso possível.

Exemplos:

a) $\begin{cases} x+y=20 \\ x-y=14 \end{cases}$

Perceba que a incógnita y possui coeficientes com valores opostos nas equações apresentadas. Dessa forma, o método da adição torna-se um bom método de resolução.

Somando as equações, teremos:

$$x + y + x - y = 20 + 14$$
$$2x = 34$$
$$x = \frac{34}{2}$$
$$x = 17$$

Agora, para determinarmos o valor de y, devemos substituir o valor de x obtido anteriormente.

Optarei por substituir x = 17

na equação x + y = 20. Assim:

$$17 + y = 20$$
$$y = 20 - 17$$
$$y = 3$$
$$S = \{(17,3)\}$$

b) $\begin{cases} 2x+3y=13 \\ x+2y=8 \end{cases}$

Se optarmos pelo método da adição, antes deveremos fazer com que os coeficientes de uma das incógnitas, x ou y, sejam opostos.

Optarei pela incógnita x. Nesse caso, basta multiplicarmos a segunda equação pelo número –2.

$$[x + 2y = 8] \cdot (-2)$$
$$-2x - 4y = -16$$

Assim, nosso sistema é equivalente ao seguinte:

$$\begin{cases} 2x+3y=13 \\ -2x-4y=-16 \end{cases}$$

Agora que a incógnita y apresenta coeficientes com sinais opostos nas duas equações, podemos somá-las:

$$2x + 3y - 2x - 4y = 13 - 16$$
$$3y - 4y = -3$$
$$-y = -3$$
$$y = 3$$

Para determinarmos o valor de x, devemos substituir o valor de y obtido anteriormente em uma das equações.

Optarei por substituir y = 3

na equação x + 2y = 8. Assim:

$$x + 2 \cdot 3 = 8$$
$$x + 6 = 8$$
$$x = 8 - 6$$
$$x = 2$$
$$S = \{(2,3)\}$$

RESOLUÇÃO DE SISTEMAS LINEARES		
2. Método da substituição	Para resolvermos um sistema usando esse processo, devemos isolar uma das incógnitas em uma das equações e em seguida substituirmos o valor encontrado na outra equação.	Exemplos: a) $\begin{cases} x+y=20 \\ x-y=14 \end{cases}$ Para resolvermos esse sistema pelo método da substituição, deveremos isolar uma das incógnitas em um das equações. Optarei por isolar a incógnita x na equação x + y = 20. Assim, teremos: $x = 20 - y$ Agora, deveremos substituir a expressão correspondente ao valor de x na outra equação: $x - y = 14$ $20 - y - y = 14$ $-y - y = 14 - 20$ $-2y = -6$ $2y = 6$ $y = \frac{6}{2}$ $y = 3$ Como x = 20 – y e y = 3, então: $x = 20 - 3$ $x = 17$ $S = \{(17,3)\}$ b) $\begin{cases} 2x+3y=13 \\ x+2y=8 \end{cases}$ Para resolvermos esse sistema pelo método da substituição, deveremos isolar uma das incógnitas em um das equações. Optarei por isolar a incógnita x na equação x + 2y = 8. Assim, teremos: $x = 8 - 2y$ Agora, deveremos substituir a expressão correspondente ao valor de x na outra equação: $2x + 3y = 13$ $2(8 - 2y) + 3y = 13$ $16 - 4y + 3y = 13$ $-4y + 3y = 13 - 16$ $-y = -3$ $y = 3$ **Como $x = 8 - 2y$ e $y = 3$, então:** $\mathbf{x = 8 - 2 \cdot 3}$ $\mathbf{x = 8 - 6}$ $\mathbf{x = 2}$ $\mathbf{S = \{(2,3)\}}$

MÉDIA ARITMÉTICA SIMPLES E PONDERADA		
1. Média aritmética simples	A média aritmética simples dos números $x_1, x_2, x_3, \ldots, x_n$, é a razão entre a soma de todos esses valores e o número "n" de elementos. Podemos indicar por $\overline{x}$ e é dada por: $\overline{x} = \frac{x_1 + x_2 + x_3 + \ldots + x_n}{n}$	Exemplo: Carlos é vendedor em uma loja de roupas e parte de sua remuneração mensal vem das comissões de vendas realizadas por ele. Com relação a essas comissões em janeiro ele recebeu R$ 1200,00, em fevereiro R$ 2000,00, em março R$ 1600,00 e em abril R$ 1400,00. Qual foi o valor médio recebido por Carlos com essas comissões de vendas? Para calcularmos a comissão média ($\overline{C_m}$) basta somarmos todos os valores recebidos pelo número total de meses. Teremos: $\overline{C_m} = \frac{1200 + 2000 + 1600 + 1400}{4}$ $\overline{C_m} = \frac{6200}{4}$ $\overline{C_m} = 1550$
2. Média aritmética ponderada	A média aritmética ponderada dos números $x_1, x_2, x_3, \ldots, x_n$ com pesos $p_1, p_2, p_3, \ldots, p_n$, respectivamente, é o número $\overline{x}$ tal que: $\overline{x} = \frac{x_1p_1 + x_2p_2 + x_3p_3 + \ldots + x_np_n}{p_1 + p_2 + p_3 + \ldots + p_n}$	Exemplo: Laura estuda em uma escola que estabelece como critério para aprovação a média ponderada das notas obtidas pelos alunos ao longo do ano. Sabendo que no 1º bimestre as notas têm peso 1, no 2º têm peso 2, no 3º têm peso 3 e no 4º têm peso 4 e que Laura tirou 9 no 1º bimestre, 8 no 2º bimestre, 10 no 3º bimestre e 9 no 4º bimestre, qual foi a nota de Laura no ano? Para determinarmos a nota de Laura podemos multiplicar cada nota pelo seu respectivo peso. Em seguida, somamos os valores obtidos e dividimos pela soma dos pesos. Assim, teremos: $\overline{x} = \frac{9 \times 1 + 8 \times 2 + 10 \times 3 + 9 \times 4}{1 + 2 + 3 + 4}$ $\overline{x} = \frac{9 + 16 + 30 + 36}{10}$ $\overline{x} = \frac{91}{10}$ $\overline{x} = 9{,}1$

✦ NOÇÕES DE GEOMETRIA: FORMA, PERÍMETRO, ÁREA, VOLUME, ÂNGULO, TEOREMA DE PITÁGORAS.

1. PERÍMETRO

O perímetro de uma figura plana pode ser definido como a medida do comprimento de seu contorno.

2. ÁREAS DE FIGURAS PLANAS

Quadrado

$$A_{quadrado} = l \times l = l^2$$

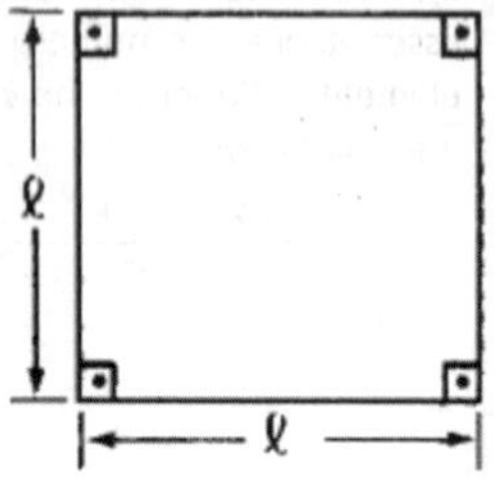

A área do quadrado é igual ao quadrado do lado.

Retângulo

$$A_{retângulo} = b \times h$$

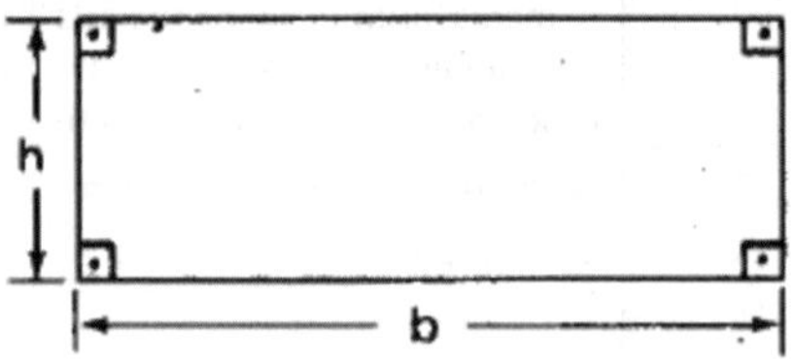

A área do retângulo é igual ao produto da base pela altura.

Paralelogramo

$$A_{paralelogramo} = b \times h$$

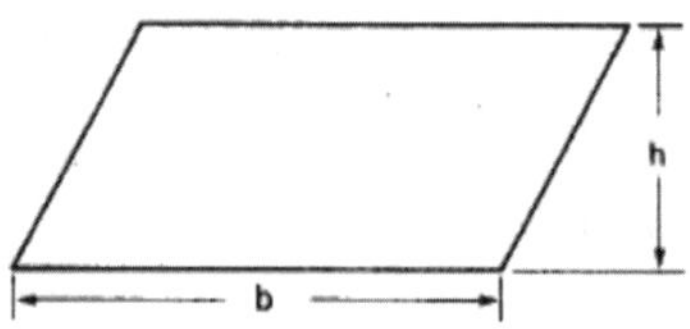

A área do paralelogramo é igual ao produto da base pela respectiva altura.

Losango

$$A_{losango} = \frac{D \times d}{2}$$

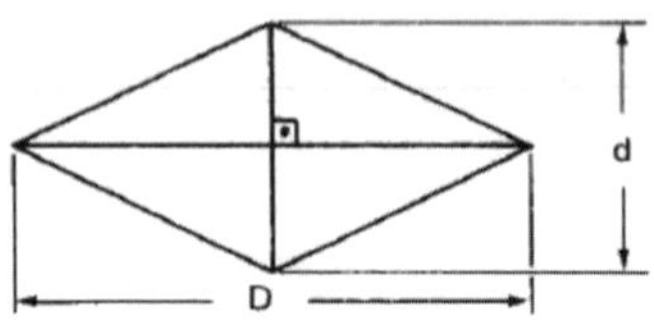

A área do losango é igual a metade do produto de suas diagonais.

Trapézio

$$A_{trapézio} = \frac{(B+b)\times h}{2}$$

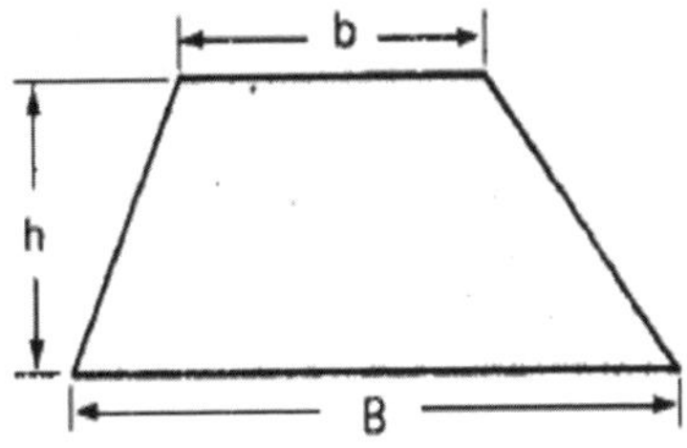

A área do trapézio é igual ao semiproduto da soma de suas bases pela altura.

Triângulo

$$A_{triângulo} = \frac{B\times h}{2}$$

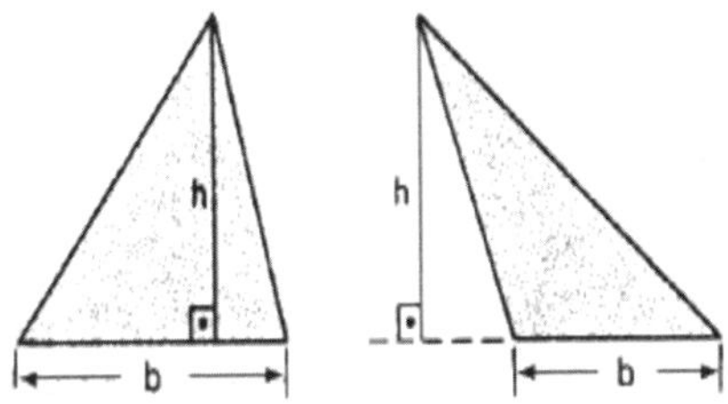

A área do triângulo é igual ao semiproduto da base pela altura.

Triângulo Equilátero

$$A_{triâng.\,equilátero} = \frac{l^2\sqrt{3}}{4}$$

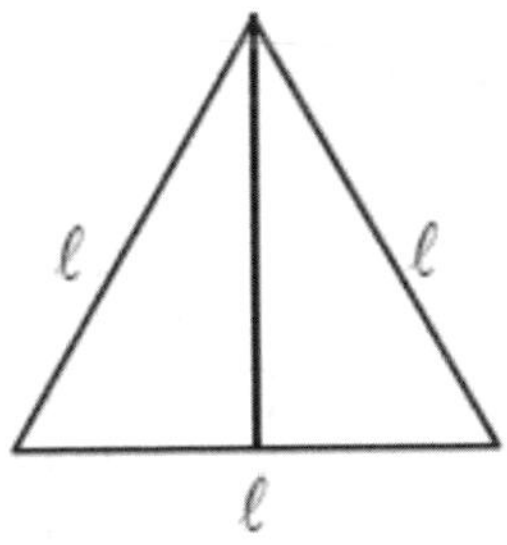

Hexágono Regular

$$A_{hexágono} = \frac{3l^2\sqrt{3}}{2}$$

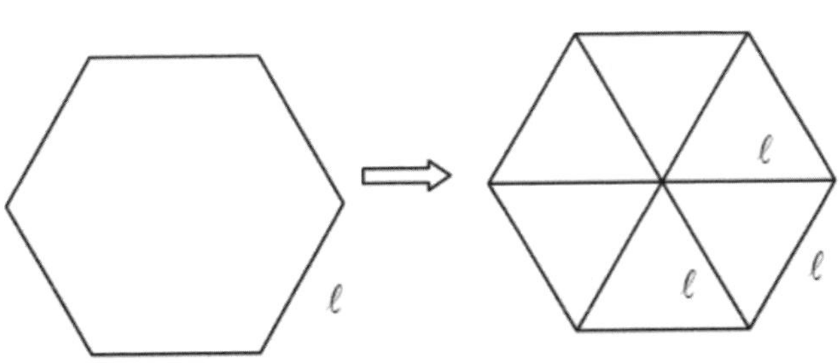

Círculo

$A_{círculo} = \pi r^2$

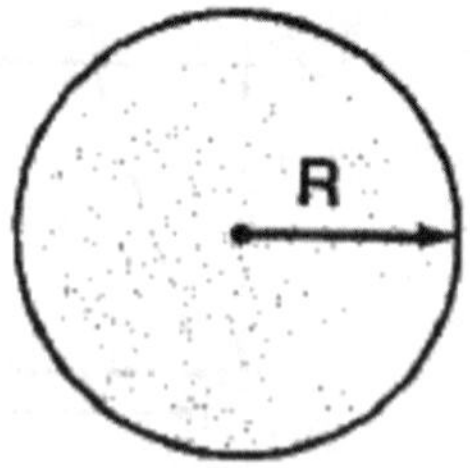

A área do círculo é igual ao produto do número π pelo quadrado do raio.

Comprimento da Circunferência

O comprimento da circunferência é dado pela seguinte relação: $C = 2\pi r$

3. VOLUMES

Paralelepípedo:

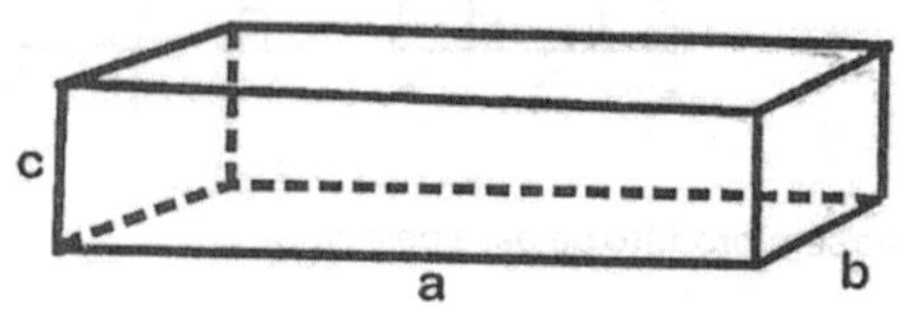

Volume: $V = a \cdot b \cdot c$

Área total: $A_t = 2(ab + ac + bc)$

Diagonal do paralelepípedo: $D = \sqrt{a^2 + b^2 + c^2}$

Cubo:

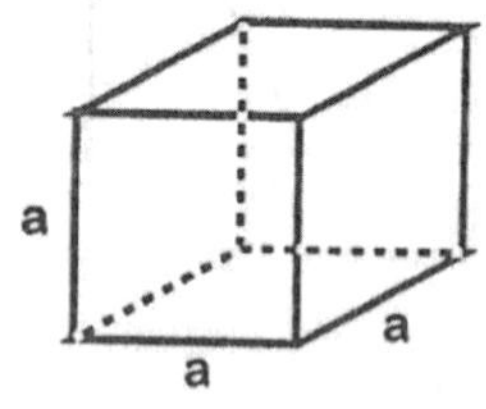

Volume: $V = a^3$

Área total: $A_t = 6a^2$

Diagonal do paralelepípedo: $D = a\sqrt{3}$

Prisma:

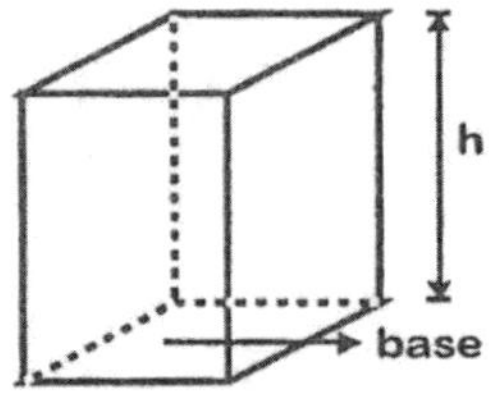

Volume: $V = A_b \cdot h$

h = altura A_b = área da base V = volume

Pirâmide:

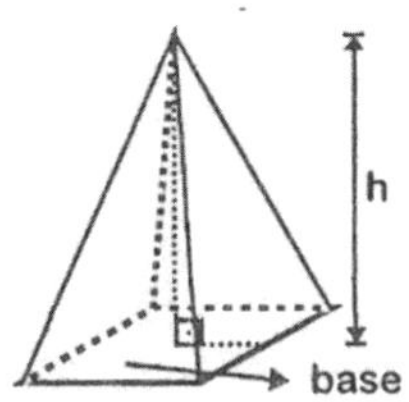

Volume: $V = \frac{A_b \cdot h}{3}$

h = altura A_b = área da base V = volume

Cilindro:

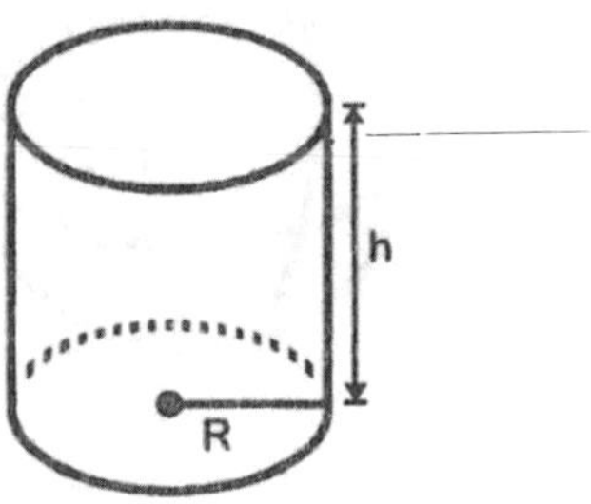

Volume: $V = \pi \cdot r^2 \cdot h$

V = volume r = raio da base h = altura

Área da base: $A_b = \pi r^2$

Área lateral: $A_l = 2\pi rh$

Área total: $A_t = 2\pi r(r + h)$

Atenção!

Cilindro equilátero é aquele cuja altura é igual ao dobro do raio.

Cone:

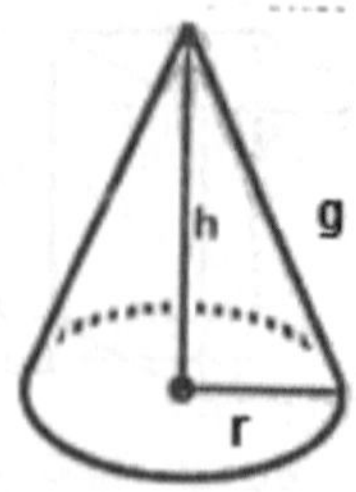

Volume: $V = \frac{\pi \cdot r^2 \cdot h}{3}$

V = volume r = raio da base h = altura

Relação básica: $g^2 = r^2 + h^2$

g é a geratriz do cone r = raio da base h = altura

Área da base: $A_b = \pi r^2$

Área lateral: $A_l = \pi r g$

Área total: $A_t = \pi r(g + r)$

Atenção!

Cone equilátero é aquele cuja medida da geratriz é igual ao diâmetro da base, ou seja, $g = 2r$

Esfera:

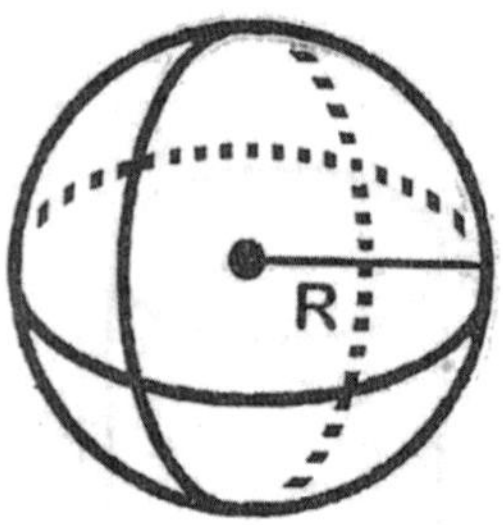

Volume: $V = \frac{4 \cdot \pi \cdot r^3}{3}$

V = volume r = raio da base

Área da esfera: $A = 4\pi r^2$

4. ÂNGULOS

Soma das medidas dos ângulos internos de um polígono: $S_i = 180 \cdot (n - 2)$

Soma das medidas dos ângulos externos de um polígono: $S_e = 360°$

Ângulo externo de um polígono regular: $a_e = \frac{360°}{n}$

Ângulo interno de um polígono regular: $a_i = \frac{180(n-2)}{n}$

Número de diagonais de um polígono: $d = \frac{n \cdot (n-3)}{2}$

Ângulo reto: é aquele que mede 90°.

Ângulo agudo: é aquele cuja medida está entre 0º e 90º.

Ângulo obtuso: é aquele cuja medida é maior que 90º.

Ângulos congruentes: dois ângulos são congruentes quando têm a mesma medida (na mesma unidade).

Bissetriz de um ângulo: é a semirreta com origem no vértice desse ângulo e que o divide em dois outros ângulos congruentes.

Ângulos complementares: dois ângulos são complementares quando a soma de suas medidas é igual a 90º.

Ângulos suplementares: dois ângulos são suplementares quando a soma de suas medidas é igual a 180º.

Ângulos opostos pelo vértice (o.p.v.): dois ângulos são opostos pelo vértice quando os lados de um são semirretas opostas aos lados do outro. Dois ângulos opostos pelo vértice são congruentes.

Ângulos e retas paralelas:

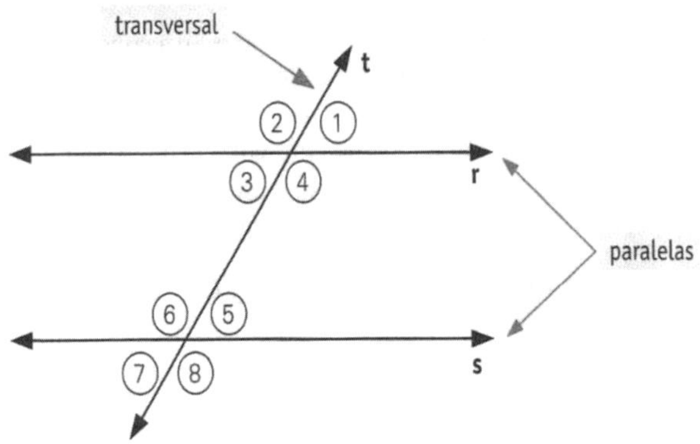

Os pares de ângulos são assim denominados:

Correspondentes: 1 e 5; 2 e 6; 3 e 7; 4 e 8

Ângulos correspondentes são congruentes.

Alternos internos: 4 e 6; 3 e 5

Ângulos alternos internos são congruentes.

Alternos externos: 1 e 7; 2 e 8

Ângulos alternos externos são congruentes.

Colaterais internos: 4 e 5; 3 e 6

Ângulos colaterais internos são suplementares.

Colaterais externos: 1 e 8; 2 e 7

Ângulos colaterais externos são suplementares.

5. TEOREMA DE PITÁGORAS

Em todo triângulo retângulo, o quadrado da medida da hipotenusa é igual à soma dos quadrados das medidas dos catetos.

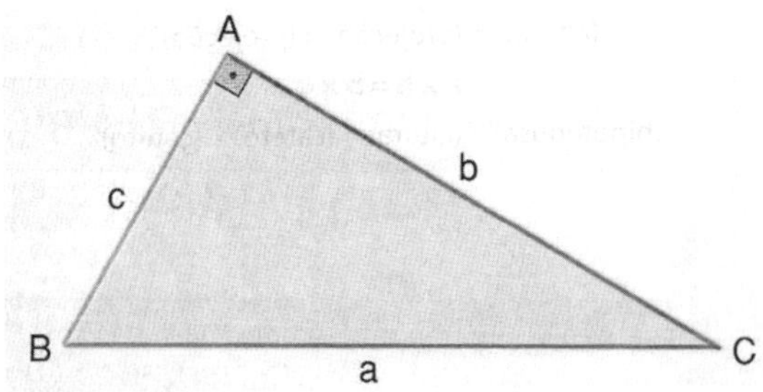

Tríades Pitagóricas: se as medidas dos lados de um triângulo retângulo são expressas por três números inteiros, esses números são chamados pitagóricos.

Veja alguns exemplos de Tríades Pitagóricas:

(3, 4, 5) porque $3^2 + 4^2 = 5^2$

(5, 12, 13) porque $5^2 + 12^2 = 13^2$

(8, 15, 17) porque $8^2 + 15^2 = 17^2$

Observação importante!

Se um triângulo é retângulo, então triângulos semelhantes a ele também serão retângulos.

Lembre-se! Para que dois triângulos sejam semelhantes deve existir uma constante de proporcionalidade associada aos lados homólogos desses triângulos.

Exemplos:

a) Sabemos que o triângulo de dimensões 3, 4 e 5 é retângulo. Se a constante de proporcionalidade for 2, teremos o triângulo de dimensões 6, 8 e 10 que também será retângulo, afinal $10^2 = 6^2 + 8^2$.

b) Sabemos que o triângulo de dimensões 5, 12 e 13 é retângulo. Se a constante de proporcionalidade for 10, teremos o triângulo de dimensões 50, 120 e 130 que também será retângulo, afinal $130^2 = 50^2 + 120^2$.

c) O triângulo de dimensões 20, 21 e 29 é retângulo. Se a constante de proporcionalidade for 5, teremos o triângulo de dimensões 100, 105 e 145 que também será retângulo, afinal $145^2 = 100^2 + 105^2$.

6. RELAÇÕES MÉTRICAS NO TRIÂNGULO RETÂNGULO

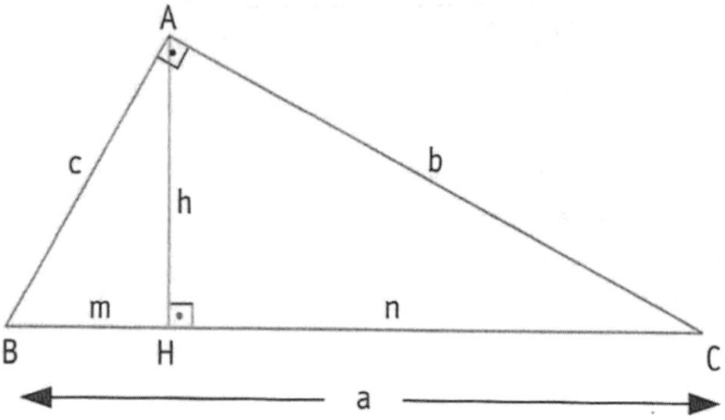

$$\mathbf{a = m + n}$$

(hipotenusa) = (projeção) + (projeção)

$$\mathbf{c^2 = a \times m}$$

$(\text{cateto})^2$ = (hipotenusa) × (projeção)

$$\mathbf{b^2 = a \times n}$$

$(\text{cateto})^2$ = (hipotenusa) × (projeção)

$$\mathbf{h^2 = m \times n}$$

$(\text{altura})^2$ = (projeção) × (projeção)

$$\mathbf{a \times h = b \times c}$$

(hipotenusa) × (altura) = (cateto) × (cateto)

Informática

Luciano Freire

TABELA DE INCIDÊNCIA DE QUESTÕES

Distribuição das questões organizada por ordem didática de assuntos		
Assunto	**Número de Questões**	**Peso**
1. APLICATIVOS PARA ESCRITÓRIO – MS OFFICE E BROFFICE	29	64,44%
2. SISTEMAS OPERACIONAIS – WINDOWS E LINUX	8	17,78%
3. REDES DE COMPUTADORES, INTERNET E INTRANET	8	17,78%
Total	**45**	**100%**

Informática

Luciano Freire

1. APLICATIVOS PARA ESCRITÓRIO – MS OFFICE E BROFFICE

01. (Vunesp – Escrevente Técnico Judiciário – TJ – SP/2017) No MS-Word 2016, são elementos gráficos do tipo SmartArt que podem ser inseridos em um documento:

A) Imagem, Processo e Gráfico.

B) Ciclo, Caixa de Texto e Vídeo Online.

C) Matriz, Link e Comentário.

D) Pirâmide, Imagem Online e Forma.

E) Processo, Ciclo e Hierarquia.

COMENTÁRIOS

✪ **Nota do autor.** O recurso SmartArt são tipos de gráficos para ilustrar informações relacionadas a processos, relações, hierarquias, etc.

Alternativa correta: letra "e". Dentre os tipos de gráficos fornecidos pelo SmartArt temos os relacionados a Processos, Ciclos e Hierarquia.

Alternativa "a". O item gráfico não faz parte da lista de categorias do SmartArt.

Alternativa "b". Caixa de texto e Vídeo Online fazem parte da guia Inserir, mas não do conjunto SmartArt.

Alternativa "c". O item link faz parte da Guia Inserir, mas não da categoria SmartArt e os comentários fazem parte da Guia Revisão.

Alternativa "d". Imagem Online e Formas são outras categorias de componentes da Guia Inserir que não fazem parte do conjunto SmartArt.

---

02. (Vunesp – Escrevente Técnico Judiciário – TJ – SP/2017) Durante o processo de edição de um documento no MS-Word 2016, um usuário decidiu formatar um parágrafo selecionado, clicando sobre o botão "Justificar", presente no grupo Parágrafo da guia Página Inicial. Essa ação fará com que o texto do parágrafo selecionado seja

A) distribuído uniformemente entre as margens superior e inferior.

B) distribuído uniformemente entre as margens esquerda e direita.

C) centralizado na página.

D) alinhado apenas à margem esquerda.

E) alinhado apenas à margem direita.

COMENTÁRIOS

Alternativa correta: letra "b". Ao justificar um texto, estes será distribuído uniformemente entre as margens esquerda e direita.

Alternativa "a". Quando um texto é justificado ele é distribuído uniformemente entre as margens esquerda e direita e não em relação as margens superior e inferior.

Alternativa "c". A centralização será feita pelo ícone centralizar ☰ e não pelo ícone justificar ☰.

Alternativa "d". O alinhamento em relação a margem esquerda é feito pelo ícone ☰.

Alternativa "e". O alinhamento em relação a margem direita é feito pelo ícone ☰.

---

03. (Vunesp – Escrevente Técnico Judiciário – TJ – SP/2017) A colocação de um cabeçalho em um documento editado no MS-Word 2016 pode ser feita por meio da guia

A) Layout da Página, no grupo Margens, no botão Inserir Cabeçalho.

B) Inserir, no grupo Comentários, no botão Cabeçalho e Rodapé.

C) Layout da Página, no grupo Design, no botão Cabeçalho e Rodapé.

D) Inserir, no grupo Cabeçalho e Rodapé, no botão Cabeçalho.

E) Design, no grupo Efeitos, no botão Cabeçalho.

COMENTÁRIOS

Alternativa correta: letra "d". A inserção de um cabeçalho é feita clicando na Guia Inserir, no Grupo Cabeçalho e Rodapé, clicando no botão Cabeçalho.

Alternativa "a". A guia Layout não possui uma opção para inserção de um Cabeçalho, apenas opções para configuração da página do documento.

Alternativa "b". A guia Inserir não possui um opção, relacionado ao grupo Comentários, que permite inserir um cabeçalho. Há um grupo chamado Cabeçalho e Rodapé que é responsável por isto nesta guia.

Alternativa "c". A guia Layout, como comentado na alternativa a, não tem um recurso para a inserção de Cabeçalho no documento. Além disto, esta não possui um grupo denominado Design.

Alternativa "e". Não há uma aba denominada Design no Word 2016.

---

04. (Vunesp – Escrevente Técnico Judiciário – TJ – SP/2017) Um usuário do MS-Word 2016 selecionou uma letra de uma palavra e, em seguida, pressionou simultaneamente duas teclas: Ctrl e =. Essa ação aplicará, no caractere selecionado, a formatação

A) Itálico.

B) Sobrescrito

C) Sublinhado.

D) Tachado.

E) Subscrito.

COMENTÁRIOS

Alternativa correta: letra "e". Ao utilizar o atalho Ctrl+= o caractere será formatado em subscrito.

Alternativa "a". A formatação de um caractere em itálico é realizado pelo atalho Ctrl+I.

Alternativa "b". A formatação de um caractere em itálico é realizado pelo atalho Ctrl+Shift++.

Alternativa "c". Para formatar um caractere como sublinhado, utiliza-se o atalho Ctrl+S.

Alternativa "d". Não há um atalho específico para formatar um texto como tachado.

Observe a planilha a seguir, elaborada no MS-Excel 2016, em sua configuração padrão, para responder às questões de números 85 e 86.

	A	B	C	D	E
1	3	5	9		
2	4	6	7		
3	9	7	8		
4					

05. (Vunesp – Escrevente Técnico Judiciário – TJ – SP/2017) Suponha que a seguinte fórmula tenha sido colocada na célula D4 da planilha:

=MÁXIMO(A1;A1:B2;A1:C3)

O resultado produzido nessa célula é:

A) 6

B) 3

C) 9

D) 8

E) 7

COMENTÁRIOS

✪ **Nota do autor.** A função MÁXIMO encontra o maior valor dentre um conjunto de células. O operador : define um intervalo entre células. Ex.: A1: B2 define o conjunto das células A1, B1, A2 e B2.

Alternativa correta: letra "c". O intervalo A1:B2 refere-se ao conjunto de células A1, B1, A2 e B2. Já o intervalo A1:C3 refere-se ao conjunto de células A1,A2, A3, B1, B2,B3, C1,C2 e C3. Substituindo o intervalo pela relação de células temos: MÁXIMO(A1; A1;A2;B1;B2; A1;A2; A3; B1; B2;B3; C1;C2;C3). Assim, a função MÁXIMO irá encontrar o maior número dentre todos os digitados na planilha, o qual é igual 9.

Alternativas "a","b","d" e "e". Apresentam valores que não correspondem ao resultado da fórmula especificada.

06. (Vunesp – Escrevente Técnico Judiciário – TJ – SP/2017) Na célula E4 da planilha, foi digitada a seguinte fórmula:

=CONCATENAR(C3;B2;A1;A3;C1)

O resultado produzido nessa célula é:

A) 36899

B) 8+6+3+9+9

C) 86399

D) 8;6;3;9;9

E) 3689

COMENTÁRIOS

Alternativa correta: letra "c". A função CONCATENAR faz a justaposição dos conteúdos das células indicadas. Substituindo cada célula por seu respectivo valor temos: CONCATENAR(8;6;3;9;9) cujo resultado é igual a 86399.

Alternativas "a","b","d" e "e". Apresentam valores que não correspondem ao resultado da fórmula especificada.

07. (Vunesp – Escrevente Técnico Judiciário – TJ – SP/2017) No MS-Excel 2016, por meio do ícone Área de Impressão, localizado no grupo Configuração de Página da guia Layout da Página, tem-se acesso ao recurso "Limpar área de impressão", utilizado quando se deseja

A) imprimir toda a planilha.

B) imprimir uma planilha vazia.

C) retirar todas as fórmulas calculadas automaticamente na planilha.

D) retirar todas as planilhas colocadas na fila de impressão.

E) esvaziar a área de transferência do aplicativo.

COMENTÁRIOS

✪ Nota do autor. O recurso Área de Impressão permite definir um intervalo de células que serão impressas. Em determinados momentos não se deseja imprimir toda a planilha e sim uma parte dela, nestes casos utiliza-se este recurso.

Alternativa correta: letra "a". Ao limpar a Área de Impressão definida, quando a planilha for impressa, será impresso todo o conteúdo da planilha.

Alternativa "b". Neste caso, uma planilha vazia somente será impressa se todas as células da planilha estiverem vazias.

Alternativa "c". A função Limpar Área de Impressão não está relacionada a retirada de fórmulas das células da planilha. Isto é feito, por exemplo, copiando uma célula, que contenha uma fórmula, e colando seu conteúdo como valor.

Alternativa "d". A retirada das planilhas, ou outros documentos, da fila de impressão é feito utilizando o gerenciador de impressão.

Alternativa "e". Não há relação entre a funcionalidade Limpar Área de Impressão com a Área de Transferência.

08. (Vunesp – Escrevente Técnico Judiciário – TJ – SP/2017) A Área de Transferência do MS-Office 2016 permite que dados sejam transferidos entre os diversos aplicativos. Suponha que um usuário tenha aberto um arquivo do MS-Excel 2016 e outro do MS-Word 2016 e que, no Excel, algumas células tenham sido copiadas com o comando Ctrl + C. Observe a figura do MS-Word 2016.

Caso a seta ao lado do texto "Área de Transferência" na figura seja clicada,

A) todo o conteúdo da Área de Transferência será copiado para a posição após o cursor no texto.

B) uma janela lateral será aberta, exibindo todos os elementos colocados na Área de Transferência, além de botões diversos.

C) o último elemento copiado para a Área de Transferência será copiado para a posição após o cursor no texto, na forma "Manter Formatação Original".

D) o último elemento copiado para a Área de Transferência será copiado para a posição após o cursor no texto, na forma "Colar Especial".

E) a Área de Transferência será limpa.

COMENTÁRIOS

Alternativa correta: letra "b". Ao clicar na seta ao lado do texto "Área de Transferência" será aberta uma janela lateral exibindo todos os documentos copiados para a Área de Transferência.

Alternativa "a". Serão apresentados, em uma janela lateral, todos os itens da área de transferência, mas nenhum será copiado para o texto na posição do cursor automaticamente.

Alternativa "c". Nenhum item será copiado automaticamente para o texto, após clicar na seta ao lado do texto "Área de Transferência".

Alternativa "d". Para acionar a opção de "Colar Especial" é necessário clicar na seta abaixo do texto "Colar".

Alternativa "e". Os elementos da área de transferência serão exibidos, em uma janela lateral, mas nenhum será removido.

---

09. (Vunesp – Escrevente Técnico Judiciário – TJ-SP/2015) Considere a seguinte palavra, editada em um documento no MS-Word 2010:

engenheiro

Um usuário selecionou a letra "o" dessa palavra e, em seguida, clicou sobre o botão , localizado no grupo Fonte da guia Página Inicial. Essa palavra ficará escrita na forma:

A) engenheira

B) engenheirº

C) engenheir^{o}

D) engenheirO

E) engenheira

COMENTÁRIOS

Alternativa correta: letra "d". O ícone  é utilizado para aumentar o tamanho de uma fonte. Assim, ao selecionar uma letra na palavra e clicar no ícone indicado, a letra terá o tamanho da fonte aumentado em uma unidade.

Alternativa "a". Nesta alternativa ocorreu a troca da letra o pela letra a. Esta ação não é possível de ser realizada utilizado o ícone .

Alternativa "b". Nesta alternativa a letra o foi substituída pelo símbolo º. Esta ação não é possível de ser realizada pelo ícone de aumento de tamanho de fonte.

Alternativa "c". Neste caso, a letra o está formatada como subscrito. Esta ação é realizada pelo seguinte ícone .

Alternativa "e". idem comentário da alternativa a.

---

10. (Vunesp – Escrevente Técnico Judiciário – TJ-SP/2015) No MS-Word 2010, é possível a inserção de objetos como, por exemplo, Clip-arts. Ao se clicar sobre o botão Clip-art, do grupo Ilustrações da guia Inserir, pode-se inserir

A) uma imagem de um arquivo, como por exemplo nos formatos JPEG, GIF, TIFF e BMP.

B) um gráfico do tipo Coluna, Linha, Pizza, Barra, Área, Dispersão, Ações, Superfície, Rosca, Bolhas e Radar.

C) um elemento gráfico do tipo Lista, Processo, Ciclo, Hierarquia, Relação, Matriz e Pirâmide.

D) linhas, formas básicas, setas largas, fluxogramas, textos explicativos, estrelas e faixas.

E) desenhos, filmes, sons ou fotos de catálogo para ilustrar um determinado conceito.

COMENTÁRIOS

✪ **Nota do autor.** Esta questão foi anulada. A razão disto é porque um ClipArt é uma figura. Desta forma ela poderia ter um arquivo no formato JPEG, GIF, etc. e a ilustração do ClipArt poderia contar com imagens de diversos tipos de gráficos (Coluna, Pizza, Barra, etc.) ou poderia ter uma imagem que representasse uma Lista, Processo, Hierarquia, etc. ou ainda um fluxograma, uma estrela, faixa, etc. Assim, temos mais de uma alternativa possivelmente correta. Fato que anulou a questão.

---

11. (Vunesp – Escrevente Técnico Judiciário – TJ-SP/2015) Considere os seguintes botões, presentes na guia Página Inicial, grupo Parágrafo do MS-Word 2010. Cada botão recebeu um número para ser referenciado.

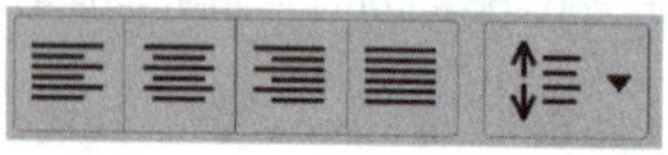

1 2 3 4 5

O botão que permite alterar o espaçamento entre linhas de texto é o de número

A) 5.

B) 1.

C) 2.

D) 3.

E) 4.

COMENTÁRIOS

Alternativa correta: letra "a".O ícone de número 5 é o responsável pelo espaçamento entre linhas de texto.

Alternativa "b".O ícone 1 é responsável pelo alinhamento de um texto a esquerda.

Alternativa "c". O ícone 2 é responsável pelo alinhamento centralizado de um texto.

Alternativa "d". O ícone 3 é responsável pelo alinhamento à direita de um texto.

Alternativa "e".O ícone 4 é responsável pelo alinhamento justificado de um texto.

A planilha a seguir foi elaborada no MS-Excel 2010 (versão para a língua portuguesa), em sua configuração padrão.

	A	B	C	D
1		**número de processos**		
2	**ano**	**1º Semestre**	**2º Semestre**	**total**
3	2010	420	380	800
4	2011	450	400	850
5	2012	500	450	950
6	2013	600	550	1150
7	2014	800	700	1500
8	**total dos 5 anos**	**2770**	**2480**	**5250**

---

12. (Vunesp – Escrevente Técnico Judiciário – TJ-SP/2015) Supondo-se que os valores das células D3 a D8, B8 e C8 foram calculados utilizando-se funções do MS-Excel 2010, é correto afirmar que

A) B8=SOMAT(B3:B7)

B) C8=SOMA(C3-C7)

C) D8=SOMA(D3:D7)

D) D8=SOMAT(B3...C7)

E) D6=SUM(B6:C6)

COMENTÁRIOS

Alternativa correta: letra "c".O valor da célula D8 é resultado da soma das células no intervalo de D3 a D7. Assim, a fórmula que resulta nesta operação é SOMA(D3:C7).

Alternativa "a". Esta alternativa está errada porque o Excel não possui uma função de soma chamada SOMAT.

Alternativa "b". A célula C8 é resultante da soma das células no intervalo de C3 a C7. Entretanto, a fórmula desta alternativa faz a soma da subtração de C3 com C7: SOMA(C3-C7) =SOMA(380-700)=SOMA(-320)=320. Assim, a fórmula indicada não reproduz o valor armazenado em C8.

Alternativa "d". Esta alternativa está errada porque o Excel não possui uma função de soma chamada SOMAT.

Alternativa "e". A versão em português do Excel não possui uma fórmula chamada SUM. Esta representa a função soma no Excel em inglês.

13. (Vunesp – Escrevente Técnico Judiciário – TJ-SP/2015) Elaborou-se o seguinte gráfico a partir da planilha apresentada, após a seleção de algumas células:

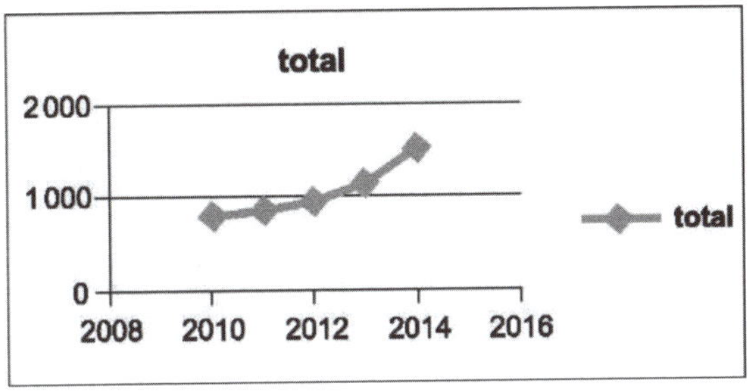

Esse tipo de gráfico é denominado Gráfico de

A) Radar.
B) Dispersão.
C) Ações.
D) Área.
E) Colunas.

COMENTÁRIOS

Alternativa correta: letra b".O gráfico apresentado na figura é denominado Gráfico de Dispersão.

Alternativa "a". Um gráfico de radar teria uma aparência parecida com o apresentado na figura a seguir.

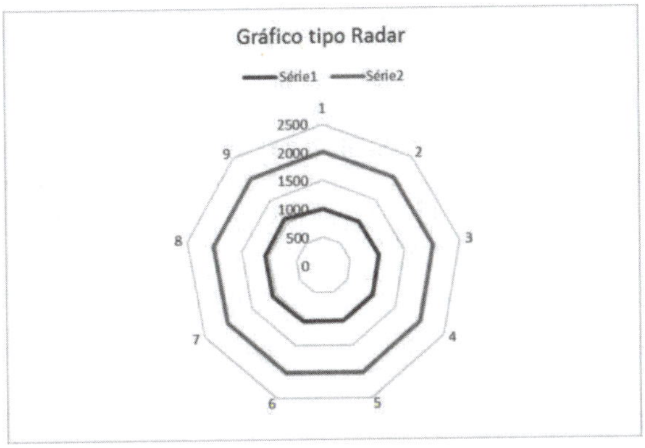

Alternativa "c". Um gráfico do tipo ações tem a seguinte aparência.

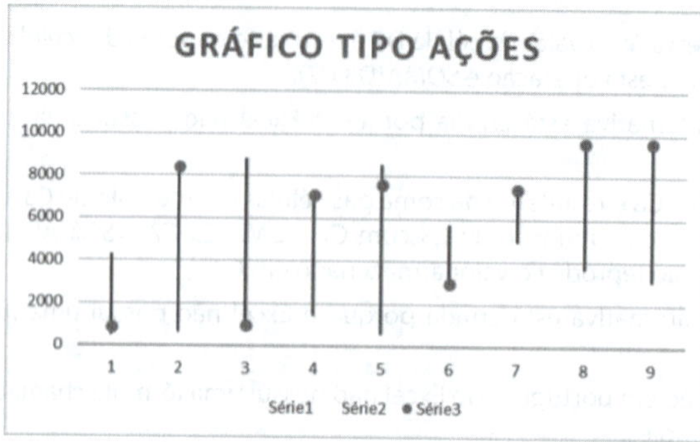

Alternativa "d". O gráfico do tipo área tem a seguinte aparência.

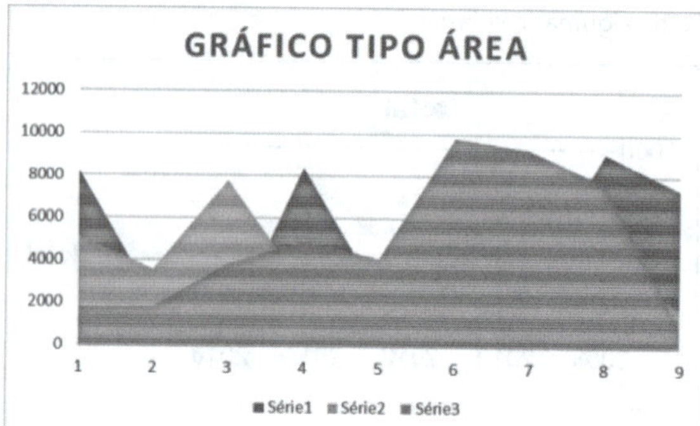

Alternativa "e". Um gráfico do tipo colunas tem a seguinte aparência.

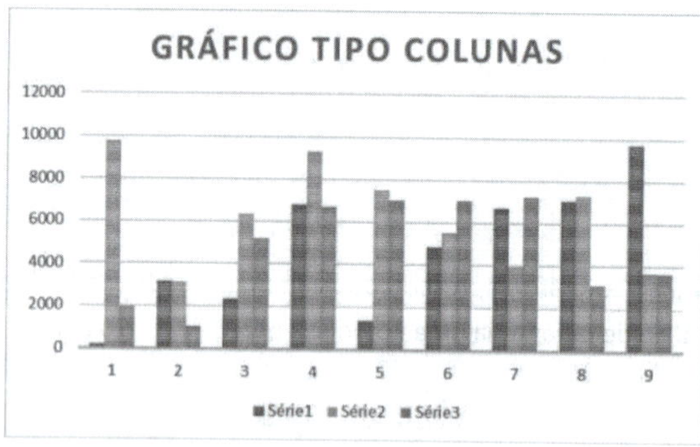

14. (Vunesp – Escrevente Técnico Judiciário – TJ-SP/2015) Elaborou-se uma planilha de grandes dimensões no MS-Excel 2010 (versão para a língua portuguesa), em sua configuração padrão, e deseja-se manter sempre visíveis as linhas e colunas de importância da planilha, como os títulos de cada linha e coluna. O botão do recurso Congelar Painéis que possibilita essa ação é:

(A)

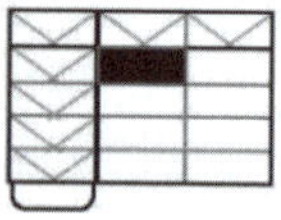

(B)

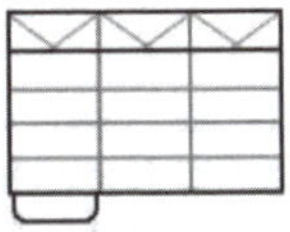

(C)

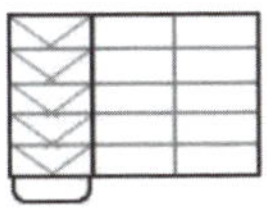

(D)

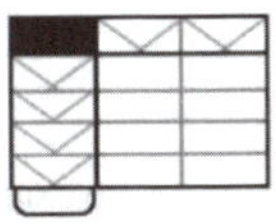

(E)

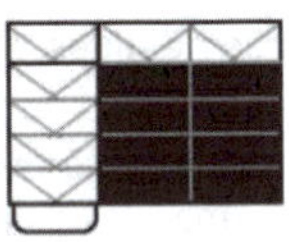

COMENTÁRIOS

Alternativa correta: letra "a". O ícone desta alternativa representa a ação de congelar a primeira linha e coluna da planilha visando manter visíveis as informações importantes da planilha (normalmente os títulos das linhas e colunas que definem as informações).

Alternativa "b". A ação, realizada por este ícone, irá congelar a linha superior e não a primeira coluna como desejado.

Alternativa "c". Este ícone irá congelar a primeira coluna, mas não as informações da primeira linha. Assim, não terá o efeito desejado de apresentar a primeira linha e coluna onde estão as informações mais importantes da planilha.

Alternativas "d" e "e". Não representam ícones disponíveis na guia Exibir->Congelar Painéis do Excel.

---

15. (Vunesp – Escrevente Técnico Judiciário – TJ-SP/2015) Um usuário do MS-Excel 2010 (versão para a língua portuguesa), em sua configuração padrão, elaborou uma planilha e protegeu todas suas células para que outros usuários não as alterem. Caso algum usuário deseje remover essa proteção, ele deve

A) selecionar a aba Proteção do Menu, clicar no ícone Desbloquear Planilha do grupo Proteção.

B) selecionar a aba Proteção do Menu, clicar no ícone Senha de Desproteção do grupo Proteção e digitar a senha solicitada.

C) selecionar a aba Revisão do Menu, clicar no ícone Destravar Planilha do grupo Proteção.

D) selecionar a aba Revisão do Menu, clicar no ícone Desproteger Planilha do grupo Alterações e digitar a senha solicitada.

E) ter privilégios de Administrador quando da abertura do arquivo.

COMENTÁRIOS

Alternativa correta: letra "d". Para desbloquear uma planilha protegida, é necessário fornecer a senha solicitada para permitir alterações.

Alternativa "a". No Excel não há uma aba denominada Proteção.

Alternativa "b". No Excel não há uma aba denominada Proteção.

Alternativa "c". Na aba Revisão do Menu não um ícone denominado Destravar Planilha,

Alternativa "e". O fato de ter privilégios de administrador do sistema operacional não permitirá desproteger a planilha sem o conhecimento da senha utilizada para proteção desta.

---

16. (Vunesp – Escrevente Técnico Judiciário – TJ-SP/2015) No MS-PowerPoint 2010, um usuário deseja efetuar a verificação da ortografia do conteúdo presente em seus slides. Uma das formas para realizar tal tarefa é acessar o botão Verificar Ortografia, que, na configuração padrão do MS-PowerPoint 2010, é acessível por meio da aba

A) Exibição.
B) Revisão.
C) Inserir.
D) Início.
E) Animações.

COMENTÁRIOS

Alternativa correta: letra "b".O botão de verificar ortografia encontra-se na aba Revisão.

Alternativa "a". Na aba Exibição encontram-se ícones para realizar ações para alterar os modos de exibição, para realizar zoom no documento, organizar janelas dentre outras opções.

Alternativa "c". A aba Inserir é utilizada para inserir figuras, símbolos, gráficos dentre outras ações.

Alternativa "d". Na aba Início são disponibilizados ícones que realizam ações de inserção de slides, alteração de layout, formatação de texto, etc.

Alternativa "e". A guia de Animações é utilizada para animar formas do slide através de movimentação destes pelo slide, ocultar e apresentar formas. A guia disponibiliza diversas ações para animação de formas dos slides.

---

17. (Vunesp – Escrevente Técnico Judiciário – TJ-SP/2015) No MS-PowerPoint 2010, a finalidade da função Ocultar Slide, acionável por meio do botão de mesmo nome, é fazer com que o slide selecionado

A) tenha bloqueadas tentativas de alteração de seu conteúdo.
B) seja designado como o último a ser exibido na apresentação de slides.
C) tenha sua resolução reduzida até o mínimo suportado pelo computador em uso.
D) não seja exibido no modo de apresentação de slides.
E) tenha sua velocidade de transição entre slides fixada no valor médio.

COMENTÁRIOS

Alternativa correta: letra "d". Ao ocultar um slide, este não será exibido no modo de apresentação.

Alternativa "a". Esta ação é realizada protegendo a apresentação do PowerPoint com uma senha.

Alternativas "b", "c" e "e". As ações apresentadas não estão relacionadas com a funcionalidade de ocultar um slide no PowerPoint.

---

18. (Vunesp – Escrevente Técnico Judiciário – TJ-SP/2014) Tem-se uma planilha no Microsoft Excel 2010, em sua configuração padrão, e um gráfico de rosca criado a partir do conteúdo das células A1 até B5.

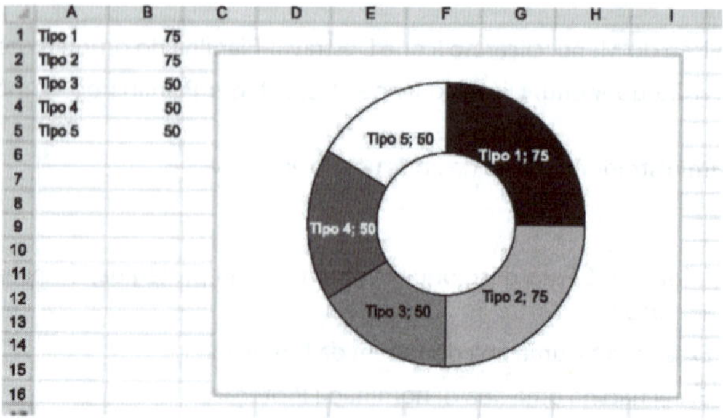

A soma das fatias do "Tipo 1" e "Tipo 2", em relação ao total das fatias, representa

A) 100%

B) 25%

C) 150%

D) 50%

E) 75%

COMENTÁRIOS

Alternativa correta: letra "d". A soma de todas as fatias totaliza 300. Somando apenas o tipo 1 e 2 temos 150. Assim, 150 em relação ao total de 300 representa 50%.

Alternativa "a". O percentual de 100%, na soma das categorias 1 e 2, não é possível porque se isto ocorresse não teríamos outras categorias além dos tipos 1 e 2.

Alternativa "b". O total de 25% estaria correto se considerássemos a categoria 1 ou a 2 isoladamente.

Alternativa "c". Não é possível obter o valor de 150%, pois a soma de todas as categorias, em percentuais, deve ser igual a 100%.

Alternativa "e". Não há uma combinação de categorias que totalize 75%. Nem mesmo a soma das categorias 1 e 2.

---

19. (Vunesp – Escrevente Técnico Judiciário – TJ-SP/2014) Tem-se a planilha a seguir, criada no Microsoft Excel 2010, em sua configuração original.

	A	B	C
1	Processo	Origem	Mês Abertura
2	1	São Paulo	julho-2014
3	2	Santos	junho-2014
4	3	Campinas	setembro-2014
5	4	Jundiaí	maio-2014
6	5	Bertioga	janeiro-2014
7	6	Araraquara	fevereiro-2014
8	7	Ribeirão Preto	abril-2013
9			

Um usuário selecionou todo conteúdo entre as células A1 e C8 e pressionou Ctrl+C. Assinale a alternativa que contém o nome da opção utilizada na janela Colar Especial para produzir o resultado a seguir.

13								
14	Processo	1	2	3	4	5	6	7
15	Origem	São Paulo	Santos	Campinas	Jundiaí	Bertioga	Araraquara	Ribeirão Preto
16	Mês Abertura	julho-2014	junho-2014	setembro-2014	maio-2014	janeiro-2014	fevereiro-2014	abril-2013
17								

A) Fórmulas e formatos de números.

B) Multiplicar.

C) Transpor.

D) Validação.

E) Formatos.

COMENTÁRIOS

Alternativa correta: letra "c". Conforme apresentado nas figuras, os dados estavam distribuídos em colunas e após a ação passaram a estar distribuídos em linhas. O recurso do Excel que permite esta ação é o Transpor (disponível na janela Colar Especial).

Alternativa "a". Não há uma fórmula no Excel que permita fazer a formatação indicada em uma única ação. Além disto, não ocorreu uma alteração da formatação dos números.

Alternativa "b". Não existe uma opção Multiplicar no menu Colar Especial do Excel. Existe uma opção chamada Multiplicação (onde um conjunto de células são multiplicadas por um número base e copiadas em outras células da planilha).

Alternativa "d". Validação é um recurso da aba Dados que permite fazer a verificação se um dado digitado na célula está dentro de um intervalo, só possui valores positivos, etc. Entretanto, este não permite realizar a transposição de dados como foi apresentado na questão.

Alternativa "e".O Colar Especial possui uma opção para colar os dados mantendo a formatação original destes. Entretanto, esta ação não fará a transposição de dados, entre linhas e colunas, como apresentado na questão.

---

20. (Vunesp – Escrevente Técnico Judiciário – TJ-SP/2014) Assinale a alternativa que apresenta o resultado correto após ordenar de forma crescente a coluna A, a partir da planilha criada no Microsoft Excel 2010, em sua configuração original, demonstrada a seguir:

	A	B
1	a	
2	b	
3	1	
4	2	
5	4	
6	c	
7	f	
8	e	
9	3	
10	d	
11		

A) a, b, c, d, e, f, 1, 2, 3, 4

B) a, b, c, d, 1, 2, 3, 4, e, f

C) a, 1, b, 2, c, 3, d, 4, e, f

D) 1, a, 2, b, 3, c, 4, d, e, f

E) 1, 2, 3, 4, a, b, c, d, e, f

COMENTÁRIOS

Alternativa correta: letra "e". No processo de ordenar de forma crescente um conjunto de dados, como os da coluna A, primeiro serão ordenados os números e após estes a letras em ordem alfabética.

Alternativa "a". O erro desta alternativa está sequência de ordenação de número e letras. A alternativa indica que primeiro serão ordenadas as letras e depois os números, ambos em ordem crescente. Quando o que ocorre primeiro é a ordenação dos números.

Alternativa "b","c" e "d". Nenhuma destas alternativas indica uma sequência correta de ordenação crescente de um conjunto de dados de uma coluna com letras e números.

21. (Vunesp – Escrevente Técnico Judiciário – TJ-SP/2014) Uma planilha criada no Microsoft Excel 2010, em sua configuração padrão, está preenchida como se apresenta a seguir:

	A	B	C	D	E
1	Data Abertura	Número do Processo	Origem	Valor dívida	
2	01/03/2014	1	São Paulo	1.000	
3	13/03/2014	2	Campinas	2.000	
4	12/01/2014	3	Santos	3.000	
5	15/04/2014	4	São Paulo	1.500	
6	28/01/2014	5	Santos	2.500	
7	05/02/2014	6	Santos	500	
8				10.500	
9					

A célula D8 contém a fórmula =SOMA(D2:D7)

Se o usuário inserir uma linha, entre as linhas 6 e 7, e preencher com o valor 1.000 na coluna D, tal qual se apresenta a seguir, assinale a alternativa que indica o que acontece com a soma final, automaticamente movimentada pelo Excel para a célula D9.

	A	B	C	D
1	Data Abertura	Número do Processo	Origem	Valor dívida
2	01/03/2014	1	São Paulo	1.000
3	13/03/2014	2	Campinas	2.000
4	12/01/2014	3	Santos	3.000
5	15/04/2014	4	São Paulo	1.500
6	28/01/2014	5	Santos	2.500
7				1.000
8	05/02/2014	6	Santos	500
9				[illegible]
10				
11				

A) A soma passa a ser de 11.500. Ao se inserir a linha, a fórmula é automaticamente ajustada para =SOMA(D2:D8)

B) A soma retorna a um erro. Ao se inserir a linha, a fórmula precisa ser refeita.

C) A soma passa a ser de 10.000. A nova linha inserida e todas as linhas abaixo dela não são consideradas na fórmula de soma.

D) A soma final mantém-se com 10.500. A nova linha inserida não é considerada na fórmula de soma.

E) A soma passa a ser de 11.000. A fórmula considera que a última linha da seleção original de dados é a linha 7, e assim despreza a linha 8.

COMENTÁRIOS

Alternativa correta: letra "a". Quando se insere uma célula em um intervalo de células (Ex.: D2:D8), todas as fórmulas que utilizam este intervalo são ajustadas para refletirem as células adicionadas ao cálculo. Consequentemente, o resultado da soma será de 11.500.

Alternativa "b". Incorreto. A fórmula irá se adaptar a alteração, calculará o valor correto e não necessitará ser refeita.

Alternativa "c". A nova linha inserida é considerada no cálculo, mas o valor resultante, indicado na alternativa está errado. O correto é 11500 e não 10000 como afirmado.

Alternativa "d". Incorreto. A nova linha adicionada é considerada no cálculo e o valor resultante é alterado.

Alternativa "e". Como a adição de uma linha no intervalo D2:D8 a nova linha é considerada no cálculo, mas nenhuma outra célula do intervalo original é retirada.

22. (Vunesp – Escrevente Técnico Judiciário – TJ-SP/2014) Um documento com aparência profissional nunca termina uma página somente com uma linha de um novo parágrafo ou inicia uma página somente com a última linha da página anterior. A última linha de um parágrafo, sozinha no topo de uma página, é conhecida como _________ A primeira linha de um parágrafo, sozinha na parte inferior de uma página, é conhecida como _____________.

Assinale a alternativa que preenche, correta e respectivamente, as lacunas do texto do enunciado, relativo ao Microsoft Word 2010, em sua configuração original.

A) espelhada ... isolada

B) viúva ... orfã

C) recuada ... espaçada

D) retrato ... paisagem

E) rodapé ... cabeçalho

COMENTÁRIOS

Alternativa correta: letra "b". Conforme descrição do texto, as definições citadas correspondem respectivamente a viúva e órfã.

Alternativa "a". O termo espelhada refere-se a formatação de margem de um documento e não um organização de parágrafos em um texto.

Alternativa "c". Os termos recuada e espaçada estão associados a formatação de parágrafos (recuo em relação a margem esquerda e espaço entre parágrafos), mas não se referem a organização de parágrafos em um texto.

Alternativa "d". Retrato e paisagem referem a modelos de layout de documento e não aos parágrafos de um texto.

Alternativa "e". Rodapé e cabeçalho são elementos de uma página de um documento, onde podem ser inseridas informações como números de página, mas não estão relacionados a parágrafos.

23. (Vunesp – Escrevente Técnico Judiciário – TJ-SP/2014) Um documento foi criado no Microsoft Word 2010, em sua configuração padrão, conforme imagem a seguir.

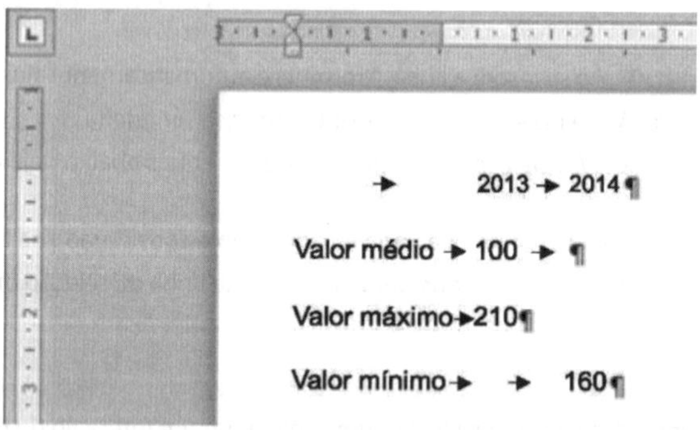

Se o usuário marcar todo esse conteúdo e clicar na guia Inserir, botão Tabela, opção Converter texto em tabela, aceitando as opções padrão oferecidas na caixa Converter texto para tabela, o resultado, sem as marcas de formatação, será:

A)

<table>
<tr><td>2013</td><td>2014</td><td></td></tr>
<tr><td>Valor médio</td><td colspan="2">100</td></tr>
<tr><td>Valor máximo</td><td>210</td><td></td></tr>
<tr><td>Valor mínimo</td><td colspan="2">160</td></tr>
</table>

B)

2013	2014	
Valor médio		100
Valor máximo	210	
Valor mínimo		160

C)

2013	2014	
Valor médio		100
Valor máximo	210	
Valor mínimo		160

D)

	2013	2014
Valor médio	100	
Valor máximo	210	
Valor mínimo		160

E)

	2013	2014
Valor médio	100	
Valor máximo	210	
Valor mínimo	160	

COMENTÁRIOS

Alternativa correta: letra "d". Ao selecionar o texto do Word e clicar na opção em converter em Tabela, será criada uma tabela e o texto distribuído na coluna e linhas desta. Cada linha de texto será armazenada em uma linha da tabela e cada palavra separada por tabulação ficará em uma coluna da tabela.

Alternativa "a". A tabela apresentada está incorreta. Como a primeira linha começa por uma tabulação, a primeira coluna da primeira linha ficará em branco e as demais serão armazenados os valores 2013 e 2014.

Alternativa "b". A tabela apresenta na primeira linha e coluna o valor 2013 e as duas colunas subsequentes mescladas na primeira linha. Devido as tabulações que separam as palavras da primeira linha, as duas últimas colunas não serão mescladas e devem conter os valores 2013 e 2014

Alternativa "c". A tabela desta alternativa tem o mesmo erro da tabela da alternativa anterior. Além disto, o valor 100, que deveria aparecer na segunda linha e segunda coluna da tabela, aparece na terceira coluna. Isto não é possível devido a separação das informações por tabulações que implicará na alocação de cada palavra em uma respectiva coluna da tabela.

Alternativa "e". O erro desta tabela encontra-se na última linha. O valor 160 aparece mesclado ocupando as duas últimas colunas da última linha da tabela. Como na última linha temos tabulações separando os dados, o valor em branco deverá ser inserido na última linha e primeira coluna e o valor 160 na segunda coluna desta linha.

---

24. (Vunesp – Escrevente Técnico Judiciário – TJ-SP/2014) No Microsoft Word 2010, em sua configuração padrão, as configurações de parágrafo e estilo são encontradas na guia

A) Inserir.

B) Layout da Página.

C) Página Inicial.

D) Exibição.

E) Revisão.

COMENTÁRIOS

Alternativa correta: letra "c". As configurações de parágrafo e estilo estão disponíveis na Guia Pagina Inicial, como mostrado na figura a seguir.

Alternativa "a". A guia Inserir é responsável pela inserção de elementos no texto como imagens, vídeos, quebras de página, comentários, números de página etc., como apresentado a seguir,

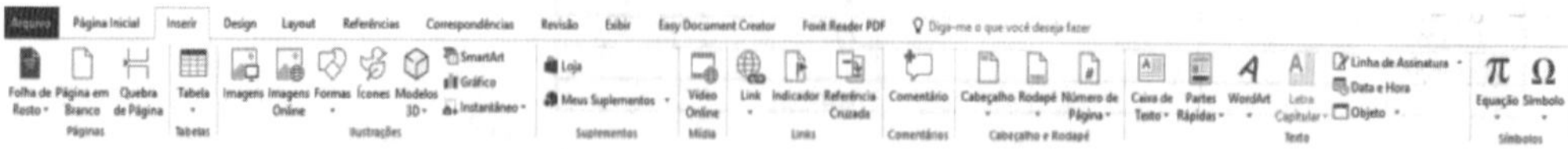

Alternativa "b". Na Guia Layout é possível formatar a orientação do documento, dividir o texto em colunas, formatar o espaçamento entre parágrafos, dentre outras ações indicadas na figura a seguir.

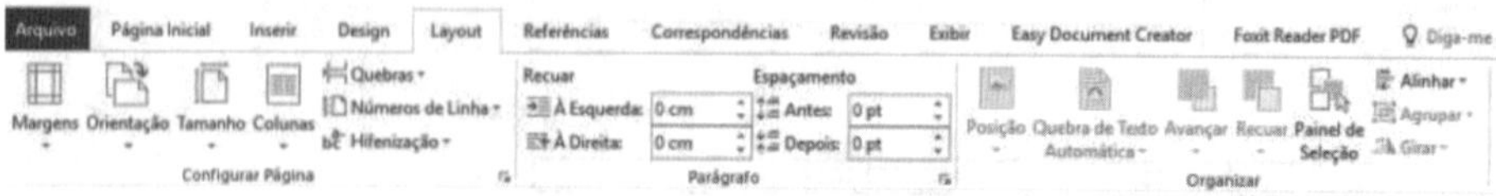

Alternativa "d". A Guia Exibir permite habilitar funcionalidades para facilitar o trabalho com um documento como apresentar uma régua, dividir a janela, inserir um macro, alterar o layout, dentre outros como mostrado a seguir.

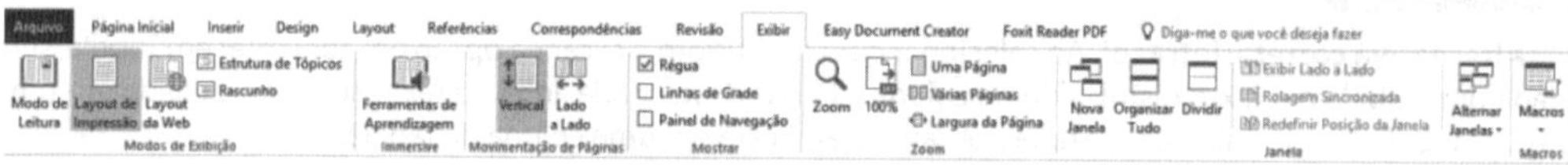

Alternativa "e". A guia Revisão disponibiliza ferramentas para revisão ortográfica e gramatical do texto, idioma, controle de alterações, dentre outras funcionalidades mostradas abaixo.

---

25. (Vunesp – Escrevente Técnico Judiciário – TJ-SP/2014) Assinale a alternativa correta, sobre o documento a seguir, criado no Microsoft Word 2010, em sua configuração original, com o cursor posicionado na segunda página.

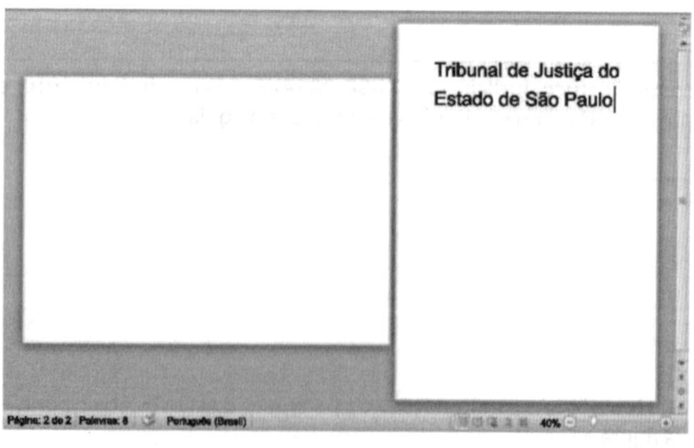

A) O documento contém 1 página e está formatado com 2 colunas.

B) A primeira página está sendo exibida em modo de impressão e a segunda página, em modo de layout web.

C) O documento contém 2 páginas, sendo a primeira em orientação paisagem e a segunda, em orientação retrato.

D) O documento contém 1 página, sendo que o primeiro quadro é dedicado a anotações do autor do texto.

E) O documento está 40% preenchido.

COMENTÁRIOS

Alternativa correta: letra "c".O documento contém duas páginas sendo a primeira está com o Layout configurado para paisagem e a segunda para retrato.

Alternativa "a". Pela visualização do documento este possui duas páginas e não uma página formatada em duas colunas.

Alternativa "b". Os layouts de impressão e web são aplicados a todos as páginas do documento. Assim, não há como visualizar uma página, de um mesmo documento, em um formato e a outra em outro.

Alternativa "d". O documento possui duas páginas. Anotações podem ser feitas utilizando o recurso de comentários que irá armazenar a informação também na mesma página.

Alternativa "e". O valor 40% que aparece na barra abaixo do texto indica o percentual de zoom no documento e não o percentual de preenchimento deste.

---

26. (Vunesp – Escrevente Técnico Judiciário – TJ-SP/2014) É o slide principal em uma hierarquia de slides que armazena informações sobre o tema e os layouts dos slides de uma apresentação, incluindo o plano de fundo, a cor, as fontes, os efeitos, os tamanhos dos espaços reservados e o posicionamento. Cada apresentação contém, pelo menos, um slide desse tipo. Seu principal benefício é poder fazer alterações de estilo universal em todos os slides de uma apresentação, inclusive naqueles adicionados posteriormente a ele.

O texto do enunciado, sobre o Microsoft PowerPoint 2010, em sua configuração padrão, refere-se a

A) super slide.

B) slide mestre.

C) slide oculto.

D) slide conceito.

E) slide público.

COMENTÁRIOS

Alternativa correta: letra "b". O texto do enunciado da questão descreve o conceito de slide mestre.

Alternativa "a". Não existe um recurso denominado super slide no PowerPoint.

Alternativa "c". Um slide pode ser ocultado. Este recurso evita que um slide seja visualizado durante a apresentação de slides. Para ocultar um slide, basta clicar com o botão direito sob este e escolher a opção ocultar.

Alternativa "d" e "e". Os termos citados não são nomes de recursos existentes no PowerPoint.

---

27. (Vunesp – Escrevente Técnico Judiciário – TJ-SP/2014)A apresentação a seguir, criada no Microsoft PowerPoint 2010, em sua configuração original, apresenta uma animação com efeito do tipo

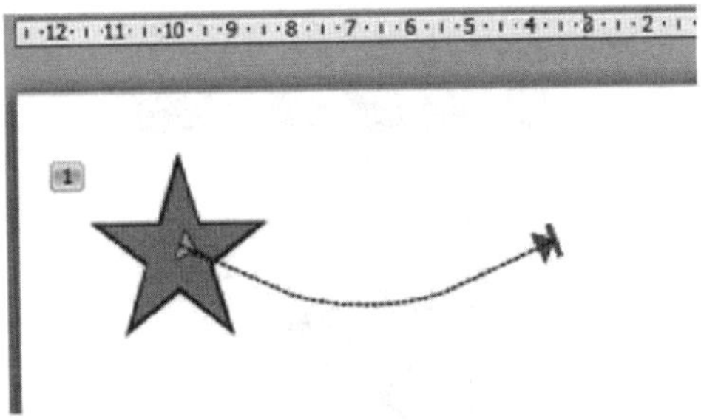

A) mescla.

B) saída.

C) entrada.

D) ênfase.

E) trajetória de animação.

COMENTÁRIOS

✪ **Nota do autor.** No PowePoint 2016 este recurso trajetória de animação passou a se chamar caminho de animação.

Alternativa correta: letra "e". A trajetória de animação, o usuário define o movimento que a forma fará no slide. A linha pontilhada define o trajeto que será feito pela forma.

Alternativa "a".O PowerPoint não possui um recurso de animação denominado mesclar.

Alternativa "b". O recurso saída gera uma animação, conforme os modelos disponíveis, que fará uma forma desaparecer do slide após a animação.

Alternativa "c". Quando se deseja que uma forma apareça em um determinado slide, utiliza-se o recurso de animação da categoria entrada.

Alternativa "d". Já a ênfase, faz com que uma forma seja destacada em um slide utilizando uma animação da categoria ênfase.

---

28. (Vunesp – Escrevente Técnico Judiciário – TJ-SP/2014) Durante uma apresentação com o Microsoft PowerPoint 2010, em sua configuração padrão, em português, o usuário deseja ocultar o conteúdo que está sendo exibido para uma pausa, deixando a tela totalmente em preto, mas não quer finalizar a apresentação. Para isso, ele deve pressionar a seguinte tecla:

A) E

B) Enter

C) Esc

D) Backspace

E) End

COMENTÁRIOS

Alternativa correta: letra "e". Ao pressionar a tecla E, a tela ficará escura, mas a apresentação não será encerrada.

Alternativa "b". Ao pressionar a tecla Enter, se não houver um efeito de animação a ser executado no slide atual, será apresentado o próximo slide da apresentação.

Alternativa "c". Ao pressionar o ESC a apresentação é finalizada.

Alternativa "d".A tecla Backspace não tem qualquer efeito sobre a apresentação de slides no powerpoint.

Alternativa "e". Ao pressionar a tecla End será apresentado o último slide da apresentação.

---

29. (Vunesp – Escrevente Técnico Judiciário – TJ-SP/2014) Um usuário criou uma AutoForma de estrela em um slide no Microsoft PowerPoint 2010, em sua configuração padrão, como se segue:

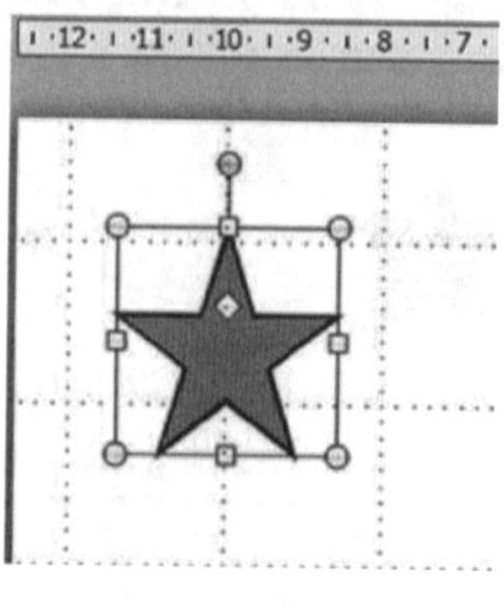

Considerando os pontos de marcação destacados na AutoForma, assinale a alternativa que apresenta qual foi o ponto selecionado pelo usuário para alterar o formato da AutoForma para ficar como se apresenta a seguir:

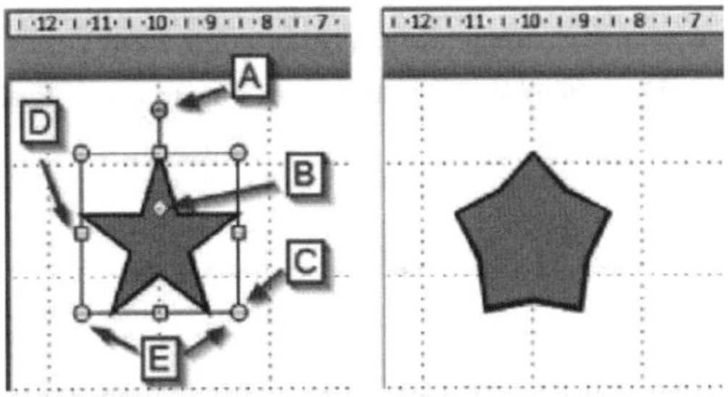

A) E

B) A

C) D

D) B

E) C

COMENTÁRIOS

Alternativa correta: letra "d". Ao selecionar e arrastar o ponto B o interior da forma é redimensionado gerando a figura apresentada a direita.

Alternativa "a" e "e". Ao pressionar e arrastar os pontos indicados pela letra E e C, o tamanho da forma é ampliado.

Alternativa "b". Ao pressionar e arrastar o ponto A, a forma irá ser girada tanto para a esquerda quanto para a direita conforme movimento do mouse.

Alternativa "c". A largura da forma será ampliada ao pressionar e arrastar o ponto D.

2. SISTEMAS OPERACIONAIS – WINDOWS E LINUX

30. (Vunesp – Escrevente Técnico Judiciário – TJ – SP/2017) No sistema operacional Windows 10, em sua configuração padrão, um usuário clicou com o botão direito do mouse em um espaço livre da Área de Trabalho, e a seguinte lista de opções surgiu na tela.

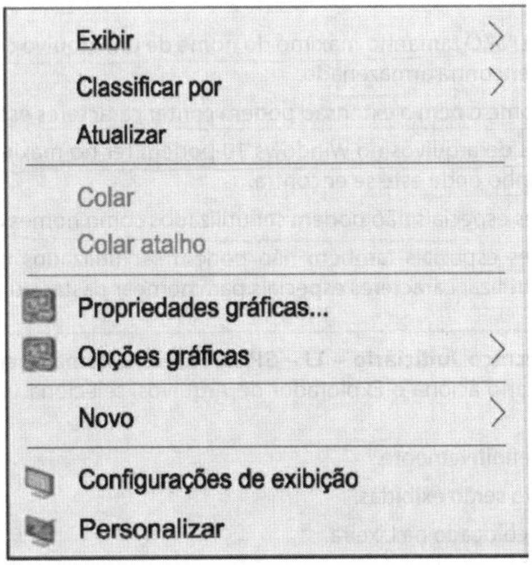

Esse usuário deseja criar um atalho para um arquivo na Área de Trabalho, e, para isso, ele deve clicar em

A) "Exibir", em seguida, selecionar "Atalho" na lista de opções que surge na tela, e seguir as orientações na janela "Criar Atalho".

B) "Novo", em seguida, digitar o nome do atalho na janela que surge na tela.

C) "Novo", em seguida, selecionar "Atalho" na lista de opções que surge na tela, e seguir as orientações na janela "Criar Atalho".

D) "Atualizar", em seguida, selecionar "Atalho" na lista de opções que surge na tela, e seguir as orientações na janela "Criar Atalho".

E) "Exibir", em seguida, digitar o nome do atalho na janela que surge na tela.

COMENTÁRIOS

Alternativa correta: letra "c". Clicar em "Novo", em seguida, selecionar "Atalho" na lista de opções que surge na tela, e seguir as orientações na janela "Criar Atalho".

Alternativa "a". A opção exibir irá apresentar funcionalidades para alterar o tamanhos dos ícones e organizá-los. Não há neste item uma opção para criar um atalho.

Alternativa "b". Ao clicar na opção Novo, será apresentado um sub menu com uma relação de opções que podem ser acionadas e não uma janela para criação automática de um atalho.

Alternativa "d".A opção Atualizar é utilizada para recarregar a área de trabalho, mas não possibilita a criação de atalhos.

Alternativa "e". A opção Exibir está relacionada a organização dos ícones na área de trabalho e não permite a criação de atalhos.

---

31. (Vunesp – Escrevente Técnico Judiciário – TJ – SP/2017) No sistema operacional Windows, em sua configuração padrão, os nomes de arquivos ou pastas seguem algumas regras, sobre as quais é correto afirmar que

A) o tamanho máximo de caracteres que pode ser utilizado no Windows 10 inclui o nome do arquivo e do seu caminho.

B) o nome do arquivo no Windows 10 não pode ter caracteres como \ / : * ? " <> |, mas a sua extensão pode incluí-los.

C) os nomes dos arquivos no Windows 10 podem ter até 128 caracteres.

D) caracteres como \ / : * ? " <> | podem ser utilizados nos nomes no Windows 10.

E) o nome do arquivo no Windows 10 não pode ter caracteres como \ / : * ? " <> |, mas o nome do seu caminho pode incluí-los.

COMENTÁRIOS

Alternativa correta: letra "a".O tamanho máximo do nome de um arquivo contempla o nome dado a este mais o caminho onde este se encontra armazenado.

Alternativa "b". Nem o nome e nem a extensão podem conter caracteres especiais.

Alternativa "c". Os nomes de arquivos no Windows 10 podem ter no máximo 256 caracteres somando o nome do arquivo mais o caminho onde este se encontra.

Alternativa "d". Caracteres especiais não podem ser utilizados como nomes de arquivos.

Alternativa "e". Caracteres especiais também não podem ser utilizados no nome de caminho de um arquivo, ou seja, não se pode utilizar caracteres especiais para nomear pastas ou unidades de disco.

---

32. (Vunesp – Escrevente Técnico Judiciário – TJ – SP/2017) No sistema operacional Windows 10, em sua configuração padrão, um usuário aciona o Explorador de Arquivos, seleciona um arquivo e pressiona a tecla F3. Em seguida,

A) o arquivo será deletado definitivamente.

B) as propriedades do arquivo serão exibidas.

C) o arquivo será deletado e colocado na Lixeira.

D) a Ajuda do Windows 10 será ativada.

E) o cursor será colocado no campo de busca da Ferramenta de Pesquisa.

COMENTÁRIOS

Alternativa correta: letra "e". Ao acionar a tecla F3 será habilitada a pesquisa e o curso estará disponível no campo de busca da Ferramenta de Pesquisa.

Alternativa "a". Para remover um arquivo definitivamente, deve-se utilizar o atalho Ctrl+D.

Alternativa "b". Para se exibir as propriedades de um arquivo utiliza-se o atalho Alt+Enter.

Alternativa "c". Para remover o arquivo para a Lixeira basta pressionar a tecla delete do teclado.

Alternativa "d". O recurso de ajuda do Windows 10 é ativado pressionando a tecla F1 do teclado.

---

33. (Vunesp – Escrevente Técnico Judiciário – TJ-SP/2015) Em um computador com o sistema operacional Windows 7, em sua configuração padrão, diversos atalhos de teclado estão associados ao uso da Área de Transferência. O atalho de teclado destinado a desfazer a ação anterior é o:

A) Ctrl+D
B) Alt+U
C) Ctrl+Z
D) Alt+Z
E) Ctrl+U

COMENTÁRIOS

Alternativa correta: letra "c". Ao utilizar o atalho Ctrl+Z a última ação anterior será desfeita.

Alternativa "a". Ao utilizar o atalho Ctrl+D sob um arquivo selecionado este será removido permanentemente.

Alternativas "b". O atalho Alt+U não tem qualquer efeito em uma janela do Windows Explorer ou no ambiente Windows.

Alternativas "d".O atalho Alt+Z não tem qualquer efeito em uma janela do Windows Explorer ou no ambiente Windows.

Alternativa "e" . O atalho Ctrl+U não tem qualquer efeito em uma janela do Windows Explorer ou no ambiente Windows.

---

34. (Vunesp – Escrevente Técnico Judiciário – TJ-SP/2015) Um usuário de um computador com o sistema operacional Windows 7, em sua configuração padrão, deletou um atalho presente na Área de Trabalho.

Sobre essa ação, é correto afirmar que

A) o atalho será colocado na Lixeira e o arquivo associado ao atalho será preservado.
B) o atalho será destruído, sem ser colocado na Lixeira.
C) o atalho será retirado da Área de Trabalho e transferido para a pasta na qual se encontra o arquivo associado ao atalho.
D) tanto o atalho como o arquivo associado ao atalho serão colocados na Lixeira.
E) tanto o atalho como o arquivo associado ao atalho serão destruídos, sem serem colocados na Lixeira.

COMENTÁRIOS

Alternativa correta: letra "a". Ao deletar um atalho somente o atalho é movido para a Lixeira, o arquivo original é preservado.

Alternativa "b". Um arquivo pode ser removido permanentemente sem ser movido para a lixeira (destruído). Uma das maneiras de fazer isto é selecionar o arquivo e usar o seguinte atalho Ctrl+D. Entretanto, ao remover o arquivo utilizando a tecla Delete, este será movido para a Lixeira.

Alternativa "c". Não. Ao deletar o arquivo ele será movido para a Lixeira e não para qualquer outra pasta da unidade.

Alternativa "d". Ao deletar um atalho somente o atalho é movido para a Lixeira.

Alternativa "e". Ao destruir um atalho, somente o atalho é removido permanentemente e o arquivo, referenciado pelo atalho, permanece preservado.

35. (Vunesp – Escrevente Técnico Judiciário – TJ-SP/2015) Um usuário de um computador com o sistema operacional Windows 7, em sua configuração padrão, arrastou um arquivo presente em uma pasta da unidade de disco C para uma pasta da unidade de disco D. Sobre essa ação, é correto afirmar que o

A) arquivo e sua pasta serão movidos para a pasta da unidade de disco D.

B) arquivo será copiado para a pasta da unidade de disco D.

C) arquivo será movido para a pasta da unidade de disco D.

D) arquivo e sua pasta serão copiados para a pasta da unidade de disco D.

E) comando não terá efeito, pois só se pode arrastar arquivos em uma mesma unidade de disco.

COMENTÁRIOS

Alternativa correta: letra "b". Ao arrastar arquivos ou pastas entre unidades, este sempre será copiado para a unidade de destino. Além disto, quando se arrasta um arquivo a cópia somente será feita do arquivo e não da respectiva pasta.

Alternativa "a". Um arquivo somente será movido se for arrastado para uma pasta de uma mesma unidade.

Alternativa "c". Entre unidade de disco, a operação de arrastar realiza a cópia do arquivo e não a movimentação deste.

Alternativa "d". Ocorre apenas a cópia do arquivo, a pasta na qual ele se encontra não é copiada.

Alternativa "e". Pode-se arrastar arquivos ou pastas entre unidades de disco e entre pastas de uma mesma unidade. A única diferença é a operação associada. Entre unidades sempre será feita uma cópia. Entre pastas de uma mesma unidade o arquivo ou pasta será movimentado.

36. (Vunesp – Escrevente Técnico Judiciário – TJ-SP/2014) No Microsoft Windows 7, em sua configuração padrão, ao se arrastar um arquivo ou pasta, o que acontece depende do destino para onde o objeto está sendo arrastado. Ao se arrastar um arquivo para uma pasta em uma unidade diferente, sem utilizar o teclado, ele

A) será copiado para a pasta de destino.

B) será apagado da pasta de origem e terá um atalho criado pasta de destino.

C) terá um atalho criado pasta de destino, somente.

D) será movido para a pasta de destino.

E) será apagado da pasta de origem, somente.

COMENTÁRIOS

Alternativa correta: letra "a". Ao arrastar um arquivo ou pasta para uma unidade diferente, será feita uma cópia do arquivo/pasta na unidade de destino.

Alternativa "b". O arquivo/pasta seria removido da pasta de origem se este estivesse sendo movido. Fato que não ocorre arrastando arquivos ou pasta entre unidades. A criação de um atalho também está incorreta. Esta criação de atalho somente ocorre ao clicar com o botão direito do mouse no arquivo e escolher a opção "Enviar para -> Área de Trabalho (criar atalho) ".

Alternativa "c". Como citado na alternativa anterior, a ação indicada não gera a criação de um atalho.

Alternativa "d". O arquivo/pasta somente será movido quando ele for arrastado para alguma outra pasta dentro da mesma unidade.

Alternativa "e". Quando se arrasta uma pasta/arquivo este somente será removido se este for arrastado para a Lixeira do Windows. Caso contrário este será copiado (entre unidades diferentes) ou movido (entre pastas de uma mesma unidade).

37. (Vunesp – Escrevente Técnico Judiciário – TJ-SP/2014) Um arquivo gravado na área do Microsoft Windows 7, em sua configuração original, que é sempre exibida na tela quando você liga o computador e inicia o Windows, é encontrado

A) na Área de Trabalho.

B) nas Bibliotecas.

C) nos Documentos.

D) na Caixa de Entrada.

E) em Downloads.

COMENTÁRIOS

✪ **Nota do autor**. A biblioteca é um recurso do Windows 7 que aponta para locais onde estão armazenadas fotos, músicas, vídeos, pastas, etc. Nesta são armazenados links para que o usuário consiga acessar mais rapidamente estes itens.

Alternativa correta: letra "a". Ao ligar o computador, o sistema operacional é carregado e apresentado ao usuário a área de trabalho do Windows. Nesta o usuário encontra os arquivos gravados nesta, link para programas, etc.

Alternativa "b". Os itens que compõem uma biblioteca do Windows 7 somente serão acessados utilizando o Windows Explorer no painel lateral do lado esquerdo.

Alternativa "c". A pasta Documentos, que faz parte do recurso de Bibliotecas do Windows 7, não é acessado diretamente ao ligar o computador. Para acessar esta pasta é necessário utilizar o Windows Explorer.

Alternativa "d". A Caixa de Entrada não é uma pasta do Windows 7 e sim, uma pasta de softwares de correio eletrônico (como Outlook, Thunderbird, etc.) onde são armazenadas as mensagens de e-mail recebidas.

Alternativa "e". A pasta Downloads também não é acessada diretamente ao ligar o computador. Para acessá-la deve-se utilizar o Windows Explorer.

3. REDES DE COMPUTADORES, INTERNET E INTRANET

38. (Vunesp – Escrevente Técnico Judiciário – TJ – SP/2017) Considerando o uso de correio eletrônico, ao se preparar uma mensagem para envio,

A) se esta for um encaminhamento de uma mensagem recebida, não é possível enviá-la a destinatários em cópia oculta.

B) o número de destinatários em cópia oculta não pode ser superior ao número de destinatários em cópia aberta.

C) se esta for um encaminhamento de uma mensagem recebida, não é possível alterar o assunto presente na mensagem original.

D) o número de destinatários em cópia aberta deve ser igual ao número de destinatários em cópia oculta.

E) é possível enviá-la sem a especificação de seu assunto.

COMENTÁRIOS

Alternativa correta: letra "e". Ao enviar uma mensagem, caso não seja especificado o assunto, esta mensagem poderá ser enviada mesmo assim.

Alternativa "a". Ao encaminhar uma mensagem é possível enviá-la a destinatários em cópia oculta (Cco).

Alternativa "b". Não há uma relação entre o número de destinatários em cópia aberta (Cc:) e em cópia oculta.

Alternativa "c". Ao se encaminhar uma mensagem é possível alterar o assunto desta.

Alternativa "d". Não há uma relação entre o número de destinatários em cópia aberta (Cc:) e em cópia oculta.

39. (Vunesp – Escrevente Técnico Judiciário – TJ – SP/2017) Em geral, a especificação completa do UniformResourceLocator (URL) apresenta os seguintes campos:

esquema://domínio:porta/caminhorecurso?querystring#fragmento

Sobre esses campos, é correto afirmar que

A) o caminho especifica as redes por meio das quais a solicitação será encaminhada.

B) o fragmento é uma parte obrigatória, presente em qualquer URL.

C) o esquema pode ser apenas http ou https.

D) o domínio determina o servidor que torna disponível o recurso ou o documento solicitado.

E) a porta sempre será um número menor ou igual a 40.

COMENTÁRIOS

Alternativa correta: letra "d". O domínio especifica o servidor que disponibiliza o documento solicitado.

Alternativa "a". O caminho especifica a localização (pasta) onde o recurso se encontra no servidor (domínio).

Alternativa "b". Não necessariamente. Esse é um recurso opcional dependendo da informação que se está acessando.

Alternativa "c". O esquema pode definir outros protocolos como ftp (utilizado para transferência de arquivos).

Alternativa "e". A porta depende do serviço acessado no servidor. Se for uma página html será acessada a porta 80 (servidor html), 443 (https), 21 (ftp) e assim sucessivamente para cada serviço disponibilizado pelo servidor.

---

40. (Vunesp – Escrevente Técnico Judiciário – TJ – SP/2017) Alguns navegadores utilizados na internet, como o Microsoft Edge e o Chrome, permitem um tipo de navegação conhecida como privada ou anônima. Sobre esse recurso, é correto afirmar que ele foi concebido para, normalmente,

A) não permitir o armazenamento de "favoritos" durante uma navegação.

B) não permitir que sejam realizados downloads de quaisquer tipos de arquivos.

C) substituir os dados do usuário por outros fictícios, definidos pelo próprio usuário, e evitar que propaganda comercial e e-mails do tipo spam sejam posteriormente encaminhados ao usuário.

D) permitir que sites sejam acessados sem que sejam guardados quaisquer dados ou informações que possam ser usados para rastrear, a partir do navegador, as visitas efetuadas pelo usuário.

E) impedir que o provedor de internet e os sites visitados tenham acesso aos dados relativos à navegação do usuário.

COMENTÁRIOS

Alternativa correta: letra "d". Este recurso permite que sites sejam acessados sem que seja registrado informações que permitam verificar o histórico de sites visitados.

Alternativa "a". Durante uma navegação privada é possível salvar páginas como "favoritos".

Alternativa "b". O download de arquivos também é permitido na navegação privativa.

Alternativa "c". Não há o fornecimento de informações fictícias durante a navegação privativa.

Alternativa "e". Apesar da navegação ser privativa, os provedores de Internet ainda terão acesso a navegação do usuário. Esta apenas não será registrada no histórico do navegador e não serão armazenados cookies durante a navegação.

---

41. (Vunesp – Escrevente Técnico Judiciário – TJ-SP/2015) Os endereços de correio eletrônico (e-mail) são padronizados quanto à sua composição para possibilitar a correta identificação e o envio das mensagens pela internet. Dentre as alternativas apresentadas, a que contém um endereço de e-mail de acordo com a padronização é:

A) marcos.com.br@

B) @carlos.com.br

C) #marcos@.eng.br

D) marcos@#com.br

E) carlos@casa.br

COMENTÁRIOS

✪ **Nota do autor.** Os endereços de correio eletrônico seguem o modelo nome_do_usuário@domínio. O domínio está relacionado a um site de uma organização como gmail.com, uol.com.br, etc.

Alternativa correta: letra "e". Este endereço está no padrão correto.

Alternativa "a". O endereço de e-mail apresentado está incorreto. Além de faltar o nome do usuário, o domínio foi inserido antes do @ e não após.

Alternativa "b". Neste endereço encontramos o domínio corretamente após o @, mas falta o nome do usuário.

Alternativa "c". Endereços de e-mail não podem conter símbolos especiais. Além disto, após o @ espera-se um nome de domínio (letra) e não um símbolo "." .

Alternativa "d". O erro neste endereço está relacionado ao símbolo especial # inserido após o @.

---

42. (Vunesp – Escrevente Técnico Judiciário – TJ-SP/2015) Para que uma mensagem possa ser enviada pelo serviço de correio eletrônico (e-mail), é imprescindível a inclusão

A) do nome completo do destinatário no campo Para:.

B) de pelo menos uma palavra no campo Assunto ou Subject.

C) do endereço de e-mail nos campos Para:, ou Cc: ou Cco:.

D) de pelo menos uma letra no corpo da mensagem.

E) da mensagem em formato texto.

COMENTÁRIOS

Alternativa correta: letra "c". Para que uma mensagem de e-mail seja enviada a um destinatário é necessário a indicação de um endereço de e-mail, válido, em um dos seguintes campos Para:,Cc: ou Cco:.

Alternativa "a". Se for digitado o nome completo de uma pessoa, mas não um endereço válido, o e-mail não será enviado corretamente.

Alternativa "b". A inclusão de uma palavra no campo Assunto ou Subject não garante o correto envio da mensagem. Este campo somente define o tema/objetivo do e-mail. Com esta informação, mas sem um endereço de e-mail válido em um dos campos Para:,Cc: ou Cco: a mensagem não será enviada corretamente.

Alternativa "d". Apenas uma letra no corpo da mensagem, sem especificar um endereço de e-mail correto em um dos campos de destinatário, não irá permitir o envio correto da mensagem.

Alternativa "e". Formatar a mensagem em formato texto não garante o envio correto. Visto que mensagens formatadas em HTML também podem ser enviadas corretamente. O fator necessário para o envio é um endereço correto de e-mail nos campos de destinatário.

---

43. (Vunesp – Escrevente Técnico Judiciário – TJ-SP/2015) Nos navegadores (browser) de internet típicos, quando são acessados alguns sites específicos, é apresentado um ícone com um cadeado junto à Barra de endereços do navegador. A apresentação desse cadeado indica que

A) o conteúdo do site acessado é livre de vírus.

B) há a necessidade de possuir uma senha para acessar o conteúdo do site.

C) o conteúdo do site tem acesso privado.

D) a conexao do navegador com o site é segura.

E) o site apresenta restrição de acesso.

COMENTÁRIOS

Alternativa correta: letra "d". O ícone de cadeado indica que foi estabelecida uma conexão segura entre o site e o navegador onde todos os dados trafegados serão criptografados.

Alternativa "a". Não há como garantir, no contexto da questão, que o site específico é livre de vírus, apenas que a conexão entre o navegador e o site é criptografada.

Alternativa "b". Não há qualquer relação entre uma conexão segura e a necessidade de uma senha para acessar o site. Apesar de rotineiramente, pode-se usar uma conexão segura para trafegar uma senha entre o navegador e o site.

Alternativa "c". Não há qualquer relação entre o conteúdo privado de um site e uma conexão segura.

Alternativa "e". Também não é um pré-requisito de uma conexão segura uma restrição de acesso a um site.

44. (Vunesp – Escrevente Técnico Judiciário – TJ-SP/2014) Durante o preparo de uma mensagem de correio eletrônico, um usuário preencheu o campo Para com um email válido e existente, anexou um documento do Microsoft Word existente em seu computador e clicou em Enviar. A mensagem foi transferida com sucesso. Porém, algum tempo depois, o usuário remetente apagou esse arquivo Word de seu computador.

Ao realizar essa ação,

A) não aconteceu nada nas caixas postais do remetente e do destinatário.

B) não aconteceu nada na mensagem do destinatário, mas a mensagem do próprio remetente, que estava na Caixa de Saída, foi apagada, de forma automática.

C) a mensagem, previamente transmitida, foi mantida na caixa postal do destinatário, porém sem o documento Word, que foi apagado de forma automática.

D) não aconteceu nada na mensagem do destinatário e do remetente, mas o documento Word que estava anexado dentro da mensagem do próprio remetente foi apagado, de forma automática.

E) a mensagem, previamente transmitida, também foi apagada da caixa postal do destinatário, de forma automática.

COMENTÁRIOS

Alternativa correta: letra "a". Ao enviar uma mensagem com um arquivo anexado, é realizado, pelo software de e-mail, uma cópia do arquivo e este é anexado na mensagem. Assim, ao remover o arquivo do computador nada acontecerá nas caixas postais do remetente e destinatário.

Alternativa "b". Ao remover um arquivo do computador, nada ocorrerá com o arquivo na mensagem de e-mail da pasta enviada porque foi feita uma cópia do arquivo e anexada no e-mail. Logo, estes representam arquivos diferentes.

Alternativa "c". Apesar da remoção do arquivo original no computador, a cópia anexada a mensagem não é removida.

Alternativa "d". Não há remoção do arquivo na mensagem do remetente.

Alternativa "e". Não há remoção do e-mail e nem do arquivo anexado a mensagem.

45. (Vunesp – Escrevente Técnico Judiciário – TJ-SP/2014) "São pequenos arquivos que alguns sites colocam no disco rígido do seu computador quando você os visita pela primeira vez."

O texto refere-se a

A) favoritos.

B) cookie.

C) URL.

D) http.

E) link persistente.

COMENTÁRIOS

Alternativa correta: letra "b". Ao visitar determinados sites, estes criam em seu computador arquivos denominados cookies. Estes são utilizado para armazenar informações temporárias sobre o usuário que acessa o site como itens no carrinho de compra, nome de usuários, links acessados, etc.

Alternativa "a". Favoritos é o nome dado a uma funcionalidade dos navegadores web (Firefox, Chrome, etc.) que armazenam endereços de páginas web, salvos por usuários, para facilitar o acesso futuro a estas páginas.

Alternativa "c". URL (UniformResourceLocator) é o nome dado aos endereços de páginas web.

Alternativa "d". O http é um protocolo de rede utilizado pelos navegadores para acessarem e exibirem páginas web.

Alternativa "e". Um link é um texto ou imagem que pode ser clicado em um site e te levará a outro site.

✦ DICAS

1. APLICATIVOS PARA ESCRITÓRIO MS OFFICE

As questões dos concursos, sobre MS Office e BrOffice/LibreOffice, cobram conhecimentos relacionados ao uso dos aplicativos destes pacotes. Assim, é importante que o candidato instale utilize estes softwares no dia a dia, principalmente o BrOffice/LibreOffice. Através do uso constante, o candidato irá se habituar e conhecer as principais funções destes softwares. Consequentemente isto irá facilitar a resposta das questões sobre este assunto, pois estas cobram basicamente o manuseio, configurações e o conhecimento sobre a existência de determinadas funcionalidades nestes softwares.

Devido à adoção dos BrOffice/LibreOffice por órgãos governamentais é importante conhecer os aplicativos que compõe esta suíte. A tabela a seguir, apresenta os principais aplicativos que compõe o BrOffice/LibreOffice e indica o software equivalente no MS Office.

Software BrOffice/LibreOffice	Funcionalidade	Equivalente MS Office
Writer	Editor de Texto	Word
Calc	Planilha Eletrônica	Excel
Impress	Editor de apresentações multimídia	PowerPoint
Draw	Editor de diagramas e desenhos	Visio
Base	Banco de Dados	Access

Outro aspecto importante é o conhecimento dos atalhos de teclados mais comuns destes softwares. Isto facilita a execução de tarefas e por isto o conhecimento das principais teclas de atalho é abordado em questões de concurso. As tabelas a seguir apresentam as principais teclas de atalho do MS Office e BrOffice/LibreOffice.

MS Office(Word e Excel)	
Tecla de Atalho	**Ação**
ALT+ENTER	Inicia uma nova linha na mesma célula.
CTRL+[	Diminui o tamanho da fonte em uma unidade no texto selecionado
CTRL+]	Diminui o tamanho da fonte em uma unidade no texto selecionado
CTRL+A	Seleciona a planilha inteira.
CTRL+B	Salva o documento.
CTRL+C	Copia as células selecionadas.
CTRL+D	Abre a janela para formatação de fonte.
CTRL+DEL	Apaga a palavra seguinte.
CTRL+E	Centraliza o texto selecionado
CTRL+END	Posiciona o curso no final do documento.
CTRL+ENTER	Preenche o intervalo de células selecionado com a entrada atual.
CTRL+HOME	Posiciona o cursor no início do documento.
CTRL+I	Formata o texto selecionado em itálico.
CTRL+J	Justifica o texto selecionado.
CTRL+L	Localiza palavras no texto.
CTRL+N	Formata o texto selecionado em negrito
CTRL+Q	Alinha o texto selecionado a esquerda.
CTRL+S	Sublinha o texto selecionado.
CTRL+T	Seleciona todo o documento

CTRL+U	Localiza e substitui palavras no texto.
CTRL+V	Insere o conteúdo da Área de Transferência no ponto de inserção e substitui qualquer seleção. Disponível somente após recortar ou copiar um objeto, texto ou conteúdo de célula.
CTRL+X	Recorta um conteúdo selecionado.
CTRL+Z	Desfaz a última ação realizada.
F12	Abre a janela "salvar como".
F4	Repete a última ação.
F7	Verifica Ortografia e Gramática.
SHIFT+ENTER	Conclui uma entrada de célula e seleciona a célula de cima.
SHIFT+F3	Transforma em maiúsculas todo o texto selecionado.
SHIFT+F7	Abre a janela do dicionário de sinônimos.

Nos seguintes sites é possível encontrar uma relação completa das teclas de atalho do Word e Excel:

a) http://office.microsoft.com/pt-br/word-help/atalhos-de-teclado-do-microsoft-word-HP010370109.aspx#BM5

b) http://office.microsoft.com/pt-br/excel-help/atalhos-de-teclado-no-excel-2010-HP010342494.aspx

LibreOffice (Writer e Calc)	
Tecla de Atalho	**Ação**
F7	Verifica ortografia.
CTRL+F7	Abre a janela do dicionário de sinônimos.
CTRL+F12	Insere ou edita uma tabela existente.
CTRL+A	Seleciona todo o texto.
CTRL+J	Justifica o texto selecionado.
CTRL+D	Formato o texto selecionado com sublinhado duplo.
CTRL+E	Centraliza o texto selecionado.
CTRL+H	Localizar e substituir um texto.
CTRL+L	Alinha o texto selecionado a esquerda.
CTRL+R	Alinha o texto selecionado a direita.
CTRL+Y	Repete a última ação.
SHIFT+ENTER	Quebra de linha.
CTRL+ENTER	Quebra de página.
CTRL+HOME	Ir para o início do documento.
CTRL+END	Ir para o fim do documento.
CTRL+DEL	Eliminar texto até ao final da palavra.
SHIFT+HOME	Seleciona todas as células desde a atual até a primeira célula da linha.
SHIFT+END	Seleciona todas as células desde a atual até a última célula da linha.
CTRL+F2	Abre o assistente de funções do Calc

Nos seguintes sites é possível encontrar uma relação completa das teclas de atalho do Writer e Calc:

a) http://help.libreoffice.org/Writer/Shortcut_Keys_for_Writer/pt

b) http://help.libreoffice.org/Calc/Shortcut_Keys_for_Spreadsheets/pt-BR

Dentre os softwares de automação de escritório, o Excel e Calc possuem uma grande variedade de funções que podem ser cobradas nos concursos. A tabela, a seguir, explica o funcionamento destas funções exemplificando estas para o Excel, mas os mesmos conceitos podem ser aplicados para o Calc do LibreOffice/BrOffice.

Função	Descrição	Exemplo
Soma	Realiza a soma de todos os números especificados como argumentos da função. Sendo que cada argumento pode ser um número, referência a uma célula, intervalo de células, matriz, uma fórmula ou resultado de outra função.	• Soma(A1,A2): soma o valor das células A1 e A2. • Soma(A1:A5): soma o conteúdo das células de A1 até A5. • Soma(A1:B2): soma o conteúdo das células da matriz formada pelas células de A1 a B2.
Soma.Se	Realiza a soma de um conjunto de células desde que estas atendam a um determinado critério especificado. Soma.Se(intervalo; critérios; intervalo_soma_opcional) Se o intervalo_soma_opcional não foi especificado, será feito a soma das células especificadas no intervalo.	• SOMASE(A2:A5,">160000"): soma as células do intervalo A2 a A5 que possuam valor superior a 160.000. • SOMASE(A2:A7,"Frutas",C2:C7): soma as células no intervalo de C2 a C7 cuja a respectiva célula da mesma linha na coluna A (A2:A7) contenha a palavra "Frutas")
Média	Calcula a média aritmética de todos os números especificados como argumentos da função. Sendo que cada argumento pode ser um número, referência a uma célula, intervalo de células, matriz, uma fórmula ou resultado de outra função.	• Média(A1,A2): calcula a média aritmética das células A1 e A2. • Média (A1:A5): calcula a média aritmética das células de A1 até A5. • Média(A1:B2): calcula a média aritmética das células da matriz formada pelas células de A1 a B2.
Cont.Se	Contabiliza o número de células não vazias em um determinado intervalo se um determinado critério for verdadeiro. Sintaxe da função: Cont.Se(intervalo;critérios)	• CONT.SE(B2:B5;">55"): conta o número de células no intervalo de B2 a B5 que possuam valor maior que 55 • CONT.SE(A2:B5;"aprovado"): conta o número de células no intervalo A2 a B5 que contenham a palavra aprovado.
Se	Verifica se uma condição é verdade ou falsa. A partir da análise desta condição retorna um valor se a condição for verdadeira e outro se a condição for falsa	• Se(A1>0;"Positivo", "Negativo) : verifica se o conteúdo da célula A1 é maior que zero. Caso verdadeiro a função Se retorna Positivo e este valor será inserido na célula de destino. Caso o resultado da condição seja falso, a função Se retorna Negativo e este é inserido na célula de destino.

A função Se utiliza operadores relacionais para especificar a condições. A próxima tabela apresenta os principais operadores relacionais do Excel e Calc.

OPERADOR Relacional	SIGNIFICADO	Exemplo
=	Igual a	• A1 = 5 : compara se o conteúdo da célula A1 é igual a 5
>	Maior que	• A2 >0 : compara se o conteúdo da célula A2 é maior que 0.
<	Menor que	• A1 <5 : compara se o conteúdo da célula A1 é menor que 5
>=	Maior ou Igual a	• A2 >= 0 : compara se o conteúdo da célula A2 é maior ou igual a 0.
<=	Menor ou igual a	• A1 <= 5 : compara se o conteúdo da célula A1 é menor ou igual a 5
<>	Diferente de	• A1 <>0 : verifica se o valor de A1 é diferente de 0.

Também, nas questões envolvendo planilhas eletrônicas (Excel e Calc) são cobrados o conhecimento dos seguintes operadores:

Operador	Funcionalidade	Exemplo(s)
:	Determina um intervalo de células em uma fórmula.	• Soma(A1:A5) : efetua a soma das células A1, A2, A3, A4 e A5. • Média(A1:B2): calcula a média das células A1, A2, B1 e B2.
;	Especifica células individuais de uma planilha em uma fórmula	• Soma(A1;A5): efetua a soma das células A1 e A5.
$	Utilizado para travar o incremento de uma linha ou coluna quando uma fórmula é copiada de uma célula para outra.	Suponha que as fórmulas, a seguir, estão digitas na célula C1 • Soma(A$1;B1): se esta fórmula for copiada para a Célula C2 (linha abaixo de C1) o índice da linha de B1 será incrementado enquanto que o índice da linha de A$1 não. A fórmula resultante será Soma(A$1;B2). • Soma(A$1;B1): se esta fórmula for copiada para a Célula D1 (coluna ao lado de C1) o índice da coluna da B1 será incrementado e também o índice da coluna de A$1 visto que o $ está precedendo somente o índice da linha. A fórmula resultante será Soma(B$1;C1). • Soma($A1;B1): se esta fórmula for copiada para a Célula C2 (linha abaixo de C1) o índice da linha da B1 e de $A1 serão incrementados visto que o $ somente está precedendo o índice da coluna. A fórmula resultante será Soma($A2;B2). • Soma($A1;B1): se esta fórmula for copiada para a Célula D1 (coluna ao lado de C1) o índice da coluna da B1 será alterado e o índice da coluna de $A1 não, visto que o $ está precedendo o índice da coluna. A fórmula resultante será Soma($A1;C1). • Soma($A$1;B1): como o $ precede tanto o índice da linha e coluna de A1 se a fórmula for copiada para a linha abaixo ou para a coluna ao lado de C1 nem o índice da linha ou coluna do termo A1 serão alterados. Entretanto B1 terá o seu índice da linha ou coluna alterado se a fórmula for copiada para a linha abaixo ou para a coluna ao lado de C1.
& (E comercial)	Utilizado para fazer a concatenação de dois valores produzindo um texto	A seguinte fórmula = "A" & "B" &"C" produz o seguinte resultado "ABC"

Além destes operadores, é importante conhecer os principais operadores matemáticos utilizados nas fórmulas do Excel e o Calc. A tabela a seguir apresenta os principais.

OPERADOR Matemático	SIGNIFICADO	EXEMPLO	Resultado
+ (sinal de mais)	Adição	=3+3	6
– (sinal de menos)	Subtração Negação	=3–1=–1	2 -1
* (asterisco)	Multiplicação	=3*3	9
/ (sinal de divisão)	Divisão	=3/3	1
% (sinal de porcentagem)	Porcentagem	=50*20%	10
^ (acento circunflexo)	Exponenciação	=3^5	243

Quadro adaptado de http://office.microsoft.com/pt-br/excel-help/operadores-de-calculo-e-precedencia-HP010078886.aspx

Quando o Excel e o Calc avaliam uma fórmula, esta é analisada da esquerda para a direita se todos os operadores matemáticos envolvidos tiverem a mesma ordem de precedência. A ordem de precedência indica qual operação deve ser realizada primeiro antes das demais. Por exemplo, em uma fórmula envolvendo somas e multiplicações, as operações de multiplicação são realizadas antes das somas. O quadro a seguir apresenta a ordem de precedência dos operadores matemáticos.

Operador	Descrição	Ordem de Precedência
–	Negação (como em –1)	Maior
%	Porcentagem	↓
^	Exponenciação	↓
* e /	Multiplicação e divisão	↓
+ e –	Adição e subtração	↓
&	Concatenação	Menor

Pela tabela acima, percebe-se que o operador % tem maior precedência do que o operador de *. Assim, em um formula envolvendo estes dois operadores o operador % será calculado antes do *.

Alguns operadores possuem a mesma precedência como + e -. Quando a fórmula envolve apenas estes operadores, esta é analisada da esquerda para a direita.

Em algumas situações é necessário realizar um cálculo em uma ordem de precedência diferente da definida para os operadores. Por exemplo, no caso do cálculo da média de três células. Se a fórmula for especificada como =A1+A2+A3/3, considerando a ordem de precedência, o cálculo estará errado. Visto que somente A3 é dividido por 3 e o resultado somado a A1e A2. Para estes casos, pode se utilizar um par de parênteses ( ) para alterar a ordem de precedência. Qualquer fórmula que estiver entre parênteses tem maior precedência, ou seja, é calculada antes dos demais operadores, os quais são avaliados na ordem de precedência atual. Assim, a fórmula correta para o cálculo da média de 3 valores é = (A1+A2+A3)/3. Nesta, como os parênteses possuem a maior precedência, primeiro soma se as células e o resultado é divido por 3.

Outro ponto cobrado são os formatos do padrão Open Document Format. A tabela a seguir indica os formatos mais comuns.

Formato	Tipo de Documento
odt	Documentos de texto
ods	Planilhas Eletrônicas
odp	Apresentações Multimídia
odb	Bancos de Dados
odg	Desenhos Vetoriais
odf	Equações

Por fim, muitas questões relacionadas ao MS Office e BrOffice/LibreOffice cobram o conhecimento dos comandos presentes nos menus dos softwares que compõem estes pacotes. A memorização destas informações acontece com o uso da ferramenta. Entretanto para auxiliar o candidato, em uma revisão rápida, as tabelas a seguir apresentam os principais menus das ferramentas Word, Excel, Powerpoint (Versão 2010) e seus equivalentes no BrOffice/LibreOffice (Writer, Calc e Impress) da versão 3.6

<table>
<tr><th colspan="2">Word 2010</th></tr>
<tr><th>Menu</th><th>Imagem</th></tr>
<tr><td>Arquivo</td><td>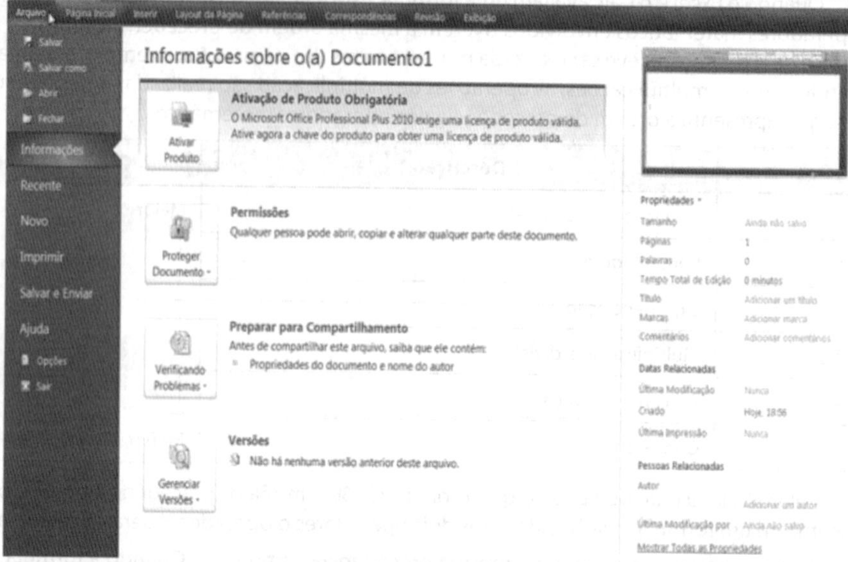
</td></tr>
<tr><td>Página Inicial</td><td>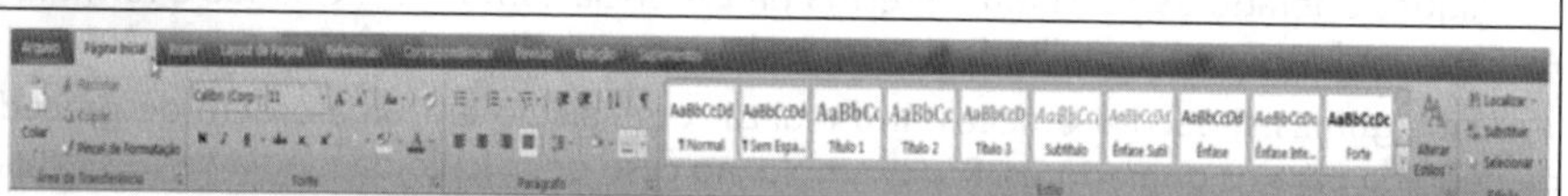
</td></tr>
<tr><td>Inserir</td><td>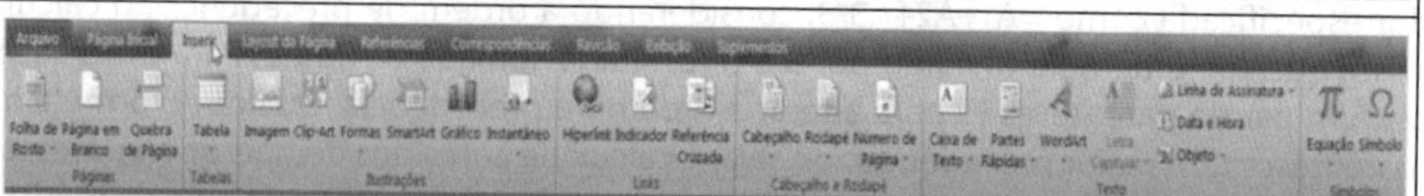
</td></tr>
<tr><td>Layout da Página</td><td>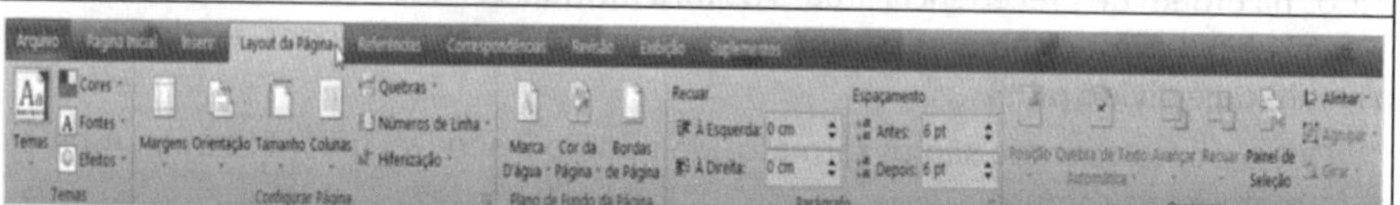
</td></tr>
<tr><td>Referências</td><td>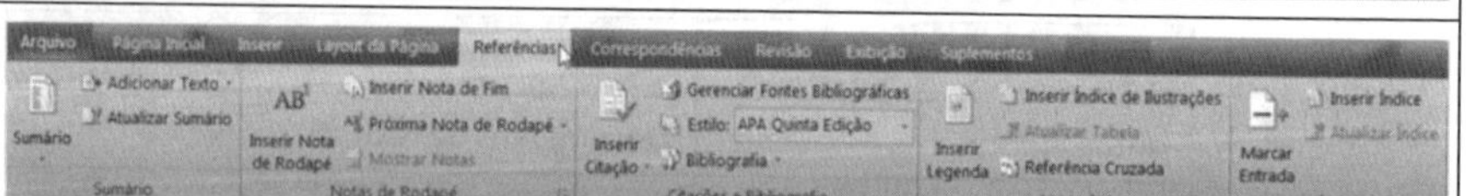
</td></tr>
<tr><td>Revisão</td><td>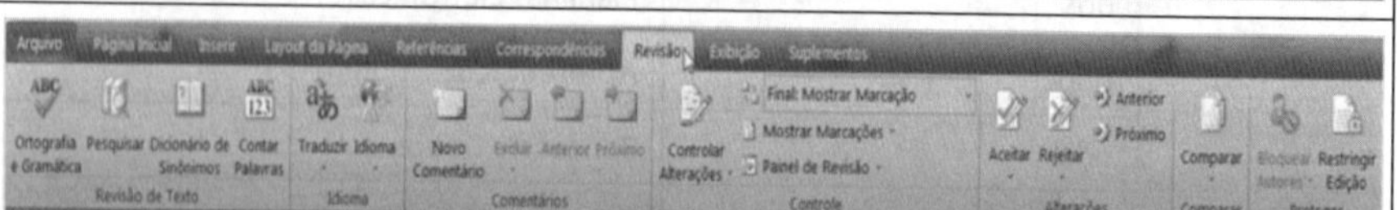
</td></tr>
<tr><td>Exibição</td><td>
</td></tr>
</table>

Excel 2010	
Menu	**Imagem**
Arquivo	
Página Inicial	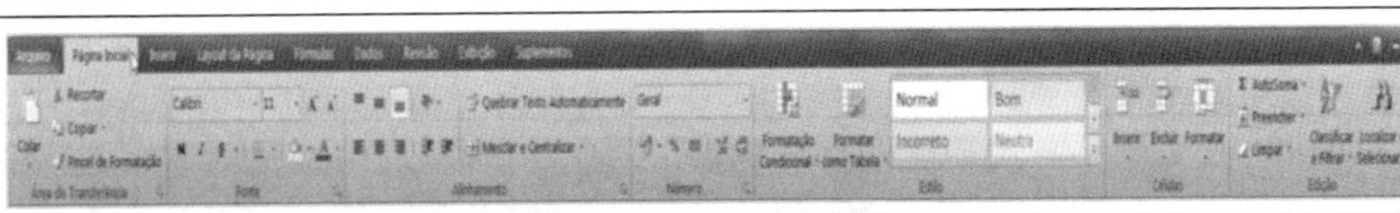
Inserir	
Layout da Página	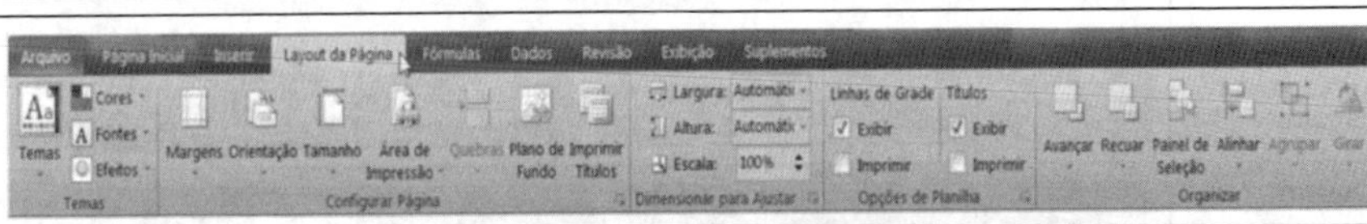
Fórmulas	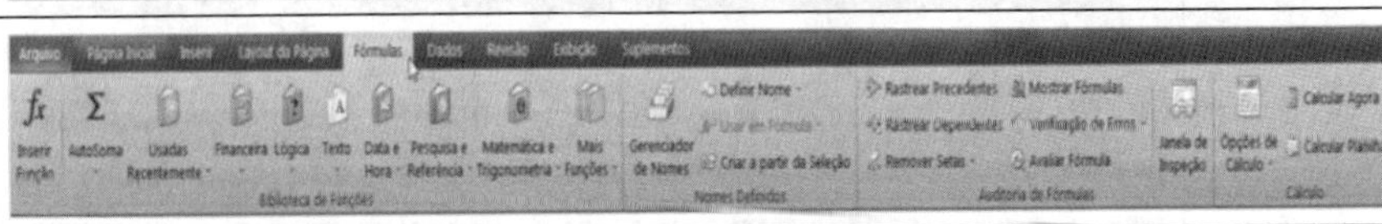
Dados	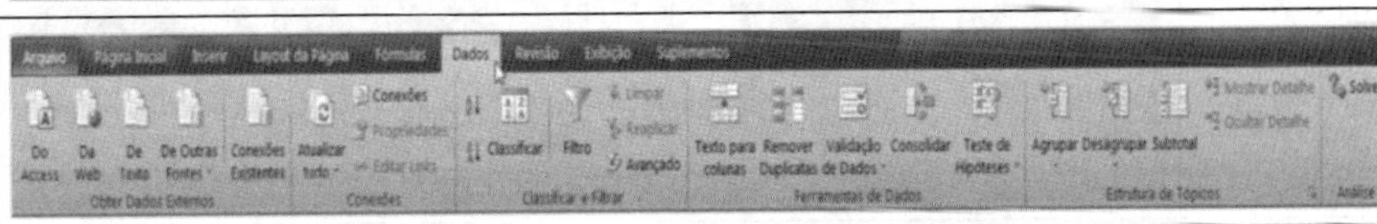
Revisão	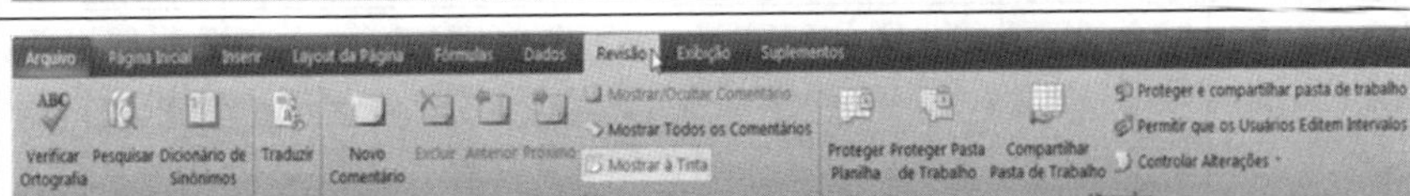
Exibição	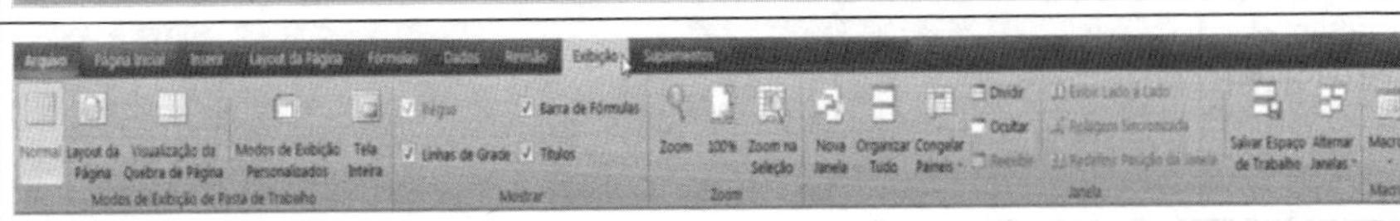

PowerPoint 2010	
Menu	**Imagem**
Arquivo	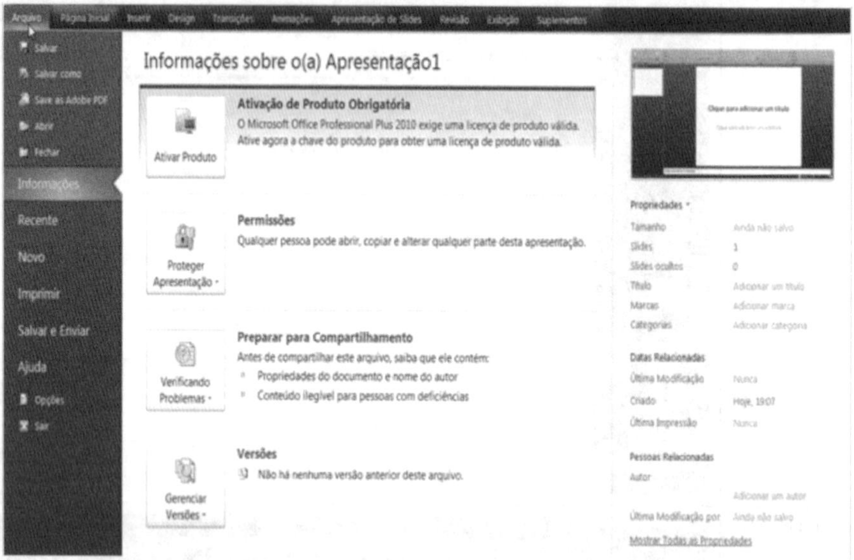
Página Inicial	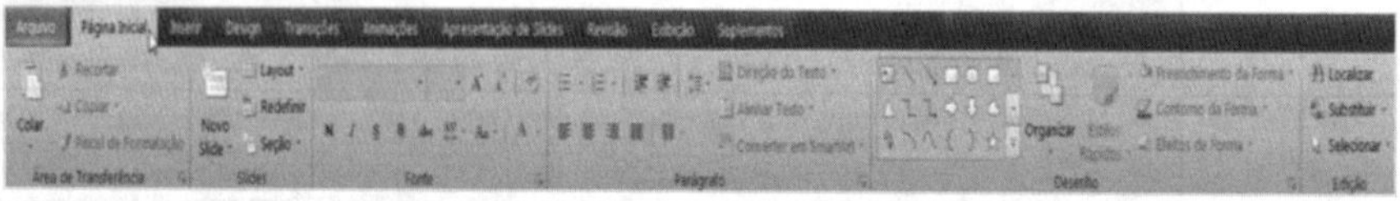
Inserir	
Design	
Transições	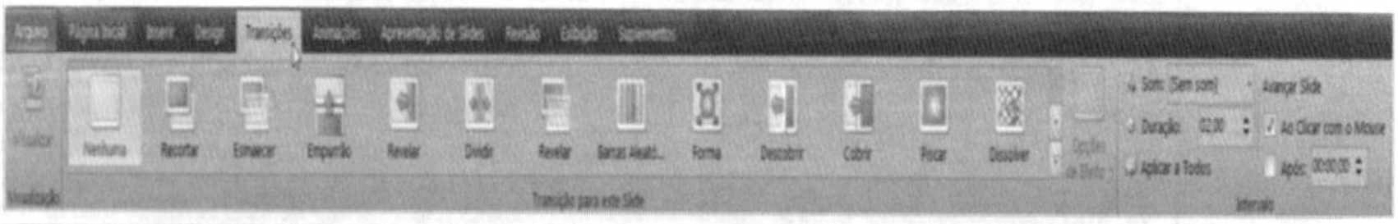
Animações	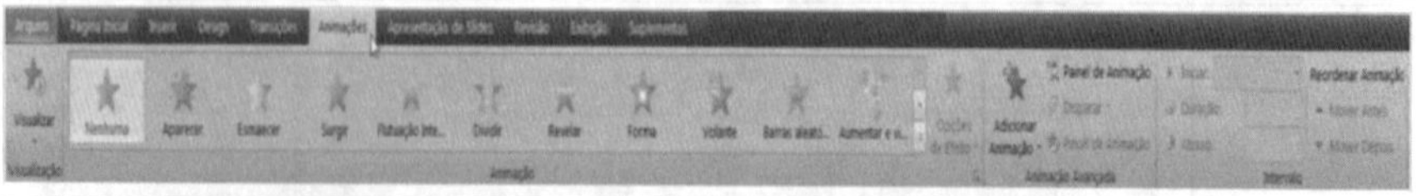
Apresentação de Slides	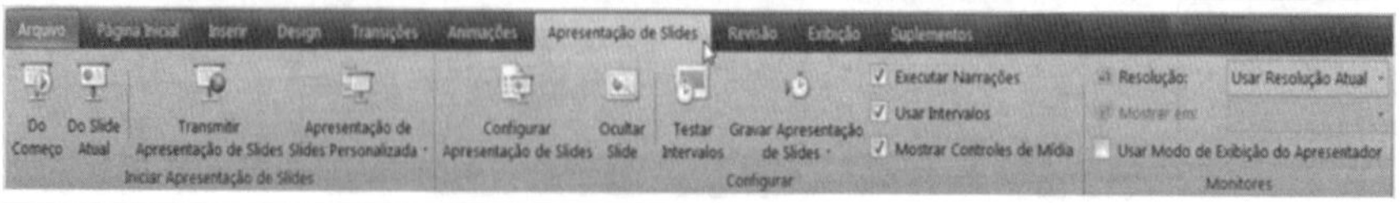

Revisão	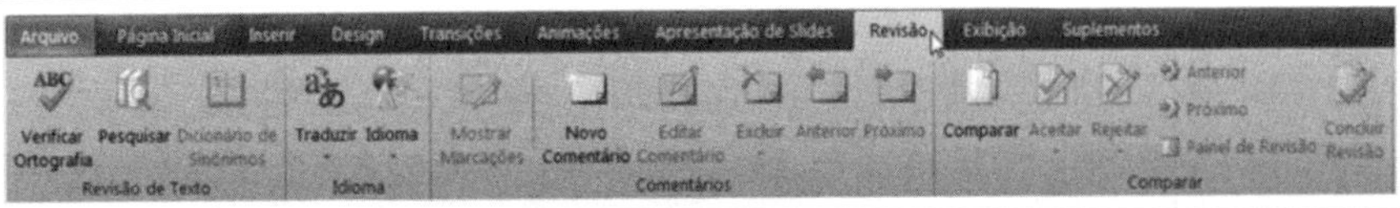
Exibição	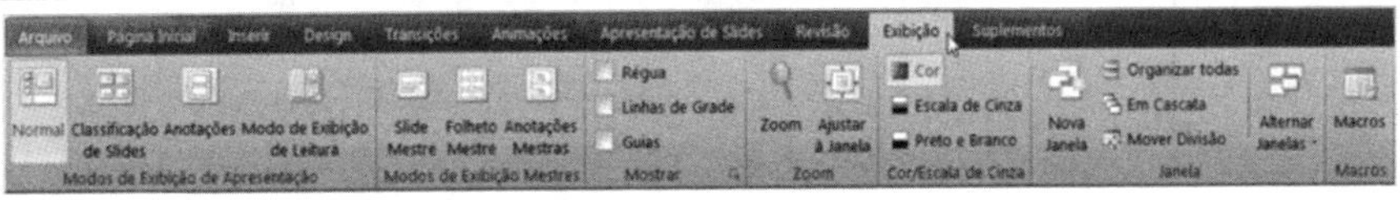

Observações: menus adicionais podem ser apresentados dependendo de seleções no texto, planilhas e apresentações ou devido à instalação de alguns softwares.

Writer – BrOffice/LibreOffice 3.6	
Menu	**Imagem**
Barra de Ferramentais	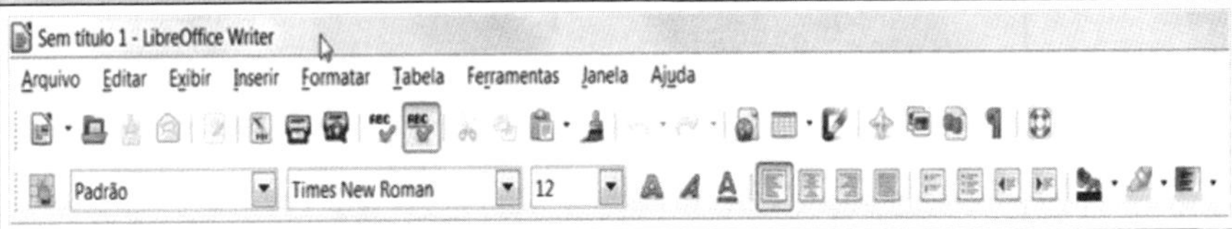
Arquivo	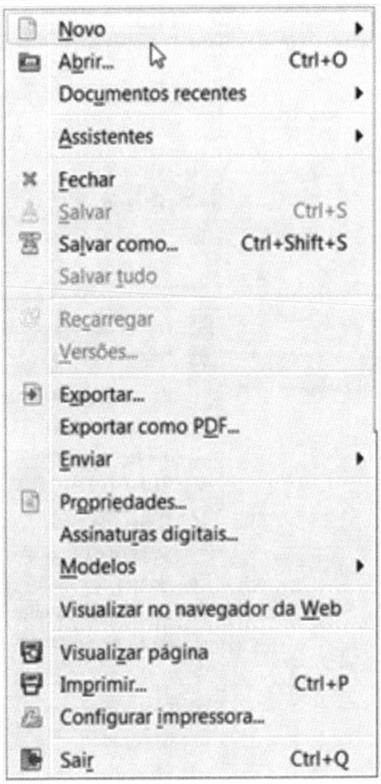

<table>
<tr>
<td>Editar</td>
<td>
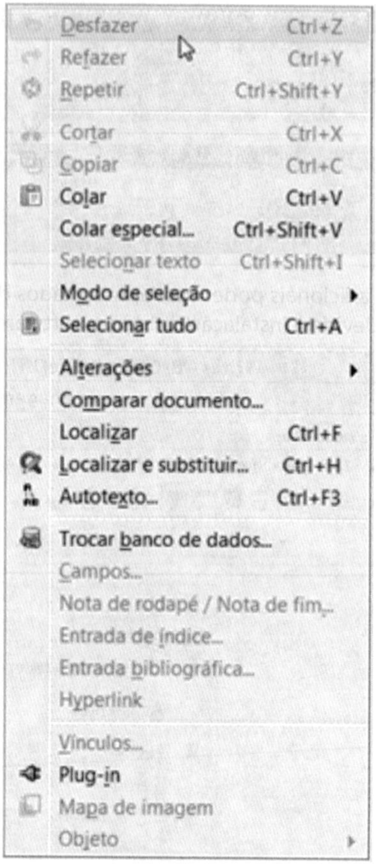

</td>
</tr>
<tr>
<td>Exibir</td>
<td>

</td>
</tr>
</table>

Inserir	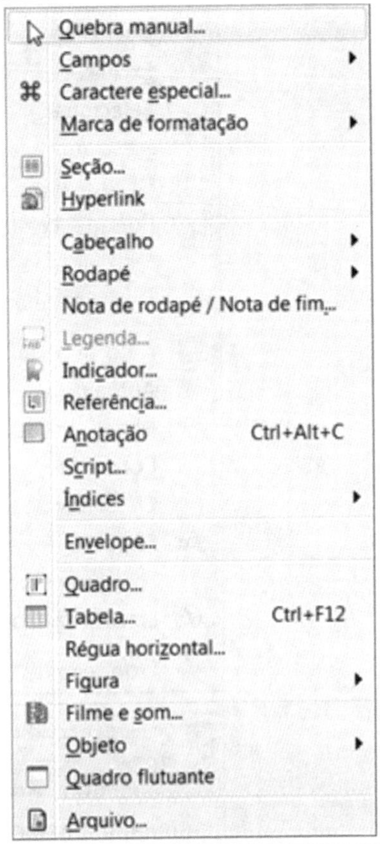
Formatar	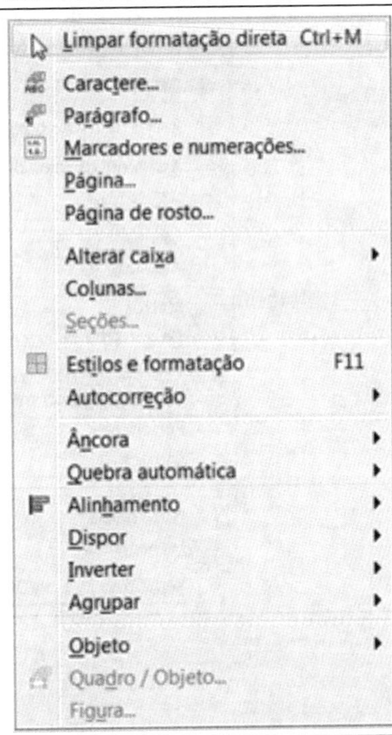

<table>
<tr><td>Tabela</td><td>
</td></tr>
<tr><td>Ferramentas</td><td>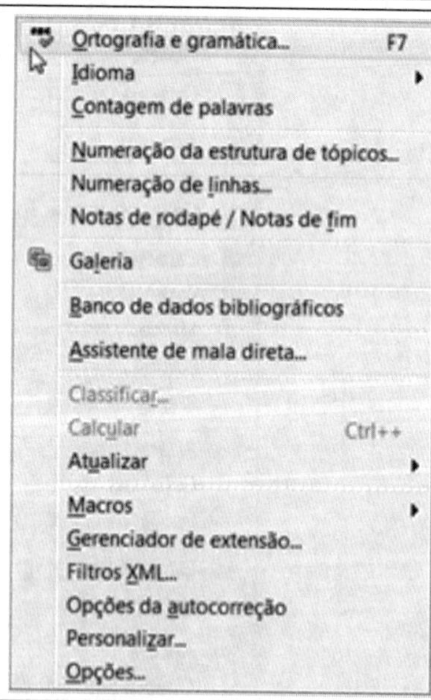
</td></tr>
<tr><td>Janela</td><td>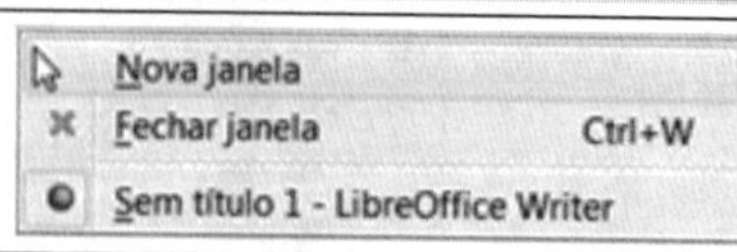
</td></tr>
</table>

<table>
<tr><th colspan="2">Calc – BrOffice/LibreOffice 3.6</th></tr>
<tr><th>Menu</th><th>Imagem</th></tr>
<tr><td>Barra de Ferramentas</td><td>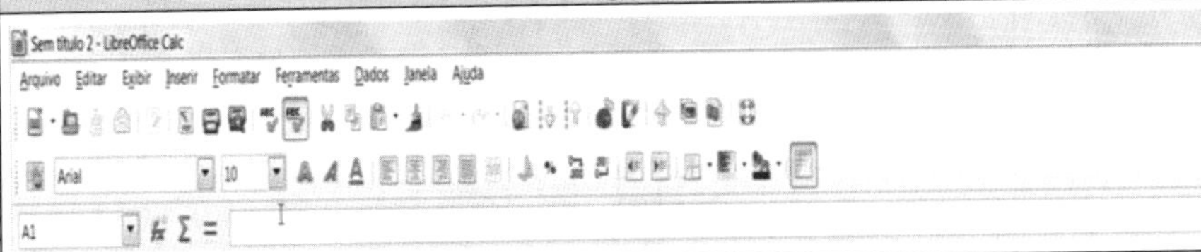
</td></tr>
<tr><td>Arquivo</td><td>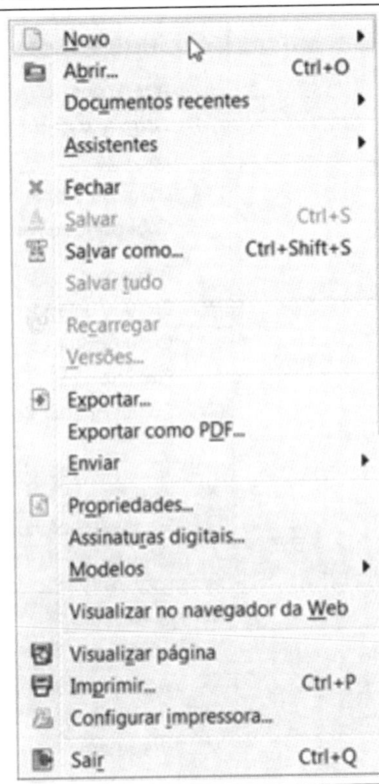
</td></tr>
</table>

<table>
<tr><td>Editar</td><td>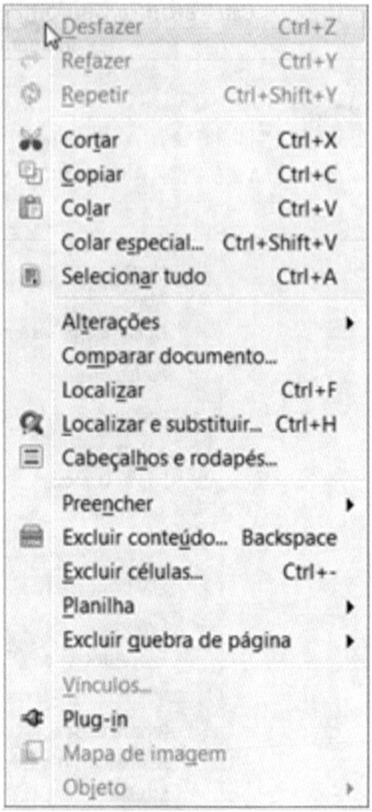
</td></tr>
<tr><td>Exibir</td><td>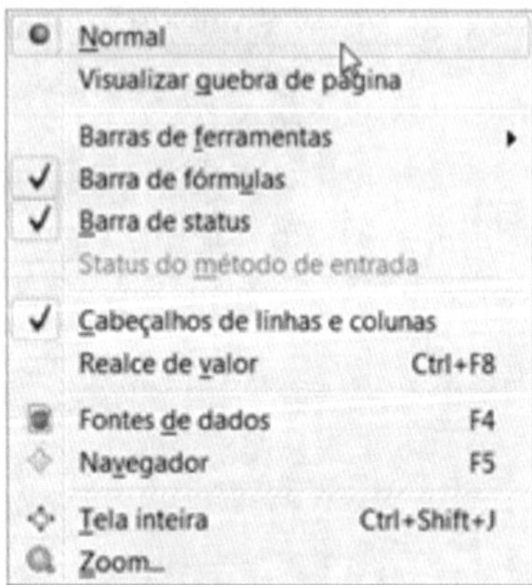
</td></tr>
</table>

Inserir	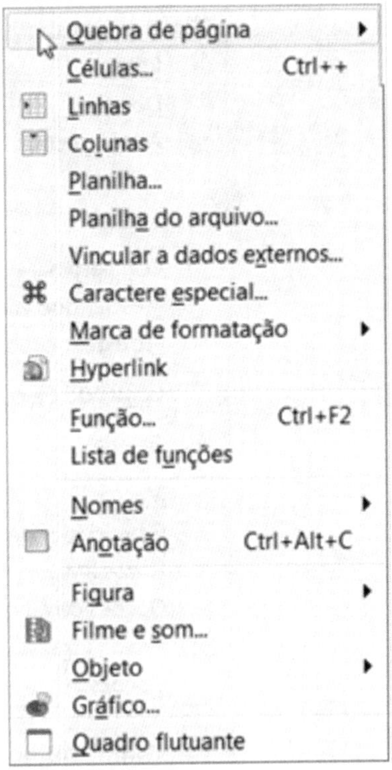
Formatar	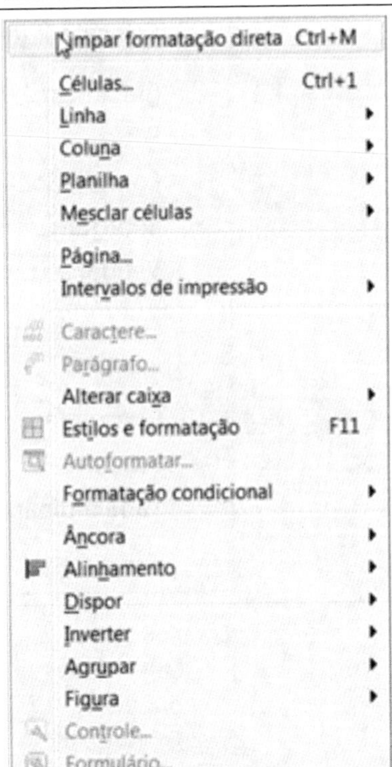

<table>
<tr><td>Ferramentas</td><td>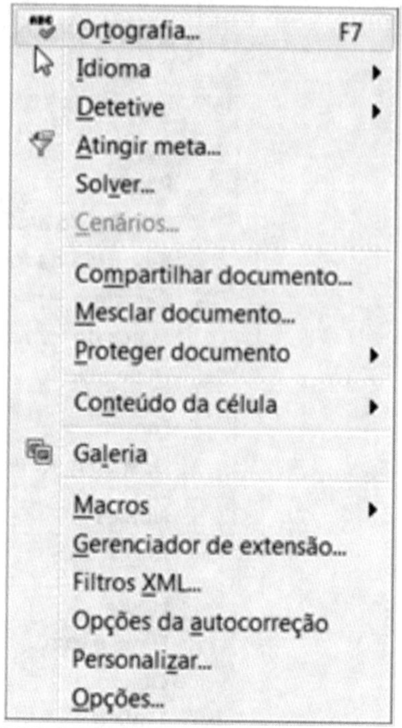
</td></tr>
<tr><td>Dados</td><td>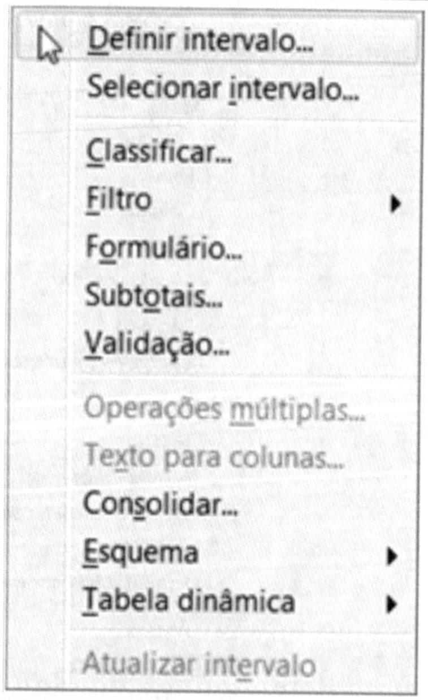
</td></tr>
<tr><td>Janela</td><td>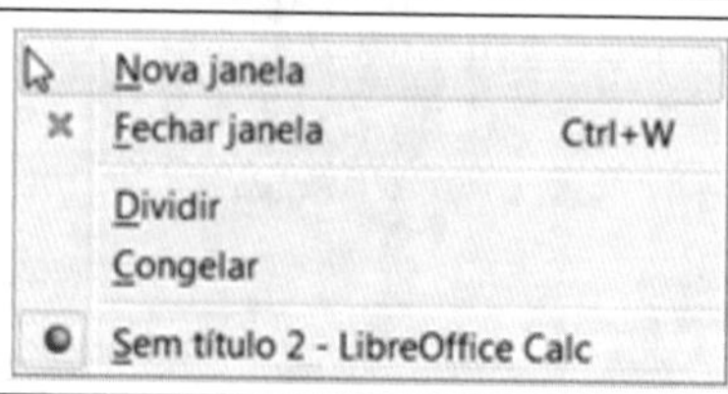
</td></tr>
</table>

<table>
<tr><th colspan="2">Impress – BrOffice/LibreOffice 3.6</th></tr>
<tr><th>Menu</th><th>Imagem</th></tr>
<tr><td>Barra de Ferramentas</td><td>
</td></tr>
<tr><td>Arquivo</td><td>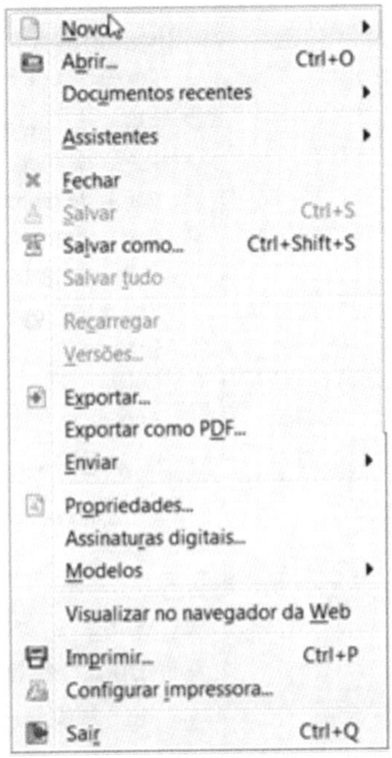
</td></tr>
<tr><td>Editar</td><td>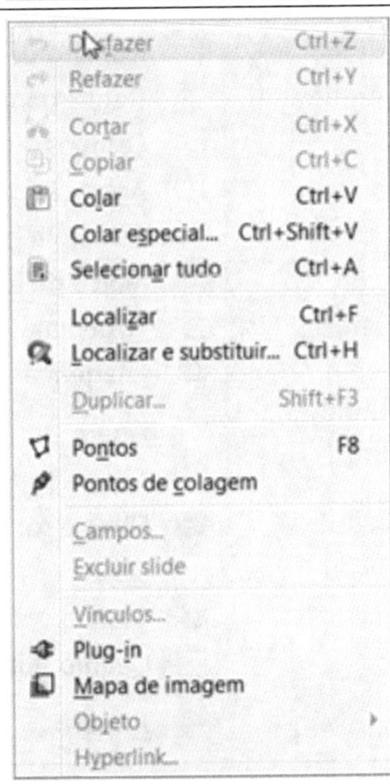
</td></tr>
</table>

<table>
<tr>
<td>Exibir</td>
<td>
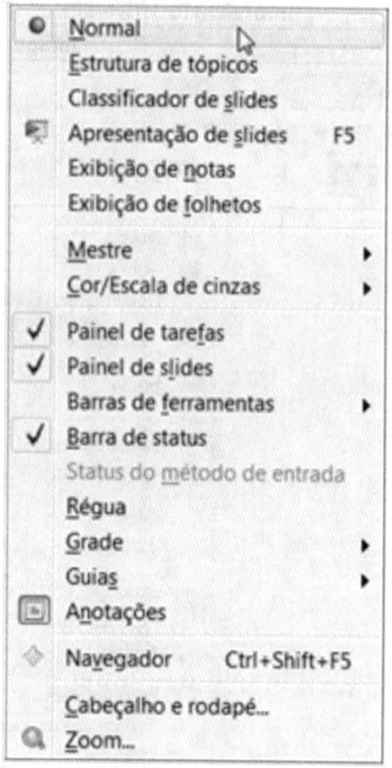

</td>
</tr>
<tr>
<td>Inserir</td>
<td>
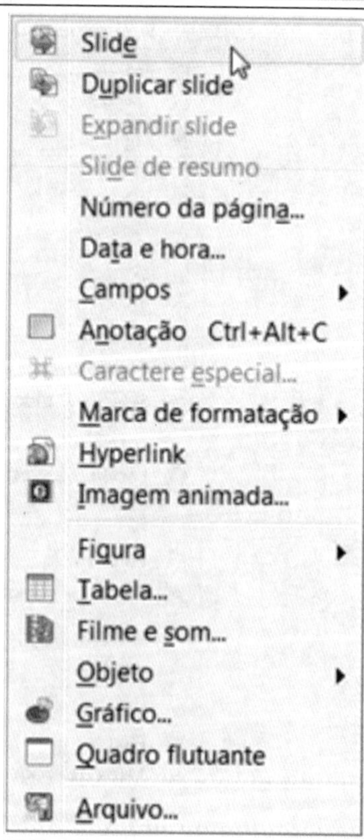

</td>
</tr>
</table>

<table>
<tr><td>Formatar</td><td>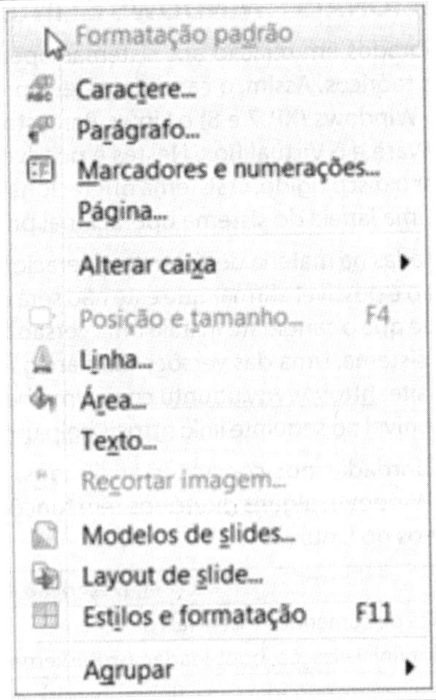
</td></tr>
<tr><td>Ferramentas</td><td>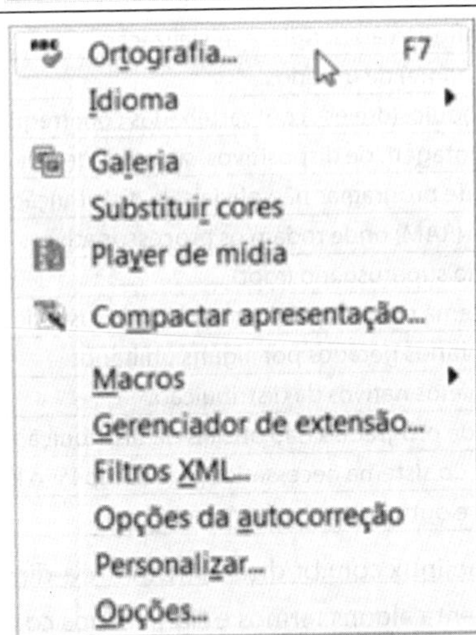
</td></tr>
<tr><td>Apresentação de Slides</td><td>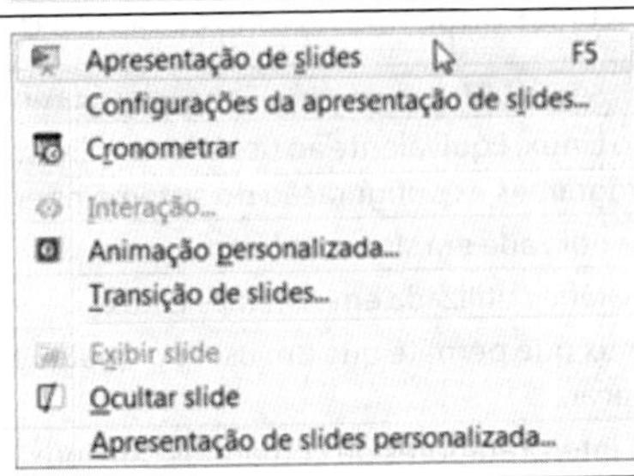
</td></tr>
<tr><td>Janela</td><td>
</td></tr>
</table>

2. SISTEMAS OPERACIONAIS – WINDOWS E LINUX

Os conhecimentos cobrados em relação aos sistemas operacionais também tratam do uso destes e não somente a aspectos teóricos. Assim, o candidato deve procurar se familiarizar com diferentes sistemas operacionais como Windows (XP, 7 e 8) e Linux. Para isto, o candidato pode utilizar softwares de virtualização, como o VMWare e o Virtual Box. Nestes é possível instalar um sistema operacional sem a necessidade de particionar o disco rígido. O sistema operacional, adicional, é instalado em uma máquina virtual e é executado em uma janela do sistema operacional principal.

Nas questões apresentadas na matéria de sistemas operacionais, poucas abordavam o sistema operacional Linux. Entretanto, não é possível afirmar que este não será coberto, em mais questões, em concursos futuros. Assim, é importante que o candidato instale uma versão do Linux, através de uma máquina Virtual, para se familiarizar com o sistema. Uma das versões mais amigáveis é o Ubuntu Linux. Este pode ser baixado a partir do seguinte site: http://www.ubuntu.com. Uma boa fonte de informações para aprender a utilizar o Ubuntu está disponível no seguinte link: https://help.ubuntu.com/12.10/ubuntu-help/index.html.

Dentre as questões abordadas nos concursos analisados, uma discutia o sistema de arquivos do Linux. No Linux, como no Windows, alguns diretórios têm funções bem definidas. A tabela a seguir apresenta os principais diretórios do Linux.

Diretório	Descrição
/bin	Arquivos binários de comandos essenciais do sistema.
/boot	Arquivos de boot (inicialização; boot-loader; Grub); kernel do *Linux*.
/dev	Dispositivos (devices) de entrada/saída: floppy, hardisk, cdrom, modem .
/etc	Arquivos de configuração (scripts) e inicialização.
/home	Diretório local (home) de usuários.
/lib	Bibliotecas e módulos(drives): compartilhadas com freqüência.
/mnt	Diretório de montagem de dispositivos, sistemas de arquivos e partição.
/opt	Para instalação de programas não oficiais da distribuição.
/proc	Diretório virtual (RAM) onde rodam os processos ativos.
/root	Diretório local do superusuário (root).
/sbin	Arquivos de sistema essenciais (binários do superusuário).
/tmp	Arquivos temporários gerados por alguns utilitários.
/usr	Arquivos de usuários nativos da distribuição.
/usr/local	Para instalação de programas não oficiais da distribuição.
/usr/src	Arquivos fontes do sistema necessários para compilar o kernel.
/var	Arquivos de log e outros arquivos variáveis.

Fonte: http://www.vivaolinux.com.br/dica/Estrutura-de-diretorios-do-Linux

A tabela a seguir apresenta alguns termos e significados co mumente usados no Linux. Esta pode ser útil, principalmente em concursos onde não há uma exigência de conhecimento aprofundado do sistema.

Termo	Significado
root	Super usuário do Linux. Equivalente ao usuário Administrador do Windows. Este tem a permissão para instalação de programas e configuração do sistema operacional
KDE	Interface Gráfica utilizada em sistemas Linux.
Gnome	Outra interface Gráfica utilizada em sistemas Linux.
sudo	Comando do Linux que permite que um usuário qualquer do sistema adquira privilégios de root para efetuar alguma ação.
Shell	Nome dado aos interpretadores de comandos do Linux como Tcsh, Bash, etc. Estes são equivalentes aos programas cmd e command do Windows.
Nautilus	Gerenciador de arquivos disponível na interface Gnome e equivalente a Windows Explorer.
Aplicativos	Os softwares no Linux podem ser instalados através de pacotes que são um conjunto software já compilados. No Linux existem ferramentas para gerenciamentos de pacotes como apt-get que fazem o download do software e a instalação deste. Além dos pacotes, o usuário pode baixar o código fonte de alguns aplicativos e compila-lo para o seu sistema Linux.

A próxima tabela mostra alguns comandos utilizados nos terminais de comando do Linux (shell).

Comando	Utilização	Exemplo
rm	Remove um arquivo ou diretório no Linux. Este é equivalente a mover um arquivo ou diretório para a lixeira do Windows.	• rm /root/teste.log : remove o arquivo teste.log localizado no diretório /root
mv	move um arquivo ou diretório para outra localização no sistema de arquivos.	• mv /root/teste.log /tmp: move o arquivo teste.log do diretório /root para o diretório /tmp
id	imprime informações sobre os privilégios e grupos da conta de sistema utilizada pelo usuário.	• id : imprime o nome do usuário, privilégios e grupos do usuário que executou este comando
cd	altera o diretório para outro diretório do disco	• cd /tmp: muda o diretório atual para /tmp
cp	faz uma cópia de um arquivo para o mesmo diretório ou para outra localização	• cp /root/teste.log /tmp: copia o arquivo teste.log do diretório /root para o diretório /tmp
ls	lista o conteúdo de um diretório	• ls /root: lista o conteúdo armazenado no diretório /root
ps	exibe os processos em execução	• ps -aux: exibe todos os processos em execução dos usuários (opção a) indicando o responsável pelo processo (opção u) e os que não estão sendo executados no terminal onde o ps foi executado (opção x).
top	exibe os processos em execução que estão consumindo mais recursos da memória e processamento	• top
kill	envia um sinal para um processo visando encerrar a sua execução	• kill 665: envia um sinla de término para o processo 665 • kill -9 665: força o encerramento do processo 665 utilizando o sinal SIGKILL(9).
bg	coloca um programa para executar em segundo plano	• bg: no Linux, em um shell, após executar um programa e pressionar Ctrl+Z o programa em execução é suspenso. Ao digitar, na sequência, o comando bg o programa suspenso passa a executar em segundo plano.
fg	Colada um programa, que está parado ou executando em segundo, para ser executado em primeiro plano	• fg vi: coloca o programa vi para ser executado em primeiro plano, caso ele esteja executando ou parado em segundo plano.
Ln	Crie links para arquivos nos sistemas de arquivos. Existem dos tipos: os links e os links simbólicos. Os simbólicos representam um atalho para um arquivo como ocorre no Windows. Se o arquivo for removido este deixa de funcionar. Já os links (hard links) representam uma segunda referência para o arquivo. Assim, um programa somente é totalmente removido de todos os links dele são removidos, além do próprio arquivo.	• ln /home/root/teste.txt teste: cria um link, chamado teste, no diretório local para o arquivo teste.txt localizado no diretório /home/root/ • ln –s /home/root/teste.txt teste: cria um link simbólico, chamado teste, no diretório local para o arquivo teste.txt localizado no diretório /home/root/
tar	Utilizado para criar arquivos compactados Sintaxe: Tar<opções><nome_arquivo_tar><diretório_ou_arquivo> Opções mais comuns: -c: cria um novo arquivo tar -v: exibe as etapas de criação do arquivo tar -f: indica que a saída do comando dever ser direcionada para um arquivo -z: comprime os arquivos utilizando o software gzip	• tar -cvf becape.tar temp/: cria o arquivo becape.tar a partir dos arquivos contidos no diretório temp. Os arquivos são unidos no tar, mas não são compactados. • tar -cvzf becape.tar.gz temp/: cria o arquivo becape.tar.gz a partir dos arquivos contidos no diretório temp. Os arquivos são unidos no tar e compactados com o gzip

Um resumo com os principais comandos do Linux pode ser encontrada no seguinte site: http://www.devmedia.com.br/comandos-importantes-linux/23893.

Sobre o sistema operacional Windows, um ponto cobrado nas questões desta matéria e que vale certa atenção são os tipos de arquivos usados no Windows. A tabela a seguir, apresenta os principais cobrados nas questões discutidas.

Formato	Tipo de arquivo
mpg	Padrão para geração de arquivos de áudio e vídeo comprimidos, ou seja, o padrão comprime o vídeo e áudio visando obter uma bola relação entre a qualidade destes e o tamanho do arquivo gerado.
jpg ou jpeg	Arquivo de imagem que fornece uma boa qualidade com tamanho reduzido de arquivo.
wpg	Identifica uma imagem bmp (bitmap) ou vetorial criada com o software WordPerfect. O WordPerfect é um editor de texto pela empresa Corel
wmf	É um formato criado para o Sistema Operacional Windows e utilizada para armazenar desenhos vetoriais ou imagens como bitmaps.
MP3	O MP3 é um formato que utiliza uma técnica de compressão com perdas de qualidade sem que esta seja de fácil percepção pelo ouvido humano. Isto é feito removendo do áudio as frequências de sons que o ouvido humano não consegue perceber. No formato MP3 existe uma grande redução no tamanho do arquivo. Entretanto, pode se escolher diferentes níveis de qualidade o que implica em tamanhos de arquivos maiores, mas ainda menores que o original.

Outro tópico cobrado nas questões é o conhecimento dos atalhos utilizados para executar tarefas no sistema operacional. A tabela a seguir, extraída o site http://windows.microsoft.com/pt-br/windows7/keyboard-shortcuts, apresenta os principais atalhos gerais.

Atalho	Resultado
F1	Mostrar a Ajuda
Ctrl+C (ou Ctrl+Insert)	Copiar o item selecionado
Ctrl+X	Recortar o item selecionado
Ctrl+V (ouShift+Insert)	Colar o item selecionado
Ctrl+Z	Desfazer uma ação
Ctrl+Y	Refazer uma ação
Delete (ou Ctrl+D)	Excluir o item selecionado e movê-lo para a Lixeira
Shift+Delete	Excluir o item selecionado sem movê-lo para a Lixeira primeiro
F2	Renomear o item selecionado
Ctrl+Seta para a Direita	Mover o cursor para o início da próxima palavra
Ctrl+Seta para a Esquerda	Mover o cursor para o início da palavra anterior
Ctrl+Seta para Baixo	Mover o cursor para o início do próximo parágrafo
Ctrl+Seta para Cima	Mover o cursor para o início do parágrafo anterior
Ctrl+Shift com uma tecla de direção	Selecionar um bloco de texto
Shift com qualquer tecla de direção	Selecionar mais de um item em uma janela ou na área de trabalho ou selecionar o texto dentro de um documento
Ctrl com qualquer tecla de direção+Barra de Espaços	Selecionar vários itens individuais em uma janela ou na área de trabalho
Ctrl+A	Selecionar todos os itens de um documento ou janela
F3	Procurar um arquivo ou uma pasta
Alt+Enter	Exibir as propriedades do item selecionado
Alt+F4	Fechar o item ativo ou sair do programa ativo
Alt+Barra de Espaços	Abrir o menu de atalho para a janela ativa
Ctrl+F4	Fechar o documento ativo (em programas que permitem vários documentos abertos simultaneamente)
Alt+Tab	Alternar entre itens abertos
Ctrl+Alt+Tab	Usar as teclas de direção para alternar entre itens abertos

Ctrl+Roda de rolagem do mouse	Alterar o tamanho dos ícones na área de trabalho
Tecla do logotipo do Windows +Tab	Percorrer programas na barra de tarefas usando o Aero Flip 3-D
Ctrl + tecla do logotipo do Windows +Tab	Usar as teclas de seta para percorrer os programas na barra de tarefas utilizando o Aero Flip 3-D
Alt+Esc	Percorrer os itens na ordem em que foram abertos
F6	Percorrer os elementos da tela em uma janela ou na área de trabalho
F4	Exibir a lista da barra de endereços no Windows Explorer
Shift+F10	Exibir o menu de atalho para o item selecionado
Ctrl+Esc	Abrir o menu Iniciar
Alt+letra sublinhada	Exibir o menu correspondente
Alt+letra sublinhada	Executar o comando do menu (ou outro comando sublinhado)
F10	Ativar a barra de menus no programa ativo
Seta para a Direita	Abrir o próximo menu à direita ou abrir um submenu
Seta para a Esquerda	Abrir o próximo menu à esquerda ou fechar um submenu
F5 (ou Ctrl+R)	Atualizar a janela ativa
Alt+Seta para Cima	Exibir a pasta um nível acima no Windows Explorer
Esc	Cancelar a tarefa atual
Ctrl+Shift+Esc	Abrir o Gerenciador de Tarefas
Shift quando inserir um CD	Evitar que o CD seja executado automaticamente
AltEsquerdo+Shift	Alternar o idioma de entrada quando houver mais de um idioma de entrada habilitado
Ctrl+Shift	Alternar o layout do teclado quando houver mais de um layout de teclado habilitado
Ctrl Direito ou Esquerdo+Shift	Alternar a direção da leitura de texto em idiomas com leitura da direita para a esquerda

Outras listas de atalhos podem ser encontradas no seguinte site: http://windows.microsoft.com/pt-br/windows7/keyboard-shortcuts.

3. REDES DE COMPUTADORES, INTERNET E INTRANET

Na disciplina relacionada a Redes de Computadores, alguns termos são recorrentes em concursos. Conhecer o significado destes é essencial para resolver algumas questões.

Termo	Significado
ADSL (Assymmetric Digital Subscriber Line)	É uma tecnologia que consegue aproveitar simultaneamente uma linha telefônica para a transmissão de dados e voz. Isto ocorre porque apenas uma pequena faixa de frequência da linha telefônica é utilizada para a transmissão de voz. O restante da faixa de frequência da linha não é utilizado. Assim, o modem ADSL utiliza esta faixa de frequência ociosa para a transmissão de dados utilizando técnicas de multiplexação como a FDM (Frequency Division Multiplexing - Multiplexação por Divisão de Frequência). Basicamente, a multiplexação consiste em combinar duas ou mais fontes de dados em um único canal de comunicação. Existem várias técnicas para realizar esta multiplexação, dentre as quais a FDM.
Intranet	É uma rede local de computadores privada, ou seja, esta é uma rede utilizada apenas por um grupo reduzido de usuários, normalmente, relacionados a uma instituição ou departamento de uma empresa. Esta rede utiliza os mesmos protocolos da Internet (TCP/IP). Entretanto o acesso a estas é restrito aos usuários autorizados. Uma intranet, normalmente, não é acessível a partir da Internet por usuários não autorizados. Isto ocorre porque esta é utilizada para disponibilizar informações a todos os usuários internos como relatórios, normas, formulários, notícias, dentre outros.

Extranet	É uma parte da rede de computadores interna de uma empresa que é compartilhada com outra empresa parceira ou cliente. Esta utiliza os mesmos protocolos da Internet. Entretanto são adicionados mecanismos de segurança, como criptografia das transmissões, para garantir a segurança do ambiente. Isto ocorre porque os parceiros terão acesso a determinados serviços da empresa que somente estariam disponíveis aos usuários da rede interna.
Chat	É um tipo de software utilizado para conversas em tempo real. Através destes aplicativos, duas ou mais pessoas podem interagir e trocar mensagens instantâneas.
Navegador	Este termo se refere aos softwares utilizados para acesso a páginas Web, também conhecidos como browsers. Exemplos deste tipo de software: Internet Explorer, Chrome, Firefox, etc.
TCP/IP	é arquitetura de protocolos padrão utilizada na Internet. O nome desta arquitetura é originado do nome dos protocolos mais famosos que compõe a arquitetura: o IP e o TCP. Esta arquitetura está dividida em cinco camadas (físico, acesso a rede, internet, transporte e aplicação) que possui objetivos específicos visando o acesso à internet. Esta arquitetura não foi projetada, mas sim surgiu da junção em uma única arquitetura de protocolos já utilizados em sistemas Unix para acesso a Internet.
OSI	o modelo OSI foi uma arquitetura proposta pela ISO para a padronização da arquitetura de protocolos para o acesso a Internet. No período que o modelo OSI foi proposto existia uma série de protocolos proprietários. Esta falta de padronização prejudicava uma comunicação entre sistemas que utilizam arquiteturas de protocolos diferentes. Além do fato, de atrelar o usuário a um único fornecedor. Assim a proposta da arquitetura OSI seria para padronizar a arquitetura de protocolos para acesso a Internet. Esta arquitetura possui 7 camadas (físico, ligação de dados, rede, transporte, sessão, apresentação e aplicação). Esta arquitetura não se tornou o padrão para acesso a Internet porque os protocolos do TCP/IP já eram utilizados em computadores Unix o que facilitou a adoção do TCP/IP em detrimento ao OSI.

O conhecimento sobre os aplicativos utilizados para acesso a Internet, e-mail e outros serviços são temas recorrentes nas questões desta área. Além do domínio dos aplicativos, o candidato deve conhecer os principais protocolos utilizados nas redes de computadores. A tabela a seguir apresenta um resumo sobre estes.

Sigla	Protocolo	Funcionalidade	Softwares Relacionados
ARP	AddressResolutionProtocol	Este protocolo é utilizado para obter o endereço físico da placa de rede (MAC Address) a partir do endereço IP	Implementado no sistema operacional na pilha de protocolos de rede.
FTP	File TransferProtocol	É um protocolo utilizado para transferência de arquivos entre servidores de arquivos e computadores clientes	Clientes de FTP (CuteFTP) e servidores de FTP (Ex: ProFTPD).
HTTP	Hypertext TransferProtocol	Protocolo utilizado para acesso a páginas web. Com este é possível acessar uma página em um servidor web, através de um navegador.	Navegadores (Internet Explorer, Chrome, Firefox, etc.) e Servidores Web (Ex: Apache).
IMAP	Internet Message Access Protocol	Protocolo utilizado para recebimento de e-mails de servidores de e-mail. As mensagens baixadas por este protocolo são mantidas no servidor sem armazenamento local, permanente, no computador do usuário.	Clientes de E-mail (Ex: Thunderbird) e servidores de e-mail (Ex: Microsoft Exchange).
IP	Internet Protocol	Protocolo utilizado para identificação de computadores em uma rede TCP/IP e promover a comunicação entre estes.	Implementado no sistema operacional na pilha de protocolos de rede

NNTP	Network News Transfer-Protocol	é um protocolo utilizado para transporte de notícias da Usenet entre servidores de notícias. Este protocolo também é utilizado por softwares clientes para ler e postar notícias na rede Usenet. Assim, este não é utilizado na configuração de e-mails como o POP3.	Clientes e Servidores de Usenet
POP3	Post Office Protocol	Protocolo utilizado para recebimento de e-mails de servidores de e-mail. As mensagens baixadas por este protocolo são removidas do servidor.	Clientes de E-mail (Ex: Thunderbird) e servidores de e-mail (Ex: Microsoft Exchange).
RTP	(Real Time Transporte Protocol)	Protocolo que define um padrão de pacotes para transmissão de dados multimídia (áudio e vídeo) sobre redes de computadores baseadas em IP	Implementado no sistema operacional na pilha de protocolos de rede
SMNP	(Simple Network Management Protocol)	Protocolo utilizado para gerenciamento de computadores em uma rede. O protocolo permite que softwares, chamados agentes, se comuniquem com um ponto de gerenciamento e enviem informações sobre os equipamentos que gerenciam. Através desta comunicação, é possível verificar e gerenciar o desempenho da rede, identificar computadores e dispositivos com mau funcionamento, além de possibilitar a checagem de recursos (ex: espaço em disco), dentre outras opções.	Utilizado através de ferramentas de gerenciamento de redes com suporte a este protocolo.
SMTP	Simple Mail TransferProtocol	Protocolo utilizado para envio de e-mails.	Clientes de E-mail (Ex: Thunderbird) e servidores de e-mail (Ex: Microsoft Exchange).
TCP	TransmissionControlProtocol	Protocolo da camada de transporte do TCP/IP responsável pela entrega confiável (com conexão) de dados para aplicações.	Implementado no sistema operacional na pilha de protocolos de rede
HDLC	high-level data link control	protocolo de camada de enlace utilizado para identificar erros de transmissão de dados ocorridos na camada física, dentre outras funções. Logo, esta sigla não representa uma interface para conexão de dispositivos.	Implementado no sistema operacional na pilha de protocolos de rede
UDP	UserDatagramProtocol	Protocolo da camada de transporte do TCP/IP responsável pela entrega não confiável (sem conexão) de dados para aplicações. Por ser mais simples, possui um desempenho melhor com o TCP. Entretanto não há a garantia da entrega dos dados, como ocorre no TCP.	Implementado no sistema operacional na pilha de protocolos de rede

Os clientes de e-mail são abordados em diversas questões e concursos. Basicamente, as questões envolvem a configuração destes softwares e também os campos utilizados para o envio de mensagens. A tabela a seguir define os principais campos utilizados em clientes de e-mail.

Campo	Significado
To:	Especifica o destinatário da mensagem, ou seja, para quem a mensagem é endereçada.
Cc:	Especifica outros endereços de e-mail para os quais a mensagem será copiada. Este campo é visível para todos os destinatários que recebem esta mensagem, ou seja, tanto o destinatário (To) quanto os que receberam a cópia (Cc) conseguem visualizar os e-mails para os quais as mensagens foram enviadas.
Cco:	Este campo especifica a cópia da mensagem para outros destinatários com a ocultação dos endereços de e-mail. Todos os endereços de e-mail especificados neste campo não serão visualizados pelos destinatários especificados nos campos To e Cc.

Em uma rede de computadores são necessários alguns dispositivos para possibilitar a interligação de computadores em rede. Na próxima tabela são apresentados alguns destes dispositivos.

Dispositivo de Rede	Funcionamento
Hub	é um equipamento que permite a integração de uma ou máquinas em uma rede. Este, ao receber um pacote para ser enviado a um computador, irá replicar o pacote para todos os computadores conectados a ele. Cada computador irá receber o pacote e analisar o endereço de destino. Se este corresponder ao endereço do computador receptor, o pacote é processado. Caso contrário este é descartado
Switch	este dispositivo é semelhante a um hub. A diferença é que o Switch tem a capacidade de identificar qual computador está conectado a qual porta deste. Isto é feito associando o endereço MAC do computador a porta que este se encontra conectada. Desta forma, o Switch não faz a cópia de todos os pacotes para os computadores, como o Hub. Ao contrário, este identifica qual a porta em que o computador de destino está conectado e envia o pacote recebido somente a este computador.
Gateway	é um dispositivo de rede utilizado para interligar redes e/ou traduzir protocolos entre redes que operam com pilhas de protocolos diferentes. Quando um pacote chega ao Gateway, este é traduzido para a pilha de protocolos da rede de destino ou adaptado. Todo o controle do tráfego de pacotes entre o emissor, do pacote, e o destinatário é gerenciado pelo Gateway.
Roteador	é um dispositivo de rede utilizado para gerenciar o tráfego de pacotes entre redes visando garantir a entrega deste. Assim, um roteador é conectado a duas ou mais redes através de interfaces de rede. Quando este recebe um pacote, ele analisa o endereço destino e verifica por qual interface deve encaminhar o pacote. Neste processo de decisão, o roteador faz uso de tabelas de roteamento, as quais definem a partir do endereço de origem por qual interface o pacote precisa ser enviado.

Algumas questões abordavam o conhecimento de comandos de busca do Google. A tabela a seguir resume os principais comandos que podem ser utilizados no buscador.

Comando	Exemplo	Descrição
termo01 termo02	Concurso TRE	Faz a busca por todas as páginas que contenham a palavra Concurso ou TER em qualquer ordem.
"termo01 termo02"	"Concurso TRE"	Faz a busca por todas as páginas que contenham o termo Concurso e TRE nesta ordem.
termo01 –termo02	Concurso –TRE	Faz a busca por páginas que contenham a palavra Concurso, mas remove da busca todas as páginas que contenham a palavra TER
Termo01 site: termo02	Concurso site www.tre-sp.jus.br	Faz a busca por todas as páginas no domínio www.tre-sp.jus.br que contenham a palavra Concurso.

Uma lista com mais comandos de busca pode se visualizada nos seguintes sites:

a) http://www.techtudo.com.br/dicas-e-tutoriais/noticia/2011/07/guia-conheca-todos-os-comandos-de-buscas-do-google.html

b) http://www.pontodefusao.com/Dicas/comandos-para-melhorar-sua-busca-no-google

3.1. COMPUTAÇÃO EM NUVEM

O termo Computação em Nuvem refere-se a um modelo computacional onde os serviços são providos por computadores espalhados pela Internet (conceito de nuvem). Neste, o usuário não precisaria mais instalar programas em seu computador pessoal. Bastaria ter um computador com um navegador (Firefox, Chrome, IE, etc.) e uma conexão com a Internet.

A partir desta configuração mínima do computador seria possível acessar aplicativos na Internet que proveriam o serviço necessário como edição de vídeo, edição de textos, etc. Como exemplos de aplicativos na nuvem pode-se citar o Google Docs e o Office 365.

Além de aplicados, é possível ter servidores completos na nuvem. Assim, uma empresa não precisa manter fisicamente um servidor em sua rede local para demonstração de protótipos de softwares para clientes. Agora, basta criar um servidor na nuvem, configurar o servidor e disponibilizar a aplicação. Empresas com a Amazon e Local Web disponibilizam serviços de configuram de servidores na nuvem.

Os serviços em nuvem possibilitam também a alocação de capacidade de processamento. Para alguns softwares, como os de cálculos pesados, existe a necessidade de uma maior capacidade de processamento para obter o resultado desejado. Assim, o programador pode desenvolver um programa que utiliza o poder de processamento de computadores na nuvem. Assim, o programa divide os dados a serem processados e a nuvem se encarrega de executar o processamento. A empresa Amazon fornece serviços para este tipo de aplicação.

Outra aplicação é a armazenamento de arquivos na nuvem. Além das aplicações, os arquivos também podem ser disponibilizados na nuvem e acessados a qualquer momento a partir de uma conexão de Internet. O Dropbox e OneDrive são exemplos deste tipo de serviço.

Apesar das facilidades como acesso a qualquer momento, redução da necessidade de poder computacional para executar aplicações, utilização de poder computacional adicional, disponibilidade de serviços, dados e aplicações, etc. a computação em nuvem possui alguns problemas. Como os arquivos e aplicações ficam disponibilizados na Internet, não se sabe a exata localização destes (sendo que podem ser movidos a qualquer momento para outros servidores) e quais medidas de segurança e proteção são empregadas. Dependendo do país onde o servidor está hospedado pode-se não garantir requisito de sigilo dos dados. A velocidade da Internet, onde se encontra o servidor, passa a ser um fator relevante. Caso a velocidade a conexão se torne lenta isto pode impossibilitar o acesso ao serviço. Outro ponto é que os usuários ficam "dependentes" da empresa provedora do serviço.

4. SEGURANÇA DA INFORMAÇÃO

Quando as questões tratam de temas sobre a segurança da informação, normalmente estas abordam conceitos relacionados aos tipos de ameaças virtuais. As tabelas a seguir apresentam a definição das principais ameaças virtuais e ataques.

Ameaça Virtual	Descrição
Malware	é o software intencionalmente incluído ou inserido em um computador para um propósito prejudicial. Os objetivos de um *malware* envolvem: comprometer dados e funcionalidades, prover acesso não autorizado, roubar informações, controlar remotamente um sistema, além de outros tipos de ações danosas. Esta categoria envolve todos os tipos de ameaças como vírus, spyware, worms, etc.
Vírus	é um programa de computador que possui a capacidade de infectar outros arquivos e de se replicar. Quando um programa infectado é executado, o código do vírus é acionado gerando novas cópias do vírus, infectando outros programas e até executando ações danosas como remoção de arquivos do computador ou envio de cópias deste por e-mail.
Keylogger	Software utilizado para capturar tudo o que é digitado no teclado e envia estes dados para um invasor.
Screenlogger	Programa que faz captura da tela do computador. Ele é acionado no momento em que o mouse é clicado e captura a região ao redor do cursor e a envia para um invasor.
Spyware	Software projetado para monitorar as atividades em um computador (ex: acesso a sites na Internet) e enviar estas informações a terceiros

Adware	Programa que exibem anúncios e propaganda, na tela do computador, sem a autorização do usuário.
Hijacker	Software que modifica a página inicial do navegador. O objetivo é, por exemplo, redirecionar o usuário a sites de propaganda visando ganhos financeiros para o criador do programa.
Trojan (Cavalo de Tróia)	Tipo de software malicioso que além de executar uma função para a qual foi projetado (ex: um jogo) executa outras atividades sem o conhecimento e autorização do usuário (ex: instala um spyware no computador).
Wabbit	Programa malicioso que se autorreplica, no computador do usuário, após ser instalado. O objetivo deste é consumir recursos como espaço em disco ou memória para tornar o computador mais lento ou instável.
Exploit	Programa construído para explorar uma vulnerabilidade (normalmente um erro de programação) em um determinado aplicativo ou sistema operacional.

Ataques	Descrição
Buffer Overflow	Ataque que consiste na sobrescrita de dados em um buffer(região da memória onde os dados são armazenados) visando o acesso não autorizado e a execução de comandos. Este tipo de ataque está relacionado a erros de programação Estes erros ocorrem, por exemplo, quando um programador não verifica o tamanho de uma entrada de dados. Assim, o programa possui um bufferque consegue armazenar 200 bytes. Entretanto, se o programador do software não colocou um código para validação do tamanho da quantidade de dados enviada, um atacante pode enviar um dado com 250 bytes. Estes 50 bytes adicionais irão sobrescrever parte da memória onde se encontram as demais instruções do programa. Normalmente, estes bytes adicionais são formatados pelo atacante para permitir a execução de comandos, enviados por este, para o servidor, como por exemplo, executar um comando para sobrescrever o conteúdo de um arquivo ou abrir uma janela para que o atacante executar comandos no servidor.
Defacement	Ataque que consiste em alterar o conteúdo da página web de um site aproveitando-se da vulnerabilidade da linguagem de programação ou dos pacotes utilizados no desenvolvimento de aplicação web.
Engenharia Social	Técnica utilizada por invasores para obter informações privilegiadas. Esta não utiliza recursos técnicos. Entretanto é extremamente eficaz porque o invasor entra em contato com a vítima e tenta enganá-la e fazer com que esta forneça informações confidencias. Para isto, o engenheiro social normalmente se faz passar por outra pessoa ou por um funcionário legítimo de uma organização ou empresa.
Pharming	Técnica mais sofisticada de phising onde o usuário é redirecionado para um site falso devido a alterações nos dados do servidor de DNS (Domain Name System). Este servidor é o responsável pela tradução de endereços de páginas web, como www.banco.com.br, para endereços de rede.
Phising	Técnica onde um atacante tenta enganar um usuário para obter informações confidenciais. Por exemplo, o atacante pode criar um site falso, muito parecido com o site original, onde todas as informações digitadas serão enviadas para o criador do site. Existem várias formas de se implementar um phising, mas todas envolvem engenharia social e meios técnicos (ex: falsificação e e-mails e sites).

Uma boa fonte de estudos, sobre as principais ameaças a segurança da informação e conceitos relacionados à segurança, é a Cartilha de Segurança para a Internet publicada pelo Cert.br (Centro de Estudos, Resposta e Tratamento de Incidentes de Segurança no Brasil). A cartilha pode ser acessada gratuitamente através do seguinte site: http://cartilha.cert.br/.

Além das ameaças, o candidato deve conhecer as principais ferramentas utilizadas para garantir a segurança de um ambiente computacional. A tabela a seguir, define as principais.

Ferramenta	Descrição
Antivírus	é um software residente na memória do computador que é carregado no momento que o SO é inicializado. Este monitora constantemente o sistema e emprega técnicas para prevenir, detectar, identificar, remover vírus e outros tipos de *malware*.
Assinatura Digital	é uma técnica de criptografia utilizada para validar o conteúdo de documentos digitais. Esta tem o objetivo de funcionar como a assinatura convencional. Assim, um usuário utiliza um software de criptografia para realizar a assinatura digital de um documento. Esta assinatura é gerada a partir de um código, calculado a partir do texto, e da cifragem deste com a chave do usuário. Como o texto é assinado com a chave do usuário é possível, se o usuário possui um certificado digital, validar a assinatura dele no documento. Além disto, é possível verificar se o documento não foi alterado obtendo o código gerado da assinatura e comparando com o código calculado para a mensagem recebida. Entretanto, está técnica depende da existência de um certificado digital.
Certificado Digital	é um documento eletrônico que associa um par de chaves pública e privada a uma pessoa. A partir de um certificado digital o usuário pode cifrar, decifrar e assinar documentos. Além disto, outros usuários podem utilizar o certificado para verificar o emissor de um documento cifrado ou a assinatura deste em um documento.
Criptografia	é um técnica matemática para codificar um texto para torna-lo inteligível. Este é implementado por algoritmos de criptografia. No processo de codificação (cifragem) é utilizada uma chave para gerar o texto codificado. Para obter o texto original, a partir do codificado, também é necessário o uso de uma chave. Existem dois tipos de algoritmos de criptografia. Os simétricos e os assimétricos. Os simétricos utilizam uma única chave para cifrar e decifrar o texto. Esta chave é chamada de chave privada. Os assimétricos possuem duas chaves. Uma utilizada para cifrar o texto, chamada de chave pública, e outra para decifrar, chamada de chave privada.
Criptografia Simétrica	neste tipo de algoritmo de criptografia utiliza-se apenas uma chave para cifrar e decifrar a mensagem.
Criptografia Assimétrica	neste tipo de algoritmos utiliza-se um par de chaves para cifrar e decifrar a mensagem. A cifragem é feita pela chave pública e a decifragem é feita pela chave privada. A chave privada é de conhecimento apenas do proprietário do par de chaves. Já a chave pública pode ser distribuída pela Internet para que outros usuários consigam enviar mensagens ao proprietário da chave pública. Todas as mensagens cifradas com a chave pública apenas são decifradas com a respectiva chave privada.
Assinatura Digital	uma assinatura digital é um código que garante que um determinada mensagem ou documento não foi alterado. Esta é gerada a partir de um código único para o conteúdo da mensagem ou documento. O código é gerado utilizando alguma função hash. Após isto o código e cifrado utilizando a chave privada de uma pessoa e um algoritmo de assinatura digital. O código cifrado (assinatura) é anexado a mensagem ou ao texto. Quando um receptor recebe uma mensagem assinada, este consegue validar se a mensagem não foi alterada. Para isto, o software do receptor gera o código hash do conteúdo da mensagem ou documento. Após isto, este decifra o código hash da assinatura utilizando a chave pública do emissor da mensagem. Caso o código gerado e o código gerado sejam idênticos, garante-se que o conteúdo não foi alterado. Caso o emissor possua um certificado digital é possível comprovar validar que o emissor da mensagem é quem realmente afirma ter assinado a mensagem. Devido à associação entre o proprietário do certificado e o par de chaves definido por este certificado.
Entidade Certificadora	instituição responsável pela emissão de certificados digitais para pessoas físicas e jurídicas. Para se obter um certificado digital, a pessoa precisa entregar uma série de documentos que comprovam a identidade desta.
Firewall	é um dispositivo de rede colocado na fronteira entre duas redes (Ex: entre uma rede local e a Internet). O objetivo deste é analisar o tráfego entre as duas e permitir, ou não, que um pacote deixe ou entre em uma determinada rede. Para isto o firewall possui um conjunto de regras que são definidas a partir da política de segurança definida pela empresa ou instituição.
Firewall de Host	tipo de firewall que analisa a comunicação via rede entre o computador, a rede local ou a Internet. Este é capaz de barrar conexões e restringir acessos de aplicativos a internet (ou rede local). O objetivo destas ações é a proteção do computador.
Honeynet	é uma rede de computadores projetada para ser comprometida. O objetivo desta é estudar o comportamento de um invasor.
Honeypot	é uma ferramenta que simula um sistema operacional vulnerável visando monitorar o ataque de um invasor.

Os sistemas computacionais e dados possuem requisitos de segurança associados a estes. Os requisitos dependem das informações manipuladas por estes sistemas, sua criticidade, e nível de importância da informação. Em algumas questões, é necessário conhecer estes requisitos para respondê-las. A tabela a seguir apresenta os principais requisitos de segurança que precisam ser atendidos em diversos sistemas.

Requisito de Segurança	Significado
Confidencialidade	Garantir que a informação somente seja acessada por usuários autorizados.
Integridade	Proteger a informação de ser alterada ou modificada por pessoas não autorizadas ou falhas de hardware e software.
Disponibilidade	Garantir que os serviços não se degradem ou se tornem indisponíveis para acesso dos usuários.
Irretratabilidade	Garantir que o autor de uma determinada ação em um sistema não seja capaz de negar a execução desta. Este requisito está relacionado ao registro de informações dos usuários visando identificar os autores de determinas ações no sistema.
Consistência	Garantir que o sistema se comporte como o esperado quando utilizado por usuários autorizados.

5. HARDWARE

Haviam poucas questões relacionadas ao tema Hardware, nos concursos analisados. Entretanto, os temas sobre barramentos e tipos de memória tendem a serem conceitos cobrados em questões desta área devido à importância destes. As tabelas a seguir resumem os tipos de memórias, barramentos e outros termos cobrados nas questões analisadas.

Memórias	Descrição
Cache	Memória de alta velocidade que serve como região de armazenamento temporário entre o processador e os demais dispositivos. O objetivo desta é reduzir a diferença de desempenho entre a velocidade do processador e dos demais dispositivos.
Principal (RAM)	Memória projetada para armazenar dados e programas que estão sendo utilizados ou em execução. Esta permite sucessivas escritas e leitura e é volátil, ou seja, quando o computador é desligado, os dados contidos nesta são perdidos.
Secundária	Este tipo de memória é representado pelo disco rígido. Neste os dados e os programas são armazenados permanentemente. Quando o usuário necessita executar um programa ou abrir um arquivo, este é carregado do disco para a memória principal para ser executado ou acessado.
Virtual	É uma região do disco rígido onde são armazenados dados e códigos de programas em execução na memória RAM. Como existe um limite de memória RAM nos computadores, o qual é bem menor que a capacidade de disco, nem todos os programas em execução podem ser armazenados simultaneamente na memória RAM. Assim, o sistema operacional move os programas e dados, que não estão em uso no momento, para a memória virtual. Posteriormente, quando existe a necessidade de se utilizar o dado ou programa que se encontra na memória virtual, estes são movidos para a memória RAM e outro programa ou dados, que não estão em uso, são movidos para memória virtual.
ROM (ReadOnlyMemory – Memória de Apenas Leitura)	Memória utilizada para armazenar dados referentes ao funcionamento do computador. Os dados armazenados nesta memória não podem ser apagados ou desaparecem após o computador ser desligado como ocorre com a memória principal.

Barramentos	Descrição
PCI (*PeripheralComponentInterconnect* — Interconector de Componentes Periféricos)	Utilizado para conexão de periféricos ao computador. Estes periféricos são os componentes instalados na placa mãe como placas gráficas, placas de som, placas de rede, dentre outras. O objetivo deste barramento é possibilitar a comunicação entre estes dispositivos e o processador.
USB (Universal Serial Bus)	Tipo de barramento que permite a conexão de dispositivos como câmeras, HDs externos, pen drivers, mouse, teclados, etc. O objetivo deste barramento é o padronizar o tipo de conector utilizado para esta finalidade.
AGP (AcceleratedGraphicsPort - Porta Gráfica Acelerada)	Tipo de barramento utilizado para conectar placas aceleradoras gráficas a placa mãe do computador. Através destas placas é possível ter um melhor resolução e performance em jogos eletrônicos, vídeos e visualização em 3D.
SATA (Serial AT Attachment)	Tecnologia para transmissão de dados em alta velocidade entre o computador e dispositivos como discos rígidos. Esta tecnologia permite a transmissão de dados mais rapidamente, quando comparada com a tecnologia anterior (IDE), além de possibilitar que os discos e dispositivos sejam removidos e inseridos sem a necessidade de desligar o computador.
eSATA (External SATA)	Padrão de conector externo SATA que mantém a velocidade de transmissão do SATA para dispositivos externos.
VGA (VideoGraphicsArray)	Nome dado a um padrão de conector utilizado para ligar monitores e datashows a computadores. O termo foi utilizado inicialmente para denominar um padrão de gráficos para computador.
IDE (Integrated Drive Electronics)	Padrão para interligar dispositivos de armazenamento, como discos rígidos, cd-roms, etc. internamente em computadores. Através desta interface os dados são trafegados entre o dispositivo e o computador. Entretanto, este só é utilizado para conexão interna destes dispositivos com a placa mãe

Anotações

EDITORA
JusPODIVM
www.editorajuspodivm.com.br

Impressão e acabamento:
Geográfica
editora